HISTOIRE UNIVERSELLE

DE

L'ÉGLISE CATHOLIQUE

VI

HISTOIRE UNIVERSELLE

DE

L'ÉGLISE CATHOLIQUE

PAR

ROHRBACHER

CONTINUÉE JUSQU'A NOS JOURS PAR M. L'ABBÉ GUILLAUME

PROFESSEUR AU GRAND SÉMINAIRE DE VERDUN

NOUVELLE ÉDITION

AVEC DES NOTES ET ÉCLAIRCISSEMENTS D'APRÈS LES DERNIERS TRAVAUX

TOME SIXIÈME

PARIS

LETOUZEY ET ANÉ, ÉDITEURS

RUE DU VIEUX-COLOMBIER, 17

HISTOIRE UNIVERSELLE

DE

L'ÉGLISE CATHOLIQUE.

LIVRE SOIXANTE-DEUXIÈME.

L'empereur saint Henri et son époque (suite).

(De l'an 991 à l'an 1024 de l'ère chrétienne.)

Un prince tout à la fois plus puissant, plus religieux et plus pacifique que Foulque d'Anjou, c'était le duc d'Aquitaine, Guillaume V, que plusieurs nomment *le Grand*. Il se montra le défenseur des pauvres, le père des moines, le protecteur des églises. Dès sa jeunesse, il prit la coutume d'aller à Rome tous les ans, et, s'il y manquait une année, il allait à Saint-Jacques en Galice. Soit qu'il marchât, soit qu'il tint sa cour, il paraissait un roi plutôt qu'un duc : aussi était-il absolu dans toute l'Aquitaine. Avec cela, il était lié d'amitié avec le roi Robert et avec les princes étrangers, Alphonse, roi de Léon, Sanche, roi de Navarre, Canut, roi de Danemarck et d'Angleterre, et l'empereur saint Henri; ils se faisaient réciproquement des présents. Le duc Guillaume était surtout chéri du Pape et des Romains; quand il arrivait à Rome, il y était reçu comme un empereur, et le sénat lui faisait des acclamations comme à un père. S'il trouvait un clerc recommandable par sa science, il en prenait un soin particulier; ainsi il donna l'abbaye de Saint-Maixent au moine Rainald, surnommé Platon. Le duc avait été bien instruit dans sa jeunesse, il avait quantité de livres dans son palais, lisait lui-même, et, à l'imitation de Charlemagne, y employait ses heures de loisir, principalement dans les longues nuits de l'hiver. Il n'était guère sans quelques évêques auprès de lui. Il donna des terres à plusieurs monastères, entre autres à Saint-Martial de Limoges, à Saint-Michel-en-l'Erne et à Cluny; car il honorait singulièrement les moines réguliers et les abbés, et se servait de leurs conseils dans le gouvernement de son État. Il chérissait surtout saint Odilon, abbé de Cluny, qu'il s'attacha par de grandes libéralités, le considérant comme un temple du Saint-Esprit, et lui donna à réformer plusieurs monastères de son obéissance (*Ex Chron. Adem.*; Bouq.; t. X).

Vers l'an 1004, le duc Guillaume convoqua un concile à Poitiers. On y vit l'archevêque de Bordeaux, les évêques de Poitiers, de Limoges, d'Angoulême et de Saintes, avec douze abbés. On y fit trois canons, dont le premier, touchant la paix, fut reçu par le duc et les seigneurs; ils promirent de l'observer, sous peine d'excommunication, et ils en donnèrent des otages. Il porte que, « pour toutes les choses qui ont été usurpées depuis cinq ans ou qui le seront à l'avenir, on viendra demander justice au prince ou au seigneur particulier. Celui qui ne voudra pas se soumettre à cette loi, le prince ou le seigneur en fera justice, ou perdra son otage. Que s'il ne peut en faire justice, il assemblera les seigneurs et les évêques qui ont assisté au concile; ils marcheront contre le rebelle et feront le dégât chez lui jusqu'à ce qu'il se soumette à la raison. » Les otages furent donnés et l'excommunication prononcée, conformément aux trois canons du concile de Charroux, tenu dans la même province en 989. Ils portaient anathème contre ceux qui briseraient les églises, pilleraient les pauvres ou frapperaient les clercs désarmés. Les deux autres canons du concile de Poitiers défendent aux évêques de rien prendre pour la pénitence ou pour la confirmation, et aux prêtres et aux diacres d'avoir des femmes chez eux. (Labbe, t. IX).

Le duc Guillaume fonda de nouveau, l'an 1010, le monastère de Maillezais en Poitou, qui fut érigé en évêché trois cents ans après. Il fonda l'abbaye de Bourgueil en Anjou, dans une terre de son domaine. De son temps et la même année 1010, Alduin, abbé du monastère d'Angéli en Saintonge, trouva dans la muraille de son église un petit coffre de pierre fait en forme de tour, et dans ce petit coffre un reliquaire d'argent de la même figure, avec cette inscription : *Ici repose le chef du Précurseur du Seigneur.* On ne put découvrir ni par qui ni quand il avait été apporté en France. Il est vrai qu'on trouva marqué dans un écrit qu'un nommé Félix avait apporté cette relique d'Alexandrie, sous le règne de Pepin, roi d'Aquitaine, et tandis que Théophile, à qui saint Luc adressa les Actes des Apôtres, gouvernait l'Eglise d'Alexandrie. Mais un si énorme anachronisme fit dès lors mépriser cet écrit, et quelques auteurs du temps, comme Guibert de Nogent, opposèrent à ce qu'on publiait, de la vérité de cette relique, que le chef de saint Jean-Baptiste était alors honoré à Constantinople. Cependant on ne parut pas, en Aquitaine, révoquer en doute que ce ne fût le chef du Précurseur qui avait été trouvé à Angéli. Le duc Guillaume ayant appris cette découverte à son retour d'un pèlerinage de Rome, en témoigna une grande joie et il fit exposer la nouvelle relique à la vénération des peuples. On accourut bientôt, non-seulement de toutes les parties de la Gaule, mais encore des pays étrangers. Le roi Robert vint avec la reine Constance, et offrit une conque d'or du poids de trente livres, avec des ornements précieux. Sanche, roi de Navarre, vint aussi, le duc de Gascogne, le comte de Champagne et tous les autres seigneurs, les évêques et les abbés, tous avec de riches offrandes. On y apportait en procession les reliques les plus fameuses, même celles de saint Martial, tenu pour l'apôtre de l'Aquitaine (*Chron. Ademar.*).

On demandera peut-être ici : *Que penser de cette dévotion des peuples, au cas que les reliques ne fussent pas du saint dont on les croyait ?* Le protestant Leibnitz répond à cet égard, dans son *Testament religieux* : « En montrant que l'on peut avec justice honorer les saints, en se renfermant dans les bornes que nous avons assignées, nous avons montré que l'on peut vénérer de même leurs reliques, et, en leur présence, ainsi que devant les images, rendre des hommages aux saints à qui elles appartiennent. Or, comme il ne s'agit ici que de pieuses affections, peu importe, lors même que, par hasard, les reliques que l'on croit véritables seraient supposées (Leibnitz, *Syst. theol.*, p. 198). »

Un ami cordial du duc Guillaume d'Aquitaine et de tous les grands personnages de son temps, était le bienheureux Fulbert, évêque de Chartres. Il dut ces avantages et cette dignité, non à sa naissance ni à ses richesses, mais à son seul mérite; lui-même reconnaît humblement qu'on le tira de la poussière pour le faire asseoir avec les princes de l'Eglise. On ne connaît ni ses parents ni le lieu de sa naissance. Il fit ses études à Reims, sous Gerbert, d'où il passa à Chartres pour présider à l'école de cette ville. Son habileté lui attira de tous côtés des disciples, dont plusieurs furent élevés à l'épiscopat ou à d'autres dignités ecclésiastiques. Outre les lettres divines et humaines, il possédait la médecine : on voit par son *Traité contre les Juifs*, qu'il n'ignorait pas l'hébreu. Comme il était estimé des rois, des évêques et des peuples, son mérite le fit élire évêque de Chartres, après la mort de Rodolphe, quoiqu'il fût encore jeune. C'était l'an 1007. Il fut sacré par Léotheric, archevêque de Sens, son métropolitain. Les fonctions de l'épiscopat ne lui firent point discontinuer les leçons publiques; mais il cessa de se mêler de la médecine. On voit, par le grand nombre de ses lettres, qu'il était regardé comme l'oracle de la France, et qu'on s'adressait à lui de toutes parts pour le consulter sur toutes sortes de matières. Au mois de mai de l'an 1008, qui était le second de son épiscopat, il assista au concile que le roi Robert avait assemblé à Chelles, et, quoiqu'il fût un des derniers suivant le rang de son ordination, on le fit souscrire, par respect pour son mérite, immédiatement après les métropolitains. Il rebâtit son église cathédrale, qui, en 1020, avait été réduite en cendres avec une partie de la ville de Chartres.

Foulque, évêque d'Orléans, étant mort, Thierri fut élu à sa place. Il était fils du seigneur de Château-Thierri-sur-Marne, et petit-fils de celui qui bâtit cette forteresse dont elle a gardé le nom. Thierri avait été élevé à Sens, dans le monastère de Saint-Pierre-le-Vif, sous les yeux de l'abbé Rainard et de l'archevêque Séguin, ses parents. Sur la réputation de sa vertu, le roi le fit clerc de son palais et suivait volontiers ses conseils. Ce prince crut que personne ne serait plus propre pour remplir dignement le siège d'Orléans. Mais un clerc de cette Eglise, nommé Odalric, y forma opposition par ses brigues, y ajoutant des calomnies qui allèrent jusqu'à Rome. Cependant l'autorité du roi et le mérite de Thierri l'emportèrent. Mais au jour indiqué pour l'ordination, Fulbert de Chartres refusa de s'y rendre, parce que Thierri était accusé d'homicide par ses adversaires, et que le Pape en étant averti, avait défendu de l'ordonner; de plus, on se plaignait que son élection avait été extorquée par l'autorité du prince contre la liberté du clergé et du peuple. Thierri s'étant justifié de ces calomnies, Fulbert consentit à son ordination, qui fut faite par Léotheric de Sens. Pendant qu'on le sacrait, Odalric entra dans l'église avec une troupe de ses partisans, et excita un grand tumulte pour empêcher l'ordination; mais, malgré ce trouble, on ne laissa pas d'achever la cérémonie. Les partisans ne s'en tinrent pas là. Ils dressèrent des embûches au nouvel évêque dans un voyage qu'il fit, et le battirent avec tant de cruauté qu'ils le laissèrent pour mort. Cependant, après qu'ils furent retirés, on le trouva sans blessure. Il consulta Fulbert, pour savoir s'il n'était pas à propos d'excommunier les auteurs de cet attentat. Fulbert répondit qu'il n'était ni avantageux ni sûr d'en venir à ce remède extrême; qu'il fallait plutôt attendre patiemment les coupables, et les exhorter paternellement de venir à résipiscence. Le saint évêque Thierri suivit ce conseil et n'opposa que la douceur à la violence de ses ennemis. Sa bonté désarma Odalric, l'auteur de ces troubles. Cet ambitieux alla se jeter aux pieds de Thierri, et lui demanda humblement pardon. Thierri le lui accorda, et, pour le convaincre qu'il savait oublier les injures, il lui donna la première place après lui dans l'Eglise d'Orléans, et, quand quelque évêché viendrait à vaquer, il fût plus en état de l'obtenir, comme il l'obtint en effet après la mort de Thierri.

Au reste, si Thierri avait commis quelques fautes dans la poursuite de l'épiscopat, Dieu les lui fit expier par les maladies dont il fut affligé le reste de sa vie. Malgré ses infirmités habituelles, il allait souvent au monastère de Saint-Pierre-le-Vif, pour y reprendre l'esprit de ferveur et de recueillement. Il y eut un jour révélation que sa mort était proche. Pour s'y préparer, il voulut faire le pèlerinage de Rome; mais il tomba malade en arrivant à Tonnerre, et il y mourut le 27 janvier 1022. Il avait ordonné que son corps fût porté à Sens, et enterré auprès de l'archevêque Séguin et de l'abbé Rainard, ses parents. Mais Milon, seigneur de Tonnerre, s'y opposa, et le fit enterrer dans l'église de Saint-Michel de Tonnerre, où il se fit plusieurs miracles à son tombeau. L'Eglise honore la mémoire de saint Thierri le 27 janvier, jour de sa mort (*Acta Sanct.*, *27 jan.*).

Fulbert témoigne lui-même, dans une petite pièce de vers, la crainte qu'il avait de n'avoir pas été bien appelé à l'épiscopat. « Mon Créateur, dit-il, ma vie, mon salut, mon unique confiance, donnez-moi votre conseil et la force de le suivre dans l'incertitude où je suis. Je crains qu'étant entré témérairement dans l'épiscopat, je ne sois plus nuisible qu'utile au troupeau; c'est pourquoi je crois devoir céder à ceux qui en sont plus dignes. Mais quand je pense que, sans appui de richesses ou de naissance, je suis monté sur cette chaire, comme le pauvre élevé de son fumier, je crois que c'est l'effet ordinaire de votre providence, et je n'ose changer de place sans votre signal, quoique j'en sois sollicité par le reproche de ma conscience. Vous savez, Père saint, ce qui vous est le plus agréable et le plus utile pour moi; inspirez-le-moi, je vous en supplie, et aidez-moi à l'exécuter (*Bibl. Patr.*, t. XVIII, p. 51). » Fulbert fut rassuré dans ses craintes par saint Odilon de Cluny, avec lequel il était lié d'une étroite amitié, et qu'il estimait au point de le nommer l'archange des moines. Odilon lui conseilla de demeurer évêque; après quoi Fulbert concluait amicalement qu'il était obligé de lui donner ses prières, ses conseils et ses secours dans toutes ses peines (*Ibid.*, *Epist.* 66, 68).

Les lettres de Fulbert sont écrites avec beaucoup de grâce et d'esprit, d'un style aisé et délicat. Ses *Discours* ou son *Traité contre les Juifs* montre également beaucoup de sagacité et de justesse. Pour échapper à cette prophétie de Jacob: *Le sceptre ne sortira point de Juda, ni le chef d'entre ses descendants, jusqu'à ce que vienne celui qui doit être envoyé, et il sera l'attente des nations*, les Juifs du XIᵉ siècle recouraient à divers subterfuges. Les uns disaient: « Ne peut-on pas dire que ce sceptre est entre les mains de ces Juifs sages et puissants qui gouvernent leurs maisons et leurs familles avec la verge de la prudence? » — « Si cela est, leur répondit Fulbert, combien les Juifs ne sont-ils pas fortunés dans leur infortune! Tant que vous aviez une patrie, vous n'aviez qu'un roi; mais depuis que vous avez perdu l'une et l'autre, vous avez trouvé des rois par milliers! Par malheur, nul d'entre eux n'est sacré suivant la loi, nul n'est suivi du peuple; par conséquent nul n'est ni roi, ni pontife, ni prophète, ni chef de la tribu de Juda; car, où il n'y a plus de cause, il n'y a plus d'effet. Juifs aveugles, en multipliant à l'infini les rois, ils prouvent qu'ils n'en ont aucun. Enfin, si la prophétie s'entend de rois pareils, il s'ensuit que le Messie, non-seulement n'est pas encore venu, mais ne viendra que quand tous les Juifs auront péri ou qu'il ne s'en trouvera plus un seul capable de gouverner sa famille; c'est-à-dire le Messie ne viendra qu'à la fin du monde, non pour guérir les malades, mais pour ensevelir les morts! Et voilà quelle serait l'attente des nations? Et voilà comme cette grande promesse se réduirait à néant? Non, non, Dieu ne saurait mentir, lui qui a promis qu'à une certaine époque, avant la fin du monde, son Christ viendra pour sauver le genre humain. »

D'autres Juifs disaient: « Le sceptre n'est pas sorti de Juda, car qui sait si quelque roi juif ne règne pas quelque part, peut-être dans l'Inde? » Fulbert répond: « Ce qui est d'abord certain, c'est que nul n'a entendu dire que, de nos jours, il règne quelque roi juif dans aucune partie du monde. Ensuite, y eût-il un roi juif dans l'Inde, le sceptre serait toujours ôté de Juda; car le royaume de Juda est un royaume distinct de tous les autres, ayant sa terre, son peuple et son roi propre. Pour une maison, il faut trois choses: les fondements, les murs et le toit. Pour un royaume, il faut également trois choses: la terre, le peuple, le roi. Où de ces trois choses il en manque une, il n'y a plus de maison, il n'y a plus de royaume; à plus forte raison, si toutes les trois viennent à manquer. Or, la terre du royaume de Juda est la province de Jérusalem, et le peuple de ce royaume est la tribu de Juda, les rois de ce royaume ont été de cette tribu jusqu'au Messie. Depuis ce temps, le royaume de Juda a perdu sa terre, qui est occupée par les étrangers; il a perdu son peuple, qui a été dispersé parmi toutes les nations; il n'a plus de roi légitime, n'en ayant plus eu, même assez longtemps auparavant. Le royaume de Juda ayant ainsi perdu toutes ses parties, a donc cessé d'être, et les royaumes étrangers n'ont rien à prétendre au sceptre qui a été ôté de Juda. Appeler royaume de Juda tout pays où un juif règne sur des Juifs, c'est une extravagance réfutée par le fait et par l'Ecriture. Lorsque les Juifs avaient deux rois, l'un à Jérusalem, sur deux tribus, l'autre à Samarie, il n'y avait de roi de Juda, en par le fait et par le nom, que celui de Jérusalem; l'autre était et s'appelait *roi d'Israël*. Si donc le sceptre de Juda ne regarde en rien celui qui règne sur dix tribus à Samarie, combien moins regardera-t-il celui qu'on suppose faussement régner sur quelques Juifs dans l'Inde? »

Enfin, d'autres Juifs disaient: « Il n'est pas surprenant que nous soyons réduits en captivité, et que, ne possédant plus la ville de Jérusalem, nous n'ayons point de roi de notre nation. Il en a été de même dans le temps de la captivité de Babylone, et nous avons espérance de retourner en notre patrie quand il plaira à Dieu. » A cela, Fulbert fait voir que la situation de la nation juive, telle qu'elle est aujourd'hui, n'a rien de semblable à celle qui était à Babylone; qu'alors le peuple juif était réuni, qu'il avait avec lui son roi, ses prêtres et ses prophètes, et que le terme de son retour à Jérusalem était fixé; qu'en attendant, sa terre demeurait déserte, sans être donnée à des étrangers, au lieu que depuis la mort de Jésus-Christ les Juifs sont dispersés, n'ont ni roi, ni prêtres, ni prophètes, ni aucune promesse de Dieu de retourner jamais à Jérusalem; au contraire, le Seigneur a prononcé la sentence que cette désolation serait perpétuelle, et les mille ans depuis lesquels déjà elle dure, montrent assez qu'elle durera jusqu'à la fin (*Bibl. Pat.*, t. XVIII). »

On voit que, pour la doctrine, Fulbert de Chartres mérite de compter parmi les Pères de l'Eglise. Ce qui l'en rend encore digne, c'est son zèle, à la fois prudent et ferme, pour le maintien de la discipline ecclésiastique. Le roi Robert lui ayant fait demander son consentement pour l'élection de Francon à l'évêché de Paris, il répondit à son très-débonnaire seigneur et roi qu'il y consentait, en cas que ce fût un homme de beaucoup de lettres et qui prêchât facilement; à quoi, dit-il, tous les évêques ne sont pas moins obligés qu'à l'action. Il suppose encore que l'élection ait été jugée canonique par l'archevêque de Sens et par les évêques de la province. Depuis que Francon fut ordonné évêque, Fulbert l'aida de ses conseils en diverses affaires, le consolant dans les persécutions que les Eglises souffraient de la part des seigneurs, et l'exhortant à ne pas céder à son ressentiment jusqu'à prendre les armes, de peur, ajoute-t-il, que si vous employez un glaive étranger, vous ne fassiez qu'on ne craigne plus le vôtre. Il l'exhorte à retirer, en faveur des pauvres, l'usufruit des autels que ses prédécesseurs avaient accordé à des laïques (*Epist.* 88, 11, 12, 20). Toutes ces lettres respirent l'amitié et la piété la plus tendre.

Après la mort d'un sous-doyen de l'Eglise de Chartres, Robert, évêque de Senlis, demanda cette place pour lui ou pour Gui, son frère. Fulbert répondit qu'elle ne convenait ni à Robert, parce qu'il était évêque, ni à Gui, parce qu'il était trop jeune; et il la donna à un de ses prêtres, nommé Evrard, savant et vertueux. L'évêque de Senlis et sa mère en furent si irrités, qu'ils firent de terribles menaces à Evrard, en présence de plusieurs témoins. En effet, quelques-uns de leurs domestiques vinrent à Chartres, où, s'étant tenus cachés pendant le jour, ils attaquèrent de nuit le prêtre Evrard, comme il allait à matines, et le tuèrent à coups de lances et d'épées, dans le parvis de la grande église. Ses clercs, qui vinrent un peu plus tard, le trouvèrent qui, en expirant, priait pour ses meurtriers, à l'exemple de saint Etienne. Quelque soin qu'ils eussent pris de se cacher, le crime fut découvert par des indices qui, joints aux menaces précédentes, faisaient une entière conviction. Fulbert en écrivit à Adalbéron, évêque de Laon, comme au plus ancien de la province de Reims, dont apparemment le siége était vacant, l'exhortant à faire justice d'un tel crime et à excommunier les coupables. Pour lui, il les excommunia et refusa ce qu'ils offraient pour se faire absoudre, nonobstant les conseils et les instances de l'archevêque de Sens. Quant à l'évêque de Senlis, il ne voulut faire aucune satisfaction de ce meurtre, ni avouer qu'il en fût coupable (*Epist.* 29, 60, 48, 49).

Le siége de Reims ayant vaqué quelque temps après la mort de l'archevêque Arnulfe, Ebale, encore laïque, fut élu pour lui succéder, par le clergé et le peuple de la ville, du consentement du roi et de la plupart des évêques de la province; mais Gérard de Cambrai s'y opposa, insistant sur ce qu'Ebale était néophyte, et prétendant qu'il n'était point instruit de la discipline, et ne savait qu'un peu de dialectique, pour imposer aux ignorants. Gui, nouvel évêque de Senlis, faisait difficulté de prendre part à son ordination, craignant entre autres d'être réprimandé par le Pape. Fulbert le rassura, lui apportant les exemples de saint Ambroise et de saint Germain d'Auxerre, et lui disant que le Pape ne le trouvera pas mauvais, quand il saura que c'était le moyen de relever l'Eglise de Reims, notablement déchue. Ebale fut en effet sacré archevêque l'an 1024, et remplit dignement ce siége pendant neuf ans. Fulbert le consola dans les traverses qu'il souffrait de la part d'Eude, comte de Champagne, et le reprit amicalement de ce qu'il voulait abandonner son troupeau, disant que ce ne serait pas agir en pasteur (*Epist.* 38, 54; *Chron. Alber.*, an 1023; Marlot, l. 1, c. 20).

A la fin du Xe et au commencement du XIe siècle, tous les princes de l'Europe chrétienne étaient en paix et en relations d'amitié les uns avec les autres: mais dans chaque pays les seigneurs particuliers se faisaient ou pouvaient se faire la guerre. La cause originelle en était au naturel martial de ces jeunes nations : une cause occasionnelle fut l'irruption des Normands, ainsi que nous l'avons vu. Charles le Chauve, ne se trouvant point assez fort pour défendre contre eux toute la France, autorisa formellement les villes, les comtes, les seigneurs, à se fortifier et à se défendre eux-mêmes. L'humeur guerrière ainsi réveillée, ne trouvant point d'issue au dehors, s'exerçait au dedans : le roi n'était pas toujours assez puissant pour la contenir; les évêques qui étaient en même temps seigneurs temporels, avaient souvent à souffrir de ces guerres particulières. Plus d'une fois les contestations étaient déférées au Pape. Nous en verrons un exemple, l'an 1024, dans une lettre de Fulbert au pape Jean XIX.

L'intervention pontificale remédiait presque toujours à ces violences particulières; mais enfin, pour apporter un remède universel à cette surabondance d'ardeur martiale, qui se consumait inutilement, même nuisiblement, en des guerres privées, nous verrons les Papes, dans ce même siècle, lui donner un emploi légitime, utile à la chrétienté et à l'humanité, en la dirigeant contre l'empire antichrétien et *antihumain* de Mahomet.

Au commencement du XIe siècle, on vit quelques erreurs, mais qui, pour le moment, n'eurent point de suite. Léotheric, archevêque de Sens, était dans une erreur touchant le Corps de Notre Seigneur, et s'en servait quelquefois pour éprouver les coupables. Le pieux roi Robert en fut extrêmement indigné, et lui écrivit en ces termes : « Je suis surpris de ce que vous, qui passez pour savant, quoique vous n'ayez pas la lumière de la véritable sagesse, vous vous efforciez, par des ordres iniques et pour satisfaire votre haine contre les serviteurs de Dieu, d'établir une sorte d'examen par le Corps et le Sang de Notre Seigneur. Pourquoi, au lieu de vous servir, en donnant la communion, de la formule ordinaire : *Que le Corps de Notre Seigneur Jésus-Christ soit le salut de votre corps et de votre âme*, avez-vous la témérité de dire : *Si vous en êtes digne, recevez-le*, puisqu'il n'y a personne qui en soit digne? Pourquoi attribuez-vous à la Divinité les misères du corps, aussi bien que les infirmités et les douleurs de la nature humaine? J'en jure par la foi du Seigneur, si vous ne venez à résipiscence, vous serez privé de l'épiscopat, et vous serez condamné avec ceux qui ont dit au Seigneur : Retirez-vous de nous (Helgald., *Vita Rob.*). On voit que le bon roi Robert ne manquait pas d'énergie et de fermeté pour la cause de Dieu. L'archevêque profita de cette réprimande, et cessa d'enseigner sa mauvaise doctrine, qui commençait à s'étendre dans le monde. On ne sait point au juste quelle était cette doctrine.

Vers la fin de l'an 1000, il y eut dans le diocèse de Châlons un fanatique assez étrange. C'était un homme du peuple, nommé Leutard. S'étant un jour endormi de lassitude dans les champs où il travaillait, il s'imagina qu'un essaim d'abeilles lui entrait par le bas du corps et lui sortait par la bouche, puis le piquait, lui parlait et lui donnait des ordres. Il se crut prophète, entra dans l'église, brisa la croix et l'image du Crucifix, persuada à quelques paysans simples qu'il faisait tout cela par révélation; il parlait beaucoup, et voulait paraître un grand docteur. Gébuin, alors évêque de Châlons, vieillard très-savant, le fit venir et l'interrogea sur tout ce qu'il avait ouï dire de ses discours et de ses actions. Leutard voulut cacher ses erreurs et employer des autorités de l'Ecriture, qu'il n'avait pas étudiée; mais l'évêque le convainquit de contradiction et d'extravagance, et désabusa le peuple qu'il avait séduit. Le malheureux Leutard se voyant confondu et abandonné, se précipita dans un puits (Glab., l. 2, c. 11).

Vers le même temps de Leutard, il parut à Ravenne un autre fanatique nommé Vilgard, grammairien de profession, suivant l'usage des Italiens, qui préféraient alors cette étude à toutes les autres. Une nuit il crut voir en songe les trois poètes Virgile, Horace et Juvénal, qui lui rendaient grâces de l'affection qu'il avait pour leurs écrits et du succès avec lequel il publiait leurs louanges, lui promettant qu'il aurait part à leur gloire. Enflé de cette vision, il commença à débiter plusieurs dogmes contraires à la foi, et à soutenir qu'il fallait croire en tout ce qu'avaient dit les poètes. Ce fanatisme pour Virgile, Horace et Juvénal, prouve au moins qu'on les connaissait. Enfin Vilgard, étant convaincu d'hérésie, fut condamné par l'archevêque de Ravenne. On en trouva plusieurs autres en Italie infectés de cette erreur, qui périrent par le fer et par le feu. Vers le même temps, sortirent des hérétiques de l'île de Sardaigne, fertile en semblables maux, qui corrompirent une partie des chrétiens d'Espagne, et furent aussi exterminés par les catholiques (*Ibid.*, c. 12).

Cependant une femme, venue d'Italie, avait formé à Orléans une société secrète où l'on professait les erreurs les plus monstrueuses des manichéens et des gnostiques. Cette femme artificieuse s'attacha d'abord aux principaux du clergé par une apparence hypocrite de piété, et elle fit semblant de les prendre pour ses directeurs; mais quand elle eut gagné leur confiance en leur donnant la sienne, elle commença elle-même à les diriger, s'appliquant à corrompre les cœurs pour séduire les esprits; et elle ne réussit que trop. Depuis plusieurs années, les principaux du clergé étaient infectés des erreurs les plus absurdes et adonnés aux pratiques les plus infâmes du manichéisme, et rien ne paraissait au dehors, lorsque la Providence permit que ce mystère d'iniquité fût dévoilé de la manière suivante.

Un seigneur normand, nommé Arefaste, de la famille des ducs de Normandie, avait chez lui un clerc nommé Herbert, qui était allé achever ses études à Orléans; mais, au lieu de la vérité qu'il y cherchait, il y suça le plus subtil poison de l'erreur. Deux ecclésiastiques d'Orléans, Etienne et Lisoie, auxquels il eut le malheur de s'attacher, lui eurent bientôt inspiré les pernicieux sentiments qu'ils avaient. Lisoie était chanoine de Sainte-Croix, qui est la cathédrale; Etienne, qu'on appelait aussi Herbert, présidait à l'école d'un monastère. Le clerc normand, séduit par la réputation de ces deux hérétiques, devint un des plus entêtés de leurs disciples. De retour en Normandie, il tâcha adroitement de gagner son maître à la secte.

Arefaste était homme de probité, de bon conseil et éloquent; par cette raison, il avait été souvent employé dans des négociations auprès du roi de France et des autres seigneurs. Ayant donc aperçu l'erreur de son clerc, il en avertit Richard, duc de Normandie, et le pria d'écrire au roi Robert, pour lui découvrir le mal caché dans son royaume, avant qu'il y fît plus de progrès, et, pour l'exhorter à donner à Arefaste lui-même le secours nécessaire pour y remédier. Le roi, surpris d'une si étrange nouvelle, manda qu'Arefaste se rendît à Orléans en diligence avec Herbert, son clerc, lui promettant toute sorte d'assistance.

Arefaste se mit en chemin, suivant l'ordre du roi, et, passant à Chartres, il voulut consulter sur cette affaire l'évêque Fulbert, célèbre pour sa doctrine; mais il apprit qu'il était allé à Rome, par dévotion. Il s'adressa au trésorier de l'Eglise de Chartres, nommé Evrard, homme sage, et lui ayant découvert le sujet de son voyage, il lui demanda conseil sur les moyens de combattre ces hérétiques et de se garantir de leurs artifices. Evrard lui conseilla d'aller tous les matins à l'église faire sa prière, pour implorer le secours de Dieu, et se fortifier par la sainte communion, puis, ayant fait le signe de la croix, d'aller trouver ces hérétiques, de les écouter sans les contredire en rien, et de faire semblant d'être leur disciple.

Quand Arefaste fut arrivé à Orléans, il pratiqua de point en point tout ce qu'Evrard lui avait conseillé, et dans la maison de ces nouveaux maîtres, auprès desquels il fut introduit par son clerc, il se tenait assis le dernier, comme le moindre de leurs disciples. D'abord, ils lui donnaient des exemples et des comparaisons tirées de l'Ecriture, et l'exhortaient à rejeter la mauvaise doctrine qu'il avait crue jusqu'alors, pour recevoir la leur, comme venant du Saint-Esprit. Le voyant qui rendait grâces à Dieu de tout ce qu'ils lui disaient, ils crurent l'avoir gagné et commencèrent à lui découvrir leur doctrine, sans l'envelopper, comme auparavant, d'expressions de l'Ecriture. Ils traitaient donc de rêveries tout ce qu'on lit dans l'Ancien et le Nouveau Testament, touchant la Trinité et la création du monde, disant que le ciel et la terre avaient toujours été comme nous les voyons, sans avoir ni auteur ni commencement. Ils niaient que Jésus-Christ fût né de la vierge

Marie, qu'il eût souffert pour les hommes, qu'il eût véritablement été mis dans le sépulcre, ni qu'il fût ressuscité. Ils disaient encore que le baptême n'effaçait point les péchés; que le Corps et le Sang de Jésus-Christ ne se faisaient point par la consécration du prêtre; qu'il était inutile de prier les saints, soit martyrs, soit confesseurs. Enfin, que les œuvres de piété étaient un travail inutile, dont il n'y avait aucune récompense à espérer, ni aucune peine à craindre pour les voluptés les plus criminelles. Ils condamnaient le mariage et défendaient de manger de la chair.

Arefaste leur demanda alors en quoi donc il devait mettre sa confiance, puisqu'ils lui défendaient de croire la passion de Jésus-Christ et l'efficace des sacrements de baptême et d'eucharistie. Ils lui répondirent : « Vous avez été jusqu'ici dans l'abîme de l'erreur avec les ignorants, et vous venez d'ouvrir les yeux de l'esprit à la lumière de la vérité. Nous vous ouvrirons la porte du salut, et, quand vous y serez entré, vous serez purifié de tous vos péchés par l'imposition des mains, et vous serez rempli des dons du Saint-Esprit, qui vous fera pénétrer la profondeur des Ecritures. Ensuite, étant nourri d'une viande céleste, vous verrez souvent avec nous les anges, et, par le secours de ces visions, vous pourrez en un moment vous transporter où il vous plaira, et vous ne manquerez jamais de rien, parce que Dieu sera toujours avec vous. »

Ce qu'ils appelaient la *viande céleste* se faisait en cette manière. Ils s'assemblaient certaines nuits dans une maison marquée, chacun une lampe à la main, et récitaient les noms des démons, en forme de litanies, jusqu'à ce qu'ils vissent un démon descendre tout d'un coup au milieu d'eux, sous la forme d'une petite bête. Aussitôt ils éteignaient toutes les lumières, et chacun prenait la femme qu'il trouvait sous sa main pour en abuser. Un enfant né d'une telle conjonction était apporté au milieu d'eux, huit jours après sa naissance, mis dans un grand feu et réduit en cendre. Ils recueillaient cette cendre et la gardaient avec autant de vénération que les chrétiens gardent le corps de Jésus-Christ pour le viatique des malades. Cette cendre avait une telle vertu, qu'il était presque impossible de convertir quiconque en avait avalé, pour peu que ce fût.

Sur les avis d'Arefaste, le roi Robert et la reine Constance se rendirent à Orléans, avec plusieurs évêques, entre autres Léotheric de Sens, et, le lendemain, on tira tous les hérétiques de la maison où ils étaient assemblés, et on les amena dans l'église cathédrale de Sainte-Croix, devant le roi, les évêques et tout le clergé. Arefaste fut amené avec eux comme prisonnier, et, prenant le premier la parole, il dit au roi : « Seigneur, je suis vassal du duc de Normandie, qui est le vôtre, et c'est sans sujet qu'on me tient enchaîné devant vous. » Le roi lui répondit : « Dites-nous pourquoi vous êtes venu ici, afin que nous voyons s'il faut vous garder ou vous renvoyer comme innocent. » Arefaste répondit : « Ayant ouï parler de la science et de la piété de ceux que vous voyez ici avec moi dans les fers, je suis venu en cette ville pour profiter de leurs instructions. C'est aux évêques qui sont assis avec vous à voir si, en cela, je suis coupable. »

Les évêques dirent : « Si vous nous expliquez ce que vous avez entendu de ces gens-ci touchant la religion, nous en jugerons facilement. » Arefaste répondit : « Commandez-leur, le roi et vous, de dire eux-mêmes en votre présence ce qu'ils m'ont enseigné. » Le roi et les évêques le leur ordonnèrent; mais les hérétiques ne voulaient point s'expliquer, ils disaient autre chose que ce qu'on leur demandait, ils n'entraient point dans le fond de leur doctrine, et plus on les pressait, plus ils employaient d'artifices pour échapper. Alors Arefaste, voyant qu'ils ne cherchaient qu'à gagner du temps et à couvrir leurs erreurs de belles paroles, leur dit : « J'ai cru avoir des maîtres qui enseignaient la vérité et non pas l'erreur, vu l'assurance avec laquelle vous me proposiez cette doctrine, que vous nommiez *salutaire*, soutenant que vous n'y renonceriez jamais par la crainte des tourments ni de la mort même, et je vois maintenant que vous n'osez l'avouer, et ne vous mettez pas en peine du péril où vous me laissez. Il faut obéir au roi et aux évêques, afin que je sache ce que je dois rejeter. Vous m'avez enseigné que, par le baptême, on ne pouvait obtenir la rémission des péchés; que Jésus-Christ n'était point né de la Vierge, n'avait ni souffert pour les hommes, ni été enseveli, ni ressuscité, et que le pain et le vin, qui, étant mis sur l'autel par les mains des prêtres, deviennent le sacrement par l'opération du Saint-Esprit, ne pouvaient être changés au Corps et au Sang de Jésus-Christ. »

Après qu'Arefaste eut ainsi parlé, Guérin, évêque de Beauvais, s'adressa à Etienne et à Lisoie, comme aux docteurs des autres, et leur demanda si c'était là leur créance. Ils déclarèrent hardiment qu'ils croyaient ainsi et depuis longtemps, « et nous nous attendons, ajoutèrent-ils, que vous et tous les autres embrasserez cette doctrine, qui est la pure vérité. » L'évêque leur dit : « Jésus-Christ a voulu naître de la Vierge, parce qu'il l'a pu, et il a voulu souffrir en son humanité pour notre salut, afin de ressusciter par la vertu de sa divinité et nous montrer que nous ressusciterons aussi. » Ils répondirent : « Nous n'y étions pas présents, et nous ne pouvons croire que cela soit vrai. » L'évêque de Beauvais leur dit : « Croyez-vous avoir eu un père et une mère ? » Ils en convinrent, et il reprit : « Si vous croyez être nés de vos parents, lorsque vous n'étiez pas, pourquoi ne voulez-vous pas croire que le Dieu engendré de Dieu, sans mère, avant tous les siècles, soit né d'une Vierge, à la fin des temps, par l'opération du Saint-Esprit ? » Ils répondirent : « Ce qui répugne à la nature ne s'accorde point avec la création. » L'évêque reprit : « Avant que rien se fît par nature, ne croyez-vous pas que Dieu le Père a fait tout de rien par son Fils ? » Ils répondirent : « Vous pouvez dire ces contes à ceux qui ont des pensées terrestres et qui croient les inventions des hommes charnels, écrites sur la peau des animaux. Pour nous, qui avons une loi écrite par le Saint-Esprit dans l'homme intérieur, et qui n'avons d'autres sentiments que ceux que nous avons appris de Dieu même, c'est en vain que vous nous parlez ainsi; finissez, et faites de nous ce que vous voudrez. »

On disputa contre eux depuis la première heure du jour jusqu'à trois heures après midi, et on fit tous les efforts possibles pour les tirer de leur erreur. Comme on les vit endurcis, on leur déclara que s'ils ne changeaient, ils seraient aussitôt brûlés par ordre du roi et du consentement de tout le peuple. Ils dirent qu'ils ne craignaient rien, et qu'ils sortiraient du feu sans aucun mal; ils se moquaient même de ceux qui voulaient les convertir. Alors on les fit revêtir chacun des ornements de son ordre, et aussitôt les évêques les déposèrent. La reine Constance, par ordre du roi, se tenait à la porte de l'église, de peur que le peuple ne se jetât dedans pour les tuer; mais quand, au moment où on les faisait sortir, elle aperçut Etienne, qui avait été son confesseur, elle en fut si indignée, qu'elle lui creva un œil, d'une baguette qu'elle tenait à la main. On les conduisit hors de la ville, sous une cabane où on avait allumé un grand feu. Ils y allaient gaîment, disant tout haut qu'ils ne désiraient autre chose. De treize qu'ils étaient, il n'y eut qu'un clerc et une religieuse qui se convertirent, les autres furent brûlés avec la poudre abominable dont il a été parlé. Quand ils commencèrent à sentir le feu, ils se mirent à crier qu'ils avaient été trompés et qu'ils avaient eu de mauvais sentiments de Dieu, seigneur de l'univers. Quelques-uns des assistants, touchés de leurs cris, voulurent les retirer du feu; mais il n'était plus temps, et ils furent tellement réduits en cendres, qu'on ne trouva pas même leurs os. On découvrit que le chantre de l'Eglise d'Orléans, nommé Théodat, et mort trois ans auparavant, était de la même hérésie, suivant le témoignage des catholiques et des hérétiques mêmes. C'est pourquoi l'évêque Odalric le fit ôter du cimetière et jeter à la voirie. Cela se passait en 1022.

On brûla de même ceux de cette secte qui furent trouvés ailleurs, particulièrement à Toulouse, comme témoigne Ademar, évêque d'Angoulême, auteur du temps. Il ajoute que ces émissaires de l'antechrist étaient répandus en différentes parties de l'Occident et se cachaient avec soin, séduisant tous ceux qu'ils pouvaient, hommes et femmes. Il les nomme expressément *manichéens*, et dit qu'ils commettaient en secret des abominations qu'il n'est pas même permis de dire, et, toutefois, à l'extérieur, ils feignaient d'être vrais chrétiens. On voit bien que c'étaient des manichéens ou gnostiques, par les raisons qu'emploie le moine Glaber pour réfuter leur doctrine. Il montre premièrement la nécessité de croire en Dieu, souverain auteur de toutes les substances corporelles et incorporelles. Il marque la source du mal, en ce que la créature s'est écartée de l'ordre prescrit par le Créateur. Il dit que l'homme, étant placé au milieu, entre la créature purement spirituelle et celle qui n'est pas corporelle, s'est abaissé au-dessous de lui; que Dieu, pour le relever, a fait de temps en temps des miracles et lui a donné les saintes Ecritures dont il était l'auteur; que quiconque blasphème contre l'ouvrage de Dieu ne connaît point Dieu; que, par les saintes Ecritures, nous connaissons la sainte Trinité, particulièrement le Fils de Dieu, de qui, par qui et en qui est tout ce qui est véritablement. Il vient ensuite à l'incarnation, dont le dessein est de rétablir en l'homme l'image de Dieu, effacée par le péché; et enfin il montre que le mérite des saints n'est que de s'être attachés à Jésus-Christ par la foi et la charité (Glaber, Adem., *Chronic. S. Pet.*; Bouquet, t. X).

Dans le même temps, l'Eglise de Rouen était affligée, non d'aucune hérésie, mais de la vie scandaleuse de son premier pasteur. Après la mort de Gunhard, successeur de Francon, le duc Guillaume Ier donna cet archevêché à Hugues, moine de Saint-Denys, plus distingué par sa noblesse que par sa piété et les autres talents propres de l'épiscopat. Hugues oublia qu'il avait été moine; mais il n'oublia pas qu'il était homme de qualité, et il vécut en grand seigneur. Cependant son faste ne fut pas son plus grand crime; il se livra avec tant de scandale à l'amour des femmes, qu'il en eut plusieurs enfants. Robert, son successeur et fils de Richard Ier, duc de Normandie, fit d'abord autant d'honneur à l'épiscopat par ses vertus que par sa haute naissance. Mais il se démentit bientôt de cette piété, et tout archevêque qu'il était, il prit une femme nommée Herlève, dont il eut plusieurs enfants, auxquels il donna des comtés. Ayant eu ensuite de grands démêlés avec le duc Robert, il se retira sur les terres de France, d'où il jeta un interdit général sur toute la province de Normandie. Le Seigneur lui fit la grâce de se reconnaître avant sa mort; il pleura ses péchés, n'employa plus ses grands biens qu'au profit de son église, qu'il fit rebâtir. Il mourut en 1037, après avoir tenu ce grand siège 48 ans (*Gall. christ.*; *Hist. arch. Rot.*; *Orderic. vit.*, l. 5; *Guill. gemet.*, l. 6, c. 3).

Les ducs de Normandie montraient plus de zèle pour la religion que les archevêques de Rouen. Le duc Richard Ier avait fait rétablir le monastère de l'église de Fécamp, et y avait placé des chanoines à la place des religieuses pour lesquelles cette célèbre abbaye avait été bâtie d'abord. Mais, comme déjà nous l'avons vu, la vie relâchée des chanoines lui fit naître l'idée de mettre des moines à leur place. Son fils, Richard II, suivit ce projet, et, pour l'exécuter, il jeta les yeux sur l'abbé Guillaume, qu'il manda à sa cour. Le saint abbé accepta ce monastère et y plaça une colonie de ses religieux, qui donnèrent autant d'édification au pays que les chanoines auxquels ils succédèrent y avaient donné de scandale. Le duc Richard y allait souvent s'y édifier de la vertu de ces saints moines. Il les servait lui-même à table, après quoi il prenait la dernière place au réfectoire (*Vita Guillelm.*).

Près de trois ans après, l'an 1000, dit Glaber, dans presque tout l'univers, surtout dans l'Italie et dans les Gaules, les basiliques des églises furent renouvelées, quoique la plupart fussent encore assez belles pour n'en avoir pas besoin. Mais les peuples chrétiens semblaient rivaliser à qui élèverait les plus magnifiques. On eût dit que le monde se secouait et dépouillait sa vieillesse. Les fidèles renouvelèrent donc presque toutes les cathédrales, les monastères et jusqu'aux moindres oratoires des villages. Entre autres, l'église de Saint-Martin de Tours fut abattue et rebâtie par les soins d'Hervé, son trésorier (Glaber, l. 3, c. 4).

Il était des plus nobles d'entre les Français, et avait commencé d'étudier les arts libéraux, quand le désir d'assurer son salut le fit entrer secrètement dans un monastère; mais les moines, à cause de sa noblesse, craignant le ressentiment de ses parents, n'osèrent le recevoir, et lui promirent seulement de le faire s'ils n'en étaient empêchés par violence. Son père ayant appris où il était, vint tout furieux l'arracher du monastère, et, après lui avoir fait de grands reproches, le mena par force à la cour du roi Robert, qu'il pria de le détourner de ce dessein par les promesses de ses bienfaits; mais le pieux roi l'exhorta au contraire à persévérer dans sa bonne résolution, et le fit trésorier de Saint-Martin de Tours, se proposant de le faire ensuite évêque, ce qu'il tenta plusieurs fois; mais Hervé refusa toujours l'épiscopat.

Il eut même de la peine à accepter la trésorerie de Saint-Martin; et quoiqu'il portât l'habit blanc de chanoine, il pratiquait autant qu'il pouvait la vie monastique. Il avait un cilice sur la chair, jeûnait continuellement, veillait et priait avec assiduité, et faisait de grandes aumônes. Enfin, il forma le dessein de rebâtir l'église de Saint-Martin plus grande et plus magnifique, et l'ayant commencée dès les fondements l'an 1001, il l'acheva l'an 1008. Pour en faire la dédicace, il invita un grand nombre de prélats, et pria saint Martin de manifester son pouvoir pendant cette solennité par quelque miracle éclatant. Mais le saint évêque lui apparut et lui dit : « Mon fils, les miracles qui ont été faits jusqu'à présent doivent suffire; vous pouvez demander à Dieu des choses plus utiles, savoir, le salut des âmes. Pour moi, je ne cesse de m'y intéresser. Je demande surtout au Seigneur la conversion de ceux qui servent dans cette église; car quelques-uns d'entre eux se livrent trop aux affaires du siècle, et vont même à la guerre. » La dédicace se fit le jour de la translation de saint Martin, le 4 juillet. Hervé se retira ensuite dans une cellule, près de l'église, redoublant ses austérités et ses prières. Quatre ans après, il sut que sa mort était proche et tomba malade. Plusieurs personnes venaient le voir, s'attendant qu'à sa mort il se ferait quelque miracle; mais il leur dit qu'ils n'en verraient point et qu'ils ne songeassent qu'à prier Dieu pour lui. Il mourut saintement l'an 1012, en répétant cette prière : *Seigneur, ayez pitié de moi* (Glaber, l. 3, c. 4)!

Ces cathédrales du XIe siècle et des suivants apparaissent aujourd'hui non-seulement comme des prodiges d'architecture, mais comme d'immenses poèmes. C'est la pensée, c'est la prière, c'est la piété chrétienne, qui s'élance vers le ciel et qui tient à la terre le moins possible. L'ensemble de l'édifice s'élève à une hauteur telle, que les demeures de l'homme ne paraissent que des taupinières à côté. Le portail, avec ses innombrables statues, offre d'un coup d'œil l'ensemble des faits, des personnages, des mystères de l'Ancien et du Nouveau Testament; la tour, qui en sort comme une tige, avec sa flèche, qui réellement s'élève au-dessus des nuages, emporte la vue et la pensée du chrétien jusqu'au-dessus des astres. Cette tour n'est point muette : elle parle par le son des cloches, voix puissante comme celle du tonnerre, comme celle de l'Océan, mais sans inspirer d'effroi; c'est, au chrétien qui l'entend, la voix de Dieu qui l'appelle. Dans l'intérieur, c'est comme trois nefs, trois églises dans une; c'est comme une forêt de colonnes, qui ont hâte d'atteindre au ciel, mais qui s'épanouissent dans les hauteurs, qui s'unissent entre elles en firmament nouveau et semblent redescendre vers la terre, comme si elles y avaient aperçu ce qu'elles cherchaient dans les cieux.

En effet, où conduit cette trinité de nefs éclairées de ce jour mystérieux ? Vers le sanctuaire où est l'autel, où est réellement *Dieu avec nous*. Le ciel y est sur la terre, mais avec le jour mystérieux de la foi. Les saints avec leurs chapelles, leurs tableaux, leurs statues, sont le cortège visible de ce roi invisible. Les vitraux parlent aux yeux, et racontent, dans leurs peintures, les mystères du Christ et de sa sainte Mère, les combats des martyrs, les vertus des confesseurs. Sous le pavé du temple reposent, en attendant la résurrection générale, les princes, les pontifes, les prêtres, les nobles, les bienfaiteurs de la basilique. Agenouillée sur la tombe des générations et des grandeurs passées, élevant ses regards vers la gloire future des saints, la multitude présente des fidèles unit leurs voix et leurs cœurs pour louer ensemble le Dieu du passé, du présent et de l'avenir. L'orgue vient y mêler sa voix, comme un écho du ciel. L'esprit s'élève, le cœur s'épure, les passions mauvaises sont mises dehors, comme ces animaux bizarres, ces êtres fantastiques qui servent de gouttières aux toits de ces cathédrales. Pour construire cette espèce de monde, les arts et les métiers s'unissent en confraternités pieuses. Partout c'est la variété dans l'unité, et l'unité dans la variété. Et l'architecte qui a conçu le plan de cette merveille ou qui l'a exécuté, reste à jamais inconnu; il ne s'agissait pas de l'homme, mais de Dieu; puis, cette merveille n'est pas la pensée d'un seul, mais la pensée de tous. Et ces diverses provinces, et ces divers peuples, qui rivalisent entre eux à qui aura la plus belle église, forment eux-mêmes tous ensemble une église vivante, animée par un Dieu réellement présent, ayant ses âmes d'élite qui s'élancent vers le ciel comme des tours et des flèches aériennes.

Tel nous apparaît l'empereur saint Henri avec son époque. Aux vertus d'un saint, il joignait les qualités d'un héros. Il eut plusieurs guerres à soutenir; une première en 1002, contre un de ses compétiteurs, Herman, duc de Souabe. Herman ayant surpris et pillé la ville et l'église de Strasbourg, qui tenait pour Henri, on donnait à Henri le conseil d'en faire autant de la ville et de l'église de Constance, qui tenait pour Herman. Le nouveau roi répondit avec douceur : « A Dieu ne plaise que, pour punir l'emportement d'Herman, je m'attaque à celui qui m'a donné la couronne royale. En pillant Constance pour Strasbourg, je ne diminuerais point ma perte, je la doublerais. D'ailleurs, c'est mal acquérir un royaume que d'y risquer son âme. Dieu m'a couronné, non pour violer les églises, mais pour punir ceux qui les violent. » Avant la fin de l'année, le duc Herman vint se présenter à lui nu-pieds, et lui demanda pardon à genoux; ce qu'il obtint, en cédant à l'Église de Strasbourg une abbaye en dédommagement.

Henri eut à soutenir successivement trois guerres assez difficiles contre Boleslas le Grand ou le Brave, duc de Pologne. Dans la première, Henri vit se tourner contre lui son propre frère Brunon, évêque d'Augsbourg, qui ne tarda pas de reconnaître sa faute. Dans la seconde guerre, Henri rétablit Jaromir, duc de Bohême, que Boleslas avait dépouillé et chassé; en même temps, à la prière de Gothescalc, évêque de Frisingue, il pardonna au margrave Henri de Swinfurt, qui avait fait cause commune avec Boleslas. Enfin la troisième guerre se termina, l'an 1019, par une pacification durable. Boleslas porta aussi la guerre chez les Russes, remporta plusieurs victoires sur leur duc Jaroslaf, fils de Wladimir, et se rendit maître de Kiow. Boleslas cherchait à obtenir du Pape le titre de roi : on ne sait s'il réussit dans sa demande. Ce qu'il y a de certain, c'est qu'il payait tribut à l'Église romaine, puisque, suivant le témoignage de l'évêque Ditmar, qui écrivait dans ce temps, il se plaignit au pape Benoît VIII de ce que l'empereur empêchait ses envoyés de porter à Rome le tribut ordinaire (Baron., an 1000, n. 15; an 1013, n. 2; Ditm., l. 6).

Henri fit encore trois expéditions en Italie : les deux premières contre un compétiteur au royaume des Lombards, la troisième contre les Grecs. Le 15 février 1002, trois semaines après la mort d'Othon III, les seigneurs d'Italie, ou du moins une partie d'entre eux, élurent et couronnèrent roi, à Pavie, le marquis d'Yvrée, Ardouin ou Hartwic. Mais il paraît qu'il ne sut pas se concilier les autres, qu'il s'aliéna même plusieurs des siens par ses hauteurs et ses brutalités. Les uns allèrent trouver Henri en Allemagne, les autres l'invitèrent par écrit à venir recevoir la couronne de Lombardie. En conséquence, Henri entra, l'an 1004, par la frontière de Vérone, fut reçu sans combat dans toutes les villes, élu et couronné solennellement à Pavie, Ardouin s'étant enfui de la plaine et renfermé dans les forteresses des montagnes. Mais le jour même que Henri venait d'être couronné roi des Lombards, il s'éleva une sanglante querelle entre les habitants et les troupes allemandes ; Henri, qui n'avait avec lui que ses gardes, se vit assiégé dans son palais ; son armée, qui campait hors de la ville, apprenant le péril où il se trouvait, escalada les murs, et comme elle rencontrait de la résistance, elle mit le feu aux maisons, ce qui réduisit en cendre une partie de la ville. Henri retourna peu après en Allemagne. Depuis son départ jusqu'à sa seconde expédition, en 1013, plusieurs villes de Lombardie se firent la guerre, les unes au nom de Henri, les autres au nom d'Ardouin, mais sans recevoir celui-ci dans les murs. Au fond, ce qu'elles avaient le plus à cœur, c'était leur liberté et leur indépendance.

Nous avons vu que l'empereur Othon Ier, à la sanglante bataille du Lech contre les Hongrois, avait fait vœu à saint Laurent, dont c'était la fête, de fonder un évêché à Mersebourg en son honneur, s'il remportait la victoire. Il ne put accomplir sa promesse que vers la fin de sa vie. Son fils Othon II, oubliant ce qu'il devait à son père, défit ce monument de sa piété et de sa reconnaissance ; il supprima l'évêché de Mersebourg, pour complaire à son ambitieux évêque Gisiler, qui passait à l'archevêché de Magdebourg. L'impératrice sainte Adélaïde en ressentit beaucoup de peine. Dans le dessein de réparer cette faute, Othon III obtint du pape Grégoire V des lettres qui ordonnaient le rétablissement de l'évêché de Mersebourg, et la mise en jugement de l'évêque Gisiler ; mais celui-ci eut toujours l'adresse d'en éluder l'exécution. En 1004, comme il était malade depuis longtemps, le roi saint Henri lui manda de rentrer en lui-même, de reconnaître la main de Dieu, qui le châtiait si visiblement, de quitter le siège de Magdebourg qu'il avait usurpé, de reprendre celui de Mersebourg qui lui appartenait légitimement, et de réparer tout le mal qu'il avait fait en le détruisant. Mais Gisiler était si éloigné de le faire, qu'il avait peine même à en écouter la proposition ; toutefois il répondit en peu de mots que, dans trois jours, il irait rendre au roi une réponse certaine. Il n'en eut pas le temps ; car s'étant mis en route, tout malade qu'il était, il mourut au bout de deux jours (Ditm., l. 5, *Chron. sax.*, an 1003).

Le roi Henri l'ayant appris, se rendit auprès du défunt, pour accompagner le corps jusqu'à Magdebourg ; en même temps, il y envoya devant son chapelain Nipert, avec ordre de faire élire Tagmon pour archevêque. Cependant Waltherd, prévôt de l'église de Magdebourg, assembla le clergé, pour déclarer que l'archevêque était mort et que le roi venait les visiter, leur demandant en même temps leur avis sur l'élection d'un successeur. Ils déclarèrent tous d'une voix qu'ils l'élisaient lui-même, quoiqu'il le refusât humblement. Le corps de l'archevêque Gisiler étant arrivé à Magdebourg, et le roi ensuite, il envoya le lendemain Arnulfe, évêque d'Halberstadt, pour persuader au clergé et aux vassaux de l'Église vacante d'élire Tagmon. Le prévôt Waltherd répondit : qu'il renonçait volontiers à l'élection faite en sa faveur ; mais qu'il priait le roi, au nom de tous, de leur laisser la liberté d'une élection canonique, et de ne pas souffrir que la dignité de leur Église fût avilie de leur temps. Sur cette réponse, le roi fit venir le prévôt et les principaux de l'Église de Magdebourg séparément, et fit si bien, par prières et par promesses, qu'ils élurent Tagmon, à qui aussitôt il donna le bâton pastoral de l'évêque Arnulfe, pour signe de l'investiture de cette Église, et il l'installa dans la chaire pontificale, avec les acclamations ordinaires. Ensuite, on célébra les funérailles de Gisiler.

Tagmon était disciple de saint Wolfgang, évêque de Ratisbonne, qui l'avait élevé dès l'enfance comme son fils ; et, quand il fut plus avancé, il lui donna l'intendance de tous ses biens. Il le mit si bien dans l'esprit de l'empereur et du duc de Bavière qu'il ne doutait point qu'il ne fût un jour son successeur. Mais étant près de mourir, il le fit venir et lui dit : « Mettez votre bouche sur la mienne et recevez du Seigneur le souffle de mon esprit, pour tempérer en vous l'ardeur de la jeunesse par celle de la charité. Si vous êtes maintenant privé de ma dignité, sachez que dans dix ans vous en recevrez une plus grande. » Saint Wolfgang mourut en 994, et Tagmon, étant élu tout d'une voix pour lui succéder au siège de Ratisbonne, vint trouver l'empereur ; mais il n'obtint pas son consentement, et ce prince donna l'évêché de Ratisbonne à Guébehard, son chapelain. Celui-ci traita honnêtement Tagmon, que l'empereur lui avait recommandé ; mais la diversité de leurs mœurs ne permit pas qu'ils demeurassent longtemps ensemble ; et Tagmon s'attacha à Henri, alors duc de Bavière, qui l'aima particulièrement à cause de la pureté de sa vie, et qui, étant devenu roi, le fit archevêque de Magdebourg au bout de dix ans, suivant la prédiction de Wolfgang. Pour témoigner sa reconnaissance, il fit de grands présents au roi et à la reine, et à ceux qui les servaient avec lui (Ditmar, l. 5).

Le roi Henri passa ensuite à Mersebourg pour consoler cette Eglise, veuve depuis si longtemps, et la rétablir dans sa première dignité. Ce fut là que Tagmon fut sacré archevêque de Magdebourg, le jour de la Purification, 2 février 1004. Il fut sacré par saint Villegise, archevêque de Mayence, du consentement des suffragants de l'un et de l'autre, qui se trouvèrent présents, ainsi que du légat du Pape, qui y assista. Il aurait dû être ordonné par le Pape même; mais l'état des affaires ne lui permettait pas d'aller à Rome. En même temps, le roi donna l'évêché de Mersebourg à Vigbert, son chapelain, lui rendant tout ce que Gisiler avait injustement ôté à cette Eglise, et, pour signe d'investiture, il lui mit en main publiquement le bâton pastoral de l'archevêque Tagmon, qui sacra le nouvel évêque ce jour-là même, assisté de quatre de ses suffragants. Pour récompenser l'Eglise de Magdebourg de cette distraction, le roi lui donna une terre de son domaine et une partie considérable des reliques de saint Maurice, qu'il tira de sa chapelle. On les transféra solennellement du Mont-Saint-Jean dans la ville, et, quoique l'hiver fût très-rude et la terre couverte de neige, le roi porta lui-même cette relique nu-pieds.

Vigbert, évêque de Mersebourg, naquit dans la Thuringe et fut instruit par Otric dans l'école de Magdebourg. Son beau naturel étant cultivé par une bonne éducation, l'archevêque Gisiler le prit à son service, le tint longtemps auprès de lui dans une intime confiance, et le fit archiprêtre. Ensuite, ayant écouté de mauvais rapports contre lui, il s'aliéna tellement Vigbert, que celui-ci quitta tous les avantages qu'il avait auprès de lui et s'attacha au roi saint Henri, dont il gagna les bonnes grâces. Vigbert était bien fait et de belle taille, la voix très-belle, de bon conseil, éloquent, agréable en conversation, d'une libéralité sans bornes. Il enrichit son église de plusieurs terres, de quantité de livres et d'autres meubles nécessaires au service divin.

Quant à l'archevêque Tagmon, il était d'une vie très-pure, plein de justice et de charité, doux, mais ferme et prudent; sous l'habit de chanoine il menait la vie d'un moine. Aucun évêque de son temps n'était plus familier avec les membres de son clergé; il les aimait et les louait devant le peuple. Il disait tous les jours la messe et le psautier, s'il n'en était empêché par maladie, et, ne pouvant jeûner, il y suppléait par de grandes aumônes. Ses veilles étaient très-grandes. Il était très-sérieux avant la messe, et plus gai ensuite; il aimait les nobles, sans mépriser ceux qui ne l'étaient pas. Il acquit à son Eglise trois villes, une terre et des ornements épiscopaux magnifiques (Ditmar, l. 5).

Le saint roi Henri avait encore une autre chose plus à cœur : c'était d'ériger un évêché à Bamberg en Franconie. Il aimait dès l'enfance cette ville, qui était de son patrimoine et qu'avait assignée pour douaire à sa femme sainte Cunégonde; et, quand il fut roi, il commença à y bâtir une superbe église et à y amasser tout ce qui était nécessaire pour le service divin. Comme Bamberg était du diocèse de Wurtzbourg, le roi pria l'évêque de la lui céder avec son territoire, lui offrant d'autres terres en échange. L'évêque y consentit; mais il prétendait y mettre une condition, savoir, qu'il deviendrait archevêque et que le nouvel évêché de Bamberg lui serait soumis. Le roi donc, célébrant la Pentecôte à Mayence, en 1007, déclara son dessein touchant l'érection de son évêché. N'espérant point d'enfants, puisqu'il gardait la continence avec la reine, il voulait faire Dieu même héritier de son patrimoine et contribuer à la destruction du paganisme chez les Slaves, dont Bamberg se trouvait proche. Pour lui faire un diocèse, il reçut de Henri, évêque de Wurtzbourg, un comté et partie d'un autre territoire, lui donnant en échange cent cinquante manses ou familles. Ce traité se fit du consentement des évêques, qui assistèrent à l'assemblée de Mayence, au nombre d'une vingtaine. Ensuite le roi Henri envoya à Rome deux de ses chapelains chargés de ses lettres et de celles de l'évêque de Wurtzbourg, pour obtenir du Pape la confirmation de cette élection. Le pape Jean XVIII l'accorda dans un concile, et en écrivit à tous les évêques de Gaule et de la Germanie. Dans ses lettres, qui sont du mois de juin de la même année 1007, il marque que la nouvelle église, dédiée à saint Pierre, sera sous la protection spéciale de l'Eglise romaine, et toutefois soumise à l'archevêque de Mayence, son métropolitain; que, dans tout son territoire, nul comte ni juge n'aurait d'autorité, sinon celui que l'évêque aura choisi, et cela d'après la concession du roi Henri lui-même (Labbe, t. IX).

Les chapelains du roi étant revenus en Allemagne, il tint un grand concile à Francfort, le 1er novembre de la même année. L'évêque Wurtzbourg y fut appelé; mais sachant qu'il n'avait pas obtenu le titre d'archevêque, il refusa de venir et d'accomplir sa promesse. Les évêques étant assemblés au nombre de trente-cinq, le roi se prosterna devant eux jusqu'à terre; mais il fut relevé par saint Villegise, archevêque de Mayence, qui présidait à ce concile au nom de l'Eglise romaine, comme il le dit lui-même dans sa souscription. Le roi dit alors devant tout le monde : « Pour en être récompensé dans l'avenir, j'ai choisi le Christ pour héritier, n'ayant nul espoir de laisser des descendants. Et ce qui est le principal, depuis longtemps, dans le secret de mon cœur, je me suis offert en sacrifice à Dieu le Père, avec tout ce que j'ai pu et tout ce que je pourrai acquérir. J'ai désiré jusqu'à présent ériger un évêché à Bamberg, avec la permission de mon évêque, et je veux aujourd'hui parfaire ce juste désir. Je prie donc votre sérénissime piété, que l'objet de ma volonté ne soit point empêché par l'absence de celui qui a voulu obtenir par moi ce qu'il ne m'était pas permis de lui accorder; la confirmation qu'il a signée précédemment fait bien voir que, s'il s'enfuit maintenant, ce n'est point à cause de la douleur qu'il ressent de n'avoir pas obtenu la dignité qu'il convoitait. Tous les assistants doivent bien considérer que c'est par ambition qu'il s'efforce d'anéantir l'augmentation de la sainte Eglise, notre mère, au moyen d'une députation illusoire. Pour établir avec fermeté ces choses, vous avez l'assentiment cordial de mon épouse, ici présente, ainsi que de mon unique frère et cohéritier; ils savent avec certitude que je leur rendrai les mêmes biens par ailleurs. Quant à l'évêque, lorsqu'il voudra bien venir et réaliser les promesses, il me trouvera indubitablement prêt à tout ce que vous trouverez bon. »

Alors Berniger, chapelain de l'évêque de Wurtzbourg et son député, dit que la crainte du roi avait empêché son maître de venir au concile ; qu'il n'avait jamais consenti au dommage de l'Eglise qui lui était confiée, et qu'il conjurait les assistants de ne pas permettre qu'elle souffrît en son absence. Puis on fit lire à haute voix les priviléges de cette Eglise. Les évêques s'étant mis à délibérer, le saint roi se prosternait devant eux chaque fois qu'il les voyait balancer dans leurs avis. Enfin l'archevêque de Mayence demandant ce qu'il fallait décider, Tagmon, archevêque de Magdebourg, répondit le premier que l'on pouvait légitimement accorder ce que le roi désirait. Tous les autres s'y accordèrent, et souscrivirent la lettre de confirmation donnée par le Pape. Le roi Henri donna le nouvel évêché de Bamberg à Eberard, son chancelier, qui fut sacré le même jour par l'archevêque de Mayence, et, dans la suite, saint Héribert, archevêque de Cologne, remit l'évêque Wurtzbourg dans les bonnes grâces du roi. Outre l'église cathédrale dédiée à saint Pierre et à saint Georges, le roi bâtit à Bamberg un monastère de chanoines en l'honneur de saint Etienne, et un monastère de moines en l'honneur de saint Michel et de saint Benoît.

Parmi les trente-cinq évêques qui assistèrent au concile de Francfort, il y en a plusieurs qui sont honorés comme saints : entre les autres, Ansfrid, évêque d'Utrecht, que d'autres nomment Aufrid. Il était très-noble, et fut élevé par son oncle paternel Robert, archevêque de Trèves. Ensuite, ayant embrassé la profession des armes, selon sa naissance, il servit saint Brunon, archevêque de Cologne, et l'empereur Othon le Grand, qui avait en lui une confiance particulière. Comme il était fort instruit des lois divines et humaines, il avait une grande autorité, soit dans les jugements, soit dans les diètes ou assemblées ; mais les ignorants, voyant qu'il employait à la lecture ses heures de loisir, disaient qu'il menait la vie d'un moine. Il fut comte de Louvain, et employait les armes pour réprimer les pillages.

Il fonda avec sainte Hilsuinde, son épouse, le monastère de Thoren, dont leur fille, sainte Bénédicte, fut la première abbesse : la mère s'y retira et y mourut saintement. Alors le comte Aufrid, se trouvant libre, avait résolu d'embrasser la vie monastique ; mais Baudri, évêque d'Utrecht, étant mort l'an 995, l'empereur Othon III lui donna cet évêché. Il s'en défendait sur ce qu'il était avancé en âge, et avait passé sa vie dans l'exercice des armes ; mais enfin, ne pouvant résister aux instances de l'empereur, il prit son épée, la mit sur l'autel de la Vierge, c'était à Aix-la-Chapelle, et dit : « Jusqu'ici j'ai employé ma puissance temporelle contre les ennemis des pauvres ; désormais je recommande à la sainte Vierge et ma nouvelle dignité et mon salut. » Sur la fin de sa vie, il devint aveugle, et se retira dans un monastère qu'il avait fondé ; mais, quoiqu'il eût pris l'habit monastique, il ne laissait pas d'assister aux conciles et aux diètes. Il mourut le 3 mai 1010 (*Act. Bened.*, sec. 6 ; *Acta Sanct.*, 3 maii).

Dans le même temps, l'Allemagne admirait une sainteté plus étonnante encore dans un de ses grands seigneurs, savoir, Brunon, autrement nommé Boniface. Il était de la première noblesse de Saxe et parent des rois. Sa mère l'envoya à Magdebourg étudier sous Gidon le Philosophe ; et, après saint Adalbert de Prague, il gouverna cette école. L'empereur Othon III l'ayant fait venir auprès de lui, il servit quelque temps à sa chapelle, et l'empereur l'aimait si tendrement qu'il l'appelait *son âme* ; mais Brunon quitta bientôt la cour, et embrassa la vie monastique vers l'an 997. Il vivait du travail de ses mains, et souvent ne mangeait que deux fois la semaine, le dimanche et le jeudi ; il allait toujours nu-pieds, et quelquefois se roulait dans des orties ou des épines, témoignant une grande ardeur pour le martyre.

En quittant l'empereur Othon, il s'attacha à saint Romuald, qu'il suivit d'abord au Mont-Cassin, puis à Pérée, près de Ravenne ; et après avoir longtemps mené la vie érémitique, voulant prêcher aux infidèles, il alla à Rome en demander permission au Pape. Il fit ce voyage, non-seulement à pied, mais nu-pieds, marchant loin des autres, et chantant continuellement des psaumes. Il mangeait tous les jours pour soutenir le travail du voyage, mais seulement un demi-pain ; y ajoutant, les jours de fête, des fruits ou des racines, et ne buvait que de l'eau. Le Pape lui accorda la permission, non-seulement de prêcher, mais de se faire consacrer archevêque, lui donnant par avance le *pallium*. En retournant en Allemagne il allait à cheval, mais toujours nu-pieds, même par les plus grands froids ; en sorte qu'il fallait quelquefois de l'eau chaude pour détacher son pied gelé à l'étrier.

Il vint à Mersebourg trouver le saint roi Henri, et, par sa permission, Tagmon, archevêque de Magdebourg, le sacra et lui donna le *pallium*, que lui-même avait apporté. Depuis sa consécration, il récitait tous les jours l'office monastique et l'office canonial, et continuait de mortifier son corps par les jeûnes et les veilles, nonobstant ses grands voyages. Boleslas, duc de Pologne, et les autres seigneurs lui firent de grands présents ; mais il donna tout aux églises, à ses amis et aux pauvres, sans se rien réserver.

Enfin, la douzième année de sa conversion, il alla prêcher en Prusse, mais sans effet. Il s'avança sur les confins de la Russie, et commença à y annoncer l'Evangile, sans s'arrêter à la défense des habitants qui voulaient l'en empêcher. A la fin, comme il continuait toujours, ils le prirent et lui coupèrent la tête avec dix-huit des siens, le 14 février 1009. Les corps de ces martyrs demeurèrent sans sépulture, jusqu'à ce que Boleslas les racheta à un prix considérable pour être la protection de sa maison. L'Eglise honore ce saint martyr sous le nom de *Brunon*, le 15 octobre (*Act. Bened.*, sec. 6 ; Ditm., l. 6).

En 1012, l'église cathédrale de Bamberg étant achevée, le roi Henri la fit dédier solennellement le jour de sa naissance, le 10 mars. Il s'y trouva plus de trente-six évêques ; et, en cette joie publique, le roi accorda le pardon à beaucoup et le promit à plusieurs autres. Il célébra la Pentecôte de la même année à Mersebourg : Tagmon, archevêque de Magdebourg, devait y chanter la messe le jour de la fête ; mais il tomba malade, et l'historien Ditmar, évêque de Mersebourg, eut ordre de faire cette fonction. Tagmon mourut le 18 juillet, et le roi, en ayant été averti, envoya Henri, évêque de Wurtzbourg, pour apprendre l'intention du chapitre et des vassaux touchant le choix du successeur, sans qu'ils fissent d'élection en forme. Ils témoignèrent tous d'une voix souhaiter pour archevêque le prévôt Waltherd ; le roi le manda, le fit entrer seul dans sa chambre et l'entretint longtemps. En sortant, Waltherd montra à ceux qui l'avaient accompagné l'anneau qu'il portait à la main, disant : « Voilà le gage de la grâce que le roi m'a faite. » Ensuite ils vinrent tous devant le roi, qui s'étendit sur les louanges de Waltherd ; ils l'élurent en forme, et aussitôt le roi lui donna le bâton pastoral. Après lui avoir prêté serment, il fut conduit à l'église, où les assistants chantèrent les louanges de Dieu.

Le samedi suivant, Arnulfe, évêque d'Halberstadt, intronisa Waltherd par ordre du roi, et le dimanche 22 juin, il fut sacré par ses cinq suffragants ; mais il ne remplit le siège de Magdebourg que sept semaines, et mourut le 12 août, la même année 1012. Il était sévère en apparence, mais doux en effet, juste et ferme dans ses résolutions, et courageux à défendre les droits de l'Eglise. Quand on le vit prêt à rendre l'âme, on le tira de son lit, on le mit sur un cilice avec de la cendre dans les mains, une croix sur la poitrine et des cierges allumés. Il avait une immense quantité de livres, qui furent pillés à sa mort avec le reste des meubles. Thierri, neveu de l'évêque Ditmar, avait été élu archevêque de Magdebourg ; mais le roi fit élire Géron, son chapelain, et prit Thierri à sa place (Ditm., l. 6).

Au commencement de l'année suivante 1013, mourut saint Libentius, archevêque de Brême et de Hambourg, après une longue maladie. La nuit d'avant sa mort, il dit à ceux qui étaient auprès de lui : « Mes enfants, apprenez par mon exemple à ne jamais vous défier de la Providence divine. J'ai suivi le pape Benoît V, exilé en ces pays, quoi que l'on fit pour m'en détourner. Je l'ai servi tant qu'il a vécu, et après sa mort j'ai rendu toutes sortes de services à mon seigneur Adaldague. Il me donna le soin de ses pauvres, puis il me fit son camérier ; je lui ai succédé, tout indigne que je suis, par votre choix et par la grâce du roi. Remettons-nous de bon cœur toutes les fautes que nous avons faites les uns contre les autres. Je vous conseille d'élire pour gouverner notre Eglise, Othon, votre confrère, et de prier Dieu que le roi l'ait agréable. » Ils promirent tous de suivre ce conseil (*Acta Sanct.*, 4 *jan.*).

Le saint prélat mourut le lendemain, 4 janvier, après vingt-cinq ans de pontificat. Le saint roi Henri en ayant appris la nouvelle, le regretta beaucoup et témoigna une grande confiance en ses prières ; mais quand Othon vint se présenter à lui avec les députés de l'Eglise vacante, il refusa de confirmer son élection, donna l'archevêché de Hambourg à Unvan, son chapelain, et y fit consentir les députés, quoique avec répugnance. Puis, prenant Othon par la main, il promit de lui faire quelque autre grâce. Il donna donc à Unvan le bâton pastoral, et le fit sacrer en sa présence par Géron, archevêque de Magdebourg, assisté de deux évêques. Unvan tint le siège de Brême et de Hambourg pendant seize ans. Il était d'une grande noblesse, riche et libéral, particulièrement envers son clergé, et se faisait aimer de tout le monde.

Pendant les dernières années de l'archevêque Libentius, la basse Saxe souffrit beaucoup de la part des Slaves ; car, après la mort de l'empereur Othon III, ces peuples, prenant avantage de la division qui fut entre les Saxons pour la succession du royaume, secouèrent le joug et prirent les armes pour recouvrer leur liberté. Ils y furent encore poussés par la dureté des gouverneurs chrétiens ; car Bennon, duc de Saxe, homme distingué par sa vertu et protecteur des Eglises, étant mort, son fils Bernard mit le pays en trouble par sa révolte contre le roi Henri et attaqua toutes les Eglises, particulièrement celles qui n'avaient pas voulu suivre son parti. D'ailleurs, oubliant la prudence avec laquelle son père et son aïeul avaient ménagé les Slaves, il les opprima par avarice et les traita si cruellement qu'il les mit au désespoir, tandis que le margrave Théodoric ne les traitait pas mieux dans la Saxe orientale.

Ces peuples donc, encore barbares et faibles dans la foi, renoncèrent en même temps au christianisme et à l'obéissance des Saxons. Ils ravagèrent premièrement, par le fer et par le feu, le pays qui est au nord de l'Elbe. Ils brûlèrent toutes les églises et les ruinèrent jusqu'aux fondements ; ils firent mourir par divers supplices les prêtres et les autres ministres des autels, enfin, ils ne laissèrent au delà de l'Elbe aucune trace de christianisme. A Hambourg, ils emmenèrent plusieurs captifs, tant du clergé que des habitants, et en tuèrent encore plus en haine de la religion. A Aldinbourg, qui était la ville la plus peuplée de chrétiens, après avoir tué le reste comme des bêtes, ils gardèrent soixante prêtres pour s'en jouer cruellement, et, après leur avoir coupé en croix la peau de la tête, ils leur ouvrirent le crâne, en sorte que la cervelle paraissait ; puis ils les promenèrent par toutes les villes des Slaves, les mains liées derrière le dos, les frappant et les tourmentant jusqu'à la mort. On eût fait un livre des martyrs qui souffrirent en cette occasion. C'est ainsi que tous les Slaves d'entre l'Elbe et l'Eider renoncèrent au christianisme après l'avoir conservé plus de soixante-dix ans, c'est-à-dire durant tout le temps des Othons. Mais le nouvel archevêque de Hambourg, Unvan sut réparer un si grand désastre. Il réconcilia le duc Bernard avec le roi Henri ; ils travaillèrent ensuite tous deux à rétablir la ville de Hambourg, à ramener à l'obéissance les Slaves révoltés ; le pieux archevêque travailla surtout, et avec succès, à les ramener au christianisme ; il établit pour cela un collège de douze chanoines, il employa les trésors de son Eglise à gagner les princes des Slaves et des autres peuples du Nord, afin de les rendre plus soumis et plus dociles ; il les attirait à Hambourg, où il les traitait magnifiquement. Il sut ainsi établir une paix solide avec tous ces peuples et se concilier leur amitié jusqu'à sa mort, qui arriva l'an 1028 (Adam Brem., *apud Baron.*, *an.* 1013).

Parmi les chapelains du saint roi Henri, était saint Meinwerc, tiré du clergé de Halberstadt pour venir à la cour de l'empereur Othon III, dont il était parent. Ses richesses égalaient sa noblesse. L'évêque de Paderborn étant mort en 1009, le roi Henri s'étant consulté avec plusieurs évêques, fit appeler Meinwerc, et, en souriant, il lui donna un gant, et dit : Prenez ! — Que prendrai-je ? répondit Meinwerc. — L'évêché de Paderborn, dit le roi. — Que me doit cet évêché ? reprit le chapelain ; j'ai assez de biens pour en fonder un meilleur. — C'est ce que je considère, dit le roi, et je désire que vous subveniez à la pauvreté de cette Eglise. — Meinwerc répondit gaîment : Je l'accepte à cette condition, et il fut sacré par Villegise, archevêque de Mayence, son métropolitain, assisté des évêques qui se trouvaient présents. Sitôt qu'il eût pris possession, il commença à rebâtir magnifiquement, dès les fondements, sa cathédrale, que les Barbares avaient ruinée; il fortifia la ville d'une enceinte de murailles. Pour réparer la pauvreté de son Eglise, il obtint du roi Henri plusieurs bienfaits, tant en terres qu'autrement. Il fit aussi donner à son Eglise, par plusieurs seigneurs, par des ecclésiastiques et par divers particuliers, un si grand nombre de fonds de terre, qu'il y a de quoi s'étonner de la dévotion de ce peuple et de l'industrie de l'évêque. Elle n'était pas moindre pour conserver que pour acquérir ; il avait soin que les serfs qui cultivaient ces terres ne manquassent de rien ; il châtiait les paresseux, et récompensait ceux qu'il trouvait laborieux et fidèles. Il visitait son diocèse avec tant de soin, que quelquefois il allait seul par les villages, déguisé en marchand, pour connaître mieux l'état des peuples. Il eut grand soin des études et de l'instruction de la jeunesse; en sorte que, sous Imade, son neveu et son successeur, l'école de Paderborn fut très florissante. On y enseignait les sept arts libéraux, on y étudiait les poètes et les historiens, on s'appliquait à bien écrire et à peindre. De cette école sortirent saint Annon, archevêque de Cologne, Frédéric de Mayence, saint Altman de Passau et plusieurs autres. Saint Meinwerc gouverna pendant sept ans l'Eglise de Paderborn, et mourut l'an 1036, le 5 juin, jour auquel l'Eglise honore sa mémoire (*Acta Sanct.*).

Le saint roi Henri célébrait à Polden, en Saxe, la fête de Noël 1012, lorsqu'il y vit arriver, suivant les uns, le pape Benoît VIII, suivant d'autres et suivant nous, un antipape nommé Grégoire. Voici les faits. Le pape Sergius IV, successeur de Jean XVIII, était mort la même année 1012, le 13 juillet, après avoir tenu la Saint-Siège deux ans et neuf mois. Il fut enterré à Saint-Jean de Latran et, après sa mort, les Romains se partagèrent : les uns élurent un nommé Grégoire, les autres Jean, évêque de Porto, fils de Grégoire, comte de Tusculum. Celui-ci l'emporta, et, étant reconnu Pape, il prit le nom de Benoît VIII, et tint le Saint-Siège près de douze ans. Voici, à cet égard, les paroles de l'évêque Ditmar, auteur contemporain, et le plus souvent témoin oculaire. « Au pape Jean succèdent Sergius et Benoît, tous deux illustres et nos bienfaiteurs. Tous les souverains Pontifes désirent ardemment l'arrivée du roi, mais il est retardé par les embarras de divers ennemis. Béni soit dans toutes ses œuvres le Dieu tout-puissant, qui, par un tel pasteur, a daigné consoler et pacifier Rome, déprimée depuis si longtemps; car le pape Benoît prévalut dans l'élection contre un certain Grégoire. C'est pourquoi celui-ci, à la Nativité du Seigneur, vint trouver le roi à Polden, avec tout l'appareil apostolique, faisant connaître à tous son expulsion, l'école de grandes plaintes. Le roi reçut sa croix en garde et lui ordonna de s'abstenir des autres choses, lui promettant que, quand il y serait arrivé, il finirait promptement cette affaire, suivant l'usage de Rome. Le temps désiré arriva bien vite, et, au mois de février, le roi Henri fut reçu à Rome par le pape Benoît, qui y dominait avec une autorité beaucoup plus grande que tous ses prédécesseurs; il en fut reçu avec un honneur indicible, et mérita de devenir l'avocat, le défenseur de saint Pierre. » Telles sont les paroles de Ditmar (l. 6, *in fin.*, p. 399).

La plupart des critiques en ont conclu que c'est le pape Benoît qui fut chassé de Rome; que c'est le pape Benoît qui vint se réfugier près du roi à Polden, et que le roi Henri fut obligé de le rétablir à Rome. Nous croyons fermement que tous ces critiques se trompent, et se trompent complètement. Ditmar ne dit pas un mot de ce qu'ils lui font dire, il dit même le contraire. Il dit en toutes lettres, que le pape Benoît prévalut dans l'élection contre un certain Grégoire, et que, quand le roi Henri arriva à Rome au mois de février 1013, le pape Benoît y était plus puissant qu'aucun de ses prédécesseurs; ce qui d'ailleurs est tout naturel, le pape Benoît ayant pour lui sa puissante famille, la famille prépondérante des comtes du Tusculum. Il y a plus : Ditmar ne dit pas seulement que le pape Benoît prévalut dans l'élection contre un certain Grégoire, mais il ajoute immédiatement : A cause de cela (*ob hoc*) celui-ci (*iste*) vint trouver le roi à Polden. Il est évident, surtout par la cause qu'il assigne, que ce n'est pas le pape Benoît, mais son compétiteur Grégoire, qui vint trouver le roi. Les autres circonstances le confirment de plus en plus. Le fugitif vint à Polden avec tout l'appareil apostolique, se plaignant à tout le monde de son expulsion ; mais le saint roi, qui sans doute était bien instruit de toute l'affaire, au lieu de le recevoir avec honneur, lui demanda sa croix pontificale; il lui ordonna de s'abstenir des insignes et des fonctions épiscopales, c'est-à-dire qu'au lieu de le reconnaître pour Pape, il le reconnaît pour usurpateur et le traite comme tel; aussi n'est-il plus question de ce Grégoire.

Le roi saint Henri passa donc en Italie et célébra à Pavie la fête de Noël de l'an 1013. Le 22 février 1014, fête de la Chaire de saint Pierre, il fit son entrée à Rome, accompagné de la reine sainte Cunégonde, son épouse, et entouré de douze sénateurs, dont six avaient la barbe rase, et six la barbe longue, avec des bâtons à la main. Il arriva ainsi à l'église de Saint-Pierre, où le pape Benoît l'attendait. Mais avant qu'il y fût introduit, le Pape lui demanda s'il voulait être le fidèle patron et défenseur de l'Eglise romaine, et lui garder, à lui et à ses successeurs, la fidélité en toutes choses. Le roi répondit dévotement qu'il le voulait. Et alors le Pape le sacra et le couronna empereur, avec la reine son épouse, et fit suspendre devant l'autel de saint Pierre la couronne que Henri portait auparavant. Le même jour, le Pape donna un grand festin à l'empereur et à l'impératrice, dans le palais de Latran. C'est ainsi que le raconte l'évêque Ditmar (L. 7, p. 400).

Le moine Glaber, qui écrivait dans le même temps, ajoute une circonstance : « que le Pape avait fait faire une pomme d'or, ornée de deux cercles de pierreries croisés, avec une croix d'or plantée dessus. La pomme représentait le monde, la croix figurait la religion dont l'empereur doit être le protecteur, et les pierreries les vertus dont il doit être orné. Le Pape donna cette pomme, en présence de tout le monde, à l'empereur Henri, qui la reçut avec plaisir et dit au Pape : Vous voulez, Saint-Père, m'apprendre par là comment je dois gouverner. Puis, en regardant la pomme, il ajouta : Ce présent ne peut mieux convenir à personne qu'à ceux qui ont foulé aux pieds les pommes du monde pour suivre plus librement la croix, et il l'envoya au monastère de Cluny, estimé alors le plus régulier de tous, et auquel il avait déjà fait de riches présents. Glaber dit au même endroit, à l'occasion du couronnement de saint Henri : « Ce nous paraît un décret extrêmement convenable et excellent pour maintenir la paix, savoir, qu'aucun prince n'entreprenne audacieusement de porter le sceptre de l'empire romain ; qu'aucun ne puisse s'appeler empereur ni l'être, sinon celui que le Pape du Siège romain aura choisi pour son mérite comme propre à la république, et auquel il aura donné les insignes de l'empire (Glaber, l. 1, c. 5). »

Ces paroles et ces faits nous montrent de plus en plus ce que les empereurs d'Occident étaient aux Papes. Les empereurs étaient les défenseurs titulaires de l'Eglise romaine contre les infidèles, les hérétiques, les schismatiques et les séditieux. Défendre l'Eglise romaine, voilà ce qu'ils promettaient à leur sacre. D'après cela, il était tout naturel, comme le remarque Glaber, que le chef de l'Eglise romaine, le Pape, choisît celui des princes chrétiens qu'elle devait avoir pour protecteur.

A l'exemple d'Othon Ier, l'empereur saint Henri donna au pape Benoit un diplôme, souscrit de lui, de douze évêques, trois abbés et plusieurs seigneurs, dans lequel il reconnaît, ratifie et confirme tous les droits temporels appartenant au Saint-Siège, toutes les donations qui lui avaient été faites par Pepin et Charlemagne. Dans ce diplôme, comme dans celui d'Othon qu'il copie, on voit la réserve, non pas de la souveraineté de l'empereur, comme dit Fleury, mais de la puissance qui était attribuée aux empereurs dans la constitution du pape Eugène et de ses successeurs, savoir, que tout le clergé et toute la noblesse de Rome s'engageraient par serment à élire le Pape que d'une manière canonique, et que le nouvel élu, avant d'être sacré, s'engagerait de même par serment, en présence des envoyés de l'empereur ou en présence de tout le peuple, à conserver les droits de tous. On voit, par ces paroles du diplôme, qu'il n'est point ici question de souveraineté proprement dite, mais du droit réservé par les Papes mêmes aux empereurs, comme défenseurs de l'Eglise romaine, de veiller à ce que l'élection du Pape se fît canoniquement, et à ce que le nouveau Pape jurât de conserver les droits de tout le monde (Labbe, t. IX, p. 815 ; Mansi, t. XIX, p. 331).

Pendant que l'empereur saint Henri était à Rome, il demanda aux prêtres pourquoi, après l'Evangile, ils ne chantaient pas le symbole, comme on faisait dans les autres églises. Ils répondirent que l'Eglise romaine, n'ayant jamais été infectée d'aucune hérésie, n'avait pas besoin de déclarer sa foi par le symbole. Toutefois l'empereur persuada au pape Benoit de le faire chanter à la messe solennelle. C'est ce que témoigne Bernon, abbé de Reichenau, qui était présent (Bern. Aug., *De Missâ*, c. 3).

L'empereur saint Henri avait déjà donné l'archevêché de Ravenne à son frère Arnulfe ; mais comme la possession lui en était disputée, il le fit alors introniser de nouveau et consacrer sur le lieu par le Pape. Il voulait aussi faire dégrader Adalbert, usurpateur de ce siége ; mais, à la prière des gens de bien, il lui donna l'évêché d'Aricie. Le Pape déposa quatre évêques ordonnés par l'archevêque, depuis qu'il avait perdu la parole. Pendant ce séjour en Italie, le saint empereur fonda un évêché à Bobio, par le conseil des évêques de la province, qui le jugèrent nécessaire. C'est le lieu où mourut saint Colomban, et où reposent ses reliques. L'empereur, ayant célébré à Pavie la fête de Pâques, qui, cette année 1014, était le 25 avril, repassa les Alpes et visita avec peu de suite les lieux de piété. Alors Ardouin, qui se prétendait toujours roi de Lombardie, ravi du départ de l'empereur, s'empara de Verceil, dont l'évêque Léon eut de la peine à se sauver ; mais bientôt, ayant perdu de nouveau cette ville, se voyant privé du royaume, épuisé de travaux et de maladie, il se retira, l'an 1015, dans le monastère de Frutare, s'y coupa les cheveux, y prit l'habit monastique et y mourut si chrétiennement, le 2 mars 1018, que quelques auteurs le comptent entre les saints (Ditm., l. 7 ; *Act. Bened.*, sec. 6).

L'empereur Henri, retournant en Allemagne, vint à Cluny voir l'abbé saint Odilon, pour lequel il avait une telle affection, qu'il le visitait souvent et le menait quelquefois à sa cour. A cette visite, il donna au monastère sa couronne, son sceptre, sa pomme, son habit impérial et un crucifix, le tout d'or, du poids de cent livres. Après avoir obtenu d'être associé à cette sainte communauté, il se recommanda à leurs prières et leur donna des terres considérables en Alsace. Saint Meinwerc, évêque de Paderborn, qui accompagnait l'empereur, profita de cette occasion pour demander à saint Odilon des moines, afin de fonder un monastère près de sa ville. Il emporta aussi le poids du pain, la mesure du vin, le livre de la règle, celui des hymnes et un antiphonaire ; et, quand il fut de retour, il fonda, près de Paderborn, une chapelle en l'honneur de saint Benoit, qui devint depuis un monastère fameux. Il introduisit également la réforme, mais non sans peine, dans le monastère de Corbie en Saxe, où la vie des moines était extrêmement relâchée.

Au milieu de ses grandeurs, de ses richesses, de ses guerres, de ses victoires, de ses bonnes œuvres et de ses maladies, car plus d'une vint éprouver sa patience, l'empereur saint Henri aspirait à quelque chose de mieux : c'était de quitter toutes ces richesses et toutes ces grandeurs, pour embrasser l'humilité du cloître. Il aimait particulièrement le bienheureux Richard, abbé de Saint-Viton ou Vannes de Verdun ; il lui avait fait bien des fois de riches présents en or, en argent et en ornements. Un jour donc il vint voir les nouveaux bâtiments des lieux réguliers que le saint abbé avait rétablis, et, en entrant dans le cloître, soutenu d'un côté par l'évêque Haimon, et de l'autre par l'abbé Richard, il dit ces paroles du psaume : *C'est ici mon repos pour toujours, c'est ici l'habitation que j'ai choisie!* L'évêque remarqua cette parole de l'empereur, et dit à l'abbé en particulier : « Si vous retenez ce prince et le faites moine, comme il le désire, vous perdrez tout l'empire ! » L'abbé y fit une sérieuse réflexion et trouva un expédient pour contenter l'empereur sans nuire à l'Etat.

Il le fit venir au milieu de la communauté, et l'interrogea sur son dessein. L'empereur répondit avec larmes qu'il avait résolu de quitter l'habit du siècle et de servir Dieu en ce lieu même, avec les moines. « Voulez-vous, demanda l'abbé, suivant la règle et suivant l'exemple de Jésus-Christ, être obéissant jusqu'à la mort? » L'empereur répondit qu'il le voulait, et de tout son cœur. « Et moi, reprit l'abbé, je vous reçois pour moine, et, dès ce jour, je me charge du soin de votre âme. C'est pourquoi je veux que vous fassiez, avec la crainte de Dieu, tout ce que je vous ordonnerai. » L'empereur le promit, et Richard continua : « Je veux donc, et je vous ordonne, que vous retourniez gouverner l'empire que Dieu vous a confié, et que, par votre fermeté à rendre justice, vous procuriez, selon votre pouvoir, le salut de tout l'Etat. » L'empereur obéit, quoique avec regret, et reprit le gouvernement de l'empire ; mais il visitait souvent l'abbé Richard, et réglait par son conseil les affaires les plus importantes de l'Etat (*Act. Bened., sec. 6*; Roussel, *Hist. de Verdun*).

L'année 1016, les Sarrasins venant par mer en Italie, prirent Lune et Toscane, chassèrent l'évêque et se rendirent maîtres du pays. Le pape Benoît l'ayant appris, assembla tous les évêques et les défenseurs des Eglises, et leur ordonna de venir avec lui attaquer les ennemis, espérant, avec l'aide de Dieu, les mettre à mort. En même temps, il envoya secrètement une grande multitude de navires pour leur couper le chemin à leur retour. Le roi des Sarrasins s'en étant aperçu, se sauva avec peu de suite ; ses troupes s'assemblèrent, et d'abord eurent grand avantage sur les chrétiens pendant trois jours ; enfin elles prirent la fuite et furent toutes tuées, jusqu'au dernier homme, en sorte que les chrétiens ne pouvaient compter le nombre des morts ni la quantité du butin. Leur reine fut prise, et, pour punir son audace, eut la tête coupée ; le Pape prit pour lui l'ornement d'or et de pierreries qu'elle portait sur sa tête, et envoya à l'empereur sa part du butin, estimée mille livres. Le butin partagé, les chrétiens victorieux s'en retournèrent chacun chez eux rendre grâces à Dieu. Le roi des Sarrasins, irrité de la mort de sa femme et de la perte de ses troupes, envoya au Pape un sac plein de châtaignes, et lui fit dire par le porteur que, l'été suivant, il lui amènerait autant de soldats. Le Pape lui envoya un petit sac plein de millet, en disant que, s'il n'était pas content du tort qu'il avait fait au patrimoine de saint Pierre, il vînt une seconde fois, et qu'il trouverait autant ou plus de gens armés (Ditmar., l. 7, p. 411).

Vers le même temps, il y eut à Rome un tremblement de terre qui commença le vendredi saint, après l'adoration de la croix. Un Juif de la synagogue grecque donna avis au Pape qu'à la même heure les Juifs traitaient avec dérision l'image du crucifix. Le Pape s'en étant informé exactement, et ayant trouvé qu'il en était ainsi, condamna les coupables à perdre la tête ; et, après qu'ils eurent été décapités, la fureur des vents cessa (*Chron. Adem.*; Bouq., t. X, p. 154).

Cependant il vint à Rome un seigneur normand, nommé Raoul, qui, s'étant attiré l'indignation du duc Richard, était sorti du pays avec tout ce qu'il avait pu emporter. Il expliqua son aventure au pape Benoît, qui, le jugeant brave guerrier, lui exposa les entreprises des Grecs sur l'empire d'Occident ; car l'empereur Basile avait ordonné au catapan, c'est-à-dire au gouverneur général de ce qui lui restait en Italie, d'exiger le tribut qu'il prétendait lui être dû, et, en exécution de cet ordre, le catapan avait subjugué une partie de la province de Bénévent. Le Pape se plaignit donc à Raoul qu'il ne trouvait personne dans le pays capable de repousser les Grecs. Il s'y offrit, et le Pape l'envoya à Bénévent ; et il conduisit si bien les Italiens, qu'il leur fit remporter des avantages considérables (Glab., l. 3, c. 1).

Les Normands étaient déjà connus en Italie ; seize ans auparavant, c'est-à-dire vers l'an 1000, quarante Normands, revenant du pèlerinage de Jérusalem, arrivèrent à Salerne, qu'ils trouvèrent assiégée par les Sarrasins. Les Italiens admirèrent la grande taille de ces étrangers, leur bonne mine et leur adresse à manier les armes. Gaimar, prince de Salerne, leur donna des armes et des chevaux, et ils firent sur les infidèles une sortie si imprévue et si vigoureuse, qu'ils les forcèrent à se retirer. Le prince de Salerne les combla de louanges, leur offrit de grands présents et les pressa instamment de demeurer avec lui ; mais ils répondirent que, dans ce qu'ils avaient fait, ils n'avaient eu d'autre motif que l'amour de Dieu et de la religion, refusèrent les présents et retournèrent en leur pays. Le prince de Salerne envoya avec eux des députés en Normandie, avec des citrons, des amandes et d'autres fruits d'Italie, des étoffes précieuses et des harnais dorés pour les chevaux, afin d'exciter d'autres Normands à venir dans un pays qui produisait ces richesses (*Chron. Cassin.*, l. 2).

Le bruit des victoires de Raoul s'étant répandu de tous côtés, une multitude innombrable de Normands sortirent de leur pays avec leurs femmes et leurs enfants, non-seulement par la permission du duc Richard, mais par ses ordres pressants. Après plusieurs victoires sur les Grecs, Raoul voyant que les Italiens étaient peu propres à la guerre, passa les monts avec peu de suite, et alla trouver l'empereur saint Henri pour lui exposer l'état des choses. L'empereur, qui, sur sa réputation, désirait de le voir, le reçut très-bien et lui fit divers présents (Glab., *Ibid.*).

D'autres Normands, sous la conduite de Roger, marchèrent contre les Sarrasins d'Espagne, en tuèrent une multitude innombrable, leur prirent un grand nombre de villes et de forteresses. Dès son arrivée, Roger usa de cet effrayant stratagème. Ayant pris quelques Sarrasins, il en coupait un par morceaux chaque jour, en faisait cuire la moitié dans une chaudière, à la vue des autres, pour leur servir de nourriture, feignant, de son côté, de manger l'autre moitié avec les siens. Quelques prisonniers qu'il laissa échapper exprès, ayant raconté à leurs compatriotes ces horribles repas, répandirent parmi eux une si grande terreur, que les Sarrasins du voisinage demandèrent la paix à la comtesse Ermensède de Barcelone, dont Roger avait épousé la fille, et s'engagèrent à lui payer tribut (*Chron. Adem.*, p. 156).

Cependant les Normands et les Italiens coalisés, après avoir battu plusieurs fois les Grecs, furent battus à leur tour près de Cannes. De plus, le prince de Capoue était d'intelligence avec les Grecs ; il avait même envoyé à Constantinople, comme témoignage de sa soumission à l'empereur, les clés d'or de sa ville. Rome elle-même se trouvait menacée. Dans ces conjonctures, le pape Benoît VIII passa les Alpes, se rendit en Allemagne, auprès de l'empereur saint Henri. Ils célébrèrent ensemble, à Bamberg, le jeudi saint et la fête de Pâques de l'an 1020, qui était le 17 avril. Le dimanche suivant, le Pape consacra l'église de Saint-Etienne; et l'empereur donna la ville et l'évêché de Bamberg à l'Eglise romaine, avec une redevance annuelle d'une haquenée blanche et de cent livres d'argent (Baron., an. 1019, édit. et note de Mansi; *Concil. Mansi*, t. XIX). Mais la principale affaire que le Pape et l'empereur traitèrent ensemble, fut sans doute d'expulser de l'Italie et les Grecs et les Sarrasins, et d'assurer ainsi, à perpétuité, l'indépendance même temporelle de l'Eglise romaine. Cela intéressait plus que l'Italie : cela importait à l'univers entier; car l'expérience des siècles a fait voir et fait voir encore que les Grecs, par leur penchant incurable à la division, au schisme et à l'hérésie, ne sont pas moins nuisibles à la foi et à l'unité catholique, c'est-à-dire à la véritable civilisation du genre humain, que les mahométans par leur fanatisme et leur férocité.

Au commencement de l'an 1021, l'empereur Henri assiégea le comte Othon dans son château de Hamerstein, près de Coblentz, parce qu'il pillait les terres de l'Eglise de Mayence, en haine de l'archevêque, qui l'avait excommunié dans un concile, pour un mariage illicite. L'empereur étant donc à ce siège, manda à saint Héribert, archevêque de Cologne, de venir le trouver avec ses troupes. Depuis longtemps l'empereur était irrité contre cet archevêque, qui n'avait point assisté à son élection, étant occupé aux funérailles de l'empereur Othon, et avait tardé à lui apporter les ornements impériaux; on avait même persuadé à Henri que l'archevêque voulait un autre empereur. Or, dans le temps même qu'il fut mandé de venir avec ses troupes, Héribert était malade d'une grosse fièvre et ne put y aller. L'empereur, croyant que c'était un prétexte, dit en colère : « Eh bien! puisqu'il est malade, j'irai le visiter! » En effet, sitôt qu'il eut soumis le comte, il marcha vers Cologne, et les ennemis de l'archevêque ne manquaient pas de l'échauffer encore contre lui.

Quand il y fut entré, l'archevêque le reçut avec l'honneur convenable. La nuit suivante, l'empereur vit en songe un homme vénérable, revêtu d'ornements pontificaux, qui lui dit : Prends garde, empereur, de rien faire contre mon frère Héribert! Sache que c'est un homme agréable à Dieu, et que, si tu l'offenses, tu en porteras infailliblement la peine! Le matin, l'empereur envoya chercher l'archevêque, qui se présenta les yeux baignés de larmes, voulant se plaindre de ce qu'il était irrité contre lui sans sujet. Mais l'empereur, se levant de son siège, courut l'embrasser, et, pour le remettre de son étonnement, il lui dit : « J'avoue, mon Père, que depuis que je suis venu à la couronne, je me suis prévenu d'aversion contre vous et ne vous ai pas fait justice; mais le ciel se déclare pour vous, et Dieu m'a fait connaître que vous êtes du nombre de ses élus. » Ayant ainsi parlé, il l'embrassa encore jusqu'à trois fois, et le fit asseoir à côté de lui. Mais non content de cette satisfaction, la nuit suivante, après matines, il prit un clerc avec lui, et alla à la chambre du prélat. Il ne l'y trouva pas; il était en prière, suivant sa coutume dans un oratoire de Saint-Jean, qui était proche. L'empereur ôta son manteau, se prosterna à ses pieds, le priant de lui remettre, par sa puissance sacerdotale, tous les péchés qu'il avait commis contre lui. L'archevêque releva l'empereur et lui donna l'absolution qu'il demandait, puis il lui dit en secret : « Sachez qu'après votre départ, nous ne nous reverrons plus en ce monde! » L'empereur, attendri de cette prédiction, l'embrassa de nouveau en pleurant, et lui baisa les yeux et les mains. Saint Meinwerc, évêque de Paderborn, était à Cologne avec l'empereur lors de cette réconciliation, et il exhorta ce prince à réparer par quelque aumône l'injure qu'il avait faite au saint archevêque; c'est pourquoi l'empereur donna une terre en Westphalie au nouveau monastère de Paderborn. Saint Héribert mourut en effet le 16 mars, la même année 1021, et fut assisté à la mort par Elie, abbé de Saint-Martin de Cologne, Ecossais de nation et compté aussi entre les saints. Saint Héribert fut enterré au monastère de Duit, qu'il avait fondé. L'Eglise honore sa mémoire le jour de sa mort. Il avait rempli le siège de Cologne vingt-deux ans, et eut pour successeur Pilgrim, chapelain de l'empereur, qui le tint quinze ans (*Acta Sanct.*, 16 *mart.*).

Il suivit l'empereur Henri en Italie l'année suivante 1022. Car ce prince y passa, sur les instantes prières des Normands, des Italiens et du Pape, pour s'opposer aux Grecs qui menaçaient Rome même. Il marcha le long de la mer Adriatique avec le corps de son armée, qui était immense, et envoya, par le pays des Mars, Poppon, archevêque de Trèves, avec une division de onze mille hommes, et Pilgrim, archevêque de Cologne, à Rome avec vingt mille hommes, pour prendre le prince de Capoue et l'abbé du Mont-Cassin, qui étaient d'intelligence avec les Grecs. L'abbé, nommé Athenolfe, s'enfuit, résolu de passer à Constantinople, et s'embarqua à Otrante; mais il périt en mer. Pandolfe, son frère, prince de Capoue, se rendit à l'archevêque Pilgrim, qui lui sauva la vie, quoique avec peine, parce qu'il l'avait pris sous sa foi; car les seigneurs l'avaient condamné à mort.

L'empereur Henri prit Bénévent et toutes les places que les Grecs lui avaient enlevées; mais il trouva une grande résistance à Troie en Apulie, qui attendait du secours de l'empereur Basile. Après trois mois de siège, les habitants résolurent de se rendre, et ayant appelé un solitaire, comme il y en avait un grand nombre en Italie, ils lui firent prendre une croix et envoyèrent tous les enfants de la ville, criant : *Kyrie eleïson!* Ils vinrent jusqu'à la tente de l'empereur, qui demanda ce qu'ils voulaient. On lui dit qu'ils demandaient miséricorde pour la ville. Il répondit : « Celui qui connaît les cœurs, sait que ce sont les pères de ces enfants qui les font périr, et non pas moi! » Il répandit des larmes, et les fit reconduire en sûreté. Ils revinrent le lendemain matin, criant comme la veille : *Seigneur, ayez pitié de nous!* Aussitôt il sortit de sa tente, regarda cette troupe d'orphelins, et touché de compassion, il dit cette parole du Seigneur : *J'ai pitié de ce peuple!* Car il avait menacé, s'il prenait la ville, de la brûler et de faire pendre tous les hommes. Il manda donc aux chefs de la ville, s'ils voulaient obtenir leur pardon, de détruire eux-mêmes cette partie des murs qui était opposée à ses machines. Ils l'exécutèrent à l'instant. Alors il les admit en sa présence, et, ayant reçu d'eux des otages, il leur ordonna de rebâtir les murs (Glab., l. 3, c. 1).

Après la prise de Troie, la dyssenterie s'étant mise dans son armée, l'empereur Henri revint en Allemagne, où il se tint plusieurs conciles pour la réforme des mœurs dans le clergé et dans le peuple. C'était un autre objet que le Pape et l'empereur se proposaient dans les communs efforts de leur zèle. Le 1er août, peut-être l'année 1022, car l'année précise n'est pas marquée, le Pape tint pour cela un concile à Pavie. Les actes qui nous en restent commencent par un grand discours où il se plaint que la vie licencieuse du clergé déshonore l'Eglise et qu'ils dissipent les grands biens qu'ils ont reçus de la libéralité des princes, les employant à entretenir publiquement des femmes et à enrichir leurs enfants. Il montre ensuite que les clercs sont obligés à la continence par le canon de Nicée, qui leur défend de loger avec des femmes; par les décrétales de saint Sirice et de saint Léon, dont le premier défend le mariage même aux sous-diacres. Il réfute l'ignorance ou la mauvaise foi de ceux qui s'excusaient sur l'exemple des prêtres de l'ancienne loi; il leur montre que ceux-ci même étaient obligés de garder la continence tout le temps qu'ils étaient de service dans le temple. Or, les ministres sacrés de l'Eglise sont de service chaque jour; donc ils doivent garder une continence perpétuelle. De plus, si le mariage était permis aux prêtres d'Aaron, c'était pour propager le sacerdoce attaché à leur famille. Cette raison n'existe point pour les prêtres du Christ, le sacerdoce chrétien n'étant point attaché à une famille particulière, mais communiqué à tous ceux que Dieu y appelle, sans distinction de famille ou de nation.

Après avoir ainsi établi en général que tous les enfants des clercs, nés depuis leur engagement, sont illégitimes, le Pape vient à ceux qu'un clerc né serf de l'Eglise avait eus d'une femme libre. On prétendait que ces enfants étaient libres, suivant cette règle du droit, que, hors le mariage légitime, l'enfant suit la condition de la mère; mais le Pape soutient que cette règle ne doit s'appliquer qu'aux enfants des laïques. Premièrement, parce que les laïques qui ont fait cette loi n'ont aucun pouvoir de régler les droits de l'Eglise, ce qu'il prouve par une constitution du saint pape Symmaque; ensuite, parce qu'ils n'ont pu, en la faisant, avoir en vue les enfants des clercs, puisque les clercs ne doivent pas avoir d'enfants. Les clercs concubinaires objectaient ce passage de saint Paul : *Que chacun ait sa femme, pour éviter la fornication;* mais le Pape répond que l'apôtre ne parle que des laïques, et que c'est l'hérésie de Jovinien de l'appliquer indifféremment à tout le monde. Il cite encore une constitution de Justinien, qui, par une loi générale, déclarait serfs les enfants des serfs du fisc, quoique nés de femmes libres, et il se plaint hautement des juges qui jugeaient suivant la maxime contraire.

Après cette préface, où l'on ne voit citer aucune fausse décrétale, est le décret du pape Benoît, divisé en sept articles. Il renouvelle la défense d'avoir ni femme ni concubine, et semble l'étendre à tous les clercs sans exception. Il déclare que les enfants des clercs nés serfs de l'église en laquelle servent leurs pères, quoique leurs mères soient libres, et prononce anathème contre le juge qui les déclarera libres. Aucun serf de l'Eglise, clerc ou laïque, ne pourra faire aucune acquisition sous le nom d'un homme libre, sous peine de fouet et de prison, jusqu'à ce que l'Eglise ait retiré tous les titres de l'acquisition. L'homme libre qui a prêté son nom donnera à l'Eglise ses sûretés, sous peine d'être traité comme sacrilège; et le juge ou le tabellion qui aura reçu le contrat sera frappé d'anathème. Ce décret est souscrit par sept évêques, dont les premiers sont le pape Benoît, Aribert, archevêque de Milan, et Raynald, évêque de Pavie.

Le Pape pria l'empereur saint Henri de confirmer ce décret par une sanction temporelle. L'empereur lui répondit par la lettre suivante : « Très-saint Pape, je ne puis rien vous refuser, vous à qui, par Dieu, je dois tout; d'autant plus que vous demandez des choses justes et honorables, et que vous m'appelez en société de votre sainte sollicitude, pour nous rendre participants de la joie comme du travail. C'est pourquoi nous rendons de très-grandes actions de grâces à votre saint épiscopat, qui règle salutairement l'Eglise et commence la réforme par l'incontinence des clercs, d'où s'est répandu tout le mal sur la terre. Tout ce que Votre Paternité a institué et réformé synodalement pour la restauration nécessaire de l'Eglise, je le loue, je le confirme et je l'approuve, comme votre fils, et pour que tout le monde soit plus disposé à l'observer, je promets, avec l'aide de Dieu, de l'observer moi-même inviolablement. Et par la présente sanction, qui, par la grâce de Dieu, vivra autant que l'Eglise vivante, d'accord avec les sénateurs de la terre, avec les officiers de notre palais et les amis de la chose publique, en présence de Dieu et de l'Eglise, nous corroborons ces ordonnances, qui subsisteront éternellement, seront reçues parmi les droits publics et inscrites solennellement parmi les lois humaines. »

À la suite de cette lettre si remarquable, viennent sept articles conformes à ceux du Pape, mais plus fermes et plus sévères, souscrits par l'empereur et les seigneurs, en ces termes : « Moi Henri, par la grâce de Dieu, empereur auguste, suivant le conseil du Seigneur pape Benoît et la suggestion d'un grand nombre d'évêques, j'ai, par l'autorité de Dieu, statué, confirmé, déclaré et souhaité éternellement valable, cette présente constitution de la loi perpétuelle, et j'ai prié les grands de mon empire de la confirmer. Moi Othon, margrave, j'ai assisté, et j'ai confirmé et loué la présente loi, comme très-nécessaire au monde et devant rendre aux Eglises les yeux qu'elles ont perdus (Labbe, t. IX). » Telle était la politique vraiment chrétienne du saint empereur et de ses princes; telle était leur cordiale intelligence avec la sainte Eglise de Dieu.

Des conciles qui se tinrent en Allemagne, nous n'avons les canons que de celui de Selingstadt, près de Mayence, tenu le 11 août 1022, par l'évêque de Mayence, Aribon, et cinq de ses suffragants. Ce concile fit vingt canons. On ordonne l'abstinence de la chair quatorze jours avant la Saint-Jean, autant avant Noël, et des jeûnes en plusieurs vigiles qui sont marquées, entre autres celle de l'Epiphanie. Défense à un prêtre de dire plus de trois messes par jour ; défense de jeter un corporal dans le feu pour éteindre un incendie ; défense de porter une épée dans l'église, excepté celle du roi ; défense de faire dire, par superstition et pour deviner, des messes de la Trinité ou de saint Michel. Il est ordonné d'abattre les bâtiments attenant aux églises, et défense à d'autres qu'aux prêtres de loger dans le parvis. Qui n'observera pas le jeûne énoncé par l'évêque, nourrira un pauvre le même jour. Le pénitent, pendant le cours de sa pénitence, demeurera dans le lieu où il l'a reçue, afin que son propre prêtre puisse rendre témoignage de sa conduite, et le prêtre ne pourra lui diviser sa pénitence ni le faire rentrer dans l'Eglise sans ordre de l'évêque. Et parce que plusieurs, chargés de grands crimes, refusaient de recevoir la pénitence de leurs pasteurs et s'en allaient à Rome, croyant que le Pape leur remettrait tous leurs péchés, le concile des six évêques arrête, que telle indulgence ne leur servira de rien, mais qu'ils doivent premièrement accomplir la pénitence qui leur sera imposée par leurs pasteurs ; après quoi, s'ils veulent aller à Rome, ils prendront des lettres de leur évêque au Pape. En général, il est défendu, par ce concile, d'aller à Rome sans la permission de l'évêque ou de son vicaire (Labbe, t. IX).

Fleury ajoute cette réflexion : « On voit ici que le Pape était regardé comme un évêque étranger, quant à l'administration de la pénitence, comme dans le capitulaire d'Eiton, évêque de Bâle, deux cents ans auparavant. » Cette réflexion approbative de Fleury est au moins étrange ; car, en bonne théologie, le Pape est le propre pasteur de tous les fidèles du Christ, d'après ces paroles du Christ lui-même : *Pais mes agneaux, pais mes brebis*. L'évêque est le propre pasteur de tous les fidèles que le Pape lui confie, sous le nom de diocèse ; le curé est le propre pasteur de tous les fidèles que l'évêque lui confie, sous le nom de paroisse. Mais il est bon, il est sage que le pasteur suprême ne révoque ou ne restreigne la puissance du pasteur subalterne que pour le plus grand bien, soit de l'Eglise entière, soit du diocèse. Ainsi le Pape se réserve avec toute l'Eglise l'absolution de certains crimes énormes, et l'évêque dans son diocèse particulier. Fleury aurait pu se rappeler ces choses, pour rectifier les paroles peu exactes de six évêques ou même d'un seul, au lieu de les prendre pour la règle. Il aurait pu se rappeler encore que, d'après le témoignage des grecs Sozomène et Socrate, c'est une ancienne loi de l'Eglise, *que rien ne peut s'y régler sans l'assentiment du Pontife romain*, et qu'ainsi, pour avoir force de loi, même dans leurs provinces, *les conciles particuliers doivent être approuvés par le Pape*.

Il se tint, la même année 1022, un concile à Aix-la-Chapelle, en présence de l'empereur Henri, pour accommoder un différend entre Pilgrim, archevêque de Cologne, et Durand, évêque de Liége, touchant le monastère de Burcito, que l'un et l'autre prétendait être de son diocèse. Durand avait succédé l'année précédente, dans l'Eglise de Liége, à saint Vulbode, qui est honoré le 21 avril. Ce dernier était un saint évêque d'une taille et d'une grosseur presque gigantesque, ce qui l'obligeait à manger beaucoup ; mais en mangeant plus que les autres, il ne laissait pas de se mortifier par l'abstinence. Il mourut saintement le 20 avril, en embrassant le crucifix, et il fut enterré le lendemain dans l'église du monastère de Saint-Laurent. L'an 1023, Aribon tint un autre concile plus nombreux à Mayence, en présence de l'empereur, qui était invité d'y venir célébrer la fête de la Pentecôte. Tout ce qu'on en sait, c'est que l'archevêque y excommunia le comte Othon, à cause de son mariage incestueux avec sa parente Irmengarde (Labbe, t. IX).

Outre ces assemblées d'évêques et de seigneurs pour le bien de l'Eglise et de l'empire, on vit des assemblées de rois à la même fin. L'an 1006, il y eut, entre les deux rois Henri de Germanie et Robert de France, une entrevue sur la Meuse, qui séparait leurs Etats. Plusieurs de leur suite disaient qu'il n'était pas de leur dignité de passer l'un du côté de l'autre, et qu'ils devaient se voir sur des barques au milieu de la rivière. Mais l'humilité et l'amitié sincère l'emportèrent. Le saint roi Henri se lève de grand matin, passe avec peu de suite chez le roi de France, et ils s'embrassent avec une cordialité inexprimable : ils entendirent la messe, célébrée par des évêques, et dînèrent ensemble. Après le dîner, le roi Robert offrit à Henri des présents immenses d'or, d'argent et de perles précieuses ; de plus, cent chevaux très-bien enharnachés, sur chacun desquels étaient une cuirasse et un casque ; déclarant, au surplus, que son amitié diminuerait à proportion de ce qu'il lui laisserait de toutes ces choses. Henri, toutefois, accepta seulement un livre des saints Evangiles, couvert d'or et de pierres précieuses, avec un reliquaire fait de même, lequel contenait une dent de saint Vincent, martyr. Quant à sa femme, sainte Cunégonde, elle reçut seulement des vaisseaux d'or pareils. Le jour suivant, le roi Robert passe avec ses évêques dans la tente du roi de Germanie, qui lui fait une réception magnifique. Le dîner entre eux étant fini, Henri présente cent livres d'or pur au roi Robert, qui n'accepte que des vaisseaux d'or pareils ; puis, ayant cimenté un traité d'amitié, les deux rois s'en retournèrent chez eux (Glab., l. 3, c. 2). Il existe un diplôme en faveur du monastère de Saint-Bénigne de Dijon, donné par le roi Robert pendant son entrevue avec Henri sur la Meuse, et qui porte expressément la date de 1006, 19ᵉ année du règne de Robert (Bouquet, t. X).

En l'année 1016, ce bon prince, après avoir visité tous les saints lieux de France, eut la dévotion d'aller à Rome visiter les tombeaux des saints apôtres. Il y fut accompagné d'un nombreux cortége d'évêques et de seigneurs. La veille de Saint-Pierre, il offrit quelque chose sur son autel. Tout le monde comptait que c'était quelque offrande de grand prix. C'était, dans une bourse de soie, une antienne en l'honneur de saint Pierre, que le roi lui-même avait composée et notée de sa main. Pendant son séjour à Rome, le roi fit connaître au Pape que plusieurs seigneurs usurpaient les biens du monastère de Cluny ainsi que d'autres. Aussitôt le pape Benoît adressa une lettre-circulaire aux évêques de Bourgogne, d'Aquitaine et de Provence, pour leur ordonner d'excommunier ces usurpateurs (*Ibid.*, Labbe, t. IX).

Au mois d'août de l'année 1023, saint Henri, alors empereur depuis neuf ans, eut une seconde et dernière entrevue avec son ami, le roi Robert, qu'il y avait invité par Gérard, évêque de Cambrai, et Richard, abbé de Verdun. Cette entrevue eut lieu à Yvoy, sur le Cher, aux confins de la Champagne et du Luxembourg. Le jour de Saint-Laurent, l'empereur, averti que Robert venait le voir, alla au devant de lui jusqu'à Mouson. Dans cette entrevue solennelle, qui dura plusieurs jours, ils rendirent leur amitié encore plus intime, ils établirent solidement la paix et la justice; ils y traitèrent de l'état de l'Eglise, du royaume et de l'empire : ils cherchent surtout les moyens d'assurer la paix de l'Eglise, et de mieux subvenir à la chrétienté, exposée à tant de périls; ils conviennent de se retrouver à Pavie, avec le seigneur apostolique, pour lui faire agréer leurs projets (*Ex Chron. Camerac.*; Bouquet, t. X).

Le saint empereur Henri n'eut pas le temps de les accomplir sur la terre. Affligé de diverses infirmités, il célébra, déjà malade, la fête de Noël 1023 à Bamberg; il célébra, plus malade encore, la fête de Pâques 1024 à Magdebourg; puis, entouré de tous les grands de l'empire, il mourut saintement dans la petite ville de Grone, âgé de 52 ans, le 14 juillet 1024, jour auquel l'Eglise honore sa mémoire. Se sentant près de mourir, il appela les parents de l'impératrice, sa sainte épouse, et leur dit : « Je vous la rends vierge comme vous me l'avez donnée (*Acta Sanct.*) ! »

LIVRE SOIXANTE-TROISIÈME.

Le pape saint Léon IX et son époque.

(De l'an 1024 à l'an 1054 de l'ère chrétienne.)

L'EMPEREUR saint Henri avait passé de la terre au ciel le 14 juillet 1024. Comme roi de Germanie, il eut pour successeur Conrad II, duc de Franconie, surnommé *le Salien* ou *le Salique*, parce qu'il était issu de la même noblesse des Francs que le roi Clovis; c'est du moins l'interprétation la plus plausible que l'on donne de ce nom. Conrad II descendait, par les femmes, d'Othon le Grand. Il fut élu dans une diète assemblée entre Worms et Mayence, et couronné dans cette dernière ville le 8 septembre 1024, fête de la Nativité de la sainte Vierge.

Tous les suffrages des électeurs venaient de se réunir en sa faveur, lorsqu'on observa qu'il était parent au cinquième degré avec sa femme Gisèle. Comme les lois de l'Eglise étaient alors plus sévères à cet égard que de nos jours, plusieurs furent ébranlés par cet incident. On pressa Conrad de quitter sa femme s'il voulait être roi. Il répondit qu'il aimait mieux renoncer à la couronne d'Allemagne que de quitter son épouse. Cette réponse généreuse, les grâces et les vertus de Gisèle charmèrent l'assemblée; l'Eglise usa de dispense : Conrad et Gisèle furent couronnés l'un et l'autre.

Le nouveau roi, entouré des évêques et des princes, se rendait en grande pompe du palais à l'église pour la solennité du couronnement, lorsque trois malheureux se présentèrent devant lui : c'étaient un serf de l'Eglise de Mayence, une veuve délaissée et un orphelin sans secours. Conrad s'arrêta. Pendant que ces pauvres gens lui exposaient leurs plaintes, un des seigneurs lui remonta que le service divin allait commencer, et le pria de ne pas le retarder en donnant audience à ces personnes. « Et quand je retarderais le service divin, reprit Conrad, qu'y aurait-il? Ceux-ci, en montrant les évêques, m'ont enseigné qu'il vaut mieux faire soi-même effectivement ce que son devoir d'apprendre seulement des autres qu'il faut le faire. *Ce ne sont pas ceux qui entendent la parole*, m'a-t-on dit, *qui seront justifiés, mais ceux qui la mettent en action.* » Conrad écouta tranquillement les suppliants, et les renvoya consolés. A peine eut-il avancé de quelques pas, qu'un autre se présenta, qui se plaignit d'avoir été injustement dépouillé de ses biens. Conrad le prit par la main, l'écouta attentivement et commanda à un des grands de sa suite d'examiner incontinent la plainte de cet homme et de lui faire justice sans délai. Heureux le peuple dont le roi est plus empressé de faire son devoir que de recevoir la couronne et les hommages de ses sujets! Cette réflexion est du biographe contemporain de Conrad.

A l'église, l'archevêque Aribon de Mayence, avant de conférer au nouveau roi l'onction sacrée, lui dit entre autres, dans son allocution : « Toute puissance vient de Dieu, source unique et sainte de toute grandeur, de toute dignité, de tout pouvoir. C'est un péché d'autant plus terrible à ceux qui, au lieu de sanctifier la puissance qui leur est confiée, en usant avec justice et sagesse, en abusent scandaleusement et la profanent par l'orgueil, l'avarice, la volupté, la cruauté et toute espèce d'injustice. Ces prévaricateurs couronnés se présentent à eux-mêmes et à leurs peuples la coupe de l'iniquité et de la perdition. Dieu éprouve et châtie ceux qu'il veut élever. C'est pour cela que sa sagesse vous envoya jusqu'à présent, ô roi, bien des peines; c'est pour cela que Dieu a permis que vous soyez tombé dans la disgrâce du roi, votre prédécesseur, jusqu'au moment où son visage vous devint de nouveau gracieux. Tout cela n'est arrivé que pour vous apprendre à compatir à ceux qui pâtissent et à avoir pitié de ceux qui pourraient un jour s'attirer votre disgrâce. Vous venez de monter au plus haut degré de la grandeur terrestre; car vous êtes maintenant un lieutenant du Christ. Mais celui-là seul est un vrai souverain, un vrai lieutenant du Christ, qui suit l'exemple du Christ dans toutes ses actions. Commander ici sur la terre est un grand bonheur; mais c'en est un bien plus grand de mériter dans le ciel la couronne d'immortalité. Dieu demande maintenant de vous beaucoup et de grandes choses. La plus grande et la principale, c'est que vous mainteniez la justice, que vous conserviez la paix de la patrie, que vous soyez toujours un doux protecteur des églises, du clergé, des veuves et des orphelins. Enfin, toute notre Eglise vous supplie avec moi de pardonner à tous ceux qui ont jamais pu vous offenser. Parmi eux se trouve un homme noble et libre, nommé Othon, qui s'est attiré à un haut degré votre disgrâce. Nous vous supplions particulièrement pour lui, afin que, oubliant les offenses qui vous ont été faites, vous lui pardonniez parfaitement comme à tous les autres, et cela par amour pour Dieu, qui, aujourd'hui, vous transforme en un autre homme, a même remis entre vos mains une partie de sa toute-puissance, et qui un jour vous pardonnera de même vos fautes et vous fera une égale miséricorde. »

L'archevêque avait parlé en pontife inspiré de Dieu : le roi était profondément ému. Conrad promit d'accomplir tout ce que l'Eglise demandait, et pardonna publiquement à haute voix à tous ceux qui l'avaient jamais offensé comme particulier. Rarement on vit quelque chose de plus touchant. Ravis de cette piété magnanime, tous les assistants pleuraient de joie; et il eût fallu être de fer pour ne pleurer point en voyant une si grande puissance pardonner de si grandes offenses. Ce sont les paroles d'un témoin oculaire, le biographe Wippon (*Vit. Chunrad. Script. rer. Germ.*; Pistorius, t. III). Conrad fut ainsi couronné par l'archevêque Aribon de Mayence; sa femme Gisèle le fut quelque temps après, à Cologne, par l'archevêque Pilgrim, qui accorda la dispense de parenté.

Pendant l'interrègne qui suivit la mort de l'empereur saint Henri, sa veuve, l'impératrice sainte Cunégonde, avait gouverné l'Allemagne, aidée de ses deux frères, Henri, duc de Bavière, et Théodoric, évêque de Metz. Quand elle vit Conrad élu, elle déclara que c'était le vœu de son époux défunt, et lui remit les insignes et les joyaux de l'empire. Ce qui occupait alors la sainte impératrice, était la fondation d'un monastère, en exécution d'un vœu qu'elle avait fait dans une dangereuse maladie : c'est le monastère de Kaffung, près de Cassel, dans le diocèse de Paderborn. Elle voulait y mettre des religieuses de l'ordre de Saint-Benoît; mais tandis qu'elle était occupée de ce pieux établissement, la mort lui enleva l'empereur son époux. Elle pria et fit prier pour le repos de son âme; elle le recommanda surtout à la piété de ses religieuses. Le jour anniversaire de sa mort, elle assembla un grand nombre d'évêques pour faire la dédicace de l'église de Kaffung; elle assista à la cérémonie et offrit sur l'autel un morceau de la vraie croix; après la lecture de l'Evangile, elle quitta ses habits d'impératrice et prit l'habit de religieuse : c'était une robe fort pauvre, qu'elle avait travaillée de ses propres mains; on lui coupa les cheveux, l'évêque de Paderborn lui mit le voile sur la tête et lui donna un anneau pour gage de la fidélité qu'elle devait à son divin Epoux. La plupart des assistants pleuraient sur eux-mêmes et se réjouissaient pour elle.

Cunégonde, après sa consécration, parut avoir entièrement oublié son ancienne dignité. Elle se regardait dans la communauté comme la dernière des sœurs, et ne craignait rien tant que ce qui aurait pu lui rappeler ce qu'elle avait été dans le monde. A la prière et à la lecture, elle joignait le travail des mains et d'autres pénitences. Son plus grand plaisir était de visiter et de consoler les malades. Elle traitait durement son corps, mesurant ce qu'elle lui accordait sur le simple besoin et non sur la convoitise de la chair. Ce fut ainsi qu'elle passa les quinze dernières années de sa vie. A la fin, ses mortifications affaiblirent considérablement sa santé, et l'on eut tout lieu de craindre pour sa vie. Le monastère de Kaffung et la ville de Cassel ne pouvaient penser, sans une très-vive douleur, que la sainte allait bientôt leur être enlevée. Cunégonde seule ne s'affligeait point de son état; elle était couchée sur un rude cilice, quoique près de rendre l'esprit, et, dans le moment même qu'on récitait pour elle les prières des agonisants, s'étant aperçue qu'on préparait un drap mortuaire brodé en or pour mettre sur son corps, elle changea de couleur et ordonna, par signe, qu'on l'ôtât. On ne put la tranquilliser qu'en lui promettant de l'enterrer avec son habit de religieuse, Elle mourut le 3 mars 1040. Son corps fut porté à Bamberg et inhumé à côté de celui de l'empereur. Le pape Innocent III la canonisa solennellement en 1400. Il s'opéra plusieurs miracles à son tombeau ou par son intercession. La plus grande partie de ses reliques est encore à Bamberg (*Acta Sanct.*, *3 mart.*).

Conrad cependant parcourait les diverses provinces de l'Allemagne, rétablissant ou raffermissant partout la paix et le bon ordre. Son nom devint bientôt célèbre : on le comparait à Charlemagne. Dans ses premiers voyages, il fit sur le système féodal une ordonnance qui témoigne de son amour pour la justice et en même temps de sa profonde politique. Les vassaux se partageaient en trois classes. La première consistait dans les princes du pays, les ducs, comtes, margraves, évêques et abbés. On les nommait jusqu'alors *vassaux de l'empire*. Ils n'avaient d'autre seigneur que le roi. Mais, dans leur domaine, habitaient encore d'autres vassaux qui avaient reçu d'eux soit des fiefs de l'empire, soit des fiefs particuliers. On les appelait *vassaux inférieurs* ou *médiats*; toutefois, ceux qui possédaient des fiefs de l'empire avaient le pas sur ceux qui ne possédaient que des fiefs privés. Dans l'une de ces deux dernières classes était entrée peu à peu la plus grande partie des propriétaires libres, qui, ne se voyant pas souvent assez forts pour se défendre eux-mêmes, cherchaient à s'assurer la protection d'un plus puissant, en recevant de lui un fief ou même en lui cédant leurs propres terres, pour les tenir de lui comme ses vassaux. Mais les princes traitaient ces vassaux inférieurs avec une arrogance et une exigence toujours croissantes; ils en vinrent au point que, par pur caprice et sans aucune raison, ils leur ôtaient leurs fiefs et les vendaient à d'autres. Le vœu général des vassaux inférieurs était donc d'être délivrés de cet arbitraire et de cette oppression des grands vassaux, d'obtenir sécurité pour leur possession, et par là même l'hérédité de leurs fiefs. Depuis longtemps les grands vassaux de l'empire s'efforçaient de rendre leurs duchés héréditaires, comme le roi le trône. Conrad n'eut garde d'accorder aux princes l'hérédité de leurs grands domaines; il chercha plutôt à les faire entrer dans sa famille. Ce fut tout différent pour les vassaux inférieurs. Le roi les prit sous sa protection contre les grands vassaux, ordonna que leurs fiefs seraient héréditaires, et qu'ils ne pourraient leur être ôtés que pour crime, et seulement en vertu d'une sentence juridique de leurs pairs. Par cette loi, Conrad gagna les cœurs de toute la noblesse allemande (Kerz, t. XXI).

Roi d'Allemagne, Conrad ne l'était pas encore d'Italie. En 1024, charmés de la mort de l'empereur Henri, les Italiens détruisirent le palais impérial qui était à Pavie, et, voulant secouer le joug des Allemands, ils offrirent la couronne au roi Robert de France, pour lui ou pour son fils aîné Hugues, surnommé *le Grand*. Robert eut d'abord quelque envie d'accepter ces offres et même de s'emparer du royaume de Lorraine; mais voyant Conrad en force dans ce dernier pays, il congédia les ambassadeurs lombards. Ceux-ci s'adressèrent alors à Guillaume, duc d'Aquitaine, le demandant lui-même pour roi, ou bien son fils, de même nom, avec l'espoir d'obtenir un jour la dignité impériale. Guillaume, qui était aussi prudent que pieux, en écrivit à son ami Léon, évêque de Verceil. Dans un de ses pèlerinages ordinaires à Rome, il sonda lui-même la disposition des esprits. Bientôt il remercia les Italiens de leurs offres, à cause du peu de confiance qu'on pouvait avoir en leur parole (D. Bouquet, t. X, *Epist.* 3 et 4). En effet, plusieurs d'entre eux avaient appelé le roi Conon ou Conrad. L'évêque de Verceil écrivit alors au duc d'Aquitaine : « Ne vous affligez pas, très-cher ami, si les Lombards vous ont trompé. A coup sûr, je vous donnerai un excellent conseil, si vous voulez m'en croire. Soyez homme de cœur, ne vous inquiétez point du passé, soyez sur vos gardes pour l'avenir. Mandez-moi par le plus fidèle de vos hommes ce que vous voulez faire, et je vous donnerai un très-bon conseil. Envoyez-moi la merveilleuse mule, le frein précieux et le merveilleux tapis que je vous ai demandés il y a plus de six ans. En vérité, je vous le dis, vous ne perdrez pas la récompense, et tout ce que vous voudrez, je vous le donnerai. Portez-vous bien (D. Bouquet, t. X, *Epist.* 19).

Le duc Guillaume lui répondit en ces termes : « Je ne suis nullement affligé, mon très-cher, de la tromperie des Lombards; car ils ne m'ont point trompé, moi qui n'ai jamais cru à leurs promesses. Quant à leurs fourberies passées, je ne m'en inquiète point; quant à celles qui sont à venir, je m'en garderai par la grâce de Dieu. Ce que j'admire plus peu en vous, qui avez si bonne mémoire du passé, et qui prévoyez si bien l'avenir, c'est que vous ayez acquiescé au parti de Conon (Conrad), qui ne vous a jamais rien donné dans son pays, qui passe même pour ne pouvoir rien vous donner ni rien vous ôter dans le royaume d'Italie; mais quoique vous n'ayez pas bien consulté vos intérêts et quoique vous ne m'ayez nullement soutenu de votre suffrage lorsque j'éprouvais mes amis, j'attendrai toutefois cet excellent conseil que vous promettez de me donner si je veux vous en croire. Mandez-moi donc par lettres, de quelle manière vous voulez que je vous en croie et quels avantages me vaudra votre conseil, par le don de ce Conon-là, si je cesse de prétendre au royaume d'Italie, qu'on me promet, et que, Dieu aidant, je pourrais obtenir si j'en avais beaucoup envie. Quant à la mule que vous avez demandée, je ne puis vous l'envoyer pour le moment, car je n'en ai pas de telle que je voudrais pour votre affaire. On ne trouve point dans nos quartiers de mule qui ait des cornes ou trois queues, ou cinq pieds, ou d'autres particularités de cette nature, pour que vous puissiez justement l'appeler merveilleuse. Je vous enverrai, le plus tôt que je pourrai, la plus excellente des meilleures que je pourrai trouver dans notre pays, avec un précieux frein. Au reste, je pourrais vous envoyer le tapis, si je n'avais oublié de quelle longueur et de quelle largeur vous l'avez demandé depuis si longtemps. Souvenez-vous donc, je vous prie, combien vous voulez qu'il soit long et large, et on vous l'enverra; et je puis en trouver un de tel; sinon j'ordonnerai qu'on vous en fasse un, si toutefois nos gens sont en usage d'en faire de pareils. Pour tout cela, je ne vous demande point la récompense que vous promettez de me donner ce que je voudrai, ce qui est impossible; mais je vous demande, lors même que je ne vous donnerais rien, de vous souvenir de moi dans vos prières et de prier pour moi, afin que j'habite dans la maison du Seigneur tous les jours de ma vie; que je contemple les délices du Seigneur et que je sois protégé par son temple saint. Et cet excellent conseil que vous me promettez, ne le différez pas. Vos promesses m'excitent à avoir en vous une grande confiance; car il est de moi d'en croire un ami et de ne pas me défier de ses promesses; et il est de vous, ou de me jamais promettre, ou d'accomplir les choses promises.

» Dans la première partie de ce discours, nous avons plaisanté avec vous, seigneur Léon, bien-aimé frère, maintenant nous dirons des paroles sérieuses. Je n'accuse point les Lombards de la déception qu'ils voudraient me faire subir; car, autant qu'il a été en eux, le royaume d'Italie était à moi, si j'avais voulu faire ce que j'ai jugé ne devoir pas se faire, savoir, déposer à leur volonté les évêques d'Italie, et puis, à leur gré encore, en mettre d'autres à leur place. Mais à Dieu ne plaise que je fasse chose pareille ! que je déshonore, sans aucun crime de leur part, les pasteurs de l'Église à qui mes pères ont toujours porté honneur, et que moi-même, autant que j'ai pu, j'ai toujours exaltés. A cette condition, quelques-uns des grands d'Italie voudraient nous faire roi, moi ou mon fils. Cette blâmable condition, le prudent marquis Maginfrid ne me l'a point louée, non plus que son frère, le bon évêque Alric, eux dont je ne me suis jamais repenti d'avoir suivi le sage conseil; eux qui, selon moi, surpassent en esprit, en fidélité et en bonté tous les Italiens. Si quelque chose de ce qui est à moi vous fait sérieusement plaisir, et que je puisse ou doive l'envoyer, vous ne serez pas trompé dans votre espérance. Rendez-moi la pareille, je vous prie, afin que vous ne restiez pas au-dessous de mes vœux. A la prochaine fête de sainte Marie, mère de Dieu, je souhaite voir de vos lettres, pour me révéler les secrets de votre âme, à moi votre plus fidèle ami. Vivez dans le Christ, et, y vivant, portez-vous bien (D. Bouquet, t. X, *Epist.* 5). »

Par cette lettre, que nous avons mise exprès tout entière, on voit que le pieux et puissant Guillaume d'Aquitaine savait écrire d'une manière polie, agréable, plaisante ou sérieuse. On y voit surtout la générosité et la délicatesse chrétienne de sa politique. C'était dans la première moitié du XIe siècle.

Par sa position géographique, entourée par la mer de trois côtés, enfermée et défendue au nord par de hautes montagnes, l'Italie semblait naturellement devoir être une monarchie, une monarchie puissante et compacte. Cependant elle n'en était pas une et ne devait pas même l'être. Si les forces de l'Italie, forces immenses parce qu'elles sont susceptibles d'un développement toujours plus grand, étaient concentrées dans les mains d'un seul, ni Rome, ni le chef de l'Eglise ne seraient plus libres, mais enchaînés au trône de celui qui commanderait en maître dans la grande Péninsule. Pour que cela ne pût arriver, la Providence y avait pourvu, comme elle y pourvoit encore. En conséquence, depuis la chute du royaume des Ostrogoths, nous voyons l'Italie toujours divisée, nous y trouvons toujours une multitude de souverainetés se faisant une espèce d'équilibre. En outre, la diversité et la variété physique du pays avait engendré dès toujours une diversité non moindre parmi ses diverses peuplades, leurs caractères, leurs mœurs, leurs besoins. Mais ce qui s'opposait le plus directement à une monarchie totale, c'était la constitution politique qui s'était introduite en Italie depuis environ deux cents ans, et qui s'y développait de plus en plus. Déjà, sous leurs propres rois, comme sous ceux de Bourgogne, les grands du pays étaient parvenus à une richesse et à une considération toujours plus grandes. L'une et l'autre s'étaient encore de beaucoup augmentées par la libéralité des empereurs saxons, qui prodiguaient pour ainsi dire les droits, les revenus, les biens et les fiefs du royaume. Les évêques eux-mêmes, par les comtés donnés à leurs églises, étaient devenus des seigneurs temporels.

Dans les territoires de ces seigneurs, soit temporels, soit spirituels, il avait commencé à se former, dès les empereurs saxons, une domination des plus indépendante. Durant l'absence des empereurs, les comtes, marquis et autres seigneurs exerçaient tous les droits royaux. Cette absence était habituelle et durait quelquefois de longues années, tandis que leur présence n'était que rare et passagère. L'indépendance des seigneurs devenait ainsi l'état ordinaire et s'affermissait de plus en plus par le temps. D'un autre côté, un grand nombre de villes considérables, telles que Pise, Gênes, Milan, Pavie, Côme et autres, aspiraient à se constituer en cités indépendantes. Elles avaient des comtes pour les gouverner au nom de l'empereur; mais ces comtes étaient plutôt des protecteurs que des souverains. Sans même les consulter, ces villes armaient des flottes, faisaient la guerre ou la paix, contractaient des alliances selon qu'elles le jugeaient à propos. Avec cette multitude de seigneurs indépendants et de villes plus ou moins libres, avec cette diversité infinie de vues et d'intérêts, était-il possible de trouver un lien qui pût unir toutes les populations d'Italie en un seul Etat politique? L'Italie tendait incomparablement plus à un Etat fédératif qu'à une monarchie; mais un Etat fédératif a besoin qu'un pouvoir supérieur y maintienne l'ordre et l'harmonie, et en protége les membres les plus faibles contre les plus forts. Les Italiens, du moins les pl..s réfléchis, sentaient ce besoin. Ils souhaitaient, en conséquence, non pas un souverain toujours entouré de cent mille hommes en armes, faisant tout ployer à son gré et foulant aux pieds ce qui faisait quelque résistance, mais un roi qui protégeât leurs institutions et leurs libertés nationales, sans chercher à les opprimer pour se faire sans cesse à lui-même de nouveaux droits. En un mot, ils voulaient un souverain armé, non du glaive de conquérant, mais du glaive de la justice; assez puissant pour pouvoir être juste, mais qui, dans les limites du droit, abandonnât la nation à son libre développement. Mais où trouver ce souverain? Le chercher au milieu d'eux, eût été une tentative non-seulement vaine, mais insensée. Ils ne pouvaient le trouver que dans le souverain de l'Allemagne, nation alors la plus puissante de l'Occident. Comme dans son propre empire, ce souverain était déjà lié à bien des institutions salutaires, les Italiens pouvaient espérer qu'il respecterait les leurs et qu'il se ferait une gloire de les protéger avec sagesse, suivant la loi.

Les empereurs allemands ne comprirent jamais ce rôle vis-à-vis de l'Italie. Ils n'y parurent jamais qu'à la tête d'une armée teutonique, comme pour montrer que leur domination sur l'Italie n'avait d'autre base que la force des armes. Aussi les Italiens, blessés dans leur sentiment national, ne virent jamais en eux des rois d'Italie, mais des conquérants venus de loin. Les rapports réciproques ne furent jamais que les rapports des vaincus aux vainqueurs. Cette antipathie s'augmentait encore par le contraste des deux peuples : les Italiens, dont la civilisation était beaucoup plus avancée, regardaient les Allemands pour le moins comme des demi-barbares; les Allemands, fiers de leurs avantages militaires, regardaient les Italiens presque comme des esclaves. Les empereurs, au lieu de guérir cette antipathie, l'envenimèrent plus d'une fois. Voilà pourquoi, à la mort du dernier empereur allemand, les habitants de Pavie rasèrent le palais impérial qui était dans leur ville; voilà pourquoi les Italiens offrirent la couronne de Lombardie au roi Robert de France, au duc Guillaume d'Aquitaine et à leurs fils.

Ces tentatives ayant échoué, Héribert, archevêque de Milan, passa les Alpes, alla trouver le roi Conrad, le reconnut roi de Lombardie et lui fit hommage. Son exemple fut suivi d'un grand nombre de seigneurs. La ville de Pavie elle-même lui envoya des députés; mais ils furent très-mal reçus et renvoyés durement. Seulement, en 1026, Conrad passa en Italie. Il récompensa l'archevêque de Milan par la donation de plusieurs comtés. Quant à la ville de Pavie, sachant par ses députés combien le roi Conrad lui en voulait, elle avait augmenté ses fortifications, qui étaient déjà très-considérables. Conrad s'y étant présenté, trouva les portes fermées et les murailles garnies d'hommes en armes. Le siège d'une ville aussi forte eût demandé bien du temps; d'ailleurs Conrad n'avait pas encore été couronné roi de Lombardie. Il se rendit donc de Pavie à Verceil, et de là à Milan, où il fut couronné par l'archevêque Héribert, vraisemblablement le jour de Pâques, que le roi célébra dans cette ville. Après avoir tenu une diète générale dans les plaines de Roncaglia, près de Plaisance, il revint assiéger Pavie. Les habitants cherchèrent à l'apaiser; ils s'offrirent à rebâtir le palais, mais hors de la ville. Conrad exigeait qu'ils le fissent à la même place où il avait été d'abord. Les habitants s'y refusèrent constamment. Conrad ravagea cruellement les alentours, tout le territoire de la ville fut mis à feu et à sang, les arbres fruitiers coupés, les vignes arrachées, les châteaux et même les églises livrés aux flammes; les peuples qui s'y étaient réfugiés périrent par le feu et par le glaive. Ces cruautés, que les Sarrasins se seraient à peine permises, et qui sont rapportées par le biographe et le chapelain même de Conrad, durèrent jusqu'à deux ans. Elles ne découragèrent point les habitants de Pavie. Conrad fut obligé de se retirer sans avoir rien fait : il se rendit à Ravenne. Cette ville, qui appartenait au Siège apostolique, lui ouvrit toutefois ses portes et le reçut avec tous les honneurs possibles; mais il s'y conduisit envers tout le monde d'une manière si dure et si despotique, qu'il provoqua une violente sédition, dans laquelle les habitants et les troupes allemandes se battirent toute la nuit avec une grande perte de part et d'autre. Tout cela n'était guère propre à gagner le cœur des Italiens.

Pendant les chaleurs de l'été, Conrad alla camper deux mois avec son armée sur les collines de Brienza, où il fut royalement défrayé tout ce temps, lui et ses troupes, par l'archevêque Héribert de Milan. On peut juger par là quelles étaient les immenses richesses de cette Eglise. Héribert en faisait, au reste, un noble usage. En voici un exemple. Durant une cherté de huit ans, en Italie, il faisait distribuer tous les matins au pauvre peuple de la campagne huit mille pains et huit mille boisseaux de fèves et autres légumes cuits; en outre, de l'argent et des vêtements à la fin du mois. Souvent il distribuait ces vêtements de ses propres mains, afin de réjouir son cœur de la joie de ceux qui les recevaient.

Le pape Benoît VIII était mort quelques semaines avant l'empereur saint Henri, le 10 juillet 1024, après un pontificat de douze ans. Sa conduite fut sans reproche, sa piété sans hypocrisie, son zèle pour la discipline et le bien de l'Eglise accompagné de prudence; la modestie et la douceur étaient des traits saillants de son caractère. Cependant des témoins dignes de foi racontent que Benoît, après sa mort, apparut à l'évêque de Porto et à deux autres ecclésiastiques, et les chargea de faire dire à l'abbé saint Odilon de prier pour lui, attendu qu'il était encore privé de la vue de Dieu par de sévères châtiments. C'est qu'avec des vertus non communes, on peut encore faire des fautes plus ou moins graves, quoique non mortelles (*Petr. Dam., apud Baron., an.* 1034).

Benoît eut pour successeur Romain, son frère, fils de Grégoire, comte de Tusculum, qui prit le nom de Jean XIX. Le moine Glaber rapporte qu'il n'était que laïque quand il fut élu Pape, et qu'il fut élu à prix d'argent (Glab., l. 4, c. 1). Mais Glaber suit quelquefois des bruits populaires qui ne sont pas toujours vrais. Ce qui nous fait suspecter son récit dans cette occasion, c'est la lettre suivante que le bienheureux Fulbert, évêque de Chartres, écrivit au nouveau Pape sur sa promotion.

« Je rends grâces au Dieu tout-puissant, qui, suivant sa bonté ordinaire, a regardé favorablement votre humilité, ô Père ! et vous a élevé au faîte suprême de la dignité. Aussi tout l'univers tourne ses regards vers vous, et tous vous proclament bienheureux. Les saints contemplent votre élévation, et se réjouissent de ce que vous les réfléchissez par la ressemblance de toutes les vertus. Les persécuteurs de l'Eglise vous regardent, redoutant la verge de votre juste sévérité. Ceux qui sont maltraités par les impies lèvent vers vous leurs regards, espérant qu'il leur reste encore un remède de consolation. Je suis de ce nombre, moi le petit évêque d'une grande et illustre Eglise, moi qui, vous adressant, ô Père, une plainte du milieu de mes angoisses, implore le secours de votre piété. Il y a un certain comte malfaiteur, nommé Rodolphe, trop voisin de nous, qui a envahi les possessions de notre Eglise par une injuste occasion, a tué de ses mains un de nos clercs, en a pris deux autres, qu'il a contraints de lui prêter serment. Cité pour tout cela à la cour du roi, appelé souvent devant toute l'église assemblée, il n'a daigné venir à justice ni pour homme ni pour Dieu; en conséquence, il a été enfin excommunié par nous. Or, maintenant il s'en va au tombeau de saint Pierre, comme s'il pouvait y recevoir l'absolution de ses péchés, sans en revenir pour les réparer. C'est pourquoi nous vous prions, bien-aimé Père, vous à qui a été commis le soin de toute l'Eglise, de le réprimander et de le châtier, touchant le sang et l'injure de vos fils, comme votre sagesse sait qu'il l'a mérité. Que Votre Sainteté ne reçoive pas injustement à la communion, celui que l'autorité divine repousse comme un païen. En conséquence, ô bon pasteur ! veillez bien sur nous, de peur que, par votre incurie, le troupeau du Seigneur ne souffre quelque détriment (Bouquet, t. X, *Epist.* 61 ; Duchesne, *Epist.* 13 ; *Bibl. Pat.*, t. XVIII, *Epist.* 22). »

Nous doutons que jamais, dans aucun siècle, un évêque ait écrit à un Pape avec plus de confiance, de tendresse, de respect et de fermeté que Fulbert de Chartres, dans ce qu'on nomme le *siècle de fer et de barbarie*. Cette lettre d'un saint évêque, que le docte Mabillon et d'autres savants de son ordre rapportent au pape Jean XIX et à l'an 1024, est bien loin de donner de l'ordination de ce Pontife, ainsi que de son caractère, aucune idée défavorable.

La première année de son pontificat, le pape Jean XIX reçut une ambassade solennelle de l'empereur et du patriarche de Constantinople. Cette ambassade, concertée entre l'empereur, le patriarche et les principaux d'entre les Grecs, avait pour but d'obtenir du Pontife romain qu'il voulut bien consentir et permettre que l'évêque de Constantinople portât le titre de *patriarche universel d'Orient*, comme le Pontife romain portait le titre de *patriarche* ou de *Pape universel de tout l'univers*. Cette demande fait bien voir que les Grecs étaient unis à l'Eglise romaine, et qu'ils en reconnaissaient la suréminente autorité par toute la terre. Les ambassadeurs apportaient, suivant l'usage, des présents considérables pour le Pape et pour ceux de sa cour qu'ils trouveraient favorables à leur demande. Jean XIX différait comme à dessein sa réponse, lorsque, bien probablement par une disposition secrète du Pape lui-même, la demande des Grecs se divulgua par toute l'Italie : le bruit s'en répandit bientôt comme un éclair par delà les Alpes, en France, en Lorraine, en Allemagne. De tous les pays arrivèrent au Pape des lettres sans nombre d'évêques et d'abbés italiens, français, lorrains, allemands; plusieurs même firent exprès le voyage de Rome et supplièrent instamment le Pape de ne céder quoi que ce fût de la primauté accordée par Jésus-Christ à l'Eglise romaine. Deux hommes se distinguèrent particulièrement dans cette occasion : le bienheureux Richard, abbé de Saint-Vannes de Verdun, et le bienheureux Guillaume, abbé de Dijon. Le premier alla trouver le Pape en personne; le second lui écrivit une lettre très-forte, quoique très-respectueuse. C'était précisément ce que le Pape désirait et attendait. Dès lors il était l'organe de toute l'Eglise d'Occident, sa réponse était comme l'oracle d'un concile universel tenu dans cette partie du monde. Sa décision ne se fit plus attendre. Naturellement elle ne répondit point aux désirs des Grecs, qui s'en retournèrent à Constantinople sans avoir rien obtenu (Glaber, l. 4, c. 1; Hugo Flavi., *Chron. Virid., apud Labb., Biblioth.*, Kerz, t. XX).

Vers le même temps, le pape Jean XIX apprit une nouvelle importante pour le chant ecclésiastique : c'était l'invention des notes de la musique. Dans le monastère de Pompose, près de Ravenne, vivait depuis l'âge de huit ans un moine, nommé Guido ou Gui, et surnommé d'Arezzo, de la ville où il avait pris naissance. Comme il était fort habile dans la musique, on l'avait chargé d'enseigner le chant aux enfants du monastère. Jusqu'alors c'était une étude longue et pénible, par la difficulté de se rendre familière les intonations des sons, qui n'étaient désignés que par les sept premières lettres de l'alphabet. Pour remédier à cet inconvénient, Gui chercha longtemps une règle précise, invariable et facile à retenir. Il reconnut enfin que, dans le chant alors en usage pour l'hymne de saint Jean-Baptiste, les premières syllabes des six premiers versets de cette hymne :

Ut queant laxis
Resonare fibris
Mira gestorum
Famuli tuorum
Solve polluti
Labii reatum,
Sancte Joannes,

formaient, par leur intonation, une suite diatonique ascendante. Il s'appliqua donc à faire apprendre par cœur le chant de cette hymne à ses élèves, et surtout à leur rendre familière la progression diatonique des sons *ut, ré, mi, fa, sol, la*. Par cette nouvelle méthode, un enfant pouvait apprendre en peu de mois ce qu'un homme aurait appris à peine en plusieurs années, en suivant la méthode ancienne. Cette invention, qui devait naturellement le faire considérer de tout le monde, lui attira des envieux, qui poussèrent la passion si loin, que Gui fut obligé de sortir de son monastère. Voici comme il en parle lui-même, ainsi que de son voyage à Rome, dans une lettre à Michel, religieux à Pompose, qui l'avait aidé dans son travail.

« Ou les temps sont durs, ou les desseins de la Providence sont obscurs; la tromperie opprime la vérité, et l'envie la charité; envie qui quitte à peine la sainteté de notre ordre, afin que l'assemblée des Philistins y punisse la dépravation d'Israël; de peur que, si quelque chose se fait comme nous voulons, notre esprit, se confiant en lui-même, ne vienne à se perdre. Car alors est vraiment bien ce que nous faisons, quand nous rapportons tout ce que nous pouvons à celui qui nous a faits nous-mêmes. De là vient que vous me voyez exilé au loin, et que vous-même, suffoqué par les lacets des envieux, vous pouvez à peine respirer. En quoi je dis que nous sommes tout à fait semblables à l'ouvrier qui, ayant trouvé le secret de rendre le verre flexible et malléable, en fit l'expérience devant l'empereur Auguste. Pour cette incomparable découverte, il s'attendait à une récompense incomparable. Il fut mis à mort, de peur que si le verre, déjà si merveilleux par lui-même, devenait encore malléable et flexible, il ne rendît aussitôt de nul prix tous les trésors de l'empereur. L'envie à jamais maudite enleva alors aux mortels cet avantage, comme autrefois le paradis. Car l'envie de l'artiste n'ayant pas voulu en instruire un autre, l'envie du prince put faire périr l'artiste avec l'art.

» C'est pourquoi, le Seigneur m'en inspirant la charité, j'ai communiqué, non-seulement à vous, mais à tous ceux que j'ai pu, avec une souveraine dévotion et sollicitude, la grâce que Dieu m'a donnée, à moi très-indigne, afin que si moi et tous ceux qui m'ont précédé, nous avons appris les chants ecclésiastiques avec une difficulté extrême, ceux qui viendront après nous, les apprenant avec une extrême facilité, ils nous souhaitent le salut éternel, à moi, à vous et à tous mes autres collaborateurs, et que les quelques charitables prières de tant de monde nous obtiennent, par la miséricorde de Dieu, la rémission de nos péchés. Car si ceux qui jusqu'à cette heure ont pu à peine en dix années acquérir une science imparfaite du chant, implorent très-dévotement le Seigneur pour leurs maîtres, que pensez-vous qu'on fera pour nous, qui, dans l'espace d'une année, ou de deux, au plus, formons un chantre parfait? Que si la misère accoutumée des hommes était ingrate à de si grands bienfaits, le juste Seigneur ne récompensera-t-il pas notre travail? Parce que le Seigneur fait tout cela, et que nous ne pouvons rien sans lui, n'aurons-nous rien? A Dieu ne plaise! Car l'apôtre, étant par la grâce du Seigneur ce qu'il est, chante néanmoins : *J'ai combattu un bon combat, j'ai consommé la course, j'ai conservé la foi, la couronne de justice m'est réservée.* Etant donc sûr de la récompense, insistons en l'œuvre d'une si grande utilité, et, parce que la sérénité tant désirée est revenue à travers bien des tempêtes, il faut naviguer heureusement. »

On voit, par cette lettre, de quels sentiments de foi, de charité, de piété, d'humilité profonde était animé le bon Gui d'Arezzo, ainsi que les artistes des siècles que nous nommons barbares ; avec quelle fidélité ils rapportaient à Dieu seul la gloire de leurs découvertes et de leurs chefs-d'œuvre ; avec quelle charité expansive ils communiquaient leurs secrets à tout le monde, afin que tout le monde en bénît Dieu avec plus de ferveur et de joie. Les pieux désirs de l'humble moine de Pompose sont accomplis, et bien au delà. Depuis neuf siècles, sa précieuse découverte, répandue par tout l'univers, apprend aux peuples de toutes langues, même aux sauvages de l'Océan, à chanter le Seigneur avec une ravissante harmonie.

Dans la dernière phrase, Gui annonçait à son ami que le calme était revenu après la tempête. Voici comme il s'en explique. « Si votre captivité se défie quelque peu de recouvrer la liberté, j'exposerai la suite des choses. L'apôtre du Siège suprême, Jean, qui gouverne actuellement l'Eglise romaine, ayant ouï la renommée de notre école, et comment des enfants, par le moyen de nos antiphonaires, apprennent des chants qu'ils n'ont jamais entendus, en fut bien émerveillé, et m'invita par trois messages à venir le trouver. J'allai donc à Rome avec Grégoire, abbé de Milan, et Pierre, prévôt des chanoines de l'Eglise d'Arezzo, homme très-savant pour notre temps. Le Pontife m'ayant témoigné beaucoup de joie de mon arrivée, m'entretint longtemps, me fit plusieurs questions, et feuilleta souvent notre *Antiphonaire*, qu'il regardait comme un prodige. Il en médita les règles, et ne se leva point du lieu où il était assis, qu'il n'eût appris un verset qu'il n'avait jamais ouï chanter, et n'éprouvât ainsi en lui-même, à son grand étonnement, ce qu'il avait peine à croire des autres. Que dirai-je encore, ma mauvaise santé ne me permit point de demeurer à Rome, parce que la chaleur de l'été m'était mortelle, en des lieux maritimes et marécageux, à nous qui sommes habitués aux Alpes. Je promis de revenir à l'entrée de l'hiver, pour expliquer cet ouvrage au Pontife et à son clergé. Peu de jours après, j'allai visiter l'abbé Gui de Pompose, votre père et le mien, cet homme chéri de Dieu et des hommes pour sa vertu et sa sagesse, que je désirais voir comme le père de mon âme. Cet homme si éclairé approuva notre *Antiphonaire* sitôt qu'il l'eût vu, se repentit d'avoir suivi le sentiment de nos envieux, en demanda pardon, et me conseilla, étant moine, de préférer aux villes épiscopales les monastères, dont Pompose est à présent, par ses soins, le premier en Italie. Fléchi par les prières et obéissant aux ordres d'un tel père, je veux d'abord, le Seigneur aidant, illustrer un tel monastère par cet ouvrage, d'autant plus que les évêques étant maintenant presque tous condamnés pour simonie, je crains de communiquer avec eux. Ne pouvant venir quant à présent, je vous envoie, pour trouver un chant inconnu, un excellent moyen que le Seigneur m'a donné depuis peu, et qui a été prouvé très-utile (*Annal. Bened.*, l. 55, n. 100 ; *Apud Baron.*, 1022). »

Outre l'*Antiphonaire*, Gui composa un autre livre de musique, qu'il nomma le *Micrologue* et qu'il dédia à Théodalde d'Arezzo, son évêque diocésain. Il dit, dans l'épître dédicatoire, que, tandis qu'il s'occupait du dessein de mener une vie solitaire, Théodalde l'avait appelé auprès de lui pour lui aider à l'instruction de son clergé et de son peuple, quoiqu'il ne manquât pas de personnes habiles pour les fonctions de ce ministère ; qu'il l'avait aussi obligé de publier son *Traité de la Musique* et d'en instruire les clercs de la cathédrale, comme il avait fait pour ceux de l'église de Saint-Donat, martyr : ce qui avait eu un tel succès, que les enfants mêmes s'y trouvaient plus instruits que les anciens des autres églises (*Ibid.*, n. 101).

La gamme inventée par Gui d'Arezzo n'avait d'abord que les six premières notes ; on y ajouta, plus tard, une septième, qui complète les principales intonations de l'échelle musicale. De nos jours, on a découvert un rapport surprenant et mystérieux entre les sept intonations principales du son, les sept couleurs principales de la lumière, les sept figures principales de la géométrie. Par exemple, une barre de fer, chauffée graduellement, présente graduellement les sept couleurs principales dans lesquelles se divise le rayon lumineux ; si, dans cette incandescence graduelle, on frappe la barre de fer, elle rend graduellement les sept notes de la gamme musicale ; si on place à côté, sur une feuille de ferblanc ou sur le couvercle d'un clavecin, une poudre fine et légère, les vibrations graduelles des sept notes principales formeront graduellement, avec la poussière, les sept figures principales de la géométrie, le cercle, l'ellipse, le cône et les autres. Ce mystère de la nature paraît s'étendre bien loin.

Pendant que Gui apprenait au clergé et aux fidèles à chanter avec plus d'harmonie, saint Romuald continuait à les édifier par sa sainte vie et sa sainte congrégation. Après qu'il eût quitté l'empereur Othon III et lui eût prédit sa mort, il se retira à Parenzo, ville située dans une péninsule de l'Istrie, et y demeura trois ans ; la première année il fonda un monastère, les deux autres il demeura reclus. Là Dieu l'éleva à une si haute perfection, qu'il connaissait l'avenir et pénétrait plusieurs mystères de l'Ancien et du Nouveau Testament. Il y reçut tout d'un coup le don des larmes, auxquelles auparavant il s'excitait inutilement ; et il lui dura tout le reste de sa vie.

Il sortit de cette retraite, cédant aux instances des frères de ses autres monastères ; mais l'évêque de Parenzo l'ayant appris, en fut si affligé, qu'il fit publier que, quiconque donnerait une barque à Romuald pour repasser en Italie, ne rentrerait plus à Parenzo. Il arriva deux barques du dehors, dont les mariniers le reçurent avec joie, s'estimant heureux de porter un si grand trésor ; mais, dans le passage, il survint une si violente tempête, que tous se crurent près de périr : les uns se dépouillaient pour nager, les autres s'attachaient à une planche. Romuald ayant abaissé son capuce et mis sa tête entre ses genoux, pria quelque temps en silence ; puis il dit à l'abbé Anson, qui était près de lui, de déclarer aux mariniers qu'ils n'avaient rien à craindre ; et, peu de temps après, ils arrivèrent heureusement à Caorle.

Romuald vint à son monastère de Bifolco ; il y trouva les cellules trop magnifiques et ne voulut loger que dans une, qui n'avait guère que quatre coudées. N'ayant pu persuader à ces moines de se soumettre à la conduite d'un abbé, il les quitta et envoya demander une retraite aux comtes de Camérino. Ils lui offrirent avec grande joie toutes les terres de leur Etat, désertes ou cultivées; et il choisit un lieu nommé Val-de-Castro, qui est une plaine fertile et bien arrosée, entourée de montagnes et de bois. Il y avait déjà une petite église et une communauté de pénitentes, qui lui cédèrent la place. Romuald commença donc à y bâtir des cellules et à y habiter avec ses disciples, et il y fit des fruits incroyables. On venait à lui de tous côtés chercher la pénitence; les uns donnaient leurs biens aux pauvres, les autres quittaient le monde entièrement et embrassaient la vie monastique. Le saint homme était comme un séraphin, tellement embrasé de l'amour de Dieu, qu'il l'allumait dans le cœur de tous ceux qui l'écoutaient.

Ceux qu'il reprenait avec plus de sévérité, c'était les clercs séculiers ordonnés par simonie, leur déclarant qu'ils étaient perdus s'ils ne renonçaient volontairement aux fonctions de leurs ordres. Ce discours leur parut si nouveau, qu'ils voulurent le tuer; car la simonie était tellement établie en tout ce pays, que, jusqu'au temps de Romuald, à peine y avait-il quelqu'un qui sût que c'était un péché. Il leur dit : « Apportez-moi les livres des canons et voyez si je vous dis la vérité. » Les ayant examinés, ils reconnaissaient leur crime et les déploraient. Le saint homme persuada à plusieurs chanoines et autres clercs qui vivaient comme des laïques, d'obéir à des supérieurs et de vivre en communauté, ce qui semble être le commencement des chanoines réguliers que nous verrons dans la suite. Quelques évêques qui étaient entrés dans leurs sièges par simonie, vinrent le consulter, et, s'étant mis sous sa conduite, promirent de quitter l'épiscopat et d'embrasser la vie monastique. C'est saint Pierre Damien qui raconte tout ceci dans la *Vie de saint Romuald*, et il ajoute : « Je ne sais toutefois si le saint homme en put convertir un seul en toute sa vie; car cette venimeuse hérésie est très-dure et très-difficile à guérir, principalement dans les évêques : on promet toujours et on diffère de jour en jour, en sorte qu'un Juif est plus facile à convertir. »

Saint Romuald quitta Val-de-Castro, y laissant quelques-uns de ses disciples, et passa au pays d'Orviète, où il bâtit un monastère par le secours principalement du comte Farulfe; car, ne pouvant contenter son zèle, il formait toujours de nouveaux desseins; il semblait qu'il voulût changer tout le monde en désert et engager tous les hommes à la vie monastique. Il en enleva au siècle, près d'Orviète, un grand nombre, qu'il répandit en différents monastères. Plusieurs enfants de nobles quittaient leurs parents pour s'attacher au saint homme. Parmi eux fut le fils du comte Guido, qui embrassa la vie monastique et mourut saintement dans une grande jeunesse.

Ayant appris le martyre de saint Boniface, son disciple, tué par les Russes l'an 1009, il sentit un si grand désir de répandre son sang pour Jésus-Christ, qu'il résolut aussitôt d'aller en Hongrie. Ayant obtenu plus tard la permission du Saint-Siège, il partit avec vingt-quatre disciples, dont deux avaient été sacrés archevêques pour cette mission; car ils avaient tous un si grand zèle pour le salut du prochain, qu'il lui était impossible d'en mener moins. Mais lorsqu'ils furent entrés dans la Pannonie, la Hongrie actuelle, Romuald fut attaqué d'une maladie qui l'empêcha de passer outre. Elle fut longue, et sitôt qu'il avait résolu de revenir sur ses pas, il se portait mieux; mais quand il voulait aller plus avant, son visage s'enflait et son estomac ne gardait plus de nourriture. Il assembla donc ses disciples et leur dit « Je vois que Dieu ne veut pas que je passe outre; mais parce que je n'ignore pas votre désir, je n'oblige personne à retourner, je vous laisse une entière liberté; mais je sais qu'aucun de ceux qui demeureront ne souffrira le martyre. » En effet, de quinze qui s'avancèrent dans la Hongrie, quelques-uns furent fustigés, plusieurs vendus et réduits en servitude, mais ils n'arrivèrent point au martyre.

Romuald revint à son monastère d'Orviète, dont il trouva que l'abbé ne suivait pas ses maximes; car il voulait qu'un abbé, comme étant véritablement moine, aimât l'extrême abjection, n'eût point d'affection pour le temporel et employât les biens du monastère pour l'utilité des frères, sans faire aucune dépense par vanité. N'étant pas écouté, il quitta ce monastère et alla se loger avec ses disciples près du château de Rainier, qui fut depuis marquis de Toscane. Ce seigneur ayant quitté sa femme sous prétexte de parenté, avait épousé la veuve d'un de ses parents. C'est pourquoi Romuald ne voulut point demeurer gratuitement dans ses terres, afin de ne paraître pas approuver sa conduite; mais il lui payait une pièce d'or pour l'eau, et une autre pour le bois, et il le contraignit à les recevoir, en le menaçant de se retirer. Rainier disait : « Il n'y a ni empereur, ni homme vivant qui me donne tant de crainte que le visage de Romuald. Je ne sais que dire devant lui et ne trouve point d'excuse pour me défendre. » En effet, le saint homme avait ce don de Dieu, que tous les pêcheurs, principalement les grands du siècle tremblaient devant lui comme en présence de la majesté divine.

Il changea encore plusieurs fois de demeure, faisant du fruit partout et convertissant plusieurs pécheurs. Ce qui l'obligeait à changer si fréquemment, c'est que partout où il demeurait, une foule innombrable venait le chercher. Ainsi, quand il avait rempli un monastère, il y mettait un supérieur et se pressait d'en aller remplir un nouveau. Entre autres monastères, il alla habiter la montagne de Sitrie en Ombrie, où il souffrit une calomnie atroce de la part d'un de ses moines nommé Romain; car comme il voulait le corriger de ses impuretés, non-seulement par des réprimandes, mais par de rudes disciplines, celui-ci l'accusa d'un crime de même genre; et quoique son âge décrépit et son corps exténué l'en rendissent incapable, la calomnie trouva créance et les disciples du saint homme le mirent en pénitence et lui défendirent de célébrer les saints mystères. Il s'y soumit et fut environ six mois sans approcher de l'autel. Enfin Dieu lui commanda, sous peine de perdre sa grâce, de quitter cette simplicité indiscrète et de célébrer hardiment la messe. Il le fit le lendemain, et, pendant la messe, il fut longtemps ravi en extase et reçut ordre de donner une exposition des psaumes, que l'on garde encore à Camaldule, écrite de sa main.

Etant à Sitrie, il demeura sept ans enfermé, gardant continuellement le silence, et toutefois il ne fit jamais plus de conversions et ne renferma plus de pénitents. Il ne relâcha rien, dans la vieillesse, de l'austérité de sa vie. Pendant un carême, il ne vécut que de bouillon fait d'un peu de farine, avec quelques herbes, et il faisait ainsi diverses expériences pour éprouver ses forces. Pendant l'été, de deux semaines, il en passait une jeûnant au pain et à l'eau; l'autre, il ajoutait quelque chose de cuit le jeudi. S'il était tenté de manger quelques mets plus de son goût, il le faisait préparer avec soin, l'approchait de son nez et de sa bouche, et disait : « Gourmandise! gourmandise! combien ce mets te ferait plaisir! mais malheur à toi! jamais tu n'en goûteras! » et il le renvoyait au cellier. Ces austérités n'empêchaient pas qu'il ne montrât un visage serein et une gaîté continuelle. Il fit plusieurs guérisons miraculeuses, mais évitant autant qu'il était possible qu'on les lui attribuât. Quand il envoyait quelque part ses disciples, il leur donnait un pain, un fruit ou quelque autre chose qu'il avait béni; et ses disciples guérirent plusieurs malades en leur en faisant manger.

Les moines de Sitrie vivaient dans une grande perfection. Tous marchaient nu-pieds, pâles, négligés, et toutefois contents dans leur extrême pauvreté. Quelques-uns demeuraient enfermés dans leurs cellules comme en des sépulcres. Personne n'y goûtait jamais de vin. Non-seulement les moines, mais leurs serviteurs et ceux qui gardaient les bestiaux, jeûnaient, observaient le silence, se donnaient la discipline l'un à l'autre et demandaient pénitence pour les moindres paroles oiseuses. Quand Romuald y vit un si grand nombre de moines, qu'à peine pouvaient-ils demeurer ensemble, il leur donna un abbé et se retira à Bifolco, gardant étroitement le silence.

Cependant l'empereur saint Henri étant venu en Italie, envoya prier saint Romuald de venir le trouver, promettant de faire tout ce qu'il lui ordonnerait. Le saint homme refusait absolument d'y aller et de rompre son silence; mais ses disciples lui dirent : « Considérez que nous sommes un si grand nombre ici, que nous ne pouvons plus y loger commodément; demandez, s'il vous plaît, à l'empereur quelque grand monastère. » Le saint homme leur écrivit : « Sachez que l'empereur vous donnera le monastère du Mont-Amiat; voyez seulement quel abbé vous y mettrez. » Il vint donc trouver l'empereur, qui se leva aussitôt et alla avec beaucoup d'affection : Plût à Dieu que mon âme fût dans votre corps! Il le pria de lui parler; mais il ne put ce jour-là lui faire rompre son silence. Le lendemain, quand Romuald vint au palais, les Allemands vinrent en foule le saluer en baissant la tête et s'empressèrent à arracher les poils de sa fourrure pour les emporter en leur pays comme des reliques; de quoi le saint homme fut si affligé, que, sans ses disciples, il serait aussitôt retourné à sa cellule. Etant entré chez l'empereur, il lui parla beaucoup de la restitution des droits des églises, de la violence des puissants et de l'oppression des pauvres. Enfin, il demanda un monastère pour ses disciples, et l'empereur lui donna le Mont-Amiat, dont il chassa un abbé coupable de plusieurs crimes. Ce monastère, situé en Toscane, dans le territoire de Clusium, avait été fondé vers l'an 743, par Rachis, roi des Lombards.

Une des dernières fondations de saint Romuald, mais qui dans la suite est devenue la plus célèbre de toutes, fut celle de Camaldule. Ce lieu, nommé alors Campo-Malduli, est situé au milieu des rudes montagnes de l'Apennin, dans le diocèse d'Arezzo; mais c'est une plaine agréable arrosée de sept fontaines. Saint Romuald le choisit comme propre à ses disciples, et y bâtit une église de Saint-Sauveur et cinq cellules séparées pour autant d'ermites, à qui il donna pour supérieur le vénérable Pierre. C'est de ce monastère que les religieux de saint Romuald ont pris le nom de *Camaldules*.

Saint Romuald sentant approcher sa fin, revint à son monastère de Val-de-Castro, et, se tenant assuré qu'il mourrait bientôt, il se fit bâtir une cellule avec un oratoire pour s'y enfermer et y garder le silence jusqu'à sa mort. Vingt ans auparavant il avait prédit à ses disciples qu'il mourrait en ce monastère, sans que personne fût présent à sa mort. Sa cellule de réclusion étant faite, il sentit augmenter ses infirmités, principalement une fluxion sur la poitrine, qui l'oppressait depuis six mois. Toutefois, il ne voulut ni se coucher sur un lit, ni relâcher la rigueur de son jeûne. Un jour, comme il s'affaiblissait peu à peu, le soleil étant vers son coucher, il ordonna à deux moines qui étaient près de lui de sortir et de fermer après eux la porte de la cellule, et de revenir au point du jour pour dire auprès de lui matines, c'est-à-dire laudes. Comme ils sortaient à regret, au lieu d'aller se coucher, ils demeurèrent près de la cellule, et, quelque temps après, écoutant attentivement, comme ils n'entendirent ni mouvement ni voix, ils se doutèrent de ce qui en était; ils poussèrent promptement la porte, et, ayant pris de la lumière, ils le trouvèrent mort, couché sur le dos. Il vécut cent vingt ans, dont il passa vingt dans le monde, trois dans le monastère, quatre-vingt-treize dans la vie érémitique. C'est ce que nous lisons dans sa vie, écrite quinze ans après, par saint Pierre Damien. Il mourut l'an 1027, le 19 juin, et l'Eglise honore sa mémoire le même jour; mais, à Rome, sa fête a été fixée au 7 février, jour de la seconde translation. Aussitôt après sa mort, il se fit un grand nombre de miracles à son tombeau : ce qui fut cause que, cinq ans après, les moines obtinrent du Saint-Siège la permission d'élever un autel sur son corps; c'était alors une manière de canoniser les saints (*Acta Sanct.*, 7 *febr.*; *Act. Bened.*, sec. 6, pars 1).

L'ordre de saint Romuald, autrement dès Camaldules, subsiste encore avec honneur. Il renferme les trois genres de vie : cénobites, ermites et reclus. Leur règle est celle de saint Benoît, avec quelques observances particulières. L'ordre de saint Benoît et celui de saint Romuald ont donné, de nos jours, à l'Eglise deux grands Papes : le premier Pie VII, de glorieuse mémoire; le second Grégoire XVI, prédécesseur du grand Pie IX.

Au commencement de l'année 1027, le roi Conrad partit d'Ivrée, et, accompagné du roi Rodolphe de Bourgogne, il se mit en marche pour Rome. En chemin, il fit au marquis Rainier de Toscane une visite dont celui-ci se serait bien passé. Le marquis ne s'était pas encore soumis au nouveau roi, et osa même lui fermer les portes de Lucques. Conrad prit aussitôt ses mesures pour l'assiéger dans les formes.

Ce que voyant, Rainier se ravisa et se rendit à discrétion. Conrad lui ôta le marquisat et le donna à Boniface, père de la célèbre comtesse Mathilde. Boniface, déjà seigneur de Modène, Reggio, Mantoue, Crémone et Plaisance, devint, par l'investiture de la Toscane, le plus puissant prince de l'Italie. Conrad, arrivé à Rome le mercredi saint, y fut couronné empereur, le jour de Pâques, par le pape Jean XIX ; sa femme Gisèle fut pareillement couronnée impératrice. Outre le roi Rodolphe de Bourgogne, on vit à cette solennité Canut le Grand, roi d'Angleterre et de Danemarck. Les fêtes se terminèrent par une sanglante bataille entre les Romains et les Allemands ; elle commença par la querelle d'un Allemand et d'un Romain, au sujet d'une peau de bœuf qu'ils étaient à marchander ; des injures ils en vinrent aux coups, et bientôt les deux nations s'en mêlèrent. La peau de bœuf n'était que l'occasion : la vraie cause était l'antipathie nationale. L'empereur Conrad retourna, la même année 1027, en Allemagne, après avoir nommé vice-roi de Lombardie l'archevêque Héribert de Milan.

A l'occasion de ce couronnement de l'empereur, il y eut à Rome comme une assemblée générale de l'Europe chrétienne. Les chefs des nations s'y connurent de près, se lièrent d'amitié entre eux, et y concertaient la paix et le bien-être de leurs peuples. On en voit une preuve dans la lettre suivante du roi Canut, longtemps cruel et injuste, ensuite humain et équitable. Il écrivait, en 1027, de Rome, où il était allé en pèlerinage, portant une panetière sur l'épaule et un bâton à la main.

« Canut, roi de tout le Danemarck, de l'Angleterre, de la Norwège et d'une partie de la Suède, à Egelnoth, le métropolitain, l'archevêque Alfric, à tous les évêques et primats, et à toute la nation des Anglais, nobles et gens du peuple, salut. Je vous fais savoir que je suis allé à Rome pour la rédemption de mes péchés et pour le salut des royaumes et des peuples qui sont assujétis à mon gouvernement. Il y a longtemps que je m'étais engagé, par un vœu, à faire ce pèlerinage ; mais j'en avais été empêché jusqu'ici par les affaires d'État et autres obstacles. Maintenant, j'adresse d'humbles actions de grâces à mon Dieu tout-puissant de ce qu'il m'a octroyé, une fois en ma vie, de visiter ses bienheureux apôtres Pierre et Paul, et tous les saints lieux au dedans et au dehors de Rome, de les honorer et de les révérer en personne. Et j'ai fait cela, parce que j'ai appris des sages que le saint apôtre Pierre a reçu du Seigneur le grand pouvoir de lier et de délier, et qu'il est le porte-clé du royaume céleste. Voilà pourquoi j'ai jugé très-utile de solliciter spécialement son patronage auprès de Dieu.

» Or, sachez qu'il s'est tenu ici, dans la solennité pascale, une grande assemblée d'illustres personnes, savoir, avec le pape Jean et l'empereur Conrad, tous les princes des nations depuis le Mont-Gargan jusqu'à la mer qui nous avoisine. Tous m'ont accueilli avec distinction, et m'ont honoré de riches présents ; j'ai reçu, particulièrement de l'empereur, des vases d'or et d'argent, des étoffes et des vêtements de grand prix. Je me suis donc entretenu avec l'empereur même, avec le seigneur Pape et les princes qui étaient là, sur les besoins de tout le peuple de mes royaumes, tant Anglais que Danois. J'ai tâché d'obtenir pour mes peuples plus de justice et de sûreté dans leurs voyages à Rome, et surtout qu'ils ne soient plus dorénavant retardés par tant de barrières, ni fatigués par d'injustes péages. L'empereur a consenti à ma demande, ainsi que le roi Rodolphe, qui possède les principales clôtures des montagnes, et tous les princes l'ont confirmée par leurs édits, en sorte que mes hommes, soit marchands, soit pèlerins, iront à Rome et en reviendront en toute sûreté et sans aucune vexation de barrière ni de péage.

» Je me suis aussi plaint devant le seigneur Pape, et ai témoigné un grand déplaisir, sur l'énormité des sommes d'argent exigées jusqu'à ce jour de mes archevêques quand ils se rendaient, suivant l'usage, auprès du Siége apostolique, afin d'obtenir le *pallium*. Il a été décidé que cela n'aurait plus lieu à l'avenir. Enfin, tout ce que j'ai, pour l'utilité de ma nation, demandé au seigneur Pape, à l'empereur, au roi Rodolphe et aux autres princes par les terres desquels nous allons à Rome, ils me l'ont accordé de grand cœur et même confirmé par serment, sous l'attestation de quatre archevêques, de vingt évêques, ainsi que d'une multitude innombrable de ducs et de nobles, qui étaient présents. C'est pourquoi je rends au Dieu tout-puissant de très-grandes actions de grâces de ce qu'il m'a réussi à mon gré dans tous mes désirs et mes projets.

» Sachez donc maintenant que j'ai voué à Dieu de mener désormais une vie en tout exemplaire, de gouverner selon la justice et la piété les royaumes et les peuples qui me sont soumis, et de garder un jugement équitable en toutes choses. Si, par l'ardeur ou la négligence de ma jeunesse, j'ai jadis violé la justice, mon intention est de me corriger, avec l'aide de Dieu. C'est pourquoi j'adjure mes conseillers à qui j'ai confié le gouvernement, et je leur commande, ainsi qu'à tous les comtes et magistrats du royaume, s'ils veulent conserver mon amitié et sauver leur âme, de ne faire désormais aucune injustice, soit au riche, soit au pauvre. Que toute personne, noble ou non, jouisse de ses droits selon la loi, de laquelle aucune déviation ne doit se permettre, soit en crainte de moi, soit en faveur de l'homme puissant, ou dans le dessein de remplir mon trésor. Je n'ai pas besoin d'argent levé par injustice.

» Je veux en outre que vous sachiez que, reprenant la route par laquelle je suis venu, je vais en Danemarck, pour, avec le conseil de tous les Danois, faire une paix et une alliance avec les nations qui ont voulu, s'il leur avait été possible, nous priver de la vie et du royaume ; mais elles ne l'ont pu, Dieu détruisant leur force, lui qui veuille nous conserver dans la royauté et l'honneur, et anéantir la puissance de tous nos ennemis. Lors donc que j'aurai fait la paix avec les nations circonvoisines, et réglé notre royaume oriental de manière à n'avoir à craindre ni guerre ni hostilité d'aucune part, je m'embarquerai au plus tôt, cet été même, pour revenir en Angleterre.

» J'ai envoyé par avance cette lettre, afin que tout le peuple de mon royaume se réjouisse de ma prospérité ; car, comme vous le savez vous-mêmes, jamais je n'ai épargné ni ma personne ni mon travail, et jamais je ne les épargnerai pour l'utilité nécessaire de tout mon peuple. Maintenant je conjure tous les évêques et les magistrats de mon royaume, par la fidélité que vous me devez ainsi qu'à Dieu, de faire en sorte qu'avant mon arrivée en Angleterre, toutes les redevances que nous devons suivant la loi ancienne soient acquittées, savoir : l'aumône pour les charrues, la dîme des animaux produits pendant l'année, et les deniers que vous devez à Saint-Pierre de Rome par chaque maison des villes et des villages; de plus, à la mi-août, la dîme des moissons, et, à la Saint-Martin, les prémices des semences. Que, si à mon prochain débarquement, ces redevances ne sont pas entièrement payées, la puissance royale s'exercera contre les délinquants, selon la rigueur de la loi et sans aucune grâce (Wilkins, *Concil. mag. Brit.*, t. I; Labbe, t. IX). »

Voilà ce qu'écrivit l'an 1027, en partant de Rome, le roi le plus puissant de ces terribles hommes du Nord, qui, sous les noms de Danois et de Normands, ravagèrent pendant plus d'un siècle l'Europe chrétienne. On y voit le changement prodigieux que la piété chrétienne avait opéré dans ce chef de barbares et de pirates. On ne le voit pas moins dans le préambule suivant d'un de ses diplômes en faveur du monastère de Croiland. « Canut, roi de toute l'Angleterre, du Danemarck, de la Norwège et d'une grande partie de la Suède, à toutes les provinces, nations et peuples soumis à ma puissance, petits et grands, salut. Comme mes ancêtres et mes parents ont souvent opprimé l'Angleterre par de dures extorsions et des déprédations cruelles, et qu'ils y ont versé fréquemment, je le confesse, le sang innocent, mon application a été depuis le commencement de mon règne et le sera toujours à l'avenir, tant devant Dieu que devant les hommes, de satisfaire pour ces miens péchés et ceux de mes parents; de réparer avec la dévotion que je dois l'état de toute la sainte Église, notre mère, ainsi que de tous les monastères situés en mon royaume et qui auraient besoin en quelque chose de ma protection, et de me rendre ainsi secourables dans mes nécessités et favorables à mes prières tous les saints de Dieu (*Act. Bened.*, sec. 6, *pars* 1). » C'est avec cette pieuse humilité que parlait le roi Canut au faîte de la puissance et de la gloire, lui qui, au commencement de sa conquête d'Angleterre, disait encore : « Qui m'apportera la tête de mes ennemis, me sera plus cher que s'il était mon frère (Florent; Wigorn., *Chron.*, édit. Francfort, 1601). »

Un homme surtout avait puissamment contribué à cet heureux changement du roi Canut. Ce fut saint Egelnoth, Edelnoth ou Elnoth, archevêque de Cantorbéry. Issu d'une noble famille et baptisé par saint Dunstan, il fut d'abord moine de Glastenbury, ensuite succéda, l'an 1020, à l'archevêque Living, successeur de saint Elphége. Deux ans après, il alla à Rome, où il fut reçu avec beaucoup d'honneur par le pape Benoît VIII, qui lui donna le *pallium*. A son retour, passant à Pavie, il acheta un bras de saint Augustin cent marcs d'argent et un marc d'or, et enrichit de cette relique l'Eglise d'Angleterre. Ce fut ce vertueux pontife qui, par l'autorité de Sa Sainteté, encourageait le roi Canut au bien et le détournait du mal. Ce fut par ses exhortations que le prince fit le pèlerinage de Rome, ainsi que nous l'avons vu. Ce fut par ses conseils qu'il renouvela les lois tant ecclésiastiques que civiles, conformes à celles des rois précédents, et dont la première est d'aimer Dieu par-dessus toutes choses (Labbe, t. IX).

Ce fut encore par le conseil du saint archevêque que le roi Canut étendit ses libéralités sur les Eglises étrangères, comme on voit par celle de Chartres, où il envoya une somme considérable, du temps de l'évêque Fulbert, qui l'en remercia par une lettre, et employa cet argent à rebâtir son église qui avait été brûlée. L'archevêque Edelnoth ou Elnoth mourut l'an 1038, et est compté entre les saints (*Act. Bened.*, sec. 6, *pars* 1).

Le roi Canut, ainsi que déjà nous l'avons vu, emmena en Danemarck plusieurs évêques d'Angleterre, dont il mit Gerbrand en Zélande. Unvan, archevêque de Brême, reçut fort bien l'évêque Gerbrand; mais il l'obligea à le reconnaître pour son supérieur et à lui promettre fidélité. L'ayant pris en amitié, il se servait de lui pour envoyer au roi Canut des députés avec des présents, le congratulant des victoires qu'il avait remportées en Angleterre, mais le reprenant de ce qu'il avait osé en enlever des évêques. Le roi Canut prit en bonne part la réprimande, et vécut si bien depuis avec l'archevêque, qu'il ne faisait rien que par son avis : jusque-là qu'il fut le médiateur de la paix entre ce prince et le roi Conrad le Salique (Adam Brem., l. 2, c. 38). Cette paix fut cimentée par les fiançailles et depuis par le mariage de Gunilde, fille de Canut, avec le jeune Henri, fils de Conrad, qui fut depuis l'empereur Henri III.

Vers ce même temps, comme nous l'avons déjà vu, régnaient en Norwège et en Suède deux rois du nom d'Olaf ou Olaüs, zélés l'un et l'autre pour la propagation de la foi et de la piété chrétiennes. Le premier s'appliquait particulièrement à purger la Norwège des devins, des magiciens et des enchanteurs dont elle était remplie, et il avait auprès de lui de saints évêques, que nous avons déjà appris à connaître, et qui l'aidaient par leur doctrine et leurs conseils. Il envoya des députés à l'archevêque Unvan, avec des présents, le suppliant de recevoir favorablement ses évêques, et de lui en envoyer, de sa part, pour affermir la religion en Norwège (Adam Brem., l. 2, c. 40). On se rappellera sans doute que l'archevêque de Brême ou de Hambourg était légat du Siège apostolique pour la conversion des peuples du Nord.

Olaüs de Suède, nouveau chrétien, dont Olaüs de Norwège avait épousé la fille, n'était guère moins zélé que son gendre pour la religion chrétienne. Il fit de grands efforts pour faire abattre le temple d'idoles qui était à Upsal, au milieu de son royaume, et les païens, craignant qu'il n'en vînt à bout, convinrent avec lui que, puisqu'il voulait être chrétien, il choisît le meilleur pays de la Suède pour y établir une église et l'exercice de sa religion, sans faire violence à personne pour quitter le service des dieux. Le roi, fort content de ce traité, fonda une église et un siège épiscopal dans la Gothie occidentale, près du Danemarck et de la Norwège. Ce fut à Scaren, ville alors très-grande, à présent peu considérable, où, à la prière du roi de Suède, Turgot fut ordonné premier évêque par l'archevêque Unvan, et il s'acquitta si bien de son ministère, qu'il convertit à la foi deux peuples célèbres des Goths. Le roi Olaüs de Suède fit baptiser sa femme et ses deux fils, Emond et Amond. A ce dernier, il fit donner le nom de Jacques au baptême ; ce prince, tout jeune qu'il était, surpassa en sagesse et en piété tous ses prédécesseurs, et aucun roi ne fut si agréable aux Suédois (Adam Brem., l. 2, c. 41).

Cependant Olaüs, roi de Norwège, fut chassé de son royaume par la faction des seigneurs, dont il avait fait mourir les femmes, à cause de leurs maléfices. Le roi Canut, qui lui faisait la guerre, se prévalut de cette révolte, et fut reconnu roi de Norwège ; ce qui n'était encore arrivé à aucun roi de Danemarck. Olaüs, mettant toute son espérance en Dieu, entreprit de se rétablir pour réprimer l'idolâtrie ; et, par le secours du roi de Suède, son beau-père, et des insulaires, il assembla une grande armée, et reconquit son royaume. Alors il crut que Dieu l'avait rétabli, afin de ne plus pardonner à personne qui voulût demeurer magicien, ou qui refusât de se faire chrétien. Il y réussit pour une grande partie. Mais, suivant les uns, quelques magiciens qui restèrent, le firent mourir, pour venger ceux qu'il avait condamnés ; suivant d'autres, il fut tué dans une bataille ; d'autres enfin dirent qu'il fut mis à mort secrètement, pour faire plaisir à Canut, qui s'empara de son royaume. Quoi qu'il en soit au juste du genre particulier de sa mort, Olaüs fut regardé comme martyr. On l'enterra avec honneur à Drontheim, capitale du royaume : il se fit à son tombeau un grand nombre de miracles, et il fut depuis en grande vénération à tous les peuples voisins. Il mourut l'an 1028, le 29 juillet, jour auquel l'Eglise honore sa mémoire. Son fils Magnus, ayant récupéré le trône en 1035, contribua beaucoup à étendre la dévotion des peuples envers son père, que la cathédrale de Drontheim choisit pour patron titulaire (*Ibid.*, c. 43 ; *Acta Sanct.*, 29 *julii*).

L'archevêque Unvan, profitant de la paix solide entre les Slaves et les Saxons d'outre-Elbe, rétablit la métropole de Hambourg, ruinée par les Normands en 845, et y assembla une grande multitude d'habitants et de clercs. Il y demeurait souvent, jusqu'à y passer la moitié de l'année, et y donnait rendez-vous au roi Canut et aux princes des Slaves. Enfin, après avoir gouverné son Eglise pendant seize ans et s'être dignement acquitté de sa mission chez les infidèles, il mourut le 27 janvier 1029, et eut pour successeur Libentius II, neveu du premier, prévôt de la cathédrale. Il fut élu par la faveur de l'impératrice Gisèle, reçut le bâton pastoral de l'empereur Conrad, et le *pallium* du pape Jean XIX. Mais il ne tint le siège de Brême et de Hambourg que quatre ans (*Ibid.*, c. 42, 44, 45).

Plus loin, dans la Hongrie, le roi saint Etienne, après avoir converti et édifié son peuple par une sainte vie, l'édifia par une sainte mort en 1038. Dieu l'éprouva par de grandes afflictions. Il perdit plusieurs enfants en bas âge ; mais il s'en consolait par les grandes espérances que lui donnait le seul qui lui restait, nommé Eméric. Il le fit élever avec grand soin, et composa pour son instruction le *Traité de politique et de législation chrétiennes* que nous avons déjà vu. Le jeune prince profita si bien de la bonne éducation qu'il avait reçue, qu'il parvint à une haute piété, et étant une nuit en prières, il promit à Dieu de garder la virginité ; mais il tint cette résolution très-secrète. Aussi le roi, son père, voulant assurer la succession du royaume, lui proposa un mariage convenable avec une belle princesse. Eméric s'en défendit d'abord, puis il céda à la volonté de son père et se maria, mais sans préjudice de son vœu, et il ne toucha point à son épouse, comme elle en rendit témoignage après la mort du prince, qui suivit de près son mariage. Il fut enterré à Albe-Royale, et il se fit plusieurs miracles à son tombeau : aussi l'Eglise l'honore-t-elle entre les saints le 4 novembre (*Apud Sur.*, 4 *nov.* ; *Acta Sanct.*, 20 *aug.*).

Le roi, son père, eut besoin de toute sa vertu pour se consoler de cette perte, et afin d'attirer sur lui la miséricorde de Dieu, il augmenta ses aumônes, déjà très-grandes, surtout envers les étrangers. Il avait une confiance particulière en un saint ermite nommé Gonthier, retiré en Bohème, et quand ce saint homme venait le voir, il le laissait maître de son trésor. Enfin le saint roi Etienne ayant été longtemps malade et sentant approcher sa fin, appela les évêques et les seigneurs de sa cour, qui étaient chrétiens, et leur recommanda l'élection du nouveau roi ; mais surtout de conserver la religion nouvellement établie en Hongrie. Après quoi, levant les mains et les yeux, il s'écria : « Reine du ciel, Réparatrice du monde, c'est à votre patronage que je commets la sainte Eglise avec les évêques et le clergé, le royaume avec les grands et le peuple ; leur disant le dernier adieu, je remets mon âme entre vos mains. » Ayant ensuite reçu en leur présence l'extrême-onction et le saint Viatique, il expira le 15 août, jour de l'Assomption de la très-sainte Vierge, comme il avait toujours désiré et demandé avec larmes. Il fut enterré dans l'église qu'il avait fait bâtir à cette sainte patronne à Albe-Royale. Sa sainteté fut attestée par plusieurs miracles. Son corps fut levé de terre quarante-cinq ans après sa mort. Benoît IX le canonisa et Innocent XI fixa sa fête au 2 septembre (*Acta Sanct.*).

L'ermite Gunther ou Gonthier, dont il vient d'être parlé, était un seigneur de Thuringe, illustre par sa naissance et sa dignité, qui, touché du repentir des péchés de sa jeunesse, alla trouver saint Godehard, depuis peu abbé de Hirsfeld et ensuite évêque de Hildesheim. Gunther lui découvrit le fond de sa conscience, et l'abbé lui persuada d'embrasser la vie monastique. Il renonça à ses biens, qui étaient grands, et les donna au monastère de Hirsfeld, du consentement de ses héritiers, se réservant toutefois, pour sa subsistance, le monastère de Guelling, dont il jouissait étant séculier, suivant l'abus de ce temps-là, ce qui fut cause que l'abbé différa quelque temps sa profession. Après avoir faite dans le monastère d'Altaha, soumis au même abbé, il alla, par sa permission, demeurer à celui de Guelling, qu'il s'était réservé ; mais comme il n'était accoutumé ni à la pauvreté ni au travail, il trouvait de grandes difficultés dans le gouvernement de cette maison et venait souvent demander conseil au saint abbé Godehard, qui lui dit enfin d'un ton ferme et sévère, qu'il se soumît à l'obéissance et à la stabilité qu'il avait promise à Dieu, ou qu'il quittât l'habit et retournât dans le siècle. Il en parla même à l'empereur Henri, qui fit venir Gunther et lui représenta fortement qu'il ne pouvait servir deux maîtres. Ainsi il abandonna Guelling et revint à Altaha se ranger à la vie commune.

Il s'y distingua bientôt par sa ferveur et son austérité, en sorte que saint Etienne de Hongrie, son parent, en entendit parler et désira ardemment de le voir. Il envoya deux fois, mais inutilement, l'en prier; enfin Gunther se rendit à la troisième, et, avec la permission de son abbé, il alla avec les envoyés du roi, qui le reçut avec une joie extrême. Il le fit manger à sa table; mais il ne put jamais lui persuader de manger de la viande.

Ensuite le saint homme se retira, par la permission de son abbé, avec quelques moines d'Altaha, dans un désert des forêts de Bohème, où il fonda un ermitage ou nouveau monastère l'an 1008, et y demeura trente-sept ans. Lui et ses disciples vivaient dans une extrême pauvreté, leur nourriture était grossière, ils ne buvaient que de l'eau, et encore par mesure. Gunther, qui les gouvernait, était un homme sans lettres, qui n'avait rien appris que quelques psaumes; mais il avait été si attentif aux lectures de l'Ecriture sainte et aux discours des autres, que souvent il en expliquait les sens les plus mystérieux, tantôt en souriant, tantôt sérieusement, en sorte qu'il se faisait admirer. L'auteur de sa vie dit avoir entendu de lui un discours sur saint Jean-Baptiste, qui tira les larmes de tous les assistants.

Le duc Bradislas de Bohème étant un jour à la chasse, poursuivait un cerf d'une merveilleuse grandeur : le cerf se réfugia dans un endroit de la forêt où tout d'un coup il s'arrêta tranquille. Le duc, étonné, aperçut bientôt une pauvre cellule, et entendit une voix du ciel qui lui dit qu'un trésor de Dieu était caché là. Le duc, ayant fait le signe de la croix, entra dans la cabane. Et voilà qu'un beau vieillard à cheveux blancs, semblable à un ange, était prosterné en prières sur sa couche. Le duc en demeura stupéfait, mais le vieillard, l'ayant regardé, lui dit avec douceur : « Ne craignez pas, au contraire, bénissez Dieu; car je suis Gunther, qui vous ai tenu sur les fonts de baptême; et il lui en rappela des preuves. Le duc, hors de lui, demandait à son bienheureux parrain comment donc il était venu dans cette affreuse solitude, et à une vie si pauvre, lui qui était d'une si haute noblesse; et il le pressait de venir à sa cour. Le saint homme l'en remercia, et lui dit que, s'il voulait assister à sa mort, il n'avait qu'à revenir le lendemain avant neuf heures. Le duc revint en effet de grand matin, avec Sévère, évêque de Prague, lequel célébra la messe, et communia le saint ermite, qui mourut à neuf heures, au milieu des cantiques et des pleurs des assistants. C'était le 9 octobre 1045, jour auquel l'Eglise honore la mémoire de saint Gunther (*Act. Bened.*, sec. 6, pars 1).

Lorsque le roi Conrad passa les Alpes pour aller à Rome recevoir la couronne impériale du pape Jean XIX, il y avait dans son cortège un clerc de l'Eglise de Toul, qui devait un jour, sous le nom de saint Léon IX, commencer pour l'Eglise romaine une ère nouvelle et être le premier d'une série de Papes plus grands l'un que l'autre. Ce clerc se nommait Brunon. Il était né le 21 juin 1002, dans le diocèse actuel de Nancy et de Toul, au château de Dachsbourg ou Dabo, sur les confins de la Lorraine et de l'Asace. Sa famille, ainsi que celle de Hugues Capet, remontait, par sainte Mathilde, femme de Henri l'Oiseleur, à Charlemagne et à Witikind. Un de ses ancêtres, le comte Hugues Ier, qui embrassa la vie monastique en 940, fut la tige commune des princes de Lorraine, des princes de Hohenlohe et des comtes de Habsbourg, qui subsistent encore. Le comte Hugues IV, père de Brunon, était cousin de l'empereur Conrad. La piété n'était pas moins héréditaire dans sa famille que la noblesse. Son aïeul paternel et son aïeule maternelle, le comte son père, et la comtesse sa mère, après s'être distingués dans le monde, y renoncèrent pour se dévouer à Dieu dans les monastères qu'ils avaient fondés, et parmi lesquels était celui de Hesse, près de Sarrebourg. Le jeune Brunon n'avait que cinq ans, lorsque sa mère, qui l'avait nourri elle-même, le mit entre les mains de Bertold, évêque de Toul et troisième successeur de saint Gérard, pour l'instruire dans les arts libéraux et les lettres.

Sous le gouvernement éclairé de Bertold, la ville de Toul était devenue une école plus florissante que jamais, où affluaient les enfants des nobles, et où le jeune Brunon trouva deux de ses cousins, l'un fils du duc de Lorraine, l'autre du duc de Luxembourg. Ils s'appelaient Adalbéron tous les deux. Le premier mourut jeune encore; le second, qui devint depuis évêque de Metz, joignait à l'étude des sciences la pratique des vertus, la mortification, les jeûnes, les veilles. Il fut le précepteur particulier de son cousin Brunon, comme étant plus avancé en âge et dans les études. Unis par les liens du sang et de l'amitié, les deux cousins faisaient des progrès merveilleux. Ils étudièrent d'abord ce que l'on nommait dans ce temps le *Trivium*, qui comprenait la grammaire, la rhétorique et la dialectique; ils se distinguèrent en prose et en vers, s'exercèrent même à plaider et à juger des causes. Ils étudièrent ensuite, avec non moins de succès, le *Quadrivium*, c'est-à-dire l'arithmétique, la musique, la géométrie et l'astronomie. Le progrès dans les sciences n'empêchait point le progrès dans la piété. Le jeune Brunon déployait avec les années un caractère de plus en plus aimable. La grâce divine perfectionnait en lui un heureux naturel. Nonobstant son illustre naissance, ses richesses, ses avantages de corps et d'esprit, on ne voyait en lui ni orgueil ni prétention. Il était affable et prévenant envers tout le monde : il obéissait volontiers, non-seulement à ses supérieurs et à ses égaux, mais encore à ses inférieurs.

Un jour, après avoir terminé ses études, il se délassait dans un des châteaux de son père en Alsace. C'était pendant l'été. Comme il s'endormit le soir, un reptile venimeux lui piqua le visage. Il s'ensuivit une enflure considérable, qui mit ses jours en péril : on n'attendait plus que sa mort, quand un vieillard vénérable, qu'il reconnut pour être saint Benoit, lui apparut et lui procura une prompte guérison. Brunon conçut dès lors une grande affection pour l'état monastique; il paraît même l'avoir embrassé; car il disait quelque temps avant sa mort : « J'ai vu la cellule que j'habitais étant moine, changée en un vaste palais; et il me faut rentrer en ce moment dans la demeure étroite du tombeau. »

L'évêque Bertold, qui l'avait élevé, étant mort, il se soumit de même à son successeur Hériman. Il compatissait à ceux qui avaient à souffrir, particulièrement aux moines de Saint-Evre, contre lesquels des flatteurs et des envieux avaient prévenu le nouvel évêque. Brunon tantôt les défendait avec courage, tantôt pleurait avec eux. Il procura surtout, par son autorité, le maintien de la vie canonique dans le cloître de Saint-Etienne, qui était la cathédrale. Ses parents l'ayant mené à la cour de l'empereur Conrad, de leur famille, il s'y attira la bienveillance de tout le monde; il était de si bonne mine, si plein de grâces et de prudence, que pour le distinguer des autres qui portaient le même nom que lui, on y ajoutait l'épithète de *Bon*. L'empereur et l'impératrice avaient une telle confiance en ses lumières, et sa discrétion, qu'ils l'admettaient dans leurs conseils les plus secrets, et ne faisaient rien sans son avis. Ils pensaient dès lors à l'élever à un des postes les plus éminents de l'Eglise et de l'empire. Brunon s'en aperçut; mais, tout jeune qu'il était, promit à Dieu d'accepter avec plus de joie l'église la plus pauvre, si sa providence l'y appelait, que le poste le plus éminent et le plus riche auquel l'empereur voudrait l'élever par affection charnelle.

Il était âgé de vingt-trois ans et diacre, quand il suivit le roi Conrad dans son voyage de Lombardie. L'évêque Hériman, étant malade, le chargea de conduire les troupes de l'évêché de Toul au service du prince. Dans cette milice séculière, Brunon déploya une sagacité et une prévoyance telles, qu'on eût dit qu'il ne s'était jamais occupé d'autre chose : traçant lui-même les camps, fournissant à tous et à chacun, en temps et lieux, les subsistances nécessaires; de telle sorte que, et nobles et particuliers, n'avaient à s'occuper que de leur personne. C'était en 1026.

Durant cette expédition, l'évêque Hériman vint à mourir pendant le carême. Aussitôt le clergé et le peuple de Toul, d'une voix unanime, choisirent Brunon pour leur évêque. Ils en écrivirent deux lettres, l'une au roi Conrad, l'autre à Brunon lui-même. Ils représentaient au roi les déprédations journalières auxquelles ils étaient exposés sur les confins des trois royaumes de Lorraine, de Bourgogne et de France : le roi de Lorraine et de Germanie étant trop loin pour les défendre, tandis que les rois des Français revendiquaient leur ville par toutes les machinations possibles, il leur fallait donc un pasteur noble et sage, capable de repousser tous les ennemis : ce pasteur n'était pas difficile à trouver, puisque le suffrage unanime du clergé et du peuple avait désigné Brunon, parent du prince, chéri de Dieu et des hommes, élevé dans cette Eglise, instruit dans les lettres, d'une conduite exemplaire, et qui, passant par les divers degrés, avait été canoniquement élevé au diaconat : non-seulement les habitants de la ville et des faubourgs, mais toutes les populations du voisinage, les évêques de la province, s'accordaient à le demander : le roi devait donc leur accorder celui-là, ou aucun; car nous avons cette parole du bienheureux pape Célestin : « Chacun doit recevoir le fruit de sa milice dans l'Eglise où il a passé sa vie dans tous les offices; il ne doit aucunement usurper la solde ou la récompense due à un autre; que les clercs aient la faculté de résister, lorsqu'ils voient qu'on les accable; qu'ils ne craignent point de repousser ce qu'on leur impose; et, s'ils n'ont pas la récompense qui leur est due, qu'ils aient au moins le libre jugement sur celui qui doit les régir. » Saint Léon parle dans le même sens, quand il dit : « Nul ne doit être ordonné pour ceux qui ne le veulent ni le demandent, de peur que la ville ne méprise ou ne haïsse un évêque qu'elle n'a point souhaité, et qu'elle ne devienne moins religieuse qu'il ne convient, si elle ne peut avoir celui qu'elle voulait. » C'est ainsi que l'Eglise de Toul parlait au roi Conrad, ajoutant que, si la puissance terrestre pouvait faire prévaloir la violence contre une si évidente et si canonique autorité, elle ne pourrait néanmoins jamais leur ôter leur affection pour leur élu. Enfin ils conjuraient tous le prince de considérer plutôt l'utilité de l'Eglise de Dieu que l'intérêt de sa parenté.

Dans la seconde lettre, ils informaient Brunon qu'ils l'avaient élu d'une voix unanime et qu'ils le demandaient au prince : par crainte et par amour de Dieu, il ne devait en aucune façon s'opposer à leur demande; ils le conjuraient par celui qui s'est fait pauvre pour l'amour de nous et qui s'est humilié jusqu'à la mort, de ne point, à cause de la richesse et de la noblesse de sa famille, mépriser leur Eglise pauvre et humble; cette Eglise, l'ayant nourri dès son enfance, avait quelque droit d'en être nourri à son tour; ayant eu la gloire d'élever un tel personnage, elle méritait de l'avoir pour pasteur, afin qu'il pût dire d'une manière spéciale : *Je connais mes brebis et elles me connaissent*. On n'ignorait pas que le roi de la terre, en considération de sa parenté et de son mérite, le destinait à quelque chose de plus grand : si donc il écoutait néanmoins leur prière, eux conjureraient le Roi du ciel de lui accorder, et au ciel et sur la terre, des honneurs d'autant plus magnifiques; si au contraire il les méprisait par l'ambition terrestre d'une dignité plus éminente, la justice divine, en vengeant de ses mépris, non-seulement lui ferait manquer la dignité qu'il ambitionnait, mais encore l'empêcherait de parvenir jamais à un honneur quelconque.

Le roi Conrad et le diacre Brunon ayant reçu ces lettres, furent dans de grandes perplexités. Le roi était charmé de voir son jeune parent ainsi loué et chéri de tout le monde; mais il était fâché de ne pouvoir plus, comme il en avait dessein, lui procurer une dignité plus haute. Il craignait d'offenser Dieu, s'il résistait au vœu si unanime de cette Eglise; il regrettait de ne pouvoir rien faire qui répondît au mérite de la personne. Dans cette fluctuation de pensées, il sollicita Brunon, par des intermédiaires, de ne pas accepter, lui représentant le ravage de cette Eglise, sa pauvreté, sa position à l'extrémité de l'empire, où l'empereur ne viendrait jamais guère. Il devait songer à sa propre sûreté et à son propre repos, ainsi qu'à l'amitié du prince, et fermer l'oreille aux instances de ceux qui avaient plus à cœur leur nécessité et leur consolation à eux, que sa sûreté et son honneur à lui. Voilà ce que le roi faisait dire; mais Brunon était plus touché des lettres que lui avait écrites l'Eglise de Toul; plus cette Eglise était pauvre, plus il se rappelait le Maître divin de l'humilité, qui s'enfuit quand on veut le faire roi, et qui vient à la croix de lui-même; plus il se rappelait sa première résolution, d'aimer mieux servir le Christ dans l'humilité, que de se voir élevé dans le monde au péril de sa conscience. Plus donc on s'efforçait de le détacher de ce parti, plus il s'y attachait. A la fin, il présenta au roi Conrad les lettres qu'il avait reçues de l'Eglise de Toul. Le roi les ayant lues, en fut touché jusqu'à répandre un torrent de larmes, et lui dit après quelques moments de silence : « Je vois bien, mon très-cher neveu, que mes desseins sur vous sont contrariés et vaincus par les desseins de Dieu : je n'ose ni ne dois résister; car ce serait pour le malheur de nous deux et de beaucoup d'autres. J'approuve ce que je ne puis éviter. Pour vous, content de la grâce de Dieu, qui seul vous a préélu au gouvernement de cette Eglise, sans aucune manière de vénalité, ne cherchez point à vous concilier la bienveillance ni de mon épouse ni d'aucun mortel que ce soit, de peur de vous entacher, ne fût-ce que d'une ombre de simonie; car, sans aucun doute, ce que Dieu a commencé en vous de bien, il l'achèvera au plus tôt. Jetez vos inquiétudes en sa gratuite bonté, lui-même vous nourrira, suivant sa divine et infaillible promesse. Quant à notre conseil et à notre secours, quel qu'il puisse être, comptez bien qu'il ne vous manquera point; car je m'intéresse à votre prospérité plus qu'à celle de qui que ce soit de votre ordre, tant à cause de votre fidélité pour notre service, qu'à cause de l'affection qui m'unit à vous comme parent. Seulement ayez soin de servir fidèlement le Tout-Puissant, et d'augmenter les bonnes qualités qu'on loue en vous depuis votre enfance. »

Brunon ayant ainsi le consentement du prince, se disposait à partir pour son diocèse. On lui représenta d'autres difficultés; c'étaient les hostilités de la Lombardie. Pour les éviter, on lui conseilla la route la plus longue, mais la plus sûre. Il répondit : « Remettons-nous-en à la divine Providence; nul ne saurait nuire à celui qu'elle protège. Si elle veut me purifier de mes fautes par le feu de la tribulation, je ne m'y refuse pas. Marchons par le grand chemin, et souffrons avec joie tout ce que le souverain Arbitre décidera de nous. » Il traversa donc la Lombardie en droiture, avec un cortége considérable. Mais comme la simplicité de la foi n'exclut point les règles de la prudence, Brunon, accompagné seulement de cinq personnes, précédait toujours d'un jour d'avance son cortége. Il traversa ainsi toutes les villes, sans que personne le reconnût ni lui dît un mot. Les ennemis, qui comptaient le trouver parmi son escorte, firent toutes leurs manœuvres déjouées. Il arriva heureusement à Toul le jour de l'Ascension, 15 mai 1026, et fut intronisé le même jour par son cousin Théodoric, évêque de Metz, frère de l'impératrice sainte Cunégonde.

Les premiers jours de son arrivée, il déposa les deux abbés de Moyen-Moutier et de Saint-Mansuy, lesquels, négligeant le salut des âmes qui leur étaient confiées, ne se croyaient établis que pour dominer sur le temporel, et il recommanda leurs monastères au vénérable Vidric, prévôt du monastère de Saint-Evre, qui, par son zèle et son industrie, y établit en peu de temps la régularité monastique. Le roi Conrad était ravi d'apprendre de la renommée les plus heureux succès du jeune évêque. Il en ressentait d'autant plus de joie, qu'il voyait dès lors en lui le futur instrument de la Providence pour restaurer l'état de la religion et de l'empire. Comme le roi devait recevoir du Pape la bénédiction impériale le jour de Pâques 1027, il voulait, par amitié, que Brunon reçût le même jour la consécration épiscopale, et qu'il la différât jusqu'alors. Mais Brunon, qui aimait l'humilité et gardait fidèlement les commandements de Dieu, ayant su que cet honneur lui attirerait des envieux, et qu'en particulier l'archevêque de Trèves songeait à y opposer un certain privilège, il alla trouver le prince et le supplia de se départir de son dessein, protestant qu'il se passerait volontiers de cet honneur, pour ne pas donner lieu à des difficultés à venir. Le prince ayant cédé, mais avec beaucoup de peine, Brunon revient à Toul et convient avec l'archevêque de Trèves du jour de son ordination. Cet archevêque était Poppon, fils de Léopard, margrave d'Autriche. Le jour convenu, on arrive à Trèves; mais une autre difficulté se présente. L'archevêque met en avant un prétendu privilège, d'après lequel tous ses suffragants, avant que de recevoir l'ordination, devaient prêter serment de ne jamais faire quoi que ce soit, sans rien excepter, que par son ordre ou son conseil, tel qu'un serviteur. Brunon, qui savait par l'Ecriture qu'une promesse infidèle et insensée déplaît à Dieu, déclara fermement qu'il ne ferait point cette promesse inconvenante, pour ne point se mettre en cas de ne pouvoir tenir ce qu'il aurait juré. Après un long débat, il revint à Toul sans avoir rien terminé. Conrad ayant appris ce différend, les manda l'un et l'autre à Worms, où, après quelques négociations, l'archevêque consentit que Brunon promît seulement qu'il prendrait son avis dans les affaires ecclésiastiques. Brunon n'eut pas de peine à faire la promesse conçue en ces termes, et il fut ordonné le 9 septembre de la même année 1026.

A son retour à Toul, le saint évêque établit Vidric abbé de Saint-Evre, à la prière de saint Guillaume de Dijon, et y fit rebâtir ce monastère, qui tombait en ruine et qui avait beaucoup souffert de deux incendies. Plusieurs contribuèrent à cette bonne œuvre, et Brunon en dressa un acte, pour consacrer la mémoire de ses bienfaiteurs. L'empereur Conrad est à la tête de la liste, pour avoir donné quinze livres d'argent et trois onces d'or. Brunon donna le même Vidric pour abbé aux monastères de Moyen-Moutier et de Saint-Evre.

Le saint évêque de Toul était le plus bel homme de son temps. Cet extérieur était rehaussé par une merveilleuse élégance de mœurs et de caractère. Tout ce qu'il faisait, tout ce qu'il disait, avait l'approbation universelle. A la prudence du serpent, il joignait la simplicité de la colombe, de telle sorte que les sages du siècle le regardaient comme le plus prudent de tous, et que les sages de Dieu le chérissaient merveilleusement pour l'innocence de son âme. Sa charité était si expansive, que bien des fois, à force de distribuer tout aux autres, il se trouvait lui-même pauvre au milieu de leurs richesses. Sa vertu principale était la compassion; jamais affaire ne put l'empêcher un seul jour de servir chaque matin une foule de pauvres de ses propres mains, de leur laver les pieds, à l'exemple du Christ, et de leur donner à manger. Sa piété était si tendre, qu'il ne vaquait point à la prière, soit en particulier, soit en public, sans que son visage et sa poitrine ne fussent baignés de larmes. Il excellait dans les sciences divines et humaines, spécialement dans la musique, et il composa plusieurs morceaux de chant en l'honneur du saint martyr Cyriaque, du saint évêque Hidulphe, de la bienheureuse vierge Odile et du pape Grégoire, l'apôtre des Anglais. Son humilité et sa patience étaient telles, que s'il lui arrivait pour quelque faute de reprendre un de ses inférieurs, et que celui-ci, emporté par l'impatience, répondit par des injures, le saint y répliquait non par des coups, mais par la compassion et les pleurs.

Avec cela, il était d'une constance invincible dans les épreuves. Quelques-uns des principaux du pays, envieux de son mérite et de sa renommée, essayèrent de le décrier à la cour de l'empereur. N'y ayant pu réussir, ils lui suscitèrent des traverses à l'étranger. Ils excitèrent un comte des frontières de France, Eude, de Champagne, à faire la guerre au saint prélat pour le détacher de la fidélité à l'empereur. Brunon fut inébranlable; ni les violences ne purent l'abattre, ni les ruses le surprendre ; sa courageuse charité non-seulement soulageait les souffrances de son peuple, mais faisait du bien à ses ennemis mêmes. Le Tout-Puissant le fit enfin triompher de tous ses envieux. Le comte, qui avait allumé cette guerre, fut tué par le duc Gozilon de Lorraine. Le saint évêque de Toul, envoyé en ambassade auprès du roi Robert de France, se concilia si bien l'amour et la vénération de tout le monde par sa sagesse et sa sainteté, qu'il établit une paix durable, non-seulement entre ce roi et l'empereur Conrad, mais encore entre les deux Henri, leurs fils, qui leur succédèrent. Il réussit même à joindre à l'empire romain le royaume de la Bourgogne transjurane, occupé par le roi Rodolphe (*Vit. S. Leon. IX, Acta Sanct.*, 19 april.).

Le roi Robert de France avait perdu, l'an 1025, son fils aîné, Hugues, qu'il avait associé à la couronne, et qui s'en montrait digne par ses belles qualités. Il lui restait trois autres fils, Eude, Henri et Robert (D. Bouquet, t. X). Le premier des trois, Eude, se trouvant imbécile, on jeta les yeux, pour la succession au trône, sur les deux autres. Le roi Robert et la plupart des seigneurs étaient pour Henri, l'aîné des deux; la reine Constance, par un entêtement de femme, voulait le cadet, comme valant mieux que son frère. Les évêques et les seigneurs se partagèrent entre les deux princes, quelques-uns restèrent neutres, demandant qu'on ne fit de choix qu'à la mort du père (*Ibid.*, t. X, *Epist. Odolr.*). Ce qui montre de plus en plus que, dans la première moitié du XIe siècle, la succession au trône par ordre de primogéniture n'était pas encore reconnue comme une loi par les Français, du moins comme une loi inviolable. Cependant le prince Henri fut sacré roi par l'archevêque de Reims, le jour de la Pentecôte, 14 mai 1027; son frère Robert fut fait duc de Bourgogne. Leur mère Constance cherchait à mettre la division parmi eux; pour résister à ses intrigues, ils se jurèrent amitié, se liguèrent ensemble et prirent même les armes en 1030. Leur père marche contre eux en Bourgogne, ce qui occasionne une guerre plus que civile. Mais elle ne dura guère. Le roi ayant consulté cet égard saint Guillaume de Dijon, reçut de lui cette réponse : « Vous devez vous souvenir, ô roi, des injures et des opprobres que vous avez fait essuyer à votre père et à votre mère pendant votre jeunesse, d'autant plus que, par la permission de Dieu, juste juge, vous êtes traité par vos enfants comme vous avez traité ceux qui vous ont donné le jour. » Le roi écouta très-patiemment ces paroles, convint du fait et se confessa hautement coupable. Quelque temps après, les deux princes revinrent à la paix (Glab., l. 3, c. 9).

Après que le calme eût été rendu à l'Etat, le roi Robert ne songea plus qu'à s'adonner aux exercices de piété. Il passa le carême de l'an 1031 à faire plusieurs pèlerinages. Il visita, à Bourges, l'église de Saint-Etienne ; à Sauvigny, le tombeau de saint Mayeul; à Brioude, celui de saint Julien ; à Castres, celui de saint Vincent; à Conques, celui de sainte Foi ; à Toulouse, celui de saint Saturnin ; à Pamiers, celui de saint Antonin ; au monastère de Saint-Gilles, celui de ce saint abbé; enfin il visita celui de saint Gérauld d'Aurillac. Après quoi il revint célébrer la fête de Pâques à Orléans. Il fit plusieurs présents à toutes les églises et de grandes aumônes aux pauvres. Les pauvres qui, par leurs maladies ou par leur extérieur dégoûtant, avaient le plus de quoi rebuter sa délicatesse, comme les lépreux, étaient ceux qu'il chérissait le plus et qu'il servait avec le plus d'affection ; il considérait en eux Jésus-Christ souffrant, il leur baisait les mains, et en guérit même plusieurs en touchant leurs plaies et en faisant sur eux le signe de la croix. C'est ce que rapporte l'auteur contemporain de sa vie.

Le pieux roi tomba malade à Melun, et dès lors ne songea plus qu'à profiter du peu de temps qui lui restait pour enrichir la couronne qu'il espérait dans le ciel. Il désirait ardemment s'unir à Jésus-Christ, qu'il invoquait sans cesse. Pour le voir, il appelait continuellement à son secours les anges, les archanges et tous les saints de Dieu ; continuellement il faisait le signe de la croix sur son front, sur ses yeux, sur ses narines, sur ses lèvres, sur son gosier, sur ses oreilles, en l'honneur des principaux mystères de la vie du Sauveur. Il prenait aussi fort souvent de l'eau bénite, selon sa pieuse coutume ; car, quelque part qu'il fût, il voulait toujours en avoir dans sa chambre. La fièvre augmentant, il demanda le saint viatique, et le reçut avec de grands sentiments de piété. A peine l'eût-il reçu, qu'il expira un mardi, 20 juillet, l'an 1031. On porta son corps à Saint-Denys, où il fut enterré auprès du roi Hugues, son père. Il fut vivement regretté de son peuple. Le clergé, les moines, les veuves, les orphelins, énumérant ses bienfaits, s'écriaient en pleurant : « Roi du ciel, Dieu bon, pourquoi nous faire mourir en nous enlevant un si bon père pour l'unir à vous? Sous l'empire de Robert nous étions en sûreté, nous ne craignions personne. Au tendre père, au père du sénat, au père de tous les hommes de bien, félicité, gloire, demeure éternelle avec Jésus-Christ, le Roi des rois (Helgald., *Vit. Rob.*; Bouquet, t. X)!

Une des plus cruelles famines dont l'histoire fasse mention désolait alors le royaume de France. Elle commença l'an 1030, et dura trois ans, pendant lesquels des pluies presque continuelles empêchèrent les moissons et les autres fruits de la terre de venir à maturité. Les éléments paraissaient tellement altérés et les saisons si dérangées, qu'il semblait que le monde allait rentrer dans le chaos. On s'imaginera aisément ce que les peuples eurent à souffrir d'une indigence qui ne fît qu'augmenter pendant trois années consécutives; mais on aurait peine à croire les détestables attentats que la rage de la faim fit alors commettre, si un auteur contemporain, le moine Glaber, n'avait pris soin de nous en instruire. Cependant, comme cet auteur exagère volontiers pour faire de l'éloquence, on ne doit peut-être point ajouter une foi entière à tout ce qu'il dit de ce fléau.

Cette stérilité et cette famine, qui avaient commencé en Orient, se fit sentir en Grèce, en Italie, dans les Gaules, et enfin en Angleterre. En France, les grands et ceux d'une fortune médiocre souffraient de la faim aussi bien que les pauvres, et la misère universelle fit cesser les rapines des puissants; mais d'autres calamités en prirent la place. Après avoir mangé les cadavres des bêtes mortes, on vint jusqu'à déterrer les cadavres humains pour s'en nourrir. Quelques misérables allèrent bien plus loin; ils attaquaient les voyageurs, non pour leur demander leur bourse, mais pour se faire de leurs membres dépecés une exécrable nourriture. On prit, à Mâcon, un homme qui, faisant profession de loger les passants, en avait ainsi tué et mangé quarante-huit, dont on trouva les têtes dans sa maison. Il fut brûlé vif à Mâcon, par ordre d'Othon, comte de la ville. Un autre vendait, au marché de Tournus, de la chair humaine pour de la chair d'animal; ayant été convaincu de ce crime, il fut pareillement condamné au feu. On fit enterrer la chair humaine qu'il vendait; mais un homme affamé, qui remarqua l'endroit, alla la déterrer pour s'en nourrir. Il fut surpris et puni du même supplice.

Mais si la famine fut grande et occasionna des crimes, la charité ne fut pas moins grande et produisit d'héroïques vertus. Les évêques et les abbés, persuadés que les biens de l'Église sont les biens des pauvres, particulièrement dans une calamité publique, les distribuèrent libéralement pour soulager tant de malheureux, et ils souffrirent ensuite avec eux. L'Église rendit alors volontiers aux pauvres ce qu'elle avait reçu autrefois des riches. On dépouilla les autels et on en vendit les vases sacrés pour nourrir les membres souffrants de Jésus-Christ. Mais comme, malgré ces largesses, le nombre et les besoins des pauvres croissaient tous les jours, et qu'il était impossible de pourvoir à tant de misères, les prélats crurent devoir préférer les laboureurs, et ils s'appliquèrent à leur fournir quelque nourriture, de peur que la terre ne demeurât sans culture.

Le saint abbé Richard de Verdun se distingua par son zèle pour le soulagement des malheureux. Il écrivit aux évêques, aux comtes et aux princes des lettres fort pressantes pour exciter leur charité, et il leur en donna lui-même l'exemple; car, après avoir distribué l'argent et les provisions du monastère, il en fit vendre les plus précieux ornements: ce qui le mit en état de nourrir tous les jours un grand nombre de pauvres.

Le saint abbé Guillaume n'eut pas moins de générosité dans une calamité si cruelle. Étant revenu un jour à son monastère de Saint-Bénigne, pendant cette famine, il assembla ses moines au chapitre et leur demanda s'ils ne manquaient de rien. Ils répondirent que, grâce à Dieu, ils avaient toutes leurs provisions pour longtemps. Il s'informa en même temps de la quantité d'aumônes qu'ils faisaient, et il connut qu'on se contentait de faire les aumônes accoutumées, sans que l'excès de la misère les eût fait augmenter. Alors, plein d'une sainte indignation, il se leva de sa place en chantant ces premiers mots d'une antienne: *Ubi est charitas: où est la charité?* et, prenant avec lui le cellerier, il se fit conduire au grenier, ensuite à la cave; puis, ayant fait appeler les pauvres, il leur distribua le blé, l'orge et le vin qu'il y trouva, ne cessant de répéter: *Ubi est charitas*, que quand il eût tout donné. Le saint abbé mourut avant la fin de la famine, le 1er janvier 1031 (*Hist. de l'Eglise gall.*, l. 20).

Mais qui pourrait rapporter en détail toutes les actions de charité que fit saint Odilon de Cluny durant cette même calamité? Son monastère était un des plus riches du monde chrétien, il le rendit pauvre pour soulager la misère publique. Il se reposait sur les soins de la Providence pour la subsistance de ses religieux; mais, pour celle des pauvres, il croyait qu'il fallait commencer par y employer les biens de son monastère. Il donnait avec tant de libéralité, qu'on l'accusa de profusion. Quand le saint abbé eût épuisé les provisions du monastère, il vendit les calices et les autres vases sacrés, il vendit même la couronne d'or que l'empereur saint Henri avait donnée à Saint-Pierre de Cluny. Odilon fut un jour sensiblement affligé de trouver deux jeunes enfants, à demi-nus, morts de faim et de froid sur le chemin de Paris à Saint-Denys. Il se dépouilla aussitôt d'une partie de ses vêtements pour les ensevelir.

La famine causa bientôt une si grande mortalité, que les vivants suffisaient à peine pour enterrer les morts. On laissait les corps à la campagne ou sur les grands chemins, dans les endroits où ils étaient tombés de défaillance, et comme les loups, dont ils devinrent la pâture, prirent goût à la chair humaine, ces cruels animaux vinrent ensuite assaillir les vivants, qui souvent n'avaient pas la force de se défendre. Le mal était à son dernier période. Toutes les ressources paraissaient épuisées, lorsque Dieu, qui voulait châtier rigoureusement la France, mais non la perdre, eut enfin pitié de l'état où la famine et la mortalité avait réduit ce royaume.

Après trois ans de stérilité, la moisson de l'année 1033 fut si abondante, qu'elle surpassa la récolte de cinq années ordinaires. Les peuples que la misère passée avait rendus plus dociles, reçurent ce bienfait avec reconnaissance et parurent disposés à mener dans la suite une vie plus chrétienne. Les évêques profitèrent de ces conjonctures pour corriger les désordres qui avaient attiré la colère de Dieu, et surtout pour empêcher les guerres particulières des seigneurs, que la famine avait pour un moment suspendues.

Bientôt, dit Glaber, les évêques commencèrent, d'abord en Aquitaine, puis dans la province d'Arles et dans celle de Lyon, ensuite dans le reste de la Bourgogne, et enfin dans toute la France, à célébrer des conciles où assistaient avec eux les abbés et les autres hommes consacrés à la religion, ainsi que tout le peuple. On y portait les reliques des saints les plus célèbres de chaque province. Comme on avait annoncé que ces conciles où, avec les évêques, devaient se trouver les grands de chaque pays, avaient pour but de restaurer la paix et les institutions sacrées de la foi, toute la population, depuis les plus grands jusqu'aux plus petits, s'y portait avec joie, prête à obéir à tout ce qu'ordonneraient les pasteurs de l'Eglise; non moins que si une voix du ciel était adressée aux hommes sur la terre. Chacun, en effet, était troublé par les fléaux qu'on venait d'éprouver et doutait qu'il lui fût permis de jouir de l'abondance qui s'annonçait. On écrivit donc par chapitres, d'un côté, tout ce qui était défendu; de l'autre, tout ce que les signataires s'engageaient à Dieu de faire. Le plus important était de conserver une paix inviolable, en sorte que les hommes de toute condition, à quelque chose qu'ils fussent exposés auparavant, pussent désormais marcher sans armes et sans crainte. Tout brigand, et quiconque envahissait le bien d'autrui, était soumis par cette loi à la perte de ses biens ou à des peines corporelles. Plus d'honneur et de respect devaient encore être rendus aux lieux sacrés et aux églises, et quiconque y cherchait un refuge, de quelque faute qu'il fût coupable, devait y demeurer en sûreté, excepté seulement celui qui aurait violé l'engagement de cette paix. Quant à ce dernier, on pouvait l'arrêter, même sur l'autel, pour lui faire subir la peine qu'il avait encourue. Enfin, tous les clercs, les moines et les religieuses devaient couvrir de leur garantie ceux qui voyageaient avec eux, de sorte qu'ils ne fussent exposés à aucune injure. Il serait trop long, ajoute Glaber, de rapporter tout ce qui fut arrêté dans ces conciles. Mais ceci, du moins, est digne de remarque, qu'il fut ordonné par une sanction perpétuelle, que tout fidèle s'abstiendrait, le vendredi de chaque semaine, de l'usage du vin, et le samedi, de celui de la viande, à moins qu'une grave infirmité ne l'en empêchât, ou que ce ne fût le jour d'une fête solennelle. Celui qui s'en dispenserait pour une autre cause, devrait, en retour, nourrir trois pauvres.

Dieu parut approuver ces règlements, et il s'opéra pendant la tenue de ces conciles un grand nombre de guérisons miraculeuses par la vertu de saintes reliques qu'on y avait apportées. Les peuples qui s'y étaient rendus étaient si charmés, que pour ratifier solennellement les canons qui avaient été portés contre les violences, ils priaient les évêques de lever leurs crosses vers le ciel, pendant qu'eux-mêmes criaient en étendant les mains : *La paix! la paix! la paix!* confirmant par là le pacte perpétuel qu'ils venaient de contracter entre eux et avec Dieu. Tout le monde promit en outre de se rassembler de nouveau au bout de cinq ans, pour aviser aux moyens de rendre la paix encore plus stable (Glab., l. 4, c. 3).

Ces conciles se tenaient l'an 1033, à la cessation de la famine. Deux ans auparavant, au deuxième concile de Limoges, les évêques avaient employé des moyens semblables pour arrêter les pillages dans ce diocèse. Après la première séance, on célébra une messe solennelle, qui était celle de la dédicace. L'évangile ayant été chanté, Jourdain, évêque de Limoges, fit un discours au peuple sur ce qu'on y rapporte de Zachée, qui rendit le quadruple de ce qu'il avait pris, et il exhorta les seigneurs qui pillaient les biens de l'Eglise à imiter ce publicain. Après quoi le diacre qui avait chanté l'évangile étant monté sur l'ambon, lut à haute voix l'excommunication suivante :

« Par l'autorité de Dieu le Père, le Fils et le Saint-Esprit, de sainte Marie, mère de Dieu, de saint Pierre, de saint Martial et des autres apôtres, nous, évêques ici assemblés au nom de Dieu, savoir : Aimon, archevêque de Bourges, Jourdain, évêque de Limoges, Etienne du Puy, Rencon d'Auvergne, Ragamond de Mende, Emile d'Albi, Deusdedit de Cahors, Isambert de Poitiers, Armand de Périgueux, Roban d'Angoulème, nous excommunions les chevaliers de ce diocèse de Limoges qui refusent ou qui ont refusé à leur évêque la paix et la justice qu'il leur demande. Qu'ils soient maudits, eux et ceux qui les aident à faire le mal! Maudites soient leurs armes, ainsi que leurs chevaux! Que leur demeure soit avec le fratricide Caïn, avec le traître Judas, avec Dathan et Abiron, qui ont été engloutis vivants dans les enfers! Et de même que ces flambeaux s'éteignent à vos yeux, que leur joie s'éteigne à l'aspect des saints anges, à moins qu'ils ne viennent à satisfaction avant leur mort, et qu'ils ne se soumettent à une juste pénitence, selon le jugement de leur évêque (Labbe, t. IX). »

Dans ce concile de Limoges, saint Martial est compté parmi les apôtres. Il était en effet l'apôtre du pays, y ayant le premier annoncé l'Evangile. Et c'est dans ce temps que le pape Jean XIX répondit qu'on pouvait lui donner le nom d'apôtre. Mais les Limousins prétendaient de plus que saint Martial était un des soixante-douze disciples, et qu'il fut envoyé dans leur pays par le Sauveur lui-même; question fort débattue dans les conciles particuliers de cette époque et de cette province, notamment dans celui de Bourges, tenu la même année 1031, où, avec quelques règlements sur la discipline ecclésiastique, on avait aussi fait des canons contre les guerres particulières (*Ibid.*).

Dans le deuxième concile de Limoges, on fit de grandes plaintes au sujet des excommuniés, qui, à l'insu des évêques, allaient à Rome se faire absoudre. Sur quoi on dit qu'Etienne d'Auvergne, prédécesseur de Rencon, ayant excommunié Ponce, comte de Clermont, pour avoir répudié sa femme et s'être ensuite remarié, le comte, sans renoncer à son péché, alla à Rome et se fit absoudre par le Pape, qui ne savait pas qu'il eût été excommunié pour son péché; que l'évêque s'en étant plaint au Pape, apparemment Jean XIX, le Pape lui fit la réponse suivante :

« Ce que j'ai fait sans le savoir n'est pas tant ma faute que la vôtre; car vous savez que quiconque, des diverses parties de l'univers, a recours à moi, il m'est impossible de ne pas en prendre soin, le Seigneur ayant dit spécialement au bienheureux Pierre : *Pais mes brebis.* Comment donc le Siège apostolique pourrait-il, sans une juste raison, rejeter ceux qui viennent de si loin y chercher le remède? Avant que cette brebis malade vînt à Rome, vous auriez dû m'instruire de ce qui la regardait. Je n'aurais pas manqué de confirmer la sentence d'excommunication que vous aviez portée; car je déclare à tous mes confrères les évêques, que je chercherai plutôt à les consoler qu'à les contredire. A Dieu ne plaise qu'il y ait de la division entre moi et mes coévêques! C'est pourquoi la pénitence et l'absolution que j'ai accordées à votre excommunié, je les déclare nulles, parce qu'il les a obtenues frauduleusement, et elles ne pourront servir qu'à sa condamnation, jusqu'à ce que vous l'ayez absous après une satisfaction convenable. »

Les évêques du concile ayant entendu la lecture de cette lettre, se dirent les uns aux autres : « Nous n'avons pas raison de murmurer contre notre chef. Ce n'est pas la faute de l'*Apostolique*, c'est la nôtre, si nous manquons de lui faire connaître ceux que nous ne voulons pas qu'il absolve. Les Apostoliques de Rome et les autres Pères ont ordonné que, si un évêque impose une pénitence à un de ses diocésains et l'envoie ensuite au Pape, afin qu'il juge si la pénitence convient à la faute, le Pape puisse la modérer ou l'augmenter ; car c'est dans le Siège apostolique que réside principalement le jugement de l'Eglise universelle. De même, si l'évêque envoie son diocésain à Rome avec des lettres et des témoins pour qu'il reçoive la pénitence du Pape, ainsi qu'on en use souvent pour les crimes énormes, les évêques ne sachant quelle pénitence il convient d'y imposer, cet homme peut licitement recevoir le remède du Pape ; mais il n'est permis à personne de recevoir la pénitence et l'absolution du Pape, sans avoir consulté son évêque. »

Dans ces dernières paroles, il n'est question de toute espèce de péché, mais uniquement de ceux qui demandaient une pénitene publique et une réparation publique sur les lieux, pour lever le scandale. Dans les paroles précédentes, on voit l'origine des cas réservés au Pape, en ce que les ordinaires ne sachant quelle pénitence imposer pour certains crimes énormes, renvoyaient au Pape ceux qui en étaient coupables. Les évêques du concile de Limoges citent pour exemple, Etienne, roi des Gaules, sous Néron, qui, pour avoir tué la vierge Valérie, fut renvoyé par l'apôtre saint Martial à l'apôtre saint Pierre à Rome, afin d'en recevoir l'absolution. Cet échantillon prouve que les évêques du Limousin, du Berri et de l'Aquitaine n'étaient pas très-forts sur l'histoire (Labbe, t. IX).

Cependant Berold, évêque de Soissons, et Guérin, évêque de Beauvais, voyant que, par la faiblesse du roi, le royaume penchait vers sa ruine ; que les droits, les coutumes et finalement toute espèce de justice était violée, crurent rendre un grand service à la chose publique, en suivant l'exemple des évêques d'Aquitaine et de Bourgogne, et en faisant comme eux un décret pour obliger tous les laïques à jurer qu'ils observeraient désormais la paix et la justice. Tous les évêques de France y ayant consenti, ils pressèrent Gérard, évêque de Cambrai, de publier aussi ce décret dans son diocèse. Gérard s'y refusa. Il y avait à ceci une raison politique. Quoique de la province ecclésiastique de Reims, Cambrai n'était pas du royaume de France, mais du royaume de Lorraine, qui appartenait à l'empereur Conrad. L'évêque Gérard dit donc, pour justifier son refus, que le décret en question donnait atteinte aux droits de la royauté et confondait la puissance séculière avec la puissance ecclésiastique ; qu'il appartenait aux évêques de prier et d'avertir les rois de leurs devoirs ; mais qu'il n'appartenait qu'aux rois d'ordonner la paix et la guerre, et de porter des lois pour réprimer les violences de leurs sujets. Ces raisons étaient bonnes en thèse générale ; elles étaient peut-être bonnes encore pour le royaume de Lorraine, où l'empereur Conrad maintenait l'ordre et la justice par son autorité ; mais en France, où le royaume périssait par l'imbécillité du roi, c'est le terme de la *Chronique de Cambrai*, ces mêmes raisons étaient nulles ; pour prévenir un malheur extrême, il fallait y recourir à des moyens extrêmes, et comme il n'y avait que l'Eglise et les évêques qui pussent sauver le royaume, l'Eglise et les évêques devaient en conscience le sauver. Gérard ajoutait, de plus, qu'un pareil décret lui paraissait dangereux, parce qu'on prétendait obliger tout le monde d'en jurer l'observance ; qu'il arriverait de là que presque personne ne serait exempt de parjure (*Chron. Camer.*, Bouquet, t. X).

Les évêques de France se choquèrent de la résistance de Gérard, et ils traitèrent ce prélat d'ennemi de la paix de Dieu, l'accusant de vouloir diviser le sacerdoce et l'empire. Ils ne laissèrent pas de passer outre, et le décret fut porté et accepté avec joie des peuples, qui promirent de s'y conformer. On y ordonnait que personne désormais ne portât les armes, ne réclamât par la force ce qu'on lui avait pris, et ne vengeât ni son sang ni celui de ses parents ; mais qu'on pardonnât de bonne foi aux meurtriers, qu'on jeûnât le vendredi au pain et à l'eau, et qu'on fît le samedi abstinence de chair et de graisse ; que, quelque crime qu'eût commis un pénitent, on ne lui imposât pas d'autre pénitence que celle-là ; que, de plus, tous jureraient d'observer ces articles, et que si quelqu'un refusait de faire ce serment, il serait excommunié comme un païen, que personne ne le visiterait à la mort, et qu'on lui refuserait la sépulture.

Quel que dût être le résultat de ces moyens si sévères de pacification publique, l'empressement général des peuples à les réclamer et à s'y soumettre, montre déjà un progrès immense vers des mœurs plus douces. Car ce sont ces mêmes peuples qui, dans l'origine, ne connaissaient d'autre loi, d'autre justice que le glaive.

Quand Gérard de Cambrai, qui s'était opposé à ce décret, vit que, malgré son opposition, ses collègues l'avaient publié, il entreprit de le combattre, et composa à ce sujet un écrit où il prétendait faire voir : 1° qu'on ne pouvait jamais défendre le port des armes, parce que c'était une chose licite ; que, depuis le commencement du monde, il y avait eu des hommes destinés à prier, d'autres à cultiver les terres, et d'autres à porter les armes pour la défense des ecclésiastiques et des laboureurs ; que ces conditions sont nécessaires et se soutiennent mutuellement ; 2° qu'il est toujours permis de demander la restitution d'un bien usurpé et la réparation d'une injure ; 3° qu'on ne doit pas obliger indifféremment tout le monde à jeûner le vendredi et le samedi, et qu'on ne doit pas croire que cette pénitence soit suffisante pour toutes sortes de péchés ; 4° qu'au reste, il est de la charité d'exhorter les mourants à la pénitence, quelque grands pécheurs qu'ils soient, et que ce serait une cruauté de refuser la sépulture aux morts, comme le décret menaçait de le faire à l'égard des réfractaires.

Cet écrit ne servit qu'à aigrir de plus en plus les évêques contre Gérard. Il s'y était bien attendu, et l'autorité seule de ses confrères ne l'aurait pas fait changer d'avis ; mais les crimes des peuples, qui murmuraient publiquement contre sa conduite, et qui le traduisaient comme l'ennemi de la paix, furent plus efficaces. Il devint odieux à ses propres diocésains, et son peuple se souleva contre lui à Douai. Il craignit alors de devenir la victime de sa résistance à un décret accepté par tous les autres évêques. Ainsi, cédant enfin aux prières et aux remontrances de ses amis et surtout de Leduin, abbé de Saint-Vaast d'Arras, il se conforma à ses collègues, et fit publier dans son diocèse le décret pour l'observation de la paix.

Mais, malgré le zèle des évêques et des peuples, la violence qu'il s'agissait de faire aux mœurs nationales était trop grande pour que de tels règlements fussent longtemps observés. La guerre privée, soit qu'on se défendît ou qu'on voulût se venger, était une sorte d'administration barbare de la justice, dont on ne pouvait se passer, lors même qu'on en déplorait les conséquences. Comme personne ne vous faisait droit, il fallait bien se faire droit à soi-même; comme le pouvoir législatif était anéanti, et qu'aucun pouvoir exécutif n'étendait sa protection sur les provinces, il fallait bien que celui qui éprouvait une injustice en cherchât par ses propres forces le redressement. Aussi, ce que l'évêque Gérard de Cambrai avait annoncé, arrivait-il; c'est que les premiers conciles pour la paix de Dieu n'avaient pas tant fait cesser les rapines que multiplié les parjures (Baldr., *Chron. Camerac.*).

Cependant, comme nous l'avons remarqué, ceux qui avaient juré la paix de Dieu étaient convenus qu'ils se rassembleraient au bout de cinq ans pour aviser au moyen de la rendre plus stable. Ce fut dans ce but que, vers l'an 1040, plusieurs conciles provinciaux furent convoqués en Aquitaine, et bientôt tout le reste des Gaules suivit l'exemple de cette province. Par une innovation heureuse, on y substitua la *trêve de Dieu* à la *paix de Dieu*, c'est-à-dire qu'au lieu de s'efforcer plus longtemps d'arrêter l'essor de toutes les passions humaines, et de remplacer les rigueurs nécessaires de la justice terrestre par la perfection de la charité chrétienne, on prit à tâche de régulariser ces passions; de soumettre la guerre aux lois de l'honneur, de l'humanité et de la compassion; de laisser à ceux qui n'avaient point de supérieurs l'appel à la force, puisqu'il était impossible de leur donner un autre garant; mais de les empêcher de faire jamais de cette force un usage destructeur de la société, ou de la tourner contre ceux de qui ils n'avaient point reçu d'injures, et de qui ils ne pouvaient point attendre de redressement.

Nous avons les actes du concile de Tuluges dans le Roussillon, d'Ausonne, de Saint-Gilles et quelques autres, pour l'établissement de la trêve de Dieu. Ces actes ne sont pas parfaitement uniformes; chaque assemblée d'évêques apportait quelque modification aux lois de la trêve; mais le principe commun était toujours de limiter le droit de la guerre, et d'interdire, sous les peines ecclésiastiques les plus sévères, même au moment où les hostilités semblent abolir toutes les lois, les actions contraires au droit des gens et à l'humanité. Malgré la diversité de ces actes des conciles, une législation générale finit par être adoptée dans toute l'Europe, sur la guerre et sur la trêve de Dieu. Les hostilités, même entre soldats, furent limitées à un certain nombre de jours par semaine; certaines classes de personnes furent protégées contre ces hostilités, et certains lieux furent placés sous la garantie d'une neutralité perpétuelle. Cette législation elle-même fut souvent violée, et, au bout d'une période assez longue, devenue moins nécessaire, elle tomba en désuétude. « Cependant, dit un auteur hostile au catholicisme, on doit encore la considérer comme la plus glorieuse des entreprises du clergé, celle qui contribua le plus à adoucir les mœurs, à développer les sentiments de commisération entre les hommes, à nuire à ceux de la bravoure; à donner une base raisonnable au point d'honneur; à faire jouir les peuples d'autant de paix et de bonheur qu'en pouvait admettre alors l'état de la société; à multiplier enfin la population de manière à pouvoir bientôt fournir aux prodigieuses émigrations des croisades (Sismondi, *Hist. des Français*).

Tout acte militaire, toute attaque, toute spoliation, toute effusion de sang fut interdite, depuis le coucher du soleil le mercredi soir jusqu'au lever du soleil le lundi matin, en sorte que trois jours et deux nuits par semaine furent seuls abandonnés aux violences des guerres et des vengeances. De plus, les jours des grandes solennités religieuses, les saisons de jeûne de l'Avent et du Carême, et les fêtes des patrons, qui variaient avec la dévotion particulière de chaque province, furent également compris dans *la trêve de Dieu*. Il fut encore convenu que, pendant l'Avent et le Carême, ces longues saisons de jeûne et de paix, personne ne pourrait élever des fortifications nouvelles, ni travailler aux anciennes, à moins qu'il n'eût commencé ce travail quinze jours avant l'ouverture du jeûne. On ne voulait pas que l'un des partis profitât d'une garantie commune, pour changer la proportion des forces, et l'on jugeait avec raison qu'en permettant aux plus faibles de travailler à se mettre en défense, on exciterait les plus forts à violer la trêve.

Les lieux mis sous la sauvegarde perpétuelle de la trêve de Dieu furent les églises et les cimetières, avec un pourtour de trente pas ecclésiastiques; mais seulement autant que ces églises ne seraient pas fortifiées, et qu'elles ne serviraient pas de refuge à des malfaiteurs qui en sortiraient pour piller. Les personnes auxquelles s'étendit la même sauvegarde furent les clercs, autant qu'ils ne porteraient pas d'armes, les moines et les religieuses. Enfin, le droit de la guerre fut limité par la protection accordée à l'agriculture. Il ne fut plus permis de tuer, de blesser ou de débiliter les paysans de l'un et de l'autre sexe, ni de les arrêter, si ce n'est pour leurs fautes personnelles et selon le droit. Les outils de labourage, les meules de paille, le bétail, les plantations plus précieuses furent mis sous la protection de la trêve de Dieu. Parmi ces objets, plusieurs ne pouvaient être enlevés comme butin, d'autres devaient subir le sort de la guerre; mais, quoiqu'il fût permis de les prendre pour son usage, il était défendu de les brûler ou de les détruire à plaisir.

Des peines ecclésiastiques furent établies contre les infracteurs de la trêve; de fréquentes assemblées d'évêques furent chargées de tenir la main à ces règlements, et, dans quelques provinces, des officiers de paix, une milice armée et entretenue par une contribution spéciale, durent réprimer les contrevenants (D. Bouquet, t. XI).

Vers le même temps, une nouvelle institution vint seconder cette tendance générale à humaniser la guerre : ce fut l'institution de la *chevalerie*, qui dut commencer en France sous les rois Robert et Henri. La chevalerie chrétienne était dans l'origine une consécration religieuse du noble guerrier à la défense de l'Eglise et des pauvres. Le noble qui voulait recevoir cette ordination militaire, se présentait à l'évêque, qui bénissait d'abord son épée, afin qu'il pût être le défenseur des églises, des veuves, des orphelins et de tous les serviteurs de Dieu, contre la cruauté des païens et des hérétiques (*Pontif. rom., De bened. nov. milit.*).

« Seigneur très-saint, disait le Pontife, Père tout-puissant, Dieu éternel, qui seul ordonnez et disposez bien toutes choses; qui, pour réprimer la malice des pervers et protéger la justice, avez, par une disposition salutaire, permis l'usage du glaive aux hommes sur la terre, et voulu l'institution de l'ordre militaire pour la protection du peuple ; qui, par le bienheureux Jean, avez fait dire aux soldats qui venaient le trouver dans le désert, de ne vexer personne, mais de se contenter de leur solde, nous supplions votre clémence, Seigneur, comme vous avez donné à votre serviteur David de vaincre Goliath, et à Judas Machabée de triompher des nations qui ne vous invoquaient pas, de même, à votre serviteur que voici, qui vient courber la tête sous le joug de la milice, accordez la force et l'audace pour la défense de la foi et de la justice, accordez une augmentation de foi, d'espérance et de charité; donnez-lui tout ensemble et votre crainte et votre amour, l'humilité, la persévérance, l'obéissance, la patience ; disposez en lui si bien toutes choses, qu'il ne blesse personne injustement ni avec cette épée ni avec une autre, mais qu'il s'en serve pour défendre tout ce qui est juste et équitable ; et que, comme d'un moindre degré, il monte à un nouvel honneur de la milice, il dépouille de même le vieil homme avec ses œuvres, pour revêtir l'homme nouveau, afin qu'il vous craigne et vous serve avec droiture, qu'il évite la société des perfides, qu'il étende sa charité sur le prochain, qu'il obéisse à son supérieur en toutes choses selon la droiture, et remplisse en tout son devoir selon la justice. »

L'évêque donnait au nouveau chevalier l'épée nue, en disant : « Recevez ce glaive au nom du Père, du Fils, et du Saint-Esprit, et servez-vous-en pour votre défense et pour celle de la sainte Eglise de Dieu, et pour la confusion des ennemis de la croix de Jésus-Christ et de la foi chrétienne ; et, autant que le permet la fragilité humaine, n'en blessez personne injustement. » L'épée ayant été remise dans le fourreau, le Pontife en ceignait le nouveau chevalier, disant : « Ceins-toi de ton épée sur la cuisse, vaillant guerrier ; mais prends garde que les saints ont vaincu les royaumes, non par l'épée, mais par la foi. » Le nouveau chevalier se levait alors, tirait son épée, la brandissait avec force, l'essuyait sur son bras gauche et la remettait dans le fourreau. Alors le Pontife lui donnait le baiser de paix, en disant : *La paix avec toi !* Puis, avec l'épée nue à la main droite, il frappait trois fois le nouveau chevalier doucement sur les épaules, en disant une seule fois : « Sois un guerrier pacifique, vaillant, fidèle et dévoué à Dieu. » Enfin il lui donnait un léger soufflet de la main droite, en disant : « Sors du sommeil de la malice et veille dans la foi du Christ et dans une louable renommée. » Après quoi les chevaliers assistants lui mettaient les éperons, pendant que l'évêque disait : « Toi qui surpasses en beauté les enfants des hommes, ceins-toi de ton épée sur ta cuisse, vaillant guerrier (*Pontif. rom., De bened. nov. milit.*). »

Avant cette consécration, le récipiendaire commençait par prendre un bain, pour indiquer qu'il se présentait à l'ordre de chevalerie net de péché ; il se revêtait d'une tunique blanche de lin, d'une robe vermeille et d'une saie noire, et on lui expliquait que ces couleurs représentaient la pureté de sa vie future, le sang qu'il devait répandre pour l'Eglise, et la mort qu'il devait toujours avoir en mémoire : la ceinture était pour lui un nouvel engagement à mener désormais une vie chaste ; les éperons dorés, à voler avec rapidité partout où son devoir l'appelait.

La chevalerie n'était accordée qu'aux hommes d'un sang noble, et non pas encore à tous, mais seulement au guerrier accompli. On s'y préparait par un noviciat militaire. Le jeune homme de naissance devait servir en apprentissage sous les ordres d'un chevalier, avant de prétendre lui-même à la chevalerie : comme dans l'Eglise le diacre doit servir sous les ordres d'un prêtre, avant de prétendre lui-même à la prêtrise. Les châteaux des seigneurs devinrent comme autant de séminaires de chevalerie. Les fils des nobles y faisaient leur apprentissage avec le fils du seigneur même. Comme le maître et les apprentis étaient d'une condition égale, il s'établissait entre eux des habitudes d'égards et de politesse. Les exercices de la chevalerie se faisant dans la cour du château, ces manières polies et chevaleresques prirent le nom de *courtoisie*. Le fils du moindre seigneur achevait son éducation à la cour du seigneur principal, le fils de celui-ci à la cour du roi. La cour des rois de France fut ainsi regardée comme l'école suprême de courtoisie du royaume. Cette hiérarchie d'éducation chevaleresque, en adoucissant les mœurs, rappelait encore la hiérarchie de la subordination politique, et montrait la royauté comme le faîte de l'édifice social.

Une autre cause continuait d'adoucir les mœurs guerrières de nos ancêtres : c'était la dévotion des lointains pèlerinages. Vers l'an 1026, le saint abbé Richard de Verdun fit celui de Jérusalem avec sept cents pèlerins, qu'il défraya par les libéralités de son ami Richard, duc de Normandie. Il fut reçu à Constantinople avec distinction par l'empereur et par le patriarche. Il passa à Jérusalem la semaine sainte avec de grands sentiments de piété ; et l'on assure qu'il y fut témoin du miracle qu'on prétendait s'y opérer tous les ans à la vue de tous les fidèles, et qui consistait en ce que toutes les lampes étant éteintes le samedi saint, pour faire un nouveau feu, on voyait une lampe s'allumer d'elle-même. Plusieurs auteurs de ce temps-là parlent de ce prodige comme d'un fait certain et avéré, et apparemment que le miracle était alors constant ; mais on y découvrit dans la suite de la supercherie.

L'abbé Richard trouva à Antioche un saint moine du Mont-Sinaï, nommé Siméon, qui s'attacha à lui.

Siméon était natif de Syracuse en Sicile. Il fut élevé à Constantinople, d'où il passa à Jérusalem. Il se retira ensuite au monastère du Mont-Sinaï, où il embrassa la vie religieuse. Richard II, duc de Normandie, faisait tous les ans de grosses aumônes à ce monastère. Les moines qui étaient allés en France les recevoir, étant morts en chemin, Siméon fut chargé par ses supérieurs de faire ce voyage. Il s'embarqua; mais le vaisseau sur lequel il était, fut pris par des pirates, qui mirent à mort les matelots et les passagers. Siméon s'échappa à la nage, et se rendit à Antioche, où il se joignit à l'abbé Richard. Il continua sa route avec lui jusqu'à Belgrade, où le seigneur de la ville l'arrêta prisonnier et ne voulut pas qu'il suivît les pèlerins français.

Richard arriva heureusement à Verdun. Pour Siméon, quand il eut été mis en liberté, il se rendit à Rome, d'où il passa en France avec un saint moine nommé Cosme, qu'il avait amené d'Antioche. Etant arrivés en Aquitaine, ils furent bien reçus par le duc Guillaume; et, comme les esprits étaient alors fort échauffés sur la question de l'apostolat de saint Martial, on ne manqua pas de les interroger là-dessus. Ils rendirent témoignage que l'Eglise d'Orient mettait ce saint évêque au nombre des soixante-douze disciples de Jésus-Christ. Le moine Cosme mourut en Aquitaine : ainsi Siméon prit seul la route de Normandie, où il arriva l'an 1027. Il trouva que le duc Richard, dont il venait de si loin recueillir les aumônes, était mort l'année précédente. Il les demanda au successeur, mais on ne l'écouta point. Il fit quelque séjour à Rouen; et il engagea le comte Josselin et Emmeline, sa femme, à bâtir un monastère en l'honneur de la sainte Trinité sur la montagne proche de Rouen, qui porte aujourd'hui le nom de Sainte-Catherine, à cause des reliques de cette sainte, que Siméon y donna, et qu'il avait apportées du Mont-Sinaï.

Siméon n'ayant pu obtenir d'aumônes du duc de Normandie, et ne voulant pas retourner les mains vides à son lointain monastère, prit le parti d'aller trouver l'abbé Richard de Verdun. Il passa ensuite à Trèves, où Popon, qui en était archevêque, fut si charmé de sa vertu, qu'ayant eu la dévotion d'aller à la Terre-Sainte, il voulut qu'il l'accompagnât. Siméon étant revenu de ce pèlerinage à Trèves, souhaita d'y vivre reclus. L'archevêque, à la tête du clergé et en présence du peuple, fit la cérémonie de la réclusion le jour de Saint-André, l'an 1027, c'est-à-dire qu'il renferma dans une tour proche la porte de la ville nommée alors la Porte-Noire, en murant la porte ou du moins en y apposant son sceau. Le saint homme y vécut comme dans un tombeau; mais le genre de vie qu'il menait, paraissant au-dessus des forces humaines, étonna plus la populace qu'il ne l'édifia. Elle s'imagina que ce moine étranger était un magicien qui se privait de la compagnie des hommes pour avoir commerce avec les démons; et l'on s'en prit au saint reclus de toutes les calamités qui arrivaient à la ville. Une inondation ayant fait de grands ravages à Trèves sur ces entrefaites, on crut que Siméon l'avait procurée par ses prestiges, et le peuple s'ameuta contre lui pour le lapider; cependant il ne put forcer la tour du saint reclus, et toute sa fureur aboutit à en casser les fenêtres à coups de pierres. Le Seigneur achevait de purifier son serviteur par ces épreuves. Le peuple, qui passe aisément d'une extrémité à l'autre, montra dans la suite autant de vénération pour le saint homme qu'il avait fait paraître de prévention contre lui.

Siméon mourut saintement le premier jour de juin, l'an 1035. L'abbé Eberwin, qui a écrit sa vie, l'assista dans sa dernière maladie et lui fit la recommandation de l'âme. Dès que le bruit de sa mort se fut répandu, la malignité et la médisance se turent, et l'on s'empressa de témoigner d'autant plus de vénération pour sa vertu, que l'on savait qu'elle avait été plus cruellement calomniée. Le clergé de Trèves, les moines, le peuple et même les religieuses se rendirent à sa cellule pour honorer ses funérailles; et toute la ville ne retentit plus que des éloges du saint homme, que la calomnie avait rendu quelque temps auparavant un objet d'exécration. C'est ainsi que Dieu justifie ses saints. Popon, archevêque de Trèves, écrivit aussitôt au Pape pour lui demander la canonisation de Siméon. Elle fut prononcée l'an 1042, et promulguée à Trèves avec beaucoup de solennité, le 27 novembre. Cependant l'Eglise honore la mémoire de saint Siméon le jour de sa mort (*Acta Sanct.*, 1 *junii*).

La dévotion de visiter Jérusalem, déjà si répandue précédemment, se répandit encore bien depuis que la grande famine eût menacé les Occidentaux d'une destruction universelle. On voyait, dit Glaber, une multitude si innombrable se diriger de tout l'univers vers le sépulcre du Sauveur à Jérusalem, que jamais auparavant on n'aurait pu espérer tant de zèle. Ce furent d'abord les gens d'un ordre inférieur dans le peuple qui partirent, ensuite les médiocres, enfin les plus grands, les rois, les comtes, les marquis, les prélats. Après ceux-là on vit, ce qui n'était jamais arrivé encore, plusieurs dames des plus nobles entreprendre à l'envi, avec les plus pauvres, ce pèlerinage. Et un grand nombre de ceux qui partaient pour la Terre-Sainte s'y acheminaient avec le désir d'y mourir, plutôt que de revoir jamais leur patrie. Ainsi un Bourguignon, nommé Lethbald, étant arrivé sur le mont des Olives, à l'endroit d'où le Sauveur est monté au ciel, s'y prosterna de tout son corps en forme de croix, arrosant le lieu de ses larmes, avec une joie inénarrable. Puis, se levant de terre et s'élançant de toutes ses forces vers les cieux, il disait avec transport : « Seigneur Jésus, qui, du trône de votre majesté, avez daigné descendre sur la terre à cause de nous, pour sauver le genre humain; qui, de cette place que je contemple de mes yeux, êtes remonté, revêtu de chair, vers les cieux d'où vous étiez venu, je supplie votre toute-puissante bonté que, si mon âme doit sortir de ce corps cette année, je ne m'éloigne pas d'ici, mais que cela m'arrive à la vue du lieu de votre ascension, car je crois que, comme je vous ai suivi de corps pour venir en ce lieu, mon âme joyeuse vous suivra de même dans le paradis. » Le même soir, après avoir reçu la sainte communion, il expira plein de joie, en saluant affectueusement ses compagnons de voyage, qui racontèrent depuis la chose à l'historien Glaber (L. 4, c. 6).

Parmi les pèlerins de cette époque, un des plus illustres fut Robert, duc de Normandie; il fut accompagné à Jérusalem d'une multitude immense de seigneurs et de bourgeois normands. Comme il n'avait pas d'enfants légitimes, il fit prêter serment à ses sujets que, s'il ne revenait pas de ce long voyage, ils reconnaîtraient pour leur duc son fils Guillaume, qui lui était né d'une bourgeoise de Falaise, sa concubine, à quoi consentit aussi Henri, roi de France. Avant que de partir pour la Palestine, le duc Robert fit plusieurs largesses aux églises et aux monastères. Il donna entre autres une terre au monastère de Saint-Pierre de Preaux, et il envoya son fils Guillaume, encore enfant, y porter l'acte de donation. On prit plusieurs jeunes seigneurs de l'âge de Guillaume pour servir de témoins, et, afin qu'ils s'en souvinssent, on donna à chacun d'eux un soufflet sur la joue. Cet usage était ancien. Il est marqué dans la loi des Ripuaires que quand on achetait une terre, si on ne faisait pas un contrat de vente, l'acheteur devait la payer sur-le-champ, en prendre ensuite possession en présence de témoins, donner des soufflets et tirer les oreilles aux petits enfants, afin qu'ils pussent un jour en rendre témoignage (*Annal. Bened.*, t. IV; *Leg. Rip.*, c. 60, 1). De là sans doute le soufflet que l'évêque donnait au nouveau chevalier à la fin de sa bénédiction. Le duc Robert arriva heureusement à la Terre-Sainte et fit de riches présents aux églises de Jérusalem; mais, à son retour, il mourut le 1er juillet 1035, à Nicée en Bithynie, et Guillaume le Bâtard, plus connu sous le nom de *Guillaume le Conquérant*, lui succéda à l'âge d'environ neuf ans.

Le saint évêque de Toul, Brunon, ne fit point le pèlerinage de Jérusalem, mais il faisait tous les ans celui de Rome; car il avait une extrême dévotion à saint Pierre et allait le prier tous les ans pour les brebis que Dieu lui avait confiées. Un jour qu'il y était accompagné de plus de cinq cents personnes, tant clercs que laïques, une maladie pestilentielle se mit parmi eux. Une fois attaqué, on n'espérait plus voir le lendemain. Le saint évêque, extrêmement affligé du malheur de ses compagnons de voyage, y trouva un prompt remède. Il trempa dans du vin les reliques des saints qu'il portait avec lui, surtout celles de saint Evre, auquel il avait une dévotion particulière. Tout malade qui goûtait tant soit peu de cette boisson, était aussitôt guéri. Quant à lui-même, pendant tout le voyage, il célébrait presque chaque jour la sainte messe et exhortait d'une manière touchante les peuples qui y assistaient à se convertir, à faire pénitence et à élever leurs pensées vers le ciel. Ces miracles et cette piété le firent vénérer et chérir, particulièrement dans la province de Rome.

Sa coutume était, quand il voulait prendre son repos la nuit, de se recommander plus dévotement aux reliques des saints; puis, délivré de tous les soins du siècle, il délassait son âme dans une sainte contemplation, et recevait ainsi le sommeil nécessaire au corps. Une nuit qu'il s'était ainsi pieusement endormi, il lui sembla être transporté dans la principale église de Worms, où il vit une multitude infinie de personnes vêtues de blanc, parmi lesquelles il reconnut un de ses amis, l'archidiacre Bézelin, qui était mort en l'accompagnant dans un de ses pèlerinages à Rome. Lui ayant demandé ce que c'était que cette multitude, il apprit que c'étaient ceux qui avaient fini leur vie au service de saint Pierre. Pendant qu'il en était dans l'admiration, survint saint Pierre lui-même, qui annonça que toute cette multitude communierait de la main de Brunon. Et de fait, l'ayant revêtu d'habits pontificaux, le même saint Pierre et le premier martyr Etienne le conduisirent à l'autel, au milieu d'une mélodie ineffable, et tous reçurent la communion de sa main. Après la communion, il lui sembla que saint Pierre lui donna à lui-même cinq calices d'or, trois à un autre qui le suivait et un seul à un troisième. S'étant éveillé, il le raconta à ses amis et s'étonnait de ce que cela voulait dire. L'événement le fit bien comprendre; car il fut élu pape dans la principale église de Worms. Il occupa le siège de saint Pierre cinq ans, son successeur Victor trois ans, et Etienne un seul.

Une autre fois, pendant le sommeil, il lui semblait qu'un personnage qui avait l'air d'une vieille femme difforme le recherchait avec importunité et s'efforçait de le joindre dans un entretien familier, mais pourtant sincère. Cette personne avait le visage si hideux, les vêtements si déchirés, les cheveux si hérissés et si en désordre, qu'à peine y reconnaissait-on quelque chose d'une forme humaine. Epouvanté d'une si horrible laideur, il s'étudiait à éviter cette personne; mais elle cherchait d'autant plus à s'attacher à lui. Fatigué de son importunité, l'homme de Dieu lui fit sur le visage le signe de la croix; elle, aussitôt, tombant à terre comme morte, se relevait avec une beauté toujours plus merveilleuse. Réveillé par l'effroi de cette vision, il se leva pour assister à l'office de la nuit. S'étant rendormi après, en admirant la chose, il lui sembla voir le vénérable abbé Odilon, qui venait de mourir, et il le pria de lui apprendre ce que signifiait cette vision. Odilon lui répondit avec joie : *Tu es bienheureux et tu as délivré son âme de la mort.* Que ce récit ne soit pas une feinte, ajoute l'archidiacre Wibert, biographe contemporain du saint Pontife, nous en avons pour témoins irrécusables le doyen Walter et son compagnon intime Warneher, lesquels certifient lui avoir entendu dire ces choses en pleurant, et en s'étonnant beaucoup de ce que cela voulait dire. Au reste, conclut Wibert, personne ne doute que la vision de cette femme ne signifiât l'état déplorable de l'Eglise, à laquelle le saint Pontife, par l'assistance du Christ, rendit son ancienne beauté (*Vit. S. Leon., pap. IX*, l. 2. c. 1; *Acta Sanct.*, 19 april.).

Le pape Jean XIX avait fait quelques efforts pour commencer cette restauration, particulièrement en France. Burcard, fils naturel de Conrad, roi de Bourgogne et frère de Rodolphe le Fainéant, fut élevé fort jeune sur le siège de Lyon, où il vécut avec beaucoup de splendeur, plus en prince qu'en évêque. Un ancien historien dit que ce qu'il fit de mieux pour son troupeau, ce fut de mourir. Cependant sa mort donna lieu à de nouveaux troubles. Burcard, son neveu, et alors évêque d'Aoste, s'empara de l'archevêché de Lyon, et commit bien des violences; mais l'empereur Conrad le fit prendre et l'envoya en exil. Le comte Gérard usurpa ensuite ce siège pour son fils, qui était encore enfant, et qui fut bientôt chassé comme un mercenaire.

Dans cette désolation de l'Eglise de Lyon, on eut recours au pape Jean XIX, qui, pour consoler cette Eglise affligée des maux qu'elle avait soufferts, résolut d'élever sur ce grand siége saint Odilon, que le clergé et le peuple désiraient ardemment. Le Pape le nomma donc archevêque de Lyon, et lui envoya le *pallium* avec l'anneau pastoral. Mais Odilon, si soumis en toute autre occasion au souverain Pontife, crut devoir lui résister, quand il lui offrait une dignité dont il se croyait indigne. Il la refusa constamment, et, quelque raison qu'on pût lui apporter, son humilité y trouvait des réponses. Le Pape fut choqué du refus d'Odilon, et lui écrivit une lettre pleine de reproches et de menaces.

« Qu'y a-t-il, lui dit le Pape, de plus recommandé à un moine que l'obéissance, et que peut faire un chrétien de plus agréable à Dieu, que d'obéir avec humilité? Nous avons ressenti vivement l'outrage que vous avez fait à l'Eglise de Lyon, qui vous demandait pour son époux. Par votre refus, vous lui avez, pour ainsi dire, craché au visage. Nous ne parlons point du mépris que vous avez fait de tant de prélats qui vous pressaient d'accepter l'épiscopat; mais nous ne pouvons ni ne devons laisser impunie votre résistance à l'Eglise romaine. Si vous continuez à lui désobéir par un refus opiniâtre, vous éprouverez sa sévérité. L'évêque Geoffroi vous notifiera nos ordres, à vous et à nos frères les évêques (Labbe, t. IX). »

Malgré une lettre si pressante, Odilon demeura ferme dans la résolution qu'il avait prise de ne jamais accepter l'épiscopat, et, comme il faisait un grand bien dans tout l'ordre monastique, on ne crut pas devoir lui faire violence. Ainsi on s'accorda à élever sur le siége de Lyon Odalric, archidiacre de Langres, dont l'élection fut généralement applaudie, parce que c'était un excellent sujet, qui, avec des mœurs édifiantes, avait l'érudition et les talents propres pour remplir dignement une si grande place.

L'an 1033, le vendredi 29 juin, fête de saint Pierre, il y eut une grande éclipse de soleil. Le même jour, quelques-uns des principaux d'entre les Romains conspirèrent contre le pape Jean XIX, voulant le tuer; ce que n'ayant pu exécuter, ils le chassèrent seulement de son Siége. Mais l'empereur Conrad, étant venu à Rome avec une armée, le rétablit et soumit tous les rebelles. Le pape Jean mourut la même année, le 28 novembre, après avoir tenu le Saint-Siége neuf ans et quelques mois. On ordonna à sa place Théophilacte, son neveu, fils d'Albéric, comte de Tusculum, quoiqu'il n'eût qu'environ douze ans. Ce fut un grand malheur pour l'Eglise de Dieu. Déjà l'empereur Conrad, oubliant ses beaux commencements et les devoirs de sa charge, vendait les évêchés par avarice. A son exemple, les parents du jeune Théophilacte lui achetèrent la papauté à prix d'argent. Cet enfant élevé sur la Chaire de saint Pierre, sous le nom de Benoît IX, à l'âge de dix à douze ans, l'occupa à peu près autant d'années, se conduisant d'une manière scandaleuse. Qu'on juge des funestes effets que dut produire l'exemple de l'empereur et du Pape. Il y eut plus d'une province où non-seulement des prêtres, mais des évêques mêmes se mariaient et laissaient leurs bénéfices à leurs enfants comme un héritage. On put voir plus que jamais combien il importe à la chrétienté et à l'humanité entière, que l'Eglise romaine soit, même temporellement, indépendante de toute famille et de toute nation particulière (Baron., Pagi).

Quand nous disons que Benoît IX se conduisit d'une manière scandaleuse, nous entendons parler de ses mœurs et de l'emportement avec lequel il se livra à toutes les passions de la jeunesse. Quant à la doctrine et au gouvernement de l'Eglise, l'histoire ne lui fait point de reproche. Son autorité fut reconnue et respectée par toute la terre. On écoutait saint Pierre, même dans son indigne successeur.

Benoît IX donna successivement le *pallium* à trois archevêques de Hambourg; en 1032, à Herman, successeur de Libentius II, qui avait plus de simplicité que de prudence, et entre les chapelains duquel se trouvait Suidger, depuis Pape sous le nom de Clément II; en 1035, à Bézelin, surnommé Alebrand, qui fut un très-digne prélat et fit un très-grand bien à ses deux églises de Brême et de Hambourg, tant pour le spirituel que pour le temporel. Il eut un soin particulier de son clergé, et, pour lui faire observer la continence, suivant le dessein de Libentius, son prédécesseur, il rebâtit le cloître de Brême, et rétablit la vie commune entre les chanoines. Il continua les murs de la ville, commencés par Herman, et renouvela Hambourg, ruiné par les Sclaves. Il y bâtit de pierres de taille l'église et la maison épiscopale, qui n'étaient l'une et l'autre que de bois, et cette maison était comme une forteresse. Il profitait de la paix qui était avec les Sclaves d'au delà de l'Elbe, pour y propager la religion; mais les gouverneurs y mettaient obstacle par leur dureté à exiger les tributs. Il ordonna trois évêques pour l'aider en sa mission chez les infidèles, à Sleswig, à Ripen, et un troisième chez les Sclaves, sans siège fixe. Enfin, l'archevêque Alebrand mourut l'an 1043, vers le 15 avril, et fut enterré à Brême. Son successeur fut Adalbert, homme très-noble, bien fait de sa personne et orné de grands talents. Il reçut, comme ses deux prédécesseurs, le bâton pastoral de l'empereur Conrad et le *pallium* du pape Benoît IX, et fut ordonné à Aix-la-Chapelle, en présence de l'empereur et des seigneurs, et de douze évêques qui lui imposèrent les mains. Il tint le siège vingt-neuf ans (Adam, l. 2, c. 51).

Un des plus illustres prélats d'Allemagne était alors saint Bardon, archevêque de Mayence. Il était noble, et, ayant fait ses études dans l'abbaye de Fulde, il y embrassa la vie monastique. Comme il lisait continuellement le *Pastoral* de saint Grégoire, ses confrères lui en demandèrent un jour la raison; il répondit en riant : « Peut-être viendra-t-il quelque jour un roi qui, ne trouvant personne qui veuille être évêque, sera assez simple pour me donner un évêché; il faut donc que je m'y prépare. » Richard, abbé de Fulde, ayant bâti un nouveau monastère près du grand, en donna la conduite à Bardon, et l'empereur Conrad étant venu à Fulde et ayant voulu voir ce nouvel établissement, fut ravi d'y trouver Bardon, qu'il connaissait déjà de réputation et qui était parent de l'impératrice, son épouse. Il embrassa et promit de l'élever en dignité à la première occasion. En effet, il manda, peu de temps après, à l'abbé Richard de le lui envoyer, et lui donna l'abbaye de Verthen, près de Cologne, et, quelque temps après, celle d'Herfeld, près de Fulde, et Bardon fut abbé des deux ensemble.

Aribon, archevêque de Mayence, se trouva avec l'empereur à Paderborn, à la fête de Noël 1030, et lui demanda l'autorisation d'aller à Rome. Il partit l'année suivante après la Chandeleur, et, au retour, il mourut le 13 avril 1031, après avoir tenu le siége dix ans. On porta son bâton pastoral à l'empereur Conrad, qui tint conseil sur le choix du successeur. Après que l'on eût nommé plusieurs sujets, quelqu'un dit que, suivant les priviléges de l'abbaye de Fulde, on devait en tirer alternativement l'archevêque de Mayence. L'empereur fut d'avis de différer l'élection, et il se trouva en effet que les priviléges le portaient et que les rois précédents les avaient suivis. Sur ce fondement, Richard, abbé de Fulde, crut que cette dignité le regardait, et, ayant donné ordre aux affaires de sa maison, il prit le chemin de la cour. Mais, un matin, il dit aux moines qui l'accompagnaient : « Ne vous affligez point, mes frères, je ne vous serai point ôté. J'ai vu cette nuit notre frère Bardon sur une haute montagne où je ne pouvais monter. Il avait une houlette à la main, ses brebis paissaient autour de lui, et une fontaine très-claire sortait de dessous ses pieds. C'est lui qui est choisi ; cédons à la volonté souveraine. »

L'assemblée pour l'élection se tint au mois de juin, la veille de saint Pierre. Le roi dit, sans nommer personne, qu'il connaissait un sujet très-digne, puis il appela Bardon, et déclara qu'il lui donnait le siége de Mayence, suivant le privilége de Fulde. Il fut donc sacré le lendemain, 29 juin 1031, étant environ dans sa cinquantième année. L'empereur célébra cette année la fête de Noël à Goslar. Bardon s'y trouva, et, suivant la prérogative de sa dignité, il officia le jour de la fête. Il prêcha en peu de mots après l'Évangile, et plusieurs, mal satisfaits de son sermon, murmuraient de ce qu'on avait choisi un moine pour remplir une si grande place. L'empereur même se repentait de l'y avoir mis. Le lendemain, jour de saint Étienne, Théodoric, évêque de Metz, célébra la messe, et fit un sermon qui fut loué de tout le monde. C'est là, disait-on, c'est là un évêque. Le jour de saint Jean, on envoya demander à l'archevêque Bardon qui célébrerait la messe. Il répondit que ce serait lui. Ses amis l'en détournaient, sous prétexte de la fatigue d'officier si souvent ; mais il fit un sermon qui fut admirable et admiré, et fit fondre en larmes tout l'auditoire. L'auteur de sa vie a eu soin d'en conserver la presque totalité, qui vraiment est admirable de verve et de doctrine. Après s'être demandé qui est Jean, quelle est son autorité, quelle est la sublimité de son enseignement, il en développe la doctrine sur Jésus-Christ, avec une connaissance si approfondie de l'Écriture, avec des idées si grandes et si sublimes, dans un langage si animé, si vif et en même temps si clair, que nous ne nous souvenons pas d'avoir lu quelque chose de plus magnifique. De cet ensemble de vérités si hautes, il amenait ses auditeurs à confesser leurs péchés, à les effacer par les larmes d'une sincère contrition, et à s'offrir eux-mêmes avec Jésus-Christ en sacrifice d'expiation sur l'autel. L'étonnement, l'admiration, l'émotion des auditeurs furent indicibles. Quand l'archevêque vint se mettre à table avec l'empereur, suivant la coutume, l'empereur dit tout rayonnant : « C'est aujourd'hui Noël pour moi ; car nos envieux sont confondus. » Et il lui fit donner à laver le premier. Mais le saint archevêque ne fut pas plus touché des louanges de ce jour que du mépris des jours précédents. Il retourna à son diocèse et le gouverna vingt ans en bon pasteur (*Acta Sanct.*, 10 *jun.*; *Act. Bened.*, sec. 6, pars 2).

Un autre saint honorait alors l'ordre monastique dans les royaumes de Lorraine et de Germanie ; c'était saint Poppon, abbé de Stavelo, au diocèse de Liége. Il naquit en Flandre, vers l'an 978, et suivit d'abord la profession des armes, ne laissant pas dès lors de vivre monastique à Saint-Thierri, près de grande piété. Il alla en pèlerinage à Jérusalem et ensuite à Rome. Le comte de Flandre et les principaux seigneurs le chérissaient : un d'entre eux voulut même lui donner sa fille ; mais il la refusa, et, ayant résolu de quitter le monde, il embrassa la vie monastique à Saint-Thierri, près de Reims, où l'abbé Richard de Verdun l'ayant vu, le prit tellement en affection, qu'il obtint de l'abbé de Saint-Thierri de le lui envoyer, et qu'il le retint auprès de lui à Saint-Vannes. Poppon y attira ensuite sa mère Adelvive, veuve depuis longtemps ; non-seulement elle prit le voile, mais elle se fit recluse, et elle est comptée entre les saintes.

L'abbé Richard ayant reçu du comte de Flandre le monastère de Saint-Vaast, y envoya Poppon pour le gouverner en qualité de prévôt ; ce qu'il fit avec grande utilité pour le monastère. De là il alla trouver l'empereur saint Henri pour les affaires de la maison, et gagna l'affection du prince, dont il obtint facilement ce qu'il demandait. Il le détourna même d'un spectacle auquel il se divertissait, qui était d'exposer à des ours un homme nu frotté de miel. Poppon représenta si bien à l'empereur et aux seigneurs l'inhumanité de ce divertissement, qu'il en fit abolir l'usage. L'empereur Henri lui donna quelque temps après l'abbaye de Stavelo, du consentement de l'abbé Richard, qui l'avait rappelé à Verdun, et, deux ans après, il lui donna encore l'abbaye de Saint-Maximin de Trèves, où les moines, qu'il voulait réformer, lui donnèrent du poison, mais sans effet.

Après la mort de l'empereur saint Henri, il s'employa avec succès à réunir les princes de l'empire, divisés entre eux, et ensuite à faire la paix entre Conrad, roi d'Allemagne, et Henri, roi de France. L'évêché de Strasbourg étant venu à vaquer en 1029, l'empereur Conrad voulut le donner à Poppon ; mais il s'en excusa, disant qu'il était fils d'un clerc, ce qui l'empêchait d'être évêque, selon les canons. L'empereur ayant depuis appris la vérité, lui fit des reproches de cette fiction, et Poppon répondit qu'il se sentait incapable même de la charge d'abbé qu'il exerçait. L'empereur, charmé de son humilité, résolut de lui donner le gouvernement de toutes les abbayes qui vaqueraient dans son royaume. Ce qui lui donna occasion d'en réformer plusieurs, où il mit pour abbés des personnes de mérite. On compte jusqu'à quatorze monastères rétablis par ses soins. Enfin il mourut le 25 janvier 1048 (*Acta Sanct.*, 25 *jan.*; *Act. Bened.*, sec. 6, pars 1).

Un autre saint édifiait dans le même temps le royaume de Hongrie. Après la mort du roi saint Étienne, Pierre, fils de sa sœur, fut reconnu roi. Mais comme il était de race allemande, il voulut donner à des Allemands les gouvernements et les charges. Les Hongrois, irrités, choisirent pour roi Ovon ou Aba, beau-frère de saint Étienne, et Pierre, obligé de s'enfuir la troisième année de son règne, se retira en Allemagne, près du roi Henri le Noir, fils de l'empereur Conrad. Cependant Ovon répandit beaucoup de sang et fit mourir cruellement les personnes les plus considérables du conseil, durant le Carême, apparemment de l'an 1041. Ensuite il vint pour célébrer la Pâque à Chonad, capitale de la province Morissène, dont saint Gérard était évêque. Ce prélat étant invité, de la part des évêques et des seigneurs, à venir couronner le nouveau roi, le refusa; mais les autres évêques lui mirent la couronne; car c'était l'usage de ce temps-là que les rois recevaient des évêques la couronne à toutes les grandes fêtes.

Le roi Ovon entra donc dans l'église, couronné, avec une grande suite de clergé et de peuple. Mais le saint évêque Gérard monta à la tribune et parla ainsi au roi par interprète, car il ne parlait pas hongrois : « Le carême est institué pour procurer le pardon aux pécheurs et la récompense aux justes. Tu l'as profané par des meurtres, et, en me privant de mes enfants, tu m'as ôté le nom de père. C'est pourquoi tu ne mérites point aujourd'hui de pardon, et, comme je suis prêt à mourir pour Jésus-Christ, je te dirai ce qui doit t'arriver. La troisième année de ton règne, le glaive vengeur s'élèvera contre toi, et tu perdras, avec la vie, le royaume que tu as acquis par la fraude et la violence. » Les amis du roi, qui entendaient le latin, surpris de ce discours, faisaient signe à l'interprète de se taire, voulant garantir l'évêque de la colère du roi. Mais l'évêque, voyant que la crainte faisait taire l'interprète, lui dit : « Crains Dieu, honore le roi, déclare les paroles de ton père ! » Enfin il l'obligea à parler, et l'événement fit voir que le saint évêque avait l'esprit de prophétie. Il prédit encore qu'il s'élèverait dans la nation une violente sédition, dans laquelle il mourrait lui-même.

Gérard était Vénitien, et dès l'enfance avait reçu l'habit monastique. Ayant entrepris d'aller en pèlerinage à Jérusalem, il passa en Hongrie, où le roi saint Étienne goûta tellement sa doctrine et sa vertu, qu'il le retint malgré lui, jusqu'à lui donner des gardes. Gérard se retira dans le monastère de Béel, que le saint roi avait bâti à la prière du saint ermite Gunther, et y passa sept ans, s'exerçant au jeûne et à la prière, et n'ayant pour toute compagnie que le moine Maur, qui fut depuis évêque de Cinq-Églises. Le roi saint Étienne, ayant établi la tranquillité dans son royaume, tira Gérard de sa solitude, le fit ordonner évêque et l'envoya prêcher à son peuple, dont il se fit tellement aimer, que tous le regardaient comme leur père. Le nombre des fidèles croissant, le saint roi fonda des églises dans les principales villes, et mit l'évêque Gérard dans celle de Chonad, dédiée à saint Georges. Là, il y avait un autel de la Vierge, devant lequel était un encensoir d'argent, où deux vieillards faisaient brûler continuellement des parfums, et tous les samedis on y disait l'office de la Vierge, à neuf leçons; car le roi Étienne et toute la Hongrie avaient une dévotion particulière à la sainte Vierge.

Le saint évêque Gérard avait grand soin de tout ce qui regarde le service divin, disant que la foi doit être aidée par ce qui est agréable aux sens. C'est pourquoi il gardait le meilleur vin pour le saint sacrifice, et, l'été, il le faisait mettre à la glace. Pour se mortifier, il se levait la nuit, prenait une cognée et allait seul à la forêt couper du bois. Dans ses voyages, il ne montait pas à cheval, mais dans un chariot, pour s'occuper de saintes lectures. Il trouva moyen d'accorder la vie solitaire avec l'épiscopat, bâtissant des cellules près des villes où il allait prêcher, dans les lieux des forêts les plus écartés, pour y passer la nuit. Tel était ce saint évêque.

Ovon, pour se venger du roi de Germanie, qui avait reçu chez lui le roi Pierre, entra en Bavière l'an 1042, et y fit de grands ravages. Cette guerre dura deux ans; mais enfin, l'an 1044, le roi Henri remit en possession Pierre, qui, peu de temps après, prit Ovon et lui fit couper la tête. Ainsi fut accomplie la prophétie de saint Gérard (*Acta Sanct.*, 24 sept.; *Act. Bened.*, sec. 6, pars 1).

Cependant Micizlas, roi de Pologne, étant mort l'an 1034, et son fils Casimir étant encore trop jeune pour gouverner, il y eut sept ans d'interrègne ou plutôt d'anarchie. Rixa, veuve du dernier roi, devenue odieuse, se retira en Saxe, sous la protection de l'empereur Conrad, et son fils Casimir la quitta quelque temps après pour venir en France, et se rendit moine à Cluny, sous le nom de Charles. En Pologne, comme il n'y avait point de maître, le désordre était extrême; la religion, encore nouvelle, se trouvait en grand péril, les évêques réduits à se cacher, les églises exposées au pillage. Bretislas, duc de Bohême, ennemi des Polonais profita de l'occasion, entra dans le pays, prit les meilleures villes, entre autres Gnésen, qui était la capitale, d'où, par le conseil de Sévère, évêque de Prague, qui l'accompagnait, il voulut enlever le corps du martyr saint Adalbert, leur évêque; mais les Polonais prétendent que les clercs de l'église de Gnésen trompèrent les Bohèmes et leur donnèrent à la place le corps de saint Gaudence, frère de saint Adalbert. Les richesses de cette église, qui étaient grandes, furent pillées, entre autres un crucifix d'or du poids de trois cents livres, et trois tables d'or enrichies de pierreries, dont le grand autel était orné. Ce pillage de l'église de Gnésen arriva l'an 1038.

L'année suivante, Étienne, qui en était archevêque, de l'avis des autres évêques de Pologne, envoya une députation à Rome pour se plaindre de ce sacrilège. Le pape Benoît IX, ayant délibéré sur cette affaire, en conclut que le duc Bretislas et l'évêque Sévère seraient excommuniés jusqu'à l'entière restitution des choses saintes. Toutefois, pour ne pas les condamner sans les entendre, on les cita à Rome; ils y envoyèrent des députés, qui les excusèrent sur la dévotion qu'ils avaient pour de si précieuses reliques et sur le droit de la guerre. Ils promirent que ce qui avait été pris serait rendu; mais depuis, ayant gagné par présents les cardinaux, ils obtinrent l'absolution de leur prince, sans aucune restitution.

D'un autre côté, les Polonais, ennuyés de l'anarchie, résolurent de rappeler Casimir, fils de leur dernier roi; mais, ne sachant ce qu'il était devenu, ils envoyèrent en Allemagne vers la reine Rixa, sa mère, qui leur dit qu'il vivait encore, mais qu'il était à Cluny et y avait embrassé la vie monastique. Les députés s'y rendirent sans délai, et, par la permission de l'abbé saint Odilon, ils parlèrent à Casimir. « Nous venons, lui dirent-ils, de la part des pontifes, des seigneurs et de tous les nobles de Pologne, vous prier d'avoir pitié de ce royaume, d'en venir apaiser les divisions et de le délivrer de ses ennemis. » Casimir répondit qu'il n'était plus à lui, puisqu'il n'avait pu même leur parler sans l'ordre de son abbé. Ils vinrent donc à saint Odilon, qui, après avoir pris conseil, leur répondit qu'il n'était pas en son pouvoir de renvoyer un moine profès et de plus ordonné diacre, et qu'ils devaient s'adresser au Pape, qui seul avait dans l'Eglise la puissance souveraine.

Les députés de Pologne allèrent à Rome, et, ayant eu audience du pape Benoît IX, ils lui représentèrent le triste état de leur pays et le besoin qu'ils avaient du prince Casimir pour la conservation du royaume et de la religion. Le cas était nouveau et la demande extraordinaire; toutefois, après avoir bien consulté, le Pape crut devoir l'accorder. Il dispensa donc Casimir de ses vœux, lui permettant non-seulement de sortir du monastère et de rentrer dans le monde, mais de se marier, à condition que les nobles de Pologne paieraient tous les ans, au Saint-Siége, chacun un denier de redevance, qu'ils porteraient, comme les moines, les cheveux courts, en forme de couronne, et qu'aux grandes fêtes ils auraient au cou, durant la messe, une écharpe de lin, semblable à l'étole des prêtres et des diacres.

Ainsi Casimir retourna en Pologne, où il fut reconnu roi et épousa Marie, sœur de Jaroslas, prince de Russie, duquel le roi Henri de France épousa une fille. Casimir, ayant assuré la paix au dedans comme au dehors, chercha à faire fleurir les sciences dans son royaume. Les monastères étant alors leurs sanctuaires, il envoya à Cluny des députés avec de riches présents. Ils en ramenèrent douze religieux, pour qui le roi fonda deux couvents, dont l'établissement contribua à épurer les mœurs et à donner à la religion la dignité et la décence qui s'étaient perdues au milieu des guerres civiles. A sa mort, arrivée l'an 1058, il ne restait en Pologne presque aucune trace des calamités passées. Ce prince emporta les regrets de ses sujets et mérita le surnom de *Pacifique*. Son fils Boleslas lui succéda (Baron., an 1041; *Biograph. univ.*).

La *trêve de Dieu*, établie en France, ne s'était pas encore étendue à l'Italie. Aussi les guerres étaient-elles fréquentes entre les seigneurs des différentes classes, ainsi que les villes, qui aspiraient de plus en plus à la liberté et à l'indépendance. Dans l'absence de l'empereur, les guerres privées entre les gentilshommes furent bientôt suivies d'une guerre plus générale, que ces mêmes gentilshommes déclarèrent, d'un commun accord, d'une part, aux prélats qui, pour la plupart, étaient leurs suzerains, et, de l'autre, aux bourgeois des villes. Les vassaux mitoyens voyaient d'un œil jaloux ces hommes, nés leurs égaux ou leurs inférieurs, qui jouissaient de l'autorité souveraine, les premiers comme princes et les seconds comme républicains. Ils se plaignaient de l'orgueil d'Héribert, archevêque de Milan, qui, sans respecter la constitution féodale de Conrad, dépouillait de leurs fiefs ceux de ses vassaux qui avaient encouru sa disgrâce.

A la nouvelle d'une injustice que cet archevêque venait de commettre envers l'un d'eux, tous les gentilshommes, vassaux du siège de Milan, prirent les armes en même temps, l'an 1035, et leur exemple fut bientôt suivi de tous les gentilshommes de la Lombardie. Les bourgeois, d'autre part, qui avaient été en butte à quelques vexations de la part de la noblesse, et qui croyaient que le lustre de leurs prélats rejaillissait sur eux-mêmes, prirent les armes pour les seconder. Le premier combat se livra dans les rues mêmes de Milan. Après une longue résistance, les gentilshommes furent défaits et obligés de sortir de la ville (Arnulph., *Hist. mediol.*, l. 2, c. 10).

Mais dès qu'ils furent en rase campagne, de nombreux auxiliaires accoururent pour se ranger sous leurs drapeaux; la ville de Lodi, jalouse de Milan, se déclara pour eux, et dans la bataille de Campo-Malo, l'archevêque et les Milanais furent défaits par les gentilshommes. L'empereur Conrad, que ces désordres déterminèrent à passer en Italie, l'an 1036, assembla une diète à Pavie, où il s'efforça de les apaiser. Il fit mettre aux arrêts l'archevêque Héribert, ainsi que les évêques de Verceil, de Crémone et de Plaisance. Il seconda de tout son pouvoir les réclamations des vassaux du second rang, qu'on nommait *vavasseurs;* mais ses efforts pour rétablir la paix furent infructueux : l'archevêque Héribert trouva moyen d'échapper à ses gardes et retourna dans sa ville, qui s'arma pour le défendre. Conrad voulut en vain l'y poursuivre; il fut repoussé de Milan et forcé de renoncer au siége de cette ville (Sigeb., *Herm. cont. Annal. Hildelsh.*; Arnulph., *Mediol.*, l. 2, c. 13; Landulph., *Senior.*, l. 2, c. 25).

Bientôt une nouvelle querelle augmenta la confusion que cette guerre civile avait produite. Les gentilshommes avaient eux-mêmes des vassaux de troisième rang, dont la tenure était militaire, et qu'on appelait alors *vavassins;* ils avaient aussi des esclaves ou serfs attachés à la glèbe. Ces deux classes d'hommes, au moment où tous les ordres de la société prenaient les armes pour la liberté, crurent aussi avoir le droit de la réclamer; ils s'armèrent à leur tour contre leurs seigneurs et demandèrent un affranchissement général.

Tous les rangs de la société se trouvèrent, à cette époque, en guerre les uns avec les autres. Cependant l'excès même de l'anarchie ramena enfin une paix avantageuse pour toute la nation; les droits de chaque ordre furent fixés avec plus de précision; la constitution de Conrad, sur la succession des fiefs, fut admise par tous les partis; la plupart des esclaves furent mis en liberté, et les conditions les plus humiliantes, attachées à la dépendance féodale, furent supprimées ou adoucies. Enfin, les gentilshommes, désirant acquérir une patrie, prirent presque tous le parti de se faire admettre à la bourgeoisie des villes voisines, ou, selon le langage du temps, de se recommander, eux et leurs fiefs, à la protection des cités. Cette pacification générale paraît s'être opérée en 1039, au moment où, les armées étant en présence dans le voisinage de Milan, la nouvelle de la mort de Conrad le Salique leur fut apportée et les engagea à poser les armes (Arnulph., l. 2, c. 16).

L'empereur Conrad était encore à Crémone, l'an 1037, lorsque le pape Benoît IX vint le trouver, et fut reçu par lui avec de grands honneurs. Après avoir traité de ses affaires, le Pape retourna à Rome, sans qu'on sache le motif de ce voyage. Seulement Glaber, sur l'année suivante, dit que, Benoît ayant été chassé de Rome, l'empereur y alla et le rétablit sur son siége. Comme Glaber est le seul qui parle de cette expulsion et de ce rétablissement, on peut révoquer la chose en doute. Ce qu'il y a de certain, c'est que, l'an 1038, l'empereur Conrad alla à Rome et que le pape Benoît y excommunia l'archevêque Héribert de Milan. Conrad alla jusqu'au Mont-Cassin, dont les moines avaient beaucoup à souffrir de Pandolphe, prince de Capoue; car il retint à Capoue leur abbé Théobald, s'empara de tous les biens du monastère et le fit gouverner par ses valets, le réduisant à une telle disette, que le jour de l'Assomption de Notre-Dame on manqua de vin pour le service de l'autel. L'empereur, à qui les moines avaient déjà porté leurs plaintes en Allemagne, leur assura, avec serment, qu'il n'était venu en ces quartiers-là que pour ce seul sujet, et qu'il protégerait ce saint lieu toute sa vie. Ensuite, ayant demandé leur bénédiction, il mit sur l'autel de saint Benoît un tapis de pourpre orné d'une broderie, fit élire Richer abbé, car Théobald était mort, et confirma tous les biens du monastère. Richer le gouverna très-sagement jusqu'à l'an 1055, qu'il mourut. On remarque entre les moines du Mont-Cassin plusieurs saints personnages, qui vécurent depuis le commencement de ce XIe siècle jusqu'au milieu, et, dans ses *Dialogues*, le pape Victor III en compte jusqu'à douze (*Act. Bened.*, sec. 6, *pars* 1, p. 102).

L'empereur Conrad revint ensuite en Allemagne; mais la peste, causée, à l'ordinaire, par les chaleurs d'Italie, emporta une grande partie de son armée, ainsi que la jeune reine Gunelinde, épouse du roi, son fils. L'empereur lui-même étant à Utrecht, à la Pentecôte de l'année suivante 1039, mourut subitement le lendemain lundi, 4 juin, après avoir régné près de quinze ans. Son fils Henri III, surnommé *le Noir*, déjà précédemment élu, lui succéda et régna dix-sept ans (Wippon).

Cependant l'Eglise romaine était dans un état bien triste. Le jeune pape Benoît se livrait, dans sa conduite personnelle, à tous les emportements de la jeunesse. Dans un prince séculier de son rang et de son âge, le monde n'en eût peut-être été scandalisé. Dans un Pape, la jeunesse même, au lieu d'être une excuse, était un scandale de plus. Fredaine dans l'un, infamie dans l'autre. Excédés de la vie scandaleuse de Benoît, une partie des Romains le chassèrent de la ville l'an 1044, douzième de son pontificat, et mirent en sa place Jean, évêque de Sabine, sous le nom de Silvestre III. Mais expulser Benoît, n'était pas le déposer. Silvestre III fut donc évidemment un antipape; encore dit-on qu'il ne le fut pas gratuitement. Son intrusion ne dura que trois mois. Car Benoît, qui était de la famille des comtes de Tusculum, insultait Rome avec le secours de ses parents, et fit si bien qu'il y rentra. Mais comme il continuait toujours sa vie scandaleuse, et se voyait méprisé du clergé et du peuple, il convint de se retirer, pour s'abandonner plus librement à ses plaisirs; et, moyennant une somme de quinze cents livres de deniers, il céda le pontificat à l'archiprêtre Jean Gratien, qui était le plus estimé pour sa vertu de tout le clergé de Rome. Tel est le récit du pape Victor III, dans les *Dialogues* qu'il écrivit vers la fin de ce siècle sur les miracles de saint Benoît (*Act. Bened.*, sec, 4, *pars* 2).

Le pape Benoît IX, ayant donc volontairement abdiqué, se retira dans ses terres hors de la ville, et Jean Gratien fut ordonné Pape le dimanche 28 avril 1045. Herman Contract, qui écrivait dans le temps même, dit dans le meilleur de ses textes : « Les Romains chassent le pape Benoît pour ses crimes, et établissent témérairement Pape un certain Silvestre, que cependant le pape Benoît chasse ensuite avec le secours de quelques-uns; puis lui-même, rendu à son siége, se démet spontanément de la papauté, et permet qu'on ordonne à sa place Gratien, sous le nom de Grégoire (Herm., an 1044). » Othon de Frisingue, qui écrivit un siècle plus tard, dit avoir appris des Romains que le pieux prêtre Gratien, voyant l'état déplorable de l'Eglise et pressé du zèle de la secourir, alla trouver Benoît et Silvestre, et leur persuada à tous deux de se retirer, moyennant une pension, et qu'à cause de cela, les citoyens de Rome élurent ce prêtre pour souverain Pontife, comme étant le libérateur de l'Eglise de Dieu, et qu'ils le nommèrent Grégoire VI (Oth. Fris., l. 6, c. 23). Enfin le moine Glaber, auteur du temps même, finit son histoire par ces mots, après avoir parlé de l'expulsion de Benoît : « On mit à sa place un homme très-pieux et d'une sainteté reconnue, Grégoire, Romain de naissance, dont la bonne réputation répara tout le scandale qu'avait causé son prédécesseur (Glab., l. 5, c. 5). »

En combinant avec attention ces divers témoignages, on voit clairement que le prêtre Jean Gratien était un saint homme; que ce fut par zèle pour Dieu et son Eglise, qu'il persuada au pape Benoît d'abdiquer; que l'abdication de ce Pape fut volontaire; que la modique pension de quinze cents livres n'a rien de simoniaque, plusieurs conciles des premiers siècles ayant assigné des pensions aux évêques mêmes qu'ils venaient de déposer; qu'enfin Grégoire VI fut canoniquement élu, en considération de sa vertu et du service qu'il venait de rendre à l'Eglise.

Ainsi en pensait dès lors un juge bien compétent, saint Pierre Damien, abbé de Font-Avellane, personnage dès lors distingué par son mérite. Ayant appris la promotion de Grégoire VI, il lui écrivit en ces termes : « Au seigneur Grégoire, très-saint Pape, Pierre, pécheur et moine, hommage de la servitude qui est due. Révérendissime Seigneur, je rends grâces à Jésus-Christ, le Roi des rois; car, altéré d'attendre toujours du bien de la Chaire apostolique, je bois à longs traits la coupe de vos louanges qu'on me présente de toutes parts. Ce breuvage me récrée l'âme d'une manière si douce que, pendant que l'esprit jubile au dedans, la langue s'écrie à l'instant au dehors : *Gloire à Dieu dans les hauteurs, et paix sur la terre aux hommes de bonne volonté!* C'est vraiment lui qui change les temps et transfère les royaumes. Vraiment, ce qu'il a prédit autrefois par son prophète, il vient de l'accomplir merveilleusement sous les yeux de l'univers, savoir : que *le Très-Haut domine sur l'empire des hommes, et qu'il le donne à qui il veut.* Que donc les cieux se réjouissent, que la terre tressaille et que la sainte Eglise se félicite d'avoir récupéré l'antique privilége de son droit. Qu'elle soit brisée la tête à mille formes du vénéneux serpent ! Que cesse le commerce d'une perverse négociation ! Que le faussaire Simon ne fabrique plus aucune monnaie dans l'Eglise; que

Giézi ne remporte plus de dons furtifs en l'absence présente du prévoyant docteur ! Dès maintenant, que la colombe retourne dans l'arche, et que, par les vertes feuilles de l'olivier, elle annonce la paix rendue à la terre ! Qu'il soit réparé maintenant le siècle d'or des apôtres, et, sous la présidence de votre sagesse, que la discipline ecclésiastique refleurisse ! Qu'on réprime l'avarice de ceux qui aspirent aux mitres épiscopales ! Qu'on renverse les comptoirs des banquiers qui vendent les colombes ! Mais que le monde puisse espérer ce que nous écrivons, l'Église de Pésaro le fera voir. Car, si elle n'est ôtée des mains de cet adultère, de cet incestueux, de ce parjure, de ce voleur, l'espérance que les peuples ont conçue pour la restauration de l'univers sera entièrement frustrée. Tous ont les yeux tournés de côté, tous dressent l'oreille à cette parole : *S'il est rétabli, on n'attendra plus du Siège apostolique rien de bon.* » On voit, par cette lettre, quelles espérances saint Pierre Damien, et, avec lui, le monde entier, concevaient du pontificat de Grégoire VI.

Pierre lui écrivit encore une seconde lettre, où il dit : « Votre Béatitude doit savoir que, pour nos péchés, on ne trouve point de clercs dans nos quartiers qui soient dignes de l'épiscopat. Ils le désirent assez, mais ils ne cherchent pas à le mériter. Toutefois, selon la qualité du temps et la disette des sujets, il me semble que cet archiprêtre peut être promu à l'évêché de Fossembrune, quoiqu'il l'ait ardemment désiré, puisqu'il est un tant soit peu meilleur que les autres, et qu'il a l'élection du clergé et du peuple. Si donc il peut plaire à votre très-prudente Sainteté, qu'il fasse pénitence de son ambition, et qu'il soit sacré selon ce que Dieu vous inspirera. Je vous prie seulement, si vous ne le sacrez pas, de ne point remplir ce siège avant de m'avoir entendu, moi votre serviteur (Pet. Dam., *Epist.* 1 et 2). »

Pierre Damien naquit à Ravenne l'an 1007. Comme il était le dernier d'un grand nombre d'enfants, un des aînés fit des reproches à sa mère de ce qu'elle leur donnait tant de cohéritiers ; et elle y fut si sensible que, se tordant les mains, elle se mit à crier qu'elle était une misérable qui ne méritait pas de vivre. Elle cessa de nourrir ce pauvre enfant, qui devint bientôt livide de faim et de froid, et n'avait presque plus de voix, quand une femme, qui était comme domestique dans cette maison, survint et dit à la mère : « Est-ce agir en mère chrétienne, madame, que de faire pis que les tigresses et les lionnes, qui n'abandonnent pas leurs petits ? cet enfant ne sera peut-être pas le moindre de sa famille. » Elle s'assit auprès du feu, et ayant frotté l'enfant de quantité de graisse, lui fit revenir la chaleur et la couleur. La mère rentra en elle-même, le reprit et acheva de le nourrir.

Il était encore en bas âge quand il perdit son père et sa mère. Un des frères, qui était marié, se chargea de son éducation ; mais lui et sa femme étaient avares et durs, et traitaient cet enfant comme un esclave. Ils ne le regardaient que de travers, lui donnaient la nourriture la plus grossière, le laissaient nu-pieds et mal vêtu, le chargeaient de coups ; enfin, quand il fut un peu plus grand, ils l'envoyèrent garder les pourceaux. En cet état, il trouva un jour une pièce d'argent ; et, se croyant riche, il était en peine de ce qu'il en achèterait qui lui fit le plus de plaisir. Enfin il se dit à lui-même : « Ce plaisir passerait bien vite, il vaut mieux donner cet argent à un prêtre, afin qu'il offre le saint sacrifice pour mon père. » Et il le fit.

Un autre de ses frères, nommé Damien, le tira de la misère, le prit chez lui et le traita avec une douceur et une tendresse paternelles. Ce Damien fut archiprêtre de Ravenne et ensuite moine, et on croit que ce fut de lui que Pierre prit le surnom qui le distingue. Par les soins de ce frère, il étudia premièrement à Faenza, puis à Parme, où il eut Yves pour maître ; et il fit un si grand progrès dans les lettres humaines, qu'il fut bientôt en état de les enseigner, et sa réputation lui attirait de tous côtés un grand nombre de disciples. Se voyant ainsi riche et honoré dans la vigueur de la jeunesse, il ne succomba point aux tentations de vanité et de plaisir, mais il fit ces réflexions salutaires : « M'attacherai-je à ces biens qui doivent périr ? et si je dois y renoncer pour de plus grands, ne sera-t-il pas plus agréable à Dieu de le faire dès à présent ? » Il commença dès lors à porter un cilice sous des habits de fines étoffes, à s'appliquer aux jeûnes, aux veilles et aux prières. La nuit, s'il sentait des mouvements excessifs de sensualité, il se levait et se plongeait dans la rivière ; puis il visitait les églises et disait tout le psautier avant l'office. Il faisait de grandes aumônes, nourrissait souvent des pauvres et les servait de ses mains.

Il résolut enfin de quitter entièrement le monde et d'embrasser la vie monastique, mais hors de son pays, de peur d'en être détourné par ses parents et ses amis. Comme il était dans cette pensée, il rencontra deux ermites du désert de Font-Avellane, dont il avait ouï parler ; s'étant ouvert à eux, ils le fortifièrent dans son dessein, et comme il leur témoigna vouloir se retirer avec eux, ils lui promirent que leur abbé le recevrait. Il leur offrit un vase d'argent pour porter à leur abbé, mais ils dirent qu'il était trop grand et qu'il les embarrasserait dans le chemin, et il demeura fort édifié de leur désintéressement. Pour s'éprouver, il passa quarante jours dans une cellule semblable à celles des ermites ; puis, ayant pris son temps, il se déroba des siens et se rendit à Font-Avellane, où, suivant l'usage, on le mit entre les mains d'un des frères, pour l'instruire. Celui-ci, l'ayant mené à sa cellule, lui fit ôter son linge, le revêtit d'un cilice et le ramena à l'abbé, qui le fit aussitôt revêtir d'une cuculle. Pierre s'étonnait qu'on lui donnât l'habit tout d'abord sans l'avoir éprouvé et sans le lui avoir fait demander ; mais il se soumit à la volonté du supérieur, quoique alors la prise d'habit ne fût point séparée de la profession.

La solitude de Font-Avellane, dédiée à Sainte-Croix, était en Ombrie, dans le diocèse d'Eugubie, et saint Romuald y avait passé quelque temps. Les ermites qui l'habitaient demeuraient deux à deux, en des cellules séparées, occupés continuellement à la psalmodie, à l'oraison et à la lecture. Ils vivaient de pain et d'eau quatre jours de la semaine ; le mardi et le jeudi ils mangeaient un peu de légumes, qu'ils faisaient cuire eux-mêmes dans leurs cellules. Les jours de jeûne, ils prenaient le pain par mesure, ils n'avaient du vin que pour le saint sacrifice, ou pour les malades. Ils marchaient toujours nu-pieds, prenaient la discipline, faisaient des génuflexions, se frappaient la poitrine, demeuraient les bras étendus, chacun selon ses forces et sa dévotion. Après l'office de la nuit, ils disaient tout le psautier avant le jour. Pierre veillait longtemps avant que l'on sonnât matines, et ne laissait pas de veiller encore après comme les autres, persuadé que les dévotions particulières se doivent pratiquer sans préjudice de l'observance générale.

Ces veilles excessives lui causèrent une insomnie dont il eut peine à guérir; mais depuis, il se conduisit avec plus de discrétion, et, donnant un temps considérable à l'étude, il devint aussi savant dans les saintes Ecritures qu'il l'avait été dans les livres profanes. Il commença donc, par ordre de son supérieur, à faire des exhortations à ses confrères, et, sa réputation venant à s'étendre, le saint abbé Gui de Pompose, près de Ferrare, pria l'abbé de Font-Avellane de le lui envoyer pour instruire quelque temps sa communauté, qui était de cent moines. Pierre Damien y demeura deux ans, prêchant avec un grand fruit, et son abbé l'ayant rappelé, l'envoya quelque temps après faire la même fonction au monastère de Saint-Vincent, près Pierre-Pertuse, qui était aussi très-nombreux. Enfin, l'abbé d'Avellane le déclara son successeur, du consentement des frères, mais malgré lui, et après la mort de cet abbé, non-seulement il gouverna et augmenta cette communauté, mais il en fonda cinq autres semblables. Tel était saint Pierre Damien, qui se réjouissait de la promotion de Grégoire VI pour la restauration des mœurs et la discipline ecclésiastiques, et qui aidera puissamment ses successeurs dans cette grande entreprise (*Acta Sanct.*, 22 *febr.*, *Act. Bened.*, sec. 6, pars 2).

Cependant le pape Grégoire VI trouva le temporel de l'Eglise romaine tellement diminué, que, excepté quelque peu de villes proches de Rome et les oblations des fidèles, il ne lui restait presque rien pour sa subsistance, tous les patrimoines éloignés ayant été occupés par des usurpateurs. Dans toute l'Italie, les chemins étaient si remplis de voleurs, que les pèlerins ne pouvaient marcher en sûreté, s'ils ne s'assemblaient en assez grandes troupes pour être les plus forts : aussi, peu de gens entreprenaient-ils ce voyage. A Rome même, tout était plein d'assassins et de voleurs; on tirait l'épée jusque sur les autels et sur les tombeaux des apôtres, pour enlever les offrandes sitôt qu'elles y étaient mises, et les employer en festin et à l'entretien des femmes perdues.

Grégoire commença par les exhortations, en représentant l'horreur de ces crimes et promettant de pourvoir aux besoins de ceux qui y étaient poussés par la pauvreté. Il écrivit aux usurpateurs des patrimoines de l'Eglise, de les rendre ou de prouver juridiquement le droit qu'ils avaient de les retenir. Comme les exhortations faisaient peu d'effet, le Pape employa l'excommunication; mais elle ne fit qu'irriter les coupables. Ils vinrent en armes autour de Rome avec de grandes menaces et pensèrent même tuer le Pape. Ainsi il fut réduit à employer la force de son côté, à amasser des armes et des chevaux, et à lever des troupes. Il commença par se saisir de l'église Saint-Pierre et tuer ou chasser ceux qui volaient les offrandes; puis il retira plusieurs terres de l'Eglise et rétablit la sûreté des chemins. Les pèlerins s'en réjouissaient, mais les Romains, accoutumés au pillage, disaient que le Pape était un homme sanguinaire et indigne d'offrir à Dieu le saint sacrifice, étant complice de tant de meurtres; des cardinaux mêmes approuvaient les discours du peuple.

Ce furent apparemment ces plaintes qui obligèrent le roi de Germanie, Henri le Noir, de passer en Italie et de travailler à la réunion de l'Eglise; car Benoît IX et Silvestre III prenaient toujours le titre de papes, et comme il paraissait certain que Benoît avait reçu de l'argent pour céder à Grégoire, on prétendait que celui-ci était entré dans le siége par simonie. Le roi passa à Aix-la-Chapelle la fête de la Pentecôte, l'an 1046, et fit venir près de lui Vidger, qui ayant été élu archevêque de Ravenne, occupait ce siége depuis deux ans, se gouvernant d'une manière déraisonnable et cruelle; c'est pourquoi il lui ôta l'archevêché. Il entra en Italie sur la fin de la même année et fit tenir un concile à Pavie; puis étant venu à Plaisance, il y reçut honorablement le pape Grégoire VI, qui vint l'y trouver.

Vers la fête de Noël, il fit tenir un concile à Sutri, près de Rome. On n'a point les actes de ce concile; mais on a publié depuis peu le résumé qu'en fit dans le temps Bonizon, évêque de Sutri même. Le voici : Grégoire VI y fut invité et y présida le clergé de Rome, les patriarches, les métropolitains, les évêques et les abbés réunis en grand nombre. Le roi y assistait de son côté. Dans ce concile on examina tout d'abord l'état de l'Eglise romaine, sur quoi Silvestre III fut unanimement rejeté comme intrus, condamné à perdre la dignité épiscopale et sacerdotale, et à être renfermé pour le reste de sa vie dans un monastère. Touchant Benoît IX, comme il avait abdiqué l'épiscopat et s'était retiré dans la vie privée, on ne prit point de résolution particulière. Alors venait l'examen de l'élection de Grégoire VI; mais, par respect pour lui, le concile émit seulement la prière qu'il voulût bien exposer lui-même de quelle manière avait eu lieu son élévation sur le trône pontifical.

Le Pape condescendit à cette prière et raconta sans déguisement comment il avait eu beaucoup d'argent par la confiance et la libéralité des fidèles, et comment enfin il l'employa pour délivrer l'Eglise du joug des patriciens. Le concile ayant entendu cet exposé, quelques-uns des évêques prirent la parole et représentèrent respectueusement au Pape que lui-même, ébloui par les artifices du vieil ennemi, avait donné la main, encore que ce fût avec des intentions pures, à des choses qui ne pouvaient être justifiées, ce qui avait été gagné par le trafic ne pouvant jamais être appelé *saint*. Pendant que les évêques parlaient ainsi, il tomba au Pape comme des écailles des yeux; il prit la parole et dit : « J'en prends Dieu à témoin sur mon âme, que, par ce que j'ai fait, je croyais obtenir la rémission de mes péchés et la grâce de Dieu; mais maintenant que je reconnais les ruses du vieil ennemi, conseillez-moi ce que je dois faire. » Les évêques répondirent : « Pesez vous-même la chose dans votre cœur. Il vaut mieux pour vous vivre pauvre et être éternellement riche avec saint Pierre, pour l'amour duquel vous avez fait cela, que de briller maintenant dans les richesses et de périr éternellement avec Si-

mon le Magicien, qui vous a trompé. » Ce langage de la vérité et de la charité toucha le cœur du Pape; il se leva de son siége, déposa lui-même les marques de sa dignité, et, en présence de tous les assistants, prononça contre lui-même la sentence de condamnation. « Moi, Grégoire, dit-il, serviteur des servi-
» teurs de Dieu, je juge, à cause du honteux trafic
» et de l'hérésie de Simon, qui, par la ruse du
» vieil ennemi, s'est glissé dans mon élection, que
» je dois être écarté du pontifical romain. Cela vous
» plaît-il ? » — « Ce qui vous plaît, répliquèrent les évêques, nous le confirmons (*Les Papes allemands*, t. I, p. 232; Bonizo, p. 802). »

Le Siége apostolique étant ainsi vacant par la magnanime humilité de Grégoire VI, le roi Henri vint à Rome, avec les évêques qui avaient tenu le concile de Sutri, et d'un commun consentement, tant des Romains que des Allemands, il fit élire pape Suidger, Saxon de naissance, évêque de Bamberg, parce qu'il ne se trouvait personne dans l'Eglise romaine digne de remplir la première place. Adalbert, archevêque de Hambourg, qui accompagnait le roi Henri, pensa être élu pape en cette occasion ; mais il aima mieux faire tomber le choix sur son collègue Suidger. Le nouveau Pape prit le nom de Clément II, fut sacré le jour de Noël, et le jour même couronna empereur le roi Henri, et impératrice la reine Agnès, fille de Guillaume, duc d'Aquitaine.

Quant à la manière dont l'abdication de Grégoire VI fut envisagée par ses contemporains, voici un témoignage curieux qu'on lit dans Herman Contract, édition nouvelle et plus correcte. Le roi Henri arrivant en Italie avec son armée, le pape Gratien, que les Romains avaient établi après avoir chassé les précédents, vient au devant de lui à Plaisance, et en est reçu avec honneur; peu après cependant, au concile de Sutri, il dépose, non malgré lui, l'office pastoral. A sa place, Suidger, évêque de Bamberg, malgré sa grande résistance, est élu par le consentement de tous. Au temps de ce Pape, d'innombrables et de très-grands tremblements de terre ont lieu en Italie, peut-être parce que ce Pape ne fut point canoniquement subrogé à son prédécesseur, qui n'a point été canoniquement déposé; en effet, il ne fut déposé pour aucune faute; mais une humilité pleine de simplicité lui persuada de se démettre de son office (Herm., *Chron.*, an 1046).

Le nouveau pape Clément II, aussitôt après son ordination, c'est-à-dire au commencement de janvier 1047, tint un concile à Rome, où il régla la contestation pour la préséance, qui durait depuis longtemps entre l'archevêque de Ravenne et celui de Milan; car chacun prétendait être assis auprès du Pape au côté droit. Le concile décida en faveur de l'archevêque de Ravenne. C'était alors Humfroi, chancelier de l'empereur en Italie; il venait d'être élu, mais n'était pas encore sacré. Les actes de ce concile ne sont point venus jusqu'à nous. Seulement le docte Mansi en a trouvé un canon, qui porte : « Conformément à l'antiquité, nous aussi nous anathématisons l'hérésie simoniaque, et nous l'interdisons, afin qu'on ne fasse plus pour de l'argent ni consécration d'églises, ni ordination de clercs ou concession de la dignité d'archiprêtre, ni commandes d'autels, ni livraisons d'églises, ni ventes d'abbayes ou de prévôtés. Quiconque y contredira ou fera un tel commerce, qu'il soit anathème (Mansi, t. XIX, p. 627; Baron., 1047, édit. de Mansi, note) ! » Non content de cette ordonnance générale, le concile en ajouta une plus particulière, savoir : « Que quiconque aurait été ordonné par un évêque simoniaque, sachant qu'il l'était, ne laisserait pas de faire les fonctions de son ordre, après quarante jours de pénitence. » Comme le mal était grand et invétéré, le nouveau Pape crut sans doute devoir commencer par le remède le plus doux.

Vers ce temps, Clément II eut la consolation de voir à Rome un des plus saints personnages qu'il y eut alors : c'était saint Odilon, abbé de Cluny. Il était parvenu à une extrême vieillesse, sans rien diminuer de ses macérations et de sa vigilance sur les monastères confiés à ses soins. Il semblait que son courage augmentât à mesure que ses forces diminuaient, et, tout infirme qu'il était, il entreprit le pèlerinage de Rome à l'âge de 85 ans, dans l'espérance de mourir auprès des tombeaux des saints apôtres. Il fut trompé. Après avoir langui quatre mois à Rome, où le Pape et plusieurs prélats, entre autres Laurent d'Amalfi, très-versé dans la littérature grecque et la latine, lui donnèrent, pendant ce temps-là, des marques éclatantes de leur estime, il se trouva parfaitement guéri. Il revint donc à Cluny, où il demeura presque un an, s'adonnant au jeûne, à la prière et à l'instruction de ses religieux, autant que sa caducité pouvait le lui permettre. Son zèle lui persuada même qu'il avait encore assez de force pour faire la visite des monastères de sa dépendance; il se mit en chemin et commença par Souvigni. Il y prêcha publiquement pour disposer le peuple à la solennité de Noël, qui était prochaine. Mais il tomba malade avant cette fête, et on désespéra bientôt de sa guérison. Aussi on ne différa pas de lui administrer les sacrements de l'extrême-onction et de l'eucharistie, après quoi on lui présenta le crucifix à adorer; ce qu'il fit avec une tendresse de dévotion qui toucha tous les assistants.

Le démon lui livra quelques assauts dans ce dernier combat. Mais le saint abbé, recueillant ses forces, lui dit : « Ennemi du genre humain, je te l'ordonne, au nom de mon Seigneur Jésus-Christ et par la vertu de sa sainte croix, cesse de m'attaquer à force ouverte ou en secret. La croix de mon Sauveur est avec moi ; elle est ma vie et elle est ta mort. J'adore et je bénis ce Sauveur, et c'est entre ses mains que je remets mon âme. »

La veille de Noël, Odilon, tout moribond qu'il était, se fit conduire au chapitre et y fit un discours à ses frères, où, après avoir dit un mot de la fête, il les consola de sa mort avec tant de grâce et d'éloquence, qu'il leur parut n'avoir jamais mieux parlé. Ainsi, loin de diminuer leur douleur, il augmenta leurs regrets en leur faisant mieux sentir ce qu'ils perdaient. Il se fit porter à toutes les heures de l'office des fêtes de Noël. Mais enfin, le jour de saint Silvestre, les forces lui manquant entièrement, il demanda pour la seconde fois le viatique, adora de nouveau la croix et se fit lire le Symbole avec l'exposition que saint Augustin en a faite. On le consulta sur son successeur, il répondit : « J'en laisse le choix à Dieu et à mes frères. » Sur le soir, veille de la Circoncision, il se fit encore porter aux vêpres dans son lit ; mais pendant la nuit il se trouva plus mal. Aussitôt les frères qui le veillaient étendirent un cilice à terre, le couvrirent de cendre et y mirent le saint abbé. Il leur demanda si toute la communauté était assemblée. Comme on lui eut répondu que tous les moines et même les enfants étaient présents, il fixa ses regards sur la croix qui était devant lui, et expira doucement l'an 1049, le 1ᵉʳ janvier, qui, cette année, était un dimanche, dans la 88ᵉ année de son âge, et la 56ᵉ de son gouvernement. On ne célèbre sa fête que le 2 janvier.

Saint Odilon s'est peint lui-même dans ses ouvrages ; on y retrouve son esprit aimable, son caractère de douceur, sa tendre piété. Les écrits qui nous restent de lui sont la vie de saint Mayeul, son prédécesseur, celle de sainte Adélaïde, impératrice, plusieurs sermons sur les mystères de Notre Seigneur et de la sainte Vierge, et quelques lettres qui font connaître en quelle considération il était auprès de la plupart des princes de l'Europe. Les rois de France Hugues Capet, Robert et Henri, l'impératrice sainte Adélaïde, les empereurs saint Henri, Conrad et Henri le Noir, Rodolphe, roi de Bourgogne, Sanche et Garsias, roi de Navarre, Casimir, roi de Pologne, tous eurent pour Odilon une tendre affection et une confiance filiale. Ils lui écrivaient et lui envoyaient souvent des présents pour cultiver son amitié.

Saint Odilon eut toujours une dévotion particulière pour la Mère de Dieu. Il l'avait choisie pour sa patronne et son avocate, et s'était dévoué d'une manière spéciale à son service, ne manquant aucune occasion de procurer sa gloire; à quoi il était excité par la reconnaissance pour les faveurs qu'il en avait reçues. Il s'efforçait surtout de lui plaire par l'amour de la pureté. Il avait cette vertu tellement en recommandation que, dans une extrême vieillesse, il montrait encore la circonspection et la pudeur d'une jeune vierge. On l'appelait même une vierge de cent ans (*virgo centenarius*).

Odilon eut un zèle particulier pour le soulagement des âmes du purgatoire; et c'est à sa charité compatissante pour elles qu'on doit la première institution de la *Commémoration de tous les fidèles trépassés* le lendemain de la fête de tous les Saints. Il l'avait ordonnée dans tous les monastères de sa dépendance, avant que l'Eglise, qui, de tous les temps, a fait des prières pour les morts, eût spécialement destiné un jour à cela. Voici ce qui engagea saint Odilon à aire cette institution.

Un pèlerin du territoire de Rhodez, revenant de Jérusalem, fut obligé par la tempête de relâcher à une île sur les côtes de Sicile. Il y visita un saint ermite, lequel s'étant informé de son pays, lui demanda s'il connaissait le monastère de Cluny et l'abbé Odilon. Le pèlerin ayant répondu qu'il le connaissait, mais qu'il désirait savoir pourquoi il lui faisait cette question : « C'est, dit l'ermite, qu'il y a ici proche un lieu qui vomit des flammes et où les démons tourmentent pour un temps les âmes des pécheurs. Or, j'entends souvent les malins esprits murmurer contre les personnes de piété, qui, par leurs prières et leurs aumônes, délivrent ces âmes. Ils se plaignent particulièrement d'Odilon et de ses religieux. C'est pourquoi, quand vous serez de retour en votre pays, je vous prie, au nom de Dieu, d'exhorter l'abbé et les moines de Cluny de redoubler leurs prières et leurs aumônes pour la délivrance de ces pauvres âmes. »

Le pèlerin, à son retour, s'acquitta de sa commission. C'est ce qui détermina saint Odilon à ordonner que, dans tous les monastères de l'institut de Cluny, on fît tous les ans, le 2 novembre, la commémoration de tous les fidèles trépassés (1). Nous avons le décret qui en fut dressé à Cluny. On y ordonne que, comme on célèbre dans l'Eglise la fête de tous les saints, on célèbrera le lendemain à Cluny la commémoration de tous les fidèles trépassés; que ce jour-là, après le chapitre, le doyen et le cellérier donneront du pain et du vin en aumône à tous les pauvres qui se présenteront, ainsi qu'il se pratique le jeudi saint; que, de plus, on donnera à l'aumônier pour les pauvres tout ce qui restera du dîner de la communauté, excepté le pain et le vin ; qu'après les secondes vêpres de la Toussaint on sonnera toutes les cloches, et on dira les vêpres des morts, et que, le lendemain on sonnera encore toutes les cloches, qu'on dira les matines, et que les prêtres célèbreront la messe pour les fidèles trépassés. On voit que l'usage de sonner pour les morts était dès lors établi (Jot. Sald., *Vit. S. Odil.*, l. 2, c. 13; *Acta Sanct.*, 2 *jan.*; *Act. Bened.*, sec. 6, *pars* 1).

Saint Hugues, qui était alors prieur de Cluny, fut élu successeur d'Odilon. Il naquit dans le diocèse d'Autun, l'an 1024. Son père, Dalmace, comte de Semur, voulait l'élever pour les armes, mais sa mère, croyant qu'il était destiné au sacerdoce, voulait l'élever pour l'Eglise. Son inclination suivit celle de sa mère, il ne se plaisait point aux exercices des chevaux et des armes, et avait horreur des pillages, alors si fréquents. Il obtint enfin avec peine d'aller faire ses études auprès de Hugues, son grand-oncle, évêque d'Auxerre et comte de Châlons. Ayant commencé d'apprendre la grammaire, il renonça au monde et entra à Cluny dès l'âge de quinze ans. Quelques années après, saint Odilon, voyant son mérite extraordinaire, le fit prieur, tout jeune qu'il était, et l'envoya en Allemagne, où il remit dans les bonnes grâces de l'empereur Henri les moines de Paternac, au diocèse de Lausanne. Il y apprit la mort de saint Odilon, et revint à Cluny chargé des présents que l'empereur y envoyait. On procéda à l'élection d'un abbé : Adalman, le plus ancien de la communauté, nomma le prieur Hugues; tous suivirent son avis. Ainsi, malgré sa résistance, il fut élu et reçut la bénédiction abbatiale de Hugues, archevêque de Besançon; ce qui montre que l'évêque de Mâcon ne contestait plus, comme il l'avait fait au concile d'Anse, près de Lyon, en 1025, le privilège de l'abbaye de Cluny d'appeler quel évêque elle voudrait pour faire les ordinations. L'abbé Hugues n'était âgé que de vingt-cinq ans, et gouverna pendant soixante ans ce célèbre monastère (*Acta Sanct.*, 29 *april.*).

L'empereur Henri, ayant fait quelque peu de séjour à Rome, s'avança vers l'Apulie, emmenant avec lui le pape Clément, qu'il obligea d'excommunier les citoyens de Bénévent, parce qu'ils n'avaient pas voulu le recevoir. Le Pape étant à Salerne accorda à la prière du prince Gaimar la translation

---

(1) Sigebert (*in Chronic. ad ann.* 998) rapporte cette institution à l'an 998, et remarque qu'elle fut adoptée par un grand nombre d'Eglises.

de Jean, évêque de Pestane, à l'archevêché de Salerne, avec pouvoir d'ordonner sept évêques du voisinage, sans que le Pape put les ordonner à l'avenir. La bulle est du 21 mars 1047.

Tandis que l'empereur était en Italie, il manda saint Pierre Damien, pour venir aider le Pape de ses conseils; mais Pierre s'en excusa, écrivant au Pape en ces termes : « L'empereur m'a ordonné plusieurs fois, et, si je l'ose dire, m'a fait l'honneur de me prier de vous aller trouver, et de vous dire ce qui se passe dans les Eglises de nos quartiers, et ce que je crois que vous devez faire; et, comme je m'en excusais, il me l'a commandé absolument. Il m'a même envoyé une lettre pour vous, que je vous prie de voir; ensuite daignez m'ordonner si je dois me rendre près de vous; car je ne veux pas perdre mon temps à courir de côté et d'autre; et, toutefois, je suis percé de douleur, voyant les Eglises de nos quartiers dans une entière confusion, par la faute des mauvais évêques et des mauvais abbés. Et à quoi nous sert de dire que le Siége apostolique est revenu des ténèbres à la lumière, si nous demeurons encore dans les ténèbres? Que sert d'avoir des vivres sous la clé, si l'on meurt de faim, ou d'avoir au côté une bonne épée, si on ne la tire jamais? Quand nous voyons le voleur de Fano, qui avait été excommunié par ceux-là mêmes qui avaient le nom d'apostoliques, sans l'être; celui d'Ossimo, chargé de crimes inouïs, et d'autres aussi coupables, revenir triomphants d'auprès de vous, notre espérance se tourne en tristesse. Or, nous espérions que vous seriez le rédempteur d'Israël. Travaillez donc, Saint-Père, à relever la justice, et déployez la vigueur de la discipline, en sorte que les méchants soient humiliés et les humbles encouragés (*Pet. Dam., Epist.* 3). »

Informé par cette lettre de l'état déplorable de l'Eglise dans l'Ombrie et les pays environnants, le pape Clément II s'y rendit en personne, pour y remédier plus efficacement. Il protégea le monastère de Ponteval, près de Pérouse, contre toutes les violences qu'on pourrait faire à ses droits, et s'avança vers Pésaro; mais quand il vint au monastère de Saint-Thomas d'Aposelle, avant même qu'il eût atteint le but de son voyage, il fut attaqué d'une violente maladie. Là, pensant aux fins dernières de l'homme, il donna au monastère une terre de Saint-Pierre, pour le salut de son âme. Peu de jours après, le 1er octobre, comme la maladie ne diminuait point, il accorda encore au monastère de Thères, qu'il avait fondé lui-même quatre ans auparavant, la confirmation de ses priviléges, enfin, le même jour, il adressa à sa chère Eglise de Bamberg un diplôme où, en lui confirmant tous ses droits et tous ses biens, il l'assure, dans les termes les plus affectueux, de son inviolable tendresse. Huit jours après, savoir, le 9 octobre 1047, il mourut dans le même monastère de Saint-Thomas d'Aposelle, et y fut enterré : plus tard le pape Léon IX transporta son corps à Bamberg où il repose encore dans la cathédrale (*Les Papes allemands*, t. I, p. 267; Murat., *Annal. d'Ital.*, an 1047; Pagi, 1047).

L'an 1047, l'empereur Henri célébrait à Polden, en Saxe, la fête de Noël, qui était en même temps la fête anniversaire de son propre couronnement, ainsi que de l'exaltation du pape Clément II, lorsque les députés de Rome arrivèrent, lui annonçant que le Pape était mort. Cette nouvelle, en ce jour, dut l'affecter douloureusement. Ces députés demandaient pour pape Halinard, archevêque de Lyon; car l'empereur avait exigé des Romains, moyennant une grande somme d'argent, de ne point élire de Pape sans sa permission. Il était né en Bourgogne, et savant dans les sciences sacrées et les profanes : malgré ses parents et l'évêque de Langres qui l'aimait beaucoup et l'avait fait chanoine, il embrassa la vie monastique à Saint-Bénigne de Dijon, sous le saint abbé Guillaume, qui le fit prieur, et après la mort duquel il fut élu abbé. Les rois Robert et Henri de France l'aimèrent particulièrement, aussi bien que les empereurs Conrad et Henri. Celui-ci voulut le faire archevêque de Lyon après le refus de saint Odilon. Halinard se déclara incapable et fit tomber le choix sur Odalric, archidiacre de Langres. Celui-ci étant mort au bout de cinq ans, empoisonné par des envieux, tout le clergé et le peuple de Lyon envoyèrent au roi une députation, demandant Halinard pour archevêque. Le roi l'accorda de grand cœur; mais Halinard refusait toujours, jusqu'à ce que le pape Grégoire lui commanda absolument d'accepter.

Quand il vint pour recevoir l'investiture, le roi voulut à l'ordinaire lui faire prêter serment. Il répondit : « L'Evangile et la règle de saint Benoît me défendent de jurer; si je ne les observe pas, comment le roi pourra-t-il s'assurer que je garderai plus fidèlement ce serment? Il vaut mieux que je ne sois point évêque. » Les évêques allemands, principalement celui de Spire, où était la cour, voulaient qu'on l'obligeât à jurer comme eux; mais Théodoric de Metz, Brunon de Toul et Richard, abbé de Verdun, amis d'Halinard, qui connaissaient sa fermeté, conseillèrent au roi de ne pas le presser. Le roi dit : « Qu'il se présente au moins, afin qu'il paraisse avoir observé la coutume. » Mais Halinard dit : « Le feindre, c'est comme si je le faisais; Dieu m'en garde ! » Il fallut donc que le roi se contentât de sa simple promesse. Il assista à son sacre et donna tout ce qui était nécessaire pour cette cérémonie. Halinard fut ainsi ordonné archevêque de Lyon, l'an 1046, par Hugues, archevêque de Besançon, et suivit le roi à Rome la même année. Il se fit extrêmement aimer des Romains pour son affabilité et son éloquence. Car il prenait l'accent de toutes les nations qui usaient de la langue latine, comme s'il était né dans le pays même. D'ailleurs il affectionnait beaucoup Rome, y faisait de fréquents pèlerinages, et souhaitait d'y finir ses jours aux tombeaux des apôtres. Les Romains donc le demandèrent pour Pape. Mais Halinard en ayant eu connaissance, évita d'aller à la cour, jusqu'à ce qu'il en eût élu un autre (*Acta Bened.*, sec. 6, pars 2, p. 35).

L'empereur ayant consulté les évêques sur l'élection du Pape, l'évêque de Liège, Wazon, chargea son député de lui faire cette réponse : « Que Votre Sérénité considère bien si la Chaire du souverain Pontife, déposé par qui il ne devait pas l'être, ne lui est pas divinement réservée; car celui que vous avez fait ordonner à sa place semble la lui avoir cédée en mourant, à lui qui vit encore. C'est pourquoi, puisqu'il vous a plu demander notre avis là-dessus, que Votre Sublimité cesse de vouloir en substituer un autre à la place de celui qui est survivant ; car ni les lois divines ni les lois humaines, avec lesquelles s'accordent en tout les paroles et les écrits des saints Pères, ne permettent que le souverain Pontife soit jugé par d'autre que Dieu seul. Je prends à témoin le Seigneur et le serment que je vous ai prêté, que, sur cette affaire, je n'ai pu imaginer ni trouver rien de plus vrai ni de plus utile que cet avis (*Gesta episcop. Leod.*, Martène, t. IV). » Voilà ce que l'évêque de Liége chargea son député de dire à l'empereur ; mais le député n'arriva qu'après que l'élection eût été faite.

Dans l'intervalle, le Pape démissionnaire, Benoît IX, qui avait alors environ vingt-cinq ans, était rentré pour la troisième fois dans le Saint-Siége, le 8 novembre 1047, et s'y maintint huit mois dix jours, jusqu'au 17 juillet 1048. Enfin, touché de repentir, il appela le pieux Barthélémi, abbé de la Grotte-Ferrée, lui découvrit ses péchés et lui en demanda le remède. Le saint abbé, sans le flatter, lui déclara qu'il ne lui était pas permis d'exercer les fonctions du sacerdoce, et qu'il ne devait penser qu'à se réconcilier à Dieu par la pénitence. Benoît suivit son conseil, renonça aussitôt à sa dignité, embrassa la vie monastique, et mourut à la Grotte-Ferrée, où depuis on a retrouvé son tombeau.

L'abbé Barthélémi était né à Rossane en Calabre, de parents pieux, originaires de Constantinople. Ils le firent bien étudier et le mirent très-jeune dans un monastère voisin, où dès lors il se distingua par sa vertu. Ayant ouï parler de la vie admirable de saint Nil, son compatriote, il quitta secrètement son pays et alla le trouver en Campanie, où le saint abbé avait déjà soixante moines sous sa conduite ; mais il trouva tant de mérite au jeune Barthélémi, qu'il le préférait à tous les autres. Celui-ci suivit saint Nil à la Grotte-Ferrée, près Tusculum, et, après sa mort, on voulut le faire abbé ; mais il s'en excusa sur sa jeunesse. Toutefois, après deux autres, il ne put l'éviter, et fut ainsi le troisième successeur de saint Nil.

Etant abbé, il continuait de travailler à transcrire des livres ; car il avait la main très-bonne. Il composa plusieurs chants ecclésiastiques à la louange de la Vierge, de saint Nil et d'autres saints ; il bâtit de fond en comble l'église du monastère, dédiée à la Vierge, et accrut notablement la communauté. Il avait un grand talent pour la conversion des pécheurs, et s'était acquis une telle autorité, que le prince de Salerne ayant fait prisonnier celui de Gaëte, il lui persuada non-seulement de le délivrer, mais de lui donner encore une autre principauté (*Vita Barth. in thesaur. asc. Pos.*, p. 429).

Le même jour l'ex-pape Benoit se retira, c'est-à-dire le 17 juillet 1048, on couronna pape, Poppon, évêque de Brixen, que l'empereur avait choisi en Allemagne et envoyé à Rome, où il fut reçu avec honneur. Il prit le nom de Damase II ; mais il ne vécut sur le Saint-Siège que vingt-trois jours, et mourut à Preneste, le 8 août 1048. Il fut enterré à Saint-Laurent, hors de Rome, et le Saint-Siège vaqua six mois (Herman., *Chron.*, an 1048).

Cependant l'empereur Henri tenait une diète ou assemblée générale des prélats et des seigneurs à Worms. Le saint évêque de Toul, Brunon, y avait été convoqué et se trouvait présent ; car on ne faisait rien de grand à la cour sans son avis. Il était âgé de quarante-six ans, et en avait vingt-deux d'épiscopat, qu'il avait dignement employés. Tout d'un coup, et l'empereur, et les évêques, et les seigneurs, et les députés de Rome, en un mot tous les assistants, d'une voix unanime, l'élisent pape. Brunon, qui n'avait pas le moindre soupçon de la chose, est épouvanté ; il connaissait, par ses fréquents voyages à Rome, l'état déplorable de l'Eglise ; deux Papes venaient de mourir l'un sur l'autre ; il refusa donc humblement et très-longtemps. Mais plus il refusait et se déclarait indigne, plus on lui faisait d'instances. Dans cette extrémité, il demanda trois jours pour délibérer ; il les passa absolument sans boire ni manger, occupé uniquement de prières. Ensuite, comme on le pressait de nouveau dans l'assemblée, il fit une confession publique de ses péchés, croyant par là faire connaître son indignité et changer l'élection commune. Les larmes qu'il répandit en cette action en tirèrent de tous les assistants. Mais tous s'écrièrent d'une voix : « A Dieu ne plaise que le fils de tant de larmes périsse ! » Voyant donc qu'il ne pouvait échapper en aucune manière aux ordres de l'empereur et au vœu unanime de tout le monde, il accepta forcément l'office qui lui était enjoint, en présence des légats romains, mais à condition que tout le clergé et le peuple de Rome y consentiraient. « Je vais à Rome, disait-il, et là, si le clergé et le peuple, de son plein gré, m'élit pour pontife, je ferai ce que vous me demandez ; autrement, je n'accepte aucune élection. » On applaudit avec joie à cet avis, et on approuva très-fort la condition.

Comme la fête de Noël était proche, le nouveau Pape prit congé de l'empereur et revint à Toul, accompagné de Hugues Cisa, l'un des députés romains, d'Evrard, archevêque de Trèves, et des évêques Adalbéron de Metz et Théodoric de Verdun. Avec lui venait encore le jeune Hildebrand, qui devint plus tard le pape saint Grégoire VII.

Suivant Brunon, évêque de Ségny, et Hugues de Flavigny, deux auteurs contemporains, Hildebrand était né à Rome, d'une famille romaine, que quelques-uns, à cause de la ressemblance du nom, ont prétendu être l'illustre famille des Aldobrandini. Suivant d'autres, il naquit en Toscane, où son père était, dit-on, charpentier. Il eut pour maître dans les sciences Laurent, archevêque d'Amalfi, homme docte et d'une sainte vie, bien instruit dans la langue grecque et la latine. Il paraît que, dès sa première enfance, il fut mis sous la conduite d'un oncle maternel, abbé de Notre-Dame du Mont-Aventin à Rome, pour être instruit dans les lettres et la piété. Il eut encore parmi ses maîtres l'archiprêtre Jean Gratien, qui fut pape sous le nom de Grégoire VI. Après son abdication, il le suivit de Rome en Allemagne, et embrassa la vie monastique à Cluny. Le saint abbé Hugues lui témoignait beaucoup d'amitié ; il fut instruit dans la science de la piété par saint Odilon, et il paraît que, dans un temps ou dans un autre, il y fut nommé prieur. Après la mort de Grégoire VI, qui eut lieu probablement à Cluny même (1), Hildebrand passa quelque temps à la cour de l'em-

(1) L'empereur Henri III qui probablement craignait Grégoire VI, l'emmena captif avec lui, en Allemagne, ainsi que le chapelain Hildebrand. Grégoire VI y mourut vraisemblablement en 1048, peu après la mort de Clément II. (Cf. Hofler : *les Papes allemands*, I). **A. K.**

pereur Henri III. Ce prince disait n'avoir jamais entendu personne prêcher la parole de Dieu avec tant d'assurance. Les meilleurs évêques admiraient ses discours. Le saint évêque Brunon de Toul ayant donc été élu pape à Worms, invita Hildebrand à l'accompagner à Rome. Hildebrand s'y refusa d'abord, par la raison qu'un évêque devait, suivant les canons, être élu par le clergé et le peuple de son Eglise. Charmé de son noble caractère, de son génie pénétrant et de sa conduite exemplaire, le nouveau Pape lui expliqua la suite de l'affaire et le point où elle en était : dès lors, pleinement rassuré, Hildebrand devint son compagnon inséparable, son bras droit, et comme l'âme de toutes les grandes affaires.

Ayant donc célébré la fête de Noël à Toul et donné ordre au gouvernement de cette Eglise, Brunon se mit en chemin pour Rome, le 28 décembre 1048, accompagné d'Everard, archevêque de Trèves, et d'Halinard, archevêque de Lyon. Mais au lieu de voyager avec la pompe de sa dignité nouvelle, il marchait en habit de pèlerin, s'occupant continuellement de prières pour le salut de tant d'âmes dont il était chargé. A Augsbourg, étant en oraison, il entendit une voix d'ange, chantant avec une merveilleuse harmonie : « Voici ce que dit le Seigneur : *Je pense des pensées de paix et non d'affliction ; vous m'invoquerez et moi je vous exaucerai, et je ramènerai votre captivité de tous les lieux.* » Encouragé par cette révélation, il se mit en route, accompagné d'une multitude de personnes qui accouraient de toutes parts. Dans le nombre, une pieuse servante de Dieu s'étant approchée, lui dit : « Dès que vous mettrez les pieds dans l'église du prince des apôtres, n'oubliez pas de vous servir de ces divines paroles: *La paix à cette maison et à tous ceux qui l'habitent !* Il reçut cet avis avec humilité, et s'y conforma dévotement. Il arriva ainsi jusqu'au Tibre, qui était débordé et qui l'empêcha pendant sept jours de passer outre. Le saint homme était affligé de ce contre-temps, à cause de la multitude de peuple qui s'était rassemblée autour de lui. Il invoqua le secours de Dieu, et commença la dédicace d'une église de Saint-Jean, bâtie dans le voisinage. La consécration n'était point achevée, que le fleuve, rentré dans son lit ordinaire, laissa le passage libre : ce que tout le monde attribua aux mérites du saint Pontife. A l'approche de Rome, toute la ville vint au devant de lui avec des cantiques de joie; mais lui descendit de cheval et marcha longtemps nu-pieds, priant, gémissant et versant des torrents de larmes. Après s'être ainsi longtemps immolé à Jésus-Christ sur l'autel de son cœur comme une victime vivante, sainte et agréable à Dieu, il parla au clergé et au peuple, leur exposa le choix que l'empereur avait fait de sa personne, les priant de déclarer franchement leur volonté, quelle qu'elle fût. Il ajouta que, suivant les canons, l'élection du clergé et du peuple doit précéder tout autre suffrage, et que, comme il n'était venu que malgré lui, il s'en retournerait volontiers, à moins que son élection ne fût approuvée d'une voix unanime. On ne répondit à ce discours que par des acclamations de joie, et il reprit la parole pour exhorter les Romains à la correction des mœurs et demander leurs prières. Il fut donc intronisé le 12 février 1049, qui était le premier dimanche de Carême : il prit le nom de Léon IX, et tint le Saint-Siège cinq ans.

De toutes les vertus qui reluisaient en sa personne, les plus éclatantes étaient la miséricorde et la patience. Il était prompt à pardonner aux coupables, pleurait de compassion avec ceux qui confessaient leurs crimes; il faisait des aumônes jusqu'à se réduire lui-même à l'indigence. La Providence le mit plus d'une fois à l'épreuve, pour faire éclater sa confiance en Dieu. Quand il arriva à Rome, il ne trouva rien dans les coffres de la Chambre apostolique, et tout ce qu'il avait apporté avec lui était consumé tant aux frais du voyage qu'en aumônes. Il ne restait rien non plus à ceux de sa suite, et ils songeaient à vendre à perte leurs propres vêtements pour s'en retourner dans leur pays à l'insu du saint homme. Lui les exhortait à se confier en Dieu, mais il compatissait à leur affection du fond de son âme. Le jour même qu'ils étaient tous prêts à se retirer secrètement, arrivèrent les députés des nobles de la province de Bénévent, avec des présents magnifiques pour le Pape, dont ils demandaient la bénédiction et la protection. Il les reçut avec une paternelle bienveillance, mais fit des reproches aux siens de leur peu de foi, leur montrant, par cet exemple, à ne se défier jamais de la Providence. De ce moment, la renommée du pape Léon retentit jusqu'aux extrémités de la terre, partout on bénissait Dieu d'avoir donné un tel pasteur à son Eglise : une multitude extraordinaire de pèlerins affluaient au tombeau du prince des apôtres ; tous étaient admis en présence du saint Pape, et recevaient sa bénédiction ; ceux qui ne pouvaient absolument faire le voyage, lui envoyaient des présents pour qu'il les bénît de loin. Mais de toutes les offrandes qu'on mettait à ses pieds, il ne prenait rien pour lui ni pour les siens, tout était pour les pauvres.

Pour attirer de plus en plus les bénédictions du Ciel sur son pontificat, le saint pape Léon fit un pèlerinage au Mont-Gargan, où était une célèbre église de Saint-Michel archange; il visita de même le monastère de Saint-Benoît, au Mont-Cassin. De plus, il fit le moine Hildebrand cardinal-sous-diacre et économe de l'Eglise romaine. Enfin, la seconde semaine après Pâques, il tint à Rome le concile qu'il avait indiqué plusieurs mois auparavant; il s'y trouva des évêques de divers pays, entre autres les archevêques de Trèves et de Lyon (*Acta Sanct.*, 11 *april.*).

Dans ce concile, le Pape confirma d'abord les décrets des quatre premiers conciles généraux, ainsi que les décrets des Pontifes romains, ses prédécesseurs, notamment ceux contre la simonie et l'incontinence des clercs; ensuite il anathématisa expressément la simonie, qui avait infecté plusieurs parties de l'univers; enfin il déposa quelques évêques convaincus de ce crime. Le Seigneur daigna confirmer son autorité par un miracle. L'évêque de Sutri, étant accusé de simonie, voulut se justifier par de faux témoignages; mais au moment même qu'il allait prononcer le serment, il fut tout d'un coup frappé de Dieu, comme un autre Ananie; on l'emporta hors de l'assemblée et il expira (*Vit. S. Léon.*, l. 2, c. 3; *Acta Sanct.*, 11 *april.*).

Cet événement inspira à tout le monde une crainte terrible de faire un faux serment en la présence du saint Pontife. Dans cette disposition des esprits, il crut devoir être plus sévère que son prédécesseur Clément II, et casser toutes les ordinations faites par des simoniaques. Mais bientôt cette mesure si rigoureuse causa un grand tumulte. Comme les papes Benoît IX et Grégoire VI étaient accusés ou suspects de simonie, toutes leurs ordinations allaient être révoquées en doute. En conséquence, les prêtres et même les évêques disaient que les fonctions ecclésiastiques, et principalement les messes allaient cesser en presque toutes les églises : ce qui mettait tous les fidèles au désespoir et tendait au renversement de la religion. Après de longues disputes, on représenta au Pape le décret de Clément II, savoir, que ceux qui avaient été ordonnés par des simoniaques pourraient exercer leurs fonctions après quarante jours de pénitence. Léon IX approuva et confirma ce décret. De cette manière, on satisfaisait à l'esprit de la loi et l'Eglise conservait ses ministres, parmi lesquels le saint Pape éleva même plusieurs dans la suite à de plus grandes dignités, pour leur capacité et leur vie exemplaire. Mais quiconque exercerait encore la simonie à l'avenir, tombait sous l'anathème prononcé contre ce désordre par les conciles généraux (*Epist. Pet. Dam. ad Henr., arch. Rav.*; Labbe, t. IX).

Les lois contre le mariage des prêtres ayant ainsi été renouvelées, le Pape insista sur les moyens d'ôter aux prêtres incontinents toute occasion de péché. Il fut donc arrêté que les prêtres ne demeureraient plus en leur particulier, mais en commun, dans des maisons cloîtrées. Les femmes qui se seraient abandonnées à eux, seraient privées de leur liberté civile et adjugées au palais de Latran comme esclaves (*Pet. Dam.*, l. 4, *Epist.* 3). Comme on se plaignait que, dans l'Apulie et d'autres contrées, les laïques ne voulaient plus payer la dîme, le concile en renouvela l'obligation, en ordonnant, toutefois, que la portion des dîmes qui revenait à une église ou à un autel serait gratuitement remise au pasteur de cette église par l'évêque, qui ne pouvait disposer librement que de la portion qui lui revenait en propre. Le Pape renouvela encore les canons contre les mariages entre parents, et sépara plusieurs nobles qui vivaient dans ces conjonctions illégitimes (*Vit. S. Leon.*, l. 2, c. 3).

En ce même concile, le Pape approuva la translation de Jean, évêque de Toscanelle, au siège de Porto, comme utile et même nécessaire, confirmant, à lui et à ses successeurs, tous les biens de l'Eglise de Porto, entre autres l'île de Saint-Barthélemi à Rome, qui lui était disputée par l'évêque de Sainte-Sabine. Il y accorda encore à l'archevêque de Trèves une bulle par laquelle il confirmait à son siège la primatie sur la Gaule-Belgique, à condition que les archevêques de Trèves enverraient tous les ans des députés à Rome, pour y apprendre ce que le Siége apostolique désirait qu'ils fissent dans ces provinces pour le plus grand bien de l'Eglise; qu'enfin ils visiteraient le Siége apostolique tous les ans en personne, comme des frères affectueux visitent leur aîné. En retour, Léon leur accordait le premier rang après les légats du Saint-Siége, et, quand il n'y en avait point, immédiatement après les empereurs et les rois (*Concil. Mansi*, t. XIX).

Comme autrefois saint Pierre visitait les Eglises de la Judée pour y affermir la foi et la piété, de même son successeur saint Léon IX visita les principales provinces de l'Eglise universelle. Ainsi, la même année 1049, dans la semaine de la Pentecôte, il tint un concile à Pavie, mais dont les actes ne sont point venus jusqu'à nous. C'était certainement dans le même but que celui de Rome.

En approchant de Passignano, sur la route de Pavie, le saint Pape fit dire à saint Jean Gualbert, fondateur de la congrégation de Vallombreuse, qu'il comptait dîner chez lui dans son monastère de Passignano. Bien surpris de cette visite, Gualbert demanda à l'économe du monastère s'il y avait encore du poisson. Sur sa réponse négative, il envoya deux novices en pêcher dans un lac voisin. Comme il n'y avait jamais eu de poisson dans ce lac, les novices lui remontrèrent qu'il était difficile d'en prendre. Le saint abbé, ayant pour toute réponse, réitéré son commandement, ils y allèrent, jetèrent le filet par obéissance et prirent deux énormes brochets, qui servirent à traiter le Pape et son cortége.

Saint Jean Gualbert sortait d'une famille riche et noble, établie à Florence. Il fut élevé avec soin dans les maximes de la piété et dans la connaissance des lettres. A peine fut-il entré dans le monde, qu'il en prit l'esprit avec le goût des vanités. Il était perdu sans un événement qui pouvait le perdre tout à fait. Son frère unique avait été tué par un gentilhomme. Jean, excité encore par son père, résolut de venger sa mort. Un jour de vendredi saint, revenant de la campagne avec des hommes en armes, il rencontre le gentilhomme dans un passage si étroit, qu'ils ne pouvaient détourner ni l'un ni l'autre. La vue de son ennemi rallume sa vengeance; il met l'épée à la main pour la lui passer au travers du corps; mais l'autre se jette à ses pieds, et là, les bras étendus en forme de croix, il le conjure, par la passion de Jésus-Christ, dont on célébrait la mémoire en ce jour, de ne pas lui ôter la vie. Jean Gualbert se sentit touché jusqu'au fond de l'âme. Il tend la main au meurtrier de son frère, et lui dit avec douceur : « Je ne puis vous refuser ce que vous me demandez au nom de Jésus-Christ. Je vous accorde non-seulement la vie, mais même mon amitié. Priez Dieu de me pardonner mon péché. » S'étant embrassés l'un l'autre, ils se séparèrent.

Jean, continuant sa route, arrive bientôt à une certaine église; il y entre, y prie avec une ferveur extraordinaire devant un crucifix, qu'il voit distinctement incliner la tête, comme pour le remercier de la miséricorde qu'il venait de faire pour l'amour de lui. Profondément ému de ce qu'il voyait, Gualbert se mit à penser de quelle manière il pourrait le mieux plaire à Dieu; « car, disait-il en lui-même, quelle récompense ne recevrai-je pas dans le ciel, si je sers fidèlement le Seigneur, lui qui, pour si peu que je viens de faire, me récompense par un si grand miracle? » Plein de ces pensées, il s'approchait de Florence, lorsqu'il renvoie son écuyer, entre dans le monastère de Saint-Miniat, au faubourg, raconte à l'abbé tout ce qui venait de lui arriver, et lui demande l'habit monastique. L'abbé, ayant tout pesé avec attention, l'encourage dans son dessein de quitter le monde et de se consacrer à Dieu; mais pour lui donner l'habit, il diffère, tant pour l'éprouver que par crainte de son père, qui, effectivement, ayant su où était son fils, vint le réclamer avec menace de renverser le monastère de fond en comble. Dans cette situation critique, Gualbert saisit l'habit d'un religieux, le porte sur l'autel de l'église, se coupe lui-même les cheveux, se revêt ensuite de l'habit de religion et puis se met à lire tranquillement dans un livre. Son père le trouvant dans cet état, s'emporte, se désole, s'arrache les cheveux, se roule par terre, mais finit par s'adoucir et par lui donner sa bénédiction.

Le jeune religieux se livra tout entier aux plus austères pratiques de la pénitence. Par son extrême fidélité à tous les exercices, il devint bientôt un modèle accompli de toutes les vertus. L'abbé étant mort, il fut élu d'une voix unanime pour lui succéder; mais il fut impossible d'obtenir son consentement. Il aspirait à obéir, non à commander, et répétait souvent ces paroles du prophète : *Moi je suis un vermisseau et non pas un homme, l'opprobre des hommes et l'abjection du peuple.* Cependant un autre moine obtint de l'évêque de Florence, pour de l'argent, le gouvernement du monastère. Saint Gualbert en ayant eu connaissance, s'en alla avec un autre frère consulter un saint reclus de Florence, nommé Teuzon, qui condamnait publiquement la simonie. Le vieillard, ayant éprouvé leur foi et leur constance, leur dit : « Allez-vous-en dans la grande place de la ville, publiez devant tout le monde que l'évêque et l'abbé sont simoniaques; ensuite partez et cherchez un autre monastère où vous puissiez librement servir Jésus-Christ. »

Saint Gualbert suivit ce conseil. Il visita plusieurs communautés, en particulier celle de Camaldule, et enfin fonda lui-même un monastère où l'on suivait la règle de saint Benoît selon toute son austérité primitive; il fonda cette communauté dans une vallée ombragée de saules, d'où le nom de *Vallombreuse.* L'esprit dominant du nouvel ordre fut l'amour de la retraite et du silence, le détachement de toutes les choses de la terre, la pratique de l'humanité, l'amour des austérités de la pénitence et la charité la plus universelle. Jean Gualbert établit plusieurs nouveaux monastères, entre autres celui de Passignano, et ranima la régularité et la ferveur dans plusieurs autres. Outre les religieux de chœur, il recevait aussi des frères convers pour les fonctions extérieures : division qui fut bientôt adoptée par les autres ordres (*Acta Sanct.*, 12 *julii*). La congrégation de Vallombreuse, avec son saint fondateur, aida puissamment le pape saint Léon IX et le pape saint Grégoire VII à extirper la simonie et à ramener la discipline dans le clergé. Dans le XIe siècle, le clergé séculier avait besoin d'une grande réforme; il la trouva principalement dans l'ordre monastique. C'est de là que lui viennent les plus grands Papes et les plus grands évêques.

Après avoir tenu le concile de Pavie dans la semaine de la Pentecôte, le pape saint Léon traversa les Alpes par le Mont-Jou, autrement le grand Saint-Bernard, et se trouva déjà le 29 juin à Cologne, où il célébra avec l'empereur la fête de Saint-Pierre et de Saint-Paul. A la descente des Alpes, il fut reçu par saint Hugues, abbé de Cluny, qui venait de succéder à saint Odilon et le saint Pape confirma tous les privilèges de son abbaye.

Dans ce voyage, Léon IX rendit un grand service à l'empire. Godefroi le Hardi ou le Barbu, duc de Basse-Lorraine, soutenu de Baudouin, comte de Flandre, et de Théodoric, comte de Hollande, faisait la guerre à l'empereur Henri le Noir, au sujet de la Lorraine supérieure, à laquelle Godefroi avait des prétentions, mais dont l'empereur avait investi Gérard d'Alsace, ancêtre de ces ducs de Lorraine qui, en 1766, sont montés sur le trône d'Autriche.

En forçant la ville de Verdun, Godefroi en avait brûlé la cathédrale. Le pape saint Léon, en punition de ce sacrilège, lança contre lui une sentence d'excommunication. Le duc, réveillé comme par un coup de foudre, reconnut sa faute. Non-seulement il se rendit à Aix-la-Chapelle et se soumit à l'empereur, qui, à la prière du Pape, le reçut en ses bonnes grâces, mais, revenu en toute hâte à Verdun, il y fit publiquement pénitence et fit rebâtir de fond en comble l'église qu'il avait réduite en cendre. Pendant qu'on la rebâtissait, le duc s'associait souvent aux ouvriers et faisait l'office de manœuvre. Godefroi, ayant réparé tout le scandale par cette franche humilité, fut reçu de nouveau dans le sein de l'Eglise (Lambert Schaffn., *Hist. ep. Virdun.*; Bouq., t. X; le chanoine Roussel).

Le voyage du saint Pape, son autorité souveraine, sa présence réelle en Gaule et en Allemagne étaient encore plus utiles à l'Église qu'à l'empire; ils lui étaient même nécessaires. Il s'agissait d'extirper la simonie, non chez quelques particuliers, mais chez les évêques et les seigneurs. On en jugera par ce que rapporte Glaber. Au commencement de son règne, l'empereur Henri fit assembler les évêques de ses Etats, tant de la Gaule que de l'Allemagne, et leur parla ainsi : « C'est dans l'amertume de mon cœur que je vous adresse ce discours, vous qui tenez la place du Christ dans l'Église, son épouse, qu'il a rachetée au prix de son sang. Comme c'est par sa gratuite bonté qu'il a payé notre rançon, il a dit à ses apôtres en leur donnant leur mission : *Vous avez reçu gratuitement, donnez gratuitement.* Mais votre avarice vous a séduits ; et, en vous faisant transgresser cette règle, elle a attiré sur vous toutes les malédictions. Mon père lui-même, et je crains beaucoup pour son âme, a fait pendant sa vie un damnable trafic des dignités ecclésiastiques. N'en doutons pas, c'est en punition de ce péché que les fléaux de la famine, de la peste et de la guerre sont tombés sur nous; car tous les ordres de l'Eglise, depuis le souverain Pontife jusqu'aux portiers, sont infectés du vice de la simonie. » Les évêques, surpris d'un pareil discours, ne savaient que répondre ; car, dit Glaber, la simonie avait infecté non-seulement les Gaules, mais encore toute l'Italie, et les dignités ecclésiastiques étaient vénales comme le sont les marchandises exposées dans un marché. Les évêques, qui se sentaient coupables, implorèrent la clémence de l'empereur. Il leur dit : « Allez, tâchez de remplir dignement les places où vous êtes parvenus par des voies illicites, et priez le Seigneur de pardonner ce péché à mon père. » Il publia ensuite un édit dans tous ses Etats pour en proscrire la simonie. « Puisque le Seigneur, y disait-il, m'a accordé gratuitement la couronne de l'empire, j'accorderai gratuitement toutes les dignités de son Eglise (Glaber, l. 5, c. 5). »

En France, il y avait des provinces où les choses

étaient encore pires. L'Eglise de Rouen avait surtout le malheur d'être gouvernée depuis longtemps par des archevêques qui, ne songeant qu'à jouir des revenus de ce grand siége, s'appliquaient plus à soutenir l'éclat de leur naissance qu'à honorer la sainteté de leur ministère. Après la mort de Gunhard, successeur de Francon, le duc Guillaume Ier donna cet archevêché à Hugues, moine de Saint-Denys, plus distingué par sa noblesse que par sa piété et ses autres talents propres de l'épiscopat. Hugues oublia qu'il avait été moine; mais il n'oublia pas qu'il était homme de qualité, et il vécut en grand seigneur. Cependant son faste ne fut pas son plus grand crime : il se livra avec tant de scandale à l'amour des femmes, qu'il en eut plusieurs enfants. Robert, son successeur, et fils de Richard Ier, duc de Normandie, fit d'abord autant d'honneur à l'épiscopat par ses vertus que par sa haute naissance; mais il se démentit bientôt de cette piété; et, tout archevêque qu'il était, il prit une femme nommée Herlève, dont il eut aussi plusieurs enfants, auxquels il donna des comtés. Ayant eu ensuite de grands démêlés avec le duc Robert, il se retira sur les terres de France, d'où il jeta un interdit général sur toute la province de Normandie. Le Seigneur lui fit la grâce de se reconnaître avant sa mort : il pleura ses péchés, n'employa plus ses grands biens qu'au profit de son église, qu'il fit rebâtir. Robert tint le siège pendant quarante-huit ans. Mauger, son neveu, fils de Richard II, encore fort jeune, lui succéda, et il se livra pareillement aux passions de la jeunesse. Que pouvait-on espérer d'un troupeau conduit par de tels pasteurs?

Il y avait aussi depuis longtemps de grands scandales dans l'Eglise du Mans. Sigefroi, successeur de Mainard, avait acheté l'épiscopat moyennant quelques terres qu'il donna à Foulques, comte d'Angers. Ce prélat se comporta dans son Eglise comme un mercenaire, entretenant publiquement une concubine nommée Hildeburge, dont il eut plusieurs enfants. Il persévéra dans son péché jusqu'à ce que, sentant sa fin approcher, il espéra fléchir la miséricorde de Dieu en prenant l'habit religieux au monastère de Couture; mais il mourut peu de jours après. Si une pénitence si courte fut assez sincère pour effacer ses péchés, elle fut trop tardive pour réparer le scandale qu'il avait donné durant un long épiscopat. La conduite d'Avesgaud, son neveu et son successeur, parut plus régulière, et on ne lui reprocha que d'aimer trop la chasse. Il en fut de même de Gervais, neveu et successeur d'Avesgaud. Ils eurent tous deux de grands démêlés avec Hébert, comte du Mans.

Les évêques bretons, depuis qu'ils s'étaient soustraits à la métropole de Tours, n'étaient pas plus réguliers que ceux dont nous avons parlé. Gauthier, évêque de Nantes, étant allé à Rome avec Geoffroi, comte de Rennes, trouva à son retour que Budic, comte de Nantes, avait pillé sa maison et ses biens. Ne pouvant en avoir raison, il excommunia Budic et tous les habitants de Nantes qui soutenaient le comte; après quoi il employa d'autres armes contre son peuple. Il implora le secours de Geoffroi; qui prit vivement le parti de l'évêque. Ce fut le sujet d'une cruelle guerre, enfin terminée par la médiation de Junqueneus, évêque de Dol, qui prenait toujours le titre d'archevêque, et qui était lui-même un mercenaire plutôt qu'un pasteur, comme nous le verrons.

Orscand, évêque de Quimper, et frère d'Alain Cagnard, comte de Cornouaille, porta le scandale jusqu'à se marier publiquement. Il épousa la fille de Rivelen de Crozon, et il en eut plusieurs enfants. Il ne faisait que suivre en cela l'exemple de Benoît, son père, lequel étant évêque et comte de Cornouaille, crut pouvoir se marier, comme si la qualité du comte l'eût dispensé des obligations que lui imposait celle d'évêque. Alain s'opposa quelque temps au mariage de l'évêque, son frère; mais il se laissa gagner par l'intérêt, et il y consentit moyennant une terre de l'Eglise, que l'évêque lui céda.

Au reste, les comtes bretons montraient la plupart autant de piété que les évêques dont nous venons de parler en montraient peu. Geoffroi, comte de Rennes, avait à cœur de rétablir la discipline et la ferveur dans les monastères de Bretagne, et nommément à Saint-Gildas de Ruis et à Locminé. Il avait fait venir pour ce sujet un saint moine de Fleuri, nommé Félix, qui travailla quelque temps à ce dessein; mais les guerres civiles allumées dans cette province ne lui permirent pas de consommer l'ouvrage de la réforme. Après la mort de Geoffroi, Hervoise, sa veuve, suivit son projet. Elle pria Gauzelin, archevêque de Bourges et abbé de Fleuri, qui vivait encore alors, de donner à Félix la bénédiction d'abbé et de le renvoyer en Bretagne. Gauzelin le fit, et Félix travailla si efficacement, qu'il vint à bout de réformer plusieurs monastères de cette province : après quoi il fixa sa demeure dans celui de Saint-Gildas de Ruis (*Hist. de l'Eglise gallicane*, l. 20).

Mais pour réformer, mais pour corriger des évêques soutenus dans leurs scandales par la noblesse de leur famille, par la faiblesse de la connivence des princes, un saint n'y suffisait pas, il fallait un Pape, c'est-à-dire ce pasteur suprême à qui le Fils de Dieu a dit : *Pais mes agneaux, pais mes brebis; tu es Pierre et sur cette pierre je bâtirai mon Eglise, et les portes de l'enfer ne prévaudront point contre elle; et je te donnerai les clés du royaume des cieux; et tout ce que tu lieras ou délieras sur la terre, sera lié ou délié dans les cieux.* Il fallait un Pape, mais un Pape qui joignît l'autorité de la sainteté à la sainteté de l'autorité; qui pût dire hardiment aux nouveaux Simons : *Que ton argent périsse avec toi!* et devant qui les nouveaux Ananies dussent trembler d'être frappés de mort pour leurs mensonges. Ce Pape, le Seigneur l'avait procuré à son Eglise : c'était Léon IX.

Arrivé dans les Gaules, il annonça qu'il irait à Reims visiter le sépulcre de saint Remi, l'apôtre des Francs, et qu'il y tiendrait ensuite un concile. N'étant encore qu'évêque de Toul, il avait fait plusieurs fois le voyage de France pour négocier la paix entre l'empereur et le roi. N'ayant pu satisfaire sa dévotion en ces circonstances, il promit à Hérimaire, abbé de Saint-Remi, de faire ce pèlerinage à pied, dans le carême suivant. L'abbé profita de l'occasion pour le prier de faire alors la dédicace de la nouvelle église de son monastère. Brunon ayant été élu pape, Hérimaire le supplia de se souvenir de sa promesse, si jamais il revenait dans les Gaules. Le nouveau Pape le fit assurer que, lors même que le bien de l'Église ne le rappellerait pas dans les Gaules, il y reviendrait pour le seul amour de saint Remi, afin de dédier sa basilique, s'il plaisait à Dieu.

L'abbé Hérimaire ayant donc su que Léon IX avait passé les Alpes, alla à Laon trouver Henri, roi de France, durant les fêtes de la Pentecôte, lui demanda son agrément pour la dédicace que le Pape devait faire de son église; et il pria Sa Majesté d'honorer la cérémonie de sa présence, et d'ordonner aux prélats et aux seigneurs de son royaume de s'y rendre. Le roi promit que, s'il n'était empêché pour quelque affaire, il ne manquerait pas de s'y trouver. Hérimaire se rendit de Laon à Cologne pour concerter avec le Pape l'ordre et le jour de la cérémonie. Léon l'assura qu'il serait à Reims pour la Saint-Michel, le 29 septembre; que ce jour-là il célébrerait la messe dans la cathédrale; que le premier jour d'octobre, fête de saint Remi, il ferait l'élévation des reliques de cet apôtre de la France; le lendemain, la dédicace de son église, et qu'il destinait les trois jours suivants pour la célébration du concile qu'il avait résolu de tenir à Reims.

Le saint Pape ne put se dispenser de visiter en chemin sa chère église de Toul, dont il conservait le titre avec le souverain pontificat. Il y alla de Cologne et il y célébra l'Exaltation de la Sainte-Croix. Il écrivit de Toul aux évêques et aux abbés des provinces voisines, qu'ils eussent à se rendre à Reims, à la Saint-Remi, pour assister au concile qu'il devait y tenir, afin de remédier aux abus qui déshonoraient l'Église de France.

Le seul nom de concile alarma les évêques simoniaques, ainsi que les seigneurs français qui avaient contracté des mariages incestueux. Ils résolurent d'en empêcher la tenue. Dans cette vue, ils représentèrent au roi que les droits de sa couronne s'il permettait au Pape d'exercer sa domination dans son royaume, s'il allait en personne le trouver à Reims, et s'il appuyait de son autorité la convocation du concile. Ils lui ajoutèrent (ce qui était faux) que nul de ses prédécesseurs n'avait permis à aucun Pape l'entrée de son royaume pour un pareil sujet; qu'après tout, cela pourrait être bon dans un temps de paix; mais tandis que le royaume était en trouble par les factions de quelques seigneurs, il était plus à propos de marcher contre les rebelles que de s'amuser à tenir des conciles. Qu'au reste, il ne devait dispenser de cette expédition militaire ni les évêques ni les abbés, puisqu'ils possédaient la plus grande partie des biens du royaume, et qu'il fallait surtout y obliger l'abbé de Saint-Remi, à qui ses richesses avaient inspiré tant d'orgueil, qu'il avait appelé le Pape en France pour consacrer son église.

Le roi, dupe de ces conseils intéressés, envoya Froland, évêque de Senlis, dire au Pape qu'il était obligé de marcher, avec tous les prélats de son royaume, contre des vassaux rebelles; qu'ainsi ni lui ni eux ne pourraient se rendre au concile; que le Pape ferait donc bien de différer sa venue en France à un autre temps où le roi, délivré de ses affaires, pût le recevoir avec l'honneur convenable. Le saint Pape ne s'étonna point de ce contre-temps. Il jugea que plus on craignait le concile, plus il était nécessaire; et il répondit à l'envoyé que le roi ferait ce qu'il lui plairait; que, pour lui, il ne pouvait manquer à la promesse qu'il avait faite à saint Remi; qu'il irait faire la dédicace de son église, et que, s'il s'y trouvait quelques prélats qui eussent du zèle pour la religion, il tiendrait avec eux le concile indiqué. Le roi ayant reçu cette réponse, ne laissa pas de marcher contre les rebelles avec une grande armée, où les évêques et les abbés le suivaient malgré eux, excepté ceux qui craignaient de rendre compte au Pape de leurs actions. On emmenait avec eux l'abbé de Saint-Remi, bien affligé; mais, après un jour de marche, on lui permit de retourner chez lui.

Le Pape accompagné des archevêques de Trèves, de Lyon et de Besançon, se rendit au monastère de Saint-Remi le jour de Saint-Michel, comme il avait promis. Les moines et les autres personnes qui y étaient arrivés de toutes parts pour assister à la solennité, allèrent en procession au devant du souverain Pontife, précédés des évêques de Senlis, d'Angers et de Nevers, qui portaient l'évangile, l'eau bénite et l'encens. Lorsque le Pape entra dans l'église du monastère, on chanta l'antienne *Lætentur cœli, Cieux, réjouissez-vous !* Il s'avança jusqu'à l'autel de saint Christophe, et pria quelque temps devant le tombeau de saint Remi. Pendant sa prière, on chanta le *Te Deum*, après quoi il sortit pour se rendre à la cathédrale. Il trouva aux portes de la ville, Vidon, archevêque de Reims, qui l'attendait avec son clergé, et qui le conduisit à l'église. Le Pape, après y avoir fait sa prière, s'assit quelque temps sur le trône qui lui avait été préparé, ayant l'archevêque de Reims à sa droite, et l'archevêque de Trèves à sa gauche. Ensuite il célébra pontificalement la messe, après quoi il alla prendre son repas dans le palais archiépiscopal.

Le lendemain, dernier jour de septembre, le Pape craignant la foule du peuple, sortit pendant la nuit matines, accompagné seulement de deux chapelains, et retourna à Saint-Remi, pour se préparer à la cérémonie du lendemain, puis il s'enferma dans une maison joignant l'église, et y fit dire la messe devant lui; car la foule était si grande, que les moines mêmes ne pouvaient faire l'office dans l'église. C'est qu'il était venu, c'est qu'il arrivait sans cesse une multitude innombrable d'Espagnols, de Bretons, et d'Anglais; la France surtout, en l'honneur de son apôtre, y versait des milliers de peuple, et des villes, et des campagnes, non-seulement du voisinage, mais des provinces les plus éloignées. Le roturier ne savait plus céder au noble, ni le pauvre au riche, mais tous, serrés les uns contre les autres, faisaient de pieux efforts pour baiser le tombeau du saint et y déposer leurs offrandes. Ceux qui ne pouvaient en approcher à cause de la foule, les y jetaient de loin, en sorte que le sépulcre en était comblé. Quand ils étaient trop fatigués de la presse, ils venaient tour à tour respirer dans le parvis. Ce qui les y attirait, était le désir de voir le successeur de saint Pierre. Sa vue était ce qu'ils souhaitaient le plus après la protection de saint Remi. Pour satisfaire leur pieux empressement, le Pape monta sur la terrasse de la maison, d'où il put les voir et en être vu, les instruire et leur donner sa bénédiction. Les premiers, se retirant, étaient remplacés par d'autres, et le saint Pape renouvela son instruction et sa bénédiction trois fois dans la journée.

Le soir, comme la foule ne faisait qu'augmenter,

il donna ordre qu'on fît sortir tout le monde de l'église et qu'on en fermât les portes. Le peuple ne voulant pas sortir, le Pape déclara que si on ne laissait l'église vide, il s'en retournerait à Rome sans faire la dédicace; mais que si on était docile, il leur ferait voir le lendemain les reliques de leur apôtre. Il fut enfin obéi, quoique avec bien de la peine. Le peuple passa la nuit dans les places et les rues, qui étaient toutes illuminées, attendant l'effet de la promesse que le Pape leur avait faite.

Le lendemain matin, jour de Saint-Remi, arrivèrent à Reims des clercs de Compiègne, portant le corps de saint Corneille et d'autres reliques avec lesquelles ils venaient implorer la protection du pape Léon contre les persécuteurs de leur Eglise, c'est-à-dire du monastère de Saint-Corneille, qui était encore alors possédé par des chanoines.

Sur les neuf heures du matin, le Pape, accompagné de quatre archevêques, savoir, celui de Reims, celui de Trèves, celui de Lyon et celui de Besançon; d'Hérimaire, abbé du lieu, de Hugues, abbé de Cluny, et de plusieurs autres, alla au tombeau de saint Remi, enleva la châsse, et, après les prières convenables, il la porta sur ses épaules dans l'oratoire de la Trinité, lequel est dans l'enceinte de l'église, et qu'il fit dédier séparément par l'archevêque de Trèves, du consentement de l'archevêque de Reims. Après quoi, on ouvrit les portes de l'église, pour donner au peuple la consolation de voir et de révérer les reliques de l'apôtre des Francs. L'empressement de la multitude, nobles et vilains, riches et pauvres, fut tel qu'il y eut quelques personnes d'étouffées dans la foule. On porta le corps du saint dans la ville, fendant la presse avec beaucoup de peine, et on le déposa dans l'église métropolitaine de Notre-Dame. Le lendemain, 2 octobre, on le porta autour de la ville et ensuite au monastère. Pendant cette procession, le Pape ayant fait assembler dès le matin les évêques pour la dédicace du monastère, leur assigna à chacun un autel à dédier. Il chargea l'archevêque de Reims et l'évêque de Lisieux de faire trois fois en dehors le tour de l'église avec les croix et les reliques, et d'y faire la consécration selon l'ordre ecclésiastique.

Tandis que le Pape et les évêques faisaient ces cérémonies, qui sont fort longues, les chanoines de la cathédrale qui avaient porté la châsse de saint Remi en procession par la ville, se présentèrent avec cette châsse à la porte de l'église de Saint-Remi, dont on faisait la dédicace; mais la foule était si grande que le Pape, craignant que la cérémonie n'en fût troublée, défendit de leur ouvrir. On prit le parti de descendre la châsse dans l'église par une fenêtre. Le Pape la plaça sur le grand autel, dédié à la Vierge, à saint Pierre et à saint Paul, à saint Clément et à saint Christophe. Après quoi, il célébra la messe de la dédicace et fit une exhortation au peuple qui était entré en foule par les fenêtres.

Le Pape ordonna que ce jour-là serait désormais fêté dans le diocèse de Reims, et défendit qu'on permît indifféremment à tous les prêtres de dire la messe au grand autel, mais seulement à sept prêtres des plus dignes de la communauté, selon l'usage de l'Église romaine; ce qui serait aussi permis deux fois l'an aux chanoines de Reims, savoir, la seconde fête de Pâques et la veille de l'Ascension, quand ils y viendraient en procession selon la coutume. Ensuite le Pape ayant fait faire une espèce de confession publique au peuple, lui donna l'absolution; et il ordonna aux évêques, aux abbés et aux autres ecclésiastiques de se rendre le lendemain au même lieu pour le concile (Labbe, t. IX).

Le jour suivant, qui était le 3 octobre, il se trouva au concile vingt évêques et près de cinquante abbés, avec un grand nombre d'autres ecclésiastiques. Les reliques de saint Remi étaient demeurées sur le grand autel par ordre du Pape, afin que l'apôtre des Francs parût assister en personne à ce concile français, et que, si quelque coupable essayait de pallier sa faute par un mensonge, il lui fît ressentir cette vertu divine que ressentit autrefois cet évêque arien qui, feignant d'être catholique, perdit la voix en sa présence. L'événement fit voir que l'espérance du Pape n'était pas vaine.

Quand il fallut prendre son rang, il s'éleva une grande dispute entre l'archevêque de Reims et celui de Trèves pour la préséance, parce que tous deux prétendaient être primats des Gaules. Le Pape, qui voulait obvier à tout ce qui pouvait troubler la tenue du concile, fit mettre les sièges en cercle et chargea l'archevêque de Reims de les ranger. Quand tout fut disposé, le Pape, revêtu des habits pontificaux, précédé de la croix et de l'Evangile, sortit de l'oratoire de la Trinité et alla prier devant l'autel, où l'on chanta l'antienne *Exaucez-nous, Seigneur*, avec un psaume, et l'archevêque de Trèves récita les litanies. Le diacre avertit l'assemblée de prier, et le Pape récita une oraison convenable aux circonstances.

Ensuite on lut l'Evangile : *Jésus dit à Simon-Pierre : Si ton frère a péché contre toi*, et le reste. Après quoi chacun prit sa place. Le Pape était au milieu du chœur, la face tournée vers le tombeau de saint Remi, ayant à sa droite l'archevêque de Reims, et à sa gauche l'archevêque de Trèves. Après l'archevêque de Reims, à l'orient, étaient placés Berald, évêque de Soissons, Drogon de Térouanne, Froland de Senlis, Adalbéron de Metz; au midi étaient Hélinard, archevêque de Lyon, Hugues, évêque de Langres, Josfroi de Coutances, Yves de Séez, Herbert de Lisieux, Hugues de Bayeux, Hugues d'Avranches, Théodoric de Verdun; au septentrion étaient Hugues, archevêque de Besançon, Hugues, évêque de Nevers, Eusèbe d'Angers, Pudic de Nantes, un évêque anglais envoyé au concile, et Jean, évêque de Porto. Les abbés étaient assis derrière les évêques. L'évêque anglais était Budoc de Bath, que le saint roi Edouard avait député au concile avec quelques abbés.

Pierre, diacre de l'Eglise romaine, ayant fait faire silence de la part du Pape, se leva, et, ayant parlé sur les abus qui déshonoraient l'Eglise de France, il proposa les articles sur lesquels on délibérerait dans le concile, savoir : de la simonie, sur ce que les laïques possédaient des charges ecclésiastiques et même des autels; des redevances injustes qu'on exigeait dans les parvis des églises; des mariages incestueux ou adultérins; des moines ou des clercs apostats; des clercs qui s'engageaient dans les affaires mondaines; du crime de Sodome et de quelques autres désordres qui prenaient racine dans les Gaules, et il exhorta les Pères du concile d'aider le Pape à arracher cette ivraie qui perdait la moisson.

Ensuite le même diacre, adressant la parole aux évêques, il leur ordonna, par l'autorité apostolique et sous peine d'anathème, que, si quelqu'un d'eux avait été promu aux ordres sacrés par simonie, ou les avait donnés aux autres pour de l'argent, il eût à en faire sa confession publique. L'archevêque de Trèves se leva le premier et dit qu'il n'avait ni donné ni promis aucune chose pour obtenir l'épiscopat, et qu'il ne l'avait jamais vendu. Les archevêques de Lyon et de Besançon firent la même protestation. Comme celui de Reims gardait le silence, le diacre Pierre l'interpella et lui demanda ce qu'il avait à répondre. L'archevêque, embarrassé, demanda du temps jusqu'au lendemain et dit qu'il voulait parler au Pape en particulier. Les autres évêques se purgèrent du soupçon de simonie, excepté quatre, savoir : Hugues de Langres, Hugues de Nevers, Josfroi de Coutances et Pudic de Nantes. On remit à examiner leur cause.

On exigea ensuite la même déclaration des abbés. Hérimaire, abbé de Saint-Remi, parla le premier et se justifia. Hugues, abbé de Cluny, qui parla le second, dit : Je n'ai rien donné et je n'ai rien promis pour obtenir la dignité d'abbé. La chair le voulait bien, mais l'esprit et la raison s'y sont opposés. On peut remarquer ici l'humilité de ce saint abbé, qui, en reconnaissant qu'il n'avait rien donné pour obtenir sa charge, semble avouer qu'il avait été tenté de le faire. Nous savons d'ailleurs qu'il fit au concile une belle harangue, pour montrer qu'il fallait chasser du sanctuaire les ecclésiastiques simoniaques ou fornicateurs. Il y eut quelques abbés qui, en s'avouant coupables, tâchèrent de s'excuser. D'autres aimèrent mieux garder le silence que de se déclarer simoniaques; mais ce silence même était un aveu suffisant.

Quant tous les abbés eurent parlé ou refusé de le faire, l'évêque de Langres se leva et se plaignit au concile d'Arnold, abbé de Pontière, dans son diocèse. Il l'accusa de mener une vie scandaleuse et débauchée, d'avoir refusé de payer à saint Pierre et à son vicaire le cens annuel qu'il devait, et de ce qu'ayant été excommunié pour ce sujet, il avait continué de célébrer la messe, et avait encore l'audace de se trouver au concile. Arnold, n'ayant pu se justifier sur des accusations si graves, fut déposé. Ensuite on dénonça, sous peine d'anathème, que si quelqu'un soutenait qu'un autre que le Pape fût le primat de l'Église universelle, il eût à le déclarer. Tous se turent, et on lut les autorités des Pères qui démontrent que le seul Pontife romain est le primat de l'Église universelle et l'Apostolique. Enfin le Pape défendit, sous peine d'excommunication, que personne ne se retirât sans permission avant la fin du troisième jour du concile, et, comme la nuit approchait, il congédia l'assemblée.

Le lendemain, 4 octobre, Vidon, archevêque de Reims, fit secrètement sa confession au Pape dans l'oratoire de la Trinité, avant la séance. L'ouverture en fut faite par les prières accoutumées, et on lut l'Évangile : *Tout bon arbre produit de bon fruit.* Le diacre Pierre, qui faisait les fonctions de promoteur du concile, somma l'archevêque de Reims de répondre sur l'accusation de simonie et sur plusieurs autres articles. L'archevêque demanda qu'il fût permis de consulter; ce qui lui ayant été accordé, il tira à part l'archevêque de Besançon, et les évêques de Soissons, d'Angers, de Nevers, de Senlis et de Térouanne, il délibéra quelque temps avec eux. Étant revenu au concile, il obtint du Pape que l'évêque de Senlis parlât pour sa défense. L'évêque de Senlis fit un discours où il s'efforça de prouver que l'archevêque de Reims n'était pas coupable de simonie. Le Pape dit que l'archevêque n'avait qu'à l'assurer avec serment; qu'on l'en croirait. Mais l'archevêque demanda du temps pour pouvoir se justifier pleinement, et on lui ordonna de comparaître au concile qui devait se tenir à Rome au mois d'avril suivant. Apparemment qu'il s'y justifia; car il mourut archevêque de Reims l'an 1055.

L'archevêque de Lyon proposa ensuite les plaintes que les clercs de Tours venaient de faire au concile contre le prétendu archevêque de Dol, qui s'était soustrait à la métropole de Tours avec sept suffragants. Aussitôt l'évêque de Dol fut cité, au nom du Pape, au concile qui devait se tenir à Rome au mois d'avril suivant.

Après qu'on eût opiné sur cette affaire, le promoteur du concile parla contre l'évêque de Langres, qui était présent. Il l'accusa de simonie, de rapt, d'adultère, de sodomie, et dit qu'il avait des témoins de ces crimes, prêts à déposer. Un clerc, qui était présent, assura que, lui étant encore laïque, l'évêque lui avait enlevé sa femme, et qu'après avoir satisfait sa passion, il l'avait faite religieuse. Un prêtre dit que cet évêque l'avait fait prendre et tourmenter cruellement aux endroits que la pudeur empêche de nommer, et qu'il avait extorqué de lui une somme d'argent pour le relâcher. Sur des accusations si atroces, l'évêque de Langres demanda permission de consulter : l'ayant obtenue, il tira à part l'archevêque de Lyon et celui de Besançon, et les pria d'être ses avocats. L'archevêque de Besançon commença donc à parler pour sa défense; mais saint Remi, en présence duquel se tenait ce concile, fit le même miracle qu'il avait opéré autrefois en rendant muet un évêque arien dans un concile; car la voix manqua tout à coup à l'archevêque de Besançon : ce que voyant l'archevêque de Lyon, il dit que l'évêque de Langres se reconnaissait coupable d'avoir vendu les ordres sacrés, mais qu'il niait les autres crimes dont on l'accusait. Comme il se faisait tard, le Pape remit le jugement au lendemain.

Parmi les prières qu'on fit pour l'ouverture de la troisième session, on chanta le *Veni Creator.* C'est la première fois qu'il est fait mention de cette hymne. L'auteur de la *Vie de saint Hugues* assure que ce fut ce saint abbé qui ordonna le premier qu'on la chantât à tierce le jour de la Pentecôte. Après le *Veni Creator*, un diacre lut l'Évangile : *Je suis le bon pasteur.* Le diacre Pierre proposa de commencer la séance par l'affaire de l'évêque de Langres; mais il était absent, et le diacre l'appela par trois fois à haute voix de la part de Dieu, de la part de saint Pierre et de la part du Pape : après quoi on députa à son logis les évêques d'Angers et de Senlis, pour le sommer de se rendre au concile.

Pendant qu'ils y étaient allés, on pressa ceux qui ne s'étaient pas encore purgés de l'accusation de simonie, de le faire incessamment ou de se reconnaître coupables. L'évêque de Nevers confessa que ses parents, à son insu, avaient donné de grandes sommes d'argent pour lui obtenir l'épiscopat, et que, depuis qu'il était évêque, il avait commis bien des fautes qui lui donnaient lieu de craindre la justice de Dieu : qu'ainsi, si le Pape et le concile le trouvaient bon, il aimait mieux donner sa démission que de perdre son âme. En disant cela, il jeta son bâton pastoral aux pieds du Pape. Le Pape, touché des sentiments de componction de ce prélat, l'obligea seulement de jurer que l'argent dont on avait acheté pour lui l'épiscopat avait été donné à son insu. L'évêque le jura, et le Pape lui rendit son évêché en lui donnant un autre bâton pastoral.

Les deux évêques qui avaient été députés au logis de l'évêque de Langres rapportèrent que ce prélat avait pris la fuite, sa conscience lui faisait craindre le châtiment de ses crimes. C'est pourquoi, après qu'on eût fait lecture des canons sur ce sujet, il fut excommunié par le concile. Alors l'archevêque de Besançon confessa le miracle qui s'était opéré en lui le jour précédent, lorsqu'il perdit tout d'un coup la parole en voulant défendre une si mauvaise cause. Le Pape ne put retenir ses larmes. Il s'écria : *Saint Remi vit encore!* Et, se levant à l'instant avec tout le concile, il alla se prosterner en prières devant le tombeau de ce saint, en l'honneur duquel on chanta une antienne.

Ce miracle effraya les prélats coupables et les obligea de parler. Josfroi, évêque de Coutances, dit que son frère avait acheté pour lui l'épiscopat à son insu ; qu'en ayant eu connaissance, il avait d'abord refusé de se faire ordonner, mais que son frère lui avait fait violence, et l'avait fait ordonner malgré lui. On lui en fit faire serment, et on le déclara purgé de simonie. Il mourut peu de temps après ; car, dès l'année suivante, nous trouvons un autre évêque de Coutances. Pudic, évêque de Nantes, dit qu'on lui avait donné son évêché du vivant de son père, qui était évêque de la même ville ; et il confessa qu'après la mort de son père il avait donné de l'argent pour être maintenu dans son siège. Le concile le condamna sur son aveu. On lui ôta l'anneau et le bâton pastoral, et on le déposa de l'épiscopat ; mais, par indulgence, on lui laissa les fonctions de la prêtrise.

Ces affaires étant ainsi terminées, le Pape avertit les archevêques que, s'ils connaissaient que quelqu'un de leurs suffragants fût simoniaque, ils eussent à le déclarer sans crainte. Ils répondirent qu'ils n'en connaissaient point. Ainsi l'on proposa de délibérer sur les évêques qui, ne s'étant pas rendus au concile, n'avaient pas envoyé d'excuse. On lança contre eux la sentence d'excommunication, aussi bien que contre ceux qui, craignant l'arrivée du Pape, étaient partis pour l'expédition militaire indiquée par le roi. Gelduin, archevêque de Sens, fut excommunié nommément avec les évêques d'Amiens et de Beauvais, et l'abbé de Saint-Médard de Soissons, qui s'était retiré du concile sans permission. On excommunia pareillement l'archevêque de Compostelle, parce que, sans doute à cause de l'apôtre saint Jacques, il prenait la qualité d'*apostolique* réservée au Pape.

Ensuite on fit douze canons très-courts, pour renouveler les décrets des Pères, méprisés depuis longtemps, et pour condamner, sous peine d'anathème, plusieurs abus qui avaient cours dans l'Eglise gallicane. « Nul ne sera promu au gouvernement ecclésiastique sans l'élection du clergé et du peuple. Nul ne vendra ni n'achètera les ordres sacrés, les ministères ecclésiastiques ou les autels. Si un clerc en achète, il les remettra à l'évêque avec une digne satisfaction. Aucun laïque ne tiendra de ministère ecclésiastique ni d'autel ; aucun évêque n'y consentira. Personne n'aura la présomption de rien exiger comme coutume dans les parvis des églises, hors l'évêque et son ministre. Personne n'exigera rien pour la sépulture, le baptême, l'eucharistie ou la visite des malades. Aucun clerc ne portera les armes militaires, ni ne servira dans la milice du siècle. Aucun clerc ni aucun laïque n'exercera d'usures. Aucun clerc ni moine n'apostasiera de son grade. Nul n'aura l'audace de faire violence aux clercs des ordres sacrés quand ils voyagent. Nul ne vexera les pauvres par des rapines ou des captures. Nul ne se liera par des conjonctions incestueuses. Nul n'abandonnera sa légitime épouse pour en prendre une autre. »

Et parce qu'il s'élevait de nouveaux hérétiques dans les Gaules, le concile les excommunia avec ceux qui recevraient d'eux quelques services, ou qui leur donneraient protection. Il excommunia quelques seigneurs laïques en particulier, savoir : les comtes Engelrai et Eustache, pour inceste ; et Hugues de Braine, qui, ayant quitté sa femme légitime, en avait épousé une autre. Il défendit à Baudouin, comte de Flandres, de donner sa fille en mariage à Guillaume, duc de Normandie, et à ce duc de la recevoir, à cause de leur parenté. Il cita le comte Thibauld, parce qu'il avait quitté sa femme. Il cita Geoffroi, comte d'Anjou, au concile qui se tiendrait à Mayence, pour y être excommunié s'il ne relâchait Gervais, évêque du Mans, qu'il tenait en prison. Enfin il excommunia ceux dont le clergé de Compiègne avait fait sa plainte, et quiconque apporterait quelque empêchement à ceux qui retourneraient du concile, que le Pape congédia en donnant sa bénédiction (Labbe, t. IX).

Le lendemain, 6 octobre, il vint au chapitre des moines de Saint-Remi ; il leur demanda le concours de leurs prières, en leur accordant la sienne ; ils se prosternèrent pour la confession publique, il leur donna l'absolution, les embrassa tous l'un après l'autre et les bénit. Ensuite il assembla ce qui restait de prélats du concile, entra à l'église et fit célébrer la messe ; puis il alla prendre le corps de saint Remi sur l'autel, et, le portant sur ses épaules, le remit à sa place. Enfin, s'étant prosterné jusqu'à deux fois devant le tombeau, en versant beaucoup de larmes, il se mit en route, accompagné des religieux et d'une grande foule de peuple, qui chantaient des cantiques ; et il leur fit ses adieux à tous à l'entrée du monastère (*Ibid.*). En conséquence de cette quatrième translation de saint Remi, il ordonna, par une bulle adressée à tous les évêques du royaume de France, de célébrer la fête de ce saint le 1er octobre, comme nous faisons encore.

Dieu, qui avait autorisé la conduite du saint Pape par un miracle dans le concile même, la confirma par des faits semblables après le concile. Les deux hommes qui s'y étaient le plus opposés, Gebuin, évêque de Laon, et Hugues, seigneur de Braine, périrent tous deux dans l'année même d'une mort ignominieuse. Le premier, qui avait donné au roi le funeste conseil d'une expédition militaire, pour ne pas venir en la présence du Pape, périt hors de son diocèse, dans l'excommunication et abandonné de tout le monde. Le second, pour avoir menacé un ministre de Jésus-Christ de lui abattre la tête, eut lui-même la tête abattue d'un coup de sabre dans cette guerre (Labbe, t. IX).

Hugues, évêque de Langres, qui avait été accusé de tant de crimes au concile de Reims, et excommunié pour s'être enfui du concile, ne put se résoudre à porter le poids de cette excommunication. Il alla nu-pieds à Rome, confessa ses péchés au Pape et en reçut l'absolution. Il fit plus : il se présenta, l'an 1050, au concile de Latran, nu-pieds, les épaules découvertes et tenant dans ses mains des verges pour se frapper. Les Pères du concile furent attendris à ce spectacle, et l'on assure que le Pape le rétablit dans l'épiscopat, au cas que son Eglise ou quelque autre voulût bien le recevoir. Mais Hugues ne songea qu'à expier ses péchés; il se retira à Saint-Vannes de Verdun, dont Walleran, son frère, était abbé, y prit l'habit monastique et mourut quelque temps après dans de grands sentiments de pénitence. Il était habile, et, malgré les désordres dont il se rendit coupable, il avait du zèle contre les hérétiques.

Quant à Gelduin, archevêque de Sens, son peuple le chassa dès qu'il sut qu'il avait été excommunié, et donna son siége à Mainard, évêque de Troyes, qui, étant trésorier de l'Eglise de Sens, en avait été élu canoniquement archevêque après la mort de Léotheric, arrivée l'an 1033. Cependant Gelduin, à force de présents, l'avait supplanté, et Mainard avait été élu ensuite évêque de Troyes. Gilduin, se voyant chassé, écrivit au Pape pour se plaindre de ce qu'il avait été injustement excommunié et déposé. Le Pape l'appela à Rome avec Mainard, qui avait été mis en sa place contre les règles, et les déposa l'un et l'autre. Ensuite il rendit le siége de Sens à Mainard, qui fut reçu avec une grande joie du clergé et du peuple de cette métropole (*Chron. Pet. vit.*, t. II; *Spicil.*, p. 740).

On voit que, malgré l'inconséquence du roi Henri, malgré les intrigues de quelques seigneurs et de quelques évêques coupables, dont il est la dupe, les efforts du saint pape Léon au concile de Reims ne laissèrent pas d'avoir une puissante et salutaire influence dans toutes les Gaules pour la réformation du clergé. Cette influence dut s'étendre plus loin, particulièrement à l'Angleterre, dont le saint roi Edouard avait envoyé à Reims un évêque avec plusieurs abbés. Edouard était le second fils du roi Ethelred et d'Emma, sœur de Richard, duc de Normandie. L'an 1013, peu de temps après sa naissance, le roi, son père, l'envoya avec sa mère en Normandie, pour éviter les violences des Danois, et il y demeura pendant le règne de Canut le Grand, que sa mère épousa en secondes noces, et pendant les règnes de ses deux frères utérins Harold et Hardi-Canut. Harold fit mourir Alfred, l'aîné d'Edouard. Mais Hardi-Canut fit revenir Edouard de Normandie, le reçut avec l'amitié la plus sincère et lui donna un établissement de prince. A la mort de Hardi-Canut, arrivée l'an 1042, Edouard, son frère utérin, monta sur le trône et régna jusqu'en 1066.

La capacité et le règne de ce prince ont été appréciés d'une manière assez bizarre. Le protestant Larrey, dans son *Histoire d'Angleterre*, s'exprime avec une singulière naïveté, lorsque, après avoir qualifié perpétuellement ce roi d'imbécille, il nous dit : « Toute l'obligation que lui eut la nation anglaise, ce fut d'avoir régné avec douceur, diminué les impôts, dressé ou recueilli de bonnes lois, et introduit dans tout le royaume une vie tranquille et commode. » A coup sûr, bien des nations seraient fort aises d'être souvent gouvernées par de tels imbécilles, et de leur devoir pour toute obligation un règne doux, des impôts légers, de bonnes lois et une vie commode et tranquille. Mais pour un protestant tel que Larrey, saint Edouard a un tort irrémissible, c'est d'être catholique et surtout d'être saint. Le jugement de Fleury n'est guère moins curieux : « Edouard, dit-il, était un homme très-simple et qui avait plus de piété que de capacité pour le gouvernement ; mais on vit une protection particulière de Dieu sur lui, en ce que l'Angleterre fut tranquille pendant plus de vingt-trois ans qu'il régna, tant il était respecté des siens et craint des étrangers (Fleury, l. 50, n. 56). » Certes, tout le monde en conviendra, voilà une singulière incapacité de gouverner, qui, pendant un long règne, sait si bien se faire respecter au dedans et craindre au dehors, qu'elle maintient constamment la tranquillité dans le royaume, malgré les ferments de discorde qui s'y trouvaient encore.

Les trois derniers souverains étaient Danois, Edouard était Anglais et issu des anciens rois anglo-saxons ; l'Angleterre pouvait craindre une violente collision entre les deux races, une violente réaction de l'une contre l'autre. Il n'en fut rien : les deux nations continuèrent à ne former qu'un seul peuple. Les lois des anciens monarques anglais avaient été négligées sous la domination danoise ; Edouard les renouvela et les fit observer. Il y eut des famines et des maladies. Le cœur bienveillant d'Edouard compatissait aux misères de son peuple, et il saisissait avidement tous les moyens qui s'offraient pour détruire ou adoucir ces souffrances. Le danegheld ou tribut des Danois se payait depuis trente-huit ans, et formait une portion considérable du revenu royal. Le roi résolut, en 1051, de sacrifier ce revenu au soulagement de son peuple, qui reçut l'abolition de cet odieux impôt avec les démonstrations de la plus profonde gratitude. Dans une autre circonstance, ses nobles ayant levé une forte somme sur leurs vassaux, et, l'ayant prié d'accepter ce présent libre de ses sujets, il le refusa comme arraché au labeur du pauvre, et le fit restituer aux gens qui y avaient contribué.

« Enfin, conclut Lingard, si nous jugeons le caractère de ce monarque par le témoignage de l'affection populaire, il faut ranger Edouard parmi les meilleurs princes de son temps. Ses sujets admiraient la bonté de son cœur; ils déplorèrent sa mort par des larmes et un deuil sans égal, et transmirent sa mémoire à la postérité comme un objet d'éternelle vénération. Le bonheur de son règne est le thème constant de nos anciens écrivains, quoiqu'il ne déployât à la vérité aucune de ces qualités brillantes qui attirent l'admiration et amènent tous les maux. Il ne pouvait se glorifier des victoires qu'il avait remportées, ni des conquêtes qu'il avait achevées; mais il donna au monde le spectacle intéressant d'un roi qui néglige ses propres intérêts et se dévoue entièrement au bonheur de son peuple, et si ses travaux pour ramener le règne des lois, si sa vigilance à prévenir les aggressions étrangères, si sa constante sollicitude à apaiser les querelles de ses nobles, sollicitude qui fut enfin couronnée de succès, n'empêchèrent pas les malheurs subséquents, il assura du moins la tranquillité publique durant un demi-siècle en Angleterre. Il fut pieux, bon, compatissant, père du pauvre, protecteur du faible; aimant mieux donner que recevoir, et trouvant plus de charme à pardonner qu'à punir. Sous les princes qui l'avaient précédé, la force tenait lieu de justice, et l'avidité du souverain appauvrissait le peuple. Mais Edouard mit en vigueur les lois des princes saxons, et dédaigna les richesses arrachées au labeur de ses sujets. Tempéré dans sa nourriture, fuyant l'ostentation, n'aimant que les plaisirs de la chasse, il se contenta du domaine patrimonial de la couronne, et se trouva en état d'avancer que, malgré l'abolition du danegheld, source fructueuse de revenu, il possédait plus de richesses que n'en eut aucun de ses prédécesseurs. Le principe que le roi n'a jamais tort, lui était appliqué à la lettre par la reconnaissance du peuple, qui, s'il avait à se plaindre de quelque mesure du gouvernement, n'attribuait aucun blâme au monarque, et ne faisait aucun doute que les ministres n'eussent abusé de sa confiance ou trompé sa crédulité (Ling., t. I). »

Le plus puissant des seigneurs d'Angleterre était Godwin, fils d'un pâtre saxon, qui, ayant sauvé un chef danois pendant les guerres, parvint, sous les souverains danois, aux premières dignités du royaume. Canut le Grand lui fit épouser une de ses parentes. Il en eut cinq fils et une fille nommée Edith. Son fils aîné Harold fut quelque temps roi après Edouard. Edith était d'une grande beauté, instruite dans les lettres, pleine de piété, de modestie et de douceur. Je l'ai vue bien des fois dans mon enfance, dit un contemporain, lorsque j'allais voir mon père, employé au palais du roi. Si elle me rencontrait au retour de l'école, elle m'interrogeait sur ma grammaire, sur mes vers ou sur ma logique, où elle était fort habile, et, quand elle m'avait enlacé dans les filets de quelque argument subtil, elle ne manquait jamais de me faire donner trois ou quatre écus par sa suivante, et de m'envoyer rafraîchir à l'office. Edith était douce et bienveillante pour tout ce qui l'approchait; ceux qui n'aimaient pas, dans son père et son frère, leur caractère de fierté un peu sauvage, la louaient de ne pas leur ressembler; c'est ce qu'exprimait, d'une façon poétique, un vers latin fort à la mode dans ce temps : *Godwin a mis au monde Edith, comme l'épine produit la rose* (Ingulf. Croyl.).

Quand il monta sur le trône, Edouard n'était pas encore marié; il avait même fait vœu de continence. Les seigneurs le pressèrent de prendre une épouse; Godwin désirait que ce fût sa fille Edith. Edouard y consentit enfin, mais en apprenant à la pieuse Edith le vœu qu'il avait fait, auquel elle acquiesça de son côté. Ils vécurent ainsi tous deux vierges sur le trône, à l'exemple de l'empereur saint Henri et de l'impératrice sainte Cunégonde.

Edouard se trouva dans des situations fort délicates. La première année de son règne, dans une assemblée des évêques et des seigneurs, sa mère Emma fut accusée de plusieurs crimes, entre autres d'un mauvais commerce avec Alwin, évêque de Winchester; elle fut privée de ses biens et enfermée dans un monastère. Dans une seconde assemblée, on inclinait à quelque chose de plus rigoureux, quand Emma s'offrit d'elle-même à subir l'épreuve du grand jugement, en vieux saxon, *or-déal*. Le jour ayant été marqué, elle passa en prières la nuit précédente. Lorsque le moment fut arrivé, elle marcha nu-pieds et les yeux bandés, sans se brûler, sur neuf socs de charrue tout rouges, qu'on avait mis dans l'église de Saint-Swithin, à Winchester. Aussitôt le roi, se jetant à ses pieds, lui demanda pardon, voulut recevoir la discipline de la main des deux accusés, c'est-à-dire de l'évêque et de sa mère, et leur rendit ce qui leur avait été ôté.

Comme Edouard avait trouvé un généreux asile en Normandie, que sa mère Emma était une princesse normande et que le duc Guillaume de Normandie était son parent, les Normands étaient bien reçus à sa cour et dans son royaume. Ils y occupèrent des postes distingués et dans l'Etat et dans l'Eglise. Les seigneurs anglais, principalement Godwin et ses fils, en furent jaloux. La rivalité de ces deux partis occasionna quelques troubles, mais qui se terminèrent sans effusion de sang. Une première fois, les Normands l'emportèrent dans le grand conseil : Godwin et sa famille furent obligés de quitter le royaume. La reine Edith fut enveloppée dans leur disgrâce; le roi saisit ses terres, et l'on confia sa personne à la garde de la sœur d'Edouard, abbesse de Wherwell. Quelques écrivains affirment qu'elle fut traitée avec une grande sévérité; mais un historien contemporain nous assure qu'on la conduisit avec une pompe toute royale au monastère désigné pour sa résidence, et qu'on l'informa, de plus, que son exil n'était qu'une mesure de précaution temporaire (Ling., t. I). Quelque temps après, les Normands furent obligés de quitter l'Angleterre à leur tour, Godwin et ses fils revinrent, excepté l'un d'eux, nommé Swein, envers qui Edouard se montra inexorable, parce qu'il s'était rendu coupable de viol et de meurtre. Swein se voyant abandonné de sa famille même, se soumit à la discipline pénitentiaire de l'Eglise. Il se rendit à pied, sous l'habit de pèlerin, de Flandres en Palestine, visita les saints lieux avec des larmes de componction, et finit, à son retour, sa pénitence dans la province de Lycie en l'Asie Mineure (Malmesb., p. 46).

Mais la position la plus délicate d'Edouard était vis-à-vis de Godwin lui-même. C'était son beau-frère, le plus puissant seigneur du royaume; mais il était accusé, par le bruit public, du meurtre d'Alfred, le frère d'Edouard. Ce bruit le poursuivit jusqu'à l'heure de sa mort. Le lundi de Pâques 1053, pendant qu'il était à la table du roi, un des serviteurs, dit-on, versant à boire, posa un pied à faux, trébucha, mais se retint dans sa chute en appuyant l'autre jambe. « Eh bien! dit Godwin au roi, en souriant, le frère est venu au secours du frère. — Oui, reprit Edouard, regardant sévèrement le comte, et si Alfred vivait encore, il pourrait me secourir. — O roi! s'écria Godwin, d'où vient qu'au moindre souvenir de votre frère, vous me faites toujours mauvais visage? Si j'ai contribué, même indirectement, à son malheur, fasse le Dieu du ciel que je ne puisse avaler ce morceau de pain! » Godwin mit le pain dans sa bouche, disent les auteurs qui rapportent cette aventure, et sur-le-champ il s'étrangla. La vérité est que sa mort ne fut pas aussi prompte; le lundi de Pâques il tomba sans connaissance à la table du roi, fut emporté hors de la salle par deux de ses fils, et qu'il expira cinq jours après. En général, le récit de ces événements varie selon que l'écrivain est Normand ou Anglais. « Je vois toujours devant moi deux routes et deux versions opposées, dit un historien postérieur de moins d'un siècle, Guillaume de Malmesbury; que mes lecteurs soient avertis du péril où je me trouve moi-même (L. 2, p. 80). »

Le saint roi Edouard, voulant reconnaître la grâce que Dieu lui avait faite de l'avoir rétabli sur le trône de ses pères, fit vœu d'aller à Rome en pèlerinage, et prépara les frais du voyage et les offrandes qu'il devait faire aux saints apôtres. L'auteur de sa vie rapporte qu'il avait fait ce vœu dès son exil en Normandie, au cas que Dieu le rétablît sur le trône. Mais les seigneurs anglais, se souvenant des troubles passés, et craignant que son absence n'en causât de nouveaux, vu principalement qu'il n'avait point d'enfants, le prièrent instamment d'abandonner ce dessein, offrant de satisfaire à Dieu, pour son vœu, par des messes, des prières et des aumônes. Comme le roi ne se rendait point, on convint enfin d'envoyer, de part et d'autre, deux députés à Rome, savoir : Elred, évêque de Worchester et depuis archevêque de Cantorbéry, et Herman, évêque de Schirburn, avec deux abbés. Ces quatre députés devaient exposer au Pape le vœu du roi et l'opposition des seigneurs; et le roi promit de s'en tenir à la décision du chef de l'Eglise.

C'était saint Léon IX; et, quand les députés arrivèrent à Rome, ils le trouvèrent qui tenait un concile avec deux cent cinquante évêques, devant lesquels ils exposèrent le sujet de leur voyage; et le Pape, de l'avis du concile, écrivit au roi Edouard une lettre portant en substance : « Puisqu'il est certain que le Seigneur est proche de tous ceux qui l'invoquent sincèrement, en quelque lieu que ce soit, et que les saints apôtres, unis à leur chef, sont un même esprit et écoutent également les pieuses prières; comme il est certain, d'un autre côté, que l'Angleterre, dont vous comprimez les mouvements séditieux par le frein de la justice, serait en péril par votre absence, nous vous absolvons, par l'autorité de Dieu, des saints apôtres et du concile, du péché que vous craignez d'encourir à cause de votre vœu, et nous vous ordonnons, pour pénitence, de donner aux pauvres ce que vous aviez préparé pour les dépenses de ce voyage, et de fonder un monastère en l'honneur de saint Pierre, soit que vous en bâtissiez un nouveau, soit que vous en répariez un ancien. Nous confirmons dès à présent toutes les donations et tous les privilèges que vous lui accorderez, et nous voulons qu'il ne soit soumis à aucune puissance laïque que la puissance royale (Labbe, t. IX). »

En exécution de cette bulle, le roi Edouard résolut de rétablir l'ancien monastère de Saint-Pierre, près de Londres, fondé dès le commencement de la conversion des Anglais, mais alors presque détruit. On le nomma Westminster, c'est-à-dire *monastère de l'ouest*, à cause de sa situation. Pour cette œuvre, le roi mit à part la dîme de tout ce qu'il avait en or, en argent, en bétail, et de tous ses autres biens;

et, ayant fait abattre l'ancienne église, il en fit bâtir une nouvelle.

Un autre roi, plus éloigné encore, fit en personne le pèlerinage de Rome : c'était Macbeth, roi d'Ecosse. Il était monté sur le trône par le meurtre de son cousin Duncan. Bourrelé de remords, il chercha à expier son forfait. Il mit au nombre des lois de l'Etat plusieurs lois canoniques. Enfin, il fit en personne le voyage de Rome, en 1050, pour prier aux tombeaux des apôtres, et, en cette occasion, il répandit d'immenses aumônes parmi les pauvres de la ville (Marian. Scot., an 1050).

Suénon, surnommé *Magnus*, roi de Danemarck et de Suède, se soumit, la même année, à la décision du saint Pape touchant son mariage. Enflé de sa puissance et de sa prospérité, il épousa une de ses parentes, contrairement aux lois de l'Eglise. Adalbert, archevêque de Hambourg, lui en fit des reproches et le menaça de l'excommunication. Le roi, en fureur, menaça de ravager tout le diocèse de Hambourg. Toutefois, il céda aux lettres du Pape et renvoya sa parente (Adam Brem., l. 3, c. 12).

Le saint pape Léon IX, en partant de Reims, où il venait de tenir le concile en 1049, repassa en Allemagne, et, cette même année, célébra à Mayence le concile qu'il y avait indiqué. Il s'y trouva environ quarante évêques, à la tête desquels étaient cinq archevêques, saint Bardon de Mayence, Eberard de Trèves, Herman de Cologne, Adalbert de Hambourg et Engelhard de Magdebourg. L'empereur Henri y était présent avec les seigneurs du royaume. Sibicon, évêque de Spire, y fut accusé d'adultère et s'en purgea par l'examen du saint sacrifice; mais il se parjura, et depuis, la bouche lui demeura tournée par paralysie, ce qui fut regardé comme la punition de son parjure. En ce même concile, dont nous n'avons pas les actes, on défendit la simonie et le mariage des prêtres, et Adalbert, archevêque de Hambourg, étant de retour chez lui, pour faire mieux observer ce règlement, excommunia les concubines des prêtres et les chassa de la ville, voulant ôter même le scandale que leur vue pouvait donner.

Adalbert était un des plus estimés entre les prélats de son temps, chéri du Pape et de l'empereur, et on ne traitait aucune affaire publique sans son conseil. Jusque-là que l'empereur grec Constantin Monomaque et le roi de France Henri, envoyant des ambassadeurs à l'empereur d'Allemagne, écrivirent aussi à l'archevêque Adalbert, pour lui faire compliment sur les grandes choses que l'empereur, son maître, avait faites par ses conseils. Ce prélat, enflé de ces bons succès et principalement de la faveur du Pape et de l'empereur, conçut le dessein d'établir un patriarcat à Hambourg. La pensée lui en vint, premièrement de ce que le roi de Danemarck souhaita d'avoir un archevêché dans son royaume, et il l'obtint du Pape, pourvu que l'archevêque de Hambourg y consentît. Adalbert y avait répugnance; toutefois il le promit, à condition que le Pape accorderait à son église l'honneur du patriarcat. Il se proposait de soumettre à sa métropole douze évêchés, et les avait déjà désignés; mais la mort du pape Léon et celle de l'empereur Henri, qui la suivit de près, arrivèrent avant que l'on eût pu convenir des conditions; ainsi ces grands desseins demeurèrent sans exécution (Adam, l. 2, c. 31).

En Hongrie, saint Gérard, évêque de Chonad, avait souffert le martyre dès l'an 1047, avec deux autres évêques. Les Hongrois, toujours mécontents du roi Pierre, rappelèrent trois seigneurs fugitifs, André, Béla et Léventé, frères, de la famille de saint Etienne; mais quand ils furent arrivés, ils leur demandèrent opiniâtrément la permission de vivre en païens, suivant leurs anciennes coutumes, de tuer les évêques et les clercs, d'abattre les églises, et renoncer au christianisme et d'adorer les idoles. André et Léventé, car Béla n'était pas encore revenu, furent obligés de céder à la volonté du peuple, qui ne promettait de combattre contre le roi Pierre qu'à ces conditions. Un nommé Vatha fut le premier qui professa le paganisme, se rasant la tête, à la réserve de trois flocons de cheveux qu'il laissait pendre. Par ses exhortations, tout le peuple commença à sacrifier aux démons et à manger de la chair de cheval. Ils tuèrent les chrétiens, tant clercs que laïques, et brûlèrent plusieurs églises. Enfin, ils se révoltèrent ouvertement contre le roi Pierre, ils firent mourir honteusement tous les Allemands et les Latins qu'il avait disséminés par la Hongrie pour divers emplois, et envoyèrent dénoncer à Pierre que l'on ferait mourir les évêques avec leur clergé et ceux qui levaient les dîmes; que l'on rétablirait le paganisme et que la mémoire de Pierre périrait à jamais.

Ensuite André et Léventé s'avancèrent avec leurs troupes jusqu'à Pesth sur le Danube. Quatre évêques, Gérard, Beztrit, Buldi et Benetha, l'ayant appris, sortirent d'Albe pour aller au devant d'eux et les recevoir avec honneur. Etant arrivés à un lieu nommé Giod, ils entendirent la messe que Gérard célébra; mais, auparavant, il leur dit : « Sachez, mes frères, que nous souffrirons aujourd'hui le martyre, excepté l'évêque Benetha. » Il communia tous les assistants, puis ils se rendirent à Pesth, où Vatha et plusieurs païens les environnèrent, jetant sur eux une quantité de pierres. L'évêque Gérard, qui était sur son chariot, n'en fut point blessé et ne se défendait qu'en leur donnant sa bénédiction et faisant continuellement sur eux le signe de la croix. Les païens renversèrent le chariot et continuaient de lapider l'évêque tombé par terre. Il s'écria à haute voix : « Seigneur Jésus, ne leur imputez pas ce péché, ils ne savent ce qu'ils font. » Enfin, on lui perça le corps d'un coup de lance, dont il mourut. On tua aussi les deux évêques Beztrit et Buldi, avec un grand nombre de chrétiens; mais le duc André étant survenu, délivra de la mort l'évêque Benetha. Ainsi fut accomplie la prophétie de saint Gérard, que l'Eglise honore comme martyr, le jour de sa mort, le 24 septembre.

Le roi Pierre fut pris et aveuglé, et mourut de douleur peu de jours après; et le duc André fut couronné roi à Albe-Royale, la même année 1047, par trois évêques qui restaient après le massacre des chrétiens. Alors il ordonna à tous les Hongrois, sous peine de la vie, de quitter le paganisme, de revenir à la religion chrétienne et de vivre en tout suivant la loi que leur avait donnée le roi saint Etienne. Heureusement, Léventé mourut dans le même temps; car, s'il avait vécu davantage et fût devenu roi, on ne doute pas qu'il n'eût soutenu le paganisme (*Acta Sanct.*, 24 *sept.*). Le roi André fit bâtir un monastère en l'honneur de saint Aignan, en un lieu nommé Tyhon. Ainsi, la tempête qui devait déraciner le christianisme de la Hongrie ne fit que l'y affermir, et, depuis le règne d'André, la Hongrie est toujours demeurée chrétienne et catholique. Vers le même temps, le christianisme continuait à se maintenir et à s'étendre en Russie, sous le grand-duc Jaroslaf, dont le roi Casimir de Pologne venait d'épouser la sœur, et le roi Henri de France la seconde fille.

Le pape saint Léon IX ne manqua pas de tenir, à Rome, vers la mi-avril 1050, le concile qu'il avait indiqué l'année précédente, et dont il est fait mention dans celui de Reims. Ce concile de Rome, assemblé dans l'église de Latran, était composé du Pape, du patriarche de Grade, de sept archevêques, de quarante-sept évêques et de trente-cinq abbés. Il s'y trouvait, de France, les archevêques Halinard de Lyon, Léger de Vienne, et Hugues de Besançon; les évêques Adalbéron de Metz, Main de Rennes, Hugues de Nevers, Isembert de Poitiers, et Arnold de Saintes, avec plusieurs abbés, du nombre desquels étaient saint Hugues de Cluny, Waleran de Saint-Vannes, Gervin de Saint-Riquier, et Perenèse de Redon. Le Pape y avait cité plusieurs évêques ou abbés dont la cause n'avait pu être terminée au concile de Reims. Nous avons déjà vu quel en fut le résultat pour Hugues, évêque de Langres, et pour Gelduin, archevêque de Sens.

L'évêque de Dol, en Bretagne, et ses prétendus suffragants, ne comparurent pas au concile de Rome, où ils avaient été cités dans le concile de Reims, pour rendre raison du refus qu'ils faisaient de reconnaître l'archevêque de Tours en qualité de leur métropolitain. Ainsi le pape saint Léon les excommunia, et il notifia l'excommunication à Eudes, prince des Bretons; à Alain, comte de Cornouailles, et aux autres seigneurs bretons. « J'ai trouvé, dit le Pape, dans les écrits des anciens, que tous les évêques de votre province doivent être soumis à l'archevêque de Tours; et, dès les temps des papes Nicolas et Léon, on a porté contre eux des plaintes au Siége apostolique sur leur désobéissance, ce qui a obligé nos prédécesseurs de les excommunier. On nous a réitéré les mêmes plaintes au concile de Reims, et nous avons ordonné que votre archevêque comparût à notre concile de Rome avec ses suffragants, pour se justifier, tant sur cet article que sur la simonie dont lui et eux sont accusés; nous avons aussi ordonné que des envoyés de l'Eglise de Tours se trouvassent au même concile. Ils s'y sont rendus; mais ni vos évêques, ni leur chef n'y ont point paru. Ainsi, nous les excommunions tous par l'autorité de Dieu le Père, le Fils, et le Saint-Esprit, par celle de saint Pierre et par la nôtre, non-seulement pour leur désobéissance à l'église de Tours, mais encore pour crime de simonie; et nous vous mandons, très-chers fils, de vous séparer d'eux avec tous les fidèles. Que si votre archevêque et ses suffragants croient avoir des moyens de défenses contre l'archevêque de Tours et contre l'accusation de simonie, qu'ils se présentent au concile que nous tiendrons, Dieu aidant, à Verceil, le 1er septembre prochain. Nous y écouterons volontiers leurs raisons (Labbe, t. IX).

Le pape saint Léon IX canonisa, au concile de Latran, saint Gérard, un ses prédécesseurs dans le siége de Toul. Il marque, dans le décret qu'il en publia avec l'approbation du concile, qu'il ordonne que saint Gérard soit honoré le 23 avril, et qu'il se réserve l'honneur de lever de terre ses reliques.

Mais ce qu'il y eut de plus important dans les décisions de ce concile de Rome, ce fut la condamnation de Bérenger, qui avait commencé, quelques années auparavant, à dogmatiser en France contre la présence réelle de Jésus-Christ dans l'eucharistie. Les hérésies qui s'étaient élevées jusqu'alors n'avaient pas fait grand progrès en Occident. Leur patrie naturelle semblait être l'Orient, spécialement la partie grecque de Constantinople, qui devait y mettre le sceau par sa séparation d'avec Rome. Depuis le milieu du XIᵉ siècle, l'esprit de ténèbres voyant son empire assuré dans l'Orient par la grande hérésie de Mahomet et par le schisme de plus en plus formel des Grecs, transporta le fort de la guerre en Occident. A partir de cette époque jusqu'à nos jours, la révolte contre Dieu et son Eglise n'a cessé de se produire sous une forme ou sous une autre. Ses deux principales sources sont la convoitise et l'orgueil, la corruption du cœur et la corruption de l'esprit. De là, la simonie et l'incontinence dans les clercs; de là, chez certains princes temporels, la prétention de mettre leur caprice à la place de la loi divine interprétée par l'Eglise; de là, chez des esprits vifs, mais superficiels, inconstants, vaniteux, téméraires, la manie d'innover dans les doctrines anciennes, convoitise et orgueil qui poussent Bérenger, mais que Luther et Calvin finissent par ériger en principe, sous le nom de *réforme*; Voltaire et Rousseau, sous le nom de *philosophie*.

Une cause occasionnelle pour Bérenger de devenir novateur, ce fut l'impulsion vers les sciences et les lettres qui se fit sentir vers la fin du Xᵉ siècle et continua dans le XIᵉ. Les savants se voyaient honorés des rois et des pontifes, devenaient pontifes eux-mêmes, comme Fulbert de Chartres et le pape Silvestre II. De là une certaine émulation entre les diverses écoles des monastères et des cathédrales; de là, pour des esprits médiocres, mais vaniteux, la tentation de se jeter dans des opinions nouvelles pour se distinguer de la foule. Le bienheureux Fulbert de Chartres voyait ce péril et ne négligeait rien pour en préserver ses nombreux disciples. Parmi eux était Bérenger lui-même; mais il ne profita guère des salutaires avis de son maître. Fulbert ne l'ignorait pas; car, l'an 1028, étant au lit de la mort et apercevant Bérenger parmi ceux qui venaient le visiter, il fit signe qu'on le fît sortir, parce qu'il voyait, dit-il, un dragon auprès de lui.

Bérenger né à Tours, dans les premières années du XIᵉ siècle, d'une famille honnête, y fit ses études dans l'école de Saint-Martin. Vauthier, son oncle, était chantre de cette église : de Tours il alla à Chartres, où il étudia sous Fulbert, avec Adelman, depuis évêque de Bresse. Fulbert les exhortait à suivre exactement les traces des Pères sans s'en écarter. Bérenger, de retour dans sa patrie, fut reçu dans le chapitre de Saint-Martin du vivant du roi Robert; avant l'an 1031, on le chargea du soin de l'école, et il remplit successivement les fonctions de trésorier et de camérier. Il fut ensuite fait archidiacre d'Angers par Hubert de Vendôme, évêque de cette ville. Il souscrivit en cette qualité à l'acte de la consécration de cette église, par Thierri, évêque de Chartres, en 1040. Quoique archidiacre d'Angers, il continuait ses leçons à Tours, où il se faisait une grande réputation de savoir, passant pour très-éloquent, pour habile grammairien et excellent philosophe. Néanmoins tout le monde n'en pensait pas de même, et ceux qui l'examinaient de près, trouvaient que sa science était plus superficielle que solide; qu'il abusait des sophismes de la dialectique; qu'au lieu de répandre de la clarté sur les questions obscures, il embrouillait les choses les plus claires; qu'il affectait de nouvelles définitions de mots, une marche pompeuse, d'avoir une chaire plus élevée que les autres, de parler lentement et d'un ton plaintif, d'avoir la tête enfoncée dans son manteau, comme un homme toujours absorbé dans la méditation. Avec tous ces dehors, il captivait l'admiration des ignorants. Lui-même s'admirait encore plus que les autres, et se croyait bien supérieur à tous les autres savants.

Sa propre vanité commença à le démasquer et à le confondre. Un savant lombard venant à passer à Tours, Bérenger l'invita à une dispute ou conférence publique. Il espérait facilement vaincre l'étranger et en augmenter sa gloire. Le contraire arriva. Bérenger fut confondu et demeura court. Ses disciples, surpris de sa défaite, abandonnèrent son école et allèrent fréquenter celle de l'étranger.

Cet étranger venu d'Italie, se nommait Lanfranc. Il était né à Pavie, d'une famille de sénateurs, et son père était du nombre des conservateurs des lois de la ville. Lanfranc le perdit en bas âge; et, comme il devait lui succéder dans sa dignité, il alla à Bologne étudier l'éloquence et les lois. Son séjour en cette ville fut long; mais aussi il y fit de grands progrès. De retour à Pavie, il s'acquit une grande réputation dans le barreau, enseigna publiquement le droit civil et composa quelques traités sur cette matière. De Pavie, il passa en France, et, après sa dispute littéraire avec Bérenger, s'arrêta quelque temps à Avranches, où il fut suivi de plusieurs disciples de grande réputation, et ouvrit une école; mais, considérant combien il est vain de chercher l'estime des créatures, il résolut de chercher uniquement à plaire à Dieu, et voulut même éviter les lieux où il y avait des gens de lettres qui pourraient lui rendre honneur.

Cependant un jour, allant à Rouen, comme il passait sur le soir par une forêt au delà de la rivière de Risle, il rencontra des voleurs qui, lui ayant ôté tout ce qu'il avait, lui lièrent les mains derrière le dos, lui couvrirent les yeux du capuchon de son manteau, l'éloignèrent du chemin et le laissèrent attaché dans les broussailles épaisses. En cette extrémité, ne sachant que devenir, il déplorait son infortune. Quand la nuit fut venue, étant rentré en lui-même, il voulut chanter les louanges de Dieu et ne le put, parce qu'il ne l'avait point appris. Alors il dit : « Seigneur, j'ai tant employé de temps à l'étude, j'y ai usé mon corps et mon esprit, et je ne sais pas encore comment je dois vous prier. Délivrez-moi de ce péril; et, avec votre secours, je réglerai ma vie de telle sorte, que je puisse vous servir. » Au point du jour il entendit des voyageurs qui passaient, et se mit à crier pour leur demander du secours. D'abord ils eurent peur; puis, remarquant que c'était la voix d'un homme, ils s'approchèrent, et, ayant appris qui il était, ils le délièrent et le ramenèrent dans le chemin. Il les pria de lui indiquer le plus pauvre monastère qu'ils connussent dans le pays. Ils lui répondirent : « Nous n'en connaissons point de plus pauvre que celui qu'un certain homme de Dieu bâtit ici proche; » et, lui en ayant montré le chemin, ils se retirèrent.

C'était l'abbaye du Bec, commencée sept ans auparavant par le vénérable Herluin. Quand Lanfranc y arriva, il trouva ce bon abbé occupé à bâtir un four où il travaillait de ses mains. Après s'être salués, l'abbé lui demanda s'il était Lombard, le reconnaissant apparemment à son langage. « Oui, répondit Lanfranc, je le suis. — Que désirez-vous? dit Herluin. — Je veux être moine, répondit-il. » Alors l'abbé commanda à un moine nommé Roger, qui travaillait de son côté, de lui donner le livre de la règle, comme saint Benoît ordonne de la faire lire aux postulants. Lanfranc l'ayant lue tout entière, dit qu'avec l'aide de Dieu il observerait volontiers tout ce qu'elle contenait. Après quoi l'abbé, sachant qui il était et d'où il venait, lui accorda sa demande. Il se prosterna sur le visage, et baisa les pieds de l'abbé, dont il admira dès lors l'humilité et la gravité (*Acta Sanct.*, 28 *maii*; *Acta Bened.*, sec. 6, *pars* 2). Herluin était gentilhomme du pays. Son père, Ansgot, descendait des premiers Normands qui vinrent de Danemarck; sa mère, Héloïse, était parente des comtes de Flandre. Herluin fut élevé par Gislebert, comte de Brione, petit-fils du duc Richard Ier; qu'il, de tous les seigneurs de sa cour, c'était celui qu'il chérissait le plus, car il passait pour un des plus braves et des plus adroits aux armes, de toute la Normandie. Son mérite était connu du duc Robert et des princes étrangers. Il avait déjà trente-sept ans, et vivait dans l'état le plus agréable selon le monde, quand il commença à s'en dégoûter et à rentrer en lui-même. Il allait plus souvent à l'église, où il priait avec larmes et y passait quelquefois les nuits. Il venait plus rarement à la cour du comte de Brione; ce n'était plus la même application aux armes, la même propreté en ses habits : tout son extérieur était négligé. Souvent il jeûnait tout le jour, et, mangeant à la table du comte, il ne prenait que du pain et de l'eau. Il en vint jusqu'à ne vouloir plus monter à cheval, et à ne marcher que sur un âne. On s'en moquait et on le traitait d'insensé; mais il demeurait ferme en sa sainte résolution, et passa trois ans en cet état.

Un jour le comte Gislebert voulut lui donner, pour le duc Robert de Normandie, une commission qui devait tourner au préjudice d'un tiers. Herluin s'y refusa. Le comte, irrité, ravage ses terres; Herluin ne s'en émeut pas : le comte vexe les pauvres de ses domaines; Herluin vient le trouver et lui dit entre autres. « Emportez, si vous voulez, ce qui est à moi; mais rendez le leur aux pauvres qui n'ont mérité votre indignation par aucun crime. » Après de longs débats, le comte le prit à part et lui demanda confidemment ce qui l'avait rendu si rétif, après avoir été si dévoué. Herluin répondit, en versant des larmes abondantes : « En aimant le siècle et en vous obéissant, j'ai grandement négligé et Dieu et moi-même; uniquement appliqué à ce qui est du corps, je n'ai reçu nulle instruction pour l'âme. C'est pourquoi je vous prie, si jamais j'ai bien mérité de vous, permettez-moi de passer le reste de ma vie dans un monastère, sauf mon amour pour vous, et donnez à Dieu ce que j'ai eu jusqu'à présent. » Le comte, ému jusqu'au fond de l'âme, ne put l'entendre jusqu'au bout, et se sauva dans une chambre pour pleurer; il avait aimé Herluin jusqu'alors comme son vassal, il l'aima dès lors comme son seigneur; après l'avoir comblé d'honneur, il lui laissa la libre disposition de sa personne, de ses biens et de tous ceux de sa famille.

Aussitôt Herluin commença à bâtir un monastère dans une de ses terres nommée Borneville; et, non content de conduire l'ouvrage, il y travaillait de ses mains. Il creusait la terre, portait sur ses épaules les pierres, le sable et la chaux, maçonnait lui-même, et, en l'absence des autres, il amassait ce qui était nécessaire pour leur travail. Il jeûnait tous les jours et ne mangeait qu'à la fin de la journée, après avoir fini son ouvrage. C'était l'an 1034. Herluin avait quarante ans et ne savait pas encore lire, suivant l'usage de quelques nobles de ce temps-là. Il commença donc à apprendre les premiers éléments des lettres, et il fit tant de progrès, qu'il étonnait les plus savants par la manière dont il pénétrait et expliquait le sens des Ecritures. C'était un effet de la grâce divine, mais aussi de son application extraordinaire; car il employait aux études presque toute la nuit, pour ne rien perdre du travail de la journée.

Voulant apprendre la vie monastique, il alla à un certain monastère; et, après avoir fait sa prière, il s'approcha avec grand respect de la porte de la maison, comme si ç'eût été la porte du paradis; mais, voyant des moines bien éloignés de la gravité de leur profession, il en fut troublé et ne savait plus quel genre de vie il devait embrasser. Alors le portier, le voyant entrer plus avant et le prenant pour un voleur, le saisit par le cou de toute sa force et le tira hors la porte le tenant aux cheveux. Herluin souffrit cet affront sans dire une parole. A Noël, il alla à un autre monastère de plus grande réputation; mais il vit les moines, pendant la procession, saluer en riant les séculiers d'une manière indécente, montrer avec complaisance leurs beaux ornements, et s'empresser à qui entrerait le premier, jusque-là que l'un donna à celui qui le pressait un tel coup de poing qu'il le fit tomber à la renverse, tant les mœurs des Normands étaient encore barbares. Toutefois, la nuit suivante, étant demeuré pour prier en un coin de l'église, il vit avec grande consolation un moine qui, sans le voir, vint se mettre auprès de lui et demeura en prières jusqu'au jour, tantôt prosterné, tantôt à genoux.

Ne trouvant donc point de monastère à son gré, il revint à celui qu'il bâtissait, et en fit consacrer l'église par Herbert, évêque de Lisieux, qui en même temps lui donna l'habit monastique, et trois ans après, comme il avait déjà rassemblé plusieurs disciples, il l'ordonna prêtre et abbé. Herluin continua à montrer l'exemple du travail. Quand l'office était achevé à l'église, il marchait le premier aux champs, soit pour labourer, soit pour semer, soit pour porter du fumier ou le répandre, soit pour arracher des épines; tous travaillaient et revenaient à l'église à toutes les heures de l'office. Leur nourriture était du pain de seigle et des herbes cuites au sel et à l'eau; encore n'avaient-ils que de l'eau bourbeuse. La mère d'Herluin se donna aussi à Dieu et se retira près de lui pour laver les habits des moines et leur rendre toutes sortes de services.

Quelque temps après, Herluin quitta Borneville pour transférer son monastère à un lieu plus commode nommé le Bec, du nom d'un ruisseau qui y passe, et, en peu d'années, il y bâtit une église et des lieux réguliers. Mais comme les besoins du monastère l'obligeaient d'agir beaucoup en dehors, il lui fallait un homme capable de contenir les moines en dedans, et il était fort en peine de le trouver, quand Dieu lui envoya Lanfranc, l'an 1041, de la manière qu'on a vue. Herluin crut d'abord que ses prières avaient été exaucées, et ils se respectaient mutuellement. L'abbé admirait l'humilité d'un si savant homme, qui lui obéissait en tout avec une soumission parfaite. Lanfranc admirait la science spirituelle de ce laïque converti et élevé au sacerdoce depuis si peu de temps, et il reconnaissait que l'Esprit souffle où il veut. Herluin était d'ailleurs très-habile pour les affaires de dehors, pour les bâtiments, pour les soins de la subsistance, sans que cette application portât préjudice à son intérieur. Comme il savait très-bien les lois du pays, il soutenait parfaitement ses droits et était l'arbitre des différends entre les autres.

Lanfranc passa trois ans dans une entière solitude, s'instruisant des devoirs de la vie monastique et particulièrement des divins offices, suivant la promesse qu'il avait faite à Dieu quand il fut pris par des voleurs. Il parlait à peu de personnes et était peu connu, même dans le monastère. Mais ensuite le bruit de sa retraite se répandit, et la réputation qu'il avait déjà acquise rendit fameux le monastère du Bec et l'abbé Herluin. Les clercs y accouraient, les grands, les ducs même y envoyaient leurs enfants, les maîtres des écoles les plus fameuses venaient l'écouter, et, en sa considération, plusieurs seigneurs donnèrent des terres à l'abbaye. Il n'en était pas moins humble, et un jour, comme il lisait au réfectoire, le supérieur le reprit sur un mot qu'il avait bien prononcé, et il le prononça mal par obéissance. Il songea même à se retirer, voyant l'indocilité et la grossièreté des moines du Bec, dont quelques-uns, envieux de son mérite, craignaient de l'avoir pour supérieur. Il se proposait donc de vivre en ermite; mais l'abbé Herluin en fut averti par révélation, et le conjura tendrement de ne pas l'abandonner. Lanfranc se voyant découvert, lui demanda pardon, promit de ne le quitter jamais et de lui obéir en tout. Herluin le fit prieur, lui donnant toute l'intendance du monastère, et depuis ils vécurent toujours dans une parfaite union (*Act. Bened.*, sec. 6, *pars* 2).

Pendant ce temps-là, Bérenger, chagrin de se voir abandonné par une partie de ses disciples, essaya de se soutenir par des leçons sur l'Ecriture sainte, quoique jusque-là il ne l'eût point étudiée, s'étant appliqué entièrement aux arts libéraux. Mais en ne cherchant dans les livres saints qu'à satisfaire son orgueil, il n'y rencontra point la vérité que Dieu fait connaître à ceux qui la cherchent avec simplicité. Il se mit à combattre les mariages légitimes, le baptême des enfants et surtout la foi de l'Eglise touchant la présence réelle dans l'eucharistie. C'était vers l'an 1047. Il répandit d'abord ses erreurs à Tours; mais on ne fut pas longtemps sans en être informé dans les pays étrangers. Adalmann, son condisciple, lui écrivit que toute l'Allemagne en était scandalisée, de même que l'Italie, et on y disait hautement que Bérenger s'était séparé de la sainte Eglise catholique et de sa foi. « Vous avez, lui dit-il, des sentiments contraires à sa doctrine, croyant, comme vous faites, que l'eucharistie n'est pas le vrai Corps de Jésus-Christ, ni son vrai Sang, mais une similitude et une figure (*Biblioth. Pat.*, t. XVIII).

Adalmann se contenta d'exhorter Bérenger à faire cesser le scandale et à renoncer aux erreurs dont il était accusé. Mais Hugues, évêque de Langres, qui voyait le mal de plus près et qui le connaissait mieux, parce qu'il l'avait découvert dans un entretien avec Bérenger, se hâta d'y apporter du remède. On le regarde comme le premier qui ait combattu cette nouvelle hérésie. Son écrit est en forme de lettre et adressé à Bérenger même, qu'il traite avec honneur, l'appelant très-vénérable prêtre à certains égards, parce que l'Eglise n'avait pas encore prononcé contre. C'était donc avant le concile de Rome, en 1050, et même avant le concile de Reims, en 1049, où l'évêque Hugues fut excommunié par simonie, crime qu'il expia d'une manière si exemplaire l'année suivante.

Il commence son écrit par l'exposition du sentiment de Bérenger, en ces termes : « Vous dites que le Corps de Jésus-Christ est dans le sacrement de l'eucharistie de telle sorte, que la nature du pain et du vin n'y est point changée, et, après avoir dit que le Corps de Jésus-Christ y est, vous voulez qu'il n'y soit qu'intellectuellement. Vous scandalisez toute l'Eglise par cette erreur; car si la nature et l'essence du pain et du vin demeurent encore après la consécration par une existence réelle dans le sacrement, on ne peut comprendre qu'il y ait rien de changé dans la substance; et si ce qui y survient de nouveau n'y est que par la puissance de l'entendement, on ne saurait concevoir comment il se peut faire que le corps intellectuel de Jésus-Christ, qui ne subsiste pas réellement, est le même que son corps véritable qui a été crucifié. L'entendement n'est que l'examinateur des substances et n'en est pas l'auteur; il n'en est que le juge et non le créateur; et, quoiqu'il nous montre et nous représente les figures et les images des choses créées, il n'est pas néanmoins capable de produire aucun corps matériel. C'est pourquoi il est nécessaire, ou que vous fassiez changer le pain de nature, ou que vous n'ayez plus la hardiesse de dire que c'est le corps de Jésus-Christ. Or, comme vous ne comprenez point comment le Verbe a été fait homme, vous ne sauriez non plus comprendre comment ce pain est changé en chair et ce vin transformé en sang, si la foi de la toute-puissance de Dieu ne vous l'apprend. »

Il fait voir que, s'il n'y a rien dans l'eucharistie que ce qui se fait par la seule puissance de l'entendement, on pourra en dire autant du baptême et de tous les autres sacrements. Bérenger n'avait raisonné ainsi qu'en voulant mesurer ce mystère sur les principes et les lumières de la philosophie. C'est pourquoi Hugues lui conseille de s'en tenir aux lumières de la foi et à ce qui est écrit dans l'Ecriture et dans les Pères, nommément dans saint Ambroise et dans saint Augustin. Le premier dit nettement : « Le corps que nous consacrons est le même que celui qui est né de la Vierge. » Le second dit aux Juifs : « Que vous reste-t-il, sinon de croire, de recevoir le baptême et de boire le sang que vous avez répandu ? » Hugues ajoute que, « comme Dieu s'est formé un corps de la substance de la Vierge, par la même puissance qu'il avait formé du limon un corps à Adam, de même il forme, par la vertu secrète de sa divinité, son corps et son sang des fruits de la terre offerts selon les rites de l'Eglise catholique. » Entrant ensuite dans le motif de l'institution de l'eucharistie, il dit : « Comme le Verbe de Dieu était invisible dans sa chair et dans son humanité, encore qu'il se fût fait homme, ainsi cette même chair, étant devenue en quelque façon invisible, parce qu'elle repose maintenant et habite dans le Verbe, a été de nouveau cachée, par un conseil de miséricorde, sous les qualités du pain et du vin, comme un moyen nécessaire pour pouvoir être mangée par les hommes : ce qui ne cache pas toutefois la vérité de cette même chair de Jésus-Christ aux yeux fidèles et spirituels. » Mais ce n'est pas ainsi que Bérenger le voyait. « Je la vois, dit-il, avec d'autres yeux que le commun. — Je ne le croirais pas, dit Hugues en finissant, si je ne vous l'avais entendu dire dans l'entretien que nous avons eu ensemble (*Apud Lanfr., in Append.*). »

Lanfranc, alors prieur de l'abbaye du Bec, se déclara aussi contre Bérenger. Celui-ci l'ayant appris, lui écrivit une lettre qui ne lui fut pas rendue. Il disait dans cette lettre : « S'il est vrai, comme on me l'a rapporté, que vous teniez pour hérétiques les sentiments de Jean Scot sur le sacrement de l'autel, qui ne s'accordent pas avec ceux de votre favori Pascase, c'est une preuve que vous n'usez pas bien de l'esprit que Dieu vous a donné et qui n'est pas méprisable, et que vous n'avez pas encore assez étudié l'Ecriture sainte avec ceux que vous estimez les plus habiles. Et maintenant, quelque peu instruit que je sois, je voudrais vous entendre sur ce sujet, en présence de tels juges convenables ou de tels auditeurs que vous voudriez. En attendant, ne regardez pas avec mépris ce que je vous dis : « Si vous » tenez pour hérétique Jean, dont nous approuvons » les sentiments sur l'eucharistie, vous tenez pour » hérétiques saint Ambroise, saint Jérôme, saint Au» gustin, pour ne point parler des autres (Labbe, t. IX). »

Cette lettre étant tombée entre les mains de quelques clercs, ils soupçonnèrent Lanfranc d'être aussi dans l'erreur. L'un d'eux, qui était du diocèse de Reims, l'ayant portée à Rome, le pape Léon IX, à qui cette nouvelle hérésie avait été déférée, la fit lire dans le concile qu'il tint en cette ville l'an 1050, après Pâques. La doctrine de cette lettre ayant été trouvée contraire à celle de l'Eglise, on en condamna l'auteur, et on le priva de la communion. Lanfranc, qui avait suivi le Pape à Rome, était présent à ce concile. On lui ordonna de se justifier des mauvais soupçons que cette lettre avait occasionnés contre lui ; ce qu'il fit, non par des raisonnements, mais par l'exposition de ses sentiments, auxquels personne ne trouva rien à redire. Ensuite le Pape, ayant indiqué un concile à Verceil pour l'année suivante, retint Lanfranc auprès de lui jusqu'à ce temps-là. Bérenger y fut cité.

Ayant appris sa condamnation, il passa en Normandie. Ansfroi, abbé de Préaux, le reçut avec politesse ; mais ayant examiné avec soin sa doctrine, il la trouva erronée en plusieurs points. De là Bérenger alla chez Guillaume le Bâtard, duc de Normandie, dans le dessein de l'engager dans ses erreurs. Le duc, quoique jeune, ne se laissa pas surprendre ; mais il le retint jusqu'à ce qu'il allât à Brione, où il invita les plus habiles de toute la Normandie. Bérenger avait avec lui un clerc sur lequel il faisait beaucoup de fond. La conférence se tint. Bérenger et son clerc furent réduits au silence et à faire profession de la foi catholique. De Brione il vint à Chartres, où on lui proposa diverses questions sur l'eucharistie. Il ne voulut point y répondre de vive voix, et croyant qu'il réussirait mieux par écrit, il écrivit aux clercs de cette Eglise une lettre où, entre autres absurdités, il accusait d'hérésie l'Eglise romaine et le pape saint Léon qui la gouvernait.

Le concile de Verceil se tint au mois de septembre l'an 1050. Bérenger n'y vint point, quoique cité. On lut, par ordre du Pape, qui présidait à cette assemblée, le livre de Jean Scot sur l'eucharistie, que l'on trouva si pernicieux qu'il fut condamné et jeté au feu. Ensuite on examina la doctrine de Bérenger sur la même matière, et elle fut condamnée. Deux clercs, envoyés de sa part, se mirent en devoir de la défendre ; mais dès l'entrée de la dispute, ils furent confondus et arrêtés. Ainsi la foi de la sainte Eglise, dont Lanfranc prit la défense, du consentement de tout le concile, fut confirmée d'une voix unanime.

Le roi Henri de France, informé des mouvements que Bérenger se donnait pour établir son hérésie, et de ce qui s'était passé à Brione, indiqua, de l'avis des évêques et des seigneurs, un concile à Paris pour le 16 octobre de la même année 1050, avec ordre au novateur de s'y trouver. Le dessein de celui-ci, en y allant, était de passer par l'abbaye du Bec. Il en donna avis au moine Ascelin par une lettre où il lui dit : Qu'il n'avait résolu de traiter de l'eucharistie avec personne, jusqu'à ce qu'il eût répondu aux évêques qu'il allait trouver, c'est-à-dire ceux qui devaient s'assembler au concile de Paris, et que c'était la raison pour laquelle il ne s'était presque point expliqué sur cette matière dans la conférence de Brione, ni même sur la proposition que Guillaume, alors moine du Bec et depuis abbé de Cormeilles, avait avancée, savoir : que toute personne doit s'approcher, à Pâques, de la table sainte. Il ajoute que Guillaume l'accusait faussement de n'avoir osé nier, dans cette conférence, que Jean Scot fût hérétique ; que c'était démentir toutes les raisons de la nature, de la doctrine de l'Evangile et de l'apôtre, de croire ce que Pascase s'imaginait seul, que, dans le sacrement du Corps du Seigneur, la substance du pain se retire absolument. Il convient avoir dit que les paroles mêmes de la consécration prouvaient que la matière du pain ne se retire pas du sacrement, et il soutient que cette proposition est si claire, qu'un jeune écolier peut la prouver. A l'égard de Scot, il proteste qu'il ne l'a jamais condamnée, et prie Ascelin de ne pas se rendre faux témoin sur ce sujet.

Ascelin lui répondit : « J'ai reçu votre lettre avec joie, espérant bientôt votre correction ; mais, l'ayant lue, ma joie s'est tournée en tristesse. O Dieu! où est cette vivacité, cette sublimité, ce bon sens dont vous étiez si bien pourvu? puisque vous avez oublié, si vous ne feignez pas, ce qui s'est passé dans notre conférence. Je veux dire cette proposition de Guillaume : Que tout homme doit à Pâques s'approcher de la table du Seigneur. Car nous sommes témoins qu'il a dit seulement : Qu'on ne devait s'en approcher, à moins que l'on n'eût commis quelque crime qui obligeât à s'en éloigner; ce qui ne devait se faire que par l'ordre du confesseur, autrement c'est rendre inutiles les clés de l'Eglise. Quant à moi, j'ai soutenu que, moyennant la grâce de Dieu, je croirai toute ma vie, comme certain et indubitable, savoir, que le pain et le vin sur l'autel, par la vertu du Saint-Esprit et le ministère du prêtre, deviennent le vrai Corps et le vrai Sang de Jésus-Christ. Et je ne juge point inconsidérément de Jean Scot, puisque je vois qu'il ne tend qu'à me persuader que ce que l'on consacre sur l'autel n'est ni le vrai Corps ni le vrai Sang de Notre Seigneur. Vous dites que vous n'aviez pas lu son livre jusqu'à la fin, en quoi je ne puis assez admirer qu'un homme aussi sensé que vous loue ce qu'il ne connaît pas. Au reste, je crois, avec Pascase et les autres catholiques, que les fidèles reçoivent à l'autel le vrai Corps et le vrai Sang de Jésus-Christ, et je ne combats point, en cela, les raisons de la nature; car je n'appelle nature que la volonté de Dieu, qui est toute-puissante. »

Il lui soutient ensuite qu'il a été obligé d'abandonner Jean Scot sur un mauvais sens qu'il donnait à une oraison de saint Grégoire. Il lui reproche d'être d'un autre sentiment que l'Eglise universelle, et soutient que le chantre Arnulfe a eu raison de dire : « Laissez-nous croire comme nous avons été instruits. Il voulait, dit-il, vous détourner de changer ce chemin droit et battu que nous ont montré nos maîtres si saints, si sages et si catholiques. » Il finit en l'exhortant à abandonner ce livre, qui avait été condamné au concile de Verceil, qu'il nomme *concile plénier*, et à revenir à la tradition catholique (*Inter not. ad op. Lanfr.*, p. 84, etc.).

Théoduin, évêque de Liège, ayant appris que l'on devait tenir un concile à Paris sur l'affaire de Bérenger, écrivit aussi au roi Henri de France : « Le bruit s'est répandu au delà des Gaules et dans toute la Germanie que Brunon, évêque d'Angers, et Bérenger de Tours, renouvelant les anciennes hérésies, soutiennent que le Corps de Notre Seigneur n'est pas tant son Corps que l'ombre et la figure de son Corps; qu'ils détruisent les mariages légitimes et renversent, autant qu'il est en eux, le baptême des enfants. On dit que par le zèle que vous avez pour l'Eglise, vous avez convoqué un concile pour les convaincre publiquement et délivrer de cet opprobre votre illustre royaume; mais nous n'espérons pas qu'on puisse le faire, puisque Brunon est évêque, et qu'un évêque ne peut être condamné que par le Pape. C'est ce qui nous afflige sensiblement tous tant que nous sommes d'enfants de l'Eglise; car nous craignons que, si ces malheureux sont ouïs dans un concile où ils ne peuvent être punis, leur impunité ne produise un grand scandale.

» C'est pourquoi nous prions tous Votre Majesté de ne point les écouter, jusqu'à ce que vous ayez reçu du Saint-Siège le pouvoir de les condamner. Encore ne faudrait-il point les entendre : il ne faut songer qu'à les punir. On a dû écouter les hérétiques lorsque les questions n'avaient pas encore été bien examinées; maintenant, tout est si bien éclairci par les conciles et les écrits des Pères, qu'il ne reste rien de douteux. » Théoduin rapporte ensuite plusieurs passages des Pères contre les erreurs de Bérenger, et conclut ainsi : « Nous croyons donc que Brunon et Bérenger sont déjà anathématisés, et, par conséquent, vous n'avez qu'à délibérer avec vos évêques et les nôtres, avec l'empereur, votre ami, avec le Pape même, de la punition qu'ils méritent (Labbe, t. IX). »

Bérenger, au lieu de répondre à Adalmann, son condisciple, en des termes d'amitié et de reconnaissance, le prit d'un ton fort haut, sans aucun égard à ses remontrances charitables, et se déclara ouvertement pour les erreurs que cet ami avait essayé de lui faire abandonner. Paulin, primicier de Metz, lui avait aussi écrit à la prière d'Adalmann; mais sa lettre ne fit pas plus d'impression, comme on le voit par la réponse de Bérenger. Elle ne fut pas rendue à Paulin, mais interceptée par Isembert, évêque d'Orléans, qui la porta au concile de Paris.

Il se tint au jour marqué, c'est-à-dire le 16 octobre 1050. Le roi Henri y assista avec un grand nombre d'évêques, de clercs et de grands seigneurs. Bérenger n'osa y comparaître, quoiqu'il en eût reçu l'ordre. Il demeura à Angers avec l'évêque Brunon. Le concile assemblé, Isembert produisit la lettre de Bérenger au primicier de Metz, et demanda qu'on en fît lecture. Quoiqu'on l'écoutât avec grande attention, les évêques ne purent s'empêcher de l'interrompre plusieurs fois, tant ils avaient horreur des hérésies que cette lettre contenait. Elle fut condamnée avec son auteur et ses complices, ainsi que le livre de Jean Scot, qui était la source de ces erreurs. Le concile déclara de plus que, si Bérenger et ses sectateurs ne se rétractaient pas, toute l'armée de France, le clergé à la tête en habit ecclésiastique, irait les chercher où qu'ils fussent, jusqu'à ce qu'ils se soumissent à la foi catholique ou qu'on s'en fût saisi pour les punir de mort (Labbe, t. IX).

La même année que la nation française se prononçait avec cette ardeur belliqueuse pour la foi de ses pères, contre la nouveauté hérétique, un puissant roi d'Espagne assemblait les évêques et les seigneurs pour le bien de l'Eglise et du royaume. C'était Ferdinand Ier, dit le Grand, fils de Sanche III, roi de Navarre, qui monta sur le trône de Castille en 1035. Bermude, roi de Léon, dont il avait épousé la sœur, lui ayant déclaré la guerre en 1038, Ferdinand s'avança sous les murs de Carion pour le combattre, et remporta une victoire complète sur son beau-frère, qui perdit la vie à cette bataille. Ferdinand profite de la consternation générale, se présente à la tête de son armée devant la ville de Léon, qui le reconnaît pour roi, et devient, par la réunion des deux royaumes de Léon et de Castille, le plus puissant prince de l'Espagne. Après avoir affermi son autorité dans ses nouveaux Etats, il tourna ses armes contre les Maures ou Sarrasins, passa le Douro en 1042, prit Lamégo, Viseu, Coïmbre, et, poussant ses conquêtes jusqu'au milieu du Portugal, il fixa la rivière de Mandego pour servir de bornes aux deux Etats. Il emporta ensuite toutes les places qui restaient aux mahométans dans la vieille Castille, rendit les rois mahométans de Tolède et de Sarragosse ses tributaires, et força le roi mahométan de Séville à se reconnaître son vassal.

Donc Ferdinand, premier roi de Castille, fit tenir, l'an 1050, un concile à Coyac, dans le diocèse d'Oviédo, où assistèrent neuf évêques, savoir, ceux d'Oviédo, de Léon, d'Astorga, de Palencia, de Viseu, de Calahorra, de Pampelune, de Lugo et d'Iria. Il y avait aussi plusieurs abbés et tous les grands du royaume. La reine Sancha est nommée en tête de ce concile, avec le roi, son époux, parce que c'était elle qui était proprement reine de Léon.

On y fit treize canons, entre lesquels il y a quelques règlements pour le temporel; car c'était en même temps une assemblée nationale. Aussi ces canons sont-ils promulgués au nom du roi Ferdinand et de la reine Sancha. On y ordonne aux abbés et aux abbesses l'observation de la règle de saint Benoît, et la soumission aux évêques; on ordonne la résidence aux évêques et aux clercs. Toutes les églises et tous les clercs seront sous la puissance de l'évêque; les laïques n'auront aucun pouvoir sur les églises ni sur les clercs. Les églises seront entières et non divisées, avec les prêtres et les diacres, avec les livres de toute l'année et les ornements ecclésiastiques; en sorte que l'on ne sacrifie point avec un calice de bois ou de terre. Les vêtements du prêtre pour le sacrifice sont : l'amict, l'aube, la ceinture, l'étole, la chasuble, le manipule; ceux du diacre : l'amict, l'aube, la ceinture, l'étole, la dalmatique, le manipule. La table d'autel doit être de pierre et consacrée par les évêques. L'hostie doit être de froment, saine et entière. Le vin doit être pur, ainsi que l'eau; de sorte qu'entre le vin, l'hostie et l'eau il y ait une signification de la Trinité. L'autel doit être paré honnêtement et recouvert d'un linge propre; sous le calice et dessus, un corporal de lin propre et entier. Les prêtres et les diacres qui servent dans l'église ne porteront point les armes, ils auront toujours les couronnes patentes, se raseront la barbe, n'auront point de femme dans leur maison, si ce n'est leur mère, leur sœur, leur tante ou leur belle-mère. Ils auront le vêtement d'une seule couleur, et convenable. Les laïques mariés n'habiteront point dans le pourtour privilégié des églises et n'y posséderont aucun droit. Les clercs enseigneront les fils de l'église et les enfants, en sorte qu'ils sachent par cœur le Symbole et l'Oraison dominicale. Si un laïque viole ce décret, il sera anathème! Le prêtre ou le diacre qui le ferait paiera soixante pièces d'argent à l'évêque et sera privé de son grade. Tous les archidiacres et les prêtres, ainsi que les canons l'ordonnent, appelleront à la pénitence les adultères, les incestueux, les voleurs, les homicides et ceux qui se rendent coupables de maléfice ou de péché contre nature. S'ils ne veulent faire pénitence, on les séparera de l'Eglise et de la communion. Les archidiacres présenteront aux ordres, dans les quatre-temps, des clercs tels, qu'ils sachent parfaitement tout le psautier, les hymnes, les cantiques, les épîtres, les oraisons et les évangiles. Les prêtres n'iront point aux noces pour y manger, mais seulement pour y donner la bénédiction. Les clercs et les laïques qui viennent au repas d'un défunt, n'en mangeront pas le pain sans faire quelque chose de bien pour son âme; on y invitera cependant les pauvres et les débiles pour l'âme du défunt.

Tous les chrétiens, le samedi au soir, se rendront à l'église, entendront les matines du dimanche, la messe et toutes les heures, n'exerceront aucune œuvre servile, ne feront aucun voyage, si ce n'est pour prier, pour ensevelir les morts, visiter les malades, ou par ordre spécial du roi, ou à cause d'une incursion de Sarrasins. Nul chrétien ne demeurera dans une même maison avec les Juifs, ni ne mangera avec eux. Si quelqu'un viole cette constitution, il en fera pénitence pendant sept jours; s'il ne veut pas, et que ce soit une personne considérable, elle sera privée de la communion une année entière; une personne inférieure recevra cent coups de fouet.

Tous les comtes et les officiers du roi gouverneront selon la justice le peuple qui leur est soumis; ils n'opprimeront pas injustement les pauvres, ne recevront de témoignage en justice que de personnes présentes, qui ont vu ou entendu. Ceux qui sont convaincus de faux témoignage subiront le supplice des faux témoins, tel qu'il est marqué dans le livre des Juges. Dans la ville et la province de Léon, dans la Galice, les Asturies et le Portugal, on suivra toujours la jurisprudence décrétée par le roi Alphonse touchant l'homicide, la déprédation, les outrages et les calomnies. En Castille, elle sera la même que du temps de notre aïeul le duc Sanche. Un laps de trois ans ne prescrira pas les droits ecclésiastiques; mais chaque église pourra en tout temps récupérer et posséder ses droits, ainsi que l'ordonnent les canons et la loi gothique.

Les chrétiens jeûneront tous les vendredis, prendront leur repas à l'heure convenable et s'occuperont de leurs travaux. Quiconque, pour quelque faute que ce soit, se sera réfugié dans une église, nul ne sera assez osé pour le tirer de là par violence, ni de le poursuivre dans le pourtour privilégié, qui est de trente pas; mais, après lui avoir garanti la vie et l'intégrité du corps, on fera ce que la loi gothique ordonne. Quiconque fera autrement, il sera anathème et paiera à l'évêque mille sous d'argent très-pur.

En treizième lieu, mandons que ni grands ni petits ne méprisent le droit et le privilége du roi, mais qu'ils lui demeurent fidèles et respectent sa prérogative comme dans les jours du roi Alphonse. Les Castillans, dans la Castille, rendront au roi la même fidélité et le même service qu'ils ont fait au duc Sanche. Le roi, de son côté, leur fera la même vérité que leur fit ledit comte Sanche. Je confirme à tous les habitants de Léon tous les priviléges que leur a donnés le roi Alphonse, père de la reine Sancha, mon épouse. Quiconque violera notre présente constitution, roi, comte, vicomte, maire, officier, tant ecclésiastique que séculier, il sera excommunié, séparé du commerce des saints, condamné à la condamnation éternelle avec le diable et ses anges, et privé de sa dignité temporelle (Labbe, t. IX).

Ce dernier article est important pour bien connaître la constitution politique et le droit public de l'Espagne, et en général de toutes les nations chrétiennes au moyen-âge. On y voit un pacte social entre les provinces ou royaumes de Léon et de Castille d'un côté, et le roi Ferdinand de l'autre. S'il viole ce pacte, le roi même est sujet comme les autres, non-seulement à l'excommunication, mais encore à la privation de sa dignité. Voilà des choses qu'il faut savoir et ne pas oublier, si l'on veut apprécier avec justice les événements des siècles et des peuples chrétiens.

Après le concile de Verceil, le pape saint Léon repassa dans les Gaules. Il se rendit à Toul, où il fit, ainsi qu'il l'avait promis, l'élévation des reliques de saint Gérard, qu'il avait canonisé au concile de Rome, et dont le corps fut trouvé presque entier. La cérémonie commença le 21 octobre et fut achevée le jour suivant. Nous avons l'acte d'un privilége qu'il accorda, le jour même de cette translation, à Dodon, abbé de Saint-Mansuy. Il est daté de la seconde année de son pontificat et de la vingt-sixième de son épiscopat de Toul; car le Pape avait conservé jusqu'alors le titre d'évêque de Toul. Il quitta l'année suivante et nomma évêque de cette ville Udon ou Vidon, primicier de l'Eglise de Toul et chancelier du Saint-Siége, qu'il envoya à l'empereur pour avoir son agrément. Le Pape alla de Toul à Remiremont; où il fit la dédicace de l'église. C'est ce que nous apprend Lanfranc, qui y assista et qui était revenu en France avec le Pape. On assure que Léon canonisa alors solennellement les saints Romaric, Amé et Adelphe.

Le Pape se rendit ensuite en Allemagne et célébra, à Augsbourg, la fête de la Purification avec l'empereur. Il était né un fils à ce prince; il voulut que saint Hugues le baptisât, par estime pour la vertu de ce saint abbé de Cluny. Saint Hugues leva le jeune prince des fonts sacrés et le nomma Henri, comme son père. Le saint abbé célébra la fête de Pâques à Cologne, où les Allemands ne pouvaient se lasser d'admirer la douceur de sa conversation, les grâces de son visage et la gravité de ses mœurs dans un âge si peu avancé; car ce saint abbé n'avait pas encore trente ans. Le Pape lui donna en même temps une marque éclatante de l'estime singulière qu'il faisait de sa prudence et de sa dextérité dans le maniement des affaires. Il l'envoya en Hongrie pour pacifier les troubles de ce royaume et négocier, entre l'empereur et le roi André, la paix qui fut en effet conclue l'an 1052.

Une autre lumière de l'état monastique commençait à éclairer l'Auvergne; car ce fut cette même année 1052 que le saint pape Léon établit Robert abbé de la Chaise-Dieu. Robert était Auvergnat, fils du comte Gérauld, issu de la famille de saint Gérauld d'Aurillac. Il passa toute sa jeunesse dans une grande innocence; et, s'étant engagé dans le clergé, il fut chanoine de Saint-Julien de Brioude. On ne tarda pas à le promouvoir à la prêtrise, et cette dignité devint pour lui un pressant motif des plus sublimes vertus. Ses biens étaient ceux des pauvres; il se dépouillait même quelquefois de ses habits pour les revêtir, et, comme il voulait joindre à l'aumône les exercices de l'humanité, il bâtit un hôpital où il allait servir les malades et panser leurs plaies. Ces pratiques de dévotion ne suffisant pas encore pour satisfaire sa ferveur, il se retira secrètement au monastère de Cluny, mais ses amis ayant découvert le lieu de sa retraite, l'en tirèrent malgré lui. Il eut tant de chagrin de se voir ainsi rengagé dans le monde, qu'il en tomba malade.

Dès qu'il fut guéri, il fit un pèlerinage à Rome, et, au retour, il s'associa deux compagnons qu'il avait gagnés à Dieu et qui étaient des personnes de qualité. Robert se retira avec eux dans un lieu solitaire, auprès d'une ancienne église à demi-ruinée. Cet endroit appartenait à deux frères, chanoines du Puy. Il les pria de le lui céder; ce qu'il obtint sans peine, et l'un de ces deux frères, nommé Arbert, qui était abbé et chanoine, vint dans la suite se consacrer à Dieu sous sa conduite. Robert eut d'abord beaucoup à souffrir avec ses compagnons dans ce désert. Outre qu'ils manquaient de tout, les habitants des environs leur faisaient tous les jours des insultes. Mais les pieux solitaires triomphèrent de tous les obstacles et gagnèrent leurs ennemis par leur patience.

Leur réputation s'étendit bientôt dans toute la province, et un grand nombre de personnes qui vinrent en ce lieu pour vivre avec eux, fit prendre à Robert le dessein d'y bâtir un monastère. Il le proposa à Rencon, évêque de Clermont, qui l'approuva, et Robert alla demander au roi Henri son agrément et les priviléges nécessaires pour le nouvel établissement qu'il méditait. Le roi consentit à tout, aussi bien que le saint pape Léon IX, qui, en confirmant l'érection du monastère l'an 1052, y établit Robert premier abbé. Quelque répugnance que Robert eût à commander aux autres, il fut contraint d'accepter cette charge. Il n'avait encore l'habit monastique; il le reçut de Rencon, évêque d'Auvergne, et le saint abbé le donna ensuite à ses compagnons.

Le nouveau monastère fut nommé la *Chaise-Dieu* (*Casa Dei*), c'est-à-dire *la maison de Dieu*, et il devint en peu de temps très-florissant. Le saint abbé Robert y assembla jusqu'à trois cents moines. Cependant il ne borna pas tellement ses soins à cet établissement, qu'il ne s'appliquât aussi à d'autres bonnes œuvres. Il voyait avec douleur, dans l'Auvergne, un grand nombre d'églises qui tombaient en ruine; il entreprit, sans autre fonds que celui de la Providence, de les rétablir, et il en répara jusqu'à cinquante (*Act. Sanct.,* 17 *april.; Act. Bened., sec.* 6, *pars* 2).

Le pape saint Léon étant encore à Augsbourg en 1051, fit une prédiction remarquable. Il avait beaucoup à lutter contre les envahisseurs des biens de l'Eglise romaine, principalement contre Humfroi, archevêque de l'Eglise de Ravenne, enflé de l'esprit d'orgueil et de rébellion; plusieurs courtisans le favorisaient, envieux de la gloire du Pape. Le chef de la discorde était Nizon, évêque de Frisingue, que la puissance divine punit de la manière suivante : Envoyé en Italie pour y porter les réponses de l'empereur, il vint à Ravenne, et, en faveur de l'archevêque, dit des paroles insolentes contre le saint Pape, jusqu'à proférer ce blasphème en portant son doigt sur la gorge : « Je veux que cette gorge soit tranchée par le glaive, si je ne le fais pas déposer de l'honneur de l'apostolat ! » A l'instant même il fut saisi à la gorge d'une douleur intolérable, et mourut impénitent le troisième jour. L'archevêque de Ravenne, à cause de son incorrigible présomption, fut anathématisé par le saint Pape au concile de Verceil. Il fut donc mandé à Augsbourg par ordre de l'empereur, obligé de rendre ce qu'il avait injustement usurpé et de demander l'absolution. Comme il était donc prosterné aux pieds du saint et que tous les évêques présents intercédaient pour lui, le Pape dit : « Que Dieu lui donne l'absolution de tous ses péchés selon sa dévotion ! » L'archevêque se leva avec un ris moqueur, et le saint Pape, fondant en larmes, dit tout bas à ceux qui étaient proches : « Hélas ! ce misérable est mort ! » Et de fait, aussitôt il fut attaqué d'une maladie, et à peine arrivé à Ravenne, il perdit et la vie et la dignité dont il était si fier (*Vit. S. Leon.*, l. 2, c. 7).

L'année d'auparavant était mort d'une manière bien différente saint Alfier, fondateur et premier abbé du monastère de Cave. Il descendait d'une illustre famille de Salerne, dans le royaume de Naples. Il se fit remarquer dès sa jeunesse par la vivacité et la pénétration de son esprit, ainsi que par l'étendue de ses connaissances. Sa réputation précoce lui attira de bonne heure la confiance des princes de Salerne. Après plusieurs missions délicates dont il s'acquitta avec succès, il fut envoyé en qualité d'ambassadeur à la cour de France. Pendant qu'il se rendait à ce poste brillant, il tomba dangereusement malade, et fit vœu, s'il guérissait, d'entrer en religion. Peu après il recouvra la santé et se retira dans le monastère de Saint-Michel de Cluse, où il vit saint Odilon de Cluny, qui s'y arrêtait en passant et qui le décida à le suivre en France. Alfier se rendit donc avec cet homme vénérable au monastère de Cluny, où il prit l'habit et où il aurait probablement fini ses jours dans la piété et la retraite, si les princes de Salerne, qui voyaient avec peine un homme de son mérite abandonner tout à fait l'Italie, ne l'eussent pressé d'y revenir pour travailler à la réforme des maisons religieuses et rappeler les moines à l'austérité de leurs règles. Un motif aussi puissant toucha saint Alfier, qui retourna à Salerne et prit aussitôt la direction de toutes les maisons religieuses de cette ville. Mais désespérant bientôt du succès de son zèle et de ses efforts, tant le mal avait jeté de profondes racines, il se retira seul sur une haute montagne des Apennins, dans une petite cellule qu'il s'était fait construire au pied d'un rocher, résolu de ne vivre désormais que pour Dieu.

Cependant sa réputation de sainteté attira auprès de lui un grand nombre de disciples, qui venaient tous les jours le supplier de devenir leur guide dans la voie du salut. Parmi eux on remarquait saint Léon, qui succéda à Alfier dans le titre d'abbé de Cave, et Didier, fils du prince de Bénévent, qui fut depuis abbé du Mont-Cassin, cardinal et enfin pape, sous le nom de Victor III. Forcé de se rendre à leurs vœux, Alfier fit construire un monastère auprès de sa cellule, les y établit en communauté et les soumit à une règle sévère : telle fut l'origine de la célèbre abbaye de Cave, dont la renommée se répandit bientôt en toute l'Italie. L'affluence des chrétiens qui se présentaient chaque jour pour se mettre sous la conduite du saint homme devint si grande, qu'il fut obligé de fonder, dans plusieurs parties de la Calabre, des établissements dépendants de celui de Cave et assujétis à la même discipline ; il envoyait pour les diriger de pieux moines, qui avaient puisé dans la maison-mère l'esprit de régularité et de pénitence : Alfier avait la direction générale et l'inspection de tous ces monastères.

C'est ainsi que cet homme exemplaire, au milieu des travaux de son abbaye, livré aux pratiques de la piété, de la pénitence, de la mortification, des jeûnes et de fréquentes veilles, atteignit l'âge de cent vingt ans. Saint Alfier rendit son âme à Dieu le 12 avril 1050 ; il avait eu dès son vivant le don de prophétie et celui des miracles (*Acta Sanct.*, 12 *april.*).

On le voit, s'il y avait alors des maux dans l'Eglise, Dieu y suscitait aussi des hommes puissants en œuvre et en parole pour y porter remède. Dans leur nombre se distinguait saint Pierre Damien, que nous avons déjà appris à connaître. Vers l'an 1051, il consulta le pape saint Léon sur la conduite à tenir dans le tribunal de la pénitence à l'égard de certains clercs, qui s'accusaient de certaines fautes énormes ; s'il fallait leur interdire à tous les fonctions sacrées, comme l'ordonnaient les anciens canons, ou bien y mettre quelque différence. Le saint Pape lui répondit que, selon la sévérité des canons et les degrés de pénitence qu'il avait marqués, tous les clercs en question méritaient la déposition de tous les ordres ; toutefois, usant de clémence, il ne prononça la peine de déposition que contre les plus criminels.

Pendant le carême de l'an 1052, l'empereur Henri donna l'archevêché de Ravenne à Henri, auquel saint Pierre Damien adressa peu de temps après un opuscule intitulé *Gratissimus*, parce qu'il devait être très-agréable à ceux dont les ordinations étaient révoquées en doute. Le saint docteur y examine si on doit réordonner ceux qui ont été ordonnés par des évêques simoniaques. Cette question avait été agitée dans trois conciles de Rome ; mais elle était restée indécise jusqu'à de plus grands éclaircissements. Pierre soutient que ces sortes d'ordinations ne doivent point se réitérer, parce que l'évêque n'est que le ministre, et que c'est Jésus-Christ, source de toute grâce, qui consacre ; qu'il en est de l'ordination comme du baptême, qui ne se réitère point, quoique conféré par un mauvais ministre ; pourvu que l'ordination se fasse dans l'Eglise catholique et par un ministre qui professe la vraie foi, l'ordination est valide, cet évêque fût-il simoniaque ; que Balaam, quoique infecté de cette tache, ne laissa pas de prophétiser ; que Saül prophétisa aussi, quoique déjà réprouvé. Il ajoute qu'il y a trois sacrements principaux dans l'Eglise : le baptême, l'eucharistie et l'ordination des clercs ; que saint Augustin, dans ses *Commentaires sur saint Jean*, prouve le baptême ; et Pascase, dans son livre du *Corps du Seigneur*, que ces deux sacrements ne sont pas meilleurs pour être administrés par bons ministres, ni plus mauvais pour être consacrés par de méchants prêtres ; que, encore que l'on n'ait rien décidé jusque-là sur la validité de l'ordination par rapport au ministère, il faut en raisonner de même du baptême et de l'eucharistie, et suivant les principes établis par saint Augustin, savoir, que comme c'est Jésus-Christ qui baptise, qui consacre, c'est lui qui ordonne les prêtres et les évêques. Il rapporte divers exemples d'ordinations faites par de mauvais ministres, même par des simoniaques, et qu'on n'avait ni cassées ni réitérées, et le décret de saint Léon IX, qui se contenta d'imposer une pénitence de quarante jours à ceux qui avaient été ordonnés par des simoniaques, même gratuitement. Il loue l'empereur Henri de s'être opposé aux ordinations simoniaques, contre lesquelles il déclame lui-même avec force (Pet. Dam., *Opuscul.* 6).

Les pénitences effrayantes d'un ami de Pierre Damien étaient peut-être plus propres encore pour inspirer une grande horreur de la simonie : c'était Dominique, surnommé le *Cuirassé*, à cause d'une cuirasse de fer qu'il portait continuellement par pénitence. Comme il était déjà clerc, ses parents donnèrent à l'évêque quelque chose, c'était une peau de bouc, pour le faire ordonner prêtre; mais cette faute fut cause de sa conversion, car il en fut tellement effrayé, qu'il quitta le monde et se fit moine, puis ermite avec Pierre Damien en un lieu nommé Lucéole en Ombrie, sous la conduite d'un saint homme nommé Jean de Montefeltre, et parce qu'il avait été ordonné par simonie, il s'abstint toute sa vie du service de l'autel. Il garda la virginité et eut un attrait particulier pour les austérités corporelles.

Les ermites de Lucéole habitaient en dix-huit cellules, et leur règle était de ne boire point de vin, de n'user d'aucune graisse pour assaisonner leur nourriture, de ne manger rien de cuit, que le dimanche et le jeudi, de jeûner au pain et à l'eau les cinq autres jours, et de s'occuper continuellement de la prière et du travail des mains. Tout leur bien consistait en un cheval ou un âne pour apporter leur subsistance. Ils gardaient le silence toute la semaine et ne parlaient que le dimanche entre vêpres et complies. Dans leurs cellules, ils étaient nu-pieds et nu-jambes. Dominique se soumit, du consentement de son prieur, à la direction de Pierre Damien, et demeurait dans une cellule proche de la sienne, en sorte qu'il n'y avait que l'église entre eux. Il porta sur sa chair, pendant un grand nombre d'années, une chemise de mailles de fer, qu'il ne dépouillait que pour se donner la discipline; mais il ne passait guère de jour qu'il ne chantât deux psautiers en se frappant à deux mains avec des poignées de verges, encore était-ce dans le temps où il se relâchait le plus; car, pendant le carême ou lorsqu'il acquittait une pénitence pour quelqu'un, il disait au moins trois psautiers par jour, en se fustigeant ainsi. Souvent il disait deux psautiers de suite, se donnant continuellement la discipline et demeurant toujours debout, sans s'asseoir ni cesser un moment de se frapper.

Pierre Damien lui ayant demandé un jour s'il pouvait faire quelque génuflexion avec sa cuirasse, il répondit : Quand je me porte bien, je fais cent génuflexions à tous les quinze psaumes, c'est-à-dire mille pendant un psautier. Un soir il vint le trouver ayant le visage tout livide de coups de verges, et lui dit : « Mon maître, j'ai fait aujourd'hui ce que je ne me souviens point d'avoir encore fait; j'ai dit huit psautiers en un jour et une nuit. » Il est vrai que, pour dire plus vite le psautier, il avouait lui-même qu'il ne prononçait pas les psaumes entièrement et se contentait d'en repasser les paroles dans son esprit; mais il disait que pour réciter vite, il fallait être fort attentif. Il vécut quelque temps éloigné de son directeur, qui, s'étant ensuite informé de sa manière de vivre, apprit de lui qu'il vivait en homme charnel, et que les dimanches et les jeudis il relâchait son abstinence : « Quoi, dit Pierre Damien, mangez-vous des œufs ou du fromage ? — Non, dit-il. — Mangez-vous du poisson ou du fruit ? — Je les laisse aux malades. » Enfin il se trouva que ce relâchement consistait à manger du fenouil avec son pain, comme il est d'usage en Italie.

Ayant su que Pierre Damien avait écrit de lui, qu'il avait récité un jour neuf psautiers avec la discipline, il en fut lui-même étonné et voulut en faire encore l'expérience. Il se dépouilla donc un mercredi, et ayant pris des verges à ses deux mains, il ne cessa toute la nuit de réciter en se frappant; en sorte que le lendemain il avait dit douze psautiers et le treizième jusqu'au psaume trente et un. A son exemple, l'usage de la discipline s'établit tellement dans le pays, que non-seulement les hommes, mais les femmes nobles s'empressaient à se la donner. Et l'exemple de Dominique était fondé sur celui de saint Paul; car, lorsque l'apôtre dit : *Je châtie mon corps*, c'est, suivant la force de l'expression originale, comme s'il disait : Je meurtris mon corps, je le rends livide de coups. Dominique trouva un jour un écrit portant que si on disait quatre-vingts fois douze psaumes qui y étaient marqués, en tenant les bras levés en croix, on rachèterait un an de pénitence. Aussitôt il le mit en pratique et récitait tous les jours ces douze psaumes les bras en croix quatre-vingts fois de suite sans intervalle. En disant le psautier il ne se contentait pas des cent cinquante psaumes, il y ajoutait les cantiques, les hymnes, le symbole de saint Athanase et les litanies que l'on trouve encore à la fin des anciens psautiers.

Quelques années avant sa mort, ayant trouvé que les lanières de cuir étaient plus rudes que les verges, il s'accoutuma à s'en servir, et quand il sortait, il portait ce fouet sur lui, pour se donner la discipline partout où il couchait. Quand il n'était pas en lieu où il pût se dépouiller entièrement, il se frappait au moins sur les jambes, les cuisses, la tête et le cou; car, quoiqu'il allât nu-pieds, son habit ne lui venait qu'à mi-jambe, au lieu que ceux des autres ermites allaient jusqu'à terre pour les garantir du froid. Le jeûne et le poids de sa cotte de mailles lui avaient rendu la peau noire comme celle d'un nègre. Il portait de plus quatre cercles de fer, deux aux cuisses et deux aux jambes; et ensuite y en ajouta quatre autres. Cette affreuse pénitence ne l'empêcha pas d'arriver à une extrême vieillesse, et, à sa mort, on trouva qu'outre la chemise de mailles qu'il portait ordinairement, il en avait une autre étendue sous lui comme pour lui servir de drap. Il mourut en 1062, le 14 octobre, jour auquel l'Eglise honore sa mémoire. On l'enterra d'abord dans sa cellule, de peur que les moines du voisinage ne l'enlevassent; mais Pierre Damien le fit ensuite transférer honorablement dans le chapitre, et le corps se trouva entier, quoique ce fût le neuvième jour après sa mort (*Acta Sanct.*, 14 *oct.; Acta Bened., sec. 6, pars 2*).

Le pape saint Léon IX fit, l'an 1052, un troisième et dernier voyage en Allemagne, pour négocier la paix entre l'empereur et André, roi de Hongrie. Comme André n'avait pas voulu souscrire à toutes les conditions, l'empereur, irrité, assiégea Presbourg avec une puissante armée. Les assiégés, soutenus de Dieu qu'ils invoquaient dans leur détresse, se défendirent si bien, que l'empereur fit de vains efforts pour prendre la ville. Cependant le roi André avait imploré la médiation du Pape, promettant de payer à l'empereur le même tribut que ses prédécesseurs, pourvu que l'on pardonnât le passé. Le Pape étant arrivé à Presbourg, trouva l'empereur personnellement disposé à la paix; mais quelques courtisans, jaloux du crédit et des succès du saint Pontife, en détournèrent ce prince, qui, dans l'intervalle, fut obligé de lever le siége. Alors le roi André devint à son tour plus difficile; le Pape le menaça de l'excommunication et lui envoya saint Hugues, abbé de Cluny, qui conclut enfin la paix, mais à des conditions beaucoup moins avantageuses pour l'empire que les premières (Pagi, an 1052, n. 1 et 2; *Herm. Hildeb. Wib.*). On voit par ce fait, ainsi que par l'exemple de l'évêque Nizon de Frizingue et de l'archevêque Humfroi de Ravenne, qu'il fermentait parmi les évêques de Lombardie et d'Allemagne un esprit d'envie et d'opposition contre le saint Pape. La raison en était que le saint Pape voulait sérieusement la réforme du clergé, à commencer par les évêques. Tel fut le principe originel de cette longue guerre que feront aux Papes les empereurs allemands, méconnaissant complètement leur vocation providentielle.

L'Allemagne avait perdu son plus saint évêque, et le Pape un de ses plus intimes amis : c'était saint Bardon, archevêque de Mayence. Prêchant une fois à Paderborn, le jour de la Pentecôte, devant plusieurs évêques, il prédit sa mort. « Mes pères et mes frères, leur dit-il, je vais faire un voyage pour lequel je ne me suis pas assez préparé. Je suis sur le point de paraître devant mon Juge, et je ne sais que lui présenter pour l'apaiser. Je vous conjure de lui offrir pour moi vos prières, et si je vous ai prêché des vérités salutaires, soyez fidèles à mettre mes leçons en pratique, pour vous rendre dignes du royaume de Dieu; mais surtout ne vous affligez pas de ce que vous m'entendez pour la dernière fois. » Ces paroles tirèrent des larmes de ses auditeurs.

Sa prédiction ne tarda point à se vérifier. En retournant à Mayence, il fit une chute dont il fut dangereusement blessé. Il envoya aussitôt appeler un évêque de ses suffragants nommé Abellin, qui était alors à Fulde, et un de ses neveux nommé Bardon comme lui, qui était moine de cette abbaye. Aussitôt qu'ils furent arrivés, il dit à l'évêque : « Le jour de ma mort, que j'ai souvent souhaité et toujours craint, approche; mais il ne faut pas affliger mon peuple, et, quoique je sache certainement que je n'en reviendrai point, faites semblant de ne pas le savoir et administrez-moi au plus tôt l'extrême-onction. » Ensuite il se fit mettre à terre sur un cilice, et, pour consoler les assistants, il prit un visage riant et leur tint même quelques discours propres à les égayer; mais rien ne put charmer leur douleur. Un de ceux qui étaient présents lui dit : « Mon père, mettez votre espérance en Dieu, il ne vous abandonnera pas. — Et qu'ai-je fait jusqu'à présent, répondit-il, si je n'ai pas fait cela? Je suis son ouvrage, et il est mon espérance. » En même temps, levant les yeux au ciel, il dit : « Seigneur, proportionnez vos miséricordes à la vive confiance que j'ai en vous! » et, en prononçant ces paroles, il expira. C'était le 11 juin 1051 (*Acta Sanct.*, 11 *junii*).

Son successeur fut Liupold, prévôt de l'Eglise de Bamberg, qui ne lui fut pas tout à fait semblable. Le pape saint Léon et l'empereur Henri célébrèrent à Worms la fête de Noël l'an 1052. Le Pape dit la messe solennelle le jour de la fête, et le lendemain fit officier Liupold, parce que c'était dans sa province. Après la première oraison de la messe, un de ses diacres chanta une leçon; car c'était l'usage de quelques Eglises d'en chanter plusieurs aux fêtes solennelles. Mais comme cet usage était contraire à celui de Rome, quelques-uns des Romains qui étaient auprès du Pape lui persuadèrent d'envoyer défendre au diacre de chanter. Le diacre, qui était un jeune homme fier, refusa d'obéir, et, quoique le Pape le lui eût défendu une seconde fois, il n'en chanta pas moins haut la leçon jusqu'au bout. Quand elle fut achevée, le Pape le fit appeler et le dégrada pour sa désobéissance. L'archevêque de Mayence lui envoya redemander son diacre, le Pape le refusa, et l'archevêque prit patience pour lors; mais après l'évangile et l'offertoire, quand ce vint au sacrifice, l'archevêque s'assit dans son siége et protesta que ni lui ni autre n'achèverait cet office, si on ne lui rendait son diacre. Le Pape, voyant cela, céda à l'évêque et lui renvoya aussitôt son diacre revêtu de ses ornements, et le prélat continua l'office. En quoi, dit l'auteur original, on doit considérer la fermeté de l'évêque à soutenir sa dignité, et l'humilité du Pape, qui, bien que d'une dignité plus grande, pensait qu'il fallait céder au métropolitain dans sa province (*Abb. Ursp.*).

Sur quoi il est bon d'observer que cet auteur original est un écrivain schismatique. La réflexion par où il termine s'en ressent. Si le saint pape Léon crut devoir céder, ce fut pour éviter le trouble et le scandale dans un office public, et non pour autre cause. Car, dans toute l'Eglise catholique, le Pape est le *Pape*, c'est-à-dire *premier père et pasteur*, comme, dans tout le diocèse, l'évêque est l'évêque, c'est-à-dire le premier pasteur et père. Sans doute, les Romains auraient mieux fait d'attendre après la messe pour faire faire au Pape des remontrances sur l'usage antiromain de l'Eglise de Mayence; mais l'insolence du diacre et la persistance de l'archevêque n'en décèlent pas moins dans le clergé allemand un mauvais levain d'insubordination et de schisme dont nous verrons les funestes effets.

Se trouvant encore à Worms avec l'empereur, le Pape le pressa de nouveau de restituer au Saint-Siège l'abbaye de Fulde et quelques autres lieux qui, d'après le vœu des fondateurs, appartenaient à l'Eglise romaine. L'empereur n'y consentit que quand le Pape se montra disposé à faire un échange. Le Pape céda donc à l'empereur l'évêché de Bamberg et l'abbaye de Fulde, contre le duché de Bénévent et quelques autres lieux d'Italie. Toutefois Bamberg devait chaque année payer au Saint-Siége une haquenée ou bien douze livres d'argent. Mais pour défendre Bénévent contre les Normands d'Italie, l'empereur accorda au Pape quelques troupes allemandes, avec lesquelles celui-ci espérait mettre un terme aux déprédations des Normands dans la Pouille. Ces troupes se mettaient déjà en marche lorsque l'empereur, d'après les conseils de Guebhard, évêque d'Aichstædt, rappela ses chevaliers, en sorte qu'il n'en resta auprès du Pape qu'environ trois cents, la plupart de ses parents ou vassaux de ses parents. Il avait compté, par la vue seule d'une armée nombreuse, ramener les Normands à la raison sans aucune effusion de sang. Cette espérance était évanouie par la mesquinerie de l'empereur et de son conseil. Dans des occasions tout à fait semblables, Pepin et Charlemagne conduisaient eux-mêmes les Français au service de saint Pierre et à la défense de son Eglise. Jamais les empereurs allemands n'ont rien compris à cette magnanimité chrétienne de Pepin et de Charlemagne, lors même qu'il s'agissait d'un Pape de leur nation et de leur famille.

C'est dans ces circonstances que le pape saint Léon IX quitta le pays de ses pères, qu'il ne devait plus revoir, et s'en retourna en Italie par Padoue, où il eut quelque consolation. L'évêque de cette ville était Bernard, des comtes de Padoue, mais dont la piété l'emportait encore sur la naissance ; car il distribuait son patrimoine aux orphelins, aux veuves et aux pèlerins, restaurait les églises en ruine et en bâtissait de nouvelles, s'appliquant sans cesse à la prière, aux jeûnes et aux veilles. Ce pieux évêque eut une révélation sur les endroits où étaient enterrés les corps des saints Julien, Maxime, Félicité, et de plusieurs enfants innocents. Après un jeûne public de trois jours, terminé par une messe et une communion solennelle, il fit creuser dans l'église de Sainte-Justine, aux endroits indiqués, et trouva les corps des saints, avec les inscriptions respectives. Il s'y fit aussitôt un grand nombre de miracles, beaucoup de malades furent guéris, et les pèlerins y affluèrent bientôt de toute l'Italie. Ce fut même ce qui attira le saint pape Léon, qui fut reçu par l'évêque avec les plus grands honneurs. Ayant appris de lui tout ce qui s'était passé, il célébra la messe dans l'église de Sainte-Justine, vénéra les reliques des saints nouvellement retrouvées, et fixa leur fête au 2 août (*Act. Sanct.*, 2 *aug.*).

Il n'eut pas la même consolation à Mantoue. Y étant arrivé pour la Quinquagésime de l'an 1053, il voulut tenir un concile ; mais il fut troublé par la faction de quelques évêques, qui craignaient sa juste sévérité. Car leurs domestiques vinrent insulter ceux du Pape, qui se croyaient en sûreté, étant devant l'église où se tenait le concile, en sorte que le Pape fut obligé de se lever et de sortir devant la porte pour faire cesser le bruit. Mais sans respecter sa présence, ils s'opiniâtrèrent de plus en plus à poursuivre à main armée ses gens désarmés, et à les arracher de la porte de l'église où ils voulaient se sauver, en sorte que les flèches et les pierres volaient autour de la tête du Pape, et que quelques-uns furent blessés en voulant se cacher sous son manteau. On eut tant de peine à apaiser ce tumulte, qu'il fallut abandonner le concile ; et le lendemain, comme on devait examiner les auteurs de la sédition pour les juger sévèrement, le saint Pape leur pardonna, de peur qu'il ne parût agir par vengeance (*Vit. S. Leon.*; l. 2, c. 4, n. 21). Ces basses violences des évêques coupables montrent combien le mal était grand, et quels efforts prodigieux il fallait encore pour le déraciner.

Un autre événement attristait le saint Pape. En sortant de Rome, il y avait laissé, pour gouverner à sa place, le saint et savant archevêque de Lyon, Halinard, singulièrement chéri des Romains. Avec Halinard était venu l'ancien évêque de Langres, Hugues, dont nous avons déjà parlé, et qui, par son sincère repentir, obtint l'absolution du Pape. Hugues étant donc sur le point de quitter Rome pour retourner en France avec quelques autres, Halinard leur donna un repas d'adieu. On y servit un poisson qui avait été empoisonné par un faux ami d'Halinard et qui en voulait à sa vie. Tous ceux qui en mangèrent moururent, les uns dans les huit jours, les autres après une longue maladie. L'archevêque Halinard en mourut le 29 juillet 1052 ; il avait toujours souhaité mourir à Rome. Les nobles romains le firent enterrer à Saint-Paul avec grand honneur. Il laissa ses ornements et son argenterie à Saint-Bénigne de Dijon, dont il était abbé depuis vingt ans ; il donna aussi beaucoup de livres, et entre les sciences auxquelles il s'appliquait, il étudiait particulièrement la géométrie et la physique. Son successeur dans l'archevêché de Lyon, qu'il avait tenu sept ans, fut Philippe, premier du nom (*Act. Bened.*, sec. 6, *pars* 2).

Le pape saint Léon avait encore fait une autre perte bien sensible. Le puissant marquis Boniface de Toscane avait été tué le 7 mai 1052, près de Mantoue, dans le moment qu'il se préparait au pèlerinage de Jérusalem. Comme c'était pour le Pape un homme dévoué et de bon conseil, sa mort dut l'affliger beaucoup. Il laissait une veuve, Béatrix, avec des enfants en bas âge, entre lesquels était la comtesse Mathilde, si célèbre depuis par son héroïque dévouement à la cause de l'Eglise.

Au milieu de ces épreuves que lui ménageait la Providence, le saint Pape fut encouragé quelque peu par le succès des Pisans contre les Mahométans de Sardaigne. Dès la fin du Xe siècle, la république de Pise se distinguait par son énergie et sa puissance, et préludait aux grandes expéditions de la chrétienté contre le mahométisme. Dès 971, les Pisans firent une expédition contre les Sarrasins de Calabre. En 1002, les Sarrasins s'emparèrent de la Sardaigne, firent une descente sur le territoire de Pise et emmenèrent beaucoup de prisonniers. En 1005, la ville de Pise même tomba entre leurs mains. En 1006, les Pisans battirent les Sarrasins à Reggio, en Calabre. En 1012, une flotte de Sarrasins d'Espagne surprit la ville de Pise et la réduisit en cendre. L'an 1016, les Pisans et les Génois conquièrent la Sardaigne. L'an 1017, les Sarrasins d'Afrique, conduits par leur roi Muset ou Mouza, revinrent en Sardaigne. Le pape Benoît envoie un légat à Pise, avec l'étendard de saint Pierre, et un privilège qui assurait la Sardaigne aux Pisans, à condition d'en chasser les Sarrasins. L'évêque, les magistrats et le peuple tombèrent d'accord, promirent de le faire et reçurent l'étendard de saint Pierre avec le privilège. Les Pisans et les Génois chassent les Sarrasins de la Sardaigne, puis s'en disputent la possession, qui reste aux Pisans. L'an 1021, Muset revient en Sardaigne : les Pisans et les Génois le mettent de nouveau en fuite, s'emparent de son trésor, qui est laissé aux Génois d'après les conventions qui avaient été faites. En 1030, Pise est brûlée le jour de Noël. En 1035, les Pisans arment une flotte considérable, s'emparent de Bone, l'ancienne Hippone d'Afrique, et envoient à l'empereur la couronne du roi. Ils prennent également Carthage et son roi, et en envoient la couronne à l'empereur ; mais, l'an 1050, le roi Muset revient avec une puissante armée en Sardaigne, y bâtit des forteresses et s'en fait couronner roi. Les Pisans, qui avaient la guerre avec ceux de Lucques, étaient découragés : le pape saint Léon ne le fut pas. Il leur envoya un légat avec l'étendard de saint Pierre, et les conjura de prendre les armes pour la défense de l'Eglise et de l'Italie, leur promettant d'une manière authentique; outre les grâces spirituelles, la possession de l'île moyennant un tribut annuel. Ranimés par les paroles du saint Pape et de son légat, les Pisans mettent une flotte en mer; mais à peine a-t-elle quitté le port, qu'une grosse tempête, au lieu de la conduire en Sardaigne, la pousse contre la Corse. Ce contre-temps décida le succès de l'expédition. Les Corses, apercevant une flotte si formidable, crurent qu'elle était dirigée contre eux; ils négocièrent aussitôt, et soumirent leur île aux Pisans. Ceux-ci prirent à bord le corps de sainte Restitute, et cinglèrent pleins de confiance vers la Sardaigne. Ils n'y trouvèrent plus d'ennemi. Muset, les ayant su si proches, donna ordre de mettre à feu et à sang toute l'île, puis l'abandonna avec tous les siens; de façon que les Pisans s'en emparèrent sans coup férir, relevèrent promptement les forteresses nécessaires pour se défendre, et rentrèrent à Pise en triomphe et maîtres de deux îles au lieu d'une (*Tronci annali Pisani. Chronic. Pisana apud Murat.*, t. VI; *Script. rer. Italic.*).

Ce succès inespéré des Pisans fit espérer au pape Léon qu'il lui serait possible de mettre de même à la raison les Normands d'Italie. Nous avons vu leur premier établissement dans l'Italie méridionale, après que quarante pèlerins normands eurent vaillamment aidé le prince de Salerne à défendre sa ville contre les Sarrasins. En 1021, le Normand Rainolfe fut établi comte d'Averse par la république de Naples. L'an 1035, les fils aînés d'un seigneur normand, Tancrède de Hauteville, qui en avait douze, arrivent en Italie et entrent au service de Guaimar IV, prince de Salerne et de Capoue, fils de celui qui avait été si bien servi par les premiers quarante. A la mort de Guaimar IV, ils passèrent au service de Michel le Paphlagonien, empereur de Constantinople. Georges Maniacès, patrice grec, faisait des préparatifs en Calabre pour reconquérir la Sicile sur les Arabes, alors divisés par une guerre civile, et il prit à sa solde les trois fils aînés de Tancrède, Guillaume Bras-de-Fer, Drogon et Onfroi, avec trois cents Normands. A l'aide de ces étrangers, Maniacès bat les Sarrasins de Sicile, ainsi qu'une armée de cinquante mille hommes venus d'Afrique. Pour toute récompense, il est rappelé à Constantinople et jeté en prison : les Normands, au lieu de leur part du butin, ne reçoivent que des insultes des Grecs pour les avoir aidés à conquérir cette île importante. De retour en Italie, les Normands entreprennent d'en chasser les Grecs. Pour cela ils se choisirent douze chefs sous le nom de *comtes*, entre lesquels ils partagèrent l'autorité; mais ils donnèrent au Lombard Ardoin, dont ils connaissaient la bravoure ainsi que la haine implacable contre les Grecs, le commandement de leur petite armée, à laquelle Rainolfe, comte d'Averse, avait joint trois cents hommes. Ils s'avancèrent jusqu'à Melphes, au centre de la Pouille, et s'en emparèrent, ainsi que de Venosa, d'Ascoli et de Lavello; ils livrèrent successivement trois grandes batailles aux Grecs, et remportèrent sur eux trois victoires signalées. Ils se fortifièrent par des alliances; et, pour récompense des secours qu'ils obtenaient, ils décernèrent l'honneur de les commander à de nouveaux chefs, Aténolfe et Agyre : le premier, frère du prince de Bénévent, leur avait procuré l'assistance des Lombards; le second, fils de Mélo, riche citoyen de Bari qui avait puissamment aidé les premiers Normands, les appuyait de son crédit dans la Pouille, et de celui du parti que son père avait formé dans les villes grecques. Dans cette guerre, la bravoure la plus signalée, secondée souvent encore par la ruse et l'intrigue, se trouvait du côté des Normands; les Grecs, au contraire, étaient lâches, désunis et découragés. En deux campagnes, la Pouille presque entière fut conquise; en 1042, elle fut partagée entre les conquérants. Melphes devint la capitale de leurs Etats; la propriété de cette ville demeura commune entre Ardoin et Guillaume Bras-de-Fer, chef des Normands; leurs douze comtes furent mis en possession de douze autres villes. Ils établirent ainsi dans la Pouille une espèce de république militaire et oligarchique.

Quoique les Normands se fussent donné pour chef Guillaume Bras-de-Fer, ils daignaient rarement recevoir ses ordres; ils ne vivaient que de pillage, et, sans se tenir liés par aucun traité ou par aucun ordre public, ils exerçaient autour d'eux le brigandage à la tête de leurs satellites, plutôt qu'ils ne faisaient la guerre. Les couvents, les églises et même les lieux saints qui avaient été l'objet de leurs pèlerinages, n'étaient pas à couvert de leurs déprédations (*Leo ost.*, l. 2; *Gaufrid. Malat.*, *Hist. sicula*, l. 1; *Guillelm. appul.*, l. 1).

C'est à cet état de choses que le pape saint Léon cherchait un remède. Une première fois il s'était porté vers l'Italie méridionale, accompagné de l'archevêque Halinard de Lyon, pour mettre fin à ces brigandages par les voies de la persuasion et de la douceur; mais en vain. Peut-être que si le saint Pape n'avait eu affaire qu'aux Normands, il serait parvenu à son but. La politique grecque vint envenimer la chose. Argyre, que les Normands avaient choisi pour un de leurs chefs, s'était remis au service des empereurs de Constantinople. Ceux-ci, qu'il était allé trouver, le renvoyèrent à Bari en qualité de gouverneur général, avec quantité d'or, d'argent et d'étoffes précieuses, pour gagner les chefs de la nation normande et les engager à passer en Grèce, sous prétexte de secourir l'empire contre les Turcs et les Petchenègues, autrement les Cosaques. Le véritable but était de faire sortir les Normands d'Italie. Non moins fins que braves, les Normands s'y refusèrent. Alors Argyre emploie ce qui lui reste de trésors à corrompre les principaux habitants de la Pouille, pour les porter à se défaire des Normands. Il aposte un assassin, qui tue à coups de poignard le comte Drogon dans une église où il venait de se rendre suivant sa coutume. Son frère, Guillaume Bras-de-Fer, était mort quelque temps auparavant. On fit main basse sur les Normands en plusieurs lieux de la Pouille, et ce massacre en fit périr plus que n'en avaient détruit toutes les guerres précédentes. Le comte Onfroi, frère de Guillaume et de Drogon, ayant rassemblé ses troupes, se vengea de ces assassinats et fit mourir les meurtriers dans les plus rigoureux supplices. Il marcha ensuite contre Argyre, qui lui ayant livré bataille près de Siponte, perdit un grand nombre de soldats, tant Grecs qu'Italiens, et se sauva couvert de blessures (*Guillelm. appul.*, l. 2; *Gaufr. Malat.*, *Hist. sicula*, l. 1, t. V; *Murat.*, *Script. rer. Italic.*).

Ce fut dans ces circonstances qu'il envoya à Constantinople Jean, évêque de Trani, pour rendre compte à l'empereur du mauvais état des affaires et pour demander du secours. En même temps il dépêcha des courriers au Pape, qui était alors en Allemagne, pour le mettre dans les intérêts des Grecs. Il lui représentait les Normands comme une nation barbare et impie, qui violait également les lois de la religion et de l'humanité. Comme les Normands avaient donné quelque lieu à ces accusations, le Pape n'eut pas de peine à y ajouter foi. Il obtint donc de l'empereur Henri des troupes assez considérables; mais à peine étaient-elles en marche, que, sur l'avis de l'évêque d'Aichstædt, l'empereur les rappela presque toutes. Cet évêque disait qu'avec cent chevaliers des moins braves, il se faisait fort d'anéantir toute la puissance des Normands. Il ne connaissait guère ceux dont il parlait. Le Pape n'amena donc en Italie que quelques centaines de chevaliers, la plupart de ses parents, auxquels se joignirent des Italiens en assez grand nombre.

Léon IX étant parti de Rome, se rendit au Mont-Cassin, où il se recommanda humblement aux prières des moines. A mesure qu'il avançait, les populations italiennes venaient grossir son armée. Les Apuliens surtout prirent avec joie les armes; plus que personne, ils avaient eu à souffrir des Normands. Le Pape s'entendit encore avec le gouverneur grec Argyre, afin de ne rien négliger, et se rendit dans la province de Capitanate, où les Normands concentrèrent leurs forces. Ces derniers se trouvaient dans une position telle, qu'une victoire ne pouvait guère l'améliorer, mais une défaite l'empirer de beaucoup. Comme presque toutes les villes étaient en insurrection, ils manquaient de vivres et se voyaient réduits à couper les blés encore verts, pour les sécher et s'en nourrir. Ils eurent donc recours aux négociations. Ils envoyèrent des députés au Pape et promirent de vivre en paix et en repos, et de lui payer un tribut annuel, s'il voulait leur donner l'investiture des pays qu'ils avaient enlevés à l'Eglise et à l'empire. Le Pape, comme l'atteste un auteur contemporain (*Guillelm. app.*), était disposé à leur faire une réponse favorable; mais il ne put vaincre l'opposition des Allemands, qui, fiers de leur haute stature, méprisaient les Normands comme plus petits. On répondit donc aux députés qu'ils devaient rendre sans condition tout ce qu'ils avaient pris et s'en retourner d'où ils étaient venus. Sur cette réponse, les Normands se décidèrent pour une prompte bataille.

C'était le 18 juin 1053, près de Dragonara. D'un côté se trouvaient les chevaliers allemands venus de la Souabe, mais qui, d'après les Normands eux-mêmes, ne passaient pas sept cents, sous le commandement de deux ducs; à côté d'eux, une multitude considérable de Lombards et d'autres Italiens, sous le commandement de trois comtes. De l'autre part, trois mille cavaliers normands et quelques fantassins, sous les ordres de trois chefs, le comte Onfroi, son jeune frère Robert Guiscard, nouvellement arrivé, et Richard, comte d'Averse. Richard devait combattre les Italiens, Onfroi les Allemands, et Robert le soutenir avec la réserve. Richard, qui commença le combat, mit les Italiens en fuite sans beaucoup de peine; mais Onfroi trouva d'autres hommes dans les Allemands : le combat fut meurtrier. Robert, venu au secours de son frère, fut renversé de cheval jusqu'à trois fois. La victoire était encore indécise, lorsque Richard, revenu de la poursuite des Italiens, fond sur les Allemands d'un autre côté. Les Allemands ne cédèrent pas pour cela et moururent l'épée à la main jusqu'au dernier. Si l'empereur les avait laissés venir en nombre, la victoire eût été à eux.

Couverts de poussière et de sang, et furieux d'une victoire si chèrement achetée, les Normands coururent à Civitella pour achever la victoire par la prise du Pape. C'était une ville à plus d'une lieue de Dragonara, où le Pape s'était retiré avec son clergé en attendant l'issue de la bataille. A l'approche des Normands, les habitants montèrent sur les murailles pour les repousser; mais les Normands mirent le feu aux chaumières d'alentour, pour contraindre les habitants, par la fumée, à quitter les murailles. Déjà les habitants, obligés de reculer, et se croyant perdus, pillaient la chapelle et les bagages du Pape, et demandaient en tumulte qu'il se rendît, à travers la porte en feu, parmi les assaillants, et qu'il se livrât au pouvoir de ses ennemis. Le Pape commanda de porter la croix devant lui, pour aller essuyer lui-même la fureur des ennemis, lorsque tout d'un coup le vent tourna et poussa le feu contre les Normands, qui furent ainsi contraints d'abandonner l'assaut. Le lendemain matin, le Pape envoya des messagers au camp des Normands, pour exhorter les comtes à considérer avec repentir ce qu'ils avaient fait et à penser à leur salut. Si c'était lui qu'ils cherchaient, il était prêt. Il ne craignait personne, et sa vie ne lui était pas plus chère que la vie des hommes qu'ils avaient tués. Les Normands, dont la fureur faisait insensiblement place à la vénération pour le chef de l'Eglise, répondirent humblement que, s'il leur était possible d'offrir au Pape une digne satisfaction, ils subiraient volontiers la pénitence qu'il lui plairait de leur prescrire. Le Pape ordonna d'ouvrir les portes de la ville, délia les Normands de l'excommunication et se rendit au milieu d'eux. A la vue du saint Pontife, qui les avait toujours traités avec la plus grande mansuétude, et dont les vertus brillaient d'un nouvel éclat dans le malheur, ces guerriers, naguère si fiers, se jetèrent à terre en pleurant. Vêtus de leurs habits de triomphe et de fête, plusieurs se traînèrent à genoux jusqu'à ses pieds pour recevoir sa bénédiction et entendre les paroles qu'il leur adressait. Sans aucune amertume dans le cœur pour l'affliction qu'ils lui avaient causée, et avec la simplicité de la colombe, le Pape s'arrêta au milieu d'eux, leur recommanda de faire de dignes fruits de pénitence, et les congédia en leur donnant sa bénédiction et après avoir reçu d'eux le serment qu'ils seraient ses fidèles vassaux à la place des chevaliers qu'ils avaient tués.

La plupart d'entre eux s'empressèrent de se rendre de nouveau maîtres des villes qui les avaient expulsés pendant l'insurrection; mais le comte Onfroi, le plus doux des fils de Tancrède après Drogon, demeura auprès du Pape pour lui servir de sauvegarde, et promit, quand il voudrait retourner à Rome, de l'accompagner jusqu'à Capoue. Le Pape se rendit alors sur le champ de bataille où gisaient un si grand nombre de ses amis et de ses parents.

Quand il vit leurs cadavres mutilés, il fut saisi d'une affliction extrême, les appelait en pleurant par leurs noms et souhaitait d'être mort avec eux; mais quand il observa que les corps des siens étaient intacts et ceux des Normands entamés par les bêtes sauvages, il y vit une assurance de leur salut éternel et une consolation pour lui. Il passa deux jours sur le champ de bataille, à jeûner et à prier, et, par les mains des Normands eux-mêmes, fit enterrer les corps dans une église voisine, qui avait été détruite depuis longtemps, et y célébra l'office des morts. Ensuite, accompagné d'Onfroi, il se rendit à Bénévent, où il arriva la veille de la Saint-Jean-Baptiste, non sans quelque crainte que les habitants ne voulussent profiter du malheur des circonstances; mais ce malheur même avait touché leur cœur. Jeunes et vieux, hommes et femmes allèrent à sa rencontre bien loin de la ville, et attendaient son arrivée au milieu des gémissements et des larmes; mais quand ils aperçurent le cortège, d'abord les clercs et les évêques, s'avançant avec toutes les marques du deuil et de l'affliction, enfin le saint Pape, qui, avec une résignation chrétienne et des regards affectueux, leva sa main au ciel pour bénir ceux qui l'attendaient, alors pas un ne put retenir ses larmes : de toutes parts on entendait des gémissements et des sanglots. Cependant nul n'était plus profondément affligé que le Pape. Chaque jour il disait la messe pour les âmes des défunts, jusqu'à ce qu'une vision lui ordonna de ne plus prier pour ces morts, mais de les tenir au nombre des bienheureux. Ils apparurent aussi à beaucoup de personnes et leur recommandèrent de ne point les pleurer, puisqu'ils avaient part à la gloire des martyrs. Les Normands eux-mêmes bâtirent une belle basilique sur leurs tombeaux, où il s'opéra plusieurs miracles, et ce que la puissance de leurs adversaires n'avait pu obtenir, la victoire si chèrement achetée l'effectua; ils traitèrent avec plus d'humanité les vaincus et gardèrent, jusqu'à sa mort, la fidélité qu'ils avaient jurée au Pape (*Vita S. Leon.*, 11 *april.*).

Tout bien considéré, la défaite si douloureuse de Dragonara profita au bien de l'Eglise et de l'humanité, plus que n'aurait pu faire la victoire la plus signalée. Ce que le saint Pape avait toujours demandé pour les provinces méridionales de l'Italie, la sécurité et un gouvernement plus humain, elles l'eurent dès lors. Ce que le saint Pape n'avait peut-être pas osé prévoir, toutes les conquêtes présentes et à venir des Normands, étaient des fiefs de l'Eglise : et ces terribles Normands devenaient les humbles soldats de saint Pierre. C'est ainsi, conclut un historien protestant, qu'une défaite donna au Saint-Siège ce qu'il n'aurait jamais pu obtenir par une victoire, et que la faiblesse d'un pontife pieux et étranger à la politique humaine effectua une conquête que les plus hardis des prédécesseurs de Léon IX n'auraient osé tenter (Sismondi, *Républ. italiennes*, t. I, p. 267).

Le saint pape Léon passa à Bénévent le reste de l'année 1053 et le commencement de l'année suivante, continuellement occupé de prières et de mortifications. Toujours il portait le cilice; son lit était un tapis étendu sur le plancher, son oreiller une pierre; il donnait au sommeil que quelques moments de la nuit, et employait la plus grande partie à prier à genoux et à chanter des psaumes. Chaque jour il disait tout le psautier, offrait le saint sacrifice et récitait une longue suite de prières. Une multitude innombrable de pauvres trouvaient leur refuge dans son incroyable libéralité; d'autres œuvres de miséricorde montrèrent la plénitude de ses vertus avec plus d'éclat encore. Une nuit, comme il traversait son palais en priant, il aperçut dans un coin un lépreux dont les plaies hideuses et sans nombre perçaient à travers les haillons déchirés. L'infortuné ne pouvait remuer de douleur; à peine pouvait-il bégayer quelques mots. Aussitôt le Pape se mit à genoux près de lui et le consola jusqu'au moment où le dernier de ses domestiques se fut retiré; alors, malgré tous ses ulcères, il prit le lépreux sur ses épaules, le porta dans le lit de parade qui était préparé pour lui, mais où il ne montait jamais, puis continua d'achever le psautier. Lorsqu'enfin il voulut se coucher sur son tapis pour prendre quelque repos, il ne lui fut plus possible de trouver le lépreux. Etonné, le Pape réveilla le domestique et lui en demanda des nouvelles; mais celui-ci avait dormi profondément et chercha vainement dans tous les coins du palais, dont il trouva les portes bien fermées. Le Pape, qui eut pendant la nuit quelque révélation à cet égard, défendit le lendemain au domestique, de la manière la plus sévère, de jamais rien dire de cet événement pendant sa vie. Je suis persuadé, dit son biographe contemporain Wibert, qui rapporte ce fait, que Jésus-Christ lui apparut pendant le sommeil, comme autrefois à saint Martin (Wib., l. 2, c. 6, n. 29).

Au milieu de ces œuvres d'une dévotion extraordinaire, le saint Pape ne négligeait point les affaires générales de l'Eglise. La pauvre Eglise d'Afrique en particulier recourut à son autorité paternelle, pour y trouver un remède à ses maux. Autrefois le seul concile de Carthage comptait jusqu'à deux cent cinq évêques : maintenant l'Afrique tout entière n'en comptait plus que cinq; encore étaient-ils divisés entre eux sur la préséance. L'évêque de Gummi s'attribuant les prérogatives qui n'appartenaient qu'à l'archevêque de Carthage, celui-ci, nommé Thomas, et deux autres évêques, Pierre et Jean, s'adressèrent au Pape, lui exposèrent le différend et demandèrent sa décision. Saint Léon lui répondit en ces termes :

« Les vénérables canons nous rappellent qu'il assistait deux cent cinq évêques au concile de Carthage; et maintenant Votre Fraternité nous apprend qu'il en reste à peine cinq dans toute l'Afrique, qui, cependant, est la troisième partie de ce monde corruptible : nous compatissons de tout notre cœur à votre si grande diminution; mais lorsque nous apprenons que ces restes mêmes de chrétienté se divisent et se séparent, et qu'ils s'enflent l'un contre l'autre par la jalousie et la contention de la primauté, nous ne pouvons que répéter cette parole d'Amos : *Pardonnez, Seigneur, pardonnez ! Qui suscitera Jacob de la petitesse où il est réduit?*

» Toutefois, quelque douleur que nous ressentions d'un pareil abaissement de la religion, nous nous réjouissons cependant beaucoup de ce que vous réclamez et attendez la sentence de la sainte Eglise romaine, votre mère, sur vos différends, et de ce que, comme des ruisseaux qui, sortis de la même fontaine, se divisent ensuite dans leur course, vous croyez mieux de remonter à la source première de la fontaine même, afin de reprendre la règle de direction là où vous avez pris le commencement de toute la religion chrétienne.

» Vous saurez donc pour certain, qu'après le Pontife romain, le premier archevêque et le suprême métropolitain de toute l'Afrique c'est l'évêque de Carthage, et que, sans son consentement, l'évêque de Gummi, quel qu'il soit, n'a aucun droit de consacrer ou de déposer des évêques, ou de convoquer le concile provincial, mais seulement de régler son diocèse particulier : tout le reste, il doit le faire, ainsi que les autres évêques africains, avec le conseil de l'archevêque de Carthage. C'est pourquoi nos frères et coévêques Pierre et Jean ont raison de penser comme ils font touchant la dignité de l'Eglise de Carthage, et de ne pas consentir à l'erreur de l'Eglise de Gummi. Au reste, je ne veux pas vous laisser ignorer que, sans l'ordre du Pontife romain, on ne doit ni tenir de concile universel, ni condamner ou déposer d'évêque; car, quoiqu'il vous soit permis d'examiner quelques évêques, il ne vous est cependant pas permis de porter une sentence définitive sans l'avis du Pontife romain : ce que vous trouverez statué par les saints canons, si vous les interrogez; car, quoique le Seigneur ait dit généralement à tous les apôtres : *Tout ce que vous lierez sur la terre sera lié dans le ciel, et tout ce que vous délierez sur la terre sera délié dans le ciel*, cependant ce n'est point sans cause qu'il a dit spécialement et nommément à chacun des apôtres, le bienheureux Pierre : *Tu es Pierre, et sur cette pierre je bâtirai mon Eglise; et je te donnerai les clés du royaume des cieux*. Et, dans un autre endroit : *Confirme tes frères*. C'est-à-dire que les causes majeures et plus difficiles de toutes les Eglises, doivent être définies par les successeurs du bienheureux Pierre en son saint et principal Siége (Labbe, t. IX).

Cette lettre est du 17 décembre 1053. Le Pape en écrivit une autre aux deux évêques Pierre et Jean, où il leur dit pour le fond les mêmes choses. Il les remercie des prières qu'ils ont faites pour sa prospérité et pour celle de l'Eglise romaine, et les assure que, de son côté, il ne cesse de prier pour eux; car ce qu'il y a de plus agréable à Notre Seigneur, c'est que la tête veille sans cesse au bien de tous les membres, et que les membres cherchent sans cesse le salut de leur tête. « Vous avez bien fait, ajoute-t-il, d'avoir tenu un concile sur les affaires ecclésiastiques, suivant que nous vous l'avions ordonné; vous devez faire la même chose tous les ans, au moins une fois dans l'année (*Ibid.*). » Ces paroles font connaître qu'avant cela il y avait déjà eu d'autres lettres écrites de part et d'autre.

Lorsque le Pape saint Léon IX rappelle aux évêques d'Afrique que, d'après les saints canons, le jugement définitif des causes majeures, nommément celles des évêques, appartient au Siége apostolique, il ne fait que rappeler la doctrine de la première antiquité. Au IVe et au Ve siècle, le pape saint Jules et les historiens grecs Socrate et Sozomène, rappelaient déjà aux ariens que, d'après une ancienne loi de l'Eglise, rien ne devait s'y régler nulle part sans l'assentiment du Pontife romain. Si donc les décrétales d'Isidore disent la même chose, c'est que ces décrétales ne sont en ceci, comme dans tous les points principaux, que l'écho de l'antiquité.

Cette correspondance filiale de trois évêques d'Afrique avec l'Eglise romaine semble comme les derniers adieux de leur Eglise mourante à sa mère. Nous entendrons ces derniers soupirs vingt ans plus tard. Ils sont encore adressés à sa mère, l'Eglise romaine. La pauvre Eglise d'Afrique meurt par la division. Aujourd'hui, qu'elle renaît une seconde fois dans le sein et à la voix de l'Eglise romaine deux fois sa mère, puisse-t-elle n'oublier jamais la cause de son premier malheur! puisse-t-elle toujours puiser la vie, la santé, la force et la fécondité dans l'unité et dans l'union!

Tandis que l'Eglise d'Afrique, expirant sous le cimeterre de Mahomet, faisait ses derniers adieux à la mère de toutes les Eglises, l'Eglise de Constantinople faisait les derniers efforts pour s'arracher des bras de cette mère commune, former un bercail hors de l'unique bercail, et se donner un pasteur autre que l'unique pasteur à qui le Seigneur a dit : *Pais mes agneaux, pais mes brebis*. Il semblait que la malheureuse Eglise de Constantinople, non contente d'avoir été le foyer de tant de schismes et d'hérésies, eût hâte de rompre le dernier lien qui l'unissait à l'épouse du Christ, à la métropole de l'humanité chrétienne, comme pour se rendre digne, par ce dernier forfait, de devenir la capitale du mahométisme, la métropole de l'empire antichrétien.

A Constantinople, l'empire était aussi malade que l'Eglise; il était malade, non de ces fièvres de jeunesse qui préparent à la maturité du tempérament, mais de cette lente décrépitude contre laquelle il n'y a point de remède. Basile II était mort en décembre 1025. Libertin dans sa jeunesse, il s'était corrigé avec l'âge, et, devenu grand capitaine sur la fin de ses jours, il avait réduit la Bulgarie; mais son avarice accablait le peuple d'impositions. Son frère Constantin VIII, qui depuis cinquante ans ne partageait avec lui que le nom seul d'empereur et les vils plaisirs du libertinage, lui survécut trois ans. Les eunuques et autres ministres de ses débauches devinrent les ministres ou plutôt les maîtres de l'empire. Ils en profitèrent pour dissiper les trésors accumulés par Basile, et pour achever la ruine du peuple par de nouvelles exactions. Leur cruauté égalait leur avarice. Les personnages les plus illustres furent les victimes de leurs vengeances particulières. On en fit périr plusieurs; la plupart eurent les yeux crevés, et c'est ce qu'on appelait la divine clémence de l'empereur. Epuisé de débauches plus encore que de vieillesse, Constantin tomba malade le 19 novembre 1028, et fut aussitôt désespéré des médecins. Il n'avait point d'enfants mâles, mais seulement trois filles : l'une d'elles, Eudoxie, s'étant renfermée dans un monastère, il ne lui restait que Zoé et Théodora. Il destinait l'empire à cette dernière, comme étant la plus capable de régner; mais il lui fallait un époux. Les eunuques en choisirent un à leur convenance. Ce fut Romain Argyre, d'une famille distinguée. On l'amène au lit de l'empereur, qui lui offre le titre de césar avec la plus jeune de ses filles; mais Romain était marié, et marié à une femme vertueuse. Comme il balançait à cette proposition imprévue, l'empereur moribond lui dit : « Je te laisse le choix de perdre les yeux ou d'accepter ma fille et l'empire. Consulte-toi, et rends-moi réponse avant la fin du jour. » La femme de Romain ayant su la position critique de son mari, se coupe les cheveux et se retire dans un monastère pour lui sauver les yeux; mais la princesse Théodora, qu'on n'avait point consultée, refuse d'épouser un homme dont la femme vivait encore. Sa sœur Zoé, moins scrupuleuse, épousa Romain Argyre la veille de la mort de son père Constantin, qui expira le 21 novembre 1028.

Romain Argyre, d'un extérieur avantageux, se croyait grand guerrier, profond littérateur, et se flattait de réunir en sa personne Auguste, Antonin et Marc-Aurèle. Cependant il ne fit jamais preuve de capacité ni de valeur dans la guerre, et il n'eut des lettres qu'une connaissance très-superficielle. En quoi il était de niveau avec les autres savants de la Grèce; car le savoir s'y bornait à la lecture de quelques ouvrages d'Aristote et de Platon, qu'ils n'entendaient guère. Raisonneurs éternels, sans dialectique, leurs disputes s'évaporaient en subtilités frivoles; féconds en questions sur l'Ecriture sainte, ils n'en savaient résoudre solidement aucune. Tel est le portrait que fait de ses contemporains Michel Psellus, l'homme le plus instruit de son siècle.

Cependant Romain Argyre commença son règne par soulager ses sujets, que les deux derniers empereurs avaient réduits à la misère. Il abolit par tout l'empire le tribut du remplacement, qui faisait maudire la mémoire de Basile. Il fit tirer des prisons ceux qui n'étaient enfermés que pour dettes, et, non moins juste que généreux, en leur remettant ce qu'ils devaient au prince, il paya ce qu'ils devaient aux particuliers. Les prisonniers qui étaient entre les mains des Patzinaces, autrement Cosaques, furent rachetés. Les sièges d'Ephèse, de Cyzique et d'Euchaïtes étaient vacants; ils furent remplis par des prélats vertueux et savants. Les malheureux, et surtout les personnes consacrées à Dieu, trouvaient dans sa charité une ressource assurée. Il répandit de grandes aumônes pour le salut de l'âme de Constantin, son beau-père, et se fit un devoir de dédommager par des places honorables et par des libéralités, ceux que ce prince avait maltraités (*Hist. du Bas-Empire*, l. 77).

Toutefois, comme si les Grecs n'eussent pas été capables de supporter un empereur un peu sensé, il y eut deux conspirations l'une sur l'autre, dans la dernière desquelles fut impliquée la princesse Théodora, probablement par l'artifice de sa sœur. Survinrent des accidents fâcheux, de mauvais succès à la guerre. Pour réparer ces derniers, Romain Argyre marcha lui-même contre les Sarrasins. Il fut battu. Le chagrin de sa défaite le fit tomber dans une mélancolie dont le peuple ressentit les tristes effets. Il ne s'occupa plus que de constructions, de réparations, d'embellissements d'églises et de monastères, détruisant sans cesse ce qu'il venait de bâtir, soit pour en changer la forme, soit pour l'agrandir ou l'élever davantage. Ces ouvrages d'une dévotion mal entendue ruinaient ses sujets par des impositions nouvelles pour fournir aux dépenses, et par les corvées dont on les fatiguait. Compatissant et généreux au commencement de son règne, il devint un dur exacteur. Quantité de familles se trouvaient de nouveau surchargées et réduites à la misère, tandis que l'empereur enrichissait des moines, et que, leur abandonnant en propriété des villes et des provinces entières, les plus riches et les plus fertiles de l'empire, il aidait à les corrompre par l'opulence, qui faisait succéder à l'austérité régulière une vie molle et voluptueuse.

Argyre avait soixante ans lorsqu'il monta sur le trône. Zoé, qu'il fut obligé de prendre pour épouse, était âgée de près de cinquante, mais d'une lubricité insatiable. Comme son vieux mari était peu capable de la satisfaire, elle se passionna pour un jeune Paphlagonien, nommé Michel, de bonne mine, frère du chef des eunuques. Leur commerce criminel fut bientôt connu de tout le monde, peut-être même de l'empereur, qui fit semblant de ne pas s'en apercevoir. Cette complaisance ne le sauva pas. Sa femme Zoé lui donna du poison. L'empereur tomba malade; son visage devint pâle, livide, enflé; il ne respirait qu'avec peine; les cheveux lui tombèrent; en peu de jours ce ne fut plus qu'un cadavre. Enfin, le jeudi saint, 11 avril 1034, elle le fit étouffer dans un bain par les eunuques. Cette nuit-là même elle fait proclamer empereur le Paphlagonien Michel, et mande le patriarche Alexis, au nom de l'empereur, pour les marier ensemble. Le patriarche, étonné, ne sait quel parti prendre. La vue de cinquante livres d'or le décide. Zoé et Michel sont mariés dans la nuit du jeudi au vendredi saint, en présence du cadavre empoisonné et noyé de Romain Argyre.

Michel le Paphlagonien était bel homme, mais épileptique. Ce mal, qui s'accrut avec les années, lui affaiblit encore l'esprit, qui déjà il n'avait pas merveilleux. Son frère, l'eunuque Jean, gouverna l'empire à sa place. L'impératrice Zoé fut tenue comme captive dans le palais. Michel, beaucoup moins mauvais que sa femme, se reprocha bientôt la mort de Romain, et, pour expier ce forfait, il répandait beaucoup d'aumônes, fondait des monastères et faisait quantité de bonnes œuvres, jusqu'à panser et servir les lépreux. Tourmenté par des remords plus cruels encore que sa maladie, il fit, pendant son règne de fréquents voyages au tombeau de saint Démétrius, à Thessalonique. Plus il sentait sa fin approcher, plus il redoublait de dévotion. Il épuisait ses finances en bâtiments pieux. Ce n'étaient qu'églises, monastères, hôpitaux qui s'élevaient autour de Constantinople. Bizarre jusque dans ses pratiques religieuses, il portait à l'excès sa vénération pour les anachorètes; il les faisait chercher dans les déserts, les cavernes et amener à son palais. Il les embrassait, leur lavait les pieds, se revêtait de leurs habits, les faisait asseoir sur son trône, reposer dans le lit impérial, et couchait à côté d'eux sur une planche, n'ayant qu'une pierre sous sa tête.

L'eunuque Jean, prévoyant la mort de son frère, l'engagea à désigner pour son successeur son neveu Michel, que le peuple nommait Calafate, parce que son père avait été calfateur de navires, ouvrier bouchant les trous de navires avec de l'étoupe et du goudron. Ce ne fut point assez : il fallut que l'impératrice Zoé, dont l'eunuque craignait la vengeance, adoptât le fils du calfateur, qui dès lors fut déclaré césar. Son oncle, l'empereur Michel, ne survécut que peu de jours. Se sentant affaiblir de plus en plus, il quitta le palais et se retira dans un monastère qu'il avait fait bâtir aux portes de Cons-

LIVRE LXIII. — LE PAPE SAINT LÉON IX ET SON ÉPOQUE.

tantinople. Là, il se dépouilla de la pourpre, se fit couper les cheveux et prit l'habit monastique, résolu de passer le reste de ses jours dans la pénitence, et d'expier par les larmes les deux crimes, l'adultère et le meurtre qui lui avaient procuré la couronne. A cette nouvelle, l'impératrice éplorée, traversant à pied toute la ville, vint au monastère pour lui dire le dernier adieu. Il refusa de la voir. Le jour même de sa mort, l'heure de l'office étant venue, il se fit conduire presque expirant à l'église. On fut bientôt obligé de le reporter dans son lit, où il mourut le 10 décembre 1041, dans les sentiments du plus amer repentir (*Hist. du Bas-Empire*, l. 77).

Michel Calafate se conduisit en ingrat et en insensé. A peine sur le trône, il chassa son oncle, l'eunuque Jean, qui l'y avait fait monter par ses intrigues; il chassa tous ses parents, à l'exception de son frère Constantin, qu'il fit césar; il chassa le patriarche Alexis pour lui en substituer un autre; il chassa l'impératrice Zoé, qui l'avait adopté pour son fils. Mais à cette nouvelle, le peuple se souleva; il tira de son monastère la princesse Théodora, il ramena Zoé et les proclama impératrices toutes les deux : il demanda à grands cris la mort de Calafate. Il s'était réfugié dans l'église avec son frère Constantin. Le peuple les en tira de force, les traîna dans la ville, on leur creva les yeux et on les enferma dans deux monastères différents pour le reste de leur vie. C'était le 21 avril 1042. Michel Calafate n'avait régné que quatorze mois et cinq jours.

L'empire de Constantinople se vit alors gouverné par deux vieilles femmes. Les choses n'en allèrent pas plus mal. Mais Zoé, qui avait soixante-deux ans, fut bientôt jalouse de voir que sa sœur Théodora lui était préférée. Elle proposa aux principaux seigneurs l'élection d'un prince, ajoutant que, pour le bien de l'empire, elle ferait le sacrifice de l'épouser. Elle essaya d'un premier; mais il lui parut trop ferme et le congédia; elle essaya d'un second qui était marié; mais sa femme, qui ne voulait pas le quitter, le fit périr par le poison. Elle jeta donc les yeux sur un troisième, Constantin Monomaque, avec qui elle avait eu autrefois un commerce criminel : il était veuf de deux femmes, elle était veuve de deux maris, c'était un double empêchement chez les Grecs, où les troisièmes noces n'étaient point permises. Comme le patriarche Alexis faisait difficulté d'en faire la cérémonie, Zoé la fit faire par le premier clerc du palais; le lendemain 12 juin 1042, Alexis ne refusa point de procéder au couronnement.

Constantin Monomaque vivait publiquement avec une autre femme nommée Sclérène. Quand il se vit empereur, il la logea dans son palais, la traita sur le même pied que l'impératrice : quand il paraissait en public, Zoé était à sa droite, Sclérène à la gauche. Cet énorme scandale finit par révolter le peuple de Constantinople. Il craignit que, pour régner seule, la prostituée impériale ne se défît de Zoé et de Théodora. Le 9 mars 1044, jour de la fête des Quarante-Martyrs, il se faisait une procession solennelle à laquelle les empereurs ne manquaient pas d'assister; Monomaque s'y rendit au milieu des acclamations du peuple. Tout d'un coup une voix s'écria du milieu de la foule : « Point de Sclérène! Vivent nos princesses Zoé et Théodora! Que Dieu les préserve du malheur qui les menace! » Ces pa-

roles bouleversent en un moment l'esprit du peuple; les acclamations se changent en cris de fureur, on veut tuer le prince auquel on souhaitait tout à l'heure mille ans de vie, et peut-être l'aurait-on mis en pièces avec toute sa maison, si les deux princesses n'eussent apaisé le tumulte en parlant au peuple du haut d'une fenêtre. Monomaque, confus et tremblant, regagna son palais sans achever la cérémonie.

Tout son règne fut agité par des guerres, par des séditions, par des révoltes. En 1042, Maniacès se déclare empereur en Italie, mais il périt dans une bataille. En 1047, on proclama empereur, près d'Andrinople, un général nommé Tornice, qui succomba vers la fin de l'année. En 1051, il y eut une conspiration; en 1052, une autre. Tel était l'état général de l'empire de Constantinople (*Hist. du Bas-Empire*, l. 77).

Quant à l'Église, nous avons vu les efforts que fit le patriarche Eustathe pour obtenir du pape Jean XIX le titre de *patriarche universel d'Orient*, comme le Pape lui-même l'est de toute l'Église. Eustathe eut pour successeur, en 1025, le moine Alexis, abbé du monastère de Stude, qui tint le siège de Constantinople dix-sept ans. En 1027, il fit une constitution avec le concile des évêques qui se trouvaient à la cour, par laquelle ils réglèrent divers points de discipline. Premièrement, plusieurs évêques faisaient retomber sur les métropolitains les charges de leurs diocèses; et, pour en éviter le paiement, détournaient leurs revenus et s'absentaient eux-mêmes. On croit qu'il s'agit des contributions que l'empereur prenait sur les évêques, et que l'on rendait les métropolitains responsables des non-valeurs de leur province. Pour remédier à ce désordre, il est ordonné que les métropolitains établiront des économes dans les diocèses dont leur est venue la perte, jusqu'à ce qu'ils en soient indemnisés, et que, dans les diocèses dont ils craignent pareil dommage, par la négligence ou la malice des évêques, ils établiront des commissaires pour prendre connaissance, avec les évêques, du revenu des églises, en faire rendre compte tous les ans, et employer le revenant-bon à l'indemnité du métropolitain, ou le conserver à l'église (Baron., Pagi, Fleury).

L'épiscopat grec apparaît ici comme une régie de contributions : les archevêques y sont des receveurs généraux, les évêques des receveurs particuliers; le concile des archevêques, autrement le syndicat des receveurs généraux, sous la présidence du patriarche, comme d'un ministre des finances, fait la loi aux évêques ou receveurs particuliers, les met en tutelle sous la surveillance d'un commissaire ou d'un économe. Fleury observe, dans ses discours, que les Grecs, n'ayant jamais connu les fausses décrétales d'Isidore, conservèrent mieux l'ancienne discipline. Nous doutons cependant que ce code financier vienne de la discipline des apôtres; nous doutons même qu'on trouve rien de pareil dans les fausses décrétales. Nous verrons bientôt, par des exemples, quel usage les archevêques, et même le patriarche, pouvaient faire de cette aristocratie financière qu'ils s'attribuaient sur les évêques.

Dans ce même concile on se plaignit des évêques qui dissipaient les biens de leurs Églises, qui prenaient des terres à ferme et se mêlaient indignement d'affaires temporelles, et on les menace de déposition s'ils ne se corrigent. On se plaint de ceux qui se dispensaient d'assister aux conciles provinciaux, sans excuse légitime, et de ceux qui entreprenaient sur les droits de leurs collègues, en ordonnant des clercs étrangers. On défend aux clercs de passer d'une province à l'autre, sans permission par écrit de leur évêque. Ce qui regardait principalement Constantinople, où venaient de tous côtés des clercs, coupables ou non, ordonnés ou non, qui y faisaient impunément leurs fonctions.

On recommande d'observer les bornes de la juridiction ecclésiastique, savoir, que les différends des clercs et des moines entre eux soient jugés par l'évêque; ceux des évêques par le métropolitain, ou, en cas de récusation, par le patriarche et son concile, avec défense expresse à tous clercs ou moines de s'adresser à des juges séculiers, suivant les ordonnances des empereurs mêmes, et nonobstant le privilége prétendu par les monastères impériaux.

La séance des évêques est réglée suivant le rang de leurs métropolitains. Enfin on condamne l'abus des oratoires domestiques, où les personnes puissantes affectaient de faire sonner, d'assembler le peuple, de célébrer l'office et même des baptêmes, sous prétexte qu'on y avait planté une croix par l'autorité du patriarche ou de l'évêque. On défend aux évêques de donner de telles permissions, et aux prêtres, sous peine de déposition, de célébrer en ces oratoires autre office que la messe, et encore aux jours de fêtes, menaçant d'anathème les laïques qui refuseront de se soumettre. Cette constitution, datée du mois de janvier 1027, porte les noms de vingt-deux métropolitains et de neuf archevêques, par qui elle fut acceptée (*Jus Græco-Rom*., l. 4; *Post Zonar*.).

Elle parle aussi des monastères donnés à des étrangers. On rapportait le commencement de cet abus aux iconoclastes, particulièrement à Constantin Copronyme, ce mortel ennemi des moines. Après l'extinction de cette hérésie, leurs biens leur furent rendus : toutefois les empereurs et les patriarches s'accoutumèrent à donner des monastères et des hôpitaux à des personnes puissantes et charitables, non pour en profiter, mais pour les rétablir quand ils tombaient en ruine, pour en être les bienfaiteurs et les protecteurs. Ce fut un prétexte pour donner ensuite ces maisons d'une manière absolue, premièrement les moindres, puis toutes généralement, soit à des évêques, soit à des laïques, à des hommes mariés, à des femmes, à des païens même. Ces donations se faisaient à vie, et quelquefois pour deux personnes de suite. On donnait à des hommes des monastères de femmes, et à des femmes des monastères d'hommes; et une même personne en avait quelquefois plusieurs. Ces donataires, que l'on nommait *charisticaires*, jouissaient de tous les revenus sans en rendre compte, et souvent négligeaient les réparations des églises et des bâtiments, l'entretien du service divin, les aumônes accoutumées, et même la subsistance des moines, qui, faute du nécessaire, tombaient dans le relâchement. Ils étaient les maîtres des abbés, et les obligeaient à recevoir tels moines qu'il leur plaisait, ou à loger dans le monastère des séculiers, presque en aussi grand nombre que les moines.

Les évêques donc qui se trouvèrent au concile de Constantinople du mois de janvier 1027, se plaignirent que ces charisticaires, tournant à leur profit les revenus des monastères, les réduisaient à une ruine totale, et les changeaient en habitations séculières, parce que la pauvreté obligeait les moines à les abandonner. C'est pourquoi le concile permit aux moines de se pourvoir contre les charisticaires, pour les obliger à réparer le tort qu'ils avaient fait au monastère ou pour leur en ôter entièrement la jouissance, ordonnant toutefois de ne s'adresser pour ce sujet qu'au concile du patriarche, et non aux juges séculiers (Cateler., *Monum. græc.*, t. I).

Dans une autre constitution du mois de novembre de la même année 1027, le patriarche Alexis défend aux charisticaires de faire passer leur monastère à d'autres; car il y en avait qui les vendaient comme des biens profanes. Il défend à toute personne, de quelque condition qu'elle soit, de posséder un monastère de l'autre sexe. Il défend aussi les aliénations des fonds dépendant des monastères, sinon par l'autorité du patriarche ou du métropolitain. Enfin, les évêques qui ont reçu des monastères de la libéralité des métropolitains, seront obligés de les leur rendre quand les métropoles se trouveront réduites à l'indigence par les contributions nécessaires pour les besoins de l'empire. Cette constitution fut lue en présence de seize métropolitains et de cinq archevêques.

Le patriarche Alexis mourut le 20 février 1043. S'il fit de bons règlements pour les autres, il ne les observa guère bien lui-même. On trouva dans sa maison deux mille cinq cents livres d'or qu'il avait amassées. Ces richesses ne font pas son éloge. L'empereur les fit enlever.

Le métropolitain de Thessalonique n'avait pas donné un plus bel exemple l'an 1037. L'empereur Michel le Paphlagonien se trouvait dans cette ville au temps que la famine désolait le pays. On vint se plaindre à lui de l'impitoyable avarice de l'évêque Théophane, qui, loin de soulager la misère publique, l'aggravait encore en refusant au clergé la rétribution ordinaire. L'empereur le fit venir, et, l'ayant vainement exhorté à faire le devoir d'un pasteur, comme Théophane se défendait par de mauvaises raisons : « Du moins, lui dit l'empereur, vous ne refuserez pas de m'aider dans le besoin où je me trouve. L'argent me manque; prêtez-moi sur ma parole cent livres d'or, que je promets de vous rendre dès que j'en aurai reçu de Constantinople, où j'ai envoyé. » Le prélat s'en excusa, protestant avec serment qu'il n'avait que trente livres. Le prince le retint dans le palais et envoya fouiller dans sa maison. On y trouva trois mille trois cents livres d'or. On prit sur cet amas de richesses de quoi payer le clergé, qui n'avait rien reçu depuis que Théophane était évêque. On distribua le reste aux pauvres. L'avare prélat, chassé de son siège, fut relégué dans une terre qui lui appartenait. Prométhée fut mis à sa place et chargé de lui faire une pension alimentaire.

Sans doute, ces deux exemples d'avarice ne prouvent pas que tous les évêques grecs fussent des avares. Cependant, un symptôme fâcheux, c'est que l'histoire n'en cite aucun, qui, dans ces temps de calamités, déployât la charité d'un saint Jean l'Aumônier, d'un saint Chrysostome, tandis que, pour l'Occident, elle cite plusieurs abbés et évêques qui le faisaient à la même époque et dans les mêmes circonstances, notamment le pape saint Léon IX. Un autre symptôme non moins fâcheux, c'est que, dans la période de trente ans que nous venons de parcourir, l'Orient ne présente aucun saint, même au jugement des Orientaux, tandis que l'Occident en présente un si grand nombre, que l'historien ne peut les citer convenablement tous. L'Occident, c'est un individu dans la vigueur de l'âge, qui éprouve quelquefois des accès de fièvre, mais qui néanmoins agit et marche, et résiste aux plus terribles maladies, parce qu'il puise dans le centre de l'unité catholique une sève toujours nouvelle de santé, de guérison et de force. L'Orient, au contraire, apparaît comme un moribond toujours plus faible et qui épuise son dernier souffle de vie à repousser le médecin et le remède. C'est le triste spectacle que les Grecs vont nous offrir désormais.

Pendant que le pape saint Léon IX se trouvait à Bénévent et consolait l'Eglise mourante d'Afrique, le cardinal Humbert, évêque de Sainte-Rufine, vit à Trani, dans la Pouille, une lettre écrite par Michel Cérularius ou le Cirier, patriarche de Constantinople, et par Léon, évêque d'Acride, métropolitain de Bulgarie, et adressée à Jean, évêque de Trani. Michel avait été exilé comme conspirateur sous l'empereur Michel le Paphlagonien; s'étant fait moine pendant cet exil, il succéda au patriarche Alexis, le 25 mars 1043. Trente-six jours après son intronisation, l'eunuque Jean, auteur de son exil, eut les yeux crevés et mourut dans les fers. Elevé ainsi au milieu des dissensions et des intrigues, Cérularius transporta cet esprit de division dans l'Eglise. Les Grecs, possédant encore quelques évêchés dans l'Italie méridionale, prétendaient que ces évêchés devaient être soumis au patriarche de Constantinople. L'évêché de Trani était de ce nombre, quand les Normands se rendirent maîtres de la Pouille. Voilà pourquoi Cérularius s'adresse particulièrement à l'évêque de cette ville. Il s'adjoint le métropolitain de Bulgarie, parce que ce pays, ayant perdu son indépendance, n'était plus qu'une province de l'empire byzantin, exposée à ajouter le schisme de Photius à l'hérésie de Manès, qui l'infectait déjà. Humbert était un savant prêtre de l'Eglise de Toul, que le pape saint Léon avait emmené avec lui et qu'il avait fait cardinal-évêque.

Le cardinal Humbert ayant donc lu cette lettre, la traduisit du grec en latin et la porta au Pape. Elle commençait ainsi : « La grande charité de Dieu et une tendre compassion nous ont engagés à écrire à Votre Sainteté et, par vous, à tous les archevêques et évêques des Francs, aux moines et aux peuples, et même au révérendissime Pape, et de vous parler des azymes et du sabbat, que vous observez d'une manière inconvenante, en communiquant avec les Juifs. » Tels sont donc les deux énormes abus sur lesquels le patriarche de Constantinople et le métropolitain de Bulgarie se croient obligés en conscience de reprendre les chrétiens d'Occident : l'usage des azymes et l'observation du sabbat.

Pour comprendre la première difficulté, il faut savoir que les Grecs consacrent avec du pain levé et les Latins avec du pain non levé ou azyme. Or, le patriarche de Constantinople et le métropolitain de Bulgarie soutiennent que le pain non levé n'est pas du pain, mais une pierre ou une brique; et que, par conséquent, l'eucharistie des Latins est nulle ou du moins illégitime. Et pour prouver que le pain azyme n'est pas du pain, ils citent le passage de l'Evangile où il est dit : *Que le premier jour des azymes*, c'est-à-dire le premier jour où il n'était plus permis de garder du pain levé dans les maisons, *Jésus-Christ prit du pain*. D'où le bon sens conclut que ce pain était du pain non levé, et que, par conséquent, le pain non levé ou le pain azyme est du pain. Mais les Grecs concluent tout le contraire. Cette question, d'ailleurs, était décidée depuis vingt-cinq siècles par l'Ancien Testament, qui, et en grec et en hébreu, emploie plusieurs fois l'expression de *pains azymes* (Exod., 29, 2), d'où tout le monde conclura, avec les boulangers de tous les pays, que du pain non levé est du pain. Eh bien! c'est pour cette question de boulangerie, décidée entre eux par l'Ancien et le Nouveau Testament, que les Grecs et les Russes commenceront à rompre avec l'Eglise romaine, avec le centre de l'unité catholique, avec la métropole de l'humanité chrétienne; car, dans cette première lettre de Cérulaire, il n'est question ni de la procession du Saint-Esprit ni de la primauté du Pape; mais, avant tout, du pain azyme et du sabbat.

Pour bien comprendre cette seconde difficulté, il faut savoir que le sabbat ou le samedi est pour les Juifs un jour de fête et non pas de jeûne; que, pour les chrétiens d'Occident, les samedis de carême sont des jours de jeûne, comme les vendredis, et non pas de fête, comme les dimanches, tandis que les Grecs ne jeûnent pas les samedis de carême, mais qu'ils y déjeûnent comme les dimanches et fêtes. Tout le monde conclura que ceux qui ont en ceci quelque chose de commun avec les Juifs, ce sont les Grecs et non pas les Latins. Les Grecs concluent tout le contraire. Telle est la logique des Grecs.

Un troisième reproche que Cérulaire fait aux Latins, c'est de manger des viandes suffoquées, tels que les petits oiseaux pris à la tendue. C'est-à-dire que, pour le pain azyme et pour le sabbat, il accuse et condamne les Latins de ce qu'ils font comme les Juifs, et que, pour la viande suffoquée, il les accuse et les condamne de ce qu'ils ne font pas comme eux. Telle est encore une fois la logique de Cérulaire et des Grecs. Un quatrième et dernier reproche, c'est que les Latins ne chantent point *Alleluia* pendant le carême, mais seulement une fois, à Pâques, ce qui est encore faux en grande partie; car ils chantent *Alleluia* depuis Pâques jusqu'à la Septuagésime.

Ces accusations niaises sur des choses de soi indifférentes, sont accompagnées de raisonnements si ineptes, que la lecture en est insupportable. Et cependant Cérulaire ajoute : Voilà ce qu'ont enseigné Pierre et Paul, ainsi que les autres apôtres et Jésus-Christ même; voilà ce que la sainte Eglise catholique a reçu et conservé religieusement. Il finit sa lettre en exhortant l'évêque de Trani à désabuser les autres, comme il était déjà désabusé lui-même, et, promettant, s'il le fait, de lui envoyer un écrit contenant des vérités plus importantes (*Apud Baron.*, 1053).

Le saint pape Léon ayant lu cette lettre de Cérulaire de Constantinople et de Léon d'Acride, ayant surtout appris les démarches plus audacieuses du premier, leur écrivit à tous deux une lettre pastorale en quarante et un articles, sur l'union et l'unité de l'Eglise ; lettre qui respire la charité, l'humilité, l'autorité du prince des apôtres, et qui, dans bien des endroits, est d'une éloquence d'autant plus vraie qu'elle est moins cherchée. En voici la substance.

« Ce que Jésus-Christ nous a recommandé le plus, ce qu'il a le plus demandé à son Père pour nous, c'est la paix et l'union. Malheur donc au monde à cause des scandales ! malheur aux hommes misérables qui déchirent l'unité de l'Eglise, plus cruels en cela que les bourreaux de Jésus-Christ, qui respectèrent sa robe sans couture. Honte à l'hérésie impie, qui s'efforce de diviser cette unité indivisible ! Loin d'elle ces vautours perfides, ces oiseaux de proie., qui ne vivent que de la mort d'autrui ! Que la colombe revienne à l'arche, cette colombe qui, reposant sur la tête du Seigneur Jésus, unit et anime tout son corps, qui est l'Eglise. Malheur aux hommes superbes qui, membres et précurseurs de l'antechrist, ce roi de tous les enfants de l'orgueil, ne cessent de répandre la peste de la zizanie au milieu du froment, et d'étouffer, autant qu'il est en eux, la moisson que le ciel s'attend à recueillir. C'est de leurs temps périlleux que le disciple bien-aimé a voulu nous instruire, quand il dit : *Mes petits enfants, c'est la dernière heure, et comme vous avez entendu que l'antechrist vient, maintenant déjà il y a eu beaucoup d'antechrists.* Cette dernière heure, commencée au premier avénement du Sauveur, s'étendra jusqu'au second. Combien d'antechrists elle a déjà eus ou découverts, qui pourra le dire ? C'est d'eux que parle le docteur des nations dans les Actes des Apôtres : *Je sais qu'après mon départ il entrera parmi vous des loups ravisseurs, qui n'épargneront pas le troupeau, et qu'il s'élèvera d'entre vous-mêmes des hommes qui tiendront un langage pervers pour entraîner des disciples après eux.*

» Comme presque toutes les pages de la sainte parole retentissent de ces choses et d'autres semblables, contre l'impudente fureur des hérétiques, nous sommes stupéfaits d'étonnement, et nous déplorons avec les larmes de la charité, que les pontifes de l'Eglise se soient tellement endormis, qu'au lieu d'être les coopérateurs de Dieu, ils se fassent les sectateurs de ceux dont la mémoire a péri avec le son, et dont ils voient les cités détruites. De là, et de là uniquement, ce qu'enfin nous épanchons avec un indicible brisement et gémissement de cœur et de corps, ce qui bouleverse toutes les entrailles de l'Eglise, notre mère, ce qui blesse tous les sentiments des chrétiens, ce qui confond et foule aux pieds la discipline ecclésiastique et la vigueur des saints canons ; c'est que vous, jusqu'à présent, notre très-cher frère en Jésus-Christ et pontife de Constantinople, et vous Léon d'Acride, vous passez pour avoir, par une nouvelle présomption et une incroyable audace, condamné publiquement l'Eglise apostolique et latine, sans l'avoir ni entendue ni convaincue, principalement parce qu'elle ose célébrer la commémoration de la passion du Seigneur avec des azymes. Certes, votre reproche est inconsidéré, la gloire que vous vous donnez vous-même n'est pas bonne ; car c'est contre le ciel que vous dirigez votre bouche, lorsque votre langue, en passant sur la terre, s'efforce, par des argumentations et des conjectures humaines, de saper et de renverser l'ancienne foi. Certes, si vous ne venez au plus tôt à résipiscence, vous serez incorporé à cette queue du dragon, qui entraîna la troisième partie des étoiles du ciel et les jeta sur la terre. Voilà que, près de mille vingt ans après la passion du Sauveur, l'Eglise romaine commence à apprendre, par vous, de quelle manière elle doit célébrer le souvenir de sa passion, comme si la présence, la conversation, l'instruction prolongée et la mort précieuse de celui-là ne lui avait servi de rien, à qui le Fils du Dieu vivant a dit : *Tu es heureux, Simon, fils de Jona, parce que ce n'est pas la chair et le sang qui t'ont révélé ces choses, mais mon Père qui est au ciel.*

» Vous ne considérez donc pas quelle imprudence c'est de dire que le Père a caché par son Fils la forme du culte, le rite du sacrifice visible, au prince des apôtres, à Pierre, auquel il a daigné révéler très-pleinement par lui-même le secret ineffable de l'invisible divinité de ce même Fils ? Et à celui auquel il a été dit, non par un ange ni par un prophète, mais par le Seigneur des prophètes et des anges : *Et moi je te dis : Tu es Pierre, et sur cette pierre je bâtirai mon Eglise ;* à la tête de celui-là vous vous efforcez de soustraire Jésus-Christ, hors de qui personne ne peut poser d'autre fondement à l'Eglise universelle ? Ce que le très-dévot Pierre a démontré, et vivant et mourant, lorsqu'il a demandé à être crucifié la tête en bas, pour faire entendre, sans doute par inspiration divine, que c'est Jésus-Christ le fondement véritable, la pierre angulaire, et que lui, Pierre, est la pierre carrée posée sur ce fondement pour recevoir et soutenir avec une incorruptible solidité toute la construction de l'Eglise. En effet, la sainte Eglise a été ainsi édifiée sur la pierre, qui est Jésus-Christ, et sur Pierre, fils de Jean, pour être absolument invincible aux portes de l'enfer, c'est-à-dire aux disputes des hérétiques, qui entraînent les hommes vains dans la perdition. C'est ce que promet la Vérité même, elle par qui est vrai tout ce qui est vrai : *Les portes de l'enfer ne prévaudront point contre elle.* Promesse dont le même Fils proteste avoir obtenu l'effet du Père, quand il a dit à Pierre : *Simon, voici que Satan vous a demandé à cribler comme du froment ; mais moi j'ai prié pour toi, afin que ta foi ne défaille point, et toi, quand tu seras converti, affermis tes frères.* Quelqu'un poussera-t-il donc la démence jusqu'à supposer que la prière de celui dont le vouloir est pouvoir a été vaine en quelque chose ? N'est-ce point par le Siège du prince des apôtres, savoir l'Eglise romaine, tant par Pierre en personne que par ses successeurs, qu'ont été réprouvées, convaincues et vaincues les erreurs de tous les hérétiques ? et les cœurs des frères n'ont-ils pas été confirmés dans la foi de Pierre, qui n'a point défailli jusqu'à présent, et ne défaudra jamais ?

Nous ne voulons pas rappeler nommément les quatre-vingt-dix hérésies et plus, qui, en des temps divers et par des aberrations diverses, sont sorties de l'Orient ou d'entre les Grecs mêmes, pour corrompre la virginité de la mère, la sainte Eglise catholique ; mais nous croyons devoir dire en partie combien l'Eglise de Constantinople, par ses pontifes, a suscité de pestes, que la Chaire apostolique et romaine a virilement vaincues, terrassées et suffoquées; c'est Eusèbe de Nicomédie, usurpateur du siège de Constantinople et porte-étendard du maudit Arius; c'est Macédonius, hérésiarque, qui étrangle son prédécesseur le bienheureux Paul; qui blasphème le Saint-Esprit, torture les chrétiens, persécute les catholiques jusqu'à la mort, et, comme un autre Julien, les marque au front; c'est l'arien Eudoxe, qui envahit le siège et ordonne l'hérétique Eunomius; c'est Démophile, arien; c'est Maxime, cynique et apollinariste. Le premier concile de Constantinople, après avoir ordonné Nectaire, écrivit au pape Damase : « La jeune Eglise de Constantinople, ruinée par les blasphèmes des hérétiques, nous venons de l'arracher comme de la gueule du lion. Mais ce vieux basilic venimeux n'était pas encore étouffé; car Jean Chrysostome, successeur de Nectaire, fut déposé par son ingrate église et mourut en exil. Son successeur Arsace persécutait les disciples du bienheureux Jean par l'épée des soldats. Vient ensuite l'hérésiarque Nestorius, qui nie la maternité divine de Marie et introduit deux personnes en Jésus-Christ. C'est l'hérésiarque Eutychès, qui confond les deux natures en Jésus-Christ et cause le meurtre de saint Flavien. Que dirons-nous d'Acace, qui d'abord accuse, et qui ensuite rétablit l'hérétique Pierre d'Alexandrie. Après ceux-là, c'est l'hérétique eutychien, Anthime, que le pape Agapet dépose à Constantinople même; c'est Eutychius, qui prétend qu'à la résurrection nos corps seront impalpables, et qui est réfuté par saint Grégoire, alors diacre; c'est son successeur Jean, qui, par orgueil, s'arroge le titre de *patriarche universel* : vanité présomptueuse, dont les évêques ne cessent de se rendre coupables depuis quatre cents ans. Que dirons-nous des monothélites Sergius, Pyrrhus et Paul ? Pyrrhus, qui, après avoir rétracté l'erreur à Rome, retourne à son vomissement; Paul, que vous égalez en témérité et en arrogance, quand vous osez juger l'Eglise romaine, qu'il n'est permis ni à vous ni à aucun mortel de juger (Labbe, t. IX, *Epist.* 5).

Comme le grand prétexte que les Grecs mettaient en avant pour autoriser l'ambition de leurs patriarches, c'était que Constantin avait transporté l'empire de Rome à Constantinople, saint Léon IX leur oppose la donation de Constantin au pape Silvestre, donation que les Grecs reconnaissaient pour authentique et qu'ils ont insérée dans leur droit canon. Mais, ajoute-t-il, nous avons un témoignage plus grand que Constantin. Sur quoi il rapporte et développe les paroles par lesquelles Jésus-Christ promet l'autorité suprême de son Eglise à saint Pierre; les paroles par lesquelles effectivement il la lui donne; les paroles et les faits de l'Ecriture, qui en montrent l'exercice par tout l'univers. Il observe que saint Paul a loué la foi des Romains et dit que elle était annoncée par tout le monde, tandis qu'il blâme les divisions des Grecs, notamment de ceux de Corinthe.

Revenant à l'Eglise particulière de Constantinople, le pape saint Léon dit : « Loin de nous de vouloir ajouter foi à ce que pourtant la renommée publique ne craint pas d'assurer, savoir : Qu'en promouvant çà et là des eunuques, il est arrivé à l'Eglise de Constantinople de placer une femme sur le siège de ses Pontifes. » Cette observation montre bien que l'on n'avait pas encore inventé la fable de la papesse Jeanne; car on la place entre Léon IV et Benoit III, environ deux cents ans avant saint Léon IX. « Que dire encore ? ajoute le saint Pape; vous avez eu tant d'hérétiques et de schismatiques, qui ont attaqué et travaillé à déchirer l'Eglise catholique et apostolique, que l'Eglise latine ou d'Occident peut bien dire avec l'épouse des Cantiques : *Les enfants de ma mère ont combattu contre moi.* En effet, la Chaire apostolique et romaine, qui, par l'Evangile, a engendré l'Eglise latine en Occident, n'est-elle pas la mère de l'Eglise de Constantinople en Orient, puisqu'elle s'est appliquée à la réparer, et par son glorieux fils Constantin, et par les nobles et les sages de Rome, non-seulement quant aux mœurs, mais encore quant aux murailles ? Si vous prétendez le contraire, pourquoi donc les acclamations à la louange de votre empereur se font-elles en latin ? pourquoi donc à l'église récite-t-on aux Grecs des leçons en latin ? N'est-ce point par respect pour cette mère qui, après avoir été éprouvée par toutes les cruautés et les tortures des païens, et épurée par la flamme des persécuteurs, a mis au monde une fille délicate, savoir, l'Eglise de Constantinople ?

» Et certes, déjà la dixième persécution contre les chrétiens, depuis Néron, s'était complètement refroidie; déjà l'incendie de la fureur de ce monde s'était calmé; déjà Rome, adulte et âgée, victorieuse dans le culte divin et ceinte d'une couronne, triomphait dans une profonde paix; déjà une armée innombrable de martyrs de tout sexe et de tout âge, engraissée de nos azymes, avait brisé toutes les attaques de l'idolâtrie; déjà elle tenait sous ses pieds, et le monde, et le prince même de ce monde; déjà, non-seulement les pontifes de notre rite, mais encore leurs ministres, parmi lesquels Laurent et Vincent, insultaient aux tourments et aux bourreaux, qui n'en pouvaient plus. Et voilà que cette fille délicate, assise bien tranquille dans le cabinet, énervée par les délices, la mollesse et l'oisiveté, qui n'est jamais descendue dans l'arène des martyrs pendant que sa mère combattait pour elle; la voilà qui ne rougit pas de s'arroger la primauté, de déroger à la vieillesse émérite de sa mère, de n'avoir aucun égard, ne fût-ce que par humanité, pour son corps épuisé par les travaux et les années, pour ses bras ridés et affaiblis, mais autrefois nerveux et levés pour combattre les combats du Seigneur; la voilà qui ne rougit pas de n'avoir aucun respect pour ses cheveux blancs, mais avec une lettre de jeune fille, après ses innombrables triomphes, elle ose la provoquer à de nouvelles guerres contre elle-même, elle prétend la priver de la nourriture solide des parfaits, la ramener au lait des hommes charnels, et, par une impudeur contre nature, lui présenter ses mamelles desséchées par le schisme et l'hérésie. Encore si elle pouvait donner du lait véritable; mais ce n'est que de l'eau bourbeuse des fleuves de Babylone et d'Egypte, qui enfle et ne désaltère pas. Si celui-là est maudit, qui irrite sa mère corporelle, qui a conçu dans l'iniquité et engendré pour la mort, que sera-ce donc d'irriter sa mère spirituelle, qui nous a conçus dans la grâce et enfantés à la vie ?

» Une raison de plus pour la fille de n'être pas ingrate, c'est que sa mère l'a honorée par-dessus les autres. En effet, lorsque l'Eglise de Constantinople n'avait aucun privilège ni divin ni humain qui la distinguât des autres Églises, et que celles d'Antioche et d'Alexandrie gardaient leurs prérogatives par respect pour le prince des apôtres, sa pieuse mère, l'Eglise romaine, a ordonné en quelques conciles, que le Pontife de Constantinople serait honoré comme évêque de la ville impériale, sauf l'ancienne dignité des sièges pontificaux et apostoliques. » Le Pape reproche à Cérulaire, d'après le bruit public, d'avoir fait fermer toutes les églises des Latins, et d'avoir ôté les monastères aux abbés et aux moines, jusqu'à ce qu'ils vécussent selon les maximes des Grecs. « Combien l'Eglise romaine n'est-elle pas plus modérée? puisque, au dedans et au dehors de Rome, il y a plusieurs monastères et plusieurs églises des Grecs, sans qu'on les empêche de suivre les traditions de leurs pères. Au contraire, on les y exhorte, parce que nous savons que la différence des coutumes, selon les lieux et les temps, ne nuit point au salut, pourvu qu'on soit uni par la foi et la charité, qui nous rend tous recommandables à Dieu. »

Voici comme le saint conclut son instruction : « La foi de l'Eglise romaine, foi édifiée par Pierre sur la pierre, n'a point défailli jusqu'à présent, et ne défaudra jamais, le Christ, son Seigneur, ayant prié pour elle, comme il l'atteste lui-même à l'approche de sa passion : *J'ai prié pour toi, Pierre, afin que ta foi ne défaille point; lors donc que tu seras converti, affermis tes frères.* Par où il montre que la foi des frères périclitera par des défaillances diverses, mais que par la foi immuable et indéfectible de Pierre, comme par le secours d'une ancre ferme, elle sera fixée et affermie sur le fondement de l'Eglise universelle. Ce que personne ne nie, à moins d'attaquer ces paroles mêmes de la Vérité; car comme c'est sur le pivot que roule toute la porte, de même aussi c'est sur Pierre et ses successeurs que roule le bien de toute l'Eglise. Et, comme le gond ou le pivot, en demeurant immobile, conduit et ramène la porte, de même aussi Pierre et ses successeurs ont un jugement libre sur toute l'Eglise, personne ne pouvant changer leur état, parce que le Siège suprême n'est jugé par personne. C'est pourquoi, retenant avec fermeté la foi et les institutions, nous crions à tout le monde du haut de la Chaire apostolique : *Quand nous-même ou un ange du ciel vous annoncerait autre chose que ce qui vous a été annoncé, qu'il soit anathème!* Et nous ne nous tairons pas parce qu'on dira que nous ne sommes pas tels que nous devons être, ni tel qu'était Pierre. Nous devrions nous taire sans doute, si nous nous recommandions nous-mêmes; mais parce que ce n'est pas nous que nous prêchons, mais le Seigneur Jésus, et nous, les serviteurs de ses serviteurs, il nous importe peu que nous soyons jugés par vous ou par qui que ce soit; car celui qui nous juge, c'est le Seigneur. Et vous-mêmes, si enflés que vous soyez, oseriez-vous dire que vous êtes tels que vous devez être, ou tels qu'Alexandre, que Chrysostome, ou Flavien? Et cependant vous exigez soigneusement des brebis la laine et le lait, sans craindre qu'on ne vous reproche de n'être pas pareils à vos prédécesseurs. Pourquoi cela? si ce n'est que tous les prêtres, quoique inégaux en mérite, sont égaux par l'office? et que ce qui est dû à l'office ne doit pas être refusé à cause du mérite. Eh bien! il en est de même du successeur de saint Pierre.

» Au reste, hommes vous-mêmes, pensez de l'homme ce que vous voulez; notre conscience nous répond d'une chose, c'est que nous désirons souverainement le salut et l'exaltation de toutes les églises de Dieu; mais que quoi que ce soit s'arroge et usurpe par orgueil quoi que ce soit, contre notre Siège apostolique et ses lois, voilà ce que nous ne saurions tolérer; car, quiconque s'efforce de détruire ou de diminuer l'autorité ou les privilèges de l'Eglise romaine, celui-là machine la subversion et la perte, non d'une seule Eglise, mais de toute la chrétienté; car enfin, par la compassion et le soutien de qui respireront ces filles opprimées d'une manière ou d'une autre, si on étouffe leur mère unique? De qui invoqueront-elles le secours? auprès de qui pourront-elles se réfugier? Car c'est elle qui a reçu, soutenu, défendu et Athanase et tous les catholiques, et qui les a rendus à leurs sièges dont ils avaient été chassés.

» Nous vous en conjurons donc, par les entrailles de Jésus-Christ, soyons un même corps et un même esprit. Imitons les membres du corps humain, qui ne se jalousent point, mais se réjouissent et s'affligent les uns avec les autres. Evitons l'orgueil et l'envie, qui ne cherchent qu'à déchirer le corps de Jésus-Christ. Pourquoi envier quelque chose à l'Eglise romaine, puisque, par la charité, tout vous devient commun? Quant à nous, nous regardons votre gloire comme la nôtre; pourquoi donc vous efforcez-vous de nous ravir celle que nous ont accordée et Dieu et les hommes? Est-ce que la main ou le pied ne regardent point l'honneur ou le déshonneur de la tête comme le leur propre? Que si vous ne ressentez point en vous cette harmonie de notre corps, vous n'y êtes donc pas, vous n'y vivez donc pas. Et si vous n'êtes pas dans le corps du Christ, qui est l'Eglise, où vous n'en vivez, considérez donc où vous êtes et qui vous êtes. Vous êtes retranchés, vous pourrissez, comme un sarment retranché du cep, vous êtes jetés dehors, vous séchez, pour être jetés au feu et brûler. Daigne la divine miséricorde écarter loin de vous ce malheur (Labbe, t. IX)! »

Comme cette lettre était déjà bien longue, le Pape leur dit à la fin qu'il leur envoie quelques passages des Pères, pour réfuter leur écrit contre les azymes, en attendant qu'il y réponde lui-même plus amplement par un autre écrit à part.

Le pape saint Léon IX reçut vers le même temps une lettre de Pierre, nouveau patriarche d'Antioche, qui lui donnait avis de son ordination, lui envoyant sa profession de foi et lui demandant sa communion et sa confirmation. Il chargea de cette lettre un pèlerin de Jérusalem, qui devait la mettre en main à Argyre, gouverneur de l'Italie méridionale, pour être rendue au Pape. On voit, par la réponse de saint Léon, que Pierre d'Antioche reconnaissait la primauté de l'Eglise romaine, et que c'était ce qui l'engageait à consulter le Saint-Siège, suivant en cela les décrets des conciles et des Pères, qui ont ordonné unanimement que les causes majeures et difficiles seraient portées à son tribunal, pour y être jugées définitivement. Le Pape loue Pierre d'Antioche de son amour pour l'unité, et l'exhorte à maintenir lui-même les prérogatives de son Eglise, la troisième après celle de Rome, lui offrant son secours contre ceux qui s'efforçaient de diminuer l'ancienne dignité de l'Eglise d'Antioche, c'est-à-dire contre Michel Cérulaire, patriarche de Constantinople, qui, s'attribuant le second rang, rejetait conséquemment le patriarche d'Antioche au quatrième, Pierre avait prié le Pape de lui donner des raisons de la division qui régnait dans l'Eglise universelle. Le Pape répond que, par la grâce de Dieu, l'Eglise romaine conserve le lien de l'unité, et que, s'il y a quelque semence de schisme, c'est de la part de l'Eglise grecque; il exhorte Pierre à en extirper jusqu'aux derniers germes dans ses quartiers, et ajoute : « Quant à notre humilité, qui a été élevée au faîte du trône apostolique pour approuver ce qui doit être approuvé, comme aussi pour improuver ce qui mérite l'improbation, elle approuve, elle loue et elle confirme de grand cœur la promotion épiscopale de votre très-sainte fraternité, en supposant toutefois qu'elle ait été faite selon les canons. » Il reconnaît pour catholique sa profession de foi et met la sienne, selon qu'il était d'usage, marquant, sur l'article du Saint-Esprit, qu'il procède du Père et du Fils. Il dit, sur la prédestination, que Dieu ne prédestine que les biens, mais qu'il prévoit les biens et les maux; que la grâce prévient et suit l'homme, sans détruire son libre arbitre; que l'âme est créée de rien et coupable du péché originel, tant qu'elle n'a point été purifiée par le baptême. Il approuve les sept premiers conciles généraux et ne dit rien du huitième, peut-être parce qu'on n'y décida aucun point de doctrine (Labbe, t. IX).

Au mois de janvier 1054, le saint Pape envoya à Constantinople trois légats : Humbert, cardinal-évêque de Sainte-Rufine, Pierre, archevêque d'Amalfi, et Frédéric, diacre et chancelier de l'Eglise romaine, frère de Godefroi, duc de Lorraine et parent de l'empereur Henri. Il les chargea de deux lettres, l'une pour l'empereur Constantin Monomaque, l'autre pour le patriarche Michel Cérulaire de Constantinople; l'une et l'autre en réponse à celles qu'il venait de recevoir d'eux. Le patriarche avait témoigné dans la sienne un grand désir de la réunion des Églises. Le Pape l'en félicite et témoigne qu'il ne la souhaitait pas moins; mais il ne lui dissimule point les bruits fâcheux que l'on répandait sur son compte. « On dit que vous êtes néophyte; que vous n'êtes pas monté par degré à l'épiscopat; que vous voulez soumettre à votre domination les patriarches d'Alexandrie et d'Antioche, et les priver des anciens privilèges de leurs dignités; que, par une usurpation sacrilège, vous prenez le titre de *patriarche universel*, que saint Pierre ni aucun de ses successeurs n'a voulu prendre, quoique le concile de Chalcédoine eût ordonné qu'on l'attribuât à saint Léon et aux Papes suivants. Mais qui ne s'étonnera, ajoute le Pape, qu'après des saints et des Pères orthodoxes pendant mille vingt ans depuis la passion du Sauveur, vous vous soyez avisé de calomnier l'Eglise des Latins, anathématisant et persécutant publiquement tous ceux qui participent aux sacrements faits avec des azymes? Nous avons connu votre entreprise par le bruit commun et par la lettre écrite en votre nom aux évêques d'Apulie; où l'on prétend prouver que Notre Seigneur institua, avec du pain levé, le sacrement de son Corps, qu'il donna à ses apôtres; ce qui se trouve réfuté par l'autorité de l'Ecriture, qui défendait aux Juifs, sous peine de mort, d'avoir, dans leurs maisons, du pain levé pendant les huit jours de la pâque. Est-il à présumer que Jésus-Christ ou ses disciples aient prévariqué en ce point? » Saint Léon IX ne répond point aux autres calomnies répandues dans le libelle de Cérulaire, parce qu'il l'avait fait dans un écrit particulier, dont il avait chargé ses légats et où il réfutait aussi plus au long l'erreur des Grecs touchant le pain fermenté (Labbe, t. IX).

Dans la lettre à l'empereur Monomaque, le Pape le loue de son zèle pour le rétablissement de la paix entre les Grecs et les Latins. Il rapporte en abrégé ce qu'il avait fait lui-même pour délivrer les églises de Dieu de la persécution des Normands; la conférence qu'il avait eue avec le duc Argyre sur la manière de les réduire, non en les faisant mourir, mais en les ramenant au devoir par la crainte des hommes, et la résolution où il était, avec le secours de ses très-chers fils l'empereur Henri et lui Constantin, de procurer la pacification entière de la république chrétienne. Il se plaint des entreprises de Cérulaire contre les Latins et contre les patriarches d'Alexandrie et d'Antioche, prie Monomaque de rendre à l'Eglise romaine ses patrimoines situés dans les lieux dépendant de son empire, et finalement lui recommande ses légats (*Ibid.*).

Ainsi, après la douloureuse bataille de Dragonara, où il avait perdu la plupart de ses amis et de ses parents, le pape saint Léon IX, en récompense de son affliction, vit ces mêmes terribles Normands se soumettre à lui et au Saint-Siège avec l'humilité d'un peuple vaincu; il vit l'Eglise mourante d'Afrique lui adresser ses derniers adieux et lui demander la paix et l'union d'elle-même avec elle-même; il vit le nouveau patriarche d'Antioche, métropole du plus lointain Orient, lui demander la communion apostolique et la confirmation de sa promotion épiscopale; il vit l'empereur et le patriarche de Constantinople lui demander l'union des Grecs et des Latins, c'est-à-dire l'union et l'alliance du monde entier. Mais saint Léon ne devait pas voir sur la terre la suite de ces événements.

Au commencement de l'an 1054, il se sentit attaqué d'une maladie qui lui causa d'abord plus de faiblesse que de douleur, et qui, lui ayant ôté le goût de toute nourriture, le réduisit à n'user plus d'autre aliment que d'eau. Il ne laissa pas de célébrer encore l'anniversaire de son ordination le 12 février; auquel il dit la messe pour la dernière fois. La maladie se déclara ensuite, et, assuré qu'il n'en devait pas relever, il se fit transporter de Bénévent à Rome. Les Normands, dont les chroniqueurs d'Allemagne supposent que le Pape était prisonnier, tandis que ceux d'Italie, ainsi que son biographe Wibert, rapportent simplement qu'il se rendit de lui-même au milieu d'eux; les Normands, que l'on avait regardés comme ses ennemis, ne marquèrent pas moins d'empressement que ceux du pays pour lui rendre tous les bons offices dont ils étaient capables, et pour exprimer la douleur qu'ils avaient de le perdre. Il les avait réduits sous le joug de Jésus-Christ, non par la force des armes humaines, mais par la douceur de l'esprit évangélique, qui leur avait rendu ce joug léger et qui les avait parfaitement soumis à l'Eglise. De sorte que ceux mêmes dont il avait paru le captif, parurent à leur tour ses captifs, avec leur prince Onfroi à leur tête. Ils marchèrent autour de sa litière pour le conduire jusqu'à Capoue comme des vaincus attachés à un char de triomphe.

Le saint partit de Capoue après douze jours de repos, accompagné de l'abbé du Mont-Cassin, et arriva à Rome après un mois de marche. Le 17 avril, qui était le second dimanche d'après Pâques, se sentant proche de sa fin et se souvenant des devoirs du bon pasteur, dont l'Eglise récitait l'Evangile en ce jour, il fit assembler les évêques et son clergé dans sa chambre, et leur fit une longue et ardente exhortation touchant l'obligation qu'ils avaient de veiller à toute heure et sur eux-mêmes et sur le troupeau de Jésus-Christ. Le lendemain, il se fit porter dans l'église de Saint-Pierre, où il passa toute la journée à prier et à donner à tous ceux qui étaient présents des avis salutaires. Le soir venu, il ordonna qu'on le menât devant son tombeau; il s'y prosterna avec larmes, et dit : « Vous voyez, mes frères, de tant de richesses et d'honneurs, quelle chétive demeure nous attendons : moi, entouré jusqu'à présent de tant de richesses et de dignités, je n'attends de tout cela que le marbre que vous voyez. » Et, levant la main, il le marqua du signe de la croix, en disant : « Bénie sois-tu entre les pierres, toi qui as été jugée digne de m'être associée, non pour mon mérite, mais par la miséricorde divine ; reçois-moi avec plaisir, et présente-moi au triomphe de la résurrection le jour des récompenses ; car je crois que mon Rédempteur est vivant, et qu'au dernier jour je ressusciterai de terre, et que, dans ma chair, je verrai Dieu, mon Sauveur. » Et il parla ainsi en versant des larmes.

Le 19 au matin, il se fit présenter devant l'autel de saint Pierre, où il resta prosterné en oraison pendant une heure. S'étant ensuite fait remettre sur son lit, il fit sa confession aux évêques, entendit la sainte messe, reçut l'extrême-onction et le saint viatique. Il demanda ensuite un moment de silence aux assistants, comme pour reposer, et rendit son âme à Dieu sans que personne s'en aperçût.

Dieu fit connaître dès ce moment combien la mort de son serviteur était précieuse devant lui. La multitude et l'éclat des miracles qu'il fit en sa considération, à la vue de toute la ville, porta bientôt la réputation de sa sainteté et l'opinion de la gloire dont il jouissait dans le ciel jusqu'aux extrémités des lieux où le nom de Jésus-Christ était connu. C'est ce qui excita les fidèles à honorer sa mémoire d'un culte religieux dès qu'il cessa de vivre ; et l'on peut dire que le jour de ses funérailles fut la première solennité de sa fête.

La vie du pape saint Léon IX a été écrite par trois auteurs contemporains : par son archidiacre Wibert de Toul, par saint Brunon, évêque de Ségni, et enfin l'histoire particulière de sa mort et de ses miracles, par un anonyme, qui en fut témoin oculaire (*Acta Sanct.*, 19 april. ; *Biblioth. Pat.*, t. XX).

LIVRE SOIXANTE-QUATRIÈME.

Les papes Victor II, Étienne IX, Nicolas II, Alexandre II et le cardinal Hildebrand.

(De l'an 1054 à l'an 1073.)

Le saint pape Léon IX était mort le 19 avril 1054, n'ayant encore que cinquante ans ; il était mort au milieu de ses projets et de ses travaux pour restaurer les mœurs du clergé et du peuple chrétien ; il avait rencontré des obstacles dans le clergé de Lombardie et d'Allemagne : ces obstacles, la simonie et l'incontinence, grandiront encore par l'appui que leur prêtera la puissance politique ; les successeurs de Léon IX, mourant l'un sur l'autre, n'auront pas le temps d'assurer cette restauration si nécessaire et si difficile. Cependant cette restauration s'accomplira, malgré tous les obstacles, grâce à Celui qui a dit à saint Pierre et aux apôtres, au Pape et aux évêques qui lui sont unis : *Voilà que je suis avec vous tous les jours jusqu'à la consommation des siècles.* Telle est la source mystérieuse et intarissable de cette vie, de cette santé, de cette force toujours nouvelle que l'Eglise catholique ne cesse de déployer au milieu des combats de tous genres que le monde et l'enfer ne cessent de lui livrer de toutes parts : vie, santé et force auxquelles la politique humaine ne comprend rien, parce qu'elle n'en connaît point la source, mais que le chrétien fidèle sent couler dans ses propres veines, pour faire autour de lui ce que l'Eglise fait dans l'univers entier. De là, dans certains hommes, pour le service de Dieu et de son Eglise, une pénétration, une prudence, une vigueur, un calme, une fermeté au-dessus de l'homme. Le cardinal Hildebrand, qui sera le pape saint Grégoire VII, était de ce nombre.

A la mort de saint Léon IX, qui l'avait emmené de Lorraine, il n'était encore que sous-diacre de l'Eglise romaine. Mais telle était la confiance publique en ses lumières et en sa vertu, que le clergé et le peuple de Rome l'envoyèrent à la tête d'une ambassade à l'empereur Henri le Noir, pour choisir en leur nom tel Pape qu'il jugerait à propos, attendu que, dans l'Eglise romaine, il ne se trouvait point de personne convenable à cette haute fonction. Voilà comme parle Léon d'Ostie. Il ne dit pas, comme Fleury lui fait dire, qu'il n'y avait dans l'Eglise romaine aucune personne digne d'être Pape, mais propre, mais idoine à l'être, sans doute à cause des circonstances. Il fallait un homme capable d'obtenir de l'empereur la restitution à l'Eglise des biens usurpés par l'empire ; il fallait un homme capable d'en obtenir au besoin des troupes suffisantes pour n'avoir rien à craindre des Normands d'Apulie, qui pouvaient se croire dégagés de leur serment par la mort du dernier Pape. Nous avons vu les suites funestes de la parcimonie que l'empereur avait mise dans l'envoi des troupes allemandes, par le conseil peu réfléchi de Guebehard, évêque d'Aichstædt, son conseiller le plus intime. On conçoit que, dans de pareilles circonstances, le plus digne d'être Pape pût n'être pas le plus convenable.

Hildebrand exécuta admirablement sa commission. Ayant obtenu le consentement de l'empereur pour choisir un Pape au nom du clergé et du peuple romain, il demanda expressément et de leur avis, l'évêque Guebehard d'Aichstædt. Grande fut la surprise de l'empereur et de l'évêque. L'affliction de l'empereur ne fut pas moindre que la surprise ; car il aimait tendrement Guebehard, qui était son proche parent et son bras droit dans le gouvernement de l'empire. Il disait donc qu'il lui était absolument nécessaire, et en proposait d'autres qu'il jugeait plus propres à cette dignité ; mais jamais il ne put persuader à Hildebrand de changer d'avis. Guebehard lui-même ne voulait point être Pape ; car outre sa grande capacité dans les affaires, il était, après l'empereur, le plus puissant et le plus riche du royaume germanique. Mais comme à ces avantages naturels, il joignait une vie très édifiante, ce fut une raison de plus pour Hildebrand de persister dans son choix. La diète de Mayence, où se traitait cette affaire au mois de novembre 1054, fut congédiée par l'empereur, sans rien conclure. L'évêque Guebehard, voyant que les moyens ordinaires ne pouvaient faire changer d'avis aux légats romains, envoya secrètement à Rome répandre de mauvais bruits sur son propre compte, afin que les légats reçussent ordre d'en choisir un autre : il fit même dresser un mémoire pour prouver qu'il ne pouvait être élu. Tout fut inutile. Dans une nouvelle diète tenue à Augsbourg dans les premiers mois de 1055, l'empereur lui-même le pressa d'acquiescer à son élection. Guebehard ne résista plus, et dit à l'empereur : « Quoique je me sente souverainement indigne du Siége apostolique, j'obéirai à vos ordres et me consacrerai corps et âme à saint Pierre, mais à la condition que, vous aussi, vous rendrez à saint Pierre ce qui lui appartient. » L'empereur l'ayant promis, l'évêque accepta. Hildebrand l'emmena ainsi d'Allemagne, malgré l'empereur et malgré lui-même. Il fut reçu à Rome avec grand honneur, reconnu Pape d'un consentement unanime, et intronisé le jeudi saint 13 avril, sous le nom de Victor II, près d'un an après la mort de Léon IX (*Chronic. Cassin.*, l. 2, c. 89 ; *Vita Victor II, apud Gretzer*, t. X).

Comme il avait été un grand obstacle à son prédécesseur pour son expédition contre les Normands, il avait coutume de dire, quand il éprouvait quelque chagrin : « Je mérite bien de souffrir tout cela, puisque j'ai péché contre mon Seigneur; il est juste que Paul expie ce que Saul a fait (*Chron. Cass.*, l. 2, c. 89). »

Dans cette légation d'Allemagne pour l'élection d'un Pape, le cardinal Hildebrand était accompagné du cardinal Humbert, autrefois abbé de Moyen-Moutier en Lorraine, et alors évêque de la Forêt-Blanche ou de Sainte-Rufine. Il venait de revenir de Constantinople, où il avait été envoyé en légation avec Pierre, archevêque d'Amalfi, et le diacre Frédéric, frère du duc Godefroi de Lorraine et chancelier de l'Eglise romaine, que nous verrons Pape sous le nom d'Étienne IX. Ces trois légats avaient pour commission de prévenir ou d'apaiser le schisme de Michel Cérulaire, et de réfuter ses reproches contre les Latins. Ils arrivèrent à Constantinople au commencement de l'an 1054, étant partis de Rome sur la fin de l'année précédente. L'empereur Constantin Monomaque les reçut avec honneur et les logea dans son palais. Humbert y travailla à une ample réponse à la lettre de Michel Cérulaire et de Léon d'Acride. Il la divisa par articles, avec sa réponse à chacun. C'est une espèce de dialogue, où le Constantinopolitain fait les objections, et le Romain en donne la solution.

Le patriarche Michel disait, dans sa lettre, que la charité et la compassion l'avaient engagé à l'écrire pour retirer les Latins de leurs erreurs sur les azymes et l'observation du sabbat. « Pourquoi donc, lui dit Humbert, négligez-vous ceux qui sont à votre charge, souffrant chez vous des jacobites et autres hérétiques, conversant et mangeant avec eux ? L'apôtre ne dit-il pas : *Evitez celui qui est hérétique, après l'avoir averti une et deux fois?* » Il vient ensuite aux reproches touchant les azymes et l'observation du sabbat, et, après avoir rapporté les passages de l'Ecriture qui établissent l'usage des azymes, il dit que la loi de Dieu, à cet égard, n'ayant eu lieu que pour un temps, les Latins ne l'observaient plus; qu'ils mangeaient du pain levé pendant les sept jours de la Pâque, comme dans tout le reste de l'année, et que, s'ils fêtaient ces sept jours, les Grecs en usaient de même; que, pour ce qui est du samedi, les Latins le jeûnaient comme le vendredi; mais qu'en cela on ne pouvait les accuser de judaïsme; que ce reproche tombait plutôt sur les Grecs, qui faisaient bonne chère ce jour-là et le passaient dans l'oisiveté, comme les Juifs. Il ajoute que si, « comme le voulaient les Grecs, on ne doit jeûner qu'un seul samedi de l'année, en mémoire de la sépulture du Sauveur, il ne faut donc aussi jeûner qu'un vendredi en mémoire de sa passion, ne célébrer qu'un dimanche en mémoire de sa résurrection. Nous ne rejetons pas le jeûne du vendredi, et nous jeûnons même le samedi pour imiter la tristesse des apôtres en ces deux jours; en nous conformant à ce qu'ils ont ordonné pour la célébration du dimanche, nous fêtons ce jour pendant toute l'année. »

Humbert convient avec les Grecs que Jésus-Christ est la Pâque véritable et qu'il l'a célébrée le quatorzième de la lune au soir; mais parce que les Grecs soutenaient que le pain que Jésus-Christ prit à la cène était du pain levé, s'appuyant en cela de l'étymologie du mot *artos*, qui signifie pain levé et enflé par la fermentation, il fait voir, par divers endroits de l'Ecriture, que *artos* marque indistinctement le pain levé ou le pain sans levain, comme le terme hébreu *léchem* signifie toute sorte de pain. En effet, l'Ecriture, parlant du pain que l'ange apporta à Elie et des pains de proposition, qui devaient être sans levain, se sert du mot *artos*. Il donne pour preuve que Jésus-Christ institua l'eucharistie avec du pain azyme, l'usage établi chez les Juifs de n'en point avoir d'autre dès que les jours de la Pâque étaient commencés. La loi ordonnait de punir de mort celui qui en aurait eu de fermenté dans sa maison. Les Grecs ne témoignaient que du mépris pour le pain azyme, le comparant à une pierre sans âme, à de la boue sèche. Humbert ne s'arrête à cette comparaison que pour en faire sentir l'indécence, et que pour montrer aux Grecs que leur pain levé n'était pas plus pur que les azymes des Latins; il rapporte les différents ingrédients qui servaient à la fermentation du pain. Chez les Gaulois, on employait la lie de la bière, ou du jus de pois ou d'orge, ou du lait de figue; d'autres se servaient du lait aigri d'animaux, et de quelque nature que fût le ferment, il corrompait toujours la masse de la farine dans laquelle on le jetait, comme le dit saint Paul. Les azymes, chez les Latins n'avaient rien que de très-pur. « Nous ne mettons point sur la table du Seigneur, dit Humbert, des aliments communs aux hommes et aux bêtes, mais seulement du pain tiré de la sacristie, dans laquelle les diacres avec les sous-diacres ou même les prêtres, revêtus d'habits sacrés, l'ont pétri et préparé dans un fer, en chantant des psaumes; et ce pain est composé de grains de froment et d'une eau très-limpide. Mais quelles sont vos précautions à l'égard d'un si grand mystère? Vous achetez souvent du pain fermenté sans distinction de personne, soit qu'il ait été préparé par des hommes ou par des femmes; vous en achetez même quelquefois de ceux qui tiennent des tavernes publiques. Quoique vous ne puissiez nier que ces sortes de pains n'aient été maniés par des mains sales et non lavées, vous les offrez sur la table du Seigneur. »

Il demande aux Grecs quelle raison ils avaient de prendre avec une cuiller le pain sacré mis en miettes dans le calice? Jésus-Christ n'en usa pas ainsi : il bénit un pain entier, et l'ayant rompu, il le distribua par morceaux à ses disciples, comme l'Eglise romaine l'observe. L'Eglise de Jérusalem conserve à cet égard la discipline qu'elle a reçue des apôtres. On n'y offre que des hosties entières, que l'on met sur des patènes, sans employer, comme les Grecs, une lance de fer pour couper l'hostie en forme de croix; elle est mince, de fleur de farine; on en communie le peuple sans la tremper dans le calice. S'il reste quelque chose de la sainte eucharistie, on ne le brûle point, on ne le jette pas dans une fosse; mais on le réserve dans une boîte bien nette, pour en communier le peuple le lendemain; car on y communie tous les jours, à cause du grand concours des chrétiens qui y viennent de toutes les provinces visiter les saints lieux. Tel est l'usage de l'Eglise de Jérusalem et de toutes celles qui en dépendent, grandes et petites. Tel est aussi l'usage de l'Eglise romaine. On y met sur l'autel des hosties minces faites de fleur de farine, saines et entières, et, les ayant rompues après la consécration, le prêtre en communie avec le peuple; ensuite il prend le sang tout pur dans le calice. On y met de même en réserve ce qui est resté de la sainte eucharistie. Les Grecs, en quelques endroits, n'en usaient pas ainsi : ou ils enterraient les restes, ou ils les mettaient dans une bouteille, ou ils les répandaient. « C'est, dit Humbert, une grande négligence, et n'avoir point la crainte de Dieu. » Sur ce qu'ils insistaient que les azymes étaient ordonnés par la loi de Moïse, il répond qu'elle ordonnait aussi des offrandes de pain levé; d'où il suivait qu'elle n'était pas plus favorable à la pratique des Grecs qu'à celle des Latins.

Aux reproches des Grecs sur l'observation du sabbat, Humbert répond que les Latins ne le fêtaient pas comme les Juifs; qu'en ce jour ils travaillaient et faisaient des voyages, au lieu que les Grecs ne s'y occupaient que du boire et du manger, même en carême. Il fait voir que, en reprochant aux Latins de manger du sang et des viandes suffoquées, ils se déclaraient pour l'observation de la loi ancienne, qu'ils méprisaient lorsqu'il s'agissait des azymes. « Ce n'est pas, ajoute-t-il, que nous voulions soutenir contre vous l'usage du sang et des viandes suffoquées; nous les avons en horreur, suivant la tradition de nos pères, et nous mettons en pénitence quiconque en mange, si ce n'est pour éviter le danger de mourir de faim; car nous tenons pour lois apostoliques toutes les anciennes coutumes qui ne sont point contre la foi. A l'égard de l'*Alleluia*, c'est à tort que vous nous accusez de ne le chanter qu'à Pâques, nous le chantons tous les jours de l'année, à l'exception des neuf semaines qui précèdent la fête de Pâques. Nous nous conformons en cela à la tradition de nos Pères. C'est un temps de pénitence auquel un chant de joie ne convient pas. Humbert, après avoir justifié les Latins, reproche aux Grecs divers abus : de rebaptiser les Latins, contre l'usage général de l'Eglise catholique, qui n'a jamais permis de rebaptiser au nom de la sainte Trinité; d'enterrer les restes de l'eucharistie et de les fouler aux pieds; de permettre aux prêtres l'usage du mariage, même dans les jours qu'ils servent à l'autel; de refuser le baptême ou la communion aux femmes en péril pendant leurs couches ou leurs incommodités ordinaires; de ne point baptiser les enfants avant le huitième jour après leur naissance, fussent-ils en danger de mort; de condamner les moines qui portent des caleçons ou qui mangent de la viande étant malades, avec plus de sévérité que s'ils étaient tombés dans la fornication. » Le cardinal Humbert composa en latin cette réponse, qui fut traduite en grec et publiée par ordre de l'empereur Constantin Monomaque (*Apud Baron.*, *in append.*, t. XVII, *et apud Canis.*, t. IV, *inef.*).

Humbert répondit aussi à un écrit composé contre les Latins par un moine de Stude qui était en grande réputation chez les Grecs, nommé Nicétas et surnommé *Stethatos*, que les Latins avaient traduit par *Pectorat*. Cet écrit contenait les mêmes reproches que celui de Michel Cérulaire, et sur les mêmes preuves; mais Nicétas ajoutait que les Latins rompaient le jeûne en célébrant la messe tous les jours de carême, parce que, la disant à l'heure de tierce, suivant la règle, ils ne jeûnaient pas jusqu'à none, au lieu que les Grecs, les jours du jeûne, ne célébraient que la messe des présanctifiés, sans consacrer, et à l'heure de none, comme ils font encore. Nicétas soutient ensuite le mariage des prêtres, attribuant le canon qui les autorise au sixième concile, où il dit que présidait le pape Agathon, et il se fonde partout sur des pièces apocryphes, comme les canons et les constitutions attribuées aux apôtres. Il y avait beaucoup de hauteur et d'aigreur dans cet écrit de Nicétas.

Le cardinal Humbert en prit occasion de l'humilier dans sa réponse, en le chargeant de reproches et d'injures. Il trouve mauvais surtout que, au lieu de vaquer aux exercices de la vie monastique, conformément aux décrets du concile de Chalcédoine, il se soit ingéré dans les disputes ecclésiastiques, et que, de son propre mouvement, il ait osé attaquer l'Eglise romaine. Il rejette avec mépris ce qu'il avait dit de la consubstantialité du pain levé avec nous, et l'application du passage de saint Jean, touchant l'esprit, l'eau et le sang, et fait voir que cet endroit n'a aucun rapport à l'eucharistie, mais seulement au baptême, où l'esprit sanctifie, l'eau purifie, le sang rachète l'homme baptisé. Il lui fait un crime d'avoir dit que l'esprit vivifiant était demeuré en Jésus-Christ après sa mort, parce qu'il suivait de là que Jésus-Christ n'était point mort réellement, ni conséquemment ressuscité. Il s'arrête peu à ses objections contre les azymes, disant qu'il y avait suffisamment répondu dans son écrit contre Michel Cérulaire; mais il remarque qu'on ne pouvait dire, comme faisait Nicétas, que le Sauveur eut fait la Pâque le treizième de la lune : premièrement, parce que, selon la loi, on ne devait la commencer que le quatorze au soir; en second lieu, parce qu'il l'aurait faite avec du pain fermenté, ce qui était également défendu par la loi. Il rejette comme apocryphes les constitutions qui portent le nom des apôtres et leurs prétendus canons, ne reconnaissant que l'autorité des cinquante premiers. Or, Nicétas avait objecté le soixante-dixième : encore Humbert soutient-il qu'il ne fait rien contre les Latins, parce qu'en effet leurs jeûnes et leurs fêtes n'avaient rien de commun avec les Juifs.

Ensuite il relève cet écrivain sur ce qu'il avait dit plus d'une fois, que le pape Agathon présida au sixième concile général. Il n'y fut présent que par ses légats. Ce concile s'assembla pour la condamnation des monothélites, et non pour introduire des nouveautés parmi les Romains. Les canons que l'on objecte sous son nom ont été ou fabriqués ou altérés par les Grecs. Le Siége apostolique ne les a jamais reçus, ni ceux de Trulle, que les Grecs attribuent à ce sixième concile. Si le pape Agathon avait voulu toucher aux traditions de ses prédécesseurs, les Romains ne l'auraient point écouté. Le cardinal Humbert rapporte un fait qu'on ne lit point ailleurs, savoir, qu'après le concile, l'empereur Constantin Pogonat, étant dans son palais avec les légats du Saint-Siége, leur demanda comment l'Eglise romaine offrait le saint sacrifice. Ils répondirent : « Dans le calice du Seigneur on ne doit point offrir de vin pur, mais du vin mêlé d'eau : si l'on offre le vin pur, le sang de Jésus-Christ est sans nous; et si l'on n'offre que de l'eau, le peuple est sans Jésus-Christ; mais quand on mêle le vin et l'eau, le sacrement spirituel devient parfait. Au contraire, l'hostie que l'on offre sur l'autel ne doit avoir aucun mélange de levain, comme la sainte Vierge a conçu et enfanté Jésus-Christ sans aucune corruption. Il est d'usage, dans l'Eglise, de ne point célébrer le sacrifice sur de la soie ou sur une étoffe teinte, mais sur un linge blanc, comme le corps du Seigneur fut enseveli dans un linceul blanc. Par cette raison, l'hostie doit être exempte de levain, ainsi qu'il a été ordonné par saint Silvestre. » Cette tradition de l'Eglise romaine plut à ce prince. On voit ici que, dans le grand nombre de ses autorités, Humbert citait lui-même des écrits apocryphes, tels que sont les *Gestes pontificaux* du pape Silvestre.

En répondant à l'objection sur le jeûne du samedi, il dit : « Nous jeûnons exactement tous les jours de carême, et quelquefois nous faisons jeûner avec nous les enfants qui ont atteint l'âge de dix ans. Nous n'en exceptons pas le samedi, que Jésus-Christ n'a point excepté dans son jeûne de quarante jours; et nous ne rompirions pas même le jeûne du dimanche, comme il ne l'a pas rompu, si les saints Pères catholiques n'eussent unanimement défendu le jeûne en ce jour, à cause de la joie de la résurrection du Seigneur : pratique qui a été autorisée par les évêques du concile de Gangres. » Il appelle Nicétas *perfide stercoraniste*, comme s'il eût été dans le sentiment de ceux à qui l'on imputait de croire que l'eucharistie était sujette aux mêmes suites que les autres aliments; ce qui ne paraît par aucun passage de ses écrits. Mais Humbert le nomme apparemment ainsi parce qu'il disait que l'eucharistie rompait le jeûne, ce que le cardinal réfute en disant: *Celui qui mange la chair de Jésus-Christ et boit son sang, reçoit la vie éternelle;* comment pouvez-vous croire que, mangeant la vie incorruptible, nous corrompions l'intégrité de nos jeûnes, comme si nous nous repaissions de viandes corruptibles, Jésus-Christ a-t-il dit qu'en mangeant sa chair et en buvant son sang, on romprait le jeûne? Nous prenons l'eucharistie en très-petite quantité, pour n'en pas dégoûter les hommes charnels, mais aussi nous ne doutons pas qu'on reçoive, dans la moindre particule, la vie tout entière, c'est-à-dire Jésus-Christ. Chaque jour, soit à tierce, soit à none, ou à quelque autre heure, nous célébrons la messe parfaite; et nous ne réservons point une partie de l'oblation pour célébrer, cinq jours de suite, une messe imparfaite, parce que nous ne lisons point que les apôtres aient rien réservé de l'hostie qu'ils reçurent à la première cène; et il ne paraît point, par leurs actes, qu'ils aient, dans la suite, fait ou ordonné quelque chose de semblable. Il cite la fausse décrétale du pape Alexandre, et ajoute : « Nous n'ignorons pas que vos saints Pères ont établi l'usage de célébrer la messe à l'heure de tierce les dimanches et les fêtes solennelles, à cause de la descente du Saint-Esprit à cette heure-là, et qu'ils ont ordonné qu'on la célébrerait de même à l'avenir; mais il n'en est pas des jours de jeûne comme des dimanches et des fêtes solennelles. On peut, sans péché, célébrer des messes parfaites les jours de jeûne, à l'heure de none ou de vêpres, puisque Jésus-Christ a institué ce sacrement le soir, et qu'il a consommé son sacrifice sur la croix à l'heure de none. Encore donc que les heures de tierce et de none soient les plus convenables, on peut, à cause d'un voyage ou par quelque autre nécessité, célébrer la messe en d'autres heures, sans préjudicier à l'intégrité du jeûne, comme on ne le rompt pas en la célébrant la nuit de Noël. »

Humbert reprend les Grecs de ce qu'en rompant le pain sacré, ils ne recueillaient point les miettes qui tombaient de côté et d'autre : ce qui arrivait encore quand ils essuyaient les patènes avec des feuilles de palmier ou des brosses de soie de porc; de ce que plusieurs d'entre eux serraient le corps de Jésus-Christ avec si peu de respect, qu'ils en comblaient les boîtes et les pressaient avec la main, de peur qu'il n'en tombât. Il y en avait aussi qui consumaient les restes de l'eucharistie comme du pain commun, jusqu'à en prendre au delà de leur appétit, et qui les enterraient ou les jetaient dans un puits, s'ils ne pouvaient manger le tout. Plusieurs d'entre eux ne jeûnaient que peu ou point pendant le carême, passant le jour entier à boire ou à manger; d'autres portaient de la nourriture à l'église et la prenaient avant d'en sortir; quelques-uns ne jeûnaient qu'une semaine, qu'ils appelaient le *carême de saint Théodore*. C'était encore une coutume chez les Grecs, après l'unique repas du carême, de prendre des fruits ou des herbes par forme de collation. On n'en usait pas de même chez les Latins; on n'y mangeait qu'une fois, et on ne permettait à personne de rompre le jeûne, sinon dans le cas d'une grave infirmité.

Nicétas avait avancé que, dans l'Eglise latine, on commençait par se faire ordonner, puis on se mariait. Humbert l'accuse de mensonge en ce point. « Chez nous, dit-il, personne n'est admis au sous-diaconat qu'il ne promette de vivre en continence, même avec sa propre femme; et on ne permet à aucun de ceux qui ont acquis quelque grade dans le saint ministère, de se marier. » Il fait voir ensuite que si, suivant le principe de Nicétas, il était nécessaire que ceux que l'on admet aux grades d'évêque, de prêtre, de diacre, de sous-diacre fussent mariés, et qu'ils gardassent leurs femmes après leur ordination, saint Jean, saint Paul et saint Barnabé auraient été en faute, eux qui n'étaient point mariés. Il explique les canons qui défendaient aux clercs d'abandonner leurs femmes; du soin qu'ils doivent prendre d'elles depuis leur ordination, en leur procurant les choses nécessaires à la vie, mais sans habiter avec elles comme auparavant. Puis il prouve, par plusieurs décrétales authentiques des papes Innocent, Sirice et Léon, que tous les ministres sacrés sont obligés à la continence. Il n'en excepte que les lecteurs, les portiers, les exorcistes, les acolytes. Enfin il prononce anathème contre Nicétas et contre ceux qui pensaient comme lui, s'ils ne changent de doctrine (*Apud Canis.*, t. IV, édit. in-fol.).

Nicétas eut le bonheur et le courage de reconnaître la vérité. Il se rétracta le jour de la Saint-Jean, 24 juin 1054, dans le monastère de Stude, en présence des trois légats et de l'empereur. Il anathématisa son écrit intitulé : *De l'azyme, du sabbat et du mariage des prêtres*. Il anathématisa de plus tous ceux qui nieraient la primauté de l'Eglise romaine sur toutes les Eglises, ou qui oseraient reprendre en quelque point sa foi toujours orthodoxe. Cela fait, l'empereur, à la demande des légats, fit brûler le livre de Nicétas. Le lendemain, Nicétas alla de lui-même trouver les légats au palais de Pigi, où ils logeaient, et ayant reçu d'eux la solution de ses difficultés, il anathématisa une seconde fois, de son plein gré, tout ce qu'il avait dit, ou fait, ou entrepris contre le Siège apostolique. Les légats l'admirent en leur communion et il devint leur ami particulier. L'écrit du légat Humbert contre Nicétas fut traduit en grec par ordre de l'empereur, et gardé à Constantinople (Labbe, t. IX).

Il eut été à souhaiter, pour le bien de l'Eglise et pour le salut de l'Orient, que le patriarche Michel Cérulaire eut la même bonne foi et le même courage que le moine Nicétas. Mais il en était bien loin. Jusqu'alors il n'avait voulu ni voir les légats, ni leur parler. Ceux-ci voyant qu'il demeurait obstiné dans ses sentiments, allèrent à Sainte-Sophie le samedi, 6 juillet, à l'heure de tierce, lorsqu'on était prêt à célébrer la messe. Après s'être plaints de la conduite de Michel, ils mirent sur le grand autel, en présence du clergé et du peuple, un acte d'excommunication contre lui. Secouant ensuite la poussière de leurs pieds, suivant le précepte de l'Évangile, ils sortirent de l'église en criant : *Que Dieu le voie et qu'il juge!* Ils réglèrent les Eglises des Latins qui étaient à Constantinople, prononcèrent anathème contre ceux qui communieraient de la main du patriarche, prirent congé de l'empereur, reçurent des présents, tant pour saint Pierre que pour eux, et partirent le 18 du même mois. Par tous ces détails, on voit que l'empire grec était uni au Pape et le reconnaissait pour le chef spirituel de tous les chrétiens. On ne voit pas même que jamais les Grecs, dans toute cette affaire, lui aient formellement contesté la primauté. Leur malheur fut alors, comme toujours, leur incurable duplicité et habitude du sophisme.

Arrivés à Sélymbrie, les légats reçurent une lettre de l'empereur, qui les invitait, de la part du patriarche, à revenir. Ils revinrent au palais de Pigi. Michel leur offrit d'entrer avec eux en conférence le lendemain à Sainte-Sophie; mais son dessein était de les faire assommer par le peuple, en lui montrant l'acte d'excommunication. L'empereur, prévoyant ce qui devait arriver, voulut être présent à la conférence. Michel s'y opposa : sur quoi ce prince fit partir les légats. Irrité d'avoir manqué son coup, Michel excita contre l'empereur même une grande sédition, sous prétexte qu'il avait été d'intelligence avec les légats. Monomaque ne put apaiser le tumulte qu'en livrant Michel Paul et son fils Smaragde, qui avaient servi d'interprètes aux légats : ce qui montre quelle était la faiblesse de l'empereur et de l'empire. Les légats étaient déjà chez les Russes, lorsqu'un courrier de l'empereur leur vint demander un exemplaire fidèle de l'acte d'excommunication. Ils l'envoyèrent. Monomaque, convaincu que Michel l'avait falsifié, ôta les charges à ses parents et à ses amis, et les chassa du palais; mais il n'osa s'attaquer à sa personne.

L'acte d'excommunication était conçu en ces termes : « Humbert, par la grâce de Dieu, cardinal-évêque de la sainte Eglise romaine; Pierre, archevêque d'Amalfi; Frédéric, diacre et chancelier, à tous les enfants de l'Eglise catholique. La sainte, romaine, première et apostolique Chaire, à laquelle, comme à la tête, appartient plus spécialement la sollicitude de toutes les Eglises, a daigné nous envoyer dans cette capitale comme ses apocrisiaires, pour la paix et l'utilité de l'Eglise, afin que, comme il est écrit, nous descendions et nous voyions si la clameur qui s'élève sans intermission de cette grande ville jusqu'à ses oreilles, est réalisée par les œuvres; ou bien, si cela n'est point ainsi, afin qu'elle puisse le savoir. Sachent donc avant tout les glorieux empereurs, le clergé, le sénat et le peuple de Constantinople, aussi bien que celui de toute l'Eglise catholique, que nous avons trouvé ici un grand bien qui nous réjouit singulièrement dans le Seigneur, mais aussi un très-grand mal, qui nous afflige extrêmement; car, quant aux colonnes de l'empire, les personnes constituées en dignité et les plus sages d'entre les citoyens, la ville est très-chrétienne et orthodoxe; mais quant à Michel, nommé abusivement *patriarche*, et les fauteurs de son extravagance, on y sème tous les jours beaucoup d'hérésies.

» Car, comme les simoniaques, ils vendent le don de Dieu; comme les valésiens, ils rendent eunuques leurs hôtes et ensuite les élèvent, non-seulement à la cléricature, mais à l'épiscopat; comme les ariens, ils rebaptisent ceux qui ont été baptisés au nom de la sainte Trinité, principalement les Latins; comme les donatistes, ils disent que, hors l'Eglise grecque, il n'y a plus dans le monde ni Eglise de Jésus-Christ, ni vrai sacrifice, ni vrai baptême; comme les nicolaïtes, ils permettent le mariage aux ministres de l'autel; comme les sévériens, ils disent que la loi de Moïse est maudite; comme les macédoniens, ils ont retranché du Symbole que le Saint-Esprit procède du Fils; comme les manichéens, ils disent entre autres choses que tout ce qui a du levain est animé; comme les nazaréens, ils gardent les purifications judaïques, ils refusent le baptême aux enfants qui meurent avant le huitième jour, et la communion aux femmes en couches, et ne reçoivent point à leur communion ceux qui se coupent les cheveux et la barbe suivant l'usage de l'Eglise romaine.

» Michel, admonesté par les lettres de notre seigneur le pape Léon, à cause de ses erreurs et de plusieurs autres excès qu'il a commis, n'en a tenu compte, et de plus, comme nous, ses légats, voulions réprimer ces maux par des voies raisonnables, il a refusé de nous voir et de nous parler, ainsi que de nous donner des églises pour célébrer la messe, comme dès auparavant il avait fermé les églises des Latins, les appelant *azymites*, les persécutant partout, et, en leur personne, anathématisant le Siége apostolique, au mépris duquel il prend le titre de *patriarche œcuménique*. C'est pourquoi, ne pouvant souffrir cette injure inouïe faite au Saint-Siége apostolique et voyant la foi catholique sapée de plusieurs manières, par l'autorité de la sainte Trinité, du Siége apostolique, des sept conciles et de toute l'Eglise catholique, nous souscrivons à l'anathème que notre seigneur le Pape a prononcé et nous disons : Michel, patriarche abusif, et néophyte revêtu de l'habit monastique par la seule crainte des hommes, et diffamé pour plusieurs crimes, et avec lui Léon, dit évêque d'Acride, et Constantin, sacellaire de Michel, qui a foulé à ses pieds profanes le sacrifice des Latins; eux et tous ceux qui les suivent dans lesdites erreurs et attentats, qu'ils soient anathème avec les simoniaques, les valésiens, les ariens, les donatistes, les nicolaïtes, les sévériens, les macédoniens, les manichéens et les nazaréens, avec tous les hérétiques, et avec le diable et ses anges, à moins qu'ils ne viennent à résipiscence : Amen, amen, amen ! » Les légats prononcèrent de vive voix une autre excommunication, en présence de l'empereur et des grands, en ces termes : « Quiconque blâmera opiniâtrément la foi du Saint-Siège apostolique de Rome et son sacrifice, soit anathème et ne soit pas tenu pour catholique, mais pour hérétique *prozymite,* » c'est-à-dire défenseur du levain (Labbe, t. IX).

Lorsque les légats reprochent aux Grecs d'avoir retranché du Symbole que *le Saint-Esprit procède du Fils*, ils faisaient peut-être allusion au Symbole qui se trouve à la fin de l'*Ancorat* de saint Epiphane, et que ce Père assure que tous les évêques faisaient apprendre aux catéchumènes. Il y est dit expressément que *le Saint-Esprit procède et reçoit du Fils;* ce que saint Epiphane, dans le même ouvrage, traduit jusqu'à dix fois par *procéder de l'un et de l'autre.*

Michel Cérulaire, profitant des embarras qu'il avait suscités à l'empereur par la sédition que nous avons vue, publia contre cette excommunication un décret, tant en son nom qu'au nom de douze métropolitains et de deux archevêques. Il y est dit que des hommes impies, sortis des ténèbres de l'Occident, sont venus à Constantinople corrompre la saine doctrine par la variété de leurs dogmes; qu'ils ont mis sur l'autel un écrit portant anathème contre le patriarche et tous ceux qui ne se laissaient point entraîner à leurs erreurs. Michel met entre ces erreurs le reproche que les légats avaient fait aux Grecs de ne point raser leur barbe, de communiquer avec les prêtres mariés, et d'avoir retranché du Symbole ce qui regarde la procession du Saint-Esprit. Il rapporte les autorités sur lesquelles les Grecs se fondaient pour soutenir ces trois articles, dont certainement les légats ne leur avaient pas reproché le premier. Mais tous les moyens étaient bons pour Cérulaire.

Il ajoute, en parlant des légats : « Quoique venus d'eux-mêmes, de concert avec Argyre, ils ont supposé qu'ils étaient envoyés par le Pape, et ont fabriqué de fausses lettres sous son nom, comme il a été reconnu par la fausseté des sceaux. A l'égard de l'écrit qu'ils ont fait contre nous et mis sur l'autel, les sous-diacres les ayant voulu en vain obliger à le reprendre, nous l'avons pris pour empêcher que les blasphèmes qu'il contient ne fussent rendus publics, et nous l'avons fait traduire du latin en grec. » Cérulaire le transcrivit tout entier, puis il dit que, s'étant plaint à l'empereur de l'insolence des légats, ce prince les rappela à Constantinople, d'où ils étaient partis; qu'y étant de retour, ils ne voulurent ni le voir, ni entrer en conférence avec lui dans le grand concile, ni s'expliquer sur les impiétés contenues dans leur acte d'excommunication; que l'empereur n'ayant pas jugé à propos de les y contraindre, parce qu'ils avaient la qualité de légats, ce prince lui avait envoyé une lettre où il était dit : « Après avoir examiné ce qui s'est passé, j'ai trouvé que la source du mal vient des interprètes et de la part d'Argyre. Quant à ces étrangers apostés par d'autres, je n'ai rien à faire contre eux. Mais je vous envoie les coupables, après les avoir fait fouetter pour servir d'exemple aux autres. Pour ce qui est de l'écrit; il sera brûlé publiquement, quand on aura anathématisé tous ceux qui y ont pris part. J'ai aussi fait mettre en prison le vestarque, gendre d'Argyre, et son fils, pour les punir de cette supposition. » Michel ajoute, qu'en conséquence de cet ordre de l'empereur, l'écrit, avec ceux qui l'ont fait ou publié, ont été anathématisés dans la grande salle du conseil, en présence des métropolitains et des archevêques qui se trouvaient en cette ville, et qu'au lieu de brûler l'original de cet écrit impie, on l'a déposé au cabinet du cartophylax, pour la condamnation perpétuelle de ceux qui ont proféré de pareils blasphèmes (Leo allat. de lib. cul. græc., p. 161).

Si, dans la lettre insérée par Cérulaire, l'empereur suppose que les trois légats n'avaient pas véritablement cette qualité; que leurs lettres étaient fausses; s'il rejette tout le mal sur les interprètes et sur le duc Argyre, ce n'est pas qu'il le crût en aucune manière, mais uniquement pour apaiser la sédition que Cérulaire avait excitée contre lui, après avoir échoué dans son dessein de faire assommer les légats par la populace. On voit d'un côté la faiblesse de l'empereur, et de l'autre, la mauvaise foi du patriarche.

Cependant Dominique, patriarche de Grade et d'Aquilée, écrivit à Pierre, patriarche d'Antioche, pour lui demander son amitié, qui lui était chère, autant par ses qualités personnelles que parce qu'il était évêque de la seconde Eglise du monde, comme fondée par saint Pierre, de même que celle de Rome. Il lui parlait aussi du patriarcat d'Aquilée et de ses prérogatives, dont une était d'être assis à la droite du Pape dans les conciles. Venant ensuite au vrai motif de sa lettre, qui était d'engager ce patriarche dans la cause de l'Eglise romaine. « Je ne puis vous dissimuler, lui dit-il, ce que j'ai appris des reproches que lui fait le clergé de Constantinople. Ils blâment les saints azymes dont nous nous servons pour consacrer le Corps de Jésus-Christ, et, pour cela, ils nous croient séparés de l'unité de l'Eglise, au lieu que c'est principalement en vue de cette unité que nous usons des azymes, ayant reçu cet usage, non-seulement des apôtres, mais de Jésus-Christ même. Toutefois, parce que les Eglises orientales se fondent aussi sur la tradition des saints Pères orthodoxes, dans la coutume où elles sont d'user de pain fermenté, nous ne la désapprouvons point, et nous donnons à l'un et à l'autre de ces pains des significations mystiques. Le mélange du pain avec la farine peut représenter l'incarnation de Jésus-Christ, et le pain azyme la pureté de sa chair. » Dominique finit sa lettre en priant Pierre d'Antioche de réprimer ceux qui condamnaient les usages des Latins, fondés sur les décrets apostoliques, et de ne plus leur permettre de soutenir que l'oblation faite avec des azymes n'est pas le Corps de Jésus-Christ, et que tous les Latins sont hors de la voie du salut.

Le patriarche Pierre lui répondit avec beaucoup de politesse, mais sans approuver ses prétentions sur le patriarcat de Grade ou des Vénéties, qui au fond n'était qu'un patriarcat honoraire. « Je n'ai, lui dit-il, pas encore ouï dire que l'évêque d'Aquilée eût le nom de patriarche. Car il n'y a que cinq patriarches dans le monde par la disposition divine, savoir : ceux de Rome, de Constantinople, d'Alexandrie, d'Antioche et de Jérusalem. Encore celui d'Antioche est-il le seul qui ait proprement le titre de patriarche; ceux de Rome et d'Alexandrie sont nommés *papes*, ceux de Constantinople et de Jérusalem, *archevêques*. On connaît dans le monde des provinces plus étendues que la vôtre, qui ne sont gouvernées que par des métropolitains et des archevêques, comme la Bulgarie, la Babylonie, la Corosane et les autres de l'Orient, où nous envoyons des archevêques et des catholiques qui ont sous eux des métropolitains. On nommait, en Orient, *catholiques* ou *généraux*, certains évêques plus distingués. A l'égard des azymes, Pierre d'Antioche excuse le patriarche de Constantinople en disant qu'il ne condamne pas absolument les Latins et ne les retranche pas de l'Eglise; qu'il les reconnaît pour orthodoxes et dans la même croyance que lui sur la Trinité et l'Incarnation; mais qu'il ne voit qu'avec peine qu'ils s'écartent en ce point de l'ancienne tradition de l'Eglise, n'offrant pas le sacrifice comme les autres quatre patriarches, avec du pain levé. Il soutient que Jesus-Christ se servit de pain levé dans l'institution de l'eucharistie, et parle assez longuement contre les azymes. Il fait mention de la lettre qu'il écrivit au pape saint Léon IX, pour lui donner avis de son ordination, et dit qu'il n'en avait pas encore reçu de réponse, quoiqu'il l'eût écrite il y avait déjà deux ans. Il en envoie une copie à Dominique, le priant de la faire passer à Sa Sainteté et de lui en procurer la réponse. « Si vous voulez aussi lui envoyer celle-ci après l'avoir lue, vous ferez une action agréable à Dieu et à nous; car il pourra arriver, par l'intercession des princes des apôtres, que le Pape sera content de ce qui y est écrit, et que, se conformant à nous, nous nous réunirons tous dans les mêmes sentiments, et nous offrirons à Dieu le même sacrifice. » La lettre finit par une salutation en ces termes : « Saluez, en notre nom, votre divine, sacrée et sainte Eglise. La nôtre salue Votre Sainteté dans le saint baiser, et vous demande avec nous le secours de vos prières (Coteler, *Monument*, t. II). » On voit qu'au milieu même des intrigues de Cérulaire, les Eglises d'Orient restaient tendrement unies à l'Eglise romaine.

Sclérus, duc d'Antioche, ayant eu communication de la lettre de son patriarche, l'envoya à Michel Cérulaire, à qui Pierre d'Antioche avait aussi écrit sur une affaire particulière qui regardait un diacre. Michel, en le remerciant de la place qu'il avait accordée à ce diacre, lui fait part de la lettre qu'il avait adressée au pape Léon IX, autant dans le dessein de procurer la réunion des deux Eglises, que d'obtenir par son moyen du secours contre les Normands. Il raconte comme quoi sa lettre, ayant été remise au duc d'Argyre, il l'avait retenue et composé une réponse sous le nom du Pape, dont il avait chargé des scélérats qu'il envoya à Constantinople en qualité de légats du Saint-Siège. Il n'eut pas de peine, dit-il, à reconnaître la supposition de cette lettre par la fausseté des sceaux et par le style d'Argyre, qui lui était connu; et il fut confirmé dans son sentiment par l'évêque de Trani, qui, étant venu d'Italie à Constantinople, lui raconta toute l'intrigue d'Argyre.

Après ce conte, Cérulaire se plaint de ces légats, qui avaient poussé la hauteur jusqu'à ne vouloir ni le saluer ni lui parler. Nous avons vu que ce fut lui, au contraire, qui ne voulut ni voir les légats, ni leur parler. Cependant, malgré son habitude de mentir, Cérulaire n'impute rien de toute cette négociation au Pape, dont il parle en des termes avantageux. Il reproche toutefois au patriarche d'Antioche, que, conjointement avec ceux d'Alexandrie et de Jérusalem, ils avaient mis son nom dans les sacrés diptyques, vu que, depuis le sixième concile, on en avait ôté le nom du Pape, parce que Vigile, qui occupait alors le Siége apostolique, n'avait pas voulu venir à ce concile, ni condamner les écrits de Théodoret, de Cyrille et d'Ibas. Cérulaire ajoute qu'on lui avait dit que les patriarches d'Alexandrie et de Jérusalem recevaient ceux qui mangeaient des azymes, et qu'eux-mêmes en usaient dans le saint sacrifice. Il prie Pierre de s'en informer et de lui faire connaître la vérité. Ce patriarche n'avait parlé, dans sa lettre à Dominique de Grade, que des azymes. Michel, qui l'avait lue, l'avertit que les Romains enseignaient beaucoup d'autres erreurs qui méritaient d'être rejetées. Il en fait le détail, et n'oublie point qu'ils avaient ajouté au Symbole la particule *filioque*. « Ils permettent, dit-il, aux deux frères d'épouser les deux sœurs; à la messe, lors de la communion, un des officiants embrasse les autres; leurs évêques portent des anneaux à leurs mains, sous le prétexte que leurs Eglises sont leurs épouses; ils vont à la guerre et sont tués après avoir tué leurs âmes. On dit qu'ils baptisent par une seule immersion, et qu'ils emplissent de sel la bouche du baptisé. Au lieu de lire, dans la première épître aux Corinthiens : Un peu de levain *lève* toute la pâte, ils lisent qu'il la *corrompt*. Ils n'honorent ni les reliques ni les images; ne comptent point entre les saints, ni saint Grégoire le Théologien, ni saint Basile, ni saint Chrysostome, et font beaucoup d'autres choses qu'il serait trop long de détailler. » On voit, par ces exemples, quelle était la science ou la bonne foi de Cérulaire. Aussi, ce qu'il trouve de plus étrange, c'est que les légats avaient déclaré, étant à Constantinople, qu'ils venaient, non pour être instruits, mais pour instruire les Grecs et les engager à embrasser les dogmes des Latins.

Pierre d'Antioche, répondant à cette lettre, commence par l'article des diptyques, et dit : « J'en suis honteux, et je ne sais comment vous le dire, et encore plus si vous avez écrit de même aux autres patriarches, que vous ayez ainsi cru sur un vain rapport ce qui n'est pas, sans l'avoir examiné; car comment aurais-je mis le Pape dans les diptyques, où votre sainte Eglise ne l'a point mis, moi qui suis élève de votre Eglise et jaloux autant que personne de ses priviléges ? » L'année précédente, Pierre d'Antioche avait tenu un langage différent au pape Léon IX, qui l'encouragea à ne point laisser dominer son Eglise par celle de Constantinople. Pierre continue en parlant à Cérulaire : « Mais, ce que votre lettre rapporte du pape Vigile, témoigne une étrange inapplication de votre cartophylax, comme vous pouvez en juger vous-même. Cet homme, certainement, a plus de rhétorique que de science ecclésiastique; car Vigile était au temps du cinquième concile, et non pas du sixième, qui ne fut tenu qu cent vingt-neuf ans après. Son nom fut ôté pour un moment des diptyques, lors de son différend avec le patriarche Mennas, mais replacé à leur réconciliation. Le sixième concile fut tenu sous le pape saint Agathon, qui y est nommé partout avec les plus grands éloges. Vous pouvez vous en convaincre par les actes que l'on a coutume de lire le dimanche après l'Exaltation de la Sainte-Croix. » C'est ainsi que Pierre d'Antioche détourne sur le secrétaire la grossière ignorance de Michel Cérulaire, dans un point aussi important et aussi facile à savoir.

L'ignorance ou la mauvaise foi de Cérulaire ne paraît pas moins dans ce qui suit. Il avait avancé que depuis le sixième concile, où il faisait assister le pape Vigile, mort depuis cent vingt-neuf ans, le nom des Papes n'était plus récité dans les diptyques. Pierre d'Antioche lui répond : « Je suis témoin irréprochable, et plusieurs autres ecclésiastiques considérables avec moi, que, du temps de Jean, d'heureuse mémoire, patriarche d'Antioche, le Pape de Rome, nommé aussi Jean, était dans les sacrés diptyques. Et étant allé à Constantinople, il y a quarante-cinq ans, sous le patriarche Sergius, je trouvai que le même Pape était nommé à la messe avec les autres patriarches. » Ces quarante-cinq ans remontent à l'an 1009 et au pontificat de Jean XVIII. Pierre d'Antioche continue : « Mais comment le nom du Pape en a été ôté, ou pour quelle cause, je n'en sais rien. » Pierre, sans doute, ne voulait pas dire que c'était Cérulaire lui-même qui s'était permis cette innovation.

« J'ai parcouru, ajoute-t-il, les autres abus des Romains dont vous faites le dénombrement, et il m'a paru que l'on en doit éviter quelques-uns, que l'on peut remédier à d'autres, et qu'il y en a qu'on doit dissimuler; car, que nous importe que leurs évêques se rasent la barbe et qu'ils portent des anneaux, pour marque qu'ils ont épousé leur Eglise? Nous aussi nous nous faisons une couronne sur la tête en l'honneur de saint Pierre, et nous portons de l'or à nos ornements. Quant à ce qu'ils mangent des viandes immondes et que leurs moines mangent de la chair et du lard, vous trouverez, si vous l'examinez bien, que les nôtres en usent de même; car on ne doit rejeter aucune créature de Dieu, quand on la prend avec actions de grâces. » Il ajoute que les Pères ont permis de mettre un peu de lard aux légumes, quand on manque de bonne huile, et il cite des passages de saint Basile, pour ne pas user de mets recherchés, sous prétexte d'abstinence. Il rapporte aussi l'exemple de saint Pacôme, qui nourrissait des porcs pour les faire manger aux hôtes, et qui en donnait les pieds et les entrailles aux moines infirmes.

« Mais le plus grand mal, ajoute-t-il, c'est l'addition au Symbole; cela vient peut-être de ce qu'ils ont perdu les exemplaires corrects du Symbole de Nicée, par suite de l'invasion des Barbares. Nous anathématisons ceux qui ajoutent ou ôtent quelque chose au Symbole; mais nous devons regarder la bonne intention, et quand la foi n'est point en péril, incliner plutôt à la paix et à la charité fraternelle; car ils sont nos frères, quoiqu'il leur arrive souvent de manquer par rusticité ou par ignorance. Et il ne faut pas chercher la même exactitude chez des nations barbares que chez nous, qui sommes nourris dans l'étude. C'est beaucoup, qu'ils conservent la saine doctrine sur la Trinité et l'Incarnation.

» Toutefois, nous n'approuvons pas qu'ils défendent aux prêtres qui ont des femmes légitimes de toucher aux choses saintes, ni qu'ils quittent en même temps la chair et les laitages au commencement du carême. Quant à la question des azymes, je l'ai suffisamment traitée dans ma lettre à l'évêque de la Vénétie, et cette pratique ne peut se soutenir que par l'ancienne coutume. Pour l'usage des viandes suffoquées et les mariages des deux frères avec les deux sœurs, je ne crois pas que le Pape et les autres évêques le permettent. Ce sont des excès commis par les particuliers, comme il s'en commet à notre insu dans l'empire. Vous trouverez bien des gens, à Constantinople même, qui mangent du sang de porc, et l'on y voit du sang cuit exposé dans les boutiques. Nous négligeons quantité d'abus qui se commettent chez nous, tandis que nous recherchons si curieusement ceux des autres.

» Vous ferez bien d'insister sur l'addition du Symbole et le mariage des prêtres; mais on peut mépriser le reste, dont peut-être la plus grande partie est fausse; car nous ne devons pas croire aisément de vaines calomnies. Il faut donc que vous écriviez au Pape, quand il y en aura un d'élu; peut-être reconnaîtra-t-il la vérité, et peut-être dira-t-il pour sa défense que ces reproches sont faux; car comment peut-on croire qu'ils n'honorent pas les reliques, eux qui se glorifient tant d'avoir celles de saint Pierre et de saint Paul? et comment peut-on dire qu'ils n'honorent pas les images, après que le pape Adrien a présidé au septième concile et anathématisé les iconoclastes? Vous avez à Constantinople tant d'images apportées de Rome, parfaitement semblables aux originaux, et nous voyons ici les pèlerins francs entrer dans nos églises et rendre toute sorte d'honneur aux saintes images.

» Je vous conjure donc, me jetant en esprit à vos pieds, de vous relâcher et d'user de condescendance, de peur qu'en voulant redresser ce qui est tombé, vous ne rendiez la chute plus grande. Considérez que, de cette longue division entre notre Eglise et ce grand Siége apostolique, sont venus toutes sortes de malheurs; les royaumes sont en trouble, les villes et les provinces désolées, nos armées ne prospèrent nulle part. Pour dire mon sentiment, s'ils se corrigeaient de l'addition au Symbole, je ne demanderais rien de plus et je laisserais même la question des azymes comme indifférente. Je vous prie de vous rendre à cet avis, de peur qu'en demandant tout, nous ne perdions tout. Vos lettres aux patriarches d'Alexandrie et de Jérusalem leur ont été envoyées. Je vous ai envoyé la copie de la lettre que le défunt Pape m'a écrite. Elle est en latin, parce que je n'ai pu trouver personne pour la bien traduire en grec; c'est pourquoi je l'ai fait copier au Franc qui me l'a apportée, et qui sait écrire en latin. Vous pourrez la faire traduire fidèlement. Je prie le Dieu de paix de vous inspirer la condescendance (*Apud Baron.*, 1054). »

On voit que le patriarche Pierre d'Antioche était sincèrement attaché à l'unité catholique. S'il ménage tant le patriarche de Constantinople, c'est qu'Antioche appartenait alors à l'empire grec, et que, dans cet empire, le patriarche de Constantinople était à peu près aussi puissant que l'empereur. On voit en particulier que, si Pierre d'Antioche avait su que quand les Latins disent que le Saint-Esprit procède du Père et du Fils, ils ne font que répéter ce que saint Epiphane a dit jusqu'à dix fois dans son *Ancorat*; s'il avait su que les Latins, à commencer par ceux d'Espagne, n'avaient fait cette addition au Symbole que pour repousser d'une manière plus vive et plus complète l'hérésie d'Arius; au lieu d'y trouver à redire, il y aurait applaudi.

Michel Cérulaire était loin d'être aussi bien disposé. Il répliqua par une seconde lettre à Pierre d'Antioche. Il y répète que les légats du Pape étaient des imposteurs envoyés par le duc Argyre avec des lettres fausses, il ajoute : « Ils se vantaient d'être venus pour nous corriger et non pour pervertir les erreurs. Pour moi, j'ai évité de leur parler et de les voir, sachant qu'ils sont incorrigibles dans leur impiété, et jugeant qu'il était indigne et contraire à la coutume établie, de traiter de telles affaires avec des légats du Pape, sans vous et les autres patriarches. Mais, poussant plus loin leur audace, ils ont jeté sur l'autel de la grande église un écrit portant anathème contre toute l'Eglise orthodoxe, parce qu'elle ne reconnaît pas que le Saint-Esprit procède du Père et du Fils, non plus que toutes leurs autres erreurs.

« Le meilleur était de brûler cet écrit impie; mais on ne l'a pas fait, parce qu'ils l'avaient mis sur l'autel publiquement. Nous n'avons pas cru non plus devoir tirer vengeance de ceux qui nous insultaient de la sorte, pour ne pas donner aux Romains occasion de scandale, d'autant plus que celui qui paraissait le chef de la légation, se disait chancelier de l'Eglise romaine et cousin du roi et du Pape. Cependant nous avons anathématisé cet écrit impie dans la grande salle du conseil, par ordre de l'empereur, après avoir exhorté souvent les légats à venir devant nous renoncer à leurs erreurs. Mais ils ont menacé de se tuer eux-mêmes si on continuait de les presser. Nous vous écrivons ceci afin que vous sachiez ce qui s'est passé, et que, si on vous écrit de Rome, vous répondiez avec la circonspection qui vous convient. Je vous envoie ces lettres pour les autres patriarches, entièrement conformes à celle-ci, parce que je n'ai trouvé personne pour les envoyer sûrement. Vous les leur ferez tenir, et vous joindrez les vôtres pour les encourager à soutenir la foi orthodoxe et les instruire de ce qu'ils ont à répondre en cas qu'on leur parle de ce qui s'est passé à Rome (*Apud Coteler*, t. II). »

Sous un empereur capable de régner, Cérulaire n'eût point osé entreprendre son œuvre de schisme et de mensonges. Constantin Monomaque, usé par la vieillesse et la débauche, lui en facilitait l'occasion par son incapacité et sa négligence. Il avait perdu, en 1052, sa femme, l'impératrice Zoé, qui, depuis vingt-quatre ans, scandalisait l'empire par le dérèglement de ses mœurs, et qui avait fait trois empereurs en les épousant. Monomaque la mit au nombre des saintes, et prenait, dit Zonare, pour autant de miracles les champignons qui naissaient autour de son tombeau. Pour se consoler de sa perte, il prit une jeune concubine qu'il aurait bien voulu faire impératrice; mais, outre les autres difficultés qu'il eût fallu vaincre, la mort ne lui en laissa guère le temps. Il tomba dangereusement malade vers la fin de l'an 1054. Voyant qu'il ne pouvait en revenir, il voulut désigner pour son successeur, Nicéphore, qui commandait alors en Bulgarie. Mais Théodora, sœur de Zoé, en ayant eu vent, se fit proclamer elle-même impératrice. Cette nouvelle porta le dernier coup à l'empereur mourant. Le chagrin qu'il en conçut le fit tomber en délire; il n'en revint que pour rendre le dernier soupir. Il mourut le 30 novembre, et fut enterré dans le monastère de Mangane, dont il était fondateur et où il s'était fait transporter dans sa dernière maladie.

L'impératrice Théodora, âgée de 76 ans, en régna près de deux, moins en vieille femme qu'en homme capable de régner. Aussi des moines complaisants lui promettaient des siècles; mais la mort, moins complaisante que les moines, l'enleva le 22 août 1056. Ses ministres lui avaient fait désigner un empereur peu de jours auparavant. C'était un vieux guerrier nommé Michel Stratiotique. Il ressemblait à Théodora pour le grand âge, mais non pour la tête; car il gouverna ou se laissa gouverner plus en vieille femme qu'en homme. Il eut entre autres l'adresse de mécontenter à la fois tous les principaux de l'empire, qui firent alors une conjuration par suite de laquelle Isaac Commène, l'un d'entre eux, fut proclamé empereur, et Stratiotique détrôné l'an 1057 (*Hist. du Bas-Empire*, l. 78).

Le patriarche Michel Cérulaire, qui n'avait pas peu contribué à cette révolution, prétendit aussi s'en faire payer largement. Il demandait sans cesse à l'empereur de nouvelles grâces pour lui et pour les siens, et s'échappait même en menaces et en reproches lorsqu'il essuyait un refus. Il porta l'audace jusqu'à dire un jour à l'empereur : « Je vous ai donné la couronne, je saurai bien vous l'ôter. » Affectant en toute manière de s'égaler au prince, il prit la chaussure d'écarlate, réservée à la majesté impériale, sous prétexte que les patriarches l'avaient portée autrefois, disant même que, s'il y avait quelque distinction à faire entre le sacerdoce et l'empire, elle était à l'avantage du sacerdoce. En un mot, le schismatique patriarche se montrait envers l'empereur, dans l'empire, ce qu'il était envers le Pape dans l'Eglise. Fatigué de ses insolentes bravades, Isaac Commène résolut de s'en délivrer. Il profita d'une fête que le patriarche célébrait hors de la ville pour le faire enlever et conduire avec ses neveux dans l'île de Proconnèse. Ayant ensuite fait agréer sa déposition aux métropolitains qui se trouvaient à Constantinople, il lui fit dire par leur organe que, s'il ne renonçait de lui-même au patriarcat, il aurait la honte d'être déposé dans un concile. En effet, Psellus, le plus savant Grec de son temps, avait préparé un grand discours, où le vrai mêlé au faux formait un corps de délit suffisant pour le perdre. Cérulaire ne s'effraya pas de ces menaces, et sa fermeté n'embarrassait pas plus l'empereur, lorsqu'une maladie vint à propos le délivrer de ce prélat incommode. La mort du patriarche le réconcilia avec l'empereur; le prince le pleura, ce qui était plus aisé que de le souffrir, et le fit inhumer avec honneur. S'il faut en croire un auteur grec, il fut même touché d'un miracle que l'on prétendait être arrivé à la main du patriarche, dont les doigts étaient demeurés croisés, comme pour donner la bénédiction. Ce miracle de Cérulaire vaut les champignons qui poussaient autour du tombeau de l'impératrice Zoé (*Hist. du Bas-Empire*, l. 79).

Constantin Lichudès fut élu à la place de Cérulaire par le suffrage des métropolitains, du clergé et du peuple. C'était un ancien ministre, qui avait sauvé bien des fautes à Monomaque, et que ce prince avait éloigné du ministère à cause de sa fermeté. Pour déguiser sa disgrâce, il l'avait nommé proèdre, protovestiaire, économe de Mangane, et conservateur des priviléges qu'il avait attachés en grand nombre à ce monastère en le fondant. Commène, qui se proposait de réduire toutes les maisons religieuses au droit commun, avait sollicité plusieurs fois Lichudès de lui mettre entre les mains les titres de ces exemptions, mais il n'avait pu vaincre sa résistance. Il crut en avoir trouvé l'occasion. Dès que Lichudès se fut dépouillé de toutes ses dignités séculières pour être revêtu de celle de patriarche, l'empereur le fit venir au palais, et le prenant à part : « Vous voilà, lui dit-il, élu pour notre chef spirituel. Votre mérite me persuade qu'on a fait un bon choix ; mais je vous avertis avec douleur qu'on vous fait des reproches qui ne peuvent être éclaircis que dans un synode. Ils sont de telle nature que vous ne pouvez entrer dans les fonctions sacrées sans vous en être justifié auparavant. Prenez-moi pour votre défenseur. Confiez-moi ces titres que je vous demande depuis si longtemps, et je vous donne parole que je vous épargnerai une discussion toujours fâcheuse, quand elle ne tournerait pas à votre honte. » Lichudès, qui avait déjà renoncé à ses autres dignités, voyant qu'il courait risque d'être réduit à rien, sacrifia ses moines à un si brillant intérêt, et fut ensuite sacré sans difficulté.

Pour réparer les finances de l'empire, Isaac Commène retrancha les revenus de quelques monastères; et, après avoir calculé ce qui leur suffisait pour vivre suivant la pauvreté qu'ils avaient vouée, il leur ôta le surplus et l'appliqua au profit de l'Etat. Les uns traitaient cette conduite d'impiété et de sacrilège; les autres disaient que c'était bien fait d'ôter aux moines l'occasion de vivre dans les délices et d'inquiéter leurs voisins. Il rendit à la grande église de Constantinople la liberté de gouverner par elle-même ses affaires, sans que l'empereur s'en mêlât; et, au lieu que c'était lui auparavant qui établissait des économes pour les revenus et des gardiens du trésor de l'Eglise, il laissa le tout au patriarche, tant pour le choix des personnes que pour la disposition des choses. Il réduisit aussi à l'ancienne coutume les droits des évêques, soit pour les ordinations, soit pour les redevances des paroisses, savoir : pour l'ordination d'un simple clerc ou d'un lecteur, une pièce d'or, trois pour un diacre, trois pour un prêtre, faisant sept en tout. Pour une paroisse de trente feux une pièce d'or, deux d'argent, un mouton et le reste qui est spécifié; les autres paroisses à proportion (*Jus græco-rom.*, l. 2).

On voit ici que chez les Grecs les ordinations n'étaient pas gratuites, mais que la simonie y était légalisée et tarifiée. Cette vénalité légale des ordinations, le mariage des prêtres, la taxe impériale sur les élections d'évêques que nous avons vue établie par les lois de Justinien; telles sont les causes incessantes de la profonde et irrémédiable dégradation du clergé, et, par contre-coup, du peuple grec. Les pasteurs du second ordre, nécessairement mariés, ne peuvent jamais monter au rang des évêques, qui doivent être célibataires; d'un autre côté, père d'une femme, jamais ils ne deviennent les hommes du peuple : jamais ou presque jamais le peuple grec ne se confesse à ses *papas* ou curés, mais aux moines, parce que les moines n'ont point de femmes. Ainsi le pasteur grec du second ordre, privé à jamais de la possibilité de monter plus haut, privé à jamais de la confiance intime de son peuple, n'élèvera jamais ses pensées et ses affections au-dessus de sa femme et de ses enfants : père de cette étroite famille, jamais il ne sera père de cette grande famille qu'on appelle une paroisse ou un diocèse. Aussi l'histoire ne mentionne-t-elle pas un seul curé grec qui rappelle tant soit peu le curé de Clichy, et de Châtillon, *Vincent de Paul*. De plus, les évêques grecs n'étant jamais tirés d'entre les pasteurs du second ordre, mais toujours d'entre les moines ou même les laïques, ne savent point, par expérience, ce qu'est le ministère pastoral, ni ce qu'il devrait être pour régénérer les populations; étrangers aux pasteurs du second ordre, les évêques grecs ne forment point avec eux un même corps animé de la même vie, agissant avec la même énergie, pour la même fin. C'est comme une tête étrangère imposée à un corps étranger. Aussi l'histoire ne mentionne-t-elle pas un seul évêque grec, qui, comme un *Charles Borromée*, un *Belzunce* de Marseille, se soit dévoué, avec ses prêtres, au salut de son peuple. Simple manœuvre du culte divin, sans aucune énergie surhumaine, le clergé grec n'est taillé que pour végéter dans l'ignorance et la servitude, et avec lui le peuple qu'il dirige.

Il en eut été de même de l'Europe entière, de l'univers entier, si les Papes, les successeurs de saint Pierre, n'avaient maintenu dans le clergé latin le célibat religieux, la collation gratuite des ordres sacrés et l'indépendance canonique du ministère sacerdotal. En combattant avec une invincible énergie et persévérance l'incontinence des clercs, le mariage des prêtres et la simonie, les Pontifes romains ont donc sauvé et le clergé et les peuples, et la religion et l'humanité. L'univers entier leur en doit une éternelle reconnaissance.

Le pape Victor II marcha sur les traces de son saint prédécesseur. Dès l'année 1055, il tint à Florence un grand concile, où assista l'empereur Henri le Noir. Victor y confirma solennellement tous les décrets de Léon IX contre les aliénations des biens d'Eglise, contre la simonie et l'incontinence des clercs, enfin contre l'hérésie de Bérenger. Les mauvais clercs en furent outrés. L'un d'entre eux, c'était un sous-diacre, au moment que le Pape allait célébrer la messe, jeta du poison dans le calice pour le faire périr. Le Pape, ayant voulu lever le calice après la consécration, ne le put : étonné de ce fait étrange, il se prosterna devant l'autel avec tout le peuple, pour demander à Dieu de lui en découvrir la cause. Aussitôt l'empoisonneur fut saisi du démon ; et le Pape, connaissant son crime, fit enfermer le calice dans un autel avec le Sang de Notre Seigneur, pour le garder à perpétuité avec les reliques; puis il se prosterna de nouveau en prière avec le peuple, jusqu'à ce que le sous-diacre fût délivré. C'est Lambert d'Aschaffembourg, auteur grave et du temps, qui raconte cette merveille (Lamb., an 1054; Labbe, t. IX).

Dès avant le concile de Florence, le pape Victor avait envoyé comme légat en France, le sous-diacre Hildebrand, pour réprimer la simonie qui ravageait principalement l'Italie et la Bourgogne. Le légat tint un concile dans la province de Lyon. L'évêque de la ville même où se tenait le concile était accusé d'avoir acheté l'épiscopat. Le légat, l'ayant fait comparaître, le pressa de reconnaître humblement sa faute; mais l'évêque, se voyant dans sa ville et soutenu par le comte du pays, méprisa d'abord les paroles du légat; mais quand il vit et que le légat et que les évêques du concile pensaient sérieusement à le juger selon la rigueur des canons, il se mit à nier hardiment ce dont on l'accusait. La discussion de l'affaire n'ayant pu être terminée le premier jour, on la remit au lendemain. L'évêque accusé, craignant la sévérité inflexible du juge, corrompit par argent, pendant la nuit, et les accusateurs et les témoins. Le lendemain, il se présenta au concile et demanda fièrement : « Où sont mes accusateurs? qu'il paraisse, celui qui veut me condamner! » Tous gardaient le silence; mais le légat Hildebrand, jetant un profond soupir, et s'étant consulté avec les Pères du concile, dit à l'évêque coupable : « Croyez-vous que le Saint-Esprit, dont vous êtes accusé d'avoir acheté le don, soit de même substance que le Père et le Fils? » L'évêque répondit : « Je le crois. » Hildebrand continua : « Dites alors : *Gloire au Père, et au Fils, et au Saint-Esprit.* » L'évêque commença, mais il ne put jamais nommer le Saint-Esprit, quoiqu'il essayât jusqu'à trois fois. Alors, se jetant aux pieds du légat, il confessa son crime et fut dépouillé de l'épiscopat; et aussitôt il prononça sans peine le *Gloria Patri* entièrement. Saint Pierre Damien et Didier, abbés du Mont-Cassin, qui rapportent ce miracle, l'avaient appris de la bouche même du légat Hildebrand, qui était alors le pape saint Grégoire VII (Labbe, t. IX; *Pet. Dam. in ep. ad Nic. Pap. Paul. Bernried in vit. Greg. VII*).

Un autre auteur ajoute que cet événement effraya tellement les simoniaques, qu'il y eut quarante-cinq évêques qui, se reconnaissant coupables de simonie, renoncèrent d'eux-mêmes à leur dignité, outre vingt-sept autres prélats, prieurs ou abbés, qui prirent le même parti. Viminien fut élu archevêque d'Embrun, et ordonné par Victor II, comme ce Pape le marque dans une bulle où il déplore les ravages que la simonie avait faits dans l'Eglise d'Embrun dont il paraît que l'archevêque, nommé Hugues, fut celui-là même qui ne put nommer le Saint-Esprit. Libert de Gap fut aussi déposé dans ce concile, et on lui donna pour successeur un saint moine nommé Arnoul (Pet. Arag., *De gest. Pontif. rom.; Hist. de l'Egl. gall.*, l. 21).

Saint Hugues, abbé de Cluny, avait assisté au concile dont nous venons de parler, et y avait été témoin du miracle opéré en la personne de l'archevêque d'Embrun, qu'il raconta lui-même à l'historien Guillaume de Malmesburi. Ce miracle en opéra un autre sur le cœur de ce prélat simoniaque. Le saint abbé l'emmena avec lui à Cluny, où cet archevêque se fit moine pour réparer les scandales qu'il avait donnés (Guill. Malm., l. 3).

Saint Hugues invita Hildebrand à venir visiter le monastère de Cluny après le concile en question. Le légat y fut extrêmement édifié de la régularité et de la paix qui régnaient dans cette nombreuse communauté, où l'on croit qu'il avait été moine quelque temps. Hildebrand alla ensuite tenir un concile à Tours, pour condamner Bérenger dans sa patrie et dans la ville même où il avait tenu une école de ses erreurs.

Ce novateur, dont la doctrine venait d'être proscrite de nouveau par le pape Victor dans le concile de Florence, ne put se dispenser de comparaître à celui de Tours. Lanfranc, ce zélé défenseur de la présence réelle, n'eut garde de manquer de se rendre à cette assemblée, pour y défendre la foi. Il connaissait mieux que personne tous les faux-fuyants de l'erreur, et il était en état d'en démêler tous les sophismes. Bérenger ne put, avec toutes les chicanes de sa dialectique, soutenir la présence d'un si formidable adversaire. Il prit le parti d'abjurer son hérésie, et fit serment qu'il n'aurait plus sur l'eucharistie d'autres sentiments que ceux de l'Eglise catholique (Labbe, t. IX).

L'empereur Henri III avait envoyé des députés au concile de Tours, pour se plaindre de ce que Ferdinand Ier, roi de Castille, prenait la qualité d'empereur, et pour engager le concile à lui défendre, sous peine d'excommunication, d'usurper davantage un titre qui ne lui appartenait pas. Les Pères du concile et le Pape, qui fut consulté, trouvèrent justes les plaintes de Henri, et l'on fit une députation à ce sujet au roi Ferdinand. Ce prince après avoir pris l'avis des évêques et des seigneurs de ses Etats, répondit qu'il se soumettait au décret du Siège apostolique et qu'il ne s'arrogerait plus, dans la suite, la qualité d'empereur. Il garda mieux sa parole que Bérenger (*Ibid.*).

Comme Eusèbe-Brunon, évêque d'Angers, était l'ami et le protecteur de Bérenger, qu'il avait fait son archidiacre, le comte d'Anjou fit tenir, quelque temps après, à Angers même, un concile dans lequel Brunon, à qui on fit craindre sa déposition, renonça à son erreur; et il parut qu'il le faisait de bonne foi. Il écrivit même à Bérenger pour le porter à la soumission. « Pour nous, lui dit-il, nous avons horreur de ce qui est un sujet de scandale pour toute l'Eglise : nous aimons mieux opérer notre salut et vivre dans la paix chrétienne en suivant avec simplicité les paroles de Jésus-Christ. Elles suffisent pour affermir notre foi, ainsi que nous le croyons et que le pensent plusieurs personnes qui sont plus habiles que nous. C'est sur ces principes que la dispute a été terminée à Tours, en présence du légat Gérald; c'est sur ces principes que la même contestation a été apaisée, dans la même ville, par le jugement du légat Hildebrand, et qu'ensuite, par ordre de notre prince (le comte d'Anjou), la même erreur a été proscrite dans la petite chapelle dont vous faites mention dans votre lettre. Ce monstre qui, par la méchanceté de quelques personnes, commençait à lever la tête, y fut foulé aux pieds par l'autorité du seigneur archevêque de Besançon et de plusieurs savants hommes. »

Cette lettre de Brunon, évêque d'Angers, nous fait connaître qu'il se tint deux conciles à Tours, sur l'affaire de Bérenger, et un à Angers. Ce dernier ne fut assemblé qu'en 1062; car une ancienne chronique d'Angers nous apprend que Hugues, archevêque de Besançon, se trouva cette année à Angers, pour la dédicace qu'il fit de l'église du monastère de Saint-Sauveur, avec les évêques Vulgrin du Mans, Quiriace de Nantes, et Eusèbe-Brunon d'Angers (Labbe, *Biblioth. nov.*, t. I).

Le légat, croyant avoir mis la foi à couvert par la conversion de Bérenger, ne songea plus qu'à rétablir la discipline par la réformation des abus qui s'étaient glissés : en quoi plusieurs évêques de France secondèrent ou même prévinrent son zèle. Maurille, nouvel archevêque de Rouen, fut de ce nombre. Il avait succédé, la même année 1055, à Mauger, qui déshonorait le siége de Rouen par sa vie scandaleuse, et en dissipait les biens par ses prodigalités. Il y avait été mis jeune, et l'occupait depuis dix-huit ans, sous les papes Clément II, Damas II et Léon IX, dont aucun ne voulut lui envoyer le *pallium*; et ayant été plusieurs fois appelé à Rome pour assister à des conciles, il ne tint compte d'y obéir. Le duc Guillaume, son neveu, l'avait plusieurs fois averti de se corriger; enfin, il fit tenir à Lisieux, cette année 1055, un concile où présida Hermenfroi, évêque de Sion en Valais, légat du pape Léon IX, avec tous les évêques de la province de Rouen, et Mauger y fut déposé. Le duc lui donna une île, près du Cotentin, dans laquelle il vécut plusieurs années d'une manière indigne de son caractère, et se noya enfin dans la mer, laissant un fils nommé Michel, qui fut un brave chevalier.

Maurille, qui fut mis à la place de Mauger, était né d'une famille noble, au diocèse de Reims, et fut élevé dans l'église de la même ville, d'où il passa à Liége et y apprit tous les arts libéraux; ensuite il fut écolâtre de l'église d'Alberstadt en Saxe, et y vécut honorablement pendant plusieurs années. Puis, touché du désir du ciel et dégoûté du monde, il vint se rendre moine à Fécamp, et y demeura longtemps, donnant un grand exemple de vertu. Mais l'amour de la perfection l'en fit sortir par la permission de l'abbé. Il passa en Italie avec Gerbert, son ami, saint et savant moine, depuis abbé de Saint-Vandrille, et ils menèrent quelque temps la vie érémitique, travaillant de leurs mains.

L'abbé de Sainte-Marie de Florence étant venu à mourir, le marquis Boniface, seigneur du pays, donna ce monastère à Maurille, qui, malgré sa répugnance, fut obligé de l'accepter par le conseil des gens de bien, et il y demeura longtemps, faisant observer la règle de saint Benoît autant qu'il lui était possible. Mais les moines, accoutumés à la licence par son prédécesseur, s'efforcèrent de l'empoisonner. Ainsi, voyant qu'il exposait sa vie sans aucun fruit, il les quitta et revint à Fécamp, où il croyait passer en repos le reste de ses jours, quand il en fut tiré pour être ordonné archevêque de Rouen, l'an 1055. La même année il célébra, dans sa cathédrale, un concile avec tous ses suffragants, en présence du duc Guillaume, pour réparer la discipline si déchue sous ses trois prédécesseurs Hugues, Robert et Mauger. On y traita de la continence des clercs et de l'observation des canons. On croit que c'est le même concile où on dressa une profession de foi, portant que le pain mis sur l'autel n'est que du pain avant la consécration; mais qu'alors il est changé en la substance du Corps de Jésus-Christ, et de même le vin en son Sang, avec anathème contre quiconque attaque cette créance (Mabill., *Analect.*, t. II, p. 461).

D'autres conciles se tenaient dans la France méridionale. Le 25 août 1054, on tint à Narbonne un concile de dix évêques, savoir : Guifroi, archevêque de Narbonne, président; Bernard de Béziers, Gonthier d'Agde, Rostaing de Lodève, Arnold de Maguelone, Frotaire de Nîmes, Guifroi de Carcassonne, Bérenger de Girone, Guifroi de Barcelone et Guillaume d'Albi, avec des députés de Guillaume d'Urgel et de Hugues d'Uzès. L'archevêque procura la tenue de ce concile par la protection du comte Pierre Raimond et du vicomte Bérenger; il y assista un grand nombre d'abbés et de clercs, de nobles et d'autres laïques : le principal but était de confirmer la trève de Dieu, et on y fit vingt-neuf canons. On renouvelle donc la défense aux chrétiens de se faire aucun mal depuis le mercredi au soir jusqu'au lundi matin, et depuis le premier dimanche de l'Avent jusqu'à l'octave de l'Epiphanie, depuis le dimanche de la Quinquagésime jusqu'à l'octave de Pâques, et pendant les autres jours de fête et de jeûne qui sont spécifiés; le tout sous peine d'anathème et d'exil perpétuel. Quiconque voudra bâtir une forteresse vers le temps de la trève, sera obligé de commencer quinze jours avant; autrement tous auraient choisi, pour se fortifier, ces temps où on ne pouvait les attaquer.

Les débiteurs qui se refusent de payer seront excommuniés et leurs églises interdites jusqu'à ce qu'ils satisfassent. Défense de couper les oliviers, parce qu'ils fournissent la matière du saint-chrême et du luminaire des églises. Les brebis et leurs pasteurs seront en sûreté en vertu de la trève, en tous temps et en tous lieux. Quant aux églises, on observera une entière paix, et il ne sera permis d'y exercer aucune violence, ni à trente pas à l'entour, ni de rien usurper des biens et des revenus des églises. Les clercs et les moines, les religieuses et ceux qui les accompagnent sans armes seront aussi en sûreté, avec tous les biens des personnes consacrées à Dieu. Défense de piller les marchands et les pèlerins (Labbe, t. IX).

La même année, les archevêques Guifroi de Narbonne et Raimbauld d'Arles s'assemblèrent à Barcelone avec Guislebert, autrement Guifroi de Barcelone, Bérenger de Girone et Guillaume d'Auxonne. Ces prélats lurent et confirmèrent, dans cette assemblée, un décret porté par le comte Raimond contre les usurpateurs des biens de l'Eglise de Barcelone.

Raimbauld, qui assista à cette assemblée, était de la famille des vicomtes de Marseille. Il professa d'abord la vie religieuse dans le monastère de Saint-Victor, sous le saint abbé Isarne. Il fut ensuite élevé sur le siège d'Arles, et il fonda de ses biens la prévôté de Sainte-Marie de Pignan. Pendant qu'il était archevêque d'Arles, on découvrit à Marseille le tombeau de Maximien-Hercule, ce cruel persécuteur de la religion chrétienne. Son cadavre, qui avait été bien embaumé, fut trouvé sans corruption dans un cercueil de plomb, enfermé dans un autre de marbre blanc. Son nom était écrit en lettres d'or, et on y trouva deux vases d'or, pleins de baume et de parfums. On jugea à propos de consulter Raimbauld d'Arles sur ce qu'il convenait de faire du corps de cet empereur païen. Il fut d'avis que, pour marquer combien on détestait la mémoire de ce cruel tyran, on jetât le tout à la mer; ce qui fut exécuté. C'est ainsi que les habitants de Marseille traitèrent le corps de ce persécuteur, tandis qu'ils rendent les plus grands honneurs aux reliques des saints martyrs, et surtout de saint Victor, que ce tyran avait fait mourir en cette ville (*Chron. Noval. apud Duchesne*).

Le pape Victor II, animé par le succès des conciles de 1055, en fit tenir un à Toulouse, le 13 septembre, l'an 1056, et nomma pour y assister, en qualité de ses vicaires, les deux archevêques Raimbauld d'Arles et Ponce d'Aix. Guifroi ou Wifroi, archevêque de Narbonne, s'y trouva avec les évêques Arnoud de Toulouse, Bernard de Béziers, Gonthier d'Agde, Bernard d'Agen, Raimond de Bazas, Arnauld de Maguelone, Elfant d'Apt, Pierre de Rhodez, Frotaire de Nîmes, Rostaing de Lodève, Héraclius de Bigorre, c'est-à-dire de Tarbes, Bernard de Comminges, Arnauld d'Elne et un autre Arnauld dont le siège n'est pas marqué. On y dressa treize canons, tant pour les provinces de la Gaule que pour celles de l'Espagne ; car la métropole de Narbonne comprenait alors plusieurs évêchés d'Espagne. En voici les principales dispositions.

Si quelque évêque ordonne pour de l'argent un évêque, un abbé, un prêtre, un diacre, ou quelque autre clerc, il sera en danger de perdre l'épiscopat, et celui qui aura été ordonné ainsi, sera déposé. Défenses d'ordonner un évêque, un abbé, un prêtre avant l'âge de trente ans, et un diacre avant l'âge de vingt-cinq ans. Il faut avoir égard à la piété, à la science de ceux qu'on ordonne, et ne faire les ordinations que dans les temps marqués. Défenses de recevoir de l'argent pour la dédicace des églises. Défenses aux clercs et aux moines d'acheter un évêché ou une abbaye, et aux comtes, de les leur vendre, sous peine d'excommunication. Si quelque clerc se fait moine pour avoir une abbaye, qu'il demeure moine, et qu'il ne soit jamais promu à la dignité à laquelle il aspirait. Les abbés fourniront aux moines le vivre et le vêtir selon la règle de saint Benoit ; mais aucun moine ne possédera de prévôté sans l'agrément de son abbé. Les abbés et les moines qui n'observeront pas ces décrets seront corrigés par leurs évêques. Défenses aux prêtres, aux diacres et aux autres clercs, d'avoir des femmes ou des concubines, sous peine de déposition et d'excommunication. Défenses, sous peine d'excommunication, aux laïques, de posséder des abbayes, des archidiaconés, des prévôtés d'autres charges ecclésiastiques, comme de sacristain et d'écolâtre. Les églises paieront aux évêques et aux clercs les droits accoutumés. On avertit les adultères et les incestueux de se corriger, en vue de l'obéissance qu'ils doivent à Dieu, à saint Pierre, au pape Victor et au concile ; et on déclare excommuniés ceux qui ont quelque société avec les excommuniés (Labbe, t. IX).

Wifroi, archevêque de Narbonne, qui était à ce concile, pouvait trouver sa condamnation dans plusieurs des canons qui furent dressés ; mais c'était un prélat endurci au crime, et qui scandalisait depuis longtemps l'Eglise par ses violences. Il était alors en guerre avec Bérenger, vicomte de Narbonne, son beau-frère ; et, non content d'employer les armes matérielles, il avait excommunié le vicomte et la vicomtesse, et avait jeté un interdit sur toutes leurs terres. Le vicomte présenta à ce concile une requête fort longue et fort vive contre cet archevêque. Il y disait en substance : « Du temps de l'archevêque Ermengaud, mon oncle, l'archevêché de Narbonne était le meilleur qu'il y eût de Rome jusqu'en Espagne. Il était riche en terres et en châteaux, l'église pleine de livres et d'argenterie ; les chanoines y faisaient l'office régulièrement aux heures. Cet archevêque étant mort, Wifroi, comte de Cerdagne, dont j'avais épousé la sœur, vint à Narbonne, et proposa à mon père, à ma mère et à moi de faire avoir cet archevêché à son fils, qui n'avait encore que dix ans, promettant une somme de cent mille sous à partager entre mon père et le comte de Rhodez. Mon père et ma mère ne le voulurent point ; mais je me séparai d'eux sur ce sujet, touché de l'alliance si proche et de la feinte amitié, jusqu'à menacer de les tuer, s'ils ne se rendaient à mon avis. Mon père, me voyant si passionné, acquiesça : Wifroi paya les cent mille sous, nous donnâmes l'archevêché à son fils, et il nous fit serment, prenant Dieu à témoin, que s'il était notre archevêque, comme il l'est, ni nous, ni les nôtres, ni l'archevêché n'en souffririons aucun dommage.

» Mais quand il a été établi sur le siège et plus avancé en âge, loin d'être mon protecteur, comme j'espérais, il s'est élevé contre moi comme un démon ; il m'a donné des sujets d'indignation, bâtissant des châteaux, venant contre moi avec une grande armée, et m'a fait une guerre cruelle, où environ mille hommes ont été tués de part et d'autre. Alors il a ôté à Dieu et à ses serviteurs les châteaux et les terres de l'Eglise et des chanoines, pour les donner au démon et à ceux qui portaient les armes pour lui ; en sorte que les laïques qui possèdent ces biens les tiennent comme leur patrimoine. Cependant Eribald, évêque d'Urgel, étant venu à mourir, notre archevêque acheta cet évêché pour Guillaume, son frère, moyennant cent mille sous ; de quoi j'aurais été fort content si je n'en avais pas souffert. Mais, pour payer cette somme, l'archevêque a épuisé le trésor de son Eglise ; il a pris les croix, les châsses des reliques, les patènes d'or et d'argent, et les a envoyées en Espagne à des orfèvres juifs. Il a enlevé les livres, les chapes, les dalmatiques et les autres ornements, et dispersé le clergé, en sorte qu'il n'y reste que des misérables, réduits à la mendicité. Enfin, ce qui est de plus honteux, il s'est mis sous la protection de la comtesse d'Urgel, prêtant serment entre ses mains ; ce qui l'a rendu très-odieux, non-seulement à moi, mais à tous les nobles du pays. »

Après ce début, Bérenger expose, dans sa requête, que Wifroi avait assemblé un concile où il avait excommunié tous ceux qui prendraient les armes dans la suite ; mais que, nonobstant cette excommunication, ce prélat lui avait fait une nouvelle guerre, où plusieurs églises et même des reliques avaient été brûlées ; que la médiation des évêques ayant établi la trève de Dieu entre l'archevêque et lui Bérenger, l'archevêque l'avait violée par plusieurs attentats qu'il rapporte ; que, pour un différend qu'il avait eu avec son archidiacre, il avait fait enlever de Narbonne les corps des saints Just et Pasteur, pour les placer dans un église de campagne ; que la vicomtesse, sœur de l'archevêque, l'ayant conjuré en vain de rendre les saintes reliques à la ville de Narbonne ; elle les avait fait enlever de la campagne et reporter à la ville ; que, pour ce sujet, l'archevêque les avait excommuniés, lui et sa femme, et avait jeté sur leurs terres un si cruel interdit, qu'il avait défendu de baptiser les enfants et d'enterrer les morts ; que, s'ils n'avaient autant de crainte de Dieu qu'ils en ont, ils mépriseraient l'excommunication d'un scélérat coupable de tant de crimes et condamné par le pape Victor dans un concile de cent vingt évêques, d'un simoniaque qui a vendu tous les ordres sacrés, qui a fait payer jusqu'à la dernière obole le prix de l'ordination aux évêques qu'il a ordonnés dans le vicomté de Narbonne, et qu'on pouvait en demander des nouvelles à l'évêque de Lodève et à celui d'Elne, qui étaient présents.

Béranger finit ainsi cette requête : « J'adresse cette plainte à vous et à Dieu, et je demande justice. Si je ne l'obtiens pas, je me soucierai peu de son excommunication, je ne garderai plus aucune trêve dans l'étendue de mes terres et je n'aurai plus recours au jugement du Pape. J'adresse la même requête au jugement du Pape, aux évêques et aux abbés. Je voulais m'adresser au concile d'Arles ; mais cela ne m'ayant servi de rien, j'ai eu recours avec plaisir au Pape. Je le prie, au nom de Dieu et de saint Pierre, de m'absoudre de cette excommunication et de me réconcilier avec mon archevêque. J'irai volontiers à Rome faire les satisfactions convenables ; mais, pour lui, il n'ira jamais qu'on ne l'y conduise lié (Labbe, t. IX). »

Cette plainte du vicomte de Narbonne nous donne une idée bien affligeante de l'état où l'Eglise était dans la Gaule Narbonnaise. On n'y rougissait plus de la simonie, et les prélatures étaient comme à l'encan. Wifroi avait été excommunié dans le concile de Florence par le pape Victor ; mais, malgré cette excommunication, il se maintenait dans son siège et il assistait à des conciles où l'on faisait des canons contre la simonie, tandis qu'on n'avait pas le courage de punir les évêques qui y assistaient. Par ces faits et d'autres, on voit combien il était nécessaire que l'autorité souveraine du chef de l'Eglise se déployât dans toute son étendue et dans toute sa vigueur pour déraciner de si énormes abus ; on voit combien il était nécessaire, pour le bien de l'Eglise et de l'humanité, que le Pape se transportât lui-même sur les lieux, comme saint Léon IX, ou qu'il y envoyât des légats intrépides et incorruptibles, comme le cardinal Hildebrand ; car bien souvent les plus coupables étaient les juges eux-mêmes. Wifroi ou Guifroi de Narbonne fut enfin excommunié et déposé par saint Grégoire VII, qui ôta ce scandale de l'Eglise de France.

L'Allemagne obtint, en 1055, un évêque digne et capable de seconder les Papes dans la restauration de la discipline ecclésiastique : c'était saint Annon, archevêque de Cologne. Il naquit dans la haute Allemagne, d'une famille médiocre, mais honnête. Son oncle, chanoine de Bamberg, l'y emmena, et l'y fit étudier avec tant de succès, qu'il gouverna l'école de cette Eglise. Sa réputation s'étant étendue jusqu'à l'empereur Henri le Noir, il le fit venir auprès de lui, lui donna le premier rang dans ses bonnes grâces entre tout le clergé de sa cour, et le fit prévôt de Goslar, qui était une place de faveur. Annon s'attira l'amitié du prince et de tous les gens de bien, par son pur mérite, sa doctrine, son amour pour la justice et sa liberté à la soutenir. Il avait aussi les avantages du dehors, la belle taille, la bonne mine, la facilité à parler ; il savait se passer, au besoin, de nourriture et de sommeil, et avait toutes les dispositions naturelles à la vertu.

Hermann II, archevêque de Cologne, étant mort, l'empereur choisit Annon pour lui succéder, et lui donna le bâton et l'anneau pastoral ; mais il ne fut pas reçu à Cologne sans contradiction, et quelques-uns ne le trouvaient pas d'une naissance assez relevée pour remplir un siège qu'avait occupé saint Brunon, frère de l'empereur Othon le Grand. Toutefois la volonté de l'empereur l'emporta, et Annon fut sacré solennellement, le 3 mars 1055. Sa conduite justifia le choix de l'empereur ; et bientôt il se distingua entre tous les seigneurs du royaume par sa vertu autant que par sa dignité. Il s'acquitta également bien de ses devoirs dans l'Eglise et dans l'Etat, et porta pour le moins aussi loin que ses prédécesseurs la dignité extérieure du siège de Cologne. Cependant il n'en avait pas moins d'application aux exercices spirituels. Il jeûnait fréquemment ; il passait en prière la plupart des nuits et visitait les églises nu-pieds, suivi d'un seul domestique. Il faisait quantité d'aumônes et de grandes libéralités aux clercs, aux moines et aux pèlerins. Il ne laissa aucune communauté dans son diocèse, qu'il n'eût gratifiée de terres et de pensions ou de bâtiments, et il passa pour constant que, depuis la fondation de l'Eglise de Cologne, jamais évêque n'en avait tant augmenté les biens et la dignité.

Il rendait la justice à ses sujets avec une droiture parfaite. Il prêchait avec tant de force, qu'il tirait des larmes de ceux dont les cœurs étaient les plus durs, et, à tous ses sermons, l'Eglise retentissait des gémissements du peuple. Il fonda à Cologne deux monastères de chanoines, et, en divers lieux, trois de moines, dont le plus fameux fut celui de Sigebert. Mais, voyant que la discipline était extrêmement relâchée par toute l'Allemagne, il craignait que les grandes dépenses qu'il faisait pour ces fondations ne fussent mal employées. Allant à Rome pour des affaires d'Etat, il passa au monastère de Frutare, en Lombardie, où il admira la régularité des moines, et il en emmena quelques-uns, qu'il mit à Sigeberg. A son exemple, les autres évêques d'Allemagne réformèrent la plupart des monastères, par des moines qu'ils tirèrent de Gorze, de Cluny, de Sigeberg et d'autres lieux. Pour lui, il respectait tellement les moines de Sigeberg, qu'il leur obéissait comme à ses maîtres, les servait de ses propres mains, et, quand il était avec eux, il gardait exactement le silence et leurs autres observances.

Avec cette humilité religieuse, Annon montra la vigilance et la fermeté d'un saint évêque, même à l'égard de l'empereur, qui le choisit pour son confesseur. Ce prince ne se revêtait jamais de ses habits impériaux sans s'être auparavant confessé. Un jour de solennité, qu'il était obligé de paraître en public avec les marques de sa dignité, il se confessa à Annon. Le saint évêque, qui, dans le tribunal de la pénitence, était plein de douceur pour les pauvres, montra une fermeté inflexible à l'égard de l'empereur : il l'obligea à recevoir la discipline pour pénitence, et il ne lui permit pas de porter ce jour-là la couronne, à moins qu'il n'eût distribué de ses mains, aux pauvres, trente-trois livres d'argent, c'est-à-dire la valeur de soixante-six marcs. Il était persuadé que les péchés des grands étant communément plus scandaleux, sont aussi plus griefs et doivent être punis avec plus de sévérité. L'empereur, loin de lui en savoir mauvais gré, l'estima davantage d'avoir préféré son devoir à la politique et au respect humain (Lamb. Schaff., an 1075; *Surius*, 4 decemb.).

Mais Henri III ne put profiter longtemps des sages conseils d'Annon. Il avait invité le pape Victor II, son ancien ami et son parent, à venir le trouver en Saxe, et le reçut à Goslar, où il célébra la fête de la Nativité de la Vierge, le 8 septembre 1056; et la plupart des seigneurs de son royaume s'y trouvèrent. L'empereur passa ensuite à Bothfeld, où il tomba malade d'affliction des calamités publiques : une de ses armées venait d'être entièrement défaite par les Slaves. Il demanda pardon à ceux qu'il avait offensés, pardonna à ceux qui avaient mérité son indignation, rendit les terres qu'il avait usurpées et fit confirmer, par le Pape, par les évêques et les seigneurs présents, l'élection de son fils Henri, reconnu roi et couronné à Aix-la-Chapelle le 21 juin 1054. Enfin il mourut après sept jours de maladie, le 5 octobre, âgé de trente-huit ans, dont il avait régné dix-sept comme roi et quatorze comme empereur. Il semblait avoir appelé ce qu'il y avait de plus grand dans l'empire pour assister à sa mort, car, outre le Pape, le patriarche d'Aquilée y était présent, l'évêque de Ratisbonne, oncle de l'empereur, et une infinité d'autres seigneurs ecclésiastiques et laïques. Son corps fut porté à Spire et enterré près de son père et de sa mère, dans l'église Notre-Dame, qu'il avait bâtie, mais qui n'était pas encore achevée (Lamb., an 1056).

A la mort de ce prince, l'Allemagne se trouvait dans une situation fâcheuse. C'était moins un royaume compact qu'une fédération de peuplades et de princes. Peu unie au dedans, elle était menacée au dehors, d'un côté par les Hongrois et les Slaves, de l'autre par le comte Baudouin de Flandre et le duc Godefroi de Lorraine, que le défunt empereur avait indisposés tous deux contre lui. Dans des conjonctures pareilles, il aurait fallu à l'Allemagne un prince dans la maturité de l'âge et de l'esprit, capable de la pacifier au dedans et de la faire respecter au dehors. L'empereur mourant aurait dû se rappeler le noble exemple du vieil Othon de Saxe, qui renvoie la couronne d'Allemagne à son rival Conrad de Franconie, et de Conrad de Franconie, qui, au lit de la mort, la fait porter à son rival Henri de Saxe. Dans des conjonctures pareilles, faire élire pour chef de l'Allemagne fédérative un enfant de cinq ans, c'était une faute énorme; c'était poser une cause premiere de tous les malheurs que nous verrons se succéder en Allemagne.

La faute une fois commise, tout ce que pouvait la sagesse humaine, c'était d'en prévenir ou d'en atténuer les suites. C'est ce que fit le pape Victor II. Par la mort de l'empereur, qui lui avait recommandé son jeune fils, il se trouvait à la tête de l'Eglise et de l'empire. Victor ne fut point au-dessous de sa position. Il pacifia le royaume autant que possible, réconcilia le comte Baudouin de Flandre et le duc Godefroi de Lorraine avec le jeune roi et sa mère l'impératrice Agnès, et reprit enfin le chemin d'Italie.

Voici ce qui avait indisposé contre le défunt empereur le duc Godefroi de Lorraine et par suite le comte de Flandre. Godefroi avait accompagné à Constantinople son frère, le légat Frédéric; mais, avant le retour des légats, Godefroi était revenu en Italie et y avait épousé en secondes noces Béatrix, veuve de Boniface, marquis de Toscane : par ce mariage, il joignait au duché de Lorraine le duché de Toscane, avec une partie considérable de la haute Italie, et devenait un des plus puissants princes. L'empereur Henri le Noir en eut peur, et, dans son dernier voyage de Lombardie, il essaya de s'emparer de sa personne; mais Godefroi ne donna point dans le piège : seulement sa femme Béatrix alla trouver l'empereur, pour se justifier ainsi que son mari. L'empereur la retint prisonnière. Alors Godefroi, quittant l'Italie, revint en Lorraine, où, de concert avec Baudoin de Flandre, il leva une armée pour attaquer l'Allemagne; ce qui obligea l'empereur à revenir promptement.

Le duc Godefroi de Lorraine eut de sa première femme une fille, la bienheureuse Ide. Elle fut mariée à Eustache II, comte de Boulogne, et en eut trois enfants, Eustache, Godefroi et Baudoin. Elle ne voulut pas souffrir qu'une autre femme les allaitât; elle disait que, puisqu'elle était leur mère, elle devait être leur nourrice; mais elle s'appliqua encore plus à leur donner une sainte éducation, et elle eut la consolation de voir que le Seigneur versait sur eux ses bénédictions. Eustache, l'aîné de ses enfants, eut le comté de Boulogne; Godefroi devint duc de Bouillon et de la basse Lorraine, et ensuite roi de Jérusalem, aussi bien que Baudouin son frère. La bienheureuse Ide mourut au commencement du XIIe siècle, et est honorée le 13 avril. Elle avait fondé trois monastères (*Acta Sanct.*, 13 *april.*). Godefroi, son père, montra aussi beaucoup d'affection pour l'état monastique. Voyant avec douleur que les chanoines qui desservaient l'église de Saint-Dagobert de Stenay y faisaient l'office avec négligence, il le donna à l'abbé de Gorze, qui y mit des moines. Le même prince plaça aussi des moines de Saint-Hubert à Bouillon, dont il était seigneur, et il les dota. C'était un prince d'une grande piété, et il ne pouvait se rappeler le souvenir de ses péchés sans verser des larmes. Il garda la continence avec sa seconde femme, Béatrix.

Les légats du pape saint Léon IX étant arrivés en Italie à leur retour de Constantinople, chargés des présents de l'empereur Constantin Monomaque, tant pour eux que pour saint Pierre, Trasimond, comte de Théate, les arrêta comme ils passaient par ses terres, les garda quelque temps et les relâcha enfin, après leur avoir ôté tout ce qu'ils apportaient. Le cardinal Frédéric de Lorraine, l'un des trois légats, apprit, de plus, que l'empereur Henri lui en voulait beaucoup, qu'il avait même écrit au Pape de se saisir de sa personne et de le lui envoyer, à cause de son frère Godefroi, duc de Lorraine et de Toscane, qu'il regardait comme son plus grand ennemi. Pour fuir son indignation, Frédéric se retira au Mont-Cassin, où il fut reçu par l'abbé Richer et embrassa la vie monastique. Richer étant mort l'an 1055, Pierre, doyen du monastère, vieillard vénérable, fut élu par les moines. Mais le pape Victor II, mal satisfait que cette élection eût été faite sans sa permission, envoya le cardinal Humbert au Mont-Cassin pour s'en informer. A quoi il y avait d'autant plus de raison, que le nouvel abbé devait être consacré par le Pape même. Le cardinal étant entré dans le chapitre et ayant exposé l'objet de sa commission, les anciens protestèrent que, suivant la règle et la concession du Saint-Siège, l'élection de leur abbé n'appartenait à homme vivant qu'aux moines; que Pierre avait été élu canoniquement et malgré lui, et qu'ils n'en recevraient point d'autre par l'autorité de qui que ce fût. Le cardinal ayant écouté leurs raisons, n'y trouva rien à redire et sortit du chapitre. Mais, pendant la nuit, quatre moines imprudents ameutèrent les domestiques et les fermiers du monastère, qui vinrent le matin, avec grandes menaces et en armes, demander celui qui voulait déposer leur abbé. Ils se seraient même portés à quelque violence, si l'abbé n'était sorti pour leur parler raison; il leur dit à la fin : « Jusqu'à présent personne n'aurait pu m'enlever cette abbaye, mais vous me l'avez arrachée aujourd'hui par votre sottise. » En effet, le cardinal se disposait à partir tranquillement; mais quand il apprit la cause du tumulte, il assembla toute la communauté, se plaignit de l'injure faite à un envoyé du Siège apostolique aux portes mêmes de Rome. Les moines qui n'étaient pas du complot protestèrent de leur côté, que cette injure leur était commune, et qu'ils ne voulaient plus d'un abbé qui semblerait élu, non par eux, mais par les paysans du monastère. Le cardinal insistant à connaître les auteurs du tumulte, les quatre moines se prosternèrent sur le pavé, confessèrent leur faute et furent mis en pénitence. Pierre, de son côté, assura secrètement le cardinal qu'il quitterait volontiers l'abbaye, pourvu qu'on lui assignât un lieu où il pût demeurer d'une manière convenable. Trois jours après, il déposa en effet sur l'autel le bâton pastoral devant tous les frères. Le lendemain, le cardinal Humbert ayant fait assembler le chapitre, on élut d'une voix unanime le moine Frédéric, le 23 mai 1057. Il alla aussitôt en Toscane trouver le Pape, qui, de cardinal-diacre, le fit prêtre du titre de Saint-Chrysogone, puis lui donna la bénédiction abbatiale. Frédéric lui avait déjà fait connaître la conduite de Trasimond, comte de Théate, et le Pape avait forcé ce seigneur, par l'excommunication, à réparer son injustice et à rendre aux légats ce qu'il leur avait enlevé. Ayant donc pris congé du pape Victor en Toscane, Frédéric revint à Rome prendre possession de son titre de saint Chrysogone. Il n'y avait pas séjourné un mois, quand on y reçut inopinément la nouvelle suivante (*Leo ost. Chron. Cass.*, l. 2, c. 88, 89, 92, 94, 95).

Le pape Victor II était mort assez jeune en Toscane, le 28 juillet 1057. C'était un Pape digne de gouverner plus longtemps l'Eglise. On a retrouvé de lui une bulle remarquable, du 29 octobre 1056. Victor II y confirme tous les privilèges de l'archevêque de Hambourg et de Brême, qui était alors Adalbert. Ces privilèges consistaient principalement en ce que cet archevêque était légat du Saint-Siège pour tous les pays septentrionaux. Victor II lui réservait expressément l'ordination de tous les pays du Nord, nommément de la Suède, du Danemarck, de la Norwége, de l'Islande, du Scridevinum et du Groënland. C'est la première fois que nous trouvons l'Islande et le Groënland comptés au nombre des pays chrétiens. Comme l'Islande n'est pas loin de l'Amérique, que le Groënland y communique même par terre, on s'explique tout naturellement les traces et les traditions altérées de christianisme qu'on découvrit plus tard parmi les populations. L'empereur Henri III vivait encore, quand Islef, élu évêque par les Islandais, vint à sa cour et lui offrit un ours blanc. Henri recommanda au pape Victor l'évêque élu d'Islande. Le Pape l'adressa à l'archevêque Adalbert, en lui recommandant de le sacrer le jour de la Pentecôte, dans la confiance que le premier évêque d'Islande, étant sacré le jour où l'Esprit-Saint descendit sur les apôtres, recevrait des grâces plus abondantes pour consolider le nouvel évêché. Adalbert sacra le nouvel évêque au jour prescrit par le Pape, et Islef, retourné en Islande, fixa son siège à Scalocolt, où il opéra beaucoup de fruits jusqu'à sa mort, en 1080 (*Les Papes allemands*, t. II, p. 246 ; *Liliengren*, t. I, p. 37 ; *Hungurvaka Hafniæ*, 1778, t. VIII, p. 15).

La nouvelle inattendue de la mort du Pape ayant été promptement apportée à Rome par Boniface, évêque d'Albane, plusieurs Romains, tant du clergé que des citoyens, vinrent trouver le cardinal Frédéric et le consultèrent sur le choix qu'ils devaient faire d'un Pape. Ils passèrent en ces délibérations le reste du jour, la nuit entière et le jour suivant, et enfin Frédéric leur nomma cinq sujets qu'il connaissait les plus dignes entre ceux qui étaient en ces quartiers-là : c'étaient Humbert, évêque de Sainte-Rufine, Jean, évêque de Vellétri, l'évêque de Pérouse, l'évêque de Tusculum et le sous-diacre Hildebrand. Les Romains déclarèrent qu'aucun de ceux-là ne leur paraissait convenable, et qu'ils le voulaient élire lui-même ; à quoi il répondit qu'il n'en serait que ce qui plairait à Dieu. Quelques-uns voulaient attendre le retour de Hildebrand, qui était demeuré en Toscane, où il avait suivi le pape Victor. Mais les autres jugèrent qu'il ne fallait point différer, et vinrent dès le grand matin trouver le cardinal Frédéric à Saint-André de Pallare, où il logeait. Ils l'en tirèrent par force et le conduisirent dans l'église de Saint-Pierre-aux-Liens, où ils l'élurent Pape et le nommèrent Etienne, parce que c'était la fête de saint Etienne, pape, le second jour d'août. Ensuite, ils le conduisirent au palais patriarcal de Latran, suivi de toute la ville, avec des acclamations de joie. Le lendemain, qui était un dimanche, tous les cardinaux, le clergé et le peuple vinrent dès le grand matin le prendre pour le conduire à Saint-Pierre, où il fut sacré avec une allégresse publique.

Comme il n'y avait pas d'empereur dans ce moment-là, on n'attendit pas son assentiment. Le roi de Germanie, comme tel, n'avait pas plus à voir dans l'élection du Pape, que les rois de France, d'Angleterre, d'Ecosse, d'Espagne ou de Hongrie. Ce n'était que l'empereur d'Occident qui y avait un certain droit, comme défenseur armé de l'Eglise romaine. Cette observation si simple, s'ils avaient voulu la faire, aurait épargné bien des réflexions inutiles à la plupart des historiens modernes.

Le nouveau pape Etienne IX demeura quatre mois à Rome, et y tint plusieurs conciles, pour empêcher principalement les mariages des prêtres et des clercs, et les mariages incestueux entre parents. Il chassa tous ceux du clergé qui avaient été incontinents depuis la défense du pape saint Léon IX. Quoiqu'ils eussent quitté leurs femmes et embrassé la pénitence, il voulut qu'ils sortissent du sanctuaire pour un temps, et n'eussent plus d'espérance de pouvoir célébrer la messe. Le Pape retourna au Mont-Cassin à la Saint-André, et y passa deux mois et plus, jusqu'à la fête de sainte Scholastique, 10 février. Là, il s'appliqua particulièrement à bannir le vice de propriété, qui, depuis plusieurs années, s'était insensiblement glissé dans ce monastère. Il avait gardé le titre d'*abbé*; mais, étant tombé dangereusement malade vers Noël, et croyant mourir, il fit élire pour son successeur le moine Didier, de l'illustre famille des princes de Bénévent, qui fut aussi Pape sous le nom de Victor III (Léon d'Ostie).

Etienne IX connaissant le mérite de saint Pierre Damien, le tira de sa solitude et le fit évêque d'Ostie et premier des cardinaux, comme très-digne de l'épiscopat et très-nécessaire aux affaires de l'Eglise. Le Pape, les évêques et tous ceux qui aimaient l'Eglise en jugeaient ainsi; mais Pierre ne pouvait se résoudre à quitter sa retraite et résistait de tout son pouvoir. Il fallut en venir à la menace d'excommunication, s'il s'obstinait davantage, et le Pape, lui prenant la main, lui donna l'anneau et le bâton pastoral pour marque qu'il épousait l'Eglise d'Ostie; mais il se plaignit toujours de la violence qu'on lui avait faite, ne cherchant qu'à se décharger de l'épiscopat.

Le nouveau cardinal-évêque d'Ostie adressa aux autres cardinaux-évêques une fort belle lettre dont voici la substance : « Les sentinelles placées autour du camp ou sur les tours de la cité, au milieu d'une nuit profonde, s'adressent de temps en temps la parole pour se tenir éveillées et sur leurs gardes. Appelé malgré moi parmi les sentinelles placées devant le camp de l'Eglise, je vous écris, vénérables Pères, ou plutôt je vous étourdis par un style grossier comme par une voix rauque, non pour vous faire abandonner le sommeil, puisque vous veillez avec courage, mais pour me réveiller plutôt moi-même, assoupi que je suis dans la torpeur de la paresse; car nous apprenons souvent mieux en enseignant, et nous nous contraignons, par notre propre bouche, d'exécuter ce que nous inculquons aux autres. Vous voyez le monde qui penche vers sa ruine ; plus il approche vers sa fin, plus il se charge de forfaits. La discipline de l'Eglise est presque partout négligée; on ne rend point aux évêques le respect qui leur est dû ; on foule aux pieds les canons et on ne travaille qu'à satisfaire la cupidité. Au milieu de ce naufrage de l'univers, parmi tant de gouffres de perdition, un port unique reste ouvert, l'Eglise romaine, la barque du pauvre pêcheur, qui arrache aux flots et à la tempête tous ceux qui s'y réfugient avec sincérité, et les transporte sur le rivage du salut et du repos. Aussi cette Eglise a-t-elle des prérogatives plus excellentes que toutes les autres de la terre; et a-t-elle été fondée d'une manière mystérieuse. Ainsi, pour ne parler que de l'église de Latran, distinguée par le nom du Sauveur, qui est le chef de tous les élus, elle est la mère et le sommet de toutes les églises de l'univers. Cette église a sept cardinaux-évêques, à qui seuls, après le Pape, il est permis de célébrer les divins mystères sur cet autel. En quoi s'accomplit évidemment cet oracle de Zacharie : *Voici la pierre que j'ai placée devant Jésus, et sur cette pierre unique il y aura sept yeux* (Zach., 3, 9). Cette pierre est, sans aucun doute, celle dont le vrai Jésus a dit : *Et sur cette pierre je bâtirai mon Eglise.* Cette pierre a donc sept yeux, parce que cette église est ornée des sept dons de l'Esprit-Saint, par lesquels, resplendissant d'une manière inextinguible, comme le chandelier d'or, elle dissipe les ténèbres de l'ignorance et illumine les intelligences humaines pour contempler le Soleil de justice. De quoi le même prophète a dit : *Je regarderai, et voilà un candélabre tout d'or, avec une coupe par dessus, et sept lampes autour de la coupe* (Zach., 4, 2). Ce mystère a été expliqué au bienheureux Jean, quand il lui fut dit dans l'Apocalypse : *Voici le mystère des sept étoiles que vous avez vues en ma main droite, ainsi que des sept chandeliers d'or. Les sept étoiles sont les anges des sept églises, et les sept chandeliers sont ces sept églises mêmes.*

» C'est donc par ces sept membres principaux, comme par des bras de miséricorde, que l'Eglise catholique embrasse tout l'univers, et qu'elle réchauffe et protége dans le sein de sa piété maternelle tous ceux qui veulent être sauvés. Jésus, le souverain Pontife, y associe toute son Eglise dans l'unité du sacrement, afin qu'on croie, avec raison, qu'il n'y a qu'un Pontife et qu'une Eglise. Aussi est-il dit dans le prophète : *Voici un homme, l'Orient ou le Levant est son nom ; car il se lèvera de dessous lui et il bâtira le temple du Seigneur ; oui, il bâtira le temple du Seigneur, il portera le diadème de gloire, il s'assoiera et dominera sur son trône, et il sera en même temps prêtre ou pontife sur son trône.*

» C'est pourquoi, mes frères, puisque nous sommes comme les sept yeux sur la pierre unique, et que, par notre dignité, nous portons l'image des sept étoiles et des sept anges, voyons, resplendissons, annonçons aux peuples les paroles de vie, non-seulement par la voix, mais encore par les mœurs. Comme c'est au palais de Latran qu'on afflue de toutes les parties de l'univers, c'est là que doit se trouver le modèle parfait de bonne vie. Considérons bien ce que dit l'Apôtre : *Celui qui désire l'épiscopat désire une bonne œuvre*, montrant par là que le pontife n'est qu'un homme de bonne œuvre, car il ne dit pas : Celui-là désire une bonne dignité, mais *une bonne œuvre*. Comme s'il disait : Qui aspire à l'épiscopat sans opérer le bien, cherche un vain nom sans la réalité de la chose. L'épiscopat ne consiste donc point dans la pompe extérieure, la magnificence des habits, l'or et les fourrures précieuses, les chevaux fringants, la nombreuse suite de cavaliers armés, mais dans la pureté de la vie et dans l'exercice de toutes les vertus.

» L'apôtre ajoute : *Il faut que l'évêque soit irrépréhensible.* Par où il veut dans l'évêque une perfection telle qu'il le suppose presque au-dessus de la nature ; car qui est-ce qui, étant dans la chair, vivra avec tant de circonspection qu'il ne fasse jamais rien de répréhensible ? Malheur donc à ceux qui, menant une vie blâmable, se rendent encore plus criminels en désirant une place où on doit vivre sans reproche ! Tels sont ceux qui, oubliant leur patrie, suivent les armées des rois dans des pays barbares et inconnus. L'amour des dignités périssables a plus de pouvoir sur eux que la promesse des récompenses célestes, et, pour obtenir à la fin le pouvoir de commander, ils se soumettent à une dure sujétion. Il leur coûterait moins, s'ils donnaient une fois de l'argent pour acheter ces dignités ; car, comme il y a trois sortes de présents, il y a trois sortes de simonies : celle de la main, en donnant de l'argent, celle des services, celle de la langue par les flatteries. Or, ceux qui suivent ainsi les princes dans leurs voyages, commettent toutes les trois. » Saint Pierre Damien termine sa lettre en exhortant ses frères, les cardinaux-évêques, à se montrer en tout les modèles des évêques, des prêtres et des fidèles qui ne cessaient d'affluer à Rome et au palais de Latran (L. 2, *Epist.* 1).

Le pape Etienne IX avait résolu de ne pas quitter de toute sa vie l'abbaye du Mont-Cassin. C'est pourquoi, ayant approuvé l'élection du moine Didier, il ne changea pas le dessein qu'il avait pris de l'envoyer comme légat près de l'empereur de Constantinople; mais il ordonna que si Didier revenait de ce voyage, lui vivant, il lui donnerait le gouvernement de l'abbaye; si le Pape mourait avant le retour de Didier, celui-ci serait reconnu abbé sans difficulté. Le Pape envoya avec lui Etienne, cardinal, et Mainard, depuis évêque de Sainte-Rufine, les chargea de lettres pour l'empereur de Constantinople, qui était dès lors Isaac Commène, et leur recommanda de revenir au plus tôt, après avoir accompli leur légation.

C'était au commencement de l'année 1058.

Le pape Etienne IX avait confirmé tous les décrets de ses deux prédécesseurs contre la simonie et l'incontinence des clercs; il avait interdit pour jamais la célébration de la sainte messe aux prêtres mariés, même lorsqu'ils se seraient séparés de leurs femmes, ne les admettant qu'à la communion dans le sanctuaire, après une pénitence convenable. Nulle part peut-être l'incontinence et la simonie ne faisaient plus de ravages que dans la ville et le diocèse de Milan, par la négligence et la coupable connivence de Gui ou Widon, archevêque de cette ville. Ce prélat avait succédé à Héribert l'an 1046. Le peuple avait proposé quatre prêtres de l'Eglise métropolitaine, entre autres Anselme, depuis évêque de Lucques et Pape, pour en élire un, et Gui ou Widon était proposé par une partie de la noblesse; mais il termina le différend en donnant de l'argent à l'empereur Henri III, qui le mit en possession de l'archevêché. Il parut clairement combien il était odieux dès la première messe pontificale qu'il célébra dans la grande église; car tout le clergé et le peuple le laissèrent seul à l'autel. Toutefois, il demeura dans le siège de Milan et le tint pendant deux ans. Dans sa miséricorde, Dieu suscita dans cette Eglise plusieurs saints personnages, qui combattirent ces énormes scandales avec tant de zèle et de dévouement, que quelques-uns souffrirent le martyre. Les principaux étaient saint Anselme et saint Ariald. Anselme, d'abord chanoine de Milan, ensuite évêque de Lucques après son oncle Anselme, qui devint Pape sous le nom d'Alexandre II, naquit à Milan, d'une famille noble. Nous lui verrons, comme évêque de Lucques, souffrir bien des persécutions et des traverses pour la cause de Dieu et de son Eglise.

Saint Ariald, dont la vie a été écrite par le bienheureux André de Vallombreuse, son disciple, naquit dans un bourg entre Milan et Côme, de parents encore plus distingués par leur probité que par leur noblesse. Sa mère était très-charitable envers les pauvres, les orphelins, les malades, qu'elle allait visiter elle-même sur leur grabat; à tel point que les pauvres disaient entre eux : « Si celle-là meurt, il ne nous sera plus avantageux de vivre. » Le jeune Ariald, entré dans le clergé, fut appliqué aux études; il y fit des progrès extraordinaires. Ayant appris tout ce que l'on enseigne dans sa province, il parcourut différents pays, fréquenta même les écoles de Laon et de Paris, et se rendit très-habile dans toutes les sciences divines et humaines. Sa vertu n'était pas moindre que sa science. Sa pureté était telle, qu'ayant vu un jour ses propres sœurs parées d'une manière trop mondaine, il s'écria : « Voilà le piége de Satan ! » Ce qui l'affligeait surtout, c'était la corruption du clergé. A peine s'en trouvait-il ici et là quelque membre qui vécût d'une manière digne de sa vocation. Les uns, escortés de chiens et de faucons, ne pensaient qu'à la chasse; les autres tenaient des tavernes, des métairies, ou même exerçaient l'usure; presque tous vivaient ignominieusement et publiquement avec des femmes ou plutôt des prostituées. Tous cherchaient leurs propres intérêts, et non ceux du Christ; car, ce qu'on ne peut ni dire ni entendre sans gémissement, tous étaient tellement adonnés à l'hérésie simoniaque, que, depuis le plus petit jusqu'au plus grand, nul ordre ni grade ne pouvait s'obtenir qu'on ne l'achetât comme on achète du bétail. Et, ce qu'il y avait de pire, personne n'apparaissait pour s'opposer à une perversité si grande, mais les loups rapaces étaient regardés comme de vrais pasteurs. C'est ainsi que parle le bienheureux André de Vallombreuse.

Saint Ariald, qui était chanoine et diacre, ordre qui implique l'office de la prédication, se mit à parler publiquement contre ces scandales publics. Il prêcha d'abord dans les villages et les bourgades. Enfin, à la sollicitation de saint Anselme, il vint à Milan, où le mal était d'autant plus grand que la ville était plus populeuse. Le peuple, qui le connaissait déjà de réputation, vint presque tout entier l'entendre. Il commença à leur parler en ces termes : « Je veux, mes chers frères, vous dire d'abord ce que je sais que vous savez, afin de vous amener peu à peu à ce que vous ne savez pas et qu'il vous importe souverainement de savoir. Vous savez que, jusqu'à l'avénement de Notre Seigneur Jésus-Christ, le genre humain était aveugle, non par les yeux du corps, mais par ceux du cœur. Il était aveugle, en ce qu'il croyait vrai ce qui était faux, disant à la pierre, au bois et au métal : *Vous êtes mon Dieu ;* La souveraine et éternelle Lumière, compatissant à cette cécité, n'a point envoyé un ange pour la bannir du cœur des hommes; mais, descendue elle-même des cieux, elle a pris notre chair, et, pour dissiper entièrement l'aveuglement des hommes, elle a subi volontairement la mort de la croix. Dans les jours de sa vie mortelle, Jésus-Christ choisit autant d'hommes qu'il croyait devoir suffire pour éclairer l'univers. Les ayant délivrés de toutes les ténèbres de l'erreur, et éclairés de la lumière éternelle, il les envoya par tout le monde, leur ordonnant de répandre partout la lumière qu'il leur avait communiquée, après quoi il retourna au Père, d'où il était venu.

» Cette souveraine, éternelle et vivante lumière a laissé sur la terre deux choses pour éclairer tous ceux qui doivent venir à la lumière et y demeurer jusqu'à la fin des siècles. Voulez-vous savoir quelles sont ces deux choses? La parole de Dieu et la vie de ceux qui enseignent. Que la parole de Dieu soit une lumière, David ne cesse de le dire dans les psaumes. Quant à la vie des docteurs, qu'elle doive être une lumière, la Vérité elle-même l'atteste quand elle dit : *Vous êtes la lumière du monde;* et quand elle ajoute aussitôt : *Que votre lumière luise devant les hommes, de telle sorte qu'ils voient vos bonnes œuvres et qu'ils glorifient votre Père qui est dans les cieux.* De ces deux lumières, le Seigneur en a placé une devant eux, l'autre devant vous. Ceux à qui il a donné la science de l'Ecriture et qu'il a choisis pour ses ministres, il a voulu qu'ils menassent une vie toujours lumineuse de la lumière de sa parole, et que leur vie fût votre lecture, à vous qui ne savez pas lire. Mais, par les embûches de l'ennemi du genre humain et par notre négligence et notre péché, eux, s'étant retournés en arrière, ont perdu leur lumière, et vous avez perdu la vôtre.

« Mais pour vous tromper plus sûrement, le même ennemi qui leur a ôté la vérité de la sainteté leur en a laissé une ressemblance dans l'habit extérieur, ce que je dis en gémissant, non pour votre ignominie, mais pour votre instruction. N'êtes-vous pas retournés au même aveuglement que le Christ est venu dissiper en descendant du ciel? car, avant sa venue, le genre humain était aveugle, parce qu'il prenait le faux pour le vrai. Quiconque fait de même, n'est-il donc pas pareillement aveugle? Eux, dans leur erreur, croyaient la pierre et le bois des dieux ; de même vous regardez comme de vrais prêtres ceux qui certainement en sont de faux. Comment pouvons-nous le savoir ? Nous sommes dans les ténèbres, allons à la lumière. Laquelle? La parole de Dieu. Voici que Jésus-Christ dit : *Celui qui est mon ministre, qu'il me suive*, comme pour dire ouvertement : Nul n'est mon ministre, sinon celui qui me suit. Je sais que vous connaissez la vie de vos prêtres. Or, apprenez où Jésus-Christ va et ce qu'il dit, et vous saurez si ceux-là sont ses ministres, ou plutôt ses adversaires. Jésus-Christ s'écrie : *Apprenez de moi, que je suis doux et humble de cœur ; le Fils de l'homme n'a pas où reposer sa tête.* Et encore : *Bienheureux ceux qui sont pauvres d'esprit, parce que le royaume du ciel est à eux.*

» Au contraire, comme vous le voyez, vos prêtres, plus ils sont riches en choses terrestres, distingués par des palais et des tours, élevés dans les honneurs, parés de vêtements somptueux et délicats, plus ils passent pour heureux. Comme vous le voyez, ils prennent publiquement des femmes comme les laïques, ils se livrent à la débauche comme les laïques les plus corrompus, et, pour commettre ces crimes, ils ont d'autant plus de force qu'ils sont moins oppressés par les travaux de la terre, vivant du don de Dieu. Tandis que Jésus-Christ demande au contraire une si grande pureté dans ses ministres, qu'il condamne en eux jusqu'à une pensée mauvaise : *Quiconque regarde une femme avec un mauvais désir, il a déjà commis l'adultère avec elle dans son cœur.* Rentrez donc en vous-mêmes, mes frères, rentrez en vous-mêmes. Apprenez à prendre le vrai et à repousser le faux ; car je me suis efforcé de ramener les coupables à leur lumière, mais je n'ai pu. Je suis venu ici pour vous ramener à la vôtre; ou j'y réussirai, ou bien je sacrifierai ma vie pour votre salut. »

L'homme de Dieu ayant dit ces choses et beaucoup d'autres, presque tout le peuple fut animé d'un si grand zèle, qu'il condamna, comme ennemis de Dieu et séducteurs des âmes, ceux qu'il avait révérés jusqu'alors comme des ministres de Jésus-Christ. Un jour qu'il parlait ainsi en public, un clerc, nommé Landulphe, des premiers de la ville, d'une voix et d'une éloquence puissantes, se leva du milieu de la foule, et, ayant obtenu silence, s'écria : « Je rends grâces devant vous tous au Dieu tout-puissant qui me permet d'entendre aujourd'hui ce que mon cœur souhaitait avec ardeur depuis des temps infinis. Depuis longtemps je savais et déplorais ces choses, mais je gardais le silence, parce que je n'avais personne à qui le dire. Maintenant donc, cher seigneur Ariald, puisque la bonté divine vous donne à moi, sachez qu'elle me donne aussi à vous, et que tout ce que vous direz ou ferez désormais là-dessus, je le dirai et le ferai, et, comme vous avez protesté être prêt à donner votre vie pour le salut de nos frères, je vous proteste que je donnerai de même la mienne. » A ces paroles, le peuple fidèle fut rempli de joie et bénit Dieu. Un riche et vertueux laïque nommé Nazaire, monétaire de profession, se leva à son tour, encouragea saint Ariald et le conjura instamment de venir demeurer dans sa maison et de disposer de ses biens. Ariald et Landulphe, instruisant et exhortant ainsi le peuple, les clercs incontinents furent si décriés qu'ils n'osaient plus monter à l'autel.

L'archevêque Vidon, qui n'était point accusé d'incontinence, mais de simonie, fit venir les deux prédicateurs en particulier, et, mêlant les prières aux menaces, les pressa de ne plus invectiver contre les prêtres, étant prêtres eux-mêmes, et leur fit appréhender quelque malheur. Ils répondirent tous deux : « Peu importe de quelle mort et dans quel temps nous succombons; car notre bonheur est de mourir en combattant pour la vérité. Notre résolution est d'être les ennemis du crime et de prêcher chaque jour contre les coupables, tant que nous vivrons. Si ces prêtres péchaient en secret, aucun de nous n'approuverait qu'ils fussent châtiés publiquement; mais leurs crimes sont tels, que non-seulement ils les commettent, mais qu'ils les publient eux-mêmes. Il est inutile de nous dire que nous devons les accuser en secret. Celui qui est coupable d'un crime manifeste doit faire pénitence en public. Quand un mal ne cède point aux médicaments plus doux, il faut employer le fer et le feu. Ces cœurs obstinés ayant usé tous les autres remèdes, il faut recourir à l'animadversion publique. »

L'archevêque fut indigné d'une réponse aussi ferme. Eux, de leur côté, pour fortifier le bon parti, allèrent trouver Anselme, évêque de Lucques, qui était alors d'une très-grande autorité à Milan, y étant né de l'illustre famille des Badages. C'est le même que nous verrons Pape sous le nom d'Alexandre II, et qui eut à Lucques, pour son successeur, son parent saint Anselme.

La nouvelle de ces événements étant arrivée à Rome, le Pape ordonna à Vidon, archevêque de Milan, d'assembler un concile pour en connaître. Vidon en assembla un à Novarre, où il fit un discours favorable aux clercs incontinents, et excommunia Landulphe et saint Ariald, absents tous les deux. Les fidèles de Milan résolurent alors d'envoyer Landulphe à Rome, pour y répondre dans le concile aux calomnies de leurs adversaires. Landulphe fut arrêté et battu à Plaisance, et obligé de revenir sur ses pas. Saint Adriald fut plus heureux; il évita toutes les embûches de ses ennemis, arriva heureusement à Rome, se présenta dans le concile devant le pape Étienne IX, y fit connaître les adultères et la simonie des clercs de Milan, et comment, sur ses exhortations, le peuple les séparait de leurs femmes, assurant qu'ils étaient rebelles à l'Église romaine, mais que lui et Landulphe lui étaient dévoués et combattaient pour la vérité. Plusieurs, qui favorisaient ses adversaires, et de leur nombre un cardinal, se levèrent et parlèrent contre lui; mais le pape Étienne, ayant commandé le silence, ne loua point le cardinal, et ne condamna pas Ariald : au contraire, il annula la sentence d'excommunication prononcée contre lui, le traita avec beaucoup d'honneur, lui indiqua de quels prêtres il devait recevoir les saints mystères, et lui enjoignit expressément de retourner à son entreprise et d'y persévérer avec courage jusqu'à ce qu'il eût exterminé ces crimes qui déshonoraient l'Église, ou versé son sang pour Jésus-Christ.

Le Pape fit plus; il envoya trois légats à Milan, pour connaître de cette affaire par eux-mêmes : c'était le cardinal Hildebrand, depuis saint Grégoire VII; saint Pierre Damien, évêque d'Ostie, et Anselme de Lucques, depuis le pape Alexandre II. Les trois légats trouvèrent les choses telles que saint Ariald les avait rapportées, et l'exhortèrent à persévérer dans sa résolution.

Ainsi autorisé et encouragé, Ariald se mit à parler contre la simonie et les simoniaques; ce qu'il n'avait pas fait jusqu'alors. Il exposa donc ce que les Actes des Apôtres disent de Simon le Magicien, et les anathèmes des saints Pères contre la simonie, et exhorta vivement tout le peuple à s'élever contre ce vice. L'archevêque Vidon, qui se sentait coupable, en frémit avec la plus grande partie du clergé et des hommes de guerre. Si cette nouvelle doctrine vient à prévaloir, disaient-ils, nous n'avons plus que faire de vivre; car quelle est notre vie, si ce n'est les bénéfices des églises? C'est pourquoi il vaut mieux mourir en résistant à cette nouveauté, que de lui laisser prendre le dessus. Les fidèles, au contraire, disaient aux hommes de Dieu : D'après votre enseignement, ceux qui sont connus pour avoir acheté les choses sacrées, sont indubitablement simoniaques et hérétiques; or, entre les prêtres qui sont parmi nous, il est manifeste que pas un n'est exempt de ce crime. Cependant étant chrétiens, nous ne pouvons vivre sans le sacrement de Jésus-Christ; que, si nous le recevons d'eux, vous dites que c'est la damnation plutôt que le salut que nous recevons. Ainsi pressés de toutes parts, nous ne savons que faire. Ariald leur répondit de se séparer en tout cas des pasteurs simoniaques; ensuite de demander à Dieu avec une entière confiance des pasteurs bons et fidèles, assurés qu'ils en recevraient, et bientôt.

Sur cette parole, beaucoup de fidèles, hommes et femmes, non-seulement méprisaient la conduite des simoniaques, mais ne priaient plus avec eux. Toute la ville de Milan était divisée à cet égard; on ne parlait pas d'autre chose. Un grand nombre de clercs commencèrent à s'unir au bienheureux Ariald. De leur nombre fut un prêtre qui avait acheté une église d'un chevalier. Le chevalier et le prêtre se convertirent en même temps et réparèrent publiquement leur faute. L'église, qui était grande, servit dès lors de lieu d'assemblée pour les fidèles. Saint Ariald se bâtit une maison auprès, et y vécut en communauté avec les clercs : ce qui fut d'une grande édification pour toute la ville (*Vita S. Ariald.*, *Acta Sanct.*, 27 *junii*).

On voit dans ce saint homme un vrai réformateur de la discipline ecclésiastique, un réformateur dans le sens et dans l'esprit de l'Église : aussi est-il encouragé et autorisé par elle. La force sur laquelle, après Dieu, il s'appuie, aussi bien que les Papes, pour amener des mauvais prêtres à une meilleure vie et les y amener malgré eux et malgré les seigneurs temporels qui profitent de leur dérèglement, c'est la piété et le zèle du peuple chrétien, du peuple qui, instruit et dirigé par l'Église, devient l'exécuteur des lois de l'Église envers ses ministres rebelles.

En France, les choses n'étaient pas dans un état aussi fâcheux que dans le Milanais. Gervais, qui d'évêque du Mans était devenu archevêque de Reims, avait écrit au nouveau pape Étienne IX pour le féliciter de sa promotion et l'assurer de son obéissance. Il lui parlait d'un concile que le pape Victor lui avait ordonné de tenir à Reims, et de quelques autres affaires. Étienne, en répondant à sa lettre, lui dit : « Je souhaite qu'il y ait toujours une amitié sincère entre vous et moi. Pour ce qui regarde l'obéissance et la fidélité que vous me promettez, vous n'ignorez pas que vous ne faites que votre devoir en révérant dans ma personne votre Mère commune. Quant au concile qui devait se tenir à Reims, tout ce qu'il y a à dire là-dessus, c'est que le pape Victor, d'heureuse mémoire, est mort, et que vous ne me marquez pas si le roi y consentait. Je n'ai rien non plus à vous répondre sur l'archevêque de Bourges, sinon que notre fils Hildebrand en étant instruit, quand il sera de retour et que vous serez venu à Rome avec cet archevêque, je prendrai conseil de vous là-dessus et sur d'autres affaires ecclésiastiques. » Le Pape exhorte Gervais à ne point craindre les ennemis que lui attirent sa fidélité à l'Église romaine et son zèle pour l'observation des canons. Il lui promet de le soutenir et il lui ordonne de venir à Rome avec ses suffragants, pour assister au concile qu'il devait y tenir quinze jours après Pâques, l'an 1058 (Labbe, t. IX).

Le pape Étienne paraît avoir eu un grand projet en tête, mais qu'il n'exécuta point : c'était de donner à l'Église romaine un puissant défenseur, en élevant son propre frère Godefroi, duc de Lorraine et de Toscane, à la dignité impériale. Ce Pape, retournant du Mont-Cassin à Rome le 10 février 1058, emmena avec lui le moine Alfane, élu archevêque de Salerne, qu'il ordonna prêtre aux Quatre-Temps du mois de mars, et archevêque le dimanche suivant. Peu de temps après, il manda au prévôt du Mont-Cassin de lui apporter, le plus promptement et le plus secrètement qu'il pourrait, tout ce qu'il y avait d'or et d'argent au trésor du monastère, promettant d'en renvoyer bientôt beaucoup davantage; car il se préparait à aller en Toscane conférer avec le duc Godefroi, son frère, à qui l'on disait qu'il destinait la couronne impériale; puis il devait revenir avec lui, chasser d'Italie les Normands, qu'il haïssait extrêmement. Les moines du Mont-Cassin ayant reçu cet ordre du Pape, en furent consternés, et ne laissèrent pas de l'exécuter dès le lendemain. Le Pape ayant vu le trésor qu'on lui avait apporté, fut saisi de frayeur; et, touché de l'affliction des frères et d'une vision qu'avait eue un d'entre eux, il se repentit, versa des larmes et renvoya le trésor, prenant seulement une image grecque qu'il avait apportée de Constantinople. Au contraire, il fit, soit avant, soit après, plusieurs riches présents au Mont-Cassin.

Ensuite, ayant assemblé dans l'église les évêques, le clergé et le peuple romain, il ordonna très-expressément, que, s'il venait à mourir pendant l'absence du sous-diacre Hildebrand, envoyé à l'impératrice pour les affaires d'Etat, on ne fît point d'élection, mais qu'on laissât vaquer le Saint-Siège jusqu'au retour d'Hildebrand, pour en disposer par son conseil. Le pape Etienne partit alors pour la Toscane; mais, peu de temps après, il tomba subitement malade et mourut à Florence le 29 mars 1058. Il fut assisté à la mort par saint Hugues, abbé de Cluny, et enterré avec de grands honneurs dans la cathédrale. D'après l'épitaphe que le duc Godefroi, son frère, fit graver sur son tombeau, le pape Etienne IX fut illustre par la sainteté et par la gloire des miracles. Le judicieux Lambert d'Aschaffembourg en parle en ces termes : « Le pape Etienne, de pieuse mémoire, nommé aussi Frédéric, paya le tribut à la nature mortelle, à Florence, le quatrième des calendes d'avril, et passa vraiment, ainsi que nous l'espérons, de cette vallée de larmes à la joie des anges. Ce qui l'indique, ce sont les signes et les prodiges qui illustrent son sépulcre en cette ville, jusqu'à ce jour. » Lambert écrivait une vingtaine d'années après la mort d'Etienne (Lambert, an 1058, *Papele*; *Acta Sanct.*, *Propyl.*, *maii*).

Cependant, à Rome, Grégoire, fils d'Albéric, comte de Tusculum, et Girard de Galère, ayant appris la mort du Pape, s'assemblèrent de nuit avec quelques-uns des plus puissants de la ville, suivis d'une troupe de gens armés, et élurent pour pape Jean, évêque de Vellétri, qu'ils nommèrent Benoît. Saint Pierre Damien, voulant observer le décret du pape Etienne, s'opposa à cette élection avec les autres cardinaux, prononçant anathème contre ceux qui l'avaient faite. Mais comme ils étaient les plus forts, Pierre et les autres opposants furent obligés de s'enfuir et se cacher en divers lieux. C'était à saint Pierre Damien, en qualité d'évêque d'Ostie, à sacrer le Pape; mais, en son absence, Grégoire et ceux de son parti prirent son archiprêtre, l'emmenant de force, et le contraignirent de couronner Benoît, le dimanche de la Passion, 5 avril 1058 (Baron., 1058). Il usurpa ainsi le Saint-Siége près de dix mois. Il donna le *pallium* à Stigand, archevêque de Cantorbéry, qui n'avait pu l'obtenir des Papes légitimes. Ce prélat, Saxon d'origine, qui avait déjà quitté un moindre évêché pour passer à celui de Winchester, profita d'une réaction politique contre les Normands établis en Angleterre, pour se faire donner encore, sans quitter son évêché précédent ni plusieurs abbayes, l'archevêché de Cantorbéry, dont on avait chassé le Normand Robert de Jumièges. Stigand était habile pour les affaires temporelles, mais sans lettres, comme étaient alors presque tous les évêques anglais; ainsi il traitait les affaires de l'Eglise comme celles de l'Etat, et ne songeait qu'à satisfaire son ambition et son avarice, trafiquant publiquement des évêchés et des abbayes. Il usurpa pendant dix-sept ans le siége de Cantorbéry, et n'ayant pu obtenir le *pallium*, quoique, du moins on le disait en Angleterre, « l'argent eut beaucoup de pouvoir à Rome, » il s'avisa de reconnaître pour pape ce Benoît, dont les autres archevêques se moquaient, et l'antipape lui en sut tant de gré, qu'il lui envoya le *pallium*. Nous le verrons justement déposé l'an 1079. Les Romains donnèrent, par mépris, à l'antipape Benoît le sobriquet de *Meincio* ou plutôt *Minchione*, qui, en italien, signifie *un stupide*.

L'abbé Didier et les deux autres légats du pape Etienne IX attendaient à Bari un vent favorable pour passer à Constantinople, quand, vers le soir du dimanche des Rameaux, arrivèrent des moines du Mont-Cassin, qui lui apprirent la mort du Pape, le priant, au nom de la communauté, de revenir incessamment au monastère pour en prendre le gouvernement. Il partit dès le lendemain, et craignait d'être arrêté par les Normands; mais, au contraire, Robert Guiscard, leur chef, lui donna un sauf-conduit et des chevaux. Il arriva au Mont-Cassin le jour de Pâques, de grand matin, et le jour même il fut mis en possession de l'abbaye par le cardinal Humbert, qui s'y était retiré, n'osant demeurer à Rome à cause des schismatiques (*Leo ost.*, l. 3, c. 9, 10).

Quand le cardinal Hildebrand fut revenu de son ambassade auprès de l'impératrice et qu'il eut appris l'élection que l'on avait faite à Rome, contre la défense expresse du pape Etienne, il s'arrêta à Florence, écrivit aux Romains les mieux intentionnés, et, ayant reçu leur consentement sans restriction, il élut pape Gérard, évêque de Florence, né dans le duché de Bourgogne. Cette élection se fit paisiblement à Sienne, avec le secours de Godefroi, duc de Lorraine et de Toscane; et Gérard fut nommé Nicolas II. Les seigneurs romains envoyèrent cependant en Allemagne, pour assurer le roi qu'ils lui garderaient la foi qu'ils avaient promise à son père, et que c'était dans cette intention qu'ils avaient laissé le Saint-Siége vacant jusqu'alors, le priant d'envoyer qui il voudrait, parce que l'intrusion faite contre les règles n'empêchait point une élection légitime. Le roi, de l'avis des seigneurs, approuva l'élection de Gérard, agréable aux Romains et aux Allemands, et ordonna au duc Godefroi de le mener à Rome (Lambert, an 1059).

Saint Pierre Damien fut consulté, au sujet de ces deux élections, par un archevêque à qui il répondit ainsi : « Celui qui tient à présent le Saint-Siége, (il parle de l'antipape *Benoît*), est simoniaque, à mon avis, sans qu'on puisse l'excuser; puisque, nonobstant nos oppositions, c'est-à-dire de tous les évêques-cardinaux, et sans avoir égard à nos anathèmes, il a été intronisé de nuit et en tumulte, avec des troupes de gens armés. Ensuite on eut recours aux largesses, on distribua de l'argent au peuple par les quartiers et les rues ; on entendait par toute la ville forger de la monnaie, et on employait pour les disciples de Simon le trésor de saint Pierre. Quant à ce qu'il allègue pour sa défense, qu'il a été contraint, bien que je n'en sois pas bien éclairci, je ne veux pas tout à fait en disconvenir ; car cet homme est si stupide, que l'on peut croire qu'il n'a pas su ce qu'on machinait pour lui ; mais il est coupable de demeurer volontairement dans le bourbier où on l'a jeté malgré lui.

» Or, pour ne pas m'étendre sur sa promotion, tandis que nous autres cherchions à nous cacher en divers lieux, un prêtre de l'Eglise d'Ostie, qui ne sait pas lire une page, même en épelant, fut enlevé de force par ces satellites de Satan, pour mettre sur le Saint-Siége celui qu'ils avaient élu. Vous voyez bien, vous qui savez les canons, que ce seul article suffit pour le condamner ; car, s'il faut déposer le prêtre qui a usurpé le privilège d'un évêque, que deviendra celui qu'il a ordonné ? Joignez-y la défense que le pape Etienne, de pieuse mémoire, avait faite de procéder à l'élection avant le retour du sous-diacre Hildebrand. Quant au Pape élu, voici ce qu'il m'en semble. Il est suffisamment lettré, d'un esprit vif, de mœurs pures, au-dessus de tout soupçon, fort aumônier. Je n'en dis pas davantage pour ne paraître pas aimer le particulier plus que le public. Au contraire, si l'autre peut bien expliquer une ligne, je ne dis pas d'un psaume, mais d'une homélie, je ne résiste plus et je lui baise les pieds. Quant à ce que vous m'avez mandé de vous écrire secrètement pour ne pas m'exposer, à Dieu ne plaise que, dans telle affaire, je craigne de souffrir les plus rudes traitements. Au contraire, je vous prie de rendre publique cette lettre, afin que tout le monde sache ce que l'on doit penser de ce péril commun (L. 3, epist. 4).

Après que le pape Nicolas II eut été élu, il tint conseil avec Hildebrand et les autres cardinaux, sur ce qu'il y avait à faire au sujet de l'antipape, et il fut résolu de tenir un concile à Sutri, ville du patrimoine de saint Pierre, où l'on appellerait, non-seulement les évêques de Toscane et de Lombardie, mais le duc Godefroi et le chancelier Guibert : ce qui fut exécuté sans délai. L'antipape l'ayant appris, fut touché de remords, quitta le Saint-Siége et retourna en sa maison, et, quand le pape Nicolas en fut bien informé, il tint conseil avec les cardinaux, et alla à Rome avec eux et avec le duc Godefroi, mais paisiblement et sans troupes. C'était au mois de janvier 1059. Le pape Nicolas fut reçu à Rome, par le clergé et par le peuple, avec l'honneur convenable, et mis sur le Saint-Siége par les cardinaux, suivant la coutume. Quelques jours après, l'antipape Jean, par l'entreprise de quelques personnes, vint se présenter au Pape, et, se jetant à ses pieds, il protesta qu'on lui avait fait violence, ne niant pas, toutefois, qu'il était usurpateur et parjure. Le Pape leva l'excommunication prononcée contre lui, mais à condition qu'il demeurerait à Sainte-Marie-Majeure, déposé de l'épiscopat et de la prêtrise. Le schisme fut ainsi terminé ; mais il restait au Pape une grande peine, de ce que les capitaines établis par les Papes retenaient par force les seigneuries de Rome et les droits de l'Eglise qu'ils avaient usurpés (Baron., an 1059).

Ensuite le Pape envoya au Mont-Cassin, dire à l'abbé Didier de venir au plus tôt à sa rencontre, comme il allait dans la Marche d'Ancône. L'abbé le rencontra au monastère de Farfe, et en fut reçu avec de grands témoignages d'amitié. De là il le suivit à Ossino, où, le 6 mars, qui était le second samedi de carême, le Pape l'ordonna prêtre-cardinal du titre de Sainte-Cécile, et le lendemain dimanche, il lui donna la bénédiction abbatiale avec une ample confirmation des privilèges du monastère. De plus, il le fit son vicaire pour la réformation de tous les monastères dans la Campanie, la Principauté, la Pouille et la Calabre (Leo ost., l. 3, c. 13).

Au mois d'avril de la même année 1059, le pape Nicolas II tint, à Rome, un concile où se trouvèrent cent treize évêques, avec des abbés, des prêtres et des diacres. C'était au palais de Latran, dans la basilique de Constantin ; les saints Evangiles étaient placés au milieu. Quand on eut pris séance, le Pape ouvrit le concile par ce discours : « Bien-aimés frères et coévêques ! Votre Béatitude sait, les membres inférieurs même n'ignorent pas combien, après la mort d'Etienne, mon prédécesseur de pieuse mémoire, ce Siége apostolique, que je dessers par l'autorité de Dieu, a eu à souffrir de traverses, et combien il a été exposé aux insultes des simoniaques ; à tel point que la colonne du Dieu vivant semblait ébranlée, et le filet du souverain pêcheur disparaître dans l'abîme du naufrage. C'est pourquoi, s'il plaît à Votre Fraternité, nous devons, avec l'aide de Dieu, prévenir sagement de pareils accidents, et empêcher que le mal, ce qu'à Dieu ne plaise, ne vienne à prévaloir dans l'Eglise. En conséquence, suivant l'autorité de nos prédécesseurs et des autres saints Pères, nous décrétons et ordonnons que le Pontife de l'Eglise romaine universelle venant à mourir, les cardinaux-évêques traitent ensemble les premiers de l'élection, qu'ils y appellent ensuite les clercs-cardinaux, et enfin que le reste du clergé et le peuple y donne son consentement ; en sorte que, pour prévenir toute occasion de vénalité, les hommes les plus religieux commencent l'élection et que les autres suivent. Que tel soit l'ordre vrai et légitime de l'élection, on en restera convaincu si l'on considère les règles et la conduite des saints Pères, et que l'on se rappelle cette sentence de saint Léon : *Aucune raison ne permet de compter parmi les évêques ceux qui ne sont ni élus par le clergé, ni demandés par le peuple, ni consacrés par les évêques de la province, avec le jugement du métropolitain.* Et comme le Siége apostolique est supérieur à toutes les Eglises de l'univers, et que par conséquent il ne peut pas avoir de métropolitain au-dessus de soi, les évêques-cardinaux en tiennent la place et élèvent le Pontife élu au sommet du faîte apostolique.

» On choisira dans le sein de l'Eglise même, s'il s'y trouve un sujet capable, sinon dans une autre, sauf l'honneur dû à notre cher fils Henri, qui est maintenant roi, et qui sera, s'il plaît à Dieu, empereur, ainsi que nous le lui avons déjà accordé, et on rendra le même honneur à ceux de ses successeurs à qui le Siége apostolique aura personnellement accordé le même droit. Que si la perversité des méchants prévaut jusqu'à empêcher qu'on ne puisse faire dans Rome une élection pure et gratuite, les cardinaux-évêques, avec le reste du clergé et des laïques catholiques, quoique en petit nombre, auront droit d'élire le Pape dans le lieu qu'ils jugeront le plus convenable. Que si, après l'élection, la guerre ou quelque autre obstacle venant de la part des hommes, empêche que l'élu ne soit intronisé dans le Siége apostolique, suivant la coutume, il ne laissera pas, comme vrai Pape, d'avoir l'autorité de gouverner l'Eglise romaine et de disposer de tous ses biens, comme nous savons que saint Grégoire l'a fait avant sa consécration.

» Si quelqu'un est élu, ordonné ou intronisé au mépris de notre présent décret, promulgué par sentence synodale, qu'il soit, par l'autorité de Dieu et des saints apôtres Pierre et Paul, perpétuellement anathématisé avec tous ses complices, et exclu de la sainte Eglise de Dieu, comme un antechrist, un usurpateur et un destructeur de la chrétienté; que toute audience lui soit refusée sur ce point, et qu'il soit irrévocablement déposé de tout degré ecclésiastique qu'il pouvait avoir auparavant. Quiconque se sera attaché à lui, ou lui aura rendu un respect quelconque, comme pontife, ou aura eu la présomption de le défendre en quelque chose, il sera frappé de la même sentence. Quiconque violera notre présent décret, et tentera, par sa présomption, de troubler l'Eglise romaine, qu'il soit condamné à un anathème et à une excommunication perpétuelle, et qu'à la résurrection il soit compté parmi les impies! Qu'il ressente en cette vie et en l'autre la colère du Tout-Puissant, le Père, le Fils, et le Saint-Esprit, et l'indignation des saints apôtres Pierre et Paul, dont il a la présomption de bouleverser l'Eglise! Que son habitation soit déserte, que personne ne demeure dans ses pavillons, que ses enfants soient orphelins et sa femme veuve! Qu'ils soient arrachés de leur place, lui et ses enfants, qu'ils soient chassés de leurs habitations et réduits à mendier! Que l'usurier dévore sa substance, et les étrangers ses travaux! Que l'univers entier combatte contre lui, que tous les éléments lui soient contraires, que les mérites de tous les saints le confondent et fassent éclater la vengeance sur lui dès ce monde! Mais pour les observateurs de notre présent décret, que la grâce du Dieu tout-puissant les protége, et, par l'autorité des bienheureux apôtres Pierre et Paul, les absolve de tous les liens (Hugo Flavin., *Chron. Virdunens.; apud Labbe, Biblioth. nov.*)! »

Ce décret solennel fut souscrit par le Pape, par Boniface, évêque d'Albane, Humbert de Sainte-Rufine, Pierre d'Ostie, qui est saint Pierre Damien, et d'autres évêques, au nombre de soixante et seize, avec les prêtres et les diacres. Il réglait avec précision une chose très-importante, qui jusqu'alors était demeurée dans le vague, à savoir, le droit quelconque que les empereurs pouvaient avoir dans l'élection des papes. Pendant les trois premiers siècles, les empereurs païens de Rome, pontifes suprêmes des idoles, ne prenaient d'autre part à l'élection des Pontifes chrétiens, que de les envoyer à la mort. Pendant les deux siècles suivants, Constantin et ses successeurs ne prirent aucune part à l'élection des Pontifes romains. Au commencement du VIe siècle, les rois ariens et ostrogoths d'Italie s'arrogèrent un droit d'approbation : c'était une usurpation manifeste de la force brute. Les empereurs grecs de Constantinople, redevenus maîtres de l'Italie, continuèrent l'usurpation des ariens et des ostrogoths. Au commencement du IXe siècle, les rois des Francs étant devenus, par l'autorité de l'Eglise romaine, empereurs d'Occident, et, en cette qualité, défenseurs armés de cette Eglise, en recevaient par là même le droit et le devoir de veiller à ce que cette élection se fit librement et selon les règles. Après le milieu du Xe siècle, les rois de Germanie, ayant reçu des Papes la dignité impériale, en reçurent aussi le même privilége avec la même obligation. Le premier de ces empereurs allemands, Othon Ier, en abusa contre le Pape même qui le lui avait conféré; le dernier de ces empereurs, Henri III, en abusa contre un autre Pape, Grégoire VI. Ces premiers abus en faisaient craindre d'autres. D'ailleurs, les rois de Germanie, qui n'avaient ce privilége que comme empereurs, pouvaient être tentés de se l'attribuer comme rois, tandis que, comme tels, ils n'y avaient pas plus de droit que les rois d'Espagne ou d'Ecosse. Il était donc important de bien préciser ce qu'il y avait de vague dans cette matière. C'est ce que fait le pape Nicolas II et le concile de Rome, en déclarant que c'est un privilége personnel de sa nature, et que le Pape avait bien voulu l'accorder au roi Henri IV, futur empereur. Or, un privilége, surtout un privilége personnel, peut se perdre et se perd en effet quand on en abuse. Voilà des principes de bon sens et de justice que les rois allemands ne comprendront pas toujours, non plus que le vulgaire des historiens français.

Quant aux anathèmes et aux imprécations tirées de la sainte Ecriture, que le Pape et le concile prononcent contre les violateurs de ce décret et les perturbateurs de l'Eglise, nous les verrons, en temps et lieu, exécutés par la Providence. Nous verrons plus d'une dynastie allemande s'éteindre dans le sang, pour avoir porté la division dans l'Eglise romaine et par là même dans l'Eglise universelle. Nous verrons la nation française punie par des calamités effroyables, et sur le point de devenir province anglaise, pour avoir occasionné et soutenu le grand schisme d'Occident. C'est, pour qui sait lire, une des plus grandes leçons de l'histoire.

En ce même concile de Rome on fit treize canons, dont le premier n'est que l'abrégé de ce décret touchant l'élection du Pape. Ensuite on défend d'entendre la messe d'un prêtre que l'on sait certainement avoir une concubine. A tout prêtre, diacre ou sous-diacre, qui, depuis la constitution du très-saint pape Léon, aura pris ou gardé une concubine, il est défendu de célébrer la messe, d'y lire l'Evangile ou l'épître, de demeurer dans le sanctuaire pendant l'office, ou de recevoir sa part des revenus de l'Eglise. Ceux qui ont gardé la continence, suivant la même constitution, mangeront et dormiront en commun près des églises pour lesquelles ils sont ordonnés, et mettront en commun tout ce qui leur vient de l'Eglise, s'étudiant à pratiquer la vie commune et apostolique. C'est l'origine des chanoines réguliers. Défense à un prêtre de tenir ensemble deux églises; défense de prendre l'habit monastique dans l'espérance d'être abbé.

On fit aussi dans ce concile un décret particulier contre les simoniaques, portant qu'ils seraient déposés sans miséricorde. Quant à ceux, ajoute le

Pape, qui ont été ordonnés gratuitement par des simoniaques, nous décidons la question agitée depuis longtemps, en leur permettant, par indulgence, de demeurer dans les ordres qu'ils ont reçus; car la multitude de ceux qui ont été ainsi ordonnés est si grande, que nous ne pouvons observer à leur égard la rigueur des canons. Toutefois nous défendons très-expressément à nos successeurs de prendre pour règle cette indulgence que la nécessité du temps nous a extorquée; mais, à l'avenir, si quelqu'un se laisse ordonner par celui qu'il sait être simoniaque, l'un et l'autre seront déposés (Labbe, t. IX).

En conséquence de ces décrets du concile de Rome, le Pape écrivit une lettre aux évêques, aux clercs et à tous les fidèles de Gaule, particulièrement d'Aquitaine et de Gascogne, où il marque une partie de ce qui y avait été ordonné, apparemment ce qui était le plus nécessaire pour ces provinces, savoir, le décret contre les clercs mariés, qu'il traite de nicolaïtes, avec l'ordonnance pour la vie commune des clercs continents. Les clercs et les moines apostats qui quittent la tonsure et renoncent à leur profession, seront excommuniés. Excommunication contre ceux qui pillent les pèlerins, les clercs, les moines, les femmes et les pauvres sans armes, et contre ceux qui violent la franchise des églises à soixante pas à l'entour, et des chapelles à trente pas (*Ibid.*).

Bérenger était venu à Rome sous ce pontificat, se fiant à la protection de ceux qu'il avait gagnés par ses bienfaits. Toutefois, il n'osa défendre ses sentiments, et pria le pape Nicolas et ce concile de cent treize évêques, de lui donner par écrit la foi qu'il fallait tenir. La commission en fut donnée au cardinal Humbert, qui dressa la confession de foi en ces termes : « Moi, Bérenger, indigne diacre de l'église de Saint-Maurice d'Angers, connaissant la vraie foi apostolique, j'anathématise toutes les hérésies, principalement celle dont j'ai été accusé jusqu'ici, laquelle prétend soutenir que le pain et le vin qui sont mis sur l'autel ne sont, après la consécration, que le sacrement, et non pas le vrai Corps et le vrai Sang de Notre Seigneur Jésus-Christ, et que ce n'est qu'en sacrement qu'il peut être sensiblement touché ou rompu par les mains des prêtres, ou froissé par les dents des fidèles. Je suis d'accord avec la sainte Église romaine et le Siège apostolique, et je proteste, de cœur et de bouche, que je tiens, touchant le sacrement de la table du Seigneur, la même foi que le pape Nicolas et ce saint concile m'ont prescrite, suivant l'autorité des évangiles et de l'apôtre. C'est à savoir que le pain et le vin qui sont mis sur l'autel sont, après la consécration, non-seulement le sacrement, mais encore le vrai Corps et le vrai Sang de Notre Seigneur Jésus-Christ, et qu'ils sont touchés et rompus par les mains des prêtres et froissés par les dents des fidèles sensiblement, non-seulement en sacrement, mais en vérité. Je le jure par la sainte Trinité et par ces saints évangiles, et je déclare dignes d'un anathème éternel ceux qui contreviendront à cette foi, avec leurs dogmes et leurs sectateurs. Que si jamais j'ose moi-même penser ou prêcher rien de contraire, je serai soumis à la sévérité des canons. L'ayant lu et relu, je l'ai souscrit volontairement (Labbe, t. IX). »

Le cardinal Humbert ayant dressé cette formule, elle fut approuvée de tout le concile, et Humbert la donna à Bérenger, qui, l'ayant lue, déclara que c'était sa créance, la confirma par serment et enfin y souscrivit de sa main. Même il alluma un feu au milieu du concile et y jeta les livres qui contenaient cette erreur. Le pape Nicolas, se réjouissant de sa conversion, envoya sa profession de foi à toutes les villes d'Italie, de Gaule et de Germanie, et en tous les lieux où on pouvait avoir ouï parler de son erreur, pour réparer le scandale qu'elle avait causé en tant d'Églises. Mais sitôt que Bérenger fut hors du concile, il écrivit contre cette profession de foi, chargeant d'injures le cardinal Humbert, qui l'avait dressée.

L'archevêque Gui ou Vidon de Milan avait été cité comme simoniaque devant le pape saint Léon IX. Il avait comparu et s'était défendu si bien, que le Pape l'avait déclaré archevêque légitime, et qu'il était revenu triomphant à son siège. Mais de tromper son juge, ce n'était pas réparer le mal, mais l'accroître. Aussi saint Ariald et ses imitateurs, encouragés par le pape Étienne IX, ne cessèrent-ils de combattre contre les progrès du scandale. Les effets de ses prédications furent tels, que Nicolas II étant monté sur le Saint-Siège, l'Église de Milan lui envoya une députation pour le supplier d'avoir compassion de ses maux; c'était principalement la simonie et l'incontinence des clercs. Le Pape y envoya saint Pierre Damien, cardinal-évêque d'Ostie, et Anselme, évêque de Lucques, en qualité de légats. Ils trouvèrent une grande division entre le clergé d'une part et le peuple milanais de l'autre, au sujet de ces deux vices. On les reçut toutefois avec le respect dû à des légats du Saint-Siège, et ils déclarèrent le sujet qui les avait amenés. Mais, un jour après, il s'éleva tout d'un coup, par la faction des clercs, un murmure parmi le peuple, qui disait que l'Église de Milan ne devait point être soumise aux lois de Rome, et que le Pape n'avait aucun droit de juger ou de régler cette Église. « Il nous serait honteux, disait-il, de la laisser assujétir à une autre, puisqu'elle a toujours été libre sous nos ancêtres. » A ces cris, ils accouraient de tous côtés au palais épiscopal; on sonna les cloches et d'une grande trompe qui se faisait entendre par toute la ville.

On menaçait les légats, et saint Pierre Damien fut averti que l'on en voulait à sa vie. Ce qui le rendait plus odieux, c'est que tout le clergé du diocèse de Milan étant assemblé comme en synode, il y avait présidé, ayant à sa droite l'autre légat Anselme de Lucques, et à sa gauche l'archevêque de Milan. Pour apaiser ce tumulte, il monta sur l'ambon, et, ayant avec peine obtenu silence, il parla ainsi : « Sachez, mes frères, que je ne suis pas venu ici pour chercher la gloire de l'Église romaine, mais la vôtre et votre salut. Comment aurait-elle besoin des louanges d'un homme méprisable, après l'éloge qu'elle a reçu de la bouche du Sauveur? Et quelle province sur la terre est exempte de son pouvoir, qui s'étend jusqu'à lier et délier le ciel même? Ce sont les rois, les empereurs, et enfin de purs hommes qui ont établi les bornes des patriarcats, des métropoles, des diocèses de chaque évêque, et leur ont accordé des priviléges; mais c'est Jésus-Christ même qui a fondé l'Église romaine, en donnant à saint Pierre les clés de la vie éternelle au ciel et sur la terre. Ainsi ce n'est qu'une injustice de priver de ses droits quelque autre Eglise que ce soit; mais de disputer à l'Eglise romaine sa prérogative, c'est une hérésie. »

Ensuite, pour établir la supériorité de l'Eglise romaine sur celle de Milan en particulier, saint Pierre Damien dit que saint Lin, par ordre de saint Pierre, avait baptisé saint Nazaire, qui, avec saint Celse, fut martyrisé à Milan, et que saint Gervais et saint Protais étaient disciples de saint Paul; par conséquent l'Eglise de Milan est fille de l'Eglise romaine. De plus, saint Ambroise voulant corriger l'incontinence des clercs de son temps, implora le secours du pape saint Sirice, qui lui envoya un prêtre, un diacre et un sous-diacre, avec lesquels Ambroise chassa de l'Eglise ceux qu'il ne put corriger. Ainsi saint Ambroise lui-même fait profession de suivre en tout l'Eglise romaine. « Scrutez vos écritures, et si vous n'y pouvez trouver ce que nous disons, accusez-nous de mensonge; mais, si vous l'y trouvez, n'attaquez plus aussi cruellement votre mère. »

Le peuple, apaisé par ce discours, promit d'exécuter tout ce que Pierre proposerait. Dans le clergé très-nombreux de Milan, à peine s'en trouvait-il un seul qui eût été ordonné gratis; car c'était comme une règle inviolable dans cette Eglise, que, pour tous les ordres, même pour l'épiscopat, il fallait, avant que de le recevoir, payer la somme prescrite. Saint Pierre Damien se trouva fort embarrassé. D'interdire toutes les églises d'une ville si considérable et d'une province si étendue, il semblait que c'était y détruire la religion. Il était odieux et même injuste de pardonner à quelques-uns préférablement aux autres, puisque presque tous étaient coupables; et la moindre division dans ce peuple aurait causé une grande effusion de sang.

En cet embarras, saint Pierre Damien se souvint de cette règle rapportée par le pape Innocent : *Que les péchés de la multitude demeurent impunis;* c'est-à-dire qu'on ne doit pas exercer contre une multitude entière la sévérité des canons. Il considéra l'indulgence dont les Pères avaient usé envers les donatistes, les novatiens et les hérétiques semblables; et ne pouvant remédier aux maux de l'Eglise de Milan suivant la pureté des canons, il résolut de chercher au moins à mettre fin aux abus et établir pour l'avenir que les ordinations fussent gratuites.

Il obligea donc l'archevêque et le clergé de Milan à le promettre par écrit et avec serment. La promesse de l'archevêque Gui, adressée à son clergé et à son peuple, portait en substance : « Vous n'ignorez pas la détestable coutume qui s'était anciennement établie en cette Eglise, que, pour recevoir le sous-diaconat, on donnait douze pièces d'argent, pour le diaconat dix-huit, pour la prêtrise vingt-quatre, comme une taxe réglée. Maintenant, en présence de Dieu et des saints, de Pierre d'Ostie, légat du Pape, d'Anselme de Lucques et de vous tous, je condamne et déteste cette perverse coutume et toute simonie. De plus, je m'oblige, moi et mon clergé, et tous nos successeurs, à ne rien prendre pour la promotion aux ordres. Si quelqu'un y contrevient, soit en donnant, soit en recevant, qu'il soit avec Simon frappé d'un anathème perpétuel. Nous condamnons aussi l'hérésie des nicolaïtes et promettons d'éloigner, autant qu'il nous sera possible, les prêtres, les diacres et les sous-diacres, de la compagnie de leurs femmes et de leurs concubines. Nous promettons de même que nous ne prendrons rien, ni nous, ni nos domestiques, pour la provision des abbayes ou des chapelles, pour l'investiture des églises, la promotion des évêques, le saint chrême et la consécration des églises. »

Cette promesse fut souscrite par l'archevêque Gui, trois prêtres, quatre diacres, cinq sous-diacres et les autres. Puis l'archevêque, s'approchant de l'autel, la confirma par serment entre les mains de saint Pierre Damien. Le vidame de l'Eglise de Milan, le chancelier et tous les autres clercs qui étaient présents, firent de même. Arnolphe, clerc et neveu de l'archevêque, fit encore serment pour son oncle, y ajoutant qu'il n'ordonnerait aucun clerc qu'il n'eût fait serment de n'avoir rien donné ni promis. Ensuite l'archevêque se prosterna sur le pavé, et demanda pénitence, pour n'avoir pas extirpé, comme il devait, cet usage simoniaque. Saint Pierre Damien lui imposa cent ans de pénitence, dont il lui taxa le rachat par une somme d'argent qu'il devait payer chaque année. Ils entrèrent ensuite dans la grande église et montèrent à l'ambon; et là, en présence d'un grand peuple et du clergé, Pierre fit jurer sur les évangiles le clerc de l'archevêque, apparemment son neveu, que l'archevêque, pendant sa vie, ferait tous ses efforts pour extirper ces deux hérésies, des nicolaïtes et des simoniaques. Une très-grande partie du peuple, non-seulement de la ville, mais de la campagne, avait déjà fait le même serment. Ensuite on jugea à propos que tous les clercs, après avoir reçu une pénitence, fussent réconciliés pendant la messe, recevant leurs ornements de la main de l'évêque. Et, premièrement, ils prêtèrent ce serment : « Je déclare que je tiens la foi que les sept conciles ont confirmée par leur autorité, et que les Papes ont enseignée. J'anathématise généralement toutes les hérésies, et particulièrement les deux dont l'Eglise est le plus affligée en ce temps, des simoniaques et des nicolaïtes, prononçant un éternel anathème contre tous ceux qui les suivent. La pénitence des clercs fut ainsi statuée. Ceux qui ont seulement payé la taxe accoutumée pour les ordinations, ce que quelques-uns savaient à peine être un péché, ceux-là feront cinq ans de pénitence, pendant lesquels ils jeûneront deux jours la semaine au pain et à l'eau, et trois jours la semaine pendant l'Avent et le Carême. Ceux qui ont donné plus que la taxe feront sept années d'une pénitence telle que la précédente, et ensuite jeûneront les vendredis toute leur vie. Celui qui ne peut jeûner aisément, peut racheter un de ces jours de la semaine, en récitant un psautier, ou la moitié avec cinquante génuflexions : ou il nourrira un pauvre, et, après lui avoir lavé les pieds, lui donnera un denier. » De plus, l'archevêque promit de les envoyer tous en pèlerinage lointain, soit à Rome, soit à Tours; et l'archevêque promit d'aller lui-même à Saint-Jacques en Espagne.

Après avoir ainsi réconcilié le clergé de Milan, on résolut de ne pas rendre aussitôt à tous indifféremment l'exercice de leurs fonctions; mais seulement à ceux qu'on trouverait lettrés, chastes et de mœurs graves : les autres se contenteraient d'être réconciliés à l'Eglise, dont ils avaient été justement retranchés. Avant que saint Pierre Damien eût appris si le Pape approuvait ce qu'il avait fait à Milan, il envoya la relation à son ami Hildebrand, alors archidiacre de l'Eglise romaine, qui l'avait souvent prié de composer un abrégé de ce qu'il trouverait de particulier dans les décrets et les histoires des Papes, touchant l'autorité du Saint-Siége. Jusqu'alors Pierre avait regardé ce travail comme inutile et comme plus près de la superstition que de la nécessité; mais quand il se vit jeté au milieu des affaires si embarrassantes de Milan, il reconnut par expérience que le privilége de l'Eglise romaine est de toutes les choses du monde la plus nécessaire et la plus puissante pour réformer l'ordre et la discipline dans l'Eglise; il admira la pénétration de son ami Hildebrand, et crut satisfaire à sa demande par cette relation. Voici comme il y définit l'hérésie des nicolaïtes. On appelle *nicolaïtes* les clercs qui s'unissent à des femmes contre la règle de la chasteté ecclésiastique. Ils deviennent fornicateurs lorsqu'ils contractent ce commerce criminel; mais on les appelle avec raison nicolaïtes, quand ils veulent le justifier comme par l'autorité; car le vice devient une hérésie quand on le soutient par un dogme pervers (*Opusc.* 5)

Pendant que saint Pierre Damien était à Milan, l'abbé de Saint-Simplicien lui fit présent d'un petit vase d'argent. Sa première pensée fut de le refuser; et il examina la conduite de l'abbé, pour voir s'il n'avait point acquis sa dignité par simonie; car c'était la pratique des ministres du Saint-Siége les plus désintéressés, de ne rien accepter de ceux qui avaient des affaires encore indécises, mais de ne pas refuser ce que donnaient volontairement ceux qui n'avaient aucune affaire. Saint Pierre Damien, ayant donc trouvé que cet abbé lui avait fait ce présent sans aucun intérêt que de gagner son amitié, ne laissa pas de le prier de le reprendre, l'assurant que son amitié n'était pas vénale. Toutefois il n'était pas fâché qu'il le pressât de garder son présent. La nuit, en récitant ses psaumes, il en eut du scrupule; et, le matin, il alla le prier de reprendre son vase d'argent. L'abbé n'en voulut rien faire, et, après quelque contestation, ils convinrent qu'il l'enverrait à un des deux monastères que Pierre venait de fonder; mais, étant retourné à son désert, il eut encore du scrupule d'avoir reçu ce présent de quelque manière que ce fût, et n'eut point de repos qu'il ne l'eût renvoyé, tant il était délicat sur cette matière (*Ibid.* 53, c. 4).

Il ne se regardait plus que comme un simple moine, et prétendait avoir renoncé à l'épiscopat, comme il paraît par deux lettres au pape Nicolas II. Dans la première, il se plaint indirectement qu'on lui avait ôté les revenus de son évêché, disant que c'est une marque que l'on doit bientôt lui ôter la dignité épiscopale, et il finit en déclarant qu'il y renonce pour toute sa vie. Dans l'autre lettre, qui est plutôt un livre, il parle plus sérieusement, et dit d'abord : « Vous savez que si le besoin du Saint-Siége et notre ancienne amitié ne m'avait retenu, aussitôt après la mort du seigneur Etienne, de sainte mémoire, votre prédécesseur, j'aurais renoncé à l'évêché dont il m'avait chargé malgré moi contre les canons; car vous savez combien je vous ai fait de plaintes, combien il m'en a coûté de gémissements et de larmes. Je ne pus alors obtenir mon congé, parce que l'intérêt de l'Eglise romaine, qui semblait menacer ruine, ne le permettait pas; maintenant que le calme est revenu et que vous gouvernez en paix la barque de Pierre, ne refusez pas, je vous prie, ce repos à ma vieillesse. Je vous déclare donc que, pour la rémission de mes péchés, je me démets du droit de l'épiscopat, et, par cet anneau, j'y renonce sans espérance d'y jamais revenir. Je vous rends aussi l'un et l'autre monastère. » Il rapporte ensuite plusieurs exemples, pour montrer qu'il est permis de renoncer à l'épiscopat. Toutefois il n'obtint pas, sous ce Pape, le congé qu'il demandait. (*Opusc.* 19).

Il adressa au même Pape un autre écrit touchant le célibat des prêtres, et il le commence ainsi : « Dernièrement, dans une conférence que j'eus par ordre de Votre Majesté avec quelques évêques, je voulus leur persuader la nécessité de la continence pour les ecclésiastiques; mais je ne pus tirer d'eux sur ce point de promesse positive. Premièrement, parce qu'ils désespèrent de pouvoir atteindre à la perfection de cette vertu; ensuite, parce qu'ils ne craignent pas d'être punis pour l'incontinence, par le jugement d'un concile. L'Eglise romaine est accoutumée en notre temps à dissimuler ces sortes de péchés, à cause des reproches des séculiers. Cette conduite serait supportable, si c'était un mal caché; mais il est tellement public, que tout le peuple connaît les lieux de débauche, les noms des concubines et de leurs parents : on voit passer les messages et les présents, on entend les éclats de rires, on sait les entretiens secrets; enfin il est impossible de cacher les grossesses des femmes et les cris des enfants. Ainsi on ne peut excuser ceux qui devraient punir des pécheurs si décriés. » Il conclut en exhortant le Pape à arrêter le cours de ces désordres (*Ibid.* 17).

Après le concile de Rome, le pape Nicolas II fit un voyage en Apulie, à la prière des Normands, qui lui envoyèrent des députés pour lui persuader de venir recevoir leur soumission et les réconcilier à l'Eglise. Le Pape, après en avoir délibéré en concile, partit de Rome et vint en Apulie, où il tint un concile nombreux dans la ville de Melphe. Les Normands se présentèrent devant lui et remirent en sa libre disposition toutes les terres de saint Pierre, dont ils s'étaient emparés. Le Pape, de son côté, leur donna l'absolution de l'excommunication qu'ils avaient encourue, et les reçut aux bonnes grâces du Saint-Siége. Et, parce qu'ils étaient les plus puissants dans cette partie d'Italie, et les plus capables de secourir le Pape contre ceux qui avaient usurpé les biens de l'Eglise romaine, le pape Nicolas leur céda, à la réserve de Bénévent, toute l'Apulie et la Calabre, au sujet desquelles ils lui firent serment de fidélité.

On nomme en cet accord deux chefs de Normands : Richard, à qui le Pape confirma la principauté de Capoue, dont il s'était emparé sur les Lombards, et Robert Guiscard, à qui il confirma les duchés d'Apulie et de Calabre, dont il était aussi en possession, ainsi que ses prétentions sur la Sicile, qu'il avait commencé de conquérir sur les Sarrasins. En cette première concession, Robert promit au Pape une redevance annuelle de douze deniers, monnaie de Pavie, pour chaque paire de bœufs, payable à perpétuité à la fête de Pâques; et, de plus, il se rendit vassal du Saint-Siége, comme on le voit par le serment qui suit :

« Moi, Robert, par la grâce de Dieu et de saint Pierre, duc d'Apulie et de Calabre, et, par le secours de Dieu et de saint Pierre, duc futur de Sicile; de cette heure en avant je serai fidèle à la sainte Église romaine, et à vous, mon seigneur pape Nicolas. Je ne participerai ni à conseil ni à fait d'où vous deviez perdre la vie ou un membre, ou être pris méchamment. Le conseil que vous me confierez et que vous me défendrez de faire connaître, je ne le manifesterai pas sciemment à votre préjudice. J'aiderai partout la sainte Église romaine à tenir et à acquérir les régales de saint Pierre et ses possessions, selon mon pouvoir, contre tous les hommes; et je vous aiderai à tenir avec sécurité et honneur la papauté romaine, ainsi que la terre et la principauté de Saint-Pierre : je ne chercherai ni à envahir, ni à acquérir, ni à piller, sans votre permission expresse et celle de vos successeurs, excepté ce que vous ou vos successeurs m'accorderez. La rente de la terre de Saint-Pierre, que je tiens ou que je tiendrai, comme il a été statué, je veillerai avec une entière bonne foi à ce que l'Église romaine la reçoive annuellement. Toutes les églises qui sont dans mon domaine, je les remettrai, avec leurs possessions, en votre puissance. Je serai leur défenseur, pour la fidélité à l'Église romaine. Et si vous ou vos successeurs, quittez cette vie avant moi, suivant que j'aurai été averti par les meilleurs cardinaux, clercs et laïques de Rome, j'aiderai à ce qu'on élise et ordonne un Pape, pour l'honneur de saint Pierre. Tout ce qui est écrit ci-dessus, je l'observerai et envers l'Église romaine et envers vous, avec une entière bonne foi, et je garderai cette fidélité à vos successeurs, ordonnés pour l'honneur de saint Pierre, qui m'auront confirmé l'investiture que vous m'avez accordée. Qu'ainsi Dieu me soit en aide et ses saints Évangiles (Baron., an 1059; Leo ost., l. 3, c. 13, 16). »

Telle fut l'origine du royaume de Naples. Par cet acte important, le pape Nicolas II pacifiait l'Italie méridionale et assurait à l'Église romaine le peuple le plus vaillant pour la défendre contre les petits tyrans et contre les grands mêmes. Nous en verrons les effets dans l'histoire. On en vit dès lors le commencement; car le Pape ayant réglé tout ce qui concernait le patrimoine de Bénévent, où il tint un concile au mois d'août, revint à Rome, et les Normands, ayant assemblé des troupes, le suivirent, conformément à l'ordre qu'il leur en avait donné. Ils ravagèrent les terres de Préneste, de Tusculum et de Nomento, dont les habitants étaient rebelles au Pape, leur seigneur, et, ayant passé le Tibre, ils ruinèrent Galère et tous les châteaux du comte Gérard, insigne voleur. Ainsi les Normands commencèrent à délivrer Rome des petits seigneurs qui la tyrannisaient depuis si longtemps.

Le pape Nicolas II, qui était de Bourgogne, n'eut ni moins de zèle que son prédécesseur, qui était de Lorraine, pour la réforme de l'Église de France, ni moins de confiance dans la sagessse et le crédit de Gervais, archevêque de Reims, quoique on eût voulu lui rendre ce prélat suspect de favoriser l'antipape. Il en écrivit à Gervais; mais il lui marqua qu'il comptait plus sur les preuves qu'il avait données de sa fidélité, que sur les bruits désavantageux qu'on avait répandus sur son compte. Par la même lettre, le Pape exhorte cet archevêque à travailler courageusement au rétablissement de la discipline dans l'Église de France, et il le charge de reprendre, d'avertir et de conjurer le roi Henri de ne pas suivre de mauvais conseils, d'observer les canons et de ne pas offenser saint Pierre pour soutenir un insensé tel que celui qu'il avait voulu faire ordonner évêque de Mâcon. Il paraît que le Pape s'était opposé à cette ordination, et que le roi lui avait fait faire des menaces s'il refusait de donner son consentement; car le Pape ajoute : Que ce prince agisse contre nous tant qu'il voudra, nous ne cesserons cependant pas de prier le Seigneur pour lui et pour son armée (Labbe, t. IX).

Le Pape écrivit sur le même sujet à Anne, reine de France, que Henri avait épousée en secondes noces. Le Pontife fait un bel éloge des vertus de cette princesse, qui était fille de Jaroslas, roi ou duc de Russie. Il loue en particulier son assiduité à la prière, son amour pour la justice, sa compassion pour les malheureux et sa libéralité envers les pauvres. Il l'exhorte surtout à porter le roi, son époux, à la piété et à l'équité, et à s'appliquer de bonne heure à inspirer la crainte de Dieu aux princes, ses enfants (Ibid.).

On rapporte au pape Nicolas que l'évêque de Beauvais avait été ordonné par l'évêque de Senlis, sans la participation du métropolitain. Il manda aussitôt à l'archevêque Gervais d'interdire l'évêque de Beauvais des fonctions épiscopales, jusqu'à ce qu'il fût venu à Rome rendre raison de sa conduite au concile qui devait s'y tenir la troisième semaine après Pâques; que s'il est notoire que cet évêque ait donné de l'argent pour obtenir l'épiscopat, le Pape veut qu'on défende aux clercs de Beauvais de lui rendre aucune obéissance. Il ordonne pareillement d'interdire jusqu'au concile l'évêque de Senlis, s'il n'a pas eu l'agrément du métropolitain pour l'ordination qu'il a faite, ou s'il a su que l'évêque de Beauvais, qu'il a ordonné, avait acheté l'épiscopat (Ibid.).

Le Pape avait été mal instruit. Gervais lui envoya un député qui justifia l'évêque de Senlis, sans parler de celui de Beauvais, qui pouvait être coupable de simonie. Gervais eut lui-même à se justifier des reproches que le Pape lui avait faits par une autre lettre, sur ce qu'on l'accusait d'avoir fait piller quelques terres de l'Église de Verdun. Il paraît que l'archevêque avait invité le Pape à venir en France; car le Pape lui répond qu'il ne peut encore rien déterminer sur ce voyage. C'était peut-être pour le sacre du prince Philippe, qui devait se faire bientôt.

Gervais, archevêque de Reims, fit la cérémonie, et voici l'ordre qu'il y garda. Après l'Introït de la messe, il se tourna vers le prince et lui fit un discours pour lui exposer la foi catholique; après quoi il lui demanda s'il voulait y être attaché et la défendre. Philippe ayant répondu affirmativement, on apporta la formule de sa promesse. Il la lut publiquement et la souscrivit. Elle était conçue en ces termes : « Moi Philippe, par la grâce de Dieu, futur roi des Français, je promets, au jour de mon ordination, en présence de Dieu et de ses saints, que je conserverai à chacun de vous et à vos Églises leurs priviléges canoniques; que je leur rendrai justice et les défendrai;

avec l'aide de Dieu, ainsi qu'un bon roi doit en user dans son royaume à l'égard des évêques et des églises, et que je ferai rendre justice selon les lois au peuple qui m'est confié. »

Le jeune prince ayant lu ce serment, le remit, signé de sa main, à l'archevêque de Reims, en présence des légats du Pape, Hugues, archevêque de Besançon, et Ermenfroi, évêque de Sion, en Valais, et de vingt-quatre évêques, tant de France que de Bourgogne et d'Aquitaine, de vingt-neuf abbés et d'un grand nombre de seigneurs. Alors l'archevêque de Reims, prenant le bâton pastoral de saint Remi, représenta comment l'élection et la consécration du roi lui appartenaient, depuis que saint Remi baptisa et sacra le roi Louis (Clovis); que, par ce bâton, le pape Hormisda donna ce pouvoir à saint Remi avec la primauté de toute la Gaule, et que le pape Victor lui avait donné le même pouvoir à lui et à son Eglise. C'est que Gervais avait reçu le *pallium* de Victor II. Ensuite, par la permission du roi Henri, il élut pour roi le prince, son fils. Après lui, les légats du Pape donnèrent leur suffrage, ce qui leur fut accordé par honneur; car le consentement du Pape n'y était pas nécessaire, comme porte expressément l'acte du couronnement. Ensuite les archevêques, les évêques, les abbés et tout le clergé donnèrent leurs voix; puis les seigneurs, dont les premiers étaient Gui, duc d'Aquitaine, Hugues, fils et député du duc de Bourgogne, les députés de Baudoin, comte de Flandre, et ceux de Geoffroi, comte d'Anjou, Hébert de Vermandois, Gui de Ponthieu; Guillaume d'Auvergne, Foulques d'Angoulême et plusieurs autres; enfin les simples chevaliers et tout le peuple, en criant trois fois: Nous l'approuvons, nous le voulons! Le nouveau roi Philippe donna des lettres pour la confirmation des droits de l'Église de Reims, et l'archevêque de Reims y souscrivit comme grand chancelier; car le roi donna alors cette dignité, qu'il prétendait avoir appartenu à ses prédécesseurs. La précaution du roi Henri, en faisant couronner son fils, ne fut pas vaine, car il mourut l'année suivante 1060, le 4 août, âgé de cinquante-cinq ans; il en avait régné vingt-neuf. Le roi Philippe, qui n'en avait que sept quand il fut couronné, en régna quarante-neuf (Labbe, t. IX).

Guillaume, duc de Normandie, n'assista pas au sacre de Philippe, ni en personne ni par députés. Apparemment que ce prince étant alors excommunié, le roi ne jugea pas à propos de l'inviter à une cérémonie qu'il aurait troublée, s'il eût voulu y assister en personne. En effet, Guillaume, malgré la défense que le saint pape Léon IX lui avait faite au concile de Reims sous peine d'excommunication, n'avait pas laissé d'épouser Mathilde, sa parente, fille de Baudouin, comte de Flandre. Le pape Nicolas, persuadé que la réforme doit commencer par ceux dont l'exemple est toujours si efficace, soit pour le bien, soit pour le mal, déclara Guillaume excommunié, et, pour l'obliger de se séparer de Mathilde, il jeta un interdit général sur tous ses Etats.

Le bienheureux Lanfranc, qui était alors prieur du Bec, et que le duc Guillaume regardait avec justice, comme le plus habile docteur qu'il eût dans son duché, blâmait hautement ce mariage et n'omettait rien pour porter les parties à le rompre. C'en fut assez pour lui faire encourir la disgrâce du duc, dont il était auparavant le favori et comme le ministre. Mais les princes les plus éclairés, quand une fois ils se sont laissé maîtriser par une passion, ne souffrent qu'avec peine ceux qui ont le courage de ne pas les flatter. Guillaume ne vit plus dans le bienheureux Lanfranc qu'un censeur incommode, et, pour s'en délivrer, il lui envoya ordre de sortir de ses états.

On peut juger quelle fut, à cette nouvelle, la consternation de la communauté du Bec, dont Lanfranc était l'ornement et le soutien. Lui seul n'en parut point abattu. Pour exécuter l'ordre qu'on lui avait signifié de sortir incessamment de Normandie, il monta sur le cheval du monastère, qui était boiteux et qui pouvait à peine se soutenir. Il alla ainsi à la rencontre du duc, et lui dit en l'abordant: « Prince, je viens vous prier de me faire donner un meilleur cheval, afin que je puisse obéir plus promptement à l'ordre que vous m'avez donné de sortir au plus tôt de vos Etats. » Ce début fit rire le duc, et il parut s'adoucir. Lanfranc s'en étant aperçu, lui parla avec tant d'éloquence, qu'il regagna ses bonnes grâces, et l'ordre qui l'exilait fut révoqué. Ainsi il retourna en diligence, sur son mauvais cheval, au monastère, où l'on chanta le *Te Deum* en action de grâces de son retour.

Lanfranc en sortit peu de temps après pour se rendre au concile que le Pape avait indiqué à Rome au mois d'avril 1059. Il avait deux motifs de ce voyage: il voulait ménager la réconciliation du duc Guillaume. Pour cela, il représenta au Pape que l'interdit que Sa Sainteté avait jeté sur toute la Normandie ne faisait du mal qu'à ceux qui n'étaient pas coupables, qui n'avaient pas marié le duc et qui ne pouvaient le séparer de sa femme; que ce prince était résolu de ne jamais la répudier; qu'il fallait craindre de le porter, par trop de sévérité, à des extrémités fâcheuses; qu'en considération du bien qu'un puissant prince pourrait faire à la religion, il paraissait convenable de lui accorder la dispense qu'il demandait et de lui donner pour pénitence, à lui et à la duchesse, de bâtir chacun un monastère, l'un pour les hommes, et l'autre pour les femmes. Le Pape goûta ces raisons. Il accorda la dispense et leva les censures, imposant pour pénitence au duc et à la duchesse de Normandie, de bâtir chacun un monastère dans leurs Etats. Ils bâtirent en effet deux monastères à Caen: le duc, celui de Saint-Étienne, et la duchesse, celui de la Trinité. Lanfranc, prieur du Bec, fut le premier abbé de Saint-Étienne, et eut saint Anselme pour successeur au Bec. La première abbesse de la Trinité de Caen fut une sainte fille nommée Mathilde, qui gouverna cette communauté pendant quarante-huit ans. La princesse Cécile, fille du duc Guillaume, lui succéda. Le second motif qui fit faire à Lanfranc le voyage de Rome, fut d'y combattre Bérenger, qu'il savait devoir s'y rendre, et qui y fut en effet condamné, ainsi que nous avons vu (*Vita Lanfr.*).

Pour faire observer en France les décrets du concile romain touchant la réforme du clergé, le pape Nicolas y nomma deux légats, savoir saint Hugues, abbé de Cluny, et le cardinal Etienne. Il donna la légation d'Aquitaine à saint Hugues et celle du reste de Gaule au cardinal Etienne. Saint Hugues tint à Avignon un concile, dont les actes sont perdus. On sait seulement qu'on y élut Gérard, évêque de Sisteron, et que saint Hugues l'envoya se faire sacrer à Rome. L'évêché de Sisteron était vacant depuis dix-sept ans. Il avait été ruiné tant par les seigneurs laïques que par les évêques précédents et par les chanoines. La plupart de ces derniers étaient mariés publiquement. Pour réparer ces scandales, on jeta les yeux sur Gérard, qui était prévôt d'Oulx. Le Pape l'ayant ordonné évêque, le renvoya à son Église avec des lettres adressées au clergé et au peuple de Sisteron, où, après leur avoir donné sa bénédiction, s'ils obéissent, il leur déclare qu'il a ordonné Gérard pour leur évêque, sur le témoignage que lui ont rendu de ses mœurs l'abbé Hugues, son légat, l'archevêque d'Arles, l'évêque d'Avignon et plusieurs autres prélats qui l'ont élu; mais qu'il lui a recommandé de ne point donner les ordres aux bigames, à ceux qui ont fait pénitence publique, et de ne faire les ordinations que dans les temps marqués. Malgré ces lettres, les habitants de Sisteron ne voulurent pas recevoir Gérard. Il se retira à Forcalquier, où un de ses prédécesseurs nommé Frondonius avait placé une partie du chapitre de Sisteron; en sorte que ces deux Églises ne faisaient dès lors et ne firent dans la suite qu'une même cathédrale (*Hist. de l'Égl. gall.*, l. 21).

Le cardinal Étienne, qui était aussi légat en France, convoqua un concile à Tours pour le 1er mars 1060. Il ne s'y trouva que dix prélats, tant archevêques qu'évêques, et l'on y fit dix canons contre divers abus, savoir: contre la simonie, contre le concubinage des clercs, contre les mariages incestueux, contre la pluralité des bénéfices et contre les moines apostats. Le légat avait cité à ce concile Jonquenée de Dol, qui se portait pour archevêque de Bretagne. Il avait déjà été cité plusieurs fois au concile de Rome, et il n'y avait pas comparu. On a lieu de croire qu'il ne comparut pas plus à celui de Tours. C'était un prélat indigne, par ses mœurs, non-seulement d'être archevêque, mais évêque, et qui fut très-justement déposé sous le pape saint Grégoire VII (Labbe, t. IX).

Le pape Nicolas avait formé le projet de venir lui-même en France travailler à la réforme; mais il paraît qu'on fit craindre son zèle au roi Henri, et que les évêques qui se sentaient coupables firent naître des difficultés pour empêcher ce voyage. On écrivit au Pape que Gervais, archevêque de Reims, l'avait traversé dans son dessein, et, pour montrer l'intérêt que ce prélat pouvait y avoir, on l'accusa de quelques autres entreprises qui parurent si grièves à Nicolas II, qu'il mit l'Église de Reims en interdit. Gervais, qui n'avait pas mérité un pareil traitement, fit cependant observer cette censure; mais il envoya au Pape des députés, qui eurent une audience gracieuse et qui justifièrent sans peine leur archevêque. Un de ces députés mourut à Rome. Le Pape le visita pendant sa maladie et lui rendit les derniers devoirs avec beaucoup de charité. Gervais en remercia le Pape par une lettre où il le félicite de ce que les délations de ses accusateurs ont fait moins d'impression sur l'esprit de Sa Sainteté que les moyens de justification qu'il avait fait proposer en sa faveur. Il proteste que, malgré les bruits répandus contre lui, il avait toujours ardemment souhaité que le Pape vînt en France, afin qu'il pût lui rendre les honneurs dus à sa personne et à sa dignité; qu'au reste, l'obéissance avec laquelle on a observé à Reims la suspense et l'interdit, est une réfutation de tout ce que ses adversaires lui avaient reproché.

Pendant ces négociations, le roi mourut le 5 août 1060, laissant ses États à son fils Philippe, qui n'était âgé que d'environ huit ans; mais il nomma Baudouin, comte de Flandre, pour régent du royaume. Il ne pouvait choisir un prince ni plus sage ni plus désintéressé. Baudouin ne chercha dans le gouvernement que le bien du jeune roi et de ses peuples.

Gervais, archevêque de Reims, ne laissa pas de craindre les troubles qui lui paraissaient inséparables d'une minorité. Il manda au Pape qu'il était sensiblement affligé de la mort du roi Henri, vu l'indocilité des Français, dont il craignait, disait-il, que les divisions ne causassent la ruine du royaume. Pour prévenir ces malheurs, il prie le Pape de l'aider de ses conseils; car, ajoute-t-il, vous devez à notre royaume ce que les gens de bien doivent à leur patrie. Vous nous faites honneur par votre prudence et par votre sainteté; c'est de notre royaume que Rome vous a choisi pour vous faire son chef et le chef du monde (Labbe, t. IX).

En Angleterre, sous le saint roi Edouard, la vigilance et l'autorité du Pape n'étaient pas moins nécessaires pour empêcher les abus de prévaloir dans le clergé, au milieu de la lutte entre la faction normande et la faction anglaise. L'archevêque Quinsin d'York étant mort le 22 décembre 1060, Aldred, évêque de Worchester, se fit élire par argent pour lui succéder. Il avait été moine à Winchester, puis abbé de Tavestone. En 1046, il succéda à Living, évêque de Worchester, et, dix ans après, il se fit donner l'évêché d'Herford. Il est vrai qu'il le quitta pour être archevêque d'York, mais il garda Worchester, et, abusant de la simplicité du roi Edouard, il lui persuada qu'il le pouvait, alléguant la coutume de ses prédécesseurs. Ensuite, de concert avec le roi, il alla à Rome, accompagné de deux évêques, Gison de Véli et Guillaume d'Herford, et de Tostin, comte de Northumberland, fils de Godwin, beau-père du roi Edouard. Quand ils furent arrivés à Rome, le pape Nicolas reçut le comte favorablement et le fit asseoir dans un concile contre les simoniaques. Il accorda aux deux évêques ce qu'ils lui demandaient, savoir, la consécration épiscopale, parce qu'ils n'étaient pas entièrement dépourvus de science et n'étaient point notés de simonie; mais Aldred était trouvé, par ses propres réponses, simoniaque et ignorant, le Pape le dépouilla de toute dignité, d'autant plus qu'il ne voulait pas renoncer à l'évêché de Worchester (Baron., an 1060).

Comme ils s'en retournaient, ils furent attaqués par des voleurs, dont le chef était Gérard, comte de Galérie; ces voleurs leur ôtèrent tout ce qu'ils avaient, hors leurs habits. Ils retournèrent à Rome, où l'état auquel on les avait mis fit pitié à tout le monde, et le comte Tostin fit de grands reproches au Pape, disant que les nations éloignées ne devaient guère craindre ses excommunications, puisque les voleurs qui étaient si proches s'en moquaient. Que s'il ne lui faisait rendre ce qu'ils lui avaient pris, il le croirait d'intelligence avec eux, et que le roi d'Angleterre, en étant informé, ne paierait plus de tribut à saint Pierre. Les Romains, épouvantés de ces menaces, persuadèrent au Pape d'accorder à Aldred l'archevêché et le *pallium*, disant qu'il était cruel de le renvoyer dépouillé d'honneur et de biens. Le Pape l'accorda, mais à condition qu'il quitterait l'évêché de Worcester et qu'on y ordonnerait un évêque. Il renvoya ainsi les Anglais chargés de présents, pour les consoler de leur perte, et, après eux, il envoya des légats pour l'exécution de ses ordres.

L'un de ces légats était Hermenfroi, évêque de Sion, que nous avons vu assister au couronnement du roi Philippe de France, avec son collègue Hugues, archevêque de Besançon. Aldred, archevêque d'York, qui les avait amenés, les présenta au roi saint Édouard, et ce prince, les ayant reçus avec un très-grand honneur suivant sa piété ordinaire, les renvoya chez l'archevêque avec lequel ils avaient fait connaissance pendant le voyage, en attendant le parlement de Pâques, où ils reviendraient à sa cour et auraient audience. L'archevêque Aldred, ayant suivi l'ordre du Pape et parcouru avec les légats presque toute l'Angleterre, vint à Worcester aux approches du carême de l'année 1062, et de là, étant allé dans ses terres, il laissa les légats dans le monastère de sa cathédrale, dont saint Wulstan était prévôt.

Wulstan les traita avec toute l'humanité et la libéralité possibles, sans toutefois rien relâcher de sa régularité et de son austérité. Il passait les nuits à chanter des psaumes avec de fréquentes génuflexions; trois jours de la semaine, il ne prenait aucune nourriture et gardait le silence; les trois autres jours, il mangeait des choux ou des poireaux avec son pain; le dimanche, il mangeait du poisson et buvait du vin. Tous les jours il nourrissait trois pauvres et leur lavait les pieds. Les légats admirèrent cette manière de vie et les instructions que Wulstan soutenait d'un tel exemple. Etant donc retournés à la cour, comme il fut question de choisir un évêque de Worcester, ils proposèrent Wulstan; et, faisant connaître son mérite, ils obtinrent sans peine l'agrément du saint roi Édouard. Les deux archevêques Stigand, intrus de Cantorbéry, et Aldred d'York, y consentirent; et, ce qui détermina ce dernier, c'est qu'il regardait Wulstan comme un homme simple, qui souffrirait ses usurpations sur l'Eglise de Worcester, dont il prétendait retenir les revenus.

On manda saint Wulstan en diligence; mais quand il fut arrivé à la cour, la difficulté fut de lui faire accepter l'évêché. Il fallut que les légats y employassent toute l'autorité du Pape. Un reclus, nommé Vulsin, qui vivait en solitude depuis plus de quarante ans, aida à le déterminer, lui reprochant vivement son obstination et sa désobéissance. Le roi lui donna l'investiture de l'évêché de Worcester, et il fut sacré à York, par l'archevêque Aldred, le dimanche 8 septembre 1062. Il aurait dû être sacré par l'archevêque de Cantorbéry, dont il était suffragant; mais Stigand, qui occupait alors ce siége, avait été interdit par le Pape, pour avoir usurpé du vivant de Robert, son prédécesseur, sorti d'Angleterre par suite de la lutte politique entre les Normands et les Anglais. Toutefois ce fut à lui, ou plutôt à son siège, que saint Wulstan promit obéissance, et Aldred déclara qu'il ne prétendait point que cette ordination lui donnât aucun droit sur le nouvel évêque.

Saint Wultan était alors âgé d'environ cinquante ans, né dans le comté de Warwick, de parents très-pieux, qui, sur la fin de leurs jours, embrassèrent l'un et l'autre la vie monastique. Après leur mort, il s'attacha à Brithège, évêque de Worcester, qui, touché de son mérite, l'ordonna prêtre encore jeune, et lui offrit une cure d'un bon revenu près de la ville; mais Wulstan la refusa, et, peu de temps après, embrassa la vie monastique dans la cathédrale de la même ville. Il passa par les charges du monastère, fut maître des enfants, chantre et sacristain. Tous les jours il disait les sept psaumes avec une génuflexion à chaque verset, et toutes les nuits il disait de même tout le grand psaume 118e, et il se prosternait sept fois le jour devant chacun des dix-huit autels de l'église.

On le fit enfin prévôt du monastère vers l'an 1046; et, en cette place, il prenait soin non-seulement des moines, mais du peuple. Dès le matin, il se présentait à la porte de l'église pour secourir les opprimés ou baptiser les enfants des pauvres; car les prêtres avaient déjà introduit la mauvaise coutume de ne point baptiser gratis. Cette charité de Wulstan attira un grand concours de peuple des villes et de la campagne, des riches comme des pauvres, et il semblait qu'il n'y eût point d'enfant bien baptisé, s'il ne l'était de sa main, tant était grande l'opinion de sa sainteté. Voyant aussi la corruption des mœurs que causait le défaut d'instruction, il se mit à prêcher dans l'église, tous les dimanches et les jours solennels. Un moine savant et éloquent lui en fit des reproches. Le saint homme répondit tranquillement que rien n'était plus agréable à Dieu que de rappeler dans la voie de la vérité le pauvre peuple qui s'égare et se perd. La nuit suivante, le moine eut une vision si terrible, que le lendemain il demanda pardon à Wulstan avec beaucoup de larmes. Le saint homme, devenu évêque, continua, augmenta même ses prédications et ses bonnes œuvres (*Acta Sanct.*, 19 jan.; *Act. Bened.*, sec. 6, pars 2).

En 1060, le roi saint Édouard envoya une ambassade à Rome, avec cette lettre au Pape. « Au souverain Père de l'Eglise universelle, Nicolas : Édouard, par la grâce de Dieu, roi des Anglais, la soumission et l'obéissance qui est due. Nous glorifions Dieu de ce qu'il a soin de son Eglise élue; car, à la place d'un bon prédécesseur, il a établi un excellent successeur. Nous croyons donc juste de recourir à vous, comme à la pierre solide, pour éprouver toutes nos bonnes actions, vous les faire connaître et vous y donner part, afin que vous renouveliez et augmentiez les donations et les privilèges que nous avons obtenus de votre prédécesseur. » Le saint roi parle de l'abbaye de Westminster qu'il bâtissait en compensation de son pèlerinage de Rome. De son côté, il confirme et augmente les donations et les redevances que saint Pierre avait en Angleterre, et envoie des présents au Pape, afin qu'il prie pour lui et pour son royaume près des corps des saints apôtres.

Le pape Nicolas II répondit au saint roi avec une effusion d'amitié, lui donnant part à tout ce qu'il pourrait jamais faire de bien, renouvelant et confirmant tous les décrets apostoliques touchant son vœu, l'abbaye de Westminster, les donations faites à ce monastère ou à faire dans la suite; enfin, pour la défense de ce lieu et des églises de toute l'Angleterre, il lui donne pouvoir, à lui et à ses successeurs, de faire, à la place du Pape, tout ce qu'il croirait juste, de concert avec les évêques et les abbés (Baron., 1060, n. 9 et 10).

En Espagne, les chrétiens prévalaient de plus en plus sur les mahométans. L'an 1044, Ferdinand, premier du nom, premier roi de Castille et de Léon, sous qui se distingua si fort le célèbre Rodrigue, surnommé *le Cid*, porte la guerre dans le Portugal, occupé par les infidèles, et y fait de grands ravages: il emporte d'assaut Viseu, et s'empare ensuite de Lamégo, qui passait pour imprenable. L'an 1045, il prend Coïmbre par composition. L'an 1046, il continue ses expéditions contre les mahométans et les chasse de la vieille Castille. L'an 1047, il porte la désolation en différents pays appartenant aux infidèles. L'an 1048, il force Almenon ou Mamoun, roi de Tolède de se rendre tributaire. L'an 1049, il oblige le roi mahométan de Sarragosse d'en faire autant. L'an 1063, il fond tout d'un coup dans les Etats de Mahomet-Ben-Abad, et l'oblige de se rendre son vassal. L'an 1065, il ravage les confins des rois de Tolède et de Sarragosse, qui refusaient de lui payer le tribut, et revient chargé de butin à Léon, où il meurt le 20 septembre. C'est ce grand roi que nous avons vu renoncer au titre d'empereur, sur les plaintes de l'empereur Henri le Noir et par obéissance pour le Pape. Il laissa trois fils, auxquels il avait partagé ses Etats l'an 1064. Sanche, l'aîné, eut le royaume de Castille; Alphonse, celui de Léon et les Asturies d'Oviédo; Garcie, le royaume de Galice et de Portugal. Il y avait de plus, en Espagne, les royaumes chrétiens de Navarre et d'Aragon. Enfin le christianisme s'était toujours maintenu dans la Marche française d'Espagne, dont Barcelone était la capitale. Cette Marche, ou province frontière, après être demeurée unie, sous Charlemagne et Louis le Débonnaire, au marquisat de Septimanie, en fut séparée l'an 764, par Charles le Chauve, pour faire un gouvernement particulier. En 1048, Raymond Bérenger, comte de Barcelone, porta la guerre en Espagne, et fut si heureux dans cette expédition, qu'après avoir fait diverses conquêtes sur douze de leurs rois, il les contraignit enfin de se rendre tributaires. Du nombre des domaines qu'il leur enleva, furent la ville et le comté de Tarragone, dont il fit présent à Bérenger, vicomte de Narbonne, qui était venu à son secours (*Art de verifier les dates*).

Reconnaissant envers Dieu de ses bienfaits, le comte Raymond en fit un bon usage. Pour que la justice fût rendue à ses sujets d'une manière plus sûre et plus uniforme, il fit rédiger par écrit les usages ou coutumes de Barcelone. C'est le premier recueil de ce genre que l'on connaisse. L'an 1054, il rendit, contre les usurpateurs des biens de l'Eglise de Barcelone, un décret souscrit de lui, de sa femme Adalmode, ainsi que de plusieurs évêques et seigneurs. De concert avec l'évêque Guislebert, il rebâtit magnifiquement la principale église de Barcelone et en célébra la dédicace le 18 novembre 1058. Il s'y trouva huit évêques, entre autres Raimbauld, archevêque d'Arles. On lut dans leur assemblée le diplôme par lequel Hali, duc mahométan des îles Baléares, mais apparemment tributaire du comte Raymond, soumettait à l'Eglise de Barcelone tous les évêchés et églises de ses domaines (*Conc. Hisp.*, t. IV).

A Compostelle, dans l'église de Saint-Jacques, l'an 1056, 21e année du roi Ferdinand, il se tint un concile provincial de trois évêques, assistés des prêtres, des diacres, des clercs et des abbés. On y recommanda l'observation des canons. Les evêques devaient avoir deux ou trois prévôts, choisis de l'avis du clergé, pour avoir soin des différentes parties du diocèse. Les chanoines devaient célébrer chaque heure dans l'église, avoir un même réfectoire, un même dortoir. On y gardera le silence et on fera toujours au repas de saintes lectures. Les vêtements des évêques et des clercs descendront jusqu'aux talons. Les chanoines auront des cilices et des chapeaux noirs, pour s'en revêtir les jours de jeûne. Les évêques et les prêtres offriront la messe tous les jours, si ce n'est qu'ils soient malades, et alors ils l'entendront. Chacun récitera le plus de psaumes qu'il pourra, au moins cinquante chaque jour. Chacun s'acquittera tous les jours de toutes les heures canoniales. Aucun laïque n'aura de pouvoir sur les choses d'une église canoniale. Ces prévôts pourvoiront à l'instruction et à la nourriture des clercs, et auront le premier rang après l'évêque. On choisira pour abbés ceux qui connaissent bien la doctrine touchant la sainte Trinité, et qui sont instruits dans les saintes Ecritures et les canons. Ils auront des écoles dans leurs églises, et ne présenteront aux ordres que des clercs ayant les qualités qu'on vient de dire. Le sous-diacre doit avoir dix-huit ans, le diacre vingt-cinq, le prêtre trente, et savoir parfaitement tout le psautier, les cantiques, les hymnes, l'aspersion du sel pour les catéchumènes, les cérémonies du baptême, l'insufflation et les exorcismes, les heures, le chant de la fête d'un juste, d'un confesseur, d'une et de plusieurs vierges, l'office pour les défunts et tous les répons. Nul ne sera assez téméraire d'être simoniaque pour se procurer l'ordination; nul évêque, prêtre, diacre ou ministre inférieur, n'achètera, ni ne vendra aucune fonction sacrée, ni huile, ni rien de ce qui tient à l'ordre ecclésiastique. Quiconque le fait, n'est plus un vrai chrétien, mais un simoniaque. Le ministre de l'Eglise ne portera point les armes du siècle. Tous auront le dessus de la tête rasée, ainsi que la barbe.

Les croix, les boîtes et les calices seront d'argent. On aura les livres nécessaires pour toute l'année. Les femmes n'auront aucune société avec les évêques et les moines. Seulement, à cause de la nécessité, on ne leur défend pas les relations particulières avec leur mère, leur tante ou leur sœur, qui portent un habit religieux et ont des mœurs convenables à l'habit. Tous les chrétiens doivent savoir par cœur le Symbole et l'Oraison dominicale. Les moines garderont en tout la règle monastique, n'auront point de pécule, ne rentreront point dans le monde pour s'occuper d'affaires, mais en choisiront d'autres pour s'en occuper dans l'intérêt du monastère. Ceux qui, après avoir fait profession, rentrent dans le siècle, seront excommuniés jusqu'à ce qu'ils retourneront à leur état dans un monastère. On excommunie de même tous ceux qui voudraient les protéger ou qui ne les ramèneraient pas aussitôt en leur lieu. Le concile avertit les magistrats, les juges, de ne point opprimer le peuple; d'allier la miséricorde à la justice, de ne point recevoir de présents avant le jugement; après la discussion de la vérité, qu'ils reçoivent une partie de ce que la loi leur accorde, et qu'ils remettent l'autre. Le concile ordonne enfin aux parents, aux prêtres et aux diacres mariés de se séparer de leurs femmes et de faire pénitence, sous peine d'être chassés de l'Eglise et du commerce des chrétiens (*Conc. Hisp.*, t. IV).

Un autre concile fut tenu l'an 1060 ou 1063, à Yacca en Aragon. Neuf évêques y assistèrent, tant de deçà que de delà des Pyrénées, entre autres Paterne, archevêque de Sarragosse; et le roi Ramir, fils de Sanche le Grand, s'y trouva avec ses enfants et les grands du royaume. On y fit plusieurs règlements pour rétablir les mœurs et la discipline altérées par les guerres continuelles. On ordonna de suivre le rite romain dans les prières de l'Eglise, au lieu du rite gothique, et l'on établit à Yacca le siège épiscopal du diocèse, qui était auparavant à Huesca, parce que cette dernière ville était au pouvoir des Sarrasins, à condition toutefois que, si elle en était délivrée, le siège de Yacca lui serait uni. On nomma dès lors évêques de Yacca, ceux que l'on nommait auparavant évêques d'Aragon. Dans le diplôme qu'il fit à ce sujet, le roi Ramir donne à la nouvelle Eglise plusieurs monastères et autres lieux. De plus, il donne à Dieu et à saint Pierre la dîme des tributs que lui payaient tant les chrétiens que les Sarrasins, ainsi que la dîme des régales de tout le royaume d'Aragon (*Ibid.*).

Vers le même temps, dans le nord de l'Europe, l'archevêque Adalbert de Hambourg, légat du Siège apostolique pour toutes les nations septentrionales, ne cessa de fonder de nouveaux évêchés.

La religion chrétienne prospérait chez les Slaves au delà de l'Elbe. Gotescalc, gendre du roi de Danemarck, s'était rendu puissant comme un roi, et c'était un prince très-religieux et grand ami de l'archevêque Adalbert. Il était fils d'Uton, un des princes des Slaves, dont les frères étaient païens et lui mauvais chrétien : aussi fut-il tué pour sa cruauté, par un saxon transfuge. Son fils Gotescalc était dans le monastère de Lunebourg, où il faisait ses études; mais ayant appris la mort de son père, il entra dans une telle fureur, qu'il renonça aux études et à la religion chrétienne, passa l'Elbe et se jeta chez les Vinules païens, avec le secours desquels il fit la guerre aux chrétiens, et tua plusieurs milliers de Saxons pour venger son père. Bernard, duc de Saxe, le prit comme un chef de voleurs; mais, voyant que c'était un brave homme, il fit alliance avec lui et le renvoya. Gotescalc alla trouver le roi Canut, passa avec lui en Angleterre, et y demeura longtemps. Il était rentré dans le sein de l'Eglise, et le roi Canut lui donna sa fille en mariage.

Revenu d'Angleterre, il était irrité contre les Slaves, qui l'avaient dépouillé des biens de son père et obligé à se retirer en pays étranger : ainsi il leur faisait la guerre et était la terreur des païens, mais, après qu'il fut rentré dans ses biens, il voulut faire des conquêtes pour Dieu, et ramener sa nation au christianisme, qu'elle avait reçu autrefois et oublié depuis. Il venait souvent à Hambourg accomplir des vœux. Son zèle était grand pour la propagation de la foi; il avait résolu de contraindre tous les païens à l'embrasser, et il avait converti le tiers de ceux qui, sous son aïeul Mistivoi, étaient retombés dans le paganisme. Sous son règne, tous les peuples des Slaves, appartenant à la province de Hambourg, étaient chrétiens; et on en comptait sept, parmi lesquels étaient les Obodrites. Les provinces étaient pleines d'églises, et les églises de prêtres, qui exerçaient librement leurs fonctions. Le pieux prince Gotescalc, oubliant sa dignité, parlait souvent lui-même dans l'église pour expliquer au peuple plus clairement en sclavon, ce que disaient les évêques et les prêtres.

Le nombre était infini de ceux qui se convertissaient tous les jours : on fondait dans toutes les villes des couvents de chanoines, de moines et de religieuses; et il y en avait trois à Mecklembourg, capitale des Obodrites. L'archevêque Adalbert, ravi de cet accroissement de l'Eglise, envoya au prince des évêques et des prêtres, pour fortifier dans la foi ces nouveaux chrétiens. Il ordonna évêque à Altembourg le moine Eizon, à Mecklembourg Jean, Ecossais, à Ratzebourg Ariston, venu de Jérusalem, et d'autres ailleurs; de plus, il invita saint Gotescalc à venir à Hambourg, où il l'exhorta à conduire jusqu'à la fin ses travaux pour Jésus-Christ, lui promettant que la victoire l'accompagnerait partout, et que quand il souffrirait quelque adversité pour une si bonne cause, il n'en serait pas moins heureux. Enfin on aurait pu dès lors convertir tous les Slaves, sans l'avarice des seigneurs saxons, gouverneurs de la frontière, qui ne songeaient qu'à en tirer des tributs.

L'archevêque Adalbert eut toujours grand soin de ses missions du Nord, même depuis qu'il se relâcha de l'application à ses autres devoirs, par l'accablement des affaires temporelles, auxquelles il se livrait jusqu'à l'excès. Il était si libéral et si affable envers les étrangers, qu'ils accouraient à Brême de toutes parts, et cette ville, quoique petite, était comme la Rome du Nord. Il y venait des députés d'Islande, du Groënland, des Orcades, demander à l'archevêque des missionnaires, et il leur en envoyait. On sait aujourd'hui que le Groënland fait partie du continent de l'Amérique. L'évêque des Danois étant mort, le roi Suen ou Suénon divisa son diocèse en quatre, et l'archevêque mit un évêque en chacun. Il envoya aussi des ouvriers en Suède, en Norwége et aux Iles (*Acta Sanct.*, 7 *jun.*; Adam., l. 2, c. 48; Helmold, l. 1, c. 20).

Ainsi l'action bienfaisante de l'Eglise et de son chef se faisait sentir partout, de l'Orient à l'Occident, du Midi au Nord, du fond de la Calabre jusqu'en Amérique. Six excellents Papes venaient de se succéder sur le Siège de Saint-Pierre; ils allaient avoir des successeurs pareils durant bien des siècles. Les nations slaves ouvraient leurs yeux et leurs cœurs à l'Evangile; l'Amérique, dont on ne connaissait encore que le Groënland, demandait des évêques et des prêtres. Si la confédération des peuples germaniques, si leurs chefs, connus sous le nom de rois ou d'empereurs, avaient bien reconnu leur vocation providentielle; si, comme l'Austrasien Charlemagne, les empereurs d'au delà du Rhin avaient su être *les humbles défenseurs et les dévots auxiliaires de l'Eglise romaine* (1), l'humanité chrétienne eût trium-

(1) Ce sont les titres que prend Charlemagne dans ses *Capitulaires*.

phé dès lors et de la barbarie païenne et de la barbarie mahométane ; mais jamais les empereurs allemands ne comprendront cette fonction de Charlemagne. Leur modèle, ce ne sera pas lui, mais les empereurs païens de Rome idolâtre. Ceux-ci étaient à la fois empereurs, souverains pontifes et dieux. L'Eglise les dépouilla de leur divinité et de leur souverain pontificat, et ne leur laissa que la puissance impériale, encore en la subordonnant à la loi de Dieu. Telle était la constitution de l'humanité chrétienne. Les empereurs allemands travailleront à ramener le paganisme politique ; ils voudront être à la fois empereurs, souverains pontifes et dieux, ne reconnaissant d'autre loi qu'eux-mêmes. De là leurs guerres incessantes avec l'Eglise du Christ et avec leurs sujets chrétiens. Cette lutte durera deux autres siècles. L'Eglise romaine la soutiendra avec non moins de gloire que la première, contre les empereurs idolâtres. Non-seulement elle maintiendra contre les césars tudesques sa liberté et son indépendance, et avec elle la liberté et l'indépendance des nations catholiques, mais, au plus fort de cette lutte gigantesque, elle enverra l'Europe chrétienne au cœur de l'Asie mahométane, faire sentir à la religion du glaive, que le glaive de la chrétienté unie est plus puissant encore.

Que, dans un royaume où la nation est une, le gouvernement un, où les principales choses sont réglées depuis longtemps par l'usage, on mette sur le trône un roi mineur, cela se conçoit : les choses ainsi réglées vont comme d'elles-mêmes ; mais dans une confédération de princes et de peuples plus ou moins indépendants les uns des autres, confédération dont le chef est naturellement électif, que l'on choisisse pour chef suprême un enfant de cinq ans, c'est là un contre-sens politique, si jamais il en fut. Et c'est précisément ce que venaient de faire les divers peuples de la Germanie. A la mort de l'empereur Henri III, le 5 octobre 1056, son fils, le roi Henri IV, leur nouveau souverain, n'avait que cinq ou six ans. Il fût d'abord, ainsi que le royaume sous la tutelle de sa mère, l'impératrice Agnès, fille de Guillaume, duc d'Aquitaine. Elle avait beaucoup de bonnes qualités, mais elle était femme, et son fils enfant. Les princes avaient obéi à l'empereur défunt, parce que c'était un homme, et qu'il savait se faire obéir ; mais il leur semblait honteux d'obéir à une femme.

Les Saxons en particulier, qui avaient fourni quatre empereurs illustres, les trois Othons et saint Henri, voyaient avec dépit la dignité royale devenir l'héritage d'une famille et d'une peuplade rivale. Ils croyaient avoir à se plaindre du dernier empereur, ils voulurent se venger sur son fils. On tint des assemblées secrètes. Il leur manquait un chef, lorsque le comte Othon, exilé en Bohême depuis son enfance, revint en Saxe pour revendiquer la succession de son frère, le margrave Guillaume. Il fut reconnu chef de l'entreprise, et on résolut de profiter de la première occasion pour tuer le jeune roi. Les parents et les amis du jeune prince marchèrent aussitôt en Saxe pour y affermir son autorité. On indiqua une assemblée générale pour délibérer sur les intérêts de l'empire. Chaque prince y parut avec sa troupe en armes. Othon y parut avec la sienne, et rencontra celle de Brunon, cousin du roi. Outre leur inimitié politique, Othon et Brunon avaient entre eux une inimitié particulière. Dès qu'ils s'aperçurent, ils sonnèrent la charge et coururent l'un sur l'autre avec tant d'impétuosité, qu'ils se renversèrent de cheval tous les deux, mortellement blessés, et expirèrent sur la place. C'était vers la fête de saint Pierre, en 1057. Cette bataille tragique empêcha l'insurrection de Saxe ; mais le feu couvait sous la cendre (Lamb., an 1057).

Dans d'autres provinces s'assemblaient également des matériaux pour une prochaine explosion. Le duché de Souabe étant devenu vacant, l'impératrice Agnès le fit donner à Rodolphe de Rhinfeld, à qui elle donna de plus en mariage sa propre fille Mathilde, sœur du roi ; mais l'empereur défunt avait promis le même duché au duc Berthold de Zaering, et lui avait même remis son propre anneau pour gage. L'impératrice le reconnut et offrit en échange à Berthold le duché de Carinthie. Le duc l'accepta, à la condition qu'il passerait à son fils de même nom ; mais, peu de temps après, le jeune roi le donna à un de ses parents. Berthold et son fils jurèrent de se venger. L'occasion s'en présenta bientôt. Le duc de Bavière était Othon, duc de Saxe. Il fut accusé auprès du roi, qui, sans l'entendre, lui ôta le duché de Bavière. Berthold profita de son mécontentement pour concerter avec lui une commune vengeance et susciter des hostilités en Souabe et ailleurs.

L'impératrice Agnès, dans l'administration de l'empire, se servait beaucoup des conseils de l'évêque Henri d'Augsbourg. Cette confiance fut interprétée en mauvaise part. Il fut résolu par les princes qu'on enlèverait le jeune roi à sa mère. C'était en 1062 : Henri avait alors douze ans. Il se délassait dans une île du Rhin. Un jour, après le repas, Annon, archevêque de Cologne, l'invita à monter dans un de ses navires. Le jeune roi y monta sans défiance. Aussitôt les mariniers firent force de rame pour gagner le milieu du fleuve. Henri, voyant qu'il avait été trompé et craignant qu'on n'en voulût à sa vie, se jeta à l'eau. Il allait se noyer, lorsque le comte Ecbert s'y jeta après lui et le sauva à grand'peine. On le rassura à force de caresses, et on le conduisit à Cologne. L'archevêque, pour ne pas s'attirer l'envie des autres prélats, régla que l'évêque dans le diocèse duquel se trouverait le roi aurait la principale part à l'administration des affaires. L'éducation du roi et le gouvernement du royaume étaient ainsi entre les mains des évêques. La principale autorité était aux archevêques de Mayence et de Cologne. Ces deux s'associèrent l'archevêque Adalbert de Brême, qui, par ses manières insinuantes et sa complaisance, gagna bientôt et à tel point l'affection du roi, qu'il semblait gouverner tout seul et le roi et le royaume. Un jeune seigneur, le comte Werner, venait après lui. Ces deux personnages gouvernaient pour le roi. C'est d'eux qu'on achetait les évêchés, les abbayes, toutes les dignités ecclésiastiques et séculières ; car l'homme de mérite ne pouvait espérer aucun honneur, s'il n'avait gagné auparavant ces deux hommes par de grandes soumissions d'argent. Quant aux évêques et aux ducs, ils les ménageaient, moins par religion que par crainte ; mais, pour les abbés, ils se croyaient sur eux autant de droit que sur leurs fermiers. Ils donnèrent d'abord à leurs favoris les fermes des monastères ; puis, devenus plus hardis, ils se partagèrent les monastères mêmes, le jeune roi consentant à tout avec une facilité puérile. Ainsi, l'archevêque de Brême se donna les deux abbayes de Lauresheim et de Corbie, pour se récompenser de son dévouement envers le roi. Et, pour que les autres princes du royaume ne fussent pas jaloux, il fit donner à l'archevêque de Cologne les deux abbayes de Malmédi et d'Inde; à celui de Mayence celle de Séligenstadt; à Othon, duc de Bavière, celle d'Altaha; à Rodolphe, duc de Souabe, celle de Kempten. Pour se rendre maître absolu de l'abbaye de Corbie, l'archevêque répandit le bruit à la cour que l'évêque de la ville de Pole en Istrie était mort; il fit nommer à sa place, par le roi, l'abbé de Corbie, et le pressa de partir promptement pour sa nouvelle Église. Pendant qu'il faisait ses préparatifs de départ, on apprit que l'évêque, que l'on disait mort, était encore bien vivant et bien portant. On rit beaucoup de l'archevêque; toutefois le duc Othon obtint avec peine que l'abbé fût rétabli dans son monastère. C'est ce que rapporte, avec d'autres chroniques contemporaines, le judicieux Lambert d'Aschaffembourg, sur l'année 1063.

Il est aisé de concevoir ce que devenait, sous un pareil gouvernement, la discipline des monastères et du clergé. On en jugera par le fait suivant, arrivé à Goslar, résidence ordinaire du roi. C'était une coutume établie depuis longtemps que, dans les assemblées d'évêques, l'abbé de Fulde était assis le plus proche de l'archevêque de Mayence; mais Hécilon, évêque d'Hildesheim, prétendait que, dans son diocèse où était Goslar, personne ne devait le précéder que l'archevêque. Il était animé, tant par ses richesses, plus grandes que celles de ses prédécesseurs, que par le bas âge du roi, pendant lequel on faisait tout impunément. La querelle commença dès le jour de Noël 1062, comme on plaçait les sièges des évêques pour les prêtres. Les valets de chambre de l'évêque d'Hildesheim et ceux de Viderad, abbé de Fulde, en vinrent des injures aux coups de poing, et auraient tiré les épées, si Othon, duc de Bavière et protecteur de l'abbé, n'eût interposé son autorité. Mais à la Pentecôte de l'année suivante 1063, au même lieu de Goslar et à la même occasion de placer les sièges pour vêpres, la querelle se renouvela, non plus par hasard comme la première fois, mais de dessein prémédité; car l'évêque d'Hildesheim, piqué de l'affront qu'il avait reçu, avait caché derrière l'autel le comte Ecbert avec des gentilshommes bien armés, qui, au bruit que firent les valets de chambre, accoururent aussitôt, poussèrent à coups de poing et de bâton les gens de l'abbé de Fulde, et, dans la première surprise, les chassèrent aisément du sanctuaire. Ceux-ci crièrent aux armes, et leurs camarades en ayant pris, vinrent en troupe se jeter dans l'église au milieu du chœur et du clergé qui chantait et frappèrent à grands coups d'épée. Alors commença un combat furieux. L'église ne retentit plus que de cris menaçants ou de voix plaintives : on voyait couler des ruisseaux de sang et massacrer des hommes jusque sur l'autel. L'évêque d'Hildesheim, s'étant saisi d'un lieu élevé, encourageait les siens au combat, les exhortant à n'être point retenus par le respect du lieu, puisqu'ils agissaient par ses ordres. Le jeune roi, qui était présent, criait de son côté pour retenir le peuple, mais on ne l'écoutait pas. Enfin ses serviteurs lui conseillèrent de songer lui-même à la sûreté de sa personne; et à grand'peine put-il percer la foule pour se retirer dans son palais. Les gens de l'évêque, qui étaient venus préparés au combat, eurent l'avantage, et ceux de l'abbé, qui avaient été surpris, furent chassés de l'église, dont on ferma aussitôt les portes.

Le lendemain, l'affaire fut examinée avec beaucoup de sévérité; mais le comte Ecbert se justifia facilement par le crédit qu'il avait auprès du roi, dont il était cousin-germain : tout le poids de l'accusation tomba sur l'abbé de Fulde. On soutenait qu'il était la seule cause du désordre; qu'il était venu à dessein de troubler la cour, puisqu'il avait amené une si grande suite et des gens si bien armés. Sa profession même et le nom de moine, odieux en cette cour, lui nuisait; et il eût été privé de son abbaye, s'il ne se fût sauvé à force d'argent, aux dépens du monastère, dont il épuisa les trésors en cette occasion. Cependant l'évêque d'Hildesheim excommunia tous ceux qui s'étaient déclarés contre lui, tant morts que vivants. L'abbé de Fulde, retourné chez lui, eut à soutenir une violente rébellion de ses moines, irrités depuis longtemps. Elle alla si loin, que plusieurs sortirent en procession pour aller porter leurs plaintes au roi, et l'abbé ne les soumit que par la force du bras séculier (Lambert, an 1063).

D'autres violences avaient lieu dans d'autres parties de l'Allemagne. L'archevêque Eberhard de Trèves, l'ami du pape saint Léon, fut pris par Conrad, comte de Luxembourg, ses vêtements pontificaux déchirés et le saint chrême qu'il portait répandu à terre. La nouvelle en étant venue à Trèves, on interrompit aussitôt tous les offices divins, jusqu'à ce que le Pape eût décidé. Celui-ci excommunia le comte avec tous ses complices et envoya le *pallium* à l'archevêque, qui avait recouvré sa liberté contre des otages, et lui donna pouvoir de régler lui-même les conditions auxquelles le comte serait absous. Après quelque temps, le comte étant venu trouver l'archevêque, celui-ci le reçut amiablement et lui ordonna un pèlerinage à Jérusalem, dont il ne revint pas (*Gesta Trevirorum*).

D'un autre côté, l'évêque Burkard d'Halberstadt s'empara des dîmes de Saxe, qui appartenaient au monastère d'Héresford. L'abbé Meginher, qui, par la sévère discipline de son monastère, était un modèle pour toute l'Allemagne, s'adressa vainement aux tribunaux allemands pour obtenir justice; enfin il eut recours au Pape et implora son secours contre l'évêque. Le pape Nicolas manda à celui-ci de ne point outrepasser les bornes de son diocèse, de ne pas inquiéter davantage le monastère par des contestations mal fondées : autrement il s'exposerait à l'animadversion du Siége apostolique, d'autant plus que ce monastère était sous la juridiction spéciale du Pontife romain, comme le témoignaient ses nombreux priviléges. Le Pape écrivit en même temps à l'abbé pour le consoler dans ses peines; mais ni remontrances, ni menaces ne purent mettre un terme à l'ambition de l'évêque. L'abbé étant donc tombé malade au mois de septembre 1059, envoya dire à l'évêque : « Quoique je n'aie pu obtenir justice moi-même, les moyens ne me manqueront pourtant pas pour défendre le monastère contre l'arbitraire. Préparez-vous à paraître dans peu de jours au tribunal de Dieu, où la justice triomphera. » L'abbé mourut le 26 octobre; quelques jours après, l'évêque, au moment de se rendre à un concile pour soutenir ses prétentions sur l'abbaye, se sentit frappé d'apoplexie. A l'instant il ordonna de rendre à l'abbaye tout ce qu'il lui avait pris, et expira peu de jours plus tard. La même année mourut subitement, et sans pénitence, l'archiprêtre qui l'avait poussé à cette injustice (Lambert, an 1059).

Tel était l'état de l'Eglise et du royaume d'Allemagne, lorsque l'évêque Anselme de Lucques y vint pour tenir un concile à Worms, où le roi célébrait la fête de Noël en 1059, et faire exécuter les décrets du Saint-Siège contre la simonie et l'incontinence des clercs. Le concile ne put avoir lieu. La raison ou le prétexte fut une contagion qui régnait en France. Le vrai motif était sans doute que les seigneurs, les évêques et les clercs coupables ne voulaient pas de cette réformation si nécessaire. Le légat assista seulement à l'ordination de Sigefroi, archevêque de Mayence, successeur de Lupold, qui était de saint Bardon (Ibid.).

Pour remédier à tant de maux, qui ne pouvaient que s'accroître, le pape Nicolas II s'adressa à l'homme d'Allemagne qui avait alors le plus de puissance pour le bien. Il écrivit à l'archevêque Annon de Cologne, et lui reprocha sévèrement les excès et les scandales qu'il autorisait par sa connivence ou sa complicité. On vit seulement alors jusqu'à quel point le clergé et la noblesse d'Allemagne étaient déjà gangrenés. Le roi et les grands du royaume furent tellement irrités des justes reproches que le Pape adressait à l'archevêque de Cologne, qu'ils déposèrent le pape Nicolas, autant qu'il était en eux, défendirent de réciter son nom au canon de la messe, et que les évêques lui envoyèrent une sentence d'excommunication. Cet incroyable emportement nous est attesté par deux auteurs contemporains : par saint Anselme, évêque de Lucques après son oncle de même nom, et par le cardinal schismatique Bennon ou Benzon. Ce dernier ajoute que le Pape ayant lu ces lettres, en mourut de chagrin. (S. Anselm. cont. Guib. ap. Cani; t. VI, p. 221, édit. in-4º; t. IV, p. 382, in-fol.; Ben., l. 7, c. 2, p. 397).

Le pape Nicolas II mourut en effet à Florence vers la fin du mois de juin l'an 1061, et fut enterré dans l'église de Sainte-Réparate ; car il garda le siège de Florence avec celui de Rome pendant tout son pontificat, qui fut de deux ans et près de cinq mois. Saint Pierre Damien rapporte, sur le témoignage de Mainard, évêque de Sainte-Rufine, que ce Pape ne passait pas un seul jour sans laver les pieds à douze pauvres, et que, s'il n'avait pu le faire pendant le jour, il le faisait la nuit.

Il y eut une très-grande division entre les Romains pour l'élection du successeur, et ils envoyèrent en Allemagne, au jeune roi Henri et à l'impératrice Agnès, sa mère, Etienne, prêtre-cardinal, avec des lettres au nom du Siége apostolique; mais les courtisans empêchèrent qu'il n'eût audience, et, après avoir attendu vainement trois jours dans les antichambres, il fut obligé de revenir sans avoir rien fait, rapportant ses lettres fermées.

Le royaume d'Italie était gouverné par Guibert de Parme, homme noble, mais très-méchant, que l'impératrice y avait établi comme chancelier. Il excita les évêques de Lombardie, la plupart simoniaques et concubinaires, qui s'assemblèrent avec une grande multitude de clercs infectés des mêmes vices, et conclurent à ne point recevoir de Pape d'ailleurs que du paradis d'Italie, c'est ainsi qu'ils nommaient la Lombardie, ajoutant qu'il fallait un homme qui eût de la condescendance pour leurs faiblesses. Cette résolution prise, quelques-uns d'entre eux passèrent les monts, portant une couronne pour le jeune roi, et représentèrent à l'impératrice, sa mère, qu'il devait avoir la dignité de patrice aussi bien que l'empereur, son père. Ils la prièrent en même temps de faire élire un Pape, assurant que le pape Nicolas II avait ordonné que désormais on ne reconnaîtrait pour Pape que celui qui aurait été élu par les cardinaux, et dont l'élection aurait été confirmée par le consentement du roi. Ces députés étant arrivés à la cour, les principaux courtisans, avec quelques évêques, tant d'Allemagne que de Lombardie, s'assemblèrent à Bâle, y couronnèrent de nouveau le jeune roi et le nommèrent patrice des Romains, sans que les Romains y eussent pris aucune part. Il y eut quelque chose de bien plus étrange. Dans cette diète ou ce concile, conspirant les uns et les autres contre l'Eglise romaine, ils condamnèrent le pape Nicolas II et cassèrent tout ce qu'il avait ordonné, par conséquent le privilége personnel qu'il avait accordé au jeune roi, qui d'ailleurs n'était pas en âge de l'exercer (Petr. Dam., opusc. 4).

Cependant, à Rome, après que le Saint-Siége eût vaqué environ trois mois, l'archidiacre Hildebrand ayant tenu conseil avec les cardinaux et les nobles romains, résolut de ne plus attendre la réponse de la cour, de peur que la division ne se fortifiât. Il fit donc élire canoniquement Anselme, évêque de Lucques, qui fut nommé Alexandre II. On espérait qu'il serait agréable à la cour, parce qu'il y était fort connu et y avait même occupé quelque poste. Le cardinal Didier, abbé du Mont-Cassin, était venu à Rome avec Robert Guiscard, prince d'Apulie, et ils appuyèrent l'élection, comme Robert y était obligé par son serment. Alexandre fut couronné le dimanche 30 septembre 1061, et tint le Saint-Siége onze ans et demi.

Mais quand on eut appris à la cour que l'évêque Anselme de Lucques avait été élu Pape et couronné, sans attendre le consentement du jeune roi, l'impératrice et son conseil le prirent à injure, et, regardant cette élection comme nulle, ils firent élire Cadalus ou Cadaloüs, évêque de Parme, sous le nom d'Honorius II. Cette élection schismatique se fit le jour de saint Simon et de saint Jude, 28 octobre, par les deux évêques de Verceil et de Plaisance, tous deux concubinaires publics. Le principal promoteur de cette élection, et qui était censé représenter l'Eglise romaine, était ce fameux chef de voleurs, Gérard, comte de Galère, qui avait été tant de fois excommunié par les Papes (Baron.).

L'antipape Cadaloüs était lui-même concubinaire et simoniaque, comme le lui reproche saint Pierre Damien dans une lettre qu'il lui écrivit quelque temps après. Il dit d'abord que l'Eglise romaine lui a souvent pardonné, quoiqu'il eût été condamné en trois conciles, à Pavie, à Mantoue et à Florence,

« Comment donc, continue-t-il, avez-vous souffert d'être élu évêque de Rome à l'insu de l'Eglise romaine, pour ne rien dire du sénat, du clergé inférieur et du peuple ? Et que vous semble des évêques-cardinaux, qui sont les principaux électeurs du Pape et ont d'autres prérogatives qui les mettent au-dessus non-seulement des évêques, mais des patriarches et des primats ? » Il rappelle que le Pape doit être élu principalement par les évêques-cardinaux ; en second lieu, le clergé doit donner son consentement, ensuite le peuple ; puis on doit tenir l'affaire en suspens jusqu'à ce que l'on consulte le roi, si ce n'est, comme il vient d'arriver, qu'il y ait quelque danger qui oblige à presser la chose.

Venant ensuite aux crimes de Cadaloüs, il dit : « Jusqu'ici on ne parlait que dans une petite ville du trafic criminel que vous faisiez des prébendes et des églises, et d'autres actions bien plus infâmes que j'ai honte de dire ; maintenant tout le monde en parle dans toute l'étendue du royaume. Si je vous les reprochais, comme vous pourriez nier ce que vous avez commis à la face du ciel et de la terre, vous ne manqueriez pas de promettre de vous en corriger, comme tous ceux qui désirent des dignités et sentent des remords pour leur vie passée. Mais l'élévation les expose à de plus grands périls de pécher (L. 1, epist. 20). »

Cependant Cadaloüs ayant amassé beaucoup d'argent et de troupes, vint se présenter devant Rome à l'improviste, le 14 avril 1062. Il y avait gagné beaucoup de gens par ses largesses, entre autres les capitaines de la ville. Il campa dans les prairies de Néron, près le Vatican, et eut l'avantage au premier combat, où quantité de Romains furent tués. Mais Godefroi, duc de Toscane et de Lorraine, étant arrivé peu de temps après, Cadaloüs se trouva tellement pressé, qu'il ne put sauver même sa personne qu'à force de prières et de présents. Il retourna donc à Parme, sans toutefois abandonner son entreprise. Alors Pierre Damien lui écrivit une seconde lettre, beaucoup plus forte, où il lui reproche de ruiner son Eglise pour en usurper une étrangère ; qu'il met sa confiance en ses trésors, et qu'il fait périr par le fer les Romains dont il prétend être le père. Il conclut en ces termes : Supposé que, Dieu négligeant le monde, vous veniez à vous asseoir sur la Chaire apostolique, tous les méchants s'en réjouiront, tous les ennemis de la religion chrétienne en triompheront ; au contraire, tous ceux qui aiment la justice de Dieu, tous ceux qui désirent voir les œuvres de la piété, regardent votre avénement au faîte des choses comme la ruine de l'Eglise entière (L. 1, epist. 21). »

Ce dernier sentiment était profondément vrai. Nous avons vu quels étaient presque partout les ravages de la simonie et de l'incontinence des clercs ; nous avons vu quels éléments de corruption fermentaient en Allemagne, principalement à la cour, où se faisait l'éducation du futur empereur, du futur défenseur de l'Eglise romaine. Supposez, dans ces circonstances, à la tête de l'Eglise universelle, un Pontife infecté de tous les vices, et les autorisant par son exemple : en vérité, l'enfer prévalait contre l'Eglise, et le monde était une seconde fois perdu.

Le commencement du remède vint du côté même où le mal était le plus menaçant. En 1062, ainsi que nous l'avons vu, l'archevêque Annon de Cologne, de concert avec les seigneurs, s'empara de la personne du jeune roi et de l'administration du royaume. Ce prélat avait de bien grandes vertus, mais était enclin à la colère. Dans les premiers moments, il était capable de faire des fautes ; mais, revenu à lui-même, il savait les reconnaître et les réparer. C'est là sans doute ce qui explique comment, réprimandé par le pape Nicolas II touchant les désordres et les scandales auxquels il ne s'opposait point avec assez de vigueur, il souffrit qu'on répondît à ce Pontife par une prétendue excommunication et déposition, et qu'après sa mort on fît un antipape. En 1062, devenu gouverneur du roi et régent du royaume, il s'occupa de réparer ses fautes, et indiqua un concile à Osbor, en Saxe, pour aviser aux moyens d'éteindre le schisme.

Saint Pierre Damien, ayant avis qu'on allait tenir ce concile, composa, pour la défense du pape Alexandre II, un écrit en forme de dialogue entre l'avocat du roi Henri et le défenseur de l'Eglise romaine, comme s'ils parlaient dans le concile, où il est probable que cet écrit fut envoyé. L'avocat soutient que l'on n'a pu procéder à Rome à l'élection d'un Pape sans le consentement du roi, comme chef du peuple romain. Le défenseur répond que, non-seulement les empereurs païens n'ont eu aucune part à l'élection des Papes, mais qu'elle s'est faite même indépendamment des empereurs chrétiens, jusqu'à saint Grégoire le Grand ; que si l'empereur Maurice donna son consentement pour l'élection de ce Pape ; que si quelques autres princes, en petit nombre, ont eu part à l'élection de quelques Papes dans les siècles suivants, il en faut rejeter la cause sur le malheur des temps et les troubles de l'Etat. Il fait valoir la donation de Constantin, dont l'authenticité n'était point contestée alors. Et sur ce que l'avocat alléguait que le pape Nicolas II avait reconnu ce droit dans l'empereur Henri III, et confirmé par un décret, le défenseur répond que l'Eglise romaine ne le contestait pas non plus au roi Henri, son fils ; mais qu'à cause de son bas âge, elle avait, comme sa mère et sa tutrice, procédé, sans son consentement, à l'élection d'un Pape, parce que l'animosité qui régnait entre les Romains aurait pu dégénérer en une guerre civile, si l'on avait attendu plus longtemps à faire cette élection.

Il s'était néanmoins passé trois mois ou environ depuis la mort du pape Nicolas II jusqu'à l'élection d'Alexandre II, d'où l'avocat concluait que comme il y avait eu assez de temps pour envoyer à la cour et en recevoir réponse, on devait nier qu'on eût fait injure au roi en ne lui demandant pas son consentement. Le défenseur lui répond, premièrement, que les seigneurs allemands, avec quelques évêques de la même nation, avaient cassé, dans un concile, tout ce qui avait été ordonné par le pape Nicolas II, et annulé conséquemment le privilége accordé au roi ; secondement, que les Romains avaient envoyé à la cour Etienne, prêtre-cardinal ; qu'on lui refusa audience pendant cinq jours et qu'on le renvoya sans que le roi ni l'impératrice eussent voulu ouvrir les lettres dont il était chargé ; enfin, qu'on avait fait à la cour l'élection d'un Pape, à l'insu de Rome, qu'elle était tombée sur un sujet indigne et avait été faite à la sollicitation du comte Gérard, chef de voleurs, excommunié par plusieurs Papes. Il demande donc lequel des deux on doit plutôt reconnaître, ou Alexandre, élu unanimement par les cardinaux et demandé par le clergé et le peuple romain, ou Cadaloüs, élu par les intrigues des ennemis de l'Eglise romaine. Ensuite il exhorte les ministres de la cour et ceux du Saint-Siége à concourir à une même fin pour le bien de l'Eglise et de l'empire (*Opusc.* 4).

Le résultat du concile d'Osbor fut tel que saint Pierre Damien pouvait le désirer. L'antipape Cadaloüs, dans l'année de son élection et la veille de Saint-Siméon et de Saint-Jude, c'est-à-dire le 27 octobre 1062, y fut condamné et déposé par tous les évêques d'Allemagne et d'Italie, en présence du roi. L'archevêque de Cologne, devenu maître du gouvernement, avait commencé par ôter à Guibert de Parme la charge de chancelier d'Italie, qu'il donna à Grégoire de Verceil.

Saint Pierre Damien ne cessait de travailler, et de vive voix et par écrit, au rétablissement de la discipline et des mœurs cléricales. Il écrivit une grande lettre aux évêques-cardinaux, dans laquelle, les regardant comme juges dans les conciles et conseillers du Pape, il les exhorte à s'opposer à l'avarice et à la cupidité des ecclésiastiques, qu'il fait envisager comme la ruine de toutes les vertus et la cause des désordres et des malheurs de l'Eglise. Qu'un avare, dit-il, bâtisse des églises, qu'il s'applique à la prédication, qu'il accorde les différends, qu'il affermisse ceux qui sont chancelants dans la foi, qu'il offre des sacrifices tous les jours; tant que l'avarice le domine, elle corrompt toutes les vertus. Ce vice se glissait jusque dans les conciles, où l'on donnait quelquefois de l'argent pour se faire rendre justice. Il fait voir que le motif d'amasser de l'argent, dans les ecclésiastiques comme dans les laïques, n'était pas de subvenir aux besoins de la nature, mais pour fournir au luxe de leurs tables, de leurs ameublements, de leurs habits, de leur train. Il nomme deux évêques déposés pour leurs mauvaises mœurs, et dit qu'étant des évêques de bois, il ne leur servirait de rien de se montrer avec des crosses revêtues d'or et ornées de pierreries, parce que le mérite du sacerdoce ne consiste pas dans le brillant des ornements extérieurs, mais dans la splendeur des vertus. Il paraît, par le même opuscule, que dès lors les évêques-cardinaux portaient la pourpre, que les Papes portaient des chapes couvertes d'or et de pierreries, et des anneaux chargés de pierres énormes (*Opusc.* 31).

Dans un autre opuscule, le saint fait voir que ceux qui s'attachent au service des princes dans la vue de parvenir à l'épiscopat et à d'autres bénéfices, ne se rendent pas moins coupables de simonie que ceux qui y parviennent par de l'argent, parce qu'en effet les premiers sont censés donner de l'argent pour acquérir les dignités ecclésiastiques par les dépenses qu'ils font en voyages et en habits précieux, et par le travail que leur occasionne leur attachement à la cour. Ils sont encore coupables d'une autre espèce de simonie, qui est celle de la langue, ne s'étudiant qu'à flatter le prince dans toutes ses inclinations et à lui complaire en tout. N'est-ce pas acheter chèrement les dignités que de les acquérir par une longue servitude, et de faire le métier de parasite pour devenir évêque (*Opusc.* 22).

Alexandre II ayant demandé à Pierre Damien pourquoi la vie des Papes était si courte, le saint répondit que, n'y ayant qu'un Pape pour toutes les Eglises, Dieu permettait que sa vie ne fût de longue durée, afin que la fragilité humaine parût davantage dans un poste si élevé, et que la terreur de la mort frappât plus fortement le reste des hommes, qui ont les yeux attentifs sur le Pape, comme on est frappé des ténèbres causées par une éclipse de soleil, parce que cet astre est le seul principe de la lumière; que, par une raison contraire, la mort des rois n'est pas si frappante, parce qu'il y en a beaucoup dans le monde (*Opusc.* 23).

Le même Pape, envoyant le même saint comme légat à Florence, lui ordonna de ne lui écrire que des lettres édifiantes et dignes d'être gardées. En arrivant à Florence, Pierre Damien y apprit la mort de saint Rodolphe, évêque d'Eugubio, qui avait été son disciple. Il en fut profondément affligé et écrivit sa vie au Pape : « Il y a environ sept ans, dit-il, qu'ayant mis ses serfs en liberté, il me donna, du consentement de sa mère et de ses frères, son château, qui était imprenable, avec toutes ses terres, et vint à notre désert (c'est-à-dire à Fontavellane), où il prit l'habit monastique. Pierre, son frère aîné, embrassa aussi la vie érémitique, et ils la pratiquèrent avec tant de régularité et d'austérité, qu'ils étaient admirés de ceux qui vivaient avec eux ou qui en entendaient parler.

» Un jour, comme nous étions en chapitre, faisant une conférence, il échappa une parole inconsidérée à Pierre, qui était encore novice; je lui fis une sévère réprimande et lui ordonnai de s'abstenir de vin pendant quarante jours, bien résolu de modérer cette pénitence, que je ne lui avais imposée que pour le détourner de tels discours; mais l'ayant oublié, je demandai au bout du terme comment il en avait usé, et j'appris de nos frères qu'il avait accompli toute sa pénitence sans mot dire. J'en eus regret, mais j'admirai sa soumission. »

Rodolphe étant devenu évêque, continua de mener la vie monastique sans rien relâcher de ses austérités. Il portait les mêmes cilices et les mêmes habits très-pauvres; dans le plus grand froid, il couchait avec une simple tunique ou chemise sur une planche; il ne mangeait d'ordinaire que du pain d'orge et en petite quantité; il disait tous les jours au moins un psautier en se donnant la discipline à deux mains, et se chargeait souvent de cent années de pénitence qu'il accomplissait en vingt jours; il regardait son évêché d'Eugubio comme un hospice où il logeait en passant, et sa cellule du désert comme son habitation : car il avait affaire à un peuple indocile et intéressé, qui n'attendait de lui que des grâces temporelles. Aussi ne désirait-il que de quitter son siège; mais saint Pierre Damien l'obligeait à le garder. Il prêchait assidûment et donnait aux pauvres tout ce qu'il pouvait épargner. Il tenait tous les ans un synode, mais il ne permettait pas qu'on exigeât ce que les clercs avaient accoutumé d'y donner, ni que l'on prît rien des pénitents. Il n'avait guère que trente ans quand il mourut, le 27 juin, et, comme l'on croit, l'an 1063. L'Eglise honore sa mémoire le jour de sa mort (*Acta Sanct.*).

Saint Pierre Damien ayant écrit la lettre qui contenait cette vie, attendait une occasion de l'envoyer au Pape, quand il s'avisa d'y joindre celle de saint

Dominique le Cuirassé, mort un an auparavant. « Je crains, ajoute-t-il, que sa vie ne paraisse incroyable à quelques-uns de nos frères; mais Dieu me garde d'écrire un mensonge! Je n'ignore pas ce que dit l'Apôtre : *Si Jésus-Christ n'est pas ressuscité, nous portons faux témoignage contre Dieu.* Par où il nous apprend que quiconque attribue un faux miracle à Dieu ou à ses serviteurs, est coupable de faux témoignage contre celui qu'il a voulu louer. » Pierre Damien raconte ensuite la vie de saint Dominique, telle que nous l'avons rapportée. Les incroyables austérités de Dominique et de Rodolphe, dont beaucoup de fidèles imitaient les flagellations volontaires, servaient encore mieux que les règles de discipline à confondre et à contre-balancer le relâchement et l'incontinence des clercs.

Un autre ami de Pierre Damien travaillait dans le même but, et par ses exemples, et par ses exhortations : c'était saint Jean Gualbert, fondateur du monastère et de la congrégation de Vallombreuse, que nous avons déjà appris à connaître. Il avait un tel respect pour les saints ordres, qu'il ne permettait à aucun de ses moines d'en faire les fonctions, si, avant sa conversion, il avait été simoniaque, concubinaire ou coupable de quelque autre crime. Pour lui, il n'osait même ouvrir les portes de l'église, si un clerc ne les ouvrait le premier. Plusieurs personnes nobles lui offraient des places pour bâtir de nouveaux monastères; plusieurs le priaient d'en réformer d'anciens. Ainsi il fonda de nouveau Saint-Salvi, près de Florence, et réforma Passignan, près de Sienne, où il reçut, en passant, saint Léon IX avec sa suite.

Un jour, ses moines manquant de vivres, il fit tuer un mouton pour le leur distribuer avec trois pains qui restaient; mais ils ne voulurent point toucher à la viande, se contentant chacun d'un petit morceau de pain; et le lendemain on leur amena des ânes chargés de blé et de farine, suivant la prédiction du saint abbé. Une autre fois, il fit tuer un bœuf en pareille occasion, aimant mieux donner de la chair à ses moines que de les laisser mourir de faim; mais ils n'y touchèrent pas, et Dieu pourvut encore à leur besoin. L'exemple de saint Gualbert et ses exhortations convertirent plusieurs clercs, qui, laissant leurs femmes et leurs concubines, commencèrent à s'assembler près des églises et à vivre en communauté. Il fit aussi bâtir plusieurs hôpitaux et réparer plusieurs anciennes églises.

Etant un jour allé visiter Musceran, un de ses monastères, il en trouva les bâtiments trop grands et trop beaux; et ayant appelé Rodolphe, qui en était abbé, il dit d'un visage très-serein : « Vous avez ici bâti des palais à votre gré, et y avez employé des sommes qui auraient servi à soulager un grand nombre de pauvres. » Puis, se tournant vers un petit ruisseau qui coulait non loin, il dit : « Dieu tout-puissant, vengez-moi promptement, par ce petit ruisseau, de cet énorme édifice! » Il s'en alla; et aussitôt le ruisseau commençant à s'enfler et tombant de la montagne avec impétuosité, il entraîna des rochers et des arbres qui ruinèrent le bâtiment de fond en comble. L'abbé, épouvanté, voulait changer le monastère de place; mais le saint homme l'en empêcha, et l'assura que ce ruisseau ne leur ferait plus de mal : ce qui arriva.

Une autre fois, ayant appris que dans un de ses monastères on avait reçu un homme qui y avait donné tout son bien au préjudice de ses héritiers, il y alla aussitôt et demanda à l'abbé l'acte de donation. L'ayant pris, il le mit en pièces et dit avec beaucoup d'émotion : « Dieu tout-puissant, et vous, saint Pierre, prince des apôtres, vengez-moi de ce monastère! » Aussitôt il se retira en colère. Il n'était pas loin, quand le feu prit au monastère et en brûla la plus grande partie; mais le saint homme ne daigna pas seulement se retourner pour le regarder. Un clerc, qui était fort riche, vendit tout son bien et apporta au saint abbé une grande partie de l'argent. Mais il lui dit : « Tant que vous en garderez un denier, vous ne pouvez être de mes amis. » Le clerc distribua tout aux pauvres et revint trouver l'abbé, qui le reçut alors.

Un jour, dans un temps de famine, il était à la porte du monastère de Razolo, où les pauvres affluaient de toutes parts. Il n'avait rien à leur donner, quand il aperçut les vaches du monastère paissant sur le versant des Alpes « Ah! saint Paul, si vous en donniez une à ces pauvres!» Aussitôt une des vaches tomba d'un rocher et se tua. Il en fit distribuer la chair sur-le-champ à ces malheureux. Après cette première, il en obtint de la même manière encore trois autres. Les pâtres, affligés, conduisirent le reste de l'autre côté de la montagne, pour qu'il ne pût les voir. Mais le nombre et la détresse des pauvres augmentant toujours, il en obtint encore cinq, en invoquant saint Paul. Alors les pâtres vinrent se plaindre à lui-même, disant : « Vous auriez mieux fait de rester dans votre monastère de Vallombreuse, que de venir ici. » Il leur répondit tranquillement : « Je sais bien que vous en avez de la peine; mais ne craignez point, vous n'en perdrez plus. » Dès ce moment, il fit distribuer aux pauvres tout ce lait de celles qui restaient.

Comme il était à Vallombreuse, le pape Etienne IX, passant là auprès, l'envoya prier de venir le trouver. Jean, qui était considérablement malade, s'en excusa; et le Pape renvoya lui dire que, s'il ne pouvait venir autrement, il se fît apporter sur son lit. Le saint homme entra dans l'église, et pria Dieu de lui donner quelque expédient, pour éviter, sans scandale, d'aller trouver le Pape. Comme il se faisait porter sur son lit, il vint un grand orage de vent et de pluie. Ce que voyant les envoyés du Pape, ils le firent retourner au monastère; et le Pape, l'ayant appris, dit : « C'est un saint, je ne veux plus qu'il vienne; qu'il demeure dans son monastère et qu'il prie Dieu pour moi et pour l'Eglise ! » L'archidiacre Hildebrand, voulant un jour lui faire des reproches, oublia ce qu'il avait préparé pour lui dire; et, depuis ce jour, ils furent amis intimes (*Acta Sanct.*, 12 *jul.*; *Act. Bened.*, sec. 6).

Saint Jean Gualbert avait surtout un grand zèle contre la simonie, qui était alors une des grandes plaies de l'Eglise. Il s'éleva à ce sujet une forte division entre l'évêque de Florence et les moines. L'évêque, nommé Pierre, était de Pavie, fils de Theuzon Mezzabarba, homme noble, mais fort simple. Comme il vint voir son fils, les Florentins lui demandèrent artificieusement : « Seigneur Theuzon, avez-vous donné beaucoup au roi pour acquérir à votre fils cette dignité ? — Par le corps de saint Syr, répondit-il, on n'obtiendrait pas un moulin chez le roi sans qu'il en coûte fort cher. Par saint Syr, j'ai donné pour cet évêché trois mille livres comme un sou. » Saint Syr est compté pour le premier évêque de Pavie, et l'Eglise l'honore le 9 décembre. Les moines, opposés à l'évêque Pierre, avaient à leur tête saint Jean Gualbert, et son autorité entraînait une grande partie du peuple et du clergé. Il soutenait que l'évêque, étant simoniaque et par conséquent hérétique, il n'était pas permis de recevoir les sacrements de sa main, ni de ceux qu'il avait ordonnés. Saint Pierre Damien, étant à Florence, tenta inutilement d'apaiser ce différend. Il n'approuvait pas le sentiment des moines, et soutenait qu'on ne devait pas se séparer de l'évêque tant qu'il n'était pas juridiquement condamné.

Comme les Florentins interprétaient mal ses sentiments et l'accusaient de favoriser la simonie, il leur écrivit une grande lettre pour s'en justifier. Il y proteste qu'il regardait la simonie comme la première des hérésies. Il dit ensuite que la plénitude de la grâce appartenant à l'Eglise, on ne peut douter que les méchants qui sont dans son sein ne puissent conférer les sacrements. Il ajoute que, pour leur différend avec leur évêque, il ne lui appartenait pas de le charger d'un crime avant qu'il en fût convaincu; que, quiconque avait des plaintes à faire contre lui, pouvait se pourvoir au prochain concile de Rome. S'adressant ensuite à ses frères, les moines, il leur reproche d'avoir excité cette querelle, en disant que de tels évêques ne pouvaient ni consacrer le saint chrême, ni dédier des églises, ni ordonner des clercs, ni célébrer la messe, et de l'avoir soutenu avec tant d'impudence, qu'en trois paroisses ils avaient été obligés de baptiser les catéchumènes sans onction du saint chrême. « Cependant je ne sache pas, dit-il, que jamais hérésie ait eu la hardiesse de séparer le chrême du baptême. Que si on emprunte le chrême d'une autre église, comme fait un prêtre du parti opposé à l'évêque de Florence, c'est un sacrilége et un adultère spirituel. » Il reproche encore à ces moines d'avoir été cause que plus de mille personnes, trompées par leurs vains discours, étaient mortes sans recevoir le Corps et le Sang du Seigneur; qu'eux-mêmes ne voulaient pas entrer dans plusieurs églises, ni même les saluer, soupçonnant qu'elles avaient été consacrées par des évêques indignes. Ils les tourne en ridicule et dit qu'il ne conçoit pas comment ils oseraient rejeter le jugement du Siége apostolique, ne pouvant ignorer que saint Paul appela au tribunal de Néron (Opusc. 30).

Celui qui avait le plus d'autorité sur ces moines et sur saint Jean Gualbert lui-même, était un reclus nommé Theuzon, qui passa cinquante ans enfermé près du monastère de Sainte-Marie, à Florence, d'où il donnait des conseils salutaires à ceux qui venaient le trouver. Il avait un grand zèle contre la simonie, et ce fut par son conseil que Jean Gualbert alla crier en place publique que l'évêque était manifestement simoniaque, ne craignant pas d'exposer sa vie pour l'utilité de l'Eglise. L'évêque Pierre voyant une partie de son clergé et de son peuple animée contre lui, crut les intimider en faisant tuer les moines qui étaient les auteurs de la sédition. Pour cet effet, il envoya de nuit une multitude de gens à pied et à cheval, avec ordre de brûler le monastère de Saint-Salvi et de faire main-basse sur les moines. Ce monastère, situé près de Florence, était sous la conduite de saint Jean Gualbert, et l'évêque croyait qu'on l'y trouverait; mais il en était sorti la veille.

Les gens de l'évêque, étant entrés dans l'église où les moines célébraient les nocturnes, se jetèrent sur eux l'épée à la main. L'un reçut au front un coup, qui entrait jusqu'au cerveau; un autre eut le nez abattu avec la mâchoire supérieure, qui lui tomba sur la barbe; d'autres reçurent des coups dans le corps. Enfin, trouvant le reste des moines qui étaient encore dans l'église sans se défendre ni rompre autrement le silence qu'en chantant les sept psaumes avec les litanies, ils se contentèrent de les dépouiller; mais cette violence ne fit que rendre l'évêque plus odieux, et grossir beaucoup le parti des moines. Dès le lendemain, une multitude de Florentins de l'un et l'autre sexe vinrent à Saint-Salvi apporter, chacun selon son pouvoir, ce qui était nécessaire aux moines. Ils s'estimaient heureux d'en voir quelqu'un, ou de recueillir de leur sang et de le garder pour relique. Saint Jean Gualbert, qui était alors à Vallombreuse, revint promptement à Saint-Salvi, par le désir du martyre. Il félicita l'abbé et les moines de ce qu'ils avaient souffert, et ils allèrent hardiment à Rome accuser l'évêque dans le concile qui s'y tint en 1063.

On vit, avec le pape Alexandre II, plus de cent évêques. Les moines y dénoncèrent publiquement l'évêque Pierre de Florence, comme simoniaque et hérétique, déclarant qu'ils étaient prêts à entrer dans un feu pour le prouver; mais le Pape ne voulut ni déposer l'évêque, ni accorder aux moines l'épreuve du feu; car la plus grande partie des évêques favorisaient celui de Florence; mais l'archidiacre Hildebrand prenait le parti des moines (*Vita S. Joan. Gualb.*; *Acta Sanct.*, 12 *julii*, et Act. Bened., sec. 6).

L'évêque Pierre, n'ayant donc point été condamné au concile de Rome, persécuta violemment ceux de son clergé qui continuaient, avec les moines, à se séparer de lui comme simoniaque; en sorte que l'archiprêtre et plusieurs autres furent obligés à sortir de la ville et à se réfugier au monastère de Septime. Ce monastère était de la congrégation de Vallombreuse, et ainsi nommé parce qu'il était à sept milles de Florence. L'abbé saint Jean Gualbert les reçut avec charité, et leur donna tout le secours qui lui fut possible; mais le parti de l'évêque était protégé par Godefroi, duc de Toscane, qui menaçait de mort les moines et les clercs qui lui étaient opposés; ce qui leur attira une grande persécution. Le Pape vint alors à Florence et vit le bois préparé pour le feu où les moines voulaient entrer, afin de prouver que l'évêque était simoniaque; mais le Pape ne voulut pas alors recevoir cet examen, et se retira, laissant le clergé et le peuple dans la même division.

Il arriva ensuite que tout le clergé et le peuple de Florence étant assemblés, commencèrent à se plaindre à l'évêque Pierre de ce qu'il en avait chassé plusieurs, entre autres l'archiprêtre, leur chef, dont ils avaient ainsi perdu le conseil et le secours, et de ce qu'une bonne partie des citoyens, les voyant aller vers l'évêque, leur disaient : « Allez, hérétiques, allez trouver votre hérétique! C'est vous qui ferez abîmer cette ville! C'est vous qui en avez chassé Jésus-Christ et saint Pierre, et y avez fait entrer Simon le Magicien, pour l'adorer! » Les ecclésiastiques conclurent en priant l'évêque de les délivrer de ce reproche, et ajoutèrent : « Si vous vous sentez innocent, et si vous l'ordonnez, nous voici prêts à subir pour vous le jugement de Dieu ; ou si vous voulez recevoir l'épreuve que les moines ont voulu faire ici et à Rome, nous allons les en prier instamment. »

L'évêque refusa l'un et l'autre. Au contraire, il obtint un ordre de mener prisonnier au gouverneur quiconque ne le reconnaîtrait pas pour évêque et ne lui obéirait pas; que si quelqu'un s'enfuyait de la ville, ses biens seraient confisqués, et que les ecclésiastiques qui s'étaient réfugiés à l'église de Saint-Pierre se réconcilieraient avec l'évêque, ou, qu'ils seraient chassés de la ville sans espérance d'être écoutés. En exécution de cet ordre, le soir du samedi, après les cendres, vraisemblablement l'année 1067, comme ces ecclésiastiques répétaient les leçons et les répons du dimanche suivant, on les tira hors de la franchise de l'église de Saint-Pierre. Alors il se fit un grand concours de peuple et principalement de femmes, qui arrachaient les voiles de leurs têtes et marchaient les cheveux épars, se frappant la poitrine et jetant des cris lamentables. Elles se prosternaient dans les rues pleines de boue, et disaient : « Hélas ! hélas ! Jésus ! on vous chasse d'ici ! on ne vous permet pas de demeurer avec nous ! Vous le voudriez bien, mais Simon le Magicien ne vous le permet pas ! Ô saint Pierre, comment ne défendez-vous pas ceux qui se réfugient chez vous ? Étes-vous vaincu par Simon ? Nous croyions qu'il était enchaîné en enfer, et nous le voyons lâché à votre honte ! » Les hommes se disaient l'un à l'autre : « Vous voyez clairement que Jésus-Christ se retire d'ici, parce que, accomplissant sa propre loi, il ne résiste point à celui qui le chasse. Et nous aussi, mes frères, brûlons cette ville, afin que le parti hérétique n'en jouisse pas ! et allons-nous-en avec nos femmes et nos enfants, partout où Jésus-Christ ira ! Suivons-le, si nous sommes chrétiens ! »

Ces cris et ces lamentations touchèrent les ecclésiastiques qui tenaient le parti de l'évêque Pierre ; ils fermèrent les églises et n'osèrent plus sonner les cloches, ni chanter publiquement l'office ou la messe. Ils s'assemblèrent, et, par délibération de conseil, ils envoyèrent quelques-uns d'entre eux aux moines de Saint-Sauveur de Septime, les priant de leur faire connaître la vérité, et promettant de la suivre. Ils prirent jour au mercredi suivant, qui était celui de la première semaine de carême. Le lundi et le mardi, ils firent des prières particulières pour ce sujet. Le mercredi matin, un de ces ecclésiastiques alla trouver Pierre de Pavie, c'est ainsi qu'ils nommaient l'évêque, et lui dit : « Au nom de Dieu ! si ce que les moines disent de vous est vrai, avouez-le franchement, sans tenter Dieu et fatiguer inutilement le clergé et le peuple. Si vous vous sentez innocent, venez avec nous ! » L'évêque Pierre dit : « Je n'irai point, et vous n'irez point non plus, si vous m'aimez. » L'ecclésiastique répondit : « Assurément j'irai voir le jugement de Dieu, puisque tout le monde y va, et je m'y conformerai, en sorte qu'aujourd'hui, ou je vous honorerai plus que jamais, ou je vous mépriserai entièrement. »

Sans attendre ce député, tout le clergé et le peuple coururent au monastère de Saint-Sauveur. Les femmes ne furent point effrayées par la longueur et l'incommodité du chemin, rempli d'eaux bourbeuses. Les enfants ne furent point retenus par le jeûne; car ils l'observaient alors. Il se trouva environ trois mille personnes à la porte du monastère. Les moines leur demandèrent pourquoi ils étaient venus. Ils répondirent : « Pour être éclairés et connaître la vérité. — Comment voulez-vous être éclairés, dirent les moines ? » Les ecclésiastiques répondirent : « Que l'on prouve par un grand feu ce que vous dites de Pierre de Pavie ! » Les moines reprirent : « Quel fruit en retirerez-vous, et quel honneur en rendrez-vous à Dieu ? » Tous répondirent : « Nous détesterons avec vous la simonie, et nous rendrons à Dieu des grâces immortelles ! »

Aussitôt le peuple dressa deux bûchers l'un à côté de l'autre, chacun long de dix pieds, large de cinq, haut de quatre et demi ; entre les deux était un chemin large d'une brasse, semé de bois sec. Cependant on chantait des psaumes et des litanies. On choisit un moine nommé Pierre, pour entrer dans le feu, et par ordre de l'abbé, il alla à l'autel pour célébrer la messe, qui fut chantée avec grande dévotion et avec beaucoup de larmes, tant de la part des moines que des ecclésiastiques. Quand on vint à l'*Agnus Dei*, quatre moines s'avancèrent pour allumer les bûchers ; l'un portait un crucifix, l'autre l'eau bénite, le troisième douze cierges bénits et allumés, le quatrième l'encensoir plein d'encens. Quand on les vit, il s'éleva un grand cri ; on chanta *Kyrie eleison* d'un ton lamentable. On pria Jésus-Christ de venir défendre sa cause ; on demanda les prières de la sainte Vierge, de saint Pierre, de saint Grégoire.

Alors le moine Pierre ayant communié et achevé la messe, ôta sa chasuble, gardant les autres ornements et portant une croix ; il chantait les litanies avec les abbés et les moines, et s'approcha ainsi des bûchers déjà embrasés. Le peuple redoubla ses prières avec une ardeur incroyable. Enfin on fit faire silence pour entendre les conditions auxquelles se faisait l'épreuve. On choisit un abbé qui avait la voix forte, pour lire distinctement au peuple une oraison contenant ce que l'on demandait à Dieu. Tous l'approuvèrent, et un autre abbé ayant fait faire silence, éleva sa voix et dit : « Mes frères et mes sœurs, Dieu nous soit témoin que nous faisons ceci pour le salut des âmes, afin que désormais vous évitiez la simonie, dont presque tout le monde est infecté ; car vous devez savoir qu'elle est si abominable, que les autres crimes ne sont presque rien en comparaison. »

Les deux bûchers étaient déjà réduits en charbon pour la plus grande partie, et le chemin d'entre-deux en était couvert, en sorte qu'en y marchant on en aurait eu jusqu'aux talons, comme on vit depuis par expérience. Alors le moine Pierre, par ordre de l'abbé, prononça à haute voix cette oraison, qui tira des larmes de tous les assistants : « Seigneur Jésus-Christ ! je vous supplie que, si Pierre de Pavie a usurpé par simonie le siège de Florence, vous me secouriez en ce terrible jugement et me préserviez de toute atteinte du feu, comme vous avez autrefois conservé les trois enfants dans la fournaise ! » Après que tous les assistants eurent dit *amen !* il donna le baiser de paix à ses frères, et on demanda au peuple : « Combien voulez-vous qu'il demeure dans le feu ? » Le peuple répondit : « C'est assez qu'il passe gravement au milieu ! »

Le moine Pierre, faisant le signe de la croix et portant une croix sur laquelle il arrêtait sa vue sans regarder le feu, y entra gravement nu-pieds, avec un visage serein. Les flammes l'environnaient de toutes parts; on le perdit de vue tant qu'il fut entre les deux bûchers, mais on le vit bientôt paraître de l'autre côté, sain et sauf, sans que le feu eût fait la moindre impression sur lui. Les flammes agitaient ses cheveux, soulevaient son aube et faisaient flotter son étole et son manipule; mais rien ne brûla, pas même le poil de ses pieds. Il raconta depuis que, comme il était près de sortir du feu, il s'aperçut que son manipule lui était tombé de la main, et retourna le reprendre au milieu des flammes. Quand il fut sorti du feu, il voulut y rentrer, mais le peuple l'arrêta, lui baisant les pieds, et chacun s'estimait heureux de baiser la moindre partie de ses habits. Le peuple s'empressait tellement autour de lui, que les ecclésiastiques eurent bien de la peine à l'en tirer. Tous chantaient à Dieu des louanges, répandant des larmes de joie; on exaltait saint Pierre, et on détestait Simon le Magicien (*Vit. S. Joan. Gualb., Acta Sanct.; Act. Bened., sec. 6, pars 2; Desid. Cass., Dialog.*, l. 3).

Ce récit est tiré de la lettre que le clergé et le peuple de Florence en écrivirent aussitôt au pape Alexandre, le suppliant de les délivrer des simoniaques. Le Pape y eut égard et déposa de l'épiscopat Pierre de Pavie, qui se soumit à ce jugement et se convertit si bien, qu'il se réconcilia avec les moines et se rendit moine dans le monastère même de Septime. Il eut pour successeur un autre Pierre, que l'on nomme *le Catholique*, pour le distinguer du simoniaque.

Quant au moine Pierre, qui s'exposa au feu avec tant de foi, il était Florentin, de la famille des Aldobrandini. S'étant rendu moine à Vallombreuse, il y garda les vaches et les ânes, par ordre de saint Gualbert; puis il fut prévôt de Passignano, monastère de la même congrégation. Après le miracle du feu, le comte Bulgare pria saint Jean Gualbert de le faire abbé de Ficicle, et l'obtint. Il fut ensuite cardinal et évêque d'Albane, et le nom de Pierre Ignée, en latin *Igneus*, lui demeura, comme qui dirait *Pierre du Feu*. Quelques auteurs lui donnent le titre de *bienheureux* ou même de *saint*.

Le 27 juin de l'année précédente 1066, saint Ariald, diacre de l'Eglise de Milan, avait couronné par le martyre son zèle contre la simonie et l'incontinence des clercs. Au commencement du pontificat d'Alexandre II, il alla à Rome, et saint Herlembald, son ami, l'y suivit. C'était un seigneur d'une grande piété, frère de Landulphe, qui venait de mourir, et zélé comme lui et comme saint Ariald contre la simonie et l'incontinence des clercs. Il était depuis peu revenu de Jérusalem et voulait embrasser la vie monastique; mais Ariald lui promit une plus grande récompense de la part de Dieu, s'il différait d'entrer dans un monastère, pour s'opposer avec lui aux ennemis de Jésus-Christ. Herlembald, voulant éprouver le conseil d'Ariald, prit des chemins détournés pour aller à Rome et consulta tous les serviteurs de Dieu, ermites ou moines, qu'il trouva sur sa route. Tous lui donnèrent le même conseil, et quand il fut arrivé à Rome, le pape Alexandre et les cardinaux lui commandèrent absolument de retourner à Milan et de résister avec Ariald aux ennemis de Jésus-Christ, jusqu'à l'effusion de son sang. Ils lui donnèrent même, de la part de saint Pierre, un étendard qu'il devait prendre en main pour réprimer la fureur des hérétiques, quand il serait besoin; ce qu'il fit constamment pendant dix-huit ans, jusqu'à ce qu'il fût martyrisé lui-même. Il avait une dévotion singulière à laver les pieds des pauvres, et, pour s'humilier davantage, après les avoir lavés, il se prosternait et les mettait sur sa tête. Saint Ariald disait de lui en soupirant : « Hélas ! excepté Herlembald et l'ecclésiastique Nazaire, je ne trouve presque personne qui, par une fausse discrétion, ne me conseille de me taire et de laisser les simoniaques et les impudiques exercer en liberté les œuvres du démon. »

Il y avait dix ans que saint Ariald combattait avec le même zèle pour la cause de Dieu et de son Eglise. Ce qu'il souhaitait le plus ardemment, était de verser son sang par le martyre. Chaque fois qu'il rencontrait une personne aimant Dieu, il lui disait : « Je vous en conjure par Jésus-Christ, de lui demander pour moi la grâce de sceller de mon sang sa parole que je prêche. » L'occasion s'en offrit à la fin. Tout le clergé de Milan, avec l'archevêque Gui ou Vidon, lui avait promis avec serment, ainsi qu'au légat saint Pierre Damien, l'an 1059, de condamner la simonie et de persister dans la foi catholique; mais, dès qu'il y eut des églises vacantes, le même archevêque, oubliant ses serments, recommença d'en faire un indigne trafic. Ce que voyant, saint Ariald envoya son ami Herlembald au Pape, pour connaître sa décision touchant ce prélat adultère, simoniaque et parjure.

Dans l'intervalle, deux ecclésiastiques de Monza, touchés de la grâce divine, vinrent trouver le saint homme et lui dirent qu'ils étaient résolus à quitter le mal et à faire le bien. Ariald, trompé par tant d'autres, répondit que, pour croire à leurs paroles, il lui fallait des œuvres. Ils retournèrent chez eux, chassèrent leurs concubines, annoncèrent publiquement que le bienheureux Ariald disait la vérité, et que, pour eux, ils avaient avancé des faussetés. L'archevêque, avant appris leur conversion, les fit jeter dans une prison infecte. A cette nouvelle, saint Ariald se mit à la tête du peuple fidèle pour les délivrer. Le parti de l'archevêque s'y opposait; mais, tout d'un coup, il fut tellement frappé de terreur, qu'il donna des otages et promit la délivrance des prisonniers, ce qui en effet eut lieu.

Sur les entrefaites, saint Herlembald revint de Rome, apportant à l'archevêque des lettres d'excommunication. C'était la veille de la Pentecôte. L'archevêque annonça aussitôt une assemblée générale du peuple, dans la grande église, pour le lendemain de grand matin. Le concours fut immense. L'archevêque, tenant en main la bulle d'excommunication, excita le peuple contre les saints Ariald et Herlembald. « Jamais, disait-il, cette ville n'a obéi à l'Eglise romaine. A bas les misérables qui veulent lui ravir son ancienne liberté ! » La populace criait : « Qu'on les tue bien vite, qu'on les tue ! » L'archevêque descendit du chœur avec une partie du clergé pour saisir les deux saints, qui se tenaient à la balustrade; mais la presse était si grande, qu'il n'y avait pas moyen d'avancer. Alors Gui se mit à crier : « Sortez de l'église, vous tous qui aimez l'honneur de saint Ambroise, afin que l'on connaisse mieux nos adversaires, et qu'on les écrase plus promptement. » Soudain l'église fut évacuée, en sorte que, de sept mille hommes, il n'en resta que douze pour défendre les deux serviteurs de Dieu, qui priaient à la balustrade du chœur. Les ennemis se jetèrent sur eux, les clercs sur Ariald, les laïques sur Herlembald. Saint Ariald fut laissé pour mort sur la place. Mais Herlembald se défendit si bien avec son bâton de commandement, ou sceptre militaire, que personne n'osait approcher.

Le bruit s'étant répandu dans la ville qu'Ariald était mort, ses partisans courent aux armes, envahissent le palais épiscopal, brisent tout ce qui se trouve sous la main, maltraitent l'archevêque, qu'ils rencontrent à cheval devant l'église, où ils sont ravis de trouver Ariald encore vivant, quoique couvert de sang et de blessures. Le peuple, brûlant de le venger, lui demanda la maison de qui il fallait démolir la première. Le saint martyr lui rappela la solennité du jour, ainsi que le précepte du Sauveur : *Aimez vos ennemis, faites du bien à ceux qui vous font du mal*, et les conjura de déposer les armes et de venir avec lui remercier Dieu au tombeau de saint Ambroise. Les plus sages admiraient la charité d'Ariald envers ses ennemis, les plus ardents n'y voulaient point entendre, mais tous finirent par l'écouter.

La nuit suivante, le parti des méchants, assemblé chez l'archevêque, convint que, pour se défaire d'Ariald, il fallait avant tout le faire sortir de la ville, où le peuple le défendrait toujours. Pendant deux semaines on sema l'argent parmi la populace pour l'indisposer contre lui. Enfin on défendit, sous peine de la confiscation des biens et de la vie même, aux clercs de célébrer la messe, aux laïques de mettre les pieds dans l'église où s'assemblaient d'ordinaire les fidèles, tant qu'Ariald serait à Milan. A ce coup, le chevalier même à qui avait été cette église eut peur et n'osa aller contre. Alors saint Ariald quitta secrètement la ville pour aller se réfugier à Rome ; mais, en route, il fut livré aux émissaires de l'archevêque par un prêtre chez lequel ses amis avaient cru pouvoir le cacher pendant quelque temps. Ainsi arrêté, il fut mené en des déserts inaccessibles, au delà du lac Majeur. Mais la nièce de l'archevêque, que l'on appela depuis *Jézabel* et *Hérodiade*, craignit que ceux mêmes qui l'avaient pris ne le cachassent et ne lui sauvassent la vie. C'est pourquoi elle envoya deux clercs pour le tuer. Sitôt qu'ils furent débarqués du lac, ils demandèrent où était Ariald. Ceux qui l'avaient amené répondirent qu'il était mort. Les clercs répliquèrent : « La nièce de l'archevêque nous a commandé de le voir vif ou mort ; » et, regardant plus loin, ils le virent lié et assis sur une pierre.

Ils se jetèrent sur lui l'épée à la main et le prirent chacun par une oreille en disant : « Dis, pendard, notre maître est-il véritablement archevêque ? » Ariald répondit : « Il ne l'est ni ne l'a jamais été, puisqu'il n'en a jamais fait les œuvres. » Alors ils lui coupèrent les deux oreilles. Il leva les yeux au ciel et dit : « Je vous rends grâces, ô Jésus, de ce que vous m'avez fait aujourd'hui l'honneur de me mettre au nombre de vos martyrs. » Ils lui demandèrent encore si Gui était véritablement archevêque ? et il répondit encore que non. C'est pourquoi ils lui coupèrent le nez avec la lèvre d'en haut, puis ils lui arrachèrent les deux yeux. Ensuite ils lui coupèrent la main droite, en disant : « C'est cette main qui écrivait les lettres qu'on envoyait à Rome. » Ils le mutilèrent encore d'une manière plus honteuse, par une cruelle dérision de la chasteté. Enfin ils lui arrachèrent la langue par dessous le menton, en disant : « Faisons taire cette langue, qui a troublé le clergé. » Il mourut ainsi entre leurs mains, le 27 juin 1066 (*Acta Sanct.*, 27 *junii*).

Son corps, ayant été plusieurs fois découvert, à cause d'une lumière qui en rejaillissait, fut jeté au fond du lac et retrouvé au bord, après dix mois, sans aucune corruption. Saint Herlembald en ayant été informé, assembla le peuple de Milan à son de trompe, se mit à la tête d'une multitude innombrable pour aller chercher le saint corps et l'enlever de force, s'il était nécessaire. Le peuple des villes et des campagnes affluait de toutes parts avec des croix et des cierges; partout retentissait le son des cloches; on montait sur les arbres pour le voir. A l'approche de Milan, presque toute la ville vint à la rencontre, hommes et femmes, jeunes et vieux, avec des cierges sans nombre, et tous louant Dieu, même ceux que le saint avait eus pour ennemis durant sa vie ; les clercs chantaient l'office, non pas des morts, mais des martyrs. Il fut déposé, le jour de l'Ascension, dans l'église de Saint-Ambroise ; il y resta dix jours, jusqu'à la Pentecôte ; et, quoique ce fussent les grandes chaleurs de l'été, et qu'il eût séjourné dix mois dans l'eau, il ne répandait aucune odeur. L'auteur de sa vie, qui était présent et qui examina secrètement le corps, n'y trouva aucune trace de corruption, et sentit au contraire une odeur délicieuse. Enfin, le jour de la Pentecôte, il fut transféré solennellement dans l'église de Saint-Celse. Sa vie fut écrite aussitôt par le bienheureux André, son disciple et témoin oculaire de la plupart des faits, qui fut depuis moine à Vallombreuse (*Ibid.*).

Pour apaiser tout à fait ces troubles de Milan, le pape Alexandre y envoya, l'année suivante, deux légats : Mainard, cardinal-évêque de Sainte-Rufine, successeur d'Humbert, et Jean, prêtre-cardinal, lesquels y étant arrivés, y publièrent des constitutions qui, après avoir confirmé celles de saint Pierre Damien, portaient en substance : « Nous défendons, suivant les anciennes règles, que, dans tout ce diocèse, aucun abbé reçoive un moine pour un prix dont il soit convenu, et qu'un chanoine soit reçu autrement que gratis; que, dans aucune ordination des personnes ecclésiastiques, dans les consécrations des églises, ou la distribution du saint chrême, il intervienne aucune récompense convenue.

» Le prêtre, le diacre ou le sous-diacre qui retient publiquement une femme pour être sa concubine, tant qu'il demeurera en faute, ne fera aucune fonction et n'aura aucun bénéfice ecclésiastique ; mais celui qui, sans la tenir chez lui, sera tombé par fragilité humaine, en étant convaincu, sera seulement suspendu de ses fonctions jusqu'à ce qu'il ait fait pénitence. Nous défendons, de plus, qu'aucun de ces clercs ne soit condamné sur un soupçon, ni privé de ses fonctions et de son bénéfice, s'il n'est convaincu par sa confession ou par des témoins suffisants. Et, de peur qu'on ne prenne occasion de les calomnier à cause des femmes qu'ils ont quittées, nous leur défendons de demeurer en même maison, de boire ou de manger avec elles, et de leur parler, si ce n'est en présence de deux ou trois témoins irréprochables. S'ils l'observent, on n'aura rien à leur imputer pour ce sujet. Qu'on les oblige, s'il se peut, à demeurer près des églises. Or, nous réglons la manière de les punir canoniquement, pour conserver la dignité des ministres de l'autel et empêcher qu'à l'avenir aucun clerc soit soumis au jugement des laïques; ce que nous défendons absolument.

» Si un laïque a des clercs dans sa seigneurie, sitôt qu'il saura certainement que quelqu'un d'eux retient une femme ou a péché avec elle, il en avertira l'archevêque et les chanoines de cette Eglise, qui en seront chargés. S'ils lui interdisent ses fonctions, le laïque fera exécuter leur jugement; si l'archevêque ou ses chanoines négligent l'avis, le laïque empêchera que, dans sa seigneurie, le clerc coupable fasse aucune fonction, ou tienne aucun bénéfice; mais le laïque ne disposera pas du bénéfice: il sera réservé à la disposition de l'Eglise. Nous défendons aussi à tout laïque de faire aucune violence à un clerc, quoique coupable, soit dans ses héritages, s'il en a, soit dans son bénéfice séculier, c'est-à-dire son fief, ou ses autres biens, hors du bénéfice ecclésiastique, comme il a été dit. Défense aussi à tout laïque de rien exiger d'un clerc pour le faire promouvoir à quelque ordre que ce soit. L'archevêque ira une fois ou deux, s'il le peut, par toutes les paroisses, pour confirmer et faire sa visite selon les canons, sans qu'aucun laïque ou clerc lui résiste; au contraire, ils lui obéiront et le serviront en ce qui regarde la religion. Il aura aussi une entière puissance de juger et de punir selon les canons tout son clergé, tant dans la ville que dehors.

» Quant aux clercs et aux laïques qui ont juré, contre les simoniaques et les clercs incontinents, de s'employer de bonne foi à réprimer ces désordres, et, sous ce prétexte, ont brûlé, pillé, répandu du sang et commis plusieurs violences, nous leur défendons absolument d'en user de même à l'avenir; mais qu'ils se contentent de bien vivre et de dénoncer les coupables à l'archevêque, aux chanoines de cette Eglise et aux évêques suffragants. Qu'il n'y ait aucune poursuite pour les dommages et les injures reçues à cette occasion, et qu'on n'en garde aucun ressentiment; mais que la paix de Jésus-Christ règne dans vos cœurs. Et, parce que quelques-uns sont plus touchés des peines temporelles que des éternelles, nous condamnons ceux qui n'observeront pas ces constitutions, savoir, l'archevêque à cent livres de deniers, et jusqu'au paiement il demeurera interdit; les capitaines à vingt livres, les vassaux à dix: c'étaient de moindres gentilshommes; les négociants à cinq, les autres à proportion, le tout au profit de l'Eglise métropolitaine. » Ce décret est daté du 1er août 1067, sixième année du pontificat du pape Alexandre II (Labbe, t. IX).

L'année même que saint Ariald souffrit un martyre si cruel, mourut d'une manière plus pacifique un autre saint, près de Vicence. Il était Français, né à Provins, diocèse de Sens, de parents très-nobles et très-riches, de la famille des comtes de Champagne, entre lesquels Thibaut III, qui régnait alors, le tint sur les fonts. Le jeune homme eut toujours grande dévotion pour la vie érémitique, et alla trouver secrètement un ermite nommé Bouhard, qui demeurait dans une île de la Seine. Par son conseil, il partit avec un de ses chevaliers nommé Gautier, et chacun un écuyer. Ils allèrent à Reims, où ils se dérobèrent de leurs gens, passèrent à pied au delà, et, ayant changé leurs habits avec deux pauvres pèlerins, ils entrèrent en Allemagne. Ils y vécurent longtemps dans une extrême pauvreté, subsistant du travail de leurs mains, sans dédaigner les travaux les plus vils, comme de faucher les foins, porter des pierres, nettoyer des étables, et surtout de faire du charbon. Un jour entre autres, s'étant loués tous deux pour arracher les herbes dans les vignes, Thibaut, que sa délicatesse empêchait d'avancer autant que les autres, fut cruellement maltraité par l'inspecteur de l'ouvrage; et Gautier ne put lui faire entendre raison, parce qu'ils ne savaient pas la langue l'un de l'autre.

Ayant amassé quelque peu d'argent par leur travail, ils allèrent nu-pieds en pèlerinage à Saint-Jacques en Galice, et revinrent en Allemagne. Cependant Thibaut pria son compagnon de chercher quelque pauvre clerc qui lui apprît à lire, parce que c'était un moyen de mieux savoir et de mieux pratiquer les commandements de Dieu. Gautier trouva un maître qui lui enseigna les sept psaumes de la pénitence; mais Thibaut n'avait pas de psautier ni de quoi en acheter. Gautier persuada au maître d'aller à Provins trouver Arnulphe, père de Thibaut, et lui demander un psautier pour son fils. Le maître partit chargé d'un pain que Thibaut envoyait à ses parents, n'ayant point d'autre présent à leur faire, encore le lui avait-on donné par charité. Arnulphe et Guille, sa femme, apprenant la sainte vie de leur fils, en rendirent grâces à Dieu, reçurent le pain comme un grand présent, et en firent manger à plusieurs malades de diverses fièvres, et tous furent guéris.

Arnulphe, qui désirait ardemment de voir ce cher fils, suivit le maître, qui le mena à Trèves et le fit attendre hors de la ville, sous un arbre où Thibaut avait accoutumé de venir lire. Il l'y mena lui-même, sous prétexte de voir le progrès qu'il avait fait dans la lecture en son absence; mais quand il vit son père, il s'écria : « Vous m'avez trahi ! » et retourna promptement. Arnulphe le suivit, fondant en larmes, et disant : « Pourquoi me fuyez-vous, mon cher fils ? Je ne veux pas vous détourner de votre bon dessein; je ne veux que vous voir et vous parler une fois, et porter de vos nouvelles à votre mère affligée. » Thibaut répondit : « Seigneur, car depuis qu'il l'eut quitté il ne le nomma plus son père, ne troublez point mon repos; allez en paix, et permettez-moi d'avoir la paix en Jésus-Christ. » Son père lui dit : « Mon fils, vous manquez de tout, nous avons de grands biens, recevez quelque chose, au moins pour vous souvenir de nous. » Il répondit : « Je ne puis rien prendre après avoir tout quitté pour Dieu; et se retira. Gauthier dit au père que son fils n'avait besoin que d'un psautier, et il le donna avec joie.

Pour éviter à l'avenir de pareilles visites, Thibaut s'en alla à Rome, dans le dessein de faire encore un plus long voyage. En effet, au retour de Rome, il prit le chemin de Venise, voulant aller à Jérusalem; mais Gauthier ne pouvant plus, à cause de son âge, supporter tant de fatigues, ils s'arrêtèrent près de Vicence, en un lieu nommé Salanique, par la permission des propriétaires; et, y ayant bâti une petite cabane, ils y finirent leurs jours. Ils avaient voyagé trois ans depuis leur retraite, et Gauthier ou Walter en vécut encore deux dans cette solitude; mais Thibaut lui survécut de sept ans. Il ne se nourrit pendant longtemps que de pain d'orge et d'eau, et en vint enfin à ne vivre que de fruits, d'herbes et de racines, sans boire. Il portait toujours un cilice; il se donnait souvent la discipline avec un fouet de plusieurs lanières de cuir, et ne dormait qu'assis. L'évêque de Vicence, touché de son mérite, l'ordonna prêtre, après l'avoir fait passer par tous les degrés ecclésiastiques; et, la dernière année de sa vie, il reçut l'habit religieux.

Arnulphe, apprenant la réputation de sainteté où était son fils, résolut d'aller à Rome en pèlerinage pour le voir en passant, comme il fit; et, à son retour, il raconta à Guille, sa femme, ce qu'il avait vu. Elle voulut aussi voir son fils : Arnulphe retourna avec elle, accompagné de beaucoup de noblesse; mais la mère, étant arrivée près de son cher fils, ne voulut point le quitter, et se consacra avec lui au service de Dieu dans la solitude. Enfin, douze ans après que Thibaut ou Théobald eût quitté son pays, et neuf ans depuis qu'il se fût retiré à Salanique, il mourut saintement le 1er juillet 1066, et fut enterré à Vicence (*Acta Sanct.*, 1 *julii*). Il avait fait plusieurs miracles pendant sa vie; il s'en fit encore plusieurs à son tombeau, et l'Eglise honore sa mémoire le jour de sa mort. Sa vie fut écrite par l'abbé Pierre, qui lui avait donné l'habit monastique.

Au concile de Rome, en 1063, avait assisté saint Hugues, abbé de Cluny. Il était venu se plaindre des entreprises de Drogon, évêque de Mâcon, sur son monastère, qui était soumis immédiatement au Saint-Siège. Ces entreprises étaient allées jusqu'à des voies de fait et à l'excommunication. Les Pères du concile en furent touchés, et témoignèrent s'intéresser pour la liberté d'un monastère si célèbre. Saint Pierre Damien, entre les autres, alla jusqu'à s'offrir de faire pour ce sujet le voyage de Cluny, dans un âge fort avancé. Ce n'est pas qu'il n'eût grande répugnance à quitter sa chère solitude de Fontavellane, mais son zèle pour la discipline et son amitié pour le saint abbé de Cluny lui firent accepter cette commission.

Le pape Alexandre écrivit une lettre commune aux archevêques Gervais de Reims, Richer de Sens, Barthélemy de Tours, Aimon de Bourges et Gosselin de Bordeaux, pour leur recommander le légat qu'il leur envoyait. « Vous n'ignorez pas, mes très-chers frères, leur dit-il, que, par la place que nous occupons, quelque indigne que nous en soyons, nous sommes chargé du soin de gouverner l'Eglise universelle. C'est pourquoi, les affaires des Eglises ne nous permettant pas d'aller chez vous, nous vous envoyons, en notre place, la personne qui, après nous, a le plus d'autorité dans l'Eglise romaine, savoir, Pierre Damien, qui est notre œil et la colonne inébranlable du Siége apostolique. Nous lui avons confié tous nos pouvoirs, afin que ce qu'il aura réglé et décerné dans vos provinces, ait autant de force que si nous l'avions réglé ou décerné nous-même après un mûr examen. Nous vous avertissons donc et nous vous ordonnons, par l'autorité apostolique de le recevoir comme nous-même et de vous conformer humblement à ses ordonnances (Labbe, t. IX). »

Saint Pierre Damien, à son arrivée en France, assembla un concile à Châlon-sur-Saône, où l'on examina d'abord la cause du monastère de Cluny. On produisit l'acte de la fondation, où le duc Guillaume déclarait que ce monastère ne devait être soumis à personne qu'au Pape, et l'on fit la lecture de plusieurs priviléges donnés par les Papes en conformité aux intentions du fondateur. Après quoi on demanda aux évêques ce qu'ils en pensaient. Ils répondirent tous d'une voix que ces priviléges étaient légitimes, qu'on devait s'y conformer et ne leur donner aucune atteinte. On somma l'évêque de Mâcon de proposer ses défenses, s'il en avait. Il répondit que ces actes lui paraissaient respectables, qu'il n'avait rien à y opposer; et, comme dans un de ces priviléges, il était défendu, sous peine d'anathème, à tout évêque, de porter quelque sentence d'excommunication contre les moines de Cluny, il dit, pour s'excuser, qu'il ne les avait pas excommuniés, qu'il avait seulement dit dans sa colère : « S'il y a dans ce monastère quelques personnes soumises à ma juridiction, je les excommunie ! »

Mais comme il était constant que cet évêque avait donné atteinte aux priviléges accordés par le Saint-Siège, et qu'il apportait pour excuse qu'il n'en avait pas eu connaissance, on l'obligea de prêter le serment suivant : « Que le seigneur Pierre, évêque d'Ostie, et tout le saint concile sachent que, quand j'allai à Cluny, tout ému de colère, je ne l'ai pas fait au mépris du Saint-Siège ni du seigneur pape Alexandre, et encore moins des priviléges dont on vient de faire la lecture, puisque je n'en savais pas alors assez bien la teneur. Qu'ainsi Dieu m'ait en aide et les saints Evangiles. » Quatre clercs de l'Eglise de Mâcon firent le même serment. On avait ordonné qu'il y en eût six qui jurassent avec l'évêque, mais le légat crut devoir se contenter de quatre. Après ce serment, l'évêque de Mâcon se prosterna à terre en confessant qu'il avait péché. On lui imposa, pour pénitence, de jeûner sept jours au pain et à l'eau. Cependant, le lendemain, pressé par les clercs de son Eglise, ce prélat voulut revenir contre ce qui avait été réglé, et il demanda qu'on lût un privilége accordé à son Eglise par le pape Agapet. Mais on n'y trouva rien, outre le droit commun de toutes les Eglises, et tous les évêques du concile jugèrent qu'il n'y avait point de raison de le lire, parce qu'il ne dérogeait en rien aux priviléges du monastère, lus le jour précédent. On traita, dans le même concile, quelques autres affaires ecclésiastiques, sur lesquelles, ainsi que sur d'autres, le Pape avait écrit ou écrivit encore à l'archevêque Gervais de Reims, qui l'avait consulté (Labbe, t. IX, p. 1177; *Pet. Dam.*, l. 2, *Epist.* 2, 5).

Après le concile de Châlon, saint Pierre Damien alla passer quelque temps à Cluny. Il y fut édifié de la régularité des moines; mais il parut scandalisé de leurs richesses et de l'abondance de la nourriture qu'on leur donnait. Il ne pouvait comprendre comment des moines si riches pouvaient être des saints, ni comment des religieux si exacts à leurs observances pouvaient manquer de devenir des saints. Il trouvait la nourriture trop abondante; mais il trouvait aussi que les travaux des moines étaient trop grands pour une abstinence plus rigoureuse. Il ne laissa pas de représenter à l'abbé qu'il serait à propos d'ordonner l'abstinence de graisse, du moins deux jours de la semaine. Saint Hugues lui répondit : « Seigneur, vous voulez augmenter notre couronne en augmentant notre abstinence; mais ayez la bonté, avant que de rien ordonner, d'éprouver pendant huit jours quel est le poids de nos travaux, et vous jugerez alors s'il y a quelque chose à retrancher à la nourriture. » Damien ayant examiné toutes choses avec attention, jugea qu'il n'y avait rien à changer; qu'il fallait, dans les règlements généraux qu'on porte pour les monastères, avoir égard au commun et au grand nombre; qu'un supérieur sage ne doit pas juger de la ferveur des autres par la sienne, et, qu'en portant trop loin l'austérité, il ouvre souvent la porte au relâchement, par les dispenses qu'il est obligé d'accorder (*Anonym. de mirac. S. Hug.*).

Après son départ de Cluny, saint Pierre Damien écrivit une lettre à saint Hugues, où il lui parle ainsi : « Quand je me rappelle les observances de votre monastère, je reconnais aisément que ce ne sont pas des inventions humaines, mais des règlements inspirés par le Saint-Esprit; car les exercices sont si continuels et surtout le chœur est si long, que, dans les plus grands jours, à peine les moines ont-ils une demi-heure pour s'entretenir ensemble dans le cloître. On s'est, je crois, proposé par là de pourvoir à la fragilité des faibles, parce qu'étant toujours occupés, ils n'ont pas l'occasion de pécher, si ce n'est peut-être par pensée (*L. 6, Epist.* 2). »

Ebrard, comte de Breteuil, crut d'abord pouvoir imiter saint Thibaut, qui édifiait alors l'Italie et la France. Ebrard était un jeune seigneur, riche et bien fait, qui menait une vie toute mondaine, lorsque la grâce le toucha. Ayant fait de sérieuses réflexions sur sa conduite, il eut honte de ne travailler qu'à se damner et à damner les autres. Il prit aussitôt la résolution de renoncer à tout. Pour l'exécuter, il changea d'habit et se retira secrètement dans une province éloignée, où il se dit charbonnier, à l'exemple de saint Thibaut de Provins. Il prenait ce parti pour vaincre l'orgueil qu'il se reprochait; mais il craignit bientôt les écueils de la vie solitaire, où il n'avait point de guides dans la voie de la vertu. C'est pourquoi il se retira à Marmoutier, où il se fit moine et mena une vie très-austère. Il était parent de Guibert, abbé de Nogent, à qui il a raconté ce que nous venons de dire (*Guibert. de Vit. suâ*, l. 1, c. 9; *Hist. de l'Egl. gall.*, l. 21).

L'année qui suivit la mort de saint Thibaut, mourut en France saint Robert, fondateur de la Chaise-Dieu : c'était le 17 avril 1067, le mardi de la Quasimodo. Il se trouva incommodé le samedi saint, en conférant le baptême aux enfants des nobles de la province, car ils avaient de la dévotion de lui faire baptiser ce jour-là les enfants qui leur étaient nés : il ne put en baptiser qu'un. Sa maladie augmentant il exhorta ses moines à conserver toujours entre eux la charité, cette vertu si nécessaire pour la paix et le bonheur des communautés. Ensuite, ayant prédit le jour et l'heure de sa mort, il reçut l'extrême-onction, après quoi il se fit porter dans l'oratoire, devant une image de la Vierge, qui tenait son Fils entre ses bras. Il déposa son bâton pastoral dans les mains de l'enfant Jésus, en disant : « Jésus-Christ, mon Seigneur et mon Dieu, c'est de vous que j'ai reçu le bâton pastoral pour gouverner ce monastère; c'est à vous et à votre sainte Mère que je le remets, en vous priant de gouverner toujours la communauté dont je vous résigne, si j'ose ainsi dire, la supériorité perpétuelle. » Ensuite, après avoir embrassé tous ses frères et reçu les sacrements, il mourut le 17 avril, à la troisième heure du jour. Il ne fut enterré que huit jours après. On le dépouilla de ses habits pour satisfaire la dévotion des assistants; on lava son corps avec du vin et on l'enferma dans une peau de cerf.

Les miracles qui se firent au tombeau de saint Robert y attirèrent un si grand concours de peuple, que la solitude des religieux et la célébration de l'office divin en étaient troublées. C'est pourquoi les plus anciens et les plus zélés des moines prièrent saint Robert de ne plus faire de miracles, afin qu'ils pussent célébrer l'office divin avec plus de recueillement. En même temps ils eurent soin qu'on ne laissât entrer personne dans l'oratoire où le saint abbé était enterré. Ainsi on se désaccoutuma d'y venir en pèlerinage, et ils retrouvèrent la solitude et le repos qu'ils avaient goûtés auparavant. Ce trait marque un grand désintéressement de la part de ces religieux, et montre qu'ils étaient bien éloignés de publier de faux miracles pour faire honneur à leur saint abbé (*Act. Sanct.*, 24 *april.*).

Le clergé semblait aussi vouloir se réformer, à l'exemple des moines. Dès la fin du Xe siècle, plusieurs chapitres de cathédrales et plusieurs abbayes de chanoines avaient repris la vie commune par les soins de leurs évêques; comme l'Eglise du Puy, celle de Troyes et celle d'Apt en 990, Mâcon en 1010, Angoulême en 1027, Auch en 1040, Maguelone en 1054; l'abbaye de Dorat en 987, Saint-Ambroise de Bourges en 1012, Sancerre en 1025, Epernay en 1032, Saint-Sauveur de Melun en 1047. Mais ces réformes n'étaient que suivant la règle d'Aix-la-Chapelle, où l'empereur Louis le Débonnaire avait introduit plusieurs adoucissements, que saint Pierre Damien et son saint ami Hildebrand blâmaient dans les conciles et dans leurs écrits. Aussi, depuis le concile de Rome et l'an 1063, on poussa la réforme des chanoines jusqu'à l'exclusion de toute propriété, les rendant, sur cet article, conformes aux moines (Moulinet, *Réflex.* 1, p. 24; *Hist. de l'Eglise gall.*, l. 25). Ceux qui embrassèrent cette réforme furent nommés chanoines religieux ou chanoines réguliers, et ce dernier nom leur est demeuré.

Saint Gautier, abbé de l'Esterp dans le Limousin, fit par ses vertus beaucoup d'honneur à cet institut. Il naquit dans l'Aquitaine, et montra dès son enfance un grand attrait pour la vertu et un grand goût pour l'étude. Il fut reçu dans sa jeunesse parmi les chanoines de Dorat; mais il fut dans la suite obligé d'en sortir. Les chanoines de l'Esterp tâchèrent de l'attirer parmi eux; il résista quelque temps à leurs sollicitations; mais, au retour d'un pèlerinage qu'il fit à Jérusalem, l'abbé de l'Esterp étant mort, il fut élu à sa place, et obligé d'accepter cette charge. Il y fut le modèle d'un bon supérieur, étudiant avec soin le caractère et les défauts de ses inférieurs, afin d'appliquer à chacun les remèdes les plus propres. Il ne borna pas ses soins à sa communauté, il les étendit aux laïques, parmi lesquels il fit de grands fruits; car il avait un rare talent pour toucher les cœurs au tribunal de la pénitence. Le pape Victor II, instruit du bien qu'il faisait, lui envoya le pouvoir de confesser et d'absoudre les plus grands pécheurs. Saint Gautier vécut jusqu'à l'âge de quatre-vingts ans, et mourut l'an 1070. Quand il eut reçu l'extrême-onction, il se fit ôter le cilice qu'il portait sur sa chair, et se fit étendre nu sur la cendre dans l'église, en disant qu'après avoir reçu l'onction de l'huile sainte, il devait, comme un athlète, combattre nu. Ce saint abbé avait coutume de macérer sa chair par de rudes disciplines qu'il se donnait lui-même; mais, sur la fin de sa vie, craignant de n'avoir pas assez de forces pour se faire beaucoup de mal, il pria un chanoine dont il connaissait le bras robuste, de lui rendre ce service (*Acta Sanct.*, 9 maii).

En Angleterre, le roi saint Edouard mourut la même année que saint Thibaut et saint Ariald en Italie. Le monastère et l'église de Westminster, qu'il fonda en commutation de son pèlerinage de Rome, étant achevés en 1065, il en remit la dédicace au jour des Innocents, pour la faire avec plus de solennité, à l'occasion de la cour plénière qu'il devait tenir, selon la coutume, aux fêtes de Noël. Il était persuadé que sa mort approchait, suivant la révélation que lui avaient rapportée deux pèlerins de la part de saint Jean l'Evangéliste, auquel il avait une singulière dévotion. La nuit même de Noël la fièvre le prit; mais il le dissimula, et ne laissa pas de se mettre à table au festin solennel avec les évêques et les seigneurs. Le jour des Innocents étant venu, il fit faire la dédicace avec toute la magnificence possible, mettant en cette église quantité de reliques qui lui venaient du roi Alfred et de Charlemagne. Il fit aussi lire en cette solennité une charte où, en conséquence des bulles des papes Léon et Nicolas, il confirmait les biens et les privilèges de ce monastère, même l'exemption de la juridiction épiscopale; et cela du consentement des évêques et des seigneurs, y ajoutant le droit d'asile. Cette charte fut souscrite par le roi, la reine Edith, son épouse, Stigand, archevêque intrus de Cantorbéry, Eldred, archevêque d'York, et dix autres évêques; par cinq abbés et plusieurs seigneurs, dont le premier est le duc Harold, frère de la reine.

La maladie du roi augmentant toujours, il déclara qu'il avait vécu avec la reine comme s'il eût été son frère, et la recommanda au duc Harold. Il prit soin aussi de ceux qui l'avaient suivi de Normandie, et ordonna sa sépulture dans la nouvelle église de Westminster, défendant de cacher sa mort, afin de ne pas retarder les prières pour son âme. Enfin il mourut le 4 janvier 1066, après avoir régné vingt-trois ans six mois et vingt-sept jours. En lui finit la race des rois anglais, six cent vingt ans après la première entrée de la nation en la Grande-Bretagne, qui fut l'an 446. On rapporte plusieurs miracles du roi Edouard pendant sa vie et après sa mort; et il fut canonisé environ soixante ans après. L'Eglise honore sa mémoire le 5 janvier, sous le nom de saint Edouard le Confesseur, pour le distinguer du martyr (*Acta Sanct.*, 5 jan.).

Aussitôt après sa mort, le duc Harold, son beau-frère, se fit couronner roi d'Angleterre par Stigand, archevêque intrus de Cantorbéry, excommunié par le Pape; mais saint Edouard avait institué héritier Guillaume, duc de Normandie, son cousin-germain, en reconnaissance des bons traitements qu'il avait reçus de son père et de lui pendant son exil; et Harold même lui avait juré fidélité. Ce prince donc, résolut de soutenir son droit, envoya à Rome Gilbert, archidiacre de Lisieux, consulter le pape Alexandre sur cette affaire. Le Pape, en ayant délibéré dans un conseil où le cardinal Hildebrand se déclara vivement pour le duc de Normandie, lui envoya un étendard, comme une marque d'approbation et de protection de saint Pierre. C'est ce qui résulte du récit de deux contemporains, Orderic Vital (l. 3) et Grégoire (*Hist. eccl., epist.*). Une chronique normande du même siècle raconte la chose en ces termes : « Le duc, ayant assemblé son conseil, envoya des ambassadeurs notables et de bons clercs devers le Pape pour montrer son droit et comment Harold s'était parjuré. En conséquence, il demandait la permission de conquérir son droit, en se soumettant, si Dieu lui donnait grâce d'y parvenir, de tenir le royaume d'Angleterre de Dieu et de saint Pierre, comme son vicaire, et non d'un autre. Le Saint-Père et les cardinaux examinèrent la cause de Guillaume, et, par délibération, le Pape lui envoya un étendard de l'Eglise et un anneau où il y avait un cheveu de saint Pierre enchâssé dans une pierre très-précieuse (Bouquet, t. XIII). »

Guillaume, ayant pris quelques mesures pour assurer la tranquillité de ses Etats, s'embarqua sur une flotte nombreuse qu'il avait assemblée à l'embouchure de la rivière de Dive, et vint aborder à Saint-Valéri, d'où il prétendait faire voile vers l'Angleterre; mais les vents étaient contraires. Pour en obtenir de favorables, le duc fit porter en procession le corps de saint Valéri; après quoi le vent étant changé, il fit heureusement le trajet, et prit terre à Pévensaï, dans le comté de Sussex.

Harold venait de remporter une grande victoire sur le roi de Norwége, que son propre frère Tostig avait fait venir pour détrôner Harold. Le roi de Norwége et Tostig avaient péri dans la bataille. Le victorieux Harold marcha donc contre Guillaume, dès qu'il le sut débarqué. Les deux armées étant en présence, Guillaume renouvela ses demandes et ses sommations. Un moine, appelé dom Hugues Maigrot, vint inviter, au nom de Guillaume, le Saxon Harold à faire de trois choses l'une : ou se démettre de la royauté en faveur du duc de Normandie, comme il lui avait juré sur les saintes reliques; ou s'en rapporter à l'arbitrage du Pape pour décider qui des deux devait être roi; ou enfin remettre cette décision à la chance d'un combat singulier. Harold répondit qu'il ne ferait aucune de ces trois choses, et que, s'il lui avait prêté serment, c'était par force. Guillaume envoya de nouveau le moine normand, auquel il dicta ses instructions dans les termes suivants : « Va dire à Harold que, s'il veut tenir son ancien pacte avec moi, je lui laisserai tout le pays qui est au delà du fleuve de l'Humber, et que je donnerai à son frère Gurth toute la terre que tenait leur père Godwin; que, s'il s'obstine à ne point prendre ce que je lui offre, tu lui diras, devant tout son baronage, qu'il est parjure et menteur, que lui et tous ceux qui le soutiendront sont excommuniés de la bouche du Pape, et que j'en ai la bulle. »

Ces menaces n'ayant produit aucun accommodement, on se prépara de côté et d'autre à la bataille. Gurth tenta de persuader à son frère Harold de ne point assister à l'action. « Tu ne peux nier, lui disait-il, que, soit de force, soit de bon gré, tu n'aies fait au duc Guillaume un serment sur les corps des saints; pourquoi te hasarder au combat avec un parjure contre toi? Nous qui n'avons rien juré, la guerre est pour nous de toute justice; car nous défendons notre pays. Laisse-nous donc seuls livrer bataille; tu nous aideras si nous plions, et si nous mourons, tu nous vengeras. » Harold ne voulut point écouter le conseil de son frère.

De son côté, le duc Guillaume, dans la nuit du 13 octobre, fit annoncer aux Normands que le lendemain serait jour de combat. Des prêtres et des religieux qui avaient suivi, en grand nombre, l'armée d'invasion, attirés, comme les soldats, par l'espoir de quelque avantage pour leur église, se réunirent pour prier et chanter des litanies, pendant que les gens de guerre préparaient leurs armes. Le temps qui leur resta après ce premier soin, ils l'employèrent à faire la confession de leurs péchés et à recevoir les sacrements. Dans l'autre armée, la nuit se passa d'une manière toute différente : les Saxons se divertissaient avec grand bruit et chantaient de vieux chants nationaux, en vidant, autour de leurs feux, des cornes remplies de bière et de vin.

Au matin, dans le camp normand, l'évêque de Bayeux, frère utérin du duc Guillaume, célébra la messe et bénit les troupes. Le duc montait un cheval d'Espagne, qu'un riche normand lui avait amené d'un pèlerinage à Saint-Jacques en Galice. Il tenait suspendues à son cou les plus vénérées d'entre les reliques sur lesquelles Harold avait juré; et l'étendard de saint Pierre, bénit et envoyé par le Pape, était porté à côté de lui. Après avoir harangué son armée, Guillaume la mena contre le camp des Saxons, au nord-ouest de Hastings. Alors les prêtres et les moines qui l'accompagnaient se détachèrent et montèrent sur une hauteur voisine, pour prier et regarder le combat.

La bataille fut très-rude. Les Saxons étaient retranchés derrière des redoutes et des palissades. Les Normands sont repoussés une première fois. Guillaume commande alors à ses archers de tirer leurs flèches en haut, par dessus les redoutes, de manière à blesser les Anglais en retombant. Harold a ainsi un œil crevé, mais il ne continue pas moins de donner ses ordres auprès de l'étendard national qu'entouraient les plus braves. Les Normands sont repoussés une seconde fois; le bruit court même que leur duc est tué. A cette nouvelle la fuite commence; mais Guillaume se jette lui-même au devant des fuyards et leur barre le passage, les menaçant et les frappant de sa lance; puis, se découvrant la tête : « Me voilà, leur cria-t-il; regardez-moi, je vis encore et je vaincrai avec l'aide de Dieu. » Les cavaliers normands attaquent les redoutes de l'ennemi une troisième fois; mais ils ne peuvent en forcer les portes ni faire brèche. Alors Guillaume leur commande de simuler la fuite. Trompés par ce stratagème, les Anglais rompent leurs rangs pour les poursuivre; les Normands se retournent, les attaquent de tous côtés, pénètrent dans leurs retranchements. Mais le combat y est encore vif, pêle-mêle et corps à corps. Guillaume a son cheval tué sous lui; le roi Harold et ses deux frères tombèrent morts au pied de leur étendard, qui fut arraché et remplacé par la bannière envoyée de Rome. Les débris de l'armée anglaise, sans chef et sans drapeau, prolongent la lutte jusqu'à la fin du jour, tellement que les combattants des deux partis ne se reconnaissaient plus qu'au langage. Le duc Guillaume soupa et coucha sur le champ de bataille, et, le lendemain, son frère Eudes, évêque de Bayeux, qui avait fait l'office de général pendant le combat, y chanta la messe pour les trépassés (D. Bouquet, *Chroniq. de Normand.*).

Aussitôt après sa victoire, Guillaume fit vœu de bâtir en cet endroit un couvent sous l'invocation de la sainte Trinité et de saint Martin, le patron des guerriers de la Gaule. Ce vœu ne tarda pas à être accompli, et le grand autel du nouveau monastère fut élevé au lieu même où l'étendard du roi Harold avait été planté et abattu. L'enceinte des murs extérieurs fut tracée autour de la colline que les plus braves des Anglais avaient couverte de leurs corps, et toute la lieue de terre circonvoisine où s'étaient passées les diverses scènes du combat, devint la propriété de cette abbaye, qu'on appela en langue normande, *l'abbaye de la Bataille*. Des moines du grand couvent de Marmoutier, près de Tours, vinrent y établirent leur domicile, et prièrent pour les âmes de tous les combattants qui étaient morts dans cette journée.

On dit que, dans le temps où furent posées les premières pierres de l'édifice, les architectes découvrirent que certainement l'eau y manquerait; ils allèrent, tout mécontents, porter à Guillaume cette nouvelle désagréable. « Travaillez, travaillez toujours, répliqua le conquérant d'un air jovial; car si Dieu me prête vie, il y aura plus de vin chez les religieux de la Bataille, qu'il n'y a d'eau claire dans le meilleur couvent de la chrétienté (*Monast. anglic.*, t. I). »

Les Anglais proclamèrent roi le prince Edgar, neveu de saint Edouard. Mais bientôt Edgar lui-même, accompagné des archevêques Stigand et Aldred, ainsi que des principaux seigneurs et bourgeois, vinrent faire leur soumission à Guillaume, qui, le jour de Noël de la même année 1066, fut couronné roi d'Angleterre à Westminster, par Aldred, archevêque d'York; car il ne voulut pas l'être par Stigand de Cantorbéry, qui avait été déposé et excommunié par le Pape.

Ayant bien affermi sa puissance en Angleterre, le nouveau roi Guillaume s'appliqua à rétablir toutes choses, et pour le temporel et pour le spirituel. Il adoucit les mœurs des Anglais, encore demi-barbares, introduisant les mœurs françaises, beaucoup plus polies; il les tira de la nonchalance, l'ignorance et la débauche, renouvelant l'industrie, l'application aux armes et aux lettres. En un mot, depuis ce règne, l'Angleterre prit une face nouvelle. Dès la quatrième année de son règne, l'an 1069, le roi Guillaume confirma solennellement les anciennes lois du pays, telles qu'elles avaient été en usage sous saint Édouard, son prédécesseur, commençant par celles qui regardaient l'Eglise, et qui furent rédigées en latin, en vingt-deux articles. On en fit un abrégé en français du temps. On y établit premièrement la paix, c'est-à-dire la sûreté pour quiconque va aux églises, puis la manière de se justifier des crimes non prouvés, et enfin la taxe du denier de saint Pierre. Aussi le pape Alexandre ne manqua pas d'écrire au roi Guillaume pour la continuation de cette redevance, dont une partie était employée à l'entretien d'une église et d'une école de Rome, nommée l'école des Anglais.

Guillaume, incontinent après sa conquête, envoya de riches présents aux églises de France, d'Aquitaine, de Bourgogne, d'Auvergne et d'autres pays. Surtout il envoya au pape Alexandre quantité d'or et d'argent pour le denier de saint Pierre, avec des ornements très-précieux; et, en reconnaissance de l'étendard qu'il avait reçu du Pape, il lui envoya celui du roi Harold; où était représenté un homme armé, en broderie d'or. A la prière du roi, le pape Alexandre envoya trois légats en Angleterre : Ermenfroi, évêque de Sion, Jean et Pierre, prêtres de l'Eglise romaine, qui le couronnèrent de nouveau le jour de Pâques, 4 avril 1070, pour confirmer son autorité.

A l'octave de Pâques, ces légats présidèrent un concile tenu à Winchester, par ordre du roi et en sa présence, où Stigand, archevêque de Cantorbéry, fut déposé pour trois raisons : la première, d'avoir gardé l'évêché de Winchester avec l'archevêché; la seconde, d'avoir usurpé le siège de Cantorbéry du vivant de l'archevêque Robert, et s'être servi de son *pallium*; la troisième, d'avoir reçu le *pallium* de la part de l'antipape Benoît, excommunié par l'Eglise romaine pour avoir envahi le Saint-Siège par simonie. Stigand était encore chargé de parjures et d'homicides. On déposa aussi quelques-uns de ses suffragants, comme indignes; pour leur vie criminelle et l'ignorance de leurs devoirs; entre autres Agelmar, son frère, évêque d'Estangle, et quelques abbés. Car le roi ôtait autant qu'il pouvait les grandes places aux Anglais qui lui étaient suspects, afin d'y mettre les Normands. C'est ainsi qu'en parlent les historiens anglais; mais, selon les Normands, il ne fit point déposer de prélats qui ne l'eussent mérité.

En ce concile, comme les autres évêques tremblaient de peur de perdre leur dignité, saint Vulstan, évêque de Worcester, redemanda hardiment plusieurs terres de son Eglise, que l'archevêque Aldred avait retenues en sa puissance, quand il fut transféré du siège de Worcester à celui d'York, et qui, après sa mort, étaient tombées au pouvoir du roi. Mais comme le siège d'York était vacant, on remit la décision de cette affaire jusqu'à ce qu'il y eût un archevêque qui pût défendre les droits de son Eglise. Depuis que Stigand fut déposé de l'archevêché de Cantorbéry, le roi le tint en prison à Winchester le reste de ses jours. Il y vivait chrétiennement du peu qu'on lui donnait aux dépens du roi; et, comme ses amis l'exhortaient à se traiter mieux, il jurait qu'il n'avait pas un denier; mais, après sa mort, on lui trouva de grands trésors cachés en terre, dont il portait la clé à son cou (Labbe, t. IX).

A la Pentecôte, le roi étant à Windsor, donna l'évêché d'York à Thomas, chanoine d'Evreux, et l'évêché de Winchester à Vauquelin, son chapelain. Le lendemain, il fit tenir un concile où présida le légat Hermenfroi; car les cardinaux Jean et Pierre étaient partis pour retourner à Rome. En ce concile, Algéric, évêque de Sussex, fut déposé, puis mis en prison. On déposa aussi plusieurs abbés; puis le roi donna à Arefaste l'évêché d'Estangle, et à Stigand celui de Sussex : ils étaient l'un et l'autre ses chapelains. Il donna également des abbayes à quelques moines normands.

Mais, pour remplir le siège de Cantorbéry, la première place de l'Eglise d'Angleterre, il choisit le bienheureux Lanfranc, qu'il avait fait abbé de Saint-Etienne de Caen. Après la mort de Maurille, archevêque de Rouen, arrivée en 1067, le clergé et le peuple assemblés avaient voulu élire Lanfranc pour lui succéder; mais il fit tant de résistance, qu'il l'évita, ne se trouvant que trop chargé de l'abbaye, qu'il aurait quittée, s'il avait pu le faire en conscience. Le roi fit donc passer à l'archevêché de Rouen, Jean, qu'il avait déjà fait évêque d'Avranches; mais, pour obtenir du Pape cette translation, il envoya à Rome l'abbé Lanfranc, qui rapporta le *pallium* au nouvel archevêque (*Vita Lanfr., Act, Bened., sec.* 6, *pars* 2).

Le roi Guillaume étant résolu, par le conseil des seigneurs, à mettre Lanfranc sur le siège de Cantorbéry, envoya en Normandie les légats Ermenfroi, évêque de Sion, et Hubert, sous-diacre-cardinal, qui assemblèrent un concile des évêques et des abbés de la province, où ils déclarèrent à Lanfranc la volonté du roi, laquelle était aussi la leur et celle des autres prélats. Lanfranc en fut tellement affligé et troublé, qu'ils crurent qu'il refuserait absolument. Il représentait sa faiblesse et son indignité; qu'il n'entendait point la langue du pays, qu'il aurait affaire à des nations barbares; mais ces raisons ne furent point écoutées. Toutefois, comme il agissait toujours avec discrétion, il demanda du temps pour délibérer. Mais le roi avait si bien pris ses mesures, que tout le monde lui conseilla et le pressa d'accepter, même le bienheureux Herluin, abbé du Bec, qu'il regardait toujours comme son père. Ce n'est pas que ce saint homme n'eût grand regret à perdre un ami si cher et qui lui avait été si utile pour l'établissement de son monastère; mais il n'osait s'opposer à la volonté de Dieu et à une vocation si manifeste.

Lanfranc, bien affligé, résolut donc de passer en Angleterre pour dire au roi ses excuses, ne croyant pas qu'on pût le forcer à recevoir cette dignité. Le roi le reçut avec une grande joie et un grand respect, et vainquit enfin sa résistance. Il appela les principaux de l'Eglise de Cantorbéry, avec un grand nombre d'évêques et de seigneurs du royaume, et déclara Lanfranc archevêque de Cantorbéry, le jour de l'Assomption de Notre-Dame. Il fut sacré dans son église métropolitaine, le 29 du même mois d'août 1070, par huit suffragants.

La même année, Thomas, élu archevêque d'York, vint se présenter à Lanfranc pour être sacré de sa main, suivant l'ancienne coutume. Lanfranc lui demanda une protestation de son obéissance par écrit et avec serment, comme ses prédécesseurs l'avaient donnée ; mais Thomas répondit qu'il ne le ferait point, si on ne lui prouvait, par écrit et par témoins, qu'il le devait faire et qu'il le pouvait sans porter préjudice à son Eglise. Ce refus venait d'ignorance plutôt que de présomption ; car ce prélat, qui était nouveau en Angleterre et en ignorait absolument les usages, ajoutait trop de foi aux discours des flatteurs, particulièrement d'Eude ou Odon, évêque de Bayeux, frère utérin du roi, qui était comme son lieutenant en Angleterre. Lanfranc montra la justice de sa prétention en présence de quelques évêques qui étaient venus pour le sacre de Thomas ; mais celui-ci ne voulut rien écouter, et retourna sans être sacré.

Le roi, prévenu par son frère, en fut irrité contre Lanfranc, croyant qu'il se prévalait de sa capacité pour appuyer une prétention injuste. Mais, peu de jours après, Lanfranc vint à la cour, demanda audience au roi, et, lui ayant rendu raison de sa conduite, l'apaisa et mit de son côté les Anglais qui se trouvèrent présents ; car, étant instruits de l'usage du pays, ils rendaient témoignage à la justice de sa cause. Ainsi le roi, du consentement de tous, ordonna que pour lors Thomas viendrait à Cantorbéry et donnerait à Lanfranc sa protestation solennelle d'obéissance en tout ce qui regardait la religion ; mais que ses successeurs ne la donneraient qu'après qu'il aurait été prouvé dans un concile que les archevêques d'York avaient toujours rendu cette soumission à ceux de Cantorbéry. Thomas fut sacré à ces conditions, et, peu de temps après, Lanfranc demanda et reçut la protestation d'obéissance de tous les évêques du royaume d'Angleterre qui avaient été sacrés du temps de Stigand, par d'autres archevêques ou par le Pape.

L'année suivante 1071, les deux archevêques Lanfranc et Thomas allèrent à Rome demander le *pallium*. Le pape Alexandre reçut Lanfranc avec grand honneur, jusqu'à se lever devant lui, et dit : Je ne l'ai pas fait parce qu'il est archevêque de Cantorbéry, mais parce que j'ai été son disciple au Bec. Lanfranc avait aussi, en cette école, des parents du Pape, ce qui montre combien elle était célèbre. Le Pape lui donna deux *pallium* pour lui seul : l'un, que Lanfranc prit sur l'autel, suivant l'usage de Rome ; l'autre, que le Pape lui présenta de sa main, en signe d'amitié ; et on ne trouve que deux autres exemples de ces deux *pallium*, l'un pour Hincmar de Reims, l'autre pour saint Brunon de Cologne. Thomas était accusé d'avoir reçu du roi Guillaume l'archevêché d'York, pour récompense du service de guerre qu'il lui avait rendu dans la conquête d'Angleterre, et Remi, évêque de Lincoln, qui était venu à Rome avec les deux archevêques, avait aussi été jugé indigne de l'épiscopat, parce qu'il était fils d'un prêtre ; et on leur avait ôté à l'un et à l'autre l'anneau et le bâton pastoral. Mais le Pape, à la prière de Lanfranc, les rétablit tous deux, lui laissant le jugement de leur cause, et ils reçurent de la main de Lanfranc l'anneau et le bâton. Toutefois, l'archevêque Thomas renouvela, en présence du Pape, sa prétention contre la primatie de Cantorbéry, soutenant que l'Eglise d'York lui était égale, et que, suivant la constitution de saint Grégoire, l'une ne devait point être soumise à l'autre ; seulement, que celui des deux archevêques qui était le plus ancien d'ordination devait avoir la préséance. Il prétendait de plus avoir juridiction sur les trois évêques de Lincoln, de Worchester et de Lichfeld. Lanfranc, quoique indigné de ce procédé, répondit modestement que la proposition de Thomas n'était pas véritable, et que la constitution de saint Grégoire ne regardait pas l'Eglise de Cantorbéry, par rapport à celle d'York, mais à l'égard de celle de Londres. Le pape Alexandre décida que ce différend entre les deux archevêques devait être examiné et jugé en Angleterre par tous les évêques et abbés du royaume ; et, bien que Lanfranc fût assuré pour son temps de la soumission de Thomas, par la promesse qu'il lui en avait faite, il aima mieux travailler pour ses successeurs que de leur laisser ce différend à terminer (*Vita Lanf.*, *Acta Sanct.*, 28 *maii*; *Acta Bened.*, sec. 6, *pars* 2).

Le Pape chargea Lanfranc d'une lettre pour le roi d'Angleterre, où, après avoir loué son zèle pour la religion, il l'exhorte à suivre les conseils de Lanfranc pour l'exécution de ses bons desseins, déclarant qu'il avait regret de ne pouvoir le retenir à Rome. Mais, ajoute-t-il, nous nous consolons de son absence par l'utilité qu'en reçoit votre royaume. Il ajoute qu'il a donné à Lanfranc toute l'autorité du Saint-Siége pour l'examen et le jugement de toutes les affaires, c'est-à-dire qu'il l'a établi légat dans le royaume d'Angleterre (Labbe, t. IX, p. 1123, *Epist.* 10).

Pour ce qui est du concile auquel le Pape avait renvoyé le différend entre les deux archevêques, voici comme la chose s'exécuta. A Pâques de l'année 1062, le roi Guillaume tint sa cour à Winchester, où se trouvèrent quinze évêques, plusieurs abbés et plusieurs seigneurs, avec Hubert, lecteur de l'Eglise romaine et légat du Pape. Ils s'assemblèrent en concile dans la chapelle du roi, qui était présent, et qui les conjura, par la foi qu'ils lui avaient jurée, d'écouter cette affaire avec une grande application, et de la juger sans favoriser les parties. Ils promirent l'un et l'autre. On lut d'abord l'*Histoire ecclésiastique* de Bède, quant à la question en litige ; puis les actes de plusieurs conciles, les élections et les ordinations de plusieurs évêques ; enfin les priviléges et les autres lettres de plusieurs Papes, écrites en divers temps aux archevêques de Cantorbéry et aux rois d'Angleterre. Par tous ces monuments, il fut constaté que toujours les archevêques d'York, ainsi que les autres évêques d'Angleterre, avaient été soumis à la primatie de l'archevêque de Cantorbéry. De plus, tous les assistants rendirent témoignage qu'ils avaient vu et ouï dire de leur temps les mêmes choses que contenaient ces écrits.

Thomas, archevêque d'York, allégua pour lui la lettre de saint Grégoire, où il déclare que l'Eglise de Londres et celle d'York sont égales, et que l'une ne doit pas être soumise à l'autre. Mais tout le concile reconnut que cette lettre ne faisait rien au sujet, parce que Lanfranc n'était point évêque de Londres, et qu'il n'était point question de cette Eglise. Thomas fit quelques autres objections que Lanfranc détruisit facilement ; en sorte que le roi fit à Thomas des reproches, mais doux et paternels, de ce qu'il était venu, avec de si faibles raisons, attaquer des preuves si fortes et si nombreuses. Il répondit qu'il ne savait pas que la prétention de l'Eglise de Cantorbéry fût si bien appuyée; et il supplia le roi de prier Lanfranc qu'il oubliât son ressentiment; qu'ils vécussent en paix, et qu'il lui relâchât, même en vue de la charité, quelque partie de ses droits : ce que Lanfranc lui accorda volontiers et avec action de grâces (Labbe, t. IX).

L'affaire ayant été terminée d'une manière aussi heureuse, on en fit un décret qui fut souscrit par le roi Guillaume, la reine Mathilde, son épouse, Hubert, légat du Pape, quinze évêques et onze abbés. On en dressa des copies aux principales Eglises d'Angleterre, et Lanfranc en envoya une au Pape, avec une lettre contenant la relation de ce qui s'était passé au concile, le priant de lui envoyer un privilège, c'est-à-dire une bulle pour la confirmation de son droit. Il envoya en même temps un écrit qu'il venait de faire contre Bérenger, et que le Pape lui avait demandé.

Lanfranc écrivit aussi à l'archidiacre Hildebrand, qui avait à Rome la plus grande autorité après le Pape, le priant de lire la lettre qu'il envoyait au Pape, afin de voir ce que le Pape devait lui accorder. Hildebrand lui répondit : « Nous avons été affligés de ne pouvoir satisfaire vos députés en vous envoyant, quoique absent, un privilège comme ils le demandaient ; et vous ne devez pas le trouver mauvais, car si nous avions vu que de notre temps on l'eût accordé à quelque archevêque absent, nous vous aurions volontiers rendu cet honneur sans vous fatiguer. C'est pourquoi il nous paraît nécessaire que vous veniez à Rome, tant pour ce sujet que pour délibérer avec nous plus efficacement sur tout le reste. »

Nous avons deux autres lettres de Lanfranc au pape Alexandre. Dans la première, il lui représente la manière dont il été élevé malgré lui sur le siège de Cantorbéry ; puis il ajoute : « J'y souffre tous les jours en moi-même tant de peines, d'ennuis et de déchet du bien de mon âme ; je vois, j'entends, je sens continuellement dans les autres tant de troubles, d'afflictions, de pertes, d'endurcissement, de passion, d'impureté, une telle décadence de l'Eglise, que la vie m'est à charge, et je gémis d'être venu jusqu'à ce temps ; car ce que l'on voit à présent est mauvais, mais on en prévoit des suites bien plus mauvaises pour l'avenir. Je vous conjure donc au nom de Dieu, que, comme vous m'avez imposé ce fardeau par votre autorité, à laquelle il ne m'a pas été permis de résister, vous m'en déchargiez par la même autorité, et me permettiez de retourner à la vie monastique, que j'aime sur toutes choses. Vous ne devez pas refuser une demande si juste et si nécessaire. » Il conclut en priant le Pape de prier pour la longue vie du roi d'Angleterre ; car, ajoute-t-il, de son vivant nous avons quelque sorte de paix ; mais, après sa mort, nous n'espérons ni paix ni aucun bien (Lanfr., *Epist.* 1). Lanfranc n'obtint pas la liberté qu'il désirait, et il demeura archevêque toute sa vie.

Dans l'autre, il consulte le Pape au sujet de deux évêques d'Angleterre. Herman de Winchester avait déjà quitté l'épiscopat pour embrasser la vie monastique, et voulait le quitter encore, parce qu'étant accablé de vieillesse et de maladie, il ne cherchait qu'à se préparer à la mort : ce que Lanfranc jugeait raisonnable. L'autre était un évêque qui, étant accusé devant les légats du Pape de graves excès, ne se présenta point au concile où il était appelé, et fut excommunié. Ensuite il vint trouver le roi, tenant sa cour à la fête de Pâques, et, dans l'assemblée des évêques et des seigneurs, lui remit l'évêché, et se retira dans un monastère où il avait été élevé dès l'enfance. Lanfranc déclare qu'étant encore peu instruit des affaires d'Angleterre, il n'ose sacrer un évêque à la place de celui-ci, jusqu'à ce qu'il ait reçu l'ordre du Pape (Lanfr., *Epist.* 2).

Enfin Lanfranc obtint du pape Alexandre II la conservation des moines dans les cathédrales d'Angleterre. Ils y étaient dès la fondation de ces églises ; mais les clercs séculiers en étaient jaloux, et ils voulurent profiter du changement de domination, pour entrer en leur place, par l'autorité du nouveau roi ; car il avait tiré d'entre le clergé séculier presque tous les évêques qu'il avait mis en Angleterre. Les clercs se tenaient si assurés de réussir, que Vauquelin, évêque de Winchester, avait déjà rassemblé près de quarante clercs, qu'il tenait tout prêts, avec la tonsure et l'habit de chanoines. Il ne restait qu'à obtenir le consentement de Lanfranc, qu'il croyait facile ; mais il y fut bien trompé ; car Lanfranc, ayant appris le dessein de l'évêque, en eut horreur et déclara que, de son vivant, on ne l'exécuterait jamais. On fit de plus grands efforts pour chasser les moines de Saint-Sauveur de Cantorbéry ; qui était l'église primatiale ; car on alléguait la dignité de cette Eglise, qui avait l'inspection sur toutes les autres, et plusieurs fonctions plus convenables à des clercs qu'à des moines. Lanfranc s'y opposa vigoureusement, nonobstant l'autorité du roi et le consentement des seigneurs ; et, craignant qu'après sa mort on ne fît ce changement qu'il espérait bien empêcher pendant sa vie, il fit confirmer l'ancienne possession des moines par l'autorité du Pape.

Nous avons la constitution du pape Alexandre sur ce sujet : elle est adressée à Lanfranc ; mais le Pape ne marque point qu'elle soit donnée à sa prière. Il dit seulement avoir appris que quelques clercs, avec le secours de la puissance séculière, veulent chasser les moines de Saint-Sauveur de Cantorbéry pour y mettre des clercs et faire le même changement dans toutes les cathédrales d'Angleterre. Il rapporte la lettre de saint Grégoire, par laquelle il ordonne à saint Augustin d'établir des moines en sa cathédrale, et la lettre de Boniface V, qui confirmait cette constitution. Le pape Alexandre la confirme aussi, sous peine d'anathème ; et les moines sont demeurés dans les cathédrales d'Angleterre jusqu'au schisme de Henri VIII (Alex., *Epist.* 39, *apud Lanfr.* 4).

La même année du concile d'Angleterre, c'est-à-dire en 1072, Jean, archevêque de Rouen, tint un concile avec ses évêques et les abbés de sa province, où l'on fit vingt-quatre canons pour retrancher certains abus, et rétablir la discipline. Nous avons plusieurs lettres de Lanfranc à cet archevêque. On y voit la grande union qui régnait entre eux, et le soin que prenait Lanfranc de la conserver, malgré les artifices de quelques mauvais esprits qui s'efforçaient de les diviser par de mauvais rapports.

Le bienheureux Lanfranc se montrait un Père de l'Eglise, non-seulement par son zèle, mais encore par sa doctrine. On le voit en particulier par son traité De l'Eucharistie, qu'il écrivit en forme de dialogues contre les erreurs de Bérenger, et qu'il adressa à Bérenger même. Il lui dit qu'il souhaiterait conférer avec lui de vive voix, en présence de ceux qu'il avait séduits, dans l'espérance, ou que lui reconnaîtrait avec eux la vérité, ou que, si lui s'opiniâtrait dans l'erreur, eux l'abandonneraient. Mais Bérenger appréhendait les conférences publiques. Il n'aimait à parler de doctrine que dans des conversations secrètes et devant des ignorants. S'il confessait la vérité dans les conciles, ce n'était que par la crainte du châtiment. Il fuyait les personnes de piété et de savoir, dans la crainte d'être convaincu de faux dans les passages qu'il alléguait sous le nom des Pères de l'Eglise, mais qu'il avait ou inventés ou altérés. En effet, ses écrits ayant été examinés à Rome dans un concile de 113 évêques, lui-même convint des erreurs que ces écrits contenaient, lui-même les jeta au feu et jura de professer à l'avenir la vraie foi. Ce n'était qu'imposture de sa part. Sorti de Rome, il combattit la profession qu'il avait faite de la doctrine de l'Eglise, chargeant d'injures le cardinal Humbert, auteur de cette profession de foi.

Lanfranc oppose à ces injures le témoignage avantageux que les gens de bien rendaient au cardinal Humbert, et l'estime particulière qu'en faisait saint Léon IX. Ce Pape l'emmena à Rome, non de Bourgogne, mais de Lorraine, et, quand même il aurait été Bourguignon, il n'y aurait rien en cela qui pût donner matière à Bérenger de lui reprocher le lieu de sa naissance. Mais Bérenger, accusant ce cardinal d'avoir écrit contre la vérité en faisant la formule de foi qu'on lui avait fait signer, accusait nécessairement de la même faute les Papes, l'Eglise romaine et les saints Pères, dont il n'avait été que l'interprète. Bérenger, en rapportant dans son écrit cette formule de foi, en avait retranché les commencements, pour faire croire aux lecteurs que ce qu'il y traitait d'hérésie, étaient les paroles du cardinal et non pas les siennes. Lanfranc la rapporte tout entière, telle que Bérenger l'avait souscrite à Rome sous Nicolas II, et celle qu'il y souscrivit sous Grégoire VII. Puis il fait voir que ces formules étant la doctrine des Papes, des conciles, de l'Eglise romaine, c'était une mauvaise subtilité à Bérenger de les attribuer au cardinal Humbert, dans la vue de persuader aux ignorants qu'un homme seul avait pu se tromper.

Bérenger, comparant Humbert à Goliath, disait : *Que le Bourguignon périsse par sa propre épée!* C'était se comparer lui-même à David. Tel était le caractère de ce novateur. Il avait coutume d'abaisser les autres pour s'élever au-dessus d'eux. Lanfranc lui fait là-dessus une leçon qui tourne à la gloire du cardinal, humble et modeste dans toutes les circonstances de sa vie. Bérenger reprochait à Humbert d'avoir, sur l'eucharistie, le même sentiment que le vulgaire et Paschase, et d'être en contradiction avec lui-même; il prétendait le prouver par ce raisonnement : *Quiconque dit que le pain et le vin sont seulement des sacrements, ou que le pain et le vin sont seulement le vrai corps et le vrai sang de Jésus-Christ, celui-là soutient certainement que le pain et le vin demeurent.* « Si vous croyiez, lui répond Lanfranc, que Humbert était tombé en contradiction, pourquoi signiez-vous ce que vous croyiez contradictoire? Et si vous pensiez avoir la vraie foi de votre côté, ne valait-il pas mieux finir vos jours par une mort glorieuse, que de commettre un parjure en souscrivant la formule qu'on vous présentait? » Venant ensuite aux deux propositions de Bérenger, il dit : « Le concile de Rome n'a rien décidé de semblable, et l'évêque Humbert ne vous a point proposé de le confesser. La première, *que le pain et le vin ne sont que des sacrements*, contient votre doctrine et celle de vos sectateurs; la seconde, *que le pain et le vin sont seulement le vrai corps et le vrai sang de Jésus-Christ*, n'est soutenue de personne. Vous niez la vérité de la chair et du sang de Jésus-Christ. Mais l'Eglise, en croyant que le pain est changé en chair et le vin en sang, croit aussi que c'est un signe de l'incarnation, de la passion de Notre Seigneur, de la concorde et de l'unité des fidèles. D'où il suit qu'il n'y avait aucune contradiction dans la formule de foi que le concile romain vous a fait souscrire. »

Bérenger raisonnait ainsi : *Quand on dit que Jésus-Christ est la pierre angulaire, on suppose qu'il demeure Christ; de même, en disant que le pain et le vin sont le corps et le sang de Jésus-Christ, on reconnaît que le pain et le vin demeurent.* Lanfranc répond qu'il « est d'usage de donner aux choses le nom de ce dont elles sont faites, comme on le voit dans ces paroles de Dieu à Adam : *Tu es terre, et tu retourneras en terre.* Ainsi l'Ecriture nomme *pain* le corps de Notre Seigneur, soit parce qu'il est fait du pain et qu'il en retient les qualités, soit parce qu'il est la nourriture de l'âme et le pain des anges. Il appuie cette réponse de l'objection même de Bérenger, qui ne pouvait disconvenir qu'on ne donne à Jésus-Christ le nom de *pierre angulaire* que par similitude, c'est-à-dire que parce qu'il est la pierre angulaire de l'Eglise, et qu'il fait, à cet égard, ce que la pierre angulaire fait dans un bâtiment matériel.

Il reproche à Bérenger de n'avoir employé, dans son écrit, les termes et les raisonnements de la dialectique, que pour se prévaloir, devant les ignorants, de son habileté dans la dispute; puis il répond aux passages qu'il alléguait pour montrer que le pain et le vin demeurent dans ce sacrement. Le premier est tiré de saint Ambroise, à qui il fait dire : *Par la consécration, le pain et le vin deviennent le sacrement de la religion, non pour cesser d'être ce qu'ils étaient, mais pour être ce qu'ils étaient et être changés en une autre chose.* A ce passage, Lanfranc oppose deux autres du même Père, l'un pris du livre *Des Mystères*, où il dit : « Nous trouvons une infinité d'exemples pour prouver que ce qu'on reçoit à l'autel n'est point ce que la nature a formé, mais ce que la bénédiction a consacré, et que la bénédiction a plus de force que la nature, puisqu'elle change la nature même. » Il met, parmi ces exemples, celui de la verge de Moïse changée en serpent, des eaux changées en sang, et le miracle d'une vierge devenue mère, et ajoute : « C'est le corps même qui est né d'une vierge que nous consacrons; pourquoi chercher l'ordre de la nature dans la production du corps de Jésus-Christ en ce sacrement, puisque c'est aussi contre l'ordre de la nature que le Seigneur Jésus est né d'une vierge? » Le second passage, tiré du sixième livre *Des Sacrements*, est conçu en ces termes : « Comme Notre Seigneur Jésus-Christ est vrai Fils de Dieu, et qu'il ne l'est pas par grâce, comme les hommes, mais par nature, de même c'est sa vraie chair que nous recevons et son vrai sang que nous buvons. » Lanfranc reprend ensuite le passage allégué par Bérenger, et montre, en le rapportant tout entier, qu'il l'avait tronqué et pris à contre-sens. En effet, saint Ambroise y compare le miracle de l'eucharistie avec la création, et dit : « Que si la parole du Seigneur Jésus est assez puissante pour faire que ce qui n'était point ait commencé d'être, combien plus peut-elle faire que ce qui était subsiste et soit changé en une autre chose? qu'il subsiste selon l'apparence visible, mais que, selon son essence intime, il soit changé en une autre nature de ce qu'il n'était pas auparavant. »

Lanfranc dit ensuite que Bérenger, « en avançant que le sacrifice de l'Eglise est composé de deux parties, l'une visible, l'autre invisible, prenait le parti de la doctrine catholique sur l'eucharistie, au lieu de la combattre, puisque les catholiques soutiennent également qu'il y a deux parties en ce sacrement : l'apparence visible des éléments du pain et du vin, et la chair et le sang de Jésus-Christ, qui y sont d'une manière invisible; le signe et la chose signifiée, c'est-à-dire le corps du Seigneur, qui est mangé sur la terre, quoiqu'il demeure au ciel. » Il cite là-dessus les Actes de saint André, et ajoute : « Si vous demandez comment cela peut se faire, je réponds que c'est un mystère de foi; qu'il est salutaire de le croire, et non pas utile de l'examiner. »

Bérenger objectait que, suivant saint Augustin, quand on mange Jésus-Christ, on mange la vie, mais qu'on ne le coupe point par morceaux; que le même Père appelle le sacrement *un signe sacré*, et que, *par signe*, il entend une chose qui, outre l'idée qu'elle donne d'elle-même à nos sens, nous fait naître dans la pensée quelque autre chose différente du signe même. Lanfranc convient de tous ces articles; mais il remarque que, dans l'endroit où saint Augustin s'explique sur la nature du sacrement, il est question des sacrifices de l'ancienne loi, et non du corps et du sang de Jésus-Christ. Il vient après cela aux autres passages objectés par Bérenger, et ne trouve rien à répondre aux deux premiers : l'un, tiré de l'épître à l'évêque Boniface; l'autre, du livre *De la manière de catéchiser les ignorants*, parce que ces deux passages étaient plus à l'avantage de la foi catholique que de l'erreur que soutenait Bérenger. Il dit, en passant, que, « lorsqu'on rompt l'hostie et que le sang est versé du calice dans la bouche des fidèles, on représente l'immolation de son corps sur la croix, et l'effusion du sang de son côté; » ce qui donne lieu de croire que l'on communiait encore ordinairement sous deux espèces. Sur le troisième passage, où saint Augustin dit à Boniface que « le sacrement du corps de Jésus-Christ est en quelque manière le corps de Jésus-Christ, et le sacrement de son sang, en quelque manière son sang, comme le sacrement de la foi est la foi, » Lanfranc dit « qu'il n'est pas surprenant que la même chair et le même sang de Jésus-Christ, pris à un certain égard, soient les signes d'eux-mêmes, pris selon un autre égard, puisque Jésus-Christ, après sa résurrection, se manifesta, suivant les diverses circonstances du temps, sous diverses figures. Lorsqu'il apparut aux disciples allant à Emmaüs et feignant d'aller plus loin, il marquait, par cette feinte, qu'il devait, dans peu de jours, monter au ciel. » Après cette observation, Lanfranc répond « que le corps de Jésus-Christ, invisible et couvert de la forme du pain, est le sacrement et le signe de ce même corps visible et palpable, tel qu'il fut immolé sur la croix, et que la célébration du sacrement est la représentation de ce premier sacrifice. Quant à ce que dit saint Augustin que le sacrement de la foi est la foi, il entend par la foi le baptême, qui, en un sens, est la foi, et, en un autre, le sacrement de la foi, l'absolution extérieure du corps étant la figure de la foi intérieure du cœur. »

Bérenger poussait l'insolence jusqu'à appeler l'Eglise romaine *l'assemblée des méchants*, et le Siège apostolique, *le siége de Satan*. « Jamais aucun hérétique, ni schismatique, ni mauvais chrétien, répond Lanfranc, n'ont parlé de la sorte; tous les chrétiens des premiers siècles de l'Eglise, ceux mêmes qui erraient dans la foi, ont respecté le Siège de saint Pierre. » Sur ce que Bérenger ajoutait « qu'on ne pouvait comprendre par la raison, qu'il se puisse faire, même par miracle, que le pain soit changé au corps de Jésus-Christ, qui, depuis sa résurrection, est absolument incorruptible, et demeure au ciel jusqu'à la fin du monde, il répond que le juste qui vit de la foi n'examine point et ne cherche point à concevoir comment le pain devient chair et le vin sang, changeant l'un et l'autre essentiellement de nature; que ce juste aime mieux croire les mystères célestes, pour obtenir un jour la récompense de la foi, que de travailler en vain pour comprendre ce qui est incompréhensible; que c'est le propre des hérétiques de se moquer de la foi des simples et de vouloir tout comprendre par la raison; qu'au reste, quand nous croyons que Jésus-Christ est mangé sur la terre, véritablement et utilement par ceux qui le reçoivent dignement, nous ne laissons pas de croire très-certainement qu'il est entier et incorruptible dans le ciel. N'est-il pas dit dans l'Ecriture, que le *vase d'huile de la veuve de Sarepta était toujours plein, quoiqu'elle y puisât tous les jours?* » Lanfranc rapporte un passage du concile d'Ephèse ou de la lettre de saint Cyrille, au nom de ce concile, à Nestorius, où il est dit « que la chair que l'on mange dans l'Eucharistie est la propre chair vivifiante du Verbe; » il remarque qu'il s'était élevé deux hérésies au sujet de ces paroles de Jésus-Christ : *Si vous ne mangez la chair du Fils de l'homme*, etc., et qu'elles furent toutes les deux condamnées dans ce concile.

Après avoir répondu aux objections de Bérenger, Lanfranc expose en ces termes sa doctrine sur l'eucharistie : « Nous croyons que les substances terrestres qui sont sanctifiées sur la table du Seigneur par le ministère des prêtres, sont, par la puissance suprême, changées d'une manière ineffable et incompréhensible en l'essence du corps du Seigneur, à la réserve des espèces et de quelques autres qualités de ces mêmes choses, de peur qu'on n'eut horreur de prendre de la chair crue et du sang, et afin que la foi ait plus de mérite; en sorte, toutefois, que le même corps du Seigneur demeure au ciel à la droite du Père, immortel, sain et entier, et que l'on puisse dire que nous prenons le même corps qui est né de la Vierge, et non pas le même. C'est le même quant à l'essence, la propriété et la vraie nature et la vertu; ce n'est pas le même si on regarde les apparences du pain et du vin. Telle est la foi qu'a tenue dès les premiers temps et que tient encore à présent l'Eglise qui, étant répandue par toute la terre, porte le nom de catholique. Il prouve la vérité de cette doctrine: premièrement, par les paroles de l'institution de l'eucharistie; en second lieu, par les témoignages de saint Ambroise, de saint Augustin, de saint Léon et de saint Grégoire; troisièmement, par les miracles rapportés dans l'histoire ecclésiastique et dans les écrits des Pères. »

« Ce que vous assurez être le corps de Jésus-Christ, disait Bérenger, est nommé dans les saintes lettres, *espèce*, *ressemblance*, *figure*, *signe*, *mystère*, *sacrement*. Or, ces mots étant relatifs, ils ne peuvent être la chose à laquelle ils se rapportent, c'est-à-dire le corps de Jésus-Christ. » Lanfranc répond que l'eucharistie s'appelle *espèce* ou *ressemblance*, par rapport aux choses qu'elle était auparavant, savoir, le pain et le vin dont est composé le corps et le sang de Jésus-Christ. Elle est aussi nommée *pain* dans l'Ecriture, parce qu'elle a coutume de donner aux choses le nom de celles dont elles sont composées, ou parce qu'il paraît du pain à nos yeux, quoiqu'il soit chair. Si le pain est changé en la vraie chair de Jésus-Christ, disait encore Bérenger, ou le pain est enlevé au ciel pour y être changé en la chair de Jésus-Christ, ou la chair de Jésus-Christ descend sur la terre pour opérer ce changement. » Lanfranc ne répond à cette objection que par les paroles de l'Ecriture et des Pères, qui nous apprennent à ne point mesurer les mystères de la puissance de Dieu sur les lumières de notre raison, parce que les opérations divines ne seraient plus admirables si nous les comprenions.

S'adressant ensuite à Bérenger: « Vous croyez, lui dit-il, que le pain et le vin de la sainte table demeurent pain et vin après la consécration, comme ils l'étaient auparavant, et qu'on ne les appelle *chair et sang de Jésus-Christ*, que parce qu'on les emploie pour célébrer la mémoire de la chair crucifiée, et de son sang répandu de son côté. S'il en est ainsi, les sacrements des Juifs ont été plus excellents que ceux des chrétiens, puisque la manne envoyée du ciel et les animaux qu'on immolait, valaient mieux qu'un peu de pain et un peu de vin. Or, c'est ce que la religion chrétienne ne permet pas de penser. »

Enfin Lanfranc se sert avec avantage contre Bérenger, du sentiment de l'Eglise universelle. Sur quoi voici comme il le presse: « Si ce que vous croyez du corps de Jésus-Christ est vrai, il s'ensuit que tout ce que l'Eglise universelle répandue dans toutes les nations d'orient, est faux. Tous ceux, en effet, qui se glorifient d'être chrétiens, de quelque pays qu'ils soient, se glorifient aussi de recevoir dans l'eucharistie la vraie chair que Jésus-Christ a prise dans le sein de la Vierge. Interrogez tous les peuples de l'Occident qui ont quelque connaissance de la langue latine; interrogez les Grecs, demandez aux Arméniens et à tous les autres chrétiens des diverses nations du monde: ils vous répondront tous unanimement qu'ils professent la même foi. Or, si la foi de l'Eglise universelle peut être fausse, il faut dire ou qu'il n'y a jamais eu d'Eglise catholique, ou que l'Eglise a péri: blasphème dont tout catholique aura horreur..... Vous répondez: L'Eglise a été, elle s'est étendue dans tout le monde; mais, dans l'ignorance de ceux qui ont mal entendu l'Ecriture, elle est tombée dans l'erreur, elle a péri. Proposition sacrilège, dont l'Evangile, les Prophètes et les saints Pères ont démontré la fausseté! Le Seigneur a promis à sa sainte Eglise qu'il ne l'abandonnerait jamais: *Voici*, lui a-t-il dit, *que je suis avec vous tous les jours jusqu'à la consommation des siècles* (*Biblioth. Pat.*, t. XVIII).

Lanfranc fit cet excellent traité avant d'être nommé archevêque. Le moine Guitmond, un de ses disciples, combattit Bérenger par un traité semblable, divisé en trois livres et écrit en forme de dialogues. Après avoir peint le caractère et l'orgueil de Bérenger, il en parle en ces termes: « Il a mieux aimé devenir hérétique et faire parler les hommes de lui, que de vivre catholique et n'être connu que de Dieu. Pour s'attirer la faveur des hommes mondains qui ne cherchent que l'occasion de pécher, il a combattu le mariage et le baptême des enfants; enfin il a osé blasphémer contre la présence réelle de Jésus-Christ dans la sainte eucharistie afin que la crainte de recevoir la sainte eucharistie indignement, n'inquiétât pas les mondains dans leurs péchés. » Guitmond remarque qu'à la vérité tous les disciples de Bérenger s'accordent à nier que le pain et le vin soient réellement changés dans l'eucharistie, mais qu'ils diffèrent fort entre eux en exposant leurs faux dogmes.

Après ces préliminaires, Guitmond réfute l'erreur générale des bérengariens. Ceux-ci disaient: « La nature n'est pas capable de ce changement, même par la volonté de Dieu. » — « Si cela est, répond Guitmond, Dieu n'est pas tout-puissant, et c'est en vain que les bérengariens chantent ce verset du psaume: *Tout ce que le Seigneur a voulu, il l'a fait*. Mais si Dieu a fait tout ce qu'il a voulu, il n'est plus question de savoir s'il a voulu que le pain et le vin fussent changés au corps et au sang du Seigneur. » — « A Dieu ne plaise, répondaient ces hérétiques, que telle soit sa volonté, puisqu'il est indigne de Jésus-Christ d'être froissé par les dents. » Guitmond répond « qu'il peut également être touché par les dents des fidèles, comme il le fut par les mains de saint Thomas; qu'étant immortel et impassible, il ne peut être ni blessé ni mis en pièces; qu'encore que son corps paraisse divisé, lorsqu'on le distribue aux fidèles, il y en a autant dans la plus petite partie que dans l'hostie tout entière; en sorte que chaque particule séparée est tout le corps de Jésus-Christ, et que trois particules séparées ne sont pas trois corps, mais un seul corps. Il se donne tout entier à chacun des fidèles; tous le reçoivent également. Célébrât-on mille messes à la fois: *C'est un seul corps de Jésus-Christ indivisible*; et, quoique l'hostie paraisse être divisée en plusieurs parties, la chair de Jésus-Christ n'est pas pour cela divisée; et ce que sont toutes ces particules avant la division de l'hostie, elles le sont après leur séparation, c'est-à-dire tout le corps de Jésus-Christ. » Guitmond rend cette vérité sensible par l'exemple de la parole de l'homme, qui se communique tout entière et en même temps à mille personnes; et par celui de l'âme humaine, qui, tout appesantie qu'elle est par la corruption du corps, n'est pas divisée en plusieurs parties dans les divers membres du corps qu'elle anime, mais est tout entière dans chaque membre. Que si Dieu a accordé à la voix de l'homme et à son âme une semblable prérogative, pourquoi ne pourrait-il pas communiquer le même avantage à sa propre chair, d'être en même temps tout entière et sans souffrir aucune division en elle-même dans toutes les parties de son corps, qui est l'Eglise; puisque, comme notre âme est la vie de notre corps, de même, et à bien plus forte raison, par la grâce et la volonté de Dieu, la chair du Sauveur est la vie de son Eglise? Car l'âme donne à notre corps une vie qui est seulement temporelle; mais la chair du Sauveur communique à l'Eglise, non une vie commune et ordinaire, mais une vie éternelle et bienheureuse (*Biblioth. Pat.*, t. XVIII).

On voit, par cet extrait, que Guitmond, aussi bien que Lanfranc, non-seulement connaissait à fond la théologie chrétienne, mais qu'il savait l'exposer avec clarté et la défendre avec force. Durand, abbé de Troarn, dans la même province de Normandie, écrivit aussi contre Bérenger un ouvrage fort étendu et fort instructif sur les détails où entre l'auteur sur ce qui s'est passé en France au sujet des erreurs de Bérenger. Pour le dogme, il le défend savamment, mais avec moins de précision et de force que Lanfranc et Guitmond. Ce dernier refusa constamment un évêché que Guillaume le Conquérant lui offrait en Angleterre; il osa même lui manifester des doutes très-sévères sur la légitimité de sa conquête. Avec la permission de son abbé, il se retira en Italie, où le pape Grégoire VII, qui savait découvrir le mérite, le fit cardinal, et Urbain II l'obligea d'accepter enfin l'archevêché d'Averse.

Vers l'an 1066, le pape Alexandre II écrivit à tous les évêques d'Espagne, une lettre qui porte: « Nous avons appris avec plaisir que vous avez protégé les Juifs qui demeurent parmi vous, pour empêcher qu'ils ne fussent tués par ceux qui allaient contre les Sarrasins en Espagne. C'est ainsi que saint Grégoire a déclaré que c'était une impiété de vouloir les exterminer, puisque Dieu les a conservés par sa miséricorde, pour vivre dispersés par toute la terre, après avoir perdu leur patrie et leur liberté en punition du crime de leurs pères. Leur condition est bien différente de celle des Sarrasins, contre lesquels la guerre est juste, puisqu'ils persécutent les chrétiens et les chassent de leurs villes et de leurs demeures, au lieu que les Juifs se soumettent partout à la servitude. »

L'an 1068, le même Pape envoya dans le midi de la Gaule et en Espagne, le cardinal Hugues le Blanc, en qualité de légat. Il tint cette année-là même deux conciles, l'un à Auch, l'autre à Toulouse, où l'on traita diverses affaires particulières; et par les jugements qui furent rendus sur diverses accusations, on y extirpa la simonie. En Espagne, il tint un concile au monastère de Leyr, dans le royaume d'Aragon; un autre à Gironne, un autre à Aussonne. Il y rétablit la pureté de la foi, y extirpa la simonie, substitua le rite romain au rite gothique ou mozarabe, et confirma, par l'autorité du Pape, la trève de Dieu, sous peine d'excommunication contre les infracteurs (*Conc. Hisp.*, t. IV).

Le roi Ferdinand, premier du nom, si célèbre par ses victoires et ses conquêtes sur les mahométans, était en communauté de prière avec le monastère de Cluny, et lui payait un cens annuel. Son fils, Alphonse le Vaillant, roi de Léon, hérita de sa valeur et de sa piété. Il aima saint Hugues, abbé de Cluny, comme un fils aime son père. Le saint lui ayant envoyé un de ses moines nommé Robert, Alphonse le prit en grande affection, en fit son ami et conseiller intime. Il écrivit à saint Hugues une lettre pleine de tendresse, où il le remercie d'un présent aussi cher, et le prie d'envoyer encore quelques frères semblables pour consolider le bien commencé dans le royaume. Il lui apprend qu'il a doublé le cens annuel que son père payait au monastère de Cluny, que, dans son testament, il a pris des précautions pour qu'il en fût de même sous ses successeurs, ajoutant, contre celui qui ne voudrait pas l'exécuter, cette clause ou cette imprécation: « Qu'il soit privé du royaume, par la puissance de Dieu et par l'intercession des apôtres saint Pierre et saint Paul! » Quant à l'office romain, qu'on avait reçu sur la recommandation du saint abbé, tout le pays en était ému. Le roi le prie donc de faire en sorte que le Pape y envoie le cardinal Girald, pour corriger ce qui a besoin de correction. La lettre est de l'année 1070 (*Ibid.*).

Le saint abbé Hugues, par un statut adressé la même année à tous les religieux présents et à venir de Cluny, accorda au roi Alphonse, leur ami et leur bienfaiteur, une participation spéciale à tous leurs biens spirituels, tant en sa vie qu'à sa mort. En outre, pendant toute sa vie, on chantera chaque jour à tierce le psaume *Exaudiat*, et, à la grand'messe, la collecte pour le roi. Le jour du jeudi saint on régalera pour lui trente pauvres, et cent le jour de Pâques. Chaque jour, à la grande table, on lui servira sa portion, comme s'il devait manger avec les frères, ensuite on la donnera à un pauvre pour le salut de son âme. Dans la nouvelle église de Saint-Pierre et de Saint-Paul, qu'il a bâtie à ses frais, il aura un des principaux autels où l'on puisse célébrer pour lui les divins mystères. Après sa mort, outre les offices, les messes et les aumônes qu'on doit acquitter pour lui, on chantera pour lui chaque jour, toute une année, la messe sur ledit autel. Au jour anniversaire, on fera tout comme on a fait pour l'empereur Henri, c'est-à-dire, à vêpres, à l'office et à la messe, on sonnera toutes les cloches, on chantera le trait en chappe, ainsi qu'à la messe à son autel; on régalera douze pauvres, on en fera de même pendant sept jours, sans compter la portion quotidienne qu'on servira toujours pendant la grand'messe. Le custode de l'Eglise préparera une réfection abondante aux frères. La reine, son épouse, aura part en tout ceci. Le jeudi saint, on régalera pour elle douze pauvres; et, à son anniversaire, on fera comme pour l'impératrice Agnès (*Ibid.*, p. 436; d'Achery, t. VI, p. 445 et 447). Cette association spirituelle de prières et de bonnes œuvres entre les rois et les moines du XIe siècle, est aussi curieuse qu'édifiante. Elle nous semble surtout beaucoup plus utile pour le bonheur des nations, que les associations secrètes qui, de nos jours, menacent de tout bouleverser.

L'année suivante 1071, le pape Alexandre II fit la dédicace de la nouvelle église du Mont-Cassin. Depuis que le cardinal Didier fut abbé de ce monastère, il le renouvela entièrement. Il lui attira de grands bienfaits de la part de Richard, prince de Capoue, et de Robert Guiscard, duc de Pouille et de Calabre, dont il avait gagné l'amitié, et commença par donner à son église quantité de riches ornements. De son temps, un roi de Sardaigne nommé Bareson envoya des députés au Mont-Cassin, demandant des moines pour établir dans son royaume un monastère suivant leur observance, qui y était encore inconnue. L'abbé Didier choisit douze des meilleurs sujets de sa communauté, à qui il donna des livres de l'Ecriture sainte, des reliques, des vases sacrés, des ornements et tout ce qui était nécessaire pour cette mission, avec un abbé pour les gouverner, et il les envoya en Sardaigne sur un vaisseau de Gaëte. Ils arrivèrent à une petite île nommée le Lis, et attendaient le temps propre pour passer outre, quand les Pisans, poussés d'envie contre les Sardes, vinrent sur eux à l'improviste avec des bâtiments armés, les pillèrent et les maltraitèrent sans distinction de personnes; ils allaient même pendre le chef de la députation, s'il n'eût pris l'habit d'un moine pour se sauver. Ils brûlèrent le vaisseau de Gaëte et s'en retournèrent chargés de butin. Les douze moines du Mont-Cassin, dépouillés de tout, excepté de leurs habits, se dispersèrent en divers lieux; il en mourut quatre, et les huit autres revinrent au monastère dans l'année.

Cependant le roi Bareson ayant tiré satisfaction des Pisans pour cette insulte, fit une nouvelle demande au Mont-Cassin, disant qu'il persistait encore plus ardemment dans le même désir, et que cet accident ne devait point les rebuter. On lui envoya deux moines après environ deux ans; il les reçut avec joie et leur donna une église de Sainte-Marie, puis une de Saint-Elie, avec la montagne où elle était située, et de grandes terres. Un autre roi de Sardaigne, nommé Torchytor, par émulation du premier, envoya aussi au Mont-Cassin une donation de six églises avec leurs dépendances, pour fonder un monastère. D'ailleurs, le pape Alexandre envoya un légat à Pise, avec un moine du Mont-Cassin, pour ordonner, sous peine d'anathème, de rendre incessamment tout ce qui avait été pris à ce monastère; ce qui fut exécuté, et les Pisans ayant reconnu leur faute, se réconcilièrent avec l'abbé Didier. Le même Pape tira du Mont-Cassin plusieurs bons sujets, pour les appeler auprès de lui au service de l'Eglise romaine, soit pour en faire des évêques et des abbés.

L'abbé Didier trouvant les affaires du monastère dans une grande prospérité et une grande paix, jouissant d'un grand revenu, honoré de tous ses voisins, entreprit de renouveler l'église en 1066. Il commença par abattre l'ancienne, comme trop petite, et en bâtit dès les fondements une plus grande et plus magnifique. Il acheta à Rome, à grands frais, des colonnes, des bases, des chapiteaux et des marbres de diverses couleurs, qu'il fit apporter par mer jusqu'à la tour du Garillan.

L'Eglise avait cent cinq coudées de long, quarante-trois de large et vingt-huit de haut; les quatre coudées font une toise : il y avait dix colonnes de chaque côté. Devant l'église était un parvis de soixante-dix-sept coudées de long et de cinquante-sept de large, environné de colonnes. Pour ordonner le dedans de l'église, l'abbé Didier envoya à Constantinople, des députés qui en firent venir des ouvriers en mosaïque et en marbre; car ces arts étaient tombés en Italie depuis cinq cents ans, et, pour les y rétablir, il eut soin de les faire apprendre à plusieurs des serfs du monastère, aussi bien que les autres arts utiles aux bâtiments. Ainsi c'est un abbé du Mont-Cassin, depuis Pape sous le nom de Victor III, qui rappela d'Orient en Occident et y acclimata de nouveau les beaux-arts, en les consacrant au culte divin.

L'église du Mont-Cassin étant achevée au bout de cinq ans, l'abbé Didier voulut la faire dédier avec toute la solennité possible, et pria le pape Alexandre d'en faire lui-même la cérémonie. Le jour fut fixé au samedi 1er octobre 1071, et il y vint des prélats de presque toute l'Italie, le Pape, dix archevêques, quarante-trois évêques, une infinité d'abbés, de moines, de clercs et de laïques, entre autres Richard, prince de Capoue, Jourdain, son fils, et son frère Rainulfe; Gisulfe, prince de Salerne, avec ses frères; Landulfe, prince de Bénévent, Sergius, duc de Naples, Sergius, duc de Surrent. Le duc Robert Guiscard était occupé au siège de Palerme, qu'il prit la même année sur les Sarrasins, et dont il rendit à l'archevêque grec l'église cathédrale de Notre-Dame, qu'ils avaient transformée en mosquée. Ce prélat faisait le service dans l'église de Saint-Cyriaque, en de continuelles alarmes.

Le Pape avait promis indulgence de tous les péchés confessés à tous ceux qui assisteraient à cette dédicace, ou qui viendraient à la nouvelle église pendant l'octave, ce qui y attira une telle affluence de peuple, qu'il semblait que personne n'en fût sorti depuis le premier jour, tant la foule y était grande jour et nuit. Non-seulement le monastère et la ville, mais la campagne des environs était remplie d'une multitude innombrable, et tous furent nourris par l'abbé, de pain, de vin, de chair et de poisson, pendant les trois jours qui précédèrent la dédicace et les trois jours qui la suivirent. Cette solennité augmenta tellement la réputation du monastère et de l'abbé Didier, que tous les princes y envoyèrent des présents, entre autres l'impératrice Agnès, et qu'en deux ans, le nombre des moines augmenta jusqu'à près de deux cents (*Chron. Cass.*, l. 3, c. 16-31).

La vigilance du pape Alexandre s'étendait partout, comme son autorité. Le 18 mars 1063, il réunit les deux Eglises de Dioclée et d'Antibari en Epire. Dioclée était métropole depuis environ deux cents ans; mais ayant été ruinée, les archevêques s'étaient retirés à Antibari, ville forte dans la même province. Pierre remplissait alors ce siège, et ce fut à sa prière que le Pape réunit non-seulement ces deux Eglises, mais encore neuf autres, qui paraissent également avoir été ruinées. Il donna à l'archevêque autorité sur tous les monastères de Latins, de Grecs et de Slaves; car la province était mêlée de ces trois nations. Il lui accorde le *pallium* et le droit de faire porter la croix devant lui par toute la Dalmatie et l'Esclavonie (Labbe, t. IX, p. 117, *Epist.* 4).

On trouve un décret du même Pape adressé aux évèques et au roi de Dalmatie, portant que si un évêque, un prêtre ou un diacre prend une femme ou garde celle qu'il avait déjà, il sera interdit jusqu'à ce qu'il ait satisfait, n'assistera point au chœur et n'aura aucune part aux biens de l'église. Ce décret fait voir que la Dalmatie suivait l'usage de l'Eglise latine, et non de l'Eglise grecque. Par un autre décret, le même Pape informe les mêmes évêques et le même roi que tous les articles statués par le cardinal Mainard et l'archevêque Jean, tant à Spalatro que dans les autres villes, avaient été confirmés dans le concile de Rome par le pape Nicolas de bienheureuse mémoire, et sanctionnés par l'anathème (Labbe, *Ex Grat. can.* 16, *dist.* 81, *et Ivo*, p. 4, c. 139).

Le pape Alexandre envoya légat à Constantinople saint Pierre, évêque d'Anagni, célèbre par sa vertu et sa doctrine. Pierre naquit à Salerne, de la famille des princes, et y embrassa dès son enfance la vie monastique. Le saint cardinal Hildebrand étant venu légat à Salerne et ayant découvert son mérite, le demanda à son abbé et l'emmena à Rome, où le pape Alexandre l'employa aux affaires ecclésiastiques et le fit ensuite évêque d'Anagni, malgré sa résistance.

L'empire de Constantinople se délabrait de plus en plus, et au dedans et au dehors. L'empereur Isaac Commène étant tombé malade l'an 1059, songea à se donner un successeur. Il avait un frère, nommé Jean, digne et capable de régner. Jean s'y refusa d'une manière absolue, malgré sa femme. Isaac avait un neveu, fils de sa sœur et nommé Théodore. Il avait une fille en âge d'être mariée, et dont l'empire pouvait faire la dot. Il n'était pas embarrassé de trouver d'autres parents résignés à accepter l'empire. Il jeta les yeux sur Constantin Ducas, général d'une illustre famille, et qui l'avait aidé à monter sur le trône. Isaac abdiqua en sa faveur, prit l'habit monastique et se fit transporter au monastère de Stude, où il recouvra la santé, sans regretter son sacrifice. Sa femme, l'impératrice Catherine, loin de montrer plus de faiblesse, l'avait fortifié elle-même dans ce dessein pendant sa maladie, et l'y confirma dans sa convalescence. Elle se consacra elle-même à la vie religieuse avec sa fille Marie, et prit le nom d'Hélène. Son mari, qu'elle allait visiter quelquefois, lui disait en plaisantant : « Avouez que je vous avais faite esclave en vous donnant la couronne, et que je vous ai affranchie en vous l'ôtant. » Il vécut encore un an dans le monastère, rejetant absolument toute distinction, soumis aux supérieurs comme le dernier des frères, et s'abaissant aux offices les plus humiliants, jusqu'à vouloir être portier à son tour (*Scyl.*, p. 809; *Zon. Glyc. Anna Comn.*).

Constantin Ducas, couronné empereur le jour de Noël 1060, fut un prince de peu d'esprit, qui ne porta sur le trône que les qualités d'un particulier; encore étaient-elles altérées par la faiblesse et la bizarrerie. Il avait les talents d'un administrateur subalterne, mais non ceux d'un empereur. Au lieu de de regarder comme le protecteur des lois, il s'en faisait l'exécuteur. Perdu dans les détails, il abandonnait l'inspection générale. Dévot, ami des moines, affectant beaucoup de charité pour les pauvres, il était néanmoins avare jusqu'à licencier les troupes et laisser l'empire exposé aux incursions des Barbares, pour épargner la paie des soldats. Son gouvernement bizarre provoqua une conspiration : elle fut découverte, et les complices punis par la confiscation de leurs biens.

La Palestine était depuis plusieurs années un perpétuel sujet de guerre entre les deux monarchies mahométanes; les deux califes de Perse et d'Egypte s'en disputaient la possession. Jérusalem, plusieurs fois prise et reprise, n'était plus environnée que de ruines, au lieu des tours et des murailles qui l'avaient rendue, après Antioche, la plus forte place de la Syrie. Daher, calife d'Egypte, ayant poussé ses conquêtes jusqu'à Laodicée, obligea, par un édit, tous les habitants de la Syrie de réparer leurs murs et de relever leurs tours. Pour obéir à cet ordre, le gouverneur de Jérusalem imposa une taxe sur les citoyens; et les chrétiens, qui étaient en grand nombre, furent chargés de fournir le quart de la dépense. Il s'en fallait bien que leurs moyens fussent en proportion de leur nombre. Accablés par les infidèles, qui les pillaient sans cesse et dont ils ne pouvaient obtenir justice, ils étaient presque tous réduits à l'indigence. Les représentations qu'ils firent au gouverneur furent inutiles; l'impitoyable musulman leur répondit qu'il fallait payer ou mourir. Dans cette extrémité, ils implorèrent l'assistance de l'empereur, et ce prince, touché de leurs larmes, consentit à leur fournir la somme exigée, à condition qu'ils obtiendraient du calife que désormais le quartier de la ville dont ils auraient relevé les murs, ne serait habité que par des chrétiens; qu'ils y auraient l'exercice libre de leur religion, et qu'ils ne seraient soumis qu'à la juridiction du patriarche. Le calife leur accorda tout, excepté l'exemption de leur taxe, et l'empereur leur fit délivrer l'argent qu'on leur demandait sur les revenus de l'île de Chypre (*Scyl.*, *Zon. Glyc.*, *Hist. du Bas-Empire*, l. 79).

Mais déjà l'année 1048 avait vu naître une guerre sanglante entre les Grecs et une nouvelle horde de Turcs, qui, s'étant établie par l'épée, détruisit en Asie une grande partie de l'empire grec, fit la loi aux califes, leur enleva Bagdad même, capitale de leurs vastes Etats, étendit ses conquêtes dans l'espace de huit cents lieues, depuis le fond de l'Orient jusqu'au Bosphore et à l'archipel, et qui, renversée enfin par un torrent d'autres Barbares, fit sortir de ses ruines la puissance ottomane. Cette nouvelle dynastie de Turcs prit de son auteur le nom de *seldjoukides*. Seldjouk, un des plus braves capitaines du Turkestan, s'étant élevé par sa valeur aux premières dignités de l'empire turc, encourut la disgrâce de son prince et se retira dans la Bukarie, vers les bords du Gihon, l'ancien Oxus, avec sa famille et un grand nombre de Turcs attachés à sa fortune. Redoutable à ses voisins, dont il ravageait les terres, il ne quitta les armes qu'avec la vie à l'âge de cent sept ans. Son fils, Mikaïd, qui fut tué dans un combat, laissa trois fils, Bighou, Thogrul-Beg, que les Grecs nomment *Tangrolipix*, et Daoud, qui continuèrent de vivre en liberté aux dépens de leurs voisins, s'occupant du soin de leurs troupeaux, lorsqu'ils se reposaient de leurs courses. Après plusieurs aventures et plusieurs guerres, Trogrul se rendit maître du Khorasan, et prit le titre de *sultan*, qui signifie généralement *dominateur*. Le calife de Bagdad, ébloui de la réputation de Trogrul, et accablé sous le joug de ses ministres, crut trouver en lui une ressource pour se tirer d'oppression. Il invita Trogrul à venir à son secours, et le nouveau sultan s'en fit honneur; mais le calife n'y gagna que de changer de maître. Bientôt les seldjoukides voient sous leur puissance toute la partie orientale de la Perse, et attaquent les Grecs en Arménie. La guerre fut acharnée, mais douteuse, jusqu'au schisme de Michel Cérulaire. Depuis cette époque, les provinces grecques de l'Orient, l'Arménie surtout, fut inondée de sang et couverte de ruines. Il y eut des vieillards que les Turcs se plaisaient à écorcher depuis la poitrine jusqu'au cou, et leur couvrant la tête de leur propre peau comme d'un sac, ils leur perçaient le cœur à loisir. De l'Arménie, ils se mirent à faire les mêmes ravages dans la Cappadoce et dans le Pont. Les Hongrois, les Patzinaces, autrement Cosaques, et d'autres Barbares, attaquaient l'empire du côté du Danube.

Ce fut au milieu de ces calamités, que Constantin Ducas tomba malade au mois d'octobre 1066. De sa femme Eudoxie il avait trois fils, Michel, Andronic et Constantin. Jugeant lui-même qu'il ne reviendrait point de sa maladie, il prit des mesures pour assurer la succession à ses enfants. Il entendait que ses trois fils régnassent ensemble, et qu'ils fussent sous la tutelle de leur mère; mais, auparavant, il fit promettre à celle-ci avec serment qu'elle ne prendrait pas de second mari. Il déposa cette promesse, signée de l'impératrice et du sénat, entre les mains du patriarche. Il fit aussi jurer à tous les sénateurs qu'ils ne reconnaîtraient pour d'autre empereur que ses enfants; il les recommanda surtout à Jean Ducas, son frère, auquel il avait donné le titre de césar; il enjoignit avec instance à sa femme de se conduire par les conseils du césar, et à ses enfants de lui obéir comme à leur père. Il lui donna pour adjoint dans la régence le patriarche Xiphilin. Après ces dispositions, il mourut au mois de mai 1067, à l'âge d'environ soixante ans, ayant régné sept ans et cinq mois.

Le patriarche Xiphilin, oncle de l'abréviateur de Dion Cassius, avait succédé à Constantin Lichudès, mort dans les premiers jours de l'année 1064. Xiphilin était né à Trébisonde, et, ayant passé ses premières années à Constantinople dans l'étude des lettres, il se livra ensuite aux affaires civiles, dans lesquelles il se distingua par son habileté autant que par sa vertu. Parvenu par son mérite au rang de sénateur, il se dégoûta bientôt de la vie séculière, et se consacra au service de Dieu, entre les solitaires du Mont-Olympe. D'après les historiens grecs, il ne s'occupait que de prières et de bonnes œuvres, lorsqu'il fut appelé au siége de Constantinople. Il fallut l'arracher de sa cellule et le transporter malgré lui sur le siége patriarcal. S'il était, dans la solitude, entièrement détaché de toute ambition, il paraît qu'en rentrant dans le monde, il y reprit ses liens.

L'impératrice Eudoxie régnait au nom de ses trois jeunes fils. Profitant de ce règne de femme et de la faiblesse des troupes grecques, qui manquaient de paie et de vivres, les Turcs seldjoukides firent de grands progrès. Commandés alors par Oluf-Arselan, neveu et successeur de Thogrul-Beg, ils s'avancèrent dans la Mésopotamie, l'Arménie, et jusqu'à Césarée de Cappadoce, pillant et brûlant tout. Ils pillèrent entre autres la magnifique église de Saint-Basile, qu'ils profanèrent et dont ils ôtèrent tous les ornements; mais ils ne purent toucher à ses reliques, parce que son tombeau était environné d'une très-forte maçonnerie. Seulement ils emportèrent les petites portes des ouvertures, parce que ces portes étaient ornées d'or, de perles et de pierres précieuses.

Pour arrêter leurs progrès, on vit bien à la cour de Constantinople qu'il fallait un empereur capable de commander en personne les armées. Romain Diogène, patrice et maître de la garde-robe impériale, venait d'être accusé et convaincu de complot. Les juges l'avaient condamné : l'impératrice devait signer la sentence; elle eut pitié du coupable, renvoya l'affaire à une plus ample information. Ayant alors été acquitté, Romain Diogène prit le chemin de la Cappadoce, sa patrie. Dès la seconde journée, il reçut de l'impératrice un ordre de revenir à la cour. Il y arriva le jour de Noël, et fut étonné lui-même, aussi bien que les autres, de se voir aussitôt nommé maître de la milice et général des armées. C'est que l'impératrice voulait l'épouser, principalement à cause de sa bonne mine. Elle n'était arrêtée que par cette fatale promesse qui la condamnait au veuvage. L'acte était entre les mains du patriarche et signé de tous les sénateurs. Il s'agissait de le retirer. Elle envoya au patriarche un eunuque qui lui dit en secret que l'impératrice voulait épouser Bardas; c'était le frère du patriarche même, mais un débauché qui ne songeait qu'à son plaisir. L'eunuque dit donc au patriarche Xiphilin qu'il ne tenait qu'à lui de faire son frère empereur, en supprimant cette promesse injuste et contraire aux lois; et, comme il vit qu'il donnait dans le piège, il lui conseilla de prendre l'avis des sénateurs. Le patriarche les fit venir l'un après l'autre, et leur exagéra l'injustice de cette promesse, et la nécessité d'avoir un homme de mérite pour empereur; enfin il les gagna tous, soit par persuasion, soit par présents. L'acte fut remis à l'impératrice, et Bardas ainsi que le patriarche se préparaient à la double cérémonie d'un mariage auguste et d'un pompeux couronnement; mais quand tout fut bien disposé, l'impératrice fit entrer Diogène dans le palais, la nuit du 31 décembre 1067, l'épousa sur-le-champ par le ministère d'un de ses aumôniers, le déclara le lendemain empereur, au grand étonnement de toute la cour et surtout du patriarche (Scyl., Zon., Glyc.; Manassès, *Hist. du Bas-Empire*, l. 79).

Romain Diogène fit la guerre aux infidèles avec quelque avantage les deux premières années de son règne. Mais, en 1070, les Turcs poussèrent leurs conquêtes en Natolie, et prirent entre autres Chones, autrefois Colosses en Phrygie, où ils profanèrent l'église fameuse de Saint-Michel, la remplirent de sang et de carnage et en firent une écurie. L'année suivante 1071, Diogène, après avoir refusé la paix que le sultan Oluf-Arselan lui offrait, fut pris dans un combat où son armée fut mise en déroute. Quand il eut été présenté au sultan, celui-ci le renversa par terre et lui marcha sur le corps. C'était le traitement en usage dans l'Orient, et même à Constantinople, à l'égard des princes vaincus et faits prisonniers. Après cela, il lui tend la main, le relève et l'embrasse. Il donne ordre de lui dresser une tente et de le servir selon la dignité impériale. Il veut qu'il mange avec lui, et lui fait rendre les mêmes honneurs qu'à lui-même. Pendant les huit jours qu'il le retint dans son camp, il ne manqua jamais de lui rendre visite deux fois par jour, s'entretenant avec lui comme un ami, le consolant, l'avertissant même de plusieurs fautes qu'il lui avait vu faire dans la bataille, et lui reprochant avec douceur le refus de la paix. Dans une de ces conversations, le sultan lui demanda : Si tu m'avais pris, comment m'aurais-tu traité? Diogène lui répondit franchement : Je t'aurais fait mourir sous les coups. Le sultan répliqua : Et moi je n'imiterai point ta dureté; car j'apprends que votre Christ vous a commandé la paix et l'oubli des injures.

Les effets surpassèrent les promesses. Le sultan turc lui fit présent de mille pièces d'or, lui remit entre les mains tous les prisonniers dont Diogène demanda la délivrance, les revêtit même de vestes d'honneur selon l'usage de l'Orient; il fit ensuite avec lui un traité de paix et d'alliance perpétuelle, fixa les bornes des deux empires, promit de renvoyer libres et sans rançon tous les Grecs qui se trouvaient dans ses Etats, à condition que les Grecs en useraient de même à l'égard des Turcs, lui jura une amitié inviolable, qui devait être cimentée par le mariage de leurs enfants; et, après avoir accordé au vaincu beaucoup plus qu'il n'aurait osé espérer, il lui rendit la liberté. A son départ, il le revêtit de la robe de sultan, l'embrassa tendrement, lui donna une nombreuse escorte et le fit accompagner des premiers de sa cour, qu'il envoyait en ambassade à Constantinople.

Mais la nouvelle de sa défaite étant venue dans cette capitale, le césar Jean Ducas, frère du défunt empereur, et les sénateurs de son parti firent couper les cheveux à l'impératrice Eudoxie, et l'envoyèrent en exil dans un monastère qu'elle avait fondé; déclarèrent seul empereur Michel Ducas, son fils aîné, et écrivirent partout que Romain Diogène ne fût plus reconnu pour empereur. A son retour, il y eut deux batailles acharnées entre les Grecs des deux partis. Diogène y eut le dessous et se renferma dans la ville d'Adane. Andronic, fils aîné du césar Jean Ducas, s'étant présenté devant cette ville, Diogène lui fit dire qu'il était prêt à rendre la place et à se mettre lui-même entre ses mains, pourvu qu'on lui donnât des assurances qu'il ne lui serait fait aucun mauvais traitement. A cette condition il consentait à se démettre de l'empire, à prendre l'habit de moine et à se réduire à la vie privée. Andronic envoya sur-le-champ consulter le jeune empereur sur le sort de son beau-père. Le conseil fut d'avis de promettre tout à Diogène, et, pour lui donner plus de confiance, on fit partir trois archevêques qui se rendraient garants du traité.

Ce fut dans cet intervalle que Diogène fit une action qui rend sa bonne foi à jamais mémorable. Il recueillit tout ce qui lui restait d'argent, y joignit un diamant estimé quatre-vingt-dix mille pièces d'or, et dépêcha un courrier au sultan avec une lettre en ces termes : « J'étais encore empereur lorsque je suis convenu avec vous de quinze cent mille pièces d'or pour ma rançon. Aujourd'hui, dépouillé de l'empire, je vous en envoie deux cent mille avec ce diamant, que je vous prie de recevoir comme un gage de ma reconnaissance. C'est le reste de ma fortune. Votre générosité à mon égard mérite ce triste héritage, à bien plus juste titre que des sujets ingrats et rebelles. »

La réponse étant venue à Constantinople, et les prélats ayant promis avec serment à Diogène toute sûreté pour sa personne, il sortit d'Adane, vêtu de l'habit monastique et pleurant ses malheurs. On retint quelques jours à Cotyée en Phrygie, pour y attendre les ordres de l'empereur, son beau-fils. Il y fut tourmenté par une colique violente, causée par le poison que des émissaires du césar Jean lui avaient fait prendre dans le voyage. L'ordre arriva de lui crever les yeux et de le transporter dans l'île de Proté. C'était l'avis du césar, auquel on attribua toute la barbarie dont on usa dans cette occasion, et l'empereur Michel protesta depuis, avec serment, qu'il n'y avait eu aucune part. Andronic suspendit l'exécution, pour représenter, par lettre, à son père, que ce traitement, contraire à la parole authentique donnée et confirmée par le serment de trois prélats, ferait horreur à tout l'empire. Jean fut inexorable, et, comme son intention était de faire périr Diogène, il défendit même de panser ses blessures. En vain ce prince infortuné interpella les archevêques et leur reprocha de l'avoir trompé par un parjure; en vain les prélats eux-mêmes protestèrent contre cette criminelle perfidie et menacèrent de la vengeance divine ceux qui en étaient les auteurs : l'ordre fut exécuté. On creva les yeux à Romain Diogène. Il ne survécut que peu de jours. Le défaut de pansement le mit bientôt dans un état si horrible, que l'air d'alentour en était infecté. Au milieu de tant de maux, ce prince ne laissa échapper aucun murmure, aucune malédiction contre ses persécuteurs. Plus patient que ceux mêmes qui l'approchaient, il offrait à Dieu ses douleurs cruelles, il lui rendait grâce, il le suppliait d'accepter, par miséricorde, des peines passagères, en expiation de ces crimes qui méritaient des supplices éternels. Il mourut dans ces sentiments, après un règne de trois ans et huit mois (Scyl., Zon., Glyc.; Manassès., *Hist. du Bas-Empire*, l. 79).

Son beau-fils Michel, surnommé *Parapinace*, régna six ans et demi. Ce fut à lui que le pape Alexandre envoya pour légat saint Pierre d'Anagni, qui demeura à Constantinople une année entière. Il guérit l'empereur, par ses prières, d'une maladie dangereuse, et obtint de lui de l'argent et des ouvriers pour rebâtir et embellir son église épiscopale d'Anagni. Cette légation fait assez voir que l'Eglise de Constantinople était unie ou à peu près à l'Eglise romaine (*Vit. per Brun. Ast.*).

Les guerres entre les califes de Bagdad et d'Egypte, entre les Turcs et les Grecs, n'empêchaient point les chrétiens d'Occident de faire le pèlerinage de la terre sainte. Pendant l'automne de l'année 1064, une grande troupe de pèlerins partit d'Allemagne pour aller à Jérusalem, ayant à leur tête Sigefoi, archevêque de Mayence, Gunther, évêque de Bamberg, Othon de Ratisbonne, Guillaume d'Utrecht et plusieurs autres personnages considérables : toute la troupe était d'environ sept mille hommes. Etant arrivés à Constantinople, ils saluèrent l'empereur Constantin Ducas, qui régnait depuis quatre ans; ils virent Sainte-Sophie et baisèrent une infinité de reliquaires. Mais, ayant passé la Lycie et étant entrés sur les terres des Musulmans, ils furent attaqués par des voleurs arabes. Leurs richesses, qu'ils affectaient de montrer dans leurs habits et dans leurs équipages, leur attirèrent ce malheur; car les habitants, tant des villes que des campagnes, s'amassaient à grandes troupes pour voir ces étrangers, et de l'admiration ils passaient au désir de profiter de leurs dépouilles.

Celui qui s'attirait le plus de spectateurs, était Gunther, évêque de Bamberg. Il était dans la fleur de son âge, de si belle taille et de si bonne mine, qu'on s'estimait heureux de l'avoir vu. Quelquefois, dans les logements, la foule du peuple était si grande, que les autres évêques l'obligeaient à se montrer au dehors pour les délivrer de cette importunité. Il était très-riche, ayant un très-grand patrimoine, outre le revenu de son évêché. Mais il avait des qualités bien plus estimables : des mœurs très-pures, beaucoup de modestie et d'humilité; il était éloquent, de bon conseil et bien instruit des sciences divines et humaines.

Les pèlerins furent donc attaqués le vendredi saint, 25 mars 1065, par des Arabes, qui, avertis de leur venue, s'étaient assemblés de toutes parts en armes pour les piller. Les pèlerins, qui avaient aussi des armes, voulurent d'abord se défendre; mais, au premier choc, ils furent renversés, chargés de blessures et dépouillés de tout ce qu'ils avaient : Guillaume, évêque d'Utrecht, demeura demi-mort, nu et estropié d'un bras. Les autres chrétiens se défendaient à coups de pierres, que le lieu fournissait abondamment, songeant moins à se sauver qu'à différer leur mort. Toutefois, ils se retiraient peu à peu à un village qu'ils gagnèrent enfin, et les évêques occupèrent une maison entourée d'une muraille très-basse et très-faible. Les pèlerins se défendirent si bien dans ce village, qu'ils arrachaient aux ennemis leurs boucliers et leurs épées, et faisaient même des sorties sur eux : ce qui fit prendre aux Arabes la résolution de les assiéger en forme et de les prendre par la famine, les harcelant toutefois continuellement, ce qui leur était facile, puisqu'ils étaient environ douze mille.

Les chrétiens soutinrent leurs attaques le vendredi et le samedi saint et le jour de Pâques jusqu'à neuf heures du matin, sans avoir un moment de relâche pour prendre du repos; car, pour la nourriture, ils n'y pensaient pas, ayant sans cesse la mort devant les yeux, outre qu'ils manquaient de vivres. Comme leurs forces étaient épuisées, un des prêtres, qui était entre eux, s'écria qu'ils avaient tort de tenter Dieu et de se confier en leurs armes; que, puisqu'il avait permis qu'ils fussent réduits à cette extrémité, il fallait se rendre, d'autant plus que les Arabes n'en voulaient point à leur vie, mais à leur argent.

Le chef des Arabes s'avança avec dix-sept des principaux, et entra dans l'enclos qui servait de camp aux chrétiens, laissant à la porte son fils, pour empêcher les autres d'y entrer. Quand il fut monté à la chambre où étaient enfermés l'archevêque de Mayence et l'évêque de Bamberg, l'évêque de Bamberg, l'évêque de Bamberg, l'évêque de Bamberg, l'évêque de Bamberg, il le mit autour du cou

de l'évêque. Le prélat, qui était grave, quoique jeune et vigoureux, ne put souffrir cette indignité, et lui donna un si grand coup de poing dans le visage, qu'il le jeta sur le carreau, criant qu'il fallait commencer par le punir de son impiété, d'avoir mis sa main profane sur un prêtre de Jésus-Christ. Les autres chrétiens vinrent au secours, prirent ce chef et ceux qui l'avaient accompagné, et leur lièrent les mains derrière le dos si serrées, que le sang sortait par les ongles. Le combat recommença avec plus de violence que devant; mais les chrétiens, pour arrêter l'effort des Arabes, leur présentaient leurs chefs liés, avec un homme l'épée à la main, prêt à leur couper la tête.

En cette extrémité, les chrétiens apprirent qu'il leur venait du secours; car quelques-uns d'entre eux s'étaient sauvés à Ramla après le premier combat du vendredi, et, sur leur avis, le gouverneur de la place vint avec des troupes nombreuses pour délivrer les chrétiens. Ils furent extrêmement surpris que des infidèles les secourussent contre d'autres infidèles; mais c'était apparemment des Turcs, qui, depuis peu, s'étaient rendus maîtres du pays. Sitôt que les Arabes apprirent qu'ils marchaient contre eux, ils quittèrent les chrétiens et ne songèrent qu'à se sauver eux-mêmes en fuyant chacun de son côté. Le gouverneur de Ramla arriva, et, s'étant fait présenter les prisonniers arabes, il fit aux chrétiens de grands remercîments d'avoir si bien combattu contre ces voleurs, qui ravageaient impunément le pays depuis plusieurs années, et les fit garder pour les mener au roi, son maître. Ensuite, ayant reçu des chrétiens l'argent dont ils étaient convenus, il les mena chez lui et leur donna une escorte pour les conduire jusqu'à Jérusalem.

Ils y furent reçus par le patriarche Sophrone, vieillard vénérable, et conduits en procession à l'église du Saint-Sépulcre, au bruit des cymbales et avec un grand luminaire, accompagnés des Syriens et des Latins. On les mena de même à tous les autres lieux saints de la ville; ils virent avec douleur les églises que le calife fatimite Hakem avait ruinées, et ils donnèrent des sommes considérables pour les rétablir. Cette réception cordiale de part et d'autre montre bien que le patriarche et l'Église de Jérusalem, ainsi que les chrétiens de Syrie, étaient unis à l'Église romaine. Les pèlerins auraient bien voulu voir le reste de la terre sainte et se baigner dans le Jourdain, mais les voleurs arabes tenaient tous les chemins et ne permettaient pas de s'éloigner de Jérusalem. Ils s'embarquèrent donc sur une flotte de vaisseaux génois, qui étaient arrivés au printemps et qui, après avoir débité leurs marchandises dans les villes maritimes, avaient aussi visité les saints lieux. Ils abordèrent à Brindes, s'arrêtèrent à Rome pour visiter les églises, puis retournèrent chacun chez eux (Lamb., an 1064 et 1065).

Quelques-uns passèrent par la Hongrie, entre autres Gunther, évêque de Bamberg, qui y mourut la même année 1065, et saint Altman, chapelain de l'empereur, qui y reçut la nouvelle de son élection à l'évêché de Passau. Saint Altman était né en Saxe, de parents nobles, et, après avoir étudié les arts libéraux, la philosophie et la théologie, il fut chanoine de l'église de Paderborn, et choisi pour en gouverner les écoles, comme il fit pendant plusieurs années. Sa réputation l'ayant fait connaître à la cour, il fut prévôt du chapitre d'Aix-la-Chapelle, et servit dans le palais près de l'empereur Henri le Noir. Après la mort de ce prince, il ne servit pas moins utilement l'impératrice Agnès, sa veuve, dans les troubles qui agitèrent l'Allemagne. Après son départ pour le pèlerinage de la terre sainte, Engelbert, évêque de Passau, mourut, et l'impératrice Agnès, du consentement des grands, nomma saint Altman pour lui succéder. Le clergé et le peuple applaudirent, et ce choix fut généralement approuvé. On envoya donc au devant de lui jusqu'en Hongrie des personnes considérables qui lui portèrent l'anneau et le bâton pastoral, et, peu de temps après, il fut sacré par saint Guébehard, archevêque de Saltzbourg, son ancien ami.

Saint Guébehard était issu d'une noble famille de Souabe. Il avait étudié à Paris avec saint Altman, et s'y était distingué bien plus encore par la noblesse de ses mœurs que par celle de sa naissance. Il fut ordonné prêtre, l'an 1055, par Baudoin, archevêque de Saltzbourg. L'empereur Henri III en fit son archichapelain. A la mort de ce prince, il tenait le premier rang à la cour; mais son cœur n'en était pas moins pour Dieu et son service. L'an 1060, à la mort de Baudoin, il fut élu unanimement archevêque de Saltzbourg, intronisé et sacré par Adalberon, évêque de Wurtzbourg, son ami et son condisciple. Dix-huit mois après, il reçut le *pallium* du pape Alexandre II. En 1070, de l'autorité du même Pape, du consentement du roi et des évêques de la province, il érigea un siège épiscopal dans la Carinthie, et le fixa dans la ville de Gurck (*Acta Sanct.*, 16 *junii*, *in append. ad* t. V). Saint Adalberon, l'ami et le condisciple de saint Guébehard et de saint Altman, était né d'une illustre famille de Franconie, qui touchait à la famille royale. Son père l'offrit tout jeune à Dieu dans l'église de Wurtzbourg, où il succéda, l'an 1045, au saint évêque Brunon. Son père ayant perdu sa femme et ses autres enfants, détruisit son château de Lambach et le remplaça par le monastère, où son fils saint Adalberon mit, en 1056, des religieux de saint Benoît (*Acta Sanct.*, 6 *oct.*; *Acta Bened.*, sec. 6, *pars* 2). Saint Adalberon, comme évêque de Wultzbourg, était en même temps duc de Franconie. Il ne déploya pas moins de sagesse pour le gouvernement temporel que pour le gouvernement spirituel. Nous le verrons, ainsi que ses saints amis, déployer en temps et lieu une constance héroïque pour la cause de Dieu et de son Eglise.

Un autre saint évêque illustrait alors l'Allemagne par ses vertus : c'était saint Bennon, évêque de la Misnie et apôtre des Slaves. Il naquit des comtes de Saxe, à Hildesheim, l'an 1010. Dès l'âge de cinq ans il fut mis entre les mains de saint Bernard, évêque de Hildesheim, qui eut grand soin de son éducation et le plaça dans le monastère de Saint-Michel, sous la direction du prieur. Le jeune Bennon fit des progrès rapides et dans la science et dans la piété. Après la mort du saint évêque, à laquelle il fut extrêmement sensible, il embrassa la vie monastique dans cette abbaye, du consentement de sa mère. Il y vécut d'une manière si édifiante, que l'abbé étant venu à mourir, il fut élu à sa place d'une voix unanime, quoique tout jeune encore.

Saint Bennon quitta cette dignité au bout de trois mois, pour pratiquer plus à son aise l'humilité et l'obéissance. L'empereur Henri le Noir ayant appris sa bonne renommée, le tira du monastère de Hildesheim, avec la permission du pape saint Léon IX, le fit chanoine de Goslar et son chapelain. Il fut prévôt de Goslar à la place de son ami saint Annon, devenu archevêque de Cologne. Bennon occupa ce poste pendant dix-sept ans, et, quoiqu'il eût des revenus considérables, tant de ses biens propres que de son bénéfice, il continua de mener une vie simple, pauvre, mortifiée, comme il l'avait fait au couvent, n'employant ses richesses qu'au soulagement des pauvres et à l'entretien ou à l'embellissement des églises. L'an 1066, par les conseils de saint Annon, il fut élu évêque de Misne ou Meissen, et sacré par Werner, archevêque de Magdebourg et frère de saint Annon. Bennon occupa ce siège pendant quarante ans, et y montra toujours un pasteur selon le cœur de Dieu. Tous les ans il visitait son Eglise en entier, prêchant dans tous les lieux où il passait, distribuant aux pauvres d'abondantes aumônes, donnant des sommes considérables pour la réparation des églises et des monastères, réformant les superstitions et les abus, et rétablissant partout, autant qu'il le pouvait, les usages de l'ancienne discipline là où ils s'étaient affaiblis ou altérés. Il donna aussi une attention particulière à la composition de son chapitre. Il avait soin de n'y admettre que des hommes d'une science reconnue et d'une vertu éprouvée; aussi le clergé de sa cathédrale pouvait-il être proposé pour modèle à celui de tout le diocèse (*Acta Sanct.*, 16 *junii*).

Le christianisme avait fait de grands progrès chez les Slaves qui habitaient au delà de l'Elbe, dans la partie septentrionale de la Saxe; leur prince, saint Gothescalc, avait converti une grande partie; mais, l'an 1065, il fut tué par les païens qu'il voulait encore convertir. Il souffrit le martyre le 7 juin, dans la ville de Lenzin ou Lintz. Avec lui souffrit le prêtre Ippon, qui fut tué sur l'autel, et plusieurs autres, tant laïques que clercs, souffrirent divers supplices pour Jésus-Christ. Le moine Ansuer et plusieurs autres furent lapidés à Ratzebourg le 15 juillet. Et comme Ansuer craignait que le courage ne manquât à ses compagnons, il pria les païens de les lapider avant lui, et, s'étant mis à genoux, il pria pour ses persécuteurs et ses bourreaux.

On gardait cependant à Mecklembourg Jean, évêque écossais, qui était venu en Saxe huit ans auparavant, en 1057, et y avait été reçu humainement par l'archevêque Adalbert. Ce prélat l'envoya peu après chez les Slaves, près du prince Gothescalc, et, dans le séjour qu'il y fit, il baptisa plusieurs milliers de païens. L'évêque Jean, qui était un vénérable vieillard, fut premièrement frappé à coups de bâton, puis mené par dérision dans toutes les villes des Slaves, et, comme il demeurait ferme à confesser Jésus-Christ, on lui coupa les pieds et les mains, et enfin la tête. On jeta son corps dans la rue; les païens portèrent sa tête au bout d'une pique en signe de victoire, et l'immolèrent à leur dieu Radegast. Cela se passa le 10 novembre à Rethre, métropole des Slaves.

La veuve du prince Gothescalc, fille du roi de Danemarck, ayant été trouvée à Mecklembourg avec d'autres femmes, fut longtemps battue toute nue. Les païens ravagèrent par le fer et par le feu toute la province de Hambourg, ruinèrent la ville de fond en comble, et tronquèrent les croix en dérision du Sauveur. Ils détruisirent de même Sleswig, ville très-riche et très-peuplée. On disait que l'auteur de cette persécution était Plusson, qui avait épousé la sœur de Gothescalc, et qui, étant retourné chez lui, fut aussi tué. Enfin les Slaves, par une conspiration générale, retournèrent au paganisme et tuèrent tous ceux qui demeurèrent chrétiens. C'était la troisième apostasie de cette nation; car elle fut convertie à la foi, premièrement par Charlemagne, ensuite par Othon, la troisième fois par saint Gothescalc. Quelques années après, le saint évêque Bennon de Misnie les ramena la plupart au christianisme et par ses prédications et par ses miracles (Adam, l. 4, c. 11; *Acta Sanct.*, 7 *junii*; *Vit. S. Bennon*, 16 *junii*).

Nous avons vu que l'antipape Cadaloüs avait été condamné et déposé par tous les évêques d'Allemagne et d'Italie en présence du roi Henri IV, l'an 1062, dans le concile d'Osbor en Saxe. Cependant l'antipape se soutint encore quelque temps; il attira même à son parti le duc Godefroi de Toscane, qui d'abord lui avait résisté vigoureusement et l'avait chassé de devant Rome. Saint Pierre Damien l'ayant appris, lui en écrivit une lettre très-forte, le pressant de reconnaître sa faute et de revenir à l'obéissance du pape Alexandre. Il écrivit aussi à ce sujet au jeune roi Henri, se plaignant de ses ministres, qui semblaient tantôt reconnaître le vrai Pape, tantôt prendre le parti de l'antipape. En cette lettre, qui est fort bien faite, il parle ainsi de deux puissances, la royale et la sacerdotale : « Comme elles sont unies en Jésus-Christ, elles ont aussi une alliance mutuelle dans le peuple chrétien, chacune a besoin de l'autre : le sacerdoce est protégé par la royauté, et la royauté appuyée par la sainteté du sacerdoce. Le roi porte l'épée pour s'opposer aux ennemis de l'Eglise : le Pontife veille et prie pour rendre Dieu propice au roi et au peuple. L'un doit terminer par la justice les affaires terrestres; l'autre doit nourrir les peuples affamés de la doctrine céleste. L'un est établi pour réprimer les méchants par l'autorité des lois; l'autre a reçu les clés pour user ou de la sévérité des canons, ou de l'indulgence de l'Eglise. Ecoutez Paul expliquant l'office du roi : *Il vous est le ministre de Dieu pour le bien; si donc vous faites le mal, craignez, parce que ce n'est pas en vain qu'il porte le glaive; car il est le ministre de Dieu, pour punir celui qui fait le mal.* Si donc vous êtes le ministre de Dieu, pourquoi ne défendez-vous pas l'Eglise de Dieu? Pourquoi vous arme-t-on, si vous ne combattez pas? Pourquoi vous ceint-on l'épée, si vous ne résistez pas aux ennemis? Or, vous portez en vain le glaive, tant que vous n'abattez pas les ennemis de Dieu; vous n'êtes point le ministre de la vengeance contre celui qui fait le mal, tant que vous ne vous élevez pas contre ceux qui violent et déshonorent l'Eglise. » Sur quoi il fait un portrait affreux de l'antipape Cadaloüs, et rappelle au roi l'exemple et le zèle pour l'honneur de l'Eglise romaine.

« J'ai peut-être parlé trop durement à un roi; mais alors on doit lui déférer, quand il obéit lui-même au Créateur : autrement, quand un roi résiste aux commandements de Dieu, c'est à bon droit qu'il est lui-même méprisé par ses sujets; mais plût à Dieu que je fusse, moi, coupable d'insolence et de rébellion, et condamné à perdre la tête, pourvu que vous vengiez le Siège apostolique contre ses adversaires; pourvu que l'Eglise romaine récupère par vous la dignité suprême qui lui appartient! Si donc vous renversez Cadaloüs comme un autre Constantin un autre Arius, si vous vous efforcez de rendre la paix à l'Eglise pour laquelle Jésus-Christ est mort, que Dieu vous fasse monter bientôt de la royauté à la dignité impériale, et triompher de tous vos ennemis! Mais si vous dissimulez encore d'abolir une erreur qui met le monde en péril, et le reste, je m'arrête, et je laisse aux lecteurs à tirer les conséquences (L. 7, *Epist*, 3). »

Saint Pierre Damien écrivit aussi à l'archevêque Annon de Cologne, qu'il compare au grand-prêtre Joad faisant l'éducation et sauvant le royaume du jeune Joas; il le prie d'achever l'ouvrage qu'il avait commencé, et de procurer au plus tôt la tenue d'un concile universel, pour réprimer l'insolence de Cadaloüs et finir le schisme.

On savait à la cour de Goslar que les Romains étaient toujours mal contents de ce que le roi avait voulu faire Cadaloüs pape sans les consulter; et ils semblaient disposés à se révolter pour ce sujet. La cour jugea à propos d'envoyer à Rome Annon, archevêque de Cologne. Il quitta donc les affaires d'Allemagne, entra en Lombardie, traversa la Toscane et se rendit promptement à Rome. Le Pape le reçut avec beaucoup d'humanité, et l'archevêque lui dit avec douceur et modestie : « Frère Alexandre, comment avez-vous reçu le pontificat sans l'ordre et le consentement du roi, mon maître? Car les rois sont depuis longtemps en possession incontestable de ce droit, » et commençant par les patrices et les empereurs, il nomma ceux par l'ordre et le consentement desquels plusieurs Papes étaient entrés dans le Saint-Siège. » Mais l'archidiacre Hildebrand et les évêques-cardinaux dirent à l'archevêque de Cologne. « Soyez fermement persuadé que selon les canons, les rois n'ont aucun droit à l'élection des Papes; » et ils rapportèrent plusieurs décrets des saints Pères, entre autres celui du pape Nicolas II, souscrit de cent treize évêques. Enfin, après plusieurs contestations, l'archevêque de Cologne demeura si bien convaincu, qu'il n'avait rien de raisonnable à opposer. Il reconnut donc le pape Alexandre II, rejeta de nouveau Cadaloüs et retourna en Allemagne (Baron. et Pagi, *ad an.* 1064).

Après son départ, Cadaloüs vint à Rome une seconde fois en cachette; et, ayant gagné les capitaines et distribué de l'argent aux soldats, il entra de nuit dans la cité Léonine, et s'empara de l'église de Saint-Pierre. Le matin, le bruit s'en étant répandu dans Rome, le peuple accourut en foule à Saint-Pierre : ce qui épouvanta tellement les soldats qui étaient venus avec Cadaloüs, qu'ils l'abandonnèrent tous et se cachèrent dans les caves et d'autres lieux. Alors Cencius, fils du préfet, méchant homme, vint au secours de Cadaloüs, le reçut dans le château Saint-Ange, et lui promit, par serment, de le défendre. Il y demeura deux ans assiégé par les serviteurs du pape Alexandre, et n'en sortit qu'en se rachetant de Cencius, moyennant trois cents livres d'argent. Il se retira, lui troisième, en cachette, parmi les pèlerins, pauvre, dépouillé de tout, et arriva au mont Bardon, puis au bourg de Barrette (Baron. et Pagi).

En Allemagne, Adalbert, archevêque de Brême, s'était attiré la principale autorité, et, pour la conserver, retenait en Saxe le roi Henri, sans le laisser aller dans les autres provinces, de peur qu'il ne fût plus maître des affaires, si ce jeune prince en communiquait avec les autres seigneurs. Sigefroi, archevêque de Mayence, et Annon de Cologne, avec plusieurs autres seigneurs affectionnés au bien de l'empire, cherchaient les moyens de s'affranchir de la tyrannie d'Adalbert. Enfin, après plusieurs assemblées particulières, ils convoquèrent une diète ou assemblée générale à Tribur, près de Mayence, et résolurent de déclarer au roi qu'il devait choisir, de renoncer au royaume ou bien à l'amitié de l'archevêque de Brême. C'était vers le commencement de l'année 1066. Le roi s'étant rendu à Tribur, on lui fit cette proposition. Comme il reculait et ne savait quel parti prendre, l'archevêque de Brême lui conseilla de s'enfuir la nuit suivante, et d'emporter son trésor pour se retirer à Goslar ou en quelque autre lieu de sûreté; mais les seigneurs, en ayant avis, prirent les armes et firent garde toute la nuit autour du logis du roi. Le matin, ils étaient si animés contre Adalbert, qu'à peine le roi put les empêcher de porter la main sur lui. Enfin il fut chassé honteusement de la cour avec tous ceux de son parti; et le roi lui donna une escorte pour le conduire chez lui. Ainsi le gouvernement revint aux évêques pour donner tour à tour leurs conseils aux rois. C'est ce que rapporte le judicieux Lambert d'Aschaffenbourg (an 1066).

On voit ici quelle était la constitution de la confédération germanique. Ceux qui en avaient élu le chef ou le roi, pouvaient le réprimander et le déposer, même sans consulter le Pape, lorsqu'il venait à gouverner mal. Leur grand tort était d'avoir élu un enfant, qui, bien loin de pouvoir gouverner les autres, ne savait pas se gouverner lui-même. Toute l'Allemagne, et par contre-coup toute l'Église, en eut à pâtir.

Le roi Henri célébra à Utrecht la fête de Pâques, qui, cette année 1065, était le 16 avril. Le samedi saint, Ebérard de Trèves, ayant officié, mourut dans la sacristie, encore revêtu des ornements. Annon de Cologne fit donner ce siège à son neveu Conrad, prévôt de son église; mais le clergé et le peuple de Trèves furent extrêmement irrités de n'avoir point eu de part à ce choix, et s'exhortaient l'un et l'autre à effacer cet affront par quelque exemple mémorable. Le comte Dietrich, alors majordome de l'Eglise de Trèves, était un jeune homme féroce, et par son tempérament, et par la chaleur de l'âge. Le jour que le nouvel archevêque devait entrer dans la ville, il alla au devant avec des troupes nombreuses, et comme le prélat sortait de son logis, il se jeta sur lui, tua le peu de gens qui voulurent résister, mit en fuite les autres, pilla les grandes richesses qu'il avait apportées, et le prit lui-même. Après l'avoir gardé longtemps en prison, il le livra à quatre chevaliers pour le faire mourir. Ils le jetèrent par trois fois du haut d'un rocher dans un précipice, mais il ne se rompit qu'un bras. Un d'eux lui demanda pardon; un autre, voulant lui couper la tête, lui abattit seulement la mâchoire; enfin il mourut entre leurs mains le 1er juin 1066 (*Acta Sanct.*, 1 *jun.*). On le regarda comme un martyr, et on rapporta qu'il se faisait des miracles à son tombeau. Uton lui succéda dans le siège de Trèves par l'élection unanime du clergé et du peuple. Il était de la haute Allemagne, fils du comte Ebérard et d'Ide, fondateurs du monastère de Schaffhouse, dont la ville de ce nom a tiré son origine. Ebérard et Ide embrassèrent l'un et l'autre la vie monastique et moururent en réputation de sainteté.

La même année, Reinher, évêque de Misne ou Meissein, étant mort, Craft, prévôt de Goslar, lui succéda. Ayant reçu cette dignité, il revint à Goslar, et, après dîner, s'enferma dans sa chambre, comme pour se reposer. Là était son trésor, qu'il aimait passionnément et qu'il avait enterré, sans que personne en sût rien. Ses valets de chambre, ayant attendu jusqu'au soir et s'étonnant qu'il dormît si longtemps, contre sa coutume, frappèrent à porte, et enfin, voyant qu'il ne répondait point, l'enfoncèrent. Ils le trouvèrent mort, la tête cassée et le visage noir, couché sur son trésor. Il eut pour successeur dans l'évêché de Misne, saint Bennon, que nous avons déjà appris à connaître (Lamb.).

L'année suivante 1067, Annon de Cologne fit un second voyage à Rome et pria le pape Alexandre de vouloir bien célébrer un concile en Lombardie, pour y montrer la justice de son élection et terminer complètement le schisme. Le Pape prétendait que cette proposition était nouvelle et contraire à sa dignité; toutefois, considérant le malheur du temps, il convoqua le concile à Mantoue. Il voulut que saint Pierre Damien y assistât, et, pour cet effet, il lui ordonna de venir à Rome; mais Pierre, déjà vieux et attaché à son désert de Fontavellane, s'en excusa et promit seulement d'aller à Mantoue. Sa lettre porte en tête : *Au Père et au Fils, au Pape et à l'archidiacre, Pierre, pécheur et moine.* Cet archidiacre était le cardinal Hildebrand, avec qui saint Pierre Damien était uni de l'amitié la plus intime et la plus tendre. Ils n'avaient tous deux qu'une pensée et qu'un désir : la gloire de Dieu et de son Eglise. Cependant ils n'étaient pas toujours d'accord en tout. Saint Damien, appelé malgré lui à la dignité de cardinal-évêque d'Ostie, ne demandait qu'à y renoncer et à retourner simple moine dans son désert. Son saint ami Hildebrand, pour le bien de l'Église universelle, s'y opposait de toutes ses forces et lui en faisait même des reproches. De là les altercations et les plaintes amicales qui éclatent dans plusieurs lettres de Pierre Damien, particulièrement dans la suivante :

« J'admire, vénérable frère, pourquoi votre sainte âme ne peut s'adoucir à mon égard par aucune occasion, au point que, surtout quand je suis absent, vous ne proféreriez pas une parole sur mon compte qui paraisse tenir de la charité; mais chaque fois qu'on m'adresse un message, ou qu'il est question de moi en votre présence, aussitôt on rebute le nom de ma petitesse, on en conspue la renommée, on en tourne la légèreté en dérision; on débite de tels propos sur mon compte, que c'est une fable abusante pour mes ennemis et une douloureuse confusion pour moi. Cependant, depuis que je suis enchaîné à l'Église romaine, puissé-je avoir obéi à Dieu et à

Pierre avec le même empressement qu'à vos entreprises et à vos efforts! Dans tous vos combats et dans toutes vos victoires, je me suis précipité dans la mêlée, non comme votre compagnon d'armes ou votre suivant, mais comme la foudre. Quel combat avez-vous jamais entrepris, que je n'en fusse aussitôt et l'avocat et le juge? Je n'y suivais d'autre autorité des canons que le seul arbitre de votre volonté, votre seule volonté était pour moi l'autorité des canons. Et je n'ai jamais jugé comme il me semblait, mais comme il vous plaisait. De plus, dans quelle bénédiction votre nom a été sur mes lèvres, demandez-le au seigneur de Cluny, qui ne vous est pas inconnu. C'était le saint abbé Hugues. Disputant un jour avec lui sur votre compte : Il ne sait pas, dit-il, que vous l'aimiez avec cette tendresse; certainement, s'il le savait, il ressentirait pour vous un amour incomparable. Mais pourquoi prolonger une lettre que je n'espère pas que vous lisiez; en vérité, il n'y a homme vivant à qui j'écrivisse plus volontiers, si vous daigniez y jeter un regard; mais, comme je n'ai pas cet espoir, voyez combien mon style est correct et limé, quelles fleurs de langage y brillent, quelle urbanité de diction. Mais que vous le voyiez ou ne le voyiez pas, je vous rends par ces lettres l'épiscopat que vous m'avez donné, et je me dépouille de tous les droits que je paraissais y avoir (L. 2, *Epist.* 8). »

Comme le cardinal Hildebrand s'opposait toujours à sa démission, Pierre Damien l'appelait, par une amicale ironie, *mon saint Satan*, c'est-à-dire *mon saint adversaire*. « Je prie humblement mon saint Satan, dit-il dans la lettre au Pape et à l'archidiacre, de ne pas tant sévir contre moi. Que sa vénérable superbe ne m'attère point par de si longs fouets, mais qu'elle s'adoucisse enfin à l'égard de son serviteur, ne fût-ce que par satiété; car mes épaules livides commencent à défaillir, mon dos sillonné de coups ne peut plus résister. Enfin, je suis à bout, et je m'en vais. Mais je m'arrête encore; j'espère la miséricorde, quoique tardive. » Saint Damien remarque que, dans la lettre qu'il avait reçue, il y avait des choses sévères et des choses douces : la sévérité, il l'attribue à Hildebrand; la douceur, au Pape; puis il se compare lui-même plaisamment au voyageur de la fable, à qui la bise et le soleil avaient parié de faire ôter son manteau, et conclut que plus fait douceur que violence (L. 1, *Epist.* 16).

Le temps marqué pour le concile de Mantoue étant venu, le pape Alexandre se mit en route avec les évêques et les cardinaux. Il passa par Milan, y fit plusieurs ordonnances sur l'état du clergé et du peuple, et plaça au nombre des martyrs le bienheureux Ariald, mis à mort l'année précédente. Le Pape était accompagné, à Mantoue, de l'archevêque Annon de Cologne et du duc Godefroi de Toscane, qui avait profité des remontrances de saint Pierre Damien. Tous les évêques de Lombardie s'y trouvèrent, hors Cadaloüs, quoique l'archevêque de Cologne lui eût ordonné d'y venir. En ce concile, le pape Alexandre se purgea, par serment, de la simonie dont il était accusé, et prouva, par de si bonnes raisons, la validité de son élection, qu'il se réconcilia les évêques de Lombardie, auparavant ses adversaires. Au contraire, Cadaloüs fut condamné tout d'une voix comme simoniaque. Suivant deux anciens auteurs d'Italie, naturellement mieux instruits de ces particularités que les écrivains d'Allemagne, le malheureux antipape eut le bonheur de se reconnaître avant sa mort, de demander l'absolution au Pape véritable, et de l'obtenir en promettant digne satisfaction (Baron, n. 1064, n. 40; Pagi, 1064, n. 4).

Le schisme de l'Eglise se termina ainsi heureusement l'an 1067. Mais une autre source de malheurs, et pour l'Eglise et pour l'empire, commençait à déborder. Le roi d'Allemagne, Henri, quatrième du nom, à l'âge de dix-huit ans, se faisait déjà remarquer par son immoralité. Il avait deux ou trois concubines à la fois, et de plus; quand il entendait parler de la beauté de quelque fille ou de quelque jeune femme, si on ne pouvait la séduire, il se la faisait amener par violence. Quelquefois il allait lui-même les chercher la nuit, et il exposa sa vie en de pareilles occasions. Dès l'année 1066, il avait épousé Berthe, fille d'Othon, marquis d'Italie, à peine âgée de quinze ans. Mais comme il l'avait épousée par le conseil des seigneurs et non par son choix, il ne l'aima jamais et chercha toujours à s'en séparer. Pour en avoir un prétexte, il la fit tenter par un de ses confidents, et la reine, feignant d'y consentir, prit le roi lui-même et le maltraita de sorte qu'il en fut un mois au lit. Après avoir abusé des femmes nobles, il les faisait épouser à ses valets. Ces crimes l'engagèrent à plusieurs homicides pour se défaire des maris dont les femmes lui plaisaient. Il devint cruel, même à ses plus confidents; les complices de ses crimes lui devenaient suspects, et il suffisait, pour les perdre, qu'ils témoignassent, d'une parole ou d'un geste, désapprouver ses desseins. Aussi personne n'osait-il lui donner de conseil qui ne lui fût agréable. Il savait cacher sa colère, faire périr les gens lorsqu'ils s'en défiaient le moins, et feindre d'être affligé de leur mort jusqu'à répandre des larmes (*Bruno de bell. Saxon., Chron. Magd.*). Il donnait les évêchés à ceux qui lui donnaient le plus d'argent ou qui savaient le mieux flatter ses vices, et après avoir ainsi vendu un évêché, si un autre lui en donnait plus ou louait plus ses crimes, il faisait déposer le premier comme simoniaque, et ordonner l'autre à sa place. D'où il arrivait que plusieurs villes avaient deux évêques à la fois, tous deux indignes. Tel était le roi Henri, et la suite de l'histoire le fera encore mieux connaître.

En 1069, il tint à Worms, après la Pentecôte, une diète, où il découvrit en secret à Sigefroi, archevêque de Mayence, le dessein qu'il avait de quitter la reine, son épouse, le priant instamment de lui aider, et lui promettant, s'il le faisait réussir, de lui être entièrement soumis, et d'obliger les Thuringiens, même par les armes, s'il en était besoin, à lui payer les dîmes, chose que le prélat avait fort à cœur. Après donc qu'il eût, par une criminelle avarice, consenti à la proposition criminelle du roi, et qu'ils se furent donné parole de part et d'autre, le roi déclara publiquement qu'il ne pouvait vivre avec la reine Berthe, et qu'il ne voulait plus tromper le monde, comme il faisait depuis longtemps. « Ce n'est pas, ajoute-t-il, que j'aie aucun crime à lui reprocher; mais je ne sais par quelle fatalité ou quel jugement de Dieu je n'ai pu consommer mon mariage avec elle. C'est pourquoi je vous prie, au nom de Dieu, de me délivrer de ce malheureux engagement et de nous rendre la liberté de nous pourvoir ailleurs; car, afin qu'on ne la croie pas déshonorée, je suis prêt à jurer que je l'ai gardée aussi pure que je l'ai reçue. »

La proposition parut honteuse à tous les assistants et indigne de la majesté royale; personne, toutefois, n'osait rejeter une affaire pour laquelle le roi avait tant d'ardeur, et l'archevêque de Mayence prenait le parti de ce prince, autant qu'il le pouvait honnêtement. Ainsi, du consentement de tous, il indiqua un concile à Mayence pour la première semaine après la Saint-Michel. On envoya cependant la reine à Lauresheim, et le roi, peu de temps après, assembla des troupes pour marcher contre Dédi, marquis de Saxe, et les Thuringiens ligués avec lui. L'archevêque de Mayence prit cette occasion de sommer le roi de sa parole touchant les dîmes; mais les Thuringiens envoyèrent au roi des députés pour lui déclarer qu'ils ne prétendaient point favoriser la révolte, mais seulement maintenir leur ancienne liberté touchant les dîmes, et que si l'archevêque entreprenait de les lever de force, ils se défendraient. En effet, sans agir contre le roi, ils insultèrent en toute occasion les troupes de l'archevêque, et le roi se contenta de leur ordonner, pour la forme, de payer les dîmes, sans se mettre beaucoup en peine de l'exécution (*Bruno de bell. Saxon., Chron. Magd.*).

Cependant l'archevêque de Mayence écrivit au Pape une lettre portant en substance : « Notre roi Henri a voulu depuis quelques jours quitter la reine qu'il a épousée légitimement et fait solennellement couronner, sans alléguer d'abord aucune cause de divorce. Surpris de cette nouveauté comme d'un prodige, nous lui avons résisté en face, de l'avis de tous les seigneurs qui se sont trouvés à la cour; et nous lui avons déclaré, s'il ne nous exposait la cause de son divorce, nous le retrancherions de la communion de l'Eglise, supposé premièrement que vous le jugeassiez à propos. Il nous a dit, pour cause de séparation, qu'il ne pouvait consommer avec elle son mariage; et elle en est demeurée d'accord. Comme ce cas est rare dans les affaires ecclésiastiques, et presque inouï quant aux personnes royales, nous vous consultons comme l'oracle divin, et nous prions Votre Sainteté de décider cette importante question. Nos frères, qui se sont trouvés présents, ont indiqué pour ce sujet un concile dans notre ville, où le roi et le reine doivent venir subir le jugement ; mais nous avons résolu de ne le point faire sans votre autorité, et nous vous prions, si vous approuvez que nous terminions cette affaire dans un concile, d'envoyer de votre part des personnes capables, avec vos lettres, pour assister à l'examen et au jugement (Labbe, t. IX). »

Le Pape envoya en effet saint Pierre Damien comme son légat; il se rendit à Mayence avant le jour marqué. Le roi apprit en chemin que le légat l'y attendait, et qu'il devait lui défendre de faire le divorce, et menacer l'archevêque de Mayence, de la part du Pape, pour avoir promis d'autoriser une séparation si criminelle. Il faut croire que le pape ou le légat avait appris d'ailleurs que la conduite de l'archevêque n'était pas conforme à sa lettre. Le roi, consterné de se voir enlever des mains ce qu'il désirait depuis si longtemps, voulait retourner en Saxe; et à peine ses confidents purent-ils lui persuader de ne pas frustrer l'attente des seigneurs qu'il avait assemblés à Mayence en très-grand nombre. Il s'en alla à Francfort et demanda l'assemblée.

Saint Pierre Damien exposa les ordres du Pape, dont il était chargé, et dit que l'entreprise de Henri était très-mauvaise et indigne, non-seulement d'un roi, mais d'un chrétien; que, s'il n'était pas touché des lois et des canons, il épargnât au moins sa réputation et le scandale qu'il causerait en donnant au peuple un si pernicieux exemple d'un crime qu'il devait punir lui-même; enfin que, s'il n'écoutait pas ses conseils, le Pape serait obligé d'employer contre lui la sévérité des canons, et que jamais il ne couronnerait empereur un prince qui aurait si honteusement trahi la religion.

Tous les seigneurs s'élevèrent alors contre le roi, disant que le Pape avait raison, et le priant, au nom de Dieu, de ne pas ternir sa gloire par une action si honteuse, et de ne pas donner aux parents de la reine, qui étaient puissants, un tel sujet de révolte. Le roi, accablé plutôt que touché de ces raisons, dit : « Si vous l'avez résolu si opiniâtrement, je me ferai violence, et je porterai, comme je pourrai, ce fardeau dont je ne puis me décharger. » Ainsi, plus aigri contre la reine par l'effort qu'on avait fait pour les réunir, il consentit qu'on la rappelât; mais, pour éviter même sa vue, il s'en retourna promptement en Saxe, ayant au plus vingt chevaliers à sa suite. La reine le suivit à petites journées avec le reste de la cour et les ornements impériaux. Quand elle fut arrivée à Goslar, à peine put-on persuader au roi d'aller au devant d'elle. Il la reçut assez honnêtement, mais il revint bientôt à sa froideur; et, ne se pouvant défaire de la reine, il résolut de la garder comme si elle n'était pas sa femme (Lamb.).

Quant à la mère du roi, l'impératrice Agnès, voyant qu'on lui avait ôté la conduite du roi, son fils, elle se retira chez elle dès l'année 1062, résolue de passer le reste de ses jours en personne privée; et, quelque temps après, elle renonça au monde et vint à Rome, où elle se mit sous la conduite de Pierre Damien, comme on le voit par plusieurs lettres de ce saint évêque, entre autres par un de ses opuscules. Il y raconte qu'étant venue à Saint-Pierre, elle le fit asseoir devant l'autel et lui fit sa confession générale depuis l'âge de cinq ans, s'accusant de toutes les fautes dont elle put se souvenir, et accompagnant sa confession de gémissements et de larmes. A quoi il ajoute qu'il ne lui imposa autre pénitence que de continuer la vie humble, austère et mortifiée qu'elle avait embrassée, et qui édifiait toute l'Eglise. En effet, ses jeûnes et ses veilles semblaient excéder les forces ordinaires de la nature ; ses habits étaient très-pauvres, ses aumônes immenses, ses prières continuelles (L. 7, *Epist.* 6, 7, 8, *opusc.* 56).

L'année 1070, Sigefroi, archevêque de Mayence, Annon, archevêque de Cologne, et Herman, évêque de Bamberg, allèrent à Rome, où le pape Alexandre les avait appelés. L'évêque de Bamberg était accusé d'avoir usurpé ce siège par simonie; mais par les riches présents qu'il fit au Pape, il l'adoucit de telle sorte, que non-seulement il n'eut point d'égard à l'accusation, mais qu'il lui donna le *pallium* et.

d'autres honneurs archiépiscopaux. L'archevêque de Mayence voulut renoncer à sa dignité; mais le Pape et ceux qui étaient présents l'en détournèrent, quoique avec bien de la peine. Tous les trois évêques allemands furent sévèrement réprimandés de ce qu'ils vendaient les ordres sacrés, communiquaient sans scrupule avec ceux qui les achetaient, et leur imposaient les mains. Enfin, après leur avoir fait faire serment de n'en plus user de même à l'avenir, on les renvoya en paix (Lamb., an 1070).

Rumold, évêque de Constance, étant mort dès la fin de l'an 1069, le roi Henri lui donna pour successeur Charles, chanoine de Magdebourg, qui d'abord fut bien reçu par le clergé de Constance; mais, dans la suite, comme, avant même d'être sacré, il gouvernait par caprice plutôt que par raison, son clergé irrité se sépara de sa communion, sur ce que l'on disait qu'il avait obtenu l'évêché par simonie, et détourné furtivement la plus grande partie des trésors de l'église. Ces accusations ayant été portées à Rome, où Sigefroi de Mayence était encore, le Pape lui défendit de vive voix de sacrer Charles évêque de Constance, jusqu'à ce qu'il se fût justifié. Et comme Charles faisait de grandes instances auprès du Pape pour être sacré, et que le clergé de Constance continuait de s'y opposer vivement, le Pape réitéra par écrit la défense à l'archevêque de passer outre, et lui ordonna d'assembler un concile auquel il inviterait l'archevêque de Cologne, pour examiner et terminer cette affaire. L'archevêque de Mayence indiqua le concile pour le mois d'août 1071. Le roi, qui voulait soutenir Charles, en prit de l'indignation. Il envoya souvent à l'archevêque des ordres de le sacrer. L'archevêque tint ferme, disant que déjà l'année précédente il avait été terriblement réprimandé par le Pape pour une cause semblable, jusqu'à être sur le point de perdre sa dignité, et qu'il venait encore de recevoir du Siège apostolique des lettres qui lui défendaient de le sacrer avant un jugement préalable. Le roi empêcha la tenue du concile par le commandement qu'il fit aux évêques de le suivre à la guerre; et il voulut envoyer Charles à Rome, pour le faire sacrer par le Pape. L'archevêque de Mayence écrivit au Pape de n'en rien faire, pour ne pas donner au roi sujet de croire qu'il n'avait refusé de le sacrer que par animosité. Mais, ajoutait-il, si vous le trouvez innocent, renvoyez-le-moi pour le sacrer selon les canons (Lambert, 1069 et 1071; Labbe, t. IX).

En effet, l'archevêque ouvrit le concile le jour de l'Assomption. Il s'y trouva douze évêques, entre autres saint Guébehard de Salzbourg. Le premier jour, on ne fit qu'entamer la matière avant la célébration de l'office. Le lendemain, chaque évêque proposa les difficultés qu'il trouvait dans son diocèse, et on termina plusieurs affaires particulières. On commença aussi à examiner celle de l'évêque de Constance; mais le roi la fit remettre au lendemain, car il était à Mayence, et envoyait des messages aux évêques pour les intimider et empêcher le jugement de cette affaire. C'est ce qui fit que les deux premières séances se passèrent sans rien conclure.

Le troisième jour, les évêques allèrent trouver le roi et lui représentèrent avec zèle l'intérêt qu'il avait lui-même de faire observer les canons pour le salut de son âme et pour la paix de l'Eglise et de l'Etat. Il les écouta plus tranquillement que ne le permettait son naturel violent et son âge, car il n'avait que vingt ans. Il soutint qu'il avait donné gratuitement à Charles l'évêché de Constance, et n'avait fait avec lui aucune convention; mais, ajouta-t-il, si quelqu'un de mes domestiques a fait avec lui quelque traité pour le servir en cette rencontre, ce n'est pas à moi de l'en accuser ou de l'en justifier : c'est son affaire. Après avoir ainsi parlé aux évêques, il vint avec eux au concile; on y fit entrer Charles et les clercs de Constance. Leur chef présenta un mémoire contenant les causes d'opposition au sacre de Charles, savoir, la simonie et la déprédation des biens de l'Eglise. Ils présentèrent aussi les noms et les qualités des témoins par lesquels ils offraient de prouver chacun des chefs d'accusation.

Charles proposait contre eux divers reproches et protestait de son innocence; le roi prenait son parti et s'efforçait de le justifier, ou du moins d'affaiblir l'accusation par des discours artificieux. On disputa si longtemps sur le nombre et la qualité des accusateurs et des témoins, et sur les reproches de l'accusé, que la séance dura bien avant dans la nuit, on fut obligé de la terminer sans rien conclure; mais le lendemain, Charles, qui pendant la nuit avait fait de sérieuses réflexions, remit l'anneau et le bâton pastoral entre les mains du roi, disant que, selon les décrets du pape Célestin, il ne voulait point être évêque de ceux qui ne voulaient point de lui. Les Pères du concile rendirent grâces à Dieu de les avoir tirés de cet embarras d'une manière si peu attendue; ils ordonnèrent que les actes de ce concile seraient gardés dans les archives de l'Eglise de Mayence, et que l'on en rendrait compte au Pape pour lui en demander la confirmation. Charles étant retourné dans le diocèse de Magdebourg, d'où il avait été tiré, y mourut quatre mois après (Lambert, 1069 et 1071; Labbe, t. IX).

Henri, archevêque de Ravenne, avait été impliqué dans le schisme de Cadaloüs; au lieu de reconnaître sa faute comme les autres, il y persista, du moins quelque temps, et fut excommunié par le Pape. Il ne laissa pas d'exercer ses fonctions et de lancer des excommunications, que le Pape déclara nulles. Comme son peuple lui demeurait attaché, il avait encouru l'excommunication lui-même. Saint Pierre Damien en avait écrit au Pape, le priant d'exécuter la résolution qu'il avait prise d'absoudre ce prélat, et lui représentant qu'il n'était pas raisonnable de laisser périr, pour la faute d'un seul, une si grande multitude de personnes rachetée par le sang de Jésus-Christ. Toutefois, l'archevêque mourut le 1er janvier 1070, sans avoir été absous, et, quelque temps après, le pape Alexandre envoya Pierre Damien à Ravenne, avec pouvoir de lever l'excommunication dont le peuple était encore chargé, jugeant que personne n'était plus propre à cette fonction que Pierre, tant pour l'autorité qu'il avait par lui-même, que parce qu'il était enfant de cette Eglise. Bien qu'il fût accablé de vieillesse, il accepta volontiers cette commission. Les habitants de Ravenne le reçurent avec une joie extrême; ils remerciaient Dieu et le Pape de leur avoir envoyé un tel homme. Tous ayant humblement accepté la pénitence que leur faute méritait, leur saint compatriote leur donnait l'absolution.

Retournant à Rome, le saint vieillard logea la première journée à Fayence, au monastère de Notre-

Dame, hors de la porte. La fièvre l'y prit. Elle se fortifia de jour en jour, et vers le minuit du huitième, il fit réciter autour de son lit, par les moines qui l'accompagnaient, les nocturnes et les matines ou laudes de la Chaire de saint Pierre, qui se rencontrait ce jour-là. Peu de temps après qu'ils eurent achevé, il rendit l'esprit, le 22 février 1072. Il convenait qu'un si zélé défenseur de la Chaire de saint Pierre rendît le dernier soupir le jour de sa fête. Il fut enterré, avec un grand concours de peuple, dans l'église du même monastère. Honoré dès lors comme saint dans l'Eglise de Fayence, son culte a été étendu de nos jours à l'Eglise universelle, comme docteur (*Acta Sanct.*, 22 *febr.*).

Les écrits de saint Pierre Damien, méritent l'attention des lecteurs par la variété des matières qui y sont traitées, par quantité de remarques importantes sur le dogme, sur la morale, sur la discipline ecclésiastique et monastique, et sur l'histoire de l'Eglise, et par la façon pleine de noblesse, de facilité et d'agrément dont il accompagne tout ce qu'il dit. Son style a le mérite de la précision et de la clarté, et, quoique semé de figures, il n'est point embarrassé. On voit dans ses lettres un génie fin, délicat, né pour les affaires. Il parle aux grands avec liberté, mais toujours avec politesse et circonspection. Vif dans ses invectives contre les désordres, il ménage les coupables pour les détourner plus aisément du vice; mais la pudeur a peine à supporter les peintures qu'il fait de ces désordres. Il paraît trop crédule à l'égard d'un grand nombre de visions et d'histoires rapportées dans ses ouvrages; néanmoins, il y en a plusieurs de si bien constatées, qu'il serait déraisonnable de les révoquer en doute. Il y a du tour et de l'art dans ses poésies, de l'élégance dans ses discours; et, dans tous ses écrits, on remarque un esprit cultivé et instruit des sciences divines et humaines (Ceillier, t. XX).

Adalbert, archevêque de Brême, avait repris le premier rang à la cour du roi Henri, et, triomphant de ses concurrents, qui l'avaient chassé quelques années auparavant, il possédait seul ce jeune prince et régnait presque avec lui, tant il avait su le gagner adroitement. Se sentant épuisé de vieillesse et de maladie, il employa tout l'art des médecins à combattre longtemps la mort, et mourut enfin vers la mi-carême, le 16 mars 1072. Il avait de grandes qualités, beaucoup de zèle pour l'accroissement de la religion, une libéralité sans bornes, une dévotion tendre, jusqu'à fondre en larmes en offrant le saint sacrifice : on tenait qu'il avait gardé la virginité. Mais ces vertus étaient obscurcies par son ambition, sa passion de gouverner, sous prétexte du bien de l'Eglise et de l'Etat, sa dureté envers ses sujets, sa vanité et la créance qu'il donnait à ses flatteurs; car ces défauts déshonorèrent principalement la fin de sa vie. Il mourut à Goslar, où était la cour, et fut rapporté à son église de Brême (Adam, l. 4, c. 33, 36).

Il eut toujours un grand soin de sa mission du Nord. Vers l'an 1062, Harold, roi de Norwège, y exerçait une cruelle tyrannie. Il abattit plusieurs églises et fit mourir plusieurs chrétiens par les supplices. Il était même adonné aux maléfices, que le saint roi Olaüs, son frère, avait travaillé à exterminer du pays avec tant de zèle, qu'il lui en avait coûté la vie. Harold, loin d'être touché des miracles qui se faisaient à son tombeau, en enlevait les offrandes et les distribuait à ses soldats. Adalbert, affligé de ces désordres, envoya des députés à Harold, avec des lettres où il lui faisait des reproches, l'avertissant particulièrement qu'il ne devait pas faire tourner au profit des laïques les oblations, ni faire venir des évêques d'Angleterre et de France, au mépris de sa juridiction, puisque c'était à lui de les ordonner, comme légat du Saint-Siège.

Harold, irrité de ces remontrances, renvoya avec mépris les députés d'Adalbert, disant qu'il ne reconnaissait en Norwège ni archevêque ni autre personne puissante que lui-même. L'archevêque Adalbert s'en plaignit au pape Alexandre II, qui écrivit au roi Harold en ces termes : « Comme vous êtes encore peu instruit dans la foi et la discipline canonique, nous devrions, nous qui avons la charge de toute l'Eglise, vous donner de fréquents avertissements; mais la longueur du chemin nous empêchant de le faire par nous-mêmes, sachez que nous en avons donné la commission à Adalbert, archevêque de Brême, notre légat. Or, il s'est plaint à nous, par ses lettres, que les évêques de vos provinces ne sont point sacrés ou se font sacrer pour de l'argent en Angleterre ou en France. C'est pourquoi nous vous admonestons, vous et vos évêques, de lui rendre la même obéissance qu'au Saint-Siége (*Epist.* 2, Labbe, t. IX, p. 116).

L'archevêque Adalbert avait aussi irrité Suénon, roi de Danemarck, en lui faisant de terribles reproches de ce qu'il avait épousé sa parente; il l'avait même menacé d'excommunication; et enfin le roi, touché des lettres du Pape, répudia sa parente; mais il prit plusieurs autres femmes et plusieurs concubines. L'archevêque songea depuis à rentrer dans les bonnes grâces de ce prince, espérant qu'il lui faciliterait l'exécution de ses desseins. Il vint donc à Slesvig, où, s'étant fait aimer par ses libéralités, il gagna le roi même par des présents et des festins, rivalisant de magnificence avec lui. Ils se donnèrent, suivant la coutume des Barbares, tour à tour pendant huit jours, des repas où l'on traita plusieurs affaires ecclésiastiques, et on prit des mesures pour la paix des chrétiens et la conversion des païens. L'archevêque revint chez lui plein de joie, et persuada à l'empereur Henri III de faire venir en Saxe le roi de Danemarck et de conclure avec lui une alliance perpétuelle, à la faveur de laquelle l'Eglise de Brême reçut de grands avantages, et la mission, chez les peuples du Nord, prit de grands accroissements. On voit par une lettre du pape Alexandre II à ce roi Suénon, que les rois de Danemarck payaient un cens annuel au Saint-Siège (*Epist.* 3, Adam, l. 3, c. 13, 20).

Adalbert voyant dans les missions du Nord un nombre suffisant d'évêques, résolut de tenir pour la première fois un concile en Danemarck, parce qu'il en trouva la commodité et qu'il y avait plusieurs abus à corriger dans ces nouvelles églises. Les évêques vendaient l'ordination, les peuples ne voulaient pas payer les dîmes et s'abandonnaient aux excès de bouche et aux femmes. Il convoqua donc ce concile à Slesvig, par l'autorité du Pape, dont il était légat, et avec le secours du roi de Danemarck; mais les évêques d'outre-mer se firent longtemps attendre. On voit sur ce sujet une lettre du pape Alexandre II à tous les évêques de Danemarck (*Epist.* 7).

L'archevêque Adalbert en ordonna vingt en tout, dont il y en eut trois qui demeurèrent inutiles, ne cherchant que leurs intérêts. L'archevêque en avait toujours quelques-uns auprès de lui, quelquefois sept, et au moins trois de ses suffragants ou autres; car il ne pouvait être sans évêques. Il traitait avec grand honneur les légats du Pape, et disait qu'il ne reconnaissait que deux maîtres, le Pape et le roi. Le Pape lui avait accordé le privilège d'être son vicaire en ces quartiers-là, lui et ses successeurs; d'établir des évêchés par tout le Nord, même malgré les rois, dans tous les lieux où il jugerait à propos, et de choisir de sa chapelle ceux qu'il voudrait pour les ordonner évêques (Adam, l. 4, c. 44).

Le successeur d'Adalbert fut Liemar, jeune homme de grande espérance et très-bien instruit dans tous les arts libéraux. Il était Bavarois, et venu d'officiers du roi Henri, qui lui donna l'archevêché de Brême à la Pentecôte de la même année 1072. Il fut ordonné par ses suffragants, reçut le *pallium* du pape Alexandre et tint le siège pendant trente ans.

C'est à lui qu'Adam, chanoine de Brême, dédia son *Histoire ecclésiastique*, qui comprend les origines des Églises du Nord, et la suite des évêques de Brême et de Hambourg, depuis l'entrée de saint Villehade en Saxe jusqu'à la mort de l'archevêque Adalbert, pendant près de trois cents ans. Adam vint à Brême la vingtième année de ce prélat, qui était l'an 1067, et rechercha curieusement ses antiquités dans ce qu'il trouva de mémoires écrits, dans les lettres des princes et des Papes, et dans la tradition vivante des anciens. Celui qui l'instruisit le plus de vive voix fut Suénon, ce roi de Danemarck dont il a été parlé. Ce prince était zélé pour la propagation de la foi, et envoya de ses clercs prêcher en Suède, en Normandie; c'est-à-dire en Norwége, et dans les îles. Il était homme de lettres et libéral envers les étrangers. Adam étant venu à Brême et ayant ouï parler du mérite de ce prince, alla le trouver et en fut très-bien reçu; ce fut de ses discours qu'il recueillit toute la partie de son histoire qui regarde les Barbares. Ce roi lui nomma quelques saints qui avaient été martyrisés de son temps en Suède et en Norwége : un étranger nommé Héric, qui prêchant chez les Suédois les plus reculés, eut la tête tranchée; un autre nommé Alfard, qui, après avoir mené longtemps une sainte vie en Norwége, fut tué par ses propres amis. Il se faisait beaucoup de miracles à leur tombeau. Cette histoire d'Adam de Brême respire une grande sincérité.

Il la termine par une description curieuse du Danemarck, de la Suède, de la Norwége et des îles qui en dépendent, et décrit ainsi l'idolâtrie des Suédois. Leur temple plus fameux est à Upsal. Il est tout revêtu d'or, et on y révère les statues de trois dieux; au milieu est le trône du plus puissant, qu'ils nomment Thor; des deux côtés sont les deux autres, Vodan et Friccon. Ils disent que Thor gouverne l'air, le tonnerre, la foudre, les vents, les pluies, les saisons, les fruits. Ils lui donnent un sceptre, et c'est comme le Jupiter des anciens Romains. Vodan est le dieu de la guerre, armé comme Mars. Friccon donne la paix et les plaisirs, et est représenté sous la figure infâme de Priape. Ils adorent aussi des hommes qu'ils croient être devenus dieux par leurs belles actions. Ils célèbrent tous les neuf ans une fête solennelle, où tous sont obligés d'envoyer leurs offrandes à Upsal : personne n'en est exempt; les chrétiens mêmes sont contraints à se racheter de cette superstition. En cette fête, on immole neuf animaux mâles de toute espèce, et on en suspend les corps dans un bois proche du temple, dont tous les arbres passent pour sacrés. Un chrétien m'a dit y avoir vu jusqu'à soixante corps humains mêlés avec ceux des bêtes.

Adalvard, que l'archevêque Adalbert avait fait évêque de Sictone, ayant en peu de temps converti tous les habitants de cette ville et des environs, entreprit, avec Eginon, évêque de Scone en Danemarck, d'aller à Upsal et de s'exposer à toutes sortes de tourments pour faire abattre ou plutôt brûler ce temple, qui était comme la capitale de l'idolâtrie du pays, espérant que sa ruine serait suivie de la conversion de toute la nation. Le roi de Suède, Stenquil, qui était très-pieux, ayant appris ce dessein des deux évêques, les en détourna prudemment, les assurant qu'ils seraient aussitôt condamnés à mort, qu'on le chasserait lui-même du royaume, comme y ayant introduit des malfaiteurs, et que ceux qui étaient alors chrétiens retourneraient au paganisme, comme il venait d'arriver chez les Slaves. Les deux évêques se rendirent à la remontrance du roi; mais ils parcoururent toutes les villes de Gothie, brisant les idoles et convertissant des milliers de païens.

Si le roi Suénon de Danemarck, dont Adam apprit tant de faits importants, avait pu vaincre sa passion pour les femmes, il eût pu devenir un prince accompli. La généreuse docilité de son caractère parut dans la conjoncture suivante. Au milieu d'un festin qu'il donna aux grands, il découvrit que quelques-uns d'entre eux avaient mal parlé de lui en secret; il en fut tellement irrité, qu'il les fit tuer le lendemain matin, jour de la Circoncision, dans l'église cathédrale de Rotschild, dédiée à la Trinité. L'évêque Guillaume, de cette ville, ne témoigna à personne la douleur qu'il ressentait de ce sacrilège, et se prépara à officier pontificalement; mais quand on l'avertit que le roi venait à l'église, il n'alla point le recevoir, et, quand il voulut entrer, il l'arrêta avec sa crosse, dont il lui appuya la pointe contre l'estomac, le traitant de bourreau qui venait de répandre le sang humain.

Les gardes du roi environnèrent le prélat l'épée à la main, voulant le tuer; mais le roi les en empêcha, et, reconnaissant sa faute, retourna à son palais, où il ôta ses ornements royaux et prit un habit de pénitent. Cependant l'évêque fit commencer la messe, et, comme il allait chanter *Gloria in excelsis*, on lui dit que le roi était à la porte en posture de suppliant. Il fit cesser le chant, et, s'étant avancé, il demanda au roi pourquoi il s'était mis en cet état. Le roi, prosterné, confessa son crime et en demanda pardon, promettant de réparer le scandale qu'il avait donné. Le pontife leva aussitôt l'excommunication, releva le roi en l'embrassant, essuya ses larmes et lui ordonna d'aller reprendre son habit royal. Après lui avoir imposé sa pénitence, il fit avancer le clergé pour le recevoir en chantant, et l'amena jusqu'à l'autel, où il continua la messe. Le peuple témoigna sa joie par de grands applaudissements.

Le troisième jour après, le roi vint encore à l'église en habit royal, et, pendant la messe, il monta à la tribune, et, ayant fait faire silence par un héraut, il confessa publiquement la grandeur de sa faute et du scandale qu'il avait donné. Il loua l'indulgence de l'évêque, et déclara que, pour réparation du crime commis par son ordre, il donnait à l'église la moitié de la province de Steffen. Depuis ce temps, le roi honora et aima l'évêque de plus en plus, et ils vécurent toujours dans une parfaite union (*Saxo*, l. 11).

Après la mort d'Adalbert, archevêque de Brème, saint Annon, archevêque de Cologne, reprit en Allemagne la principale autorité. Car le roi Henri étant venu à Utrecht célébrer la Pâque, qui était le 8 avril en 1072, y reçut de grandes plaintes des injustices qui se commettaient par tout son royaume, au sujet de l'oppression des innocents et des faibles, du pillage des églises et des monastères. Touché de ces désordres ou fatigué des clameurs du peuple, il pria l'archevêque de Cologne de prendre, sous lui, le soin de l'Etat. Tous les seigneurs joignirent leurs instances à celle du roi; mais l'archevêque résista longtemps. Il se souvenait des mauvais traitements qu'il avait reçus, et d'ailleurs, étant tout occupé de Dieu, il avait peine à s'embarrasser d'affaires temporelles; il céda toutefois au bien public et au désir unanime du roi et des seigneurs. On s'aperçut bientôt de ce changement; la violence fut réprimée, la justice reprit le dessus, et le saint archevêque parut n'être pas moins digne de la royauté que du sacerdoce (Lambert).

Mais l'auteur principal des injustices et des troubles était le roi lui-même. Sur des accusations d'un courtisan subalterne, sans discussion et sans preuve, il avait condamné et dépouillé Othon, duc de Bavière. Il condamna et dépouilla de la même manière plusieurs autres seigneurs, sous prétexte de conspiration. Rodolphe, duc de Souabe, fut accusé à son tour et cité à comparaître au tribunal du roi. Instruit par l'exemple des autres qu'il n'y avait pas de justice à espérer, il refusa de venir et résolut de défendre son droit par la force, plutôt que de se livrer à la merci de ses ennemis. Une guerre civile était à craindre. Pour la prévenir, l'impératrice Agnès vint d'Italie en Allemagne, accompagnée d'un grand nombre d'abbés et de moines. Arrivés à Worms, où le roi, son fils, était venu au devant d'elle, elle fut assez heureuse pour le réconcilier avec le duc Rodolphe. Elle s'en retourna aussitôt pour montrer que la charité avait été l'unique motif de son voyage (Lambert, Berthold).

Saint Hugues, abbé de Cluny, qui avait suivi l'impératrice, rendit à Robert, abbé de Reichenaud, des lettres du Pape, par lesquelles il était déposé et excommunié. Robert était auparavant abbé à Bamberg, où, simple moine, il avait amassé des sommes immenses par des usures et d'autres gains sordides, en sorte qu'on le nommait l'*Argentier*. Il soupirait après la mort des évêques et des abbés, et, comme il n'en mourait point assez tôt à son gré, outre les présents qu'il faisait secrètement aux favoris, il promit au roi cent livres d'or pour avoir l'abbaye de Fulde, en faisant chasser l'abbé Viderad. Mais quelques gens de bien résistèrent en face au roi et empêchèrent cette injustice. Ce fut cet abbé Robert qui, par son exemple, décria le plus alors la profession monastique, et qui introduisit l'abus de mettre publiquement à la cour les abbayes à l'enchère; mais on ne pouvait les mettre si haut qu'il ne se trouvât des moines qui en donnaient davantage.

L'abbaye de Reichenau ayant donc vaqué en 1071, Robert l'obtint en comptant au trésor du roi mille livres d'argent pur; mais quand il voulut prendre possession, l'avoué ou le défenseur laïque de Reichenau lui envoya dénoncer qu'il ne fût pas assez hardi pour entrer dans les terres du monastère, autrement qu'il irait au devant à main armée. Robert, consterné pour la perte de son argent et de sa dignité, car l'abbaye de Bamberg était donnée à un autre, voulait tenter le sort des armes et ajouter des homicides à la simonie; mais ceux qui l'accompagnaient l'ayant assuré que l'entreprise était au-dessus de ses forces, il se retira confus dans les terres de son frère pour attendre l'événement. Cependant il fut accusé à Rome et cité jusqu'à trois fois, pour venir se défendre en concile; mais il ne comparut point, et c'est pourquoi le Pape prononça contre lui la condamnation dont le saint abbé Hugues fut porteur. Elle contenait excommunication, interdiction de tout office divin hors la psalmodie, exclusion perpétuelle de l'abbaye de Reichenau et de toute autre dignité ecclésiastique. Robert fut donc contraint par le roi de rendre le bâton pastoral, ce qui lui fut très-amer (Lamb., Berth.). On voit ici au naturel ce que devenaient les dignités de l'Eglise dans les mains du roi Henri : ce que deviennent les crucifix d'argent ou d'or dans les mains des Juifs, un objet de trafic et de dérision. Rome de moins, la religion, l'Eglise, le sentiment de l'honneur même étaient perdus en Allemagne.

Sigefroi, archevêque de Mayence, étant parti à la Nativité de Notre-Dame 1072, sous prétexte d'aller en pèlerinage à Saint-Jacques en Galice, s'arrêta à Cluny, où il renvoya toute sa suite et quitta tous ses biens, résolu d'y embrasser la profession monastique et d'y passer le reste de ses jours. Il voyait sans doute mieux que beaucoup d'autres les désordres et les maux de l'Allemagne, auxquels il ne trouvait point de remède, auxquels il ne se sentait peut-être pas lui-même le courage de s'opposer. Mais il ne persista pas; il céda aux prières du clergé et du peuple de Mayence, et y revint à la Saint-André de la même année.

Le roi Henri passa la fête de Noël à Bamberg, où Annon, archevêque de Cologne, ne pouvant plus souffrir les injustices qui se commettaient à la cour, pria le roi de le décharger des affaires d'Etat, alléguant son âge déjà avancé. Le roi n'eut pas de peine à y consentir, voyant depuis longtemps le prélat extrêmement choqué de ses passions déréglées et des folies de sa jeunesse, et qu'il s'y opposait autant que le respect le permettait. L'archevêque ayant obtenu son congé, se retira au monastère de Sigeberg, qu'il avait fondé; et y passa les trois années qu'il survécut en veilles, en jeûnes et en prières accompagnées d'aumônes, n'en sortant que pour quelque nécessité inévitable.

Mais le roi, comme délivré d'un fâcheux gouverneur, s'abandonna aussitôt sans retenue à toutes sortes de crimes. Au lieu de faire sentir sa puissance aux nations païennes et barbares qui avaient si souvent désolé l'Allemagne, il ne songeait, ce semble, qu'à tyranniser ses propres sujets. Nous avons vu les doléances que lui fit le peuple d'Utrecht le jour de Pâques 1072. Quant à la Saxe et à la Thuringe, il les traitait en pays ennemi. Partout il élevait des forteresses, contraignant les paysans à y travailler comme des esclaves. Les garnisons de ces repaires, sans solde suffisante, vivaient, d'après ses ordres, du pillage des campagnes. A l'exemple du maître, les satellites étaient autant de despotes. Des hommes libres, même nobles, se voyaient réduire en servitude; les filles et les femmes les plus respectables étaient déshonorées sous les yeux de leurs parents : un père, un époux s'en plaignait-il? Il était accusé de lèse-majesté, jeté en prison, d'où il ne se rachetait que par l'abandon de tous ses biens. Les pauvres paysans en appelaient-ils au roi? Le roi leur répondait sèchement qu'ils méritaient bien d'être traités de la sorte pour leur injustice à refuser le paiement des dîmes; que, pour lui, il ne faisait que venger par ses armes la cause de Dieu et les lois de l'Eglise. Voici l'explication de ce mystère.

Afin de donner un prétexte à ses violences, le roi excita l'archevêque de Mayence à exiger les dîmes de Thuringe, comme il avait commencé depuis quelques années, promettant de lui prêter main-forte pour contraindre ceux qui les refuseraient, mais à condition qu'il partagerait ces dîmes avec l'archevêque. Le prélat se laissa séduire par cette espérance, et indiqua un concile à Erfürt pour le 10 mars 1073. Au jour marqué, le roi et l'archevêque s'y trouvèrent, accompagnés l'un et l'autre d'une troupe de savants ou plutôt de sophistes, qu'ils avaient affecté de faire venir de divers lieux pour expliquer les canons suivant l'intention du prélat et appuyer sa cause par des subtilités au défaut de la vérité. A ce concile étaient quatre évêques, qui étaient venus déterminés à appuyer les intentions du roi et de l'archevêque, quoique la plupart les désapprouvassent; mais la crainte du roi et l'amitié qu'ils avaient pour l'archevêque ne leur laissaient pas la liberté de déclarer leurs sentiments. Le roi avait autour de lui un nombre considérable de troupes pour arrêter, par la force, ceux qui voudraient troubler l'exécution de son dessein.

La principale espérance des Thuringiens était aux abbés de Fulde et de Herfeld, parce qu'ils avaient quantité d'églises levant des dîmes, et une infinité de terres dans la Thuringe. Ces abbés, étant publiquement interpellés de payer les dîmes, commencèrent par prier l'archevêque, au nom de Dieu, de ne point donner atteinte aux anciens droits de leurs monastères, que les Papes avaient souvent confirmés par leurs bulles, et que les archevêques, ses prédécesseurs, n'avaient jamais attaqués. L'archevêque répondit que ses prédécesseurs avaient gouverné l'Eglise en leur temps comme il leur avait plu; que, comme leurs diocésains étaient encore presque néophytes et faibles dans la religion, ils avaient souffert en eux, par un sage ménagement, bien des choses qu'ils prétendaient que leurs successeurs retrancheraient avec le temps. « Pour moi, ajouta-t-il, à présent que cette Eglise est suffisamment affermie, je prétends faire exécuter les lois ecclésiastiques; et, par conséquent, ou vous vous y soumettrez de bonne grâce, ou vous vous séparerez de l'unité de l'Eglise. » Les abbés recommencèrent à le conjurer au nom de Dieu, que, s'il n'avait point d'égard à l'autorité du Pape, aux priviléges de Charlemagne et des autres empereurs, et à l'indulgence de ses prédécesseurs, il laissât au moins partager les dîmes suivant les canons et la pratique universelle des autres Eglises, et qu'il se contentât d'en prendre le quart. L'archevêque répondit qu'il n'avait pas pris tant de peine, ni remué cette affaire depuis environ dix ans, pour rien céder de son droit. Les deux premiers jours du concile se passèrent en cette contestation, sans que l'on vît encore lequel des deux partis l'emporterait; et les Thuringiens étaient prêts à récuser le concile pour en appeler au Saint-Siége; mais le roi, prenant Dieu à témoin, protesta que, si quelqu'un était assez hardi pour le faire, il le punirait de mort, et ferait dans ses terres une telle destruction, que l'on s'en souviendrait pendant plusieurs siècles. L'abbé de Herfeld, épouvanté du péril de ses sujets, ne trouva point d'autre parti à prendre que de s'en rapporter au roi et de le prier de terminer comme il lui plairait le différend entre l'archevêque et lui. Après que l'on eût longtemps délibéré, ils convinrent que dans dix paroisses où l'abbé prenait les dîmes, il en aurait les deux tiers et l'archevêque le tiers; que, dans les autres, ils partageraient par moitié; que, dans celles qui appartenaient à l'archevêque, il aurait toute la dîme, et que tous ses domaines, en quelques diocèses qu'ils fussent, en seraient exempts. En vérité, Sigefroi aurait bien fait de rester moine à Cluny : il n'aurait pas imprimé à sa mémoire la flétrissure de lâcheté et d'avarice.

L'abbé de Herfeld étant ainsi subjugué, les Thuringiens, qui se fiaient principalement à son éloquence et à son habileté, perdirent toute espérance, et promirent aussitôt de donner les dîmes. L'abbé de Fulde résista quelques jours; mais enfin la crainte du roi le fit convenir que, dans toutes les églises décimales, l'archevêque partagerait avec lui la dîme de moitié; mais que ses domaines, comme ceux de l'archevêque, en seraient exempts. Alors le roi, sachant bien, dit Lambert d'Aschaffembourg, que ce qui s'était passé en ce concile ne serait pas agréable au Pape, défendit aux abbés, sous peine de perdre ses bonnes grâces, de se pourvoir à Rome pour s'en plaindre en quelque manière que ce fût. C'est ainsi qu'il soutenait les lois de l'Eglise et la cause de Dieu! Voyant donc les paysans consternés de toutes parts et prêts à tout endurer, il entreprit, dit le même Lambert (an 1073), de réduire en servitude tous les Saxons ainsi que les Thuringiens, et de confisquer leurs propriétés.

L'Eglise se voyait en proie à la tyrannie, autant que le sexe faible et le pauvre peuple. Comme nous l'avons déjà vu, Henri vendait les évêchés et les abbayes au plus offrant, les donnait souvent à ses compagnons de débauche pour prix des plus horribles infamies; plus d'une fois, après avoir installé un évêque ou un abbé de la sorte, il en trouvait un autre encore pire et qui flattait encore avec plus de turpitude ses hideux penchants; aussitôt il faisait déposer le premier comme simoniaque, et mettait en sa place le second comme plus saint. Telle était la corruption que produisit ce commerce de simonie et de luxure, qu'à peine voyait-on un évêque dont l'entrée fût légitime et la vie pure. Ce qui achève de peindre ce malheureux prince, c'est sa conduite dans l'intérieur de sa famille. Il avait, de père et de mère, une sœur unique qui s'était faite religieuse. Eh bien! un jour, lui-même la tenant renversée par terre, il la fit déshonorer par un de ses courtisans. Ce n'est pas tout : son âge mûr, sa vieillesse même furent encore pires que sa jeunesse. Après avoir fait violer sa seconde femme l'impératrice Adélaïde, nommée aussi Praxède, par plusieurs de ses compagnons de débauche, et cela dans un cachot où il l'avait plongée, il ordonna enfin à son propre fils Conrad d'en faire autant, et, sur son refus, le renia pour son fils et le déclara bâtard. En vérité, pour prendre la défense d'un pareil homme, il faut lui ressembler (Lambert d'Aschaffembourg, an 1073; Bruno, *in Hist. bell. Saxon. Dodechin.*).

Excédés d'une pareille tyrannie, les évêques, les grands, les peuples de Saxe, parmi eux saint Bennon, évêque de Misnie, adressèrent des plaintes au Saint-Siége et de fortes remontrances à Henri, le conjurant par tous les motifs, maintenant qu'il était parvenu à un âge mûr, de mettre fin aux intolérables excès de sa jeunesse. A ce prix, ils le serviraient de grand cœur, comme auparavant; en la manière, toutefois, qu'il convient à des hommes libres et nés dans un empire libre, de servir un roi. Sinon, chrétiens qu'ils étaient, ils ne voulaient point se souiller par la communion d'un homme qui avait trahi la foi chrétienne par des prévarications capitales. Que s'il pensait les contraindre par les armes, eux aussi ne manquaient ni d'armes ni de science militaire. Ils lui avaient juré fidélité, mais à condition qu'il voulût être roi pour l'édification et non pour la destruction de l'Eglise de Dieu; qu'il gouvernât justement, légitimement, et laissât à chacun son rang, sa dignité et ses droits. Que si, le premier, il violait ces conditions, eux n'étaient plus tenus à la religion de ce serment, mais que, désormais, ils lui feraient une très-juste guerre comme à un barbare oppresseur du nom chrétien, et que, tant qu'il leur resterait une dernière étincelle de chaleur vitale, ils combattraient pour l'Eglise de Dieu, pour la foi chrétienne et pour leur propre liberté.

Aux ambassadeurs de Henri, ils rappelaient que tels étaient ses crimes envers ses plus intimes amis, envers sa femme, envers sa propre sœur, l'abbesse de Quedlimbourg, envers ses plus proches parents, que, si on les jugeait suivant les lois ecclésiastiques, il serait condamné à renoncer au mariage, au baudrier de la milice et à tout usage du siècle, combien plus au royaume. Les princes qui étaient venus de la part de Henri, ayant ouï le détail et les preuves de tous ces crimes, en furent épouvantés, et résolurent secrètement, d'un commun accord, de ne plus le reconnaître pour roi, mais d'en choisir un autre à la première occasion favorable. C'est ce que nous apprend Lambert d'Aschaffembourg (an 1073), qui vivait et écrivait dans ce temps-là.

Une partie de ces plaintes fut portée au pape Alexandre II. La même année 1073, Annon de Cologne et Herman de Bamberg furent envoyés à Rome pour recueillir certaines redevances dues au roi. Le Pape les chargea de remettre au roi les lettres apostoliques qui l'appelaient à Rome pour donner satisfaction, tant sur la simonie que sur d'autres excès dont Rome avait entendu parler. Mais Alexandre mourut peu de temps après avoir donné ces lettres, le 20 avril 1073, avec la réputation méritée d'un grand et saint Pape. Il laissait à son successeur la grande tâche de sauver la pudeur, la justice, la charité, non-seulement en Allemagne, mais dans toute l'Europe et dans tout l'univers entier.

LIVRE SOIXANTE-CINQUIÈME.

Le pape saint Grégoire VII. — L'Eglise de Dieu maintient sa divine indépendance, avec la juste liberté des peuples chrétiens contre le despotisme païen du roi teutonique.

De l'an 1073 à l'an 1085 de l'ère chrétienne.)

« Notre Seigneur Jésus-Christ régnant l'an de
» la miséricordieuse Incarnation 1073, indiction et
» lune XIe, le 10 des calendes de mai, la seconde
» férie, le jour de la sépulture du seigneur Alexan-
» dre II, pape d'heureuse mémoire; afin que la
» Chaire apostolique ne soit pas longtemps en deuil,
» privée d'un propre pasteur : nous, cardinaux,
» clercs, acolytes, sous-diacres, diacres, prêtres de
» la sainte Eglise romaine, catholique et apostoli-
» que, assemblés dans la basilique de Saint-Pierre-
» aux-Liens, du consentement des vénérables évê-
» ques, abbés, curés et moines ici présents, aux
» acclamations d'une foule considérable des deux
» sexes et de rangs divers, nous élisons pour Pas-
» teur et souverain Pontife, l'homme religieux versé
» dans l'une et l'autre science, amateur accompli
» de l'équité et de la justice, intrépide dans l'ad-
» versité, modéré dans la prospérité, et, suivant la
» parole de l'apôtre, orné de bonnes mœurs, pu-
» dique, modeste, sobre, chaste, hospitalier, gou-
» vernant bien sa maison, élevé et instruit d'une
» manière distinguée, depuis sa première enfance,
» dans le sein de cette mère Eglise, et, pour son
» mérite, promu jusqu'à ce jour à l'honneur de
» l'archidiaconat; en un mot, l'archidiacre Hilde-
» brand, que nous voulons et approuvons être ap-
» pelé d'ici à jamais, Grégoire, pape et apostolique.
» Vous plaît-il? Il nous plaît. Le voulez-vous? Nous
» le voulons. Le louez-vous? Nous le louons. Fait à
» Rome, le 10 des calendes de mai, indiction XIe. »
Tel est, d'après les actes publics, le décret d'é-
lection de Grégoire VII. Avant et après qu'il fût publié, le clergé et le peuple criaient dans l'église :
« Saint Pierre a élu l'archidiacre Hildebrand! saint
Pierre a élu le pape Grégoire (Baron., an 1073)! »
L'éloge qu'on y fait de son caractère et de ses vertus
est répété par tous les historiens catholiques du
temps. Othon de Frisingue en fait ce portrait : « Modèle du troupeau, ce qu'il enseigna par la parole,
il le montra par l'exemple, et, partout courageux
athlète, il ne craignit point de s'exposer comme un
boulevard pour défendre la maison d'Israël (*Otto Fris.*, an 1073). Lambert d'Aschaffembourg tient le
même langage. « A la mort d'Alexandre II, dit-il,
les Romains, avant d'avoir consulté le roi, élurent
pour lui succéder, Hildebrand, homme très-érudit
dans les lettres sacrées, et, déjà sous les Pontifes
précédents, très-célèbre dans toute l'Eglise par l'é-
clat de toutes les vertus (Lamb., an 1073). »

Grégoire vit son élection avec une profonde douleur. Il sentait quel fardeau redoutable allait peser sur lui. Un moyen restait pour y échapper, il l'employa. D'après la constitution de Nicolas II, le consentement de Henri IV, roi de Germanie, était nécessaire. Ce prince ne s'était encore servi de ce privilège personnel que pour faire un antipape. Grégoire, sans vouloir se laisser sacrer ni prendre d'autre titre que celui d'*élu Pontife romain*, envoya promptement à Henri pour lui demander non pas son consentement, mais son refus, le prévenant dès lors qu'une fois Pape, il ne laisserait certainement pas impunis les excès notoires auxquels il s'abandonnait. Ce qui a lieu de surprendre, c'est que les évêques du royaume germanique, désigné alors bien souvent sous le nom des *Gaules*, et qui comprenait une partie considérable de la Gaule proprement dite, écrivirent ou parlèrent au roi dans le même sens. « Comme Grégoire brûlait du zèle de la gloire de Dieu, dit Lambert, les évêques des Gaules commencèrent à être touchés d'un grand scrupule : c'était que cet homme, d'un génie véhément et d'une fidélité courageuse envers Dieu, ne vînt un jour à les examiner un peu sévèrement sur leurs négligences. C'est pourquoi, tous, de concert, ils pressèrent le roi de déclarer nulle l'élection, comme ayant été faite sans son ordre, l'assurant que, s'il ne se hâtait de prévenir les entreprises de cet homme, personne ne s'en trouverait plus mal que le roi lui-même (*Ibid.*). »
Le principal auteur de ce conseil était Grégoire, évêque de Verceil, chancelier du roi en Lombardie. On le voit par une lettre très-bien faite, que Guillaume, abbé de Saint-Arnulfe de Metz, écrivit au nouveau Pape pour le féliciter, ou plutôt féliciter l'Eglise entière de son élection (*Analect. vet.*).
Aussitôt le roi envoya le comte Eberard pour demander aux seigneurs romains pourquoi, contre la coutume, ils avaient fait un Pape sans le consulter, et pour obliger même le Pape à renoncer à sa dignité, s'il ne rendait pas bonne raison de sa conduite. Le comte étant arrivé à Rome, fut très-bien reçu par le Pape élu, qui, ayant entendu les ordres du roi, répondit : « Dieu m'est témoin, jamais je n'ai recherché cette dignité. Les Romains m'ont élu malgré moi et m'ont fait violence; mais ils m'ont pu m'obliger à me laisser ordonner, jusqu'à ce que je fusse assuré, par une députation expresse, que le roi et les seigneurs du royaume teutonique consen-

taient à mon élection. C'est ce qui m'a fait différer mon ordination jusqu'à présent, et je la différerai sans aucun doute jusqu'à ce que quelqu'un vienne, de la part du roi, m'assurer de sa volonté. » Le roi ayant reçu cette réponse, en fut satisfait et envoya aussitôt à Rome le même évêque Grégoire de Verceil, chancelier d'Italie, pour confirmer l'élection par l'autorité du roi et assister au sacre du Pape; ce qui fut exécuté sans délai.

Elu le 22 avril 1073, le pape saint Grégoire, septième du nom, fut ordonné prêtre dans l'octave de la Pentecôte, et sacré évêque le 30 juin de la même année, le dimanche dans la fête des apôtres saint Pierre et saint Paul. L'abbé Guillaume de Metz lui disait dans sa lettre : « Plus vous déplaisez aux méchants, plus vous plaisez aux bons; car ce n'est pas un petit témoignage de probité, de déplaire aux enfants d'iniquité. Maintenant donc, ceignez-vous de votre glaive, homme de la puissance; de ce glaive qui, suivant le prophète, ne doit point épargner le sang, et qui, selon la promesse du Seigneur, dévorera les chairs. Vous voyez comme les Amalécites et les Madianites, ainsi que les autres pestes, ont conspiré contre le camp d'Israël. Il faut une grande sollicitude, un grand conseil, une application continuelle pour abattre ou subjuguer tant de monstres et de bêtes féroces. Que ni la crainte ni les menaces de personne ne vous retardent d'entreprendre ce combat spirituel et saint, et, comme un autre Gédéon, ne craignez pas de briser les vases de terre. Vous voilà sur le pinacle, tous les regards se portent sur vous, chacun désire apprendre de vous de grandes choses; par le passé, on conjecture ce que vous ferez dans une dignité plus haute, vous qui, dans une moindre, n'avez pas combattu sans gloire. Mais quelle ineptie à moi d'oser vous donner des avis, de pousser qui court, puisque, dans votre admirable ferveur, vous méditez des choses plus grandes que notre faiblesse ne soupçonne, et que, tel que l'aigle, vous élevant par dessus toutes les choses d'ici-bas, vous essayez de fixer vos regards sur l'ardeur du soleil même (*Analect. vet.*, p. 455). »

Dès le lendemain de son élection, le saint pape Grégoire en fit part à Didier, abbé du Mont-Cassin, en ces termes : « Le pape Alexandre est mort, et sa mort est retombée sur moi et m'a mis dans un trouble extrême; car, en cette occasion, le peuple romain est demeuré si paisible, contre sa coutume, et s'est tellement remis à notre conduite, que c'était un effet manifeste de la miséricorde de Dieu. Nous avons donc ordonné, par délibération, qu'après un jeûne de trois jours, après des processions, des prières et des aumônes, nous déciderions ce qui nous paraîtrait le meilleur touchant l'élection du Pape. Mais comme on enterrait le pape Alexandre dans l'église du Sauveur, il s'est élevé tout d'un coup un grand tumulte du peuple, et ils se sont jetés sur moi comme des insensés, en sorte que je puis dire comme le prophète : *Je suis venu en haute mer et me suis abîmé dans la tempête*. Mais comme je suis au lit, si fatigué que je ne puis dicter longtemps, je ne vous parlerai pas davantage de mes peines, seulement je vous conjure de me procurer les prières de vos frères, afin qu'elles me conservent dans le péril qu'elles devaient me faire éviter. Ne manquez pas de venir au plus tôt nous trouver, puisque vous savez combien l'Eglise romaine a besoin de vous et la confiance qu'elle a en votre prudence. Saluez de notre part l'impératrice Agnès et le vénérable Rainald, évêque de Côme, et priez-les de montrer à présent l'affection qu'ils nous portent (L. 1, *Epist.* 1). » L'impératrice Agnès passa six mois au Mont-Cassin, où elle fit de magnifiques offrandes, et l'évêque Rainald était dans son intime confiance.

Saint Grégoire écrivit de même sur son élection à Guibert, archevêque de Ravenne, ajoutant que, sans lui laisser la liberté de parler ni de délibérer, on l'avait enlevé violemment pour le mettre sur le Saint-Siège. Il demande à Guibert la continuation de son affection pour l'Eglise romaine et pour lui en particulier ; « car, dit-il, comme je vous aime d'une charité sincère, j'en exige de vous une pareille avec tous ses effets. » On verra dans la suite combien Guibert répondit mal à ces avances du saint Pape, qui témoigne encore dans une autre lettre l'estime qu'il avait pour lui (*Ibid., Epist.* 10).

Godefroi le Bossu, duc de Lorraine et mari de la comtesse Mathilde de Toscane, avait écrit au nouveau Pape pour se réjouir avec lui de son élection. Saint Grégoire lui répond que c'est pour lui la cause d'une douleur amère, et qu'il y succomberait s'il n'était aidé par les prières des personnes spirituelles; « car, ajoute-t-il, tous, principalement les prélats, travaillent plutôt à troubler l'Eglise qu'à la défendre, et, ne songeant qu'à satisfaire leur avarice et leur ambition, ils s'opposent, comme des ennemis, à tout ce qui regarde la religion et la justice de Dieu, » et ensuite : « Quant au roi (c'est Henri, roi d'Allemagne), vous pouvez compter que personne ne lui souhaite plus que nous la gloire temporelle et la gloire éternelle; car nous avons résolu, sitôt que nous en aurions la commodité, de lui envoyer des nonces, pour l'avertir paternellement de ce qui regarde l'utilité de l'Eglise et l'honneur de sa couronne. S'il nous écoute, nous aurons autant de joie de son salut que du nôtre; s'il nous rend la haine pour l'amitié, ce qu'à Dieu ne plaise, nous ne voulons pas nous attirer cette menace : *Maudit qui n'ensanglante pas son épée!* Car il ne nous est pas libre de préférer à la loi de Dieu la faveur de qui que ce soit. » Il parle de même au sujet du roi Henri dans une lettre écrite quelques jours après à Béatrix, duchesse de Toscane, et à sa fille la comtesse Mathilde, épouse du duc Godefroi, déclarant qu'il est résolu de répandre son sang, s'il est besoin, pour la défense de la vérité (*Epist.* 9 et 11).

Dans l'intervalle de son élection à son sacre, saint Grégoire ne laissa pas de donner plusieurs ordres importants. Ebole, comte de Rouci en Champagne, ayant dessein de passer en Espagne pour faire la guerre aux infidèles, avait traité avec le pape Alexandre pour jouir de ses conquêtes, moyennant certaines conditions dont il était convenu par écrit, et l'archidiacre Hildebrand était intervenu; car on regardait, non-seulement à Rome, mais partout ailleurs, comme un fait certain, qu'avant l'invasion des Sarrasins le royaume d'Espagne avait appartenu d'une manière spéciale à saint Pierre, c'est-à-dire à l'Eglise romaine, sans doute comme nous avons vu que Charlemagne lui donna ou lui recommanda spécialement la Saxe, avec certaines redevances, ou comme nous avons déjà vu les nouveaux royaumes d'Espagne, comme celui d'Aragon, en 1062, vouer un tribut à saint Pierre, sous menace ou peine de déposition contre le roi qui violerait cet article. Le pape saint Grégoire donna donc au comte de Rouci une lettre adressée à tous les seigneurs qui voudraient se joindre à lui pour cette expédition d'Espagne; dans cette lettre il les exhortait à conserver les droits de saint Pierre. Puis il ajoute : « Si quelques-uns d'entre vous veulent entrer dans le même pays, séparément, avec leurs troupes particulières, ils doivent se proposer la cause de cette expédition la plus juste, prenant dès à présent une ferme résolution de ne pas faire, après leurs conquêtes, le même tort à saint Pierre que lui font à présent les infidèles. Car nous voulons que vous sachiez que, si vous n'êtes résolus de sauvegarder équitablement dans ce royaume les droits de saint Pierre, nous vous défendons d'y entrer plutôt que de souffrir que l'Eglise soit traitée par ses enfants comme par ses ennemis. Nous y avons envoyé le cardinal Hugues, qui vous expliquera plus amplement nos intentions. »

Un défenseur de ce qu'on appelle *les opinions gallicanes* s'écrie à ce propos : « Nous avons peine à comprendre pourquoi ce Pape aime mieux que l'Espagne demeure à des infidèles que de relâcher le moindre de ses droits bien ou mal fondés. Il est plus attentif à tondre la brebis qu'à l'arracher de la gueule du lion quand elle palpite encore (*Def. decl.*, l. 1, sect. 1, c. 13). Mais d'abord il ne s'agissait point d'arracher des chrétiens au joug des Maures; il n'y en avait point; mais seulement de reconquérir les terres que ces infidèles avaient usurpées; Grégoire demandait ces droits, non à des chrétiens opprimés par les Sarrasins, mais aux princes qui feraient des conquêtes. Si, en cas de refus, il leur défend d'entrer dans le royaume, ce n'était point pour le laisser en proie aux infidèles, mais pour y appeler d'autres seigneurs plus catholiques. D'ailleurs, pour régulariser ces expéditions chrétiennes et en assurer le résultat, n'était-il pas utile, nécessaire même, que les princes chrétiens s'adressassent au chef universel de la chrétienté? Une faible redevance sur des conquêtes, qu'elle rendait respectables et sacrées à tout le monde, redevance que, sous un nom ou sous un autre, payaient généralement tous les royaumes chrétiens, bien loin d'être un obstacle à ces conquêtes, en était, au contraire, le mobile le plus puissant et la garantie la plus sûre.

Le cardinal Hugues, dont il est ici parlé, était Hugues le Blanc, que nous avons déjà vu envoyer en Espagne sous Alexandre II. Saint Grégoire l'envoyait en France et de là en Espagne, avec le comte de Rouci, pour tenir la main à l'exécution du traité, et corriger les erreurs des chrétiens du pays. On le voit par la lettre à Girald, évêque d'Ostie, et Regimbald, sous-diacre de l'Eglise romaine, tous deux légats en France. Le pape les prie de réconcilier le cardinal Hugues avec saint Hugues, abbé de Cluny, et de prier l'abbé de lui donner quelques-uns de ses moines pour l'accompagner en sa légation d'Espagne. Ce qui avait indisposé le saint abbé Hugues et sa congrégation, contre le cardinal Hugues, c'est que celui-ci avait donné dans le schisme de l'antipape Cadaloüs. Mais il avait reconnu et réparé sa faute; il entrait dans toutes les vues de saint Grégoire, qui,

là-dessus, attribuait son égarement passé moins à lui-même qu'à l'entraînement des autres (L. 1, *Epist.* 6). Nous verrons plus tard comment le cardinal Hugues reconnut la confiante miséricorde du saint Pape.

Les relations entre le chef de l'Eglise et les rois d'Espagne étaient fréquentes et amicales. Répondant, le 18 mars 1073, à une lettre de Sanche, roi d'Aragon, saint Grégoire le loue de son dévouement pour l'Eglise romaine, et du soin qu'il mettait à introduire l'office romain dans ses Etats, pour marquer une plus grande union avec cette Eglise-mère. En continuant ainsi, il lui fait espérer la victoire de la part de saint Pierre, que Jésus-Christ, le Roi de gloire, a établi prince sur tous les royaumes du monde. Sanche fit en effet la guerre avec succès contre les mahométans. Il existe encore deux autres lettres du même Pape à ce prince. Dans l'une, il donne comme un fait certain que saint Paul est allé en Espagne, et qu'ensuite sept évêques y furent envoyés de Rome par saint Pierre et saint Paul; d'où il tire un motif de plus d'y établir l'office romain. Dans l'autre, il réglait l'affaire suivante : L'évêque Sanche d'Aragon vint à Rome pour abdiquer l'épiscopat à cause de ses infirmités. Il parla au Pape de deux clercs, dont l'un pourrait lui succéder. Le Pape ayant pris des informations sur l'un et sur l'autre, trouva que leur vie était assez recommandable; mais ils n'étaient pas nés en mariage légitime. Le Pape, ayant pris là-dessus l'avis des cardinaux, ne crut pas devoir en admettre aucun à l'épiscopat. Il proposa ce moyen. L'évêque Sanche retournerait en Aragon, ferait faire les ordinations par les autres évêques de la province, choisirait un clerc capable d'administrer le diocèse pendant sa maladie. Si, après un an, l'évêque Sanche récupérait la santé, il reprendrait le gouvernement de lui-même; si, au contraire, sa maladie devenait plus grave, on pourrait alors procéder canoniquement à l'élection du coadjuteur, et en envoyer le décret à Rome, où l'on ne manquerait pas de faire une réponse convenable (L. 1, *Epist.* 64; L. 2, *Epist.* 50).

Nous avons de même plusieurs lettres du pape saint Grégoire au roi Alphonse de Léon et de Castille, qui fit la guerre avec grands succès aux Mahométans, et leur prit, en 1085, la ville de Tolède, où il établit sa cour. Dans une de ces lettres, le saint Pape lui recommande l'évêque Paul, qui était venu à Rome avec d'autres évêques d'Espagne pour y assister au concile de 1074; tous y promirent d'observer l'ordre romain dans leurs diocèses. Le Pape prie le roi de vouloir bien rétablir le siège de cet évêque. La grande affaire en Espagne, outre la guerre contre les Mahométans, était d'introduire partout l'office romain, afin d'y maintenir d'une manière invariable l'unité de la foi et de la discipline. Pour cet effet, le roi Alphonse envoya une ambassade au pape saint Grégoire, qui, de son côté, envoya en Espagne le cardinal Richard, premièrement en 1078, et une seconde fois lorsqu'il le fit abbé de Saint-Victor de Marseille, comme on le voit par ses lettres du 15 octobre, en 1079. Un moine faillit faire manquer cette salutaire entreprise. Nous avons vu que le roi Alphonse avait pris en grande affection un moine Robert, que lui avait envoyé saint Hugues, abbé de Cluny. Le moine abusa de l'amitié du prince pour s'opposer au légat du Pape, et fut cause que le roi ne le traita pas comme il convenait à sa dignité. C'est pourquoi le Pape s'en plaignit à l'abbé Hugues, disant que ce moine avait ramené à leur ancienne erreur cent mille personnes qui avaient commencé de revenir au chemin de la vérité, c'est-à-dire à l'office romain. Le Pape ordonne à l'abbé de Cluny de rappeler ce moine et de le mettre en pénitence, et d'écrire au roi qu'en traitant d'une manière si indécente un légat de l'Eglise romaine, il avait encouru l'indignation de saint Pierre, et que, s'il ne réparait sa faute, le Pape l'excommunierait et exciterait contre lui tout ce qu'il y avait en Espagne de fidèles de ce saint apôtre. Et s'il ne nous obéit, ajoute le Pontife, nous ne craindrions pas la peine d'aller en Espagne et de lui susciter des affaires fâcheuses, comme à un ennemi de la religion chrétienne (*Conc. Hisp.*, t. IV).

Au fond de cette affaire, il y en avait une autre. Le roi avait épousé une parente de sa femme défunte. Comme ce mariage était contraire aux lois de l'Eglise, le Pape et son légat demandaient qu'il fût rompu. Le moine Robert, de concert avec la nouvelle femme, intriguait contre le légat. La chose devenait fort grave. Des intrigues semblables avaient amené, près de quatre siècles auparavant, la ruine des Visigoths et l'entrée des Sarrasins en Espagne. Les deux derniers rois, Vitiza et Rodrigue, avaient également méprisé les lois de l'Eglise sur le mariage, et repoussé l'autorité du Siége apostolique. A la renaissance des royaumes chrétiens d'Espagne, il importait donc souverainement de ne pas y laisser implanter les mêmes germes de corruption et de ruine, mais de rattacher ces royaumes d'une manière indissoluble, et pour la foi, et pour la morale, et pour la discipline, à la Chaire apostolique, centre vivant de la civilisation chrétienne. Ne voir dans tout ceci qu'une question de rituel, comme Fleury, c'est écrire l'histoire en sacristain. Saint Grégoire VII voyait de plus haut et plus loin. Il envoya donc au roi Alphonse, par le saint abbé Hugues, une lettre où il lui témoigne que ses dernières actions avaient changé en tristesse la joie que lui avaient causée les premières; il lui signale l'intrigue du moine et de la femme, et lui rappelle comment l'amour déréglé des femmes aveugla le plus sage des rois; il le presse de rompre cette union condamnable, de reprendre son ancienne force d'âme et d'écouter en tout le légat Richard (L. 8, *Epist.* 3).

Le roi Alphonse se soumit aux ordres ou aux remontrances du Pape, tant pour son mariage que pour l'introduction de l'office romain dans ses Etats. On le voit par une lettre où le saint Pape le félicite de son zèle et de sa soumission. Le roi lui avait parlé d'un certain ecclésiastique pour archevêque : le Pape, l'ayant examiné, le trouva de bonne vie et de bonnes mœurs, mais trop peu savant; il recommande au roi d'en trouver un autre, fût-il d'une naissance obscure, qui pût, par l'union de la science à la vertu, faire honneur à la fois et à l'Eglise et au royaume. Il l'exhorte à ne pas souffrir que les Juifs exercent aucune puissance sur les chrétiens. Enfin, il le remercie des présents qu'il avait envoyés à Saint-Pierre, et lui accorde, à lui et à ses fidèles l'absolution de tous leurs péchés (L. 9, *Epist.* 2).

Dès l'an 1076, le pape Grégoire avait écrit une lettre commune à tous les rois, comtes et princes d'Espagne, pour les exhorter à remplir fidèlement leurs devoirs envers Dieu, envers le prochain, envers eux-mêmes, et pour leur rappeler que, d'après d'anciennes constitutions, l'Espagne appartenait d'une manière spéciale à l'Eglise romaine (L. 4, *Epist.* 28).

Raimond, comte de Barcelone, ami particulier du pape Grégoire, étant mort, ses deux fils, poussés par de mauvais conseils, devinrent ennemis l'un de l'autre jusqu'à se faire la guerre. A cette nouvelle, Grégoire, pénétré de douleur et à cause de l'amitié qu'il avait eue pour leur père, et parce que leur discorde allait donner le dessus aux Sarrasins du voisinage, chargea l'évêque de Gironne de s'adjoindre les personnes les plus considérables par leur rang et leur piété, pour rétablir la paix ou du moins une trève entre les frères ennemis; menaçant d'excommunication celui qui s'obstinerait dans son inimitié, et promettant à celui qui se montrerait plus pacifique, la protection de saint Pierre, pour lui faire obtenir l'héritage paternel (L. 6, *Epist.* 16).

Finalement, en examinant bien toutes les lettres et les démarches de Grégoire VII concernant l'Espagne, on voit qu'il cherchait à tenir tous les Espagnols unis entre eux et à l'Eglise romaine, le centre de la chrétienté, afin de les affermir de plus en plus dans la foi et les mœurs chrétiennes, et leur donner ainsi plus de force pour chasser de leur pays la domination antichrétienne de Mahomet. Nous croyons qu'aujourd'hui comme alors, c'est encore le seul moyen de faire véritablement du bien à des peuples et à l'humanité entière.

Les pauvres Eglises d'Afrique, car il y en avait encore quelques-unes, exercèrent la miséricordieuse sollicitude du pape saint Grégoire. Le plus grand malheur des chrétiens d'Afrique était moins encore la domination des infidèles que leurs propres et incurables divisions. Il y avait à Carthage un archevêque recommandable, nommé Cyriaque. Eh bien ! il fut accusé par une partie de son clergé et de son peuple auprès du roi musulman; et le sujet de l'accusation était le refus que faisait l'archevêque de conférer les ordres à certains sujets qu'il en jugeait indignes. Sur une accusation si étrange, l'archevêque fut traité comme un voleur, dépouillé de ses vêtements et battu de verges. Le saint pape Grégoire ayant appris cette affligeante nouvelle dès la première année de son pontificat, écrivit aussitôt une première lettre au clergé et au peuple de Carthage, les exhortant par la passion et la mort de Jésus-Christ, à supporter avec patience, à son exemple et pour l'amour de lui, ce qu'ils auraient à souffrir des Sarrasins, mais surtout à bannir d'entre eux toutes les divisions et les animosités. Après quoi il leur reproche, en gémissant et en versant beaucoup de larmes, leur conduite à l'égard de leur archevêque, qui était pour eux un autre Jésus-Christ. Il les presse vivement de faire pénitence et de réparer leur faute; sinon il les menace de la malédiction de saint Pierre et de la sienne. La lettre est du 15 septembre 1073. Il écrivit en même temps à l'archevêque, louant sa fermeté de ce qu'étant présenté à l'audience du roi, il a mieux aimé souffrir divers tourments que de violer les canons en faisant des ordinations par l'ordre de ce prince infidèle. « Votre confession, dit-il, eût été encore bien plus précieuse, si vous aviez été dans le cas d'y sacrifier votre vie même. Il l'encourage, par l'exemple des saints, à ne point se laisser abattre par les tribulations; car les souffrances de ce monde ne sont rien auprès de la récompense qui les attend. » Enfin il prie Dieu de regarder en pitié l'Eglise d'Afrique, affligée depuis si longtemps (L. 1, *Epist.* 22 et 23). Carthage obéissait alors à Tumim, roi de l'Afrique Mineure, qui s'étendait depuis Tabarca jusqu'à Tripoli.

Vers le même temps, régnait dans la Mauritanie orientale ou de Sétif un autre roi sarrasin, nommé Annasir. Dans son royaume se trouvait la ville d'Hippone ou Hippa, différente de celle d'Hippone en Numidie, que saint Augustin a rendue si célèbre. La ville d'Hippone en Mauritanie était habitée par un grand nombre de chrétiens. Comme le roi Annasir leur était favorable, ils élurent pour archevêque un prêtre nommé Servand. Mais la difficulté était de lui faire donner la consécration épiscopale; car, pour cela, il fallait trois évêques, et dans toute l'Afrique il n'y en avait qu'un, celui de Carthage. Le roi Annasir vint à leur aide. Il envoya le prêtre Servand à Rome, avec une lettre très-respectueuse au Pape, accompagnée de présents considérables, entre lesquels était un grand nombre de chrétiens captifs. Le Pape acquiesça volontiers à une pareille demande et sacra lui-même le nouvel archevêque. Il écrivit de plus au roi Annasir la lettre suivante :

« Grégoire, évêque, serviteur des serviteurs de Dieu, à Annasir, roi de Mauritanie, salut et bénédiction apostolique. Votre noblesse nous a envoyé cette année des lettres pour que nous ordonnions évêque le prêtre Servand, suivant la constitution chrétienne : comme votre demande paraissait juste et excellente, nous nous sommes empressé de le faire. Avec les présents que vous y avez ajoutés vous avez encore, par respect pour saint Pierre, le prince des apôtres, et par amour pour nous, rendu à la liberté les chrétiens qui étaient captifs chez vous, et promis de délivrer de même d'autres captifs. Celui qui a inspiré cette bonté à votre cœur, c'est le Dieu créateur de toutes choses, sans qui nous ne pouvons faire ni même penser rien de bon; celui qui a fait luire cette intention dans votre âme, c'est celui-là même qui éclaire tout homme venant en ce monde; car le Dieu tout-puissant, qui veut que tous les hommes soient sauvés et qu'aucun ne périsse, n'aime rien tant en nous, sinon que, après lui, l'homme aime l'homme, et qu'il ne fasse point à autrui ce qu'il ne veut pas qu'on lui fasse à lui-même. Cette charité réciproque, nous nous la devons, vous et nous, plus spécialement qu'aux autres nations, puisque nous croyons et confessons, quoique d'une manière diverse, un seul Dieu, et que chaque jour nous louons et adorons le Créateur des siècles et l'arbitre de ce monde; car, comme dit l'apôtre, c'est lui qui est notre paix et qui, des deux, a fait un. Mais plusieurs des nobles romains, ayant appris par nous que Dieu vous avait fait cette grâce, admirent et célèbrent votre bonté et vos vertus. De leur nombre sont deux de nos amis particuliers, Albéric et Cencius, élevés avec nous depuis leur jeunesse dans le palais romain. Désireux d'obtenir votre amitié et votre amour, et de vous servir de leur mieux par ici dans tout ce qui vous fera plaisir, ils vous envoient de leurs gens pour vous faire comprendre combien ils estiment votre prudence et votre noblesse, et combien ils désirent et peuvent vous rendre service. En les recommandant à votre magnificence, nous vous prions, pour l'amour de nous et pour récompenser la fidélité de ceux qui vous les envoient, de leur témoigner la charité que nous désirons qu'on ait toujours pour vous et pour les vôtres; car Dieu sait combien purement, pour l'honneur de Dieu même, nous vous aimons et désirons votre salut et votre gloire et en la vie présente et en la vie future. Nous prions Dieu, de bouche et de cœur; que lui-même, après de longues années ici-bas, vous conduise au sein de la béatitude du très-saint patriarche Abraham » (L. 3, *Epist.* 21).

Le saint Pape écrivit en même temps au clergé et au peuple d'Hippone, qu'il avait consacré celui qu'ils avaient élu, et qu'il le leur renvoyait après l'avoir instruit, autant que possible, de la discipline canonique. Il leur recommande de recevoir leur nouvel archevêque avec une affectueuse dévotion, de lui obéir avec une docilité filiale, et de mener une vie si édifiante qu'ils convertissent les Sarrasins de leur voisinage. Comme il n'y avait encore que deux évêques en Afrique et qu'il en fallait trois pour en ordonner un quatrième, le Pape conseilla aux deux archevêques d'Hippone et de Carthage de choisir un personnage digne et de le lui envoyer à Rome, afin que, l'ayant ordonné, il le leur renvoyât, et qu'ils pussent ainsi faire eux-mêmes canoniquement des ordinations épiscopales et se donner ainsi des collègues dans le travail excessif dont ils étaient accablés. C'est ce qu'il écrivit à l'archevêque de Carthage au mois de juin 1076 (*Ibid., Epist.* 19 et 20).

En ce temps vivait Samuël de Maroc, rabbin converti, dont nous avons un traité de controverse contre les Juifs. Il l'adresse à un autre Juif nommé Isaac, dont il loue extrêmement le savoir, et auquel il propose ses objections, par manière de doutes et de difficultés qui le remplissent de crainte et d'inquiétude : « D'où vient, dit-il, que nous autres Juifs sommes généralement frappés de Dieu dans cette captivité, qui dure depuis plus de mille ans; au lieu que nos pères, qui avaient adoré les idoles, tué les prophètes et rejeté la loi de Dieu, ne furent punis que pendant soixante et dix ans dans la captivité de Babylone? Toutefois, l'Ecriture marque cette punition comme le plus grand effet de la colère de Dieu, et nous ne voyons aucun terme prescrit à celle-ci, ni dans la Loi ni dans les Prophètes. Il faut donc que nous ayons commis, depuis alors, quelque péché plus grand que n'était l'idolâtrie de nos pères; car c'est sans doute cette désolation qui, suivant le prophète Daniel, doit durer jusqu'à la fin. »

« Je crains beaucoup, ajoute-t-il, que ce péché ne soit d'avoir vendu et mis à mort ce Jésus que les chrétiens adorent. » Sur quoi il apporte plusieurs passages d'Isaïe et des autres prophètes, touchant la passion de Jésus-Christ, et marque que ce qui en est raconté dans notre Evangile s'y accorde parfaitement. Il insiste sur la prophétie de Daniel, touchant les soixante-deux semaines après lesquelles il est dit que le Christ sera tué, la ville détruite et le sacrifice aboli. « Je ne vois point, dit-il, qu'on puisse échapper à cette prophétie accomplie, il y a plus de

mille ans, par les mains de Titus et des Romains. »
Il distingue et prouve, par l'Ecriture, les deux avénements du Messie : l'un dans l'humilité, l'autre dans la gloire. Il prouve également la réprobation des Juifs et l'élection des gentils.

A la fin de cet écrit, Samuël emploie contre les Juifs ce qui est dit dans l'Alcoran et ses commentaires. « Les Sarrasins, dit-il, reconnaissent qu'il était le Messie prédit, et qu'il avait reçu de Dieu le pouvoir de faire des miracles, de guérir toutes les maladies, de chasser les démons et de ressusciter les morts; qu'il savait tout et connaissait le secret des cœurs; qu'il a méprisé les richesses et les plaisirs sensuels; enfin, qu'il est le Verbe de Dieu. Or, dit-il, quoique les chrétiens ne nous allèguent pas ce témoignage, qui n'a pas plus d'autorité chez eux que chez nous, il ne laisse pas d'être embarrassant pour nous et avantageux pour eux (*Biblioth. Pat.*, t. XVIII; Lugd., t. IV, Paris). Cet écrit du rabbin Samuël de Maroc mérite d'être connu, et pourrait se répandre utilement parmi les Juifs.

Vers la même époque, en Palestine, le bienheureux Samonas, archevêque de Gaze, voyageait sur la route d'Emèse avec plusieurs autres personnes. Pour charmer l'ennui, on s'entretenait de questions diverses, et la conversation allait quelquefois un peu plus loin qu'il ne fallait. Un Sarrasin très-habile et éloquent, nommé Achmed, était de la compagnie. Saisissant la question des sacrements qu'on avait soulevée, il adressa la parole à l'évêque, et lui dit : « Comment vous autres prêtres pouvez-vous jouer les chrétiens, en disant que du pain fait de farine est le corps du Christ? Ou vous vous trompez vous-mêmes, ou vous trompez les autres. — Vous voulez dire, reprit l'évêque, que le pain ne devient pas le corps du Christ. Mais alors dites-moi : Votre mère vous a-t-elle enfanté aussi grand que vous êtes? — Non pas, répondit le Sarrasin. — Qui donc vous a fait arriver à cette grandeur? — Par la volonté de Dieu, ce sont les aliments. — Le pain s'est donc changé pour vous en corps? — Je le pense tout à fait. — Mais de quelle manière le pain s'est-il changé pour vous en corps? — J'ignore la manière. » — L'évêque lui expliqua alors comment les aliments, descendus dans l'estomac, s'y liquéfient, deviennent du sang qui, par les canaux et les veines, arrose tout le corps, s'assimile à ses différentes parties, se transforme en os avec les os, en moëlle avec la moëlle, en nerf avec les nerfs. Voilà comme l'enfant devient homme, le pain se changeant pour lui en corps et la boisson en sang. Le Sarrasin étant convenu que cela était ainsi, l'évêque ajouta : « Eh bien! apprenez que notre sacrement se fait de la même manière; le prêtre pose sur la table sacrée du pain et du vin, et fait une sainte invocation. L'Esprit-Saint descend sur les choses qui sont offertes, et, par le feu de sa divinité, change le pain et le vin au corps et au sang du Christ, de même que le foie et l'estomac changent les aliments au corps de l'homme. N'accorderez-vous pas que le Très-Saint-Esprit de Dieu puisse faire ce que fait votre foie et votre estomac? » Le Sarrasin l'accorda sans peine.

L'évêque Samonas ayant ajouté pour second exemplaire la génération naturelle de l'homme, et expliqué pourquoi Jésus-Christ nous donne son corps sous forme d'aliment, le sarrasin Achmed demanda :

« Cette communion et cette victime du corps et du sang du Christ, qu'offrent les prêtres, est-ce le vrai corps et le vrai sang du Christ ou seulement un exemplaire de son corps, comme la victime du bouc qu'offrent les Juifs? — A Dieu ne plaise, répliqua l'évêque Samonas, que nous disions jamais que cette sainte communion est un exemplaire du corps de Jésus-Christ, ou un pain nu, une figure, une image; mais ce que nous prenons est véritablement le corps déifié du Christ, notre Dieu, qui a pris la chair et est né de Marie, mère de Dieu, toujours vierge. Voilà ce que nous croyons et confessons, suivant la parole du Christ même; car, dans la cène mystique, il donna le pain à ses disciples en disant : *Prenez, mangez, ceci est mon Corps*, de même, en leur remettant le calice, il dit : *Ceci est mon Sang. Il ne dit pas : Ceci est l'exemplaire ou la figure de mon corps et de mon sang. Le Christ dit encore plusieurs fois : Qui mange ma Chair et boit mon Sang a la vie éternelle*. Ayant donc le Christ pour témoin que c'est son corps et son sang que nous recevons, comment pourrions-nous douter encore, si nous le croyons Dieu et fils de Dieu? Car si de rien il a fait le monde, et si sa parole est véritable, vivante, efficace et toute-puissante, et si, étant le Seigneur, il fait tout ce qu'il veut, ne peut-il pas changer le pain en son corps, et le vin mêlé d'eau en son propre sang? »

L'évêque ayant répondu à cette question : *Pourquoi le Christ a voulu donner son corps et son sang sous l'espèce du pain et du vin, et non sous celle d'une autre matière*, le Sarrasin conclut : « Il est évident que vous avez bien expliqué les mystères et les sacrements de la foi chrétienne, mais quelqu'un pourrait encore douter de ceci : Comment Dieu étant un, et le corps du Christ étant aussi un, il est néanmoins divisé en une infinité de corps et de parcelles. Par ces divisions, y a-t-il plusieurs Christ ou un seul? et dans chaque parcelle est-il un et le même, et tout entier? » L'évêque répondit : « C'est par les choses sensibles et matérielles que nous démontrons ce qui est au-dessus de la matière et de la nature. Que chacun écoute donc cet exemple et en comprenne la portée : *Quelqu'un prend un miroir, le jette par terre, le brise en plusieurs morceaux; dans chaque morceau cependant il voit son image tout entière*. Cet exemple lui fera comprendre que, dans chaque fragment, dans chaque parcelle en quel temps, en quel nombre de fois, en quel lieu on la rompe, la chair du Christ demeure tout entière. Un autre exemple : *La parole que profère un homme, est entendue de celui qui la prononce, les assistants l'entendent, et quoiqu'il y en ait beaucoup à l'entendre, ils ne l'entendent pourtant pas divisée, mais entière*. Il en est de même pour le corps du Christ. Ce très-saint corps, assis à la droite du Père, demeure en lui-même tout entier; mais le pain offert et consacré dans le sacrifice, changé au corps du Christ par la puissance divine et la descente du Saint-Esprit, quoiqu'on le divise, demeure cependant tout entier dans chaque fragment, de même que ceux qui écoutent parler quelqu'un entendent sa parole non divisée, mais tout entière. » Le Sarrasin Achmed admira ces explications, remercia beaucoup l'évêque et protesta qu'il ne lui restait plus aucune difficulté (*Bibl. Pat.*, t. XVIII, p. 577).

Le pape saint Grégoire VII soignait les intérêts

de l'Eglise de Jérusalem jusque dans le fond des Gaules. Des fidèles avaient eu la dévotion de donner à l'Eglise de Jérusalem une église du Saint-Sépulcre, avec tous ses revenus, dans un endroit nommé Nouveau-Vic ou Bourg-Neuf. Un seigneur nommé Boson s'en était emparé. Il fut excommunié par le légat du Pape au concile de Tours. Le Pape lui-même envoya un clerc pour gouverner cette Eglise au nom de celle de Jérusalem, et écrivit une lettre à Boson pour le presser de réparer sa faute, autrement il verrait confirmer la sentence d'excommunication prononcée contre lui par le légat (L. 7, Epist. 40).

Saint Grégoire étendait sa sollicitude pastorale jusque sur l'Eglise d'Arménie. Un prêtre nommé Jean était venu à Rome, de la part de l'archevêque arménien de Synnade en Phrygie, se plaindre qu'un certain Machar, chassé d'Arménie pour ses erreurs, les avait enseignées comme étant la doctrine des Arméniens. Le prêtre Jean assura le Pape que les Arméniens ne pensaient point ainsi, et lui donna une profession de foi orthodoxe. Le Pape, informé que Machar s'était retiré dans le diocèse de Bénévent, écrivit à l'archevêque de cette dernière ville de juger l'affaire de cet hérétique, avec quelques évêques et l'abbé du Mont-Cassin, et ensuite de le bannir de son diocèse après l'avoir fait marquer d'un fer chaud. Mais, voulant s'assurer de ce que l'on pensait en Arménie sur les matières de la foi, il manda à l'archevêque de Synnade de lui écrire ce qu'il en croyait, et en particulier s'il était vrai qu'au saint sacrifice il ne mêlât point d'eau dans le vin; qu'il fît le saint chrême, non avec du baume, mais avec du beurre; s'il honorait et approuvait l'hérésiarque Dioscore, quoique condamné et déposé dans le concile de Chalcédoine; s'il recevait les cinq premiers conciles généraux, à l'exemple de saint Grégoire le Grand. Il l'exhorte à ne plus ajouter au Trisagion ces paroles : *Qui avez été crucifié pour nous*, puisque les autres Eglises d'Orient et celle de Rome ne les ajoutaient pas, et de continuer à célébrer le saint sacrifice avec du pain azyme, sans s'inquiéter des reproches que les Grecs pouvaient lui faire à ce sujet, comme ils en faisaient à l'Eglise romaine, qui, par le privilége de Pierre, a toujours été et sera toujours la mère de toutes les Eglises, et en laquelle aucun hérétique n'a jamais siégé ni ne siégera jamais, d'après cette promesse du Sauveur : *Pierre, j'ai prié pour toi, afin que ta foi ne défaille point.* « Nous avons, dit le Pape, des raisons invincibles pour soutenir l'usage du pain sans levain dans le sacrifice, mais nous ne condamnons ni ne réprouvons le pain fermenté des Grecs, ayant appris de l'apôtre que tout est pur pour ceux qui sont purs. » Cette lettre est du 6 juin 1080.

L'empire de Constantinople, attaqué à l'orient par les Turcs, à l'occident par les Normands d'Italie, divisé au dedans par des révolutions continuelles, travaillait lui-même à sa ruine plus encore que les ennemis du dehors. Michel VII, dit *Parapinace*, était seul maître de l'empire depuis l'an 1071, où son prédécesseur, Romain Diogène, eut les yeux crevés d'une manière si cruelle qu'il en mourut. Michel commença par rappeler plusieurs hommes dangereux que Romain avait éloignés. L'un d'eux, l'eunuque Nicéphore ou Nicéphorize, s'empara de son esprit, força le césar Jean, son oncle, à s'exiler et désola l'empire par ses rapines et ses violences. Par exemple, il acheta toutes les moissons de la Thrace et en fit seul tout le commerce; il vendit le blé une pièce d'or le boisseau, qu'il avait diminué d'un quart. Une horrible famine s'ensuivit, qui valut à l'empereur Michel le surnom de *Parapinace*, comme qui dirait *rogneur de boisseau*.

Cet empereur eut pour précepteur Psellus, le plus savant Grec de son temps; mais Psellus, pédant lui-même, ne sut lui donner qu'une éducation pédantesque : au lieu de lui apprendre à saisir et à diriger les affaires de l'empire, il l'occupait, même sur le trône, à des déclamations de rhétorique, à des pointilleries de grammaire. Cependant les frontières étaient ravagées par les Turcs. Jean Commène eut ordre de marcher contre eux; mais un corps de quatre cents aventuriers francs, commandé par un officier nommé Oursel, se révolta parce qu'on avait voulu punir l'un d'entre eux sans l'agrément de leur chef : l'armée grecque, affaiblie par cette défection et surprise par les Turcs, fut entièrement défaite. Isaac fut pris; mais son frère Alexis le vengea et le racheta. Cependant Michel, à l'instigation de l'eunuque Nicéphore, ôte aux Commène le commandement de cette armée, et le donne au césar Jean, avec l'ordre de s'attacher surtout à vaincre Oursel et les Francs, dont l'armée, grossie par des aventuriers de toute espèce, paraissait bien plus redoutable que les ravages commis par les Turcs. Le césar et Oursel se livrent un combat sanglant qui se termine par la défaite et la captivité du premier; mais bientôt Oursel, victorieux, lui propose de le couronner empereur, espérant, par ce moyen, entraîner facilement les provinces. Le césar Jean souscrit à cette offre. Michel appelle à son secours les Turcs, qui battent et font prisonniers le césar et Oursel. Le césar se fait moine. Bientôt le jeune Alexis Commène rétablit les affaires de l'empire, et, à force d'activité, de prudence et d'argent, se fait livrer Oursel par les Turcs.

Cependant les provinces d'Europe sont en proie aux mêmes ravages que celles d'Asie : les Scythes, les Slavons, les Croates y exercent les plus cruelles violences. L'empereur, effrayé de tant de maux, songe à créer césar Nicéphore Bryenne, dont les talents et la réputation semblent justifier le choix. Des courtisans le détournent de ce projet, et Nicéphore est seulement chargé de combattre les Bulgares et les Croates, qu'il écrase. Ces succès ne firent qu'indisposer le faible et injuste Michel contre Nicéphore et son frère, Jean de Bryenne, auquel on avait l'obligation d'avoir repoussé les Scythes. Ce dernier se voit même sur le point d'être assassiné. L'indignation est à son comble : les deux frères éclatent, et Nicéphore est bientôt proclamé empereur par les troupes d'Illyrie. Dans le même moment, Nicéphore Botoniate, général de l'armée d'Asie, se fait élire empereur à Nicée, et s'assure des intelligences dans Constantinople. Michel, effrayé, n'écoute que des conseils timides. Enfin le nombre des conjurés s'accroissant à tout moment, et leurs assemblées étant devenues publiques comme leurs projets, il offre de remettre la couronne à son frère Constantin, qui la refuse; et Michel se retire au palais de Blaquernes, d'où les conjurés l'enlèvent aussitôt. Il fut conduit dans un monastère, et forcé de prendre l'habit religieux, en 1078 ; il parvint depuis à l'archevêché d'Ephèse. Son indolence sur le trône égala son incapacité (*Hist. du Bas-Empire*, l. 80).

Nicéphore Botoniate, son successeur, répudie, quelque temps après, Verdine, sa femme, pour épouser Marie, femme de son prédécesseur Michel, encore vivant. Il comptait parmi ses lieutenants, Alexis Commène, le plus ferme appui d'un trône que son père avait refusé d'occuper ; et il l'opposa avec succès à son compétiteur Bryenne, à qui Botoniate fit crever les yeux. Alexis défit ensuite deux autres prétendants à l'empire, Basilace et Constantin Ducas, qui éprouvèrent le même traitement que Bryenne ; mais Botoniate, écoutant les rapports mensongers de ses ministres, résolut de perdre Alexis, dont on lui avait rendu la fidélité suspecte. Celui-ci, instruit du complot qui se tramait contre lui, se hâta d'en prévenir l'exécution, et se fit proclamer empereur. Le faible Botoniate s'enferma dans un cloître, l'an 1081 (*Ibid.*).

Au milieu de ces révolutions, les Turcs s'étendirent jusqu'aux bords de la Propontide. Ce n'est pas qu'ils fussent déjà maîtres de toute l'Asie Mineure ; leur puissance était dispersée : l'empire grec conservait encore grand nombre de places dans cette vaste presqu'île, bornée par l'Euphrate ; mais son domaine était traversé en mille endroits par les conquêtes des Musulmans. Le seldjoukide Soliman régnait à Nicée ; ses troupes ravageaient les contrées voisines et mettaient à contribution toute la Bithynie jusqu'au Bosphore. On les voyait de Constantinople couvrir de leur cavalerie le promontoire de Damalis, camper dans les places, dans les palais, dans les églises, le long du canal, et on croyait les voir à tous moments pousser leurs chevaux dans le détroit et venir insulter Constantinople.

Le pape saint Grégoire, au commencement de son pontificat, avait reçu une lettre de l'empereur Michel Parapinace, par deux moines nommés Thomas et Nicolas, portant créance sur ce qu'ils diraient au Pape de vive voix. C'étaient de grandes choses, et apparemment la proposition de guerre contre les infidèles. C'est pourquoi le Pape, croyant ne devoir confier sa réponse qu'à une personne plus considérable, envoya à Constantinople Dominique, patriarche de Venise, qu'il dit être très-fidèle à l'empereur grec, pour s'informer plus sûrement de ses intentions, et lui déclarer celles du Pape. C'est ce qu'on voit par la lettre de saint Grégoire du 9 juillet 1073 (L. 1, *Epist.* 18 ; Labbe, t. X).

Par une autre, du 4 février de l'année suivante, le Pape prie Guillaume, comte de Bourgogne, de remplir la promesse qu'il avait faite à l'Eglise romaine. En présence du pape Alexandre, des évêques et des abbés, ainsi que d'une multitude de peuples de diverses nations, il avait promis à Dieu, sur le corps de saint Pierre, de marcher pour la défense de ce qui est à saint Pierre, sitôt qu'il en serait requis. Le saint Pape lui mande donc de venir avec son armée au secours de l'Eglise romaine, et d'avertir le comte de Saint-Gilles et les autres seigneurs, qui avaient fait à saint Pierre le même serment de fidélité. Si nous assemblons un si grand nombre de troupes, ce n'est pas pour répandre le sang chrétien. La vue seule de leur multitude suffira pour ramener à la justice les Normands contre lesquels d'ailleurs les soldats qui sont avec nous suffisent ; mais nous espérons qu'après avoir fait la paix avec eux, nous passerons à Constantinople pour donner aux chrétiens le secours qu'ils demandent instamment contre les fréquentes insultes des Sarrasins (L. 1, *Epist.* 46).

Le saint Pape écrivit vers le même temps une lettre générale à tous ceux qui voudraient défendre la foi chrétienne, où il dit : « Le porteur de cette lettre, revenant d'outre-mer, s'est présenté devant nous, et nous avons appris de lui, comme de plusieurs autres, que les païens ont prévalu contre l'empire des chrétiens ; qu'ils ont tout ravagé, presque jusqu'aux murs de Constantinople, et tué, comme des bêtes, plusieurs milliers de chrétiens. C'est pourquoi, si nous aimons Dieu et si nous sommes chrétiens nous-mêmes, nous devons être très-sensiblement affligés du triste état de ce grand empire, et donner notre vie pour nos frères, à l'exemple du Sauveur. Sachez donc que, leur préparant du secours par tous les moyens possibles, nous vous exhortons, par la foi qui vous rend enfants de Dieu, et par l'autorité de saint Pierre, d'y concourir de votre pouvoir, et de nous faire savoir incessamment votre résolution. » La lettre est du 1er mars 1074. Il en écrivit encore une semblable le 16 décembre de la même année, adressée à tous les fidèles de saint Pierre, principalement à ceux qui étaient au delà des monts, et il les exhorte à envoyer quelques-uns d'entre eux avec lesquels il puisse préparer l'expédition d'outre-mer (L. 1, *Epist.* 18, 46, 49 ; L. 2, *Epist.* 37).

A la fin de la même année, le pape saint Grégoire écrivit au duc et au peuple de Venise une lettre où il dit : « Vous savez que la divine Providence a honoré votre pays d'un patriarcat, dignité si rare, qu'il ne s'en trouve que quatre dans tout le monde. Cependant cette dignité est tellement avilie chez vous par le défaut des biens temporels et la diminution de la puissance, que cette pauvreté ne conviendrait pas même à un simple évêché. Nous nous souvenons que le patriarche Dominique, prédécesseur de celui-ci, a voulu quitter la place, à cause de son indigence excessive ; et celui-ci dit que la sienne n'est pas moindre. C'est pourquoi nous vous exhortons à ne pas négliger plus longtemps votre gloire et la grâce que vous avez reçue du Siège apostolique, mais à vous assembler pour délibérer en commun sur les moyens de relever chez vous la dignité patriarcale, et nous en donner avis. » La lettre est du 30 décembre 1074 (L. 2, *Epist.* 39).

Deux ans après, en 1076, le prince Démétrius, duc de Croatie et de Dalmatie, demanda au pape saint Grégoire le titre de roi. Le Pape lui envoya deux légats, Gebizon, ancien abbé de Saint-Boniface et depuis évêque de Césène, et Folcuin, évêque de Fossembrone. Pour conférer à Démétrius la dignité royale, ils assemblèrent un concile à Salone en Dalmatie, où le prince fit le serment qui suit :

« Au nom de la sainte et indivisible Trinité, l'an de l'Incarnation du Seigneur 1076, moi, Démétrius, par la grâce de Dieu, duc de Dalmatie, mais, après l'unanime élection du clergé et du peuple, investi de la royauté et constitué roi par vous, seigneur Gebison, légat de notre seigneur le pape Grégoire, je vous promets et m'engage d'accomplir tout ce que m'enjoint Votre Sainteté, savoir : Je garderai en tout et partout la fidélité au Siège apostolique; tout ce qu'il ordonnera dans mon royaume, je l'observerai irrévocablement; je rendrai la justice, je défendrai les églises, j'en maintiendrai les revenus, je veillerai à ce que les évêques et les autres personnes ecclésiastiques mènent une vie chaste et conforme aux canons; je protégerai les pauvres, les veuves, les orphelins; je détruirai les mariages illicites, je ne reconnaîtrai de légitimes que ceux qui auront été contractés par l'anneau et par la bénédiction du prêtre; j'empêcherai la vente des hommes, j'observerai en tout, Dieu aidant, la droiture et l'équité. En outre, de l'avis de tous mes primats, je statue qu'il sera payé tous les ans, et à perpétuité, le jour de Pâques, un tribut de deux cents byzantins à saint Pierre pour le royaume qu'il m'a concédé. Enfin, comme servir Dieu c'est régner à la place de saint Pierre, de notre seigneur le pape Grégoire et de ses successeurs, je me commets et me recommande en vos mains, et fais ce serment de fidélité : Moi, Démétrius, roi par la grâce de Dieu et le don du Siège apostolique, je serai dorénavant fidèle à saint Pierre, à mon seigneur le pape Grégoire et ses légitimes successeurs. Ce royaume, qui m'est donné par vos mains, seigneur Gebizon, je le tiendrai fidèlement et ne chercherai jamais à le soustraire au Siège apostolique. Mon seigneur le pape Grégoire, ses successeurs et ses légats, s'ils viennent en mon domaine, je les recevrai, les traiterai, les reconduirai avec honneur, et, de quelque part qu'ils m'y invitent, je les servirai loyalement selon mon pouvoir (Baron., an 1076, n. 68). »

Le pape saint Grégoire donna encore le nom de *roi* à Michel, prince des Slaves, connus plus particulièrement sous le nom de Serviens. On le voit par une lettre où le Pape lui annonce qu'il attend ses ambassadeurs pour lui reconnaître la dignité royale, lui donner un étendard, et le tenir désormais comme un fils bien-aimé de saint Pierre, et terminer un différend entre l'archevêque de Spalatro et celui de Raguse. La lettre est du 9 janvier 1077 (L. 5, *Epist.* 12).

On voit par ces exemples, qui ne sont pas les seuls, quelle était la constitution de la chrétienté dans le XIe siècle. Les princes et les peuples se soumettaient, même temporellement, à l'Eglise romaine, au vicaire du Christ. Ainsi s'établissait dans l'univers l'ordre parfait. Je dis ordre parfait; j'en ai pour garant l'illustre Bossuet. Au premier livre de sa *Défense de la Déclaration gallicane* (sect. 2, c. 35), il se fait l'objection suivante : « Mais, dit-on, l'ordre sera plus parfait, si la puissance civile est obligée de se soumettre à la puissance ecclésiastique, comme à la plus digne. » Que répond à cela Bossuet? Bien loin de nier qu'un pareil ordre fût le plus parfait, la principale raison qu'il allègue pour ne point l'admettre, c'est qu'une telle perfection est au-dessus de l'humanité; mais, dans le même livre, il nous rappelle, d'après les monuments historiques (sect. 1, c. 14), comment, en ce même siècle, sous Grégoire VII, les ducs, les comtes, et même les rois se soumettaient à l'envi l'un de l'autre au Saint-Siège, afin de trouver en sa protection la sûreté et la paix. Et il ajoute qu'en effet ce n'était pas une médiocre assurance d'avoir reçu la royauté ou le royaume du Siège apostolique. En sorte que, suivant Bossuet, cette perfection de gouvernement est impraticable; et cependant elle se réalisait avec la plus grande facilité dans le XIe siècle. Les souverains y trouvaient de notables avantages. L'autorité du chef de l'Eglise les protégeait contre l'invasion des étrangers et contre la révolte de leurs propres sujets. On en voit un exemple dans la lettre suivante de saint Grégoire VII :

« Grégoire, évêque, serviteur des serviteurs de Dieu, à Vezelin, noble chevalier, salut et bénédiction apostolique. Vous saurez que nous sommes fort étonnés qu'ayant promis depuis longtemps d'être fidèle à saint Pierre et à nous, vous tentiez maintenant de vous soulever contre celui que l'autorité apostolique a constitué roi en Dalmatie. C'est pourquoi nous avertissons votre noblesse et vous ordonnons, de la part de saint Pierre, de ne plus prendre les armes contre ledit roi, sachant que tout ce que vous oserez contre lui, vous le ferez contre le Siége apostolique. Si vous avez quelque différend avec lui, c'est à nous que vous devez en demander le jugement, c'est de nous que vous devez attendre justice, plutôt que de vous armer contre lui au mépris du Saint-Siège. Que si vous ne vous repentez de votre témérité et que vous entrepreniez au contraire de résister à nos ordres, sachez que nous ne manquerons pas de tirer le glaive du bienheureux Pierre pour punir votre opiniâtreté, ainsi que l'audace de ceux qui vous favoriseraient dans cette entreprise. Si, au contraire, vous obéissez, comme il convient à tout chrétien, vous obtiendrez, comme un fils soumis, la grâce de saint Pierre et la bénédiction du Siège apostolique (L. 7, *Epist.* 4). »

Une chose encore plus étonnante s'était vue en 1075. Le fils d'un autre Démétrius, roi des Russes, vint à Rome et demanda au pape saint Grégoire à tenir de sa main le royaume paternel. Le Pape écrivit au père dans les termes suivants :

« Grégoire, évêque, serviteur des serviteurs de Dieu, à Démétrius, roi des Russes, et à la reine, son épouse, salut et bénédiction apostolique. Votre fils, visitant les tombeaux des apôtres, est venu à nous, témoignant le désir et demandant instamment la grâce de recevoir ce royaume par nos mains, comme un don de saint Pierre, après qu'il aurait promis au même Pierre, prince des apôtres, la fidélité qui se doit, assurant avec toute confiance que sa demande serait ratifiée par votre consentement, dès qu'elle aurait été octroyée par la grâce de l'autorité apostolique. Comme ces vœux paraissaient justes, tant à cause de votre consentement qu'à cause de la dévotion de celui qui faisait cette demande, nous y avons enfin donné notre assentiment, et nous lui avons confié le gouvernement de votre royaume de la part de saint Pierre, dans l'intention et le désir que le bienheureux Pierre, par son intercession auprès de Dieu, vous garde, vous, votre royaume et tous vos biens; qu'il vous fasse posséder ce même royaume avec toute sorte de paix, d'honneur et de gloire jusqu'à la fin de votre vie, et qu'au terme de votre carrière, il vous obtienne, auprès du souverain roi, la gloire qui ne finit point. Votre Sérénissime Noblesse saura également que nous sommes très-disposé, chaque fois qu'elle invoquera l'autorité de ce Siège pour des choses justes, à lui accorder aussitôt l'effet de sa demande. » La lettre est du 17 avril 1075 (L. 2, *Epist.* 74).

Ces deux derniers faits sont à remarquer. Nous y voyons le fils de Démétrius, roi des Russes, demander à Grégoire de tenir du Saint-Siége le royaume paternel; nous voyons le saint Pontife défendre à Vezelin de porter les armes contre le roi de Dalmatie, qui tenait sa couronne de l'Eglise romaine. Eh bien! là-dessus Bossuet s'écrie : « Telles furent les entreprises de Grégoire VII; c'est par ces manœuvres et d'autres semblables qu'il engageait les princes à livrer leur royaume au Saint-Siége (*Défens.*, l. 1, sect. 1, c. 14)! » Et Fleury : « Grégoire étendit ses prétentions jusque sur les Russes (L. 63, n. 11). » Ainsi, qu'un Pape accorde à un roi la demande que lui fait de sa part son propre fils; qu'il défende à un sujet rebelle, ayant promis fidélité à saint Pierre, de s'insurger contre un souverain placé également sous la protection de saint Pierre, ce sont autant d'innovations, autant de prétentions ambitieuses. Il y a dans tout cela une véritable innovation, une innovation très-absurde : c'est une pareille manière de raisonner.

Cet ordre de choses qui se développait naturellement dans le XIe siècle, n'était pas moins avantageux aux peuples qu'aux souverains. Si les princes n'y étaient pas livrés aux fureurs de la multitude, la multitude ne l'était pas non plus à la merci des princes. Elle avait, dans le père commun de tous les chrétiens, un tuteur et un vengeur; en voici un exemple dans l'histoire de Pologne. Boleslas II, successeur de Casimir, régna d'abord avec gloire. L'an 1075, il envoya une ambassade à Rome, avec de grands présents pour saint Pierre. Le pape Grégoire le remercia de son affection, lui envoya des légats pour régler les affaires ecclésiastiques de Pologne, où les évêchés étaient trop étendus et sans métropole certaine. A la fin de sa lettre, le Pape lui rappelle la brièveté et la fragilité de la vie, et l'engage à rendre au roi des Russes l'argent qu'il lui avait enlevé (L. 2, *Epist.* 73). Pour bien se conduire, Boleslas n'avait qu'à écouter et imiter saint Stanislas, évêque de Cracovie, illustre par sa doctrine et sa vertu. Mais, après avoir bien commencé, Boleslas II finit par se livrer, même en public, aux débauches les plus infâmes. Sa puissance ne lui servait plus qu'à satisfaire à tout prix ses brutales passions. Il s'abandonnait en même temps à des actes si horribles de tyrannie et d'injustice, que ses contemporains et la postérité l'ont flétri du surnom de *Cruel*. D'après les plaintes toujours croissantes des seigneurs et du peuple, saint Stanislas, évêque de Cracovie, lui fit jusqu'à trois fois d'inutiles remontrances; enfin, après une quatrième, il l'excommunia. Le féroce Boleslas ayant cherché vainement parmi les Polonais un assassin du vertueux pontife, le tua lui-même au pied des autels, le 8 mai 1079. A la nouvelle de cet exécrable forfait, le saint pape Grégoire VII, pour venger à la fois la religion, la morale et l'humanité, frappe d'anathème le roi assassin, le prive de la royauté, délie tous ses sujets du serment de fidélité, et, pour inspirer plus d'horreur encore d'une pareille tyrannie, ôte le titre de rois aux souverains de Pologne, qui, en effet, ne prirent plus pendant longtemps que celui de ducs. Boleslas, abandonné de tout le monde, mourut dans l'obscurité. Saint Stanislas au contraire, glorifié de Dieu par un grand nombre de miracles, est honoré par toute l'Eglise comme martyr le 7 mai (*Acta Sanct.*, 7 *maii*; Baron., an 1079; *Biograph. univ.*, art. BOLESLAS II).

Quant à la Hongrie, nous avons vu comment son apôtre et son premier roi, saint Etienne, l'offrit pour toujours à saint Pierre pour le tenir du Saint-Siége. Bossuet dit à ce sujet : « André, roi de Hongrie, fit couronner, avec l'applaudissement de tous les ordres de son royaume, son fils Salomon, qui n'était encore qu'un enfant. Mais ce jeune prince, trop faible pour se maintenir sur le trône, en fut chassé après la mort de son père. Il eut recours à l'empereur Henri IV, dont il avait épousé la sœur, et qui le rétablit plus d'une fois; Salomon, en conséquence, lui rendit son royaume tributaire. Grégoire VII lui fit un crime d'une action qu'il n'avait faite que par nécessité (*Défens.*, l. 1, sect. 1, c. 14). »

Il y a plus d'une inexactitude dans ce passage. Salomon fut chassé deux fois : une première, encore enfant, du vivant de son père, qui, vaincu dans une bataille, fut contraint de céder la couronne au duc Béla, son frère. A la mort de celui-ci, Salomon, soutenu des troupes de l'empereur Henri III, dont il avait épousé la fille, rentra en Hongrie, où, par l'entremise des Etats, il partagea le gouvernement avec le duc Geisa, fils de Béla. Après plusieurs années de paix et de concorde, pendant lesquelles Geisa s'acquit beaucoup de gloire par ses exploits, Salomon ayant cherché, par jalousie, à lui ôter son duché et la vie même, fut chassé de nouveau par les Hongrois, qui élevèrent Geisa sur le trône. Ce fut seulement alors que Salomon, non plus enfant, mais dans l'âge viril, s'adressa à son beau-frère Henri IV, promit de se faire son vassal, s'il voulait le rétablir. Henri essaya, mais n'en vint pas à bout, comme on le voit dans l'auteur même auquel Bossuet renvoie. Quant à Grégoire, voici quelle fut sa conduite dans ces démêlés. Encore que Geisa eût été élevé, par le consentement général des Hongrois, sur le trône qu'avait occupé son père; encore qu'il fût doué de toutes les vertus et qu'il méritât le surnom de *Grand Roi* que lui ont donné ses sujets; encore que Grégoire le connût plein de piété et rempli de dévouement pour le Saint-Siége, toutefois, il ne lui donne pas le titre de *roi*, mais simplement celui de *duc*, et s'efforce de le réconcilier avec le roi Salomon, afin, dit-il, que le très-noble royaume de Hongrie continue à être indépendant comme par le passé, et qu'il ait, non pas un roitelet, mais un roi. La réconciliation allait s'effectuer, selon toutes les apparences, lorsque Geisa mourut l'an 1077, et eut pour successeur son frère saint Ladislas (Baron., an 1077).

Ce qui occupait, dans cette affaire, le pape saint Grégoire, c'était le droit du Saint-Siége et l'honneur du royaume de Hongrie. « Vos lettres nous ont été apportées tard, écrivait-il au roi Salomon, le 28 octobre 1074, à cause du retard de votre envoyé; notre main les eût reçues avec plus de bienveillance, si votre imprudente condition n'eût si fort offensé le bienheureux Pierre; car, comme vous pouvez l'apprendre des anciens de votre pays, le royaume de Hongrie appartient à l'Eglise romaine, ayant été donné autrefois à saint Pierre, par le roi Etienne, avec tout son droit et sa puissance. De plus, l'empereur Henri, d'heureuse mémoire (c'est Henri le Noir), ayant conquis ce royaume pour l'honneur de saint

Pierre, envoya au corps de cet apôtre la lance et la couronne; il y envoya ces marques de la dignité royale, parce qu'il savait que de là était venue la dignité même. Vous, toutefois, dégénérant de la vertu d'un roi, vous avez diminué et aliéné, autant qu'il est en vous, le droit et l'honneur de saint Pierre, en recevant son royaume, d'après ce que nous avons entendu dire, comme un fief du roi des Teutons. Que si cela est, vous n'ignorez pas, si vous voulez considérer la justice, comment vous pouvez espérer la grâce du bienheureux Pierre et notre bienveillance, à savoir, que vous n'aurez ni l'une ni l'autre et que vous ne régnerez pas longtemps sans ressentir l'indignation de l'apôtre, si vous ne reconnaissez que vous tenez le sceptre, non de la majesté royale, mais de la majesté apostolique; car, Dieu aidant, ni la crainte, ni l'amour, ni aucun respect humain ne nous empêchera de soutenir l'honneur de celui dont nous sommes les serviteurs. Mais si, avec la grâce de Dieu, vous voulez corriger ces choses et vous conduire désormais en roi, vous aurez sans aucun doute l'affection de l'Eglise romaine, comme un fils bien-aimé celle de sa mère, et de plus notre complète amitié en Jésus-Christ (L. 2, *Epist.* 13). »

Il écrivit au duc Geisa l'année suivante : « Nous croyons que vous savez que le royaume de Hongrie, comme les autres royaumes les plus nobles, doit garder sa liberté propre, sans être soumis à aucun roi étranger, mais seulement à l'Eglise romaine; qui traite ses sujets, non comme ses serviteurs, mais comme ses enfants; et parce que votre parent l'a obtenu, par usurpation, du roi teutonique, et non du Pontife romain, Dieu, comme nous croyons, l'a empêché, par un juste jugement, d'en demeurer maître (*Ibid.*, *Epist.* 63). » Et dans une autre lettre au même Geisa, pour le réconcilier avec Salomon, il dit de ce dernier : « Quand il a méprisé la noble seigneurie de saint Pierre, à qui vous n'ignorez pas qu'est le royaume, pour se soumettre au roi teutonique, de roi il est devenu roitelet. Mais le Seigneur, voyant l'injure faite au prince de ses apôtres, a fait passer en votre personne, par son jugement, la puissance du royaume; en sorte que, s'il y a eu quelque droit auparavant, il s'en est privé par cette usurpation sacrilège (L. 2, *Epist.* 70). »

Saint Ladislas, après la mort de son frère Geisa, l'an 1079, ayant été élu d'une voix unanime roi de Hongrie, n'accepta la couronne que sur la renonciation formelle de Salomon à tous ses droits. Celui-ci se repentit bientôt d'avoir cédé si facilement le trône, et il tenta de le reprendre; mais, battu dans plusieurs rencontres, il se vit abandonné de ses partisans et alla faire pénitence dans un monastère, à Pola en Istrie, où il mourut vers l'an 1100. Saint Ladislas fut un modèle de vertus chrétiennes, royales et militaires. Il repoussa jusque dans leurs déserts les Tartares qui désolaient le royaume par des courses continuelles; il se rendit tributaires les Cumans, les Bulgares et les Serviens, et réunit à ses Etats, par héritage, la Dalmatie et la Croatie. Il aimait la justice et veillait à ce qu'elle fût exactement rendue à ses sujets, sans distinction; il fit d'immenses charités aux pauvres et fonda un grand nombre de monastères. Il fonda en particulier la ville de Grand-Varadin, où son corps est conservé dans un tombeau d'argent enrichi de pierres précieuses. Nous avons une lettre du pape saint Grégoire au saint roi Ladislas, où il le félicite de sa piété, de son zèle et de son dévouement, et lui recommande quelques fidèles ou vassaux de saint Pierre, qui avaient été injustement exilés, et que ce bon roi avait déjà secourus (L. 6, *Epist.* 29).

La Bohème, de son côté, avait un souverain qui n'était pas méprisable : c'était Vratislas II, qui succéda, l'an 1061, à son frère Zbignée II, mort sans enfants. D'après les dernières dispositions du duc Brzétislas, leur père, les frères cadets avaient eu la Moravie pour apanage. Zbignée, méprisant les volontés de son père, les en avait chassés avec violence. Vratislas se réfugia en Hongrie, et, sa première épouse étant morte par suite des mauvais traitements que Zbignée lui avait fait éprouver, il épousa en secondes noces la princesse Adélaïde, sœur du roi de Hongrie. Après avoir été rétabli dans son apanage, qui était le comté d'Olmütz, il en jouit paisiblement jusqu'à la mort de son frère; alors il fut élu duc de Bohème par le suffrage unanime de la nation. Ayant pris en main le gouvernement, il se hâta de remplir les dernières volontés de son père, et céda à ses frères Othon et Conrad la Moravie, sous la condition qu'ils le reconnaîtraient pour seigneur suzerain. Le dernier des frères, Jaromir, qui, d'après les ordres du père, était destiné à l'état ecclésiastique, faisait ses études à Liége. Quand il eut appris ce qui se passait en Bohème, il se rendit en toute hâte à Prague et somma, d'un ton très-impérieux, son frère Vratislas de lui donner un apanage. Ce prince lui ayant fait observer que cette prétention était contraire aux dispositions de leur père, Jaromir déposa l'habit ecclésiastique, et, ayant pris le casque, se réfugia près de Boleslas, roi de Pologne.

Sévère, évêque de Prague, étant mort en 1065, les princes Othon et Conrad rappelèrent leur frère Jaromir, qui était en Pologne et pur laïque. Sitôt qu'il fut arrivé, ils lui firent raser la barbe et faire la tonsure, et, l'ayant revêtu d'un habit clérical, le présentèrent au duc leur frère, le priant de lui donner l'évêché de Prague. Le duc Vratislas, qui connaissait l'incapacité de son frère Jaromir et son éloignement de la vie ecclésiastique, ne pouvait consentir à le voir évêque, surtout à la place d'un prélat comme Sévère, qui avait été très-instruit et très-zélé pour la discipline de l'Eglise. Ainsi il nomma pour évêque de Prague, Lanes, noble Saxon, qui avait été son chapelain et qu'il avait fait prévôt de Litoméric en Bohême, pour sa doctrine et ses bonnes mœurs. Mais les seigneurs de Bohême, excités par les deux frères Conrad et Othon, s'y opposèrent, principalement en haine des Allemands, et le duc fut contraint de consentir à l'élection de Jaromir. Vratislas envoya ce dernier avec une suite nombreuse à Mayence, pour y recevoir l'investiture du roi Henri d'Allemagne et la consécration épiscopale de l'archevêque Sigefroi de Mayence, son métropolitain.

Les seigneurs qui avaient tant insisté sur l'élection de Jaromir, eurent lieu de s'en repentir bientôt. L'ordination épiscopale étant terminée, les nobles bohémiens repassèrent le Rhin avec le nouvel évêque. Un d'entre eux se trouvant sur le bord du bateau, Jaromir le poussa avec violence dans le fleuve, en lui disant : Wilhelm, je te baptise! Ce ne fut qu'avec la plus grande peine qu'on le retira. Quand il fut rentré dans le bateau, l'inquiétude fit place à l'indignation, et tout ce qui était à bord aurait mis la main sur l'évêque, si l'on n'avait été retenu par le respect que l'on croyait devoir au frère du souverain. Instruit de ce qui s'était passé, Vratislas reprocha vivement à ses frères l'imprudence irréligieuse qu'ils avaient commise en le forçant à nommer un sujet qui ne pouvait que déshonorer l'épiscopat (Dubrav., l. 3; Long., *Annal. Pol.*).

Le duc Vratislas aimait singulièrement le pape Alexandre II, qui le payait de retour. Mais souvent le duc profitait de ces bonnes dispositions du Pape pour faire des demandes insolites, que ce dernier lui accordait par affection, mais non sans quelque sollicitude. Ainsi le prince le pria un jour de lui envoyer une mitre, dont il paraît qu'il voulait faire un insigne ducal de Bohême dans les grandes cérémonies.

Une pareille demande embarrassait quelque peu le Pape et les cardinaux; jamais une mitre n'avait été accordée à une personne laïque. Alexandre, toutefois, tant il aimait ce prince, la lui envoya à Prague par son légat Jean, évêque de Tusculum (L. 1, *Epist.* 38, *Greg. VII*). Saint Grégoire VII étant monté sur la Chaire de saint Pierre, confirma ces priviléges de son prédécesseur, et eut une affection semblable pour le duc de Bohême.

Il eût été à souhaiter que l'évêque Jaromir de Prague ressemblât au duc, son frère; mais il en était bien loin. L'évêché de Prague avait été partagé en deux pour former celui d'Olmütz dans la Moravie. Jaromir, à peine évêque et si peu digne de l'être, voulut les réunir de nouveau et se rendit pour cet effet à Olmütz. Là, étant à table chez l'évêque Jean, vieillard vénérable, il le saisit par les cheveux, et, lui mettant le pied sur la tête, il voulut le forcer à abdiquer en sa faveur. Le duc Vratislas, indigné, envoya à Rome pour rendre compte de ce qui venait de se passer. Deux légats, venus à Prague de la part du Pape, citèrent Jaromir à comparaître devant eux. L'évêque prétendit qu'il n'était justiciable que de son métropolitain, l'archevêque de Mayence, et il refusa de comparaître. Les légats le déclarèrent alors suspendu des fonctions épiscopales. Le chapitre de Prague, prenant fait et cause pour son évêque, couvrit les autels de deuil, comme cela se pratique le vendredi saint, en déclarant qu'il n'obéirait point aux légats du Pape. Ceux-ci furent reçus avec beaucoup de respect et d'honneur par le duc Vratislas, à qui saint Grégoire VII écrivit, l'an 1073, deux lettres, dans l'une desquelles il confirme par provision la sentence de ses légats, en attendant qu'il jugeât lui-même l'affaire au fond.

Toutefois, à la fin de janvier 1074, le Pape se relâcha, et rendit à Jaromir tout ce que ses légats lui avaient interdit, hormis les fonctions épiscopales : c'est-à-dire qu'il lui rendit la jouissance des dîmes et des autres revenus de l'évêché de Prague, afin qu'il n'eût plus de prétexte pour différer son voyage de Rome, où il était appelé. Le Pape lui ordonna de s'y rendre au dimanche des Rameaux, lui défendant de toucher aux biens de l'évêché d'Olmütz, et ordonnant à l'évêque Jean de se trouver à Rome en même temps. Cependant Sigefroi, archevêque de Mayence, prétendit, comme métropolitain, prendre connaissance du différend entre les deux évêques de Prague et d'Olmütz. Mais le Pape le lui défendit, attendu qu'il ne s'était nullement mis en peine d'abord de faire justice au dernier qui avait été maltraité, et que la cause était dévolue au Saint-Siége par plusieurs plaintes de cet évêque. Le saint Pape lui défend même de penser que lui ou aucun autre puisse en connaître, ni de s'élever contre l'Eglise romaine, sans la grâce de laquelle, comme vous le savez bien, vous ne pourriez pas même garder votre place (L. 2, *Epist.* 44, 45 et 60).

Jaromir, évêque de Prague, vint enfin à Rome, et confessa humblement devant le Pape une partie des fautes qu'on lui reprochait, et promit satisfaction : il nia les autres, comme d'avoir frappé lui-même l'évêque d'Olmütz, et fait raser la barbe et les cheveux à ses serviteurs. Le saint Pape, usant d'indulgence, le rétablit dans ses fonctions et dans tous ses droits, remettant le jugement définitif de l'affaire au prochain concile, à cause de l'absence de l'évêque d'Olmütz, à qui cependant il donna la provision des terres contestées entre eux. C'est ce qu'il mande au duc dans une lettre du 16 avril 1074. Mais, par trois autres du 22 septembre suivant, le Pape se plaint que l'évêque de Prague lui avait manqué de parole sur ce sujet, et qu'il ne gardait pas la paix avec le duc, son frère. Il remercie ce prince de cent marcs d'argent qu'il avait envoyés à Rome, à titre de cens, pour saint Pierre (L. 1, *Epist.* 78; L. 2, *Epist.* 6, 7, 8).

Au mois de mars de l'année suivante 1075, les deux évêques de Prague et d'Olmütz se présentèrent tous deux au concile de Rome. On chercha longtemps à éclaircir leur différend, sans en venir à bout. Toutefois, pour y mettre une fin quelconque, le Pape partagea par moitié les terres et les revenus contestés entre eux, sauf les témoignages et les preuves certaines que l'un ou l'autre pourrait produire dans l'espace de dix ans : passé cette époque, ni l'un ni l'autre ne serait plus recevable à réclamer contre cette décision dès lors définitive. Le saint Pape ayant ainsi réconcilié les deux évêques, les renvoya chez eux avec sa bénédiction apostolique. Il en donna avis au duc Vratislas, lui recommandant de faire tout son possible pour maintenir cette heureuse union.

Frédéric, fidèle ou vassal de l'Eglise romaine, et neveu du duc, était venu à Rome implorer la médiation du Saint-Père, pour que le duc lui permît de posséder en paix le fief qu'avait possédé son père. Grégoire pria donc le prince de lui rendre ce fief, s'il y avait droit, et même, dans le cas qu'il n'y en eût point, de vouloir bien, pour l'amour de saint Pierre, lui en donner un autre dont il pût vivre convenablement. Enfin le saint Pape écrivit une lettre générale à tous les habitants de la Bohême, pour les exhorter, les mauvais à devenir bons, les bons à devenir meilleurs; à aimer Dieu de tout leur cœur et le prochain comme eux-mêmes, à conserver la paix entre eux, à garder la chasteté, à payer fidèlement les dîmes à Dieu, qui leur donnait la vie et le vivre ; à rendre aux Eglises l'honneur qui leur est dû, à pratiquer assidûment l'aumône et l'hospitalité. « Nous n'ignorons pas que vos pontifes vous enseignent ces choses et d'autres semblables ; mais comme, par vénération pour saint Pierre, vous écoutez nos paroles avec plus d'amour et d'avidité, nous vous exhortons avec d'autant plus d'empressement, que vous écoutez plus attentivement le bienheureux Pierre dans notre exhortation (L. 2, *Epist.* 53, 71, 72).

Vers la fin de l'année 1079, au milieu des troubles de l'Allemagne, le duc Vratislas envoya son neveu Frédéric à Rome, prier le Pape d'envoyer des légats en Bohême, et d'y permettre la célébration de l'office divin en langue slavonne. Saint Grégoire lui répondit : « Nous commençons, suivant notre coutume, par la bénédiction apostolique ; mais ce n'a pas été sans quelque hésitation, parce que vous paraissez communiquer avec des excommuniés ; car tous ceux qui envahissent les biens des églises, c'est-à-dire tous ceux qui les prennent ou les reçoivent d'une autre personne, sans une permission certaine des évêques et des abbés ; tous ceux-là sont excommuniés, non-seulement par le Siége apostolique aujourd'hui, mais encore par un grand nombre de saints Pères, comme on le voit dans leurs écrits. Quoi qu'il en soit, non-seulement notre affection nous porte à veiller à votre salut, mais encore le désir de votre avancement spirituel, d'autant plus que votre exemple peut y engager beaucoup d'autres ; car, il n'y a point de doute, vous répondrez de la perte de tous ceux que vous auriez pu sauver, si vous aviez voulu. Sur quoi le Pape l'engage fortement, en considérant la fragilité de cette vie et la vanité des choses de ce monde, à servir Dieu et à pratiquer la vertu avec une ardeur toujours plus grande. Il promet de lui envoyer des légats dans l'année, lorsqu'il en aura trouvé de convenables et que le voyage pourra se faire en sûreté.

Quant à la permission que votre noblesse nous a demandée, de célébrer chez vous l'office divin en langue slavonne, il nous est impossible d'accéder à votre demande ; car il est évident, pour ceux qui y pensent bien, que Dieu a voulu que l'Ecriture fût obscure en quelques endroits, de peur que, si elle était claire à tout le monde, elle ne devînt méprisable et n'induisît en erreur, étant mal entendue par les personnes médiocres. Et il ne sert de rien, pour excuser cette pratique, que quelques saints personnages aient souffert patiemment ce que le peuple demandait par simplicité, puisque la primitive Eglise a dissimulé plusieurs choses qui ont été corrigées ensuite par les saints Pères, après un soigneux examen, quand la religion a été plus affermie et plus étendue. C'est pourquoi nous défendons, par l'autorité de saint Pierre, ce que vos sujets demandent imprudemment ; et nous vous ordonnons de résister de toutes vos forces à cette vaine témérité (L. 7, *Epist.*, 11).

Pour qui sait y bien réfléchir, ces paroles de saint Grégoire VII sont pleines d'une profonde sagesse. Que, pour les choses individuelles ou purement nationales, chaque peuple ait sa langue particulière, il n'y a pas grand inconvénient : les intérêts d'un peuple ne sont pas toujours ceux d'un autre ; mais pour les choses communes à tous les individus, à toutes les nations, à toute l'humanité, il est à souhaiter qu'il y ait une langue commune. Or, Dieu est un, sa religion est une, son culte est un, son sacrifice est un et toujours le même, son Eglise est une et la même par toute la terre : autant de raisons pour désirer que la langue de l'Eglise, la langue du sacrifice, la langue du culte divin, soit partout une et la même, afin que le chrétien, le catholique se

trouve partout chez soi dans la maison de Dieu, son père, qu'il entende partout la langue de l'Eglise, sa mère, qu'il reconnaisse partout l'unité de la société divine au milieu de la variété des sociétés humaines.

Que, pour les choses individuelles ou purement nationales, avons-nous dit, chaque peuple ait sa langue particulière, il n'y a pas grand inconvénient ; toutefois il n'en était pas ainsi dans l'origine. La terre entière n'avait qu'une langue, même après le déluge. Et cela facilitait jusqu'aux relations de commerce entre les individus et les nations. La confusion des langues, et par suite celle des idées, est un châtiment. Cette confusion a commencé à Babylone, la ville des faux dieux, des fausses idées ; elle s'est arrêtée à Jérusalem, la cité du vrai Dieu, le jour de la Pentecôte, à la descente du Saint-Esprit, lorsque, dans la même langue, chaque peuple entendit la sienne. Cette œuvre de l'Esprit-Saint, cette unification des langues et des idées, l'Eglise catholique, conduite par le même Esprit, la continue suivant les temps et les circonstances.

Les sectes séparées d'elle, poussées par un esprit différent, cherchent tout d'abord à rompre cette unité de langue religieuse, et préfèrent des langues variables comme leurs doctrines. Même les nations qui, depuis des siècles, emploient pour le culte divin une langue autre que celle de l'Eglise romaine, l'expérience nous les montre plus sujettes à la séduction de l'hérésie et du schisme. Aujourd'hui, par exemple, grâce à la sagesse prévoyante de Grégoire VII, les chrétiens de Bohême sont moins exposés à la séduction du czar des Russes, que les autres peuples slavons qui n'ont pas conservé la langue romaine dans le culte public.

Mais, dit-on, n'est-il pas plus avantageux que chaque individu comprenne chaque parole de la liturgie sacrée ? On oublie que l'Eglise catholique n'est pas un livre muet, écrit avec de la liqueur noire sur des peaux de bêtes mortes, ou sur du papier de chiffons, mais qu'elle est une société, une personne vivante et parlante, qui, aujourd'hui comme au jour de la première Pentecôte chrétienne, en parlant une seule langue, sait y faire entendre toutes les autres, et conserver ainsi l'unité dans la variété. L'Eglise catholique, avec une langue unique ou avec très-peu de langues pour la liturgie, a toujours la bouche de ses ministres pour enseigner et pour expliquer de vive voix, à tous les peuples et dans tous les idiomes de la terre, sa doctrine toujours une et la même, et planter ainsi, dans tous les esprits et dans tous les cœurs, l'unité de foi, d'espérance et de charité. Voilà les hautes pensées qui ont porté saint Grégoire VII et l'Eglise romaine à empêcher, autant que possible, la multiplicité et par suite la confusion des langues dans l'office divin. Fleury paraît d'un avis contraire. Cela ne prouve qu'une seule chose : c'est que Fleury n'avait ni la tête de Grégoire VII, ni l'esprit de l'Eglise.

Dans ce même temps, le Danemarck était gouverné par un roi non moins pieux que vaillant. C'était saint Canut, fils naturel de Suénon II et petit-neveu de Canut le Grand, qui subjugua l'Angleterre. Le roi, son père, qui n'avait point d'enfants légitimes, s'étant tout à fait converti au bien, sous la conduite de saint Guillaume, évêque de Rotschild, eut soin de le faire élever par de sages gouverneurs.

Canut répondit parfaitement à leur éducation, et se perfectionna en peu de temps dans les exercices de l'esprit et du corps qui convenaient à sa naissance. Il s'accoutuma, dès sa jeunesse, aux pénibles travaux de la guerre, et il exécuta de grandes et de hardies entreprises en un âge où les autres peuvent à peine en être les spectateurs. Il purgea la mer de pirates qui désolaient les côtes, vainquit les Esthoniens, qui exerçaient divers brigandages sur leurs voisins, et dompta les peuples de la province de Sembie ou Samogitie, qui fut ensuite soumise à la couronne de Danemarck. Ces grands succès, suivis de quelques autres encore, lui frayaient sans doute le chemin du trône. Mais, après la mort du roi Suénon, son père, les Danois, se souvenant des périls auxquels son courage les avait exposés lorsqu'il n'était encore qu'au second rang, craignirent que, s'ils lui mettaient la couronne sur la tête, son humeur guerrière ne leur en fît courir de nouveaux et de plus grands. C'est pour cette raison qu'ils lui préférèrent son frère Harold, qui était son aîné, mais peu capable. Canut, se voyant chassé d'un Etat qui lui devait sa gloire et une grande partie de sa puissance, se retira auprès du roi Halstan, qui le traita comme le demandait sa vertu. Harold, qui ne pouvait longtemps soutenir le poids d'une couronne, l'envoya presser de revenir, et lui offrit de la partager avec lui. Mais Canut, ayant reconnu que c'était un artifice pour le perdre, eut assez de prudence pour ne pas se fier, dans sa mauvaise fortune, aux promesses d'un homme qui, lors même qu'elle était meilleure, lui avait fait assez connaître sa mauvaise volonté. Il fut assez généreux pour résister aux occasions qui se présentèrent de faire souffrir à son pays la peine que méritait son ingratitude. Bien loin de tourner ses armes contre lui, il les employa encore pour son service, et continua toujours, avec le même succès, la guerre qu'il avait commencée contre les ennemis du Danemarck, au levant de la Scanie, la seule province qui lui demeurât attachée. Cette grandeur d'âme, qui lui faisait ainsi venger par des bienfaits, ne demeura pourtant pas longtemps sans récompense; car, Harold étant mort après deux ans de règne, il fut rappelé avec honneur et élevé sur le trône, qui était dû à son mérite par le suffrage même de ce frère qu'on lui avait préféré, dans un pays où l'ordre de la naissance ne donnait point de rang quand il se trouvait seul.

Ses premiers soins, après son élévation, furent d'employer les forces du royaume pour achever, contre les ennemis de l'Etat, la guerre qu'il avait commencée fort jeune, sous le roi, son père, et continuée pendant son exil. Il la termina plus glorieusement encore pour la religion que pour sa propre renommée ou pour l'intérêt de sa couronne; car, ayant entièrement assujéti les provinces de Courlande, de Samogitie et d'Esthonie, on vit qu'il ne s'en était rendu maître que pour y faire régner Jésus-Christ.

N'ayant plus d'ennemis à combattre, le saint et brave roi Canut songea à se marier. Il épousa Adèle, fille de Robert, comte de Flandre, dont il eut Charles, aussi comte de Flandre, et surnommé le Bon, dont l'Eglise honore la mémoire comme celle d'un bienheureux, le 2 mars. Saint Canut s'appliqua aussitôt à faire refleurir les lois et la justice dans son royaume, et à rétablir l'ancienne discipline, que l'insolence et les diverses entreprises des grands avaient fait relâcher par tous ses Etats. Il fit de sévères, mais saintes ordonnances pour ce sujet, sans que ni la proximité du sang, ni l'amitié, ni telle autre considération que ce fût, pût lui arracher l'impunité du crime et du désordre. Il ne fit rien qu'avec beaucoup de prudence et d'équité. Mais ce qui devait faire aimer sa vertu, lui attira la haine et le mépris des personnages les plus puissants, qui ne pouvaient souffrir que l'on réprimât la tyrannie qu'ils exerçaient sur leurs inférieurs. Canut ne crut pas devoir s'arrêter à leurs murmures et à leurs mécontentements.

Comme son principal objet était la gloire de Dieu et l'intérêt de l'Eglise, il accorda plusieurs grâces à ceux qui en étaient les ministres dans son royaume. Et parce que les peuples grossiers et rustiques étaient peu accoutumés à rendre aux évêques le respect qui leur était dû, et que ce prince ne pouvait souffrir qu'on les traitât comme des hommes ordinaires, il ordonna, par une déclaration expresse, qu'ils auraient la préséance sur les ducs et le rang de princes dans l'Etat, afin de les autoriser et d'élever, par ces honneurs, d'ailleurs inutiles à l'Eglise, les esprits à la considération de celui qu'ils représentent. Il exempta même les ecclésiastiques de la juridiction séculière, voulant qu'ils n'eussent plus à répondre qu'à leurs évêques. Il fit aussi ce qu'il put pour accoutumer les peuples à payer les décimes à l'Eglise, mais il n'en put venir à bout. Il fit paraître une magnificence vraiment royale à bâtir et à fonder des églises en beaucoup de lieux, et une grande libéralité à les orner et à les enrichir. Il donna même à celle de Rotschild, capitale de son royaume, la couronne qu'il portait aux grandes solennités, et qui était d'un très-grand prix. Mais comme, par cette raison, elle était plus exposée au sacrilège des ravisseurs que les autres richesses du trésor sacré, il fit imposer, par les évêques, la peine d'excommunication à ceux qui oseraient y attenter. Il fit aussi un édit pour rendre inviolables cette oblation et les autres effets de sa piété, et pour empêcher qu'on ne pût ravir à l'Eglise ce dont il se dépouillait pour l'enrichir.

Sa charité pour ses sujets était si tendre, que, pour les décharger de l'incommodité causée par l'excessive dépense de ses jeunes frères, il se chargea de leur entretien et laissa seulement à Olaf la province de Slesvig comme en apanage. Rien n'était plus contraire au dessein qu'il avait de corriger les vices de ses peuples, que la fainéantise et l'oisiveté. C'est ce qui lui faisait chercher de louables et d'utiles occupations pour les soutenir dans l'action. Le commerce n'était point assez grand en Danemarck pour produire cet effet; la stérilité du terrain ne donnait guère envie de labourer, et les exercices de l'esprit n'étaient que pour un très-petit nombre de personnes. Le roi, essayant de trouver quelque expédient, songea que la plus grande gloire que le Danemarck eût jamais acquise, avait été la conquête de l'Angleterre, en 1016 par Canut le Grand, et perdue depuis sous ses successeurs. Il crut que s'il entreprenait de la conquérir, il donnerait assez d'occupation à ses peuples. Il en communiqua le dessein à Olaf, l'aîné de ses frères, et, par son avis, en fit l'ouverture à ses peuples, qui témoignèrent s'y porter avec joie. La mort de saint Edouard d'Angleterre rendait la conjoncture favorable.

Mais le saint roi Canut ne se doutait pas que son frère Olaf, gagné peut-être par l'argent de Guillaume de Normandie, le trahissait et employait tous les moyens pour faire manquer l'expédition, tantôt par des retards affectés, tantôt par des paroles insidieuses qu'il répandait parmi les grands et les soldats. Canut ayant enfin découvert la trahison, alla avec une troupe choisie à Slesvig, avec tant de diligence, qu'il y surprit Olaf. Il le convainquit de son crime et ordonna à ses soldats de l'enchaîner. Ceux-ci refusèrent, parce que ces peuples avaient tant de dévotion pour les rois, qu'ils croyaient les chaînes plus dures à supporter que la mort, à ceux qui avaient l'honneur d'être de leur sang, attendu que les liens sont la marque d'une condition basse et servile, au lieu que la mort est commune à tous les hommes. Mais le prince Eric, son autre frère, se croyant obligé de préférer l'obéissance qui était due au roi dans une chose aussi juste, à l'affection pour un frère aussi méchant qu'était Olaf, fit hardiment ce que les soldats ne voulurent point faire. Olaf fut donc enchaîné et envoyé par mer en Flandre, où il fut enfermé dans une citadelle. Les grands qui avaient part à la conspiration ne purent se venger autrement qu'en formant adroitement de nouveaux retards à l'expédition du roi; ce qui fit que, par les sollicitations secrètes de leurs émissaires, les soldats restés dans son armée se débandèrent presque tous, sans qu'on sût à qui s'en prendre.

Le roi, qui avait toujours en vue le service de Dieu, crut pouvoir profiter de cette occasion pour tâcher d'établir le paiement des dîmes en faveur de l'Eglise. Il proposa aux peuples, pour cela, ou de satisfaire à ce tribut de piété, ou de payer une très-grosse amende en punition de la désertion générale des troupes. Les peuples choisirent le dernier parti, tant ils avaient horreur des décimes, qu'ils regardaient comme un joug insupportable, parce qu'il devait être perpétuel. Canut, fâché de ce choix et voulant essayer encore de leur faire préférer, à une grande incommodité présente, une légère imposition, qui n'était proprement que pour ceux qui viendraient après eux, nomma des commissaires pour lever l'amende, afin que le désir de s'en décharger les portât à aimer mieux payer les décimes. La rigueur qu'apportèrent ces commissaires dans l'exécution de ses ordres, irrita surtout les mécontents, qui en prirent occasion de soulever les peuples contre l'autorité du roi. Les commissaires furent massacrés, et la fureur des rebelles alla si loin, que Canut, ne se croyant pas en sûreté dans son palais, se retira à Slesvig avec sa femme et ses enfants, d'où il passa dans l'île de Fionie, avec ses fidèles qui se trouvaient en assez petit nombre. Il donna en même temps les ordres nécessaires pour transporter sa femme et ses enfants en Flandre, auprès de son beau-frère, s'il ne pouvait changer sa fortune.

Cependant les rebelles, fiers de sa retraite, qu'ils regardaient comme leur première victoire, résolurent de venir l'attaquer avec des troupes et de lui ôter la vie avec la couronne. Canut, averti de leurs projets, voulut passer de Fionie en Zélande, où se trouvait principalement ce qui lui était resté de forces. Il en fut détourné par un officier nommé Blaccon, auquel il avait confiance. Ce traître, qui entretenait des intelligences secrètes avec les rebelles, voulant l'amuser, lui promit de négocier de telle sorte avec ses peuples, qu'il les ramènerait à leur devoir. Le roi le crut, le laissa aller comme pour faire le traité. Ce perfide entremetteur, après beaucoup d'allées et de venues, lui fit croire enfin que toutes choses étaient accommodées, quoiqu'il n'eût rien fait que tramer sa perte et le livrer à ses ennemis. Canut, qui se reposait sur sa bonne foi, et qui, joignant la piété à la clémence, aimait mieux dissiper cette tempête en implorant la miséricorde de Dieu sur lui et sur ses peuples, que de l'apaiser en répandant le sang de ses sujets, alla faire ses prières dans l'église de Saint-Alban. Il y fut assiégé par une troupe de rebelles que Blaccon avait instruits. Les soldats de sa garde, conduits par les princes Eric et Benoît, frères du roi, allèrent généreusement à eux, plutôt pour mourir avec leur maître, que dans l'espérance de pouvoir le défendre contre une si grande multitude de gens armés. Benoît fut tué à la porte de l'église, après en avoir longtemps disputé l'entrée aux rebelles avec un courage extraordinaire. Eric s'étant trouvé enveloppé dans un bataillon, se fit jour à travers, l'épée à la main; mais il ne put rentrer dans l'église. Le roi, voyant que le péril était inévitable, abandonna le soin de son corps pour ne s'occuper qu'à sauver son âme. Il se confessa avec la même tranquillité que s'il n'eût couru aucune fortune, et, comme il priait au pied de l'autel, il fut percé d'un dard lancé par une fenêtre. Il mourut dans son sang, les bras étendus, comme une victime qui s'offrait à Dieu pour l'expiation des péchés du peuple et des siens, dans le lieu où Jésus-Christ, comme une hostie sans tache, s'offrait à son Père pour le salut de tous les hommes. C'était le 10 juillet 1081.

Saxon le Grammairien, auteur de grand poids, qui vivait dans le siècle suivant, témoigne que Dieu attesta la sainteté de Canut par divers miracles, contre l'insolence des Danois, qui osaient faire passer leur parricide pour un acte de piété, comme s'ils avaient délivré leur pays de la tyrannie par sa mort. Il ajoute que ces misérables, ne pouvant obscurcir l'éclat de ces miracles qui continuaient encore de son temps en faveur du saint, aimèrent mieux dire que Dieu lui avait pardonné ses injustices en lui accordant la pénitence à la mort, que d'avouer leur crime; mais que leurs descendants reconnurent enfin sa sainteté par un culte public qui fut rendu à sa mémoire. Pour expier par quelque sorte de réparation le crime de leurs pères, ils dressèrent des autels et des églises en l'honneur de saint Canut, et établirent des fêtes le 10 juillet, qui fut le jour de sa mort, et le 19 avril, qui fut celui de sa translation (*Acta Sanct.*, 10 *julii*; *Elnoth et Saxo Gram.*).

Nous avons deux lettres du pape Grégoire au roi Suénon, père de Canut. Certains défenseurs des opinions gallicanes y trouvent une preuve que ce Pape étendait ses prétentions ambitieuses jusque sur le Danemarck. Voici cette preuve, elle est assez curieuse. Les ambassadeurs de Suénon, par l'entremise de l'archidiacre Hildebrand, s'étaient adressés au pape Alexandre II pour obtenir diverses grâces, et entre autres pour traiter avec lui du dessein qu'avait le roi de mettre son royaume sous la protection spéciale de saint Pierre. Hildebrand ou saint Grégoire, ayant succédé à Alexandre, prie le roi de lui mander par ses ambassadeurs s'il persistait dans sa première volonté, ou s'il en avait changé; il l'en prie, afin de savoir que lui répondre (L. 2, *Epist.* 51 et 75). Voilà tout ce que demandait Grégoire VII; voilà jusqu'où il portait ses prétentions : il ne s'agit ni plus ni moins que de savoir si le roi persévérait dans ses premières intentions. Pour des yeux gallicans, c'est dans un Pape une preuve sans réplique d'une ambition démesurée.

La dernière lettre du pape saint Grégoire au roi Suénon de Danemarck est du 17 avril 1075. Suénon étant mort l'année suivante 1076, le Pape écrivit à son fils et successeur Harold. Il y fit un grand éloge de la piété de son père, de son amour et de son dévouement pour le Saint-Siège. S'il n'avait pas eu la faiblesse de s'abandonner aux passions de la chair, il eût été le modèle des rois, et serait compté parmi les saints. Le pape Grégoire, qui l'avait aimé beaucoup, espère néanmoins que Dieu lui aura accordé la grâce de faire, avant sa mort, une sincère pénitence. C'est pourquoi il exhorte son fils à faire pour lui des prières et des aumônes, à imiter sa piété envers Dieu, son amour pour le Siége apostolique, sa vigilance à bien gouverner son royaume, surtout son zèle à défendre l'Eglise; enfin il invite le nouveau roi à lui envoyer souvent des ambassadeurs, pour l'informer de l'état de la religion dans son royaume. La lettre est du 6 novembre 1077 (L. 5, *Epist.* 10).

Le roi Harold étant mort après deux ans de règne, comme le dit formellement Saxon le Grammairien, son frère et son successeur, le saint roi Canut, envoya à Rome demander les conseils du chef de l'Eglise. Saint Grégoire lui répondit par la lettre suivante : « Nous félicitons avec une charité sincère Votre Dilection, de ce qu'étant placé aux extrémités de la terre, vous recherchez néanmoins avec zèle tout ce qui intéresse l'honneur de la religion chrétienne, et de ce que, reconnaissant l'Eglise romaine pour votre mère et pour celle de tout le monde, vous réclamez ses instructions et ses conseils. Nous voulons et vous recommandons que votre dévotion persévère dans cet empressement et ces désirs, qu'elle y croisse avec la grâce divine, qu'elle ne se relâche jamais de ce bon dessein, mais que chaque jour elle se rende capable de quelque chose de meilleur, comme il convient à un homme sage et à la constance d'un roi; car Votre Excellence doit considérer que, plus elle est élevée et domine au-dessus du grand nombre, plus elle peut par son exemple, ou incliner ses sujets au mal, ce qu'à Dieu ne plaise, ou ramener au bien les lâches mêmes. Votre Prudence doit considérer encore les joies de cette vie temporelle, combien elles sont caduques, combien fugitives, et, pût-on espérer la vie la plus longue, combien elles sont sujettes à être troublées par des adversités imprévues. Il faut donc vous appliquer par-dessus tout à diriger vos pas et vos intentions vers les choses qui ne passent pas et qui n'abandonnent pas celui qui les possède. Nous serions fort aise qu'un homme prudent d'entre vos clercs vînt à nous, pour nous faire connaître les mœurs de votre nation et vous rapporter avec plus d'intelligence les instructions et les mandements du Siége apostolique. » La lettre est du 15 octobre 1079 (L. 7, *Epist.* 5).

Le saint Pape lui en écrivit une seconde au mois d'avril de l'année suivante 1080, où il l'exhorte avec une affection paternelle à persévérer dans l'obéissance et l'amour du Saint-Siège, à imiter les vertus de son père, dont il fait le plus affectueux éloge, disant qu'il l'avait aimé encore plus que l'empereur Henri défunt. Il l'exhorte enfin à bannir de son royaume la coutume barbare d'attribuer aux péchés des prêtres le dérèglement des saisons et les maladies, et de condamner pour le même sujet des femmes innocentes (L. 7, *Epist.* 21).

Fleury, dans ses discours, déplore comme un grand malheur pour l'Eglise que les Papes du moyen-âge, au lieu de faire le prône et le catéchisme dans leur église paroissiale de Saint-Pierre, comme le fait tout bon curé, se soient tant occupés des affaires des rois et des évêques par tout le monde. Nous ne sommes pas tout à fait de l'avis de Fleury : voici pourquoi. Nous croyons que la paroisse du Pape, comme pape, c'est toute l'Eglise catholique, c'est l'univers entier. Nous croyons que ses principaux paroissiens, comme pape, sont les rois et les évêques; nous croyons que, s'il réussit à bien instruire, à bien morigéner ces paroissiens-là, tout le reste de sa paroisse ira bien; nous croyons, en conséquence, que son principal devoir est de faire faire le leur à ces principaux paroissiens; nous croyons que, pour les bambins qui jouent ou se battent sur les bords du Tibre, le Pape, comme curé de Saint-Pierre, et évêque de Rome, peut y pourvoir par d'autres; mais que, pour ceux de ses paroissiens qu'on appelle *rois*, pour ceux de leurs jeux qu'on appelle *guerres*, lui seul peut s'entremettre avec grâce et autorité spéciale, comme curé et pasteur. On dira qu'au milieu de tant d'affaires, les Papes feront inévitablement bien des fautes; mais, répondrons-nous par une question : Qui est-ce qui n'en fait pas? Dieu même, qui n'en peut faire, n'est-il pas exposé à la censure plus que personne?

Ce que nous venons de dire sur le devoir principal des Papes, saint Grégoire VII l'accomplissait sans relâche. Le 15 décembre 1078, il écrivait à Olaf ou Olaüs, roi de Norwège : « Assis sur la Chaire apostolique, nous sommes d'autant plus obligé de prendre soin de vous, qu'étant à l'extrémité de la terre, vous avez moins de commodité d'être instruit et fortifié dans la religion chrétienne. C'est pourquoi nous désirons, si nous le pouvions, vous envoyer quelques-uns de nos frères; mais comme il est très-difficile, tant à cause de l'éloignement que de la différence des langues, nous vous prions, comme nous avons mandé au roi de Danemarck, d'envoyer à la cour apostolique des jeunes gens de la noblesse de votre pays, afin qu'étant instruits de la loi de Dieu, sous les ailes des saints apôtres Pierre et Paul, ils puissent vous reporter les ordres du Saint-Siége et cultiver utilement chez vous la religion.

» Il nous a été rapporté, en outre, que les frères du roi de Danemarck se sont réfugiés près de Votre Excellence, afin qu'appuyés de vos troupes, ils contraignent ce prince à partager le royaume avec eux. Quel détriment pour le royaume, quelle confusion pour le peuple chrétien, quelle destruction d'églises, quelle désolation pour tout le pays, peut sortir de là; la vérité elle-même nous le déclare dans l'Evangile, disant : *Tout royaume divisé contre lui-même sera désolé et la maison tombera sur la maison.* C'est pourquoi nous recommandons souverainement à Votre Eminence de ne donner à personne, en ceci, ni consentement ni secours, à la persuasion de qui que ce soit, de peur que ce péché ne retombe sur vous, ce qu'à Dieu ne plaise, et que la division de ce royaume n'attire la colère de Dieu sur vous et sur les vôtres. Ce que nous voulons et ce que nous vous conseillons de grand cœur, c'est de faire en sorte que le roi de Danemarck reçoive ses frères avec charité, qu'il leur assigne des biens et des honneurs tels, qu'eux ne soient pas réduits à une indigence inconvenante, et que néanmoins l'Etat ou la dignité du royaume n'en soit point affaiblie.

» Du reste, pensez toujours à l'espérance de votre vocation, et, attentifs à ce que dit le Seigneur dans l'Evangile, *ils viendront de l'Orient et de l'Occident et s'assoieront au festin, avec Abraham, Isaac et Jacob, dans le royaume des cieux;* ne tardez pas, courez, hâtez-vous. Vous êtes des derniers confins; mais si vous courez, si vous vous hâtez, vous serez associés dans le royaume aux premiers ancêtres. Que votre course soit la foi, la charité et le désir; votre carrière, de méditer combien la gloire de ce monde est caduque, et de vous convaincre qu'elle doit être envisagée avec amertume plutôt qu'avec délice; l'usage de votre puissance, de secourir les opprimés, de défendre les veuves, de venger les pupilles; enfin, non-seulement d'aimer la justice, mais encore de la soutenir de toutes vos forces. C'est par cette voie, avec ce trésor et ces richesses, qu'on parvient du royaume terrestre au céleste, de la joie passagère à la joie éternelle, de la gloire fragile à la gloire qui demeure toujours (L. 6, *Epist.* 13). »

Le 4 octobre 1080, le même Pape écrivait au roi de Suède en ces termes : « Votre Excellence saura que nous nous réjouissons beaucoup dans le Seigneur de ce que quelques ministres de la parole sainte sont entrés sur la terre de votre royaume; ensuite, que nous avons une grande espérance de votre salut. Car l'Eglise gallicane ne vous a point enseigné des doctrines étrangères, mais ce qu'elle a reçu des trésors de sa mère, la sainte Eglise romaine, elle vous l'a communiqué avec une salutaire érudition. C'est pourquoi, afin que vous obteniez une grâce plus abondante de religion et de doctrine chrétienne, nous voulons que Votre Altesse envoie au Siége apostolique un évêque ou un ecclésiastique capable, pour nous faire connaître la situation de votre pays et les mœurs de la nation, et vous rapporter les mandements apostoliques, avec une pleine instruction sur toutes choses. En attendant, nous vous exhortons à gouverner dans la justice et la concorde le royaume qui vous est confié, et à pratiquer si bien les autres vertus, que, par les sollicitudes du royaume temporel, vous méritiez d'obtenir la sécurité du royaume éternel et d'entendre avec les justes, au dernier jugement, cette parole consolante : *Venez, les bénis de mon Père, possédez le royaume qui vous a été préparé depuis l'origine du monde* (L. 8, *Epist.* 11). »

Vers le même temps, deux rois de Visigoths, avec leurs peuples, se convertirent du paganisme à la religion chrétienne, et envoyèrent un évêque à Rome pour en informer le chef de l'Eglise universelle. Le pape saint Grégoire les en félicita par une lettre où il prie Dieu de les affermir et de les faire croître de plus en plus dans la foi et les bonnes œuvres. Sur quoi il expose en peu de mots les principaux devoirs des rois et des peuples chrétiens; à la fin, il leur recommande d'envoyer souvent à Rome des clercs et d'autres personnes, pour bien apprendre la discipline de la sainte Eglise romaine et les en bien instruire à leur retour. On ne sait pas de quel pays étaient ces rois et ces peuples de Visigoths; on voit seulement, par la lettre du Pape, qu'ils étaient à l'extrémité du monde, probablement à l'extrémité septentrionale (L. 9, *epist.* 14).

En Angleterre, Guillaume le Conquérant était très-attaché au Saint-Siége, à qui, du reste, il devait en grande partie ce royaume. Il fut très-affligé de la mort d'Alexandre II, et très-réjoui de la promotion de Grégoire VII. Il écrivit promptement au nouveau Pape pour lui demander de ses nouvelles. Saint Grégoire lui répondit, le 4 avril 1074, par une lettre pleine d'estime, d'affection et de confiance. Après avoir marqué les devoirs d'un prince chrétien, il dit : « Nous appuyons sur ces vérités, parce que nous croyons que de tous les rois, vous êtes celui qui les aimez le plus. Quant à notre position, que vous demandez instamment à connaître, la voici : Nous sommes monté bien malgré nous sur un navire qui, lancé sur une mer orageuse, à travers les vents et les trombes, à travers les flots qui montent jusqu'aux nues, à travers les écueils, les uns cachés, les autres manifestes, fait sa route avec péril, mais pourtant il le fait et avec courage. Car la sainte Eglise romaine, que nous présidons sans l'avoir mérité ni voulu, est assaillie incessamment et chaque jour par des tentations diverses, par les persécutions des hypocrites, par les embûches et les objections frauduleuses des hérétiques; elle est tiraillée d'un côté et de l'autre par les puissances du monde, tantôt d'une manière occulte, tantôt d'une manière ouverte. Obvier à tout cela, y porter remède, ainsi qu'à beaucoup d'autres choses, voilà ce qui, devant Dieu et au milieu des hommes qui partagent notre sollicitude, nous travaille nuit et jour et nous met continuellement en pièces, quoique, pour le moment, aux yeux des enfants du siècle, ces choses semblent nous plaire. Mais, grâce à Dieu, ce qui est du monde nous déplaît forcément. Voilà comme nous vivons, voilà comme, avec la grâce de Dieu, nous continuerons à vivre (L. 1, *Epist.* 70). »

Le saint Pape répondit en même temps à la reine Mathilde, la louant de son humilité et de sa charité, l'exhortant à y faire des progrès de jour en jour, et à suggérer au roi, son époux, tout ce qui peut procurer le salut de son âme. Car si, comme dit l'apôtre, *l'homme infidèle est sauvé par la femme fidèle*, combien plus un époux fidèle ne sera-t-il point, par une épouse fidèle, amené du bien au mieux (*Ibid., Epist.* 71).

En 1076, le Pape envoya au roi d'Angleterre, comme légat, le cardinal Hubert, sous-diacre de l'Eglise romaine, par lequel il lui disait qu'il pouvait avoir toute confiance pour les choses qu'il était chargé de lui communiquer de vive voix. Une de ces choses nous est révélée par la lettre suivante du roi Guillaume au pape Grégoire : « Hubert, votre légat, m'a averti de votre part de penser à vous promettre fidélité, à vous et à vos successeurs, et d'être plus soigneux pour ce qui regarde l'argent que mes prédécesseurs avaient coutume d'envoyer à l'Eglise romaine. J'ai admis l'un et n'ai pas admis l'autre. Je n'ai voulu ni ne veux jurer fidélité, parce que je ne l'ai pas promis ni trouvé que mes prédécesseurs l'eussent fait aux vôtres. » L'archevêque Lanfranc de Cantorbéry proteste, dans une lettre au Pape, qu'il avait conseillé au roi de faire ce que le Pape lui avait demandé (*Apud Lanfr.*, *Epist.* 7 et 8).

Le savant Luc d'Achery (*In not. ad epist.* 7) s'étonne que Guillaume se refusât à ce que lui insinuait le Pape. En effet, dès l'an 725, Ina, roi des Anglo-Saxons, rendit son royaume tributaire du Saint-Siége. En 794, Offa, roi des Merciens, renouvela cette soumission. De là le prédécesseur immédiat de Grégoire VII, Alexandre II, écrivait, vers l'an 1073, au même Guillaume : « Votre prudence n'ignore pas
» que le royaume des Anglais, du moment que le
» nom du Christ y fut glorifié, a été sous la main et
» sous la tutelle du prince des apôtres (*Epist.* 8, *apud*
» *Labb.*). » Enfin, l'an 1173, Henri II écrivait au pape Alexandre III en ces termes : « Le royaume
» d'Angleterre est de votre juridiction, et, quant à
» l'obligation du droit féodal, je ne me reconnais
» sujet qu'à vous. Que l'Angleterre apprenne ce que
» peut le Pontife romain, et puisqu'il n'use pas d'ar-
» mes matérielles, qu'il défende par le glaive spiri-
» tuel le patrimoine de saint Pierre (*Apud Baron.*,
» an 1173). » D'après cela, bien des gens trouveront, avec Luc d'Achery, que le saint pape Grégoire VII, au lieu d'être un *demandeur effronté*, comme le qualifie Bossuet dans sa *Défense du gallicanisme*, réclamait une chose naturelle et légitime. Enfin nous avons vu, d'après la *Chronique de Normandie*, qu'avant la conquête, Guillaume envoya des ambassadeurs au Pape, « pour lui demander la permission
» de conquérir son droit, se soumettant, si Dieu lui
» donnait grâce d'y parvenir, de tenir le royaume
» d'Angleterre de Dieu et du Saint-Père, comme son
» vicaire et non d'aucun autre (D. Bouquet, t. XIII,
» p. 227). »

Le pape Grégoire, qui estimait peu l'argent sans l'honneur du Saint-Siége, dut n'être pas content du procédé de Guillaume. Ce prince, d'ailleurs, lui donnait d'autres sujets de plaintes ; car il empêchait les évêques d'Angleterre d'aller à Rome, où le Pape les appelait pour se consulter avec eux sur le bien général de l'Eglise et de la chrétienté. « Or, dit le saint Pape dans une lettre du 23 septembre 1079 au légat Hubert, jamais roi, même païen, n'a osé entreprendre contre le Siége apostolique, d'empêcher les évêques et les archevêques d'aller au tombeau des apôtres. Nous voulons donc que vous l'avertissiez de notre part de ne pas tant chercher à diminuer, pour l'Eglise romaine, l'honneur qu'il serait bien fâché que ses sujets ne lui rendissent pas à lui-même ; car, nous souvenant de notre ancienne amitié pour lui, et imitant, autant que nous pouvons, avec l'aide de Dieu, la mansuétude apostolique, nous lui avons pardonné sa faute jusqu'à présent ; mais, s'il ne se modère, il doit savoir qu'il s'attirera l'indignation de saint Pierre. Enfin, ordonnez aux Anglais et aux Normands, de la part du prince des apôtres, d'envoyer de chaque archevêché au moins deux évêques au concile que nous célébrerons, Dieu aidant, le carême prochain. Que si, par hasard, ils murmurent et disent qu'ils ne pourront pas y être pour ce terme, qu'ils aient soin de se présenter au Siége apostolique au moins après Pâques (L. 7, *Epist.* 1). »

Six mois auparavant, le Pape avait écrit à l'archevêque Lanfranc de Cantorbéry une lettre pour lui témoigner son étonnement de ce qu'il n'était pas venu le voir depuis qu'il était monté sur le Saint-Siége. Ce procédé lui faisait d'autant plus de peine, qu'il devait s'y attendre moins d'après leur ancienne amitié. N'était cette amitié et la mansuétude apostolique, il lui aurait déjà fait éprouver son ressentiment. Ce peu d'égard pour le chef de l'Eglise avait pour cause, ou la crainte du roi ou sa propre négligence. Plus d'amour pour sa mère, l'Eglise romaine, eût mis Lanfranc au-dessus de la crainte. Le Pape lui enjoignit donc de faire sentir au roi sa faute et de réparer la sienne, en revenant à Rome aider son ancien ami dans le gouvernement de l'Eglise (L. 6, *Epist.* 30).

Comme Lanfranc ne venait point, le Pape lui adressa une autre lettre plus ferme. « Souvent nous avons invité Votre Fraternité de venir à Rome, même pour les intérêts de la foi et de la religion chrétienne. Abusant de notre patience, vous avez différé jusqu'à présent, à ce qui paraît, par orgueil ou par négligence, puisque vous n'avez pas même prétexté aucune excuse canonique. La difficulté du voyage ne saurait en être une ; car un grand nombre d'infirmes, mais qui aiment saint Pierre, viennent de très-loin pour visiter son tombeau. » En conséquence, par l'autorité apostolique, le Pape lui ordonne, sous peine de suspense, de venir à Rome dans quatre mois, pour la fête de la Toussaint (L. 9, *Epist.* 20).

Nous avons une réponse de Lanfranc à la première lettre du Pape ; elle est conçue en ces termes : « La lettre de Votre Excellence, que m'a remise Hubert, sous-diacre de votre sacré palais, je l'ai reçue avec l'humilité qui convient. Dans presque tout son contexte, vous avez soin de me réprimander avec une douceur paternelle, de ce que, élevé à l'honneur épiscopal, j'aime moins la sainte Eglise romaine et vous pour elle, que je n'avais coutume de faire avant d'être parvenu à cet honneur, d'autant plus que je ne doute pas et que personne ne doute, je pense, que c'est l'autorité du Siége apostolique qui m'y a fait parvenir. Je ne veux ni ne dois, vénérable Père, calomnier vos paroles. Toutefois, ma conscience m'en est témoin, je ne puis comprendre que l'absence corporelle, la distance des lieux ou une dignité quelconque puisse faire en ceci quelque chose et m'empêcher d'être soumis en tout et partout à vos ordres, suivant les canons. Et si, Dieu aidant, je pouvais un jour vous parler en personne, je vous prouverais, non par des paroles, mais par des choses, que j'ai augmenté en amour, et que c'est vous, permettez-moi de le dire, qui avez diminué de votre ancienne affection. Les paroles de votre légation, je les ai, de concert avec votre légat, suggérées au roi, et tâché de les lui persuader, mais je n'en suis point venu à bout. Pourquoi il n'a point acquiescé complétement à votre volonté, lui-même vous le fait connaître, tant de vive voix que par ses lettres (Lanfr., *Epist.* 8). »

Voilà comme Lanfranc répondit à la première

LIVRE LXV. — PONTIFICAT DE GRÉGOIRE VII.

lettre du Pape. On ne voit pas qu'il ait répondu à la seconde. Au fond, son amitié pour Grégoire, qu'il disait devenue plus grande, aurait pu se montrer un peu plus par les faits. Il aurait pu se rappeler son propre exemple. Précédemment, pour les intérêts du roi, il avait fait plus d'un voyage de Rome. Et maintenant que le chef de l'Eglise l'y réclame, pour s'aider de ses conseils dans les grands intérêts de la chrétienté entière, il n'en sait plus trouver le moyen. Un peu plus de dévouement pour la cause de Dieu et de son Eglise, dans de pareilles circonstances, n'eût pas été mal de la part d'un archevêque qui avait la confiance, non-seulement du roi d'Angleterre, mais encore de ceux d'Irlande et d'Ecosse.

En France, le roi Philippe Ier, ayant perdu, à l'âge de quatorze ans, son tuteur, le comte Baudouin de Flandre, fut abandonné à lui-même jusqu'à l'âge de vingt ans. Ce fut un malheur et pour lui et pour la France. Il se voyait maître des autres avant de pouvoir l'être de lui-même. Sa conduite fut celle d'un jeune libertin plutôt que celle d'un roi. Il mettait les débauches et les vices au premier rang parmi les jouissances de la royauté. Bientôt il fut entouré de courtisans et de flatteurs, empressés à exciter ses passions, à les nourrir, à les servir, et assurés d'un avancement d'autant plus rapide, que les services qu'ils rendaient à leur jeune maître étaient plus honteux. Pour payer les instruments et les ministres de ses débauches royales, on vendait les évêchés et les abbayes. Pour le bonheur de l'humanité et de la France, un homme veillait à Rome, et sur la France et sur l'humanité entière : c'était le pape saint Grégoire VII.

Dès la première année de son pontificat, au mois de décembre 1073, il écrivit à Roclen, évêque de Châlon : « Entre tous les princes de notre temps qui, par une cupidité perverse, ont vendu l'Eglise de Dieu et dissipant ses biens, et ont ainsi rendu esclave et foulé aux pieds leur mère, à laquelle, d'après les commandements de Dieu, ils doivent honneur et respect, nous avons appris que Philippe, roi des Français, tenait le premier rang. Il a tellement opprimé les Eglises des Gaules, qu'on peut dire qu'il est parvenu au comble de ce forfait détestable. Nous en avons reçu la nouvelle avec d'autant plus de douleur, que ce royaume a été plus puissant par la prudence, la religion et la force, et plus dévoué à l'Eglise romaine. Notre zèle pour la charge qui nous est confiée et la destruction de ces Eglises, nous animaient à punir avec sévérité des forfaits aussi audacieux; mais, dans ces derniers jours, son chambellan Albéric est venu nous promettre de sa part qu'il se soumettrait à notre censure, qu'il réformerait sa vie et qu'il respecterait les Eglises. Ainsi nous suspendons les rigueurs canoniques et nous voulons bien éprouver, à l'occasion de l'Eglise de Mâcon, depuis longtemps privée de son pasteur, quelle foi nous devons ajouter à ses paroles. Qu'il donne gratis, comme il convient, cet évêché à l'archidiacre d'Autun; car nous apprenons que ce prêtre a été élu d'un consentement unanime par le clergé et le peuple, et même avec leur approbation. Mais, s'il ne veut pas le faire, qu'il sache, à n'en point douter, que nous ne tolérerons pas plus longtemps cette ruine de l'Eglise; qu'avec l'autorité des apôtres saint Pierre et saint Paul, nous réprimerons la dure contumace de sa désobéissance. Il faudra alors, ou que le roi renonce au honteux commerce de son hérésie simoniaque, ou que les Français, frappés du glaive d'un anathème général, renoncent à son obéissance, s'ils ne préfèrent renoncer à la foi chrétienne (L. 1, *Epist.* 35). »

Bien des auteurs et des lecteurs modernes s'étonnent de ces dernières paroles du pape Grégoire. Cet étonnement ne vient que d'ignorance. Fénelon l'a bien vu et fait voir. « L'opinion universelle, la persuasion intime, la première loi des nations catholiques était telle : la souveraineté ne peut être confiée qu'à un prince catholique; nous lui serons fidèles tant qu'il sera lui-même fidèle à la religion catholique : telle est la loi ou la condition de notre pacte national. Si le prince viole cette loi, s'il résiste opiniâtrement à la religion catholique, nous sommes dégagés de notre serment de fidélité. Dans ce cas, la nation catholique déposait le prince infidèle au pacte contracté avec elle. Pour modérer cet usage, la déposition n'avait jamais lieu sans consulter l'Eglise. » Voilà comme Fénelon, dans son ouvrage trop peu connu, *De l'autorité du souverain Pontife*, résume la constitution politique des nations chrétiennes du moyen-âge (Fénel., *De auct. sum. Pontif.*, c. 39, t. II, édit. de Versailles). Dans cet état de choses, le langage de Grégoire VII n'a rien que de naturel. Aussi les Français du XIe siècle ne s'en étonnèrent-ils point, non plus que leur roi Philippe, qui chercha, par des promesses bien ou mal gardées, à adoucir le censeur redoutable de la république chrétienne, le moniteur universel des peuples et des rois.

Voici quelle était l'affaire particulière de Mâcon. Cette Eglise ayant vaqué longtemps après la mort de l'évêque Drogon, arrivée l'année précédente 1072, Landri, archidiacre d'Autun, fut élu d'un consentement unanime du clergé et du peuple. Le roi même y avait consenti; mais il ne voulait pas lui accorder gratuitement l'investiture. Voilà sur quoi le Pape écrivit à l'évêque de Châlon, dont il connaissait la prudence et la familiarité avec le roi. Il le chargea donc, à la fin de sa lettre, de faire tous ses efforts pour persuader au prince de laisser pourvoir selon les canons à l'Eglise de Mâcon et aux autres. Le Pape écrivit en même temps à Humbert, archevêque de Lyon, de sacrer Landri pour l'évêché de Mâcon, quand le roi persisterait à s'y opposer, et que Landri lui-même le refuserait : autrement, s'il vient à Rome, le Pape l'ordonnera. Le roi refusa opiniâtrement de donner son consentement à l'ordination de Landri, et Humbert ne jugea point à propos de la faire malgré le roi. Grégoire appela donc Landri à Rome, l'y ordonna évêque, et le renvoya à son métropolitain avec des lettres de recommandation datées du 16 mars 1074. Le roi se désista de son opposition, et Landri demeura évêque de Mâcon (L. 1, *Epist.* 36 et 76).

Saint Grégoire ordonna en même temps Hugues de Die, dont l'élection eut des circonstances singulières. Le pape Alexandre II avait envoyé Girald, évêque d'Ostie, en qualité de légat, en France et en Bourgogne. Il tint un concile à Châlon-sur-Saône, dont l'évêque était Roclen, très-savant, principalement dans les saintes lettres. Girald, retournant à Rome après ce concile, logea à Die, dont il apprit que l'évêque Lancelin était simoniaque. Il le cita pour comparaître devant lui; mais Lancelin se défendait dans la maison épiscopale, et s'y défendait à main armée. Le légat assembla les chanoines et les premiers du peuple, pour examiner ce qu'il y avait à faire. Hugues, camérier de l'Eglise de Lyon, allant à Rome en pèlerinage, entra pour faire sa prière dans l'église où ils étaient assemblés. Comme ils cherchaient un sujet digne d'être leur évêque, quelqu'un parla de Hugues : aussitôt il s'éleva de grands cris en sa faveur, on le prit tout botté et éperonné, comme il était, et on l'emmena au légat. Hugues se récriait, disant qu'il ne pouvait être élu du vivant de l'évêque légitime, et qu'il ne voulait point faire un schisme; mais le peuple insista si fortement, que le légat crut que la volonté de Dieu se déclarait en faveur de Hugues, et il le contraignit, par l'autorité du Saint-Siège, à y acquiescer. Ainsi Hugues fut élu évêque de Die le 19 octobre 1073.

Lancelin l'ayant appris, fut consterné; et craignant que, dans la joie et le mouvement de cette élection, le peuple ne vînt l'attaquer en foule, il abandonna la maison épiscopale et se retira, pressé du trouble de sa conscience. Hugues fut donc intronisé sans opposition et avec une joie universelle. Mais il trouva son Eglise dans un désordre extrême, et les biens de l'évêché tellement dissipés, qu'il n'y avait pas de quoi faire subsister sa maison un seul jour. Il publia un décret portant défense à aucun laïque de garder une église, ou de prendre quelque partie des revenus ecclésiastiques. Tous lui obéirent avec plaisir, et il rétablit ainsi le temporel de son Eglise, avant même que d'être sacré. Le légat Girald, étant de retour à Rome, rendit compte au pape Grégoire de l'élection de Hugues, qui arriva lui-même peu de temps après. Il n'avait encore que la tonsure; car il n'avait point voulu se faire ordonner par des évêques simoniaques; mais le Pape, au mois de décembre, lui donna tous les ordres jusqu'à la prêtrise; et, la première semaine du carême suivant 1074, il fut ordonné prêtre le samedi, et le lendemain dimanche, sacré évêque. Le Pape renvoya Hugues, avec une lettre adressée à Guillaume, comte de Die, où il lui ordonne de soutenir l'évêque de son autorité dans ses mesures contre la simonie, et de réparer le tort qu'il avait fait à cette Eglise en l'absence de l'évêque auquel il avait toutefois promis fidélité comme tous les autres (L. 1, *Epist.* 69).

Cependant le roi Philippe avait envoyé des ambassadeurs à Rome pour assurer saint Grégoire de son obéissance et du respect avec lequel il recevrait les avis qu'il voudrait bien lui donner dans les choses qui concernent la religion. Le Pape lui répondit que, s'il parlait sincèrement, il y avait lieu de s'en réjouir et qu'il l'avertissait de réparer les torts qu'il avait faits à l'Eglise de Beauvais. « Vous devez considérer, lui dit-il, quelle gloire se sont acquise vos prédécesseurs, et combien ils ont été chers au Saint-Siège, tandis qu'ils se sont appliqués à protéger et à défendre les Eglises de leurs Etats; mais quand ce zèle a commencé à se ralentir dans les rois suivants, la gloire et la splendeur du royaume de France ont été éclipsées par les désordres et les vices qui ont pris la place des vertus, et qui ont mis un royaume si noble et si puissant sur le penchant de sa ruine. C'est ce que le devoir de notre charge nous oblige de vous représenter souvent, même en termes un peu durs; car, encore qu'il ne nous soit pas libre de taire jamais la parole de la prédication, nous devons cependant y apporter une sollicitude d'autant plus grande et élever d'autant plus la voix, que la dignité est plus grande et la personne plus élevée : surtout que la vertu des princes chrétiens doit surveiller avec nous la milice chrétienne dans le camp du même roi. Afin donc que vous soyez l'héritier de leur noblesse et de leur gloire, comme vous êtes leur successeur dans le royaume, nous vous exhortons à imiter, la vertu de vos illustres prédécesseurs, à accomplir la justice de Dieu, à rétablir et à défendre les églises de tout votre pouvoir, pour que Dieu protège et exalte votre gouvernement ici-bas, et vous accorde la couronne de l'éternelle gloire en la rémunération à venir. » La lettre est du 13 avril 1074 (L. 1, *Epist.* 75).

Le saint Pape ne tarda pas à recevoir de nouvelles plaintes contre le roi au sujet des violences et des désordres qui se commettaient impunément dans le royaume. Il crut devoir s'en prendre aux évêques, et il écrivit une lettre adressée nommément aux archevêques Manassès de Reims, Richer de Sens, Richard de Bourges, à Aldrad, évêque de Chartres, et en général à tous les autres évêques de France.

« Il y a longtemps, dit-il, que le royaume de France, autrefois si glorieux et si puissant, a commencé à déchoir de sa splendeur; mais aujourd'hui il paraît avoir perdu toute sa gloire et toute sa beauté, puisque, les lois y étant violées et la justice foulée aux pieds, tout ce qu'on saurait faire de honteux, de cruel, de misérable, d'intolérable, s'y fait impunément et y a même passé en coutume par une longue licence. Depuis un certain nombre d'années, la puissance royale ayant perdu toute vigueur parmi vous, et aucune loi, aucune autorité ne pouvant prohiber ou punir les injures, les ennemis ont commencé à combattre entre eux de toutes leurs forces, comme s'ils ne faisaient que se conformer au droit des gens, et ils rassemblent ouvertement des armes et des troupes pour se venger. Si de tels usages ont multiplié dans votre patrie les meurtres, les incendies et tous les fléaux de la guerre, on peut s'en affliger sans doute, mais on ne saurait s'en étonner. Bien plus, aujourd'hui, une méchanceté nouvelle les ayant atteints comme une peste, ils commencent à commettre des forfaits exécrables et horribles à redire, sans que personne les y pousse. Ils ne s'arrêtent devant aucun respect ni divin ni humain; ils regardent comme rien les parjures, les sacrilèges, les incestes, les trahisons, et, ce qu'on ne voit nulle part ailleurs sur la terre, les citoyens, les proches, les frères s'arrêtent réciproquement par cupidité, le plus fort arrache à son captif tous ses biens par des tortures, et lui laisse te miner sa vie dans une extrême misère. Les pèlerins qui se rendent au tombeau des saints apôtres ou qui en reviennent, sont saisis par ceux qui en prennent fantaisie, jetés dans des prisons, soumis à des tourments plus cruels que les païens eux-mêmes n'en sauraient inventer, jusqu'à ce que, pour se racheter, ils aient donné souvent plus même qu'ils ne possèdent.

» C'est votre roi, ou bien plutôt votre tyran, qui,

à la persuasion du diable, est l'origine et la cause de toutes ces calamités. Il a souillé toute sa jeunesse par les crimes et les infamies : aussi faibles que misérable, il porte inutilement les rênes du royaume dont il s'est chargé, et non-seulement il abandonne à tous les crimes le peuple qui lui est soumis, en relâchant les liens de l'obéissance, il excite encore, par l'exemple de ses goûts et de ses actions, à tout ce qu'il n'est pas permis de faire ni même de dire. Il ne lui suffit point d'avoir mérité la colère de Dieu, par le pillage des églises, par les adultères, par des rapines détestables, par des parjures et par des fraudes de tous genres, que nous lui avons reprochées à plusieurs reprises; il vient, à la manière d'un brigand, d'enlever des sommes énormes à des marchands qui, de toutes les parties de la terre, se rendaient à je ne sais quelle foire en France. Dans les fables mêmes on n'avait raconté rien de semblable d'un roi; lui qui devait être le défenseur des lois et de la justice, en a été le plus grand contempteur. Il a agi de telle sorte que ses forfaits ne se sont pas renfermés dans les bornes du royaume qui lui est confié, mais que, pour sa confusion, la connaissance s'en répand en tous lieux.

» Comme tout cela ne saurait échapper au jugement du souverain Juge, nous vous conjurons de prendre garde que cette malédiction du prophète ne tombe sur vous : *Maudit celui qui n'ensanglante pas son glaive!* c'est-à-dire, comme vous le comprenez bien, celui qui ne déploie pas par la parole de la prédication pour réprimander les hommes charnels; car c'est vous, nos frères, qui êtes les coupables : n'ayant pas, comme, il convient à des évêques, la fermeté de vous opposer à ces violences, vous vous en rendez participants par votre connivence. C'est pourquoi nous craignons bien que vous ne receviez pas la récompense des pasteurs, mais la punition des mercenaires, vous qui, en voyant le loup déchirer sous vos yeux le troupeau du Seigneur, prenez la fuite et allez vous cacher comme des chiens qui n'ont pas le courage d'aboyer. En effet, si vous croyez qu'il est contre la fidélité que vous avez promise au roi, de l'empêcher de commettre ces fautes, vous vous trompez fort. Nous pourrions aisément vous montrer que celui qui retire du naufrage un homme même malgré lui, lui est plus fidèle que celui qui le laisse périr.

» Ce serait aussi une vaine excuse de dire que vous craignez la colère du prince; car si vous vous unissiez tous ensemble de concert pour la défense de la justice, vous auriez alors assez d'autorité pour corriger le roi de ses péchés, du moins vous acquitteriez le devoir de vos consciences. Mais quand il y aurait pour vous tout à craindre, le danger même de la mort ne devrait pas vous empêcher de faire avec liberté votre devoir d'évêques. C'est pourquoi nous vous prions et vous admonestons, par l'autorité apostolique, de vous assembler en un même lieu pour pourvoir à votre patrie, à votre réputation et à votre salut; et, après avoir conféré ensemble, d'aller trouver le roi, pour l'avertir du désordre et du péril de son royaume, lui montrer en face combien ses actions sont criminelles, et vous efforcer de le fléchir par vos exhortations, afin qu'il répare le tort qui a été fait aux marchands; autrement, comme vous savez vous-mêmes, ce sera la source de grandes inimitiés. Exhortez-le, au reste, à se corriger, à quitter les habitudes de sa jeunesse, à rétablir la justice et à relever la gloire de son royaume, enfin à se réformer le premier pour réformer les autres.

» Que s'il demeure endurci sans vouloir vous écouter; s'il n'est touché ni de la crainte de Dieu, ni de sa propre gloire, ni du salut de son peuple : déclarez-lui de notre part qu'il ne peut éviter longtemps le glaive de la censure apostolique. Imitez aussi l'Église romaine, votre mère, séparez-vous entièrement du service de la communion de ce prince, et interdisez par toute la France la célébration publique de l'office divin. Que, si cette censure ne l'oblige pas à se reconnaître, nous voulons que personne n'ignore, qu'avec l'aide de Dieu, nous ferons tous nos efforts pour délivrer le royaume de France de son oppression. Et si nous voyons que vous agissez faiblement en cette occasion si nécessaire, nous ne douterons plus que vous ne le rendiez incorrigible par la confiance qu'il a en vous, et nous vous priverons de toute fonction épiscopale, comme complices de ses crimes, car Dieu nous est témoin, ainsi que notre propre conscience, que personne ne nous a fait prendre cette résolution, ni par prière, ni par présents : nous n'y sommes porté que par la vive douleur de voir périr par la faute d'un malheureux homme, un si noble royaume et un peuple si nombreux. » Cette lettre est du 10 septembre 1074 (L. 2, *Epist.* 5).

En vérité, nous ne voyons pas ce que les Français, surtout les Français du XIXe siècle, pourraient y reprendre; car il est à souhaiter pour le bonheur de la France et de l'humanité, que tous les Français aient toujours autant de zèle et un zèle aussi pur et aussi actif pour la gloire de leur prince et de leur pays, qu'en avait le pape saint Grégoire VII.

Deux mois après, ce pontife écrivit dans le même but à Guillaume VI, comte de Poitiers et duc d'Aquitaine : « Quoique nous ne doutions pas que les iniquités de Philippe, roi des Français, ne soient parvenues à votre connaissance, nous avons cru utile de vous faire savoir combien elles nous affligent. Entre tant de crimes par lesquels il semble avoir pris à tâche de surpasser tous les princes, non-seulement chrétiens, mais infidèles; après avoir ruiné toutes les églises où il a pu porter la confusion, il vient de mettre de côté toute pudeur pour la dignité royale, en livrant au pillage les négociants d'Italie qui se rendaient dans votre pays; et cela, non d'après aucune raison qui pût le justifier, mais seulement pour assouvir son avarice. Nous avons déjà averti par nos lettres les évêques de France de lui en demander raison; mais comme nous savons que vous aimez saint Pierre et nous-mêmes, et comme nous croyons que vous vous affligez avec nous des périls auxquels ce roi s'expose; nous avons voulu vous avertir de vous joindre à ces évêques et à quelques-uns des meilleurs et des plus nobles de France, pour lui notifier ses iniquités. Il faut le sommer de renoncer aux suggestions des insensés, de s'attacher au conseil des sages, de retenir ses mains du pillage des églises, de réformer ses indignes mœurs, à l'exemple des meilleurs rois des Français, de corriger enfin ces brigandages dont nous avons parlé, à l'occasion desquels les pèlerins de saint Pierre sont empêchés, sont arrêtés et sont exposés à mille souffrances, S'il se réforme d'après vos conseils; nous le traiterons avec charité comme nous le devons; mais s'il s'obstine dans la perversité de ses goûts, si, dans la dureté et l'impénitence de son cœur, il thésaurise la colère de Dieu et de saint Pierre, nous le séparerons, dans le concile romain, avec le secours de Dieu et selon que sa perversité le mérite, de la communion de la sainte Eglise, aussi bien que quiconque lui rendrait l'honneur royal et l'obéissance, et chaque jour nous confirmerons cette excommunication sur l'autel de saint Pierre; car il y a trop longtemps que nous supportons ses iniquités, il y a trop longtemps que nous dissimulons les injures de la sainte Eglise, en épargnant sa jeunesse. A présent, la perversité de ses mœurs est rendue si notoire, que, quand même il aurait autant de pouvoir et de vaillance que ces empereurs païens qui ont causé tant de maux aux saints martyrs, jamais aucune crainte ne nous porterait à laisser impunies tant et de si grandes iniquités (L. 2, *Epist.* 18). »

On a lieu de croire que le roi Philippe profita de ces réprimandes du Pape, ainsi que des remontrances des évêques et des seigneurs; qu'il promit de se corriger, et qu'il le fit en effet dans plusieurs choses; car, non-seulement le Pape ne l'excommunia pas, comme il l'en avait menacé, mais on ne voit pas même que les années suivantes il ait fait des plaintes semblables.

Grégoire VII ne pouvait jeter les yeux sur les maux de l'Eglise, sans être pénétré d'une douleur qui lui rendait la vie insupportable. Il en écrivit en ces termes à saint Hugues, abbé de Cluny, au commencement de l'an 1075:

« Je souhaiterais vous faire connaître pleinement la grandeur des maux qui me pressent. La compassion que vous auriez de moi vous ferait répandre votre cœur et vos larmes devant le Seigneur, afin que le pauvre Jésus, par qui cependant toutes choses ont été faites et qui gouverne toutes choses, me tende la main et me délivre de ma misère avec sa bonté accoutumée. Je l'ai souvent prié, selon sa grâce, ou de m'ôter la vie, ou de me rendre utile à l'Eglise, notre mère commune, je n'ai point encore été exaucé. De quelque côté que je jette les yeux, je ne trouve que des sujets d'une immense tristesse. L'Eglise d'Orient se sépare de la foi catholique. Et quand je tourne mes regards à l'Occident, au Midi et au Septentrion, à peine y vois-je des évêques qui soient entrés dans l'épiscopat par les voies canoniques, ou qui y vivent en évêques. Parmi les princes séculiers, je n'en connais point qui préfère la gloire de Dieu à la sienne, et la justice à l'intérêt. Pour ceux parmi lesquels je demeure, je veux dire les Romains, les Lombards et les Normands, je leur reproche souvent qu'ils sont pires que des juifs et des païens. Quand je viens à me considérer moi-même, je me trouve si accablé du poids de mes péchés, que je n'espère de salut que dans l'infinie miséricorde de Jésus-Christ. Si je n'avais quelque rayon d'espérance de pouvoir enfin être utile à l'Eglise, je ne demeurerais pas à Rome, où j'habite forcément depuis vingt ans. D'où il arrive qu'entre la douleur qui se renouvelle chaque jour et l'espérance qui se fait attendre, hélas! trop longtemps, je vis mourant, pour ainsi dire, brisé par mille tempêtes.

J'attends celui qui m'a attaché dans ses liens, qui m'a ramené à Rome malgré moi et m'a entouré de mille angoisses. Je lui dis souvent : *Pressez-vous, ne tardez point, délivrez-moi pour l'amour de la sainte Vierge et de saint Pierre*. Mais comme les prières d'un pécheur ne sont pas si tôt exaucées, priez pour moi et faites prier ceux qui méritent d'être écoutés (L. 2, *Epist.* 49). »

Cependant la Providence avait ménagé au saint Pape, en deçà des Alpes, un évêque très-digne et très-capable de le seconder dans ses immenses travaux pour la réformation du clergé : c'était Hugues, nouvel évêque de Die. Grégoire ayant connu son mérite, l'envoya comme légat en France, pour exécuter les décrets du Siège apostolique contre la simonie et contre l'incontinence des clercs. Le légat montra encore plus de sévérité que le Pape, y joignant une prudence et une fermeté qui déjouaient tous les obstacles.

Le légat Hugues tint plusieurs conciles dont nous n'avons pas les actes, mais dont les chroniques contemporaines ou les lettres mêmes du pape Grégoire nous font connaître plusieurs particularités. Il tint son premier concile à Anse, dans la Bourgogne, et le second à Clermont, où il déposa Etienne de Clermont, qui avait usurpé le siège du Puy, et Guillaume, qui avait usurpé celui de Clermont. Il sacra évêque de Clermont, Durand, second abbé de la Chaise-Dieu, la dixième année depuis qu'il gouvernait ce monastère après la mort de saint Robert, c'est-à-dire l'an 1076.

Hugues tint un troisième concile à Dijon et un quatrième à Autun, dont voici l'occasion. Gérard, second du nom, nouvellement élevé sur le siège de Cambrai et d'Arras, avait, malgré la défense du Pape, reçu l'investiture du roi de Germanie. Comme il craignait d'être, pour ce sujet, déposé par le légat, il alla à Rome, et confessa qu'après l'élection canonique du clergé et du peuple, il avait reçu l'investiture du roi, alléguant, pour ses excuses, qu'il ignorait alors que le Pape l'eût défendu et que ce prince fût excommunié. Le Pape, touché par la soumission que Gérard fit paraître, et par les lettres que plusieurs évêques lui écrivirent en faveur de ce prélat, consentit qu'il conservât son siège, pourvu qu'il jurât devant le légat, devant Manassès, archevêque de Reims, et devant les évêques de sa province, que quand il avait reçu l'investiture, il avait ignoré le décret du Pape et l'excommunication du roi. Gérard satisfit le légat au concile d'Autun, l'an 1077, et demeura évêque de Cambrai et d'Arras.

Dans ce même concile, l'archevêque Manassès de Reims fut accusé lui-même de simonie et de violence par les clercs de son Eglise. Il y fut cité pour se justifier, et, comme il ne comparut point, le légat le suspendit de ses fonctions. Humbert, archevêque de Lyon, avait été déposé comme simoniaque dans quelqu'un des conciles précédents, et il s'était fait moine dans le monastère du Mont-Jura. Pour remplir ce siège, on élut, le cinquième jour du concile, Gébuin, archidiacre de Langres, personnage respectable par la pureté de ses mœurs. Il résista à son élection et se réfugia auprès de l'autel; mais on l'y prit et on le fit garder à vue jusqu'au dimanche, qu'on devait l'ordonner.

Reinard, évêque de Langres, fut affligé de cette

élection, parce qu'il perdait un grand ornement de son clergé, et un homme qui lui était nécessaire pour le gouvernement de son Eglise. Il pria les Pères du concile de l'en dédommager en quelque sorte, en lui donnant un digne sujet pour gouverner le monastère de Saint-Bénigne de Dijon. Cette abbaye était tombée dans un grand relâchement, et elle n'avait pas alors d'abbé. L'évêque de Langres souhaitait qu'on la donnât à Jarenton, prieur de la Chaise-Dieu, qui était au concile et qu'il avait connu particulièrement avant qu'il se fît moine. Il harangua à ce sujet dans la sixième session du concile, et, après s'être plaint qu'en ôtant son archidiacre pour l'élever sur le siége de Lyon, on lui avait arraché un œil il exposa l'état déplorable où était le monastère de Saint-Bénigne, autrefois si florissant sous le saint abbé Guillaume. Le légat lui dit que, s'il jugeait quelqu'un des assistants propre pour le gouverner et y rétablir la discipline, il pouvait le nommer, puisque, dans la communauté, il n'y avait pas de sujet propre pour cette charge. Alors l'évêque de Langres, fléchissant le genou et montrant du doigt Jarenton, prieur de la Chaise-Dieu, il dit : *Donnez-moi ce poisson de la Fontaine-Dieu.* Il fit demander la même chose par Hugues, duc de Bourgogne, qui était présent.

Quoique le légat connût le zèle, l'esprit et le courage de Jarenton, il craignait de le charger d'une si rude commission, vu les désordres des moines de Dijon, et il faisait quelque difficulté de l'accorder. Pendant ce temps-là, Jarenton tâcha de s'enfuir; mais il fut pris et conduit à l'évêque de Langres, qui le mit sous bonne garde. Ceci se passait le vendredi. Le légat, qui voulait faire observer l'ordre canonique, souhaita que Jarenton fût élu par les moines de Saint-Bénigne, et le concile déclara que, si avant le dimanche suivant, les moines ne venaient apporter l'acte d'élection en sa faveur, il ne serait pas établi abbé. Le duc dépêcha aussitôt un exprès à Dijon, et les moines vinrent au jour marqué témoigner qu'ils demandaient Jarenton pour leur abbé. Ainsi, le dimanche 17 septembre l'an 1077, il fut béni abbé de Saint-Bénigne, en même temps que Gébuin fut ordonné archevêque de Lyon (Hugo Flav.; *Hist. de l'Egl. gall.*, l. 21).

Le légat se rendit d'Autun à Lyon, et de Lyon au Puy. Il y célébra la messe, et, après l'évangile, il annonça au peuple qu'Etienne, leur évêque, lui avait promis, avec serment, de renoncer à l'épiscopat quand il le lui ordonnerait, qu'il l'en déclarait indigne et qu'il excommuniait tous ceux qui le reconnaîtraient encore pour leur pasteur. Le pape Grégoire confirma cette sentence, ordonna à tous les évêques de France de la publier dans leurs diocèses, et défendit à qui que ce fût de faire quelque offrande à l'église Notre-Dame du Puy ou aux clercs qui la desservaient, tant que l'usurpateur Etienne prétendrait se maintenir dans ce siége.

Manassès de Reims écrivit au Pape des lettres soumises et artificieuses, pour se faire relever de la suspense prononcée contre lui par le légat; mais le Pape ne s'y laissa pas prendre, et le renvoya devant le légat Hugues, assisté de saint Hugues, abbé de Cluny. Manassès voyant qu'il ne pouvait rien gagner par lettres, prit le parti d'aller lui-même à Rome; car, quelle idée qu'on se fût formée de la sévérité de Grégoire VII, on le craignait moins que son légat. Ce Pape, inflexible aux esprits orgueilleux et réfractaires, se laissait toucher par l'humiliation et le repentir. Il voulait que ses légats jugeassent selon la rigueur des canons; mais il modérait souvent leurs sentences, et, après avoir fait sentir l'autorité de maître et la sévérité de juge, il montrait quelquefois une tendresse de père, en accordant à la clémence tout ce qu'il croyait ne devoir pas blesser la justice. Manassès l'éprouva. Grégoire VII le reçut avec bonté, et sur l'exposé que ce prélat lui fit de sa cause, il le rétablit dans ses fonctions, en l'obligeant de jurer sur le tombeau de saint Pierre, qu'il se présenterait devant le légat pour se justifier, quand il en serait requis; mais la suite nous fera voir qu'il ajouta par là le parjure à ses autres crimes.

La plupart des prélats français que le légat Hugues de Die avait déposés ou suspendus de leurs fonctions dans les conciles précédents, eurent aussi recours à la clémence du Pape, qui se fit un plaisir de modérer les peines décernées contre eux, en prenant néanmoins de sages mesures contre la surprise. Nous ne pouvons mieux faire connaître la cause des prélats qu'il rétablit, et les motifs qui lui servirent de règle, qu'en rapportant l'acte qu'il publia de ces divers jugements.

« Comme c'est la coutume de l'Eglise romaine, dit le saint Pape, de tolérer certaines choses et d'en dissimuler d'autres, nous avons cru devoir tempérer la rigueur des canons par la douceur de la discrétion, dans la révision que nous avons faite des causes des évêques de France et de Bourgogne, qui ont été suspendus ou condamnés par Hugues, évêque de Die, notre légat. Quoique Manassès, archevêque de Reims, fût accusé de plusieurs choses, et qu'il eût refusé de se rendre au concile où Hugues, évêque de Die, l'avait cité, il nous a paru que la sentence portée contre lui était éloignée de la maturité et de la douceur ordinaires à l'Eglise romaine. C'est pourquoi nous l'avons rétabli dans les fonctions de sa dignité, après l'avoir obligé de prêter, sur le corps de saint Pierre le serment suivant :

« Je, Manassès, archevêque de Reims, proteste
» que ce n'est point par orgueil que je ne me suis
» pas rendu au concile d'Autun, auquel l'évêque de
» Die m'avait cité. Si je suis appelé par lettres ou
» par un envoyé pour subir le jugement du Saint-
» Siége, je n'userai d'aucun artifice pour m'y sous-
» traire, et je m'y soumettrai humblement. S'il
» plait au pape Grégoire ou à son successeur que
» je me justifie devant son légat, j'obéirai avec la
» même humilité. Je n'emploierai les trésors et les
» ornements de l'Eglise de Reims, confiée à mes
» soins, que pour le bien et l'honneur de cette
» Eglise, et je ne les aliénerai jamais pour avoir de
» quoi résister à la justice. »

» Nous avons aussi, continue le Pape, rétabli dans ses fonctions Hugues, archevêque de Besançon, déclaré suspens dans le même concile. Comme ses clercs avaient retenu et lui avaient caché les lettres qui l'appelaient au concile, nous avons cru devoir le rétablir, mais à condition qu'il se purgerait devant le légat avec ses suffragants ou avec les évêques voisins. Nous avons pareillement rendu à Richer, archevêque de Sens, l'exercice des fonctions dont il était interdit, parce qu'il nous a promis de déduire par lui-même ou par un envoyé de sa part, les raisons qu'il avait eues de s'absenter de son concile, et qu'il s'est, de plus, engagé à soutenir le même légat dans toutes les affaires ecclésiastiques, et à ne rien omettre pour regagner ses bonnes grâces.

» Quant à l'affaire de Godefroi, évêque de Chartres, comme ce prélat a été jugé étant absent et sans avoir été appelé, nous l'avons rétabli sur son siège, en attendant que sa cause soit revue et jugée définitivement par notre légat. Nous avons rendu la crosse et l'anneau à Richard, archevêque de Bourges, qui avait quitté son Eglise par un mouvement de colère et non par le jugement d'un concile, et qui nous a promis de répondre au légat sur ce qu'on lui avait reproché. Pour Radulfe, archevêque de Tours, nous l'avons rétabli dans ses fonctions, parce que ses accusateurs n'étaient pas recevables selon les lois, et que les évêques qui l'avaient d'abord accusé se sont désistés. D'ailleurs, sa cause ayant déjà été jugée par notre prédécesseur Alexandre de bienheureuse mémoire, nous n'avons pas dû en recommencer le jugement sur des accusations vagues et incertaines. Nous avons cependant jugé à propos qu'un envoyé de notre part et un envoyé de notre légat se rendraient à Tours, y convoqueraient les évêques suffragants de la métropole, avec le peuple et le clergé de la ville, et les sommeraient ensuite, de la part de saint Pierre, de déclarer comment leur archevêque avait été élu et ordonné, afin que si, par leurs réponses, il constait de son innocence, on ne parlât plus jamais de cette affaire, et qu'au contraire, si on trouvait des preuves certaines contre lui, on rendît une sentence canonique. Donné à Rome, le 9 mars, indiction Ire, » c'est-à-dire l'an 1078 (L. 5, *Epist.* 17).

On voit, dans ce jugement du Pape, bien de la bonté et bien de la sagesse ; mais il suppose beaucoup de sévérité de la part du légat, qui avait ainsi interdit quatre archevêques, et qui eut l'autorité de faire observer ces censures jusqu'à ce que le Pape les eût levées. Quant à Godefroi, évêque de Chartres, le légat l'avait déposé pour sa vie scandaleuse, et le roi Philippe avait consenti à sa déposition ; car Robert, abbé de Sainte-Euphémie en Calabre, étant venu en France, le roi lui offrit l'évêché de Chartres et voulut lui en donner l'investiture par la crosse. Robert la refusa et alla à Rome pour la recevoir du Pape. Grégoire VII manda à son légat que si Robert avait été élu canoniquement, il le mît en possession de l'Eglise de Chartres ; mais ayant su ensuite que le peuple et le clergé de Chartres n'avaient fait aucune élection en faveur de Robert, il défendit au légat de souffrir qu'il s'emparât de ce siège. Radulfe, archevêque de Tours, que Grégoire VII rétablit dans ses fonctions, en avait été interdit au concile que le légat tint à Poitiers peu de temps après celui d'Autun. C'est le cinquième qu'il ait tenu pendant sa légation. Il nous en reste dix canons que voici.

Le saint concile ordonne qu'aucun évêque, abbé ou prêtre ne reçoive l'investiture d'un évêché, d'une abbaye, ou de quelque dignité ecclésiastique, des mains du roi, du comte, ou de quelque personne laïque. Si les laïques méprisent ce décret et s'emparent violemment des églises, ils seront excommuniés et ces églises interdites ; on y donnera seulement le baptême, la pénitence et le viatique aux malades. Personne ne possédera de bénéfices en plusieurs églises et ne donnera d'argent pour les obtenir. Ceux qui ont obtenu par cette voie quelque dignité ecclésiastique ou quelque prébende, seront déposés. Personne ne pourra prétendre aux biens ecclésiastiques par droit de parenté. Défense aux évêques de recevoir aucun présent pour les ordinations et autres fonctions spirituelles. Défenses aux abbés, aux moines et aux autres d'imposer des pénitences. Il n'y a que ceux que l'évêque diocésain a chargés de ce soin qui puissent le faire. Les abbés, les moines, les chanoines n'acquerront pas de nouvelles églises sans le consentement des évêques, et le prêtre qui y aura soin des âmes répondra à l'évêque de sa conduite. Les abbés et les archiprêtres doivent être prêtres, et les archidiacres doivent être diacres. S'ils ne peuvent être promus à ces ordres, ils seront déposés. Les enfants des prêtres et les autres bâtards ne pourront être promus aux ordres sacrés ; à moins qu'ils ne se fassent moines ou chanoines réguliers. Pour les prélatures, ils ne pourront jamais les obtenir. Défenses aux prêtres, aux diacres et aux sous-diacres d'avoir des concubines. Si quelqu'un entend la messe d'un prêtre qu'il sait être simoniaque ou concubinaire, il sera excommunié. On excommunie les clercs qui portent les armes, et les usuriers (Labbe, t. X).

Le légat tint un sixième concile à Lyon, pour la discussion de quelques affaires que le Pape lui marqua. Après l'avoir chargé de réconcilier l'archevêque de Lyon avec saint Hugues, abbé de Cluny, il lui ordonna de juger la cause de l'archevêque de Reims dans un concile. Manassès, après avoir tenté en vain de gagner le légat par argent, n'osa comparaître. Seulement il envoya un mémoire, non pour se justifier des accusations portées contre lui, mais pour chicaner sur les formes de la procédure. Il écrivit au Pape, qui lui fit une réponse peu favorable. Enfin le concile de Lyon le déposa.

Manassès ne manqua pas de se plaindre au Pape de sa déposition. Mais Grégoire VII lui fit réponse qu'il confirmait la sentence portée contre lui ; que cependant, par un excès de miséricorde, il voulait bien lui donner un délai jusqu'à la Saint-Michel, pour se purger par serment avec les évêques de Soissons, de Cambrai, de Laon et de Châlons, et deux autres à son choix, à condition qu'il rétablirait dans tous leurs biens et bénéfices ceux qu'il en avait dépouillés, parce qu'ils s'étaient déclarés ses accusateurs, et qu'en attendant qu'il se justifiât, il quitterait son église et se retirerait, avec deux ou trois ecclésiastiques, à Cluny ou à la Chaise-Dieu, sans rien emporter des biens de son église que ce qui lui serait nécessaire pour vivre dans cette retraite (L. 7, *Epist.* 20).

Manassès ne prit pas cette voie, et peut-être ne trouva-t-il pas d'évêques qui voulussent jurer avec lui pour attester son innocence. Comme il prétendait se soutenir par son crédit, le Pape écrivit au comte Ebole, au clergé de Reims et à tous les suffragants de cette métropole, de ne plus le reconnaître pour archevêque et de publier dans leurs diocèses la sentence rendue contre lui. Il leur ordonna de faire élire un autre archevêque avec le consentement de son légat (L. 8, *Epist.* 17 et 18).

Le roi Philippe paraissait accorder sa protection à Manassès. C'est pourquoi le Pape crut devoir écrire à ce prince une lettre fort pressante à ce sujet : « Vous nous avez, dit-il, souvent fait assurer que vous désiriez avoir les bonnes grâces de saint Pierre et notre amitié, en quoi vous faites ce qu'un roi chrétien doit faire. C'est surtout par votre soumission et votre respect dans les choses ecclésiastiques, que vous mériterez la bienveillance du Siége apostolique; c'est cependant en quoi vous pouvez avoir bien des choses à vous reprocher. Mais nous voulons bien excuser les fautes de votre jeunesse, pour vous exciter par là à vous en corriger, comme nous l'espérons. Nous vous ordonnons, de la part de saint Pierre, et nous vous prions, de la nôtre, de ne plus donner aucune protection à Manassès, déposé pour ses crimes, de l'archevêché de Reims, et de ne plus le souffrir à votre cour, afin qu'il paraisse que vous recherchez en effet les bonnes grâces de saint Pierre, en rejetant les ennemis de l'Eglise. Nous vous défendons aussi, par l'autorité apostolique, d'empêcher l'élection que le peuple et le clergé de Reims doivent faire d'un autre archevêque. Vous ferez voir par là, devenu homme, que ce n'est pas en vain que nous avons pardonné les fautes de votre jeunesse et attendu votre amendement. » L'affaire de Manassès traîna encore quelques années, mais il fut enfin obligé de quitter son siége, et Rainald, trésorier de Saint-Martin de Tours, fut élu pour lui succéder (L. 8, *Epist.* 20).

Les travers que le légat eut à souffrir pour faire exécuter sa sentence contre Manassès, ne rendirent son zèle ni moins vigilant pour découvrir les abus, ni moins intrépide pour les retrancher. Il ne tarda pas à tenir de nouveaux conciles, où, toujours inflexible aux promesses et aux menaces, il déposa plusieurs autres prélats. La grandeur du mal justifie la violence des remèdes. L'épiscopat et le reste du clergé avaient en effet besoin de réforme, et il ne fallait pas un Pape moins zélé que Grégoire VII, ni un légat moins courageux que Hugues, pour s'opposer avec succès à des désordres que la coutume semblait autoriser, et en faveur desquels les passions les plus vives combattaient de concert avec le crédit et la puissance. L'Esprit de Dieu, qui est toujours avec l'Eglise, suscita d'autres hommes pour seconder les premiers d'une autre manière. Tandis que le pape saint Grégoire VII et ses légats travaillaient par tant de conciles à purger l'Eglise des mauvais pasteurs, il s'élevait de nouvelles lumières dans l'état monastique; par l'éclat de leur sainteté, bientôt ces lumières attirèrent l'attention de la France et de l'Eglise entière.

Saint Robert, premier fondateur des abbayes de Molesme et de Cîteaux, s'était associé plusieurs saints religieux dont la piété et l'austérité répandaient une odeur de sainteté dans les provinces voisines. Robert était né dans la Champagne, d'honnête famille. Il embrassa la vie monastique à Moustier-la-Celle, proche de Troyes. Il en devint bientôt prieur, et ensuite abbé de Tonnerre. Il tâcha de rétablir la discipline dans ce dernier monastère; mais voyant qu'il ne pouvait réduire les moines, accoutumés à vivre sans règle, il les quitta et se retira à Moustier-la-Celle. Il n'y demeura pas longtemps, ayant été bientôt après nommé prieur de la Celle-de-Saint-Aigulfe.

Pendant qu'il y travaillait avec succès à maintenir la discipline religieuse, quelques ermites, qui menaient la vie solitaire dans le bois de Colan, proche de Tonnerre, prirent la résolution d'embrasser la vie monastique et de former une communauté. Il leur fallait un maître pour les instruire. Ils obtinrent du Pape la permission de se choisir, parmi les religieux des monastères voisins, celui qu'ils jugeraient le plus propre pour leur enseigner la perfection monastique. Ils jetèrent les yeux sur Robert, et pour l'obtenir, ils s'adressèrent à l'abbé de la Celle, qui n'osa le leur refuser, voyant qu'ils étaient autorisés par le Pape.

Ces ermites étaient au nombre de sept. Robert s'appliqua à les former à la pratique de la règle de saint Benoît, et cette petite communauté fut bientôt augmentée de plusieurs excellents sujets, du nombre desquels fut le bienheureux Albéric. Robert, voyant le nombre de ses disciples s'accroître tous les jours, chercha dans le voisinage un endroit plus commode pour leur habitation. Il trouva un lieu nommé Molesme, au diocèse de Langres, où il fit bâtir, l'an 1075, des cellules de branches d'arbres, avec un oratoire de même nature, dédié en l'honneur de la sainte Vierge. La nourriture répondait à la pauvreté de ces bâtiments. Les saints religieux ne mangeaient que des légumes qu'ils cultivaient eux-mêmes, et souvent ils manquaient du nécessaire. Hugues, évêque de Troyes, faisant voyage, alla les voir à l'heure du repas; mais ils ne trouvèrent rien à lui présenter, et le prélat se retira à jeun et fort édifié de leur pauvreté. Quelque temps après, il leur envoya un chariot chargé de pains et d'étoffes.

Rien ne fut plus édifiant et plus régulier que ce monastère tandis qu'il demeura pauvre; mais quand la piété des seigneurs voisins l'eut enrichi, le déréglement y entra avec l'abondance. Ces ermites, qui avaient vécu dans une si grande pauvreté dans la forêt voisine, commencèrent à aimer le luxe et la bonne chère, à haïr la gêne et à secouer le joug des observances les plus austères. Saint Robert, surpris de ce changement, n'omit rien pour arrêter le désordre; mais voyant qu'on se moquait de ses exhortations et de ses réprimandes, il ne voulut plus commander à qui ne voulait plus lui obéir. Il se retira dans un monastère voisin, où il ne tarda pas à être élu supérieur. Nous verrons dans la suite comment, ayant été rappelé à Molesme, il fonda le célèbre monastère de Cîteaux (*Acta Sanct.*, 29 *april.*).

Saint Etienne de Muret, fondateur de l'ordre de Grandmont, donnait en même temps à la France un parfait modèle d'une vie pénitente et cachée. Il naquit à Thiers en Auvergne, d'une famille distinguée par sa noblesse. Ses parents l'ayant conduit, dans sa jeunesse, en pèlerinage en Italie, il y tomba dangereusement malade, et son père le laissa auprès de Milon, depuis archevêque de Bénévent, qui était de sa connaissance et de son pays. Milon prit grand soin du jeune Etienne, et, après qu'il eût été guéri, il le fit élever dans l'étude des lettres et dans la pratique des vertus chrétiennes. Etienne fit de grands progrès dans les unes et dans les autres, pendant douze ans qu'il demeura auprès de Milon. Il alla ensuite à Rome, où il demeura quatre ans à la cour d'Alexandre II. La première année du pontificat de saint Grégoire VII, il obtint de ce Pape la permission d'établir en France une congrégation, à peu près sur le modèle de celle des ermites qu'il avait vus en Calabre. Il revint donc à Thiers ; mais tandis que sa famille se réjouissait de le revoir après une si longue absence, il sortit secrètement de la maison paternelle, sans rien emporter que le désir de servir Dieu et une vive confiance en la divine Providence.

Saint Etienne passa dans le Limousin et s'arrêta quelque temps avec saint Gaucher, qui gouvernait un monastère du Limousin, dans un lieu nommé Saint-Jean d'Aureil. Mais comme Gaucher avait bâti un monastère de religieuses proche le sien, Etienne craignit que ce voisinage ne l'exposât à quelque péril. Ainsi il se sépara de ce saint abbé et se retira sur une colline couverte de bois, proche de Limoges, nommée Muret. Il y arriva l'an 1076, dans la 30e année de son âge.

Il s'y bâtit une petite cellule de branches d'arbres, où il passa environ cinquante ans dans toutes les austérités de la pénitence et de la mortification chrétienne. Pendant les trente premières années, il ne mangea que du pain et ne but que de l'eau pure, sinon qu'il y mêlait quelquefois un peu de farine de seigle ; mais après trente ans de cette pénitence, il se laissa persuader de boire un peu de vin, à cause de la faiblesse de son estomac. Il porta pendant plusieurs années une cuirasse de fer sur la chair nue, pour mieux la dompter. Quelques planches sans paille, et faites en forme de tombeau, lui servaient de lit, encore s'y couchait-il avec sa cuirasse. La prière était toute son occupation ; outre l'office du jour, celui de la Vierge et des morts, il récitait tous les jours l'office de la sainte Trinité. Il se tenait si longtemps à genoux ou prosterné la face contre terre, qu'il en avait contracté des infirmités.

L'humilité, l'amour de la chasteté et la charité furent les principales vertus de saint Etienne. Pendant que ses frères mangeaient au réfectoire, il s'asseyait à terre et leur faisait la lecture. Il avoua qu'il n'éprouvait point les révoltes de la chair : ce qui n'est pas surprenant, vu la manière dont il la traitait. Il témoignait beaucoup de bonté aux pécheurs et tâchait de leur inspirer une grande confiance. « Ne craignez pas, leur disait-il, vous ne pouvez pas commettre tant de péchés que Dieu ne puisse vous les pardonner. » Pour se soutenir dans les exercices de la pénitence, il se rappelait sans cesse la pensée de la mort : nous parlerons de la sienne en son lieu (*Acta Sanct.*, 8 *febr.*).

Saint Gaucher, dont saint Etienne de Muret fut quelque temps disciple, gouvernait une communauté de chanoines réguliers à Saint-Jean d'Aureil. Il était natif de Meulan, dans le Vexin. Il s'attacha à Humbert, chanoine de Limoges, qui le conduisit en son pays avec un compagnon nommé Germond. Gaucher, qui se sentait de l'attrait pour la solitude, mena pendant trois ans la vie érémitique, à Clavagnac, avec Germond. Enfin, à l'âge de vingt-deux ans, il bâtit, pour des chanoines réguliers, un monastère à Aureil, avec la permission des chanoines de Saint-Etienne de Limoges. Il en bâtit un autre pour des religieuses dont il prenait soin. Il passa le reste de sa vie à conduire ces deux communautés dans les voies de la perfection (*Ibid.*, 9 *april.*).

Saint Gervin, premier du nom, abbé de Saint-Riquier, mourut l'an 1075, après avoir été pendant près de quatre ans couvert d'une lèpre très-difforme. Il accepta avec résignation cette humiliante maladie, et, voyant sa fin approcher, il assembla les prêtres de son monastère et leur confessa ses péchés avec de grands sentiments de douleur. Comme ils le pressaient de leur marquer l'endroit où il voulait être enterré, il leur répondit : « Je sais que vous ne m'obéirez pas ; mais ce serait une grande consolation pour moi si vous vouliez m'attacher une corde aux pieds, traîner mon corps par les rues et le jeter ensuite à la voirie : je ne mérite pas de sépulture plus honorable. » Il mourut saintement, étendu sur la cendre et le cilice, le 3 mars, et fut honoré comme saint peu de temps après sa mort.

Gervin avait un grand zèle pour la conversion des pécheurs. Il prêchait partout où il allait, et il passait quelquefois des jours entiers à confesser dans une petite cellule destinée à cet usage et qui, pour ce sujet, était nommée *la Confession*. Mais des ecclésiastiques, envieux du bien qu'il faisait, l'accusèrent auprès du Pape, qui était alors saint Léon IX, de ce qu'il prêchait sans mission. Gervin alla se justifier à Rome. Il dit qu'il ne pouvait voir périr tant de peuples faute d'instruction, et que, le Seigneur lui ayant donné quelque talent, il se rendrait coupable s'il l'enfouissait. Le Pape, qui savait que Foulques, alors évêque d'Amiens, ne s'occupait qu'à la chasse, donna volontiers au saint abbé le pouvoir de prêcher et de confesser partout où son zèle le porterait (*Acta Sanct.*, 3 *mart.*).

Le monde lui-même, quels qu'en fussent les désordres, donna de grands exemples de vertu. On vit des seigneurs de la première qualité, des princes mêmes renoncer à la grandeur et aux délices du monde pour pratiquer l'humilité et la mortification. Simon, comte de Crépi, embrassa, l'an 1077, la vie monastique avec un courage qui édifia toute la France. C'était un jeune seigneur à la fleur de son âge et qui avait de grands biens ; car, outre le comté de Crépi, qu'il possédait, il était comte de Valois, de Mantes et de Bar-sur-Aube. Mais ces dignités ne lui enflèrent pas le cœur, et les richesses ne l'amollirent point. Pénétré de la crainte des jugements de Dieu, il ne pouvait se rassurer sur le sort éternel de son père Radulfe de Crépi, qui s'était emparé injustement de la ville de Montdidier, où il était mort et enterré. Il consulta là-dessus le Pape, qui répondit qu'il fallait enlever le cadavre de Radulfe d'un lieu qu'il avait usurpé, l'enterrer ailleurs et faire dire des messes pour le repos de son âme. Simon fit donc transférer le corps de son père à Crépi, dans l'église du monastère de Saint-Arnulfe, qu'il soumit à la congrégation de Cluny. Ce jeune seigneur ayant ouvert le cercueil de son père, fut si frappé du hideux état où il trouva son cadavre, qu'il résolut de renoncer au monde. « Est-ce donc là mon père, s'écria-t-il, qui s'est soumis tant de châteaux, est-ce là où aboutit la gloire des grands ? » Radulfe ou Raoul, père de Simon, était en effet un des plus grands seigneurs de France. Il répudia Adèle, sa femme légitime, et épousa la reine Anne, veuve du roi Henri et mère de Philippe Ier. Adèle s'en plaignit au pape Alexandre, et il paraît que Raoul fut excommunié pour ce sujet et pour avoir usurpé les biens de l'Eglise.

Simon était fiancé à la fille du comte de la Marche. Il l'aimait et avait souvent avec elle des entretiens particuliers, mais qui ne roulaient que sur l'amour de Dieu et sur le mépris des biens de la terre. Il l'exhorta à se faire religieuse, lui promettant d'embrasser aussi l'état monastique pour assurer son salut. Cependant on préparait tout pour les noces, et le jour était pris, lorsque la généreuse fille s'enfuit de la maison paternelle et se jeta dans un monastère. Simon, qui se croyait libre, ne songeait qu'à l'imiter; mais on lui préparait d'autres combats. Guillaume, roi d'Angleterre, qui l'avait élevé, ayant appris que son mariage était rompu, voulut lui faire épouser la princesse Adèle, sa fille, qui fut depuis mariée au comte de Blois.

Simon, qui ne pouvait refuser l'honneur d'une si glorieuse alliance sans irriter un prince auquel il avait les plus grandes obligations, prétexta la parenté pour s'en défendre, et, feignant d'aller à Rome consulter le Pape, il entra, avec quelques seigneurs qu'il avait gagnés à Dieu, au monastère de Saint-Eugend, c'est-à-dire de Saint-Claude, soumis alors à la congrégation de Cluny. Il se retira ensuite avec quelques compagnons, dans une solitude voisine, où il ne vivait que du travail de ses mains. Saint Hugues l'envoya à la cour du roi Philippe, pour engager ce prince à restituer quelques terres qu'il avait usurpées sur les moines de Cluny. Simon trouva le roi à Compiègne dans le temps qu'on allait placer le saint suaire dans une châsse plus riche, donnée par Mathilde, reine d'Angleterre. Simon ayant révéré cette relique, exposa au roi le sujet de son voyage, et obtint ce qu'il demandait.

A peine Simon était-il revenu de ce voyage, que Grégoire VII l'appela à Rome et se servit de sa médiation pour faire la paix avec Robert Guiscard. Ce saint religieux voulait revenir à son monastère; mais le Pape le retint auprès de lui, et Simon y termina sa carrière. Etant tombé malade, il fit prier le Pape de venir le visiter, lui confessa ses péchés, en reçut la bénédiction, et, après avoir été muni du saint viatique, il mourut le 30 septembre 1082. Il fut enterré honorablement à Rome, où l'on mit sur son tombeau une épitaphe qui fut composée par Urbain II. On donne à Simon la qualité de bienheureux (*Acta Sanct.*, 30 sept.; *Act. Bened.*, sec. 6).

Hugues, duc de Bourgogne, donna un exemple encore plus édifiant du mépris des grandeurs, que celui qu'on vient d'admirer. Ce prince, ayant gouverné pendant trois ans son duché, conçut un grand désir de se donner à Dieu et d'embrasser la vie monastique à Cluny. Le saint pape Grégoire VII, qui en eut avis, manda au saint abbé Hugues de ne pas recevoir le duc, parce qu'il faisait incomparablement plus de bien et plus d'honneur à la religion par la manière dont il se comportait dans le monde, qu'il ne pourrait en faire dans l'état monastique. Mais les instances du duc, et peut-être le bien ou l'honneur qui reviendrait à Cluny d'avoir un prince du sang royal, engagèrent le saint abbé à le recevoir. Hugues ayant donc laissé son duché à son frère Odon, se retira à Cluny, où son humilité et sa ferveur lui firent oublier tout ce qu'il avait été dans le monde. Nous l'avons vu, dit un auteur de ce temps-là, s'abaisser jusqu'à nettoyer et graisser les souliers des moines, et s'occuper avec plaisir aux ministères les plus bas. Il passa près de quinze ans à Cluny sans se démentir de sa première ferveur. Sur la fin de sa vie, il devint aveugle, et cette affliction ne servit qu'à l'attacher plus intimement à Dieu (*De mirac. S. Hugon.*).

Le pape saint Grégoire VII ayant appris que saint Hugues, abbé de Cluny, avait reçu le duc de Bourgogne au nombre de ses religieux, en fut péniblement affecté, et écrivit à ce sujet une lettre de réprimande au saint abbé, qui d'ailleurs était son ami. « Pourquoi, mon cher frère, lui dit-il, ne considérez-vous pas dans quel péril et dans quelle désolation est la sainte Eglise ? Où sont ceux qui s'exposent au danger pour l'amour de Jésus-Christ, qui ne craignent point de résister aux impies et de mourir pour la justice ? Le pasteur et les chiens chargés de garder le troupeau prennent la fuite et laissent les ouailles de Jésus-Christ à la merci des loups et des voleurs. N'avez-vous pas bien sujet de vous faire des reproches ? Vous avez enlevé et reçu à Cluny le duc de Bourgogne, et, par là, vous avez laissé cent mille chrétiens sans gardien. Si nos remontrances n'avaient pas fait impression sur vous, si vous avez méprisé les ordres émanés du Saint-Siège, comment les gémissements des pauvres, les larmes des veuves, les cris des orphelins, la désolation des églises, les murmures des prêtres et des moines ne vous ont-ils pas effrayé ? Que vous diront saint Benoit et saint Grégoire, dont l'un ordonne *qu'il faut éprouver un moine pendant un an*, et l'autre, *qu'on ne reçoive moine qu'après trois ans un homme de guerre ?* Ce qui nous fait parler de la sorte, c'est qu'on ne voit presque plus de bons princes. Par la miséricorde divine, on trouve assez de bons moines et de bons prêtres; on trouve même plusieurs militaires craignant Dieu; mais, dans tout l'Occident, à peine trouve-t-on quelques bons princes qui craignent et aiment le Seigneur de tout leur cœur. Je ne vous en dis pas davantage, parce que j'espère de la miséricorde de Dieu, que la charité de Jésus-Christ, qui a coutume d'habiter en vous, me vengera, en vous transperçant le cœur, et vous fera sentir quelle doit être ma douleur en voyant un bon prince enlevé à sa mère. La seule consolation que je puisse avoir, c'est que son successeur ne soit pas pire. Enfin, nous avertissons Votre Fraternité d'être plus circonspect en ces choses, et de préférer à toutes les vertus l'amour de Dieu et du prochain. Voilà ce qui doit vous porter à me secourir de vos oraisons, vous et vos frères, afin que vous méritiez d'avancer de vertu en vertu, et de parvenir à la perfection de la souveraine charité. » La lettre est du 2 janvier 1079 (L. 6, *Epist.* 17).

En lisant sans prévention cette lettre et les autres de Grégoire VII, il est impossible de ne pas reconnaître dans ce Pontife un ardent amour de Dieu et des hommes, des peuples et des rois, mais surtout une prédilection particulière pour le royaume et le peuple de France. Les Français qui en ont dit du mal ont manqué à leur premier devoir de Français : la politesse et la reconnaissance. Cette première faute les a portés à méconnaître plus d'une fois les monuments de l'histoire. Par exemple, Bossuet prétend que Grégoire voulait s'assujettir comme vassal le roi de France. Il cite en preuve la lettre suivante que le Pape écrivait en 1081, à ses légats dans les Gaules : « Il faut dire à tous les Gaulois et leur ordonner, par vraie obéissance, que chaque maison paie à saint Pierre au moins un denier par an, s'ils le reconnaissent pour père et pasteur suivant l'ancienne coutume; car l'empereur Charles, comme on lit dans son livre, aux archives de l'église du bienheureux Pierre, recueillait tous les ans, en trois endroits, douze cents livres pour le service du Siége apostolique, savoir, à Aix-la-Chapelle, au Puy en Velai et à Saint-Gilles, outre ce que chacun offrait par sa dévotion particulière. Le même grand empereur offrit au bienheureux Pierre, la Saxe, après l'avoir vaincue par son assistance, et y laissa un monument de sa dévotion et de la liberté du pays. Les Saxons en ont des preuves écrites, que leurs doctes connaissent bien (L. 8, *Epist.* 23). »

Mais d'abord dans cette lettre est-il vraiment question du royaume de France, tel qu'il était sous Philippe Ier? La raison d'en douter, c'est qu'en écrivant à Philippe, aux évêques et aux seigneurs de son royaume, il ne parle ni des Gaules ni des Gaulois, mais de Francs et de France. Le nom de *Gaules* et de *Gaulois* était alors commun à tout l'empire germanique. Ainsi, des chroniques du temps disent qu'en 1077, Grégoire se mit en route pour Augsbourg, dans les Gaules. Il est donc très-probable que, dans cette lettre, Grégoire VII ne parle point en particulier du royaume de France d'alors. Ce qui confirme cette opinion, c'est qu'aucun des lieux que nomme le Pape, n'appartenait à Philippe. Le Puy et Saint-Gilles étaient à Bertram, comte de Provence, qui, en cette même année 1081, fit serment de fidélité à Grégoire et à ses successeurs, comme on le voit par une lettre du Pape aux habitants du Velai (L. 9, *Epist.* 12). Aix-la-Chapelle ainsi que la Saxe faisaient partie intégrante du royaume de Germanie. Ensuite, dans la lettre aux légats, il n'est pas question de vasselage, mais d'une simple redevance consacrée par une ancienne coutume. Bossuet observe qu'on ne trouve rien qui l'atteste, mais aussi ne trouve-t-on rien qui le conteste. Il suppose que Grégoire aura été trompé par de faux documents; donc, après tout, est-il injuste de l'accuser pour cela de prétentions nouvelles et d'ambition. En bonne logique, Grégoire VII doit être cru jusqu'à preuve du contraire, d'autant plus qu'il assure une chose, non-seulement très-vraisemblable, mais très-naturelle, attendu que presque tous les royaumes chrétiens payaient à l'Eglise romaine des redevances semblables.

Il y a plus : dans l'article le plus difficile à croire, celui qui regarde la Saxe, le Pape saint Grégoire VII ne fait que résumer ce que dit Charlemagne dans son diplôme de 788 à l'Eglise de Brême. « Sachent
» tous les fidèles du Christ, que les Saxons, indomp-
» tables à nos ancêtres par l'obstination de leur per-
» fidie, et si longtemps rebelles à Dieu et à nous,
» jusqu'à ce que nous les avons vaincus par sa force
» et non par la nôtre, et que, par sa miséricorde,
» nous les avons amenés à la grâce du baptême :
» nous les rendons à leur antique liberté, les dé-
» chargeons de tous les tributs qu'ils nous doivent,
» et, pour l'amour de Celui qui nous a donné la
» victoire, nous les lui déclarons dévotement tribu-
» taires et sujets; à savoir, comme ils ont refusé
» jusqu'à présent de porter le joug de notre puis-
» sance, maintenant qu'ils sont vaincus par les armes
» et par la foi, ils paieront, à Notre Seigneur et
» Sauveur Jésus-Christ et à ses prêtres, la dîme de
» tous les bestiaux, fruits et culture. En consé-
» quence, réduisant tout leur pays en province,
» suivant l'ancien usage des Romains, et le parta-
» geant entre des évêques, nous avons offert, en
» action de grâces, au Christ et à saint Pierre, la
» partie septentrionale, et nous y avons établi une
» église et une chaire épiscopale au lieu nommé
» Brême (Baluz., t. I, p. 245). » On voit, par ce passage, que le pape Grégoire VII avait bien raison de dire : *Le même grand empereur offrit au bienheureux Pierre, la Saxe, après l'avoir vaincue par son assistance; il y laissa un monument de sa dévotion et de la liberté du pays.* Les Saxons en ont des preuves écrites que leurs savants connaissent bien.

Bossuet n'a pas plus raison quand il taxe de dureté le langage et la conduite de saint Grégoire VII envers les peuples de la Sardaigne. Ce Pape leur dit donc dans une première lettre : « Vous savez, ainsi que tous ceux qui honorent le Christ, que l'Eglise romaine est la mère universelle de tous les chrétiens. Encore que, par son office, elle doive veiller au salut de toutes les nations, elle vous doit porter cependant une sollicitude spéciale et comme privée; mais cette charité qui régnait jadis entre l'Eglise romaine et votre nation, s'étant refroidie par la négligence de nos prédécesseurs, vous êtes devenus aussi étrangers à notre égard que les peuples qui sont à l'extrémité du monde, et cela au grand détriment de la religion chrétienne parmi vous. Il est donc d'une nécessité absolue que vous pensiez au salut de vos âmes, que vous reconnaissiez l'Eglise romaine pour votre mère, et lui portiez la même dévotion que vos ancêtres. Quant à nous, notre désir est non-seulement de travailler à la délivrance de vos âmes, mais encore de veiller au salut de votre patrie. Si vous écoutez nos paroles avec docilité, comme il convient, vous obtiendrez la gloire et l'honneur dans cette vie et dans l'autre. Si vous faites autrement que nous n'espérons, si vous fermez l'oreille à nos avertissements, vous ne pourrez vous en prendre qu'à vous-mêmes, s'il arrive quelque danger à votre patrie. » Le Pape chargeait Constantin, archevêque de Torre en Sardaigne, d'ajouter le reste concernant leur salut et leur honneur; enfin il promet de leur envoyer un légat qui leur expliquera le tout plus amplement (L. 1, *Epist.* 29). Dans cette lettre, qui est du mois d'octobre 1073, ce que demande le Pontife aux habitants de la Sardaigne, c'est le dévouement et l'affection de leurs ancêtres pour l'Eglise romaine.

Orzoc, juge de Cagliari, ayant témoigné l'intention d'aller à Rome, le Pape l'engage à venir, après avoir conféré avec les autres juges de l'île, et après avoir pris en commun une résolution fixe sur ce qu'il leur avait mandé par l'archevêque Constantin, ajoutant : « Si vous ne répondez pas d'une manière certaine sur ce sujet dans le cours de cette année, nous n'attendrons plus de réponse, et cependant nous ne négligerons point de faire valoir le droit et l'honneur de saint Pierre (*Ibid.*, *Epist.* 41). » — « On voit bien, dit Bossuet, qu'il s'agit de redevances et de tributs; c'était pour les obtenir qu'après avoir d'abord employé des paroles pleines de douceur, il en vient ensuite aux menaces (*Défens.*,

l. 1, sect. 1, c. 13). » Mais avant d'imputer au saint Pape une conduite aussi artificieuse, Bossuet aurait dû prouver deux choses : 1° que ces expressions, *droit et honneur de saint Pierre*, ne peuvent pas s'entendre du respect et de la soumission que tous les chrétiens lui doivent; 2° que dans le cas qu'il fallût entendre un droit temporel, ce droit était nouveau et injuste. Jusque-là l'imputation est une calomnie. Au lieu de donner ces preuves, Bossuet continue : « Les menaces furent encore plus terribles dans la deuxième lettre à Orzoc. » Eh bien! la voici avec tout ce qu'elle a de plus effrayant :

« Grégoire, évêque, serviteur des serviteurs de Dieu, au glorieux juge de Cagliari, Orzoc, salut et bénédiction apostolique. Nous rendons grâces au Tout-Puissant de ce que, reconnaissant le bienheureux Pierre, Votre Sublimité a rendu à notre légat l'honneur et le respect qui lui étaient dus. C'est pourquoi nous agréons la dévotion que vous lui avez témoignée, comme si vous l'aviez témoignée à nous-même, ou plutôt à saint Pierre, le Seigneur ayant dit : Qui vous reçoit me reçoit. Nous exhortons donc Votre Charité, si vous voulez que nous fassions toujours mémoire de vous devant le Seigneur, de garder fidèlement le souvenir de ce que vous avez entendu dire à notre légat; car, d'après les exhortations et les prières de cet évêque, qui témoigne avoir été traité par vous avec honneur et respect, nous souhaitons vous avoir spécialement dans notre cœur devant Celui dont nous tenons la place, encore que nous en soyons indigne. » Il lui recommande ensuite de ne pas trouver mauvais qu'il ait obligé leur archevêque de se conformer à l'Eglise romaine pour ce qui est de se raser la barbe; il lui ordonne d'en faire faire autant à tout le clergé, de priver de leurs bénéfices les récalcitrants, et de soutenir avec zèle le nouvel archevêque que le Pape lui-même avait consacré. Il ajoute : « Nous ne voulons pas que vous ignoriez que plusieurs nations nous ont demandé votre terre, nous promettant de grandes redevances, si nous leur permettions de s'en rendre maîtres, en sorte qu'ils nous laisseraient la jouissance de la moitié, et nous feraient hommage du reste. Cette proposition nous a souvent été faite, non-seulement par les Normands, les Toscans et les Lombards, mais encore par quelques-uns d'au delà les monts. Toutefois nous n'avons pas voulu donner là-dessus notre assentiment à personne, jusqu'à ce que nous eussions envoyé un légat pour savoir vos dispositions. Maintenant donc que par la manière dont vous avez reçu notre légat, vous avez montré que vous avez la dévotion à saint Pierre, si vous voulez la garder comme il faut, non-seulement nous ne donnerons à personne la permission d'entrer sur vos terres par force, mais si quelqu'un l'entreprend, nous l'en empêcherons par les voies temporelles et spirituelles. Enfin, si vous persévérez dans la fidélité à saint Pierre, nous vous promettons son immanquable secours pour ce monde et pour l'autre (L. 8, *Epist.* 10).

On voit, par cette lettre, que le droit, quel qu'il ait été, spirituel ou temporel, que réclamait saint Grégoire, fut reconnu par les habitants de la Sardaigne, et qu'en outre il était connu de toutes les nations du continent. Quant au droit temporel, nous avons vu les Pisans conquérir la Sardaigne sur les Sarrasins, avec la permission du Saint-Siège, et pour la tenir de lui. Ce droit remontait jusqu'à Constantin; car nous avons vu dans la vie du pape saint Silvestre, par Anastase, que ce prince donna à l'église de Saint-Marcellin et Saint-Pierre de Rome, l'île de Sardaigne avec toutes les possessions y appartenantes, produisant un revenu annuel de mille vingt-quatre pièces d'or. De ce droit spirituel ou temporel, ou bien l'un et l'autre, le Pape pouvait donc, il devait même en exiger l'observation; il pouvait en punir les violateurs. Mais alors qu'y a-t-il donc de si menaçant dans cette épître! Rien, sinon le commentaire qu'en fait et qu'y insinue Bossuet.

Quand le Pape dit *qu'il a voulu envoyer un légat pour savoir leurs dispositions*, Bossuet ajoute : « Ce légat devait leur demander à quoi ils voulaient se taxer eux-mêmes pour se racheter du pillage. » Quand le Pape dit : *Si vous gardez comme il faut à saint Pierre la dévotion dont vous avez donné des preuves*, Bossuet ajoute : « Il avait dit assez clairement comment il fallait la garder. » Quand le Pape dit : *Nous empêcherons l'invasion de la Sardaigne par les voies temporelles et spirituelles*. Bossuet ajoute : « C'est-à-dire que, s'ils refusent de payer le tribut qu'il exige, il les exposera au pillage. Etait-il donc si essentiel à l'Eglise romaine, continue-t-il, d'être payée de ce tribut, que, faute de cela, le pasteur abandonnera aux loups ces pauvres insulaires (*Défens.*, l. 1, sect. 1, c. 13)? »

Remarquons d'abord qu'il n'est nullement prouvé que le droit réclamé par Grégoire fût un tribut; ensuite le Pape ne dit pas ce qu'il aurait fait si les Sardes avaient refusé de se soumettre; Dieu seul peut savoir ce que l'homme ferait ou aurait fait dans telle ou telle circonstance. Ce qu'avance Bossuet n'est qu'une maligne conjecture. Bref, c'est sur une supposition gratuite et un soupçon injurieux que le défenseur du gallicanisme nous représente un saint Pape comme une espèce de monstre, comme un pasteur cruel qui, pour un vil intérêt, fait dévorer ses ouailles par les bêtes féroces. En vérité, nous plaignons Bossuet.

Mais où le pape saint Grégoire VII a eu le plus à souffrir et où il a été le plus calomnié par des historiens prévenus, c'est dans ses travaux pour la réforme du clergé et pour les droits du peuple de Germanie. Nous avons vu quelles plaintes graves les évêques, les seigneurs et les peuples de Saxe adressèrent contre le roi Henri IV aux autres princes d'Allemagne, mais surtout au pape Alexandre II, qui cita le roi à Rome pour donner satisfaction de sa conduite. Alexandre étant mort sur ces entrefaites, les plaintes se renouvellent encore plus vives. Saint Grégoire VII écrit à Henri des lettres paternelles, et témoigne pour lui une tendre affection. Henri lui répondit dans les termes suivants :

« Au très-vigilant et très-désiré seigneur le pape Grégoire, investi par le Ciel de la dignité apostolique, Henri, par la grâce de Dieu roi des Romains, exhibition très-fidèle du service qui est dû. Comme l'empire et le sacerdoce, pour subsister dans le Christ par une bonne administration, ont besoin de s'assister réciproquement, il faut, mon seigneur et bien-aimé père, qu'ils n'aient entre eux aucune dissension, mais qu'ils demeurent unis de la manière la plus intime et indissoluble dans le Christ; car c'est ainsi, et non autrement, que se conservent, dans le lien de la charité parfaite et de la paix, et la concorde de l'unité chrétienne et l'état de la religion ecclésiastique. Mais nous qui, par l'assentiment de Dieu, avons reçu déjà depuis quelque temps le ministère de la royauté, nous n'avons pas rendu en tout au sacerdoce, comme nous le devions, le droit et l'honneur légitimes. Ce n'est pas sans cause que nous portons le glaive vengeur de la puissance que Dieu nous a donnée; cependant nous ne l'avons pas toujours tiré contre les coupables, avec l'autorité judiciaire, comme il était juste. Maintenant, convertis quelque peu par la miséricorde divine, et rentrés en nous-mêmes, nous accusons et nous confessons les premiers nos péchés à votre très-indulgente Paternité, espérant de vous dans le Seigneur, qu'étant absous par votre autorité apostolique, nous mériterons d'être justifiés.

» Hélas, criminels et malheureux que nous sommes! partie par emportement de jeunesse, partie par la licence de notre souveraineté, partie par la séduction de ceux dont nous avons trop suivi les conseils, nous avons péché contre le ciel et contre vous, nous ne sommes plus dignes d'être appelés vos fils; car non-seulement nous avons envahi les choses ecclésiastiques; mais les Eglises mêmes, au lieu de les défendre, comme nous devions, nous les avons vendues aux plus indignes, à des hommes empestés de la simonie, qui y entraient non point par la porte, mais par ailleurs. Maintenant, comme nous ne pouvons seuls et sans votre autorité corriger ces Eglises, nous demandons instamment votre conseil et votre secours et sur cela et sur tout ce qui nous regarde. Votre ordonnance est scrupuleusement observée en tout. Nous prions surtout pour l'Eglise de Milan, qui est dans l'erreur par notre faute, afin que votre autorité apostolique la corrige et procède ensuite à la correction des autres. Dieu aidant, nous ne vous manquerons en rien, et nous supplions Votre Paternité de nous aider en tout avec clémence. Vous aurez dans peu de nos lettres, que vous porteront les plus fidèles de nos serviteurs, et par lesquelles, avec la grâce de Dieu, vous connaîtrez plus complètement ce que nous avons encore à dire (L. 1, *post. epist.* 29). »

L'Eglise de Milan était alors en trouble à l'occasion de Godefroi de Castillon, qui, du vivant de l'archevêque Gui et par son crédit, avait acheté du roi cet archevêché et avait été sacré par les évêques de Lombardie. La nouvelle en étant venue à Rome, Godefroi y fut excommunié en plein concile, et cette année même 1073, il fut obligé à s'enfuir de Milan et à s'enfermer dans son château de Castillon, où il fut assiégé par le chevalier ou duc de Milan, Herlembald, qui, déjà du vivant de saint Ariald, son ami, s'était déclaré chef du parti catholique contre les simoniaques. C'est ce qu'on voit par les lettres du pape saint Grégoire. Il écrit à tous les fidèles de saint Pierre, demeurant en Lombardie, de ne favoriser en aucune manière l'usurpateur Godefroi, mais de lui résister de tout leur pouvoir. Il écrit à Guillaume de Pavie, comme au plus distingué des évêques de la province, de s'opposer à Godefroi et aux évêques excommuniés à son sujet, et de secourir ceux qui combattent contre lui. Il écrit pour le même effet à la comtesse Béatrix de Toscane et à sa fille la comtesse Mathilde; enfin à Herlembald, pour l'encourager dans la guerre qu'il faisait à l'usurpateur.

« Sachez, lui dit-il, que le roi Henri nous a envoyé des paroles pleines de tendresse et d'obéissance, et des choses telles, que nous ne nous souvenons pas que jamais ni lui ni ses prédécesseurs en aient envoyé de pareilles aux Pontifes romains. Quelques-uns de ses grands nous promettent aussi, de sa part, qu'il nous obéira sans aucun doute pour ce qui regarde l'Eglise de Milan (L. 1, *Epist.* 15, 12, 28, 11, 25, 26).

La Providence procura vers ce temps au pape saint Grégoire VII un fidèle coopérateur, dans la personne de saint Anselme, évêque de Lucques. Le pape Alexandre II l'avait désigné pour cet évêché, qui était le sien; il l'avait même envoyé au roi Henri pour en recevoir l'investiture. Mais saint Anselme, persuadé que les puissances séculières ne doivent point donner les dignités ecclésiastiques, fit si bien qu'il revint sans avoir reçu l'investiture royale. Le pape Alexandre étant mort, saint Anselme fut élu canoniquement pour lui succéder dans l'évêché de Lucques. Le pape saint Grégoire en écrivit à la comtesse Béatrix, comme d'un homme qui avait une grande science ecclésiastique et un grand discernement. Ensuite il écrivit à Anselme lui-même de se bien garder de recevoir de la main du roi l'investiture de son évêché, jusqu'à ce que ce prince se fût réconcilié avec le Pape, au sujet de son commerce avec les excommuniés, à quoi travaillaient l'impératrice Agnès, la comtesse Béatrix avec Mathilde, et le duc Rodolphe de Souabe. Il paraît que saint Anselme alla recevoir cette investiture avant que la pacification fût complète; car son biographe contemporain observe que ce fut la seule chose que le pape saint Grégoire trouvât jamais à blâmer en lui. Lui-même en eut depuis un si grand scrupule, que, sous prétexte de pèlerinage, il alla se rendre moine à Cluny, et n'en sortit que malgré lui, par ordre du pape Grégoire. Il remit entre ses mains l'anneau et le bâton qu'il avait reçus du roi, et le Pape le rétablit dans ses fonctions épiscopales, lui permettant, toutefois, de garder l'habit monastique.

Saint Anselme étudiait avec attention la vie merveilleuse du pape saint Grégoire. Sans cesse on accourait à lui de toutes les extrémités de la terre, et il satisfaisait tout le monde. Toujours la vérité et la justice se trouvaient dans sa bouche. Ce qu'il y avait de plus admirable, c'est qu'au milieu des affaires séculières, il avait des extases, mon esprit jouissant de la contemplation céleste; dans les courts moments de loisir, il était fortifié par des révélations divines. Cette vue remplit saint Anselme d'un grand zèle pour la perfection; il commença d'oublier le monde, de soupirer nuit et jour vers Dieu, de s'adonner à la lecture et à la mortification. Il vivait dans une grande abstinence, ne buvant point de vin et se privant, sous divers prétextes, des viandes délicates, quand il se trouvait à quelque table bien servie. Il dormait très-peu et ne se mettait presque jamais au lit. Il fondait en larmes en disant la messe, quoiqu'il la dît tous les jours, et, de quelques affaires qu'il fût occupé, il ne perdait point de vue les choses célestes. Il avait grand soin que la psalmodie se fît avec la gravité convenable; et ne souffrait point qu'on lût dans l'église des livres apocryphes, mais seulement les écrits des Pères. Dans tous les États de la comtesse Mathilde, à laquelle le pape saint Grégoire le donna pour directeur spirituel, il établit la régularité chez les moines et chez les chanoines, disant qu'il eût mieux aimé que l'Eglise n'eût ni clercs ni moines, que d'en avoir de déréglés. Il eut beaucoup à souffrir pour la cause de Dieu et de son Eglise; son seul regret fut de n'avoir pas eu à souffrir davantage. Se voyant près de la mort, il recommanda à ses disciples, en leur donnant sa bénédiction, et pour la rémission de leurs péchés, de persévérer dans la foi et dans la doctrine du pape saint Grégoire VII. Enfin il mourut à Mantoue le 18 mars 1086, qui était la treizième année de son épiscopat, et fut enterré dans la cathédrale. Dieu l'avait honoré de plusieurs miracles de son vivant; mais il s'en fit à son tombeau un beaucoup plus grand nombre, rapportés par l'auteur de sa vie, son prêtre pénitencier, qui ne l'avait point quitté depuis plusieurs années. L'Eglise honore la mémoire de saint Anselme le jour de sa mort (*Acta Sanct.*, 18 *mart.*; *Act. Bened.*, sec. 6, pars 2).

Ce qui avait porté le roi Henri d'Allemagne à se montrer aussi soumis au pape Grégoire, c'étaient sans doute les remontrances de sa mère et de ses autres parents; c'était probablement bien plus encore l'insurrection générale de la Saxe et la résolution des princes d'Allemagne d'élire un autre roi; car ces princes s'étant assemblés à Guerstung au mois d'octobre 1073, les Saxons leur exposèrent en détail les injustices, les violences, les outrages que Henri leur avait fait souffrir et leur faisait souffrir encore. Les princes en restèrent stupéfaits, et dirent aux Saxons : « Vous n'êtes pas des hommes, mais des femmes, d'avoir souffert une pareille tyrannie avec patience. » Il fut unanimement résolu qu'on déposerait le roi Henri et qu'on en élirait un autre à sa place. Sur-le-champ on aurait élu Rodolphe, duc de Souabe, si celui-ci n'eût protesté de toutes ses forces qu'il n'y consentirait jamais, à moins que tous les princes, s'étant assemblés, n'eussent déclaré qu'il pouvait le faire sans parjure et sans nuire à sa bonne renommée. On convint d'attendre une occasion favorable. Voilà ce que rapporte Lambert d'Aschaffembourg, qui écrivait dans ce temps-là même.

Le pape Grégoire ayant donc reçu ces nouvelles, ainsi que les lettres soumises du roi, écrivit à Vézel, archevêque de Magdebourg, à Burcard, évêque d'Halberstadt, au margrave Dédi et aux autres seigneurs de Saxe, pour les exhorter à une suspension d'armes, comme il y avait exhorté le roi, jusqu'à ce qu'il envoyât des nonces en Allemagne pour prendre connaissance des causes de cette division et rétablir la paix. Le Pape promet dans cette lettre de faire justice à ceux qui se trouveraient lésés, sans crainte ni égard pour personne (L. 1, *Epist.* 39).

Mais avant que d'envoyer en Allemagne, il résolut de tenir un concile à Rome la première semaine de carême; et il y invita les évêques et les abbés de Lombardie par deux lettres, l'une à Sicard, archevêque d'Aquilée, l'autre aux suffragants de l'Eglise de Milan, car il ne pouvait écrire à l'archevêque Godefroi, qui était excommunié. Il remarque, dans cette seconde lettre, que depuis longtemps il était établi dans l'Eglise romaine, d'y tenir un concile tous les ans (*Epist.* 41 et 43).

Le concile se tint en effet la première semaine de carême, comme on le voit par trois lettres du 14 mars 1074. Il y fut ordonné que ceux qui seraient entrés dans les ordres sacrés par simonie, seraient à l'avenir privés de toute fonction; que ceux qui avaient donné de l'argent pour obtenir des églises, les perdraient; que ceux qui vivaient dans le concubinage ne pourraient célébrer la messe ou servir à l'autel pour les fonctions inférieures; autrement, que le peuple n'assisterait point à leurs offices. C'est ainsi que le Pape lui-même marque le précis de ce qui fut réglé en ce concile, dans une lettre à Othon, évêque de Constance. Le Pape y excommunia de plus Robert Guiscard, duc de Pouille, de Calabre et tous ses adhérents, parce que ce prince était entré dans la Campanie et avait pris quelques terres de l'Eglise, ce qui avait obligé le pape Grégoire d'y aller l'été précédent et de séjourner à Capoue pour diviser les princes normands et s'opposer à leurs progrès. Il y reçut en effet le serment de fidélité de Richard, prince de Capoue. Le Pape régla encore, tant dans ce concile de Rome que peu avant ou après, plusieurs affaires particulières de France, d'Espagne, de Hongrie, de Bohême, de Moravie et d'Afrique, comme nous avons déjà vu (Labbe, t. X, p. 315).

En Allemagne, le roi Henri se voyant abandonné des princes et de son armée, avait fait la paix avec les Saxons, leur permettant de détruire tous les châteaux-forts qu'il avait élevés dans leur pays contre eux. Un de ces châteaux était celui de Hartzbourg, près de Goslar. Le roi lui-même en avait fait abattre les remparts, espérant qu'on laisserait subsister l'église qui s'y trouvait, avec un monastère de chanoines; mais les paysans des environs, qui avaient eu horriblement à souffrir de la garnison de ce château, s'étant rassemblés sans consulter les princes, allèrent en tumulte à Hartzbourg, démolirent l'église, le monastère, tous les édifices, sans y laisser pierre sur pierre, même dans les tombeaux où le roi avait inhumé son fils et son frère. Les princes de Saxe ayant appris cette violence populaire, en punirent sévèrement les auteurs, envoyèrent au roi protester de leur innocence et de leur regret, et lui offrir toutes les satisfactions désirables pour cette injure. Le roi, qui n'avait fait la paix avec les Saxons que par nécessité, fut exaspéré à cette nouvelle, et s'écria : « Puisque les lois publiques ne peuvent plus rien contre la violence des Saxons, et que je ne puis venger mes injures par les armes, étant abandonné des soldats, je recourrai par nécessité aux lois ecclésiastiques, et n'ayant plus de secours de la part des hommes, j'implorerai le secours de Dieu. » Aussitôt il envoya des ambassadeurs à Rome, pour interpeller le Siège apostolique contre les gens qui avaient incendié l'église, brisé les autels, violé les tombeaux, et, par haine d'un homme vivant, exercé une barbare cruauté contre les cendres des morts. C'est ce que rapporte l'historien Lambert (an 1074).

Le roi Henri célébra à Bamberg la fête de Pâques, qui, cette année 1074, était le 20 avril. Ensuite il alla à Nuremberg au devant des légats du Pape, qui venaient avec l'impératrice Agnès. C'étaient les évêques d'Ostie, de Palestrine, de Coire et de Côme. Ils étaient envoyés pour exécuter les décrets du Saint-Siège touchant la simonie et l'incontinence, pour apaiser les troubles de l'Allemagne, pour presser le roi d'accomplir les promesses qu'il avait faites au Pape, et enfin pour le réconcilier à l'Eglise; car, ayant vendu les dignités ecclésiastiques et communiqué avec des excommuniés, il avait par là même encouru l'excommunication. Aussi les légats ne voulaient-ils point lui parler quoiqu'on les en eût priés plusieurs fois, jusqu'à ce qu'il se fût soumis à la pénitence, suivant les lois de l'Eglise, et qu'il eût reçu d'eux l'absolution. Le roi accueillit les légats avec beaucoup d'honneur, écouta leurs remontrances avec douceur, promit de se corriger et de seconder le Pape dans l'extirpation de l'incontinence des clercs et de la simonie. Il éloigna de sa personne, mais avec peine, cinq courtisans nommément excommuniés par le pape Alexandre II. Tous ses conseillers promirent également aux légats, avec serment, de rendre les biens ecclésiastiques qu'ils avaient usurpés (Lamb., et *Act. pontif. S. Greg. VII; Acta Sanct.*, 25 maii).

La grande affaire du Pape et de ses légats était la réforme du clergé, surtout du clergé allemand ; c'était de faire observer aux clercs, dans les ordres sacrés, la continence qu'ils avaient promise dans leur ordination ; c'était de les empêcher tous d'acheter et de vendre les choses saintes. Les légats demandèrent donc, de la part du pape saint Grégoire VII, la permission de tenir un concile en Allemagne, pour y promulguer et y faire exécuter les décrets apostoliques sur ces matières. Mais tous les évêques réunis à la cour s'y opposèrent fortement, prétendant que c'était une chose sans exemple et contraire à leurs droits, et ils déclarèrent qu'ils n'accorderaient jamais la prérogative de se laisser présider en concile qu'au Pape en personne. C'est que le Pontife romain avait l'intention de faire juger et déposer tous les évêques et abbés qui avaient acheté leurs dignités ou leurs ordres. Déjà il avait suspendu de toute fonction l'évêque de Bamberg et quelques autres, jusqu'à ce qu'ils vinssent devant lui se purger de l'accusation de simonie. Le roi souhaitait passionnément la tenue d'un concile, en haine de l'évêque de Worms et de quelques autres, qui l'avaient offensé dans la guerre de Saxe ; car il se tenait assuré de les faire déposer comme simoniaques. Mais comme on désespéra de venir à bout de cette affaire par les légats, elle fut renvoyée à la connaissance du Pape. Tel est le récit de l'historien Lambert (an 1054).

Quand les évêques allemands du onzième siècle prétendent qu'un concile d'Allemagne, présidé par un légat du Pape, est une chose sans exemple et contraire à leurs droits ; quand ils déclarent qu'ils n'accorderont cette présidence qu'au Pape en personne, Fleury vient à leur secours par ce commentaire : « En effet, le droit commun était que, dans les conciles provinciaux, les évêques ne fussent présidés que par leurs métropolitains, et la présence des légats du Pape en ces conciles était une nouveauté qui commençait à s'introduire. » Mais d'abord la remarque de Fleury est à côté de la question ; car il ne s'agissait pas d'un concile provincial, mais d'un concile général de toute l'Allemagne. Mais Fleury oublie, aussi bien que les évêques allemands, que, dès le huitième siècle, saint Boniface, l'apôtre de l'Allemagne, présida un grand nombre de conciles provinciaux, tant en Allemagne qu'en France, et cela comme légat du Pape. Mais Fleury oublie la lettre des évêques de Dardanie, qu'il rapporte cependant lui-même dans son livre XXX, à l'année 493, dans laquelle ces évêques prient le pape saint Gélase de leur envoyer quelqu'un des siens, en présence duquel ils puissent régler ce qui concerne la foi catholique. Et de fait, le Pape leur envoya un évêque nommé Ursicin. Mais Fleury oublie la lettre qu'il rapporte de saint Basile dans son livre seizième et avant l'année 370, et où saint Basile dit à saint Athanase que, pour remédier aux maux de l'Orient, l'évêque de Rome doit user de son autorité, ou plutôt suivant la force du mot original, user d'autorité en cette affaire, et choisir des gens capables de porter la fatigue du voyage, et de parler avec douceur et fermeté à ceux d'entre nous qui ne vont pas droit. Au lieu d'oublier cela, Fleury aurait mieux fait d'oublier les préjugés qu'il avait puisés au parlement de Paris et à la cour de Louis XIV. Il se serait pour le moins épargné l'inconvénient de dire, sur l'année 1074 : « La présence des légats en ces conciles était une nouveauté qui commençait à s'introduire ; » tandis qu'il nous montre lui-même la présence des légats, dès l'an 493, et même dès avant 370, demandée et réclamée dans ces conciles par les plus saints évêques, par saint Basile, comme l'unique remède aux maux de leurs Eglises.

Parmi les évêques allemands, celui qui s'opposait le plus au concile d'Allemagne, fut Liemar, archevêque de Brême. Il soutenait que l'archevêque de Mayence et lui étaient légats du Saint-Siège, suivant les priviléges accordés à leurs prédécesseurs par les Papes. A quoi les légats répondirent que ces priviléges ne s'étendaient point au delà de la vie du Pape qui les avait accordés ; que, d'ailleurs, comme le dit saint Léon, le Pontife romain établit les évêques ses délégués, de telle manière qu'il les appelle à une partie de sa sollicitude, et non à la plénitude de la puissance. Et comme l'archevêque de Brême s'opiniâtrait dans son opposition, les légats le suspendirent des fonctions épiscopales et le citèrent pour comparaître à Rome, au concile qui devait se tenir à la Saint-André. Enfin les légats, voyant qu'ils ne pouvaient tenir de concile en Allemagne, se retirèrent avec les bonnes grâces du roi, qui les chargea de présents et d'une réponse favorable pour le Pape (*Act. Greg.*, apud Baron., et *Acta Sanct.*, 25 maii). — Greg., l. 2, *Epist.* 28).

Le pape saint Grégoire VII ayant fait publier par toute l'Italie les décrets du concile qu'il avait tenu à Rome pendant le carême, contre la simonie et l'incontinence des clercs, écrivit plusieurs lettres aux évêques d'Allemagne, pour promulguer et exécuter ces décrets dans leurs Eglises, leur enjoignant de séparer absolument toutes les femmes de la compagnie des prêtres, sous peine d'anathème perpétuel. Aussitôt tout le clergé allemand murmura violemment contre ce décret, disant que c'était une hérésie manifeste et une doctrine insensée, de vouloir contraindre les hommes à vivre comme des anges, quoique Notre Seigneur parlant de la continence, ait dit : *Tous ne comprennent pas cette parole*, et : *Qui peut la comprendre, la comprenne !* Et saint Paul : *Qui ne peut se contenir, qu'il se marie, parce qu'il vaut mieux se marier que brûler.* Que le Pape, voulant arrêter le cours ordinaire de la nature, lâchait la bride à la débauche et à l'impureté; que, s'il continuait à presser l'exécution de ce décret, eux aimaient mieux quitter le sacerdoce que le mariage, et qu'alors il verrait où il pourrait trouver des anges pour gouverner les Eglises, à la place des hommes qu'il dédaignait (Lamb., an 1074; Labbe, t. X).

A cette théologie bestiale des prêtres allemands du XIe siècle et d'autres siècles encore, on peut répondre : Le prêtre catholique, homme de Dieu et du peuple, ne peut être l'homme d'une femme : homme de Dieu, il doit travailler, vivre et mourir pour sa gloire; homme du peuple, il doit travailler, vivre et mourir pour son salut. Homme de Dieu auprès du peuple, homme du peuple auprès de Dieu, il doit être tout entier à l'un et à l'autre. La science de Dieu et de sa loi est immense. Homme de Dieu, il lui faut l'étudier, s'en pénétrer, s'en nourrir, la transformer en soi, se transformer en elle; il faut la communiquer au peuple, non pas ensevelie sous une lettre morte, mais animée par la parole vivante; non pas en masse compacte, mais rompue, préparée comme la nourriture de l'intelligence. Cette loi sainte a des ennemis qui la dénaturent ou la blasphèment; ils cherchent à entraîner le peuple dans leurs égarements. Homme de Dieu, il faut la connaître si bien que vous puissiez en défendre la pureté contre les uns, la sainte majesté contre les autres. Il faut éclairer le peuple, l'instruire en public et en particulier; prendre pour cela tous les moyens, toutes les formes, vous faire tout à tous pour les gagner et les conserver tous à Jésus-Christ.

Des pécheurs se présentent au tribunal du repentir et de la miséricorde. Volez-y, restez-y, s'il le faut, et le jour et la nuit; soyez-y père, soyez-y mère : ce sont des âmes qu'il s'agit d'enfanter de nouveau. Ils ignorent ce qu'ils devraient savoir; apprenez-le-leur ici et maintenant avec douceur, avec charité, sans même qu'ils s'en aperçoivent. Ils ne sont point encore disposés à tout ce que la grâce demande d'eux; c'est à vous de les disposer complètement, à vous de leur communiquer de la surabondance de votre foi, d'espérance et de charité; à vous de les pénétrer de ce qui vous pénètre, à vous de rallumer au feu de votre zèle ces mèches qui fument encore. C'est pour cela que l'Eglise vous recommande la fréquente communication avec Dieu, afin que vous y appreniez l'art des arts, cette industrie surnaturelle que savent employer les saints pour sauver les âmes. Mais surtout il est un sacrifice adorable qu'elle vous oblige d'offrir à certains jours, qu'elle vous engage d'offrir chaque jour, pour vous et pour le peuple; sacrifice ineffable, où vous apprendrez du Prêtre éternel qui s'immole entre vos mains, ce que doit être un prêtre qui tient sa place, comment il doit, pour l'amour de Dieu, s'immoler tout entier, chaque jour, pour le salut de tous et de chacun.

Dans votre peuple, il en est qui ont faim, il en est qui ont soif, il en est qui sont nus, il en est qui n'ont point d'asile, il en est qui languissent sur le grabat ou dans la prison. Homme de Dieu et homme du peuple, il faut leur donner à manger, à boire; il faut les vêtir, les loger; il faut les visiter et les consoler. Prêt à vous donner vous-même à eux, vous leur donnerez avec joie ce qui est à vous. Votre peuple, vos malheureux, vos pauvres, voilà votre famille, votre épouse, vos enfants, votre père, votre mère, vos frères, vos sœurs. Vous n'avez plus rien? Allez, roi des pauvres, faire des conquêtes de charité. Les rebuts, les peines seront pour vous, le pain sera pour eux. Souvenez-vous de celui qui a dit : *Ce que vous aurez fait au plus petit des miens, c'est à moi que vous l'aurez fait.*

Pour vous remettre des fatigues de votre ministère, vous prenez votre repas ou votre sommeil; mais on frappe à votre porte, on vous appelle pour un malade; il fait nuit, il pleut, il tonne, c'est très-loin et par des chemins impraticables : oui, mais le malade est en danger; quittez votre repas, votre sommeil; vous n'êtes point à vous, mais à Dieu et à quiconque a besoin de vous. Ce malade est attaqué de la peste. Déjà les riches et les hommes de plaisir s'enfuient; il ne vous reste que le peuple avec la contagion et la famine. Homme de Dieu, homme du peuple, prêt à mourir pour l'un et pour l'autre, c'est maintenant que vous allez montrer ce qu'est un prêtre, un pasteur; c'est maintenant, fidèle imitateur du pasteur suprême, que vous allez vous multiplier vous-même pour subvenir à tous les besoins spirituels et temporels de vos enfants; maintenant que vous implorerez plus vivement que jamais les miséricordes du Père des pauvres, maintenant que vous ressentirez plus vivement que jamais les misères de tous ceux qui souffrent : heureux de mourir chaque jour pour votre Dieu et pour votre peuple. Voilà ce que l'Eglise commande au prêtre, au pasteur catholique; voilà ce que le monde même attend de lui. Mais, pour ce dévouement perpétuel à Dieu et au peuple, il faut le vœu perpétuel de continence. La chose parle déjà de soi. Une voix encore plus décisive, ce sont les faits. Partout où disparaît le vœu de continence, là disparaît le sacrifice perpétuel de sa vie à Dieu et aux hommes.

Sans le célibat, non-seulement le ministre du culte ne fera point au peuple le sacrifice de sa vie ni de ses biens; personne ne le fera. Sans le célibat, point de confession; sans le célibat, point de sacrifice perpétuel au service des pauvres et des malades; sans la confession, point de frère ni de sœur de charité. Avec la confession, il y a des restitutions, surtout des restitutions en faveur des pauvres. Avec le célibat, tout cela tombe : on le voit par l'Angleterre protestante. Ce n'est pas tout. Un protestant anglais, lord Fitz-William, après avoir rappelé que la vertu, la justice, la morale doivent servir de base à tous les gouvernements, démontre *qu'il est impossible d'établir la vertu, la justice, la morale, sur des bases tant soit peu solides sans le tribunal de la pénitence,* sans la confession (*Lettres d'Atticus*). Or, point de confession sans le célibat du prêtre; donc, sans le célibat ecclésiastique, point de morale, de justice, de vertu, point de société.

Aussi, en tous lieux, en tous temps, chez tous les peuples, le sentiment commun prescrivait au prêtre une continence perpétuelle ou temporaire. Athènes, Rome, l'Egypte, l'Inde, la Chine, le Nouveau Monde n'ont là-dessus qu'une voix (*Du Pape*, par M. de Maistre, l. 3, c. 3). Le prêtre hébreu, restreint déjà pour la femme qu'il pouvait épouser, était obligé à la continence tout le temps de ses fonctions sacerdotales. Comme le prêtre catholique exerce son ministère tous les jours, qu'il peut être dans le cas de le faire à chaque instant, la continence perpétuelle est pour lui une loi proclamée d'avance par tous les siècles. Aussi, avec le christianisme, résumé et développement de tout ce qu'il y avait de vrai et de bon parmi les hommes, le célibat sacerdotal s'est-il établi naturellement. Les premières lois qu'on rencontre sur ce sujet ne l'introduisent pas, mais en déterminent l'étendue, en pressent l'observation. Nul prêtre ne peut se marier; telle est la voix unanime de tous les siècles et de tous les peuples chrétiens. Les Grecs pensent là-dessus comme les autres. Seulement ils admettent que, par tolérance et faute de sujets, un laïque marié peut être ordonné; mais ce mari, fait prêtre, vient-il à perdre sa femme, il lui est défendu d'en prendre une autre; et, pour s'assurer de sa continence, on le précipite pour la vie dans un monastère. Lors donc que le protestantisme se fait de prétendus prêtres qui se marient, se démarient, se remarient, il descend non-seulement au-dessous du judaïsme, mais même du paganisme; et lorsqu'il nous donne cette dégradation du sacerdoce pour sa perfection, il inspire la pitié; car c'est vouloir nous faire croire que la perfection du prêtre consiste, non pas à être l'homme de Dieu et l'homme du peuple, mais l'homme d'une femme et l'homme de la police.

Pour défendre le pays contre l'ennemi, il y a des armées, avec une sévère discipline, avec le célibat militaire, avec le dévouement de la vie au salut de la patrie. Ce dévouement, ce célibat est forcé. Il y a des lâches, des déserteurs, des traîtres. Au lieu de relâcher pour eux la discipline, on la resserre. C'est ce qu'a fait saint Grégoire VII et les autres Pontifes romains. Pour défendre, non pas tel ou tel pays, mais l'humanité entière contre les doctrines et les passions hostiles qui peuvent la corrompre, il est une milice spirituelle, avec la discipline et le célibat : c'est le clergé catholique. Nul n'est forcé d'y entrer; Dieu y appelle qui lui plaît; y entre qui se sent appelé; *Vous êtes libre*, dit le Pontife à qui s'y présente. Nul n'est exclu. Le fils d'un charpentier peut devenir un Grégoire VII; le jeune pâtre, un Sixte V; le dernier des chrétiens, le Père des peuples et des rois. Cette milice exige le célibat pour que le sacerdoce universel ne devienne point un privilège héréditaire, une caste de mages ou de brahmes; elle exige le célibat, pour que quiconque s'y sent appelé, puisse s'y dévouer à Dieu et aux hommes; elle exige le célibat, pour que quiconque se sent la noble ambition de conquérir à la civilisation véritable l'Asie, l'Afrique, l'Amérique, les îles du grand Océan, puisse l'entreprendre sans obstacle. Cet ordre, dévoué à Dieu et au peuple, Dieu le recrute aussi parmi le peuple.

Mais il y a des lâches, des déserteurs, des traîtres. Il y a des lâches qui se repentent de leur dévouement, se plaignent de la discipline, se lamentent du célibat : au lieu d'hommes de Dieu et du peuple, suivant leur serment, les traîtres aspirent à être hommes d'une femme. C'est le penchant de la nature, disent-ils. Soldat sans cœur et sans parole! n'est-il pas dans la nature aussi de craindre les fatigues et la mort? Cependant chaque jour, deux ou trois millions de guerriers surmontent ce penchant si naturel : celui-là est déclaré lâche, infâme, qui, par la crainte de la mort, déserte son poste; au lieu de relâcher pour lui la discipline, on le fusille. Et pourtant, la plupart de ces braves ne se sont point engagés volontairement. Toi, au contraire, tu as eu des années entières pour délibérer, pour t'éprouver; tu t'es engagé de ton plein gré, ou bien tu as menti à la face du ciel et de la terre. Et maintenant, parce que tu te lasses d'être l'homme de Dieu et du peuple, maintenant que tu voudrais leur fausser ta foi et ton serment, il faudra, pour complaire à ta lâcheté parjure, abolir la loi, la discipline, l'armée de Dieu, la société, l'Eglise! Dieu et son peuple veulent te punir! ou plutôt sois ce que tu dois être et ce que tu as juré d'être, l'homme de Dieu et du peuple, et tu n'auras ni le temps ni le besoin d'être l'homme d'une femme.

Mais le plus grand ennemi du célibat ecclésiastique, c'est le despotisme. Se faire l'homme de Dieu et l'homme du peuple, vivre et mourir pour l'un et pour l'autre, à cet effet n'être que soi : il y a quelque chose d'indépendant, de libre, de supérieur à la force; quelque chose qui ne plie point assez sous la main des gouvernants. Et puis ce corps se recrute dans le peuple : son exemple y répand je ne sais quoi de la liberté et de l'indépendance du prêtre. Le peuple n'est plus si souple à tous les caprices de l'homme au pouvoir. Un prêtre marié est bien plus traitable. Il craint pour soi, pour sa femme, pour ses enfants. On le tient par cinquante fils, on le fait agir comme une marionnette. Il ne sera plus l'homme de Dieu et du peuple, mais l'homme de la police; il prêchera la servilité sous le nom de religion. Ses fils seront naturellement comme leur père. Ce sera une race bénite de maniables employés. Le fils du laboureur ne quittera plus sa charrue, le fils du charpentier sa boutique; le peuple n'apprendra plus que la servitude. L'histoire en fournit plus d'un exemple. Ainsi, Henri VIII, le corrupteur de l'Angleterre, trouve ses prêtres, ses évêques trop rétifs. Il leur fait prendre des femmes. Aussitôt ils consacrent, au nom du ciel, les plus honteux excès de sa tyrannie.

De nos jours, comme dans le XIe siècle, il s'est trouvé des prêtres allemands qui appellent la loi du célibat ecclésiastique une loi de contrainte. Imposture! qui donc vous a contraints de vous faire prêtres? Le pontife ne vous a-t-il pas dit : Vous êtes encore libres, *adhuc liberi estis*. Suivant l'apôtre, *qui se marie fait bien, qui ne se marie pas fait mieux*. Eh bien! l'Eglise ne veut pour ministre que ce sent appelé à mieux faire, afin qu'il ne soit pas partagé entre Dieu et une femme, mais qu'il soit tout entier à Dieu et à son peuple. Mais, disent-ils, l'intérêt de la population?.... Ignorants! en France, sur cent hommes arrivés à l'âge de la virilité, il y avait forcément, sous François Ier, dix célibataires; sous Henri IV, vingt; sous Louis XIV, trente, et aujourd'hui il y en a quarante (Rubichon, *De l'action du clergé*). Belle ressource, en vérité, pour la religion, la société, les pauvres, quand le nombre des pauvres et des misérables sera augmenté par des enfants du sacrilège! Mais de grands talents s'éloigneront du sacerdoce. Eh! bon voyage... L'Eglise a plus besoin encore de grandes vertus. A Solyme, il y avait plus d'un bel esprit : le Sauveur n'en prit aucun; il choisit douze hommes du peuple pour sauver tous les peuples. Puis, voyez les grands talents, voyez les Athanase, les Chrysostome, les Bossuet, les Fénelon que le mariage amène parmi les popes russes et les papas grecs!

Gloire immortelle au pape saint Grégoire VII, qui eut le génie de comprendre et la force d'exécuter!!... Les violentes clameurs des prêtres allemands ne l'étonnèrent pas même. Bien loin de se relâcher, il ne cessait d'envoyer des légations, pour accuser les évêques de faiblesse et de négligence, et les menacer de censure s'ils n'exécutaient promptement ses ordres. De fait, les évêques étaient les premiers coupables. La loi existait de temps immémorial; le pape saint Léon IX et ses successeurs n'avaient cessé de la rappeler : c'était aux évêques de veiller à l'exécution; mais des prélats, qui avaient opiniâtrement refusé un concile pour n'être pas corrigés sur l'article de la simonie, n'avaient guère de zèle ni de grâce pour corriger leurs prêtres sur l'article de l'incontinence. L'archevêque de Mayence, Sigefroi, savait que ce n'était pas une petite entreprise de déraciner une coutume si invétérée et de ramener le monde si corrompu à la pureté de la primitive Eglise. C'est pourquoi il agissait plus modérément avec le clergé, et leur donna d'abord six mois pour délibérer, les exhortant à faire volontairement ce dont ils ne pouvaient se dispenser, et ne pas les réduire, le Pape et lui, à la nécessité de décerner contre eux des choses fâcheuses.

Enfin il assembla un concile à Erfurt, au mois d'octobre de cette année 1074, où il les pressa plus fortement de ne plus user de remise et de renoncer sur-le-champ au mariage ou au service de l'autel. Ils lui alléguaient plusieurs raisons, pour éluder ses instances et anéantir ce décret, s'il était possible ; mais l'archevêque leur opposait l'autorité du Saint-Siège, qui le contraignait à exiger d'eux, malgré lui, ce qu'il leur demandait. Les prêtres allemands, voyant donc qu'ils ne gagnaient rien, ni par leurs raisons, ni par leurs prières, sortirent comme pour délibérer et résolurent de ne plus rentrer dans le concile, mais de se retirer sans congé chacun chez eux. Quelques-uns même crièrent en tumulte qu'il valait mieux rentrer dans le concile, et, avant que l'archevêque prononçât contre eux cette détestable sentence, l'arracher de sa chaire et le mettre à mort, comme il méritait, pour donner à la postérité un exemple fameux, et empêcher qu'aucun de ses successeurs ne s'avisât d'intenter contre le clergé une pareille accusation. L'archevêque, étant averti de ce complot, les envoya prier de s'apaiser et de rentrer dans le concile, promettant d'envoyer à Rome sitôt qu'il en aurait la commodité, et de faire son possible pour fléchir le Pape.

Le lendemain, l'archevêque de Mayence fit entrer à son audience les laïques aussi bien que les clercs, et recommença ses vieilles plaintes touchant les dîmes de Thuringe, nonobstant le traité fait à Guerstung peu de temps auparavant. On voit que l'extension de ses dîmes lui tenait plus au cœur que la continence de ses prêtres, et qu'il s'entendait mieux avec le roi pour vexer les peuples, qu'avec le Pape pour les édifier. Les Thuringiens, qui croyaient ne plus entendre parler de cette prétention, en furent extrêmement indignés ; et voyant que l'archevêque n'écoutait point leurs remontrances paisibles, ils sortirent en furie, crièrent aux armes, et, ayant amassé en un moment une grande multitude, ils entrèrent dans le concile et auraient assommé l'archevêque sur son siège, si ses vassaux ne les eussent retenus par leurs raisons et leurs caresses, car ils n'étaient pas les plus forts. Les évêques et tous les clercs, saisis de frayeur, se cachaient par tous les coins de l'église. Ainsi se sépara le concile. L'archevêque se retira d'Erfurt à Heligenstadt, où il passa le reste de l'année, et tous les jours de fête, à la messe, il faisait publier un ban pour appeler à pénitence ceux qui avaient troublé le concile (Lamb., 1074).

Saint Altmann, évêque de Passau, qui travaillait depuis longtemps avec zèle à rétablir la régularité parmi les moines et les chanoines, ayant aussi reçu le décret du pape saint Grégoire pour la continence des clercs, assembla son clergé et fit lire les lettres qui lui étaient adressées, les appuyant des meilleures raisons qu'il lui fût possible. Mais la masse du clergé se défendait par l'ancienne coutume et par l'autorité des évêques précédents, dont aucun n'avait usé envers eux d'une telle sévérité. Le bienheureux Altmann répondit qu'il ne voulait ni ne pouvait les approuver dans un crime qui le mettait lui-même en péril, et qui les exposait, eux, à un supplice éternel, d'autant plus qu'il est écrit que non-seulement ceux qui font le mal sont dignes de mort, mais encore ceux qui y consentent. Comme les prêtres concubinaires ne voulaient point l'écouter et complotaient au contraire sa mort, il garda le silence, comme un prudent médecin, et congédia l'assemblée. Ensuite, ayant pris conseil de personnes sages et leur ayant recommandé le secret, il attendit le jour de Saint-Etienne, patron de son église, où plusieurs seigneurs se trouvèrent à cause de la fête. Alors il monta sur l'ambon et publia hautement le décret du Pape en présence du clergé et du peuple, menaçant d'user d'autorité contre ceux qui n'obéiraient pas. Aussitôt s'élevèrent de tous côtés des cris furieux, et peut-être le saint prélat aurait-il été mis en pièces sur-le-champ, si les seigneurs qui étaient présents n'eussent arrêté l'emportement de la multitude. Altmann eut beaucoup à souffrir pour la cause de Dieu et de son Eglise, mais il souffrit en saint (*Acta Sanct.*, 8 aug.).

Le pape saint Grégoire ayant appris le peu de succès de sa légation en Allemagne, écrivit à l'archevêque de Mayence en ces termes : « Nous croyons que vous vous souvenez combien vous nous avez aimé sincèrement avant que nous fussions chargé de cette administration, et avec quelle confiance vous preniez notre conseil sur vos affaires les plus secrètes. Nous avions encore plus d'espérance en votre piété depuis que vous avez voulu vous retirer à Cluny; mais nous avons appris que vous n'avez pas rempli nos espérances, et nous manquerions à l'amitié si nous négligions de vous en avertir. C'est pourquoi nous vous admonestons de venir, si vous pouvez, au concile que nous célébrons, Dieu aidant, la première semaine de carême, et d'y venir avec vos suffragants, savoir : Othon de Constance, Garnier de Strasbourg, Henri de Spire, Herman de Bamberg, Imbric d'Augsbourg, Adelbert de Wurtzbourg. Que si vous ne pouvez venir, vous nous enverrez des députés. Au reste, ne cédez ni aux prières ni à la faveur, pour ne pas vous informer très-exactement de l'entrée des évêques dans l'épiscopat et de leur conduite, et nous en instruire par vos députés. Et ne vous étonnez pas que nous en punissions en plus grand nombre de votre province que des autres : elle est plus grande et il y a quelques évêques dont la réputation n'est pas louable (L. 2, *Epist.* 29).

Il écrivit plus fortement à Liemar, archevêque de Brème. Il l'accusa d'être ingrat et d'avoir trompé la confiance qu'il avait en lui, comme devant être, d'après ses promesses, un boulevard inexpugnable de l'Église romaine. « Au contraire, dit-il, vous vous êtes opposé à nos légats Albert de Préneste et Girald d'Ostie, vous avez empêché qu'on ne tienne un concile, et n'êtes point venu à Rome au jour où ils vous avaient cité, c'est-à-dire à la Saint-André. Nous vous ordonnons, en conséquence, de venir sous peu, et, en attendant, nous vous suspendons de toute fonction épiscopale. » Ces deux lettres sont du 4 décembre 1074 (L. 2, *Epist.* 28).

Le saint Pape écrivit avec la même vigueur apostolique à Othon, évêque de Constance. « Après avoir fait, dit-il, un décret contre la simonie et contre l'incontinence des clercs, nous l'avons envoyé à l'archevêque de Mayence, qui a des suffragants en grand nombre et fort dispersés, afin qu'on le proposât pour être inviolablement observé. Par la même raison de la grande étendue de votre diocèse, nous vous avons adressé ce décret par des lettres particulières. » Le Pape prouve ensuite que les clercs sont obligés à la continence, insistant principalement sur l'autorité de saint Léon et de saint Grégoire, qui défendent le mariage même aux sous-diacres. Puis il ajoute : « Nous avons appris que, contrairement à ce décret, vous avez permis aux clercs qui sont dans les ordres sacrés de garder leurs concubines, ou d'en prendre s'ils n'en ont pas encore. C'est pourquoi nous vous ordonnons de vous présenter au concile que nous tiendrons la première semaine de carême. » Il écrivit en même temps au clergé et au peuple de Constance pour leur défendre, par l'autorité de saint Pierre, de ne plus rendre aucune obéissance à leur évêque s'il persistait dans son opiniâtreté et sa désobéissance au Saint-Siège (*Vit. S. Greg.*, c. 4).

Il écrivit de même en général à tous les clercs et les laïques d'Allemagne de ne plus reconnaître les évêques qui permettaient à leur clergé d'avoir des concubines, et en particulier à Rodolphe, duc de Souabe, et à Berthold, duc de Carinthie. « Nous savons, dit-il à ces deux princes, avec quelle perspicacité votre prudence considère la pitoyable désolation de la religion chrétienne, réduite à une telle extrémité que nul homme vivant n'a jamais vue, et que l'histoire, depuis notre saint père Silvestre, ne cite point de temps plus malheureux. Le principe et la cause d'un si grand mal, c'est nous-mêmes, nous qui avons été préposés au gouvernement du peuple, nous qui sommes appelés et établis évêques pour gagner les âmes. Car les biens et les maux des sujets viennent originairement des chefs, qui ont reçu soit les dignités mondaines, soit la magistrature spirituelle, qui, ne cherchant que la gloire et les voluptés du siècle, ne peuvent vivre sans confusion et pour eux et pour le peuple; parce que, en suivant dans leurs mauvaises œuvres leurs mauvais désirs, ils lient par leur faute les droits de leur autorité, et par leur exemple encouragent les autres à pécher : car ils ne pèchent point par ignorance ou par inadvertance, mais, résistant par une présomptueuse obstination au Saint-Esprit, ils rejettent les lois divines, qu'ils connaissent, et méprisent les décrets apostoliques. En effet, les archevêques et les évêques de votre pays savent bien, ce qu'au reste tous les fidèles doivent savoir, qu'il est défendu, par les sacrés canons, que ceux qui sont entrés dans les ordres ou les offices sacrés par l'hérésie de Simon, c'est-à-dire à prix d'argent ou d'autre chose, n'en doivent exercer aucune fonction dans la sainte Église, et ceux qui sont plongés dans le crime de fornication, ne peuvent ni célébrer la messe ni servir à l'autel. Et bien que depuis le temps du bienheureux pape Léon (c'est saint Léon IX) la sainte et apostolique Église les ait souvent, dans les conciles, et par ses légats, et par ses lettres, avertis, priés et sommés, par l'autorité de saint Pierre, de renouveler et d'observer ces règles négligées par leurs prédécesseurs, ils demeurent toutefois encore désobéissants, excepté un très-petit nombre, et ne se mettent point en peine d'arrêter ni de punir cette exécrable coutume, sans penser à ce qui est écrit : *Que résister est comme le péché de divination, et désobéir, comme le crime d'idolâtrie.*

» Voyant donc qu'ils méprisent les ordres apostoliques, ou plutôt ceux de l'Esprit-Saint; qu'ils favorisent par une criminelle patience les crimes de leurs subordonnés, que les divins ministères sont traités indignement et le peuple séduit; nous sommes obligés, nous qui devons veiller plus que les autres au troupeau du Seigneur, d'employer contre eux toutes sortes d'autres moyens; car il nous paraît beaucoup meilleur de ramener la justice de Dieu, même par de nouvelles voies, que de laisser périr les âmes avec les lois méprisées. C'est pourquoi nous nous adressons maintenant à vous et à tous ceux en qui nous avons confiance, comme nous étant fidèles et dévoués, vous priant et vous admonestant, par l'autorité apostolique, que, quoi que puissent dire les évêques, vous ne receviez point l'office de ceux que vous saurez avoir été promus par simonie ou vivre dans l'incontinence, et que vous les empêchiez, autant qu'il vous sera possible, de servir aux saints mystères, tant à la cour que dans les diètes du royaume et dans les autres lieux; usant, pour cet effet, de persuasion et même de force, s'il est besoin. Que si quelques-uns en murmurent, comme si vous excédiez votre pouvoir, répondez-leur que c'est par notre ordre, et renvoyez-les en disputer avec nous. Quant à vous, Rodolphe, j'entends le duc et le très-cher fils de saint Pierre, qui aspire de tout son cœur à l'esprit de la religion, et, quant à ce que vous nous avez consulté sur ce qui nous semble plus parfait, nous vous ordonnons, pour corriger le passé, que tout ce que vous vous rappelez avoir reçu pour établir des clercs dans une église, vous ayez à l'employer, soit pour l'utilité de cette église même, si vous croyez que cela lui revienne, soit pour le bien des pauvres, afin que, demeurant sans tache et sans reproche, vous méritiez d'être inscrit parmi les citoyens élus au royaume céleste. » Cette lettre si remarquable est du 11 janvier 1075 (L. 2, *Epist.* 45).

Dès le 7 décembre 1074, il avait écrit au roi Henri d'Allemagne deux lettres pleines d'amitié et de tendresse. Dans la première, il le loue du bon accueil qu'il a fait à ses légats et de la ferme résolution qu'il leur a témoignée, ainsi qu'à sa mère, l'impératrice Agnès, d'extirper de son royaume la simonie et l'incontinence des clercs. « Nous avons aussi ressenti une grande joie, ajoute-t-il, de ce que la comtesse Béatrix et sa fille Mathilde nous ont écrit de votre sincère amitié, et c'est par leur conseil et par la persuasion de l'impératrice, votre mère, que nous vous écrivons cette lettre. C'est pourquoi, tout pécheur que nous sommes, nous faisons mémoire de vous à la messe sur les corps des apôtres, priant Dieu avec instance qu'il vous donne d'accomplir ces bons desseins et d'en former de plus glorieux encore pour l'avantage de son Église. Mais, excellentissime fils, je vous exhorte, avec une charité sincère, de prendre pour conseillers dans ces choses, des hommes qui vous aiment et non ce qui est à vous, qui cherchent votre salut et non leur profit; en écoutant de pareils hommes dans la cause de Dieu, vous mériterez sa protection et sa bienveillance. Quant à l'affaire de Milan, quoique vous ne l'ayez pas arrangée comme vous l'aviez promis dans vos lettres, envoyez-nous des hommes religieux et prudents; s'ils font voir, par de bonnes raisons ou de bonnes autorités, que le décret de l'Église romaine, confirmé par le jugement de deux conciles, peut et doit être changé, nous n'aurons point de peine d'acquiescer à leurs justes conseils et de prendre un parti meilleur. Mais si cela est démontré impossible, je prierai et supplierai Votre Altesse, pour l'amour de Dieu et le respect de saint Pierre, de restituer librement son droit à cette Église. Considérez qu'alors vous posséderez légitimement la puissance royale, si vous la faites servir au Roi des rois, le Christ, pour la restauration et la défense de ses églises. Méditez avec crainte ces paroles : *J'aime ceux qui m'aiment, j'honore ceux qui m'honorent; mais ceux qui me méprisent seront sans gloire.* » Enfin, le saint Pape prie le jeune roi de faire venir à Rome les évêques de la province de Mayence, qu'il y avait appelés (L. 2, *Epist.* 30).

La seconde lettre respire encore plus d'affection et de confiance. « Si Dieu daignait vous découvrir mon âme, dit saint Grégoire à Henri, je suis certain que, par sa grâce, nul ne pourrait vous séparer de ma dilection. Cependant j'espère de sa miséricorde, qu'on verra un jour que je vous aime d'une charité sincère; car j'y suis obligé, et par le précepte commun de tous les chrétiens, et par la majesté impériale, et par la paternelle puissance du Siège apostolique; parce que, si je ne vous aime de la manière qu'il faut, c'est vainement que je me confie en la miséricorde de Dieu et aux mérites de saint Pierre. Mais comme je désire travailler nuit et jour dans la vigne du Seigneur, à travers beaucoup de périls et même jusqu'à la mort, ce n'est pas seulement à vous, que Dieu a placé au faîte des affaires, et par qui beaucoup peuvent ou s'écarter du droit chemin ou observer la religion chrétienne, mais c'est encore au moindre des chrétiens que, Dieu aidant, je m'appliquerai toujours à garder une sainte et digne charité; car quiconque, sans cette robe, tentera d'entrer aux noces royales, y subira une effroyable confusion. Hélas! voilà ce que ne considèrent point ceux qui travaillent chaque jour à semer la discorde entre nous, afin de pouvoir, en préparant ainsi leurs filets diaboliques, attraper leurs intérêts, pallier leurs vices, par lesquels ils provoquent insensément contre eux la colère de Dieu et le glaive de saint Pierre. Je vous avertis donc et vous exhorte, très-cher fils, de détourner vos oreilles de ces gens et d'écouter avec confiance ceux qui cherchent, non leurs intérêts, mais ceux de Jésus-Christ, et ne préfèrent pas leur honneur et leur lucre à la justice, afin qu'en suivant leurs conseils, vous ne perdiez pas la gloire de cette vie, mais que vous acquériez encore celle qui est en Jésus-Christ.

» En outre, je donne avis à Votre Grandeur que les chrétiens d'au delà des mers, cruellement persécutés par les païens, journellement mis à mort comme de vils animaux et pressés par la misère extrême qui les accable, ont envoyé me prier humblement de les secourir de la manière que je pourrais, et d'empêcher que la religion chrétienne, ce qu'à Dieu ne plaise, ne périsse entièrement chez eux. J'en suis navré de douleur, jusqu'à désirer la mort et aimer mieux exposer ma vie pour eux que de commander à toute la terre, en négligeant de les secourir. C'est pourquoi j'ai travaillé à y exciter tous les chrétiens et à leur persuader de donner leur vie pour leurs frères, en défendant la loi de Jésus-Christ, et de montrer, par cette preuve éclatante, la noblesse des enfants de Dieu. Les Italiens et ceux d'au delà des monts, inspirés de Dieu, je n'en doute point, ont reçu de bon cœur cette exhortation, et il y en a déjà plus de cinquante mille qui se préparent à cette expédition, s'ils peuvent m'y avoir pour chef et pour pontife, résolus de marcher à main armée contre les ennemis de Dieu, et d'aller, lui conduisant, jusqu'au sépulcre du Seigneur.

» Ce qui m'excite encore puissamment à cette entreprise, c'est que l'Église de Constantinople, divisée d'avec nous au sujet du Saint-Esprit, demande à se réunir au Siège apostolique. Presque tous les Arméniens s'écartent de la foi catholique, et presque tous les Orientaux attendent que la foi de saint Pierre décide entre leurs diverses opinions. Notre temps demande l'accomplissement de ce que le Rédempteur a daigné, par une grâce spéciale, ordonner au prince des apôtres, en disant : *J'ai prié pour toi, Pierre, afin que ta foi ne défaille point; lors donc que tu seras converti, affermis tes frères.* Et parce que nos pères, dont nous désirons suivre les traces, malgré notre indignité, ont souvent passé en ces pays-là pour confirmer la foi catholique, nous sommes aussi obligés d'y passer, pour la même foi et pour la défense des chrétiens, si Dieu nous en ouvre la voie. Mais comme un si grand dessein a besoin d'un sage conseil et d'un puissant secours, je vous demande l'un et l'autre; car si je fais ce voyage, c'est à vous après Dieu que je laisse l'Église romaine, afin que vous la gardiez comme votre sainte mère et que vous défendiez son honneur. Faites-moi savoir au plus tôt votre résolution à ce sujet; car si je n'espérais pas de vous plus que beaucoup ne s'imaginent, je vous adresserais vainement ces paroles. Mais parce qu'il n'est peut-être pas un homme à qui vous ajoutiez une entière foi sur la sincérité de ma dilection, je m'en remets à l'Esprit-Saint, qui peut tout, pour vous faire connaître, à sa manière, ce que je vous souhaite et combien je vous aime, et pour disposer de même votre âme à mon égard, de telle sorte que le désir des impies périsse, et que celui des bons s'accroisse. Car ces deux désirs touchant nous deux, quoique d'une manière diverse, veillent incessamment et combattent, suivant la volonté de ceux dont ils procèdent. Que le Dieu tout-puissant, de qui procèdent tous les biens, par les mérites et l'autorité des bienheureux apôtres Pierre et Paul, vous absolve de tous les péchés et vous fasse marcher dans la voie de ses commandements, et vous conduise à la vie éternelle (L. 2, *Epist.* 31). »

On voit dans ces lettres la grande âme de Grégoire VII. Sa charité embrasse le monde entier. Pour la gloire de Dieu et le salut des âmes, il entreprend à la fois deux grandes expéditions : l'une en Occident, contre les évêques simoniaques et les clercs concubinaires, pour ramener parmi le clergé, surtout parmi le clergé d'Allemagne, la légitimité des ordinations et la pureté de la vie ; l'autre en Orient, contre les sectaires de Mahomet et les autres infidèles, afin de protéger les chrétiens opprimés, et de ramener les Eglises dissidentes à l'unité catholique. Si le roi Henri avait voulu seconder le Pape dans cette expédition et réunir les forces d'Allemagne contre les païens, l'Allemagne eût été tranquille au dedans, les païens se seraient convertis au christianisme, ou du moins rendus tributaires aux princes chrétiens. C'est la réflexion d'un historien du temps, Brunon de Saxe (*His. bell. Sax.*, Freher, t. I). Mais Henri, emporté par ses vicieux penchants, poussé encore par les évêques simoniaques et les prêtres concubinaires de son royaume, divisera, bouleversera l'Allemagne et l'Italie, pour s'opposer aux glorieux desseins du chef de l'Eglise. Son mauvais exemple sera suivi par presque tous ses successeurs. Mais malgré cette opposition brutale des empereurs teutoniques, qui pourtant n'étaient empereurs que pour seconder le chef de l'Eglise universelle, les Pontifes romains, héritiers de la pensée et du courage de Grégoire VII, exécuteront ces deux grandes entreprises. Et ce sera pendant plusieurs siècles le principal objet de l'histoire.

Au concile indiqué à Rome pour la première semaine de carême de l'année 1075, le pape saint Grégoire avait appelé plusieurs évêques en particulier : de Lombardie, Guibert de Ravenne, Cunibert de Turin, Guillaume de Pavie ; de France, les évêques de Bretagne, Isembert, évêque de Poitiers, qui avait dissipé à main armée un concile où présidaient les légats du Pape, et où l'on devait examiner la validité du mariage du comte de Poitiers. L'évêque Isembert avait été cité à Rome pour la Saint-André 1074, et n'y avait point comparu ; c'est pourquoi il fut suspendu de ses fonctions et cité au concile du carême suivant. Le Pape y appela aussi plusieurs évêques d'Allemagne, savoir, Liémar, archevêque de Brême, et Sigefroi, archevêque de Mayence, avec ses suffragants ; Bennon, évêque d'Osnabruck, et l'abbé de Corbie en Saxe, si l'archevêque de Cologne ne les mettait d'accord auparavant.

Le concile de Rome se tint en effet depuis le 24 février 1075, jusqu'au dernier du même mois. Il y eut cinquante évêques avec un très-grand nombre de prêtres et d'abbés. Le Pape y prit une mesure fort importante, mais nécessaire, pour l'extirpation de la simonie. Comme il voyait, dit un auteur du temps, que contrairement aux décrets des saints Pères, le don du roi prévalait dans l'élection canonique des évêques, que souvent il changeait ou plutôt annulait cette élection ; le Pape, conformément aux décrets des pontifes et aux institutions canoniques, défendit, sous menace d'anathème, à qui que ce fût, d'oser le faire davantage, et dressa un décret en ces termes : « Si quelqu'un reçoit désormais un évêché ou une abbaye de la main de quelque personne laïque, il ne sera nullement compté parmi les évêques et les abbés, et on ne lui accordera aucune audience comme tel. De plus, nous lui interdisons la grâce de saint Pierre et l'entrée de l'église, jusqu'à ce qu'il ait abandonné le lieu qu'il a occupé, tant par le crime de l'ambition, que par celui de la désobéissance, qui est pareil au crime d'idolâtrie. Nous ordonnons la même chose touchant les dignités inférieures de l'Eglise. De même, si quelqu'un d'entre les empereurs, les ducs, les marquis, les comtes, ou autre puissance ou personnes séculières, ose donner l'investiture d'un évêché ou de quelque dignité ecclésiastique, il doit savoir qu'il est soumis à la même sentence. »

En cela, dit l'auteur contemporain, Hugues de Flavigny, Grégoire VII suivit les exemples des Pères, quoique cette damnable coutume se fût établie depuis bien des années et tournée en usage ; car, dans le septième concile général tenu par les cinq patriarches et trois cent cinquante évêques, il est dit, article troisième : « Toute élection d'évêque, de prêtre ou de diacre, faite par les princes, demeurera nulle, suivant la règle qui dit : *Si quelque évêque se sert des puissances séculières pour obtenir une église, il sera déposé et excommunié*, ainsi que tous ceux qui communiquent avec lui. De même, dans le huitième concile œcuménique, tenu par les cinq patriarches sous le pape Nicolas Ier, il est dit : *Ce saint et universel concile, conformément aux conciles précédents, statue et ordonne que les promotions et consécrations épiscopales se feront par l'élection et le décret des évêques ; que nul d'entre les princes ou puissants laïques ne s'ingérera lui-même dans l'élection ou la promotion d'un patriarche, d'un métropolitain ou d'un évêque quelconque, de peur qu'il n'en résulte une confusion ou une contention désordonnée et inconvenante, d'autant plus qu'il ne convient pas qu'aucun laïque en pouvoir ait aucune puissance en ces choses, mais qu'il garde le silence et se tienne tranquille jusqu'à ce que le collége de l'Eglise ait régulièrement terminé l'élection du futur pontife. Mais si quelqu'un des laïques, pour agir de concert, est invité par l'Eglise, il lui est permis d'obtempérer avec respect à ceux qui l'appellent. Mais quiconque des princes ou des puissants du siècle, ou bien tout laïque d'une autre dignité, tentera d'agir contre l'élection commune et canonique de l'ordre ecclésiastique, qu'il soit anathème ! jusqu'à ce qu'il obéisse et se soumette* (Hug. Flavi., *apud* Pagi, 1075, n. 1).

Par ces citations d'un auteur contemporain, on voit que le pape Grégoire VII, en condamnant les investitures à cause des suites qu'elles avaient alors, ne faisait que rappeler et exécuter les décrets de deux conciles généraux tenus en Orient.

Dans ce même concile, le Pape excommunia cinq

ministres du roi Henri d'Allemagne, par le conseil desquels il vendait les églises; à moins qu'ils ne vinssent à Rome se justifier dans le premier jour de juin. Le roi de France, Philippe, fut aussi menacé d'excommunication, s'il ne donnait assurance de sa correction aux nonces du Pape qui devaient aller en France. Liémar, archevêque de Brême, fut suspendu de ses fonctions pour sa désobéissance, et interdit de la communion du Corps et du Sang de Notre Seigneur. Garnier, évêque de Strasbourg, et Henri de Spire furent suspendus, ainsi que Herman de Bamberg, s'ils ne venaient se justifier avant Pâques, qui, cette année 1075, fut le 5 avril. En Lombardie, Guillaume, évêque de Pavie, et Cunibert de Turin furent suspendus, et Denys de Plaisance déposé. On confirma l'excommunication déjà prononcée contre Robert Guiscard, duc d'Apulie (Labbe, t. X, p. 344, l. 2, epist. 54).

L'affaire d'Herman de Bamberg nous fait voir quels étaient généralement ces évêques. Il fit bâtir à ses dépens une église en l'honneur de saint Jacques, où il mit vingt-cinq chanoines de bonnes mœurs, auxquels il donna abondamment de quoi vivre. Mais ensuite il les chassa, sans avoir aucun sujet de plainte contre eux, et donna cette maison à des moines; car il avait une telle affection pour les moines, que, s'il eût pu, il les eût mis à la place des clercs par tout son diocèse. Les chanoines chassés se joignirent à ceux de la cathédrale, pour représenter à l'évêque que son diocèse avait plus besoin de clercs que de moines, et que la nouvelle église n'étant qu'à trente pas de la cathédrale, ne convenait pas à ceux-ci, dont l'institut ne demandait que la solitude. Mais l'évêque demeurant inexorable, les clercs allèrent à Rome et portèrent leurs plaintes au Pape. Ils soutenaient que leur évêque était entré dans le siège par simonie, et, qu'en ayant été accusé devant le pape Nicolas, il ne s'était sauvé que par un parjure; qu'il était entièrement ignorant, et, qu'avant son ordination, il avait scandalisé la ville de Mayence, où il avait été nourri, en s'abandonnant à toutes sortes de crimes; que, s'étant exercé dès sa jeunesse à amasser de l'argent et à prêter à usure, il s'y était encore plus appliqué depuis son épiscopat, vendant les abbayes et les églises de son diocèse, et réduisant à une extrême pauvreté les serfs de l'Eglise de Bamberg, riches auparavant. Par toutes ces raisons, ils demandaient au Pape la déposition de leur évêque.

Le Pape l'avait déjà suspendu, et, sur cette rélation, il l'excommunia, parce qu'ayant été accusé et appelé plusieurs fois à Rome pendant deux ans, il n'avait tenu compte d'y venir. Il lui ordonna de rendre l'église de Saint-Jacques aux chanoines qu'il en avait chassés, et manda au clergé de Bamberg de s'abstenir de la communion de l'évêque, déclarant que jamais il ne le rétablirait. Pour l'exécution de ses ordres, le Pape envoya des légats avec les députés du clergé de Bamberg, et, quand ils furent arrivés, le clergé envoya dire à l'évêque qu'il eût à se retirer incessamment. En même temps, un jeune clerc insolent lui présenta un verset d'un psaume, et lui dit : Si vous pouvez expliquer ce verset, non pas dans le sens mystique ou allégorique, mais mot à mot, je vous déclarerai innocent et digne de l'épiscopat. L'évêque, surpris, demandait en colère à ses clercs d'où leur venait cette nouvelle présomption, quand les légats du Pape se présentèrent, et, outre les lettres qu'ils avaient en main, lui dénoncèrent de vive voix la suspense et l'excommunication.

Comme ses clercs le pressaient de se retirer, et protestaient qu'ils ne feraient aucun service dans l'église tant qu'il y demeurerait, ne sachant à quoi se résoudre, il envoya à l'archevêque de Mayence, son plus fidèle ami, qu'il avait gagné par plusieurs bienfaits, et qui avait eu part à son entrée dans l'épiscopat et à la manière dont il s'y était conduit. L'archevêque n'ayant pu rien gagner auprès du clergé de Bamberg, résolut d'aller à Rome pour essayer d'apaiser le Pape. Mais il pensa être déposé lui-même pour avoir ordonné l'évêque de Bamberg par simonie, et il reçut ordre de publier l'excommunication contre cet évêque et d'en ordonner un autre à sa place.

Herman, voyant alors qu'il n'avait plus rien à espérer que dans la clémence du Pape, alla à Rome avec des gens qu'il payait bien pour plaider sa cause; mais le Pape était à l'épreuve des beaux discours aussi bien que des présents : et tout ce qu'Herman put obtenir, fut d'être absous de l'excommunication, à la charge de passer le reste de ses jours dans un monastère. Etant de retour en Allemagne, il rapporta cet ordre du Pape à ses vassaux, dont il avait gagné l'affection par ses largesses; mais ils protestèrent qu'ils étaient résolus de s'exposer à tout plutôt que de souffrir que leur église fût ainsi déshonorée. Herman revint donc à Bamberg, et pendant un mois ou cinq semaines qu'il y demeura, il exerça tous les droits épiscopaux, hors les fonctions de l'autel; mais son clergé ne fit aucun office public dans toute la ville, et ni le roi, ni aucun évêque ne communiqua avec lui. C'est ainsi que l'historien Lambert raconte l'affaire.

On voit, par les lettres du pape Grégoire, qu'Herman ne se présenta point au concile de Rome de cette année 1075, quoiqu'il y eût été appelé; mais, qu'étant venu près de Rome, il s'arrêta en chemin, et envoya devant ses députés avec de grands présents, pour corrompre le Pape et les évêques. Frustré de cette espérance et sachant qu'il avait été condamné, il retourna promptement et promit aux clercs qui l'accompagnaient, qu'il renoncerait à l'épiscopat et embrasserait la vie monastique : ce qu'il n'exécuta pas; au contraire, il dépouilla de leurs biens quelques clercs de son Eglise qui lui résistaient. Cependant il fut déposé dans le concile; et le Pape, ayant appris ensuite comment il avait trompé ses clercs, écrivit à l'archevêque de Mayence et au roi Henri, de mettre à sa place un autre évêque à Bamberg. Ces lettres sont du 20 juillet 1075 (L. 2, Epist. 76; L. 3, Epist. 1, 2 et 3).

Le Pape, de son côté, et le clergé de Bamberg du sien, ne cessèrent point de presser le roi de remplir ce siège. Herman se tenait cependant dans les terres de l'Eglise où ses vassaux le soutenaient; mais il n'osait faire aucune fonction épiscopale. Il avait toujours été très-fidèle au roi, et quelquefois même plus qu'il ne fallait; toutefois ce prince, loin de prendre sa défense, résolut d'exécuter sa condamnation. Il vint donc à Bamberg, et, le jour de Saint-André 1075, il fit ordonner évêque Rupert, prévôt de Goslar. C'était un homme d'une très-mauvaise réputation, parce qu'il était intime confident du roi, et passait pour le principal auteur de tout ce qu'il avait fait de mauvais contre l'Etat. Les nobles murmurèrent de la promotion d'un pareil homme; le clergé, dont il avait offensé plusieurs membres, le reçut néanmoins par aversion pour son prédécesseur. Herman, perdant ainsi toute espérance de se rétablir, se retira dans le monastère de Schwartz, et y prit l'habit sous l'abbé Egbert, homme de sainte vie. Incontinent après, il alla à Rome avec son abbé; et, s'étant soumis humblement au Pape et ayant fait pénitence de sa désobéissance, il fut absous de l'excommunication et rétabli dans les fonctions de prêtre, mais non pas d'évêque (Lamb.).

Au mois d'octobre de cette année 1075, l'archevêque Sigefroi tint un concile dans la ville de Mayence, où se trouva l'évêque de Coire, légat du Pape, chargé de ses lettres, par lesquelles il était enjoint à l'archevêque, sous peine de déposition, d'obliger tous les prêtres de sa province de renoncer sur-le-champ à leurs femmes ou au ministère de l'autel. C'était le moins qu'on pouvait exiger.

Mais quand l'archevêque voulut exécuter cet ordre du Pape, tous les clercs qui assistaient au concile se levèrent et s'emportèrent tellement contre lui par leurs discours et par les mouvements de leurs mains et de tout le corps, qu'il désespérait de sortir en vie du concile. Il céda donc à la difficulté, et résolut de ne plus se mêler de cette réforme qu'il avait tant de fois proposée inutilement, mais de laisser au Pape le soin de l'exécuter par lui-même, quand et comme il lui plairait. Nous avons déjà vu en cet archevêque, et nous lui verrons encore, plus de zèle pour l'extension de ses dîmes dans la Thuringe, que pour la réforme de son clergé (Labbe, t. X, p. 345).

L'abbaye de Fulde étant vacante, le roi Henri voulait procéder à l'élection avec les seigneurs, le lendemain de la Saint-André. Il y eut de fortes brigues de la part des abbés et des moines, qui étaient venus de divers endroits : l'un offrait de grandes sommes d'argent; l'autre de grandes terres de l'abbaye; l'autre d'augmenter le service qu'il rendait à l'Etat. Ils ne gardaient aucune mesure, ni dans les promesses, ni dans la manière de les faire, quoique la veille ils eussent vu l'évêque de Bamberg déposé pour simonie. Le roi, indigné de leur imprudence et fatigué de leurs importunités, appela un moine d'Herfeld, nommé Ruzelin, qui était venu à la cour par ordre de son abbé pour une affaire de son monastère. Le roi l'élut abbé de Fulde le premier, lui présentant le bâton pastoral, et pria instamment les moines et les vassaux de l'abbaye de lui donner leurs suffrages. Ruzelin, qui ne s'attendait à rien moins, pensa tomber en défaillance; et, voyant que tous concouraient à son élection avec de grands cris de joie, il représenta son incapacité, sa mauvaise santé, l'absence de son abbé; mais les évêques présents lui firent tant d'instances, qu'il consentit enfin à son élection (Lamb.).

La même année mourut saint Annon, archevêque de Cologne, l'une des plus grandes lumières d'Allemagne. Depuis sa retraite, Dieu l'éprouva par plusieurs afflictions. Son frère Wézel, archevêque de Magdebourg, et son cousin Buccon, évêque d'Halberstadt, se trouvèrent enveloppé dans la guerre de Saxe, et, par conséquent, exposés à l'indignation du roi. Et, comme Annon, retenu par l'affection naturelle, ne donnait pas au roi des secours assez puissants à son gré, il lui devint lui-même suspect, et ce prince l'accusa d'infidélité et de parjure, jusque-là qu'il sollicita les citoyens de Cologne pour le tuer, et deux de ses domestiques en formèrent le dessein. L'année précédente 1074, incontinent après Pâques, l'imprudence de ses gens excita contre lui à Cologne une sédition si furieuse, que sa vie fut en danger. Il avait, pour ce sujet, excommunié et banni plusieurs citoyens de Cologne; mais à Pâques de l'année 1075, il leur rendit la communion et leurs biens qui avaient été pillés. Enfin il lui vint aux pieds des ulcères qui firent tomber sa chair, jusqu'à découvrir ses os; puis, montant aux jambes et aux cuisses, ces ulcères gagnèrent le corps et les parties nobles, et ainsi, après une longue maladie, il mourut le 4 décembre, jour auquel l'Eglise honore sa mémoire. Il avait tenu le siège de Cologne vingt-deux ans et dix mois. Il fut enterré au monastère de Sigeberg, et il se fit plusieurs miracles à son tombeau (Lamb., *et apud Sur.*).

Cependant à Rome on conjurait contre le saint pape Grégoire. Après le concile de cette année 1075, les autres évêques retournèrent chez eux; mais Guibert, archevêque de Ravenne, demeura avec le Pape. Il songeait à se faire pape lui-même, et travaillait à gagner, par présents et par promesses, tous ceux qu'il trouvait à Rome mal disposés contre Grégoire. Il se lia entre autres intimement avec le préfet Crescence, fils d'Etienne, aussi préfet de Rome, et en fit son principal confident. Celui-ci était un débauché et un scélérat, fourbe, artificieux, accoutumé aux parjures et aux meurtres. Il avait soutenu le parti de Cadaloüs contre Alexandre II, et, ayant fait bâtir une haute tour sur le pont de Saint-Pierre, il exigeait des passants un nouveau péage, et, comme il était fort puissant par toute l'Italie, il exerçait de grandes vexations dans les terres de l'Eglise romaine. Le Pape, l'en ayant plusieurs fois repris en particulier, vint enfin à l'excommunication.

Crescence, outré de dépit, alla en Pouille trouver Robert Guiscard et les autres que le Pape avait excommuniés, pour concerter avec eux la manière de prendre le Pape et de le faire mourir. Il envoya son fils à Guibert, archevêque de Ravenne, et il écrivit au roi Henri, promettant de lui mener le Pape. Ensuite il attendit le temps propre à exécuter son dessein, et il ne le trouva qu'environ au bout d'un an. Ce fut à Noël 1075. Le Pape alla, selon sa coutume, célébrer l'office de la nuit à Sainte-Marie-Majeure; mais le clergé et le peuple y vinrent en petit nombre; car il tomba cette nuit une pluie si excessive, qu'à peine chacun osait-il sortir de sa maison et entrer chez son voisin pour quelque nécessité de la vie. Crescence, averti par ses espions, vint à l'église avec une troupe de gens armés et revêtus de cuirasses, ayant des chevaux prêts pour s'enfuir avec ses complices, en cas de besoin.

Le Pape célébrait la première messe dans la chapelle de la Crèche. Il avait déjà communié, ainsi que le clergé, et il en était à la communion du peuple, quand tout d'un coup on entendit de grands cris. Les conjurés parcoururent toute l'église l'épée à la main, frappant ceux qu'ils pouvaient, et se rassemblèrent à la chapelle de la Crèche, dont ils rompirent les petites portes. Là, ils prirent le Pape, et un d'eux voulant lui couper la tête, lui fit une assez grande blessure au front. Ils l'arrachèrent du saint lieu, le tirant par les cheveux et le frappant sans qu'il leur résistât ou leur dît une parole; il levait seulement les yeux au ciel. Ils lui ôtèrent le *pallium*, la chasuble, la dalmatique et la tunique, lui laissant seulement l'aube et l'étole, et un d'eux le traînait derrière lui.

Le bruit de cette violence s'étant répandu dans la ville, on cessa l'office dans toutes les églises et on dépouilla les autels; on sonna les cloches et les trompettes, on mit des gardes à toutes les portes pour empêcher qu'on n'enlevât le Pape hors de Rome; car on ne savait ce qu'il était devenu. Enfin le peuple étant assemblé au Capitole, quelques-uns rapportèrent qu'on le tenait prisonnier dans la tour de Crescence. Un homme et une femme nobles y avaient suivi le Pape; l'homme lui réchauffait les pieds avec des toisons de brebis; la matrone lui pansait la blessure de la tête. Sitôt que le jour parut, le peuple accourut en foule à la maison de Crescence; on commença à combattre, et mais au premier choc les conjurés s'enfuirent et s'enfermèrent dans la tour. On l'assiégea, on amena des machines et des béliers, on alluma du feu à l'entour. Cependant la sœur de Crescence disait des injures au saint Pape, et un de ses serviteurs, tenant l'épée nue, disait en blasphémant que, le jour même, il lui couperait la tête. Ce malheureux fut tué incontinent après d'un coup de lance dans la gorge.

Crescence voyant que sa tour allait être prise, se jeta aux genoux du saint Pape et lui demanda pardon, promettant de faire telle pénitence qu'il lui prescrirait. Le Pape lui ordonna de faire le voyage de Jérusalem, et il le promit. Alors le Saint-Père se mit à une fenêtre où, étendant les mains, il fit signe au peuple de s'apaiser et demanda que quelques-uns des principaux montassent à la tour. Les autres, croyant qu'il les exhortait à achever de la prendre, l'escaladèrent et tirèrent le Pape dehors. Le peuple fut extrêmement touché de le voir couvert de sang. On le ramena à Sainte-Marie-Majeure, où il acheva la messe et donna la bénédiction au peuple; puis il retourna au palais de Latran et donna le festin solennel selon la coutume.

Cependant Crescence s'enfuit avec sa femme, ses enfants et ses frères. Le reste des conjurés prit aussi la fuite; on pilla tous leurs biens, car le Pape leur sauva la vie. Mais le lendemain de la fête, le peuple condamna Crescence à être banni de Rome pour toujours, et ruina par le fer et le feu sa tour et tout ce qu'il avait dans la ville et dehors. Crescence, de son côté, détruisit tout ce qu'il put des terres de l'Eglise. Quant à l'archevêque Guibert, après avoir ainsi conspiré à Rome, il demanda au Pape la permission de retourner à Ravenne, où il conspira secrètement contre le Pape avec Thedalde, archevêque intrus de Milan, et les autres évêques simoniaques de Lombardie, ce qui fit manquer l'entreprise que le Pape avait formée contre les Normands. Au contraire, Guibert se servit du cardinal schismatique Hugues le Blanc, pour exciter contre le Pape le duc Robert Guiscard et le roi Henri, qui n'y étaient déjà que trop disposés (*Act. et Vit. Greg. VII*, 25 *maii*).

Dans l'intervalle, ce même roi Henri d'Allemagne continuait au pape saint Grégoire des assurances de soumission et même de zèle. Le Pape lui écrivait, en conséquence, le 20 juillet 1075 : « Parmi les œuvres de vertu auxquelles vous vous appliquez pour devenir meilleur, comme la renommée nous l'a appris, il en est deux qui vous rendent plus éminemment recommandable à votre sainte mère l'Eglise romaine. L'une, c'est que vous résistez courageusement aux simoniaques; l'autre, que vous approuvez très-fort et que vous désirez efficacement établir la chasteté des clercs, comme étant les serviteurs du Seigneur. C'est un motif pour nous d'espérer de vous des choses encore plus grandes et plus excellentes. Nous souhaitons ardemment que vous puissiez persévérer dans ces bons desseins, et nous prions humblement le Seigneur notre Dieu qu'il daigne abondamment vous en faire la grâce. Il l'informe ensuite de la déposition de Herman de Bamberg, et le prie de faire donner à cette Eglise un bon pasteur, d'autant plus qu'elle était directement soumise à saint Pierre (L. 2, c. 3). »

Avant le mois d'août de la même année 1075, le roi Henri envoya secrètement en ambassade à Rome, deux hommes nobles et religieux, pour dire au Pape de sa part : « Comme je m'aperçois, mon Père, que presque tous les princes de mon royaume se réjouissent plus de notre discorde que de notre mutuelle paix, Votre Sainteté saura que je lui envoie secrètement ces deux ambassadeurs, que je sais être très-nobles et très-religieux, et souhaiter la paix entre nous; mais je ne veux pas que personne en sache rien, hormis vous, madame ma mère, ma tante Béatrix et sa fille Mathilde. Quant à moi, lorsque, Dieu aidant, je serai revenu de l'expédition en Saxe, j'enverrai d'autres ambassadeurs, de mes plus intimes et des plus fidèles, par qui je ferai connaître toute la bonne volonté et la révérence que je dois à Pierre et à vous. » Comme Henri tardait d'envoyer, les nouveaux ambassadeurs, il manda aux premiers de ne pas s'en étonner, attendu qu'il les enverrait sans faute et qu'il était toujours dans la même résolution. Tout à coup il changea d'avis et voulut que la même négociation, qu'il avait demandée secrète, se fît publiquement devant ces mêmes princes qu'il disait opposés à la paix et à la concorde. Ce changement si brusque parut au Pape un signe que le roi ne voulait point de paix, puisqu'il prenait en quelque sorte pour arbitres ceux qu'il y disait hostiles. Grégoire écrivit en ce sens aux comtesses Béatrix et Mathilde, ajoutant que ce mode de négociation en pouvait être adopté, comme étant inutile et peu honorable; mais que si le roi revenait au premier mode, il l'embrasserait volontiers (*Ibid., Epist.* 5).

Ces variations du roi Henri d'Allemagne tenaient, d'un côté, à ses intelligences secrètes avec le préfet Crescence, qui épiait l'occasion de lui amener prisonnier le pape Grégoire, et avec l'archevêque Guibert de Ravenne, qui cherchait les moyens de se faire élire pape à la place de Grégoire captif; d'un autre côté, à sa position à l'égard des princes et des peuples de Saxe. Nous avons vu comment, après avoir cherché à les réduire en servitude, il avait été obligé de leur abandonner les forteresses qu'il avait élevées parmi eux et contre eux, attendu que les autres princes et peuples de Germanie, non-seulement ne voulaient point lui aider à les opprimer, mais menaçaient encore de se choisir un autre roi. Tant que dura cet état de choses, Henri se montra, du moins en paroles, soumis et respectueux envers le Pape; mais ayant regagné les autres princes par de belles paroles et de belles promesses, il marcha contre les Saxons, et, grâce à la prudence de Rodolphe de Souabe, remporta sur eux une victoire sanglante. Près de vingt mille hommes restèrent sur le champ de bataille; beaucoup de nobles y périrent du côté du roi, beaucoup de peuple du côté des Saxons. La perte des vainqueurs parut la plus considérable.

Henri usa cruellement de cette sanglante victoire. Il mit toute la Saxe à feu et à sang, et comme il craignait que ses soldats ne se refusassent à égorger sans raison et sans sujet un pauvre peuple, il employa le moyen suivant, qui semble inspiré par l'enfer même. En sortant des conseils du roi, l'archevêque de Mayence, devant toute l'armée, excommunia les princes de Saxe et de Thuringe, parce que, l'année précédente, ils s'étaient opposés, dans le concile d'Erfürt, à sa décision sur les dîmes. Et comme il était contraire à toutes les règles, de condamner, sans citation, sans forme de procès, des hommes malheureux, accablés sous un effroyable désastre et réduits à se cacher pour sauver leur vie, l'archevêque dit pour raison que le Pape lui avait permis d'agir de la sorte. Infamie sans nom de la part d'un évêque, qui n'a point de courage pour réformer ses prêtres, mais seulement pour opprimer ses peuples! Infamie sans nom de la part d'un évêque et d'un roi, qui méprisent l'autorité du Pape quand il s'agit de faire le bien, et qui l'invoquent mensongèrement quand il s'agit de satisfaire, l'un son avarice, l'autre sa cruauté!.... La Thuringe et la Saxe furent donc livrées au fer, à la flamme, au pillage; les femmes se réfugiaient dans les églises, où elles étaient déshonorées et égorgées; les hommes, réfugiés dans les forêts, ne trouvaient à leur retour ni maison ni épouse. Les ducs Rodolphe de Souabe, Berthold de Carinthie, Guelfe de Bavière, eurent horreur de cette cruauté du roi. A leur retour de la grande bataille, Rodolphe et Berthold, pénétrés d'un violent repentir, avaient jeûné quarante jours et fait vœu de ne jamais plus marcher avec le roi contre les Saxons. Lors donc que Henri les convoqua pour une nouvelle expédition en Saxe, les trois princes s'y refusèrent, disant qu'ils avaient un vif regret de tant de sang versé inutilement, et qu'ils étaient profondément blessés du caractère cruel et implacable du roi (Lamb., Bruno, etc.).

Ces nouvelles arrivèrent à Rome successivement et des deux parties. Le roi Henri écrivit d'abord au Pape, qui était malade et éloigné de Rome. Grégoire lui protesta de son ardent désir d'avoir la paix avec tous les hommes, principalement avec celui qui tenait le premier rang dans le monde. « Ceux qui aiment Dieu, l'Eglise romaine et l'empire romain, ne craignent point la punition de leurs crimes, en ménageant la paix et la concorde entre nous par leurs démarches et leurs prières. C'est pourquoi j'ai conçu une bonne confiance, parce que vous avez commencé de confier notre cause présente, ou plutôt celle de toute l'Eglise, à des hommes religieux, qui nous aiment et ne pas ce qui est à nous, et qui cherchent principalement la restauration de la religion chrétienne. Quant à moi, pour le dire en peu de mots, je suis prêt, suivant leur conseil et par la grâce de Jésus-Christ, à vous ouvrir le giron de la sainte Eglise romaine, à vous accueillir comme un frère et un fils, et à vous donner le secours qu'il faut : ne vous demandant autre chose, sinon que vous ne dédaigniez pas d'écouter les avis utiles à votre salut, et d'offrir à votre Créateur la gloire et l'honneur que vous devez; car il est bien indigne que nous refusions à notre Créateur et à notre Rédempteur, l'honneur que nous exigeons de nos conserviteurs et de nos frères. Quant à l'orgueil des Saxons qui vous résistaient injustement, et qui a été brisé devant vous par le jugement de Dieu, il y a de quoi s'en réjouir pour la paix de l'Eglise, il y a de quoi s'en affliger en ce que tant de sang chrétien y a été répandu. Dans de pareilles choses, appliquez-vous plus à défendre l'honneur de Dieu et sa justice, qu'à procurer votre propre honneur; car il est plus sûr à un prince de punir mille impies pour la justice, que de faire mourir un seul chrétien pour sa propre gloire (L. 3, *Epist.* 7).

Le 8 janvier 1076, une quinzaine de jours après la conspiration du préfet Crescence, le Pape, ayant découvert sans doute les intelligences secrètes de ce méchant homme avec le roi, auprès duquel d'ailleurs il alla se réfugier, écrivit au roi d'Allemagne en ces termes : « Grégoire, évêque, serviteur des serviteurs de Dieu, au roi Henri, salut et bénédiction apostolique, si cependant il obéit au Siège apostolique, comme il sied à un roi chrétien. Considérant quel compte sévère nous rendrons au Juge suprême, du ministère qui nous a été confié par saint Pierre, c'est en hésitant que nous vous donnons la bénédiction, attendu que l'on dit que vous communiquez sciemment avec ceux qui ont été excommuniés par le jugement du Siège apostolique et du concile. Si cela est vrai, vous ne pouvez recevoir notre bénédiction que vous ne les ayez séparés de vous et contraints à faire pénitence, et que vous ne l'ayez faite vous-même. Dans ce cas, nous conseillons à Votre Excellence de vous adresser à quelque pieux évêque, qui vous absolve de notre part, et, de votre aveu, nous rende compte de votre satisfaction. Au reste, il nous paraît fort surprenant, qu'après nous avoir écrit tant de lettres d'amitié et de soumission, où vous vous appelez le *fils soumis de la sainte Eglise et le nôtre*, le fils unique par l'amour, le fils principal par le dévouement; qu'après vous être montré si doux en paroles, vous vous montriez si âpre dans les faits et si contraire aux saints canons et aux décrets apostoliques, surtout dans les choses où la religion réclame le plus votre concours; car, pour ne point parler du reste, on voit par les effets quelles étaient les promesses que vous nous aviez faites touchant l'Eglise de Milan; et vous venez encore de donner l'Eglise de Fermo et de Spolète, si toutefois un homme peut donner une Eglise, à des personnes qui nous sont inconnues et à qui nous ne pouvons imposer les mains sans les avoir bien éprouvées auparavant.

» Il convenait à votre dignité royale, puisque vous vous professez fils de l'Eglise, d'avoir plus d'égards pour le maître de l'Eglise, le bienheureux Pierre, prince des apôtres, à qui, si vous êtes des brebis du Seigneur, le Seigneur même vous a confié à paître, quand il a dit : *Pierre, pais mes brebis*; et encore : *C'est à toi que sont données les clés du royaume des cieux, et tout ce que tu lieras sur la terre sera aussi lié dans les cieux, et tout ce que tu délieras sera aussi délié dans les cieux.* Et comme, quelque pécheurs et indignes que nous soyons, nous le remplaçons dans sa chaire et dans son administration, tout ce que vous envoyez par écrit ou de vive voix, c'est lui-même qui le reçoit; et tandis que nous parcourons les lettres, lui examine de quel cœur elles partent. Votre Altesse ferait donc bien de prendre garde à ce que la volonté ne soit pas contraire aux paroles et aux ambassades que vous envoyez au Siége apostolique, et à ce que vous ne manquiez pas au respect que vous devez, je ne dis pas à nous, mais à Dieu tout-puissant; quoique le Seigneur ait daigné dire aux apôtres et à leurs successeurs : *Qui vous écoute, m'écoute, et qui vous méprise, me méprise.* Nous savons que quiconque ne refuse pas à Dieu une fidèle obéissance, dans ce que nous aurons dit de conforme aux décrets des saints Pères, ne dédaignera pas d'observer nos avertissements, comme s'il les avait reçus de la bouche même de l'apôtre; car si, par respect pour la chaire de Moïse, le Seigneur a ordonné aux apôtres d'observer tout ce que diraient les scribes et les pharisiens qui y étaient assis, il est sans doute que la doctrine des apôtres et de l'Evangile, dont la chaire et le fondement est le Christ, les fidèles doivent la recevoir et la tenir avec toute vénération, par ceux qui ont été élus pour le ministère de la prédication.

» Or, nous avons assemblé cette année un concile où ont assisté quelques-uns de vos sujets; et, voyant la discipline de l'Eglise déchue depuis bien du temps, les principaux moyens de sauver les âmes négligés et foulés aux pieds, frappé du péril et de la perdition manifeste des ouailles du Seigneur, nous avons recouru aux décrets et à la doctrine des saints Pères; et, sans rien statuer de nouveau ni de notre invention, nous avons arrêté qu'il fallait, abandonnant l'erreur, reprendre et suivre la règle première et unique de la discipline ecclésiastique et la route battue des saints Pères. Car nous savons qu'il n'y a pas d'autre entrée à notre salut et à la vie éternelle pour les ouailles du Christ et leurs pasteurs, que l'entrée qui nous a été montrée par Celui qui a dit : *Je suis la porte; si quelqu'un entre par moi, il sera sauvé et trouvera des pâturages :* entrée qui a été prêchée par les apôtres, et qui a été observée par les saints Pères. Quelques-uns, qui préfèrent les honneurs de l'homme aux honneurs de Dieu, traitent ce décret de fardeau insupportable; mais nous l'appelons plutôt de son nom propre, la vérité et la lumière nécessaire pour récupérer le salut, et qui doit être dévotement reçue et observée non-seulement par vous et par ceux de votre royaume, mais encore par tous les princes et tous les peuples de l'univers qui confessent et adorent le Christ.

» Cependant, quoique nous le désirions beaucoup et que cela vous convienne souverainement, afin que, comme vous surpassez les autres en honneur, en gloire et en puissance, vous les surpassiez aussi en dévouement pour le Christ; toutefois, de peur que ces choses ne vous paraissent excessivement graves et injustes, et que le changement d'une mauvaise coutume ne vous émeuve, nous vous avons mandé, par vos fidèles, de nous envoyer les hommes les plus sages et les plus religieux que vous puissiez trouver dans votre royaume; car s'ils peuvent montrer de quelque manière que, sans blesser l'honneur du Roi éternel et sans exposer les âmes à se perdre, nous pouvons modérer le décret promulgué des saints Pères, nous condescendrons à leurs conseils. Et quand même nous ne vous en aurions pas averti aussi amicalement, il eût cependant été de l'équité de nous demander d'abord raison de ce qui pouvait vous paraître contraire à vos intérêts et à votre honneur, avant que de violer les décrets apostoliques. Mais quelle estime vous faites de nos avertissements et de la justice, on le voit par ce que vous avez fait et ordonné ensuite.

» Toutefois, comme la longue patience de Dieu vous invite encore à correction, nous espérons qu'avec le progrès de votre intelligence, votre esprit et votre cœur pourront encore se tourner vers l'obéissance aux commandements de Dieu. Nous vous avertissons, avec une charité paternelle, de reconnaître l'empire du Christ sur vous, de considérer combien il est périlleux de préférer votre honneur au sien, de ne plus empêcher, par votre occupation, la liberté de l'Eglise qu'il a daigné s'unir comme épouse, mais de commencer, pour l'accroissement de cette même Eglise, à offrir, avec une fidèle dévotion, le secours de votre puissance à Dieu tout-puissant et à saint Pierre, en sorte que vous méritiez qu'ils augmentent votre gloire. Ce que vous devez reconnaître d'autant plus, qu'ils vous ont accordé la victoire sur vos ennemis, afin que, plus ils vous réjouissent par une mémorable prospérité, plus ils vous voient reconnaissant et dévoué. Et afin que la crainte de Dieu, en la main et puissance de qui sont tous les royaumes et tous les empires, vous imprime ceci plus profondément dans le cœur que notre remontrance, considérez ce qui est arrivé à Saül après avoir remporté la victoire par l'ordre du prophète; comment, se glorifiant de son triomphe et n'exécutant plus les avertissements du même prophète, il fût réprouvé de Dieu; et quelles grâces mérita l'humilité de David entre ses autres vertus. Quant aux autres choses que nous avons vues et connues par vos lettres, et que nous passons sous silence, nous ne vous donnerons de réponse certaine que lorsque vos ambassadeurs, avec ceux que nous leur adjoignons, nous auront fait connaître plus pleinement votre volonté touchant les articles que nous les avons chargés de traiter avec vous (L. 3, *Epist.* 10). »

On voit que, dans cette lettre du Pape, il est question de la liberté de l'Eglise, de la liberté canonique des élections et du décret contre les investitures par main laïque, et non pas du décret contre les clercs concubinaires, ainsi que suppose Fleury, qui se méprend sur cette lettre et sur toute cette époque, à tel point qu'il est difficile de plus tronquer ou fausser une histoire qu'il ne fait.

Dans sa lettre, Henri demandait au Pape de déposer les évêques qui avaient pris parti à l'insurrection de la Saxe. Il représentait ces prélats comme infidèles, parjures, séditieux, indignes de gouverner désormais l'Eglise de Dieu. Il croyait donner au Pontife la première nouvelle du succès de son expédition contre les Saxons; car il avait fait garder avec soin toutes les issues, afin de le laisser dans une ignorance complète à ce sujet. Mais les envoyés du roi trouvèrent déjà Grégoire instruit de tout ce qui s'était passé. Les Saxons s'adressèrent également au Siège de Rome, comme au seul tribunal qui pût mettre quelques bornes au despotisme royal. Le Pontife n'avait pas encore reçu des plaintes aussi graves que celles que lui firent les Saxons. Ils lui exposèrent l'affreuse situation du royaume.

« La raison et la modération, disaient-ils, ne président plus au gouvernement; l'avarice, l'orgueil, la cruauté sont les compagnons inséparables du roi. L'Eglise, dans sa détresse, demande du secours. Plusieurs se sont mis au premier rang par le pillage et le meurtre; sur tous les autres pèse le plus dur esclavage. Le roi ne songe qu'à se livrer à la chasse et aux plus honteuses débauches. Le genre et le nombre de ses crimes ne peuvent se dire. Des prêtres dissolus, des femmes de mauvaise vie, de jeunes voluptueux forment son conseil; ce sont eux qu'il consulte sur le choix des évêques, des prélats et des abbés. Il fait des sacrifices à Vénus, célèbre des fêtes en son honneur et mène la vie la plus dissolue. Un tel roi n'est pas digne de régner. L'empire est un fief du Siège de Rome. Ainsi, le Pape et le peuple romain doivent aviser à une meilleure forme de gouvernement et choisir pour roi, dans une assemblée générale des princes, un homme qui soit plus digne de porter la couronne. » Ainsi parlaient les Saxons, d'après le témoignage du panégyriste même de Henri (*Auct. vit. Henr. Aventin.*).

Le Pape, après avoir entendu les plaintes des Saxons, écrivit à Henri une nouvelle lettre (Bruno, *De bell. Sax.*). Il l'engage à mettre sur-le-champ en liberté les évêques qu'il tenait captifs, et à leur rendre leurs églises et leurs biens, ajoutant qu'on décidera dans un concile, que présidera le Pape en personne, si les évêques doivent perdre leurs dignités ou recevoir satisfaction pour les torts qu'on leur a faits; et que, si le roi ne se conformait pas aux décrets de l'Eglise, et qu'il n'éloignât pas les excommuniés, le glaive de saint Pierre le retrancherait de la communion des fidèles.

Le Pape y ajouta encore d'autres remontrances sur la conduite de Henri, et ses légats confirmèrent tout ce qu'il avait dit. Le roi vit ainsi s'évanouir toute espérance de gagner Grégoire à sa cause; mais ce qui le blessa plus vivement, ce fut la menace d'excommunication. Elle fit d'autant plus d'impression sur son âme, que le succès de ses armes lui avait donné de l'orgueil et de la vanité.

Henri tint une assemblée à Goslar, aux fêtes de Noël 1075, à la même époque où Crescence conspirait à Rome contre le Pape. Une nombreuse députation du peuple et du clergé de Cologne vint prier le roi de nommer un archevêque pour leur Eglise. Henri connaissait un certain Hidolphe, clerc de sa chapelle, homme de basse naissance, de mauvaise mine et de réputation plus mauvaise encore. Ce fut à cet homme que Henri donna, avec la crosse et l'anneau, l'investiture du siège archiépiscopal de Cologne. Cette nomination excita un mécontentement général, le nouvel archevêque fut injurié et repoussé de tout le monde. Mais Henri persista dans son choix, parce qu'il y voyait un homme souple à tous ses caprices, et, comme les habitants de Cologne y étaient opposés, il les congédia, en déclarant qu'Hidolphe serait leur archevêque, et que de sa vie ils n'en auraient pas d'autre. Son opiniâtreté l'emporta, et, malgré les mauvaises dispositions de la ville, Hidolphe fut consacré archevêque.

Cependant les légats du Pape avaient fait connaître au roi la sommation de comparaître à Rome, au temps marqué, pour se disculper devant un concile des crimes dont il était accusé; qu'autrement, il serait ce jour-là même excommunié par le Pape et retranché du corps de l'Eglise. Henri, qui cependant avait invoqué l'autorité du Pape contre les Saxons, fut très-irrité de cette citation; il chassa honteusement les légats, fit partir sur-le-champ des messagers pour toutes les parties du royaume, afin de convoquer un concile à Worms, où il ne tarda pas à se rendre lui-même. On y vit accourir une foule d'évêques et d'abbés : Sigefroi de Mayence, Udon de Trèves, Guillaume d'Utrecht, Herman de Metz, Henri de Liège, Richard de Verdun, Bibon de Toul, Herman de Spire, Burchard d'Halberstadt, Werner de Strasbourg, Burchard de Bâle, Othon de Constance, Adalberon de Wurtzbourg, Robert de Bamberg, Othon de Ratisbonne, Elingard de Frisingue, Ulric d'Eichstadt, Frédéric de Munster, Eibert de Minden, Hezel de Hildesheim, Bennon d'Osnabruck, Eppon de Neustadt, Imard de Paderborn, Thiedon de Brandebourg, Burchard de Lausanne, enfin Liémar de Brême. C'était presque tous les évêques teutoniques, excepté les Saxons.

Quand les évêques furent assemblés, le cardinal schismatique Hugues le Blanc s'y trouva fort à propos pour le dessein du roi. Il venait d'être déposé par le Pape pour ses mœurs déréglées et comme fauteur des simoniaques, et il était apparemment envoyé par l'archevêque de Ravenne. Il apportait une histoire fabuleuse de la vie et de l'éducation du Pape, la même, comme l'on croit, que nous avons sous le nom du cardinal Bennon, contenant d'où il était sorti, comment il s'était conduit depuis sa jeunesse, par quelles mauvaises voies il était monté sur le Saint-Siège, les crimes qu'il avait commis avant et après, qui étaient incroyables. C'est ainsi qu'en parle l'historien Lambert. L'ex-cardinal apportait aussi des lettres supposées des cardinaux, du sénat et du peuple, portant des plaintes au roi contre le Pape, dont ils demandaient la déposition avec l'élection d'un autre. Il ajouta qu'Hildebrand avait beaucoup d'ennemis : les Normands, les comtes voisins et plusieurs Romains.

Les prélats de l'assemblée de Worms reçurent le cardinal déposé, comme envoyé du ciel, et, suivant son autorité, ils déclarèrent qu'Hildebrand ne pouvait être pape, ni avoir, en cette qualité, aucune puissance de lier ou de délier. Tous les évêques souscrivirent à sa condamnation, quoique malgré eux pour la plupart. L'archevêque de Mayence paraît avoir été le principal agent de ce conciliabule. Quelques prélats, comme Adalberon de Wurtzbourg et Herman de Metz, refusèrent d'abord leur signature, disant qu'il était contre les canons qu'un évêque fût condamné absent; à plus forte raison le Pape, contre lequel on ne devait pas même recevoir l'accusation d'un évêque. Mais Guillaume, évêque d'Utrecht, les pressait de souscrire avec les autres à la condamnation du Pape, ou de renoncer à la fidélité qu'ils avaient jurée au roi. Cet évêque était alors en grande faveur auprès du prince et comme son premier ministre. Il était fort instruit des lettres humaines, mais si vain, qu'à peine se pouvait-il souffrir lui-même. Les deux évêques souscrivirent donc, crainte de perdre la vie. En tête des signatures était celle du roi (Bruno, Lamb.).

Il envoya ses messages en Italie, principalement aux Lombards et aux évêques de la Marche d'Ancône, pour les engager, de vive voix et par écrit, à souscrire à la condamnation d'un Pape qui ne leur était pas moins odieux et opposé qu'à lui-même. Les prélats simoniaques s'assemblèrent en toute hâte à Pavie, et, poussés par leur haine personnelle contre Grégoire, non-seulement ils souscrivirent à sa déposition, mais ils jurèrent sur les saints Evangiles qu'ils ne le reconnaîtraient plus désormais pour Pape et qu'ils lui refuseraient toute obéissance. Le roi chercha à gagner les Romains par des présents et des promesses; dans cette vue, il adressa au sénat et au peuple la lettre qui suit :

« La véritable fidélité est celle qu'on garde aux absents comme aux présents, et que ne peuvent affaiblir ni le dégoût ni l'éloignement de celui à qui on la doit. Nous savons que la vôtre est telle; nous vous en remercions, en vous priant d'y persévérer et d'être amis de nos amis et ennemis de nos ennemis. Parmi ces derniers, nous comptons le moine Hildebrand; c'est pourquoi nous excitons contre lui votre inimitié, car nous l'avons reconnu pour un usurpateur et un oppresseur de l'Eglise, pour un traître à l'empire romain et à notre royaume, comme vous pouvez le voir par la lettre ci-jointe que nous lui adressons :

« Henri, roi par la grâce de Dieu, à Hildebrand.
» Lorsque j'attendais de vous un traitement de père,
» et que je vous obéissais en tout, au grand déplai-
» sir de mes sujets, j'ai appris que vous agissiez
» comme mon plus grand ennemi. Vous m'avez privé
» du respect qui m'était dû pour votre Siège; vous
» avez tenté, par de mauvais artifices, d'aliéner de
» moi le royaume d'Italie; vous n'avez pas craint de
» mettre la main sur des évêques, et vous les avez
» traités indignement. Comme je dissimulais ces
» excès, vous avez pris ma patience pour faiblesse
» et vous avez osé me mander que vous mourriez ou
» que vous m'ôteriez la vie et le royaume. Pour ré-
» primer une telle insolence, non par des paroles,
» mais par des effets, j'ai assemblé tous les sei-
» gneurs de mon royaume, comme ils m'en avaient
» prié. Là on a découvert ce que la crainte faisait
» taire auparavant, et on a prouvé, comme vous
» verrez par leurs lettres, que vous ne pouvez de-
» meurer sur le Saint-Siège. J'ai suivi leur avis,
» qui m'a semblé juste. Je vous renonce pour pape
» et vous commande, en ma qualité de patrice de
» Rome, d'en quitter le siège. »

» Telle est la lettre que nous adressons au moine Hildebrand, et que nous vous envoyons, afin que notre volonté vous soit connue et que votre amour fassé ce qu'il nous doit, ou plutôt ce qu'il doit à Dieu et à nous. Levez-vous donc contre lui, mes fidèles sujets, et que celui qui m'est le plus fidèle soit le premier à le condamner. Nous ne disons pas que vous répandiez son sang, car après sa déposition la vie lui sera plus dure que la mort, mais que vous le forciez de descendre, s'il s'y refuse, et que vous mettiez sur le Siège apostolique un autre, élu par nous, de l'avis commun de tous les évêques, qui puisse et veuille guérir les plaies que celui-ci a faites à l'Eglise (Bruno, *Analist. saxon.*, an 1076; *Chron. Magdeb.*).

Un clerc de Parme, nommé Roland, fut chargé de porter à Rome cette lettre et les autres décrets du conciliabule. Comme le Pape avait convoqué un concile qui devait s'ouvrir sous peu de jours, Roland hâta sa marche pour arriver au moment de cette assemblée; et, en effet, il arriva à Rome quelques jours auparavant. Sa mission paraissait mystérieuse; mais personne n'en pouvait deviner le but, car Roland ne s'était ouvert ni à ses amis ni à ceux du roi. Les évêques se réunirent dans l'église de Latran : le Pape occupait un siège élevé. Roland entra dans l'assemblée, dit qu'il était envoyé par le roi d'Allemagne et qu'il venait au concile par son ordre, et puis, se tournant vers le Pape, il lui dit : « Le roi, mon maître, et tous les évêques ultramontains et italiens vous ordonnent de renoncer immédiatement au trône de saint Pierre et au gouvernement de l'Eglise romaine, que vous avez usurpé; car il n'est pas juste de vous élever à une dignité si éminente sans l'approbation impériale et celle des évêques. » Et, se tournant vers le clergé, il continua ainsi : « Vous êtes avertis, mes frères, de vous trouver, à la Pentecôte, en la présence du roi, pour recevoir un Pape de sa main, puisque celui-ci n'est pas un Pape, mais un loup ravissant. »

A ces paroles, Jean, évêque de Porto, homme vif et zélé, se leva brusquement de son siège et s'écria : *Qu'on l'arrête!* Le préfet de Rome, ses soldats et d'autres nobles romains tirèrent leurs épées, se jetèrent sur Roland et allaient le tuer; mais le Pape, toujours calme au plus fort de la tempête, se mit au devant; le couvrit de son corps et lui sauva ainsi la vie.

Ayant à grand'peine fait faire silence, il dit entre autres ces paroles : « Mes enfants, ne troublez pas la paix de l'Eglise par une sédition. Voici les temps périlleux dont parle l'Ecriture, où il y aura des hommes amateurs d'eux-mêmes, avares, superbes et désobéissants à leurs parents. Il faut qu'il arrive des scandales, et le Seigneur a dit qu'il nous envoyait comme des brebis au milieu des loups. Nous devons donc avoir la douceur de la colombe avec la prudence du serpent, et, sans haïr personne, supporter les insensés qui veulent violer la loi de Dieu. Nous avons assez longtemps vécu en paix, Dieu veut recommencer à arroser sa moisson du sang des saints. Préparons-nous au martyre, s'il est besoin, pour la loi de Dieu, et que rien ne nous sépare de la charité de Jésus-Christ (Paul Bernried, n. 71 et 72). »

Le saint et grand Pape prit ensuite les décrets et les lettres dont Roland était porteur, et les lut avec un admirable sang-froid devant l'assemblée, en particulier la lettre suivante :

« Henri, roi, non par usurpation, mais par ordre de Dieu, à Hildebrand, faux moine et non pape. Tu as mérité ce salut par ta conduite, puisqu'il n'est aucun ordre dans l'Eglise que tu n'aies comblé, non d'honneur, mais de confusion; non de bénédiction, mais de malédiction. Pour ne parler que des choses principales, tu n'as pas eu honte de maltraiter les chefs de l'Eglise, les oints du Seigneur, tels que les archevêques, les évêques et les prêtres;

tu les as foulés aux pieds comme des esclaves qui ne savent ce que fait leur maître. Par cette conduite à leur égard, tu as gagné la faveur de la multitude, et, dès lors, tu as jugé que tu savais tout et que les autres ne savaient rien. Cette prétendue science, tu as cherché à l'employer, non pour édifier, mais pour détruire. Nous pouvons donc penser que saint Grégoire, dont tu as usurpé le nom, a prophétisé de toi quand il dit : *Souvent le nombre de ceux qui sont soumis, remplit d'orgueil l'âme de celui qui commande, et il croit savoir plus que tous en voyant qu'il peut plus que tous.* Et nous, nous avons supporté tout cela, parce que nous avions à cœur de conserver intact l'honneur du Saint-Siège. Mais tu as pris notre humilité pour de la peur; et dès lors tu n'as pas craint de te soulever contre la puissance royale, que nous tenons de Dieu, et tu as osé menacer de nous l'enlever, comme si nous avions reçu la royauté de toi, comme si le royaume ou l'empire était en ta main et non en celle de Dieu; et pourtant Notre Seigneur le Christ nous a appelé au trône et ne t'a pas appelé au sacerdoce. Tu es parvenu au souverain pontificat par l'astuce et la fraude, par tous les moyens que la religion réprouve. Par l'or, tu as gagné la faveur du peuple; par cette faveur, tu as acquis une puissance de fer; par cette puissance, tu es monté sur le siége de la paix, et, de ce siége, tu as troublé la paix, en armant les sujets contre leurs chefs, en enseignant que nos évêques, appelés de Dieu au sacerdoce, devaient être méprisés comme n'étant pas appelés de Dieu; en excitant les laïques à usurper l'autorité sur les évêques sur les prêtres, pour faire déposer ou mépriser par ces derniers ceux qu'ils avaient reçus comme pasteurs, de la main de Dieu, par l'imposition des mains. Tu m'as attaqué également, moi qui, quoique indigne, suis consacré comme roi, et qui, en cette qualité, suivant la tradition des Pères, ne puis être jugé que par Dieu seul, et n'être déposé pour aucun autre crime, si ce n'est que je m'écarte de la foi, ce qu'à Dieu ne plaise. Encore la prudence des saints évêques n'a-t-elle pas pris sur elle, mais commis à Dieu, la déposition de Julien l'Apostat. Un véritable pape, saint Léon, s'écrie : *Craignez Dieu! honorez le roi!* Mais comme tu ne crains pas Dieu, tu ne m'honores pas, moi qu'il a constitué roi. Puisque tu es frappé d'anathème, et condamné par le jugement de tous nos évêques et par le nôtre, descends! quitte le siége que tu as usurpé! Que le siége de saint Pierre soit occupé par un autre qui ne cherche point à couvrir la violence sous le manteau de la religion, et qui enseigne la saine doctrine de saint Pierre. Moi, Henri, par la grâce, je te dis avec tous nos évêques : Descends! descends (Bruno, *De bell. Sax.*) ! »

Dans ces lettres emportées et schismatiques, il y a deux choses à remarquer. La première, c'est que le pape saint Grégoire VII, dans ses efforts pour la réforme de l'Eglise et de l'empire, avait pour lui les populations d'Italie et d'Allemagne, et contre lui les mauvais prêtres, les mauvais évêques, un mauvais roi, précisément ceux qui avaient le plus besoin de réforme : ce qui était tout à fait naturel. La seconde chose à remarquer, c'est qu'au milieu de leur emportement, le roi et ses évêques mercenaires ou intimidés ne peuvent s'empêcher de convenir qu'il peut être déposé de la royauté pour crime d'hérésie ou d'apostasie. Ce qui ne doit nullement étonner, attendu que, chez tous les peuples chrétiens d'alors, la première loi constitutive de la société était la profession de la foi catholique. Mais, outre cette première cause de déposition, il pouvait y en avoir encore d'autres : la violation du pacte convenu et juré entre le peuple et le nouveau roi, de qui le caractère était toujours plus ou moins électif. Nous avons déjà vu, nous verrons encore que telles étaient alors les pensées des peuples chrétiens sur cette matière. Nous avons déjà vu les princes d'Allemagne, sur les plaintes des Saxons contre Henri, prendre la résolution d'élire un autre roi. Il y avait pour le roi de Germanie une raison particulière de soumettre sa cause au jugement du Pape. La dignité impériale, à laquelle ce roi était appelé, dépendait du chef de l'Eglise, qui l'avait rétablie dans la personne de Charlemagne, et puis transférée des rois de France à des princes d'Italie et aux rois d'Allemagne. Les Saxons venaient encore de rappeler au pape Grégoire que l'empire était un fief du siége de Rome, et qu'ainsi le Pape et le peuple romain devaient aviser à une meilleure forme de gouvernement et choisir pour roi, dans une assemblée générale des princes, un homme qui fût plus digne de porter la couronne. Cette assertion des princes et des peuples de Saxe, que l'empire était un fief du siége de Rome, n'a rien d'étonnant ni de nouveau pour qui connaît l'histoire; car, dès l'an 871, nous avons vu l'empereur Louis II répondre à l'empereur de Constantinople, en parlant de lui-même, qu'il était reconnu empereur par les rois, ses oncles, non parce qu'il avait été élu par son père ou que cette dignité lui appartînt par droit de succession, mais parce qu'il avait été élevé à la dignité impériale par le Pontife romain (*Apud Baron.*, 871, n. 58).

Aussi, quand on eut entendu les lettres insolentes de Henri et le message plus insolent encore de ses émissaires, tout le concile de Rome, composé de cent dix évêques, s'écria qu'il fallait sans délai excommunier le roi. Le saint et grand Pape, qui venait de recevoir une lettre de repentir et de soumission d'un certain nombre des évêques d'Allemagne, remit la décision au jour suivant. Le lendemain donc, en présence de cent dix évêques, il exposa l'indulgence et la bonté qu'il avait témoignées à Henri, les remontrances paternelles qu'il lui avait faites, la modération avec laquelle il avait demandé la liberté des évêques détenus, et plusieurs autres considérations. Quand il eut fini de parler, toute l'assemblée se leva en masse pour l'exciter à prononcer l'anathème contre un prince parjure et tyran. Tous les évêques déclarèrent qu'ils n'abandonneraient jamais le Pape, leur père; qu'ils le soutiendraient toujours et ne craindraient pas même de souffrir la mort pour lui. Enfin, de l'avis de tous les Pères du concile, il fut défini que Henri serait privé de l'honneur royal et frappé d'anathème, jusqu'à ce qu'il eût fait une digne satisfaction (Paul Bernried).

Alors Grégoire se leva et prononça, au milieu des acclamations unanimes du concile, la sentence d'excommunication et de déposition en ces termes : « Saint Pierre, prince des apôtres, écoutez votre serviteur que vous avez nourri dès l'enfance et délivré jusqu'à ce jour de la main des méchants, qui me haïssent parce que je vous suis fidèle. Vous m'êtes témoin, vous et la sainte Mère de Dieu, saint Paul, votre frère, et tous les saints, que l'Eglise romaine m'a obligé, malgré moi, à la gouverner, et que j'eusse mieux aimé finir ma vie dans l'exil que d'usurper votre place par des moyens humains; mais, m'y trouvant par votre grâce et sans l'avoir mérité, je crois que votre intention est que le peuple chrétien m'obéisse, suivant le pouvoir que Dieu m'a donné, à votre place, de lier et de délier au ciel et sur la terre.

» C'est dans cette confiance que, pour l'honneur et la défense de l'Eglise, de la part de Dieu tout-puissant, Père, Fils et Saint-Esprit, et par votre autorité, je défends à Henri, fils de l'empereur Henri, qui, par un orgueil inouï, s'est élevé contre votre Eglise, de gouverner le royaume teutonique et l'Italie; j'absous tous les chrétiens du serment qu'ils lui ont fait et feront, et je défends à qui que ce soit de le servir comme roi; car celui qui porte atteinte à l'autorité de votre Eglise, mérite de perdre la dignité dont il est revêtu. Et parce qu'il a refusé d'obéir comme chrétien et n'est point revenu au Seigneur qu'il a quitté en communiquant avec des excommuniés, méprisant les avis que je lui avais donnés pour son salut, vous le savez, et se séparant de votre Eglise qu'il a voulu diviser, je le charge d'anathèmes en votre nom, afin que les peuples sachent, même par expérience, *que vous êtes Pierre, et que sur cette pierre le Fils du Dieu vivant a édifié son Eglise, et que les portes de l'enfer ne prévaudront point contre elle* (Labbe, t. X). »

Dans le même concile, saint Grégoire lança une égale excommunication contre Sigefroi, archevêque de Mayence, contre Guillaume d'Utrecht et Robert de Bamberg. Il renouvela l'anathème contre Othon, évêque de Ratisbonne, Othon de Constance, Burcard de Lausanne, le comte Eberard, Ulric et quelques autres dont le roi avait suivi les conseils. Quant aux autres prélats qui s'étaient trouvés à Worms, il leur fixa la Saint-Pierre pour se justifier, les menaçant de la même peine s'ils ne se présentaient point devant le Pape, soit en personne, soit par leurs députés. Mais ce jour-là même, Grégoire reçut encore de l'Allemagne des lettres de plusieurs évêques qui reconnaissaient leur faute et demandaient pardon, en promettant désormais une inaltérable obéissance. Les évêques de la Lombardie furent tous suspendus et excommuniés; il n'y eut d'exceptés que les seuls évêques de Venise et d'Aquilée (Lambert).

Après la clôture du concile, le Pape envoya à tous les fidèles le décret contre le roi Henri, avec une lettre où il dit : « Vous avez appris, mes frères, l'entreprise inouïe et l'audace criminelle des schismatiques, qui blasphèment le nom du Seigneur en la personne de saint Pierre; l'injure faite au Saint-Siège, injure telle que vos pères n'ont rien vu ni rien ouï dire de semblable, et qu'aucun écrit ne nous apprend qu'il soit jamais rien arrivé de tel de la part des païens et des hérétiques. C'est pourquoi, si vous croyez que saint Pierre ait reçu de Jésus-Christ les clés du royaume des cieux, pensez combien vous devez être affligé maintenant de l'injure qui lui est faite, et que vous n'êtes pas dignes de participer à sa gloire dans le ciel, si vous ne prenez part ici-bas à ses souffrances. Nous vous prions donc d'implorer instamment la miséricorde de Dieu, afin qu'il tourne les cœurs de ces impies à la pénitence, ou, qu'arrêtant leurs mauvais desseins, il montre combien ils sont insensés de vouloir renverser la pierre fondée par Jésus-Christ; vous verrez par le papier ci-inclus, comment et par quelles causes Pierre a frappé le roi d'anathème (L. 3, *Epist.* 6). »

Une autre lettre du Pape, adressée aux évêques, aux ducs, comtes et autres grands du royaume teutonique, contient un langage plein de grandeur et de dignité. « Nous savons que déjà la nouvelle de l'excommunication du roi vous est parvenue, par le doute où nous sommes que plusieurs parmi vous, que le roi ait été légitimement excommunié. Nous voulons donc expliquer en conscience nos motifs, de manière à répondre à ceux qui nous accusent d'avoir tiré le glaive spirituel, plutôt avec témérité et par vengeance personnelle, que par zèle pour la justice.

» Lorsque nous étions encore diacre, ayant été informé des actions honteuses du roi, et désirant sa correction, nous l'avons souvent averti, par nos lettres et par nos envoyés, de mener une vie plus digne de sa naissance et de son rang; mais, étant arrivé au pontificat et voyant son iniquité croître avec l'âge, nous avons employé tous les moyens, blâmes, prières, exhortations, pour le ramener dans le droit chemin; car nous avons pensé que Dieu nous demanderait un jour compte de son âme. Mais le roi s'est toujours contenté de nous faire d'humbles promesses, et, dans le fait, il les foulait aux pieds. Tout le monde sait comment Henri a livré les évêchés et les abbayes à des loups ravissants et non à des pasteurs; comment il en faisait un honteux trafic et les souillait par l'infâme hérésie de Simon. Lorsque, dans la guerre contre les Saxons, une grande partie du royaume eut menacé de l'abandonner, il nous écrivit de nouveau des lettres fort soumises, et nous lui avons donné le paternel avis d'éloigner de sa personne ses perfides conseillers. Mais quand il eut remporté la victoire sur les Saxons, il oublia toutes ses promesses et souleva contre nous tous les évêques de l'Allemagne et de l'Italie. Touché d'une vive douleur nous lui avons encore écrit pour l'exhorter à se reconnaître, et nous lui avons envoyé trois hommes pieux de ses sujets, pour l'avertir en secret de faire pénitence de tant de crimes, pour lesquels il méritait, non-seulement d'être excommunié, mais d'être privé de la dignité royale, selon les lois divines et humaines. Enfin, nous lui avons déclaré que, s'il n'éloignait de lui les excommuniés, nous ne pouvions donner d'autre jugement, sinon qu'il demeurât, selon son choix, excommunié avec eux.

» Mais ce prince, s'irritant contre la correction, n'a point cessé qu'il n'ait obligé presque tous les évêques d'Italie, et en Allemagne, tous ceux qu'il a pu, à renoncer à l'obéissance du Saint-Siège. Voyant donc son iniquité parvenue au comble, nous l'avons excommunié pour deux principales raisons : pour n'avoir pas voulu éloigner ceux qui, coupables de dilapidation et de simonie, avaient été frappés par le Saint-Siège; pour n'avoir pas voulu faire pénitence de ses crimes, et pour avoir déchiré, par un schisme, le corps de Jésus-Christ, c'est-à-dire l'unité de son Eglise. Si quelqu'un regarde cette sentence comme injuste ou déraisonnable, et que, toutefois, il veuille s'en rapporter aux règles sacrées, il peut en discuter avec nous : pourvu qu'il écoute avec patience, non pas ce que nous enseignons, mais ce qu'enseigne l'autorité divine et la voix uniforme des saints Pères, il aura de quoi être tranquille. Mais je ne pense pas qu'il se trouve parmi les fidèles un homme qui, connaissant les règles de l'Eglise, puisse croire que nous n'avons pas agi avec justice, lors même qu'il n'oserait l'avouer publiquement. D'ailleurs, quand même nous aurions excommunié le prince sans des motifs tout à fait suffisants et contre les formes que veulent les saints Pères, le jugement ne serait point à rejeter pour cela; il faudrait, en toute humilité, se rendre digne de l'absolution.

» Mais vous, nos bien-aimés, qui n'avez voulu abandonner la justice de Dieu, ni pour l'indignation du roi, ni pour aucun péril, affermissez-vous dans le Seigneur; sachant que vous défendez la cause de ce roi invincible et de ce magnifique triomphateur, qui jugera les vivants et les morts, et rendra à chacun selon ses œuvres, et de qui les infinies récompenses vous sont assurées, si vous persévérez jusqu'à la fin à lui être fidèles. C'est pourquoi nous ne cessons de supplier le Seigneur qu'il vous confirme dans sa vertu, et qu'il convertisse le cœur du roi à pénitence, afin qu'il reconnaisse lui-même un jour que nous et vous nous l'aimons beaucoup plus véritablement que ceux qui secondent et favorisent maintenant ses iniquités. Que si, par la grâce de Dieu, il vient à résipiscence, malgré tout ce qu'il aura fait contre nous, il nous trouvera toujours prêt à le recevoir à la sainte communion, suivant que Votre Charité nous le conseillera (Paul Bernried, c. 8, n. 65). »

On voit, par tout ceci, que cette première sentence du Pape contre le roi, fut prononcée, non pas précipitamment, mais après des années de remontrances; non par le Pape seul, mais de l'avis de tout le concile; non pas d'une manière irrévocable, mais plutôt suspensive et jusqu'à satisfaction convenable. Aussi, après cette sentence, beaucoup de nobles et autres quittèrent le roi. Ceux-là mêmes qui, cédant à ses caresses ou à ses menaces, avaient conjuré contre le Siège apostolique, souscrivirent ensuite à sa condamnation, et envoyèrent humblement au Pape demander une pénitence pour expier leur faute. Plusieurs même des évêques, déplorant un si grand crime, allèrent nu-pieds à Rome, et y restèrent jusqu'à ce que le Pape leur eut fait miséricorde (Paul Bernried, c. 8, n. 65).

Un événement contribua beaucoup à ce retour des esprits : ce fut la mort terrible d'un des principaux coupables. Le roi Henri s'était rendu à Utrecht pour y célébrer la fête de Pâques, qui, cette année 1076, était le 27 mars. Ce qui attirait le roi particulièrement dans cette ville, c'est que l'évêque Guillaume lui était entièrement dévoué. Ce fut en ce lieu que son ambassadeur, qu'il avait envoyé à Rome, le rejoignit et lui montra la sentence d'excommunication. Dans le premier moment, le prince en fut extrêmement frappé; mais, d'après le conseil de l'évêque, il cacha son trouble et affecta de l'indifférence. Tout ceci se passait quelques jours avant Pâques. Le jour de la fête, l'évêque entra dans l'église en grande pompe et monta en chaire; mais à peine eût-il prononcé quelques mots sur le texte de l'Evangile, qu'il se mit à faire une sortie violente contre le Pape, le traitant de parjure, d'adultère, de faux apôtres, et puis il termina son invective par une raillerie amère : « Eh bien! dit-il, c'est par un tel homme que notre roi a été excommunié; mais rien n'est plus ridicule qu'un pareil anathème. »

A peine la solennité fut-elle terminée, que l'évêque calomniateur fut saisi tout d'un coup d'une grièvè maladie : en proie à des douleurs très-aiguës, il criait d'une voix lamentable devant tous les assistants, que, par un juste jugement de Dieu, il avait perdu la vie présente et la vie éternelle, pour avoir secondé en tout avec empressement les mauvaises intentions du roi; et que, pour gagner ses bonnes grâces, il avait, outre sa conscience, chargé d'opprobres le Pape, quoiqu'il sût bien que c'était un saint homme et d'une vertu apostolique. Puis, se tournant vers un des serviteurs de Henri : « Allez dire au roi, s'écria-t-il, que lui et moi, et tous ceux qui ont favorisé ses dérèglements, nous sommes perdus dans l'éternité! » Et comme les clercs qui l'entouraient le suppliaient de ne point parler de la sorte. « Et pourquoi, reprit-il, ne dirais-je pas ce qui est clair et évident à mon esprit ? Voyez, les démons se tiennent à mon chevet pour se saisir de mon âme aussitôt qu'elle sortira de mon corps. Je vous en prie, vous et tous les fidèles, ne priez pas pour moi après ma mort. » Sur cela, il expira de désespoir. Le bruit se répandit que le même jour on avait entendu dans les airs un craquement horrible, que le feu était descendu du ciel et avait consumé subitement l'église d'Utrecht et l'hôtel du roi. Un autre évêque, nommé Burchard, mourut d'une chute de cheval, et Eppon, évêque de Ceitz, tomba de son cheval dans une rivière où il se noya. A ces désastres, s'en joignit bientôt un autre. Le duc Gozelon, un des plus grands adversaires du Pape et des plus chauds partisans de Henri, se trouvait à Anvers, ville limitrophe de la Flandre et de la Lorraine ; un jour qu'il alla dans les lieux secrets, un cuisinier lui donna un coup par derrière, et lui fit une blessure dont il mourut la même nuit. Enfin, une mort subite enleva vers le même temps Henri, évêque de Spire (Lamb., Berthold, Const., Bruno, Paul Bern.).

Cependant Guibert, archevêque de Ravenne, fit assembler à Pavie, après Pâques, les évêques de Lombardie, et là ils excommunièrent de nouveau le Pape. Les seigneurs du royaume, embarrassés s'ils devaient déférer à cette excommunication, d'autant plus que, d'après leur loi, celui qui n'était pas absous de l'excommunication après un an et un jour était privé de toute dignité, consultèrent quelques évêques des plus sages. Ceux-ci répondirent que personne ne pouvait juger le Pape, ni l'excommunier. Ainsi les esprits furent partagés, en Allemagne et en Italie, entre le Pape et le roi; car les partisans de ce dernier disaient aussi qu'il ne pouvait être excommunié. Le Pape, consulté par Herman, évêque de Metz, qui était revenu à son obéissance après avoir suivi le parti du roi, lui écrivit une lettre à ce sujet, où il traite la question d'une manière sommaire, à cause de ses nombreuses occupations et parce que l'envoyé de l'évêque était pressé de partir. Voici comme il y réfute ses adversaires :

« Quant à ceux qui disent qu'un roi ne doit pas être excommunié, quoique leur impertinence ne mérite pas de réponse, nous les renvoyons cependant aux paroles et aux exemples des Pères pour les rappeler à la saine doctrine. Qu'ils lisent ce que saint Pierre ordonna au peuple dans l'ordination de saint Clément, touchant celui que l'on sait n'être pas bien avec l'évêque. Qu'ils apprennent que l'apôtre dit : *Etant prêts à punir toute désobéissance*, et de qui il dit : *Il ne faut pas même manger avec eux.* Qu'ils considère pourquoi le pape Zacharie déposa le roi de France et déchargea tous les Français du serment qu'ils lui avaient fait. Qu'ils apprennent, dans le registre de saint Grégoire, qu'en vertu des priviléges donnés à quelques églises, il n'excommunie pas seulement les rois et les seigneurs qui pourraient y contrevenir, mais qu'il les prive de leurs dignités. Qu'ils n'oublient pas que saint Ambroise, non content d'excommunier Théodose, lui défendit encore de demeurer à la place des prêtres dans l'église, quoique ce prince fut non-seulement roi, mais véritablement empereur par ses mœurs et sa puissance. Peut-être veulent-ils faire entendre que quand Dieu dit à saint Pierre : *Pais mes brebis*, il excepta les rois. Mais ne voient-ils pas qu'en lui donnant le pouvoir de lier et de délier, il n'excepta personne ? Que si le Saint-Siège a reçu le pouvoir de juger les choses spirituelles, pourquoi ne jugera-t-il pas aussi les choses temporelles ? Vous n'ignorez pas de qui sont membres les rois et les princes qui préfèrent leur honneur et leur profit temporels à l'honneur et à la justice de Dieu ; car, comme ceux qui mettent la volonté de Dieu avant la leur sont membres de Jésus-Christ, ainsi les autres sont membres de l'antéchrist. Si donc on juge quand il le faut les hommes spirituels ou ecclésiastiques, pourquoi les séculiers ne seront-ils pas encore plus obligés de rendre compte de leurs mauvaises actions. Mais ils croient peut-être que la dignité royale est au-dessus de la dignité épiscopale. On en peut voir la différence par l'origine de l'une et de l'autre : celle-là a été inventée par l'orgueil humain, celle-ci instituée par la bonté divine ; celle-là recherche incessamment la vaine gloire, celle-ci aspire toujours à la vie céleste. Qu'ils se rappellent ce que le saint pape Anastase écrivait sur ces dignités à l'empereur Anastase, et ce qu'en dit saint Ambroise dans son *Pastoral* : L'épiscopat est autant au-dessus de la royauté que l'or est au-dessus du plomb. Constantin le savait bien, lorsqu'il prenait la dernière place parmi les évêques. » Le Pape dit ensuite à Herman, que, sur les lettres des évêques et des ducs, il a donné à quelques évêques le pouvoir d'absoudre les seigneurs qui ont eu le courage de s'abstenir de la communion du roi ; mais pour le roi lui-même, il leur défend de lui donner l'absolution, jusqu'à ce qu'il ait appris, par de dignes témoins, qu'il a expié ses crimes par la pénitence. Cette lettre est du 25 août 1076 (L. 4, *Epist.* 2).

Avant de rapporter cette lettre, Fleury observe que les partisans du roi disaient qu'il ne pouvait être excommunié. D'après cela, le Pape raisonnait très-juste en montrant qu'il pouvait l'être. Toutefois, après avoir rapporté la lettre, Fleury observe que des passages cités par le Pape ne parlent que de l'excommunication. Or, ajoute-t-il, la question n'était pas si les rois pouvaient être excommuniés, mais si l'excommunication les privait de leur puissance temporelle. A coup sûr, il est difficile de se contredire plus formellement d'une page à l'autre ; mais l'envie de contredire un Pape fait oublier à Fleury ce qu'il vient de dire lui-même l'instant d'auparavant. Ensuite la question était réellement si les rois pouvaient être excommuniés ; car, d'après le droit public de l'Allemagne, attesté par tous les auteurs du temps, celui qui restait dans l'excommunication un an et un jour, perdait, par là même, toutes ses dignités. Tout cela prouve que le pape Grégoire VII et ses contemporains étaient mieux au fait de la question que Fleury, qui se fait leur juge.

La crainte qu'inspirait en Allemagne l'indignation du Pape était si grande, que ceux qui tenaient en captivité les princes saxons les mirent en liberté sans en prévenir le roi. Ces princes délivrés retournèrent avec joie dans leur patrie ; mais ils trouvèrent leurs peuples courbés sous le joug, occupés dans leur misère à vendre tout ce qu'ils possédaient pour payer un tribut exorbitant que le roi leur avait imposé ; car presque tous avaient perdu le sentiment de leur ancienne liberté. Du haut des forteresses, ils voyaient l'épée nue suspendue sur leurs têtes. Ils ne pouvaient plus se réunir ni tenir une assemblée sans s'exposer au plus grand danger. Tous les jours les garnisons sortaient des forts pour piller leurs hameaux et pour dévaster leurs champs ; tous les jours ils étaient obligés de faire des corvées pour achever la construction de ces mêmes forts. Ce que le cultivateur pouvait se procurer par son travail et gagner à la sueur de son front était absorbé par les impôts du gouvernement. Tous gémissaient en secret et se plaignaient des malheurs du temps (*Annal. Sax.*, Lamb.).

Mais, dans le cœur de deux jeunes gens, l'espoir d'affranchir leur pays et de reconquérir l'ancienne liberté de la nation n'était pas encore éteint, et la pensée de cette délivrance les remplissait d'une belle et sublime ardeur. C'étaient les deux fils du comte Géron, Guillaume et Thierri ou Dieteric, dont la grande naissance était jusqu'alors cachée sous leur pauvreté. Les autres princes saxons n'avaient aucune considération pour eux, et quant au roi, il ne les avait ni connus, ni appréciés. Grâce à cette position, ces deux jeunes hommes avaient pu éviter la ruine qui avait accablé les autres grands. Retirés au delà de l'Elbe, ils se proposaient d'observer le cours des événements. Bientôt leur patrie les appela à son secours ; ils voyaient avec amertume la dévastation générale, la destruction de la liberté, la perte des propriétés, les forteresses remplies de troupes, enfin la misère et le deuil partout. Leur âme, à la vue de ces maux, s'agrandit ; loin de se décourager, ils se trouvaient heureux de voir que les murs des prisons ne tenaient pas leurs résolutions et leurs efforts enchaînés. Ils rassemblèrent autour d'eux quelques guerriers de leur âge et de leurs sentiments ; le pillage fournissait à leur entretien ; mais leur nombre s'accrut de jour en jour, en sorte que bientôt ils furent en état de tenir tête aux soldats du roi qui se trouvaient dans les forteresses. De nouveaux succès vinrent sans cesse augmenter leur confiance et leur nombre. Les vassaux des princes exilés et tous les hommes libres accouraient en foule vers eux, résolus de combattre jusqu'à la dernière extrémité. Leur hardiesse devint telle, qu'ils ne craignirent pas d'attaquer l'ennemi en bataille rangée. Le peuple, témoin de leur courage, sentit renaître en lui le désir de sa délivrance; il donna la main à cette ligue, et malgré le caractère encore sauvage de la nation, chacun fut animé de cette grande pensée dont s'enorgueillissait jadis Sparte : *Qu'il était plus beau de mourir avec gloire pour la liberté et pour ses enfants, que de traîner avec eux une vie misérable, cent fois pire que la mort.* Voilà comme un biographe protestant de Grégoire VII résume l'état de la Saxe, d'après les historiens du temps, entre autres Lambert, avant même que le Pape eût excommunié le roi. Ainsi donc la guerre ne fut pas excitée par la suggestion du pape Hildebrand, comme le disent Sigebert de Gemblours et le chroniqueur Albéric, et comme l'ont si insolemment répété un grand nombre d'auteurs modernes (Voigt, *Vie de Grég.* VII, c. 8).

Telle était la disposition du peuple, lorsque les princes captifs rentrèrent dans leur patrie, et cette disposition les remplissait de joie. Les partis oublièrent leurs querelles pour se réunir sous une même bannière; de grands corps de troupes parcoururent le pays, les garnisons que le roi avait placées dans les châteaux en furent alarmées; plusieurs se rendirent, d'autres furent forcées de se mettre à la discrétion des vainqueurs; les soldats, dépouillés et relâchés, s'engagèrent par serment à ne plus reparaître en ennemis sur le territoire saxon. Les amis de Henri et tous ceux qui refusaient leur concours et leur appui à la cause commune furent obligés de quitter la Saxe (Bruno, Lamb.) Les propriétés confisquées furent restituées à leurs légitimes possesseurs. Les anciennes lois et coutumes reparurent avec l'ancien ordre de choses.

Cependant cette ligue d'un peuple valeureux et indépendant n'était pas la seule cause qui donnait des craintes à Henri. Ses anciens amis formaient une coalition hostile qui devenait bien plus menaçante. Rodolphe de Souabe et Berthold de Carinthie avaient été les premiers à recevoir avec respect les exhortations du Saint-Père. L'anathème lancé par le Pontife les avait effrayés, et l'anarchie qui dévorait l'empire avait changé leurs sentiments, Guelfe, duc de Bavière, Adalbert ou Adalberon, évêque de Wurtzbourg, Herman de Metz, encouragés par le Pape, et d'autres princes vinrent se joindre à eux. Ils se communiquaient les plaintes arrachées par les malheurs et les désordres de l'Etat, délibéraient dans des réunions sur les moyens d'y remédier, et parlaient de l'obstination et de la dureté du monarque. Un grand nombre, surtout Rodolphe, s'élevèrent contre l'indigne traitement que Henri fit éprouver aux Saxons qui s'étaient soumis, se confiant à la parole des princes que Henri leur avait envoyés. Tout contribua à réunir les seigneurs; il se forma un parti nombreux, composé des grands de la Bavière, de la Souabe, de la Franconie et même de la Lombardie, et ce parti devint de jour en jour plus considérable et plus puissant (Marian., Scot, Lamb., *et aut. vit.*, *Henr.*).

Quand le roi fut informé de ce qui se passait en Saxe et des projets qu'entretenaient les autres princes, il fut en proie à de vives inquiétudes, et ses favoris partagèrent ses craintes. Cependant il ne voulut pas encore abandonner ce qu'il ne regardait pas comme perdu sans ressource. Il résolut de châtier l'évêque de Metz, qui, de sa propre autorité, avait rendu la liberté aux prisonniers saxons. Mais l'état faible de son armée, la confusion générale du royaume et le danger dont le menaçaient les grands, le firent renoncer à ce projet (Lamb., an 1076).

Afin de sonder les dispositions des princes, il convoqua à Worms, pour le jour de la Pentecôte, une diète où l'on devait, comme il le disait, délibérer sur les besoins de l'empire. Mais aucun seigneur influent ne s'y présenta, de sorte que la diète ne put avoir lieu. Elle fut remise à une autre époque, et la ville de Mayence devait en être le lieu. Dans la lettre de convocation, Henri descendit aux plus pressantes prières pour engager les princes à s'y rendre; mais ils n'y parurent pas, et le petit nombre de ceux qui s'y trouvaient ne purent s'accorder.

Le roi n'avait pas besoin d'autres preuves pour connaître les intentions et la fidélité des princes à son égard; son anxiété était cruelle. Pendant qu'il était à Mayence, il fit venir devant lui plusieurs seigneurs saxons qu'il tenait captifs, et leur promit la liberté moyennant une forte rançon. Mais au moment où cette négociation eut lieu, les habitants de Mayence et les troupes de Bamberg se prirent de querelle dans l'intérieur de la ville et en vinrent aux mains. Dans leur rage, les Bambergeois mirent le feu aux maisons, et en peu d'heures une grande partie de la ville fut réduite en cendres. Au milieu du tumulte, les Saxons, qu'on avait laissés sans gardes, s'évadèrent et regagnèrent, sans aucun danger, leurs foyers. Burchard, évêque de Halberstadt, que le roi venait d'exiler en Hongrie, trouva moyen, vers le même temps, de s'échapper en route et de revenir dans la Saxe.

De nouveaux incidents augmentèrent l'embarras et les craintes du roi. Ceux qu'il avait regardés comme ses plus fidèles serviteurs le quittèrent l'un après l'autre, surtout depuis qu'Udon de Trèves était revenu d'Italie. Ce pontife avait eu de la peine à obtenir du Pape la permission de communiquer avec le monarque allemand. Tout autre rapport avec les excommuniés lui était sévèrement interdit. Udon rompit donc toute expèce de rapport avec les archevêques de Cologne et de Mayence, comme avec les autres prélats, dès qu'il les sut sous le poids de l'anathème prononcé par le Saint-Siège. Mais comme Udon jouissait d'un grand crédit parmi les princes et les évêques de l'empire, et que le Pape comptait beaucoup sur lui, plusieurs courtisans s'éloignèrent de la personne de Henri. Il les exhortait souvent à revenir, employait même la menace; mais aucun ne lui obéit. De tous les excommuniés, très-peu lui restèrent fidèles. Jugeant alors que la colère était intempestive, il écrivit aux princes de la haute Allemagne des lettres pleines d'amitié et de caresses; mais ses envoyés furent à peine entendus. Il essaya même d'entamer des négociations avec les Saxons, mais aucun de ses serviteurs ne voulut se charger de cette mission, car ils redoutaient les Saxons et savaient d'ailleurs que le roi n'était pas scrupuleux observateur de la foi jurée. Auprès de lui étaient encore deux évêques captifs de ce pays, Werner de Magdebourg et Werner de Mersebourg. Ce fut ceux qu'il envoya dans la Saxe comme négociateurs. Mais les Saxons appelèrent ses propositions des mensonges empoisonnés (*Annal. Trev.*, l. 12, p. 556; Lamb., *Ann. Sax.*). En effet, Henri n'était pas sincère. Tandis qu'il les amusait ainsi avec des propositions de paix, il voulut surprendre les Saxons par la Bohême; mais à peine eut-il commencé, avec les Bohémiens, à ravager la Misnie, que la Saxe tout entière se leva en masse et courut aux armes, résolue de vaincre ou de mourir, car on savait quel sort Henri réservait aux vaincus. Sans de grandes pluies qui empêchèrent les Saxons de passer la Mulda, Henri était perdu. Il se sauva promptement à travers la Bohême et la Bavière, puis revint à Worms, plongé dans la douleur et fort inquiet de l'avenir (Lamb., an 1076).

Les Saxons se rappelèrent alors leur ancienne ligue avec la Souabe, et cherchèrent à la renouveler, afin de se défendre ensemble, sous le commandement d'un nouveau roi, contre les attaques d'un oppresseur commun, qui ne cherchait qu'à les perdre les uns avec les autres, et les uns par les autres. Ils adressèrent également des lettres au Saint-Siège pour demander conseil sur le parti qu'ils devaient prendre.

Grégoire ne tarda pas à répondre par une lettre adressée aux évêques, aux ducs, aux comtes et à tous les fidèles de l'Allemagne. « Si vous avez bien réfléchi, leur dit-il, sur l'excommunication lancée contre le roi Henri, vous savez ce qui vous reste à faire. Il en ressort, en effet, qu'il est enchaîné par les liens de l'anathème; qu'il est privé de la dignité royale; que le peuple, naguère soumis à sa puissance, est dégagé de tout serment de fidélité. Mais comme nous ne sommes animé contre Henri ni par l'orgueil du siècle, ni par une vaine ambition; que la discipline et le soin des églises sont les seuls motifs qui nous font agir, nous vous demandons, comme à des frères, de le traiter avec douceur, s'il revient sincèrement à Dieu, avec cette justice qui lui enlève l'empire, mais avec cette miséricorde qui efface les crimes. N'oubliez pas, je vous prie, la fragilité de la nature humaine; rappelez-vous le souvenir pieux de son père et de sa mère, auxquels on ne peut comparer aucun prince de notre temps. Toutefois, en répandant sur ses blessures l'huile de la piété, ne négligez pas le vin de la discipline, afin que ses plaies ne puissent s'envenimer, et que l'honneur de la sainte Eglise et de l'empire ne souffre pas de notre négligence. Cependant, qu'il éloigne de sa personne les mauvais conseillers qui, excommuniés pour cause de simonie, n'ont pas rougi d'infecter leur maître de leur propre lèpre, et de le provoquer à troubler la sainte Eglise et à encourir la colère de Dieu et de saint Pierre; qu'il en choisisse qui le préfèrent lui-même à ce qui est à lui, et Dieu aux intérêts du siècle; qu'il ne pense plus que l'Eglise lui soit soumise comme une humble servante, mais qu'il avoue qu'elle lui est supérieure, comme sa maîtresse; qu'enflé par l'esprit d'orgueil, il ne défende pas des coutumes opposées à la liberté de l'Eglise, mais qu'il observe la doctrine des Pères, que Dieu leur a enseignée pour notre salut. S'il veut faire ces promesses, que nous sommes en droit de lui demander, nous voulons en être aussitôt et régulièrement informés, afin que nous demandions à Dieu ce qu'il faut faire. Au reste, nous vous rappelons surtout que nous avons défendu, par l'autorité de saint Pierre, que personne d'entre vous ne se permît de l'absoudre avant que le Saint-Siège l'ait accordé, et que nous ayons donné notre consentement positif ; car nous nous méfions des effets de la crainte ou de la faveur.

» Si, contre nos désirs et pour l'expiation des péchés d'un grand nombre, il ne revient pas sincèrement à Dieu, trouvez un prince qui vous fasse secrètement la promesse d'observer ce que nous venons de dire, ce qui serait nécessaire à la conservation de la religion chrétienne et au salut de l'empire. Faites-nous connaître au plus tôt sa personne, sa position et ses mœurs, afin que nous confirmions votre choix par l'autorité apostolique, et que nous lui donnions plus de force, comme nous savons qu'ont fait nos saints prédécesseurs : c'est ainsi que vous mériterez la faveur du Saint-Siège et la bénédiction du prince des apôtres. Quant au serment prêté à l'impératrice Agnès, notre très-chère fille, dans le cas où son fils mourrait avant elle, il ne saurait vous arrêter dans ces circonstances. D'ailleurs, vous ne pouvez pas supposer que son amour pour son fils soit jamais assez fort pour la porter à résister à l'autorité du Saint-Siège; mais il serait convenable, après que vous serez bien convaincus que son fils doit être dépouillé de l'autorité royale, de lui demander son avis, ainsi qu'à nous, sur le prince que vous destinez à l'empire. Alors, ou elle donnera son consentement à notre résolution commune, ou l'autorité du Saint-Siège lèvera tous les obstacles que rencontrerait la justice. » Cette lettre remarquable est du 3 septembre 1076 (L. 4, *epist.* 3).

On y voit une nouvelle preuve de la droiture d'intentions de Grégoire. Il ne veut pas perdre Henri, mais le forcer à revenir à de meilleurs sentiments; si cependant, contre son attente et ses désirs, Henri ne se reconnaît pas, alors il autorise les princes à choisir un autre roi, qui fasse ce qui est nécessaire à la conservation de la religion chrétienne et au salut de l'empire. Peut-on tenir un langage plus convenable, plus juste et plus conforme à la nécessité des circonstances?

Aussitôt qu'on eût reçu en Allemagne cette lettre du Pape, Rodolphe, duc de Souabe, Guelfe, duc de Bavière, Berthold, duc de Carinthie, Adalberon, évêque de Wurtzbourg, Adalbert, évêque de Worms, et quelques autres seigneurs s'assemblèrent à Ulm, et résolurent que tous ceux qui voulaient le bien de la chose publique s'assembleraient à Tribur, près de Mayence, le 16 octobre, pour remédier enfin aux maux dont la paix de l'Eglise était troublée depuis tant d'années; et ils le firent savoir aux seigneurs de Souabe, de Bavière, de Saxe, de Lorraine et de Franconie, les conjurant, au nom de Dieu, de quitter toutes leurs affaires particulières, afin de faire cette dernière tentative pour le bien public. Les esprits furent tellement frappés de l'attente de cette assemblée, que l'archevêque de Mayence et un grand nombre d'autres qui jusque-là avaient été fort attachés au parti du roi, le quittèrent pour se joindre aux seigneurs.

Cependant, le jour fixé pour l'assemblée de Tribur était arrivé; tous les seigneurs de la Souabe et de la Saxe s'y rendirent, suivis de troupes nombreuses, et fermement résolus à déposer Henri et à mettre un autre à sa place. Il s'y trouva, en qualité de légats du Siége, Sicard, patriarche d'Aquilée, et saint Altmann, évêque de Passau. Les Souabes, conduits par Guelfe, étaient arrivés les premiers; déjà presque tous les princes étaient réunis, et l'on n'attendait plus que les Saxons. Dès qu'on les vit arriver, Othon de Nordheim à leur tête, le patriarche et les autres grands, revêtus de leurs habits de fête, allèrent au devant d'eux. Aussitôt que Guelfe et Othon se furent reconnus, ils se jetèrent dans les bras l'un de l'autre et se donnèrent le baiser de paix ; toute inimitié était éteinte, quoique Guelfe se trouvât en possession de la Bavière, dont Othon avait été dépouillé. Les chevaliers et les autres nobles de la Saxe et de la Souabe imitèrent cet exemple, et se donnèrent des témoignages réciproques d'amitié. Les ennemis étaient devenus des amis et des compagnons. Les armées campèrent l'une près de l'autre. Guelfe et Othon se promirent secrètement de se soutenir sans envie et sans jalousie, si l'un d'eux venait à être élevé à la dignité royale (Lamb., Berthold).

Nous avons déjà appris à connaître saint Altmann, l'un des légats de cette assemblée. Le roi Henri l'ayant chassé à main armée de sa ville, il se retira en Saxe, sa patrie; ensuite il alla à Rome et exposa au pape Grégoire le sujet de son voyage et la manière dont il avait été traité. Il renonça même à l'évêché entre les mains du Pape, faisant scrupule d'en avoir reçu l'investiture de la main d'un laïque. Un jour, comme le Pape délibérait avec les cardinaux sur le rétablissement d'Altmann, qui s'y opposait, une colombe volant par l'église, vint s'arrêter sur la tête de l'humble évêque. Alors le Pape, sans plus hésiter, ôta sa mître et la mit sur la tête d'Altmann, le déclarant en même temps évêque et légat du Saint-Siége, et le renvoya en Allemagne avec sa bénédiction (Acta Sanct., 8 aug.).

A l'assemblée de Tribur, les légats étaient accompagnés de quelques laïques, qui, ayant quitté de grands biens, s'étaient réduits, pour l'amour de Dieu, à une vie privée et pauvre. Le Pape les avait envoyés pour déclarer à tout le monde que le roi Henri avait été excommunié pour de justes causes, et promettre le consentement et l'autorité du Pape pour l'élection d'un nouveau roi. Ces bons laïques ne voulaient communiquer avec personne qui eût communiqué en quelque manière que ce fût avec le roi Henri depuis son excommunication, jusqu'à ce que celui-là eût été absous par l'évêque Altmann. Ils évitaient de même ceux qui avaient communiqué dans la prière avec des prêtres concubinaires ou avec les simoniaques.

On délibéra sept jours de suite sur les moyens de prévenir la ruine de l'Etat. On représentait toute la vie du roi Henri, les crimes infâmes dont il s'était déshonoré dès sa première jeunesse, les injustices qu'il avait faites à chacun en particulier et à tous en commun; qu'ayant éloigné d'auprès de lui les seigneurs, il avait élevé aux premières dignités des hommes sans naissance, avec lesquels il délibérait jour et nuit sur les moyens d'exterminer la noblesse; que, laissant en paix les nations barbares, il avait armé contre ses propres sujets, rempli de sang et de divisions le royaume que ses pères lui avaient laissé très-florissant, ruiné les églises et les monastères, et employé la subsistance des personnes consacrées à Dieu à bâtir des forteresses, non pour arrêter les courses étrangères, mais pour troubler la tranquillité du pays et réduire une nation libre à une dure servitude; qu'il n'y avait nulle part ni consolation pour les veuves et les orphelins, ni refuge contre l'oppression et la calomnie, ni respect pour les lois, ni discipline dans les mœurs, ni autorité dans l'Eglise, ni dignité dans l'Etat ; tant l'imprudence d'un seul homme avait apporté de confusion. Ils concluaient que l'unique remède à tant de maux était de mettre au plus tôt à sa place un autre roi capable d'arrêter la licence et de raffermir l'état chancelant. Et, chose merveilleuse, les deux peuples se trouvèrent tellement unis, que les Saxons voulaient pour roi un prince souabe, et les Souabes un prince saxon (Lamb., an 1076).

Pendant qu'on délibérait ainsi à Tribur, le roi Henri, avec ceux de son parti, était à Oppenheim en deçà du Rhin, un peu plus haut, d'où il leur envoyait souvent des députés pour leur faire de belles promesses. Il en vint jusqu'à leur offrir d'abandonner le gouvernement de l'Etat, pourvu qu'ils lui laissassent seulement le nom et les marques de la royauté. Ils répondirent qu'après les avoir tant de fois trompés par ses promesses, il ne pouvait plus leur donner aucune assurance; qu'il ne leur était pas même permis en conscience de communiquer avec lui, depuis qu'il était excommunié, et que le Pape les ayant absous des serments qu'ils lui avaient faits, ils devaient profiter d'une si belle occasion pour se donner un digne chef.

Enfin, comme ils étaient prêts à passer le Rhin et à aller attaquer le roi, ils lui envoyèrent dire pour la dernière fois, que, quoiqu'il n'eût respecté aucun droit ni dans la guerre ni dans la paix, eux voulaient néanmoins observer les lois à son égard, et bien que ses méfaits fussent clairs comme le jour ils étaient disposés à soumettre sa cause à la décision du Pape. Ils lui déclarèrent qu'ils allaient engager celui-ci à venir à Augsbourg pour la Purification de la Vierge; que l'on y tiendrait une assemblée générale de tous les seigneurs du royaume, où le Pape, ayant entendu les raisons des deux partis, condamnerait Henri ou le renverrait absous. Que si, par sa faute, il n'obtenait pas son absolution avant l'an et jour de son excommunication, il serait à jamais déchu du royaume, sans aucune espérance de retour ; et cela, d'après les lois mêmes de l'Etat, qui déclaraient incapable de gouverner celui qui restait excommunié plus d'un an.

Les princes lui demandèrent en outre de rétablir immédiatement sur son siége l'évêque de Worms; de faire évacuer cette ville, dont il avait fait une place d'armes; de reconnaître, par une délaration écrite, son injuste conduite envers les Saxons; d'y mettre son sceau en leur présence, de l'envoyer, par leurs députés, dans toutes les parties de l'Italie et de l'Allemagne, d'aller à Rome pour faire lever l'excommunication. S'il accepte ces conditions, il doit donner, pour preuve de sa bonne foi, de se montrer en tout soumis et obéissant au Pape, d'éloigner de sa présence tous les excommuniés, de licencier son armée, de se retirer à Spire, d'y vivre comme un simple particulier dans la compagnie de l'évêque de Verdun et de quelques autres, qui, en restant avec lui, n'encourraient par les peines de l'excommunication; de ne fréquenter pendant ce temps aucune église, de ne décider aucune affaire d'Etat, de ne porter aucun insigne de la royauté, jusqu'au moment où l'on aurait prononcé sur son sort dans un concile. De leur côté, les princes s'engagèrent, s'il se conformait à ces instructions, à le suivre en Italie avec une forte armée, à lui obtenir du Pape la couronne impériale, et à expulser de la Calabre et de la Pouille les Normands, ces éternels ennemis du Saint-Siége, et à rendre ce pays à saint Pierre et à l'Eglise romaine. Enfin, si le roi s'écarte d'un seul article de ce traité, ils se croiront dégagés de toute obéissance, de tout serment de fidélité, et sans attendre la décision ultérieure du Pape, ils pourvoiront au bien de l'Etat.

Le roi, révolté d'abord par ces humiliantes conditions, se trouva trop heureux néanmoins de conserver encore quelque espoir, et promit d'observer ce traité avec la plus scrupuleuse exactitude. Sur-le-champ il renvoya de sa cour l'archevêque de Cologne, les évêques de Bamberg, de Strasbourg, de Bâle, de Spire, de Lausanne, de Ceitz, d'Osnabruck et les autres excommuniés. Il rendit Worms à l'évêque; se retira, lui, sa femme et son fils, à Spire, où il vécut quelque temps dans l'isolement le plus complet, afin de se conformer au traité. Les Souabois et les Saxons s'en retournèrent triomphants chez eux, et envoyèrent des députés à Rome pour instruire le Pape de ce qui s'était passé, et le prier instamment de vouloir bien se rendre à Augsbourg au jour nommé (Lamb.).

Un écrivain protestant fait à ce sujet les réflexions suivantes : Ce qui venait d'arriver était l'ouvrage de la politique de Henri III. Ce prince avait trop abaissé la puissance des grands, il leur avait fait trop sentir la supériorité de sa maison, pour qu'ils ne relevassent pas la tête et qu'ils ne fissent pas tous leurs efforts pour recouvrer leur ancienne liberté, dès que son bras de fer ne pèserait plus sur eux, car le fondement de la liberté allemande reposait sur l'autorité du Pape et des princes, qui, réunis, mettaient un frein à la puissance impériale. La puissance des princes était aussi nécessaire que celle du Pape pour empêcher les empereurs d'Allemagne de devenir des monarques absolus et des tyrans. Il était bon pour l'humanité que la voix de la papauté et de la religion trouvât son appui dans la voix politique des princes qui soutenaient la liberté, et qui joignaient l'autorité du glaive à celle du souverain Pontife. D'ailleurs les peuples, aussi bien que les souverains voulaient avoir leur vote dans le grand enjeu de l'humanité. Il était utile au bien de l'Etat et à la formation de la nationalité allemande, que le combat entre le despotisme d'un côté et l'indépendance de l'autre se terminât comme il s'est terminé. Il y a dans la vie des peuples une providence dont l'action ne doit jamais être blâmée. Voilà ce que dit cet écrivain protestant (Voigt, *Vie de Greg. VII*).

Pendant tout ce temps, Grégoire n'était occupé que de son grand ouvrage, la réforme de l'Eglise. Il portait ses regards partout : ce fut cette même année qu'il s'occupa de l'Eglise d'Afrique. Il envoya de tous côtés des légats chargés de défendre tout rapport avec les excommuniés, et d'interdire aux prêtres concubinaires l'administration spirituelle. Il laissa partout des vœux pour la paix et la liberté de l'Eglise, se plaignant avec amertume du malheur des temps et de la perversité de son siècle; mais il ne perdit pas courage : il comptait sur le nombre de ceux qui étaient restés fidèles et disposés pour le salut de l'Eglise. Les lettres qu'il écrivait à cette époque déposent, au contraire, de son inébranlable conviction que son œuvre, qui était celle de Dieu, aurait un plein succès (*L*. 4, *Epist*. 7).

Cependant le roi Henri, contre sa promesse et contre l'avis des princes, avait envoyé des ambassadeurs à Rome, pour obtenir du Pape qu'il ne vînt pas à Augsbourg, mais qu'il lui permît à lui-même de venir à Rome : son but était de pouvoir plus facilement tromper le Pape en l'absence des princes. Grégoire ne voulut point y consentir, mais se mit en route pour le jour et le lieu indiqués, et en informa les archevêques, les évêques, les ducs, les comtes, enfin tous les grands et petits de l'Allemagne. « Nous serons à Mantoue le 7 janvier, leur écrivit-il, nous y serons plein de confiance en votre fidélité, et nous n'hésiterons pas un instant à affronter tous les dangers et la mort même, s'il est nécessaire, pour la liberté de l'Eglise et le salut de l'empire. C'est à vous de choisir, pour notre réception et pour notre service, les personnes que vous croirez les plus propres et que vous saurez nous convenir, ne négligez rien pour maintenir la paix dans toute l'étendue du royaume. Les porteurs de ces lettres vous informeront de vive voix quelles luttes nous avons à soutenir contre les envoyés du roi, et quelles raisons nous avons opposées à leurs demandes (Paul Bernried, *Vie de S. Greg. VII*, c. 9, n. 71, 72). » Voilà des circonstances que nous apprend un auteur contemporain, Paul de Bernried, biographe de Grégoire VII.

Mais ajoute l'historien Lambert, le roi comprit que son salut dépendait d'être absous de l'excommunication avant l'an et jour, et ne crut pas sûr d'attendre que le Pape vînt en Allemagne, où il aurait à soutenir la présence, non-seulement de ce juge irrité, mais encore de ses accusateurs obstinés à sa perte. c'est pourquoi il jugea que le meilleur parti pour lui était d'aller au-devant du Pape jusqu'en Italie, et de faire tous ses efforts pour obtenir, à quelque prix que ce fût, son absolution, après laquelle tout lui deviendrait facile, puisque la religion ne serait plus un prétexte pour empêcher les seigneurs de lui parler et ses amis de le secourir (Lamb., 1076).

Quelques jours avant Noël de l'an 1076, il quitta donc Spire, avec Berthe, son épouse, avec son fils Conrad, encore enfant, et un homme de médiocre condition; aucun de ses anciens courtisans ne l'accompagna, l'argent lui manquant pour le voyage. Il s'adressa à bon nombre de ses vassaux; mais pas un de ceux qui avaient pris part à ses festins ne reconnut ses munificences, pas un ne vint à son secours dans sa détresse; il ne trouva de pitié chez personne en Allemagne. Vers le même temps, c'est-à-dire au commencement de 1077, bien des gens qui étaient excommuniés se rendirent également en Italie pour obtenir l'absolution; mais, effrayés par la sentence du Pape et des princes, aucun n'osa aborder le roi. Ce dernier traversa la Bourgogne et passa les fêtes de Noël à Besançon, où il fut bien accueilli par le comte Guillaume, oncle de sa mère, un des seigneurs les plus riches de la contrée. Henri avait choisi ce chemin, parce qu'il avait appris que Rodolphe, Guelfe et Berthold gardaient tous les passages de l'Italie, en sorte qu'il ne pouvait passer ni par le Frioul, ni par l'évêché de Carniole, ni par la Suisse. Il longea donc le Jura jusqu'au lac de Genève. A Vevey, il vit arriver Adélaïde, veuve d'Othon de Suze, le plus puissant margrave d'Italie. Elle était la mère de Berthe, femme de Henri, et d'Adélaïde, femme de Rodolphe, qui avait épousé cette dernière peu après la mort de Mathilde, sœur du roi. Guelfe de Bavière était aussi parent de cette princesse; car la mère de Guelfe avait été la première femme du margrave Othon. Adélaïde gouvernait une grande étendue du pays, et ses richesses étaient devenues proverbiales; elle n'avait qu'un seul fils, héritier de ses vastes domaines, c'était Amédée. Le roi lui fit présent d'une grande quantité de terres en Bourgogne, sans pouvoir cependant satisfaire ses exigences; car elle lui refusait le passage des Alpes, s'il ne consentait à lui abandonner, avec toutes leurs dépendances, les cinq évêchés de Genève, de Lausanne, de Sion, de Tarentaise et encore un autre. De telles conditions semblèrent bien dures à Henri, mais sa position critique ne lui permit aucun délai; il se vit donc forcé de céder à Adélaïde, la mère de sa femme et l'aïeule de son fils, une province entière de la Bourgogne, pays riche et fertile, et, par ce moyen, il obtint un libre passage et une escorte jusqu'en Italie.

L'hiver était tellement rigoureux, que toutes les rivières et le Rhin même étaient gelés. Une grande quantité de neige était tombée au mois d'octobre, et couvrit tout le pays jusqu'à la fin de mars. Le chemin passait par-dessus une haute montagne, dont les sommités étaient couvertes d'énormes masses de neiges et de glaces, la neige était gelée comme du verglas, en sorte que les hommes et les chevaux couraient risque à chaque instant de se jeter dans des précipices sans fond. Mais le jour anniversaire de son excommunication n'était pas loin, et, passé ce terme, d'après les lois du royaume et la décision des princes, il perdait à jamais sa cause, ainsi que le droit de régner. Il parvint à acheter, au poids de l'or, les services de plusieurs habitants de ces contrées, qui lui frayèrent un chemin à travers les détours des montagnes, de manière à rendre la route moins périlleuse. Grâce aux soins de ces guides, Henri réussit, avec beaucoup de peine, à gravir avec les siens le sommet d'une montagne fort élevée; mais là on fut arrêté tout court, les difficultés paraissaient insurmontables; car la descente était si rapide et le chemin si glissant, qu'il n'y avait presque pas moyen de poser le pied. Les hommes se traînèrent sur les pieds et sur les mains, et, quand par malheur ils faisaient un faux pas, ils roulaient sans arrêt jusque dans la plaine. La reine et les femmes de sa suite descendirent couchées sur des traîneaux faits avec des peaux de bœufs. La plupart des chevaux périrent; de ceux qui restaient, on attacha aux uns les quatre jambes, et on les fit glisser de cette manière; on en lia d'autres sur des machines construites à la hâte et traînées à bras d'hommes; mais presque tous étaient hors de service. Enfin le roi arriva à Turin (Lamb., Berthold).

Quand le bruit se fut répandu qu'il était arrivé en Italie, tous les évêques et les comtes de Lombardie vinrent à l'envi le trouver, lui rendant l'honneur qui était dû à sa dignité, et, en peu de jours, il s'assembla auprès de lui une armée innombrable; car il n'était pas encore venu en Italie, où, dès le commencement de son règne, on désirait sa présence pour réprimer les séditions, les brigandages et les autres désordres dont ce royaume était affligé. D'ailleurs, on disait que le roi était irrité contre le Pape, et qu'il venait à dessein de le déposer : ce qui réjouissait extrêmement les évêques simoniaques de Lombardie, croyant avoir trouvé l'occasion de se venger du Pape, qui les avait excommuniés.

Cependant Grégoire s'était mis en chemin pour se rendre à Augsbourg, à la Chandeleur, suivant la prière des seigneurs allemands. Il sortit de Rome, malgré les seigneurs romains qui le détournaient de ce voyage, à cause de l'incertitude de l'événement. Il fut escorté par la comtesse Mathilde de Toscane, qui venait de perdre son mari Gozelon, duc de Lorraine, et sa mère, la comtesse Béatrix. La mère et la fille avaient un grand attachement pour le pape Grégoire, comme on le voit par ses lettres; mais, depuis que Mathilde fût veuve, elle était presque toujours avec lui et le servait avec une affection merveilleuse. Et, comme elle était maîtresse d'une grande partie de l'Italie et plus puissante que tous les autres seigneurs du pays, partout où le Pape avait besoin d'elle, elle accourait aussitôt et lui rendait les mêmes devoirs qu'à un père et à un seigneur.

C'est ce qui donna prétexte aux partisans du roi Henri, et particulièrement aux clercs dont le Pape condamnait les mariages sacrilèges, de l'accuser lui-même d'un commerce criminel avec Mathilde. Mais, ajoute l'historien Lambert, toutes les personnes sensées voyaient plus clair que le jour que c'était un faux bruit; car la princesse n'aurait pu cacher sa mauvaise conduite dans une aussi grande ville que Rome et au milieu d'une si nombreuse cour, et le Pape, de son côté, menait une vie si pure et si exemplaire, qu'il ne donnait pas lieu au moindre soupçon; outre que les miracles qui se faisaient souvent par ses prières, joints à son zèle ardent pour la discipline de l'Église, le justifiaient assez. C'est ainsi que parle cet historien, homme très-sensé lui-même, et qui finit son histoire cette année.

Le saint Pape, étant donc en chemin pour aller en Allemagne, fut bien surpris quand on vint lui dire que le roi était déjà en Italie. Il ne savait à quel dessein ce prince était venu, si c'était pour demander pardon ou pour se venger d'avoir été excommunié. En attendant qu'il fût mieux informé des intentions du roi, le Pape se retira, par le conseil de Mathilde, dans une forteresse qu'elle avait en Lombardie. C'était le château de Canosse, près de Reggio. Plusieurs évêques allemands et plusieurs laïques que le Pape avait excommuniés, et que le roi, par cette raison, avait été obligé d'éloigner de sa personne, ayant échappé à ceux qui gardaient les passages, arrivèrent en Italie et vinrent à Canosse, nu-pieds et vêtus de laine sur la chair, pour demander au Pape l'absolution. Il répondit qu'il ne fallait pas refuser le pardon à ceux qui reconnaîtraient sincèrement leur péché; mais qu'une si longue désobéissance demandait une longue pénitence. Comme ils déclarèrent qu'ils étaient prêts à souffrir tout ce qu'il leur prescrirait, il fit séparer les évêques dans des cellules, chacun à part, leur défendant de parler à personne et de prendre autre nourriture qu'un repas médiocre le soir. Il imposa aussi aux laïques des pénitences convenables, selon l'âge et les forces de chacun. Après les avoir ainsi éprouvés pendant quelques jours, il les fit venir, leur fit une douce réprimande et leur donna l'absolution ; mais, en les congédiant, il leur recommanda expressément de ne point communiquer avec le roi Henri, jusqu'à ce qu'il eût satisfait au Saint-Siége, leur permettant seulement de lui parler pour l'exciter à pénitence.

Cependant le roi Henri fit venir la comtesse Mathilde à une conférence, d'où il la renvoya au Pape chargée de prières et de promesses, et avec elle sa belle-mère Adélaïde de Savoie, avec le comte Amédée, son fils, le margrave Azon d'Este, quelques autres seigneurs d'Italie, et son parrain saint Hugues, abbé de Cluny ; car il savait que ces personnes avaient beaucoup de crédit auprès du Pape. Le roi le priait de l'absoudre de l'excommunication, et de ne pas légèrement ajouter créance aux seigneurs teutoniques, qui ne l'accusaient que par passion. Le Pape répondit qu'il était contre les lois de l'Eglise d'examiner un accusé en l'absence de ses accusateurs, et que, si le roi se confiait en son innocence, il ne devait point craindre de se présenter à Augsbourg au jour nommé, où il lui ferait justice sans se laisser prévenir par ses parties. Les députés répondirent que le roi ne craignait point de subir le jugement du Pape en quelque lieu que ce fût, le sachant un juge incorruptible ; mais qu'il était pressé par l'année de son excommunication prête à expirer, et que les seigneurs attendaient ce jour, après lequel ils ne l'écouteraient plus et le déclareraient privé sans retour de la dignité royale, et cela d'après les lois mêmes du pays et du royaume, *juxta palatinas leges.* C'est pourquoi il priait instamment le Pape de l'absoudre seulement de l'excommunication, se soumettant, pour cet effet, à telle condition qu'il lui plairait, et promettant ensuite de répondre à ses accusateurs en tel lieu et à tel jour que le Pape ordonnerait, et de renoncer à la couronne, s'il ne pouvait se justifier (Lamb.).

Le Pape résista longtemps, craignant la légèreté du roi ; mais enfin, cédant à l'importunité des députés et à leurs raisons, il dit : « S'il est véritablement repentant, qu'il nous remette la couronne et les autres marques de la royauté, et qu'il s'en déclare désormais indigne ! » Les députés trouvèrent cette condition trop dure et pressèrent le Pape de ne pas pousser ce prince à l'extrémité. Il se laissa donc fléchir, avec bien de la peine, et dit : « Qu'il vienne ! et qu'il répare par sa soumission l'injure qu'il a faite au Saint-Siége. » Le roi vint en effet à Canosse, et, laissant dehors toute sa suite, il entra dans la forteresse, qui avait trois enceintes de murailles. On le fit demeurer dans la seconde, sans aucune marque de sa dignité ; au contraire, il était nu-pieds et vêtu de laine sur la chair, et passa tout le jour sans manger, jusqu'au soir, attendant l'ordre du Pape. Il passa de même le second et le troisième jour.

Enfin, le quatrième jour, le Pape permit qu'il vînt en sa présence ; Henri se prosterna, les bras en croix, en répétant : Pardonnez, bienheureux Père, pardonnez-moi dans votre miséricorde ! Le Pape, le voyant pleurer, fut touché de compassion et dit : C'est assez (Domnizo, *Acta Bened.*, sec. 6, pars 2) ; et après plusieurs discours de part et d'autre, il convint de lui donner l'absolution aux conditions suivantes : Que Henri se présenterait à la diète générale des seigneurs allemands, au jour et au lieu qui seraient marqués par le Pape, et y répondrait aux accusations proposées contre lui, dont le Pape serait juge, s'il voulait. Que, suivant son jugement, il garderait le royaume ou y renoncerait, selon qu'il serait trouvé innocent ou coupable, sans que jamais il tirât aucune vengeance de cette poursuite faite contre lui. Que, jusqu'au jugement de la cause, il ne porterait aucune marque de la dignité royale et ne prendrait aucune part au gouvernement du royaume, seulement qu'il pourrait exiger les services, c'est-à-dire les redevances nécessaires pour l'entretien de sa maison. Que ceux qui lui avaient prêté serment en demeuraient quittes devant Dieu et devant les hommes. Qu'il éloignerait pour toujours de sa personne Robert, évêque de Bamberg, et les autres dont les conseils lui avaient été si préjudiciables. Que, s'il se justifiait et demeurait roi, il serait toujours soumis et obéissant au Pape, et lui aiderait, selon son pouvoir, à corriger les abus de son royaume contraires aux lois de l'Église ; enfin que, s'il manquait à quelqu'une de ces conditions, l'absolution serait nulle, il serait tenu pour convaincu, sans jamais être reçu à se justifier, et les seigneurs auraient la liberté d'élire un autre roi.

Henri accepta toutes ces conditions et s'engagea même par serment à les remplir fidèlement. Le serment était conçu en ces termes : « Moi, Henri, roi, je promets de me trouver, au jour fixé par le seigneur pape Grégoire, à la réunion des archevêques, des évêques, des ducs, des comtes et des autres princes du royaume teutonique ; selon le jugement qu'il prononcera, je donnerai satisfaction des plaintes qu'ils font contre moi, ou je me réconcilierai avec eux et avec ceux qui suivent leur parti. Si des obstacles réels empêchent que lui ou moi nous nous trouvions au jour fixé à cette réunion, je resterai sous les mêmes obligations pour la suite. Si le seigneur pape Grégoire veut passer les monts ou visiter quelque autre partie du royaume, il aura sécurité entière de ma part et de la part de tous ceux qui m'obéissent, tant pour sa vie et pour ses membres que pour sa liberté, ainsi que pour la vie, les membres et la liberté de ceux qui l'accompagnent, et de ses légats, soit qu'ils séjournent, soit qu'ils cheminent. De mon consentement, on ne fera rien contre leur honneur, et, s'ils étaient attaqués par quelqu'un, je les soutiendrais de tout mon pouvoir. Tout ceci, je l'observerai d'une manière loyale et inviolable, et je l'atteste par mon serment (Labbe, t. X, l. 4, *post Epist.* 12 ; Paul Bernried, n. 84). »

Mais ce serment ne fut pas encore jugé suffisant au Pape ; il fallut que les intercesseurs de Henri se rendissent eux-mêmes garants de ses promesses. Saint Hugues, abbé de Cluny et parrain du roi, alléguant que sa profession de moine ne lui permettait pas de jurer, donna sa foi en présence de Dieu ; mais Eppon, évêque de Ceitz, l'évêque de Verceil, le margrave Azon d'Este et d'autres princes confirmèrent par serment que le roi ferait ce qu'il avait promis.

Dès que ces serments eurent été prêtés, le Pape donna au roi la bénédiction et la paix apostolique, et célébra la messe. Après la consécration, il le fit approcher de l'autel avec tous les assistants, qui étaient en grand nombre; puis, tenant à la main le Corps de Notre Seigneur, il dit : « J'ai reçu depuis longtemps des lettres de vous et de ceux de votre parti, où vous m'accusez d'avoir usurpé le Saint-Siège par simonie, et d'avoir commis, tant avant mon épiscopat que depuis, des crimes qui, selon les canons, me fermeraient l'entrée aux ordres sacrés. Quoique je puisse me justifier par le témoignage de ceux qui savent comment j'ai vécu dès mon enfance, et qui ont été les auteurs de ma promotion à la dignité épiscopale, toutefois, pour ôter toute ombre de scandale, je ne veux m'en rapporter qu'au seul jugement de Dieu et non à celui des hommes; je veux que le Corps de Notre Seigneur Jésus-Christ, que je vais prendre, soit aujourd'hui une preuve de mon innocence. Je prie le Tout-Puissant de dissiper tout soupçon, si je suis innocent, et de me faire mourir subitement, si je suis coupable. » Ayant ainsi parlé, il prit une partie de l'hostie et la consomma. Le peuple fit des acclamations de joie, louant Dieu et félicitant le Pape de cette preuve de son innocence.

Mais le Pape, ayant fait faire silence, se tourna vers le roi et lui dit : « Faites, s'il vous plaît, mon fils, ce que vous m'avez vu faire. Les princes allemands n'ont pas cessé un jour de vous accuser devant moi d'un grand nombre de crimes pour lesquels ils prétendent que vous devez être interdit, pendant toute votre vie, non-seulement de toute fonction publique de la royauté, mais encore de la communion ecclésiastique et de tout commerce de la vie civile. Ils demandent instamment que vous soyez jugé, et vous savez l'incertitude des jugements humains. Faites donc ce que je vous conseille, et, si vous vous sentez innocent, délivrez l'Eglise de ce scandale et vous-même de cet embarras; prenez cette autre partie de l'hostie, afin que cette preuve de votre innocence ferme la bouche à tous vos ennemis et m'engage à être votre défenseur le plus ardent, pour vous réconcilier avec les seigneurs et finir à jamais la guerre civile. »

Le roi, qui ne s'attendait à rien moins, surpris et embarrassé, commença par reculer; et, s'étant retiré à part avec ses confidents, il délibéra en tremblant sur ce qu'il devait faire pour éviter une épreuve si terrible. Enfin, ayant un peu repris ses esprits, il dit au Pape que les seigneurs qui lui étaient demeurés fidèles étaient absents pour la plupart, aussi bien que ses accusateurs, et qu'ils n'ajouteraient pas grande foi à ce qu'il aurait fait sans eux pour sa justification. C'est pourquoi il priait le Pape de réserver l'affaire en son entier à un concile général. Le Pape se rendit sans peine à la prière du roi. Il ne laissa pas de lui donner le Corps de Notre Seigneur; et, ayant achevé la messe, il l'invita à dîner, le traita avec beaucoup d'honneur, et, après l'avoir instruit soigneusement de tout ce qu'il devait observer, il le renvoya aux siens, qui étaient demeurés assez loin hors du château (Lamb., Paul Bernried).

Incontinent après l'absolution du roi, le Pape en donna avis aux seigneurs d'Allemagne, par une lettre où il dit : Suivant la résolution prise avec vos députés, nous sommes venu en Lombardie, environ vingt jours avant le terme auquel quelqu'un des ducs devait venir au devant de nous aux passages des montagnes; mais, après ce terme expiré, on nous manda qu'on ne pouvait nous envoyer d'escorte : ce qui nous mit en grande peine, parce que nous n'avions pas d'ailleurs de moyen de passer chez vous. Cependant nous apprîmes d'une manière certaine que le roi venait; et, avant que d'entrer en Italie, il nous offrit par des envoyés de satisfaire en tout à Dieu et à saint Pierre, et nous promit toute obéissance pour la correction de ses mœurs, pourvu qu'il obtînt son absolution. Nous consultâmes et délibérâmes longtemps, le reprenant fortement de ses excès par les envoyés de part et d'autre; et enfin il vint, sans marques d'hostilité et peu accompagné, à la ville de Canosse où nous demeurions. Il fut trois jours à la porte sans aucune marque de dignité royale, nu-pieds et vêtu de laine, demandant miséricorde avec beaucoup de larmes; en sorte que tous les assistants ne pouvaient retenir les leurs, et nous priaient instamment pour lui, admirant notre dureté; et quelques-uns criaient que ce n'était pas une sévérité apostolique, mais une cruauté tyrannique. Enfin, nous laissant vaincre, nous lui donnâmes l'absolution et le reçûmes dans le sein de l'Eglise, après avoir pris de lui les sûretés transcrites ci-dessous, qui furent aussi confirmées par l'abbé de Cluny, par les comtesses Mathilde et Adélaïde, et plusieurs autres seigneurs, évêques et laïques : ce qui étant ainsi passé, nous désirons passer chez vous, sitôt que nous en aurons la commodité, pour travailler plus efficacement à la paix de l'Eglise et de l'empire; car vous devez être persuadés que nous avons laissé toute l'affaire en suspens, jusqu'à ce que nous puissions la terminer par votre conseil. » Cette lettre est du 28 janvier 1077 (L. 4, *Epist.* 12).

On nous a tellement habitués à ne voir dans Grégoire VII que *l'ambitieux*, *l'orgueilleux*, *l'impétueux*, *le fougueux* Hildebrand, que l'exposé historique de ce qu'il a fait déconcertera probablement les idées de plus d'une personne. Un point surtout a choqué ces derniers siècles, c'est la rigueur et l'arrogance avec laquelle il traite à Canosse ce bon roi de Germanie. En effet, nous sommes devenus, particulièrement en France, si délicats sur le respect, les égards qu'on doit à la majesté royale, que, si par accident nous avions soit offensé, soit simplement tué un monarque, pour réparer notre faute, nous serions prêts à.... recommencer. En conséquence, nous sommes étrangement scandalisés qu'un Pape, avant d'absoudre un aussi saint homme que ce roi teuton, lui fasse porter un habit de pénitent, le fasse jeûner jusqu'au soir, et cela pendant trois jours, ni plus ni moins. On ne sera donc pas peu surpris d'apprendre qu'un auteur protestant d'Allemagne s'est avisé de découvrir que, bien loin d'avoir été dur en cette circonstance, Grégoire usa envers Henri d'une indulgence et d'une générosité singulières. Il trouve d'abord que trois jours de jeûne pour cette masse énorme de crimes qu'il avait sur la conscience, n'étaient pas une pénitence excessivement rigoureuse. D'ailleurs, ces sortes de pénitences n'étaient pas une chose inouïe alors ; le père de Henri, tout empereur qu'il était, recevait souvent la discipline de la main de son confesseur. Cette remarque, faite par un protestant, en est d'autant plus curieuse. Une autre, qui ne l'est pas moins, c'est qu'en remettant la sentence définitive à une diète subséquente, Grégoire sacrifiait ses propres intérêts pour favoriser ceux de Henri. Dans l'état où était réduit ce dernier, Grégoire en eût obtenu facilement les plus grands avantages, entre autres la renonciation aux investitures, s'il avait voulu le rétablir complètement. D'un autre côté, s'il l'avait rétabli sans la participation des princes assemblés à Augsbourg, ceux-ci, disposés comme ils étaient, n'eussent pas manqué de repousser tout à fait Henri et de choisir un autre roi. Ainsi donc, suivant un auteur protestant, Grégoire VII, sous une apparence de sévérité, exerçait envers Henri la plus généreuse indulgence (Planck, t. IV).

Après l'Allemagne, ce qui occupait le plus le zèle et la vigilance du pape saint Grégoire, c'était la France, tant pour y maintenir la pureté de la foi, que pour y rétablir la sainteté de la discipline et des mœurs. Et ses efforts n'y furent pas stériles ; ils étaient puissamment secondés par son digne légat, Hugues de Die.

Le malheureux Bérenger n'ayant ni assez d'humilité pour s'en tenir simplement à la doctrine de l'Église sur l'eucharistie, ni assez d'intelligence pour bien comprendre cette doctrine, passait sa vie à rétracter tantôt ses erreurs, tantôt ses rétractations. Il s'était rétracté une première fois, l'an 1055, dans un concile de Tours ; une seconde fois, l'an 1059, dans un concile de Rome ; probablement une troisième fois, l'an 1073, dans un concile de Poitiers, où il faillit être tué, tant on eut horreur de son blasphème. L'an 1078, le pape Grégoire ayant appris qu'à la faveur des troubles de l'Église, ce novateur, malgré tant d'abjurations, persistait à dogmatiser contre la présence réelle de Jésus-Christ au sacrement de nos autels, le cita pour comparaître à Rome, où il eut la patience de l'entendre dans deux conciles. Comme Bérenger ne put justifier sa foi sur l'eucharistie, il fut contraint de dire encore une fois anathème à ses sentiments, et, pour convaincre les Pères de sa catholicité, il dressa lui-même une profession de foi conçue en ces termes : « Je confesse que le pain offert à l'autel est, après la consécration, le vrai corps du Christ, ce corps qui est né de la Vierge, qui a souffert sur la croix, et que le vin offert à l'autel est, après la consécration, le vrai sang qui a coulé du côté du Christ, et je proteste que je crois de cœur ce que je prononce de bouche. Qu'ainsi Dieu et ces saintes reliques me soient en aide (Mabill., *Analect.*). »

Plusieurs évêques de ce concile, qui connaissaient la dissimulation et l'artifice de Bérenger, ne crurent pas cette profession suffisante pour parer à ses fourberies et à ses équivoques, d'autant plus qu'il n'y faisait nulle mention de la transsubstantiation. Ainsi on remit à traiter plus amplement cette affaire dans un concile plus nombreux, qui devait se tenir à Rome l'année suivante 1079. Il s'y trouva cent cinquante évêques ou abbés. Nous y avons assisté, dit un auteur du temps, et nous avons vu que Bérenger paraissant au milieu du concile, a détesté avec serment son hérésie touchant le corps du Seigneur, en présence du Pape, de cent cinquante évêques et abbés, et d'un nombre infini d'ecclésiastiques. Bérenger y fit une nouvelle profession de foi qui lui fut dictée, et dont les termes ne laissent aucun subterfuge à la mauvaise foi ; la voici :

« Moi, Bérenger, je crois de cœur et confesse de bouche que le pain et le vin offerts à l'autel sont, par le mystère de la prière sacrée et des paroles de notre Rédempteur, changés substantiellement en la vraie, propre et vivifiante chair et au sang de Jésus-Christ, Notre Seigneur, et, qu'après la consécration, c'est le vrai corps qui est né de la Vierge, qui a été attaché à la croix et offert pour le salut du monde, et qui est maintenant assis à la droite du Père, et que c'est le vrai sang qui a coulé de son côté ; et cela non-seulement par le signe et la vertu du sacrement, mais dans la propriété de la nature et la vérité de la substance, comme il est contenu dans cet écrit que j'ai lu, et comme vous l'entendez. Je crois ainsi, et je n'enseignerai rien désormais de contraire à cette foi : qu'ainsi Dieu et ses saints Évangiles me soient en aide (Labbe, t. X). »

On ne pouvait rien de plus précis que cette profession de foi ; aussi le Pape en fut-il satisfait, et, pour précautionner Bérenger contre les rechutes, il lui défendit, de la part de Dieu et des saints apôtres Pierre et Paul, de dogmatiser sur l'eucharistie, ou même de disputer dans la suite en aucune manière sur cet article avec personne, à moins que ce ne fût pour convertir ceux qu'il pourrait avoir égarés. Le Pape donna même à Bérenger des lettres testimoniales qui faisaient foi de la pureté de sa doctrine, et par lesquelles il était défendu, sous peine d'excommunication, de le traiter d'hérétique.

Toutes ces précautions furent encore inutiles. A peine Bérenger était-il de retour en France, que, pour soutenir son parti, il écrivit contre la dernière profession de foi qu'on lui avait fait souscrire au concile de Rome. Il déclare qu'il ne l'avait signée que pour éviter la mort, et qu'ainsi on ne pouvait pas se prévaloir de sa signature. Il ose même avancer, dans le même écrit, que le Pape avait montré du penchant pour sa doctrine, que Sa Sainteté aurait été contente de la courte profession de foi qu'il lui avait présentée, si la malignité de quelques cardinaux ne l'avait obligé d'en exiger une plus diffuse. Il a le front d'assurer que le Pape, incertain du parti qu'il devait prendre sur les contestations présentes, ordonna des prières et des jeûnes, pour obtenir de Dieu qu'il lui fît connaître qui pensait le mieux sur l'eucharistie, ou de lui Bérenger, ou de l'Église romaine, et qu'après trois jours de jeûnes la sainte Vierge lui avait répondu qu'il ne fallait penser ni rien croire de l'eucharistie, que ce qui était marqué dans les Écritures, contre lesquelles Bérenger n'avait rien avancé. A ces impudents mensonges, on voit ce qu'il en était de ce novateur.

Le nouvel écrit de Bérenger causa dans la France un scandale qui obligea le légat Hugues de Die à citer cet hérésiarque au concile qu'il tint à Bordeaux l'an 1080. On avait eu jusqu'alors trop de patience à souffrir les variations de cet artificieux sectaire. Toutes les personnes désintéressées étaient indignées de ses parjures, et celles qui avaient du zèle murmuraient hautement. Il sentit qu'il ne pourrait plus éviter la punition qu'il méritait, et il prit enfin le parti de se soumettre sincèrement, du moins à ce qu'il parut. On ne sait pas le détail de ce qui se passa au concile de Bordeaux; mais Bérenger alla, au retour, se cacher dans l'île de Saint-Côme et de Saint-Damien, proche de Tours, pour y faire pénitence des troubles et des scandales qu'il avait excités dans l'Eglise. Il y passa dans une exacte retraite les huit années qu'il vécut encore. Il mourut la veille de l'Epiphanie 1088, dans de beaux sentiments de repentir, si nous en croyons quelques auteurs; car il y en a qui en doutent. On assure qu'étant à l'article de la mort, il s'écria : « C'est en ce jour de son Epiphanie que mon Seigneur Jésus-Christ se manifestera à moi pour me récompenser à cause de ma pénitence, comme je l'espère, ou, comme je le crains, pour me punir à cause des autres que j'ai pervertis (Guill. Malm., *et in Bibl. Floriac.; Hist. de l'Eglise gall.*, l. 21).

Le pape saint Grégoire s'appliqua aussi à retrancher les scandales de l'épiscopat dans la Bretagne armorique. Johenée, archevêque de Dol, ainsi qu'il se nommait, avait éludé les procédures commencées contre lui depuis longtemps. Il avait obtenu ce siège à force de présents qu'il avait faits au comte Alain; et, étant évêque, il s'était marié publiquement, et avait marié ses filles en leur donnant pour dot les biens de l'Eglise. Grégoire VII ayant appris ces horribles scandales, ne tarda pas d'y remédier. Il déposa Johenée et ordonna qu'on élût un autre évêque. Le clergé et le peuple de Dol élurent un jeune homme nommé Gilduin, qu'ils envoyèrent à Rome pour y être ordonné. Le Pape ne fut pas satisfait de cette élection à cause de la jeunesse de Gilduin, et il ordonna pour le siège de Dol, Evène, abbé de Saint-Melaine, qui était venu à Rome avec Gilduin, qu'on avait élu. Grégoire écrivit en même temps à Guillaume, roi d'Angleterre, de ne plus protéger un prélat aussi scandaleux que Johenée.

Il écrivit aussi au peuple de Dol que le jeune homme qu'ils avaient élu s'était désisté de son élection, et que c'était à sa prière qu'il avait ordonné Evène. Il manda aux évêques bretons que pour l'honneur de la province, il avait accordé le *pallium* à Evène, à condition cependant qu'il se soumettrait, quand il plairait au Saint-Siège de terminer la cause pendante depuis si longtemps entre l'Eglise de Tours et celle de Dol, touchant les droits de métropolitain; promettant néanmoins que si l'Eglise de Dol perdait le titre de métropole, il ne laisserait pas de permettre à Evène de porter le *pallium* et d'accorder à cette Eglise d'autres priviléges pour la dédommager (*Apud Martenne inter act. Dol.*). Evène fut un digne prélat, s'il gouverna son Eglise comme son monastère; car, quand il prit possession de l'abbaye de Saint-Melaine de Rennes, il n'y trouva qu'un religieux, et il en laissa cent en le quittant.

Le légat Hugues de Die travaillait toujours avec le même zèle à réformer la France par les fréquents conciles qu'il tenait. Il en tint un à Bordeaux, l'an 1080, avec Amat, évêque d'Oléron, qui lui avait été associé dans sa légation. Amat tint un concile particulier dans la petite Bretagne, où l'on défendit de donner l'absolution aux pécheurs qui ne se corrigeaient point. Grégoire avait écrit aux Bretons contre le même abus qui régnait parmi eux, et il leur marque qu'il leur envoie Amat pour corriger ce désordre.

Hugues, de son côté, tint deux conciles l'an 1080; le premier à Saintes, où l'on régla que le monastère de la Réole, arrosé du sang de saint Abbon, appartiendrait au monastère de Fleuri, le second à Avignon, où il déposa Achard, qui s'était emparé de l'Eglise d'Arles pendant la vacance du siége, et fit élire en sa place Gibelin. Il fit aussi élire Lanthelme, archevêque d'Embrun, Hugues, évêque de Grenoble, et Didier, évêque de Cavaillon; et, après le concile, il les conduisit la même année à Rome, où ils furent ordonnés. Nous parlerons ailleurs des vertus de saint Hugues, évêque de Grenoble.

Le légat avait convoqué à quelqu'un de ces conciles les évêques de Normandie, avec l'évêque du Mans et l'abbé de la Couture. Comme ils ne s'y rendirent pas, il les avait tous excommuniés, excepté l'archevêque de Rouen; mais le Pape n'approuva pas la sévérité de Hugues, et il rétablit tous ces prélats dans leurs fonctions. Il ordonne à son légat de ménager davantage le roi Guillaume, duc de Normandie. Car, dit le Pape, quoique ce prince ne se comporte pas en certaines choses aussi religieusement que nous le souhaiterions, cependant, parce qu'il ne détruit point et ne vend point les églises, parce qu'il n'a point voulu entrer dans le parti des ennemis du Saint-Siége, et qu'il a même fait serment d'obliger les prêtres mariés à quitter leurs femmes, et les laïques qui possèdent des dîmes à y renoncer, il mérite plus de louanges et d'honneur que les autres rois (L. 9, *Epist.* 5).

Le roi Guillaume montrait en effet un grand zèle pour le rétablissement de la discipline en Normandie et en Angleterre. Il fit assembler, l'an 1080, un concile à Lillebonne, dans le pays de Caux, où l'on fit treize canons, dont voici les dispositions les plus remarquables. On ordonne que les évêques et les seigneurs veillent à l'observation de la trève de Dieu; qu'on punisse, selon les lois, ceux qui ont épousé leurs parentes; qu'on ne souffre point que les prêtres, les diacres, les sous-diacres, les chanoines et les doyens aient des femmes; et, comme les évêques avaient montré quelque négligence en ce point, le roi veut que les magistrats laïques jugent les prêtres concubinaires en présence des officiers de l'évêque. Le roi déclare qu'il rendra aux évêques la connaissance de ces délits, quand ils auront fait paraître plus de zèle. On marque plusieurs crimes pour lesquels on devait payer une amende à l'évêque, et d'autres pour lesquels on ne devait pas exiger d'argent, mais seulement mettre le coupable en pénitence (Labbe, t. X).

Les deux légats, Hugues de Die et Amat d'Oléron, tinrent, au mois de mars 1081, un concile à Issoudun, où il se trouva dix-sept évêques, parmi lesquels étaient quatre métropolitains, savoir: Richard de Bourges, Richer de Sens, Radulfe de Tours, et Gosselin de Bordeaux. Amat excommunia dans ce concile les chanoines de Saint-Martin de Tours, parce qu'ils avaient refusé de le recevoir en procession à son arrivée en cette ville. Urbain II accommoda dans la suite cette affaire. C'est une perte pour l'histoire de l'Eglise, que les actes de tous ces conciles ne soient pas venus jusqu'à nous. Quelques donations qui y furent faites à diverses églises nous en ont seulement conservé la mémoire.

Le légat Hugues de Die tint, la même année 1081, un concile à Meaux, où il déposa Ursion, évêque de Soissons, qui, après la mort de Thetbald, avait obtenu cet évêché par brigue. Ursion fut cité au concile; et, sur le refus qu'il fit de comparaître, on procéda à sa déposition. Hugues ordonna aussitôt au clergé de Soissons, dont la meilleure partie s'était rendue à Meaux, d'élire un autre évêque. Ils élurent le saint moine Arnulfe, qui vivait reclus dans sa cellule, et il était rentré, après qu'il eût abdiqué la charge d'abbé de Saint-Médard. Le légat lui députa aussitôt quelques personnes du concile, pour lui ordonner de sortir de sa cellule et de se rendre au concile. Cet ordre fut pour lui un coup de foudre. Il obéit cependant, malgré sa répugnance, et dès qu'il parut dans le concile, on fit relire l'acte de son élection, qui fut confirmée par les acclamations des assistants. Aussitôt, sans lui donner le temps de s'excuser, on le fit asseoir au rang des évêques; et le légat lui ordonna, en vertu de la sainte obéissance, d'accepter l'épiscopat. Comme Manassès de Reims, métropolitain de Soissons, était alors déposé, le légat voulut lui-même l'ordonner, et il marqua le jour et le lieu où Arnulfe devait se rendre.

En attendant, le saint homme retourna à son monastère; et, après avoir fait préparer ce qui était nécessaire pour son voyage, il partit avec quelques moines de Saint-Médard. En chemin, il rendit visite à Thibauld, comte de Champagne, qu'il trouva à Vertus, diocèse de Châlons, et dont il fut reçu avec honneur. Il eut en ce lieu quelque mécontentement d'un moine nommé Ostremare, qui l'accompagnait : il le renvoya; mais, pour le consoler, il le chargea d'aller à Paris trouver la reine Berthe, et de lui annoncer de sa part qu'elle était enceinte d'un fils qui serait nommé Louis et qui gouvernerait le royaume de France. « Elle aura, dit-il, de la peine à vous croire, parce qu'elle n'a pas encore senti le fruit qu'elle porte; mais elle le sentira bientôt. » La reine reçut cette nouvelle avec une joie mêlée de crainte. Elle fit aussitôt appeler le roi, qui était à la chasse, pour le lui apprendre, et l'événement justifia la prophétie. Saint Arnulfe, ayant continué sa route, fut ordonné évêque par le légat, le 19 décembre 1081. A son retour, il visita le monastère de Cluny, où il fut reçu par saint Hugues avec de grands honneurs; mais, à son arrivée à Soissons, il trouva Gervais, frère d'Ursion, l'évêque déposé, avec une troupe nombreuse de soldats, pour lui en défendre l'entrée. Ainsi il se retira à Ouchi-lé-Château, d'où il gouverna son diocèse (*Acta Sanct.*, 15 *aug.*). Le légat Hugues de Die tint en France d'autres conciles, et eut à y traiter, ainsi que le pape Grégoire VII, d'autres affaires fâcheuses ou embarrassantes; car généralement on ne recourt au Pape que pour des affaires de cette nature, comme on ne recourt au médecin que pour des maladies auxquelles on ne connaît pas de remède.

Quant à saint Hugues, qui avait été ordonné évêque de Grenoble, c'était un des plus saints prélats de son temps. Il était originaire du territoire de Valence, d'un lieu nommé Château-sur-Isère. Hugues, alors évêque de Die, ayant connu son mérite, le prit à sa suite, et il se servit utilement de lui dans la poursuite et la réforme qu'il faisait des désordres du clergé. Ayant été élu évêque de Grenoble, saint Hugues ne voulut point recevoir l'ordination de Guarmond ou Herman de Vienne, qui était accusé de simonie, et il alla à Rome, comme nous l'avons dit. La comtesse Mathilde, qui était alors la plus zélée protectrice de l'Eglise, lui témoigna beaucoup d'amitié et lui fit présent d'un bâton pastoral et de plusieurs livres. Il trouva, en arrivant à Grenoble, un peuple indocile et ignorant, un clergé simoniaque, des prêtres concubinaires ou mariés publiquement, des laïques usuriers et usurpateurs des biens de l'Eglise : c'était un vaste champ à son zèle. Il travailla avec courage à retrancher tous ces scandales; mais, le fruit ne répondant pas à ses travaux, il quitta son siège après environ deux ans d'épiscopat, et se retira à la Chaise-Dieu, où il prit l'habit monastique. Il n'y demeura qu'un an; car le pape Grégoire ayant appris le lieu de sa retraite, lui ordonna de retourner à son Eglise et de ne pas préférer son repos au salut des âmes dont il était chargé. Hugues obéit; mais il conserva pendant le reste de sa vie, dans l'épiscopat, l'amour et les pratiques de la vie monastique (*Act. Sanct.*, 1 *april*).

Tandis que le grand saint pape Grégoire VII, à l'exemple et à la suite de saint Léon IX, travaillait ainsi, avec une foi et un courage invincibles, à la réformation du clergé, à l'extirpation de la simonie et de l'incontinence qui le déshonoraient, Dieu suscita un nouveau patriarche de la vie solitaire, un homme pareil aux Antoine de la Thébaïde, aux Hilarion de la Palestine; un homme et un ordre qui, par la vie pénitente, devaient servir de leçon et de modèle au clergé et au peuple chrétien, et attirer à jamais les bénédictions du ciel sur toute l'Eglise; un ordre qui, après huit siècles est encore le même, sans avoir jamais eu besoin de réforme, ni pour la pureté de la foi, ni pour l'austérité de la discipline. Cet homme est saint Bruno; cet ordre est celui des chartreux.

Bruno était né à Cologne, où il fut élevé. Il fit ses études en France, où la capacité qu'il acquit lui fit donner la chaire de l'école de Reims. Manassès, archevêque de Reims, le fit son chancelier, comme il paraît par quelques actes que Bruno a signés en cette qualité. Mais les bienfaits dont Manassès le combla ne lui fermèrent pas les yeux sur les excès où ce prélat se portait, et n'affaiblirent pas son zèle. Bruno fut un des principaux accusateurs de ce prélat, qui, pour l'en punir, le priva de ses bénéfices. Bruno eut moins de chagrin de ces mauvais traitements que des scandales que donnait l'archevêque. Il se retira d'abord à Cologne, où il fut quelque temps chanoine de Saint-Cunibert; mais Dieu l'appelait à un état plus parfait. Dès le temps que Bruno était à Reims, sous l'archevêque Manassès, il forma, avec quelques-uns de ses amis, le dessein d'embrasser ensemble la vie monastique. C'est ce qu'il raconte lui-même dans une lettre à Radulfe le Vert, alors prévôt de l'Eglise de Reims.

« Vous vous souvenez, dit-il, que vous et moi, et Fulcius le Borgne, nous promenant un jour dans un jardin, proche la maison d'Adam, où je logeais, après avoir discouru ensemble de la caducité des biens et des plaisirs de la terre, comparés à la durée des joies célestes, nous fûmes si embrasés de ferveur, que nous promîmes et vouâmes au Saint-Esprit de quitter au plus tôt les choses périssables et de prendre l'habit monastique, pour tâcher de mériter les biens éternels; ce que nous n'aurions pas différé d'exécuter, sans un voyage que Fulcius fit alors à Rome. » Cette lettre de saint Bruno fait assez voir que la conférence qu'il eut avec ses amis sur la vanité des biens de la terre, fut la première cause de sa retraite, après le dégoût et les chagrins qu'il avait de vivre sous un archevêque aussi scandaleux que Manassès. Ce prélat, quoique déposé, se maintint quelque temps dans son siége; mais il fut enfin chassé par son peuple, et il se retira à la cour de Henri, roi de Germanie, où il mourut misérablement hors de la communion de l'Eglise. Rainald, trésorier de Saint-Martin de Tours, qui avait été élu en sa place, devint tranquille possesseur de ce grand siége.

Ce changement ne fit pas perdre à Bruno le pieux dessein qu'il avait conçu. Pour l'exécuter, il s'associa six compagnons d'une grande ferveur. Ils délibéraient encore quel genre de vie ils embrasseraient pour mieux servir le Seigneur. Mais après avoir consulté plusieurs saints personnages, et entre autres un saint ermite d'une grande réputation, qui pouvait être saint Etienne de Muret ou saint Robert de Molesme, ils se rendirent à Grenoble, auprès de saint Hugues, évêque de cette ville. Ce saint évêque, qui, la nuit précédente, avait vu en songe sept étoiles, jugea que Dieu avait voulu par là faire connaître le mérite de ces sept pèlerins, et que c'était comme autant d'astres qui venaient éclairer son diocèse. Il les reçut avec joie, et leur donna, pour leur demeure, des montagnes affreuses, proches de Grenoble, nommées *la Chartreuse.* Ils y bâtirent un oratoire en l'honneur de la sainte Vierge, et, s'étant fait des cellules autour de cette chapelle, ils en prirent possession vers la Saint-Jean de l'an 1084. Tels furent les commencements du nouvel ordre qui a donné et ne cesse de donner tant d'édification à l'Eglise, et en particulier à la France, où il a pris naissance. La Chartreuse, cette première demeure des disciples de saint Bruno, a donné son nom à toutes les maisons de cet institut et aux solitaires qui l'ont embrassé.

Nous n'avons point rapporté, parmi les causes de la conversion de saint Bruno, le miracle du chanoine qui, ressuscitant, dit-on, pour un moment pendant ses obsèques, s'écria qu'il était damné. Aucun des auteurs contemporains qui ont parlé de la retraite de saint Bruno, n'a fait mention de cet événement, lequel cependant n'était pas de nature à être omis, s'il eût été véritable. On convient assez aujourd'hui que cette histoire est supposée, et on l'a en effet retranchée du Bréviaire romain. Cependant la question ne paraît pas décidée sans appel. Car, dans le moment même qu'on imprime ces lignes, nous prenons connaissance de l'*Histoire de saint Bruno*, par Tromby (*Napoli*, 1775, 3 vol. in-fol.), qui s'occupe, dans un grand détail, à réfuter toutes les raisons contre, et à faire valoir des raisons pour la réalité du miracle. Un nouveau biographe de saint Bruno fera bien de revenir là-dessus.

Bruno mena avec ses compagnons une vie angélique dans les montagnes affreuses de la Chartreuse. Voici ce que Guibert, abbé de Nogent, célèbre auteur de ce temps-là, dit de la manière de vivre des premiers chartreux. « Leur église, dit-il, est bâtie proche le sommet de la montagne. Ils ont un cloître assez commode; mais ils ne demeurent pas ensemble comme les autres moines. Chacun a sa cellule autour du cloître, où ils travaillent, dorment et prennent leur réfection. Le dimanche, ils reçoivent de l'économe, du pain et des légumes pour la semaine. Les légumes sont le seul mets qu'ils fassent cuire chez eux; une fontaine leur fournit de l'eau pour boire et pour les autres usages, par des canaux qui vont aboutir à toutes les cellules. Les dimanches et les jours solennels ils mangent du fromage et quelques poissons, quand des personnes de piété leur en ont donné; car ils n'en achètent point. Pour de l'or, de l'argent et des ornements de l'église, ils n'en reçoivent pas quand on leur en offre. Ils n'ont pour toute argenterie qu'un calice. Ils ne s'assemblent pas dans l'église aux heures ordinaires; si je ne me trompe, ils entendent la messe les dimanches et les jours de fête. Ils ne parlent presque jamais, et, s'il est besoin de faire entendre quelque chose, ils le font par signe. Quand ils boivent du vin, il est si trempé qu'il n'a aucun goût et ne vaut guère mieux que de l'eau. Ils portent le cilice sur la chair: leurs autres habits sont assez minces. Ils sont gouvernés par un prieur; l'évêque de Grenoble leur tient lieu d'abbé. Mais quoiqu'ils soient pauvres, ils ont cependant une riche bibliothèque. »

« Le comte de Nevers, continue Guibert, étant allé les visiter cette année par dévotion, eut pitié de leur pauvreté, et leur envoya, à son retour, de l'argenterie d'un grand prix. Ils la lui renvoyèrent, et le comte, édifié de ce refus, leur envoya des cuirs et des parchemins, qu'il savait leur être nécessaires pour transcrire des livres. Comme la Chartreuse une terre stérile, ils sèment peu de blé; mais ils en achètent avec les toisons de leurs brebis, dont ils nourrissent de grands troupeaux. Au bas de la montagne demeurent plus de vingt laïques qui les servent avec une grande affection et qui ont soin de leurs affaires temporelles, tandis qu'eux ne s'appliquent qu'à la contemplation. » Guibert parle ensuite du grand nombre de conversions que l'exemple de ces solitaires de la Chartreuse opéra dans la France, et de l'empressement qu'on témoigna dans toutes les provinces pour bâtir des monastères de cet institut (Guib., *De vitâ suâ*, l. 1, c. 10).

Au portrait que l'abbé de Nogent nous fait de la vie des premiers chartreux, Pierre le Vénérable ajoute plusieurs traits édifiants. Il dit que leurs habits étaient vils, courts et étroits; qu'autour de leurs cellules ils avaient marqué une certaine enceinte, hors de laquelle, quelque chose qu'on pût leur offrir, ils n'auraient pas accepté un pied de terre; qu'ils avaient un nombre fixe de bœufs, de brebis, d'ânesses et de chèvres; que, pour n'être pas obligés de l'augmenter, ils ne recevaient que douze moines dans une maison, sans compter le prieur avec dix-huit convers et quelques valets; qu'ils ne mangeaient jamais de chair, même étant malades; que le mardi et le samedi ils ne mangeaient que des légumes, et que le lundi, le mercredi et le vendredi, ils ne mangeaient que du pain bis et ne buvaient que de l'eau; qu'ils ne faisaient qu'un repas par jour, excepté les dimanches, les fêtes solennelles et les octaves de Pâques, de Noël et de la Pentecôte, et qu'on ne leur disait la messe que les dimanches et les fêtes. Les six premiers compagnons de saint Bruno furent Landuin, qui lui succéda dans le gouvernement de la grande Chartreuse, deux Etienne, chanoines de Saint-Rufe, Hugues, qui était seul prêtre de la communauté, André et Garin, laïques.

Saint Hugues, évêque de Grenoble, n'avait pas de plus sensible consolation que d'aller souvent à la Chartreuse s'édifier de la vie sainte que menaient ces pieux solitaires. Mais ils étaient encore plus édifiés de son humilité qu'il ne pouvait l'être de leurs austérités. Ce saint évêque vivait avec eux comme le dernier d'entre eux. Sa ferveur lui faisait oublier sa dignité, et il rendait les derniers services à celui avec lequel il logeait; car dans ces commencements, les chartreux logeaient souvent deux dans une même cellule. Son compagnon se plaignait à saint Bruno de ce que Hugues voulait faire auprès de lui la fonction d'un valet; mais le saint évêque n'écoutait que son humilité, et il tenait à honneur de servir les serviteurs de Dieu.

Saint Bruno prenait souvent la liberté de le renvoyer à son Eglise : « Allez à vos ouailles, lui disait-il, elles ont besoin de vous; rendez-leur ce que vous leur devez. » Le saint évêque obéissait à Bruno comme à son supérieur, et, quand il avait passé quelque temps avec son peuple, il retournait dans la solitude. Il voulait vendre tous ses chevaux et faire dans la suite la visite de son diocèse à pied. Mais saint Bruno ne le lui conseilla point, de crainte que, par cette singularité, il ne parût condamner les autres évêques, et que lui-même n'en tirât quelque vaine gloire. Hugues suivit ce conseil; mais son humilité lui fit retrancher tout ce qu'il crut ne pas devoir à sa dignité. Sa modestie extérieure répondait aux vertus qu'il cachait dans son cœur, et elle en était la fidèle gardienne. Ce saint évêque gardait ses yeux avec tant de circonspection, qu'après cinquante années d'épiscopat, il ne connaissait qu'une seule femme de visage. Quoiqu'il eût parlé à une infinité d'autres femmes, il n'avait jamais arrêté la vue sur aucune. Pour ne pas donner la plus légère occasion à la malignité de la médisance, il ne confessait jamais les femmes que de jour, et dans un lieu où il pouvait être vu; car sa charité pour les pécheurs lui attirait un grand nombre de pénitents. Il les écoutait avec une grande patience, et les larmes qu'il versait en les confessant, leur inspirait une salutaire componction.

Malgré des maux presque continuels d'estomac et de tête dont saint Hugues fut affligé pendant quarante ans, il ne cessa pas d'annoncer la parole de Dieu à son peuple; mais il ne cherchait point à dire ce qui pouvait lui attirer les applaudissements de ses auditeurs. Il ne se proposait que de les instruire et de les toucher; à quoi il réussissait si bien, qu'après son sermon, un grand nombre de pécheurs lui demandaient à se confesser. Quelques-uns mêmes confessaient publiquement leurs péchés. Nous parlerons encore ailleurs de saint Hugues, lequel, après saint Bruno, fut comme le père des chartreux. Il fit une ordonnance par laquelle il défendit aux femmes de passer par la terre de ses religieux, de peur qu'elles ne troublassent leur solitude. Elle est datée du mois de juillet 1084 (*Acta Sanct.*, 6 *octob.* et 1 *april.*). C'est l'année à laquelle on rapporte plus vraisemblablement les commencements de l'institut des chartreux (*Hist. de l'Egl. gall.*, l. 21).

En entendant parler de contemplation, de religieux contemplatifs, certains hommes de nos jours, qui se piquent de philosophie et se croient philosophes, souriront peut-être de pitié. C'est qu'ils ignorent de quoi il est question. La philosophie est la science des vérités générales dans l'ordre naturel : science, connaissance raisonnée, méditée, approfondie, des vérités générales qui constituent le bon sens, la raison humaine, non des vérités particulières qui constituent les sciences spéciales; dans l'ordre naturel ou de la nature, distingué d'avec l'ordre de la grâce ou l'ordre surnaturel; le premier se bornant à l'homme tel que l'homme est en lui-même, comme intelligence incarnée; le second élevant l'homme au-dessus de sa nature par la grâce, et le disposant à voir Dieu tel que Dieu est en lui-même, et non-seulement tel qu'il se montre à travers les créatures. En d'autres mots, la philosophie est la contemplation des vérités générales dans l'ordre naturel, et les philosophes sont les religieux contemplatifs de cet ordre.

Mais au-dessus de la philosophie ainsi entendue, s'élève la théologie, science des vérités religieuses, tant dans l'ordre naturel que dans l'ordre surnaturel, mais principalement dans ce dernier. Elle embrasse ainsi le ciel et la terre, le temps et l'éternité, Dieu et l'homme; Dieu et ses œuvres; Dieu considéré, non-seulement à travers ses créatures, mais en lui-même; l'homme avec ses destinées présentes et futures. Elle présente ainsi à l'intelligence du chrétien un ensemble immense de vérités, mais de vérités vivantes et vivifiantes, que l'éternité tout entière ne suffira point à connaître, à contempler, à aimer.

Au milieu de cet océan immense de vérités, de lumière et de vie, l'esprit du chrétien vit et agit librement comme le poisson dans l'eau. Voyez le poisson dans l'Océan sans bornes. Il y vit, il s'y promène, il s'y repose; il s'élève jusqu'à la surface, il se plonge jusque dans les abîmes, il s'élance avec impétuosité, il repose et dort immobile, et toujours dans son élément, qui est sa vie et son bonheur : son malheur et sa mort seraient d'en sortir. Ainsi en est-il de l'âme chrétienne dans cet océan incommensurable des vérités religieuses.

De là, dans l'Eglise catholique, pour les âmes ferventes, ce besoin de prière, d'oraison, de méditation, de contemplation. De là, dans l'Eglise catholique, cette existence et cette nécessité si peu comprises d'ordres contemplatifs dont les ordres *annihilatifs* de l'Inde ne paraissent qu'une contrefaçon satanique; car, dans l'Eglise de Dieu, la contemplation religieuse n'est que l'exercice le plus élevé et le plus pur de l'intelligence créée : c'est l'apprentissage le plus élevé et le plus pur du ciel et de l'éternité. Ensuite, l'Eglise de Dieu étant là communion ou l'union commune et vivante des saints et des choses saintes, cet exercice, cet apprentissage ne profite pas seulement à l'individu qui le fait, mais au corps entier dont il est membre; c'est pour l'Eglise entière comme une nouvelle source de grâces, de lumières, de forces et de vie : grâces, lumières, forces et vie, qui se portent mystérieusement vers la partie de l'Eglise qui en a le plus besoin, comme dans le corps humain les esprits vitaux se portent naturellement vers le membre qui en a le plus besoin. De là sans doute cette lumière, cette prudence, cette force surhumaine, surabondante dans les saints qui s'identifient le plus complètement avec l'Eglise de Dieu, qui ne pensent, qui n'agissent, qui ne vivent, qui ne meurent que pour elle, comme saint Athanase dans le IVᵉ siècle, comme saint Grégoire VII dans le XIᵉ.

Après les apôtres, un des hommes qui a le plus travaillé et le plus souffert pour l'Eglise de Dieu, pour la délivrer du despotisme des mauvais princes, de la simonie des mauvais évêques, de l'incontinence des mauvais prêtres, c'est, sans aucun doute, le pape saint Grégoire VII. Après la pénitence et l'absolution du roi Henri à Canosse, il pouvait espérer de pacifier l'Eglise et l'empire à la diète prochaine d'Allemagne, où Henri avait juré de se rendre et de s'en rapporter au jugement du Pape; mais deux espèces d'hommes redoutaient cette pacification : les évêques et les seigneurs de Lombardie. Parmi les premiers, il n'y en avait peut-être pas un dont l'entrée fût légitime et la vie canonique : tous ou presque tous avaient acheté la dignité épiscopale, et les seigneurs la leur avaient vendue au prix du bien des églises. Or, si un accord sincère venait à régner entre le roi et le Pape, tous ces évêques simoniaques se voyaient déposés, tous ces usurpateurs laïques des biens d'églises se voyaient forcés à restitution. Ils reprochèrent donc à Henri, comme une faiblesse, comme une lâcheté, les soumissions et les promesses qu'il avait faites à Grégoire, et menacèrent de l'abandonner et de se faire un autre roi. Pour les apaiser, Henri, oubliant les serments qu'il venait de jurer, résolut de rompre avec le Pape, si la ruse devenait inutile.

Il forma le projet de s'emparer de sa personne et de faire élire un autre Pape à sa place. Six jours après son départ de Canosse, il se rendit de Reggio à Bibianello, ville appartenant à Mathilde, et éloignée seulement de quelques milles de Canosse, et fit dire au Saint-Père qu'il désirait beaucoup s'entretenir encore une fois avec lui. Sans se douter de rien, Grégoire se mit en route, accompagné de Mathilde. Le roi lui proposa de convoquer une nouvelle assemblée au delà du Pô, afin de calmer l'effervescence du peuple. Grégoire y consentit. Le jour fut fixé, et Henri se rendit le premier de l'autre côté du fleuve, pour s'entendre avec ceux qui devaient arrêter le Pontife. Grégoire et Mathilde avaient suivi le prince sur la rive opposée, quand la comtesse commença à soupçonner quelque embûche. Aussitôt qu'elle en eut acquis la certitude, elle s'éloigna rapidement avec le Pape et sa suite, en prenant des chemins détournés à travers les montagnes. Cet incident empêcha Grégoire de se rendre à la diète des princes à Augsbourg (Domnizo).

Ayant manqué ce coup, Henri commença à rappeler auprès de lui Ulric de Cosheim et ses autres confidents que le Pape avait excommuniés; et, dans l'assemblée des seigneurs, il déclamait continuellement contre le Pape, l'accusant d'être auteur de tous les troubles dans l'Eglise et dans la république, et exhortant les Lombards à se venger, sous sa conduite, des injures qu'ils en avaient reçues. Enfin, dit l'historien Lambert, il rompit, comme des toiles d'araignée, toutes les conditions qu'il avait jurées, et s'abandonna sans frein à tous ses caprices. Par là, il regagna les Lombards, et ses troupes croissaient tous les jours.

En Allemagne, l'archevêque de Mayence, les évêques de Wurtzbourg et de Metz, les ducs Rodolphe, Guelfe et Bertold, avec plusieurs autres seigneurs, statuèrent que les évêques saxons et les autres qui s'intéressaient au bien de la république, s'assembleraient le 13 mars à Forcheim en Franconie; et ils écrivirent au Pape, que, puisque le roi, par ses artifices, l'avait empêché de se rendre à Augsbourg à la Chandeleur, il ne manquât pas au moins de venir à Forcheim. Le Pape était encore à Canosse et dans les forteresses voisines, résolu de ne retourner à Rome qu'après son voyage d'Allemagne. Ayant donc reçu les lettres des seigneurs allemands, quoiqu'il fût déjà bien averti du changement du roi, il ne laissa pas de lui envoyer un cardinal nommé Grégoire, avec d'autres légats, pour lui dire qu'il était temps d'accomplir ses promesses, et qu'il se trouvât à Forcheim, afin que sa cause y fût jugée définitivement par le Pape. Le roi, dissimulant de son côté, répondit que, comme c'était son premier voyage d'Italie, il y avait trouvé tant d'affaires, qu'il ne pouvait en sortir si promptement sans offenser les Italiens, et que, d'ailleurs, le terme de l'assemblée était trop court. Il pria même le Pape de lui permettre de recevoir la couronne à Monza, suivant l'usage des rois de Lombardie, par les mains de l'évêque de Pavie et de l'archevêque de Milan; ou, parce que ces deux prélats étaient excommuniés, qu'il en donnât la commission à quelque autre évêque. Il pensait ainsi se faire rétablir indirectement dans la royauté par le Pape même; mais le Pape refusa, considérant qu'il l'avait déposé pour bien des crimes, déclaré ses sujets dégagés de leur serment de fidélité, et qu'ainsi il ne pouvait pas l'imposer à des princes libres, sans leur élection. Il fallait d'abord qu'il se justifiât de toutes les accusations portées contre lui, pour être couronné ensuite avec le consentement de tout le royaume (Paul Bernried, c. 9).

Le Pape envoya donc en Allemagne Bernard, abbé de Saint-Victor de Marseille, homme d'une haute vertu, et un cardinal-diacre nommé aussi Bernard, pour se trouver à l'assemblée de Forcheim, raconter aux seigneurs allemands ce qui s'était passé, et leur dire que l'intention du Pape était de s'y trouver lui-même; mais que Henri lui avait si bien fermé tous les passages, qu'il ne pouvait ni passer en Allemagne ni retourner à Rome : ainsi, qu'il les exhortait à donner cependant le meilleur ordre qu'ils pourraient au royaume des Francs, déchiré depuis tant d'années par la légèreté puérile d'un seul homme. C'est là que finit l'excellente histoire de Lambert d'Aschaffembourg; mais Paul de Bernried, auteur de la vie de Grégoire VII, nous apprend ce qui se passa ensuite.

Le lendemain du départ des légats, arriva à Rome, de la part des princes, le comte Magenold, de la famille de saint Udalric. Il avait été parfaitement instruit de la religion chrétienne par son frère, Herman le Contract, auteur d'une Chronique estimée. Il se maria, et eut deux fils, qu'il éleva avec grand soin. L'un fut tué dans l'innocence de sa jeunesse;

l'autre propagea la famille et les vertus du père. Le comte Magenold aimait beaucoup saint Grégoire, ayant avec lui les mêmes inclinations, et venait le voir souvent. Dans un de ces pèlerinages d'amitié et de dévotion, il tomba si dangereusement malade, qu'on désespéra de sa vie. Le pape Grégoire l'ayant su, vint le voir très-affligé, bénit un peu de pain avec du vin dans une coupe, et le lui présenta comme remède. Non-seulement le comte le prit avec appétit, mais se leva aussitôt plein de santé. De retour en son pays, comme il publiait partout et faisait sévèrement exécuter dans ses terres les décrets du Saint-Siège, particulièrement contre les ecclésiastiques concubinaires, la concubine d'un mauvais prêtre le menaça de lui faire sentir ce que c'était que de n'avoir pas de femme. Elle empoisonna la comtesse, qui en mourut. Veuf dans la force de l'âge, le comte ne voulut jamais se remarier, disant qu'il lui semblait peu convenable de se présenter au tribunal de Jésus-Christ avec deux femmes. Il profita si bien de son obéissance et de son amitié pour le pape Grégoire, que Dieu l'honora de plusieurs miracles, même avant sa mort (Paul Bernried, n. 81, c. 9).

Arrivés à la diète de Forcheim, les légats y présentèrent les lettres du Pape, et dirent qu'il avait peu de satisfaction du roi, qui, contre ses promesses, n'avait fait, par sa présence, qu'encourager les ennemis de l'Eglise; et que, toutefois, il les priait de différer jusqu'à son arrivée l'élection d'un nouveau roi, s'il leur paraissait que cela pût se faire sans péril. Après que les légats eurent parlé, les évêques et les seigneurs se levèrent l'un après l'autre pour leur faire honneur. Puis ils commencèrent à se plaindre aux légats des maux que le roi Henri leur avait faits, et qu'ils avaient encore sujet d'en craindre, ajoutant qu'il les avait tant de fois voulu surprendre, qu'ils ne pouvaient se fier à ses serments, et que, s'ils l'avaient souffert si longtemps depuis qu'il était déposé, ce n'était pas qu'ils espérassent sa correction, mais pour ôter à leurs ennemis tout prétexte de calomnie. Ce jour-là se passa en ces plaintes.

Le lendemain, ils allèrent trouver les légats à leur logis et leur représentèrent qu'ils exposaient le royaume à une division sans remède, s'ils n'élisaient un roi dans cette même assemblée. Les légats répondirent : « Il nous semble que ce serait le meilleur, si vous le pouviez sans péril, de différer l'élection jusqu'à l'arrivée du Pape; au reste, vous avez l'autorité entre les mains et vous connaissez mieux que nous l'intérêt du royaume. » Les seigneurs donc, incertains de l'arrivée du Pape et assurés du péril qu'il y avait à différer, s'assemblèrent avec la permission des légats, chez l'archevêque de Mayence, et considérèrent que le Pape avait laissé le délai à leur choix, qu'il leur avait défendu de reconnaître Henri pour roi, et que, depuis, il ne lui avait rendu que la communion et non pas la couronne. Ainsi, se trouvant entièrement libres, ils procédèrent à l'élection d'un nouveau souverain. Quelques seigneurs voulaient qu'on l'obligeât d'avance à réparer les torts particuliers qu'on leur avait faits. Ces vues d'intérêt particulier déplurent aux légats. Ils disaient qu'un roi n'était pas roi pour quelques individus, mais pour tous; qu'il devait protéger les droits de chacun; que chaque individu trouvât son intérêt propre dans l'intérêt commun; que si chacun faisait attention à son intérêt particulier, leur choix ne serait plus libre ni impartial, mais entaché de simonie. Ils représentèrent la nécessité d'établir des principes généraux d'après lesquels l'élection devait se faire, savoir : 1° Que les évêchés ne seraient point le prix de l'or ou de la faveur, mais chaque église aurait la liberté de nommer ses membres, comme le veut la discipline ecclésiastique. 2° Que la dignité royale, suivant les anciennes coutumes, ne serait point héréditaire, mais que le fils du roi, s'il était digne de succéder à son père, serait élu d'après un choix libre; que, s'il n'était pas digne et que le peuple ne voulût pas le reconnaître pour son seigneur, il serait rejeté. Ces propositions furent accueillies et approuvées unanimement (Bruno, *De bell. Sax.*).

Cela posé, les évêques, les seigneurs et le peuple, à commencer par l'archevêque de Mayence, qui avait la première voix, élurent unanimement pour roi Rodolphe, duc de Souabe, quoiqu'il résistât et demandât au moins une heure pour délibérer, et ils lui firent serment de fidélité. Il ne voulut point assurer la succession à son fils, mais il déclara qu'après sa mort les seigneurs éliraient celui qu'ils jugeraient le plus digne. Il fut élu à Forcheim, le 15 mars 1077, et douze jours après, le dimanche 27 du même mois, il fut sacré, à Mayence, par les archevêques de Mayence et de Magdebourg, avec leurs suffragants, en présence des légats.

Paul de Bernried, auteur du temps, ajoute à ce récit les réflexions suivantes. « Personne ne peut, avec justice, objecter le parjure au roi Rodolphe et à ses princes, quoiqu'ils eussent autrefois fait serment de fidélité au roi déposé; car ce serment devait être observé aussi longtemps que lui-même était à la tête du royaume. Mais après sa déposition et son excommunication, tous les chrétiens ayant été absous de ce serment par le Pape, on ne lui devait pas plus de soumission que les diocésains n'en doivent à un évêque déposé, même non excommunié. Or, que le Pontife romain puisse déposer les rois, nul ne le niera, à moins de proscrire les décrets du très-saint pape Grégoire; car cet homme apostolique, à qui l'Esprit-Saint dictait à l'oreille ce qu'il fallait décerner, a irréfragablement décrété que les rois perdront leur dignité et seront privés de la participation au Corps et au Sang du Seigneur, s'ils osent mépriser les ordres du Siége apostolique. Car, si le Siége du bienheureux Pierre juge et délie les choses célestes et spirituelles, combien plus les choses terrestres et séculières, suivant cette parole de l'apôtre : *Ne savez-vous pas que nous jugerons les anges mêmes? Combien plus les choses du siècle!* C'est ainsi que, par l'autorité du pape Etienne, Childéric, roi des Francs, est déposé pour son incapacité, tondu et renfermé dans un monastère, et Pepin mis à sa place. En outre, des hommes libres s'étaient donné Henri pour roi, à la condition qu'il jugerait et gouvernerait avec justice ses électeurs. Or, il n'a cessé de violer et de mépriser ce pacte, en opprimant les innocents avec une cruauté tyrannique, et en forçant tout le monde à manquer à la religion chrétienne. Donc, même sans le jugement du Siége apostolique, les princes pouvaient avec justice le récuser pour roi, pour avoir méprisé d'accomplir le pacte qu'il leur avait promis à son élection, et sans l'accomplissement duquel il ne pouvait être roi; car ne saurait aucunement être roi celui qui s'applique, non à régir ses sujets, mais à les corrompre. Quoi encore? L'homme de guerre ne fait-il pas serment de fidélité à son seigneur, sous la condition que celui-ci ne lui refusera pas ce qu'un seigneur doit à son homme? Si donc le seigneur méprise de lui rendre ce qu'il doit, l'homme de guerre n'est-il pas libre de le récuser pour seigneur? Il en est très-libre, certainement; et personne ne saurait avec justice l'accuser d'infidélité ou de parjure, puisqu'il a rempli tout ce qu'il avait promis, en servant son seigneur tant que celui-ci lui a fait ce qu'un seigneur doit à son homme de guerre. » Telles sont les réflexions de Paul Bernried (*Vit. Greg. VII*, c. 10, n. 86).

Le jour même de son sacre, le roi Rodolphe, pour montrer sa soumission aux ordres du Pape, voyant un sous-diacre, qu'il savait être simoniaque, se présenter, revêtu des ornements, pour chanter l'épître à la messe, refusa de l'entendre; en sorte que l'archevêque Sigefroi fut obligé de le faire retirer et d'en mettre un autre à sa place. Cette action rendit le roi Rodolphe fort odieux aux clercs simoniaques et concubinaires; et, dès le jour même, le clergé de Mayence excita une sédition contre l'archevêque, le roi et les seigneurs; en sorte que, quand le roi descendit du palais, après le dîner, pour aller à vêpres, le peuple en furie voulut se saisir de l'église et du palais; mais il fut repoussé par les chevaliers qui accompagnaient le roi, quoiqu'ils fussent sans armes; car c'était la coutume de n'en pas porter en carême. Il est vrai qu'après vêpres, les séditieux étant revenus à la charge, il y en eut plus de cent tant tués que noyés; et les légats imposèrent pour pénitence à ceux qui les avaient tués, de jeûner quarante jours et de nourir quarante pauvres. Le roi Rodolphe envoya aussitôt une ambassade au Pape pour lui faire part de son élection et lui promettre obéissance (Bruno, *De bell. Sax.*; Paul Bern., n. 87).

Henri, ayant appris l'élection de Rodolphe, envoya au Pape, de son côté, pour l'engager à se déclarer contre son compétiteur. La position était très-délicate pour le chef de l'Eglise. Henri, absous de l'excommunication, ne devait être rétabli formellement sur le trône qu'après s'être justifié dans une assemblée des seigneurs d'Allemagne. Il avait esquivé de le faire. A prendre à la rigueur les engagements qu'il avait pris et jurés à Canosse, il était déchu sans retour de toutes ses prétentions. Mais la chose n'était pas juridiquement déclarée. L'Eglise, qui, dans ses jugements contre les coupables, procède moins avec une justice rigoureuse qu'avec une équité accommodante, aurait bien voulu que Henri se montrât digne d'être replacé sur le trône. D'un autre côté, les princes, les électeurs du royaume germanique avaient élu Rodolphe : à la vérité, c'était contre l'intention et les conseils du Pape; mais, après tout, les princes, les électeurs étaient dans leur droit. Et puis, la chose était faite : la lutte, la guerre civile était commencée. L'un et l'autre roi en appelaient au jugement du Pape. Le Pape ne pouvait s'empêcher d'examiner, de juger l'affaire, et, pour cela, d'entendre les deux parties. Il pouvait d'autant moins s'en empêcher, que celui des deux qu'il reconnaîtrait pour roi légitime, était par là même appelé à recevoir de sa main la dignité impériale, comme défenseur armé de l'Eglise romaine et universelle. Dans cet état de choses, que pouvait, que devait faire le pape Grégoire? Pouvait-il, devait-il faire autre chose que ce que nous lui voyons faire en effet?

Le 31 mai 1077, Grégoire écrivit à ses deux légats en Allemagne la lettre suivante : « Vous n'ignorez pas que, confiant dans la miséricorde de Dieu et dans l'appui de saint Pierre, nous sommes parti de Rome pour aller rétablir la paix dans le royaume d'Allemagne, pour l'honneur de Dieu et l'utilité de la sainte Eglise. Mais ceux qui devaient nous escorter nous ayant manqué, et l'arrivée du roi en Italie ayant suspendu notre voyage, nous nous sommes arrêté en Lombardie, au milieu des ennemis de la religion chrétienne, non sans danger; et jusqu'à présent nous n'avons encore pu franchir les monts, comme nous le désirions. Nous vous prescrivons donc, par l'autorité de saint Pierre, d'enjoindre aux rois Henri et Rodolphe d'assurer la liberté de notre voyage, et de nous donner le secours et l'escorte de gens dans lesquels vous avez toute confiance. Nous avons à cœur de régler leur différend, avec le concours des clercs et des laïques, qui, dans ce royaume, craignent et aiment le Seigneur, et de décider entre les mains duquel la justice doit placer les rênes de l'empire. Vous savez, en effet, qu'il est de notre devoir et du droit du Siège apostolique de traiter et de juger toutes les affaires majeures de l'Eglise. Celle qui s'agite entre ces deux princes est si grave et si dangereuse, que, si nous la perdions de vue un seul moment, il en résulterait les plus déplorables dommages, non-seulement pour eux et pour nous, mais aussi pour l'Eglise universelle. C'est pourquoi, si l'un de ces deux rois refuse d'obéir à nos commandements et ne tient aucun compte de nos injonctions, si son orgueil révolté contre Dieu menace l'empire romain d'une désolation nouvelle, usez de la force que vous tenez de nous et de saint Pierre pour lui résister jusqu'à la mort, et, en lui ôtant l'administration du royaume, anathématisez-le avec tous ses adhérents; car vous n'oublierez pas que c'est un crime d'idolâtrie que de désobéir au Saint-Siège, et que saint Grégoire a établi que les rois perdaient leur couronne lorsqu'ils osaient s'opposer aux ordres du Siège apostolique. Celui des deux rois qui aura reçu notre volonté avec respect et qui montrera son obéissance envers l'Eglise, comme il convient à un prince chrétien, vous l'aiderez de vos conseils et de votre secours, après avoir réuni tous les clercs et les laïques qu'il vous sera possible d'assembler; vous le confirmerez dans la dignité royale, de notre part et en vertu de la puissance de saint Pierre, et vous ordonnerez à tous les évêques, abbés, clercs et laïques du royaume, de lui obéir fidèlement et de le servir comme ils le doivent à leur souverain (L. 4, *Epist.* 23). »

Le même jour, Grégoire écrivit une seconde lettre à tous les archevêques, évêques, ducs, comtes, tous les fidèles, clercs et laïques, grands et petits, du royaume teutonique; elle est conçue en ces termes : « Nous voulons que vous sachiez, nos très-chers frères, que nous ordonnons à nos légats d'enjoindre aux rois Henri et Rodolphe de nous laisser en sûreté parvenir jusqu'à vous, afin que nous discutions le différend qui s'est élevé entre eux à cause de nos péchés. Notre cœur est plongé dans l'amertume et dans la tristesse, au spectacle de tant de chrétiens voués à leur perte dans ce monde et dans l'autre, de la religion chrétienne déchirée et de l'empire romain menacé de ruine par l'orgueil d'un seul homme. Chacun de ces deux rois, en effet, nous a demandé le secours du Siége apostolique. Et nous, confiant dans la miséricorde du Seigneur et dans le secours de saint Pierre, nous sommes prêt, avec votre conseil, à juger de quel côté se trouve la justice et à secourir celui en qui sera reconnu le droit au royaume.

» Si donc l'un ou l'autre est assez téméraire pour s'opposer à notre voyage et pour refuser le jugement du Saint-Esprit, méprisez-le comme un membre de l'antechrist et comme le persécuteur de la religion chrétienne; observez la sentence que nos légats donneront contre lui, en vous rappelant que Dieu punit les superbes et donne sa grâce aux humbles. Celui des deux rois qui recevra avec respect le jugement, c'est-à-dire le décret que le Saint-Esprit rendra par notre bouche, car nous croyons fermement que partout où deux ou trois personnes sont réunies au nom du Seigneur, elles sont inspirées par lui-même, celui-là obtiendra votre appui et votre obéissance, ainsi que l'ordonneront nos légats, et vous l'aiderez de tous vos moyens pour qu'il jouisse pleinement de l'autorité royale et qu'il remédie aux maux dont l'Eglise est presque accablée. Nous ne devons pas oublier que celui qui méprise les décrets du Saint-Siége se rend coupable d'idolâtrie, et que le bienheureux Grégoire, ce docteur si saint et si humble, a décrété que les rois étaient privés de leur dignité ainsi que de la communion, quand ils osaient mépriser les décrets du Siége apostolique; car, si le Siége du bienheureux Pierre résout et juge les choses divines et spirituelles, combien plus les choses terrestres et séculières! Au reste, vous savez, nos très-chers frères, que depuis notre départ de Rome, quoique nous ayons couru de grands dangers en séjournant parmi les ennemis de la foi chrétienne, nous ne nous sommes laissé ni fléchir par les prières, ni intimider par les menaces, et que nous n'avons rien promis aux deux rois contre la justice ; car nous aimons mieux souffrir la mort, s'il le faut, que de consentir à être la cause des troubles de l'Eglise ; car nous reconnaissons avoir été ordonné et placé dans le Siége apostolique, non pour chercher nos propres intérêts, mais ceux de Jésus-Christ, et, en suivant à travers bien des travaux les traces des Pères, parvenir par la miséricorde de Dieu au repos éternel (L. 4, *Epist.* 24). »

Pendant que les deux rois se faisaient la guerre en Allemagne, le pape Grégoire revint à Rome, après avoir travaillé sans relâche, jusqu'à la fin de cette année 1077, à la réformation du clergé et de la discipline, comme on le voit par plusieurs de ses lettres datées de Carpineta et de Florence (L. 4, *Epist.* 26-28; L. 5, *Epist.* 1-2). Les Romains l'accueillirent avec de grandes marques de joie. Peu après son retour, il écrivit deux lettres aux habitants de l'île de Corse, qui avaient manifesté le désir de se placer sous la protection de l'Eglise romaine. En conséquence, le Pape y envoya Landolphe, évêque de Pise, pour prendre possession de ce pays au nom du Siége apostolique et pour y régler les affaires de la religion. Dans la seconde épître, Grégoire félicite les Corses d'avoir replacé leur île, qui n'appartenait à aucun mortel ni à aucune puissance terrestre, sous l'autorité de son possesseur légitime, qui est l'Eglise romaine ; puis il les exhorte à persister dans leur résolution, à s'opposer avec vigueur à toute usurpation étrangère, et leur offre des troupes de la Toscane, s'ils en avaient besoin (L. 5, *Epist.* 5 et 6).

L'Eglise d'Aquilée étant devenue vacante par la mort du patriarche Sicard, le pape Grégoire écrivit deux lettres à ce sujet, au clergé, au peuple et aux suffragants de cette métropole. Dans la première, il parle de la réforme de l'Eglise en ce qui concerne l'élection des évêques. « Il est une règle antique, dit-il, connue de tous, pleine de sagesse et de vérité, sanctionnée non par les hommes, mais par Jésus-Christ, qui dit : *Celui qui entre dans la bergerie par la porte, est le pasteur des brebis ; mais celui qui entre non par la porte, mais autrement, est un voleur et un larron.* Cette règle, longtemps négligée dans l'Eglise à cause de nos péchés, et méconnue par une coupable habitude, nous voulons la rétablir et la remettre en vigueur pour la gloire de Dieu et le salut de toute la chrétienté. Nous voulons donc que, pour conduire le peuple de Dieu, il soit fait dans chaque Eglise un tel choix, que l'évêque nommé ne soit pas, suivant la parole des saintes Ecritures, un voleur et un larron, mais qu'il ait le nom et la charge d'un vrai pasteur. Tel est notre désir, telle est notre volonté, tel sera le but constant de nos efforts, tant que nous vivrons. Nous sommes loin de détourner du service et de la fidélité qu'on doit au roi. N'établissant rien de nouveau, ni rien de notre propre fonds, nous voulons ce qu'exigent la nécessité et le salut de tous, nous voulons que, conformément aux décisions des saints Pères, l'autorité évangélique et canonique soit maintenue avant tout, en ce qui concerne la nomination des évêques. » Le clergé et le peuple d'Aquilée avaient élu l'archidiacre de leur église. Le Pape, avec ses deux lettres, dont la dernière aux évêques suffragants, envoya deux légats pour instituer l'évêque élu, s'ils le trouvaient digne, ou bien en faire élire un autre (L. 5, *Epist.* 5 et 6).

Grégoire reçut vers la même époque, des nouvelles de la négociation de ses légats en Allemagne. Udon, archevêque de Trèves, et Thierri, évêque de Verdun, se trouvaient alors à Rome en qualité d'envoyés de l'empire. Le dernier, député par Henri, demanda au Saint-Père de décider l'affaire des deux rois dans un concile, à Saint-Jean de Latran ; et, comme ce vœu fut accueilli d'une voix unanime, on jugea convenable d'envoyer de nouveaux légats en Allemagne pour prendre une décision au nom du Pape, dans la diète convenue par les deux princes. Celui qui s'opposerait à la pacification devait être frappé sans délai de l'excommunication. Udon de Trèves s'était joint aux nouveaux légats pour servir de médiateur (*Annal. Trevir.*, p. 558) ; mais Henri avait anéanti toute espérance de pacification en violant une trêve qu'il avait conclue avec Rodolphe. Le pontife adressa donc à Udon une lettre dans laquelle il lui fait part de la douleur et des angoisses que faisaient naître dans son âme les mouvements et les désordres qui bouleversaient l'Etat. Il se plaint de n'avoir reçu de réponse ni de ses légats, ni des princes allemands auxquels il avait adressé des lettres, et il renvoie une copie des dernières, ainsi que la formule du serment prêté par le roi.

« Celui qui lit dans les cœurs, dit-il, sait quelle est depuis longtemps notre sollicitude, et quelle est notre anxiété sur les troubles du royaume teutonique. Nous lui avons adressé et nous lui adressons encore de fréquentes prières s'il daigne les exaucer, et nous les avons fait appuyer par celles d'un grand nombre d'hommes religieux et de pieuses congrégations, afin qu'il ait pitié de cette nation; qu'il l'empêche de tourner ses armes contre ses propres entrailles et de causer sa ruine; qu'il réprime, par sa puissance, la cause de la discorde, et que, par sa divine modération, il apaise les partis sans les laisser s'emporter à des suites funestes et déplorables. Il y a plus de trois mois que nous avons envoyé nos instructions à Bernard, notre diacre, et à Bernard, abbé de Marseille, dont nous avons appris la captivité, et que nous avons écrit aux seigneurs ecclésiastiques et laïques, les engageant à faire éviter l'incendie, le meurtre et les autres maux de la guerre, et à prendre sur cette importante affaire le parti qui nous paraissait le plus juste, et, pour les pousser davantage, nous y avons ajouté l'injonction de l'autorité apostolique.

» Comme nous ignorons si vous les avez reçues ou si vous les avez regardées comme authentiques, nous vous en envoyons des copies, vous prescrivant de faire tous vos efforts pour que le différend soit terminé selon le jugement qu'elles renferment. Nous vous avons aussi envoyé le serment que le roi Henri nous a prêté par ses envoyés, et qui a été remis entre les mains de l'abbé de Cluny, afin que, par cette lecture, vous puissiez apprécier la droiture de sa conduite envers nous, lorsque ses partisans prennent nos légats prisonniers, savoir : Gérard, évêque d'Ostie en Lombardie, et Bernard de Marseille en Allemagne. Nous avons vu par là qu'il n'a encore rien fait qui soit digne de lui. Nous ne permettrons jamais qu'il profite de cette occasion pour agir contre la justice; car il n'a pu obtenir, ni par ses prières, ni par ses caresses, ni par ses menaces, de nous écarter de ce que nous regardions comme juste. Nous persisterons, avec le secours de Dieu, dans ces sentiments; ni la vie ni la mort ne pourront nous en détourner. Agissez donc, mes très-chers frères, afin qu'il paraisse combien vous aimez la liberté de l'Eglise et le salut commun; car vous savez que, si cette affaire venait à empirer par négligence, elle répandrait, non-seulement sur l'Allemagne, mais sur toute la chrétienté, des maux sans nombre et d'indicibles calamités. » Cette lettre, du 30 septembre 1077, nous montre quel zèle mettait Grégoire à la pacification, et quelle était la droiture de ses intentions (L. 5, *Epist.* 7).

Pendant qu'en Allemagne les deux rois rivaux armaient à l'envi, pour décider leur querelle par la voie des armes, Grégoire ouvrit à Rome, dans les premiers jours de l'année 1078, un concile dans lequel devait se décider la même question, avec une foule d'autres qui compromettaient le repos de l'E-glise. Grégoire avait vu par lui-même la situation désespérée des Eglises de la haute Italie. Dans plusieurs villes, les partisans de Grégoire et de Henri étaient tellement acharnés les uns contre les autres, que, chaque jour, on avait à craindre des émeutes et l'effusion du sang. Plus la comtesse Mathilde cherchait à calmer les esprits, plus d'autres travaillaient avec ardeur à allumer le feu de la discorde. Le parti du roi Henri croissait de jour en jour en audace; le clergé lombard, presque tout entier simoniaque ou concubinaire, foulait ouvertement aux pieds les canons du Pontife et se servait souvent, pour soutenir sa rébellion, du glaive des seigneurs; Grégoire vit qu'il fallait des mesures vigoureuses; en conséquence, il invita à un concile à Rome Guibert, archevêque de Ravenne, avec tous ses suffragants, ainsi que les évêques et les abbés de Lombardie.

« Nous commencerions, leur dit-il, par vous donner la bénédiction apostolique, si l'autorité des saints Pères n'était point opposée à votre témérité. Combien vous avez offensé l'Eglise romaine, votre sainte mère et celle de tous les chrétiens; combien vous y avez suscité de troubles; c'est ce que Dieu sait, c'est ce que vous montrent la règle des Pères et votre propre conscience; mais comme il est de la nature humaine de pécher et d'avoir de l'indulgence pour ceux qui se repentent, l'Eglise de Jésus-Christ, fondée par son sang, vous attend encore comme une tendre mère, espérant que vous rentrerez dans son sein; elle ne veut pas votre perte, elle court plutôt au devant de votre salut. C'est pourquoi, mu par le désir de votre salut et de celui de tout le troupeau de Jésus-Christ, nous vous enjoignons, par notre autorité apostolique, de vous trouver au prochain concile, certain que vous n'avez rien à craindre, ni pour votre vie, ni pour vos membres, ni pour ce qui vous appartient, et que vous serez à l'abri de toute injure, du moins de la part de ceux qui nous sont soumis. Nous voulons que vous sachiez aussi que jamais ni la haine, ni la prière, ni l'orgueil honteux du siècle ne pourront nous déterminer à être injustes à votre égard; que, loin de là, nous sommes disposés à modérer la rigueur de la justice, autant que nous pourrons le faire sans compromettre le salut de vos âmes et le nôtre; car nous désirons plutôt, Dieu nous en est témoin, travailler à votre salut et à celui du peuple qui vous est confié, que de chercher en quelque chose, notre avantage temporel (L. 5, *Epist.* 13). »

Il y eut à ce concile plus de cent archevêques, évêques et abbés, sans compter un grand nombre de laïques. Les deux rois y avaient envoyé des ambassadeurs. Ceux de Rodolphe avaient eu de la peine à pénétrer en Italie; ce fut en alléguant mille prétextes qu'ils purent passer. Ils venaient annoncer au saint Père la soumission du roi, leur maître, et le prier de prendre en pitié le triste état où se trouvait l'Eglise d'Allemagne. Les envoyés de Henri se présentèrent également, pleins de soumission, devant l'auguste assemblée; ils élevèrent des plaintes contre Rodolphe, qui s'était rendu coupable, disaient-ils, de trahison et d'infidélité envers son légitime souverain, et qui, par son usurpation, méritait les anathèmes du Siège apostolique. Il y avait au sein même du concile quelques gens qui partageaient ces idées. Mais Grégoire déclara que, dans une affaire aussi importante, il ne pouvait encore rien décider, crainte de faire tort à l'un ou à l'autre des prétendants. « Cependant, dit-il, comme cette question et ces troubles du royaume ont causé à l'Eglise des maux incalculables, nous jugeons à propos d'envoyer sur les lieux des légats sages et prudents, qui convoqueront les hommes pieux de tout ordre, afin d'établir, par la grâce de Dieu et avec leur concours, la paix et la concorde, ou de favoriser, de tous leurs moyens, le parti qui tient en sa faveur le droit de la justice, pour que le parti qui n'a pas ce droit se désiste, et que la justice et les lois obtiennent leur ancienne vigueur. Comme nous n'ignorons pas que certaines personnes, poussées par un mouvement satanique, par l'ambition et l'avarice, préfèrent le trouble au repos, nous défendons à qui que ce soit, roi, archevêque, évêque, duc, comte, marquis, seigneur, de mettre un obstacle à ce que nos légats accomplissent leur mission de paix et de justice. Quiconque serait assez téméraire pour violer ce décret et pour s'opposer à la mission de nos légats, nous le lions par les liens de l'anathème, non-seulement dans son esprit, mais encore dans son corps, de sorte que nous le privons de toute prospérité dans cette vie, et que nous lui ôtons la victoire dans ses armes, afin qu'il soit confondu et touché d'un double repentir (Labbe, t. X). »

La sentence d'excommunication fut renouvelée contre les archevêques Thedalde de Milan et Guibert de Ravenne; le Pape les suspendit de toute fonction ecclésiastique. Arnould de Crémone, ayant été accusé et convaincu de simonie, fut déposé sans espoir de recouvrer jamais sa dignité. Roland de Trévise, qui, pour obtenir un évêché, s'était chargé d'annoncer à Grégoire sa déposition, fut frappé d'un anathème perpétuel. Contre le cardinal schismatique Hugues le Blanc, qui avait répandu en Allemagne un infâme libelle contre Grégoire, on prononça une sentence irrévocable.

Enfin, dans ce concile, la rigueur de l'excommunication fut tant soit peu mitigée. La femme, les enfants, les domestiques, les serfs, les vassaux d'un excommunié; ceux qui ne sont pas assez élevés à la cour d'un prince pour prendre part à ses mauvais conseils; ceux qui communiquent par ignorance ou qui n'ont de rapport qu'avec ceux qui communiquent avec les excommuniés, n'encourent pas la peine de l'excommunication. Les voyageurs, les pèlerins, s'ils n'ont pas d'autres ressources, peuvent recevoir des secours d'un excommunié, et il n'est pas défendu à celui-ci de faire des actes de charité.

Un autre acte d'humanité qui fait honneur à Grégoire et à ses prédécesseurs, est le suivant. Depuis un temps immémorial, et par une coutume barbare, les malheureux naufragés jetés sur la côte étaient dépouillés par ceux qui auraient dû les secourir et les consoler avec une tendre compassion. Grégoire, outré de cet usage atroce, le proscrit avec anathème dans ce concile, à l'exemple de ses prédécesseurs, et ordonne à quiconque trouverait un naufragé et ses biens, de le laisser aller en sécurité avec tout ce qui est à lui (*Ibid.*).

Mais ce concile, loin de calmer les esprits des méchants, ne fit que les enflammer et les aigrir davantage. Dans la Lombardie, l'invitation du Pape n'avait été respectée par personne. Dès qu'on y eut appris les décisions du concile, les partis s'élevèrent avec plus d'audace les uns contre les autres. A Lucques, il y avait une division entre l'évêque saint Anselme et la partie du clergé qui ne voulait pas se conformer à la discipline de l'Eglise. Ce fut en vain que la comtesse Mathilde fit tous ses efforts pour ramener le calme, pour consoler et soutenir le saint évêque; elle ne put réprimer l'insolence des clercs, et Anselme écrivit au Pape que la force, loin de servir, ne ferait qu'augmenter le trouble.

En tournant ses regards vers l'Italie méridionale, Grégoire y rencontrait un spectacle non moins affligeant. Les hordes normandes avaient envahi et dévasté la Marche d'Ancône, Spolète, Bénévent et d'autres provinces que l'Eglise romaine regardait comme ses domaines, et le glaive étendait de jour en jour leur domination. Par la mort de Landulphe VI, la principauté de Bénévent avait perdu son seigneur, et Robert Guiscard la morcela suivant ses caprices. Déjà, l'année précédente, Salerne avait été vivement attaquée et prise par ce chef, soutenu des habitants d'Amalfi. Avec le prince Gisulfe s'éteignit la race souveraine des Lombards, cinq cents ans après l'arrivée d'Alboin. Ces conquêtes avaient rendu Robert Guiscard un seigneur tellement puissant, que son épée paraissait aussi invincible que sa cupidité était insatiable. Quelle impression pouvait faire la parole du Pape sur un prince puissant et victorieux. Aussi Grégoire ne se contenta pas, dans le dernier concile, de prononcer l'anathème contre ceux qui occupaient les terres de l'Eglise, il rassembla des troupes contre eux. Robert marcha sur Capoue et fit en même temps le siège de Bénévent, ville qui appartenait à l'Eglise romaine. Mais le duc normand trouva un nouvel ennemi dans la personne de Jourdan, fils de son frère Roger, qui gouvernait Capoue, et qui anima si bien les seigneurs du pays contre son oncle, qu'après plusieurs batailles et conquêtes, il le força à un accommodement, prélude de la paix entre Robert et Grégoire, et dont Didier, abbé du Mont-Cassin, fut le négociateur (*Guillelm. Appul.*, l. 3).

Udon, archevêque de Trèves, mourut cette année 1078. Le Pape lui avait envoyé une lettre du 9 mars, dans laquelle il exprimait la douleur profonde où le mettaient l'état de l'Allemagne et la malheureuse situation de l'Eglise : « Plus les affaires se compliquent, plus, lui dit Grégoire, l'anxiété et les soucis pénètrent mon âme. Ensuite il lui demande, comme à un ami, de lui donner des nouvelles positives de l'état des affaires, de l'aider, par ses conseils, à mettre un terme à la fureur des discordes, et à rétablir la paix si universellement désirée. » Il engage Udon à faire connaître à tous les seigneurs les intentions et la volonté du Pape, et à venir le trouver à Rome. Grégoire veut que la trêve dure quinze jours après la fin de l'assemblée, et que Henri fournisse à ses légats, qui sont depuis longtemps en Allemagne, le moyen de revenir avec sécurité (L. 5, *Epist.* 16).

Il fit connaître les mêmes dispositions dans une circulaire adressée à tous les Etats de l'Allemagne. « Dans le concile tenu cette année à Rome, nous avons déclaré, dit-il, avec quelle attention nous cherchons à faire cesser dans votre royaume les malheurs, les meurtres et les dissensions qui le désolent, afin de lui rendre la paix, la justice et son ancienne splendeur. Nous avons ordonné, d'après le jugement du Saint-Esprit, qu'on convoque dans votre royaume une diète composée des évêques et des laïques qui craignent Dieu et qui désirent la paix, et qu'en présence de nos légats on décide de quel côté est la justice. C'est avec une profonde douleur que nous avons appris qu'il y a eu des hommes assez pervers pour empêcher la tenue de cette diète, déjà annoncée, et cela, afin de satisfaire leurs passions au milieu de la désolation générale. Personne ne nous croira jamais capable de favoriser celui dont la cause aura été reconnue injuste; car nous aimons mieux la mort pour votre salut, que toute la gloire du monde pour votre perte. S'il se trouve des gens qui, s'appuyant sur de fausses indications, osent soutenir le contraire, ne leur accordez aucune confiance. Nous craignons Dieu, et, tous les jours, nous sommes affligés pour l'amour de lui ; nous méprisons l'orgueil et les vaines jouissances du siècle : notre espérance et notre consolation sont en Dieu (L. 6, *Epist.* 1). »

Mais, ce qu'il y a de plus admirable dans Grégoire, et ce qui montre le mieux jusqu'où allait la force de son génie, c'est que les affaires compliquées de l'Allemagne ne l'empêchaient pas de s'appliquer à celles des autres royaumes. Malgré la révolte du clergé simoniaque et incontinent de l'Allemagne et de l'Italie, il ne relâcha rien de sa fermeté dans la poursuite des deux grands vices, la simonie et l'incontinence. Il ne craignait pas de multiplier le nombre de ses ennemis, lorsqu'il pouvait diminuer celui des mauvais pasteurs. C'est alors surtout que son digne légat, son autre lui-même, Hugues de Die, tint ses nombreux conciles en France.

Les affaires de France n'étaient pas les seules qui occupaient l'esprit de Grégoire. A l'époque dont nous parlons (1078), il travaillait avec un zèle infatigable à la réforme de tous les pays de la chrétienté. Il écrivait aux Eglises d'Allemagne, d'Italie, de France, d'Angleterre, d'Espagne. Son attention se portait même dans les pays les plus éloignés. Le Danemarck, la Norwége devinrent l'objet de ses soins. Quand on considère ces prodigieux travaux, on n'est point surpris de la lettre qu'il adresse au saint abbé Hugues de Cluny, où il épanche son âme dans le sein de l'amitié, et où il montre la piété la plus ardente. « Fatigué, dit-il, par les affaires multipliées de diverses nations, j'écris peu à celui que j'aime beaucoup. Nous sommes accablés de tant d'angoisses, et fatigués de tant de travaux, que ceux qui sont avec nous ne peuvent plus les supporter, ni même les regarder ; et, quoique la voix céleste nous crie que *chacun sera récompensé selon son travail*, quoique le bon roi nous dise : *Vos consolations ont rempli de joie mon âme, à proportion du grand nombre de douleurs qui ont pénétré mon cœur*, cependant la vie est souvent pour nous un ennui, et la mort désirable. Quand ce bon Jésus, ce pieux consolateur, vrai Dieu et vrai homme me tend la main, je suis soulagé dans mon affliction et plein de joie ; mais s'il me laisse à moi-même, je retombe dans le trouble, je meurs. Cependant je revis en lui, lors même que les forces m'abandonnent entièrement. Je lui dis souvent en gémissant : *Si vous imposiez un tel fardeau à Moïse ou à Pierre, ils en seraient accablés.* Que dois-je donc être, moi qui ne suis rien comparé à eux? Il faut donc que tu viennes aider ton Pierre dans le pontificat, ou que tu le voies succomber ; mais je recours à ces paroles : *Seigneur, ayez pitié de moi, parce que je suis faible* ; et à celles-ci : *Je suis devenu un prodige aux yeux d'un grand nombre, parce que vous êtes mon protecteur tout-puissant.* Je n'oublie pas non plus les paroles de l'Evangile : *Dieu est assez puissant pour faire naître de ces pierres des enfants d'Abraham* (L. 2, *Epist.* 51). »

Vers le même temps, le saint Pape demanda au saint abbé quelques-uns de ses moines les plus habiles pour l'aider dans le gouvernement de l'Eglise. Hugues lui envoya Othon, prieur de Cluny, et Pierre, depuis abbé de Cave, près de Salerne. Othon était fils du seigneur de Lageri, près de Châtillon-sur-Marne. Il naquit l'an 1042, et fut élevé à Reims, où il fit ses études sous saint Bruno, alors chancelier de cette Eglise. Othon en fut aussi chanoine ; et, comme ce chapitre observait alors une grande régularité, quelques-uns ont dit qu'il avait été chanoine régulier. Il était archidiacre en 1070 ; mais, peu de temps après, il résolut de quitter le monde, apparemment par les exhortations de saint Bruno, et se retira à Cluny, où il eut pour maître le même Pierre avec lequel il fut depuis envoyé à Rome. Saint Hugues, voyant la capacité d'Othon, le fit prieur du monastère peu d'années après sa conversion, c'est-à-dire vers l'an 1076, et, deux ans après, le pape saint Grégoire VII l'ayant fait venir à Rome, lui donna l'évêché d'Ostie pour l'opposer à un schismatique nommé Jean, à qui le roi Henri l'avait donné après la mort de Girald, fameux par ses légations. Othon devint alors le principal confident du Pape, et fut quatre années durant sans cesse auprès de lui. Othon deviendra Pape lui-même sous le nom d'Urbain II, et enverra la première croisade en Asie (Orderic, an 1073 ; Berthold, an 1077).

Au mois de novembre de cette année 1078, saint Grégoire convoqua un nouveau concile : ce fut le cinquième de son pontificat. Les deux rois y envoyèrent des ambassadeurs. Le but de cette assemblée était le rétablissement de la discipline ecclésiastique, l'arrangement de l'affaire des deux rois, ou du moins la recherche des moyens pour y parvenir. On délibéra longuement sur des questions aussi importantes. Le Pape avait fortement à cœur le repos de l'empire, ainsi que le salut et la réforme de l'Eglise. Il ne pouvait obtenir l'un sans l'autre ; car le Pontife voyait bien par le passé qu'il ne pouvait se flatter d'aucun espoir de changement, tant que les clercs simoniaques et concubinaires trouvaient un puissant appui dans l'un des deux rois pendant leur désunion. Comme les envoyés de l'Allemagne ne faisaient qu'élever des plaintes, le Saint-Père ne pouvait et ne voulait point prendre sur lui de décider seul cette affaire ; il renvoya encore une fois à une diète générale, et les ambassadeurs de Rodolphe et de Henri jurèrent, au nom de leur maître, qu'aucun d'eux ne mettrait obstacle à la tenue de cette assemblée.

Toutes les autres décisions de ce concile tendent au même but, la réformation de l'Eglise. Les anciens canons contre la simonie et l'incontinence des clercs furent renouvelés et confirmés; et comme, dans ces temps de désordre, un grand nombre de domaines ecclésiastiques avaient été pillés et dévastés, on porta ce décret : « Quiconque retiendra des biens ecclésiastiques qu'il a reçus d'un roi, d'un prince séculier, ou des évêques et des abbés, malgré eux, sera excommunié, s'il ne les restitue pas aux églises. » Un autre canon n'est pas moins explicite. « Quiconque vendra des prébendes, des archidiaconats, des dignités ou toute autre charge ecclésiastique, ou qui ne fera pas les ordinations suivant les statuts des saints Pères, sera exclu du ministère; car il est juste que celui qui reçoit gratuitement l'épiscopat, ordonne gratuitement tous ceux qui font partie du clergé de son Eglise. Aucun laïque ne pourra posséder des dîmes qui ont été destinées à un usage pieux. » Un dernier canon surtout est remarquable et fait honneur à la mémoire du Pontife : c'est celui qui ordonne à tous les évêques de faire enseigner les lettres dans leurs Eglises (Labbe, t. X).

Un décret fut également rendu contre les Normands. L'évêque de Rosella étant venu passer quelque temps au monastère du Mont-Cassin, y mit en dépôt une forte somme d'argent, pour la soustraire à la rapacité des Normands qui faisaient de fréquentes incursions dans son diocèse. Jourdan, prince de Capoue, en ayant été informé, envoya quelques soldats pour s'emparer du dépôt. Les religieux déclarèrent que l'argent était confié à saint Benoît et qu'ils ne le donneraient à aucun mortel; qu'on l'avait placé dans le sanctuaire, si toutefois quelqu'un était assez téméraire pour y porter une main sacrilège. Les soldats s'inquiétèrent peu de la menace des moines, s'emparèrent de l'argent et l'apportèrent à leur maître. Dès que Grégoire fut informé de cette spoliation, il en fut vivement ému; il fit cesser sur-le-champ au Mont-Cassin l'office divin, fit découvrir les autels et reprocha à Didier, abbé du monastère, sa grande négligence et sa coupable pusillanimité. « Si l'affection pour votre communauté, disait Grégoire, n'avait retenu mon juste courroux, j'aurais puni d'une manière plus sévère l'oubli de votre devoir; car il est plus tolérable d'abandonner au pillage des hameaux et des châteaux, que d'exposer au mépris un lieu saint, aussi célèbre dans le monde entier. » Le Pontife écrivit à Jourdan lui-même une lettre très-vigoureuse, et porta ce décret dans le concile : « Si un Normand ou toute autre personne s'empare des biens du Mont-Cassin, ou emporte injustement quelque chose de ce monastère, sans le restituer après deux ou trois avertissements, il sera excommunié. » Mais Jourdan ne restitua pas seulement la somme, il fit encore d'autres riches présents pour réparer sa faute (Greg., l. 6, *Epist.* 37; *Leo Ost.*, l. 3, c. 45, 46).

Dans ce même concile, le pape Grégoire excommunia l'empereur Nicéphore, qui venait d'usurper le trône de Constantinople. Nicéphore Botoniate s'étant révolté contre Michel Parapinace, celui-ci abdiqua forcément l'empire et devint évêque d'Ephèse. Nicéphore se fit proclamer empereur, après avoir fait enfermer dans un cloître Marie, femme de Michel, et son fils Constantin Porphyrogénète. Michel, toujours bien disposé pour le Pape, envoyait chaque année à l'abbé du Mont-Cassin de riches présents, et avait assuré, par une bulle d'or, au monastère, un revenu annuel de vingt-quatre livres d'or à prendre sur les revenus du trésor impérial, à la charge de faire des prières pour lui et pour ses enfants. Ce furent ces raisons qui portèrent le souverain Pontife à lancer l'anathème contre Nicéphore, l'ingrat usurpateur.

Dans ce même concile encore fut excommunié de nouveau et déposé Guibert, archevêque de Ravenne, qui avait abusé de la patience et de la bonté de Grégoire, et qui s'était rendu coupable de toutes sortes de crimes. Il en avertit les habitants de Ravenne par une lettre spéciale : « Vous savez, leur dit-il, quelles ont toujours été la fidélité et la soumission de votre Eglise à saint Pierre, le prince des apôtres, à la Mère-Eglise. Celui qui se dit aujourd'hui votre évêque, a dévasté et corrompu cette Eglise, jadis si riche et si pure, par ses exactions et son exemple. C'est pourquoi, dans le dernier concile, nous l'avons irrévocablement déposé, et nous vous défendons, de toute l'autorité apostolique, de lui obéir comme à votre évêque. Si quelqu'un était assez imprudent pour méconnaître cet ordre salutaire, nous le séparons du corps de Jésus-Christ comme un membre pestiféré, et, à ceux de vous qui craignent Dieu et obéissent à saint Pierre, nous donnons l'absolution de tous leurs péchés (L. 6, *Epist.* 10). »

Les envoyés allemands, qui étaient venus à Rome, retournèrent dans leur patrie sans que les deux princes rivaux eussent sujet d'être mécontents. Mais les Saxons étaient fort mécontents du Pape; ils avaient attendu toute autre chose de sa part; car ils ne connaissaient ni sa position, ni ses sentiments, ni même son caractère. Ils s'étaient imaginé qu'il prononcerait contre Henri une nouvelle déposition, reconnaîtrait aussitôt Rodolphe pour roi légitime et le présenterait à toute la chrétienté comme tel, afin de terrasser par là ses ennemis. Les Saxons ne voyaient dans sa conduite à l'égard de Henri que les caprices d'un orgueil blessé et d'une haine aveugle. Mais Grégoire jugeait les événements avec plus de justesse et de profondeur; son but unique avait été d'humilier Henri, de le rendre soumis et obéissant aux ordres du Saint-Siége. Il n'avait peut-être pas eu une seule fois la pensée de déposer ce monarque, sachant bien que roi périt, mais que la royauté ne périt point. Pour arriver à ses fins, Grégoire voulait enchaîner dans la personne de Henri le pouvoir royal. Ces observations sont d'un historien protestant (Voigt).

Un nouveau concile ayant été convoqué à Rome pour le mois de février 1079, Rodolphe et Henri ne manquèrent pas d'y envoyer des députés. On traita d'abord, en présence de Bérenger, la question de l'eucharistie. Nous avons vu que Bérenger s'étant repenti, le Pape lui pardonna et le prit même sous sa protection. Nous verrons les ennemis du saint Pontife lui faire un crime de cette indulgence.

Quand on eut réglé les affaires de l'Eglise, les envoyés de Rodolphe se levèrent au milieu de l'assemblée et portèrent contre Henri de graves accusations; ils exposèrent les dévastations horribles des provinces, la ruine des églises en Souabe; ils dirent qu'on ne respectait plus ni les lieux saints, ni le sexe, ni aucune condition; qu'on méprisait les prêtres, qu'on retenait captifs les archevêques et les évêques, qu'on mettait à leur place des hommes obscurs et indignes, et qu'on faisait un honteux trafic de ce qu'il y a de plus sacré parmi les hommes.

En entendant ce récit, un grand nombre d'évêques du concile étaient d'avis qu'il ne fallait pas tolérer plus longtemps de pareils désordres, que la longanimité dégénérait en négligence, et que le glaive apostolique devait enfin être tiré contre un tyran. Mais le Pape ne jugea pas encore à propos de prononcer une dernière sentence, et il remit toujours la décision à une diète générale des princes de l'empire. Les envoyés des deux rois jurèrent, au nom de leur maître, d'accorder aux légats du Saint-Siége un libre passage pour se rendre à la diète, et de se soumettre à la décision aussitôt qu'elle aurait été ratifiée par le souverain Pontife : ce qui est bien à remarquer. Grégoire remit l'examen approfondi de cette affaire au prochain concile fixé à la Pentecôte (Paul Bernried, c. 11).

Avec les envoyés des deux rois, partirent également pour l'Allemagne deux légats apostoliques : c'était le bienheureux Pierre, évêque d'Albane, et saint Altmann, évêque de Passau. L'évêque d'Albane était ce même Pierre Ignée, qui avait passé par le feu à Florence, pour convaincre de simonie l'évêque de cette ville. Ces deux si respectables légats avaient pour commission d'informer Henri de la volonté du Pontife, et de convenir avec lui du jour de la diète. Mais ce prince, comme toujours, avait seulement voulu gagner du temps. Dans la Saxe, la décision de Grégoire rencontra une vive opposition et excita un mécontentement général. Les Saxons, oubliant les faits, trouvaient le Pape différent de lui-même, lui qui paraissait tellement immuable, qu'on croyait que le ciel s'arrêterait et que la terre deviendrait mobile comme les astres, plutôt que le Siége de saint Pierre changeât de résolution (Bruno).

Les Saxons s'en plaignirent au Pape lui-même, dans trois ou quatre lettres assez vives, où ils supposent plusieurs choses qui n'étaient pas. Par exemple, ils supposent que la guerre avec Henri n'avait commencé que par suite de l'excommunication et de la déposition prononcée contre lui par le pape Grégoire ; mais leur guerre avec Henri avait commencé avant le pontificat de Grégoire, puisqu'ils avaient déjà accusé et fait citer ce prince au tribunal du pape Alexandre. Ils supposent que la déposition prononcée contre Henri, en 1076, était définitive ; mais les faits prouvent le contraire, puisque, et avant et après l'absolution de Canosse, le Pape ne devait prononcer définitivement que dans la diète d'Augsbourg. Ils supposent qu'ils n'ont fait l'élection de Rodolphe que pour obéir au Pape, et que le Pape l'avait approuvée ; mais le Pape les avait priés, au contraire, de différer son élection jusqu'à son arrivée en Allemagne, et jamais, depuis, il n'y avait donné d'approbation. Tout ce qu'il avait fait jusqu'alors, c'était de tenir la balance égale entre Rodolphe et Henri ; et il le devait, comme médiateur et comme juge, d'autant plus que tous deux appelaient à son tribunal. Que les Saxons, dans leurs requêtes, altérent un peu les faits, afin de pousser le Pape à se prononcer pour leur cause, cela se conçoit, cela est excusable dans ceux qui plaident ; mais il est du devoir de l'historien, comme témoin, comme juré et comme juge, de rétablir les faits dans leur entier.

Le saint pape Grégoire crut enfin devoir établir ses principes dans une lettre du 1er octobre 1079, adressée aux divers ordres du royaume teutonique, et repousser les calomnies qu'on répandait sur son compte ; il écrivit donc à tous les fidèles ce qui suit : « Nous avons appris que plusieurs d'entre vous commencent à douter de notre bonne foi et nous accusent de légèreté pusillanime dans la grave affaire de votre pays, quoique, sauf le danger des batailles, elle n'ait occasionné à personne autant d'angoisses qu'à moi. Tous les Latins (c'est-à-dire les Italiens), à peu d'exceptions près, prennent le parti de Henri et le défendent, en nous accusant de dureté et d'injustice. Jusqu'à ce jour, avec la grâce de Dieu, nous avons résisté à tous, de manière à ne pencher que vers le parti où nous trouvons la raison et le droit. Si nos légats ont agi contre nos instructions, nous en gémissons, quand même ils y auraient été trompés ou forcés. Nous leur avions ordonné de choisir, pour une époque convenable où nous pussions envoyer des légats sages, destinés à discuter la cause des deux rois, à rétablir les évêques sur leurs siéges et à défendre de communiquer avec les excommuniés. Si, trompés ou forcés, ils ont fait plus, nous ne les approuvons pas. Persuadez-vous bien que personne ne pourra jamais me faire dévier du sentier de la justice, soit par amour, soit par crainte, soit par cupidité, et, si vous êtes réellement fidèles à Dieu et à saint Pierre, ne m'abandonnez pas dans mes tribulations, mais demeurez fermes dans votre alliance, parce que celui qui persévérera jusqu'à la fin sera sauvé. Nos légats n'étant pas encore revenus, nous ne pouvons pas vous dire autre chose de notre affaire ; mais nous vous ferons part des résolutions que nous aurons prises d'après ce qu'ils nous rapporteront (L. 7, Epist. 8).

Presque toute l'année 1079 se passa en négociations entre le Pape et les Saxons ; les légats se rendaient tantôt chez un parti, tantôt chez un autre, leur promettant alternativement la protection du Saint-Siége. Henri faisait des préparatifs avec une nouvelle ardeur contre Rodolphe, dont il venait de donner, avec sa propre fille unique, le duché de Souabe à Frédéric de Hohenstaufen, qui devint la tige d'une autre famille royale. Les légats cherchaient à détourner l'orage par des négociations pacifiques, et quelques amis de Henri voulaient que leur maître attendît la décision de la diète. Mais Henri, malgré tous ses serments, voulait que le glaive seul terminât la querelle. Les légats retournèrent donc à Rome.

En 1078, il y avait eu à Melrichstadt en Franconie une bataille générale entre le parti de Rodolphe et celui de Henri ; elle fut sanglante et longtemps indécise ; mais enfin les Saxons ou le parti de Rodolphe resta maître du champ de bataille. Au commencement de 1080, il y eut une bataille non moins sanglante à Fladenheim dans la Thuringe ; Henri, qui avait cru surprendre les Saxons, fut obligé de prendre la fuite ; toutefois la victoire n'était pas décisive (Bruno).

Cependant le pape saint Grégoire VII tint à Rome son septième concile, au commencement du carême de la même année 1080. On y renouvela d'abord les anciens canons. La défense des investitures fut intimée de nouveau tant aux clercs qu'aux laïques, de quelque condition qu'ils pussent être, empereur, roi, duc, marquis, comte, ou toute autre puissance ou personne séculière; l'anathème et l'interdit furent prononcés contre ceux qui transgresseraient la loi, donneraient ou recevraient l'investiture d'une dignité ecclésiastique quelconque, jusqu'à ce qu'ils vinssent à résipiscence. Thédald de Milan, Guibert de Ravenne et quelques autres évêques furent de nouveau excommuniés et déposés; on confirma le décret qui avait été porté dans le précédent concile contre les Normands qui envahissaient ou pillaient les domaines de saint Pierre. Enfin on rappela les anciennes règles touchant les élections épiscopales, dans les termes suivants : « Quand, à la mort d'un pasteur, il s'agit de pourvoir aux besoins d'une Église, le clergé et le peuple doivent choisir, à la demande de l'évêque député par le Pape ou par le métropolitain, un nouveau pasteur, en mettant de côté toute ambition, toute crainte et toute faveur, et en prenant le consentement du Siége apostolique ou du métropolitain. Quiconque, cédant à des motifs coupables, agit contrairement à ce canon, rend son élection nulle et n'aura plus le pouvoir d'élire. La légitimité de l'élection vient de la confirmation du Pape ou du métropolitain; car si, selon le pape Léon, celui qui doit consacrer, perd la grâce de la bénédiction en ne consacrant pas selon les rites, celui qui a le pouvoir d'élection doit être privé de ce pouvoir s'il en abuse (Labbe, t. X, p. 382).

Après cela parurent devant le concile, les ambassadeurs du roi Rodolphe et des princes du royaume teutonique, qui élevèrent contre Henri les plaintes les plus graves, et dirent : « Envoyés par notre seigneur le roi Rodolphe, et par ses princes, nous nous plaignons à Dieu, à saint Pierre, à Votre Paternité et à tout ce saint concile, de ce que Henri, que vous avez privé du royaume par l'autorité apostolique, l'a tyranniquement envahi malgré votre interdit, en portant partout le fer, le feu et la dévastation. Sa cruelle impiété a dépouillé de leurs siéges les archevêques et les évêques, pour les donner à ses partisans; il a causé la mort de Werner de pieuse mémoire, archevêque de Magdebourg, et l'évêque Adalbert de Worms gémit encore dans ses prisons, contre les ordres du Saint-Siége. Plusieurs milliers d'hommes ont déjà été tués par sa faction, un grand nombre d'églises incendiées et des reliques profanées et pillées. Les attentats de Henri sont innombrables contre nos princes, parce qu'ils ont refusé de lui obéir comme à leur roi, contre le décret du Siége apostolique, et la diète que vous avez indiquée pour la justice et la paix n'a pu être convoquée, par son opposition et par celle de ses adhérents. C'est pourquoi nous vous supplions de nous faire justice, à nous, ou plutôt à la sainte Église de Dieu, de ce prince persécuteur et sacrilége (Paul Bernried, c. 12). »

Excité par ces choses et d'autres, le pape Grégoire connut que le jour était arrivé de prononcer une sentence définitive. Il se leva, triste et gémissant, et, en présence et avec l'approbation du concile, il dit les paroles suivantes :

« Saint Pierre, prince des apôtres, et vous saint Paul, docteur des nations, daignez, je vous prie, me prêter l'oreille et m'écouter favorablement. Comme vous êtes les fervents disciples de la vérité, aidez-moi pour que je ne m'en écarte pas, en sorte que mes frères aient plus de confiance en moi, qu'ils sachent et qu'ils comprennent que c'est par la foi que j'ai en vous, après Dieu et sa sainte mère la vierge Marie, que je résiste aux pécheurs et aux méchants, et que je soutiens vos fidèles serviteurs. Vous savez, en effet, que c'est malgré moi que j'ai été promu aux ordres sacrés, que c'est malgré moi que j'ai suivi le pape Grégoire au delà des monts, que c'est malgré moi que je suis revenu avec le pape Léon vers l'Église romaine dans laquelle je vous servis; enfin, c'est surtout contre mon gré, au mépris de ma douleur, de mes gémissements et de mes larmes, que j'ai été placé, quoique indigne, sur votre trône. Si je fais cette déclaration, ce n'est pas pour dire que je vous ai choisis, mais que c'est vous-mêmes qui m'avez choisi et qui m'avez imposé le lourd fardeau du gouvernement de votre Église, et, parce que vous m'avez fait monter sur cette montagne sainte, que vous m'avez ordonné de crier et de reprocher au peuple de Dieu et aux enfants de l'Église leurs prévarications et leurs crimes, les ouvriers de Satan se sont élevés contre moi, voulant répandre mon sang de leurs propres mains. Les rois de la terre, les princes du siècle, les ecclésiastiques, les courtisans et les hommes du vulgaire se sont réunis contre le Seigneur et contre vous, ses christs, et ont dit : *Brisons leur joug et jetons-le loin de nous;* et dès lors ils ont mis tout en œuvre pour se défaire de moi par la mort ou par l'exil.

» A leur tête, Henri, qu'on appelle *roi*, s'est élevé contre votre Église, de concert avec plusieurs évêques ultramontains et Italiens, s'efforçant de la subjuguer en me précipitant du trône pontifical. Votre autorité a résisté à son orgueil, et votre pouvoir l'a abattu; confus et humilié, il est venu en Lombardie me demander l'absolution de son excommunication. En le voyant ainsi repentant, en écoutant ses promesses réitérées plusieurs fois de tenir une autre conduite et de se corriger, je lui ai rendu la communion, sans le rétablir dans l'autorité royale, dont je l'avais déclaré déchu dans le concile romain. Quant à la fidélité dont j'avais absous, dans le même concile, ceux qui la lui avaient jurée, je n'ai point ordonné qu'elle lui fût gardée. Et j'en ai agi ainsi, soit parce que je devais prononcer ensuite entre lui et les évêques ou seigneurs au delà des monts, qui, obéissant à votre Église, s'étaient déclarés contre lui, soit parce que je devais régler la paix entre eux et lui, suivant le serment que Henri lui-même avait fait par deux évêques, d'en observer les conditions.

» Mais les évêques et les seigneurs ultramontains, apprenant qu'il ne tenait pas ce qu'il avait promis, et désespérant en quelque sorte de sa correction, élurent sans mon conseil, vous en êtes témoins, le duc Rodolphe pour leur roi. Ce prince se hâta de m'envoyer un ambassadeur pour me déclarer qu'il avait été forcé de prendre le gouvernement du royaume, mais qu'il était prêt à m'obéir en tout; et en effet, il m'a toujours tenu depuis le même langage, promettant même de me donner, pour otages de sa fidélité, son fils et celui de son ami le duc Berthold.

» Cependant Henri commença à me prier de l'aider contre Rodolphe, et je lui répondis que je le ferais volontiers, après avoir entendu les deux parties et reconnu de quel côté se trouve le bon droit. Henri, croyant vaincre par ses propres forces, méprisa ma réponse. Néanmoins, quand il vit qu'il ne pouvait faire ce qu'il espérait, il envoya à Rome deux de ses partisans, l'évêque Théodoric de Verdun et l'évêque Bernard d'Osnabruck, qui me prièrent, de sa part, de lui faire justice; ce que demandaient aussi les députés de Rodolphe. Enfin, d'après l'inspiration divine, j'ordonnai, dans le concile, qu'on tiendrait une conférence au delà des monts, afin de rétablir la paix et de décider de quel côté était la justice. Car, pour moi, vous m'en êtes témoins, vous mes pères et mes maîtres, je n'ai été disposé jusqu'à ce jour qu'à favoriser le parti le plus juste, et comme j'ai pensé que l'autre parti ne voudrait pas que cette assemblée eût lieu, puisqu'elle devait chercher la justice, j'ai frappé d'anathème toute personne qui s'y opposerait, roi, duc, évêque ou autre.

» Mais Henri n'a pas craint, avec ses fauteurs, le péril de la désobéissance, qui est un crime d'idolâtrie; en s'opposant à cette conférence, il a encouru l'excommunication et s'est chargé lui-même de l'anathème; il est cause de la mort d'une multitude de chrétiens, du pillage d'un grand nombre d'églises et de la désolation du royaume teutonique tout entier. C'est pourquoi, confiant dans la miséricorde de Dieu et de sa mère, la vierge Marie, et usant de votre autorité, j'excommunie Henri, qu'on appelle roi, et tous ses fauteurs; et, le privant de nouveau des royaumes d'Allemagne et d'Italie, par l'autorité de Dieu et par la vôtre, je lui ôte la puissance et la dignité royales; je défends à tout chrétien de lui obéir comme à un roi, et je délie de leur serment de fidélité tous ceux qui lui en ont prêté ou qui lui en prêteront. Que désormais Henri n'ait aucune force dans la guerre, et ne gagne de sa vie aucune victoire !

» Afin que Rodolphe, élu par les Allemands pour être votre fidèle défenseur, puisse gouverner et défendre le royaume, j'accorde à tous ceux qui lui sont dévoués, l'absolution de leurs péchés et votre bénédiction salutaire en cette vie et dans l'autre. De même que Henri est justement dépouillé de sa dignité royale, à cause de son orgueil, de sa désobéissance et de sa mauvaise foi, de même la puissance et l'autorité royales sont accordées à Rodolphe, pour son humilité, sa soumission et sa droiture.

» Faites donc maintenant connaître à tout le monde, puissants princes de l'Eglise, que, si vous pouvez lier et délier dans le ciel, vous pouvez aussi, sur la terre, retirer ou accorder à chacun, selon son mérite, les empires, les royaumes, les principautés, les duchés, les marquisats, les comtés et les biens de tous les hommes; car vous avez souvent ôté aux méchants et aux indignes, et donné aux bons, les patriarcats, les primaties, les archevêchés et les évêchés. Si vous jugez les choses spirituelles, que doit-on croire de votre pouvoir sur les choses temporelles ? Et si vous jugez les anges qui dominent sur les princes superbes, que ne pouvez-vous pas sur leurs esclaves ? Que les rois et les princes du siècle apprennent donc maintenant quelles sont votre grandeur et votre puissance ; qu'ils craignent de mépriser les ordres de votre Eglise, et que votre justice s'exerce si promptement sur Henri, que tous sachent qu'il ne sera pas renversé par un hasard, mais par votre puissance. Dieu veuille le confondre, pour l'amener à une pénitence salutaire et pour sauver son âme au jour du Seigneur (Labbe, t. X). »

Cette sentence solennelle est datée du 7 mars 1080. Un auteur français, Noël Alexandre, réduit l'histoire de ce grand démêlé aux huit propositions suivantes, qu'il appuie sur des monuments contemporains : 1º Les crimes du roi Henri causent un énorme scandale dans l'Eglise et dans l'Etat, et lui aliènent les esprits des Saxons. 2º Grégoire VII, et par ses lettres et par ses légats, lui parle avec la plus grande tendresse pour le rappeler à son devoir, et se montre très-disposé à servir ses intérêts. 3º Henri méprisant les décrets de l'Eglise et s'obstinant dans ses crimes, Grégoire le réprimande avec plus de force. L'autre, ne pouvant souffrir de reproche, assemble à Worms un conciliabule schismatique contre le Pontife, et, peu après, un autre conventicule à Pavie. 4º Grégoire VII excommunie le roi de Germanie dans un concile à Rome, l'an 1076, mais ne le prive pas tout à fait de la dignité royale. 5º Henri, par une pénitence simulée, obtient l'absolution de Grégoire VII. 6º Le roi Henri ayant violé la foi qu'il avait donnée à Dieu ainsi qu'au vicaire de Jésus-Christ, et confirmée avec serment, les princes de Germanie élisent pour roi Rodolphe, duc de Souabe. 7º Rodolphe est élu roi de Germanie sans le conseil du souverain pontife Grégoire VII. 8º Le roi Henri étant retombé dans les mêmes crimes et dans des crimes encore plus énormes, Grégoire VII l'excommunie et le dépose. Tels sont, d'après cet auteur français, les principaux faits de la conduite de Grégoire VII en cette affaire (Nat. Alex., sec. 11 et 12, Dissert. 2).

La conduite de Grégoire, prononçant toujours à la tête et de l'avis d'un concile, fut approuvée des uns, blâmée des autres. Les premiers étaient les catholiques, les seconds étaient les simoniaques et les fauteurs du roi : *Catholicis viris benè placuit; simoniacis verò et fautoribus regis nimiùm displicuit*, dit un auteur contemporain, Marianus Scotus (*Ad an.* 1074). A la tête des catholiques étaient l'impératrice Agnès, sa mère; les comtesses Béatrix et Mathilde, ses parentes; le saint abbé Hugues de Cluny, son parrain. Parmi les évêques catholiques se distinguaient saint Annon de Cologne, saint Anselme de Lucques, saint Brunon de Ségni, saint Alphane de Salerne, saint Pierre d'Anagni, saint Altmann de Passau, saint Guébehard de Saltzbourg, saint Etienne d'Halberstadt, saint Bennon de Misnie, Hériman ou Herman de Metz, Hugues de Die et puis de Lyon.

Saint Alphane fut d'abord moine du Mont-Cassin, puis abbé et enfin archevêque de Salerne. Il était revêtu de cette dignité dès l'an 1057, et assista au concile de Rome, sous le pape Nicolas II, en 1059. Il était philosophe, théologien, orateur et poète, possédant bien le sens des divines Ecritures et les dogmes de la religion chrétienne. On a de lui les actes du martyre de sainte Christine et deux hymnes à sa louange, un poème en l'honneur de saint Benoit, des hymnes sur sainte Sabine, l'éloge en vers des moines du Mont-Cassin, l'histoire de ce monastère, des hymnes sur saint Maur, saint Matthieu, saint Fortunat, saint Nicolas; un poème en vers héroïques sur le martyre des douze frères de Bénévent, un sur l'église de Saint-Jean-Baptiste au Mont-

Cassin, et quantité d'épitaphes de personnes recommandables par leur vertu; un discours sur le chapitre neuvième de saint Matthieu, un livre sur le mystère de l'Incarnation, un de l'union de l'âme avec le corps, et un des quatre humeurs dont le corps humain est composé. Alphane mourut en odeur de sainteté en 1086.

Dès l'année 1080, saint Alphane découvrit à Salerne les reliques de saint Matthieu, apôtre et évangéliste. Il s'empressa d'en informer le pape saint Grégoire VII, qui l'en félicita, et lui et toute l'Eglise catholique, par une lettre du 18 septembre, où il recommande à l'évêque d'ordonner dignement ces précieuses reliques, et d'avertir le duc Robert et son épouse de révérer si bien cet insigne patron, qu'ils méritent sa protection (L. 8, *Epist.* 8). Ce duc est Robert Guiscard, qui s'était réconcilié avec le Pape. Cette réconciliation eut lieu, suivant Pagi, en 1077; suivant les Bollandistes, en 1078; suivant Baronius, en 1080; suivant Mansi, en 1080 au mois de juin. Quoi qu'il en soit, de l'année précise, cette réconciliation se fit par l'entremise du bienheureux Didier, abbé du Mont-Cassin, depuis pape sous le nom de Victor III (*Vit. B. Victor III; Acta Sanct.*, 16 sept.). Il nous reste trois actes sur cette affaire. Le premier est le serment de fidélité du duc Robert à l'Eglise romaine et au pape Grégoire, avec promesse de le défendre envers et contre tous, et de procurer, quand le cas arriverait, l'élection canonique des Papes, ses successeurs. La date est du 29 juin, jour de Saint-Pierre; mais l'année n'y est pas marquée. Le deuxième acte est l'investiture que le pape Grégoire lui donne des terres à lui accordées par les papes Nicolas et Alexandre, laissant en surséance ce qui regardait Salerne, Amalfi et une partie de la Marche de Fermo. Le troisième acte est la constitution de douze deniers de cens, que Robert promet au Pape pour chaque paire de bœufs de son domaine, payable à Pâques tous les ans (Labbe, t. X).

Saint Brunon de Ségni, né dans la Ligurie, avait été élevé dans le monastère de Sainte-Perpétue, au diocèse d'Asti. De là, il passa à Bologne pour y achever ses études; ensuite à Ségni, où il fut admis par l'évêque parmi les chanoines de la cathédrale. Quelque temps après, il fit le voyage de Rome, et assista au concile qui s'y tint l'an 1079 contre Bérenger. Grégoire VII, content de la manière dont il avait défendu la foi de l'Eglise sur l'eucharistie, le fit évêque de Ségni. Plus tard, touché du désir de la retraite, il abdiqua l'épiscopat et se fit moine au Mont-Cassin; d'où nous le verrons, à la demande de son clergé et de son peuple et par l'ordre du pape Pascal II, obligé de revenir à son Eglise. On a de saint Brunon de Ségni un grand nombre de commentaires sur l'Ecriture sainte, cent quarante-cinq sermons ou homélies, dont la plupart ont été imprimés sous le nom d'Eusèbe d'Emèse, et plusieurs autres ouvrages et lettres, entre autres deux vies de saints, l'une de saint Léon IX, l'autre de saint Pierre, évêque d'Anagni, célèbre par sa vertu, sa doctrine et ses miracles, mis au rang des saints par le pape Pascal II, sur la relation que Brunon avait faite de ses saintes actions et des guérisons miraculeuses opérées à son tombeau.

Saint Brunon se trouvant un jour à Rome dans la maison de l'évêque de Porto, avec Geoffroi, évêque de Maguelone, la conversation tomba sur ce qui est dit dans l'Exode, du tabernacle et des ornements du grand-prêtre Aaron. L'évêque de Ségni fit voir que ce n'étaient que des figures de ce qui se passe dans la célébration des mystères de la loi nouvelle. La conversation finie, Geoffroi le pria de mettre par écrit ce qu'il avait dit sur ce sujet. C'est la matière du traité qui a pour titre : *Des sacrements de l'Eglise, des mystères et des rites ecclésiastiques.* Il le commence par l'explication des cérémonies de la dédicace des églises; puis il marque en détail ce que signifiaient l'eau, le sel, l'hysope, les lettres de l'alphabet écrites sur le pavé de l'église, la cendre, l'huile, le baume, les douze cierges, l'autel, l'église elle-même, l'amict, l'éphod, l'étole, la tunique, la dalmatique, la planète ou chasuble, la chape, la mitre et les autres ornements pontificaux. Il finit par les cérémonies de la consécration d'un évêque. Les ouvrages de saint Brunon de Ségni ont été imprimés à Venise en deux volumes in-folio : plusieurs se trouvent également dans le vingtième volume de la *Bibliothèque des Pères* (Ceillier, t. XXI).

L'impératrice Agnès, qui avait fini par prendre le voile de religieuse, termina saintement sa vie le 14 décembre 1077, et fut d'abord enterrée provisoirement dans la basilique de Latran, ensuite transférée dans celle de Saint-Pierre. Quant à la comtesse Mathilde, souveraine de la Toscane et d'une partie considérable de l'Italie septentrionale, les auteurs catholiques du temps la nomment une autre Débora. Elle était digne d'être comparée à cette illustre héroïne d'Israël, qui sauva sa religion et son peuple, lorsque les hommes n'en avaient plus le courage. Bien des rois et des princes affligeaient l'Eglise de Dieu par une vie inutile ou scandaleuse, par un trafic sacrilège qu'ils faisaient des dignités ecclésiastiques, par une connivence criminelle à l'incontinence des clercs : au lieu de seconder l'Eglise dans l'extirpation de ces désordres, Henri fomentait ces désordres pour faire la guerre à l'Eglise. Les princes normands d'Italie flottaient dans une alternative de fidélité et d'hostilité envers le Siège apostolique. Un seul personnage, pendant un règne de plus de cinquante ans, se montra toujours fidèle, toujours dévoué à l'Eglise et à son chef, toujours prêt à le seconder dans ses efforts pour la restauration de la discipline et des mœurs cléricales, toujours l'épée à la main pour la défendre contre les ennemis les plus formidables, ne se laissant jamais ni gagner par les promesses, ni intimider par les menaces, ni abattre par les revers. Et ce personnage unique était une femme, la comtesse Mathilde.

Au milieu de ses combats pour l'Eglise et son chef, on la vit orner ses propres Etats par des édifices magnifiques, des temples, des châteaux, des ponts d'une architecture hardie et singulière. Dès l'an 1077, elle fit à l'Eglise romaine une donation de tous ses Etats qui comprenaient la Toscane et une grande partie de la Lombardie, s'en réservant seulement l'usufruit sa vie durant. A ce courage, à cette générosité héroïque, Mathilde joignait la plus tendre piété. On le voit par la lettre suivante, que lui écrivit saint Grégoire dès l'an 1074 :

« Quel soin et quelle sollicitude continuelle j'ai pour vous et pour votre salut, celui-là seul le comprend, qui sonde les secrets des cœurs, et qui me connaît mieux que moi-même ; mais si vous y réfléchissez, comme je pense, vous sentez que je dois avoir de vous d'autant plus de soin que je vous ai empêchée, par charité, d'abandonner un plus grand nombre, pour vaquer uniquement à votre salut; car, comme j'ai dit souvent et ne cesserai de dire, la charité ne cherche point ses propres intérêts. Entre les armes que, Dieu aidant, je vous ai fournies contre le prince de ce monde, je vous ai rappelé que les principales sont de recevoir fréquemment le corps du Seigneur, et d'avoir une confiance assurée et complète en sa sainte mère.

» Voici ce que dit saint Ambroise, au livre quatrième *Des Sacrements* : « Si nous annonçons la
» mort du Seigneur, nous annonçons la rémission
» des péchés. Si, chaque fois que le sang du Sei-
» gneur est répandu, il l'est pour la rémission
» des péchés, je dois le recevoir toujours, afin que
» toujours mes péchés me soient remis. Péchant
» toujours, je dois toujours prendre le remède. »
Au livre cinquième *Des Sacrements*, le même saint dit encore : « Si c'est un pain quotidien, pourquoi
» le prenez-vous après l'année, comme les Grecs
» ont coutume de faire en Orient ? Recevez-le chaque
» jour, afin que chaque jour il vous profite : vivez de
» manière à mériter de le recevoir chaque jour. »

» Saint Grégoire dit pareillement, au quatrième livre de ses *Dialogues* : « Nous devons, du moins
» en le voyant déjà passé, mépriser de toute notre
» âme le siècle présent, offrir chaque jour à Dieu
» le sacrifice de nos larmes, lui immoler chaque
» jour la victime de sa chair et de son sang ; car, ce
» qui sauve notre âme de la perdition éternelle, c'est
» cette victime incomparable qui renouvelle pour
» nous, par le mystère, la mort du Fils unique.
» Quoique, ressuscité des morts, il ne meure plus,
» et que la mort n'ait plus de pouvoir sur lui, tou-
» tefois, vivant immortellement et incorruptiblement
» en lui-même, il est immolé de nouveau pour nous
» dans le mystère de l'oblation sacrée; car son corps
» y est reçu, sa chair y est partagée pour le salut
» du peuple, son sang y est versé, non plus dans la
» main des infidèles, mais dans la bouche des fidèles.
» Pensons de là ce qu'est pour nous ce sacrifice, qui
» imite sans cesse, pour notre absolution, la pas-
» sion du Fils unique. Quel fidèle peut douter qu'au
» moment de l'immolation, à la voix du prêtre, les
» cieux s'ouvrent; que les chœurs des anges assistent
» à ce mystère de Jésus-Christ ; que ce qu'il y a de
» plus bas s'unit à ce qu'il y a de plus haut, les
» choses terrestres aux célestes, et qu'il se forme
» une certaine unité des choses visibles et des invi-
» sibles. » Saint Chrysostome dit dans le même sens aux néophytes : « Voyez jusqu'à quel point le Christ
» s'est uni son épouse; voyez de quelle viande il
» vous nourrit. Il est lui-même notre viande substan-
» tielle et notre nourriture. Comme une mère, par
» une affection naturelle, s'empresse de nourrir de
» son lait l'enfant qu'elle vient de mettre au monde,
» ainsi le Christ nourrit sans cesse de son sang ceux
» que lui-même régénère. » Le même Chrysostome écrit au moine Théodore : « La nature mortelle est
» quelque chose de bien casuel ; elle tombe vite,
» mais ne se relève pas avec lenteur; c'est facilement
» qu'elle tombe, mais elle se redresse aussi promp-
» tement. » Nous devons donc, ô ma fille, recourir à cet admirable sacrement, et désirer cet admirable remède.

» J'ai voulu, très-chère fille de saint Pierre, vous écrire ces choses afin d'augmenter votre foi et votre confiance à recevoir le Corps du Seigneur ; car tel est le trésor, tels sont les présents, non pas de l'or ni des pierres précieuses, que, pour l'amour de votre Père, savoir, le souverain des cieux, votre âme attend de moi, quoique vous puissiez, suivant vos mérites, en recevoir de meilleurs d'autres pontifes. Quant à la Mère du Seigneur, à laquelle principalement je vous ai recommandée, je vous recommande et ne cesserai de vous recommander, jusqu'à ce que nous ayons le bonheur de la voir comme nous désirons, que vous dirai-je ? elle que le ciel et la terre ne cessent de louer, encore qu'ils ne puissent la louer dignement. Tenez cependant ceci hors de doute : Autant elle est et plus élevée, et meilleure, et plus sainte qu'aucune mère, autant elle est plus clémente et plus douce envers les pécheurs convertis. Mettez ainsi dans la volonté un terme au péché, et, prosternée devant elle avec un cœur contrit et humilié, répandez vos larmes. Vous la trouverez, je le promets sans aucun doute, plus prompte qu'une mère charnelle, et plus tendre à vous aimer (L. 1, *Epist.* 47). »

Cette lettre du pape saint Grégoire VII est bien remarquable. Elle nous montre une merveille que le monde ne comprend guère. Ce puissant génie qui, d'un regard, embrassait tous les royaumes, tous les biens et les maux de l'humanité ; qui attaquait en même temps et partout les vices et les désordres les plus puissants ; qui ne s'étonnait d'aucun obstacle ; qui paraissait aux hommes de son temps plus ferme et plus inébranlable que le ciel et la terre : ce puissant génie avait une piété de bonne femme, une ardente dévotion à la sainte eucharistie, une confiance filiale envers la sainte Vierge, une tendre compassion pour la faiblesse humaine. On voit qu'il vivait de cette sagesse d'en-haut, qui atteint d'une extrémité à l'autre avec force et dispose tout avec douceur.

Voici d'autres hommes et un autre monde. Lorsque Henri reçut la nouvelle de son excommunication, il en eut d'abord de la tristesse et de l'inquiétude, et ne savait trop que faire. La faction des courtisans, les évêques simoniaques, les prêtres concubinaires, qui se voyaient condamnés en sa personne, lui rendirent bientôt le courage et changèrent sa tristesse en des transports de fureur. A les entendre, le coupable était, non pas le roi ni eux, mais le Pape seul. Ils l'appelaient *un magicien, un imposteur, un hérétique, un homicide, un débauché*, enfin tout ce qu'il y a de plus abominable. Ils disaient à Henri, pour enflammer toujours davantage sa colère : Un roi, fils d'un empereur, qui ne porte pas sans raison le glaive, qui est le protecteur, le patrice et le défenseur de Rome, ne doit pas souffrir que l'Eglise de Dieu soit ainsi déchirée ; que le plus pervers des hommes, dont les coupables excès méritent de sévères châtiments et l'exclusion de l'Eglise, profane ainsi la majesté suprême du nom de roi. L'anathème doit retomber sur celui qui l'a lancé. C'est ainsi que les nouveaux Caïphes frémissaient et complotaient contre le Seigneur et son Christ (Hug. Flav.).

Pour l'exécution de ce complot schismatique et impie, Henri, excommunié et déposé, convoqua une assemblée d'évêques courtisans à Mayence. Il ne s'en trouva que dix-neuf. Ils furent honteux de leur petit nombre. Quant au fond de l'affaire, voici ce qu'en dit un personnage non suspect, le biographe et l'apologiste de Henri lui-même. Sur leur accusation (des Saxons et autres catholiques), le Pape, comme ils disaient partout, le mit au ban de l'Eglise. Mais ce ban n'est pas tenu d'un grand poids, en ce qu'il paraissait dicté, non par la raison, mais par le caprice, non par l'amour, mais par la haine. Le roi voyant donc que le Pape tendait à le priver du royaume, quoiqu'il fût content de son obéissance pour le reste, sinon qu'il ne voulait pas renoncer à la royauté, se vit forcé de passer de l'obéissance à la rébellion, de l'humilité à l'orgueil, et entreprit de faire au Pape ce que le Pape prétendait lui faire. « Abandonnez, ô glorieux roi, abandonnez, je vous en prie, l'entreprise de vouloir précipiter de son trône le chef de l'Eglise, et vous rendre coupable en rendant l'injure; souffrir l'injure est une félicité, la rendre est un crime. » Le roi cherchait donc des causes et des prétextes pour le déposer. On trouva qu'il s'était assis sur le Siége de Rome, après avoir juré qu'il ne s'y assiérait point, et cela parce qu'étant encore archidiacre, il y avait aspiré du vivant de son prédécesseur. Que cela soit vrai ou faux, je n'ai pu le tirer au clair : les uns l'assurent, les autres disent que c'est un conte. Les uns et les autres en donnaient Rome pour preuve. Suivant les uns, Rome, la maîtresse du monde, n'aurait jamais souffert un pareil forfait; suivant les autres, Rome, esclave de la cupidité, permettait facilement tout crime pour de l'argent. Pour moi, il me faut laisser la chose indécise, ne pouvant ni défendre ni affirmer des choses incertaines (*Apud Baron.*, an 1080, n. 18).

Voilà comme parle l'apologiste et secrétaire intime de Henri, qui ne néglige aucun moyen de justifier son maître. Cet aveu candide d'un homme si peu suspect suffit pour apprécier à leur juste valeur les autres calomnies contre le saint pape Grégoire VII.

Les dix-neuf évêques allemands réunis à Mayence pour déposer le Pape sur l'ordre du roi excommunié et déposé, se trouvant honteux de leur petit nombre, Henri convoqua une autre assemblée à Brixen, sur les confins de l'Allemagne et de l'Italie, afin que les évêques excommuniés, interdits, déposés, de l'une et l'autre contrée, pussent s'y trouver en plus grand nombre. Il s'y en trouva trente en tout. Ces trente évêques, simoniaques, excommuniés, entreprirent d'excommunier et de déposer leur supérieur, le chef de l'Eglise universelle, qu'eux-mêmes reconnaissaient depuis huit ans avec toute la chrétienté. Ils portèrent contre lui le décret suivant : « Il faut retrancher de la communion des fidèles le prêtre qui a été assez téméraire pour enlever à l'auguste majesté royale toute participation au gouvernement de l'Eglise, et le frapper d'anathème; car il est manifeste qu'il n'a pas été élu de Dieu, mais qu'il s'est impudemment élevé lui-même par la fraude et la corruption. Il a ruiné l'ordre ecclésiastique, il a troublé la hiérarchie civile, il a attenté aux jours d'un roi pieux et pacifique, soutenu un roi parjure et fomenté partout la discorde, la jalousie et l'adultère. C'est pourquoi, réunis par l'ordre de Dieu, et appuyés par les lettres et les députés de dix-neuf évêques réunis à Mayence en la dernière Pentecôte, nous avons résolu de déposer, de chasser, et, s'il refuse d'obéir à notre injonction, de damner éternellement Hildebrand, cet homme pervers, qui prêche le pillage des églises et l'assassinat, qui soutient le parjure et le meurtre, qui met en question la foi catholique et apostolique, touchant le Corps et le Sang de Notre Seigneur Jésus-Christ, cet antique disciple de l'hérétique Bérenger, ce devin, cet adorateur des songes, ce nécromancien manifeste, ce moine possédé de l'esprit infernal, ce vil apostat de la foi de nos pères. » C'est ainsi que la sentence est rapportée par un partisan de Henri, Conrad de Lichtenau, abbé d'Ursperg.

Quant aux preuves de ces imputations énormes, on en trouve de curieuses dans le libelle du schismatique Bennon, prétendu cardinal de l'antipape Guibert. Il ne dit rien contre les mœurs du saint Pape. Quelques clercs concubinaires cherchaient à les calomnier; mais, observe le judicieux Lambert d'Aschaffembourg, nul homme sensé ne croyait à leurs fables, tant la vertu de Grégoire éclatait par toute l'Eglise.

Ce qu'il lui reproche le plus, c'est la magie. Quand il voulait, dit-il dans un endroit, il secouait ses manches et en faisait sortir comme des étincelles de feu. Un jour, venant d'Albane à Rome, dit-il ailleurs, il oublia d'apporter un livre de nécromancie, sans lequel il ne marchait guère. S'en étant souvenu par le chemin, à l'entrée de la porte de Latran, il appela promptement deux de ses domestiques, fidèles ministres de ses crimes, leur commanda de lui apporter incessamment ce livre, et leur défendit, sous de terribles menaces, de l'ouvrir en chemin ni d'avoir aucune curiosité pour les secrets qu'il contenait. La défense ne fit qu'irriter leur curiosité, ils ouvrirent le livre en revenant, et en lurent quelques pages; mais bien mal leur en prit, car aussitôt parurent des démons, dont la multitude et les figures horribles effrayèrent tellement les deux jeunes hommes, qu'ils en étaient hors d'eux-mêmes. Les démons les pressaient en disant : Pourquoi nous avez-vous appelés? pourquoi nous avez-vous donné la peine de venir? Dites promptement ce que vous voulez que nous fassions, autrement nous nous jetterons sur vous, si vous nous retenez davantage. Heureusement, l'un des deux leur dit : Abattez promptement ces murailles! en leur montrant les hautes murailles de Rome, et les démons les abattirent, en un clin d'œil. Les jeunes hommes firent le signe de la croix, si tremblants et si hors d'haleine, qu'à peine purent-ils arriver à Rome (*Fascic. rer. expetend.*, fol. 39). Voilà comme les schismatiques prouvaient, contre le pape saint Grégoire, la principale de leurs accusations, celle de nécromancie. Par ce conte de vieille femme, on peut juger du reste.

Mais ce n'était point assez pour les schismatiques d'avoir renié le vicaire du Christ, comme les Juifs renièrent autrefois le Christ lui-même; il fallait encore, pour achever la ressemblance, lui préférer un autre Barabbas. Ils élurent donc pour antipape l'archevêque excommunié et déposé de Ravenne, Guibert, le même qui avait abusé de la confiance du pape saint Grégoire, pour conspirer contre sa dignité et sa vie même, par les mains homicides de Crescence et de ses complices. C'était mettre le traître Judas à la place du Sauveur. D'après des indications découvertes par le docte Mansi, archevêque de Lucques, cette élection schismatique et impie de l'antipape Guibert paraît avoir été faite ou du moins commencée à Brixen, l'an 1080, et ensuite consommée et exécutée l'année suivante dans un conciliabule de Pavie; l'ex-roi Henri était présent (*Apud Baron.*, 1080, n. 16, note de Mansi, p. 500).

Le saint pape Grégoire ayant appris cet attentat contre l'unité de l'Eglise, écrivit la lettre suivante aux évêques de la Calabre et de la Pouille : « Vous n'ignorez pas, mes frères, que plusieurs disciples de Satan, qui sont réputés faussement pour évêques en plusieurs pays, excités par un diabolique orgueil, se sont efforcés de confondre la sainte Eglise romaine. Mais, par le secours du Tout-Puissant et par l'autorité de saint Pierre, leur criminelle présomption tournera à leur honte et à leur confusion, à la gloire et à l'exaltation du Siége apostolique. Car depuis le plus petit jusqu'au plus grand, c'est-à-dire jusqu'à Henri, qui est l'auteur et le soutien du concile pestiféré, tous ont éprouvé, et dans le corps et dans l'âme, quelle force le nom de saint Pierre possède pour punir l'iniquité. Vous savez comment, du temps de notre seigneur le pape Alexandre, ce même Henri médita d'opprimer l'Eglise de saint Pierre par l'intrus Cadaloüs, et dans quel honteux abîme de confusion il fut précipité, aux yeux du monde entier, avec ce même antipape, tandis que la bonne cause sortit de cette lutte, glorieuse et triomphante. Vous n'ignorez pas non plus les exécrables complots que, depuis trois ans, les évêques de la Lombardie, soulevés par Henri, tramèrent contre nous, et comment nous en sommes sortis sains et saufs, grâce à la protection de saint Pierre, non sans gloire pour nous et pour nos fidèles défenseurs.

» Mais, comme si leur première confusion ne leur eût point suffi, une plaie incurable leur prouve que le glaive de la vengeance apostolique frappe les coupables depuis la plante des pieds jusqu'au sommet de la tête. Toutefois, leurs fronts endurcis à la honte n'ont pas su rougir; au lieu de rentrer en eux-mêmes, ils ont provoqué, par leur impudence, toutes les rigueurs de son impartiale justice; ils ont marché sur les traces de l'ange rebelle qui a dit : *Je veux établir mon trône à côté de l'aquilon, et je serai semblable au Très-Haut.* Ils se sont efforcés de renouveler leur ancienne conspiration contre le Seigneur et contre la sainte Eglise catholique, et d'établir sur eux, pour antechrist et pour hérésiarque, un homme sacrilége, parjure à l'Eglise et noté pour ses crimes abominables dans toute l'étendue de l'empire romain, savoir, Guibert, le destructeur de l'Eglise de Ravenne. Cette assemblée de Satan a été composée de gens dont la vie est détestable et l'ordination hérétique et nulle. Ce qui les a poussés à cet acte insensé, c'est le désespoir d'obtenir de nous, par prières ou par promesses, le pardon de leurs crimes, sans se soumettre à un jugement ecclésiastique, à notre censure, auxquels nous sommes obligés, par devoir, de les assujétir. Comme ils ne sont fondés sur aucune raison et chargés de crimes, nous les méprisons d'autant plus, qu'ils croient s'être élevés plus haut. Nous nous confions en la miséricorde de Dieu et en la protection de saint Pierre, qui a su précipiter du faîte de sa grandeur Simon le Magicien, leur père commun, et nous espérons leur ruine prochaine et la paix rendue à l'Eglise, après que ses ennemis auront été vaincus et confondus. » Cette lettre est du 21 juillet (L. 8, *Epist.* 5).

A cette noble confiance au plus fort du danger, à cette foi vive dans la réussite et dans l'accomplissement de son œuvre et de ses vœux pour l'indépendance et la réformation de l'Eglise, on reconnaît un vrai disciple de celui qui, la veille de sa passion et de sa mort, disait aux siens : *Ayez confiance, j'ai vaincu le monde.* Dans une seconde lettre, le saint Pape exhorte les mêmes évêques à venger, autant qu'il dépendra d'eux, l'injustice que l'empereur grec Michel venait d'éprouver, et de soutenir, dans cette vue, de toutes leurs forces, le duc Robert qui travaillait à replacer son parent sur le trône de Constantinople, dont il avait été chassé.

En deçà des Alpes, un des évêques qui se montra le plus ferme pour la cause de Dieu et de son Eglise, fut Hériman ou Herman, évêque de Metz. Comme les schismatiques alléguaient divers prétextes pour justifier leur schisme, Herman pria jusqu'à deux fois saint Guébehard de Saltzbourg de lui indiquer ce qu'il fallait en penser et ce qu'il y avait à leur répondre. Saint Guébehard lui écrivit une longue lettre, où il propose les prétextes des schismatiques et ensuite les réfute. Une première cause de la division, c'est que les catholiques ne communiquaient point avec les excommuniés, surtout avec ceux qui avaient été excommuniés par le chef de l'Eglise; les schismatiques, au contraire, communiquaient avec eux et disaient qu'il fallait le faire; en quoi le saint évêque de Saltzbourg fait voir qu'ils allaient contre les Pères et les conciles. Un autre prétexte des schismatiques était que l'homme ne pouvait, en aucun cas, être délié du serment de fidélité. Saint Guébehard fait voir, et par des autorités et par des exemples, que tout serment n'oblige pas toujours, mais que l'obligation peut être dissoute par la force ou la différence des événements, surtout quand il y a sentence de l'autorité qui peut lier et délier au ciel et sur la terre. On voit que le saint évêque entendait bien l'état de la question, et que Fleury, qui ose dire le contraire, ne l'entendait pas lui-même (*Acta Sanct.*, t. VI, *junii*).

Mais un monument bien autrement grave sur cette matière, c'est la seconde lettre que le pape saint Grégoire VII, consulté par lui, écrivit au même Herman de Metz. Le saint Pape y établit la subordination de la puissance temporelle à la puissance spirituelle, d'après ces paroles de Jésus-Christ à saint Pierre : *Tu es Pierre, et sur cette pierre je bâtirai mon Eglise, et les portes de l'enfer ne prévaudront pas contre elle; et je te donnerai les clés du royaume des cieux, et tout ce que tu lieras sur la terre sera lié dans les cieux, et tout ce que tu délieras sur la terre sera délié dans les cieux.* « Les rois, demande-t-il, sont-ils donc exceptés ici? — En vertu du privilége accordé au prince des apôtres, les saints Pères ont appelé l'Eglise romaine *la mère universelle;* ils ont reçu ses jugements avec la même soumission que ses enseignements dans la foi, proclamant, d'une voix et d'un consentement unanimes, que toutes les choses majeures et les principales affaires doivent lui être rapportées; que personne ne doit ni ne peut appeler d'elle ni revenir sur ses jugements. » — Qu'en particulier l'Eglise ait le pouvoir, soit d'excommunier, soit de déposer les princes, il le prouve par la clause de saint Grégoire le Grand, dont nous avons démontré l'authenticité et les raisons. Il le prouve encore, quant à la première partie, par le fait du pape Innocent, qui excommunia l'empereur Arcade, et celui de saint Ambroise, qui excommunia l'empereur Théodose; et, quant à la seconde, par la déposition de Childéric, opérée par l'autorité du pape Zacharie. — Il établit en outre la subordination entre les pouvoirs, par les paroles si connues de saint Gélase, et fortifie le tout par des considérations sur la nature des deux puissances, sur la première cause de l'une et de l'autre, sur le petit nombre de rois saints et le grand nombre de saints Pontifes (L. 8, *Epist.* 21).

Bossuet, dans sa *Défense du gallicanisme politique,* proteste que, plein de respect pour la mémoire de Grégoire VII, il n'imitera pas les schismatiques dans leurs invectives, mais qu'il rapportera, avec une grande simplicité, ce qui se trouve dans les écrits de ce Pape (*Défens.,* l. 1, sect. 1, c. 8). Or, c'est principalement cette lettre du pape saint Grégoire VII à Herman de Metz, que cite et discute Bossuet; nous allons examiner avec quelle candeur. Il est curieux de voir un évêque, comme Bossuet, attaquer la doctrine et la conduite d'un Pape tel que Grégoire VII, pour soutenir les opinions politiques de Louis XIV.

« Saint Grégoire allègue, d'une épître apocryphe, mais néanmoins très-ancienne, attribuée à saint Clément, cette petite phrase : *Celui qui est ami de ceux à qui Clément refuse de parler, est du nombre de ces hommes qui veulent détruire l'Eglise de Dieu.* Bossuet la relève et s'écrie : « Toute la tradition de Grégoire consiste dans ce seul passage. Voilà, dis-je toute la tradition sur laquelle Grégoire VII s'arroge le droit de déposer les souverains. »

Mais, pour prouver que tout est subordonné à la puissance de Pierre, Grégoire cite avant tout les paroles de Jésus-Christ. Pour celles-là, Bossuet a cru plus simple de les passer sous silence; seulement il insinue quelque part qu'elles regardent les péchés. Sans doute ; car qui dit, *tout ce que tu lieras ou délieras,* n'excepte rien. Il fallait montrer qu'elles ne regardent que le péché, et c'est ce que Bossuet a oublié de faire.

Mais saint Grégoire ajoute que, conformément au divin privilége de saint Pierre, la tradition, d'une voix unanime, réserve au Saint-Siége, quant à la décision finale, toutes les affaires majeures, et reconnaît ses jugements sans appel, comme on le voit par les lettres du pape saint Gélase. Bossuet a cru plus simple de n'en rien dire et de s'efforcer ailleurs de prouver que saint Gélase et avec lui les anciens Pères avaient tort, et qu'il était très-permis d'appeler du Saint-Siége.

Mais pour montrer la subordination de la puissance temporelle à la spirituelle, saint Grégoire s'appuie sur le célèbre passage du même Gélase, particulièrement sur ces paroles : *En quoi la charge des Pontifes est d'autant plus pesante, qu'au jour du jugement ils doivent rendre compte au Seigneur des rois mêmes.* Bossuet a cru plus simple de les passer ici sous silence, et, ailleurs, de les supprimer sans rien dire pour leur en substituer d'autres de sa façon qui disent tout le contraire. Telles sont sa simplicité et sa candeur.

Les schismatiques contestaient à l'Eglise, ainsi que nous l'avons vu, soit le pouvoir d'excommunier, soit le pouvoir de déposer les princes. Saint Grégoire VII, pour montrer qu'il avait l'un et l'autre, cite la clause que, sur la demande d'un roi et d'une reine, saint Grégoire le Grand ajouta au privilége de leurs fondations. Bossuet, en promettant d'examiner la question ailleurs, objecte qu'autre chose est de menacer, autre chose est de prononcer une sentence juridique. Mais puisqu'un roi et une reine ont envoyé des ambassadeurs au Pape pour lui demander ces menaces, ils croyaient donc qu'il avait droit de les faire, et, par conséquent, de les exécuter; car des menaces que personne n'aurait crues exécutables, n'eussent pas même été des menaces.

Grégoire rapporte l'excommunication de Théodose et d'Arcade. Bossuet dit que c'est raisonner mal, attendu que ni l'un ni l'autre ne fut déposé. Mais, puisque l'on contestait à l'Eglise le pouvoir d'excommunier les princes, il était naturel d'en citer des exemples. Le mauvais raisonnement n'est pas du côté de saint Grégoire.

Quant à la déposition en particulier, le Pape allègue l'exemple de Childéric. Sur quoi Bossuet dit : « Il est certain que la glose, sur les paroles mêmes de Grégoire VII, contredit formellement son sentiment; car voici comme elle explique le mot *il déposa.* Zacharie est dit l'avoir déposé, parce qu'il *consentit* à sa déposition. » Soit. Toujours est-il que ce consentement fut tel, que toutes les histoires lui attribuent la déposition de Childéric et la légitimité de Pepin. Il n'y a de formel que l'embarras de Bossuet, qui, ailleurs, avoue implicitement ce qu'il voudrait nier ici.

C'est après avoir discuté de la sorte la lettre de saint Grégoire, que, s'arrêtant à une phrase tirée d'un monument apocryphe, mais en tout cas très-ancien, Bossuet s'écrie d'un air triomphant : « Toute la tradition de Grégoire consiste dans ce seul passage; voilà le seul témoignage de l'antiquité; voilà, dis-je, toute la tradition sur laquelle Grégoire VII s'arroge le droit de déposer les souverains. » Et tout cela, Bossuet l'appelle de la simplicité et de la candeur!

Nous avons vu que tous les catholiques de son temps approuvaient la conduite de saint Grégoire VII. Bossuet et Fleury n'ont trouvé un auteur catholique qui s'éloignât de l'accord unanime des autres; mais c'est un petit-fils de Henri, Othon de Frisingue, qui écrivit près d'un siècle après l'événement, et dont la famille, celle de Hohenstauffen, possédait les domaines enlevés par Henri aux héritiers de Rodolphe. Cette seule considération doit faire suspecter son témoignage et récuser son jugement en cette affaire, d'autant plus qu'il avance des choses évidemment inexactes. Il dit dans un endroit : « Grégoire VII, voyant cet empereur comme abandonné des siens, le frappe du glaive de l'anathème : l'empire fut d'autant plus indigné de cette nouveauté, que jamais auparavant il n'avait vu de pareille sentence publiée contre un empereur romain (*De gest. Frid. I,* l. 1, c. 1). » Othon suppose, dans ces paroles, que

Henri était empereur quand il fut excommunié par Grégoire : ce qui est faux; car, excommunié et déposé une première fois en 1076, une seconde fois en 1080, il ne reçut le titre d'empereur de son antipape Guibert qu'en 1083. Ensuite il nous représente Henri comme abandonné des siens quand il fut anathématisé par le Pape, et tout ensemble l'empire indigné de cette nouveauté. La vérité est, d'après les preuves historiques que nous avons vues, que Grégoire ne prononça la sentence que sur les plaintes et les sollicitations réitérées des princes catholiques d'Allemagne, et qu'il n'y eut d'indignés que les simoniaques et les schismatiques. Après tout, si intéressé qu'il fût pour l'honneur de sa famille, Othon ne se prononce ni pour ni contre. Il se borne à dire qu'il ne prend pas sur lui de dire si la chose a été faite licitement ou non. « J'ai beau lire et relire, ajoute-t-il, l'histoire des rois et des empereurs romains, je ne trouve nulle part qu'aucun d'eux ait été, par le Pontife de Rome, soit excommunié, soit privé du royaume. A moins peut-être qu'on ne veuille regarder comme un anathème, lorsque Philippe fut, pour un temps très-court, placé par le Pontife romain au nombre des pénitents, ou que Théodose fut exclu de l'enceinte du temple par saint Ambroise, en punition d'un massacre (Oth. Fris., *Chron.*, l. 6, c. 35). »

Othon, comme on voit, distingue expressément l'excommunication de la déposition : il pense que le fait de Théodose ne fut pas une excommunication proprement dite, c'est pourquoi il assure qu'il ne trouve aucun empereur romain soit excommunié, soit déposé; mais il est certain, d'après Bossuet lui-même, que les empereurs Anastase et Léon l'Isaurien avaient été véritablement excommuniés par les Pontifes de Rome. D'une autre part, Othon lui-même nous apprend que Grégoire II, ayant plusieurs fois averti par ses lettres l'empereur Léon, et le trouvant incorrigible, détacha l'Italie de son empire (Oth. Fris., *Chron.*, l. 5, c. 18). Lors donc que le même auteur nous proteste ne voir aucun empereur romain qui eût été jusqu'alors, soit excommunié, soit déposé par des Papes, cela ne prouve de sa part que l'ignorance ou l'oubli. Et, comme cette ignorance ne prouve rien contre le pouvoir d'excommunier, elle ne prouve pas plus contre le pouvoir de délier ou de déclarer délié le serment de fidélité. Cependant ces paroles insignifiantes d'un témoin et d'un juge légalement suspect, les défenses du gallicanisme politique les citent à tout propos comme une décision irréformable; mais ils se gardent bien de nous apprendre ce que le même Othon dit ailleurs, savoir, que Pepin fut élu roi par l'autorité du pape Zacharie; que le même Pepin et les seigneurs de France furent déliés par le pape Etienne de leur serment de fidélité à Childéric, et *que les Pontifes romains tirent de là l'autorité de changer les règnes (Ibid.,* c. 23).

Ce n'est pas tout : s'il faut en croire Bossuet, Grégoire VII aurait avancé dans cette même lettre à Hériman de Metz, ni plus ni moins qu'une hérésie. Il accuse le saint Pape d'avoir, contre l'autorité de l'Ecriture, de la tradition et de tout le genre humain, avancé une chose que jamais Pontife ni chrétien n'avait dite ou pensée, d'avoir renouvelé l'erreur des hérétiques que combattait saint Irénée, savoir, que la puissance royale vient de l'orgueil et du diable.

Avant de montrer ce qu'a dit le saint Pontife et en quel sens, nous citerons d'autres Pontifes également saints, qui non-seulement ont pensé, mais écrit des choses équivalentes. Ni les rois ni les seigneurs (*domini*), dit saint Augustin, n'ont pas reçu leurs noms des deux mots *régner* et *dominer :* il est plus naturel de croire que les rois ont été ainsi nommés de *régir*, en sorte que *royaume* dérive de *rois*, et *rois* de *régir*. Quant au faste royal, il a été regardé non comme l'attribut de celui qui régit, mais comme l'orgueil de celui qui domine (*De civit.*, c. 12, n. 2). Et ailleurs : Dieu ayant fait l'homme raisonnable à son image, voulut qu'il ne dominât que sur les créatures sans raison, non pas l'homme sur l'homme, mais l'homme sur la bête. C'est pourquoi les premiers justes furent établis pasteurs de troupeaux plutôt que rois des hommes ; Dieu nous voulant faire connaître par là tout ensemble, et ce que demandait l'ordre des créatures, et ce qu'exigeait le mérite des péchés (*De civit.*, l. 19, c. 15, n. 1).

Ainsi, d'après saint Augustin, la puissance royale ou la souveraineté, prise, non pour l'autorité patriarcale qui dirige, comme un père ses enfants, mais pour la domination de la force qui contraint les hommes comme des troupeaux de bêtes, ne vient point originairement de Dieu, mais de l'orgueil, mais du péché et de celui qui en est l'auteur. *C'est cette ambition de dominer*, dit le même Père, après avoir cité un passage analogue de Salluste, *qui tourmente par de grands maux et foule aux pieds le genre humain* (*Ibid.*, l. 3, c. 14, n. 1).

La nature, dit saint Grégoire le Grand, a fait égaux tous les hommes; mais, l'ordre des mérites variant, une secrète providence place les uns après les autres : toutefois cette diversité, qui provient du vice, Dieu l'a coordonnée avec beaucoup de justice. — Nous savons que nos anciens Pères étaient non pas tant des rois d'hommes que des pasteurs de troupeaux; et quand le Seigneur dit à Noé et à ses fils : *Croissez et multipliez-vous, et remplissez la terre,* il ajoute : *Et que la terreur de vos personnes soit sur tous les animaux de la terre;* car l'homme a été préposé par la nature aux animaux irraisonnables, non point aux autres hommes : c'est pourquoi il lui est dit qu'il doit se faire craindre des animaux, non de l'homme; car c'est s'enorgueillir contre la nature que de vouloir être craint de ses égaux (L. 21, *in Job.*, c. 15, n. 22).

Voilà donc deux saints Pontifes, et on pourrait en citer beaucoup d'autres, qui s'accordent dans les points suivants, savoir, que Dieu a créé les hommes égaux par nature; que l'homme a reçu le domaine sur les animaux, non pas sur les hommes; que cette inégalité, qui fait que les uns sont sujets, les autres supérieurs, que les uns obéissent et les autres commandent, n'a d'autre cause que le péché; que cet ordre a été établi par un juste jugement de Dieu; que les premiers justes étaient plutôt pasteurs de troupeaux que rois d'hommes ; que les rois sont ainsi appelés non pas de *régner* ni de *dominer*, mais de *régir ;* qu'enfin le faste et la domination des gouvernants ont été introduits par l'orgueil humain et la passion de s'élever sur autrui. Cela supposé, il faut distinguer entre l'office du roi et le faste. Le premier a été enseigné aux hommes par la droite raison, institué d'après le dictamen de la nature, et approuvé de Dieu pour l'ordre et la conservation du genre humain : l'autre, à l'instigation du diable, a été introduit par l'orgueil de l'homme.

Or, voilà précisément ce que dit saint Grégoire VII, et il ne dit que cela. D'un côté, il rappelle aux rois de Germanie, de Danemarck, d'Angleterre, que la puissance royale vient de Dieu. A Guillaume le Conquérant, il écrit entre autres : « Nous sommes persuadé que votre prudence n'ignore pas que le Dieu tout-puissant a départi à ce monde, pour le gouverner, la dignité apostolique et la dignité royale comme plus excellentes que toutes les autres ; car, de même que pour représenter en divers temps la beauté de ce monde aux yeux de la chair, il a disposé le soleil et la lune comme des luminaires plus éclatants que tous les autres, de même, pour que la créature qu'il a formée à son image dans ce monde, ne fût pas entraînée en des erreurs et des périls mortels, il a voulu, moyennant la dignité apostolique et la royale, qu'elle fût régie par des offices divers (L. 7, *Epist.* 25). »

D'un autre côté, il rappelle, avec d'autres saints docteurs, de quelle manière, à commencer par Nemrod, la domination des conquérants et des souverains absolus remplaça le régime paternel et primitif des patriarches, lorsqu'il dit en sa lettre à Hériman : « Quoi donc, une dignité inventée par des hommes du siècle, qui ignoraient même Dieu, ne sera point subordonnée à la dignité que la providence du Tout-Puissant a établie pour sa gloire et a donnée au monde dans sa miséricorde ? Voyez son Fils : autant il est cru Dieu et homme, autant il est cru souverain prêtre, chef de tous les prêtres, assis à la droite du Père, intercédant continuellement pour nous. Il a dédaigné la royauté séculière dont les enfants du siècle s'enorgueillissent, et il a embrassé volontairement le sacerdoce de la croix. Qui ne sait que les rois et les ducs ont commencé en ceux qui, ignorant Dieu, se sont, par orgueil, moyennant les rapines, la perfidie, les homicides, enfin presque tous les crimes, à l'instigation du diable, le prince de ce monde, arrogé sur leurs égaux, savoir, les hommes, avec une cupidité aveugle et une présomption intolérable. » Voilà ce que dit de plus fort saint Grégoire ; ce n'est que la répétition de ce que d'autres avaient dit avant lui, et ce que d'autres ont dit après.

Au XIVe siècle, le célèbre cardinal Bertrand, évêque d'Autun, traitant expressément cette matière, écrivait à ce sujet : « Si nous faisons bien attention à la sainte Ecriture, nous trouverons clairement que le pouvoir de la juridiction temporelle ou séculière, quant aux quatre empires, les Assyriens et les Chaldéens, les Mèdes et les Perses, les Grecs, les Romains, n'a pas été, dans l'origine, introduite légitimement, mais par violence (*De orig. et usu jurid.,* quæst. 1). » En effet, avant Nemrod, que Bossuet lui-même reconnaît pour le premier ravageur de provinces, on ne voit point apparaître le nom de *roi*. Les premiers auxquels il soit donné sont les petits conquérants qui emmenèrent en captivité le peuple de la Pentapole, avec le neveu d'Abraham, et auxquels ce patriarche, après une éclatante victoire, arracha tous les captifs. Ainsi donc Grégoire VII n'a dit que ce que d'autres Pontifes, avant et après lui, ont conclu de l'Ecriture même.

Une autre nouveauté que Bossuet impute à saint Grégoire, c'est d'assurer que tous les Pontifes romains sont saints, et de dire : Je sais, par expérience, que le Pape est saint. Voici ce que dit le Pontife, après avoir exposé combien il est facile aux souverains de se perdre : « Il faut donc craindre pour eux et leur rappeler souvent à la mémoire que, depuis l'origine du monde, dans les divers royaumes de la terre, parmi cette multitude innombrable de rois, on en trouve très-peu de saints ; tandis que, dans la succession des Pontifes sur un seul siége, celui de Rome, depuis le temps de l'apôtre saint Pierre, on en compte près de cent parmi les très-saints. — Il faut avertir tous les chrétiens qui souhaitent régner avec Jésus-Christ de ne point aspirer à la royauté par ambition de la puissance séculière, mais d'avoir plutôt devant les yeux cette parole de saint Grégoire, en son *Pastoral* : « Au reste, quelle règle est à suivre, sinon que ceux qui ont les vertus requises ne viennent au gouvernement que quand ils y sont forcés, et que ceux qui n'ont pas les vertus nécessaires n'y viennent point, lors même qu'on les y forcerait. Car si ceux qui craignent Dieu, lors même qu'on leur fait violence, ne viennent qu'avec une grande frayeur au Siége apostolique, où ceux qui sont légitimement ordonnés deviennent meilleurs par les mérites de saint Pierre, avec quelle crainte et quel tremblement ne faut-il pas approcher du trône de la royauté, où même les bons et les humbles, comme on le voit par Saül et David, deviennent pires ? Ce que nous avons dit plus haut du Siége apostolique, outre que nous le savons par expérience, est contenu ainsi dans les décrets du bienheureux pape Symmaque : *Le bienheureux Pierre a transmis à ses successeurs, avec l'héritage de l'innocence, une dot perpétuelle de mérites.* Et un peu plus loin : *Qui doute qu'il ne soit saint celui qu'élève le faîte d'une si haute dignité ? car s'il manque de mérites acquis, ils sont suppléés par ceux que lui communique son prédécesseur* (L. 8, *Epist.* 21).

Voilà ce que dit Grégoire VII ; voilà ce qu'il cite de saint Symmaque, ou plutôt de l'*Apologétique* de saint Ennodius, évêque de Pavie, approuvé au concile de Rome, en 503, par le saint Pape et deux cent dix-huit évêques. Ainsi qu'on le voit, saint Grégoire ne parle pas de tous les Pontifes romains, comme Bossuet le lui impute au titre de son chapitre onzième, mais de ceux-là seulement qui étaient légitimement ordonnés, qui ne montaient au Siége apostolique que par force, mais seulement de la série générale des Pontifes romains comparés à la multitude des rois : voilà ce qu'il sait par expérience. Il ne dit pas qu'ils deviennent tout à fait saints, comme le lui fait dire Bossuet, *omninò sanctos,* mais seulement qu'ils deviennent meilleurs. Que le Pape soit saint, cela n'est dit que dans le décret approuvé par le pape Symmaque et le concile de Rome. Bossuet s'écrie qu'au lieu d'exagérer ces paroles, il fallait les adoucir par une bénigne interprétation. Mais cette exagération que Bossuet met sur le compte de saint Grégoire, Bossuet seul l'a commise, et cela par un faux en écriture authentique. En effet, le décret dit simplement que le Pape est saint ; c'est Bossuet qui ajoute le mot *omninò,* tout à fait. Mais le tempérament que Bossuet reproche à saint Grégoire de n'avoir pas apporté à ces paroles, saint Grégoire l'y apporte ; car, au lieu de dire, avec le décret, que les Papes légitimement ordonnés deviennent saints, il dit seulement qu'ils deviennent meilleurs.

Une nouveauté non moins étrange, dont Bossuet accuse le même Pape, c'est d'avoir prétendu commander à la victoire. Bossuet se fût abstenu d'une imputation pareille, s'il s'était rappelé ce qu'il dit lui-même sur les effets visibles de l'excommunication. « Le Saint-Esprit, dit-il, dans les temps apostoliques, descendait d'une manière visible par l'imposition des mains des apôtres; de même aussi le démon exerçait visiblement sa puissance sur un homme qui lui était livré par un jugement ecclésiastique. Ces effets visibles n'ont été que pour un temps, mais les effets intérieurs sont permanents et éternels; et comme le Saint-Esprit est véritablement donné par l'imposition des mains, de même un pécheur est véritablement livré à Satan par l'excommunication (*Défens.*, l. 1, sect. 2, c. 23). » Eh bien! comme saint Paul, en excommuniant l'incestueux de Corinthe le livra à Satan pour la perte de sa chair, afin que son âme fût sauvée, de même, dans les siècles subséquents, en excommuniant les auteurs de certains crimes, l'Eglise les livrait au pouvoir du même Satan, afin qu'étant affligés jusque dans les choses temporelles, ils rentrassent plus tôt en eux-mêmes. Quelquefois il plaisait à Dieu que ceux qui avaient été excommuniés de la sorte fussent tourmentés par le démon d'une manière visible, quelquefois d'une manière seulement invisible. Les imprécations par lesquelles on les dévouait à ces châtiments étaient jointes à la formule de l'excommunication même. On en voit plusieurs exemples dans Burchard, qui vécut tout un siècle avant Grégoire (*Apud Burc. et Ivon. in decret.*, § 14, c. 79). Ainsi, quand ce Pape dit, dans la deuxième excommunication de Henri : « Que Henri non plus que ses fauteurs n'ait aucune force dans les combats et ne gagne de sa vie aucune victoire..., afin qu'il soit confondu à pénitence et que son esprit soit sauvé au jour du Seigneur, » c'était une nouveauté qui, pour le fond, remontait jusqu'aux temps apostoliques, jusqu'à saint Paul.

Bossuet dit encore que Grégoire, étonné lui-même de la hardiesse de son entreprise, troublé par sa nouveauté, et également incertain des événements à venir et des démarches que les circonstances des temps l'obligeraient à faire dans la suite, n'avait, sur cette matière, aucun principe fixe et suivi; que, hardi, téméraire, quand il s'agit de prononcer la sentence, il a hésité, il a chancelé, quand il s'est agi de l'exécution; qu'entraîné à cet attentat inouï par l'impétuosité de son caractère plutôt que par une raison fixe et réfléchie, il a douté lui-même de la validité de son décret (*Défens.*, l. 1, sect. 1, c. 11). Eh bien! ce grand fracas de paroles n'est que l'effet d'un brouillard, d'un nuage. Bossuet conclut que le Pape s'est contredit, qu'il a varié dans ses principes, parce qu'après avoir excommunié et déposé Henri en 1076, il l'absout en 1077, sans le remettre en possession du royaume, et lui donne néanmoins le titre de roi. Mais la raison en est bien simple, comme on le voit dans Fleury et comme Bossuet a pu le voir pendant près de vingt ans dans Noël Alexandre. En 1076, Grégoire excommunia et déposa Henri jusqu'à satisfaction convenable. L'année suivante, en lui donnant l'absolution, il lui réserva expressément ses droits au royaume, mais cependant ne l'en remit pas en possession, cette affaire devait se traiter dans une diète des princes. Lors donc que de 1077 à 1080, en attendant une décision finale, Grégoire donne à Henri le titre de *roi*, et s'efforce de tenir la balance égale entre lui et Rodolphe, que les princes élurent dans cet intervalle, bien loin de se contredire, il ne fait qu'observer religieusement les conditions convenues et jurées à Canosse.

Quand Bossuet nous dit, avec un auteur anonyme, que le saint Pape, oubliant sa vigueur, démentit ses premières démarches, qu'après avoir employé toute la sévérité de la puissance apostolique, en excommuniant Henri et ses fauteurs, en déposant ce prince avec éclat de la dignité royale, en dispensant ses sujets du serment de fidélité, et en confirmant l'élection d'un autre roi, il écrivit à ses légats de prendre conseil, d'écouter les raisons des deux rois, de confirmer la couronne à celui dont le droit serait le mieux prouvé, et de déposer son compétiteur, Bossuet confond les temps et les choses. Grégoire n'approuva l'élection de Rodolphe qu'en 1080, où il déposa définitivement Henri. Depuis lors, il ne traita plus ce dernier de roi. Rien ne fut capable d'ébranler sa constance. Dans une lettre de 1081, où il appelle Henri *dit roi* (*Henricus dictus rex*), il écrivit à Didier, abbé du Mont-Cassin : « Vous le savez, mon cher frère, si l'amour de la justice et de l'honneur de la sainte Eglise ne nous dominait, si nous voulions conniver à la méchante volonté et à la perversité du roi, ainsi que des siens, nous en recevrions des avantages beaucoup plus considérables qu'aucun de nos prédécesseurs n'eût pu en recevoir d'aucun prince. Mais vous savez aussi que nous comptons pour rien leurs menaces et leur fureur, et que nous sommes prêt à souffrir plutôt la mort que de consentir à leurs impiétés et d'abandonner la justice (L. 9, *Epist.* 11). Et saint Grégoire VII demeura tel jusqu'à la fin.

Lorsque, dans cette grande lutte, avec une conviction si profonde, ce grand et saint Pape oppose toujours à Henri, Dieu et la justice, il indiquait le vrai point de la question. Il s'agissait dès lors de savoir si la loi, si la politique devait être athée ou bien fondée sur la morale et la religion. Le Pape croyait fermement, avec toutes les nations chrétiennes, que Dieu seul est proprement souverain; que le Fils de Dieu fait homme, le Christ ou Messie, a été investi par son Père de cette puissance souveraine; que parmi les hommes, il n'y a de puissance ou de droit de commander, si ce n'est de Dieu et par son Verbe; que la puissance est de Dieu, mais non pas toujours l'homme qui l'exerce et l'usage qu'il en fait; que la souveraineté et le souverain, et l'usage qu'il fait de sa puissance, et les hommes sur lesquels il l'exerce sont également subordonnés à la loi de Dieu ; enfin, que l'interprète infaillible de la loi divine est l'Eglise catholique; que, par conséquent, c'est à l'Eglise et à son chef de décider les cas de conscience qui s'élèvent entre les rois et les peuples. Henri et ses courtisans voulaient bien de tout cela pour les autres, mais non pas pour eux-mêmes. Comme l'Eglise et son chef condamnaient leur dissolution et leur tyrannie, ils cherchèrent à réduire en esclavage et l'Eglise et son chef. La justice sera-t-elle encore quelque chose, ou bien n'y aura-t-il d'autre droit que la force brutale? Tel était le sujet de ce grand combat que l'Eglise catholique, au nom de Dieu et de l'humanité, a soutenu pendant des siècles contre les monarques allemands qui, à peu près tous, ne reconnaissaient d'autre droit que la force.

Que tels soient le sens et le but véritable de cette lutte à peu près continuelle entre l'Eglise de Dieu et les puissances temporelles, Bossuet lui-même en fournit une preuve remarquable. Pour ne pas admettre la subordination des puissances temporelles à la puissance spirituelle de l'Eglise de Dieu, il suppose le principe suivant : *Quant à l'ordre politique et aux droits de la société humaine, un gouvernement peut être parfait sans le vrai sacerdoce et sans la vraie religion.* Cette étrange assertion de Bossuet ne lui est point échappée par mégarde; il a un chapitre entier pour l'établir. Il y répète : *Nous soutenons donc que, sans la vraie religion, un gouvernement peut être parfait, non dans l'ordre moral, mais dans l'ordre politique, ou en ce qui regarde les droits de la société humaine.* L'empire ou le gouvernement civil est donc subordonné à la vraie religion et en dépend dans l'ordre moral, mais non dans l'ordre politique ou en ce qui concerne les droits de la société humaine. Bossuet tient si fort à cette idée, qu'il y revient encore dans la suite de son ouvrage, comme au pivot sur lequel roule toute son argumentation (*Défens.*, l. 1, sect. 5, c. 32, 35).

D'après cela, il est clair que, selon Bossuet, l'ordre politique est distinct de l'ordre moral; que, de soi, l'ordre politique est sans morale et sans religion; que, de soi, l'ordre politique est athée et doit l'être, s'il veut éviter la subordination à la puissance religieuse et sacerdotale. Bossuet ne voyait peut-être pas clairement ces conséquences, ou certainement ne les admettait pas; mais, aujourd'hui, des manouvriers les voient et les admettent. Les manouvriers de Paris, attablés dans les cabarets, organisent tranquillement, avec ordre et ensemble, la destruction de tout ordre, de toute propriété, de toute société, même de la société domestique ou de l'union conjugale. Et ils ne s'en tiennent point à de vaines paroles, ils vont droit au but; ils se dévouent à tuer en plein jour les rois, les princes, les riches, tous ceux qui ont ou qui sont quelque chose. Voilà où aboutit cet ordre politique sans morale et sans religion, que les princes de la terre ont imaginé pour n'être point subordonnés à l'Eglise de Dieu.

Pour bien comprendre l'histoire, il ne faut jamais perdre de vue ce grand et continuel combat de l'Eglise catholique, pour l'ordre, la justice, la propriété, la société, soit domestique, soit publique, contre les puissances ou passions humaines, qui ne veulent de règle que soi.

Finalement, le pape saint Grégoire VII et les catholiques de son temps combattaient, non-seulement pour la cause de Dieu et de son Eglise, mais pour la cause des peuples, mais pour la cause de l'humanité entière. Ils marchaient sur les traces des prophètes, des apôtres, des martyrs. Les princes, les guerriers, qui les soutenaient par les armes, étaient de nouveaux Machabées. Comme les premiers, ils pouvaient succomber personnellement dans la lutte; mais leurs souffrances, mais leur mort n'étaient perdues ni pour eux ni pour leur cause. C'est à force de souffrir et de mourir, que les chrétiens des premiers siècles ont vaincu les empereurs idolâtres, qui se prétendaient à la fois empereurs, souverains pontifes et dieux. C'est à force de combats, de souffrances, de persévérance, que l'Eglise et les catholiques de tous les temps vaincront les puissances ou les passions humaines, qui auront toujours plus ou moins les mêmes prétentions que les empereurs idolâtres. C'est toujours la même conspiration contre l'Eternel et son Christ. Qui ne comprend pas cela ne comprend rien au fond de l'histoire.

Cependant, le 15 octobre 1080, il y eut, sur la rivière de l'Elster en Saxe, une grande bataille entre Henri et Rodolphe. Les troupes de Henri eurent d'abord quelque avantage et chantaient déjà victoire. Mais l'armée de Rodolphe étant revenue à la charge, les força dans leur camp, les culbuta dans la rivière, les mit dans une déroute complète et fit un butin immense. La victoire était assurée aux Saxons, des acclamations et des chants de triomphe retentissaient de toutes parts, quand soudain on reçut la nouvelle que Rodolphe était mortellement blessé. Voulant traverser un ruisseau, il fut frappé, disait-on, d'un coup de lance par le duc Godefroi de Bouillon, qui le cherchait depuis longtemps dans la mêlée. Il avait la main droite coupée, et avait reçu dans le bas-ventre une blessure mortelle. Ses amis le transportèrent dans la plaine; autour de lui se réunirent les évêques, qui lui donnèrent les onctions saintes. Un écrivain schismatique du parti opposé raconte ou plutôt conte que, quand on lui eut montré sa main coupée, il dit : « C'est celle-là que j'ai levée jadis pour prêter serment au roi Henri. » Mais les auteurs catholiques du temps, tels que la *Chronique de Magdebourg*, attestent que, bien loin de se repentir du passé, son unique douleur fut de ne pouvoir plus venger les injures que Henri avait faites à l'Eglise et à tous les ordres de l'empire, il déplorait plus le malheur du peuple que le sien propre. Sentant sa fin prochaine, il souleva la tête et demanda d'une voix mourante : « A qui la victoire? — A vous, seigneur, à vous, » répondirent ceux qui l'entouraient. A ces mots, Rodolphe retombe sur sa couche en disant : « Maintenant, à la vie et à la mort, je souffrirai avec joie tout ce qu'il plaira au Seigneur (Berthold, an 1080). » Ainsi mourut le roi Rodolphe, comme jadis était mort Epaminondas aux plaines de Mantinée. On ensevelit son corps avec magnificence dans le chœur de la cathédrale de Mersebourg; une statue en bronze doré fut placée sur sa tombe.

La mort de Rodolphe causa un deuil général dans la Saxe et ailleurs. Un grand nombre de personnes firent de riches présents aux églises, aux monastères et aux pauvres pour le repos de son âme. Il s'était attiré l'affection de tous par sa bonté, par son affabilité et sa bravoure. On le regardait comme le sauveur de la patrie, comme un guerrier intrépide, comme un juge impartial et comme un défenseur infatigable de l'Eglise. Voici en quels termes parle de sa mort un historien catholique du temps, Berthold, prêtre de Constance et pénitencier apostolique, qui écrivait à cette époque-là même. « L'armée de Henri fut mise en déroute et poursuivie une journée de chemin par les troupes de Rodolphe, quoique le roi Rodolphe, de pieuse mémoire, succombât dans cette même bataille. Oui, cet autre Machabée, attaquant l'ennemi au premier rang, mérita de succomber au service de saint Pierre. Il survécut un jour, mit ordre à toutes ses affaires et alla sans aucun doute rejoindre le Seigneur. Sa mort fut pleurée de toutes les personnes pieuses de l'un et l'autre sexe, mais principalement des pauvres. Pour le repos de son âme, les Saxons firent des aumônes innombrables; car c'était certainement le père de la patrie, l'observateur le plus consciencieux de la justice, le champion infatigable de la sainte Eglise. Il fut enterré à Mersebourg avec beaucoup de gloire. » Voilà ce que dit Berthold de Constance, et son dire n'est démenti par aucun auteur contemporain du parti opposé. Nous verrons Henri, tout au contraire, mourir d'une mort ignominieuse, rester sans sépulture chrétienne, et, par sa mort, inspirer à tous les chrétiens une joie pareille à celle que ressentirent les Hébreux à la mort de Pharaon, et cela d'après le témoignage de ses propres partisans (*Chrom. Magd.*, Albert, Stad., Berthold, Const., an 1080; Abb. Ursp., an 1106).

Le jour même que le roi Rodolphe mourait en Saxe, les troupes de la comtesse Mathilde furent battues, près de Mantoue, par les partisans lombards de Henri. Mais ces revers n'abattaient point le courage des catholiques. Dès le mois de février 1081, les seigneurs de Henri avaient demandé une conférence à ceux de Saxe, pour ménager la pacification du pays. Saint Guébehard de Saltzbourg, au nom des seigneurs saxons, parla avec énergie, mais néanmoins avec un ton modéré, sur les injustices de Henri envers les évêques, les églises et leur pays, et sur leurs dispositions pacifiques. Levant ensuite la voix, il dit : « Nous tous qui sommes ici présents, et avec nous tous les habitants de la Saxe, nous vous demandons avec instance, à vous, saints prêtres de Jésus-Christ, à vous, très-nobles seigneurs, à vous, hommes de cœur, de vous souvenir du Dieu tout-puissant et de votre devoir! Soyez les pasteurs des âmes et non leurs destructeurs ! Songez que vous avez reçu votre épée pour défendre et non pour immoler les innocents! Ne nous poursuivez pas plus longtemps avec le fer et la flamme, nous qui sommes vos frères et vos parents... Malgré les nombreuses injures que nous avons souffertes de Henri, nous voulons encore lui prêter serment de fidélité, si vous pouvez nous donner l'assurance formelle que nous pouvons le faire sans perdre l'honneur de notre rang et sans manquer à notre parole et à nos engagements ; car si vous voulez entendre l'exposé de nos motifs, nous vous prouverons que ni clercs ni laïques n'ont pu le regarder davantage comme roi, sans compromettre le salut de leurs âmes. Voici donc en abrégé notre demande : *Prouvez-nous d'une manière satisfaisante que Henri est roi légitime, ou bien laissez-nous vous prouver qu'il ne peut l'être.* » Les députés de Henri répliquèrent qu'ils n'étaient pas venus pour décider une pareille question, et demandèrent un armistice jusqu'au mois de juin, pour la faire décider dans une diète générale. Tout le monde vit bien que ce n'était qu'un prétexte pour gagner du temps et faciliter à Henri son expédition d'Italie. Une foule de ses propres partisans déclarèrent hautement, dans la conférence, que les propositions des Saxons étaient équitables, et les prétentions de leurs adversaires injustes. Ils ne furent plus si ardents pour la guerre ; ce qui fit dire aux Saxons que cette conférence valait pour eux plus que trois victoires. On se sépara, après avoir conclu une trêve de sept jours. Au mois de juin, les seigneurs de Saxe et de Souabe se réunirent avec leurs troupes pour délibérer en commun sur l'élection d'un nouveau roi. Après bien des consultations, toutes les voix se portèrent sur Herman de Lorraine, comte de Luxembourg. Cependant la chose ne fut conclue définitivement que vers la fin de l'année (Bruno, *Annalist. Sax.*).

Dans l'intervalle, le pape Grégoire écrivit la lettre suivante à ses deux légats en Allemagne, saint Altmann, évêque de Passau, et Guillaume, abbé de Hirsau : « Nous félicitons beaucoup votre prudence du soin que vous avez eu de nous mander des choses certaines, d'autant plus qu'on nous en rapporte de très-nombreuses et de très-variées de par là. Nous vous faisons connaître que presque tous les fidèles, ayant appris la mort du roi Rodolphe, de bienheureuse mémoire, ont fait tous leurs efforts pour nous persuader de recevoir en notre grâce Henri, qui, vous le savez, est disposé depuis longtemps à nous faire plusieurs choses et que favorisent presque tous les Italiens ; ils ajoutaient que s'il venait en Italie contre la sainte Eglise, sans pouvoir avoir la paix avec nous, ainsi qu'il le veut et y tâche, ce sera vainement que nous espérerons quelque secours de votre part. Si ce secours ne devait manquer qu'à nous, qui estimons peu son orgueil, l'inconvénient ne serait pas bien grave. Mais si vous ne soutenez pas notre fille Mathilde, dont vous savez comme les guerriers sont disposés, que lui reste-t-il, au cas que les siens refusent de faire aucune résistance, eux qui la traitent de folle, sinon de faire la paix, ou bien de perdre tout ce qu'elle possède. Tâchez donc de lui mander, avec certitude, si elle doit attendre avec assurance un secours de votre part. Si Henri doit entrer en Lombardie, nous voulons que vous avertissiez le duc Guelfe d'accomplir la fidélité qu'il a promise à saint Pierre, suivant qu'il en est convenu avec moi en présence de l'impératrice Agnès et de l'évêque de Côme, lorsqu'on lui accorda le fief de son père. Car nous voulons le placer tout entier dans le giron de saint Pierre, et l'attacher spécialement à son service. Si vous découvrez cette volonté en lui ou en d'autres princes conduits par l'amour de saint Pierre pour la rémission de leurs péchés, pressez-les de la mettre en pratique et ayez soin de bien nous en informer. Par cette assurance, nous croyons pouvoir faire, Dieu aidant, que les Italiens, se détachant de Henri, s'attachent fidèlement à nous ou plutôt à saint Pierre.

» En outre, il faut avertir tous ceux qui, dans vos quartiers, craignent le Seigneur et aiment la liberté de l'épouse du Christ, qu'ils n'aillent point, par faveur ou par crainte, élire à la hâte et témérairement une personne dont les mœurs et les autres choses nécessaires à un roi seraient en désaccord avec le soin et la défense qu'il doit prendre de la religion chrétienne; car nous croyons qu'il vaut mieux attendre quelque temps, pour trouver un homme capable de procurer, selon le Seigneur, l'honneur de la sainte Eglise, que de s'exposer, par trop de précipitation, à ordonner roi quelqu'un qui n'en est pas digne. Nous savons bien que nos frères sont fatigués d'une lutte si longue et de tant de perturbations; mais on sait qu'il est plus noble de combattre longtemps pour la liberté de la sainte Eglise, que de succomber à une servitude malheureuse et diabolique. Les malheureux, savoir, les membres du diable, combattent pour être opprimés de sa cruelle servitude. Les membres du Christ combattent, au contraire, pour ramener ces malheureux à la liberté chrétienne. C'est pourquoi il faut faire des prières très-fréquentes, donner d'abondantes aumônes et supplier notre Rédempteur, de toutes les manières, pour que nos ennemis, que nous aimons, par son commandement, viennent à résipiscence et rentrent dans le giron de la sainte Eglise, et pour que lui-même veuille donner à son épouse, pour laquelle il a daigné mourir, un défenseur convenable; car s'il n'est pas obéissant, humblement dévoué et utile à la sainte Eglise, ainsi que le doit un roi chrétien et que nous l'avons espéré de Rodolphe, non-seulement la sainte Eglise ne le favorisera pas, mais lui fera opposition. Ce que la sainte Eglise romaine espérait du roi Rodolphe, ce qu'il lui promettait, vous le savez assez. Il faut faire en sorte qu'au milieu de tant de périls et de travaux, nous n'ayons pas moins à espérer que celui qui doit être élu roi. Sur quoi nous vous envoyons la formule du serment que l'Eglise romaine demande de lui.

« *Serment du roi.* — Dorénavant je serai fidèle
» par une vraie foi au bienheureux Pierre, apôtre,
» et à son vicaire, le pape Grégoire, qui vit main-
» tenant dans la chair; et tout ce que le Pape m'or-
» donnera, par une vraie obéissance, je l'observerai
» fidèlement comme le doit un chrétien. Quant à
» l'ordination des églises, aux terres et aux cens
» que les empereurs Constantin et Charles ont don-
» nés à saint Pierre; et quant aux églises et aux
» domaines qui ont jamais été offerts ou concédés
» au Siège apostolique, et qui sont ou seront en
» mon pouvoir, je m'entendrai avec le Pape de ma-
» nière à ne point encourir le péril de sacrilège ni
» la perdition de mon âme; que, le Christ aidant,
» je rende à Dieu et à saint Pierre l'honneur et le
» service qu'il est digne de leur rendre; et qu'au
» jour où je verrai pour la première fois le Pape, je
» devienne fidèlement, par mes mains, le soldat de
» saint Pierre et le sien. »

Comme le pape Grégoire connaissait la fidélité et la sagesse de saint Altmann, il le laisse maître d'ajouter ou de retrancher à ce serment suivant les conjonctures, sauf ce qui regarde la fidélité et l'obéissance. « Pour les prêtres au sujet desquels vous m'avez consulté, ajoute-t-il, nous sommes d'avis, à cause du trouble des peuples et de la disette des bons ouvriers, que vous le souffriez quant à présent, en modérant pour un temps la rigueur des canons (L. 9, *Epist.* 3). » Dans une autre lettre il recommande à saint Altmann de se concerter avec l'archevêque de Saltzbourg et les autres évêques fidèles, pour ramener ceux qui sont attachés à Henri, et de les recevoir comme des frères, particulièrement l'évêque d'Osnabruc, que l'on disait vouloir se réunir sincèrement au Pape (*Ibid.*, *Epist.* 10).

Partout où l'on arrêtait les yeux, soit en Allemagne, soit en Italie, on ne rencontrait que des préparatifs de guerre et tous les maux inséparables de ce terrible fléau. Et cependant la piété fleurissait dans les monastères. Nous avons vu le duc de Bourgogne quitter le monde et se retirer à Cluny. Vers le même temps, d'un autre côté, Herman, comte de Zæhring, un des seigneurs les plus puissants et les plus riches, se démit de sa dignité, renonça aux honneurs du siècle, et, revêtu d'un habit de pèlerin, se rendit au même monastère de Cluny pour y prier et servir Dieu. Pendant longtemps, inconnu de tous, il garda un troupeau de porcs, tandis que son épouse Judith, dans son affliction profonde, s'efforçait de gagner le ciel par des aumônes et d'autres bonnes œuvres (*Chronic. Hirsau*, an 1082). Les monastères furent donc recherchés plus que jamais, on se vit obligé de les agrandir. Celui de Hirsau renfermait plus de cent cinquante religieux. Les âmes pieuses, ou bien les hommes qui avaient mené au milieu du monde une vie licencieuse, cherchaient à assurer leur salut éternel en fondant de nouvelles églises ou de nouveaux monastères. Des pères affligés de la mort de leurs enfants trouvaient leur consolation à consacrer leurs châteaux au service de Dieu, et à les laisser à des moines ou à des religieuses; d'autres, en relevant ces asiles pieux de leur ruine, croyaient pouvoir réparer les sacrilèges profanations dont ils s'étaient rendus coupables dans la guerre, eux et leurs guerriers. De là vient le grand nombre de couvents qu'on voyait dans la Bavière, dans la Souabe et dans d'autres pays. On est singulièrement surpris quand on voit chez des hommes aussi grossiers, aussi durs, aussi barbares, autant de foi et de piété, autant de délicatesse et d'humilité devant le Très-Haut. Il est impossible de ne pas reconnaître ici l'esprit sublime de la vraie chevalerie; l'enthousiasme qui, quelques années plus tard, poussa des légions de pèlerins vers Jérusalem, n'offre qu'un tableau en grand de ce qui se manifestait maintenant dans un cadre plus étroit et pour ainsi dire en miniature. Ces réflexions sont d'un auteur protestant (Voigt).

Henri, cependant, après la mort de Rodolphe, entra en Italie au mois de mars 1081, et célébra à Vérone la fête de Pâques, qui fut le 4 avril. Il ne permettait à personne de prendre le chemin de Rome, qu'il n'eut fait serment de ne point aller trouver Grégoire. Ce Pape tint cependant à Rome un huitième concile, où il excommunia de nouveau Henri et ses fauteurs, et confirma la sentence de déposition par ses légats contre les archevêques d'Arles et de Narbonne; car les affaires si compliquées de l'Allemagne ne l'empêchaient nullement de s'appliquer à celles des autres pays.

Henri marcha vers Rome avec son antipape Guibert, et y étant arrivé vers la Pentecôte, qui tomba le 23 mai 1081, il campa dans les prairies de Néron; mais les Romains refusèrent de recevoir l'antipape, le chargeant d'injures et se défendant à main armée; en sorte que Henri, après avoir fait le dégât dans le pays, fut obligé de retourner avec son pape en Lombardie. Ce fut la comtesse Mathilde qui résista le plus au prince allemand en cette occasion, par le moyen des forteresses imprenables qu'elle avait en plusieurs endroits. Pendant tout le temps que dura cette guerre, elle n'épargna ni ses vassaux ni ses richesses pour la défense de l'Eglise et de son chef. Elle était le refuge de tous les évêques, les clercs et les moines que le roi excommunié et déposé chassait et dépouillait de leurs biens, et elle ne les laissait manquer de rien. Elle employait aussi toutes sortes de moyens pour ôter des partisans à Henri : les uns, en leur donnant des fiefs ou d'autres présents, les autres, en leur faisant la guerre et en brûlant leurs châteaux. Elle envoyait souvent à Rome des secours d'argent au pape Grégoire. Il suivait principalement les conseils de saint Anselme de Lucques, que le saint Pape lui avait donné pour directeur.

Rentré en Italie l'an 1082, Henri vint à Rome par le duché de Spolète, et l'assiégea pendant tout le carême. Il avait amené avec lui son antipape Guibert, et demeura presque tout l'été devant Rome sans pouvoir y entrer. Il voulut même mettre le feu à Saint-Pierre pour surprendre la ville pendant que les Romains seraient occupés à l'éteindre, mais le pape saint Grégoire y marcha le premier et arrêta le feu qu'un traître avait mis à quelques maisons voisines. Les chaleurs obligèrent Henri à se retirer, après avoir mis garnison à quelques châteaux pour incommoder les Romains; il laissa l'antipape à Tibur pour commander ces troupes, et, ayant pris le saint et savant évêque Bonnizon de Sutri et quelques autres, il retourna en Lombardie. L'antipape continua la guerre pendant tout l'été, faisant le dégât des blés et des terres des Romains, et beaucoup d'autres maux (Baron.).

Le roi Herman, qui avait été sacré aux fêtes de Noël 1081, à Mayence, par les évêques et du consentement des seigneurs, se disposait à venir au secours du pape Grégoire : déjà il était en Souabe et venait de prendre Augsbourg, quand la mort du duc Othon, qu'il avait laissé pour gouverner la Saxe, l'obligea de revenir sur ses pas. L'année suivante, l'ex-roi Henri revint en Italie, et se trouva près de Rome avant la Pentecôte; mais, voyant que saint Hugues, abbé de Cluny, son partisan, alors en Italie, et plusieurs autres saints personnages, le tenaient pour excommunié, il voulut se justifier auprès d'eux. Pour cet effet, il renvoya l'évêque d'Ostie et plusieurs autres qu'il avait faits prisonniers; il donna sûreté, même par serment, à tous ceux qui voudraient aller à Rome visiter les saints lieux, et dit publiquement qu'il voulait recevoir la couronne impériale de la main du pape Grégoire. Le peuple romain et les personnes pieuses ayant appris ces nouvelles, en eurent une grande joie; et, se jetant aux pieds du Pape, ils le priaient instamment, et, avec larmes, d'avoir compassion de leur patrie presque perdue. Grégoire leur répondit : « J'ai souvent éprouvé les artifices du roi ; mais s'il veut satisfaire à Dieu et à l'Eglise, je l'absoudrai volontiers et lui donnerai la couronne impériale; autrement je ne puis vous écouter. »

Comme Henri refusait de faire cette satisfaction, et que le Pape, nonobstant les instances du peuple, demeurait ferme à la demander, Henri gagna insensiblement le peuple par argent et par crainte, outre qu'ils étaient fatigués du siége, qui durait depuis trois ans. On convint donc que le Pape assemblerait, à la mi-novembre, un concile où la question du royaume serait décidée, et que Henri, les Romains et tous les autres seraient tenus d'en observer les décrets. Henri promet par serment de donner sûreté à tous ceux qui iraient à ce concile, et le Pape y appela tous les évêques et les abbés. Henri retourna en Lombardie, et la garnison qu'il avait laissée au château, près de Saint-Pierre, fut décimée par les maladies; en sorte que de quatre cents hommes, à peine en resta-t-il trente : ce que les Romains regardèrent comme une punition de saint Pierre (Berthold, *Act. Greg. VII*).

Le saint pape Grégoire adressa, dans cette occasion, la lettre suivante à tous les fidèles : « Grégoire, évêque, serviteur des serviteurs de Dieu, à tous les clercs et laïques qui ne sont point excommuniés, salut et bénédiction apostolique. Sachez, bien-aimés frères et fils, que nous désirons vivement et que nous prescrivons, de toute l'autorité apostolique, la tenue d'un concile universel, dans un lieu tel que nos amis et nos ennemis puissent s'y rendre en sûreté de toutes les parties de la terre ; car nous voulons découvrir au grand jour, en pénétrant dans les antres de l'obscurité, quel est l'auteur et la cause des malheurs affreux qui désolent depuis si longtemps la religion chrétienne; proclamer de quel côté sont l'impiété et l'orgueil qui s'opposent à la paix et à la concorde entre l'empire et le sacerdoce, et rétablir enfin, avec le secours de Dieu, dans ce concile, une paix telle que la désire et la demande la piété. Nous serons disposés à souscrire à tout ce qui sera juste, selon les droits de saint Pierre, et les décrets des Pères, à réfuter ce qui est reproché au Siége apostolique, à calmer les murmures secrets de quelques-uns de nos frères, à rendre notre innocence évidente, pourvu cependant qu'on restitue à l'Eglise romaine ce dont elle a été dépouillée. Nous devons vous prévenir dès à présent, Dieu en est témoin, que ce n'est ni par notre ordre ni par notre conseil que Rodolphe, élu roi par les Allemands, prit alors le gouvernement du royaume; loin de là, nous ordonnâmes, dans un concile, que, si les archevêques et les évêques qui l'avaient sacré ne pouvaient pas justifier leur conduite, ils seraient privés de leurs dignités, comme Rodolphe du royaume. Un grand nombre de vous sait, et nous n'ignorons pas quel est celui qui s'est opposé à cette disposition ; car si Henri le prétendu roi et son parti eussent gardé envers nous, ou plutôt euvers saint Pierre, l'obéissance qu'ils avaient promise, je le dis avec confiance, ces malheurs, ces homicides, ces parjures, ces sacriléges, ces trahisons, cette hérétique et funeste simonie ne seraient point arrivés. Ainsi, efforcez-vous de contribuer à la tenue d'un concile tel que nous l'indiquons, vous tous qui avez été émus par tant de calamités, et qui, conduits par la crainte de Dieu, voulez la paix et la concorde, afin que la tête et tout le corps de la sainte Eglise, ballotés par les attaques des impies, reposent enfin et soient affermis par l'union des vrais chrétiens (L. 9, *Epist.* 28). »

Henri renvoya son antipape Guibert à Ravenne, et marcha vers Rome pour le concile où les députés des seigneurs d'Allemagne devaient se trouver. Mais Henri, toujours parjure à ses serments, les fit arrêter en chemin à Forcassi en Toscane, vers la Saint-Martin, nonobstant la sûreté qu'il avait promise et jurée. C'étaient des moines et des clercs, et avec eux fut pris Othon, évêque d'Ostie, en revenant de sa légation auprès de Henri. Plusieurs prélats français, tant évêques qu'abbés, ne laissèrent pas de venir au concile; mais Henri en empêcha particulièrement ceux qui étaient les plus nécessaires au Pape savoir : saint Anselme de Lucques, Renald de Côme, et Hugues de Die, récemment transféré à l'archevêché de Lyon.

Le Pape tint donc le concile pendant trois jours, commençant le 20 novembre 1083; on compte ce concile pour le neuvième de Rome sous son pontificat. Il s'y trouva plusieurs prélats de l'Italie méridionale. Le Pape y parla si fortement de la foi, de la morale chrétienne et de la constance nécessaire dans la persécution, qu'il tira des larmes des yeux de toute l'assemblée. Il céda avec peine aux prières du concile, pour ne pas renouveler l'excommunication contre Henri; mais il la prononça contre quiconque avait empêché ceux qui venaient à Rome (Labbe, t. X). Il écrivit en même temps une lettre à tous les fidèles; nous nous croirions coupable si nous ne la donnions pas tout entière.

« Nous savons, bien-aimés frères, que vous compatissez à nos tribulations et à nos angoisses, et que, dans vos oraisons, vous faites mémoire de nous, devant le Seigneur : ne doutez pas que nous ne fassions la même chose pour vous, et cela est juste; car l'apôtre dit : *Si un membre souffre, tous les membres souffrent avec lui*. En quoi nous croyons aussi que la charité de Dieu a été répandue dans nos cœurs, c'est que nous voulons tous une même chose, désirons tous une même chose, tendons tous à une même chose. Nous voulons une seule et même chose, c'est que tous les impies se reconnaissent et reviennent à leur Créateur. Nous désirons une seule et même chose, c'est que la sainte Église, opprimée et bouleversée sur toute l'étendue du globe, reprenne son ancienne splendeur et sa solidité. Nous tendons à une seule et même chose, c'est que Dieu soit glorifié en nous, et que nous avec nos frères, même avec ceux qui nous persécutent, nous méritions de parvenir à la vie éternelle. Ne vous étonnez pas, mes bien-aimés frères, si le monde vous hait, puisque nous l'irritons contre nous, qui, en combattant sa convoitise, condamnons ses œuvres. Qu'y a-t-il d'étonnant que les princes de ce monde et les puissants nous haïssent, nous les pauvres du Christ, qui nous opposons à leurs méchancetés, et qu'ils sévissent contre nous avec une certaine indignation, puisque les sujets, des serviteurs même, obligés de quitter leurs iniquités, s'efforcent d'ôter la vie à leurs supérieurs? Et, toutefois, peu d'entre nous ont encore résisté aux impies jusqu'au sang, et très-peu d'entre nous ont encore eu le bonheur si désirable de souffrir la mort pour le Christ. Pensez, mes bien-aimés, pensez combien de soldats du siècle, attirés par un vil prix, s'exposent chaque jour à la mort pour leurs seigneurs. Et nous, que souffrons-nous, que faisons-nous pour le Roi suprême et pour la gloire éternelle? Quelle honte, quel opprobre, quelle dérision! Eux, pour une vaine gloire, ne craignent pas d'affronter la mort, et nous, pour le trésor du ciel et l'éternelle béatitude, nous évitons de souffrir même la persécution!

» Ranimez donc vos courages, concevez une vive espérance, fixez vos regards sur l'étendard de notre chef, l'étendard du Roi éternel, la croix, d'où il nous dit : *C'est dans votre patience que vous posséderez vos âmes*. Et si nous voulons, avec le secours de la grâce divine, écraser promptement et fortement l'antique ennemi, et nous jouer de toutes ses ruses, appliquons-nous, non-seulement à ne point éviter les persécutions qu'il nous envoie et la mort pour la justice, mais encore à les désirer pour l'amour de Dieu et la défense de la religion chrétienne. C'est par là que nous briserons tous les soulèvements de la mer et l'orgueil du siècle, et que nous nous réunirons, et que nous régnerons avec celui qui est notre chef et qui est assis à la droite de Dieu le Père; car notre maître nous crie : *Si nous souffrons ensemble, nous régnerons ensemble* (L. 9, Epist. 21). » On voit ici toute l'âme de Grégoire VII : c'est l'âme d'un apôtre, d'un martyr.

Un auteur protestant dit à cette occasion : « Quand, au sein de la prospérité, un homme se montre grand, noble, élevé, le monde l'honore, le vénère, l'admire, et si ce bonheur se soutient dans toute sa carrière jusqu'au moment de sa mort, son nom est transmis à la postérité. Quand même son ouvrage n'est point achevé, quand même il est surpris par la mort au milieu de ses opérations, nous regardons sa carrière comme remplie, parce que notre imagination supplée à ce qui lui restait encore à faire. Mais quand un homme jeté au milieu du tumulte et d'un monde plein de désordres, quand, exposé aux vicissitudes de la bonne et de la mauvaise fortune, il résiste avec fermeté, et que, fort de sa conscience, animé par sa foi et ses convictions, il reste calme et de sang-froid, souffre avec résignation, s'appuie sur l'ancre que Dieu a placée dans son cœur, lorsque tout l'univers est soulevé contre lui, cet homme devient la merveille de son siècle (Voigt). »

Cependant les Romains, à l'insu du Pape, avaient juré à Henri, l'été précédent, d'obliger le Pape à le couronner, ou à élire un autre Pape à sa place; ce qui montre qu'il n'avait pas grande confiance dans le sien, puisqu'il pouvait s'en faire couronner à son bon plaisir. Le terme de leur promesse étant échu, ils la déclarèrent naïvement au Saint-Père, ajoutant qu'ils n'avaient point promis qu'il le couronnât solennellement avec l'onction sainte, mais seulement qu'il lui donnât une couronne. Le Pape, comme un bon père, y consentit, pour les acquitter de leur serment. Ainsi les Romains mandèrent à Henri qu'il vînt prendre la couronne, ou avec justice, en satisfaisant le Pape, ou contre son gré, auquel cas ils la lui présenteraient, du haut du château Saint-Ange au bout d'une perche. Henri refusa l'un et l'autre, et les Romains lui déclarèrent qu'ils étaient quittes de leur serment. Lui, de son côté, s'appliqua de plus en plus à les gagner par menaces et par promesses.

Alexis, empereur de Constantinople, voulant arrêter Robert Guiscard en Italie, avait écrit à Henri, roi tel quel d'Allemagne, pour l'exciter à lui faire la guerre, et lui avait envoyé cent quarante-quatre mille sous d'or et cent pièces d'écarlate. Mais Henri se servit de cet argent pour gagner le peuple de Rome, et, par son secours, il entra dans le palais de Latran, avec l'antipape Guibert, le 21 mars 1084. Les nobles Romains demeurèrent la plupart fidèles au Pape, qui se retira au château Saint-Ange. Le dimanche suivant, qui était le dimanche des Rameaux, Henri fit introniser Guibert sous le nom de Clément III, par les évêques de Bologne, de Modène et de Cervia; au lieu que, suivant l'ancienne coutume, l'ordination du Pape appartenait aux évêques d'Ostie, d'Albane et de Porto. Le jour de Pâques, dernier de mars, l'antipape donna à Henri la couronne impériale; ils demeuraient l'un et l'autre au palais de Latran, et ceux qui tenaient encore pour le vrai pape saint Grégoire, ne leur permettaient pas d'aller à Saint-Pierre. Henri les attaqua dans la semaine même de Pâques; mais il perdit environ quarante hommes, et pas un ne fut tué du côté du pape Grégoire. Ensuite Henri commença à assiéger le château Saint-Ange. Aussitôt il donna part de son entrée à Rome et de son couronnement à Thierri, évêque de Verdun, un des plus zélés pour son parti, lui ordonnant, de la part de l'antipape Clément et de la sienne, de sacrer immédiatement Egilbert, archevêque de Trèves (Baron.).

Il tâcha en particulier de gagner le roi d'Angleterre. Le cardinal schismatique Hugues le Blanc, légat de l'antipape, écrivit pour cet effet à Lanfranc de Cantorbéry, qui lui répondit en ces termes : « Plusieurs choses que j'ai trouvées dans vos lettres m'ont déplu. Je n'approuve pas que vous outragiez le pape Grégoire, que vous l'appeliez Hildebrand, que vous insultiez ses légats, que vous exaltiez si haut Clément. Il est écrit *qu'il ne faut ni louer un homme avant sa mort, ni manquer à son prochain.* Qui peut répondre de ce que l'on sera devant Dieu? Je crois cependant que le glorieux empereur a eu de grandes raisons pour entreprendre une si grande affaire, et qu'il n'a pu remporter une si grande victoire sans le secours de Dieu. Je n'approuve pas que vous veniez en Angleterre, si le roi ne vous en a pas donné la permission. Notre île n'a pas encore rejeté Grégoire, et n'a pas décidé à quel pape elle obéirait. Ce n'est qu'après avoir écouté les deux partis, qu'elle jugera avec maturité (Lanfranc). »

Dès que les seigneurs lombards de la Pouille virent Henri devant Rome, ils espérèrent qu'après la prise de cette ville, ils pourraient chasser les Normands. Ceux-ci, de leur côté, alarmés de cette conspiration et de l'absence de Robert Guiscard, occupé à une expédition en Grèce, résolurent de traiter avec Henri, et la confiance qu'ils avaient en Didier, abbé du Mont-Cassin, fit qu'ils le prièrent de venir avec eux trouver ce prince, disant qu'outre leur sûreté, ils chercheraient à procurer la paix entre lui et le pape Grégoire. Henri lui-même, roi ou empereur tel quel, avait envoyé, par les comtes des Marses, une lettre au père Didier, afin qu'il vînt le trouver. Didier, comme dit expressément Léon d'Ostie, n'y fit aucune réponse, parce qu'il ne savait quel salut lui écrire. L'autre lui envoya une seconde lettre, avec menace de l'en faire repentir s'il ne venait ou ne répondait pas. Didier écrivit alors avec cette salutation : « Hommage de fidélité qui se doit, » et cela parce qu'il pensait ne lui devoir aucune fidélité. Ce sont les paroles de l'historien, qui était du même monastère.

Ensuite, menacé par Henri de voir son monastère détruit, s'il ne venait le voir, pressé par les princes normands d'éviter ce malheur par un peu de condescendance, ayant consulté là-dessus le Pape sans recevoir de réponse, il vint à Albane, où était Henri. Mais pendant une semaine entière, il ne voulut ni se rendre auprès de lui, ni y envoyer personne. Henri lui commandait avec menaces de lui jurer fidélité et de lui faire hommage pour son abbaye, qui, pour le temporel, était effectivement un fief de l'empire. Mais Didier méprisait toutes ces menaces avec beaucoup de courage, disant que jamais il ne le ferait, ni pour son abbaye, ni pour tout l'honneur du monde. Enfin, pressé, sollicité de nouveau, il se rendit auprès de Henri, mais sans vouloir saluer ni les évêques ni les seigneurs, la plupart de ses amis, qui se trouvaient là, entre autres, le chancelier Othon, depuis évêque de Bamberg. Tout ce que put obtenir Henri, c'est qu'il lui promit de s'entremettre pour lui faire obtenir la couronne impériale; jamais il ne voulut lui jurer fidélité. Tel est le récit de Léon d'Ostie (*Leo d'Ost.*, l. 3, c. 50).

Pendant cette entrevue, l'abbé Didier disputait souvent sur les droits du Saint-Siège, avec les évêques de la suite de Henri, particulièrement avec son prisonnier, l'évêque d'Ostie, qui toutefois était pour le Pape. Cet évêque alléguait en faveur de Henri le décret du pape Nicolas II, fait avec cent vingt-cinq évêques et avec Hildebrand lui-même, alors archidiacre, portant qu'on ne ferait point de pape sans le consentement de l'empereur. Mais Didier soutenait que, ni pape, ni évêque, ni homme vivant, ne pouvait validement faire un tel décret, parce que le Siége apostolique est au-dessus de tout et ne peut jamais être soumis à personne. Il ajoutait : « Si le pape Nicolas l'a fait, il l'a fait injustement et imprudemment, la faute d'un homme ne doit pas faire perdre à l'Eglise sa dignité, et nous ne consentirons jamais que le roi des Allemands établisse le Pape des Romains. » L'évêque d'Ostie répondit : « Si les ultramontains entendaient ce discours, ils se réuniraient tous contre vous. » Didier répliqua : « Quand tout le monde se réunirait, il ne nous ferait pas changer d'avis sur ce point. L'empereur peut prévaloir pour un temps, si Dieu le permet, et faire violence à l'Église; mais il ne nous y fera jamais consentir. » Didier disputa à ce sujet avec l'antipape Guibert, et lui reprocha son intrusion dans le Saint-Siège, sur quoi Guibert se sentant pressé, lui dit qu'il l'avait fait malgré lui, parce qu'autrement le roi Henri aurait perdu sa dignité. Une pareille excuse dans la bouche d'un évêque était elle-même un crime.

Le pape Grégoire était toujours assiégé dans le château Saint-Ange, autour duquel Henri avait fait élever une muraille; mais il y avait quelques forteresses qui tenaient encore pour le Pape, et Rusticus, son neveu, se défendait au milieu de Rome, dans le *septizonium* de Sévère, ainsi nommé parce que c'était un édifice à sept étages, dont on voit encore les restes. « Henri, dit son panégyriste, allait tous les jours dans une église où il avait choisi un endroit pour prier avec plus d'attention. Un de ses ennemis ayant observé ce lieu, mit une grosse pierre sur la poutre qui soutenait le lambris, auquel il fit une ouverture, et prit bien ses mesures avec une corde pour faire tomber la pierre précisément sur la tête du prince. S'étant donc caché la nuit sur le lambris, quand il vit Henri en prière, il poussa la pierre, mais elle l'entraîna par son poids, il tomba, et le prince, qui heureusement s'était un peu retiré, n'eut point de mal. Le bruit de cet accident s'étant bientôt répandu dans toute la ville, le peuple se saisit du coupable, et, malgré le prince, le mit en pièces, en le traînant sur des roches et des pierres (*Vita Henr.*, *apud Freher.*). »

Cependant Henri apprit que Robert Guiscard était de retour en Italie et qu'il venait au secours du Pape; ne se sentant pas en état de lui résister, il quitta Rome et retourna en Lombardie. En effet, depuis deux ans le pape Grégoire ne cessait de presser le duc Robert, qui était en Grèce, de venir le délivrer. Le duc avait bien de la peine à quitter son entreprise contre l'empereur Alexis, sur lequel il le faisait de grandes conquêtes; mais, regardant le Pape comme son seigneur, depuis qu'il lui avait fait serment de fidélité, il crut devoir préférer à tout autre intérêt son devoir et le service de l'Eglise; et, laissant à son fils Bohémond la conduite de son armée pour continuer la guerre en Grèce, il s'embarqua peu accompagné et vint descendre à Otrante. Il arriva à Rome au commencement de mai 1084, et, comme les Romains révoltés contre le Pape voulurent lui résister, il pilla la ville et en brûla une grande partie. Il tira le Pape du château Saint-Ange et le remit au palais de Latran; puis, étant sorti de Rome, il ramena en peu de temps plusieurs châteaux et plusieurs villes à l'obéissance du Pape.

Grégoire étant ainsi rentré dans Rome, tint un dixième concile, où il réitéra l'excommunication contre l'antipape Guibert, le soi-disant empereur Henri et leurs fauteurs, et il en fit publier la sentence au delà des monts par ses légats; en France, par saint Pierre, évêque d'Albane, et en Allemagne, par Othon, évêque d'Ostie. Le légat fit un assez long séjour en Allemagne et y ordonna plusieurs évêques dans les églises vacantes. Celle de Constance l'était depuis longtemps; il y mit Guébehard, fils du duc Berthold, qui était moine, et encore plus illustre par sa vertu que par sa naissance. Il fut élu par le clergé et le peuple, malgré ses larmes et sa résistance, et le légat le sacra évêque de Constance, le dimanche 22 décembre 1084. Le samedi, jour de Saint-Thomas, il l'avait ordonné prêtre, et avec lui quelques autres, entre lesquels était Berthold, auteur de la meilleure chronique que nous ayons de ce temps-là. Le légat, en l'ordonnant prêtre, lui donna pouvoir, par l'autorité du Pape, de recevoir les pénitents, ce qui mérite d'être remarqué.

Tandis que le Pape était à Rome, il délivra l'église de Saint-Pierre de soixante mansionnaires qui, s'en étant emparés, occupaient tous les oratoires, à la réserve du grand autel, et tournaient à leur profit toutes les offrandes des pèlerins. C'étaient des citoyens romains qui avaient des femmes ou des concubines, mais ayant la barbe rase comme les clercs et portant des mitres; ils faisaient accroire aux pèlerins, et particulièrement aux paysans de Lombardie, qu'ils étaient des prêtres-cardinaux, et, ayant reçu leurs offrandes, ils leur donnaient l'absolution de leurs péchés par une profanation sacrilège. La nuit, ils se levaient, sous prétexte de garder l'église, et commettaient à l'entour des vols, des impuretés et des homicides. Le Pape les ayant chassés avec beaucoup de peine, donna la garde de l'église de Saint-Pierre à des clercs et des prêtres réguliers, et, ayant demeuré assez longtemps à Rome, il passa au Mont-Cassin, où il fit quelque séjour, et de là à Salerne, où il demeura jusqu'à sa mort, sous la protection du duc Robert, étant défrayé, avec les évêques et les cardinaux qui l'avaient suivi, par l'abbé du Mont-Cassin (*Act. S. Greg.*, 25 *maii*).

Henri, au sortir de Rome, vint en Lombardie, où il laissa l'antipape Guibert, et, après avoir encouragé les Lombards à soutenir son parti, il passa en Allemagne. Incontinent après, les évêques simoniaques et les marquis de Lombardie, avec de grandes troupes, se jetèrent sur les terres de la comtesse Mathilde, dont les vassaux, pris à l'improviste, ne purent assembler que peu de monde. Mais saint Anselme, évêque de Lucques, les encouragea, leur envoyant sa bénédiction par son pénitencier, le même qui a écrit sa vie, lui recommandant particulièrement qu'il commençât par absoudre ceux qui auraient communiqué avec des excommuniés; puis, qu'il donnât à tous la bénédiction de l'autorité du Pape, les instruisant de quelle manière ils devaient combattre et avec quelle intention, afin que le péril où ils allaient s'exposer leur servît pour la rémission de tous leurs péchés. On donna la bataille, où les schismatiques tournèrent le dos promptement; on prit l'évêque de Parme, plusieurs nobles et d'autres sans nombre, avec quantité de chevaux, d'armes et de bagage. On ne pouvait compter les morts du côté des schismatiques; de la part des catholiques, il n'y en eut que trois de tués et peu de blessés (*Vit. S. Anselmi*, 18 *mart.*; Berthold, 1084).

Cette victoire abaissa considérablement le parti des schismatiques; et ceux qui revenaient à l'obéissance du pape Grégoire s'adressaient à saint Anselme de Lucques, que le Pape avait fait son légat dans toute la Lombardie, pour suppléer au défaut d'évêques catholiques; car il s'y en trouvait très-peu. On venait donc à lui de toutes parts; il donnait l'absolution aux excommuniés convertis, il donnait la confirmation et les saints ordres, il décidait toutes les questions. Plusieurs s'adressaient à lui pour obtenir des grâces de la comtesse Mathilde, et lui offraient des présents; mais, quoiqu'il fût pauvre, lui et tous les siens, il les rejetait avec indignation et disait : « Si ce qu'ils demandent est injuste, je serai complice de leur injustice; s'il est juste, je serai coupable de leur avoir vendu la justice. »

Othon, évêque d'Ostie, légat du Pape en Allemagne, vint trouver en Saxe le roi Herman, au commencement de l'an 1085, après l'Epiphanie, et le 21 janvier, il assista à une conférence entre les Saxons et les partisans de Henri, lequel ne voulut pas y assister. La conférence se tint à Bercach en Thuringe, et on choisit deux prélats savants et éloquents pour parler au nom de tous : saint Guébehard de Saltzbourg, pour les Saxons; Vécilon, de Mayence, pour Henri. Saint Guébehard disait que les Saxons avaient raison d'éviter ce prince comme excommunié, parce que le Pape leur avait notifié, par lettres, l'anathème prononcé contre lui au concile de Rome. Vécilon répondit que le Pape et les seigneurs avaient fait tort à Henri, parce que, tandis qu'il était à Canosse pour satisfaire au Pape, et déjà reçu à la communion, on avait élu Rodulphe pour roi; qu'étant spolié, il ne pouvait ni être appelé en jugement ni condamné. Saint Guébehard, au nom des Saxons, répliquait que ce n'était pas à eux à examiner le jugement du Saint-Siège, auquel ils n'avaient pas assisté et auquel ils ne devaient qu'obéir; que c'était plutôt avec le Pape qu'il fallait traiter cette question. Qu'un particulier n'était pas dispensé des lois divines, pour être dépouillé; beaucoup moins un roi, dont le royaume n'est pas son patrimoine, mais appartient à Dieu, qui le donne à qui il lui plait, comme il est dit dans Daniel. Et qu'avant la perte de la Saxe, Henri, cité par le pape Alexandre et ensuite par Grégoire, n'avait tenu compte d'y satisfaire. Chaque parti applaudit à son orateur, et ainsi se sépara la conférence (Berthold, an 1085).

Le roi Herman célébra la fête de Pâques à Quedlinbourg, et, la même semaine, le légat Othon y tint un concile avec les évêques et les abbés qui reconnaissaient le pape Grégoire. Il s'y trouva deux archevêques, saint Guébehard de Saltzbourg, et Hartvig de Magdebourg, avec leurs suffragants et ceux de Mayence en Saxe. Les évêques de Wurtzbourg, de Worms, d'Augsbourg et de Constance n'y assistèrent que par leurs députés. Le roi Herman s'y trouva avec les seigneurs de sa cour.

Quand tous furent assis selon leur rang, on produisit les décrets des Pères touchant la primauté du Saint-Siège, pour montrer que le jugement du Pape n'est point sujet à révision, et que personne ne peut juger après lui : ce que tout le concile approuva et confirma, contre les partisans de Henri, qui, dans la conférence précédente, avaient voulu contraindre les Saxons à juger de la sentence du Pape. Un clerc de Bamberg, nommé Cunibert, s'avança au milieu du concile, soutenant que les Papes s'étaient eux-mêmes attribué cette primauté, c'est-à-dire ce privilège, que personne ne peut examiner juridiquement leur jugement, et de n'être soumis au jugement de personne. Mais tout le concile s'éleva contre lui et il fut réfuté principalement par un laïque, qui allégua ce passage de l'Évangile : *Le disciple n'est pas au-dessus du maître*, et la maxime reçue dans tous les ordres ecclésiastiques, *que le supérieur n'est point jugé par l'inférieur*.

On déclara nulles toutes les ordinations faites par les excommuniés, entre autres celles de Vécilon, archevêque de Mayence; de Sigefroi, évêque d'Augsbourg, et de Norbert de Coire. Vécilon était un clerc de Halberstadt, qui, ayant quitté son évêque, s'était attaché à Henri, et ce prince, pour récompense, lui avait donné, l'année précédente, l'archevêché de Mayence, après la mort de Sigefroi, qui avait tenu ce siège vingt-cinq ans. Vécilon fut un des plus ardents schismatiques, et il fut condamné comme hérétique en ce concile, parce qu'il soutenait que les séculiers dépouillés de leurs biens n'étaient point soumis au jugement ecclésiastique et ne pouvaient être excommuniés pour leurs crimes, et que les excommuniés pouvaient être reçus sans absolution. On ordonna que quiconque aurait été excommunié, même injustement, par un évêque non déposé ni excommunié, ne pourrait être reçu à la communion sans absolution ecclésiastique. On renouvela l'ordonnance de la continence des clercs et quelques autres points de discipline. On agita la question de la parenté entre le roi Herman et la reine, son épouse. Le roi se leva au milieu du concile et déclara qu'il observerait en tout sa décision; mais le concile jugea que cette affaire ne pouvait alors être examinée canoniquement, parce qu'il n'y avait point d'accusateurs légitimes. A la fin du concile, on prononça anathème, avec les cierges allumés, contre l'antipape Guibert et ses principaux adhérents parmi les évêques (Labbe, t. X; Berthold, an 1084).

Trois semaines après ce concile, les schismatiques tinrent un conciliabule à Mayence, par ordre de Henri, qui y assista avec les légats de l'antipape, et obligea tous ceux qui s'y trouvèrent à le reconnaître pour pape légitime, même par écrit; mais il y en avait qui, dans le cœur, ne laissaient pas d'être pour Grégoire. Les évêques de ce conciliabule ne furent en tout que dix-sept. Peu après moururent les principaux schismatiques de Lombardie, savoir, Eberard, évêque de Parme, qui avait été pris l'année précédente et qui avait succédé en ce siège à l'antipape Cadaloüs; Gandulfe, évêque de Reggio, et Tedald, archevêque de Milan, qui occupait ce siège depuis dix ans, étant toujours opposé au pape Grégoire. Il eut pour successeur Anselme III, catholique et soumis aux Papes légitimes (Labbe, t. X; Dodechin, Berthold).

De son côté, le pape saint Grégoire VII allait recevoir de Dieu la récompense de son zèle et de ses travaux. Étant à Salerne, il tomba malade et connut que sa fin était proche. Les évêques et les cardinaux qui étaient auprès de lui le prièrent de se nommer un successeur qui pût soutenir le bon parti contre l'antipape Guibert. Sur quoi il nomma trois sujets à choisir : Didier, cardinal et abbé du Mont-Cassin, qui lui succéda en effet; Othon, évêque d'Ostie, qui fut aussi pape sous le nom d'Urbain II, et Hugues, archevêque de Lyon. Mais comme Othon était en sa légation d'Allemagne, et Hugues en sa province, le saint pape Grégoire conseilla plutôt d'élire l'abbé Didier, qui était proche. Il était venu voir le saint Pape dans sa maladie, dans le dessein de l'assister à la mort; mais le saint lui prédit qu'il n'y serait pas; et, en effet, il fut obligé de quitter pour donner ordre au secours d'un château du monastère, attaqué par les Normands.

Cependant on demanda au saint Pape s'il voulait user de quelque indulgence envers ceux qu'il avait excommuniés. Il répondit : « Excepté le prétendu roi Henri, l'antipape Guibert et les principales personnes qui les soutiennent par leurs conseils et leurs secours, j'absous et je bénis tous ceux qui croient que j'en ai le pouvoir. » Ses dernières paroles furent : *J'ai aimé la justice et haï l'iniquité : c'est pourquoi je meurs en exil.* Il mourut ainsi l'an 1085, jour auquel l'Église honore sa mémoire. Il fut enterré à Salerne, dans l'église de Saint-Matthieu, et il se fit un grand nombre de miracles à son tombeau (*Acta Sanct.*, 25 maii). Sa vie fut écrite, environ quarante ans après, par Paul, chanoine régulier de Bernried en Bavière.

Le pape saint Grégoire VII a été calomnié pendant sa vie, il a été calomnié après sa mort; mais le jour de la vérité commence à luire, et, chose étonnante, cette justice lui arrive de la part des protestants. Voici comme l'un d'entre eux résume ce grand procès. Ce peut être une leçon pour bien des catholiques.

« Rarement il s'est rencontré un homme qui ait été plus diversement jugé, qui ait reçu plus de blâme d'un côté et plus d'éloge de l'autre. Les uns voyaient en lui un homme effronté, méchant, plein de ruses, un novateur téméraire, qui pourtant réunissait toute la prudence d'un homme d'Etat, et qui avait le courage, l'énergie et la fermeté d'un héros. Selon eux, il est bas et vil, tout en gardant les dehors d'une noble fierté. C'est un prétendu saint que ses partisans ont adoré, et un homme sans religion, sans foi, sans croyance, qui a été appelé, par un de ses amis intimes, saint Satan (Henke). Les autres nous exposent sa patience et sa douceur inaltérables, sa bonté prévenante et la sainteté de sa vie (Muzzarelli). Les premiers admirent la grandeur de son génie, ses qualités extraordinaires, sa rare perspicacité et sa profonde connaissance du cœur humain, et lui reprochent en même temps de la dissimulation, de la perfidie, un orgueil indomptable, une ambition démesurée, une grande audace et de l'opiniâtreté (Schrœckh). Les seconds le montrent ferme et courageux comme un héros, prudent comme un sénateur, zélé comme un prophète, sévère dans ses mœurs (Jean de Muller). Nous ne voulons pas entrer en discussion sur ce sujet; les faits exposés, les pensées, les actions et le but du Pontife nous montrent de quel côté est la vérité, et répondent à la partialité des juges bien mieux que nous ne pourrions le faire.

» Il est impossible de porter sur Grégoire un jugement qui réunisse tous les suffrages. Sa grande idée, et il n'en avait qu'une seule, est devant nos yeux, c'est *l'indépendance de l'Eglise*. C'est là le point où venaient se grouper toutes ses pensées, tous ses écrits et toutes ses actions, comme autant de rayons lumineux. *L'indépendance de l'Eglise*, c'est là l'idée qui lui donnait cette activité prodigieuse, c'est à quoi il a sacrifié sa vie; elle était l'âme de toutes ses opérations. Le pouvoir civil cherche à être un et à devenir un tout homogène et parfait; Grégoire travailla de même à procurer à l'Eglise une parfaite unité et une supériorité sur tous les autres pouvoirs. L'Eglise, selon lui, devait être grande, forte et puissante : l'Etat devait lui être soumis, parce que l'Eglise est établie de Dieu et que la royauté tire son origine des hommes et n'a qu'un pouvoir limité et conditionnel. Arriver à ce point, le consolider, le faire dominer dans tous les siècles et dans tous les pays, tel était le but constant des efforts de Grégoire, et, selon son intime conviction, le devoir de sa charge. C'est ce qui ressort clairement de ses lettres, qui sont, après tout, les meilleures sources que l'on puisse consulter, quand on veut le juger sainement.

» Mais que fallait-il pour l'exécution d'un tel plan ? Presque tout ce que Grégoire a fait. Il devait élever l'Eglise au-dessus de l'Etat, afin d'arracher ses ministres à la suprématie temporelle, de soustraire leur élection, leur dignité, leur existence, leur conduite et leur punition à l'autorité des princes. Et qui, dans ces temps obscurs, pouvait le mieux juger du choix des évêques ? Etait-ce l'Eglise ou les princes ? Quel était le principal but des rois lorsqu'ils choisissaient des évêques ? cherchaient-ils des hommes propres à conduire les âmes, ou plutôt ne cherchaient-ils pas des hommes habiles à manier l'épée ? et ces sortes de choix convenaient-ils à l'Eglise ? *Grégoire voulait donc rendre l'Eglise indépendante, et soustraire les évêques à la suprématie civile.*

» Il n'était pas seulement important, mais indispensable pour le plan de Grégoire, de faire prévaloir la croyance de la subordination de l'empereur et de toute puissance temporelle à l'Eglise. Tant que l'idée contraire était dans les esprits, il lui était impossible de songer au succès de sa grande pensée; car, lorsque l'empereur décidait de l'élection du Pontife de Rome, lorsqu'il pouvait contrôler et détruire ses décrets, et que la volonté du Pontife était subordonnée à celle de l'empereur, il n'y avait aucun espoir de réforme. C'est pourquoi Grégoire insista tant sur la soumission de l'empereur aux décrets de l'Eglise. Il commença par la douceur; mais quand la douceur ne lui réussit point, il usa de rigueur. Henri céda. *La liberté de l'Eglise exigeait donc l'anéantissement de la subordination du Siége de Rome à la puissance impériale.*

» Si Grégoire, continue l'auteur protestant, éleva des prétentions sur l'Espagne, sur la France, sur le Danemarck, sur la Russie, sur la Dalmatie, sur la Hongrie, sur la Corse, sur la Sardaigne; s'il se crut autorisé à réclamer les deniers de saint Pierre en Angleterre, on peut avancer sans crainte qu'il n'avait en vue que l'indépendance de l'Eglise. D'après sa profonde conviction, la religion seule pouvait procurer au monde le salut, le bonheur et la paix universelle; il était persuadé que la religion avait pour seul organe l'Eglise, qui, à ses yeux, était l'interprète des volontés du Très-Haut; mais pour atteindre ce but, l'Eglise voulait et devait avoir quelques moyens de subsistance; plus elle s'éloignait de l'état ou brisait les liens qui, jusqu'alors, l'y avaient attachée, plus il devenait urgent de pourvoir d'une autre manière à son existence. L'Eglise, rendue à sa liberté, ne pouvait plus compter que sur elle-même, que sur ses propres droits, et non sur les bienfaits de l'Etat. L'Eglise se trouvait partout où il y avait des adorateurs du Christ. Jésus-Christ l'avait bâtie sur le roc, sur l'apôtre saint Pierre; donc partout où était l'Eglise, était le droit de Pierre, le droit du vicaire de Jésus-Christ et le pouvoir du Pontife.

» Quand l'ancienne Rome enchaîne à son char de triomphe les Gaules, l'Espagne, la Bretagne, la Grèce, la Macédoine et la Syrie; quand elle élève sa puissance sur les ruines de l'Afrique, l'esprit qui présidait à tant d'entreprises, et qui était constamment occupé à égorger, à détruire et à exterminer pour atteindre un tel but, nous l'admirons, parce que nous savons que, pour être Romains dans la force du terme, il fallait faire ce qu'on a fait. Pour accroître les grandeurs de Rome, tout était louable. Quiconque veut et approuve la politique romaine, doit aussi vouloir les effets de cette politique. Quel est pourtant celui dont l'âme n'est point navrée de douleur et remplie d'indignation quand, avec un sentiment d'humanité, il contemple les ruines fumantes de Carthage, les débris de Numance, la destruction de l'opulente Corinthe ? Mais nos sentiments changent quand nous considérons ce que demandaient la sécurité et l'élévation de Rome. Ainsi, en supposant que Grégoire eût eu, comme l'ancienne Rome, l'idée de dominer sur tous les peuples, oserait-on blâmer les moyens qu'il a employés, surtout quand on considère qu'ils étaient dans l'intérêt des peuples ? »

Ainsi parle cet auteur protestant. Il continue :

« Grégoire était pape, il agissait comme tel; et,

sous ce rapport, il est grand et admirable. Pour porter un juste jugement sur ses actes, il faut considérer son but et ses intentions, il faut examiner ce qui était nécessaire de son temps. Sans doute une généreuse indignation s'empare de l'Allemand quand il voit son empereur humilié à Canosse, ou du Français quand il entend les leçons sévères données à son roi. Mais l'historien qui embrasse la vie des peuples sous un point de vue général, s'élève au-dessus de l'horizon étroit de l'Allemand ou du Français, et trouve fort juste ce qui a été fait, quoique les autres le blâment.

» Quiconque veut jouir d'un air pur, doit aussi vouloir les temps orageux, l'éclair et la foudre. Qui a jamais reproché à la flamme électrique les dégâts, les incendies, les ruines qu'elle occasionne? Dans la nature, la chaleur amasse des orages qui se déchargent ensuite avec un grand fracas. Il en est de même dans l'histoire de l'homme. Il se présente aux regards de l'observateur, des temps où se manifestent des signes précurseurs qui font présager aux peuples des heures de justice où ils expient des crimes depuis longtemps accumulés. Les exemples ne manquent pas au lecteur. Mais ces hommes que la main de Dieu amène, ces hommes destinés à accomplir les desseins que veut la loi suprême, à faire ce qu'exige le cours des événements, nous les appelons grands, parce qu'ils sont les instruments dont Dieu se sert, le bras au moyen duquel le passé agit sur le présent, la voix qui fait entendre les besoins de l'époque.

» Pour juger des intentions et des convictions de Grégoire, il faut examiner ses actes et ses écrits; nous n'avons aucune autre source où il nous soit permis de puiser la vérité. Pour découvrir la source d'un ruisseau ou d'un fleuve, nous sommes obligés de nous arrêter à la montagne d'où jaillit l'eau ; il ne nous est pas permis d'aller plus loin ni d'examiner les voies secrètes par lesquelles les eaux se rassemblent. Si les eaux sont claires, nous les appelons une source pure.

» Grégoire a fait assez pour pouvoir être jugé. Il a exposé ses actions à nos regards, il ne les a point cachées. Que prouvent-elles? qu'il avait une seule idée, une seule pensée, un but unique. Si tous ses actes, que l'histoire nous a conservés, sont dirigés vers ce but important ; s'ils ont été mûrement pesés; s'ils sont sortis d'une conviction profonde, de la conscience de son devoir ; si tous sont l'expression de l'idée principale qui le dominait, nous n'avons plus le droit de jeter du blâme sur les actes accessoires qui concouraient au grand but.

» Il ne nous reste plus qu'à examiner si le but et la pensée unique de Grégoire méritent nos éloges ou notre censure. Grégoire a eu le sort de tous les grands hommes de l'histoire, on lui a prêté des motifs dont il serait difficile, pour ne pas dire impossible, de trouver des preuves. On a prétendu qu'il avait cherché à établir un despotisme absolu et universel, qu'il était conduit par un orgueil insupportable et par une ambition demesurée, qu'il avait sacrifié à ces deux passions.

» Cependant, ceux-là mêmes qui se montrent les ennemis de Grégoire sont obligés d'avouer que l'idée dominante de ce Pontife, l'indépendance de l'Eglise, était indispensable pour la propagation de la religion, pour la réforme de la société, et que, pour cet effet, il fallait rompre tous les liens qui, jusqu'alors, avaient enchaîné l'Eglise à l'Etat, au grand détriment de la religion; l'Eglise devait être un ensemble, un tout, une en elle-même et par elle-même, une institution divine dont l'influence salutaire à tous les hommes ne devait être arrêtée par aucun prince de la terre. L'Eglise est la société de Dieu, dont nul mortel ne peut s'attribuer les biens et les priviléges, dont nul prince ne peut, sans crime, usurper la juridiction. De même qu'il n'y a qu'un Dieu et qu'une foi, de même aussi il n'y a qu'une Eglise et qu'un chef. Les lettres de Grégoire sont pleines de cette idée; il avait la conviction intime qu'il était appelé à les réaliser; aussi y travaillait-il de toutes ses forces.

» Voudra-t-on lui reprocher d'avoir nourri cette grande pensée? attaquera-t-on l'idée elle-même, comme bizarre et exagérée ? L'une et l'autre assertion serait injuste et peu sensée. Le génie du despotisme était mort avec les empires asiatiques ; les remuantes républiques d'Athènes et de Rome avaient disparu ; tout tendait, au temps de Grégoire, à se former en monarchie ; tout se modelait en ce sens ; chacun cherchait d'abord à être quelque chose pour lui-même, afin d'être quelque chose pour le tout. Les ducs entouraient les empereurs, et les princes les ducs ; puis venaient les vassaux, les arrière-vassaux et les feudataires, qui se rangeaient autour de leurs seigneurs respectifs. Enfin, tout se formait en corporations monarchiques. Pourquoi donc l'Eglise, qui est essentiellement monarchique, n'aurait-elle pas travaillé dans le même sens? Pourquoi reprocher aux Papes d'avoir eu l'esprit de leur époque et d'avoir suivi l'impulsion générale ? Et si alors il se présente un homme qui annonce clairement ce qu'il a conçu clairement, qui agit avec énergie et conformément à ses vues ; qui, poussé par de profondes convictions, renverse les obstacles opposés à sa grande pensée, qui élève ce qui la soutient et l'appuie, qui détruit ce qui, à ses yeux, paraît nuisible, et sème ce qui lui semble devoir rapporter de bons fruits ; certes, un tel homme mérite nos respects et notre admiration.

» Pour que Grégoire n'eût pas la pensée qui l'animait, il eût été nécessaire que Dieu le fît passer par l'école de notre moderne civilisation et de nos doctrines rationalistes; pour agir avec moins de vigueur et de résolution, il aurait fallu qu'il vécût au milieu de nous; or, cela n'a point eu lieu. Il vivait dans un siècle grossier, dans un siècle de fer qui n'a rien de commun avec le nôtre; ainsi, ses actes ne peuvent être jugés d'après nos principes et d'après nos mœurs. Il faut nous représenter avant tout le siècle et les circonstances où Grégoire a vécu ; il faut se représenter la situation et la constitution de l'Eglise, ses rapports avec l'Etat, ses désordres; il faut examiner sérieusement l'état du clergé, son esprit, sa tendance, sa rudesse, sa dégénération, son oubli de tout devoir et de toute discipline, son ignorance à côté de son orgueil; il faut se former une idée nette de la situation de l'Allemagne, bien comprendre le caractère de Henri, son adversaire : alors nous pourrons juger Grégoire. En suivant cette marche, en considérant ses pensées, ses actes, ses vœux, ses efforts, relativement à son siècle, on arrive alors, quand on est exempt de préjugés, à un jugement tout différent de celui que forment ces hommes qui veulent prescrire au Pontife, comme règle, les vues et les idées de leur siècle.

» Pour atteindre au but que s'était proposé Grégoire, il ne pouvait guère agir autrement qu'il n'a fait; car, enfin, pour être pape, il devait agir comme pape; il devait agir autrement que la multitude, autrement que ses devanciers, s'il voulait s'élever au-dessus de tous et être un grand homme. »

Après ces considérations si remarquables, l'auteur protestant ajoute :

« Mais, entendons-nous dire, trouve-t-on réellement en lui cette sincérité, cette conviction intime si vantée, de la bonté de sa cause et de la justice de ses prétentions? La ruse et la perfidie n'ont-elles pas présidé à ses opérations? N'a-t-il pas voulu élever sa grande monarchie sur des faits mensongers, sur des inductions peu justes et sur de fausses interprétations de l'Ecriture? Cette opinion, qu'il soutenait comme certaine et qui attribuait au Pape un si grand pouvoir, ne mérite-t-elle pas d'être flétrie du nom d'hérésie de Hildebrand? Grégoire n'est-il pas véritablement un hérétique, un hypocrite, un imposteur? Voici ce qu'on peut répondre à cette objection : Ou Grégoire est l'homme le plus pervers, le plus méchant qui ait jamais paru sur la terre, ou il est tel que le montrent ses actes et ses écrits. Ses lettres sont pleines de vives affections, d'un amour ardent pour la religion et d'une foi inébranlable en la divinité de Jésus-Christ. Partout nous voyons une administration consciencieuse, une conviction intime de la justice de sa cause et de ses actes, une foi ferme dans les récompenses et les châtiments d'une autre vie. Partout nous découvrons de la noblesse, de la dignité, de la grandeur; partout on trouve le langage le plus pur et le plus expressif de sa piété, de ses nobles desseins et de ses constants efforts vers un but généreux. Où sont donc maintenant les preuves qui détruisent ces sortes de témoignages? Sont-ce peut-être ses actes? Cela ne se peut, car il agit comme il parle; les faits l'attestent, il est impossible de les nier. Grégoire a soutenu, dira-t-on, plusieurs choses que l'histoire n'a point reconnues exactes, que ses contemporains et la postérité ont souvent attaquées. Mais est-il donc impossible ou plutôt n'est-il pas très-vraisemblable que Grégoire les ait regardées comme vraies? Devait-il donc avoir la critique, les connaissances et les idées qui sont nées dans la suite des siècles? Accordons qu'il se soit trompé sans le savoir; en est-il criminel? il n'a jamais rien inventé de dessein prémédité. Il agissait d'après les idées qu'il pouvait avoir et dont il avait la conviction. Qui oserait lui en prescrire d'autres? Qui a vu son intérieur, qui a lu dans son cœur, qui a sondé les replis de son âme? Le condamner de la sorte, c'est se condamner soi-même. Si Grégoire avait choisi des moyens peu propres à réaliser son plan; s'il n'avait pas étudié les circonstances ni tenu compte de son époque; s'il eût commis des fautes graves dans l'exécution, on pourrait accuser sa prudence, son jugement et non son cœur. Mais ce fut précisément son habileté contre laquelle on s'éleva toujours, sans vouloir convenir de la bonté de son âme. Le génie de Grégoire embrassait et devait embrasser tout le monde chrétien, parce que l'indépendance de l'Eglise était une idée générale; son action devait être énergique, parce qu'il agissait dans son siècle; sa foi et sa conviction devaient être ce qu'elles étaient, parce que le cours des événements les avait fait naître.

» Il est difficile de lui donner des éloges exagérés, car il a jeté partout les fondements d'une gloire solide. Mais chacun doit vouloir qu'on rende justice à celui à qui justice est due; qu'on ne jette point la pierre à celui qui est innocent; qu'on respecte et qu'on honore un homme qui a travaillé pour son siècle, selon des vues si grandes et si généreuses. Que celui qui se sent coupable de l'avoir calomnié rentre dans sa propre conscience (Voigt, *Vie de Grég. VII*). »

Voilà comme cet auteur protestant parle du pape saint Grégoire VII. Puissent tous les catholiques profiter de cette leçon!

LIVRE SOIXANTE-SIXIÈME.

Les Papes défendent la chrétienté et contre le despotisme des rois allemands et contre l'invasion des peuples mahométans. — Première Croisade.

(De la mort du pape saint Grégoire VII [1085] à la mort de Henri, ex-roi d'Allemagne [1106]).

Le pape Grégoire VII était mort, mais ses grands desseins n'étaient pas morts avec lui; car ce sont les desseins du Christ et de son Eglise, de défendre la chrétienté contre les puissances antichrétiennes et contre les passions antichrétiennes, et de former pour cela un clergé chaste, pieux et savant, qui soit la lumière et le modèle du peuple chrétien. Les passions et les puissances antichrétiennes, les portes de l'enfer, frémiront, comploteront, combattront contre la pierre sur laquelle est bâtie l'Eglise de Dieu, mais ne prévaudront point contre elle. Au contraire, comme il a été prédit, cette pierre finira par les briser et les réduire en une poussière, qu'emportera le vent.

Voici donc, ô roi, disait le prophète Daniel au roi de Babylone, *Nabuchodonosor, voici ce que vous avez vu. Il vous a paru comme une grande statue; cette statue, grande et haute extraordinairement, se tenait debout devant vous, et son aspect était effroyable. La tête de cette statue était d'un or très-pur, la poitrine et les bras étaient d'argent, le ventre et les cuisses étaient d'airain, les jambes étaient de fer, et une partie des pieds était de fer et l'autre d'argile. Vous étiez attentif à cette vision, lorsqu'une pierre fut détachée de la montagne sans main d'homme, et, frappant la statue dans ses pieds de fer et d'argile, elle les mit en pièces. Alors le fer, l'argile, l'airain, l'argent et l'or se brisèrent tous ensemble et devinrent comme la menue paille que le vent emporte de l'aire pendant l'été, et ils disparurent sans qu'il s'en trouvât plus rien en aucun lieu; mais la pierre qui avait frappé la statue devint une grande montagne qui remplit toute la terre. Voici votre songe, ô roi! et nous l'interpréterons aussi devant vous.*

*C'est vous qui êtes la tête d'or. Après vous s'élèvera un autre empire, moindre que le vôtre, lequel sera d'argent, et ensuite un troisième empire, qui sera d'airain et qui commandera à toute la terre. Le quatrième empire sera comme le fer; il brisera et réduira tout en poudre, comme le fer brise et dompte toutes choses. Mais, comme vous avez vu que les pieds de la statue et les doigts des pieds étaient en partie d'argile et en partie de fer, cet empire, quoique prenant son origine du fer, sera divisé selon que vous avez vu que le fer était mêlé avec la terre et l'argile. Et comme les doigts des pieds étaient en partie de fer et en partie de terre, cet empire sera aussi ferme en partie, et en partie faible et fragile. Et comme vous avez vu que le fer était mêlé avec la terre et l'argile, ils se mêleront aussi par des al-*liances *humaines; mais ils ne demeureront point unis, comme le fer ne peut s'unir avec l'argile.*

Et, dans les jours de ces rois, le Dieu du ciel suscitera un empire qui ne sera jamais détruit, un empire qui ne passera point à un autre peuple, qui renversera et réduira en poudre tous ces empires, et qui subsistera éternellement, selon que vous avez vu que la pierre détachée de la montagne, sans main d'homme, a brisé l'argile, le fer, l'airain, l'argent et l'or; le grand Dieu a fait voir au roi ce qui doit arriver à l'avenir: le songe est véritable et l'interprétation très-certaine.

Alors le roi Nabuchodonosor se prosterna le visage contre terre et adora Daniel, et il commanda que l'on fit venir des victimes et de l'encens pour en faire un sacrifice. Et le roi parlant à Daniel, lui dit: Votre Dieu est véritablement le Dieu des dieux, et le Seigneur des rois, et celui qui révèle les mystères, puisque vous avez pu découvrir un mystère si caché (Daniel, 2).

Ce que Daniel prédit ainsi à Nabuchodonosor, nous l'avons vu et nous le voyons s'accomplir à travers les siècles. Nous avons vu les quatre grands empires, des Assyriens, des Perses, des Grecs, des Romains, qui, au fond, ne faisaient qu'un seul empire successif, celui de l'homme, se succéder dans l'ordre prédit, et le quatrième, celui de fer, se diviser en une dixaine de royaumes, moitié de fer, moitié d'argile. Nous avons vu, nous voyons la pierre détachée sans aucune main, le royaume de Dieu, l'empire du Christ, l'Eglise catholique, frapper aux pieds cette statue aux quatre métaux, cet empire métallique de l'homme, uniquement basé sur le fer et l'argile, sur les forces et les intérêts terrestres. Nous avons vu Nabuchodonosor, après avoir adoré le Dieu de Daniel, vouloir se faire adorer lui-même, jeter dans la fournaise ceux qui se refusaient à cette idolâtrie politique, et finir, dans son orgueil, par être réduit à la condition des brutes; nous avons vu Cyrus, que le prophète de Dieu avait appelé de son nom un siècle d'avance, nous l'avons vu, après avoir ordonné de rétablir le temple du vrai Dieu à Jérusalem, méconnaître cependant le vrai Dieu, adorer des dieux faux, et finir par être noyé dans un tonneau de sang humain par une reine des Scythes (Hérodote); nous avons vu Alexandre, après avoir adoré le vrai Dieu dans le temple de Jérusalem, se faire passer néanmoins et adorer comme le fils de Jupiter Ammon, et mourir d'ivrognerie à Babylone; nous avons vu César et Auguste, tout en faisant offrir, dans le temple de Jérusalem, des sacrifices au vrai Dieu, se laisser ou se faire néanmoins bâtir des temples à eux-mêmes, se laisser néanmoins ou se faire adorer, et leurs successeurs punir de mort ceux qui se refusaient à cette adoration impie et servile de l'homme au pouvoir. Nous avons vu des successeurs plus ou moins chrétiens de ces derniers, tels que Constance et Valens, refuser au Fils de Dieu, au Christ, le titre d'*Eternel*, qu'ils prenaient pour eux-mêmes, et vouloir réglementer l'Eglise du Christ-Dieu, comme une œuvre d'industrie purement humaine. Parmi les souverains de ce caractère équivoque, nous verrons que les catholiques du XIe et du XIIe siècle comptaient, et avec raison, le roi Henri IV d'Allemagne. Ce sont ces prétentions anti-chrétiennes, prétentions transformées de Nabuchodonosor et de Néron, que l'Eglise de Dieu n'a cessé et ne cessera de combattre, de briser partout où elle les trouve.

Ces réflexions nous ont été suggérées par un écrivain du XIIe siècle, l'évêque Othon de Frisingue, petit-fils du même Henri IV d'Allemagne. Cet écrivain ayant rapporté l'excommunication du roi Henri par le pape Grégoire, dit d'abord : « J'ai beau lire et relire l'histoire des rois et des empereurs romains, je ne trouve nulle part qu'aucun d'eux ait été, par le Pontife romain, soit excommunié, soit privé du royaume. A moins, peut-être, qu'on ne veuille regarder comme un anathème, lorsque Philippe fut, pour un temps très-court, placé par le Pontife romain entre les pénitents, ou que Théodose fut exclu de l'enceinte du temple par saint Ambroise, en punition d'un massacre (*Chron.*, l. 6, c. 35). » Après avoir ainsi parlé, Othon de Frisingue, cherchant plus haut la cause de ces grandes catastrophes, ajoute ces paroles remarquables : « Je crois devoir donner ici l'explication que j'ai différée au commencement du livre, sur ce que l'empire romain, comparé au fer par Daniel, a les pieds partie de fer, partie d'argile, jusqu'à ce qu'il soit brisé et renversé par la pierre détachée de la montagne sans main d'homme; car cette pierre, détachée sans aucune main, qu'est-elle autre chose, sinon l'Eglise, corps de son chef? corps conçu de l'Esprit-Saint sans aucune commixtion charnelle et né d'une vierge; Eglise régénérée de l'Esprit et de l'eau, sans aucune opération humaine? Cette vierge, belle parce qu'elle est sans tache, régénérée en l'homme nouveau comme une jeune fille, et pour cela sans ride, enfante chaque jour, tout en demeurant vierge, un peuple nouveau et beau. De même que la mère de son chef, tout en demeurant vierge, enfanta, contre la loi de la nature, un fils nouveau et beau, glorieuse de la virginité, sans demeurer pourtant stérile. Cet empire donc, qui, vers sa fin, signifié par les pieds, était de fer par la force, et d'argile par la condition, a été, dans sa partie la plus faible, frappé par l'Eglise, lorsqu'elle enseigna, non plus à respecter le roi de la terre comme le maître de la terre, mais à le frapper d'anathème comme un vase d'argile par la condition humaine. Quelle montagne l'Eglise, auparavant petite et humble, est devenue à présent, tout le monde peut le voir (*Chron.*, l. 6, c. 36) ! » Telles sont les réflexions d'Othon de Frisingue. On voit dans quelle région élevée il cherchait la cause de ces grandes catastrophes dont il était témoin.

Après la mort de saint Grégoire VII, les évêques, les cardinaux et les laïques pieux qui lui étaient demeurés fidèles commencèrent à consulter sur les meilleurs moyens de remplir dignement le Saint-Siége, pour s'opposer aux efforts des schismatiques. On fit venir de tous côtés les personnages sur qui pouvait tomber un tel choix, et, parce que des trois que Grégoire avait nommés comme les plus dignes, il n'y avait que le cardinal Didier, abbé du Mont-Cassin, qui se trouvât présent, les évêques et les cardinaux le prièrent instamment de se rendre à ce choix et de subvenir au besoin pressant de l'Eglise. Il répondit qu'absolument il n'accepterait point le pontificat, mais que d'ailleurs il rendrait à l'Eglise romaine tout le service dont il serait capable. Le jour de la Pentecôte, 8 juin 1085, l'évêque de Sabine et Gratien venant de Rome, Didier alla au devant d'eux et leur rapporta la conversation qu'il avait eue avec le pape Grégoire, touchant l'ordre que l'on devait mettre aux affaires de l'Eglise. Il alla trouver eux Jourdain, prince de Capoue, et Rainulfe, comte d'Averse, et, les ayant exhortés à secourir l'Eglise romaine, il les trouva disposés à tout. Ensuite il pressa les cardinaux de délibérer au plus tôt sur l'élection d'un Pape, et d'écrire à la comtesse Mathilde, afin qu'elle agît de son côté pour faire venir à Rome les évêques et les autres personnes que l'on jugerait capables de cette dignité.

Mais, au lieu de le faire, ils complotaient secrètement à faire pape Didier lui-même, et s'efforçaient de lui persuader, de quelque manière que ce fût, de venir à Rome, croyant qu'ils pourraient le forcer d'accepter. L'abbé Didier s'en étant aperçu, s'opposa ouvertement à eux, et, étant retourné au Mont-Cassin, il s'appliqua encore à gagner au service de l'Eglise romaine les Normands, les Lombards et tous ceux qu'il put; il en trouva plusieurs de très-bien disposés. Mais, parce que la chaleur de l'été était excessive, ils différèrent d'aller à Rome jusqu'à ce que la saison des maladies fût passée. Or, le prince de Capoue s'étant mis en marche avec ses troupes, accompagné de quelques évêques et de l'abbé Didier, quand ils furent arrivés en Campanie, l'abbé, qui se doutait de leur dessein, refusa de passer outre, s'ils ne lui promettaient par serment de ne lui faire aucune violence sur ce sujet; et, comme ils le refusèrent, il n'y eut rien de fait pour lors.

Il s'était passé près d'un an dans ces incertitudes, et l'antipape Guibert se prévalait de la vacance du Saint-Siége, quand les évêques et les cardinaux s'assemblèrent à Rome de divers lieux, vers la fête de Pâques, qui, cette année 1086, était le 5 avril. Ils mandèrent à l'abbé Didier de venir au plus tôt les trouver, avec les évêques et les cardinaux qui demeuraient pour lors chez lui, et avec Gisulfe, prince de Salerne. Didier croyant qu'on ne songeait plus à lui, parce qu'on n'en parlait plus, vint à Rome avec tous ceux que l'on avait mandés, et y arriva la veille de la Pentecôte, 23 mai. Pendant tout ce jour, les catholiques tant clercs que laïques, s'assemblèrent en grand nombre et vinrent sur le soir, tous ensemble, dans la diaconie de Sainte-Luce, prier instamment l'abbé Didier de ne plus refuser l'épiscopat et de secourir l'Eglise dans le péril présent. Didier, résolu depuis longtemps de vivre en repos, refusa fortement et protesta qu'il n'y consentirait jamais. Et, comme ils insistaient, il leur dit : « Sachez certainement que, si vous me faites quelque violence sur ce sujet, je retournerai au Mont-Cassin et ne me mêlerai plus de cette affaire; mais vous vous donnerez un grand ridicule, à vous et à l'Eglise romaine. » Comme il était presque nuit, ils s'en retournèrent chacun chez soi.

Le lendemain, jour de la Pentecôte, dès le grand matin, ils revinrent tous lui faire les mêmes instances, et il persista dans son refus. Voyant donc qu'ils n'avançaient en rien, les cardinaux-prêtres et évêques lui dirent qu'ils étaient prêts à élire celui qu'il leur conseillerait. Didier ayant conféré avec Cencius, consul des Romains, leur conseilla d'élire Othon, évêque d'Ostie. Ensuite ils lui demandèrent qu'il reçût au Mont-Cassin le Pape qui serait élu, et l'y entretînt avec tous les siens, jusqu'à ce que la paix fût rendue à l'Eglise comme il avait fait à l'égard du pape Grégoire. Didier le promit très-volontiers, et leur donna pour gage de sa foi le bâton pastoral qu'il tenait à la main comme abbé. Ils allaient donc élire l'évêque d'Ostie, quand un des cardinaux s'écria que cette élection était contre les canons, et qu'il n'y consentirait jamais, apparemment parce qu'Othon était déjà évêque. On représenta à ce cardinal que la nécessité des temps le demandait, mais on ne put jamais le fléchir.

Alors les évêques, les cardinaux, le clergé et le peuple, irrités de la dureté de Didier et voyant qu'ils ne gagnaient rien avec lui par les prières, résolurent de finir l'affaire par la violence. Ils le prirent donc malgré lui et le traînèrent à l'église de Sainte-Luce, où ils l'élurent Pape dans les formes, d'un consentement unanime, et lui donnèrent le nom de Victor III. Ils le revêtirent de la chape rouge, mais ils ne purent lui mettre l'aube, à cause de sa résistance. Cependant le gouverneur de Rome, partisan de Henri, se saisit du Capitole, d'où il incommodait fort le nouveau Pape, qui sortit de Rome quatre jours après son élection. Arrivé à Terracine, il quitta la croix, la chape et les autres marques du pontificat, sans qu'on pût lui persuader de les reprendre. Il était résolu de passer le reste de sa vie en pèlerinage, plutôt que de se charger de cette dignité. On le priait avec larmes, et on lui représentait le péril de l'Eglise et l'indignation de Dieu qu'il s'attirait. Les cardinaux et les évêques qui étaient avec lui ne se rebutèrent pas pour cela, mais ils pressèrent Jourdain, prince de Capoue, de le ramener à Rome pour son sacre. Il vint en effet au Mont-Cassin avec beaucoup de troupes; mais il fut retenu, tant par les instances de Didier que par la crainte des chaleurs, et, sans vouloir passer outre, il s'en retourna (*Leo Ost.*, l. 3, c. 65, 66, 67).

L'année suivante 1087, à la mi-carême, on tint un concile à Capoue, où l'abbé Didier se trouva avec les autres cardinaux. Cencius, consul, y assistait avec plusieurs nobles romains : Jourdain, prince de Capoue; Roger, duc de Calabre, et presque tous les seigneurs de sa cour. Robert Guiscard était mort dès l'année 1085, dans une expédition navale contre les Grecs. Il avait plus de soixante ans et en avait régné vingt-cinq comme duc. Il fit pendant sa vie de grandes libéralités aux églises, particulièrement au Mont-Cassin. Roger, son fils du second lit, lui succéda au duché, et Bohémond, qui était l'aîné, mais du premier lit, fut obligé de se contenter du partage que lui fit son frère (*Leo Ost.*, l. 3, c. 57, 58; *Gaufred. Malaterra*, l. 4, n. 4).

Le concile de Capoue étant fini, tout d'un coup, lorsque Didier s'y attendait le moins, tous les assistants, tant ecclésiastiques que séculiers, le prièrent de reprendre le pontificat. Il demeura deux jours inflexible; enfin, le duc, le prince, les évêques et tous les autres se jetèrent à ses pieds, fondant en larmes, et lui dirent tant de raisons, qu'il céda et confirma l'élection faite de sa personne, en reprenant la croix et la pourpre le dimanche des Rameaux, 21 mars. Il retourna au Mont-Cassin, où il célébra la pâque, et, après la fête, il alla à Rome avec le prince de Capoue et le prince de Salerne, et campa près la porte Saint-Pierre, étant grièvement malade. L'antipape Guibert tenait l'église de Saint-Pierre avec des gens armés, mais elle fut prise en moins d'un jour par les gens du prince de Capoue, et, le dimanche après l'Ascension, 9 mai, le pape Victor III fut sacré solennellement par les évêques d'Ostie, de Tusculum, de Porto et d'Albane, en présence de plusieurs cardinaux, d'un grand nombre d'évêques et d'abbés, et avec un grand concours de peuple. Après avoir demeuré environ huit jours à Rome, il retourna au Mont-Cassin (*Leo Ost.*, l. 3, c. 68; *Gaufr. Malat.*, l. 4, n. 4; Baron., an 1087).

La comtesse Mathilde arriva à Rome peu de temps après que le pape Victor en fût parti, et envoya le prier instamment qu'elle pût avoir la consolation de le voir et de l'entretenir. Quoique la mauvaise santé du Pape l'obligeât de demeurer en place, il ne laissa pas de partir, croyant que l'utilité de l'Eglise le demandait, et il vint par mer. Arrivé à Rome, il fut reçu par la comtesse et son armée, et par tous les catholiques, avec une grande dévotion; il demeura huit jours à Saint-Pierre, et y célébra la messe solennellement le jour de Saint-Barnabé. Le même jour, il entra dans Rome par le secours de la comtesse. Il était maître de toute la partie d'au delà du Tibre, du château Saint-Ange, de la basilique de Saint-Pierre, des villes d'Ostie et de Porto, et de l'île du Tibre, où il demeurait. Il avait pour lui la plus grande partie des nobles et presque tout le peuple. Mais l'antipape Guibert était maître du reste de Rome, c'est-à-dire de presque toute la ville, et demeurait au milieu, à la Rotonde, nommée alors Sainte-Marie-des-Tours, parce qu'elle en avait deux. La veille de Saint-Pierre, les Romains du parti de Guibert et de Henri voulurent se rendre maîtres de l'église de Saint-Pierre ; mais les catholiques la défendirent si bien, qu'ils les empêchèrent d'y entrer. Ainsi, le jour de la fête, on ne célébra, dans cette église, aucun office de nuit ni de jour. Le lendemain, les schismatiques y entrèrent, lavèrent l'autel comme profané par les catholiques, et dirent la messe; mais ils se retirèrent le jour suivant, et l'église de Saint-Pierre revint au pouvoir du pape Victor (*Leo Ost.*, l. 3, c. 69; Berthold, an 1087).

Le nouveau Pape envoya de ses lettres en Allemagne, pour faire part de sa promotion aux seigneurs du royaume, et confirmer la condamnation que saint Grégoire VII avait prononcée contre Henri et ses fauteurs. Ces lettres furent lues dans une assemblée générale, tenue près de Spire, le 1er août 1087, par les seigneurs qui reconnaissaient le pape Victor et ceux qui favorisaient Henri. Ce prince y était présent, et les seigneurs catholiques lui promirent leurs secours pour le recouvrement du royaume, s'il voulait se faire absoudre de l'excommunication. Mais il persista dans son obstination ordinaire, ne voulant pas reconnaître qu'il fût excommunié, quoiqu'on le lui prouvât en face. C'est pourquoi les catholiques résolurent de ne faire aucune paix avec lui. Saint Ladislas, roi de Hongrie, envoya déclarer à cette assemblée qu'il demeurerait fidèle à saint Pierre, c'est-à-dire au pape légitime Victor, et il promit de venir au secours des catholiques, s'il était besoin, avec vingt mille chevaux, contre les schismatiques.

Le court pontificat du pape Victor fut illustré par un fait mémorable, une expédition militaire contre les Sarrasins d'Afrique, qui avaient si souvent infesté et qui infestaient encore les côtes d'Italie. Par le conseil des évêques et des cardinaux, Victor III, quoique malade, assembla une armée de presque tous les peuples d'Italie, notamment des Pisans et des Génois, et, leur donnant l'étendard de saint Pierre, avec promesse de la rémission de tous leurs péchés, il les envoya contre les infidèles. Arrivée sur les côtes d'Afrique, l'armée chrétienne emporta d'assaut et ruina deux villes très-fortes, défit une armée de cent mille Sarrasins, et força le roi de Tunis à rendre d'abord tous les captifs chrétiens, ensuite à se rendre lui-même tributaire du Saint-Siège. La nouvelle de cette grande victoire parvint en Italie le même jour. Le butin fut immense et servit à orner les églises des vainqueurs. A la même époque, le comte Roger de Sicile s'empara de Syracuse sur les Sarrasins, dont il tua le prince Benur. L'armée chrétienne avait offert au comte Roger la ville de Tunis. Mais comme le comte était en paix avec le roi de cette ville, il s'y refusa, et les choses se terminèrent comme il a été dit (*Gauf. Malat.*, t. V, *De Murat.; Leo Ost.*, c. 70 ; Berthold, an 1088; Pagi, an 1087).

Au mois d'août de la même année 1087, le pape Victor tint un concile à Bénévent avec les évêques d'Apulie et de Calabre. Il y parla en ces termes : « Votre Charité sait, nos très-chers frères et coévêques, et l'univers entier n'ignore pas combien le saint et apostolique Siége de Rome, où nous sommes assis par l'autorité de Dieu, a souffert d'adversités, combien de banquiers de l'hérésie simoniaque l'ont frappé à coups de marteaux, à tel point que la colonne du Dieu vivant semblait ébranlée, et le filet du souverain pêcheur prêt à se rompre et s'abîmer au milieu des flots irrités; car l'hérésiarque Guibert, qui, du vivant de mon prédécesseur, de sainte mémoire, le pape Grégoire, a envahi l'Eglise romaine, Guibert, le précurseur de l'antechrist et le porte-étendard de Satan, ne cesse de disperser, de tuer et de déchirer les ouailles du Christ. Combien cet instigateur de tant de maux a fait souffrir d'injures, de persécutions et de désastres au pape Grégoire, qui pourra le nombrer ? Il a excité lui-même contre lui des conjurés, étant l'auteur de la conjuration; il l'a expulsé de la ville, il l'a privé du sacerdoce, autant qu'il était en son pouvoir, lui simoniaque et parjure; il a soulevé contre lui l'empire romain, les nations et les royaumes, et, ce qui n'a jamais été ouï, excommunié et condamné, il a osé excommunier le saint Pontife; il ne cesse de profaner la ville de Rome par des sacrilèges, des meurtres, des parjures, des conspirations, des forfaits et des crimes de toute espèce; poussé par la perfidie de Simon le Magicien, convoquant, pour cet attentat exécrable, tous les complices de sa perversité, avec l'armée de l'empereur, il a envahi le Siége apostolique, contre les préceptes de l'Evangile, contre les décrets des prophètes et des apôtres, contre les droits des canons et des Pontifes romains; sans aucun jugement préalable des évêques-cardinaux, sans aucun suffrage approbatif du clergé romain, sans aucun consentement requis du peuple fidèle, il est devenu, dans la sainte Eglise romaine, le chef de toute iniquité et de toute perdition. De plus, depuis que Dieu eut appelé ledit pontife Grégoire au repos éternel après tant de travaux et de combats, et que les évêques, les cardinaux et les prélats des provinces, d'un concert unanime, d'accord avec le clergé et le peuple de Rome, eurent préposé ma petitesse au Siége apostolique, malgré notre absolue opposition et résistance, lui, sans craindre le jugement du maître suprême, n'a cessé jusqu'à présent de persécuter le Christ et ses brebis, pour lesquelles il a répandu son sang. C'est pourquoi, par l'autorité de Dieu et des bienheureux apôtres Pierre et Paul, ainsi que de tous les saints, nous le privons de tout office et honneur sacerdotaux, et, l'excluant de l'entrée de l'Eglise, nous l'enchaînons par le lien de l'anathème. »

Le pape Victor ajouta : « Vous savez aussi la persécution qui m'a été faite par Hugues, archevêque de Lyon, et Richard, abbé de Marseille, qui sont devenus schismatiques, quand ils ont vu qu'ils ne pouvaient réussir dans le désir secret qu'ils avaient de monter sur le Saint-Siége. Richard avait contribué à notre élection à Rome, avec les évêques et les cardinaux. Hugues était venu peu de temps après nous baiser les pieds, et, nous reconnaissant pour Pape malgré nous, il avait demandé et obtenu la légation des Gaules. Tant qu'ils ont vu que nous résistions à l'élection qu'ils avaient approuvée; ils nous ont pressé de l'accepter; mais quand ils ont vu que nous nous étions laissé fléchir, ils n'ont pu se retenir plus longtemps sans faire éclater leur ambition, et, voyant que nos frères s'opposaient constamment à ce scandale, ils se sont séparés de leur communion et de la nôtre. C'est pourquoi nous vous ordonnons de vous abstenir de la leur et de n'avoir aucune communication avec eux, parce qu'ils se sont privés d'eux-mêmes de la communion de l'Eglise romaine. Car, comme l'écrit saint Ambroise, *celui qui se sépare de l'Eglise romaine doit être tenu pour hérétique.* » Voilà ce que dit à ce sujet le pape Victor. Jusque-là, Hugues de Lyon, auparavant de Die, et Richard de Marseille, avaient dignement rempli les fonctions de légats apostoliques. Mais la longue vacance du Saint-Siége, les longs refus de Didier de l'accepter, furent pour eux une tentation qui les porta à des démarches blâmables. Hugues de Lyon rentra bientôt dans les bonnes grâces du Saint-Siége.

Un troisième point que le pape Victor décréta au concile de Bénévent, est le suivant : « Nous ordonnons aussi que, si désormais quelqu'un reçoit un évêché ou une abbaye de la main d'une personne laïque, il ne soit point compté entre les évêques ou les abbés, et n'ait aucune audience en cette qualité. Nous le privons de la grâce de saint Pierre et de l'entrée de l'Eglise, jusqu'à ce qu'il quitte la place usurpée. Nous ordonnons la même chose touchant les dignités inférieures de l'Eglise. De même, si quelque empereur, roi, duc, marquis, comte ou autre personne séculière présume donner l'investiture des évêchés et des autres dignités ecclésiastiques, il sera compris dans la même condamnation. Quand donc vous n'évitez point de tels évêques, de tels abbés, de tels clercs, quand vous entendez leurs messes ou priez avec eux, vous encourez avec eux l'excommunication; car on ne peut pas les regarder comme prêtres légitimes. Ne recevez la pénitence et la communion que d'un prêtre catholique : s'il ne s'en trouve point, il vaut mieux demeurer sans communion, et la recevoir de Notre Seigneur invisiblement. » Ces décrets ayant été confirmés par l'autorité de tous les évêques qui assistaient au concile, on en fit des copies que l'on répandit en Orient et en Occident (Labbe, t. X).

Pendant ce concile, qui dura trois jours, le Pape Victor tomba grièvement malade; et, le concile fini, il retourna au Mont-Cassin, où il établit pour abbé Oderise, diacre de l'Eglise romaine et prévôt du monastère; car le Pape avait jusqu'alors gardé l'abbaye. Ensuite, ayant appelé les évêques et les cardinaux, il leur recommanda d'élire pour pape Othon, évêque d'Ostie, suivant l'intention de saint Grégoire VII. Et, comme Othon était présent, Victor le prit par la main, et, le présentant aux autres évêques, il dit : « Recevez-le, et ordonnez-le pour l'Eglise romaine; je vous donne en tout mon pouvoir, jusqu'à ce que vous puissiez le faire. » Le Pape mourant fit bâtir son tombeau dans le chapitre, et mourut trois jours après, savoir le 16 septembre 1087, après avoir été 29 ans abbé du Mont-Cassin, et Pape, depuis son sacre, quatre mois et sept jours. Outre les bâtiments que Didier fit au Mont-Cassin, il y fit transcrire beaucoup de livres, et en composa quelques-uns lui-même, dont nous avons trois livres de dialogues sur les miracles de saint Benoît et des autres moines du Mont-Cassin. Le pape Victor lui-même est compté par plusieurs auteurs au rang des bienheureux (*Acta Sanct.*, 16 *sept.*; *Act. Bened.*, *sec.* 6).

En Italie, après la mort du pape Victor, tout le parti catholique tomba dans une grande consternation; et ils ne savaient presque plus comment s'y prendre pour conserver l'Eglise. Les évêques étant dispersés de toutes parts, il leur vint de fréquentes députations, tant de la part des Romains que de ceux de deçà les monts, et de la comtesse Mathilde, pour les prier de s'assembler et de donner un chef à l'Eglise, prête à tomber. S'étant réunis, ils écrivirent à Rome aux clercs et aux séculiers catholiques, que tous ceux qui pourraient, vinssent à Terracine la première semaine de carême; et que ceux qui ne pourraient, envoyassent un député avec pouvoir par écrit de consentir en leur nom. Ils écrivirent de même à tous les évêques et les abbés de Campanie, des principautés et de la Pouille. L'assemblée se tint, en effet, à Terracine, le 8 mars 1088. De la part des Romains, Jean, évêque de Porto, avait pouvoir de tous les cardinaux et de tout le clergé catholique, et le préfet Benoît de tous les laïques : ils étaient en tout quarante, tant évêques qu'abbés.

Le lendemain, qui était jeudi, ils s'assemblèrent dans l'église cathédrale dédiée à saint Pierre et à saint Césaire; et, quand ils furent assis, l'évêque de Tusculum se leva, et rapporta ce que le pape Grégoire et ensuite le pape Victor avaient ordonné pour le gouvernement de l'Eglise, et quel était le sujet de l'assemblée. L'évêque de Porto et le préfet Benoît présentèrent leurs pouvoirs : Orderise, abbé du Mont-Cassin, l'archevêque de Capoue et tous enfin approuvèrent ce qui avait été dit, et l'on convint de passer ces trois jours, jeudi, vendredi et samedi, en jeûnes et en prières accompagnées d'aumônes, pour demander à Dieu de faire connaître sa volonté.

Le dimanche, 12 mars, ils s'assemblèrent tous de grand matin dans la même église; et, après qu'ils eurent délibéré quelque temps, les trois cardinaux qui étaient à la tête du concile, savoir, les évêques de Porto, de Tusculum et d'Albane, se levèrent, montèrent sur l'ambon, et prononcèrent tout d'une voix qu'ils étaient d'avis d'élire pour Pape l'évêque Othon. Ils demandèrent, selon la coutume, l'avis de l'assemblée; et tous répondirent à haute voix qu'ils approuvaient ce choix, et qu'Othon était digne d'être Pape. L'évêque d'Albane déclara qu'on devait le nommer Urbain; et tous se levèrent, le prirent, lui ôtèrent sa chape de laine, lui en mirent une de pourpre, et, avec des acclamations et l'invocation du Saint-Esprit, le traînèrent à l'autel de Saint-Pierre et le mirent dans le trône de l'évêque. Il célébra la messe solennellement, et tous se retirèrent chez eux avec joie et action de grâces (Baron. et Pagi, an 1088).

Dès le lendemain de son élection, le pape Urbain en donna avis à tous les catholiques par une lettre-circulaire, où il leur déclarait qu'il suivrait en tout les vestiges de Grégoire VII, son prédécesseur de sainte mémoire. Il en écrivit une particulière à la comtesse Mathilde, pour l'exhorter à continuer à défendre la cause du Saint-Siège contre les schismatiques. En même temps, il envoya des légats aux princes chrétiens d'Orient et d'Occident, afin de les confirmer dans la foi et dans l'unité de l'Eglise. On compte parmi les lettres qu'Urbain II écrivit aussitôt après son intronisation, celle qui est adressée à saint Guébéhard, archevêque de Saltzbourg, et aux autres évêques catholiques d'Allemagne, par laquelle il les exhorte en peu de mots, mais très-énergiques, à persévérer dans la soumission à l'Eglise; une aux évêques de la province de Vienne, qu'il presse de remédier aux troubles dont leur métropole était agitée, par la longue vacance de son siège; celle à saint Hugues, abbé de Cluny, pour l'inviter à venir au plus tôt à Rome, partager avec lui, son ancien disciple, le fardeau dont on l'avait chargé; et quelques autres qui ne sont pas venues jusqu'à nous, entre lesquelles on en met une à Rainauld, archevêque de Reims, par laquelle il l'invitait à venir le voir (Labbe, t. X; Mansi, t. XX; Ceillier, t. XX; Mabill.).

Du Mont-Cassin, à la prière du duc Roger, le Pape alla consacrer l'église du monastère de Bantin en Apulie, et lui accorda de grands priviléges. Ensuite il passa en Sicile, où commandait le comte Roger, oncle du duc d'Apulie. Le comte Roger était aussi pieux que sage et vaillant. La veille de la bataille navale contre le sarrasin Benur ou Benarvet, sur lequel il prit Syracuse, il assista, lui et toute son armée, à l'office de la nuit, à la messe, chacun se confessa et reçut la communion. Puis, la nuit suivante, sans bruit, au clair de la lune, ils levèrent l'ancre et attaquèrent la flotte ennemie : Roger lui-même sauta sur le navire du commandant sarrasin, le poursuivit l'épée à la main. Pour échapper à ses coups, Benarvet voulut s'élancer sur un autre navire, mais tomba dans la mer. Roger, étant devenu maître de toute la Sicile, à l'exception de deux places fortes, témoigna à Dieu une sincère reconnaissance, par un redoublement de piété, par son amour de la justice, par sa charité pour les malheureux. Il eut surtout grand soin de rétablir les églises épiscopales et de leur procurer de dignes évêques.

Le comte Roger était occupé au siége d'une des deux places qui résistaient encore, lorsque le pape Urbain, arrivé en Sicile, envoya le prier de venir le trouver à Traïne. Le comte avait peine à quitter son siége ; mais il ne put refuser le Pape, qui était venu le chercher de si loin. Le sujet de leur entrevue fut que le Pape avait envoyé peu de temps auparavant Nicolas, abbé de la Grotte-Ferrée, et Roger, diacre, à l'empereur de Constantinople, Alexis Comnène, pour l'avertir paternellement qu'il avait tort de défendre aux Latins de ses terres l'usage des pains azymes au saint sacrifice, voulant les réduire au rite des Grecs. L'empereur Alexis avait bien reçu la remontrance du Pape ; et, par les mêmes noncès, lui avait écrit en lettres d'or qu'il vînt à Constantinople avec des hommes savants, qu'on y assemblât un concile, et qu'on y examinât la question des azymes entre les Grecs et les Latins, promettant de s'en tenir à ce qui serait déterminé, suivant les autorités des Pères, et donnant au Pape un an et demi de terme pour venir à Constantinople. Le comte de Sicile conseilla au Pape d'y aller pour ôter ce schisme de l'Église ; mais le schisme plus pressant de l'antipape Guibert, qui était maître de Rome, empêcha le pape Urbain de faire ce voyage ; et le comte de Sicile le renvoya chargé de présents.

Quelque temps après, le comte Roger se rendit maître des deux places fortes et chassa les Sarrasins de toute la Sicile. Un de leurs chefs se convertit avec sa famille et reçut des terres en Calabre. Roger s'empara même de l'île de Malte, s'en rendit les Sarrasins tributaires et délivra un grand nombre de captifs chrétiens. Il s'appliqua surtout alors plus que jamais à compléter en Sicile la restauration des Églises, concertée avec le Pape. Le pays avait été plus de deux siècles sous la domination des infidèles. Le comte Roger s'appliqua principalement à rétablir les évêchés. A Palerme, il restait un évêque grec quand le duc Robert Guiscard en fit la conquête en 1071. On y voit ensuite un archevêque latin nommé Alcher, en faveur duquel saint Grégoire VII donna une bulle, le 16 avril 1083, portant confirmation de tous ses droits et concession du *pallium*. Cet Alcher vécut jusqu'en 1109. Le comte Roger ayant conquis Taormine, fonda à Traïne, ville du voisinage, une église en l'honneur de la sainte Vierge, qu'il orna et dota magnifiquement, et il y établit un monastère sous la règle de saint Basile, puis un siége épiscopal. Mais ensuite, par le conseil du pape Urbain, il le transféra à Messine, où, suivant l'ancienne tradition, il y avait eu un évêque.

Le premier évêque de Traïne et de Messine fut Robert, fils du comte de Mortagne, de la famille des ducs de Normandie et frère de Délicia, première femme du comte Roger. Il fut premièrement abbé de Sainte-Euphémie en Calabre, puis de Notre-Dame de Traïne, dont il fut le premier évêque aussi bien que de Messine, car ces deux Églises demeurèrent quelque temps unies. Dès le temps de Robert Guiscard, l'abbé Robert de Saint-Evroul en Normandie alla en Italie, avec onze de ses moines, se plaindre au pape Alexandre II des insultes de plusieurs seigneurs du pays. Robert Guiscard, né vassal de cette abbaye, reçut avec grand honneur l'abbé Robert dans les terres qu'il avait conquises, il lui donna l'église de Sainte-Euphémie, sur la mer Adriatique, près des ruines d'une ancienne ville. Robert Guiscard y fonda un monastère, où sa mère Fredesinde fut enterrée, et donna au même abbé le monastère de la Trinité de Vénuse, où il mit pour abbé Bérenger, moine de Saint-Evroul. Celui-ci ayant trouvé seulement vingt moines relâchés, y rétablit si bien l'observance, qu'il y assembla jusqu'à cent moines, d'entre lesquels on tira plusieurs abbés et plusieurs évêques. Bérenger lui-même fut élu évêque de Venuse, sous le pontificat d'Urbain II. Robert Guiscard donna un troisième monastère à l'abbé de Saint-Evroul, savoir, celui de Saint-Michel, à Mélit ou Milet en Calabre, et dans ces trois monastères en établit le même chant et les mêmes observances qu'en celui de Saint-Evroul.

Le premier évêque de Catane fut Ansger, breton, prieur de Sainte-Euphémie, tellement aimé de ses moines, que le comte Roger fut obligé d'y aller en personne le demander, encore eut-il bien de la peine de l'obtenir et de le faire consentir à sa promotion. Ansger fut sacré par le Pape même, comme témoigne le comte Roger dans une charte où il parle ainsi : « Le pape Urbain II m'a ordonné de sa bouche, comme à son fils spirituel, de protéger l'Eglise et de procurer son accroissement de tout mon pouvoir. C'est pourquoi, ayant délivré la Sicile des Sarrasins, j'y ai bâti des églises en divers lieux, et j'y ai établi des évêques par l'ordre du Pape, qui les a sacrés. J'ai donné à chacun son diocèse et des revenus suffisants, afin qu'ils n'entreprennent point l'un sur l'autre. De ce nombre est Ansger, prieur de Sainte-Euphémie, que j'ai donné pour abbé et pour évêque à la ville de Catane, et, par la permission du pape Urbain II, qui l'a sacré, je lui donne la ville de Catane pour être le siége de l'abbaye et de l'évêché. Ensuite est le dénombrement des terres qu'il lui donne dans le diocèse. » Cette charte est du 26 avril 1091. La même chose paraît par la bulle d'Urbain II, donnée à l'évêque Ansger, le dimanche 9 mars de la même année, qui fut apparemment le jour de son sacre, où il marque que le même sera toujours abbé du monastère de Sainte-Agathe et évêque de Catane. Ansger tint ce siége jusqu'à l'an 1124 (Gauf., l. 4, c. 7; *Apud Rocc.*, t. VII, *pars* 2, p. 10; Baronius et Mansi).

La plupart de ces évêchés de Sicile furent rétablis en 1093, comme le témoigne le comte Roger dans une charte pour l'Eglise d'Agrigente, par laquelle il marque l'étendue de ce diocèse. Son premier évêque fut saint Gerland, natif de Besançon, parent du comte Roger et de Robert Guiscard, son frère, qui le firent venir en Calabre. Là, il fut élu chantre de l'église cathédrale de Mélit; mais, ne pouvant souffrir les mœurs dépravées des habitants, il retourna à Besançon, d'où le comte Roger le fit revenir pour le faire évêque d'Agrigente. Il fut sacré par le pape Urbain II, et tint ce siège douze ans. L'Eglise honore sa mémoire le 25 février, jour de sa mort (*Acta Sanct.*, 25 *febr.*).

Le premier évêque de Mazare fut Etienne de Fer, natif de Rouen, aussi parent du comte Roger, qui, par une charte du mois d'octobre 1093, lui marqua l'étendue de son diocèse. Etienne vivait encore l'an 1124. Le premier évêque de Syracuse fut Roger, doyen de l'Eglise de Traïne, recommandable par sa vertu et son savoir. La ville de Traïne fut fort affligée de sa perte, parce qu'il gouvernait le diocèse en l'absence de l'évêque, et leur était utile par ses bons conseils, même pour le temporel. Le comte Roger le choisit pour évêque de Syracuse, de l'avis des évêques de la province, et il fut sacré par le pape Urbain, qui confirma la désignation des bornes de son diocèse, par une bulle datée d'Anagni, le 1er décembre 1093. L'évêque Roger mourut l'an 1104. Outre les évêchés, le comte Roger rétablit plusieurs monastères en Sicile, et en fonda de nouveaux, suivant les conseils du pape Urbain. Aussi ce Pape fut-il regardé comme le restaurateur de l'Eglise de Sicile, et y eut-on toujours depuis recours à ses règlements (Rocc., Gaufr., Pirr.).

En 1098, le pape Urbain, ayant appris que le duc Roger de Calabre et le comte Roger de Sicile, son oncle, étaient à Salerne, vint les y trouver, et s'entretint familièrement avec le comte, pour lequel il avait une amitié particulière. Depuis longtemps il avait établi légat en Sicile, Robert, évêque de Traïne, sans la participation du comte, qui en était mal satisfait et ne pouvait consentir à ce que ce légat exerçât ses pouvoirs. C'est pourquoi le Pape révoqua sa commission, et, connaissant le zèle du comte dans toutes les affaires ecclésiastiques, il lui donna à lui-même la légation héréditaire sur toute la Sicile, avec promesse que, tant que le comte vivrait ou qu'il resterait quelqu'un de ses héritiers successeur de son zèle, le Siège apostolique ne mettrait point en Sicile d'autre légat malgré eux; mais que, si l'Eglise romaine avait quelque droit à exercer dans cette province, sur les lettres envoyées de Rome, ils les décideraient par le conseil des évêques du pays. Si les évêques sont invités à un concile, le comte ou ses successeurs enverront ceux qu'il leur plaira, si ce n'est que, dans ce concile, on doive parler de quelqu'un d'eux, ou que l'affaire ne puisse être terminée en Sicile ou en Calabre en présence du prince.

Ce sont les paroles du moine Geoffroi de Maleterre, auteur du temps et du pays, à la fin de son *Histoire de l'établissement des Normands en Sicile*. Ensuite il rapporte la bulle du pape Urbain, où il parle ainsi au comte Roger : « Comme par votre valeur vous avez beaucoup étendu l'Eglise de Dieu dans les terres des Sarrasins; que vous avez toujours témoigné un grand dévouement pour le Siège apostolique, nous vous confirmons, par lettres, ce que nous avons promis de vive voix, que, pendant tout le temps de votre vie ou celle de votre fils Simon, ou d'un autre qui soit votre légitime héritier, nous ne mettrons aucun légat de l'Eglise romaine dans les terres de votre obéissance contre votre volonté. Au contraire, nous voulons que vous fassiez ce que nous ferions par notre légat, quand même nous vous enverrions quelqu'un d'auprès de nous, pour le salut des églises qui sont sous votre puissance et pour l'honneur du Saint-Siège. Que si l'on tient un concile et que je vous mande de m'envoyer des évêques et des abbés de votre pays, vous enverrez ceux qu'il vous plaira, et vous retiendrez les autres pour le service des églises. » La date est de Salerne, le 5 juillet, la onzième année du pontificat d'Urbain, qui est 1098 (*God. Malat.*, l. 4, c. *ultim.*). En vertu de cette bulle, les Siciliens prétendent que leur roi est légat-né du Saint-Siège, et nomment ce droit *la monarchie de Sicile*; mais il leur est contesté par les Romains, qui soutiennent que, si cette bulle est vraie, elle a été révoquée dans la suite.

En 1089, la seconde année de son pontificat, Urbain tint un concile à Melfe, dans la Pouille, où assistèrent soixante-dix évêques du pays, douze abbés, le duc Roger et les seigneurs. Le duc y fit hommage-lige au Pape, avec promesse de fidélité à lui et à tous ses successeurs canoniquement élus. En suite de quoi il reçut l'investiture de cette terre, par l'étendard, avec le titre de *duc*. Le concile publia seize canons qui défendent la vénalité des dignités ecclésiastiques, l'usage du mariage, même aux sous-diacres; d'en ordonner qui ne soient pas vierges ou maris d'une seule femme; d'ordonner un sous-diacre avant quatorze ans, un diacre avant vingt-quatre; aux laïques, de disposer de leurs dîmes ou de leurs églises en faveur des moines ou des chanoines, sans le consentement de l'évêque ou du Pape; aux abbés et aux prévôts, de recevoir ces dignités sans en avoir obtenu la permission de l'évêque. Il est aussi défendu aux abbés de recevoir de l'argent de ceux qui viennent au monastère pour se convertir. On confirme les anciens canons contre les investitures des dignités ecclésiastiques, et l'on condamne les clercs acéphales ou indépendants et les moines vagabonds, avec défense aux évêques d'en retenir quelqu'un dans leur diocèse sans l'agrément de l'abbé. Défense de mettre dans le clergé, des hommes de condition servile, et, aux clercs, de s'habiller à la manière des séculiers. Les enfants des prêtres ne seront point admis au sacré ministère qu'ils n'aient été éprouvés dans des monastères ou dans des communautés de chanoines. Celui qui aura été excommunié par son évêque ne pourra être reçu d'autres. Le dernier canon traite des fausses pénitences, et; sous ce nom, il entend ne faire pénitence que d'un péché, quoiqu'on soit coupable de plusieurs, demeurer dans des emplois que l'on ne peut exercer sans péché, avoir de la haine contre quelqu'un, ou refuser de satisfaire ceux que l'on a offensés (Labbe, t. X; Mansi, t. XX).

Après ce concile, Urbain II se rendit à Bari pour sacrer Elie archevêque de cette ville. Il n'était point d'usage que les Papes ordonnassent des évêques ailleurs qu'à Rome; mais il ne put refuser cette grâce au duc Roger et à son frère Bohémond, seigneurs de Bari, qui la lui demandèrent conjointement avec Elie. Ce nouvel archevêque était abbé de Saint-Benoît, et auparavant moine de Cave, près de Salerne. On lui avait confié la garde des reliques de saint Nicolas.

Le Pape les transféra dans l'église qu'on venait de bâtir à Bari, sous l'invocation de ce saint, et confirma à l'archevêque ses droits sur les dix-huit évêchés de sa province, et sa juridiction sur tous les monastères d'hommes et de filles, tant de Grecs que de Latins (*Vita Urbani*).

Les reliques de saint Nicolas, apportées à Bari depuis deux ans, y attiraient une multitude innombrable de pèlerins. Ce saint confesseur, évêque de Myre en Lycie, était célèbre en Orient depuis plusieurs siècles. L'an 807, le sarrasin Humid, envoyé avec une flotte, par le calife Aaroun, ayant pillé l'île de Rhodes, passa à Myre à son retour et voulut rompre le tombeau de saint Nicolas; mais il se méprit et en rompit un autre. Aussitôt il s'éleva une furieuse tempête qui lui brisa plusieurs bâtiments : ce qu'il attribua lui-même à la puissance du saint, très-renommé par ses miracles. Il était connu en Occident dès le même siècle, comme on voit par les Martyrologes d'Adon et d'Usuard; mais son culte reçut un grand accroissement par cette translation, dont voici l'histoire.

L'an 1087, quelques marchands de Bari s'embarquèrent sur trois vaisseaux pour aller trafiquer à Antioche. Sur la mer, il leur vint en pensée d'enlever les reliques de saint Nicolas, et ils en conférèrent ensemble. Quelques-uns les exhortaient à l'entreprendre, disant que ces reliques étaient dans une église déserte, sans clergé et sans peuple, et qu'ils ne trouveraient point de résistance; les autres soutenaient que l'entreprise ne pouvait réussir. Quand ils furent arrivés à Myre, ils jetèrent l'ancre, et, ayant tenu conseil, ils envoyèrent un étranger qu'ils menaient avec eux, reconnaître le pays. Il rapporta qu'il y avait beaucoup de Turcs dans la bourgade où était l'église du saint, parce que le gouverneur était mort et qu'ils étaient venus à ses funérailles. Les marchands de Bari l'ayant appris, mirent à la voile et continuèrent leur route. Étant arrivés à Antioche, ils y trouvèrent des Vénitiens de leur connaissance, et, dans la conversation, ils leur parlèrent du corps de saint Nicolas. Les Vénitiens ne leur dissimulèrent pas qu'ils se proposaient de l'enlever eux-mêmes, et qu'ils avaient des pinces et des marteaux préparés pour cet effet. Ceux de Bari en furent d'autant plus excités à hâter leur entreprise, craignant l'affront d'être prévenus par les Vénitiens.

Ayant donc promptement expédié les affaires de leur négoce, ils se mirent en mer; mais, quand ils furent à la côte de Myre, ils changèrent de résolution, et, craignant les difficultés, ils voulaient profiter du vent qui leur était favorable. Le vent changea tout d'un coup, et ils furent contraints de s'arrêter, ce qu'ils prirent pour une marque de la volonté divine. Ils envoyèrent à la découverte, et on leur rapporta que le pays était désert, et l'église seule, gardée seulement par trois moines. Alors ils prirent les armes, et, laissant quelques hommes à la garde des vaisseaux, ils marchèrent en bon ordre, comme s'ils eussent dû rencontrer des ennemis; car, le lieu où ils allaient était éloigné du rivage d'environ trois milles. Étant arrivés à l'église, ils quittèrent leurs armes et firent leurs prières au saint. Puis ils demandèrent aux moines où était son corps. Ils répondirent : « Nous avons appris de nos ancêtres qu'il est en cet endroit : » et ils leur montrèrent la place.

C'est que, suivant l'ancien usage, il était sous terre. Les moines tirèrent ensuite à l'ordinaire de la liqueur dont était plein le tombeau et leur en donnèrent. Alors les voyageurs leur dirent qu'ils voulaient enlever ce saint corps et l'emporter dans leur pays; « car, ajoutèrent-ils, le Pape nous a envoyés exprès pour ce sujet; et si vous y voulez consentir, nous vous donnerons cent sous d'or pour chacun de nos trois vaisseaux. Les moines, effrayés de cette proposition, répondirent : Comment oserions-nous tenter ce qu'aucun homme mortel n'a jusqu'ici entrepris impunément ? et quel prix pourrait-on mettre à un tel trésor ? Toutefois, si vous voulez essayer, voilà la place. Ce qu'ils disaient, persuadés que ces étrangers ne pourraient l'exécuter.

Ceux-ci, voyant que le jour baissait, résolurent de ne pas différer davantage. Ils commencèrent par se saisir des moines, puis ils mirent des sentinelles et des gens armés sur les avenues pour arrêter ceux qui pourraient survenir. Ils n'étaient que quarante-quatre sous les armes, mais ils n'en auraient pas craint quatre fois autant. Dans l'église, deux prêtres qui les accompagnaient, Loup et Grimoald, commencèrent avec quelques autres les litanies; mais la frayeur les empêchait de parler. Cependant un des voyageurs, nommé Matthieu, rompit avec une grosse masse de fer le pavé de marbre; et, ayant ôté le ciment qui était dessous, découvrit le dos du cercueil, aussi de marbre. Matthieu le cassa avec sa masse, et il en sortit une odeur très-agréable. Il mit sa main dedans et y sentit une liqueur en si grande quantité, qu'elle emplissait presque à moitié le cercueil, qui n'était pas petit. Il y enfonça la main et en tira les os du saint, sans ordre, selon qu'il les rencontra; mais la tête y manquait. Pour la mieux chercher, il mit les pieds dans le cercueil, où il entra, et, l'ayant trouvée, il en sortit tout trempé. Quelques-uns des assistants prirent des particules des saintes reliques, et les cachèrent. C'était le 20 avril.

Comme ils n'avaient point de châsses pour mettre les reliques, un des prêtres ôta une casaque qu'il portait, et les y enveloppa. Ils les emportèrent ainsi avec joie à leurs vaisseaux, où il y eut contestation, savoir, dans lequel ils les mettraient; et ils convinrent que ce serait dans celui dont était Matthieu; mais ses compagnons promirent par serment de ne point disposer du saint corps sans les autres. Ils l'enveloppèrent d'un linge blanc et le mirent dans une barrique destinée à mettre de l'eau ou du vin. Cependant les habitants du bourg de Myre, situé à un mille de l'église sur une petite montagne, ayant appris l'enlèvement des reliques, accoururent promptement au bord de la mer, s'arrachant la barbe et les cheveux, et jetant des cris lamentables; mais, voyant les Italiens déjà en mer, ils se retirèrent lentement, tournant de temps en temps vers eux leurs visages, tantôt baignés de larmes, tantôt allumés de fureur.

Les Italiens eurent pendant trois jours le vent contraire et n'avancèrent qu'à force de rames; mais quand ceux qui avaient détourné quelques particules des reliques, les eurent rendues, le vent leur devint favorable. Ils achevèrent heureusement leur voyage, et abordèrent au port de Saint-Georges, à cinq milles de Bari. Là ils tirèrent les reliques de la barrique et les mirent dans une cassette de bois, qu'ils avaient préparée pendant le voyage, et les couvrirent d'un drap par-dessus. En même temps ils envoyèrent à Bari, où cette nouvelle répandit une joie extraordinaire.

L'archevêque Ourson était à Trani, où il devait s'embarquer le lendemain pour aller en pèlerinage à Jérusalem. On lui envoya un courrier avec des lettres, pour lui apprendre le trésor qu'avait acquis son église. Il rompit son voyage, et revint en diligence. Cependant les voyageurs avaient remis les reliques à Elie, abbé du monastère de Saint-Benoît, situé sur le port. Il les reçut le 9 mai, et les garda trois jours. L'archevêque étant arrivé, les transféra solennement à l'église de Saint-Etienne; et, pour les garder et recevoir les offrandes du peuple, on ne trouva personne de plus propre que l'abbé Elie, qui devint ensuite archevêque.

Dès que l'on sut que les reliques de saint Nicolas étaient arrivées à Bari, il y eut un concours prodigieux de peuple de tous les bourgs et les villages du pays. On y vint ensuite de toute l'Italie, puis du reste de l'Occident, ce pèlerinage devint un des plus fréquentés de la chrétienté. Aussi, dès le premier jour, y eut-il plus de trente personnes guéries de diverses maladies : plusieurs furent guéries près d'une croix, d'où l'on commençait à découvrir la ville; et il s'y fit un si grand nombre de miracles, qu'il était impossible de les compter. Ainsi l'atteste Jean, archidiacre de Bari, qui écrivit incontinent après l'histoire de cette translation, par ordre de l'archevêque Ourson. On en fixa dès lors la fête au 9 mai, comme toute l'Eglise latine l'observe encore (Surius, 9 mai).

Le pape Urbain II, qui avait été disciple de saint Bruno à Reims, ayant appris la sainte vie qu'il menait depuis six ans dans les montagnes de la Chartreuse, et, connaissant d'ailleurs son érudition et sa sagesse, l'appela auprès de lui pour profiter de ses conseils dans le gouvernement de l'Eglise. L'humble solitaire ne pouvait recevoir un ordre auquel il lui coutât plus d'obéir. Il fallait s'arracher à sa chère solitude, quitter ses frères qu'il aimait tendrement et s'exposer au danger de voir dissiper le petit troupeau qu'il avait rassemblé avec tant de peine; mais son respect pour le Saint-Siège ne lui permit pas de délibérer. Le Pape recommanda la Chartreuse à Séguin, abbé de la Chaise-Dieu, personnage distingué par sa piété et son autorité; et Bruno nomma Landuin prieur de la Chartreuse pendant son séjour d'Italie.

Mais ces solitaires, accoutumés à souffrir avec joie les plus grandes austérités, ne purent supporter l'absence de leur père. La Chartreuse, qui, avec lui, leur paraissait un paradis terrestre, redevint à leurs yeux ce qu'elle était en effet, c'est-à-dire un désert affreux et inhabitable. Ils ne purent en supporter les ennuis et les incommodités, et ils en sortirent, sans cependant se séparer. Leur désertion engagea saint Bruno à donner ce lieu à Séguin, abbé de la Chaise-Dieu. Cependant Landuin, qui avait été nommé prieur, exhorta si pathétiquement ses frères à la persévérance, qu'après une absence de peu de temps, ils retournèrent à la Chartreuse que l'abbé de la Chaise-Dieu leur rendit par un acte daté du 17 septembre de l'an 1090.

Bruno fut reçu du Pape avec la distinction due à sa piété et à son mérite; et le Pape, qui connaissait sa prudence, le consultait souvent sur les affaires les plus importantes de l'Eglise; mais l'embarras et le tumulte inséparables de la cour romaine, où toutes les causes du monde chrétien étaient portées, n'étaient pas du goût d'un religieux qui avait éprouvé les douceurs de la solitude et de la contemplation. Bruno demanda donc instamment la permission de retourner s'ensevelir dans sa chère Chartreuse. Le Pape l'estimait trop pour la lui accorder; il le pressa même d'accepter l'archevêché de Reggio; mais le pieux solitaire s'en excusa avec une humilité qui parut si sincère, que le Pape ne crut pas devoir faire violence à sa modestie; il consentit même enfin qu'il se retirât dans une solitude de la Calabre, où il mena, avec quelques compagnons par lui gagnés à Dieu en Italie, une vie semblable à celle qu'il avait pratiquée dans les montagnes de la Chartreuse. Roger, comte de Calabre et de Sicile, se félicita d'avoir dans ses Etats une si sainte colonie, et il leur assigna des terres où ils bâtirent, au diocèse de Squillace, un monastère nommé la Tour, dont l'église fut dédiée l'an 1094.

Ce fut de cette solitude que Bruno écrivit à Radulfe le Verd, alors prévôt de l'Eglise de Reims, et son ancien ami, pour l'engager à renoncer au monde. Après l'avoir remercié des marques qu'il lui avait données de son souvenir et de son amitié, il lui fait la peinture suivante des agréments qu'il trouve dans sa nouvelle retraite. « J'habite, dit-il, un désert sur les confins de la Calabre, assez éloigné du commerce des hommes. Que dirai-je pour vous décrire la beauté de ce lieu et la bonté de l'air qu'on y respire? C'est une plaine spacieuse et agréable, qui s'étend au loin entre des montagnes, et où l'on trouve des prairies toujours vertes et des pâturages toujours fleuris. Il ne m'est pas possible de vous peindre l'agréable perspective que forment les collines qui s'élèvent insensiblement, et l'enfoncement obscur des vallées, où les fontaines, les ruisseaux et les rivières qui les arrosent, présentent aux yeux le plus charmant spectacle. La vue peut aussi se promener dans des jardins délicieux, et y admirer des arbres de toute espèce, chargés des plus beaux fruits. Mais pourquoi m'arrêter à faire ce détail des agréments de notre solitude? L'homme sage y trouve d'autres plaisirs plus agréables et plus purs, parce qu'ils sont divins. Cependant l'esprit, fatigué par la méditation et par les exercices de la discipline régulière, a besoin de trouver dans ses plaisirs une belle campagne, un délassement innocent; car un arc toujours tendu perd sa force. »

Après l'éloge de la solitude, saint Bruno fait l'éloge de la vie solitaire, et presse son ami de l'embrasser, selon la promesse qu'il en avait faite. « Vous savez, lui dit-il, à quoi vous vous êtes obligé et combien le Dieu à qui vous vous êtes dévoué est terrible. Il n'est pas permis de lui mentir; car on ne se moque pas impunément de lui. » Bruno rappelle à son ami les pieux entretiens qu'ils eurent ensemble à Reims, par suite desquels ils s'étaient engagés l'un et l'autre à embrasser la vie monastique. Il somme enfin Radulfe d'exécuter son vœu, et l'exhorte à venir en pèlerinage à Saint-Nicolas de Bari, afin qu'il ait la consolation de le voir. Radulfe le

Verd demeura néanmoins dans l'état ecclésiastique, et il fut, dans la suite, élevé sur le siége de Reims.

Saint Bruno écrivit de la même solitude, une lettre à ses frères de la Chartreuse de Grenoble, pour les féliciter du bien que Landuin, leur prieur, venu pour le voir, lui avait appris d'eux, et pour les exhorter à la persévérance. Il les félicite en particulier de la piété et de l'obéissance des frères convers. En finissant, il assure les solitaires de la Chartreuse qu'il a un désir ardent de les voir; mais il ne put le satisfaire. Il mourut saintement dans son monastère de la Tour en Calabre, l'an 1101, le dimanche 6 octobre, jour auquel l'Église honore sa mémoire, depuis que Léon X l'a mis solennellement au nombre des saints.

Dès que saint Bruno connut que son heure était venue, il fit assembler ses frères et leur exposa tout le cours de sa vie, comme pour leur faire une espèce de confession publique. Ensuite il fit sa profession de foi, insistant particulièrement sur l'eucharistie, pour faire connaître qu'il détestait l'hérésie de Bérenger, son ancien maître. « Je crois, dit-il, que le pain et le vin qui sont consacrés sur l'autel, sont, après la consécration, le vrai corps de Jésus-Christ, sa vraie chair et son vrai sang, que nous recevons pour la rémission de nos péchés et dans l'espérance du salut éternel. »

C'est ce que nous apprend une lettre-circulaire que ses disciples d'Italie envoyèrent à toutes les églises, selon la coutume, pour le recommander aux prières des fidèles. Quand il s'agissait de quelque personnage célèbre, on répondait à ces lettres par un court éloge du mort, en prose ou en vers, et c'est ce qu'on nommait *un titre*. On nous a conservé plusieurs de ces titres, de diverses Églises d'Italie et de France, au sujet de saint Bruno; ce sont des monuments bien certains de la haute idée qu'on avait de son érudition et de sa piété. Maynard, abbé de Cormeri, répondit par la lettre suivante :

« Aux frères qui servent le Seigneur dans le monastère de la Tour. J'ai reçu votre billet le 31 octobre de cette année 1102, et j'y ai appris que la bienheureuse âme de mon très-cher maître Bruno est sortie de ce monde périssable et a été portée aux cieux sur les ailes des vertus. La fin si glorieuse de ce grand homme m'a rempli de consolation. Cependant, comme je désirais longtemps d'aller voir pour lui découvrir ma conscience et vivre avec vous sous sa conduite, je n'ai pu retenir mes larmes en apprenant sa mort. Je suis originaire de Reims, j'ai étudié sous le seigneur Bruno, et, grâce à Dieu, j'ai fait dans les lettres quelques progrès, que je reconnais lui devoir. Mais comme je n'ai pu, de son vivant, lui en marquer ma reconnaissance, je tâcherai de lui en donner des preuves après sa mort, en priant pour lui comme pour moi-même. » Les réponses que firent plusieurs Églises à la lettre-circulaire sur la mort de saint Bruno, ne lui sont pas moins glorieuses. On l'y nomme un *docteur* et un *philosophe incomparable*, et on le met au-dessus de Virgile et de Platon. On a donné au public deux volumes in-folio des ouvrages de saint Bruno. Mais, à la réserve de son *Commentaire sur les psaumes et sur les épîtres de saint Paul*, et des deux lettres dont nous avons parlé, tous les autres écrits qui portent son nom appartiennent à saint Brunon d'Asle, évêque de Ségni (*Annal. Ben.*, t. V, p. 669; Mabill., *Analect.*, t. IV, p. 400; *Acta Sanct.*, 6 octob.; *Hist. de l'Égl. gall.*, l. 23).

Un autre saint évêque de l'Italie septentrionale, saint Anselme, évêque de Lucques, était mort à Mantoue, le 18 mars 1086, la treizième année de son épiscopat. Se voyant près de sa mort, il recommanda à ses disciples, en leur donnant sa bénédiction et pour la rémission de leurs péchés, de persévérer dans la foi et la doctrine du pape Grégoire VII. L'évêque Bonizon présida à ses funérailles. Il se fit plusieurs miracles sur son tombeau, et il en fit même de son vivant. L'auteur de sa vie, qui avait été son pénitencier et ne l'avait point quitté depuis longtemps, a soin de les rapporter. En voici un, dont il fait honneur à Grégoire VII. Ce Pape, en mourant, avait envoyé sa mitre à Anselme. Il arriva, quelque temps après, qu'Ubalde, évêque de Mantoue, fut affligé d'une maladie de rate, qui lui causa des ulcères par tout le corps. Les médecins avaient inutilement épuisé tous leurs remèdes; on appliqua la mitre de Grégoire VII à l'endroit où l'évêque sentait le plus de douleur, et aussitôt il recouvra une santé parfaite. L'Église honore la mémoire de saint Anselme le 3 mars (*Acta Sanct.*, 3 mart.).

Saint Anselme avait écrit à l'antipape Guibert, pour l'exhorter à revenir de son erreur et à effacer ses crimes par la pénitence. Guibert répondit avec beaucoup de hauteur, n'alléguant pour sa défense que des faits supposés ou la calomnie. Saint Anselme lui répliqua par deux livres. Il prouve, dans le premier, que Guibert ne pouvait s'attribuer le soin de l'Église universelle, puisqu'elle avait un autre pape que lui; qu'il n'était qu'un usurpateur, et que Henri, dont il prenait la défense, renversait toutes les lois de l'Église, en vendant les évêchés ou en ne les accordant que sous la condition des investitures. Il cite un grand nombre de passages de l'Écriture et des Pères contre les schismatiques, et montre que c'est sur eux qu'il faut rejeter la fâcheuse nécessité où l'on s'était trouvé de prendre les armes pour la défense de l'Église. Il exhorte Guibert à quitter le schisme et à se réunir à l'Église, sa mère, en l'assurant que, dans la joie de son retour, elle imitera tout ce que fit le père de famille pour l'enfant prodigue.

Dans le second livre, il fait voir que ce n'est point aux princes de la terre à donner des pasteurs à l'Église, et qu'ils n'ont pas droit de disposer de ses biens; que, par un usage établi dans toutes les Églises depuis les apôtres, c'est au clergé et au peuple de pourvoir de pasteurs les Églises vacantes, par une délibération commune; que les empereurs Zénon et Anastase, l'un et l'autre de la secte des eutychiens, sont les premiers qui aient substitué des évêques de leur communion à des évêques catholiques; que si quelques empereurs d'Occident ont ordonné que le décret de l'élection du Pape leur serait envoyé, d'autres ont révoqué cette ordonnance; que du moins aucun d'eux n'a jamais touché à l'élection faite à Rome. Il rapporte les autorités des Papes et des conciles sur les élections des évêques, et montre que, dans les premiers siècles, les princes séculiers n'y avaient d'autre part que celle que l'Église voulait bien leur accorder, c'est-à-dire de les approuver. Puis il s'objecte que, dans un concile de

Rome, où le pape Nicolas II présidait, il fut ordonné que le Pape ne serait sacré qu'après que son élection aurait été notifiée au roi. A quoi il répond que les rois d'Allemagne se sont rendus indignes de la faveur à eux accordée par ce concile, en déposant des Papes, quoiqu'ils ne puissent être déposés ni jugés par personne, et en en choisissant d'autres sans la participation du clergé et du peuple romain, à qui l'élection appartient de droit, suivant le décret de ce concile. Il ajoute, comme une réponse sans réplique, que le pape Nicolas II n'étant qu'un des patriarches, n'a pas été en pouvoir, avec son concile, de révoquer les décrets des conciles généraux, en particulier du huitième, autorisé par les cinq patriarches et par plus de deux cent cinquante évêques, en présence des empereurs. Or, ces décrets, non-seulement n'accordent aucune part aux princes dans l'élection ou la promotion des Pontifes, mais ils leur défendent encore, sous peine d'anathème, de s'en mêler. Il donne pour dernière raison, que le pape Nicolas II était homme, qu'il a pu faillir par surprise; que le pape Boniface II fit de même un décret qui fut annulé après sa mort, comme contraire aux saints canons.

Il vient ensuite au pouvoir que les princes avaient usurpé sur l'Eglise en s'attribuant le droit d'investiture, et dit que cette damnable coutume ne peut s'autoriser par le nombre des années, puisqu'elle est contraire aux statuts des saints Pontifes romains et à l'usage établi dans toutes les Eglises dès le temps des apôtres. Il entre dans le détail des inconvénients qui résultent de ce pouvoir que les princes s'arrogent sur l'Eglise : c'est une source de simonie, parce qu'on achète les faveurs du prince ou par argent, ou par des services, ou par des flatteries; c'est la cause des désordres de l'Eglise, parce que les princes donnent souvent les évêchés à des sujets indignes, faute d'être en état de les connaître, ou parce qu'ils aiment de voir en place des pasteurs lâches qui n'osent reprendre les péchés des grands. Il décrit les scandales que donnent à l'Eglise des pasteurs de ce caractère. Ils ne pensent à leurs troupeaux que pour en tirer la graisse; du reste, ils s'occupent des vanités du siècle, de la chasse, des plaisirs de la cour; à peine se trouvent-ils trois ou quatre fois l'année à leur église, pendant que les canons défendent à un évêque de s'absenter trois dimanches de suite de sa cathédrale.

On dira qu'il faut des clercs aux princes pour le service divin; mais n'est-il pas plus raisonnable que l'évêque dans le diocèse duquel le prince fait sa demeure, lui envoie des clercs vertueux pour cet usage? « C'est, ajoute Anselme, à cause de tous ces désordres, que Grégoire VII a défendu les investitures, dans un concile de Rome où il y avait cinquante évêques. » Il prouve, par les *Capitulaires* de Charlemagne et de Louis le Débonnaire, que ces princes, conformément aux décrets des conciles généraux, des Papes et des saints Pères, ont déclaré que l'élection des évêques appartenait au clergé et au peuple; que l'on devait remplir le siége vacant par un sujet du diocèse, et qu'il ne fallait avoir égard, dans l'élection, ni à la faveur ni aux présents, mais au seul mérite de la personne. A prendre à la rigueur ce qu'il dit des simoniaques, il semblerait qu'il ne reconnaissait en eux ni vrai sacerdoce, ni vrai sacrifice; mais il ne veut dire autre chose, sinon qu'ils ne peuvent exercer licitement leurs fonctions. Il pense des simoniaques comme le concile d'Antioche, saint Augustin et le pape Pélage pensaient des schismatiques, c'est-à-dire qu'on devait les réprimer par la puissance séculière, comme étant également coupables. Il cite, entre autres, ces belles paroles du pape Pélage : *Ne persécute que celui qui contraint au mal.* Mais qui punit le mal déjà fait ou qui empêche qu'il ne se fasse, celui-là ne persécute point, il aime; car si, comme quelques-uns pensent, personne ne doit être réprimé du mal ni attiré au bien, il faut anéantir les lois humaines et divines, puisque, comme le dicte la justice, elles établissent une peine pour les méchants et une récompense pour les bons. Or, le schisme est un mal qui doit être réprimé même par les puissances extérieures. Ce second livre de saint Anselme est suivi d'un recueil de passages tirés de l'Ecriture, des conciles et des Pères, pour montrer que les biens ecclésiastiques ne sont point à la disposition des princes (*Apud Canis.*, t. IV, *in fin.*; *Auct. Bibl. Pat.*, t. I).

L'évêque Bonizon, qui présida aux funérailles de saint Anselme de Lucques, était lui-même distingué par sa piété et sa doctrine. D'abord évêque de Sutri, il fut chassé de cette ville, en 1082, par Henri d'Allemagne, à cause de son attachement catholique au pape saint Grégoire VII et à la cause de l'Eglise. Il devint plus tard évêque de Plaisance. Il composa, en abrégé, les vies de tous les Papes, depuis saint Pierre jusqu'à Urbain II; on regrette vivement de n'avoir pu le retrouver encore. Il composa également, sous le nom de *Paradis augustinien*, un recueil de tout ce que saint Augustin a dit de plus remarquable. Il composa enfin un recueil des décrets ecclésiastiques, tirés de l'Ecriture sainte, des conciles, des Papes et des saints Pères. L'évêque Bonizon termina sa sainte vie par le martyre. Après avoir souffert bien des exils pour la cause catholique, il vint à Plaisance au commencement de l'an 1089; les catholiques de cette ville le prirent pour leur évêque. Six mois s'étaient à peine écoulés, quand il tomba entre les mains des schismatiques, qui le tourmentèrent d'abord dans un cachot, ensuite lui coupèrent les membres et enfin lui arrachèrent les yeux. Il consomma son martyre le 14 juillet de la même année 1089, et fut transféré et enterré à Crémone (Pagi, an 1082, 1085, 1089; Berthold, Ughell).

En Espagne, Alphonse le Vaillant, roi de Léon, de Castille et de Galice, secondé par la valeur de Rodrigue surnommé le Cid, avait remporté un grand nombre de victoires sur les Mahométans, et l'an 1085, s'était rendu maître de Tolède, l'ancienne capitale de l'Espagne, où il établit sa cour. D'un autre côté, les rois de Navarre et d'Aragon, Sanche-Ramirèz, Pèdre Ier et Alphonse Ier, ses deux fils et successeurs, dont le dernier fut surnommé le Batailleur, n'eurent pas de moindres succès contre les infidèles. Le royaume d'Aragon avait des particularités remarquables dans sa constitution politique. A côté du roi, il y avait le grand-justicier du royaume. Les prérogatives du grand-justicier étaient telles, qu'il pouvait rejeter les édits du roi, le citer lui-même devant les états généraux et le faire déposer, s'il touchait aux priviléges de la nation. Avant de monter sur le trône, les rois d'Aragon étaient obligés de

LIVRE LXVI. — PONTIFICAT D'URBAIN II.

prêter serment à ces priviléges, mais de le prêter, tête nue, aux pieds du grand-justicier, qui, pendant qu'ils le prononçaient, leur tenait une épée nue appliquée contre la poitrine. Cependant le roi don Pèdre Ier obtint l'abolition de cette humiliante cérémonie. On voit que les nations chrétiennes du moyen-âge n'étaient pas si serviles qu'on le suppose quelquefois (*Art de vérifier les dates*).

Les succès des chrétiens d'Espagne contre les sectateurs antichrétiens de Mahomet facilitaient le rétablissement des églises chrétiennes. Alphonse le Vaillant avait donc pris Tolède, le jour même que mourut le pape saint Grégoire VII, le 25 mai 1085, après qu'elle eût été sous la puissance des Mahométans pendant trois cent soixante-huit ans. Le 18 décembre de la même année, on élut pour archevêque le moine Bernard, et le roi dota magnifiquement cette Eglise. Bernard était Français, né dans le pays d'Agen. Il étudia d'abord pour être clerc, puis il porta les armes; mais, étant tombé malade, il embrassa la vie monastique à Auch, d'où il fut appelé par saint Hugues à Cluny, où il vécut très-régulièrement. Ensuite, le roi Alphonse voulant rétablir le monastère de Saint-Fagon, en Espagne autant que Cluny l'était en France, envoya demander à saint Hugues un sujet digne d'en être abbé; et ce saint lui envoya Bernard, qui se fit tellement aimer, que, peu après, il fut élu tout d'une voix archevêque de Tolède, dans le concile que le roi y avait assemblé pour ce sujet.

Le roi étant allé vers Léon, le nouvel archevêque, poussé par la reine Constance, se saisit, à main armée, de la grande mosquée, y dressa des autels et mit des cloches dans la grande tour. C'était contre la parole du roi, qui avait promis aux Maures, quand ils rendirent la ville, de leur conserver cette mosquée. C'est pourquoi, l'ayant appris, Alphonse en fut tellement irrité, qu'il revint promptement à Tolède, et menaçait de faire brûler l'archevêque et la reine. Les Maures en ayant eu nouvelle, vinrent au devant du roi avec leurs femmes et leurs enfants, et, comme il crut qu'ils venaient se plaindre, il leur dit : « Ce n'est pas à vous que l'on fait injure, c'est à moi, qui ne pourrai plus me vanter d'être fidèle à mes promesses; c'est mon intérêt de vous satisfaire par une sévère vengeance. Les Maures lui demandèrent, à genoux et avec larmes, de les écouter. Il retint son cheval, et ils dirent : « Nous savons que l'archevêque est le chef de votre loi; et si nous sommes cause de sa mort, les chrétiens nous extermineront un jour, et si la reine périt à cause de nous, nous serons toujours odieux à ses enfants, et ils s'en vengeront après votre règne. C'est pourquoi nous vous prions de leur pardonner, et nous vous quittons de votre serment. » Le roi fut ravi de conserver la mosquée sans manquer à sa parole.

Le pape saint Grégoire VII, à la prière du roi Alphonse, avait envoyé Richard, abbé de Saint-Victor de Marseille, en qualité de légat, pour rétablir la discipline dans les Eglises d'Espagne, où elle avait été si longtemps interrompue par la domination des Maures; mais Richard se conduisait mal dans sa légation, et l'archevêque Bernard alla à Rome porter ses plaintes. Il trouva sur le Saint-Siége Urbain II, qui le reçut très-favorablement et lui donna le *pallium*, avec un privilége qui l'établissait primat sur toute l'Espagne. Cette bulle est du 15 octobre 1088, adressée à l'archevêque Bernard, et le Pape dit en substance : « Nous rendons à Dieu de grandes actions de grâces de ce que l'Eglise de Tolède, dont la dignité est si ancienne, et dont l'autorité a été si grande en Espagne et en Gaule, vient d'être délivrée de l'oppression des Sarrasins après environ trois cent soixante-dix ans. C'est pourquoi, tant par le respect de cette Eglise qu'à la prière du roi Alphonse, nous vous donnons le *pallium*, c'est-à-dire la plénitude de la dignité sacerdotale, et nous vous établissons primat dans tous les royaumes des Espagnes, comme il est certain que l'ont été anciennement les évêques de Tolède. Tous les évêques des Espagnes vous regarderont comme leur primat, et, s'il s'élève entre eux quelque question qui le mérite, ils vous en feront le rapport, sauf toutefois les priviléges de chaque métropolitain (Baron. et Pagi, an 1088). »

Le pape Urbain écrivit en même temps au roi Alphonse une lettre conçue en ces termes : « Il y a deux choses par lesquelles le monde est principalement gouverné, la dignité sacerdotale et la puissance royale. Mais, très-cher fils, la dignité sacerdotale surpasse la puissance royale d'autant plus, que nous devons rendre compte de tous les rois mêmes au Roi de tous. C'est pourquoi la sollicitude pastorale nous oblige de pourvoir au salut, non-seulement des petits, mais encore des grands, afin que nous puissions restituer sans lésion, au véritable pasteur, les brebis qu'il nous a confiées. Nous devons particulièrement veiller au salut de vous, que le Christ a rendu le défenseur de la foi chrétienne et de l'Eglise. Souvenez-vous donc, bien-aimé fils, souvenez-vous quelle gloire la grâce de la Majesté divine vous a conférée, afin que, comme Dieu a illustré votre royaume par-dessus les autres, vous vous appliquiez aussi à le servir avec plus de dévouement. Car le Seigneur lui-même dit par le prophète : *J'honorerai ceux qui m'honorent; mais ceux qui me méprisent seront sans gloire.* Nous rendons grâces au Seigneur et à vos travaux, de ce que l'Eglise de Tolède a été délivrée du joug des Sarrasins. Suivant vos exhortations, nous avons reçu dignement et respectueusement l'évêque de cette ville, notre vénérable frère Bernard, et, lui accordant le *pallium*, nous avons octroyé à l'Eglise de Tolède le privilége de son antique majesté; car nous le constituons primat dans tout le royaume des Espagnes, et tout ce que l'Eglise de Tolède a jamais eu autrefois, nous ordonnons, par l'autorité apostolique, qu'elle l'ait à l'avenir. Ecoutez-le donc comme votre bien-aimé père, exécutez fidèlement ce qu'il vous dira de la part du Seigneur, et ne cessez de protéger et de glorifier son Eglise. » Le Pape témoigne ensuite sa peine touchant la manière dont le roi en avait usé envers l'évêque de Saint-Jacques, qui ne remplissait guère bien les devoirs de l'épiscopat, mais que le roi avait contraint, par la prison, à se déclarer indigne devant tout le peuple (Labbe, t. X, p. 458; Mansi, t. XX).

La même année 1088, Artauld, élu évêque d'Elne en Roussillon, vint à Rome pour se faire sacrer par le pape Urbain; car son métropolitain Dalmace, archevêque de Narbonne, refusait de le sacrer, à cause d'un serment qu'Artauld avait fait aux chanoines, après son élection, pour la conservation des biens de l'Eglise. Dalmace prétendait sans doute que ce serment était simoniaque; mais Artauld soutenait qu'il ne l'était point, puisqu'il n'en avait fait aucune convention avant que d'être élu. C'est ce qu'il affirma par serment devant le Pape, qui le sacra évêque, après qu'il se fût ainsi purgé du soupçon de simonie (*Marc. Concord.*, l. 5, c. 41).

Un autre évêque d'Espagne se trouvait à Rome dans le même temps que l'archevêque Bernard de Tolède. C'était Bérenger, évêque d'Aussone ou Vic en Catalogne, qui poursuivait le rétablissement de la métropole de Tarragone. Cette ville, qui, sous les Romains, donnait le nom au tiers de l'Espagne, avait été tellement ruinée depuis l'invasion des Sarrasins, que son évêché avait été uni à celui d'Aussone, et la province soumise à la métropole de Narbonne pendant quatre cents ans. Bérenger obtint du pape Urbain II une bulle adressée aux trois comtes, Bérenger de Barcelone, Ermengaud d'Urgel et Bernard de Besalu, aux évêques de la province et à tout le clergé et à la noblesse; par cette lutte le Pape les exhorte à faire tous leurs efforts pour rétablir la ville de Tarragone, en sorte que l'on puisse y remettre un siége épiscopal. Il leur donne cette bonne œuvre pour pénitence, et promet à ceux qui devaient aller à Jérusalem ou ailleurs, la même indulgence que s'ils avaient accompli leur pèlerinage. Cette ville étant rétablie pour le temporel, il promet de lui rendre ses priviléges pour le spirituel, c'est-à-dire le droit de métropole, sauf toutefois le droit de l'Eglise de Narbonne, si elle peut montrer que la province de Tarragone lui appartient par l'autorité du Saint-Siège. Cette bulle est du 1er juillet 1089 (*Marc. Hisp.*, l. 4, p. 408).

L'année suivante 1090, vers la Pentecôte, le pape Urbain fit tenir par ses légats, à Toulouse, un concile où assistèrent les évêques de diverses provinces, et l'on y corrigea plusieurs abus. L'évêque de Toulouse s'y purgea canoniquement des crimes dont il était accusé; et, à la prière du roi de Castille, une légation fut envoyée à Tolède pour y rétablir la religion. Bernard, archevêque de Tolède, retournant de Rome en Espagne, assista à ce concile avec le cardinal Rainier, nouveau légat pour l'Espagne (Labbe, t. X).

Rainier passa en Catalogne, où il reçut, au nom du Pape, la donation de Bérenger, comte de Barcelone, qui donna à l'Eglise romaine la ville de Tarragone, reconnaissant que lui et ses successeurs ne la tiendraient désormais que comme vassaux du Pape, et lui en paieraient tous les cinq ans vingt-cinq livres pesant d'argent. Ce qu'il fit par le conseil de Bérenger, nouvel archevêque de Tarragone, et de l'évêque de Girone, nommé aussi Bérenger. Cette donation facilita le rétablissement de la métropole de Tarragone, nonobstant l'opposition de Dalmace, archevêque de Narbonne, qui, sur la lettre du Pape écrite aux seigneurs de Catalogne, était venu à Rome soutenir ses droits. Le Pape lui demanda s'il avait des priviléges du Saint-Siège pour établir la primatie qu'il prétendait sur la province de Tarragone. Dalmace répondit que son Eglise en avait eu, et qu'il espérait les trouver; sur quoi le Pape écrivit à Rainier, son légat, que, si ces priviléges ne se trouvaient point, il travaillât avec les seigneurs du pays à rétablir l'Eglise de Tarragone. La métropole de Tarragone fut effectivement rétablie. Le Pape y transféra Bérenger d'Aussone, comme ayant été par ses soins le principal auteur de ce rétablissement. Il lui accorda le *pallium*, et lui permit, à lui et à ses successeurs, de garder l'église d'Aussone jusqu'à l'entier rétablissement de celle de Tarragone. C'est ce qu'on voit par la bulle donnée à Capoue le 1er juillet 1091 (*Marc. Hisp.*, l. 4, p. 470).

La même année on tint un concile à Léon, à l'occasion des funérailles de Garcias, roi de Galice, frère d'Alphonse, qui le tenait en prison depuis vingt ans. Le cardinal Rainier y assista avec Bernard, archevêque de Tolède, et plusieurs autres évêques. On y résolut que les offices ecclésiastiques seraient célébrés en Espagne, suivant la règle de saint Isidore. On ordonna aussi qu'à l'avenir les écrivains se serviraient de l'Ecriture gauloise dans tous les actes ecclésiastiques, au lieu de la gothique qui était en usage à Tolède. C'était pour faciliter la communication intellectuelle d'une nation à l'autre. C'est dans ce même but que l'on substitua, à Tolède comme ailleurs, l'office gallican ou romain, alors le même, à l'office mozarabe, introduit par les Goths (Labbe, t. X, p. 382; Mansi, t. XX).

En Angleterre, le prince Edgar, neveu de saint Edouard le Confesseur, et qui aurait dû lui succéder sur le trône par droit d'hérédité, si ce droit seul avait suffi alors, s'était soumis à Guillaume le Conquérant. Quelque temps après, il s'enfuit secrètement avec sa sœur Marguerite. Le vaisseau sur lequel ils s'embarquèrent fut assailli d'une violente tempête qui les jeta sur la côte d'Ecosse. Malcolm III, roi de ce pays, les reçut l'un et l'autre et leur fit un accueil favorable. Il s'intéressa d'autant plus à leur malheur, qu'il s'était trouvé dans une position toute pareille. En effet, il avait été obligé de prendre la fuite après la mort de son père Duncan, que Macbeth, général d'une partie des troupes, avait tout à la fois privé de la vie et de la couronne. Ayant erré longtemps en divers lieux, il s'était retiré à la cour de saint Edouard le Confesseur. Fort de la protection de ce prince, qui lui donna un corps de dix mille hommes, il retourna en Ecosse, où les nouveaux secours qu'il tira de ceux qui tenaient pour lui, mirent son armée en état de remporter une victoire complète sur ses ennemis. Macbeth fut tué lui-même, après avoir joui dix-sept ans du fruit de son usurpation. Par cette victoire, Malcolm recouvra l'Ecosse, et il fut proclamé roi à Scone, en 1057.

Lorsque ce prince vit Edgar et Marguerite dans son royaume, son cœur s'attendrit sur leur malheureux sort. Il leur procura tous les secours qui dépendaient de lui, et il se félicita de pouvoir les assister. Guillaume voulait qu'on les lui remît entre les mains, mais Malcolm refusa de se prêter à une si noire trahison. Ce refus alluma le flambeau de la guerre. Les troupes de Guillaume furent toujours battues par lui en Ecosse. Enfin on parla de la paix, et elle fut conclue à certaines conditions, dont l'une était que Guillaume traiterait Edgar comme son ami.

Cependant Marguerite donnait à l'Ecosse le spectacle de toutes les vertus. Elle avait appris, dès ses premières années, à mépriser l'éclat trompeur des pompes mondaines, et à regarder les plaisirs comme un poison d'autant plus dangereux qu'il flatte en donnant la mort. C'était bien moins par sa rare beauté que par un heureux assemblage de toutes les qualités de l'esprit et du cœur, qu'elle s'attirait l'admiration de toute la cour. Les honneurs qu'on lui rendait ne portaient aucune atteinte à son humilité. Toute son ambition était de se rendre agréable au Roi des rois. Elle ne trouvait de satisfaction que dans les charmes de l'amour divin, et cet amour elle l'entretenait et le nourrissait par l'exercice de la prière et de la méditation, auquel il lui arrivait souvent de consacrer des jours entiers. Considérant Jésus-Christ dans la personne des pauvres, elle saisissait toutes les occasions qui se présentaient de les servir, de les consoler et de pourvoir à leurs différents besoins.

Malcolm, touché de tant de vertus, conçut pour Marguerite la plus haute estime; il crut même devoir lui proposer de s'unir à elle par les liens du mariage. Il fut au comble de ses désirs lorsque la princesse, moins par sa volonté propre que par le conseil des siens, y eut donné son consentement. Marguerite fut mariée et couronnée reine d'Ecosse en 1070. Elle était dans la 24ᵉ année de son âge.

Quoique Malcolm eût des mœurs peu polies, il n'avait cependant rien dans le caractère qui sentît la fierté ou la bizarrerie, et l'on ne remarquait en lui aucune mauvaise inclination. Marguerite, par une conduite pleine de respect et de condescendance, se rendit bientôt maîtresse de son cœur. Elle se servit de l'ascendant qu'elle avait sur lui pour faire fleurir la religion et la justice, pour procurer le bonheur des peuples et pour inspirer à son mari ces sentiments qui en ont fait un des plus vertueux rois d'Ecosse. Elle adoucit son caractère, cultiva son esprit, polit ses mœurs et l'embrasa d'amour pour la pratique des maximes de l'Evangile. Le roi était si charmé de la sagesse et de la piété de son épouse, que non-seulement il lui laissait l'administration de ses affaires domestiques, mais qu'il se conduisait encore par ses avis dans le gouvernement de l'Etat. Marguerite, au milieu du tumulte des affaires, savait conserver le recueillement de l'âme et se prémunir contre les dangers de la dissipation. Une extrême exactitude à faire toutes ses actions en vue de Dieu, l'exercice continuel de la prière, la pratique constante du renoncement à soi-même étaient les principaux moyens qu'elle employait pour se maintenir dans une disposition aussi parfaite. L'étendue de son génie ne le cédait point à l'éminence de ses vertus. On admirait en Ecosse, et même dans les pays étrangers, sa prudence qui pourvoyait à tout, son application aux affaires publiques et particulières, son ardeur à saisir toutes les occasions de rendre les peuples heureux, sa sagesse et sa dextérité dans l'accomplissement des devoirs attachés à l'exercice de l'autorité royale.

Dieu bénit le mariage de Marguerite et de Malcolm; il en sortit plusieurs enfants, qui ne dégénérèrent point de la vertu de ceux dont ils avaient reçu le jour. La reine devint mère de six princes, savoir : Edouard, Edmond, Edgar, Ethelred, Alexandre, David, et de deux princesses, qui reçurent l'une le nom de Mathilde, et l'autre celui de Marie. La première épousa Henri Iᵉʳ, roi d'Angleterre; la seconde fut mariée à Eustache, comte de Boulogne : Edgar, Alexandre et David parvinrent successivement à la couronne d'Ecosse, et régnèrent tous avec une grande réputation de valeur, de sagesse et de piété. David se distingua encore au-dessus de ses deux frères, et l'on a dit de lui et à juste titre qu'il avait été le plus bel ornement du trône écossais.

Marguerite fut le principal instrument dont Dieu se servit pour former ces princes à la vertu. Elle eut soin de les prémunir de bonne heure contre ces écueils où ne vont que trop souvent échouer ceux qui naissent dans les cours des rois. En même temps qu'elle leur faisait sentir le vide et le néant des choses humaines, elle peignait la vertu avec tous ses charmes, et leur inspirait l'horreur du péché avec l'amour de Dieu et la crainte de ses jugements. Les précepteurs et les gouverneurs qu'elle mit auprès d'eux étaient des hommes remplis de religion; elle éloignait de leurs personnes tous ceux qui n'avaient pas une piété reconnue. L'expérience et la nature du cœur humain lui avaient appris que les enfants ne se défont presque jamais des impressions qu'ils ont reçues de la conduite de leurs maîtres et de tous ceux avec lesquels ils ont eu à vivre dans leurs premières années. Elle se faisait rendre compte des progrès que faisaient les jeunes princes, et se chargeait souvent elle-même du soin de leur enseigner ce que la profession du christianisme exigeait d'eux.

Lorsque les princesses, ses filles, furent en âge de profiter de ses exemples, elle les associa à ses exercices spirituels et à toutes ses bonnes œuvres. Elle ne se contentait pas de leur inspirer l'amour des vertus, elle faisait encore de ferventes prières pour demander à Dieu la conservation de leur innocence et leur avancement dans la piété. Elle leur faisait goûter ses instructions par la douceur et la charité avec lesquelles elle savait les assaisonner. Les personnes vicieuses n'osaient approcher d'elles, non plus que des princes, leurs frères; elles n'osaient même paraître à la cour, où la vertu seule pouvait servir de recommandation et où le défaut de piété était un titre d'exclusion pour toutes les places.

Marguerite regardait le royaume d'Ecosse comme une grande famille dont elle était la mère; elle se crut donc obligée de faire servir à le rendre heureux et le rang dans lequel la Providence l'avait placée et l'autorité que le roi avait remise entre ses mains; mais sachant que le bonheur des peuples est inséparable de la pratique de la religion, elle s'appliqua surtout à réformer les abus et à bannir l'ignorance dans laquelle la plupart des Ecossais étaient par rapport à leurs principaux devoirs : ainsi son premier soin fut d'établir partout de saints ministres et des prédicateurs zélés. Elle appuyait de son autorité les ecclésiastiques et les magistrats, afin qu'ils pussent arrêter plus efficacement le cours des désordres; par elle vint à bout d'empêcher la profanation des dimanches et des fêtes, ainsi que la violation du jeûne du carême. Ce fut pour elle une grande joie de voir la religion reprendre ses droits, et les peuples s'empresser à l'envi de rendre à Dieu ce qu'ils lui devaient dans les jours et les temps spécialement consacrés à son service. Elle bannit avec un égal succès la simonie, l'usure, les mariages incestueux, la superstition et plusieurs autres scandales. Elle ne fit pas plus de grâce à ceux qui ne communiaient pas même à Pâques, sous prétexte qu'ils craignaient de recevoir indignement l'eucharistie. On leur représenta, par ses ordres, qu'une pareille disposition venait d'un fond de lâcheté et d'impénitence ; que les pécheurs devaient travailler à se purifier de leurs crimes par les larmes d'un sincère repentir, et que l'esprit de l'Eglise était que l'on participât au Corps et au Sang de Jésus-Christ. Ces instructions produisirent l'effet que la pieuse reine en attendait.

Ayant formé le louable projet de polir et de civiliser la nation écossaise, elle accorda sa protection à ceux qui excellaient dans les arts et les sciences. L'amour des lettres, après avoir adouci la férocité des mœurs, éclaira les esprits, les rendit plus sociables et plus propres à la pratique des vertus morales. Elle fit des établissements que Malcolm approuva et dont il assura la stabilité par des lois pleines de sagesse.

Entre toutes les vertus qui brillaient en sa personne, la charité envers les pauvres occupait une des premières places. Ses revenus ne pouvaient suffire à la multitude de ses aumônes ; elle donnait souvent une partie de ce qui était destiné à ses propres besoins. Toutes les fois qu'elle paraissait en public, on la voyait environnée d'une foule de veuves, d'orphelins et de malheureux de toute espèce, qui couraient à elle comme à leur mère commune. Jamais elle ne renvoyait ceux qui imploraient son secours, sans les avoir consolés et assistés. En rentrant dans son palais, elle le trouvait encore rempli de pauvres, auxquels elle lavait les pieds et qu'elle servait de ses propres mains. Sa coutume était de ne se mettre à table qu'après avoir donné à manger à neuf petits orphelins et à vingt-quatre grands pauvres ; souvent, surtout dans l'Avent et le Carême, le roi et la reine faisaient venir jusqu'à trois cents de ces derniers, auxquels ils distribuaient, le genou en terre, des viandes semblables à celles qu'on avait préparées pour leur table. Malcolm servait les hommes, et Marguerite les personnes de son sexe. La reine visitait aussi fréquemment les hôpitaux, où les malades ne pouvaient se lasser d'admirer son humilité et son extrême tendresse pour eux. Par ses aumônes, elle libérait encore les débiteurs insolvables et relevait les familles ruinées. Les étrangers, principalement les Anglais, lui furent souvent redevables de la délivrance de leurs prisonniers. Elle rachetait par préférence ceux qui étaient tombés entre les mains de maîtres durs et intraitables. Les pauvres étrangers trouvaient un asile dans les hôpitaux qu'elle avait fondés pour les recevoir.

Malcolm concourait avec Marguerite à toutes ces bonnes œuvres. « Il apprend, dit Thierri, le confesseur et le biographe de la sainte, il apprend à passer souvent la nuit dans les exercices de piété. C'est quelque chose d'étonnant, continue-t-il, de voir la ferveur de ce prince à la prière ; il possède l'esprit de componction et le don des larmes dans un degré bien supérieur à l'état d'un homme qui vit dans le siècle. » — « La reine, dit un autre auteur, l'excitait aux œuvres de justice et de miséricorde, et à la pratique des autres vertus ; en quoi elle réussissait merveilleusement, par un effet de la grâce de Dieu. Le roi se montrait toujours prêt à seconder ses heureuses dispositions. Voyant que Jésus-Christ habitait dans le cœur de Marguerite, il ne manquait amais de suivre ses conseils. »

Comme la sainte dormait peu et qu'elle se privait de tous ces amusements que les gens du monde ont coutume de se permettre, il lui restait chaque jour beaucoup de temps pour ses exercices de piété. En Carême et en Avent, elle se levait à minuit et allait à l'église pour assister à matines. De retour dans sa chambre, elle y lavait les pieds à six pauvres qui l'attendaient, après quoi elle donnait à chacun d'eux une ample aumône ; elle reposait ensuite une heure ou deux. A son réveil, elle retournait à sa chapelle, où elle entendait quatre ou cinq messes basses, indépendamment de celle qui se chantait au chœur. Outre cela, elle avait des heures marquées pour prier dans son cabinet, et elle le faisait avec tant de ferveur et de componction, qu'on la trouva souvent baignée de larmes. Elle gardait, dit son biographe, la plus rigoureuse sobriété dans ses repas, ne mangeant qu'autant qu'il fallait pour ne pas mourir, et fuyant tout ce qui aurait pu flatter la sensualité. Elle paraissait plutôt goûter que manger ce qu'on lui présentait. En un mot, ses œuvres étaient plus étonnantes que ses miracles ; car le don d'en faire lui fut aussi communiqué. Ecoutons encore le même biographe, parlant toujours de Marguerite, dont il était confesseur. « Elle possédait l'esprit de componction dans un degré éminent. Quand elle me parlait des douceurs ineffables de la vie éternelle, ses paroles étaient accompagnées d'une grâce merveilleuse. Sa ferveur était si grande dans ces occasions, qu'elle ne pouvait arrêter les larmes abondantes qui coulaient de ses yeux ; elle avait une telle tendresse de dévotion, qu'en la voyant, je me sentais pénétré d'une vive componction. Personne ne gardait plus exactement qu'elle le silence à l'église ; personne ne montrait un esprit plus attentif à la prière. Souvent elle pressait son confesseur de l'avertir de tout ce qu'il y aurait de répréhensible dans ses paroles et dans ses actions ; il lui paraissait qu'il la ménageait trop à cet égard. C'était son humilité profonde qui lui faisait désirer des réprimandes que les autres ont coutume de supporter si impatiemment. Tous les ans elle faisait deux carêmes, chacun de quarante jours : l'un avant Noël, et l'autre avant Pâques ; elle pratiquait alors des austérités extraordinaires. Chaque jour elle récitait les petits offices de la Trinité, de la Passion et de la sainte Vierge, sans compter celui des morts.

» Les instructions de Marguerite avaient pleinement convaincu Malcolm qu'un roi étant le père de son peuple, il doit aimer la paix et fuir la guerre comme le plus terrible des fléaux ; que les conquérants, si vantés dans l'histoire, n'étaient nés que pour le malheur de la terre et surtout pour le malheur de l'État qu'ils avaient gouverné ; que leurs exploits, considérés avec les yeux de la foi, n'étaient qu'un tissu de meurtres et de brigandages. Mais ce prince savait en même temps qu'il est du devoir d'un roi de ne pas ignorer le métier de la guerre et d'être toujours prêt à prendre les armes, dans l'occasion, pour défendre son peuple contre les attaques de l'ennemi.

» Guillaume le Roux, qui était monté sur le trône d'Angleterre en 1087, le mit dans la nécessité de donner des marques de sa valeur. Ce prince surprit le château d'Alnwick, dans le Northumberland, et ordonna de passer la garnison au fil de l'épée. Le roi d'Ecosse demanda la restitution de cette place. Sur le refus qu'on fit de la lui remettre, il l'assiégea dans les formes. La garnison anglaise se voyant pressée de toutes parts et réduite à la dernière extrémité, feignit de vouloir se rendre, et proposa au roi de venir lui-même recevoir les clés de la ville; mais le soldat qui les lui présentait au bout d'une lance, saisit le moment où il avançait les mains, pour lui porter dans les yeux un coup de cette lance dont il mourut. Edouard, fils du roi d'Ecosse, continua vivement le siège pour venger la mort de son père. Sa valeur, qui l'avait entraîné trop loin, lui coûta la vie; il fut tué dans un assaut. Les Ecossais ressentirent une grande douleur de cette double perte, et levèrent le siège. Les corps des deux princes furent transportés au monastère de Dumferlin, que le roi venait de fonder avec la reine. La mort de Malcolm arriva l'an 1093; son règne avait été de trente-trois ans. On lit son nom avec celui des saints dans quelques calendriers d'Ecosse. »

Les malheurs dont nous venons de parler furent extrêmement sensibles à la reine; mais sa vertu les lui fit supporter avec résignation. Elle était au lit, et très-malade, quand elle les apprit. Voici la relation de sa dernière maladie, d'après son confesseur et son biographe Thierri. « Marguerite connut, par une lumière intérieure, le moment de sa mort, longtemps avant qu'il arrivât. Ayant demandé à me parler en particulier, elle fit une revue générale de sa vie; des torrents de larmes coulaient de ses yeux à chaque parole qu'elle disait. Sa componction était si vive, que je ne pouvais m'empêcher moi-même de pleurer. De temps en temps les soupirs et les sanglots nous suffoquaient tellement l'un et l'autre, qu'il nous était impossible à tous deux de proférer aucune parole. Elle finit par me dire ce qui suit : Adieu, car je disparaîtrai bientôt de dessus la terre. Vous ne tarderez pas à me suivre. J'ai deux grâces à vous demander : l'une est que vous vous souveniez de ma pauvre âme dans vos prières et vos sacrifices, tant que Dieu vous laissera la vie; l'autre est que vous assistiez mes enfants, et que vous leur appreniez à craindre et à aimer Dieu. Promettez-moi de m'accorder ce que je vous demande en présence du Seigneur, qui est le seul témoin de notre conversation.

» La pieuse reine vécut encore après cela environ six mois. Durant tout ce temps-là, elle fut rarement en état de se lever. On ne l'entendit jamais se plaindre; elle supportait au contraire avec une patience admirable ses peines, qui ne faisaient qu'augmenter chaque jour. Lorsque Malcolm alla faire la guerre dans le Northumberland, elle mit tout en usage pour le dissuader de marcher à la tête de son armée, et ce fut pour la première fois que le prince ne suivit point ses avis. Malcolm passa outre, parce qu'il attribuait les représentations de la reine à un excès de tendresse qui la faisait craindre pour sa vie, et parce qu'il savait que la présence du souverain anime et soutient le courage des soldats. Sa mort précéda de quatre jours celle de la vertueuse princesse.

» Marguerite parut triste et pensive le jour que le roi fut tué, et elle dit à ceux qui l'environnaient : Il est peut-être arrivé aujourd'hui à l'Ecosse un malheur tel qu'elle n'en a point éprouvé de semblable depuis longtemps. Le quatrième jour, ses peines étant un peu diminuées, elle se fit conduire dans son oratoire, où elle reçut le saint viatique. Lorsqu'elle fut retournée dans son appartement, un redoublement de fièvre et de douleurs l'obligea de se mettre au lit. Elle ordonna à ses chapelains de recommander son âme à Dieu. En même temps elle envoya chercher une croix qui était en grande vénération dans l'Ecosse; elle l'embrassa dévotement, et, avec elle, forma plusieurs fois sur son corps le signe sacré du salut; puis, la serrant entre ses mains et fixant ses yeux dessus, elle récita le psaume 50e et plusieurs autres prières.

» Sur ces entrefaites, Edgar, son fils, arriva de l'armée. Elle lui demanda comment se portaient Malcolm et Edouard. Celui-ci, craignant d'augmenter son mal, lui répondit qu'ils se portaient bien. Je sais ce qu'il en est, répliqua-t-elle. Alors, levant les mains au ciel, elle fit la prière suivante : Dieu tout-puissant, je vous remercie de m'avoir envoyé une si grande affliction dans les derniers moments de ma vie; j'espère qu'avec votre miséricorde, elle servira à me purifier de mes péchés. Un instant après, sentant qu'elle allait expirer, elle redoubla de ferveur et répéta plusieurs fois ces paroles : Seigneur Jésus, qui par votre mort avez donné la vie au monde, délivrez-moi de tout mal. Enfin, son âme fut affranchie des liens du corps le 16 novembre 1093, dans la 47e année de son âge. » Elle fut canonisée, en 1251, par Innocent IV. En 1693, Innocent XII fixa sa fête au 10 juin. Sa vie fut écrite peu après sa mort par Thierri, son confesseur. Nous ne nous souvenons pas d'avoir vu, même dans les premiers siècles de l'Eglise, une vie plus édifiante que celle de la reine d'Ecosse (*Acta Sanct.*, 10 *junii*).

La vie du premier roi normand d'Angleterre, Guillaume le Conquérant, quoique chrétienne pour le fond, était loin d'être aussi parfaite. Voici comme le dépeint un auteur anglais du temps. « Si quelqu'un désire connaître quel homme c'était, ou quel genre de dignité il avait, ou de combien de terres il était le seigneur, nous allons le décrire comme nous l'avons connu; car nous l'avons vu et nous avons vécu quelque temps parmi ses familiers. Le roi Guillaume était un homme très-sage et très-riche, plus respectable et plus puissant qu'aucun autre de sa cohorte étrangère. Il était doux avec les bonnes gens qui aimaient Dieu, et sévère au delà de toutes bornes à ceux qui résistaient à sa volonté. Dans tous les lieux où Dieu lui permit de vaincre l'Angleterre, il éleva un noble monastère, y plaça des moines et le dota richement. Il représentait honorablement. Trois fois chaque année il portait son heaume royal, lorsqu'il était en Angleterre : à Pâques, il le portait à Winchester; à la Pentecôte, à Westminster; et, au cœur de l'hiver, à Glocester. Et alors il était accompagné de tous les riches hommes de l'Angleterre, archevêques et évêques, abbés et comtes, baronnets et chevaliers. Il était, au surplus, très-rude et très-farouche; aussi aucun homme n'osait rien entreprendre contre sa volonté. Il retenait dans les chaînes les comtes qui avaient agi contre son vouloir. Il renvoya des évêques de leurs évêchés, des abbés de leurs abbayes, et mit des baronnets en prison; et à la fin il n'épargna pas même son propre frère Eudes, évêque de Bayeux. Il le mit en prison.

Toutefois, nous ne devons pas oublier le bon ordre qu'il mit dans cette contrée; ordre tel, qu'un homme bon à quelque chose pouvait voyager à travers le royaume, avec sa ceinture pleine d'or, sans aucune vexation ; et aucun homme n'eût osé tuer un autre homme, quoiqu'il en eût reçu la plus forte injure que possible. Il donna des lois à l'Angleterre, et, par son habileté, il était parvenu à la connaître si bien, qu'il n'y avait pas un arpent de terre dont il n'ait su à qui il était et quelle en était la valeur; et il l'a couché dans ses écritures. Cependant les hommes de son temps ont beaucoup souffert, et de très-grandes oppressions. Il fit construire des châteaux pour renfermer et opprimer les pauvres gens. Il était vraiment dur. Il prit à ses sujets plusieurs marcs d'or et plusieurs centaines de livres d'argent; et il les prit quelquefois de droit, mais plus souvent par force et sans véritable nécessité. Il était tombé dans l'avarice, et la rapacité était devenue sa passion. Il donnait ses terres à rente aussi cher qu'il pouvait; s'il se présentait quelqu'un qui offrît plus que le premier n'avait donné, le roi les cédait à celui qui donnait le plus; s'il en survenait un troisième qui en offrît encore davantage, le roi cédait enfin au plus offrant. Il se souciait peu de la manière criminelle dont ses baillis prenaient l'argent des pauvres gens, et combien de choses ils faisaient illégalement; car plus ces baillis parlaient de droit légal, plus ils agissaient contre la loi. Il établit plusieurs forêts de chasse royale, et il fit à cet égard des lois portant que, quiconque tuerait un cerf ou une biche, serait puni par la perte des yeux. Ce qu'il avait établi pour les biches, il le fit pour les sangliers; car il aimait autant les bêtes fauves que s'il eût été leur père. Il rendit aussi un décret concernant les lièvres, qu'il ordonna de laisser courir en paix. Les gens riches se plaignaient et les pauvres gens murmuraient; mais il était si dur, qu'il n'avait aucun souci de la haine d'eux tous : car il était nécessaire de suivre en tout la volonté du roi, si l'on voulait vivre, si l'on voulait avoir des terres, ou des biens, ou sa faveur. Hélas! un homme peut-il être aussi capricieux, aussi bouffi d'orgueil et se croire lui-même autant au-dessus des autres hommes! Puisse le Dieu tout-puissant avoir merci de son âme et lui accorder le pardon de ses fautes! » C'est ainsi que l'auteur anglais et contemporain de la *Chronique saxone* parle de Guillaume le Conquérant (*Chron. sax.*).

Dans les premiers mois de l'année 1087, le roi Guillaume, séjournant en Normandie, s'occupa de terminer, avec Philippe Ier, roi de France, une ancienne contestation. A la faveur des troubles qui suivirent la mort du duc Robert, le comté de Vexin, situé entre l'Epte et l'Oise, avait été démembré de la Normandie et réuni à la France. Guillaume se flattait de recouvrer sans guerre cette portion de son héritage; et, en attendant l'issue des négociations, il prenait du repos à Rome; il gardait même le lit; d'après le conseil de ses médecins, qui tâchaient de réduire par une diète rigoureuse son excessif embonpoint. Croyant avoir peu de choses à craindre d'un homme absorbé dans de pareils soins, Philippe ne faisait aux réclamations du Normand que des réponses évasives; et, de son côté, celui-ci semblait prendre le retard en patience. Mais un jour le roi de France s'avisa de dire, en plaisantant avec ses amis :

Sur ma foi, le roi d'Angleterre est long à faire ses couches; il y aura grande fête aux relevailles. Ce propos, rapporté à Guillaume, le piqua au point de lui faire tout oublier pour la vengeance. Il jura par ses plus grands serments, par la splendeur et la naissance de Dieu, d'aller faire ses relevailles à Notre-Dame de Paris, avec dix mille lances en guise de cierges.

En effet, reprenant tout à coup son activité, il assembla des troupes, et, au mois de juillet, il entra en France par le territoire dont il revendiquait la possession. Les blés étaient encore dans les champs, et les arbres se chargeaient de fruits. Il ordonna que tout fût dévasté sur son passage, fit fouler les moissons par sa cavalerie, arracher les vignes et couper les arbres fruitiers. La première ville qu'il rencontra fut Mantes-sur-Seine; il y fit mettre le feu. L'église de la Sainte-Vierge fut réduite en cendres. Deux reclus et une femme recluse furent brûlés dans leurs cellules. Guillaume, s'approchant trop près de l'embrasement, qu'il regardait avec complaisance, se sentit incommodé de la chaleur. D'autres disent qu'il fut blessé par son cheval en lui faisant sauter un fossé.

Quoi qu'il en soit, se sentant malade, il se fit reporter à Rouen, où, dès qu'il fut arrivé, Gilbert, évêque de Lisieux, et Gontard, abbé de Jumièges, lui annoncèrent qu'il n'avait plus que quelques jours à vivre. Cette nouvelle fut un coup de foudre pour Guillaume et il remplit toute sa maison de cris lamentables. Ce n'est pas que dans le fond il craignît la mort qu'il avait affrontée dans tant de combats, mais il ne pouvait se consoler de mourir avant d'avoir fait pénitence; et les remords de sa conscience le faisaient plus souffrir que les douleurs aiguës de sa maladie.

Pour éviter le bruit de la ville, ce prince se fit porter au prieuré de Saint-Gervais, proche de Rouen. Les évêques et les abbés qui s'étaient rendus auprès de lui, tâchèrent de lui inspirer des sentiments de confiance en la miséricorde de Dieu. Il fit sa confession et reçut le saint viatique avec de vifs sentiments de repentir. Il dressa ensuite son testament, par lequel il légua ses trésors aux églises et aux monastères. Il fit donner une grosse somme d'argent au clergé de Mantes, pour rebâtir les églises qu'il avait fait brûler dans la dernière guerre. Il se reprochait surtout ce péché, et il croyait que sa mort en était la punition. Il accorda ensuite la liberté à tous les prisonniers, même à Eudes ou Odon, son frère, évêque de Bayeux, qu'il avait juré de ne jamais délivrer.

Ce prince, ne pouvant se calmer par toutes ces bonnes œuvres, fit une espèce de confession publique de toute sa vie passée. « Hélas! dit-il, je tremble à la vue du nombre et de l'énormité de mes péchés. Voici que je vais comparaître devant le terrible tribunal de Dieu, et je ne sais que faire pour y trouver grâce; car, depuis mon enfance, j'ai été nourri dans la guerre, et j'ai versé beaucoup de sang. Il m'est impossible de faire le dénombrement de tous les péchés que j'ai commis depuis ma naissance, et dont je me vois obligé d'aller rendre compte. » Il fit ensuite un précis de sa vie et un détail des principales fautes qu'il se reprochait, surtout depuis la conquête de l'Angleterre. Après quoi, adressant la parole aux évêques et aux prêtres qui l'environnaient, il ajouta :

« Je vous conjure instamment de prier Dieu qu'il m'accorde le pardon de tant de péchés. J'ordonne qu'on distribue mon trésor aux pauvres et aux églises, afin que ce qui a été amassé par la violence et l'injustice, soit employé à l'usage des saints ; mais sur toutes choses, je vous prie, vous autres évêques et abbés, de ne pas oublier avec quelle tendresse je vous ai aimés, et avec quel zèle j'ai pris votre défense.

» Je n'ai jamais violé les droits de l'Eglise de Dieu, qui est notre mère ; au contraire, je l'ai constamment honorée selon mon pouvoir. Je n'ai point vendu les dignités ecclésiastiques. J'ai toujours détesté et proscrit la simonie. Pour ce qui regarde la nomination aux prélatures, j'ai cherché la vertu, le mérite et l'érudition, et, autant qu'il m'a été possible, j'ai donné le gouvernement des Eglises et des monastères à ceux que j'ai crus les plus dignes, témoins Lanfranc, archevêque de Cantorbéry ; Anselme, abbé du Bec ; Gerbert, abbé de Fontenelle ; Durand, abbé de Troarne, et plusieurs savants hommes de mes Etats, dont la réputation vole, je crois, jusqu'aux extrémités du monde. Ce sont ces personnes dont j'ai pris plus volontiers conseil, et avec qui je me suis entretenu avec plus de plaisir, parce que j'ai trouvé dans leurs discours la vérité et la sagesse. J'ai augmenté et enrichi neuf abbayes de moines et une de religieuses, abbayes qui ont été fondées en Normandie par mes ancêtres. De plus, durant le temps de mon gouvernement, on a bâti dans mon duché dix-sept monastères d'hommes et six de filles, où le Seigneur est servi avec édification. Ce sont les forteresses qui défendent la Normandie ; et c'est là que les Normands apprennent à combattre le démon et les vices de la chair. J'ai fait, approuvé ou procuré toutes ces fondations. »

Le roi Guillaume avait trois fils : Robert, Guillaume le Roux et Henri. Les deux jeunes ne quittaient point le chevet de son lit, attendant avec impatience qu'il dictât ses dernières volontés. Robert, l'aîné des trois, était absent depuis sa dernière querelle avec son père. C'était à lui que Guillaume, du consentement des chefs de Normandie, avait légué autrefois son titre de duc ; et, malgré la malédiction qu'il avait prononcée depuis contre Robert, il ne chercha point à le déshériter de ce titre, que le vœu des Normands lui avait destiné. « Quant au royaume d'Angleterre, dit-il, je ne le lègue en héritage à personne, mais je le recommande à l'éternel Créateur, à qui j'appartiens, et dans la main de qui sont toutes choses. La raison en est que je n'ai point reçu ce grand royaume en héritage, mais enlevé au roi parjure Harold, de cruels combats et au prix de beaucoup de sang. J'ai eu trop de haine pour les naturels du royaume ; j'ai vexé cruellement et les nobles et les gens du peuple ; j'en ai déshérité beaucoup injustement ; j'en ai fait mourir sans nombre par le fer et la famine. Ayant donc occupé ce royaume par tant de péchés, je n'ose le remettre à personne, sinon à Dieu seul, de peur qu'après mes funérailles il n'y arrive, à mon occasion, des calamités plus grandes encore. Seulement, je souhaite que mon fils Guillaume, qui m'a été soumis en toutes choses, l'obtienne, s'il plaît à Dieu, et y prospère.

Le roi Guillaume ayant parlé de la sorte, Henri, le plus jeune de ses fils, lui dit en pleurant : « Et moi, mon père, que me donnez-vous donc ? — Je te donne, répondit le roi, cinq mille livres d'argent de mon trésor. — Mais, répliqua Henri, que ferai-je de cet argent, si je n'ai ni terre ni demeure ? — Sois tranquille, mon fils, répondit le père, et aie confiance en Dieu ; souffre que tes aînés te précèdent. Robert aura la Normandie, Guillaume l'Angleterre ; mais, en son temps, tu auras tout ce que j'ai eu, et tu surpasseras tes frères en richesses et en puissance. » Ensuite, pour prévenir les troubles, le roi mourant fit écrire une lettre, scellée de son sceau et adressée à l'archevêque Lanfranc, pour ce qui était d'établir le nouveau roi ; il remit cette lettre à son fils Guillaume le Roux ; lui donna le baiser et la bénédiction, avec ordre de passer promptement la mer. Henri se retira de son côté pour aller recevoir les cinq mille livres ; il les fit peser avec soin, et se procura un coffre-fort bien ferré et muni de bonnes serrures (Order. Vit., l. 7).

Le jeudi 9 septembre 1087, Guillaume s'étant éveillé à la pointe du jour, entendit sonner la grosse cloche de la cathédrale. Il demanda ce qu'on sonnait ; on lui répondit qu'on sonnait prime à l'église de Notre-Dame. Il leva aussitôt les yeux et les mains au ciel en disant : « Je me recommande à notre Dame la sainte Vierge Marie, et je la conjure de me réconcilier, par ses saintes prières, avec son très-cher Fils. » En prononçant ces paroles, il expira dans la 60e année de son âge, la 21e de son règne en Angleterre, et la 52e de sa domination en Normandie.

Ses médecins et les autres assistants qui avaient passé la nuit auprès de lui, le voyant ainsi mort tout d'un coup, montèrent en hâte à cheval et coururent veiller sur leurs biens. Les gens de service et les vassaux de moindre étage, après la fuite de leurs supérieurs, enlevèrent les armes, la vaisselle, les vêtements, le linge, tout le mobilier, et s'enfuirent de même, laissant le cadavre presque nu sur le plancher. Le corps du roi demeura ainsi abandonné pendant plusieurs heures ; car, dans toute la ville de Rouen, les hommes étaient devenus comme ivres, non pas de douleur, mais de crainte de l'avenir ; ils étaient aussi troublés que s'ils eussent vu une armée ennemie aux portes de leur ville. Chacun sortait et courait au hasard, demandant conseil à sa femme, à ses amis, au premier venu ; on transportait, on cachait tous ses meubles ou on cherchait à les vendre à perte.

Enfin, des gens de religion, clercs et moines, ayant repris leurs sens et recueilli leurs forces, arrangèrent une procession. Revêtus des habits de leur ordre, avec la croix, les cierges et les encensoirs, ils vinrent auprès du cadavre et prièrent pour l'âme du défunt. L'archevêque de Rouen, nommé Guillaume, ordonna que le corps du roi fût transporté à Caen et enseveli dans la basilique de Saint-Etienne, premier martyr, qu'il avait bâtie de son vivant. Mais ses fils, ses frères, tous ses parents s'étaient éloignés ; aucun de ses officiers n'était présent, pas un seul ne s'offrit pour avoir soin de ses obsèques ; et ce fut un simple gentilhomme de la campagne, nommé Herluin, qui, par bon naturel et pour l'amour de Dieu, prit sur lui la peine et la dépense. Il fit venir à ses frais des ensevelisseurs et un chariot, transporta le cadavre jusqu'au bord de la Seine, et de là sur une barque, par la rivière et par la mer, jusqu'à la ville de Caen. Gilbert, abbé de Saint-Etienne, avec tous ses religieux, vint à la rencontre du corps; beaucoup de clercs et de laïques se joignirent à eux; mais un incendie, qui éclata subitement, fit bientôt rompre le cortége et courir au feu clercs et laïques. Les moines de Saint-Etienne restèrent seuls et conduisirent le roi à l'église de leur couvent.

L'inhumation du grand chef, du grand baron, comme disent les historiens de l'époque, ne s'acheva point sans de nouveaux incidents. Tous les évêques et abbés de la Normandie s'étaient rassemblés pour la cérémonie; ils avaient fait préparer la fosse dans l'église, entre le chœur et l'autel; la messe était achevée, on allait descendre le corps, lorsqu'un homme, sortant du milieu de la foule, dit à haute voix : « Clercs, évêques, ce terrain est à moi; c'était l'emplacement de la maison de mon père; l'homme pour lequel vous priez me l'a pris de force pour y bâtir son église. Je n'ai point vendu ma terre, je ne l'ai point engagée, je ne l'ai point forfaite, je ne l'ai point donnée; elle est de mon droit, je la réclame. Au nom de Dieu, je défends que le corps du ravisseur y soit placé et qu'on le couvre de ma glèbe. » L'homme qui parlait ainsi se nommait Asselin, fils d'Arthur, et tous les assistants confirmèrent la vérité de ce qu'il avait dit. Les évêques le firent approcher, et, d'accord avec lui, payèrent soixante sous pour le lieu seul de la sépulture, s'engageant à le dédommager équitablement pour le reste du terrain. Le corps du roi était sans cercueil, revêtu de ses habits royaux; lorsqu'on voulut le placer dans la fosse, qui avait été bâtie en maçonnerie, elle se trouva trop étroite; il fallut forcer le cadavre et il creva. On brûla de l'encens et des parfums en abondance, mais ce fut inutilement; le peuple se dispersa avec dégoût, et les prêtres eux-mêmes, précipitant la cérémonie, désertèrent bientôt l'église. Cet accident fit faire de tristes réflexions sur la vanité des grandeurs humaines (Order. Vit., l. 7).

Deux ans après, en 1089, l'Angleterre perdit l'archevêque Lanfranc, une des grandes lumières du siècle, le restaurateur de l'Angleterre pour le spirituel, comme le roi Guillaume le Conquérant pour le temporel. Ce prince avait une telle confiance en lui, que quand il demeurait en Normandie, il laissait à Lanfranc la garde de l'Angleterre; tous les seigneurs lui obéissaient et l'aidaient à défendre le royaume et à y maintenir la paix suivant les lois du pays. Lanfranc ne laissait pas de venir quelquefois trouver le roi en Normandie, comme il fit en 1077. Il profita de cette occasion pour revoir l'abbaye du Bec, dont il avait été tiré, et il y fut reçu avec la joie que l'on peut imaginer, par le vénérable abbé Herluin, qui avait déjà été le visiter en Angleterre. Dans l'une et l'autre visite, Lanfranc, peu jaloux de sa dignité, reconnaissait toujours Herluin pour son maître; à Cantorbéry, il lui rendit tous les honneurs possibles; au Bec, il voulut être traité comme les autres moines, et vécut avec eux en frère, reprenant son ancienne place de prieur, au lieu de la chaire épiscopale qu'on lui avait préparée. Il fit la dédicace de l'église de ce monastère le 23 octobre 1077.

L'archevêque Lanfranc rebâtit de fond en comble l'église métropolitaine de Cantorbéry, brûlée quelques années auparavant, et répara les lieux réguliers pour les moines qui desservaient cette église. Il bâtit deux hôpitaux hors de la ville, et retira plusieurs terres aliénées de son Eglise. Il s'opposa aux vexations d'Eudes, frère du roi Guillaume, évêque de Bayeux et comte de Kent, et délivra, non-seulement les sujets de l'Eglise, mais tous les habitants de la province, des exactions indues dont il les avait chargés. Lanfranc permit à Thomas, archevêque d'York, de faire ordonner un évêque pour les îles Orcades, par deux évêques suffragants de Cantorbéry; mais il supprima le siège épiscopal de Saint-Martin au faubourg de Cantorbéry, où toutefois il n'y avait qu'un chorévêque.

Nonobstant ses grandes occupations, il s'appliquait à corriger les exemplaires des livres ecclésiastiques, particulièrement des saintes Ecritures, et on en trouve encore de corrigés de sa main. Il était très-libéral, et ses aumônes montaient, par an, jusqu'à cinq cents livres sterlings. Il mourut la dixième année de son pontificat, le 28 mai 1089. Il laissa plusieurs écrits, dont les principaux sont : *le Traité de l'eucharistie* contre Bérenger, et diverses lettres. Sa doctrine fit de l'abbaye du Bec une école célèbre, et ce fut alors que les Normands commencèrent à cultiver les lettres, qu'ils avaient négligées depuis leur conversion sous leurs cinq premiers ducs. Mais on venait étudier sous Lanfranc des provinces voisines, de France, de Gascogne, de Bretagne, de Flandre. Entre ses disciples les plus fameux, furent Anselme, depuis pape sous le nom d'Alexandre II; Guitmond, archevêque d'Averse; Guillaume, archevêque de Rouen; Ernest et Gondulfe, évêques de Rochester; Foulque de Beauvais, Yves de Chartres et plusieurs autres, surtout saint Anselme, son successeur dans le siège de Cantorbéry (*Acta Sanct.*, 28 maii; *Act. Bened., sec.* 6).

Ce grand siège resta vacant quatre années entières. Guillaume le Roux, le nouveau roi d'Angleterre, ne voulait point le remplir, pour profiter des grands revenus de cette Eglise. Il fit faire inventaire de tous les biens qu'elle possédait, et, ayant réglé la subsistance des moines qui la desservaient, il joignit le reste à son domaine, et le donnait à ferme tous les ans au plus offrant. On voyait tous les jours dans le monastère des hommes insolents, qui venaient faire des exactions et menacer les moines, dont plusieurs furent dispersés et envoyés à d'autres monastères; ceux qui restèrent souffrirent beaucoup d'insultes et de mauvais traitements. Les sujets de l'Eglise furent tellement pillés et réduits à une si extrême misère, qu'il ne leur restait que la vie à perdre. Toutes les églises d'Angleterre souffrirent la même oppression, et sitôt qu'un évêque ou un abbé était mort, le roi s'emparait de tous les biens pendant la vacance, et ne permettait point de la remplir, tant que ses officiers y trouveraient de quoi profiter. Ce fut Guillaume le Roux qui introduisit le premier cet abus, inconnu sous le roi son père.

En 1092, Hugues, comte de Chester, voulant fonder un monastère, envoya en Normandie prier saint Anselme, abbé du Bec, de venir en Angleterre pour cet effet. Anselme le refusa, parce qu'il courait un bruit sourd, que, s'il allait en Angleterre, il serait archevêque de Cantorbéry, et, quelque éloigné qu'il fût d'y prétendre, il ne voulait donner aucun prétexte de l'en soupçonner. Cependant le comte tomba grièvement malade, et envoya prier le saint abbé, en vertu de leur ancienne amitié, de venir incessamment prendre soin de son âme, l'assurant que ce bruit touchant l'archevêché n'était rien. Il refusa de nouveau, et le comte envoya encore une troisième fois. Enfin saint Anselme dit en lui-même : « Si je manque à assister mon ami dans son besoin, pour éviter un mauvais jugement que l'on peut faire de moi, je commets un péché certain pour empêcher un péché incertain d'autrui. J'irai donc faire pour mon ami ce que la charité m'ordonne, abandonnant le reste à Dieu, qui voit ma conscience. » Il y avait d'ailleurs des affaires de son abbaye qui l'obligeaient à ce voyage. Etant arrivé auprès du comte de Chester, il le trouva guéri; mais il fut obligé de demeurer cinq mois en Angleterre, tant pour l'établissement de la nouvelle abbaye, que pour les affaires du Bec. Pendant tout ce temps, on ne parla point de lui pour l'archevêché de Cantorbéry, en sorte qu'il se croyait en sûreté et voulait repasser en Normandie; mais le roi lui en refusa la permission (*Eadmer Novor.*, l. 1, *post opera S. Anselmi; Item Vita S. Anselmi*).

Comme ce prince tenait, suivant la coutume, sa cour plénière à Noël, les plus vertueux d'entre les seigneurs, affligés de la vacance du siége de Cantorbéry, le pressèrent de faire faire des prières par tout le royaume, pour obtenir de Dieu qu'il fût rempli dignement. Il ne put le refuser, et les évêques obligèrent saint Anselme à régler la forme de ces prières. Un jour un des seigneurs, parlant familièrement au roi, lui dit : « Nous ne connaissons point d'homme d'une si grande sainteté que l'abbé du Bec; il n'aime que Dieu, il ne désire rien en ce monde. — Non, dit le roi en raillant, pas même l'archevêché de Cantorbéry. — Ce seigneur reprit : C'est ce qu'il désire le moins, j'en suis persuadé, et beaucoup d'autres. — Je vous réponds, continua le roi, qu'il le prendrait à deux mains, s'il croyait pouvoir y parvenir; mais par saint Voult de Lucques, ni lui ni autre que moi n'aura cet archevêché, de mon temps. » Saint Voult de Lucques, en latin *Sanctus Vultus de Lucâ*, est un crucifix habillé, dont l'original est dans l'église cathédrale de Lucques en Toscane.

Comme le roi d'Angleterre parlait de la sorte, il fut saisi d'une violente maladie, qui, augmentant tous les jours, le réduisit à l'extrémité. Tous les évêques et les seigneurs du royaume s'assemblèrent, et on lui conseilla de penser à son salut, d'ouvrir les prisons, de remettre les dettes, de rendre la liberté aux églises et de leur pourvoir de pasteurs, principalement celle de Cantorbéry. Le roi était malade à Glocester, et saint Anselme, sans en rien savoir, était dans une terre voisine. On le mande pour venir assister le roi à la mort; il accourt. On lui demande son avis; il dit que le roi doit commencer par une confession sincère de tous ses péchés, et promettre, s'il revient en santé, de réparer de bonne foi tous les torts qu'il a faits. Ensuite, ajouta-t-il, il fera ce que vous lui avez conseillé. Le roi en convint, pria les évêques d'être ses cautions envers Dieu, et envoya faire cette promesse en son nom sur l'autel. On dressa et on scella un édit portant que tous les prisonniers seraient délivrés, toutes les dettes remises et les offenses pardonnées, et qu'à l'avenir on donnerait au peuple de bonnes lois et qu'on lui rendrait bonne justice. Tous louaient Dieu et lui demandaient la santé du roi.

Cependant on lui proposa de remplir le siége de Cantorbéry. Il dit qu'il y pensait; et, comme on chercha un digne sujet, il fut le premier à nommer Anselme. Tous y applaudirent; mais Anselme pâlit d'effroi, et résista de toute sa force à ceux qui voulaient le présenter au roi pour recevoir l'investiture. Les évêques le tirèrent à part et lui dirent : « Que prétendez-vous faire? Pourquoi résistez-vous à Dieu? Vous voyez que la religion est presque perdue en Angleterre par la tyrannie de cet homme; et, pouvant y remédier, vous ne voulez pas ! A quoi pensez-vous? L'Église de Cantorbéry, dont l'oppression nous enveloppe tous, vous appelle à son secours; et, sans vous soucier de sa délivrance ni de la nôtre, vous ne cherchez que votre repos ! » Saint Anselme répondit : « Attendez, je vous prie, écoutez-moi. J'avoue que ces maux sont grands et ont besoin de remède; mais je suis déjà vieux et incapable de travail extérieur (il avait soixante ans). Si je ne puis travailler par moi-même, comment pourrai-je porter la charge de toute l'Eglise d'Angleterre? D'ailleurs, je sais en ma conscience que, depuis que je suis moine, j'ai toujours fui les affaires temporelles, parce que je n'y trouve aucun attrait. » Les évêques reprirent : « Conduisez-nous seulement dans la voie de Dieu, nous aurons soin de vos affaires temporelles. » Saint Anselme ajouta : « Ce que vous prétendez est impossible; je suis abbé dans un autre royaume, je dois obéissance à mon archevêque, soumission à mon prince, aide et conseil à mes moines. Je ne puis rompre tous ces liens. — Ce n'est pas une affaire, dirent les évêques, ils y consentiront tous facilement. — Non, reprit-il, absolument, il n'en sera rien. »

Ils le traînèrent donc au roi malade, et lui représentèrent son opiniâtreté. Le roi, sensiblement affligé, lui dit : « Anselme, que faites-vous? Pourquoi m'envoyez-vous en enfer? Souvenez-vous de l'amitié que mon père et ma mère ont eue pour vous et vous pour eux, et ne me laissez pas périr ! Car je sais que je suis damné, si je meurs en gardant cet archevêché. » Tous les assistants, touchés de ces paroles, se jettent sur Anselme, et lui disent avec indignation : « Quelle folie vous tient? Vous faites mourir le roi, en l'aigrissant dans l'état où il est. Sachez donc que l'on vous imputera tous les troubles et tous les crimes qui désoleront l'Angleterre. » Saint Anselme, ainsi pressé, se tourna vers deux moines qui l'accompagnaient, et leur dit : « Ah ! mes frères, que ne me secourez-vous? » Un d'eux répondit : « Si c'est la volonté de Dieu, qui sommes-nous pour y résister? — Hélas ! dit saint Anselme, vous êtes bientôt rendus ! » Le roi, voyant qu'ils n'avançaient rien, leur ordonna de se jeter à ses pieds; mais il se prosterna de son côté, sans leur céder. Alors, s'accusant de lâcheté, ils crièrent : Une crosse, une crosse ! et, lui prenant le bras droit, ils l'approchèrent du lit. Le roi lui présenta la crosse; mais il ferma la main : les évêques s'efforcèrent de l'ouvrir, jusqu'à le faire crier; et enfin lui tinrent la main avec la crosse. On cria : Vive l'évêque ! on chanta le *Te Deum;* on porta Anselme à l'église voisine, quoiqu'il résistât toujours, en disant qu'ils ne faisaient rien. Après qu'on eut fait les cérémonies accoutumées, il revint trouver le roi, et lui dit : « Je vous déclare, sire, que vous ne mourrez point de cette maladie. C'est pourquoi je vous prie de voir comment vous pourrez réparer ce que l'on vient de me faire; car je ne l'ai approuvé, ni ne l'approuve. » Ayant ainsi parlé, il se retira.

Comme les évêques le reconduisaient avec toute la noblesse, il se retourna et leur dit : « Savez-vous ce que vous prétendez faire? Vous voulez attacher à un même joug un taureau indompté avec une brebis vieille et faible. Et qu'en arrivera-t-il? Le taureau traînera la brebis par les ronces et les épines, et la mettra en pièces, sans qu'elle ait été utile à rien. Le roi et l'archevêque de Cantorbéry concourent ensemble à conduire l'Eglise d'Angleterre, l'un par la puissance séculière, l'autre par la doctrine et la discipline : vous m'entendez assez; considérez à qui vous m'associez, et vous vous désisterez de votre entreprise, sinon, je vous prédis que le roi me fatiguera en diverses manières et m'accablera, et que la joie que je vous donne maintenant par l'espérance de votre soulagement se tournera en tristesse, lorsque vous verrez l'Eglise de Cantorbéry retomber en viduité de mon vivant. Quand le roi m'aura accablé, il n'y aura plus personne qui ose s'opposer à lui, et il vous écrasera tous, comme il lui plaira. » Saint Anselme, parlant ainsi, ne pouvait retenir ses larmes, et s'en retourna à son logis.

Il fut élu archevêque de Cantorbéry, le premier dimanche de carême, 6 mars 1193. Le roi ordonna qu'il fût aussitôt mis en possession de tous les biens de l'archevêché, et que la ville de Cantorbéry et l'abbaye de Saint-Alban, que Lanfranc n'avait eues qu'en fief, appartinssent désormais en propriété à l'Eglise de Cantorbéry. Cependant le roi envoya en Normandie, au duc Robert, son frère, à l'archevêque de Rouen et aux moines du Bec, pour obtenir leur consentement. Saint Anselme écrivit de son côté, voyant qu'il ne pouvait résister à la volonté de Dieu, et que le retardement de son sacre causerait de grands maux, tant à l'Eglise de Cantorbéry qu'à celle du Bec. Le duc donna son consentement; l'archevêque de Rouen ordonna même à Anselme, de la part de Dieu, d'accepter; et les moines y consentirent aussi, quoique avec bien de la peine. Le roi guérit, comme saint Anselme avait prédit, et révoqua aussitôt toutes ses promesses. Sur quoi saint Anselme lui dit un jour en particulier : « Je suis encore incertain, Sire, si j'accepterai l'archevêché ; mais, si je dois l'accepter, je veux que vous sachiez ce que je désire de vous : Que vous rendiez à l'Eglise de Cantorbéry toutes les terres qu'elle possédait du temps de Lanfranc, et que vous me permettiez de retirer celles qu'elle avait perdues avant son temps ; qu'en tout ce qui regarde la religion, vous suiviez principalement mon conseil, et que vous me teniez pour votre père spirituel, comme, pour le temporel, je veux vous avoir pour seigneur et pour protecteur. Je vous avertis encore que je reconnais pour pape Urbain, que vous n'avez pas reconnu jusqu'à présent, et que je veux lui rendre l'obéissance qui lui est due. Dites-moi votre intention sur tous ces articles, afin que je sache à quoi m'en tenir. »

Le roi ne voulut lui promettre que la restitution des terres dont Lanfranc avait été en possession ; encore le pria-t-il depuis de laisser à ses vassaux celles qu'il leur avait données depuis la mort de l'archevêque ; ce que saint Anselme refusa. Il espéra même quelque temps demeurer entièrement libre, car il avait renvoyé au Bec sa crosse abbatiale ; mais enfin le roi, ne pouvant plus soutenir les clameurs publiques, le fit venir à Winchester, où il avait assemblé la noblesse ; et, après quantité de belles promesses, il lui persuada d'accepter l'archevêché, quoiqu'il fit hommage au roi, suivant la coutume et l'exemple de son prédécesseur. Ensuite il vint à Cantorbéry prendre possession le 25 septembre, et y fut reçu avec une joie incroyable, par les moines, le clergé et le peuple ; mais, le même jour, on vint de la part du roi lui faire une signification pour une prétention injuste, même dans le fond ; ce qui lui fit mal augurer de son pontificat.

Quoiqu'il eût si bien marqué son éloignement pour l'épiscopat, il ne laissa pas de se trouver des gens qui, par malice ou par erreur, publièrent qu'il l'avait désiré, et ne l'avait refusé que par dissimulation. En sorte qu'il se crut obligé de s'en justifier, et qu'il en écrivit ainsi aux moines du Bec : « Je ne sais comment leur persuader ce que je sens en ma conscience, si ma vie et ma conduite ne les satisfont pas. Il y a trente-trois ans que je porte l'habit monastique, trois sans charge, quinze comme prieur, autant comme abbé. J'ai vécu de telle sorte pendant tout ce temps, que j'ai eu l'affection de tous les gens de bien, et surtout de ceux qui m'ont connu le plus intimement, sans qu'aucun d'eux m'ait vu rien faire qui lui persuadât que j'aimais le gouvernement. Que ferai-je donc ? comment détruirai-je ce faux soupçon, de peur qu'il ne nuise aux âmes de ceux qui m'aimaient pour Dieu, en diminuant leur charité ; ou de ceux à qui je dois donner conseil, et qui me croiront pire que je ne suis ; ou de ceux qui ne me connaissent pas, et à qui je dois au moins l'exemple ? Vous, Seigneur, qui le voyez, soyez-moi témoin que je ne me sens, en ma conscience, attiré à l'épiscopat, par l'affection d'aucune chose que vos serviteurs doivent mépriser, et que, si l'obéissance et la charité me le permettaient, j'aimerais mieux être moine sous la conduite d'un supérieur, que de commander aux autres et de posséder des richesses temporelles. Seigneur, si ma conscience me trompe, faites-moi connaître à moi-même et corrigez-moi. Après cela, si quelqu'un veut donner quelque mauvaise impression de moi, j'espère que Dieu prendra ma défense contre lui, et je suis certain que, si ce mauvais soupçon nuit à quelqu'un, le péché en tombera sur ceux qui en sont les auteurs. » Il finit en recommandant aux moines du Bec de faire voir cette lettre à tous ceux qu'ils pourraient, principalement aux évêques et aux abbés, ses amis (L. 3, *Epist.* 7).

Il ne laissa pas d'écrire sur le même sujet à quelques-uns en particulier, comme à Gilbert, évêque d'Evreux, de qui il avait reçu la bénédiction abbatiale, et à Foulque, évêque de Beauvais, qui avait été moine sous sa conduite. Ces lettres, qu'il écrivit depuis sa démission de l'abbaye et avant son sacre, n'avaient point de sceau, parce qu'il n'était plus abbé et n'était pas encore archevêque. Cependant il pressait les moines du Bec d'élire un abbé, et leur conseilla de prendre le moine Guillaume, qui avait été prieur de Peisse, comme celui qu'il en connaissait le plus digne, lui ordonnant d'accepter. Guillaume était fils de Turstin, seigneur de Montfort, allié des plus grands seigneurs du pays. Il se rendit moine au Bec, à vingt-cinq ans, sous la conduite de saint Anselme, et en fut abbé pendant trente ans (L. 3, *Epist.* 10, 14, 8 ; *Chron. Bec., post Lanfranc ; Vita Gullielm., ibid.*)

Le temps du sacre de saint Anselme étant venu, Thomas, archevêque d'York, et tous les évêques d'Angleterre se rendirent à Cantorbéry, excepté deux qui étaient retenus par maladie et qui envoyèrent leur consentement. C'était saint Wulstan, évêque de Worcester, qui mourut un an après, et Osbern, évêque d'Excester. Comme on lisait, suivant la coutume, l'acte de l'élection, l'archevêque d'York trouva mauvais qu'on y eût qualifié l'Eglise de Cantorbéry de métropole de toute la Grande-Bretagne. S'il est ainsi, dit-il, l'Eglise d'York n'est point métropole. On corrigea donc le décret, et on donna à l'Eglise de Cantorbéry le titre de *primatiale* de toute la Grande-Bretagne. Saint Anselme fut ainsi sacré archevêque le second dimanche de l'Avent, 4 décembre 1093. Après avoir passé à Cantorbéry l'octave de son sacre, il alla à la cour pour la fête de Noël, et fut très-bien reçu du roi et de toute la noblesse.

Cette bonne intelligence ne dura guère, ainsi que saint Anselme l'avait prévu et prédit. Dès l'année suivante 1094, le roi, voulant ôter la Normandie au duc Robert, son frère, se préparait à lui faire la guerre et cherchait de l'argent de tous côtés. Saint Anselme, qui venait d'être placé sur le siège de Cantorbéry, lui offrit cinq cents livres sterlings, par le conseil de ses amis, qui lui persuadèrent que c'était le moyen de gagner pour toujours les bonnes grâces du roi, et d'attirer sa protection pour l'Eglise. Le roi d'abord agréa l'offre de l'archevêque ; mais des gens malintentionnés lui dirent : « Vous l'avez élevé au-dessus de tous les seigneurs d'Angleterre, et maintenant, dans votre besoin, au lieu de deux mille livres ou du moins mille, qu'il devrait vous donner par reconnaissance, il n'a pas honte de vous en offrir cinquante. Attendez un peu, faites-lui mauvais visage, et vous verrez qu'il sera trop heureux de vous en offrir autant. » Le roi lui fit donc savoir qu'il refusait son présent, et saint Anselme, rentrant en soi-même, dit : « Béni soit Dieu qui a sauvé ma réputation ! Si le roi avait reçu mon présent, on aurait cru que j'avais fait semblant de lui donner ce que je lui aurais promis auparavant pour avoir l'archevêché. Je donnerai donc cet argent aux pauvres à son intention. »

Quelque temps après, la plupart des évêques et des seigneurs vinrent à Hastings, par ordre du roi, lui souhaiter un heureux voyage, comme il allait passer en Normandie. Le roi y séjourna un mois, retenu par les vents contraires. Un jour, l'archevêque était venu le voir et étant assis auprès de lui, suivant la coutume, lui dit : « Sire, afin que votre entreprise soit heureuse, commencez par nous accorder votre protection, pour rétablir en votre royaume la religion qui s'en va perdue. » — Quelle protection ? dit le roi. » — Saint Anselme reprit : « Ordonnez que l'on tienne des conciles, suivant l'ancien usage ; car il ne s'en est point tenu de général en Angleterre depuis que vous êtes roi, ni longtemps auparavant. Cependant les crimes se multiplient en passant en coutume. — Ce sera, dit le roi, quand il me plaira, et nous y penserons dans un autre temps. « Puis il ajouta, en raillant : » Et de quoi parleriez-vous dans un concile ? « L'archevêque reprit : « Des mariages illicites et des débauches abominables qui se sont depuis peu introduites en Angleterre, et qu'il faut réprimer par des peines qui répandent la terreur par tout le royaume. — Et en cela, dit le roi, que ferait-on pour vous ? » Saint Anselme dit : « Si on ne faisait rien pour moi, on ferait pour Dieu et pour vous-même. — C'est assez, dit le roi, ne m'en parlez pas davantage. » L'archevêque, changeant de discours, ajouta : « Il y a plusieurs abbayes sans pasteurs, ce qui fait que les moines mènent une vie séculière et meurent sans pénitence. Je vous conseille donc et vous prie d'y mettre des abbés : il y va de votre salut. » Alors le roi, ne pouvant plus se contenir, lui dit en colère : « Que vous importe ? Les abbayes ne sont-elles pas à moi ? Vous faites ce que vous voulez de vos terres ; ne ferai-je pas ce qu'il me plaira de mes abbayes ? Elles sont à vous, dit le saint pontife, pour en être le protecteur, non pour les piller. Elles sont à Dieu, afin que ses serviteurs en vivent, non pour soutenir vos guerres. Vous avez des domaines et de grands revenus pour subvenir à vos affaires ; laissez à l'Eglise ses biens. — Sachez, dit le roi, que ces discours me déplaisent extrêmement. Votre prédécesseur n'eût pas osé ainsi parler à mon père, et je ne ferai rien à votre considération. » Saint Anselme, voyant qu'il parlait en l'air, se leva et se retira. Ensuite, considérant combien il lui importait, pour l'intérêt même de l'Eglise, d'être bien avec le roi, il le fit prier de lui rendre ses bonnes grâces, ou de lui dire en quoi il l'avait offensé. Le roi dit qu'il ne l'accusait de rien, mais qu'il ne lui rendrait point son amitié ; et les évêques dirent à saint Anselme que le seul moyen de se raccommoder avec le roi, était de lui donner de l'argent ; à quoi il ne put se résoudre, prévoyant les conséquences (*Eadmer Novorum*, l. 1).

Ce fut en ce temps-là que saint Anselme consulta Hugues, archevêque de Lyon, sur la conduite qu'il devait tenir à l'égard du roi. « Il y a des terres, dit-il, que des gentilshommes anglais ont tenues de l'archevêque de Cantorbéry, avant que les Normands entrassent en Angleterre. Ces gentilshommes sont morts sans enfants ; le roi prétend pouvoir donner leurs terres à qui il lui plaira. Voici ma pensée : Le roi m'a donné l'archevêché, comme Lanfranc, mon prédécesseur, l'a possédé jusqu'à la fin de sa vie, et maintenant il ôte à cette Eglise ce dont Lanfranc a joui paisiblement si longtemps. Or, je suis assuré qu'on ne donnera à personne cet archevêché après moi, sinon tel que je l'aurai au jour de ma mort, et que, s'il vient un autre roi de mon vivant, il ne me donnera que ce dont il me trouvera en possession. Ainsi l'Eglise perdra ces terres par ma faute, parce que le roi en étant l'avoué et moi le gardien, on ne pourra revenir contre ce que nous aurons fait. J'aime donc mieux ne point posséder les terres de l'Eglise à ce prix, et faire les fonctions d'évêque, vivant dans la pauvreté comme les apôtres, en témoignage de la violence que je souffre, que de causer à mon Eglise une diminution irréparable. J'ai encore une autre pensée : Si, étant sacré archevêque, je passe toute la première année sans aller trouver le Pape ni demander le *pallium*, je mérite d'être privé de ma dignité. Que si je ne puis m'adresser au Pape sans perdre l'archevêché, il vaut mieux qu'on me l'ôte par violence, ou plutôt que j'y renonce, que de renoncer au Pape. C'est ce que je veux faire, si vous ne me mandez des raisons pour m'en détourner (L. 3, *Epist.* 24). »

Le roi Guillaume le Roux fit son voyage en Normandie, et revint en Angleterre sans avoir rien fait. Alors saint Anselme vint le trouver, et lui dit qu'il avait dessein d'aller demander au Pape son *pallium*. — A quel Pape? dit le roi. — Au pape Urbain, répondit saint Anselme. — Le roi dit : Je ne l'ai pas encore reconnu pour pape; nous n'avons pas accoutumé, mon père et moi, de souffrir qu'on reconnaisse un Pape, en Angleterre, sans notre permission, et quiconque voudrait m'ôter ce droit, c'est comme s'il voulait m'ôter la couronne. Saint Anselme, fort surpris, représenta qu'avant de consentir à son élection à Rochester, il dit au roi, qu'étant abbé du Bec, il avait reconnu le pape Urbain, et qu'il ne se retirerait jamais de son obédience. Alors le roi protesta, avec emportement, qu'il ne lui était point fidèle s'il demeurait, contre sa volonté, dans l'obéissance du Pape. Saint Anselme demanda un délai pour assembler les évêques et les seigneurs, et, par leur avis, décider cette question : *S'il pouvait garder la fidélité au roi, sans préjudice de l'obéissance au Saint-Siége;* car, dit-il, si on prouve que je ne puis garder l'une et l'autre, j'aime mieux sortir de votre royaume jusqu'à ce que vous reconnaissiez le Pape, que de renoncer un moment à son obéissance. Le roi ordonna une assemblée à Rockingham pour le dimanche 11 mars 1095.

A ce jour, le roi consulta de son côté, et l'archevêque, du sien, parla aux évêques en présence d'une grande multitude de clercs et de laïques. Il leur représenta comment ils l'avaient contraint à accepter l'épiscopat, et qu'il n'y avait consenti qu'à cette condition expresse, de demeurer dans l'obéissance du pape Urbain II. Il conclut en demandant aux évêques leur conseil, pour ne manquer ni à ce qu'il devait au Pape ni à ce qu'il devait au roi. Ils s'excusèrent de lui donner conseil, disant qu'il était assez sage pour le prendre de lui-même, et se chargèrent seulement de rapporter son discours au roi. Ils ne lui promirent leurs conseils que dans le seul cas où il s'en rapporterait à la volonté du roi, sans condition. Ayant ainsi parlé, les évêques gardèrent le silence et baissèrent la tête.

Alors saint Anselme, levant les yeux au ciel, s'exprima en ces termes : « Puisque vous, pasteurs du peuple chrétien, et vous, princes de la nation, vous ne voulez me donner, à moi, votre chef, d'autre conseil que le bon plaisir d'un seul homme, moi je recourrai au souverain Pasteur, au Prince de l'univers, à l'Ange du grand conseil, et je recevrai de lui le conseil dont j'ai besoin dans mon affaire, ou plutôt dans la sienne et celle de son Eglise. Il dit au bienheureux prince des apôtres : *Tu es Pierre, et sur cette pierre je bâtirai mon Eglise, et les portes de l'enfer ne prévaudront point contre elle; et je te donnerai les clés du royaume des cieux, et tout ce que tu lieras sur la terre sera lié dans les cieux, et tout ce que tu délieras sur la terre sera délié dans les cieux.* Il dit encore à tous les apôtres en commun : *Qui vous écoute, m'écoute; et qui vous méprise, me méprise; et qui vous touche, c'est comme s'il touchait la prunelle de mon œil.* Ces paroles ont été dites principalement au bienheureux Pierre, et en lui aux autres apôtres; nous croyons de même qu'elles ont été dites principalement au vicaire du bienheureux Pierre, et par lui aux autres évêques, qui tiennent la place des apôtres; non à aucun empereur, ni roi, ni duc, ni comte. Que toutefois nous devions être soumis et rendre service aux princes de la terre, le même Ange du grand conseil nous l'enseigne, quand il dit : *Rendez à César ce qui est à César, et à Dieu ce qui est à Dieu.* Telles sont les paroles, tels sont les conseils de Dieu. Voilà ce que j'approuve, voilà ce que je reçois, voilà ce que je n'outre-passerai pour rien au monde. Sachez donc tous, tant que vous êtes, que, dans les choses de Dieu, je rendrai obéissance au vicaire de saint Pierre, et que, dans ce qui regarde la dignité temporelle du roi, mon seigneur, je lui donnerai fidèlement aide et conseil selon ma capacité. » A ces paroles, tous les évêques se levèrent en tumulte, exprimant leur trouble par des voix confuses; on aurait dit qu'ils allaient le condamner à mort. « Sachez, lui dirent-ils en colère, que jamais nous ne rapporterons ces paroles au roi, notre seigneur. » Et ils allèrent trouver celui-ci. Saint Anselme n'ayant donc personne pour mander ses paroles au roi, y alla lui-même, les lui dit de vive voix et revint aussitôt.

Le roi, fort en colère, se consulta avec les évêques et les seigneurs pour trouver de quoi répondre, et ne put. Ils se divisèrent entre eux par groupes de deux, de trois, de quatre, cherchant un moyen d'apaiser l'emportement du roi sans choquer trop ouvertement les paroles de Dieu. Enfin, les évêques ne trouvant rien à répondre, revinrent à l'archevêque et lui dirent entre autres : « Pensez-y bien, nous vous en prions, renoncez à l'obéissance de cet Urbain, qui ne peut vous servir de rien tant que le roi sera irrité contre vous, ni vous nuire quand vous serez bien avec le roi; demeurez libre comme il convient à un archevêque de Cantorbéry, réglant votre conduite par la volonté du roi, afin qu'il vous pardonne le passé, et que vos ennemis, vous voyant rétabli dans votre dignité, soient chargés de confusion. » Nonobstant ces remontrances et ces supplications si peu épiscopales, saint Anselme demeura ferme et demanda que quelqu'un lui prouvât qu'en refusant de renoncer à l'obéissance du Pape, il manquait à la fidélité qu'il devait au roi. Mais personne n'osa l'entreprendre; au contraire, ils reconnurent qu'il n'y avait que le Pape qui pût juger un archevêque de Cantorbéry.

Celui qui échauffait le plus le roi contre saint Anselme, était Guillaume, évêque de Durham, homme qui avait plus d'agrément et de facilité à parler que de solidité d'esprit. Il avait promis au roi de faire en sorte qu'Anselme renonçât au pape Urbain ou à l'archevêché, espérant, par ce moyen, monter lui-même sur le siège de Cantorbéry. Le roi donc se plaignant aux évêques de l'avoir engagé mal à propos dans cette affaire, puisqu'ils ne pouvaient condamner Anselme, l'évêque de Durham lui conseilla d'employer la violence, de lui ôter la crosse et l'anneau, et de le chasser du royaume. Les seigneurs n'approuvèrent pas ce conseil; mais le roi ordonna aux évêques de refuser à Anselme toute obéissance et de n'avoir même aucun commerce avec lui, déclarant que, de sa vie, ils ne le regarderaient plus comme archevêque. Les évêques le promirent et rapportèrent ce discours à saint Anselme, qui dit : « Et moi je vous tiendrai toujours pour mes frères et pour les enfants de l'Église de Cantorbéry, et je ferai mon possible pour vous ramener de cette erreur. Quant au roi, je lui promets toutes sortes de services et de soins paternels, lorsqu'il voudra bien le souffrir. » Le roi commanda aux seigneurs de faire comme les évêques, et de renoncer à l'obéissance et à l'amitié d'Anselme. Ils répondirent : « Nous ne sommes point ses vassaux et ne lui avons point fait de serment; mais il est notre archevêque, il doit gouverner en ce pays-ci la religion, et nous ne pouvons, étant chrétiens, nous soustraire à sa conduite, vu principalement qu'il n'est coupable d'aucun crime. »

Alors les évêques demeurèrent confus, et tout le monde les regardait avec indignation, nommant l'un Judas, l'autre Pilate, l'autre Hérode. Plusieurs dirent qu'ils ne prétendaient refuser obéissance à Anselme que quant à l'autorité qu'il disait tenir du roi. Mais saint Anselme voyant qu'il n'était plus en sûreté en Angleterre, car le roi le lui avait déclaré, lui demanda un sauf-conduit jusqu'à la mer, pour sortir du royaume, en attendant qu'il plût à Dieu d'apaiser ce trouble. Le roi fut fort embarrassé de cette proposition; car, quoiqu'il souhaitât passionnément la retraite du saint prélat, il ne voulait pas qu'il sortît revêtu de la dignité pontificale, et ne voyait pas qu'il fût possible de l'en dépouiller. Enfin, on convint de lui donner un délai jusqu'à la Pentecôte, et le roi promit de laisser jusque-là toutes choses en même état. Mais il ne tint point sa parole, et, pendant cette trêve, il chassa d'Angleterre le moine Baudouin, en qui l'archevêque avait sa principale confiance. Il fit prendre son chambellan dans sa chambre et à ses yeux, et lui fit plusieurs autres insultes (Labbe, t. X; Mansi, t. XX; Baron., Pagi, an 1094).

Parmi les évêques de l'assemblée de Rockingham qui eurent la faiblesse de se déclarer contre saint Anselme, par crainte ou par complaisance, il y eut saint Osmond, évêque de Salisbury. Mais bientôt après il ouvrit les yeux, et, pénétré d'un sincère repentir, il voulut recevoir l'absolution de saint Anselme lui-même, et lui fut toujours depuis constamment attaché.

Osmond, comte de Séez en Normandie, suivit Guillaume le Conquérant en Angleterre, et ce prince le créa comte de Dorset. Il sut allier une vie sainte aux devoirs de courtisan, de soldat et de magistrat. Il fut quelque temps grand chancelier d'Angleterre; mais les dignités, jointes à la faveur du prince, n'eurent aucun charme pour un cœur qui n'aimait que les biens célestes; il quitta même le monde pour embrasser l'état ecclésiastique. Ses vertus et ses rares talents ne permirent pas qu'on le laissât dans l'obscurité, comme il le désirait. On le tira de sa solitude, en 1078, pour le placer sur le siège de Salisbury. Il fit bâtir sa cathédrale sous l'invocation de la sainte Vierge, en 1087; mais la dédicace ne s'en fit qu'en 1092. Il y mit trente-six chanoines. Cette église ayant été brûlée par le feu du ciel, il la rebâtit en 1099. Il administrait lui-même le sacrement de pénitence, et on remarque qu'il était fort sévère, surtout à l'égard de ceux qui tombaient dans l'impureté. Au reste, il avait beaucoup de charité, et on le vit souvent assister à la mort les criminels condamnés au dernier supplice.

Son zèle pour la gloire de Dieu le porta à embellir plusieurs églises et à faire diverses fondations. Il forma une riche bibliothèque pour l'usage des chanoines de sa cathédrale. Il ne mettait à la tête des paroisses que des pasteurs éclairés et vertueux, et il avait toujours auprès de sa personne des ecclésiastiques et des moines recommandables par leurs lumières et par leur sainteté. Le saint évêque composa pour son église un missel, un bréviaire et un rituel. Il fixa les cérémonies, où il y avait eu jusqu'alors beaucoup de variétés, les copistes des livres qui les contenaient s'étant permis d'y faire des changements à leur volonté. Saint Osmond composa encore une *Vie de saint Aldhelm*. Il avait un tel amour pour les lettres, qu'il ne dédaignait pas, quoique évêque, de copier et de relier des livres. Il mourut saintement le 4 décembre 1099 (Godescard, 4 décemb.).

Le roi Guillaume le Roux ne s'était déclaré jusqu'alors ni pour le pape Urbain II, ni pour l'antipape Guibert, et cela pour s'emparer plus facilement des évêchés et des abbayes de son royaume, et s'en attribuer les revenus. Son différend avec saint Anselme le força de se prononcer. Il envoya secrètement à Rome deux clercs de sa chapelle, Girard et Guillaume, pour savoir lequel était le Pape légitime, et l'engager, s'il leur était possible, d'envoyer au roi le *pallium* de l'archevêque de Cantorbéry. Ils virent sans peine qu'Urbain était le vrai Pape, et, ayant obtenu de lui ce que le roi désirait, ils amenèrent en Angleterre Gauthier, évêque d'Albane, qui apportait secrètement le *pallium*; et ils arrivèrent auprès du roi quelques jours avant la Pentecôte 1095, lorsqu'approchait le terme de la trêve entre le roi et l'archevêque. Le dessein du roi était de faire déposer saint Anselme et de mettre un autre archevêque à Cantorbéry par autorité du Pape; mais les choses tournèrent différemment.

Le légat du Pape étant arrivé en Angleterre, passa secrètement à Cantorbéry, évita l'archevêque et se pressa d'aller trouver le roi, sans rien dire du *pallium* qu'il apportait, ni parler familièrement à personne, en l'absence des deux chapelains du roi qui le conduisaient. Le roi l'avait ainsi ordonné, pour ne pas oublier son dessein. Le légat parla à ce prince, suivant ce qu'il avait appris qu'il lui serait agréable, sans rien dire en faveur de saint Anselme. Ceux qui avaient conçu de grandes espérances de la venue du légat en furent surpris et disaient : « Si Rome préfère l'argent à la justice, quel secours en peuvent attendre ceux qui n'ont rien à donner ? » Le roi donc, voyant la complaisance du légat, qui lui promettait de la part du Pape tout ce qu'il désirait, pourvu qu'il voulût le reconnaître, accepta la condition et ordonna par tout son royaume de recevoir Urbain pour pape légitime. Ensuite il voulut persuader au légat de déposer Anselme de l'épiscopat par l'autorité du Pape, promettant, s'il le faisait, d'envoyer à Rome tous les ans une grande somme d'argent. Mais le légat lui ayant fait voir qu'il était impossible, il en fut extrêmement contristé, comptant qu'il n'avait rien gagné à reconnaître le pape Urbain. Voyant donc qu'il ne pouvait changer ce qui était fait, il voulut au moins sauver sa dignité, rendant en apparence ses bonnes grâces à l'archevêque, puisqu'il ne pouvait lui faire le mal qu'il désirait.

Le roi célébra à Windsor la Pentecôte, qui, cette année 1095, fut le 13 mai. De là il envoya des évêques qui pressèrent encore saint Anselme de lui faire un présent, du moins à l'occasion du *pallium*, qu'il serait allé quérir à Rome à grands frais. Mais le saint archevêque demeura toujours ferme, disant que c'était faire injure au roi de montrer que son amitié était vénale. Enfin le roi, par le conseil des seigneurs, fut réduit à lui rendre gratuitement ses bonnes grâces, et il fut dit que, de part et d'autre, on oublierait le passé. Il fut ensuite question du *pallium*. Quelques-uns, pour faire leur cour, voulaient persuader à saint Anselme de le recevoir de la main du roi; mais il représenta que ce n'était pas un présent du prince, mais une grâce singulière du Saint-Siège; et on convint que le légat qui l'avait apporté le porterait à Cantorbéry et le mettrait sur l'autel, où saint Anselme le prendrait.

La cérémonie se fit le dimanche 10 juin. Le légat vint à Cantorbéry et entra dans l'église métropolitaine, portant le *pallium* dans une cassette d'argent, avec beaucoup de décence. Les moines qui servaient la même église allèrent au devant avec ceux de l'abbaye de Saint-Paul, un grand clergé et un peuple innombrable. L'archevêque, accompagné de plusieurs évêques qui le soutenaient à droite et à gauche, s'avança nu-pieds, mais revêtu de ses ornements. Quand le *pallium* eut été mis sur l'autel, il alla le prendre et le fit baiser à tous les assistants. Puis, s'en étant revêtu, il célébra la messse solennellement. Ensuite le moine Baudouin fut rappelé en Angleterre, et l'archevêque demeura quelque temps en paix (Eadmer, *Novorum*, l. 2).

Il écrivit au Pape pour le remercier du *pallium* qu'il lui avait envoyé et lui faire ses excuses de n'avoir point encore été le visiter, comme il était de son devoir, suivant la coutume, outre le désir qu'il avait de l'entretenir et de le consulter. Il s'excuse sur les guerres, la défense du roi, son âge et sa mauvaise santé. Cependant il lui représente ainsi ses peines : « Je suis affligé, Saint-Père, d'être ce que je suis et de n'être plus ce que j'étais. Dans une moindre place, il me semblait que je faisais quelque chose : dans un rang plus élevé, mon fardeau m'accable et je ne suis utile ni à moi ni aux autres. Je voudrais quitter cette charge, que je ne puis porter; mais la crainte de Dieu, qui me l'a fait recevoir, m'oblige à la garder. Si je connaissais la volonté de Dieu, j'y conformerais la mienne; faute de la connaître, je m'agite, je soupire et je ne sais quelle fin mettre à mes maux (L. 3, *Epist.* 37). »

Saint Anselme était né l'an 1033, dans la ville d'Aoste, aux confins de Bourgogne et de Lombardie. Etant maltraité par son père, il quitta son pays, où il avait commencé ses études avec succès; et, après avoir passé environ trois ans, partie en Bourgogne, partie en France, il vint en Normandie, et, attiré par la réputation de Lanfranc, il se fit son disciple et gagna bientôt son amitié. Comme il étudiait infatigablement, apprenant et instruisant les autres, abattant son corps par les veilles, la faim et le froid, il lui vint en pensée qu'il n'aurait pas plus à souffrir dans les austérités de la vie monastique, et ne perdrait pas le mérite de ses souffrances. Il reprit donc le dessein qu'il avait eu dès l'âge de quinze ans, de se faire moine, et songea où il serait mieux, à Cluny ou au Bec. Mais, disait-il, en l'un et en l'autre, le temps que j'ai employé à mes études sera perdu, je ne pourrai y être utile à personne; à Cluny, à cause de la régularité de l'observance; au Bec, à cause de la grande capacité de Lanfranc, qui éclipsera la mienne. Un reste d'amour-propre le faisait parler ainsi. Il s'en aperçut et dit : « Est-ce donc être moine, que de vouloir être estimé et préféré aux autres? Non, il faut entrer au lieu où je serai le plus méprisé, où je serai compté pour rien. »

Il consulta Lanfranc et lui dit : « J'ai inclination pour trois états, d'être moine ou ermite, ou de vivre de mon bien et en servir les pauvres; je vous prie de me déterminer. » Son père était mort, et tout le bien lui appartenait. Lanfranc ne voulut pas décider seul, et le conduisit à Rouen pour consulter l'archevêque Maurille, qui décida en faveur de la vie monastique. Anselme fut établi prieur à la place de Lanfranc, devenu abbé de Saint-Etienne de Caen. Anselme s'appliqua alors avec plus de liberté à l'étude de la théologie, et y fit un tel progrès, qu'il résolut des questions très-obscures, inconnues avant son temps, montrant clairement la conformité de ces décisions avec l'autorité de l'Ecriture sainte. Il n'était pas moins éclairé dans la morale. Il connaissait si bien les mœurs de toutes sortes de personnes, qu'il découvrait à chacun les secrets de son cœur, il montrait les sources et les progrès des vertus et des vices, avec les moyens de les acquérir ou de les éviter. De là il puisait en abondance de sages conseils et de ferventes exhortations.

Quand il fut fait prieur, quelques-uns des frères murmuraient qu'il leur eût été préféré, étant si jeune de profession; mais il ne se défendit contre eux que par sa patience et sa charité, qui enfin les gagna, leur faisant connaître la pureté de ses intentions. Un jeune moine nommé Osberne avait beaucoup d'esprit et d'industrie, mais beaucoup de malice et de haine contre Anselme. Le saint homme y voyant dans le fond un beau naturel avait pour lui une grande indulgence et souffrait ses puérilités autant qu'il le pouvait, sans préjudice de l'observance. Ainsi, peu à peu, il l'adoucit et s'en fit aimer. Le jeune homme commença à l'écouter et à se corriger, et Anselme l'ayant pris en affection, lui retrancha les petites libertés qu'il lui avait accordées, et l'accoutuma à une vie plus sérieuse. Il faisait de grands progrès dans la vertu et donnait de grandes espérances des services qu'il rendrait à l'Eglise, mais Anselme eut la douleur de le voir mourir encore jeune entre ses bras.

Fatigué de la multitude des affaires, il voulut quitter la charge de prieur, et alla à Rouen consulter l'archevêque Maurille, qui lui dit : « Ne cherchez pas, mon fils, à vous décharger du soin des autres. J'en ai vu plusieurs qui, ayant renoncé pour leur repos à la conduite des âmes, sont tombés dans la paresse, allant de pis en pis. C'est pourquoi je vous ordonne par la sainte obéissance, de garder votre charge et de ne la quitter que par ordre de votre abbé. Si même vous êtes appelé quelque jour à une plus grande, ne la refusez pas, car je sais que vous ne demeurerez pas longtemps en cette place. Anselme se retira fort affligé, et continua de gouverner avec tant de douceur et d'affection, que tous l'aimaient comme leur père (*Acta Sanct.*, 21 april.; *Act. Bened.*, sec. 6).

Un abbé qui était en réputation de piété, se plaignait un jour à lui des enfants qu'on élevait dans son monastère, et disait : « Nous les fouettons continuellement, et ils n'en deviennent que pires. — Et quand ils sont grands, dit Anselme, comment sont-ils ? — Des stupides et des bêtes, répondit l'abbé. — Voilà, reprit saint Anselme, une belle éducation, qui change les hommes en bêtes, mais dites-moi, seigneur abbé, si, après avoir planté un arbre dans votre jardin, vous l'enfermiez de tous côtés, en sorte qu'il ne pût étendre ses branches, qu'en viendrait-il, sinon un arbre tordu, replié et inutile ? En contraignant ainsi les pauvres enfants, sans leur laisser aucune liberté, vous faites qu'ils nourrissent en eux-mêmes des pensées fausses, peu droites, embarrassées, qui se fortifient tellement, qu'ils s'obstinent contre toutes vos corrections. D'où il arrive que, ne trouvant de votre part ni amitié ni douceur, ils n'ont point de confiance en vous, et croient que vous n'agissez que par haine et par envie. Ces sentiments croissent en eux avec l'âge, leur âme étant comme courbée et penchée vers le vice; et, n'ayant point été nourris dans la charité, ils regardent tout le monde de travers. Mais, dites-moi, ne considérez-vous pas que ce sont des hommes comme vous, et voudriez-vous être ainsi traité, si vous étiez à leur place ? Pour faire une belle figure d'une lame d'or ou d'argent, l'ouvrier se contente-t-il de frapper dessus à coup de marteau ? Donnez du pain à un enfant à la mamelle, vous l'étoufferez. Une âme forte se plaît dans les afflictions et les humiliations, et prie pour ses ennemis : une âme faible a besoin d'être menée par la douceur, invitée gaîment à la vertu, et supportée charitablement dans ses défauts. » L'abbé, ayant ouï ce discours, se jeta aux pieds de saint Anselme, reconnut qu'il avait manqué de discrétion, et promit de se corriger (*Vita S. Anselmi*, n. 30).

Anselme pratiquait ces maximes le premier, et se rendait aimable à tout le monde. Sa réputation s'étendait non-seulement par toute la Normandie, mais par toute la France, toute la Flandre et jusqu'en Angleterre. De tous côtés, d'habiles clercs, de braves chevaliers venaient se soumettre à sa conduite et se donner à Dieu avec leurs biens : le monastère croissait au dedans en vertu, et en richesses au dehors. Le vénérable Herluin ne pouvant plus agir à cause de son grand âge, toute la charge du gouvernement retombait sur Anselme; et, le saint abbé étant mort, il fut élu tout d'une voix pour lui succéder. Il fit tout ce qu'il put, et par raisons et par prières, pour s'en excuser; mais enfin il accepta, étant principalement déterminé par ce que lui avait dit Maurille, archevêque de Rouen, quand il voulait renoncer à la charge de prieur. Il l'avait été quinze ans et était âgé de quarante-cinq, quand il fut élu abbé en 1078. Il reçut la bénédiction abbatiale de Gilbert, évêque d'Evreux, le jour de la Chaire de Saint-Pierre, l'année suivante 1079, et gouverna l'abbaye du Bec pendant quinze ans.

Les biens que ce monastère possédait en Angleterre, obligeaient saint Anselme à y passer quelquefois; et il y était encore attiré par l'amitié de son ancien maître, Lanfranc. Partout où il allait, il était parfaitement reçu dans les monastères de moines, de chanoines, de religieuses, et aux cours des seigneurs. Lui, de son côté se faisait tout à tous et s'accommodait à leurs manières autant qu'il le pouvait innocemment, afin d'avoir occasion de leur donner à tous les instructions convenables. Ce qu'il faisait sans prendre, comme les autres, le ton de docteur, mais d'un style simple et familier, employant des raisons solides et des exemples sensibles, toujours prêt à donner conseil à qui le demandait. On s'estimait heureux de lui parler, les plus grands étaient empressés à le servir. Il n'y avait, en Angleterre, ni comte, ni comtesse, ni personne puissante, qui ne crût avoir perdu son mérite devant Dieu, s'il n'avait rendu quelque bon office à l'abbé du Bec. Le roi lui-même, Guillaume le Conquérant, formidable à tout le reste des hommes, était si affable pour saint Anselme, qu'il semblait devenir un autre homme en sa présence.

Au milieu de tant d'occupations et de traverses, saint Anselme ne laissait pas d'enseigner, et de vive voix et par écrit sur les matières les plus hautes, les plus profondes, les plus ardues, de la théologie et de la philosophie, et cela avec une justesse, une précision, une clarté qui lui méritent un rang des plus distingués parmi les Pères et les Docteurs de l'Eglise, et parmi ce qu'on est convenu d'appeler philosophes et métaphysiciens.

Le premier de ses ouvrages est le *Monologue*. Il l'écrivit à la prière de ses moines, nommément de Maurice, qui souhaitaient avoir de suite, et par écrit, ce qu'il leur avait dit en divers entretiens sur l'existence et la nature de Dieu, afin d'en faire la matière de leur méditation. C'est pourquoi il l'intitula d'abord : *Modèle de méditation sur les mystères de la foi*. Depuis, par ordre de Hugues, archevêque de Lyon, il mit son nom à cet ouvrage, et en changea le titre en celui de *Monologue* ou *Soliloque*, parce qu'il y parle seul. L'ouvrage est divisé en soixante-dix-neuf chapitres, dans lesquels saint Anselme prouve, par des arguments tirés des lumières de la raison, et sans recourir aux témoignages de l'Ecriture sainte, qu'il existe un Etre suprême et souverainement parfait; qu'il a fait de rien tout le reste; qu'il est Père, Fils et Saint-Esprit; que l'âme raisonnable est faite pour le connaître et l'aimer, et qu'elle en est l'image.

Les raisonnements de saint Anselme dans cet ouvrage sont non-seulement très-élevés, mais encore tellement enchaînés les uns dans les autres, qu'il faut une grande attention pour en prendre bien la suite et en sentir toute la force. Cela lui fit naître la pensée de prouver, par un seul raisonnement suivi, ce qu'il avait prouvé dans le *Monologue* par plusieurs.

Occupé presque continuellement de cette pensée, tantôt il croyait avoir trouvé l'argument qu'il cherchait, tantôt il échappait à son esprit. Désespérant de réussir, il fit tous ses efforts pour se défaire de cette pensée; mais il ne put en venir à bout, et trouva enfin ce qu'il cherchait; il l'écrivit aussitôt sur des tablettes cirées, dont on faisait encore usage alors, il les donna à garder à un des frères du monastère, qui les égara. Saint Anselme fut donc contraint d'en faire un autre exemplaire sur des tablettes de même matière et ensuite sur du parchemin. Il donna pour titre à ce petit écrit : *La foi qui cherche l'intelligence de ce qu'elle croit.* Depuis, aux instances de ceux qui en avaient tiré des copies, et surtout de Hugues, archevêque de Lyon, il l'intitula *Prologue;* comme qui dirait allocution, parce que l'auteur s'y entretient ou avec lui-même ou avec Dieu, sur l'existence de cet Etre suprême et sur tous ses attributs, montrant qu'il est tout ce que la foi nous apprend : éternel, immuable, tout-puissant, immense, incompréhensible, juste, pieux, miséricordieux, vrai, la vérité, la bonté, la justice; et que tout cela n'est dans Dieu qu'une même chose.

Un moine de Marmoutier, nommé Gaunilon, ayant lu cet opuscule, fut surpris de ce qui y est dit, qu'on ne peut concevoir l'idée d'un être souverainement parfait, sans concevoir qu'il existe nécessairement. Sous le nom d'*Objection d'un ignorant*, il réfuta ce raisonnement, dont il ne connaissait pas la force, et joignit sa réfutation à l'écrit même. Un ami l'envoya à saint Anselme, qui la reçut avec plaisir. Il en remercia même Gaunilon, lui disant que son écrit n'était pas du tout d'un ignorant, et lui envoya par le même ami la réponse à ses objections, en le priant, lui et tous ceux qui auraient le *Prologue*, d'y ajouter la critique de Gaunilon, et sa réponse à cette critique. Elle ne fit point changer de sentiment à saint Anselme; au contraire, il en prit occasion de mettre son raisonnement dans un plus grand jour, et de prouver sans réplique que l'idée d'un Etre souverainement parfait enferme nécessairement l'existence de cet Etre.

Saint Anselme fit un *Traité de la Trinité*, à l'occasion que voici. Un certain Roscelin, natif de l'Armorique ou de la petite Bretagne, étant venu à Compiègne, au diocèse de Soissons, où il fut fait chanoine et chargé des leçons publiques. Amateur de la nouveauté, il donna dans le sentiment des nominaux, avancé par un docteur français nommé Jean, et l'épousa tellement, qu'il passa dans la suite pour un des chefs de cette secte. Comme il savait plus de dialectique que de théologie, il aimait à raisonner des mystères de la religion, suivant les lumières de sa raison; ce qui le fit tomber dans l'erreur au sujet des trois personnes de la Trinité, disant qu'elles étaient trois choses séparées, comme trois anges, quoiqu'elles n'eussent qu'une volonté et qu'une puissance. Il ajoutait qu'on pourrait dire véritablement qu'elles sont trois dieux, s'il était d'usage de s'exprimer ainsi. Roscelin s'appuyait de l'autorité de Lanfranc et de saint Anselme, soutenant qu'ils avaient l'un et l'autre pensé comme lui sur cette matière. Saint Anselme, se voyant calomnié avec son prédécesseur, écrivit, en 1089, à Foulque, évêque de Beauvais, qui devait assister au concile indiqué à Reims contre Roscelin, pour le prier de déclarer en plein concile, s'il en était besoin, que ni Lanfranc ni lui n'avaient jamais rien enseigné de semblable, et qu'il disait anathème à quiconque enseignerait l'erreur de Roscelin. Il ajoutait qu'on ne devait lui demander aucune raison de son erreur, ni lui en rendre aucune de la vérité opposée, et qu'il fallait agir contre lui par autorité, s'il était chrétien. Car ce serait, dit-il, une extrême simplicité de mettre en question notre foi si solidement établie, à l'occasion de chaque particulier qui ne l'entend pas. Il faut la défendre par la raison contre les infidèles, mais non pas contre ceux qui portent le nom de chrétiens (S. Anselme, l. 2, *Epist.* 41). Le concile indiqué à Reims se tint à Soissons, quatre ans après, c'est-à-dire en 1092, ou au commencement de l'année suivante. Roscelin, cité au concile, comparut, fut convaincu d'erreur, feignit de l'abjurer, et continua de l'enseigner dans des disputes secrètes, assurant qu'il ne l'avait abjurée que dans la crainte d'être assommé par le peuple. Yves de Chartres lui fit des reproches de sa dissimulation, et l'exhorta, mais inutilement, à se rétracter sincèrement et à faire cesser le scandale qu'il avait causé dans l'Eglise.

Alors les moines de l'abbaye du Bec pressèrent saint Anselme, devenu archevêque de Cantorbéry, d'achever la réfutation de Roscelin, qu'il avait commencée, étant leur abbé, dans sa lettre à l'évêque de Beauvais. L'archevêque fit ce que ses moines demandaient de lui, dans un livre intitulé : *De la foi de la Trinité et de l'Incarnation*, qu'il dédia au Pape Urbain II, en le priant de l'examiner. Saint Anselme y reprend d'abord ces hommes téméraires qui s'imaginent que rien n'est possible que ce qu'ils conçoivent par les lumières de leur raison, et fait voir qu'en suivant ce principe, il n'est pas surprenant qu'ils tombent dans tant d'erreurs. Il pose un principe contraire, qui est que l'on ne parvient à la connaissance des choses divines que par les lumières de la foi et en suivant ce que l'Eglise nous enseigne. Venant ensuite à la proposition principale de Roscelin, portant que les trois personnes divines sont trois choses séparées, il fait voir ou qu'il admet trois dieux, ou qu'il ne sait ce qu'il dit : dans le premier cas, il n'est pas chrétien; dans le second, il ne mérite pas qu'on l'écoute. Roscelin, s'opiniâtrant dans son erreur, fut banni du royaume. Il se retira en Angleterre, où il excita de nouveaux troubles, surtout à Oxford.

Saint Anselme fit plus tard un *Traité de la procession du Saint-Esprit* contre les Grecs. Il y expose d'abord les articles de foi communs aux Grecs et aux Latins, en ce qui regarde le mystère de la sainte Trinité, pour conclure de cette croyance commune que le Saint-Esprit procède du Père et du Fils. Ils croient les uns et les autres qu'il n'y a qu'un Dieu en trois personnes, le Père, le Fils et le Saint-Esprit; que chaque personne est esprit; avec cette différence que le Père et le Fils ne sont l'esprit d'aucun, au lieu que le Saint-Esprit est l'esprit du Père et du Fils. Les Latins ajoutent qu'il procède du Père et du Fils; les Grecs soutiennent qu'il ne procède que du Père. Saint Anselme fait voir, en premier lieu, que le Fils et le Saint-Esprit tirent leur origine du Père : le Fils par la génération, le Saint-Esprit par la procession; en second lieu, que le Fils ne reçoit rien du Saint-Esprit; troisièmement, que le Saint-Esprit procède du Père et du Fils, comme d'un seul principe. Il ne procède du Père que parce qu'il est du Père. Il procède donc aussi du Fils, puisqu'il est l'esprit du Fils et qu'il est envoyé par le Fils comme par le Père; cela est dit en termes clairs dans l'Évangile. Il y est dit encore que quand l'Esprit de vérité sera venu, il ne parlera pas de lui-même, mais qu'il dira tout ce qu'il aura entendu, et annoncera les choses à venir. C'est lui, ajoute Jésus-Christ, qui me glorifiera, parce qu'il prendra de ce qui est à moi et il vous l'annoncera. Saint Anselme insiste beaucoup sur ces paroles du Fils : *Il prendra de ce qui est à moi.* L'Ecriture ne pouvait en effet marquer plus clairement que le Saint-Esprit tient son essence de celle du Fils et qu'il en procède. Il rapporte d'autres passages qui tendent à même fin. Les Grecs disaient quelquefois que le Saint-Esprit procède du Père par le Fils ; façon de parler inintelligible et qui n'est point fondée sur l'Ecriture. Ils objectaient que Jésus-Christ, parlant de l'Esprit de vérité, dit bien qu'il procède du Père, mais il ne dit pas qu'il procède aussi du Fils. Saint Anselme répond que souvent l'Ecriture n'attribue qu'à une seule personne ce qui appartient à deux ou même à toutes les trois. C'est sans doute le Père, le Fils et le Saint-Esprit qui avaient révélé à saint Pierre la divinité de Jésus-Christ, et, toutefois, l'Evangile n'attribue cette révélation qu'au Père. Elle dit du Saint-Esprit, qu'il fera connaître toute vérité. Le fera-t-il à l'exclusion du Père et du Fils ? Les Grecs se plaignaient qu'on eût ajouté la particule *Filioque* sans leur consentement. Saint Anselme répond que l'éloignement des lieux ne l'a pas permis, et que, d'ailleurs, ce consentement n'était pas nécessaire, parce qu'il n'y avait aucun doute de la part des Latins sur l'article ajouté au Symbole; que le Symbole ne contenant pas tous les articles de la foi, on a pu y ajouter ceux qu'on a crus nécessaires. Il prouve que cette procession n'emporte aucune priorité, sinon d'origine, en sorte que le Saint-Esprit n'en est pas moins égal au Père et au Fils, tout étant commun au Père, au Fils et au Saint-Esprit, excepté ce qui est propre à chaque personne, ou relatif, comme la paternité, la filiation, la procession.

Le dialogue intitulé : *Pourquoi Dieu s'est fait homme*, est dû en quelque sorte aux instances du moine Boson, qui est un des interlocuteurs. Saint Anselme le commença en Angleterre, dans le temps que Guillaume le Roux le persécutait le plus violemment ; mais il ne put l'achever qu'en Italie, où nous verrons que les mauvais traitements de ce prince l'obligèrent à se retirer. Jean, abbé de Saint-Sauveur, dans la terre de Labour, l'avait prié de venir faire sa demeure à Selanie, terre dépendante de son monastère. L'archevêque l'accepta, et, charmé du repos d'une si agréable solitude, il y reprit la suite de l'ouvrage dont nous parlons. Il faut l'entendre lui-même en expliquer l'occasion dans le premier chapitre. « Plusieurs personnes, dit-il, m'ont prié souvent, et avec beaucoup d'instances, de mettre par écrit les raisons que je leur rendais d'une question qui regarde notre foi, non pour arriver à la foi par la raison, mais pour avoir le plaisir d'entendre et de contempler ce qu'ils croient, et pouvoir en rendre raison aux autres. C'est la question que nous font les infidèles, en se moquant de notre simplicité : Par quelle raison ou par quelle nécessité Dieu s'est fait homme et a rendu la vie au monde par sa mort, puisqu'il pouvait le faire par un autre, soit un ange, soit un homme, ou par sa seule volonté. Avant que l'ouvrage fût achevé et châtié comme il convenait, plusieurs de ses amis en copièrent la première partie à son insu. Cela l'obligea à supprimer plusieurs choses qu'il avait dessein d'y ajouter, et à le finir plus tôt qu'il n'aurait souhaité. L'ouvrage est en forme de dialogue, et divisé en deux livres. Ce fut encore aux instances du moine Boson, que saint Anselme composa le *Traité de la conception virginale et du péché originel*. Le dernier des ouvrages de saint Anselme, suivant l'ordre des temps, est la concorde de la prescience et de la prédestination divine, avec le libre arbitre de l'homme.

N'étant encore que prieur du Bec, saint Anselme composa plusieurs autres opuscules : un premier, intitulé : *Grammairien*, est une introduction de la dialectique ou l'art de raisonner juste ; un second, *De la chute du diable* ; un troisième, *De la volonté* ; un quatrième, *Du libre arbitre* ; un cinquième, *De la vérité*.

Le *Traité de la vérité* est en forme de dialogue, ainsi que celui du *libre arbitre*. Saint Anselme ne se souvenait point d'avoir lu nulle part la définition de la vérité. Avant de la donner lui-même, il en rapporte plusieurs exemples. On dit qu'un discours est vrai, quand il assure ce qui est en effet, ou qu'il nie ce qui n'est pas ; que nous pensons vrai, lorsque nous pensons des choses comme elles sont ; que nous voulons vrai, quand nous voulons ce qui est de justice et de notre devoir ; que nous faisons la vérité, lorsque nous faisons le bien. Il y a même une vérité dans nos sensations, parce que nos sens nous rapportent toujours vrai, et s'ils nous sont une occasion d'erreur, ce n'est que par la précipitation de notre jugement. Enfin, la vérité est dans l'essence de toutes choses, parce qu'elles sont ce qu'elles doivent être relativement à la suprême Vérité, de qui est l'essence des choses.

Tels sont, sans compter ses homélies, ses méditations et ses lettres, les principaux ouvrages de saint Anselme. On y reconnaît un habile philosophe, un excellent métaphysicien, un théologien exact. Le lecteur y apprend à raisonner juste et solidement, à goûter, en s'élevant au-dessus de l'impression des sens, les vérités purement intellectuelles, et à connaître ce qui fait l'objet de la foi chrétienne. Ce qui rend ce saint docteur plus admirable, c'est que, élevé dans ses pensées, subtil dans ses raisonnements, il n'en est pas moins humble dans la façon de les proposer, alliant la supériorité des talents à la solidité de la vertu. Rarement il fait usage de l'autorité des Pères, quoiqu'il en eût lu plusieurs, surtout saint Augustin, et, par une méthode peu commune alors, il établit, par la force du raisonnement, les vérités révélées qu'il avait apprises dans leurs écrits et dans les divines Ecritures. C'est cette méthode qu'on appela depuis *théologie scolastique*. Mais elle ne se trouve point, dans saint Anselme, mêlée de chicanes ni de termes barbares que certains scolastiques employèrent plus tard. Tout son but est de montrer, non qu'on peut arriver à la foi par la raison, mais que l'on peut, par des raisonnements fondés sur les lumières naturelles, soutenir et rendre croyables les vérités que Dieu nous a révélées. Ses méditations et ses oraisons sont très-édifiantes, remplies d'instructions salutaires, de sentiments de piété et de reconnaissance envers Dieu. Ce sont proprement des effusions d'un cœur qui brûlait d'amour pour Dieu et pour le salut des hommes. Aussi le style en est-il tendre jusque dans les reproches qu'il fait aux pécheurs. On y trouve des pensées mystiques, et on voit, par d'autres ouvrages de saint Anselme, qu'il aimait à s'en entretenir. Quant à ses lettres, elles sont courtes pour la plupart, d'un style simple, naturel, clair et concis.

Saint Anselme pensait et écrivait ainsi à la fin du XIe siècle et au commencement du XIIe. Nous ne voyons pas trop comment on pourrait, avec justice, accuser son époque d'ignorance et de barbarie; car nous voyons ses traités de métaphysique chrétienne recherchés avidement par ses contemporains. Il y a plus : dans le XVIIe siècle, trois hommes célèbres, Malebranche, Fénelon, Bossuet, traitèrent les mêmes questions ou des questions analogues. Or, certainement Malebranche n'égale point saint Anselme, et nous doutons que Fénelon et Bossuet le surpassent.

La vie de saint Anselme a été écrite par un de ses disciples, Eadmer, Anglais de naissance. Il fut d'abord moine du Bec, ensuite de Cantorbéry. De disciple de saint Anselme, il devint son ami et son confident. Il eut part à ses travaux, l'accompagna dans son exil et dans ses voyages. Rien ne put le séparer de son maître, pas même les menaces du roi d'Angleterre. Aussi saint Anselme ne faisait rien sans le conseil d'Eadmer. Étant ensemble à Rome, l'archevêque pria le pape Urbain II de le lui donner pour supérieur et pour père spirituel, afin qu'étant élevé au-dessus des autres par sa dignité, il ne perdît point le mérite de l'obéissance en se soumettant à Eadmer. Après la mort de saint Anselme, Eadmer vécut quelque temps en simple moine, mais dans la bienveillance de Radulphe, successeur du saint sur le siége de Cantorbéry. Ce fut à ce prélat qu'Alexandre, roi d'Écosse, s'adressa pour donner l'évêché de Saint-André à Eadmer. On dit qu'il le refusa, ou, qu'après avoir gouverné cette Église jusqu'en 1124, il abdiqua l'épiscopat, revint à son monastère de Cantorbéry, et en fut prieur jusqu'en 1137, qui fut l'année de sa mort.

Eadmer s'était appliqué dès son bas âge à remarquer tout ce qui arrivait de nouveau, surtout en matières ecclésiastiques, et à le graver dans sa mémoire. Il s'appliqua aussi à l'éloquence, en sorte qu'il devint habile dans l'histoire, et surpassa ses égaux dans l'art de bien dire. Les écrits qu'il composa sont en grand nombre, savoir, la *Vie de saint Anselme*, en deux livres; l'*Histoire des nouveautés*, de 1066 à 1122, en six livres; la *Vie de saint Wilfrid*; des mémoires pour l'histoire; l'histoire de son temps, en un livre; un volume de la *liberté ecclésiastique ou du démêlé entre le roi Guillaume le Roux et saint Anselme*; un livre des *Louanges de la sainte Vierge*; un des *Instituts de la vie chrétienne*; un poème en l'honneur de saint Dunstan, et plusieurs lettres; les *Vies de saint Odon et Bregwin*, *archevêque de Cantorbéry; de saint Oswald, archevêque d'York; de saint Dunstan*, aussi archevêque de cette ville, avec un livre de ses miracles. Mais la plupart de ces écrits sont encore ensevelis dans les bibliothèques d'Angleterre (Ceillier, t. XXI, *Opera S. Anselmi*).

Pendant que saint Anselme enseignait au Bec en Normandie, un autre Anselme enseignait à Laon, et Guillaume de Champeaux à Paris. Anselme de Laon était dans une grande estime pour son érudition et pour sa probité. Il devint doyen de l'Église de Laon, et il expliquait l'Écriture sainte aux applaudissements de tous.

Guillaume de Champeaux, ainsi nommé du lieu de sa naissance, proche de Meaux, n'enseignait pas avec moins d'éclat à Paris; mais sa piété fut encore plus estimable que sa science. Il renonça à sa chaire et à sa dignité d'archidiacre, pour prendre l'habit de chanoine régulier dans le prieuré de Saint-Victor, proche de Paris. Le bienheureux Hildebert, évêque du Mans, ayant appris sa retraite, le félicita de ce qu'il avait embrassé la vraie philosophie; mais il n'approuva point qu'il eût renoncé à donner des leçons à ses disciples, parce que, disait-il, la science qu'on tient enfermée, comme un avare tient son argent dans ses coffres, est un trésor inutile (*Hildeberti, Epist.* 1, l. 1). Guillaume reprit le cours de ses leçons, et il fut, dans la suite, élevé sur le siége de Châlons-sur-Marne. Il avait rendu le prieuré de Saint-Victor une école célèbre des sciences ecclésiastiques et des vertus religieuses.

Odon ou Oudart était aussi un professeur célèbre. Il naquit à Orléans, et, dès son enfance, s'appliqua à l'étude avec un tel succès, qu'étant encore jeune, il passait pour un des premiers docteurs de France. Il enseigna d'abord à Toul. Les chanoines de Tournai l'invitèrent à venir remplir la chaire de leur école. Il y enseigna pendant cinq ans avec une telle réputation, qu'on venait en troupes pour l'entendre, non-seulement de France, de Flandre, de Normandie, mais des pays éloignés, de Bourgogne, d'Italie et de Saxe. La ville de Tournai était pleine d'étudiants; on les voyait discuter dans les rues, et, si on approchait de l'école, on les trouvait tantôt se promenant avec Odon, tantôt assis autour de lui, et le soir, devant la porte de l'église, il leur montrait le ciel et leur apprenait à connaître les constellations.

Quoiqu'il sût fort bien tous les arts libéraux, il excellait principalement dans la dialectique, sur laquelle il composa trois livres, et il s'y nommait Oudart, parce qu'il était plus connu sous ce nom que sous celui d'Odon. Il suivait, dans la dialectique, la doctrine de Boëce et des anciens, soutenant que cet art a pour objet les choses et non pas les paroles, comme prétendaient quelques modernes, qui se vantaient de suivre Porphyre et Aristote. De ce nombre était Raimbert, qui enseignait alors la dialectique à Lille, et s'efforçait de décrier la doctrine d'Oudart. Ces deux sectes portèrent depuis les noms de *réalistes* et de *nominaux*.

Oudart n'était pas moins estimé pour sa vertu que pour sa science. Il conduisait à l'église ses disciples, au nombre d'environ deux cents, marchant le dernier, et leur faisant observer une discipline aussi exacte que dans le monastère le plus régulier. Aucun n'eût osé parler à son compagnon, rire ou regarder à droite ou à gauche, et, tandis qu'ils étaient dans le chœur, on les eût pris pour des moines de Cluny. Il ne souffrait en eux ni fréquentation avec les femmes, ni parure dans les habits ou les cheveux; autrement il les eût chassés de son école, ou l'eût abandonnée lui-même. A l'heure de ses leçons, il ne permettait à aucun laïque d'entrer dans le cloître des chanoines, auparavant le rendez-vous des nobles et des bourgeois pour terminer leurs affaires. Il ne craignait point de choquer, par cette défense, Everard, châtelain de Tournai; car il disait qu'il est honteux à un homme sage de se détourner tant soit peu du droit chemin par la considération des grands. Toute cette conduite le faisait aimer et estimer, non-seulement des chanoines et du peuple, mais de Radbod, évêque de Noyon et de Tournai; toutefois, quelques-uns disaient que sa régularité venait plus de philosophie que de religion.

Il gouvernait l'école de Tournai depuis près de cinq ans, quand un clerc lui ayant apporté le livre de saint Augustin, *Du libre arbitre*, il l'acheta, seulement pour garnir sa bibliothèque, et le jeta dans un coffre avec d'autres livres, aimant mieux alors lire Platon que saint Augustin. Environ deux mois après, expliquant à ses disciples le traité de Boëce, *De la consolation de la philosophie*, il vint au quatrième livre, où l'auteur parle du libre arbitre. Alors, se souvenant du livre qu'il avait acheté, il se le fit apporter; et après en avoir lu deux ou trois pages, il fut charmé de la beauté du style, et, ayant appelé ses disciples, il leur dit : J'avoue que j'ai ignoré jusqu'à présent que saint Augustin fût si éloquent et si agréable. Aussitôt il commença à leur lire cet ouvrage ce jour-là et le jour suivant, leur expliquant les passages difficiles.

Il vint à l'endroit du troisième livre, où saint Augustin compare l'âme pécheresse à un esclave condamné, pour ses crimes, à vider le cloaque et à contribuer ainsi, à sa manière, à l'ornement de la maison. A cette lecture, Oudart soupira du fond de son cœur, et dit : « Hélas! que cette pensée est touchante! elle semble n'être écrite que pour nous. Nous ornons ce monde corrompu du peu de science que nous avons, mais, après la mort, nous ne serons pas dignes de la gloire céleste, parce que nous ne rendons à Dieu aucun service, et que nous abusons de notre science pour la gloire du monde et la vanité. » Ayant ainsi parlé, il se leva et entra dans l'église, fondant en larmes; toute son école fut troublée, et les chanoines remplis d'admiration. Dès lors il commença insensiblement à cesser ses leçons, à aller plus souvent à l'Eglise et à distribuer aux pauvres, principalement aux pauvres clercs, l'argent qu'il avait amassé; car ses disciples lui faisaient de grands présents. Il jeûnait si rigoureusement, que souvent il ne mangeait que ce qu'il pouvait tenir de pain dans sa main fermée; de sorte qu'en peu de jours il perdit son embonpoint, et devint si maigre et si exténué, qu'à peine était-il reconnaissable.

Le bruit se répandit aussitôt dans tout le pays que le docteur Oudard allait renoncer au monde; quatre de ses disciples lui promirent de ne point le quitter, et lui firent promettre de ne rien faire que de concert avec eux. Les abbés de toute la province, tant de moines que de chanoines, vinrent à Tournai, et chacun invitait Odon à venir à son monastère; mais ses disciples aimaient mieux la règle des chanoines, la trouvant plus tolérable que celle des moines.

Il y avait près de la ville de Tournai une église demi-ruinée, que l'on disait être le reste d'une ancienne abbaye détruite par les Normands; les bourgeois de Tournai voyant la résolution d'Odon, prièrent l'évêque Radbod de lui donner cette église avec les terres qui en dépendaient et qui avaient été usurpées. Odon eut de la peine à l'accepter, mais enfin il y acquiesça; et l'évêque l'en mit en possession, lui et cinq clercs qui le suivirent, le dimanche, 2 mai 1092. Ils y vécurent d'abord dans une extrême pauvreté, et subsistèrent pendant un an de la quête que quelques bons laïques faisaient pour eux, portant tous les jours des sacs par la ville. Leur nombre ne laissa pas de s'accroître, en sorte que la seconde année ils se trouvèrent dix-huit. Mais l'année suivante, à la persuasion d'Haimeric, abbé d'Anchin, ils embrassèrent la vie monastique, et Odon étant élu abbé tout d'une voix, reçut en cette qualité la bénédiction de l'évêque (*Narrat. Spicileg.*, t. II, p. 360; Longueval, *Hist. de l'Egl. gallic.*, l. 22).

Il nous reste quelques ouvrages d'Odon, qu'on peut voir dans la *Bibliothèque des Pères*, savoir : une exposition du canon de la messe; un dialogue sur le mystère de l'Incarnation, contre les Juifs; une homélie sur le mauvais fermier de l'Evangile, et un livre de conférences. Il était de plus bon poète. Nous le verrons plus tard élevé sur le siége de Cambrai (*Bibl. Patr.*, t. XXII).

Le bienheureux Yves, évêque de Chartres, fut encore plus distingué par son érudition que les célèbres professeurs dont nous venons de parler. Ce saint évêque fut placé sur le siége de Chartres, l'an 1090, après la déposition de Godefroi, son prédécesseur. Un plus digne évêque ne pouvait succéder à un plus scandaleux. Godefroi ou Geoffroi, deux fois excommunié par le légat Hugues de Die, et deux fois rétabli par Grégoire VII, parce que le légat n'avait point envoyé à Rome les preuves de l'accusation, fut encore accusé, devant le pape Urbain II, de simonie, de concubinage, d'adultère, de parjure et de trahison. Le Pape ayant soigneusement examiné la vérité, obligea Geoffroi à renoncer entre ses mains, purement et simplement, à l'épiscopat, dont il se reconnut indigne. Alors le Pape exhorta le clergé et le peuple de Chartres à faire une élection canonique et à choisir Yves, prêtre et prévôt de Saint-Quentin de Beauvais, dont il connaissait le mérite depuis longtemps. Il écrivit à Richer, archevêque de Sens, pour lui faire connaître la procédure faite contre Geoffroi, et le prier de favoriser l'élection et de sacrer celui qui serait élu. Le clergé et le peuple de Chartres, suivant l'intention du Pape, élurent Yves et le présentèrent au roi Philippe, de qui il reçut le bâton pastoral en signe d'investiture. Ensuite ils requirent l'archevêque Richer de le sacrer; mais il refusa, prétendant, entre autres excuses, que la déposition de Geoffroi n'était pas légitime, et qu'avant que d'aller au Pape, on aurait dû se pourvoir devant lui, comme métropolitain. Mais Godefroi ou Geoffroi s'était déposé lui-même, pour s'épargner la honte d'une déposition plus ignominieuse.

« J'ai rassemblé en un corps, avec quelque travail, les extraits des règles ecclésiastiques, tant des lettres des Papes que des actes des conciles, des traités des Pères et des constitutions des rois catholiques, afin que celui qui n'a pas les écrits en main puisse prendre ici ce qu'il trouvera d'utile à sa cause. Nous commençons par le fondement de la religion chrétienne, c'est-à-dire par la foi; puis nous mettons, sous différents titres, ce qui regarde les sacrements, la conduite des mœurs et la discussion des affaires : en sorte que chacun puisse trouver aisément ce qu'il cherche. En quoi nous avons cru devoir avertir le lecteur judicieux, que, s'il n'entend pas assez ce qu'il lit, ou s'il croit y voir de la contradiction, il ne se presse pas de blâmer, mais qu'il considère attentivement ce qui est dit, selon la rigueur du droit ou selon l'indulgence, parce que tout le gouvernement ecclésiastique est fondé sur la charité. »

L'auteur s'étend ensuite à montrer que, par ce même principe, l'Eglise tantôt se tient à la sévérité des règles, et tantôt s'en relâche par condescendance. Il prétend et montre, en particulier, que l'on a eu raison de modérer l'ancienne rigueur touchant les translations des évêques. Tout l'ouvrage est divisé en dix-sept parties, dont chacune contient un grand nombre d'articles, environ deux ou trois cents. Les fausses décrétales y sont employées comme les vraies, mais sans rien changer au fond des choses, ces décrétales n'étant fausses la plupart que de date ou de nom; parmi les lois des princes catholiques, il cite, du Code de Justinien, le *Digeste*, retrouvé depuis peu, et les *Capitulaires* des rois de France. Au reste, il transcrit pour l'ordinaire Burchard de Worms, comme Burchard avait transcrit Reginon, conservant les mêmes fautes, surtout dans les inscriptions des articles. Mais il était impossible alors qu'un particulier eût en main tous les livres originaux d'où sont tirés tant de passages (*Decretum Yvonis*).

Le bienheureux Yves écrivit au Pape, se plaignant du fardeau dont il voulait le charger, et déclarant qu'il n'aurait jamais consenti à son élection, si l'Eglise de Chartres ne l'avait assuré que le Pape le voulait et l'avait ainsi ordonné. Il alla donc à Rome avec les députés de cette Eglise, qui s'y plaignirent lu refus de l'archevêque de Sens; et le Pape, pour éviter le préjudice qu'un plus long retardement pouvait faire à l'Eglise de Chartres, sacra Yves lui-même, sur la fin de novembre, l'an 1090, et le renvoya avec deux lettres : l'une au clergé et au peuple de Chartres; l'autre à l'archevêque Richer. Dans l'une et dans l'autre, il défend, sous peine d'excommunication, à Geoffroi, de faire aucune tentative pour rentrer dans l'Eglise de Chartres, et, à qui que ce soit, de le favoriser. Dans la lettre à l'archevêque, il dit : « Nous avons sacré Yves, sans préjudice de l'obéissance qu'il doit à votre Eglise, et nous vous prions d'étouffer tout ressentiment, de le recevoir avec la bonté convenable et de lui donner votre secours pour la conduite de son diocèse. » Ces lettres sont du 24 et du 25 novembre. On y joint un discours du Pape à Yves, qui n'est autre chose que la formule d'instruction que le consécrateur donnait au nouvel évêque, telle, mot pour mot, qu'elle se lit encore à la fin du *Pontifical romain*, excepté que celle du pape Urbain est beaucoup plus courte et n'en contient que le commencement et la fin (Labbe, t. X; Urban., *Epist.* 8 et 9; Mansi, t. XX).

Yves était né dans le Beauvaisis, de parents nobles, et, après les études d'humanité et de philosophie, il alla à l'abbaye du Bec apprendre la théologie sous Lanfranc. Gui, évêque de Beauvais, qui avait été doyen de Saint-Quentin en Vermandois, ayant fondé, en 1078, un monastère de chanoines réguliers, près la ville de Beauvais, en l'honneur de ce saint martyr, Yves y embrassa la vie cléricale et y donna des terres de son patrimoine (*Vita B. Yvonis, Acta Sanct.*, 20 *maii*). Ensuite il en fut supérieur, soit sous le nom de prévôt ou d'abbé; et pendant qu'il gouvernait ce chapitre, il enseigna la théologie et composa son grand recueil de canons, connu sous le nom de *Décret*. Il en explique ainsi le dessein dans sa préface :

Richer, archevêque de Sens, irrité de ce que, sur son refus, Yves était allé à Rome se faire sacrer par le Pape, lui écrivit une lettre pleine d'amertume et de mépris, dans laquelle il ne le traitait ni d'évêque ni de collègue, et l'accusait de vouloir démembrer sa province, en usurpant le siége de l'évêque Geoffroi, qu'il ne tenait point pour déposé. Le bienheureux Yves répondit avec fermeté. Après avoir marqué à l'archevêque qu'il a senti plus vivement les outrages faits au Saint-Siége par cette lettre, que ceux qui lui étaient faits personnellement, il lui parle ainsi : « Vous ne craignez pas d'avancer que j'ai usurpé le siége de Godefroi. En quoi il est manifesté que vous levez la tête contre le Siège apostolique, en tâchant de détruire ce qu'il établit, et de rétablir ce qu'il détruit. Résister aux jugements et aux constitutions de ce Siège, c'est encourir la note d'hérésie; car il est écrit : *Il est constant que celui qui ne s'accorde point avec l'Eglise romaine, est un hérétique.*

» De plus, c'est n'avoir pas assez soin de votre réputation, que d'appeler encore évêque un coupable, dont les adultères, les débauches, les trahisons et les parjures ont été publiés dans presque toute l'Eglise latine; et qui, étant pour ce sujet condamné par le Saint-Siége, au tribunal duquel il désespérait de pouvoir se justifier, a remis lui-même son anneau et son bâton pastoral. Vous avez reçu à ce sujet un décret apostolique qui contient ces paroles : *Quiconque donnera quelque aide à Godefroi, déposé de l'épiscopat, pour vexer ou envahir l'évêché de Chartres, nous jugeons qu'il est excommunié.* Voilà cependant le sujet que vous voulez rétablir dans l'épiscopat.

» Il se trouve encore dans votre lettre un autre point où vous avez outragé le ciel et la terre; c'est quand vous appelez telle quelle la consécration que j'ai reçue des mains du Pape et des cardinaux de l'Eglise romaine, comme s'il n'appartenait pas principalement et très-généralement à cette Eglise de confirmer ou d'infirmer la consécration des métropolitains, aussi bien que celle des autres évêques ; de casser vos constitutions et vos jugements, et de maintenir les siens contre toute atteinte, sans qu'ils soient livrés à la révision ni au jugement d'aucun inférieur. » Yves apporte ensuite des passages de saint Gélase et de saint Grégoire, qui montrent en effet que les jugements du Pape ne sont point sujets à révision. Il conclut que, bien qu'il n'ait point été appelé canoniquement, il est prêt à se présenter en lieu sûr dans la province de Sens, même à Etampes, pourvu qu'il ait un sauf-conduit du comte Etienne, qui l'assure, tant du côté du roi que du côté de l'archevêque. Etienne était comte de Chartres et de Champagne, et les hostilités, universelles en France, obligeaient à prendre de telles précautions pour de si petits voyages (Yv., *Epist.* 8).

L'archevêque Richer tint en effet un concile à Etampes, par le conseil de Godefroi ou Geoffroi, évêque de Paris, homme de grand crédit. Il était frère d'Eustache, comte de Boulogne, le père du fameux Godefroi de Bouillon. Il était grand-chancelier du roi Philippe. Enfin l'évêque de Chartres, Geoffroi, était son neveu, et c'est ce qui excitait l'évêque de Paris à prendre cette affaire à cœur. Il assista donc au concile d'Etampes, avec les évêques de Meaux et de Troyes, de la même province, et qui agissaient par le même esprit. En ce concile, l'archevêque accusa Yves de Chartres de s'être fait ordonner à Rome, prétendant que c'était au préjudice de l'autorité royale. Il voulait le déposer et rétablir Geoffroi; mais Yves appela au Pape, et arrêta ainsi la procédure du concile. C'est ce que nous apprenons par la lettre que le bienheureux Yves en écrivit au Pape, où il ajoute : « Il semble nécessaire que vous adressiez une lettre commune à l'archevêque et à ses suffragants, afin qu'ils me laissent absolument en paix, ou qu'ils aillent avec moi en votre présence rendre compte de leur conduite. Je vous conseille aussi d'envoyer en nos quartiers un légat, homme de bonne réputation et désintéressé; car un homme de ce caractère est nécessaire à l'Eglise dans ces temps, où chacun ose ce qu'il veut, fait ce qu'il ose, et le fait impunément. Je vois plus haut bien des choses qui se font contre l'ordre, surtout en ce qu'on souffre que des personnes qui ne servent pas à l'autel, vivent néanmoins de l'autel (Yv., *Epist.* 12).

Yves demeura évêque de Chartres, et se montra bientôt digne de servir de modèle à tous ses collègues de France. De concert avec le chef de l'Eglise, il soutint la sainteté du mariage contre la passion du prince, jusqu'à souffrir de sa part la prison, tandis que la plupart de ses frères dans l'épiscopat se montraient plus courtisans qu'évêques. On nous permettra de citer à cette occasion les observations bien remarquables d'un homme d'Etat vraiment chrétien.

« Si l'on examine, dit le comte de Maistre, sur la règle incontestable que nous avons établie (savoir, qu'il faut regarder d'en haut et ne voir que l'ensemble), la conduite des Papes pendant la longue lutte qu'ils ont soutenue contre la puissance temporelle, on trouvera qu'ils se sont proposé trois buts, invariablement suivis, avec toutes les forces dont ils ont pu disposer en leur double qualité de pontife et de prince : 1° l'inébranlable maintien des lois du mariage contre toutes les attaques du libertinage tout-puissant; 2° conservation des droits de l'Eglise et des mœurs sacerdotales; 3° liberté de l'Italie.

» ARTICLE PREMIER. — *Sainteté des mariages.* — Un grand adversaire des Papes, qui s'est beaucoup plaint *du scandale des excommunications,* observe que *c'étaient toujours des mariages faits ou rompus qui ajoutaient ce nouveau scandale au premier.* Ainsi un adultère public est un *scandale,* et l'acte destiné à le réprimer est un *scandale* aussi. Jamais deux choses plus différentes ne porteront le même nom; mais tenons-nous-en pour le moment à l'assertion incontestable *que les souverains Pontifes employèrent principalement les armes spirituelles pour réprimer la licence anticonjugale des princes.*

» Or, jamais les Papes de l'Eglise, en général, ne rendirent de service plus signalé au monde que celui de réprimer chez les princes, par l'autorité des censures ecclésiastiques, les accès d'une passion terrible, même chez les hommes doux, mais qui n'a plus de nom chez les hommes violents, et qui se jouera constamment des plus saintes lois du mariage, partout où elle sera à l'aise. L'amour, lorsqu'il n'est pas apprivoisé jusqu'à un certain point par une extrême civilisation, est un animal féroce, capable des plus horribles excès. Si l'on ne veut pas qu'il dévore tout, il faut qu'il soit enchaîné, et il ne peut l'être que par la terreur; mais que fera-t-on craindre à celui qui ne craint rien sur la terre? La sainteté des mariages, base sacrée du bonheur public, est surtout de la plus haute importance dans les familles royales, où les désordres d'un certain genre ont des suites incalculables, dont on est bien éloigné de se douter. Si, dans la jeunesse des nations septentrionales, les Papes n'avaient pas eu moyen d'épouvanter les passions souveraines, les princes, de caprices en caprices et d'abus en abus, auraient fini par établir en loi le divorce, et peut-être la polygamie; et ce désordre se répétant, comme il arrive toujours, jusque dans les dernières classes de la société, aucun œil ne saurait apercevoir les bornes où se serait arrêté un tel débordement.

» Luther, débarrassé de cette puissance incommode qui, sur aucun point de la morale, n'est plus inflexible que sur celui du mariage, n'eut-il pas l'effronterie d'écrire dans son *Commentaire sur la Genèse,* publié en 1525, que, sur la question de savoir si l'on peut avoir plusieurs femmes, l'autorité des patriarches nous laisse libres; que la chose n'est ni permise ni défendue, et que, pour lui, il ne décide rien : édifiante théorie qui trouva bientôt son application dans la maison du landgrave de Hesse-Cassel.

» Qu'on eût laissé faire les princes indomptés du moyen-âge, et bientôt on eût vu les mœurs des païens. L'Eglise même, malgré sa vigilance et ses efforts infatigables, et malgré la force qu'elle exerçait sur les esprits dans les siècles plus ou moins reculés, n'obtenait cependant que des succès équivoques ou intermittents. Elle n'a vaincu qu'en ne reculant jamais (*Du Pape,* l. 2, c. 6). » Voilà ce que dit le génie le plus chrétien et le plus accompli de ces derniers temps, le comte Joseph de Maistre.

Or, le roi de France, Philippe Ier, déjà si sévèrement réprimandé par le pape saint Grégoire VII, pour ses folies de jeunesse, dont il promit toujours de se corriger, fit, en âge d'homme, une folie bien plus coupable et plus scandaleuse. Il avait une épouse légitime, la reine Berthe, fille de Floris, duc de Frise, et sœur du comte de Flandre. Il en avait deux enfants, Louis, surnommé le Gros, qui lui succéda sur le trône, et la princesse Constance, qui épousa dans la suite Bohémond, prince d'Antioche. Eh bien! en 1092, Philippe renvoie la reine, son épouse légitime, et la confine dans un château qu'il lui avait donné par son douaire. Et pourquoi ? pour enlever et épouser la femme légitime d'un de ses vassaux et de ses parents, le comte d'Anjou, Foulque le Rechin. Foulque eut plusieurs femmes. La première, nommée Hildegarde, était fille de Lancelin de Beaugenci, mère de cette comtesse de Bretagne qui, après la mort de son mari, embrassa la vie religieuse dans le monastère de Sainte-Anne, à Jérusalem. Hildegarde étant morte, Foulque épousa

Ermengarde de Bourbon, fille d'Archambauld, surnommé le Fort. Comme Ermengarde était sa parente dans un degré prohibé, l'évêque d'Angers excommunia le comte, parce qu'il ne voulait pas rompre ce mariage contraire aux lois de l'Eglise. Le pape saint Grégoire VII en écrivit au comte lui-même pour lui reprocher sa résistance et lui recommander de faire examiner son affaire par le légat Hugues de Die (L. 10, *Epist.* 22). Elle fut effectivement examinée, l'an 1078, dans un concile de Poitiers, et renvoyée à la décision finale du Pape. Le comte finit par renvoyer Ermengarde, et épousa Bertrade, fille du comte Simon de Montfort, dont il eut un fils, qui lui succéda dans le comté d'Anjou, comme son héritier légitime. Foulque vivait depuis quatre ans avec sa troisième femme, lorsque le roi Philippe la lui enleva, la veille de la Pentecôte, dans l'église de Saint-Jean, à Tours, pendant que les chanoines de Saint-Martin faisaient la bénédiction des fonts baptismaux (*Gesta Consul. andegav.* Script. rer. Fr., t. XII et t. XVI; *Exam. critic.* Script. rer. Fr., t. XIII).

Voici comme parle de ce fait un auteur contemporain, Hugues de Flavigny : « Que personne ne s'indigne contre nous, si nous censurons amèrement la conduite du prince sans égard pour la majesté du trône et l'éminente dignité du personnage. Quand notre livre garderait le silence, la France entière crierait; que dis-je? tout l'Occident retentirait comme un tonnerre, de ce qu'un roi, au mépris de la sainteté du mariage, d'une épouse issue de sang royal et de la fidélité conjugale, n'a pas craint, à la honte de la royale couche et des rejetons qui devaient en sortir, de ravir au comte d'Anjou son épouse, quoiqu'il lui dût la fidélité comme à son vassal et qu'ils fussent parents au troisième et au quatrième degré. Tandis que l'autorité royale n'a employé jusqu'ici le glaive que pour maintenir l'indissolubilité du mariage, un roi luxurieux a rompu les liens du sien, et s'obstine depuis bien des années à croupir sans honte dans un désordre intolérable. » Ainsi parlait Hugues de Flavigny (*Script.*, etc., t. XIII, et t. XVI, *Exam. crit.*).

Mais non content de se déshonorer par un double adultère public, le roi Philippe voulut encore que les évêques se déshonorassent en l'approuvant. Comme le bienheureux Yves de Chartres était le plus savant et le plus estimé, le roi lui demanda une entrevue pour le gagner à son dessein. Voici ce que le vertueux prélat en écrivit à Rainald, archevêque de Reims : « Le roi m'invita dernièrement à une conférence où il me pria instamment de lui aider dans le mariage qu'il voulait faire avec Bertrade. Je lui répondis qu'il ne devait pas le faire, parce que la cause n'était pas encore terminée entre lui et son épouse. C'est que le roi prétendait faire casser son mariage avec Berthe, sous prétexte de parenté. Yves continue : Le roi m'assura que la cause était pleinement décidée par l'autorité du Pape, par la vôtre et par l'approbation des évêques, vos confrères. Je lui répondis que je n'en avais point de connaissance et que je ne voulais point assister à ce mariage, s'il n'était célébré par vous et approuvé par vos collègues, parce que ce droit appartient à votre Eglise par la concession du Pape et l'ancienne coutume. Comme donc je m'assure que dans une affaire si dangereuse et si pernicieuse à votre réputation et à la gloire de tout le royaume, vous ne ferez rien qui ne soit appuyé d'autorité ou de raison, je vous conjure instamment de me dire la vérité de ce que vous en savez et de me donner un bon conseil, quelque difficile qu'il soit à suivre; car j'aime mieux perdre pour toujours les fonctions et le titre d'évêque, que de scandaliser le troupeau du Seigneur par ma prévarication (Yv., *Epist.* 13). »

Il écrivit aussi au roi en ces termes : « Ce que présent j'ai dit à Votre Sérénité avant le serment (sur la parenté), je le lui écris absent. Je ne veux ni ne puis assister à la célébration de votre mariage, à laquelle vous m'invitez, à moins qu'un concile général n'ait décidé que vous avez légitimement répudié la reine, votre épouse, et que vous pouvez légitimement contracter avec celle que vous vous proposez d'épouser. Si l'on m'avait invité à quelque conférence avec les évêques, où l'on pût librement discuter cette affaire, je n'y aurais pas manqué; mais je ne puis me rendre à Paris pour le sujet qui m'y fait appeler. Ma conscience, que je dois conserver pure devant Dieu, et la réputation d'un évêque de Jésus-Christ, qui doit être sans tache, m'en empêchent; j'aimerais mieux être jeté au fond de la mer avec une meule attachée au cou, que d'être un sujet de scandale pour les faibles. Ce que je dis n'est pas contre l'obéissance que je vous dois; c'est, au contraire, pour vous mieux marquer ma fidélité, que je pense devoir vous parler ainsi, persuadé qu'en cette rencontre vous faites grand tort à votre âme et exposez votre royaume à un grand péril. Souvenez-vous que notre premier père, que le Seigneur avait préposé à toute la création visible, a été séduit au paradis par une femme, et qu'ils en ont été exilés tous les deux. Le très-fort Samson, séduit par une femme, perdit la force par laquelle il avait coutume de vaincre les ennemis, et fut vaincu par eux. Le très-sage Salomon, à cause de l'amour des femmes, apostasia de Dieu et perdit la sagesse qui le distinguait. Que votre sublimité prenne donc garde de tomber dans un de ces malheurs, et, en diminuant le royaume de la terre, de perdre encore celui du ciel. Consultez l'ange du grand conseil, afin que dans toutes vos affaires vous puissiez éviter ce qui est honteux et inutile, et faire ce qui est utile et glorieux. Portez-vous bien (*Epist.* 15). » Le saint évêque de Chartres n'en demeura pas là; il envoya une copie de sa réponse aux autres évêques invités avec lui à la cérémonie du mariage adultérin du roi, et les exhorta à n'être pas, dans les conjonctures présentes, des chiens muets, qui n'ont pas la force d'aboyer (*Ibid.*, 14).

Le digne exemple de l'évêque de Chartres ne fut pas sans influence. Orderic Vital nous apprend qu'il ne se trouva pas un seul évêque en France qui osât bénir un tel mariage; mais tous, inébranlables dans l'observation des règles de l'Eglise, aimèrent mieux se rendre agréables à Dieu que de complaire à un homme; tous, d'une voix unanime, réprouvèrent ce mariage comme une infamie. Enfin, d'après l'examen critique qu'un savant bénédictin a fait de toute cette affaire, le roi trouva, pour bénir son mariage avec Bertrade, qu'un prélat normand, l'archevêque de Rouen, Guillaume, qui, en punition de sa témérité, fut interdit de ses fonctions pendant plusieurs années (*Script. rer. Franc.*, t. XVI). Le comte d'Anjou, pour venger l'injure que le roi avait faite en lui enlevant sa femme; les parents de la reine Berthe, pour venger son outrageuse répudiation, prirent à la fois les armes. De son côté, le roi Philippe, pour marquer à l'évêque de Chartres son ressentiment, lui déclara la guerre; les terres de son Eglise furent pillées et lui-même mis en prison par Hugues de Puiset, vicomte de Chartres.

Le pape Urbain II ayant appris ces nouvelles, écrivit une lettre de réprimande à l'archevêque de Reims et à ses suffragants, pour avoir souffert que Philippe contractât ce mariage adultère. « Si vous étiez bien pénétrés, dit-il, des devoirs que vous impose le sacerdoce, nous n'aurions pas eu la douleur d'apprendre qu'un si grand attentat est resté impuni. Etant établis comme des sentinelles pour veiller sur la maison d'Israël, vous deviez dénoncer aux impies leur impiété, et vous opposer comme un mur à tout ce qui peut la blesser. Comment donc avez-vous pu souffrir que le roi d'un si beau royaume ait osé, sans pudeur, abjurant la crainte de Dieu, au mépris de l'équité, des lois, des canons, de l'usage constant de l'Eglise, abandonner, sans forme de procès, son épouse, et, entraîné ensuite par un amour criminel, s'unir la femme de son proche parent? Un pareil attentat annonce que vos Eglises ne sont pas mieux gouvernées que le royaume, et vous couvre de confusion; car c'est consentir au crime que de ne pas s'y opposer quand on le peut. Nous vous ordonnons aujourd'hui, en vertu de l'autorité apostolique, d'aller, aussitôt notre lettre reçue, trouver le roi, ce que vous eussiez dû faire il y a longtemps, sans attendre nos ordres, de le presser, de la part de Dieu, de notre part et de la vôtre, de mettre fin à un crime si abominable, en employant pour cela les avertissements charitables, les prières, les reproches et même les menaces. Que s'il méprise tout cela, ce sera une nécessité et pour nous et pour vous de recourir aux armes de notre ministère pour venger les outrages faits à la loi divine, et de transpercer du glaive de Phinéès les Madianites adultères. »

Dans la même lettre, le Pape enjoint aux évêques de travailler à la délivrance d'Yves de Chartres, qui, comme nous l'avons vu, était détenu dans les prisons du vicomte par ordre du roi. « Vous ne mettrez pas moins d'empressement, dit-il, à délivrer de prison notre confrère l'évêque de Chartres. Si celui qui le retient en prison ne veut pas le relâcher, vous lancerez contre lui l'excommunication; vous mettrez sous l'interdit les châteaux dans lesquels il le tient enfermé, et même les terres de sa dépendance, afin de dégoûter cette classe d'hommes de se porter à de tels excès. Si vous ne voulez pas compromettre votre ordre, vous ne négligerez rien pour accélérer cette affaire. » La lettre est du 27 octobre 1092 (Labbe, t. X, *Epist.* 35).

Les principaux de la ville de la Chartres, étaient convenus ensemble de faire la guerre au vicomte pour la délivrance de leur évêque. L'ayant appris, le bienheureux Yves leur écrivit pour le leur défendre absolument; « car, dit-il, ce n'est pas en brûlant des maisons et pillant des pauvres que vous apaiserez Dieu; vous ne ferez que l'irriter, et, sans son bon plaisir, ni vous ni personne ne pourra me délivrer. Permettez que je porte seul la colère de Dieu jusqu'à ce qu'il me justifie, et n'augmentez pas mon affliction par la misère d'autrui. Car j'ai résolu, non-seulement de demeurer en prison, mais de perdre ma dignité et même la vie, plutôt que d'être cause qu'on fasse périr des hommes. Souvenez-vous qu'il est écrit que Pierre était en prison, et que l'Eglise faisait sans cesse des prières pour lui (*Epist.* 20). »

Le bienheureux Yves fut rendu à la liberté vers la fin de 1092 ou dans la première moitié de 1093. Mais à peine sorti de prison, il se vit assailli de nouveau par ses ennemis, et cité à comparaître à la cour du roi pour répondre à leurs griefs. Voici la réponse modeste qu'il adressa au prince : « Etant redevable à la bonté de Dieu et à votre main du haut rang que j'occupe dans l'Eglise, auquel ne me permettait pas d'aspirer la bassesse de mon extraction, je me crois obligé de travailler de toutes mes forces à tout ce qui peut intéresser votre salut, sans blesser la loi de Dieu. Attendu cependant que, prenant en mauvaise part quelques avis salutaires que je vous donnais en preuve de ma fidélité et de mon attachement, vous m'avez déclaré une guerre ouverte, et livré à la rapacité de mes ennemis les biens de mon Eglise, ce qui m'a causé de grands dommages, je ne puis, quant à présent, comparaître honnêtement à votre cour, où je ne trouverais point de sûreté. Je supplie donc Votre Majesté de m'accorder quelque répit, afin que je puisse un peu respirer et réparer en partie les dommages que j'ai éprouvés, jusqu'à manquer presque de pain. J'ai même cette confiance dans la miséricorde de Dieu, que vous ne tarderez pas à reconnaître la vérité de ce proverbe de Salomon : *Les blessures faites par qui vous aime sont préférables aux séduisantes caresses de qui vous flatte.* Au reste, je ne refuserai pas de répondre à ceux qui ont porté plainte contre moi, soit devant un tribunal ecclésiastique, si l'affaire est de son ressort, soit dans une cour séculière, si c'est en matière purement civile, lorsque je connaîtrai mes accusateurs et les griefs qu'ils ont contre moi (*Epist.* 23). »

Philippe était si indisposé contre lui, qu'il cherchait, dans ses actions les plus innocentes, des sujets de querelle. Yves avait terminé à l'amiable et à la prière de saint Anselme, abbé du Bec, une contestation qui s'était élevée entre les religieux du Bec et ceux de Molesme, au sujet du prieuré de Peisse. Philippe, qui s'était déclaré pour les religieux du Bec, attaqua cet arbitrage comme attentatoire à son autorité royale. Pour repousser une si grave accusation, Yves fut obligé d'écrire au roi la lettre suivante : « En examinant scrupuleusement ma conscience, je ne trouve dans ma conduite rien qui ait pu faire changer à mon égard les dispositions de bonté et de clémence, le plus bel ornement de la majesté royale, au point que je ne reçois de votre part que des reproches, et rien qui annonce de la bienveillance. Lorsque j'ai assoupi, tant bien que mal et pour un temps seulement, la contestation qui s'était élevée entre les religieux du Bec et ceux de Molesme, je n'ai fait aucune violence aux premiers. Leur abbé, convaincu que les religieux de Molesme avaient été illégalement dépossédés par quelques-uns de ses nouveaux religieux, m'avait prié de terminer cette affaire, ou à l'amiable, ou de prononcer sur cela un jugement définitif. En votre considération, je me suis abstenu de porter un jugement; mais, comme l'abbé du Bec offrait de partager les fruits avec les religieux de Molesme, j'ai adopté, par amitié pour lui, cette mesure, afin de terminer les débats. Il n'y avait pas là de quoi me susciter une affaire, parce qu'en supposant même que j'eusse contraint les spoliateurs à rendre ce dont ils s'étaient emparés illégalement, je n'aurais porté en cela aucun préjudice à l'autorité royale. Comme il appartient au roi de maintenir les droits civils de chacun et de punir les contrevenants, de même c'est le devoir des évêques de prescrire à ceux qui leur sont subordonnés les règles à suivre, et de corriger, avec la sévérité d'un père, ceux qui s'en écartent. N'écoutez donc pas ceux qui vous proposent des mesures violentes; ce n'est pas en suivant leurs suggestions que vous marcherez dans les sentiers de la justice et que vous parviendrez au royaume des cieux. Quels qu'ils soient, ces hommes turbulents, je suis prêt à répondre, en votre présence, aux accusations qu'ils portent contre moi, et à leur prouver, sans réplique, que ce sont des calomnies, si vous m'envoyez un sauf-conduit pour moi et pour ceux qui m'accompagneront, soit en allant, soit en revenant, soit en séjournant; car vous n'ignorez pas combien mon amour pour la justice m'a procuré d'ennemis dans ce pays-ci, même au sein de votre cour (*Epist.* 9). »

Tant de vexations lui rendirent bientôt la charge de l'épiscopat intolérable. Dans une lettre au pape Urbain, il lui demande d'en être déchargé, « ou bien, dit-il, si c'est votre bon plaisir que je prolonge mon tourment, armez mon bras d'une verge de fer, avec laquelle je puisse briser les vases de boue, telle cependant qu'il n'y ait d'exception pour personne, sans quoi elle serait plus dangereuse que profitable. » Dans la même lettre, il annonce au Pape le désir qu'il avait de l'aller trouver, et les obstacles qui s'opposaient à son voyage. Il charge l'exprès qu'il lui envoie de l'instruire des dommages, des angoisses et des persécutions qu'il avait éprouvés dans son diocèse et au dehors, durant le cours de cette même année. Il ajoute ensuite que, bravant les périls auxquels il s'exposait, il avait fait passer, sans retard, la lettre du Pape aux métropolitains et à leurs suffragants, et que ceux-ci étaient restés comme des chiens muets, incapables d'aboyer (*Ibid.* 25).

Vers la fin de 1093, Yves fit le voyage de Rome, comme il l'assure lui-même dans une lettre à Eudes, sénéchal de Normandie. « Vous me demandez, dit-il, des nouvelles du Pape; j'ai l'honneur de vous dire qu'au mois de novembre dernier, je suis entré dans Rome avec lui, sans obstacle; que je l'y ai laissé au mois de janvier, et qu'il s'y maintient toujours, avec l'aide de Dieu, quoiqu'il ait à se défendre des assauts que lui livrent les ennemis de l'Église romaine (*Ibid.* 27). »

Ce voyage avait sans doute pour objet de concerter avec le Pape les moyens de contraindre le roi à se séparer de sa nouvelle femme. Philippe en était si persuadé, qu'au retour d'Yves, il lui fit faire des propositions d'accommodement par l'entremise du sénéchal du roi, Gui de Rochefort. L'évêque répondit en ces termes à l'entremetteur : « Je vous remercie beaucoup, mon cher ami, des peines que vous vous donnez pour faire ma paix avec le roi; mais comme cette paix ne peut être solide, tandis qu'il persistera dans son dessein, j'ai résolu d'attendre encore quelque temps pour voir s'il ne changera pas. Tout se dispose à casser son mariage et à le séparer de sa nouvelle épouse; car j'ai vu les lettres que le pape Urbain écrit aux archevêques et aux évêques pour réduire ce prince à la raison, et le corriger, par les canons, s'il ne vient pas à résipiscence. Les lettres auraient même déjà été publiées; mais, pour l'amour du roi, j'ai obtenu qu'on les tînt encore secrètes quelque temps, parce que je ne veux pas que son royaume ait quelque prétexte de se soulever contre lui. Avertissez le roi, et mandez-moi ses sentiments (*Epist.* 23). »

Ce que le bienheureux Yves déclare ici au sénéchal, il l'annonça bientôt après au roi lui-même. Philippe ayant levé une armée pour aller au secours de Robert, duc de Normandie, attaqué par son frère Guillaume le Roux, roi d'Angleterre, avait requis l'évêque de Chartres de fournir son contingent. C'était au carême de l'année 1094. Le bienheureux Yves s'en excusa sur plusieurs raisons : la principale, c'est qu'en paraissant devant le roi, il serait obligé de lui dénoncer publiquement les ordres qu'il avait reçus du Pape touchant son mariage, et par là même de le déclarer excommunié. « C'est donc par ménagement pour Votre Majesté, conclut-il, que je m'abstiens de paraître devant vous, pour n'être pas obligé de vous dire en public ce que je vous dis maintenant à l'oreille, que rien ne peut me dispenser d'obéir au Pape, qui tient pour moi la place de Jésus-Christ. Cependant je ne veux ni vous offenser ni porter atteinte à votre autorité, tant qu'il me sera possible de différer, par quelque moyen honnête, l'exécution des ordres que j'ai reçus (*Ibid.* 28). »

Cependant la reine Berthe étant morte en 1094, Philippe imagina qu'il trouverait moins d'opposition, de la part des évêques, à son second mariage. Il y avait un obstacle de moins; mais il en subsistait un qui était insurmontable, c'est que Bertrade était la femme légitime du comte d'Anjou, qui, de plus, était proche parent du roi. Quelques évêques pourtant, comme l'évêque de Meaux, cherchaient des moyens de tourner l'obstacle. Philippe, de son côté, envoya des ambassadeurs à Rome. Voici ce que l'évêque de Chartres en écrivit à celui de Beauvais. « Je vous envoie la lettre que j'ai reçue du Pape touchant l'affaire du roi, depuis que ses ambassadeurs l'ont quitté, afin que vous sachiez que, si le Pape ne juge pas à propos d'aller en avant, il ne recule pas non plus (*Ibid.* 30).

Le pape Urbain avait nommé pour son légat en France, Hugues, archevêque de Lyon, le même qui, étant évêque de Die, s'était déjà acquitté avec tant de fermeté de ce ministère sous le pontificat de saint Grégoire VII. Hugues avait peine à accepter une commission que les conjonctures rendaient si délicate et si difficile; et plusieurs évêques, qui craignaient son zèle, lui conseillèrent de la refuser. Le bienheureux Yves de Chartres l'ayant appris, lui écrivit pour le rassurer contre les terreurs qu'on tâchait de lui inspirer au sujet du roi.

« Ceux qui se portent bien, lui dit-il, n'ont pas besoin de médecins; ils ne sont nécessaires qu'aux malades. Quoiqu'il se soit élevé un nouvel Achab dans le royaume d'Italie, et une nouvelle Jézabel dans celui de France, Elie ne peut pas dire qu'il est demeuré seul, Dieu s'est réservé sept mille hommes qui n'ont pas fléchi le genou devant Baal. Quoique Hérodiade danse devant Hérode, qu'elle demande et obtienne la tête de Jean-Baptiste, il faut que Jean dise : *Il ne vous est pas permis de répudier votre femme sans raison.* Quoique Balaam enseigne à Balac à séduire les Israélites par l'amour des femmes, Phinéès ne doit pas pardonner à l'Israélite qui pèche avec une femme madianite. Quoique Néron, à l'instigation de Simon, fasse emprisonner Pierre, Pierre ne doit pas laisser de dire à Simon : *Périsse ton argent avec toi!* Plus les méchants font d'efforts contre l'Eglise, plus il faut montrer de courage pour la défendre et pour en relever les ruines. Ce n'est pas pour vous instruire que je parle de la sorte; je voudrais seulement persuader à Votre Paternité de remettre la main à la charrue, pour arracher les épines du champ du Seigneur (*Epist.* 18). » Le légat indiqua un concile à Autun pour le 15 octobre 1094.

Le roi Philippe en fit tenir un à Reims, le 18 septembre précédent. Il s'y trouva en personne avec trois archevêques et huit évêques. Le bienheureux Yves de Chartres y ayant été invité, s'en excusa parce qu'il ne devait pas être jugé hors de sa province; car il savait qu'on voulait l'y accuser ; et comme cette accusation n'avait d'autre fondement que la haine qu'on lui portait, il appela au Saint-Siège. « Je ne le fais pas, dit-il, pour éviter le jugement, ma justification est bien facile. On m'accuse de parjure, et je n'ai jamais fait de serment à personne ; mais je ne veux pas donner l'exemple de s'écarter des règles, ni m'exposer à un péril certain pour un avantage incertain ; car j'ai demandé un sauf-conduit au roi, et n'ai pu l'obtenir. Or, autant que je puis juger par les menaces qui m'ont été faites, il ne me serait pas permis, dans votre assemblée, de dire impunément la vérité, puisque c'est pour l'avoir dite et pour avoir obéi au Saint-Siège, que je suis traité si durement, et accusé de parjure et de crime d'Etat ; mais, permettez-moi de le dire, on aurait plus de raison d'en accuser ceux qui fomentent une plaie qui ne peut se guérir que par le fer et le feu ; car, si vous aviez tenu ferme comme moi, notre malade serait guéri. Que le roi fasse contre moi tout ce que Dieu lui permettra de faire; qu'il m'enferme, qu'il m'éloigne, qu'il me proscrive ; j'ai résolu, avec la grâce de Dieu, de tout souffrir pour sa loi (*Epist.* 35). » On ne sait ce que décida le concile de Reims.

Celui que le légat Hugues de Lyon avait indiqué à Autun, s'y tint en effet le 16 octobre. Il y assista trente-deux évêques avec plusieurs abbés. On y renouvela l'excommunication contre Henri de Germanie, contre l'antipape Guibert, et l'on excommunia pour la première fois le roi de France, Philippe, pour avoir épousé Bertrade du vivant de Berthe, sa femme légitime. On publia aussi dans ce concile, des décrets contre la simonie et contre l'incontinence des clercs, et l'on défendit aux moines de desservir les églises paroissiales (Berthold, Hug. Flav.; Labbe, t. X).

Le roi Philippe, ayant été excommunié dans ce concile, envoya des ambassadeurs au Pape pour l'apaiser, en affirmant, par leur serment, qu'il n'avait plus de commerce criminel avec Bertrade, et faisant entendre au Pape que, s'il ne levait l'excommunication et ne rendait au roi la couronne, c'est-à-dire le droit de se la faire imposer par les évêques aux solennités religieuses, comme c'était la coutume alors, ce prince se retirerait de son obéissance pour embrasser celle de l'antipape. Mais le bienheureux Yves ayant eu connaissance de leurs instructions, en avait prévenu le Pape par la lettre suivante : « Il doit vous venir de la part du roi des ambassadeurs par qui parlera l'esprit de mensonge. Gagnés par l'appât des dignités ecclésiastiques qu'ils ont déjà obtenues ou qu'on leur a promises, ils tâcheront d'entraîner hors des sentiers de la justice le Siège que vous occupez, et qui est par excellence le Siège de la justice. J'ai cru devoir vous en prévenir, afin que vous ne soyez ni séduit par leurs promesses, ni effrayé par leurs menaces. Quoi qu'ils puissent vous dire, n'oubliez pas que la hache est déjà appliquée à la racine du mal, et qu'elle produira son effet, si vous-même ne relâchez l'arc déjà tendu, si vous n'arrêtez le glaive déjà tiré. Ces députés, comptant beaucoup sur les ressources de leur petit génie et de leurs discours apprêtés, ont promis au roi qu'ils obtiendraient du Siège apostolique l'impunité de son crime. Or, voici à peu près les moyens dont ils se serviront ; ils vous diront que le roi et le royaume se retireront de votre obéissance, si vous ne lui rendez la couronne, et si vous ne levez l'excommunication. Ce n'est pas à moi de vous apprendre quel espoir d'impunité ce serait donner à tous les méchants que de lui accorder le pardon sans repentir ; ce n'est pas à moi de l'apprendre à Votre Prudence, qui est plus intéressée que personne à frapper les crimes et non à les favoriser. Que si, à cette occasion, quelques faux frères se séparent extérieurement de l'unité de leur mère, de laquelle ils se sont déjà séparés d'esprit depuis longtemps, Votre Sainteté doit s'en consoler en se rappelant cette parole du Seigneur : *Je me suis réservé sept mille hommes ;* et cette autre de saint Paul : *Il faut qu'il y ait des hérésies, afin que l'on connaisse ceux qui sont à l'épreuve.*

» Du reste, je dirai encore à Votre Vigilance que par l'ordre du roi, les archevêques de Reims, de Sens et de Tours, ont invité leurs suffragants à se réunir à Troyes, quand on aura reçu votre réponse. Malgré cette invitation, je ne m'y rendrai point, si ce n'est que vous me le conseilliez ; car je crains que dans cette assemblée on n'entreprenne quelque chose contre la justice et contre le Siège apostolique (*Epist.* 46). »

Le roi Philippe avait de la foi et de la piété, mais point assez pour vaincre sa passion. Il proposait de se corriger sur beaucoup de choses et de faire beaucoup de bonnes œuvres, pourvu qu'on lui laissât la femme qu'il avait enlevée au comte d'Anjou. Le bienheureux Yves répondit au sénéchal du roi qui lui avait fait part de ces dispositions : « Fondé sur l'autorité des saintes Ecritures, je réponds, mon cher ami, qu'il est impossible de racheter son péché par des largesses, tant qu'on persiste dans la volonté de le commettre, parce que, selon saint Paul, *les plus grands sacrifices ne sont d'aucune utilité à celui qui conserve la volonté de pécher.* D'après cette décision et autres semblables, je suis convaincu que les bonnes intentions du roi ne produiront aucun bon effet, s'il ne renonce à son péché et s'il ne se

soumet au joug de la pénitence; car ce n'est pas notre bien, mais nous-mêmes, que Dieu exige pour notre salut. C'est ce que je vous prie de dire au roi, afin qu'il adopte une mesure plus salutaire. S'il en proposait une qui fût selon Dieu, il me trouverait prêt à le seconder de toutes mes forces (*Ibid.* 47). »
Les choses restèrent dans cet état depuis le concile d'Autun jusqu'à celui de Plaisance, célébré par le pape Urbain à la mi-carême de l'an 1095.

Pendant que se négociait ou se débattait cette affaire délicate, le pape Urbain II, de concert avec le roi Philippe, rétablit l'évêché d'Arras et y mit pour évêque un homme très-digne de l'être. Depuis saint Vaast, premier évêque d'Arras, le même qui, n'étant que prêtre de Toul, instruisit le premier roi chrétien des Francs, cet évêché était demeuré uni à celui de Cambrai; mais Cambrai étant du royaume de Lorraine, et des Etats du roi d'Allemagne, le roi de France et le comte de Flandre souhaitèrent qu'on établît un évêque particulier à Arras. Les habitants de cette ville le désiraient avec ardeur. Ils s'adressèrent au Pape, qui, entrant dans les vues du roi, leur permit de procéder à l'élection d'un évêque, et manda à l'archevêque de Reims d'ordonner celui qu'ils auraient élu. Après trois jours de jeûne, le clergé et le peuple d'Arras élurent unanimement Lambert de Guisnes, chanoine et chantre de Lille, et l'installèrent malgré lui dans le siége épiscopal. C'était un homme d'un rare mérite, et qui n'accepta cette dignité que par obéissance aux ordres du Pape. Lambert s'étant présenté pour son sacre à l'archevêque de Reims, son métropolitain, celui-ci le renvoya au Pape, auquel il manda qu'ayant pris l'avis de ses comprovinciaux et des clercs de son Eglise, ils lui avaient conseillé de s'abstenir d'ordonner Lambert, et de l'envoyer plutôt à Sa Sainteté, afin qu'elle en fît ce qu'elle jugerait à propos. « Ils craignent, dit-il, que les citoyens de Cambrai n'en prennent occasion de se séparer de notre métropole. Or, l'Eglise de Reims perdrait considérablement à cet échange; car Cambrai vaut six fois Arras. » C'est qu'en effet le clergé de Cambrai avait formé opposition au rétablissement du nouvel évêché, mais sans y donner de suite.

Lambert s'étant transporté à Rome, se jeta aux pieds du Pape et le pria instamment de casser son élection et de le délivrer du fardeau qu'on voulait lui imposer, alléguant son incapacité, les persécutions auxquelles il devait s'attendre de la part du roi d'Allemagne, et la pauvreté de l'Eglise d'Arras. Mais le Pape l'embrassa tendrement et le consola. Puis il assembla son conseil, composé des évêques, des cardinaux et de plusieurs Romains, et, en l'absence de Lambert, y fit lire toute la procédure faite par l'Eglise d'Arras pour son élection. Les Romains l'ayant entendue et connu le mérite de Lambert, demandèrent, pour l'avoir chez eux, qu'il fût ordonné évêque d'Ostie; mais le Pape, voulant affermir le nouvel évêché d'Arras, n'eut point d'égard à la prière des Romains; et, quelques jours après, il prit Lambert en particulier, et lui commanda, de la part de Dieu et de saint Pierre, d'acquiescer à son élection par obéissance et pour la rémission de ses péchés. Lambert se soumit et fut sacré évêque d'Arras par le Pape même, le 19 mars 1094 (Labbe, t. X).

En Allemagne, le schisme s'affaiblissait. Guelfe, duc de Bavière, reprit la ville d'Augsbourg, fit prisonnier Sigefroi, qui en avait usurpé le siége, et y rétablit l'évêque catholique Wigold, qui mourut la même année. L'évêque schismatique de Worms, touché de repentir, se réunit à l'Eglise, et, renonçant à l'épiscopat, entra dans le monastère de Hirsau, pour y faire pénitence. Les habitants de Metz chassèrent entièrement de la ville l'usurpateur Brunon, et s'engagèrent par serment à ne point recevoir d'autre évêque que Herman, leur légitime pasteur, alors prisonnier en Toscane, où il aima mieux demeurer que d'embrasser le schisme pour jouir de son évêché. Vecilon, archevêque de Mayence, et Meinard, évêque de Wurtzbourg, les plus savants des schismatiques, moururent excommuniés; mais les catholiques firent aussi de grandes pertes. Bertold et Bernard, savants hommes et docteurs fameux, moururent. Le vénérable Burchard, évêque d'Halberstadt, est blessé mortellement par les schismatiques, et meurt le 6 avril, en exhortant tous les assistants à demeurer fermes dans l'obéissance au Pape légitime ; saint Guébehard, archevêque de Salzbourg, mourut le 15 juin : c'était le chef des catholiques, et il nous reste une lettre de lui contre les schismatiques. Pierre Ignée, moine de Vallombreuse, et depuis cardinal-évêque d'Albane, mourut le 8 janvier de l'année suivante 1089, en grande réputation de sainteté. Le roi Herman, abandonné des Saxons, se retira en Lorraine, où il mourut cette année 1088, la septième année de son règne; mais les Saxons chassèrent bientôt derechef le roi ou empereur Henri, qui fut mis honteusement en fuite, perdit les insignes de la royauté, et faillit être pris lui-même (Berthold, an 1088; Baronius et Pagi).

L'année suivante 1089, Herman, évêque de Metz, revint chez lui après une longue captivité, et y fut reçu avec joie du grand nombre. L'usurpateur Brunon tomba dans un mépris général, étant odieux pour ses mœurs infâmes, même à Henri, qui lui avait vendu cet évêché. Enfin il fut réduit à se retirer chez le comte Albert, son père, qui était du parti catholique. Outre Herman de Metz, il y avait quatre évêques principaux qui soutenaient les catholiques en Allemagne : saint Adalberon de Wurtzbourg, saint Altmann de Passau, Albert de Worms et Guébehard de Constance. Ce dernier était parfaitement connu du pape Urbain, qui l'avait lui-même ordonné évêque, étant légat en Allemagne ; c'est pourquoi il le fit son légat dans ce royaume, c'est-à-dire dans toute l'Allemagne, la Bavière, la Saxe et les pays voisins, par une lettre décrétale donnée en concile.

Guébehard avait envoyé à Rome Eginon, depuis abbé de Saint-Ulric d'Augsbourg, qui, s'étant déguisé, échappa aux schismatiques. Il portait des lettres par lesquelles Guébehard consultait le Pape sur plusieurs questions touchant les excommuniés. Sur quoi le Pape lui répondit par cette décrétale : « Nous tenons pour excommunié au premier degré l'hérésiarque de Ravenne, usurpateur de l'Eglise romaine, avec le roi Henri. Au second rang, ceux qui les aident d'argent, de conseil ou d'obéissance, principalement en recevant d'eux ou de leurs fauteurs des dignités ecclésiastiques. Au troisième rang sont ceux qui communiquent avec eux ; nous ne les excommunions pas nommément, mais nous ne les recevons point en notre société sans une pénitence, que nous modérons selon qu'ils ont agi par ignorance, par crainte ou par nécessité. Car nous voulons que l'on traite avec plus de rigueur ceux qui sont retombés volontairement ou par négligence : ce que nous laissons à votre discrétion.

» Quant aux clercs ordonnés par des évêques excommuniés, nous n'en portons pas encore de jugement, parce qu'il faut un concile général. Nous vous répondons toutefois, quant à présent, que vous pouvez laisser dans les ordres qu'ils ont reçus ceux qui ont été ordonnés par des évêques excommuniés, mais auparavant catholiques, pourvu que ces évêques ne fussent pas simoniaques et que les clercs dont il s'agit n'aient pas reçu d'eux les ordres par simonie, pourvu aussi qu'ils soient recommandables par leurs mœurs et leur doctrine. A ces conditions, vous pourrez les laisser dans leurs ordres, après leur avoir imposé la pénitence que vous jugerez convenable ; mais nous ne leur permettons point de monter aux ordres supérieurs, sinon pour une plus grande utilité de l'Eglise, et rarement. » Le Pape permet de même, pour la nécessité présente de l'Eglise contre les schismatiques, de laisser ou rétablir dans leurs fonctions les prêtres et les autres clercs tombés dans le crime, marquant, toutefois, qu'il ne veut pas donner d'atteinte à l'ancienne discipline, qui ne réhabilitait jamais les clercs criminels, quelque pénitence qu'ils eussent faite.

Le Pape donne ensuite à Guébehard la juridiction sur l'île de Reichenau, sauf l'exemption des moines, auxquels il commande de donner un abbé catholique, aussi bien qu'à Saint-Gall et aux monastères qui en manquent. Il lui enjoint de pourvoir encore aux évêchés d'Aoste et de Coire, et aux autres où l'évêque de Passau ne pourra venir; « car, ajoute-t-il, nous lui avons donné, comme à vous, la commission de gouverner à notre place la Saxe, l'Allemagne et les autres pays voisins, afin que vous réprouviez les mauvaises ordinations, que vous confirmiez les bonnes et que vous régliez toutes les affaires ecclésiastiques, après avoir pris conseil des hommes pieux, jusqu'à ce que vous puissiez recevoir un légat plus particulier du Saint-Siège. » La bulle est datée de Rome, le 18 avril (Labbe, t. X, p. 445).

Il n'était pas aisé de tenir alors le juste milieu entre la trop grande indulgence, qui eût affaibli la discipline, et la rigueur excessive, qui eût révolté les coupables ; car l'antipape Guibert et ses sectateurs ne cessaient de faire des ordinations dans les lieux qui obéissaient au roi Henri, et de les vendre bien cher. Ce qui multipliait tellement le nombre des excommuniés, que les catholiques avaient bien de la peine à les éviter. Le Pape tint, cette année 1089, un concile général de cent quinze évêques, où il y a apparence que l'on consulta l'indulgence à l'égard des schismatiques ; car les Romains chassèrent honteusement l'antipape Guibert, et lui firent promettre, avec serment, qu'il n'usurperait plus le Saint-Siège.

Les deux parties cherchaient à faire la paix; et il y eut une conférence des ducs et des comtes catholiques avec le roi Henri. Ils lui promettaient leur secours pour le rétablir dans son royaume, s'il voulait abandonner l'antipape Guibert et reconnaître le pape Urbain ; et il ne s'en éloignait pas beaucoup, mais il voulait avoir le consentement des seigneurs de son parti. Parmi ceux-ci étaient les évêques ordonnés par les schismatiques; voyant qu'ils seraient infailliblement déposés avec Guibert, ceux-ci détournèrent absolument le prince de se réconcilier avec le Pape.

Pour fortifier d'autant plus le parti catholique, le pape Urbain persuada à la comtesse Mathilde d'épouser Guelfe, fils de Guelfe, duc de Bavière, et petit-fils d'Azzon, marquis de Ferrare. Mathilde était veuve depuis treize ans et en avait quarante-trois ; aussi ne fit-elle ce mariage que par obéissance au Pape, pour être mieux en état de soutenir l'Eglise romaine contre les schismatiques; et Guelfe protesta depuis l'avoir respectée. Ce mariage affligea beaucoup Henri d'Allemagne (Berthold, an 1089 et 1095).

En Bavière, le parti des catholiques prenait le dessus ; en sorte qu'ils remplirent le siège de Salzbourg, vacant depuis un an et demi par le décès de l'archevêque saint Guébehard, arrivé le 15 juin 1088. On élut à sa place le saint abbé Thiemon, né en Bavière d'une haute noblesse. Dès sa première jeunesse, il embrassa la vie monastique dans l'abbaye d'Altaha, d'où il fut tiré par l'archevêque saint Guébehard, pour le faire abbé d'un monastère de son diocèse ; et il y rétablit la discipline, joignant la discrétion à l'autorité et à l'austérité de la vie. Saint Guébehard ayant été chassé par les partisans du roi Henri et un usurpateur, nommé Berthold, mis en sa place, le saint abbé Thiemon se retira à Schaffouse et à Hirsau, monastères alors fameux par leur régularité. Après avoir demeuré quelque temps en ce dernier, il revint à Salzbourg, où le schismatique Berthold le reçut très-humainement, espérant que le désir de rentrer dans son abbaye lui ferait embrasser son parti. Mais saint Thiemon se retira en un désert voisin, dans une communauté pauvre, qui le reçut avec grande charité.

Après la mort du saint archevêque Guébehard, les gens de bien voulaient lui donner saint Thiemon pour successeur ; les autres proposaient un homme qui n'était considérable que par sa noblesse et sa puissance. Le jour de l'élection venu, on s'assembla au lieu marqué ; saint Altmann, évêque de Passau, légat du Saint-Siège, y était avec le clergé de Salzbourg, Guelfe, duc de Bavière, les comtes et un grand peuple. Le compétiteur de Thiemon entra dans un bateau, pour passer la rivière de Salz, et se noya à la vue de toute l'assemblée. Alors tous se réunirent, et saint Thiemon fut élu d'un commun consentement. Il fut sacré solennellement, le 7 avril 1090, par le légat saint Altmann, assisté de saint Adalberon de Wurtzbourg et de Méginward de Frisingue. Mais saint Adalberon mourut la même année, le 6 octobre, après quarante-cinq ans d'épiscopat. Ce saint évêque, chassé de Wurtzbourg par les schismatiques, dont il était un des plus zélés adversaires, se retira en son pays, dans le monastère de Lambach en Autriche, fondé par son père, qu'il rétablit dès l'année 1056 ; et, de là, il ne laissait pas de consacrer des églises, de rétablir des monastères et de rendre d'autres services à la religion. Il fut enterré à Lambach, et il se fit plusieurs miracles à son tombeau (*Acta Sanct.*, 6 *octob.*). Herman, évêque de Metz, mourut au mois de mai de la même année, aussi bien que Berthold, duc d'Allemagne ou de Souabe, gendre du roi Rodolphe, et sa sœur, la reine de Hongrie. Egbert, margrave de Saxe, fut tué en trahison, et l'on en accusa l'abbesse de Quedlinbourg, sœur du roi Henri; le parti catholique, à son grand regret, fit toutes ces pertes cette année. De la part des schismatiques, Lutold, duc de Carinthie, mourut subitement, ayant répudié depuis peu sa femme légitime pour en prendre une autre, avec la permission de l'antipape Guibert (Berthold, an 1090).

Ces pertes des catholiques ayant relevé le courage des schismatiques, ceux-ci reprirent les armes, disant hautement que le pape Urbain allait périr. Walram, évêque de Naumbourg, voulant attirer le comte Louis de Thuringe au parti de Henri, lui écrivit une lettre où il disait entre autres choses : « L'apôtre inspiré de Dieu dit : *Que toute personne soit soumise aux puissances supérieures, parce qu'il n'y a point de puissance si ce n'est de Dieu, et qui lui résiste, résiste à l'ordre de Dieu.* Cependant, nos amis disent aux femmes et au simple peuple, qu'il ne faut pas se soumettre à la puissance royale. Veulent-ils résister à Dieu? Sont-ils plus forts que lui? Mais que dit le prophète? *Tous ceux qui combattent contre vous seront confondus, et ceux qui vous résistent périront.* Rodolphe, Hildebrand, Egbert et une infinité d'autres seigneurs ont résisté à l'ordre de Dieu, en la personne de l'empereur Henri, et ils ont péri. Ce qui a eu une mauvaise fin devait avoir eu un mauvais principe. Mais comme nos adversaires nous opposent des raisonnements, examinons dans une conférence, d'après le témoignage de l'Ecriture et des anciens Pères, de quel côté est le droit. Et pour qu'on ne s'y refuse point, la loi du combat sera telle : ou bien j'embrasserai moi-même le sentiment des peuples; ou bien, si nous triomphons, vous reviendrez à notre seigneur l'empereur (Dodechin., Baron.). »
Ces dernières paroles sont remarquables. On y voit que les peuples étaient prononcés pour Grégoire contre Henri, pour l'interprète de la loi divine contre celui qui n'usait de sa force que pour fouler aux pieds toutes les lois divines et humaines.

Le comte Louis ayant reçu cette lettre, y fit répondre par Etienne, autrement Herrand, évêque d'Halberstadt, dont la lettre portait en substance : « Nous disons que vous entendez mal le précepte de l'apôtre; car si toute puissance vient de Dieu, comme vous l'entendez, d'où vient qu'il dit par son prophète : *Ils ont régné, mais ce n'est pas par moi; ils sont devenus princes, et je ne les connais point?* Ecoutons l'apôtre qui s'explique lui-même : IL N'Y A POINT DE PUISSANCE, SI CE N'EST DE DIEU. Que dit-il ensuite? ET CELLES QUI VIENNENT DE DIEU SONT ORDONNÉES. Pourquoi avez-vous supprimé ces paroles? Donnez-nous donc une puissance ordonnée, nous ne résistons point, nous donnerons aussitôt les mains. Mais ne rougissez-vous pas de dire que le seigneur Henri soit roi ou qu'il ait de la régularité? Est-ce avoir de la régularité que d'autoriser le crime et de confondre tout droit divin et humain? Est-ce avoir de la régularité que de pécher contre son propre corps et d'abuser de sa femme d'une manière inouïe, d'en faire un sujet de mauvais lieu? Est-ce avoir de la régularité que de prostituer les veuves qui viennent demander justice?

» Pour ne point parler de ses autres crimes sans nombre, les incendies, les pillages d'églises, les homicides, les mutilations, parlons de ce qui afflige le plus l'Eglise de Dieu. Quiconque vend les dignités spirituelles est hérétique. Or, le seigneur Henri, qu'on nomme roi, a vendu les évêchés de Constance, de Bamberg, de Mayence et plusieurs autres pour de l'argent; ceux de Ratisbonne, d'Augsbourg, et de Strasbourg pour des meurtres, l'abbaye de Fulde pour un adultère, l'évêché de Munster pour un crime détestable digne de Sodome. Il est donc hérétique, et, étant excommunié par le Saint-Siège pour tous ces crimes, il ne peut plus avoir aucune puissance sur nous, qui sommes catholiques; nous ne le comptons plus entre nos frères, et nous le haïssons de cette haine parfaite dont le psalmiste haïssait les ennemis de Dieu. Quant à ce que vous dites que le pape Grégoire, le roi Rodolphe et le margrave Egbert sont morts misérablement, et que vous félicitez votre maître de leur avoir survécu, vous devez aussi estimer heureux Néron d'avoir survécu à saint Pierre et à saint Paul, Hérode à saint Jacques et Pilate à Jésus-Christ (Dodech., Baron.). »

Fleury dit à ce propos : « Cette lettre est pleine d'aigreur et d'emportement, et roule principalement sur ce faux principe, qu'un roi criminel n'est point véritablement roi (Fleury, l. 63, n. 52). » Nous pensons différemment de Fleury. Cette lettre roule principalement sur le principe fondamental de la constitution politique de toutes les nations chrétiennes au moyen-âge, savoir : *Pour être citoyen d'un royaume, surtout pour en être le chef, il fallait être catholique;* celui qui cessait de l'être, cessait par là même de pouvoir être le roi d'une nation chrétienne. En Allemagne, il y avait un autre article fondamental du droit politique : *C'est que celui qui restait dans l'excommunication plus d'un an, était par là même déchu de tous ses droits.* Nous en avons vu les preuves. Ainsi, l'ignorance et le mauvais raisonnement ne se trouvent point du côté de l'évêque catholique d'Halberstadt, mais du mauvais critique qui le censure avec tant d'amertume, et qui ne trouve rien à reprendre dans l'avocat du schisme.

Si l'on peut s'en rapporter à un protestant du XVIe siècle, qui, le premier, l'a fait connaître, l'évêque schismatique de Naumbourg serait encore l'auteur d'une apologie de Henri IV, en deux livres, sous ce titre : *De la nécessité et des moyens de conserver l'unité de l'Eglise.* L'auteur entend par unité de l'Eglise, le schisme de l'antipape Guibert. Voici comme il justifie ce schisme dans son principe même. « Henri était roi d'Allemagne et d'Italie par droit héréditaire, il se voyait attaqué par le pape Grégoire VII; il n'y avait pas d'autre moyen de se défendre que de faire un autre Pape : donc il a eu raison de le faire, puisque c'était une nécessité; donc le pape Grégoire VII n'est plus que le moine Hildebrand; donc ceux qui le reconnaissent encore pour Pape sont des schismatiques et déchirent l'Eglise. » Voilà ce que l'auteur dit, répète, délaie, ressasse dans deux livres d'une déclamation emportée et fastidieuse. Nous sommes bien portés à croire que cette pièce est moins une découverte qu'une invention protestante du XVIe siècle (Freher., *Script. rer. Germ.*, t. I).

Plus tard, l'évêque Waltram ou Waleram de Naumbourg, voulant répondre à des Grecs venus en Allemagne, consulta saint Anselme de Cantorbéry sur les questions du Saint-Esprit et des azymes. Saint Anselme lui répondit : « Si j'étais certain que vous ne favorisiez point le successeur de Néron et de Julien l'Apostat contre le successeur de saint Pierre, je vous saluerais comme évêque, avec respect et amitié. » On voit ce que saint Anselme pensait d'Henri d'Allemagne : nous avons déjà vu le bienheureux Yves de Chartres l'appeler un autre Achab. Saint Anselme ajoute : « Mais parce que nous ne devons manquer à personne pour la défense de la vérité, que vous cherchez contre les Grecs venus chez vous, je vous envoie l'ouvrage que j'ai publié contre eux sur la procession du Saint-Esprit. » L'évêque Waleram profita de cet avertissement ; dans une lettre subséquente à saint Anselme, il dit : « L'Eglise catholique glorifie Dieu de mon changement ; d'adversaire de l'Eglise romaine, je suis devenu très-agréable au pape Pascal et admis dans ses conseils avec les cardinaux. J'étais autrefois à la cour de l'empereur Henri, comme Joseph à la cour de Pharaon, sans participer à ses péchés (Dodechin, an 1094; *apud Anselm.*, *Epist.* 137). »

En 1090, Henri, nommé empereur par les siens, entra en Lombardie, où il brûla et ravagea les terres du duc Guelfe. Mais la princesse Mathilde, son épouse, l'encouragea à demeurer ferme dans le parti catholique, et à résister vigoureusement à Henri. En cette guerre, Godefroi, évêque de Lucques, demanda au Pape s'il fallait mettre en pénitence ceux qui avaient tué des excommuniés. Le Pape répondit : « Imposez-leur une satisfaction convenable selon leur intention, comme vous avez appris dans l'ordre de l'Eglise romaine. Car nous n'estimons point homicides ceux qui, brûlant de zèle pour l'Eglise contre les excommuniés, en auront tué quelques-uns. Toutefois, pour ne pas abandonner la discipline de l'Eglise, imposez-leur une pénitence de la manière que nous avons dite, afin qu'ils puissent apaiser la justice divine, s'ils ont mêlé quelque faiblesse humaine à cette action. » Il ne faut point oublier que le Pape parle ici d'un temps de guerre publique et déclarée (Yvon., *décret.*; Mansi, t. XX, p. 713).

Dès le commencement de l'année 1091, le Pape demeurait en Campanie, quoiqu'il eût pu aisément entrer dans Rome avec une armée et soumettre les rebelles ; mais il aimait mieux soutenir ses droits avec douceur. Les schismatiques demeuraient donc les plus forts à Rome, où ils surprirent le château Saint-Ange, qui jusque-là avait tenu pour le Pape, et la prise de Mantoue leur fortifia le courage; car leur empereur Henri, qui l'assiégeait depuis un an, s'en rendit maître par composition, le vendredi saint, 11 avril; après quoi les Romains permirent à l'antipape Guibert de rentrer dans Rome, d'où ils l'avaient chassé depuis deux ans (Berthold, an 1091).

Cependant le pape Urbain tint un concile à Bénévent, le 28 mars, où on réitéra l'anathème contre Guibert et ses complices, et où on fit quatre canons. On n'élira point d'évêque à l'avenir, qui ne soit dans les ordres sacrés, c'est-à-dire la prêtrise ou le diaconat ; car ce sont les seuls sur lesquels l'apôtre nous donne des règles. Nous ne permettons d'élire évêques des sous-diacres que très-rarement, et par permission du Pape et du métropolitain. Nous interdisons les prêtres qui servent dans les églises au delà du nombre prescrit, sans permission de l'évêque, et qui ont obtenu des dîmes des laïques. Aucun laïque ne mangera de la chair depuis le jour des Cendres, et, ce jour-là, tous, clercs, laïques, hommes et femmes, recevront des cendres sur la tête. Défense de contracter mariage depuis la Septuagésime jusqu'à l'octave de la Pentecôte, et depuis l'Avent jusqu'à l'octave de l'Epiphanie (Labbe, t. X, p. 484).

L'Eglise d'Allemagne perdit, cette année 1091, trois saints et grands personnages : le principal, saint Altmann, évêque de Passau. Il mourut le 8 août, dans une heureuse vieillesse, après avoir gouverné son Eglise vingt-six ans, soutenu la religion avec grand zèle contre les schismatiques, essuyé plusieurs périls et souffert de grandes persécutions. Il fonda trois communautés de chanoines réguliers. Dieu honora son tombeau de plusieurs miracles (*Acta Sanct.*, 8 aug.).

Dès le 22 avril était mort le bienheureux Wolphelme, abbé de Brunviller, près de Cologne. Illustre par sa naissance, il était plus illustre encore par sa piété et son érudition. Savant dans les lettres divines et humaines, éloquent et d'un génie subtil, il composa plusieurs ouvrages en vers et en prose. Il écrivit entre autres une lettre pour réfuter l'hérésie de Bérenger. Il mettait à la tête des livres de sa bibliothèque quelques vers qui donnaient le précis de chacun. C'étaient des espèces de sommaires d'une grande utilité. Chaque année il faisait lire devant la communauté tout l'Ancien et le Nouveau Testament, et à chaque quatre-temps, quatre diacres lisaient successivement chacun un Evangile dans les quatre côtés du cloître. Mais en ordonnant ces lectures, il en fit voir les avantages dans un petit poème de quarante-deux vers. Il fit plusieurs miracles avant et après sa mort. Sa vie fut écrite par un de ses disciples (*Ibid.*, 22 *april.*).

Le bienheureux Guillaume, abbé de Hirsau, ne survécut qu'environ deux mois à Wolphelme, étant mort le 4 juillet de la même année 1091. Il avait fait profession de la vie monastique dans l'abbaye de Saint-Emmeran à Ratisbonne, lorsqu'il fut choisi abbé de Hirsau en 1070. Il possédait tous les arts libéraux, le sens des divines Ecritures, les lois de son état, et il les pratiquait. Toujours occupé, ou à la lecture, ou à la prière, ou au travail, on ne le trouvait jamais oisif. Il n'avait pas moins de soin d'occuper ses religieux. Considérant les talents d'un chacun, il les employait à ce qu'ils faisaient de mieux, et afin que ceux qui aimaient la lecture eussent les moyens de s'instruire, il en forma douze pour transcrire les livres de l'Ecriture sainte et les écrits des saint Pères. Un des douze, instruit de toute sorte de sciences, présidait à ce travail, choisissait les livres qu'on devait copier et corrigeait les fautes des copistes. C'était le moyen d'enrichir en peu de temps la bibliothèque de Hirsau. Mais Guillaume avait des vues plus étendues. On lui demandait de tous côtés des religieux de sa maison pour mettre la réforme en d'autres monastères. A mesure qu'il en envoyait, il leur fournissait tous les livres et toutes les autres choses nécessaires, en sorte qu'il ne restait à Hirsau qu'un très-petit nombre de livres qu'on y transcrivait. Sa communauté était ordinairement de deux cent soixante, y compris les frères lais ou convers, espèce de religieux dont on le regarde comme l'instituteur, quoiqu'il y en eût déjà à Vallombreuse. On en prenait de tous les métiers qui pouvaient être d'usage au monastère.

Le saint abbé Guillaume fit pour eux des statuts. Ils se relevaient la nuit comme les moines du chœur; mais leurs matines étaient beaucoup plus courtes; ensuite, ceux qui voulaient se recoucher. Chaque jour, dès le matin, ils entendaient la messe, allaient au chapitre s'accuser des fautes qu'ils avaient commises, puis au travail qui leur était enjoint, soit au dedans, soit au dehors du monastère. A l'heure marquée, ils s'assemblaient au réfectoire pour prendre leur repas, après lequel il n'était plus permis de boire ni de manger. Ils passaient les fêtes et les dimanches en exercices de piété. Celui qui était chargé de leur conduite leur faisait deux fois des conférences, le matin après prime, l'après-midi au sortir du dîner ou à l'heure de none. Guillaume admit encore dans son monastère, à l'imitation de Cluny, des donnés ou oblats, auxquels il permit de garder l'habit séculier. Il leur donna des constitutions particulières et un de ses moines pour les gouverner. On les employait aux gros ouvrages du dehors, et quelquefois à servir les pauvres et les infirmes dans l'hôpital. Ils ne mangeaient ni avec les religieux du chœur ni avec les frères convers, mais en un réfectoire séparé. Du reste, ils étaient soumis en tout aux supérieurs, obligés au silence, même pendant le travail, et gardaient le célibat. Si on les envoyait en campagne, ils se disposaient au voyage par la confession de leurs péchés et par la communion du Corps de Jésus-Christ. Le bienheureux Guillaume composa un livre *De la musique*, deux *Du comput ecclésiastique*, deux *De la correction*, deux *Des constitutions* pour les moines, et les *Usages de Hirsau*, plusieurs lettres et autres opuscules. Il fonda ou rétablit quinze monastères et forma plusieurs disciples illustres, entre autres saint Thiemon, archevêque de Salzbourg; Guébehard, évêque de Constance, légat du Saint-Siége; Guébehard, évêque de Spire; saint Théoger, évêque de Metz.

La grande vertu du saint abbé Guillaume était la charité et la compassion. Un jour, au milieu de l'hiver, ayant rencontré deux pauvres qui lui demandaient de quoi se vêtir, il coupa son manteau en deux et leur en donna à chacun la moitié. Il visitait les paysans malades, leur procurait toutes les consolations et avait soin de leur sépulture. Il avait une compassion particulière pour les aliénés, faisait sur eux des prières avec sa communauté, et les renvoyait guéris. Bien des fois Dieu multiplia les vivres sous sa main, pour nourrir les pauvres. Un jour, traversant un pont, il rencontra un malheureux qui ne pouvait marcher qu'à deux crosses. Le saint homme lui en prit une, s'arrêta quelques pas plus loin et lui dit de venir à lui. Le pauvre protesta d'abord que ce lui était impossible; mais, sur l'ordre réitéré qu'il en fit des efforts, s'approcha peu à peu, jeta enfin sa crosse et se trouva guéri. La compassion de Guillaume s'étendait jusqu'aux animaux. Pendant un hiver très-rude, où la terre était couverte de beaucoup de neige, il ordonna de mettre dans les haies des gerbes d'avoine pour les petits oiseaux, qui périssaient de faim et de froid. Enfin, l'année même de sa mort, pour faire la dédicace d'une église qu'il faisait bâtir depuis neuf ans, il commença par la remplir de pauvres d'un bout à l'autre, s'y enferma avec eux et les servit de ses propres mains. C'est dans ces pratiques de charité qu'il mourut, le 4 juillet 1091, après avoir embrassé tous ses religieux et après leur avoir recommandé surtout de persévérer jusqu'à la mort dans l'unité de l'Eglise et l'obéissance au Saint-Siége (*Acta Sanct.*, 4 *julii*).

En ce temps-là, un grand nombre de laïques, en Allemagne, embrassèrent la vie commune, renonçant au monde et se donnant, eux et leurs biens, au service des communautés de clercs et de moines, pour vivre sous leur conduite. Quelques envieux blâmèrent leur manière de vivre; mais le pape Urbain l'ayant appris, écrivit en ces termes aux supérieurs de ces bons laïques : « Nous approuvons cette manière de vie, que nous avons vue de nos yeux, la jugeant louable et digne d'être perpétuée comme une image de la primitive Eglise; et nous la confirmons, par ces présentes, de notre autorité apostolique. » Outre une multitude innombrable d'hommes et de femmes, qui se donnèrent ainsi au service des moines et des clercs, il y eut à la campagne une infinité de filles qui, renonçant au mariage et au monde, se mettaient sous la conduite de quelque prêtre, et même des femmes mariées, qui vivaient ainsi, sous l'obéissance, dans une grande piété. Des villages entiers embrassèrent cette dévotion et s'efforçaient de se surpasser l'un l'autre en sainteté (Berthold, an 1091). Nous ne nous souvenons pas d'avoir vu dans aucun siècle des effets plus merveilleux de cet esprit de vie qui est toujours avec l'Eglise; et nous en verrons des effets plus merveilleux encore.

Un homme surtout contribuait à réveiller cet esprit de foi et de piété en Allemagne : c'était saint Ulric ou Udalric. Il naquit à Ratisbonne, d'une famille illustre, et son père fut chéri de l'empereur Henri le Noir, à la cour duquel il mit le jeune Ulric, déjà fort avancé dans l'étude des lettres et dans la piété. Il conserva à la cour la pureté de ses mœurs, et s'y conduisit même avec tant de sagesse, que l'impératrice Agnès voulut l'avoir à son service particulier, pour profiter de ses exemples, de ses entretiens et de ses conseils. Quelque temps après, l'évêque de Frisingue, son oncle paternel, l'invita à venir le voir, et, trouvant en lui les qualités nécessaires au sacré ministère, il l'ordonna diacre; ensuite il le fit prévôt de son Eglise. Ulric accompagna l'empereur dans un voyage d'Italie. Mais ayant appris en chemin que ses confrères les chanoines de Frisingue souffraient, comme les autres, de la famine qui régnait dans le pays, il obtint de ce prince la permission de revenir les soulager. Il engagea à cet effet ses terres, et employa l'argent aux besoins non-seulement de ses confrères, mais aussi de tous les malheureux.

Ce fléau étant passé, il fit le pèlerinage de Jérusalem. Chaque jour, avant de monter à cheval, il récitait le psautier. Arrivé à la porte de la ville sainte, il y entra nu-pieds, et visita en cet état les saints lieux, fondant en larmes. De Jérusalem, il passa à Bethléhem ; puis il alla se laver dans les eaux du

Jourdain, méditant en tous ces lieux les mystères qui s'y étaient opérés. De retour à Frisingue, il trouva un autre évêque à la place de son oncle, qui était mort, et sa propre place remplie par un autre prévôt. Il souffrit cette disgrâce avec patience et se retira à Ratisbonne, auprès d'un ecclésiastique de ses parents. Ulric demeura chez lui jusqu'à ce qu'il eût dégagé ses terres, qu'il voulait employer à la fondation de quelque monastère. Mais les circonstances du temps et le peu de piété des évêques l'ayant empêché de l'exécuter, il résolut de se donner à Dieu lui-même. Il commença par distribuer ses biens, partie aux pauvres, partie à ses parents, réservant toutefois de quoi faire une fondation. Il communiqua son dessein à Girald, chef de l'école de Ratisbonne, auquel il persuada de quitter aussi le monde. Ils firent ensemble le pèlerinage de Rome, pour obtenir la rémission de leurs péchés au tombeau des saints apôtres. Au retour, ils passèrent à Cluny, où ils furent reçus par saint Hugues, qui en était alors abbé. C'était en 1052. Girald y fut quelques années grand-prieur, et dans la suite le pape saint Grégoire VII le fit élire évêque d'Ostie, et l'empereur l'employa, comme nous avons vu, en diverses légations.

Saint Ulric avait trente ans quand il entra à Cluny. Le saint abbé Hugues le fit ordonner prêtre, le prit pour son chapelain et le donna pour confesseur à la communauté. Jeunes et vieux, tous s'adressaient à lui avec confiance. Il les aimait tous et il en était aimé ; mais il se faisait surtout un devoir de former les novices. Saint Hugues le fit ensuite supérieur d'un monastère de religieuses, à Marcigni, dans le diocèse d'Autun ; puis il l'envoya, avec le moine Cunon, pour fonder un monastère dans les terres d'un seigneur allemand, nommé Lutold, qui voulait en faire toute la dépense.

Après avoir marqué le lieu, en attendant le temps propre pour bâtir, les deux moines ne voulurent point loger chez des séculiers, mais ils se retirèrent dans une caverne, où ils passèrent le carême au pain et à l'eau. Cette manière de vie attira les gens du pays à venir les voir, d'abord par curiosité, ensuite pour écouter leurs instructions, qui en convertirent un grand nombre. Le printemps venu, on bâtit le monastère avec le secours du peuple d'alentour. De quoi deux curés du voisinage étant jaloux et craignant la diminution de leurs offrandes, ils commencèrent à déclamer contre ces nouveaux hôtes, les traitant d'hypocrites et d'intéressés. Un de ces curés, quelque temps après, surpris par la nuit, fut obligé de demander le couvert dans le monastère. Saint Ulric alla au devant, l'embrassa et le reçut avec toute la charité possible. Ce qui gagna tellement le curé, qu'il se rétracta publiquement devant son peuple, et fut depuis le meilleur ami des moines.

Ce monastère, qui, du lieu, prit le nom de Rumeling, étant achevé de toute manière, l'abbé Hugues y laissa Cunon pour le gouverner, et envoya Ulric prieur à Paterni, dans le diocèse de Lausanne. Burchard, qui en était évêque, favorisait l'antipape Guibert. Ulric essaya inutilement de le ramener à l'unité de l'Église. L'évêque le contraignit de retourner à Cluny. Quelque temps après, un seigneur du Brisgau ayant fait donation de ses terres à Cluny, à condition d'y bâtir un monastère, la commission en fut donnée à saint Ulric. Il le plaça d'abord en un lieu nommé Gruning ; mais, le trouvant trop exposé à la fréquentation des séculiers, il le transféra à la Celle, dans la Forêt-Noire. Il en bâtit un second, pour des filles, à quelque distance de là, où il établit, comme à la Celle, une discipline très-exacte et une grande pauvreté. Il conseillait aux riches qui voulaient embrasser la vie monastique, d'aller à d'autres maisons plus aisées. Mais ceux qui cherchaient Dieu sincèrement ne se rebutaient pas pour cette difficulté.

Peut-être n'y avait-il personne dans Cluny plus capable que saint Ulric de fonder de telles colonies, par le soin qu'il avait pris de s'instruire, avec la dernière exactitude, de tous les usages du monastère. C'est ce que l'on voit par le traité qu'il composa sur ce sujet à la prière du bienheureux Guillaume, abbé de Hirsau ; car, ayant été envoyé en Allemagne par le saint abbé Hugues, pour quelques affaires à la cour, il passa par ce monastère, situé au diocèse de Spire, dans la Forêt-Noire. Le saint abbé Guillaume, qui le connaissait dès l'enfance, le reçut avec une grande joie ; et, comme ils s'entretenaient continuellement des usages de Cluny, il dit à Ulric : « Votre monastère est en grande réputation parmi nous, et nous n'en connaissons point qui lui soit semblable dans la discipline régulière. C'est pourquoi nous vous serons très-obligé de nous rapporter quelque chose de vos usages, quand ce ne serait que pour nous humilier de nous en voir si éloigné. » Ulric répondit : « Un étranger comme moi, qui me suis trouvé presque barbare en ce lieu-là, par la diversité de la langue, et qui y suis entré tard, ne peut s'instruire aussi facilement de toutes choses qu'un naturel du pays, nourri dès l'enfance dans la maison. Pour moi, jusqu'à l'âge d'environ trente ans, je n'ai guère songé qu'aux choses du monde. Toutefois, je vous dirai volontiers ce que je sais. »

Saint Ulric continua son voyage, et, étant arrivé à la cour, il lui manqua quelque chose de nécessaire pour revenir ; et toutefois il ne put se résoudre à rien demander au roi ni à un prélat très-riche à qui il avait affaire, se souvenant de cette sentence de saint Jérôme, qu'*un moine ne doit jamais rien demander, et prendre rarement ce qu'on lui offre*. Il repassa par Hirsau, comme il avait promis à l'abbé Guillaume, qui, s'étant aperçu de ses besoins, n'attendit pas qu'il le lui demandât, et pourvut à tout abondamment. Il lui rendit toutes sortes de services, jusqu'à lui faire les cheveux, de sa propre main, et le pria de l'instruire des usages de Cluny. Saint Ulric écrivit depuis ses conversations et en composa son recueil.

Depuis longtemps le saint homme avait perdu un œil. Deux ans avant sa mort il perdit l'autre. Incapable, en cet état, du soin des choses extérieures, il s'appliqua tout entier à l'oraison, à la méditation et à la psalmodie. Saint Hugues ayant appris qu'il était aveugle, envoya à Cunon pour le rappeler à Cluny, voulant lui donner, dans son infirmité, toute la consolation possible, et, après sa mort, enrichir son église de ses reliques. Mais Ulric ne voulut point quitter la Celle, et y acheva ses jours, dans une grande vieillesse, le 14 juillet, l'an 1093. Pendant sa vie il eut le don des miracles ; il s'en fit à son tombeau après sa mort. Sa vie fut écrite, peu d'années après, par un moine de la Colle (*Act. Bened., sec. 6; Act. Sanct.*, 10 *julii*).

Son recueil des *Coutumes de Cluny*, ne fut pas seulement utile à l'abbaye de Hirsau, pour laquelle il avait été écrit, mais à plusieurs autres monastères de la haute Allemagne et des autres pays, qui recherchèrent cet ouvrage comme un précieux trésor : ce qu'il est en effet. Il est divisé en trois livres, à la tête desquels est une lettre à l'abbé Guillaume, où l'auteur se plaint d'abord d'un abus qu'il dit être la principale cause de la ruine des monastères. C'est que les pères qui avaient grand nombre d'enfants cherchaient à s'en décharger, principalement s'il y en avait quelqu'un de manchot, de boiteux ou autrement incommodé. Les maisons remplies de ces invalides ne peuvent, dit-il, garder aucune régularité, et l'observance n'est exacte que dans celles où le plus grand nombre est d'hommes qui y sont entrés en âge mûr et de leur propre mouvement.

Des trois livres de ce recueil, le premier contient ce qui regarde l'office divin, le second l'instruction des novices, le troisième les offices du monastère. Les usages qui y sont rapportés n'avaient pas été introduits à Cluny du vivant d'Ulric, ils étaient beaucoup plus anciens; d'où vient que l'éditeur les a intitulés : *Anciens usages de Cluny*. Il remarque, et on le verra dans la suite, qu'encore qu'ils fussent propres à ce monastère, il y en avait toutefois de communs à toute l'Eglise, ceux-là, entre autres, qui appartiennent à l'administration des sacrements et au sacrifice de la messe. Dans le premier livre, saint Ulric fait la description de l'office divin, qu'il commence par la distribution de l'Ecriture sainte, pour les leçons de la nuit. Elles étaient plus longues en hiver qu'en été : ce qui n'empêchait pas qu'on ne fût l'Ancien et le Nouveau Testament tout entier dans un an, et que, pour en trouver le temps, on continuait au réfectoire la lecture commencée à l'Eglise. Il arrivait, par ce moyen, que le livre de la Genèse se lisait entièrement pendant la semaine de la Septuagésime, et qu'à l'entrée du carême, on avait achevé la lecture du Pentateuque et des trois livres suivants. On ne laissait pas de tirer des mêmes livres des leçons pour les quatre premiers dimanches de carême; mais au dimanche de la Passion, on lisait la prophétie de Jérémie jusqu'au jeudi saint exclusivement; à Pâques, les Actes des Apôtres, ensuite l'Apocalypse et les Epîtres catholiques. Les livres des Rois, de Salomon, de Job, de Tobie, de Judith, d'Esther, d'Esdras et des Machabées servaient uniquement aux lectures du réfectoire, à la réserve de quelques endroits que l'on en tirait pour les leçons des dimanches à matines. Le premier jour de novembre, on commençait la lecture d'Ezéchiel et des autres Prophètes. Suivaient les Epîtres de saint Paul. Si l'on en avait fini la lecture avant la Septuagésime, on suppléait par quelques homélies de saint Chrysostome ou de quelques autres Pères, et on observait cet usage dans tous les temps où l'on avait fini un livre de l'Ecriture plus tôt qu'on ne s'y attendait. On voit que l'étude religieuse de l'Ecriture sainte était loin d'être négligée dans ces siècles appelés d'ignorance et de barbarie; car la meilleure manière de la bien étudier, c'est de la lire et de la relire avec foi et piété, et avec suite. De là, chez les écrivains de cette période, ce langage si substantiellement nourri des pensées et des paroles de la sainte Ecriture.

La psalmodie prescrite par les usages de Cluny était plus longue que celle de la règle de saint Benoît. Depuis le 1ᵉʳ novembre jusqu'au jeudi saint, on disait tous les jours de férie, avant les nocturnes, trente psaumes, savoir, depuis le psaume 119ᵉ jusqu'au psaume 150ᵉ : à laudes et à vêpres, ils ajoutaient en tout temps quatre psaumes, deux à complies et cinq à prime, outre le symbole *Quicunque* qu'ils récitaient chaque jour. Après prime ils disaient les sept psaumes de la pénitence avec les litanies, et ensuite quatre psaumes pour les défunts, avec les collectes. L'office des morts à neuf leçons avait lieu pendant toute l'année, hors la nuit des dimanches; mais on y disait les psaumes graduels avant les matines.

Les jours de férie on chantait deux messes, l'une du jour, l'autre des morts. Les dimanches on en disait trois, la messe matutinale, qui était du jour; la seconde, qui était de la Trinité, et la messe solennelle. Ceux qui voulaient communier le faisaient à celle-ci. On consumait les hosties qui étaient en réserve dans le ciboire suspendu sur l'autel, et on y en mettait de nouvelles pour les malades ou les moribonds. Après la messe matutinale, le prêtre qui devait chanter la grand'messe bénissait l'eau, dont il faisait l'aspersion dans le chœur, autour des autels, et dans tous les lieux réguliers, ayant d'un côté un frère convers portant la croix, et de l'autre celui qui portait le vase plein d'eau bénite. Pendant trois jours de la semaine, tous ceux qui étaient au côté gauche du chœur faisaient l'offrande, donnaient et recevaient la paix, et pouvaient communier suivant leur dévotion; c'est pourquoi on consacrait trois hosties; ceux du côté droit faisaient la même chose les trois autres jours.

Aux jours solennels, ceux qui chantaient l'invitatoire étaient vêtus d'aubes; le prêtre encensait les autels en chape, on couvrait de tapis les chaises du chœur, on allumait un plus grand nombre de cierges que les jours de dimanche, et tous ceux qui savaient chanter s'habillaient en aube. En certains jours, comme à la fête de l'Exaltation de la Sainte-Croix, tous étaient vêtus de chapes. La nuit du jeudi saint et les deux suivantes, c'était la coutume d'allumer quinze cierges, d'en éteindre un à chaque psaume, de réciter à voix basse les quinze psaumes graduels, et les leçons de Jérémie, sans les chanter, comme faisaient les chanoines, et sans nommer les lettres de l'alphabet hébraïque. Chacun de ces trois jours on bénissait le feu nouveau que l'on tirait d'une pierre précieuse nommée *béryl*; tous les frères recevaient la paix et communiaient. On lavait les pieds à autant de pauvres qu'il y avait de frères dans la maison; et l'abbé y en ajoutait pour les amis autant qu'il jugeait à propos. La cérémonie se faisait dans le cloître. On donnait à chaque pauvre une *oublie* en signe de communion, parce qu'il y aurait eu de la témérité de donner le Corps de Jésus-Christ à ceux dont on ne connaissait pas la conscience. Après quoi on leur servait à manger deux mets, l'un de fèves, l'autre de millet. L'abbé lavait aussi les pieds aux frères, et leur faisait ensuite servir à boire. Le vendredi saint, tous les frères venaient nu-pieds à prime: puis ils s'assemblaient dans le cloître, où ils chantaient tout le psautier, suivaient l'office et l'adoration de la croix, la communion, qui se faisait des hosties réservées la veille ; la messe et toutes les autres cérémonies de ce jour étaient semblables aux nôtres. A ces paroles de la Passion, *ils ont partagé mes vêtements*, deux moines tiraient chacun de leur côté des pièces d'étoffe de dessus l'autel. Le repas des frères, en ce jour, n'était que du pain et des herbes crues, et, pour la collation, un peu de vin.

Le samedi saint, on faisait l'office à peu près comme aujourd'hui ; mais dans la bénédiction du cierge pascal, l'abbé Hugues avait fait ôter ces mots : *O heureuse faute, et péché d'Adam nécessaire!* que nous disons encore. On permettait de dire des messes basses après l'évangile de la grand'messe. On pouvait aussi en dire le jeudi saint, avant la grand'messe, mais sans cierges allumés, parce que le nouveau feu n'était point encore consacré. Le jour de Pâques avait ses premières vêpres entières, où l'on chantait les psaumes ordinaires, avec les répons et l'hymne *Ad Cœnam*, et ses vigiles à trois nocturnes et douze leçons. Les deux messes de l'octave de Pâques étaient les mêmes, hors l'*Introït*. La procession des Rogations se faisait nu-pieds, et l'on donnait à chaque moine un bâton pour se soutenir. On y portait des croix, des reliques, le livre des Evangiles et l'eau bénite. A l'octave de la Pentecôte, la messe matutinale était du Saint-Esprit, et la grand'messe de la Trinité, parce qu'on en faisait ce jour-là l'office à Cluny, tant à vêpres qu'à matines et aux autres heures du jour. Quoiqu'on ne fît point d'octave de cette fête, on ne laissait point, pendant toute la semaine, la grand'messe de la Trinité. La fête de la Nativité de saint Jean se célébrait avec octave, de même que celle des apôtres saint Pierre et saint Paul, de la translation de saint Benoît, de l'Assomption de la sainte Vierge et de saint Martin. L'office se faisait solennellement aux veilles de Saint-Pierre et de l'Assomption, excepté que l'on ne disait à la messe ni le *Gloria in excelsis* ni l'*Alleluia*.

Le 6 août, lorsque les raisins commençaient à mûrir, on en bénissait à la messe pendant la récitation du canon. Le prêtre les distribuait ensuite aux frères, dans le réfectoire, au lieu des eulogies ordinaires. On bénissait aussi, mais au réfectoire, de nouvelles fèves, du nouveau pain et du vin moût. A la fête de l'Exaltation de la Sainte-Croix, on l'adorait solennellement, comme le vendredi saint. Ulric remarque exactement tous les changements qui se faisaient dans l'office divin en chaque saison. Il dit qu'à la fête de saint Pierre, patron de Cluny, les nocturnes, les matines et les laudes étaient si longues, qu'on les commençait la veille, avant la nuit, et qu'on ne les finissait que le jour de la fête, après le soleil levé : en sorte qu'on ne dormait point. L'office de la Toussaint et la commémoration des fidèles trépassés se célébraient comme aujourd'hui dans le romain. Toutes les messes étaient pour les défunts, et l'on donnait pour eux, aux pauvres, tout ce qui était resté la veille au réfectoire, après le repas de la communauté, qui, à cause de la fête, était servi plus abondamment qu'un autre jour.

Depuis la Septuagésime jusqu'à Pâques, les moines de Cluny ne mangeaient point de graisse, et, à la Quinquagésime, ils commençaient à s'abstenir de fromage et d'œufs. Ils n'avaient à souper que du pain, des pommes crues et des oublies. Le lundi de la première semaine de carême, on lisait en communauté le catalogue des livres que chacun avait, et, après qu'il les avait rendus, on lui en donnait d'autres pour le reste de l'année, et on les inscrivait. Cette distribution faite, l'abbé permettait des mortifications particulières, pourvu qu'elles fussent modérées et qu'elles ne nuisissent point à la pratique ordinaire des exercices réguliers. Nous ne suivons pas Ulric dans le détail des cérémonies pour les fêtes de Noël, de la Circoncision, de l'Epiphanie, de la Purification et des autres fêtes de l'année. Ce qu'il en dit a beaucoup de rapport à ce que les Bénédictins pratiquent encore ; mais il y a une différence dans le nombre des psaumes, des antiennes, des leçons, des collectes, qui était si considérable, qu'à peine restait-il du temps aux moines pour l'oraison mentale et le travail des mains, recommandé particulièrement dans la règle de saint Benoît. Aussi Ulric convient que cette sorte de prière ne se faisait point en commun, et qu'il était à la liberté de chacun de prier ou vocalement ou mentalement ; et, à l'égard du travail des mains, il consistait à écosser des fèves, ou à arracher de mauvaises herbes dans le jardin, ou à pétrir du pain. Ce changement avait son origine dans les décrets du concile d'Aix-la-Chapelle, où, du consentement du Pape et de l'empereur Louis le Débonnaire, les évêques ordonnèrent que les moines seraient dispensés du gros travail, à cause du sacerdoce dont la plupart étaient revêtus ; et qu'au lieu de travail, ils ajouteraient aux heures de l'office, certains psaumes, avec des oraisons pour les vivants et les morts.

On donnait à Cluny l'habit monastique aux novices en les recevant ; mais il n'était pas tout à fait le même que celui des profés, et les novices n'avaient de communication avec ceux-ci qu'à l'église et au chapitre, lorsqu'on y lisait et expliquait la règle. Le silence s'observait exactement aux heures marquées, et jamais on ne parlait à l'église, au dortoir ni à la cuisine. Mais s'il y était besoin de se faire entendre, on le faisait par signes avec les doigts. Ulric emploie un chapitre entier à l'explication de ces signes, dont on avait soin d'instruire les novices. Ensuite il entre dans le détail de tout ce qu'un moine devait faire, depuis son lever jusqu'à son coucher, dans les divers offices auxquels il était employé. Celui qui se sentait coupable de quelque péché, s'en confessait au chapitre à celui des prêtres qu'il jugeait à propos ; mais les novices confessaient à l'abbé toutes les fautes qu'ils avaient commises dans le monde. Il était d'usage que le prêtre qui avait chanté la grand'messe pendant la semaine, chantât pendant la semaine suivante la messe matutinale. Ce que dit saint Ulric de la manière de faire le pain destiné au sacrifice de l'autel, est remarquable.

On faisait toujours ce pain avant le dîner, et quelque bon que fût le grain dont on devait le composer, on le choisissait grain à grain, on le lavait exactement et on le mettait en réserve dans un sac fait exprès, que l'on confiait à un serviteur d'une pureté reconnue, pour le porter au moulin. Il en lavait les meules et les couvrait dessous et dessus, revêtu lui-même d'une aube et d'un amict, qui lui couvrait la tête et le visage au-dessous des yeux. En cet état, il moulait le blé et sassait la farine avec un crible bien nettoyé. Deux prêtres et deux diacres, vêtus de même, pétrissaient la pâte dans de l'eau froide, afin qu'elle fût plus blanche, et formaient les hosties. Un frère convers, ayant des gants aux mains, tenait les fers gravés où l'on devait les cuire. Le feu était de bois sec et choisi. Pendant ce travail, on chantait des psaumes ou l'office de la Vierge. Ceux qui avaient fait ces hosties ne mangeaient point ce jour-là avec les frères, mais avec les serviteurs, et on leur donnait quelque chose de plus qu'à la communauté.

Il y avait devant l'autel une armoire garnie en dedans, où l'on ne mettait que les vases destinés au saint sacrifice, savoir : deux calices d'or avec plusieurs patènes, un troisième calice plus petit, des coupes, des burettes, des corporaux, des vases à mettre de l'eau pour laver les mains, des linges pour les essuyer. Tous les frères offraient leurs hosties à l'autel. Le sous-diacre les présentait au diacre, qui en choisissait trois pour consacrer. Il ne prenait du vin offert qu'autant qu'il en fallait pour la consécration. Le reste était mis par le sous-diacre dans un autre calice. Les frères communiaient selon leur rang ; mais, avant de leur donner le corps de Jésus-Christ, le prêtre le trempait dans le sang précieux, contre l'usage des autres Églises d'Occident ; mais on en usait ainsi à Cluny, à cause des novices, à qui on ne jugeait pas à propos de donner le sang séparément. La communion finie, le sous-diacre examinait soigneusement s'il n'était rien resté du sacré corps sur la patène ; s'il en apercevait des parcelles, il les prenait avec sa langue, ou, les jetant dans le calice où le prêtre et le diacre avaient purifié leurs doigts, il les prenait avec le vin qui était dans ce calice. Les jours de férie, on portait au réfectoire les hosties offertes et non consacrées, et le prêtre les distribuait à ceux qui n'avaient pas communié, en commençant par la table de l'abbé.

Personne n'avait voix dans l'élection de l'abbé, que ceux qui étaient profès de Cluny. Il avait dans le monastère tous les droits honorifiques, comme d'occuper la première place, de chanter les premières antiennes, de lire l'évangile à matines. Tous se levaient lorsqu'il entrait au chapitre ou au réfectoire. Ce qu'il avait réglé passait pour une loi. A lui seul appartenait d'imposer des pénitences pour des fautes considérables. La pénitence pour ces sortes de fautes était d'être fustigé en plein chapitre avec des verges, d'être séparé de la communauté, de se prosterner aux pieds des frères, lorsqu'ils sortaient de l'église, et de se tenir à cet effet à la porte, à toutes les heures. Si la faute avait été commise devant le peuple, le coupable était fustigé au milieu de la place publique, afin que ceux qui avaient été témoins de son péché, le fussent de sa pénitence. Pour une faute moins grièvé, on se contentait d'obliger le coupable de se tenir nu-pieds, à la porte de l'église, le dimanche à la messe matutinale ; un serviteur était chargé de dire à ceux qui entraient, quelle faute le pénitent avait faite, quand les entrants le demandaient. Lorsqu'un frère désobéissait ou se révoltait contre la correction, les autres, sans attendre l'ordre de personne, se saisissaient de lui et le menaient en une prison, où l'on descendait par une échelle. Cette prison n'avait ni porte ni fenêtre. On ne croyait point que les monastères fussent déshonorés par les fautes des moines, mais par leur impunité.

Le grand-prieur était élu par l'abbé, de l'avis de la communauté. Dès le moment de son élection, on le chargeait du soin du temporel et du spirituel, mais toujours sous les ordres de l'abbé, et on lui donnait des aides, surtout pour les affaires du dehors. Il y avait en outre un prieur claustral, qui ne sortait point du monastère. C'était le vicaire du grand-prieur. Il occupait la troisième place. Les circateurs faisaient de temps de temps la ronde dans le cloître, pour observer si tout y était dans le bon ordre ; en sorte qu'il n'y avait aucun endroit où les frères pussent se déranger en sûreté. Ils proclamaient au chapitre ceux qu'ils avaient trouvés en faute. Aussitôt qu'un enfant était offert à Dieu solennellement, on lui donnait l'habit ; mais on différait sa profession jusqu'à l'âge de quinze ans ou plus. Leur nombre n'était que de six. Ils avaient deux maîtres, couchaient dans un dortoir séparé dont personne n'approchait, et quelque part qu'ils allassent, ils étaient accompagnés d'un maître et d'un autre enfant. Ils assistaient à l'office. S'ils y faisaient des fautes, en psalmodiant, en chantant, en lisant, on les punissait sur-le-champ à coups de verges, mais sur la chemise ; car ils ne portaient point de sergettes comme les moines. Ils étaient mieux nourris que la communauté, et dispensés de la rigueur du jeûne. Saint Ulric, faisant réflexion sur les soins qu'on prenait d'eux jour et nuit, dit qu'il était difficile qu'un fils de roi fût élevé dans son palais avec plus de précaution que le moindre enfant à Cluny. Les jeunes profès avaient aussi un gardien qui ne les quittait pas, tant que l'abbé le jugeait à propos.

Un même religieux avait la qualité de chantre et celle de bibliothécaire, et faisait les fonctions de l'un et de l'autre. Il réglait le chant et prenait soin de la bibliothèque. C'était encore à lui de désigner le prêtre qui devait porter l'extrême-onction au malade et lui donner le viatique, tant au dedans qu'au dehors du monastère, à écrire dans le nécrologe les noms des frères défunts, et à donner avis de leur mort dans les provinces. Le chambrier avait à sa garde tout ce qui regardait le vestiaire, et l'argent nécessaire pour acheter aux frères les habillements que la règle leur permettait. On leur donnait de plus, à Cluny, des pelisses ou robes fourrées de peaux de moutons et des bottines de feutre pour la nuit, suivant le règlement du concile d'Aix-la-Chapelle. Saint Ulric donne de suite ce qui concernait l'office de trésorier ou garde du trésor de l'église, du sacristain, du cellerier, du jardinier, de l'hôtelier, de l'infirmier et de tous les autres officiers du monastère. Les prêtres et les diacres étaient seuls chargés de laver les corporaux et les vases sacrés. S'il fallait porter les reliques en procession, le sacristain ornait les châsses qui les contenaient ; avec elles on portait des cierges, des croix, de l'encens, de l'eau bénite, et l'image de saint Pierre, patron de l'abbaye.

On rasait les moines une fois en trois semaines, tous en un même jour, excepté les infirmes. Pendant cette opération, on chantait le 5º psaume et quelques autres. Ils prenaient le bain deux fois l'année, avant Noël et avant Pâques. Les étrangers qui venaient à cheval au monastère étaient reçus par l'hôtelier, et ceux qui venaient à pied, par l'aumônier. Tous y recevaient une nourriture convenable; mais chaque jour on nourrissait dix-huit pauvres, appelés *prébendiers*, auxquels, en certains jours de fête, on donnait de la chair au lieu de fèves. Au carême prenant ou les derniers jours gras, on distribuait aux pauvres du lard ou d'autres viandes. Saint Ulric dit que, l'année où il écrivait son recueil, il s'était trouvé en ces jours dix-sept mille pauvres, et qu'on leur donna, au nom de Jésus-Christ, deux cent cinquante jambons.

Il finit ce recueil par ce qui regarde les infirmes et la sépulture des morts. L'infirmier avait en sa disposition tout ce qui était nécessaire pour le soulagement des malades, et des domestiques à ses ordres, soit pour les servir, soit pour faire leurs lits. Chaque jour, après complies, on y jetait de l'eau bénite. On servait de la viande aux infirmes, même en carême, si leur maladie le demandait. S'ils se trouvaient en danger, ils confessaient leurs péchés à l'abbé ou au prieur, puis ils le priaient de leur administrer l'huile des infirmes. On conduisait le malade au chapitre, où il demandait pardon des fautes qu'il avait commises contre Dieu et contre ses frères. Le prieur lui en donnait l'absolution. On le ramenait à l'infirmerie. Ensuite, le semainier, vêtu d'une aube et d'une étole, venait précédé de la croix, des cierges et de l'eau bénite; et, après les prières marquées pour l'extrême-onction, il oignait l'infirme comme il se pratique encore, tous les frères étant autour de lui. Cette fonction achevée, le prêtre retournait à l'église, accompagné de deux céroféraires, prenait le corps du Seigneur, l'encensait, le rompait, en prenait une partie, et, la tenant sur un calice, l'apportait au malade. Pendant ce temps-là, on lavait la bouche du malade; puis le prêtre, trempant le corps du Seigneur dans le vin, l'en communiait. On lui donnait ensuite le vin qui était dans le calice; le prêtre purifiait ses doigts avec du vin, qu'on faisait encore boire à l'infirme. On lui donnait la croix à baiser, et il donnait lui-même le baiser de paix à tous les frères, en commençant par le prêtre, pour leur dire le dernier adieu. Puis tous s'en retournaient en disant le psaume 50°. Aux approches de la mort, on récitait auprès du malade le symbole *Quicunque*, et grand nombre de prières. En lavant le mort, on couvrait ce que la pudeur ne permet pas de voir. Tous les prêtres disaient la messe pour le repos de son âme; on faisait des aumônes, et la portion qu'il devait avoir au réfectoire pendant son vivant, était donnée aux pauvres dans les trente jours après sa mort. On l'enterrait avec ses habits monastiques; mais, s'il était abbé, on le revêtait de tous les ornements sacerdotaux (D'Achery, *Spicileg.*, t. IV; Ceillier, t. XXI).

On voit, dans ce recueil de saint Ulric, la règle et la pratique de la vie religieuse et du gouvernement religieux : règle et pratique qui, de Cluny, se répandaient principalement dans les monastères d'Allemagne, et que les populations des campagnes cherchaient à suivre autant que possible. Voilà ce qui faisait comme l'âme de l'Europe chrétienne; mais il y avait en même temps comme une autre âme, qui voulait refaire une Europe païenne. Ces deux âmes, ces deux esprits se voient dans la personne et la famille du roi d'Allemagne Henri IV.

Dès l'an 1069, ce prince avait cherché à répudier son épouse légitime, nommée Berthe, comme celle du roi de France. Il donnait pour raison qu'il ne pouvait consommer son mariage avec elle. Ce n'était qu'un prétexte pour pouvoir promener plus librement sa passion de côté et d'autre. N'ayant pas réussi dans son scandaleux projet, par l'opposition du pape Alexandre II et des seigneurs d'Allemagne, il reprit, bien malgré lui, la reine Berthe, et en eut plusieurs enfants, entre autres l'aîné, Conrad, qu'il fit élire et couronner roi dès son bas âge. Conrad fut bien différent de son père. D'après les historiens du temps, c'était un prince accompli. Ce Conrad, dit l'un, se distinguait par une bonté et une probité parfaites; il était humble et modeste (Dodechin, an 1093). Or, voici ce qui arriva entre le père et le fils. Le père, après la mort de Berthe, sa première femme, en prit une seconde nommée Praxède et Adélaïde, de la famille ducale de Lorraine. Bientôt il s'en dégoûte, il la prend en haine, il la jette dans un cachot, il la fait violer par ses compagnons de débauche, il ordonne enfin à son fils Conrad d'en faire autant, et, sur son refus, il le renie pour son fils et le déclare bâtard (*Ibid.*). Certes, devant tous les tribunaux, un pareil homme serait interdit de tout pouvoir paternel, et ses enfants, même mineurs, soustraits à sa dépendance. Le prince Conrad, d'ailleurs déjà élu et couronné roi, se retira donc d'auprès de son père, et se joignit au parti de Guelfe, duc de Toscane, et des autres catholiques. C'était en 1093. Les villes de Milan, Crémone, Lodi et Plaisance se déclarèrent pour lui, et firent une ligue de vingt ans contre Henri. Ce dernier trouva moyen de prendre son fils; mais il lui échappa, et, étant soutenu par le duc Guelfe et la comtesse Mathilde, son épouse, il fut couronné roi par Anselme III, archevêque très-catholique de Milan; tandis que Henri, son père, se vit réduit à s'enfermer dans une forteresse, où il demeura longtemps sans porter les marques de sa dignité, et vint, dit-on, à un tel désespoir, qu'il se serait tué, si les siens ne l'en eussent empêché (Berthold).

Voici comme parle du fils un ancien auteur, généralement plus favorable au père qu'il ne faut. Conrad eut le nom et la dignité de roi pendant près de neuf ans. Dans cet intervalle, son caractère lui valut une si bonne renommée, qu'il n'y avait pas un homme religieux, pas un homme sage qui ne crût indubitablement que la chose publique se rétablirait au moins en lui; car c'était un homme catholique en tout, très-soumis au Siége apostolique, plus porté à la religion qu'au faste de la domination et aux armes, quoiqu'il eût naturellement beaucoup de valeur et même d'audace. Il aimait mieux s'appliquer à la lecture qu'au jeu : la compassion et la miséricorde en faisaient véritablement le prochain de tous les malheureux, mais principalement des soldats tombés dans la misère; il ne méprisait personne, ne faisait de violence ni de préjudice à personne, était affable à tout le monde : aussi fut-il toujours, et à bon droit, chéri de Dieu et des hommes. Il avait résolu de garder la continence perpétuelle, lorsque, pressé par les siens, il épousa la fille de Roger, duc de Sicile, qui a vécu presque de nos temps; mais il en usa si chastement avec elle, qu'on croit à peine qu'il l'ait jamais connue. Il observait scrupuleusement ce précepte de la loi : *Tu ne révéleras point la turpitude de ton père ;* et cet autre : *Honore ton père.* Par tout l'empire romain, les mœurs de son père excitaient les murmures de tout le monde, partout on répétait que c'était pour cela que le père était irrité contre le fils et que le fils s'était séparé du père. Or, jamais Conrad ne souffrit qu'on tint de ces propos à ses oreilles, toujours il appelait son père son seigneur, lui donnant les noms de césar et d'empereur. Tous ceux qui lui venaient du palais de son père, il les recevait avec une bienveillance de camarade, et leur donnait ce nom, même aux derniers. Outre les vertus de l'âme et la régularité des mœurs, il était de bonne mine et de grande taille (*Chron. Ursperg.*, an 1009). Voilà ce que dit de Conrad un ancien auteur à peu près contemporain, et non suspect.

Peu après que Conrad se fût retiré d'auprès de son père, l'impératrice Adélaïde ou Praxède, sœur de Godefroi, duc de Bouillon et de Lorraine, parvint aussi à s'échapper du cachot, où son indigne mari la tenait enfermée depuis plusieurs années (Orderic Vital). Elle y avait souffert de si horribles outrages, qu'il lui semblait que des ennemis mêmes auraient compassion d'elle. Son espoir ne fut pas trompé. La comtesse Mathilde et le duc Guelfe, son époux, auprès de qui elle se réfugia, l'accueillirent et la traitèrent avec beaucoup d'amitié (Berthold, an 1094).

Qu'on juge quel homme devait être ce roi d'Allemagne, Henri IV. Les Pontifes romains, vicaires de Christ, l'excommunient pour ses crimes ; tous les catholiques l'ont en horreur ; saint Anselme de Cantorbéry le compare à Néron et à Julien l'Apostat, le bienheureux Yves de Chartres à l'impie Achab, l'évêque de Naumbourg, un de ses propres partisans, à Pharaon : son précepteur, saint Annon de Cologne, pense là-dessus comme les Papes et les catholiques ; sa mère, l'impératrice Agnès, comme son précepteur ; son fils Conrad comme sa mère ; sa femme, Adélaïde, comme son fils Conrad. Tout se réunit pour nous en donner une idée telle, que le plus grand malheur qu'on pût souhaiter à une femme, à un fils, à une mère, à un peuple, serait d'avoir un pareil époux, un pareil père, un pareil fils, un pareil souverain.

Cependant le pape Urbain II avait érigé en archevêché l'Eglise de Pise, ville célèbre et ancienne de Toscane, dont Daïbert ou Dagobert était évêque depuis 1088. Comme la ville de Pise avait toujours été attachée aux Papes légitimes pendant le schisme, aussi bien que la comtesse Mathilde, à qui elle appartenait, Urbain voulut en témoigner sa reconnaissance. Et, premièrement, il donna à l'évêque de Pise l'Ile de Corse, par une bulle où il dit : « Comme toutes les îles sont de droit public, selon les lois, il est certain que l'empereur Constantin les a données à saint Pierre et à ses vicaires ; mais plusieurs calamités survenues ont fait perdre à l'Eglise romaine la propriété de quelques-unes. Toutefois, suivant les maximes des lois et des canons, ni la division des royaumes, ni la longue possession, ne peuvent la priver de ses droits. Ainsi, quoique l'île de Corse ait été longtemps hors de la possession de l'Eglise romaine, on sait néanmoins que Grégoire VII, notre prédécesseur, y est rentré. C'est pourquoi, à la prière de notre cher frère Daïbert, évêque de Pise, de ses nobles citoyens et de la très-chère fille de saint Pierre, la comtesse Mathilde, nous donnons cette île à l'Eglise de Pise, pour en jouir tant qu'elle aura un évêque légitime et qu'elle demeurera fidèle à l'Eglise romaine, à la charge de payer tous les ans au palais de Latran cinquante livres, monnaie de Lucques. » Cette bulle fut donnée à Bénévent le 28 juin 1091.

L'année suivante 1092, le 22 avril, le Pape étant à Anagni, en donna une autre, où il relève les services que la ville de Pise et son évêque ont rendus à l'Eglise romaine pendant ce long schisme, les victoires des Pisans sur les Sarrasins, et l'accroissement de leurs biens temporels. C'est pourquoi il donne à l'évêque Daïbert la supériorité sur les évêques de l'Ile de Corse, dont il le fait archevêque, pour y établir les bonnes mœurs et la discipline ecclésiastique, et lui accorde le *pallium* (*Apud Ughell.*, t. III; Baronius et Mansi, an 1091 et 1092).

Le pape Urbain célébra la fête de Noël, l'an 1092, hors de Rome, toutefois dans les terres de l'Eglise romaine, parce qu'il n'aurait pu entrer à Rome qu'à main armée, tant les schismatiques y étaient encore puissants, quoique l'antipape Guibert fût en Lombardie avec son empereur Henri. Pendant le carême de l'année suivante 1093, le pape Urbain tint un concile à Troie en Apulie, le onzième jour de mars, où assistèrent environ soixante-quinze évêques et douze abbés. On y parla des mariages contractés entre parents, et on fit des règlements à ce sujet, ainsi que sur l'observation de la trêve de Dieu. (Labbe, t. X). A la fin de la même année, l'antipape Guibert, avec son empereur Henri, était à Vérone et feignait de vouloir renoncer au pontificat, si la paix de l'Eglise ne pouvait être rétablie autrement. Cependant le pape Urbain était à Rome, où il célébra solennellement la fête de Noël. Il savait que plusieurs guibertins y étaient encore cachés; mais il ne voulut pas les en chasser, parce qu'il eût fallu le faire à main armée et troubler la tranquillité de Rome (Berthold, an 1094).

Pour les expulser sans effusion de sang, le Pape avait écrit pour lever des collectes sur les églises, comme on voit par sa lettre aux évêques d'Aquitaine. Mais celui qui le servit le plus utilement en cette occasion, fut Geoffroi, nouvel abbé de la Trinité de Vendôme. Car, ayant appris la peine et la disette où était le pape Urbain, il vint à Rome et eut beaucoup à souffrir, tant dans le voyage qu'à Rome même, où, pour n'être point reconnu, il passait pour le valet de ses domestiques. Il vint voir le Pape, de nuit, dans la maison de Jean de Frangipane, où il se tenait caché, et le trouva presque dénué de tout et accablé de dettes. Il y demeura avec lui pendant le carême de l'année 1094, et le soulagea, autant qu'il put, de l'argent qu'il avait apporté, montant à plus de douze mille sous d'or. Quinze jours avant Pâques, un certain Ferruchio, à qui l'antipape Guibert avait donné la garde du palais de Latran, fit parler au Pape, demandant de l'argent pour lui rendre ce palais et la tour. Le Pape en ayant conféré avec les évêques et les cardinaux qui étaient avec lui, leur demanda l'argent qu'on lui demandait à lui-même ; mais il en trouva peu chez eux, parce qu'ils étaient dans la persécution comme lui. L'abbé Geoffroi voyant le Pape si affligé et si embarrassé qu'il en répandait des larmes, s'approcha de lui et lui dit de traiter hardiment avec Ferruchio. Il y employa non-seulement son argent, mais encore ses mules et ses chevaux. Ainsi le Pape entra dans le palais de Latran, et Geoffroi fut le premier qui lui baisa les pieds dans la chaire pontificale, où depuis longtemps aucun Pape catholique ne s'était assis. Le pape Urbain ordonna prêtre l'abbé Geoffroi et le remit en possession de l'église de Saint-Prisque, donnée par le pape Alexandre II à Oderic, son prédécesseur, pour lui et ses successeurs, avec le titre de *cardinal*; mais les guibertins les en avaient dépossédés. Les abbés de Vendôme ont gardé le titre de cardinal pendant trois cents ans (*Epist. Godefr. Vindom., apud Baron. et Sirmond.*).

C'est le temps où saint Nicolas le Pèlerin se faisait admirer dans l'Apulie. Il était Grec, né dans l'Attique, en un village près de Stérion, monastère fameux de saint Luc le Jeune. Ses parents étaient pauvres, et il n'apprit ni les lettres ni aucun métier; mais, dès l'âge de dix-huit ans, sa mère l'envoya garder les moutons. Dès lors il se mit à chanter tout haut : *Seigneur, ayez pitié de nous*, en grec, *Kyrie, eleïson*, ce qu'il faisait jour et nuit; et cette dévotion lui dura toute sa vie. Sa mère, n'ayant pu l'en détourner, le crut possédé du démon, et le mena aux moines de Stérion, qui l'enfermèrent et le maltraitèrent, sans pouvoir lui faire quitter son chant. Il souffrait avec patience, mais il recommençait toujours *Kyrie, eleïson*. Etant retourné chez sa mère, il prit une hache et un couteau, et, montant sur la montagne, il coupait du bois de cèdre et en faisait des croix, qu'il plantait sur les chemins et dans les lieux inaccessibles, louant Dieu continuellement.

Il se bâtit sur cette montagne une petite cabane en bois, et y vécut quelque temps seul, travaillant sans cesse. Ensuite il vint à Naupacte ou Lépante, où un moine nommé Barthélemi se joignit à lui et ne le quitta plus. Ils s'embarquèrent et passèrent à Otrante en Italie, et de là en divers lieux, où Nicolas était traité, tantôt comme un saint, tantôt comme un insensé. Il jeûnait tous les jours jusqu'au soir, sa nourriture n'était qu'un peu de pain et d'eau, et toutefois il n'était pas maigre. Il passait la plupart des nuits à prier, debout. Il était vêtu seulement d'une tunique courte jusqu'aux genoux, les jambes et les pieds nus aussi bien que la tête. Il portait à la main une croix légère de bois, et en écharpe une gibecière, où il mettait les aumônes qu'il recevait et qu'il employait principalement à acheter des fruits, pour donner aux enfants et les attirer autour de lui, afin de chanter avec lui *Kyrie, eleïson*.

Ce fut en Italie qu'on le surnomma Pérégrin ou *Pèlerin*, c'est-à-dire étranger; il y fit plusieurs miracles, continuant toujours son chant, et exhortant tout le monde à la pénitence. Mais ses manières extraordinaires le firent souvent maltraiter, quelquefois même par l'ordre des évêques. Il passa à Tarente, puis à Trani. Comme, dans cette dernière ville, il faisait le tour des remparts en chantant *Kyrie, eleïson*, avec les enfants qui l'accompagnaient l'archevêque Bisance, qui n'était pas médiocrement instruit, demanda ce que c'était. On lui répondit que c'était un jeune Grec qui venait d'arriver et qui ne savait autre chose que de crier *Kyrie, eleïson*. L'archevêque le fit venir et lui demanda pourquoi il faisait ainsi. Nicolas lui répondit tranquillement :

« Seigneur, comme aucun des préceptes de l'Evangile ne vous est caché, vous n'ignorez pas comment Notre Seigneur a ordonné que, quiconque veut venir après lui, prendra sa croix et le suivra. Vous savez aussi qu'il a dit à ses disciples que s'ils ne se convertissaient et ne devenaient comme de petits enfants, ils n'entreraient pas dans le royaume des cieux. Ayant donc compris ces choses, je n'ai pas rougi de porter intérieurement et extérieurement le signe de la croix et de marcher comme un petit enfant, et je n'ai pas évité les moqueries des hommes. De savoir si je dois le faire, je le laisse à votre jugement ; car mon intention est de demeurer chez vous, si cela ne vous déplaît pas; autrement, je m'en irai ailleurs de moi-même. » L'archevêque l'ayant entendu raisonner avec tant de bons sens, reconnut que c'était un serviteur de Dieu, de beaucoup de mérite, et lui dit : « Comme je vois, par votre explication, que c'est pour obéir à Dieu que vous agissez de la sorte, pourquoi irai-je vous en détourner? j'aime mieux que vous restiez ici jusqu'à la fête des saints apôtres Pierre et Paul, chantant vos prières accoutumées; j'aurai soin de votre subsistance. »

L'archevêque voulait encore ajouter plusieurs autres choses, lorsque le bon jeune homme, l'ayant salué, se retira subitement pour aller rejoindre les petits enfants, qui l'attendaient avec impatience, surtout à cause de ses pommes. Il parcourut joyeusement avec eux, pendant trois jours, les rues de la ville, implorant avec eux la miséricorde divine. Bientôt toute la population voulut le voir. Mais il tomba malade le quatrième jour, et mourut le 2 juin 1094, étant encore tout jeune. On vint le voir en foule pendant sa maladie, et lui demander sa bénédiction; les petits enfants surtout étaient inconsolables : le concours fut encore plus grand à ses funérailles. Il fut enterré dans l'église cathédrale avec grande solennité, et il se fit à son tombeau un grand nombre de miracles, rapportés par des témoins oculaires. Sa canonisation fut proposée devant le pape Urbain II, qui en chargea l'archevêque de Trani. On l'invoquait particulièrement pour les naufrages, comme saint Nicolas de Myre (*Acta Sanct., 2 junii*).

En Allemagne, l'évêque Guébehart de Constance, légat du Saint-Siége, travaillait avec ardeur et succès à fortifier l'union, la paix et la discipline parmi les catholiques. L'an 1093, il reçut comme vassal de l'Église romaine le duc Guelfe de Bavière : il avait déjà reçu en cette qualité son propre frère Berthold, duc d'Allemagne ou de Souabe. Avec ces deux princes et les autres de l'Allemagne, il tint une assemblée générale à Ulm, où il fut convenu qu'on obéirait religieusement à l'évêque de Constance suivant les canons, et qu'on seconderait le duc Berthold suivant la loi des Allemands. Ensuite les ducs, les comtes jurèrent une paix de deux ans, spécialement applicable aux clercs et aux moines catholiques, aux églises et à leurs dépendances, et à tous ceux qui avaient juré la paix de leur côté. Les princes la firent jurer chacun dans son domaine. Le duc Guelfe de Bavière l'étendit jusqu'en Hongrie. La France teutonique et l'Alsace la jurèrent ; mais nulle part elle ne fut mieux observée qu'en Allemagne ou en Souabe. Le duc Berthold y fit si bonne justice, qu'il surpassa en bonne renommée tous ses prédécesseurs.

Pendant la semaine sainte 1094, le légat Guébehard de Constance, avec les princes, les abbés et les clercs, qui étaient sans nombre, tinrent un grand concile dans son église. Il y corrigea beaucoup de choses qui avaient besoin de correction. On y renouvela les défenses d'entendre l'office célébré par les prêtres simoniaques ou incontinents. L'impératrice Praxède, qui depuis assez longtemps avait quitté son mari pour se retirer près du duc Guelfe de Toscane, envoya sa plainte au concile de Constance. Elle se plaignait d'avoir été réduite à souffrir des débauches si infâmes, et de la part de tant de personnes, que ses ennemis mêmes ne pouvaient s'empêcher d'excuser sa fuite, et que tous les catholiques étaient touchés de compassion (Berthold, an 1093 et 1094).

Il y eut, cette année 1094, en Bavière, une grande mortalité qui s'étendit dans le reste de l'Allemagne, et même en France, en Bourgogne et en Italie; mais les plus sages ne jugeaient pas que ce fût un si grand mal; car, comme presque personne ne guérissait de cette maladie, la plupart de ceux qui en étaient attaqués se préparaient sérieusement à la mort, et paraissaient mourir dans de grands sentiments de pénitence. Ceux mêmes qui survivaient s'abstenaient de tous divertissements, couraient à la confession et ne cessaient de se recommander aux prêtres. Il y avait alors en Alsace un docteur nommé Manegold de Luttenbach, qui profita merveilleusement de ces conjonctures pour l'utilité de la religion; car, pendant cette mortalité, qui fut longue, toute la noblesse du pays venait le trouver en foule, pour se faire absoudre de l'excommunication, en vertu du pouvoir qu'il en avait reçu du Pape; après quoi ils recevaient la pénitence et l'absolution de leurs autres péchés. Ils demeurèrent tous très-fidèles au pape Urbain, et ne voulaient point assister à l'office des prêtres simoniaques ou incontinents. Manegold avait fondé à Marbach un monastère de chanoines réguliers, parmi lesquels il vivait lui-même en communauté. Le pape Urbain, à l'exemple de saint Grégoire VII, avait déjà modéré les excommunications, en exceptant plusieurs personnes de la nécessité d'éviter les excommuniés. Urbain célébra la fête de Noël 1094, en Toscane, où l'archevêque de Pise, Daïbert, le servit avec grande affection. Henri IV, appelé empereur par les siens, demeurait cependant en Lombardie, presque destitué de toute dignité royale; car toute la force de son armée obéissait à son fils, le roi Conrad, qui était attaché à la comtesse Mathilde et au pape Urbain. Dans cet état de choses, le pape Urbain indiqua un grand concile à Plaisance, pour la mi-carême de l'an 1095 (Berthold).

Dans ce concile et dans celui de Clermont, qui suivra de près, se manifestera au monde et à elle-même la nouvelle humanité que le christianisme, au milieu des révolutions des empires, formait depuis onze siècles. Rien de pareil ne se sera vu depuis que les enfants d'Israël, sortis de l'Egypte, voyagèrent dans le désert et entrèrent dans la terre de Chanaan. Que dis-je? Rien de pareil ne se sera vu depuis la réunion générale des hommes dans la plaine de Sennaar, et leur dispersion forcée par la confusion des langues. Vingt peuples divers, qui, l'un après l'autre, quelquefois plusieurs ensemble, ont attaqué, ravagé, démembré, anéanti l'empire temporel et matériel de Rome païenne, se montreront les sujets ou plutôt les enfants dociles et unis, se montreront l'empire spirituel et vivant de Rome chrétienne. Vingt peuples divers, parlant vingt langues diverses, n'auront qu'une même pensée, qu'un même sentiment. Vingt peuples divers, adorant autrefois des milliers d'idoles diverses, n'adorent que le même Dieu, le même Christ, dans la même foi, la même espérance, la même charité. Vingt peuples divers, divisés autrefois les uns contre les autres sous vingt enseignes diverses, sont tous réunis sous le même étendard, l'étendard du Fils de l'homme, qui a été levé d'abord sur le Golgotha, pour commencer la guerre ouverte du ciel contre l'enfer, et qui apparaîtra un jour au haut des nues, pour terminer cette grande guerre par une éternelle victoire. Et, sous cet étendard, la chrétienté romaine commence, ou plutôt agrandit et régularise, contre l'antichrétienté mahométane, ce combat de douze ou treize siècles, qui paraît vouloir se terminer de nos jours.

L'Orient, l'empire grec, qui, par sa grande hérésie, l'antichristianisme doctrinal d'Arius, dont les autres hérésies ne sont que la suite, a préparé les voies à l'antichristianisme politique, à l'empire antichrétien de Mahomet; l'Orient, l'empire grec, subissait et subit encore le châtiment de son crime. L'Occident aussi avait vu les hordes antichrétiennes de Mahomet, le faux prophète; il les avait vues, et aux portes de Rome et au cœur de la France; mais l'Occident, malgré ses diversités nationales, était uni dans la même foi et sous le même chef spirituel; mais l'Occident avait vaincu et chassé les armées du faux prophète; il les avait chassées des Gaules, il les avait chassées de l'Italie; il les chassait de la Sicile, il les chassait de la Corse et de la Sardaigne, il les chassait de plus en plus de l'Espagne: depuis quatre siècles, l'épée de Charles-Martel et de Charlemagne, l'épée de l'Occident, n'était pas rentrée dans le fourreau; elle n'y est pas même rentrée aujourd'hui après douze siècles, aujourd'hui que l'épée de la France continue sur la terre d'Afrique ce qu'elle a commencé dans les champs de Poitiers. L'Orient, au contraire, l'empire grec, divisé d'avec la chrétienté romaine et d'avec lui-même, au spirituel, par l'esprit de schisme et d'hérésie, au temporel, par l'esprit d'anarchie et de révolution qui ne cessait d'ensanglanter le trône; l'Orient, l'empire grec, se voyait attaqué, entamé, mutilé, amoindri de plus en plus par l'empire antichrétien du faux prophète; l'empire grec avait perdu l'Afrique, il avait perdu l'Egypte, il avait perdu la Syrie, il venait de perdre l'Asie Mineure: un sultan régnait à Icone, un sultan régnait à Nicée, Antioche venait de retomber en leurs mains, ils menaçaient Constantinople.

L'empereur Michel Ducas avait imploré les secours du pape saint Grégoire VII. Déjà ce grand Pontife avait enrôlé cinquante mille hommes pour voler au secours des chrétiens d'Orient, et, par ce bienfait, les réunir au centre vivant de la chrétienté; mais un malheur non moins funeste menaçait l'Occident même. Un roi allemand prétendait imposer à des peuples chrétiens, à l'Eglise entière, un despotisme non moins brutal et non moins abrutissant que celui des Turcs. Il fallait sauver la chrétienté au dedans avant même que de la défendre au dehors. Le pape saint Grégoire VII courut au plus pressé, sans oublier le reste. Sous Urbain II, son deuxième successeur, le mal interne avait subi une crise favorable; il n'y avait plus de danger. La chrétienté romaine pouvait sans risque agrandir la guerre contre l'antichrétienté mahométane. L'empereur Alexis Comnène, pressé d'un côté par les Turcs, de l'autre par les Petchenègues ou Cosaques, venait d'appeler à son secours tous les guerriers de l'Occident, par la lettre suivante adressée au comte Robert de Flandre, à tous les princes chrétiens, clercs et laïques.

« Glorieux comte, défenseur de la foi chrétienne, je veux faire connaître à votre prudence la position désespérée de l'empire chrétien de Constantinople. Les choses saintes et les fidèles de Jésus-Christ sont chaque jour l'objet de nouveaux outrages; les Turcs et les Pincinates envahissent notre empire. Sur les fonts baptismaux, les Barbares, par mépris pour le Sauveur, font couler le sang de nos enfants et de nos jeunes gens sous le fer de la circoncision; ils les forcent à y répandre leur urine, et les traînent autour des églises pour les contraindre à blasphémer contre le nom et la foi de la sainte Trinité : ceux qui refusent d'obéir, ils les font expirer dans les tourments les plus horribles. Ils outragent de nobles matrones comme de vils animaux; ils déshonorent les vierges sous les yeux de leurs mères, qu'ils contraignent d'y applaudir par des chansons impies et licencieuses. Les Babyloniens, entre autres moqueries, disaient au peuple de Dieu : *Chantez-nous des cantiques de Sion.* Ici les mères sont contraintes de chanter le déshonneur de leurs filles. C'est plutôt le lieu de pleurer avec Rachel. Encore les mères des innocents égorgés par Hérode, si elles avaient à pleurer leur mort, pouvaient se consoler du salut de leurs âmes. Mais ici, nulle consolation; car les corps et les âmes y périssent. Que dirons-nous encore? Il y a des choses plus épouvantables. Les Turcs, puisqu'il faut le dire, contraignent à leur servir de jouet pour le crime de Sodome, ils y contraignent des hommes de tout âge et de toute condition, des enfants, des adolescents, des jeunes hommes, des vieillards, des nobles, des esclaves, et, ce qui est plus infâme encore, des clercs et des moines, et même, ô crime, ô douleur, des évêques; et ils en ont fait périr dans cet abominable péché! Ils profanent les lieux saints de mille manières, les détruisent, et menacent de faire pis encore. Au récit de tant de maux, qui ne sera touché de compassion? Qui ne versera des larmes?

» Ces Barbares ont envahi presque tout le pays depuis Jérusalem jusqu'à la Grèce, toutes les régions supérieures de l'empire grec, les deux Cappadoces, les deux Phrygies, la Bithynie, Troie, le Pont, la Galatie, la Lybie, la Pamphylie, la Lycie, avec les principales îles; il ne me reste presque plus que Constantinople, qu'ils menacent de nous enlever bientôt, si Dieu et les Latins ne viennent à notre secours. Car déjà, avec deux cents navires, qu'ils ont fait construire par des prisonniers grecs, ils se sont rendus maîtres d'une place importante sur la Propontide, d'où ils menacent de prendre bientôt Constantinople par terre et par mer.

» Nous vous prions donc, pour l'amour de Dieu et par compassion pour tous les Grecs qui sont chrétiens, de rassembler tous les guerriers chrétiens que vous pourrez, et de venir à notre secours, afin que, comme ces guerriers ont déjà commencé à délivrer les Gaules et les autres royaumes de l'Occident du joug des païens, ils s'efforcent de délivrer pareillement l'empire grec pour le salut de leurs âmes. Car pour moi, tout empereur que je suis, je ne puis trouver ni remède ni conseil; sans cesse je fuis devant les Turcs et les Pincinates; je ne reste dans chaque ville qu'en attendant leur approche. J'aime mieux être soumis aux Latins que de devenir le jouet de ces païens barbares. Avant que Constantinople soit pris par eux, vous devez donc combattre de toutes vos forces, afin de recevoir en même temps la récompense glorieuse et ineffable du ciel. »

L'empereur Alexis rappelle ensuite au comte de Flandre et aux princes de l'Occident les richesses immenses de Constantinople, et fait l'énumération de toutes les reliques qui se trouvent dans cette cité. « Hâtez-vous donc avec toutes vos troupes et combattez de toutes vos forces, pour que de pareils trésors ne tombent pas aux mains des Turcs et des Pincinates, qui, déjà sans nombre, attendent chaque jour soixante-dix mille hommes de plus. Je crains qu'ils ne profitent de ces trésors pour séduire peu à peu mes soldats, comme Jules-César a fait pour conquérir l'empire des Francs, et comme fera l'antechrist, à la fin du monde, pour s'emparer de l'univers entier. Faites donc en sorte, pendant qu'il est temps encore, de ne pas perdre l'empire des chrétiens et, ce qui est plus encore, le sépulcre du Seigneur, mais de mériter la récompense du ciel au lieu du châtiment. » Alexis parle même de la beauté des femmes grecques, supposant que les guerriers chrétiens de l'Occident en seraient aussi épris que les Turcs (Marteni, *Ampl. Collect.*, t. I; Guibert Noviog.; *Hist. Hierosolym.*, l. 1). Ces supplications, moitié religieuses, moitié politiques, de la vanité et de la bassesse grecques, n'eussent pas suffi pour déterminer les chrétiens de l'Occident : un pauvre pèlerin, par sa foi seule, eut plus d'influence sur leurs cœurs.

Il y avait en France un ermite nommé Pierre, du diocèse d'Amiens, homme d'une grande vertu et vivant dans une extrême pauvreté. Il était de petite taille, avait le visage maigre, l'extérieur négligé; allait nu-pieds, couvert d'un méchant manteau, et n'usait d'autre monture que d'un âne. Il alla par dévotion visiter le saint sépulcre, et fut sensiblement touché de voir les saints lieux sous la domination des infidèles, la place du temple occupée par leur mosquée, et des écuries joignant l'église du Saint-Sépulcre. Comme il était homme industrieux, il s'enquit de son hôte, qui était chrétien, non-seulement de leur misère présente, mais de ce que souffraient leurs ancêtres depuis plusieurs siècles; et, pendant un assez long séjour qu'il fit dans la ville, il visita les églises et reconnut par lui-même l'état des choses.

Comme il apprit que le patriarche Siméon était un homme vertueux et craignant Dieu, il alla le voir et entra en conférence avec lui, par interprète. Le patriarche, reconnaissant que ce pèlerin était homme sensé, de grande expérience et persuasif, s'ouvrit à lui avec confiance; et, voyant qu'il ne pouvait retenir ses larmes et demandait s'il n'y avait point de remède à tant de maux, il lui dit : « Nos iniquités empêchent que Dieu n'exauce nos prières, elles ne sont pas encore assez punies; mais nous aurions quelque espérance, si votre peuple, qui sert Dieu sincèrement, et dont les forces sont encore entières et formidables à nos ennemis, voulait venir à notre secours, ou du moins prier Jésus-Christ pour nous; car nous n'attendons plus rien des Grecs, quoiqu'ils soient plus proches de nous et par les lieux et par les liens du sang, et que leurs richesses soient plus grandes. A peine peuvent-ils se défendre eux-mêmes; toute leur force est tombée, et vous pouvez avoir appris que, depuis peu d'années, ils ont perdu plus de la moitié de leur empire.

Pierre répondit : « Sachez, Saint-Père, que, si l'Eglise romaine et les princes d'Occident étaient instruits de la persécution que vous souffrez, par une personne exacte et digne de foi, ils essaieraient au plus tôt d'y apporter remède. Ecrivez donc au Pape et aux princes des lettres étendues et scellées de votre sceau, je m'offre d'en être le porteur et d'aller partout, avec l'aide de Dieu, solliciter votre secours. » Ce discours plut extrêmement au patriarche et aux chrétiens qui étaient présents; et, après avoir rendu à Pierre l'Ermite de grandes actions de grâces, ils lui donnèrent les lettres qu'il demandait. Quelque temps après, comme Pierre priait dans l'église du Saint-Sépulcre pour le succès de son voyage, il s'endormit et vit en songe Jésus-Christ, qui lui disait : « Lève-toi, Pierre, hâte-toi d'exécuter ta commission sans rien craindre, car je serai avec toi! Il est temps que les lieux saints soient purifiés et mes serviteurs secourus (1)! »

Pierre l'Ermite, encouragé par ce songe, prit congé du patriarche, s'embarqua, arriva en Pouille à Bari, vint à Rome, rendit au pape Urbain les lettres du patriarche et des chrétiens de Jérusalem, et s'acquitta fidèlement de sa commission. Il fut très-bien reçu du Pape, qui lui promit de s'employer sérieusement pour cette affaire quand il en trouverait l'occasion. En attendant, Pierre l'Ermite, poussé par son zèle, parcourut toute l'Italie, passa les Alpes et alla trouver, l'un après l'autre, tous les princes d'Occident, les sollicitant, les pressant de secourir les chrétiens d'Orient et de délivrer les saints lieux; il en persuada plusieurs. Non content de parler aux grands, il exhortait aussi les peuples à la même œuvre, et avec une éloquence si persuasive, que c'était presque toujours avec fruit. Pierre fut ainsi comme le précurseur du Pape dans cette grande entreprise.

Cependant, par la grâce de Dieu et la protection de saint Pierre, le pape légitime Urbain II avait tellement pris le dessus, qu'il indiqua, ainsi que nous avons vu, un concile général à Plaisance, au milieu de la Lombardie et des schismatiques. Il y appela les évêques d'Italie, de Bourgogne, de France, d'Allemagne, de Bavière et d'autres provinces. Le concile commença le jeudi de la mi-carême, le 1er mars 1095, et dura sept jours. Il s'y trouva deux cents évêques, près de quatre mille ecclésiastiques et plus de trente mille laïques, entre lesquels l'impératrice Praxède, les ambassadeurs de Philippe, roi de France, les ambassadeurs de l'empereur de Constantinople. Jamais on n'avait vu un concile aussi nombreux. Comme il n'y avait point d'église qui pût contenir une si grande multitude, il fallut tenir les assemblées en pleine campagne. Cette multitude de fidèles réunis aux pieds du vicaire de Jésus-Christ, rappelait aux contemporains les enfants d'Israël assemblés dans les plaines du Sinaï, pour entendre la loi de Dieu par le ministère de Moïse, et ces peuples de la Judée qui suivaient le Sauveur, et qu'il enseignait du haut de la montagne.

Dans ce concile, l'impératrice Praxède, sœur du duc Godefroi de Bouillon et fille de la bienheureuse Ide, comtesse de Boulogne, se plaignit des outrages et des infamies que son indigne époux Henri lui avait fait souffrir en sa personne, et les confessa publiquement. Et comme le Pape savait qu'elle n'y avait point consenti, il la dispensa de la pénitence qu'elle aurait pu mériter. Mais elle ne laissa pas de se retirer dans un monastère, où elle mourut saintement. Et ces crimes de Henri, étant devenus publics, déterminèrent un grand nombre de ses partisans à l'abandonner.

Philippe, roi de France, envoya une ambassade à ce concile, et manda qu'il s'était mis en chemin pour y aller, mais qu'il en avait été empêché par des raisons légitimes. C'est pourquoi il demandait jusqu'à la Pentecôte un délai, que le Pape lui accorda à la prière du concile : il s'agissait de son mariage avec Bertrade. Mais Hugues, archevêque de Lyon, qui avait été appelé au concile, fut suspendu de ses fonctions pour n'y être pas venu et n'avoir point envoyé d'excuse canonique.

De leur côté, les ambassadeurs d'Alexis Comnène, empereur de Constantinople, supplièrent humblement le Pape et tous les chrétiens de venir à son secours contre les infidèles, pour la défense de l'Eglise, qu'ils avaient presque détruite en Orient; car ils y étaient si puissants, qu'ils venaient jusqu'aux murs de Constantinople. Le Pape excita les fidèles à secourir l'empire grec, de telle sorte qu'un grand nombre s'engagèrent, par serment, à faire le voyage et à aider fidèlement l'empereur de Constantinople, selon leur pouvoir.

Pour affermir de plus en plus l'unité et la discipline de l'Eglise, on renouvela, dans ce concile, la condamnation de l'hérésie de Bérenger, et on déclara que le pain et le vin, quand on les consacre à l'autel, sont changés, non-seulement en figure, mais véritablement et essentiellement au Corps et au Sang de Notre Seigneur. On condamna aussi l'hérésie des nicolaïtes, c'est-à-dire des prêtres et autres clercs majeurs, qui prétendaient n'être pas obligés à la continence; on leur défendit de faire leurs fonctions, et au peuple d'y assister. On confirma tous les règlements des Papes précédents sur la simonie, en défendant de rien exiger pour le saint chrême, le baptême et la sépulture. On déclare nulles les ordinations faites par l'antipape Guibert et par les autres évêques intrus ou nommément excommuniés; mais on use d'indulgence à l'égard de ceux qui ont été ordonnés sans simonie par des schismatiques ou des simoniaques, sans les connaître pour tels, ou qui ont renoncé aux églises qu'ils avaient obtenues par simonie, sans toutefois que cette indulgence porte préjudice aux saints canons, hors les cas de nécessité. Le jeûne des quatre-temps est fixé aux mêmes jours où nous l'observons

---

(1) Guillaume, archevêque de Tyr. *Histoire de ce qui s'est passé au delà des mers, depuis les successeurs de Mahomet jusqu'en l'année du Seigneur 1184*, l. 1.

encore. On défend de recevoir à pénitence ceux qui ne voudront pas renoncer au concubinage, à la haine ou à quelque autre péché mortel. Qu'aucun prêtre ne reçoive personne à pénitence, sans commission de l'évêque, et qu'on ne refuse pas les sacrements à ceux qui ne demeurent avec les excommuniés que par la présence corporelle, sans participer à leurs sacrements (Labbe, t. X, p. 500; Mansi, t. XX; Berthold, an 1095).

Après le concile de Plaisance, le pape Urbain passa à Crémone, où le jeune roi Conrad, fils de Henri, vint à sa rencontre et lui servit d'écuyer; le Pape y fit ainsi son entrée le 10 avril. Le roi Conrad lui fit serment de fidélité, promettant de lui conserver la vie, les membres et la dignité pontificale. Le Pape, de son côté, le reçut pour fils de l'Eglise romaine, et lui promit aide et conseil pour se maintenir dans le royaume et obtenir la couronne impériale, à la charge de renoncer aux investitures. Le bienheureux Yves de Chartres, écrivant au Pape, lui témoigne sa joie de la réduction du royaume d'Italie à son obéissance, et de la soumission du nouveau roi (Berthold; Yv., *Epist.* 43).

Arnulphe, archevêque de Milan, avait été élu dès l'année 1093, à la mort d'Anselme III, et avait reçu l'investiture de la main de Henri IV, par l'anneau et le bâton pastoral; mais son élection avait été déclarée nulle par le légat du Pape. Arnulphe acquiesça et se retira dans un monastère, jusqu'à ce que le Pape, venant sur les lieux et ne voulant pas laisser plus longtemps vacant le siége de Milan, le fit sacrer par saint Dimon ou Thiemon, archevêque de Saltzbourg, Ulric, évêque de Passau, et Guébehard de Constance, qui avaient assisté tous les trois au concile de Plaisance. Mais Arnulphe mourut l'année suivante 1096, et eut pour successeur Anselme IV (Ughell., t. IV).

Ayant ainsi pourvu à la tranquillité de l'Italie, le pape Urbain prit la résolution de venir tenir un concile dans les Gaules. Il s'y rendit par mer, et il célébra la fête de l'Assomption à Notre-Dame du Puy, d'où, par des lettres adressées aux métropolitains, il indiqua un concile à Clermont en Auvergne, pour le jour de l'octave de Saint-Martin, c'est-à-dire pour le 18 novembre de la même année 1095. Hugues, archevêque de Lyon, apprit cette nouvelle au retour d'un pèlerinage qu'il avait fait à Saint-Jacques en Galice, et il se rendit aussitôt auprès du Pape, qui alla du Puy au monastère de la Chaise-Dieu, où il dédia l'église, le dimanche 25 août, en l'honneur des saints Vital et Agricole; le Pape alla ensuite à Saint-Gilles, à Tarascon et à Mâcon, d'où il se rendit à Cluny.

Urbain II eut une sensible consolation de revoir cette florissante communauté, où il avait été moine et prieur. Il embrassa avec tendresse le saint abbé Hugues, qui lui avait donné l'habit monastique, et qui, dans un âge avancé, jouissait encore d'une santé parfaite. On pria le Pape de consacrer le grand autel de la nouvelle église, que saint Hugues avait fait bâtir. Le Pape le fit le 25 octobre, et, après la cérémonie, il adressa un sermon au peuple, où il dit qu'il était le premier Pape qui eût visité le monastère de Cluny, soumis immédiatement au Saint-Siége par son fondateur, le duc Guillaume d'Aquitaine, et que le plaisir de revoir une maison si célèbre, où il avait eu le bonheur d'embrasser la vie monastique, avait été un des principaux motifs de son voyage en France. Il accorda de nouveaux priviléges à ce monastère, après quoi il en partit pour Souvigny, où il plaça dans un lieu plus honorable les reliques de saint Mayeul, et il obligea Archambaud de jurer, sur le tombeau de son père, qu'il n'exigerait plus les redevances injustes que son père avait imposées au monastère. Enfin, le Pape alla de Souvigny à Clermont, où il arriva quelques jours avant le temps marqué pour la tenue du concile.

Durand était alors évêque de Clermont, et il avait quelque démêlé avec les moines de Cluny, au sujet de l'abbaye de Moissac. Les moines s'étaient même proposé de le faire déposer. Mais le Pape déconcerta leur projet, en choisissant son logement chez le prélat, qui en fut extrêmement consolé. Cependant il tomba malade des mouvements qu'il s'était donnés pour recevoir le Pape et pour préparer ce qui était nécessaire à la célébration d'un concile, et mourut avant qu'on eût fait l'ouverture. Saint Hugues, évêque de Grenoble; Jarenton, abbé de Saint-Bénigne de Dijon, et Ponce, abbé de la Chaise-Dieu, qui avaient été ses religieux lorsqu'il était abbé de ce dernier monastère, prirent soin de ses funérailles. Le Pape, qui l'avait visité et lui avait donné l'absolution dans sa maladie, les cardinaux et les évêques qui étaient arrivés à Clermont pour le concile, assistèrent à l'enterrement, et parurent s'être assemblés de toutes les parties de l'univers pour honorer ses obsèques. Durand avait succédé à Etienne de Polignac, et Guillaume de Balf fut son successeur (Hug. Flav., *in Chron.*).

Le concile de Clermont s'ouvrit au jour marqué, le 18 novembre 1095. Suivant l'historien Berthold, il s'y trouva treize archevêques et deux cent cinq prélats portant crosse, tant évêques qu'abbés; d'autres en comptent jusqu'à quatre cent. Parmi les archevêques, il y en avait deux d'Italie qui avaient suivi le Pape, savoir, Daïbert de Pise et Ranger de Reggio. Il y en avait trois qui étaient légats dans leurs provinces : Hugues de Lyon, Amar de Bordeaux, Bernard de Tolède. Les autres archevêques étaient Rainal de Reims, Aubert de Bourges, qui moururent dans la même année; Raoul de Tours, Richer de Sens, Dalmace de Narbonne, Gui de Vienne, depuis pape, sous le nom de Calixte II; Bérenger de Tarragone, Pierre d'Aix. Les plus connus d'entre les évêques sont, premièrement, trois qui accompagnaient le Pape, savoir, Jean de Porto, Gautier d'Albane, qui venait de sa légation d'Angleterre, saint Brunon de Ségni. Il y avait aussi à la suite du Pape plusieurs cardinaux, entre autres, Richard, abbé de Saint-Victor de Marseille, et le chancelier Jean de Gaëte.

Les autres évêques étaient presque tous Français. On remarque entre eux Lambert d'Arras, Gaucher de Cambrai, Hugues de Soissons, Hilgot, son prédécesseur, qui, pour assurer son salut, s'était fait moine à Cluny; Odon de Bayeux, oncle du roi d'Angleterre; Roland de Dol en Bretagne, qui se prétendait archevêque; le bienheureux Yves de Chartres et saint Hugues de Grenoble, Adhémar du Puy. On y trouve aussi deux évêques d'Espagne, Dalmace de Compostelle et Pierre de Pampelune. Parmi les abbés, on remarque, outre le cardinal Richard, saint

Hugues de Cluny, Baudri de Bourgueil et Geoffroy de Vendôme.

Enfin la ville de Clermont put à peine recevoir dans ses murs tous les princes, les ambassadeurs et les prélats qui s'étaient rendus au concile, de sorte que, dit une ancienne chronique, vers le milieu du mois de novembre, les villes et villages des environs se trouvèrent remplis de peuple, et plusieurs furent contraints de faire dresser leurs tentes et pavillons au milieu des champs et des prairies, encore que la saison et le pays fussent d'extrême froidure.

Deux grands objets devaient occuper le concile de Clermont : *la paix de Dieu* et *la guerre de Dieu;* la *paix* ou plutôt *la trève de Dieu* parmi les chrétiens, *la guerre de Dieu* contre les infidèles.

Avant d'être adoucies par le christianisme, les nations qui composent l'Europe ne connaissaient, n'aimaient que la guerre. Le Franc, le Goth, le Lombard, le Saxon, le Vandale ne quittait jamais son épée; c'était sa vie et son salut pendant la guerre, c'était son tribunal et sa justice pendant la paix, autant que la paix peut se concevoir parmi des populations barbares toujours en armes. De là, pour celui qui réfléchit, il est aisé de sentir combien il fallut à l'Eglise de Dieu de temps et de patience pour apprivoiser et adoucir cette multitude si diverse de caractères intraitables. La grande civilisation de l'Europe par l'Eglise avançait assez bien sous Charlemagne, ce dévot auxiliaire de l'Eglise romaine en toutes choses, ainsi que lui-même s'appelle; mais, sous son petit-fils, Charles le Chauve, les terribles hommes du Nord vinrent troubler et interrompre cette assimilation chrétienne de l'Europe, non-seulement en ce qu'ils y mêlèrent en leur personne un élément tout sauvage, mais en ce que, par l'impuissance de l'autorité publique à défendre la France contre leurs incursions, chaque ville, chaque monastère, chaque seigneur, chaque propriétaire de terrain fut formellement autorisé à se défendre soi-même. De là cette habitude, déjà si naturelle chez ces peuples, de se faire la guerre, non pas d'individu à individu, mais de ville à ville, de château à château.

Pour y mettre un terme, les évêques et les conciles, à la demande des populations elles-mêmes, ordonnèrent *la paix de Dieu*, et tout le monde le jura, mais le remède était trop fort : au lieu d'une paix absolue, il fallut revenir à une trève pour certains jours. La trève de Dieu fut donc établie par toute l'Europe chrétienne et gardée plus ou moins bien. Le grand remède allait être appliqué à ce grand mal, c'était de transporter la guerre, de la transporter d'Europe en Asie, d'où les Turcs menaçaient l'Europe même.

En attendant, le concile de Clermont renouvela *la trève de Dieu.* Depuis le dimanche de la Quinquagésime jusqu'au lundi après l'octave de la Pentecôte, depuis le mercredi qui précède l'Avent jusqu'à l'octave de l'Epiphanie, il était défendu à tout homme d'en provoquer un autre, de le tuer, de le blesser ou d'enlever du bétail ou du butin. La même défense était faite pour toutes les semaines de l'année, depuis le mercredi au soleil couchant, jusqu'au lundi au soleil levant, et pour toutes les fêtes de l'année, les fêtes de Notre-Dame et des apôtres avec leurs vigiles. Le concile décida en outre que toutes les églises et leurs parvis, les croix sur les chemins, les moines et les clercs, les religieuses et les femmes, les pèlerins, les marchands avec leurs domestiques, les bœufs, les chevaux de labour, les hommes conduisant leur charrue, les bergers avec leurs troupeaux jouiraient d'une paix perpétuelle et resteraient toujours à l'abri de la violence et du brigandage; que non-seulement les églises et leurs parvis, mais encore les croix sur les chemins, seraient des asiles inviolables pour ceux qui s'y réfugieraient. Tout chrétien, depuis l'âge de douze ans, devait jurer de se soumettre à la trève de Dieu et de s'armer contre ceux qui refuseraient leur serment et leur soumission à cette loi. Tous ceux qui ne jureraient pas d'obéir à la trève de Dieu devaient être frappés d'anathème.

Pour consolider cette pacification publique, le concile de Clermont s'appliqua surtout à consolider l'ordre moral parmi le clergé et le peuple. Il confirma d'abord tous les décrets des conciles que le pape Urbain avait tenus à Melphe, à Bénévent, à Troie et à Plaisance. On renouvela les défenses d'usurper les biens des évêques ou des clercs à leur mort, et on ordonna qu'ils seraient distribués en œuvres pies, selon leur intention, ou réservés à leur successeur. Défense aux évêques d'instituer un archidiacre qui ne soit pas diacre, un archiprêtre qui un doyen qui ne soit pas prêtre; défense d'élire un évêque qui ne soit au moins diacre; défense de recevoir de la main d'un laïque aucune dignité ecclésiastique, ni de lui en faire hommage-lige, et, à aucun prince, d'en donner l'investiture; défense aux laïques d'avoir des chapelains qui ne soient désignés par l'évêque pour la conduite de leurs âmes; aucun clerc ne pourra avoir deux prébendes en deux villes différentes, parce qu'il ne peut avoir deux titres; défense d'avoir deux dignités dans une même église; défense de communier sans prendre séparément le corps et le sang, à moins qu'on ne le fasse par nécessité et avec précaution, apparemment de crainte de répandre quelques gouttes du sang de Jésus-Christ. Ce canon proscrit l'usage de donner le corps du Seigneur trempé dans le sang, comme on faisait dans l'Eglise grecque et à Cluny. L'usage de l'Eglise de Jérusalem était de ne donner la communion que sous l'espèce du pain, et, après la conquête de Jérusalem, cet usage s'établit insensiblement dans les Eglises d'Occident.

Il se fit encore quelques autres règlements dans ce concile. Le Pape y confirma la primatie de l'Eglise de Lyon; il condamna le prétendu archevêque de Dol en Bretagne à être soumis à l'archevêque de Tours et à lui faire satisfaction pour la désobéissance passée. Il fit lire publiquement la bulle du rétablissement de l'Eglise d'Arras, et à cette séance assistaient quatorze archevêques, deux cent vingt-cinq évêques et plus de quatre-vingt-dix abbés. La bulle fut approuvée et confirmée de tout le concile, où Lambert, nouvel évêque d'Arras, avait pris séance, y étant nommément appelé par le Pape. Mais Gaucher, qui se prétendait évêque de Cambrai, fut déposé de toute fonction d'évêque et de prêtre, avec menace d'anathème contre lui et ses fauteurs, s'il occupait davantage ce siège, parce qu'il l'avait acheté à prix d'argent et avait reçu la crosse et l'anneau du soi-disant empereur Henri. Le concile confirma l'élection de Manassès, archidiacre de Reims, et ordonna qu'il serait sacré évêque de Cambrai, ce que Gaucher avait empêché jusque-là par l'autorité du soi-disant empereur. Toutefois, le simoniaque Gaucher se soutint après le concile par la même protection, et le schisme de l'Eglise de Cambrai dura encore dix ans, jusqu'à la mort de l'empereur simoniaque. Enfin le roi Philippe de France fut excommunié de nouveau, parce que, malgré ses serments et ses promesses, et après tous les délais que le Pape lui avait accordés au concile de Plaisance, il ne renvoyait point à son mari légitime, le comte d'Anjou, son parent et son vassal, la fameuse Bertrade, qu'il lui avait enlevée, et avec laquelle il vivait en adultère public (Labbe, t. X; Mansi, t. XX).

Réprimer, contenir dans de certaines bornes les passions des souverains, dont les scandales peuvent corrompre les nations entières; obliger les souverains à respecter les saintes lois du mariage, les saintes lois de la société domestique, base première de la société publique : c'était là une chose non moins utile, non moins nécessaire à l'Europe et à l'humanité entière, que d'aller défendre l'Europe et l'humanité contre les Turcs. Que servait-il d'aller combattre les Turcs d'Asie, si un Philippe de France, un Henri d'Allemagne implantaient les mœurs des Turcs en Europe? La vigueur de l'Eglise contre l'un et contre l'autre était donc utile, était donc nécessaire, surtout dans un moment où les guerriers de la France et de l'Allemagne allaient y laisser leurs femmes et leurs enfants, pour repousser la puissance antichrétienne, qui eût foulé aux pieds l'honneur des premières et la liberté des seconds.

Les fidèles accourus de toutes parts à Clermont et dans le voisinage attendaient de jour en jour que le Pape vînt à parler de la grande expédition. Urbain satisfit enfin leur impatience. Le concile tint sa dixième séance dans la grande place de Clermont, qui se remplit bientôt d'une foule immense. Suivi de ses cardinaux, le Pape monta sur une espèce de trône qu'on avait dressé pour lui; à ses côtés, on vit paraître l'ermite Pierre avec le bâton de pèlerin et le manteau de laine qui lui avait attiré partout l'attention et le respect de la multitude. Il parla le premier des outrages faits à la foi du Christ; il rappela les profanations et les sacrilèges dont il avait été témoin, les tourments et les persécutions que les enfants d'Agar, les Sarrasins, faisaient souffrir à ceux qui allaient visiter les saints lieux. Il avait vu des chrétiens chargés de fers, traînés en esclavage, attelés au joug comme des bêtes de somme; il avait vu les oppresseurs de Jérusalem vendre aux enfants du Christ la permission de saluer le tombeau de leur Dieu, leur arracher jusqu'au pain de la misère et tourmenter la pauvreté elle-même pour en obtenir des tributs; il avait vu les ministres du Très-Haut arrachés au sanctuaire, battus de verges et condamnés à une mort ignominieuse. En racontant les malheurs et la honte des chrétiens, Pierre avait le visage abattu et consterné, sa voix était étouffée par ses sanglots, sa vive émotion pénétrait tous les cœurs.

Urbain parla après Pierre l'Ermite, et s'exprima en ces termes : « Vous venez d'entendre l'envoyé des chrétiens d'Orient. Il vous a dit le sort lamentable de Jérusalem et du peuple de Dieu; il vous a dit comment la ville du Roi des rois, qui transmit aux autres les préceptes d'une foi pure, a été contrainte de servir aux superstitions des païens, comment le tombeau miraculeux où la mort n'avait pu garder sa proie, ce tombeau, source de la vie future, sur lequel s'est levé le soleil de la résurrection, a été souillé par ceux qui ne doivent ressusciter eux-mêmes que pour servir de paille au feu éternel. L'impiété victorieuse a répandu ses ténèbres sur les plus riches contrées de l'Asie : Antioche, Ephèse, Nicée sont devenues des cités musulmanes; les hordes barbares des Turcs ont planté leurs étendards sur les rives de l'Hellespont, d'où elles menacent tous les pays chrétiens. Si Dieu lui-même, armant contre elles ses propres enfants, ne les arrête dans leur marche triomphante, quelle nation, quel royaume pourra leur fermer les portes de l'Occident? »

Le pape Urbain II était Français de naissance, fils du comte de Sémur; il parlait à des Français, à des compatriotes : c'est dans le courage des Français que l'Eglise plaçait son principal espoir; leurs ancêtres, sous Charles-Martel, avaient arrêté et brisé la puissance mahométane dans les plaines de Poitiers; c'était aux descendants d'aller achever en Asie l'œuvre glorieuse de leurs ancêtres : c'est parce que le Pape, leur compatriote, connaissait leur bravoure et leur piété, qu'il avait traversé les Alpes et qu'il leur apportait la parole de Dieu. Qu'on juge de l'impression profonde que durent produire sur les seigneurs et les barons chrétiens de France, ces réflexions répétées en plus d'une rencontre par le vicaire de Jésus-Christ, par le chef de la chrétienté, leur compatriote, leur parent, leur ami! Combien durent retentir dans leurs nobles cœurs les paroles suivantes du Pontife!

« Le peuple digne de louanges, ce peuple que le Seigneur, notre Dieu, a béni, gémit et succombe sous le poids des outrages et des exactions les plus honteuses. La race des élus subit d'indignes persécutions; la rage impie des Sarrasins, de ces enfants d'Agar, n'a respecté ni les vierges du Seigneur, ni le collège royal des prêtres. Ils ont chargé de fers les mains des infirmes et des vieillards; des enfants arrachés aux embrassements maternels oublient maintenant chez les Barbares le nom du Dieu véritable; les hospices qui attendaient les voyageurs sur la route des saints lieux ont reçu sous leur toit profané une nation perverse; le temple du Seigneur a été traité comme un homme infâme, et les ornements du sanctuaire ont été emmenés comme des captifs. Que vous dirai-je de plus? Au milieu de tant de maux, qui aurait pu retenir dans leurs demeures désolées les habitants de Jérusalem, les gardiens du Calvaire, les serviteurs et les citoyens de l'Homme-Dieu, s'ils ne s'étaient pas imposé la loi de recevoir et de secourir les pèlerins, s'ils n'avaient pas craint de laisser sans prêtres, sans autels, sans cérémonies religieuses, une terre toute couverte encore du sang de Jésus-Christ?

» Malheur à nous, mes enfants et mes frères, qui avons vécu dans ces jours de calamités! Sommes-nous donc venus dans ce siècle réprouvé du ciel, pour voir la désolation de la ville sainte et pour rester en paix lorsqu'elle est livrée entre les mains de ses ennemis? Ne vaut-il pas mieux mourir dans la guerre que de supporter plus longtemps cet horrible spectacle? Pleurons tous ensemble sur nos fautes qui ont armé la colère divine : pleurons, mais que nos larmes ne soient point comme la semence jetée sur le sable, et que la guerre sainte s'allume au feu de notre repentir, que l'amour de nos frères nous anime au combat et soit plus fort que la mort même contre les ennemis du peuple chrétien.

» Guerriers qui m'écoutez, poursuivait le Pontife, vous qui cherchez sans cesse de vains prétextes de guerre, réjouissez-vous, car voici une guerre légitime. Le moment est venu de montrer si vous êtes animés d'un vrai courage ; le moment est venu d'expier tant de violences commises au sein de la paix, tant de victoires souillées par l'injustice. Tournez contre l'ennemi du nom chrétien les armes que vous employez injustement les uns contre les autres. Vous qui fûtes si souvent la terreur de vos concitoyens et qui vendez pour un vil salaire vos bras aux fureurs d'autrui, armés du glaive des Machabées, allez défendre la maison d'Israël, qui est la vigne du Seigneur des armées ; allez réprimer l'insolence des infidèles, qui veulent se soumettre les royaumes et les empires, et se proposent d'éteindre le nom chrétien. Il ne s'agit plus de venger les injures des hommes, mais celles de la Divinité ; il ne s'agit plus de l'attaque d'une ville ou d'un château, mais de la conquête des lieux saints. Si vous triomphez, les bénédictions du ciel et les royaumes de l'Asie seront votre partage ; si vous succombez, vous aurez la gloire de mourir aux mêmes lieux que Jésus-Christ, et Dieu n'oubliera point qu'il vous aura vus dans sa milice sainte. Cependant nous prenons sous la protection de l'Église et des apôtres saint Pierre et saint Paul, ceux qui s'engageront à cette sainte entreprise, et nous ordonnons que leurs personnes et leurs biens soient dans une entière sûreté. Que si quelqu'un est assez hardi pour les inquiéter, il sera excommunié par l'évêque du lieu, jusqu'à la satisfaction convenable. Et les évêques et les prêtres qui ne lui résisteront pas vigoureusement, seront suspendus de leurs fonctions jusqu'à ce qu'ils obtiennent grâce du Saint-Siège.

» Soldats du Dieu vivant, qu'aucune lâche affection, qu'aucun sentiment profane ne vous retienne dans vos foyers ; n'écoutez plus que les gémissements de Sion ; brisez tous les liens de la terre, et ressouvenez-vous de ce qu'a dit le Seigneur : *Celui qui aime son père ou sa mère plus que moi, n'est pas digne de moi, quiconque abandonnera sa maison, ou son père, ou sa mère, ou sa femme, ou ses enfants, ou son héritage pour mon nom, sera récompensé au centuple et possédera la vie éternelle.* »

A ces paroles du Pontife suprême, l'assemblée des fidèles se leva tout entière et fit entendre ces mots : *Dieu le veut! Dieu le veut!* Ce cri unanime fut répété à plusieurs reprises ; il retentit au loin dans la cité de Clermont, et jusque sur les montagnes du voisinage. Alors le Pape, levant les yeux au ciel et faisant signe de la main pour imposer silence, continua ainsi : « Mes frères, vous voyez aujourd'hui l'accomplissement de cette parole du Seigneur, que *là où les siens sont assemblés en son nom, il est au milieu d'eux;* car, s'il ne vous l'avait inspiré lui-même, vous n'auriez point ainsi crié tout d'une voix. Que ces paroles : *Dieu le veut!* soient désormais votre cri de guerre, et qu'elles annoncent partout la présence du Dieu des armées. Au reste, nous ne prétendons pas que les vieillards ou les invalides, et ceux qui ne sont pas propres aux armes, entreprennent ce voyage, non plus que les femmes sans leurs maris, leurs frères ou d'autres hommes qui en répondent. Toutes ces personnes donnent plus d'embarras que de secours. Les riches aideront les pauvres, et mèneront avec eux des gens de service à leurs dépens. Les prêtres et les clercs n'iront point sans la permission de leurs évêques, de qui les laïques mêmes doivent prendre la bénédiction pour entreprendre un pélerinage. Quiconque veut entreprendre celui-ci, doit porter sur lui la figure de la croix. Elle sera le signe élevé entre les nations, pour réunir les enfants dispersés de la maison d'Israël ; portez-la sur vos épaules ou sur votre poitrine ; qu'elle brille sur vos armes et sur vos étendards ; elle deviendra pour vous le gage de la victoire ou la palme du martyre ; elle vous rappellera sans cesse que Jésus-Christ est mort pour vous et que vous devez mourir pour lui (Baron., an 1095). »

Lorsqu'Urbain eut cessé de parler, l'agitation fut grande; on n'entendait plus que ces acclamations : *Dieu le veut! Dieu le veut!* qui étaient comme la voix de tout le peuple chrétien. Le cardinal Grégoire, qui monta depuis sur la chaire de saint Pierre, sous le nom d'Innocent II, prononça à haute voix une formule de confession générale ; tous les assistants se prosternèrent à genoux, se frappèrent la poitrine et reçurent l'absolution de leurs péchés.

Adhémar de Monteil, évêque du Puy, demanda le premier à entrer dans la *voie de Dieu*, et prit la croix des mains du Pape; plusieurs évêques suivirent son exemple. Raymond, comte de Toulouse et de Saint-Gilles, s'excusa, par ses ambassadeurs, de n'avoir pu assister au concile de Clermont : il avait déjà combattu les Sarrasins en Espagne, il promettait d'aller les combattre en Asie, suivi de ses plus fidèles guerriers. Le baron et les chevaliers, qui avaient entendu les exhortations d'Urbain, firent tous le serment de venger la cause de Jésus-Christ ; ils oublièrent leurs propres querelles, et jurèrent de combattre ensemble les ennemis de la foi chrétienne ; tous les fidèles promirent de respecter les décisions du concile, et décorèrent leurs vêtements d'une croix rouge, de drap ou de soie ; ils prirent dès lors le nom de *croisés*, et le nom de *croisade* fut donné à la guerre qu'on allait faire aux Sarrasins. Le Pape, d'après la voix unanime des évêques, nomma pour chef spirituel de la croisade, l'évêque Adhémar du Puy, en qualité de légat, comme très-instruit de la religion et des affaires temporelles. Le comte de Toulouse et de Saint-Gilles en fut regardé comme le chef séculier, étant jusqu'alors le plus distingué d'entre les seigneurs qui avaient pris la croix.

Enfin, pour attirer les bénédictions du ciel sur cette grande entreprise, le pape Urbain crut qu'il fallait y intéresser la Mère de Dieu. Pour cela, ayant pris l'avis des Pères du concile, il ordonna que les clercs réciteraient le petit office de la Vierge, alors en usage parmi les ermites institués par saint Pierre Damien. Non-seulement le clergé, mais les laïques et même les femmes reçurent avec joie cette sainte pratique, et en retirèrent de grands fruits. On ajoute que le même Pape ordonna que le samedi serait spécialement consacré à la sainte Vierge, et qu'on en ferait l'office ce jour-là.

En sortant de Clermont, le Pape visita plusieurs

Eglises de France, notamment celles de Limoges, de Poitiers, d'Angers, de Tours. Dans cette dernière ville le dimanche *Lœtare*, qui est le quatrième de carême, le Pape se couronna de palmes, selon l'usage de Rome. Il fit aussi, le même jour, la bénédiction de la rose d'or, comme il est marqué dans l'ordre romain ; et, pendant la procession qu'il fit ensuite de l'église de Saint-Martin à celle de Saint-Gatien, il donna cette rose à Foulque, comte d'Anjou, qui était présent, et qui la porta le reste de la procession ; car quand il se trouvait à Rome quelque prince à la procession qu'on faisait après la bénédiction de la rose d'or, c'était l'usage que le Pape la lui donnât : sinon, il l'envoyait par honneur à quelque princesse ou à quelque prince absent. Le comte d'Anjou fut si charmé de ce présent, que, pour témoigner l'estime qu'il en faisait, il s'engagea à porter tous les ans cette fleur à la procession du dimanche des Rameaux, et il ordonna que ses successeurs ne manquassent pas de la porter à la même procession, qui était fort célèbre à Angers dès le temps de Théodulphe, évêque d'Orléans, comme on le voit par la belle hymne qu'il composa pour y être chantée. On y portait non-seulement les rameaux, mais encore des fleurs ; et c'est peut-être d'où nous est venu le nom de *Pâque fleurie* (Longueval, l. 22).

Au mois de juillet 1096, après avoir visité plusieurs autres Eglises, le Pape se rendit à Nîmes, où il tint le concile qu'il avait indiqué à Arles. Le roi, Philippe de France, malgré la violente passion qui l'attachait à Bertrade, ne put soutenir longtemps le poids de l'excommunication dont il était frappé. La grâce agissant sur son cœur, il fit, pour rompre les chaînes qui le captivaient, des efforts qui parurent sincères. Il se sépara de sa concubine, et alla lui-même au concile de Nîmes pour demander son absolution, en promettant qu'il n'aurait plus aucun commerce avec Bertrade. Cette démarche donna la plus sensible consolation au Pape, qui leva avec plaisir les censures qu'il s'était cru obligé de porter contre ce prince. Urbain avait montré peu auparavant qu'il ne cherchait en tout que le bien du royaume de France et de l'Eglise catholique. Guillaume de Montfort, frère de Bertrade, avait été élu évêque de Paris à la mort de Geoffroi, oncle du duc Godefroi de Bouillon. Guillaume était disciple du bienheureux Yves de Chartres. Il consulta son maître pour savoir s'il devait accepter. Yves, qui connaissait ses bonnes qualités, fut d'avis qu'il acceptât, si, après un examen qu'il ferait sur les lieux, il reconnaissait que son élection n'eût point été l'effet de la brigue, de la faveur ou de la simonie. Guillaume, s'étant assuré de la canonicité de son élection, accepta l'épiscopat ; mais sa jeunesse était un autre obstacle. Yves lui conseilla de demander dispense au Pape, et cependant de garder les interstices en recevant les différents ordres, avant que de se faire sacrer évêque. C'est ce que l'évêque de Chartres écrivit au Pape, qu'il alla trouver ensuite en personne. Urbain fit examiner l'affaire ; et, comme il lui restait encore quelque doute, il chargea Yves de prendre à serment les principaux ecclésiastiques, que l'influence du roi ou de Bertrade n'avait été pour rien dans cette élection. Guillaume fut en conséquence ordonné évêque de Paris (Yv., *Epist.* 54).

Dans tous ces conciles, et surtout dans ceux que le Pape tint à Limoges, à Tours et à Nîmes, on publiait et on prêchait la croisade : le Pape distribuait lui-même les croix à ceux qui voulaient s'enrôler dans la sainte milice. En même temps les évêques la prêchaient de toutes parts, avec un succès qui surpassa les espérances. Pierre l'Ermite parcourait sans cesse les provinces et les cours des princes pour la prêcher. Son zèle, son désintéressement et ses mortifications lui donnaient l'air et l'autorité d'un prophète. Il n'avait qu'à parler pour persuader. Il marchait ordinairement nu-pieds, vêtu d'un chétif manteau de laine. Il distribuait aux pauvres les aumônes qu'on lui faisait, ne mangeait que du pain et ne buvait que de l'eau, mais sans affectation ; car il mangeait quelquefois du poisson par complaisance et buvait un peu de vin. Les peuples conçurent un si grand respect pour sa vertu, qu'on le suivait en foule partout où il allait.

Tout fut bientôt en mouvement dans la France, dans l'Italie et l'Allemagne. On vit parmi les grands et parmi le peuple un égal empressement à prendre la croix. Les paysans quittaient leurs campagnes, et les artisans leurs boutiques, pour s'enrôler sous l'étendard de la croix. Les femmes et les vieillards voulaient être de la partie, moins pour combattre que pour avoir la consolation de mourir dans une terre arrosée du sang de Jésus-Christ. On s'empressait de vendre son patrimoine à vil prix, pour trouver de quoi fournir à la dépense du voyage ; et ce n'était pas le vendeur, c'était l'acheteur qui taxait le prix. Les communautés religieuses acquirent par là de grands biens à bon marché. Ce qu'il y eut de plus édifiant, c'est que toutes les inimitiés et les guerres particulières, qui étaient auparavant allumées en France dans toutes les provinces, cessèrent partout, aussi bien que les violences et les vols. La paix et la justice semblaient être revenues sur la terre, pour préparer les hommes à une si sainte guerre (1).

Parmi les seigneurs français qui se croisèrent, les plus distingués furent Hugues le Grand, frère du roi Philippe et comte de Vermandois ; Raymond, comte de Toulouse et de Provence, dit Raymond de Saint-Gilles ; Robert II, comte de Flandre, dit depuis le Jérosolimitain ; Robert II, duc de Normandie ; Etienne, comte de Chartres et de Blois ; Godefroi de Bouillon, duc de Lorraine, avec ses frères Baudouin et Eustache, et leur cousin, Baudouin du Bourg, fils du comte de Réthel. Quant à la multitude des croisés de tout rang et de toute nation, elle était telle, qu'un historien de cette croisade, Foucher de Chartres, qui en fut lui-même, s'en exprime en ces termes : Si tous ceux qui, sortis de leurs maisons, avaient commencé le voyage promis, eussent pu être assemblés en un même lieu, ils se seraient trouvés sans aucun doute soixante fois cent mille combattants, c'est-à-dire six millions ; mais un grand nombre, craignant la fatigue, retournèrent chez eux, les uns de Rome et de la Pouille, les autres de la Hongrie et de l'Esclavonie : un grand nombre encore mourut en route, les uns de maladie, les autres par le fer de l'ennemi (*Apud Duchesn.*, t. IV, p. 822 ; *et apud Bongars.*). Quoi qu'il en soit de cette estimation de

(1) Voir les historiens contemporains de la croisade, dans la collection publiée par Bongars, sous le titre de GESTA DEI PER FRANCOS. *Ce que Dieu a fait par les Francs.*

Foucher de Chartres, il est certain que, malgré toutes ces causes de diminution, les croisés se trouvèrent encore six cent mille combattants dans les plaines de Bithynie.

Ce nombre rappelait les six cent mille combattants des enfants d'Israël, quand ils sortirent de l'Egypte pour aller conquérir cette même terre promise. Il est encore d'autres points de ressemblance entre les deux expéditions. A la sortie d'Egypte, les douze tribus d'Israël qui marchaient en ordre de bataille, étaient accompagnées d'une multitude innombrable, ramassée de toutes parts. Ce fut la cause première de bien des troubles, de bien des malheurs. Il en arriva autant à la première croisade. Outre les armées régulières qui marchaient en ordre, chacun sous son prince et sous sa bannière, il s'en forma d'autres qui étaient plutôt des rassemblements que des armées proprement dites.

Les princes et les capitaines qui devaient conduire les croisés étaient convenus entre eux qu'ils ne partiraient pas tous en même temps, qu'ils suivraient des routes différentes et se réuniraient à Constantinople; mais, tandis que les princes s'occupaient de leurs préparatifs de départ, la multitude qui suivait Pierre l'Ermite dans ses prédications se montra impatiente de devancer les autres croisés. Comme elle était sans chef, elle jeta les yeux sur celui qu'elle regardait comme un envoyé du ciel, et choisit Pierre l'Ermite pour la conduire en Asie. Le cénobite, trompé par l'excès de son zèle, crut que l'enthousiasme pouvait seul répondre de tous les succès de la guerre, et qu'il lui serait facile de conduire une troupe indisciplinée qui avait pris les armes à sa voix. Il se rendit aux prières de la multitude, et, couvert de son manteau de laine, un froc sur la tête, des sandales aux pieds, n'ayant pour monture que la mule avec laquelle il avait parcouru l'Europe, il prit possession du commandement. Sa troupe, qui partit des bords de la Meuse et de la Moselle, se dirigea vers l'Allemagne, et se grossit en chemin d'une foule de pèlerins accourus de la Champagne, de la Bourgogne et des provinces voisines. Pierre vit bientôt quatre-vingts ou cent mille hommes sous les drapeaux, traînant à leur suite des femmes, des enfants, des vieillards, des malades.

L'armée de Pierre l'Ermite était divisée en deux corps; l'avant-garde marchait sous les ordres d'un gentilhomme bourguignon, Gauthier *Sans-Avoir*, dont le surnom, conservé par l'histoire, prouve que les chefs étaient aussi misérables que les soldats. Cette avant-garde ne comptait que huit cavaliers, tout le reste allait à la conquête de l'Orient en demandant l'aumône. Tant que les croisés furent sur le territoire français, la charité des fidèles qui accouraient sur leur passage pourvut à leurs besoins. Ils échauffèrent le zèle des Allemands, parmi lesquels on n'avait pas encore prêché la croisade. Leur troupe, qu'on regardait partout comme le peuple de Dieu, ne trouva point d'ennemis sur les bords du Rhin; mais de nouveaux Amalécites, les Hongrois et les Bulgares, les attendaient sur les rives de la Save et du Danube.

Lorsque l'avant-garde de l'armée de Pierre entra dans la Hongrie, elle ne fut troublée dans sa marche que par quelques insultes, que Gauthier supporta avec résignation, dont il laissa la punition au Dieu qu'il servait; mais, à mesure que les croisés s'avançaient dans des pays inconnus, la misère s'accroissait, et avec elle la licence et l'oubli des vertus pacifiques. Arrivés dans la Bulgarie, les pèlerins manquèrent tout à fait de vivres, et, le gouverneur de Belgrade ayant refusé de leur en fournir, ils se répandirent dans les campagnes, enlevèrent les troupeaux, brûlèrent les maisons, massacrèrent quelques-uns des habitants qui s'opposaient à leurs violences. Les Bulgares, irrités, coururent aux armes et fondirent sur les soldats de Gauthier, chargés de butin. Soixante croisés périrent, au milieu des flammes, dans une église où ils avaient cru trouver un asile; les autres cherchèrent leur salut dans la fuite. Après cette défaite, qu'il n'entreprit point de réparer, Gauthier pressa sa marche à travers les forêts et les déserts, poursuivi par la faim et traînant les débris de son armée. Il se présenta en suppliant devant le gouverneur de Nissa, qui fut touché de la misère des croisés et leur fit donner des vivres, des armes et des vêtements. Les soldats de Gauthier, persuadés que leurs revers étaient une punition du Ciel, furent ramenés à la discipline par la crainte de Dieu. Ils passèrent le mont Hémus, traversèrent Philippopolis et Andrinople sans commettre de désordres et sans éprouver de nouveaux malheurs. Après deux mois de fatigue et de misère, ils arrivèrent sous les murs de Constantinople, où l'empereur Alexis leur permit d'attendre l'armée de Pierre l'Ermite.

Cette armée, qui avait traversé la Bavière et l'Autriche, devait être bientôt plus maltraitée que son avant-garde. Elle obtint du roi Colman de Hongrie, successeur de saint Ladislas, le libre passage à travers son royaume, mais sous la condition qu'elle suivrait paisiblement son chemin et qu'elle achèterait des vivres dont elle aurait besoin. L'armée de Pierre arriva sans obstacle jusqu'à Semlin. A la porte de la ville avaient été suspendues les armes et les dépouilles de seize croisés. A cette vue, l'ermite Pierre n'eut pas la patience de Gauthier Sans-Avoir; ne pouvant contenir son indignation, il donne le signal de la guerre. La ville est prise et quatre mille des habitants mis à mort. Les croisés, menacés d'une armée hongroise, traversèrent Belgrade, qu'ils trouvèrent déserte, et arrivèrent à Nissa, dans la Bulgarie. Les pèlerins, après avoir obtenu des vivres, venaient de se remettre en marche, lorsqu'une querelle entre les habitants et quelques soldats fit éclater la guerre. Cent croisés allemands, que Guillaume de Tyr appelle des enfants de Bélial, et qui avaient eu à se plaindre de quelques marchands, voulurent se venger et mirent le feu à sept moulins placés sur la rivière. A l'aspect de l'incendie, les habitants de Nissa se précipitèrent hors de leurs remparts, tombèrent sur l'arrière-garde de Pierre, massacrèrent tout ce qui se rencontra sur leur passage, enlevèrent deux mille chariots et firent un grand nombre de prisonniers. Pierre, qui avait déjà quitté le territoire de Nissa, averti du désastre de ses compagnons, revient sur ses pas avec son armée, et réclame au gouverneur de Nissa les prisonniers et les bagages enlevés par les Bulgares. Le gouverneur s'y refuse d'abord; mais Pierre espérait le ramener à des sentiments plus pacifiques, lorsque le combat se rallume de part et d'autre, malgré les deux chefs.

Les croisés, qui combattaient sans ordre, sont défaits; dix mille restent sur le champ de bataille. L'armée de Pierre, réduite à trente mille combattants s'avança tristement vers les frontières de la Thrace; et elle était sans moyens de subsister et de combattre; elle avait à craindre une nouvelle déroute si elle rencontrait les Bulgares, et toutes les horreurs de la famine si elle trouvait un pays désert. Les soldats de Pierre se repentirent alors de leurs excès. Le malheur les rendit plus dociles et leur inspira des sentiments de modération. La pitié qu'on eut pour leur misère leur servit mieux que la terreur qu'ils avaient voulu répandre. Lorsqu'on cessa de les redouter, on vint à leur secours. Comme ils entraient sur le territoire de la Thrace, l'empereur grec leur envoya des députés pour se plaindre de leurs désordres et leur annoncer en même temps sa clémence. Pierre, qui craignait de nouveaux désastres, pleura de joie en apprenant qu'il avait trouvé grâce auprès d'Alexis. Plein de confiance et d'espoir, il poursuivit sa marche, et les croisés qu'il commandait, portant des palmes dans leurs mains, arrivèrent sans obstacles sous les murs de Constantinople (Guillaume de Tyr, Foucher de Chartres, etc.).

Ce qui dominait dans ces deux premiers corps d'armée, était le sentiment religieux; il ne leur manquait qu'une discipline plus sévère. Ils furent suivis de deux autres qui valaient beaucoup moins. Ils étaient composés en grande partie de vagabonds et d'aventuriers, qui, par suite des guerres civiles, fourmillaient en Allemagne. Un prêtre allemand, nommé Gothescalc, en rassembla quinze mille, par ses prédications, sur les bords du Rhin et de la Moselle. Cette armée arriva en Hongrie vers la fin de l'été. La récolte, qui était abondante, fournit aux Allemands une occasion facile de se livrer à l'intempérance. Au milieu des scènes tumultueuses de la débauche, ils oublièrent Constantinople, Jérusalem et Jésus-Christ lui-même, dont ils allaient défendre le culte et les lois. Le pillage, le viol, le meurtre, marquèrent partout leur passage. Une armée hongroise s'avança pour les châtier. Les Allemands, pleins de bravoure, se défendirent d'abord avec avantage. Le général hongrois employa la ruse, ou plutôt la perfidie, pour les réduire. Il leur offrit la paix, les combla de caresses, les traita comme des amis et des frères. Les Allemands, simples et crédules, déposèrent leurs armes et montrèrent une aveugle confiance. Aussitôt le chef des Hongrois en fit faire un horrible carnage.

Une nouvelle troupe, d'environ deux cent mille, plus séditieuse, plus indisciplinée que celle de Gothescalc, s'assembla sur les bords du Rhin et de la Moselle. On leur avait dit que la croisade devait racheter tous les péchés; sous ce prétexte, ils commettaient les plus grands crimes avec sécurité. Animés d'un fanatisme orgueil, ils se crurent en droit de mépriser et de maltraiter tous ceux qui ne les suivaient pas dans la sainte expédition. La guerre qu'ils allaient faire leur paraissait si agréable à Dieu, ils croyaient rendre un si grand service à l'Eglise, que tous les biens de la terre pouvaient à peine suffire à payer leur dévouement. Tout ce qui tombait entre leurs mains leur semblait une conquête sur les infidèles, et devait être le juste prix de leurs travaux.

Aucun capitaine n'osait se mettre à la tête de cette troupe furieuse, quoiqu'il y eût au milieu d'elle quelques nobles; elle errait en désordre et n'obéissait qu'à ceux qui partageaient son délire. Un prêtre nommé Volkmar, et un comte Emicon, qui croyait expier les dérèglements de sa jeunesse en exagérant les sentiments et les opinions de la multitude, attirèrent par leurs déclamations l'attention et la confiance des nouveaux croisés. Ces deux chefs s'étonnèrent qu'on allât faire la guerre aux Musulmans qui retenaient sous leur loi le tombeau de Jésus-Christ, tandis qu'on laissait en paix un peuple qui avait crucifié Jésus-Christ lui-même. Pour enflammer les passions, ils eurent soin de faire parler le ciel et d'appuyer leur opinion de visions miraculeuses. Le peuple, pour qui les Juifs étaient partout un objet de haine et d'horreur, ne se montrait déjà que trop disposé à les persécuter. Le commerce, qu'ils faisaient presque seuls, avait mis entre leurs mains une grande partie de l'or qui circulait en Europe. La vue de leurs richesses devait irriter les croisés, la plupart réduits à implorer la charité des fidèles pour accomplir leur pèlerinage. Il est probable aussi que les Juifs insultèrent par leurs railleries à l'enthousiasme des chrétiens pour la croisade. Tous ces motifs, réunis à la soif du pillage, mirent comme le feu à la haine publique. Emicon et Volkmar donnèrent le signal et l'exemple. A leur voix, une multitude furieuse se répandit dans les villes voisines du Rhin et de la Moselle; elle massacra impitoyablement tous les Juifs qu'elle rencontra sur son passage, principalement à Cologne et à Mayence.

A Spire, les Juifs se réfugièrent dans le palais du roi et se défendirent par le secours de l'évêque Jean, qui fit ensuite mourir quelques chrétiens pour ce sujet, étant gagné par l'argent des Juifs (Berthold, 1096). A Worms, les Juifs, poursuivis par les chrétiens, allèrent trouver l'évêque, qui leur promit de les sauver à condition qu'ils recevraient le baptême. Ils demandèrent du temps pour délibérer, et aussitôt, entrant dans la chambre de l'évêque, tandis que les chrétiens attendaient dehors leur réponse, ils se tuèrent eux-mêmes.

A Trèves, les Juifs voyant approcher les croisés, quelques-uns d'entre eux prirent leurs enfants et leur enfoncèrent le couteau dans le ventre, disant qu'ils voulaient les envoyer dans le sein d'Abraham, plutôt que de les exposer aux insultes des chrétiens. Quelques-unes de leurs femmes montèrent sur le bord de la rivière, et, ayant empli de pierres leur poitrine et leurs manches, se précipitèrent au fond de l'eau. Les autres, qui voulaient conserver leur vie, prirent avec eux leurs enfants et leurs biens, et se retirèrent au palais, qui était un lieu de franchise et la demeure de l'archevêque Egilbert. Ils lui demandèrent avec larmes sa protection et lui, profitant de l'occasion, les exhorta à se convertir, leur représentant qu'ils s'étaient attiré cette persécution par leurs péchés, principalement par leurs blasphèmes contre Jésus-Christ et sa sainte Mère, et leur promettant de les mettre en sûreté, s'ils recevaient le baptême.

Alors leur rabbin, nommé Michée, pria l'archevêque de les instruire de la foi chrétienne, ce qu'il fit, leur expliquant sommairement le symbole. Michée dit ensuite : « Je proteste devant Dieu que je crois ce que vous venez de dire; je renonce au judaïsme, et j'aurai soin de m'instruire plus à loisir de ce que je n'entends pas bien encore. Baptisez-nous seulement pour nous délivrer des mains de ceux qui nous poursuivent. » Tous les autres Juifs en dirent autant. L'archevêque baptisa donc Michée et lui donna son nom; les prêtres qui étaient présents baptisèrent les autres. Mais, l'année suivante, le péril étant passé, tous apostasièrent, à l'exception du rabbin, qui persévéra dans la foi (*Hist. Trevir., apud d'Acher., Spicileg.*, t. XII).

Les soldats d'Emicon s'applaudissaient de leurs exploits contre les Juifs, et les scènes de carnage les enivraient d'orgueil. Ils étaient en même temps livrés à la plus brutale superstition et se faisaient précéder d'une chèvre et d'une oie, auxquelles ils attribuaient quelque chose de divin. Ces vils animaux, à la tête des bataillons, étaient comme leurs chefs et partageaient le respect et la confiance de la multitude avec tous ceux qui donnaient l'exemple des plus horribles excès. Cette multitude effrénée, sans connaître les peuples et les contrées qu'elle avait à traverser, ignorant même les désastres de ceux qui l'avaient précédée dans cette périlleuse carrière, s'avançait comme un violent orage vers les plaines de la Hongrie. La ville de Mosebourg leur ferma ses portes et leur refusa des vivres. Ils s'indignèrent qu'on eût si peu d'égard pour les soldats du Christ, et se mirent en devoir de traiter les Hongrois comme ils avaient traité les Juifs. Ils assiégèrent la ville, ils étaient même sur le point de la prendre, lorsque Dieu lui-même, dit Guillaume de Tyr, répandit la terreur dans leurs rangs, pour châtier leurs crimes et pour accomplir cette parole du sage: *L'impie fuit sans qu'on le poursuive.* Les habitants de Mosebourg, sortant de leurs remparts, en tuèrent un grand nombre; d'autres périrent dans les marais et dans le Danube. Emicon put se sauver en Allemagne, où il finit ses jours. Les anciennes légendes du pays racontent qu'après leur mort, Emicon et ses compagnons revenaient la nuit autour de Worms, théâtre de leurs excès, revêtus d'armures de fer, poussant d'affreux gémissements et demandant des prières pour le soulagement de leurs âmes.

L'avant-garde de cette armée éprouva le même sort chez les Bulgares, sur le territoire desquels elle était parvenue. Dans les villes, dans les campagnes, ces indignes croisés trouvèrent partout des hommes qui étaient, comme eux, féroces et implacables, et qui semblaient avoir été placés sur le passage des pèlerins comme des instruments de la colère divine. Parmi le petit nombre de ceux qui trouvèrent leur salut dans la fuite, les uns retournèrent dans leur pays, où ils furent accueillis par les railleries de leurs compatriotes; les autres arrivèrent jusqu'à Constantinople, où les Grecs apprirent les nouveaux désastres des Latins avec d'autant plus de joie, qu'ils avaient eu beaucoup à souffrir des excès auxquels s'était livrée l'armée de Pierre l'Ermite (Guill. de Tyr, l. 1, c. 30).

Cette armée, réunie à la troupe de Gauthier Sans-Avoir, avait reçu sous ses drapeaux des Pisans, des Vénitiens et des Génois; elle pouvait compter cent mille combattants. Le souvenir de leur misère leur fit respecter quelque temps les ordres de l'empereur et les lois de l'hospitalité; mais l'abondance, l'oisiveté, la vue des richesses de Constantinople ramenèrent dans leur camp la licence, l'indiscipline et la soif du brigandage. Impatients de recevoir le signal de la guerre, ils pillèrent les maisons, les palais et même les églises des faubourgs de Bysance. Pour délivrer sa capitale de ces hôtes destructeurs, Alexis leur fournit des vaisseaux et les fit transporter au delà du Bosphore.

Quand cette armée fut arrivée à Nicomédie, les Italiens, les Lombards et les Allemands se séparèrent des Français, dont ils disaient ne pouvoir supporter la fierté, et ils se donnèrent un chef nommé Rainald, qui se laissa imprudemment assiéger dans un fort, où la plupart de ses soldats périrent de soif. Ils en étaient réduits à saigner les ânes et les chevaux pour en boire le sang. Après avoir souffert cette extrémité pendant huit jours, Rainald fit semblant de vouloir combattre les assiégeants avec des soldats qui pouvaient à peine soutenir leurs armes; mais ayant rangé son armée en bataille, il alla se rendre aux Turcs, et leur livra ainsi la plus grande partie de ses gens, qui eussent préféré la mort à une si dure captivité. Les Turcs, tenant leur sabre levé sur la tête de plusieurs de ces prisonniers, tâchèrent de les faire renoncer à Jésus-Christ; mais la plupart le confessèrent généreusement et eurent la tête tranchée. Ce furent les premiers martyrs de ces croisades.

Quand cette nouvelle vint au camp des autres croisés, elle y jeta une horrible confusion. Toute l'armée sort du camp au nombre de vingt-cinq mille hommes de pied et de cinq cents cavaliers couverts de cuirasses; elle s'avance du côté de Nicée. Mais, sans qu'elle s'en doutât, le sultan marchait contre elle avec des troupes beaucoup plus nombreuses. Aussitôt que les deux armées sont en présence, la bataille se livre; mais les chrétiens n'avaient pu rallier leurs bataillons, ils sont accablés par le nombre. Jamais les soldats de la croix, disent les chroniques, ne combattirent plus vaillamment; aucun d'eux ne regarda derrière lui et ne songea à prendre la fuite. Dès les premiers moments du combat, ils perdirent leurs principaux chefs; Gauthier Sans-Avoir tomba percé de sept flèches. Le carnage fut effroyable. Le sultan de Nicée, après cette victoire, marche vers le camp des croisés, où il n'était resté que des moines, des femmes, des enfants et des malades; le vainqueur épargna seulement les jeunes garçons et les jeunes filles, qui furent emmenés en esclavage. A l'exception de trois mille fugitifs délivrés par les Grecs, toute l'armée chrétienne disparut en un jour et ne présenta plus que des monceaux d'ossements entassés dans le vallon de Civitot et sur la route de Nicée: déplorable monument qui devait montrer aux autres croisés le chemin de la terre sainte (Guill. de Tyr, l. 1).

L'Europe apprit sans doute avec effroi la fin malheureuse de plus de trois cent mille croisés qu'elle avait vus partir; mais ceux qui devaient les suivre ne furent point découragés et résolurent de profiter des leçons que les désastres de leurs compagnons leur avaient données. L'Occident vit bientôt sur pied des armées plus régulières et plus formidables que celles qui venaient d'être dispersées et détruites sur les bords du Danube et dans les plaines de la Bithynie. Jusqu'alors il n'avait envoyé à Constantinople que la lie de sa population naturellement guerrière, il va y envoyer la fleur.

Vers le printemps 1097, l'empereur Alexis, la cour et la ville de Constantinople virent donc arriver l'un après l'autre, les plus illustres capitaines de l'Occident, suivis de leurs troupes innombrables. Le plus illustre de ces illustres capitaines était Godefroi de Bouillon, duc de Lorraine. Fils du comte Eustache de Boulogne et de la bienheureuse Ide, il descendait, par les femmes, de Charlemagne. Il était porte-étendard du roi Henri dans la bataille où le roi Rodolphe fut blessé mortellement, et, dit-on, de sa main. Henri épousa en secondes noces la sœur de Godefroi, Praxède-Adélaïde, que nous avons vue traitée si indignement par son indigne époux. Après le concile de Clermont, le duc de Lorraine fut un des premiers à s'enrôler sous l'étendard de la croix.

L'histoire contemporaine, qui nous a transmis son portrait, nous apprend qu'il joignait la bravoure et les vertus d'un héros à la simplicité d'un cénobite. Son adresse dans les combats, une force de corps extraordinaire le faisaient admirer au milieu des camps. La prudence et la modération tempéraient sa valeur, et jamais, sur le champ de bataille, il ne compromit ou ne déshonora sa victoire par un carnage inutile ou par une ardeur téméraire. Animé d'une dévotion sincère et ne voyant la gloire que dans le triomphe de la justice, il se montrait toujours prêt à se dévouer pour la cause du malheur et de l'innocence. Les princes et les chevaliers le regardaient comme leur modèle, les soldats comme leur père, les peuples comme leur appui.

Dès qu'il eut donné le signal, la noblesse de France et des bords du Rhin prodigua ses trésors pour les préparatifs de la croisade. Toutes les choses qui servent à la guerre prirent une valeur si excessive, que le prix d'un fonds de terre suffisait à peine pour achever l'équipement d'un cavalier. Les femmes se dépouillaient de leurs ornements les plus précieux pour fournir au voyage de leurs fils ou de leurs époux. Ceux mêmes, disent les historiens, qui en d'autres temps auraient souffert mille morts plutôt que de renoncer à leurs domaines, les cédaient pour une somme modique, ou les échangeaient contre des armes. L'or et le fer paraissaient être les seules choses désirables. Alors on vit reparaître les richesses enfouies depuis longtemps par la crainte ou par l'avarice. Des lingots d'or, des pièces de monnaie, dit l'historien Guibert de Nogent, se voyaient en monceaux dans la tente des principaux croisés, comme les fruits les plus communs dans les chaumières des villageois.

Plusieurs barons n'avaient à vendre ni terres ni châteaux; ils imploraient la charité des fidèles qui ne prenaient pas la croix et qui voulaient participer aux mérites de la guerre sainte en fournissant à l'entretien des croisés. Quelques-uns ruinèrent leurs vassaux, d'autres pillèrent les bourgs et les villages pour se mettre en état d'aller combattre les infidèles. Godefroi de Bouillon, conduit par une piété plus éclairée, se contenta d'aliéner ses domaines. Il permit aux habitants de Metz de racheter leur ville, dont il était le suzerain. Il vendit la principauté de Stenay à l'évêque de Verdun; il céda ses droits sur le duché de Bouillon à l'évêque de Liége.

Le duc de Lorraine avait rassemblé sous ses drapeaux quatre-vingt mille fantassins et dix mille cavaliers. Il se mit en marche huit mois après le concile de Clermont, accompagné d'un grand nombre de seigneurs allemands ou français. Il emmenait avec lui son frère Eustache de Boulogne, son autre frère Baudoin et son cousin Baudouin du Bourg. Ces deux derniers, qui devaient être un jour, comme Godefroi de Bouillon, rois de Jérusalem, tenaient alors le rang de simples chevaliers dans l'armée chrétienne. Ils étaient moins animés par une sincère piété que par l'espoir de faire une grande fortune en Asie, et quittaient sans regret les terres qu'ils possédaient en Europe.

L'armée que commandait le duc de Lorraine, composée de soldats formés à la discipline, éprouvés dans les combats, offrit à l'Allemagne un autre spectacle que la troupe de Pierre l'Ermite, et rétablit l'honneur des croisés dans tous les pays qu'elle traversa. Elle trouva des secours et des alliés partout où les premiers champions de la croix n'avaient trouvé que des obstacles et des ennemis. Godefroi déplora le sort de ceux qui l'avaient précédé, sans chercher à venger leur cause. Arrivé à Tollenbourg, il écrivit au roi de Hongrie la lettre suivante : « Go-
» defroi, duc de Lorraine, et autres seigneurs de
» France, au roi de Hongrie Colman, salut et toutes
» sortes de biens en Jésus-Christ. Nos princes et
» nos seigneurs sont étonnés que, faisant profession
» de christianisme, vous ayez exterminé, par un si
» cruel martyre, l'armée du Dieu vivant; que vous
» lui ayez défendu de passer sur vos terres et dans
» votre royaume, et que vous l'ayez accablée de ca-
» lomnie. Frappés de crainte et d'inquiétude, ils
» ont décidé d'attendre à Tollenbourg que le roi leur
» explique lui-même pourquoi un si grand crime a
» été commis sur des chrétiens par des chrétiens. »
Le roi rejeta toute la faute sur les désordres des armées précédentes, témoigna beaucoup d'amitié pour Godefroi, eut une entrevue avec lui et lui accorda le libre passage à travers le royaume. Les Hongrois et les Bulgares oublièrent à leur tour les brigandages commis par les soldats de Pierre, de Gothescalc et d'Emicon, ils admirèrent la modération de Godefroi, et firent des vœux pour le succès de ses armes (Guill. de Tyr, l. 2, c. 1, 2 et 3).

Tandis que le duc de Lorraine s'avançait vers Constantinople, la France levait d'autres armées pour la guerre sainte. Elles avaient quatre chefs : Hugues le Grand, comte de Vermandois; Robert, duc de Normandie; Robert, comte de Flandre, et Etienne, comte de Blois.

Les croisés du Vermandois marchèrent avec les sujets du roi Philippe sous les drapeaux de leur comte Hugues. Parmi les seigneurs et les hauts barons qui avaient pris la croix, plusieurs avaient plus de renommée comme chefs militaires ; mais sa qualité de frère du roi de France avait déjà porté son nom chez les Grecs et dans les cités d'Orient. Le comte de Vermandois se faisait remarquer par sa magnificence et par l'ostentation de ses manières. D'un caractère indolent et léger, il fit souvent admirer son courage sur les champs de bataille, mais il manqua de persévérance dans les revers ; il prit deux fois la route des pèlerins, à la tête de ses chevaliers, et ne vit jamais Jérusalem.

Robert, surnommé Courte-Heuse ou *courte-cuisse*,

duc de Normandie, qui conduisait ses vassaux à la guerre sainte, était le fils ainé de Guillaume le Conquérant. Il unissait à de nobles qualités les défauts les plus répréhensibles dans un prince. Il ne put dans sa jeunesse supporter l'autorité paternelle; mais, plus entraîné par l'amour de l'indépendance que par une véritable ambition, après avoir fait la guerre à son père pour régner en Normandie, il négligea l'occasion de monter sur le trône d'Angleterre à la mort de Guillaume. Ni la paix ni les lois ne fleurirent sous son règne. Ses profusions ruinèrent ses peuples et le réduisirent lui-même à une profonde misère. Orderic Vital rapporte que le duc Robert se trouvait réduit à une telle détresse, que plusieurs fois il manqua de pain au milieu des richesses d'un grand duché. « Faute d'habits, ajoute l'historien normand, il restait au lit jusqu'à sexte, et ne pouvait assister à l'office divin parce qu'il était nu; car les courtisans et les bouffons, qui connaissaient sa facilité, lui enlevaient impunément son haut-de-chausses, ses souliers et ses autres vêtements. » Ce ne fut pas l'ambition de conquérir des royaumes en Asie, mais son humeur inconstante et chevaleresque qui lui fit prendre la croix et les armes. Les Normands, peuple remuant et belliqueux, s'étaient fait remarquer entre toutes les nations de l'Europe par la dévotion des pèlerinages; ils accoururent en foule sous les drapeaux de la croisade. Comme le duc Robert manquait de l'argent nécessaire pour entretenir une armée, il engagea la Normandie entre les mains de son frère Guillaume le Roux, roi d'Angleterre (Orderic Vital, l. 9).

Un autre Robert, comte de Flandre, se mit à la tête des Frisons et des Flamands. Il était fils de Robert, surnommé le Frison, qui venait de faire un pèlerinage à Jérusalem et d'envoyer cinq cents cavaliers à l'empereur Alexis de Constantinople. Etienne, comte de Blois et de Chartres, avait aussi pris la croix: il passait pour le plus riche seigneur de son temps. Pour donner une idée de ses domaines, on disait que le nombre de ses châteaux égalait celui des jours de l'année. Le bienheureux Hildebert, évêque du Mans, le comparait à César pour la guerre, à Virgile pour la poésie. L'histoire parle peu des exploits du comte Etienne.

Ces quatre chefs étaient accompagnés d'une foule de chevaliers et de seigneurs, dont la plupart, du moins parmi les principaux, emmenaient avec eux leurs femmes et leurs enfants, et tous leurs équipages de guerre. Ils traversèrent les Alpes et dirigèrent leur marche vers les côtes d'Italie, avec le dessein de s'embarquer pour la Grèce. Ils trouvèrent dans le voisinage de Lucques le pape Urbain, qui leur donna sa bénédiction, loua leur zèle et fit des prières pour le succès de leur entreprise. Le comte de Vermandois, après avoir reçu l'étendard de l'Eglise romaine des mains du souverain Pontife, se rendit à Rome, avec les autres princes, pour visiter les tombeaux de saint Pierre et de saint Paul. Etant entrés dans l'église de Saint-Pierre, ils trouvèrent des satellites de l'antipape Guibert, qui, l'épée à la main, s'emparaient des offrandes que l'on mettait sur l'autel; d'autres, montés sur les poutres qui traversaient l'église, en jetaient des pierres sur les pèlerins prosternés en oraison; car sitôt qu'ils voyaient quelqu'un fidèle au pape Urbain, ils cherchaient à le tuer. Il y avait toutefois dans une des tours de cette église des hommes du Pape légitime, qui la lui gardaient fidèlement. Les pèlerins, affligés de ces crimes, mais n'y pouvant remédier, se contentèrent de souhaiter que Dieu en fît la vengeance. Plusieurs d'entre eux, manquant de courage, ne passèrent pas Rome, et retournèrent chez eux; les autres traversèrent la Campanie et la Pouille, et arrivèrent à Bari, où, ayant fait leurs prières à saint Nicolas, ils croyaient s'embarquer aussitôt. Mais la saison n'y étant plus propre, on les obligea de séjourner, et le duc de Normandie alla passer l'hiver en Calabre avec ses compatriotes. Toutefois, le comte de Flandre trouva moyen de passer la mer avec sa troupe. Alors plusieurs des plus pauvres ou des plus timides, craignant la disette à venir, vendirent leurs armes, reprirent leur bourdon de pèlerin et retournèrent à leurs maisons; de quoi ils furent très-blâmés (1).

Bohémond, prince de Tarente et fils de Robert Guiscard, était au siège d'un château en Campanie, avec le comte Roger de Sicile, son oncle, quand il apprit la nouvelle de la croisade. Bohémond avait accompagné son père dans ses expéditions en Grèce; il s'était distingué vaillamment dans les combats de Durazzo et de Larisse. Il avait la taille si avantageuse, qu'il surpassait d'une coudée les hommes d'une taille ordinaire. Sa présence, dit Anne Comnène, frappait autant les regards que sa réputation étonnait l'esprit. Lorsqu'il parlait, on eût dit qu'il avait étudié l'éloquence; lorsqu'il se montrait sous les armes, on eût pu croire qu'il n'avait jamais fait que manier la lance et l'épée (Ann. Comn., Alexias). Elevé à l'école des héros normands, il cachait les froides combinaisons de la politique sous les dehors de la violence, et, quoiqu'il fût d'un caractère fier et hautain, il savait dissimuler une injure quand la vengeance ne lui était pas profitable. La délivrance du tombeau de Jésus-Christ n'enflamma point son zèle, ne le décida point à prendre la croix. Comme il avait voué une haine éternelle aux empereurs grecs, il souriait à l'idée de traverser leur empire à la tête d'une armée; et plein de confiance dans sa fortune, il espérait se faire un royaume avant d'arriver à Jérusalem. La petite principauté de Tarente ne pouvait lui fournir une armée. Il se fit lui-même le prédicateur de la croisade parmi les troupes réunies pour le siège de la forteresse. Il parcourut les rangs; en nommant les princes et les grands capitaines qui avaient pris la croix. Il parlait aux guerriers les plus pieux, de la religion à défendre; il faisait valoir auprès des autres la gloire et la fortune qui allaient couronner leurs exploits. Toute l'armée lui répondit bientôt en français du temps : *Deus lo volt! Deus lo volt! Dieu le veut!* Bohémond fut déclaré le chef. Il s'embarqua peu de temps après pour les côtes de la Grèce avec dix mille chevaux et vingt mille fantassins. Tout ce que la Calabre, la Pouille et la Sicile avaient d'illustres chevaliers, suivit le prince de Tarente (2). Le plus célèbre de tous était son cousin, le brave Tancrède. Voici le portrait qu'a fait de ce héros son biographe contemporain.

Le haut rang de ses parents n'inspira aucun orgueil au jeune Tancrède. Les richesses de son père

(1) Voir Foucher de Chartres : *Les gestes des Francs allant armés en pèlerinage à Jérusalem*. Foucher était de cette expédition
(2) Léon d'Ostie ou *Chronique du Mont-Cassin*, l. 4, c. 2. — Orderic Vital, l. 9. — Foucher de Chartres.

ne le portèrent point à la mollesse. Il surpassa tous les jeunes gens de son âge par son adresse dans le maniement des armes, et les vieillards par la gravité de ses manières. Chaque jour il offrait aux uns et aux autres un nouvel exemple de vertu. Scrupuleux observateur des préceptes de Dieu, il mettait tous ses soins à retenir les leçons qu'il entendait, et à les répéter dans les conversations avec ses égaux. Il évitait d'offenser personne, et pardonnait aisément à ceux qui l'offensaient. Tancrède était le premier à louer l'adresse ou la valeur de ses adversaires. Il disait qu'il fallait combattre ses ennemis, et non les déchirer. Il ne parlait jamais de lui-même, mais il brûlait de faire parler de lui : pour y parvenir, il préférait les veilles au sommeil, le travail au repos. Aussi chaque jour acquérait-il de nouveaux titres à la gloire. Dans les combats, il comptait pour rien les blessures, et n'épargnait ni son sang ni celui de l'ennemi. Une seule chose cependant l'inquiétait et l'agitait sans cesse : il ne savait comment accorder les droits de la guerre avec les préceptes de Dieu ; car le Seigneur ordonne de présenter la joue à celui qui nous frappe, et la loi de la guerre défend d'épargner même son parent. Cette opposition entre la doctrine de Dieu et les maximes du monde avait en quelque sorte enchaîné le courage de Tancrède, et lui faisait préférer une vie paisible à l'activité guerrière ; mais lorsqu'en 1096, le pape Urbain II eut promis la rémission de leurs péchés aux chrétiens qui iraient combattre les infidèles, il se réveilla de sa léthargie. Enflammé d'une ardeur incroyable en voyant qu'il s'agit de faire servir son épée à la gloire du christianisme, il se mit à préparer tout ce qui lui était nécessaire, et réunit assez d'armes, de chevaux et de provisions pour lui et ses compagnons (Raoul de Caen, *apud Muratori*, t. V).

Les croisés des provinces méridionales de la France s'étaient mis en marche, sous les ordres d'Adhémar de Monteil, et de Raimond, comte de Saint-Gilles et de Toulouse. L'évêque Adhémar était comme le chef spirituel de la croisade : son titre de *légat apostolique* et ses qualités personnelles lui méritèrent dans la guerre sainte la confiance et le respect des pèlerins. Ses exhortations et ses conseils contribuèrent beaucoup à maintenir l'ordre et la discipline. Il consolait les croisés dans leurs revers, les encourageait dans les dangers. Revêtu à la fois des marques d'un pontife et de l'armure des chevaliers, il offrait, sous la tente, le modèle des vertus chrétiennes, et, dans les combats, il donna souvent l'exemple de la bravoure.

Raymond, compagnon d'Adhémar, avait eu la gloire de combattre en Espagne à côté du Cid, et de vaincre plusieurs fois les Maures sous Alphonse le Grand, qui lui avait donné sa fille Elvire en mariage. Ses vastes possessions sur les bords du Rhône et de la Dordogne, et surtout ses exploits contre les Sarrasins, le faisaient remarquer parmi les principaux chefs de la croisade. L'âge n'avait point éteint dans le comte de Toulouse l'ardeur ni les passions de la jeunesse : bouillant et impétueux, d'un caractère altier et inflexible, il mettait moins son ambition à conquérir des royaumes qu'à faire plier toutes les volontés sous la sienne. Les Grecs et les Sarrasins ont loué sa valeur. Ses sujets et ses compagnons d'armes le haïssaient pour son opiniâtreté et sa violence.

Toute la noblesse de la Gascogne, du Languedoc, de la Provence, du Limousin et de l'Auvergne accompagnait Raymond et Adhémar, dans lesquels le pape Urbain avait vu l'image vivante de Moïse et d'Aaron. A l'exemple d'Adhémar, les évêques d'Apt, de Lodève, d'Orange, l'archevêque de Tolède avaient pris la croix et conduisaient une partie de leurs vassaux à la guerre sainte. Le Pape dispensa de son vœu l'archevêque de Tolède, attendu que sa présence était plus nécessaire dans son Eglise nouvellement rétablie. Raymond, comte de Toulouse, suivi de son fils et de sa femme Elvire, se mit à la tête d'une armée de cent mille croisés, s'avança jusqu'à Lyon, où il passa le Rhône, traversa les Alpes, la Lombardie, le Frioul, et dirigea sa marche vers le territoire de l'empire grec, à travers les montagnes et les peuples de l'Esclavonie.

Alexis, qui avait appelé les Latins à sa défense, fut effrayé du nombre de ses libérateurs. Les chefs de la croisade n'étaient que des princes du second ordre, mais ils entraînaient avec eux toutes les forces de l'Occident. Anne Comnène, sa fille, qui a fait son histoire ou plutôt son panégyrique, compare la multitude des croisés aux sables de la mer, aux étoiles du firmament, et leurs bandes innombrables à des torrents qui se réunissent pour former un grand fleuve (Ann. Comn., *Alexias*). Alexis avait appris à redouter Bohémond dans les plaines de Durazzo et de Larisse. Quoiqu'il connût moins le courage et l'habileté des autres princes latins, il se repentait de leur avoir révélé le secret de sa faiblesse en implorant leurs secours. Ses alarmes, augmentées encore par les prédictions des astrologues et par les opinions répandues parmi le peuple, devenaient plus vives à mesure que les croisés s'avançaient vers sa capitale. Assis sur un trône dont il avait précipité son maître et son bienfaiteur, il ne pouvait croire à la vertu, et savait mieux qu'un autre ce que peut conseiller l'ambition. Il avait déployé quelque courage pour obtenir la pourpre, et ne gouvernait que par la dissimulation, politique ordinaire des Grecs et des Etats faibles. Il aurait pu se mettre à la tête de la croisade et reconquérir l'Asie Mineure, en marchant avec les Latins à Jérusalem. Cette grande entreprise alarma sa faiblesse. Sa timide prudence crut qu'il suffisait de tromper les croisés pour n'en avoir rien à craindre, et d'en recevoir un hommage pour profiter de leurs victoires. Sitôt qu'il fut averti de la marche des princes croisés, il leur envoya des ambassadeurs chargés de les complimenter et de pénétrer leurs desseins. En même temps, il fit partout distribuer des troupes pour les attaquer pendant leur passage.

Le comte de Vermandois, jeté par la tempête sur les côtes de l'Epire, reçut les plus grands honneurs du gouverneur de Durazzo, et fut mené prisonnier à Constantinople, par les ordres d'Alexis, avec les principaux seigneurs de sa suite. L'empereur grec espérait que le frère du roi de France deviendrait entre ses mains un otage qui pourrait le mettre à l'abri des entreprises des Latins; mais cette politique perfide, quand il attendait son salut, ne fit qu'éveiller la défiance et provoquer la haine des chefs de la croisade. Godefroi de Bouillon était arrivé à Philippopolis, lorsqu'il apprit la captivité du comte de Vermandois ; il envoya demander à l'empereur réparation de cet outrage; et, comme ses députés rapportèrent une réponse peu favorable, il ne put retenir son indignation et la fureur de son armée. Les terres qu'il traversait furent traitées en pays ennemi. Alexis, effrayé des suites de sa politique, implora la clémence de son prisonnier, et promit de lui rendre la liberté lorsque les Français seraient arrivés aux portes de Constantinople. Cette promesse apaisa Godefroi, qui fit cesser la guerre et poursuivit sa marche, traitant partout les Grecs comme des amis et des alliés (Guill. de Tyr, l. 2, c. 5).

Cependant l'empereur grec, à force de caresses et de présents, persuada au comte de Vermandois de lui prêter serment d'obéissance et de fidélité. A l'arrivée de Godefroi, le comte parut dans le camp des croisés, qui se réjouirent de sa délivrance, mais qui ne purent lui pardonner de s'être soumis à un monarque étranger. Alexis crut pouvoir les réduire par la famine, et leur refusa des vivres; mais les Latins étaient accoutumés à tout obtenir par la violence et la victoire. Au signal de leurs chefs, ils se répandirent dans la campagne, pillèrent les villages et les palais voisins de la capitale, et l'abondance revint dans leur camp avec la guerre. Ce désordre dura plusieurs jours; mais, comme on approchait des fêtes de Noël, l'époque de la naissance de Jésus-Christ inspira des sentiments généreux aux soldats chrétiens et au pieux Godefroi. On profita de ces heureuses dispositions pour faire la paix. L'empereur accorda des vivres, et les croisés cessèrent leurs hostilités.

Cependant l'harmonie ne pouvait subsister longtemps entre les Grecs et les Latins : il y avait trop d'antipathie naturelle entre les uns et les autres. L'empereur Alexis cherchait par tous les moyens, promesses et menaces, à obtenir de Godefroi le serment de fidélité et d'obéissance. Godefroi bravait ses menaces et ne pouvait croire à ses promesses. Deux fois on fut sur le point d'en venir aux mains. Bohémond ayant appris ces démêlés en route, fut au comble de la joie; il crut que le moment était venu d'attaquer l'empire grec et de partager ses dépouilles. Il envoya des députés à Godefroi lui en faire la proposition; mais Godefroi n'y voulut point entendre, et lui rappela le serment qu'ils avaient fait l'un et l'autre de combattre les infidèles.

Cette ambassade de Bohémond, dont l'objet ne put être ignoré, redoubla les alarmes d'Alexis et ne lui permit plus de négliger aucun moyen de fléchir le duc de Lorraine. Il envoya son propre fils, comme otage, à l'armée des croisés. Dès lors toutes les défiances furent dissipées; les princes de l'Occident jurèrent de respecter les lois de l'hospitalité. Ils se rendirent au palais, où l'empereur grec adopta solennellement Godefroi pour son fils et mit l'empire sous la protection de ses armes. Les croisés s'engagèrent à remettre entre les mains de l'empereur les villes qui avaient appartenu à l'empire, et à lui rendre hommage pour les autres conquêtes qu'ils pourraient faire. Alexis, de son côté, promit de les aider par terre et par mer, de leur fournir des vivres et de partager les périls et la gloire de leur expédition.

Les princes d'Occident arrivèrent successivement avec leurs troupes. L'empereur grec mit tout en œuvre pour leur persuader de lui faire hommage. Il eut bien de la peine à venir à bout du vieux comte Raymond de Toulouse; Bohémond se montra plus simple, parce qu'il était plus politique et moins sincère; quant au brave Tancrède, rien n'y fit, ni promesses, ni caresses, ni présents. Godefroi, le premier, passa le Bosphore et campa en Asie. Tous les autres princes le suivirent. Dans les plaines de Bithynie, ils se trouvèrent six cent mille combattants. Ils marchèrent sur Nicée, capitale d'un sultan des Turcs. Par la route, ils virent accourir sous leurs tentes plusieurs soldats de l'armée de Pierre, qui, échappés au carnage, avaient vécu cachés dans les forêts et les montagnes voisines. Les uns étaient couverts de lambeaux, les autres nus, plusieurs blessés. L'aspect de ces malheureux fugitifs, le récit de leurs misères répandirent le deuil dans l'armée chrétienne; des larmes coulèrent de tous les yeux lorsqu'on apprit les désastres des premiers soldats de la croix. A l'orient, ils montraient la forteresse où les compagnons de Rainald, pressés par la faim et la soif, s'étaient rendus aux Turcs, qui les avaient massacrés; près de là, ils faisaient voir les montagnes au pied desquelles l'armée de Gauthier avait péri avec son chef. Les croisés s'avançaient en silence, rencontrant partout des ossements humains, des lambeaux d'étendards, des lances brisées, des armes couvertes de poussière et de rouille, tristes restes d'une armée vaincue. Au milieu de ces tableaux sinistres, ils ne purent voir, sans frémir de douleur, le camp où Gauthier avait laissé les femmes et les malades lorsqu'il fut entraîné par ses soldats vers la ville de Nicée; là les chrétiens avaient été surpris par les mahométans au moment même où leurs prêtres célébraient le sacrifice de la messe; les femmes, les enfants, les vieillards, tous ceux que leur faiblesse ou la maladie retenaient sous la tente, poursuivis jusqu'au pied des autels, avaient été entraînés en esclavage ou immolés par un ennemi cruel. La multitude des chrétiens massacrés dans ce lieu était restée sans sépulture; on voyait encore les fossés tracés autour du camp, la pierre qui avait servi d'autel aux pèlerins.

Le souvenir d'un aussi grand désastre étouffa la discorde, imposa silence à l'ambition, réchauffa le zèle pour la délivrance des saints lieux. Les chefs profitèrent de cette terrible leçon et firent d'utiles règlements pour le maintien de la discipline. On était alors dans les premiers jours du printemps; les campagnes couvertes de verdure et de fleurs, les moissons naissantes, le climat fertile et le beau ciel de la Bithynie, l'assurance de ne point manquer de vivres, l'harmonie des chefs, l'ardeur des soldats, tout faisait présager aux croisés que Dieu bénirait leurs armes, et qu'ils seraient plus heureux que leurs compagnons dont ils foulaient les restes déplorables.

Ils allèrent former le siège de Nicée, capitale du sultan Kilidi Arslan, qui y avait laissé sa famille, ses trésors et l'élite de ses guerriers. L'historien Foucher de Chartres, qui était présent, dit qu'il y avait six cent mille combattants dans l'armée chrétienne, et dix-neuf nations, différentes de mœurs et de langage. Si un Anglais, un Allemand voulait me parler, ajoute-t-il, je ne savais que répondre. Mais, quoique divisés par le langage, nous paraissions ne faire qu'un seul peuple par notre amour pour Dieu (Fulcher. Carnot., n. 5). Chaque nation avait son quartier, qu'on environnait de murs et de palissades; et, comme on manquait de pierres et de bois pour la construction des retranchements, on employa les ossements des croisés restés sans sépulture dans les campagnes voisines de Nicée; de sorte, dit Anne Comnène, qu'on avait fait à la fois un tombeau pour les morts et une demeure pour les vivants. Dans chaque quartier, on avait élevé à la hâte des tentes magnifiques, qui tenaient lieu d'églises, et où les chefs et les soldats se rassemblaient pour les cérémonies religieuses. Différents cris de guerre, les tambours, dont les Sarrasins avaient introduit l'usage en Europe, et des cornes sonores percées de plusieurs trous, appelaient les croisés aux exercices militaires.

Dans les circonstances importantes, le conseil des chefs dirigeait les entreprises de la guerre; dans les circonstances ordinaires, chaque comte, chaque seigneur ne recevait d'ordres que de lui-même. L'armée chrétienne présentait l'image d'une république sous les armes. Cette république formidable, où tous les biens paraissaient être en commun, ne reconnaissait d'autre loi que l'honneur, d'autre bien que la religion. Le zèle était si grand, que les chefs faisaient le service des soldats, et que ceux-ci ne manquaient jamais à la discipline. Les prêtres parcouraient sans cesse les rangs pour rappeler aux croisés les maximes de la morale évangélique. Leurs prédications ne furent pas inutiles, et, d'après le témoignage des auteurs contemporains, qui n'épargnent guère les champions de la croix dans leurs récits, la conduite des chrétiens, pendant le siége de Nicée, n'offrit que des modèles de vertus guerrières et des sujets d'édification. Si Balaam avait été jugé digne d'assister à ce beau spectacle, dit l'historien Baudri, il aurait préféré le camp des chrétiens à celui d'Israël; cette sainte milice était l'image de l'Eglise de Dieu, et Salomon aurait pu dire en la voyant : *Que tu es belle, ma bien-aimée! Tu es semblable aux tentes de Cédar !* O France! poursuit le même historien, pays qui dois être placé au-dessus de tous les autres, combien étaient belles les tentes de tes soldats dans la Roumanie! Que Dieu maintienne l'union de tes enfants, afin qu'ils puissent conquérir l'objet de leurs vœux, Jérusalem (Baldric, p. 95 et 96; *apud Bongars.*)!

Dès les premiers jours du siége, les chrétiens donnèrent plusieurs assauts, mais inutilement; la ville était trop forte et trop bien défendue. Le sultan vint au secours avec une armée de soixante mille cavaliers; une bataille se livra, qui dura depuis le matin jusqu'à la nuit. Les Musulmans y déployèrent toutes les ruses de la guerre et toute la rage du désespoir; mais ils furent vaincus et laissèrent quatre mille morts sur le champ de bataille. Les croisés, suivant l'usage de leurs ennemis, leur coupèrent la tête. Plus de mille de ces têtes furent lancées dans la ville, où elles répandirent la consternation. Mille autres furent enfermées dans des sacs et portées à Constantinople, pour être présentées à l'empereur, qui applaudit au triomphe des Francs : c'était le premier tribut que lui offraient les seigneurs et les barons qui s'étaient déclarés ses vassaux.

Après cette bataille, la ville fut serrée de si près, qu'un dernier assaut allait la livrer aux mains des croisés. La femme du sultan, avec deux enfants en bas âge, voulut s'enfuir, et tomba au pouvoir des chrétiens. Cette nouvelle, portée dans la ville, y jeta la consternation, et les Turcs perdaient l'espoir de défendre Nicée, lorsque la politique de l'empereur grec vint dérober cette conquête aux armes des croisés. Ce prince, qu'on a comparé à l'oiseau cherchant sa pâture sur les traces du lion, s'était avancé jusqu'à un endroit nommé Pélecane. Il avait envoyé à l'armée des croisés un faible détachement de troupes grecques et deux généraux qui avaient sa confiance, moins pour combattre que pour négocier et saisir l'occasion de s'emparer de Nicée par la ruse. Un de ses officiers ayant pénétré dans la ville, fit redouter aux habitants l'inexorable vengeance des Latins, et les pressa de se rendre à l'empereur de Constantinople. Ses propositions furent écoutées, et, lorsque les croisés se disposaient à livrer un dernier assaut, les étendards d'Alexis parurent tout à coup sur les remparts et les tours de Nicée.

Cette vue jeta l'armée chrétienne dans une vive surprise; la plupart des chefs ne purent contenir leur indignation; les soldats, prêts à combattre, rentrèrent sous leurs tentes en frémissant de colère. Leur fureur s'accrut encore quand on leur défendit d'entrer plus de dix à la fois dans une ville qu'ils avaient conquise au prix de leur sang et qui renfermait des richesses qu'on leur avait promises. En vain les Grecs alléguèrent les traités faits avec Alexis et les services qu'ils avaient rendus aux Latins pendant le siége; les murmures continuèrent à se faire entendre et ne furent apaisés un moment que par les largesses de l'empereur.

Ce prince reçut la plupart des chefs de la croisade à Pélecane, loua leur bravoure et les combla de présents. Après s'être emparé de Nicée, il voulut triompher de la fierté de Tancrède, qui n'avait point encore prêté serment d'obéissance et de fidélité. Tancrède, cédant aux prières de Bohémond et des autres chefs, promit d'être fidèle à l'empereur autant que l'empereur lui-même serait fidèle aux croisés. Cet hommage, qui était à la fois une soumission et une menace, ne devait point satisfaire Alexis, et montrait assez qu'il n'avait ni l'estime ni la confiance des pèlerins d'Occident. La liberté qu'il rendit à la femme et aux enfants du sultan, la manière généreuse dont il traita les prisonniers turcs, laissèrent croire aux Latins qu'il cherchait à ménager les ennemis des chrétiens. Il n'en fallut pas davantage pour renouveler toutes les haines; depuis cette époque, on ne cessa point de s'accuser, de se menacer réciproquement, et le plus léger prétexte aurait suffi pour allumer la guerre entre les Grecs et les croisés.

L'armée chrétienne, partie de Nicée le 25 juin 1097, se sépara en deux corps. Le 1er juillet, celui des deux corps que commandaient Bohémond, Tancrède et le duc Robert de Normandie, fut attaqué à l'improviste, dans les plaines de Dorylée, par le sultan Kilidi Arslan, à la tête de trois cent mille hommes. La bataille fut des plus opiniâtres. Les Turcs pénétrèrent un moment dans le camp des chrétiens et y massacrèrent les femmes et les enfants, les vieillards et les malades; ils en sont chassés par Bohémond. La bataille durait depuis le matin; les femmes chrétiennes, délivrées des mains des Musulmans, parcouraient les rangs chrétiens, apportaient des rafraîchissements aux soldats étouffés par la chaleur brûlante du jour, et les exhortaient à redoubler de courage pour les sauver de la servitude. Personne ne demeurait en repos; les chevaliers et tous ceux qui étaient propres à la guerre, combattaient; les prêtres et les clercs pleuraient et priaient; les femmes qui n'étaient point occupées à porter de l'eau aux combattants, traînaient sous leurs tentes, avec des lamentations, les morts et les mourants. A la fin de ce combat, l'innombrable multitude des Musulmans avait enveloppé la troupe chrétienne de manière à ne lui laisser aucun espace pour la fuite. On était au milieu du jour, la victoire était incertaine; mais les chrétiens, épuisés de fatigues, ne pouvaient plus résister longtemps à un ennemi qui se renouvelait sans cesse. Tout à coup mille cris de joie se font entendre. On aperçoit sur le haut des montagnes voisines le duc Godefroi de Lorraine avec quarante mille hommes d'élite de l'autre armée. Bohémond lui avait envoyé un courrier dès le commencement de la bataille.

Godefroi est bientôt suivi du comte Raymond et de l'évêque Adhémar, à la tête de dix mille hommes formant l'arrière-garde. A la vue de cette nouvelle armée, dont le soleil en plein midi faisait resplendir au loin les casques, les cuirasses, les lances et les épées, les chrétiens, qui combattaient depuis cinq heures, sentent revivre leurs forces. Les Turcs, au contraire, sont saisis de terreur, ils crurent que des guerriers pleuvaient sur eux du haut du ciel, ou qu'ils sortaient des flancs de la montagne, tout armés contre eux. Les bataillons musulmans qui reçurent la première attaque du duc de Lorraine purent croire que la foudre tombait au milieu d'eux; les cadavres s'amoncelaient sous le glaive des Francs.

Le sultan Kilidi Arslan s'était retiré sur les hauteurs avec son armée, espérant que les chrétiens n'oseraient point l'y poursuivre. Vain espoir! Les chefs de l'armée chrétienne enveloppent les hauteurs où le sultan a cherché une retraite. Non-seulement la vallée, mais les flancs et le sommet des collines sont rougis du sang des Turcs et jonchés de leurs cadavres. Le combat dure jusqu'à la nuit. Plus de vingt mille Musulmans sont tués dans la bataille ou dans la fuite. Le camp des infidèles fournit aux chrétiens victorieux des vivres en abondance, des tentes magnifiquement ornées, toutes sortes de bêtes de somme et surtout un grand nombre de chameaux. La vue de ces animaux, qu'on ne connaissait point en Occident, causa autant de surprise que de joie. Les chrétiens montèrent les chevaux des ennemis pour courir sur les débris de l'armée vaincue. Les ténèbres commençaient à couvrir les collines et la vallée, quand les croisés revinrent à leur camp, chargés de butin et précédés de leurs prêtres, qui chantaient des hymnes et des cantiques, en action de grâces. Tout le monde, chefs et soldats, avait fait des prodiges de valeur. Quatre mille croisés avaient trouvé une mort glorieuse sur le champ de bataille. Les vainqueurs rendaient justice à la bravoure des vaincus. Les historiens contemporains qui ont loué la valeur des Turcs, ajoutent qu'il ne manquait à ceux-ci que d'être chrétiens pour être en tout comparables aux croisés. Les Turcs, de leur côté, méprisaient toutes les autres nations, excepté les Francs, avec lesquels ils se vantaient d'avoir une origine commune. Enfin le sultan Kilidi Arslan disait aux Arabes qui lui reprochaient sa fuite : « Vous » ne connaissez pas les Francs, vous n'avez pas » éprouvé leur courage; cette force n'est pas de » l'homme, mais de Dieu ou du diable. »

Cette grande victoire des croisés retentit bientôt par tout l'Orient; les Musulmans furent consternés, les chrétiens consolés. Mais l'armée chrétienne eut encore d'autres obstacles à vaincre. Le sultan la devança avec le reste de ses troupes et ravagea le pays qu'il ne pouvait plus défendre. Le 3 juillet, quand les croisés se remirent en marche, ils résolurent de ne plus se séparer. Cette résolution les mettait à l'abri de toute surprise, mais elle exposait une armée trop nombreuse à périr de faim et de misère dans des provinces ravagées par les Turcs. En quittant les environs de Dorylée, ils ne trouvèrent que des campagnes désertes, et n'eurent bientôt pour subsister que les racines des plantes sauvages et les épis échappés au fer des ennemis. Le manque d'eau et de fourrage fit périr le plus grand nombre des chevaux de l'armée. La plupart des cavaliers, qui méprisaient les fantassins, furent obligés, comme eux, de marcher à pied et de porter leurs armes, dont le poids suffisait pour les accabler. L'armée chrétienne offrait alors un étrange spectacle : on vit des chevaliers, montés sur des ânes et des bœufs, s'avancer à la tête de leurs soldats. Des béliers, des chèvres, des porcs, des chiens, tous les animaux qu'on pouvait rencontrer étaient chargés des bagages, qui, pour la plupart, restèrent abandonnés sur les chemins. Les croisés traversèrent ainsi la Phrygie et l'Isaurie. La soif n'était pas moins terrible pour les hommes que pour les animaux. Guillaume de Tyr nous dit que cinq cents personnes périrent dans un seul jour. Une découverte inattendue vint au secours des croisés. Les chiens avaient abandonné leurs maîtres pour chercher une source. Un jour on en vit revenir plusieurs dont les poils paraissaient couverts d'une poussière humide; quelques soldats les suivirent et découvrirent une rivière.

Enfin l'armée arriva devant Antioche de Pisidie, nommée alors Antiochette, qui lui ouvrit ses portes. Cette ville était située au milieu d'un territoire coupé de prairies, de ruisseaux et de forêts. La vue d'un pays riant et fertile engagea les chrétiens à se reposer quelques jours, et leur fit oublier bientôt tous les maux qu'ils avaient soufferts. Le bruit de leur marche et de leurs victoires s'était répandu dans tous les pays voisins. On envoyait au devant d'eux des députés pour leur offrir des secours et leur jurer obéissance. Alors ils se virent maîtres de plusieurs contrées dont ils ignoraient les noms et la position géographique. La population de l'Asie Mineure, presque toute chrétienne, les saluait partout comme ses libérateurs.

Pendant leur séjour à Antioche de Pisidie, la joie de leur conquête fut un moment troublée par la crainte qu'ils eurent de perdre deux de leurs illustres chefs. Raymond, comte de Toulouse, tomba dangereusement malade. Comme on désespérait de sa vie, on l'avait déjà étendu sur la cendre, et l'évêque d'Orange récitait les litanies des mourants, lorsqu'un comte saxon vint annoncer que Raymond ne mourrait point de cette maladie et que les prières de saint Gilles avaient obtenu pour lui une trêve avec la mort. Ces paroles, dit Guillaume de Tyr, rendirent l'espérance à tous les assistants, et bientôt Raymond se montra aux yeux de l'armée, qui célébra sa guérison comme un miracle.

Dans le même temps, le duc Godefroi de Lorraine étant à la chasse, entendit la voix lamentable d'un homme qui appelait au secours, et bientôt il aperçut un pauvre pèlerin chargé d'un fagot, que poursuivait un ours d'une grosseur monstrueuse. A cette vue, Godefroi tire son épée et se précipite à la rencontre de l'animal furieux. L'ours le voyant venir à lui, abandonne la poursuite du soldat et tourne toute sa rage contre le duc. Bientôt ils sont aux prises, et Godefroi cherche à lui enfoncer dans le cœur la pointe de son épée; mais l'ours évite tous ses coups; et, le saisissant enfin par son manteau, il l'entraîne à terre. C'en était fait de Godefroi, sans une admirable présence d'esprit. Embrassant la main gauche le cou de l'animal terrible, qui déjà s'apprêtait à le dévorer, il le serre d'une étreinte si forte, qu'elle lui fait perdre la respiration, pendant que, de la main droite, il lui passe son épée au travers du corps et l'étend sans vie à ses côtés. Mais en voulant retirer son épée engagée entre ses cuisses, il se blessa dangereusement lui-même, et perdit tant de sang, qu'il lui fut impossible de retourner au camp. Le soldat auquel il venait de sauver la vie, y alla promptement chercher du secours, qui arriva fort à propos, car le duc était sans connaissance lorsqu'on vint le relever. On put voir alors combien il était aimé de tout le monde. Partout, sur son passage, ce fut un deuil général; la perte d'une bataille eût répandu moins de consternation : chefs, simples soldats, hommes et femmes, tous, gémissant et se lamentant de son malheur, racontaient les traits de vertu, de courage et de bonté dont sa vie semblait être une succession continuelle; ils citaient surtout l'admirable charité avec laquelle, pendant les derniers désastres de l'armée, qui avaient coûté la vie à un si grand nombre d'entre eux, il s'abstenait de satisfaire sa soif, pour pouvoir distribuer aux femmes et à ceux qui souffraient le plus, un peu de l'eau et du vin dont il avait fait provision pour son propre usage. Heureusement la blessure n'était pas mortelle; mais, affaibli par la perte de son sang, le duc de Lorraine resta longtemps sans reprendre ses forces. Le comte de Toulouse eut, comme lui, une longue convalescence, et tous les deux furent, pendant plusieurs semaines, obligés de se faire porter à la suite de l'armée, dans une litière.

D'Antioche de Pisidie, l'armée chrétienne continua sa marche vers Icone, capitale de la Lycaonie et patrie de sainte Thècle, où elle arriva par une route large et commode. Par les conseils des habitants, les croisés, en quittant la ville, emportèrent de l'eau dans des vases et des outres, parce qu'ils devaient marcher toute une journée sans rencontrer ni rivière ni ruisseau. Ils arrivèrent à Héraclée, où ils passèrent quatre jours. Poursuivant ensuite leur route à travers les montagnes du Taurus, ils vinrent à Corson, l'ancienne Cucuse, célèbre par l'exil de saint Jean Chrysostome. Pour passer de Cucuse à Marésie, l'ancienne Germanicie, ils eurent beaucoup à souffrir en franchissant les plus impraticables escarpements du Taurus, où il n'y avait nul chemin tracé. Ils donnèrent à cette montagne le nom de *montagne du Diable*. La ville de Marésie fut le terme de ces misères. Elle était habitée par des chrétiens, et les Turcs, qui occupaient la citadelle, s'étaient enfuis à l'approche des croisés. Marésie avait des vivres et des pâturages : on campa autour de la cité.

Dans l'intervalle, Baudouin, frère de Godefroi, et Tancrède, l'un conduisant une troupe de guerriers flamands, l'autre une troupe de soldats italiens, furent envoyés à la découverte, soit pour dissiper des bandes d'ennemis, soit pour protéger les chrétiens du pays ou obtenir d'eux des secours et des vivres. Ils se répandirent dans la Cilicie et s'en rendirent maîtres. Tarse, la capitale, patrie de saint Paul, se donna d'abord à Tancrède, et ensuite fut occupée par Baudouin. Il y eut à ce sujet une querelle entre les deux capitaines, où Baudouin se fit très-peu d'honneur, et qui, sans la modération de Tancrède, allait dégénérer en guerre civile. La ville d'Adana fut occupée par un chevalier bourguignon nommé Guelfe. Tancrède se rendit maître de Malmistra, l'ancienne Mopsueste, d'Alexandrette, et en peu de temps de toute la Cilicie. Les Turcs prenaient la fuite ou étaient passés au fil de l'épée. Tancrède n'était suivi que de deux ou trois cents chevaliers, et triompha comme en courant. Outre la bravoure du chef et de ses compagnons, il y avait à cela une cause plus puissante encore ; c'était l'immense terreur qu'avait répandue la victoire de Dorylée et l'approche de la grande armée.

Baudouin, ayant appris l'accident de son frère Godefroi, rejoignit la grande armée à Marésie. Tout le monde blâma sa conduite envers Tancrède, son ambition peu loyale, qui avait failli amener la guerre civile, et qui fut en effet cause que trois cents pèlerins, auxquels il refusa impitoyablement l'entrée de la ville de Tarse pour y passer la nuit, furent massacrés par les Turcs cette nuit-là même, aux portes de la ville. Son frère, le duc Godefroi, fidèle serviteur de Dieu, comme dit Guillaume de Tyr, lui adressa de sévères reproches, et le même historien ajoute que Baudouin reconnut sa faute en toute humilité.

Les révolutions, qui changent la face des Etats, marchaient à la suite des armées victorieuses des croisés. Une foule d'aventuriers accourait de toutes parts pour profiter des événements de la guerre. Un nommé Siméon obtint la petite Arménie; une ville riche de la Cilicie fut donnée à Pierre des Alpes, simple chevalier : plusieurs contrées devinrent ainsi le partage de pèlerins que l'histoire ne nomme point, à la seule condition qu'ils les défendraient contre les Turcs. Parmi ceux que l'espoir de s'enrichir avait attirés sous les drapeaux de l'armée chrétienne, on remarquait un prince arménien nommé Pancrace. Chassé de son petit royaume par ses propres sujets, il avait été même jeté dans les fers à Constantinople. Il s'en échappa, vint joindre l'armée des croisés, et s'attacha particulièrement à Baudouin. Il lui parlait souvent de la facilité qu'il y aurait pour lui de conquérir l'Arménie et la Mésopotamie, peuplées de chrétiens et impatientes de secouer le joug des Turcs. Baudouin résolut de tenter la fortune. Mais aucun des barons et des chevaliers ne voulut quitter les drapeaux de la croisade et se détourner du chemin de Jérusalem. Comme il n'était pas aimé et qu'on ne lui avait point encore pardonné sa conduite envers Tancrède, la plupart même des simples guerriers qu'il voulait séduire rejetèrent ses propositions, si avantageuses qu'il pût les faire; plusieurs même de ses propres soldats refusèrent de l'accompagner; il ne put entraîner avec lui qu'environ mille fantassins et deux cents cavaliers, animés par l'espoir du pillage.

Avec sa petite troupe de douze cents hommes, Baudouin s'avança dans l'Arménie, et ne trouva point d'ennemis capables de l'arrêter dans sa marche. La consternation régnait parmi les Turcs, et partout les chrétiens, prêts à secouer le joug des Musulmans, devenaient de puissants auxiliaires pour les croisés. Les villes de Turbessel et de Ravenel, situées sur la rive droite de l'Euphrate, furent les premières qui ouvrirent leurs portes à l'heureux conquérant. Pancrace, de son côté, ayant réuni quelques aventuriers, fit bande à part, sans que l'histoire nous apprenne ce qu'il devint. Cette séparation n'empêcha point Baudouin de poursuivre ses conquêtes. Le bruit de ses victoires l'avait devancé au delà de l'Euphrate, et son nom avait déjà retenti dans Edesse, la métropole de la Mésopotamie. Edesse, que les historiens de la croisade appellent *Roha* et que les Orientaux nomment aujourd'hui *Orfa*, avait échappé à l'invasion des Turcs, et tous les chrétiens du voisinage s'y étaient réfugiés avec leurs richesses. Un prince grec, nommé Théodore, envoyé par l'empereur de Constantinople, en était gouverneur et y maintenait en payant tribut aux Sarrasins. L'approche et les victoires des croisés avaient produit la plus vive sensation dans la ville d'Edesse. Le peuple et le gouverneur s'étaient réunis pour appeler Baudouin à leurs secours. L'évêque et douze des principaux habitants furent députés auprès du prince croisé. Ils lui parlèrent des richesses de la Mésopotamie, du dévouement de leurs concitoyens à la cause de Jésus-Christ, et le conjurèrent de sauver une ville chrétienne de la domination des infidèles. Baudouin céda facilement à leurs prières.

Il avait passé l'Euphrate, il avait eu le bonheur d'éviter les Turcs qui l'attendaient aux bords du fleuve, et, sans avoir livré de combat, il était arrivé sur le territoire d'Edesse. Comme il avait placé des garnisons dans les villes tombées en son pouvoir, il ne conservait plus avec lui que cent cavaliers. Dès qu'ils approchèrent de la ville, tout le peuple vint à leur rencontre, portant des branches d'oliviers et chantant des cantiques. C'était un singulier spectacle que celui d'un aussi petit nombre de guerriers entourés d'une foule immense qui implorait leur appui et les proclamait ses libérateurs. Ils furent accueillis avec tant d'enthousiasme, Baudouin inspira tant de confiance aux habitants, que le gouverneur, qui était vieux et n'avait point d'enfants, l'adopta pour son fils et son héritier. A l'aspect des soldats de la croix, toute la population de la contrée devint guerrière, et pria Baudouin de se mettre à sa tête, pour enlever aux Turcs, entre autres, la ville de Samosate, d'où ils rançonnaient sans cesse le pays. Sur ces entrefaites, le gouverneur d'Edesse, qui n'était pas aimé du peuple, ayant été tué dans une sédition, Baudouin, à qui l'on reproche de n'avoir rien fait pour sauver la vie de son père adoptif, fut proclamé le libérateur et le maître d'Edesse. Assis sur un trône ensanglanté et redoutant l'humeur inconstante du peuple, il inspira bientôt autant de crainte à ses sujets qu'à ses ennemis. Tandis que les séditieux tremblaient devant lui, il recula les limites de son territoire; il acheta, avec les trésors de son prédécesseur, la ville de Samosate et plusieurs autres qu'il n'avait pu conquérir. Sa femme étant morte, il épousa la nièce d'un prince arménien, et, par cette nouvelle alliance, étendit ses possessions jusqu'au mont Taurus. Une partie de la Mésopotamie, les deux rives de l'Euphrate reconnurent son autorité, et l'Asie vit alors un chevalier français régner sans obstacle sur les plus riches provinces de l'ancien royaume d'Assyrie.

Quant à la grande armée chrétienne, elle avançait de son côté. De Marésie, l'ancienne Germanicie, elle se porta sur Artésie, l'ancienne Chalcis. Robert, comte de Flandre, qui avait pris les devants avec mille fantassins, s'en était déjà emparé, à l'aide de la population chrétienne, qui s'était jointe à lui pour en chasser les Turcs. La garnison d'Antioche, accourue pour reprendre la ville, apprenant que toute l'armée des croisés s'en approchait, se retira précipitamment et alla prendre position au pont de fer construit sur l'Oronte, pour lui intercepter le chemin d'Antioche. C'est à Artésie que Tancrède vint rejoindre l'armée chrétienne, où il reçut des louanges unanimes sur la modération de sa conduite envers Baudouin, et sur les nombreuses victoires qu'il avait remportées en soumettant, comme en courant, la Cilicie tout entière.

On allait marcher sur la capitale de la Syrie, la grande Antioche. Le premier obstacle à franchir était le pont sur l'Oronte : deux fortes tours, revêtues de fer, en défendaient les approches; elles étaient occupées par des guerriers d'élite, et des troupes nombreuses de Musulmans couvraient la rive gauche du fleuve. Robert de Normandie, à la tête de l'avant-garde de l'armée, vint le premier engager le combat; mais, malgré toute la valeur qu'il déploie dans son attaque, il est repoussé, et plus de mille des siens y perdent la vie. Cet échec, cependant, est bientôt réparé par le reste de l'armée, qui arrive à son secours. Animé par les exhortations de l'évêque Adhémar, qui parcourt les rangs en promettant la victoire au nom du ciel, il se précipite sur le pont, et, en un instant, les Sarrasins, écrasés par son choc impétueux, fuient en désordre et l'abandonnent à leurs vainqueurs, qui s'établissent alors tranquillement sur les deux rives du fleuve. Les Turcs échappés au glaive se sauvent en toute hâte à Antioche, où ils portent la nouvelle de leur défaite.

Cette victoire, si rapide et si complète, a laissé de si profonds souvenirs dans l'esprit des habitants du pays, qu'aujourd'hui encore ils ne parlent qu'avec admiration et terreur de la bravoure des Francs. En aucun pays d'Orient, dit un voyageur moderne, le nom de *Franc*, *Frangi*, n'a laissé d'aussi profondes traces que sur les bords de l'Oronte. Frangi, c'est tout ce que les habitants de cette vallée peuvent concevoir de plus invincible, de plus puissant; ce nom équivalait, pour eux, à celui du génie de la guerre, démon victorieux, esprit terrible, qui mugit comme la tempête et emporte tout comme elle. Cette toute-puissance attachée au nom franc a donné lieu, dans le pays, à de fabuleuses histoires. Sur le chemin, au pont de fer, mon guide turc, me montrant à main droite une élévation de terrain à côté d'une colline couverte des débris d'un fort du moyen-âge, me disait : « Sous ce terrain que vous voyez là-bas, est un lac dont les rivages resplendissent de diamants et de monceaux d'or; un bateau flotte sur le lac. Musulmans, Arméniens, Grecs et Juifs pourraient entrer dans le bateau et se promener sur le lac; mais s'ils voulaient s'approcher du rivage pour prendre les diamants et les monceaux d'or, le bateau s'attacherait immobile à la vague : c'est aux Francs seuls qu'appartient le privilége de toucher à ces trésors, car les Francs sont des démons à qui Dieu permet tout (1). »

L'armée chrétienne voyait devant elle la grande ville d'Antioche, où les disciples du Christ avaient pris pour la première fois le nom de chrétiens, où le vicaire du Christ, le chef de l'Eglise universelle, avait d'abord placé sa chaire. La magnificence de ses édifices et le séjour de plusieurs empereurs lui avaient mérité le titre de *reine de l'Orient*. Aussi vaste qu'étendu, le circuit de ses murailles embrassait un espace de trois lieues, et sa vue, dit Guillaume de Tyr, effrayait par le nombre de ses formidables tours dont on pouvait compter jusqu'à trois cent soixante. Dans l'intérieur de la ville s'élevaient en outre deux collines, sur l'une desquelles était bâtie la citadelle, que sa position et sa force faisaient regarder comme inexpugnable. Au bruit de l'approche des croisés, un grand nombre de Sarrasins des villes et des provinces voisines s'y étaient réfugiés avec leurs familles et leurs trésors, et Bagui-Sian ou Accien, émir turcoman, qui en avait obtenu la souveraineté, s'y était renfermé avec sept mille hommes de cavalerie et vingt mille fantassins. Pour mieux se préparer à la défense, il fit sortir de la ville tous les chrétiens, de peur qu'ils ne la livrassent aux croisés, et ne leur apprît d'emporter que leurs vieux habillements. Il garda les femmes et les enfants, ainsi que le patriarche, qu'il fit charger de chaînes. Cet homme-là est un saint, disaient les infidèles, et si nous le laissions sortir de la ville, il pourrait obtenir, par ses prières, le triomphe des chrétiens.

Les précautions de Bagui-Sian ne se bornèrent pas à ces mesures d'intérieur, il envoya ses deux fils appeler du secours de toutes parts. L'un alla à Damas, à Emèse et auprès des tribus arabes qui occupaient les contrées voisines; le second s'adressa aux Turcomans, à Kerboga, prince de Mossoul, et aux maîtres des pays situés à l'orient de la Syrie. Ainsi tout se préparait pour une guerre d'extermination entre les soldats de Jésus-Christ et ceux de Mahomet. Déjà vidée une première fois sous les murs de Nicée, une seconde fois dans la plaine de Dorylée, cette grande querelle reparaissait plus menaçante encore, et l'Europe et l'Asie attendaient en tremblant ce qu'il plairait au Ciel d'en ordonner.

L'armée chrétienne comptait encore six cent mille pèlerins, dont trois cent mille portaient les armes; elle résolut de faire le siège d'Antioche; ce siège dura huit mois, depuis les premiers jours d'octobre 1097 jusqu'aux premiers jours de juin 1098. On y vit toutes les alternatives de mal et de bien qu'on pouvait attendre d'une aussi grande multitude d'hommes, pendant un si long temps, surtout dans un climat qui portait naturellement à la mollesse.

Les Turcs s'étaient renfermés dans leurs murailles; personne ne paraissait sur les remparts; on n'entendait aucun bruit dans la ville. Les croisés crurent voir dans cette apparente inaction et dans ce profond silence le découragement de la terreur. Aveuglés par l'espoir d'une conquête facile, ils ne prirent aucune précaution et se répandirent en désordre dans les campagnes voisines. Les arbres étaient encore couverts de fruits, les vignes de raisins; des fossés creusés au milieu des champs se trouvaient remplis des produits de la moisson; de nombreux troupeaux, que les habitants n'avaient pu emmener avec eux, erraient dans de fertiles pâturages. L'abondance des vivres, le beau ciel de la Syrie, la fontaine et les bosquets de Daphné, les rivages de l'Oronte, fameux dans l'antiquité païenne par le culte de Vénus et d'Adonis, firent bientôt oublier aux pèlerins le but et l'esprit de leur pieuse entreprise, et portèrent la licence et la corruption parmi les soldats du Christ.

L'aveugle sécurité et l'oisiveté confiante des croisés ne tardèrent pas à rendre l'espérance et le courage aux défenseurs d'Antioche. Les Turcs firent des sorties et surprirent leurs ennemis, les uns s'occupant à peine de la garde du camp, les autres dispersés dans les environs. Tous ceux que l'espoir du pillage ou l'attrait des plaisirs avait attirés dans les villages et les vergers voisins de l'Oronte, trouvèrent l'esclavage ou la mort. Le jeune Albéron, archidiacre de Metz et fils de Conrad, comte de Luxembourg, paya de sa vie des amusements qui s'accordaient peu avec l'austérité de sa profession. Etendu sur l'herbe touffue, il jouait aux dés avec une dame syrienne d'une rare beauté et d'une grande naissance; les Turcs, sortis d'Antioche et s'avançant à travers les arbres sans être aperçus, se montrèrent tout d'un coup armés de leurs glaives et de leurs flèches. Plusieurs pèlerins qui entouraient l'archidiacre et auxquels la peur, dit Albert d'Aix, fit oublier les dés, furent dispersés et mis en fuite. Les Barbares coupèrent la tête au malheureux Albéron et l'emportèrent avec eux dans la ville; ils emmenèrent la dame syrienne sans lui faire aucun mal; mais, après avoir assouvi leur passion brutale, elle périt sous leurs coups; sa tête et celle de l'archidiacre furent lancées, à l'aide d'une machine, dans le camp des chrétiens.

A ce spectacle, les croisés déplorèrent leurs désordres et jurèrent de venger la mort de leurs compagnons massacrés par les Turcs; mais on manquait des machines nécessaires pour livrer un assaut; et après avoir dissipé pendant les premiers jours du siège les provisions de plusieurs mois, on commença à sentir les horreurs de la famine; puis les pluies froides de l'hiver inondèrent bientôt la plaine, entraînant les pavillons et les tentes. Au milieu de la misère générale, les chefs se réunirent en conseil et résolurent de tenter une expédition dans des provinces voisines pour se procurer des vivres. Après avoir assisté à la messe de Noël et reçu les adieux de l'armée, quinze ou vingt mille pèlerins, commandés par le prince de Tarente et le comte de Flan-

(1) Michaud, *Histoire des Croisades*, t. I, p. 206, sixième édition. Sauf les rectifications nécessaires, nous suivons l'estimable travail de Michaud. (*Note de l'auteur.*)

dre, s'éloignèrent du camp et se dirigèrent vers le territoire de Harenc. Cette troupe choisie battit plusieurs détachements de Turcs qu'elle rencontra, et revint sous les murs d'Antioche avec un grand nombre de chevaux et de mulets chargés de provisions. Pendant cette expédition des croisés, les assiégés avaient fait une sortie et livré à l'armée chrétienne, restée au camp, un combat opiniâtre, dans lequel l'évêque du Puy perdit son étendard. L'historien Raymond d'Agiles, témoin de l'échec qu'essuyèrent les assiégeants, s'excuse auprès des serviteurs du Christ de l'affligeante fidélité de son récit et se justifie en disant que Dieu voulait alors rappeler les chrétiens au repentir par une défaite qui devait les rendre meilleurs et leur montrer en même temps sa bonté par une victoire qui les délivrait de la famine.

D'autres événements vinrent contrister l'armée chrétienne. L'archidiacre de Toul, qui, suivi de trois cents pèlerins, s'était retiré dans une vallée à trois milles d'Antioche pour y trouver de quoi vivre, fut surpris par les Turcs et périt misérablement avec tous ses compagnons. Dans le même temps, on apprit la mort tragique de Suénon, fils du roi de Danemarck. Ce prince s'était fiancé en Europe avec la princesse Florine, fille du duc de Bourgogne. Les jeunes époux prirent tous deux la croix pour aller faire bénir leur mariage à Jérusalem. Ils traversaient l'Asie Mineure, accompagnés de quinze cents pèlerins dânois. Comme le prince avait dressé ses tentes, les Turcs, avertis par les Grecs perfides, descendirent des montagnes et attaquèrent son camp au milieu des ténèbres de la nuit. Il se défendit longtemps ; mais enfin, épuisé de fatigue, il tomba sur le champ de bataille, ainsi que sa jeune fiancée, après avoir vu périr à leurs côtés tous leurs chevaliers, et n'ayant plus un seul de tous leurs serviteurs qui pût recueillir leurs dernières paroles et leur donner la sépulture des chrétiens.

A ces tristes nouvelles, à la famine toujours croissante, vint se joindre la mortalité. Elle fut si grande dans le camp, qu'au rapport des témoins oculaires, les prêtres ne pouvaient suffire à réciter les prières des morts, et que l'espace manquait aux sépultures. Au commencement du siège, bien des croisés ne mangeaient que les parties les plus exquises des bœufs et des agneaux ; la faim leur fit rechercher bientôt les chiens morts et les animaux les plus immondes. Un spectacle non moins affligeant pour les barons et les chevaliers, c'était de voir périr leurs chevaux de bataille, qu'ils ne pouvaient plus nourrir. Au commencement du siège, on avait compté dans l'armée jusqu'à soixante-dix mille chevaux : il n'en restait que deux mille, se traînant avec peine, incapables de servir dans les combats.

A tant de fléaux vint se joindre la désertion. Désespérant du succès de leur entreprise, bien des croisés allaient chercher un asile contre la misère, les uns dans la Mésopotamie conquise par Baudouin ; les autres dans les villes de la Cilicie soumises par Tancrède. Après tant de preuves de dévouement qu'il avait données, le courage faillit au duc de Normandie lui-même ; il se retira à Laodicée et ne revint qu'après trois sommations qui lui furent faites par l'armée, au nom de la religion et de Jésus-Christ. Tatice, général de l'empereur Alexis, quitta le camp avec les troupes qu'il commandait, sous prétexte d'aller chercher des renforts et des vivres pour toute l'armée ; mais ses promesses, auxquelles personne n'ajouta foi, ne calmèrent point le découragement des croisés. Guillaume, vicomte de Melun, que la vigueur de ses coups avait fait surnommer *Charpentier*, imita leur exemple et abandonna également les drapeaux du Christ. Mais la désertion qui causa le plus de scandale et n'étonna pas moins les croisés, dit l'abbé Guibert de Nogent, que si les étoiles étaient tombées du ciel, fut celle de Pierre l'Ermite lui-même (1). Poursuivi et atteint par Tancrède, il fut ramené honteusement avec Guillaume le Charpentier. L'armée lui reprocha son lâche abandon et lui fit jurer sur l'Evangile de ne plus déserter une cause qu'il avait prêchée. On menaça du supplice réservé aux homicides tous ceux qui suivraient l'exemple qu'il venait de donner à ses compagnons et à ses frères. Foucher de Chartres et les autres historiens de la croisade attribuent ces malheurs de l'armée chrétienne aux péchés de bien des croisés qui s'abandonnaient à l'orgueil, à la débauche et au brigandage.

Pour mettre un terme à tant de calamités, le pieux évêque Adhémar, les autres évêques et les prêtres s'appliquèrent à en tarir la source. Ils prêchèrent avec zèle et avec force contre les désordres qui s'étaient introduits parmi la multitude ; ils l'exhortèrent vivement à s'en repentir et à s'en corriger, afin de mériter la protection de Dieu et non sa vengeance. Un tremblement de terre vint augmenter l'effet de leurs prédications, ainsi qu'un signe qu'on aperçut dans le ciel vers l'Orient. On ordonna des jeûnes et des prières ; les croisés firent des processions autour du camp ; de toutes parts on entendait retentir les hymnes de la pénitence. Les prêtres invoquaient les foudres de l'Eglise contre ceux qui trahissaient la cause de Jésus-Christ par leurs péchés. Pour ajouter à la crainte qu'inspiraient les menaces de la religion, un tribunal, composé des principaux de l'armée et du clergé, fut chargé de poursuivre et de punir les coupables.

Au milieu de ces calamités, le camp des croisés était rempli de Syriens qui, chaque jour, allaient raconter dans la ville les projets, la détresse et le désespoir des assiégeants. Pour délivrer l'armée de ces espions, Bohémond en fit exécuter quelques-uns et les mettre à la broche devant un grand feu, après avoir recommandé à ses gens de dire partout que désormais tous les espions seraient traités de même et serviraient de nourriture aux chefs et à l'armée entière. Ce bruit et cet horrible spectacle répandirent une si grande terreur parmi les étrangers, qu'aucun Musulman n'osa plus approcher du camp des croisés. L'évêque du Puy employa une ruse plus innocente ; il fit labourer et ensemencer les terres voisines d'Antioche, pour rassurer l'armée chrétienne contre la famine et pour faire croire aux assiégés que rien ne pouvait lasser la persévérance des assiégeants.

(1) Quant à la fuite de Pierre l'Ermite, devant Antioche, nous demanderons quel cœur d'homme n'a jamais eu de faiblesse. Nous demanderons comment il se fait que malgré cette pusillanimité, il conserva son crédit. Nous demanderons si l'on n'a pas exagéré sa faute, si elle n'est pas pleinement couverte par les labeurs, les luttes, les soucis, les peines qu'il supporta, en face d'une masse désordonnée de plus de deux cent mille hommes, en majeure partie composée d'un ramas populaire venu de tous les pays et sur lequel il n'avait pas d'autre autorité que celle de la parole et du caractère (Cf. Goschler, Haas, XVIII, p. 295). **B. H.**

Cependant le froid, les orages pluvieux et toutes les rigueurs de l'hiver commençaient à se dissiper; on voyait diminuer le nombre des malades, et le camp des chrétiens prenait un aspect moins lugubre. Godefroi, qu'une blessure cruelle avait retenu jusqu'alors dans sa tente, se montra aux yeux de l'armée, et sa présence fit renaître l'espérance et la joie. Son frère, le comte d'Edesse, les princes et les monastères d'Arménie envoyèrent de l'argent et des provisions aux chrétiens; des vivres furent apportés des îles de Chypre, de Chio et de Rhodes, l'armée cessa d'être livrée aux horreurs de la disette. Les pèlerins qui s'étaient convertis et avaient fait pénitence remercièrent le ciel de les avoir rendus meilleurs et plus dignes de sa protection et de sa miséricorde.

Ce fut alors que les croisés virent arriver dans leur camp les ambassadeurs du calife d'Egypte. En leur présence, les soldats chrétiens s'efforcèrent de cacher les traces et les souvenirs des longues misères qu'ils avaient éprouvées; ils se paraient de leurs vêtements les plus précieux, ils étalaient leurs armes les plus brillantes, les chevaliers et les barons se disputaient le prix de la force et de l'adresse dans les tournois, on ne voyait que des danses et des festins au milieu desquels paraissaient régner l'abondance et la joie.

Les ambassadeurs égyptiens furent reçus dans une tente magnifique, où s'étaient rassemblés les principaux chefs de l'armée. Ils dirent que leur maître, le calife d'Egypte, malgré la différence de religion, était disposé à se rapprocher des chrétiens victorieux et se préparait à rentrer avec ses armées dans la Palestine et la Syrie pour en chasser les Turcs, les éternels ennemis de la race d'Ali. Comme il avait appris que tous les vœux des croisés se bornaient à voir Jérusalem, il promettait de relever les églises des chrétiens, de protéger leur culte et d'ouvrir les portes de la ville sainte à tous les pèlerins, à condition qu'ils s'y présenteraient sans armes et qu'ils n'y séjourneraient pas plus d'un mois. Si les croisés se soumettaient à cette condition, le calife leur promettait d'être leur plus généreux appui; s'ils refusaient le bienfait de son amitié, les peuples de l'Egypte, de l'Ethiopie, tous ceux qui habitaient l'Asie et l'Afrique, depuis le détroit de Gibraltar jusqu'à Bagdad, allaient se lever à la voix du vicaire légitime du prophète, et montrer aux guerriers de l'Occident la puissance de ses armes.

Ce discours excita de violents murmures dans l'assemblée des chrétiens. Un des chefs se leva pour répondre, et s'adressant aux députés du calife : « La religion que nous suivons, leur dit-il, nous a inspiré de rétablir son empire dans les lieux où elle est née. Nous n'avons pas besoin, pour accomplir nos serments, du concours des puissances de la terre. Nous ne sommes pas venus en Asie pour recevoir les lois ou les bienfaits des Musulmans. Nous n'avons point d'ailleurs oublié les outrages faits aux pèlerins d'Occident par les Egyptiens. On se souvient encore que les chrétiens, sous le règne du calife Hakem, ont été livrés aux bourreaux et que leurs églises, et surtout celle du Saint-Sépulcre, ont été renversées de fond en comble. Oui, sans doute, nous nous sommes proposé de visiter Jérusalem, mais nous avons aussi fait le serment de la délivrer du joug des infidèles. Dieu, qui l'a honorée par ses souffrances, veut y être servi par son peuple; les chrétiens veulent en être les gardiens et les maîtres. Allez dire à celui qui vous envoie, de choisir la paix ou la guerre; dites-lui que les chrétiens campés devant Antioche ne craignent ni les peuples d'Egypte, ni ceux d'Ethiopie, ni ceux de Bagdad, et qu'ils ne peuvent s'allier qu'avec les puissances qui respectent les lois de la justice et les drapeaux de Jésus-Christ. »

L'orateur qui parlait ainsi, exprimait les sentiments de l'assemblée. Cependant on ne rejeta pas tout à fait l'alliance des Egyptiens : des députés furent nommés dans l'armée chrétienne pour accompagner les ambassadeurs du Caire à leur retour. Les chrétiens firent mieux que de parler bien, ils remportèrent aussitôt une éclatante victoire. Les princes d'Alep, de Damas et plusieurs émirs avaient levé une armée de vingt mille cavaliers pour secourir Antioche. Déjà les guerriers musulmans s'approchaient de la ville, lorsqu'une troupe d'élite sortit du camp, marcha à leur rencontre, leur fit perdre mille chevaux et deux mille hommes. La forteresse de Harenc, dans laquelle l'ennemi avait cherché un asile après sa défaite, tomba au pouvoir des chrétiens.

Les croisés devaient bientôt signaler leur valeur dans une bataille plus périlleuse et plus meurtrière. Une flotte de Génois et de Pisans était entrée au port Saint-Siméon, à une petite distance d'Antioche. La nouvelle de son arrivée causa une vive joie dans l'armée chrétienne : un grand nombre de soldats sortirent du camp et coururent vers le port, les uns pour apprendre des nouvelles d'Europe, les autres pour acheter les provisions dont ils avaient besoin. Comme ils revenaient chargés de vivres et que la plupart d'entre eux n'avaient point d'armes, ils furent attaqués à l'improviste et dispersés par un corps de quatre mille Musulmans qui les attendaient sur leur passage.

La nouvelle de ce désastre étant venue au camp, Godefroi, suivi des autres chefs, vole au secours de ses frères en péril. Les quatre mille Musulmans sont mis en déroute. Le gouverneur, Accien, envoie une troupe d'élite pour les soutenir et les rallier, leur déclarant qu'il ne leur ouvrirait la porte de la ville qu'après la victoire. Les chrétiens font un horrible carnage des uns et des autres. Le duc de Normandie soutint seul un combat contre un chef des infidèles qui s'avançait au milieu des siens : d'un coup de sabre il lui fendit la tête jusqu'à l'épaule, et l'étendit à ses pieds, en s'écriant : Je dévoue ton âme aux puissances de l'enfer ! Godefroi, qui, dans cette journée, montra l'habileté du plus grand capitaine, signala sa bravoure et sa force par des actions que l'histoire et la poésie ont célébrées. Aucune armure ne pouvait résister au tranchant de son épée ; il faisait voler en éclat les casques et les cuirasses. Un Turc, qui surpassait tous les autres par sa stature, se présenta au fort de la mêlée pour le combattre, et, du premier coup qu'il lui porta, mit en pièces son bouclier. Godefroi, indigné de cette audace, se dressé sur ses étriers, s'élance contre son adversaire, et lui porte un coup si terrible qu'il partage son corps en deux parties. La partie supérieure, disent les historiens, tomba à terre, et l'autre, attachée à la selle, resta sur le cheval, qui rentra dans la ville, où cet aspect redoubla la consternation des assiégés. Le carnage dura toute la journée, plus de deux mille Turcs, qui cherchaient à fuir, se noyèrent dans l'Oronte : ce ne fut que vers le soir qu'Accien fit ouvrir les portes de la ville et qu'il reçut les débris des troupes poursuivies par les croisés. Ceux-ci avaient aussi fait des pertes; mais, outre l'honneur de la victoire, ils remportèrent beaucoup de chevaux, d'armes et de vêtements, et tous ensemble remerciaient Dieu de leur triomphe.

Tandis que les assiégés se livraient au désespoir, le zèle et l'émulation redoublaient parmi les soldats de la croix. Les chefs donnaient partout l'exemple de la vigilance et de l'activité; un esprit de concorde unissait tous les pèlerins : la discipline se rétablit, et la force de l'armée s'accrut avec elle. Les mendiants mêmes et les vagabonds, dont la multitude enfantait le désordre et multipliait les périls de la guerre, furent alors employés aux travaux du siège, et servirent sous les ordres d'un capitaine qui prenait le titre de *roi truand*, ou roi des gueux. Ils recevaient une solde de la caisse générale des croisés, et, dès qu'ils étaient en état d'acheter des armes et des habits, leur roi les reniait pour ses sujets et les faisait entrer dans un corps de l'armée. Cette mesure, en arrachant les vagabonds à une oisiveté dangereuse, en fit d'utiles auxiliaires. Comme ils étaient accusés de violer les tombeaux et de se nourrir de chair humaine, ils inspiraient une grande horreur aux infidèles, et leur aspect mettait en fuite les défenseurs d'Antioche, qui tremblaient de tomber entre leurs mains.

Depuis ce moment surtout, les Turcs ne cessaient de persécuter les chrétiens qui habitaient Antioche. Plus d'une fois le vénérable patriarche des Grecs, le corps meurtri de coups et chargé de liens, avait été traîné sur les murailles et montré aux assiégeants comme une victime dévouée à la mort. C'était surtout contre les prisonniers que s'exerçait la fureur des Turcs. Ils conduisirent un jour sur les remparts un chevalier chrétien nommé Raymond Porcher, et le menacèrent de lui couper la tête, s'il n'exhortait les croisés à le racheter pour une somme d'argent. Celui-ci, feignant d'obéir, s'adressa aux assiégeants, et leur dit : « Regardez-moi comme un homme mort, et ne faites aucun sacrifice pour ma liberté. Tout ce que je vous demande, ô mes frères ! c'est que vous poursuiviez vos attaques contre cette ville infidèle qui ne peut résister longtemps, et que vous restiez fermes dans la foi du Christ; car Dieu est et sera toujours avec vous. » Accien, s'étant fait expliquer le sens de ces paroles, exigea que Raymond Porcher embrassât sur-le-champ le mahométisme, lui promettant, s'il y consentait, toutes sortes de biens et d'honneurs, le menaçant de la mort s'il refusait. Alors le pieux chevalier, tombant à genoux, les yeux tournés vers l'orient, les mains jointes, se mit à prier Dieu pour qu'il daignât le secourir et recevoir son âme dans le sein d'Abraham. A ces mots, Accien, plus irrité, ordonne qu'on lui tranche la tête : les Turcs obéissent avec une joie barbare. En même temps les autres prisonniers chrétiens qui se trouvaient dans Antioche sont amenés devant le prince musulman, qui commande à ses soldats de les dépouiller de leurs vêtements, de les lier avec des cordes et de les jeter au milieu des flammes d'un bûcher. Ainsi ces malheureux captifs reçurent tous, dans le même jour, la couronne du martyre, et portèrent dans le ciel des robes blanches devant le Seigneur, à qui toute gloire appartient. Ce sont les paroles de l'historien Tudebode, qui était présent au siège.

Cependant Antioche était en proie à la disette qui avait si longtemps désolé les croisés, et voyait chaque jour diminuer le nombre de ses défenseurs. Accien demanda une trêve et promit de se rendre s'il n'était bientôt secouru. Les croisés, toujours pleins d'une confiance aveugle, consentirent à une paix qui devait leur ôter tous leurs avantages et donner à l'ennemi les moyens de gagner du temps et de réparer ses forces. En effet, les Turcs profitèrent de la trêve pour se procurer les secours et les vivres nécessaires; puis, ayant surpris un chevalier chrétien nommé Walon, dans un lieu écarté, ils le massacrèrent et le coupèrent en morceaux; ce qui ralluma la guerre avec plus de fureur que jamais. Les croisés étaient particulièrement émus à la vue de la jeune épouse de Walon, qui s'écriait : O que je serais heureuse, s'il m'eût été permis de le suivre dans la tombe, ou au moins de fermer ses yeux, de laver sa blessure, de l'essuyer de mes mains et de mes vêtements ! Ce qui l'affligeait surtout, c'était que, son époux n'étant pas mort les armes à la main pour le service du Christ, son salut pouvait être mis en doute.

Toutefois, cette trêve, si préjudiciable aux chrétiens, finit par l'être encore plus aux infidèles. Pendant qu'elle durait, on se voyait de part et d'autre : les chrétiens entraient dans la ville, les Turcs venaient au camp. Bohémond eut occasion de faire secrètement connaissance avec un émir qui avait la garde de trois tours. Il se nommait Phiroüs. C'était un Arménien renégat. Il fit entendre à Bohémond que, poursuivi par les remords de son apostasie, il serait bien aise de se réconcilier avec les chrétiens, en leur rendant quelque signalé service. Le prince de Tarente l'encouragea beaucoup dans ses bonnes dispositions, et ils convinrent que Phiroüs lui livrerait les trois tours à la première occasion. Dans les conseils des chefs de l'armée, Bohémond annonce mystérieusement qu'il a un moyen sûr de prendre Antioche, mais il demande qu'on lui en laisse la possession. Raymond de Toulouse repousse avec violence cette demande, disant qu'une ville pour laquelle tout le monde avait souffert tant de travaux, ne devait pas être le prix d'un seul. La plupart des chefs pensent comme Raymond; mais bientôt on apprend que Kerboga, prince de Mossoul, s'avance vers Antioche avec une armée de deux cent mille hommes. Dans un nouveau conseil, tous les chefs, excepté l'inflexible Raymond, se réunirent pour accorder à Bohémond la principauté d'Antioche, et le conjurèrent de presser l'exécution de son projet.

A peine sorti du conseil, le prince de Tarente fait avertir Phiroüs, qui lui envoie son propre fils en otage. L'exécution est fixée au lendemain. On annonce partout que l'armée chrétienne va marcher au devant du prince de Mossoul. Quelques heures avant la nuit, elle se met effectivement en marche, les trompettes sonnant et les enseignes déployées. Mais bientôt elle revient en silence vers Antioche, et Bohémond déclare le secret de la grande entreprise qui devait leur ouvrir les portes de la ville. Ce jour-là même, sur un bruit vague de trahison, Phiroüs avait été mandé et interrogé par le gouverneur Accien; mais il avait su dissiper tous les soupçons par sa contenance. Revenu à son poste, Phiroüs essaie de gagner son propre frère, qui lui résiste et paraît deviner aussitôt le complot. Phiroüs lui plonge son poignard dans le cœur. Enfin on arrive au moment décisif. La nuit était obscure; un orage, qui s'était élevé, augmentait encore l'épaisseur des ténèbres; le vent qui ébranlait les toits, les éclats de la foudre, ne permettaient aux sentinelles d'entendre aucun bruit autour des remparts. Le ciel paraissait enflammé vers l'occident, une comète parut sur l'horizon. La garnison d'Antioche était plongée dans le sommeil; Phiroüs seul veillait. Une échelle de cuir descend de la tour au bas des remparts. Un Lombard nommé Payen y monte, envoyé par Bohémond. Phiroüs le reçoit, lui dit que tout est préparé, et, pour lui donner un témoignage de sa fidélité, lui montre le cadavre de son propre frère qu'il vient d'égorger. Au moment où ils s'entretenaient de leur complot, un officier de la garnison vient visiter les postes; il se présente, avec une lanterne, devant la tour de Phiroüs. Celui-ci, sans laisser paraître le moindre trouble, fait cacher l'émissaire de Bohémond et vient au devant de l'officier. Il reçoit des éloges sur sa vigilance, et se hâte de renvoyer Payen avec des instructions pour le prince de Tarente. Mais, au moment de l'exécution, la crainte s'empare des soldats; malgré les exhortations des chefs, aucun ne se présente pour monter sur le rempart. Bohémond monte lui-même par l'échelle de corde, dans l'espoir qu'il sera suivi par les plus braves; personne ne se met en devoir de marcher sur ses pas; il arrive seul dans la tour de Phiroüs, qui lui fait les plus vifs reproches sur sa lenteur. Bohémond redescend à la hâte et répète que tout est prêt. Ses paroles, surtout son exemple, raniment enfin les courages. Soixante croisés se présentent pour l'escalade, parmi eux le comte de Flandre; ils sont suivie de soixante autres, et ceux-ci, d'autres encore. Phiroüs les met en possession des trois tours dont il avait le commandement; bientôt sept autres tours sont tombées en leur pouvoir. Cependant les croisés montaient en si grand nombre et avec tant de précipitation, que le créneau qui retenait l'échelle s'ébranle et tombe avec eux dans le fossé. Phiroüs en attache une autre et indique une porte voisine, qui est enfoncée.

Godefroi, Raymond, Robert de Normandie sont bientôt dans les rues d'Antioche à la tête de leurs bataillons. Tout d'un coup on fait sonner toutes les trompettes, et, sur ses quatre collines, la ville retentit de ce cri terrible : *Deus lo volt! Dieu le veut!* Au premier bruit de cette attaque tumultueuse, les chrétiens qui habitaient Antioche croient tous que leur dernière heure est venue, et que les Musulmans viennent pour les égorger. Ceux-ci, à moitié endormis, sortent de leurs maisons pour connaître la cause du bruit qu'ils entendent; et meurent sans savoir quelle main les a frappés. Lorsque le jour parut, on vit flotter l'étendard de Bohémond sur une des plus hautes tours de la ville. Le gouverneur Accien s'était sauvé au milieu du tumulte; mais il fut reconnu dans les champs par des bûcherons arméniens, qui lui coupèrent la tête et l'apportèrent aux nouveaux maîtres d'Antioche.

C'était au commencement de juin 1098. Le siège avait commencé au mois d'octobre de l'année précédente. Après leur conquête, les soldats chrétiens passèrent plusieurs jours dans les réjouissances. Raymond d'Agiles, témoin oculaire, rapporte que les chevaliers et les barons donnèrent des festins dans lesquels on voyait figurer les danseuses des païens; ils oubliaient ainsi le Dieu qui les avait comblés de ses bienfaits. Mais bientôt la terreur et le deuil succédèrent à la joie : une armée formidable de Musulmans s'approchait d'Antioche. Kerboga, prince de Mossoul, la commandait. Dès le troisième jour, les chrétiens aperçurent, du haut des remparts, des cavaliers traversant la plaine et s'avançant vers la ville; ils furent bientôt suivis d'une armée innombrable, dont les tentes couvrirent le penchant des montagnes et tous les rivages de l'Oronte. Les chrétiens se trouvèrent entre deux ennemis.

Les Turcs occupaient encore la citadelle, qui était inexpugnable; ensuite la nouvelle armée venait assiéger la ville. Bientôt les chrétiens, qui n'avaient pas eu le temps ou le soin de faire des provisions, furent tellement pressés par la famine, qu'ils se virent réduits à manger non-seulement des ânes, des chevaux, des mulets et des chameaux, mais encore du vieux cuir qu'ils trouvaient dans les maisons et qui s'y était durci depuis plusieurs années. Soldats et chefs, pauvres et riches, tous se trouvèrent confondus dans une même misère; et elle devint bientôt si universelle, qu'on vit des seigneurs et des princes, propriétaires en Europe de vastes domaines, mendier de porte en porte quelques mets dégoûtants qui pussent apaiser leur faim. Tant que le duc Godefroi eut quelque chose, il le partageait avec ceux qui n'avaient rien; quand il n'eut plus rien lui-même, il leur donnait encore des paroles de consolation et d'encouragement. Tous les chevaliers ne se montrèrent pas de même. Le vicomte de Melun, surnommé le Charpentier, déserta une seconde fois : son exemple entraîna beaucoup d'autres; quelques-uns même apostasièrent et se firent musulmans, pour avoir du pain. Le ciel fut invoqué contre les lâches; on demanda à Dieu qu'ils eussent, dans une autre vie, le partage du traître Judas. Ces vœux furent exaucés : la plupart de ceux qui désertaient les drapeaux de la croix périrent de misère, d'autres furent tués par les Musulmans.

Au nombre de ces déserteurs était Etienne, comte de Blois. Ayant quitté l'armée chrétienne, il reprit la route de l'Occident. Comme il se dirigeait vers la Grèce, il rencontra dans la province de Lycie l'empereur Alexis, qui s'avançait au secours des croisés, à la tête de cent mille hommes de ses troupes, qu'accompagnaient dix mille Latins, commandés par Guy, frère de Bohémond. Le comte lui apprit le siège d'Antioche par Kerboga, et l'état désespéré auquel les chrétiens étaient réduits. Pour justifier sa propre couardise, il ajouta que, si l'armée de l'empereur était donnée pour nourriture à celle des Perses, elle ne suffirait pas, malgré son grand nombre, pour que chacun en eût une petite partie. Alexis, réellement effrayé ou feignant de l'être, renonça à son premier dessein et retourna à Constantinople, malgré les vives instances du frère de Bohémond. Si l'on s'en rapporte à un auteur contemporain, mais qui n'était pas présent, la douleur de Guy, auquel le fugitif comte de Blois fit entendre que son frère avait péri avec toute l'armée chrétienne, fut si grande, qu'il tomba à terre sans connaissance, et que, revenu à lui, il se plaignit de Dieu à Dieu même. On ajoute que, dans cette armée de dix mille hommes, toutes les cérémonies de la religion furent interrompues, et qu'aucun prêtre latin, aucun laïque ne prononça pendant plusieurs jours le nom de Jésus-Christ. Ainsi la désertion et les mensonges du comte de Blois causèrent des maux de plus d'un genre; car, pour les croisés d'Antioche, non-seulement il les priva de son secours, mais encore de ceux de l'empereur grec et de Guy, qui n'osa s'avancer seul contre une multitude d'ennemis qu'on lui représentait si nombreuse.

Ce fut alors que les pauvres pèlerins renfermés dans Antioche offrirent le plus douloureux spectacle. Dans les commencements de la famine, on les entendait pleurer et gémir sur leur position; maintenant ils ne pleurent plus, ils ne gémissent plus; un sombre silence règne dans toute la ville, on la croirait déserte; plus de bruit, plus de mouvement dans les rues. Le frère ne regardait plus son frère, le fils ne saluait plus son père. On craignait de se rencontrer sur les places publiques, on se renfermait dans l'intérieur des maisons, qu'on regardait comme des tombeaux. Les remparts de la ville étaient chaque jour menacés; la garnison de la citadelle faisait des incursions jusque dans les rues habitées par les chrétiens. Ces provocations de l'ennemi, le tumulte de la guerre, rien ne pouvait réveiller l'activité et la bravoure engourdies de la plupart des croisés. Pour les arracher à leurs retraites, Bohémond fit mettre le feu à plusieurs quartiers de la ville. Les barons qui ne pouvaient plus se faire obéir de leurs soldats, n'avaient plus la force de leur donner l'exemple. Ils se rappelèrent alors leurs familles, leurs châteaux, les biens qu'ils avaient quittés pour une guerre malheureuse; ils ne pouvaient s'expliquer les revers de l'armée chrétienne, le triomphe des ennemis de Jésus-Christ, et peu s'en fallut, dit Guillaume de Tyr, qu'ils n'accusassent Dieu d'ingratitude pour avoir rejeté tant de sacrifices faits à la gloire de son nom.

Tel était l'état des croisés dans Antioche, vrai état de croix et d'agonie, lorsque deux déserteurs se présentent devant l'armée chrétienne, et, racontent que, lorsqu'ils cherchaient à s'enfuir de la ville, ils avaient été arrêtés, l'un par son frère, tué dans un combat, l'autre par Jésus-Christ lui-même. Le Sauveur des hommes avait promis de délivrer Antioche. Le guerrier tombé sous le fer des infidèles avait juré de soutenir son tombeau avec tous ses compagnons morts comme lui pour combattre avec les chrétiens. D'un autre côté, saint Ambroise apparut à un vénérable prêtre, et lui dit que les chrétiens, après avoir terrassé tous leurs ennemis, entreraient en vainqueurs dans Jérusalem, où Dieu récompenserait leurs exploits et leurs travaux. Un ecclésiastique lombard, ayant passé la nuit dans une église d'Antioche, avait vu Jésus-Christ accompagné de la Vierge et du prince des apôtres. Le Fils de Dieu, irrité de la conduite des croisés, rejetait leurs prières et les abandonnait au sort qu'ils avaient trop mérité; mais la Vierge était tombée aux genoux de son Fils; ses larmes avaient apaisé le courroux du Sauveur : Lève-toi, avait dit alors le Fils de Dieu au prêtre lombard; va apprendre à mon peuple le retour de ma miséricorde; cours annoncer aux chrétiens que, s'ils reviennent à moi, le jour de leur délivrance est arrivé. Ceux qui rapportaient ces révélations s'offraient à subir toutes les épreuves possibles pour attester la vérité de ce qu'ils disaient. L'évêque Adhémar, légat apostolique, ne les admit point à des épreuves qui n'étaient pas dans l'esprit de la religion, mais leur fit prêter serment sur les évangiles.

Les écrivains modernes, même chrétiens, supposent, comme un fait incontestable, que toutes ces apparitions n'étaient que l'effet d'une imagination malade, comme s'il était impossible que Dieu vînt au secours des chrétiens par un miracle quelconque. Nous croyons, au contraire, que, dans l'état où se trouvaient les croisés d'Antioche, après avoir quitté leur patrie et souffert tant de travaux pour l'amour d'un Dieu crucifié; comme lui, abandonnés, trahis des leurs; comme lui, environnés, pressés d'ennemis de toutes parts; comme lui, livrés à une tristesse et à une agonie mortelles et prêts à défaillir; nous croyons que, dans un pareil état de choses, il est très-permis et même naturel à la foi chrétienne de croire que Dieu envoya à ses serviteurs abattus, comme au Christ agonisant, quelque messager céleste, pour leur rendre la force et le courage, et leur faire remporter la victoire sur eux-mêmes et sur l'ennemi. Il y eut en effet comme une résurrection des morts dans l'armée chrétienne. Le pieux et brave Tancrède jura le premier que, quand il lui resterait soixante compagnons, il n'abandonnerait point le projet de délivrer Jérusalem. Godefroi de Lorraine, Hugues de Vermandois, Raimond de Toulouse, les deux Robert de Normandie et de Flandre firent le même serment. Toute l'armée, à l'exemple de ses chefs, promit de combattre et de souffrir jusqu'au jour marqué pour la délivrance des saints lieux.

Un prêtre du diocèse de Marseille, nommé Pierre Barthélemi, vint assurer, au conseil des chefs, que saint André lui avait apparu jusqu'à trois fois, et chaque fois il lui avait dit, en y ajoutant enfin de terribles menaces s'il n'obéissait : Va dans l'église de mon frère Pierre à Antioche. Près du maître-autel tu trouveras, en creusant la terre, le fer de la lance qui perça le flanc de notre Rédempteur. Dans trois jours, cet instrument de salut éternel sera manifesté à ses disciples. Ce fer mystique, porté à la tête de l'armée, opérera la délivrance des chrétiens et percera le cœur des infidèles. Le prêtre Barthélemi ayant été pris à serment par le légat, l'armée chrétienne se prépara pendant trois jours, par le jeûne et la prière, à la découverte de la sainte lance. Dès le matin du troisième jour, douze croisés choisis parmi les plus respectables du clergé et des chevaliers, parmi lesquels l'historien Raymond d'Agiles, qui rapporte le fait en détail, se rendirent au lieu désigné par Barthélemi, avec un grand nombre d'ouvriers pourvus des instruments nécessaires. On ferma l'église, où régna le plus grand silence. On commença à creuser la terre sous le maître-autel. On creusa pendant tout le jour, et jusqu'à plus de douze pieds de profondeur. La nuit approchait, les douze témoins étaient en prière sur le bord de la fosse :

Barthélemi y descendit pieds nus et en simple tunique. Tout à coup le Seigneur, dit Raymond d'Agiles, l'un des témoins, touché de la piété de ses serviteurs, nous montra sa lance; et moi, qui écris ceci, aussitôt que le fer sacré sortit de terre, je le baisai dévotement. Grande fut la joie dans toute l'armée chrétienne. On oublie toutes les horreurs de la famine, le nombre des ennemis. Les plus pusillanimes deviennent des héros, et tous demandent à grands cris qu'on les mène au combat.

L'ermite Pierre est envoyé en ambassade au chef des Musulmans, et lui parle en ces termes : « Les princes chéris de Dieu, qui sont maintenant réunis dans Antioche, m'envoient auprès de vous et demandent que vous abandonniez le siége de cette ville. Ces provinces, ces cités, marquées du sang des martyrs, ont appartenu à des peuples chrétiens, et, comme tous les peuples chrétiens sont frères, nous sommes venus en Asie pour venger les outrages de ceux qui sont persécutés, et pour défendre l'héritage de Jésus-Christ et de ses disciples. Dieu a permis qu'Antioche et Jérusalem tombassent quelque temps au pouvoir des infidèles pour châtier les crimes de son peuple; mais nos larmes et nos pénitences ont arraché le glaive à sa justice. Respectez donc une possession que le Seigneur nous a rendue dans sa divine clémence; nous vous laissons trois jours pour lever vos tentes et préparer votre départ. Si vous persistez dans une entreprise injuste et réprouvée du ciel, nous invoquerons contre vous le Dieu des armées. Mais, comme les soldats de la croix ne veulent pas de surprise et qu'ils ne sont pas accoutumés à dérober la victoire, ils vous donnent le choix du combat. Choisis, dit Pierre à Kerboga, les plus braves de ton armée, et fais-les combattre contre un pareil nombre de croisés; combats toi-même contre un des princes chrétiens, ou donne le signal d'une bataille générale. Quel que puisse être ton choix, bientôt tu apprendras quels sont tes ennemis, et tu sauras quel est le Dieu que nous servons. »

Kerboga, qui connaissait la situation des chrétiens et qui ne savait pas l'espèce de secours qu'ils avaient reçu dans leur détresse, fut vivement surpris d'un pareil langage. Il resta quelque temps muet d'étonnement et de fureur; mais, à la fin, prenant la parole : « Retourne, dit-il à Pierre, auprès de ceux qui t'envoient, et dis-leur que les vaincus doivent recevoir les conditions et non pas les dicter. De misérables vagabonds, des hommes exténués, des fantômes, peuvent faire peur à des femmes : les guerriers de l'Asie ne sont point effrayés par de vaines paroles. Les chrétiens apprendront bientôt que la terre que nous foulons nous appartient. Cependant je veux bien conserver pour eux quelque pitié, et, s'ils reconnaissent Mahomet, je pourrai oublier que cette ville ravagée par la faim est déjà en ma puissance; je pourrai la laisser en leur pouvoir et leur donner des armes, des vêtements, du pain, des femmes, tout ce qu'ils n'ont pas ; car l'Alcoran nous prescrit de pardonner à ceux qui se soumettent à sa loi. Dis à tes compagnons qu'ils se hâtent et qu'ils profitent aujourd'hui de ma clémence; demain ils ne sortiront plus d'Antioche que par le glaive. Ils verront alors si leur Dieu crucifié, qui n'a pu se sauver lui-même de la croix, les sauvera du supplice qui les attend. »

Pierre voulut répliquer, mais le prince de Mossoul, mettant la main sur son sabre, ordonna qu'on chassât ces misérables mendiants, qui joignaient l'aveuglement à l'insolence. Les députés des chrétiens se retirèrent à la hâte et coururent plusieurs fois le danger de perdre la vie en traversant l'armée des infidèles. De retour à Antioche, Pierre rendit compte de sa mission devant les princes et les barons assemblés. Dès lors on se prépara au combat. Les hérauts d'armes parcoururent les différents quartiers de la ville. La bataille fut promise pour le lendemain à la valeur impatiente des croisés.

Les prêtres et les évêques exhortèrent les chrétiens à se rendre dignes de combattre pour la cause de Jésus-Christ. Toute l'armée passa la nuit en prières et en œuvres de dévotion. On oublia les injures, on fit des aumônes, toutes les églises étaient remplies de guerriers qui s'humiliaient devant Dieu et demandaient l'absolution de leurs péchés. La veille on avait trouvé encore des vivres, et cette abondance inattendue fut regardée comme une espèce de miracle. Les croisés réparèrent leurs forces par un frugal repas. Vers la fin de la nuit, ce qui restait de pain et de farine dans Antioche servit pour le sacrifice de la messe et pour la communion. Cent mille guerriers s'approchèrent du tribunal de la pénitence, et reçurent, avec toutes les marques de la piété, le Dieu pour lequel ils avaient pris les armes.

Enfin le jour parut, c'était la fête de saint Pierre et de saint Paul. Les portes d'Antioche s'ouvrirent; toute l'armée chrétienne sortit divisée en douze corps, qui rappelaient les douze apôtres. Hugues le Grand, le frère du roi de France, quoique affaibli par une longue maladie, se montrait dans les premiers rangs et portait l'étendard de saint Pierre, qu'il avait reçu du pape Urbain. Tous les princes, les chevaliers et les barons étaient à la tête de leurs hommes d'armes. Seul de tous les chefs, le comte de Toulouse ne se trouvait point dans les rangs; retenu dans Antioche par les suites d'une blessure, il avait été chargé de contenir la garnison de la citadelle, tandis qu'on allait livrer la bataille à l'armée des Turcs.

Adhémar, revêtu de sa cuirasse et de la robe des Pontifes, marchait entouré des images de la religion et de la guerre. L'historien Raymond d'Agiles nous apprend lui-même qu'il précédait l'évêque du Puy, et dit avec sa naïveté accoutumée : « J'ai vu ce que je raconte, et c'est moi qui portais la lance du Seigneur. » Le prélat vénérable, s'étant arrêté devant le pont de l'Oronte, adressa un discours pathétique aux soldats de la croix, et leur promit les secours et les récompenses du Ciel. Tous ceux qui entendirent les paroles du saint évêque fléchirent le genou et répondirent : *Amen!* Une partie du clergé s'avançait à la suite du légat du Pape, et chantait le psaume martial : *Que le Seigneur se lève, et que ses ennemis soient dispersés!* Les évêques et les prêtres qui étaient restés dans Antioche, entourés des femmes et des enfants, bénissaient du haut des remparts les armes des soldats chrétiens, et, levant les mains au ciel, comme Moïse pendant le combat des Hébreux et des Amalécites, priaient le Seigneur de sauver son peuple et de confondre l'orgueil des infidèles. Les rives de l'Oronte et les montagnes voisines semblaient répondre à ces invocations et retentissaient du cri de guerre des croisés : *Dieu le veut! Dieu le veut!*

Au milieu de ce concert d'acclamations et de prières, l'armée chrétienne s'avançait lentement. Une foule de chevaliers qui, dès leur enfance, avaient combattu à cheval, marchaient à pied; on vit d'illustres guerriers montés sur des mules ou sur des animaux qu'on n'a pas coutume de mener au combat. Le cheval que montait le comte de Flandre était le produit des aumônes qu'on lui avait faites; des seigneurs riches et puissants étaient montés sur des ânes; beaucoup de chevaliers avaient vendu leurs armes pour vivre, et n'avaient plus que les armes des Turcs, dont ils avaient de la peine à se servir. Le cheval qui servait à Godefroi appartenait au comte de Toulouse : le duc de Lorraine, pour l'obtenir, avait été obligé d'invoquer la sainte cause que défendaient les croisés. Dans les rangs des guerriers, on voyait des malades, des hommes exténués par la faim : le poids des armes était trop lourd pour leur faiblesse; ils n'étaient soutenus que par l'espoir de vaincre ou de mourir pour la gloire de Jésus-Christ.

Kerboga, le général turc, qui ne s'attendait pas à une bataille, crut d'abord que les chrétiens venaient implorer sa clémence. Un drapeau noir arboré sur la citadelle d'Antioche et qui était le signal convenu pour annoncer la résolution des croisés, lui apprit bientôt qu'il n'avait point affaire à des suppliants. Deux mille hommes de son armée, qui gardaient le passage du pont d'Antioche par où devait sortir l'armée chrétienne, avaient d'abord été vaincus et dispersés par le comte de Vermandois. Les fuyards portèrent l'effroi dans la tente de leur général, qui jouait alors aux échecs. Revenu de sa fausse sécurité, le prince de Mossoul fit trancher la tête à un transfuge qui lui avait annoncé la prochaine reddition des chrétiens, et songea sérieusement à combattre; mais, près de livrer bataille, il est saisi de crainte. Les chroniques contemporaines parlent de prédictions qui annonçaient une défaite au prince de Mossoul; le moine Robert nous présente la mère de Kerboga fondant en larmes et voulant, mais en vain, retenir son fils. Le général musulman envoya proposer aux princes chrétiens de prévenir le carnage général et de choisir quelques-uns de leurs chevaliers pour combattre un pareil nombre de Turcs. Cette proposition, qu'il avait rejetée la veille, les chrétiens la rejetèrent à leur tour. Si Kerboga avait des craintes, les chrétiens étaient pleins de confiance. Au moment où ils sortaient d'Antioche, une légère pluie vint rafraîchir l'air embrasé, et il leur sembla que le Ciel répandait sur eux sa bénédiction et la grâce du Saint-Esprit. Lorsqu'ils arrivèrent près des montagnes, un vent très-fort qui poussait leurs javelots et retenait ceux des Turcs, parut à leurs yeux comme le vent de la colère céleste levé pour disperser les infidèles. Jamais, parmi les soldats chrétiens, l'ordre et la discipline n'avaient mieux secondé la bravoure et l'ardeur des combattants; à mesure que l'armée s'éloignait de la ville et s'approchait de l'ennemi, un silence profond régnait dans la vallée, où brillaient de toutes parts les lances et les épées nues; on n'entendait plus, dans les rangs, que la voix des chefs, les hymnes des prêtres et les exhortations d'Adhémar.

La bataille avait à peine duré une heure, que déjà les Musulmans ne pouvaient plus soutenir l'attaque ni la présence des soldats de la croix. Raymond d'Agiles atteste que les ennemis n'osaient approcher des bataillons au milieu desquels brillait la sainte lance, qu'il portait lui-même. Albert d'Aix ajoute qu'à l'aspect de la lance, Kerboga fut frappé de terreur, et qu'il semblait avoir oublié l'heure des combats. Robert le Moine ajoute qu'au milieu de la mêlée, on vit descendre une troupe céleste couverte d'une armure blanche et conduite par les martyrs saint Georges, saint Démétrius et saint Théodore. Enfin, les chrétiens remportèrent une victoire complète. Cent mille cavaliers turcs restèrent sur le champ de bataille; quant aux fantassins, ils étaient tombés en si grand nombre, dit l'historien Robert, témoin oculaire, qu'on ne se donna pas la peine de les compter. Kerboga, ce superbe ennemi, qui devait amener à son maître tous les chrétiens enchaînés, ne se crut en sûreté lui-même qu'après avoir fui jusqu'au delà de l'Euphrate. Son camp, ses immenses richesses tombèrent au pouvoir de ceux qu'il avait tant méprisés. Ceux-ci employèrent plusieurs jours à les transporter dans Antioche. Parmi ces dépouilles se trouvaient une grande quantité de cordes et de chaînes de fer destinées aux soldats chrétiens, s'ils avaient succombé dans la bataille. Il n'en périt que quatre mille, qui furent mis au rang des martyrs.

La victoire d'Antioche parut un événement si extraordinaire aux Musulmans, que plusieurs abandonnèrent la religion de leur faux prophète. Ceux qui défendaient la citadelle de la ville, frappés de surprise et de terreur, se rendirent à Raymond le jour même de la bataille. Trois cents d'entre eux, avec leur émir, embrassèrent la foi de l'Évangile, et puis allèrent publier dans les villes de Syrie que le Dieu des chrétiens était le Dieu véritable. Telle était la terreur inspirée par la victoire d'Antioche, que, d'après Raymond d'Agiles, si les chrétiens avaient marché aussitôt sur Jérusalem, ils n'auraient trouvé aucune résistance.

Le premier soin des croisés, après leur victoire, fut de mettre, si l'on peut parler ainsi, Jésus-Christ en possession des pays qu'ils venaient de conquérir, en rétablissant son culte dans Antioche. Le patriarche Jean, qui avait eu tant à souffrir et que les Musulmans avaient souvent suspendu par des cordes aux murailles, fut rétabli dans son siége; les églises profanées furent purifiées; des prêtres furent nommés pour les desservir, et une part considérable fut prélevée sur les dépouilles enlevées aux Sarrasins, pour l'achat et la confection de tous les objets nécessaires au culte divin.

Le patriarche d'Antioche et les autres évêques qui faisaient partie de la croisade, se réunirent pour adresser en commun une lettre aux chrétiens d'Occident, et les engager à venir partager la gloire et les mérites de leurs frères. « Sachez, leur disaient-ils, que, par le secours de Dieu, nous avons soumis quarante grandes villes et triomphé de deux cents armées, tant en Romanie qu'en Syrie, et qu'il nous reste encore plus de cent mille hommes sous les armes, quoique nous en ayons perdu beaucoup dans les premiers combats. Cependant le besoin de garder nos villes et nos camps rend ce nombre insuffisant. Venez donc prendre part à la récompense qui vous sera accordée sans avoir participé à nos plus rudes travaux. Dans toute maison où il y a deux hommes, que le plus propre à la guerre s'arme pour la cause de Jésus-Christ, surtout ceux qui ont fait des vœux; car s'ils s'en dispensent sans y être autorisés par une raison suffisante, nous les excommunions et nous les séparons de la communion des fidèles. »

Les chefs de l'armée adressèrent également, de leur côté, à tous les princes et à tous les fidèles chrétiens, une lettre qui avait le même objet, et dans laquelle on remarque le passage suivant, qui peint bien le profond esprit de piété dont ils étaient animés. « Apprenez, disaient-ils, que nous avons reçu du roi de Perse un message dans lequel il nous prévient de son intention de nous livrer bataille vers la fête de la Toussaint. S'il est vainqueur, lui, le roi de Babylone et plusieurs autres princes musulmans sont déterminés à nous faire une guerre sans relâche; si, au contraire, il est battu, il promet de se faire baptiser avec tous ceux que pourra déterminer son exemple. Nous vous conjurons donc, très-chers frères, de redoubler vos jeûnes et vos aumônes, surtout le troisième jour avant la fête, qui est un vendredi, jour du triomphe de Jésus-Christ, dans lequel nous combattrons avec bien plus d'assurance, après nous être préparés par la prière et les autres actes de dévotion. »

En même temps qu'ils adressaient cette lettre à leurs frères d'Occident, les chefs des croisés envoyèrent un message à l'empereur Alexis pour se plaindre de l'inexécution de toutes les promesses qu'il leur avait faites, et pour lui annoncer que, s'il ne s'empressait de les remplir en leur donnant les secours auxquels il s'était engagé, eux-mêmes se regarderaient comme déliés de tous leurs engagements envers lui. Hugues le Grand, comte de Vermandois, fut chargé de cette ambassade; mais, arrivé à Constantinople, il oublia les intérêts de ceux qui l'avaient envoyé, et, sans même prendre la peine de leur écrire, fatigué d'une guerre si pénible, il abandonna lâchement la cause de ses frères, et retourna en France, où il fut salué du nom honteux de *Corbeau de l'arche*.

Cependant les croisés demandaient à grands cris qu'on les conduisît à Jérusalem. Le duc Godefroi de Lorraine était du même avis, qu'il fallait profiter de la terreur répandue par leur dernière victoire; la pluralité des chefs décida qu'il fallait laisser passer les grandes chaleurs et attendre à l'automne. Dans l'intervalle, se déclara une maladie épidémique, qui, dans un seul mois, emporta jusqu'à cinquante mille pèlerins. Celui dont la perte causa le plus grand deuil dans l'armée, fut le vertueux Adhémar, légat du Pape. Se prodiguant tout à tous pour visiter les malades, les encourager, les consoler, pour assurer la bonne administration des secours publics, il finit par succomber à tant de fatigues, et, atteint lui-même du mal qu'il voulait détourner des autres, il mourut regretté et vénéré de tous. Il fut enterré dans la basilique de Saint-Pierre, dans l'endroit même où la sainte lance avait été trouvée. Les chefs, dont il s'était fait aimer et sur lesquels sa vertu lui avait obtenu une grande influence, le regrettèrent sincèrement. Ils écrivirent au pape Urbain, comme des fils à leur père, une lettre commune, où ils exposent brièvement et modestement, rapportant tout à la miséricorde divine, l'ensemble de leur expédition, leurs souffrances et leurs victoires; ils lui mandent enfin la mort de l'évêque du Puy, qu'il leur avait donné pour père, et le prient de venir lui-même se mettre à leur tête, afin de vaincre, par son autorité, les hérétiques et les schismatiques, comme eux avaient vaincu les païens, l'assurant, de leur part, de toute l'obéissance que des fils doivent à leur père. La lettre est au nom de Bohémond, de Raymond de Saint-Gilles, de Godefroi, duc de Lorraine ; de Robert, comte de Normandie; de Robert, comte de Flandre, et d'Eustache, comte de Boulogne.

Cependant l'époque fixée pour le départ se passait, et l'on ne partait pas ; la plupart des chefs faisaient des expéditions particulières, la multitude des croisés en murmurait. Ces murmures éclatèrent tout haut, lorsqu'on apprit tout à coup que Jérusalem avait été prise par les Égyptiens, qui profitèrent ainsi pour eux-mêmes des nombreuses défaites que les chrétiens avaient fait subir aux Turcs, et des retards qu'ils avaient apportés à envahir la Palestine.

Le départ pour Jérusalem fut donc enfin résolu, et le comte de Toulouse prit les devants, accompagné de Tancrède et de Robert de Normandie. La terreur qu'avaient répandue les victoires des croisés était telle, que de toutes parts les chrétiens et les musulmans du pays accouraient au devant d'eux pour implorer, les uns leurs secours, les autres leur miséricorde. Les pèlerins recevaient partout des vivres et des tributs qui ne leur coûtaient point de combats. Mais ce qui leur fut plus agréable encore, ce fut le retour au milieu d'eux d'un grand nombre des leurs dont ils avaient pleuré la mort, et que les Musulmans, qui les retenaient prisonniers, s'empressèrent de leur remettre. Après avoir ainsi traversé le territoire de Hamath et d'Émèse, non loin de Palmyre, ils arrivèrent dans le voisinage d'Arcas, située au pied du mont Liban, dans la riche province de Phénicie.

De son côté, Godefroi partit d'Antioche dans les premiers jours de mars 1099, suivi du reste de l'armée ; mais Bohémond ne l'accompagna que jusqu'à Laodicée, et se hâta de revenir dans sa nouvelle principauté qu'il craignait toujours de se voir enlever. Ce fut dans Laodicée qu'un grand nombre de croisés, retirés à Édesse et dans la Cilicie, vinrent rejoindre leurs drapeaux. Ce fut également dans cette ville que l'armée vit ses rangs se grossir de plusieurs nobles chevaliers anglais, qui, après avoir inutilement tenté de résister aux armes victorieuses de Guillaume le Conquérant, venaient consacrer au triomphe de la cause sainte, une épée désormais inutile à leur patrie asservie. Parmi eux était le noble Edgard que les Anglais, après la mort de Harold, avaient voulu faire monter sur le trône.

Pendant que le comte Raymond de Toulouse, après avoir trompé les autres chefs par une fausse nouvelle, assiégeait Arcas, il s'éleva une grande dispute entre les Français du Nord et ceux du Midi au sujet de la sainte lance. Les premiers, à l'instigation d'un clerc qui n'était pas d'une trop bonne renommée, soutenaient la plupart que c'était une supercherie du comte de Toulouse ; les autres soutenaient, avec Pierre Barthélemi, que c'était une révélation véritable. La dispute s'échauffa au point que, pour la terminer, Barthélemi consentit à subir l'épreuve du feu. Cette proposition, qui fut unanimement acceptée, ramena le calme dans les esprits, et tous attendirent en silence le jour fixé pour l'épreuve.

Ce fut le vendredi saint. Les princes et le peuple se rendirent, au nombre de quarante mille hommes, au lieu indiqué, sur lequel on avait préparé, avec des branches sèches d'oliviers, deux bûchers de quatorze pieds de longueur chacun, sur quatre de hauteur; la distance qui les séparait n'était que d'un pied environ. Quand le bois commença à s'enflammer, dit l'historien et témoin oculaire qui le rapporte, moi, Raymond, je prononçai à haute voix ces paroles devant tout le peuple assemblé : « S'il est vrai que Dieu ait parlé à cet homme face à face, et si, pendant qu'il veillait, saint André lui a réellement montré la lance de Notre Seigneur, qu'il passe à travers ce feu sans en recevoir aucun mal; autrement, qu'il soit brûlé avec la lance qu'il portera dans ses mains ! » Lorsque j'eus prononcé ces mots, tous les assistants se jetèrent à genoux et répondirent : *Amen !* La flamme du bûcher s'élevait de trente coudées : personne ne pouvait en approcher. Alors Pierre Barthélemi, n'ayant qu'une simple tunique pour tout vêtement, inclinant le genou devant l'évêque d'Albarie, prit Dieu à témoin que Jésus-Christ lui était apparu sur la croix face à face, et qu'il avait entendu de sa bouche, ainsi que de celle des apôtres Pierre et André, les paroles rapportées aux princes. Il assura de nouveau que rien de ce qu'il avait dit au nom du Seigneur et de ces saints n'avait été imaginé par lui, et déclara consentir à ne pas traverser les flammes sain et sauf, s'il se trouvait quelque mensonge dans ses paroles. Quant aux autres péchés dont il pouvait être coupable envers Dieu et envers son prochain, il en demanda pardon à Dieu, et pria l'évêque, de même que les prêtres et tout le peuple, d'intercéder pour lui.

Après ce discours, l'évêque lui remit la lance enveloppée d'un voile de soie, qu'il reçut en fléchissant le genou et en faisant le signe de la croix; puis il s'approcha du bûcher et y entra sans montrer la moindre frayeur. Il sortit du bûcher sans en avoir éprouvé aucun mal, et même sans que le voile très-léger qui recouvrait la sainte lance eût été endommagé par les flammes. Il fit immédiatement le signe de la croix avec la lance sur la foule qui s'empressait autour de lui, et s'écria : *Seigneur, aidez-moi !* Il fut renversé par la multitude, qui le foula aux pieds, tant était grand l'empressement de chacun à le toucher et à prendre quelque chose de son vêtement pour s'assurer si c'était bien lui. Il en reçut plusieurs blessures aux jambes; il eut l'épine du dos brisée, les côtes enfoncées; il s'en trouva même qui lui coupèrent des morceaux de chair, et il serait infailliblement resté mort sur la place, si un chevalier nommé Raymond Pelet ne se fût précipité avec une troupe de soldats au milieu de la foule en désordre, et ne l'eût sauvé au péril de sa vie.

Après qu'il l'eût fait transporter dans la tente du comte de Toulouse, continue l'historien Raymond d'Agiles, nous pansâmes ses blessures et lui demandâmes pourquoi il était resté si longtemps dans le feu. « Dieu, répondit-il, m'a apparu lorsque j'étais au milieu des flammes, et, me prenant par la main, il m'a dit : En punition de ce que tu as douté de la sainte lance après la révélation que t'en avait faite le bienheureux André, tu ne sortiras pas d'ici sain et sauf; toutefois, tu ne verras pas l'enfer. Après m'avoir ainsi parlé, il m'a renvoyé, et maintenant, voyez sur mon corps les traces du feu. » En effet, il avait quelques brûlures aux jambes, en petit nombre à la vérité, mais les plaies qu'on lui avait faites étaient grandes. Nous invitâmes ensuite tous ceux qui s'étaient montrés incrédules à la sainte lance, à venir voir la figure de Pierre, sa tête et tous ses membres, afin qu'ils pussent se convaincre de la vérité de ses paroles. Plusieurs vinrent et glorifièrent Dieu, disant : Dieu peut bien nous délivrer de nos ennemis, puisqu'il a délivré cet homme de cette fournaise ardente. Raymond ajoute que Barthélemi mourut quelques jours après, ce qui n'est pas étonnant dans un homme qui avait l'épine du dos brisée, et qu'il lui reprocha à lui-même, sur son lit de mort, de l'avoir mis dans la nécessité de prouver la vérité de sa révélation au péril de sa vie (Raymond d'Agiles, pag. 168 et 169; *apud Bongars.*).

La paix étant ainsi rétablie dans le camp, il arriva successivement deux ambassades. L'une était de l'empereur de Constantinople, qui, toujours fidèle à sa politique astucieuse, leur faisait renouveler ses promesses de secours, déjà tant de fois éludées, et se plaignait en même temps de l'inexécution des engagements que les croisés avaient pris envers lui. Mais la conduite d'Alexis avait assez fait connaître ses intentions secrètes, et le zèle qu'il annonçait pour le succès de la guerre ne trompa personne. Les chefs des croisés reçurent fort mal ses ambassadeurs, et ceux-ci ne recueillirent que l'humiliation d'entendre reprocher à leur maître sa fuite honteuse pendant le siège d'Antioche, et l'oubli de tous ses engagements, dont il osait faire réclamer le prix.

L'autre ambassade était envoyée par le calife du Caire. Ce prince, qui venait s'emparer de Jérusalem et de toute la Palestine, tremblait pour ses nouvelles conquêtes et désirait détourner les chrétiens de leur entreprise. Ses ambassadeurs avaient ordre de les assurer de ses intentions bienveillantes, mais, en même temps, de leur déclarer que les portes de Jérusalem ne s'ouvriraient jamais qu'à des pèlerins désarmés. C'était la même proposition qu'on leur avait déjà faite sous les murs d'Antioche. Cette fois-ci, pour toute réponse, les chrétiens levèrent le siège d'Arcas, brûlèrent leur camp et se mirent en marche pour Jérusalem.

Les croisés n'étaient plus que cinquante mille hommes capables de porter les armes, mais cinquante mille hommes à toute épreuve. Ils passèrent près de Tripoli, dont l'émir, leur ayant voulu disputer le passage, fut mis en fuite, obligé de leur payer une rançon et de leur envoyer, avec une grande quantité de vivres, tous les prisonniers chrétiens qui étaient en son pouvoir.

On était à la fin de mai 1099; les croisés entraient dans les belles plaines de la Phénicie. Les palmiers, qu'ils voyaient pour la première fois, d'abondantes moissons déjà mûries par le soleil ardent de la Syrie, les orangers, les grenadiers, les oliviers qui embaumaient l'air et récréaient leur vue, leur rappelaient les merveilles de cette terre autrefois donnée en héritage au peuple alors élu de Dieu, mais qui depuis s'en était rendu si indigne, et que leur vaillance allait rendre aux véritables enfants de la promesse. Cet antique mont Liban, tant célébré dans la sainte Écriture, leur apparut alors dans toute sa majesté.

Une population de soixante mille chrétiens habitait sur cette montagne, et leur indiqua trois routes différentes pour arriver à Jérusalem. Ils suivirent la troisième le long de la mer, parce qu'elle leur offrait des communications faciles avec les flottes des Pisans et des Génois, qui les approvisionnaient. La terreur qu'avaient inspirée à toutes les populations musulmanes tant de succès obtenus par les chrétiens était si grande, que partout, sur leur passage, les habitants s'empressaient de leur offrir des vivres et toutes les autres provisions dont ils pouvaient avoir besoin. De tous côtés aussi accouraient des chrétiens, qui s'estimaient heureux de voir leurs frères d'Occident et de pouvoir leur exprimer les vœux qu'ils faisaient pour le succès de leur entreprise. De pieux solitaires, retirés sur les montagnes, sortaient même de leurs retraites pour les bénir et pour appeler sur leurs armes la protection du Dieu dont ils venaient venger la cause.

A l'approche des lieux saints, les croisés comprirent qu'ils devaient plus que jamais purifier leurs cœurs. Les prêtres joignirent leurs exhortations à cette voix intérieure de la conscience; le changement le plus complet et le plus heureux s'opéra dans toute l'armée. Les chroniques contemporaines sont unanimes à louer l'ordre admirable qui, depuis ce moment jusqu'à leur arrivée à Jérusalem, régna dans cette grande multitude d'hommes (*Gesta Dei per Francos*). Ce fut dans ces heureuses dispositions qu'ils traversèrent les terres de Sidon, bâtie par le fils aîné de Chanaan; de Tyr, fille ou colonie de Sidon; de Ptolémaïs; nommée Accon au temps de Josué, aujourd'hui Saint-Jean-d'Acre; enfin de Césarée.

Ils étaient campés près de cette dernière ville, lorsqu'une colombe, échappée aux serres d'un oiseau de proie, vint tomber au milieu d'eux expirante. L'évêque d'Apt l'ayant ramassée, trouva sous ses ailes une lettre par laquelle l'émir de Ptolémaïs apprenait à tous les émirs des environs la marche des chrétiens et les engageait à réunir leurs forces pour les accabler. Ce même émir, pour inspirer aux croisés une sécurité plus grande, leur avait témoigné la veille une entière soumission. Cette lettre, lue publiquement par les princes, excita une joie universelle parmi tous les chrétiens; ils ne doutèrent plus que Dieu ne bénît leur entreprise, puisqu'il leur envoyait même les oiseaux du ciel pour leur faire connaître les secrets desseins de leurs ennemis.

Après avoir passé quatre jours en ce lieu, où ils célébrèrent avec piété les fêtes de la Pentecôte, les croisés continuèrent leur route et vinrent s'emparer de Lydda, autrefois Diospolis, célèbre par le martyre de saint Georges, patron des guerriers chrétiens, et que souvent ils avaient cru voir au milieu de leurs rangs, combattant les infidèles. En l'honneur de leur saint patron, ils laissèrent dans cette ville un évêque auquel ils adjoignirent un nombre de prêtres, et, pour subvenir aux frais du culte, ils résolurent de consacrer à cet usage la dîme de tout ce qu'ils enlèveraient aux Musulmans. De Lydda, l'armée marcha sur Ramla, dont elle s'empara et qu'elle trouva déserte. Ses habitants, craignant d'éprouver le sort d'Antioche et de tant d'autres villes, s'étaient enfuis dans les montagnes voisines, emportant avec eux tout ce qu'ils avaient de plus précieux, ce qui n'empêcha pas les chrétiens d'y trouver encore d'abondantes provisions en vivres et en tout ce qui pouvait leur être nécessaire. Comme à Lydda, ils y établirent un évêque français de nation et nommé Robert, homme aussi recommandable par son savoir que par sa vertu.

Les croisés n'étaient plus qu'à dix lieues de Jérusalem, lorsqu'ils éprouvèrent un sentiment indéfinissable d'hésitation et de crainte. Ces guerriers magnanimes, qui avaient bravé tant de périls et vaincu tant de peuples pour arriver sous les murs de la cité sainte, délibérèrent alors pour savoir s'ils iraient assiéger le Caire ou Damas. Ne voyant plus autour d'eux cette grande multitude de combattants qui avaient conquis Antioche et Nicée, l'espérance de la victoire parut un moment les abandonner; les dangers et les malheurs qui les attendaient aux portes de la ville promise à leurs armes vinrent tout à coup effrayer leurs pensées, et, touchant à la dernière de leurs épreuves, ils semblaient dire au fond du cœur, comme l'Homme-Dieu : *Que ce calice passe loin de nous!* Cependant le souvenir de leurs exploits, les sentiments que devait leur inspirer le voisinage des saints lieux triomphèrent de leur hésitation, et, d'une voix unanime, les chefs résolurent de poursuivre leur marche vers Jérusalem.

Tandis que l'armée chrétienne s'avançait à travers les montagnes, les Musulmans qui habitaient les deux rives du Jourdain, les frontières de l'Arabie et les vallées de Sichem, accouraient dans la capitale de la Palestine, les uns pour la défendre les armes à la main, les autres pour y chercher un asile avec leurs familles et leurs troupeaux. Sur leur passage, les chrétiens du pays étaient accablés d'outrages et chargés de fers; les oratoires et les églises étaient livrés au pillage et aux flammes. Toutes les contrées voisines de Jérusalem présentaient le spectacle de la désolation; les campagnes et les cités retentissaient partout du tumulte et des menaces de la guerre.

De Ramla, l'armée chrétienne s'avança dans une étroite vallée entre deux montagnes brûlées par les ardeurs du soleil. La route qu'elle suivait avait été creusée par les torrents; la pluie des orages y avait accumulé des rochers détachés des monts; des amas de sable, des abîmes ouverts par la rapidité des eaux fermaient quelquefois le chemin. Dans ces passages difficiles, la moindre résistance des Musulmans pouvait triompher de la foule des pèlerins, et, s'ils ne rencontrèrent point alors d'ennemis, ils durent penser que Dieu lui-même leur livrait les avenues de la ville sainte.

Après avoir marché depuis l'aurore, l'armée des croisés arriva vers le soir au village d'Anathot, que Guillaume de Tyr appelle Emmaüs. Anathot était situé dans une vallée arrosée par une source abondante; les croisés résolurent d'y passer la nuit. Ce fut là qu'ils reçurent des nouvelles de Jérusalem, qui n'était plus qu'à une distance de six milles ou deux lieues; des chrétiens fugitifs racontaient que tout était en feu dans la Galilée, dans le pays de Naplouse, dans le voisinage du Jourdain; les Musulmans accouraient avec leurs troupeaux dans la ville sainte ; sur leur passage, ils brûlaient les églises, pillaient les maisons des chrétiens. Les chefs de l'armée reçurent alors une députation des fidèles de Bethléhem qui envoyaient demander du secours contre les Turcs. Godefroi accueillit les députés et fit aussitôt partir Tancrède avec cent cavaliers armés de cuirasses. Les croisés furent reçus à Bethléhem au milieu des bénédictions du peuple chrétien ; ils visitèrent, en chantant les cantiques de la délivrance, l'étable où naquit le Sauveur ; le brave Tancrède fit arborer son drapeau sur la sainte métropole, à l'heure même où la naissance de Jésus avait été annoncée aux bergers de la Judée.

Personne ne put se livrer au sommeil pendant la nuit passée à Anathot. Une éclipse totale de lune répandit tout à coup les plus profondes ténèbres ; la lune se montra ensuite comme couverte d'un voile de sang. Les pèlerins furent saisis de terreur. Une autre cause les empêchait encore plus de fermer l'œil, c'était le voisinage de Jérusalem. Si près de cette ville, il leur tardait de voir paraître le jour, qui leur permettrait de saluer de loin ses murailles révérées. Dès le lever du jour, tout le monde se mit en marche. Les croisés laissaient à leur droite le château de Modin, fameux par la sépulture des Machabées ; mais cette ruine vénérable attira à peine leurs regards, tant la pensée de Jérusalem les préoccupait. Ils traversèrent, sans s'y arrêter, la vallée de Térébinthe, célébrée par les prophètes ; ils traversèrent de même le torrent où David ramassa les cinq cailloux avec lesquels il terrassa le géant Goliath ; à leur droite et à leur gauche s'élevaient des montagnes où campèrent les armées d'Israël et celles des Philistins : tous ces souvenirs historiques étaient comme perdus pour les guerriers de la croix. Lorsqu'ils eurent gravi la dernière montagne qui les séparait de la ville sainte, tout à coup Jérusalem leur apparut. Les premiers qui l'aperçurent s'écrièrent avec transport : *Jérusalem ! Jérusalem !* Le nom de Jérusalem vole de bouche en bouche, de rang en rang, et retentit dans les vallées où se trouvait encore l'arrière-garde des croisés. A ce nom, toute l'armée pleura de joie. « O bon Jésus, dit l'historien Robert le Moine, témoin oculaire, lorsque nos guerriers virent les murs de cette Jérusalem terrestre, combien de larmes coulèrent de leurs yeux ! Tous prosternés à terre, ils saluèrent de la voix et du cœur prostrations votre saint sépulcre ; vous, qui y fûtes enseveli, ils vous adoraient assis à la droite du Père, et devant venir pour juger les vivants et les morts. Puis, se relevant tous, ils répètent ensemble : *Dieu le veut ! Dieu le veut !* et renouvellent le serment qu'ils ont fait tant de fois de délivrer Jérusalem (*Robert. Monach.*, l. 8, *Albert. Aquens.*). »

Dans la nuit qui précéda l'arrivée de l'armée chrétienne, plusieurs guerriers égyptiens s'étaient avancés au devant des croisés. Baudouin du Bourg, avec ses chevaliers, marcha à leur rencontre : accablé par le nombre, il fut bientôt secouru par Tancrède, qui accourait de Bethléhem. Après avoir poursuivi l'ennemi jusqu'aux portes de la ville, le pieux et brave Tancrède laissa ses compagnons et se rendit seul sur la montagne des Oliviers ; séparée seulement de la ville par la vallée de Josaphat. Pendant que, du haut de cette montagne, il contemplait la cité sainte, un ermite l'aborda et lui en fit distinguer les principaux lieux. Cet ermite lui demanda ensuite qui il était, et, lorsqu'il apprit qu'il parlait au neveu de Robert Guiscard, il s'écria : « Quoi ! vous êtes du sang de ce chef sous la foudre duquel la Grèce trembla tant de fois, qui fit fuir Alexis, qui fit ouvrir les portes de Durazzo ; et à qui toute la Bulgarie obéit jusqu'au fleuve Verdaris ! Vous parlez à un homme qui vous connaît, et qui n'a point oublié le dévastateur de ma patrie : ce guerrier, qui fut mon ennemi, répare enfin ses anciennes offenses en vous envoyant ici. » Cet ermite était né en Sicile. Ce pieux entretien durait encore, lorsque cinq guerriers musulmans, sortis de la ville, s'avancèrent avec confiance vers la montagne. Tancrède ne chercha point à éviter le combat ; trois des assaillants tombent sous ses coups ; les deux autres s'enfuient vers la ville. Sans hâter ni ralentir sa marche, Tancrède vient ensuite rejoindre le gros de l'armée qui s'avançait nu-pieds, la plupart, et s'approchait de la sainte cité, en chantant ces paroles d'Isaïe : *Jérusalem, lève les yeux, et vois le libérateur qui vient briser tes fers !*

Dès le lendemain de leur arrivée, les croisés s'occupèrent de former le siége de la place. Une esplanade couverte d'oliviers s'étend sur le côté septentrional. Godefroi de Lorraine, Robert de Normandie, Robert de Flandre dressèrent leurs tentes au milieu de cette esplanade ; leur camp s'étendait entre la grotte de Jérémie et les sépulcres des rois. Tancrède planta ses pavillons à la droite de Godefroi et des deux Robert. Après le camp de Tancrède, venait celui de Raymond, comte de Toulouse, en face de la porte du couchant. Cette position ne lui permettant pas de concourir utilement au siège, il transporta une partie de son camp vers le côté méridional de la ville, sur le mont Sion, au lieu même où Jésus-Christ avait célébré la Pâque avec ses disciples. Alors, comme aujourd'hui, la partie du mont Sion qui ne se trouvait pas enfermée dans la ville, présentait peu d'étendue. Les croisés qui s'y étaient établis pouvaient être atteints par les flèches lancées du haut des tours et des remparts. Les dispositions militaires des chrétiens laissaient libres les côtés de la ville défendus au midi par la vallée de Gihon ou de Siloé, à l'orient par la vallée de Josaphat. La cité sainte ne fut donc investie qu'à moitié par les pèlerins. Seulement on avait établi sur le mont des Olives un camp de surveillance.

Autour de Jérusalem, chaque pas que faisaient les pèlerins leur rappelait un souvenir cher à la religion. Ce territoire révéré des chrétiens n'avait point de vallée, point de rocher qui n'eût un nom dans l'histoire sacrée. Tout ce qu'ils voyaient réveillait ou échauffait leur piété et leur zèle. Ils ne pouvaient surtout détacher leurs regards de la ville sainte, et gémissaient sur l'état d'abaissement où elle était tombée. Cette cité, jadis si superbe, semblait ensevelie dans ses propres ruines. Avec ses maisons carrées, sans fenêtres et surmontées d'une terrasse plate, elle s'offrait aux yeux des croisés comme une masse énorme de pierres entassées entre des rochers. On n'apercevait, çà et là dans son enceinte, que quelques cyprès, quelques palmiers, parmi lesquels s'élevaient des clochers dans le quartier des chrétiens, et des mosquées dans celui des infidèles. Dans les vallons et sur les coteaux voisins de la ville que les antiques traditions représentaient comme couverts de jardins et d'ombrages, croissaient avec peine des oliviers épars et l'arbuste épineux du rhamnus. L'aspect de ces campagnes stériles, de ces rochers fendus, de ce sol pierreux et rougeâtre, de cette nature brûlée par le soleil, présentait partout aux pèlerins des images de deuil, et mêlait une sombre tristesse à leurs sentiments religieux. Il leur semblait entendre la voix des prophètes qui avaient annoncé la servitude et les malheurs de la cité de Dieu, et, dans l'ardeur de leur dévotion, ils croyaient être appelés à lui rendre son éclat et sa splendeur.

Ce qui enflamma encore le zèle des croisés pour la délivrance de la ville sainte, ce fut l'arrivée parmi eux d'un grand nombre de chrétiens sortis de Jérusalem, et qui, privés de leurs biens, chassés de leurs maisons, venaient chercher des secours et un asile au milieu de leurs frères d'Occident. Ces chrétiens racontaient les persécutions qu'avaient fait essuyer les Musulmans à tous ceux qui adoraient Jésus-Christ. Les femmes, les enfants, les vieillards étaient retenus en otage; les hommes en état de porter les armes se voyaient condamnés à des travaux qui surpassaient leurs forces. Le chef du principal hospice des pèlerins avait été jeté dans les fers avec un grand nombre de chrétiens. On avait pillé les trésors des églises pour fournir à l'entretien des soldats musulmans. Le patriarche Siméon s'était rendu dans l'île de Chypre, pour y implorer la charité des fidèles et sauver son troupeau menacé de la destruction, s'il ne payait point l'énorme tribut imposé par les oppresseurs de la ville sainte. Chaque jour, en effet, les chrétiens de Jérusalem étaient accablés de nouveaux outrages, et plusieurs fois les infidèles avaient formé le projet de livrer aux flammes et de détruire de fond en comble le saint sépulcre et l'église de la Résurrection.

Les chrétiens fugitifs, en faisant aux pèlerins ces douloureux récits, les exhortaient à presser l'attaque de Jérusalem; mais il y avait dans la ville une garnison musulmane de quarante mille hommes; de plus, vingt mille habitants avaient pris les armes : cela faisait une armée plus considérable que celle des croisés. Ceux-ci n'avaient ni échelles ni machines de guerre. Toutefois, entraînés par leur ardeur belliqueuse et par les exhortations de l'ermite du mont des Olives, ils tentent un assaut les premiers jours. Déjà l'avant-mur s'était écroulé sous leurs coups; mais la muraille intérieure leur oppose un obstacle invincible. Il ne se trouve qu'une seule échelle qui puisse atteindre à la hauteur des murs. Quelques braves parviennent jusqu'au sommet de la muraille et combattent corps à corps avec les Egyptiens, stupéfaits d'un tel courage; mais les premiers des assaillants, accablés par le nombre, ne purent être secourus par leurs compagnons, et ne trouvèrent qu'une mort glorieuse sur les murs qu'ils avaient franchis. Il fallut revenir au camp et aviser au moyen de se procurer des machines de guerre. Plusieurs détachements furent envoyés à la découverte. Le hasard leur fit trouver, au fond d'une caverne, de grosses poutres, qui furent transportées dans le camp. On démolit les maisons et même les églises du voisinage qui n'avaient point été livrées aux flammes, et tout le bois échappé aux ravages des ennemis fut employé à la construction des machines.

Cependant les travaux du siége ne répondaient point à l'impatience des croisés et ne pouvaient prévenir les maux qui menaçaient encore l'armée chrétienne. Les plus grandes chaleurs de l'été avaient commencé au moment où les pèlerins étaient arrivés devant Jérusalem. Le torrent de Cédron était desséché; toutes les citernes du voisinage avaient été comblées ou empoisonnées. La fontaine de Siloé, qui coulait par intervalles, ne pouvait suffire à la multitude des pèlerins. Sous un ciel de feu, au milieu d'une contrée aride, l'armée chrétienne se trouva bientôt en proie à toutes les horreurs de la soif. On chercha tous les moyens de se procurer l'eau nécessaire. Les habitants du pays en apportaient dans des outres, après l'avoir puisée dans de vieilles citernes ou dans des marais; mais elle était si fétide, que les chevaux mêmes refusaient d'en boire. Plusieurs croisés en moururent. Les plus fervents, n'attendant plus que la mort, s'approchaient des remparts de Jérusalem, en baisaient respectueusement les pierres et disaient en pleurant : O Jérusalem! reçois nos soupirs; que tes murailles tombent sur nous, et que la sainte poussière qui t'environne recouvre nos ossements!

Tandis que les chrétiens déploraient leur misère et se désolaient surtout de n'avoir point assez de machines de guerre pour livrer un assaut, il leur arriva tout à coup un secours qu'ils n'espéraient point. On apprit dans le camp qu'une flotte génoise était entrée au port de Joppé, chargée de munitions et de provisions de toute espèce. Cette nouvelle rendit quelque joie à la multitude des pèlerins. Un corps de trois cents hommes, commandé par Raymond Pelet, partit du camp pour aller au devant du convoi que le Ciel semblait envoyer à l'armée chrétienne. Ces trois cents croisés, après avoir, dans le voisinage de Lydda, battu et dispersé les Musulmans, entrèrent dans la ville de Joppé, abandonnée par ses habitants. La flotte chrétienne avait été surprise et brûlée par celle des infidèles; mais on avait eu le temps d'en retirer des vivres et une grande quantité d'instruments propres à construire des machines de guerre; tout ce qu'on avait pu sauver fut transporté au camp des chrétiens. Ce convoi, attaqué plusieurs fois par les infidèles, arriva sous les murs de Jérusalem, suivi d'un grand nombre d'ingénieurs et de charpentiers génois, dont la présence ranima l'émulation et le courage parmi les assiégeants. Quelque temps après, Tancrède, conduisant une troupe de croisés à quelques lieues de Jérusalem, découvrit une grande forêt vers le territoire de Samarie et de Gabaon, d'où l'on tira dès lors tout le bois nécessaire. Les préparatifs de l'attaque se pressaient avec une incroyable activité. Tout le monde, les princes eux-mêmes mettaient la main à l'œuvre. Chaque jour, des machines formidables s'élevaient et menaçaient les remparts des Musulmans. Leur construction était dirigée par Gaston de Béarn, dont les historiens vantent la bravoure et l'habileté. Parmi ces machines, on remarquait trois énormes tours d'une structure nouvelle; chacune de ces tours avait trois étages, le premier destiné aux ouvriers qui en dirigeaient les mouvements, le second et le troisième aux guerriers qui devaient livrer un assaut. Ces trois forteresses roulantes s'élevaient plus haut que les murailles de la ville assiégée. On avait adapté au sommet une espèce de pont-levis qu'on pouvait abattre sur les remparts, et qui devait offrir un chemin pour pénétrer jusque dans la place.

En même temps, les évêques et les prêtres, se répandant dans les divers quartiers, exhortaient les pèlerins à la pénitence et à la concorde. Le solitaire du mont des Olives vint ajouter ses exhortations à celles du clergé, et, s'adressant aux princes et au peuple : Vous qui êtes venus, leur dit-il, des régions de l'Occident pour adorer Jésus-Christ sur son tombeau, aimez-vous comme des frères, et sanctifiez-vous par le repentir et les bonnes œuvres. Si vous obéissez aux lois de Dieu, il vous rendra maîtres de la ville sainte; si vous lui résistez, toute sa colère tombera sur vous. Le solitaire conseilla aux croisés de faire une procession autour de Jérusalem, en invoquant la miséricorde et la protection du Ciel.

Tous s'empressèrent de suivre ce conseil, qu'ils regardaient comme le langage de Dieu même. Après trois jours d'un jeûne rigoureux, ils sortirent en armes de leurs quartiers et marchèrent, les pieds nus, la tête découverte, vers les murailles de la sainte cité. Ils étaient devancés par leurs prêtres vêtus de blanc, qui portaient les images des saints et chantaient des psaumes et des cantiques. Les enseignes étaient déployées, le bruit des cymbales et des trompettes retentissait au loin. C'est ainsi que les Hébreux avaient fait autrefois le tour de Jéricho, dont les murailles s'étaient écroulées au son d'une musique belliqueuse.

Les croisés, partis du camp de Godefroi, au nord de la ville sainte, descendirent dans la vallée de Josaphat, passèrent entre le tombeau de la Vierge et le jardin des Olives, et montèrent ensuite les hauteurs sacrées de l'Ascension. Lorsqu'ils furent arrivés sur le sommet de la montagne, le plus imposant spectacle se découvrit à leurs yeux : à l'orient, la mer Morte se dessinait dans la vallée de Jéricho comme un brillant miroir, et le Jourdain comme un ruban argenté; les montagnes d'Arabie s'étendaient à l'horizon comme des remparts azurés; à l'occident, les pèlerins contemplaient à leurs pieds Jérusalem et les pâles collines de la Judée. Assemblés dans le même lieu où Jésus-Christ monta au ciel, et sur lequel on montrait encore les vestiges de ses pas, ils entendirent les dernières exhortations des prêtres et des évêques.

Arnould de Rohes, chapelain du duc de Normandie, leur adressa un discours pathétique, et les conjura de redoubler de zèle et de persévérance. En terminant son discours, il se tourna vers Jérusalem : « Vous voyez, leur dit-il, l'héritage de Jésus-Christ foulé par les impies; voici enfin le digne prix de tous vos travaux, voici les lieux où Dieu vous pardonnera toutes vos fautes et bénira toutes vos victoires. » A la voix de l'orateur, les défenseurs de la croix s'humiliaient devant Dieu et tenaient leurs regards attachés sur Jérusalem.

Comme Arnould les invitait, au nom de Jésus-Christ, à oublier les injures, à se chérir les uns les autres, Tancrède et Raymond, qui avaient eu entre eux de longs démêlés, s'embrassèrent en présence de toute l'armée chrétienne. Les soldats et les autres chefs suivirent leur exemple. Les plus riches promirent de soulager, par leurs aumônes, les pauvres et les orphelins qui portaient la croix. Tous oublièrent leurs fatales discordes et jurèrent de rester fidèles aux préceptes de la charité évangélique.

Pendant que les croisés se livraient ainsi aux transports de leur piété, les assiégés, rassemblés sur les remparts de Jérusalem, élevaient en l'air des croix qu'ils profanaient par leurs outrages; ils insultaient, par leurs gestes et leurs cérémonies des chrétiens. « Vous entendez, leur dit alors l'ermite Pierre, vous entendez les menaces et les blasphèmes des ennemis du vrai Dieu; jurez de défendre Jésus-Christ persécuté, crucifié une seconde fois par les infidèles. Vous le voyez qui expire de nouveau sur le Calvaire pour racheter vos péchés ! » A ces mots, le cénobite est interrompu par des gémissements et des cris d'indignation. Toute l'armée brûle de venger les outrages du Fils de Dieu. « Oui, j'en jure par votre piété, poursuit l'orateur, j'en jure par vos armes, le règne des impies touche à son terme. L'armée du Seigneur n'a plus qu'à paraître, et tout ce vain amas de Musulmans se dissipera comme l'ombre. Aujourd'hui, ils sont encore pleins d'orgueil et d'insolence, demain vous les verrez saisis de terreur, et, sur ce Calvaire où vous allez monter à l'assaut, ils seront devant vous comme ces gardiens du sépulcre qui sentirent les armes s'échapper de leurs mains et tombèrent morts de frayeur lorsqu'un tremblement de terre annonça la présence d'un Dieu ressuscité. Encore quelques moments, et ces murailles, trop longtemps l'abri du peuple infidèle, deviendront la demeure des chrétiens; ces mosquées, qui s'élèvent sur des ruines chrétiennes, serviront de temples au vrai Dieu, et Jérusalem n'entendra plus que les louanges du Seigneur! »

A ces dernières paroles de Pierre, les plus vifs transports éclatent parmi les croisés; ils s'exhortent les uns les autres à supporter ensemble des fatigues et des maux dont ils allaient enfin recevoir la glorieuse récompense. Les chrétiens descendent du mont des Olives pour regagner leur camp, et, prenant leur route vers le midi, traversent la vallée de Siloé et passent près de la piscine où Jésus-Christ rendit la vue à l'aveugle-né; ils s'avancent sur la montagne de Sion, où d'autres souvenirs viennent ajouter à leur enthousiasme. Dans cette course pieuse, la troupe des pèlerins se trouva souvent exposée aux traits que lançaient les assiégés du haut des murailles, et plusieurs, frappés d'un coup mortel, expirèrent au milieu de leurs frères, bénissant Dieu et implorant sa justice contre les ennemis de la foi. Vers le soir, l'armée chrétienne revint dans ses quartiers en répétant ces paroles du prophète : *Ceux d'Occident craindront le Seigneur, et ceux d'Orient verront sa gloire.* Rentrés dans leur camp, la plupart des pèlerins passent la nuit en prières, les chefs et les soldats confessent leurs péchés aux pieds de leurs prêtres et reçoivent, dans la communion, le Dieu dont les promesses les remplissaient de confiance et d'espoir.

C'était le 14 juillet 1099, à la pointe du jour : les clairons et les trompettes annoncent aux chrétiens impatients l'assaut général. Les hommes, les machines de guerre, tout s'ébranle à la fois. Les tours roulantes s'approchent des murailles. Sur la plus haute plate-forme de la sienne, on voyait Godefroi, accompagné de son frère Eustache et de Baudouin du Bourg. Il animait les siens par son exemple, et chacun des javelots qu'il lançait, disent les historiens du temps, tous unanimes à nous le représenter comme le plus grand entre tant de capitaines, portait la mort parmi les Sarrasins. Raymond, Tancrède, les deux Robert combattaient également au milieu de leurs soldats ; tous étaient animés de la même ardeur ; tous, méprisant également le danger, brûlaient du même désir, de planter enfin la croix sur les murs de Jérusalem. L'assaut avait duré déjà douze heures entières, lorsque la nuit vint séparer les combattants.

La nuit se passa de part et d'autre dans les plus vives inquiétudes ; chacun déplorait ses pertes et tremblait d'en essuyer de nouvelles. Les Musulmans redoutaient une surprise ; les croisés craignaient que les Musulmans ne brûlassent les machines qu'ils avaient laissées au pied des remparts. Les assiégés s'occupèrent sans relâche de réparer les brèches faites à leurs murailles ; les assiégeants, de mettre leurs machines en état de servir pour un nouvel assaut. Le jour suivant ramena les mêmes combats et les mêmes dangers que la veille.

Les chefs cherchaient, par leurs discours, à relever le courage des croisés. Les prêtres et les évêques parcouraient les tentes des soldats en leur annonçant les secours du Ciel. L'armée chrétienne pleine d'une nouvelle confiance dans la victoire, parut sous les armes et s'avança en silence vers les lieux de l'attaque ; le clergé marchait en procession autour de la ville sainte.

Le premier choc fut terrible. Les chrétiens, irrités de la résistance qu'ils avaient trouvée la veille, combattaient avec fureur. Les Musulmans, qui avaient appris l'arrivée d'une armée égyptienne, combattent avec une fureur non moindre. Du haut de leurs tours et de leurs remparts, ils lancent sur les assaillants des torches enflammées, des pots de feu grégeois. Tant de dangers ne font qu'animer le courage des chrétiens, qui se pressent en foule au pied de ces murailles, que les uns s'efforcent d'ébranler, tandis que les autres tentent de les escalader.

Monté, comme la veille, sur sa forteresse roulante, que distinguait une brillante croix placée à son sommet, Godefroi surtout portait la confusion et le ravage dans les rangs ennemis par l'incessante activité de son attaque. Furieux à la vue de cette croix, qui semblait les défier, les Musulmans réunirent contre le duc de Lorraine tous leurs efforts, et dirigèrent contre sa forteresse tous les traits et tous les projectiles enflammés que vomissaient sans cesse leurs redoutables machines. Intrépide et calme cependant au milieu du danger, entouré de morts et de mourants, ayant déjà vu tomber à ses pieds son écuyer et plusieurs de ses soldats qui l'environnaient, ce vaillant chef continuait à donner ses ordres, à encourager les siens et à lancer contre les infidèles ces formidables javelots dont chacun portait la mort à un ennemi. Les pertes qu'il leur fit essuyer devinrent bientôt si grandes, que, dans leur désespoir, ils forcèrent à monter sur les murailles deux de leurs plus fameuses magiciennes, afin de l'arrêter par leurs enchantements. Mais tous leurs charmes d'enfer ne purent les préserver elles-mêmes de la mort qu'elles invoquaient contre leur ennemi. Atteintes toutes deux à la fois d'une pierre d'une grosseur énorme, elles en sont également écrasées, et périssent avant d'avoir pu achever leurs conjurations.

C'était le vendredi, jour consacré à la passion du Sauveur ; c'était vers trois heures, moment où le Sauveur s'était écrié sur la croix : *Mon Dieu, mon Dieu, pourquoi m'avez-vous abandonné?* Les chrétiens éprouvèrent un sentiment semblable. Toutes leurs machines étaient en feu ; ils manquaient d'eau et surtout de vinaigre, qui seul pouvait éteindre l'espèce de feu lancé par les Musulmans. En vain les plus braves s'exposaient aux plus grands dangers pour prévenir la ruine des tours de bois et des béliers ; ils tombaient ensevelis sous des débris, et la flamme dévorait jusqu'à leurs boucliers et leurs vêtements. Plusieurs des guerriers les plus intrépides avaient trouvé la mort au pied des remparts ; un grand nombre de ceux qui étaient montés sur les tours roulantes avaient été mis hors de combat ; les autres, couverts de sueur et de poussière, accablés sous le poids des armes et de la chaleur, commençaient à perdre courage. Les Musulmans, qui s'en aperçoivent, jettent de grands cris de joie. Dans leurs blasphèmes, ils reprochent aux chrétiens d'adorer un Dieu qui ne peut les défendre. Les chrétiens déploraient leur sort, et, se croyant abandonnés par Jésus-Christ, restaient immobiles sur le champ de bataille.

Mais le combat allait bientôt changer de face. Tout à coup les croisés voient paraître sur le mont des Oliviers un cavalier agitant un bouclier et donnant à l'armée chrétienne le signal pour entrer dans la ville. Godefroi et Raymond, qui l'aperçoivent des premiers et en même temps, s'écrient que saint Georges vient au secours des chrétiens. La vue du cavalier céleste embrase les chrétiens d'une nouvelle ardeur : ils reviennent à la charge. Les femmes mêmes, les enfants, les malades, accourent dans la mêlée, apportent de l'eau, des vivres, des armes, réunissent leurs efforts à ceux des soldats pour approcher des remparts les tours roulantes, effroi des ennemis. Celle de Godefroi s'avance au milieu d'une terrible décharge de pierres, de traits, de feu grégeois, et laisse tomber son pont-levis sur la muraille. Les dards enflammés volent en même temps contre les machines des Musulmans, contre les sacs de paille et les ballots de laine qui recouvrent les derniers murs de la ville. Le vent allume l'incendie et pousse la flamme contre les Musulmans. Ceux-ci, enveloppés de tourbillons de feu et de fumée, reculent à l'aspect des lances et des épées des chrétiens. Godefroi, précédé des deux frères Lethalde et Engelbert de Tournai, suivi de Baudouin du Bourg, de son frère Eustache et de plusieurs autres, enfonce les ennemis, les poursuit et s'élance sur leurs traces dans Jérusalem. Tous les braves qui combattaient sur la plate-forme de la tour, suivent leur intrépide chef, pénètrent avec lui dans les rues et massacrent tout ce qu'ils rencontrent sur leur passage.

En même temps le bruit se répand dans l'armée que le saint pontife Adhémar et plusieurs croisés morts pendant le siège viennent de paraître à la tête des chrétiens et d'arborer les drapeaux de la croix sur les tours de Jérusalem. Tancrède et les deux Robert, animés par ce récit, font de nouveaux efforts et se jettent enfin dans la place. Une foule de braves les suivent de près; les uns entrent par une brèche à demi ouverte, les autres escaladent les murs avec des échelles, plusieurs s'élancent du haut des tours de bois. Les Musulmans fuient de toutes parts, et Jérusalem retentit du cri de victoire des croisés : *Dieu le veut! Dieu le veut!* Les compagnons de Godefroi et de Tancrède font enfoncer à coups de hache la porte Saint-Etienne, et la ville est ouverte à la foule des croisés, qui se pressent à l'entrée et se disputent l'honneur de porter les derniers coups aux infidèles. Raymond de Toulouse, qui avait éprouvé le plus de résistance, escalade enfin les murs avec les siens. Rien ne peut arrêter leur attaque impétueuse; ils dispersent les Musulmans, qui vont se réfugier avec leur émir dans la forteresse de David, et bientôt tous les croisés réunis dans Jérusalem s'embrassent, pleurent de joie et ne songent plus qu'à poursuivre leur victoire.

Cependant le désespoir a rallié un moment les plus braves des Egyptiens; ils fondent sur les chrétiens qui s'avançaient en désordre et couraient au pillage. Ceux-ci commençaient à reculer devant l'ennemi qu'ils avaient vaincu, lorsqu'un d'entre eux ranime leur courage, se met à leur tête et porte de nouveau la terreur parmi les infidèles. Dès lors les Musulmans sont massacrés dans les rues, dans les maisons : ils se réfugient dans la mosquée d'Omar; les vainqueurs, fantassins et cavaliers, y entrent pêle-mêle avec eux. Au milieu du plus horrible tumulte, on n'entend que des gémissements et des cris de mort; les vainqueurs marchaient sur des monceaux de cadavres pour atteindre ceux qui cherchaient vainement à fuir. Raymond d'Agiles, témoin oculaire, dit que, dans le temple et sous le portique de la mosquée, le sang s'élevait jusqu'aux genoux et jusqu'au frein des chevaux. Et ce jour et les jours suivants, soixante-dix mille Musulmans périrent par le glaive.

D'un autre côté, on voyait un spectacle bien différent : c'était celui des chrétiens de Jérusalem, dont les croisés venaient de briser les fers. A peine la ville venait-elle d'être conquise, qu'on les vit accourir au devant des vainqueurs; ils partageaient avec eux les vivres qu'ils avaient pu dérober à la recherche des Musulmans; tous remerciaient ensemble le Dieu qui avait fait triompher les soldats de la croix. L'ermite Pierre, qui, cinq ans auparavant, avait promis d'armer l'Occident pour la délivrance des fidèles de Jérusalem, dut jouir alors du spectacle de leur reconnaissance et de leur joie. Les chrétiens de la ville sainte, au milieu de la foule des croisés, semblaient ne chercher, ne voir que le généreux cénobite qui les avait visités dans leurs souffrances et dont toutes les promesses venaient d'être accomplies. Ils se pressaient en foule autour de l'ermite vénérable; c'est à lui qu'ils adressaient leurs louanges, c'est lui qu'ils proclamaient leur libérateur; ils lui racontaient les maux qu'ils avaient soufferts pendant son absence; ils pouvaient à peine croire ce qui se passait sous leurs yeux, et, dans leur enthousiasme, ils s'étonnaient que Dieu se fût servi d'un seul homme pour soulever tant de nations et pour opérer tant de prodiges.

A la vue de leurs frères qu'ils avaient délivrés, les pèlerins se rappelèrent sans doute qu'ils étaient venus pour adorer le tombeau de Jésus-Christ. Le pieux Godefroi, qui s'était abstenu du carnage après la victoire, quitta ses compagnons, et, suivi de trois serviteurs, se rendit sans armes et les pieds nus à l'église du Saint-Sépulcre. Bientôt la nouvelle de cet acte de dévotion se répand dans l'armée chrétienne; aussitôt toutes les vengeances, toutes les fureurs s'apaisent; les croisés se dépouillent de leurs habits sanglants, font retentir Jérusalem de leurs sanglots, et, conduits par le clergé, marchent ensemble, les pieds nus, la tête découverte, vers l'église de la Résurrection.

Lorsque l'armée chrétienne fut ainsi réunie autour du saint tombeau, la nuit commençait à tomber. Le silence régnait sur les places publiques et sur les remparts; on n'entendait plus dans la ville sainte que les cantiques de la pénitence et ces paroles d'Isaïe : *Vous qui aimez Jérusalem, réjouissez-vous avec elle.* Les croisés montrèrent alors une dévotion si vive et si tendre, qu'on eût dit que ces hommes, qui venaient de prendre une ville d'assaut et de faire un horrible carnage, sortaient d'une longue retraite et d'une profonde méditation sur nos mystères.

C'est qu'en effet la croisade n'est autre chose que le mystère de la croix, médité et réalisé, mis en pensée et en action dans toute son étendue, notamment dans ses résultats, non plus seulement par un individu ni par une nation seule, mais par la chrétienté entière, mais par tout le corps mystique du Christ, crucifié et ressuscité. Le Christ, selon lui-même, devait souffrir, mais entrer ainsi dans sa gloire. Selon David, il devait être persécuté et bafoué, abreuvé de fiel et de vinaigre, avoir les pieds et les mains percés, avoir ses vêtements partagés et sa robe tirée au sort; mais tous les confins de la terre devaient se tourner vers lui, toutes les familles des peuples devaient l'adorer, à lui devait être l'empire, il devait dominer sur les nations. Selon Isaïe, il devait être rassasié d'opprobres, brisé pour nos crimes; mais pour cela même il devait avoir une longue postérité, partager les dépouilles des forts, recevoir les nations pour héritage, frapper la terre de la verge de sa bouche, faire habiter ensemble le loup et l'agneau, le lion et la brebis, sous la conduite d'un enfant; mais il devait élever son étendard à la vue des nations, les nations devaient accourir et lui adresser leurs hommages, son sépulcre devait être glorieux. Mais, selon le disciple bien-aimé, cet agneau, immolé depuis l'origine du monde, devait avoir une épée à deux tranchants pour frapper les nations rebelles; il devait les gouverner avec une verge de fer et les fouler dans le pressoir; il devait, avec ses saints et ses anges, juger et punir la grande Babylone, Rome idolâtre, dont l'empire antichrétien de Mahomet n'est qu'une transformation amoindrie; mais ses serviteurs et ses combattants devaient être distingués par son signe, le signe du Fils de l'homme, le *thau* du prophète Ezéchiel; le *thau* qui, primitivement, avait la forme d'une croix; le *thau*, dernière lettre de l'alphabet hébreu, parce que le Christ crucifié est la fin de toutes choses ; le *thau* qui, en hébreu, est la première lettre du mot *crucifié.* Et dans une de ces exécutions de la justice divine par l'agneau et son armée, le sang des coupables punis devait monter jusqu'au frein des chevaux.

Or, la croisade, n'est-ce pas tout cela? N'est-ce pas la chrétienté entière réunie sous la croix pour souffrir et combattre? N'est-ce pas le Christ, autrefois seul, rejeté de son peuple même, qui maintenant a réuni les principales nations de la terre, le loup et l'agneau, le lion et la brebis, le Franc, le Goth, le Vandale, l'Anglais, le Lombard, l'Italien, le Grec, le Syrien, les nations autrefois les plus barbares ou les plus policées? Qui les a réunies à la voix d'un enfant, à la voix d'un Pape désarmé, à la voix d'un Pierre l'Ermite; qui les a réunies sous son étendard, la croix; qui les a réunies pour souffrir et combattre, comme le Christ souffrant et mourant, pour combattre et vaincre, comme le Christ ressuscité et triomphant. Voyez cette humanité chrétienne qui s'est attachée à la croix, plus encore qu'elle ne s'est attaché la croix. Combien de fois, au milieu des tristesses, des abandons, des angoisses qu'elle éprouve, ne dit-elle pas comme le Christ agonisant : *Mon Père, s'il est possible, que ce calice de douleur s'en aille! cependant, que votre volonté soit faite et non pas la mienne. Dieu le veut!* En avant, marchons! combien de fois, comme le Christ mourant, n'a-t-elle pas dit ou été tentée de dire : *Mon Dieu, mon Dieu, pourquoi m'avez-vous abandonnée?* Mais, comme lui, elle finissait par dire : *Mon Père, je recommande mon âme entre vos mains!* C'est par ces souffrances et ces combats qu'elle a vaincu les ennemis de Dieu et de son Christ, qu'elle a enlevé et conquis de force la Jérusalem terrestre, comme on n'enlève que par la force la Jérusalem céleste. La possession de la Jérusalem d'ici-bas ne durera qu'un temps, parce qu'elle n'est qu'une figure passagère de la Jérusalem d'en haut. Les croisés, nos ancêtres du XIe siècle, le comprenaient bien. Leur désir était sans doute de conquérir la Jérusalem de la terre, mais leur désir plus élevé encore était de souffrir et de mourir en ceci, pour conquérir la Jérusalem du ciel. Aujourd'hui on ne comprend plus cela; mais, aujourd'hui qu'est-ce que l'on comprend encore (1)?

Bientôt après la conquête de Jérusalem, cette ville présenta un nouveau spectacle. Dans l'espace de quelques jours, elle avait changé d'habitants, de lois et de religion. Avant le dernier assaut, on était convenu, suivant la coutume des croisés dans leurs conquêtes, que chaque guerrier resterait le maître et le possesseur de la maison ou de l'édifice dans lequel il se présenterait le premier. Une croix, un bouclier ou tout autre signe placé sur une porte, était pour chacun des vainqueurs le titre de sa possession. Ce droit de propriété fut respecté par des soldats avides de pillage, et l'on vit tout à coup régner le plus grand ordre dans une ville qui venait d'être livrée à toutes les horreurs de la guerre. Une partie des trésors enlevés aux infidèles fut employée à soulager les pauvres et les orphelins, à décorer les autels de Jésus-Christ qu'on venait de relever dans la cité sainte. Les lampes, les candélabres d'or et d'argent, les riches ornements qui se trouvaient dans la mosquée d'Omar devinrent le partage de Tancrède. Il partagea ces richesses immenses avec le duc de Lorraine, qu'il avait choisi pour son seigneur.

(1) C'est là ce qui manque à l'*Histoire des Croisades*, par Michaud. Plus chrétien, Michaud eut fait une histoire accomplie.

Mais les croisés détournèrent bientôt leurs regards des trésors promis à leur valeur, pour admirer une conquête plus précieuse à leurs yeux : c'était la vraie croix enlevée par Chosroës et rapportée à Jérusalem par Héraclius. Les chrétiens enfermés dans la ville l'avaient dérobée, pendant le siége, aux regards des Musulmans. Son aspect excita les plus vifs transports parmi les pèlerins. *De cette chose*, dit une vieille chronique, *furent les chrétiens si joyeux, comme s'ils eussent vu le corps de Jésus-Christ pendu dessus icelle.* Elle fut promenée en triomphe dans les rues de Jérusalem, et replacée ensuite dans l'église de la Résurrection.

Dix jours après leur victoire, les croisés s'occupèrent de relever le trône de David et de Salomon, et d'y placer un chef qui pût conserver et maintenir une conquête que les chrétiens venaient de faire au prix de tant de sang. Après plusieurs conseils entre les chefs, il fut décidé que le roi serait choisi par un conseil composé de dix hommes les plus recommandables du clergé et de l'armée. On ordonna des prières, des jeûnes et des aumônes pour que le Ciel daignât présider à la nomination qui allait se faire. Ceux qui étaient appelés à choisir le roi de Jérusalem, jurèrent, en présence de l'armée chrétienne, de n'écouter aucun intérêt, aucune affection particulière, et de couronner la sagesse et la vertu. Ces électeurs mirent le plus grand soin à étudier l'opinion de l'armée sur chacun des chefs. Guillaume de Tyr rapporte qu'ils allèrent jusqu'à interroger les familiers et les serviteurs de tous ceux qui avaient des prétentions à la couronne de Jérusalem, et qu'ils leur firent prêter serment de révéler tout ce qu'ils savaient sur leurs mœurs, le caractère et les penchants les plus secrets de leurs maîtres. Les serviteurs de Godefroi de Bouillon rendirent le témoignage le plus éclatant à ses vertus domestiques, et, dans leur sincérité naïve, ils ne lui reprochèrent qu'un seul défaut, celui de contempler avec une vaine curiosité les images et les peintures des églises, et de s'y arrêter si longtemps, même après les offices divins, que souvent il laissait passer l'heure du repas, et que les mets préparés pour sa table se refroidissaient et perdaient leur saveur (Guill. de Tyr, l. 9).

Enfin les électeurs, après avoir mûrement délibéré et pris toutes les informations nécessaires, proclamèrent Godefroi, duc de Lorraine. Cette nomination causa la plus vive joie dans l'armée chrétienne, qui remercia le ciel de lui avoir donné pour chef et pour maître celui qui l'avait si souvent conduite à la victoire. Les chefs le conduisirent en triomphe à l'église du Saint-Sépulcre, où il prêta serment de respecter les lois de l'honneur et de la justice. Godefroi refusa le diadème et les marques de la royauté, en disant qu'il n'accepterait jamais une couronne d'or dans une ville où le Sauveur du monde avait été couronné d'épines. Il se contenta du titre modeste de *défenseur et de baron du saint Sépulcre*. C'était la pensée de son ancêtre Charlemagne, quand il s'intitulait *dévot défenseur de l'Eglise de Dieu et humble auxiliaire du Siége apostolique en toutes choses*. Au fond, c'était la même œuvre. Ce que Charles-Martel avait commencé dans les champs de Poitiers, son descendant Godefroi venait de l'achever à Jérusalem, la défense de la chrétienté contre l'empire antichrétien de Mahomet. Tous les peuples chrétiens y avaient contribué, mais avant tout l'épée des Francs.

Il est croyable, dit un historien de cette époque, Guibert, abbé de Nogent, que Dieu avait spécialement réservé cette gloire à la nation française. Sa fidélité semble l'avoir méritée; car nous savons que, depuis qu'elle a reçu la foi par la prédication de saint Remi, elle n'a jamais été souillée d'aucune tache d'hérésie, comme l'ont été presque toutes les autres nations. Même lorsque les Francs étaient encore idolâtres et qu'ils combattaient pour la conquête des Gaules, on n'a point vu qu'ils aient fait mourir personne pour la foi ; au contraire, ils ont toujours marqué beaucoup de respect pour les saintes reliques; mais la prise de Jérusalem a mis le comble à leur gloire. Le nom même de Francs est un éloge; car, continue cet auteur, si nous voyons des Bretons, des Italiens qui nous paraissent gens de bien et de bonnes mœurs, nous disons, pour leur faire honneur, que ce sont des hommes francs (Michaud, *Histoire des Croisades*, l. 4).

Pendant que la France fournissait à la terre sainte tant de héros qui combattaient les ennemis de Jésus-Christ au delà des mers, elle conservait dans son sein de fervents religieux qui levaient les mains pour ces généreux combattants et faisaient la guerre aux vices, ennemis domestiques plus dangereux que les ennemis étrangers. Saint Robert, abbé de Molesme, que la Providence avait destiné à rallumer par sa ferveur le feu sacré qui commençait à s'éteindre dans plusieurs monastères, ne comprit pas d'abord les vues que Dieu avait sur lui; il quitta même le gouvernement de Molesme pour vivre dans la solitude. Ses religieux, fâchés de l'avoir perdu, s'adressèrent au Pape, qui l'obligea de retourner à Molesme. Il obéit; mais il conçut bientôt le dessein de fonder, avec les plus fervents de ses disciples, un nouveau monastère où il pût pratiquer la règle de saint Benoît dans toute sa rigueur. Il alla en demander la permission à Hugues, archevêque de Lyon, légat du Saint-Siège, et à Odon, comte de Bourgogne, qui la lui accordèrent. Il choisit pour ce dessein une solitude nommée Citeaux, au diocèse de Châlon-sur-Saône. C'était un désert couvert de bois et d'épines. Ils s'y établirent le jour de Saint-Benoit, 21 mars 1098, commencèrent à défricher le terrain et à s'y loger dans des cellules de bois. L'archevêque de Lyon, voyant que leur pauvreté était extrême et qu'ils ne pourraient subsister dans un lieu si stérile, sans le secours de quelque personne puissante, en écrivit au duc de Bourgogne, qui fit achever leurs bâtiments de bois, leur fournit longtemps toutes les choses nécessaires, et leur donna même abondamment des terres et du bétail. Telle fut l'origine du monastère et de l'ordre de Citeaux, où nous verrons fleurir tant de saints, et d'où naîtront les religieux si édifiants de nos jours, les *trappistes*.

Saint Robert ne s'appliquait, dans son nouveau monastère, qu'à faire revivre l'esprit de saint Benoît, en observant la règle à la rigueur de la lettre, lorsque des ordres supérieurs l'arrachèrent encore à sa chère solitude. L'abbé et les moines qui étaient restés à Molesme ne pouvant se consoler de l'avoir perdu, envoyèrent au pape Urbain des députés; ceux-ci plaidèrent si bien leur cause, que le Pape, touché de leurs larmes, donna ordre à Hugues, archevêque de Lyon, d'obliger Robert à retourner à Molesme. Ce saint abbé obéit avec une humble soumission; et, après avoir établi le bienheureux Albéric abbé de Citeaux, il retourna reprendre le gouvernement de Molesme. Sa séparation coûta bien des pleurs au nouveau troupeau qu'il avait rassemblé à Citeaux ; mais il consola ces chers disciples par les lettres pleines de tendresse qu'il leur écrivit. « Je vous affligerais trop, leur dit-il dans une de ses lettres, si ma langue pouvait servir de plume, mes larmes d'encre et mon cœur de papier. Il se dessèche, ce cœur, depuis qu'il est séparé de vous, si cependant il a pu en être séparé; car l'éloignement ne sépare point ceux que la charité de Jésus-Christ tient unis. Que Molesme jouisse de la présence de mon corps, puisque l'obéissance le veut; Citeaux aura toujours les désirs de mon âme. Elle ne cesse point d'être avec vous. Priez pour elle. Le corps qui est absent vous salue (*Acta Sanct.*, 29 *april.*). »

Albéric, que Robert établit abbé de Citeaux à sa place, y maintint toujours la plus exacte régularité, et donna une forme au nouvel institut, selon le projet et par les conseils de saint Robert. Les religieux de Citeaux ayant donc résolu de pratiquer la règle de saint Benoît dans toute sa rigueur, firent quelques statuts par lesquels ils s'engagèrent à rejeter tout ce qui paraîtrait contraire à cette règle. Ils arrêtèrent qu'ils ne posséderaient pas de dîmes, attendu que les dîmes sont destinées aux églises et aux ecclésiastiques qui les desservent; qu'ils ne bâtiraient leurs monastères que dans des lieux solitaires et éloignés des villes; qu'on ne mettrait que douze religieux dans chaque communauté ; qu'ils retrancheraient de leur habillement tout ce qui paraissait superflu; qu'ils ne porteraient pas de fourrures, ni de fines étoffes; qu'ils ne se serviraient point de graisse pour assaisonner les mets, et qu'ils ne permettraient pas aux femmes l'entrée de leurs églises. Ils statuèrent aussi que, pour cultiver leurs terres, afin d'avoir de quoi vivre et exercer l'hospitalité, ils recevraient, avec la permission de l'évêque, des frères lais ou convers. Le bienheureux Albéric donna l'habit blanc aux religieux de Citeaux, hormis le scapulaire, qui demeura noir; et la tradition de l'ordre est qu'il fit ce changement par le commandement de la sainte Vierge, qui voulut qu'un institut spécialement dévoué à son culte portât cette couleur.

Tandis que saint Robert de Molesme et le bienheureux Albéric travaillaient à réformer les moines, un autre Robert, dit d'Arbrissel, travaillait à convertir et à sanctifier les personnes laïques de l'un et de l'autre sexe. C'était le bienheureux Robert, originaire du diocèse de Rennes, d'un lieu nommé aujourd'hui Arbre-Sec, et alors d'Arbrissel, d'où lui est demeuré son surnom. Il naquit avec d'heureuses dispositions pour la piété et une grande inclination pour les sciences. Comme il y avait peu d'habiles maîtres en Bretagne, il alla étudier à Paris et s'y distingua bientôt. Sylvestre de la Guerche, évêque de Rennes, ayant appris les progrès qu'il avait faits dans les lettres et dans la vertu, l'appela auprès de lui et le fit son archiprêtre. Il exerça cette charge importante pendant quatre ans, pendant lesquels il s'employa, avec un grand zèle, à combattre la simonie et l'incontinence des prêtres. Il se rendit par là odieux à plusieurs personnes du clergé; mais tandis que son évêque le soutenait, le fruit de ses travaux le consola des contradictions.

Après la mort de Sylvestre, Robert se vit exposé à l'envie et au ressentiment de ceux dont il avait combattu les désordres. Marbode ou Marbœuf, qui était archidiacre d'Angers, ayant été élu évêque de Rennes, et ne paraissant peut-être pas d'humeur à soutenir ce qu'avait fait son prédécesseur, Robert renonça à l'archiprêtrise et se retira dans une espèce de désert de la forêt de Craon. Sa réputation l'y suivit. Comme il avait un talent singulier pour annoncer la parole de Dieu, on accourait de toutes parts pour annoncer la parole de Dieu, on accourait de toutes parts pour s'édifier de ses discours et de la vie austère qu'il menait dans sa solitude. Il assembla bientôt un grand nombre de compagnons, et il bâtit pour eux l'abbaye de Notre-Dame-aux-Bois, dont il fut abbé. Il y établit la vie canoniale; mais ce champ était trop resserré pour l'étendue de son zèle. Il parcourut plusieurs provinces voisines, marchant nu-pieds et prêchant la pénitence avec un succès qui répondait au concours prodigieux de ses auditeurs.

Urbain II étant venu en France sur ces entrefaites, et ayant entendu Robert, lui ordonna de prêcher partout la pénitence : ce qu'il fit avec un succès merveilleux. Les peuples accouraient à l'abbaye de Notre-Dame-aux-Bois pour y entendre ses instructions. Plusieurs saints personnages vinrent s'y ranger sous sa conduite et mener la vie érémitique dans la forêt de Craon. Vital de Mortain, Raoul de la Futaie, Pierre de l'Etoile, le bienheureux Renaud, Alleaume et saint Bernard d'Abbeville, autrement de Tyron, furent de ce nombre. La sainteté de pareils disciples fait beaucoup d'honneur au maître et devient une preuve de la sienne. Tous ces saints solitaires, après avoir sanctifié un grand nombre de personnes qui venaient les chercher dans leur désert, sortirent de leur solitude pour aller eux-mêmes sanctifier le monde; et ils fondèrent tous divers monastères, tant pour des filles que pour des hommes.

Mais Robert d'Arbrissel se distingua entre ses illustres disciples autant par ses austérités que par ses rares talents pour travailler à la conversion des pécheurs. Ce saint homme ayant reçu ordre du Pape de prêcher la pénitence, sacrifia son attrait pour la solitude à l'obéissance et au salut des âmes. Il parcourut les diocèses voisins, marchant nu-pieds et couvert d'un sac, en prêchant partout la pénitence. Son éloquence, soutenue par la sainteté de sa vie, fit partout des fruits surprenants. L'homme apostolique était suivi, dans tous les lieux où il allait, d'une foule innombrable de personnes de l'un et de l'autre sexe, qui, après l'avoir entendu, ne voulaient plus se séparer de lui, pour mener sous sa direction la vie pénitente qu'il leur avait prêchée.

Il y avait parmi cette troupe, des femmes mariées, des veuves, de jeunes filles, des clercs et des hommes de toutes les conditions et de tous les âges. Robert craignit que les hommes se trouvant ainsi avec les femmes, à sa suite, dans ses courses apostoliques, il n'en arrivât quelque désordre, ou que du moins le monde malin n'en soupçonnât; car on commençait à railler de ce qu'il se laissait suivre ainsi par des troupes d'hommes et de femmes. Pour prévenir le scandale et fermer la bouche à la malignité, il chercha un lieu solitaire où il pût fixer ses disciples et séparer les deux sexes. Il en trouva un sur les confins de l'Anjou et du Poitou, nommé Fontevrault, qui lui parut bien propre à ce dessein. C'était un lieu inculte, plein de buissons et de broussailles, et qui n'était habité que par des bêtes féroces et des voleurs. Robert en fit la demeure des saints. Il y fit bâtir un grand nombre de cabanes ou de cellules, et, au milieu de ces cellules, un petit oratoire. Il entoura les cellules des femmes d'une bonne clôture, pour ôter toute communication suspecte. Ceux d'entre les hommes qui étaient engagés dans la cléricature furent employés à la psalmodie et à l'office divin. Les autres furent occupés à défricher le terrain et à le cultiver pour nourrir la communauté. Pour les femmes, il occupa les plus délicates à la récitation de l'office et à la contemplation, et il appliqua les plus robustes aux exercices de la vie active, propre de leur état.

Le bruit de cet établissement attira bientôt à Fontevrault des personnes de toutes conditions, des vieillards et des jeunes gens, des femmes de la première qualité et des femmes de la lie du peuple, des vierges et même des femmes débauchées qui voulaient faire pénitence. Robert recevait avec bonté tous ceux et toutes celles qui se présentaient pour vivre sous sa direction, et la Providence fournissait libéralement à leurs besoins; car les aumônes qu'on lui envoyait croissaient avec le nombre de ses disciples. Il les nommait les pauvres de Jésus-Christ.

Robert d'Arbrissel voyant que le nombre des cellules qu'on avait construites n'était pas suffisant, et voulant d'ailleurs rendre cet établissement plus stable, fit bâtir à Fontevrault deux grands monastères, un pour les femmes et l'autre pour les hommes. Celui des religieuses était dédié à la sainte Vierge, et celui des religieux à saint Jean l'Evangéliste. Il mit trois cents femmes dans le monastère des religieuses destinées pour le chœur. Il mit ensemble cent vingt femmes repenties dans un monastère séparé, qu'il nomma *la Magdelaine*. Il admit même les lépreux qui se présentèrent; mais il les sépara aussi des religieux, et les plaça dans un petit monastère qui fut appelé Saint-Lazare. Le bienheureux Robert laissa le soin des bâtiments et des religieuses à une sainte veuve nommée Hersinde, qui s'était, une des premières, rangée sous sa conduite, et il lui associa Pétronille de Chemillé, qui fut dans la suite la première abbesse de Fontevrault. C'est l'origine de l'ordre et de la célèbre abbaye de Fontevrault, dont nous verrons plus tard les progrès et la constitution (*Acta Sanct.*, 28 febr.).

Dans une autre extrémité de la Gaule, le bienheureux Heldemare, prêtre, assisté de Conon, qui était aussi prêtre, et d'un laïque nommé Roger, après avoir mené la vie érémitique dans la forêt d'Arouaise, près de Bapaume, y jeta les fondements d'un monastère qui est devenu le chef d'une congrégation de chanoines réguliers renommés pour l'austérité de leur vie. Ils choisirent, pour cet établissement, un lieu nommé le Tronc-de-Bérenger. Bérenger était un fameux voleur qui avait longtemps infesté cette forêt, et l'on supposait que son cadavre était dans le tronc qui portait son nom. Les voleurs qui succédèrent à Bérenger dans cette forêt avaient un grand respect pour sa mémoire, et ils faisaient semblant d'aller consulter cet arbre pour savoir quelle rançon ils exigeraient de ceux qu'ils avaient pris. Heldemare, qui voulut faire un temple du Seigneur de ce qui avait été longtemps une caverne de brigands, bâtit en ce lieu son monastère, et il s'associa, en peu de temps, des compagnons qui édifièrent tout le pays. Leur vie était fort austère. Ils ne mangeaient point de chair et ne portaient point de linge. Plusieurs collégiales de chanoines embrassèrent dans la suite l'institut d'Arouaise, et formèrent une nombreuse congrégation. Le bienheureux Heldemare menait dans sa forêt une vie toute céleste, n'ayant rien à craindre ni des bêtes féroces ni des voleurs, lorsqu'un mauvais clerc, pire que les voleurs et les bêtes féroces, et qui avait fait semblant de vouloir embrasser son institut, l'assassina cruellement, le 13 janvier, vers la fin du XIe siècle (*Acta Sanct.*, 13 *jan.*).

Non loin d'Arouaise, se voyait le monastère du mont Saint-Quentin, qui était alors une école de toutes les vertus religieuses. Saint Godefroi, abbé de Nogent-sous-Couci, et depuis évêque d'Amiens, y avait puisé les sentiments de piété qui le rendirent un des plus saints abbés et un des plus grands évêques de son temps. Comme ses parents durent sa naissance aux prières de cette pieuse communauté, ils le portèrent au mont Saint-Quentin pour qu'il y reçût le baptême. Dès que cet enfant eut atteint l'âge de cinq ans, on l'offrit au monastère et on le revêtit de l'habit monastique. Son père, Frodon, embrassa la vie religieuse au monastère de Nogent, et un de ses frères, nommé Odon, se retira au mont Saint-Quentin, où il se distingua par une grande sobriété et par une si exacte observance du silence, que, pendant le carême, il ne proférait pas une seule parole, sinon en se confessant.

Godefroi montrait encore plus de vertu, quoique dans une plus tendre jeunesse. Son amour pour la pauvreté et le recueillement engagea à le nommer procureur de la communauté. La prudence de Godefroi suppléa à l'expérience; il aima l'épargne, sans aimer l'avarice. Par son application, il remit en peu de temps les affaires du monastère, qui étaient en fort mauvais état, paya les dettes, et se rendit également agréable aux religieux et aux séculiers. Devenu, en 1095, abbé de Nogent-sous-Couci, par la résignation de son prédécesseur, il y fit bientôt fleurir la piété avec le nombre des religieux. C'était un monastère nouvellement fondé en un lieu où il y avait une ancienne église de la Vierge, fort fréquentée des fidèles. Les moines étaient en petit nombre, et ils n'étaient pas fort réguliers. Godefroi ne trouva à Nogent que six religieux avec deux enfants élevés parmi eux. Mais il rendit en peu de temps ce monastère très-florissant, et il y reçut plusieurs excellents sujets. Il s'appliqua même à la direction des séculiers, sans négliger celle des religieux, et il conduisit à une grande perfection, de pieuses dames qui lui avaient donné leur confiance.

En 1103, on l'élut évêque d'Amiens; mais il fallut lui faire violence pour qu'il acquiesçât à son élection. Il entra nu-pieds dans la ville. Lorsqu'il fut arrivé à l'église de Saint-Firmin, il adressa au peuple, qui était présent, un discours fort pathétique. On trouvait dans son palais la maison d'un vrai disciple de Jésus-Christ. Chaque jour, il lavait les pieds à treize pauvres, et les servait à table. Il s'opposait avec un zèle inflexible aux entreprises des grands, opiniâtrement attachés à leurs désordres. Il attaqua avec vigueur les abus qui régnaient dans son clergé, et, après avoir éprouvé bien des difficultés, il rétablit la réforme dans le monastère de Saint-Valéri. Célébrant les saints mystères le jour de Noël, en présence de Robert, comte d'Artois, qui tenait sa cour à Saint-Omer, il ne voulut point recevoir les offrandes mêmes des princes, parce que leur extérieur était trop mondain. Plusieurs sortirent de l'église et y rentrèrent avec plus de simplicité, pour n'être pas privés de la bénédiction du saint évêque. Il mourut saintement, comme il avait vécu, le 8 novembre 1118, jour auquel l'Eglise honore sa mémoire (Surius et Godescard).

En 1097, fut placé sur le siège du Mans le bienheureux Hildebert, dont nous avons plusieurs écrits. Il naquit à Lavardin, alla prendre des leçons de piété à Cluny, des leçons de hautes sciences sous Bérenger, dont toutefois jamais il ne partagea les erreurs. Hoël, évêque du Mans, le mit à la tête de son école cathédrale, et le fit son archidiacre. Cet évêque étant mort l'an 1097, le clergé lui donna pour successeur Hildebert. Le nouvel évêque eut bien à souffrir. Le parti d'un compétiteur, que soutenait le comte du Mans, répandit contre lui d'atroces calomnies, qui inquiétèrent jusqu'au bienheureux Yves de Chartres. Sa conduite exemplaire démentait ces mauvais bruits, lorsqu'il eut à souffrir des révolutions politiques. Le roi d'Angleterre, Guillaume le Roux, s'étant emparé du Maine, voulut obliger l'évêque Hildebert de faire abattre les tours de la cathédrale du Mans, qui commandaient le château de la ville. L'évêque résista avec courage, et, étant passé pour ce sujet en Angleterre, il se flatta d'avoir fait goûter au roi ses raisons. Cependant le prince étant revenu dans le Maine, fit mettre le saint évêque dans une étroite prison, sous prétexte de trahison, et il voulut l'obliger à se purger par l'épreuve du fer chaud.

Hildebert, qui savait que ces sortes d'épreuves étaient défendues par les canons, aima mieux souffrir toutes les incommodités d'une rude prison, que d'en sortir par un moyen illicite. Il ne laissa pas de consulter Yves de Chartres, pour savoir de lui si le désir de recouvrer sa liberté, de conserver sa réputation et de regagner les bonnes grâces du roi, ne l'autorisait pas, dans les circonstances, à se justifier par l'épreuve qu'on demandait. Yves lui fit réponse qu'il n'est point permis de se rendre coupable pour défendre son innocence, et que ce serait la perdre que de vouloir la faire connaître par les moyens que les papes Nicolas Ier, Alexandre II, Etienne V ont défendu d'employer pour connaître la vérité : « Prenez donc courage, lui dit-il, et ne donnez pas un exemple qui serait nuisible au siècle présent et aux siècles futurs. Si vous souffrez pour la justice, vos souffrances serviront à vous éprouver et à vous purifier, et elles seront un titre pour obtenir miséricorde (Yvon., *Epist.* 277 et 74). Le saint évêque du Mans demeura ainsi prisonnier jusqu'à la mort de Guillaume le Roux, roi d'Angleterre.

Un autre évêque non moins recommandable était celui de Poitiers. Il se nommait Pierre, et montra une intrépidité vraiment épiscopale dans ses rapports avec le comte de Poitiers, Guillaume IX. C'était un prince voluptueux et violent, qui aimait à dire de bons mots, souvent aux dépens de la religion. Ayant fait construire des cellules auprès d'un château nommé Yvor, il disait qu'il voulait y fonder une abbaye de femmes de mauvaise vie, et il nommait plusieurs dames qu'il destinait pour être supérieures de cette communauté. Il répudia la comtesse Adélaïde, sa femme légitime, et épousa la fille du vicomte de Chatellerault. Pierre, alors évêque de Poitiers, était un saint prélat qui avait trop de zèle et de courage pour laisser ce scandale impuni. Après avoir souvent et inutilement averti le comte, il crut devoir l'excommunier. Mais, comme il commençait à prononcer la formule, le comte, furieux, se jeta sur lui l'épée à la main, en lui disant : « Tu vas mourir de ma main, si tu ne me donnes l'absolution. » Le saint évêque, faisant semblant d'avoir peur, lui demanda le temps de lui dire un mot. Le comte l'accorda, et alors il acheva hardiment de prononcer le reste de la formule de l'excommunication. Après quoi, tendant le cou : « Frappez maintenant, lui dit-il, frappez, je suis prêt. » Son courage désarma le comte, qui, voyant sa résolution, lui repartit froidement : « Je ne t'aime point assez pour t'envoyer ainsi au ciel. » Et il se contenta de l'exiler. Ce saint évêque mourut, l'an 1115, dans son exil. Le bienheureux Hildebert le compare à Jean-Baptiste et à Elie, et fait un bel éloge de son zèle intrépide, de ses vertus, de ses talents. Dieu fit éclater la sainteté de son serviteur par un grand nombre de miracles qui s'opérèrent à son tombeau. Le comte de Poitiers en ayant été informé, dit : « Je me repens de n'avoir pas fait mourir ce saint évêque; car il m'aurait une grande obligation d'avoir avancé son bonheur (Guillaume de Malmesburi, l. 5, c. 1). »

On voit combien, avec de pareils princes, il fallait des pontifes pleins de zèle et de courage, pour que leurs scandales ne pussent corrompre tout le peuple. On le vit par l'exemple du roi Philippe de France. Ce prince avait bientôt oublié les promesses solennelles qu'il avait faites au pape Urbain II, et s'était replongé dans ses désordres avec Bertrade. Cette femme artificieuse se servait du malheureux empire qu'elle avait sur le roi, pour disposer à son gré des évêchés, et quelquefois pour les vendre au plus offrant. L'Eglise d'Orléans ressentit les funestes effets de ce criminel trafic. Pour remplacer un indigne évêque qui venait de mourir, le roi y fit élire successivement deux sujets plus indignes l'un que l'autre, parce qu'ils avaient donné de l'argent à la royale prostituée Bertrade. Le premier ayant été déposé par le légat Hugues de Lyon, Balderic, abbé de Bourgueil, se rendit à la cour avec une grosse somme d'argent, pour acheter, par la médiation de Bertrade, l'évêché d'Orléans. Le roi le lui avait promis, et il paraissait qu'on était convenu du prix, lorsqu'il s'aperçut que Jean, archidiacre d'Orléans, avait plus de sacs d'argent à offrir; et on lui donna l'évêché à ce prix. L'abbé de Bourgueil se plaignit au roi de ce qu'on l'avait joué. Le roi lui répondit : « Ayez patience; laissez-moi faire mon profit de celui-ci, ensuite faites-le déposer : je ferai alors ce que vous souhaitez. » C'est à cet excès d'avilissement que la passion pour une femme adultère dégradait un roi de France (Longueval, l. 22).

Le pape Urbain II, qui avait tant d'autres affaires sur les bras, dissimula la rechute du roi Philippe et son manque de parole. On murmurait, même en France, contre cette mollesse d'Urbain. Pascal II lui ayant succédé l'an 1099, songea efficacement à un scandale si public. Ce fut le principal objet de la légation de deux cardinaux, Jean et Benoit. Ils allèrent d'abord trouver le prince pour l'exhorter à renoncer à son péché. Il ne leur donna aucune espérance de changement; c'est pourquoi ils refusèrent de communiquer avec lui, et résolurent de procéder contre lui dans le concile qu'ils avaient indiqué à Poitiers. Mais quand on parla dans le concile d'excommunier le roi, Guillaume, comte de Poitiers, qui se sentait coupable des mêmes crimes, conjura instamment les légats de ne pas faire cet affront au roi, son seigneur, et quelques évêques se joignirent à lui. Ils ne purent cependant rien gagner sur les légats, qui parurent inflexibles.

Le comte, voyant ses remontrances inutiles, sortit du concile, et fut suivi de quelques évêques et d'un grand nombre d'ecclésiastiques. Les autres n'en montrèrent que plus de courage, et l'on prononça en effet l'excommunication contre le roi et contre Bertrade, sa concubine. Après cette action, on commençait les prières pour la conclusion du concile, lorsque quelqu'un des laïques qui étaient dans les galeries jeta d'en haut une pierre sur les légats. Il ne les atteignit pas, mais il cassa la tête à un ecclésiastique qui était à leur côté et qui tomba à la renverse, arrosant de son sang le pavé de l'église. Ce fut comme le signal d'un grand combat que les laïques, tant ceux qui étaient dans l'église que ceux qui étaient à la porte, livraient aux Pères du concile, en faisant pleuvoir de toutes parts une grêle de pierres sur eux. Dans le premier mouvement de frayeur, quelques prélats prirent la fuite et se sauvèrent comme ils purent. Mais la plupart des autres demeurèrent comme des colonnes immobiles, et ils ôtèrent même leurs mitres pour recevoir plus sûrement les coups, s'estimant trop heureux de sceller de leur sang la sentence qu'ils venaient de prononcer. Le bienheureux Robert d'Arbrissel et saint Bernard, alors abbé de Saint-Cyprien et depuis abbé de Tyron, étaient à ce concile, et ils y firent éclater leur courage par l'intrépidité avec laquelle ils affrontèrent la mort. Le comte de Poitiers parut avoir honte de sa violence, et il fit excuse aux légats et aux évêques de ce qui s'était passé (Hug. Flav.).

L'excommunication portée contre le roi Philippe et contre Bertrade fut mise à exécution avec tant de ponctualité, que ce prince étant allé à Sens quelque temps après, il en trouva toutes les églises fermées, et il demeura quinze jours sans pouvoir entendre la messe. Bertrade ne pouvant souffrir cet affront, envoya des satellites qui enfoncèrent les portes d'une église, et elle se fit dire la messe par un prêtre dévoué à ses volontés. Le roi fit répandre le bruit qu'il voulait aller à Rome se faire absoudre. Yves de Chartres le manda au Pape, afin qu'il se tînt sur ses gardes. » Nous faisons savoir à Votre Sainteté, lui dit-il, que le roi de France publie qu'il ira bientôt à Rome; ce que cependant nous ne croyons pas. Mais, soit qu'il y aille ou qu'il y envoie, prenez garde à vous et à nous, et tenez toujours ce prince sous les clés et dans les chaînes de saint Pierre. Que si vous jugez à propos de l'en délier et qu'il retourne encore à son péché, ne différez pas d'un moment à le remettre dans les mêmes chaînes de saint Pierre, c'est-à-dire à le frapper des mêmes censures (Yvon., *Epist.* 104). »

Le roi se contenta d'envoyer à Rome demander son absolution. Comme il avait déjà trompé, et qu'il paraissait toujours attaché à Bertrade, le Pape ne se pressa point de l'accorder, et Philippe persista encore quelques années dans son péché. Mais enfin les justes remords de sa conscience se firent sentir si vivement, qu'il prit la résolution sincère de se séparer pour toujours de Bertrade. Cette femme ambitieuse fut elle-même touchée du scandale qu'elle avait donné à la France, et parut consentir de bonne grâce à la séparation. Le Pape envoya pour légat Richard, évêque d'Albane, qui avait été chanoine de Saint-Etienne de Metz. Il tint à ce sujet un concile à Beaugenci, le 30 juillet 1104. Les évêques des provinces de Reims et de Sens s'y trouvèrent, et le roi, avec Bertrade, s'y rendit pour recevoir l'absolution, comme le Pape avait écrit à son légat de la lui donner. Ce prince et Bertrade s'offrirent de faire serment, sur les saints Evangiles, qu'ils n'auraient plus ensemble aucun commerce criminel, et qu'ils ne se parleraient même qu'en présence de personnes non suspectes, jusqu'à ce qu'il plût au Pape de leur accorder la dispense de se marier.

Mais cette dispense que le roi se flattait d'obtenir, et dont il voulait faire mention dans son serment, partagea les esprits des évêques. Les uns demandaient qu'il n'en fût pas question; les autres, parmi lesquels Yves de Chartres, n'y voyaient pas d'inconvénient. Le légat Richard avait ordre de ne rien faire là-dessus que de l'avis des évêques; les trouvant divisés, il n'osa prendre sur lui de décider. Ainsi il refusa d'accepter le serment du roi et de lui donner l'absolution. Le roi s'en plaignit au Pape, Yves de Chartres écrivit en faveur du roi. Le Pape en écrivit aux archevêques et évêques des provinces de Reims, de Sens et de Tours, pour leur témoigner sa joie des bonnes dispositions où on lui avait mandé qu'étaient le roi et Bertrade, ajoutant que, si le légat Richard ne se trouvait plus sur les lieux, il chargeait avec eux Lambert, évêque d'Arras, d'absoudre le roi s'il faisait serment de n'avoir plus aucun commerce avec Bertrade (Labbe, t. X).

Le roi ayant reçu ces nouvelles par son ambassadeur, manda à Lambert d'Arras de se rendre à Paris pour le lendemain de la Saint-André avec les autres évêques auxquels le Pape avait écrit. Le concile s'assembla le 5 décembre. Les évêques y firent d'abord lire les lettres que le pape Pascal leur avait écrites, et, après cette lecture, ils députèrent Jean d'Orléans et Gualon de Paris au roi, pour savoir de lui s'il était dans les sentiments que le Pape avait marqués dans sa lettre. Le roi répondit avec bonté qu'il voulait faire satisfaction à Dieu et à l'Eglise, obéir au précepte du Pape et suivre le conseil des archevêques et des évêques assemblés. Ce prince, malgré la rigueur de la saison, car c'était au mois de décembre, se rendit nu-pieds au concile, et y fit le serment suivant entre les mains de l'évêque d'Arras.

« Lambert, évêque d'Arras, qui tenez ici la place du Pape, écoutez ce que je promets. Moi, Philippe, roi des Français, je n'aurai plus avec Bertrade le commerce criminel que j'ai entretenu jusqu'ici avec elle. Je renonce à ce péché entièrement et sans aucune restriction. Je n'aurai même avec cette femme aucun entretien qu'en présence de personnes non suspectes. J'observerai sincèrement et de bonne foi ces promesses, ainsi que les lettres du Pape le marquent et que vous l'entendez. Qu'ainsi Dieu m'ait en aide et ces saints Evangiles de Jésus-Christ. »

Après un serment si précis et si clair, le roi reçut solennellement l'absolution. Bertrade parut ensuite au concile, et, ayant prêté le même serment, elle reçut aussi l'absolution de l'excommunication. Lambert en rendit compte au Pape par une lettre, où il inséra le serment prêté par le roi Philippe. On a pu remarquer que ce prince n'y fit aucune mention de dispense, et il ne paraît pas qu'il l'ait demandée dans la suite. C'est ainsi que fut enfin terminée, l'an 1104, cette grande affaire, qui avait causé tant de scandales et tant de maux à l'Eglise de France (Labbe, t. X).

C'est assurément une chose fort étrange que, tandis qu'une foule de princes, de seigneurs, de guerriers chrétiens sacrifient leurs biens, leur sang et leur vie pour la cause de Dieu et de l'humanité, tandis que l'Europe chrétienne se lève tout entière pour aller attaquer chez lui, corps à corps, l'empire antichrétien de Mahomet, l'empêcher d'asservir et d'abrutir l'Italie, l'Espagne, la France, l'Angleterre, l'Allemagne, comme il asservit et abrutit l'Orient, l'Egypte, l'Afrique et bientôt la Grèce, le roi du premier royaume chrétien s'asservisse et s'abrutisse lui-même dans les bras d'une femme adultère, jusqu'à forcer l'Eglise de Dieu de le séparer de la communion des fidèles, comme un membre pestiféré qui menace de corrompre tout le corps. Ce n'est pas tout: ce que fait le roi de France par faiblesse pour une femme, le roi d'Angleterre le fait par violence et par avarice, le roi ou empereur d'Allemagne le fait par tous les vices à la fois. Il faut que l'Eglise de Dieu maintienne contre eux la justice, les mœurs, sa propre indépendance, c'est-à-dire son existence même, comme elle les maintient contre les sectaires armés du mahométisme.

Le duc Robert de Normandie, allant à la croisade, céda pour trois ans à son frère le roi d'Angleterre, Guillaume le Roux, la jouissance de la Normandie, moyennant une somme d'argent que le roi lui avança. Pour lever cette somme, le roi Guillaume le Roux pilla toutes les églises d'Angleterre, et leur enleva leur argenterie, jusqu'aux châsses des reliques et aux couvertures précieuses des évangiles. Saint Anselme, archevêque de Cantorbéry, donna pour cette subvention la valeur de deux cents marcs d'argent du trésor de son Eglise, et, pour les remplir, il lui céda, pendant sept ans, la jouissance d'une terre de sa mense. Quelque temps après, le roi d'Angleterre ayant soumis par les armes les Gallois qui s'étaient soulevés, manda à l'archevêque qu'il n'était point content des troupes qu'il lui avait envoyées pour cette guerre, et il lui ordonna de se tenir prêt à lui en faire justice au jugement de sa cour. Anselme vit bien que ce n'était qu'un prétexte pour lui fermer la bouche quand il voudrait parler en faveur de la religion, et, sachant d'ailleurs que les jugements de la cour se réglaient absolument par la volonté du roi, il ne crut pas à propos de s'y exposer, et ne répondit rien à celui qui lui porta l'ordre de ce prince; mais il résolut d'aller à Rome consulter le Pape sur les moyens de remédier aux maux de son Eglise (Eadmer, *Novorum*, l. 2).

Il vint donc à la cour le jour de la Pentecôte en 1097, et, voyant que le roi était toujours aussi mal disposé à son égard, il lui fit demander, par quelques seigneurs, la permission de faire le voyage de Rome, où il ne pouvait se dispenser d'aller. Le roi, surpris de cette proposition, répondit : « Je ne crois pas qu'il soit coupable d'un assez grand péché pour avoir besoin de l'absolution du Pape, et il est plus capable de donner conseil au Pape que d'en recevoir de lui. » Anselme prit patience, et, après avoir été refusé une seconde fois, il demanda encore, au mois d'octobre, à Winchester. Le roi dit en colère : « S'il part, je veux qu'il sache que je réduirai tout l'archevêché sous ma puissance, et que je ne le recevrai plus pour archevêque. » Saint Anselme demanda conseil à quatre évêques qui se trouvèrent présents; mais plus courtisans qu'évêques, ils lui avouèrent ingénument qu'ils étaient attachés à leurs biens, et que ses maximes étaient trop sublimes pour eux; enfin, qu'ils ne pouvaient se séparer du roi, et ne tenir, comme Anselme, qu'à Dieu seul.

On vint lui dire ensuite de la part du roi : « Quand vous vous réconciliâtes avec le roi à Rokingham, vous lui promîtes de garder les lois et les usages de son royaume. Or, il est absolument contraire à ces lois qu'un seigneur, surtout tel que vous, fasse le voyage de Rome sans sa permission. » Saint Anselme alla trouver le roi, et lui dit : « J'avoue que j'ai promis de garder les coutumes de votre royaume; mais je n'ai entendu que celles qui sont selon Dieu et la droite raison. » Le roi et les seigneurs lui objectèrent qu'il n'avait point fait alors cette restriction. A quoi il répliqua : « A Dieu ne plaise qu'aucun chrétien garde des lois ou des coutumes qui sont contraires aux lois divines. Vous dites qu'il est contre votre coutume que j'aille consulter le vicaire de saint Pierre pour le salut de mon âme et pour le gouvernement de mon Eglise; et moi je vous déclare que cette coutume est contraire à Dieu et à la droite raison, et que tout serviteur de Dieu doit la mépriser (Eadmer, l. 2). » Ces paroles sont bien remarquables de la part d'un pontife si saint et si savant. Enfin le roi lui permit d'aller à Rome, et saint Anselme, avant que de le quitter, voulut encore lui donner sa bénédiction : le roi le reçut humblement, en baissant la tête et admirant le courage du prélat. C'est ainsi que saint Anselme se sépara de lui le 15 octobre 1097.

Il passa à Cantorbéry, où il consola les moines de la cathédrale, et les exhorta à souffrir constamment la persécution qui les menaçait pendant son absence. Puis, en présence de tout le clergé et le peuple, il prit le bourdon et la panetière de pèlerin, et les recommanda à Dieu, fondant tous en larmes. A Douvres, il trouva un clerc, nommé Guillaume, envoyé par le roi, qui ne lui dit rien pendant quinze jours qu'il attendait le vent; mais quand il fut prêt à s'embarquer, il l'arrêta sur le rivage de la part du roi, pour visiter son bagage. Il fallut ouvrir toutes les malles et laisser fouiller partout, au grand scandale du peuple amassé à ce spectacle, et qui détestait hautement cette indignité.

Ayant traversé la France, saint Anselme vint en Bourgogne, où le duc lui rendit beaucoup d'honneurs : on le recevait en procession et au son des cloches dans les endroits où il passait. Il séjourna quelque temps à Cluny, auprès du saint abbé Hugues. De là il avertit de sa venue Hugues, archevêque de Lyon, qu'il connaissait depuis longtemps, et qui, de son côté, désirait ardemment le voir. Saint Anselme l'estimait à tel point, qu'il avait résolu de s'en rapporter à lui et à saint Hugues, abbé de Cluny, touchant le parti qu'il devait prendre en son affaire. L'archevêque chargea l'évêque de Mâcon d'aller au devant de saint Anselme et de l'amener à Lyon, où il fut reçu avec tous les honneurs possibles.

Là il apprit qu'il n'y avait pas de sûreté à passer outre, à cause des schismatiques du parti de Guibert, qui pillaient tous ceux qui allaient à Rome, principalement les ecclésiastiques et les religieux. Guibert lui-même était alors près de Ravenne, son ancien siège, où il tenait une forteresse qui le rendait maître du passage du Pô ; mais il la perdit peu de temps après (Berthold, an 1097). Saint Anselme donc ayant appris la difficulté de continuer son voyage qui venait se joindre à sa mauvaise santé, résolut d'écrire au Pape et d'attendre à Lyon sa réponse. Sa lettre, qui respire la plus affectueuse vénération, portait en substance : « J'avais résolu, bien-aimé Père, de recourir à votre paternelle et apostolique charité dans l'affliction de mon cœur; mais ne pouvant y aller moi-même par les raisons que vous apprendrez du porteur, je suis réduit à vous consulter par écrit. On connaît assez avec quelle violence j'ai été engagé à l'épiscopat. Il y a déjà quatre ans que j'y suis sans aucun fruit; au contraire, je m'y trouve accablé de tant d'afflictions, que je souhaite plutôt mourir hors de l'Angleterre que d'y vivre, craignant de n'y pouvoir faire mon salut; car, quand j'y étais, je voyais plusieurs maux que je ne devais pas souffrir et que je ne pouvais corriger. Le roi vexait les églises après la mort des prélats, et me faisait tort à moi-même et à l'Eglise de Cantorbéry, donnant à ses vassaux des terres de l'archevêché, et le chargeant de subventions nouvelles et excessives. Je voyais la loi de Dieu et les constitutions canoniques méprisées ; et quand je voulais parler de tous ces désordres, au lieu de justice, on ne m'opposait que des coutumes arbitraires. Voyant donc que, si je souffrais toujours, je chargeais ma conscience en confirmant ces mauvaises coutumes au préjudice de mes successeurs, et que je ne pouvais demander justice, parce que personne n'osait me donner aide ni conseil, je demandai permission au roi d'aller trouver Votre Sainteté ; ce qui l'irrita tellement qu'il prétendit que je lui en devais faire satisfaction, comme d'une grande injure, et que je devais lui donner assurance de ne jamais avoir recours au Saint-Siège. Puis donc qu'il m'est impossible, en ces circonstances, de faire mon salut dans l'épiscopat, je vous supplie, autant que vous aimez Dieu et mon âme pour Dieu, de me délivrer de cette servitude et de me rendre la liberté de le servir tranquillement, ensuite de pourvoir, selon votre prudence et votre autorité à l'Eglise d'Angleterre (*Gesta S. Ans.*, l. 2, c. 3; *Acta Sanct.*, 21 *april.*). »

Cependant le bruit se répandit en Italie que l'archevêque de Cantorbéry allait à Rome, chargé de grands trésors; ce qui excita l'avidité de plusieurs, principalement des schismatiques, partisans du roi d'Allemagne, pour le prendre par le chemin; car ils dressaient des embuscades à tous ceux qui allaient à Rome; en sorte qu'ils prirent des évêques, des clercs et des moines, les pillèrent, leur firent divers outrages et en tuèrent quelques-uns; mais saint Anselme évita ce péril par le séjour qu'il fit à Lyon, pour attendre la réponse de sa lettre au Pape; car des pèlerins dirent à ceux qui l'attendaient au passage, qu'il était tombé malade à Lyon, et qu'il ne passerait pas outre. Il fut en effet dangereusement malade; mais il était presque guéri, quand ceux qu'il avait envoyés à Rome arrivèrent, et dirent que le Pape lui ordonnait de venir incessamment le trouver.

Il partit donc de Lyon le 17 mars 1098, accompagné seulement de deux moines, Baudouin et Eadmer, qui a écrit l'histoire du saint. Il passa inconnu comme un simple moine, et célébra la Pâque au monastère de Saint-Michel de Cluse. Il arriva heureusement à Rome, et, sitôt que le Pape l'eut appris, il donna ordre qu'il fût logé dans le palais, et le laissa reposer ce jour-là. Le lendemain le Pape le fit amener avec honneur à son audience, où la noblesse romaine s'était assemblée sur cette nouvelle, et on lui mit un siège devant le Pape. Saint Anselme se prosterna à ses pieds, suivant la coutume; mais le Pape le releva et le baisa. Puis, quand il fut assis et que l'on eut fait silence, le Pape s'étendit sur les louanges du prélat, et ajouta: « Quoique nous le regardions comme notre maître, à cause de son profond savoir, et que nous le respections presque comme notre égal, puisqu'il est le patriarche d'un autre monde, toutefois son humilité lui a fait entreprendre un si grand voyage pour venir honorer saint Pierre en notre personne, et nous consulter sur ses affaires, nous qui avons plutôt besoin de ses conseils. Voyez donc combien nous devons l'aimer et l'honorer. »

Saint Anselme ne répondit à ce discours que par sa modestie, en rougissant et en gardant le silence. Puis, le Pape lui ayant demandé la cause de son voyage, il la lui expliqua comme il avait fait dans sa lettre. Le Pape lui promit sa protection tout entière, et écrivit au roi d'Angleterre, l'exhortant et lui enjoignant de le rétablir dans tous ses biens; car le roi s'en était emparé dès que le saint évêque eut quitté le royaume. Anselme écrivit aussi au roi, et il demeura dix jours à Rome, logé au palais de Latran, avec le Pape, qui lui avait ordonné d'attendre auprès de lui les effets de sa protection. Mais comme la chaleur de l'été était grande et que le séjour de Rome était malsain, surtout pour les étrangers, le Pape trouva bon que saint Anselme se retirât au monastère de Saint-Sauveur, dans la terre de Labour, dont l'abbé Jean avait été autrefois moine au Bec; car, encore qu'il fût Romain, le désir d'étudier l'avait fait passer en France, et la réputation d'Anselme l'attira à son monastère; mais, quelques années après, le pape Urbain ayant ouï parler de ce moine Jean, le fit venir auprès de lui et lui donna cette abbaye. Car Urbain était soigneux d'attirer les personnes de mérite, et par ce motif, il éleva plusieurs moines aux dignités ecclésiastiques: comme Albert, qu'il fit prêtre-cardinal, puis évêque de Siponte; Bernard Uberti, florentin, qu'il fit prêtre-cardinal, légat, puis évêque de Parme; Milon, moine de Saint-Aubin d'Angers, qu'il fit évêque de Palestrine, au lieu du cardinal schismatique Hugues le Blanc; enfin Jean de Marses, qu'il fit évêque de Tusculum (*Vita S. Anselmi*, n. 41 et 42, *Italia sacra*).

Saint Anselme donc, invité par l'abbé Jean, se retira dans une terre de son monastère nommée Sclavie, où l'air était fort sain, pour y attendre la réponse du roi d'Angleterre. Charmé du repos qu'il goûtait en cette agréable solitude, Anselme y reprit les mêmes exercices dont il s'occupait au Bec avant que d'être abbé, c'est-à-dire les œuvres de piété et la méditation profonde des mystères de la religion. Ainsi il acheva le traité intitulé: *Pourquoi Dieu s'est fait homme*. Il reçut dans cette solitude la visite de plusieurs personnes que sa réputation attirait pour recevoir ses conseils, et qui retournaient merveilleusement satisfaites. Roger même, duc de Pouille, qui faisait alors le siège de Capoue, le pria de venir l'y trouver, et le reçut avec tous les témoignages possibles de respect et d'amitié. Le Pape vint aussi à ce siège, espérant faire la paix; mais il ne put y réussir, et Anselme demeura avec lui dans le voisinage de Capoue, jusqu'à ce que cette ville se fût rendue au duc Roger. La plupart de ceux qui venaient voir le Pape, venaient aussi voir Anselme, aussi recherché pour sa vertu que le Pape pour sa dignité. Les pauvres qui n'osaient approcher du Pape s'adressaient à Anselme, et il était honoré même des Sarrasins que le comte Roger, oncle du duc, avait amenés de Sicile.

Le duc Roger avait à ce siège deux cents Grecs commandés par un nommé Sergius, qui, gagné par le prince de Capoue, promit de lui donner entrée dans l'armée du duc, dont il avait la garde avancée. La nuit même que cette trahison devait s'exécuter, le duc Roger vit en dormant saint Bruno, qui lui dit de se lever promptement et de prendre ses armes, s'il voulait se sauver, lui et son armée, du péril qui le menaçait. Le duc s'éveilla, fort alarmé, fit monter à cheval quelques-uns des siens, qui trouvèrent Sergius fuyant avec sa troupe, et, en ayant pris la plus grande partie, reconnut la vérité de la trahison. Après la prise de Capoue, le duc vint sur la fin de juillet à Squillace, où il demeura quinze jours malade. Saint Bruno vint l'y voir avec quatre de ses frères, pour le consoler. Le duc lui raconta sa vision, et lui rendit grâces du soin qu'il avait eu de prier pour lui en son absence. Le saint homme répondit: Ce n'est pas moi que vous avez vu, c'est l'ange de Dieu qui accompagne les princes pendant la guerre. Le duc le pria de recevoir de grands revenus de son domaine de Squillace; mais le saint répondit: J'ai quitté la maison de mon père et la vôtre pour servir Dieu, dégagé de toutes les choses extérieures. Enfin il reçut le monastère de Saint-Jacques, avec le château, et c'est lui-même qui fait l'acte de donation que le duc Roger raconte cette histoire (*Acta Sanct.*, 4 octob.)

Après le siège de Capoue, le Pape se rendit dans la ville d'Averse, et saint Anselme l'y suivit. Là, considérant les peines d'esprit et les persécutions qu'il avait souffertes en Angleterre, presque sans aucun fruit, et, au contraire, de quelle tranquillité il jouissait et avec quel succès il était écouté de tout le monde depuis qu'il était sorti d'Angleterre, il conçut un grand désir de n'y plus retourner et de renoncer à l'archevêché. Il se fortifia dans cette résolution par le peu d'espérance de pouvoir jamais vivre avec le roi Guillaume, dont il apprenait tous les jours de plus mauvaises nouvelles et des marques plus certaines d'un prince non-seulement injuste, mais sans religion. Il alla donc trouver le Pape, et, après lui avoir exposé ses peines, il le pria d'avoir compassion de lui et de le décharger de l'épiscopat. Le Pape se récria : « Voilà ce grand évêque, ce grand pasteur ! Il n'a pas encore répandu de sang, et il veut abandonner son troupeau ! Dieu vous préserve, mon frère, de succomber à cette tentation ! et sachez que, loin de vous accorder ce que vous demandez, je vous ordonne, de la part de Dieu et de saint Pierre, de retenir, autant qu'il vous sera possible, le soin du royaume d'Angleterre, quand même la tyrannie du roi vous empêcherait d'y retourner, et vous garderez l'autorité et les marques de l'épiscopat en quelque lieu que vous soyez. » Saint Anselme se soumit, et le Pape lui ordonna de se trouver à Bari, pour le concile qu'il devait y tenir le premier jour d'octobre, où il lui ferait justice du roi d'Angleterre et de tous ceux qui s'opposaient à la liberté de l'Eglise. Anselme retourna cependant à sa solitude de Sclavie, et, afin de pratiquer l'obéissance, il se fit donner pour supérieur, par le Pape, le moine Eadmer, qui l'accompagnait; en sorte qu'il ne faisait pas la moindre chose sans sa permission (Eadmer, *Novor*., l. 2, n. 31 et 34; Malmesbur., *Pontif*., l. 1).

Vers le même temps, Eric Ier, roi de Danemarck, surnommé le Bon, fut menacé d'excommunication, sur de vains soupçons, par Liemar, archevêque de Hambourg. Il en appela au Pape et alla lui-même à Rome, où sa cause ayant été soigneusement examinée, il repoussa si bien l'accusation de l'archevêque, qu'il revint pleinement justifié. Mais pour n'être plus exposé à un pareil traitement, il retourna à Rome et demanda d'être affranchi de la juridiction de ce prélat étranger, et qui était alors schismatique, attaché au parti de l'antipape Guibert et du roi ou empereur Henri. Le pape Urbain accorda au roi Eric ce qu'il demandait, tant en considération de sa dignité, que de la peine qu'il avait prise de faire un si long voyage; et il lui promit d'ériger un archevêché dans son royaume (1). Quelques années après, Eric ayant tué par accident quatre de ses chevaliers, fit vœu d'aller à Jérusalem pour l'expiation de ce crime. Son peuple l'aimait à tel point, qu'il offrit la troisième partie de son bien pour le faire dispenser de ce voyage; mais le roi demeura ferme, et, avant que de partir, il envoya à Rome solliciter, pendant son absence, l'érection de sa métropole.

Eric mourut en ce voyage, dans l'île de Chypre, en 1101; et, deux ans après, sous le roi Nicolas, son frère, et le pape Pascal II, l'érection fut exécutée. Le Pape envoya un légat, qui, ayant visité les principales villes de Danemarck, choisit celle de Lunden, alors capitale, pour lui donner la dignité de métropole, tant à cause du mérite d'Atzer, qui en était évêque, que pour la situation avantageuse de la ville, qui, placée près de l'embouchure d'une rivière, donnait aux pays voisins un facile accès par terre et par mer. Lunden fut donc érigée en archevêché, l'an 1103, et non-seulement tirée de la dépendance de Hambourg, mais encore donnée pour métropole aux trois royaumes de Danemarck, de Suède et de Norwège.

Le pape Urbain II tint, au mois d'octobre 1098, le concile de Bari, comme il l'avait indiqué; et il s'y trouva cent quatre-vingt-trois évêques, parmi lesquels saint Anselme. Ils étaient tous revêtus de chapes, hormis le Pape, qui portait une chasuble et le *pallium* par-dessus. Les Grecs y proposèrent la question de la procession du Saint-Esprit, prétendant prouver, par l'Evangile, qu'il ne procède que du Père. Le Pape y répondit par plusieurs raisons, et il employa quelques raisons tirées du *Traité de l'Incarnation*, que saint Anselme lui avait autrefois envoyé. Mais comme la dispute continuait, il fit faire silence et dit à haute voix : « Anselme, archevêque des Anglais, notre père et notre maître, où êtes-vous ? » Saint Anselme se leva et répondit : « Très-Saint-Père, qu'ordonnez-vous ? me voici ! » Le Pape le fit approcher et asseoir auprès de lui, au grand étonnement du concile, où tous demandaient qui il était et d'où il venait. Après que ce mouvement fut apaisé, le Pape déclara publiquement la vertu et le mérite d'Anselme, et avec quelle injustice il avait été chassé de son pays.

Saint Anselme était prêt à répondre à la question proposée; mais on jugea plus à propos de remettre au lendemain. Et alors il traita la matière avec tant de force et de netteté, que tous en demeurèrent satisfaits et lui donnèrent de grandes louanges; et on prononça anathème contre ceux qui nieraient que le Saint-Esprit procède du Père et du Fils.

Ensuite on parla du roi d'Angleterre dans le concile de Bari, et on fit beaucoup de plaintes contre lui, entre autres touchant la simonie et l'oppression des Eglises; de quoi le Pape parla fortement, ainsi que de ce que le roi avait fait souffrir à Anselme, ajoutant qu'il avait admonesté plusieurs fois ce prince de se corriger; et, demandant l'avis des évêques, ils répondirent : « Si vous l'avez appelé jusqu'à trois fois, il est clair qu'il ne reste qu'à le frapper d'anathème jusqu'à ce qu'il se corrige. » Le Pape en convint. Saint Anselme était demeuré jusque-là assis et baissant la tête, sans dire mot. Mais alors il se leva, et, s'étant mis à genoux devant le Pape, il fit tant qu'il obtint de ne pas prononcer l'excommunication contre le roi. Tous les assistants admirèrent sa charité pour son persécuteur. Saint Anselme mit depuis par écrit les raisons qu'il avait employées, dans ce concile, contre les Grecs, et en fit un *Traité sur la procession du Saint-Esprit* (Labbe, t. X; Eadmer, *Novorum*, l. 2).

Après le concile de Bari, saint Anselme retourna à Rome avec le Pape. Cependant son envoyé revint d'Angleterre et rapporta que le roi avait reçu la lettre du Pape, mais qu'il n'avait pas voulu recevoir celle d'Anselme, et que, sachant que celui qui les avait apportées était à lui, il avait juré qu'il lui ferait arracher les yeux s'il ne sortait promptement de ses terres. Quelques jours après que le Pape fut de retour à Rome, il vint un envoyé du roi d'Angleterre, chargé de la réponse au Pape, à qui il dit : « Le roi, mon maître, s'étonne comment il a pu vous tomber dans l'esprit de le solliciter pour la res-

(1) *Saxo Grammat.*, l. 12, p. 204; *Hist. gent. Danor. ap. Lindembr.*, p. 300; *Pontan.*, l. 5, p. 202.

titution des biens d'Anselme. La raison est que, quand ce prélat voulut sortir du royaume, le roi lui déclara nettement que, s'il sortait, il se saisirait de tout l'archevêché. Cependant il n'a point été retenu par cette menace. » Le Pape demanda : « L'accuse-t-il d'autre chose ? — Non, reprit l'envoyé. — Et le Pape ajouta : Qui a jamais ouï parler de rien de semblable? Il a été dépouillé de tout le primat de son royaume, pour cette seule raison, qu'il n'a pas voulu manquer de visiter la mère commune, l'Eglise romaine? Et vous avez fait un si grand voyage pour nous apporter une telle réponse ? Retournez promptement dire à votre maître qu'il le rétablisse en tous ses biens, s'il ne veut être excommunié, et qu'il me fasse savoir son intention avant le concile que je tiendrai en cette ville la troisième semaine d'après Pâques. »

L'envoyé demanda au Pape une audience secrète avant que de partir, et demeura longtemps à Rome, où, à force de présents, il attira plusieurs personnes dans les intérêts de son maître. Ainsi le Pape se relâcha et accorda au roi d'Angleterre un délai jusqu'à la Saint-Michel de l'année suivante; car ceci se passait à Noël, en 1098. Saint Anselme voyant qu'il n'avait rien à espérer du prochain concile, résolut de retourner à Lyon; mais le Pape ne voulut pas le lui permettre. Il demeura donc à Rome, étant continuellement avec le Pape, qui le venait voir à son appartement et lui faisait honneur. Dans toutes les assemblées, les processions et les cérémonies, il avait la seconde place après le Pape; tous l'aimaient et l'honoraient, même les schismatiques, et il n'en était pas moins humble et soumis à tout le monde (Eadmer, *Novor.*, l. 2, et *Vit. S. Anselmi*, n. 49).

Le pape Urbain tint à Rome le concile dans le temps marqué, la troisième semaine après Pâques, qui, cette année 1099, était le 10 avril. Il s'y trouva cent cinquante évêques, entre autres saint Anselme, archevêque de Cantorbéry, et Daimbert, nouvel archevêque de Sens, qui reconnut alors la primatie de Lyon. Chacun était assis à son rang, suivant la coutume; mais il y eut de la difficulté pour placer saint Anselme, parce que personne ne se souvenait d'avoir vu dans un concile de Rome un archevêque de Cantorbéry. Le Pape lui fit donc mettre un siège dans le cercle que formait l'assemblée : ce qui marquait une grande distinction.

Un ancien auteur dit que ce concile de Rome fut convoqué contre les erreurs des Grecs. Il n'en est toutefois point parlé dans les dix-huit canons de ce concile. Cette omission peut venir de ce que ceux qui les ont recueillis ne se sont appliqués qu'à nous transmettre les décrets qui intéressaient les Eglises d'Occident, comme ils ont négligé de rapporter ce qui regardait saint Anselme et le roi d'Angleterre, laissant aux écrivains de ces contrées de mettre par écrit ce qui avait été réglé à leur égard dans ce concile. Les onze premiers canons sont absolument les mêmes que les douze premiers du concile de Plaisance, confirmés dans celui de Clermont, touchant les ordinations des simoniaques et des schismatiques. On renouvelle dans les suivants ce qui avait été ordonné dans les conciles précédents, touchant l'administration gratuite des sacrements, le célibat des clercs, la simonie et les investitures; et la défense de recevoir de la main des laïques les dîmes ou autres droits ecclésiastiques, sans le consentement de l'évêque. On prononça aussi excommunication contre tous les laïques qui donneraient les investitures des églises, et contre les ecclésiastiques qui les recevraient ou qui consacreraient ceux qui les avaient reçues. Le concile comprit sous le même anathème les clercs qui feraient hommage aux laïques pour des dignités ecclésiastiques; il n'était pas possible de voir sans horreur que des mains qui ont l'honneur de créer le Créateur et de l'offrir pour le salut du monde, soient soumises à des mains souillées de crimes. Il fut aussi beaucoup question dans ce concile de l'expédition de Jérusalem : le Pape, qui avait reçu la lettre des chefs de la croisade après leur dernière victoire devant Antioche, pressa tout le monde d'aller au secours de leurs frères (Labbe, t. X, p. 617 ; Mansi, t. XX).

Ainsi que nous avons vu, les croisés prirent Jérusalem le 15 juillet 1099. Le pape Urbain n'eut pas la consolation d'apprendre cette heureuse nouvelle en ce monde; car il mourut le 29 du même mois, laissant l'Eglise dans une paix dont elle n'avait pas joui depuis longtemps, et que l'opiniâtreté des schismatiques ne laissait point espérer. Son pontificat fut de onze ans, quatre mois et dix-huit jours. Toute la ville de Rome le pleura. On enterra son corps dans l'église de Saint-Pierre, auprès de celui de saint Léon ; et Pierre de Léon, son ami, chez qui il était mort, lui fit des obsèques magnifiques, avec une épitaphe en vers élégiaques, qui représentent au vrai les vertus et les actions de ce grand Pape. Il était de grande taille, modeste, recommandable par sa piété, sa sagesse, son éloquence, et par son zèle pour la discipline de l'Eglise. Les écrivains du temps l'appellent un homme vraiment apostolique. Ils disent même qu'il se fit plusieurs miracles à son tombeau. On ne doit donc pas être surpris que son nom se trouve en plusieurs Martyrologes (Ceillier, t. XX).

Quinze jours après la mort du pape Urbain II, on élut pour son successeur Rainier, cardinal-prêtre du titre de Saint-Clément. Il était né à Blède en Toscane; mais il fut mis dès son enfance à Cluny et y embrassa la profession monastique. Il n'avait que vingt ans, quand son abbé l'ayant envoyé à Rome pour les affaires du monastère, le pape saint Grégoire VII connut sa vertu et sa capacité, le retint auprès de lui à Rome, et, après l'avoir éprouvé quelque temps, l'ordonna prêtre-cardinal. Quand il apprit que les cardinaux, les évêques, le clergé de Rome et les principaux de la ville, assemblés dans son église de Saint-Clément, pensaient à l'élever lui-même sur le Saint-Siège, il s'enfuit et se cacha; mais il fut découvert et ramené par force à l'assemblée. On lui fit des reproches de sa fuite, et, malgré les protestations de son indignité, on lui déclara qu'il était élu pape, et qu'il devait se soumettre à la volonté de Dieu. Alors quelques-uns du clergé, lui changeant de nom, crièrent trois fois : *Pascal pape! Saint Pierre l'a élu!* A quoi l'assemblée répondit de même, ajoutant plusieurs acclamations à sa louange. C'était le 13 août 1099. Le lendemain, qui était un dimanche, il fut sacré par l'évêque d'Ostie, assisté des évêques de Porto, d'Albane, de Lavici, de Préneste et de Népi (Baronius, an 1099).

Après le dernier concile de Rome, saint Anselme avait repris la route de Lyon, où l'archevêque Hugues l'attendait avec une grande impatience. Il ne fut pas longtemps à s'apercevoir qu'il ne pourrait recouvrer son siège, tant que le roi d'Angleterre vivrait. Au reste, le séjour qu'il fit à Lyon fut utilement employé : il y composa son livre *De la Conception de la sainte Vierge et du péché originel*. Hugues lui céda l'honneur d'officier dans son église ; il le pria encore d'exercer toutes les fonctions épiscopales, comme s'il eût été dans son propre diocèse. Ayant appris la promotion du pape Pascal, saint Anselme lui écrivit une lettre où il explique ainsi le sujet de sa retraite d'Angleterre. « Je voyais plusieurs maux que je ne pouvais corriger et qu'il ne m'était pas permis de tolérer. Le roi voulant que je consentisse à ses volontés, qu'il appelait *ses droits*, et qui étaient contraires à la loi de Dieu ; car il ne voulait pas que l'on reconnût le Pape en Angleterre sans son ordre, ni que je lui écrivisse ou que j'en reçusse des lettres. Depuis treize ans qu'il règne, il n'a point permis de tenir de concile dans son royaume. Il donnait les terres de l'Eglise à ses vassaux, et si je demandais conseil, tous les évêques du royaume et mes suffragants même refusaient de m'en donner, sinon conformément à la volonté du roi. Je demandai permission d'aller consulter le Saint-Siège sur mes devoirs ; le roi répondit qu'il se tenait offensé de la seule demande de cette permission ; que je lui en fisse satisfaction, ou que je sortisse promptement de son royaume. J'aimai mieux sortir, et aussitôt le roi s'empara de tout l'archevêché, laissant seulement aux moines le vivre et le vêtement, et nonobstant les avertissements du défunt Pape, il continue encore dans cette usurpation. Voici la troisième année que je suis sorti d'Angleterre, j'ai dépensé le peu que j'avais emporté, et beaucoup plus, que j'ai emprunté et que je dois encore ; et je subsiste par la libéralité de l'archevêque de Lyon. Je ne le dis pas par le désir de retourner en Angleterre, mais pour vous faire connaître mon état ; au contraire, je vous conjure de ne pas m'ordonner d'y retourner, qu'à ce n'est à condition que je puisse observer la loi de Dieu, et que le roi répare le mal qu'il a fait à mon Eglise. Autrement il semblerait que j'aurais été justement dépouillé pour avoir voulu consulter le Saint-Siège ; ce qui serait un dangereux exemple. Quelques-uns, moins éclairés, demandent pourquoi je n'excommunie pas le roi ; mais les plus sages me conseillent de n'en rien faire, parce qu'il ne me convient pas de me plaindre et de me venger tout ensemble. Enfin les amis que j'ai auprès du roi m'ont mandé qu'il se moquerait de mon excommunication (S. Anselme, l. 3, *Epist.* 40). »

Un accident bien funeste mit fin à la vie et aux violences de Guillaume le Roux. Son père, Guillaume le Conquérant, était passionné pour la chasse. Quoiqu'il possédât soixante-huit forêts, outre les parcs et des chasses en divers lieux de l'Angleterre, il ne fut satisfait que lorsque, pour la convenance particulière de sa cour, il eût mis en forêt une vaste étendue de pays entre la ville de Winchester et la côte de la mer. On en chassa les habitants ; on brûla leurs chaumières et leurs Eglises, et plus de quatre lieues carrées d'un canton riche et populeux furent enlevées à la culture et converties en un désert, pour fournir aux bêtes un terrain suffisant, et un vaste espace pour le délassement du roi. Cette nouvelle forêt, créée par un acte de despotisme, devint le théâtre de plus d'un événement funeste. En 1081, Richard, fils aîné du Conquérant, s'y était blessé à mort : au mois de mai 1100, Richard, fils de Robert, second fils du Conquérant, y fut tué d'un coup de flèche tiré par imprudence. La même mort devait frapper Guillaume le Roux dans la même forêt et la même année. Voici comme un historien anglais raconte la chose :

« Après le départ d'Anselme, Guillaume persévéra dans sa carrière de brigandage et de débauches, jusqu'à ce que la mort vint soudain l'arrêter dans la Nouvelle-Forêt, où son frère Richard avait déjà péri. Depuis quelque temps, il s'était répandu des bruits sur sa fin prochaine ; ils circulaient parmi le peuple et s'accréditaient rapidement près de tous ceux dont la piété souffrait de son immortalité, ou dont il provoquait la haine par son avidité. Lui-même n'était pas sans appréhension. La nuit du premier août fut pour lui une nuit sans repos : son imagination fut troublée par des songes si affreux, qu'il fit venir ses serviteurs pour veiller auprès de son lit. Avant le lever du soleil, un de ses officiers entra dans sa chambre et lui rapporta la vision d'un moine étranger, que l'on interprétait comme un présage de calamité pour le roi. Cet homme, s'écria-t-il avec un sourire forcé, rêve comme un moine ; donnez-lui cent schellings. Il ne put cependant dissimuler l'impression que ce mauvais augure avait faite sur son esprit ; et, à la prière de ses amis, il abandonna son projet de chasse et consacra toute la matinée aux affaires. A son dîner, il but et mangea plus qu'à l'ordinaire ; ses forces se ranimèrent, et, peu de temps après, il monta à cheval et entra dans la forêt. Là, presque tous ses gens le quittèrent successivement, afin de poursuivre séparément le gibier ; et, vers le soir, des paysans le découvrirent gisant sur la terre et nageant dans son sang. Une flèche, dont le fût était brisé, lui était entrée dans le cœur. On transporta son corps sur un chariot à Winchester, où on l'ensevelit promptement le lendemain matin. Par respect pour son rang, on lui éleva un tombeau dans la cathédrale ; mais on crut qu'il ne serait pas décent d'honorer par des cérémonies religieuses les obsèques d'un prince dont la vie avait été si impie, et dont la mort était trop soudaine pour donner l'espoir qu'il eût trouvé le temps de se repentir. Le même historien ajoute : Les pages précédentes auront sans doute donné au lecteur une idée suffisante de la violence du caractère de Guillaume, de sa rapacité, de son despotisme et de ses débauches (Lingard, t. II ; Orderic ; Malmesb. ; Suger, *Vita Ludov.*).

Saint Anselme ayant appris la mort si funeste du roi, son persécuteur, le pleura amèrement, et assura qu'il aurait mieux aimé que Dieu l'eût retiré du monde lui-même, que de laisser mourir sans pénitence et sans confession ce malheureux prince. Il reçut bientôt un député de l'Eglise de Cantorbéry, avec des lettres où on le priait instamment de revenir, et, par le conseil de l'archevêque de Lyon, il se mit en chemin pour l'Angleterre, fort regretté dans le pays qu'il quittait. Il n'était pas encore arrivé à Cluny, quand il reçut un autre député du nouveau roi Henri et des seigneurs du royaume, pour presser son retour. La lettre du roi portait qu'après la mort de son frère, il avait été élu roi par le clergé et le peuple d'Angleterre, et que la crainte des ennemis qui voulaient s'élever contre lui l'avait obligé à se faire sacrer sans attendre l'archevêque, à qui il en faisait excuse, protestant de vouloir se gouverner par ses conseils. Guillaume le Roux n'avait point laissé d'enfant; pour s'abandonner plus librement à toutes sortes de débauches, même à celle de Sodome, il avait refusé de se marier; et comme Robert, duc de Normandie, son frère aîné, n'était point encore revenu de la croisade, Henri, qui était le cadet, profita de son absence, et se pressa de se faire reconnaître et couronner roi. Saint Anselme fit telle diligence, qu'il arriva à Douvres le 23 septembre, et fut reçu avec une extrême joie de toute l'Angleterre, qui espérait, à son retour, une espèce de résurrection, par la réparation de tous les désordres passés, principalement dans la religion (Eadmer, *Novor.*, l. 3).

Jusqu'à cette époque, la conduite morale de Henri avait été aussi répréhensible que celle de son dernier frère : la politique lui apprit à se faire un manteau du zèle et de la sévérité d'un réformateur. Il renvoya ses maîtresses; il chassa de sa cour les hommes qui avaient scandalisé le public par leur vie efféminée et par les débauches que le feu du ciel a punies dans Sodome et Gomorrhe. A la sollicitation de saint Anselme, il consentit à se marier, et épousa Mathilde, fille du saint roi Malcolm et de la sainte reine Marguerite d'Ecosse. Comme il montait sur le trône plus par la force que par le droit, il publia une charte pour gagner la confiance publique. Il y promettait positivement de mettre en vigueur les lois de saint Edouard le confesseur; de conserver à chacun ses droits et sa liberté. En particulier, il rendait à l'Eglise ses anciennes immunités, et promettait de ne pas vendre les bénéfices vacants, de ne point les donner à ferme. Son frère Guillaume le Roux, à sa mort, avait dans ses mains un archevêché, quatre évêchés et onze abbayes, qu'il avait tous affermés.

Peu de jours après que saint Anselme fut arrivé en Angleterre, il alla trouver le roi Henri qui le reçut avec joie et lui fit goûter la raison qu'il avait eue de ne pas l'attendre pour être couronné de sa main. Ensuite on lui demanda qu'il fît hommage au roi, comme ses prédécesseurs, et qu'il reçût de lui l'investiture de l'archevêché. Anselme répondit qu'il ne le pouvait, et rapporta ce qu'il avait appris sur ce sujet dans le concile de Rome; puis il ajouta : « Si le roi ne veut pas observer ces règlements, je ne vois pas que mon séjour en Angleterre puisse être utile ni honnête; car s'il donne des évêchés et des abbayes, il faudra que je m'abstienne de sa communion et de ceux qui auront reçu ces dignités. Je le prie donc de s'expliquer, afin que je sache à quoi m'en tenir. »

Le roi fut embarrassé de ce discours. D'un côté, il ne pouvait se résoudre à abandonner les investitures des Eglises, il lui semblait que c'était comme perdre la moitié de son royaume ; d'ailleurs, il craignait que, s'il laissait se retirer saint Anselme, il n'allât trouver le duc Robert, son frère, alors en Normandie ; au retour de la croisade, et que l'ayant rangé, comme il serait facile, à l'obéissance du Saint-Siége, il ne le fît roi d'Angleterre. Le roi Henri demanda donc jusqu'à Pâques un délai, pendant lequel on enverrait à Rome, pour prier le Pape d'avoir égard à l'usage d'Angleterre, toutes choses cependant demeurant en état. Quoique saint Anselme vît bien que cette députation serait inutile, il ne laissa pas d'y consentir, pour ne donner au roi ni aux seigneurs aucun soupçon contre sa fidélité (Eadmer, *Novor.*, l. 3).

Voici comme un historien anglais résume la question des investitures, particulièrement en ce qui concerne l'Angleterre. « Pour entendre le sujet de la discussion, le lecteur doit savoir que, suivant l'ancienne coutume, l'élection des évêques se fondait généralement sur le témoignage du clergé et du peuple, et les suffrages des prélats provinciaux. Mais le cours des années et la conversion des nations barbares avaient introduit des innovations importantes dans cette branche de la police ecclésiastique. La détention des propriétés du clergé fut assimilée à celle des laïques. Le souverain s'attribua le droit d'approuver l'élection du prélat, et le nouvel évêque ou abbé, comme le baron ou le chevalier, était obligé de jurer fidélité et de rendre hommage à son seigneur suzerain. Les prétentions de la Couronne s'étendaient graduellement. Comme il était de l'intérêt du prince que les fiefs spirituels ne tombassent pas entre les mains de ses ennemis, il s'empara du droit de nomination, et, en vertu de ce droit, il investissait l'individu qu'il avait nommé, par l'anneau et la crosse, insignes connus de la juridiction épiscopale et abbatiale. L'Eglise avait vu avec défiance ces empiètements successifs sur ses privilèges; dans les conciles généraux de Nicée, en 787, et de Constantinople, en 869, on avait condamné la nomination des évêques par les autorités laïques. En 1067, ces anciennes prohibitions furent renouvelées par Grégoire VII, et, dix ans après, Victor III, dans un synode tenu à Bénévent, prononça la sentence d'excommunication contre le prince qui prétendrait exercer le droit d'investiture, et le prélat qui consentirait à recevoir ses biens temporels à de telles conditions. Mais ce fut en vain que les foudres de l'Eglise furent lancées contre cet usage des souverains; ils refusèrent d'abandonner un privilège dont leurs prédécesseurs avaient joui, et les prélats qui leur devaient leurs richesses et leur importance le défendirent énergiquement. La contestation élevée à ce sujet entre les deux puissances continua pendant un demi-siècle; et ce ne fut pas sans des concessions mutuelles, que des prétentions si contradictoires purent être ajustées à l'amiable.

» On doit cependant observer que le droit réclamé par les souverains était dégénéré, à cette époque, en abus pernicieux. Le lecteur sait déjà comment il fut exercé par Guillaume le Roux, qui, pour ses propres intérêts, refusa, dans plusieurs occasions, de nommer aux bénéfices vacants, et déshonora les dignités ecclésiastiques, en les prostituant au plus offrant. Les mêmes abus, et de plus grands encore, existaient en France et en Allemagne. L'indigence de Robert avait, en Normandie, amené des changements dans la méthode ordinaire, en vendant la réversion des évêchés en faveur d'individus dans l'enfance, et en accordant, pour des sommes proportionnées, plus d'un diocèse au même prélat. Les hommes probes désiraient vivement la suppression de cet abus, et le zèle des pontifes était excité par les conseils des membres les plus vertueux de l'ordre épiscopal. Parmi ceux-ci nous devons citer Anselme. Durant son exil, il avait assisté aux conciles de Bari et de Rome, dans lesquels on avait encore condamné la coutume de l'investiture, et renouvelé la sentence d'excommunication contre les coupables. » Ainsi parle l'historien Lingard (t. II).

Cependant le délai qui avait été pris entre le roi et saint Anselme jusqu'à Pâques 1101, fut prorogé jusqu'au retour des députés envoyés à Rome touchant l'affaire des investitures. A la Pentecôte, la cour fut extrêmement troublée par la nouvelle de l'arrivée en Angleterre de Robert, duc de Normandie. Le roi Henri et les seigneurs étaient dans des défiances mutuelles : le roi craignait qu'ils ne l'abandonnassent pour se joindre à son frère; les seigneurs craignaient que, si le roi était une fois paisible, il n'exerçât sur eux une autorité trop absolue. Ils n'avaient confiance de part et d'autre qu'en l'archevêque Anselme, et il reçut, au nom de la noblesse et du peuple, la promesse du roi de les gouverner suivant de justes et saintes lois.

Mais quand le duc Robert fut effectivement entré en Angleterre, les seigneurs, oubliant leur serment, songeaient à passer de son côté, et le roi Henri craignait, non-seulement pour son royaume, mais pour sa vie. Alors il eut recours à saint Anselme, et promit de lui laisser un pouvoir absolu pour exercer tous les droits de l'Eglise en Angleterre, et d'obéir toujours aux ordres du Pape. Saint Anselme assembla les seigneurs et leur parla en présence de toute l'armée, avec laquelle le roi marchait au devant de son frère. Il leur représenta si fortement combien étaient détestables devant Dieu et devant tous les hommes de bien, ceux qui manquaient à la foi jurée solennellement à leur prince, que tous protestèrent qu'ils demeureraient fidèles au roi, dût-il en coûter la vie. Le duc Robert, de son côté, perdit l'espérance qu'il avait dans la défection des seigneurs, et fut touché de l'excommunication que saint Anselme avait publiée contre lui comme usurpateur; il fit la paix avec son frère, et se retira.

Tout le monde s'attendait à ce que le roi Henri donnât à saint Anselme quelque marque de reconnaissance; mais, le péril passé, le roi normand oublia toutes ses promesses. Saint Anselme avait envoyé à Rome deux moines de Cantorbéry; le roi avait envoyé trois évêques. Le pape Pascal demeura ferme dans la condamnation des investitures, et il s'en expliqua clairement dans les deux lettres dont il chargea les députés, l'une pour le roi, l'autre pour l'archevêque. Les trois évêques soutinrent que le Pape leur avait parlé, en secret, d'une manière contraire à ses lettres. Baudouin, l'un des deux moines envoyés par Anselme, les réfuta vivement. Les évêques de la cour répliquèrent que le témoignage des évêques députés devait l'emporter sur celui des moines. Baudouin en appela aux lettres mêmes. Le Pape, informé de la calomnie dont les évêques députés l'avaient chargé, écrivit d'autres lettres où il condamnait nettement les investitures, et excommunia ces évêques. Le roi, malgré toutes ses promesses antérieures, ne changea pas pour cela de sentiments (Eadmer, l. 3).

Cependant, avec la permission du roi, saint Anselme tint, en 1102, un concile national de toute l'Angleterre, dans l'église de Saint-Pierre de Westminster. On y commença par condamner la simonie, et on déposa six abbés qui en furent convaincus, trois qui avaient reçu la bénédiction abbatiale, et trois qui ne l'avaient pas encore. On déposa trois autres abbés pour d'autres causes. On y fit plusieurs règlements, dont voici les plus remarquables. Défense aux évêques de prendre la charge de tenir les plaids pour les affaires temporelles, et de s'habiller comme les laïques. Tous les clercs en général doivent porter des habits d'une seule couleur. C'est que les laïques les portaient mi-partis ou bigarrés. On ne donnera point à ferme les archidiaconés. Aucun clerc ne sera intendant d'un laïque, ni juge de sang. On renouvelle l'ordonnance de la continence des clercs, et on déclare que les enfants des prêtres ne pourront leur succéder en leurs églises. On déclare nulle la promesse de mariage faite sans témoins. On défend, même aux laïques, de laisser croître leurs cheveux comme des femmes, à cause des débauches infâmes des jeunes gens, contre lesquelles on prononce anathème. Défense de rendre à des corps morts, à des fontaines ou à d'autres choses aucun honneur religieux sans l'autorité de l'évêque. Défense de vendre les hommes comme des bêtes, ce qui jusqu'alors s'était pratiqué en Angleterre (Labbe, t. X; Eadmer, l. 3).

Immédiatement après ce concile, Roger, nommé à l'évêché de Herford, tomba malade, et, se voyant à l'extrémité, il envoya prier saint Anselme de le faire sacrer par deux évêques avant qu'il mourût. Saint Anselme sourit de l'impertinence du personnage, d'ailleurs indigne, et ne répondit rien. Roger étant mort, le roi donna l'investiture à Reinelm, chancelier de la reine, et envoya prier Anselme de le sacrer avec Roger, nommé pour Salisbury, et Guillaume, élu depuis longtemps pour Winchester. Saint Anselme répondit : « Je sacrerai volontiers Guillaume; mais, pour les deux autres, je ne changerai point ce dont je suis convenu avec le roi. » Le roi dit en colère et avec serment : « Il ne sacrera point l'un sans les autres, de mon vivant. » Guillaume avait été élu pendant l'exil de saint Anselme; mais il ne voulut ni consentir à l'élection, ni recevoir la crosse de la main du roi, ni s'ingérer au gouvernement de l'Eglise. Saint Anselme étant de retour, lui donna la crosse, à la prière du clergé et du peuple, et du consentement du roi.

Sur le refus que faisait saint Anselme de sacrer les deux autres, le roi ordonna à Girard, archevêque d'York, de les sacrer tous trois; mais Reinelm, nommé à Herford, rapporta au roi la crosse et l'anneau, se repentant de les avoir reçus de sa main; de quoi le roi irrité le chassa de la cour. Girard prit jour avec tous les évêques d'Angleterre pour sacrer les deux autres, Guillaume et Roger. On commença la cérémonie et on vint à l'examen des deux élus, quand Guillaume, saisi d'horreur, déclara qu'il aimait mieux être dépouillé de tout que de consentir à une ordination si irrégulière. Les évêques, chargés de confusion et des reproches du peuple, se retirèrent; on mena Guillaume au roi, et ce prélat, demeurant ferme dans sa résolution, fut chassé du royaume et dépouillé de tous ses biens. Saint Anselme en demanda justice, mais inutilement.

Après quelques autres incidents, le roi voyant le saint archevêque toujours ferme, le pria et le fit prier d'aller lui-même à Rome demander que le droit d'investiture lui fût conservé. Anselme, jugeant bien que la proposition du roi ne tendait qu'à le faire sortir du royaume, alla à la cour prendre congé de ce prince, en l'assurant qu'il ne demanderait rien au Pape qui fût contraire à la liberté des Eglises. Il partit le 27 avril, et n'arriva à Rome que vers le commencement de septembre. Il y trouva Guillaume de Varelvast, le même que le roi Guillaume le Roux y avait précédemment envoyé. Le pape Pascal fit loger saint Anselme au palais de Latran, et assigna un jour pour l'examen de l'affaire. L'envoyé du roi releva avec beaucoup d'éloquence les bienfaits des rois envers la cour de Rome, l'usage où ils étaient de donner l'investiture, le préjudice que les Romains se feraient à eux-mêmes si on venait à ôter ce droit à son maître, dont, ajouta-t-il, il ne se départira jamais, dût-il en perdre son royaume. Saint Anselme attendit en silence le jugement du Pape, qui, prenant la parole, dit que, pour lui, il ne permettrait pas au roi de garder impunément les investitures, quand il devrait lui en coûter la vie: Néanmoins, par le conseil des Romains, il accorda au roi quelques autres usages de ses prédécesseurs (Eadmer, *Novor.*, l. 3).

Saint Anselme partit de Rome avec une lettre de Pascal II, datée du 16 novembre 1103, confirmative des droits de sa primatie. Varelvast, au contraire, demeura à Rome pour essayer d'engager le Pape à contenter le roi d'Angleterre. Sa tentative fut inutile, et tout ce qu'il obtint fut une lettre pour ce prince, datée du 23 novembre, dans laquelle le Pape lui donnait de grands témoignages d'amitié, et l'exhortait, par les motifs les plus pressants, de renoncer aux investitures et de rappeler saint Anselme. Pascal II savait apparemment qu'il y avait défense, de la part du roi, au prélat, de retourner en Angleterre, en cas que l'affaire des investitures tournât mal à Rome. Varelvast la lui signifia à Plaisance, où il le rejoignit; ensuite ils se séparèrent. Saint Anselme fut reçu à Lyon avec beaucoup d'honneur par l'archevêque Hugues, le clergé et le peuple.

Mais, en Angleterre, le roi fit saisir à son profit tous les revenus de l'archevêque, à qui il écrivit de ne point revenir, s'il ne lui promettait de le laisser dans tous les usages de son père, Guillaume le Conquérant, et de son frère, Guillaume le Roux. Son absence causait beaucoup de maux. On élevait aux dignités ecclésiastiques des courtisans indignes, et on les promouvait aux ordres contre les prescriptions des canons; on pillait les églises, on opprimait les pauvres; on enlevait des vierges, on les déshonorait; des prêtres se mariaient ou continuaient à vivre dans l'incontinence. C'est ce que des gens de bien écrivaient à saint Anselme, pour l'engager à revenir, en usant de quelque condescendance envers le roi. Ce prince pensait, de son côté, envoyer à Rome de nouveaux députés; et il y envoya, en effet, après Pâques de l'an 1105. Mais, en attendant, il faisait des exactions inouïes sur le peuple et sur le clergé, sous prétexte de faire observer les décrets du dernier concile de Londres contre le concubinage et les autres désordres qui régnaient dans ses Etats. L'archevêque lui écrivit qu'il n'était point d'usage de faire exécuter les canons d'un concile par des peines temporelles, et que c'était aux évêques et non aux princes à punir ces prévarications. Le roi lui fit réponse qu'il le satisferait sur cet article dans le voyage qu'il devait faire dans peu en Normandie; car il s'était emparé de ce duché sur son frère aîné, Robert, qu'il tint en prison tout le reste de sa vie (Eadmer, *Novor.*, l. 4).

Le saint archevêque étant à Charité-sur-Loire au commencement de l'été 1105, alla voir la comtesse de Blois, à laquelle il avait des obligations. Ayant su d'Anselme ce qui s'était passé entre son frère et lui, elle entreprit de les réconcilier. Il y eut entre eux une entrevue à Laigle, entre Séez et Mortagne. Le roi rendit au prélat les revenus de son Eglise, et consentit qu'il revînt en prendre le gouvernement, mais à condition qu'il accorderait sa communion à ceux qui auraient reçu de lui les investitures. Anselme le refusa pour le moment, et ne voulut rentrer en Angleterre qu'après le retour des députés que le roi et lui avaient envoyés à Rome chercher une explication sur cet article et sur quelques autres. La réconciliation du roi avec l'archevêque se fit le 22 juillet 1105; mais elle ne fut entière qu'au 15 août de l'année suivante. Le roi et saint Anselme se trouvèrent ce jour-là dans l'abbaye du Bec, où ils convinrent de tous les articles qui les avaient jusque-là divisés. Le roi déchargea les Eglises de son royaume, du cens que son frère leur avait imposé, promit de ne rien prendre à l'avenir des Eglises vacantes, et de restituer tout ce qu'il avait pris des biens de l'Eglise de Cantorbéry pendant l'absence de l'archevêque. Il promit encore que les curés qui n'auraient point payé de taxe ne paieraient rien, et que ceux qui avaient payé cette taxe seraient quittes pendant trois ans de toute imposition. Saint Anselme, de son côté, accorda au roi tout ce qui était porté dans la lettre du pape Pascal, savoir : qu'il donnerait l'absolution à ceux qui avaient reçu les investitures, qu'il ordonnerait ceux qui les avaient reçues ou fait hommage au roi, et que si, dans la suite, quelques-uns recevaient les prélatures sans investitures, quoiqu'ils aient fait hommage au roi, il ne laisserait pas de les ordonner.

Toutes ces conventions acceptées de part et d'autre, l'archevêque s'embarqua pour l'Angleterre, où il fut reçu avec des démonstrations de joie incroyables. La reine Mathilde alla au devant de lui, et prit soin, sur la route, de lui préparer des logements. L'année suivante 1107, se tint au mois d'août une assemblée d'évêques et de seigneurs à Londres, dans le palais du roi, où l'on confirma tout ce qui avait été arrêté l'année précédente dans l'abbaye du Bec. Elle dura trois jours, pendant lesquels on agita diverses questions, entre autres celle des investitures. Quelques-uns étaient d'avis que le roi continuât à les donner, comme avaient fait son père et son frère. L'avis contraire l'emporta, et l'on convint qu'on se conformerait au règlement du pape Pascal, qui accordait au roi les hommages, et lui défendait seulement les investitures. En conséquence, le roi ordonna qu'à l'avenir personne, dans son royaume, ne recevrait l'investiture d'un évêché ou d'une abbaye par la crosse et l'anneau, de la main du roi ou de quelque autre laïque que ce fût, et saint Anselme déclara qu'on ne refuserait la consécration à aucun prélat pour avoir fait hommage au roi. Alors on donna des pasteurs aux Eglises vacantes, mais sans leur donner l'investiture, et ceux qui avaient été élus évêques furent ordonnés à Cantorbéry par saint Anselme. Il écrivit au Pape tout ce qui s'était passé, comment le roi d'Angleterre avait renoncé aux investitures, et les précautions qu'il prenait pour ne remplir les sièges vacants que de dignes sujets. C'est ainsi que, par la fermeté et la patience, les Papes et saint Anselme triomphèrent de l'humeur intraitable des rois normands d'Angleterre, et affermirent la liberté de l'Eglise, et par là même celle du peuple (Eadmer, *Novor.*, l. 4 ; Baronius, Mansi, Labbe, Pagi).

La seconde année de son pontificat, c'est-à-dire en 1100, le pape Pascal reçut de Jérusalem la lettre suivante : « Moi, archevêque de Pise et les autres évêques, Godefroi, par la grâce de Dieu, maintenant défenseur du saint Sépulcre, et toute l'armée du Seigneur qui se trouve maintenant dans la terre d'Israël, à notre saint père le Pape, à l'Eglise romaine, à tous les évêques et à tous les chrétiens, salut et bénédiction en Notre Seigneur Jésus-Christ. » Dans cette lettre, Godefroi et le reste de l'armée chrétienne racontant brièvement et modestement, depuis la prise de Nicée jusqu'au siége de Jérusalem, leurs succès et leurs revers, attribuant les premiers à Dieu seul et les seconds à eux-mêmes ; ils ajoutent en parlant de Jérusalem :

« Nos troupes eurent beaucoup à souffrir dans le siége de cette place par la disette d'eau. Le conseil de guerre s'étant assemblé, les évêques et les principaux chefs ordonnèrent que l'armée ferait, pieds nus, une procession autour de la ville, afin que celui qui s'était jadis humilié pour nous, touché de notre humilité, nous en ouvrit les portes et abandonnât ses ennemis à notre colère. Le Seigneur, apaisé par notre action, nous livra Jérusalem huit jours après, précisément à l'anniversaire du jour où les apôtres, composant la primitive Eglise, se séparèrent pour se répandre dans les différentes parties de la terre, jour qui est célébré par un grand nombre de fidèles. Si vous désirez connaître ce que nous fîmes des ennemis que nous trouvâmes dans la ville, vous saurez que, dans le portique de Salomon et dans le temple, nos chevaux marchaient jusqu'aux genoux dans le sang impur des Sarrasins. On désigna ensuite les guerriers qui devaient garder la place, et on avait déjà accordé à ceux qui rappelaient en Europe l'amour de la patrie ou le désir de revoir leurs familles, la permission de s'en retourner, lorsque nous fûmes informés que le roi de Babylone (le Caire) était à Ascalon avec une armée innombrable, annonçant hautement le projet de conduire en captivité les Français qui gardaient Jérusalem, et ensuite de se rendre maître d'Antioche. C'est ainsi qu'il parlait ; mais le Dieu du ciel en avait ordonné autrement. Cette nouvelle nous ayant été confirmée, nous marchâmes au devant des Babyloniens, après avoir laissé dans la ville nos blessés et nos bagages avec une garnison suffisante. Les deux armées étant en présence, nous fléchîmes le genou et invoquâmes en notre faveur le Dieu des armées, pour qu'il lui plût, dans sa justice, d'anéantir par nos bras la puissance des Sarrasins et celle du démon, et par là, d'étendre son Eglise et la connaissance de l'Evangile d'une mer jusqu'à l'autre. Dieu exauça nos prières, et nous donna une telle audace, que ceux qui nous auraient vus courir à l'ennemi nous eussent pris pour une troupe de cerfs altérés qui vont étancher dans une claire fontaine qu'ils aperçoivent, la soif qui les dévore. Notre armée ne comptait guère plus de cinq mille cavaliers et de quinze mille fantassins ; l'ennemi, au contraire, avait plus de cent mille chevaux et quatre cent mille hommes de pied. Mais Dieu manifesta sa puissance en faveur de ses serviteurs. Notre seul choc mit en fuite, même avant qu'elle combattît, cette immense multitude. On eût dit qu'ils craignaient d'opposer la moindre résistance et qu'ils n'avaient point d'armes sur lesquelles ils pussent compter pour se défendre. Tous les trésors du roi de Babylone demeurèrent en notre pouvoir. Plus de cent mille Sarrasins tombèrent sous nos coups ; un grand nombre se noyèrent dans la mer, et la frayeur fut si vive parmi eux, que deux mille furent étouffés aux portes d'Ascalon en se pressant pour y entrer. Si nos soldats ne se fussent occupés à piller le camp des ennemis, à peine, dans un si grand nombre, en fût-il resté un pour annoncer leur défaite.

» Nous ne pouvons non plus passer sous silence un événement assez extraordinaire. La veille du combat, nous nous étions emparés de plusieurs milliers de chameaux, de bœufs et de brebis. Les chefs ordonnèrent aux soldats de les abandonner pour aller à l'ennemi. Chose admirable ! ces animaux nous accompagnèrent constamment, s'arrêtant avec nous, s'avançant avec nous, courant avec nous ; les nuées mêmes nous garantissaient des ardeurs du soleil, et les zéphyrs soufflaient pour nous rafraîchir. Nous rendîmes des actions de grâces au Seigneur pour la victoire signalée qu'il venait de nous faire remporter, et nous retournâmes à Jérusalem. Le comte de Saint-Gilles, le comte Robert de Normandie, et le comte Robert de Flandre y laissèrent le duc Godefroi et revinrent à Laodicée. Une concorde parfaite ayant été rétablie entre Bohémond et nos chefs par l'archevêque de Pise, le comte Raymond se disposa à retourner à Jérusalem pour le service de Dieu et de ses frères. En conséquence, nous souhaitons à vous, chefs de l'Eglise catholique de Jésus-Christ, et premiers du peuple latin, à vous tous, évêques, clercs, moines et laïques, qu'en faveur du courage et de la piété admirable de nos frères, il plaise au Seigneur de répandre sur vous ses grâces, de vous accorder la rémission entière de vos péchés, et de vous asseoir à la droite du Dieu qui règne de toute éternité avec le Père dans l'unité du Saint-Esprit. Ainsi soit-il ! Nous vous prions et nous vous supplions, par Notre Seigneur Jésus-Christ, qui fut toujours avec nous et qui nous a sauvés de toutes tribulations, de vous montrer reconnaissants à l'égard de vos frères qui retournent vers vous, de leur faire du bien et de leur payer ce que vous leur devez, afin de vous rendre par là agréables au Seigneur, et d'obtenir une part dans les grâces qu'ils ont pu mériter de la bonté divine (1). »

On voit, par cette lettre, que c'était vraiment la foi et la piété chrétienne qui animaient la multitude des croisés, et que, s'ils s'oublièrent quelquefois et

(1) *Anno* 1100, *ex manuscript., Signiens monasterii*; Michaud, *Hist. des Croisades*, t. I, p. 462, sixième édition.

firent des fautes, c'était par une fragilité inséparable de la nature humaine. Au reste, tous les historiens du temps, dont quelques-uns témoins oculaires, confirment les merveilleuses circonstances de la victoire d'Ascalon ; entre autres, cette multitude d'animaux qui suivaient avec ordre l'armée chrétienne, et qui, dans le lointain, parurent aux ennemis une innombrable arrière-garde. Plus les croisés s'approchaient de l'armée égyptienne, plus ils paraissaient pleins d'ardeur et de joie. Nous ne redoutions pas plus nos ennemis, dit Raymond d'Agiles, que s'ils avaient été timides comme des cerfs, innocents comme des brebis. Les tambours, les trompettes, les chants de guerre animaient l'enthousiasme des guerriers chrétiens, qui venaient de recevoir la bénédiction de la vraie croix. Ils allaient au devant du péril, dit Albert d'Aix, comme à un joyeux festin. L'émir musulman de Ramla, qui suivait l'armée chrétienne comme auxiliaire, ne pouvait assez admirer cette joie des soldats chrétiens à l'approche d'un ennemi formidable ; il exprima sa surprise au roi de Jérusalem ; et jura devant lui d'embrasser une religion qui donnait tant de bravoure et tant de force à ses défenseurs.

La bataille d'Ascalon fut la dernière de cette croisade. Libres enfin de leur vœu, après quatre ans de travaux et de périls, les princes croisés ne songèrent plus qu'à quitter Jérusalem, qui devait bientôt n'avoir pour sa défense que trois cents chevaliers, la sagesse de Godefroi et l'épée de Tancrède, résolu de terminer ses jours en Asie. Quand ils eurent annoncé leur départ, tous les cœurs se remplirent de deuil et de tristesse ; ceux qui restaient en Orient embrassaient leurs compagnons les larmes aux yeux, et leur disaient : « N'oubliez jamais vos frères, que vous laissez dans l'exil ; de retour en Europe, inspirez aux chrétiens le désir de visiter les saints lieux que vous avez délivrés ; exhortez les guerriers à venir combattre avec nous les nations infidèles. » Les chevaliers et les barons, fondant en pleurs, juraient de conserver un éternel souvenir des compagnons de leurs exploits, et d'intéresser la chrétienté au salut et au retour de Jérusalem.

Le premier soin de Godefroi fut de réprimer les hostilités des Musulmans et de reculer les frontières du royaume dont on lui avait confié la défense. Par ses ordres, Tancrède entra dans la Galilée et s'empara de Tibériade et de plusieurs autres villes voisines du Jourdain. Pour prix de ses travaux, il obtint la possession du pays qu'il venait de conquérir et qui, dans la suite, fut érigé en principauté.

Godefroi, de son côté, assiégeait la ville maritime d'Arsur, lorsque plusieurs émirs, descendus des montagnes de Naplouse et de Samarie, vinrent le saluer et lui offrir des présents, tels que des figues et des raisins cuits au soleil. Le roi de Jérusalem était assis à terre, sur un sac de paille, sans appareil ni gardes. Les émirs témoignèrent leur surprise, et demandèrent comment un aussi grand prince, dont les armes avaient ébranlé tout l'Orient, était humblement couché à terre, n'ayant pas même un coussin ni un tapis de soie. « Mais, répondit Godefroi, la terre d'où nous sommes sortis, et qui doit être notre demeure après la mort, ne peut-elle pas nous servir de siége pendant cette vie? » Cette réponse, si simple et si sublime, et par là même si orientale, dut vivement frapper les émirs. Pleins d'admiration pour tout ce qu'ils avaient vu et entendu, ils quittèrent Godefroi, en lui demandant son amitié ; et, dans Samarie, on s'étonna qu'il y eût tant de simplicité et de sagesse parmi les hommes de l'Occident.

Dans le même temps, la renommée racontait beaucoup de merveilles sur la force de Godefroi ; on l'avait vu, d'un seul coup de sa large épée, abattre la tête des plus grands chameaux. Un émir puissant parmi les Arabes voulut juger le fait par lui-même et vint prier le prince chrétien de renouveler devant lui le prodige. Godefroi ne dédaigna point de satisfaire la curiosité de l'émir musulman, et, d'un seul coup de son glaive, il trancha la tête d'un chameau qu'on lui avait amené. Comme les Arabes paraissaient croire qu'il y avait quelque enchantement dans l'épée de Godefroi, celui-ci prit l'épée de l'émir, et la tête d'un second chameau roula sur le sable. Alors l'émir déclara hautement que tout ce qu'on avait dit du chef des chrétiens était véritable, et que jamais homme ne fut plus digne de commander aux nations. Aujourd'hui cette terrible épée, qui abattait les têtes des chameaux et pourfendait les géants sarrasins, se conserve dans l'église du Saint-Sépulcre.

Lorsque Godefroi revint à Jérusalem, il apprit que son frère Baudouin, comte d'Edesse, et Bohémond, prince d'Antioche, s'étaient mis en route pour visiter les saints lieux. Ils venaient à Jérusalem, accompagnés d'un grand nombre de chevaliers et de soldats de la croix, qui, restés comme eux à la garde des pays conquis, se montraient impatients d'achever leur pèlerinage. A ces illustres guerriers, se réunirent une multitude de chrétiens venus de l'Italie et de toutes les contrées de l'Occident. Cette pieuse caravane, qui comptait vingt-cinq mille pèlerins, eut beaucoup à souffrir sur les côtes de la Phénicie ; mais lorsqu'ils virent Jérusalem, dit Foucher de Chartres, qui accompagnait Baudouin, comte d'Edesse, toutes les misères qu'ils avaient souffertes furent mises en oubli. L'histoire contemporaine ajoute que Godefroi, grandement aise de revoir son frère Baudouin, festoya magnifiquement les princes tout le long de l'hiver.

Daimbert, archevêque de Pise, était venu avec eux, comme légat apostolique, envoyé par le pape Pascal II, pour remplacer l'évêque Adhémar, mort dans Antioche. Siméon, le patriarche grec de Jérusalem, était mort également dans l'île de Chypre, où il était allé recueillir des aumônes. On avait élu d'une manière telle quelle, pour administrateur ou patriarche provisoire, Arnould, chapelain du duc de Normandie, dont les mœurs paraissent avoir été au moins suspectes. Ce fut lui qui portait le bois de la vraie croix à la bataille d'Ascalon. Le légat Daimbert de Pise étant arrivé sur ces entrefaites, fut élu et intronisé régulièrement, et même malgré lui, comme il le témoigne dans une de ses lettres à Bohémond. Et ce prince, qui était alors à Jérusalem, et Godefroi, reçurent humblement de sa main l'investiture, l'un de la principauté d'Antioche, l'autre du royaume de Jérusalem, pour honorer en lui celui dont il tenait la place sur la terre.

Godefroi profita du moment où les princes latins étaient à Jérusalem, pour établir un gouvernement régulier dans son royaume. Des hommes savants et pieux furent assemblés dans le palais de Salomon, et chargés de rédiger un code de lois. Les conditions imposées à la possession des terres, les services militaires des fiefs, les obligations réciproques du roi et des seigneurs, des grands et des petits vassaux, tout cela fut établi et réglé d'après les coutumes des Francs. Ce que demandaient surtout les sujets de Godefroi, c'étaient des juges pour terminer les différends et protéger les droits de chacun. Deux cours de justice furent instituées : l'une, présidée par le roi, et composée de la noblesse, devait prononcer sur les différends des grands vassaux ; l'autre, présidée par le vicomte de Jérusalem et formée des principaux habitants de chaque ville, devait régler les intérêts et les droits de la bourgeoisie ou des communes. On institua une troisième cour, réservée aux chrétiens orientaux : les juges étaient nés en Syrie, en parlaient la langue et prononçaient d'après les lois et les usages du pays. Cette législation de Godefroi, qui s'accrut et s'améliora sous les règnes suivants, fut déposée en grande pompe dans l'église de la Résurrection, prit le nom d'*assises de Jérusalem*, ou des lettres du Saint-Sépulcre, et servit plus tard de modèle à saint Louis pour améliorer la législation de France.

Godefroi vint souvent au secours de Tancrède, qui était en guerre avec les émirs de Galilée : le roi de Jérusalem porta ses armes victorieuses au delà du Liban et jusque sous les murs de Damas; il fit en même temps plusieurs autres incursions en Arabie, d'où il revenait toujours avec un grand nombre de captifs, de chevaux et de chameaux. Sa renommée s'étendait chaque jour davantage : on le comparait à Judas Machabée pour la valeur, à Samson pour la force de son bras, à Salomon pour la sagesse de ses conseils. Les Francs restés avec lui bénissaient son règne, et, sous sa domination paternelle, ils oubliaient leur ancienne patrie; les Syriens, les Grecs, les Musulmans eux-mêmes étaient persuadés qu'avec un aussi bon prince, la puissance chrétienne en Orient ne pouvait manquer de s'affermir ; mais Dieu ne permit pas que Godefroi vécût assez longtemps pour achever ce qu'il avait aussi glorieusement commencé. Dans le mois de juin 1100, revenant d'une expédition au delà du Jourdain, il tomba malade. Transporté à Jérusalem, il y languit cinq semaines. Quoique accablé de souffrances, il admettait auprès de lui tous ceux qui voulaient lui parler des affaires de la terre sainte ; il apprit sur son lit de douleur la reddition de Caïphas, ville maritime au pied du Mont-Carmel : ce fut sa dernière victoire, sa dernière joie dans cette vie. Héros chrétien, il fit une confession générale de toutes ses fautes, reçut les derniers sacrements de l'Eglise avec une piété qui émut jusqu'aux larmes tous les assistants, et mourut le 17 juillet 1100, un an après la prise de Jérusalem. Il fut enseveli dans l'église du Saint-Sépulcre, au pied du Calvaire, et y attend la resurrection glorieuse avec Josué et Gédéon, avec David et Judas Machabée.

Après sa mort, il y eut quelque difficulté pour le choix du successeur; le patriarche Daimbert, à qui le roi défunt avait cédé à Jérusalem le quartier du Saint-Sépulcre et le quart de la ville de Joppé, prétendit que dans ses derniers moments il lui avait cédé la ville de Jérusalem tout entière. On n'écouta point ses prétentions. Baudouin, prince d'Edesse, frère de Godefroi, fut appelé à lui succéder. Il céda la principauté d'Edesse à son cousin, Baudouin du Bourg, et se mit en route pour Jérusalem. Il n'avait avec lui que quatorze cents hommes, moitié cavalerie, moitié infanterie. Toutefois, avec sa petite troupe, il eut l'adresse de battre une armée considérable de Turcs qui lui barraient le passage dans les défilés de Phénicie. Lorsqu'il approcha de Jérusalem, le peuple et le clergé vinrent au devant de lui ; les Grecs et les Syriens accoururent aussi avec des cierges et des croix ; tous, louant à haute voix le Seigneur, accueillirent avec solennité leur nouveau roi, et le conduisirent en triomphe à l'église du Saint-Sépulcre.

Le patriarche Daimbert, se voyant abandonné de l'armée et du peuple, avait écrit à Tancrède et à Bohémond pour les appeler à son secours. Mais Tancrède s'étant présenté devant Jérusalem, trouva les portes fermées, et Bohémond, dans une expédition malheureuse, avait été fait prisonnier par les Turcs, et réduit à implorer le secours du prince d'Edesse. Daimbert en fut ainsi pour ses lettres et ses démarches, qui auraient pu amener une guerre civile. Pendant que Jérusalem était dans la joie, il protestait, avec quelques-uns de ses partisans, contre l'arrivée de Baudouin, et, feignant de croire qu'il n'était pas en sûreté près du tombeau de Jésus-Christ, il se retirait en silence sur le mont Sion, comme pour y chercher un asile contre ses persécuteurs. Une conduite pareille ne rappelait guère la sagesse conciliante de l'évêque Adhémar.

Baudouin était impatient de signaler son règne par quelque entreprise glorieuse. Il resta une semaine à Jérusalem pour prendre possession du gouvernement ; il assembla ensuite ses chevaliers, et cette troupe d'élite alla chercher des ennemis à combattre ou des terres à conquérir. Il châtia d'abord les Musulmans des montagnes, qui avaient souvent maltraité et dépouillé les pèlerins de Jérusalem. Il poursuivit sa route vers le pays d'Hébron, et descendit dans la vallée où s'élevaient autrefois Sodome et Gomorre, et que recouvre maintenant la mer Morte. Il franchit plusieurs montagnes dont les cimes étaient couvertes de neiges, visita le monastère de Saint-Aaron, bâti au lieu même où Moïse et Aaron s'entretenaient avec Dieu. Les soldats chrétiens s'arrêtèrent trois jours dans une vallée couverte de palmiers et fertile en toutes sortes de fruits : c'était la vallée où Moïse avait fait jaillir une source des flancs d'une roche aride. Foucher de Chartres, qui était de l'expédition, nous apprend que cette source miraculeuse faisait alors tourner plusieurs moulins, et que lui-même y abreuva ses chevaux. Baudouin conduisit sa troupe jusqu'au désert qui sépare l'Idumée de l'Egypte, et reprit le chemin de sa capitale, en passant par les montagnes où furent ensevelis les ancêtres d'Israël.

A son retour, Baudouin voulut se faire couronner roi, et se réconcilia avec Daimbert. La cérémonie eut lieu à Bethléhem, le jour de la Nativité du Sauveur ; le nouveau roi reçut l'onction et le diadème royal des mains du patriarche. On n'opposa point au roi Baudouin l'exemple de Godefroi, qui, après son élection, refusa d'être couronné. Une triste expérience avait fait naître d'autres pensées; la royauté des pèlerins, cette royauté de l'exil, n'était plus, aux yeux des chrétiens, une gloire ni une félicité de ce monde, mais une œuvre pieuse et sainte, une œuvre de résignation et de dévouement, une mission pleine de périls, de misères et de sacrifices. Dans un royaume environné d'ennemis, au milieu d'un peuple jeté comme par la tempête sur un sol étranger, un roi ne portait point une couronne d'or, comme les autres rois de la terre, mais une couronne toute semblable à celle de Jésus-Christ.

Le premier soin de Baudouin après son couronnement, fut de rendre la justice à ses sujets et de mettre en vigueur les *assises de Jérusalem*. Il tint sa cour et son conseil au milieu de tous les grands, dans le palais de Salomon, ainsi appelait-on le palais des rois latins; chaque jour, pendant plus de deux semaines, on le voyait assis sur son trône, écoutant les plaintes qui lui étaient adressées et prononçant sur tous les différends survenus entre ses vassaux. Une des premières causes qu'il eut à juger fut une querelle élevée entre Tancrède et Guillaume de Melun, dit le Charpentier, à qui Godefroi avait donné en mourant la ville de Caïphas, nouvellement conquise par Tancrède. Baudouin, secondé par des hommes sages et pieux, parvint à concilier le différend. Pendant les négociations, Tancrède fut appelé à gouverner la principauté d'Antioche en l'absence de Bohémond; non-seulement il renonça à ses prétentions sur la ville de Caïphas, mais il abandonna à Baudouin la principauté de Tibériade.

Tous les soins que prenait le roi Baudouin pour rétablir la paix et maintenir l'exécution des lois dans son royaume, ne l'empêchaient pas de faire de fréquentes excursions sur les terres des Musulmans. Dans une de ces expéditions au delà du Jourdain, il surprit plusieurs tribus arabes; comme il en revenait chargé de leurs dépouilles, il eut l'occasion d'exercer la plus noble vertu de la chevalerie chrétienne. Non loin du fleuve, des cris plaintifs viennent tout à coup frapper ses oreilles, il s'approche et voit une femme musulmane dans la douleur de l'enfantement; il lui jette son manteau pour la couvrir, et la fait placer sur des tapis étendus à terre. Par ses ordres, des fruits et deux outres remplies d'eau sont apportés près de ce lit de douleur; il fait amener la femelle d'un chameau pour allaiter l'enfant qui venait de naître, puis la mère est confiée aux soins d'une esclave chargée de la reconduire à son époux. Celui-ci occupait un rang distingué parmi les Musulmans; il versa des larmes de joie en revoyant une épouse dont il pleurait la mort ou le déshonneur, et jura de ne jamais oublier l'action généreuse de Baudouin.

Le roi de Jérusalem se rendit maître des villes maritimes d'Arsur et de Césarée. Dans la dernière, les chrétiens établirent un archevêque, qu'ils élurent en commun, et leur choix tomba sur un pauvre prêtre venu en Orient avec les premiers croisés. Le légat Daimbert ayant été élu patriarche de Jérusalem, le pape Pascal envoya pour légat en Palestine, Maurice, évêque de Porto, avec pouvoir de régler toutes choses dans les Églises nouvellement délivrées.

Le roi Baudouin, la seconde année de son règne, venait de remporter, près de Joppé, une grande, mais périlleuse victoire sur une armée innombrable d'Égyptiens, lorsque la renommée apporta d'affligeantes nouvelles dans la Palestine : on apprit que trois grandes armées de pèlerins, qui étaient comme plusieurs nations de l'Occident, avaient péri dans les montagnes et les déserts de l'Asie Mineure. Guillaume, comte de Poitiers; Etienne, comte de Blois; Etienne, comte de Bourgogne; Harpin, seigneur de Bourges; le comte de Nevers; Conrad, connétable de l'empire germanique; plusieurs autres princes échappés au désastre et accueillis à Antioche par Tancrède, s'étaient mis en route pour achever tristement leur pèlerinage aux saints lieux. Baudouin étant allé au devant d'eux jusqu'aux défilés de Beyrouth, protégea leur marche vers Jérusalem. Quel spectacle pour les fidèles de la ville sainte! tous ces illustres pèlerins, qui avaient quitté l'Europe avec d'innombrables soldats, étaient à peine suivis de quelques serviteurs. Jamais les grands de la terre n'avaient souffert autant de misères et d'humiliations pour la cause de Jésus-Christ. Tout le peuple de Jérusalem, attendri jusqu'aux larmes, les accompagna au saint sépulcre. Ils passèrent quelques mois dans la Judée, et, peu de jours après les fêtes de Pâques, tous se rendirent à Joppé, afin de se rembarquer pour l'Europe. Ils attendaient les vents favorables, lorsque tout à coup on vient annoncer qu'une armée d'infidèles, sortie d'Ascalon, ravage le territoire de Lydda et de Ramla. Le roi de Jérusalem, qui se trouvait à Joppé, rassemble à la hâte ses chevaliers. Les nobles pèlerins qui ont des chevaux ou qui peuvent en emprunter à leurs amis, prennent aussi les armes et sortent de la ville. Le roi Baudouin se met à la tête d'une troupe ainsi levée à la hâte, et vole au devant de l'armée musulmane : il était à peine suivi de deux cents chevaliers. Il se trouve tout à coup au milieu de vingt mille infidèles; sans s'étonner de leur nombre, il leur livre bataille; dès le premier choc, les chrétiens sont enveloppés et ne cherchent qu'une mort glorieuse. Le comte de Blois et le comte de Bourgogne périrent tous les deux dans cette journée. Harpin, comte de Bourges, fut fait prisonnier avec le connétable Conrad. Baudouin se retira presque seul du champ de bataille, et se cacha parmi les herbes et les bruyères qui couvraient la plaine. Comme les vainqueurs y mirent le feu, il fut sur le point d'être étouffé par les flammes, et se réfugia avec peine à Ramla. Cette petite ville ne pouvait se défendre contre une armée musulmane : le roi de Jérusalem allait y périr immanquablement, lorsqu'un étranger demande à lui parler, et lui indique une voie sûre et secrète par laquelle il le sauve à travers l'armée ennemie qui assiège la place. Cet étranger était le chef arabe dont le roi de Jérusalem avait traité si généreusement la femme, et qui voulait ainsi payer la dette de sa reconnaissance.

Après le départ de Baudouin, Ramla fut en effet prise d'assaut, et tous les chrétiens qui s'y trouvaient furent tués ou faits prisonniers. Mais, d'un autre côté, tout ce que la ville sainte avait de chevaliers, prit les armes et se mit en marche pour aller au devant des ennemis. Hugues de Saint-Omer, seigneur de la Galilée, accourut aussi avec quatre-vingts hommes d'armes, et se rendit à Joppé. En même temps, et comme par miracle, deux cents navires venus de l'Occident entrèrent dans le port de la même ville. Cette flotte amenait un grand nombre de pèlerins, parmi lesquels on remarquait d'illustres guerriers partis de l'Angleterre et de la Germanie. Le roi Baudouin, qui s'était rendu par mer à Joppé, se trouva tout à coup à la tête d'une valeureuse armée, impatiente d'aller au combat. Le vendredi de la première semaine de juillet, accompagné du bois de la vraie croix, il attaqua, vainquit et mit en fuite l'armée musulmane, qui se préparait à faire le siège de Joppé. Après cette victoire, le royaume de Jérusalem resta en paix.

Ce qui avait fait partir de nouvelles armées de croisés, c'était la conquête de Jérusalem. Quand on apprit en Occident que les soldats de la croix étaient entrés dans la ville, ce fut un enthousiasme général parmi tous les peuples. On lisait dans les chaires des églises les lettres que les princes croisés avaient écrites après la prise d'Antioche et la bataille d'Ascalon. Tous ceux qui avaient pris la croix et n'étaient point partis, tous ceux qui avaient quitté les drapeaux de la croisade devinrent tout à coup l'objet du mépris et de l'animadversion universels. Un cri d'indignation s'éleva de toutes parts contre le frère du roi de France, le comte de Vermandois, auquel on ne pardonnait point d'avoir lâchement abandonné ses compagnons et d'être revenu en Europe sans voir Jérusalem. Étienne, comte de Blois, ne put rester en paix dans ses États et dans sa propre famille; ses peuples s'étonnaient de sa désertion honteuse, et sa femme, mêlant les reproches aux prières, lui rappelait sans cesse les devoirs de la religion et de la chevalerie. Ces malheureux princes et tous ceux qui avaient suivi leur exemple, se trouvèrent forcés de quitter une seconde fois leur patrie et de reprendre le chemin de l'Orient. D'autres seigneurs en grand nombre, de France, d'Italie et d'Allemagne, se mirent également en route, suivis d'une multitude considérable de peuple. On rapporte qu'il n'y en eut pas moins de quatre cent mille, tant hommes que femmes et enfants; ils étaient divisés en trois corps; mais ni les princes ni les soldats ne profitèrent de l'expérience du passé. Le comte de Toulouse, qui, après la bataille d'Ascalon, était revenu à Laodicée, et de là à Constantinople, fut prié de conduire la première armée, qui était la plus considérable, à travers l'Asie Mineure. Son habileté ne répondit point à son opiniâtreté et à son ambition. Les trois armées périrent, et périrent toutes les trois de la même manière, par l'imprévoyance des chefs, par l'indiscipline des troupes, et se livrèrent comme d'elles-mêmes au glaive exterminateur des Turcs. Le comte de Vermandois mourut à Tarse de ses blessures. De toutes les femmes qui étaient parties, une seule ne revit sa famille. Les croisés qui échappèrent au carnage, se retirèrent, les uns à Constantinople, les autres à Antioche.

Au milieu du deuil général causé par de si grands désastres, les plaintes les plus amères se renouvelèrent contre les Grecs, qu'on accusait d'avoir provoqué la ruine des armées venues au secours des Latins établis en Syrie. Et de fait, l'empereur Alexis ne justifiait pas peu ces préventions; car si, d'un côté, il faisait des efforts pour obtenir la liberté des chrétiens tombés au pouvoir des Turcs et des Egyptiens, de l'autre, il équipait des flottes, levait des armées pour attaquer Antioche et s'emparer des villes de la côte de Syrie, conquises par les Latins. Il offrit de payer la rançon de Bohémond, toujours prisonnier chez les Turcs, non pour lui rendre sa liberté, mais pour le conduire à Constantinople, où il espérait obtenir de lui l'abandon de sa principauté; mais après quatre ans de captivité, Bohémond obtint sa liberté par lui-même et revint à Antioche, où il s'occupa de repousser les agressions d'Alexis.

Le roi Baudouin, secondé par les pèlerins de Pise et de Gênes, qui avaient une flotte considérable, s'empara de l'importante ville de Ptolémaïs, qui était comme le port de la Syrie du côté de la mer. Cette conquête porta l'effroi chez les Musulmans de Damas, d'Ascalon et d'Egypte: le sultan de Babylone, autrement du Caire, ne s'occupa plus que de lever une nouvelle armée et de préparer une flotte pour triompher de l'orgueil des chrétiens et pour arrêter le progrès de leurs armes. Peu de temps après la prise de Ptolémaïs, on apprit qu'une flotte égyptienne avait paru devant Joppé et qu'une multitude de Barbares, sortis d'Ascalon, couvraient les plaines de Ramla. Aussitôt tous les chrétiens en état de porter les armes accoururent de la Galilée, du pays de Naplouse, des montagnes de la Judée: le peuple et le clergé de la ville sainte implorent la miséricorde divine; dans les cités chrétiennes, on fait des prières, des aumônes, on oublie les injures, et toute discorde est convertie en charité. Baudouin, avec cinq cents chevaliers et deux mille hommes de pied, sort de Joppé et court à la rencontre des ennemis, dont Dieu seul savait le nombre. Lui-même engagea le combat; la bannière blanche qu'il portait avec lui était partout le signal de la victoire pour les chrétiens. L'émir d'Ascalon fut tué dans la bataille; cinq mille Musulmans perdirent la vie: les chrétiens firent un butin immense; on ne pouvait compter la multitude des chevaux, des ânes, des dromadaires qu'ils ramenèrent avec eux à Joppé. Après cette victoire des chrétiens, la flotte égyptienne se hâta de s'éloigner, et, pour qu'il ne manquât rien à la défaite et à la ruine des infidèles, Dieu suscita sur les flots d'horribles tempêtes qui dispersèrent les vaisseaux et les brisèrent presque tous contre les rivages de la mer.

Tandis que les chrétiens d'Europe allaient ainsi combattre, souffrir, succomber, triompher en Asie, l'Europe elle-même jouissait d'une profonde paix. Parmi toutes les nations chrétiennes, on regardait comme un crime de porter les armes pour une autre cause que celle de Jésus-Christ. Cette opinion contribua beaucoup à arrêter les brigandages et à faire respecter la *trêve de Dieu*, qui fut, dans le moyen-âge, le germe ou le signal des meilleures institutions. Quels que fussent les revers de la croisade, ils étaient moins déplorables que les guerres civiles et les fléaux de l'anarchie féodale qui avaient longtemps ravagé toutes les contrées de l'Occident.

La seule guerre qu'on vît encore en Europe, était la guerre impie que Henri d'Allemagne faisait à l'Eglise de Dieu: encore cette guerre touchait-elle à sa fin. Henri, couronné empereur par un antipape, se montra toujours empereur antichrétien. L'essence même d'un empereur d'Occident au moyen-âge, c'était d'être le défenseur armé de l'Eglise romaine, et son auxiliaire dévoué en toutes choses. Henri fit tout le contraire. Il persécuta et déchira l'Eglise romaine et par là même l'Eglise universelle: au lieu de la seconder dans la réformation du clergé et du peuple, il travaillait, par son exemple et son influence, à corrompre le peuple et le clergé; au lieu de défendre la chrétienté contre le mahométisme, il tendait à introduire les mœurs et la morale du mahométisme dans la chrétienté. Aussi, quand il terminera sa funeste carrière, la chrétienté témoignera-t-elle autant de joie que de la conquête de Jérusalem.

Son instrument du schisme, l'antipape Guibert, mourut vers le commencement d'octobre, l'an 1100, la 25ᵉ année de son intrusion dans le Saint-Siège, et la 23ᵉ de sa révolte contre saint Grégoire VII. Dès le commencement du pontificat de Pascal II, les Romains pressaient ce Pontife d'abattre l'antipape, trouvant honteux qu'il eût résisté à ses trois prédécesseurs. Ils lui offraient de l'argent; et les députés du comte Roger de Sicile, venant le complimenter au nom de leur maître, mirent à ses pieds mille onces d'or. Le pape Pascal, encouragé par ces secours, commença d'agir contre Guibert, le chassa d'Albane, et, par là, ruina son parti dans Rome. Guibert prit la fuite, et mourut subitement. Toutefois le schisme ne fut pas éteint. Les schismatiques lui substituèrent un nommé Albert, qui fut pris par les catholiques le jour même de son élection. Ils élurent ensuite Théodoric, qui fut pris au bout de trois mois et demi, et enfermé au monastère de Cave. Enfin ils élurent Maginulfe, qui séduisait le peuple par des prédictions et des superstitions magiques; mais il fut aussi chassé de Rome, et mourut en exil, réduit à une extrême misère. Ainsi, en y comptant les antipapes Cadaloüs et Guibert, voilà six antipapes que Henri d'Allemagne suscita dans l'Eglise de Dieu, pour la déchirer et s'élever au-dessus d'elle (*Chronic. Virdun.;* Domnizo, Petr. Pisanus, *apud* Baron. et Pagi).

Son fils, le roi Conrad, qui l'avait quitté depuis neuf ans pour se réconcilier à l'Eglise, mourut l'an 1101. Il tenait sa cour en Italie, où il gouvernait par le conseil du Pape, de la comtesse Mathilde et d'autres personnes craignant Dieu. Il était si vénéré pour sa piété et ses bonnes mœurs, que ceux qui assistèrent à ses funérailles, assurèrent depuis qu'il s'y opéra plusieurs miracles. L'année suivante, Henri, son père, par le conseil des seigneurs, déclara qu'il irait à Rome, et qu'il y assemblerait un concile général vers le premier jour de février, pour y examiner sa cause et celle du Pape, et rétablir l'union entre l'empire et le sacerdoce. Toutefois il ne tint point sa promesse, n'envoya point sa soumission au Pape légitime; au contraire, on sut qu'il avait voulu faire élire un autre pape que Pascal, mais qu'il n'y avait pas réussi. C'eût été le septième antipape de sa fabrique (*Chron. Ursperg.*, *apud* Baron. et Pagi, ann. 1100 et 1101).

Après la mi-carême, c'est-à-dire vers la fin du mois de mars 1102, le pape Pascal tint à Rome un grand concile, où se trouvèrent tous les évêques de Pouille, de Campanie, de Sicile, de Toscane, en un mot de toute l'Italie, et les députés d'un grand nombre d'au delà les monts. On y dressa cette formule de serment contre les schismatiques : « J'anathématise toute hérésie, et principalement celle qui trouble l'état présent de l'Eglise, et qui enseigne qu'il faut mépriser l'anathème et les censures de l'Eglise; et je promets obéissance au pape Pascal et à ses successeurs, en présence de Jésus-Christ et de l'Eglise, affirmant ce qu'elle affirme et condamnant ce qu'elle condamne. »

On y confirma la sentence prononcée contre le roi ou empereur Henri, par saint Grégoire et Urbain. Le pape Pascal la publia de sa bouche, le jeudi saint, 3 avril, dans l'église de Latran, en présence d'un peuple infini de diverses nations, entre autres du chroniqueur allemand qui nous en a conservé les paroles, et qui revenait de la terre sainte. La sentence était conçue en ces termes : « Parce qu'il n'a cessé de déchirer la tunique du Christ, de dévaster l'Eglise par des brigandages et des incendies, de la souiller par des parjures et des homicides, il a d'abord été excommunié et condamné pour sa désobéissance, par le pape Grégoire, de sainte mémoire, ensuite par le très-saint homme Urbain, notre prédécesseur; nous aussi, dans le dernier concile, par le jugement de toute l'Eglise, nous l'avons livré à un perpétuel anathème. Nous voulons que tout le monde le sache, principalement ceux qui sont au delà des monts, afin qu'ils s'abstiennent de son iniquité (Labbe, t. X).

On rapporte au serment dressé en ce concile une lettre de Pascal II, adressée à l'archevêque de Pologne ou de Gnesen, où il dit : « Vous nous avez mandé que le roi et les seigneurs s'étonnaient que nos nonces vous aient offert le *pallium*, à condition de prêter le serment qu'ils avaient porté d'ici par écrit. Qu'ils s'étonnent donc aussi que Notre Seigneur, avant de confier ses brebis à Pierre, ait posé cette condition : *Simon, fils de Jean, m'aimes-tu? Pais mes brebis.* Si le créateur des consciences a répété cette condition jusqu'à trois fois, jusqu'à contrister son apôtre, de quelle sollicitude, de quelle précaution ne devons-nous pas user pour conférer une si grande dignité de l'Eglise, une si grande autorité sur les ouailles du Christ, à des frères dont nous ne voyons pas les consciences, surtout quand nous ne les connaissons d'aucune manière? Ils disent que Jésus-Christ a défendu tout serment dans l'Evangile, et qu'on ne trouve point que les apôtres ni les conciles en aient ordonné aucun. Mais que signifie donc ce que le Seigneur ajoute : *Ce qui est au delà vient du mal?* C'est ce mal qui nous force d'exiger, avec la permission du Seigneur lui-même, ce qui est au delà d'une simple affirmation. N'est-ce pas un mal de se détacher de l'unité de l'Eglise et de l'obéissance du Siège apostolique? N'est-ce pas un mal de contrevenir aux ordonnances des saints canons? Combien n'y en a-t-il pas qui ont osé le faire, même après un serment? Votre prédécesseur n'a-t-il pas condamné un évêque sans que le Pontife romain en eût connaissance? Par quels canons, par quels conciles cela est-il permis? Que dirai-je des translations d'évêques que l'on ose faire chez vous, non par l'autorité apostolique, mais au bon plaisir du roi? C'est pour éviter ces maux et d'autres, qu'on exige le serment; c'est par nécessité, pour conserver la foi, l'obéissance et l'unité de l'Eglise. Au reste, que saint Paul ait juré pour rassurer la défiance de ses auditeurs, ses épîtres en sont témoins.

» Ils disent qu'on ne trouve point que les conciles l'aient ordonné, comme si jamais un concile avait prescrit une loi à l'Eglise romaine; tandis que tous les conciles ont été tenus par son autorité et ont reçu d'elle leur force, et que toujours, dans leurs décrets, on excepte l'autorité de Rome. Le concile de

Chalcédoine n'a-t-il pas ordonné, dans son action seizième, de conserver avant tout, suivant les anciens canons, au révérendissime archevêque de l'ancienne Rome, l'honneur prééminent de la primauté? Ainsi donc, si le roi et les magnats ont été d'avis que vous ne deviez point prêter ce serment, est-ce là un avis conforme à l'Evangile? est-ce là l'honneur prééminent de notre principauté? A-t-on oublié la sentence du Seigneur : *Le disciple n'est pas au-dessus du maître*? Est-ce au roi de Hongrie qu'il a dit : *Et toi, quand tu seras converti, affermis tes frères*? Est-ce pour notre propre avantage que nous le demandons, et non pas pour l'affermissement de l'unité catholique? Ils peuvent mépriser le Siége apostolique, ils peuvent lever le talon contre nous, ils ne peuvent ni détruire ni ôter le privilége que Dieu a donné, en disant à Pierre : *Tu es Pierre, et sur cette pierre je bâtirai mon Eglise* ; et : *Je te donnerai les clés du royaume des cieux*. Quant à la manière de donner le *pallium* et l'obéissance qu'il faut y exiger, la chose a été réglée dans quatre conciles. Au reste, on ne vous demande que ce qui doit être observé sans cela par tous les évêques qui veulent persévérer dans l'obéissance de saint Pierre et dans l'unité. Les Saxons et les Danois ne sont-ils pas plus éloignés que vous? et, toutefois, leurs métropolitains prêtent le même serment, reçoivent avec honneur les légats du Saint-Siége et envoient à Rome, non-seulement tous les trois ans, mais tous les ans. » On trouve cette même lettre du Pape, mot pour mot, mais plus abrégée, adressée à l'archevêque de Palerme (*Epist.* 5 et 6; Labbe, t. X).

Sur la fin de l'année 1102, la comtesse Mathilde renouvela la donation qu'elle avait faite en faveur de l'Eglise romaine, par un acte où elle parle ainsi : « Au temps du seigneur pape Grégoire VII, dans la chapelle de Sainte-Croix, au palais de Latran, en présence de plusieurs nobles romains, je donnai à l'Eglise de Saint-Pierre, le Pape acceptant, tous mes biens présents et à venir, tant deçà que delà les monts, et je fis faire une charte de cette donation. Mais, parce que cette charte ne se trouve plus, craignant que la donation ne soit révoquée en doute, je la renouvelle aujourd'hui entre les mains de Bernard, cardinal-légat, avec les cérémonies usitées en pareil cas, et je me dessaisis de tous mes biens au profit du Pape et de l'Eglise romaine, sans que moi et mes héritiers puissions jamais venir à l'encontre, sous peine de mille livres d'or et quatre milles livres d'argent. Fait à Canosse, l'an 1102, le 17 novembre (*Apud Baron.*, an 1102). » Le cardinal Bernard avait été abbé de Vallombreuse, et depuis fut évêque de Parme.

Dans les premiers mois de l'année 1103, le pape Pascal reçut une grande consolation du fond de l'Allemagne. L'empereur Henri venait de nommer à l'Eglise de Bamberg son chancelier, nommé Othon, qui accepta mais sous la condition que le pape Pascal lui-même lui donnerait l'investiture et la consécration. Voici comme les choses se passèrent. Rupert, évêque de Bamberg, étant mort l'an 1102, on porta à la cour, suivant la coutume, les insignes de l'épiscopat avec la requête pour avoir un évêque. Mais l'empereur Henri prit un délai de six mois, au bout desquels il écrivit qu'on lui envoyât des députés, disant qu'il avait trouvé un digne évêque pour cette Eglise. C'était vers Noël. Et les députés étant arrivés à la cour de l'empereur, il leur dit que l'affection qu'il avait pour leur Eglise lui avait fait prendre un si long terme, afin de faire un bon choix, puis, prenant par la main Othon, son chapelain, il leur dit : « Voilà votre maître et l'évêque de Bamberg! » Les députés, surpris, se regardaient l'un et l'autre, et les assistants qui avaient espéré cette place pour eux ou pour les leurs, semblaient les exciter, par leurs gestes et leurs murmures, à faire quelques remontrances. Ils dirent donc à l'empereur : « Nous espérions que vous nous donneriez quelque personne de la cour, connue et bien apparentée; car nous ne connaissons point celui-ci. — Voulez-vous savoir qui il est, dit l'empereur? Je suis son père, et l'Eglise de Bamberg doit être sa mère. Nous ne changerons point; nous ne l'avons pas choisi légèrement, mais après avoir connu son mérite par une longue expérience, et nous sentirons bien qu'il nous manque quand nous ne l'aurons plus. »

Othon se jeta aux pieds de l'empereur, fondant en larmes, et les députés accoururent pour le relever. Il refusait, disant qu'il était un pauvre homme indigne d'une telle place, et priant qu'on choisît entre ses confrères quelque personne noble et riche. « Voyez-vous, dit l'empereur, quelle est son ambition? C'est la troisième fois qu'il refuse. J'ai voulu lui donner l'évêché d'Augsbourg et ensuite celui d'Halberstadt. Je crois que Dieu le réservait à l'Eglise de Bamberg. » En parlant ainsi, il lui mit au doigt l'anneau épiscopal et la crosse à la main, et, lui ayant ainsi donné l'investiture, il le mit entre les mains des députés. Othon eut bien de la peine à consentir, à cause de la dispute touchant les investitures, et dès lors il promit à Dieu de ne point demeurer évêque, qu'il n'eût reçu du Pape et la consécration et l'investiture, du consentement et sur la demande de son Eglise. Il célébra à Mayence la fête de l'empereur, et demeura à la cour environ six semaines.

Othon naquit en Souabe, de parents nobles, mais dont les biens étaient médiocres. Ils le firent étudier dès sa première jeunesse ; mais, pendant qu'il était absent pour ses études, ils moururent, et son frère, destiné aux armes, lui envoyait petitement de quoi subsister. Othon, après les humanités et la philosophie, n'ayant pas de quoi fournir aux frais des plus hautes études et ne voulant pas être à charge à sa famille, passa en Pologne, où il savait que les gens de lettres étaient rares. Là, il se chargea d'une école, où, instruisant les autres et s'instruisant lui-même, il acquit des richesses et de l'honneur; il apprit aussi la langue du pays, et, comme il menait en même temps une vie pure et frugale, il se fit aimer de tout le monde ; à quoi servait encore sa bonne mine et son extérieur avantageux. Ainsi il s'insinua dans la familiarité des grands, qui l'employèrent à porter des paroles et à traiter des affaires entre eux, et, par ses députations, il se fit connaître au duc de Pologne, qui le goûta tellement, qu'il en voulut faire l'ornement de sa cour.

Après qu'Othon s'y fût conduit sagement pendant quelques années, le duc perdit sa femme, et on parla de le remarier. Othon proposa la sœur de l'empereur, et fut choisi lui-même pour en aller faire la demande. L'affaire réussit, le crédit d'Othon en augmenta, et il devint le médiateur entre l'empereur et le duc de Pologne. L'empereur ayant ainsi connu son mérite, le voulut garder pour lui-même, et le demanda à sa sœur et au duc, qui le lui accordèrent, quoiqu'à regret. D'abord l'empereur l'occupa à de moindres emplois, comme de réciter avec lui des psaumes et des prières, en sorte qu'Othon était toujours prêt à lui donner son psautier. Le chancelier de l'empereur ayant été élevé à l'épiscopat, l'empereur lui donna cette charge, et, comme la construction de l'église de Spire n'avançait point, il lui en donna le soin, et le chancelier fit notablement avancer l'ouvrage, avec une grande diminution de dépense. Tel était Othon quand il fut promu à l'évêché de Bamberg.

L'empereur le fit conduire dans cette ville par les évêques d'Augsbourg et de Wurtzbourg, avec d'autres seigneurs et une nombreuse suite, et il y arriva la veille de la Purification, 1er février 1103. Dès qu'il vit l'église cathédrale, il descendit de cheval, se déchaussa, et fit le reste du chemin marchant pieds nus sur la neige et sur la glace, au milieu du clergé et du peuple, qui étaient venus le recevoir solennellement en procession. Peu de jours après, et avant toute autre affaire, il envoya des députés à Rome, avec une lettre au Pape, en ces termes :

« A son seigneur et père, Pascal, évêque universel du saint et apostolique Siège : Othon, ce qu'il est de l'Eglise de Bamberg, les prières et l'obéissance aussi dévouées qu'elles sont dues. Comme la solidité de toute dignité ecclésiastique et de la religion réside dans la pierre Jésus-Christ et dans Pierre, son disciple, ainsi que ses successeurs, j'ai cru insensé de m'écarter de cette ligne, de ce sceptre de droiture, de ce sceptre des royaumes, des pontificats et de toutes les puissances dans l'Eglise. Me soumettant donc avec humilité, très-saint Père, à vous et à notre sainte mère, l'Eglise romaine, j'implore aide et conseil sur mes affaires. J'ai passé quelques années au service de l'empereur, mon maître, et j'ai gagné ses bonnes grâces; mais, me défiant de l'investiture donnée de sa main; j'ai refusé deux fois des évêchés qu'il voulait me donner. Il m'a nommé pour la troisième fois à celui de Bamberg; mais je ne le garderai point, si Votre Sainteté n'a pour agréable de m'investir et de me consacrer elle-même. Faites-moi donc savoir votre bon plaisir, à moi, votre serviteur, de peur que je ne coure en vain en courant à vous. Que le Tout-Puissant conserve Votre Sainteté et me la rende propice. » Cette lettre fit grand plaisir au Pape, parce qu'il y avait alors peu d'évêques dans le royaume d'Allemagne qui rendissent à l'Eglise romaine la soumission convenable. Le Pape répondit en ces termes : « Pascal, serviteur des serviteurs de Dieu, à Othon, bien-aimé frère, élu de l'Eglise de Bamberg, salut et bénédiction apostolique. Un fils sage réjouit sa mère. Vos œuvres et votre dessein manifestent un homme sensé. Nous avons donc cru convenable d'honorer et d'aider votre avancement. N'ayant donc aucun doute sur notre bienveillance, faites-nous jouir de votre présence au plus tôt; car nous savons que la divine sagesse sait user des méchants, même pour le bien (*Vit. S. Oth.*, c. 2; *Acta Sanct.*, 2 *julii*). » Saint Othon de Bamberg fut trois ans avant de pouvoir accomplir son vœu et celui du Pape. La confusion qui régnait en Allemagne en fut la cause. Son métropolitain Ruothard, archevêque de Mayence, légat apostolique, était chassé de son siége et demeurait depuis huit ans dans la Thuringe. Mais les choses changèrent enfin de face.

Dès l'année 1099, son premier fils Conrad, élu et couronné roi depuis plusieurs années, s'étant réuni à l'Eglise et soumis au Pape, Henri, son père, fit élire et couronner son second fils, Henri, cinquième du nom. A la fête de Noël 1102, qu'il célébra à Mayence, il fit annoncer, par un évêque, qu'il remettrait à son fils le gouvernement de tout le royaume et irait visiter le saint sépulcre, ce qui lui attira une grande affection du peuple, du clergé et de la noblesse, et plusieurs personnes de toutes les parties de l'empire se préparaient à l'accompagner dans ce voyage. Mais il n'exécuta pas plus cette promesse, qu'il n'avait exécuté celle de l'année précédente d'aller à Rome tenir un concile général pour rétablir la concorde entre l'empire et le sacerdoce (*Chron. Ursperg.*).

L'année suivante 1103, vers la même fête de Noël, le père étant à Mayence, son fils Henri V, qui était en Bavière, encouragé par quelques seigneurs, imita l'exemple de son frère aîné Conrad, quitta le parti du schisme et de son père. Il déclara d'abord qu'il condamnait le schisme et qu'il voulait rendre au Pape l'obéissance qui lui était due. Puis, ayant fait entrer dans son parti les seigneurs de la Bavière et quelques nobles de la haute Allemagne et de la Franconie, il passa en Saxe, où il fut reçu avec honneur, célébra la Pâque de l'année 1105, à Quedlinbourg, se soumit toutes les villes et fut reconnu roi des seigneurs. Suivant le conseil de Ruothard, archevêque de Mayence, et de Guébehard, archevêque de Constance, légats du Pape, il réunit toute la Saxe à la communion de l'Eglise romaine, et il indiqua un concile à la maison royale de Northus en Thuringe, pour le 29 mai. Là, renouvelant les décrets des conciles précédents, on corrigea utilement ce que l'on put, remettant les affaires plus difficiles à l'audience du Pape. L'hérésie simoniaque, condamnée par la coutume des Pères, et le concubinage des nicolaïtes y furent anathématisés de tout le monde. On ordonna, par l'autorité apostolique, que le jeûne du mois de mars serait célébré la première semaine de carême, et celui du mois de juin la semaine de la Pentecôte, suivant l'usage de Rome. Par la même autorité, on confirma la *paix de Dieu*. On promit de réconcilier à l'Eglise, par l'imposition des mains, aux quatre-temps prochains, ceux qui avaient été ordonnés par de faux évêques, c'est-à-dire par les schismatiques, et on ordonna que ces évêques intrus seraient déposés, et ceux d'entre eux qui étaient morts déterrés.

Le jeune roi Henri était à Northus, mais il ne venait au concile que quand il était appelé. Il y parut un jour en habit très-simple, debout, en un lieu élevé, et renouvela à chacun ses droits, suivant les décrets des princes, refusant toutefois avec fermeté ce qu'on lui demandait de déraisonnable. Il faisait paraître une modestie convenable à son âge et un grand respect pour les évêques; et dit, les larmes aux yeux, prenant Dieu à témoin et toute la cour céleste, qu'il ne s'attribuait la souveraine puissance par aucun désir de régner, et ne souhaitait point que son seigneur et son père fût déposé de l'empire; « au contraire, ajouta-t-il, j'ai toujours compassion de sa désobéissance et de son opiniâtreté, et, s'il veut se soumettre à saint Pierre et à ses successeurs, suivant la loi chrétienne, je suis prêt à lui céder le royaume et à lui obéir comme le moindre de ses serviteurs. » Ce discours fut approuvé de toute l'assemblée, qui commença à prier avec larmes pour la conversion du père et la prospérité du fils, chantant *Kyrie, eleïson* à haute voix. En même temps, Uton, évêque de Hildesheim et Frédéric de Halberstadt se prosternèrent aux pieds de l'archevêque de Mayence, leur métropolitain, prenant à témoin le roi et tout le concile, qu'ils se soumettaient à l'obéissance du Siége apostolique; le concile réserva au Pape de les juger, les déclarant, en attendant, suspens de leurs fonctions (Ursperg., 1105; Labbe, t. X, p. 744).

Ensuite le jeune roi alla célébrer la Pentecôte à Mersebourg, où il fit sacrer Henri, élu depuis longtemps archevêque de Magdebourg, mais rejeté par les partisans de son père, c'est-à-dire par les schismatiques. Peu de temps après, il marcha vers Mayence, pour y rétablir l'archevêque Ruothard, lequel étant abbé de Saint-Pierre d'Erfürt, fut élevé au siége de Mayence en 1088, après la mort du schismatique Vezilon. Dix ans après, ne voulant pas être complaisant pour l'empereur excommunié, il perdit ses bonnes grâces et se retira en Thuringe, où il demeurait depuis sept ans. En attendant, le soi-disant empereur s'attribuait les revenus de l'Eglise de Mayence. Le fils marcha donc avec des troupes à cette grande ville ; mais comme le père l'y attendait, bien armé de son côté, il fut obligé de se retirer et vint à Wurtzbourg, d'où il chassa l'évêque Erlong, que son père y avait mis, et y établit Robert, prévôt de la même Eglise. Mais quand il en fut parti, le père chassa Robert et rétablit Erlong. Pendant tout ce temps, il y eut beaucoup de messages de part et d'autre; les princes cherchaient des moyens de conciliation, le père offrait la division du royaume et la succession pour le reste, le fils ne demandait qu'une soumission effective au Pape et l'unité de l'Eglise (*Ursp. et Otto Frising.*).

Les deux armées du père et du fils se rencontrèrent près de Ratisbonne, des deux côtés de la rivière de Régen, qui entre là dans le Danube. Pendant trois jours elles demeurèrent en présence ; il y eut plusieurs escarmouches dans la rivière même, et il n'en périt pas peu de côté et d'autre. Cependant, la veille de la bataille générale, les principaux seigneurs de l'un et de l'autre parti eurent entre eux une entrevue pacifique. Ils tombèrent tous d'accord qu'il y avait peu de justice et peu de profit à faire combattre des chrétiens contre des chrétiens, des frères contre des frères, le père contre le fils. De son côté, le fils déclara qu'il voulait bien être le successeur de son père, mais non son parricide; que s'il voulait se soumettre au Pape, il se mettait lui-même à sa discrétion. Le père, de son côté, se disposait à combattre le lendemain, lorsqu'il apprit tout à coup, par le duc de Bohême et le marquis Léopold d'Autriche, que les seigneurs n'étaient pas d'avis de donner bataille. Il eut beau prier, il n'obtint rien. Se voyant ainsi abandonné, informé de plus par les secrets messages de son fils qu'il s'était formé contre lui une conspiration, il fut réduit à se sauver secrètement avec très-peu de suite. Alors le jeune roi fit rentrer l'archevêque Rothard dans Mayence, la 8ᵉ année après qu'il en eût été chassé. Enfin, le 13 décembre, le père et le fils eurent une entrevue à Bingen, sur le Rhin. Le fils fit des remontrances à son père sur son excommunication et sur ses fautes dans le gouvernement, et lui promit une entière obéissance, s'il voulait sérieusement y mettre fin. Ils convinrent que, pour terminer leurs différends, on tiendrait, à Noël, une diète ou assemblée générale à Mayence. Dans le récit de ces événements, nous suivons le même auteur que Fleury, seulement nous rétablissons certaines circonstances que Fleury a jugé à propos de supprimer.

Comme la cause première qui avait séparé le fils du père était de ramener tout le royaume teutonique à l'obéissance du Saint-Siége, le père fut conseillé d'envoyer au pape Pascal pour protester de ses bonnes intentions. Ce qu'il fit par une lettre, où d'abord il se loue de l'amitié des papes Nicolas et Alexandre, et se plaint de la dureté de leurs successeurs, qui ont soulevé le royaume contre lui. « Encore à présent, ajoute-t-il, notre fils que nous avons aimé jusqu'à l'élever sur le trône, infecté du même poison, s'élève contre nous, au mépris de ses serments et de la justice, entraîné par le conseil des méchants, qui ne cherchent qu'à piller et à partager entre eux les biens des églises et du royaume. Plusieurs nous conseillent de les poursuivre sans délai par les armes; mais nous avons mieux aimé différer, afin que personne, soit en Italie, soit dans l'Allemagne, ne nous impute les malheurs qui en pourront suivre. D'ailleurs, ayant appris que vous êtes un homme sage et charitable, et que vous désirez surtout l'unité de l'Eglise, nous vous envoyons ce député pour savoir si vous voulez que nous nous unissions ensemble, sans préjudice de ma dignité, telle que l'ont eue mon père, mon aïeul et mes autres prédécesseurs, à la charge aussi de vous conserver la dignité apostolique, comme mes prédécesseurs ont fait aux vôtres. Si vous voulez agir paternellement avec nous et faire sincèrement la paix, envoyez-nous, avec ce député, un homme de confiance chargé de vos lettres secrètes, afin que nous puissions savoir sûrement votre volonté et vous envoyer ensuite une ambassade solennelle pour terminer cette grande affaire (*Apud Wurst.*, p. 395). »

La diète ou assemblée générale du royaume teutonique, indiquée à Mayence pour la fête de Noël 1105, fut la plus nombreuse que l'on eût vue depuis bien des années, et il s'y trouva plus de cinquante seigneurs. On distinguait dans le nombre saint Othon, évêque élu de Bamberg. Il n'y manquait que le duc Magnus de Saxe, empêché par son grand âge. Deux légats du Pape, Richard, évêque d'Albane, et Guébehard, évêque de Constance, y vinrent et y attestèrent, et de vive voix et par écrit, l'excommunication tant de fois prononcée contre Henri le Vieux, dit empereur, et son retranchement de toute l'Eglise catholique. Ce prince était gardé à Bingen, où son fils l'avait arrêté par surprise, et il demandait la liberté d'aller à Mayence pour y être entendu; mais les seigneurs, qui craignaient que le peuple ne s'émût en sa ferveur, allèrent au devant de lui à Ingelheim, et firent si bien, par leurs conseils, qu'ils lui persuadèrent, au même lieu, de se reconnaître coupable et de renoncer au royaume et à l'empire. On lui demanda si sa renonciation était volontaire. Il répondit que oui, et qu'il ne voulait plus songer qu'au salut de son âme. Il se jeta aux pieds du légat Richard, demandant l'absolution des censures; mais le légat répondit qu'il n'en avait pas le pouvoir, et que son absolution était réservée au Pape et à un concile général. Enfin, se rendant aux conseils de l'un et de l'autre parti, Henri remet à son fils les insignes de la royauté et de l'empire, la croix, la lance, le sceptre, le globe et la couronne, lui souhaitant prospérité, le recommande avec larmes à tous les grands, et promet de travailler désormais au salut de son âme, suivant les décrets du souverain Pontife et de l'Eglise. C'est ainsi que raconte le fait un auteur du temps, copié par Conrad, abbé d'Ursperg, qui montre généralement une prédilection marquée pour Henri le père (Ursperg, an 1106).

Quelques jours après, savoir le jour de l'Epiphanie 1106, Henri le fils fut élu une seconde fois roi de Germanie, cinquième du nom, par tous les seigneurs du royaume, après que son père eut régné près de cinquante ans. Il reçut le serment des évêques et des seigneurs laïques, et les légats confirmèrent son élection par l'imposition des mains. On représenta au nouveau roi et à toute l'assemblée la corruption invétérée des Eglises germaniques; tous promirent unanimement d'y remédier, et, pour cet effet, il fut résolu, par le roi et par les seigneurs, d'envoyer à Rome des députés capables de consulter le Saint-Siége, de répondre aux plaintes et de pourvoir en tout à l'utilité de l'Eglise. On choisit pour cet effet: de Lorraine, Brunon, archevêque de Trèves; de Saxe, Henri de Magdebourg; de Franconie, Othon de Bamberg; de Bavière, Eberard d'Aichestadt; d'Allemagne ou de Souabe, Guébehard de Constance; de Bourgogne, l'évêque de Coire, avec quelques seigneurs laïques pour les accompagner. Ils étaient chargés, entre autres choses, d'obtenir, s'il était possible, que le Pape passât deçà les Alpes.

Aussitôt que Henri le père eût renoncé à la couronne, le concile de Mayence commença à procéder contre les schismatiques. Plusieurs évêques furent chassés de leurs siéges, et des catholiques envoyés à leurs places; on en sacra quelques-uns dès les fêtes de Noël. Ensuite, comme il avait été résolu dans l'assemblée de Northus, on déterra les évêques schismatiques, on rejeta leurs corps des églises; entre autres, celui de l'antipape Guibert fut tiré de la sépulture où il reposait depuis cinq ans dans l'église de Ravenne. On déclara nul tout ce qu'il avait fait, et, en général, on suspendit de leurs fonctions tous les clercs ordonnés par des évêques schismatiques, jusqu'à l'examen général (*Ibid.*).

Robert, comte de Flandre, revenu de la première croisade, où il avait déployé tant de valeur contre les Musulmans, n'eut pas moins de zèle contre les schismatiques du diocèse de Cambrai. On le voit par une lettre du pape Pascal, qui l'en remercie et qui l'exhorte à faire de même à l'égard du clergé de Liége, excommunié; car il est juste, dit-il, que ceux qui se sont séparés eux-mêmes de l'Eglise catholique soient privés par les catholiques, des bénéfices de l'Eglise. Il l'excite ensuite contre le soi-disant empereur, en ces termes : « Poursuivez partout, selon vos forces, Henri, chef des hérétiques, et ses fauteurs. Vous ne pouvez offrir à Dieu de sacrifice plus agréable, que de combattre celui qui s'est élevé contre Dieu; qui s'efforce d'ôter à l'Eglise de Dieu le royaume ou l'indépendance; qui a élevé l'idole de Simon dans le lieu saint, et qui a été chassé de l'Eglise par le jugement du Saint-Esprit, prononcé par les princes des apôtres et leurs vicaires. Nous vous ordonnons cette entreprise, à vous et à vos vassaux, pour la rémission de vos péchés et l'amitié du Siége apostolique, et comme un moyen d'arriver à la Jérusalem céleste (*Epist.* 7, Labbe, t. X). »

Le clergé de Liége répond à cette lettre par une déclamation très-longue et tellement schismatique, qu'il nie l'excommunication de Henri par les Papes; qu'il révoque en doute la possibilité de cette excommunication; qu'il rejette la cause du schisme, non sur Henri, le fauteur de six antipapes, mais sur le pape saint Grégoire VII, qu'il ne nomme que Hildebrand, de même qu'il ne nomme Urbain II que Odon. Ils appellent le pape Pascal l'*ange du seigneur*, non l'ange exterminateur. Ce Pape, qu'ils ne nomment le plus souvent que le *seigneur Pascase*, les avait appelés *faux clercs*; ils lui répondent que celui-là même en est un qui leur donne ce nom. Quant au fond de l'affaire, leur attachement à Henri, excommunié et déposé, ils se perdent dans des généralités banales, sans jamais rappeler l'état particulier de la question, les lois fondamentales qui régissaient alors les nations chrétiennes, notamment la nation allemande, savoir : Pour régner sur la nation, il faut que le prince soit catholique et soumis à l'Eglise; s'il reste excommunié plus d'un an, il perd, par là même, tout droit de régner. Henri, en plus d'une circonstance, s'était expressément soumis à cette loi. En un mot, cette protestation du clergé de Liége ressemble parfaitement aux protestations modernes des jansénistes d'Utrecht, qui, lorsque le Pape les excommunie, soutiennent au Pape qu'il ne les excommunie pas (Labbe, t. X, p. 630).

Cependant Henri le père s'étant repenti bientôt d'avoir déposé les marques de la souveraineté, les reprit et chercha du secours de toutes parts. Il écrivit au roi de France pour se plaindre du Pape et de son propre fils. Il écrivit à son parrain, saint Hugues, abbé de Cluny, pour se plaindre de son fils. Il conclut en priant le saint abbé de lui donner conseil, et promettant d'exécuter tout ce qu'il jugera à propos pour le réconcilier avec le Pape. Mais, dans le même temps, un de ses officiers, nommé Verner, qui commandait à Aquin, ayant assemblé des troupes de tous côtés et gagné quelques Romains par de grandes sommes d'argent, fit élire antipape l'abbé de Farfe, sous le nom de Sylvestre, tandis que le pape Pascal était du côté de Bénévent. Mais, peu après, cet intrus fut honteusement chassé par les catholiques. C'était le septième antipape de la fabrique de Henri : ce qui montre combien ce même Henri était sincère dans ses protestations d'attachement à l'unité catholique (*Apud Wurst.*, p. 396 et seqq.; Ursperg, *Otto Frising.*).

Son ancien chancelier, saint Othon, évêque élu de Bamberg depuis trois ans, se conduisit d'une manière bien différente. Il écrivit au pape Pascal, dans les commencements de 1106, une seconde lettre en ces termes : « Comme, par la miséricorde du Seigneur qui gouverne le vaisseau de son Eglise, après les sombres tempêtes de l'erreur, la lumière sereine de la vérité a resplendi sur l'Eglise d'Occident, je veux, avant tout et surtout, que Votre Sainteté sache que nous avons obéi en toutes choses à votre légat, l'évêque de Constance, et que tout ce qu'il nous a appris, nous en avons, avec une dévotion souveraine, exécuté une partie, et sommes prêts à exécuter l'autre, si Dieu nous prête vie. C'est pourquoi, prosternés à vos pieds, nous vous supplions instamment d'écouter avec patience le serviteur de Votre Paternité; car, le monde étant déjà posé dans le mal, comme on ne peut presque plus se fier à aucune personne ni à aucun lieu, nous ne sommes pas peu tourmentés touchant l'exécution de notre ordination. Dans le doute et l'inquiétude, tel qu'un naufragé au milieu des flots, je crie vers vous, comme le prince des Apôtres dont vous tenez la place : *Seigneur, sauvez-moi!* Pour tout dire en peu de mots, dans cette heure et cette puissance des ténèbres, c'est vous seul que nos yeux regardent; nos sommes prêts à vous rendre l'obéissance qui vous est due; nous avons résolu de tenir ferme avec vous, ou d'aller avec vous en prison. Nous désirons de toute notre âme pouvoir appuyer sur votre autorité; ordonnez ce que vous voulez que nous fassions. Si vous nous mandez de venir à vous, quoique nos biens soient consumés par la rapine et l'incendie, tel est notre désir de vous voir et de recevoir de vous la grâce de la consécration, que nous nous présenterons aux yeux de Votre Majesté, avec l'offrande de notre servitude. Daignez donc, dans les entrailles de votre piété, nous écrire quelque chose de certain à cet égard, afin que nous puissions savoir par quelle voie nous pouvons plus sûrement arriver à vous, et si nous recevrons de vous la bénédiction que nous souhaitons si ardemment. Si nous désirons si fort la recevoir des mains de Votre Sainteté, c'est que notre métropolitain, encore qu'il ait par vous la grâce de la consécration, toutefois, nous ne pouvons le dire sans répandre des larmes, il éprouve une grande disette de coopérateurs pour communiquer ce don spirituel (Ebbon, *Vit. S. Ott.*, l. 1, c. 2, n. 18; *Acta Sanct.*, 2 *julii*). »

Le Pape ayant lu cette lettre, invita le saint de la manière la plus tendre à venir sans délai. Othon se mit donc en route avec les évêques députés vers le Pape par l'assemblée de Mayence. Mais quand ils arrivèrent à Trente, vers la mi-carême, ils furent arrêtés par un jeune seigneur nommé Albert, qui disait avoir cet ordre de l'empereur Henri le père. Il n'y eut que Guébehard, évêque de Constance, qui, ayant pris des chemins détournés dans les montagnes, passa en Italie et arriva auprès du Pape grâce au secours de la comtesse Mathilde. Les autres furent traités indignement par Albert, qui les avait pris, excepté Othon, évêque élu de Bamberg, dont il était vassal. Ce prélat obtint même la liberté de Brunon, archevêque de Trèves, et du comte Guibert, à la charge qu'ils iraient trouver l'empereur pour traiter de la paix avec lui, et rapporter ses ordres touchant les autres prisonniers. Mais Guelfe, duc de Bavière, survint trois jours après, avec des troupes, de la part du jeune roi, pour mettre en possession du siége de Trente, le nouvel évêque Guébehard, que les habitants ne voulaient pas recevoir. Il les y contraignit, et intimida tellement Albert, qu'il relâcha les prisonniers et leur demanda pardon.

Othon de Bamberg, qui, selon la parole expresse d'Ebbon, son biographe, différait son ordination depuis trois ans, arriva à Rome le jour de l'Ascension. Comme le Pape était à Anagni, il alla l'y trouver avec les députés de l'Eglise de Bamberg, qui le demandaient pour évêque. Othon raconta fidèlement au Pape le mode de son élection, et mit à ses pieds la crosse et l'anneau, lui demandant pardon de sa faute ou de son imprudence. Le Pape lui ordonna de reprendre les marques de l'épiscopat, et, comme il protestait toujours de son indignité, le Pape ajouta : « La fête du Saint-Esprit approche, il faut lui recommander cette affaire. » Othon étant retourné à son logis, pensa toute la nuit et le jour suivant à la difficulté des temps, aux périls des pasteurs, à l'indocilité des peuples; il craignait, de plus, qu'il n'y eût quelque tache de simonie dans son élection; enfin, après avoir mûrement délibéré, il résolut de tout quitter et de vivre en repos, comme personne privée. Il déclara sa résolution à ceux qui l'accompagnaient, et ayant pris congé du Pape, il se mit en chemin pour s'en retourner. Mais le Pape lui envoya ordre de revenir, en vertu de la sainte obéissance : ceux de sa suite le ramenèrent, et il fut ordonné évêque de la main du Pape, assisté de plusieurs évêques, le jour de la Pentecôte, le troisième des ides ou 13 mai, comme dit expressément le biographe Ebbon; ce qui ne convient qu'à l'année 1106, au lieu de 1103 que met Fleury. Le Pape ne lui fit point prêter de serment, quoiqu'il n'en dispensât alors aucun de ceux qu'il consacrait. Les évêques de Bamberg étant autrefois immédiatement soumis au Saint-Siège, avaient déjà le privilége de la croix et du *pallium* comme les archevêques, mais seulement quatre fois l'année : le Pape en ajouta quatre autres en faveur d'Othon.

Pascal II écrivit trois lettres à cette occasion : l'une à Othon lui-même, pour lui expliquer les priviléges du *pallium* et les saintes obligations qu'il impose; la seconde à l'archevêque Rothard de Mayence, son métropolitain, pour le lui recommander comme son bien-aimé fils et frère, et l'assurer qu'il l'a ordonné sans aucun préjudice de sa métropole; la troisième au clergé et au peuple de Bamberg, à qui le Pape rappelle combien leur Eglise, depuis son origine, était attachée à l'Eglise romaine; il en voyait la preuve dans leur lettre pleine d'affection; il leur mande que, suivant leurs désirs, il a consacré leur évêque comme par les mains de saint Pierre, et les exhorte à l'aimer comme leur père et à l'écouter comme leur pasteur. Othon leur écrivit, de son côté, pour rassurer au plus tôt leurs inquiétudes, en leur apprenant avec quelle bienveillance et quelle distinction il avait été reçu du chef de l'Eglise, et pour leur recommander d'en bénir Dieu avec lui. Toutes ces lettres respirent la douceur, la paix et une charité réciproque (Ebbon, l. 1, c. 2).

Brunon, archevêque de Trèves, qui accompagnait saint Othon de Bamberg, se présenta également au Pape pour le prier de confirmer son ordination. Pascal II le reçut avec honneur, comme métropolitain de la première province de Belgique; mais il lui fit une réprimande sévère de ce qu'il avait reçu l'investiture, par l'anneau et la crosse, de la main d'un laïque, c'est-à-dire de Henri le père, et de ce qu'il avait dédié des églises et ordonné des clercs avant d'avoir obtenu le *pallium*. Brunon, de l'avis des évêques qui composaient le concile de Rome, renonça au pontificat; mais, trois jours après, il fut rétabli à leur prière, témoignant se repentir du passé, parce qu'il parut propre à servir l'Eglise dans la circonstance du temps, à cause de sa discrétion et de sa prudence. On lui imposa pour pénitence de ne point porter de dalmatique à la messe pendant trois ans. Le Pape lui donna le *pallium*, avec une instruction touchant la foi et la conduite pastorale. Brunon retourna donc chez lui plein de joie. Fleury a grand soin de remarquer que le Pape ne défendit point à ces deux évêques de reconnaître Henri pour empereur. La raison en est bien simple. C'est que, dès l'année précédente, ces deux évêques, avec tous les seigneurs d'Allemagne, avaient persuadé à ce prince de déposer les insignes de la royauté et de l'empire, et de les remettre à son fils, qui fut élu roi de nouveau, et confirmé en cette qualité par le légat du Pape (*Hist. Trevir.*, t. XII; *Spicileg.*).

Le jeune roi célébra à Bonn la fête de Pâques, qui, cette année 1107, était le 25 mars; puis, vers la mi-juin, il assiégea Cologne, que son père avait fortifiée, après en avoir chassé l'archevêque. Pendant ce siège, qui dura environ un mois, son père, qui était à Liége, lui envoya des députés avec des lettres, tant pour lui que pour les seigneurs. Dans la lettre à son fils, il lui reproche sa détention à Bingen, et les autres mauvais traitements qu'il avait soufferts, puis il ajoute : « Il ne vous reste aucun prétexte de la part du Pape et de l'Eglise romaine, puisque nous avons déclaré au légat, en votre présence, que nous étions prêts à lui obéir en tout, suivant le conseil des seigneurs, de notre père Hugues, abbé de Cluny, et d'autres personnes pieuses. Nous vous conjurons donc, pour l'honneur du royaume et le respect que vous devez avoir pour vous et pour votre père, nous vous conjurons, par l'autorité du Pontife romain et de l'Eglise romaine, de nous faire justice et de nous laisser vivre en paix. Pensez que Dieu est un juste juge, lui à qui nous avons remis notre cause et notre vengeance. Enfin nous appelons au Pontife romain et à la sainte et universelle Eglise romaine. » La lettre aux seigneurs contenait les mêmes plaintes et les mêmes protestations, avec le même appel au Pape et à l'Eglise romaine (*Apud Wurst.*).

Après que ces deux lettres eurent été lues publiquement, le jeune roi, par le conseil des seigneurs, envoya aussi des députés à son père, avec un manifeste qu'il fit lire aussi en public par Henri, évêque de Magdebourg. Il était conçu en ces termes : « Après une division d'environ quarante ans, qui a presque aboli les lois divines et les lois humaines; division qui, sans parler des meurtres, des sacriléges, des parjures, des brigandages, des incendies, a réduit notre empire, non-seulement en solitude, mais à l'apostasie et presque au paganisme, Dieu a regardé en pitié son Eglise, et nous, les enfants de cette épouse du Christ, touchés par l'Esprit-Saint, nous sommes revenus à résipiscence et à l'unité de la foi; par le zèle de Dieu et l'obéissance à la foi apostolique, nous avons rejeté le chef incorrigible des schismes, Henri, dit notre empereur, et nous avons élu un roi catholique, quoique né de sa race. Voyant que le nouveau règne était le terme du sien, lui-même, comme de son plein gré, mais bien malgré lui, ses lettres le disent maintenant, approuva cette élection, rendit les insignes royaux, nous recommanda son fils avec larmes, et promit de ne plus songer qu'au salut de son âme. Maintenant il revient à ses premiers artifices, il se plaint par toute la terre qu'on lui a fait injure, il s'efforce d'attirer contre nous les armes des Français, des Anglais, des Danois et des autres nations voisines; il demande justice et promet de suivre désormais nos conseils. Mais en effet il ne cherche qu'à dissiper cette armée du Seigneur, à ravager l'Eglise qui commence à refleurir, à nous replonger dans l'anathème, enfin à crucifier de nouveau le Christ, qui ressuscite dans les âmes. C'est pourquoi la volonté du roi, des seigneurs et de toute l'armée catholique, est qu'il se présente en tel lieu et avec telle sûreté qu'il désirera, afin que l'on examine de part et d'autre ce qui s'est passé depuis le commencement du schisme; que l'on fasse justice au fils et au père, et que l'on termine, sans plus différer, les contestations qui agitent l'Eglise et l'empire (*Apud Ursperg.*). »

Ce manifeste est bien remarquable. On y voit la nation allemande, après quarante ans de funeste expérience, parler de Henri IV comme en avait parlé, quarante ans auparavant, le pape saint Grégoire VII. L'expérience avait justifié le Pape aux yeux mêmes de ses adversaires. Les députés porteurs de ce manifeste ayant eu audience de l'ex-empereur, comme dit l'auteur contemporain, furent maltraités par ceux de sa suite, avec lesquels ils ne voulaient pas communiquer, les regardant comme excommuniés, et rapportèrent pour réponse du père que l'on quittât les armes pour le moment et que l'on indiquât une conférence.

Henri le fils, ayant été obligé de lever le siége de Cologne, envoya encore proposer à son père une conférence à Aix-la-Chapelle dans huit jours. Le père s'en plaignit par une dernière lettre adressée aux évêques et aux seigneurs du royaume, disant qu'on n'avait jamais donné un terme si court pour la moindre affaire, et à plus forte raison pour une affaire de cette importance. « Nous vous supplions donc, conclut-il, pour Dieu et pour votre âme, pour notre appel au Pontife romain, le seigneur Pascal, et à l'Eglise romaine, enfin pour l'honneur de l'empire, de vouloir bien obtenir de notre fils qu'il congédie son armée, qu'il cesse de nous persécuter et qu'il fasse en sorte que nous puissions nous voir pacifiquement, en temps et lieu convenables, et rétablir la paix du royaume. Que, s'il s'y refuse absolument, nous en avons fait et nous en faisons notre protestation à Dieu, à sainte Marie, au bienheureux Pierre, notre patron, à tous les saints et à tous les chrétiens, mais à vous particulièrement, afin que vous cessiez de l'exciter à nous poursuivre et de faire comme lui. Nous en avons appelé, et nous en appelons pour la troisième fois au seigneur Pascal, pontife romain, au Saint-Siége universel et à l'Eglise romaine (*Apud Wurst.*). »

Ainsi parlait l'ex-empereur Henri dans sa dernière lettre. Pendant quarante ans il avait persécuté les Papes; et le voilà réduit à implorer contre son propre fils ces mêmes Papes, cette même Eglise romaine dont il avait si longtemps méprisé l'autorité. La Providence voulait le forcer, ce semble, à réparer devant tout le monde ce scandale de quarante ans, avant de frapper le dernier coup. Henri n'était encore que dans la 55e année de son âge : il ne s'attendait guère à mourir, lorsqu'il mourut inopinément à Liége, le 7 août 1106. Il fut d'abord enterré dans la cathédrale de Liége, ensuite déterré comme excommunié, mis en un lieu profane, enfin transporté à Spire, où il resta cinq ans hors de l'église dans un cercueil de pierre.

Voici l'effet que produisit sa mort dans la chrétienté, au rapport d'un écrivain qui constamment lui est plus favorable qu'hostile, Conrad d'Ursperg, déjà cité. « C'est une chose pourtant digne de pitié, qu'un personnage de ce nom, de ce rang, de ce caractère, qui, professant le christianisme, fut si longtemps le maître du monde, ne reçût pas, tel que le défunt le plus pauvre, la moindre marque de deuil ou de compassion de qui que ce soit parmi tant de chrétiens ; mais qu'au contraire, tout ce qu'il y avait de chrétiens véritables, soit en Allemagne, soit partout ailleurs, ne se possédassent pas de joie en apprenant sa mort. Non, Israël ne chanta pas plus haut au Seigneur, lorsque Pharaon eut été submergé ; non jamais Rome n'applaudit avec plus de transport aux triomphes d'Octave ni d'aucun de ses augustes. Le mors qui retenait la bouche des peuples fit place pour eux au cantique, comme la voix d'une sainte solennité. L'exacteur n'était plus, le tribut cessa. Ceux qui, par intérêt seul, étaient restés jusqu'alors attachés au prince et lui avaient vendu leurs âmes, se soumirent au nouveau roi et à l'Eglise catholique.

» Telle fut la fin, telle fut la mort, telle fut la dernière destinée de Henri, nommé par les siens Henri IV, empereur des Romains, mais qui, par les catholiques, c'est-à-dire par tous ceux qui, d'après la loi chrétienne, gardaient au bienheureux Pierre et à ses successeurs la foi et l'obéissance, était justement appelé archipirate, hérésiarque, apostat et persécuteur des âmes plus encore que des corps.

» Grâces en soient rendues à Dieu, qui, tard il est vrai, mais enfin avec éclat, a donné la victoire à son Eglise : le même Galiléen qui vainquit autrefois Julien, a changé pour elle en jubilé la cinquantième année d'exaction du nouveau Nabuchodonosor (Ursp., an 1106). »

LIVRE SOIXANTE-SEPTIÈME.

Les Papes continuent à défendre la chrétienté au dedans et au dehors. Commencements de saint Bernard.

(De la mort de Henri IV, ex-roi, ex-empereur d'Allemagne [1106], à la mort de son fils Henri V, et l'extinction de leur dynastie [1125]).

La chrétienté est cette grande famille de peuples et d'individus chrétiens, unis entre eux par les liens d'une même foi, d'une même espérance, d'une même charité, d'un même culte, sous le gouvernement religieux d'un même chef, d'un même père ou pape, le vicaire de Jésus-Christ. Cette grande famille s'est manifestée au monde dans toute sa force, lorsque, à la voix de son chef, plus d'un million de combattants se sont enrôlés sous l'étendard de la croix; car cette grande famille de Dieu a souvent ou plutôt sans cesse à combattre. Sans cesse elle est menacée, attaquée et au dedans et au dehors : au dedans, par des hérésies, par des divisions intestines, par des passions antichrétiennes; au dehors par des puissances ou des nations antichrétiennes. Mais aussi, après Dieu et sous sa main, sans cesse elle est avertie et défendue, et au dedans et au dehors, par son chef, le Pape, avec les évêques, les princes, les peuples, les individus qui le secondent. Le souvenir intelligent, le récit intelligent de ces combats, telle est la véritable histoire de l'Eglise catholique.

Bien des hommes et des historiens n'y ont rien compris, Fleury peut être mis de ce nombre. Il n'a rien compris à ces longs combats que la chrétienté, pour maintenir sa liberté et son indépendance, a soutenus par les Papes : d'un côté, contre le despotisme antichrétien des empereurs teutoniques, qui voulaient l'asservir et la corrompre par le dedans; d'un autre côté, contre les puissances ou les nations antichrétiennes du mahométisme, qui voulaient l'asservir et la corrompre par le dehors. Ne voyant jamais de l'Eglise que son enfance, Fleury voudrait toujours la retenir au maillot. Parce que dans les premiers siècles il n'y avait point de nations chrétiennes, encore moins une chrétienté, mais seulement des individus chrétiens, qui devaient se laisser égorger plutôt que de mettre en péril le gouvernement tel quel du peuple dont ils faisaient partie, Fleury prétend qu'il doit toujours en être de même. Il prétend ou suppose que les nations chrétiennes, encore que d'après leurs lois fondamentales elles ne puissent être gouvernées que par un souverain catholique, et que celui qui reste dans l'excommunication plus d'un an perde par là même tous ses droits, elles doivent néanmoins se laisser tyranniser ou égorger par le roi qu'elles ont choisi, dès qu'il plaira à ce roi de se faire tyran. Il prétend ou suppose que la chrétienté entière doit se laisser tyranniser et asservir par un roi allemand, dès qu'il plaira à ce roi de faire, défaire et asservir à son gré le Pontife romain, le vicaire du Christ, le chef unique de la chrétienté entière. Et parce que les nations chrétiennes, et parce que la chrétienté du moyen-âge n'a pas pris pour règle de pareilles idées, Fleury voit en cela seul la source de tous les maux. Il ne voit partout que les tristes résultats des entreprises de Grégoire VII.

La Providence a voulu donner, de nos jours, une grande leçon à certains catholiques qui, comme Fleury, se permettent de censurer ce que l'Eglise de Dieu a fait pendant tant de siècles. Elle a réfuté leurs accusations téméraires par la bouche des hérétiques, par la bouche des protestants. Les plus doctes protestants, auxquels on pourrait ajouter des incrédules mêmes, publient hautement, dans leurs ouvrages, que les résultats des efforts de Grégoire VII et des Papes qui lui ressemblent, ont été finalement : dans l'ordre spirituel, la liberté de l'Eglise, la répression de la simonie et du concubinage des clercs; dans l'ordre temporel, la civilisation des rois, l'affranchissement des peuples, le salut du genre humain.

Ecoutons le ministre protestant Coquerel : « Le pouvoir papal, disposant des couronnes, empêchait le despotisme de devenir atroce; aussi, dans ces temps de ténèbres, ne voyons-nous aucun exemple de tyrannie semblable à celle des Domitien à Rome. Un Tibère était impossible : Rome l'eut écrasé. Les grands despotismes arrivent quand les rois se persuadent qu'il n'y a rien au-dessus d'eux; c'est alors que l'ivresse d'un pouvoir illimité enfante les plus atroces forfaits (1). » Ecoutons un ministre du roi de Prusse, le publiciste protestant Ancillon : « Dans le moyen-âge, où il n'y avait pas d'ordre social, la papauté seule sauva peut-être l'Europe d'une entière barbarie; elle créa des rapports entre les nations les plus éloignées; elle fut un centre commun, un point de ralliement pour les Etats isolés ; elle se plaça entre le tyran et la victime, et rétablissait entre les nations ennemies des rapports d'intérêts, d'alliance et d'amitié, elle devint une sauvegarde pour les familles, les peuples et les individus (2). » Ecoutons le presbytérien Robertson, cité par le ministre protestant de Joux : « La monarchie pontificale apprit aux nations et aux rois à se regarder mutuellement comme compatriotes; comme étant tous également sujets au sceptre divin de la religion; et ce centre d'unité religieuse a été, durant des siècles nombreux, un vrai bienfait pour le genre

(1) *Essai sur l'histoire du Christianisme*, par Ch. Coquerel, p. 75.
(2) Ancillon, *Tableau des révolutions*, etc. Introduction, p. 133 et 157.

humain (1). » Ecoutons le protestant Sismondi de Genève : « Au milieu de ce conflit de juridictions (entre les seigneurs), le Pape se montrait le seul défenseur du peuple, le seul pacificateur des discordes des grands. La conduite des Pontifes inspirait le respect, comme leurs bienfaits méritaient la reconnaissance (2). » Ecoutons le savant Jean de Muller : « Sans les Papes, Rome n'existerait plus ; Grégoire, Alexandre, Innocent opposèrent une digue au torrent qui menaçait toute la terre, leurs mains paternelles élevèrent la hiérarchie, et à côté d'elle la liberté de tous les Etats (3). » Ecoutons Leibnitz, le plus vaste génie qui ait paru parmi les protestants : « Quelques raisons qu'apporte M. l'abbé de Saint-Pierre, les plus grandes puissances ne seront pas fort disposées à se soumettre à une espèce d'empire nouveau. S'il pouvait les rendre tous romains et leur faire croire à l'infaillibilité du Pape, il ne faudrait pas d'autre empire que celui de ce Vicaire de Jésus-Christ. » Ailleurs il dit que, « si les Papes reprenaient l'autorité qu'ils avaient au temps de Nicolas Ier ou de Grégoire VII, ce serait le moyen d'assurer la paix perpétuelle et de nous ramener au siècle d'or (4). »

Enfants de l'Eglise catholique, écoutons bien ce qu'en disent les protestants ! apprenons des étrangers à honorer notre mère et à ne plus lui faire un opprobre de ses bienfaits !

Un bienfait signalé de l'Eglise et des Papes, c'est d'avoir préservé l'Europe catholique de la domination des Mahométans. Lorsque, peu avant la première croisade, l'empereur grec, Alexis Comnène, implora le secours des princes d'Occident, les Turcs, d'un côté, les Petchenègues ou Cosaques, de l'autre, menaçaient chaque jour Constantinople ; l'empereur, suivant ses propres expressions, ne faisait plus que fuir devant eux de ville en ville. Constantinople une fois en leur pouvoir, rien n'empêchait les Turcs de se jeter sur l'Allemagne, divisée contre elle-même et dont le chef s'occupait depuis quarante ans à faire la guerre, non point aux infidèles, mais à l'Eglise et à ses propres sujets. Qu'aurait pu faire alors la France, dont le roi s'amollissait dans les bras de la volupté ? l'Angleterre, dont le roi songeait plus à rançonner ses sujets et les églises qu'à les défendre contre l'ennemi ? qu'aurait pu faire l'Espagne, où une nouvelle irruption de Sarrasins venus d'Afrique s'emparait de Sarragosse en 1106 ? Les Turcs d'Asie, arrivés par l'Allemagne, les Sarrasins d'Afrique, arrivés par l'Espagne, se seraient rencontrés dans la France, pour de là marcher sur l'Italie et faire manger l'avoine à leurs chevaux sur le tombeau de saint Pierre de Rome, comme plus tard, un de leurs chefs en fit la menace.

Mais après la première croisade, qui se fit par le peuple seul et les princes du second ordre, sans qu'aucun roi y prît part ; mais à la fin de la première croisade, les chrétiens étaient maîtres de Tarse en Cilicie, d'Edesse en Mésopotamie, d'Antioche en Syrie, de Jérusalem, de Joppé, de Césarée, de Ptolémaïs en Palestine ; mais après la première croisade, l'empereur de Constantinople, qui auparavant se voyait menacé dans sa capitale par les Turcs campés sur les rives du Bosphore, put leur faire la guerre au loin, les battre en plus d'une rencontre, leur reprendre plus d'une ville, plus d'une province. Après sa mort, arrivée en 1118, son fils, Jean Comnène, put continuer ses avantages, vaincre successivement les Turcs, les Petchenègues, les Bulgares, les Serviens. Pour ne jamais succomber aux coups des infidèles, il ne manquait à l'empire grec que d'être plus sincèrement uni au centre de l'unité chrétienne ; car, chose bien remarquable, jamais nation sincèrement catholique n'a succombé sans retour sous la domination des Mahométans : témoin l'Espagne, qui, réduite par les Sarrasins dans les montagnes des Asturies, en punition d'un essai de schisme avec l'Eglise romaine, sortit de la catholicité fidèle et triompha de ses vainqueurs dans un combat de huit siècles.

Quant aux colonies chrétiennes de Syrie, de Mésopotamie et de Palestine, fondées par l'épée des croisés, elles se soutenaient, s'étendaient même avec une alternative de succès et de revers. Au printemps de l'année 1104, Bohémond, prince d'Antioche, Tancrède, alors seigneur de Laodicée et d'Apamée, Baudouin du Bourg, comte d'Edesse, et son cousin Joscelin de Courtenai, seigneur de Turbessel, se réunirent pour passer l'Euphrate et pour mettre le siège devant la ville de Charan ou Carrhes, occupée par les infidèles. Cette ville avait été le séjour de Tharé, père d'Abraham. Déjà, après quinze jours de siège, cette ville avait capitulé ; les chrétiens n'attendaient, pour y faire leur entrée, que de savoir qui en serait le maître, de Baudouin ou de Bohémond. Les deux princes se disputaient encore leur conquête, quand une armée musulmane survient de Mossoul. Les chrétiens, en punition de leur fol orgueil, sont frappés de stupeur et prennent la fuite dès la première attaque. Baudouin et Joscelin sont faits prisonniers ; Bohémond et Tancrède échappent presque seuls.

Après ce désastre, Bohémond restait enfermé dans Antioche, menacé à la fois par les Grecs et par les Turcs. N'ayant plus ni trésors ni armée, il tourna ses dernières espérances vers l'Occident, et résolut d'intéresser à sa cause les princes de la chrétienté. Après avoir fait répandre le bruit de sa mort, il s'embarqua au port Saint-Siméon, et, caché dans un cercueil, il traversa la flotte des Grecs, qui se réjouissaient de son trépas et maudissaient sa mémoire. En arrivant en Italie, Bohémond va se jeter aux pieds du souverain Pontife ; il se plaint des malheurs qu'il a éprouvés en défendant la religion ; il invoque surtout la vengeance du ciel contre Alexis, qu'il représente comme le plus grand fléau des chrétiens ; le Pape l'accueille comme un héros et comme un martyr ; il loue ses exploits, écoute ses plaintes, lui donne l'étendard de saint Pierre, et lui permet, au nom de l'Eglise, de lever en Europe une armée pour réparer ses malheurs et venger la cause de Dieu.

Bohémond se rend en France. Ses aventures, ses exploits avaient partout répandu son nom. Il se présente à la cour de Philippe Ier, qui le reçoit avec les plus grands honneurs et lui donne sa fille Constance en mariage. Au milieu des fêtes de la cour, tour à tour le plus brillant des chevaliers et le plus ardent

---
(1) *Lettres sur l'Italie*, par P. de Joux, p. 380.
(2) *Histoire des républiques italiennes*, t. I, p. 130.
(3) *Voyages des Papes*, 1782.
(4) *Pensées de Leibnitz*, t. II, p. 410.

des orateurs de la croix, il fait admirer son adresse dans les tournois et prêche la guerre contre les ennemis des chrétiens. En passant à Limoges, il déposa des chaînes d'argent sur l'autel de saint Léonard, dont il avait invoqué l'appui dans sa captivité; de là il se rendit à Poitiers, où, dans une grande assemblée, il embrasa tous les cœurs du feu de la guerre sainte. Les chevaliers du Limousin, de l'Auvergne et du Poitou se disputaient l'honneur de l'accompagner en Orient. Encouragé par ses premiers succès, il traverse les Pyrénées et lève des soldats en Espagne; il retourne en Italie, et trouve partout le même empressement à le suivre. Les préparatifs achevés, il s'embarque à Bari et va descendre sur les terres de l'empire grec, menaçant de se venger de ses plus cruels ennemis, mais au fond poussé par l'ambition bien plus que par la haine. Le prince d'Antioche ne cessait d'animer par ses discours l'ardeur de ses nombreux compagnons : aux uns, il représentait les Grecs comme les alliés des Musulmans et les ennemis de Jésus-Christ; aux autres, il parlait des richesses d'Alexis et leur promettait les dépouilles de l'empire. Il était sur le point de voir ses brillantes espérances s'accomplir, lorsqu'il fut tout à coup trahi par la fortune, qui, jusque-là, n'avait fait pour lui que des prodiges. La ville de Durazzo, dont il avait entrepris le siège, résista longtemps à ses efforts; les maladies ravagèrent son armée; la plupart des guerriers qui l'avaient suivi désertèrent ses drapeaux; il fut obligé de faire une paix honteuse avec l'empereur qu'il voulait détrôner. C'était en 1108. Trois ans après, c'est-à-dire en 1111, Bohémond mourut dans la principauté de Tarente, laissant un fils de quatre ans, lorsqu'il se disposait, dit-on, à porter encore dans l'empire grec la terreur de son nom. Michaud, dans son *Histoire des Croisades*, dit que Bohémond mourut de désespoir; mais c'est une figure de rhétorique assez familière à cet auteur, et qui n'a aucun fondement dans l'histoire.

Tancrède, qui gouvernait toujours Antioche, fut attaqué plusieurs fois par les Barbares accourus des bords de l'Euphrate et du Tigre, et ne put leur résister qu'avec le secours du roi de Jérusalem. Joscelin et Baudouin du Bourg, qui avaient été conduits à Bagdad, n'étaient revenus dans leurs Etats qu'après cinq ans d'une dure captivité. Tancrède et Baudouin du Bourg eurent de vives contestations. Le premier prétendait que le comte d'Edesse devait lui être soumis et lui payer tribut. Le roi de Jérusalem, dont on invoqua la justice, condamna Tancrède et lui dit : « Ce que tu demandes n'est pas juste; tu dois, par la crainte de Dieu, te réconcilier avec le comte d'Edesse; si, au contraire, tu persistes dans ton association avec les païens, tu ne peux demeurer notre frère. » Ces paroles touchèrent le cœur de Tancrède, et ramenèrent la paix parmi les princes chrétiens.

Dans l'année 1108, Bertrand, fils de Raymond, comte de Saint-Gilles, vint en Orient avec soixante-dix galères génoises. Elles devaient l'aider à conquérir plusieurs villes de la Phénicie; on commença par Biblos, qui, après quelques assauts, ouvrit ses portes aux chrétiens; on alla ensuite assiéger la ville de Tripoli. Le roi Baudouin de Jérusalem vint à ce siège avec cinq cents chevaliers. La ville, n'ayant pas reçu de secours, se rendit aux chrétiens, à la condition que chacun serait libre de sortir avec ce qu'il pourrait emporter, ou de rester dans la cité en payant un tribut. Tripoli, avec les villes de Tortose, d'Archas, de Gibel, forma un quatrième Etat dans la confédération des Francs, au delà des mers. Bertrand, fils de Raymond de Saint-Gilles, en prit possession immédiatement après la conquête, et prêta serment de fidélité au roi de Jérusalem, dont il devint le vassal.

Plusieurs mois après la prise de Tripoli, le roi Baudouin réunit toutes ses forces devant Beyrouth, l'ancienne Béryte. Elle résista pendant deux mois aux attaques des chrétiens, mais enfin fut obligée de se rendre. Les Musulmans ne possédaient plus sur la côte de Syrie que trois villes : Ascalon, Tyr et Sidon. Jusque-là, la ville de Sidon n'avait conservé la paix qu'à force de soumissions et de présents; chaque année elle reculait l'heure de sa ruine en prodiguant ses trésors; mais le temps approchait où son or ne pourrait plus la sauver.

Comme le roi de Jérusalem revenait d'une expédition sur les rives de l'Euphrate, il apprit que Sigur, fils de Magnus, roi de Norwége, avait débarqué à Joppé; Sigur était accompagné de dix mille Norwégiens; qui, depuis trois ans, avaient quitté le nord de l'Europe pour visiter la terre sainte. Baudouin se rendit à Joppé, au devant du prince de Norwége, et il le pressa de combattre avec lui pour l'agrandissement du royaume de Jésus-Christ. Sigur accéda à la prière du roi de Jérusalem, et lui demanda pour prix de son zèle qu'un morceau du bois de la vraie croix. Lorsqu'il arriva dans la ville sainte, entouré de ses guerriers, les chrétiens contemplèrent avec une surprise mêlée de joie les énormes haches de bataille et la haute stature des pèlerins du Nord. On résolut, dans le conseil du roi, d'assiéger Sidon. Bientôt la flotte de Sigur parut devant le port de cette ville, tandis que Baudouin et le comte de Tripoli dressaient leurs tentes sous les remparts. Après un siège de six semaines, l'émir et les principaux habitants offrirent de remettre les clés de la ville, au roi de Jérusalem, et ne demandèrent que la liberté de sortir de la place avec ce qu'ils pourraient porter sur leurs têtes et sur leurs épaules. Cinq mille Sidoniens profitèrent du traité; les autres restèrent et devinrent les sujets du roi. Sigur quitta la Palestine au milieu des bénédictions du peuple chrétien; il s'embarqua pour retourner en Norwége, emportant avec lui le morceau de la vraie croix qu'on avait promis à ses services, et qu'il déposa, à son retour, dans une ville du royaume.

Les Norwégiens ne furent pas le seul peuple du Nord qui prit part au siège de Sidon; il était arrivé en Palestine des pèlerins de la Frise, des pèlerins d'Angleterre, qui combattirent avec les guerriers de Baudouin. Nous lisons dans une Chronique de Brême, qu'on fit alors dans tout l'empire germanique une grande levée d'hommes pour la guerre sainte d'outre-mer. Plusieurs Brêmois, au signal de leur archevêque et conduits par deux consuls que nomme la Chronique, partirent pour l'Orient et se distinguèrent à la prise de Beyrouth et de Sidon. Au retour de leur pèlerinage, ils n'avaient perdu que deux de leurs compagnons, ils furent reçus en triomphe par leurs concitoyens, et des armoiries accordées à la ville de Brème par l'empereur d'Allemagne, attestèrent les services qu'ils avaient rendus à la cause de Jésus-Christ dans la terre sainte. C'est sans doute une chose merveilleuse de voir ces peuples du Nord, naguère si terribles pour les chrétiens, devenus chrétiens eux-mêmes, traverser les mers, non plus pour ravager les églises, mais pour aller se prosterner devant le tombeau du Christ, en baiser la poussière et consacrer leurs armes pour sa défense.

En 1112, Antioche eut à pleurer la mort de Tancrède. Toute l'Eglise des saints, dit Guillaume de Tyr (L. 11, c. 18), reconnaîtra à jamais les œuvres charitables et les libéralités du héros chrétien. Pendant le temps qu'il gouverna Antioche, il s'associa de cœur et d'âme à toutes les souffrances de ses peuples. Raoul de Caen nous dit qu'au milieu d'une disette qui désola sa principauté, il jura de ne plus boire de vin et de se réduire, pour la table et les vêtements, à la condition des pauvres, tant que durerait la misère publique. A la guerre, Tancrède se montrait toujours comme le père de ceux qui combattaient sous ses drapeaux; il avait coutume de dire : « Ma fortune et ma gloire, ce sont mes soldats. Que la richesse soit leur partage; pour moi, je me réserve les soins, les périls, la fatigue, la grêle et la pluie. » Quoique le plus brave, il était le plus humble. Dans une expédition, il fit promettre avec serment à son écuyer de ne rien dire de ce qu'il lui avait vu faire, parce que ses exploits tenaient du prodige. Lorsqu'il approchait de sa dernière heure, Tancrède avait auprès de lui sa femme Cécile, fille de Philippe Ier, roi de France, et le jeune Pons, fils de Bertrand, comte de Tripoli; il leur fit promettre de s'unir après sa mort par les liens du mariage : promesse qui fut dans la suite accomplie. Il nomma pour son successeur Roger, fils de Richard, son cousin, à la condition expresse que celui-ci remettrait la principauté d'Antioche, en entier et sans difficulté, à son prince légitime, le fils de Bohémond, retenu alors auprès de sa mère en Italie. L'illustre Tancrède fut enseveli à Antioche sous le portique de l'église du prince des Apôtres, l'an de l'Incarnation 1112.

L'année suivante, des hordes innombrables de Turcs, venus de la mer Caspienne, du Korasan, du pays de Mossoul, se jetèrent dans la Galilée. Le roi Baudouin marcha contre eux, et, trompé par une ruse de ces Barbares, il engagea imprudemment le combat. L'armée chrétienne, le royaume, le roi, tout failli périr en cette journée. Cependant, vers la fin de l'été, cette guerre, d'abord si terrible et si menaçante, se termina tout à coup sans combat, et la multitude des ennemis s'éloigna comme un orage emporté par les vents.

Alors les colonies chrétiennes et toutes les provinces de la Syrie furent en butte à d'autres calamités. Des nuées de sauterelles, venues de l'Arabie, achevèrent de ravager les campagnes de la Palestine. Une horrible famine désolait le comté d'Edesse et la principauté d'Antioche. Un tremblement de terre se fit sentir depuis le mont Taurus jusqu'aux déserts de l'Idumée : plusieurs villes de Cilicie n'étaient plus que des monceaux de ruines. Les chrétiens, attribuant ce fléau à leurs péchés, firent une pénitence publique. Tout le peuple d'Antioche priait jour et nuit, se couvrait du cilice, couchait sur la cendre. Les femmes et les hommes allaient séparément de place en place, d'église en église, nu-pieds, la tête rasée, se frappant la poitrine et répétant à haute voix : Seigneur, épargnez-nous! Ce ne fut qu'après cinq mois que le Ciel se laissa toucher par leur repentir, et que les tremblements de terre cessèrent d'effrayer les cités.

Le roi Baudouin, n'ayant plus à combattre les Turcs de Bagdad ni ceux de la Syrie, tourna ses regards vers les contrées situées au delà du Jourdain et de la mer Morte. Il traversa l'Arabie Pétrée et s'avança dans la troisième Arabie, appelée par les chroniqueurs *Syrie de Sobal*; il y trouva une haute colline qui dominait une terre féconde, et cet emplacement lui parut propice pour la construction d'une forteresse. La cité nouvelle fut confiée à la garde de fidèles guerriers, et reçut le nom de *Montréal*.

L'année suivante 1116, Baudouin, prenant avec lui des hommes qui connaissaient parfaitement les lieux, franchit les déserts de l'Arabie, descendit vers la mer Rouge, et pénétra jusqu'à Hellis, ville très-antique, jadis fréquentée par le peuple d'Israël, et bâtie au lieu où l'Ecriture place les douze fontaines et les soixante-dix palmiers. Lorsque le roi et ceux qui l'accompagnaient eurent examiné à loisir la ville d'Hellis et les rivages de la mer, ils se rendirent à Montréal, et revinrent ensuite à Jérusalem. A leur retour dans la ville sainte, on ne se lassait point d'écouter les récits de leur voyage à la mer Rouge et vers le désert de Sinaï. On admirait surtout des coquilles marines et certaines pierres précieuses qu'ils avaient rapportées. Foucher de Chartres nous dit qu'il adressa beaucoup de questions aux compagnons de Baudouin, et qu'il leur demanda, entre autres choses, si la mer Rouge était douce ou salée, si elle formait un étang ou un lac, si elle avait une entrée et une sortie comme la mer de Galilée, ou si elle était fermée à son extrémité comme la mer Morte. Ce qui montre combien les connaissances géographiques étaient imparfaites à cette époque.

Tandis que la mer Rouge et ses merveilles occupaient ainsi le peuple chrétien, Baudouin avait une autre pensée et cherchait un chemin qui pût le conduire en Egypte. Vers le mois de février 1118, il rassembla l'élite de ses guerriers, traversa le désert, surprit et livra au pillage Pharamia, située à quelques lieues des ruines de Tanis et de Péluse. Albert d'Aix nous dit que les guerriers francs se baignèrent dans les eaux du Nil et qu'ils prirent quantité de poissons en les frappant avec leurs lances; tout ce qu'ils voyaient sur cette terre si fertile de l'Egypte, qui semblait promise à leurs armes, les remplissait de surprise et de joie. Mais cette ivresse de la victoire devait bientôt se changer en affliction : tout à coup le roi Baudouin tomba malade; il éprouva de vives douleurs dans les entrailles; une blessure qu'il avait reçue autrefois se rouvrit : dès lors on ne songea plus qu'à retourner à Jérusalem. Les chrétiens avaient à traverser le désert qui sépare l'Egypte de la Syrie. Baudouin, porté dans une litière faite avec des pieux de tentes, était arrivé avec peine à El-Arisch, petite ville située sur le bord de la mer et chef-lieu de ces vastes solitudes. Là, il sentit qu'il était près de sa fin; les compagnons de ses victoires laissaient voir leur profonde tristesse; lui les consolait par ses discours : « Pourquoi pleurez-vous ainsi, leur disait-il, songez que je ne suis qu'un homme que beaucoup d'autres peuvent remplacer; ne vous laissez point abattre comme des femmes par la douleur, n'oubliez point qu'il faut retourner à Jérusalem et combattre encore pour l'héritage de Jésus-Christ, comme nous l'avons juré. »

Lui-même prescrivit à ses serviteurs comment ils devaient embaumer son corps après en avoir ôté les entrailles, afin qu'il pût être transporté à Jérusalem et enterré auprès de son frère Godefroi. Puis il s'occupa de sa succession au trône de Jérusalem; il recommanda aux suffrages de ses compagnons son frère Eustache de Boulogne, ou Baudouin du Bourg, comte d'Edesse; enfin il rendit le dernier soupir, fortifié par la confession et le sacrement de l'eucharistie. Ses entrailles furent inhumées dans le voisinage d'El-Arisch, et son corps transporté à Jérusalem, où ses compagnons arrivèrent le dimanche des Rameaux. Ce jour-là, selon l'antique usage, tout le peuple chrétien, précédé du patriarche, descendait en procession du mont des Oliviers, portant des branches de palmiers et chantant des cantiques pour célébrer l'entrée de Jésus dans Jérusalem. Tandis que la procession traversait la vallée de Josaphat, le cercueil de Baudouin, porté par ses compagnons, parut tout à coup au milieu de ce peuple qui chantait des hymnes ; aussitôt un morne silence, puis de lugubres lamentations succèdent aux chants de l'Eglise ; les dépouilles mortelles de Baudouin entrèrent par la porte dorée, et la procession les suivit. Latins, Syriens, Grecs, tout le monde pleurait; les Sarrasins eux-mêmes, dit Foucher de Chartres, pleuraient aussi. Dans le même temps, Baudouin du Bourg, qui avait quitté Edesse pour célébrer les fêtes de Pâques dans la ville de Jésus-Christ, arrivait par la porte de Damas; averti par cette affliction universelle de la mort de Baudouin, son seigneur et son parent, il se mêla à tout le peuple en deuil et suivit le convoi funèbre jusqu'au Calvaire. Là, les restes du roi défunt furent déposés en grande pompe, et ensevelis dans une tombe de marbre blanc, près du mausolée de Godefroi.

Baudouin vécut et mourut au milieu des camps, toujours disposé à combattre les ennemis des chrétiens. Pendant son règne, qui dura dix-huit ans, les habitants de Jérusalem entendirent chaque année la grosse cloche qui annonçait l'approche des infidèles; ils ne virent presque jamais dans le sanctuaire le bois de la vraie croix qu'on avait coutume de porter à la guerre; le frère et le successeur de Godefroi vit plus d'une fois son royaume en péril, et ne le conserva que par des prodiges de valeur; il perdit plusieurs batailles par sa bravoure imprudente; mais son activité extraordinaire, son esprit fécond en ressources le sauvèrent toujours des dangers.

La puissance chrétienne en Orient s'accrut pendant le règne de Baudouin : Arsur, Césarée, Ptolémaïs, Tripoli, Biblos, Beyrouth, Sidon firent partie de l'empire fondé par les croisés. Plusieurs places fortes s'élevèrent pour la défense du royaume, non-seulement dans l'Arabie, mais dans les montagnes du Liban, dans la Galilée, dans le pays des Philistins, et sur toutes les avenues de la ville sainte. Baudouin ajouta plusieurs dispositions au code de son prédécesseur. Ce qui honore le plus son règne, c'est le soin qu'il prit de repeupler Jérusalem : il offrit un asile honorable aux chrétiens dispersés dans l'Arabie, dans la Syrie et l'Egypte. Les fidèles, persécutés et accablés d'impôts par les Musulmans, accoururent en foule avec leurs femmes, leurs enfants, leurs richesses et leurs troupeaux; Baudouin leur distribua les terres, les maisons abandonnées, et Jérusalem commença à redevenir florissante. Ajoutons qu'il dota richement les églises, surtout celle de Bethléhem, qu'il fit ériger en évêché, et que plusieurs établissements religieux lui durent leur origine.

Pour donner plus d'éclat à sa capitale, il obtint du Pape que toutes les villes conquises par ses armes sur les infidèles ressortiraient de l'Eglise patriarcale de Jérusalem : « Nous concédons, répondit le pape Pascal, nous concédons à l'Eglise de Jérusalem toutes les villes et les provinces conquises par la grâce de Dieu et par le sang du très-glorieux roi Baudouin et de ceux qui ont combattu avec lui (Labbe, t. X, *Epist.* 18 et 19). » On voit par ces paroles que les Papes appréciaient les généreux sacrifices de ces princes, dont l'autorité était un sacerdoce militaire, un véritable apostolat armé du glaive.

Bernard, patriarche latin d'Antioche, qui avait succédé l'an 1100 au patriarche grec Jean IV, se plaignit au Pape de ce privilège accordé à l'Eglise de Jérusalem, comme portant préjudice aux droits de la sienne. Pascal II, pour le rassurer, lui écrivit une lettre où il relève la dignité de l'Eglise d'Antioche, honorée comme celle de Rome par la présence de saint Pierre, et ajoute : « Si par hasard nous avons écrit quelque chose autrement qu'il ne fallait, à l'Eglise d'Antioche ou à celle de Jérusalem, touchant les limites des diocèses, il ne faut l'attribuer ni à la légèreté ni à la malice, ni exciter du scandale pour ce sujet; car le grand éloignement et le changement des anciens noms des villes et des provinces nous ont apporté beaucoup d'incertitude ou d'ignorance. Mais nous avons souhaité et souhaitons encore donner à nos frères une occasion, non pas de scandale, mais de paix, et conserver à toutes les Eglises quelconques leur dignité et leur honneur (*Ibid.*, *Epist.* 20). » Bernard d'Antioche était un digne pontife. Dans une seconde lettre au même patriarche, le Pape termine ces débats en déclarant qu'il ne voulait point rabaisser la dignité de l'Eglise au profit des princes, ni mutiler le pouvoir des princes au profit de la dignité de l'Eglise (*Ibid.*, *Epist.* 28).

Le patriarche Daimbert de Jérusalem eut quelques difficultés avec le roi Baudouin, principalement par les intrigues d'Arnulfe de Rohes, qui s'était déjà fait nommer précédemment patriarche provisoire, et qui aspirait toujours à l'être en titre. Ces difficultés allèrent si loin, que, l'an 1104, Daimbert vint en Occident avec Bohémond, se plaindre au Pape de ce que le roi Baudouin l'avait chassé et mis à sa place un prêtre nommé Ebremar. Pascal II retint Daimbert plus de deux ans, pour voir si ceux qui l'avaient chassé allégueraient des causes raisonnables de leur conduite. Mais comme personne ne comparut et qu'il ne se trouvait autre chose contre lui, sinon qu'il avait été chassé par la pure violence du roi, il fut renvoyé à son siège avec des lettres du Pape qui témoignaient qu'il était dans ses bonnes grâces. Il passa en Sicile et fut obligé de séjourner à Messine pour attendre l'occasion de s'embarquer; mais il y tomba malade et mourut le 27 juin 1107, ayant tenu le siége de Jérusalem pendant sept ans.

Ebremar, qui avait été intrus à sa place, ayant appris qu'il revenait avec l'approbation du Pape, et ne sachant pas encore sa mort, résolut d'aller à Rome se justifier et représenter comme on l'avait mis malgré lui sur le siége de Jérusalem; mais, arrivé à Rome, il ne put obtenir autre chose, sinon qu'on envoyât avec lui un légat pour prendre sur les lieux plus ample connaissance de l'affaire. On y envoya Gibelin, archevêque, homme fort avancé en âge. Arrivé à Jérusalem, il y assembla un concile des évêques du royaume et y examina pleinement la cause d'Ebremar. Il reconnut par des témoins au-dessus de tout reproche, que Daimbert avait été chassé sans cause légitime, par la faction d'Arnulfe et la violence du roi, et qu'Ebremar avait usurpé le siége d'un évêque vivant. C'est pourquoi il le déposa du patriarcat par l'autorité du Pape; mais, en considération de sa piété et de sa simplicité, il lui donna l'Eglise de Césarée, qui était vacante. Ensuite, comme le clergé et le peuple contestaient sur l'élection d'un patriarche de Jérusalem, on prit jour pour traiter cette affaire à la manière accoutumée, et, après une grande délibération, ils s'accordèrent tous à choisir le légat Gibelin, et l'installèrent dans le siége patriarcal. On prétendit que c'était encore un artifice d'Arnulfe, de mettre en cette place un vieillard qui, par son grand âge, ne pouvait vivre longtemps. Gibelin, toutefois, tint le siége de Jérusalem pendant cinq ans. Ce fut sous son pontificat que le roi Baudouin obtint du Pape que toutes les villes conquises par ses armes dépendraient de l'Eglise de Jérusalem (Guill. de Tyr, l. 11; Labbe, t. X).

Gibelin étant mort l'an 1112, eut enfin pour successeur l'archidiacre Arnulfe, surnommé *Mal-Couronné*, qui aspirait depuis longtemps à ce siége. Le nouveau patriarche maria sa nièce à Eustache Grener, seigneur de Sidon et de Césarée, et lui donna le meilleur domaine de son Eglise, savoir, Jéricho et ses dépendances. Sa vie ne fut pas moins scandaleuse dans son pontificat qu'auparavant; mais, pour en diminuer le reproche, il introduisit des chanoines réguliers dans l'Eglise de Jérusalem. Conon, évêque de Préneste, y était alors en qualité de légat du Saint-Siége.

Dès l'an 1115, le pape Pascal, bien informé de la vie scandaleuse du nouveau patriarche, envoya en Syrie l'évêque d'Orange en qualité de légat. Il assembla les évêques de tout le royaume, obligea Arnulfe d'y comparaître et le déposa de son siége comme il méritait. Mais Arnulfe, se fiant à ses artifices, auxquels presque personne ne résistait, passa la mer, vint à Rome, et, par ses flatteries et les présents qu'il y répandit abondamment, il gagna si bien le Pape et tout son concile, qu'il fut rétabli dans son siége et revint à Jérusalem. Suivant Guillaume de Tyr, il y vécut avec la même licence qu'auparavant. Enfin, il mourut l'an 1118, et eut pour successeur un homme simple et craignant Dieu, nommé Gormond, natif de Picquigny, au diocèse d'Amiens.

Au reste, les démêlés du roi Baudouin et du patriarche Daimbert eurent moins pour prétexte ou pour cause d'ambitieuses rivalités que l'extrême besoin d'argent où se trouvait souvent réduit le successeur de Godefroi. Ce fut ce besoin d'argent, ainsi que le mauvais conseil du patriarche Arnulfe, qui lui donna la coupable pensée d'épouser une seconde femme lorsque la première, qui était demeurée à Edesse, vivait encore. Le roi, nous dit Guillaume de Tyr, avait appris que la comtesse Adélaïde de Sicile, veuve de Roger, était fort riche et qu'elle avait toutes choses en abondance; lui, au contraire, était fort pauvre et si dénué de ressources, qu'il avait à peine de quoi suffire à ses besoins de tous les jours et à la solde de ses frères d'armes. Comme la nouvelle reine arrivait avec d'immenses richesses, avec une flotte chargée de grains, d'huile, de vins, d'armes, tout le monde se crut enrichi par cet hymen et ferma les yeux sur le scandale; mais, en l'année 1117, Baudouin étant tombé malade et se croyant sur le point d'aller rendre compte à Dieu, renvoya la princesse sicilienne, ce qui lui attira, à lui et à tout le royaume, une haine immortelle du comte Roger, depuis roi de Sicile, fils d'Adélaïde.

Aussitôt que le roi Baudouin fut inhumé, le clergé et le peuple de Jérusalem, selon l'expression des chroniques, se croyant orphelins, songèrent à se donner un appui et commencèrent à s'occuper de l'élection d'un roi. Divers avis furent proposés : les uns disaient que la couronne appartenait à Eustache, frère de Baudouin; d'autres pensaient qu'au milieu des périls on ne pouvait attendre un prince qui était si loin, et proposaient le comte d'Edesse, parent du roi, et alors présent dans la ville sainte. A la suite d'un éloquent discours de Joscelin de Courtenai, prince de Tibériade, tous les suffrages se réunirent en faveur du comte d'Edesse, Baudouin du Bourg. Le jour de Pâques, le nouveau roi fut proclamé dans l'église de la Résurrection, en présence de tous les fidèles; il rassembla ensuite les grands dans le palais de Salomon; il régla avec eux l'administration du royaume, et rendit la justice à son peuple d'après les *assises* établies par Godefroi; le comté d'Edesse fut transmis à Joscelin de Courtenai.

Cependant on avait envoyé des seigneurs à Eustache, comte de Boulogne, pour l'inviter à venir prendre la couronne après ses frères. Ils eurent peine à lui persuader de partir; enfin ils l'amenèrent jusqu'en Apulie. Là, il apprit qu'on avait couronné le comte d'Edesse. Aussitôt il s'écria : « Dieu me garde d'apporter du trouble dans un royaume où ma famille a rétabli la paix de Jésus-Christ, et pour la tranquillité duquel mes frères ont donné leur vie et acquis une gloire immortelle! » Et sans délai, quoi qu'on pût lui dire, il retourna sur ses pas et revint chez lui.

Tandis que le royaume de Jérusalem célébrait en paix l'avénement de Baudouin II, la principauté d'Antioche se trouvait de nouveau exposée à tous les fléaux de la guerre. Les Musulmans de la Perse, de la Mésopotamie et de la Syrie jurèrent d'exterminer la race des chrétiens, et marchèrent vers l'Oronte, conduits par Ylgazy, le plus farouche des guerriers de l'islamisme. Le nouveau prince d'Antioche, Roger, fils de Richard, avait appelé à son secours le roi de Jérusalem, les comtes d'Edesse et de Tripoli; mais, sans attendre leur arrivée, il eut l'imprudence de livrer une bataille, où il fut lui-même tué et son armée mise en déroute complète. Les Musulmans firent un grand nombre de prisonniers. Gauthier le Chancelier, qui fut lui-même chargé de chaînes, nous peint les tourments et les supplices qu'on fit souffrir aux captifs, mais il n'ose pas dire tout ce qu'il a vu, dans la crainte, ajoute-t-il, que les chrétiens, apprenant ces excès de barbarie, ne soient portés un jour à les imiter (Gauter. Cancell., *apud Bongars.*, p. 449 et seqq.).

C'était en 1120. L'armée victorieuse d'Ylgazy se répandit dans toutes les provinces chrétiennes. Ce fut au milieu de la désolation générale que le nouveau roi de Jérusalem arriva dans Antioche. Cette ville avait perdu ses plus braves défenseurs; des clercs et des moines gardaient les tours, et veillaient, sous le commandement du patriarche, à la sûreté de la place; car on se défiait de la population grecque et arménienne, qui supportait avec peine le joug des Latins. La présence du roi de Jérusalem, à qui on donna l'autorité suprême, rétablit l'ordre et dissipa les alarmes. Après avoir pourvu à la défense de la ville, il visita les églises d'Antioche en habits de deuil. Son armée reçut à genoux la bénédiction du patriarche, et sortit de la ville pour aller à la poursuite des Musulmans. Le roi, ainsi que ses chevaliers et ses barons, marchait les pieds nus au milieu d'une foule immense qui invoquait pour eux l'appui du Dieu des armées.

Les chrétiens allèrent camper sur la montagne de Danitz, où les Musulmans vinrent les attaquer. Ceux-ci étaient pleins de confiance dans leur multitude; mais les chrétiens mettaient leur espoir dans la puissance divine, et surtout dans la présence de la croix véritable, que Baudouin avait apportée de Jérusalem. Après un combat sanglant, les infidèles furent vaincus et dispersés : Ylgazy et le chef des Arabes, Dobais, avaient pris la fuite pendant la bataille. Cette victoire répandit l'effroi dans Alep et jusque dans les murs de Mossoul, tandis que la vraie croix, reportée avec pompe dans la ville sainte, annonça aux habitants les miracles qu'elle avait produits au milieu des soldats du Christ. Baudouin, après avoir donné la paix à Antioche, revint dans la capitale; et, pour qu'il ne manquât rien aux victoires des chrétiens, Dieu permit alors que le redoutable chef des Turcomans, Ylgazy, termina sa carrière, frappé par une mort subite et violente. C'était en 1121.

L'année suivante 1122, Balac, neveu et successeur d'Ylgazy, répandait la terreur sur les rives de l'Euphrate, et, semblable au lion de l'Ecriture, qui rôde sans cesse pour chercher sa proie, il réussit à surprendre Joscelin de Courtenai et son cousin, Galeran, qu'il fit conduire chargés de chaînes vers les confins de la Mésopotamie. Cette nouvelle étant parvenue à Jérusalem, le roi Baudouin II accourut à Edesse, soit pour consoler les habitants, soit pour chercher l'occasion et les moyens de briser les fers des princes captifs : mais, se confiant trop à sa bravoure et victime de sa générosité, il tomba lui-même dans les embûches du sultan Balac, et, conduit dans la forteresse de Quart-Pierre, il devint le compagnon d'infortune de ceux qu'il voulait délivrer. Cinquante braves d'Arménie se dévouent pour la délivrance des princes chrétiens. Sous divers déguisements, ils s'introduisent dans la forteresse, en massacrent la garnison, et rendent la liberté aux prisonniers; mais la forteresse est investie par l'armée musulmane : Joscelin s'en échappe pour chercher du secours; à travers mille dangers, il arrive à Jérusalem, il dépose sur le saint sépulcre les chaînes qu'il a portées chez les Turcs, et repart à la tête des braves de Jérusalem et d'Edesse, pour délivrer le monarque captif. Il s'avançait vers l'Euphrate, lorsqu'il apprit que les Musulmans étaient rentrés dans la forteresse, que les cinquante braves Arméniens avaient couronné du martyre leur héroïque dévouement, et que le roi de Jérusalem avait été emmené captif dans la forteresse de Haran en Mésopotamie.

Les Sarrasins d'Egypte cherchèrent à profiter de la captivité du roi de Jérusalem; ils se rassemblèrent dans les plaines d'Ascalon, avec le dessein de chasser les Francs de la Palestine. De leur côté, les chrétiens de Jérusalem et des autres villes du royaume, se confiant dans leur courage et dans la protection de Dieu, se préparent à défendre leur territoire, et ils s'y préparent en chrétiens. Le peuple et le clergé de la terre sainte suivent l'exemple des habitants de Ninive, et cherchent d'abord à fléchir la colère du ciel par une pénitence rigoureuse. Un jeûne fut ordonné, pendant lequel les femmes refusèrent le lait de leurs mamelles à leurs enfants au berceau; les troupeaux mêmes furent éloignés de leurs pâturages et privés de leur nourriture accoutumée.

La guerre fut ensuite proclamée au son de la grosse cloche de Jérusalem. L'armée chrétienne, dans laquelle on comptait à peine trois mille combattants, était commandée par Eustache d'Agrain, comte de Sidon, nommé régent du royaume en l'absence de Baudouin. Le patriarche de la ville sainte portait à la tête de l'armée le bois de la vraie croix. Derrière lui, dit Robert du Mont, marchait Ponce, abbé de Cluny, portant la lance avec laquelle on avait percé le flanc du Sauveur.

Au moment où les guerriers chrétiens sortirent de Jérusalem, les Egyptiens assiégeaient Joppé par terre et par mer. A l'approche des Francs, la flotte musulmane, pleine d'effroi, s'éloigne du rivage. L'armée de terre attendait avec inquiétude l'armée chrétienne. Enfin les deux troupes sont en présence; au milieu du combat, une lumière semblable à celle de la foudre brille dans le ciel, et tout à coup éclate dans le rang des infidèles. Ceux-ci restent comme immobiles de terreur; les chrétiens, armés de leur foi, redoublent de courage; les ennemis sont vaincus, et les débris de leur armée, deux fois plus nombreuse que celle des chrétiens, se réfugient avec peine dans les murs d'Ascalon. Les Francs, victorieux et chargés de butin, revinrent à Jérusalem en chantant les louanges de Dieu.

Quoique l'armée des Francs eût triomphé ainsi des Sarrasins, toujours occupée de la défense des villes et des frontières sans cesse menacées, elle ne pouvait sortir du royaume pour faire des conquêtes. Les guerriers qu'on retenait dans les cités chrétiennes après une aussi grande victoire, s'affligeaient de leur inaction et semblaient encore placer leur espoir dans les secours de l'Occident. Ce fut alors qu'il arriva sur les côtes de Syrie une flotte vénitienne commandée par le doge de Venise. Avec ce secours venu si à propos, on assiégea par terre et par mer l'antique ville de Tyr. Des Musulmans partis de Damas pour secourir les assiégés, s'avancèrent jusque dans le voisinage de la ville. Une armée égyptienne, sortie en même temps d'Ascalon, ravagea le pays de Naplouse et menaça Jérusalem. Toutes ces tentatives ne purent ralentir l'ardeur des chrétiens, ni retarder les progrès du siège. Bientôt on apprit que Balac, le plus redoutable des sultans turcs, avait péri devant les murs de Maubeg. Joscelin, qui l'avait tué de sa propre main, en fit donner la nouvelle à toutes les villes chrétiennes. La tête du farouche ennemi des Francs fut portée en triomphe devant les murs de Tyr, où ce spectacle redoubla l'enthousiasme belliqueux des assiégeants.

Enfin, l'an 1125, les Musulmans, sans espoir de secours, furent obligés de se rendre après un siège de cinq mois et demi. Les drapeaux du roi de Jérusalem et du doge de Venise flottèrent ensemble sur les murailles de Tyr; les chrétiens firent leur entrée triomphante dans la ville, tandis que les habitants, d'après la capitulation, en sortaient avec leurs femmes et leurs enfants. Le jour où l'on reçut à Jérusalem la nouvelle de la conquête de Tyr fut une fête pour tout le peuple de la ville sainte. Au bruit des cloches, on chanta le *Te Deum* en actions de grâces; des drapeaux furent arborés sur les tours et les remparts de la ville, des branches d'oliviers et des bouquets de fleurs étaient semés dans les rues et sur les places publiques, de riches étoffes ornaient les dehors des maisons et les portes des églises. Les vieillards rappelaient dans leurs discours la splendeur du royaume de Juda, et les jeunes vierges répétaient en chœur les cantiques dans lesquels les prophètes avaient célébré la ville de Tyr.

Les victoires des chrétiens répandirent la confusion et la discorde parmi les Musulmans de Syrie. Baudouin, le roi captif de Jérusalem, en profite pour traiter de sa rançon et recouvrer sa liberté. A peine est-il sorti de prison, qu'il rassemble quelques guerriers et marche contre la ville d'Alep. Le chef des Arabes, Dobais, et quelques émirs de la contrée se réunirent à l'armée chrétienne; bientôt les habitants se trouvèrent réduits aux dernières extrémités, et la ville était prête à se rendre, lorsque le sultan de Mossoul accourut à la tête d'une armée. Baudouin II, obligé d'abandonner le siège, retourna enfin dans sa capitale, où tous les chevaliers chrétiens remercièrent le Ciel de sa délivrance et vinrent se ranger sous ses drapeaux. Ils trouvèrent bientôt l'occasion de signaler leur valeur. Les Turcs, qui avaient passé l'Euphrate pour secourir Alep, dévastaient alors la principauté d'Antioche. Baudouin, impatient de tenir sa promesse, se met à la tête de ses intrépides guerriers, attaque vigoureusement les infidèles et les force d'abandonner les terres des chrétiens. A peine rentré triomphant dans Jérusalem, il donne de nouveau le signal de la guerre et met en fuite l'armée de Damas, près du lieu où Saul avait entendu ces paroles: *Saul, pourquoi me persécutez-vous?* Les guerriers chrétiens, dans ces campagnes rapides, avaient fait un butin immense, et les trésors de l'ennemi servirent à racheter les otages que le roi de Jérusalem avait laissés entre les mains des Turcs. C'est ainsi que les Francs réparaient leurs revers à force de bravoure, et qu'ils acquittaient leurs promesses par des victoires.

Chose étrange! depuis trois siècles et plus, dans les écoles publiques des royaumes chrétiens, on ne cesse de rappeler à la jeunesse chrétienne les temps héroïques et fabuleux de la Grèce et de Rome païenne, comme ce qu'il y a de plus admirable dans l'histoire de l'humanité; en même temps on lui laisse ignorer les temps et les faits héroïques de l'humanité chrétienne, dont la glorieuse réalité surpasse même l'ancienne fable. Et cette ignorance est allée si loin, que, dans la patrie de Godefroi et de Tancrède, on a demandé si la piété ne nuisait point à la valeur guerrière! Singulière France, qui prétend tout savoir et qui s'ignore elle-même!

Tandis que les héros de la France chrétienne défendaient la chrétienté en Orient contre le despotisme mahométan, le chef de la chrétienté venait en France même pour chercher de quoi la défendre contre le despotisme allemand. Après la mort de l'ex-empereur Henri IV d'Allemagne, son fils Henri V réclama le droit de donner, par la crosse et l'anneau, l'investiture des dignités ecclésiastiques: ce qui, d'après l'expérience, équivalait au droit de vendre les évêchés et les abbayes, de réduire l'Eglise de Dieu à une éternelle servitude, et de rendre incurables la simonie et l'incontinence des clercs.

Le pape Pascal II avait résolu de passer en Allemagne, suivant la prière que lui en avaient faite les députés de l'assemblée de Mayence, au nom de toute la nation. S'étant donc mis en route, il vint à Florence et y tint un concile. Venu de Florence à Guastalle en Lombardie, il y tint un autre concile au mois d'octobre 1106. Il s'y trouva un grand nombre d'évêques, tant deçà que de delà les monts, et une grande multitude de clercs et de laïques; même les ambassadeurs de Henri, roi d'Allemagne, et la princesse Mathilde en personne. On y ordonna que la province entière d'Emilie, avec ses villes, savoir, Plaisance, Parme, Reggio, Modène et Bologne, ne serait plus soumise à la métropole de Ravenne. On le fit pour humilier cette Eglise, qui, depuis environ cent ans, s'était élevée contre l'Eglise romaine et en avait usurpé non-seulement les terres, mais le siège même, par l'antipape Guibert. En ce concile, le roi Henri fit demander au Pape de lui confirmer sa dignité, lui promettant, de son côté, fidélité et obéissance filiale.

Vers la fin du concile, on lut les passages des Pères touchant la réconciliation de ceux qui ont été ordonnés hors de l'Eglise catholique, savoir, de la lettre de saint Augustin à Boniface, de saint Léon aux évêques de Mauritanie, et le troisième canon du concile de Carthage. Sur quoi on forma le décret suivant: « Depuis plusieurs années, le royaume teutonique a été séparé de l'unité de la Chaire apostolique, d'où il est arrivé qu'il s'y trouve peu d'évêques et de clercs catholiques. Comme il est donc nécessaire d'user d'indulgence, à l'exemple de nos pères, nous recevons à leurs fonctions les évêques de ce royaume, ordonnés dans le schisme, pourvu qu'ils ne soient ni usurpateurs, ni simoniaques, ni coupables d'autres crimes. » On fit un second décret qui porte que, les auteurs du schisme n'étant plus au monde, l'Eglise catholique doit rentrer dans son ancienne liberté. Pour donc retrancher les causes des schismes, on renouvelle les défenses faites aux laïques de donner les investitures, sous peine d'excommunication pour les laïques et de déposition pour les clercs.

En ce concile, l'évêque Herman d'Augsbourg fut accusé de simonie par son clergé. Comme il ne présentait point de légitime défense, il allait être déposé, lorsque l'évêque Guébehard de Constance remontra que la déposition se ferait mieux à Augsbourg même, quand le Pape y serait. On prononça donc seulement une suspense contre l'évêque. En attendant, le Pape publia une lettre, adressée à Guébehard, évêque de Constance, Oderic de Passau, et à toute la nation teutonique, où il reprend le zèle excessif de ceux qui voulaient quitter le pays pour éviter les excommuniés; et permet de recevoir à la communion de l'Eglise ceux qui n'ont communiqué avec les excommuniés que malgré eux, par la nécessité du service et de l'habitation commune. Sur quoi il cite la constitution de saint Grégoire VII (Labbe, t. X, p. 645, *Epist.* 12).

Les Allemands, réjouis de la condescendance du Pape pour la pacification de leur pays, tenaient pour assuré qu'il viendrait célébrer à Mayence la fête de Noël, avec le nouveau roi et tous les seigneurs du royaume. Le peuple s'en réjouissait d'avance. Le roi l'ayant attendu quelque temps à Augsbourg et en d'autres lieux de la haute Allemagne, passa la fête à Ratisbonne avec les légats. Mais le souverain Pontife, par le conseil des siens, avait changé de dessein; il craignait la férocité des Allemands, dont il avait eu une preuve à Vérone, dans une sédition qui s'y éleva pendant qu'il y était logé. On lui disait que cette nation n'était guère disposée à recevoir le décret si absolu contre les investitures, et que l'esprit fier du jeune roi n'était pas encore assez docile. C'est-à-dire que ce prince, voyant sa puissance affermie par la mort de son père, croyait n'avoir plus besoin du Pape : c'est la morale de ceux qui n'en ont d'autre que leurs intérêts. Par toutes ces considérations, le souverain Pontife dit, en soupirant, que la porte ne lui était pas encore ouverte en Allemagne, et prit son chemin par la Bourgogne, pour passer en France. Le sujet de ce voyage était de consulter le roi Philippe, le prince Louis, son fils, déjà désigné roi, et l'Eglise gallicane, sur quelques nouvelles difficultés touchant l'investiture ecclésiastique, qui lui étaient faites par le roi Henri ; ce prince inhumain, qui avait cruellement persécuté son père, et, le tenant en prison, l'avait forcé, à ce que l'on disait, à lui céder le royaume et les insignes impériaux. Ce sont les paroles de l'abbé Suger, auteur du temps. On décida donc à Rome, à cause de la perfidie des Romains, faciles à corrompre, qu'il était plus sûr de délibérer en France sur ces questions. Ainsi le souverain Pontife vint à Cluny, accompagné de beaucoup d'évêques, d'abbés et de nobles romains : il y célébra la fête de Noël 1106. Il fut reçu partout avec les plus grands honneurs, comme étant vraiment le disciple du Christ, le vicaire des apôtres, le légitime envoyé du ciel ; ce sont les paroles d'un auteur contemporain d'Allemagne. De Cluny il se rendit à La Charité, et dédia solennellement l'église, avec une grande assemblée d'archevêques, d'évêques, d'abbés et de moines. Là, se trouvèrent les plus grands seigneurs du royaume, entre autres le comte Gui de Rochefort, sénéchal du roi de France, envoyé de sa part pour servir le Pontife par tout le royaume, comme son père spirituel (Suger, *Vit. Ludov. abb.; Ursp.*, an 1106).

Pascal II célébra le quatrième dimanche de carême, 24 mars 1107, à Saint-Martin de Tours ; il y porta la tiare pontificale, suivant l'usage de Rome. Ensuite il vint à Saint-Denys en France, où il fut reçu par l'abbé Adam avec les honneurs convenables. Mais ce qu'il y eut de mémorable, ajoute Suger, qui était présent, c'est que, contre la coutume des Romains, il ne désira ni l'or, ni l'argent, ni les pierreries de ce monastère, comme on le craignait : il ne daigna pas même les regarder. Il se prosterna humblement devant les reliques, priant avec larmes, et demanda quelque petite partie des ornements épiscopaux de saint Denys, teints de son sang, en disant : « Ne faites pas difficulté de nous rendre quelque peu des vêtements de celui que nous vous avons envoyé gratuitement pour apôtre. »

A Saint-Denys, le roi Philippe et le prince Louis, son fils, vinrent trouver le Pontife et se prosternèrent à ses pieds, comme les rois avaient coutume de se prosterner devant le tombeau de saint Pierre. Le Pape les releva de sa main comme les fils très-dévoués des apôtres, et conféra familièrement avec eux des affaires de l'Eglise, les priant avec tendresse de le protéger, à l'exemple de Charlemagne et des autres rois, ses prédécesseurs ; de résister hardiment aux tyrans, aux ennemis de l'Eglise, en particulier au roi Henri. Les deux rois, car le prince en avait déjà le titre, lui promirent amitié, aide et conseil, et lui offrirent leur royaume. Et, comme il devait aller à Châlons-sur-Marne conférer avec les ambassadeurs du roi d'Allemagne, ils lui donnèrent, pour l'accompagner en ce voyage, des archevêques, des évêques et l'abbé de Saint-Denys, avec lequel était Suger.

Le Pape attendit quelque temps à Châlons les ambassadeurs du monarque allemand. C'était l'archevêque de Trèves, l'évêque de Halberstadt, l'évêque de Munster, plusieurs comtes et le duc Guelfe, qui faisait toujours porter une épée devant lui, et qui, d'ailleurs, était déjà terrible par la hauteur et la grosseur de sa taille, et par le ton éclatant de sa voix. Tous ces ambassadeurs semblaient être venus plutôt pour intimider que pour raisonner.

Ils laissèrent à leur logis le chancelier Albert, en qui le roi, son maître, avait une entière confiance, et vinrent à la cour du Pontife, en grande troupe et avec un grand appareil. L'archevêque de Trèves, le plus éloquent et le plus poli de tous, et qui parlait bien français, porta la parole, salua le Pape et la cour romaine, avec offres de services de la part du roi, son maître, sauf le droit de sa couronne. Puis, il ajouta : « Telle est la cause du roi, notre maître, pour laquelle nous sommes envoyés. Dès le temps de nos prédécesseurs, hommes saints et apostoliques, de saint Grégoire le Grand et des autres, le droit de l'empereur est que, avant que l'élection d'un évêque soit publiée, elle doit être portée à sa connaissance ; si la personne est convenable, il y donne son consentement ; puis, l'élection faite par le clergé, sur la demande du peuple, est rendue publique, et l'élu, étant sacré librement et sans simonie, revient à l'empereur pour recevoir l'investiture des régales par la crosse et l'anneau, et lui porte foi et hommage. Et il ne faut pas s'en étonner, car il ne doit point posséder autrement les villes, les châteaux, les péages et les autres droits qui appartiennent à la dignité impériale. Si le Pape le souffre, le royaume et l'Eglise demeureront heureusement unis pour la gloire de Dieu. » Ce que l'on nomme ici *régales*, sont les biens et les droits temporels que l'Eglise avait acquis aux mêmes titres que d'autres pouvaient les acquérir.

Après que l'archevêque de Trèves eût ainsi parlé, l'évêque de Plaisance répondit au nom du Pape : « Que l'Eglise, rachetée par le sang de Jésus-Christ et mise en liberté, ne doit plus être remise en servitude ; qu'elle serait esclave du prince, si elle ne pouvait choisir un prélat sans le consulter ; que c'est un attentat contre Dieu, si le prince donne l'investiture par la crosse et l'anneau, qui appartient à l'autel ; qu'enfin les prélats dérogent à leur onction, s'ils soumettent leurs mains consacrées par le corps et le sang de Notre Seigneur, aux mains d'un laïque ensanglantées par l'épée. » A ce discours, les ambassadeurs teutoniques murmuraient avec emportement ; ils n'eussent épargné ni les injures ni les mauvais traitements, si, impunément, ils eussent pu le faire. Ils se contentèrent de dire : « Ce ne sera pas ici, mais à Rome, que cette question se décidera, et à coups d'épée. » Mais le Pape envoya au chancelier plusieurs personnes de confiance et de capacité, pour s'expliquer avec lui paisiblement, et le prier instamment de travailler à la paix du royaume. C'est ainsi que Suger rapporte cette conférence de Châlons. Les Allemands s'y montrèrent plus turcs que chrétiens. Un de leurs auteurs ajoute que Henri, ne voulant pas que l'on décidât rien sur cette question dans un royaume étranger, obtint un délai de toute l'année suivante pour aller à Rome et y examiner l'affaire dans un concile général (Ursperg).

Dans ce temps-là même, ainsi que déjà nous l'avons vu, saint Anselme de Cantorbéry écrivait au souverain Pontife que le roi Henri d'Angleterre avait renoncé aux investitures par la crosse et l'anneau, et qu'il ne disposait point des Eglises par sa seule volonté, mais s'en rapportait entièrement au conseil des personnes sages et pieuses. Le souverain Pontife, de son côté, avait envoyé au saint archevêque une lettre par laquelle il lui permettait de promouvoir aux ordres sacrés les enfants des prêtres qui seraient recommandables par leur science et leur vertu, attendu la grande multitude d'hommes de cette naissance qui se trouvait en Angleterre. Ce que le Pape n'accordait, toutefois, qu'à cause de la nécessité du temps et pour l'utilité de l'Eglise, sans préjudice de la discipline pour l'avenir. En général, il permet à saint Anselme d'accorder pour ces mêmes causes toutes les dispenses qu'il jugera nécessaires, suivant la barbarie de la nation. Ce sont ses termes (*Epist*. 102).

C'est qu'en Angleterre l'incontinence des clercs continuait ; en sorte que plusieurs prêtres gardaient leurs femmes ou se mariaient de nouveau. Pour y porter remède, le roi assembla, aux fêtes de la Pentecôte 1108, les seigneurs et les évêques, avec saint Anselme à leur tête. Ce concile ordonne aux prêtres, aux diacres et aux sous-diacres de vivre dans la chasteté, et de n'avoir chez eux d'autres femmes que leurs proches parentes, suivant le décret du deuxième concile de Nicée. Ceux qui n'ont pas observé la défense du premier concile de Londres, celui de 1102, s'ils veulent encore célébrer la messe, quitteront leurs femmes, et ne pourront plus leur parler que hors de leurs maisons et en présence de deux témoins sûrs. Que s'ils aiment mieux renoncer au service de l'autel qu'à leurs femmes, ils seront interdits de toutes fonctions, privés de tout bénéfice ecclésiastique et déclarés infâmes. Les archidiacres et les doyens jureront de ne point tolérer de prêtres concubinaires dans leurs fonctions (Labbe, t. X). On voit sans cesse, au milieu des révolutions politiques et des passions humaines, combien il faut de fermeté et de patience à l'Eglise de Dieu, pour inculquer, rappeler, faire observer aux peuples et aux rois, souvent à ses propres ministres, leurs devoirs les plus saints.

Dans le même temps, on parla d'ériger un nouvel évêché au diocèse de Lincoln, qui était trop étendu ; et le roi, l'archevêque et les seigneurs jugèrent à propos d'en mettre le siége dans le monastère d'Eli ; mais saint Anselme, que l'affaire regardait plus que tout autre, sachant, dit Eadmer, que nulle part on ne peut ériger canoniquement un nouvel évêché sans l'autorité du Pontife romain, en écrivit à Pascal II, lui marquant les motifs de cette érection, le consentement du roi, des évêques et des seigneurs, en particulier de l'évêque de Lincoln, à qui on donnait un dédommagement convenable. Le Pape accorda cette érection, mais elle ne fut exécutée qu'après la mort de saint Anselme (Eadmer, l. 4).

Cependant Turgot, moine de Dunelm, ayant été élu évêque de Saint-André en Ecosse, ne pouvait être sacré par son métropolitain, Thomas, archevêque d'York, qui n'était pas encore sacré lui-même. Sur quoi l'évêque de Dunelm proposa de sacrer Turgot à York, en présence de Thomas et des évêques d'Ecosse et des Orcades ; mais saint Anselme s'y opposa, et soutint qu'il n'y avait que lui qui pût le sacrer, tant que les choses seraient en cet état. Ensuite il pressa Thomas de se faire sacrer ; et, sachant qu'il envoyait à Rome pour demander le *pallium* par avance, il écrivit au souverain Pontife pour le prier de ne le lui pas accorder qu'il ne fût sacré auparavant ; car il croirait, dit-il, pouvoir me refuser l'obéissance qu'il me doit comme à son primat ; ce qui serait un schisme en Angleterre. Il ajoute : « Notre roi se plaint que vous souffrez que le roi d'Allemagne donne les investitures des Eglises, sans l'excommunier ; c'est pourquoi il menace de recommencer aussi à les donner. Voyez donc incessamment ce que vous devez faire pour ne pas ruiner sans ressource ce que vous avez si bien établi ; car notre roi s'informe soigneusement de ce que vous faites à l'égard de ce prince. » Pascal II assura saint Anselme, par sa réponse, qu'il ne ferait rien au préjudice de l'Eglise de Cantorbéry. « Quant à ce que vous me dites, ajoute-t-il, que quelques-uns sont scandalisés de ce que nous souffrons au roi d'Allemagne de donner les investitures, sachez que nous ne l'avons jamais souffert ni ne le souffrirons. Il est vrai, nous attendons que la férocité de cette nation soit domptée ; mais si le roi continue à suivre le mauvais chemin de son père, il sentira indubitablement le glaive de saint Pierre, que nous avons déjà commencé de tirer (*Epist*. 44). »

Les prophètes ont comparé les nations diverses qui devaient entrer dans l'Eglise de Dieu, à une multitude d'animaux plus ou moins féroces : le loup devait y habiter avec l'agneau, l'ours avec le petit de la chèvre, le lion avec la génisse. Le chef de cette grande ménagerie des nations, le Pape, devait être ainsi un grand dompteur, un grand conciliateur d'animaux sauvages et d'animaux domestiques, pour en faire un seul et même bercail. Ce ne sera pas l'affaire d'un jour ni d'un siècle. Dans cette besogne humainement impossible, le maître recevra plus d'une égratignure de ses terribles élèves; mais avec le temps, avec la patience, surtout avec l'aide de Dieu, la besogne avancera malgré tous les obstacles, à tel point que les aveugles mêmes finiront par s'en apercevoir.

Thomas, archevêque élu d'York, différait toujours son sacre, se laissant séduire par les mauvais conseils de ses chanoines. Ceux-ci, jugeant que saint Anselme n'avait plus guère à vivre, à cause de son grand âge et de sa mauvaise santé, lui écrivirent que l'Eglise d'York était égale à celle de Cantorbéry, et défendirent à Thomas, de la part du Pape, de lui promettre obéissance. Enfin, l'affaire traînant en longueur, saint Anselme, qui sentait sa maladie augmenter de jour en jour, écrivit à Thomas en ces termes : « Je vous déclare, en la présence du Dieu tout-puissant et de sa part, que je vous interdis de toute fonction de prêtre, et vous défends de vous ingérer au ministère pastoral, jusqu'à ce que vous cessiez de vous révolter contre l'Eglise de Cantorbéry, et que vous lui promettiez obéissance, comme ont fait vos prédécesseurs Thomas et Girard. Que si vous persévérez dans votre révolte, je défends, sous peine d'anathème perpétuel, à tous les évêques de la Grande-Bretagne de vous imposer les mains, ou de vous reconnaître pour évêque et de vous recevoir à leur communion, si vous vous faites ordonner par des étrangers. » Il envoya cette lettre à tous les évêques d'Angleterre, leur en recommandant l'exécution en vertu de la sainte obéissance (Eadmer, *Novor*., l. 4, n. 33).

La maladie de saint Anselme était un dégoût de toute espèce de nourriture, qui lui tint environ six mois; et, quoiqu'il se fît violence pour manger, ses forces diminuaient insensiblement. Ne pouvant plus marcher, il se faisait porter tous les jours au saint sacrifice, pour lequel il avait une dévotion singulière. Ceux qui le servaient, voyant que ce mouvement le fatiguait extrêmement, voulaient l'en détourner; mais à peine purent-ils l'obtenir cinq jours avant sa mort. Le mardi de la semaine sainte, vers le soir, il perdit la parole : la nuit, pendant qu'on chantait matines à l'église, on lui lut la passion qu'on devait lire à la messe : pendant cette lecture, comme on vit qu'il allait passer, on le tira de son lit, et on le mit sur le cilice et la cendre. Il rendit ainsi l'esprit au point du jour, le mercredi saint, 21 avril 1109, la 16e année de son pontificat et la 76e de sa vie. Il mourut à Cantorbéry et fut enterré dans sa cathédrale, près du bienheureux Lanfranc, son prédécesseur. Il se fit plusieurs miracles à son tombeau. L'Eglise honore sa mémoire le jour de sa mort. Sa vie fut écrite aussitôt par son ami, le moine Eadmer (*Acta Sanct*., 21 *april*.).

Peu de jours après, arriva en Angleterre un cardinal envoyé par le pape Pascal, avec le *pallium* pour l'archevêque d'York, mais il était chargé de le remettre à saint Anselme, afin d'en disposer suivant son avis. A la Pentecôte suivante, 13 juin 1109, le roi, tenant sa cour plénière à Londres, fit examiner l'affaire de l'archevêque d'York. On lut la dernière lettre que saint Anselme lui avait écrite; et onze évêques qui étaient présents, résolurent d'y obéir, quand ils devraient être dépouillés de leurs dignités. Ils firent venir Samson, évêque de Worchester, dont l'archevêque Thomas était fils légitime; et il déclara qu'il était du même avis, et qu'il voulait pareillement obéir à la défense de saint Anselme. Le roi fut du même sentiment, et déclara à Thomas qu'il promettrait à l'Eglise de Cantorbéry la même obéissance que ses prédécesseurs, ou qu'il renoncerait à l'archevêché. Il se soumit et fut sacré le dimanche 27 juin, par le premier suffragant de Cantorbéry, Richard, évêque de Londres, qui lui fit auparavant prêter ce serment : le cardinal lui donna ensuite le *pallium;* mais Thomas eut regret toute sa vie de n'avoir pas été sacré de la main de saint Anselme (Eadmer, *Novor*., l. 4, n. 38).

Les ambassadeurs du roi Henri d'Allemagne, que nous avons laissés avec le Pape à Châlons-sur-Marne, étant retournés en leurs pays, le souverain pontife Pascal II alla, vers l'Ascension 1107, tenir le concile qu'il avait convoqué à Troyes. Nous n'en avons plus les actes, et l'on sait seulement en général que le Pape y fit des règlements pour maintenir la liberté des élections, et contre les laïques qui donnaient les dignités ecclésiastiques, ou qui violaient la *trève de Dieu* pendant la croisade; qu'il suspendit l'archevêque de Mayence pour avoir établi Vidon sur le siège de Hildesheim, sans le consentement de cette Eglise, et ordonné Rothard évêque de Halberstadt contre les canons. Il excommunia aussi plusieurs évêques allemands, pour ne s'être pas rendus au concile (Labbe, t. X).

Pendant le concile, le Pape reçut des envoyés de l'Eglise de Dol en Bretagne, qui le prièrent d'obliger Vulgrin, chancelier de l'Eglise de Chartres, élu pour leur évêque, d'accepter cette dignité. Vulgrin était au concile, député du bienheureux Yves de Chartres, qu'une fluxion dans la tête avait empêché de s'y rendre. Le Pape approuva fort ce choix; mais Vulgrin s'opiniâtra à refuser, et il pria, à son retour du concile, Yves de Chartres de représenter au Pape sa répugnance, et de le conjurer de ne pas lui ordonner d'accepter l'épiscopat. Yves écrivit aussi au clergé de Dol et au comte Etienne, pour les avertir que, s'ils ne veulent pas faire une autre élection, ils doivent s'adresser au Pape, qui seul a le droit d'obliger à accepter l'épiscopat ceux qui le refusent (*Epist*. 176 et 178). Le Pape ne voulut pas faire violence à l'humilité de Vulgrin. Ainsi le clergé et le peuple de Dol furent obligés de procéder à une nouvelle élection. Ils élurent Balderic ou Baudri, abbé de Bourgueil, qui n'eut garde de refuser. C'était un homme de lettres, et nous avons de lui un grand nombre de poésies. Le Pape lui donna même le *pallium*, mais à sa personne et non au siège, pour ne pas autoriser les prétentions des Bretons touchant la métropole de Dol (Longueval, l. 23).

Après le concile de Troyes, le Pape reprit la route d'Italie, aussi mécontent des Allemands qu'il était satisfait des Anglais et des Français. Le roi Philippe de France ne songeait plus qu'à expier ses fautes, et il voulait même embrasser l'état monastique, pour mieux fléchir la colère de Dieu, qu'il avait irrité par tant de péchés. C'est ce que nous apprenons par une lettre que saint Hugues, abbé de Cluny, lui écrivit. Ce saint abbé, après avoir marqué à ce prince la joie qu'il ressent de voir qu'il est sérieusement résolu de s'adonner au bien, lui parle ainsi : « Vous n'avez pas oublié ce que vous m'avez demandé, s'il y avait quelque roi qui se fût fait moine. Quand nous ne serions certains d'aucun autre que de saint Gontran, l'exemple de ce roi de France, qui renonça à toutes les vanités du siècle pour embrasser l'état monastique, devrait vous suffire. Imitez-le, ce sera le moyen d'être véritablement roi. Que la mort funeste de deux princes vos voisins, de Guillaume, le roi d'Angleterre, et de l'empereur Henri IV, vous inspire une salutaire frayeur. Hélas! qui peut savoir ce qu'ils souffrent à présent? C'est pourquoi, aimable prince, prenez une bonne résolution, changez de vie, corrigez vos mœurs et faites une sincère pénitence. Mais où la ferez-vous mieux que dans l'état monastique? Saint Pierre et saint Paul, les juges des empereurs et des rois, sont prêts à vous recevoir dans leur maison (c'est-à-dire à Cluny). Nous vous y traiterons en roi, nous prierons le Seigneur que, si pour son amour, de roi vous vous faites moine, il daigne, de moine vous faire roi, pour régner avec lui, non dans un coin de la terre, mais dans la vaste étendue des cieux (D'Achery, *Spicileg.*, t. II). » On voit par cette lettre l'heureux changement que la grâce avait déjà fait dans le cœur du roi Philippe. Au reste, saint Hugues se trompe quand il avance que le roi Gontran se fit moine sur la fin de sa vie. Un historien anglais, qui a assuré la même chose du roi Philippe, s'est pareillement trompé. Les sentiments de piété et de pénitence que Philippe fit paraître les dernières années de sa vie, ont pu donner lieu à l'erreur. Dieu voulait par là le disposer à la mort, qui n'était pas éloignée.

Le roi Philippe Ier mourut à Melun, le 28 juillet l'an 1118, dans la 57e année de son âge et la 48e de son règne. Il avait les qualités propres à devenir un grand roi; mais sa passion pour les femmes les rendit inutiles et ternit sa gloire, car l'abbé Suger remarque qu'il ne fit plus rien d'éclatant et de digne de la majesté royale, depuis qu'il se fut livré à l'amour de Bertrade, qu'il avait épousée contre toutes les règles. L'abbé Guibert de Nogent ajoute que ses péchés lui firent perdre le don de guérir les écrouelles, qui avait été accordé à ses prédécesseurs (*De pignoribus sanctorum*, l. 1, c. 1). Les obsèques du roi Philippe, où assista Louis VI, son fils et son successeur, se firent d'abord dans l'église de Notre-Dame de Melun. Ensuite son corps fut porté avec grande pompe, sur les épaules des seigneurs français, au monastère de Saint-Benoît-sur-Loire, le roi Louis suivant le convoi, tantôt à pied, tantôt à cheval, et soutenant lui-même le cercueil, pour soulager ceux qui le portaient. Philippe avait choisi sa sépulture en ce monastère, disant qu'il n'avait ni assez bien vécu, ni assez bien servi l'Église, pour mériter d'être enterré à Saint-Denys avec ses prédécesseurs.

Le roi Louis, surnommé le Gros, voulant prévenir les troubles qu'on avait à craindre de la part de quelques esprits factieux, prit la résolution de se faire sacrer incontinent après la mort du roi Philippe, son père. Manassès, archevêque de Reims, était mort, et Radulphe le Verd, qui lui avait succédé, s'était fait ordonner sans l'agrément de la cour. La légitimité de son élection était même contestée. Ainsi le jeune roi, ne jugeant pas à propos de recevoir l'onction royale de la main d'un prélat qu'il ne voulait pas reconnaître, résolut, par l'avis du bienheureux Yves de Chartres, de se faire sacrer à Orléans, parce que c'était la ville la plus proche de Benoît-sur-Loire, où il venait de rendre les derniers devoirs au roi son père. Daimbert, archevêque de Sens, accompagné de ses suffragants de Paris, d'Orléans, de Chartres, de Meaux, d'Auxerre et de Nevers, donna l'onction royale à Louis le jour de l'invention de saint Étienne, lui ceignit l'épée, lui mit la couronne et lui donna le sceptre et la main de justice (Suger, *In vitâ Ludovici*).

A peine l'archevêque avait-il quitté ses habits pontificaux après la cérémonie, qu'il arriva des députés de l'archevêque de Reims pour défendre à l'archevêque de Sens, par l'autorité apostolique, de faire le sacre du roi. Ils disaient que c'était un droit que l'Église de Reims avait toujours possédé depuis que saint Remi avait baptisé Clovis, et que c'était encourir l'excommunication que de vouloir donner atteinte à cette prérogative. Les envoyés de Reims se proposaient, s'ils étaient arrivés à temps, ou d'empêcher le sacre du roi, ou du moins de regagner les bonnes grâces à leur archevêque Radulphe, qui les avait perdues.

Yves de Chartres, qui avait reconnu les prérogatives de l'Église de Reims dans une lettre écrite pour montrer qu'il appartenait à l'archevêque de Reims de marier le roi Philippe, changea alors d'avis, et il écrivit une lettre adressée à l'Église romaine et aux autres Églises, pour combattre les prétentions de l'archevêque de Reims touchant le sacre des rois (*Epist.* 289). Au fond, il s'agissait moins d'un droit formel que d'un ancien usage. Radulphe, le Verd, qui était archevêque de Reims, ne soutint pas avec opiniâtreté ses prétentions. Yves de Chartres le servit auprès du roi et obtint de ce prince que ce prélat viendrait le saluer à Orléans. Le roi le reconnut pour archevêque, à la charge qu'il lui prêtât serment de fidélité. Radulphe était cet ami de saint Bruno dont nous avons parlé, et il fut un digne prélat.

L'Église de France avait alors dans presque toutes ses provinces de saints et de savants évêques en état de la défendre et de lui faire honneur. Yves de Chartres et Gualon de Paris faisaient la gloire de la province de Sens. Marbœuf de Rennes et Baudri de Dol éclairaient la Bretagne. Hildebert du Mans illustrait le Maine par l'éclat de ses vertus et de son érudition. Pierre de Poitiers soutenait l'Aquitaine par l'intrépidité de son zèle. Saint Godefroi d'Amiens, Lambert d'Arras, Baudri de Noyon étaient la gloire de l'épiscopat dans la seconde Belgique. Saint Bertrand de Comminges illustrait par ses vertus la province d'Auch ou la Novempopulanie.

Ce saint évêque était depuis longtemps le père et l'exemple de son peuple. Né d'une illustre famille, il dut moins son illustration à l'épiscopat et à sa noblesse, qu'à sa piété et à ses talents. Il était fils d'Othon-Raymond et d'une sœur de Guillaume Taillefer, comte de Toulouse. Il ne s'occupa, pendant un long épiscopat, que du soin de procurer le bien spirituel et même le bien temporel de la ville, qu'il fit rebâtir sur la colline. Il tint le siège jusqu'à l'an 1120, et il fut mis solennellement au nombre des saints par le pape Clément V, qui avait été évêque de Comminges. Cette ville, par reconnaissance des bienfaits qu'elle avait reçus de saint Bertrand, en a pris le nom (*Acta Sanct.*, 15 *octob.*).

Marbode ou Marbœuf était un des hommes les plus éloquents de son temps. Il avait enseigné longtemps la rhétorique à Angers avec une grande réputation, et il gouverna pendant quatorze ans l'école de cette ville. Il fut ensuite promu à la charge d'archidiacre, qu'il exerça avec honneur sous trois évêques. Enfin il fut élevé sur le siège de Rennes et ordonné par Urbain II à Tours, durant le concile que ce Pape y tint l'an 1096.

Baudri, évêque de Noyon et de Tournai, se rendit aussi fort célèbre par ses ouvrages. Il était issu d'une noble famille du territoire de Térouanne. Il fut secrétaire de Gérard Ier et de Lietbert, évêques de Cambrai et d'Arras, et, comme il était fort versé dans l'histoire, il écrivit celle de ces deux Eglises; mais sa modestie l'empêchait de la publier. C'est pourquoi Rainald d'Angers, qui fut dans la suite promu à l'archevêché de Reims, lui écrivit pour le presser de livrer au public un ouvrage qui pouvait faire honneur à son auteur et aux deux Eglises dont il contient l'histoire. Baudri avait aussi composé la *Chronique de Térouanne*; on assure qu'elle fut conservée dans cette Eglise jusqu'à ce que le cardinal Philippe de Luxembourg, évêque de Térouanne et du Mans, se fit apporter le manuscrit au Mans, où il paraît qu'il a été perdu.

Dès que saint Godefroi eût été élu évêque d'Amiens, il écrivit à Baudri, alors évêque de Noyon, la lettre suivante : « Le Seigneur, tout indigne que je suis, m'a élevé à la dignité de pasteur, afin que je fasse quelque chose de digne de la piété de mon troupeau. C'est pourquoi, comme il y a dans ce diocèse plusieurs anciennes églises qui tombent en ruine, pour empêcher qu'on n'en perde la mémoire, et pour exciter de plus en plus le zèle à étendre le culte de Dieu, je vous prie instamment d'écrire l'histoire de notre diocèse et de notre Eglise comme vous avez fait pour celle de Cambrai et de Térouanne. N'enfouissez pas dans la terre le talent que vous avez reçu. » Le lettre est du mois de mai 1108. Baudri n'entreprit pas cet ouvrage. Une autre affaire vint l'occuper tout entier. Les habitants de Tournai travaillèrent à obtenir du Pape le rétablissement de leur évêché, uni depuis le temps de saint Médard à celui de Noyon. Si les deux villes avaient été du même royaume, il n'y aurait pas eu de difficulté. Mais Noyon appartenait à la France, et Tournai au royaume de Lorraine, et par suite à l'empire d'Allemagne. Comme la France était très-dévouée au Saint-Siège, et l'Allemagne plus ou moins hostile, le Pape crut devoir attendre des circonstances favorables, et l'évêché de Tournai ne fut rétabli que quarante ans plus tard (Longueval, l. 23.)

Quant au saint évêque de Chartres, le bienheureux Yves, il termina sa glorieuse et pénible carrière, suivant l'époque la plus probable, le 23 décembre 1115, après vingt-trois ans d'épiscopat. En 1570, le saint pape Pie V permit à tous les chanoines réguliers de dire un office en son honneur, le 20 mai. Il est nommé en ce jour dans le Martyrologe de cet ordre, approuvé par Benoît XIV. On fait sa fête dans le diocèse de Chartres, et l'on garde dans le trésor de la cathédrale une grande châsse qui renferme ses reliques, et que l'on expose à la vénération du peuple fidèle.

Les ouvrages du bienheureux Yves sont : 1° Son *Décret*, ou collection du droit canonique, divisé en dix-sept parties; 2° la *Panormie*, qui est un abrégé du *Décret;* 3° des lettres au nombre de 288; 4° des sermons, dont il nous reste vingt-quatre, où l'on voit que le saint évêque était très-versé dans la connaissance des voies intérieures de la piété; 5° enfin on a découvert qu'il est l'auteur du *Micrologue*, qui se trouve dans le dix-huitième tome de la *Bibliothèque des Pères*, mais point aussi complet que dans un ancien manuscrit. C'est une des meilleures explications des cérémonies de la messe, des fêtes de l'année et des heures canoniales (Godescard, 20 mai; Henri Warthon, *In Auctuario ad Usserium de Scripturis*, etc., p. 359).

Quant à la fameuse collection du *Faux-Isidore*, d'où Yves de Chartres a fait quelques emprunts pour son *Décret*, un homme des plus savants et des plus judicieux de nos jours, le docteur Moehler, a pris à cœur de la bien étudier et dans son ensemble et dans ses détails. Voici en deux mots comme il en juge. Dans la pensée de l'auteur, cette fameuse collection n'est ni plus ni moins qu'un *Manuel de théologie* à l'usage des ecclésiastiques, où sont exposés et inculqués les principaux points du dogme, de la morale, des sacrements, de la liturgie, de la constitution de l'Eglise, du devoir pastoral, avec leur application aux besoins de l'époque. Pour rendre cette théologie plus attrayante et plus respectable, elle est en forme de lettres, sous le nom de divers Papes des trois premiers siècles. Dans ces lettres, l'auteur ne dit rien ou presque rien de lui-même; il ne fait que choisir et lier ensemble ce que les Papes et d'autres Pères postérieurs au troisième siècle ont réellement écrit dans leurs ouvrages authentiques. Ces choix sont généralement très-bien faits. Rien n'indique que l'auteur ait au dessein de tromper personne; au contraire, il insiste beaucoup sur l'obligation, pour les ecclésiastiques, de s'appliquer à l'étude. Enfin, à en juger par les abus et les désordres contre lesquels l'auteur inconnu s'élève, le docteur Moehler regarde comme le plus probable, que cette collection a été composée dans le royaume de Lorraine, au temps de Charles le Chauve, ou après (1).

Saint Hugues, abbé de Cluny, était depuis longtemps la gloire et le modèle de l'ordre monastique, lorsque Dieu l'appela à la récompense. Saint Godefroi, évêque d'Amiens, étant en Italie pour les affaires de son diocèse, eut une vision où il lui parut qu'il était à Cluny, et qu'on l'invitait à donner l'extrême-onction au saint abbé. Il connut, à son retour en France, que saint Hugues était mort en effet le même jour qu'il avait eu cette vision.

Saint Hugues était parvenu à une extrême vieillesse, sans rien diminuer de ses mortifications et sans rien perdre de son autorité, qui le faisait respecter, non-seulement de ses religieux, mais encore des évêques et de presque tous les princes de l'Eu-

---

(1) *Mélanges et fragments*, du docteur Moehler, recueillis et publiés par Doellinger. Ratisbonne, 1839 (en allemand), t. I, p. 283.

rope. Saint Pierre, patron de Cluny, apparut à un laboureur du voisinage, et le chargea d'avertir le saint abbé que sa mort était prochaine. Hugues reçut cette nouvelle avec reconnaissance, quoique ses infirmités et son grand âge l'eussent déjà averti qu'il ne pouvait plus vivre longtemps. Il jeûna encore le carême de 1109, à son ordinaire; mais le dimanche des Rameaux il se trouva si faible, qu'il ne put aller à la procession.

Le jeudi saint, ce saint abbé s'étant rendu au chapitre, ses religieux le prièrent de faire l'absoute. Il répondit : « Hélas! pourrai-je vous absoudre, moi qui suis lié par tant de péchés? » Il ne laissa pas de leur donner l'absolution et de leur laver les pieds. Il eut encore assez de force pour officier le jour de Pâques; mais, le soir, il tomba malade, et, le mardi de Pâques, il eut une si grande défaillance, qu'il parut avoir perdu l'usage de ses sens. On se pressa de lui apporter le saint viatique, et, en lui présentant l'hostie, on lui demanda s'il reconnaissait la chair sacrée du Seigneur. Il répondit par ces mots : « Je la reconnais et je l'adore. » Après qu'il eût reçu le viatique, on lui présenta la croix, qu'il adora avec respect. Il vécut encore quelques jours. Quand on vit qu'il était près d'expirer, on le porta dans l'Eglise de la Vierge, et on l'étendit sur la cendre et le cilice. Il mourut sur le soir, le 29 d'avril 1109, dans la 85ᵉ année de son âge, la 70ᵉ de son entrée en religion, et la 60ᵉ depuis qu'il avait été élu abbé. L'Eglise honore sa mémoire le jour de sa mort (*Acta Sanct.*).

Dans le temps que l'état monastique perdait une de ses lumières en France, il y en voyait briller une autre. C'était saint Bernard de Tyron, natif du Ponthieu, au territoire d'Abbeville. Il étudia avec succès la grammaire et la dialectique. Mais le désir de mener une vie plus parfaite le porta à quitter son pays et sa famille pour se retirer au monastère de Saint-Cyprien, dans le Poitou, sous la conduite de l'abbé Raynauld. Il ne tarda pas à s'y distinguer par toutes les vertus qui peuvent entretenir la paix et la régularité dans une communauté. Bernard regardait tous ses frères comme ses supérieurs : il les aimait tous; il ne jugeait personne, et ne parlait mal de personne. Jamais il ne lui échappa une parole de murmure ou de colère; la sérénité de son visage marqua toujours la paix de son cœur. Un moine de Saint-Cyprien, nommé Gervais, ayant été élu abbé de Saint-Savin, ne voulut point accepter cette charge, à moins qu'on ne lui donnât Bernard pour prieur, et pour partager avec lui les soins du gouvernement. Mais ils se brouillèrent bientôt au sujet d'une église que Gervais voulait acquérir au monastère; à quoi Bernard s'opposa, parce qu'il craignait la simonie. L'abbé Gervais abandonna son monastère et se retira à Saint-Cyprien, d'où étant parti pour le pèlerinage de Jérusalem, il fut dévoré par un lion dans la Palestine.

Les moines de Saint-Savin ayant appris la mort de Gervais, élurent Bernard pour leur abbé. Il prit la fuite, se retira dans la cellule d'un saint ermite nommé Pierre des Etoiles, qui fonda dans la suite le monastère de Font-Gombauld. Pierre des Etoiles le conduisit dans la forêt de Craon, sur les confins du Maine et de la Bretagne, où Robert d'Arbrissel, Vital de Mortain et Raoul de la Futaye menaient alors la vie solitaire. Pour mieux se cacher, Bernard changea de nom et se fit appeler Guillaume. Il édifia fort ces saints ermites par sa douceur et son humilité. Pour prévenir l'ennui et les dangers de la vie solitaire, il apprit à tourner. Pendant ce temps-là, ayant eu nouvelle que les moines de Saint-Savin, qui le cherchaient de toutes parts, avaient découvert sa retraite, il résolut de passer la mer, et il se cacha dans une île proche de Coutances. Il y passa quelque temps sans compagnons, et destitué de toutes les choses nécessaires à la vie. Mais Pierre des Etoiles alla l'y trouver, et l'obligea de revenir se rejoindre aux ermites de la forêt de Craon, l'assurant que les moines de Saint-Savin avaient élu un autre abbé. Il retourna donc dans sa première solitude, et, en peu de temps, l'éclat de sa sainteté se répandit au loin.

Raynauld, abbé de Saint-Cyprien, qui l'avait reçu religieux, alla le voir, et, usant d'une ruse innocente, il le ramena à son monastère, où les moines le reçurent avec joie, lui ôtèrent ses haillons et lui coupèrent la barbe qu'il portait longue comme les ermites. L'abbé, qui voulait faire de Bernard son successeur, pria Pierre, évêque de Poitiers, de lui défendre d'abandonner dans la suite son monastère. Le saint évêque le fit. Quatre mois après, Raynauld étant au lit de la mort, dit à ses religieux : Quoiqu'il ne m'appartienne pas de désigner mon successeur, cependant, si vous voulez m'en croire, je vous conseille de choisir Bernard, que le Seigneur vous a rendu depuis peu.

Bernard fut en effet élu, et, malgré sa répugnance, il fut contraint d'accepter cette charge. Mais il trouva bientôt un prétexte d'y renoncer. Les moines de Cluny prétendirent que le monastère de Saint-Cyprien leur était soumis, et ils obtinrent des lettres du pape Pascal II, par lesquelles il interdisait des fonctions de sa charge l'abbé de Saint-Cyprien, s'il refusait de se soumettre à celui de Cluny. Bernard aima mieux abdiquer sa charge que de trahir les droits d'une Eglise qu'il avait trouvée libre; et il se joignit à Robert d'Arbrissel et à Vital de Mortain, qui, étant sortis de leur solitude, faisaient des excursions apostoliques dans les diverses provinces des Gaules. Ces trois saints apôtres firent partout de grands fruits. Ensuite, pour multiplier la récolte, ils se séparèrent. Bernard prêcha dans la Normandie et combattit particulièrement le concubinage des prêtres, dont la plupart étaient mariés publiquement. Car, dit l'auteur contemporain de la vie de saint Bernard de Tyron, c'était en ce temps-là la coutume dans toute la Normandie, que les prêtres épousassent publiquement des femmes, et laissassent, par droit d'héritage, leurs églises à leurs enfants. Quand ils mariaient même leurs filles, faute d'autres biens, ils leur donnaient leurs bénéfices pour dot, et quand ils épousaient une femme, ils faisaient serment, en présence de tous ses parents, qu'ils ne la quitteraient jamais, s'obligeant, par là, à profaner toujours le Corps et le Sang de Jésus-Christ.

Bernard déploya son éloquence et son zèle pour combattre un abus si criant. Il retira quelques prêtres de ce désordre; mais le plus grand nombre de ces concubinaires demeurèrent opiniâtres. Les femmes des prêtres, qui craignaient que leurs maris ne les abandonnassent, étaient les plus irritées. Elles cherchaient les moyens de le faire mourir, et elles animaient les prêtres, leurs maris, à faire insulte au prédicateur. Un jour que Bernard prêchait à Coutances, un archidiacre, qui avait femme et enfants, alla l'aborder, suivi d'un grand nombre de prêtres et de clercs, et lui demanda par quelle autorité, lui, qui était moine et mort au monde, il s'ingérait de venir les prêcher. Bernard lui répondit en présence de tout le peuple : « Mon cher frère, n'avez-vous jamais lu dans l'Ecriture que Samson, avec la mâchoire d'un âne mort, a défait ses ennemis ? Est-il surprenant que Dieu daigne se servir de mon ministère pour confondre les siens? Saint Martin et saint Grégoire étaient moines ; la profession monastique n'est donc pas une raison qui me rende indigne de la prédication. »

Bernard fit jusqu'à deux fois le voyage de Rome pour soutenir la liberté de son monastère contre les prétentions des moines de Cluny. Chaque fois le Pape lui ordonna de gouverner son monastère comme auparavant; mais le saint abbé, qui soupirait après la solitude, obtint, avec bien de la peine, la permission d'abdiquer sa charge. Le Pape, en la lui accordant, le chargea de prêcher la pénitence, d'entendre les confessions et de faire les autres fonctions de la vie apostolique.

Bernard, au comble de ses vœux, se retira d'abord dans son ancienne île, auprès de Coutances, où il ne put demeurer longtemps. Il vint ensuite s'établir dans la forêt de Fougères avec quelques disciples qui vivaient comme lui du travail de leurs mains; mais Radulphe, seigneur de Fougères, qui avait entouré cette forêt de murailles pour mieux conserver les bêtes fauves, pria ces solitaires de passer dans la forêt de Savigni, qui lui appartenait également. Ils y trouvèrent Vital de Mortain, qui y bâtit le monastère de son nom. C'est pourquoi Bernard envoya deux de ses disciples prier Rotrou, comte du Perche, de leur céder quelques terres pour s'établir. Le comte les reçut avec bonté, et leur assigna un lieu nommé Tyron.

Bernard s'y étant rendu avec ses disciples pour bâtir son monastère, les habitants du pays furent surpris de voir des hommes habillés si bizarrement, et le bruit se répandit que ce n'était pas des moines, mais des Sarrasins venus dans le Perche par des souterrains, pour s'emparer de la province. On accourait de toutes parts pour examiner la vérité; mais quand on vit que les nouveaux hôtes ne bâtissaient ni tours ni châteaux, mais seulement de petites cellules de bois, et qu'ils ne s'occupaient qu'à chanter des psaumes, on reconnut qu'on s'était trompé, et la défiance se changea en respect et en vénération. Yves, qui était alors évêque de Chartres, célébra la première messe dans le monastère de Tyron, le jour de Pâques de l'an 1109. Cependant, comme les moines de Nogent prétendirent que ce monastère était situé sur des terres qui leur devaient la dîme, et qu'ils avaient droit d'enterrer ceux qui y mouraient, Bernard le rebâtit auprès, sur une terre qu'il obtint des chanoines de Chartres, et il le dédia en l'honneur de la Vierge.

Le saint abbé mena dans cette nouvelle demeure une vie angélique qui édifia toute la province. Il ne buvait que de l'eau, et mortifiait continuellement sa chair. Dans les maladies, il n'eut jamais recours aux remèdes, pas même à la saignée. Louis le Gros, roi de France ; Henri Ier, roi d'Angleterre ; David, roi d'Ecosse, firent de grandes libéralités à son monastère. Henri le pria de venir le voir en Normandie, et lui demanda une colonie de ses moines, auxquels il fit bâtir un monastère en Angleterre. David, roi d'Ecosse, fils de saint Malcolm et de sainte Marguerite, en fit autant, et vint de son pays à Tyron pour avoir la consolation de voir ce saint abbé; mais il le trouva mort. En peu de temps le monastère de Tyron eut jusqu'à cent prieurés ou celles, qui dépendaient de lui, et qui furent habitées par des colonies sorties de son sein. Les moines de Tyron, pour se distinguer de ceux de Cluny, étaient habillés de gris; ce qui les fit nommer les *moines gris*. Saint Bernard mourut à Tyron vers l'an 1117 (*Acta Sanct.*, 25 *april.*).

Vital de Mortain, dont nous avons parlé, fut d'abord chapelain du comte Robert de Mortain et chanoine de Saint-Evroul de la même ville. Après avoir mené quelque temps la vie érémitique et s'être adonné aux fonctions de la vie apostolique avec Robert d'Arbrissel et Bernard de Tyron, il se retira dans la forêt de Savigni ; et, par les libéralités de Radulphe de Fougères, il y bâtit un monastère en l'honneur de la sainte Trinité, où il assembla un grand nombre de fervents religieux. Il n'établit pas dans sa communauté les observances de Cluny ; mais il y introduisit des usages particuliers et fort austères, qui mirent le monastère de Savigni en grande réputation ; en sorte qu'un grand nombre de prieurés et d'abbayes embrassèrent cette réforme. Vital, étant tombé malade, commença par se confesser et se faire administrer le saint viatique. Ensuite, consultant plus son courage que ses forces, il voulut assister à l'office ; mais il expira dans l'église même, après avoir donné, selon la coutume, la bénédiction à celui qui devait dire une leçon. On rapporte sa mort à l'an 1122, et la fondation de Savigni environ à l'an 1112 (Order. Vital, l. 8).

Trois mois après la mort de saint Hugues, abbé de Cluny, que le roi de Castille, Alphonse IV, aimait comme son père, ce prince mourut aussi le 1er juillet 1109. L'année précédente, le 30 mai, ses généraux ayant livré bataille aux Sarrasins, essuyèrent une défaite désastreuse : Sanche, fils unique du roi Alphonse, y fut tué avec sept généraux ; sept villes tombèrent entre les mains des infidèles. Pour venger la mort de son fils et la défaite de ses troupes, Alphonse VI, malgré son grand âge, rassemble une nouvelle armée, attaque la ville de Cordoue : le gouverneur de la place ayant fait une sortie, est pris et livré aux flammes avec vingt-deux émirs ; Cordoue se rend aux chrétiens, Séville leur paie tribut. Alphonse VI pensait à se rendre maître aussi de Séville, lorsqu'il mourut très-âgé, le 30 juin 1109 (Pagi, an 1108 et 1109).

Sous son règne, Bernard, archevêque de Tolède, revenant de Rome, emmena d'Aquitaine le bienheureux Gérald, et le fit grand-chantre dans sa métropole. L'Eglise de Brague étant venue à vaquer, Gérald fut élu d'une voix unanime pour en occuper le siège, et sacré par Bernard. Gérald, dans un voyage qu'il fit exprès à Rome, obtint de Pascal II le rétablissement de la dignité métropolitaine pour son Eglise. Etant mort en 1110, il eut pour successeur

Maurice Bourdin. C'était un moine d'Uzerche, dans le Limousin, que l'archevêque Bernard avait également amené en Espagne, en considération de son esprit et de ses talents. Il le fit d'abord son archidiacre, puis évêque de Conimbre. Maurice fit le pèlerinage de Jérusalem vers l'an 1108, et passa à Constantinople, où il fut chéri des grands et de l'empereur Alexis. Après avoir employé trois ans à ce voyage, il revint en Portugal, où il fut élu pour succéder à saint Gérald en 1110. Pour faire confirmer sa translation et recevoir le *pallium*, il se rendit à Rome, où le pape Pascal II lui accorda l'un et l'autre. Maurice soutint vigoureusement la dignité de son siège contre l'archevêque de Tolède, qui voulait l'assujétir à sa primatie, et qui se prévalait contre lui de son autorité de légat en Espagne. Bourdin alla à Rome, en 1115, implorer le secours de Pascal II, qui, après avoir plusieurs fois averti Bernard de cesser ses vexations, lui déclara enfin qu'il le déchargeait de sa légation sur la province de Brague, afin que Bourdin pût exercer plus librement sa judiction. Nous verrons quelle fut la reconnaissance de Bourdin pour le Pape et pour l'Église romaine (Pagi, Baluze).

Après la mort d'Alphonse VI, les Sarrasins d'Afrique repassèrent en Espagne, et reprirent tout ce qu'ils avaient perdu précédemment : les chrétiens eussent même abandonné Tolède, si l'archevêque Bernard n'avait défendu cette ville par son courage. Il est même surprenant que les Sarrasins n'aient pas mieux profité des dissensions qui s'élevèrent parmi les chrétiens d'Espagne après la mort d'Alphonse VI. Sa fille unique, la princesse Urraque, avait épousé en premières noces le comte Raymond de Galice, dont elle eut un fils nommé Alphonse; elle épousa en secondes noces Alphonse Ier, dit le Batailleur, roi de Navarre et d'Aragon, qui, à la mort de son beau-père, se trouvait tout ensemble roi d'Aragon, de Navarre, de Galice, de Castille et de Léon. La réunion de tous ces royaumes sur une même tête pouvait singulièrement augmenter les forces et les succès des chrétiens ; il n'y manquait que l'union. La reine Urraque était d'un caractère hautain et difficile. Après la mort de son père, elle se brouilla avec son second mari ; elle se brouillera plus tard avec son fils Alphonse. Ces brouilleries mirent la division parmi les chrétiens : dans les royaumes de Léon et de Castille, les uns tenaient pour la reine, les autres pour le roi Alphonse VII, les autres pour l'infant Alphonse, qui fut plus tard Alphonse VIII. Cette dissension en vint jusqu'à une bataille, où les partisans du roi l'emportèrent sur ceux de la reine (Pagi, an 1109).

Cependant les Sarrasins firent, en 1108, une irruption dans le comté de Barcelone, brûlant les églises, portant partout le fer et le feu. Ils n'étaient plus qu'à cinq journées de chemin des frontières de France. Le comte et l'évêque de Barcelone, avec les principaux habitants, résolurent d'implorer le secours du roi de France, Louis le Gros. L'évêque fut chargé de l'ambassade. Le comte Raymond de Barcelone, aidé des Français, remporta plusieurs victoires sur les infidèles dans les années 1111 et 1112. En 1114, il se rendit maître de l'île d'Yviça, aidé par les Pisans, que le pape Pascal II avait engagés à cette entreprise, afin de purger la Méditerranée des pirates musulmans. Les Pisans avaient à leur tête Pierre, leur archevêque, ainsi que le cardinal-légat Boson. L'année suivante 1115, les Pisans prirent l'île de Majorque et y délivrèrent un grand nombre de captifs chrétiens. Comme ces captifs racontaient avoir été traités avec humanité, on traita de même les Musulmans. Leur reine, avec une partie de sa famille, se rendit de son plein gré à Pise et y embrassa le christianisme (Pagi, an 1115).

Le comte de Barcelone, aidé des Pisans, avait assiégé l'île de Majorque dès l'an 1114; mais il fut contraint de lever le siège pour secourir Barcelone même, que les Sarrasins pressaient de leur côté. L'évêque de Barcelone avait été tué dans cette guerre contre les Sarrasins de Majorque. On élut pour lui succéder saint Oldegaire, né à Barcelone même. Son père et sa mère l'avaient offert dès l'enfance à l'église de Sainte-Eulalie, dont il fut chanoine et ensuite prévôt; l'acte de son oblation est de l'an 1076, le 24 mai. Il passa au monastère des chanoines réguliers de Saint-Ruf, près d'Avignon, dont on l'avait élu abbé; cette maison était alors en réputation de grande régularité. Oldegaire eut soin d'en faire confirmer les biens et les privilèges par une bulle du pape Pascal II. Aussitôt que le bienheureux Oldegaire apprit son élection à l'évêché de Barcelone, il prit la fuite et se retira en Provence. Le comte de Barcelone, à la sollicitation du clergé et du peuple, envoya des députés à Rome au pape Pascal, qui obligea Oldegaire d'accepter l'épiscopat. La même année, l'Église de Tarragone étant devenue vacante par la mort de Bérenger, Oldegaire en fut fait archevêque, sans quitter toutefois l'évêché de Barcelone, parce que Tarragone était ruinée et déserte. Le comte Raymond lui donna, à lui et à ses successeurs, la ville et son territoire, avec la liberté de la peupler et de la gouverner selon les lois. Oldegaire fit le voyage de Rome dans le dessein de faire confirmer cette donation, qui est du 13 janvier 1117. Gélase II la confirma par une bulle du 21 mars 1118, accorda le *pallium* à Oldegaire, avec tous les droits de métropolitain, et l'évêché de Tortose, si les chrétiens la reprenaient sur les Maures, jusqu'à ce que cette ville pût avoir un évêque particulier. A peine était-il de retour à Barcelone, qu'il fut obligé de retourner en Italie pour assister au concile de Latran, assemblé en 1123, afin de procurer du secours aux princes chrétiens dans la terre sainte contre l'invasion des Sarrasins. Oldegaire, à la sollicitation du comte de Barcelone, profita de cette occasion pour l'aider aussi à chasser les mêmes Sarrasins de l'Espagne. Ce concile accorda des subsides, et le pape Calixte II, pour en faciliter l'exécution, fit Oldegaire son légat en Espagne (*Acta Sanct.*, 6 *mart.*). Le comte Raymond de Barcelone avait demandé au pape Pascal II de le recevoir en la protection spéciale du Saint-Siége, lui, sa femme et ses enfants; ce que ce pontife lui accorda très-volontiers par une bulle du 23 mai 1116 (Pagi, an 1116, n. 8).

Le roi Alphonse d'Aragon et de Castille, dans un moment de concorde entre les Castillans et les Aragonais, pressait les Sarrasins de son côté et s'avançait vers Sarragosse. Les Français venaient en grand nombre à son aide. Rotrou, comte du Pérche, enleva aux Sarrasins, en 1114, la ville de Tudéla.

et Alphonse la lui donna en propriété, ne se réservant que les droits de souverain. L'an 1118, les chrétiens livrèrent une grande bataille près de Sarragosse; l'armée innombrable des Sarrasins comptait plusieurs rois, entre autres celui de Maroc. A l'exception d'un seul, tous furent pris et tués. La ville de Sarragosse se rendit le 11 décembre, et ensuite plusieurs autres. Le roi Alphonse fit sa capitale de Sarragosse, et la donna, sous la réserve de certains droits, à Gaston, vicomte de Béarn, qui avait contribué puissamment à cette conquête. Le pape Gélase II avait accordé des indulgences à tous ceux qui aideraient à cette expédition, savoir: l'indulgence plénière à ceux qui, ayant reçu la pénitence, mourraient en cette entreprise; puis, à tous ceux qui travailleraient au rétablissement de cette Église et donneraient pour la subsistance du clergé, une indulgence à la discrétion des évêques, à proportion de leurs bonnes œuvres. Même avant la prise de Sarragosse, on avait élu Pierre Librane pour en être archevêque, et le pape Gélase l'avait sacré de sa main. La ville ayant donc été prise, et Pierre établi dans son siège, il envoya son archidiacre, avec des lettres souscrites par lui, par trois autres évêques et par le cardinal-légat Boson, adressées à tous les fidèles, afin de donner des indulgences et recueillir des aumônes pour le rétablissement de son église. Sarragosse avait été près de quatre cents ans au pouvoir des infidèles (Baron., Pagi, an 1118).

Vers ce temps, la religion chrétienne n'était pas encore éteinte en Afrique. En l'année 1114, des religieux du Mont-Cassin, revenant de Sardaigne, furent pris par des pirates musulmans et conduits en Afrique. L'abbé du Mont-Cassin envoya aussitôt pour les racheter; mais ses envoyés furent contraints par les vents d'aborder en Sicile. Le comte Roger de Sicile ayant su le motif de leur voyage, envoya aussitôt, pour l'amour de saint Benoît, au roi sarrasin de la ville de Calame, pour l'engager à délivrer ces captifs, s'il voulait jouir de sa paix et de son amitié. Le roi de Calame acquiesça sans délai à la demande et remit les moines captifs à l'envoyé du comte; mais, dans l'intervalle, leur doyen, nommé Azon, était mort et avait été enterré à Calame, dans l'église de la Sainte-Vierge, devant l'autel. Il s'y passa des choses miraculeuses. Une lampe suspendue sur son tombeau et qu'on éteignait le soir, se rallumait d'elle-même la nuit. Le roi sarrasin de Calame en ayant été informé, pensa que c'était un artifice des chrétiens; il envoya des Sarrasins éteindre la lampe et en ôter l'huile; le lendemain ils trouvèrent la lampe allumée et l'eau brûlant comme de l'huile. Le roi fit éteindre la lampe une seconde fois et commanda des Sarrasins pour garder l'église jour et nuit et empêcher les chrétiens d'y entrer. Au milieu de la nuit, les Sarrasins qui montaient la garde, levant les yeux au ciel, aperçoivent une étoile qui abaissait ses rayons sur la lampe. Aussitôt ils ouvrent l'église et voient la lampe allumée. Le roi ne crut pas même au témoignage des siens; il fit éteindre la lampe et garder l'église de nouveau, et alla lui-même dans la maison du calife, qui touchait à l'église. La nuit venue, il leva les yeux au ciel et vit une étoile rayonnant sur la lampe et l'allumant de son rayon. Aussitôt il envoya à l'église des Sarrasins qui trouvèrent la lampe allumée. Dès lors il permit aux chrétiens d'entrer dans l'église en liberté. Voilà ce que rapporte, dans son *Histoire du Mont-Cassin*, Pierre, diacre et religieux de ce monastère, qui écrivait dans le même temps que les religieux captifs revinrent d'Afrique (*Chron. Cass.*, l. 4, c. 50 et 51).

Pagi soupçonne que le nom de *calife*, qui, chez les Musulmans, désigne le chef de la religion, est ici donné à l'évêque chrétien dont la maison touchait à l'église. Quoi qu'il en soit de cette conjecture, toujours est-il que, dans les commencements du XIIe siècle, la religion chrétienne se conservait encore sur la terre d'Afrique (Pagi, an 1114).

Cependant, après le concile de Troyes en Champagne, l'an 1107, le pape Pascal II reprit la route d'Italie, aussi mécontent des Allemands qu'il était satisfait des Français, des Anglais et des Espagnols. Il fut reçu à Rome avec une joie aussi incroyable que s'il fut ressuscité d'entre les morts. Le 7 mars 1110, il tint un concile dans l'église de Latran, où il renouvela les décrets contre les investitures, et les canons qui défendent aux laïques de disposer des biens des églises. On y excommunia aussi, comme des brigands et des homicides, ceux qui pilleraient les biens des naufragés (Labbe, t. X).

Au mois de juillet, le Pape sortit de Rome et se rendit en Apulie, où il assembla le duc, le prince de Capoue et les comtes du pays, et leur fit promettre de l'aider contre le roi Henri d'Allemagne, s'il en était besoin et s'ils en étaient requis. Il revint ensuite à Rome, où il fit faire le même serment à tous les grands. C'est qu'il savait la résolution du roi de venir en Italie, et qu'il en prévoyait les suites (*Chron. Cass.*, l. 4, c. 35).

En effet, dès l'année précédente, le roi lui avait envoyé les archevêques de Cologne et de Trèves, avec d'autres princes, pour traiter de sa venue en Italie et de la couronne impériale. Pascal II avait répondu qu'il le recevrait avec la tendresse d'un père, pourvu que, de son côté, il se montrât fils catholique, défenseur de l'Église et amateur de la justice (*Annal. Hildesh., apud Leibnitz*). Dès le jour de l'Épiphanie de l'année suivante 1110, le roi tint avec les seigneurs une conférence à Ratisbonne, où il leur déclara son dessein de passer les Alpes pour aller recevoir la couronne impériale de la main du souverain Pontife, dans la ville de Rome, capitale du monde, réunir l'Italie à l'Allemagne, suivant les anciennes lois, et se montrer prêt à défendre l'Église selon l'indication du Père apostolique. La proposition fut très-bien reçue, les seigneurs promirent de suivre le roi, et se préparèrent au voyage, nonobstant la terreur que jeta dans les esprits une comète qui parut le 6 juin. Le roi commença à marcher vers le mois d'août, suivi d'une armée immense et accompagné de gens de lettres capables de soutenir ses droits, entre autres d'un Ecossais nommé David, qui avait gouverné les écoles de Wurtzbourg, et que le roi, à cause de sa vertu, avait fait son chapelain. Il écrivit la relation de ce voyage, mais plus en panégyriste qu'en historien (Ursperg; Guill. Malmesb., l. 5).

Voici quel était le vrai fond de l'affaire. Les empereurs francs, à commencer par Charlemagne, se souvenant qu'ils n'étaient empereurs que pour la défense de l'Église et par le choix de son chef, se faisaient une gloire de seconder l'Eglise et son chef de tout leur pouvoir; et l'Eglise, dans sa reconnaissance maternelle, les aimant comme des fils dévoués, leur laissait une assez grande latitude dans les affaires ecclésiastiques : c'était la mère et le fils aîné de la famille conspirant ensemble pour le bien de la famille entière. Les empereurs allemands, au contraire, oubliant peu à peu l'origine et la nature chrétiennes de la dignité impériale en Occident, au lieu de seconder l'Eglise et son chef, prétendaient dominer l'un et l'autre; ils se donnaient moins pour les successeurs de Charlemagne que pour ceux de César, d'Auguste, de Tibère, de Néron, ne reconnaissant d'autre loi que leur bon plaisir, et, comme tels, prétendant dominer non-seulement sur l'Eglise de Jésus-Christ, mais encore sur tous les rois et sur tous les peuples de la terre. Voici comme Godefroi de Viterbe, auteur du temps et notaire de l'empereur, fait parler la cour impériale dans cette contestation : « L'empereur est la loi vivante qui commande aux rois; sous cette vivante loi sont tous les droits possibles; c'est cette loi qui les châtie, les dissout, les lie. L'empereur est le créateur de la loi et ne doit pas y être tenu; c'est parce qu'il veut bien, qu'il s'y soumet. Tout ce qui lui plaît sera un droit par là seul. Dieu, qui lie et délie tout, l'a préposé à l'univers. La puissance divine a partagé l'empire avec lui : elle a donné les cieux aux immortels, tout le reste à l'empereur (1). » On voit, par ce témoignage du notaire impérial, quelle était la pensée intime des empereurs allemands. Ce n'était pas simplement d'asservir l'Eglise chrétienne, mais, avec elle et par elle, tous les rois et tous les peuples de la terre; de ne reconnaître dans le monde entier d'autre souverain que l'empereur allemand, d'autre loi que sa volonté. Nous en verrons encore d'autres preuves à mesure que nous avancerons. Ceci est un point capital de l'histoire. Les historiens n'y ont pas pris garde, du moins que nous sachions. Moins historiens que complaisants avocats des empereurs contre les Papes, ils n'ont pas vu que, dans ces grandes querelles, les Papes défendaient et maintenaient, contre les empereurs, non-seulement la liberté et l'indépendance de l'Eglise, mais encore la liberté et l'indépendance de tous les rois et de tous les peuples.

Et pour mieux asservir l'Eglise, les empereurs allemands abusaient, contre elle, de la condescendance qu'elle avait eue pour les empereurs français qui travaillaient pour elle. Il s'agissait donc de savoir si l'Eglise de Dieu, si l'univers entier, serait l'esclave d'un roi tudesque; ou bien si l'Eglise continuerait à être libre par la grâce de Dieu, et avec elle tous les rois et tous les peuples chrétiens de la terre. Les rois de France et d'Angleterre qui n'avaient pas ces prétentions de despotisme universel, avaient renoncé facilement aux investitures des dignités ecclésiastiques par la crosse et l'anneau, pour se contenter d'un simple hommage; mais les derniers rois tudesques, qui, dans le fond, aspiraient à être souverains pontifes comme Caligula et Néron, tenaient par là même, avec une sauvage opiniâtreté, à donner la crosse et l'anneau pastoral.

Le roi Henri d'Allemagne entra donc en Lombardie : la ville de Novare n'ayant pas voulu se rendre à ses prétentions, il fit livrer aux flammes cette malheureuse ville et en fit raser les murailles : ce spectacle de cruauté, dès son entrée en Italie, devait inspirer la terreur à tout le peuple. Il traita de même tous les châteaux et toutes les terres qui n'obéirent pas ponctuellement à ses ordres. La seule comtesse Mathilde lui inspirait quelque appréhension : elle eut la prudence de ne point venir à sa cour, pour ne point s'exposer à quelque violence; beaucoup de princes et de seigneurs d'au delà des monts allèrent la visiter, pour connaître en elle une personne supérieure à son sexe et de si grande renommée et influence par toute l'Europe. La paix et la concorde se négocia par messages entre elle et Henri. Elle lui promit fidélité envers et contre tous, excepté le Pontife romain; Henri, de son côté, lui confirma tous ses Etats et droits (Domnizo, *Vita Math.*, l. 2, c. 18). En passant les Apennins, Henri perdit beaucoup d'hommes et de chevaux par les pluies. La terre de Pontemole ayant voulu faire quelque résistance, il s'en empara de force et la dévasta.

Arrivé à Florence, il y célébra, avec une pompe merveilleuse, la fête de Noël 1110. Toutes les villes de Toscane ne tardèrent point à lui envoyer des ambassadeurs et des tributs. Etait-ce bon gré ou malgré elles? Pandolfe de Pise, auteur contemporain, appelle Henri l'exterminateur de la terre, envoyé en Italie par la colère de Dieu; il ajoute que, dans son chemin, il ruina beaucoup de villes et de châteaux par artifice, et en affichant la paix; qu'il ne cessa de détruire les églises, de prendre les hommes les plus religieux et les plus catholiques, ou bien de les chasser de chez eux, s'il ne pouvait les prendre (*In vitâ Pasc. II*).

Dodechin, auteur allemand, confirme le témoignage de Pandolfe; voici ses paroles : « L'an 1110, le roi entre avec une puissante armée en Italie; il en ravage les cités, les châteaux, les municipes, par la rapine et l'incendie (Dodech., an 1110). » Arrivé dans la ville d'Arezzo au commencement de l'année suivante 1111, il y trouva le clergé et le peuple divisés. La cathédrale était hors de la ville, et le peuple voulait qu'elle fût au dedans comme ailleurs, et la démolit. Henri prit parti pour le clergé, mais il le prit en barbare; car il fit abattre les murailles et les tours de la ville, et raser une grande partie des maisons. C'est avec ces préliminaires que le roi tudesque s'avançait vers Rome.

Il y avait envoyé des députés pour régler avec ceux du Pape les conditions de son couronnement. Ils s'assemblèrent le 5 février 1111, et convinrent des articles suivants : L'empereur renoncera par écrit à toutes les investitures des Eglises entre les mains du Pape, en présence du clergé et du peuple, le jour de son couronnement. Et, après que le Pape aura de même renoncé aux régales, l'empereur jurera de laisser les Eglises libres avec les oblations et les domaines qui n'appartenaient pas manifestement au

---

(1) Gotfred. Viterb., *Chron.*, part. 17 :
   Cæsar lex viva stat regibus imperativa,
   Legeque sub vivâ sunt omnia jura dativa;
   Lex ea castigat, solvit et ipsa ligat.
   Conditor est legis, neque debet lege teneri,
   Sed sibi complacuit sub lege libenter haberi.
   Quidquid ei placuit juris ad instar erit.
   Qui ligat ac solvit Deus, ipsum prætulit orbi.
   Divisit regnum divina potentia secum :
   Astra dedit superis, cœtera cuncta sibi.

royaume avant que l'Eglise les possédât ; et il déchargea les peuples des serments faits contre les évêques. Il restituera les patrimoines et les domaines de saint Pierre, comme ont fait Charles, Louis, Henri et les autres empereurs, et aidera, selon son pouvoir, à les garder. Il ne contribuera, ni de son fait ni de son conseil, à faire perdre au Pape le pontificat, la vie ou les membres, ou à le faire prendre méchamment par soi-même ou par quelque personne interposée. Et cette promesse comprend non-seulement le Pape, mais ses fidèles serviteurs qui auront promis sûreté à l'empereur en son nom, c'est-à-dire Pierre de Léon, avec ses enfants et les autres qu'il déclarera à l'empereur ; et si quelqu'un leur fait du tort, l'empereur le secourra fidèlement. L'empereur donnera au Pape, pour médiateurs, Frédéric, son neveu, et d'autres seigneurs qui sont nommés au nombre de douze. Ils jureront au Pape sa sûreté et demeureront près de lui pour otages de l'observation de ces conditions. C'est ce qui fut promis de la part du roi Henri.

La convention de la part du Pape fut telle : « Si le roi observe ce qu'il a promis, le Pape ordonnera aux évêques présents, au jour de son couronnement, de laisser au roi tout ce qui appartenait à la couronne du temps de Louis, de Henri et de ses autres prédécesseurs, et il défendra par écrit, sous peine d'anathème, qu'aucun d'eux, soit des présents, soit des absents, n'usurpe les régales, c'est-à-dire les villes, les duchés, marquisats, comtés, monnaies, marchés, avoueries et terres qui appartenaient manifestement à la couronne, les gens de guerre et les châteaux, et qu'on n'inquiète plus le roi à ce sujet. Le Pape recevra le roi avec honneur, le couronnera comme ses prédécesseurs et lui aidera à se maintenir dans le royaume. Pierre de Léon promit de demeurer auprès du roi, si le Pape n'observait pas ces conventions, et, en attendant, de donner pour otages son fils Gratien et le fils de Hugues, son autre fils. » C'est ce qui fut convenu à Rome de part et d'autre le 5 février.

On peut s'étonner avec justice pourquoi, dans cette convention, on n'adopta pas l'accord plus simple que l'investiture ne se donnerait plus par la crosse et l'anneau pastoral, mais que les prélats feraient simplement hommage au prince des fiefs qu'ils tenaient de l'empire. Comme cet accord avait été adopté par les rois de France et d'Angleterre, avec que le Pape lui-même le leur avait proposé, il est impossible qu'il ne l'ait proposé également au roi d'Allemagne. Si donc il ne fut point adopté dans cette occasion, si on y substitua un arrangement plein de difficultés, qui commençait par bouleverser l'état présent des choses, en ôtant brusquement aux Eglises des biens dont elles étaient en possession depuis longtemps, on ne peut point, équitablement, en soupçonner le Pape; mais comme, avant et après, le roi d'Allemagne avait l'habitude de joindre la ruse à la violence, on peut croire sans témérité que, de sa part, c'était un acte prémédité de cette nature.

Les députés du roi lui en ayant apporté la nouvelle, il s'avança jusqu'à Sutri, où, le 9 du même mois, il fit, en présence des députés du Pape, le serment dont on était convenu, à condition que le Pape accomplirait sa promesse le dimanche suivant.

Dix seigneurs et le chancelier Albert firent le même serment pour la sûreté du Pape. Ces précautions marquaient une grande défiance de part et d'autre, et ce n'était pas sans fondement.

Le roi arriva près de Rome le 11 février. Les Romains lui demandèrent de confirmer par serment l'honneur et la liberté de leur ville. Le roi, pour les jouer, jura en allemand ce qu'il voulut. Les Romains crièrent à la fraude et rentrèrent dans Rome. Le lendemain, qui était le dimanche de la Quinquagésime, le Pape envoya au devant de lui divers officiers de sa cour, avec plusieurs sortes d'enseignes, des croix, des aigles, des lions, des loups, des dragons. Il y avait cent religieuses portant des flambeaux, avec une multitude infinie de peuple portant des palmes, des rameaux et des fleurs. Hors la porte de la cité Léonine, il fut reçu par les Juifs, et dans la porte, par les Grecs, qui chantaient. Là, par ordre du Pape, se trouva tout le clergé de Rome, et le roi étant descendu de cheval, ils le menèrent avec des acclamations de louange aux degrés de Saint-Pierre. Les ayant montés, le roi trouva le Pape qui l'attendait, accompagné de plusieurs évêques, des cardinaux-prêtres, diacres et sous-diacres, et du reste des chantres. Le roi se prosterna et baisa les pieds du Pape, puis ils s'embrassèrent et se baisèrent trois fois; et le roi, tenant la main droite du Pape, selon la coutume, vint à la porte d'argent avec de grandes acclamations du peuple. Là, il lut dans un livre le serment ordinaire des empereurs, et le Pape désigna Henri empereur, le baisa encore, et l'évêque de Lavici dit sur lui la première oraison.

Le roi ne voulut entrer dans l'église que quand il la vit occupée par ses soldats, ainsi que tous les postes du voisinage. Y étant entré avec le Pape, ils s'assirent dans la salle appelée *la Roue de Porphyre*, à cause du pavé figuré en rond. Là, le Pape demanda que le roi rendît à l'Eglise ses droits, qu'il renonçât aux investitures et accomplît les autres choses qu'il avait promises par écrit. Le roi se retira à part vers la sacristie avec les évêques et les seigneurs de sa suite, où ils conférèrent longtemps. Avec eux étaient trois évêques lombards. Comme le temps se passait, le Pape envoya demander au roi l'exécution de la convention. Dans l'intervalle, les évêques d'au delà des Alpes se prosternèrent aux pieds du Pape, qui les relevait et leur donnait le baiser. Quelque temps après, les familiers du roi commencèrent à dévoiler peu à peu leurs artifices, en disant : « Que l'écrit qui avait été fait ne pouvait subsister, comme étant contraire à l'Evangile, qui *ordonne de rendre à César ce qui est à César*, et au précepte de l'apôtre, *que celui qui sert Dieu ne s'engage point dans les affaires du siècle.* » On leur répondit par d'autres autorités de l'Ecriture et des canons; mais ils demeurèrent aheurtés dans leurs prétentions frauduleuses. Ce sont les paroles mêmes des actes (Baron., an 1111).

En même temps, pour circonvenir le Pape, le roi lui dit : « Je veux que la division qui est entre vous et Etienne le Normand finisse à l'instant même. » Cet Etienne avait subi bien des périls pour la cause du roi. Le Pape répondit : « La plus grande partie du jour est passée et l'office sera long, commençons, s'il vous plaît, par ce qui vous regarde. » Aussitôt un de ceux qui étaient venus avec le roi se leva et dit : « A quoi bon tant de discours ? Sachez que l'empereur, notre maître, veut recevoir la couronne comme l'ont reçue Charles, Louis et Pepin. » Le Pape ayant déclaré qu'il ne pouvait la donner ainsi, le roi entra en colère, et par le conseil d'Albert, archevêque de Mayence, et de Burchard, évêque de Saxe, il fit environner le Pape de gens armés.

C'était précisément le dimanche où se lisait à la messe cet Evangile : *Jésus prit à part ses douze disciples et leur dit : Voilà que nous montons à Jérusalem, et tout ce qui est écrit du Fils de l'homme s'accomplira. Il sera livré aux nations, il sera bafoué, flagellé et conspué.* Comme ces choses se sont accomplies dans le Christ, elles s'accomplissent de même dans son vicaire. Ainsi parle l'auteur des actes, qui était présent. Pandolfe de Pise fait le même rapprochement (Baron. et Pagi).

Comme le jour baissait déjà, les évêques et les cardinaux conseillèrent au Pape de couronner l'empereur le jour même et de remettre au lendemain l'examen du reste. Mais les Allemands rejetèrent encore cette proposition. Le Pape et tous ceux qui l'accompagnaient étaient toujours gardés par des soldats en armes. A peine purent-ils monter à l'autel de Saint-Pierre pour entendre la messe, et à peine put-on trouver du pain, du vin et de l'eau pour la célébrer. Après la messe, on fit descendre le Pape de sa chaire, il s'assit en bas avec les cardinaux, devant la confession de Saint-Pierre, et y fut gardé jusqu'à la nuit fermée; puis on le conduisit à un logement hors de l'enceinte de l'église. Les Allemands pillèrent, dans le tumulte, les meubles précieux exposés pour honorer l'entrée du roi. On prit avec le Pape une grande multitude de clercs et de laïques, des enfants et des hommes de tout âge, qui avaient été au devant de l'empereur avec des palmes et des fleurs. L'empereur fit tuer les uns, dépouiller, battre ou emprisonner les autres. Jean, évêque de Tusculum, et Léon d'Ostie, voyant le Pape prisonnier, se retirèrent à Rome, habillés en laïques.

Quand les Romains eurent appris que le Pape était arrêté, ils en furent tellement indignés, qu'ils commencèrent à faire main-basse sur tous les Allemands qui se trouvèrent dans Rome, pèlerins ou autres. Le lendemain, ils sortirent de la ville, attaquèrent les gens du roi Henri, en tuèrent un grand nombre dont ils prirent les dépouilles, et, revenant à la charge, ils pensèrent les chasser de la galerie de Saint-Pierre, abattirent le roi lui-même de son cheval et le blessèrent au visage. Othon, comte de Milan, lui donna son cheval pour le faire sauver; mais il fut pris lui-même par les Romains, qui, l'ayant mené dans la ville, le hachèrent en pièces et le laissèrent manger aux chiens. Le combat dura jusqu'à la nuit, et les Romains eurent l'avantage; les Allemands en eurent si peur, que, s'étant retirés dans leur camp, ils restèrent deux jours sous les armes.

Vers la nuit, l'évêque Jean de Tusculum assembla le peuple romain et leur dit : « Mes chers enfants, quoique vous n'ayez pas besoin qu'on aiguillonne votre courage, considérez que vous combattez pour votre vie et votre liberté, pour la gloire et la défense du Saint-Siége. Qui veut la paix, doit être prêt à la guerre. Vos enfants sont mis aux fers contre toute sorte de droit; l'Eglise de Saint-Pierre, respectée de toute la terre, est pleine d'armes, de sang et de cadavres. Quelle somme de maux ce commencement n'annonce-t-il pas ? de quel plus grand désastre a-t-on jamais ouï parler ? Le Pontife du Siége apostolique est aux fers entre les mains d'hommes barbares : tout ce qu'il y a de plus grand dans l'Eglise est condamné à la prison et aux ténèbres; les ministres du Seigneur sont dans les pleurs, les saints autels sont arrosés de larmes; l'Eglise, votre mère, gémit et implore votre secours, elle supplie ses enfants de la délivrer de si grands désastres. Employez-y toutes vos forces; s'ils trouvent de la résistance, les ennemis sont plus disposés à s'enfuir qu'à tenir ferme. Enfin, pour vous encourager à venger un tel crime, par la confiance que nous avons en la miséricorde de Dieu et des bienheureux apôtres Pierre et Paul, nous vous donnons l'absolution de tous vos péchés. » Les Romains, encore plus animés par ce discours, s'engagèrent par serment à résister au roi Henri, et résolurent de tenir pour leurs frères tous ceux qui les y aideraient.

Le roi, ayant appris cette disposition des Romains, quitta, la même nuit, avec précipitation, l'Eglise de Saint-Pierre, s'enfuit avec toute son armée, au point d'abandonner, non-seulement ses bagages, mais encore un grand nombre de ses soldats dans leurs logements. En revanche, il emmenait prisonnier le souverain Pontife. Deux jours après, il le faisait dépouiller de ses ornements sacrés et lier avec des cordes; il fit lier de même plusieurs autres, tant du clergé que du peuple, que l'on traînait avec le Pape. Il ne permettait à personne des Latins de parler au Pontife, qui eut pour geôliers les seigneurs allemands, à la tête desquels était Ulric, patriarche d'Aquilée.

Toutefois, parmi les évêques qui accompagnaient le roi d'Allemagne, il s'en trouva un qui eut le courage de parler et d'agir en évêque : ce fut Conrad, archevêque de Saltzbourg. Il avait succédé à saint Thiemon, qui, après avoir souffert treize ans de persécution de Henri le père, pour la cause de l'Eglise, avait été pris par les Sarrasins dans le pèlerinage de Jérusalem, et mis à mort pour la foi de Jésus-Christ dans la ville de Corozaïn. Conrad, illustre par sa naissance, sa doctrine et ses mœurs, le remplaça dignement en 1106, et fut le modèle de toute l'Allemagne. Il accompagnait le roi Henri V dans son voyage de Rome, lorsque ce prince, par le conseil de quelques scélérats, fit prisonnier le souverain Pontife, à cause des élections et des investitures épiscopales. Conrad, enflammé du zèle de Dieu, blâma hautement cet attentat. Un officier du roi tira son épée et le menaça de la mort : Conrad tendit aussitôt la gorge, aimant mieux mourir que de dissimuler son horreur pour un pareil crime. Par cette fermeté vraiment épiscopale, il encourut la haine de l'empereur et de ses partisans, à tel point que tout le royaume d'Allemagne semblait conjuré contre lui, et que, comme autrefois saint Athanase, il ne trouvait de sécurité nulle part. Il resta caché six mois dans une caverne de montagne, seize semaines dans une cave; il passa une journée entière enfoncé dans un marais jusqu'au menton. Enfin il se réfugia secrètement auprès d'Adilgoz, archevêque de Magdebourg, et ne revint à son siége qu'après neuf ans d'exil et de persécution (*Canis. Lect. ant.*, t. V, *inf.*, p. 441; *Vit. S. Gebeh.*).

Cependant l'évêque Jean de Tusculum ne cessait point d'écrire des lettres de tous côtés, pour exciter les fidèles à secourir l'Eglise. Malheureusement le duc Roger de Calabre et le prince de Tarente, Bohémond, étant morts l'un et l'autre, les Normands, occupés chez eux, n'osèrent marcher contre l'empereur; le prince de Capoue sollicita la paix avec ce prince. Chaque jour l'empereur pillait donc les terres des Romains, et s'efforçait de les gagner eux-mêmes par argent et par divers artifices; mais jamais, tant Dieu leur donna de constance, il n'en put rien obtenir, même en leur promettant la liberté du Pape et des cardinaux. Henri ne savait plus quel parti prendre; car, avec la conscience de son crime, il sentait bien qu'il n'y avait plus de sûreté pour lui chez un tel peuple. Il jura donc que, si le Pontife ne se rendait à sa volonté, il lui ferait souffrir, à lui et aux autres prisonniers, la mort ou du moins la mutilation de ses membres. Comme ces menaces ne purent vaincre la constance du Pape, il se résolut de les délivrer tous, pourvu que le Pontife lui relâchât les investitures, assurant qu'il ne prétendait donner ni les droits ni les fonctions de l'Eglise, mais seulement les régales, c'est-à-dire les domaines et les droits dépendants de la couronne.

Le Pape résista longtemps, protestant qu'il aimait mieux perdre la vie que de donner atteinte aux droits de l'Eglise. Mais on lui représenta la misère des prisonniers qui étaient aux fers, hors de leur patrie, séparés de leurs femmes et de leurs enfants; la désolation de l'Eglise romaine, qui avait perdu presque tous ses cardinaux; le péril du schisme, dont toute l'Eglise latine était menacée. Enfin le Pontife, vaincu par leurs supplications et fondant en larmes lui-même : Je suis donc contraint, s'écria-t-il, de faire, pour la paix et la délivrance de l'Eglise, ce que j'aurais voulu éviter au prix de tout mon sang. On dressa le traité, portant que le Pape accorderait les investitures à l'empereur et lui en donnerait les lettres; puis on ajouta : « Le Pape n'inquiétera point le roi Henri pour ce sujet, ni pour l'injure qui lui a été faite, à lui et aux siens, et ne prononcera jamais d'anathème contre le roi; il ne sera point mis en demeure de couronner; et l'aidera de bonne foi à conserver son royaume et son empire. » Cette promesse fut souscrite par seize cardinaux, dont les premiers étaient les évêques de Porto et de Sabine.

La promesse de l'empereur portait : « Je mettrai en liberté, mercredi ou jeudi prochain, le seigneur pape Pascal, les évêques, les cardinaux, tous les prisonniers et otages qui ont été pris pour lui et avec lui. Je ne prendrai point ceux qui demeurent fidèles au seigneur Pape, et je garderai au peuple romain la paix et la sûreté. Je rendrai les patrimoines et les domaines de l'Eglise romaine que j'ai pris, je l'aiderai de bonne foi à recouvrer et à posséder tout ce qu'elle doit avoir, et j'obéirai au seigneur pape Pascal, sauf l'honneur du royaume et de l'empire, comme les empereurs catholiques ont obéi aux Papes catholiques. » Cette promesse fut jurée par quatre évêques et sept comtes, et datée du 11 avril 1111 (Baronius et Pagi). Avant que de délivrer le Pape, l'empereur voulut avoir la bulle dont il lui avait extorqué la promesse touchant les investitures, sans attendre qu'il fût rentré dans Rome,

où le sceau pontifical était demeuré. Le lendemain donc, on fit venir de la ville un secrétaire, qui écrivit cette bulle pendant la nuit, et le Pape y souscrivit, quoique bien à regret. Elle portait : « Nous vous accordons et confirmons la prérogative que nos prédécesseurs ont accordée aux vôtres, savoir : que vous donniez l'investiture de la crosse et de l'anneau aux évêques et aux abbés de votre royaume élus librement et sans simonie, et qu'aucun ne puisse être consacré sans avoir reçu de vous l'investiture. Car vos prédécesseurs ont donné de si grands biens de leur domaine aux églises de votre royaume, que les évêques et les abbés doivent contribuer les premiers à sa défense, et votre autorité doit réprimer les dissensions populaires qui arrivent dans les élections. Si quelque personne ecclésiastique ou séculière ose contrevenir à cette présente concession, il sera frappé d'anathème et perdra sa dignité. » C'est par cette concession extorquée, que le souverain Pontife Pascal II et un grand nombre de Romains recouvrèrent leur liberté, après avoir été près de deux mois dans les fers.

Le lendemain 9 avril, dimanche de Quasimodo, leur geôlier et bourreau, Henri d'Allemagne, fut couronné empereur par le Pape, sa victime, dans la même église de Saint-Pierre, où il l'avait arrêté par un odieux sacrilège, contre la foi jurée, d'une manière plus digne d'un chef de brigands que d'un empereur chrétien. L'indigne empereur sentait lui-même l'indignité de sa conduite; comme honteux de lui-même, il voulait être couronné clandestinement, toutes les portes de Rome étant fermées, afin que personne ne pût assister à la cérémonie. A la messe, le Pape en étant venu à la fraction de l'hostie, en prit une partie et donna l'autre à l'empereur, en disant : *Comme cette partie du corps vivifiant est séparée, ainsi soit séparé du royaume de Jésus-Christ celui qui violera ce traité.* D'après un autre monument, il dit ces paroles : *Seigneur empereur Henri, nous vous donnons ce corps du Seigneur, en confirmation d'une véritable paix et concorde entre vous et moi. Ainsi soit-il!* Sitôt que la messe fut finie, le roi retourna à son camp, et le Pape, enfin délivré, avec les évêques et les cardinaux, rentra dans Rome, où le peuple vint au devant de lui avec un tel empressement, qu'il ne put arriver que le soir à son logis.

Mais si le peuple était ravi de la délivrance du Pape, bien des cardinaux étaient inquiets pour la liberté et l'indépendance de l'Eglise, comme fortement compromises par les derniers événements (1). Les cardinaux demeurés à Rome pendant la prison du Pape, et beaucoup d'autres prélats, condamnèrent ouvertement la concession des investitures qu'il avait donnée à l'empereur, comme contraire aux décrets de ses prédécesseurs. Le Pape étant donc sorti de Rome, ils s'assemblèrent avec Jean, évêque

(1) L'empereur ayant extorqué ce privilége du Pape, en fit faire une infinité de copies qu'il envoya dans toutes les provinces de son empire. Richard, évêque de Verdun, ayant reçu une de ces copies, l'apporta aussit t dans l'abbaye de Saint-Vanne; ayant assemblé les religieux, il leur lut le privilége, et ajouta : « Voilà à quoi se terminent vos souffrances, et les exils que vous avez soufferts pendant près de trente ans; tout cela est réduit au néant. » Ces bons religieux furent fort étonnés de ce discours. Leur abbé Laurent était exilé; ils gémissaient, ils rougissaient de la chute du rempart de la foi. Nul n'osa ouvrir la bouche : mais ils attendaient en silence quelle serait la suite d'un événement si funeste (Dom Calmet).

de Tusculum, et Léon de Verceil, et firent un décret contre le Pape et contre sa bulle. Le Pape, en ayant eu avis, leur écrivit de Terracine, le 5 juillet, reprenant l'indiscrétion de leur zèle, et promettant toutefois de corriger ce qu'il n'avait fait que pour éviter la ruine de Rome et de toute la province. Une lettre aussi prudente prévint le schisme qui menaçait de se former (*Apud Baron.*).

Un autre chef de ceux qui blâmaient la conduite du Pape, était saint Brunon, évêque de Ségni et abbé du Mont-Cassin. Il avait avec lui deux évêques et plusieurs cardinaux; et, tous ensemble, ils pressaient le Pape de casser sa bulle et d'excommunier l'empereur. Ceux qui avaient été prisonniers avec le Pape étaient partagés; les uns disaient qu'ils n'avaient point changé de sentiment, et qu'ils condamnaient les investitures comme auparavant; les autres s'efforçaient de soutenir ce qui avait été fait. Saint Brunon ayant appris qu'on l'avait dénoncé au Pape comme chef de cette division, lui dit dans un moment opportun : « Mes ennemis vous disent que je ne vous aime pas et que je parle mal de vous, mais ils mentent. Je vous aime comme mon père et mon seigneur, et ne veux point avoir d'autre Pape de votre vivant, comme je vous l'ai promis avec plusieurs autres; mais je dois aimer plus encore celui qui nous a créés vous et moi. Je n'approuve point ce traité si honteux, si forcé, si contraire à la religion; et j'apprends que vous ne l'approuvez pas vous-même. Peut-on, en effet, approuver un traité qui ôte la liberté de l'Église, qui ruine le sacerdoce, qui ferme l'unique porte pour y entrer, et en ouvre plusieurs autres pour y faire entrer les voleurs? Nous avons les canons depuis les apôtres jusqu'à vous; c'est le grand chemin dont il ne faut point se détourner. Les apôtres condamnent tous ceux qui obtiennent une église par la puissance séculière; car les laïques, quelque pieux qu'ils soient, n'ont aucun pouvoir de disposer des églises. Votre constitution condamne de même tous les clercs qui reçoivent l'investiture de la main d'un laïque. Ces constitutions sont saintes, et quiconque y contredit n'est pas catholique. Confirmez-les donc, vénérable Père, et, par l'autorité apostolique, condamnez l'erreur contraire, que vous avez souvent vous-même qualifiée d'hérésie; vous verrez aussitôt l'Église paisible et tout le monde à vos pieds, vous obéissant avec joie comme au père et au seigneur de tous. Ayez pitié de l'Église de Dieu, ayez pitié de l'épouse du Christ, et qu'elle récupère, par votre prudence, la liberté qu'elle paraît avoir perdue par vous. Pour moi, je fais peu de cas du serment que vous avez fait; et, quand vous l'auriez violé, je ne vous en serais pas moins soumis (*Apud Baron.*, 1111). »

Pascal II ne laissa pas d'être piqué de cette lettre, et de craindre que Brunon ne voulût le faire déposer; c'est pourquoi il résolut de lui ôter l'abbaye du Mont-Cassin, qui lui donnait un grand crédit. C'était la quatrième année qu'il la gouvernait; car, après qu'il fût revenu, l'an 1106, de sa légation en France, il rentra dans ce monastère; l'abbé Othon étant mort le 1er octobre 1107, il fut élu par les moines pour lui succéder. Pascal II étant venu ensuite au Mont-Cassin, dit en plein chapitre que Brunon n'était pas seulement digne de remplir cette place, mais d'être à la sienne dans le Saint-Siége.

Toutefois, ayant reçu sa lettre touchant les investitures, il lui écrivit qu'il ne pouvait plus souffrir qu'il fût tout ensemble évêque et abbé; car saint Brunon était toujours évêque de Ségni, et, quelque instance qu'il eût faite pour être déchargé de cette Église, le Pape n'avait jamais voulu admettre sa renonciation. Pascal II écrivit aussi aux moines du Mont-Cassin, et chargea de la lettre Léon, évêque d'Ostie, tiré de ce monastère, leur défendant de ne plus obéir à Brunon, et leur ordonnant d'élire un autre abbé. Alors Brunon assembla leur communauté, et voulut leur donner pour abbé un de leurs confrères nommé Pérégrin, son compatriote; mais ils lui dirent : « Tant que vous voudrez nous gouverner, nous vous obéirons comme à notre père; mais si vous voulez nous quitter, laissez-nous l'élection libre. » Brunon crut pouvoir se faire obéir par force, et fit venir des gens armés qui surprirent les moines comme ils entraient à la messe, demandant avec furie quels étaient ceux qui ne voulaient pas faire la volonté de l'abbé. Les moines, indignés, les mirent dehors; et l'abbé, l'ayant appris, assembla les frères et leur dit : « Je ne veux pas être la cause d'un scandale entre vous et l'Église romaine; c'est pourquoi je vous rends le bâton pastoral que vous m'avez donné. » Aussitôt il le remit sur l'autel, et, prenant congé des moines, il retourna à son évêché, où il passa les quatorze ans qu'il vécut encore. Il avait gouverné l'abbaye du Mont-Cassin trois ans et dix mois, et son successeur fut Girard, qui la gouverna onze ans. Il existe un grand nombre d'ouvrages, de saint Brunon de Ségni, principalement des commentaires sur l'Écriture sainte (*Chronic. Cassin.*, l. 4, c. 42).

Léon, évêque d'Ostie, que Pascal II employa dans cette affaire, était de Marsique en Campanie, et entra dès l'enfance au Mont-Cassin, où il embrassa la vie monastique. S'y étant distingué par sa doctrine et par sa vertu, il devint bibliothécaire et doyen du monastère. L'abbé Orderise, des comtes de Marsi, lui ordonna d'écrire la vie du bienheureux abbé Didier, son prédécesseur, qui fut le pape Victor III. Lui ayant demandé quelque temps après s'il l'avait fait, Léon lui avoua qu'il n'avait pas même commencé, et lui représenta que diverses occupations l'en avaient détourné. Orderise promit de lui donner du loisir, et lui ordonna d'écrire l'histoire entière du Mont-Cassin depuis saint Benoit, marquant non-seulement la suite des abbés et leurs actions, mais les acquisitions des domaines du monastère par les donations des empereurs et des princes, ou par d'autres voies. Léon exécuta cet ordre avec beaucoup de gravité et de candeur, se servant de quelques mémoires grossièrement écrits par les moines précédents; des histoires des Lombards, ainsi que de celles des empereurs et des Papes, avec les anciens titres du monastère, qu'il recherche soigneusement. De tous ces matériaux, il composa la *Chronique du Mont-Cassin*. Il la divisa en trois livres, dont le premier commence à saint Benoît, le second à l'abbé Aligerne, vers l'an 950, le troisième ne contient que l'histoire de l'abbé Didier. En 1101, Léon de Marsique fut tiré du Mont-Cassin par Pascal II, qui le fit cardinal-évêque d'Ostie; il vécut au moins jusqu'en 1115, et eut pour successeur Lambert de Fagnan, depuis pape sous le nom d'Honorius II. La *Chronique du Mont-Cassin* fut continuée, après la mort de Léon, par le diacre Pierre, bibliothécaire du même monastère, né à Rome, de la première noblesse, et admis à la maison dès l'âge de cinq ans, en 1115. Il ajouta un quatrième livre, qui va de 1087 à 1138; mais son travail ne vaut point celui de Léon.

En France, l'évêque Gérard d'Angoulême, qui avait été nommé légat du Saint-Siège, en Aquitaine, ayant appris ce qui s'était passé entre l'empereur et le Pape, se rendit aussitôt à Rome pour aller au secours de l'Eglise, et pour conférer avec les cardinaux sur ce qu'il y avait à faire dans ces circonstances. Quoiqu'il voyageât à grandes journées, il trouva déjà le Pape tenant le grand concile qu'il avait indiqué. C'était celui de Latran. Il s'y trouva environ cent évêques, dont deux français, savoir, Galon, évêque de Laon, député de l'archevêque de Bourges, et Gérard, évêque d'Angoulême. Le concile se trouvait très-embarrassé. Le Pape reconnaissait qu'il avait mal fait de céder les investitures à l'empereur; mais, comme il avait promis avec serment de ne pas l'excommunier pour cela, il ne voulait point revenir sur sa promesse, et déclara que, si on ne trouvait pas d'autre remède, il abdiquerait la papauté et se retirerait dans les îles Pontiennes. Vainement on avait cherché ce remède, lorsque l'évêque Gérard, ayant été interrogé là-dessus, fit voir qu'on pouvait très-bien révoquer les investitures sans toucher au serment que le Pape avait fait de ne pas excommunier l'empereur pour cela. Son avis parut une inspiration du ciel et fit grand plaisir à tout le concile. Voilà ce que rapporte l'historien contemporain des évêques et des comtes d'Angoulême (Labbe, *Biblioth. nova*, t. II).

Un autre écrivain du même temps, Godefroi de Viterbe, secrétaire de l'empereur, confirme ce fait. Il dit en effet que le concile étant assemblé, le Pape, voulant se faire justice à lui-même et se punir de la faute qu'il avait faite, déclara qu'il était prêt à renoncer au pontificat; qu'il quitta en effet la chape et la mitre en priant les Pères d'ordonner de lui ce qu'il leur plairait; mais que les Pères du concile le pressèrent de reprendre les ornements de sa dignité, et se contentèrent de déclarer que le privilége des investitures ayant été extorqué par violence, était nul et abusif, et l'empereur Henri V ennemi de l'Eglise comme son père (Baron., an 1112).

Le concile commença le 18 mars 1112. Le quatrième jour on parla des guibertins, qui faisaient leurs fonctions, nonobstant leur interdit, prétendant en avoir la permission du Pape. Le Pape dit : « Je n'ai point absous en général les excommuniés, comme disent quelques-uns; car il est certain que personne ne peut être absous sans pénitence et satisfaction. Je n'ai point rétabli les guibertins ; au contraire, je confirme la sentence que l'Eglise a prononcée contre eux. »

Le cinquième jour, le Pape raconta à tout le concile comment il avait été pris par le roi Henri, avec des évêques, des cardinaux et beaucoup d'autres personnes, et comment il avait été forcé, contre sa résolution, pour la délivrance des prisonniers, pour la paix du peuple et la liberté de l'Eglise, de donner au roi, par écrit, une concession des investitures, qu'il avait lui-même souvent prohibées. « J'ai fait jurer, ajouta-t-il, par les évêques et les cardinaux, que je n'inquiéterais plus le roi à ce sujet, et que je ne prononcerais point d'anathème contre lui. Or, quoique le roi Henri ait mal observé son serment, toutefois je ne l'anathématiserai jamais, et ne l'inquiéterai jamais au sujet des investitures; lui et les siens auront Dieu pour juge d'avoir rejeté mes avertissements. Mais quant à l'écrit que j'ai fait par contrainte, sans le conseil de mes frères et sans leurs souscriptions, je reconnais qu'il a été mal fait, et je désire qu'il soit corrigé, laissant la manière de la correction au jugement de cette assemblée, afin que l'Eglise ni mon âme n'en souffrent aucun préjudice. » Tout le concile résolut que les plus sages et les plus savants d'entre eux délibéreraient mûrement sur ce sujet, pour rendre leur réponse le lendemain.

Le sixième jour du concile, qui fut le dernier, le Pape commença par se purger du soupçon d'hérésie, dont on accusait ceux qui approuvaient les investitures, et, pour cet effet, il fit sa profession de foi en présence de tout le concile. Il y déclara qu'il recevait toutes les saintes Ecritures, tant de l'Ancien que du Nouveau Testament, les quatre premiers conciles généraux et le concile d'Antioche, les décrets des Papes, et principalement de Grégoire VII et d'Urbain II. « J'approuve, ajouta-t-il, ce qu'ils ont approuvé, je condamne ce qu'ils ont condamné, je défends tout ce qu'ils ont défendu, et je persévérerai toujours dans ces sentiments. »

Ensuite Gérard d'Angoulême se leva au milieu de l'assemblée, et avec l'approbation du Pape et du concile, lut la sentence suivante : « Nous tous assemblés en ce saint concile, condamnons de l'autorité de l'Eglise, par une censure canonique et par le jugement de l'Esprit-Saint, le privilége que la violence de Henri a extorqué du Pape, et qui est moins un privilége qu'un *pravilége*. Nous défendons, sous peine d'excommunication, de lui donner aucune force ni aucune autorité. Nous le condamnons ainsi, parce qu'il est défendu dans ce privilége de consacrer celui qui a été canoniquement élu par le peuple et par le clergé, à moins qu'il n'ait auparavant reçu l'investiture du roi : ce qui est contraire au Saint-Esprit et aux règlements des canons. »

Après cette lecture, tout le monde s'écria : *Amen ! Amen ! Ainsi soit-il ! Ainsi soit-il !* Ce décret fut souscrit par tous les assistants. Deux évêques, saint Brunon de Ségni et Jean de Tusculum, et deux cardinaux, quoiqu'ils fussent à Rome, n'assistèrent pas au concile; mais ensuite, ayant lu la condamnation du privilége, ils y souscrivirent comme les autres. L'évêque Gérard d'Angoulême, avec un cardinal, fut chargé de demander à l'empereur la renonciation aux investitures, et, en cas de refus, de lui notifier la sentence du concile. Gérard exécuta sa commission avec une éloquence et une intrépidité merveilleuses : le chancelier lui servit d'interprète devant l'empereur; toute la cour impériale en fut dans le tumulte; l'archevêque de Cologne, chez qui logeait Gérard et qui avait été son disciple en France, craignait pour sa vie, et lui dit : « Maître, vous avez causé un grand scandale dans notre cour. — A vous le scandale, répliqua Gérard, à moi l'Evangile ! » Cependant l'empereur finit par congédier l'évêque Gérard avec de grands présents (Labbe, *Biblioth. nov.*, t. II).

Il est probable que ce fut par ces deux légats que le Pape envoya une lettre, adressée à l'empereur Henri et à ses successeurs, où il dit : « La loi divine et les saints canons défendent aux évêques de s'occuper d'affaires séculières ou d'aller à la cour, si ce n'est pour délivrer les condamnés et les autres qui souffrent oppression. Mais, dans votre royaume, on contraint les évêques et les abbés mêmes à porter les armes ; ce qui ne se fait guère sans commettre des pillages, des sacrilèges, des incendies et des homicides. Les ministres de l'autel sont devenus les ministres de la cour, parce qu'ils ont reçu des rois des villes, des tours, des duchés, des marquisats, des droits de monnaie et d'autres biens appartenant à l'Etat ; d'où est venue la coutume de ne point sacrer les évêques qu'ils n'aient reçu l'investiture de la main du roi. Même du vivant des évêques, on a donné l'investiture à d'autres. Ces désordres et d'autres en grand nombre ont excité nos prédécesseurs Grégoire et Urbain II, d'heureuse mémoire, à condamner en plusieurs conciles les investitures, par la main laïque, sous peine de déposition pour ceux qui les reçoivent, et d'excommunication pour ceux qui les donnent, et cela d'après ce canon des apôtres : Si quelqu'un, se servant des puissances du siècle, obtient par elles une église, il sera déposé et excommunié, ainsi que tous ceux qui communiquent avec lui. Nous donc, marchant sur leurs traces, nous confirmons leur sentence dans le concile des évêques. En conséquence, nous avons ordonné qu'on vous laissât, à vous, notre cher fils Henri, qui êtes maintenant, par notre ministère, empereur romain, et à votre royaume, tous les droits royaux qui manifestement appartenaient au royaume du temps de Charles, de Louis, d'Othon et de vos autres prédécesseurs. Nous défendons aussi aux évêques et aux abbés d'usurper les droits royaux, ni de les exercer que du consentement des rois ; mais les églises, avec leurs oblations et leurs domaines, demeureront libres, comme vous avez promis à Dieu au jour de votre couronnement. » Le Pape raconte ensuite la manière dont il fut arrêté par les gens de l'empereur ; mais la lettre ne nous est pas parvenue entière (*Epist.* 22 ; Labbe, t. X).

Dans le même temps, on tint, dans les différentes parties de l'Eglise, plusieurs autres conciles, où l'on procéda avec plus de vigueur ; non content de déclarer abusif le privilège que l'empereur avait extorqué au Pape, on anathématisa l'empereur lui-même. Conon, qui était alors légat en Palestine, se distingua le plus par son zèle à venger les outrages faits à l'Eglise en la personne de son chef. Il avait été un des premiers solitaires ou chanoines de la forêt d'Arouaise. Son mérite le fit ensuite élever à l'évêché de Preneste, et Pascal l'avait envoyé légat dans le royaume de Jérusalem. Dès qu'il eût appris ce qui s'était passé à Rome, la perfidie avec laquelle le Pape avait été trahi, les indignes traitements qu'avaient soufferts les cardinaux, et les violences qu'on avait exercées contre la noblesse romaine, il assembla un concile à Jérusalem, où, par l'avis de cette Eglise, il prononça une sentence d'excommunication contre l'empereur, auteur de ces attentats ; puis, volant au secours de l'Eglise, il se mit en marche pour retourner à Rome, et, sur la route, il assembla des conciles en Grèce, en Hongrie, en Saxe, en Lorraine et en France (Ursperg, an 1116).

Gui, archevêque de Vienne et légat du Saint-Siège, tint à ce même sujet un concile, où se trouvèrent, entre autres évêques, saint Hugues de Grenoble et saint Godefroi d'Amiens. On y porta le décret suivant : « Nous jugeons, suivant l'autorité de l'Eglise romaine, que l'investiture des évêchés, des abbayes et de tous les biens ecclésiastiques, de la main laïque, est une hérésie. Nous condamnons, par la vertu du Saint-Esprit, l'écrit ou le privilège que Henri, roi des Teutons, a extorqué par violence, au seigneur pape Pascal ; nous le déclarons nul et odieux. Nous excommunions ce roi qui, venant à Rome sous ombre d'une paix simulée, après avoir promis au seigneur Pape, par serment, la sûreté de sa personne et la renonciation aux investitures, après lui avoir baisé les pieds et la bouche, l'a pris en trahison, comme un autre Judas, dans la chaire apostolique, devant le corps de saint Pierre, avec les cardinaux, les évêques et plusieurs autres nobles romains ; qui, l'ayant emmené dans son camp, l'a dépouillé des ornements pontificaux, traité avec mépris et dérision, et a extorqué de lui, par violence, cet écrit détestable. Nous l'anathématisons et le séparons du sein de l'Eglise, jusqu'à ce qu'elle reçoive de lui une pleine satisfaction. » Saint Hugues de Grenoble fut le principal auteur de cette excommunication.

Ce coup était d'autant plus hardi, que Vienne, à cause du royaume de Bourgogne, appartenait à Henri, et que ses ambassadeurs se trouvaient au concile avec des lettres favorables du Pape ; de plus, Gui de Vienne était parent de l'empereur. Ce nonobstant, le concile écrivit au Pape en ces termes : « Nous nous sommes assemblés à Vienne, suivant l'ordre de votre sainte Paternité, et là, aidés par la grâce de l'Esprit-Saint, nous avons soigneusement traité des investitures, de la capture de votre personne et des vôtres, des parjures du roi et de ce très-mauvais pacte ou privilège qu'il a extorqué de Votre Majesté. Il s'y est trouvé des députés du roi, avec des lettres adressées à lui, de votre part, où vous lui témoignez désirer la paix et l'union avec lui ; et le roi disait qu'elles lui avaient été envoyées, de votre part, depuis le concile que vous avez tenu à Rome au carême dernier. Quoique nous en fussions surpris, toutefois, nous souvenant des lettres que vous nous aviez adressées, à votre légat Gérard d'Angoulème, et à notre humilité, touchant la persévérance dans la justice, pour éviter la ruine de l'Eglise et de notre foi, nous avons procédé canoniquement. En conséquence, sous la dictée de l'Esprit-Saint, nous avons jugé que toute investiture d'une chose de l'Eglise, par la main laïque, est une hérésie. Nous avons condamné cet écrit que le roi a extorqué de votre simplicité. Enfin, nous avons nommément, solennellement et unanimement anathématisé le roi lui-même.

» Et maintenant, seigneur Père, nous supplions Votre Majesté de confirmer solennellement, par l'autorité apostolique, ce que nous avons fait pour la foi de la sainte Eglise, pour l'honneur de Dieu et le vôtre. Daignez nous en envoyer des preuves par des lettres patentes, que nous puissions nous faire passer les uns aux autres, afin que notre joie soit complète. Et parce que la plupart des seigneurs du pays et presque tout le peuple sont de notre sentiment, enjoignez-leur, pour la rémission de leurs péchés, de nous prêter secours, s'il en est besoin. Nous représentons encore à Votre Piété, avec le respect convenable, que, si vous confirmez notre décret, et si vous vous abstenez désormais de recevoir de ce cruel tyran ou de ses envoyés des lettres ou des présents, et même de leur parler, nous serons, comme nous devons, vos fils et vos fidèles serviteurs. Mais si, ce que nous ne croyons nullement, vous prenez un autre chemin, ce sera vous, Dieu nous en préserve! qui nous rejetterez de votre obéissance. » Nonobstant cette menace, le Pape confirma les décrets du concile de Vienne par une lettre du 20 octobre, où il dit ces paroles : « Quand la tête est affligée de quelque maladie, tous les membres doivent unir tous leurs efforts pour l'en délivrer entièrement (Labbe, t. X, p. 784-786).

Jean ou Josceran, archevêque de Lyon, successeur de Hugues, tint, sur le même sujet, dans la ville d'Anse, un concile dont nous n'avons pas les actes. Il y invita, en qualité de primat, les évêques de la province de Sens. Mais l'archevêque de cette ville, qui avait toujours de la peine à reconnaître la primatie de Lyon principalement parce que Lyon était du royaume de Bourgogne, et Sens du royaume de France, convoqua séparément ses suffragants; et ils adressèrent une lettre synodique à l'archevêque de Lyon, pour s'excuser de ce qu'ils ne se rendaient pas à son concile.

« Vous nous avez invités, disent-ils, en vertu du droit de votre primatie, de nous trouver à votre concile d'Anse, pour y traiter de la foi et des investitures. Ce n'est point par mépris que nous ne nous y rendons pas. Nous craignons de passer les bornes marquées par nos pères. Car il est contre les anciennes règles, que l'évêque d'un premier siège invite les évêques d'un autre à un concile hors de leur province, à moins que le Pape ne l'ordonne, ou qu'une des Églises de la province n'en appelle au primat pour une cause qui n'aurait pu être terminée dans la province. D'ailleurs, vous voulez, dans ce concile, traiter des investitures, que quelques-uns mettent au nombre des hérésies. Par là, vous découvrirez plutôt la honte de votre père, que vous ne pourrez la couvrir en jetant un manteau dessus. Car ce que le Pape a fait pour éviter la ruine du peuple, la nécessité l'y a contraint, et la volonté n'y a point eu de part. Ce qui paraît en ce que, aussitôt après être sorti du danger, il a continué de défendre ce qu'il avait défendu, et d'ordonner ce qu'il avait ordonné auparavant, ainsi qu'il l'a écrit à quelques-uns de nous, quoique le danger lui ait fait accorder quelque mauvais écrit à des hommes pervers.

» C'est ainsi que saint Pierre a expié la faute qu'il avait faite en reniant son maître, et le pape Marcellin celle qu'il avait commise en donnant de l'encens aux idoles. Que si le Pape ne traite pas encore le roi des Allemands avec la sévérité qu'il mérite, il en use ainsi par économie et suivant l'avis des personnes sages, qui conseillent de courir un moindre danger pour en éviter un plus grand. Nous croyons encore qu'il ne convient pas que nous nous trouvions à des conciles où nous ne pouvons juger et condamner les personnes dont il s'agit. Nous voulons nous abstenir de parler contre le Pape. Si en accordant les investitures au roi d'Allemagne, il paraît avoir fait quelque chose contre ses décrets et contre ceux de ses prédécesseurs, la charité filiale nous porte à l'excuser, puisqu'il l'a fait par subreption et par nécessité.

» Quant à ce que quelques-uns nomment les investitures une hérésie, ils se trompent, puisqu'il n'y a pas d'hérésie qui ne soit une erreur dans la foi. Or, l'investiture dont on fait tant de bruit, est dans l'action, dans les mains de celui qui donne ou qui reçoit. Les mains peuvent bien faire le bien ou le mal; elles ne peuvent croire ni errer dans la foi. Cependant si un laïque était assez insensé pour croire qu'en donnant le bâton pastoral, il donne un sacrement ou une chose sacramentelle, nous le jugeons hérétique, non à cause de l'investiture manuelle, mais à cause de sa présomption. Néanmoins, si nous voulons appeler les choses par leur nom, on peut dire que l'investiture donnée par les laïques est une usurpation sacrilège des droits de l'Église. Il faut retrancher ces abus, quand on le peut sans faire un schisme. Quand on ne le peut point sans causer un schisme, il faut le souffrir en réclamant avec discrétion (Labbe, t. X, p. 786). »

Cette lettre fut écrite au nom de Daimbert de Sens, d'Yves de Chartres, de Gualon de Paris, de Jean d'Orléans et des autres évêques de la métropole de Sens. On y reconnaît le style et les sentiments d'Yves de Chartres touchant les investitures.

L'archevêque de Lyon fit à cette lettre une réponse qu'il adressa à Daimbert de Sens. Il lui marque d'abord qu'il n'a point prétendu l'appeler hors de sa province, puisque le concile était indiqué dans la première Lyonnaise, qui n'est point une province étrangère aux autres Lyonnaises; que les primats ont droit de convoquer des conciles dans l'étendue de leur primatie, comme les métropolitains dans le district de leurs provinces.

Il ajoute : « Nous ne pouvons assez admirer par quelle raison vous prétendez soustraire plusieurs personnes au jugement de l'Église. Si vous mettez de ce nombre les rois et les empereurs, nous vous renvoyons au grand Constantin. Blâmez-vous la conduite de saint Ambroise, qui a excommunié l'empereur Théodose? Faites-vous le procès à Grégoire VII, qui a condamné le roi Henri pour ses crimes? Vous avez tort de craindre que nous ne découvrions la honte de notre père; mais plût à Dieu qu'il souffre lui-même que nous cachions cet opprobre, ainsi que nous le voudrions bien. Vous dites que les temps sont fâcheux, que les ennemis de l'Église sont en grand nombre, pour en conclure qu'il ne faut rien faire! C'est comme si vous nous exhortiez d'être courageux contre les lâches et d'être timides contre ceux qui résistent, d'être hardis dans la paix et de fuir dans la guerre.

» Quant à ce que vous trouvez mauvais qu'on compte les investitures au nombre des hérésies, vous ne me paraissez pas assez bien prouver ce que vous avancez à ce sujet; car, quoique la foi catholique et l'erreur en matière de foi soient dans le cœur, cependant nous ne laissons pas de distinguer le catholique de l'hérétique par les œuvres, et, quoique à proprement parler, l'investiture extérieure ne soit pas une hérésie, il est indubitable que c'en est une de croire et de soutenir que les investitures soient licites (Labbe, t. X, p. 790). »

Geoffroi, abbé-cardinal de Vendôme, ayant appris ce qui s'était passé, écrivit au Pape avec une grande liberté. « Vous savez, Saint-Père, lui dit-il, que la barque de Pierre a porté en même temps Pierre et Judas, et que, tandis qu'elle a eu Judas, elle a toujours été tourmentée de la tempête, et n'a joui du calme qu'en rejetant Judas de son sein. Or, puisqu'un autre Judas s'élève de nos jours contre l'Eglise, pour lui enlever sa foi, sa chasteté et sa liberté, il faut que la foi de saint Pierre, qui n'est point sujette à se tromper, brille encore dans son siège et défende sa barque du naufrage. » Ensuite, après un bel éloge du courage de saint Pierre et de saint Paul, qui sont, dit-il, à présent dans la gloire, où ils attendent leurs successeurs, l'abbé de Vendôme ajoute : « Que celui qui est aujourd'hui assis sur leur siège, et qui, faute d'imiter leur courage, s'est rendu indigne de leur honneur, efface ses péchés par ses larmes, comme un autre Pierre ; qu'il corrige ce que la crainte de la mort et la faiblesse de la chair lui ont fait faire. S'il dit qu'il n'a rien fait que pour sauver la vie de ses enfants, c'est une vaine excuse, puisque, loin de les sauver, il a mis obstacle à leur salut. Geoffroi ajoute que celui qui accorde ou commande les investitures détruit la foi, la chasteté et la liberté de l'Eglise, et que, s'il ne se corrige, il ne doit pas être regardé comme un membre du corps de l'Eglise, fût-il un pasteur. » C'était dire au Pape que, s'il ne révoquait le privilège des investitures, on le regarderait comme un membre retranché de l'Eglise (L. 1, *Epist.* 7, t. III; *Opera Sirmond*).

Hildebert, évêque du Mans, écrivit avec un zèle plus respectueux et fit paraître, à l'occasion de la détention du Pape et de ce qui s'en était suivi, son tendre attachement pour le Saint-Siège. Dès qu'il eût appris que Pascal était prisonnier, il écrivit en ces termes à un de ses amis : « Que les yeux de ceux que la charité rend sensibles à la douleur de leur chef se répandent en larmes. La pourpre des martyrs orne encore l'Eglise dans sa vieillesse. La fureur des persécuteurs renaît, et, par la mort précieuse des enfants de Dieu, elle semble vouloir éteindre les restes du monde. Rome et le Siège apostolique sont en proie au pillage et à la cruauté des Allemands. Le Pape est conduit en captivité, et la tiare pontificale est foulée aux pieds des méchants ; la chaire de la sainteté, à laquelle toutes les nations étaient soumises, est renversée ; notre chef est coupé et les autres membres du corps ne se dessèchent point de douleur ? Le général de l'armée du Christ est prisonnier, comment le soldat tiendra-t-il ferme ? Bon Jésus, où est la vérité de votre promesse, si vous ne demeurez pas éternellement avec votre Eglise, ou qu'a servi votre prière, si la foi de Pierre vient à défaillir ? Confirmez, Seigneur, confirmez la foi de votre Eglise, pour laquelle vous avez prié. »

Hildebert, parlant dans la même lettre de l'empereur Henri, dit que ce prince a rendu son nom fameux par deux grands prodiges, ou plutôt par deux grands crimes, qu'on n'a jamais vu réunis que dans lui seul ; « car, ajoute-t-il, où trouver quelque autre qui ait fait prisonnier et son père spirituel, et son père selon la chair ? Heureux le pape Pascal, qui a si dignement gouverné le Siège apostolique, qu'il a mérité de souffrir comme les apôtres ! On n'est pas membre d'un tel chef, on n'est pas fils d'un tel père quand on ne souffre pas avec lui et qu'on ne ressent pas les outrages qui lui sont faits (L. 2, *Epist.* 21). »

Ce saint évêque du Mans n'en demeura pas là. Ayant appris que plusieurs catholiques se soulevaient contre le pape Pascal au sujet des investitures qu'il avait accordées, il écrivit une apologie pour la défense du souverain Pontife. Après avoir donné de grandes louanges à Pascal, il ajoute : « Mais comme le monde n'est que malice et qu'il y a des esprits envieux et des cœurs pleins d'amertume, on ne manquera pas de me dire : *Vous élevez jusqu'au ciel celui que nous avons vu trembler avant le combat, se rendre plutôt que de donner son sang, faire un traité honteux avec l'ennemi, déserter, quitter les armes et aller se cacher. Le courageux athlète, qui ne sait ni combattre ni vaincre !* Tâchons de confondre les ennemis de la justice, qui tiennent ces discours. » Si le pape Pascal s'est livré aux impies pour la justice et pour l'Eglise, s'il a présenté sa tête au glaive, qu'a-t-il pu faire de plus saint et de plus courageux ? A-t-on jamais accusé un capitaine de lâcheté, parce qu'il s'est exposé aux coups pour ses soldats ? Si le Pape a cédé dans la suite, s'il a paru fuir, afin d'arrêter la main levée pour frapper ses citoyens ; s'il a suspendu ses coups en accordant ce qu'on demandait, en faisant une trêve jusqu'à ce qu'il eût réparé les murs de la ville et dressé ses machines, qu'y a-t-il de plus prudent ? Hildebert loue ensuite le Pape de ce qu'ayant voulu renoncer au souverain pontificat, il n'avait remonté sur son Siège qu'après y avoir été contraint par les prières et les larmes du clergé et du peuple romain. Touchant les investitures accordées par Pascal, il dit qu'il est de la prudence de celui qui gouverne, de porter ou d'abroger les lois selon les conjonctures ; que nous devons interpréter en bonne part ce que font les supérieurs, quand nous ne savons pas pourquoi ils le font ; que ce n'est point aux brebis à reprendre le pasteur ; qu'après tout, le pape Pascal a annulé, dès qu'il a été libre, ce qu'il avait fait par force dans les fers; et qu'il avait paru comme un athlète, lequel, après avoir reçu quelques blessures, retourne au combat avec plus de courage et plus de précaution (L. 2, *Epist.* 22).

Yves de Chartres écrivit aussi au Pape une lettre pour lui marquer la part qu'il prenait aux outrages reçus, et l'assurer qu'il n'avait cessé de s'adresser à Celui dont la puissance avait soutenu Pierre marchant sur les flots, et délivré Paul trois fois du naufrage, pour le prier de calmer au plus tôt la violente tempête soulevée contre la barque de saint Pierre (Yvon., *Epist.* 227).

L'épiscopat tout entier se levait ainsi comme un seul homme, en Italie et en France, pour venger l'Eglise et son chef contre les outrages du roi des Allemands. En Allemagne même, on vit quelque chose de plus surprenant encore.

L'homme qui avait toute la confiance de l'empereur Henri V, et qui, plus que tout autre, l'avait poussé à persécuter l'Eglise romaine et à jeter le Pape dans les fers, c'était le chancelier Albert. En 1111, il reçut, pour salaire de son iniquité, l'archevêché de Mayence ; mais, en 1112, voyant que le privilége extorqué au Pape était condamné de tout le monde, et l'empereur excommunié par l'archevêque de Vienne et par la plupart des autres évêques, Albert devint tout à coup un autre homme. Il se déclara pour l'Eglise contre l'empereur. Celui-ci l'ayant découvert, le fit arrêter dès la même année, et le retint trois ans dans une étroite et dure prison.

A la Toussaint 1115, l'empereur indiqua une cour plénière à Mayence. Les citoyens, profitant de l'occasion, vinrent tout d'un coup en armes, environner le palais; quelques-uns même se jetèrent dans la cour en furie, et tous demandèrent avec de grands cris la liberté de leur prélat. L'empereur fut obligé de leur promettre ce qu'ils demandaient et de donner des otages, puis il sortit de la ville. Peu de jours après, il rendit la liberté à l'évêque, si exténué des mauvais traitements qu'il avait soufferts dans sa prison, qu'il ne lui restait que la peau et les os. Albert se rendit à Cologne, pour être sacré par le légat Dietrich; mais ce prélat étant mort en chemin, il fut sacré au même lieu, le jour de Saint-Etienne, 26 décembre 1115, par saint Othon, évêque de Bamberg (Ursp., an 1115).

La Grèce elle-même prit fait et cause pour le chef de l'Eglise. L'empereur Alexis de Constantinople, ayant appris ce qui s'était passé entre le Pape et l'empereur Henri, envoya à Rome une ambassade de personnes considérables, pour témoigner qu'il était sensiblement affligé de la détention du Pape et des mauvais traitements qu'il avait soufferts. Il louait et remerciait les Romains d'avoir résisté à Henri, et ajoutait que, s'il les trouvait aussi bien disposés qu'on lui avait mandé, il irait à Rome, lui-même ou son fils Jean, recevoir la couronne de la main du Pape, comme les anciens empereurs. Les Romains lui mandèrent par ses ambassadeurs qu'ils étaient prêts à le recevoir; et au mois de mai de la même année 1112, ils choisirent environ six cents hommes, qu'ils envoyèrent à l'empereur pour le conduire. Avec eux l'abbé du Mont-Cassin, où ils se réunirent, envoya ses députés pour offrir à l'empereur ses services et la communauté de prières. L'empereur de Constantinople le mit dès lors au nombre de ses amis, et lui manda de venir à sa rencontre jusqu'à Durazzo, pour l'accompagner à Rome, lorsqu'il irait y recevoir la couronne impériale (*Chronic. Cass.*, l. 4, c. 48).

On ne voit pas que cette négociation ait eu aucune suite. Seulement l'empereur Alexis demeura en communion de prières avec les religieux du Mont-Cassin, auquel il envoyait souvent des présents en l'honneur de saint Benoît. Il étendait même ses libéralités sur beaucoup d'autres Eglises d'Occident, même dans les Gaules. Dans le nombre était le monastère de Cluny, auquel il soumit le monastère de Civitot dans la Bithynie. On voit, par tous ces faits, que l'empereur Alexis Comnène était sincèrement catholique et dans la communion de l'Eglise romaine. On doit en dire autant de Jean Comnène, son fils et son successeur; car il existe une lettre où l'abbé de Cluny le reçoit en communion de prières et de bonnes œuvres de sa congrégation, à l'égal des rois de France, d'Angleterre, d'Espagne, de Germanie, de Hongrie, et des empereurs romains eux-mêmes (*Apud Baron.*, an 1118 et 1119).

L'empereur Alexis, dans plus d'une occasion, montra un grand zèle pour la vraie foi. Depuis longtemps une nouvelle secte de manichéens répandait le venin de son hérésie dans l'empire grec. Leur chef était Basile, Bulgare de nation. Sa secte prenait le nom de *bogomiles*, ce qui, dans la langue slavonne, signifiait ceux qui implorent la miséricorde de Dieu, parce qu'ils murmuraient toujours quelque prière. Ils rejetaient les livres de Moïse et le Dieu dont il y est parlé; cependant ils avaient pour le psautier une grande estime. Quoique, pour séduire les simples, ils feignissent de croire au Père, au Fils et au Saint-Esprit, ils ne confessaient la Trinité que de paroles, attribuant au Père seul tous les trois noms, et disant que le Fils et le Saint-Esprit n'existaient que depuis l'an du monde 5500. Selon eux, le Père avait engendré le Fils, le Fils le Saint-Esprit, et le Saint-Esprit Judas le traître et les onze apôtres. Outre ce fils, Dieu en avait eu auparavant un autre, nommé Satanaël, qui, s'étant révolté contre Dieu avec les anges, fut chassé du ciel; il fit un second ciel pour lui servir de demeure, créa le firmament et le reste des créatures visibles, trompa Moïse, le peuple juif, et lui donna la loi; c'est ce Satanaël dont Jésus-Christ est venu détruire la puissance; il l'a en effet renfermé dans l'enfer, et, ayant retranché une syllabe de son nom, qui était angélique, il a voulu qu'il s'appelât Satanas. Les bogomiles disaient que l'incarnation du Verbe, sa vie sur la terre, sa mort, sa résurrection n'avaient été qu'en apparence et un jeu pour tromper Satanaël; c'est pourquoi ils avaient la croix en horreur. Ils rejetaient aussi l'eucharistie, l'appelant le sacrifice des démons, et ne reconnaissaient d'autre communion que de demander le pain quotidien en disant le *Pater*. Ils ne recevaient point d'autre prière, traitant tout le reste de multitude de paroles qui ne sied qu'aux païens. Ils condamnaient tous les temples matériels, disant que c'était l'habitation des démons, à commencer par le temple de Jérusalem : aussi ne priaient-ils jamais dans les églises. Ils rejetaient les saintes images et les traitaient d'idoles; comptaient pour réprouvés, les évêques et les Pères de l'Eglise, comme adorateurs de ces idoles; traitaient de faux prophètes, saint Basile, saint Grégoire de Nazianze et les autres. Entre les empereurs, ils ne tenaient pour orthodoxes que les iconoclastes, particulièrement Copronyme.

Ils traitaient tous les catholiques de pharisiens et de sadducéens, et les gens de lettres de scribes; à qui il ne fallait pas communiquer leur doctrine. Les deux démoniaques qui habitaient dans des sépulcres, signifiaient, selon eux, les deux ordres du clergé et des moines, logés dans les églises où on garde les os des morts, c'est-à-dire les reliques. Les moines étaient encore, selon eux, les renards qui ont leurs tanières, et les stylites, logés en l'air sur des colonnes, étaient les oiseaux qui ont leurs nids, et que Dieu nourrit; car c'est ainsi que les bogomiles prouvaient leur doctrine par des passages de l'Ecriture tournés en allégories arbitraires. Fondés sur ces paroles : *Sauvez votre vie par toute sorte de moyens*, qu'ils avaient ajoutées à l'Evangile, ils se croyaient permis tout ce qui pouvait la sauver, par conséquent dissimuler leur mauvaise doctrine : ce qui les rendait très-difficiles à découvrir. Leur habit, semblable à celui des moines, servait encore à les cacher et leur donnait moyen de s'insinuer plus facilement pour communiquer leurs erreurs. Ils condamnaient le mariage et défendaient l'union de sexes, comme s'ils n'avaient point eu de corps. Ils défendaient de manger de la chair ni des œufs, ordonnaient de jeûner tous les mercredis et les vendredis ; mais quand quelqu'un les invitait à manger ces jours-là, ils mangeaient et buvaient avec excès : ce qui faisait juger qu'ils n'étaient pas plus retenus dans le reste. La princesse Anne Comnène dit qu'elle eût voulu exposer leur hérésie, mais que la pudeur et la bienséance de son sexe l'en empêchent, pour ne pas souiller sa langue (Ann. Comn., *Alexias*).

Son père, l'empereur Alexis, voulut s'en instruire par lui-même et en arrêter les progrès. Il se fit amener plusieurs bogomiles. Tous ils lui dirent que leur chef était Basile, qui, suivi de douze disciples appelés ses apôtres, et de quelques femmes, allait partout semant sa doctrine. Suivant Zonare, il avait été quinze ans à la composer, et l'enseignait depuis cinquante-deux ans. L'empereur le fit si bien chercher, qu'on le trouva enfin, et il lui fut présenté. C'était un vieillard de grande taille, le visage mortifié, la barbe claire, vêtu en moine comme les autres. L'empereur se leva de son siège pour le recevoir, le fit asseoir et même manger à sa table, feignant de vouloir être son disciple, lui et son frère Isaac Comnène, et disant qu'ils recevraient tous ses discours comme des oracles, pourvu qu'il voulût bien prendre soin du salut de leurs âmes. Basile, très-exercé à dissimuler, résista d'abord ; mais il se laissa surprendre aux flatteries des deux princes, qui jouaient ensemble cette comédie. Il commença donc à expliquer sa doctrine et à répondre à leurs questions. C'était dans un appartement reculé du palais, et l'empereur avait placé, derrière un rideau, un secrétaire qui écrivait tout ce que disait le vieillard. Il ne dissimula rien et expliqua à fond toutes ses erreurs.

Pendant que l'hérésiarque triomphait d'étaler tant d'impiétés, l'empereur lève le masque, et quittant le rôle de catéchumène, il ouvre la porte au patriarche Nicolas, aux principaux du clergé et du sénat, qui s'étaient rendus sans bruit dans une salle voisine. Ils entrent avec la garde impériale. L'empereur fait lire à haute voix toutes les horreurs que Basile venait de débiter. L'hérésiarque, se voyant pris sur le fait, cherche sa ressource dans l'impudence ; il entreprend de justifier ses dogmes, et proteste que, pour les soutenir, il est prêt à souffrir la mort la plus cruelle. C'était un des articles de foi des bogomiles, qu'ils n'avaient rien à craindre des plus rigoureux supplices, et que, fussent-ils au milieu des flammes, les anges s'empresseraient de les en délivrer comme les trois enfants de la fournaise de Babylone. Basile demeura donc inflexible, malgré les exhortations des catholiques, de ses propres disciples et de l'empereur, qui le faisait souvent venir de la prison pour lui parler. Ce prince fit chercher partout les disciples de l'hérésiarque, principalement ses douze apôtres, et s'efforça de les convertir, mais inutilement ; seulement on découvrit que le mal s'étendait loin, et qu'il avait infecté de grandes maisons et beaucoup de peuple. Enfin l'empereur les condamna tous au feu.

Mais parmi ceux qui avaient été pris comme bogomiles, un grand nombre niaient qu'ils le fussent, et détestèrent cette hérésie. C'est pourquoi l'empereur, qui connaissait leur dissimulation, s'avisa d'un stratagème pour découvrir les vrais catholiques. Dans une des plus grandes places de Constantinople, il s'assit sur son trône, accompagné du sénat, du clergé et des plus estimés d'entre les moines. Puis il fit amener tous ceux que l'on accusait d'être bogomiles, et dit : « Il faut allumer aujourd'hui deux bûchers ; devant l'un on plantera une croix, et celui-là sera pour ceux qui se prétendent catholiques ; car il vaut mieux qu'ils meurent innocents que de vivre avec la réputation d'hérétiques et de causer du scandale ; l'autre bûcher sera pour ceux qui se confessent *bogomiles*. » L'empereur parlait ainsi, parce qu'il savait que les bogomiles avaient la croix en horreur. Les deux bûchers furent allumés, et il accourut un grand peuple à ce spectacle. Les accusés, croyant qu'il n'y avait pas moyen d'échapper prirent chacun leur parti, et le peuple murmurait contre l'empereur, dont il ne connaissait pas l'intention. Mais on arrêta, par son ordre, tous ceux qui se présentaient devant le bûcher de la croix, et il les renvoya avec beaucoup de louange. Il fit mettre en prison les autres, et les apôtres de Basile séparément ; chaque jour il en faisait venir quelques-uns pour les instruire, soit par lui-même, soit par des ecclésiastiques choisis. Il y en eut qui se convertirent et furent mis en liberté ; d'autres moururent en prison, obstinés dans leur hérésie.

Basile, comme hérésiarque et impénitent, fut jugé digne du feu par le clergé, les moines choisis et le patriarche même. L'empereur y consentit, et, après lui avoir encore parlé plusieurs fois inutilement, il fit allumer un grand bûcher au milieu de l'hippodrome. On planta une croix de l'autre côté, et on donna le choix à Basile de s'approcher de l'un ou de l'autre. Quand on l'eut amené et qu'il vit le bûcher de loin, il s'en moquait et disait que des anges l'en retireraient. Il citait ces paroles du psaume : *Il n'approchera pas de toi, seulement tu le verras de tes yeux*. Mais quand il vit de plus près cette flamme horrible s'élever aussi haut que l'obélisque de l'hippodrome, et quand il sentit sa chaleur, il commença à trembler de tous ses membres, se pliant et se redressant tour à tour, battant des mains, se frappant la cuisse, tournant les yeux en arrière ; mais, dès qu'il apercevait la croix, il les retournait vers le bûcher, ayant plus d'horreur de la croix que du supplice. L'empereur voulut profiter de son effroi pour amollir la dureté de son cœur ; il lui fit encore promettre sa grâce, si, dans ce moment terrible, il abjurait ses erreurs. Mais Basile, comme hors de sens, était sourd à ses instances salutaires, levant quelquefois la face vers le ciel, comme attendant les anges qui devaient le secourir. On lui arracha son manteau, qu'on jeta au feu, et, quoiqu'il eût été consumé aussitôt, l'illusion de ce malheureux était si étrange, qu'il s'écria : « Le voyez-vous qui s'envole au ciel sans avoir reçu aucune atteinte ? » Alors l'empereur le fit jeter dans les flammes, qui le dévorèrent en un instant. Comme on avait tiré de prison ses sectateurs pour les rendre témoins du supplice, le peuple demandait à grands cris qu'on les traitât comme leur maître. Quelques assistants mêmes mettaient déjà la main sur eux et les traînaient au bûcher. L'empereur arrêta cette violence et les fit reconduire dans leurs prisons, où il ne cessa de leur fournir libéralement tout ce qui est nécessaire à la vie. Pour étouffer cette erreur, il fit composer, par un moine fort savant nommé Euthymius Zigabène, un ouvrage dans lequel, après une réfutation de toutes les hérésies depuis le commencement de l'Eglise, l'auteur combat celle des bogomiles. Ce livre, sous le titre de *Panoplie dogmatique*, s'est conservé jusqu'à nos jours (Eutym. Zigab., *Panopl*., tit. 23 ; Ann. Comn., l. 15 ; Zonar, l. 16).

Le patriarche Nicolas ne survécut pas longtemps à la condamnation de Basile. Il mourut l'année suivante 1111, dans une grande vieillesse, après vingt-sept ans de patriarcat. L'empereur l'honora de magnifiques funérailles, et lui donna pour successeur le diacre Jean de Chalcédoine, ainsi nommé parce qu'il avait vécu longtemps dans cette ville, dont son oncle paternel était évêque. Il tint le siège de Constantinople vingt-trois ans. Il était fort versé dans les lettres sacrées et profanes. Ce fut l'empereur qui le nomma et l'introinisa lui-même dans l'église de Sainte-Sophie.

Outre les bogomiles, l'empereur Alexis s'appliqua encore, sur la fin de son règne, à rechercher et à convertir d'autres hérétiques semblables. C'étaient les *pauliciens*, que l'empereur Jean Zimiscès avait autrefois transportés d'Asie en Thrace, aux environs de Philippopolis, pour défendre cette frontière contre les incursions des Scythes. Mais ces manichéens, nourris dans l'indépendance, revinrent bientôt à leur naturel. Ils pervertissaient les catholiques du pays, les pillant et les tyrannisant, et s'y mêla encore d'autres hérétiques, Arméniens et jacobites. L'empereur Alexis ayant soumis les pauliciens, partie de force, partie sans combat, entreprit de les convertir. Il conférait avec eux depuis le matin jusqu'au soir, et quelquefois bien avant dans la nuit, accompagné d'Eustrate, évêque de Nicée, et de celui de Philippopolis : le césar Nicéphore Bryenne, gendre de l'empereur, assistait à ces disputes. Plusieurs de ces manichéens se convertirent et se firent baptiser ; mais leurs trois chefs, Couléon, Cousin et Pholus, ne se rendaient point et reprenaient la dispute l'un après l'autre. L'empereur, désespérant de les persuader, les envoya à Constantinople, où il les fit enfermer. Cependant il demeurait sur les lieux, où il en convertissait tantôt cent par jour, tantôt davantage, et enfin des villes et des villages entiers. Il donna aux habitants les plus considérables des emplois dans ses troupes, et, pour le petit peuple, il le rassembla dans une ville qu'il fonda de nouveau, et il leur donna des terres à cultiver. Quand il fut de retour à Constantinople, il recommença à disputer avec les trois chefs des pauliciens : Couléon se convertit, les deux autres demeurèrent opiniâtres, et furent condamnés à une prison perpétuelle (Zonar, l. 14 ; Ann. Comn., l. 14).

Nous avons plusieurs constitutions d'Alexis Comnène touchant les matières ecclésiastiques. La première, du mois de septembre 1086, par laquelle il confirme celle de l'empereur Isaac Comnène, son oncle, qui réglait le droit canonique des évêques et les droits d'ordination ; car, chez les Grecs, la simonie était légalisée et l'est encore. On appelait droit canonique, l'estimation des prémices que, chez les Grecs, les laïques doivent à l'évêque chaque année, et elle est ainsi taxée pour un village de trente feux : une pièce d'or et deux d'argent, un mouton, six boisseaux d'orge, six de farine, six mesures de vin et trente poules ; pour les villages moindres, à proportion. Pour les ordinations, l'évêque prenait sept pièces d'or, une pour faire un homme simple clerc ou lecteur, trois pour le diaconat et trois pour la prêtrise. On taxe aussi le droit de l'évêque pour les mariages.

Une autre constitution du mois de mai 1087 fut faite en présence d'un concile. Elle est remarquable ; car elle déclare qu'il est permis à l'empereur d'ériger en métropoles les évêchés ou les archevêchés, et de régler, suivant sa volonté, ce qui regarde l'élection et la disposition de ces églises, sans préjudice des anciens droits du métropolitain sur une église élevée à une nouvelle dignité (*Jus Græcor*., l. 2, p. 121-130). Par cette étrange constitution, l'Eglise grecque abdiquait sa liberté et son indépendance, et se déclarait l'éternelle esclave de tous les despotes présents et à venir, sultan des Turcs, czar des Moscovites.

En Occident, les empereurs teutons visaient à imposer, sous le nom d'*investitures*, la même servitude aux Eglises d'Allemagne et d'Italie ; mais là, ces conseils, cette politique, ces efforts impies, autrement ces portes de l'enfer, viendront se briser contre cette pierre, contre laquelle il ne leur est pas donné de jamais prévaloir. Malheur aux Eglises qui, comme les Eglises photiennes, se détachent de cette pierre fondamentale, de ce centre vivant de l'unité, de la force et de l'indépendance catholique ! Comme les Eglises photiennes, elles deviendront immanquablement le jouet du dernier prince, du dernier bourgmestre. Témoin les Eglises luthériennes, calvinistes et autres semblables, si tant est qu'on puisse leur donner le nom d'*églises*. C'est une des plus grandes leçons que l'histoire présente à qui sait la lire et l'entendre.

Tandis que les manichéens répandaient leurs impiétés dans la Bulgarie et dans la Grèce avec une espèce d'ensemble, des hérétiques isolés essayaient de semer en Occident et dans les Gaules des impiétés semblables. Ainsi, un laïque nommé Tanquelin ou Tanquelme prêcha dans la Belgique les erreurs les plus monstrueuses. Il enseignait que les sacrements de l'Eglise catholique étaient des abominations ; que les prêtres, les évêques et le Pape même n'étaient rien et n'avaient rien de plus que les laïques ; que l'Eglise n'était renfermée que dans ses disciples à lui, et qu'il ne fallait pas payer la dîme. Il s'appliqua d'abord à gagner les femmes, et, par leur moyen, il séduisit bientôt les maris. Le libertinage le plus honteux était le fruit et souvent l'amorce de la séduction ; car les personnes du sexe qu'il avait gagnées, devenaient bientôt les victimes de sa passion, et se croyaient fort honorées de l'amour du prétendu prophète. Les esprits étaient tellement fascinés, que ce malheureux abusait des filles en présence de leurs mères, et des femmes en présence de leurs maris, sans que les unes ni les autres parussent le trouver mauvais. Il ne prêcha d'abord que dans les ténèbres et en secret, dans l'intérieur des maisons ; mais quand il eut formé une secte qui pouvait le mettre en état de ne rien craindre des puissances, il parut en public, escorté de trois mille hommes armés, qui le suivaient partout. Il était superbement habillé, et avait l'équipage d'un roi. Quand il prêchait, il faisait porter son étendard, et ses gardes avaient l'épée nue. Cet appareil frappait les yeux du peuple stupide, qui écoutait comme un ange de Dieu cet ange de Satan.

Ces succès inspirèrent tant d'orgueil à Tanquelin, qu'il s'égala à Jésus-Christ. Il disait que si Jésus-Christ était Dieu, parce qu'il avait le Saint-Esprit, lui aussi devait être reconnu pour Dieu, puisqu'il avait reçu la même plénitude de l'Esprit-Saint. Quelques-uns l'adorèrent en effet comme un Dieu; et il donnait lui-même l'eau dans laquelle il s'était baigné, à boire aux malades, comme un remède salutaire au corps et à l'âme. Les peuples, séduits, donnaient de grandes sommes à cet imposteur. Cependant, comme elles ne suffisaient pas pour satisfaire son avarice, il eut recours à un stratagème aussi impie qu'insensé. Prêchant un jour à une grande foule de peuple, il fit mettre à côté de lui un tableau de la sainte Vierge, et, mettant sa main sur celle de l'image, il eut l'impudence de dire à la mère de Dieu : « Vierge Marie, je vous prends aujourd'hui pour mon épouse. » Puis, se tournant vers le peuple : « Voilà, dit-il, que j'ai épousé la sainte Vierge; c'est à vous à fournir aux frais des fiançailles et des noces. » En même temps, ayant fait placer à côté de l'image deux troncs, l'un à droite et l'autre à gauche : « Que les hommes, dit-il, mettent dans l'un ce qu'ils veulent me donner, et les femmes dans l'autre. Je connaîtrai de lequel des deux sexes a plus d'amitié pour moi et pour mon épouse. » Les femmes l'emportèrent en libéralité sur les hommes, et elles s'arrachaient leurs colliers et leurs pendants d'oreilles, pour les mettre dans le tronc. Cet imposteur fit de grands ravages dans la Zélande, à Utrecht et dans plusieurs autres villes de Flandre, et nommément à Anvers. Il n'y avait dans cette dernière ville qu'un prêtre, et il était marié à sa propre nièce. Un ministre de ce caractère n'était pas fort propre à faire respecter son ministère; aussi Tanquelin vint aisément à bout de séduire le peuple d'Anvers, qui était depuis longtemps sans instruction.

Un serrurier nommé Manassès, disciple de Tanquelin, voulut aussi devenir chef de parti. Il s'associa douze compagnons qu'il nomma ses apôtres, et il leur donna une femme avec eux qu'il appela Marie. Un prêtre nommé Everwacker, se rangea aussi sous l'étendard de Tanquelin, et le suivit à Rome, où cet imposteur osa aller, après s'être revêtu d'un habit de moine. A son retour, il fut pris par Frédéric, archevêque de Cologne, et enfermé dans les prisons de l'archevêché, avec Manassès et Everwacker, les deux plus dangereux de ses disciples. Le clergé d'Utrecht, ayant appris la détention de ces hérétiques écrivit à Frédéric pour le conjurer de ne pas les mettre en liberté; et, à cette occasion, il fit à ce prélat le détail des impiétés et des débauches de Tanquelin, telles que nous les avons rapportées. Tanquelin ne laissa pas de trouver le moyen de s'échapper de la prison; mais il fut tué peu de temps après par un prêtre, l'an 1115. Son hérésie ne mourut pas avec lui (*Epist. Traject. ad Frid.*; *Vita S. Norberti*).

On découvrit à Yvoy, au diocèse de Trèves, d'autres hérétiques qui enseignaient presque les mêmes erreurs dans des conventicules secrets. Un autre hérétique, nommé Pierre, infectait en même temps de diverses erreurs la Provence. Il porta plusieurs personnes à se faire rebaptiser; il voulait qu'on ôtât les croix de nos temples; et il enseignait qu'on ne devait point dire de messe (Longueval, l. 22).

Un imposteur, nommé Henri, profita de l'absence d'Hildebert, évêque du Mans, pour pervertir son diocèse. Hildebert avait été délivré de prison après la mort de Guillaume le Roux, roi d'Angleterre; mais il fut bientôt exposé à de nouvelles persécutions de la part de Henri, successeur de Guillaume. Ce saint évêque, fatigué par toutes ces traverses, prit la résolution d'aller à Rome demander au Pape la permission d'abdiquer l'épiscopat pour se faire moine à Cluny; mais l'absence du pasteur mit le troupeau en un grand péril. Hildebert étant sur son départ, le séducteur Henri, qui avait tout l'extérieur de la piété, envoya deux de ses disciples pour lui demander la permission de prêcher la pénitence dans son diocèse. Ils portaient à la main de grands bâtons terminés par une croix de fer, et ils avaient des habits de pénitents. Le saint évêque, qui craignit de priver son peuple d'un zélé missionnaire, ne se donna pas le temps de connaître ce séducteur, et il accorda à ses envoyés la permission qu'ils demandaient pour lui. Il recommanda même à ses archidiacres de le protéger dans le cours de ses missions; après quoi, il partit pour Rome. C'était un loup ravissant couvert de la peau de brebis, que le pasteur enfermait dans la bergerie.

Henri, sous un habit d'ermite, portait les cheveux courts et menait, en apparence, une vie fort austère, marchant toujours nu-pieds, même dans le fort de l'hiver. Il paraissait avoir un grand zèle pour annoncer la parole de Dieu, et il avait une éloquence naturelle, soutenue d'un beau talent et d'une belle voix; mais ses mœurs et sa doctrine étaient également corrompues, et, sous les dehors spécieux d'une vie pénitente, il cachait les plus honteux désordres et les erreurs les plus pernicieuses. Il travaillait surtout à s'attacher les femmes, à l'exemple de tous les hérétiques, ses prédécesseurs; et il y réussissait aisément. Il était jeune et bien fait, et sa morale, qui paraissait sévère, le leur faisait paraître comme un prophète envoyé du ciel, comme un autre Daniel.

Henri, s'étant rendu au Mans après le départ de l'évêque, y fut reçu comme un apôtre. Son air de prophète, son austérité apparente, sa physionomie heureuse, son éloquence insinuante, tout contribua à prévenir les Manceaux en sa faveur. Bientôt les églises furent trop petites pour la foule des auditeurs, et l'on fut obligé d'ériger, dans les rues et dans les places, des tribunes d'où le nouveau prédicateur se faisait entendre à un auditoire infini; car il avait une voix de tonnerre. Ce qui fit le plus goûter au peuple le prétendu prophète, c'est qu'il déclamait dans ses sermons contre les vices des ecclésiastiques. Ces satires plaisaient fort aux laïques, et les rendirent en peu de temps le clergé du Mans si odieux et si méprisable, que le peuple insultait publiquement les ministres des autels, et les poursuivait à coups de pierres dès qu'ils osaient paraître dans les rues. On aurait même pillé et abattu leurs maisons, si le comte du Mans n'eût employé la force pour réprimer ces violences. Trois des principaux du clergé du Mans entreprirent, pour confondre l'imposteur, de disputer publiquement contre lui; mais ils coururent grand risque de leur vie; car le peuple voyant qu'ils attaquaient la doctrine du prétendu prophète, se jeta sur eux, les frappa et les couvrit de boue. C'est la solution que le nouveau docteur faisait donner aux objections qu'on osait lui proposer.

Personne n'eut plus assez de hardiesse pour entrer en lice avec lui. Cependant les chanoines du Mans, voulant faire cesser ce scandale, prirent le parti d'écrire une lettre à ce malheureux, par laquelle, après lui avoir reproché les séditions qu'il excitait, il lui signifièrent un interdit en ces termes : « Par l'autorité de la sainte Trinité, de l'Eglise universelle, de la sainte Vierge, de saint Pierre, de son vicaire, le pape Pascal, et par celle de notre évêque, Hildebert, nous vous défendons, à vous et à vos fauteurs, de prêcher ni publiquement ni en particulier, dans toute l'étendue du diocèse du Mans; et si, au mépris de cette défense, vous continuez à répandre le venin de vos dogmes pervers, nous vous excommunions en vertu de la même autorité, vous, vos complices et vos fauteurs. »

Henri refusa de recevoir cette lettre; mais un chanoine s'étant fait accompagner par un officier du comte, eut le courage d'aller lui en faire lecture : à quoi cet imposteur ne répondit autre chose qu'en répétant à chaque article : « Vous en avez menti ! » Comme il était soutenu par le peuple, il continua ses assemblées sacriléges dans deux églises. Il prêchait, entre autres choses, que les femmes qui n'avaient pas vécu chastement devaient, pour expier leurs péchés, se dépouiller toutes nues dans l'église et brûler ensuite tous leurs habits avec leurs cheveux. On vit un grand nombre de femmes ne pas rougir de se dépouiller ainsi publiquement. Alors le prétendu prophète les revêtait de nouveaux habits qu'il achetait de l'argent qu'on lui apportait de toutes parts. Ces femmes croyaient que, par cette cérémonie et ce changement extérieur, tous leurs péchés étaient effacés et leur intérieur renouvelé.

Un autre point de la morale de ce faux docteur, c'était qu'on ne devait ni donner ni recevoir de dot pour se marier, et qu'il fallait peu se soucier si la femme qu'on voulait épouser avait été chaste ou non. Cette doctrine lui attacha toutes les femmes débauchées, et toutes les filles qui, n'ayant pas de dot, voulaient cependant se marier; il leur trouva des maris, et fit en peu de temps un grand nombre de ces mariages. Les esprits étaient fascinés à un point, que les plus grandes infamies n'alarmaient plus la pudeur; car, pour contracter publiquement ces mariages, Henri voulait que l'époux et l'épouse fussent entièrement nus, et, après la cérémonie, il leur donnait quelques vils habits. C'est ainsi que le fanatisme a bientôt éteint tout sentiment de pudeur.

Ce séducteur demeura au Mans presque tout le temps que l'évêque fut absent. Dès qu'il apprit qu'il était sur le point d'arriver, il se retira à Saint-Calais, où il continua à dogmatiser et à se plonger dans ses infâmes débauches. Il fut même surpris profanant le saint jour de la Pentecôte par un adultère. Mais tous ces désordres ne purent détromper les Manceaux, qui le regardaient comme un saint. Ils attribuèrent à la jalousie du clergé tout le mal qu'on publiait de ce prétendu prophète, et ceux qui l'auraient surpris dans le crime, en auraient à peine cru leurs propres yeux.

Le saint évêque Hildebert, en arrivant au Mans de son voyage de Rome, où le Pape avait refusé d'agréer sa démission, fut bien étonné de trouver ses diocésains si changés à son égard. Ils dirent avec insolence qu'ils ne voulaient pas de ses bénédictions, et qu'ils avaient un autre pasteur plus saint et plus savant; que le clergé n'en décriait la doctrine que parce qu'il dévoilait les vices des ecclésiastiques. Hildebert eut compassion de la folle prévention d'un peuple séduit, et il travailla à l'en guérir. Il alla voir le docteur fanatique à Saint-Calais, pour tâcher de le gagner lui-même. Le saint évêque lui parla avec bonté, et l'invita à réciter avec lui le petit office de la Vierge. Mais cet imposteur, qui se disait diacre, ne savait pas où s'y prendre, et il parut qu'il ne récitait pas l'office divin. Il fut contraint d'avouer son ignorance, et l'évêque lui ordonna de sortir incessamment de son diocèse; ce qu'il fit enfin, mais pour aller infecter d'autres provinces, comme la suite le fera voir.

Hildebert s'appliqua ensuite à détromper son peuple. Il publia une lettre contre un hérétique qu'il ne nomme pas, mais qu'on a lieu de croire être ce Henri dont on vient de parler. Il l'accuse de renouveler l'erreur de Vigilance, et de combattre comme lui l'invocation des saints, sous prétexte qu'ils ignorent dans le ciel ce qui se passe sur la terre. L'évêque se borne, dans cette lettre, à prouver qu'on doit honorer les saints et les invoquer, parce qu'ils connaissent nos besoins et s'y intéressent. Il détrompa ceux de ses clercs qui avaient eu le malheur de s'attacher à cet infâme hérétique, et, pour qu'on ne leur reprochât pas une faute qu'ils avaient expiée, il leur donna une lettre adressée à tous les archevêques et évêques, où il leur rend témoignage qu'ils ont abjuré leurs erreurs. Les Manceaux eurent bientôt honte de la séduction et du fanatisme où ils avaient donné; et Hildebert regagna en peu de temps leur confiance et leur estime (*Acta ep. Cenom. apud Mabillon., Analect.*, t. III).

Tandis que des imposteurs, inspirés par l'enfer, cherchaient à séduire et corrompre les peuples, les enfants de saint Bruno, les solitaires de la Chartreuse, continuaient à les édifier. Cette édification était si grande, qu'on voulait avoir de leurs saintes colonies en plusieurs provinces de France. Cependant cet ordre n'avait encore aucune règle écrite. L'esprit de saint Bruno, qui animait ces saints religieux, leur en tenait lieu. On craignait néanmoins que, la ferveur venant à diminuer, on ne se relâchât des observances que le saint instituteur avait établies. C'est pourquoi saint Hugues, évêque de Grenoble, qui s'intéressait toujours à la conservation d'un établissement auquel il avait tant contribué, pria Guigues, cinquième prieur de la grande Chartreuse, de mettre par écrit les usages de son ordre. Guigues le fit par un recueil qui contient quatre-vingts chapitres, et qui est adressé à Bernard, prieur de la Chartreuse-des-Portes, à Humbert, prieur de celle de Saint-Sulpice, et à Milon, prieur de Majorève.

Les six premiers chapitres renferment les observances touchant l'office divin. Voici un précis de ce qu'il y a de plus remarquable dans les autres :

« Tous les samedis, après none, les frères s'assembleront dans le cloître pour vaquer à la lecture ou faire d'autres choses qui leur paraîtront nécessaires, et ils se confesseront ce jour-là au prieur ou à ceux que le prieur aura marqués. Le dimanche, après prime, on tiendra le chapitre. Après quoi, les frères étant retournés dans leurs cellules, on sonnera la messe, à moins que le prêtre n'ait quelque empêchement qui le fasse différer jusqu'à l'heure de tierce. Après none, ils s'assembleront dans le cloître pour s'entretenir de choses utiles, et, pendant ce temps-là, ils demanderont au sacristain de l'encre, du parchemin, des plumes, du crayon et des livres, soit pour les transcrire, soit pour les lire. Ils recevront aussi du cuisinier des légumes, du sel et les autres choses nécessaires, et, après souper, on leur donnera à chacun un pain bis comme à des pauvres de Jésus-Christ.

» On ne rasera les frères que six fois l'an, et ils garderont le silence pendant qu'on les rasera. On ne laissera entrer dans le chœur de l'église que les hôtes qui sont religieux, avec lesquels il est permis de parler dans le cloître. Quand un frère est à l'extrémité, la communauté s'assemble pour le visiter. Le prêtre, en entrant, jette de l'eau bénite, et il dit : *La paix à cette maison!* ensuite le malade se confesse. Après quoi l'on récite les psaumes pénitentiaux, et, après chaque psaume, on lui fait une onction de l'huile des malades. Ensuite on lui essuie la bouche, et tous les frères viennent lui donner le baiser pour lui dire adieu. Il reçoit ensuite le viatique, pendant que les assistants chantent une antienne. Dès qu'il entre en agonie, la communauté se rassemble, à moins qu'on ne soit actuellement à l'office. En ce cas, le prieur et quelque religieux qu'il nommera se rendront auprès du mourant, le mettront à terre sur la cendre bénite, et réciteront les litanies. Le jour qu'on enterre un mort, les frères, pour se procurer quelque consolation, mangeront ensemble et ils feront deux repas, à moins que ce ne soit un jour de jeûne d'Eglise. Toutes les semaines on dira une messe, tant pour les bienfaiteurs que pour ceux qui demeurent en ce lieu, et généralement pour tous les fidèles trépassés.

» Le prieur doit être prêtre, ou en état d'être promu à la prêtrise. Il est élu par toute la communauté, après un jeûne de trois jours. Pour donner l'exemple à tous, après avoir passé quatre semaines en sa cellule dans le cloître des moines, il doit en passer une cinquième dans la maison des frères laïs : mais il ne doit pas sortir des limites du désert. On recevra les hôtes avec charité, et on leur donnera des mets et des lits semblables à ceux qu'on donne aux moines. Nous ne souffrons pas que les femmes entrent dans l'étendue des limites de la maison. Nous ne recevons pas d'enfants dans le monastère, ni de novices qui n'aient au moins vingt ans. La plupart des moines de la Chartreuse s'occuperont à transcrire des livres, afin, dit Guigues, que, ne pouvant plus prêcher la parole de Dieu de vive voix, ils le fassent en quelque sorte de la main. On donnait à chacun tous les instruments nécessaires pour écrire ou pour faire quelque autre métier, aussi bien que les ustensiles pour faire sa cuisine dans sa cellule, et on leur fournissait le bois nécessaire pour se chauffer.

» Le lundi, le mercredi et le vendredi, on ne mangeait que du pain avec du sel, et on ne buvait que de l'eau. Le mardi, le jeudi et le samedi, chaque religieux pouvait se cuire des légumes, et le jeudi, le cuisinier leur donnait du fromage, des œufs et du poisson. On ne mangeait en Avent ni œufs ni fromage ; on mêlait toujours de l'eau au vin qu'on leur donnait, et il n'était pas permis d'en boire de pur.

» Quant il survient quelque affaire importante, le prieur assemble la communauté, écoute tous les avis, et fait ensuite ce qu'il juge convenable. Nous nous servons rarement, dit Guigues, de médicaments, excepté du cautère et de la saignée. Nous sommes saignés cinq fois l'an, et, toutes les fois que nous sommes saignés, nous faisons deux repas trois jours de suite, et le premier jour nous nous assemblons pour conférer ensemble. Nous ne nous servons pas à l'autel, d'ornements ni de vases d'or ou d'argent, excepté le calice et le chalumeau pour prendre le sang du Seigneur. »

Guigues ajoute ensuite, pour les frères convers, des règles qui sont peu différentes de celles des moines ; et il marque qu'il n'y avait à la Chartreuse que treize religieux de chœur : que le nombre des convers était fixé à seize ; mais qu'il y en avait alors un plus grand nombre, parce que plusieurs étaient vieux et infirmes. Guigues n'avait donné à ces règlements que le nom de *coutume* ou d'*observances* ; mais on leur donna dans la suite le nom et l'autorité de statuts, et ils ont servi de fondements à tous ceux qu'on a dressés dans la suite, pour rappeler à l'ancien esprit de l'ordre les chartreux qui paraissaient s'en être écartés. Il nous reste de Guigues quelques lettres pleines d'une tendre piété, et des méditations qu'on peut voir dans la *Bibliothèque des Pères* (*Consuetud. Guig.*, t. I, *Annal. Carthus.*).

On n'avait vu jusqu'alors, à proprement parler, que deux sortes de religieux : les uns qui, réunissent les fonctions de la vie cléricale avec les exercices de la vie cénobitique, étaient destinés à travailler au salut du prochain et à leur propre perfection ; les autres qui, faisant profession de la vie monastique sous divers instituts, devaient par leur état, s'ensevelir dans la retraite et s'y dévouer aux austérités de la pénitence, uniquement occupés à se connaître eux-mêmes, à fuir le monde et à chanter les louanges de Dieu. Le pape Pascal II érigea, l'an 1113, un nouvel ordre, qui est en même temps religieux et militaire, et dans lequel on vit l'alliance de la piété et de la bravoure, de l'humilité chrétienne et de la fierté martiale ; des exercices de la charité et de ceux de la guerre. Les sujets qui le composent font profession d'être tout à la fois de fervents religieux et de généreux guerriers ; mais ils ne sont destinés par leur institut qu'à combattre les ennemis du nom chrétien. Nous voulons parler de l'ordre militaire des *chevaliers de Saint-Jean de Jérusalem*. En voici l'origine.

Dès avant la conquête de Jérusalem, des marchands d'Amalfi, ville d'Italie, faisant leur négoce en Egypte, obtinrent du sultan la permission d'établir un hôpital à Jérusalem, pour y recevoir les pèlerins chrétiens, et leur épargner par là une partie des avanies et des mauvais traitements qu'ils avaient à essuyer des Sarrasins, et même des Grecs schismatiques. Ils firent bâtir, en l'honneur de la sainte Vierge, une église proche le saint sépulcre, où ils mirent des moines, et cette église fut nommée Sainte-Marie-la-Latine.

On établit tout auprès deux hôpitaux, un pour les hommes pèlerins, dédié en l'honneur de saint Jean-Baptiste, et un autre, en l'honneur de sainte Magdelaine, pour les femmes qui venaient visiter les saints lieux. Le bienheureux Gérard, natif de Martigues en Provence, personnage d'une grande prudence et d'une grande vertu, était directeur de l'hôpital de Saint-Jean, quand les chrétiens se rendirent maîtres de la ville sainte. Godefroi de Bouillon, charmé de la piété de ceux qui, sous la conduite de Gérard, s'étaient dévoués au service des malades et des pèlerins, fit de grands biens à l'hôpital. Son frère Baudouin, qui lui succéda, reconnut aussi l'utilité de cet établissement, et lui accorda sa protection. Comme plusieurs croisés, édifiés de la charité de ceux qui desservaient l'hôpital, se consacrèrent, eux et leurs biens, au même exercice de piété, les frères hospitaliers furent en état, non-seulement de loger les pèlerins, mais encore de les escorter et de les défendre contre les avanies des Sarrasins. C'étaient de braves guerriers, à qui la piété et la cause pour laquelle ils combattaient inspiraient une nouvelle valeur. Fiers et redoutables ennemis des Sarrasins hors de Jérusalem, ils étaient, dans l'intérieur de l'hôpital, d'humbles serviteurs des malades. Austères à eux-mêmes et pleins d'une généreuse charité pour les autres, ils ne mangeaient que du pain fait de son et de la plus grossière farine, réservant la plus pure pour la nourriture des malades et des pèlerins.

Pour perpétuer ce pieux établissement, Gérard crut qu'il fallait fixer les frères hospitaliers par des vœux. Le patriarche de Jérusalem ayant fort goûté cette proposition, Gérard et ses compagnons firent, entre les mains de ce prélat, les trois vœux de religion. Le pape Pascal approuva cet institut par une bulle, où il marque qu'il met sous la protection spéciale du Siége apostolique et de saint Pierre, l'hôpital de Saint-Jean-Baptiste de Jérusalem, aussi bien que les maisons qui en dépendent dans les diverses parties du monde; et il nomme pour la France la maison de Saint-Gilles et celle de Bar. Il confirme toutes les donations faites à l'hôpital, et ordonne qu'après la mort de Gérard, le supérieur ne pourra être élu que par les frères profès de l'hôpital. La bulle est datée de Bénévent, le 15 février 1113.

Les hospitaliers prirent l'habit noir avec une croix blanche de linge terminée par huit pointes. Le bienheureux Gérard ne leur donna d'autre règle que des leçons et des exemples d'humilité et de charité; mais après sa mort, arrivée vers l'an 1118, Raymond du Puy, de la province de Vienne, ayant été élu grand-maître, fit pour son ordre les statuts suivants :

« Au nom du Seigneur, ainsi soit-il! Moi, Raymond, serviteur des pauvres de Jésus-Christ et supérieur de l'hôpital de Jérusalem, de l'avis de tout le chapitre, des frères, clercs et laïques, j'ai dressé ces statuts dans la maison de l'hôpital de Jérusalem. J'ordonne d'abord que tous les frères qui se dévouent au service des pauvres, observent les trois vœux qu'ils font à Dieu, savoir, la chasteté, l'obéissance et la pauvreté, c'est-à-dire le vœu de vivre sans avoir rien en propre, et qu'ils n'exigent rien comme leur étant dû, si ce n'est du pain, de l'eau et le vêtement qu'on leur promet; et que leur habillement soit vil, parce que les pauvres, desquels nous nous faisons gloire d'être les serviteurs, ne sont couverts que de vieux haillons, et qu'il est honteux que les serviteurs soient mieux vêtus que les maîtres. » Raymond prescrit ensuite divers règlements dont voici le précis.

« Que les frères se comportent avec modestie et décence dans l'église; que les clercs servent à l'autel revêtus d'aube; que le prêtre soit assisté d'un diacre, d'un sous-diacre, et, s'il est nécessaire, d'un autre clerc, et qu'il y ait jour et nuit du luminaire dans l'église, que le prêtre soit revêtu de l'aube, lorsqu'il visite les malades et qu'il leur porte le corps du Seigneur; qu'il soit précédé par un diacre ou un sous-diacre, ou un acolyte, portant de l'eau bénite et un cierge dans une lanterne.

« Quand les frères feront voyage, qu'ils n'aillent point seuls, mais qu'ils aient toujours un ou deux compagnons, qui leur seront assignés par le maître, et qu'ils se comportent avec tant de circonspection, qu'ils ne fassent rien qui puisse scandaliser; qu'ils s'observent les uns les autres, pour conserver leur chasteté, surtout quand ils seront dans un lieu où il y a des femmes. Ils ne souffriront pas que les femmes leur lavent le visage ou les pieds, ni qu'elles fassent leurs lits.

« Quand on les enverra recueillir des aumônes pour les pauvres, on associera ensemble des frères clercs et des frères laïques. Ils demanderont l'hospitalité à quelque honnête personne, par charité. Si on la leur refuse, ils pourront acheter quelque chose pour se nourrir; mais ils n'achèteront qu'une sorte de mets. En recueillant les aumônes, ils ne recevront ni gages, ni terre; et ce qu'on aura donné, ils l'enverront au maître, qui le fera remettre aux pauvres de l'hôpital. De toutes les obédiences, le maître aura le tiers du pain, du vin, et des autres nourritures; et ce qui lui restera, il le joindra aux aumônes qu'il enverra à Jérusalem. Il n'y aura que ceux qui auront été choisis par le maître et par le chapitre, qui iront recueillir les aumônes. En quelque obédience qu'ils aillent, ils y logeront et mangeront comme les autres frères. Qu'ils ne soient jamais dans les ténèbres, et, en quelque maison qu'ils logent, qu'ils aient de la lumière devant eux. Nous défendons aux frères de porter des habits peu convenables à notre ordre, tels que des peaux de bêtes fauves. Ils ne feront que deux repas par jour; le mercredi et le samedi, ils ne mangeront pas de chair, non plus que depuis la Septuagésime jusqu'à Pâques.

» Quand quelqu'un des frères aura commis quelque faute contre la pureté, si son péché est secret, il fera une pénitence secrète et convenable, telle qu'on la lui imposera, mais si le péché a éclaté, on le punira dans le lieu où il a péché; et le dimanche, quand le peuple sort de la messe, on le dépouillera de ses habits, et, à la vue de tout le monde, il sera fustigé par le maître, ou par le frère à qui le maître aura ordonné de le faire. S'il promet de se corriger, on le recevra dans la maison ; mais on le traitera comme un étranger pendant un an, après lequel les frères feront ce qu'ils jugeront convenable. Pour les autres fautes moins grièves on ordonne de jeûner au pain et à l'eau, et de manger à terre pendant quarante jours. Si un frère paraît incorrigible, le grand-maître ordonne qu'on le lui envoie à pied, afin qu'il le corrige.

» On gardera le silence à table. Personne ne boira après les complies, et les frères ne parleront point quand ils seront couchés. Si on trouve que quelqu'un des frères ait quelque argent en propre, qu'il ait caché au maître, on lui attachera cet argent au cou, et le maître le fera fustiger très-rudement en présence de tous les frères. De plus, il le condamnera à quarante jours de pénitence, pendant lesquels il jeûnera le mercredi et le vendredi au pain et à l'eau. Quand un frère meurt dans une obédience, tous les frères offriront pour lui à la messe un cierge et un écu qui sera pour les pauvres. On chantera pour lui trente messes. Les clercs réciteront pour lui le psautier, et les laïques diront cent cinquante *Pater*. Tous les frères, en l'honneur de Dieu et de la sainte croix, porteront des croix sur leur chape et leur manteau, afin que Dieu, par la vertu de cet étendard, nous délivre des embûches du démon (Longueval, l. 23 ; Vertot, *Hist des chev. de Malte ;* Jacques de Vitri, etc.). »

Tels furent les premiers statuts de l'ordre militaire des chevaliers de Saint-Jean de Jérusalem, appelés depuis *chevaliers de Rhodes*, et enfin *chevaliers de Malte*. Les chevaliers de Saint-Jean de Jérusalem furent dans la suite la plus ferme défense de la terre sainte, et même de la chrétienté entière contre la puissance des Musulmans.

Dans le même temps que les peuples chrétiens de l'Europe s'unissaient en grande commune ou en république, sous la direction spirituelle du chef de la chrétienté, pour se défendre contre l'invasion ou la domination de la barbarie mahométane, il se formait dans plusieurs pays de l'Europe, sous la direction temporelle des rois, de petites républiques ou des communes, pour se défendre contre l'oppression des seigneurs particuliers. Voici les principales causes et les principales circonstances de cet événement. Lorsque les Francs entrèrent dans les Gaules, c'était une armée d'hommes libres, ayant son général en chef sous le nom de *roi*, ses généraux divisionnaires sous le nom de *ducs*, ses colonels sous le nom de *comtes*, ses capitaines sous le nom de *barons*. Cette armée s'étant répandue et fixée dans le pays, y établit naturellement sa hiérarchie militaire, pour mieux le gouverner et le défendre. Les hommes libres restèrent subordonnés aux barons, les barons aux comtes, les comtes aux ducs, les ducs au roi. C'est ce qu'on appelle *système féodal*, qui, au fond n'est que la subordination militaire implantée dans le sol. Aussi l'expression d'*anarchie féodale*, qui se trouve dans des auteurs modernes, nous paraît-elle une contradiction dans les termes ; car l'idée première de féodalité est la subordination, ou l'opposé d'anarchie. Mais pour que la subordination se maintienne dans une armée, il faut que le chef ait de la tête. Ainsi, quand le chef réel de l'armée ou de la nation des Francs se nommait Charles-Martel, Pepin le Bref, Charlemagne, cette armée, cette nation marchait comme un seul homme ; mais quand ce chef s'appelait Louis le Débonnaire, Lothaire Ier, Charles le Chauve, les liens de la subordination militaire et territoriale se relâchèrent de plus en plus. L'invasion des Normands y porta le dernier coup. Charles le Chauve ne se trouvant plus en état de défendre lui seul toute la France, autorisa expressément chaque ville, chaque seigneur à se défendre soi-même. C'est là une circonstance capitale que les historiens modernes ont trop souvent oubliée ; car elle nous fait comprendre que, si les seigneurs particuliers se regardaient à peu près comme indépendants du roi, c'était moins encore l'effet de leur ambition que la suite naturelle des circonstances, et que l'anarchie, les guerres particulières qui en furent le résultat, ne venaient pas de ce que la féodalité régnait trop, mais précisément de ce qu'elle ne régnait pas assez. La subordination au chef de la hiérarchie féodale n'existait plus que dans le souvenir. Cet état de choses dura jusqu'aux croisades, environ deux siècles.

Dans l'intervalle, le nombre des hommes libres s'était considérablement accru, principalement dans les villes. Les serfs étant admis dans le clergé par l'affranchissement, plusieurs d'entre eux étant même devenus évêques, non-seulement ils affranchirent, mais encore ennoblirent leurs familles. Les seigneurs qui entraient dans le clergé ou même dans le cloître, affranchissaient presque toujours leurs esclaves ou du moins amélioraient leur sort. Les serfs, les colons des monastères se trouvaient généralement si bien de leur état, que bien des hommes libres se donnaient aux monastères, eux et leur famille, pour en dépendre aux mêmes conditions. L'esprit de fraternité chrétienne, qui fit naître les croisades, augmenta encore beaucoup cette heureuse tendance. Bien des seigneurs, en partant pour la guerre sainte, affranchissaient leurs serfs ou même les emmenaient avec eux, comme leurs compagnons d'armes ; les mêmes périls, les mêmes souffrances, les mêmes combats soutenus ensemble pour la même cause, pour le même Dieu, établirent insensiblement entre le maître et le serviteur une espèce d'égalité chrétienne. Ainsi les esclaves, qui, sous le paganisme, ne comptaient pas pour des hommes et formaient cependant les trois quarts du genre humain, devinrent peu à peu, sous le christianisme et par le christianisme, ce que nous appelons maintenant *le peuple*, c'est-à-dire cette multitude d'hommes libres et capables de l'être, qui vivent sous les mêmes lois et le même gouvernement.

Dans cette régénération lente, mais incessante, du genre humain par le christianisme, il y a eu bien des obstacles, des retards particuliers. Par exemple, au temps même de la première croisade, tous les seigneurs ne ressemblaient pas au duc Godefroi de Lorraine, au vaillant et pieux Tancrède. Tandis que ces nobles héros versaient leur sang, exposaient leur vie en Orient pour la défense de la chrétienté entière, d'autres seigneurs, moins généreux, restés en France, sortaient de leurs châteaux pour piller et tyranniser les populations du voisinage. Ainsi, vers l'an 1110, un seigneur du Puyset ravageait les environs de Paris et de Chartres. Comme la subordination féodale des seigneurs à l'égard du roi n'existait presque plus que de nom et de souvenir, le roi se trouvait hors d'état de réprimer par lui-même leurs violences et leurs guerres particulières. C'est ce qui donna naissance aux communes ou confédérations d'hommes libres sous la direction temporelle du roi.

Pour réprimer la tyrannie des brigands et des séditieux, dit un auteur du temps, Orderic Vital, le roi Louis le Gros fut forcé de demander les secours des évêques dans toute la Gaule; alors la communauté populaire fut établie en France par les prélats, pour que les prêtres accompagnassent le roi dans les sièges et les combats, avec leurs bannières et tous leurs paroissiens (Order. Vit., l. 11, c. 836). Un autre écrivain de cette époque, l'abbé Suger de Saint-Denys, rapporte qu'en effet les communes des paroisses, ayant leurs curés à la tête, aidèrent le roi Louis au siège du château du Puyset, et que ce fut même un des curés qui contribua le plus puissamment, par son adresse et son courage, à prendre le château (Suger, *Vit. Ludov. Gros.*, c. 18). Ainsi, d'après le témoignage de deux auteurs contemporains, les premières communes de France furent établies, sur la demande du roi, par les évêques, pour aider le roi et défendre le peuple contre les violences de quelques mauvais seigneurs. Ainsi, par son origine et son but, la chose était bonne.

Mais en quoi précisément consistait alors une commune? Voici la réponse que fait un troisième auteur contemporain, Guibert de Nogent, qui, pour des ressentiments personnels, n'aimait pas ces nouveaux établissements. « Une commune consiste en ceci : que les tributaires ne sont plus obligés à payer qu'une fois par année, à leurs maîtres, la dette accoutumée de la servitude; que s'ils commettent quelque faute, ils en sont punis par une amende fixée par les lois, et qu'ils sont rendus complètement exempts de toutes les exactions de tributs qu'on a coutume d'infliger aux serfs (dom Bouquet, t. XII). »

Pour bien comprendre cette réponse, il faut savoir que les serfs devenus libres payaient à leurs anciens maîtres un certain tribut, que les mauvais seigneurs exigeaient d'une manière arbitraire. Par l'établissement d'une commune ou d'une bourgeoisie, ces droits, ainsi que la justice ordinaire, étaient réglés d'une manière fixe, et les bourgeois s'en garantissaient l'observation l'un à l'autre par serment; ils choisissaient pour cela un maire, avec une douzaine au moins de conseillers ou jurés. Ainsi les communes, déjà bonnes par leur origine et leur but, étaient encore bonnes dans leur constitution. Aussi verrons-nous le saint évêque Godefroi d'Amiens favoriser de tout son pouvoir l'établissement d'une commune dans sa ville épiscopale.

Il n'en fut pas de même de Gualderic, évêque de Laon : aussi n'était-ce point un saint évêque. Après la mort d'Adalberon-Ascelin, prélat d'un grand mérite, mais trop intrigant, l'Eglise de Laon fut successivement gouvernée par Gebuin, Leotheric et Hélinand. Ce dernier, qui n'avait ni science ni naissance, acheta l'épiscopat à force de présents, et eut pour successeur Engelran de Couci, qui ne montra pas plus de zèle. Il approuva même le concubinage honteux d'Engelran de Boves, son parent, lequel avait enlevé la femme du comte de Namur. Après la mort de cet évêque, ce siège ayant vaqué deux ans, on élut enfin Gualderic, à la recommandation du roi d'Angleterre, dont il avait été chancelier. Anselle ou Anselme, qui était alors la gloire de l'Eglise de Laon et le plus habile professeur qu'il y eût en France, s'opposa tant qu'il put à cette élection, et la suite justifia son opposition. Gualderic avait des goûts et des mœurs militaires, était emporté et arrogant, et aimait par-dessus tout à parler de combats et de chasse, d'armes, de chevaux et de chiens. Il avait à son service un de ces esclaves noirs que les grands seigneurs, revenus de la première croisade, venaient de mettre à la mode, et souvent il employait cet esclave à infliger des tortures aux malheureux qui lui avaient déplu. L'un des premiers actes de l'épiscopat de Gualderic fut de punir de mort un bourgeois qui avait censuré sa conduite; puis il fit crever les yeux, dans sa propre maison, à un homme suspect d'amitié pour ses ennemis; enfin, l'an 1109, il se rendit complice d'un meurtre commis dans l'église cathédrale. En voici l'histoire :

Gualderic, ayant quelque différend avec Gérard de Kiersi, un des plus braves guerriers de cette province, conspira avec les principaux de la ville de Laon pour faire assassiner ce seigneur, et, afin de mieux cacher sa perfidie, il fit le voyage de Rome, espérant que, si cet attentat s'exécutait pendant son absence, on ne pourrait l'en soupçonner. Pendant l'octave de l'Epiphanie, Gérard s'étant rendu dès le matin à la cathédrale de Laon, à cheval, avec plusieurs cavaliers, il mit pied à terre et s'arrêta pour faire sa prière devant le crucifix, tandis que plusieurs de ses compagnons se dispersèrent en diverses chapelles de l'église. On alla avertir l'évêché qu'il était à l'église, et, comme il priait les mains jointes, appuyé contre un pilier, il fut poignardé par Rorigon, frère de l'évêque, et par l'économe de l'évêché. On appela à Laon Hubert, évêque de Senlis, pour réconcilier l'église polluée par ce meurtre. Guibert de Nogent, qui nous raconte longuement toute cette histoire, fut chargé par le maître Anselle, doyen de la cathédrale, et par le chapitre, de faire un sermon au peuple sur cet attentat, à la fin duquel il prononça, par ordre du chapitre, une excommunication contre les meurtriers et leurs complices (Guid., *De vitâ suâ*, l. 3).

Pendant ce temps-là, l'évêque Gualderic ayant appris la mort de Gérard, partit de Rome avec joie. Le roi Louis le Gros, qui le croyait coupable de ce meurtre, fit piller sa maison épiscopale, et lui fit défense d'entrer dans Laon. Mais les intrigues et les présents de Gualderic apaisèrent le roi, et cet évêque porta la passion jusqu'à excommunier tous ceux qui avaient poursuivi les meurtriers de Gérard. Toute la ville fut bientôt dans la plus étrange confusion. Ce n'était partout que violences et qu'un brigandage public. Cependant la renommée de la commune de Noyon, établie dans cette ville par l'évêque Baldric, en 1108, s'était répandue au loin; on ne parlait que de la bonne justice qui se faisait dans cette ville et de la bonne paix qui y régnait. On crut à Laon qu'une commune y produirait les mêmes effets. Pour arrêter les désordres, le clergé et les seigneurs déclarèrent aux habitants que, s'ils voulaient payer une somme d'argent, on leur donnait la permission d'établir une commune et de se gouverner par des autorités de leur choix. Les conditions furent acceptées, et la commune fut établie. Mais l'évêque, qui était alors absent, voulut la rompre à son retour. On le gagna par argent; moyennant une grosse somme qu'il tira encore des bourgeois, il approuva cette association, et jura d'en observer les conditions, selon ce qui avait été fait à Noyon et à Saint-Quentin. Dans cette dernière ville, la commune avait été établie par le comte de Vermandois. Ayant ainsi obtenu le consentement de leur seigneur immédiat, qui était l'évêque, les bourgeois de Laon, pour qu'aucune espèce de garantie ne manquât à leur commune, sollicitèrent la sanction de l'autorité royale. Ils envoyèrent à Paris, auprès du seigneur souverain, qui était le roi, des députés porteurs de riches présents, et obtinrent, moyennant une rente annuelle, la ratification de leur charte communale.

Les choses allèrent paisiblement près de trois ans. Toutefois, l'évêque qui avait droit de battre monnaie, faisait faire de la fausse monnaie et la changeait encore sans cesse : il commit encore d'autres violences. Le pape Pascal en ayant été informé, l'interdit de ses fonctions épiscopales. Cependant, tout interdit qu'il était, il ne laissa pas de dédier une église; après quoi il fit le voyage de Rome, et y obtint son absolution.

A son retour, l'évêque de Laon, de concert avec les nobles de la ville, prit la résolution d'abolir la commune. Les uns et les autres avaient dépensé l'argent qu'ils avaient reçu pour la permission de l'établir, et se voyaient empêchés, par la charte communale, de recommencer leurs exactions arbitraires comme autrefois. Ils résolurent de commencer à la fin du carême 1112, l'exécution de leur dessein. L'évêque engagea le roi Louis le Gros à venir passer à Laon les fêtes de Pâques. Le roi y arriva la veille du jeudi saint, avec une grande compagnie de courtisans et de chevaliers. Le jour même de sa venue, l'évêque se mit à lui parler de l'affaire qui l'occupait, et lui proposa de retirer le consentement qu'il avait donné à la commune. Tout entier à cette négociation, durant toute la journée et le lendemain, il ne mit pas le pied dans l'église, ni pour la consécration du saint chrême, ni pour donner l'absoute au peuple. Les conseillers du roi firent d'abord quelque difficulté, parce que les bourgeois de Laon, avertis de tout ce qui se tramait, lui avaient offert quatre cents livres d'argent, et plus, s'ils l'exigeaient. L'évêque se vit donc obligé d'enchérir par-dessus ces offres et de promettre sept cents livres, qu'il n'avait pas, mais qu'il comptait lever sur les bourgeois quand il n'y aurait plus de commune. Cette proposition détermina les courtisans à prendre parti contre la liberté de la ville. Le roi, qui était bon, mais non pas inaccessible à l'avarice, s'y laissa entraîner lui-même. En conséquence du traité que le roi et ses courtisans conclurent alors avec l'évêque, celui-ci, de son autorité pontificale, les délia et se délia lui-même de tout serment prêté aux bourgeois. La charte, scellée du sceau royal, fut déclarée nulle et non avenue, et l'on publia, de par le roi et l'évêque, l'ordre à tous les magistrats de la commune de cesser dès lors leurs fonctions, de remettre le sceau et la bannière de la ville, et de ne plus sonner la cloche du beffroi, qui annonçait l'ouverture et la clôture de leurs audiences. Cette proclamation causa tant de rumeur, que le roi jugea prudent de quitter l'hôtel où il logeait et d'aller passer la nuit dans le palais épiscopal, qui était ceint de bonnes murailles. Le lendemain matin, au point du jour, il partit en grande hâte, avec tous ses gens, sans attendre la fête de Pâques, pour la célébration de laquelle il avait entrepris ce voyage.

Tout fut en trouble à Laon pendant les fêtes; quatre cents habitants conjurèrent la mort de l'évêque et des seigneurs. Le jeudi d'après Pâques, tandis que l'évêque traitait avec son archidiacre des taxes qu'il voulait imposer sur les habitants, pour leur faire payer à eux-mêmes l'abolition de leur commune, après leur en avoir fait payer l'établissement, on entendit tout à coup un grand tumulte de gens qui criaient : *La commune! la commune!* A ces cris, les autres bourgeois s'étant armés et attroupés, allèrent droit à la maison de l'évêque. Les seigneurs y accoururent aussitôt pour le défendre; mais la plupart furent mis à mort avant qu'ils y pussent entrer. De ce nombre fut le beau-frère de Guibert de Nogent, qui s'y montra très-sensible. L'évêque voyant qu'il ne pouvait résister à une populace mutinée, prit l'habit d'un de ses esclaves et se réfugia dans la cave, où il se cacha dans un tonneau. Il fut trahi par un de ses gens, et, ayant été tiré par les cheveux hors de sa cachette, il fut percé de mille coups; après quoi on dépouilla son cadavre et on le jeta nu dans le cloître des chanoines. Une autre partie du peuple, poursuivant les seigneurs, mit le feu à la maison du trésorier. La flamme gagna bientôt la cathédrale, qui fut réduite en cendres. On n'en sauva que les tables d'autel, qui étaient d'or, avec les châsses des saints. La maison de l'évêque fut aussi brûlée, avec le monastère de Saint-Jean, dont l'église, aussi bien que celle de la Vierge et celle de Saint-Pierre, furent consumées par le feu. Il y avait autrefois sept églises dans ce monastère, et il en restait encore alors cinq, dont trois furent brûlées avec plusieurs autres; en sorte qu'on compta jusqu'à douze églises qui furent brûlées. Le doyen Anselle fit enterrer, le lendemain, l'évêque dans l'église de Saint-Vincent; mais on ne récita aucune prière. Radulphe le Verd, archevêque de Reims, ayant appris ce qui était arrivé à Laon, se rendit en cette ville, célébra un service solennel pour l'évêque, et fit un sermon sur ces paroles de saint Paul : *Serviteurs, obéissez à vos maîtres.* C'était à propos pour calmer les passions populaires; mais, dans la vérité, et cela d'après le récit non suspect de Guibert de Nogent, hostile à la commune, c'était le parjure du roi, de l'évêque et des nobles qui avait soulevé ces passions.

Les habitants de Laon, craignant la juste punition de leurs excès, mais surtout la vengeance de leurs ennemis, appelèrent à leur secours Thomas de Marle, fils d'Engelran de Boves. Thomas était encore plus méchant que son père; et on rapporte de lui des cruautés qui font horreur. Il désespéra pourtant de garder la place contre les forces du roi; et il emmena à Marle ceux des bourgeois de Laon qui avaient le plus sujet de craindre le châtiment. La ville demeura exposée au pillage, et l'impunité autorisa tous les crimes. Les nobles, ayant pris le dessus, égalèrent, pour le moins, les cruautés des bourgeois. Presque tous les émigrés de Laon, pris par les troupes du roi, furent mis à mort, laissés sans sépulture, en proie aux chiens et aux oiseaux. Toutefois, en l'année 1128, seize ans après le meurtre de l'évêque Gualderic, la crainte d'une seconde explosion de la fureur populaire engagea son successeur à consentir à l'établissement d'une nouvelle commune, sous le nom d'*Institution de la Paix*, et sur les bases anciennement établies. Le roi Louis le Gros en ratifia la charte dans une assemblée tenue à Compiègne (*Script. rer. Franc.*, t. XII et t. XIII).

Quand les troubles de 1112 furent un peu apaisés, le clergé de Laon songea à rebâtir la cathédrale; mais on manquait de fonds nécessaires à une si grande entreprise. Pour exciter les fidèles à contribuer à la bonne œuvre, et amasser de quoi rebâtir l'église, les chanoines de Laon portèrent par toute la France, et même en Angleterre, les principales reliques qu'on avait sauvées de l'incendie. Ces sortes de quêtes avec les reliques étaient alors fort en usage. Il se fit, à cette occasion, plusieurs miracles attestés par les auteurs du temps (Herman., *apud Guibert*).

Peu après les troubles de Laon, le saint évêque Godefroi d'Amiens, de concert avec les habitants, établit gratuitement une commune ou bourgeoisie dans sa ville épiscopale. Le gouvernement de cette commune, composé de vingt-quatre échevins sous la présidence d'un maire, fut installé sans aucun trouble au milieu de la joie populaire; mais la ville d'Amiens était partagée entre quatre seigneurs: l'évêque, le vidame, le châtelain ou propriétaire d'une grosse tour, et enfin le comte, qui était Engelran de Boves, père de Thomas de Marle. Le vidame donna son approbation à la commune, moyennant certaines conditions; mais le châtelain et le comte n'y voulurent rien entendre. De là une guerre entre eux et les bourgeois. Ceux-ci eurent recours au roi Louis le Gros, et, par l'entremise de leur évêque, obtinrent, à prix d'argent, l'approbation royale de leurs règlements municipaux. Dans cette guerre, on vit Thomas de Marle attaquer la commune d'Amiens, tandis qu'il soutenait celle de Laon. Ce ne fut qu'au bout de deux ans que le châtelain rendit la grosse tour, qui fut aussitôt démolie par ordre du roi et de l'évêque (Guibert, *apud Script. rer. Franc.*, t. XII).

La désolation où ces guerres mirent dans l'intervalle, la ville et le diocèse d'Amiens, et les crimes dont elles furent la cause, donnèrent tant de chagrins à saint Godefroi, qu'il résolut d'abdiquer l'épiscopat et de se retirer à la chartreuse de Grenoble avec les saints solitaires dont la réputation s'était déjà répandue dans toute la France. Guigues, le prieur, reçut le saint évêque avec joie, et lui assigna une cellule, sans cependant oser le recevoir au nombre de ses religieux, dans la crainte que le Pape ne le trouvât mauvais. Godefroi ne songea, dans ce désert, qu'à réunir les douceurs de la contemplation aux rigueurs de la pénitence. Ayant su que Conon, légat du Saint-Siège, devait tenir un concile à Beauvais, il y envoya sa renonciation à l'épiscopat.

Le concile étant assemblé, les citoyens d'Amiens y envoyèrent aussi des députés pour se plaindre de ce que leur évêque les avait abandonnés, et pour demander la permission d'en élire un autre. Radulphe, archevêque de Reims, leur dit: « De quel front osez-vous nous porter cette plainte, vous qui, par votre indocilité, avez chassé de son siége un homme orné de toutes sortes de vertus? L'avez-vous jamais vu attaché à son intérêt ou à son plaisir? » Les députés ayant témoigné tout le contraire: « Allez donc le chercher, reprit l'archevêque, et ramenez-le avec vous; car je prends à témoin le Seigneur Jésus-Christ, que, tant que Godefroi vivra, vous n'aurez point d'autre évêque. » Au même temps arrivèrent les députés de saint Godefroi, avec des lettres par lesquelles il déclarait qu'il avait renoncé à l'évêché, et exhortait ses diocésains à chercher un autre pasteur, assurant qu'il ne reviendrait plus, et qu'il se sentait incapable des fonctions de l'épiscopat; qu'à la vérité, il les avait instruits par ses discours, mais qu'il les avait perdus par son mauvais exemple. A la lecture de cette lettre si humble, les évêques du concile ne purent s'empêcher de répandre des larmes. Cependant ils remirent à statuer sur cette affaire dans le concile qu'ils devaient tenir à Soissons à l'Epiphanie de l'année suivante 1115.

Il y fut résolu qu'on enverrait au saint évêque deux députés au nom du roi, avec des lettres du concile, qui lui ordonnaient de venir reprendre son siége. Godefroi, ayant reçu ces lettres, se jeta aux pieds de ses bien-aimés chartreux, en les conjurant avec larmes de ne pas permettre qu'on l'arrachât d'avec eux. Ils pleurèrent avec lui; mais ils répondirent qu'ils ne pouvaient résister à l'autorité du roi et à celle des évêques. Ainsi ils le congédièrent malgré eux et malgré lui. Il demeura dans la Chartreuse depuis la fête de Saint-Nicolas, 6 décembre, jusqu'au commencement du carême. Avant que de se rendre à Amiens, il alla à Reims, où le légat Conon tenait un nouveau concile. L'archevêque Radulphe présenta Godefroi aux prélats assemblés. On fut surpris de voir l'état où les macérations l'avaient réduit; car il était si exténué par ses austérités, qu'à peine pouvait-il se soutenir. Le légat, qui présidait au concile, lui fit une réprimande assez vive sur ce qu'il avait quitté son siége, et lui ordonna d'y retourner incessamment. Godefroi obéit avec humilité. Il fut reçu dans Amiens avec de grandes démonstrations de joie; mais, peu de temps après, comme il retournait à Reims consulter son archevêque, il mourut le 8 novembre de la même année 1115. L'Église honore sa mémoire le jour de sa mort (Surius et Godescard).

Tandis que les communes locales se formaient ainsi en France pour se défendre contre les violences particulières, comme la grande commune de la chrétienté se défendait contre les Turcs, les Sarrasins, les Maures, les Arabes; les lettres elles-mêmes commencèrent à refleurir en France, particulièrement à Paris, où l'école qui y était établie depuis longtemps devenait de jour en jour plus célèbre, tant par la réputation des maîtres qui y enseignaient, que par le nombre des écoliers qui venaient y prendre leurs leçons. Le fameux Abailard était alors le plus célèbre des professeurs de cette académie; mais il avait plus d'esprit que de conduite, plus d'orgueil que de science, et plus de réputation que de vrai mérite, quoiqu'il n'en manquât pas. Son goût pour la nouveauté et une passion honteuse, dont sa philosophie ne le guérit point, lui attirèrent bien des chagrins et des malheurs.

Abailard était natif de Palais, à quelques lieues

de Nantes, vers l'orient. Son père, Bérenger, avait étudié avant que de porter les armes : ce qui était alors fort rare aux gens de guerre; et il conserva tant d'amour pour les sciences, qu'il voulut que ses enfants se rendissent habiles dans les lettres avant que d'apprendre le métier de la guerre, à quoi il les destinait. Mais Abailard prit tant de goût à l'étude, qu'il renonça à la guerre, et céda même son droit d'aînesse et sa succession à ses autres frères. Bérenger embrassa dans la suite la vie monastique, et Luce, sa femme, l'imita. Abailard ayant fait quelques progrès dans les sciences, surtout dans la dialectique, où il se rendit fort habile, quitta la Bretagne et parcourut diverses provinces pour s'exercer à la dispute. Il se rendit enfin à Paris pour y perfectionner ses talents et les y faire connaître. Il alla prendre les leçons de Guillaume de Champeaux, qui occupait alors la première chaire, et qui avait la plus grande réputation. Abailard gagna d'abord son amitié; mais il ne la conserva pas longtemps. Il combattait avec trop de chaleur les sentiments de son maître, et, comme il était fort versé dans toutes les subtilités de la dialectique, il l'embarrassait souvent. Guillaume, qui n'avait reçu jusqu'alors que des applaudissements, ne pardonna pas à son disciple la réputation qu'il acquérait aux dépens de la sienne. C'est du moins ce que dit Abailard dans l'histoire qu'il a faite de sa propre vie.

Abailard, de son côté, enflé des premiers succès qu'il avait eus, se crut en état, malgré sa jeunesse, d'ouvrir à Melun une école, qu'il transféra ensuite à Corbeil, pour se rapprocher de Paris. Un grand nombre de disciples allèrent y prendre ses leçons et désertèrent l'école de Guillaume : ce qui fut un nouveau sujet de jalousie pour cet ancien maître. Mais le succès animant Abailard, il s'appliqua à l'étude avec si peu de modération, qu'il en tomba dangereusement malade. Il fut obligé, pour se rétablir, d'aller respirer son air natal. Il demeura quelques années en Bretagne, et son absence servit à le faire désirer plus ardemment. Pendant ce temps-là, Guillaume de Champeaux se fit chanoine régulier de Saint-Victor; cependant, après quelque interruption, il continua de tenir son école à l'ordinaire.

Abailard étant de retour à Paris, voulut se réconcilier avec Guillaume et prendre de lui des leçons de rhétorique. Mais le nouveau rhétoricien en revenait toujours à la dialectique, et il ne pouvait s'empêcher de combattre les opinions de son maître, particulièrement sur les universaux. Car Guillaume enseignait qu'il y avait une nature universelle ; *à parte rei*, comme parle l'école; et Abailard combattit si bien ce sentiment, qu'il obligea son maître d'y renoncer : ce qui, au dire d'Abailard, discrédita tellement Guillaume, que, se voyant abandonné de la plupart de ses disciples, il quitta sa chaire qui était celle de l'Eglise de Paris, et la fit donner à un autre professeur qui la céda à Abailard ; mais Guillaume ne souffrit pas que son rival occupât une place si honorable : ainsi Abailard fut obligé de retourner à Melun. Il revint peu de temps après à Paris, et ouvrit une école hors de la ville sur la montagne de Sainte-Geneviève. Guillaume, de son côté, en ouvrit une dans son monastère de Saint-Victor; et les disputes recommencèrent entre les deux professeurs. Abailard fut obligé de faire un second voyage en Bretagne, parce que son père s'était fait moine, et que sa mère était sur le point de se faire religieuse. Quand il eut terminé ses affaires de famille, il alla étudier la théologie sous Anselme, doyen de Laon, qui était un ancien professeur fort estimé; mais Abailard ne trouva pas que son mérite répondît à sa réputation, et il ouvrit, pour le combattre, une école à Laon, où il entreprit d'interpréter Ezéchiel. Anselme lui fit défendre d'expliquer l'Ecriture. Ainsi il revint à Paris, où on lui offrait la chaire que Guillaume de Champeaux avait remplie; car ce savant professeur avait été élevé sur le siège de Châlons-sur-Marne. Abailard y continua son exposition d'Ezéchiel avec un concours et un applaudissement extraordinaires; mais le succès l'enivra, et une passion honteuse, à laquelle il eut la faiblesse de se livrer, devint la punition de son orgueil et la source de ses humiliations et de ses malheurs.

Dans le temps qu'Abailard jouissait de la plus florissante réputation, il conçut un amour criminel pour une jeune personne nommée Héloïse, nièce d'un chanoine de Paris appelé Fulbert, chez qui elle demeurait. C'était une fille de beaucoup d'esprit, et qui avait un goût rare pour les langues et pour les sciences, à quoi son oncle l'avait appliqué de bonne heure. Abailard lia d'abord avec elle un commerce de lettres, et il croyait n'aimer en elle que son érudition et ses talents; mais il aimait déjà Héloïse même, qui ne se défiait de rien, et qui ne voyait, dans les empressements d'Abailard, que des marques de zèle pour son avancement dans ses études. Cependant le professeur, occupé de sa passion, pour en voir plus souvent l'objet, pria Fulbert de le recevoir en pension chez lui, sous prétexte qu'il serait plus proche de son école. Le bon chanoine, qui voulait que sa nièce se perfectionnât dans les sciences, reçut avec plaisir Abailard, en lui recommandant de servir de maître à Héloïse. C'était une innocente brebis qu'il donnait à garder au loup. Abailard, chargé de lui cultiver l'esprit, lui corrompit le cœur, et en fit la victime de sa passion. Le chanoine fut le dernier à s'apercevoir du déshonneur de sa famille. Dès qu'on lui eut fait ouvrir les yeux, il chassa son hôte; mais celui-ci, plus passionné que jamais, enleva Héloïse et la conduisit en Bretagne chez sa sœur, où elle accoucha d'un fils qu'il nomma Astrolabe. Ils revinrent ensuite à Paris ; et, pour apaiser Fulbert, Abailard lui promit d'épouser celle qu'il avait séduite. Héloïse, pour l'honneur d'Abailard, qui était clerc et chanoine de Sens, ne voulait pas consentir à ce mariage. Ils prirent le parti de le contracter secrètement, en présence seulement de Fulbert et de quelques personnes de la famille.

Les nouveaux époux faisaient mystère de leur mariage. Fulbert, au contraire, le publiait partout; ce qui exposait Abailard aux railleries de ses disciples, et faisait un très-grand tort à sa réputation. Pour faire cesser ces bruits, Abailard se détermina à envoyer sa femme dans le monastère des religieuses d'Argenteuil, où il lui fit prendre l'habit, sans vouloir cependant qu'elle reçût le voile, afin d'être en état de la rappeler quand il le jugerait à propos.

Le chanoine Fulbert fut si outré de cette nouvelle démarche, dont il ne pénétrait pas les motifs, qu'il fit prendre et mutiler honteusement Abailard, pendant la nuit et dans le moment qu'il dormait. Cet attentat, commis sur un homme aussi célèbre, fit un grand éclat. Abailard reconnut les justes jugements de Dieu, qui le punissait par où il avait péché. Ne pouvant plus supporter la honte qui lui en revenait, il se fit moine dans l'abbaye de Saint-Denys. Héloïse prit le voile à Argenteuil. Ce fut l'évêque de Paris qui le bénit et le mit sur l'autel. Héloïse, sortant du chœur pour aller le prendre et le mettre elle-même sur sa tête, fut arrêtée par plusieurs personnes de qualité, qui essayèrent de la détourner de ce dessein; mais elle ne se laissa point ébranler; et, malgré les larmes qui coulaient de ses yeux et les soupirs qu'exhalait son cœur, elle accomplit son sacrifice, en récitant les vers de la Pharsale, où Lucain représente Cornélie déplorant la mort du grand Pompée, son époux, s'accusant de l'avoir rendu malheureux, et déclarant qu'elle va s'en punir.

Abailard ne tarda pas à se brouiller avec l'abbé et les moines de Saint-Denys, parce que, si nous l'en croyons, il ne pouvait s'empêcher de leur reprocher la vie licencieuse qu'ils menaient. D'un autre côté, ses anciens écoliers le pressaient de reprendre le cours de ses leçons, et de faire pour Dieu ce qu'il avait fait auparavant pour la gloire et pour l'intérêt. Il obtint donc la permission d'Adam, son abbé, de se rendre à Provins dans un prieuré, pour y ouvrir une école. Il s'y fit un si grand concours d'écoliers, que la ville de Provins n'avait ni assez de bâtiments pour les loger, ni assez de provisions pour les nourrir. Abailard crut qu'il était plus convenable à sa nouvelle profession d'enseigner la théologie. Il donnait cependant quelques leçons de dialectique, se servant, comme il s'exprime, de la philosophie comme d'un hameçon pour attirer ses auditeurs à l'étude de la religion. Telle était, dit-il, la méthode du grand Origène.

Cependant un homme s'élevait en France, qui surpassait Abailard de beaucoup, et pour la beauté du génie, et pour la sagesse et la conduite, et pour la sainteté de la vie, un homme qui devait faire la gloire de son ordre, la gloire de la France, la gloire de l'Église entière.

Le nouvel institut de Cîteaux, que nous avons vu fonder par saint Robert de Molesme, en 1092, quoiqu'il fût renommé par l'austérité de sa réforme, demeura plusieurs années sans faire de progrès sensibles. C'était un arbre qui jetait de profondes racines avant que de s'élever et d'étendre ses branches. Mais quand cet ordre eut demeuré quelque temps obscur, content de servir Dieu par l'humilité et la pauvreté, Dieu sembla prendre plaisir à l'exalter et à le glorifier par tout ce que la vertu peut avoir de plus éclatant aux yeux des hommes. Depuis l'établissement du monastère de Cîteaux par saint Robert, on avait toujours été édifié de la piété, de la solitude de ses saints religieux; mais on était encore effrayé de leur austérité et de la rigoureuse pauvreté qu'ils observaient, lorsque, l'an 1113, année bien glorieuse à la religion et en particulier à l'ordre monastique, un jeune seigneur nommé Bernard alla s'y consacrer à toutes les rigueurs de la pénitence, avec trente compagnons qu'il avait gagnés à Dieu, et qu'il conduisit à Cîteaux comme de précieuses dépouilles enlevées au monde en le quittant.

Bernard naquit en 1091, à Fontaines en Bourgogne, à une demi-lieue de Dijon, d'une famille distinguée par la noblesse. Il était fils de Tescelin, seigneur de ce lieu, et d'une dame nommée Aleth ou Alix, de la maison de Montbar. Le père et la mère avaient l'un et l'autre une grande piété. Aussi Dieu versa-t-il les plus grandes bénédictions sur leur mariage. Ils eurent sept enfants, six garçons et une fille. La mère les offrit tous à Dieu de ses propres mains, aussitôt après leur naissance, et voulut les nourrir tous elle-même, afin qu'ils suçassent d'elle avec son lait, son amour pour la vertu. Étant enceinte de Bernard, le troisième de ses enfants, elle eut un songe où il lui parut qu'elle portait dans son sein un petit chien qui commençait à aboyer. Ce songe l'effraya; mais un saint homme la rassura, en lui prédisant que l'enfant qu'elle mettrait au monde serait un chien fidèle de la maison du Seigneur, qui ne cesserait d'aboyer contre les loups, et qu'il aurait un talent rare pour annoncer la parole de Dieu. La pieuse dame, consolée par cette prédiction, non-seulement offrit cet enfant à Dieu comme les autres, mais le consacra spécialement à son service, le fit élever avec un grand soin, et le donna à des ecclésiastiques de Châtillon-sur-Seine. Comme Bernard avait l'esprit excellent, il avança bientôt au delà de son âge et passa loin de ses compagnons. Il aimait dès lors la retraite, méditait beaucoup, parlait peu, était simple, doux et singulièrement modeste. Il demandait à Dieu de conserver sa jeunesse dans la pureté, et étudiait les lettres humaines pour mieux entendre les écritures divines. Quelque jeune qu'il fût, il donnait aux pauvres tout l'argent qu'il pouvait avoir. Dieu se communiqua à lui dès son enfance, comme autrefois à Samuel, par des faveurs singulières. Une nuit de Noël comme il attendait à l'église que l'on commençât l'office, il pencha un peu la tête et s'endormit. Il eut alors une vision dans laquelle l'enfant Jésus lui apparut. Sa beauté toute divine le charma tellement, que, depuis ce jour-là, il se sentit enflammé de la plus tendre dévotion pour le mystère du Verbe incarné, et toutes les fois qu'il avait occasion d'en parler, c'était avec tant de douceur et d'onction, qu'il semblait se surpasser lui-même. Il était encore enfant, quand un violent mal de tête l'obligea à garder le lit : on lui fit venir une femme qui prétendit le guérir par des charmes. Mais sitôt qu'il s'en aperçut, il la repoussa avec de grands cris, qui marquaient son indignation, et aussitôt il se leva parfaitement guéri.

À l'âge de dix-neuf ans, il perdit sa vertueuse mère. Alix était regardée dans le monde comme une sainte, à cause de ses abondantes aumônes, de son zèle à visiter les hôpitaux et à servir les malades, de la rigueur et de la continuité de ses jeûnes, et de son ardeur pour la pratique de toutes sortes de bonnes œuvres. Elle avait une grande dévotion pour saint Ambroise, elle avait coutume d'inviter le clergé de Dijon à venir célébrer sa fête avec elle au château de Fontaines. La veille de cette fête de l'an 1110, elle fut prise de la fièvre. Le lendemain, elle reçut l'extrême-onction et le viatique; on lui récita ensuite les prières des agonisants, auxquelles elle répondit avec autant de ferveur que de présence d'esprit; puis ayant fait le signe de la croix, elle expira tranquillement.

Bernard alors de retour au château de Fontaines, était maître de ses actions. Son père, occupé de ses affaires et obligé d'être à l'armée, ne pouvait veiller sur sa conduite. Il parut dans le monde avec tout ce qui peut flatter un jeune homme de qualité et le faire aimer. Un esprit vif et cultivé, une prudence peu commune, une modestie naturelle, des manières affables, un caractère doux et complaisant, une conversation agréable lui gagnaient les cœurs de tous ceux qui avaient à vivre avec lui. Mais tous ces avantages pouvaient devenir des pièges. Il avait d'abord beaucoup à craindre de la part de ceux qui se disaient ses amis, et qui, sous ce prétexte, cherchaient à l'associer à leurs parties de plaisir, où souvent Dieu était grièvement offensé. A la lumière de la grâce, il découvrit leurs desseins, et résolut de s'éloigner pour toujours de la corruption d'un monde perfide.

La beauté, même avec la vertu, est encore un écueil; celle de Bernard mit sa chasteté à des épreuves bien délicates. Il logea un jour chez une dame qui conçut pour lui une passion criminelle: elle porta l'imprudence jusqu'à venir la nuit à son lit. Le pieux jeune homme l'ayant aperçue, ne lui répondit qu'en criant de toutes ses forces: *Au voleur! au voleur!* de sorte que ses cris réveillèrent toute la maison. La dame passionnée se retira couverte de confusion; mais elle ne se rebuta point, et sa passion, plus forte que la honte, la fit revenir jusqu'à trois fois pour solliciter Bernard au péché. Il ne lui répondit qu'en criant toujours *au voleur!* parce que cette femme voulait lui enlever le précieux trésor de la virginité. Bernard le conservait avec tant de soin, qu'ayant arrêté un jour les yeux trop attentivement sur une femme, il alla aussitôt, pour s'en punir, se plonger dans un étang voisin, dont l'eau était comme glacée, et y demeura jusqu'à ce qu'il eût éteint la dernière étincelle du feu impur dont il avait ressenti quelque impression. Depuis ce temps-là, il fit avec ses yeux le pacte de ne jamais regarder en face une personne du sexe.

Il n'est pas sûr d'habiter longtemps avec un serpent: Bernard le comprit et songea à fuir. Il voyait le monde et le prince de ce monde lui offrir de grandes choses et des espérances plus grandes encore, mais toutes trompeuses. Il entendait la Vérité même, lui disant au fond du cœur: *Venez à moi, vous tous qui travaillez, qui êtes accablés, et je vous soulagerai: Prenez mon joug sur vous, et vous trouverez le repos de vos âmes.* Résolu à quitter le monde, Bernard se mit à chercher où il trouverait plus sûrement le repos de son âme sous le joug du Christ. Le nouvel institut de Cîteaux se présente à sa recherche; la vie et la pauvreté y étaient si austères, qu'à peine quelqu'un avait-il le courage d'y entrer. Ce fut précisément ce qui décida Bernard; il espérait y être tout à fait caché dans le secret de Dieu, loin des hommes, surtout n'y avoir point à craindre la vanité, ni du côté de la noblesse, ni du côté de ses talents, ni même du côté de la sainteté. Quand ses frères, qui l'aimaient beaucoup, comprirent par ses discours qu'il pensait à quitter le monde, ils mirent tout en œuvre pour le détourner de son dessein et l'attacher plus étroitement au siècle par l'étude des lettres et l'amour des sciences humaines. Bernard avoua depuis que leurs discours l'avaient presque ébranlé; mais le souvenir de sa sainte mère lui revenait sans cesse à l'esprit; il lui semblait souvent la voir qui lui faisait des reproches et lui rappelait qu'elle ne l'avait pas élevé avec une si tendre sollicitude pour de pareilles bagatelles. Enfin, un jour qu'il allait voir ses frères près du duc de Bourgogne au siége de Grancei, ses perplexités ayant augmenté sur la route, il entra dans une église, y pria Dieu, avec beaucoup de larmes, de lui faire connaître sa volonté et de lui donner le courage de la suivre. Sa prière finie, il se trouva tellement confirmé dans sa vocation, que toutes ses inquiétudes cessèrent, et il ne songea plus qu'à embraser les autres du feu qui le brûlait lui-même, feu semblable à un incendie qui, de proche en proche, embrase les forêts et les montagnes.

Bernard commença par ses frères, qu'il entreprit de gagner tous à Dieu, excepté le dernier, trop jeune encore, et qu'il jugea à propos de laisser dans le monde pour consoler la vieillesse de son père Gualderic, son oncle, seigneur de Touillon, qui était un brave guerrier, fut le premier qui se rendit à ses exhortations. Barthélémi, frère cadet de Bernard, et qui n'était pas encore en âge de porter les armes, se laissa gagner le même jour. André, qui était aussi frère cadet de Bernard et qui faisait alors sa première campagne, avait beaucoup de peine à se rendre, lorsqu'il s'écria tout à coup: Je vois ma mère! Car elle lui apparut visiblement, souriant avec tendresse et applaudissant à la résolution de ses fils. André ne balança plus à renoncer à la milice du siècle pour se faire soldat du Christ. Il ne fut pas seul à voir sa mère dans la joie: Bernard confessa qu'il la vit de même.

Gui, l'aîné des frères, était déjà marié: c'était un homme considérable et plus engagé dans le monde que les autres. Il hésita un peu d'abord: mais ensuite, y ayant fait réflexion, il promit d'embrasser la vie monastique, si sa femme y consentait: ce qu'il semblait à peu près impossible d'espérer d'une jeune dame qui avait des petites filles qu'elle nourrissait. Bernard, comptant fermement sur la miséricorde de Dieu, promit qu'elle consentirait ou qu'elle mourrait bientôt. Comme elle continuait de résister, son mari résolut, sans la quitter, de mener une vie pauvre à la campagne et de vivre du travail de ses mains. Elle tomba grièvement malade, fit venir Bernard, le pria de lui pardonner, et fut la première à demander la séparation; puis elle se fit religieuse à Lairé, près de Dijon.

Le second des frères était Gérard, homme de mérite, aimé de tout le monde pour sa valeur, sa prudence et sa bonté. Il résistait fortement, et traitait de légèreté la facilité de ses frères à prendre un tel engagement. Mais Bernard, transporté du zèle qui l'animait: Je sais, dit-il, je sais qu'il n'y aura que l'affliction qui vous rendra sage; et, portant le doigt à son côté, il ajouta: Le jour viendra, et bientôt, qu'une lance, perçant ce côté fera passer à votre cœur le conseil salutaire que vous méprisez, vous craindrez, mais vous n'en mourrez pas. Peu de jours après, Gérard, enveloppé par ses ennemis, fut pris et blessé d'une lance au même endroit. Se croyant près de mourir, il criait: Je suis moine, je suis moine de Cîteaux! Il fut jeté dans une prison souterraine et mis aux fers. Ayant guéri contre toute espérance, il ne rétracta point son vœu; la captivité seule l'empêchait de l'accomplir. Bernard vint pour obtenir sa délivrance, mais n'y réussit point; on ne lui permit pas même de le voir. Bernard lui cria par la porte de la prison : Mon frère Gérard, sachez que nous entrerons bientôt dans le monastère. Pour vous, si vous ne pouvez pas nous suivre, soyez ici moine, et que votre prison soit votre monastère.

Quelques jours après, comme Gérard s'en inquiétait de plus en plus, il entendit pendant le sommeil ces paroles : Aujourd'hui tu seras délivré !... C'était pendant le saint temps de carême. Vers le soir, comme il pensait aux paroles qu'il avait entendues, il toucha les fers dont il était garrotté. Les fers se rompirent en partie, de manière qu'il pouvait marcher quelque peu. Mais que faire ? La porte était fermée à clef, et il y avait devant la porte une multitude de pauvres. Il se leva toutefois, et, moins dans l'espoir de s'évader que pour la curiosité du fait, il s'approcha de la porte de son cachot. Dès qu'il eut touché le verrou, la serrure se brisa tout entière dans sa main, et la porte resta ouverte. Il en sortit pas à pas, comme un homme qui avait encore les entraves aux pieds, et se dirigea vers l'église, où l'on chantait l'office du soir. Les pauvres qui stationnaient devant la maison s'enfuirent de frayeur, mais sans pousser un cri. Gérard approchait de l'église, lorsque le frère de celui-là même qui le retenait prisonnier en sortait, lui disant : Vous venez bien tard; cependant hâtez-vous, et vous entendrez encore quelque chose; et il lui donna le bras pour lui aider à monter les degrés. Ce ne fut qu'en entrant à l'église que cet homme comprit ce qui se passait. Il voulut retenir Gérard, mais il ne le put; l'église étant un asile inviolable, le prisonnier y était libre. Voilà comme Gérard, converti et délivré, put accomplir son vœu avec les autres.

Bernard ayant gagné à Dieu tous ses frères et son oncle, entreprit une semblable mission auprès des jeunes seigneurs, ses amis et ses parents. La conquête de Hugues de Mâcon lui coûta beaucoup. C'était un jeune homme d'une grande noblesse, qui avait de grands talents, et dont le monde avait conçu de grandes espérances. Il était ami particulier de Bernard, et, quand il apprit sa conversion, il ne put s'empêcher de le pleurer comme un ami qu'il perdait et qui mourait au monde; tandis que Bernard, de son côté, pleurait Hugues comme un ami qui voulait se perdre avec le monde dont il paraissait enchanté. Bernard l'étant allé voir, ils ne purent se parler, en s'abordant, que par les larmes qu'ils versèrent, et qui avaient des motifs bien différents; mais enfin Bernard ayant parlé, il triompha. Hugues, cédant aux mouvements de la grâce et aux sentiments de l'amitié, s'engagea à suivre son ami dans la retraite; et Bernard s'en retourna comblé de la plus sensible consolation. Mais Hugues perdit bientôt sa vocation, et il ne résista pas à quelques railleries qu'il eut à essuyer sur le pieux dessein qu'il avait formé. Bernard, qui en fut averti, retourna pour lui reprocher son inconstance. Il le trouva obsédé d'une foule de faux amis qui, craignant que Bernard ne le regagnât, les observaient pour ne pas les laisser seuls. Dieu y pourvut. Comme ils étaient tous ensemble assis à la campagne, il survint tout à coup une grosse pluie. Aussitôt tous ces jeunes seigneurs se dispersèrent pour se mettre à couvert. Hugues voulait aussi s'en aller; mais Bernard, le retenant, lui dit : Vous essuierez ici l'orage avec moi; et il lui parla ensuite avec tant de force, qu'il fit renaître dans son cœur les sentiments que le respect humain y avait étouffés. Hugues suivit avec tant de courage sa vocation, qu'il fut choisi pour être le premier abbé de Pontigni, d'où il fut ensuite tiré pour être élevé sur le siége d'Auxerre.

Bernard parlait en public et en particulier pour gagner les âmes; l'Esprit-Saint donnait à ses discours une telle efficace, qu'on ne pouvait lui résister. La chose alla si loin, que les mères cachaient leurs enfants, les femmes retenaient leurs maris, les amis détournaient leurs amis, de peur qu'il ne les portât à se faire moines. Comme dans la primitive Église, ceux qu'il avait rassemblés n'étaient qu'un cœur et qu'une âme; ils demeuraient ensemble dans une maison qu'ils avaient à Châtillon; et à peine quel qu'un osait-il y entrer s'il n'était de leur compagnie. Si quelque autre venait, il glorifiait Dieu de ce qu'il voyait et se joignait à eux, ou il se retirait en déplorant sa misère et les estimant heureux. Ils demeurèrent environ six mois en habit séculier, depuis leur première résolution, attendant qu'ils fussent en plus grand nombre et que quelques-uns d'entre eux eussent terminé leurs affaires. Enfin, par un miracle singulier de la grâce, Bernard, à l'âge de vingt-deux ans, vint à bout de s'associer, pour entrer ensemble à Cîteaux, plus de trente compagnons d'entre ses parents et ses amis, dont la plupart étaient de la principale noblesse.

Enfin, le jour d'accomplir leur vœu étant arrivé, Bernard et ses quatre frères allèrent demander la bénédiction de leur vieux père. En sortant de la maison, l'aîné d'entre eux trouva le plus jeune de tous, Nivard, qui était encore enfant et qui jouait dans la place publique avec des enfants de son âge; il lui dit : Mon frère Nivard, nous vous laissons tous nos biens; la succession paternelle vous regarde uniquement. C'est-à-dire, répondit Nivard, que vous me laissez la terre et que vous prenez le ciel pour vous; le partage n'est pas égal. Nivard demeura alors avec son père; mais dès qu'il fut en âge, rien ne put l'arrêter et il suivit l'exemple de ses frères. Tescelin, leur père, et Hombeline, leur sœur, embrassèrent pareillement, dans la suite, la vie religieuse.

Étienne était alors abbé de Cîteaux, et il voyait avec peine que, malgré ses soins, le nombre de ses religieux n'augmentait pas, lorsque Bernard, suivi de plus de trente compagnons, vint lui demander d'y être reçu, l'an 1113, la quinzième année depuis la fondation de Cîteaux. Le saint abbé reçut avec une joie sensible une si nombreuse et si florissante recrue (*Acta Sanct.*, 20 aug.).

Saint Étienne, surnommé Harding ou Hardinge, troisième abbé de Cîteaux, naquit en Angleterre, de parents nobles et riches. Il fut élevé dans le monastère de Sherbourne, au comté de Dorset. Les maîtres auxquels il fut confié, le formèrent tout à la fois aux sciences et à une piété solide. Il sut de bonne heure réprimer ses passions, et il vint à bout d'établir dans son âme un calme inaltérable. C'était de ce calme que provenait l'aimable sérénité qu'on remarquait toujours sur son visage. Le désir d'avancer de plus en plus dans la perfection, lui fit prendre le parti de quitter le monastère; il en sortit donc avec un de ses amis qui avait les mêmes sentiments et les mêmes inclinations. Ils passèrent l'un et l'autre en Ecosse, où se trouvaient alors plusieurs rares modèles de piété; de là, ils se rendirent à Paris, puis à Rome. Leur recueillement ne souffrit point de ces voyages; et, pour s'entretenir dans l'esprit d'oraison, ils récitaient chaque jour tout le psautier.

Etienne, à son retour de Rome, entendit parler à Lyon des vertus et des austérités que l'on pratiquait au monastère de Molesme, récemment fondé par saint Robert; il résolut aussitôt d'aller s'y consacrer à Dieu. Il suivit Robert à Citeaux, lorsqu'il fonda ce nouveau monastère par les libéralités d'Eudes, duc de Bourgogne. Le duc venait souvent s'y édifier; il se fit même bâtir un palais dans le voisinage, et voulut être enterré dans l'église des solitaires; plusieurs de ses successeurs y choisirent aussi leur sépulture. Henri, son second fils, porta la ferveur encore plus loin; il se mit au nombre des disciples du bienheureux Albéric, deuxième abbé de Citeaux, prit l'habit monastique, et mourut à Citeaux de la mort des justes.

Après la mort du bienheureux Albéric, saint Etienne fut choisi pour lui succéder dans la charge d'abbé. Son premier soin fut d'entretenir dans ses religieux l'esprit de retraite et de pauvreté. Il employa de sages précautions pour empêcher les visites trop fréquentes des étrangers. Il n'y avait que le duc de Bourgogne qui eût permission d'entrer dans le monastère; encore le pria-t-on de ne point tenir sa cour à Citeaux, comme il avait coutume de faire aux grandes solennités. On supprima dans l'église les croix d'or et d'argent, et on leur en substitua d'autres qui étaient de bois peint. On bannit l'usage des chandeliers, et il fut arrêté qu'il n'y en aurait plus qu'un, lequel serait de fer. Il fut décidé qu'on ne se servirait point de calices d'or, mais seulement d'argent doré. Les chasubles, les étoles, les manipules et autres ornements devaient être d'étoffes communes; il ne devait y entrer ni soie, ni or, ni argent. Mais en même temps que l'église de Citeaux n'offrait rien que de pauvre, elle était tenue avec une propreté et une décence dignes de la maison de Dieu; sa simplicité même lui donnait quelque chose de majestueux qui annonçait la grandeur du maître qu'on y adorait.

Les moines de Citeaux donnaient plusieurs heures du jour au travail des mains; ils avaient aussi des moments marqués pour lire et pour copier des livres. Ce fut dans ces moments que saint Etienne, avec l'aide de ses religieux, fit une copie de la Bible latine à l'usage de son monastère. Il se servit, pour la rendre exacte, d'un très-grand nombre de manuscrits. Il consulta aussi des Juifs habiles qui lui expliquèrent le texte hébreu, et, par là, le mirent en état de corriger les endroits où le sens de l'original n'était pas bien rendu. Cette diversité dans les exemplaires de la Bible venait des fautes qui s'y étaient glissées par l'ignorance ou la négligence des copistes. L'exemplaire manuscrit de la bible, copié sous saint Etienne en 1109, s'est gardé à Citeaux jusque dans ces derniers temps.

Quelque grande qu'eût paru jusqu'alors la vertu de saint Etienne, elle brilla cependant d'un nouvel éclat dans les épreuves par lesquelles Dieu la fit passer. Le duc de Bourgogne, offensé de ce qu'on ne voulait plus lui permettre de tenir sa cour à Citeaux, en marqua son ressentiment; il priva le monastère de sa protection, et cessa de fournir aux besoins de ceux qui l'habitaient. Les religieux se sentirent bientôt de la soustraction des aumônes du prince, et, leur travail n'étant point suffisant pour les faire entièrement subsister, ils ne tardèrent point à se voir réduits à une nécessité extrême. Etienne, qui manquait de tout, ainsi que sa communauté, sortit du monastère et alla mendier de porte en porte. Il donna une preuve de son désintéressement et de sa confiance en Dieu, en refusant les aumônes d'un prêtre simoniaque. Il est vrai que la règle de Citeaux, attentive à écarter tout ce qui pourrait préjudicier à l'esprit de retraite et de recueillement, défend de mendier à ceux qui la professent; mais il est des cas extraordinaires, tel que celui d'une nécessité extrême, qui doivent dispenser de la loi générale. Au reste, le saint abbé et ses religieux se réjouissaient de leur pauvreté, et les incommodités qui en sont la suite furent pour eux une occasion de pratiquer les plus héroïques vertus. Dieu les consola plusieurs fois par des marques sensibles de sa protection.

A l'épreuve dont nous venons de parler, succéda une autre qui n'était pas moins délicate. La maladie emporta, dans les années 1111 et 1112, la plus grande partie des religieux de Citeaux. Le saint abbé ressentit vivement ce coup. Ce qui l'affligeait surtout était la crainte de ne pouvoir laisser de successeurs de sa pénitence et de sa pauvreté. En effet, on attribuait la mort de tant de religieux à l'austérité de la règle, qu'on accusait d'être excessive, et on en concluait que Dieu n'approuvait pas le nouvel institut. Cette raison, qui avait quelque chose de spécieux, ébranlait l'esprit de plusieurs, et faisait que personne ne se présentait au monastère pour y être reçu. Cependant le saint abbé adressait au ciel de ferventes prières, et lui recommandait avec larmes son petit troupeau. Les grâces qu'il avait obtenues jusqu'alors lui donnaient une sorte de droit à la protection du Seigneur. Sa foi fut à la fin récompensée, lorsque Dieu lui envoya saint Bernard avec ses trente compagnons (*Acta Sanct.*, 17 *april.*).

Comme parmi ceux-ci il y en avait plusieurs qui avaient été mariés et que leurs femmes avaient également fait vœu d'embrasser la vie religieuse, saint Etienne fit bâtir pour elles le monastère de Juilly, au diocèse de Langres, et le mit sous la conduite de l'abbé de Molesme. Quant à la maison de Citeaux, elle était encore très-peu connue. Aussi Bernard y entra-t-il à dessein de se cacher et de se faire oublier des hommes, comme un vase perdu; mais Dieu avait d'autres pensées, et voulait en faire un vase d'élection, non-seulement pour fortifier et dilater l'ordre monastique, mais pour porter son nom devant les rois et les peuples, et jusqu'aux extrémités de la terre. Lui, qui ne songeait à rien de pareil, s'excitait sans cesse à la ferveur, et se disait souvent à lui-même : Bernard, Bernard, qu'es-tu venu faire ici? Quand il eut commencé à goûter la douceur de l'amour divin, il craignait tellement d'être détourné de ce sentiment intérieur par les sens, qu'il leur permettait à peine ce qui était nécessaire pour converser avec les hommes. Il s'en fit une habitude qui tourna comme en nature; en sorte que, tout absorbé en Dieu, il voyait sans voir, entendait sans entendre, et goûtait sans savourer. Il avait passé un an dans la chambre des novices, et en sortit sans savoir si le plafond en était lambrissé ou non. Il fut longtemps sans s'apercevoir qu'il y avait trois fenêtres au chevet de l'église, où il entrait plusieurs fois le jour; il croyait qu'il n'y en eût qu'une. Il avait tellement fait mourir en lui toute curiosité, qu'il ne remarquait point ces sortes de choses, ou les oubliait aussitôt.

Son beau naturel, aidé de la grâce, lui faisait trouver un goût merveilleux dans la contemplation des choses spirituelles. Et comme ses passions n'étaient ni violentes ni fortifiées par de mauvaises habitudes, la chair n'était point rebelle à l'esprit; au contraire, l'esprit prenait tellement le dessus, que la chair succombait sous le poids des austérités. Si jeune qu'il fût, il veillait dès lors au delà des forces de la nature, comptant pour perdu le temps du sommeil, et croyant dormir assez, pourvu qu'il ne veillât pas toute la nuit. Il ne mangeait que par la crainte de tomber en défaillance : la seule pensée de la nourriture le rassasiait, et il s'en approchait comme d'un supplice. Aussi, dès son noviciat, la délicatesse de sa complexion ne pouvant supporter l'austérité de sa pénitence, lui causa un vomissement qui lui dura toute la vie; mais il eut toujours autant de vigueur d'esprit et de ferveur que de faiblesse de corps; il ne voulut jamais aucune indulgence ni aucune dispense, soit du travail, soit des autres observances, disant qu'il était novice et imparfait, et qu'il avait besoin de toute la rigueur de la discipline.

Sa ferveur était admirable dans tous les exercices, mais surtout dans l'accomplissement des choses les plus communes. Lorsque les autres travaillaient des mains à un ouvrage que lui ne savait pas faire, il le compensait en bêchant la terre, en coupant du bois, en portant des fardeaux sur ses épaules. Pendant la moisson, le supérieur lui ayant ordonné de s'asseoir et de se reposer, comme étant trop faible et trop peu habile, il en fut extrêmement affligé et pria Dieu avec larmes de lui accorder la grâce de moissonner avec ses frères. Il l'obtint aussitôt, et il se félicitait depuis, avec un saint enjouement, d'être plus habile moissonneur que les autres. Le travail extérieur n'interrompait point sa prière intérieure, son union et ses entretiens avec Dieu. Tout en travaillant, il priait, il méditait l'Ecriture sainte; il disait depuis, que c'était principalement dans les champs et dans les forêts qu'il en avait appris les sens spirituels, et que ses maîtres avaient été les hêtres et les chênes. Dans les intervalles du travail, il était continuellement occupé à prier, à lire ou à méditer. Il étudiait l'Ecriture sainte, en la lisant avec simplicité, de suite, et en la relisant plusieurs fois; il disait qu'il ne trouvait rien qui la lui fît mieux comprendre que ses propres paroles, et que toutes les vérités qu'elle enseigne ont plus de force à la source que dans les discours des interprètes. Il ne laissait pas de lire avec humilité et soumission les explications des docteurs catholiques, et de suivre fidèlement leurs traces.

Bernard tomba cependant dans deux fautes, mais qui servirent à augmenter sa ferveur et sa vigilance. Il avait coutume de réciter tous les jours les sept psaumes pour l'âme de sa mère; il lui arriva une fois de les omettre. Saint Etienne, auquel Dieu avait révélé cette omission, lui dit le lendemain matin : Frère Bernard, à qui donnâtes-vous hier commission de réciter pour vous les sept psaumes ? Le novice surpris que l'on connût ce qu'il n'avait découvert à personne, fut pénétré de confusion; il se jeta aux pieds de son abbé, avoua sa faute et demanda pardon. Il fut toujours depuis très-exact à ses exercices particuliers. Voici l'autre faute qu'il commit. Des séculiers de ses parents étant venus le voir, il obtint de son abbé la permission de s'entretenir avec eux, et prit quelque plaisir à entendre les questions et les réponses qu'ils lui faisaient. Il s'aperçut de sa faute, par la sécheresse où son cœur se trouva ensuite. Pour s'en punir, il pria longtemps, prosterné en corps et en esprit devant l'autel; et il n'y eut que le retour des consolations spirituelles qui fit cesser ses larmes et ses gémissements. Il s'observa si bien dans la suite, que, quand il était obligé de s'entretenir avec les étrangers, il ne perdait jamais le recueillement intérieur (*Exord. Cisterc.*).

A peine Bernard et ses compagnons étaient arrivés à Citeaux, que l'abbé Etienne, voyant son monastère trop petit pour contenir le nombre des postulants qui y venaient tous les jours, résolut d'établir un nouveau monastère. Gautier, évêque de Châlon-sur-Saône, parcourut avec lui tout son diocèse, pour trouver un lieu propre. Deux comtes du pays, Gauderic et Guillaume, leur offrirent un endroit fort solitaire sur la Grone. L'abbé Etienne l'accepta, et il envoya douze de ses religieux sous la conduite de Bertrand. Les édifices furent achevés en peu de temps, ce qui montre qu'ils n'étaient pas magnifiques; et l'église fut dédiée par l'évêque de Châlon, en présence des deux fondateurs, l'an 1113, le dimanche 18 mai. Ce nouveau monastère, appelé *la Ferté*, fut la première fille de Citeaux; car c'est ainsi qu'on a nommé les colonies qui en sont sorties.

L'année suivante, Hildebert, chanoine d'Auxerre, forma aussi la résolution de fonder un monastère de cet institut dans une terre qui lui appartenait, nommée Pontigni. Il alla, pour ce sujet, à Citeaux; et l'abbé Etienne, ayant agréé la fondation, envoya à Pontigni une nouvelle colonie de douze moines, auxquels il donna pour abbé Hugues de Mâcon, qui était un des compagnons de saint Bernard, et qui n'avait pas encore une année de profession. Il fut établi abbé par Humbald, évêque d'Auxerre, auquel il promit obéissance, selon la règle de saint Benoit. Pontigni fut la seconde fille de Citeaux : Clairvaux fut la troisième.

Saint Bernard était depuis deux ans caché dans la solitude de Citeaux, comme une lumière sous le boisseau. Dieu ne tarda pas à le mettre sur le chandelier, pour éclairer toute l'Eglise. Il inspira donc à l'abbé Etienne le dessein d'établir encore un nouveau monastère de son ordre. Dès que Hugues, comte de Champagne, le sut, il offrit à Etienne, dans le diocèse de Langres, un lieu solitaire appelé la *vallée d'Absynthe*, et qui avait longtemps servi de retraite à des brigands. Après qu'on y eût bâti à la hâte quelques cabanes pour cellules, l'abbé y envoya douze moines, auxquels il donna Bernard pour abbé. Ils y arrivèrent en procession, y menèrent une vie angélique, et firent de cette caverne de voleurs une maison d'oraison et un temple du Dieu vivant ; ce qui fit qu'on changea le nom de la vallée d'Absynthe, appelée dans la suite la Vallée-Illustre, ou Clairvaux (*Clara Vallis*).

Josceran, évêque de Langres, à qui il appartenait de donner la bénédiction abbatiale à Bernard, était alors absent. On prit le parti d'envoyer le nouvel abbé à Châlons-sur-Marne, pour la recevoir des mains de Guillaume de Champeaux, ce savant professeur qui avait été depuis peu élevé sur le siège de cette ville. Bernard y alla avec un moine de Cîteaux, nommé Elbedon. Lorsqu'on vit entrer dans la maison de l'évêque un jeune moine mal habillé, qui n'avait que la peau sur les os et qui paraissait tout mourant, accompagné d'un moine âgé et robuste, on ne douta pas que ce ne fût ce dernier qui était désigné abbé ; mais l'évêque en jugea autrement. Il connut, dès le premier entretien, tout le mérite de Bernard, et il ne pouvait plus se lasser de converser avec lui, comme Bernard, de son côté, ne pouvait assez admirer la piété et l'érudition de ce saint évêque. Depuis ce temps-là, Guillaume de Champeaux et Bernard n'eurent plus qu'un cœur et qu'une âme.

Saint Bernard, étant retourné à Clairvaux, en fit une nouvelle Thébaïde, et y renouvela toutes les austérités des anciens solitaires. Le monastère était fort pauvre ; mais les religieux étaient contents. En manquant de tout, ils croyaient ne manquer de rien, parce qu'ils ne désiraient rien ; et ils ne trouvaient rien de trop pénible, en voyant leur abbé en faire plus qu'il n'exigeait d'eux. Leurs mets n'avaient d'autres goûts que ceux que la faim et l'amour de la mortification pouvaient leur donner ; et il arriva quelquefois qu'on ne leur servait pour leur réfection que des feuilles de hêtre cuites. Le pain était d'orge, de millet et de vesce. Un religieux étranger, à qui on avait servi un de ces pains dans la chambre des hôtes, en fut touché jusqu'aux larmes, et l'emporta secrètement pour le montrer partout et faire voir ce fait incroyable que des hommes pussent vivre d'un tel pain, et des hommes de ce mérite. Le chœur, le travail des mains, la prière, le silence et les veilles étaient tout leur exercice. Bernard surtout ne prenait presque point de repos. Il avait coutume de dire que le temps qu'il regrettait le plus et qu'il regardait comme perdu, était celui qu'il était obligé de donner au sommeil ; et, quand il trouvait un de ses religieux profondément endormi, il disait qu'il dormait comme un séculier. La santé la plus robuste aurait succombé à ces austérités ; celle de Bernard, qui était déjà fort délicate, n'y put résister. Il tomba dangereusement malade peu de temps après avoir été établi abbé.

Guillaume de Champeaux, évêque de Châlons, l'ayant appris, en fut si affligé, qu'il se rendit en diligence à Clairvaux pour le visiter et tâcher de le soulager. Comme il reconnut sans peine que les austérités de Bernard étaient l'unique source de son mal, il le pria instamment de les modérer, et d'avoir plus de soin de sa santé. Ne l'ayant pas trouvé docile sur cet article, parce qu'il ne croyait jamais en faire assez, il se rendit de Clairvaux à Cîteaux, et pria qu'on convoquât le chapitre ; ce que l'abbé Etienne fit aussitôt ; mais il fut bien surpris lorsque, le chapitre étant assemblé, l'évêque de Châlons se prosterna devant lui et devant quelques abbés qui étaient alors à Cîteaux, demandant humblement qu'on le constituât supérieur de Bernard, et qu'on obligeât ce saint abbé, qui devenait homicide de lui-même, à lui obéir en tout ce qu'il lui ordonnerait. On fut édifié de l'humilité et de la charité de l'évêque, et on lui accorda ce qu'il demandait. Guillaume s'en retourna aussitôt à Clairvaux avec plein pouvoir ; et il ordonna à Bernard de lui obéir en tout ce qui regardait sa santé. L'évêque fit faire une petite maison hors du monastère, où il plaça le saint abbé, lui défendant de se mêler en rien du gouvernement de sa communauté, jusqu'à ce qu'il fût rétabli. L'évêque avait de bonnes intentions ; mais il mit, pour avoir soin du malade, une espèce de médecin grossier et rustique, qui promettait de le guérir, et auquel on avait ordonné à Bernard d'obéir.

Guillaume, abbé de Saint-Thierri, qui a écrit la vie de saint Bernard du vivant de ce saint abbé, étant venu à Clairvaux dans ces circonstances, lui rendit visite dans la petite cabane qu'on lui avait bâtie hors de l'enceinte du monastère. Il fut si édifié de ses vertus, qu'il aurait voulu passer le reste de sa vie à le servir. Nous lui demandâmes, dit-il, ce qu'il faisait et comment il vivait dans cette cellule. Fort bien, nous dit-il, en souriant avec cet air de noblesse qui lui est naturel : moi à qui des hommes raisonnables obéissaient auparavant, on m'a ordonné d'obéir à un animal sans raison. Il parlait du médecin paysan qu'on lui avait donné ; et, en effet, Guillaume ajoute qu'ils furent indignés de la manière dont ce prétendu médecin traitait son malade.

Cependant la santé de Bernard se rétablit un peu, et il reprit bientôt le gouvernement de sa communauté. Il avait sous lui tous ses frères. Tescelin, son père, vint aussi, dans sa vieillesse, se rendre moine à Clairvaux. Il ne restait plus dans le monde que sa sœur Hombeline, mariée, et assez mondaine. Dieu lui inspira d'aller rendre visite à son frère. Elle vint au monastère superbement parée et avec une suite nombreuse ; mais Bernard, ayant appris le faste avec lequel elle venait le visiter, refusa de la voir : ses autres frères en firent autant. Elle trouva seulement André à la porte du monastère ; il lui fit des reproches de la magnificence de ses habits, et la nomma *un fumier paré*. La honte et la componction lui firent verser des larmes. Elle dit : « Quoique je sois une pécheresse, Jésus-Christ est mort pour moi ; et c'est parce que je suis pécheresse que je viens chercher de bons conseils. Si mon frère méprise mon corps, elle de Dieu ne méprise pas mon âme. Qu'il vienne, qu'il ordonne, je suis prête à obéir. »

Sur cette promesse, Bernard vint la voir avec tous ses frères. Comme il ne pouvait la séparer d'avec son mari, il se contenta de lui interdire le luxe des habits et toutes les vanités mondaines, lui donnant pour modèle la vie de sa mère. Hombeline retourna chez elle tellement changée, qu'elle vécut deux ans dans sa maison comme dans un cloître. Au bout de ce temps-là, elle obtint, de son mari la permission de se faire religieuse, et elle entra au monastère de Juilly, où elle mourut saintement. Ce monastère avait été fondé pour les femmes de ceux qui avaient suivi saint Bernard à Clairvaux.

La réputation du saint abbé attirait à Clairvaux un grand nombre de novices; il leur disait en les admettant : « Si vous voulez entrer ici, laissez à la porte le corps que vous avez apporté du siècle, et que l'esprit seul entre avec vous. » Il voulait dire, comme il s'expliquait lui-même, qu'il fallait laisser à la porte du monastère la concupiscence, et renoncer à toutes les passions en entrant en religion. Bernard avait une si grande idée de la vie religieuse, que, dans les commencements de son gouvernement, il exigeait de ses frères une pureté de cœur et de corps dont la fragilité humaine n'est pas capable, et il leur proposait une perfection si sublime, qu'il les décourageait plutôt que de les animer. Quand il les confessait et qu'il les entendait s'accuser de quelque illusion ou de quelques pensées peu chastes, il paraissait étonné de les trouver encore des hommes, quand il supposait qu'ils dussent être des anges. Mais Dieu lui fit connaître qu'il se trompait, et le saint abbé sut, dans la suite, se proportionner aux faiblesses de l'humanité et conduire à la perfection ses religieux, par des routes différentes, selon les différentes mesures de grâce qu'il reconnaissait en eux. Au lieu de réprimander avec une sévérité de maître, il se mit à exhorter, à reprendre avec une tendresse de mère. Ceux qui avaient été tentés de découragement, coururent dès lors avec une sainte allégresse dans les voies de la perfection. Clairvaux fut un paradis. On y vit jusqu'à sept cents moines voler au moindre signal de la volonté de saint Bernard, et lui obéir comme à un ange du ciel. Dans ce nombre était un fils du roi de France, un roi de Sardaigne et beaucoup d'autres princes et seigneurs.

La plupart étaient frères convers, occupés au travail des mains ou à la garde des troupeaux; on en découvrit même un qui, pour expier une faute commise à la guerre, se jugeant indigne d'être admis parmi les religieux, s'était loué pour garder, sous les frères convers, les pourceaux d'une ferme. Tels étaient les sentiments d'humilité que Dieu inspirait à des grands du siècle.

En descendant la montagne pour entrer à Clairvaux, on voyait, au premier aspect, que Dieu habitait dans cette maison, par la simplicité et la pauvreté des bâtiments. La vallée était pleine d'hommes, chacun occupé du travail qui lui était prescrit; cependant, au milieu même du jour on trouvait le silence de la nuit; on n'entendait que le bruit du travail ou les louanges de Dieu, quand les moines chantaient l'office. Ce silence imprimait un tel respect aux séculiers, qu'ils n'osaient eux-mêmes tenir en ce lieu aucun discours, non-seulement mauvais ou inutile, mais qui ne fût pas à propos. Les moines ne laissaient pas d'être solitaires dans leur multitude, parce que l'unité d'esprit et la loi du silence conservaient à chacun la solitude du cœur. A peine pouvaient-ils, par un rude travail, tirer leur nourriture de cette terre stérile, et cette nourriture n'avait d'autre goût que celui que la faim ou l'amour de Dieu leur donnait : encore trouvaient-ils que c'était trop, et leur première ferveur leur faisait regarder comme un poison tout ce qui causait quelque plaisir en mangeant. Par les soins de leur saint abbé, ils étaient arrivés à souffrir, non-seulement sans murmure, mais avec joie, ce qui auparavant leur eût paru insupportable. Cette joie même leur causait du scrupule, scrupule d'autant plus dangereux qu'il paraissait plus spirituel; pour les en délivrer, il fallut l'autorité du saint et savant évêque de Châlons. C'est ainsi que Guillaume de Saint-Thierri, témoin oculaire, représente ce qu'il appelle *le siècle d'or de Cîteaux*.

Quant à saint Bernard, le patriarche de cette merveilleuse Thébaïde, il en était la plus grande merveille. Après qu'il eut passé une année sous l'obéissance de l'évêque de Châlons, pour sa santé, il revint à ses premières austérités avec un zèle nouveau, comme un torrent longtemps retenu par une digue, et comme pour récupérer le temps perdu. Il priait debout jour et nuit, jusqu'à ce que ses genoux affaiblis et ses pieds enflés ne pussent plus le porter. Il porta longtemps un cilice sur sa chair, et il ne le quitta que quand il s'aperçut qu'on le savait. Sa nourriture était du pain avec du lait, du bouillon de légumes ou de la bouillie. Les médecins admiraient qu'il pût vivre et travailler en forçant ainsi la nature, et disaient que c'était mettre un agneau à la charrue. Ses vomissements devinrent si fréquents, qu'il fut réduit à s'abstenir de l'office public. Avec toutes ces infirmités, il ne laissa pas de vivre soixante-trois ans, de fonder un grand nombre de monastères, de prêcher, d'écrire plusieurs ouvrages excellents, d'être employé aux affaires les plus importantes de l'Eglise, et de faire pour cela de grands voyages.

Quand ses infirmités le réduisirent à se séparer pour un temps, de la communauté, ce fut la première occasion aux personnes du monde de le connaître et de venir le trouver. Ils venaient en grand nombre, et de son côté il les recevait plus facilement et leur prêchait les vérités de la religion. Quand l'obéissance l'obligeait à s'éloigner du monastère pour les affaires de l'Eglise, quelque part qu'il allât, de quelque sujet qu'il fût question, il ne pouvait s'empêcher de parler de Dieu. Ce qui le fit bientôt connaître dans le monde, et dès lors la grâce divine se rendit en lui plus sensible par le don de prophétie et les miracles.

Le premier miracle eut pour occasion un gentilhomme de ses parents, nommé Josbert de la Ferté, qui perdit tout d'un coup la parole et la connaissance. Son fils et ses amis étaient sensiblement affligés de le voir mourir sans confession et sans viatique. On envoya avertir le saint abbé, qui le trouva au même état depuis trois jours. Il dit au fils et aux assistants : « Vous savez que cet homme a offensé Dieu, principalement en faisant tort aux églises et en opprimant les pauvres. Si vous me croyez, on rendra aux églises ce qu'il leur a ôté, et on remettra les redevances injustes dont il a chargé les pauvres; alors il recouvrera la parole, il se confessera et recevra les sacrements. » Toute la famille le promit avec joie et l'accomplit. Mais Gérard, frère du saint abbé, et Gualderic, son oncle, étonnés et alarmés de la promesse qu'il avait faite, le tirèrent à part et l'en reprirent durement. Il leur répondit avec simplicité : « Il est facile à Dieu de faire ce qu'il vous est difficile de croire. » Il pria en secret, puis alla offrir le saint sacrifice; il était encore à l'autel, quand un homme vint dire que Josbert parlait librement et demandait avec empressement le saint abbé.

Après la messe il y alla, le malade se confessa à lui avec larmes, reçut les sacrements et vécut encore deux ou trois jours, pendant lesquels il donna ordre à ses affaires, restitua le bien mal acquis, et répara les torts qu'il avait faits.

Un jour, comme saint Bernard revenait de la campagne, une femme venue de loin lui apporta son enfant qui avait une main sèche et le bras contourné depuis sa naissance. Le saint abbé, touché des larmes et des prières de cette femme, lui dit de mettre son enfant à terre. Après avoir prié quelque temps, il fit le signe de la croix sur la main et sur le bras de l'enfant, puis il dit à la mère de l'appeler. L'enfant accourut, embrassa la mère des deux bras, et fut dès lors entièrement guéri. Les frères et les disciples de Bernard regardaient avec étonnement ces merveilles; mais ils n'en tiraient pas une vaine gloire humaine, comme auraient fait des hommes ordinaires; au contraire, l'affection spirituelle qu'ils lui portaient, leur faisait craindre pour sa jeunesse et la nouveauté de sa conversion. Les deux que ce zèle animait le plus, étaient Gualderic, son oncle, et Gui, son frère ainé. Ils n'épargnaient point les paroles dures pour fatiguer sa modestie; ils le chicanaient même sur ce qu'il faisait de bien, ils réduisaient à rien ses miracles, et, comme il ne se défendait point, ils le persécutaient souvent, par leurs reproches, jusqu'à lui faire verser des larmes. Enfin il arriva que son oncle Gualderic tomba lui-même malade d'une grosse fièvre. Pressé par la douleur, il pria son saint neveu d'avoir pitié de lui et de ne pas lui refuser le secours qu'il donnait aux autres. Le saint abbé, usant de sa douceur ordinaire, lui rappela d'abord les fréquents reproches qu'il lui avait faits sur ce sujet, et lui demanda s'il ne parlait point ainsi pour le tenter. Gualderic persistant dans sa prière, il lui imposa les mains, commanda à la fièvre de se retirer, et elle se retira (*Vit. S. Bernard.; Acta Sanct.*, 20 aug.).

Tandis que saint Bernard illustrait la France par ses vertus et ses miracles, car il continua d'en faire un grand nombre, l'Irlande admirait un nouvel apôtre, dont Bernard lui-même, l'ami et l'admirateur, a écrit la vie avec une merveilleuse élégance. Saint Malachie, dont le nom veut dire *l'ange du Seigneur*, vint au monde en 1094, dans la ville d'Armagh en Irlande. Né dans un pays barbare, on ne vit jamais rien de plus poli. Ses parents étaient de la première noblesse et des plus puissants de la province. Sa mère, dont la vertu surpassait encore la naissance, lui apprit d'abord la loi de Dieu; elle la mettait bien au-dessus de la science séculière. Le jeune enfant avait de l'aptitude pour l'une et l'autre. Il apprit les lettres à l'école, la piété à la maison; ses progrès satisfaisaient tout ensemble et ses maitres et sa mère. Il était doux, modeste, docile, se faisant aimer de tout le monde. Profitant des leçons et des exemples de sa mère, chaque jour il croissait en prudence et en sainteté. Enfant par les années, vieillard par les mœurs, il n'avait rien de puéril. Admiré, respecté de tout le monde, il n'en était que plus humble et plus prompt à obéir. Instruit par l'onction intérieure, il surpassa bientôt ses condisciples dans la littérature, et ses maîtres eux-mêmes dans la vertu. Il s'appliquait surtout aux choses divines, cherchait la retraite, mangeait peu, veillait beaucoup, méditait la loi, priait souvent. Comme l'étude ne lui permettait pas de fréquenter l'église, et qu'il n'osait faire paraître de l'affectation, il élevait ses mains et son cœur vers Dieu, dans tous les lieux où il le pouvait sans être vu de personne. Car dès lors il évitait la vaine gloire, comme le poison de toutes les vertus. Près de la ville où il étudiait, se trouvait un village où son maître avait coutume d'aller; le jeune étudiant, qui seul l'accompagnait, s'arrêtait de temps à autre, et, à la dérobée, levant les mains au ciel, faisait une prière jaculatoire. L'accroissement de l'âge ne diminua rien de la pureté de son âme ni de la simplicité de son cœur. Il vécut toujours dans la même innocence. Il avait un discernement au-dessus de l'homme; il voyait la différence entre l'esprit dont il se sentait animé, et l'esprit du monde, qui n'est que corruption et ténèbres. Il comprit que c'était l'esprit de Dieu qui le rendait sobre, pieux et chaste, lui faisant aimer la justice et la vérité. Considérant qu'il portait ce trésor dans un vase fragile, il chercha les moyens les plus sûrs pour n'en perdre point l'huile céleste.

Près de l'église d'Armagh était un saint homme enfermé dans une cellule, où il passait les jours et les nuits à jeûner, à prier, à châtier son corps. Malachie alla demander une règle de vie à celui qui s'était enterré vivant dans ce tombeau. Quand le bruit de sa retraite se fut répandu dans la ville, les uns s'affligeaient de voir un jeune homme si aimable et si délicat se condamner à une vie aussi dure, les autres craignaient qu'il ne l'eût entreprise à la légère et qu'il n'y persévérât point; d'autres l'accusaient de témérité pour avoir tenté une chose au-dessus de son âge et de ses forces. Lui, cependant, ne le faisait pas sans conseil; il l'avait appris du prophète : *Il est bon à l'homme d'avoir porté le joug depuis sa jeunesse.* Assis donc aux pieds d'Imar, car tel était le nom du pieux solitaire, il apprenait l'obéissance, le silence, la mortification, ou plutôt il montrait que déjà il l'avait appris. Jusqu'alors cette vie paraissait admirable, mais non pas imitable. L'exemple du jeune Malachie engagea plusieurs autres à l'imiter. Celse, archevêque d'Armagh, de l'avis d'Imar, le promut malgré lui à l'office de diacre. Il en remplit avec beaucoup de zèle toutes les fonctions; celle qu'il affectionnait le plus c'était d'ensevelir les pauvres, tant par humilité que par humanité. Sa sœur, qui regardait ce ministère comme indigne de sa naissance, lui en faisait continuellement des reproches, et disait : *Insensé, laisse les morts ensevelir les morts.* — Malheureuse, lui répliqua son frère, tu sais les mots de cette divine parole, mais tu en ignores la vertu. Et il continua de remplir avec un zèle infatigable le ministère qu'il avait reçu malgré lui. A l'âge de vingt-cinq ans, il fut ordonné prêtre, sans qu'il pût s'en défendre. L'archevêque l'établit même son vicaire, pour prêcher au peuple la parole de Dieu et déraciner les abus qui défiguraient horriblement l'Eglise d'Irlande. Malachie remplit sa commission avec autant de zèle que de succès; les vices furent corrigés, les coutumes barbares détruites, les superstitions bannies, et l'on vit revivre partout la pureté des mœurs avec celle de la foi. Il établit dans toutes les églises les sanctions apostoliques, les décrets des saints Pères, mais surtout les coutumes de la sainte Eglise romaine. On y chanta dès lors les heures canoniales, comme dans tout l'univers; car auparavant, depuis l'invasion des Danois, on ne le faisait pas même dans la ville épiscopale. Pour lui, il avait appris le chant dès son premier âge, et il faisait chanter dans son monastère, lorsqu'il n'y avait encore personne qui sût ou voulût chanter, soit dans la ville, soit dans le diocèse. Il rétablit enfin la pratique salutaire de la confession, le sacrement de confirmation, la règle dans les mariages, toutes choses que l'on ignorait ou que l'on négligeait.

Comme son zèle pour la réforme des mœurs et la discipline était très-grand, mais aussi très-circonspect, il craignit d'introduire quelque chose qui ne fût pas conforme au rite de l'Église universelle. Pour s'en instruire parfaitement, il résolut, avec la bénédiction de son évêque et de son directeur, d'aller trouver Malc, évêque de Lesmor en Moumonie, l'un des royaumes d'Irlande. Malc avait vécu longtemps en Angleterre, dans le monastère de Winchester. Il était fort âgé et célèbre non-seulement par sa doctrine et sa vertu, mais encore par ses miracles. Malachie demeura auprès de lui pendant plusieurs années.

Cependant une révolution éclata dans le royaume de Moumonie. Le roi Cormac, détrôné par son frère, vint se réfugier auprès de l'évêque Malc. L'évêque s'apprêtait à le recevoir avec les honneurs convenables; mais le roi déclara qu'il aimait mieux être comme un des pauvres frères qui entouraient l'évêque, mener une vie pauvre comme eux et attendre en paix la volonté de Dieu, que de recouvrer son royaume par la force, et de verser pour cela une goutte de sang qui pût un jour crier contre lui. Émerveillé d'aussi saintes dispositions, l'évêque assigna au roi, suivant son désir, une pauvre maison pour sa demeure, Malachie pour son directeur, et pour sa nourriture du pain avec du sel et de l'eau. Le bon roi s'affectionna tellement à une vie si humble et si austère, que, la Providence lui ayant facilité les moyens de remonter sur le trône, il ne put s'y résoudre, et encore avec peine, que sur l'ordre de l'évêque et de Malachie, dont il respectait les avis comme des oracles. Dans la prospérité, il conserva pour saint Malachie la tendre et sainte amitié qu'il avait conçue pour lui dans l'adversité, l'honora toujours comme son père, et écoutait volontiers ses conseils.

Pendant que Malachie était à Lesmor, sa sœur, dont il a été parlé, vint à mourir. Il avait fait serment de ne pas la voir de sa vie, à cause de sa conduite trop mondaine : il la vit après sa mort. Une nuit, pendant son sommeil, il entendit une voix qui lui disait que sa sœur attendait dans le cimetière, avec douleur, et qu'elle avait été trente jours sans nourriture spirituelle. A son réveil, il réfléchit à cette parole, et trouva qu'il y avait précisément trente jours qu'il avait cessé de prier pour le repos de son âme. Comme il ne haïssait que le péché dans sa sœur, il se remit à prier pour elle, et dit ou fit dire tous les jours la sainte messe à son intention. Ce ne fut pas en vain. Peu de temps après, il la vit à la porte de l'église, mais sans pouvoir y entrer et vêtue d'habits noirs. Une seconde fois, il la vit avec un habit blanchâtre, admise dans l'intérieur de l'église, mais sans qu'il lui fût encore permis d'approcher de l'autel. Enfin il la vit mêlée à la multitude de ceux qui étaient vêtus de blanc, vêtue elle-même d'une robe blanche. Voilà ce que saint Bernard rapporte de saint Malachie, qui, sans doute, le lui avait appris de sa propre bouche.

Cependant l'évêque Celse et le solitaire Imar ne pouvant plus supporter l'absence de Malachie, le rappelèrent à Armagh. Dieu lui réservait une œuvre pour la gloire de son nom. La fameuse abbaye de Bangor était depuis longtemps dans un état déplorable. Elle avait été fondée par saint Congall, vers l'an 555. On dit qu'il s'y trouva jusqu'à trois mille moines à la fois. Il en sortit au moins de nombreuses colonies qui fondèrent plusieurs monastères en Écosse et en Irlande. Saint Colomban, religieux de cette maison, en porta la règle en France et en Italie. Les pirates danois en détruisirent les bâtiments, et massacrèrent neuf cents moines en un jour. Depuis ce temps, ce n'était plus que des ruines. La place et les biens y attenants appartenaient à un homme puissant et riche. Tout à coup cet homme, inspiré de Dieu, donne le tout à saint Malachie, avec sa personne même. C'était l'oncle même du saint. Par ordre du bienheureux Imar, Malachie rebâtit le monastère, qui devint de nouveau une école de savoir et de piété. Le serviteur de Dieu le gouverna quelque temps; il en fut, par sa conduite, la règle vivante. Les austérités de la communauté ne suffisaient point à sa ferveur; il en pratiquait de particulières, dont il dérobait la connaissance autant que possible. Plusieurs guérisons miraculeuses ajoutèrent à la réputation de sainteté dont il jouissait; mais sa vie, dit saint Bernard, fut le plus grand de ses miracles.

Peu de temps après, il fut élu évêque de la ville de Connerth, dont le siège semblait être abandonné par une longue vacance. Il résista longtemps; mais enfin les ordres d'Imar et du métropolitain le contraignirent à se soumettre. Il avait trente ans, lorsqu'il fut sacré évêque. Dès qu'il se fut mis à l'œuvre, il reconnut qu'on l'avait engagé à conduire des bêtes plutôt que des hommes; car il n'avait encore rien vu de pareil dans les lieux les plus barbares, pour le libertinage des mœurs, la brutalité des coutumes, l'aversion des lois et de toute discipline, le débordement effroyable des vices les plus honteux. Ils étaient chrétiens de nom, païens de fait; ne connaissant ni dîmes, ni prémices, ni mariages légitimes, ni confessions; personne à demander la pénitence, personne à la donner : très-peu de prêtres. Et qu'aurait fait un plus grand nombre? Ce peu n'avait presque rien à faire parmi les laïques. Ils ne voyaient aucun fruit de leurs travaux dans ce peuple abruti. On n'entendait dans les églises, ni la voix du prédicateur, ni le chant des cantiques. Que fera l'athlète du Seigneur? Ou fuir avec honte, ou combattre avec péril. Se sentant pasteur et non mercenaire, il est prêt à donner sa vie même pour le salut de son troupeau. Il demeure intrépide au milieu de ces loups, et met tout en œuvre pour les changer en brebis. Il instruit en public, il reprend en particulier, il pleure sur chacun; s'il ne réussit pas encore, il offre pour eux un cœur contrit et humilié. Il passe des nuits entières en oraison. S'ils ne veulent pas venir à l'église, il va les trouver dans les rues et sur les places, pour les gagner à Dieu. Il parcourt avec la même ardeur les campagnes et les villages, accompagné de quelques disciples fidèles qui ne le quittent jamais. Il va, distribuant le pain de vie, même aux plus ingrats; il va, toujours à pied, comme les apôtres, supportant avec une inaltérable douceur les affronts et les maux qu'il avait à endurer. Sa persévérance triompha enfin d'un peuple si rebelle. Il s'adoucit peu à peu, s'accoutuma à écouter les corrections de son pasteur, et se rendit susceptible de discipline. Les lois barbares furent abolies et remplacées par les lois romaines, les coutumes de l'Église furent substituées aux coutumes contraires, des églises furent bâties et des clercs ordonnés pour les desservir; on commença à se confesser, à fréquenter les offices divins : un mariage honorable remplaça le concubinage; enfin tout fut changé en mieux.

L'Irlande obéissait alors à quatre ou cinq petits rois de mœurs fort différentes. Celui qui régnait dans la partie septentrionale de l'île vint fondre, quelques années après, dans le diocèse de saint Malachie, et ruina sa ville épiscopale. Le saint, chassé de la sorte, se retira avec cent vingt de ses religieux dans les terres de Cormac, ce même roi qu'il avait vu à Lesmor. Ce pieux prince, se souvenant de leur amitié, lui offrit toute l'assistance qui était en son pouvoir. Il lui donna un fonds de terre avec une somme d'argent considérable, pour bâtir un monastère et y loger tous ses religieux. Il y fit même diverses retraites, comme s'il eût encore été son disciple.

Cependant Celse, archevêque d'Armagh, étant tombé malade et se voyant près de sa fin, déclara, par une espèce de testament, pour son successeur saint Malachie, qu'il avait ordonné diacre, prêtre et évêque, ne connaissant personne de plus digne d'être mis à la tête du clergé d'Irlande. Il le recommanda à tout le monde, par l'autorité de saint Patrice, notamment aux deux rois de Moumonie et aux seigneurs du pays. Saint Patrice, l'apôtre de l'Irlande, y était en si grande vénération, que non-seulement le clergé, mais les rois et les princes, obéissaient à son successeur dans le siége métropolitain d'Armagh. Or, peut-être par suite de cela même, il s'était établi cette très-mauvaise coutume, que ce siége était devenu héréditaire, et qu'on n'y souffrait point d'archevêque, sinon d'une certaine famille qui était en possession depuis près de deux cents ans. S'il ne se trouvait point d'ecclésiastiques de cette race, on y mettait des laïques; et il y en avait déjà eu huit avant Celse; ils étaient mariés, n'avaient reçu aucun ordre, mais étaient toutefois lettrés. De là venait ce relâchement de la discipline, cet oubli de la religion, cette barbarie dans toute l'Irlande; car on y changeait et on y multipliait les évêchés sans règle et sans raison, suivant la fantaisie du métropolitain; en sorte que l'on mettait des évêques presque dans chaque église. Profondément affligé de ces maux et d'autres, car il était homme de bien et craignant Dieu, Celse voulut de toute manière avoir Malachie pour successeur. Il avait confiance qu'il pourrait extirper cette pernicieuse succession, parce qu'il était aimé de tout le monde et que le Seigneur était avec lui.

Son espérance ne fut pas trompée; car, après sa mort, Malachie fut mis à sa place, mais pas tout de suite ni facilement. Car un nommé Maurice, de cette méchante famille qui avait pour ainsi dire confisqué ce siége, s'en empara et s'y maintint par force pendant cinq ans. C'était un tyran et non un évêque. D'un autre côté, tous les gens de bien pressaient Malachie de s'établir dans Armagh, selon l'intention de Celse; mais lui, profita de l'occasion pour refuser cette dignité, représentant qu'il était trop faible pour abolir un abus si invétéré et contre une famille si puissante, que l'usurpateur ne pourrait être chassé sans effusion de sang; enfin, qu'il était lié à une autre Église. Parmi ceux qui le sollicitaient plus puissamment, étaient deux évêques, le bienheureux Malc de Lesmor, et Gilbert de Limerick, qui fut le premier légat du Pape en Irlande. Il y avait déjà trois ans que Maurice profitait de son usurpation, lorsque ces deux prélats, ne pouvant voir plus longtemps l'Église d'Armagh ainsi déshonorée, firent assembler les évêques et les grands du pays, et allèrent tous ensemble trouver saint Malachie dans son monastère d'Ibrac, pour le contraindre d'accepter l'archevêché d'Armagh, s'il ne le faisait volontairement. Il ne céda que sur la menace de l'excommunication, disant que, puisqu'on le menait à la mort, il y allait dans l'espérance de souffrir le martyre ; mais, ajouta-t-il, c'est à la condition que, si les choses tournent comme vous désirez, j'aurai la permission, quand la paix sera rétablie, de retourner à ma première épouse et à ma pauvreté bien-aimée. La condition ayant été acceptée, il commença à exercer les fonctions d'archevêque dans toute la province. Il ne les exerça cependant pas dans la ville d'Armagh, où il ne voulut point entrer tant que vécut Maurice, de peur d'exciter une sédition. Celui-ci mourut deux ans après, sans se reconnaître, puisqu'il nomma Nigel, son parent, pour lui succéder; mais le roi Cormac et les évêques de la province installèrent Malachie, qui fut reconnu pour le seul métropolitain légitime d'Irlande, en 1133, la 38e année de son âge (S. Bernard, *Vit. S. Malach.*).

En Angleterre, après la mort de saint Anselme, arrivée l'an 1109, le siége de Cantorbéry resta vacant jusqu'en 1114. Le roi Henri, à l'exemple du roi Guillaume, son frère, s'était mis en possession de tous les biens de cet archevêché, à la réserve de la mense monacale. C'était Raoul, évêque de Rochester, qui faisait à Cantorbéry les fonctions épiscopales. Enfin le roi Henri, pressé par les admonitions du Pape, ainsi que par les prières des moines de Cantorbéry et de plusieurs autres personnes, assembla les évêques et les seigneurs d'Angleterre à Windsor, pour les consulter sur le choix d'un archevêque. Raoul ou Radulfe, évêque de Rochester, fut élu avec une approbation générale, le 26 avril 1114, et prit possession à Cantorbéry, le 17 mai (Eadmer, *Novor.*, l. 5).

Il était né en Normandie, et, moine à Saint-Etienne de Caen, il avait étudié sous Lanfranc. Ensuite, il fut abbé de Saint-Martin de Séez, et, à l'occasion d'un différend qu'il eut avec Robert, seigneur de Bellesme, il passa en Angleterre, où il s'attacha à saint Anselme, qui le fit évêque de Rochester en 1108. Il était déjà vieux et valétudinaire quand il fut élevé sur le siége de Cantorbéry, qu'il remplit pendant huit ans. Ses mœurs étaient sans reproche; on l'accusait seulement d'aimer trop la plaisanterie. Au mois de novembre 1114, il envoya trois députés à Rome pour demander sa confirmation au Pape, ainsi que le *pallium*. Le bienheureux Yves de Chartres écrivit également en sa faveur. Les députés anglais portaient au Pape des lettres du roi, de l'archevêque, du monastère de Cantorbéry et de presque tous les évêques d'Angleterre (Malmesb.; *Pontific.*, l. 1; Yvon., *Epist.* 258).

Arrivés à Rome, ils y demeurèrent quelque temps sans obtenir de réponse favorable, et ne savaient à qui s'adresser. Il y avait à Rome un neveu de saint Anselme, nommé Anselme comme lui, et aimé du Pape, qui l'avait fait abbé de Saint-Sabas. Il avait demeuré longtemps en Angleterre, du vivant de son oncle, et il y était aimé comme s'il eût été du pays. Quand il sut les députés à Rome il vint les trouver au palais de Latran, et leur rendit tous les offices d'un véritable ami. Il leur concilia tellement le Pape et ceux de son conseil, qu'on leur accorda gratuitement ce qu'ils demandaient, et le Pape leur donna Anselme lui-même pour porter de sa part le *pallium* à Cantorbéry. Les députés prirent les devants; arrivés en Normandie, ils rendirent compte au roi du succès de leur voyage, et attendirent auprès de lui le légat Anselme, qui fut reçu avec honneur et passa avec eux en Angleterre (Eadmer, *Novor.*, l. 5).

Il apporta au roi une lettre du Pape, qui se plaignait de lui en ces termes : « Comme vous avez abondamment reçu de la main de Dieu l'honneur des richesses et la paix, nous sommes d'autant plus étonné et peiné de voir que, dans votre royaume et puissance, le bienheureux Pierre, et en lui le Seigneur même ait perdu son honneur et ses droits; car les nonces ou les lettres du Siège apostolique ne sont point reçus dans vos Etats sans l'ordre de Votre Majesté. Il n'en vient aucune plainte ni aucune affaire pour être jugée par le Siège apostolique; c'est pourquoi il se fait chez vous beaucoup d'ordinations illicites, et ceux-là pèchent impunément, qui devraient corriger les autres. Nous avons patienté jusqu'ici, espérant que votre sagesse y porterait remède. Car en quoi serait-ce diminuer votre honneur, votre opulence, votre dignité, que de garder à saint Pierre, dans votre royaume, le respect qui lui est dû ? Ces choses sont d'autant plus indignes de nous, que nous savons que votre royaume, sous les anciens rois, était plus attaché au Siège apostolique. Nous lisons en effet que les rois eux-mêmes ont visité les tombeaux des apôtres, et y sont demeurés jusqu'à la mort. Nous lisons que plusieurs évêques et docteurs ont été envoyés spontanément d'ici chez vous par les Pontifes romains. Pour traiter et corriger ces choses, nous envoyons à Votre Excellence notre fils Anselme, votre familier, aujourd'hui abbé de Saint-Sabas; par lui encore nous satisfaisons à votre demande et à celle des évêques, touchant l'archevêque de Cantorbéry, quoiqu'elle soit contre l'autorité du Siège apostolique, espérant que, de votre côté, vous satisferez ce même Siège dans les droits de sa dignité. Autrement, si vous ôtez à saint Pierre ses droits, il vous ôtera aussi ses bienfaits. Ce qui n'est point assez marqué dans la lettre, vous sera expliqué de vive voix par le légat. Que le Dieu tout-puissant vous protège par sa droite, et vous perfectionne dans son amour. L'aumône de saint Pierre, ainsi que nous l'apprenons, a été levée si mal et si frauduleusement, que l'Eglise romaine n'en a pas reçu la moitié. On vous impute tout cela, aussi bien que le reste, parce qu'on présume qu'il ne se fait rien dans votre royaume contrairement à votre volonté. Nous voulons donc que vous la fassiez recueillir avec plus de soin, et que vous l'envoyiez par le présent nonce (Pascal, *Epist.* 105). » Telle fut la lettre du Pape au roi. Il y en avait une autre à l'Eglise de Cantorbéry, où le Pape se plaint de la translation de l'évêque de Rochester. « Ce qui ne devait, dit-il, autrement se faire à notre insu et sans notre consentement, suivant les décrets des saints Pères, toutefois nous le tolérons à cause du mérite de la personne (*Epist.* 106). »

L'archevêque Raoul reçut solennellement le *pallium* le dimanche 27 juin 1115, ce qui se fit de la manière suivante : les évêques, les abbés et les nobles s'assemblèrent dans l'église métropolitaine de Cantorbéry, avec une multitude innombrable de peuple. Le légat Anselme, apportant le *pallium* dans un vase d'argent, fut reçu à la porte de la ville par les deux communautés de moines de l'église métropolitaine et de Saint-Augustin. L'archevêque vint au devant, accompagné des évêques et revêtu de ses ornements, mais les pieds nus. Le *pallium* fut mis sur l'autel, où l'archevêque le prit, après avoir fait serment de fidélité et d'obéissance au Pape. Il fit baiser son *pallium* à tous les assistants, et, s'en étant revêtu, il fut intronisé dans la chaire primatiale d'Angleterre (Eadmer, l. 5).

La même année, le roi d'Angleterre ordonna à tous les évêques et à tous les seigneurs de se rendre à sa cour; ce qui fit courir le bruit que l'archevêque devait tenir un concile général en présence du légat, et y publier de nouveaux règlements pour la réformation de l'Eglise. L'assemblée se tint en effet, le 17 septembre, à Westminster; mais ce ne fut point un concile. Seulement le légat Anselme y présenta une lettre du Pape au roi et aux évêques d'Angleterre, et conçue en ces termes :

« Pascal, évêque, serviteur des serviteurs de Dieu, à notre cher fils Henri, roi illustre, et aux évêques du royaume anglais, salut et bénédiction apostolique. De quelle manière l'Eglise de Dieu a été fondée, nous n'avons pas à le rappeler pour le moment, les textes de l'Evangile et les lettres des apôtres le disent assez; mais de quelle manière l'état de l'Eglise persévère, avec l'aide du Seigneur, voilà ce que nous avons à considérer et à faire; car l'Esprit-Saint a dit à l'Eglise : *Des fils sont nés à la place de vos pères, vous les établirez princes sur toute la terre.* Au sujet de quoi l'apôtre saint Paul a fait ce commandement : *N'imposez point promptement les mains à personne, et ne participez point au péché d'autrui.* Ce que saint Léon explique en ces termes : « Qu'est-ce à dire, imposer promptement les mains, » si ce n'est, avant l'âge de la maturité, avant le » temps de l'examen, avant le mérite du travail, » avant l'expérience de la discipline, conférer l'hon- » neur sacerdotal à des sujets non éprouvés ? » Comment donc pouvons-nous accorder la confirmation de l'honneur sacerdotal aux évêques d'Angleterre, de qui nous ne connaissons la vie et la science par aucune probation ? Le chef même de l'Eglise, Notre-Seigneur Jésus-Christ, quand il confia l'Eglise au premier pasteur, l'apôtre Pierre, lui dit : *Pais mes brebis, pais mes agneaux.* Les brebis sont les prélats des Eglises, qui, par la grâce de Dieu, doivent lui engendrer des enfants. Comment donc pouvons-nous paître soit des agneaux, soit des brebis, que nous ne connaissons ni n'avons vus ? que nous n'entendons pas et par qui nous ne sommes point entendus ? Comment remplirons-nous à leur égard ce précepte du Seigneur à saint Pierre : *Confirme tes frères ?* Car Notre Seigneur a donné le monde entier à ses disciples, mais il a spécialement confié l'Europe à Pierre et à Paul. Ce n'est pas seulement par leurs disciples et leurs légats, mais encore par ceux de leurs successeurs, que l'Europe entière a été convertie et confirmée. De là, jusqu'à nous qui tenons leur place, quoique nous en soyons indignes, est venue cette coutume : que par les vicaires de notre Siége soient décidées ou revues les affaires les plus importantes des Eglises, dans les provinces.

» Vous, cependant, sans nous consulter, vous terminez même les affaires des évêques, tandis que le saint pape Victor dit : « Quoiqu'il soit permis aux » évêques comprovinciaux d'examiner la cause d'un » évêque accusé, il ne leur est cependant pas permis » de la terminer sans consulter le Pontife romain. » Le pape Zéphyrin dit de même : « Les jugements » des évêques et les causes majeures doivent être » terminés par le Siége apostolique, et non par un » autre. » Vous enlevez aux opprimés l'appellation au Siége apostolique, quoiqu'il soit sanctionné dans les conciles et les décrets des saints Pères, que tous les opprimés peuvent appeler à l'Eglise romaine. Vous célébrez des conciles à notre insu, tandis que saint Athanase écrit : « Nous savons que, dans le » grand concile de Nicée des trois cent dix-huit » Pères, il a été statué pour le monde, qu'on ne » devait point célébrer de concile à l'insu du Pontife » romain. » Ce que les saints Pontifes ont confirmé par leurs écrits, où ils déclarent nuls les conciles tenus autrement. Vous voyez donc que vous avez beaucoup empiété sur l'autorité du Siége apostolique, que vous avez enlevé beaucoup de sa dignité, et qu'il est de notre devoir d'exiger des preuves, touchant ceux à qui nous conférons la dignité sacerdotale, de peur que, si nous imposons trop promptement les mains, contre le précepte de l'apôtre, nous ne participions aux péchés d'autrui ; car, suivant la sentence de saint Léon, c'est se faire à soi-même un grand préjudice, d'élever à la dignité un indigne. Vous osez encore, sans notre autorité, faire des mutations d'évêques, ce que nous savons défendu sans l'autorité et la permission du Très-Saint-Siége de Rome. Si donc vous voulez garder en tout cela au Siége apostolique sa dignité et son respect, nous vous gardons la charité qui est due à des frères et à des fils, et ce qui doit vous être concédé par l'Eglise apostolique, nous vous le concédons, par la grâce du Seigneur, avec bienveillance et affection. Mais si vous êtes d'avis de persister dans votre obstination, nous, suivant la parole de l'Evangile et l'exemple de l'apôtre, nous secouerons sur vous la poussière de nos pieds, et nous vous livrerons au jugement de Dieu, comme des gens qui se séparent de l'Eglise catholique, et cela d'après la parole du Seigneur : *Qui n'amasse point avec moi dissipe, et qui n'est point avec moi est contre moi.* Que le Dieu tout-puissant vous accorde d'être avec nous en lui, et d'amasser en lui avec nous, afin de parvenir à son éternelle unité, qui demeure toujours la même. Donné au palais de Latran, aux calendes d'avril, indiction huitième (*Epist.* 107). »

Cette lettre de Pascal II est remarquable ; elle résume en peu de mots l'éternelle constitution de l'Eglise de Dieu. Vicaire de Jésus-Christ, successeur de saint Pierre, *le Pontife romain est le chef de l'Eglise par toute la terre*, mais spécialement en Europe. Par toute la terre, mais spécialement en Europe, *le Pontife romain doit confirmer ses frères, paître les agneaux et les brebis du Christ, les fidèles et les pasteurs.* Par toute la terre, mais spécialement en Europe, *les causes majeures, les affaires les plus importantes doivent lui être déférées* ; notamment l'examen et la confirmation des nouveaux évêques, les translations d'un siége à l'autre, le jugement définitif des évêques accusés, la tenue des conciles. Pascal II cite à ce sujet deux lettres apocryphes des papes Victor et Zéphyrin ; mais il aurait pu citer plusieurs lettres très-authentiques des saints papes Jules, Innocent, Gélase et autres, qui disent la même chose ; il aurait pu citer le témoignage non suspect des deux historiens grecs, Socrate et Sozomène, qui rapportent que, dans le IVe siècle, sous le pontificat du pape Jules, c'était déjà une ancienne loi de l'Eglise, qu'on ne devait nulle part terminer aucune affaire, ni tenir aucun concile, sans l'assentiment du Pontife romain.

Cette lettre de Pascal II ayant été lue dans l'assemblée de Westminster, le roi Henri d'Angleterre consulta les évêques sur ce qu'il devait répondre au Pape là-dessus, ainsi que sur quelques autres sujets de mécontentement ; car, quelque temps auparavant, le légat Conon, tenant ses conciles en France avait suspendu et excommunié les évêques de Normandie pour n'avoir pas voulu y venir après avoir été appelés trois fois. Le roi avait été extrêmement choqué de cette excommunication, principalement parce qu'il lui semblait que le Pape violait les priviléges accordés par l'Eglise romaine à son frère et à lui, quoiqu'il n'eût pas mérité ce traitement. Il résolut donc, par le conseil des évêques, d'envoyer des députés à Rome, pour s'expliquer plus sûrement avec le Pape. On choisit pour cette négociation Guillaume de Varelvast, évêque d'Excester, quoiqu'il eût perdu la vue, parce qu'il était fort connu du Pape, vers lequel il avait été envoyé plusieurs fois du temps de saint Anselme, et le roi était assuré de son habileté et de sa fidélité. On ne voit point au juste quel fut le résultat de cette ambassade.

L'année suivante 1116, vers le mois d'août, le même Anselme, neveu du saint archevêque, revint de Rome, et apporta des lettres du Pape, qui l'établissaient légat en Angleterre. La nouvelle en ayant été portée dans le royaume, les évêques et les seigneurs s'assemblèrent à Londres en présence de la reine, et on résolut que l'archevêque de Cantorbéry, spécialement intéressé à cette affaire, irait trouver le roi alors en Normandie, lui exposerait l'ancienne coutume et la liberté du royaume ; et, si le roi en était d'avis, il irait à Rome pour faire abolir ces nouveautés. L'archevêque, qui désirait faire le voyage de Rome par dévotion, embrassa volontiers cette résolution ; il passa la mer avec une nombreuse suite et un équipage magnifique, ayant entre autres avec lui le savant Eadmer, disciple de saint Anselme, le même qui a écrit cette histoire. L'archevêque trouva le roi d'Angleterre à Rouen, où était aussi le légat Anselme, attendant la permission de passer en Angleterre pour y exercer sa légation; mais le roi le retenait pour ne pas porter préjudice aux coutumes de son royaume, et cependant le défrayait libéralement. L'archevêque Raoul, ayant expliqué au roi le sujet de son voyage, prit, par son avis, le chemin de Rome. Arrêté à Lyon par sa propre maladie, à Plaisance par celle de l'évêque Hébert de Norvic, qui l'accompagnait en qualité d'envoyé du roi, il n'arriva à Rome que dans les commencements de 1117, lorsque le Pape était à Bénévent. Pascal II répondit à ses lettres et à ses députés, par une lettre du 24 mars 1117, adressée aux évêques et au roi d'Angleterre, où il déclare qu'il ne veut diminuer en rien la dignité de l'Eglise de Cantorbéry, mais la conserver suivant l'institution de saint Grégoire et la possession d'Anselme, de sainte mémoire (Eadmer, l. 5).

Au fond de cette affaire, il y avait quelque chose qu'on ne disait pas tout haut. Tant que l'Angleterre fut gouvernée par des rois anglais, et l'Angleterre et ses rois convertis au christianisme par les missionnaires de Rome, conservaient pour Rome une affection et une docilité filiales. Plusieurs de ces rois anglais, comme Alfred le Grand et saint Edouard, étaient en quelque sorte des apôtres: on en vit plus d'un quitter le trône pour le cloître, plus d'un se retirer à Rome, auprès du tombeau de saint Pierre. Plusieurs des archevêques de Cantorbéry avaient été envoyés de Rome par les Papes. Dans cet état de choses, il était naturel que les Pontifes romains eussent une grande confiance dans les archevêques de Cantorbéry et dans les rois d'Angleterre, et qu'ils les considérassent comme les légats et les vicaires habituels du Saint-Siège pour la réforme des abus; mais, depuis la conquête de l'Angleterre par les Normands, les choses avaient bien changé. Les Normands regardaient comme leur conquête, non-seulement les villes et les comtés, mais encore les évêchés et les abbayes. Ces dignités n'étaient que pour les Normands : les Anglais en étaient exclus. Voici ce que dit à ce sujet le contemporain Eadmer : Comme il était sur le point de passer d'Angleterre en Normandie, le roi, par le conseil des évêques et de ses princes, pourvut d'abbés tous les monastères qui depuis longtemps manquaient de pasteurs. Que si quelques-uns d'entre eux furent moins des pasteurs que des loups, il est permis de croire que telle n'était pas l'intention du roi; et pourtant cela serait plus croyable, s'il en eût pris au moins quelques-uns parmi les indigènes du pays; mais si vous étiez Anglais, aucun degré de vertu ou de mérite ne pouvait vous mener au moindre emploi; tandis que l'étranger de naissance était jugé digne de tout (*Hist. nov.*, l. 5, p. 86, col. 2). Voilà comme s'exprime Eadmer, écrivain très-calme et très-modéré.

On comprend qu'avec un pareil régime il devait s'introduire bien des abus, que les évêques normands n'étaient guère disposés à corriger, et que les Anglais, pour le bien de l'Angleterre, devaient beaucoup désirer un légat apostolique qui ne fût pas Normand.

Vers l'année 1115, Alexandre, roi d'Ecosse, écrivit à l'archevêque Raoul de Cantorbéry, pour lui notifier la mort de Turgod, évêque de Saint-André, et lui demander conseil sur le choix d'un successeur. Il lui rappelle que, dans les anciens temps, les évêques de Saint-André n'étaient sacrés que par le Pontife romain ou par l'archevêque de Cantorbéry, et proteste ne pas vouloir souffrir qu'ils le soient par l'archevêque d'York, comme Lanfranc avait jugé à propos de le permettre. Cinq ans après, c'est-à-dire en 1120, l'archevêque Raoul étant revenu de Rome et de Normandie en Angleterre, reçut une députation du même roi Alexandre d'Ecosse, avec une lettre où il le priait de lui envoyer le moine Eadmer pour remplir le siège épiscopal de Saint-André, encore vacant. L'archevêque crut que cette vocation venait de Dieu, sachant bien que Eadmer n'y avait aucune part; car il avait été assidûment à son service, comme à celui de saint Anselme; et, avec la permission du roi d'Angleterre, il l'envoya au roi d'Ecosse. Etant arrivé, il fut élu évêque de Saint-André par le clergé et le peuple du pays, du consentement du roi, sans toutefois recevoir de lui la crosse ni l'anneau, ni lui faire hommage. Mais le lendemain, quand il dit au roi qu'il voulait retourner à Cantorbéry se faire sacrer par l'archevêque, à cause de la primauté de cette Eglise sur toute la Grande-Bretagne, le roi le quitta en colère, ne voulant point que l'Eglise de Saint-André fût soumise à celle de Cantorbéry, et ordonna à Guillaume, moine de Saint-Edmond, de continuer à gouverner le temporel de l'évêché, comme pendant la vacance, dépouillant ainsi Eadmer qu'il venait d'en investir. Toutefois, un mois après, il le remit en possession de l'évêché et du gouvernement de l'Eglise d'Ecosse; alors Eadmer prit la crosse sur l'autel, comme de la main de Dieu. Mais de nouvelles difficultés étant survenues, et Eadmer voyant qu'il n'y pourrait faire aucun bien, rendit au roi l'anneau qu'il en avait reçu, remit la crosse sur l'autel où il l'avait prise, quitta l'Ecosse et revint à Cantorbéry, où il fut reçu à bras ouverts par l'archevêque et les moines (Eadmer, *Novorum*, l. 5).

Vers ce temps un événement désastreux arriva au roi d'Angleterre. Sans compter plusieurs enfants naturels, il avait un fils légitime nommé Guillaume. Les barons normands l'avaient reconnu pour son successeur, et, d'avance, lui avaient juré fidélité. Guillaume n'aimait pas les Anglais, quoique sa mère Mathilde fût Anglaise. On l'entendait dire publiquement que, si jamais il venait à régner sur ces misérables Saxons, il leur ferait tirer la charrue comme à des bœufs. L'an 1120, monté sur un beau navire, avec un de ses frères naturels et une sœur, ainsi qu'un brillant cortège, il partait de Normandie, à la suite de son père, lorsque son navire, poussé à force de rames par des matelots à moitié ivres, donna contre un écueil, s'entr'ouvrit au milieu de la nuit, non loin du navire de son père, et s'engloutit avec tous les passagers, dont il ne resta qu'un seul.

L'empereur d'Allemagne, Henri V, qui avait épousé une sœur du prince englouti dans la mer, devait lui-même être le dernier de sa race et finir sans postérité. Il avait porté la main sur le Vicaire du Christ, pour lui arracher de force le privilége abusif des investitures par la crosse et l'anneau, asservir et corrompre ainsi les Eglises de ses Etats.

En punition de cet attentat sacrilége, il avait été

excommunié, non par le Pape, qui lui avait promis forcément de ne pas le faire, mais par un grand nombre de conciles en France, en Italie, en Grèce et en Orient. Cette réprobation unanime des conciles fit une profonde impression en Allemagne. Dès l'an 1112, le principal confident de l'empereur, le chancelier Albert, archevêque élu de Mayence, se détacha de l'empire et se réunit à l'Eglise. Il fut jeté dans une étroite prison; mais, en 1115, les habitants de Mayence forcèrent l'empereur à lui rendre la liberté. En 1113, l'empereur célébra la fête de Noël à Bamberg, mais sans aucune solennité religieuse : le saint évêque de cette ville, Othon, refusait de fréquenter la cour impériale à cause de ces nouveaux scandales; l'empereur le tenait donc pour suspect; mais le saint évêque sut vaincre ses soupçons à force de bien faire. L'exemple du chancelier Albert fut suivi de plusieurs seigneurs, notamment de ceux de la Saxe, qui battirent les partisans de l'empereur, et appelèrent au milieu d'eux le cardinal Dietrich, de retour d'une légation dans les Pannonies. Le cardinal ayant publié les décrets du concile de Latran et l'excommunication de l'empereur, l'archevêque de Magdebourg et les autres évêques furent réconciliés au Saint-Siège. La division augmentait dans l'empire. Pour y remédier, l'empereur indiqua une assemblée générale à Mayence pour le 1er novembre 1115, promettant de faire droit à tous les griefs. L'assemblée fut très-peu nombreuse. Les habitants de Mayence profitèrent de l'occasion pour obliger l'empereur à rendre la liberté à leur archevêque. Sorti de prison, l'archevêque Albert convoqua une assemblée générale à Cologne pour les fêtes de Noël de la même année, afin d'y apprendre les ordres du Pape et se faire sacrer. Il s'y trouva un grand nombre d'archevêques, d'évêques et de grands du royaume. L'empereur en fut bien contrarié, d'autant plus que dans cette assemblée on devait faire connaître son excommunication. Il y envoya de Spire, où il célébra Noël avec peu de monde, l'évêque de Wurtzbourg ; mais cet évêque ne fut reçu en audience et à la communion à Cologne, qu'après avoir été réconcilié à l'Eglise; et, de retour auprès de l'empereur, il refusa de communiquer avec lui : l'empereur le força, sous peine de la vie, de célébrer la messe en sa présence ; l'évêque, affligé jusqu'à la mort de cette violence, quitta secrètement la cour, et obtint de nouveau la communion catholique avec beaucoup de larmes. Depuis ce moment, il ne vit plus l'empereur et perdit ses bonnes grâces. L'empereur, irrité, donna à Conrad, son neveu, le duché de Franconie, qui jusqu'alors appartenait à l'évêque de Wurtzbourg ; et, pour éviter l'effet du mécontentement des seigneurs, il passa en Lombardie, d'où il envoya au Pape des ambassadeurs, afin de terminer les différends entre le sacerdoce et l'empire. Le chef de cette ambassade était Pons, abbé de Cluny, que l'on disait parent du Pape, et qui travailla à cette grande affaire avec beaucoup d'application (Ursperg).

En conséquence, le 6 mars 1116, Pascal II tint dans l'église de Latran un concile qui est qualifié d'*universel*, parce qu'il s'y trouva des évêques, des abbés, des seigneurs et des députés de divers royaumes et de diverses provinces. Les deux premiers jours on s'occupait d'affaires particulières, lorsqu'un évêque se leva et dit : « Notre seigneur père le Pape se doit souvenir pourquoi ce concile si nombreux a été assemblé avec tant de périls par terre et par mer, et considérer qu'au lieu d'affaires ecclésiastiques on y en traite de séculières. Il faut premièrement expédier le principal sujet qui nous assemble, afin que nous sachions quel est le sentiment du Seigneur apostolique et ce qu'à notre retour nous devons enseigner dans nos Eglises. » Alors le Pape expliqua le tout en ces termes : « Après que le Seigneur eût fait de son serviteur ce qu'il voulut, et m'eût livré, avec le peuple romain, entre les mains du roi, je voyais commettre tous les jours des pillages, des incendies, des meurtres et des adultères. C'est pour délivrer de ces maux l'Eglise et le peuple de Dieu, que j'ai fait ce que j'ai fait. Je l'ai fait comme homme, parce que je ne suis que poussière et cendre. J'avoue que j'ai failli; mais je vous prie tous de prier Dieu qu'il me pardonne. Pour ce maudit écrit qui a été fait autrefois, et auquel son caractère dépravé a fait donner le nom de *pravilége*, je le condamne par un anathème perpétuel, afin que la mémoire en soit à jamais odieuse, et je vous prie tous d'en faire de même. » Alors tous s'écrièrent : *Ainsi soit-il! Ainsi soit-il!* Saint Brunon de Ségni ajouta : « Rendons grâces à Dieu de ce que nous avons ouï le seigneur pape Pascal condamner de sa propre bouche le privilége, qui contenait une chose mauvaise et une hérésie. » A quoi quelqu'un répliqua : « Si ce privilége contenait une hérésie, celui qui l'a fait était hérétique. » Alors Jean, évêque de Gaëte, dit avec émotion à l'évêque de Ségni : « Appelez-vous le Pontife romain hérétique, ici, en ce concile, en notre présence ? L'écrit qu'il a fait était mauvais, mais ce n'était pas une hérésie. » Un autre ajouta : « On ne doit pas même l'appeler mauvais, puisqu'il a été fait pour un bien, afin de délivrer le peuple de Dieu. » Ce nom horrible d'*hérésie* mit à bout la patience du Pape. Il fit signe de la main et dit : « Mes frères et mes seigneurs, écoutez. Cette Eglise n'a jamais eu d'hérésie ; au contraire, c'est ici que toutes les hérésies ont été brisées. C'est pour cette Eglise que le Fils de Dieu a prié dans sa passion, en disant : *Pierre, j'ai prié pour toi, afin que ta foi ne défaille point.* »

Cela se passait le mardi. Le jeudi suivant, le Pape ne vint point au concile ; il en fut empêché par plusieurs affaires, principalement celle de l'empereur, qu'il traitait avec l'abbé de Cluny, Jean de Gaëte, Pierre de Léon, préfet de Rome, et les autres qui soutenaient le parti de ce prince. Le vendredi, Conon, évêque de Préneste, voulut expliquer l'excommunication de l'empereur ; mais Jean de Gaëte, Pierre de Léon et les autres partisans de ce prince lui résistaient en face et l'interrompirent plusieurs fois. Alors le Pape apaisa le murmure du geste et de la voix, et dit : «L'Eglise primitive du temps des martyrs a été florissante devant Dieu et non devant les hommes. Ensuite les empereurs et les rois se sont convertis et ont honoré l'Eglise, leur mère, en lui donnant des terres, des domaines, des dignités séculières, les droits et les ornements royaux, comme Constantin et les autres princes fidèles. Alors l'Eglise a commencé à être florissante, tant devant les hommes que devant Dieu. Elle doit donc conserver ce qu'elle a reçu des rois et des princes, et le dispenser à ses enfants comme elle le juge à propos. Ensuite le Pape, voulant casser le privilége qu'il avait accordé à l'empereur dans le camp, renouvela la défense prononcée par Grégoire VII, sous peine d'anathème, de donner ou de recevoir l'investiture.

Alors le cardinal Conon, évêque de Préneste, rendit ainsi compte au Pape de sa légation, pour réprimer ceux qui troublaient la délibération de cette affaire : « Seigneur Père, si j'ai été véritablement votre légat, et si vous voulez ratifier ce que j'ai fait, déclarez-le, s'il plait à Votre Majesté, en présence de ce concile, afin que tout le monde sache que c'est vous qui m'avez envoyé. » Le Pape répondit : « Oui, vous avez été véritablement notre légat, et tout ce que vous et nos autres frères, les évêques et légats, avez fait, confirmé et approuvé par l'autorité de notre Siége, je l'approuve et je le confirme; tout ce qu'ils ont condamné, je le condamne. » L'évêque de Préneste expliqua donc qu'étant légat à Jérusalem, il avait appris la perfidie avec laquelle le roi Henri, nonobstant ses serments, ses otages et ses baisers, avait pris et maltraité le Pape et les cardinaux, tué ou emprisonné de nobles Romains et fait un massacre du peuple, ajoutant que, pour ces crimes, de l'avis de l'Eglise de Jérusalem, il avait prononcé sentence d'excommunication contre le roi, et qu'il avait confirmé cette sentence en Grèce, en Hongrie, en Saxe, en Lorraine et en France, dans cinq conciles, de l'avis de ces Eglises. Enfin il demanda que le concile de Latran approuvât sa légation, comme le Pape avait fait. L'archevêque de Vienne demanda la même chose par ses députés et par ses lettres. Quelques-uns en murmurèrent, mais la plus saine partie se rendit à la vérité et à la raison (Labbe, t. X).

Quinze jours après la fin du concile, le dimanche des Rameaux, 26 mars de la même année 1116, Pierre, préfet de Rome, étant mort, quelques séditieux élurent pour son successeur son fils, qui était encore très-jeune. Le jeudi saint, comme le Pape commençait la messe et en était à la première oraison, ils le lui présentèrent entre son trône et l'autel, demandant qu'il le confirmât dans la charge de préfet. Comme le Pape ne leur répondait pas et continuait l'office, ils s'irritèrent, et, criant à haute voix, ils prirent Dieu à témoin que, s'il ne leur répondait favorablement, il verrait le jour même des accidents funestes. Le Pape leur dit enfin : « Vous demandez que nous confirmions un préfet que vous ne pouvez demander honnêtement, ni honnêtement nous donner aujourd'hui, car les funérailles de son père vous empêchent d'assembler les comices, et, nous, les fonctions de cette sainte journée nous empêchent de vaquer à une pareille affaire; attendez que nous ayons fini, et nous vous ferons une réponse convenable. » Les séditieux reprirent : « Nous en ferons à notre volonté, » et ils se retirèrent en tumulte.

Le lendemain, qui était le vendredi saint, comme le peuple, suivant l'ancienne coutume, allait nu-pieds visiter les lieux saints et les cimetières des martyrs, ces séditieux, armés, engagèrent par serment, dans leur faction, le simple peuple, et continuèrent le samedi saint, et encore plus le jour de Pâques. Le lundi, qui était le 3 avril, comme le Pape allait à Saint-Pierre, où est la station de ce jour-là, le jeune homme se présenta à lui avec sa troupe, près du pont d'Adrien, et demanda sa confirmation. Ne l'ayant pas obtenue, il attaqua la famille du Pape qui le suivait, prit les uns et maltraita les autres.

Au retour, le Pape revenant couronné suivant la coutume et précédé des cardinaux, ces séditieux les attaquèrent du haut du Capitole, poussant de grands cris et jetant des pierres. Ils envoyèrent même après le Pape, et, avant qu'il ôtât ses ornements, il fallut leur promettre que le vendredi suivant il délibérerait sur cette confirmation; mais le jeune homme, n'étant pas content de ce délai, fit accomplir ce jour-là, par ceux de qui il put l'obtenir, les cérémonies qui restaient à faire pour le déclarer préfet. Le vendredi il fit abattre les maisons de ceux qu'il n'avait pu révolter contre le Pape; et le Pape, prévoyant qu'on ne pourrait résister à ces séditieux sans répandre beaucoup de sang, se retira dans Albane. Leur fureur tomba principalement sur la maison et les tours de Pierre de Léon. Le Pape ayant gagné quelques seigneurs romains par ses largesses, il y eut un combat où les séditieux furent battus; mais la plupart de ceux qui avaient fait serment au Pape, l'abandonnèrent, à l'exemple de Ptolémée, qui en était le chef. Tout le pays se souleva contre lui, et la guerre civile ne se ralentit que par les travaux des moissons et les chaleurs de l'été (Baron., an 1116; *Chron. Cass.*, l. 4; *Petr. Pisan.*, n. 17).

L'empereur Henri était toujours en Lombardie, faisant négocier sa paix avec le Pape, qui disait : « J'ai gardé ma parole, quoique donnée par force; je ne l'ai point excommunié; mais il l'a été par les principaux membres de l'Eglise, et je ne puis lever cette excommunication que par leur conseil, dans un concile où les parties soient entendues. Je reçois tous les jours des lettres des ultramontains qui m'y exhortent, principalement l'archevêque de Mayence. » La négociation traînait de cette manière, quand l'empereur apprit ce qui se passait à Rome, et la sédition qui avait obligé le Pape à se retirer. Il en eut bien de la joie, et il envoya des présents considérables au nouveau préfet et aux Romains, leur mandant qu'il irait lui-même à Rome.

Il y vint en effet avec une armée l'année suivante 1117. Le Pape ne l'attendit pas, mais il se retira au Mont-Cassin, où, à la prière de toute la communauté, il rétablit Landulphe archevêque de Bénévent, déposé précédemment pour insubordination, puis, passant par Capoue, il arriva à Bénévent. Cependant l'empereur entra dans Rome, où il attira dans son parti les consuls, les sénateurs et les grands, les uns par présents, les autres par promesses. Il donna en mariage sa fille Berthe à Ptolémée, fils du consul Ptolémée, et qui venait de trahir le Pape pour se mettre à la tête du parti allemand. L'empereur lui fit de grands présents, et lui confirma tout ce qu'avaient eu son aïeul Grégoire et ses autres parents. L'empereur célébra à Rome la fête de Pâques, qui, cette année 1117, fut le 25 mars. Il alla à Saint-Pierre et demanda la couronne au clergé de Rome, disant qu'il était venu pour la recevoir de la main du Pape, dont il regardait l'absence comme un malheur pour lui, ne désirant que de rétablir l'union entre eux. Le clergé de Rome répondit que la conduite de l'empereur ne répondait pas à ses discours, puisqu'il était venu en armes et faisait autour de Rome toutes sortes d'actes d'hostilité, prenant la protection de l'abbé de Farfe et de Ptolémée, tous deux excommuniés.

Sur ce refus du clergé fidèle, l'empereur s'adressa à Maurice Bourdin, archevêque de Brague, qui était auprès de lui en qualité de légat du Pape pour traiter la paix, et qui, dans cette occasion, trahit le Pape comme un autre Judas; car l'empereur reçut de sa main la couronne impériale devant le corps de saint Grégoire, dans l'église de Saint-Pierre. Le Pape et l'empereur envoyaient de part et d'autre pour traiter de la paix ; mais ils ne purent s'accorder, et l'empereur, craignant les chaleurs de l'été, se retira, avec promesse de revenir quand la saison serait adoucie. Depuis l'an 1115, l'Église romaine avait perdu son plus ferme et plus fidèle soutien, la fameuse comtesse Mathilde, l'héroïne de son siècle, morte à l'âge de soixante-neuf ans. L'empereur allemand s'était emparé de ses domaines, au mépris de la donation qu'elle en avait faite au Saint-Siège. Le Pape engagea le prince de Capoue et les autres Normands d'Italie à défendre la cause de l'Église contre l'empereur allemand et son gendre Ptolémée. Mais celui-ci, avec les troupes que lui avait laissées son beau-père, repoussa les premières attaques des Normands. Le Pape, cependant, tint un concile à Bénévent au mois d'avril, où il excommunia l'archevêque Bourdin de Brague, notifia son excommunication aux évêques d'Espagne, avec ordre d'en élire un autre à sa place (Baron.; Labbe, t. X).

Après ce concile, le pape Pascal étant en Campanie, tomba malade pendant l'automne, et vint à Anagni, où les médecins désespérèrent de sa vie. Il revint toutefois en assez bonne santé pour faire à Préneste la dédicace d'une église. Il célébra à Rome la fête de Noël, et fit l'office de l'octave de l'Epiphanie. Il congédia les ambassadeurs de l'empereur de Constantinople, qu'il y avait reçus. Il intimida tellement, par sa présence, Ptolémée et le nouveau préfet, qu'ils lui demandèrent la paix les premiers, et, craignant de ne pas l'obtenir, ils quittèrent leurs maisons pour se cacher dans Rome. Le Pape faisait faire des machines et les autres préparatifs nécessaires pour les réduire par la force, quand il tomba malade de fatigue à cause des mouvements qu'il s'était donnés. Se voyant à l'extrémité, il assembla les cardinaux, et leur recommanda de se donner de garde de l'artifice des guibertins et de la violence des Allemands, et de demeurer unis entre eux. Ensuite, ayant reçu l'extrême-onction, fait sa confession et satisfait aux autres devoirs de la piété, il mourut à minuit, le 18 janvier 1118, après avoir tenu le Saint-Siége pendant dix-huit ans cinq mois et sept jours. Les cardinaux eux-mêmes le portèrent à Saint-Jean de Latran, où il fut enseveli dans un tombeau de marbre artistement travaillé (*Petr. Pisan., apud Baron.*).

Après la mort de Pascal II, Pierre, évêque de Porto, qui depuis longtemps tenait la première place après le Pape, et avec lui tous les cardinaux, prêtres et diacres, commencèrent à délibérer sur le choix d'un successeur. Ils jetèrent principalement les yeux sur Jean de Gaëte, chancelier de l'Église romaine, et envoyèrent au Mont-Cassin, où il était, le prier de venir incessamment. Il partit sans savoir ce qu'ils avaient fait entre eux, monta sur sa mule et vint promptement à Rome. Le lendemain, les cardinaux s'assemblèrent au nombre de quarante-six, lui compris, savoir : les évêques de Porto, de Sabine, d'Albane et d'Ostie, vingt-trois prêtres et dix-huit diacres; Nicolas, primicier, avec le corps des chantres; tous les sous-diacres du palais, plusieurs archevêques, grand nombre d'ecclésiastiques d'un moindre rang; quelques-uns des sénateurs et des consuls romains. Pour éviter les scandales assez fréquents dans ces élections, ils s'assemblèrent en un lieu très-sûr, et, après avoir longtemps délibéré, ils s'accordèrent tous à élire le chancelier. Ils le prirent aussitôt, le nommèrent Gélase, et l'intronisèrent malgré sa résistance.

Il était né à Gaëte, de parents nobles, qui le firent étudier dès son enfance; puis, Odérise, abbé du Mont-Cassin, le leur ayant demandé, ils le donnèrent à ce monastère, où il se distingua par ses progrès dans les arts libéraux et dans l'observance régulière. Il était encore jeune quand le pape Urbain II le tira du Mont-Cassin la première année de son pontificat, et le fit cardinal-diacre de l'Église romaine, et, peu de temps après, chancelier, afin de rétablir dans le Saint-Siége l'ancienne élégance du style, presque perdue, comme dit Pandolfe d'Alatri, auteur du temps. Après la mort d'Urbain, le chancelier Jean de Gaëte fut toujours attaché au pape Pascal avec une affection singulière; il lui aida à supporter toutes ses afflictions et fut son bâton de vieillesse. A sa recommandation, ce Pape promut à la dignité de cardinaux-prêtres, plusieurs de ses écrivains et de ses chapelains, entre autres Pierre de Pise, Hugues d'Alatri, Saxon d'Anagni et Grégoire de Gaëte. Jean fit de grandes libéralités à son titre de Sainte-Marie en Cosmedin, tant en argenterie qu'en ornements d'église, qu'en fonds de terre, et fut toujours le protecteur du Mont-Cassin. Tel était le chancelier Jean de Gaëte, quand il fut élu pape et nommé Gélase II.

Cencio Frangipane, dont la maison était proche du lieu de l'élection, l'ayant appris, accourut aussitôt, l'épée à la main et frémissant de colère; car il tenait le parti de l'empereur. Il rompit les portes, entra dans l'église, prit le Pape à la gorge, le frappa à coups de poing et de pied, jusqu'à l'ensanglanter de ses éperons; puis, le traînant par les cheveux et par les bras, il le mena chez lui, l'y enchaîna et l'y enferma. On eût dit les satellites de Caïphe, de Pilate et d'Hérode, garrottant, bafouant, crucifiant de nouveau le Sauveur. Les cardinaux, le clergé et plusieurs laïques assemblés pour l'élection, furent arrêtés par les satellites de Cencio; on les jetait à bas de leurs chevaux et de leurs mules, on les dépouillait, on les maltraitait; quelques-uns gardèrent leurs maisons demi-morts, et malheur à qui ne put s'enfuir. Au bruit de cette violence, les Romains s'assemblèrent; Pierre, préfet de Rome, Pierre de Léon avec les siens, et plusieurs nobles avec leurs gens; le peuple de tous les quartiers prend les armes, on accourt à grand bruit au Capitole, on envoie députés sur députés aux Frangipanes, pour redemander le Pape. Aussitôt, épouvantés, les Frangipanes le rendent; Léon, l'un d'entre eux, se jette à ses pieds, lui demande pardon, et s'échappe ainsi du péril qui le menaçait.

Le nouveau Pape, ainsi délivré, fut couronné,

mis sur une haquenée blanche et mené par la voie sacrée à Saint-Jean de Latran, précédé et suivi des bannières, suivant la coutume. Son pontificat paraissait assuré et paisible; les comtes et les barons le visitaient, il donnait audience à ceux qui venaient pour quelques affaires, et les renvoyait avec sa bénédiction. Ceux qui étaient sortis de Rome y rentraient; on s'assemblait pour délibérer quand le Pape devait être ordonné et sacré; car il n'était encore que diacre. Mais cette paix ne fut pas longue : il y avait un empereur allemand, et une nuit le Pape fut averti que l'empereur Henri était en armes à Saint-Pierre. En effet, sur la nouvelle de la mort de Pascal et de l'élection de Gélase, l'empereur était venu en diligence et avait mandé au nouveau Pape : « Si vous voulez confirmer le traité que j'ai fait avec Pascal, je vous reconnaîtrai pour Pape et vous ferai serment de fidélité; sinon, j'en ferai élire un autre et le mettrai en possession. » On voit que le sultan tudesque regardait l'Eglise romaine, et par là même la chrétienté entière, comme un fief mouvant de son royal caprice (*Vita Gelasii II per Pandulf., apud Baron., Chron. Cass.*, l. 4, c. 46; Ursperg, an 1118).

Gélase ayant donc appris que l'empereur allemand était si proche, se leva, quoiqu'il fût nuit, et, s'étant fait mettre à cheval malgré son grand âge et ses infirmités, il se retira chez un citoyen nommé Bulgamin, où il demeura caché le reste de la nuit. Le lendemain matin, le Pape et les siens se trouvèrent fort embarrassés. Il n'y avait pas de sûreté pour eux de demeurer à Rome, et ils ne pouvaient s'enfuir par terre, parce que les Allemands tenaient les chemins. Ils résolurent donc de gagner la mer, et s'embarquèrent sur le Tibre, en deux galères qui les menèrent jusqu'à Porto. Là, il fallut s'arrêter à cause du mauvais temps, de la pluie, du tonnerre, de la tempête qui agitait la mer et le fleuve; car c'était au mois de février. Les Allemands étaient sur le rivage, et semblables aux plus féroces des sauvages, ils tiraient sur eux des flèches empoisonnées, et menaçaient de les poursuivre jusque dans l'eau, s'ils ne rendaient le Pape. La nuit et la tempête les arrêtèrent. Dans l'intervalle, le cardinal Hugues d'Alatri prit le Pape sur ses épaules, et l'emporta à la faveur de la nuit, au château de Saint-Paul d'Ardée. Le matin, les Allemands revinrent à Porto; on leur jura que le Pape s'était enfui, et ils se retirèrent. Mais on ramena le Pape pendant la nuit : il s'embarqua avec les siens; le troisième jour, ils abordèrent à Terracine, demi-morts, et le quatrième à Gaëte.

Ils y furent très-bien reçus, c'était la patrie du Pape; et, quand la nouvelle de son arrivée fut répandue dans le pays, un grand nombre d'évêques s'y rendirent. L'empereur envoya encore à Gaëte, prier le Pape de revenir se faire sacrer à Rome, témoignant désirer ardemment d'assister à cette cérémonie et de l'autoriser par sa présence, et que, s'ils conféraient tous deux ensemble, ce serait le meilleur moyen de rétablir l'union. On croirait entendre le crocodile, ayant manqué sa proie, contrefaire la sirène pour la rattraper. Le pape Gélase, qui avait été pris par ce même empereur, avec Pascal II, et mis aux fers, ne pouvait s'y fier. Il répondit donc qu'il allait se faire sacrer incessamment, et qu'ensuite l'empereur le trouverait prêt pour la négociation, partout où il lui plairait. En effet, sans sortir de Gaëte, le Pape fut ordonné prêtre, puis sacré évêque en présence d'un grand nombre de prélats, ainsi que de Guillaume, duc d'Apulie, de Robert, prince de Capoue, et de beaucoup d'autres seigneurs, qui tous lui prêtèrent serment de fidélité. Il fut sacré vers la fin de février, passa tout le carême à Gaëte et alla célébrer à Capoue la fête de Pâques, qui, cette année 1118, fut le 14 avril.

Cependant l'empereur Henri, irrité de la réponse prudente de Gélase, résolut de faire un antipape, comme il l'en avait menacé. Au fond, on croirait que les empereurs allemands ne savaient faire que cela; Henri IV en avait fait ou essayé d'en faire cinq ou six; Henri V n'en fit qu'un, ce fut l'excommunié Bourdin, qui avait trahi Pascal II l'année précédente. Le pape Gélase était encore à Gaëte quand il apprit cette nouvelle; aussitôt il écrivit la lettre suivante : « Gélase, serviteur des serviteurs de Dieu, aux archevêques, évêques, abbés, clercs, princes et autres fidèles de Gaule, salut et bénédiction apostolique. Comme vous êtes des membres de l'Eglise romaine, nous avons soin de mander à Votre Charité ce qui s'y est passé dernièrement. Après notre élection, le seigneur empereur est venu furtivement et inopinément à Rome, ce qui nous a obligé d'en sortir. Il a demandé ensuite la paix par menaces, disant que, si nous ne l'en assurions par serment, il userait de son pouvoir. Nous avons répondu que nous étions prêts à terminer le différend entre l'Eglise et le royaume, soit à l'amiable, soit par justice, dans le lieu et le temps convenables, à Milan, à Crémone, à la Saint-Luc prochaine; et cela par le conseil de nos frères, que Dieu a établis juges dans l'Eglise. Mais lui aussitôt, c'est-à-dire le quarante-quatrième jour après notre élection, il a intrus dans l'Eglise Maurice, évêque de Brague, excommunié l'année passée par le pape Pascal au concile de Bénévent, et qui, autrefois, en recevant le *pallium* par nos mains, avait fait serment de fidélité au même Pape et à ses successeurs, dont je suis le premier. En cette entreprise, grâce à Dieu, le seigneur empereur n'a eu personne du clergé romain pour complice, mais seulement des guibertins; nous vous ordonnons donc, qu'après en avoir délibéré en commun, vous vous prépariez comme il convient à venger l'Eglise, votre mère (*Epist.* 1). » Gélase écrivit aussi à Bernard, archevêque de Tolède, et aux évêques d'Espagne, d'élire un autre archevêque de Brague à la place de Maurice; enfin, il écrivit au clergé et au peuple de Rome de l'éviter comme un excommunié. Il tint ensuite un concile à Capoue, où il excommunia l'empereur et son antipape, ou son idole, comme disent les auteurs du temps (Labbe, t. X, p. 823, *ex Ursperg.*).

L'usurpateur Bourdin était cependant à Rome, où il demeura tout le reste de l'année. Le jour de la Pentecôte, il mit la couronne sur la tête de l'empereur allemand, qui se retira quelque temps après en Ligurie, et de là en Allemagne. Quand le pape Gélase eut appris que l'empereur s'était retiré, il revint à Rome secrètement et se cacha dans une petite église nommée Sainte-Marie-du-Second-Cierge, entre les maisons d'Etienne Pandulfe le Normand et de Pierre Latron, qui le protégeaient. Le jour de

Sainte-Praxède, 21 juillet, il résolut d'officier dans l'église de cette sainte, par le conseil du cardinal Didier, qui en était titulaire, contre l'avis de plusieurs, qui représentaient que cette église était dans la forteresse des Frangipane. L'office n'était pas encore fini, quand les Frangipane vinrent avec une troupe de gens armés, à pied et à cheval, attaquer le Pape et les siens à coups de pierres et de flèches. Etienne le Normand et Crescence Gaëtan, neveu du Pape, résistèrent vigoureusement, quoique leur troupe fût beaucoup moindre : il y eut un rude combat, qui dura une partie du jour. Le Pape s'enfuit, faisant compassion aux femmes, qui le voyaient, demi-vêtu de ses ornements, courir seul par les champs, autant que son cheval pouvait aller. Son porte-croix tomba en le suivant, et une pauvre femme l'ayant trouvé, le cacha jusqu'au soir avec sa croix et son cheval.

Le combat durait encore, quand Etienne le Normand dit aux Frangipane : « Que faites-vous ? Le Pape, à qui vous en voulez, s'est sauvé ; voulez-vous nous perdre nous-mêmes ? Nous sommes Romains comme vous et même vos parents ; retirons-nous de part et d'autre, nous sommes assez fatigués. » Ils se retirèrent en effet, et on trouva le Pape dans la campagne, près de l'église de Saint-Paul, las et gémissant. Le lendemain, ses amis tinrent conseil, et le Pape parla ainsi, après tous les autres : « Mes frères et mes enfants, comme le mal n'est pas loin, il ne faut pas un long discours, suivons l'exemple de nos pères, on ne peut rien faire de mieux; suivons le précepte même de l'Evangile : *Puisque nous ne pouvons vivre dans cette ville, fuyons dans une autre ;* fuyons Sodome, fuyons l'Egypte, fuyons la nouvelle Babylone, fuyons la ville de sang. Il viendra un jour, croyez-moi, où, par la faveur divine, nous reviendrons, soit tous, soit ceux que le Seigneur voudra, et il y aura des temps meilleurs. Pour moi, je le dis devant Dieu et devant l'Eglise, j'aimerais mieux, si jamais il était possible, avoir un seul empereur, que d'en avoir un si grand nombre ; un méchant, au moins, perdrait les autres plus méchants, jusqu'à ce qu'il sentît lui-même la justice du souverain empereur. » Tous approuvèrent hautement l'avis du Pape, et aussitôt il distribua ses commissions pour le gouvernement de l'Eglise pendant son absence. Il fit son vicaire Pierre, évêque de Porto, et lui donna quelques cardinaux pour l'aider ; il donna la garde de Bénévent à Hugues, cardinal des Saints-Apôtres ; à Nicolas, la conduite des chantres ; il laissa la préfecture de Rome à Pierre, qui l'avait prise malgré le pape Pascal ; mais il donna l'étendard de la garde de la ville à Etienne le Normand, qui était le plus considérable du parti catholique (Landulf., n. 12, *apud Baron.*, an 1118).

Le pape Gélase était encore à Rome le 1er septembre, comme on le voit par une bulle donnée en faveur de Gautier, archevêque de Ravenne, lequel ayant été tiré malgré lui d'entre les chanoines réguliers, avait été élu unanimement pour remplir ce siège, et sacré par le Pape. Depuis Guibert, cette Eglise avait été dans le schisme, occupée par des évêques que l'empereur avait choisis ; c'est pourquoi les Papes avaient soustrait à la juridiction de Ravenne les Eglises de Plaisance, de Parme, de Reggio et de Bologne. Par cette bulle, le pape Gélase, en faveur de la réunion à l'Eglise romaine, rend à celle de Ravenne ses droits sur ces quatre Eglises et sur toutes les autres qui y sont énoncées, et accorde à Gautier le *pallium (Epist.* 4).

Gélase II partit donc de Rome le 2 septembre 1118. Il était accompagné de deux cardinaux-prêtres, Jean de Crème et Gui de Sainte-Balbine, et de quatre cardinaux-diacres, dont le premier était Pierre de Léon, avec deux nobles Romains et leur suite. Ils furent reçus à Pise avec grand honneur, et le Pape y fit un sermon très-éloquent. Quelques jours après, il se rembarqua et arriva en Provence, au port de Saint-Gilles, où il fut reçu par l'abbé Hugues et sa communauté, et défrayé libéralement pendant un assez long séjour qu'il y fit. Là, tous les évêques du pays, grand nombre de moines, quantité de noblesse et de peuple se rendirent auprès du Pape et lui offrirent leurs services. Pons, abbé de Cluny, entre autres présents, donna au Pape trente chevaux, et l'abbé de Saint-Gilles dix, dont il se servit pour voyager dans le pays. De Saint-Gilles, le Pape se rendit à Maguelone, où il reçut Suger, depuis abbé de Saint-Denys, que le roi de France, Louis le Gros, lui envoyait pour le saluer de sa part et lui offrir des présents, comme prémices de son royaume. Le Pape fut fort sensible à cet honneur, et il marqua un jour où il priait le roi de se rendre à Vézelai, pour conférer ensemble (Baron., Pagi).

Gélase députa aussi au roi d'Angleterre, qui était alors en Normandie, pour s'assurer de sa protection. Conrad, qui était l'envoyé du Pape, assista à un concile des évêques et des abbés de Normandie, qui se tenait alors à Rouen en présence du roi Henri. Ce prélat y parla avec beaucoup d'éloquence contre les violences de l'empereur et sur l'intrusion de l'antipape Bourdin, et, après avoir exposé les persécutions souffertes par Gélase, qui avait été obligé de se réfugier en France, il demanda à l'Eglise de Normandie un secours de prières et d'argent pour le Saint-Siège (Labbe, t. X).

Dans le temps même que, pour échapper à la persécution de l'empereur d'Allemagne, le chef de l'Eglise catholique était contraint de se réfugier en France, Dieu suscitait, à la cour et dans la parenté même de cet empereur, un nouvel apôtre à son Eglise persécutée. Nous voulons parler de saint Norbert. Il naquit en 1080, dans la petite ville de Santen, au duché de Clèves. Héribert, son père, comte de Genep, était parent des derniers empereurs ; et Hadwige, sa mère, sortait de la maison de Godefroi de Bouillon. Sa mère était aussi pieuse que noble. Durant les douleurs de sa grossesse, une voix lui fit entendre que le bienheureux enfant accordé par le Ciel à ses vœux, serait un jour une éclatante lumière et un grand archevêque, qui soutiendrait l'Eglise par sa doctrine et l'édifierait par ses vertus. Tant que le jeune Norbert demeura dans la maison paternelle, il ne démentit point les espérances que cet oracle avait fait concevoir de sa sainteté. Il avait une constitution robuste, à l'épreuve des travaux, un air également agréable et majestueux, une taille riche, un esprit pénétrant, une âme grande et héroïque, une piété tendre, un cœur docile aux vérités de la foi, une ardeur merveilleuse pour les sciences, un génie heureux, l'antipathie pour les divertissements, dans un âge que le monde considère comme la saison des plaisirs. Ses parents, touchés du naturel heureux qui ne laissait presque rien à faire à l'éducation et à la vertu, comprirent qu'ils ne pouvaient, sans résister aux volontés de Dieu, le soustraire à ses autels. Ils l'y engagèrent par l'ordre du sous-diaconat qu'il reçut des mains de Frédéric, archevêque de Cologne, et par le canonicat dont il fut pourvu dans l'église de Santen.

Mais tout à coup, la réputation de sa doctrine l'ayant enlevé du milieu de ses parents, il fut obligé de suivre la cour de son archevêque. Ce nouvel engagement troubla d'abord la délicatesse de sa conscience. Mais peu à peu il prit les manières et l'esprit du courtisan ; il sut se procurer un nouveau canonicat dans la métropole de Cologne, et cumula plusieurs bénéfices sans rendre aucun service à l'Eglise. Ces dignités, quoique considérables, ne bornèrent pas ses désirs. La cour de Frédéric n'eut pas assez de charmes pour arrêter un homme enflé déjà des avantages de la fortune, et que l'idée de sa noblesse remplissait d'espérances plus vastes. Il quitta son archevêque pour s'attacher au service de l'empereur Henri V. Ce nouveau maître, prévenu en faveur du jeune ecclésiastique, qui d'ailleurs était son parent, lui donna bientôt sa confiance et son amitié, l'admit dans ses conseils et le nomma aumônier de son palais. En 1111, Norbert fut de ce voyage de Rome où le pape Pascal II fut si indignement traité par l'empereur allemand. Tout courtisan qu'il était, Norbert ne put s'empêcher d'en gémir dans son cœur. Il alla secrètement trouver le Pape, se jeta à ses pieds, y condamna les violences de l'empereur, et lui demanda pardon pour le malheur qu'il avait eu d'être présent à ses sacrilèges. A son retour d'Italie, l'empereur lui offrit l'évêché de Cambrai, vacant par la mort de l'évêque Odon. Norbert refusa, soit parce qu'il ne voulut pas recevoir l'investiture, après la condamnation que le concile de Latran venait d'en faire, soit plutôt parce que la vie nécessairement plus grave d'évêque lui plaisait moins que la vie molle et voluptueuse de courtisan.

C'était en 1114. Norbert ne pensait qu'aux choses du monde, s'amuser, parvenir aux honneurs et aux richesses. Les pensées de la vie future lui semblaient des songes et des fables. Allant à une partie de plaisir, bien monté, vêtu de soie et suivi d'un seul domestique, il traversait une agréable prairie. Tout à coup survint un grand orage, des éclairs, des tonnerres effroyables. Le domestique s'écrie d'épouvante : « Où allez-vous, seigneur ? Que prétendez-vous faire ? Retournez, car la main de Dieu est armée contre vous, déjà sa colère commence à éclater. » A peine a-t-il achevé ces paroles, qu'une voix adressée à Norbert, lui dit du haut du ciel : « Norbert, Norbert, pourquoi me persécutes-tu ? Est-ce ainsi que tu réponds aux desseins de ma providence et que tu fais servir aux projets de ton orgueil les richesses et l'esprit que je t'ai donnés pour servir aux projets de ma gloire ? Je t'avais mis au monde pour le salut et l'édification de mon Eglise, et voilà que tu es devenu la perdition des fidèles par tes scandales ! Arrête, et reconnais que tu attaques ma puissance, en te révoltant contre les décrets de ma sagesse. » A ces mots, la foudre tombe aux pieds de son cheval, brûle l'herbe, ouvre la terre de la hauteur d'un homme, et répand une odeur de soufre.

Norbert demeure étendu d'un côté, le cheval de l'autre, et le valet épouvanté. Norbert parut mort pendant une heure, après laquelle il revint comme d'un profond sommeil, et s'écria : *Seigneur, que voulez-vous que je fasse ?* Dès lors ce fut un autre homme.

Au lieu de retourner à la cour, il se rendit à Santen, où était son canonicat. Sa maison fut le premier lieu de sa retraite. Ce fut là qu'il repassa dans l'amertume de son cœur ses anciens égarements, ses jours vides, donnés tout entiers au monde et perdus pour l'éternité. Se livrant ensuite à sa ferveur, il punit son corps par le jeûne, et les plaisirs de sa jeunesse par le cilice. Il ne quitta pourtant pas ses magnifiques vêtements, qui convenaient si peu à la modestie de son état. La grâce, qui conduisait ce nouveau converti dans les voies de la pénitence avec une espèce de ménagement, le détachait peu à peu des vanités du monde, et réservait à une occasion d'éclat ce renoncement public aux pompes de la cour. Après ces premières épreuves, il se mit sous la direction spirituelle de l'abbé Conon, qui conduisait alors le monastère de Sigberg avec édification, et qui gouverna depuis, avec le même succès, l'évêché de Ratisbonne. Sous la conduite de ce saint directeur, Norbert, sans être moine, embrassa toutes les rigueurs de la vie monastique. Son âme fut alors tout à fait changée. Il commença à devenir un véritable chrétien, au lieu qu'il n'avait été, jusqu'alors, qu'un honnête homme selon le monde. L'humilité de la croix lui parut plus aimable que toute la gloire du siècle ; le néant des richesses, la vanité des plaisirs se dévoilèrent à ses yeux. Il se persuada sans peine qu'il n'y avait rien de plus grand que le mépris des grandeurs mortelles.

Sorti de la retraite de Sigberg, Norbert fonda le monastère de Wurstemberg, qu'il mit sous la conduite du saint abbé Conon. Wurstemberg était une montagne près de Santen, qui appartenait à un chanoine de Cologne nommé Henri d'Alpheim. Norbert, son confrère et son ami, la lui demanda lui-même et la lui fit demander par Frédéric, leur archevêque, pour y bâtir un monastère. Henri, qui était un ecclésiastique pieux, en écouta avec plaisir la proposition, et, pour avoir part à l'honneur de la fondation d'une abbaye, il céda volontiers ce territoire. Norbert en jeta les fondements. Héribert, son frère, comte de Genep, se joignit à lui pour l'exécution de ce saint ouvrage, et tous deux ils l'enrichirent de leurs biens. Le diplôme d'Arnold, archevêque de Cologne, expédié l'an 1144, rappelle ce monument de la piété de Norbert, omis par son biographe.

Après deux ans de pénitence, Norbert se sentit appelé à quelque chose de plus. Il vint trouver Frédéric, son archevêque, et lui découvrit la résolution qu'il avait prise de se faire ordonner prêtre. La nouvelle surprit l'archevêque. Il connaissait la vie profane de Norbert, mais il ignorait sa conversion. Il savait le refus qu'il avait fait de l'évêché de Cambrai ; mais, au lieu de lui en faire honneur, il attribuait au libertinage l'éloignement qu'il avait témoigné pour les dignités de l'Eglise. Son étonnement redoubla, lorsque Norbert le pria de lui conférer, dans un même jour, le diaconat et la prêtrise. Les canons étaient contraires à sa demande ; d'ailleurs, la dissipation d'une vie mondaine, dont l'idée était encore toute récente, le rendit indigne d'une faveur que l'Eglise n'accordait qu'à une vertu éprouvée. Pappus ordonna, pendant une messe, saint Epiphane diacre et prêtre tout à la fois, et saint Epiphane lui-même conféra ces deux ordres dans un seul jour à Paulinien. Mais dans tous ces cas singuliers, le mérite des ordinands, la pureté de leur vie, les marques d'une vocation extraordinaire justifiaient la dispense de l'Eglise, au lieu que Frédéric n'apercevait dans Norbert ni dans sa conduite, aucun de ces motifs qui pût autoriser sa prière. L'équipage superbe dans lequel il se présentait, l'indifférence qu'il avait témoignée jusqu'alors pour le sacerdoce, l'attachement qu'il avait à la cour de l'empereur, avec lequel Frédéric était brouillé, étaient autant de raisons qui lui faisaient combattre, quoique à regret, la proposition de son ancien ami. Alors Norbert, fondant en larmes, se jette à ses pieds, lui expose avec confiance les causes de sa vocation, les miracles de la divine miséricorde sur sa personne, et le genre de vie qu'il avait résolu d'embrasser. Frédéric n'hésita plus à passer par-dessus les règles ordinaires en faveur d'une vocation toute céleste.

Le samedi saint de l'année 1115, Norbert vint à l'église métropolitaine avec ses habits pompeux, et se mêla à la troupe des ordinands. Le sacristain lui donna les ornements sacrés en présence d'une infinité de spectateurs accourus à la nouvelle de cette ordination. Le saint, inspiré de Dieu, voulut réparer le scandale qu'il avait donné par son luxe. Il appela donc un de ses domestiques, qui l'accompagnait dans cette cérémonie, lui demanda l'habit qu'il cachait sous le manteau, et, après s'être dépouillé de ses vêtements magnifiques, il se couvrit d'une robe de peaux d'agneaux, se ceignit d'une corde, et prit ensuite les ornements sacrés.

Après son ordination, il se rendit au monastère de Wurstemberg, pour se préparer aux fonctions de ses ordres dans le recueillement et la retraite. Il y passa quarante jours, sous la direction de l'abbé Conon, jeûnant tous les jours, ne vivant que de pain et d'eau, étudiant avec assiduité les devoirs de son ministère, mais goûtant les douceurs du paradis dans la contemplation des vérités de la foi. Venu ensuite à son église collégiale de Santen, le doyen et le chapitre vinrent le féliciter sur sa dignité nouvelle, et le prièrent de chanter la messe le lendemain, en présence de ses confrères. Norbert y consentit et la dit avec une telle abondance de larmes, que ceux qui y assistèrent eurent peine à retenir les leurs. Son visage exténué, ses manières modestes inspiraient de la piété.

Après que le premier évangile eût été chanté, Norbert, brûlant d'un feu céleste, se tourna vers le peuple et prononça un discours sur la fragilité des biens de ce monde, sur le néant des grandeurs, sur la vanité des plaisirs. Que la fascination des hommes est prodigieuse, disait-il, de poursuivre une gloire qui échappe, de s'éprendre de grandeurs qui nous affligent, de chercher des richesses qui nous appauvrissent, de se livrer à des joies fugitives que les douleurs terminent, d'aimer un monde où l'on vit sans sécurité, où l'on ne goûte point de repos sans alarmes, où la prospérité n'est jamais sans disgrâces, les plaisirs sans épines, l'abondance sans disette, et les jours les plus tranquilles sans chagrin. Il adressa ensuite la parole aux chanoines, et, pour ne scandaliser personne par une censure trop directe, il attaqua leur conduite en général, il troubla le calme de leur fausse conscience par la crainte du jugement à venir, il leur remontra avec force les devoirs de leur profession, il leur fit appréhender la sévérité de la justice de Dieu, qui punit sans miséricorde les profanations du sanctuaire.

Cette prédication véhémente, animée du zèle d'un second Jean-Baptiste, eut le sort de la semence évangélique. Norbert ne se rebuta point de la dureté ni des railleries de la plupart de ses auditeurs. Dès le lendemain il recommença de prêcher, et, lorsque tous les chanoines furent assemblés dans le chapitre, il prit en main la règle de saint Grégoire et de saint Isidore. Il représenta au doyen, avec une éloquence merveilleuse, que, par les devoirs de sa charge, il était obligé de maintenir l'observance de cette règle venue de leurs ancêtres, et que tout le chapitre avait solennellement juré de garder; que, s'il souffrait qu'on violât impunément les constitutions des saints Pères, il serait lui-même coupable des prévarications de ses inférieurs, et que, s'il différait davantage de ramener ses chanoines dans le premier esprit de leur état, il serait convaincu d'avoir fomenté le désordre qu'il aurait négligé de réparer (*Vita S. Norberti, Acta Sanct.*, 6 *junii*).

Les anciens qui entendirent ce discours en furent extrêmement attendris. Ils regardaient Norbert avec des yeux d'admiration; ils ne doutaient pas qu'il ne fût envoyé de Dieu pour le rétablissement de la discipline, et ils étaient disposés à seconder ses pieuses intentions. Les jeunes chanoines, au contraire, attachés aux douceurs de la vie molle, prirent feu à ses remontrances, se scandalisèrent de sa liberté apostolique, l'attribuèrent à l'enthousiasme d'une dévotion indiscrète, et, si des considérations humaines n'eussent réprimé leur insolence, ils allaient éclater en injures. Comme ils ne pouvaient imposer silence au prédicateur, ni soutenir plus longtemps une exhortation si vive, ils se retirèrent brusquement du chapitre.

Norbert ne fut pas offensé de ce mépris. La miséricorde, qui l'avait converti lui-même, le sollicitait sans cesse à procurer la conversion des autres, persuadé d'ailleurs que, si la dureté de leurs cœurs rendait inutiles les desseins de la grâce, Dieu ne laisserait pas de lui tenir compte de son zèle. Dans cette vue, il continua avec la même ardeur les devoirs de la correction fraternelle; dispensé des ménagements qu'il avait gardés jusqu'alors, pour ne pas aigrir les esprits, il marqua, dans un détail exact, les fautes des particuliers, il dévoila leur conduite et leurs intrigues, il n'épargna aucun de ces séditieux, dans la persuasion qu'il avait, que c'était le seul moyen de les gagner tous à Dieu. Les anciens penchaient déjà pour le parti de la réforme, mais les jeunes s'emportèrent comme des frénétiques contre le médecin qui voulait les guérir. Un clerc d'une condition obscure, gagné par les promesses d'une récompense modique, s'offre à être le ministre de leur conspiration. Il insulte Norbert; il éclate contre lui en injures, enfin il lui crache au visage. Norbert ne répliqua pas d'un mot, mais s'essuya le visage et bénit le Seigneur de lui avoir fait part des ignominies de sa passion.

Dieu préparait son serviteur, par ces rudes épreuves, à de plus rudes combats. Après avoir exercé sa patience, il voulait tenter sa foi. Norbert allait souvent chercher dans le silence de la retraite, des consolations et des forces contre les persécutions de ses confrères. Tantôt il se transportait à Sigberg, auprès de son directeur Conon; tantôt il allait se recueillir auprès d'un saint ermite nommé Ludolfe, qui menait la vie solitaire sous l'habit clérical; quelquefois il visitait les religieux de Glosterrath, au diocèse de Cologne, non loin de Santen. Dans ce dernier monastère, il y avait une grotte souterraine consacrée par le sang de quelque martyr. Norbert aimait à y dire la messe. Un jour il arriva, par accident, qu'une grosse araignée tomba dans le précieux sang à l'élévation du calice. La saint frémit à la vue de ce malheur. Il voyait la mort inévitable, s'il avalait le poison; sa foi l'accusait d'irrévérence, si, comme la rubrique le permet, il retirait l'araignée et perdait quelques gouttes du sang de Jésus-Christ. Il ne balança pas longtemps; plein de foi, il avala l'insecte avec le sang du Sauveur, et, résigné à la mort, il l'attendit au pied des autels. Dieu lui tint compte de son sacrifice, mais ne l'accepta pas. Sa foi, qui lui avait fait exposer sa vie, se trouvait ainsi récompensée. Aussi la foi fut comme le caractère qui le distingua des saints qui vécurent de son temps. *La charité*, disait-on, *excelle dans Bernard, l'humilité dans Milon, et la foi dans Norbert*. Milon, disciple de saint Norbert, puis évêque de Térouanne, fut un des plus saints et des plus illustres prélats de son siècle.

Les ennemis de Norbert, non contents de l'avoir accablé d'opprobres dans son pays, s'avisèrent de décrier sa conduite auprès des supérieurs ecclésiastiques. Conon, évêque de Préneste et légat du pape Gélase II, était venu en Allemagne pour y maintenir les Eglises dans l'obéissance du Saint-Siège. Il assembla un concile à Fritzlar, pour y renouveler l'excommunication contre l'empereur Henri V, qui venait de faire un antipape et un schisme. Plusieurs évêques d'Allemagne se rendirent à cette assemblée, les Eglises particulières y envoyèrent leurs députés, celle de Santen fit partir les siens, et Norbert y fut mandé en personne. Sitôt que le saint eut comparu dans le concile, les archevêques, les évêques et les abbés le dénoncèrent au légat comme un homme d'un esprit inquiet, ambitieux, entreprenant, qui s'était ingéré dans le ministère de l'Evangile sans mission légitime; qui s'érigeait sans autorité en réformateur de la discipline; qui affectait, par les dehors d'une vie pénitente, de renoncer au monde, tandis qu'il se conservait la propriété de ses biens, incompatible avec les vœux de religion, et qu'il se couvrait d'habits grotesques et bizarres peu en rapport avec la noblesse de sa naissance et la profession d'un chanoine séculier.

Ces reproches ne troublèrent pas la sérénité de Norbert. Il les écouta avec patience et les réfuta avec sagesse. « Si vous êtes en peine, leur dit-il, de savoir quelle est la religion que je professe, apprenez que ma religion est celle dont parle l'apôtre. Elle se propose pour objet l'assistance des pupilles, le soulagement des veuves, la consolation des affligés et la pureté des mœurs. Voilà la religion de tous les chrétiens, et voilà celle que je me fais gloire de suivre. Si vous me faites un crime du zèle que j'ai pour la prédication de l'Evangile, Jésus-Christ, qui nous promet, par la bouche de son apôtre, la rémission de nos péchés si nous avons été les coopérateurs de sa grâce dans la conversion des pécheurs, Jésus-Christ justifie le zèle de mon apostolat. Si vous êtes curieux de savoir de qui je tiens ma mission, je vous déclare que je l'ai reçue en recevant le sacerdoce, et que les mains qui m'ont communiqué le pouvoir de consacrer, m'ont aussi communiqué le pouvoir de dispenser la parole. Enfin, si mes habillements vous scandalisent, l'apôtre saint Pierre qui nous enseigne que les habits magnifiques ne sont pas ce qui est agréable à Dieu, saint Jean-Baptiste, qui ne se couvrait que de peaux de chameaux, sainte Cécile, qui se faisait honneur de porter le cilice, le premier homme, à qui Dieu ne donna pour tout vêtement qu'une tunique de peau; tous ces saints condamnent par leurs exemples le scandale de votre luxe et l'injustice de vos plaintes. »

On ne répondit rien à ce discours. Norbert eut permission de sortir de l'assemblée. Il alla se prosterner aux pieds de son crucifix. Il passa toute la nuit en oraison et demanda à Dieu de vouloir être son asile dans cet abandon des créatures. Il continua ses prières pendant tout le jour, et il se proposait de les continuer durant la nuit suivante; mais le sommeil l'ayant surpris, il s'endormit jusqu'au point du jour. Alors le démon, qui ne pouvait supporter des sentiments si chrétiens dans un homme qui ne faisait que commencer à servir Dieu, vint interrompre son repos. Il jeta des pensées de découragement dans son esprit et lui reprocha d'un air moqueur l'accablement où l'adversité l'avait réduit. Eh quoi! lui dit-il, tu succombes sous le poids d'une première affliction? Je te trouve abattu par le sommeil, toi qui devais vaincre tous les obstacles et tout entreprendre pour la gloire de ton Dieu? Comment pourras-tu tenir ferme contre les maux où la te prépare, si tu n'as pas eu assez de force pour résister au sommeil? Norbert, réveillé, aperçut un spectre horrible. Il comprit que c'était le démon, il repoussa ses railleries et le chargea lui-même de confusion.

Le saint, mettant à profit les reproches de ses ennemis mêmes, hommes et démons, alla trouver l'archevêque de Cologne, son prélat, et résigna entre ses mains tout ce qu'il avait de bénéfices et de revenus ecclésiastiques, qui étaient considérables. Il vendit ses palais, ses terres, ce qu'il possédait de patrimoine, il en distribua le prix aux pauvres, ne se réservant que dix marcs d'argent, une chapelle pour dire la messe, une mule pour le porter dans le cours de ses voyages, et, de tout le nombreux domestique qu'il entretenait, il ne garda que deux valets, plutôt pour être les compagnons de ses travaux que pour le servir dans les fatigues de sa mission. Sa résolution était d'annoncer désormais la parole divine, non plus à ses confrères, qui s'y montraient insensibles, mais au pauvre peuple, qui en était avide, et d'aller pour cela faire autoriser sa mission par le chef même de l'Eglise.

Déchargé du fardeau de ses richesses, il se mit en route. Le monde le plus idolâtre de la fortune ne pouvait refuser son admiration au mépris que Norbert faisait de ses caresses. Les villes, à son passage, applaudissaient à sa vertu ; il n'y eut que Norbert qui ne fût pas content de soi. Les dix marcs d'argent qu'il s'était réservés pour les besoins du voyage lui parurent contraires à l'esprit de pauvreté; il les regarda comme l'effet d'une prévoyance timide, qui semblait se défier des soins de la providence de Dieu. Ainsi, étant arrivé à Huy et faisant de sérieuses réflexions sur la pauvreté du Sauveur, qu'il s'était proposée pour le modèle de la sienne, il distribua cet argent aux pauvres et ne retint que sa chapelle. Il poursuivit son chemin dans ce dépouillement parfait, exposé aux injures des saisons, aux disgrâces de la mendicité, marchant pieds nus pendant le froid des hivers et les chaleurs de l'été, couvert d'une grosse soutane, négligé de telle sorte qu'il semblait être un de ces misérables vagabonds dont la figure a quelque chose d'affreux et de bizarre tout ensemble. C'est dans cet état qu'il arriva à Saint-Gilles, en Provence, où était le Pape.

Dès son arrivée, il eut audience de Gélase. Il exposa au Saint-Père les motifs de son voyage, le zèle qu'il sentait pour le salut des âmes et le dessein qu'il avait pris de travailler, sous son autorité, à la conversion des pécheurs. Gélase, informé de la naissance de Norbert et ravi de sa conversation, tâcha de l'engager à demeurer auprès de sa personne. Il prétendait s'en servir dans les besoins de l'Eglise. Mais l'humble serviteur de Dieu, à qui la seule pensée de la cour et des honneurs était un supplice, se défendit des instances du souverain Pontife. Il lui remontra qu'ayant eu le malheur de vivre dans les cours des princes et des empereurs, il était temps qu'il expiât par la pénitence les désordres d'une vie mondaine. Il ajouta que sa jeunesse et le défaut d'expérience le rendaient incapable des emplois dont Sa Sainteté voulait l'honorer, et que, quand il en serait capable, sa vie déréglée l'en rendrait indigne. Que si elle lui ordonnait de reprendre la vie canoniale qu'il avait quittée ou d'embrasser la vie monastique, pour laquelle il n'avait nul attrait, ou enfin de passer le reste de ses jours en pèlerinage, il obéirait aveuglément à ses ordres ; mais, qu'à l'égard de la place qu'elle lui offrait à sa suite, il la suppliait de ne point le forcer à s'y soumettre ; que toute la grâce qu'il venait lui demander, était de lui pardonner la faute qu'il avait commise en recevant deux ordres majeurs dans un jour. Que si, après lui avoir pardonné cette faute, elle le trouvait propre à la dispensation de l'Evangile, il accepterait avec joie l'honneur d'un si saint ministère.

Le Pape, voyant sa fermeté et son zèle, et sachant la persécution qu'il avait soufferte à cause de sa prédication, lui donna le pouvoir de prêcher la parole de Dieu, non-seulement dans les lieux où il l'avait prêchée, mais partout où il voudrait; il lui en donna même un ordre exprès, avec défense à ceux qui avaient voulu s'y opposer, d'empêcher le simple peuple de profiter de ses instructions. Et, afin, que personne ne pût en douter, il lui en fit expédier une bulle en forme.

Norbert, muni de si amples pouvoirs, sortit de Saint-Gilles, content d'avoir évité les honneurs de la cour, mais plus content encore de la bénédiction et des marques de tendresse que le souverain Pontife lui donna à son départ. Les neiges qui couvraient la terre rendaient les chemins impraticables ; mais la charité qui embrasait le cœur de l'homme apostolique lui faisait surmonter les rigueurs de la saison. Il traversa pieds nus de vastes provinces, sans adoucir sa pénitence, sans relâcher l'austérité de sa vie quadragésimale et la dureté de ses vêtements. Il enfonçait dans la neige quelquefois jusqu'aux genoux ; souvent, abattu de lassitude, il était contraint de prendre un peu de repos sur la glace. Cependant il ne voulut jamais se servir de sa monture. Il passait les jours dans les fatigues et presque toutes les nuits en oraison.

Il arriva enfin à Orléans, au commencement du carême de l'an 1118. Là, un sous-diacre, touché de ses exemples, se mit à le suivre et embrassa le même genre de vie. Ce fut la première conquête de son apostolat et le premier enfant de ses douleurs, qui partagea avec lui les travaux de sa mission. Avec ce renfort, il continua son chemin, répandant dans les lieux de son passage l'odeur de sa sainteté. Ils arrivèrent à Valenciennes la veille des Rameaux. La conjoncture était favorable au zèle de Norbert; mais, comme il ne savait peu de français, il ne put profiter d'une si heureuse circonstance. Sa charité souffrait. Il eut recours à la prière, pour attirer, par ses vœux, sur Valenciennes, les grâces qu'il ne pouvait lui communiquer par la parole. Pendant l'oraison, il se souvint qu'autrefois le Saint-Esprit donna aux apôtres le don des langues pour la conversion des peuples. Il lui demanda la même grâce pour le salut de la ville où il était, ou du moins il pria le Seigneur que, pour l'honneur de l'apostolat dont il l'avait chargé et pour la gloire de l'Evangile dont il était le ministre, il donnât à ses auditeurs ce qu'il avait accordé aux apôtres, qu'une langue étrangère fût entendue de tous ceux qui assisteraient à son sermon. Le Saint-Esprit exauça la prière de son serviteur. Le lendemain il monte en chaire, il prêche en langue teutonique, et ses auditeurs, à qui elle était étrangère, l'entendirent aussi parfaitement que si elle leur eût été naturelle. Le miracle opéra des conversions admirables dans Valenciennes. Le peuple, frappé d'étonnement et pénétré de componction, venait en foule consulter Norbert. Les pécheurs, effrayés, accouraient à lui pour se réconcilier par le sacrement de pénitence. Toute la ville, sensible au bonheur qu'elle possédait et affligée par la seule pensée de son départ, prenait déjà des mesures pour le retenir.

Norbert, qui avait dessein de retourner à Cologne, résistait à leurs prières et se disposait à partir, lorsque la maladie de ses trois compagnons l'obligea d'accepter le séjour qu'il avait refusé. Il ne voulut confier qu'à sa vigilance le soin de ses chers malades. Il nettoyait de ses mains les ulcères que les neiges leur avaient causés. Il préparait leurs repas, et leur servait les mets qu'il avait mendiés, ou qu'il recevait de la charité des fidèles. Il les essuyait dans l'accès de la fièvre, mais il avait soin surtout de leurs consciences, et sa principale occupation était de les exhorter à souffrir en chrétiens et à mourir chrétiennement. Il rendait tous ces services à ses compagnons, étant incommodé lui-même. Il plut au Seigneur, dont les jugements sont adorables, d'abréger les exercices pénibles de la charité de Norbert, en couronnant d'une mort précieuse les mérites de ses chers enfants. Leur trépas lui coûta des larmes. Ses deux domestiques, qui étaient devenus ses collègues par les liens d'une profession commune, furent enterrés dans le collatéral gauche de l'église de Saint-Pierre, et le sous-diacre dans la grande église de Sainte-Marie, à Valenciennes.

Tandis que Norbert rendait les derniers devoirs à ses trois premiers disciples, la Providence, qui l'avait affligé, le consola. Burcard, évêque de Cambrai, passa à Valenciennes. Norbert, qui avait eu avec lui d'étroites liaisons à la cour de l'empereur, rendit visite à l'évêque. Hugues, qui était chapelain de ce dernier, se trouva, par occasion, à la porte, et l'introduisit auprès de Burcard, qui méconnut d'abord Norbert. Son visage livide, ses vêtements grossiers, son corps décharné, son air pénitent, ne rappelaient point à l'évêque l'idée d'un courtisan magnifique et enjoué. Mais après quelques moments de conversation, Burcard reconnut son ancien ami, et, dans un transport d'admiration, il s'écria : « Ô Norbert ! qui aurait jamais cru ce changement ? Quoi donc, êtes-vous celui que j'ai vu comblé de gloire et de richesses ? que les empereurs honoraient de leur amitié, dont les courtisans enviaient le bonheur, et à qui je dois mon élévation ? » Les larmes qui se mêlèrent à ces démonstrations de tendresse, jetèrent Hugues dans l'inquiétude. Comme il n'entendait pas l'allemand, il y conjecturait du mystère, mais il ne pouvait en trouver le dénouement. Il prit la liberté d'interroger l'évêque sur le sujet de ses caresses et de ses pleurs. Alors Burcard, redoublant ses soupirs, lui dit que cet homme, qui paraissait en si mauvais équipage, avait été le favori de l'empereur, les délices de sa cour; que c'était un seigneur distingué par sa naissance et considéré par ses emplois; qu'il avait refusé l'évêché de Cambrai, et que, pour lui, il ne tenait que de son refus.

Le récit de cette histoire jeta des semences de salut dans le cœur de Hugues. Il ne put contenir ses larmes, à la vue de celles que versait son évêque. La grâce qui sollicitait depuis quelques années ce vertueux ecclésiastique à la retraite, réveilla ses anciennes inclinations à l'aspect de Norbert. Il ne s'en expliqua pourtant pas alors. Mais le saint étant tombé malade, il lui fit de fréquentes visites, il étudia son esprit et ses maximes, il s'informa de ses desseins, il goûta sa conduite et n'attendait, pour se déclarer disciple, que le rétablissement de la santé du maître. Dès les premiers jours de sa convalescence, Hugues lui ouvrit son cœur et lui demanda la grâce de l'associer à sa compagnie. A cette proposition, Norbert, levant les mains au ciel, loua le Seigneur de lui avoir suscité un disciple pour succéder au zèle et à la vertu de ceux que la mort venait de lui ravir.

Après quelques jours, pendant lesquels Norbert acheva d'instruire son nouveau et unique compagnon, ils sortirent tous deux de Valenciennes, sans autre provision que d'une chapelle et d'un bréviaire. Dieu bénit les prémices de leur mission. Dans tous les villages où ils annoncèrent l'Evangile, ils firent des conversions extraordinaires. Les ennemis les plus irréconciliables, frappant leur poitrine, venaient déposer aux pieds de Norbert leurs désirs de vengeance. Les pêcheurs invétérés, troublés par la crainte des jugements de Dieu, renonçaient à leurs désordres. La moisson fut si abondante, que les ouvriers ne pouvaient y suffire. Les prodiges étaient si publics, que les villes voisines, à l'approche des deux apôtres, sortaient au devant d'eux, pour les inviter à les honorer de leur présence : ceux qui ne pouvaient les posséder dans leurs maisons, les priaient d'accepter quelques effets de leur libéralité. Norbert, qui avait tout quitté pour l'Evangile, n'avait garde de trafiquer des fonctions apostoliques. Il refusa l'argent qu'on lui offrait. Tout ce que l'on put gagner sur son esprit, fut de lui faire recevoir les oblations que l'on apportait sur l'autel pendant le sacrifice; encore voulut-il les distribuer sur l'heure même aux pauvres, de crainte qu'il ne passât pour mercenaire dans la dispensation d'un emploi qui doit être gratuit. Il accepta l'hospitalité que Jésus-Christ permettait à ses apôtres dans leur mission, mais il n'interrompait point les règles de la pénitence qu'il s'était prescrite. La terre lui servait de chaise, et ses genoux, de table durant ses repas; ses mets n'étaient assaisonnés que de sel, l'eau était sa boisson ordinaire, et ce genre de vie uniforme dans toutes les saisons, si ce n'est lorsqu'il mangeait à la table des archevêques et des évêques.

Il choisissait pour le sujet de ses prédications les grandes vérités du christianisme. Il parlait du sacrement de pénitence et des dispositions nécessaires pour le recevoir. Il enseignait aux gens mariés les obligations de la société conjugale, il instruisait les riches des moyens de sanctifier leurs richesses et de se sanctifier eux-mêmes au milieu de leur abondance. Il apprenait aux pauvres l'usage qu'ils devaient faire de la pauvreté, quels étaient les desseins de Dieu dans les adversités qu'il envoyait aux hommes ; et, proportionnant ses expressions à la capacité de ses auditeurs, tantôt il s'abaissait jusqu'au langage des paysans, et tantôt il élevait les esprits par la noblesse de ses pensées et par la force de cette haute éloquence qui persuade, qui touche et qui entraîne.

Cette prudence apostolique le faisait rechercher également par les évêques et par les peuples. Il entretenait les prélats, en particulier, sur les devoirs de leur charge, et il entrait dans les chapitres pour enseigner aux chanoines les obligations de leur état. Ses prédications étaient suivies de conférences, dans lesquelles chacun lui proposait ses doutes sur l'observance des règles ecclésiastiques, sur la conduite qui convient aux prélats, sur l'obéissance qu'on doit aux supérieurs, sur les sacrements de l'Eglise, sur la béatitude des saints, sur les afflictions des justes. Les uns lui faisaient des demandes captieuses pour le surprendre dans ses paroles, les autres des questions embarrassantes pour éprouver sa capacité, et quelques-uns pour s'instruire de leurs devoirs. Norbert, qui éventait les desseins les plus secrets, leur répondait avec force, et, sans épargner les qualités des personnes, il prêchait contre leurs désordres. Les miracles qui accompagnaient sa parole, relevaient la dignité de son ministère, et l'exemple de ses vertus fortifiait la liberté de ses discours. Les peuples, avides de ses sermons, le suivaient en foule dans ses voyages, pour goûter plus longtemps le plaisir de l'entendre ; en sorte qu'il était souvent obligé, pour satisfaire à leur dévotion, de demeurer dans les places publiques et d'y coucher. Il aimait mieux souffrir l'incommodité des saisons, que de faire souffrir personne par la difficulté qu'on aurait eue de trouver accès dans la maison des seigneurs où il était invité à loger.

Nos deux apôtres, qui avaient parcouru le diocèse de Cambrai, jugèrent qu'il était temps de répandre la parole dans leur propre pays. Le diocèse de Liége se présentait le premier sur leur route; ils s'y arrêtèrent, et commencèrent leur mission à Fosse, endroit natal de Hugues. L'austérité de leur vie, le succès de leurs prédications publièrent aussitôt leur arrivée dans la province, et leur attirèrent de toutes parts des auditeurs. Les ecclésiastiques, qui apprirent les fruits que Dieu opérait par Norbert, vinrent profiter de ses discours. Ils reconnurent que le vertueux missionnaire avait le talent de remuer les cœurs, et surtout de réconcilier les ennemis. Ils le prièrent de vouloir être le médiateur d'une paix que l'on avait jusqu'alors inutilement tenté de rétablir entre deux familles irréconciliables. Déjà plus de soixante personnes avaient péri par le fer, et l'on continuait tous les jours les meurtres de part et d'autre, sans que l'autorité du magistrat ni les prières des gens de bien eussent pu désarmer les furieux.

Pendant qu'on racontait à Norbert l'histoire de tant de massacres, un jeune homme, dont le frère avait été tué dans la semaine et dont il allait venger la mort, passa devant le saint; on l'en avertit. Alors le missionnaire pria le jeune homme d'approcher, il l'embrassa avec tendresse, et lui parla de la sorte : Je suis un voyageur nouvellement arrivé dans votre ville, je n'ai encore rien demandé ni rien reçu de personne depuis mon séjour; vous êtes le premier à qui je m'adresse pour vous prier d'une grâce; vous me paraissez d'un caractère trop obligeant pour me refuser une faveur qui dépend de vous, et que je vous conjure de m'accorder. A ces mots, le cœur du jeune homme fut attendri, et les larmes aux yeux : Commandez, dit-il, mon père, je suis prêt à obéir. — Eh bien ! lui répliqua Norbert, je vous demande grâce pour le meurtrier de votre frère. A ces mots, le cavalier, brisant ses armes, sacrifie sa vengeance au commandement de Norbert.

Ce n'était point assez d'avoir calmé un furieux, il fallait faire mettre bas les armes à plusieurs autres qui devaient s'assembler à Mourtier, à deux lieues de Namur, pour vider la querelle le samedi suivant. Norbert y alla. Les peuples voisins, qui savaient le sujet de son voyage, le suivirent. A son arrivée, il donna ses premières heures à la prière, dont il avait coutume de faire précéder sa prédication. Comme l'ouvrage qu'il méditait était difficile, il s'y prépara par de plus longues oraisons. Le peuple, qui l'attendait avec impatience, se plaignit de leur longueur. On supplia Hugues d'avertir le saint qu'il était près de midi, et qu'il laissait, par ses retardements, la patience du peuple assemblé. Norbert, comme s'il fût sorti d'un long ravissement, lui répondit que l'heure n'était pas encore venue, qu'il appartenait à Dieu de prescrire le temps de parler aux hommes, et non pas aux hommes de prévenir les ordres de Dieu. Il continua sa prière jusqu'à ce que le Saint-Esprit lui eût fait connaître qu'il était temps de travailler au salut des pécheurs.

Sur-le-champ Norbert sortit de sa retraite, le visage rayonnant comme un autre Moïse. Il entra dans l'église. Comme c'était un samedi, jour depuis longtemps dédié à Marie, il dit la messe en l'honneur de la sainte Vierge; ensuite il en recommença une autre pour le repos des âmes de ceux dont la mort avait allumé la guerre dans la province. Après qu'il eut achevé la seconde messe, il monta en chaire. Quoique la plupart de ceux qui étaient accourus pour l'entendre se fussent dissipés et répandus dans la ville, pour prendre quelque nourriture, le saint ne laissa pas de prêcher. Sa voix, que le jeûne avait rendue si languissante, qu'on pouvait à peine l'entendre dans l'auditoire, retentit avec tant d'éclat jusque dans les maisons les plus éloignées, que chacun, étonné de ce prodige, abandonna le soin du corps pour se rassasier du pain de la parole.

Le retour du peuple dans le lieu saint ranima le zèle du prédicateur; il parla de la sorte à l'assemblée : « Vous savez, mes frères, que Jésus-Christ ordonna à ses disciples d'annoncer la paix en tous les lieux où ils iraient annoncer l'Evangile. Il a promis que, si le fils de la paix habitait dans ces lieux, la paix qu'il y aurait annoncée y demeurerait. Nous avons l'honneur, mes chers frères, par un pur effet de la grâce, et non point pour la récompense de nos mérites, d'être les héritiers du ministère de Jésus-Christ. Nous venons aujourd'hui, à leur exemple, vous apporter la paix. C'est là le motif qui m'a conduit dans votre ville et qui vous rassemble dans votre église. Dieu me commande de vous l'offrir de sa part, et il vous ordonne de l'accepter. Vous opposerez-vous à un bien qui doit être la source de votre félicité en ce monde et en l'autre ? Ah ! craignez, mes frères, qu'en refusant la grâce que je vous présente, vous n'irritiez la colère d'un juge, après avoir méprisé la miséricorde d'un père.

Les assassins, qui étaient présents à ce discours, joignant leur voix à celle de toute l'assemblée, crièrent tous ensemble qu'ils étaient prêts à recevoir la paix aux conditions qu'il lui plairait de prescrire. Aussitôt Norbert sortit de l'Eglise, il appela les deux partis, et les engagea à ratifier leur promesse par un traité solennel. Il fit apporter les reliques, sur lesquelles on jura une réconciliation éternelle (*Vita S. Norbert.*, Acta Sanct.; 6 *junii*; Vie de saint Norbert, par Hugo, abbé d'Etival).

C'est par ces prodiges et plusieurs autres semblables, que saint Norbert travaillait au salut des âmes dans le pays de Liége, sous l'autorité de Gélase II; quand il apprit la mort de ce pontife. Gélase ayant passé de Vienne et par Lyon, se rendit à Mâcon, où il tomba malade d'une pleurésie. Il en guérit assez pour se rendre à Cluny, où il fut reçu avec tous les siens, selon qu'il convenait à sa dignité et à l'opulence de ce monastère. Les rois et les princes l'y visitèrent, soit en personne, soit par leurs ambassadeurs, comme s'il eût été Pierre lui-même. Il commençait à respirer et à donner ses ordres pour le soulagement de ceux qu'il avait amenés et de ceux qu'il avait laissés à Rome. Il indiqua même un concile à Reims, pour terminer le différend entre le Saint-Siége et l'empereur d'Allemagne. Mais il retomba malade, et se trouva bientôt réduit à l'extrémité.

Alors il fit appeler les cardinaux de sa suite, et leur proposa pour successeur Conon, évêque de Préneste ou Palestrine. Conon s'en excusa, en disant : « A Dieu ne plaise que je me charge de ce fardeau, indigne et misérable que je suis ! vu principalement que, de notre temps, le Siége apostolique étant sous la persécution, a besoin, pour se soutenir, de richesses et de puissance temporelle. Si vous voulez croire mon conseil, nous élirons l'archevêque de Vienne, qui, outre la piété et la prudence, a encore la puissance et la noblesse séculière; car nous espérons qu'il délivrera le Siége apostolique de cette longue vexation. » Ce discours fut approuvé du Pape malade et des cardinaux présents, et aussitôt on envoya chercher l'archevêque de Vienne. Mais pendant qu'il était en route, le Pape sentant approcher sa fin, fit sa confession devant un grand nombre de personnes, reçut le Corps et le Sang de Notre Seigneur, se fit coucher à terre sur la cendre, suivant l'usage des moines, et rendit ainsi l'esprit le 29 janvier 1119, après un pontificat d'un an et quelques jours. Il est compté parmi les saints dans quelques Martyrologes. Le roi Louis de France apprit sa mort comme il était en chemin pour aller conférer avec lui à Vézelai (Pandulfe et Suger, *apud Baron.*, an 1119).

Il se fit un grand concours de seigneurs et de prélats à Cluny, pour honorer les funérailles de Gélase. Comme les besoins de l'Eglise étaient pressants à cause du schisme de l'antipape Bourdin, et que la plupart des cardinaux avaient suivi Gélase en France, la célébrité de l'assemblée les détermina à élire incessamment un nouveau Pape. Ils convinrent que, dans ces conjonctures, la barque de saint Pierre avait besoin d'un pilote qui eût de la force, de l'expérience et de la protection, et tous les suffrages se réunirent en faveur de Gui, archevêque de Vienne, qui était alors à Cluny, prélat également distingué par sa sagesse, par son courage et par sa noblesse. Il était fils de Guillaume, comte de Bourgogne, parent de l'empereur et oncle d'Adélaïde, reine de France. Ce choix causa en même temps de la surprise et de la joie à la France entière. Gui, plus surpris que tous les autres, refusa fortement de consentir à son élection, jusqu'à ce qu'elle eût été ratifiée par les Romains.

Les cardinaux qui étaient à Cluny envoyèrent faire part de la mort de Gélase et de l'élection de Calixte II, nom du nouveau Pape, à Pierre, évêque de Porto, que Gélase y avait laissé comme vicaire. Pierre monta aussitôt au Capitole et fit lire les lettres en présence des Romains. Tous, unanimement, ils approuvèrent l'élection de Calixte et louèrent Dieu de leur avoir donné un Pape d'un si grand mérite. L'évêque de Porto écrivit ces nouvelles au cardinal Hugues, légat à Bénévent, et à Landulfe, archevêque de cette ville. Aussitôt celui-ci assembla le clergé et le peuple, publia l'élection de Calixte, qui fut solennellement approuvée, et les citoyens jurèrent fidélité au nouveau Pape. Cependant Calixte II fut couronné solennellement à Vienne, par Lambert, évêque d'Ostie, et plusieurs autres, le dimanche de la Quinquagésime, 9 février 1119. Son élection fut publiée partout, particulièrement en Allemagne, dans la diète qui se tenait à Tribur et dont voici l'occasion :

L'empereur Henri était encore en Italie quand il apprit que Conon, évêque de Préneste et légat du pape Gélase, avait publié l'excommunication contre lui dans les conciles de Cologne et de Fritzlar, et que les seigneurs, peu de temps après, avaient indiqué une diète à Wurtzbourg, où ils voulaient que l'empereur se trouvât, ou qu'il fût déposé du royaume. Henri, furieusement irrité de cette nouvelle, laissa ses troupes en Italie avec l'impératrice son épouse, et vint en Allemagne lorsqu'on l'y attendait le moins. Et comme sa présence y excita de nouveau des actes de violence et d'hostilité, il fut obligé, par les évêques et les princes de tout le royaume, de convoquer une assemblée générale à Tribur, où il promit de satisfaire sur tous les chefs dont on l'accusait. Dans cette assemblée, on établit une paix générale ; mais elle ne fut pas solide. Il s'y trouva des députés de Rome, de Vienne et de plusieurs autres Eglises, qui confirmèrent la nouvelle de l'élection du pape Calixte. Tous les évêques d'Allemagne lui promirent obéissance et approuvèrent la convocation du concile qu'il devait tenir vers la Saint-Luc, et l'empereur lui-même promit de s'y trouver pour la réunion de l'Eglise universelle (Ursperg, an 1119).

En attendant ce concile, qui devait se tenir à Reims, le pape Calixte en tint un à Toulouse, composé des cardinaux de sa suite, des évêques et des abbés de la Provence, du Languedoc, de la Gascogne et de la petite Bretagne. On y voyait, entre autres, saint Oldegaire, archevêque de Tarragone. On y fit dix canons, dont le plus remarquable est le troisième, conçu en ces termes : « Quant à ceux qui, sous prétexte de religion, condamnent le sacrement du Corps et du Sang de Notre Seigneur, le baptême des enfants, le sacerdoce et les autres ordres ecclésiastiques, ainsi que les mariages légitimes, nous les condamnons et les chassons de l'Eglise comme hérétiques, et ordonnons qu'ils soient réprimés par les puissances séculières. Nous soumettons à la même peine ceux qui les protègent, à moins qu'ils ne viennent à résipiscence. » Les hérétiques dont il est ici question étaient une espèce de secte de manichéens, sectateurs de Pierre de Bruis et de Henri, son disciple, que nous verrons renaître sous d'autres noms et en d'autres temps. Le cinquième et le sixième canon du même concile portent : « Aucune puissance ecclésiastique ou séculière ne mettra en servitude des hommes libres, clercs ou laïques, et aucun clerc ne sera obligé de rendre quelques servitudes aux laïques à raison des bénéfices ecclésiastiques (Labbe, t. X, p. 856). »

Pour préparer la paix qui devait se traiter au concile de Reims, le Pape avait député vers l'empereur Henri, Guillaume de Champeaux, évêque de Châlons-sur-Marne, et Pons, abbé de Cluny. L'empereur, qu'ils trouvèrent à Strasbourg, leur demanda conseil sur les moyens de faire cette paix sans diminution de son autorité. L'évêque répondit : « Seigneur, si vous désirez avoir une paix véritable, il faut que vous renonciez absolument à l'investiture des évêchés et des abbayes. Et pour vous assurer que vous n'en souffrirez aucune diminution de votre autorité royale, sachez que, quand j'ai été élu dans le royaume de France, je n'ai rien reçu de la main du roi, ni avant ni après mon sacre ; et, toutefois, à raison des tributs, de la milice et des autres droits qui appartenaient à la chose publique et ont été anciennement donnés à l'Eglise par les rois chrétiens, je le sers aussi fidèlement que vos évêques vous servent dans votre royaume, en vertu de l'investiture qui a attiré cette discorde et l'anathème sur vous. » L'empereur, levant les mains, répondit : Eh bien! soit, je n'en demande pas davantage. L'évêque reprit : Si vous voulez donc renoncer aux investitures, rendre les terres aux Eglises et à ceux qui ont travaillé pour l'Eglise, et leur accorder une véritable paix, nous essaierons, avec l'aide de Dieu, de terminer ce différend. L'empereur ayant pris conseil des siens, promit de le faire, s'il trouvait de la part du Pape de la fidélité et de la justice, et si on lui rendait, à lui et aux siens, une vraie paix avec les terres qu'ils avaient perdues en cette guerre. L'évêque en demanda quelque assurance, afin que leur travail ne fût pas inutile, et l'empereur fit serment par la foi chrétienne, entre les mains de l'évêque et de l'abbé, d'observer sans fraude ces articles. Après lui, l'évêque de Lausanne, le comte palatin et les autres qui l'accompagnaient, tant clercs que laïques, firent le même serment.

Avec cette assurance, l'évêque et l'abbé retournèrent vers le Pape, qui, après avoir parcouru toute la France, se trouvait à Paris le 6 octobre. Il approuva la négociation et dit : Plût à Dieu que la chose fût déjà faite, si elle pouvait se faire sans fraude! Ayant pris conseil des évêques et des cardinaux, il renvoya à l'empereur les mêmes députés, et, avec eux, l'évêque-cardinal d'Ostie et le cardinal Grégoire. Ils avaient ordre d'examiner soigneusement ces articles, de les arrêter par écrit, de les signer de part et d'autre, et, si l'empereur voulait les exécuter, de lui donner jour avant la fin du concile. Ils le rencontrèrent entre Verdun et Metz, et lui dirent que le Pape le recevrait volontiers aux conditions convenues. L'empereur en témoigna de la joie et jura de nouveau, entre les mains des quatre députés, ce qu'il avait juré à Strasbourg, savoir : Que, le vendredi 24 octobre, il exécuterait à Mouzon, en présence du Pape, la convention que l'on avait rédigée par écrit. Voici en quels termes était conçue la promesse de l'empereur : « Moi, Henri, par la grâce de Dieu, empereur auguste des Romains, pour l'amour de Dieu, de saint Pierre et du seigneur pape Calixte, je renonce à toute investiture des Eglises et j'accorde une vraie paix à tous ceux qui, depuis le commencement de cette discorde, ont été ou sont encore en guerre. Je restitue les biens que j'ai des Eglises et de ceux qui ont travaillé pour l'Eglise. Quant aux biens que je n'ai point, j'en procurerai la restitution. Que s'il naît là-dessus quelque procès, les causes ecclésiastiques seront terminées par un jugement canonique, et les causes civiles, par un tribunal séculier. » Le Pape, de son côté, faisait à l'empereur une pareille promesse, dont voici la teneur : « Moi, Calixte II, par la grâce de Dieu, évêque universel de l'Eglise romaine, je donne une vraie paix à Henri, empereur auguste des Romains, et à tous ceux qui ont été ou sont encore avec lui contre l'Eglise. Je restitue les biens qu'ils ont perdus dans cette guerre et que j'ai, et, ceux que je n'ai point, je les aiderai à les recouvrer. S'il naît là-dessus quelque procès, les causes ecclésiastiques seront terminées par un jugement canonique, et les causes civiles, par un tribunal séculier (Labbe, t. X). »

Les conditions de l'accord ayant été ainsi réglées, et le jour de la conférence entre l'empereur et le Pape arrêté, les envoyés revinrent à Reims, où le Pape s'était déjà rendu pour tenir le concile. Il s'y trouva des évêques d'Italie, d'Allemagne, d'Espagne, de France, de Bretagne, d'Angleterre, des autres îles de l'Océan et de toutes les provinces de l'Occident. On y compta quinze métropolitains, plus de deux cents évêques et un pareil nombre d'abbés. L'archevêque Adalbert de Mayence s'y rendit avec sept prélats allemands, que la crainte de l'empereur avait obligés à se faire accompagner de cinq cents chevaliers. Le Pape, fort joyeux de leur arrivée, envoya au devant d'eux, avec des troupes, Hugues, comte de Troyes.

Henri, roi d'Angleterre, en permettant aux évêques de son royaume d'aller au concile de Reims, leur défendit d'y faire aucune plainte contre personne; car, leur dit-il, je rendrai bonne justice dans l'étendue de mon royaume à ceux qui me porteront leurs plaintes. Je fais payer exactement chaque année toutes les redevances accordées au Saint-Siège par mes prédécesseurs; mais je maintiens les privilèges qui m'ont été accordés. Allez donc et saluez bien de ma part le Pape, écoutez avec humilité ses ordres; mais ne rapportez pas de ce concile de nouveaux règlements pour les introduire dans mon royaume. » Thurstan, élu archevêque d'York, demanda au roi la permission d'aller au concile de Reims; le roi la lui donna, à condition qu'il ne se ferait pas ordonner par le Pape, au préjudice de l'archevêque de Cantorbéry, à qui il appartenait de le sacrer. Ce prince chargea même son ambassadeur de prévenir le Pape là-dessus, et l'assure qu'il promit de ne rien faire contre les droits de l'archevêque de Cantorbéry. Cependant, quand il eut entendu les raisons de Thurstan, il le sacra le dimanche 19 octobre, malgré les protestations de quelques Anglais. Le roi d'Angleterre en fut si irrité, qu'il fit défense à Thurstan de rentrer en Angleterre et même en Normandie. Toutefois, le Pape concilia plus tard cette affaire.

Le lundi 20 octobre, Calixte ou Calliste II fit l'ouverture du concile, qui se tint dans la cathédrale. On plaça les sièges des prélats devant le crucifix et on éleva un trône fort haut pour le Pape devant la porte de l'église. Après qu'il eût célébré la messe, il alla s'y placer. Au premier rang, vis-à-vis du Pape, étaient Conon de Préneste, Boson de Porto, Lambert d'Ostie, Jean de Crême et Atton de Viviers; car, comme ils étaient fort habiles, ils furent choisis pour discuter les affaires qui seraient proposées, et rendre les réponses convenables. Le diacre Chrysogone, revêtu de la dalmatique, était debout à côté du Pape, tenant en main le livre des canons, pour lire ceux dont on aurait besoin. Six autres ministres en tunique et en dalmatique entouraient le trône du Pape, et ils étaient chargés de faire faire silence (Labbe, t. X, p. 865; Mansi, t. XXI; Baron., an 1119).

Tout le monde ayant pris sa place, on récita les litanies, et, après les autres prières usitées pour l'ouverture des conciles, le Pape fit en latin un discours fort éloquent sur les tempêtes dont le vaisseau de l'Eglise était battu, et que le Seigneur, qui commande aux vents et à la mer, apaise quand il le juge à propos. Ensuite le cardinal Conon parla avec beaucoup de force sur les devoirs des premiers pasteurs.

Le Pape reprit ensuite la parole et dit : « Seigneurs, pères et frères, voici le sujet pour lequel nous vous avons appelés de si loin. Vous savez combien de temps l'Eglise a combattu contre les hérésies et comment Simon le Magicien, chassé de l'Eglise de Dieu, a péri par le jugement de l'Esprit-Saint et le ministère du bienheureux Pierre, à qui le Seigneur a dit spécialement : *J'ai prié pour toi, Pierre, afin que ta foi ne défaille point; quand tu seras converti, affermis tes frères.* Le même Pierre n'a cessé jusqu'à nos jours, par ceux qui tiennent sa place, d'extirper de l'Eglise de Dieu les sectateurs de Simon le Magicien, et moi, qui suis son vicaire, quoique indigne, je désire ardemment et par tous les moyens, avec le secours de Dieu, chasser de sa sainte Eglise l'hérésie de Simon, qui a été renouvelée principalement par les investitures. C'est pourquoi, pour vous instruire de l'état où en est cette affaire, écoutez le rapport de nos frères qui ont porté des paroles de paix au roi de Germanie, et donnez-nous conseil sur ce que nous devons faire, puisque la cause est commune. » L'évêque d'Ostie, qui avait été envoyé à l'empereur, fit en latin le rapport de ce qui s'était fait, et, quand il eut cessé, l'évêque de Châlons, en faveur des laïques, fit le même rapport en français. On proposa ensuite plusieurs articles, dont la décision fut remise à la fin du concile.

Le roi de France s'était rendu à Reims. Il entra au concile avec les principaux seigneurs français, et, placé sur le trône du Pape, il fit un discours fort éloquent qu'il prononça avec grâce, contre le roi d'Angleterre. « Je viens, dit-il, à cette sainte assemblée, avec mes barons, pour vous demander conseil, seigneur Pape, et vous, messieurs ; écoutez-moi, je vous prie. Le roi d'Angleterre, qui a été fort longtemps mon allié, a fait, et à moi et à mes sujets, plusieurs injures. Il s'est emparé par force de la Normandie, qui est de mon royaume, et il a traité le duc Robert contre toute justice et d'une manière qui fait horreur; car, quoique Robert fût mon vassal, son frère et son seigneur, il lui a fait toutes sortes d'outrages, il l'a fait enfin prisonnier et le retient depuis longtemps dans les fers. Voici avec moi le prince Guillaume, qu'il a dépouillé du duché de Robert, son père. Je l'ai souvent requis, par le ministère des évêques et des magistrats, de me remettre le duc qu'il tenait prisonnier ; mais je n'ai pu rien obtenir. Au contraire, il a fait prisonnier le comte de Bellesme, mon ambassadeur à sa cour, et il le retient encore dans un noir cachot. Le comte Thibauld, mon vassal, par la suggestion du même roi d'Angleterre, son oncle, s'est méchamment révolté contre moi, et, soutenu par les armes de ce prince, il a osé me faire une guerre atroce. Il a fait prisonnier et tient encore dans les fers Guillaume, comte de Nevers, que vous connaissez pour un seigneur d'une singulière probité et d'une rare piété, lorsqu'il revenait d'assiéger le château d'un brigand excommunié qui avait fait de cette place une caverne de voleurs et un antre du diable. Je parle de Thomas de Marle, que les prélats m'ont ordonné d'assiéger comme un ennemi public et comme le brigand de toute la province. C'est au retour de cette expédition que Guillaume a été fait prisonnier par Thibauld ; celui-ci n'a jamais voulu lui rendre la liberté, quoique plusieurs seigneurs l'en aient requis de ma part, et que son comté ait été anathématisé par les évêques (Orderic Vital, l. 12; Labbe, t. X). »

Tous les Français qui étaient présents applaudirent à la harangue du roi et à la justice de ses plaintes. Alors Geoffroi, archevêque de Rouen, se leva avec les évêques et les abbés de Normandie, et tâcha de justifier la conduite du roi d'Angleterre, son maître. Mais il se fit un grand murmure qui l'obligea de se taire.

Hildegarde, comtesse de Poitiers, entra avec toutes les dames de sa suite et s'attira toute l'attention du concile. Elle se plaignait de ce qu'elle avait été répudiée par le comte Guillaume, son mari, qui avait épousé la femme, ou, suivant quelques auteurs, la fille du vicomte de Châtellerault. Le Pape demanda si le comte de Poitiers s'était rendu au concile selon ses ordres. Guillaume, évêque de Saintes, se leva avec plusieurs évêques et abbés d'Aquitaine, et ils tâchèrent d'excuser le comte, en assurant qu'il s'était mis en chemin pour se rendre au concile, mais qu'une maladie l'avait obligé de s'arrêter. Le Pape reçut cette excuse et marqua un terme au comte pour venir à Rome se justifier.

Audin le Barbu, évêque d'Evreux, se plaignit d'Amauri de Montfort, disant que ce seigneur l'avait honteusement chassé de son siége et avait brûlé l'évêché. Un chapelain d'Amauri se leva, et l'interpellant devant toute l'assemblée : « Ce n'est pas Amauri, dit-il, c'est votre méchanceté qui est la cause de votre expulsion et de l'incendie de l'évêché ; car votre malice ayant engagé le roi d'Angleterre à dépouiller Amauri du comté d'Evreux, il a recouvré sa dignité par sa valeur et par la force de ses armes. Le roi d'Angleterre étant venu ensuite assiéger la ville, c'est par votre ordre qu'il y a mis le feu, lequel a brûlé les églises et l'évêché. Que le saint concile juge lequel, d'Audin ou d'Amauri, est coupable de l'incendie des églises. »

Dans ce concile de Reims, on voit comme les grandes assises de l'Europe chrétienne : ces assises sont présidées par le chef de la chrétienté entière ; les causes des empereurs, des rois et autres principaux personnages y sont plaidées pour et contre, souvent par les parties elles-mêmes; elles sont ainsi plaidées devant les députés de toutes les provinces chrétiennes de l'Europe. Cette publicité seule était bien puissante pour réprimer l'iniquité la plus audacieuse et encourager la vertu la plus timide ; si le président du tribunal, si le Pontife romain ne prononçait pas toujours la sentence sur le moment, il donnait des avertissements qui valaient des sentences : ce grand juge de l'Europe et du monde entier voyait souvent les causes à huitaine, pour opérer une conciliation dans l'intervalle. C'est ce que fit le pape Calixte II au concile de Reims.

La cause de l'évêque d'Evreux et du comte de Montfort y occasionna une contestation très-vive : les Normands étaient pour le premier, les Français pour le second. Le Pape ayant fait faire silence, prit ainsi la parole : « Ne veuillez pas, mes bien-aimés, disputer inutilement par la multiplicité des paroles, mais, comme des enfants de Dieu, cherchez la paix de tous vos efforts; car c'est pour la paix que le Fils de Dieu est descendu du ciel. Si, dans sa clémence, il a pris un corps humain dans le sein de l'immaculée vierge Marie, c'est pour apaiser miséricordieusement la guerre mortelle née du péché de notre premier père, c'est pour être le médiateur de la paix entre Dieu et l'homme, c'est pour réconcilier la nature angélique et la nature humaine. C'est lui que nous devons suivre en toutes choses, nous qui sommes ses vicaires tels quels parmi son peuple. Appliquons-nous à procurer de toutes manières la paix et le salut à ses membres, car nous sommes les ministres et les dispensateurs des mystères de Dieu. J'appelle membres du Christ le peuple chrétien qu'il a racheté lui-même au prix de son sang. »

Le Pape ayant ensuite développé les maux de la guerre et les avantages de la paix, tant pour le temporel que pour le spirituel, ordonne la *trêve de Dieu*, comme le pape Urbain l'avait établie au concile de Clermont, dont il confirme tous les décrets; puis il ajoute : « L'empereur des Allemands m'a mandé d'aller à Mouzon faire la paix avec lui pour l'utilité de la sainte Eglise, notre mère. Je mènerai l'archevêque de Reims, celui de Rouen et quelques autres de nos frères les évêques que j'estime les plus nécessaires à cette conférence. J'ordonne à tous les autres d'attendre ici, où je reviendrai au plus tôt. Priez pour le bon succès de notre voyage. A mon retour, j'écouterai vos plaintes et vos raisons, et, Dieu aidant, je vous renverrai en paix chacun chez vous; ensuite j'irai trouver le roi d'Angleterre, mon filleul et mon parent, et je l'exhorterai, lui et le comte Thibauld, son neveu (c'était le comte de Champagne), et les autres qui sont en différend, de se faire justice et de se donner la paix, à eux et à leurs sujets; mais je frapperai d'un terrible anathème ceux qui ne voudront pas m'écouter et s'opiniâtreront à troubler la tranquillité publique. »

Le Pape parlait ainsi le mardi, 21 octobre, second jour du concile, et c'était par l'avis des évêques qu'il avait résolu d'aller à la conférence avec l'empereur. Il leur recommanda, pendant son absence et principalement le jour de la conférence même, d'offrir à Dieu des prières et des sacrifices, et d'aller en procession, pieds nus, de l'église métropolitaine à Saint-Remi. Il partit le lendemain mercredi, et arriva le jeudi au soir à Mouzon, très-fatigué. Le vendredi, il assembla dans sa chambre les prélats qui l'accompagnaient, et leur fit lire la promesse de l'empereur et la sienne. Ils firent quelques remarques sur certains termes dont l'empereur pourrait abuser, s'il n'agissait pas avec sincérité; et l'on prit des précautions contre les abus qu'on pourrait en faire. Après quoi le Pape envoya au camp de l'empereur l'évêque d'Ostie, le cardinal Jean, l'évêque de Viviers, l'évêque de Châlons et l'abbé de Cluny. Ils présentèrent à ce prince les écrits dont ils étaient convenus avec lui.

L'empereur en ayant ouï la lecture, dit qu'il n'avait rien promis de tout cela; mais l'évêque de Châlons, animé du zèle de Dieu et armé du glaive de la parole, dit : « Seigneur, si vous voulez désavouer cet écrit que nous tenons en main, je suis prêt à jurer sur les reliques ou sur l'Evangile que vous êtes tombé d'accord avec moi sur ces articles. » L'empereur, se voyant convaincu par le témoignage de tous ceux qui étaient présents, fut contraint d'avouer ce qu'il avait nié.

A la mauvaise foi il joignit les mauvaises raisons, et se plaignit qu'on l'avait engagé à promettre ce qu'il ne pouvait tenir sans donner atteinte aux droits de sa couronne. L'évêque lui répondit : « Prince, vous nous trouverez fidèles en toutes nos promesses; car le Pape ne prétend pas diminuer les droits de votre couronne, ainsi que des esprits brouillons tâchent de vous le persuader. Au contraire, il déclare à tous vos sujets qu'ils doivent vous obéir pour le service de la guerre et pour tous les autres services qu'ils ont rendus et à vous et à vos prédécesseurs. Si vous cessez de vendre les évêchés, ce n'est pas là ce qui diminuera votre puissance, c'est plutôt ce qui servira à l'augmenter. »

Ces dernières paroles indiquent le point capital de l'affaire des investitures : c'était, entre les mains de l'empereur allemand, le trafic des évêchés et des abbayes, pour asservir et séculariser l'Eglise. L'empereur Henri n'ayant rien à répondre, commença à parler plus doucement et à demander un délai, du moins jusqu'au lendemain, disant qu'il voulait en conférer cette nuit avec ses barons, pour les porter, s'il était possible, à consentir à l'exécution de cette promesse, et qu'il en rendrait réponse dès le grand matin. Ce qu'il cherchait, au vrai, dans toutes ces tergiversations et ces délais affectés, c'était de s'emparer de la personne du pape Calixte, comme il s'était emparé précédemment de Pascal II. Après les dernières paroles de l'empereur, ses gens parlèrent aux envoyés du Pape touchant la manière dont leur maître serait réconcilié avec l'Eglise; et ils demandèrent si on l'obligerait, comme il se pratiquait communément, de venir nu-pieds recevoir l'absolution. Les envoyés répondirent qu'ils tâcheraient d'engager le Pape à absoudre l'empereur en particulier et sans qu'il eût les pieds nus.

Le Pape ayant appris ces tergiversations, désespéra de la paix de l'Eglise, et voulait partir sur-le-champ pour retourner à Reims. Mais, afin d'ôter tout prétexte à l'empereur, il attendit encore, et lui renvoya, le samedi matin, l'évêque de Châlons et l'abbé de Cluny, pour savoir ce qu'il avait déterminé. L'empereur entra en colère et demanda du temps, jusqu'à ce qu'il eût tenu une assemblée générale de la nation. Le Pape partit sur-le-champ de Mouzon et se retira dans un château du comte de Troyes. L'empereur l'envoya prier d'attendre jusqu'au lundi. Le Pape répondit : « J'ai fait pour l'empereur ce que je ne sache pas qu'aucun de mes prédécesseurs ait jamais fait. J'ai quitté un concile général pour traiter avec lui; je ne l'attendrai plus, il faut que je retourne à mes frères. Si Dieu veut nous accorder la paix, je serai toujours prêt à recevoir ce prince, soit dans le concile, soit après le concile. »

Le Pape partit le dimanche, avant le jour, et fit tant de diligence, qu'il arriva à Reims, après avoir fait vingt lieues, assez à temps pour célébrer la messe, où il sacra Frédéric, élu évêque de Liége. Le lendemain, les séances du concile recommencèrent; mais le Pape était si fatigué de tout ce qu'il avait fait la veille, qu'à peine y put-il venir. Il se contenta d'y faire exposer le résultat de son voyage. Ce fut Jean de Crême, prêtre-cardinal, qui en fit la relation en ces termes : « Votre Sainteté n'ignore pas que nous avons été à Mouzon; mais, par malheur, nous n'y avons rien fait qui vaille. Nous y sommes allés promptement, nous en sommes revenus plus promptement encore; car l'empereur y est venu, comme pour combattre, avec une armée de près de trente mille hommes. Ce qu'ayant vu, nous avons tenu le Pape enfermé dans cette place, qui appartient à l'archevêque de Reims, et nous l'avons empêché d'en sortir. Quant à nous, allant à la conférence convenue, nous avons demandé plusieurs fois à parler à l'empereur en particulier ; mais sitôt que nous le tirions à part, nous nous trouvions environnés d'un nombre infini de gens de sa suite, qui nous intimidaient en brandissant leurs lances et leurs épées. Car nous étions venus sans armes, non pour combattre, mais pour traiter la paix de l'Eglise. L'empereur nous parlait artificieusement, usant de divers détours, et attendait que le Pape vînt en sa présence pour le prendre; mais nous eûmes grand soin de le lui cacher, nous souvenant comment il avait pris à Rome le pape Pascal. La nuit nous sépara; craignant qu'il ne nous arrivât pis encore et que ce tyran ne nous poursuivît avec ses troupes, nous sommes revenus au plus vite. Voilà pour ce qui est de cette affaire. Une autre, plus agréable, c'est que l'archevêque de Cologne a envoyé des députés et des lettres au Pape, lui a promis obéissance, a fait sa paix avec lui, et, en preuve d'affection, lui a rendu gratuitement le fils de Pierre de Léon, qu'il avait en otage. »

Aussitôt le cardinal montra du doigt le jeune homme, qui venait d'entrer dans le concile. Il était richement vêtu, mais noir, pâle et de si mauvaise mine, qu'il avait plus l'air d'un Juif ou d'un Sarrasin que d'un chrétien. Les Français et plusieurs autres en firent des risées; et le chargèrent d'imprécations, à cause de son père qui avait été juif et était encore odieux pour ses usures.

Le mardi 28 octobre, le Pape se trouva si mal, qu'il ne put venir au concile. Le mercredi, il vint vers les neuf heures du matin, reçut diverses plaintes et traita plusieurs affaires, jusqu'à trois heures; après quoi il fit lire les décrets du concile. Il y en avait cinq. Le premier, contre la simonie; le second, contre les investitures des évêchés et des abbayes, qui sont défendues sous peine d'anathème et de perte de la dignité ainsi reçue, sans espérance de retour. Le troisième est contre les usurpateurs des biens d'église, et renouvelle les peines prononcées par le saint pape Symmaque; le quatrième défend de laisser les bénéfices comme par droit héréditaire, et de rien exiger pour le baptême, les saintes huiles, la sépulture, la visite ou l'onction des malades; enfin le dernier est pour la continence des clercs. On fit aussi dans ce concile un grand décret pour l'observation de la *trève de Dieu*. L'article des investitures avait d'abord été conçu en termes plus généraux, comprenant toutes les églises et tous les biens ecclésiastiques; mais il excita un si grand murmure de tous les laïques et de quelques clercs, que cette dispute fit durer la séance jusqu'à la nuit. Car il leur semblait que, par cet article, le Pape voulait ôter aux laïques les dîmes et les autres biens ecclésiastiques qu'ils possédaient depuis longtemps. Le Pape ne put donc terminer le concile ce jour-là,

comme il avait résolu, et remit au lendemain pour régler cet article et les autres d'un commun accord.

Le dernier jour du concile fut le jeudi 30 octobre 1119. Après que l'on eût chanté le *Veni Creator*, le Pape fit un sermon sur les dons du Saint-Esprit, particulièrement sur la sagesse et la charité, exhortant tous les assistants à la concorde, et donnant liberté de se retirer à ceux qui ne voudraient pas se soumettre à l'autorité de l'Eglise. Enfin il parla si efficacement, que tous convinrent du canon des investitures, qu'il restreignit toutefois aux évêchés et aux abbayes. Les cinq canons, approuvés par tout le concile, furent dictés par le cardinal Jean de Crême, écrits par le moine Jean de Rouen, et récités publiquement par le cardinal-diacre Chrysogone. Le concile fit des prières pour le cardinal de Tusculum et le jeune comte de Flandre, neveu du Pape, desquels on venait d'apprendre la mort. L'évêque de Barcelone, saint Oldegaire, parla doctement sur la dignité royale et sur la dignité sacerdotale. Après quoi on apporta quatre cent vingt-sept cierges allumés, qu'on distribua aux évêques et aux abbés portant crosse. Tous ces prélats étant debout, le cierge à la main, on récita les noms d'un grand nombre que le seigneur Pape s'était proposé d'excommunier solennellement. Les premiers qui furent nommés et excommuniés avec beaucoup d'autres, furent le roi Henri et l'usurpateur de l'Eglise romaine, Bourdin. Le seigneur Pape, par l'autorité apostolique, délia aussi tous les sujets de Henri de leur serment de fidélité, à moins qu'il ne vînt à résipiscence et qu'il ne satisfît à l'Eglise. Cela fait, il donna l'absolution et la bénédiction à tout le monde, et permit à chacun de retourner chez soi. Telles sont les paroles d'un témoin oculaire (Labbe, t. X).

L'abbé Fleury et le jésuite Longueval ont cru devoir supprimer ce qui regarde l'absolution du serment. Comme l'historien est à la fois témoin, juré et juge, nous avons cru devoir, sous ce triple rapport, consigner fidèlement une circonstance aussi importante; car elle nous montre ce que les évêques d'Italie, d'Espagne, de France, d'Angleterre et d'Allemagne pensaient alors sur cette grave question. Que dis-je ? elle nous montre que le roi et les seigneurs de France, qui assistaient à ce concile, ne trouvaient point à redire que le Pape excommuniât l'empereur d'Allemagne et qu'il déliât ses sujets du serment de fidélité, à moins qu'il ne vînt à résipiscence. Pour bien juger un homme ou un siècle, il faut savoir avant tout ce qu'il croit et ce qu'il fait.

Au mois de novembre, peu après le concile de Reims, le pape Calixte vint en Normandie conférer de la paix avec le roi Henri d'Angleterre; ce fut à Gisors. Le roi reçut avec toute sorte d'honneur le Pape, qu'il reconnaissait pour le pasteur de l'Eglise universelle et pour son parent. Il se prosterna humblement à ses pieds : le Pape le bénit au nom du Seigneur, le releva avec tendresse, et ils s'embrassèrent tous deux avec grande joie. Le Pape dit alors : « Au concile de Reims, j'ai promis de travailler pour la paix; c'est pour cela, très-glorieux fils, que je suis venu ici promptement : je supplie la clémence divine de bénir nos efforts et de les faire tourner à l'utilité générale de toute son Eglise. Je vous prie, de votre côté, de me seconder pieusement, et d'accorder la paix à vos ennemis, qui vous la demandent par nous. » Le roi promit d'obéir de bon cœur à tout ce qu'ordonnerait le Pape, qui reprit ainsi : « La loi de Dieu, pour le bien de tous, ordonne que chacun possède son droit légitimement, mais qu'il ne convoite pas le bien d'autrui, ni ne fasse à un autre ce qu'il ne veut pas qu'on lui fasse à lui-même. Le concile général des fidèles est donc d'avis et vous prie humblement, grand roi, que vous rendiez la liberté à Robert, votre frère, que vous tenez en prison depuis longtemps, et que vous restituiez, à lui et à son fils, le duché de Normandie. » — « Très-saint Père, répondit le roi, comme je l'ai promis, j'obéirai raisonnablement à vos ordres. Toutefois je vous prie d'écouter attentivement ce que j'ai fait. Je n'ai point dépouillé mon frère de la Normandie; mais j'ai délivré cette province, qui est l'héritage de mon père, et qui était misérablement ravagée par des voleurs et des sacrilèges. On n'y rendait aucun honneur aux prêtres et aux autres serviteurs de Dieu; on y avait presque ramené le paganisme. Les monastères fondés par nos ancêtres étaient ruinés, et les religieux dispersés faute de subsistance. On pillait les églises, on les brûlait pour la plupart, et on en tirait ceux qui s'y cachaient : les gens du peuple se tuaient l'un l'autre, ou demeuraient sans défense. La Normandie a été près de sept ans dans ce triste état; j'en recevais des plaintes fréquentes, et les gens de bien me priaient de venir au secours du peuple affligé. J'y suis venu, et j'ai vu qu'il était impossible de le faire autrement que par les armes, parce que mon frère était le protecteur des méchants et suivait les conseils de ceux qui le rendaient méprisable et dominaient sous son nom. J'ai donc été obligé de faire la guerre. Dieu, favorisant mes bons desseins, m'a donné la victoire, et j'ai rétabli les lois et la tranquillité publique. Pour la conserver, il a fallu arrêter mon frère; mais il est traité selon que sa dignité le demande, et si on ne m'avait pas enlevé son fils, je le ferais élever avec le mien. De tous les maux que j'ai rappelés, j'ai pour témoins les champs restés sans culture, les maisons brûlées, les villages dévastés, les églises ruinées, les peuples affligés du meurtre de leurs amis et du ravage de leurs biens. Voilà, seigneur Pape, ce que Votre Sainteté voudra bien considérer dans sa sagesse, afin de donner un conseil utile et à ceux qui gouvernent et à ceux qui sont gouvernés (Order. Vital, l. 12). »

Suivant un historien normand, le Pape se montra satisfait. Dans le fond, le duc Robert, héros sur le champ de bataille, comme on l'a vu dans la première croisade, était incapable de gouverner un État quelconque, et même sa propre maison. Le Pape proposa ensuite les plaintes particulières du roi de France, contre lequel le roi d'Angleterre fit aussi les siennes; mais enfin, par la médiation du Pontife, la paix fut rétablie entre les deux rois, à la grande satisfaction des peuples, ruinés par tant d'attaques réciproques. Les châteaux qui avaient été pris de part et d'autre, soit par force, soit par fraude, furent rendus à leurs seigneurs; tous les prisonniers enfin furent mis en liberté, et rentrèrent joyeusement dans leurs familles. Le roi de France reçut l'hommage que lui fit Guillaume, fils du roi d'Angleterre, pour le duché de Normandie. C'est ce même Guillaume qui périt peu après en traversant la mer. Quant à Guillaume, fils du duc Robert, le roi Louis lui donna un comté en France, et plus tard le comté de Flandre.

Dans la conférence de Gisors, Calixte II pria aussi le roi d'Angleterre de rendre ses bonnes grâces à Turstan, archevêque d'York, que le Pape avait sacré à Reims. Henri se montra fort difficile. Cependant il y consentit, à condition que Turstan ferait sans délai sa soumission à l'archevêque de Cantorbéry. Comme Turstan ne se pressa pas de le faire, il eut défense de demeurer dans les terres du roi. Mais plus tard, le Pape ayant envoyé en Angleterre des lettres qui ordonnaient que Turstan fût mis en possession de son archevêché, sous peine d'excommunication contre le roi et de suspense contre l'archevêque de Cantorbéry, le roi lui permit de revenir en Angleterre et d'aller droit à York, à condition qu'il ne ferait aucune fonction hors de son diocèse, jusqu'à ce qu'il eût satisfait à l'Église de Cantorbéry. L'historien Eadmer, moine de Cantorbéry, et qui ne voit dans tout ceci que son Église et son archevêque, ne paraît pas toujours impartial envers celui d'York (Eadmer, *Novor*., l. 5 et 6).

Geoffroi, archevêque de Rouen, étant de retour du concile de Reims, tint un synode des prêtres de son diocèse pour leur notifier les canons du concile, et nommément celui qui leur défendait d'avoir des femmes ou des concubines. Plusieurs prêtres de Normandie, malgré tant de canons, s'étaient maintenus dans la possession où ils étaient depuis longtemps de se marier. Quand l'archevêque leur eut déclaré qu'il leur interdisait tout commerce avec leurs femmes sous peine d'anathème, il s'éleva dans l'assemblée un grand murmure, et les prêtres se plaignirent de la pesanteur du joug qu'on leur imposait. L'archevêque, qui était Breton, n'aimait pas les Normands et n'en était pas aimé. C'était un prélat brusque et qui ne voulait pas être contredit. Un jeune prêtre nommé Anselme ayant osé lui répliquer, il fit enlever du synode et traîner en prison. Voyant ensuite que les autres murmuraient de ce traitement fait à un de leurs confrères, il sortit comme un furieux de l'église où se tenait le synode, et appela ses domestiques et ses satellites, lesquels étant entrés aussitôt dans l'église, armés de bâtons et d'épées, frappèrent tous les prêtres qu'ils trouvèrent et dissipèrent le synode. Les curés se sauvèrent comme ils purent et allèrent raconter ces violences à leurs femmes, en leur montrant les blessures qu'ils avaient reçues à leur occasion. Après cette expédition, l'archevêque alla réconcilier l'église polluée par le sang des prêtres qu'il avait fait verser. On se plaignait amèrement au roi Henri de cette violence; mais les autres affaires qui l'occupaient alors l'empêchèrent d'en faire justice. Ce procédé de l'archevêque, tout irrégulier qu'il était, fut plus efficace que les canons pour intimider les prêtres concubinaires (Labbe, t. X; Order. Vital, l. 12).

Saint Norbert travaillait à la réforme du clergé et du peuple par des moyens plus apostoliques. Ayant appris la mort de Gélase II et l'élection de Calixte, il vint trouver celui-ci au concile de Reims, pour faire renouveler la permission qu'il avait obtenue de prêcher. Mais le Pape était si accablé d'affaires qu'il ne put en obtenir d'audience. S'étant donc présenté plusieurs fois inutilement pendant trois jours, il prit la résolution de sortir de Reims et de s'en retourner. A quelque distance de la ville, il rencontra Barthélemi, évêque de Laon, qui allait au concile. Ce prélat, soit par curiosité, soit par inspiration divine, aborda les trois pèlerins, Norbert, Hugues, son disciple, et un clerc anglais qui venait de se joindre à eux, les salua et s'informa qui ils étaient et où ils allaient. Norbert lui répondit qu'il était de Lorraine; qu'ayant renoncé à ses biens, à ses parents et au siècle, il avait résolu d'embrasser la vie apostolique; qu'il était venu à Reims pour obtenir la confirmation du Pape, mais que la foule des personnes riches ne lui avait pas permis de l'approcher. Barthélemi l'exhorta de retourner à Reims avec lui, lui promettant de lui procurer une audience. Norbert y consentit, et l'évêque ayant fait descendre de cheval un de ses gens, y fit monter Norbert, dont il apprit l'histoire plus en détail, et engagea sans peine le Pape à lui donner audience.

Calixte reçut le saint missionnaire avec bonté, et lui promit qu'après le concile il irait à Laon et l'écouterait à loisir. Il le recommanda particulièrement à l'évêque de Laon, qui le retint toujours auprès de lui pendant le concile. Les évêques et les abbés assemblés à Reims accueillirent Norbert avec grande joie. Ils admiraient la force de ses discours, la sagesse de ses réponses et la rigueur de sa pénitence; car il marchait toujours pieds nus, quoique l'hiver commençât à se faire sentir : plusieurs l'exhortaient à modérer ses austérités, mais inutilement. Après le concile, l'évêque Barthélemi le reconduisit à Laon, où il attendit l'arrivée du Pape, qui s'y rendit en effet quelques jours après la fin du concile.

Il y avait, hors de la ville de Laon, une église où l'évêque de Laon avait placé quelques chanoines réguliers. Ayant délibéré avec le Pape sur les moyens de retenir le nouvel apôtre dans son diocèse, il offrit cette Église à Norbert. Celui-ci ne l'accepta que par obéissance pour le Pape et à condition que ces chanoines embrasseraient son genre de vie; mais la seule vue de sa personne leur fit peur, et ils déclarèrent qu'ils ne voulaient pas d'un tel réformateur. Norbert, de son côté, témoigna à l'évêque qu'il aimait mieux demeurer dans quelque solitude propre au recueillement. Eh bien ! reprit l'évêque, je vous montrerai dans mon diocèse plusieurs endroits solitaires, et je vous donnerai celui qui vous agréera.

Le saint évêque le fit aussitôt que le Pape fût parti de Laon. Il conduisit saint Norbert en divers lieux de son diocèse. Il lui montra la forêt de Thierrache et le conduisit à Foigni, en lui faisant remarquer la solitude et les avantages de ce lieu. Norbert, s'étant mis en prière, dit à l'évêque que ce n'était pas le lieu que Dieu lui avait destiné. L'évêque le mena donc dans un autre lieu de la même forêt, où Norbert, s'étant mis aussi en prière, dit que ce n'était pas encore là ce que Dieu lui destinait. Alors l'évêque le mena au fond de la forêt de Couci. C'était un petit vallon devenu comme un marais flottant par les eaux qui tombaient des montagnes, dont l'accès en était difficile : les bois épais, les montagnes et les rochers y laissaient pénétrer à peine la lumière du soleil. Ce vallon se nommait dès lors *Prémontré*. Le séjour en était si malsain, le territoire si stérile, que les paysans, pour qui on y avait bâti une chapelle dédiée à saint Jean-Baptiste, l'avaient abandonnée. Barthélemi et Norbert entrèrent dans cette chapelle pour y faire oraison. L'évêque, ayant fini sa prière, se leva et dit à Norbert de finir la sienne, parce qu'il se faisait tard et qu'il n'y avait pas en ce lieu de quoi les loger. Norbert, revenu un peu de son extase, pria l'évêque de lui laisser passer la nuit en prière. Ainsi, l'évêque remonta seul à cheval et gagna Avisi. Le lendemain, il retourna dès le matin à Prémontré et demanda à Norbert ce qu'il pensait de ce lieu. Il lui répondit, transporté de joie : « C'est ici le lieu de mon repos et le port de mon salut; c'est ici que je dois chanter les louanges du Seigneur avec de fidèles serviteurs que le ciel rassemblera autour de moi pour y publier ses miséricordes. Cependant cette chapelle ne sera pas l'église principale du monastère; il y en aura une autre qui sera bâtie au delà de la montagne. J'ai vu en esprit, pendant l'oraison, une troupe de pèlerins vêtus de robes blanches, portant en main des croix et des encensoirs, et qui m'indiquaient la place où Dieu souhaite que nous élevions un temple à son honneur. »

Ainsi, Norbert se fixa à Prémontré avec ses deux compagnons. Ce lieu dépendait du monastère de Saint-Vincent de Laon; l'évêque, en arrivant à la ville, manda l'abbé et lui donna une autre terre en échange, afin que Norbert ne fût plus inquiété dans son nouvel établissement. Il ne manquait au saint fondateur que des compagnons : la Providence ne tarda pas à lui en envoyer. Il alla à Laon pour en gagner à Dieu, et, étant entré dans l'école de Radulfe, qui avait succédé à son frère Anselme, il fit aux écoliers un discours si pathétique, que sept jeunes gens de qualité, arrivés tout récemment de Lorraine, le suivirent à Prémontré pour embrasser son genre de vie. La joie qu'il ressentit de la conquête des sept Lorrains fut bientôt troublée par l'apostasie du clerc anglais. Ce malheureux, à qui Norbert avait confié leur argent, l'emporta la nuit et s'enfuit du monastère. Le saint patriarche, craignant pour ses novices l'effet d'un pareil scandale, les rassura par ses discours. Il leur représenta que les sociétés les plus saintes étaient exposées aux plus grandes tentations; qu'il était sorti du collège des apôtres le plus avare des hommes; que les hiérarchies des anges avaient été déshonorées par la désertion du plus élevé d'entre les esprits; qu'ils ne devaient pas s'étonner qu'un perfide, qui s'était laissé corrompre comme Judas par l'avarice, et séduire dans le paradis terrestre comme Eve, eût vécu parmi eux.

Ce fut par ces considérations et autres semblables que Norbert fortifia ses disciples contre les dangers de la tentation. Il employa tout l'hiver à les accoutumer aux pratiques de la pauvreté et de la pénitence. Dès que le printemps commença de rendre les chemins praticables, il se mit seul en campagne pour prêcher l'Evangile et réunir des disciples, laissant à Hugues la conduite de ceux qui étaient déjà à Prémontré. Il vint à Cambrai pendant le carême 1121, il y prêcha, et, à son premier sermon, il gagna Evermode. C'était un homme de qualité, d'un esprit pénétrant, d'une piété exemplaire, qui devint dans la suite évêque de Ratzbourg et travailla efficacement à la conversion des Vandales encore païens. A Nivelle, où Norbert se rendit avec son nouveau disciple, un jeune homme nommé Antoine offrit de se joindre à eux. Plusieurs suivirent son exemple; de sorte qu'avant la fin du carême, Norbert retourna à Prémontré, avec treize compagnons. La troupe étant ainsi grossie, il pensait sérieusement à lui donner un plan de vie régulière et uniforme; le démon le traversa de bien des manières, mais il triompha du démon par la foi et la pénitence, et le chassa de plusieurs possédés.

Quelques personnes lui conseillaient la vie érémitique, d'autres l'observance de Cîteaux, qui commençait à fleurir. Il recommanda à ses disciples de s'adresser à Dieu pour connaître la volonté de Dieu et la suivre une fois connue. Ils s'appliquèrent donc pendant plusieurs jours à de ferventes prières, ils redoublèrent leurs mortifications pour implorer les lumières du Saint-Esprit. Norbert, qui était à leur tête, les animait par ses exemples, et enfin Dieu exauçant les vœux de ses fidèles serviteurs, ils se trouvèrent tous d'accord sur le choix de la vie canonique. Saint Augustin, que Norbert vit en esprit dans l'ardeur de ses oraisons, fortifia leur choix. Alors le saint ne douta plus que désormais il devait s'attacher à la règle de ce saint docteur. Tous s'y soumirent d'autant plus volontiers, que, de quarante religieux qui étaient à Prémontré, il n'y en avait pas un qui, dans le siècle, n'eût fait profession de la vie canonique.

Sur ce principe, il commença le plan de son ordre. Il donna pour fin à ses enfants de vaquer, avec la grâce de Dieu, au salut et à la perfection de leurs âmes. Il joignit à cette fin l'emploi de la prédication et le soin de sanctifier le prochain, persuadé que rien ne contribue davantage à notre sanctification que de nous dévouer nous-mêmes au salut des âmes, et que rien ne nous rend plus propres à sauver les âmes que de nous sanctifier nous-mêmes. Il rassembla dans son institut le silence et les austérités de la vie monastique avec les fonctions de la vie cléricale. Il prit de la première l'oraison, la retraite, l'abstinence de chair, le chant de l'office divin. Il tira de la seconde tout ce qui peut aider au salut et à la perfection du prochain, les prédications, les missions parmi les infidèles et les hérétiques, l'administration des cures, l'étude de l'Ecriture sainte et de la théologie, sans laquelle on ne peut s'acquitter du ministère de l'Evangile. Sur ce projet, il dressa le formulaire de leur profession, qu'ils firent tous avec lui le jour de Noël de l'année 1121 (*Vit. S. Norb., Acta Sanct.*, 6 *junii; It. Hugo*).

Dieu donna tant de bénédictions à cet institut naissant, qu'en peu de temps il fut répandu par tout le monde chrétien; en sorte que trente ans après sa naissance, il y avait déjà au chapitre général de Prémontré près de cent abbés de l'ordre. Barthélemi, évêque de Laon, fonda seul jusqu'à cinq monastères de cet institut dans son diocèse. Parmi les personnages illustres qui embrassèrent l'institut de saint Norbert, on vit le comte Godefroi de Namur, frère convers dans le monastère de Floreff, fondé par sa femme, la comtesse Ermesende. Le comte Godefroi de Cappenberg, qui descendait de Charlemagne et de Vitikind, se donna à Norbert avec tous ses domaines, et transforma son château en monastère, où il fit profession avec Atton, son frère, parrain de l'empereur Frédéric Barberousse. La vie du bienheureux comte Cappenberg est un tissu de patience, de prodiges et de zèle. Il consacra ses mains au soulagement des lépreux, il s'employa à la prédica- tion du royaume de Dieu, il fit servir sa noblesse et ses grands biens à la protection et au soulagement des pauvres; enfin il passa toute sa vie dans une obéissance parfaite aux ordres de Norbert, dont il fut le disciple fidèle. L'Eglise célèbre sa fête le 13 janvier, et l'ordre de Prémontré le regarde comme un de ses plus grands saints (*Acta Sanct.*, 13 *jan.*).

Son exemple toucha tellement Thibauld IV, comte de Champagne, qu'il voulut l'imiter. Il alla trouver saint Norbert pour le consulter sur son salut, et, encore plus touché après l'avoir entendu parler, il se mit entièrement à sa disposition, lui et tous ses biens. Le saint homme, voyant avec quelle noblesse de cœur le prince faisait cette offrande, demanda du temps pour consulter Dieu. Il considéra que Thibauld avait plusieurs grandes terres, savoir: les comtés de Blois et de Chartres, d'un côté, et, de l'autre, ceux de Meaux et de Troyes. Or, il n'était pas facile de détruire ces seigneuries et leurs châteaux pour les donner à une congrégation religieuse, tant pour l'intérêt du royaume, qui en aurait été affaibli, que pour celui de quantité de seigneurs, vassaux de ce prince. Norbert savait d'ailleurs qu'il était très-libéral à faire l'aumône, à bâtir des églises et des monastères, qu'il était le protecteur des orphelins, des veuves et de tous les misérables. Il crut donc que ce serait aller contre l'ordre de Dieu que de tirer ce prince de l'exercice des bonnes œuvres où il l'avait appelé. Quand le temps de rendre réponse fut venu, le comte s'attendait qu'il lui conseillerait de renoncer à tout. Mais le saint homme lui dit: « Il ne sera point ainsi, vous porterez le joug du Seigneur avec la société conjugale, et votre postérité possédera vos grands Etats avec la bénédiction de vos pères. » Le comte se soumit, et, par les soins de Norbert, il épousa Mathilde, fille du duc de Carinthie, dont il eut plusieurs enfants. Il était lui-même fils d'Etienne, comte de Blois, que nous avons vu dans la première croisade, et d'Adèle, fille de Guillaume le Conquérant, laquelle fut de son côté un modèle de piété et de bonnes œuvres.

Non content d'avoir formé à l'Eglise de saints religieux, Norbert voulut encore lui consacrer de saintes religieuses. Ricuvère, veuve de Raymond de Clastre, fut une des premières et des plus illustres. Ermengarde, comtesse de Roussi; Agnès, comtesse de Braine; Gude, comtesse de Bonnebourg; Béatrix, vicomtesse d'Amiens; Anastasie, duchesse de Poméranie; Hadewige, comtesse de Clèves, et Gertrude, sa fille; Adèle de Montmorenci, fille de Bouchard, connétable de France, suivirent l'exemple de Ricuvère. La bienheureuse Ode, touchée de leurs vertus, imita leur retraite. Les règles que Norbert prescrivit à ces saintes filles, paraissaient au-dessus de la faiblesse de leur sexe; cependant elles n'étaient pas encore proportionnées à la grandeur de leur courage. Jamais elles ne sortaient de leur clôture, elles s'étaient interdit tout commerce avec les gens du monde, elles ne parlaient à leurs plus proches parents qu'en présence de deux religieuses, elles s'habillaient d'étoffes blanches, mais communes, leur voile était d'un gros drap noir, leur nourriture n'avait ni délicatesse ni abondance, leur jeûne était rigoureux, leur abstinence de chair perpétuelle, leur oraison fréquente. Ces austérités, qui auraient dû éloigner du nouvel institut les personnes de qualité, les attiraient de toutes parts. Le nombre, en moins de quinze années, s'accrut si prodigieusement, qu'on en compta plus de dix mille répandues en différents royaumes (*Vie de S. Norbert*, par Hugo).

Nous avons vu que la ville d'Anvers avait été entièrement pervertie par l'hérésiasque Tanquelin, et qu'on y avait aboli presque tous les exercices du christianisme. La séduction persévéra après la mort de cet imposteur. Quoique Burcard, évêque de Cambrai, eût envoyé douze ecclésiastiques dans Anvers au secours du seul prêtre qui desservait l'église de Saint-Michel, les fruits ne répondaient pas au zèle du prélat et au travail des ouvriers. Les missionnaires, voyant l'opiniâtreté du peuple d'Anvers dans l'hérésie, jugèrent qu'il n'y avait que Norbert qui pût la vaincre. L'évêque, qui était son ami, le supplia de venir. Norbert, étant arrivé avec deux de ses disciples, déploya toute son habileté et la douceur de son éloquence pour détromper des esprits que l'amour du libertinage avait entraînés dans l'erreur. « Je sais, leur disait-il, que l'ignorance a plus de part à votre désertion que l'attachement au mensonge. Vous vous êtes livrés à l'hérésie sans la connaître, et je viens vous annoncer la vérité que vous ne connaissez pas. Je suis persuadé que vous aurez le même empressement à l'embrasser, sitôt que je vous l'aurai proposée, que vous avez témoigné d'ardeur à suivre les impostures qui vous ont déguisé l'erreur sous les apparences de la vérité. »

Ainsi Norbert, bien loin d'insulter par des invectives au malheur de ces peuples, excusait leur surprise avec tant de bonté, qu'il leur épargnait la honte que l'on a d'ordinaire à confesser l'erreur que l'on déteste. Dans ses prédications, il avait soin d'allier la douceur avec la force de la conviction. Il sut tempérer si bien l'une par l'autre, que les chefs du parti abjurèrent leur hérésie entre les mains de Norbert. Les disciples, qui n'y étaient retenus que par l'exemple des maîtres, imitèrent leur conduite, de sorte que la ville changea tout à coup de créance et de mœurs. Ceux qui gardaient depuis cinq ou six ans le corps de Jésus-Christ dans des lieux immondes, pour le faire servir à leurs profanations, le rapportèrent à Norbert, condamnant, par leurs gémissements, les excès de leur impiété. Les concubinaires et les incestueux, qui avaient vécu dans un dérèglement public, renoncèrent pour jamais à leur commerce infâme. Les temples furent réparés, les croix redressées, le sacerdoce rétabli, l'eucharistie honorée; la religion ressuscita, et Ninive la pécheresse devint une Ninive pénitente. Pour y affermir et y continuer le bien, Norbert y établit une communauté de ses religieux, à la demande de l'évêque.

Il fit une autre bonne œuvre à Anvers. Il amassa, par le moyen des aumônes qu'il avait reçues, un fonds suffisant pour nourrir cent vingt pauvres; car c'était une année de famine en France, et la misère y faisait croître chaque jour le nombre des mendiants. Durant cette famine, on nourrissait toujours à Prémontré cinq cents pauvres. Norbert parut désapprouver cette charité de ses disciples, laquelle lui parut excessive, et il craignit que les fonds n'y pussent suffire; mais pour se punir de sa défiance, il ordonna qu'on y en ajoutât encore cent vingt qui seraient nourris aux dépens de l'abbaye, et dont sept mangeraient au réfectoire avec les religieux. Il régla même qu'en certains jours qu'il désigna, on distribuerait des habits aux pauvres. L'abbaye de Prémontré n'avait pas des revenus suffisants pour fournir aux dépenses que la charité de Norbert l'obligeait de faire; mais l'abstinence de ses religieux et les libéralités des fidèles étaient pour lui, ou plutôt pour les pauvres, une ressource abondante.

Le comte Thibauld de Champagne, dont il a été parlé, fournissait abondamment à saint Norbert et à saint Bernard de quoi soulager la misère de tant de malheureux, surtout pendant la famine qui affligea la France l'an 1125. Ce seigneur voulut avoir dans son palais deux religieux, qu'il chargea de parcourir les bourgs et les villages de son domaine, pour y secourir les pauvres. Il s'adressa d'abord à saint Bernard, qui craignit que ses religieux, étant destinés à la solitude, ne se dissipassent à la cour. Le comte eut donc recours à saint Norbert, qui lui en envoya deux des siens. Le comte les constitua ses aumôniers, et il donna ordre à ses officiers de leur fournir tout ce qu'ils demanderaient pour les pauvres, argent, provisions, habits (*Vie de S. Norbert, Acta Sanct.*, 6 *junii*, et Hugo).

Tandis que saint Norbert sanctifiait ainsi le monde par le prodige de ses vertus et la vertu de ses prodiges, un seul homme en disait du mal : cet homme est Abailard. Ce vaniteux sophiste en parle avec mépris, jusqu'à le représenter comme un hypocrite qui tâchait de séduire les peuples par de faux miracles. Il ne parle pas avec plus d'estime de saint Bernard. Il était naturellement jaloux de tous les grands hommes qu'il voyait plus estimés que lui, et sa vanité ne lui permettait guère de dire du bien que de lui-même. Mais il avait un intérêt personnel à tâcher de discréditer saint Bernard et saint Norbert, qui combattaient les pernicieuses nouveautés débitées dans son école, et auxquelles la réputation du maître donnait de la vogue.

En effet, Abailard continuait d'enseigner à Provins avec un succès qui l'aurait consolé de ses anciennes disgrâces, s'il avait eu la prudence de ne s'en attirer de nouvelles. Il ne voyait plus personne qui pût, dans sa profession, lui disputer la palme. Anselme de Laon et Guillaume de Champeaux, qui avaient été ses maîtres et qu'il regardait comme ses rivaux, étaient morts l'un et l'autre : Anselme en 1117, Guillaume en 1121. Dès lors Abailard pouvait passer pour le plus habile maître qu'il y eût en France. Sa réputation croissait tous les jours, mais sa vanité croissait avec sa réputation, et ses succès lui firent bientôt plus d'ennemis que son mérite ne lui avait fait d'admirateurs de ses talents. L'estime dont il jouissait réveilla la jalousie des autres professeurs, qui examinèrent ses écrits avec cette attention critique qui ne pardonne rien. Abailard ne justifia que trop leurs soupçons, et son amour pour la nouveauté lui attira de nouvelles humiliations : l'orgueil même en est seul une source féconde pour les esprits superbes.

Abailard, enivré des louanges qu'on donnait à la pénétration de son génie, se crut en état de comprendre les mystères les plus sublimes et de les faire comprendre aux autres. Pour faciliter à ses disciples l'étude de la théologie, il publia un traité intitulé : *Introduction à la théologie*. Après avoir exposé, dans la préface, les motifs qui l'ont engagé à entreprendre cet ouvrage, il déclare que, si dans ses expressions ou ses sentiments il s'est écarté en quelque chose de la vérité, il sera toujours prêt à se corriger quand on le reprendra, afin que, s'il ne peut éviter la honte de l'ignorance, il ne tombe pas du moins dans le crime de l'hérésie, qui ne consiste que dans l'opiniâtreté à soutenir l'erreur. Nous verrons bientôt que penser de cette protestation.

Dès que cet ouvrage parut, il excita un grand bruit par les éloges et les critiques qu'on en fit. Abailard y accusait quatre professeurs de France de plusieurs erreurs. Les professeurs usèrent de représailles et décrièrent partout son livre comme un ouvrage pernicieux. Deux professeurs de Reims, Alberic et Rotulfe, anciens disciples d'Anselme de Laon et de Guillaume de Champeaux, quoiqu'ils ne fussent pas de ceux dont Abailard avait relevé les erreurs, dénoncèrent son livre à Radulfe, archevêque de Reims, et le pressèrent de porter Conon, légat du Saint-Siège en France, à condamner cet ouvrage dans un concile.

Il fut en effet condamné dans un concile de Soissons, Abailard obligé de le jeter au feu, et ensuite de se rendre en prison au monastère de Saint-Médard de la même ville. Or, si l'on veut en croire Abailard, il mérite de son livre en a fait tout le crime, et il n'y a que les yeux de l'envie qui y ont découvert des erreurs; le légat Conon était un homme faible et entièrement ignorant des vérités de la religion. En tout ceci, Abailard ne fait que répéter ce que disent tous les novateurs contre ceux qui les condamnent. Qu'il en soit ainsi, nous en avons un témoin irrécusable, le livre même d'Abailard, qui est venu à nous presque tout entier. Avec une connaissance superficielle des principaux dogmes de la foi chrétienne, on y trouve plusieurs choses louches, inexactes, et quelques erreurs graves, entre autres une de celles qu'on lui reprochait, comme nous le verrons plus tard.

En quoi l'on ne peut refuser à Abailard une entière créance, c'est en ce qu'il dit de son désespoir après avoir été condamné à Soissons. « L'abbé et les moines de Saint-Médard, dit-il, croyant que je demeurerais toujours avec eux, me reçurent avec une très-grande joie et s'efforcèrent de me consoler par les soins qu'ils prenaient de bien me traiter; mais ce fut en vain. Vous savez, Seigneur, avec quelle amertume de cœur je m'en prenais à vous-même, avec quelle fureur je vous accusais. Je ne puis exprimer quels étaient ma douleur, ma confusion, mon désespoir. » Si Abailard s'emportait ainsi contre Dieu quand son amour-propre était humilié, on peut bien croire qu'il ne s'emportait pas moins contre les hommes (Labbe, t. X, p. 885; Abailard, *Epist.* 9).

Cependant le pape Calixte II, après avoir procuré la paix entre la France et l'Angleterre, s'acheminait vers l'Italie, réglant plusieurs affaires sur sa route. En Bourgogne, à la prière de saint Étienne, abbé de Cîteaux, il confirma les règlements de cet ordre. A Autun, où il célébra la fête de Noël 1119, il reçut avec bonté l'archevêque Brunon de Trèves, auquel il accorda l'indulgence de ses péchés et la confirmation des privilèges de son Église. Calixte, voulant orner de quelque privilège l'Église de Vienne, qui avait été son premier siège, lui accorda la primatie sur sept provinces. Comme dans ces provinces il y avait déjà deux archevêques, celui de Narbonne et celui de Bourges, pour avoir le titre de *primat*, l'archevêque de Vienne prit occasion de se qualifier *primat des primats;* mais ce ne fut jamais guère qu'un titre.

Le pape Calixte, ayant passé les Alpes, entra dans la Lombardie. Les peuples, accourant de toutes parts, le reçurent avec une grande dévotion, comme le vrai pasteur de l'Église universelle. A Lucques, la milice vint à sa rencontre, et il fut conduit, par le clergé et le peuple, à l'église et au palais. A Pise, il fut reçu de même, en procession, et dédia solennellement la grande église. La nouvelle de son arrivée étant venue à Rome, toute la ville en eut une grande joie et un grand désir de le recevoir : ce qui épouvanta les schismatiques, lesquels y tenaient le parti de l'empereur. L'antipape Bourdin ne se trouvant plus en sûreté, s'enfuit à Sutri, qu'il avait ôté à Pierre de Léon, et s'enferma dans la forteresse, attendant le secours de l'empereur, qui ne devait pas venir. La milice de Rome vint jusqu'à trois journées au devant du pape Calixte. Quand il approcha de la ville, les enfants, portant des branches d'arbres, le reçurent avec des acclamations de louanges. Il entra couronné dans la ville, dont les rues étaient tapissées. Les Grecs et les Latins chantaient de concert, les Juifs mêmes applaudissaient. Les processions étaient si nombreuses, qu'elles durèrent depuis le matin jusqu'à quatre heures après midi; enfin, au milieu des chants d'acclamations, le Pape fut conduit par les magistrats au palais de Latran, suivant la coutume. C'était le 3 juin 1120, et le Pape demeura à Rome le reste du mois, recevant tout le monde avec une affabilité et une grâce dignes de sa naissance (Pandulf., *apud Baron.*, an 1120).

Mais comme il avait besoin de troupes pour forcer l'antipape à se soumettre, il se rendit en Apulie pour chercher le secours des Normands. Il vint premièrement au Mont-Cassin, où il fut défrayé libéralement par l'abbé, non-seulement tant qu'il y fut, mais pendant deux mois environ qu'il demeura dans le pays. De là, il passa à Bénévent où Guillaume, duc d'Apulie et de Calabre, vint le trouver et lui fit hommage-lige, comme Robert Guiscard, son aïeul, et Roger, son père, l'avaient fait aux Papes précédents; et Calixte lui donna l'investiture de tout le pays par l'étendard. Le Pape demeura longtemps à Bénévent, sans pouvoir revenir à Rome, parce qu'il n'y avait pas de sûreté : les schismatiques arrêtaient même ceux qui allaient le voir, et les tuaient ou les maltraitaient. Enfin il retourna à Rome par mer et y célébra la fête de Pâques de l'année 1121 (Baron. et Pagi).

Après la fête, il envoya contre Sutri une grande armée, avec Jean de Crème, cardinal-diacre, et le suivit de près lui-même. Les habitants de Sutri, voyant battre leurs murailles, prirent l'antipape Bourdin et le livrèrent aux soldats de Calixte. Les soldats, après l'avoir chargé d'injures, le firent monter au rebours sur un chameau, lui faisant tenir la queue au lieu de bride, et lui mirent sur le dos une peau de mouton sanglante, voulant, par cette dérision, représenter le Pape vêtu d'une chape d'écarlate et monté sur un grand cheval. Ils firent entrer Bourdin dans Rome, pour intimider ceux qui oseraient à l'avenir usurper le Saint-Siége; et le peuple l'aurait fait mourir, si le pape Calixte ne l'eût délivré de leurs mains et envoyé au monastère de Cave pour faire pénitence. Sitôt qu'il fut pris, Calixte en écrivit à tous les évêques et à tous les fidèles des Gaules, et sans doute aussi à ceux des autres nations (Labbe, t. X).

Calixte II rétablit à Rome la paix et la sûreté publiques. Il démolit les tours de Cencio Frangipane et des autres petits tyrans, et soumit quelques comtes qui pillaient les biens de l'Eglise. Les chemins étaient libres pour aller à Rome, et personne n'insultait les étrangers quand ils y étaient arrivés. Auparavant, les offrandes de saint Pierre étaient pillées impunément par les plus puissants des Romains, devant lesquels les précédents Papes n'osaient ouvrir la bouche. Calixte fit revenir ces offrandes à sa disposition, pour les employer à l'utilité de l'Eglise. Ce n'est pas qu'il fût intéressé; au contraire, il conseillait aux Anglais d'aller en pèlerinage à Saint-Jacques plutôt qu'à Rome, à cause de la longueur du chemin, et il donnait la même indulgence à ceux qui y allaient deux fois que s'ils avaient été à Rome.

En Allemagne, tout se disposait à la guerre civile, lorsque tout aboutit à la paix. L'an 1121, l'empereur Henri, résolu de réduire Mayence révoltée contre lui, envoya ses ordres de toutes parts, pour en faire le siége. L'archevêque Albert, de son côté, remua toute la Saxe, où il s'était retiré, et qui s'était détachée tout entière de l'empereur. Et comme Albert était depuis longtemps légat du Pape, il employa son autorité pour assembler souvent les évêques et les seigneurs de la province, et se servit de son éloquence pour animer tous les catholiques à la défense de Mayence, métropole de toute la Germanie. Comme on avait élu canoniquement des évêques pour les Eglises vacantes de Saxe, on se proposait aussi de rétablir dans leurs siéges l'évêque de Spire, l'évêque de Worms et les autres qui en avaient été chassés parce qu'ils étaient fidèles au Pape. Vers la fin de juin, les armées étaient en campagne, l'une dans la Saxe, l'autre dans l'Alsace. On faisait dans toutes les églises des jeûnes, des processions et des prières. Elles furent exaucées. Déjà les armées étaient en présence, lorsque Dieu toucha les cœurs des seigneurs. On envoya de part et d'autre ceux qui avaient le plus de sagesse et de piété, pour traiter un accommodement. Ils firent tant, par leurs raisons et leurs prières, que l'empereur consentit à s'en rapporter aux seigneurs. On en nomma onze de chaque côté, et on indiqua une assemblée générale à Wurtzbourg pour la Saint-Michel. Après s'être touché la main pour assurance de cette convention, ils se séparèrent (Ursp., an 1121).

Environ trois mois après, on s'assembla à Wurtzbourg, comme on était convenu. On y traita de la manière de finir le schisme et de rétablir l'union entre l'empire et le sacerdoce. On établit premièrement une paix très-ferme pour toute l'Allemagne, sous peine de la vie, avec restitution de toutes les terres usurpées sur l'Eglise, sur le prince ou sur les particuliers. Quant à l'excommunication, qui était la source de presque toutes les difficultés, on s'en remit au jugement du Pape, et on nomma deux députés, savoir : Brunon, évêque de Spire, et Arnulphe, abbé de Fulde, pour aller à Rome et prier Sa Sainteté d'indiquer un concile général où cette grande affaire fût terminée. En attendant, on envoya saint Othon, évêque de Bamberg, et le duc Henri aux seigneurs de Bavière, qui n'avaient pu se trouver à Wurtzbourg, et qui, s'étant assemblés à Ratisbonne le 1er novembre, approuvèrent les résolutions communes.

L'évêque de Spire et l'abbé de Fulde, députés à Rome pour la paix, revinrent en Allemagne, amenant avec eux trois cardinaux-légats du Pape : Lambert, évêque d'Ostie; Saxon, prêtre, et Grégoire diacre, que le Pape avait envoyés par le conseil des cardinaux et de tous les évêques d'Italie. On avait indiqué, pour traiter avec eux, une diète à Wurtzbourg; mais l'absence de l'empereur empêcha de la tenir. Enfin elle se tint à Worms, au mois de septembre 1122, à la Nativité de la Vierge, et, après plus d'une semaine de conférences, la paix fut conclue. La grande difficulté était de concilier les droits et les usages de l'empire avec les droits et la liberté de l'Eglise. Les princes regardaient comme un droit héréditaire de donner l'investiture par la crosse et l'anneau; mais, depuis longtemps, ils abusaient de cette cérémonie pour confisquer à leur profit la liberté des élections. On trouva ce moyen terme. L'empereur renonçait à l'investiture par la crosse et l'anneau, il faisait les élections et les consécrations libres; mais l'évêque ou abbé, librement élu et sacré, recevra de lui l'investiture des régales par le sceptre, et lui rendra tous les devoirs attachés à ces régales ou droits royaux. L'accord se fit à ces conditions, dans la confiance que le Pape ne manquerait pas de le ratifier; car, comme lui écrivit l'archevêque de Mayence, tout fut réservé à sa décision finale.

On dressa deux écrits, l'un au nom de l'empereur, l'autre au nom du Pape. L'empereur disait dans le premier : « Moi, Henri, par la grâce de Dieu, empereur auguste des Romains, pour l'amour de Dieu, de la sainte Eglise romaine et du seigneur pape Calixte, et pour le salut de mon âme, je remets à Dieu, à ses saints apôtres Pierre et Paul, et à la sainte Eglise catholique, toute investiture par l'anneau et la crosse, et j'accorde, dans toutes les Eglises de mon royaume et de mon empire, les élections canoniques et les consécrations libres. Je restitue à l'Eglise romaine les terres et les régales de saint Pierre, qui lui ont été ôtées depuis le commencement de cette discorde, soit du temps de mon père, soit de mon temps, et que je possède, et j'aiderai fidèlement à la restitution de celles que je ne possède pas. Je restituerai de même les domaines des autres Eglises, des seigneurs et des particuliers. Je donne une vraie paix au seigneur pape Calixte, à la sainte Eglise romaine et à tous ceux qui sont ou ont été de son côté. Et quand l'Eglise romaine me demandera secours, je le lui prêterai fidèlement et je ferai une complète justice à ses plaintes. »

Le Pape disait dans l'autre écrit : « Moi Calixte, serviteur des serviteurs de Dieu, j'accorde à vous, mon cher fils Henri, par la grâce de Dieu, empereur auguste des Romains, que les élections des évêques et des abbés du royaume teutonique soient faites en votre présence, sans violence ni simonie, afin que, s'il arrive quelque division, vous donniez votre consentement et votre protection à la plus saine partie, suivant le jugement du métropolitain et des comprovinciaux. L'élu recevra de vous les régales par le sceptre, excepté ce qui appartient à l'Eglise romaine, et vous en fera les devoirs qu'il doit faire de droit. Celui qui aura été sacré dans les autres parties de l'empire, recevra de vous les régales dans six mois. Je vous prêterai secours, selon le devoir de ma charge, quand vous me le demanderez. Je vous donne une vraie paix, ainsi qu'à tous ceux qui sont ou ont été de votre côté du temps de cette discorde. »

La date de ces deux écrits est du 23 septembre 1122. Ils furent lus et échangés dans une plaine sur les bords du Rhin, à cause de la nombreuse assemblée. On rendit solennellement à Dieu des actions de grâces; l'évêque d'Ostie célébra la messe, il y reçut l'empereur au baiser de paix, et lui donna la communion en signe de réconciliation parfaite. Les légats donnèrent aussi l'absolution à toute l'armée de l'empereur et à tous ceux qui avaient eu part au schisme. Ainsi cette assemblée de Worms se sépara avec une joie infinie (Labbe, t. X). A la Saint-Martin, l'empereur en tint une autre à Bamberg avec les seigneurs qui n'avaient point assisté à la première. Entre autres choses, il y nomma des ambassadeurs pour aller à Rome avec un des légats du Pape et lui porter des présents. Le Pape, ayant reçu cette ambassade, écrivit à l'empereur, le 13 décembre, une lettre où il le félicite de s'être soumis à l'obéissance de l'Eglise, et témoigne s'en réjouir particulièrement à cause de la parenté qui les unit ensemble. Il le prie de renvoyer au plus tôt les autres légats, à cause du concile dont le temps est proche (*Ibid.*).

En effet, le pape Calixte tint ce concile à Rome pendant le carême de l'année suivante 1123, et on le compte pour le neuvième concile œcuménique et le premier de Latran. Il s'y trouva plus de trois cents évêques et plus de six cents abbés, en tout près de mille prélats. Le Pape y ratifia et promulgua solennellement la paix conclue entre l'empereur et l'Eglise. Pour consolider cette paix et en étendre les avantages, le concile publia vingt-deux canons, dont la plupart ne font que renouveler les anciens contre la simonie, le concubinage des clercs et l'infraction de la *trêve de Dieu*. L'important n'est pas de faire des règlements nouveaux, mais de tenir à ce qu'on observe ceux qui sont faits. Voici les canons du concile qui ont quelque chose de particulier.

Dans le sixième, on déclare nulles les ordinations faites par l'antipape Bourdin depuis qu'il a été condamné par l'Eglise romaine, et celles faites par les évêques qu'il a ordonnés depuis ce temps. Dans le huitième, on défend l'usurpation des biens de l'Eglise romaine, et particulièrement de la ville de Bénévent, sous peine d'anathème. Dans le onzième, le concile dit : « Nous accordons à ceux qui vont à Jérusalem pour la défense des chrétiens, la rémission de leurs péchés; nous prenons leurs maisons, leurs familles et tous leurs biens sous la protection de saint Pierre et de l'Eglise romaine, et quiconque osera prendre leurs biens pendant qu'ils seront en ce voyage sera excommunié. Quant à ceux qui ont pris des croix sur leurs habits pour le voyage de Jérusalem ou d'Espagne, et les ont quittées, nous leur ordonnons, par l'autorité apostolique, de les reprendre depuis Pâques prochain jusqu'au suivant,

autrement nous les excommunions et interdisons tout service divin dans leurs terres, hors le baptême des enfants et la pénitence des mourants.—Nous défendons aux laïques, sous peine d'anathème, est-il dit dans le quatorzième canon, d'enlever les offrandes des autels de Saint-Pierre, du Sauveur, de Sainte-Marie-de-la-Rotonde et des autres églises, ou des croix ; nous défendons aussi de fortifier les églises comme des châteaux, pour les réduire en servitude. Il est porté dans le quinzième, qu'on séparera de la société des fidèles ceux qui fabriquent de la fausse monnaie et ceux qui en débitent sciemment, comme étant des hommes maudits, des oppresseurs des pauvres et des perturbateurs de la cité. Le seizième est conçu en ces termes : « Si quelqu'un ose prendre, dépouiller ou imposer de nouveaux péages, les pèlerins qui vont à Rome ou à d'autres lieux de dévotion, il sera privé de la communion chrétienne jusqu'à ce qu'il ait satisfait pour sa faute. » Le dix-huitième ordonne aux évêques de mettre des prêtres dans les églises paroissiales pour avoir soin des âmes. Le vingt-deuxième déclare nulles toutes les aliénations des biens d'églises, faites par les évêques ou les abbés, légitimes ou intrus, sans le consentement du clergé ou par simonie; en particulier les aliénations des biens de l'exarchat de Ravenne, faites par Othon, Gui, Jérémie ou Philippe. C'étaient les quatre évêques schismatiques qui avaient succédé à l'antipape Guibert (Labbe, t. X).

Ainsi, la défense de la chrétienté contre les infidèles, tant en Orient qu'en Espagne, l'union de toutes les parties de l'Eglise avec son chef, le bon accord de l'Eglise et de l'empire, la vie édifiante du clergé, la présence du pasteur dans chaque paroisse, la répression des guerres particulières, la sûreté des voyageurs, la bonne foi dans le commerce, voilà ce qui occupa le pape Calixte II et le premier concile général de Latran, autrement les premiers états-généraux de la chrétienté en Occident; car, outre les mille prélats, il y avait des laïques sans nombre, de tout rang et de toute condition. Suger, abbé de Saint-Denys, y assista au nom de Louis le Gros, roi de France.

On y vit Adalberon, nouvel archevêque de Brême, qui venait de succéder à Frédéric, mort le 30 janvier de la même année 1123. Ayant été canoniquement élu, Adalberon vint à Rome, où le Pape le reçut avec honneur, le sacra lui-même, et, de l'avis du concile, lui donna le *pallium* que ses deux prédécesseurs avaient perdu par leur négligence et qui avait été transféré aux Danois. Il lui accorda de plus le pouvoir de prêcher l'Evangile jusqu'à l'Océan. Comme il avait amené avec lui un pieux ecclésiastique, le Pape l'ordonna évêque pour les Suédois ; et, à son départ, il le fit accompagner d'un cardinal, pour notifier au nom du Pape à tous les évêques du Danemarck, qu'ils eussent à lui obéir comme à leur métropolitain. Adalberon vint à Brême, après avoir été reçu de l'empereur avec la plus grande distinction : toutes les assemblées de la province le reçurent de même solennellement (*Annalista sax.*, an. 1123; Mansi, t. XXI).

Le roi Henri d'Angleterre, ayant perdu sa femme et son fils, résolut de se remarier. Il épousa en secondes noces Adélaïde, fille du duc de Lorraine, comte de Louvain, et nièce du Pape aussi bien que la reine de France. Il espérait qu'en considération de cette alliance, le Pape aurait plus d'égard pour lui; mais Henri, de son côté, n'en avait guère pour le Pape. Il reçut avec honneur le légat que Calixte lui avait envoyé, le fit venir jusqu'à Londres; mais, après lui avoir parlé, il le renvoya par le même chemin, sans lui laisser la liberté de faire aucune fonction de sa légation pour travailler au rétablissement de la discipline.

Le roi de France était bien éloigné d'en agir de la sorte. Il croyait, au contraire, que sa couronne ne serait jamais plus brillante, que quand les abus qui déshonoraient l'Eglise de son royaume en auraient été retranchés. C'est dans cette persuasion qu'il donnait toute liberté aux légats du Saint-Siège dans l'étendue de son royaume. Le Pape envoya, l'an 1123, une nouvelle légation de deux cardinaux, savoir : Pierre de Léon et Grégoire de Saint-Ange, qui, entre autres, allèrent visiter saint Etienne de Grammont ou de Muret, peu de jours avant sa mort.

Calixte II avait soumis le métropolitain de Sens à la primatie de celui de Lyon; mais, sur les remontrances du roi Louis, la chose fut sans exécution : la grande raison, c'est que Sens était du royaume de France, et Lyon du royaume de Germanie. Le même Pape conféra à Gérard, évêque d'Angoulême, la légation du Saint-Siège dans les provinces d'Aquitaine. Il donna le même pouvoir à saint Oldegaire, archevêque de Tarragone, par rapport aux armées chrétiennes, qui combattaient en Espagne contre les Maures. Il érigea Compostelle en archevêché, en l'honneur de saint Jacques. A Rome, il rétablit en peu de temps la paix et le bon ordre, comme dans toute l'Eglise; il fit amener de l'eau dans cette ville, et y répara plusieurs ouvrages publics. Oncle des rois de France et d'Angleterre, proche parent de l'empereur, plein de piété, de courage et de prudence, on pouvait tout espérer de son gouvernement, lorsqu'il mourut assez promptement de la fièvre, le 12 décembre 1124, après un pontificat de cinq ans et dix mois. Son nom se trouve dans un Martyrologe (Baronius et Pagi, an 1124).

Après sa mort, tous les cardinaux et les laïques les plus puissants, principalement Pierre de Léon, dont le fils était cardinal, et Léon Frangipane, convinrent qu'on ne parlerait point d'élection jusqu'au troisième jour. Ce que Frangipane faisait pour avoir le temps de faire réussir l'élection de Lambert, évêque d'Ostie, qu'il méditait depuis longtemps; car tout le peuple demandait pour pape Saxon d'Anagni, cardinal de Saint-Etienne, au Mont-Cœlius; et Léon Frangipane feignait de le désirer aussi pour mieux tromper le peuple. Le soir, il fit dire à chacun des chapelains des cardinaux, séparément, de venir de grand matin avec une chape rouge sous la chape noire, et cela, de concert avec leurs maîtres : ce qu'il faisait, afin que chacun des cardinaux espérât qu'il le ferait élire pape, ou du moins qu'ils vinssent sans crainte; car ils se souvenaient de ce qui s'était passé, environ sept ans auparavant, à l'élection de Gélase.

Les évêques et les cardinaux s'assemblèrent donc le lendemain pour faire un Pape, dans la chapelle de Saint-Pancrace, à Saint-Jean de Latran. Et, après quelques discours, Jonathas, cardinal-diacre, du consentement de tous, revêtit de la chape rouge, Thibauld, cardinal-prêtre de Sainte-Anastasie, le nommant pape Célestin. On commença à chanter le *Te Deum*, et Lambert, évêque d'Ostie, chantait comme les autres; mais on n'était pas encore à la moitié, quand Robert Frangipane et quelques autres, même de la cour du Pape, s'écrièrent *Lambert, évêque d'Ostie, pape!* et l'habillèrent aussitôt devant l'oratoire de Saint-Silvestre. Il y eut d'abord un grand tumulte; mais Célestin céda le même jour, et tous consentirent à l'élection de Lambert, sous le nom d'Honorius II. Toutefois, parce que son élection n'avait pas été assez canonique, sept jours après, il quitta la tiare et la chape en présence des cardinaux, et se retira. Les cardinaux, voyant son humilité et craignant d'introduire quelque nouveauté dans l'Eglise romaine, réhabilitèrent ce qui avait été mal fait; et, ayant rappelé Lambert, ils se prosternèrent à ses pieds et lui promirent obéissance comme pape. Il se nommait Lambert de Fagnan, et était né d'une condition médiocre dans le comté de Bologne, dont il fut archidiacre. Comme il était fort habile dans les lettres, le pape Pascal le fit venir à Rome et lui donna l'évêché d'Ostie. Honorius II tint le Saint-Siège cinq ans et environ deux mois (Baron., an 1124).

Ce fut par son autorité que saint Othon, évêque de Bamberg, alla travailler à la conversion des peuples de Poméranie. Depuis vingt ans que ce saint prélat gouvernait son Eglise, il avait rempli avec édification tous les devoirs d'un digne pasteur. Il favorisait tellement la vie religieuse, que l'on compte jusqu'à quinze monastères et six prieurés, qu'il fonda tant dans son diocèse qu'en plusieurs autres d'Allemagne. Et comme quelques-uns se plaignaient de la multitude de ces fondations, il répondit : Qu'on ne peut bâtir trop d'hôtelleries pour ceux qui se regardent comme voyageurs en ce monde. Lui-même, étant tombé dangereusement malade, appela un saint abbé qui avait toute sa confiance et lui demanda d'être reçu parmi ses religieux. L'abbé, qui joignait beaucoup de prudence à beaucoup de piété, reçut aussitôt son vœu d'obéissance, mais différa de lui donner l'habit. Quand il le vit revenu en santé, il lui ordonna, en vertu de la sainte obéissance, de continuer à gouverner son peuple en qualité d'évêque. Dès lors Othon se livra avec plus d'ardeur que jamais à toutes sortes de bonnes œuvres. Une longue stérilité ayant amené la famine et la mortalité, il transforma tout son évêché en aumônes et en hôpitaux, visitant lui-même les malades, nourrissant lui-même les affamés, ensevelissant lui-même les morts, ou les faisant ensevelir. A l'approche de la moisson, qui fut abondante, il fit faire des milliers de faucilles, les distribua aux pauvres, avec une pièce d'argent à chacun, et leur dit : « Voici, mes chers enfants, que les jours de l'affliction sont passés : le pays tout entier est devant vous; allez faire la moisson. » Et ils s'en allèrent pleins de joie.

Comme le saint évêque était connu en Pologne par le long séjour qu'il y avait fait en sa jeunesse, le duc Boleslas, qui avait subjugué la Poméranie et voulait y établir la religion chrétienne, lui écrivit en ces termes : « A son seigneur et bien-aimé père, Othon, vénérable évêque, Boleslas, duc des Polonais, l'humble dévotion d'une filiale obéissance. Comme je me souviens qu'en ma jeunesse vous vous êtes conduit auprès de mon père de la manière la plus honorable, et que maintenant le Seigneur est avec vous, vous fortifiant et vous bénissant dans toutes vos voies, j'ai résolu, si cela ne déplaît à Votre Dignité, de renouveler avec vous les anciennes amitiés et de me servir de votre conseil et de votre secours pour procurer la gloire de Dieu, moyennant sa grâce. Vous savez, je pense, comment la sauvage barbarie des Poméraniens, humiliée non par ma vertu, mais par celle de Dieu, a demandé à être admise à la société de l'Eglise par le baptême. Mais depuis trois ans que j'y travaille, je ne puis engager à cette œuvre aucun des évêques ou des prêtres de mon voisinage qui en sont capables. C'est pourquoi, comme j'apprends que Votre Sainteté est toujours prête à toute bonne œuvre, je vous prie, bien-aimé Père, de ne pas refuser, assuré de notre concours, d'entreprendre ce travail pour la gloire de Dieu et l'accroissement de Votre Béatitude. Moi, le dévot serviteur de Votre Paternité, je ferai tous les frais du voyage, je vous donnerai une escorte, des interprètes, des prêtres pour vous aider et tout ce qui sera nécessaire; seulement, très-saint Père, daignez venir (*Vita S. Othonis, Acta Sanct.*, 2 *julii*). »

Othon reçut cette lettre comme une voix du ciel, et rendit grâces à Dieu de ce qu'il voulait bien se servir de son ministère pour une telle entreprise. Il prit conseil de son chapitre et de son clergé, et envoya à Rome pour obtenir la permission et la bénédiction du pape Calixte. Les ayant reçues, il communiqua l'affaire à l'empereur et aux seigneurs, dans une diète qui se tint à Bamberg au mois de mai 1124. La cour et toute l'assemblée y consentirent avec joie; il n'y eût que l'Eglise de Bamberg qui pleura son pontife, comme s'il eût été déjà mort. Il se prépara donc au voyage. Or, il savait que la Poméranie était une contrée opulente, qu'il ne s'y trouvait point de pauvres, que les pauvres y étaient même fort méprisés, au point que quelques serviteurs de Dieu y étant entrés dans cet état, n'avaient pas été écoutés, parce qu'on les regardait comme des misérables qui ne cherchaient qu'à soulager leur indigence. Tout cela bien considéré, saint Othon crut devoir paraître en ce pays, non-seulement comme n'étant pas pauvre, mais comme étant riche, pour montrer aux Barbares qu'il ne cherchait point à profiter de leurs biens, mais à gagner leurs âmes à Dieu. Il prit donc avec lui des ecclésiastiques capables, avec des provisions suffisantes pour le voyage; il prit des missels et d'autres livres, des calices, des ornements et tout ce qui était nécessaire au service de l'autel, et qu'il savait bien ne pas devoir trouver chez les païens; il prit des robes, des étoffes précieuses et d'autres présents convenables, pour les principaux de la nation.

Après ces préparatifs, il partit le lendemain de Saint-Georges, 24 avril 1125, et, ayant traversé la Bohême, il entra en Pologne et arriva à Gnésen, qui en était alors la capitale. Il fut reçu partout en procession, comme un homme apostolique, et le duc de Pologne, avec tous les grands, vinrent nu-pieds au devant de lui, à deux cents pas de la ville. Le duc le retint pendant sept jours, et lui donna pour l'accompagner des hommes qui savaient les deux langues, la polonaise et la teutonique, trois de ses chapelains et un capitaine nommé Paulicius, capables de l'aider même dans sa prédication. Après avoir traversé à grand'peine pendant six jours une forêt immense, ils s'arrêtèrent sur le bord d'une rivière qui séparait la Pologne de la Poméranie. Le duc de Poméranie, averti de leur venue, était campé de l'autre côté avec cinq cents hommes. Il passa la rivière avec peu de suite, et vint saluer l'évêque, plus par ses gestes que par ses paroles, et ils demeurèrent longtemps embrassés: car ce prince était chrétien, mais encore caché, par la crainte des païens. Pendant qu'ils s'entretenaient tous deux à part avec Paulicius, qui leur servait d'interprète, les Barbares qui accompagnaient le duc, voyant les clercs étonnés, prenaient plaisir à augmenter leur crainte, tirant des couteaux pointus dont ils faisaient semblant de vouloir les écorcher ou du moins couper leurs couronnes, ou de les enterrer jusqu'à la tête et de les tourmenter de plusieurs autres manières; en sorte que les pauvres ecclésiastiques se préparaient tout de bon au martyre. Mais le duc les rassura bientôt, en leur faisant entendre que lui et tous ceux qui étaient là étaient chrétiens; et cette vaine frayeur se tourna de part et d'autre en risée. Le saint évêque, entre autres présents qu'il fit au duc, lui donna une canne d'ivoire, sur laquelle le prince s'appuya aussitôt avec reconnaissance, disant à ses soldats : Voyez quel père Dieu nous a donné et quels présents ce père nous fait! Jamais présent ne m'a fait plus de plaisir. Il ordonna de recevoir l'évêque par toutes les terres de son obéissance, et lui fournit abondamment toutes choses, lui donnant des guides et des gens pour le servir. Saint Othon et ceux de sa suite passèrent donc la rivière et entrèrent avec confiance en Poméranie.

Ils marchèrent d'abord à Piritz, et, sur le chemin, ils trouvèrent quelques bourgades ruinées par la guerre. Le peu d'habitants qui y restaient, interrogés s'ils voulaient être chrétiens, se jetèrent aux pieds de l'évêque, le priant de les instruire et de les baptiser. Il en baptisa trente, qu'il compta pour les prémices de sa moisson. Approchant de Piritz, ils virent de loin quatre mille hommes qui s'y étaient assemblés de toute la province pour une fête païenne, qu'ils célébraient par des réjouissances très-bruyantes. Comme il était tard, Othon et les siens ne jugèrent pas à propos de s'exposer pendant la nuit à cette multitude échauffée par la joie et la débauche. Le lendemain matin, Paulicius et les députés du duc Vratislas de Poméranie allèrent trouver les principaux de la ville, pour leur annoncer la venue de l'évêque et leur ordonner, de la part du duc de Poméranie et de celui de Pologne, de bien le recevoir et de l'écouter avec respect, ajoutant que c'était un homme considérable, riche chez lui, qui ne leur demandait rien et qui n'était venu que pour leur salut. Qu'ils se souvinssent de ce qu'ils avaient promis et de ce qu'ils venaient de souffrir, et ne s'attirassent pas de nouveau la colère de Dieu; que tout le monde était chrétien et qu'ils ne pouvaient résister seuls à tous les autres.

Les païens, embarrassés, demandèrent du temps pour délibérer, attendu l'importance de l'affaire. Mais Paulicius et les députés, voyant que c'était un artifice, leur dirent qu'il fallait se déterminer promptement, que l'évêque était arrivé, et que, s'ils le faisaient attendre, les ducs se tiendraient offensés de ce mépris. Les païens, surpris que l'évêque fût si proche, se déterminèrent aussitôt à le recevoir, disant qu'ils ne pouvaient résister à ce grand Dieu qui rompait toutes leurs mesures, et qu'ils voyaient bien que leurs dieux n'étaient pas des dieux. Ils communiquèrent cette résolution au peuple, qui était encore assemblé, et tous crièrent à haute voix que l'on fît venir l'évêque, afin qu'ils pussent le voir et l'entendre avant de se séparer. Othon vint donc avec toute sa suite, et campa dans une grande place qui était à l'entrée de la ville. Les Barbares vinrent au devant en foule, regardant ces nouveaux hôtes avec grande curiosité, et ils les aidèrent avec beaucoup d'humanité à se loger.

Cependant l'évêque, revêtu de ses habits pontificaux, monta sur un lieu élevé et parla par interprète à ce peuple, très-avide de l'entendre. « Bénis soyez-vous, dit-il, de la part de Dieu, pour la bonne réception que vous nous avez faite. Vous savez peut-être déjà la cause qui nous a fait venir de si loin : c'est votre salut et votre félicité; car vous serez éternellement heureux, si vous voulez reconnaître votre Créateur et le servir. » Comme il exhortait ainsi ce peuple avec simplicité, ils déclarèrent tout d'une voix qu'ils voulaient recevoir ses instructions. Il employa sept jours à les catéchiser soigneusement, avec ses prêtres et ses clercs; puis il leur ordonna de jeûner trois jours, de se baigner et de se revêtir d'habits blancs pour se préparer au baptême. Il fit faire trois baptistères, l'un où il devait baptiser lui-même les jeunes garçons; dans les deux autres, des prêtres devaient baptiser séparément les hommes et les femmes. Ces baptistères étaient de grandes tonnes enfoncées en terre, de telle sorte que leur bord vînt environ au genou de ceux qui étaient dehors, et qu'il fût aisé d'y descendre quand elles étaient pleines d'eau. Elles étaient entourées de rideaux soutenus de petites colonnes, et, à l'endroit où devait être le prêtre avec ses ministres, il y avait encore un linge soutenu d'un cordon, afin de pourvoir en tout à la modestie, et pour qu'en cette action si sainte, il ne se passât rien qui pût choquer la bienséance, ni en détourner les personnes les plus honnêtes.

Quand donc ce peuple vint pour recevoir le baptême, l'évêque leur fit une exhortation convenable; puis, ayant mis les hommes à droite et les femmes à gauche, il leur fit l'onction des catéchumènes et les envoya aux baptistères. Chacun y venait avec son parrain seul, à qui, en entrant sous le rideau, il donnait son cierge et l'habit dont il était revêtu, que le parrain tenait devant son visage, jusqu'à ce que le baptisé sortît de l'eau. Le prêtre, de son côté, sitôt qu'il apercevait que quelqu'un était dans l'eau, détournait un peu le rideau et baptisait le catéchumène, en lui plongeant trois fois la tête; puis il lui faisait l'onction du saint chrême, lui présentait l'habit blanc, et lui disait de sortir de l'eau; après quoi le parrain le couvrait de l'habit qu'il tenait, et l'emmenait. En hiver, le baptême se donnait avec de l'eau chaude, dans des étuves parfumées d'encens et d'autres odeurs; et c'est ainsi que l'on baptisait par immersion, gardant en tout l'honnêteté et la modestie chrétiennes.

Othon et ses disciples demeurèrent à Piritz environ trois semaines, instruisant les néophytes de tous les devoirs de la religion : de l'observation des fêtes, du dimanche et du vendredi, des jeûnes du carême, des quatre-temps et des vigiles. Ne pouvant si promptement bâtir une église, il se contenta de dresser un sanctuaire et d'y consacrer un autel, où il ordonna de célébrer la messe en attendant, leur donnant un prêtre avec des livres, un calice et les autres meubles nécessaires. Ce que les nouveaux fidèles, au nombre d'environ sept mille, reçurent avec une joie et une dévotion merveilleuses, rejetant toutes leurs anciennes superstitions. Avant que de les quitter, le saint évêque leur fit un sermon, où il les exhorta à demeurer fermes dans la foi, sans jamais retourner à l'idolâtrie. Il leur expliqua sommairement la doctrine des sept sacrements, qu'il met en cet ordre : le baptême, la confirmation, l'onction des malades, l'eucharistie, la pénitence, le mariage, l'ordre. Il recommande de faire baptiser les enfants par les mains des prêtres, au temps, c'est-à-dire à Pâques et à la Pentecôte, parce que quiconque meurt sans baptême est privé du royaume de Dieu et souffre éternellement la peine du péché originel. Il recommande d'entendre souvent la messe et de communier au moins trois ou quatre fois l'année. A l'occasion du mariage, il défend la pluralité des femmes, qui était en usage parmi ces peuples, ainsi que de tuer les enfants; car, quand il leur venait trop de filles, ils les faisaient mourir au berceau : crime que nous avons vu non-seulement autorisé, mais commandé même par les plus fameux législateurs de l'antiquité païenne. Il les exhorte enfin à donner quelques-uns de rs enfants pour les faire étudier, afin qu'ils puissent avoir des prêtres et des clercs de leur langue, comme les autres nations.

De Piritz, Othon passa à Camin, où il trouva la duchesse de Poméranie, qui, étant déjà chrétienne dans le cœur, le reçut avec une extrême joie. Il y demeura environ six semaines, et y baptisa tant de peuple, que, bien qu'il fût aidé par ses prêtres, souvent, dans cette fonction, son aube était trempée de sueur jusqu'à la ceinture; mais ce travail le comblait de consolation. Le duc Vratislas y vint lui-même, et renonça publiquement à vingt-quatre concubines qu'il entretenait, outre la duchesse, suivant l'usage de la nation; et plusieurs suivirent son exemple.

Mais le saint évêque ne fut pas reçu de même à Vollin, ville alors célèbre et de grand commerce, dans l'île de Julin, qui en a pris le nom, à l'embouchure de l'Oder. Les habitants étaient cruels et barbares; et, quoique l'évêque avec sa suite se fût logé dans la maison du duc, ils vinrent l'y attaquer en furie. Ceux qui l'accompagnaient étaient affligés et consternés; mais lui se réjouissait, croyant aller souffrir le martyre. Enfin il se sauva à l'aide de Paulicius, après avoir reçu quelques coups et être tombé dans la boue; et les habitants de Julin convinrent de faire ce que feraient ceux de Stetin, qui était, comme elle est encore, la capitale de toute la Poméranie. L'évêque y passa donc, et Paulicius, avec les députés des deux ducs, alla trouver les premiers de la ville pour leur proposer de le recevoir. Ils répondirent : Nous ne quitterons point nos lois, nous sommes contents de notre religion. On dit qu'il y a chez les chrétiens des voleurs à qui on coupe les pieds, à qui on arrache les yeux; on y voit toutes sortes de crimes et de supplices : un chrétien déteste un autre chrétien. Loin de nous une telle religion !

Ils demeurèrent deux mois dans cette obstination Dans l'intervalle, on convint de part et d'autre d'en voyer des députés au duc de Pologne. Les Stétinois donnèrent l'espoir d'embrasser la religion chrétienne, si le duc leur accordait une paix stable et une diminution de tribut. En attendant, l'évêque et les prêtres prêchaient deux fois par semaine, c'est-à-dire les jours de marché, dans la place publique, revêtus de leurs ornements et portant une croix; et cette nouveauté attirait surtout les habitants de la campagne, qui écoutaient volontiers la parole, mais aucun n'osait croire. Enfin deux beaux adolescents, d'une noble et puissante famille, vinrent trouver l'évêque et le prièrent de les instruire. Le saint apôtre le fit avec une grande effusion de bonté et de tendresse, les regardant comme les prémices d'une moisson nouvelle. Il les baptisa, et les garda près de lui les huit jours qu'ils portèrent les habits blancs. Leur mère, ayant appris que ses enfants avaient reçu le baptême, en ressentit une joie indicible. Elle appela un de ses domestiques, et lui dit : « Allez dire à mon seigneur l'évêque que je viens le voir, lui et mes enfants. » A cette nouvelle, le saint évêque sortit de la maison, s'assit en plein air, sur une pelouse, entouré de ses prêtres et ayant à ses pieds les deux adolescents, vêtus de robes blanches. Lorsqu'ils virent arriver leur mère, ils se levèrent modestement, s'inclinèrent devant l'évêque, et allèrent au devant d'elle. Quand elle aperçut ses fils vêtus de blanc, elle fut saisie d'une joie si grande, qu'elle fondit en larmes et tomba à terre. L'évêque accourt, ainsi que ses clercs : ils la relèvent, la soutiennent et la consolent; car ils pensaient que c'était l'excès de la douleur qui l'avait fait tomber en défaillance. Elle, respirant de nouveau, s'écria : « Je vous bénis, Seigneur Jésus-Christ, auteur de toute espérance et de toute consolation, de ce que je vois mes enfants régénérés par vos sacrements, et éclairés par la vérité de votre foi ; car vous savez, Seigneur Jésus-Christ, ajouta-t-elle en embrassant ses deux fils, que, dans le secret de mon cœur, j'ai toujours recommandé ceux-ci à votre miséricorde, vous priant de leur faire ce que vous avez fait. » Puis, se tournant vers l'évêque : « Bénie, s'écria-t-elle, bénie soit votre entrée dans cette ville, seigneur et révérendissime Père; car vous avez ici un grand peuple à conquérir au Seigneur par votre persévérance. Que le retard ne vous fatigue pas ; car moi-même, qui vous voyez devant vous, encouragée par la grâce de Dieu et par votre présence, ô Père ! appuyée surtout du secours de ces chers enfants, je me confesse chrétienne : ce que je n'osais jusqu'à présent. »

On sut alors que cette dame, étant toute jeune, avait été enlevée d'un pays chrétien, et qu'étant noble et belle, elle avait été unie à un seigneur riche et puissant, dont elle avait eu ses deux fils. Le saint évêque, bénissant Dieu, la fortifia par ses exhortations, et lui donna une pelisse de grand prix. Dès ce moment elle se mit à prêcher et à convertir tous ses domestiques, ses voisins, ses amis, avec leurs familles. Ses deux fils reçurent de l'évêque des tuniques brodées d'or, avec une ceinture d'or, et des chaussures peintes. Revenus auprès des jeunes gens de leur âge, ils racontèrent ce qu'ils avaient vu auprès de l'évêque, où ils étaient restés huit jours ; la pureté, la régularité de sa vie, sa douceur, sa charité, sa munificence. Pour preuve, disaient-ils, voyez de quelles robes il nous a vêtus après tous ses bienfaits, voyez de quelles ceintures d'or il nous a honorés. Il rachète de son argent les captifs qui pourrissaient dans les fers ; il les nourrit, les habille et les met en liberté. A-t-on jamais vu ou entendu rien de semblable en Poméranie ? Aussi plusieurs de nos concitoyens ont-ils pensé que c'était un dieu visible descendu parmi les hommes ; mais lui proteste qu'il n'est pas un dieu, mais seulement le serviteur du Dieu très-haut, qui nous l'a envoyé pour notre salut. La jeunesse païenne, prêchée par eux, suivit leur exemple : les deux néophytes revenaient à l'évêque comme des colombes qui en amènent d'autres. La vieillesse suivit bientôt les leçons et les exemples de la jeunesse. La ville entière fut émue et entraînée.

Domuslas, le père des deux jeunes néophytes, était absent pendant leur conversion et leur baptême. Quand il les sut chrétiens, ainsi qu'une grande partie de sa famille, il entra en fureur et jura de persécuter l'évêque. Mais, apaisé par les prières de sa femme, touché par la grâce de Dieu, il vint trouver le saint évêque, se prosterna à ses pieds, fondant en larmes, lui confessa qu'il avait reçu le baptême en Saxe, mais que les richesses que lui avait offertes le paganisme l'avaient empêché de se montrer chrétien. Après cette humble confession, il fut l'apôtre de la foi qu'il avait reniée et persécutée.

Pendant que ces choses se passaient à Stetin, les députés qu'on avait envoyés au duc de Pologne en apportèrent une lettre qui leur accordait la diminution des tributs et l'assurance de la paix qu'ils demandaient. Ainsi, par délibération publique, ils se soumirent à recevoir l'évangile. L'évêque les prêcha et leur persuada d'abattre même leurs idoles. Mais comme la crainte les empêchait de le faire de leurs propres mains, Othon, lui-même, y marcha avec ses prêtres, et commença à faire détruire les temples des faux dieux. Les païens, voyant qu'il ne leur en arrivait aucun mal, conçurent du mépris pour ces dieux qui ne pouvaient se défendre, et achevèrent eux-mêmes de ruiner les temples. Le principal contenait de grandes richesses, qu'ils voulurent donner à l'évêque et à ses prêtres. Mais il dit : A Dieu ne plaise que nous nous enrichissions chez vous ; nous avons chez nous en abondance de tous ces biens : prenez plutôt ceci pour votre usage. Et, ayant tout purifié par l'eau bénite et le signe de la croix, il le fit partager entre eux. Il retint seulement une idole à trois têtes, qu'il envoya au Pape comme le trophée de sa victoire. Il demeura encore trois mois à Stetin, pour instruire, baptiser et établir la religion. Ceux qui les premiers avaient reçu la foi et le baptême instruisaient les autres ; on faisait le catéchisme dans les rues et sur les places publiques, on érigeait des croix, on adorait le crucifix, tout le monde était occupé, soit à enseigner, soit à apprendre la foi chrétienne.

Saint Othon revint ensuite à Vollin, dont il trouva les habitants parfaitement disposés à recevoir l'Evangile ; car, tandis qu'il était à Stetin, ils avaient envoyé secrètement des hommes intelligents pour observer ce qui s'y passait, et ils leur rapportèrent qu'il n'y avait ni imposture ni artifice dans la conduite de ces chrétiens ; que leur doctrine était bonne et pure, et qu'elle avait été reçue unanimement à Stetin. L'évêque fut donc reçu par ceux de Vollin avec une joie incroyable, et ils s'efforcèrent de réparer en toutes manières les mauvais traitements du premier voyage. A peine put-on suffire, pendant deux mois d'un travail continuel, à baptiser tous ceux qui se présentaient. Comme Vollin était au milieu de la Poméranie, les deux ducs résolurent d'y établir le siège épiscopal, pour la commodité d'y prendre le saint chrême et tout ce que l'évêque doit donner. Othon passa ensuite à Colberg et à d'autres villes, particulièrement à Belgrade, aujourd'hui Belgart, où il mit le terme de son voyage; car c'était l'hiver, et il était pressé de retourner à Bamberg. Il repassa toutefois aux lieux où il avait prêché, dédia les églises bâties en son absence, donna la confirmation et même le baptême à plusieurs qui n'étaient pas chez eux à son premier passage. Comme on savait qu'il était sur son départ, les peuples accouraient en foule, estimant malheureux ceux qui ne recevaient pas sa bénédiction. Ils faisaient tous leurs efforts pour le retenir et lui persuader d'être leur évêque, lui promettant une entière soumission; et il l'avait résolu lui-même, mais son clergé l'en détourna. Il vint par la Pologne, dont le duc lui donna, pendant tout ce voyage, tous les témoignages possibles d'amitié; le même duc nomma pour évêque de Poméramie Albert, un des trois chapelains qu'il avait envoyés avec Othon. Enfin le saint évêque, après une absence de près d'un an, revint à Bamberg, comme il s'était proposé, avant le dimanche des Rameaux, qui, cette année 1156, était le 4 avril. Ce récit est tiré de sa vie, écrite par un de ceux qui l'accompagnaient dans ce voyage (*Acta Sanct.*, 2 *julii*). Puissent les habitants de la Poméranie revenir à la foi de leurs pères et à la source d'où elle leur est venue !

On voit par cet exemple que, si les empereurs d'Allemagne, au lieu de vouloir asservir l'Eglise, s'étaient toujours concertés avec son chef et avec ses évêques pour la conversion et la civilisation des nations infidèles, ils eussent rendu un service immense à l'Eglise et à l'humanité. Mais jamais ils ne comprirent leur devoir, ni pour convertir les infidèles de l'Occident, ni pour défendre la chrétienté contre ceux de l'Orient. On pouvait espérer que l'empereur Henri V, réconcilié à l'Eglise, réparerait le mal par le bien, lorsqu'il mourut à Utrecht, le 23 mai 1125. En lui finit la maison de Franconie, qui était montée sur le trône impérial en 1024, et, dans l'espace de cent et un ans, eut quatre empereurs : Conrad le Salique, Henri III, Henri IV et Henri V. Le meilleur fut le second.

LIVRE SOIXANTE-HUITIÈME.

L'esprit qui anime l'Eglise catholique se personnifie en saint Bernard.

(De l'an 1125 à l'an 1153 de l'ère chrétienne.)

§ Ier.

Saint Bernard réforme les mœurs cléricales et monastiques; en quoi il est secondé par plusieurs saints personnages.

Un homme qui n'est pas du monde, et qui est comme l'âme du monde; un homme retiré du monde, et qui est en relation avec tout le monde, avec les papes et les empereurs, avec les rois et les reines, avec les princes et les évêques, avec les moines et les soldats, avec les savants et les ignorants, avec les peuples des villes et avec les anachorètes du désert, avec l'Occident et avec l'Orient; un homme, un moine qui ne respire que la solitude, et qui gouverne le monde et l'Eglise par l'attrait de sa parole, l'ascendant de son génie, le prodige de ses vertus et la vertu de ses prodiges; un homme, le plus doux des hommes et le plus ferme, qui, par la fermeté de sa douceur, dompte les caractères les plus indomptables, apaise les guerres civiles et les dissensions religieuses; un homme qui rappelle à tout le monde son devoir et qui est aimé de tout le monde : cet homme est saint Bernard; le siècle qui sut ainsi honorer le génie et la vertu, est le XIIe siècle.

Nous avons vu comment, en l'année 1113, à l'âge de vingt-deux ans, Bernard enrôla pour le ciel trente hommes du monde, jeunes et nobles; nous l'avons vu, en 1115, défrichant la *Vallée d'Absynthe*, la retraite des voleurs, et la transformant en vallée de grâce et de bénédiction, en pépinière de saints. Son vieux père Tescelin vint l'y rejoindre en 1118, ainsi que son petit frère Nivard. Une multitude d'hommes du siècle les précédèrent, les accompagnèrent et les suivirent. Voici comme l'un d'entre eux, Pierre de Roya, parle de la Vallée d'Absynthe, transformée en la *Claire Vallée*.

« Quoique la maison de Clairvaux soit située dans une vallée, elle a toutefois ses fondements sur les montagnes saintes. C'est là que Dieu se rend admirable et opère des choses extraordinaires, à la gloire de son nom; c'est là que les insensés recouvrent la sagesse; c'est là que l'homme intérieur se renouvelle en même temps que l'homme extérieur se détruit; là les superbes deviennent humbles, les riches se rendent pauvres, les ignorants acquièrent la science, et les ténèbres du péché se dissipent sous l'action de la lumière. Là il n'y a qu'un cœur et qu'une âme parmi la multitude d'hommes qui se sont réunis de tant de pays différents. Ils y goûtent sans cesse une joie spirituelle, dans l'espérance de l'éternelle béatitude qu'ils pressentent déjà en cette vie. On peut apercevoir, à leur vigilance dans la prière, à leur recueillement et à l'humble attitude de leur corps, quelle est leur ferveur et la pureté d'âme avec laquelle ils parlent de Dieu, et quelle est l'union intime qu'ils contractent avec lui. Les longues pauses qu'ils font dans l'office, au milieu de la nuit, la manière dont ils récitent les psaumes et dont ils s'appliquent à la lecture des livres sacrés, le profond silence dans lequel ils se tiennent pour écouter Dieu qui les instruit au fond de leurs cœurs, tout cela témoigne assez quelles douceurs ils ressentent. Mais qui ne les admirerait quand ils s'exercent aux travaux des mains; car, lorsque toute la communauté se rend au travail ou en revient, ils marchent avec simplicité, les uns après les autres, ainsi qu'une armée rangée en bataille, couverts des armes de l'humilité; ils sont serrés les uns contre les autres par les liens de la paix et de la charité fraternelle, qui est la joie des anges aussi bien que la terreur des démons. L'Esprit-Saint les soutient tellement dans leurs travaux, par l'onction de sa grâce, qu'encore qu'ils aient beaucoup de peines et de fatigues, ils les supportent toutefois avec tant de patience, qu'ils semblent n'en éprouver aucune.

» Il y en a parmi eux qui, autrefois, tenaient dans le monde un rang fort distingué et qui étaient environnés d'éclat par l'éminence de leur savoir, lesquels maintenant s'abaissent et s'humilient d'autant plus profondément, qu'ils étaient naguère plus élevés. Lorsque je les vois dans les champs, la bêche à la main, maniant la fourche et le râteau, ou bien dans la forêt, portant la cognée, lorsqu'alors je pense à ce qu'ils ont été et à ce qu'ils sont présentement, ils me paraissent, si je jugeais des yeux de la chair, des fous et des insensés privés de la langue et de la parole, et rien autre chose que l'opprobre des hommes et la raillerie des peuples. Mais lorsque je les considère des yeux de la foi, je les regarde comme des hommes dont la vie est cachée en Dieu, avec Jésus-Christ, et qui ne vivent que pour le ciel. C'est parmi eux que je remarque un Godefroi de Péronne, un Guillaume de Saint-Omer, et tant d'autres grands personnages que j'ai autrefois connus dans le monde, et qui aujourd'hui ne laissent plus apercevoir la moindre trace de leur ancien état; car, au lieu qu'autrefois ils portaient la tête haute, quoiqu'ils ne fussent alors que des sépulcres blanchis, pleins d'ossements de morts, ils sont à présent des vases sacrés qui renferment le trésor de toutes les vertus chrétiennes (*Biblioth. Pat. Cisterc.*, l. 1). »

Cependant, quelque saints que fussent les solitaires de Clairvaux, ou plutôt parce qu'ils étaient saints et pour qu'ils le devinssent encore davantage, Dieu les mit plus d'une fois à l'épreuve. Dès la première année, occupés sans relâche à la construction du monastère, ils étaient dans l'impossibilité de gagner leur pain par leurs travaux, et, comme leur établissement s'était fait après la saison des semailles, la terre ne leur donnait rien. Ce fut avec des peines incroyables qu'ils se procurèrent quelque peu d'orge et de millet, dont ils faisaient du pain, n'ayant pour se nourrir que des feuilles de hêtre, cuites dans l'eau, et du sel. L'hiver vint ajouter de nouvelles rigueurs à cette triste situation, et Clairvaux eut à subir des maux de tous genres.

Un jour, raconte un pieux chroniqueur, le sel même vint à manquer. Bernard appelle l'un de ses frères et lui dit : Guibert, mon fils, prends l'âne et va acheter du sel au marché. Le frère répliqua : Mon Père, me donnerez-vous de quoi payer? — Aie confiance, répondit l'homme de Dieu; car, pour de l'argent, je ne sais quand nous en aurons; mais là-haut est Celui qui a ma bourse et qui possède le dépôt de mon trésor. Guibert sourit, et, regardant Bernard, il lui dit : Mon Père, si je m'en vais les mains vides, je crains fort de revenir les mains vides. Va toujours, reprit Bernard, et va avec confiance; je te le répète, celui qui possède nos trésors sera avec toi en chemin et te fournira ce qui sera nécessaire. Sur cela, le frère ayant reçu la bénédiction du révérend abbé, sella son âne et se rendit au marché.

Guibert, ajoute le pieux chroniqueur, avait été incrédule plus qu'il n'est permis; néanmoins le Dieu de toute consolation lui procura un secours inattendu; car, non loin du bourg voisin, il rencontra un prêtre, qui le salua et lui demanda d'où il venait. Guibert lui confia l'objet de sa mission et la pénurie de son couvent : ce qui toucha tellement le charitable prêtre, qu'il lui fournit en abondance toutes sortes de vivres. L'heureux Guibert revint en hâte au monastère, et, se jetant aux pieds de Bernard, raconta ce qui lui était arrivé en chemin. Alors le Père lui adressa ces paroles avec douceur : Je te le dis, mon fils, il n'est rien de plus nécessaire au chrétien que la confiance; ne la perds jamais, et tu t'en trouveras bien tous les jours de ta vie (*Joan. Eremita*, *Vita quarta*, l. 2, n. 3, p. 1303; Mabill.).

Toutefois, ces secours et plusieurs autres ressources qui leur avaient été présentées d'une manière non moins merveilleuse, s'étaient épuisés, et Clairvaux retomba dans toutes les horreurs d'une complète indigence ; les religieux, en proie à la faim, au froid et à des privations presque insupportables, s'abandonnèrent au découragement, et manifestèrent hautement le désir de retourner à Citeaux. Bernard lui-même était accablé d'une si profonde tristesse, à la vue des souffrances de ses enfants, qu'il manqua de force pour les soutenir, au point qu'il cessa même de leur rompre le pain de la parole, et ainsi, dit l'annaliste de Citeaux, les religieux furent privés à la fois du pain du corps, à cause de leur pauvreté extrême, et du pain de l'âme, à cause du silence du saint abbé (*Hist. de Cit.*, t. III, l. 2, c. 3).

Cet état de choses, qui avait commencé dès la fin de l'année 1115, se prolongea durant l'hiver de l'année suivante, et l'on ne saurait dire ce que Bernard eut à souffrir pendant ces seize ou dix-sept mois, pour empêcher la dissolution de Clairvaux, et pour faire tourner à l'avantage des frères l'épreuve terrible qui, dans les desseins de Dieu, dut affermir à jamais leur vertu, leur confiance, leur foi, leur patience, leur abandon à la Providence.

Un jour Bernard, baigné de larmes, était prosterné sur les marches de l'autel avec ses frères, gémissant et implorant à haute voix la miséricorde du Sauveur, auquel ils s'étaient voués dans la simplicité de leur cœur. Dans ce moment, ils entendirent tous un bruit de voix étranges qui paraissaient venir du ciel. Les frères étonnés, prêtent une oreille attentive, et sont frappés de cette parole qui retentit fortement dans l'église : « Bernard, lève-toi, ta prière est exaucée (*Hist. de Cit.*, t. III, l. 2, c. 3)! » Les frères étaient encore tout stupéfaits de cette voix surhumaine, quand il arriva au monastère deux hommes inconnus qui déposèrent aux pieds de saint Bernard des offrandes considérables. Des voitures chargées de provisions arrivèrent peu après de la ville de Châlons, et le désert de Clairvaux, arrosé des sueurs de ces pieux cénobites et fécondé par leur travail, commença également à produire quelques ressources régulières et à subvenir aux nécessités les plus urgentes.

Bernard, tranquille désormais sur le soin des choses temporelles, et voyant fleurir dans ses enfants la paix et les vertus divines, put s'absenter du monastère et se rendre aux invitations fréquentes de l'évêque de Châlons, qui le chargeait de prêcher dans les églises de son diocèse. Ces missions exerçaient la plus salutaire influence; les populations accouraient pour entendre l'homme de Dieu dont la parole puissante opérait des merveilles ; des ecclésiastiques, aussi bien que des laïques illustres, non contents de réformer leur vie, s'attachèrent étroitement au jeune abbé et le suivirent à Clairvaux pour embrasser la règle monastique. « Combien de gens savants, écrit l'un des biographes de saint Bernard, combien d'orateurs, que de nobles et de grands dans le monde, que de philosophes ont passé des écoles et des académies du siècle à Clairvaux, pour s'adonner à la méditation des choses célestes et pratiquer la morale divine (*Vit. S. Bern.*, l. 2, *Auct. Ernaldo præfat.*)! »

Un jeune cousin de Bernard, nommé Robert, avait été consacré à Dieu dès sa naissance, et ses parents l'avaient destiné et promis à l'abbaye de Cluny. Mais, s'étant attaché à saint Bernard et ayant en quelque sorte identifié son âme avec la sienne, il le suivit à Citeaux, quoiqu'il n'eût pas atteint encore sa quatorzième année. Ne pouvant vivre séparé de lui, il obtint la faveur de demeurer dans le monastère, sans prendre l'habit et sans même être admis au nombre des novices, à cause de sa trop grande jeunesse. Ce fut deux ans plus tard, lors de la fondation de Clairvaux, qu'à force de prières et d'instances, Robert, à peine âgé de seize ans, prononça ses vœux solennels entre les mains du saint abbé. Ce moine adolescent, modèle de pureté et de douceur, fleurissait comme le lis dans la vallée de bénédiction, et les plus anciens religieux le comparaient à cet enfant évangélique que le Seigneur présenta aux apôtres comme le modèle de la perfection chrétienne. Aussi était-il pour saint Bernard un objet de prédilection et de tendresse particulière.

Le choix que Robert avait fait de l'ordre de Cîteaux offensait depuis longtemps les religieux de Cluny, qui croyaient avoir des droits sur cet enfant. De plus, Robert était riche, et son héritage excitait la convoitise de ces moines dégénérés. Ils cherchèrent donc l'occasion de le gagner ; profitant de l'absence de Bernard, les émissaires de l'abbé Ponce de Cluny se rendirent auprès du jeune moine, lui persuadèrent que son père spirituel le tyrannisait par des excès d'austérités, lui parlèrent de la vie plus douce et plus commode que l'on menait à Cluny, et enfin ils réussirent à l'emmener avec eux à Cluny, où il fut reçu comme en triomphe. Pour autoriser cette translation furtive et rassurer la conscience du transfuge, on obtint un décret subreptice du Pape, auquel on fit entendre que le religieux en question avait été offert à Cluny dès son enfance.

Saint Bernard ressentit une douleur d'autant plus vive, qu'il aimait davantage le moine fugitif. Après avoir attendu quelque temps, il lui écrivit la lettre suivante, qui est regardée, à bon droit, comme un chef-d'œuvre de tendresse et d'éloquence.

« J'ai assez attendu, mon cher fils Robert, et peut-être ai-je attendu trop longtemps que Dieu daignât toucher ton cœur et le mien, en t'inspirant le regret de la faute et en me donnant la consolation de ton repentir. Mais, puisque mon attente est vaine, je ne puis plus cacher ma tristesse ni retenir ma douleur. C'est pourquoi, tout méprisé que je suis, je viens rappeler celui qui me méprise, et je demande grâce à celui qui devrait me demander grâce le premier. Une affliction extrême ne délibère point, ne rougit point, ne raisonne point, ne craint point de s'avilir ; elle ne suit ni conseil, ni règle, ni ordre, ni mesure : tout l'esprit n'est occupé que des moyens d'adoucir le mal qu'on endure et de recouvrer le bien qui peut vous rendre heureux. Mais, diras-tu, je n'ai méprisé, je n'ai offensé personne ! C'est moi, au contraire, qui suis l'offensé, je n'ai fait que m'éloigner d'un homme qui me maltraitait de mille manières. Est-ce faire une injure que de l'éviter ? Ne vaut-il pas mieux céder que résister, parer le coup que de le rendre ? Cela est vrai, j'en conviens. Mon dessein n'est pas de contester, mais de finir nos contestations. Oui, l'on doit rejeter les torts sur celui qui persécute, et non pas sur celui qui fuit la persécution. J'en tombe d'accord. J'oublie le passé ; je ne rappelle point le motif et les circonstances de ce qui s'est fait ; je n'examine point qui de nous deux a sujet de se plaindre ; j'en veux effacer jusqu'au souvenir. Ces éclaircissements sont plus propres à rallumer qu'à éteindre la discorde. Je ne parle que de ce qui m'afflige uniquement, malheureux que je suis de ne plus te voir, d'être privé de toi, de vivre sans toi ! toi pour qui la mort me serait une vie, et sans lequel la vie m'est une mort ! Je ne demande pas pourquoi tu es parti, je me plains seulement de ce que tu n'es pas revenu. Reviens, je te prie, et tout sera en paix ; reviens, et je serai heureux, et je chanterai avec allégresse : *Il était mort, et il est ressuscité ; il était perdu, et il est retrouvé* (Luc, 15, 32).

» Je veux que ta sortie soit de ma faute ; oui, j'étais trop rigide, trop sévère ; je ne ménageais pas assez un jeune homme tendre et délicat. C'était là, si je m'en souviens, le sujet de tes murmures pendant que tu demeurais ici, et c'est encore, comme je l'apprends, la raison dont tu te sers pour décrier ma conduite. Je prie Dieu de ne vous l'imputer pas. Je pourrais peut-être alléguer, pour ma justification, que je devais user de fermeté pour réprimer les saillies d'une jeunesse bouillante, pour former à la vertu un adolescent novice, et l'habituer à la discipline, suivant ces avis de l'Ecriture : *Châtiez votre fils, et vous sauverez son âme* (Prov., 23, 13). *Le Seigneur corrige celui qu'il aime, et châtie celui qu'il reçoit au nombre de ses enfants* (Heb., 12, 6). *Les châtiments d'un ami sont plus salutaires que les caresses d'un ennemi* (Prov., 27, 6). Mais, encore une fois, je consens à passer pour coupable, de peur que, si je conteste sur ta faute, tu ne différes trop longtemps à la réparer. Du moins, après l'aveu que je fais et le regret que je témoigne, tu es seul dans le tort, si tu n'as quelque indulgence pour moi. J'avoue que, malgré ma tendresse, j'ai pu quelquefois être sévère jusqu'à l'indiscrétion ; mais mon indiscrétion passée ne doit pas t'alarmer pour l'avenir ; je suis aujourd'hui tout autre, parce que je présume que tu l'es. Changé, tu me trouveras changé moi-même, et, au lieu d'un maître que tu craignais auparavant, tu embrasseras en toute sécurité un frère.

» O mon fils ! considère par quelle voie j'essaie de te rappeler ! Ce n'est pas en t'inspirant la crainte d'un esclave, mais l'amour d'un fils qui se jette avec confiance dans les bras de son père, et, au lieu d'employer la terreur et les menaces, je ne me sers que de tendresse et de prières pour gagner ton âme et guérir ma douleur. D'autres peut-être tenteraient une autre voie ; ils croiraient devoir t'effrayer par l'image de ton péché, par la crainte des jugements d'un Dieu vengeur. Ils te reprocheraient sans doute l'horrible apostasie qui t'a fait préférer un habit fin, une table délicate, une maison opulente, aux vêtements grossiers que tu portais, aux simples légumes que tu mangeais, à la pauvreté que tu avais embrassée. Mais, sachant que tu es plus accessible à l'amour qu'à la crainte, je n'ai pas cru opportun de presser celui qui s'avance de lui-même, d'épouvanter celui qui tremble déjà, de confondre celui qui est déjà confondu, qui prend sa raison pour guide, sa conscience pour juge, et sa pudeur naturelle pour règle de conduite.

» Au reste, s'il est étrange qu'un jeune religieux plein de retenue et de modestie ait osé violer ses vœux et quitter le lieu de sa profession, contre la volonté de ses frères et le consentement de ses supérieurs, combien est-il plus étrange que David ait succombé malgré sa sainteté, Salomon malgré sa sagesse, Samson malgré sa force ! Est-il surprenant que celui qui eut le secret de corrompre nos premiers parents au sein du paradis, ait séduit un jeune homme au milieu d'un affreux désert ? Encore n'a-t-il pas été séduit par la beauté, comme les vieillards de Babylone ; suborné par l'avarice, comme Giézi ; aveuglé par l'ambition, comme Julien l'Apostat. Il n'est tombé que pour s'être abandonné à la lueur éblouissante d'une fausse vertu, et par les conseils de quelques hommes d'autorité. Vous demandez comment ? Le voici.

» Un supérieur fameux est envoyé ici de la part du général de son ordre ; c'est une brebis au dehors, un loup ravisseur au dedans; les gardes y sont trompés. Ce loup, hélas! est admis seul à seule auprès d'une petite brebis, qui ne le fuit pas, faute de le connaître. Elle se laisse bientôt entraîner aux flatteuses douceurs d'un homme qui lui prêche un évangile nouveau, qui vante la bonne chère et décrie l'abstinence, qui traite de misère la pauvreté volontaire, qui appelle extravagances les jeûnes, les veilles, le silence, le travail des mains; qui donne les beaux noms de contemplation à l'oisiveté, de prudence et de discrétion à la gourmandise, à la loquacité, à la curiosité et à toute sorte d'intempérance. Eh quoi! lui dit-il, Dieu se plaît-il dans nos souffrances? L'Ecriture commande-t-elle d'abréger nos jours? Observances ridicules de bêcher la terre, de couper du bois, de porter du fumier? N'est-ce pas une sentence de la Vérité même : *J'aime la miséricorde et non pas le sacrifice* (Matth., 9, 3). *Je ne désire point la mort du pécheur, mais qu'il se convertisse et qu'il vive* (Ezech., 18, 13). *Bienheureux les miséricordieux, parce qu'ils obtiendront miséricorde* (Matth., 5, 7). D'ailleurs, pourquoi Dieu crée-t-il les viandes, s'il défend d'en user? Pourquoi nous donne-t-il un corps, s'il n'est pas permis de le nourrir? Enfin, *à qui est bon celui qui ne l'est pas à soi-même* (Ezech., 14, 5)? *Quel est l'homme sensé qui haïsse sa propre chair?* Tels furent les discours spécieux qui séduisirent un jeune moine trop crédule. Egaré par le séducteur, il se laisse mener à Cluny. Là, on lui coupe les cheveux, on le rase, on le lave, on lui ôte ses habits grossiers et usés, on lui en donne de neufs et de grands prix; ensuite on le reçoit au nombre des religieux. Mais de quels honneurs, de quelle pompe n'est pas accompagnée sa réception? On le distingue de ses nouveaux frères, on le loue dans son désordre, comme on loue un héros après la victoire; on le place au-dessus des autres, on lui donne même la préséance sur beaucoup de vieillards; toute la communauté lui applaudit, le félicite et triomphe comme d'une victoire dont elle possède le butin. O doux Jésus! que n'a-t-on pas fait pour perdre une pauvre âme? Et comment n'eût-elle pas été amollie par tant de flatteries, exaltée par tant de prévenances? Pouvait-elle alors rentrer en elle-même, écouter la conscience, connaître la vérité, demeurer dans l'humilité?

» Cependant on envoie pour lui à Rome, on sollicite l'autorité apostolique, et, pour que le Pape ne refuse pas son assentiment, on lui insinue que les parents du jeune homme l'ont offert dès son enfance au monastère de Cluny. Personne ne réplique, on n'en donne pas même le temps, on prononce contre des absents hors d'état de se défendre; l'injustice est autorisée, ceux à qui elle est faite sont condamnés, le coupable est impunément absous; et cette absolution trop facile est confirmée par une cruelle dispense du vœu de stabilité, laquelle rassure les incertitudes d'un esprit chancelant et achève de le jeter dans une fausse et dangereuse sécurité. Voici en deux mots ce qui fut ordonné par ces lettres : Que le jeune religieux demeure à ceux qui l'ont enlevé, et que ceux à qui il a été enlevé gardent le silence. Faudra-t-il donc qu'une âme rachetée par le sang de Jésus-Christ périsse, parce qu'il plaît ainsi aux religieux de Cluny? On lui fait faire une nouvelle profession et de nouveaux vœux, qu'il n'observera jamais; en lui faisant violer ses premières promesses, on le rend doublement prévaricateur, on lui fait accumuler péché sur péché.

» Il viendra, oui il viendra, celui qui jugera de nouveau ce qui a été mal jugé, qui condamnera les promesses illicites, fera justice aux opprimés et défendra la cause des faibles. *Un jour viendra, où*, selon la menace du prophète, *il jugera les justices mêmes* (Psalm. 74), combien plus l'injustice? Il viendra le jour du jugement, où le cœur droit et simple triomphera de la langue artificieuse, où la bonne conscience sera plus puissante que tous les trésors, parce que ce juge incorruptible ne se laissera point séduire par les discours, ni gagner par les présents. C'est votre tribunal, Seigneur Jésus, que j'en appelle; c'est à vous que je réserve le jugement de ma cause, ô Seigneur Dieu des armées, juge équitable, qui sonde les reins et les cœurs, qui êtes incapable de tromper ni d'être trompé. Vous discernez ceux qui se cherchent eux-mêmes d'avec ceux qui ne cherchent que vous. Vous savez avec quelle tendresse je l'ai soutenu dans ses tentations, combien de soupirs redoublés j'ai poussés vers vous en sa faveur, quelles afflictions cuisantes m'ont causées ses troubles, ses dégoûts, tout ce qui mettait son salut en quelque danger. Maintenant, je crains que ce ne soit inutilement. J'ai trop d'expérience pour ignorer le péril que court un jeune homme ardent et hautain, lorsqu'on traite son corps avec délicatesse ou qu'on flatte son cœur par la vanité. Prononcez donc pour moi, ô Jésus! mon souverain juge, dont les lumières sont infaillibles. Jugez lequel des deux engagements est le plus indispensable, ou celui du père qui voue son fils, où celui du fils qui se voue lui-même, et qui, en se vouant, s'engage à quelque chose de plus parfait.

» Et vous, serviteur du même Dieu, Benoît, notre législateur, jugez s'il est plus juste de suivre la destination qu'on a faite de nous, lorsque nous étions enfants et incapables d'aucun choix, ou d'accomplir un vœu que nous avons prononcé nous-mêmes après une mûre délibération, quoique, d'ailleurs, il soit évident que ses parents l'ont seulement promis, mais non pas offert; car il ne paraît pas qu'ils aient jamais postulé pour lui, comme il est porté dans la règle; qu'on ait enveloppé les mains de l'enfant de la nappe de l'autel, qu'on l'ait offert selon les formalités ordinaires et en présence d'un certain nombre de témoins. Que si l'on prouve cette prétendue oblation par le don qu'on leur fit alors d'un fonds de terre, qu'ils possèdent encore aujourd'hui, pourquoi prirent-ils l'un sans l'autre? Envisageaient-ils donc plus leur intérêt que celui de l'enfant? Estimaient-ils donc plus la terre que l'âme? Autrement, si l'enfant a été donné au monastère, que faisait-il dans le monde? Devant être élevé pour Dieu, pourquoi restait-il exposé aux attaques du démon? Pourquoi la brebis du Christ fut-elle laissée en proie à la dent meurtrière du loup? Car, cher cousin, je te prends toi-même à témoin, c'est du siècle et non pas du Cluny que tu es venu à Cîteaux. On te laissa postuler, solliciter, frapper; bien malgré toi, on différa deux ans à te recevoir, à cause de la délicatesse de ta complexion. Enfin, après une si longue épreuve, après beaucoup de prières et de larmes même, si jo m'en souviens, on céda à tes empressements, on te reçut, et, après avoir dignement rempli, selon la règle, une année entière d'un noviciat rigoureux, tu fis profession avec une pleine liberté et tu dépouillas l'habit séculier que tu portais encore, pour prendre celui de la religion.

» Jeune insensé, qui t'a fasciné jusqu'à être rebelle à tes vœux? Ne sera-ce pas sur tes paroles que tu seras justifié ou condamné? Pourquoi t'inquiéter des promesses de ton père, dont tu n'es pas responsable, et oublier les vœux sortis de ta propre bouche, et dont tu rendras compte à Dieu? En vain tu te flattes d'en être absous par la dispense de Rome, tu es lié par la parole de Dieu même. *Quiconque*, dit-il, *met la main à la charrue et regarde ensuite derrière soi, n'est point propre au royaume de Dieu* (Luc, 9, 62); à moins que ceux qui te retiennent ne te fassent croire que ce n'est pas regarder derrière toi que de les suivre. Garde-toi bien, mon cher fils, de prêter l'oreille aux flatteries des méchants, ne crois pas à tout esprit. De tant de gens qui te font amitié, choisis un sage directeur entre mille. Evite les pièges d'une trompeuse douceur, interroge-toi et te consulte toi-même; on se connaît mieux que personne. Après avoir sondé ton cœur et démêlé tes intentions, fais répondre ta conscience sur la cause de ta sortie; demande-lui pourquoi tu as abandonné ta règle, ta demeure, tes frères, moi-même enfin, qui te suis uni selon la chair, et beaucoup plus selon l'esprit. Que si tu n'es sorti d'ici que pour mener une vie plus austère, plus parfaite, demeure en assurance; glorifie-toi avec l'apôtre d'oublier ce qui est derrière toi, pour avancer vers le but de la félicité à laquelle Dieu nous destine (Philipp., 3, 13). Mais si cela n'est pas, rougis et tremble; car n'est-ce pas regarder en arrière, n'est-ce pas être prévaricateur et apostat (souffre que je tranche le mot), que de dégénérer de ce que tu as promis et observé chez nous; d'en dégénérer, soit par la table et les habits, soit par une manière de vivre oisive, dissipée, vagabonde et licencieuse?

» Je ne dis pas cela pour te confondre, mais pour t'instruire comme un fils que j'aime avec tendresse; car, aurais-tu plusieurs maîtres, tu n'as pourtant d'autre père que moi. Oui, qu'il me soit permis de le dire! c'est moi qui t'ai engendré à la religion par mes leçons et mes exemples; c'est moi qui t'ai nourri de lait, prêt à te donner une nourriture plus forte, si tu avais eu toi-même plus de force. Mais, hélas! tu t'es sevré toi-même avant le temps, et maintenant j'appréhende que tout ce que j'ai ménagé par mes complaisances, fortifié par mes exhortations, soutenu par mes prières, ne se perde et ne se dissipe! Et à quoi suis-je réduit? Je déplore moins l'inutilité de mes peines que le malheur d'un fils qui se perd; je me plains de ce qu'un étranger me dérobe la gloire de t'avoir formé, sans qu'il ne lui en coûte aucune douleur; malheureux comme cette femme dont l'enfant fut enlevé pendant qu'elle dormait et mis par sa compagne à la place du sien, qu'elle avait étouffé! Tel est l'outrage qu'on m'a fait en t'arrachant de mon sein; telle elle la perte que je pleure; tel est le bien que je redemande. Et pourrais-je oublier mes propres entrailles? Pourrais-je ne pas sentir les déchirements les plus cruels, lorsqu'on me sépare de la moitié de moi-même?

» Mais d'où vient que mes amis, dont les mains sont toutes sanglantes, ont entrepris de me percer le cœur? Pourquoi ont-ils aiguisé leurs dents comme des flèches et leur langue comme une épée, pour me porter ce coup mortel? Ah! si je les ai jamais offensés (ce que je ne pense pas), ils se sont vengés avec usure; car je puis dire avec vérité qu'ils m'ont non-seulement arraché l'os de mes os et la chair de ma chair, mais qu'ils m'ont enlevé les délices de mon cœur, le fruit de mes travaux, et, pour exprimer ce que je sens, un autre moi-même. Et dans quelle vue l'ont-ils fait? Est-ce qu'ils ont eu pitié de toi, et qu'indignés de ce qu'un aveugle se mêlait d'en guider un autre, ils t'ont pris sous leur conduite pour te sauver? Cruelle charité, qui ne saurait te procurer le salut qu'en me persécutant, te donner la vie, qu'en me l'ôtant! Et plaise au ciel que vous viviez aux dépens de ma vie? Mais quoi! Le salut ne se trouve-t-il que dans la propreté des habits et dans la bonne chère? La sainteté consiste-t-elle à porter des fourrures, des étoffes de prix, de longues manches et une ample capuce; à avoir de bonnes couvertures et un bon lit? Si cela est, pourquoi m'arrêté-je ici? Que ne vais-je vous rejoindre? Mais toutes ces délicatesses conviennent à des malades qui cherchent à se soulager et non pas à des soldats qui ne demandent qu'à combattre. Il n'appartient qu'à ceux qui habitent les palais des rois d'être mollement vêtus. Les mets d'une table exquise, les liqueurs et les ragoûts qu'on y sert, affaiblissent l'âme, pendant qu'ils fortifient le corps. J'en atteste ces pieux solitaires d'Egypte, qui n'usaient pas même de poisson. Après tout, il n'est pas possible que le poivre, le gingembre et mille sortes d'épiceries flattent le goût, sans irriter la concupiscence. Comment donc croiras-tu ta jeunesse en sûreté? Songe, au contraire, que ces divers mélanges d'une infinité d'ingrédients n'ont été inventés que pour exciter la gourmandise; qu'un homme sobre qui attend la faim pour manger, n'a besoin pour tout ragoût que de sel et d'appétit.

» Mais, diras-tu, présentement que je suis accoutumé à ces délicatesses, quel moyen de reprendre mes premières austérités? Fais du moins quelque effort, dégourdis tes mains appesanties par l'oisiveté, donne-toi quelque mouvement. Bientôt l'exercice rendra à ce que tu manges l'assaisonnement que la paresse lui ôte. Ce qui te paraît insipide dans le repos, te deviendra savoureux après le travail. Le travail réveille l'appétit, et l'appétit donne un goût délicieux aux légumes, aux fèves, à la bouillie, au pain le plus grossier, à l'eau pure. Si la rudesse de nos tuniques te fait de la peine, soit pour l'hiver, soit pour l'été, rappelle ce que tu as lu: *Celui qui craint les frimas, gèlera de froid* (Job, 6, 16). Si tu appréhendes les veilles, les jeûnes et le travail des mains, médite les feux éternels, et tout cela te deviendra léger. Le souvenir des ténèbres et des prisons de l'enfer fera que tu n'auras plus horreur de la solitude. Lorsque tu penseras au compte exact qu'il faut rendre des paroles oiseuses, le silence ne te déplaira point. Les larmes et les grincements de dents dont il est parlé dans l'Evangile, pour peu que tu y songes, te rendront indifférents la natte et le lit de plume. Enfin sois fidèle à te lever la nuit pour chanter les psaumes comme la règle le prescrit, et le lit sera bien dur, si tu n'y reposes pas tranquillement. Sois assidu au travail des mains dont tu as fais profession, et ce qu'on te servira à table aura bien peu de goût, si tu ne le manges avec plaisir.

» Allons, soldat du Christ, lève-toi, secoue ta poussière, retourne au combat et fais oublier par un redoublement de courage, la honte de ta défaite? Il y a beaucoup de combattants qui persévèrent jusqu'à la victoire; mais il en est peu qui, après avoir lâché pied, retournent dans la mêlée. Puis donc que la rareté donne du prix à toutes choses, quelle joie serait-ce pour moi de te voir d'autant plus brave qu'il en est peu qui en soient capables! Après cela, si tu manques de courage, d'où vient que tu crains là où rien n'est à craindre, et que tu ne crains pas là où il faudrait craindre tout? Espères-tu par la fuite échapper à l'ennemi? Déjà ta maison est investie, déjà l'ennemi s'est saisi des dehors; il monte à l'assaut, il pénètre jusqu'à toi, et tu dors! Et tu te crois plus en assurance tout seul qu'au milieu de ta compagnie; sans armes, que revêtu de ton armure? Réveille-toi; hâte-toi, rejoins ceux que tu as quittés, et tu seras invincible. Pourquoi, soldat lâche et délicat, crains-tu le poids et la dureté de ton casque et de ton bouclier? A-t-on le loisir d'en sentir la pesanteur, quand l'ennemi nous presse et que les traits volent de toutes parts? On ne peut, il est vrai, passer de la fraîcheur de l'ombre aux ardeurs du soleil, du repos à la fatigue, sans que ce passage soudain coûte un peu de peine; mais la peine s'adoucit par l'habitude, et l'habitude fait trouver facile ce qui semblait impossible. Les plus braves tremblent au premier signal du combat; mais bientôt l'espérance de vaincre et la honte d'être vaincus les rend intrépides. Viens donc combattre hardiment, tu ne peux manquer de remporter la victoire, entouré de tes frères, assisté des anges, précédé du Christ. C'est lui qui combat à notre tête; c'est lui qui nous crie : *Ayez confiance, j'ai vaincu le monde* (Joan., 16, 33). Et si le Christ est pour nous, qui sera contre nous ? Oh! l'heureuse guerre qu'on fait pour Jésus, avec Jésus! Là, ni les blessures, ni les défaites, ni la mort, rien enfin, sinon une fuite honteuse, ne peut te ravir la victoire! Tu la perds en fuyant, tu ne la perds pas en mourant. Heureux si tu succombes les armes à la main : tu ne meurs que pour être couronné! Malheureux si tu abandonnes, en fuyant, et la victoire et la couronne! Dieu te préserve de ce malheur, bien-aimé fils, Dieu t'en préserve, lui qui au jugement te condamnera d'autant plus sur ces lettres que je t'écris, s'il ne trouve pas qu'elles aient servi à ton amendement (S. Bernard, *Epist.* 1). »

Cette lettre si belle et qui fait connaître si bien l'esprit, l'âme, le cœur, le style de saint Bernard, et que nous avons citée pour cela tout entière, fut accompagnée d'un miracle. Pour la dicter plus secrètement, Bernard était sorti du monastère et s'était assis en plein air avec le religieux qui écrivait sous sa dictée : il survint tout à coup une grande pluie; le secrétaire voulut serrer le parchemin sur lequel il écrivait, mais Bernard lui dit : C'est l'œuvre de Dieu, écrivez hardiment. Il continua donc d'écrire, et, quoiqu'il plut partout à l'entour, la lettre ne fut point mouillée. Guillaume, abbé de Saint-Thierri de Reims, ami et biographe de saint Bernard, proteste avoir appris ce fait du religieux même qui servait de secrétaire (*Vita S. Bernard.*, c. 2). Cette lettre, écrite en 1119, ne produisit point d'effet sous le gouvernement de l'abbé Ponce, qui peut-être n'en donna pas même connaissance à Robert. Mais Pierre le Vénérable, ayant succédé à Ponce, en 1122, le renvoya à Clairvaux dès la première année de son administration. Nous apprenons, par une de ses lettres, que non-seulement il lui tenait à cœur d'accomplir cet acte de justice, mais que, de plus, l'estime particulière qu'il professait pour saint Bernard, le porta à lui envoyer encore plusieurs religieux de Cluny, qui désiraient passer dans le monastère de Clairvaux (*Petr. Cluniac.*, l. 6, *epist.* 35). Après son retour, Robert vécut soixante-cinq ans dans une régularité parfaite, selon le témoignage de Jean l'Ermite, biographe contemporain de saint Bernard, et, dans la suite, il fut choisi pour gouverner l'abbaye de Maison-Dieu, dans le diocèse de Besançon (*Joan. Eremita*, *Vita S. Bern.*, l. 1, n. 5).

Ponce, abbé de Cluny, était un homme de qualité qui avait un grand crédit au dehors, et il défendait avec vigueur les droits et les biens de son monastère, lesquels étaient considérables. Mais il s'embarrassait peu de l'intérieur de sa communauté et du maintien de la discipline domestique, dont il laissait tout le soin à son prieur. Pour lui, il était presque toujours hors du monastère, et il marchait avec un train si superbe, qu'on assure qu'en allant visiter le monastère de Saint-Bertin, il avait jusqu'à cent mulets pour porter son bagage (Mabill., t. V, *Annal.*, p. 580) : un général d'armée n'en aurait pas eu tant. Mais l'abbé de Cluny croyait pouvoir mesurer sa dépense sur ses revenus, et, content de jouir des avantages de la supériorité, il négligeait d'en remplir les obligations, surtout celle de donner bon exemple à ses inférieurs, de leur faire observer la règle et de l'observer lui-même.

Les moines de Cluny, qui jusqu'alors avaient été gouvernés par de saints abbés, furent scandalisés du luxe de l'abbé Ponce et de l'usage qu'il faisait des biens du monastère. Ils se contentèrent longtemps d'en murmurer entre eux; mais enfin les murmures éclatèrent au dehors. Ils écrivirent une lettre au pape Calixte, peu de temps avant sa mort, pour lui en porter leurs plaintes et en demander le remède.

Ponce était alors à Rome et sur le point de revenir en France, lorsqu'étant allé prendre congé du Pape, il fut fort surpris des avis que Sa Sainteté lui donna, en lui montrant les plaintes qu'il avait reçues de sa conduite. Cet abbé, qui avait de la hauteur, ne prit pas la peine de se justifier. Il répondit qu'il aimait mieux abdiquer sa charge que de gouverner des moines mécontents de son administration. Le Pape fit d'abord quelque difficulté d'admettre sa démission; mais, voyant que Ponce y persistait, il la reçut avec plaisir. Ponce se retira dans la Pouille, et de là à Jérusalem, où il disait qu'il voulait passer le reste de sa vie.

Le Pape envoya ordre aux moines de Cluny de procéder à l'élection d'un nouvel abbé. Ils élurent Hugues, prieur de Marcigni, qui parut propre à réparer la négligence de Ponce. Mais à peine les nouvel abbé avait-il gouverné cinq mois, qu'il mourut, et les moines élurent, pour lui succéder, Pierre Maurice, que sa sagesse et sa vertu firent dans la suite surnommer le Vénérable. Il n'était âgé que de trente ans, et avait déjà été prieur de Vézelai, et ensuite de Domère, au diocèse de Grenoble. Il était de la famille de Montboissiers, une des plus anciennes et des plus illustres d'Auvergne. Il descendait de Hugues, fondateur du monastère de Saint-Michel de l'Ecluse. Son père se nommait Maurice, et sa mère Reingarde. Ils eurent de leur mariage deux filles et huit garçons, dont Pierre était le dernier. Quatre embrassèrent la vie monastique; le cinquième, nommé Héraclius, fut chanoine et ensuite archevêque de Lyon. La mère se fit religieuse à Marcigni, avec deux de ses petites-filles. Pierre augmenta bientôt le nombre des exemples édifiants qu'il trouvait dans sa famille. Il fut offert dès son enfance, par ses parents, au monastère de Cluny, et il fit sa profession entre les mains de saint Hugues, les dernières années de la vie de ce saint abbé.

On ne se trompa point dans les espérances qu'on avait conçues de la prudence et de la piété de Pierre, en le choisissant abbé de Cluny. Il rétablit bientôt la paix et l'ordre dans ce monastère; mais Ponce ne tarda pas à se repentir de son abdication. Il repassa en France, de Jérusalem, et vint à Cluny avec mainforte pour en reprendre le gouvernement : l'abbé Pierre était absent. Le prieur fit fermer les portes à Ponce, mais Ponce les fit enfoncer, et entra dans le cloître avec une troupe de gens armés et de femmes. Une partie des moines étaient pour lui, et il y eut une guerre civile au dedans, et bien des violences au dehors. Ponce s'étant rendu maître de Cluny, emprisonna ou chassa les moines qui refusaient de le reconnaître pour abbé. Il s'empara des croix d'or, des chandeliers et des encensoirs d'or; il n'épargna ni les châsses des reliques, ni les calices. Il en fit une somme considérable d'argent, dont il se servit pour soudoyer les troupes avec lesquelles il alla assiéger les châteaux et les métairies du monastère. Il exerça ces violences depuis le commencement du carême de l'an 1125 jusqu'au 1er octobre.

Le pape Honorius II ayant appris ce grand scandale, envoya en France le diacre Pierre, cardinal, pour y porter remède conjointement avec Humbald, archevêque de Lyon. Le légat excommunia Ponce et ses partisans. Ensuite, le Pape ordonna aux deux prétendants de se rendre à Rome, afin qu'il pût prononcer après les avoir entendus. Pierre obéit, et fut accompagné d'un grand nombre de prieurs de son ordre, qui le reconnaissaient pour leur légitime supérieur. Ponce s'y rendit aussi avec quelques-uns de ses partisans; mais, comme il avait été excommunié, le Pape lui envoya ordre de se justifier avant que de paraître à son audience. Ponce reçut cet ordre avec mépris et insolence. Il répondit qu'il ne pouvait être excommunié par personne sur la terre, et qu'il n'y avait que saint Pierre qui en eût le pouvoir dans le ciel. Le Pape, irrité d'une réponse si insolente, persista à ne pas vouloir admettre Ponce à son audience, que l'excommunication ne fût levée. Ainsi, il fit dire aux moines qui accompagnaient Ponce, qu'ils eussent à venir défendre sa cause, s'ils ne voulaient pas être condamnés avec lui. Ils répondirent qu'ils obéiraient.

Ils se rendirent nu-pieds au palais du Pape, et commencèrent par se reconnaître coupables et excommuniés, demandant l'absolution des censures, laquelle leur fut accordée; après quoi ils plaidèrent la cause de Ponce. Mathieu, qui fut depuis cardinal, et qui était alors prieur de Saint-Martin-des-Champs de Paris, plaida celle de l'abbé Pierre. Le Pape ayant ainsi entendu les deux parties, se retira avec son conseil pour délibérer sur la sentence. Il fut fort longtemps à discuter cette affaire. Enfin, étant rentré quelques heures après, il ordonna à l'évêque de Porto de prononcer la sentence dont on était convenu. Elle portait que l'Eglise romaine déclarait Ponce usurpateur, sacrilège et schismatique, le déposant de toute dignité ecclésiastique, et rendant à l'abbé Pierre le monastère de Cluny et tout ce qui en dépendait. Dès que la sentence fut prononcée, les moines partisans de Ponce se réunirent aux autres avec tant de cordialité, qu'on eût dit qu'il n'y avait jamais eu de division, et en un moment cette plaie funeste fut si bien fermée, qu'on n'en vit pas même la cicatrice. Le Pape fit enfermer Ponce dans une tour, où cet abbé mourut peu de temps après. Honorius en écrivit la nouvelle à l'abbé Pierre, et lui marqua que, quoique Ponce eût refusé de faire pénitence, cependant, par considération pour le monastère de Cluny, il l'avait fait enterrer avec honneur, c'est-à-dire en terre sainte. Il fut inhumé à Saint-André, sans grand appareil, puisqu'un auteur du temps dit qu'il fut enterré comme un pauvre et un prisonnier (Baronius et Mabillon).

Vers ce temps, saint Bernard reçut des solitaires de la grande Chartreuse une lettre de sainte amitié, à laquelle il répondit en ces termes :

« Frère Bernard de Clairvaux souhaite le salut à ses très-vénérables pères et très-chers amis, Guigues, prieur de la Chartreuse, et tous les saints religieux de sa communauté. La lettre de Votre Sainteté m'a donné d'autant plus de joie, que je souhaitais depuis longtemps d'en recevoir. A mesure que je la lisais, j'ai senti dans mon âme un feu qui s'allumait et qui m'a paru un rayon de celui que le Seigneur a apporté sur la terre. Oh! quel doit être le feu de la charité divine dont Dieu consume vos cœurs, puisque les étincelles qui en jaillissent sont si ardentes ! Oui, je l'avoue sincèrement, j'ai été si pénétré des paroles enflammées de votre salutation, que je crus que ce n'étaient pas des hommes qui me saluaient, mais Dieu même; car, j'en suis convaincu, ce n'est pas une salutation de pure civilité, telle qu'on en fait en passant; mais cette bénédiction si douce et si peu attendue, je le sens, émane des entrailles mêmes de la charité. Soyez bénis du Seigneur d'avoir eu la bonté de m'écrire les premiers et de me donner la hardiesse de vous écrire à mon tour ! Je n'aurais jamais osé commencer, quelque grande envie que j'en eusse. J'appréhendais de troubler votre saint repos, de suspendre vos secrets entretiens avec Dieu, d'interrompre ce perpétuel et sacré silence qui vous environne, de distraire enfin, par d'inutiles paroles, des oreilles toujours attentives à la voix du ciel..... Mais la charité est plus hardie que moi. Cette mère des tendres amitiés frappe à la porte d'un ami, sans craindre d'être rebutée; et, pour vous parler de ses propres affaires, elle n'hésite pas d'interrompre votre repos, si agréable qu'il vous soit. Elle sait tantôt vous élever dans le sein de Dieu, tantôt vous en faire descendre, non-seulement pour m'écouter quand je parle, mais encore pour me faire parler quand je n'ose ouvrir la bouche. Quelle bonté! quelle honnêteté! mais je loue et j'admire surtout ce zèle si pur qui vous fait bénir le Seigneur et vous glorifier de mon prétendu progrès dans la vertu. Il m'est glorieux d'être estimé des serviteurs de Dieu ; il m'est doux d'en être aimé, tout indigne que je me sens de cette estime et de cet amour.

» Ma gloire, ma joie, les délices de mon cœur, c'est de n'avoir pas vainement porté mes regards vers ces montagnes, d'où me vient un si puissant secours. Il en a coulé sur nos vallons, et il en coulera désormais, comme je l'espère, une eau douce et féconde qui leur fera porter des fruits en abondance. Aussi compterai-je parmi mes jours les plus solennels et célébrerai-je, par une éternelle mémoire, le jour fortuné où je vis et reçus cet homme qui, depuis, m'a introduit dans vos cœurs. Vous me marquez, il est vrai, que j'y avais place auparavant; mais j'ai bien senti que j'étais redevable de l'étroite amitié que nous avons liée ensemble, aux rapports avantageux qu'il vous fit alors, plutôt selon son opinion que selon sa connaissance. Je n'oserais croire qu'un chrétien et un religieux ait parlé contre sa pensée. Je vois en moi l'accomplissement de cette parole du Sauveur : *Celui qui reçoit le juste en qualité de juste, aura la récompense du juste* (Matth., 10, 41). J'ai reçu le juste que vous m'avez envoyé, et je dis que j'en reçois la récompense en passant pour juste dans votre esprit. S'il a dit de moi quelque chose de plus, il a parlé selon la vérité que selon la droiture de son cœur. Vous l'avez entendu, vous l'avez cru, vous vous êtes réjoui d'apprendre ce qu'il vous disait, et vous m'avez écrit pour m'en témoigner votre joie. De votre part vous m'en avez causé une très-sensible, non-seulement à cause des marques que vous m'y donnez d'une amitié toute particulière, mais encore parce que j'y ai reconnu clairement la pureté et la droiture de vos cœurs, et vu en peu de mots quel esprit vous anime (*S. Bernardi, epist.* 11). »

Après ces deux préliminaires, dont il est impossible de rendre toute la suavité dans une traduction, saint Bernard traite de l'amour divin et des différents degrés par lesquels on s'y élève. Le monde ne soupçonne même pas cette sainte et ineffable dilection qui unit les esprits et les cœurs dans la paix et dans la joie de Dieu.

Vers la fin de l'année 1123, Bernard profita d'un voyage que les intérêts de son monastère l'obligeaient de faire, pour se rendre à Grenoble, où l'évêque saint Hugues le reçut comme un envoyé du ciel. Ce prélat, vénérable par sa sainteté autant que par son extrême vieillesse, se prosterna devant l'abbé de Clairvaux, qui alors était dans la 32e année de son âge, et ces deux enfants de lumière, dit le bienheureux Guillaume de Saint-Thierri, s'unirent de telle sorte, qu'ils ne formèrent plus dans la suite qu'un cœur et qu'une âme, s'étant liés et attachés par les liens indissolubles de la charité de Jésus-Christ. Ils éprouvèrent tous deux les sentiments de la reine de Saba dans le jugement qu'elle fit de Salomon, chacun d'eux étant ravi de trouver beaucoup plus que ce que la renommée avait publié de l'un et de l'autre (Guill., l. 3, c. 2).

Le serviteur de Dieu, accompagné de plusieurs moines, ne tarda point à gravir les rochers et les sauvages montagnes sur la cime desquelles les chartreux avaient planté leur croix et leurs cellules. Sa visite y causa une impression de joie si profonde, qu'aujourd'hui encore, dit-on, le souvenir y reste tout vivant et que les siècles n'ont pu en effacer les traces.

Cependant il y eut un chartreux qui se montra scandalisé du brillant équipage de saint Bernard. Celui-ci, en effet, arriva sur un cheval richement caparaçonné; et ce luxe avait péniblement affecté le bon religieux, qui ne comprenait pas une pareille ostentation dans un moine qui passait pour saint et faisait profession de pauvreté. Le chartreux, ne pouvant dissimuler sa pensée, s'en ouvrit à un moine de la compagnie de saint Bernard. Mais le saint abbé de Clairvaux, ayant appris la chose, demanda aussitôt à voir l'équipage sur lequel il était venu, avouant avec ingénuité qu'il n'y avait fait aucune attention, et qu'il l'avait accepté pour sa route tel qu'un moine de Cluny le lui avait prêté. Cette naïve explication, qui montre à quel point il avait mortifié ses sens, réjouit grandement la pieuse communauté et fut pour elle un sujet d'édification.

L'ordre de Cluny, jusque-là si justement renommé dans toute l'Eglise, commençait à pencher vers la décadence : l'ordre de Citeaux était dans sa première ferveur. De là une rivalité facile à comprendre. Les cisterciens ou religieux de Citeaux, qui menaient une vie bien régulière, censuraient vivement certains usages ou mœurs des clunistes. Ceux-ci rejetèrent la cause de ce différend sur saint Bernard. Ses amis l'engagèrent à se justifier de ce reproche, nommément l'abbé Guillaume de Saint-Thierri, qui le pria de rétablir l'union entre les deux ordres, mais en signalant ce qu'il jugerait digne de correction dans les pratiques de Cluny. Saint Bernard divisa son apologie en deux parties : dans la première, il reprend fortement les cisterciens de ce que, à cause de l'austérité de leur vie, ils méprisaient les clunistes, dont les mœurs étaient moins austères; dans la seconde, il rapporte les abus qui déshonoraient l'ancienne observance de Cluny.

Il proteste à Guillaume, à qui l'ouvrage est adressé, que lui et les siens sont très-éloignés de blâmer un ordre religieux tel que celui de Cluny, où il y avait des personnages saints, et assez éclairés pour qu'on les regardât comme les flambeaux de l'univers. « S'il nous arrivait, dit-il, de nous élever par un orgueil pharisaïque au-dessus de ceux qui sont meilleurs que nous, à quoi nous serviraient notre abstinence, nos jeûnes, nos veilles, le travail des mains et les autres austérités de notre vie? N'y avait-il pas un genre de vie plus commode pour aller aux enfers? Qui m'a jamais entendu parler mal de cet ordre, en secret ou en public? Est-il aucun de ceux qui en sont membres, que je n'aie reçu avec joie, avec honneur, avec respect? » Il fait l'éloge de cet ordre, de la vie pure que l'on y mène, de la charité que l'on y exerce envers les étrangers, comme il l'avait éprouvé lui-même, et donne pour preuve de l'estime qu'il en faisait, le refus qu'il avait fait à plusieurs clunistes de les recevoir à Clairvaux, ajoutant que de ce nombre étaient deux abbés, de ses amis, auxquels il persuada de garder le régime de leurs monastères.

Il montre que la variété des ordres religieux ne doit en aucune façon rompre le lien de l'unité et de la charité. La raison qu'il en donne, c'est que l'on ne trouverait jamais un repos assuré, si chacun de ceux qui choisissent un ordre particulier, méprisait ceux qui vivent autrement, ou croyait en être méprisé, puisqu'il n'est pas possible qu'un même homme embrasse tous les ordres, ni qu'un seul ordre renferme tous les hommes. Il compare les divers ordres dont se compose l'Eglise à la tunique de Joseph, qui, quoique de différentes couleurs, était une, en signe de la charité qui doit régner dans tous ces ordres. Je les loue tous, ajoute-t-il, et je les aime, pourvu qu'ils vivent avec piété et justice dans l'Eglise, en quelque endroit de la terre qu'ils se trouvent; et, si je n'en embrasse qu'un seul par la pratique, je les embrasse tous par la charité, qui me procurera, je le dis avec confiance, le fruit des observances que je ne pratique pas.

S'adressant ensuite aux moines de son ordre, il leur demande qui les avait établis juges des autres, et pourquoi, en se glorifiant d'observer la règle, ils y contrevenaient en médisant d'autrui ? Il convient avec eux que les clunistes ne vivaient pas conformément à la règle, dans les habits, dans la nourriture, dans le travail; qu'ils portaient des fourrures, qu'ils mangeaient de la viande ou de la graisse, en santé; qu'ils négligeaient le travail des mains et plusieurs autres exercices; mais il soutient que le royaume de Dieu étant au dedans de nous (Luc, 17, 21), selon que le dit l'Ecriture, à laquelle la règle de saint Benoit n'est pas contraire, l'essentiel de cette règle ne consiste ni dans les vêtements, ni dans les aliments extérieurs du corps, mais dans les vertus de l'homme intérieur; qu'en vain l'on mène une vie dure et pénible, si le cœur est plein d'orgueil, et l'âme privée d'humilité. Ce n'est pas que saint Bernard regarde les observances de la vie monastique comme inutiles ou de peu de conséquence; au contraire, il en ordonne la pratique, mais, en les observant, il veut qu'on s'applique aussi à orner son âme des vertus chrétiennes et religieuses. Les reproches de médisance que saint Bernard fait dans cette première partie à ceux de son ordre, ne peuvent tomber sur les moines qu'il avait à Clairvaux sous sa discipline, puisqu'il dit au commencement qu'ils étaient très-éloignés, lui et les siens, de blâmer aucun ordre religieux.

Dans la seconde partie, il parle des pratiques de Cluny que les cisterciens des autres monastères censuraient indiscrètement, puisqu'ils n'étaient pas en droit de juger les serviteurs d'autrui, saint Paul l'ayant défendu expressément (1. Cor., 4, 5; Rom., 14, 4). Saint Bernard avoue sans peine que les instituteurs de l'ordre de Cluny en ont tellement réglé la discipline, que le plus grand nombre puisse y trouver le salut; et il se garde bien de mettre sur leur compte toutes les vanités et toutes les superfluités que quelques particuliers avaient introduites. « J'admire, dit-il, d'où a pu venir chez des moines une si grande intempérance dans les repas, tant d'excès dans les habits, les lits, les montures, les bâtiments; et comment, plus on s'y laisse aller, plus on dit qu'il y a de religion et que l'ordre est mieux observé ? « Venant au détail, il blâme la profusion des repas que l'on faisait aux étrangers, et, comparant la façon de les recevoir avec ce qui se passait à cet égard du temps de saint Antoine, il dit : « Lorsqu'il arrivait à ces moines de se rendre des visites de charité, ils étaient si avides de recevoir les uns des autres le pain des âmes, qu'ils oubliaient le pain nécessaire à la vie du corps, et passaient souvent le jour entier sans manger, uniquement occupés des choses spirituelles; mais maintenant il ne se trouve personne qui demande le pain céleste, personne qui le donne. On ne s'entretient ni des divines Ecritures, ni de ce qui regarde le salut de l'âme; ce ne sont, pendant le repas, que des discours frivoles dont on repaît l'oreille, à mesure que la bouche se remplit d'aliments. Il passe des superfluités de la table au luxe des habits. La règle de saint Benoit ordonne qu'ils seront de ce qui se trouvera à meilleur marché; mais on ne s'en tenait pas là, les moines se faisaient tailler un froc de la même pièce d'étoffe qu'un chevalier prenait un manteau; en sorte que les plus qualifiés du siècle, fussent-ils rois ou empereurs, n'auraient pas dédaigné de se servir des habits des moines, s'ils eussent été d'une forme convenable à leur état. »

C'était aux abbés à réprimer les désordres, mais ils en étaient eux-mêmes coupables. Celui-là ne reprend pas, qui est lui-même répréhensible. Saint Bernard leur reproche la magnificence de leurs équipages, souvent si nombreux en hommes et en chevaux, que la suite d'un abbé aurait pu suffire à deux évêques. C'est de Suger, abbé de Saint-Denys, qu'il parle, lorsqu'il dit : « J'en ai vu un qui avait plus de soixante chevaux. » Saint Bernard ne souffre même qu'avec peine la somptuosité dans les églises des monastères, soit par rapport à l'étendue, soit par rapport aux ornements dont on les décore et les peintures que l'on y applique sur les murailles, disant qu'en excitant la curiosité des fidèles, elles les empêchaient d'être attentifs à leurs prières, et nous rappellent en quelque sorte les rites anciens des Juifs; mais il s'élève avec force contre les peintures grotesques que l'on mettait dans les cloîtres des monastères, aux lieux mêmes où les moines faisaient ordinairement leurs lectures, des combats, des chasses, des singes, des lions, des centaures et autres monstres, dont la vue ne pouvait que leur causer des distractions et les appliquer peut-être davantage que les livres qu'ils avaient en main. Si ces impertinences, ajoute-t-il, ne font point de honte, que l'on craigne au moins la dépense.

Saint Bernard aurait pu relever divers autres abus dans l'ordre de Cluny; mais l'impatience où était le frère Oger de porter cette apologie à Guillaume de Saint-Thierri, l'obligea à se borner, surtout après qu'il eût fait réflexion que peu de remontrances, faites avec douceur et dans la paix, sont plus utiles qu'un plus grand nombre faites avec hauteur et avec scandale. « Et plût à Dieu, disait-il, que le peu que j'ai écrit ne scandalise personne ! car, en reprenant les vices, je sais que j'offenserai les vicieux; peut-être aussi que, par la volonté de Dieu, ceux que je crains d'avoir irrités me sauront bon gré, s'ils changent de conduite. » Il finit en disant à l'abbé de Saint-Thierri, qu'il regardait comme étant de l'ordre ou de l'observance de Cluny : « Je loue et je publie ce qu'il y a de louable dans votre ordre ; s'il y a quelque chose de répréhensible, je vous conseille de le corriger ; c'est aussi l'avis que j'ai coutume de donner à mes autres amis. Je vous prie d'en agir de même à mon égard (*Opera S. Bernard.*, édit. Mab., Ceillier, t. XXII). »

De son côté, Pierre le Vénérable, abbé de Cluny, fit de son ordre une apologie qu'il adresse à saint Bernard lui-même, pour lequel il témoigne autant d'estime que d'amitié. Entrant dans le détail des reproches qu'on faisait aux clunistes : « On nous accuse, dit-il, de recevoir des novices à profession sans épreuves, et sans observer l'année du noviciat, ainsi que la règle le prescrit ; mais quand le Sauveur dit au jeune homme riche : *Si vous voulez être parfait, allez, vendez ce que vous avez et donnez-le aux pauvres*, lui accorda-t-il un an pour penser à sa conversion ? En disant à saint Pierre de quitter ses filets et à saint Matthieu de quitter son bureau, ne les a-t-il pas faits apôtres dans le moment ? En promettant l'observation de la règle de saint Benoît, avons-nous promis de ne pas observer l'Evangile ? Nous ne faisons même rien contre cette règle, puisque nous agissons selon les règles de la charité, en recevant, sans l'épreuve de l'année entière, quelques novices, de peur de leur faire perdre leur vocation et de les exposer à retourner dans le monde, s'ils n'étaient arrêtés par la pensée de leur engagement. » Il ajoute que, encore que l'année d'épreuve soit prescrite par la règle, saint Benoît laisse néanmoins à l'abbé le pouvoir de régler tout, de façon que les âmes soient sauvées, et que la discipline de l'Eglise ayant varié suivant les différentes circonstances, il ne devait pas être surprenant que la discipline monastique eût aussi ses changements. »

» On nous demande, continue Pierre de Cluny, par quelle autorité nous permettons les fourrures dont la règle ne dit rien ? Nous répondons à cela, qu'elle ne les défend pas, et qu'elle permet en général d'habiller les frères selon les saisons et les climats. Elle n'a rien fixé sur les habits, laissant le tout à la prudence de l'abbé. » Il donne la même raison pour les autres habits de dessous, la garniture des lits et l'augmentation de la nourriture des moines.

» Nous recevons, dit-on, les fugitifs au delà des trois fois marquées par la règle ; cela est vrai. Mais Jésus-Christ n'a-t-il pas pardonné à saint Pierre ? Ne l'a-t-il pas chargé du soin du troupeau et constitué chef et prince des apôtres, même après qu'il l'eût renié trois fois ? La porte de la miséricorde ne doit-elle pas être ouverte aux pécheurs jusqu'à leur dernier soupir ? La règle même ne défend pas de recevoir au delà de trois fois celui qui, par sa faute, sort du monastère ; elle dit seulement qu'il doit savoir qu'après trois sorties, la porte lui sera fermée ; mais non qu'on ne pourra plus la lui ouvrir.

» A l'égard des jeûnes qu'on nous accuse d'avoir changés ou réduits presque à rien, nous ne croyons point nous être écartés de la règle de saint Benoît, si ce n'est peut-être les mercredis et les vendredis depuis la Pentecôte jusqu'au 13 septembre, où l'on ne doit, ce semble, manger qu'à none, et les autres jours à sexte ou à midi ; mais la disposition de ces heures est encore laissée à la prudence de l'abbé. C'est en vain qu'on nous reproche de négliger le travail des mains, la règle ne l'a ordonné que pour éviter l'oisiveté. Or, nous l'évitons en nous occupant de saints exercices, de la prière, de la lecture, de la psalmodie. » Pierre de Cluny prétend que saint Maur, envoyé en France par saint Benoît, voyant que le monastère qu'il avait bâti dans le diocèse d'Angers était pourvu suffisamment des choses nécessaires à la vie, sans que les moines fussent obligés de se les procurer par le travail de leurs mains, ne leur prescrivit que des exercices spirituels. Cet exemple est tiré de la *Vie* apocryphe de ce saint.

Pierre rejette, comme une puérilité, le reproche que des cisterciens faisaient aux clunistes de ne pas se prosterner devant les hôtes à leur arrivée et à leur départ, et de ne pas leur laver les pieds. « Si cette pratique, dit-il, ne pouvait s'omettre sans risque de salut, comme le disent ceux qui nous font ce reproche, il serait nécessaire, ou que la communauté fût toujours dans la chambre des hôtes, ou que ceux-ci fussent reçus dans le cloître et dans les officines du monastère. Mais il suivrait de là, à cause de la grande quantité des hôtes, que les moines ne seraient plus moines et qu'ils n'en mèneraient plus la vie, obligés de se trouver continuellement avec des séculiers de toutes conditions, même avec des femmes. Il s'ensuivrait encore que l'on devrait faire cesser l'office et tous les autres exercices monastiques, pour vaquer au lavement des pieds. Nous faisons à cet égard ce que nous pouvons, continue l'abbé Pierre, et, pour ne pas négliger ce point de la règle, chaque moine, à commencer par l'abbé, lave tous les ans les pieds à trois hôtes, et leur présente du pain et du vin. » Les infirmes seuls sont dispensés de cet exercice.

Selon la règle de saint Benoît, l'abbé doit avoir un mémoire des outils et des ustensiles du monastère, et manger à une même table que les étrangers ; les religieux, qui ne se trouvent point à l'office commun, doivent le réciter où ils se trouvent, et faire les mêmes génuflexions qu'ils feraient au chœur ; lorsque les frères se rencontrent, le plus jeune doit demander la bénédiction à son ancien ; on doit mettre à la porte du monastère un ancien qui soit sage, et qui réponde *Deo gratias* à tous les survenants. Rien de tout cela ne se faisait chez les clunistes, et, quoique la règle ne parle que d'un seul vœu de stabilité, de conversion et d'obéissance, ils le renouvelaient chaque fois qu'ils changeaient de monastère. Pierre répond que l'abbé ne pouvant tout faire par lui-même, est autorisé, par la règle, à se décharger sur d'autres d'une partie de ses obligations, et que c'est pour cela qu'elle lui ordonne de choisir des doyens ; qu'il est bien censé manger avec les hôtes, quand ils sont nourris de la substance du monastère ; qu'il y aurait de l'indécence à faire manger au réfectoire indistinctement tous les étrangers, ou que l'abbé quittât ses religieux pour aller manger avec les hôtes, sans aucune distinction ; que l'usage de Cluny est qu'il mange au réfectoire, sinon en cas de maladie, ou que la condition des hôtes soit telle, que l'abbé doive leur faire compagnie ; que les religieux de cette congrégation, quand ils sont en campagne, n'omettent pas les génuflexions ordinaires, si ce n'est en mauvais temps, et qu'alors ils disent, pour y suppléer, un *Miserere* ; que les jeunes religieux, quand ils se rencontrent avec les anciens hors des lieux réguliers, leur demandent de vive voix la bénédiction; mais que, dans l'intérieur du cloître, ils ne la demandent que par une profonde inclination, en gardant le silence; que si on ne met pas toujours un ancien à la porte, on a soin d'y mettre des personnes sages et fidèles; que les portes du monastère n'étant point fermées pendant le jour, il n'est point nécessaire de frapper pour les faire ouvrir, ni au portier de crier *Deo gratias;* que les moines peuvent, sans inconvénient, renouveler leur vœu de stabilité en changeant de maison, puisque la règle le permet à un moine étranger.

Pour répondre aux plaintes que, dans l'ordre de Cluny, l'on recevait des moines d'un autre monastère, sans la permission de l'abbé respectif et sans lettre de recommandation, Pierre dit qu'on ne doit point recevoir un moine d'un autre monastère sans l'agrément de son abbé, tant que cet abbé remplit à l'égard de ce moine les devoirs de pasteur, et qu'il a soin de pourvoir à sa subsistance corporelle, sans laquelle l'âme ne peut se sauver ni le corps se soutenir; mais que, si ce moine ne peut ni se sauver ni avoir de quoi fournir aux nécessités corporelles, il peut quitter son abbé sans sa permission; que, pour cette raison, l'abbaye de Cluny a obtenu du Saint-Siège un privilége de recevoir tous les moines contraints de sortir de leur monastère pour l'une ou l'autre de ces raisons.

« Vous ne voulez pas, disaient les cisterciens aux clunistes, avoir d'évêque propre, contre l'usage de toute l'Eglise. D'où aurez-vous donc le saint chrême, les ordres sacrés, la consécration de vos églises, la bénédiction de vos cimetières et tout ce qui ne peut se faire canoniquement sans l'évêque ou sans son ordre? » L'abbé de Cluny répond : « Nous avons un évêque propre, qui est le Pape, le premier et le plus digne de tous les évêques; c'est à lui seul que nous obéissons spécialement, et ce n'est que de lui seul que nous pourrions, si le cas l'exigeait, être interdits, suspens, excommuniés. Il n'a point ôté l'église de Cluny à un autre évêque qui en fût en possession, mais il l'a gardée, à la prière des fondateurs, pour lui être soumise à lui seul pour toujours, ainsi qu'ils l'ont réglé. Le Pape, trop éloigné pour nous donner les saintes huiles, les ordres et faire chez nous les autres fonctions, nous a permis de nous adresser, pour toutes ces choses, à tout évêque catholique. Ainsi nous ne nous éloignons en rien des usages des autres moines ni des chrétiens. » Il cite diverses exemptions accordées aux moines par les Papes, pour empêcher les évêques de troubler le repos des monastères, ou de disposer de leurs revenus et de leurs sujets. D'où il conclut que les Papes antérieurs à la fondation de Cluny, ayant exempté en partie la plupart des monastères de la dépendance des évêques, leurs successeurs ont pu les en affranchir totalement.

« Par quelle raison, par quelle autorité, continuaient les cisterciens, possédez-vous les biens des églises paroissiales, des prémices et des dîmes? Elles n'appartiennent pas aux moines; les canons les donnent aux clercs. Si toutes ces choses répond l'abbé Pierre, sont données aux ecclésiastiques à cause de la prédication et de l'administration des sacrements, pourquoi les moines n'en jouiraient-ils pas à cause des prières, du chant des psaumes, des aumônes et des autres bonnes œuvres qu'ils font pour le salut du peuple? Vous possédez, dit-on, des châteaux, des villages et des serfs de l'un et de l'autre sexe; vous tirez des péages, des tributs; vous faites même les fonctions d'avocat, sans faire attention qu'en cela vous sortez de votre état. Toute la terre étant au Seigneur, dit l'abbé de Cluny, nous recevons indifféremment toutes les oblations des fidèles, et en cela nous ne faisons rien contre la règle, qui permet au novice, avant de s'engager par la profession, de donner tout son bien aux pauvres ou d'en faire solennellement une donation au monastère. Elle n'excepte aucune sorte de biens; elle suppose donc que les moines peuvent les posséder tous, châteaux, villages, fonds, meubles, serfs de toute condition. Il appuie sa réponse de divers exemples tirés de la vie de saint Grégoire le Grand et de quelques autres saints. Puis il ajoute qu'en accordant aux moines la possession des biens temporels, c'est une conséquence nécessaire de leur permettre de les défendre en justice contre les usurpateurs, n'y ayant aucune loi qui défende aux moines de plaider dans leur propre cause.

Sur la fin de sa lettre, l'abbé Pierre distingue deux sortes de commandements de Dieu : les uns éternels et immuables, les autres sujets au changement, selon les temps et les circonstances. On n'a jamais dispensé des premiers, comme du précepte d'aimer Dieu de tout son cœur et le prochain comme soi-même. Mais les autres, qui ont eu pour auteurs ou les saints Pères, ou les conciles, ou les saints fondateurs d'ordres, peuvent et doivent changer, lorsque la charité le demande; les supérieurs sont en droit d'en dispenser. C'est sur ce principe qu'il excuse les changements faits dans Cluny à l'égard des habits, de la nourriture et de quelques autres observances monastiques. Il fonde encore la nécessité de dispenser, sur ce que la nature humaine était beaucoup affaiblie depuis le siècle de saint Benoît, où elle était plus forte et plus robuste. De là il conclut que les cisterciens, refusant à leurs frères les soulagements nécessaires à la conservation de la santé, manquaient de charité et péchaient contre la règle de saint Benoît, qui ne respire que charité (*S. Petr. Venerab.*, l. 1, *Epist.* 28; *Biblioth. Patrum*, t. XXII).

Les principes généraux que l'abbé Pierre allègue dans son apologie, sont en eux-mêmes vrais et justes; mais ce n'était pas précisément la question. Il s'agissait de l'application abusive qu'en faisaient les abbés et les moines de Cluny. La récente et très-juste condamnation de l'abbé Ponce fait assez voir que les plaintes n'étaient pas sans quelque fondement. Lorsque Pierre donne pour cause que, depuis saint Benoît, la nature humaine était affaiblie, cela prouve seulement qu'à Cluny surtout, ce qu'il y avait de plus faible, ce n'était pas la nature, mais la volonté et la ferveur. Aujourd'hui, quatorze siècles après saint Benoît, la nature se trouve encore la même dans ses disciples, lorsque la volonté et la ferveur y sont les mêmes. Témoin les enfants de saint Bruno, les vénérables chartreux; témoin les vrais enfants de saint Bernard, les cisterciens de nos jours, les trappistes; trappistes et chartreux qui, comme une semence bénie du Seigneur, se propagent avec édification par toute la terre, attirent partout, sans le demander, l'estime et la vénération du monde même, tandis que les religieux qui, comme autrefois les moines de Cluny, pour capter la bienveillance et l'estime du monde, croyaient devoir se plier à ses goûts et à ses maximes, n'ont recueilli que l'indifférence et le mépris, ont succombé sans gloire et sans postérité au jour de l'épreuve, ne laissant autour de leurs monastères en ruines qu'une réputation plus ruinée encore que leurs monastères.

A la vue de ce différend entre l'abbé de Clairvaux et l'abbé de Cluny, le monde, les jugeant d'après lui, les suppose ennemis l'un de l'autre. C'est qu'il ignore la piété et l'amitié véritables. Jamais on ne vit peut-être deux hommes unis d'une amitié plus intime. Voici comme saint Bernard écrira, l'an 1146, au pape Eugène. « Ce paraît une chose extravagante de vous recommander le seigneur de Cluny, de vouloir servir de patron à celui dont tout le monde recherche le patronage. Mais, si ma lettre est superflue, je satisfais mon propre cœur; avec cette lettre, je voyage avec un ami que je ne puis suivre de corps. Est-il rien qui soit capable de nous séparer? La hauteur des Alpes, les neiges qui les couvrent, la longueur du chemin, rien ne me détachera de lui. Je suis présent, je l'assiste partout, il ne peut être nulle part sans moi. Je lui suis redevable de cette grâce, et c'est elle qui m'acquitte de ce que je lui dois, par le penchant que j'ai à le suivre, même malgré moi. Je supplie Votre Sainteté d'honorer, dans ce grand homme, un illustre membre de Jésus-Christ, un vase d'honneur, plein de grâce et de vérité, comblé de bonnes œuvres. Qu'elle nous le renvoie aussi satisfait de ses bontés, qu'il satisfera, par son retour, une infinité de personnes. Qu'elle verse ses grâces sur lui avec profusion, afin qu'il les répande sur nous; car, si vous l'ignorez, c'est lui qui assiste les pauvres de notre congrégation, qui leur fournit de quoi subsister des biens de son abbaye, autant qu'il le peut, sans donner lieu de murmure à ceux de son ordre. Il n'est rien que Votre Sainteté ne doive lui accorder de tout ce qu'il demandera au nom de Jésus. Je dis *au nom de Jésus*; car s'il vous demande, comme j'en ai quelque soupçon, d'être déchargé du gouvernement de son monastère, est-il personne, pour peu qu'il le connaisse, qui croie qu'il vous le demande au nom de Jésus? Ou je me trompe, ou bien, tout dévot qu'il est, il est devenu d'une conscience encore plus délicate depuis qu'il a eu l'honneur de vous voir. Cependant, à peine fut-il abbé, qu'il eut le zèle de réformer son ordre en beaucoup de points, comme dans l'observance du jeûne, du silence, dans le retranchement des étoffes de prix et d'une propreté trop recherchée (S. Bernard, *Epist*. 277). »

On voit, par cette lettre, que Pierre le Vénérable pensait au fond comme saint Bernard. Il tint entre autres un chapitre général pour abolir la plupart des abus que saint Bernard avait signalés dans son apologie. Il fit pour cela d'excellents statuts, qui sont rappelés dans la *Bibliothèque de Cluny* et dans l'historien Orderic Vital, moine de Saint-Evroul, qui assista lui-même à ce chapitre (Order. Vital, l. 3, *ad an*. 1132). Bernard mande au Pape que Pierre voulait abdiquer les fonctions d'abbé : c'était pour se retirer à Clairvaux, y vivre simple religieux sous l'obéissance de son ami. On le voit par la lettre suivante, que Pierre lui écrivit en 1149 :

« A la brillante et solide colonne de l'ordre monastique ou plutôt de l'Eglise, le seigneur Bernard, abbé de Clairvaux; Pierre, humble abbé de Cluny, souhaite le salut que Dieu promet à ceux qui l'aiment. S'il était permis, si la Providence ne s'y opposait pas, si la voie de l'homme était en sa puissance, j'aimerais mieux m'attacher inséparablement à votre très-chère béatitude, que de dominer ou de régner nulle part parmi les mortels. En effet, toutes les couronnes du monde peuvent-elles égaler le prix d'une compagnie que les hommes désirent avec passion, que les anges mêmes recherchent? Car je puis dire, sans mentir, que ces esprits célestes vous regardent déjà comme leur concitoyen, quoique vous ne jouissiez point encore du bienheureux séjour que vous espérez. Pour moi, j'espérerais d'y vivre avec vous éternellement, si j'avais le bonheur de vivre avec vous ici-bas jusqu'à mon dernier soupir. Pourrais-je ne pas courir après vous, attiré par le parfum de vos vertus? Du moins, puisqu'il ne m'est pas permis d'y être toujours, que ne puis-je vous voir souvent! Ou si cela ne se peut encore, que n'ai-je le plaisir de voir souvent des personnes qui me viennent de votre part! Comme ce bonheur m'arrive rarement, je prie Votre Sainteté de me visiter d'ici à peu dans la personne du religieux Nicolas, et de passer avec moi les fêtes de Noël. Comme il vous aime, qu'il a beaucoup de part à votre confiance et qu'il a la mienne tout entière, je vous verrai, mon saint frère, je vous entendrai par lui, je vous ferai confidence par lui de quelques secrets que j'ai à communiquer à votre sagesse. Je me recommande, moi et les nôtres, avec toute l'instance et la dévotion possibles, à votre sainte âme et aux saints qui servent le Seigneur sous votre gouvernement (*Inter S. Bernard.*, *Epist*. 264). »

Suger, abbé de Saint-Denys et ministre du roi Louis de France, donnait lieu, plus que personne, aux abus que saint Bernard avait relevés dans les moines de Cluny. Suger entendit parler de l'écrit du saint homme, il voulut le lire par lui-même ; il en profita, non moins que Pierre le Vénérable, pour la réforme de sa personne et de son monastère. Bernard lui écrivit alors en ces termes :

« On publie dans notre pays une nouvelle édifiante; ceux qui craignent Dieu s'en réjouissent et sont charmés d'un changement si miraculeux. On fait partout votre éloge, et les âmes pieuses en témoignent leur joie. Ceux mêmes à qui votre nom est inconnu ne peuvent apprendre ce que vous êtes et ce que vous étiez, sans admirer les effets de la grâce et sans en bénir l'auteur. Mais ce qui nous comble de joie et signale le prodige de votre conversion, c'est que vous avez poussé votre zèle jusqu'à faire part à vos religieux des sentiments que le Ciel vous inspire, et à pratiquer ce qui est écrit : *Que celui qui m'écoute, invite les autres à m'écouter ; dites dans la lumière ce que je vous dis dans les ténèbres, et prêchez sur le haut des maisons ce qu'on vous aura dit à l'oreille* (Apoc., 22, 17; Matth., 10, 27). Ainsi un général d'armée, aussi vaillant qu'affectionné pour ses soldats, les voit-il qui reculent et que le fer de l'ennemi taille en pièces? Il aime mieux mourir avec eux que de leur survivre avec honte, quoiqu'il sache qu'il est le seul qui puisse échapper. Il demeure ferme sur le champ de bataille, il se bat avec courage, il court de tous côtés au travers des épées nues, il perce le gros des escadrons, il se jette au plus fort de la mêlée et où le danger est le plus pressant, et, de la voix et de l'épée, il effraie autant qu'il peut l'ennemi et encourage les siens. Il s'oppose à celui qui frappe, il défend celui qui va périr; en un mot, désespérant de les sauver tous, il est prêt à mourir pour chacun. Mais tandis qu'il s'efforce d'arrêter les progrès du vainqueur, pendant qu'il relève ceux qui tombent et rallie ceux qui fuient, souvent il arrive que sa valeur produit, contre toute attente, une révolution heureuse. A son tour, il dissipe les forces des ennemis, il triomphe quand ceux-ci allaient vaincre, et ses guerriers, dont la défaite semblait certaine, se reposent avec joie dans le sein de la victoire.

» Mais pourquoi relever une action chrétienne par des exemples profanes, comme si la religion même ne m'en fournissait pas ? Moïse doutait-il de ce que Dieu lui avait promis, que, quand tout le peuple qu'il commandait serait exterminé, il l'établirait le chef d'un peuple encore plus nombreux ? Néanmoins, quelle tendresse n'a-t-il pas pour lui ? Avec quel zèle ne s'oppose-t-il point à la colère de Dieu ? Avec quelle ardeur ne prie-t-il pas pour les rebelles ? *Ah ! Seigneur*, dit-il, *si vous me faites grâce, faites-leur grâce aussi, sinon effacez-moi de votre livre* (Exod., 32, 32). Zélé médiateur, dont le désintéressement désarme la justice de Dieu ! charitable conducteur, qui, uni à son peuple par les liens d'un tendre amour, tâche de sauver un corps dont il est comme la tête, qui en doit être inséparable, ou se détermine à périr avec lui. Jérémie, fortement attaché à ses concitoyens, sacrifie ses inclinations à sa tendresse, préfère l'exil et la servitude aux douceurs de la patrie et de la liberté, aime mieux être captif avec ses frères que de les abandonner dans le besoin, bien qu'il soit maître de rester en Judée. Paul, animé du même esprit, désire d'être anathème pour ses frères, parce qu'il sent que l'amour est aussi puissant que la mort. Voilà les modèles que vous avez suivis. J'y joins l'exemple de David, qui m'avait presque échappé. Ce grand saint, touché des ravages que la peste causait parmi son peuple, court au devant de l'ange exterminateur, et le supplie de décharger toute la vengeance de Dieu sur lui seul et sur sa famille.

» Qui donc vous a inspiré tant de perfection ? Je souhaitais, je vous l'avoue, mais je n'espérais pas entendre dire de vous de si grandes choses. Comment s'imaginer, en effet, que vous puissiez monter tout d'un coup au plus haut degré de la vertu et au comble du mérite ? Mais à Dieu ne plaise que je mesure ses bontés infinies par la petitesse de ma foi et de mon espérance ! Il fait tout ce qu'il veut, indifféremment dans toutes sortes de personnes, indépendamment du temps et malgré tous les obstacles. Les saints censuraient vos désordres, mais ils ne touchaient pas à vos religieux ; ils étaient indignés de vos excès et non pas des leurs. Vos confrères murmuraient contre vous et non pas contre votre communauté; ils n'attaquaient que vous seul ; vous n'aviez qu'à changer, et leur critique n'avait plus de prise. Votre changement seul faisait cesser tout à coup leurs mécontentements et leurs reproches. La seule chose qui nous révoltait, c'était de vous voir marcher en public sous un habit et un équipage trop superbes. C'était assez de renoncer à ce faste et de changer d'habits, pour faire cesser nos justes reproches. Mais, non content de les apaiser, vous méritez même nos applaudissements. Est-il, en effet, rien de plus grand et de plus glorieux que ce que vous venez de faire ? Un changement si soudain et si rare ne doit-il pas être considéré comme l'ouvrage du Très-Haut ? Le ciel se réjouit de la conversion d'un seul pécheur ; combien plus de la conversion de toute une maison religieuse, et d'une maison telle que la vôtre ?

» Cette maison, que son antiquité et la faveur des rois rendent si célèbre, était le théâtre de la chicane et de la guerre. On y rendait à César ce qui lui est dû, mais Dieu n'y était pas servi de même. Je n'ai pas vu, mais j'ai ouï dire, que le cloître était encombré de soldats, rempli d'intrigants et de plaideurs ; que tout y retentissait du bruit tumultueux des affaires du monde, et que les femmes mêmes y entraient librement. Dans cette confusion, quel moyen de se remplir de saintes pensées et de s'occuper de Dieu ? Aujourd'hui on est absorbé en lui, on s'y applique à conserver la chasteté, à faire fleurir la discipline régulière, à se nourrir de lectures spirituelles ; un silence continuel, un recueillement profond élèvent l'esprit au ciel. Le doux chant des hymnes et des psaumes, délasse des rigueurs de l'abstinence et des exercices laborieux de la vie religieuse. La honte du passé adoucit les amertumes du présent, et les fruits de la bonne conscience, qu'on goûte déjà, produisent l'amour des biens à venir, qui ne sera point frustré, et une espérance qui ne peut jamais être trompeuse. La crainte des jugements de Dieu n'est plus le motif de l'amour fraternel qui y règne, la parfaite charité l'en a bannie. L'ennui et le dégoût en sont éloignés par la variété des saintes observances que l'on y pratique. Je ne dépeins ici l'état présent de votre maison que pour bénir l'auteur de ces merveilles et pour louer celui qui en est l'instrument et le coopérateur. Dieu n'avait pas besoin de votre aide ; mais, pour partager avec vous la gloire de ce grand ouvrage, il en a voulu partager les soins (S. Bernard, *Epist.* 78). »

Henri, archevêque de Sens, suivit l'exemple de Suger et réforma sa vie mondaine. Il écrivit à saint Bernard pour lui demander une instruction sur les devoirs de l'épiscopat. « Qui suis-je, s'écria le saint homme, pour oser instruire un évêque ? et qui suis-je, d'ailleurs, pour oser lui désobéir ? La même raison m'invite à accorder et à refuser ; il y a du péril des deux côtés, mais il y en a bien plus à désobéir.

» Depuis que vous avez reçu de Dieu les clés du royaume du ciel, et qu'à l'exemple de la femme forte, vous avez mis la main à des choses difficiles, j'ai eu du chagrin s'il m'est arrivé d'apprendre que vous manquiez à votre devoir, et je vous ai plaint quand j'ai su qu'on vous faisait de la peine. Je me rappelais alors ces paroles du prophète : *Ceux qui s'embarquent sur mer pour y travailler au milieu des flots, sont exposés à des tempêtes qui tantôt les portent jusqu'aux nues, et tantôt les font descendre jusqu'aux abîmes. Au milieu de tant de maux, leur âme sèche de douleur, ils sont troublés comme un homme ivre, la tête leur tourne et toute leur sagesse les abandonne* (Psalm., 106, 23). Dans cette pensée, au lieu de juger de votre état comme le commun des hommes, j'en avais même compassion. Hélas, disais-je, si la vie des autres hommes est une tentation continuelle, à combien de périls la vie d'un évêque n'est-elle point en butte, lui qui est chargé du soin de son troupeau ! Je suis caché dans une grotte, je suis une lampe qui fume, plutôt qu'elle ne luit sous le boisseau, et, dans cet état, je ne suis point à l'abri de l'impétuosité des vents, je suis tourmenté incessamment, je suis agité çà et là, comme un fragile roseau, par le souffle de la tentation. Que sera-ce de celui qui est élevé sur une montagne et placé sur le chandelier? Je n'ai que moi à garder, cependant je me suis un sujet de chute et d'ennui à moi-même, je me suis à charge, je suis réduit à me mettre souvent en colère contre l'intempérance de ma bouche, contre l'indiscrétion d'un œil qui me scandalise. Eh ! de combien de soucis est consumé, à combien d'attaques est exposé celui qui, étant chargé du soin d'autrui, outre ses propres tentations, n'est jamais sans combats au dehors et sans frayeurs au dedans !

» Mais ce qui me rassure pour vous, c'est l'agréable nouvelle qui s'est répandue de votre province jusqu'ici, nouvelle qui efface les mauvais bruits de votre conduite passée, et que je tiens, non pas de gens peu croyables, mais du vénérable évêque de Meaux, prélat d'une sincérité reconnue. Il y a quelque temps que, m'informant de vous, il me répondit d'un air content et comme assuré de la vérité de ce qu'il allait me dire. Je pense, me dit-il, qu'il se conduira désormais par le conseil de l'évêque de Chartres. Cette nouvelle me fit plaisir, parce que je suis certain que ce prélat est d'un très-bon conseil. Il ne pouvait pas me donner une plus forte preuve de vos bonnes intentions, ni une plus solide espérance de votre progrès dans la vertu. Confiez hardiment à ces deux évêques et votre personne et votre diocèse, sous une telle conduite, votre réputation et votre conscience sont en sûreté.

» Au reste, vous pensez sagement, quand vous croyez que la charge de pasteur et d'évêque, que vous occupez, ne se peut remplir dignement sans conseil. La Sagesse même, cette mère des bons conseils, dit en parlant de soi : *Qu'elle habite dans le conseil* (Prov., 8, 12). Mais, est-ce indifféremment dans toutes sortes de conseils? *J'assiste*, ajoute-t-elle, *aux conseils réglés par la prudence* (*Ibid.*). De plus, elle vous avertit par la bouche du Sage de vous précautionner contre les conseils infidèles : *Communiquez vos affaires à votre ami, dit-elle, et ne révélez point votre secret à des étrangers* (Prov., 25, 9). Elle vous avertit encore par la bouche d'un autre sage : *Ayez beaucoup d'amis, mais choisissez votre conseiller entre mille* (Eccli., 6, 6), pour vous prouver qu'il est rare d'en trouver un bon, quoiqu'il soit nécessaire d'en avoir. Après cela, Dieu ne vous fait-il pas une faveur particulière en vous donnant, ce qui est si rare dans le monde, non pas un, mais deux habiles conseillers pleins de prudence et d'amitié; en vous les faisant trouver dans votre province, pour les avoir près de vous, et parmi vos suffragants, afin d'avoir le droit de vous en servir. Avec de tels directeurs, vous ne serez point précipité dans vos jugements, ni violent dans vos punitions, trop lâche à reprendre, je suis agité à pardonner, trop faible à tolérer le désordre, somptueux dans votre table, singulier dans vos habits, léger à promettre, lent à exécuter votre parole, prodigue dans vos bienfaits. On ne verra plus régner dans votre diocèse ce vice ancien et que la cupidité renouvelle tous les jours, la simonie et l'avarice, cette espèce d'idolâtrie qui en est la mère. En un mot, assisté d'un tel conseil, vous honorerez votre ministère, comme l'apôtre (Rom., 11, 13). Je dis votre ministère, pour montrer que vous devez servir et non pas dominer. J'ajoute que vous l'honorerez, et non pas vous-même; car celui qui cherche ses propres intérêts, c'est soi-même qu'il veut honorer, et non pas son ministère.

» Mais gardez-vous bien de faire consister cet honneur dans la pompe de vos habits, dans la magnificence de vos équipages et dans la somptuosité de vos palais; mais plutôt dans l'innocence de vos mœurs, dans l'application à vos devoirs et dans l'exercice des bonnes œuvres. Hélas ! combien y en a-t-il qui font le contraire ! qui parent superbement leur corps et qui ne se soucient point d'embellir leur âme ! Ne se fâcheront-ils pas contre moi, si je leur applique l'instruction que l'apôtre donne au sexe le plus faible et aux personnes du plus bas ordre de l'Eglise : *Ne vous distinguez point par des habits précieux* (1. Tim., 2, 9). Comme si le médecin n'employait pas le même à guérir les rois et le bas peuple; comme si l'on faisait injure à la tête d'en couper les cheveux avec les mêmes ciseaux dont on se coupe les ongles. Après tout, s'ils sont fâchés de ce que je les mets au rang des femmes, de ce que l'apôtre, plutôt que moi, les enveloppe dans la même condamnation, que ne sont-ils encore plus fâchés d'être enveloppés dans le même défaut ! Qu'ils soient confus de faire consister leur gloire, non pas dans leurs bonnes œuvres, mais dans quelques ouvrages de femmes, dans des étoffes tissues ou des fourrures travaillées de leurs mains. Qu'ils aient horreur de couvrir de peaux d'hermines teintes en rouge des mains dévouées au service de Dieu et avec lesquelles ils consacrent les redoutables mystères; d'en embellir leur poitrine, que la sagesse seule doit orner; d'en entourer leur cou, qu'il leur est plus glorieux et plus doux de plier sous le joug de Jésus-Christ. Ce ne sont point là les marques d'un Dieu souffrant, qu'ils devraient porter à l'exemple des martyrs; ce sont d'indignes parures pour lesquelles les femmes sont si curieuses et si prodigues, parce qu'elles ne sont occupées que des choses du monde et des moyens de lui plaire.

» Mais vous, prêtre du Très-Haut, à qui avez-vous envie de plaire? Au monde ou à Dieu? Si c'est au monde, pourquoi êtes-vous prêtre? si c'est à Dieu, pourquoi ne vous distinguez-vous point des laïques? Si vous voulez plaire au monde, pourquoi vous faire prêtre? On ne peut servir deux maîtres. *Vouloir être ami du monde, c'est se déclarer ennemi de Dieu* (Jac., 4, 4). *Ceux qui ont voulu plaire aux hommes*, dit le prophète, *ont été détruits et confondus, et Dieu s'est ri de leur vanité* (Psalm., 52, 6). *Si je plaisais aux hommes, dit l'apôtre, je ne serais point serviteur du Christ* (Galat., 1, 10). Ainsi, dès que vous voulez plaire aux hommes, vous cessez de plaire à Dieu, et dès que vous cessez de lui plaire, vous n'êtes plus en état de l'apaiser. Pourquoi donc êtes-vous prêtre? Que si vous voulez plaire à Dieu, pourquoi vous conformez-vous aux manières du monde? Car enfin, si le prêtre est le pasteur, si le peuple est le troupeau, est-il raisonnable qu'il n'y ait entre eux aucune différence? Si mon pasteur m'imite, moi qui suis une de ses brebis, s'il marche comme moi courbé vers la terre, le visage rampant et les yeux baissés, cherchant à remplir son ventre pendant que son âme languit de faim, en quoi se distingue-t-il de moi? Malheur au troupeau, si le loup vient! Il n'y aura personne qui le prévienne, qui l'arrête, qui lui arrache sa proie. Convient-il au pasteur d'assouvir ses appétits comme une bête, de ramper dans la boue, de s'attacher à la terre? Au lieu de vivre en homme, la tête haute, les yeux élevés, au lieu de chercher et de goûter les choses du ciel.

» Au reste, ce pasteur que je reprends est indigné contre moi quand j'ose ouvrir la bouche; il m'impose silence, il crie qu'il n'appartient pas à un moine de s'ériger en censeur des évêques. Plût à Dieu qu'il me fermât les yeux, pour ne pas voir ce qu'il me défend de condamner. Est-ce donc une présomption si grande à moi, qui ne suis qu'une brebis, si, voyant fondre sur mon pasteur deux bêtes féroces, la vanité et la curiosité, j'ose pousser quelques cris pour qu'on vienne à son secours, qu'on l'arrache de leurs gueules sanglantes; sur le point d'être dévoré? Que ne me feraient-elles pas à moi qui ne suis qu'une faible brebis, elles qui se jettent avec tant de fureur sur le pasteur même?.... Après tout, quand je m'abstiendrais de murmurer de son luxe, quand je ne dirais mot, aurait-il moins sujet d'en rougir? Chacun n'a-t-il pas la voix de sa conscience? Que diraient ces prélats, si quelque autre plus hardi que moi leur citait, pour les confondre, non pas l'autorité de l'Apôtre, comme je viens de faire, ni celle de l'Evangile, d'un Prophète ou d'un Père de l'Eglise, mais d'un poète païen (Perse, Satyr. 1) : Dites-nous, ô pontifes, que fait l'or, je ne dis pas dans le temple, mais sur les harnais de vos chevaux? Combien plus serait-il tolérable dans le temple? J'ai beau me taire sur ce désordre, la cour a beau le dissimuler, la misère du pauvre, la faim où il est réduit est une voix publique qui crie et se fait entendre partout. Le monde n'en dit mot, parce qu'il ne peut vous haïr. Et comment réprimerait-il le péché, lui qui loue le pécheur et applaudit au méchant?

» Les pauvres, qui manquent de tout et que la faim presse, crient, se lamentent et disent tout haut : Dites-nous, ô pontifes, que fait l'or dans les brides? Ces brides dorées nous mettent-elles à couvert du froid ou de la faim? Tandis que nous souffrons misérablement de la faim et du froid, que font tant de housses et de couvertures entassées dans vos garde-meubles? C'est à nous ce que vous prodiguez, c'est à nous que vous arrachez avec inhumanité ce que vous sacrifiez à la vanité. Aussi nous avons été rachetés par le sang du Christ. Nous sommes donc vos frères. Jugez ce que c'est que de refuser à des frères leur portion pour en repaître vos yeux. Notre vie va grossissant votre abondance superflue. Vous retranchez à nos besoins pour ajouter à votre faste. Ainsi, votre cupidité fait un double mal : vous périssez en dissipant notre bien, vous nous faites périr en nous le ravissant. Vos chevaux marchent chargés de pierreries, nous allons pieds nus. Vos mulets sont richement caparaçonnés, brillants de boucles, de chaînettes, de sonnettes, de longes de cuir semées de clous d'or et d'une infinité d'autres ornements aussi éclatants que précieux; et vous refusez impitoyablement à vos frères de quoi couvrir leur nudité. De plus, tout ce que vous possédez n'est pas le fruit de votre négoce ou de votre travail, il n'est point l'héritage de vos pères, à moins que vous ne disiez dans votre cœur : *Possédons par hérédité le sanctuaire de Dieu* (Psalm. 82, 13). Tels sont les murmures que les pauvres poussent vers Dieu, à qui parlent leurs cœurs; mais ils s'élèveront un jour avec hardiesse contre ceux qui les oppriment : le père des orphelins et le juge des veuves se déclarera pour eux. *Autant de fois*, vous dira-t-il, *que vous aurez manqué d'assister le moindre de ces petits, vous avez refusé de m'assister moi-même* (Matth., 25, 40).

» Pour vous, Révérendissime Père, gardez-vous bien de mettre dans le luxe et dans le faste la gloire de votre ministère. Ces dehors pompeux n'ont rien de beau que pour l'œil, qui ne s'arrête qu'aux apparences. Ce qui est intérieur et caché n'éblouit pas les yeux, mais il n'en est pas moins éclatant ; il ne flatte pas le goût, mais il n'en est pas moins délicieux; il n'a rien de magnifique, mais il n'en est pas moins sublime. La chasteté, la charité, l'humilité, pour n'être pas sensibles, ne sont pas moins belles; leur beauté a tant de charmes, qu'elle attire les regards de Dieu (S. Bernard, *Epist.* 42). » Dans la suite de sa lettre, saint Bernard s'étend sur ces trois vertus, comme les principaux ornements du sacerdoce et de l'épiscopat.

Ce que dit saint Bernard sur le faste de certains évêques, regardait particulièrement Etienne de Senlis, évêque de Paris. C'était un homme de cour, ami particulier du roi Louis le Gros, qui le comblait de faveurs pour le retenir auprès de sa personne. Etienne, cependant, fut touché des discours et des écrits de saint Bernard. L'exemple de Suger et de l'archevêque de Sens acheva de le convertir. Il quitta la cour pour ne s'occuper désormais que du soin de son troupeau. Le roi, qui était bon, mais irascible, fut blessé de cette retraite inopinée. Il changea en haine l'amitié qu'il avait portée à l'évêque. Quelques clercs que l'évêque avait mécontentés par le rétablissement de la discipline, achevèrent d'indisposer le roi contre lui. L'évêque Etienne fut dépouillé de ses biens et courut même risque de la vie. Il jeta un interdit sur tout son diocèse, et se retira auprès de l'archevêque de Sens, son métropolitain. Les deux prélats se rendirent ensemble à Citeaux, où se trouvait alors réuni le grand chapitre des abbés de l'ordre. Ils y exposèrent leurs griefs contre le roi, lequel, aussi bien que les deux évêques, avait obtenu de ces deux saints des lettres de fraternité. Saint Bernard rédigea une adresse conçue en ces termes:

« Au très-illustre roi de France, Louis : Etienne, abbé de Citeaux, et le chapitre général des abbés et des religieux de la même congrégation; salut, santé et paix en Jésus-Christ. Le Souverain de l'univers vous fait régner ici-bas, et, si vous êtes un roi juste et sage, il vous fera régner dans le ciel. Nous le supplions avec ardeur que votre règne présent soit si fidèle, que vous méritiez un jour un règne heureux et sans fin. Mais, après tout, qui vous a conseillé de vous opposer avec tant d'aigreur à l'effet de nos prières, vous qui avez eu l'humilité de les rechercher autrefois avec tant d'empressement ? De quel front lèverons-nous nos mains pour vous vers l'Epoux de l'Eglise, vous qui l'affligez inconsidérément et sans raison? Elle se plaint fortement contre vous à son Epoux et à son Seigneur, de ce que vous l'attaquez au lieu de la défendre. Vous voyez par là de qui vous vous attirez la haine; ce n'est pas de l'évêque de Paris, c'est du Seigneur du ciel, d'un Dieu terrible, *qui peut humilier les plus grands princes, et qui déclare qu'offenser ses ministres, c'est l'offenser lui-même* (Psalm. 75, 12; Luc, 10, 16).

» Nous vous donnons librement cet avis; nous vous aimons trop pour ne pas vous avertir et vous prier, par l'amitié dont vous nous honorez, par l'association fraternelle que vous avez voulu faire avec nous, en cette rencontre, de faire cesser au plus tôt un si grand mal. Que si nous avons le malheur de n'être pas écoutés, si vous méprisez les avis de ceux que vous traitez de frères et d'amis, qui prient Dieu tous les jours pour vous, pour vos enfants, pour votre royaume, nous ne pouvons nous dispenser de vous dire que nous sommes obligés de servir, selon notre petit pouvoir, l'Eglise de Dieu et son ministre, dans la personne du vénérable évêque de Paris, notre père et notre ami. Il implore de pauvres religieux contre un roi puissant, et il nous prie, par le droit de fraternité qui nous lie avec lui, d'écrire au seigneur Pape en sa faveur. Mais nous jugeons à propos de nous adresser auparavant à Votre Excellence, d'autant plus que l'évêque offre de s'accommoder avec vous, par l'entremise des religieux de notre congrégation, pourvu qu'on lui restitue par avance ce qu'on lui enlève injustement : ce qui est selon toutes les règles de la justice. Nous avons différé de nous employer pour lui jusqu'à ce que nous ayons su vos intentions. Si Dieu vous inspire de suivre nos conseils et d'accepter notre médiation pour vous réconcilier à votre évêque, ou, pour mieux dire, à Dieu même, nous sommes prêts à essuyer pour cela toutes les fatigues et à nous rendre où il vous plaira. Que si nous ne gagnons rien auprès de vous, il est de notre devoir d'assister un ami et d'obéir à un évêque (S. Bern., *Epist.* 45). »

Cette lettre n'adoucit pas l'esprit du roi. Les évêques de la province de Sens allèrent avec saint Bernard et quelques autres abbés trouver ce prince à Paris. Ils se jetèrent à ses pieds, pour le conjurer de rendre ses bonnes grâces à l'évêque Etienne. Le roi ne les écouta point; mais saint Bernard retourna le lendemain lui faire de vifs reproches à ce sujet, et il lui dit : « Seigneur, votre opiniâtreté sera punie par la mort de Philippe, votre fils aîné (Gaufrid, *Vit. S. Bern.*, l. 4, c. 2). »

Ce qui rendait le roi inflexible, c'est que le pape Honorius, à qui il avait porté ses plaintes, venait de lever l'interdit jeté sur le diocèse de Paris par l'évêque Etienne et par les autres évêques de la province. Saint Bernard s'en plaignit au Pape lui-même, et lui écrivit la lettre suivante:

« Au souverain pontife Honorius : les abbés des pauvres du Christ, Hugues de Pontigni et Bernard de Clairvaux; tout ce que peut l'oraison des pécheurs. Nous ne pouvons vous déguiser ce qui fait gémir les évêques ou plutôt toute l'Eglise dont nous sommes les enfants, si toutefois nous en sommes dignes. Nous disons ce que nous avons vu ; car la pressante nécessité nous a arrachés de nos cloîtres, et alors nous avons vu ce que nous disons. Nous l'avons vu avec douleur, nous le disons avec douleur : l'honneur de l'Eglise, grandement lésé au temps d'Honorius. Déjà l'humilité ou plutôt la constance des évêques avait fléchi la colère du roi, quand, hélas! l'autorité du souverain Pontife a redoublé la fierté de ce prince et abattu le courage des prélats qui résistaient. Il est vrai qu'on a surpris votre religion, on le voit par votre lettre, et l'on s'est servi du mensonge pour vous faire lever un interdit si juste et si nécessaire. Mais présentement que le mensonge est découvert, l'iniquité aura-t-elle menti impunément, surtout à une si haute majesté? Après tout, nous sommes fort étonnés de ce qu'on a jugé en faveur d'une partie sans écouter l'autre. Nous n'avons pas la témérité de blâmer; mais, avec un amour filial, nous représentons au cœur de notre Père combien l'impie en triomphe et le pauvre en souffre. Au reste, il ne nous appartient pas de vous prescrire jusqu'à quel point vous devez supporter les méchants et compatir aux malheureux : là-dessus, bien-aimé Père, consultez plutôt votre cœur. Portez-vous bien (S. Bern., *Epist.* 46). »

Saint Bernard écrivit une autre lettre au pape Honorius sur le même sujet, au nom de Geoffroi, évêque de Chartres. Ce prélat lui marque qu'étant allé voir le roi avec les autres évêques de la province pour le prier de restituer ses biens à l'évêque de Paris, ils n'en avaient rien obtenu; que cependant le roi, voyant qu'ils voulaient se servir des armes de l'Eglise, avait promis de réparer tous les dommages; mais que, dans le moment, ayant reçu des lettres de Sa Sainteté, qui levaient l'interdit, il refusa d'exécuter ce qu'il avait promis (*Epist.* 47).

Quelque temps après, le prince Philippe, que son père Louis le Gros avait fait sacrer roi, le jour de Pâques 1129, traversait les rues de Paris : un pourceau, s'échappant de chez un boucher, passa entre les jambes de son cheval; l'animal, effrayé, se cabre et renverse son cavalier contre une borne. Philippe, horriblement blessé, fut transporté dans la maison la plus voisine, où il expira la nuit suivante, 13 octobre 1131, à l'âge de seize ans. Il fut vivement regretté de tous les Français, parce qu'il annonçait un excellent prince (Suger, *Vit. Ludov. Gross.*, p. 59; Orderic Vital, l. 12). Ainsi s'accomplit la prédiction que saint Bernard avait faite au père; celui-ci accablé de ce coup funeste, ne tarda point à se réconcilier avec l'évêque de Paris.

Tandis que le roi Louis le Gros inquiétait cet évêque, ainsi que quelques autres, il lui survint, l'an 1127, des affaires d'Etat qui l'empêchèrent de se mêler plus qu'il ne devait des affaires de l'Eglise. Charles le Bon, comte de Flandre, son parent, fut cruellement assassiné à Bruges, dans l'église de Saint-Donatien, par la faction de quelques rebelles. Le roi marcha avec une puissante armée pour punir cet attentat; et il donna le comté de Flandre à Guillaume Cliton, fils de Robert de Normandie, à qui il fit épouser une sœur d'Adélaïde, reine de France, à la place de la fille du comte d'Anjou, de laquelle les papes Calixte II et Honorius II l'avaient obligé de se séparer pour cause de parenté.

LIVRE LXVIII. — L'ÉGLISE CATHOLIQUE PERSONNIFIÉE EN SAINT BERNARD.   455

Charles, comte de Flandre, surnommé *le Bon*, remplit toute la contrée d'un nom si glorieux, et il mérita, comme son père et son cousin, de recevoir la couronne du martyre de la part de quelques sujets rebelles. Il était cousin du martyr saint Canut, roi des Obotrites et duc de Sleswig. Il était fils de saint Canut, roi de Danemarck, et d'Adèle, fille de Robert le Frison et petite-fille de Robert, roi de France. Adèle, après la mort cruelle de Canut, son mari, revint en Flandre auprès du comte Robert, son père, et fut mariée depuis à Roger, duc de Sicile. Le jeune Charles alla faire l'apprentissage du métier de la guerre contre les Sarrasins de la Palestine, et il se distingua ensuite dans la Flandre sous les comtes Robert le Jeune et Baudouin, qui lui donna le château d'Ancre. Baudouin, voyant qu'il ne pouvait guérir d'une blessure qu'il avait reçue au front, prit l'habit monastique, et donna son comté à Charles, époux de Marguerite, fille de Rainald, comte de Clermont.

La jalousie des seigneurs voisins suscita bien des guerres au nouveau comte de Flandre. Le duc de Louvain, le comte de Mons, le comte de Saint-Paul, celui d'Hesdin et Thomas de Couci tâchèrent de lui enlever la Flandre; mais il rendit inutiles tous leurs efforts, et sut les faire repentir de leur témérité.

Il profita de la paix qu'il s'était procurée par sa valeur, pour travailler à déraciner les abus qui s'étaient introduits dans ses Etats. Afin de les mieux connaître, et même de commencer la réforme par lui-même, il donnait une entière liberté aux prélats et aux simples clercs, de lui donner les avis qu'ils croyaient convenables. Il se regardait comme le père de tous ses sujets, et particulièrement comme celui des pauvres. Dans la famine qui affligea la France l'an 1125, il envoya les pauvres par centaines dans les différentes terres de son domaine, pour y être nourris; et il les mettait, pour ainsi dire, en garnison chez ses receveurs. Il en avait lui-même un si grand nombre auprès de lui, qu'il distribua un jour, à Ypres, sept mille huit cents pains en aumône. Durant cette famine, il défendit qu'on fît de la bière, afin de ménager le grain, qui serait mieux employé à faire du pain. Quand il n'avait plus ni pain ni argent à donner aux pauvres, il se dépouillait quelquefois de ses habits précieux pour les en revêtir. Il commençait toujours la journée par distribuer lui-même l'aumône aux pauvres; et, par respect pour Jésus-Christ qu'il honorait en leurs personnes, il la faisait pieds nus, baisant avec humilité la main du pauvre en y mettant l'aumône (*Acta Sanct.*, 2 *mart.*).

Il avait, dit une ancienne chronique, continuellement en sa compagnie trois notables religieux, docteurs en théologie, lesquels journellement, après souper, lui lisaient et expliquaient un chapitre ou deux de la Bible. Il fit défense à chacun, sur peine de perdre un membre, de jurer par le nom de Dieu, ni par chose qui touchât à Dieu ou à ses saints; et quand quelqu'un de sa maison était trouvé en cette faute, il le faisait en outre jeûner quarante jours au pain et à l'eau. Il était merveilleusement sévère et rigoureux contre les sorcières, enchanteurs, nécromanciens et autres gens de cette espèce. Il chassa et bannit de Flandre tous les Juifs et usuriers, lesquels y avaient vécu auparavant sans tribut, disant qu'il ne les voulait souffrir jusqu'à ce qu'ils eussent satisfait et amendé le meurtre par eux commis sur le fils de leur Seigneur (Oudegherst, *Annales et Chroniques de Flandre*, c. 64-65).

Quand le pieux comte voyait paraître dans son palais des évêques, des abbés ou des ecclésiastiques, il faisait expédier sur-le-champ les affaires qui les y avaient amenés, afin qu'ils ne demeurassent pas longtemps à la cour, où il n'aimait pas à les voir, s'ils n'avaient des charges qui les retinssent. Ayant vu un jour de l'Epiphanie un abbé dans son palais, il lui dit : « Seigneur abbé, qui chantera aujourd'hui la grand'messe dans votre monastère ? » L'abbé lui répondit : « Prince, j'ai cent religieux, et on ne manquera pas d'officiants. » Le comte lui répliqua : ». Mais, à une si grande solennité, il fallait vous trouver au chœur et au réfectoire avec vos religieux, les édifier et les récréer ; c'est pour cela que nos ancêtres vous ont donné tant de biens. — C'est la nécessité, dit l'abbé, qui m'a obligé de venir ici ; car nous sommes opprimés par un seigneur. — Il suffisait, dit le comte, de m'écrire ou de m'envoyer quelqu'un. C'est à moi de vous défendre, et à vous de prier pour moi. » Ensuite le comte ayant fait venir ce seigneur et ayant trouvé qu'il avait tort, il lui dit : « Si j'entends encore des plaintes de vous, je vous ferai bouillir comme mon prédécesseur a fait bouillir celui qui opprimait une veuve (*Ypersus apud Acta Sanct.*, 2 *mart.*). »

Charles le Bon était tellement estimé des étrangers, qu'on lui offrit le royaume de Jérusalem pendant la captivité de Baudouin II, et l'empire d'Occident après la mort de Henri V ; mais il refusa l'un et l'autre.

Cependant son amour pour les pauvres et pour la justice lui attira la haine des méchants. Bertulphe, prévôt de Bruges, archichapelain et chancelier de la cour de Flandre, avait amassé de grandes richesses sous les comtes précédents ; il possédait de grandes terres et avait quantité de parents, d'amis et de vassaux ; en sorte que, bien que sa famille fût originairement de condition servile, il allait de pair avec les plus grands seigneurs, et était le plus puissant après le comte. Pour s'appuyer davantage, il avait marié ses nièces à des gentilshommes. Durant la famine, il avait accaparé des blés dans des magasins ; le comte les fit ouvrir de force et distribuer le blé, à un prix raisonnable, aux habitants de Bruges. Les parents du prévôt en montrèrent du ressentiment ; leurs maisons furent abattues ou brûlées. L'un des gentilshommes qui avaient épousé les nièces de Bertulphe, ayant un différend avec un autre noble, l'appela en duel judiciaire devant le comte, suivant l'usage du temps. L'autre refusa de se battre avec un homme qui avait perdu sa noblesse en épousant une femme de condition servile ; car telle était la loi du pays. Ce fut donc une occasion de rechercher la condition du prévôt et de toute sa famille, que le comte prétendait être serfs et de son domaine.

Le prévôt, depuis longtemps en possession de sa liberté, ne put dévorer cet affront, et traitait Charles d'ingrat, disant que, sans lui, il n'aurait jamais été comte de Flandre. Enfin sa haine monta à un tel point, que, le comte étant venu à Bruges, il tint pendant la nuit, avec sa famille, un conseil où la mort du prince fut résolue. Le lendemain, après avoir distribué ses aumônes ordinaires, le comte alla à l'église de Saint-Donatien. Tandis que ses chapelains y chantaient prime et tierce, il se mit en prière devant l'autel de la Sainte-Vierge; et, après de fréquentes génuflexions, il se prosterna sur le pavé pour dire les sept psaumes dans un livre, ayant auprès de lui des pièces de monnaie que son chapelain y avait mises, selon sa coutume, pour donner l'aumône même pendant sa prière.

Les conjurés étant avertis que le comte était à l'église, Burcard, neveu du prévôt, y vint avec six autres, portant des épées nues sous leurs manteaux. S'étant approché du comte, il le toucha d'abord légèrement de son épée, afin de lui faire lever la tête, comme il fit, pour voir ce que c'était. Alors Burcard lui donna un si grand coup sur le front, qu'il lui fit sauter la cervelle sur le pavé; et, quoique ce premier coup ne fût que trop suffisant, les autres lui en donnèrent encore plusieurs; et lui coupèrent le bras qu'il étendait pour donner l'aumône à une pauvre femme. C'était le 2 mars 1127. On voulut emporter le corps à Gand; mais le clergé et le peuple de Bruges s'y opposèrent, d'autant plus qu'un boiteux fut guéri subitement en touchant le cercueil. On l'enterra d'abord sans cérémonie au lieu même où il avait été tué; mais on fit le service dans une autre église, parce que celle de Saint-Donatien était profanée par le meurtre. Le roi Louis le Gros, appelé par les seigneurs de Flandre, alla à main armée soumettre les séditieux. Il prit les principaux auteurs du crime, et les fit périr dans de terribles supplices. La vie du bienheureux comte fut écrite quelques mois après par ordre de saint Jean, évêque de Térouanne : elle le fut encore par Gualbert, syndic de Bruges, et par le moine Elnath, tous deux contemporains. Le bienheureux Charles le Bon a toujours été depuis, révéré dans le pays comme saint. Il ne laissa point d'enfants, et le comté de Flandre passa à Guillaume, fils de Robert, duc de Normandie (*Acta Sanct.*, 2 mart.).

Cependant saint Bernard était de nouveau tombé malade. Son ami, l'abbé Guillaume de Saint-Thierri, malade lui-même, alla le rejoindre pour jouir de ses entretiens et mourir en sa compagnie, supposé que son heure fût venue. Souffrants tous les deux, ils se servaient d'infirmiers l'un à l'autre, surtout pour les besoins spirituels. Bernard expliquait à son ami plusieurs choses du Cantique des cantiques : Guillaume les écrivait chaque jour. Outre ces entretiens, Bernard profita de sa convalescence pour composer son opuscule *De la grâce et du libre arbitre*. Voici à quelle occasion. Il s'entretenait un jour avec ses frères sur les merveilleux effets de la grâce, et ajoutait, avec l'accent de la reconnaissance, que la grâce l'avait prévenu dans le bien, que c'était elle qui donnait au bien son commencement, son progrès et sa perfection. A ces paroles, l'un des auditeurs lui dit : « Si c'est la grâce qui fait tout, quelle sera notre récompense, où sont nos mérites, où est notre espérance ? » Saint Bernard répondit avec saint Paul : « *Dieu nous a sauvés, non par les œuvres de justice que nous avons faites nous-mêmes, mais par sa miséricorde* (Tit., 3, 5). Eh quoi ! continua-t-il, pensiez-vous être l'auteur de vos mérites et vous sauver par votre justice propre, vous qui ne pouvez pas seulement prononcer le nom de Jésus sans la grâce du Saint-Esprit ? Avez-vous oublié la parole de celui qui a dit : *Vous ne pouvez rien faire sans moi* (Joan., 15, 5) ; et ailleurs : *Cela n'est ni de celui qui veut ni de celui qui court, mais de Dieu qui fait miséricorde* (Rom., 9, 16) ? Mais, me répondrez-vous, que devient alors le libre arbitre ? Ma réponse sera courte : Il fait son salut. »

Saint Bernard remarque, en second lieu, que, lorsque la grâce opère en nous le salut, le libre arbitre coopère, en donnant son consentement, en obéissant à Dieu, qui commande, en ajoutant foi à ses promesses, en lui rendant grâces de ses bienfaits. Le libre arbitre est appelé *libre*, à cause de la volonté, et *arbitre*, à cause de la raison. Il y a trois sortes de libertés : la liberté de la nature, la liberté de la grâce, la liberté de la gloire. Nous avons reçu la première par la création : elle nous exempte de la nécessité ; la seconde, par la régénération : elle nous délivre du péché ; la troisième, qui ne nous sera accordée qu'avec la possession de la gloire éternelle, nous assurera la victoire sur la corruption et sur la mort. Saint Bernard développe ces trois idées, soumettant le tout à la correction de l'abbé Guillaume, à qui l'opuscule est adressé (*De gratiâ et libero arbit.*). Cependant on ne voit pas que saint Bernard y distingue d'une manière aussi nette et précise qu'ont fait depuis saint Thomas et l'Eglise catholique, la nature et la grâce, l'ordre naturel et le surnaturel ; distinction qui éclaircit bien des doutes et concilie bien des difficultés. Car on conçoit aussitôt, avec l'Ange de l'école, que, dans l'ordre naturel, l'homme déchu peut encore, même sans la grâce, quelque bien ; mais qu'il ne peut et n'a jamais pu, sans la grâce, aucun bien dans l'ordre surnaturel.

Le saint abbé de Clairvaux, encore malade, avait à peine repris ses fonctions d'abbé, qu'il fut appelé à un concile indiqué à Troyes au commencement de l'année 1128. Le différend de l'évêque de Paris avec le roi, et diverses autres nécessités de l'Eglise de France, avaient déterminé le pape Honorius à réunir les prélats français, sous la présidence de son légat, le cardinal Matthieu, évêque d'Albane. Le cardinal voulut que saint Bernard assistât au concile, et lui écrivit pour le presser de s'y rendre. Le saint homme, encore bien souffrant, lui répondit en ces termes :

« Mon cœur était prêt à obéir, mais mon corps ne l'était pas de même ; car ma chair, brûlée par les ardeurs d'une fièvre violente, épuisée de sueurs, était trop faible pour seconder l'esprit, qui est prompt. Il n'a donc pas tenu à moi, mais la maladie s'est opposée à mes désirs. Que nos amis jugent si cette excuse est légitime, eux qui, sans en agréer aucune, se servent des liens de l'obéissance dont je suis enlacé, pour m'arracher tous les jours à mon cloître et me rejeter dans le monde. Qu'ils fassent réflexion que je n'invente point de faux prétextes pour me débarrasser ; mais que la maladie dont Dieu m'afflige leur fasse sentir qu'il n'est point de conseil qui puisse résister au sien. Ils se seraient sans doute indignés contre moi, si je leur avais répondu : *J'ai quitté ma tunique, comment me résoudrai-je à la reprendre ? J'ai lavé mes pieds, pourquoi les salir encore* (Cant. 5, 3) ?

» Mais présentement, il faut qu'ils trouvent à redire aux ordres de Dieu, ou bien qu'ils s'y soumettent; c'est lui qui m'a mis dans l'impossibilité de sortir, quand même je le voudrais. C'est, disent-ils, une affaire importante, une pressante nécessité qui nous oblige à vous appeler. Pourquoi donc ne jeter pas les yeux sur un homme capable des grandes affaires? Si on m'estime tel, pour moi je n'en crois rien et je sais tout le contraire. Au reste, quelles que soient ces sortes d'affaires, elles ne me regardent point. En effet, ces affaires dont vous vous empressez si fort de charger votre ami, aux dépens même de son repos et de son cher silence, ces affaires sont ou faciles ou difficiles. Si elles sont faciles, on les terminera bien sans moi; si elles sont difficiles, je ne suis point capable d'en venir à bout, à moins que je ne sois dans une si haute réputation, qu'on me réserve ce qu'il y a de considérable et même d'impossible, et qu'on ne s'imagine que je puis ce que le reste des hommes ne peut pas. Si cela est, comment, ô mon Dieu, ne vous êtes-vous jamais trompé que dans le jugement que vous avez fait de moi? Pourquoi avez-vous mis sous le boisseau la lumière qu'il fallait placer sur le chandelier? ou, pour parler plus exactement, pourquoi m'avez-vous fait moine? Pourquoi avez-vous caché sous votre tente, dans ces temps de trouble et de désordre, un homme nécessaire au monde, et dont les évêques mêmes ne peuvent se passer. Mais je m'aperçois qu'en me plaignant de mes amis, je me mets en mauvaise humeur, je parle avec émotion à un homme dont le souvenir seul me ramène la sérénité et la joie. Sachez cependant, je parle à vous, mon père, que je ne suis pas ému, mais prêt à suivre vos ordres. C'est à votre indulgence de m'épargner dans les occasions où vous jugerez devoir le faire (S. Bernard, *Epist.* 21). »

Le cardinal Matthieu, issu de parents nobles, dans le pays de Reims, était moine et prieur à Cluny, quand Pierre le Vénérable, son abbé, l'emmena à Rome pour plaider sa cause contre l'ex-abbé Ponce. Matthieu ne pensait qu'à revenir après le jugement de la cause qu'il avait très-bien soutenue, lorsque le pape Honorius le créa cardinal et évêque d'Albane. Le nouveau cardinal ne changea rien à ses observances monastiques. On conçoit que saint Bernard dût l'aimer beaucoup.

Malgré sa charmante lettre, peut-être même à cause d'elle, Bernard reçut l'invitation formelle de se trouver au concile. Il partit donc pour Troyes, au milieu de l'hiver. Ce fut sous son inspiration que cette vénérable assemblée régla les différends de l'Eglise de France, et fit, pour la réforme des mœurs cléricales, plusieurs canons qui ne sont pas venus jusqu'à nous, mais dont les auteurs contemporains vantent beaucoup l'énergie et la sagesse (*Ann. Cisterc.*, t. I, p. 184).

Au concile se trouvait, entre autres, Hugues de Paganis, maître de la nouvelle milice du Temple, avec cinq de ses confrères. Ce nouvel ordre militaire avait commencé à Jérusalem neuf ans auparavant, c'est-à-dire l'an 1118. Quelques chevaliers, hommes nobles et craignant Dieu, se dévouèrent à son service entre les mains du patriarche, et promirent de vivre perpétuellement dans la chasteté, l'obéissance et la pauvreté, comme des chanoines. Les deux principaux étaient Hugues de Paganis et Geoffroi de Saint-Adhémar. Et comme ils n'avaient ni église ni habitation certaine, le roi de Jérusalem, Baudouin II, leur donna un logement dans le palais qu'il avait près du temple; de là leur vint le nom de Templiers. Les chanoines du temple leur donnèrent une place dans ce palais pour y bâtir les lieux réguliers : le roi et les seigneurs, le patriarche et les prélats leur donnèrent quelque revenu de leurs domaines pour leur nourriture et leur vêtement. Leur première promesse et le premier devoir qui leur fut imposé par le patriarche et les autres évêques, pour la rémission de leurs péchés, fut de garder les chemins contre les voleurs et les partisans, principalement pour la sûreté des pèlerins.

Ils n'étaient encore que neuf quand ces six d'entre eux se présentèrent au concile de Troyes, où le Pape les avait adressés, et y exposèrent, autant que leur mémoire leur put fournir, l'observance qu'ils avaient commencé de garder en ce nouvel ordre militaire. Le concile jugea bon de leur donner une règle par écrit, afin qu'elle fût plus fixe et mieux observée, et ordonna qu'elle serait dressée par l'autorité du Pape et du patriarche de Jérusalem. On en donna la commission à saint Bernard, qui la fit écrire par un nommé Jean de Saint-Michel. Nous avons la règle qui porte ce nom, divisée en soixante-douze articles, mais dont plusieurs ont été ajoutés depuis la multiplication de l'ordre, et même longtemps après. Avec cette règle, le pape Honorius et le patriarche Étienne leur imposèrent l'habit blanc; car jusque-là ils n'en avaient pas de particulier.

Voici les articles de leur règle qui paraissent les plus essentiels. Les chevaliers du Temple entendront l'office divin tout entier du jour et de la nuit; mais, quand leur service militaire les empêchera d'y assister, ils réciteront treize *Pater* pour matines, sept pour chacune des petites heures et neuf pour vêpres. Pour chacun des confrères morts, ils diront cent *Pater* pendant sept jours, et, pendant quarante jours, on donnera à un pauvre la portion du mort. Ils mangeront gras trois fois la semaine, le dimanche, le mardi et le jeudi; les quatre autres jours ils feront maigre, et le vendredi en aliments de carême, c'est-à-dire sans œufs ni laitage. Chaque chevalier pourra avoir trois chevaux et un écuyer. Ils ne chasseront ni à l'oiseau ni autrement. Tels furent donc les commencements de l'ordre des Templiers, le second des ordres militaires; car celui de Saint-Jean de Jérusalem avait été établi précédemment. Au reste, la règle des Templiers se résume dans la formule du serment que les chevaliers prononçaient au moment de leur profession. La voici telle qu'on la trouve dans les *Annales de Citeaux* :

« Je jure que je défendrai par mes paroles, par mes armes, par toutes les voies qui me seront possibles, et par la perte même de ma vie, les mystères de la foi, les sept sacrements, les quatorze articles de foi, le Symbole des apôtres et celui de saint Athanase, l'Ancien et le Nouveau Testament, avec les explications des saints Pères, reçues par l'Eglise, l'unité de la nature divine et la trinité des personnes en Dieu, la virginité de la vierge Marie, avant et après avoir mis son Fils au monde. De plus, je promets obéissance au grand-maître de l'ordre, et soumission, selon les statuts de notre bienheureux père Bernard. J'irai combattre outre-mer, toutes les fois qu'il y aura nécessité. Je ne fuirai jamais devant trois infidèles, quand même je serais seul. J'observerai une chasteté perpétuelle. J'assisterai, par mes paroles, mes armes et mes actions, les personnes religieuses, et principalement les abbés et les religieux de l'ordre de Citeaux, comme étant nos frères et nos amis particuliers, avec lesquels nous avons une association spéciale. En témoignage de quoi, je jure volontairement que je garderai tous ces engagements. Ainsi, que Dieu me soit en aide et ses saints évangiles (*Annal. Cisterc.*, t. I). »

Hugues de Paganis et les autres Templiers avaient été envoyés en Occident par le roi de Jérusalem, Baudouin II, et les seigneurs de son royaume, pour exhorter les peuples à venir au secours de la terre sainte, principalement au siège de Damas, qu'ils avaient résolu. Ils revinrent l'année suivante 1129, et amenèrent un grand nombre de nobles.

Etienne, patriarche de Jérusalem, qui confirma la règle des Templiers, succéda, cette année 1128, à Gormond, qui, assiégeant un château près de Sidon, gagna la maladie dont il mourut, après avoir tenu le siège de Jérusalem environ douze ans. Etienne, qui lui succéda, était du pays de Chartres, noble et parent du roi Baudouin. Quoiqu'il eût étudié dans sa jeunesse, il porta les armes, et fut vicomte de Chartres; ensuite il se rendit moine à Saint-Jean-de-la-Vallée, en la même ville, et en fut abbé. Etant venu en pèlerinage à Jérusalem, il attendait l'occasion de repasser en France, quand il fut élu patriarche de Jérusalem, d'un commun consentement du clergé et du peuple. Il était de bonnes mœurs, mais haut, jaloux de ses droits et ferme dans ses résolutions. Dès qu'il fut sacré, il commença à avoir des différends avec le roi, prétendant que la ville de Joppé lui appartenait, et même Jérusalem, depuis la prise d'Ascalon; mais sa mort termina promptement ces disputes, car il ne tint le siège de Jérusalem que deux ans (Guill. de Tyr, l. 13, c. 25).

L'ordre des Templiers s'accrut en peu de temps d'une manière prodigieuse. Hugues, leur grand-maître, pria plusieurs fois saint Bernard de leur adresser une exhortation par écrit. Le saint le fit dans un livre où il fait un grand éloge de ce nouvel ordre, ou, comme il dit, de ce nouveau genre de milice inconnu aux siècles précédents; il fonde cet éloge sur le double combat qu'on y livre aux ennemis corporels et aux ennemis spirituels, et sur les motifs qui animent les chevaliers du Temple dans la guerre contre les ennemis de la religion. Ils n'agissent par aucun mouvement de colère, d'ambition, de vaine gloire ou d'avarice : bien différents de ceux qui sont engagés dans la milice séculière, où souvent celui qui tue pèche mortellement, et celui qui est tué périt éternellement. Ils font la guerre du Christ, leur Seigneur, sans craindre de pécher en tuant leurs ennemis, ou de périr, s'ils sont tués eux-mêmes; car, soit qu'ils donnent le coup de la mort aux autres, soit qu'ils le reçoivent eux-mêmes, ils ne sont coupables d'aucun crime; au contraire, il leur en revient beaucoup de gloire. S'ils tuent, c'est le profit du Christ; s'ils sont tués, c'est le leur. Le chrétien est glorifié dans la mort d'un païen, parce que le Christ y est glorifié lui-même. Il ne faudrait pas néanmoins, dit saint Bernard, tuer même les païens, si l'on pouvait les empêcher, par quelque autre voie, d'insulter aux fidèles ou de les opprimer. Mais, dans le cas présent, il est plus expédient de les mettre à mort, afin que la verge des pécheurs ne frappe pas les justes. On voit que saint Bernard n'approuve la guerre contre les infidèles que pour la défense de la chrétienté : aussi ne la fait-on pas pour cela. Mais il pense que, dans les combats ordinaires, le guerrier met son âme en danger, si la cause de la guerre n'est pas juste, et s'il n'a lui-même une intention droite, en sorte que ce ne soit ni la colère ni la vengeance qui l'anime. Il ne croit pas même qu'on puisse appeler bonne la victoire de celui qui, sans aucune envie de se venger, tue uniquement pour sauver sa vie.

Saint Bernard décrit ensuite la vie des chevaliers du Temple, soit dans leurs maisons, soit à la guerre. « En tout lieu, leur règle c'est l'obéissance. Toutes leurs démarches sont réglées par celui qui préside. C'est par ses ordres qu'on leur distribue la nourriture et le vêtement; dans l'une et dans l'autre, on évite toute superfluité, on ne consulte que la nécessité. Ils vivent en commun, dans une société agréable, mais modeste et frugale, n'ayant ni femmes, ni enfants, ni rien en propre, pas même leur volonté; ils ont grand soin de conserver entre eux l'union et la paix; aussi dirait-on que tous ne sont qu'un seul cœur et qu'une seule âme. Jamais oisifs ni répandus au dehors; quand ils ne vont point à la guerre, ce qui est rare, ils raccommodent leurs armes et leurs habits, ou font tout ce qui leur est commandé par le supérieur, et ce qui concerne le bien de la communauté. Sans aucune acception de personne ni de noblesse, on rend l'honneur au plus digne. On n'entend parmi eux ni murmure ni parole indécente ; le coupable ne demeurerait pas impuni. Ils détestent les échecs et les dés, ont en horreur la chasse, et ne se donnent pas même le plaisir de la fauconnerie. Ils rejettent les spectacles et tout ce qui y a quelque rapport; ils se coupent les cheveux, prennent rarement des bains, et sont ordinairement couverts de poussière et brûlés du soleil. Lorsque l'heure du combat approche, ils s'arment de foi au dedans et de fer au dehors, et, quand il est temps de donner, ils chargent vigoureusement l'ennemi, plaçant toute leur confiance au Dieu des armées, à l'exemple des Machabées. Chose admirable! on les voit tout ensemble et plus doux que les agneaux et plus féroces que les lions, et l'on peut dire qu'ils sont tout à la fois moines et soldats, parce qu'ils ont la mansuétude des premiers, la force et la valeur des seconds. Saint Bernard ajoute que ce qu'il y a de plus consolant dans ce nouvel ordre, c'est que la plupart de ceux qui s'y engagent étaient auparavant des scélérats, livrés à toutes sortes de crimes; qu'ainsi leur conversion produit deux biens : l'un de délivrer le pays de ceux qui l'opprimaient et le ravageaient, l'autre de fournir du secours à la terre sainte (Saint Bernard, *Op.*, p. 544 et seqq.). » Tout ce que dit ici saint Bernard était certainement vrai; mais un grand nombre de pareilles vocations exposaient terriblement le nouvel ordre à dégénérer avec le temps et peut-être même avant le temps.

En Allemagne, après la mort de Henri V, arrivée le 23 mai 1125, les évêques et les seigneurs de Germanie s'assemblèrent à Mayence pour l'élection d'un nouveau roi. On vit à cette diète jusqu'à soixante mille hommes. Il y avait deux légats du Saint-Siège, ainsi que Suger, abbé de Saint-Denys en France. Dans cette grande multitude, on désigna dix électeurs de chacune des quatre provinces, la Bavière, la Souabe, la Franconie, la Saxe, et on promit de s'en rapporter à leur choix. Les princes qui avaient le plus de chances étaient Lothaire, duc de Saxe; Léopold, margrave d'Autriche; Charles le Bon, comte de Flandre; Conrad, duc de Franconie, et son frère Frédéric, duc de Souabe. Les trois premiers refusèrent. Alors Frédéric de Souabe, qui était venu avec trente mille hommes, se regardant comme sûr de son élection, montra beaucoup de fierté et de hauteur; ce qui lui aliéna les suffrages. Le peuple se met à crier : Vive le roi Lothaire! Enfin les suffrages des électeurs se portèrent de nouveau sur Lothaire de Saxe, qui fut élu à Mayence, le 30 août de la même année 1125, couronné à Aix-la-Chapelle, le dimanche 13 septembre, par Frédéric, archevêque de Cologne, en présence des légats du pape Honorius. Il régna douze ans, sous le nom de Lothaire II.

Conrad de Franconie et Frédéric de Souabe étaient neveux de l'empereur Henri V, par sa sœur Agnès. Ces deux princes, pour se venger de la préférence qu'on avait donnée sur eux à Lothaire, causèrent dans la suite beaucoup de troubles dans l'empire. Dès la même année 1125, Conrad prit le titre de roi à Spire, et alla se faire couronner à Milan, l'an 1127, par l'archevêque Anselme, que le pape Honorius excommunia pour cette raison, comme il avait déjà excommunié les deux princes. Ces troubles durèrent jusqu'en 1135, où Conrad se soumit à l'empereur Lothaire (Baron., Pagi et Mansi).

L'an 1126, le roi Lothaire, ayant battu les deux princes rebelles, était rentré dans Spire et y tenait sa cour. Dans le même temps, y arriva saint Norbert, déjà célèbre en Allemagne par ses miracles et ses prédications. Il venait de faire le pèlerinage de Rome, et d'obtenir du pape Honorius II la confirmation de son institut, ainsi que des nombreux monastères que déjà il avait établis. Il allait dans ce moment, comme envoyé du comte Thibaud de Champagne, au devant de sa nouvelle épouse, qui était tombée malade en route. Le roi Lothaire, qui connaissait le saint par la renommée, eut une grande joie de le voir. Il souhaita de l'entendre prêcher, et de conférer avec lui sur les besoins de l'Église et de l'empire. Le peuple de la ville témoigna un empressement pareil de l'entendre.

Il y avait à la cour de Lothaire deux légats du pape Honorius, le cardinal Gérard, depuis pape sous le nom de Lucius, et le cardinal Pierre, du titre de Saint-Marcel. Albéron, primicier de la cathédrale de Metz, qui fut plus tard archevêque de Trèves, s'y trouvait aussi pour les intérêts de son Église. Né en Lorraine, il fut un des plus sages et des plus zélés prélats de son siècle. Il fonda plusieurs abbayes, entre autres celle de Belchamp ou Béchamp, près de Lunéville. Son désintéressement alla si loin, qu'il refusa l'évêché d'Halberstadt, et qu'il ne put se résoudre à accepter l'archevêché de Trèves, que quand il s'y vit contraint par l'autorité de l'empereur Lothaire et par le commandement exprès du pape Innocent II.

Les chanoines de Magdebourg y avaient en même temps leurs députés pour terminer les différends qui troublaient leur Église. Rudger, leur archevêque, successeur d'Adelgot, venait, par sa mort, de laisser son chapitre dans la confusion. Il y eut trois factions parmi les électeurs; chacune s'appuyait sur le crédit de ses partisans, et pas une n'était autorisée des canons. Le tumulte allait éclater en guerre civile. Pour prévenir un si grand mal, on proposa aux trois partis de remettre l'élection de leur archevêque au choix des légats du Saint-Siège et à la décision du roi. Si échauffés que fussent les esprits, tous consentirent néanmoins à cette voie pacifique. On envoya donc à Spire, pour faire accepter le compromis aux légats et pour le faire approuver de Lothaire.

Dans ces circonstances, Norbert fut invité à prêcher, ou plutôt il y fut forcé par les prières du roi et du peuple. Il prit pour matière de son discours le sujet même qui occupait la diète. Il prêcha sur les devoirs des princes, sur l'obéissance des sujets, sur le gouvernement des Églises, sur l'élection des pasteurs, et il parla avec tant d'éloquence, que Lothaire, qui n'avait pas encore étouffé les sentiments de sa première indignation, oublia tout à fait le crime des rebelles. Les peuples, à qui Norbert fit sentir l'injustice de leur révolte, condamnèrent hautement leur désertion et jurèrent une obéissance inviolable à leur légitime souverain. Les divisions entre les envoyés de Magdebourg cessèrent. Tous se réunirent dans un esprit de paix et de concorde; et chacun, à l'issue de la prédication, se trouva rempli de zèle pour le service de Dieu et d'admiration pour son ministre.

Norbert, ayant satisfait aux désirs du roi et du peuple, se disposait à partir pour Ratisbonne, où s'était arrêtée la future comtesse de Champagne; mais Dieu, qui avait d'autres vues, persuada à Lothaire de le retenir encore quelques jours auprès de sa personne, pour profiter de ses conseils dans les affaires de l'Église. Le troisième jour n'était pas fini, que l'on agita l'affaire de Magdebourg. Les députés ratifièrent, au nom de leur chapitre, leur premier engagement, et remirent à la prudence des légats le soin de leur donner un bon pasteur. On procéda donc à l'élection d'un archevêque. Les suffrages se partagèrent entre trois personnes : saint Norbert, fondateur de Prémontré; Albéron, primicier de Metz, et un troisième qui n'est pas connu.

Ce concours embarrassa quelques moments les électeurs. Ils hésitaient auquel des trois ils devaient s'arrêter. Norbert, présent à l'assemblée, mais qui ignorait ce qui en faisait le sujet, se tenait caché au fond de la salle, tout absorbé en Dieu. Albéron, qui lut sur le visage des légats la cause de leur doute, s'écria tout à coup, comme par inspiration : « Qu'inutilement on délibérait sur une affaire arrêtée dans le ciel; qu'il ne fallait pas balancer de donner la préférence à l'homme de Dieu, qui cherchait, par son humilité, à se dérober aux desseins que le Saint-Esprit avait formés sur lui pour la gloire de Dieu et de son Église; que la dignité devait échoir à Norbert, si l'on suivait dans l'élection les règles canoniques et les décrets de la sagesse éternelle. » A cette voix se joignit une acclamation universelle. Les députés de Magdebourg, sans donner à Norbert le temps de se reconnaître, le tirent du milieu de l'assemblée, et, au bruit des applaudissements, l'enlèvent de force, publiant que c'est l'archevêque qu'ils ont reçu du ciel, qu'ils reconnaissent pour leur pasteur et qu'ils honorent comme leur père.

Cet enlèvement tumultueux étourdit si étrangement Norbert, qu'il en perdit la parole. Il ne savait si c'était un songe ou une réalité. Cependant on le transporte à l'église. Il se défend; mais la force l'entraîne. Il se récrie contre l'entreprise qu'on fait sur sa personne; mais sa voix se confond avec les acclamations qui retentissent de toutes parts. Il demande un peu de temps pour se consulter; mais, de crainte qu'il n'échappe, on ne veut pas lui accorder un moment de réflexion. Il tâche d'intéresser les légats à sa défense : mais les légats désapprouvent les résistances de son humilité. Enfin, malgré ses oppositions et ses plaintes, on l'oblige de se soumettre aux volontés de Dieu et de recevoir la consécration.

Après la cérémonie du sacre, Norbert, commençant à sentir le poids et le péril de sa grandeur nouvelle, se plaignit à Dieu de la violence que lui avaient faite ses ministres. Il conjura ses électeurs, les larmes aux yeux, de pourvoir l'Eglise de Magdebourg d'un sujet plus propre que lui à porter le fardeau de l'épiscopat. Il leur dit que plus il examinait les qualités nécessaires pour former un saint évêque, plus il se croyait incapable d'en remplir le ministère; que c'était engager un pilote sans expérience sur une mer orageuse, que de lui confier le gouvernement d'un peuple inconnu et dont il n'était pas connu; qu'étant destiné par le Ciel à conduire un ordre qu'il avait fait naître pour le bien de l'Eglise, il ne pouvait, sans manquer aux desseins de Dieu, abandonner le troupeau qu'il avait réuni dans la solitude, pour se charger d'un autre auquel il n'était pas envoyé avec les assurances d'une mission aussi certaine. Toutes ces excuses confirmèrent les légats de plus en plus dans leur résolution. Ils usèrent de toute leur autorité, et Lothaire de son pouvoir, pour le faire obéir sans délai. Norbert fut donc obligé de suivre la vocation de Dieu, qu se déclarait par tant de signes. On ne voulut pas même lui permettre de retourner à Prémontré, ni de poursuivre son chemin à Ratisbonne. Il fallut qu'un de ses religieux acceptât la commission du comte de Champagne, et que Norbert se mît en devoir de partir pour Magdebourg.

On le confia aux envoyés de cette ville, qui préparèrent un cortége digne d'un archevêque; mais jamais ils ne purent y obtenir son consentement. Le nouvel archevêque de Magdebourg partit de Spire couvert d'une mauvaise soutane, pieds nus, monté sur un âne, sans cortége, le visage exténué, l'esprit abattu. Les villes qu'il traversa le reçurent avec des honneurs d'autant plus grands, qu'on les lui voyait mépriser davantage. On entendait partout les peuples féliciter Magdebourg d'avoir reçu un pasteur si saint et si propre à sanctifier ses ouailles. Norbert seul versait des larmes à la pensée de ses obligations. Il tomba presque en défaillance aux approches de sa ville épiscopale. Le clergé et le peuple vinrent au devant de lui. L'idée qu'ils avaient conçue de sa sainteté ne leur laissa rien oublier de tout ce qui pouvait rendre son entrée magnifique. Ils le conduisirent par la ville au milieu des acclamations, tandis que Norbert, d'une contenance modeste et mortifiée, gémissait sur son sort et sur celui de son peuple. Il vint d'abord descendre à la cathédrale, pour y consacrer à Dieu les prémices de sa charge et lui demander la grâce d'en soutenir le poids avec courage et fidélité.

On le mena ensuite au palais archiépiscopal. Le portier laissa d'abord entrer les personnes de qualité qui ouvraient la marche. Mais voyant après eux un homme nu-pieds et pauvrement vêtu, il lui refusa l'entrée et le repoussa, en disant : Il y a longtemps que les autres pauvres sont entrés! tu ne devrais pas t'empresser et incommoder ces seigneurs. Ceux qui suivaient crièrent au portier : Que fais-tu, misérable! c'est notre évêque! c'est ton maître! C'était en effet saint Norbert. Le portier s'enfuit de honte pour se cacher. Mais Norbert le rappela, et lui dit en souriant : Ne craignez rien, mon frère; vous me connaissez mieux que ceux qui me forcent d'entrer dans ce grand palais qui ne me convient point.

Dès que le nouvel archevêque eut pris possession de son Eglise, il tourna ses premiers soins, selon le précepte de l'apôtre, au règlement de sa maison. Il était convaincu qu'il ne pouvait réformer les mœurs de son peuple, s'il n'était lui-même un exemple public de piété et de réforme. Il bannit de chez lui la magnificence des meubles et des équipages; il régla sa table sur les principes de la frugalité et de la pénitence. Il se regardait comme un homme comptable à la justice de Dieu, de ses propres péchés et des péchés de son peuple. Il établit une discipline si édifiante parmi ses domestiques, que son palais ressemblait plutôt à un monastère qu'à une cour. C'était l'asile des pauvres et des ecclésiastiques. Sa charité lui faisait recevoir les premiers comme ses frères, et le respect lui faisait honorer les seconds comme les coadjuteurs de son sacerdoce.

Pour établir ainsi l'ordre dans sa maison, il appela tous ses officiers, et leur demanda quels étaient les revenus de la mense épiscopale, et par qui ils étaient administrés. Quand on eut tout compté et mis par écrit, avec les dépenses que l'on devait en tirer, à peine se trouva-t-il de quoi subsister quatre mois. L'archevêque, fort surpris, demanda si cette Eglise avait été autrefois plus riche, et si ses prédécesseurs en avaient négligé les droits. On lui répondit que quelques-uns d'entre eux avaient donné ou prêté des terres de l'Eglise à leurs parents, que d'autres en avaient donné en fiefs ou n'avaient pas eu la force de résister aux usurpateurs.

Alors l'archevêque envoya de tous côtés dénoncer à tous ceux qui possédaient des terres de son Eglise, qu'ils ne fussent pas assez hardis pour les retenir plus longtemps, à moins qu'ils ne fissent voir qu'elles leur venaient de leurs ancêtres. Grandes furent la surprise et l'indignation des usurpateurs, de recevoir un ordre si absolu de la part d'un homme pauvre et désarmé, qui était venu monté sur un âne : ils crurent d'abord que ce serait une menace sans exécution; mais le saint archevêque les excommunia. Par là ils se virent réduits à une condition fâcheuse; car la loi du pays et du temps voulait que ceux qui étaient demeurés un an dans l'excommunication, fussent réputés infâmes, et que toute audience leur fût refusée dans les tribunaux. Ils quittèrent donc une grande partie de ce qu'ils avaient usurpé sur l'Église de Magdebourg; mais ce fut bien malgré eux, et ils conservèrent une haine mortelle contre l'archevêque.

Le saint prélat usa de la même sévérité à l'égard des clercs incontinents. De leur vie licencieuse, que la vigueur des canons et les ordonnances des souverains Pontifes n'avaient pu réprimer, ils se croyaient à l'abri des foudres de l'Église, sous l'ombre de la prescription. La lâcheté des archevêques précédents les avait rendus fiers et incorrigibles. Enfin, leur mal paraissait aussi incurable qu'il était ancien. Mais Norbert, qui ne mesurait jamais le succès de ses entreprises par les règles de la prudence humaine, espéra, avec le secours de la grâce, réprimer complétement le désordre de son clergé.

Il employa d'abord la force de la parole, qui toucha le cœur de quelques-uns, mais qui révolta les autres. Il fit succéder les menaces aux remontrances, et l'excommunication aux menaces. Il dépouilla des droits et des honneurs de la cléricature, ceux qui s'opiniâtraient à vivre dans le libertinage. La persécution s'alluma, les impies se liguèrent pour arrêter le courage et réprimer le zèle de leur archevêque. Mais lui, s'élevant au-dessus des dangers de la mort, poursuivit avec intrépidité l'ouvrage de Dieu, et rétablit heureusement la continence, qui semblait bannie de son diocèse.

Pour travailler plus efficacement encore à la réforme du clergé et à la sanctification du peuple, Norbert établit une communauté de ses religieux à Magdebourg. Près de son palais était une église collégiale de douze chanoines : cette église était pauvre, les chanoines peu édifiants. L'archevêque, d'accord avec le roi Lothaire, les distribua en d'autres églises ou leur assigna des pensions, et, à leur place, mit de ses religieux, le 29 octobre 1129, comme on le voit par deux chartes, l'une de l'archevêque, l'autre du roi. L'église se nommait Sainte-Marie. Pour donner encore plus de solidité à son ouvrage, Norbert obtint des lettres confirmatives du pape Honorius. Cette maison de Dieu, sous la direction d'Evermode, un des premiers disciples du saint, commença bientôt à fleurir en piété et en doctrine. Brûlant du même zèle que son archevêque, ils prirent ensemble les mesures les plus propres à faire revivre la pureté des mœurs et de la discipline, anéantie dans le clergé et parmi le peuple. Comme ce désordre avait sa source dans le déréglement des pasteurs, il confia à ses religieux l'administration des six paroisses de la ville épiscopale, et il en distribua quatorze autres en différentes églises de la campagne. Ces sages pasteurs servirent de modèles aux autres ecclésiastiques et firent renaître la piété par leurs prédications, dans le diocèse, pendant que d'autres missionnaires que l'archevêque avait, envoyés en Esclavonie embrasaient cette grande province du feu de l'Évangile. La foi y était obscurcie par la superstition, la barbarie et l'ignorance avaient éteint le flambeau des vérités célestes, à peine y voyait-on quelque trace de la religion chrétienne, lorsque les nouveaux apôtres allèrent y rétablir le royaume du Christ.

Norbert recueillait ainsi les fruits de ses travaux, lorsque le démon souleva des impies qui s'efforcèrent d'en arrêter les progrès. Une troupe de scélérats conspira contre la vie du saint archevêque et engagea un clerc, par l'espérance d'un salaire modique, à être le ministre de sa fureur. Il convint avec eux du jour et du genre de meurtre, il épia le moment favorable à l'exécution de son parricide; enfin, c'était le jeudi saint, il entre dans le palais épiscopal, travesti en pénitent et cachant le poignard sous le manteau; il se présente à la porte de la chapelle, où Norbert était occupé à entendre les confessions; il prie le portier de lui permettre d'entrer, pour se confesser à son pasteur. Le portier, inspiré d'en haut, refuse la porte au clerc et va donner avis à l'archevêque, avant que de l'introduire. Norbert, à qui Dieu avait révélé la conspiration, fait attendre le meurtrier à la porte. Après que tous les pénitents furent confessés, l'archevêque, qui se faisait garder par un domestique, fait venir l'assassin; il étudie ses mouvements, il examine sa contenance et lui défend d'approcher. Il ordonne à un domestique de lever le manteau du traître, sous lequel on vit le poignard.

A cette vue, Norbert lui demanda d'un visage tranquille, comme autrefois Jésus-Christ à Judas : « Mon ami, quel dessein vous amène? » Ces paroles, si pleines de douceur, jetèrent le trouble dans l'âme du parricide. La conviction de son crime lui fit appréhender le supplice, et la présence du domestique l'empêchait de consommer son attentat. Il n'eut donc plus d'autre parti à prendre que de recourir à la clémence de son archevêque. Il se jette à ses pieds, il lui déclare en pleurant le secret de la conspiration, et lui en découvre les complices.

Au bruit qu'ils entendent dans la chapelle, quelques domestiques accourent. Ils sont bien surpris d'apprendre, de la bouche même du meurtrier, que ceux qui avaient le plus de part à la confiance de Norbert étaient les auteurs de cette conspiration, et que leur chef était l'archidiacre Atticus, associé par le saint au gouvernement de son diocèse. Le vertueux archevêque, qui remarqua l'étonnement peint sur le visage des spectateurs, leur parla de la sorte : « De quoi vous étonnez-vous, mes frères? Jésus-Christ, mon seigneur et mon modèle, va être livré cette nuit entre les mains de ses ennemis par un de ses disciples; devais-je être plus privilégié que mon maître? Oh! que je serais heureux, si, dans le temps qu'il expirera pour nous, je mourais pour lui par les mains de ceux que je comptais au nombre de mes amis! C'est dans ce jour que la miséricorde ouvre son sein pour y recevoir les plus grands pécheurs, et qu'en mourant, il donne la vie aux morts. N'ai-je donc été assez heureux pour mourir dans ce jour de faveur! j'aurais espéré de la miséricorde la rémission de mes péchés. Mais, puisque je n'ai pas été digne de cette grâce et qu'il a plu au Seigneur de me laisser encore sur la terre, soumettons-nous à ses ordres et ne haïssons pas ceux qui ont voulu abréger nos peines en nous procurant la mort. C'étaient nos amis, il est vrai; deviendront-ils nos ennemis? Non. Il ne sied pas à un chrétien de se venger, en considérant Jésus-Christ, qui ne s'est pas encore vengé. Prions plutôt, à son exemple, pour ceux qui nous persécutent; bénissons ceux qui nous calomnient. »

Il allait renvoyer l'assassin sur l'heure même, si ses domestiques ne lui eussent représenté qu'il serait utile au salut de ses complices de le renfermer pendant quelques jours, afin que sa détention les fît rentrer en eux-mêmes. Ce ne fut qu'avec répugnance que l'archevêque consentit à cette espèce de punition. Son cœur, qui était sans amertume, ne put se résoudre qu'avec peine à faire souffrir au coupable un châtiment qui était plutôt la correction d'un père que la sentence d'un juge.

Cet excès de douceur, qui aurait dû désarmer ses ennemis, les enhardit au crime. Sûrs de la clémence de Norbert, ils renouvelèrent la persécution contre lui. Dans la crainte qu'il n'échappât à leur cruauté, ils intéressèrent dans leur dessein un clerc qui avait l'honneur de manger à sa table et de loger dans son palais. Ce perfide, contre tous les sentiments de la nature et les devoirs de la reconnaissance, se ligua avec l'archidiacre Atticus et quelques chanoines mécontents, qui ne pouvaient s'accoutumer au joug de la continence; car rien n'est si cruel que l'esprit impur. Ils tinrent plusieurs assemblées secrètes, ils proposèrent divers moyens, mais tous également barbares, pour se défaire de leur pasteur. Le plus prompt et le plus efficace fut de le poignarder de nuit, dans un passage par où il allait à l'église.

Le clerc qui s'était chargé de consommer le parricide, attendit l'archevêque dans le défilé, lorsqu'il passerait, à minuit, pour se rendre à matines; il se mit en embuscade vers la porte, le poignard à la main, et laissa passer la suite du prélat, jusqu'au dernier, qui la fermait. Persuadé que c'était l'archevêque, il se jette sur lui et le perce du poignard. Le chapelain, renversé et nageant dans son sang, poussa un grand cri. L'assassin reconnut son erreur à la voix du blessé, lui fit des excuses et se sauva.

On allait le poursuivre. Norbert l'empêcha par son autorité. « Laissons, dit-il, laissons échapper en paix ce malheureux, et ne lui rendons pas le mal pour le mal. Mon heure n'est pas encore venue, attendons-la avec patience. Ceux qui ont armé la main de mon clerc contre moi n'ont pas perdu l'envie de me donner la mort, ne perdons pas la volonté de mourir. Si Dieu juge à propos de me délivrer de leur fureur, je ne dois pas appréhender les conseils de leur malice; mais s'il veut que je périsse par leurs mains, réjouissons-nous d'être la victime de Jésus-Christ. »

Ce fut toute la vengeance que lui permit sa charité, plus grande que la rage de ses ennemis. Ce péril, évité par une protection spéciale de la Providence, redoubla son zèle pour la défense des droits de son Eglise. Le seigneur d'un village s'était approprié un cens de vin, affecté par les bienfaiteurs au sacrifice. Norbert, faisant la visite dans cette contrée, vint trouver le gentilhomme et le pria de restituer à l'église le bien dont il l'avait dépouillée. L'usurpateur, qui s'était endurci l'âme par mille brigandages, demeura insensible aux prières et aux menaces de l'archevêque. Il lui répondit fièrement qu'il ne craignait ni ses anathèmes ni la colère de saint Maurice, dont il voulait l'effrayer. Eh bien! lui répliqua l'archevêque, je vous prédis qu'avant la fin de cette année vous serez chassé du bien que vous possédez injustement, et que Dieu, vengeant par lui-même la cause de ses autels, vous fera voir combien il est dangereux de porter la main sur le patrimoine du Christ. L'effet suivit de près la prédiction. Peu de temps après, ce malheureux, qui avait fait la guerre à Dieu, périt en la faisant aux hommes.

Ce châtiment public, loin d'intimider les usurpateurs des revenus ecclésiastiques, envenima leur haine contre Norbert. Ils se disaient les uns aux autres que, s'il continuait de rechercher avec la même sévérité les biens aliénés de l'Eglise, bientôt un prêtre effacerait la grandeur des princes et éclipserait les maisons les plus illustres; qu'il ne fallait pas souffrir plus longtemps un homme d'un esprit inquiet, qui ne s'étudiait qu'à désoler le clergé par les rigueurs de ses ordonnances, et à opprimer la noblesse en la dépouillant de ses seigneuries. Ces murmures séditieux se répandaient dans les maisons, ils se débitaient dans les places publiques; on disposait ainsi le peuple à la révolte contre son pasteur. Un acte des plus solennels de la religion fut le prétexte qui fit éclater leur funeste dessein.

La cathédrale avait été polluée par des impudiques, qui avaient consommé le crime jusqu'aux pieds du sanctuaire. Cette profanation vint aux oreilles de l'archevêque. Non content de gémir, il crut qu'il fallait, selon les maximes canoniques, réconcilier l'Eglise. Il proposa cette nécessité au chapitre. Les chanoines, par ignorance ou par esprit de contradiction, résistèrent au sentiment de l'archevêque, et conclurent qu'il était inutile de faire cette expiation. Norbert, préférant les règles de l'Eglise à l'entêtement de ses chanoines, invita les évêques de Havelberg et de Meissen, ses suffragants, de se trouver à Magdebourg le 30 juin, pour faire la bénédiction de sa métropole. Il donna avis au peuple du jour qu'il avait pris, et des raisons qui l'avaient obligé à ne point déférer au sentiment du chapitre.

Pendant le discours de l'archevêque, un murmure s'éleva parmi les chanoines. Ce tumulte lui fit comprendre que la solennité qu'il se proposait de faire avec éclat, ne se passerait pas sans émeute. Il résolut de faire la cérémonie de nuit. Ses ennemis en eurent connaissance. Sitôt qu'il sortit de son palais avec ses deux suffragants, les sentinelles apostées par les chanoines donnèrent l'alarme dans tous les quartiers de la ville, excitèrent la population à la défense du sanctuaire, accusant Norbert de briser les autels, d'enfoncer le tabernacle, de piller le trésor, d'emporter les reliques, et de méditer la retraite, après qu'il se serait chargé des richesses de son église.

La consécration était achevée lorsque la populace, ameutée par les chanoines, investit la cathédrale les armes à la main et avec des clameurs effrayantes. Le saint archevêque voulut sortir de l'église pour apaiser le tumulte; mais on l'obligea de se retirer, avec ses deux collègues, dans une tour bâtie en forme de forteresse. A minuit sonnant, ils y chantèrent les matines de saint Paul, dont l'Eglise faisait ce jour-là l'office. Dès que le jour parut, les séditieux escaladèrent la tour et se rendirent maîtres de la forteresse. Dans cette extrémité, Norbert s'avance lui seul vers les soldats et leur dit : « Vous n'en voulez qu'à un seul homme; pourquoi en attaquez-vous plusieurs? C'est moi que vous cherchez; arrachez-moi la vie, et conservez-la aux autres. » Il prononça ces paroles avec la majesté et les habits de pontife. Elles furent pour les soldats comme un coup de foudre. Les conjurés se jetèrent à ses genoux, lui demandèrent pardon, et lui offrirent le secours de leurs armes pour le garantir du danger de la mort.

La sédition s'apaisa pour le moment; mais les meneurs la rallumèrent quelques jours après, en distribuant du vin parmi la populace. Norbert, d'après les conseils et les instances des siens, sortit de la ville et se retira dans le monastère de Pétersberg, à deux lieues de Hall, et à neuf lieues de Magdebourg. On sentit bientôt dans cette ville la perte qu'on avait faite. Les auteurs du trouble furent les premiers à proposer le rappel du saint archevêque. On lui envoya une ambassade solennelle, pour lui donner toutes les satisfactions qu'il jugerait à propos. La ville entière alla le chercher en procession jusqu'au monastère de Pétersberg. Rentré dans sa cathédrale, il parla au peuple en ces termes :

« Mes frères, je vous avais quittés avec tristesse, mais, par la miséricorde de Dieu, voilà que je reviens à vous avec joie. L'ennemi de la paix, qui se plaît à semer la discorde dans le monde, avait excité le schisme parmi nous. Ce cruel, qui a jeté les fondements de son empire par la division, ne s'étudie qu'à le perpétuer et à l'étendre par la discorde, afin d'enlever le pasteur au troupeau et le troupeau au pasteur, et de laisser ainsi les brebis errantes sous la conduite d'un mercenaire, qui les précipite dans l'abîme. C'est sans doute par ce motif, mes chers frères, que le démon, jaloux de l'unité qui régnait entre nous, a troublé la bonne intelligence si nécessaire pour votre salut, si essentielle pour le succès de mon ministère et pour notre commun bonheur. Il a réussi dans son fatal dessein, vous le savez, mes frères, et je dus céder à l'orage, après l'avoir inutilement conjuré. Mais grâces soient rendues au Dieu de la paix. Jésus-Christ, qui semblait dormir durant la tempête, s'est enfin éveillé à nos cris. Il a commandé aux vents et à la mer, et le calme nous est revenu. Conservons-le, et entretenons cette paix précieuse que le démon nous avait ravie, que le monde ne pouvait nous redonner, et que le Sauveur nous a rendue par un effet de sa grâce. Réunissons nos cœurs dans le bien de la charité, et que cette unanimité admirable, qui régnait parmi les premiers fidèles, revive pour jamais parmi nous. Ne craignez pas, mes frères, que les peines que vous avez cru me faire aient altéré la tendresse que je vous dois, et que je n'ai pas perdue un seul moment. Quand j'aurais eu envie de venger, non pas ma personne, mais le caractère dont Dieu m'a honoré, la réparation que vous venez de lui faire doit tenir lieu d'une satisfaction surabondante, qui a effacé jusqu'au souvenir des troubles passés. Il ne me reste donc plus qu'à prier le Dieu de toute consolation et de toute paix d'affermir la tranquillité qu'il vient de nous accorder : joignez vos prières aux miennes, et efforçons-nous de mériter, par nos bonnes œuvres, la persévérance dans notre vocation, afin que le Père des miséricordes soit glorifié par nous et pendant cette vie et dans les siècles des siècles. Ainsi soit-il ! »

Le clergé et le peuple ne purent refuser des larmes à un discours animé de tout le zèle d'un apôtre et de toute la tendresse d'un père. Les grâces et l'onction qui étaient répandues sur ses lèvres firent une si vive impression sur ses auditeurs, que depuis on ne vit jamais un peuple si attaché à son évêque (1).

Outre le saint archevêque de Magdebourg, l'Allemagne se glorifiait d'un second apôtre, saint Othon, évêque de Bamberg. Nous l'avons vu, en 1124, avec la bénédiction du pape Calixte, quitter pour un temps sa chère Eglise, se rendre en Poméranie et en gagner à Jésus-Christ les peuples encore païens. En 1127, avec la bénédiction du pape Honorius et l'agrément du roi Lothaire, il quitta de nouveau Bamberg et se rendit une seconde fois en Poméranie, pour les raisons que voici :

Lorsqu'en 1125, dans la ville de Julin, on brûlait publiquement les idoles, quelques insensés en dérobèrent des plus petites et les cachèrent chez eux. Plus tard, au retour d'une ancienne fête d'idoles, comme le peuple se livrait à des festins et à des réjouissances, ces insensés lui montrèrent les idoles qu'ils avaient cachées ; ce qui, au milieu de la dissolution des plaisirs publics, suffit pour ramener le paganisme. Mais la punition ne tarda pas. La population était encore occupée de jeux et de danses païennes, quand le feu du ciel tomba sur la ville et y alluma un incendie tel, que les habitants purent à peine sauver leurs personnes par la fuite. L'église dédiée à saint Adalbert de Prague, et qui n'était que de bois, devint elle-même la proie des flammes ; mais le sanctuaire, qui n'était séparé de la nef que par un rideau, et qui n'était couvert que de chaume, demeura entièrement intact au milieu de cette fournaise. A la vue de ce miracle, tout le peuple confessa que le Christ était le vrai Dieu, appela les prêtres, fit pénitence publique, abjura les idoles sans retour, et rebâtit la ville (*Acta Sanct.*, 2 *julii*; Ebbon, *Vita S. Othon.*, l. 3, c. 1).

Dans la ville de Stetin, capitale de la Poméranie, il y avait deux églises, l'une sous le nom de Saint-Adalbert, l'autre sous celui de Saint-Pierre. Les prêtres des idoles, qui voyaient avec chagrin diminuer leurs offrandes, cherchaient une occasion pour ramener le peuple à l'idolâtrie. Une mortalité survint. Les prêtres des faux dieux, consultés par le peuple, répondirent que ce malheur n'arrivait que parce qu'on avait rejeté les idoles, et que tout le monde mourrait subitement, si on n'apaisait les anciens dieux par des présents et des sacrifices. Aussitôt on s'assemble, on se consulte ; on reprend la superstition du paganisme ; on détruit les églises chrétiennes, mais seulement à moitié. La populace, en fureur, étant arrivée au sanctuaire, n'osa aller plus avant, et dit au grand pontife des idoles : Voilà, nous avons fait notre part, c'est à vous de faire le reste et d'abattre le sanctuaire du Dieu des Allemands. Il saisit alors une hache, la brandit en l'air ; mais son bras devint aussitôt raide, il tomba lui-même à la renverse, en poussant des cris de douleur. Il conseilla au peuple de bâtir à leur dieu particulier un temple à côté de celui du Dieu des Allemands, et d'honorer également l'un et l'autre, de peur que celui-ci, qui venait de se montrer si puissant, ne détruisît leur ville de fond en comble. Le peuple suivit ce conseil.

Saint Othon de Bamberg, ayant appris cet état de

(1) Voir la *Vie de saint Norbert* dans les *Acta Sanctorum*, mais surtout sa vie plus complète par Hugo, qui a pu mettre à profit beaucoup de documents inédits.

choses, résolut d'aller au secours de ses chers néophytes. Ayant donc obtenu la bénédiction du pape Honorius et l'agrément du roi Lothaire, il fit tous les préparatifs convenables, non-seulement pour n'être point à charge aux populations qu'il allait visiter, mais encore pour exercer envers elles la libéralité la plus généreuse. C'était le jeudi saint 1127.

Après avoir béni le saint chrême et célébré la messe solennelle, il se mit en route, revêtu de ses habits pontificaux. Au lieu de passer par la Bohême et la Pologne, il voulut passer par la Saxe, afin d'évangéliser les populations de Poméranie, qu'il n'avait pu voir dans son premier voyage. Arrivé à Magdebourg, il y fut reçu avec grand honneur par saint Norbert. Entré dans le diocèse de Havelsberg, il le trouva tellement ravagé par les païens, qu'il y restait à peine quelques traces de christianisme. Les habitants célébraient précisément, avec grande pompe, la fête d'une idole. Saint Othon refusa pour cela d'entrer dans leur ville, les prêcha devant la porte, et leur persuada, sans beaucoup de peine, de renoncer à cette sacrilége superstition. Ayant traversé ensuite une immense forêt pendant cinq jours, il rencontra une peuplade barbare, qui, ayant su qui il était, demanda d'elle-même d'être instruite dans la foi. Il lui répondit avec bonté, qu'il lui fallait aller d'abord chez les nations qui lui étaient spécialement commises; mais qu'après cela, s'ils persistaient dans leur bonne volonté, il viendrait à eux de grand cœur, par l'autorité et la permission du Pape, et avec le consentement de l'archevêque Norbert, à la province duquel ils appartenaient (Ebbon, *Vita S. Othonis*, n. 73).

Arrivé à Témin, ville de la Poméranie, il la trouva sous les armes et en guerre avec les Lutices. Mais cette nuit-là même, le duc de Poméranie, Vratislas, devait venir au secours de la ville. En effet, le lendemain on vit tout le pays des Lutices en feu ; le duc arriva au soir, avec un immense butin, et non moins charmé de la venue de l'évêque que du succès de la guerre. On partagea les dépouilles, ainsi que les captifs ; il y eut bien des cris et des pleurs, lorsque la femme se vit séparée de son mari, le mari de sa femme, les parents de leurs enfants. Ils étaient tous païens; cependant l'évêque, toujours compatissant pour la misère humaine, ne put retenir ses larmes. Le duc, pour lui faire plaisir, rendit la liberté à quelques-uns des plus jeunes et des plus faibles, et ordonna de laisser ensemble ceux qui ne pouvaient être séparés sans douleur. L'évêque en racheta lui-même un grand nombre, qu'il instruisit dans la foi chrétienne, baptisa, et laissa ensuite aller en liberté (Sefrid, *Vita S. Othonis*, l. 3, c. 1).

De Témin, Othon se rendit dans la ville d'Uznoïm, où il y avait déjà quelques chrétiens, convertis par les missionnaires qu'il avait laissés dans le pays. Le duc y convoqua, pour le jour de la Pentecôte, une assemblée générale des seigneurs et des magistrats, et leur parla lui-même en ces termes : « Vous voyez comment ce saint pontife, pour votre salut, a laissé toute la gloire et toutes les richesses qu'il avait parmi les siens, s'est avancé dans des contrées lointaines et inconnues, n'épargnant ni ses biens ni ses amis pour l'amour de Dieu ; mais, exposant sa vie à la mort pour vous rappeler de la mort à la vie, il n'a pas hésité d'entreprendre un voyage aussi difficile.

Beaucoup d'autres ont déjà précédemment annoncé la parole de Dieu dans ces quartiers; mais, dans votre malice, vous les avez mis à mort. Récemment encore, vous en avez crucifié un. Les chapelains de mon seigneur, ayant recueilli ses ossements, les ont ensevelis avec crainte et respect. De pareils outrages, vous ne devez ni ne pouvez les faire à mon bien-aimé père et seigneur, l'évêque que voilà ; car il est l'envoyé du seigneur Pape et de l'invincible roi Lothaire. Vous saurez donc que, si vous lui faites quelque déplaisir ou quelque chicane, ceux qui l'ont envoyé le regarderont comme fait à eux-mêmes, et qu'ils vous extermineront, vous et votre terre. Il ne m'appartient pas de vous contraindre à cette religion ; car, comme je l'ai appris de la bouche de l'évêque, Dieu ne veut point de serviteurs forcés, mais volontaires. C'est pourquoi, assemblez-vous en commun, considérez l'affaire de votre salut, et, si vous recevez la parole de Dieu et l'ambassadeur de cette parole, décidez-le d'un commun accord. »

Après ce discours, les princes et les anciens s'assemblèrent dans un lieu convenable. La délibération fut longue et longtemps douteuse, surtout parce que les prêtres des idoles, dans des vues d'intérêt, s'y opposaient de toutes leurs forces. Mais la partie la plus saine du conseil soutenait qu'il était d'une infinie démence, lorsque tout le monde romain et les nations circonvoisines avaient subi le joug de la foi chrétienne, de s'éloigner volontairement, comme des avortons, du giron de la sainte mère Eglise ; qu'il était juste d'aimer le Dieu des chrétiens, qui depuis tant d'années les supportait rebelles, attendant avec patience leur conversion ; qu'ils avaient trop à craindre, s'ils continuaient à repousser son joug, que le Ciel n'exerçât sur eux une effroyable vengeance. Enfin, par l'effet de la clémence divine, ils rejetèrent unanimement le culte des idoles, et commencèrent à demander la grâce du baptême. A cette nouvelle, le bon pasteur, pleurant de joie, se mit à genoux et rendit grâces à Dieu.

Bientôt, ayant baptisé dans cette ville tous les princes, il envoya de ses prêtres, deux à deux, dans les autres villes, devant lui, afin d'annoncer au peuple la conversion des princes et sa prochaine arrivée. Deux de ces prêtres, dont l'un était Udalric, de la bouche de qui le biographe Ebbon apprit toutes ces particularités, se rendirent dans une ville très-opulente, nommée Hologast, où ils furent reçus avec honneur par la femme du premier magistrat de la ville : elle leur lava les pieds avec une humble dévotion, dressa la table et leur servit abondamment à manger. Ils étaient dans un étonnement extrême de trouver dans le royaume du diable une telle grâce d'humilité et d'hospitalité. Après le repas, l'un d'eux, nommé Albuin, la prit à part, lui apprit le motif de leur arrivée, et comment, dans l'assemblée d'Uznoïme, tous les princes avaient rejeté les idoles et embrassé la foi du Christ. A cette nouvelle, la bonne femme fut si épouvantée, qu'elle tomba à terre et resta longtemps demi-morte. Lorsqu'elle fut revenue à elle, Albuin lui demanda pourquoi elle abhorrait à ce point la grâce de Dieu, tandis qu'elle devait se réjouir de ce que Dieu visitait son peuple.

« Ce n'est pas ce qui m'épouvante, dit-elle ; mais mon cœur a tremblé de la mort qui vous menace d'un moment à l'autre; car les magistrats de cette ville ont résolu, avec tout le peuple, que, si vous paraissez quelque part, on vous mette à mort à l'instant, et ma maison que voici, jusque-là si tranquille et si pacifique, qui a toujours été ouverte au voyageur, sera profanée par votre sang; car si un des magistrats vient à savoir que vous êtes entrés ici, à l'heure même ma maison sera assiégée, et moi, malheureuse, si je ne vous livre, je serai brûlée avec tous les miens. Montez donc dans le haut de ma maison et cachez-vous-y, et moi j'enverrai mes domestiques, avec votre bagage et vos chevaux, dans les plus éloignées de mes fermes, afin que, si les inquisiteurs viennent, je puisse vous excuser, en ce qu'on ne trouvera chez moi ni vos vêtements ni vos chevaux. » Eux, rendant grâces à sa pieuse prévoyance, firent comme elle leur avait enseigné. A peine étaient-ils cachés et les chevaux partis, que le peuple, en fureur, se jeta dans la maison, la bouleversa dans tous les sens, demandant avec des cris de mort les étrangers qui y étaient entrés. La dame leur dit : « Ils sont entrés chez moi, il est vrai, mais après avoir mangé, ils sont partis à la hâte : je n'ai pu découvrir d'où ils venaient ni où ils allaient. Suivez-les, vous les atteindrez peut-être. — S'ils sont partis, répondit la populace, il est inutile de les poursuivre; qu'ils s'en aillent leur chemin! Mais s'ils reviennent ici, ils doivent s'attendre à une mort certaine. » Voilà comme la Providence fit cesser leur recherche; et les serviteurs de Dieu restèrent cachés sous le toit de cette matrone, comme d'une autre Rahab.

La cause de cette inquisition et de ce tumulte, fut un prêtre d'idoles. Ayant entendu parler de la nouvelle prédication, il employa cette ruse. Vêtu du manteau et des insignes d'une idole très-connue, il sortit secrètement de la ville, entra dans une forêt du voisinage, et se montra tout d'un coup à un paysan. Celui-ci, croyant voir son dieu, se prosterna contre terre, et lui entendit prononcer ces paroles : « Je suis le Dieu que tu adores. Ne crains pas, mais lève-toi, et va dans la ville dire aux magistrats et au peuple de ma part : Si les disciples du séducteur qui demeure à Uznoïm avec le duc Vràtislas, viennent à se montrer chez vous, mettez-les à mort sans délai, autrement la ville périra avec ses habitants. » Le paysan s'étant empressé de faire la commission, les citoyens résolurent unanimement d'exécuter les ordres de leur dieu; mais la divine Providence sauva ses serviteurs, comme il a été dit; et, le lendemain, l'évêque étant survenu avec le duc, ils sortirent de leur cachette.

Mais, ce jour-là même, il y eut encore une aventure. Vers le soir, quelques-uns des compagnons de l'évêque, voulant considérer le temple de la ville, s'avançaient sans assez de précaution. Ce que voyant quelques-uns des habitants, ils s'imaginèrent qu'ils voulaient mettre le feu au temple. Aussitôt il se forma une émeute, qui vint au devant d'eux en tumulte. Le prêtre Udalric dit à ceux qui l'accompagnaient : Ce n'est pas pour rien que ces gens se rassemblent: sachez que nous sommes trahis. Sur quoi ses compagnons rebroussèrent chemin, et se sauvèrent par la fuite; mais un clerc, nommé Ditrich, qui s'était avancé jusqu'aux portes du temple, ne sachant où se réfugier, entra hardiment dans le temple, saisit un bouclier d'or appendu à la muraille et consacré au dieu de la guerre, puis s'avança au devant des séditieux. Ceux-ci, gens d'une simplicité extrême, croyant voir arriver sur eux leur dieu Gérowit, retournèrent sur leurs pas et se jetèrent par terre. Ditrich, voyant leur imbécillité, jeta le bouclier et s'enfuit, bénissant Dieu de l'avoir délivré de la main de ses ennemis.

L'apôtre de la Poméranie employa sept jours à prêcher et à baptiser dans cette ville, y laissa ensuite le prêtre Jean, et s'en alla dans une autre ville nommée Cozegow. Les habitants lui offrirent de l'argent, pour qu'il laissât debout un temple magnifique qu'ils venaient de bâtir; mais le saint homme craignit que ce ne fût pour eux une occasion d'apostasie. Le temple fut donc abattu, et une église chrétienne bâtie en place. Le prince de la ville, nommé Mizlas, qui avait déjà reçu le baptême à Uznoïm, étant venu pour la dédicace de la nouvelle église, le saint Pontife lui dit : « Très-cher fils, que j'ai engendré au Christ par l'Évangile, cette dédicace extérieure demande la dédicace intérieure de votre cœur; car vous êtes le temple de Dieu, dans lequel le Christ daigne habiter par la foi. Si donc vous voulez orner la maison de votre cœur de telle sorte qu'elle soit pour Dieu, qui en est l'inspecteur, une demeure agréable, je pourrai faire cette dédicace extérieure avec une joie spirituelle. » Touché de ces paroles, le prince dit d'une voix attendrie : « Que faut-il donc que je fasse, pour que Dieu daigne habiter la maison de mon cœur? — Voici ce que je vous recommande, répondit l'évêque : examinez les secrets de votre conscience; si vous avez enlevé quelque chose à quelqu'un par violence, restituez-le dignement. Si vous avez fait des prisonniers pour de l'argent, renvoyez-les pour l'honneur de Dieu. — Je n'ai fait de violence à personne, dit le prince, mais j'ai beaucoup de prisonniers, qui me doivent beaucoup. — Voyez, dit le saint évêque, s'il y a des chrétiens parmi eux. » Le prince y ayant regardé, trouva plusieurs chrétiens danois; il les déchargea de toute dette, et les offrit au bienheureux père. L'homme de Dieu le félicita, et dit : « Le sacrifice si agréable à Dieu que vous avez commencé, rendez-le parfait, donnez également la liberté aux païens, afin qu'ils se soumettent plus volontiers au joug de la foi. — Pour ceux-ci, répliqua le prince, ils sont coupables de bien des crimes, et m'ont fait des préjudices intolérables; mais, bien-aimé père, ils seront délivrés, selon votre parole. » Le pieux Othon lui rendit grâces en versant des larmes, et dit : « C'est maintenant que cette dédicace sera agréable à Dieu, puisque vous lui avez préparé une demeure dans votre cœur. » Et il commença la dédicace solennelle.

Mais, par la permission divine, on ne trouva plus les cendres qu'on avait préparées pour tracer sur le pavé de l'église l'alphabet grec et l'alphabet latin, ainsi qu'il est marqué dans le *Pontifical*. Les servants jurèrent qu'ils les avaient placées depuis longtemps auprès de l'autel, cependant on n'en découvrait pas la moindre trace. Alors le prêtre Udalric, comme par inspiration, courut dans un souterrain où l'on gardait des cendres. Au bruit de ses pas, un prisonnier qui y était caché poussa des cris plaintifs, et avança la main hors de sa cage. Udalric, stupéfait, s'approcha pour voir ce que c'était, et il vit un jeune homme garrotté de chaînes de fer, au cou, à la poitrine et aux pieds. Ayant fait venir un interprète, il entendit de lui ces paroles : « Serviteur de Dieu, ayez pitié de moi, et faites en sorte de me délivrer de cette dure captivité. Je suis fils d'un très-noble prince danois, et le duc Mizlas me tient ici enfermé pour cinq cents marcs d'argent que doit lui donner mon père. A ce récit, Udalric alla trouver l'évêque et lui conta secrètement ce qu'il venait de découvrir, ajoutant que, sans aucun doute, la dédicace ne pourrait se parfaire, si ce captif n'était délivré avec les autres. L'évêque répondit : « Le prince nous a déjà fait et accordé tant de choses, que je n'ose presque pas lui demander davantage; et je ne crois pas qu'il y ait en Allemagne aucun prince qui cède si facilement aux prières que cet étranger. Cependant allez le trouver en secret, peut-être acquiescera-t-il à vos paroles, quoique la chose soit bien difficile. » Udalric, prenant avec lui Adelbert, l'interprète de l'homme de Dieu, conduisit le prince Mizlas hors de la foule; puis l'ayant salué d'abord au nom de Jésus-Christ, Adelbert lui demanda si tous ses captifs avaient été relâchés. Il répondit qu'ils l'étaient tous. « Pourquoi, reprit Adelbert, voulez-vous tromper Jésus-Christ, qui ne peut pas être trompé ? Pourquoi contristez-vous son apôtre, en niant et en dissimulant ? Voilà que, par votre dissimulation, vous avez mis un empêchement à cette dédicace; car les cendres qu'on avait préparées hier, ont disparu par la permission divine, et lorsque le coopérateur de mon seigneur, Udalric ici présent, fut allé, non par hasard, mais par la disposition de la Providence, chercher d'autres cendres, il a trouvé le captif que vous avez voulu cacher à Dieu, qui voit tout. »

Le prince étrangement surpris, dit alors : « Pour ce prisonnier, j'y tiens plus qu'à tous les autres; c'est pourquoi je vous prie de ne pas divulguer son affaire, mais de le laisser dans son cachot. — A Dieu ne plaise, répondit Udalric, que tant d'œuvres de piété que vous faites pour l'amour de Dieu et qui vous ont gagné l'admiration de mon seigneur l'évêque, périssent par une seule cruauté ! — Mais, reprit le prince, qu'en sera-t-il de ces cinq cents marcs que devait me donner son père pour m'indemniser de cet incomparable préjudice? — Le Seigneur, répliqua Udalric, le Seigneur a de quoi vous le rendre au centuple. » Alors enfin, le prince Mizlas, gémissant et frémissant en lui-même, s'écria : « Je prends Dieu à témoin que, si je lui consacrais mon corps par le martyre, je ne ferais pas une action plus pénible que maintenant; ce captif, auquel je tenais plus qu'à tout le reste, ce captif que j'avais résolu de ne délivrer jamais, eh bien ! malgré moi-même, pour l'honneur du Dieu tout-puissant et pour l'amour de mon seigneur l'évêque, je lui rends la liberté ! » Aussitôt il envoya le tirer de son cachot, le plaça de ses propres mains sur l'autel, l'offrit à Dieu comme un holocauste d'agréable odeur, et fit rompre ses fers, tous les assistants pleurant de joie et bénissant Dieu de la grande dévotion du prince. Le saint pontife acheva dès lors la dédicace avec plus d'allégresse qu'il n'avait commencé. Peu après, il réconcilia les habitants de la province avec le duc de Pologne, leur suzerain, qu'ils avaient offensé et qui se disposait à leur faire la guerre (Ebbon, n. 83-88).

Non loin de la ville d'Uznoïm, où demeuraient alors le duc Mizlas et l'évêque Othon, à une journée de navigation, se trouvait l'île de Rugen, nommée alors Véranie. Les habitants en étaient extrêmement barbares et féroces. Ayant entendu parler de la prédication du saint homme, ils menaçaient de le mettre à mort, s'il osait venir parmi eux. Lui, au contraire, plus on lui apprenait de leurs menaces, plus il avait le désir d'aller chez eux, dans l'espérance du martyre. Comme ses familiers, ainsi que le duc, l'en dissuadaient à cause de l'imminence du péril, il avisait au moyen de s'y rendre à leur insu; mais eux, ayant remarqué son dessein, l'observaient continuellement, pour ne pas lui en laisser l'occasion. Le saint homme, de son côté, leur reprochait leur peu de foi et de courage. Enfin le prêtre Udalric, voyant que cela lui tenait si fort au cœur, s'offrit généreusement à y aller lui-même. Ayant donc reçu la bénédiction du saint évêque, trois fois il se mit en mer, mais trois fois une tempête le força de regagner le rivage. Le saint comprit alors que les Rugiens n'étaient pas encore dignes de recevoir la grâce de l'Evangile (Sefrid, n. 147-150).

Après cela, ayant disséminé quelques-uns de ses compagnons en divers endroits de la province, pour achever l'œuvre commencée, il proposa d'aller lui-même à Stetin, pour ramener les habitants de leur apostasie; mais les clercs qui le devaient accompagner, sachant les Stétinois barbares et cruels, craignaient pour lui et pour eux. Ils mirent tout en œuvre pour l'en détourner. Fatigué de leurs instances, il leur dit : « Je le vois, nous ne sommes venus que pour les délices; tout ce qui se présente d'âpre et de difficile, nous jugeons devoir l'éviter. Soit; car, comme je ne veux forcer personne à la gloire du martyre, de même je voudrais vous y exhorter tous, s'il était possible. Mais, je vous prie, si vous ne voulez pas m'aider, au moins ne m'empêchez pas. Que chacun ait le pouvoir de sa vie : vous êtes libres et moi aussi. De grâce, messieurs, laissez-moi. » Et, les ayant fait sortir de sa chambre, il se mit en prière jusqu'au soir. Alors il appela son valet de chambre, lui ordonna de fermer toutes les portes, d'écarter tout le monde et de ne laisser approcher personne à son insu.

Cela fait, il mit secrètement ses habits de voyage, plaça les ornements pontificaux avec le livre et le calice dans une malle, prit le tout sur les épaules, sortit silencieusement de la ville, et, sans être accompagné de qui que ce fût, prit la route de Stetin. Se voyant tout seul, il bénissait Dieu de son stratagème, et commença les matines, s'empressant d'arriver à Stetin cette nuit-là même. Vers dix heures, ses clercs s'étant relevés pour l'office de la nuit, le cherchèrent vainement. A force de questionner ses domestiques, ils devinèrent ce qui était arrivé. Aussitôt, les uns à pied, les autres à cheval, ils coururent dans toutes les directions pour le retrouver. Vers le matin, ceux qui étaient à cheval et qui s'étaient dirigés vers la mer, l'atteignent au moment qu'il allait monter dans un navire. Dès qu'il les reconnut, il éprouva un grand trouble et dit en gémissant : « Hélas ! seigneur Jésus, fils unique de Dieu, fils unique de la Vierge, doux nom de mon espérance, me priverez-vous de mon désir? Faites, je vous prie, que ceux qui arrivent s'en viennent avec moi, ou que du moins ils ne m'empêchent pas d'exécuter mon dessein. » Eux, arrivés, se prosternent à ses pieds, lui se prosterne de son côté, ils pleurent les uns et les autres, la tristesse les empêche longtemps de parler. Enfin, après bien des larmes, l'évêque leur demanda tristement : « Que venez-vous faire ? De grâce, retournez à votre logis, et moi j'irai mon chemin. — A Dieu ne plaise ! s'écrièrent les autres. Ce nous est assez de cette grande confusion ; nous ne vous quitterons plus jamais. Si vous voulez revenir, nous reviendrons avec vous ; si vous aimez mieux aller en avant, nous avancerons avec vous. Mais daigne Votre Sainteté agréer notre conseil. Retournons ensemble à nos frères et à nos serviteurs aujourd'hui ; demain, nous le disons en toute sincérité, nous vous suivrons tous à la vie et à la mort. »

L'évêque étant retourné à cette condition, repartit le lendemain avec tout son monde et arriva heureusement à Stetin. Les habitants de la ville étaient divisés : les uns persévéraient encore dans la foi, les autres, en plus grand nombre, étaient retournés au paganisme. Les premiers se réjouissaient de la venue de l'évêque, les autres en étaient troublés. Il se logea dans une église à l'entrée de la ville et qu'il avait dédiée dans son premier voyage. Les apostats, ameutés par les prêtres des idolâtres, la vinrent environner en armes et en tumulte, criant qu'il fallait massacrer tous ceux qui étaient dedans, principalement le chef. L'évêque, avide du martyre, se revêtit de ses habits pontificaux, fit élever la croix et les reliques, et, entonnant des psaumes et des hymnes, recommandait au Seigneur son dernier combat. Les Barbares les entendant chanter, furent étrangement surpris de ce que, à l'article de la mort, ces hommes pouvaient chanter encore. Ils écoutaient, ils se regardaient, et, comme enchantés par la vertu des paroles, ils commencèrent à s'adoucir et à se dire entre eux que, pour recevoir ou repousser des choses pareilles, il fallait consulter la raison plutôt que la force. Les plus sages remontraient en particulier aux prêtres des idoles que leur devoir à eux était de défendre leur religion par des raisons convenables. En chuchotant ainsi les uns avec les autres, ils se retirèrent peu à peu chacun chez soi. C'était le vendredi ; l'évêque, avec les siens, employa ce jour et le suivant en jeûnes et en prières.

Cependant un des premiers de la ville nommé Witsac, ne cessait de prêcher le royaume de Dieu et la foi chrétienne, soit dans les assemblées du peuple, soit dans les places publiques, soit dans les maisons, soutenant que les traditions chrétiennes et la doctrine de l'évêque étaient saintes et pleines de vérité. Peu auparavant, cet homme, faisant la piraterie contre les païens, avait été surpris et fait prisonnier, après avoir perdu beaucoup des siens. Plongé dans un cachot, chargé de fers, il pria le Seigneur par les mérites du saint évêque Othon, qui lui avait donné le baptême. Le saint lui apparut, fit tomber ses chaînes et lui donna ses ordres pour les habitants de Stetin. Ainsi miraculeusement délivré de sa prison, Witsac trouva de même sur le bord de la mer une petite barque dans laquelle il arriva heureusement en sa patrie. Il suspendit la petite barque à une des portes de Stetin, comme un témoignage public de sa miraculeuse délivrance, et ne manqua pas de reprocher à ses compatriotes, au nom de son saint libérateur, le mélange sacrilège qu'ils faisaient du culte des idoles avec celui du vrai Dieu. Lors donc que le saint évêque fut arrivé devant la ville, Witsac, qui parlait dès lors bien plus hardiment encore, alla le trouver avec ses parents et ses amis, se prosterna à ses pieds, lui rendit grâces, lui raconta en détail l'histoire de sa captivité et de sa délivrance, l'exhorta à prêcher courageusement l'Évangile, lui promettant, avec tous les siens, de le soutenir et de l'assister en tout.

Le dimanche donc, après la messe solennelle, le saint évêque, revêtu de ses ornements pontificaux, entra processionnellement dans la ville. Witsac lui fit voir, en passant, sa petite barque suspendue à un poteau, et raconta de nouveau, devant tout le peuple, l'histoire de sa délivrance. L'évêque monta sur une estrade pour parler à la foule. Witsac lui servait de héraut pour apaiser le bruit et faire faire silence. La plupart des apostats écoutaient assez volontiers, lorsque le pontife des idoles, qui cette nuit-là même s'était proposé de tuer l'évêque, arrive plein de fureur, vomit contre lui mille injures, et ameuta la populace païenne ; à son commandement, tous les apostats brandissent leurs lances pour en percer le saint évêque ; mais leurs bras restent suspendus en l'air et immobiles. Le pontife des idoles ayant voulu leur donner l'exemple, resta, comme eux, le bras et la lance en l'air, à l'égal d'une statue. Les fidèles étaient dans l'admiration et bénissaient Dieu. « Vous voyez, mes frères, disait l'évêque, quelle est la puissance du Seigneur ; car, comme je vois, c'est Dieu qui vous a liés. Pourquoi ne jetez-vous pas vos lances ? pourquoi ne retirez-vous pas vos bras ? Jusqu'à quand resterez-vous dans cette posture ? » Comme ils ne répondaient rien, l'évêque ajouta : « Voilà vos dieux pour qui vous combattez ; qu'ils viennent à votre secours, s'ils peuvent quelque chose ! Voilà votre prêtre qui a causé ce tumulte ; qu'il invoque maintenant ses dieux sur vous ; qu'il vous donne conseil et secours ! S'il sait ou peut quelque chose, voici le temps. » Le prêtre des idoles, aussi bien que la foule des apostats, demeura muet et immobile.

Enfin, touché de compassion, l'évêque dit tout haut : « Je vous rends grâces, Seigneur Jésus-Christ, de ce que, suivant votre coutume, vous déployez, quand il en est temps, la puissance de votre force, pour terrifier vos adversaires et protéger vos serviteurs. Mais comme vous êtes bon et miséricordieux, pardonnez, de grâce ! pardonnez à l'ignorance et à la témérité de ce peuple, et, selon votre miséricorde accoutumée, rendez-leur l'usage de leurs corps, dont vous les avez privés. » En même temps il fit sur eux le signe de la croix, et l'effet suivit la prière. Il en profita pour leur faire sentir leur égarement, leur donna sa bénédiction, les renvoya fort radoucis, et s'avança lui-même à l'église de Saint-Adalbert, dont il n'existait plus que le chœur. Il la rebâtit tout entière à ses frais.

Un jour qu'il s'y rendait, il trouva sur la place une troupe d'enfants qui jouaient ; il les salua dans leur langue, et, comme prenant part à leurs jeux, il les bénit du signe de la croix. S'étant avancé vers l'église, il s'aperçut que ces enfants, quittant leurs jeux, le suivaient tous ensemble, curieux de regarder sa figure et son costume, comme il est naturel à cet âge. Il s'arrêta au milieu d'eux, et, leur parlant d'une manière caressante, il demanda s'il y en avait parmi eux qui eussent reçu le baptême. Ils se regardèrent l'un l'autre, et firent connaître ceux qui étaient baptisés. L'évêque les prit à part, et leur demanda s'ils voulaient garder la foi du baptême. Ils répondirent avec assurance qu'ils le voulaient de grand cœur. Eh bien! reprit l'évêque, si vous voulez être chrétiens et garder la foi du baptême, vous ne devez plus admettre à votre jeu ces enfants infidèles qui ne sont pas baptisés. Aussitôt, suivant la parole de l'évêque, se réunissant avec leurs pareils, les enfants baptisés commencèrent à repousser ceux qui ne l'étaient pas, et ne communiquaient plus avec eux dans aucun jeu. C'était beau de voir les uns, glorieux d'être chrétiens, en agir familièrement avec l'évêque, le regarder et l'écouter avidement, même au milieu de leurs jeux; tandis que les autres, honteux et confus de leur infidélité, se tenaient au loin. Mais le bon père, avec de douces paroles et suivant leur capacité, instruisit plus pleinement de la foi les enfants chrétiens; et en même temps il exhorta si bien les autres, qu'ils finirent tous par demander à être baptisés et à devenir chrétiens eux-mêmes (Sefrid, n. 151-164).

Cependant les plus anciens et les plus sages de la ville se consultaient fréquemment et longuement ensemble, sur le meilleur parti à prendre pour le salut du peuple et de la patrie. Ils considéraient avec soin toutes les paroles et toutes les actions de l'évêque, son désintéressement, ses immenses aumônes, tant de captifs rachetés, tant d'églises bâties ou rebâties à ses frais. Et plus ils considéraient tout cela, plus ils concevaient d'admiration et de vénération pour sa personne. Enfin, après une délibération qui dura depuis le matin jusqu'au milieu de la nuit, ils résolurent, d'une voix unanime, d'extirper complètement l'idolâtrie et de se donner entièrement à la religion chrétienne. Witsac, qui assistait à la délibération, vint la nuit même informer l'évêque de cette heureuse issue. Le lendemain, saint Othon trouva le peuple disposé à tout, les apostats se soumirent à la pénitence, on brisa les idoles et leurs temples, on restaura les églises, on administra le baptême à ceux qui ne l'avaient pas encore reçu. Ce n'est pas que les prêtres des idoles ne cherchassent encore plus d'une fois à tuer le saint évêque; mais Dieu protégeait son serviteur, et punissait ses ennemis d'une manière si visible, que l'excès de leur malice ne faisait qu'affermir le bien.

Après avoir tout réglé à Stetin, il se rendit à Julin, dont les habitants, beaucoup moins coupables, étaient d'eux-mêmes beaucoup mieux disposés. Ils reçurent avec une humble soumission ses remontrances paternelles, et réformèrent tous les abus. Dieu y fit, par son serviteur, plusieurs miracles, et entre autres rendit la vue à une femme aveugle. Mais, avec des miracles de bonté envers les malheureux, il y eut aussi des miracles de châtiments envers les indociles. Le jour de l'Assomption de la sainte Vierge, le prêtre Bocétis trouva un paysan et sa femme moissonnant du blé. Le prêtre leur représenta que ce jour, étant une fête de la Vierge, devait être chômé. Or, c'était un lundi : ce qui convient à l'année 1127. Le paysan répondit : « Hier, parce que c'était dimanche, il n'était pas permis de travailler; aujourd'hui encore il faut ne rien faire. Quelle est cette doctrine, qui empêche les hommes de s'occuper de leurs intérêts nécessaires? Quand est-ce que nous verrons nos moissons rentrées? Je crois bien que vous êtes envieux de notre bien-être. » Il allait proférer quelque blasphème et donnait de grands coups de faucille dans le blé, lorsqu'il tomba raide mort, tenant sa faucille d'une main, une poignée de blé de l'autre, mais si fortement, qu'il fut impossible de les lui ôter. La femme ne fut pas frappée de mort, mais elle ne resta pas impunie; elle suivit le corps de son mari à l'église, tenant elle-même sa faucille d'une main et une poignée de blé de l'autre, sans pouvoir s'en défaire, jusqu'après l'enterrement et jusqu'à ce que tout le monde fût convaincu qu'elle était punie pour une action illicite.

Les Rugiens ayant su que les Stétinois étaient revenus parfaitement au christianisme, leur firent la guerre; mais ils furent eux-mêmes complètement défaits et profondément humiliés. Saint Othon conçut de nouveau le dessein de passer chez eux; mais on lui remontra que, d'après un décret du Seigneur apostolique, c'est-à-dire du Pape, l'île de Rugen avait été recommandée au zèle de l'archevêque des Danois. Il envoya lui demander la permission d'y prêcher l'évangile. L'archevêque différa de répondre, parce qu'il voulait consulter auparavant les princes de Danemarck. Sur les entrefaites, le roi Lothaire et les autres princes d'Allemagne mandèrent à Othon et même le prièrent de revenir. Il revint donc, par la Pologne et la Bohême, à Bamberg, la veille de la fête de l'apôtre saint Thomas, 20 décembre, à la grande joie de son peuple, après avoir converti deux fois la Poméranie; la première fois avec la bénédiction du pape Calixte; la seconde, avec la bénédiction du pape Honorius (1).

§ II.

La papauté trouve dans saint Bernard un puissant soutien.

Durant tout son pontificat, qui fut de cinq ans et près de deux mois, ce dernier Pape, Honorius II, exerça l'autorité apostolique, sans obstacle, par toute la chrétienté. L'an 1125, il envoya en qualité de légat en Angleterre et en Ecosse, Jean de Crême, cardinal-prêtre du titre de Saint-Chrysogone, qui avait déjà reçu cette légation du pape Calixte II. Le roi Henri le retint en Normandie assez longtemps, et lui permit de passer en Angleterre, où il fut reçu avec honneur par toutes les Eglises. De concert avec l'archevêque Guillaume de Cantorbéry, il indiqua un concile à Londres pour la Nativité de la sainte Vierge. En attendant, il parcourut toute l'Angleterre, alla jusqu'en Ecosse, eut une entrevue avec le roi David, lui remit les lettres du Pape, qui le priait d'enjoindre aux évêques du pays de se rendre au concile où le légat les convoquerait. Ayant rempli sa légation en Ecosse, Jean de Crême revint tenir le concile d'Angleterre, indiqué à Londres. Il s'ouvrit

(1) Voir les *Acta Sanctorum*, 2 *julii*, les deux vies de saint Othon de Bamberg, écrites par deux auteurs contemporains, su le récit de témoins oculaires.

à Westminster, le 9 septembre 1125. Le légat y présidait avec les deux archevêques, Guillaume de Cantorbéry et Turstan d'York, vingt évêques et environ quarante abbés. On y fit dix-sept canons, qui ne font que confirmer les anciens, particulièrement contre la simonie, l'incontinence des clercs, les ordinations sans titre et la pluralité des bénéfices. On ordonne aussi privation des bénéfices contre ceux qui ne veulent pas se faire promouvoir aux ordres, pour vivre avec plus de licence. Après le concile, le légat emmena à Rome les deux archevêques, Turstan d'York et Guillaume de Cantorbéry, pour plaider devant le Pape leur différend touchant la soumission de l'Eglise d'York à celle de Cantorbéry. On ne sait pas quelle fut la sentence. On voit seulement, par Guillaume de Malmesburi, que le pape Honorius établit l'archevêque Guillaume légat apostolique en Angleterre et en Ecosse (Baron., Pagi, Mansi, an 1125; Labbe, t. X).

En 1129, à la demande des rois de Danemarck, de Suède et de Bohême, le même Pape envoya dans ces pays, comme légat apostolique, le cardinal-diacre Grégoire, pour y réformer les abus et rétablir la bonne discipline (Baronius, an 1129; Labbe, t. X).

En Orient, les chrétiens s'étaient rendus maîtres de Tyr, ainsi que nous l'avons vu, le 29 juin 1124. Ce ne fut que quatre ans après qu'on y mit un archevêque. Le roi de Jérusalem, le patriarche et les principaux seigneurs du royaume s'assemblèrent à Tyr au printemps 1127, et élurent pour archevêque Guillaume, prieur du Saint-Sépulcre, anglais de nation, recommandable par ses mœurs. D'après un historien du temps et du pays, ils différèrent si longtemps cette élection, afin d'avoir le loisir de disposer des églises et des autres biens qui dépendaient de la cathédrale, et de n'en laisser à l'archevêque que ce qu'il leur plairait. Guillaume, ayant été sacré par Gormond, patriarche de Jérusalem, vint à Rome, malgré ce prélat, demander le *pallium*, et le reçut du pape Honorius avec grand honneur. Il fut accompagné, à son retour, de Gilles, évêque de Tusculum, légat du Pape, chargé d'une lettre par laquelle le souverain Pontife ordonnait à Bernard, patriarche d'Antioche, de rendre à la métropole de Tyr les églises épiscopales qui en dépendaient, et cela dans quarante jours, sous peine de suspense (Guill. de Tyr, l. 13).

Quant aux Grecs, ils étaient en communion avec l'Eglise romaine. On le voit par deux lettres de Pierre le Vénérable, abbé de Cluny : l'une à l'empereur Jean Comnène, l'autre au patriarche de Constantinople. Après leur avoir parlé de certaines affaires, il se recommande aux prières du patriarche, l'assure des siennes, et il associe l'empereur à toutes les prières et bonnes œuvres de Cluny, à l'égal des rois de France, des rois d'Angleterre, des rois d'Espagne, des rois d'Allemagne, des rois de Hongrie, et même des empereurs d'Occident (*Apud Baron.*, an 1119).

En Italie, dans la partie méridionale occupée par les Normands, il y eut un moment de difficultés politiques. Guillaume, duc de Pouille, mourut sans enfants, l'an 1127. Ce duché pouvait être réclamé par Bohémond II, prince d'Antioche, petit-fils de Robert Guiscard. Roger, comte de Sicile, cousin de Guillaume, se présenta le premier pour recueillir la succession.

Le Pape, de son côté, comme seigneur suzerain de toutes les provinces normandes, prétendait en disposer. Roger mit tout en œuvre pour traiter avec le Pape; cependant il y eut quelques hostilités. Enfin, l'an 1128, les armées étant en présence, l'arrangement se conclut : le pape Honorius donna l'investiture de la Pouille et de la Calabre à Roger de Sicile, qui lui prêta foi et hommage le jour de l'Assomption (Baron., Pagi et Muratori).

Cependant, au milieu de cette soumission générale des nations chrétiennes au chef spirituel de la chrétienté, au vicaire du Christ, le saint archevêque de Magdebourg, Norbert, par une lumière prophétique, prévoyait une persécution générale dans l'Eglise et un certain règne de l'antechrist. Il s'en expliqua dans un entretien avec saint Bernard, qui ne fut pas convaincu de ses raisons (Bern., *Epist.* 56); mais les événements qui suivirent la mort du pape Honorius II lui firent comprendre la vérité et le sens de la prophétie.

Au temps du pape saint Léon IX, il y avait un juif à Rome qui s'était prodigieusement enrichi par l'usure et d'autres moyens judaïques. Il reçut le baptême, et, en l'honneur du Pape, prit le nom de Léon. Comme l'argent, suivant ce que dit un auteur du XIIe siècle, Arnulphe, évêque de Lisieux, est la reine du monde, qu'elle donne la noblesse et la beauté (1), l'opulent juif s'allia, par le mariage de ses nombreux enfants, tous les nobles de Rome. Un de ses fils, appelé Pierre de Léon, du nom de son père, augmenta encore ses richesses et ses alliances. Il servit même puissamment le pape Pascal II dans sa lutte contre l'empereur d'Allemagne, Henri V, touchant les investitures : ce qui augmenta singulièrement encore son crédit. Un fils de Pierre de Léon, portant le même nom, fut destiné dès l'enfance à l'état ecclésiastique, et intentionnellement à la papauté. Envoyé en France pour ses premières études, il y mena une vie assez libertine pour être regardé par ses condisciples, comme le futur antechrist et comme la ruine du monde.

Pour faire oublier l'infamie de sa première jeunesse, il se fit moine à Cluny. Revenu à Rome, il fut fait cardinal par le crédit de sa famille, et employé en diverses légations, où il scandalisa plus par ses débauches, qu'il ne put édifier par les règlements qu'il publiait. On prétendait qu'il menait avec lui une fille habillée en clerc, pour satisfaire sa passion avec moins de scandale. On l'accusa même d'un mauvais commerce avec sa propre sœur Tropea, et d'être en même temps le père de ses neveux et l'oncle de ses enfants. C'est ce que rapporte l'auteur cité ci-dessus.

En 1130, le pape Honorius II étant tombé dangereusement malade, les cardinaux s'assemblèrent dans l'église de l'apôtre saint André, et statuèrent que l'élection du Pontife serait commise à huit personnes, deux cardinaux-évêques, celui de Préneste et celui de Sabine; trois cardinaux-prêtres, Pierre de Pise, Pierre Rufus et Pierre de Léon; trois cardinaux-diacres, Grégoire de Saint-Ange, Jonathas et le chancelier Aimeric : en sorte que, si le pape

(1) *Dum genus et formam regina pecunia donat* (Arnulph. *apud* d'Achery, t. I, c. 3, in-fol.).

Honorius, qui alors était à l'extrémité venait à mourir, celui qui aurait été élu d'un commun accord par les commissaires ou par la plus saine partie d'entre eux, serait reconnu par tous pour souverain et pontife de Rome. Le cardinal-évêque de Préneste décréta de plus, conjointement avec les autres, que si quelqu'un s'opposait à l'élection ainsi faite, il serait soumis à l'anathème; et que, si quelqu'un attentait d'en élire un autre, cette élection serait nulle, et le prétendu élu incapable d'obtenir jamais aucune dignité dans l'Eglise : ce que Pierre de Léon lui-même confirma de sa propre bouche, ajoutant qu'on ne devait pas craindre qu'à son occasion il s'élevât quelque scandale dans l'Eglise, parce qu'il aimait mieux être englouti dans l'abîme que d'être une occasion de scandale. Il fut enfin statué que les électeurs s'assembleraient le lendemain. Mais Pierre de Léon, avec Jonathas, semblable au corbeau de l'arche, se séparant de ses collègues, ne revint plus à eux, tint des conventicules à part, et travaillait à élever un autel de malédiction. La chose alla si loin, par le crédit et les largesses de ses proches, et par les intrigues de ses émissaires, que ce précurseur de l'antechrist se serait élevé prématurément au-dessus de tout ce qui est appelé dieu, si le pape Honorius, qu'ils croyaient déjà mort, ne s'était montré au peuple à la fenêtre. Ces particularités importantes, inconnues à Baronius et à Fleury, et qui éclaircissent si bien ce point d'histoire, nous sont attestées par une lettre de Henri, évêque de Lucques, à saint Norbert, archevêque de Magdebourg, qui lui avait demandé comment, au juste, les choses s'étaient passées. Cette lettre se trouve dans l'édition des conciles par Mansi, archevêque de Lucques (t. XXI).

A la vue de ces trames, ceux de qui Dieu avait touché le cœur envisageaient avec effroi le péril de l'Eglise et les flots de la tempête qui déjà commençaient à se soulever. Le pape Honorius étant mort, fut enterré le vendredi après les Cendres, 14 février 1130, non avec toute la solennité usitée en pareils cas, mais selon la nécessité du lieu et du temps, à cause de la calamité, qui était imminente. Aussitôt, sur les huit électeurs désignés d'un commun accord, les quatre suivants, l'évêque de Préneste, l'évêque de Sabine, le cardinal-prêtre Rufus et le chancelier Aimeric, élurent pour pape, malgré lui, le cinquième, le cardinal-diacre Grégoire de Saint-Ange, avec l'approbation des évêques, des prêtres-cardinaux, des diacres et des sous-diacres présents (Mansi, t. XXI). Le Pontife élu résista longtemps à leurs prières et à leurs larmes. Deux fois il repoussa la chape rouge, qu'on cherchait à lui mettre ; la seconde fois même il la repoussa avec tant de véhémence, qu'elle fut déchirée. Ses pleurs et ses sanglots étaient si violents, il était si abattu des efforts qu'il venait de faire, qu'on craignit qu'il n'allât expirer. A la vue d'une nouvelle chape, il représenta, d'une voix entrecoupée par les sanglots et les larmes, combien il était indigne et incapable d'une si haute dignité, surtout dans ces conjonctures aussi difficiles. L'assemblée l'interrompit par ces paroles :

« L'imminence du péril et la nécessité ne permettent point d'excuse. Le lion (Léon) est prêt à se jeter sur la proie qu'il attend, vous le savez, depuis son enfance. Si on ne prévient son irruption, il n'y a plus d'espérance de liberté, plus de règle pour les bonnes mœurs, l'ancienne dignité de l'Eglise romaine est perdue, sa gloire est changée en opprobre, cette puissance si formidable aux derniers des hommes devient un objet de mépris. Jusqu'à présent l'Eglise romaine a été la tête du monde, par la constance dans la foi, la souveraineté de la puissance, la régularité dans les mœurs, la sévérité de la discipline, la discrétion dans les affaires, l'exemple notoire de la piété ; jusqu'à présent, elle a été la terreur des méchants, le soutien des bons, le refuge des malheureux. C'est dans son intégrité que les églises inférieures puisaient leur force ; c'est dans la santé de cette tête que les membres blessés trouvaient le remède à leurs souffrances. Mais voici que s'approche l'apostasie, voici que s'approche la désolation de cette antique puissance, ainsi que de tous les hommes de bien ; sa chute s'annonce manifestement, en ce que l'homme de péché, le fils de perdition se relève pour agir en adversaire, pour s'élever au-dessus de tout ce qui est appelé dieu ou honoré comme tel, et pour s'asseoir dans le temple de Dieu, comme s'il était lui-même Dieu. Par ces paroles si claires de l'apôtre, nous voyons que celui dont nous parlons est l'antechrist ou son précurseur pour lui préparer les voies. Déjà il rassemble les auxiliaires de son intrusion, déjà il convoque dans l'Eglise de Dieu la faction sacrilège qu'il a recrutée par sa famille, sa puissance, ses largesses, ses promesses. Le loup attaque les brebis destituées de pasteur ; il s'empresse d'occuper le premier le siége vacant, qu'il n'oserait peut-être pas envahir, s'il le voyait occupé par un pasteur légitime. C'est à vous que la sainte Eglise remet ses intérêts suprêmes, pour être gouvernée par votre prévoyance et délivrée par vos soins. C'est elle qui vous a nourri et élevé dans son sein, elle qui vous a prévenu de ses faveurs dans un temps où elle n'avait aucun besoin de vous. Aujourd'hui elle réclame la reconnaissance de ses bienfaits et demande que vous ne l'abandonniez pas dans ses besoins extrêmes. Est-ce que vous n'écouterez point les cris de votre mère? Vous refusez sous prétexte de votre indignité, comme si nous ne savions pas qui vous êtes ! Certainement, si vous vous en jugiez digne, vous en seriez indigne par-là même. Vous redoutez, par une modestie louable, l'éminence d'une dignité qui réunit en soi ce qu'il y a de plus sublime dans la royauté et le sacerdoce ; mais ce n'est pas à l'honneur que nous vous invitons, c'est plutôt au péril. Nous n'ignorons pas ce que l'adversaire machine contre nous. Déjà il tire le glaive, déjà il aiguise ses flèches ; il ne compte parvenir à l'apostolat que par l'effusion de notre sang. Mais quelque grand que soit le danger de mort que nous courons, nous aimons mieux attendre de la main de Dieu le prix de notre sang versé, que d'avoir à lui rendre compte du sang de l'Eglise. Or, dans cette carrière où nous courons à la mort, nous voulons vous avoir, non-seulement pour compagnon, mais encore pour précurseur. Exposez-vous donc avec nous, comme une victime qu'on va égorger. Il n'est pas permis de refuser sa vie à qui nous l'a donnée, dès qu'il la redemande. Si donc vous êtes sensible à la calamité d'une mère désolée, à nos larmes, à l'honneur, aux devoirs de l'obéissance, rendez-vous à nos désirs. Si vous y acquiescez, nous vous rendrons nos soumissions ; si vous résistez, vous porterez la peine de votre désobéissance ; car, après la mort du Pape, nous avons la même autorité qu'il avait de son vivant pour commander et pour punir, jusqu'à ce qu'on lui ait donné un successeur. »

Cela dit, les cardinaux se préparaient à fulminer contre le Pape élu la sentence d'excommunication, tout en lui offrant la chape rouge qu'on avait été chercher. Dans cette alternative, l'humble cardinal Grégoire préféra s'exposer aux embûches de Pierre de Léon, que d'encourir l'anathème de ses frères. Il accepta, et fut proclamé pape sous le nom d'Innocent II (Arnulph. *apud d'Acheri*, t. I). C'était le 14 février 1130, à neuf heures du matin. Ces détails si intéressants, qui nous montrent l'assemblée des cardinaux fidèles comme un sénat de héros chrétiens, nous ont été transmis par un auteur contemporain, Arnulphe, évêque de Lisieux, qui était alors en Italie, et qui les écrivit à Geoffroi, évêque de Chartres.

La majorité des huit cardinaux électeurs, de concert avec le reste du clergé de Rome, ayant ainsi élu le nouveau Pape, le conduisirent à l'église de Latran, entourée d'une multitude de fidèles, l'intronisèrent dans le Siège suprême et lui rendirent leurs hommages avec une infinité de personnes pieuses. De là, ils montèrent au palais, achevèrent les cérémonies d'usage et lui remirent tous les insignes pontificaux de ses prédécesseurs. Tout était canoniquement terminé vers l'heure de tierce ou neuf heures du matin. C'est ce que mandent les cardinaux et le clergé de Rome au roi Lothaire (*Conciles de Mansi*, t. XXI).

Le même jour, à l'heure de sexte, c'est-à-dire à midi, Pierre de Léon, le sixième des huit cardinaux électeurs, se fit élire par les deux restants, le septième et le huitième, et par d'autres membres du clergé romain, que l'argent de sa famille avait gagnés. Cette élection de l'antipape se fit dans l'église de Saint-Marc, qui n'était pas loin de la forteresse de ses frères. Le lendemain, il se rendit en armes à l'église de Saint-Pierre, l'environna de machines, en brisa la toiture et les murailles, et, par le meurtre et le sang, entra avec ses satellites dans la basilique du prince des apôtres. Le surlendemain, il envahit de même, par le fer et le feu, l'église de Latran, brisa le trône pontifical, pilla le trésor de Saint-Laurent. Le jour d'après, il attaqua le palais où logeait le pape Innocent avec l'Eglise catholique; mais il fut repoussé avec perte et honte. Bientôt on ne parla partout que des déprédations qu'il avait commises dans les églises, du trésor de Saint-Pierre qu'il avait pillé, des pèlerins de Jérusalem et de Rome qu'il avait dépouillés. A mesure que la connaissance de ces faits se répandait dans les provinces, on y reconnaissait Innocent II pour pape légitime, on lui envoyait des députations, tandis qu'on rejetait et qu'on anathématisait l'antipape Pierre de Léon, qui se nommait lui-même Anaclet. C'est ce que mandent au roi Lothaire les cardinaux fidèles, dans la lettre déjà citée. Gauthier, archevêque de Ravenne, et Henri, évêque de Lucques, rapportent les mêmes faits dans leurs lettres à saint Norbert, archevêque de Magdebourg (*Ibid.*), qui leur en avait écrit à tous deux, et qui suivit sans retard leur exemple en reconnaissant le Pape légitime et en prononçant anathème contre l'antipape. Dès le 18 février, quatre jours après son élection, n'étant pas sacré encore, Innocent II écrivit aux fidèles de Germanie, pour leur notifier qu'il confirmait la légation du cardinal Gérard parmi eux, et pour les engager à escorter, l'année suivante, le roi Lothaire en Italie, lorsqu'il viendrait à Rome recevoir la couronne impériale. Il écrit la même chose et le même jour à Lothaire lui-même (Mansi, t. XXI). Dans une autre, datée de Rome, au delà du Tibre, le 3 mai, il lui raconte en peu de mots l'histoire de son élection, ainsi que celle de l'antipape, telle que la racontent les cardinaux et les autres que nous avons déjà cités; il lui annonce que, pour l'instruire de tout plus à fond et concerter avec lui plusieurs choses, il lui envoyait l'archevêque Gautier de Ravenne; il l'exhorte enfin à bien remplir, dans ces circonstances, son devoir de défenseur de l'Eglise.

Le premier évêque des Gaules qui suivit, s'il ne précéda, l'exemple de saint Norbert de Magdebourg dans la condamnation de l'antipape, fut saint Hugues, évêque de Grenoble. Quelques années auparavant, ce vertueux prélat avait envoyé des députés au pape Honorius, pour lui demander la permission de quitter son siège. Ce désir, qu'il avait eu dès le commencement de son épiscopat, lui dura toute la vie; mais il augmenta avec l'âge et les infirmités. Le saint vieillard se regardait comme un serviteur inutile, qui occupait la place d'évêque, en recevait les honneurs et les revenus, sans en avoir le mérite ni en faire les fonctions. Le pape Honorius n'eut toutefois aucun égard à sa demande, et renvoya ses députés avec des lettres de consolation, où il l'encourageait à la persévérance. Saint Hugues ne se rebuta pas; il alla lui-même à Rome, et conjura le Pape qu'il lui permit d'achever sa vie en repos, et qu'il donnât un meilleur pasteur à l'Eglise de Grenoble. Mais le Pape demeura persuadé que, par son autorité et son bon exemple, il serait plus utile à son troupeau que tout autre. Il lui accorda donc tout ce qu'il demandait d'ailleurs, le consola autant qu'il put et le renvoya avec honneur.

Saint Hugues justifiait bien le jugement du Pape. Nous avons vu avec quelle vigueur l'évêque de Grenoble excommunia son propre souverain, l'empereur Henri V, lorsqu'il eut fait prisonnier le pape Pascal II pour lui arracher les investitures. Les années n'affaiblirent point cette vigueur épiscopale. Après l'élection du pape Innocent II et avant que ses nonces fussent arrivés en France pour y faire condamner le schisme de l'antipape, le saint évêque de Grenoble se rendit au Puy en Velai avec d'autres évêques, nonobstant ses infirmités et son grand âge; car il avait environ 78 ans. Il savait, d'une manière certaine, que Pierre de Léon n'avait point été élu pape par son mérite, mais par le crédit de sa famille et par la violence. C'est pourquoi il n'eut aucun égard aux hommages et aux bons offices que Pierre et son père lui avaient autrefois rendus; mais, n'ayant en vue que la justice et le bien de l'Eglise, il l'excommunia dans ce concile, avec les autres évêques, comme schismatique, et cette excommunication fut d'un grand poids, à cause de l'autorité de saint Hugues.

L'excommunication de l'antipape Anaclet fut la dernière action mémorable du saint évêque de Grenoble. Ses infirmités augmentèrent de jour en jour, et il fut obligé de garder le lit longtemps avant sa mort. Il perdit même entièrement la mémoire de toutes les choses temporelles qu'il avait faites ou vues dans le monde. Mais, par un prodige assez singulier, il n'oublia rien de ce qui concernait le service de Dieu, et il récitait tous les jours par cœur les psaumes avec ses clercs. Les moines de Calais, monastère qu'il avait fondé, se rendirent auprès de lui pour le servir pendant sa maladie, et ils se crurent bien payés de leurs services par l'édification qu'ils reçurent. Quand Hugues s'apercevait que la douleur lui avait arraché quelques paroles d'impatience, il s'en accusait avec larmes, et il ordonnait à ceux qui le servaient de lui donner la discipline. Mais, comme on ne croyait pas devoir lui obéir là-dessus, il fondait en larmes, et récitait plusieurs fois le Confiteor, pour demander pardon à Dieu. Hugues, ayant fait écrire les chartreux au pape Innocent II sur le triste état où il était réduit, obtint enfin la permission de faire ordonner à sa place, sur le siège de Grenoble, un saint religieux de la Chartreuse, nommé aussi Hugues. Après quoi, il ne vit plus rien à désirer sur la terre, et il ne tarda pas d'aller s'unir à son Créateur. Il mourut le 1er avril 1132, âgé de plus de quatre-vingts ans.

Le pape Innocent II ayant appris la vie édifiante et la sainte mort de Hugues, le mit au nombre des saints, et donna ordre à Guigues, prieur de la Chartreuse, d'écrire sa vie; c'est ce qu'il lui manda par la lettre suivante, qu'on peut regarder comme le décret de sa canonisation.

« Innocent, évêque, serviteur des serviteurs de Dieu, à notre très-cher fils Guigues, prieur de la Chartreuse, salut et bénédiction apostolique. Pour correspondre aux bienfaits de Dieu, nous avons d'abord rendu grâces à sa majesté en apprenant la vie sainte du bienheureux Hugues, et les miracles qui s'opèrent par ses mérites. Ensuite, après avoir pris l'avis des archevêques, des évêques, des cardinaux et des autres qui étaient avec nous, nous avons ordonné qu'on l'honorât comme un saint et qu'on célébrât le jour de sa mort. Mais, parce que vous avez une exacte connaissance de sa vie et des miracles, nous vous ordonnons, par l'autorité de saint Pierre et de la nôtre, d'en écrire ce que vous savez, afin que le clergé lisant cette vie et le peuple l'entendant, en soient édifiés et méritent d'obtenir la rémission de leurs péchés par l'intercession de ce saint évêque. Nous prions pour vous, et nous donnons notre bénédiction à nos chers fils les chartreux. Pise, le 22 avril. »

Guigues écrivit en effet la vie de saint Hugues, et la dédia au pape Innocent II. Personne n'en était mieux instruit que ce pieux écrivain ; car il avait longtemps vécu avec saint Hugues, et il était son ami particulier (Acta Sanct., 1 april.).

Le roi de France, Louis le Gros, ayant appris ce qui s'était passé à Rome, indiqua un concile à Etampes, pour examiner lequel des deux, Innocent ou Anaclet, avait été élu le plus canoniquement. Saint Bernard fut nommément appelé à ce concile par le roi et par les principaux évêques, et il se mit en route avec grande crainte, connaissant le péril et l'importance de l'affaire; mais il fut consolé par un songe, où il vit une grande église dans laquelle on chantait de concert les louanges de Dieu : ce qui lui fit espérer fermement la paix (Ernold, Vita Bern.; Suger, Vita Ludov.).

Gérard, évêque d'Angoulême, à qui le pape Honorius avait donné la légation d'Aquitaine, n'ayant pu se rendre au concile d'Etampes, y envoya un député avec des lettres scellées de son sceau, par lesquelles il témoignait qu'il connaissait les deux compétiteurs, et qu'il avait su en détail la manière dont ils avaient été élus; qu'il n'y avait aucun lieu de douter que la justice ne fût du côté d'Innocent, d'autant plus que c'était un prélat de mœurs édifiantes; qu'il avait été élu le premier et par les principaux du clergé; qu'au contraire, Pierre de Léon avait usurpé le Saint-Siège à la faveur de son crédit et de ses richesses; que, d'ailleurs, c'était un prélat si décrié pour ses mœurs, que, quand même son élection lui donnerait quelque droit, sa vie infâme et scandaleuse devait l'exclure de la papauté (Arnulf. Sagiens, apud d'Achery, t. I) :

Au concile d'Etampes se trouvèrent plusieurs personnes qui avaient été témoins oculaires de ce qui s'était passé dans les deux élections. De plus, on avait reçu de Rome des informations juridiques, lesquelles on procéda à la décision de cette grande affaire. Après les prières et les jeûnes, le roi s'assit avec les évêques et les seigneurs. Tous ils convinrent, d'un commun accord, de s'en rapporter là-dessus à saint Bernard et d'en passer par son avis. Il accepta cette commission par le conseil de quelques amis fidèles, mais en tremblant. Et, ayant soigneusement examiné la forme de l'élection, le mérite des électeurs, la vie et la réputation de celui qui avait été élu le premier, il déclara qu'Innocent devait être reconnu pour le véritable vicaire de Jésus-Christ; tout le concile se rangea de son avis par acclamation. On chanta le Te Deum en actions de grâces : le roi et tous les évêques souscrivirent à l'élection d'Innocent et lui promirent obéissance (Suger, Vit. Lud.; Ernold, Vit. S. Bern.).

Gérard, évêque d'Angoulême, fut un des plus empressés à témoigner son obéissance au pape Innocent. Cependant l'intérêt avait plus de part à son empressement que le devoir. Ce prélat ambitieux voulait qu'Innocent lui conservât sa légation d'Aquitaine; mais on avait reçu tant de plaintes de sa conduite, que le nouveau Pape ne crut pas à propos de lui continuer cette importante commission. Gérard fut outré de ce refus, qu'il s'adressa aussitôt à l'antipape Anaclet, lequel le confirma volontiers dans sa légation, pour gagner un prélat qui pouvait lui rendre de grands services en France. Gérard ne suivit que trop fidèlement les conseils que lui suggéra son dépit contre Innocent. Il n'omit rien pour appuyer en France le parti de l'antipape, et il fut la cause de tous les maux qu'y fit le schisme, ainsi que nous le verrons.

L'antipape remuait de son côté. Il écrivit au roi de Jérusalem et à l'empereur de Constantinople, mais sans effet. Il écrivit en fit écrire plusieurs lettres au roi Lothaire d'Allemagne, qui ne répondit à aucune. Il envoya des lettres et un émissaire, avec le titre de légat, au roi de France, qui se déclara pour le Pape légitime, avec tous les évêques de son royaume. Il n'y avait qu'un prince normand auprès duquel l'antipape réussit, Roger, duc de Sicile. Ce prince était puissant, mais il avait envie de l'être encore plus; il jouissait du titre de duc, mais il avait envie de celui de roi. Avisé comme un Normand, il profita de la circonstance. Un antipape de race juive le sollicitait de le reconnaître pour son pape. Le Normand y consentit aux conditions suivantes : L'antipape lui donna sa sœur en mariage ; avec sa sœur, il lui donna encore la principauté de Capoue et la seigneurie de Naples, et, par-dessus le marché, le titre de *roi de Sicile*; le tout à la charge de faire hommage au Pontife romain et de lui payer tous les ans six cents pièces d'or. Un cardinal de l'antipape fut envoyé, qui couronna le nouveau roi à Palerme, le jour de Noël 1130. C'est ce que rapportent les auteurs du temps, Pierre, diacre, et Falcon de Bénévent (Pet., diac., *Chronic. Cass.*, l. 4, c. 97; Falc. Benev., *ad an.* 1130, *apud Muratori*, *Script. rer. Ital.*, t. IV). Aussi saint Bernard disait-il que, parmi tous les princes, l'antipape Anaclet n'en avait pour lui qu'un seul, le duc de Pouille, acheté au prix ridicule d'une couronne usurpée (S. Bern., *Epist.* 137).

A Rome, l'antipape ayant gagné par ses largesses et la populace et une partie des grands, le Pape légitime, Innocent II, se trouva assiégé de toutes parts avec les siens; en sorte qu'ils n'osaient sortir et que personne ne pouvait venir à eux sans exposer sa vie. En cette extrémité, le pape Innocent résolut de sortir de Rome et de se retirer en France. Ayant donc fait préparer secrètement deux galères, il s'embarqua sur le Tibre avec tous les cardinaux fidèles, excepté Conrad, évêque de Sabine, qu'il laissa à Rome en qualité de vicaire; et, par l'embouchure du Tibre, ayant gagné la mer, il arriva heureusement à Pise. Il y fut reçu avec tous les honneurs possibles, y séjourna quelque temps et régla avec autorité plusieurs affaires, tant dans cette ville que dans le reste de la Toscane. Ensuite il prit congé des Pisans, les remercia de leurs bons offices, et, s'étant rembarqué, il passa à Gênes, où il ménagea une trève entre les deux villes, en attendant qu'à son retour il fît la paix (Muratori, *Annali d'Italia*, an 1130).

De Gênes, le pape Innocent vint aborder à Saint-Gilles en Provence. Pierre le Vénérable, abbé de Cluny, ayant appris son arrivée, lui envoya soixante chevaux ou mulets, avec tout l'équipage convenable, tant pour lui que pour les cardinaux et leur suite. Il l'invita surtout à venir à Cluny se délasser des fatigues du voyage. Le Pape s'y rendit avec plaisir et y passa onze jours, pendant lesquels il dédia la nouvelle Eglise de Saint-Pierre. Cette réception à Cluny donna au pape Innocent II une grande autorité dans tout l'Occident, quand on vit que ceux de Cluny l'avaient préféré à Pierre de Léon, qui avait été moine chez eux.

De Cluny, le Pape alla tenir un concile à Clermont, où il excommunia l'antipape Anaclet, et fit plusieurs règlements de discipline. Il y reçut Conrad, archevêque de Saltzbourg, et Héribert, évêque de Munster, que le roi Lothaire lui envoya pour l'assurer de son obéissance. Le roi de France avait prévenu celui d'Allemagne. Le Pape était encore à Cluny, lorsque l'abbé Suger l'y vint saluer de la part du roi, en attendant qu'il pût lui-même lui présenter ses respects : ce qu'il ne tarda pas à faire. Car le Pape s'étant avancé à Saint-Benoit-sur-Loire, le roi avec la reine et les princes, ses enfants, alla lui donner des marques de son obéissance, et, pour nous servir des termes de l'abbé Suger, il abaissa jusqu'à ses pieds sa tête royale couronnée tant de fois, comme il aurait fait devant le tombeau de saint Pierre.

Plusieurs évêques d'Angleterre penchaient pour Anaclet, et le roi Henri attendait, pour prendre son parti, que les évêques de son royaume eussent pris le leur. Innocent lui députa saint Bernard, qui était à sa suite. Ce saint abbé trouva ce prince fort prévenu contre Innocent. Gérard d'Angoulême lui avait écrit artificieusement pour l'empêcher de le reconnaître, et il avait séduit plusieurs évêques anglais et normands. Bernard, voyant que le roi Henri ne voulait pas se rendre à ses remontrances, lui dit : « Prince, que craignez-vous donc en vous soumettant à Innocent ? — Je crains, dit le roi, de faire un péché. — Si c'est là ce qui vous arrête, reprit Bernard, ayez la conscience en repos là-dessus; songez seulement à satisfaire à Dieu pour vos autres péchés ; je prends sur moi celui-ci. » A ces mots, le roi se rendit, et sortit des terres de son obéissance pour venir à Chartres trouver le Pape, avec une grande suite d'évêques et de seigneurs. Suivant l'exemple du roi de France, il se prosterna aux pieds d'Innocent, et lui promit obéissance filiale pour lui et pour ses sujets : c'était le 13 janvier 1131. Il le mena ensuite à Rouen, où il lui fit des présents considérables; et lui en fit faire par les seigneurs et même par les juifs.

Innocent avait envoyé en Allemagne, vers le roi Lothaire, Gauthier, archevêque de Ravenne, son légat. Il se trouva à un concile de seize évêques, que ce prince assembla à Wurtzbourg, au mois d'octobre 1130, et là le pape Innocent fut élu et confirmé par le roi Lothaire et tous les assistants, comme s'exprime la Chronique de Magdebourg (*Apud Mabill. præfat. in Bernard.*, n. 41). Les légats du Pape étant donc revenus d'Allemagne, lui apportèrent des lettres par lesquelles le roi et les évêques le priaient, au nom de toute la nation, de venir les honorer de sa présence; mais l'affection et la dévotion de l'Eglise de France l'y retinrent quelque temps. Après l'avoir visitée, suivant que l'occasion le demandait, il se rendit en Lorraine et vint à Liège, où il y eut une assemblée très-célèbre d'évêques et de seigneurs, le dimanche avant la mi-carême, 22 mars 1131. Le roi Lothaire y était avec la reine, son épouse, et, comme on vint en procession recevoir le Pape, le roi s'avança à pied jusqu'à l'entrée de la place; devant la cathédrale, tenant d'une main une baguette pour écarter le peuple, et de l'autre la bride de la haquenée blanche que montait le Pontife, auquel il servait ainsi d'écuyer, et qu'il soutint à sa descente de cheval, pour faire voir à tout le monde combien grand était le père des rois et des peuples chrétiens.

En ce concile de Liège, Othon, évêque d'Halberstadt, déposé par le pape Honorius trois ans auparavant, fut rétabli à la prière du roi et des seigneurs. Le roi Lothaire, voulant profiter de la circonstance, pressa le Pape de lui rendre les investitures que l'empereur Henri, son prédécesseur, avait cédées avec les difficultés que nous avons vues. A cette proposition, les Romains pâlirent, croyant avoir trouvé à Liège un plus grand péril que celui qu'ils avaient évité à Rome. Ils ne savaient quel parti prendre, quand saint Bernard, qui était présent, s'oppose hardiment à la prétention du roi, montra la malignité de la proposition et apaisa le différend avec une autorité merveilleuse (*Apud Baron.*, 1131).

Le Pape ne demeura pas longtemps à Liège, il repassa en France; et, après quelque séjour à Auxerre, il se rendit à Toursr pour s'assurer de Geoffroi Martel, comte de Touraine, d'Anjou et du Maine. Ensuite, ayant passé par Orléans et Etampes, il entra dans Paris, aux acclamations d'une foule innombrable de peuple qui vint au devant de lui. Il alla célébrer la fête de Pâques à Saint-Denys, où il fut reçu en procession. Le jeudi saint, il fit de somptueuses largesses au peuple et au clergé, selon l'usage de Rome; et, le jour de Pâques, dès le matin, il se rendit par un chemin détourné à l'église de Saint-Denys *de l'Etrée*, avec les cardinaux de sa suite. S'étant revêtu dans cette église de ses habits pontificaux, et ayant la tiare en tête, il monta sur un cheval blanc richement enharnaché, les barons et les châtelains de Saint-Denys marchant à ses côtés et lui servant d'écuyers. Les cardinaux montèrent aussi à cheval, et marchèrent deux à deux en procession, chantant des hymnes jusqu'à l'église du monastère. La grande rue était tendue de riches tapisseries, et la foule était si grande, que, pour l'écarter un peu, il y avait des officiers qui marchaient avant le Pape, jetant de l'argent au peuple le plus loin qu'ils pouvaient. Le Pape étant arrivé à l'abbaye, célébra avec grande solennité la messe de Pâques, après laquelle il trouva de grandes tables dressées dans le cloître, où lui et les cardinaux de sa suite mangèrent l'Agneau pascal, couchés sur des lits à la romaine; mais ils mangèrent assis à l'ordinaire les autres mets du repas splendide qu'on leur servit.

Trois jours après Pâques, le Pape retourna à Paris. Divers corps allèrent le saluer le long du chemin. Les Juifs établis à Paris y vinrent aussi, et présentèrent à Sa Sainteté un exemplaire de la loi sainte, écrit en un rouleau et recouvert d'un voile. Le Pape, en recevant ce présent, leur dit : « Que le Dieu tout-puissant ôte le voile qui couvre les yeux de votre cœur (Suger, *in vit. Ludov.*)! »

Le Pape, étant à Paris, fut informé d'un miracle éclatant arrivé récemment dans cette ville par l'intercession de sainte Geneviève; et il ordonna qu'on en célébrât tous les ans la mémoire en actions de grâces. Voici le sujet de ce miracle, que la plus soupçonneuse incrédulité ne pourra révoquer en doute.

La maladie qu'on nommait *le feu sacré* affligeait la France, et particulièrement le territoire de Paris, l'an 1130. Etienne, évêque de cette ville, indiqua des jeûnes et des prières pour apaiser la colère de Dieu. Cependant le mal croissait tous les jours. Les malades venaient en si grand nombre implorer l'intercession de la Mère de Dieu dans l'église cathédrale, qu'à peine les chanoines pouvaient-ils faire l'office, souvent interrompu. La désolation était générale. L'évêque se souvint que sainte Geneviève avait souvent délivré la ville de Paris des calamités dont elle était affligée ou menacée. Il conçut une vive confiance que cette sainte s'intéresserait auprès de Dieu pour une ville qui l'honorait comme sa patronne. Plein de cette espérance, il alla à Sainte-Geneviève, fit assembler les chanoines au chapitre, c'étaient alors des chanoines séculiers, et il les pria de secourir la ville, en faisant une procession avec la châsse de sainte Geneviève. Ils y consentirent de grand cœur, et l'évêque marqua le jour pour la procession, et ordonna que ce jour-là on jeûnerait dans toute l'étendue de son diocèse.

Le jour de la procession étant arrivé, on descendit la châsse du lieu où elle reposait, et les chanoines de cette église demeurèrent prosternés en prières devant les reliques, jusqu'à ce que l'évêque y arrivât en procession avec tout son clergé, suivi d'une troupe de peuple innombrable; car, dit l'auteur contemporain qui a écrit cette relation, c'est une coutume inviolablement observée, que, quand on porte la châsse de sainte Geneviève, elle ne sorte de son église qu'avec pompe et solennité, et qu'elle y soit reconduite avec les mêmes cérémonies. La foule du peuple retarda la procession, qui pouvait à peine passer par les rues. Tous les malades étaient dans l'église cathédrale : l'évêque les fit compter, et on en trouva cent trois. Au moment que la châsse de sainte Geneviève entra dans cette église, ils furent tous guéris, excepté trois, qui manquèrent de confiance; et la contagion cessa dans tout le royaume. A la vue d'un miracle si éclatant, la cathédrale retentit des cris redoublés du peuple, en sorte que le clergé ne put chanter des hymnes en l'honneur de la sainte. Le peuple s'écria même qu'il fallait retenir la châsse dans l'église cathédrale. Les chanoines de Sainte-Geneviève craignirent la violence, et, entourant la châsse pour la garder, ils s'en retournèrent le plus tôt qu'il leur fut possible; ils ne purent cependant arriver chez eux que bien avant dans la nuit.

Le pape Innocent étant donc venu à Paris peu de temps après, ordonna qu'on célébrât tous les ans la mémoire de ce miracle, et, en reconnaissance de cette protection si marquée de sainte Geneviève, on fit bâtir une nouvelle église en son honneur, laquelle fut nommée *Sainte-Geneviève-des-Ardents*, en mémoire de la guérison de ceux qui, étant atteints de la contagion nommée *le feu sacré*, étaient appelés les *ardents*, parce qu'ils étaient comme brûlés par cette cruelle maladie. L'historien qui nous a fait la relation de ce miracle paraît bien digne de foi. « Que personne, dit-il, ne doute de ce que nous écrivons; car nous ne rapportons pas ce que nous avons appris, mais ce que nous avons vu (*Acta Sanct.*, 3 *jan.*). »

Le Pape ayant passé quelques jours à Paris, en partit pour aller visiter diverses églises du royaume. Après quoi il fixa sa demeure à Compiègne, en attendant le temps du concile indiqué à Reims pour la Saint-Luc de l'an 1131. Toute la France était dans la joie de posséder dans son sein un Pape si digne de sa place; mais cette joie fut bientôt troublée par un des plus funestes accidents qui pût arriver, la mort du fils aîné du roi, le prince Philippe, que saint Bernard avait prédite à son père. Le Pape ayant appris un si funeste accident, envoya le cardinal Matthieu, évêque d'Albane, ancien prieur de Saint-Martin-des-Champs, et Geoffroi, évêque de Châlons-sur-Marne, en faire au roi des compliments de condoléance. Les seigneurs français conseillèrent au roi de profiter de la circonstance du concile de Reims et de la présence du Pape, pour faire sacrer à Reims le prince Louis, son second fils. Le roi suivit ce conseil; et, comme le jour marqué pour ce concile approchait, il se rendit à Reims avec la reine, les princes, ses enfants, et toute la noblesse française.

Le concile avait été indiqué pour la Saint-Luc, 18 octobre, qui était cette année un dimanche. Il ne commença, à proprement parler, que le lundi 19, selon l'ancienne coutume de commencer les conciles en ce jour de la semaine. Il s'y trouva, de toutes les parties du monde chrétien, treize archevêques et deux cent soixante-trois évêques, outre un grand nombre d'abbés, de clercs et de moines. Nous avons perdu les actes de ce concile, et il ne nous en reste que les canons, dont nous parlerons bientôt; mais divers monuments nous font connaître ce qui s'y passa de plus remarquable.

Les premiers jours du concile ayant été employés à fulminer des censures contre l'antipape Anaclet, et à dresser des canons de discipline, le roi songea à exécuter le dessein pour lequel il était venu au concile de Reims. Il entra au concile le samedi 24 octobre, avec Radulfe, comte de Vermandois, son cousin et maire de son palais, et plusieurs autres seigneurs; et, étant monté sur l'estrade où était placé le trône du pape, il lui baisa les pieds. Puis, s'étant assis auprès de lui, il fit au concile, sur la mort de son fils, un discours qui tira les larmes des yeux de tous les pères du concile. Ensuite le Pape, lui adressant la parole, lui dit :

« Excellent roi, vous qui gouvernez la très-noble nation des Français, il faut élever les yeux de votre esprit jusqu'à la majesté de ce souverain maître par qui les rois règnent, et adorer en tout sa sainte volonté; car, comme il a créé toutes choses, il les gouverne toutes; rien n'échappe à sa connaissance; il ne fait rien d'injuste, et il ne veut pas qu'on fasse aucune injustice, quoiqu'il s'en commette plusieurs. Plein de bonté, le Seigneur a coutume de consoler ses plus fidèles serviteurs par la prospérité, et de les éprouver par l'adversité. Il frappe et il guérit, il châtie les enfants qu'il aime; et il en use ainsi, de peur que l'homme, créé à son image, n'aime le lieu de son exil et n'oublie sa patrie; car nous ne sommes que des voyageurs sur la terre, nous n'y avons pas de demeure fixe, mais nous soupirons après la céleste Jérusalem, la cité sainte, où ceux qui ont vaincu leurs passions jouissent avec Dieu d'un bonheur éternel. Votre fils, dans un âge dont la simplicité et l'innocence sont l'apanage, a passé dans cette heureuse cité; car le royaume des cieux appartient aux personnes de ce caractère.

» David, le modèle des bons rois, pleura amèrement, tandis que son fils était malade. Quand on lui eut annoncé sa mort, il se leva de dessus la cendre et le cilice où il était couché, changea d'habits, se lava les mains et invita sa famille à un festin. Ce saint roi, plein de l'esprit de Dieu, savait combien il se serait rendu coupable, s'il s'était opposé aux ordres de la justice divine. Quittez donc cette tristesse mortelle que vous avez dans le cœur, et qui rejaillit sur votre visage. Le Dieu qui vous a enlevé un fils pour le faire régner avec lui, vous en a laissé plusieurs qui pourront régner après vous. Vous devez, prince, vous consoler et nous consoler nous-mêmes par là. Nous qui sommes des étrangers chassés de leurs sièges, vous nous avez le premier reçus dans votre royaume pour l'amour de Dieu et de saint Pierre; vous nous avez comblés d'honneurs et de bienfaits : que Dieu, grand roi, vous en rende une récompense éternelle dans cette cité, où est une vie sans crainte de la mort, une éternité sans tache et une joie sans fin. »

Ces paroles, prononcées avec une tendresse paternelle, séchèrent les larmes du roi et adoucirent considérablement l'amertume de sa douleur. Le Pape se levant aussitôt, récita l'Oraison dominicale et lit l'absoute pour le prince Philippe. Ensuite il ordonna à tous les prélats qui composaient l'assemblée de se trouver, le lendemain dimanche, 25 octobre, à l'église cathédrale, revêtus de leurs habits pontificaux, pour assister au sacre du prince Louis.

Ce jour, dit un historien de ce temps-là, le soleil parut plus brillant qu'à l'ordinaire; et il sembla que le ciel voulait orner la fête par sa sérénité. Le Pape se rendit, dès le matin, avec les officiers de sa cour, à l'église de Saint-Remi, où le roi avait pris son logement avec le prince, son fils. Les moines le reçurent en procession. Ensuite le Pape, s'étant revêtu de ses habits pontificaux, alla à l'église cathédrale avec le prince Louis, entouré d'une multitude presque infinie d'ecclésiastiques, de noblesse et de peuple. Le roi, les principaux seigneurs, les archevêques, quelques évêques et abbés, les chanoines attendaient le Pape et le prince à la porte de l'église. Le Pape étant entré avec le prince Louis, il le présenta à l'autel et lui donna ensuite l'onction royale avec la sainte ampoule. Le roi fut si consolé de voir son fils couronné avec les applaudissements sincères de tous ses sujets, qu'il parut oublier pour un temps la mort du prince Philippe, et s'en retourna plein de joie reprendre le soin des affaires de son royaume.

Le lendemain du sacre, saint Norbert, archevêque de Magdebourg, vint au concile et apporta au Pape des lettres par lesquelles le roi Lothaire lui promettait d'aller, à la tête de son armée, chasser l'antipape. Hugues, archevêque de Rouen, en apporta aussi du roi d'Angleterre, lettres pleines d'assurances de son obéissance et de son dévouement. Alphonse, roi d'Aragon et de Navarre, Alphonse, roi de Castille, envoyèrent à Reims de semblables témoignages de leur soumission, par les évêques de leurs royaumes, et ils demandèrent au Pape du secours contre les Maures d'Espagne.

Mais ce qui fit le plus de plaisir au souverain Pontife, fut une lettre que lui écrivirent les solitaires de la Chartreuse. L'abbé de Pontigni l'apporta, et Geoffroi de Vendôme en fit la lecture en plein concile.

Ces saints religieux ne prennent d'autre qualité que celle de pauvres de la Chartreuse. Ils marquent au Pape qu'ils se disposaient à lui écrire en faveur de l'Église de Grenoble, contraints par les instances du clergé et surtout par celles de l'évêque même, leur très-digne père, lequel étant accablé de vieillesse et d'infirmités, ne pouvait plus, par rapport aux fonctions épiscopales, être mis au nombre des vivants, lorsque l'abbé de Pontigni les étant venu visiter, s'était chargé d'exposer de vive voix à Sa Sainteté ce qu'ils avaient à lui demander. Ils ajoutent : « Puisque nous avons eu la présomption de parler, nous qui ne sommes rien, nous vous prions humblement et nous vous conjurons de ne pas vous laisser effrayer par tout ce que l'Eglise romaine fait ou souffre de votre temps. Rassurez-vous plutôt sur la toute-puissance de Dieu, et revêtez-vous des armes invincibles que l'apôtre offre aux soldats du Roi du ciel; savoir : du bouclier de la foi, du casque du salut et du glaive de l'esprit, qui ne blesse point les corps, mais qui coupe les racines des vices et des erreurs. » Ensuite, après avoir parlé avec force contre Pierre de Léon et contre Gérard d'Angoulême, ils ajoutent : « Prosternés humblement aux pieds de Votre Majesté, nous prions pour tous les chrétiens, pour les nouveaux ordres religieux, pour celui de Citeaux, pour celui de Fontevrault et pour le monde entier ; car votre diocèse n'est pas une partie de la terre, c'est tout l'univers. Comme il n'y a qu'un Dieu, qu'un médiateur, qu'un monde et qu'un soleil, il n'y a qu'un vicaire de saint Pierre, c'est-à-dire qu'un Pape, et il ne peut y en avoir qu'un. C'est pourquoi vous devez à tout l'univers, la vigueur de la discipline, la rectitude de la justice et le modèle de l'innocence que vous exprimez jusque par votre nom (*In Chronic. Mauriniacensi*). »

Bernard, évêque d'Hildesheim, s'était rendu au concile de Liége, tenu avant celui de Reims, et il avait lu dans le concile la *Vie de saint Godehard*, un de ses prédécesseurs, pour obtenir du Pape sa canonisation. Le Pape lui avait répondu que, la coutume de l'Eglise romaine étant de canoniser les saints dans un concile général, il attendrait celui qui était indiqué à Reims, pour faire la cérémonie avec plus d'éclat. Bernard arriva à Reims, avec saint Norbert, quelques jours après le commencement du concile ; et, quand on eut terminé les affaires les plus pressées, il produisit des preuves de la sainteté et des miracles de celui dont il poursuivait la canonisation. Le bienheureux Oldegaire, qu'on avait obligé de prendre l'administration de l'archevêché de Tarragone avec l'évêché de Barcelone, dont il était en possession, fit un discours sur l'ordre qu'il fallait observer pour la translation ou l'élévation des reliques de saint Godehard ; et le Pape donna, pour la canonisation de ce saint évêque, une bulle datée de Reims le 29 octobre. C'est par où finit le concile. On y dressa dix-sept canons, dont voici le précis :

Quiconque aura acquis un bénéfice par simonie, en sera privé : l'acheteur et le vendeur seront déclarés infâmes. Les évêques et les clercs ne porteront que des habits conformes à la sainteté de leur état, et ils n'en auront pas de couleur qui puisse scandaliser ceux qu'ils doivent édifier. Défense, sous peine d'excommunication, de piller les biens des évêques à leur mort. Ces biens doivent être réservés pour l'église ou pour les successeurs des prélats. On décerne la même peine contre ceux qui pillent les biens des prêtres ou des autres clercs aussitôt qu'ils sont morts. Le sous-diacre qui est marié ou qui a une concubine sera privé de tout office ou bénéfice ecclésiastique. Pour se conformer aux décrets des papes Grégoire VII, Urbain II et Pascal II, défense à quiconque d'entendre la messe d'un prêtre qu'on saura certainement être marié ou concubinaire. Défense aux moines ou aux chanoines réguliers d'apprendre, après leur profession, les lois civiles et la médecine pour gagner de l'ar-

gent, parce qu'il est honteux que des religieux veuillent se rendre habiles dans les chicanes du barreau, et qu'il est dangereux qu'en voulant se mêler de guérir les corps, ils ne voient des objets qui font rougir la pudeur. Les évêques ou les abbés qui souffriront que leurs chanoines ou leurs religieux s'appliquent désormais à ces études, seront déposés.

On renouvelle les ordonnances portées pour l'observation de ce qu'on nommait *la trêve de Dieu*. Les prêtres, les clercs, les moines, les paysans qui vont et viennent doivent toujours être en sûreté, aussi bien que les laboureurs et les animaux avec lesquels ils labourent la terre. On ne doit jamais faire aucune violence à ces sortes de personnes. La trêve doit durer depuis le mercredi au soleil couché jusqu'au lundi au soleil levé, depuis l'Avent jusqu'à l'octave de l'Epiphanie, depuis la Quinquagésime jusqu'à l'octave de la Pentecôte, sous peine d'excommunication, qui doit être confirmée par tous les évêques. On défend les assemblées et les foires, où les gens de guerre se donnent des rendez-vous et se battent pour montrer leur adresse et leurs forces dans des espèces de tournois. Si quelqu'un est tué dans ces combats, il est défendu de lui donner la sépulture ecclésiastique, quoiqu'on doive lui accorder la pénitence et le viatique, s'il les demande. Si quelqu'un, à l'instigation du diable, porte la main sur un clerc ou sur un moine, qu'il soit excommunié ; qu'aucun évêque n'ait la présomption de l'absoudre, jusqu'à ce qu'il se soit présenté devant le Pape pour faire ce qu'il lui ordonnera. C'est ici un des premiers exemples bien marqués d'un cas réservé au Pape par un concile.

Le dernier canon regarde les incendiaires. On tâche d'inspirer l'horreur qu'un chrétien doit avoir de ce crime. Celui qui aura mis le feu à quelque maison est excommunié. S'il meurt, on défend de lui donner la sépulture, et, s'il demande l'absolution, on défend de la lui donner, à moins qu'il n'ait réparé le dommage, et on lui imposera pour pénitence de servir un an contre les Turcs en Palestine, ou contre les Maures en Espagne. On ajoute que, si un archevêque ou un évêque se relâche sur quelqu'un de ces articles, il paiera le dommage fait par l'incendiaire, et que, de plus, il demeurera un an interdit de ses fonctions (Labbe, t. X ; Mansi, t. XXI).

Le pape Innocent II étant à Reims, confirma la permission que les papes Pascal II et Honorius II, ses prédécesseurs, avaient donnée à un reclus du diocèse de Cambrai, nommé Aibert, d'entendre les confessions de ceux qui venaient le visiter. C'était un saint homme, qui édifiait toute la province par l'austérité de sa pénitence. Il était natif d'Espein, au territoire de Tournai, et dès sa plus tendre jeunesse, il montra un grand attrait pour la piété. Ayant un jour entendu un jongleur qui chantait les actions de saint Thibauld de Provins, il en fut si touché qu'il résolut d'imiter ce saint, en menant, comme lui, la vie érémitique. Il se joignit à un saint religieux de Crépin, qui, avec la permission de Rainier, son abbé, s'était retiré dans un petit ermitage en une solitude sanctifiée autrefois par saint Domitien, compagnon de saint Landelin. Aibert y souffrit beaucoup de la faim et de la rigueur de l'hiver. Il racontait lui-même qu'il était quelquefois si transi de froid, qu'il était obligé de se couvrir, en servant la messe, de la robe que le prêtre avait quittée pour se revêtir des habits sacerdotaux.

Ce saint homme ayant passé quelque temps dans cette solitude, fit un voyage à Rome avec l'abbé de Crépin, et, au retour, il embrassa la vie religieuse dans ce monastère, où il vécut vingt-cinq ans, après lesquels il retourna dans son premier ermitage. Il s'y livra à toutes les austérités de la pénitence. Son lit était une planche, son habit un cilice et sa nourriture des herbes. Il passa vingt-deux ans sans manger de pain. Il ne mangea pendant tout ce temps-là que des herbes cuites à l'eau, qui lui servaient de boisson et de nourriture. Burcard, évêque de Cambrai, lui conféra l'ordre de prêtrise, afin qu'il pût être plus utile à ceux qui venaient le visiter. Le saint ermite disait tous les jours deux messes, l'une pour les vivants et l'autre pour les morts. Il récitait tous les jours cent cinquante *Ave, Maria*, partie à genoux, partie prosterné en terre. Outre cela, saint Aibert avait coutume de chanter les vigiles des morts à neuf leçons, et de dire à chaque nocturne cinquante psaumes; en sorte qu'il récitait tout le psautier dans les trois nocturnes.

On venait de toutes les provinces pour voir un homme qui n'avait pas bu depuis un grand nombre d'années, et on le regardait comme le prodige de son siècle. Les plus grands pécheurs avaient la dévotion de se confesser à lui. Il les renvoyait communément à leurs évêques, et leur faisait promettre qu'ils iraient humblement leur découvrir les plaies de leurs âmes. Cependant, quand il en trouvait qui montraient de la répugnance à se confesser à leur évêque, il entendait leurs confessions et leur donnait l'absolution; mais il avait coutume alors de leur imposer une pénitence beaucoup plus rude. Il y avait quelquefois une si grande foule de pénitents autour de sa cellule, que plusieurs, désespérant de pouvoir se confesser en particulier, lui déclaraient leurs péchés tout haut.

Malgré le bien que faisait Aibert, quelques personnes trouvaient mauvais qu'il osât ainsi administrer la pénitence. Mais le saint homme avait une permission expresse de trois papes. Celle d'Innocent II est datée de Reims, le 21 octobre, c'est-à-dire le troisième jour du concile que ce Pape tint en cette ville l'an 1131. Saint Aibert vécut encore neuf ans, et il mourut saintement le jour de Pâques, l'an 1140, le 7 avril. Sa vie à été écrite aussitôt après sa mort, et dédiée à Alvise, évêque d'Arras (*Acta Sanct.*, 7 april.).

Madrid, la future capitale de l'Espagne, voyait alors un pauvre laboureur, qui devait un jour être son protecteur dans le ciel. Il avait nom Isidore, était né de parents pauvres, mais catholiques et pieux. Nourri par eux dans la crainte de Dieu, il pratiqua dès l'enfance la piété, la charité, la patience, l'humilité, l'abstinence et les autres vertus, avec une certaine gravité virile. Arrivé en âge de choisir une industrie pour se procurer de quoi vivre, à lui et à sa famille, il négligea les autres professions, et s'adonna à l'agriculture, comme lui paraissant plus humble, plus laborieuse et plus sûre. Il l'exerça toute sa vie, de telle manière que jamais, un seul jour, il ne retrancha rien des exercices de dévotion qu'il s'était une fois prescrits. Jamais il n'allait à la charrue qu'il n'eût auparavant visité les églises, entendu la messe et prié Dieu et la sainte Vierge de tout son cœur. Dieu fit connaître combien cette dévotion lui était agréable. Isidore s'était engagé envers un chevalier de Madrid, pour labourer une de ses fermes. Des voisins l'accusèrent auprès du maître, qu'il ne venait au travail qu'après tous les autres, et qu'il faisait à peine la moitié de sa besogne. Le chevalier, tout en colère, prit le chemin de la ferme pour réprimander Isidore. Mais, en y arrivant, au lieu d'une charrue, il en vit trois, dont Isidore conduisait celle du milieu, et deux jeunes hommes vêtus de blanc les deux autres; ces dernières disparurent quand il fut proche. Le chevalier comprit alors ce que lui disait souvent Isidore, que le temps donné à Dieu pour la dévotion n'était pas un temps perdu. Une autre fois, comme il priait dans l'église de Sainte-Magdeleine, on vint lui dire que son ânesse allait être dévorée par le loup, s'il n'y courait promptement. Le saint homme répondit sans se troubler : « Allez en paix, mes enfants, que la volonté du Seigneur soit faite ! » Étant sorti de l'église après sa prière, il trouva son ânesse saine et sauve, et le loup mort à côté d'elle.

Isidore aimait son prochain comme soi-même, particulièrement les pauvres. Quoiqu'il n'eût rien, il ménageait chaque jour sur son indigence de quoi donner à de plus pauvres que lui. Dieu avait sa charité pour si agréable, que plus d'une fois il fit miracle pour que son serviteur eût de quoi donner. Un jour qu'il avait tout distribué aux pauvres, un mendiant survint, demandant l'aumône. Tout triste de le laisser repartir à jeun, Isidore dit à sa femme de regarder dans la marmite s'il n'y avait plus rien; elle y regarda, et la trouva vide. Il lui dit d'y regarder une seconde fois; elle le fit par obéissance, et la trouva pleine, en sorte qu'il y avait plus qu'il ne fallait pour rassasier le pauvre. Isidore étendait sa charité jusqu'aux animaux. Un jour d'hiver, par un froid rigoureux, il allait au moulin avec un sac de blé, quand il aperçut sur les arbres une troupe de colombes souffrant la faim, parce que la neige couvrait toute la terre. Touché de compassion, il nettoya une place et y répandit assez de blé pour nourrir les colombes affamées. Son compagnon l'en blâma fort, mais Dieu l'en récompensa; car, arrivé au moulin, il trouva son sac aussi rempli que s'il n'en avait rien donné.

Marie, sa femme, était également pleine de foi et de piété. Ils eurent un fils, qui mourut jeune, après quoi ils gardèrent tous deux la continence. Il mourut lui-même l'an 1170, à l'âge de près de soixante ans. Sa sainteté ayant été attestée par un grand nombre de miracles, le pape Benoît XIII l'a mis au nombre des saints, et l'Église honore sa mémoire le 15 mai (*Acta Sanct.*, 15 *maii*).

Un des deux rois d'Espagne qui envoyèrent leurs ambassadeurs au concile de Reims, pour assurer de leur obéissance le pape Innocent II, et lui demander du secours contre les Mahométans, était Alphonse Ier, roi d'Aragon. En 1118, il avait pris aux Mahométans la ville de Sarragosse, qui avait été, pendant quatre siècles, sous leur domination; il y établit sa cour, et donna plusieurs quartiers de cette capitale aux seigneurs français et aragonais qui l'avaient aidé à en faire la conquête; il s'étendit ensuite au delà de l'Ebre, et emporta d'assaut Tarazone et Catalayud. Ardent ennemi des Maures, ce roi guerrier ne cessa de les poursuivre; ayant formé avec le nouveau roi de Castille, Alphonse VIII, une ligue redoutable, il remporta plusieurs avantages considérables sur les Musulmans d'Afrique et de Grenade, qui s'étaient avancés vers l'Aragon. Entraîné par le succès de ses armes, Alphonse pénétra dans les royaumes de Valence et de Murcie, et porta la guerre jusque dans les environs de Grenade, où il fit hiverner ses troupes, se trouvant trop éloigné de ses Etats.

Ce fut alors que dix mille familles de chrétiens mozarabes, sachant qu'un prince chrétien était au pied des Alpuxaras, descendirent des montagnes et vinrent se ranger sous les drapeaux du roi d'Aragon. Ils lui apprirent qu'ils s'étaient maintenus, de génération en génération, dans ces montagnes, depuis la conquête de l'Espagne par les Musulmans, c'est-à-dire pendant trois siècles. Les seigneurs français qui avaient accompagné Alphonse dans cette brillante expédition, l'abandonnèrent à son retour, mécontents de ce qu'il ne leur faisait point partager les honneurs et les récompenses qu'il accordait à ses propres sujets. Leur départ ayant inspiré une nouvelle audace aux Maures, ils revinrent, avec des forces imposantes, pour attaquer le roi d'Aragon. Ce prince se hâta de rappeler les Français, et s'engagea par serment à leur donner des terres et des dignités dans ses propres domaines. Revenus aussitôt, ils contribuèrent puissamment à la victoire décisive qu'Alphonse remporta, en 1126, sur les Musulmans, qui avaient déjà enveloppé son armée dans les montagnes du royaume de Valence. Ce succès le porta à mettre le siège devant Fraga, place très-forte, sur les confins de la Catalogne. Il la tenait bloquée depuis un an, et refusait à la garnison une capitulation honorable, lorsque parut tout à coup une armée nombreuse de Maures qui lui livrèrent bataille et le vainquirent. Deux évêques, un grand nombre de chevaliers français, aragonais, catalans, navarrais et presque toute l'armée restèrent sur place. Alphonse, suivi de dix gardes, et blessé, se sauva au monastère de Saint-Jean de la Pegna, où il mourut, en 1134, huit jours après sa défaite, laissant la monarchie aragonaise de deux tiers plus étendue qu'il ne l'avait trouvée à son avénement. Affable et libéral, mais plutôt intrépide que roi prévoyant et sage, Alphonse, entraîné par sa passion pour la guerre, se vit arrêté au milieu de ses triomphes, comme la plupart des conquérants. On le surnomma le *Batailleur*, parce qu'il s'était trouvé à vingt-neuf batailles rangées (*Biograph. univ.*, t. I).

L'autre roi Alphonse, dont les ambassadeurs assistaient au concile, était Alphonse VIII, roi de Castille, de Léon et de Galice, fils d'Urraque, infante de Castille, et de Raymond de Bourgogne, comte de Galice. Devenu seul possesseur du trône, par la mort de sa mère, arrivée en 1126, son premier soin fut d'apaiser les troubles qu'avait occasionnés le mauvais gouvernement de cette princesse. Il soumit les rebelles, assura la paix intérieure, reprit Burgos et les autres places que son beau-père Alphonse Ier, roi d'Aragon, possédait encore en Castille. Les Etats du royaume, assemblés à Palencia par son ordre, s'occupèrent de divers règlements sur la police et la sûreté intérieures. Après avoir ramené la paix en Castille, Alphonse envoya une armée contre les Maures d'Afrique, qui désolaient les environs de Tolède. Les Maures furent défaits, et Alphonse marcha ensuite en personne dans l'Andoulasie, où il obtint de nouveaux succès et reçut la soumission de plusieurs petits souverains mahométans, qui préféraient le joug des chrétiens au despotisme des rois de Maroc. En 1134, le roi de Castille marcha au secours de l'Aragon et de la Navarre, menacés d'une invasion par les Musulmans; mais la protection de ses armes ne fut pas désintéressée, il se fit donner Sarragosse, et exigea du roi de Navarre qu'il lui fît hommage de ses Etats. Devenu l'arbitre de toute l'Espagne chrétienne, Alphonse assembla les Etats à Léon, et s'y fit couronner solennellement empereur des Espagnes, quoiqu'il possédât à peine un tiers de la Péninsule. Malgré ce titre fastueux, ce prince ne se montra point l'oppresseur de ses sujets; il leur garantit, au contraire, dans les Etats assemblés à Léon, leurs lois et leurs privilèges. On régla aussi, dans ces mêmes Etats, que les gouverneurs des places frontières feraient, chaque année, des incursions sur le territoire des Musulmans. Alphonse, voulant profiter des troubles qui agitaient leurs Etats d'Afrique et d'Espagne, étouffa tous les germes de discorde qui pouvaient exister entre les princes chrétiens, en se montrant généreux envers ses anciens alliés. Il restitua Sarragosse au roi d'Aragon, et accorda la paix au roi de Navarre, imprudemment ligué contre la Castille. Sûr alors de n'être plus inquiété, il marcha contre les infidèles, et, après divers succès, il prit Calatrava, Almerie et plusieurs autres places. Il se confédéra ensuite avec les autres princes chrétiens, et couronna ses exploits par la victoire éclatante qu'il remporta, en 1157, près de Jaën, sur les Maures d'Afrique. Il mourut peu après, à l'âge de 51 ans.

Après le concile de Reims, le pape Innocent II demanda au roi de France, Louis le Gros, son agrément pour fixer son séjour à Auxerre, en attendant que le roi Lothaire d'Allemagne fût en état de le rétablir sur son siège. Le roi y consentit de grand cœur, et les évêques et les abbés de France se firent un devoir de fournir libéralement à l'entretien du Pape et de la cour romaine pendant cette espèce d'exil. Le Pape fut reçu dans toutes les villes où il passa avec de grandes démonstrations de joie et de respect. Il n'y eut qu'à Noyon, où il essuya quelques insultes. Mais un grand incendie, qui consuma, peu de temps après, presque toute cette ville avec l'église cathédrale, fut regardé comme une vengeance que Dieu tirait de ces outrages.

Innocent II donna la légation d'Allemagne à Matthieu, évêque d'Albane, qui tint, cette même année 1131, à Mayence, un concile où Brunon, évêque de Strasbourg, fut contraint de renoncer à son évêché. Ce prélat en avait déjà été chassé par le roi Lothaire, qui le soupçonna d'être attaché au parti de Conrad, son compétiteur pour l'empire; mais, après la mort d'Ebrard, qui avait été mis en sa place, il était rentré dans son siège sans les formalités requises. C'est la raison pour laquelle il fut déposé. Gebrard, qui fut élu évêque de Strasbourg, était plus propre à manier l'épée que la crosse.

L'Aquitaine, où le schisme se formait par les intrigues de Gérard d'Angoulème, attira particulièrement l'attention du Pape. Il députa Joscelin, évêque de Soissons, et saint Bernard de Clairvaux, vers Guillaume IX, duc d'Aquitaine et comte de Poitiers, pour détacher ce prince du parti de l'antipape. Guillaume parut respecter la sainteté de saint Bernard et se rendre à son autorité. Mais Gérard d'Angoulème lui ayant parlé après le départ des députés du Pape, ce prince se rengagea de nouveau dans le schisme. Saint Bernard lui écrivit aussitôt pour lui faire des reproches de son inconstance, et des violences qu'il avait exercées euvers les chanoines de Saint-Hilaire. Mais le zèle du saint abbé ne put triompher alors de l'entêtement du duc. Il fut plus heureux à l'égard d'un grand archevêque qui différait à se déclarer contre les schismatiques.

Hildebert, qui de l'évêché du Mans avait été transféré à l'archevêché de Tours, paraissait suspendre son jugement et délibérer auquel des deux partis il se rangerait. Saint Bernard, avec lequel il avait lié depuis peu une amitié particulière, lui écrivit la lettre suivante, lui souhaitant, dans la salutation même, de se conduire et d'examiner toutes choses selon l'esprit. « Pour vous parler dans les termes d'un prophète, *mes yeux ne voient rien qui me console, parce que la mort met la discorde entre les frères* (Osée, 13, 14). *Car quelques-uns*, comme parle Isaïe, *semblent avoir fait un pacte avec la mort, et un complot avec l'enfer* (Isaïe, 14, 15). En effet, voici Innocent, le christ du Seigneur, placé, comme lui, pour la ruine et pour la résurrection de plusieurs. Ceux qui sont de Dieu se joignent à lui volontiers; quiconque lui est contraire, ou il est de l'antechrist, ou il est l'antechrist même. L'abomination est dans le lieu saint, on y met le feu pour s'en rendre maître. On persécute Innocent, et, avec lui, toute innocence. Il fuit à la vue du lion (Léon) : *Et qui ne serait effrayé de son rugissement*, dit un prophète (Amos., 3, 8)? Il fuit pour obéir à ce précepte du Seigneur : *Si l'on vous persécute dans une ville, fuyez dans une autre* (Matth., 10, 23). Il fuit, et, en imitant les apôtres, il fait voir qu'il en est le digne successeur. Paul ne rougit pas de se faire descendre dans un panier le long des murs de Damas, pour échapper à ceux qui cherchent sa vie; et il le fait, moins pour se sauver que pour ne pas irriter ses persécuteurs, plutôt pour les délivrer de la mort que pour s'en délivrer lui-même. N'est-il pas juste que celui qui marche sur les traces de cet apôtre, en occupe la place dans l'Eglise?

» Au reste, la fuite d'Innocent n'est pas oisive; elle est fatigante, mais glorieuse en fruits. Chassé de Rome, il est reçu par l'univers. On vient des extrémités du monde lui offrir du secours : il n'est qu'un Séméi, Gérard d'Angoulème, qui ne cesse pas entièrement de maudire ce David fugitif. Cependant, malgré les factions et la rage des méchants, il est honoré dans les cours des rois, il est partout couronné de gloire. Est-il un prince qui ne l'ait reconnu pour le véritable élu de Dieu? Les rois des Français, des Anglais, des Espagnols, et finalement celui des Romains, reçoivent Innocent pour pape et pour évêque spécial de leurs âmes. Le seul Achitophel ignore encore que tous ses projets sont déjoués. Vainement ce malheureux cabale contre le peuple de Dieu, contre les saints qui s'attachent inviolablement au saint, et qui refusent de ployer le genou devant Baal. Jamais ses artifices ne procureront au rebelle parricide qu'il protège le royaume d'Israël, le gouvernement de la cité sainte, l'Eglise du Dieu vivant, la colonne de la foi, le fondement de la vérité. *Un triple lien*, dit l'Ecriture, *se rompt difficilement* (Eccl., 4, 12). Une élection faite par les meilleurs, l'approbation du plus grand nombre, et, ce qui est encore plus fort, la sainteté des mœurs : ces trois choses recommandent Innocent auprès de tout le monde, et le confirment souverain Pontife.

» Enfin, mon père, on attend avec une extrême impatience que vous vous déterminiez à le reconnaître. Je ne désapprouve pas jusqu'ici vos délais : cette lenteur est une marque de sage maturité, qui ne fait rien légèrement. Marie ne répond au salut de l'ange, qu'après avoir pensé d'où il lui venait. Il est ordonné à Timothée de n'imposer pas les mains avec précipitation; mais, en qualité d'ami, j'ose vous avertir de ne rien outrer, et de n'être pas plus sage qu'il ne faut. J'ai honte, je l'avoue, de ce que l'ancien serpent, par une audace nouvelle, laissant les femmes ignorantes, ose s'attaquer à votre cœur si ferme, et ébranler une pareille colonne de l'Eglise. Nous espérons du moins que, s'il l'ébranle, il ne l'abattra point, parce que l'ami de l'époux est attentif à sa voix, et qu'il se plaît à écouter cette voix de consolation et de salut, cette voix de paix et de concorde (S. Bern., *Epist*. 124). »

Cette lettre de saint Bernard à Hildebert de Tours ne fut pas sans effet. Ce pieux et savant prélat demeura attaché au pape Innocent le reste de sa vie, qui ne fut pas long; car il mourut peu de temps après, le 18 décembre, l'an 1131, âgé d'environ 80 ans; et il fut enterré dans sa cathédrale, où l'on assure qu'il se fit plusieurs miracles à son tombeau. Aussi plusieurs auteurs n'ont pas fait difficulté de lui donner le titre de saint; mais ni l'Eglise du Mans, dont il tint le siège vingt-neuf ans et six mois, ni celle de Tours, qu'il gouverna près de sept ans, ne lui rendent aucun culte.

Il nous reste un grand nombre d'ouvrages d'Hildebert en tout genre, savoir : trois livres de lettres, des sermons pour tous les dimanches et toutes les fêtes de l'année, les *Vies de sainte Radegonde et de saint Hugues, abbé de Cluny*, divers *traités* sur des matières morales et théologiques, savoir : un *traité sur les combats de la chair et de l'esprit;* un autre *sur l'utile et l'honnête;* un troisième *sur la foi,* lequel est un précis de toute la théologie; un quatrième *sur le sacrement de nos autels,* avec une exposition des prières et des cérémonies de la messe en prose et en vers; car Hildebert était assez bon poète, et nous avons un grand nombre de poésies de sa façon, la plupart sur des sujets de piété.

Le style d'Hildebert est poli et élégant, surtout dans ses lettres, où l'on trouve de l'érudition, de l'esprit, du sentiment et du goût. Pierre de Blois dit qu'on lui avait fait beaucoup apprendre par cœur dans son enfance pour lui former le style. On peut remarquer, dans les divers écrits d'Hildebert, plusieurs traits qui font connaître quelle était la discipline de son temps, ou qui nous fournissent des preuves de la perpétuité de la tradition sur les principaux mystères de notre foi.

On ne peut s'expliquer avec plus de précision que le fait Hildebert sur la présence réelle de Jésus-Christ dans l'eucharistie. « Nous ne devons nullement douter, dit-il, que, par les sacrées paroles de la bénédiction du prêtre, le pain ne soit changé au vrai corps du Seigneur, en sorte que la substance du pain ne demeure point. Cependant le Seigneur a voulu que la couleur et la saveur du pain demeurassent, et que la vraie substance de son corps fût cachée sous cette espèce (*Serm.* 38, *in Cœn. Dom.*, p. 422). » Dans un autre sermon, pour mieux marquer le changement ineffable qui s'opère sur nos autels, il se sert du mot *transsubstantiation*; et c'est le premier des écrivains ecclésiastiques qui ait employé ce terme si propre à exprimer ce que l'Eglise a toujours cru de ce mystère. Voici ce qu'il en dit, en parlant des communions sacriléges des prêtres impudiques : « Si je suis un vase d'incontinence et un prêtre impudique, je place sur l'autel le fils de Vénus auprès du Fils de la Vierge, et lorsque je prononce le canon et les paroles de la *transsubstantiation*, ma bouche est pleine d'amertume, de contradiction et de fraude ; car, quoique j'honore alors le Sauveur, des lèvres, je lui crache en même temps au visage (*Serm.* 93, p. 689).

Hildebert témoigne une tendre dévotion envers la Mère de Dieu. Il établit ou insinue, en plusieurs de ses écrits, son immaculée conception; et il reconnaît, en termes exprès, qu'elle a été enlevée en corps et en âme au jour de son Assomption. « C'est, ajoute-t-il, pour le marquer, que, dans l'oraison qu'on chante en ce jour, il est dit *qu'elle n'a pu être retenue par les liens de la mort.* » Hildebert dit, dans un autre sermon, que quand on prononçait le nom de Marie dans les prières de l'Eglise, on fléchissait le genou par respect (*Serm.* 59).

Geoffroi de Lorroux, qui fut depuis archevêque de Bordeaux, était alors un professeur fort célèbre, à qui son érudition donnait un grand crédit. Le saint abbé de Clairvaux lui écrivit une lettre charmante, pour l'engager à employer ses talents à la défense de l'Eglise. « Dans la fleur, dit-il, on cherche la bonne odeur; la saveur dans le fruit. Charmés par la bonne odeur de votre renommée, nous désirons, bien-aimé frère, vous connaître aussi par le fruit de vos œuvres. Ce n'est pas nous seulement, c'est Dieu même qui exige que vous l'aidiez dans ce moment, lui qui n'a besoin de personne. Quel honneur de coopérer à ses desseins! quel crime de le pouvoir et de ne pas le faire! Vous êtes bien vu de Dieu et des hommes, vous avez la science, l'esprit de liberté, une éloquence vive, persuasive et insinuante. Avec de si beaux talents, abandonnerez-vous dans un besoin pressant l'épouse du Christ, si vous êtes l'ami de son époux ? C'est dans la nécessité qu'on éprouve les vrais amis. Quoi! vous demeurez dans un lâche repos, pendant que l'Eglise, votre mère, est dans les alarmes? Le repos a eu son temps : jusqu'ici un saint loisir a pu vous occuper sans scrupule; mais, à présent, il est temps d'agir contre ceux qui veulent détruire la loi de Dieu. La bête de l'Apocalypse, qui ne vomit que des blasphèmes, qui fait la guerre aux saints (Apoc., 13, 5), cette bête s'est assise dans la Chaire de saint Pierre, comme un lion épiant sa proie. Une autre bête, comme le lionceau dans son antre, rugit encore près de vous. Celle-là plus féroce, celle-ci plus rusée, se liguent ensemble contre le Seigneur et contre son Christ. Rompons leurs liens, secouons leur joug.

» Nous avons travaillé dans nos quartiers, de concert avec d'autres zélés serviteurs de Dieu, à réunir les esprits ; nous avons engagé les rois à dissiper le conseil des méchants et à détruire toute hauteur qui s'élève contre la science de Dieu, et ce n'a pas été sans fruit. Les rois d'Allemagne, de France, d'Angleterre, d'Ecosse, d'Espagne, de Jérusalem, avec la totalité du clergé et des peuples, favorisent et appuient le seigneur Innocent, comme des fils leur père, comme des membres leur chef, soigneux de conserver l'unité d'esprit dans le lien de la paix. Aussi est-il juste que l'Eglise reçoive celui dont la réputation est plus illustre et l'élection plus saine, tant pour le nombre que pour le mérite de ceux qui l'ont élu. Pourquoi, mon frère, demeurez-vous dans l'indolence? Quand est-ce que le dangereux serpent qui siffle près de vous vous réveillera de votre assoupissement ? Nous savons bien que, fils de la paix, vous ne vous laisserez jamais aller à rompre l'unité. Mais ce n'est pas assez : vous devez la défendre et combattre de toutes vos forces ceux qui la veulent détruire. La perte de votre cher repos sera dédommagée par la nouvelle gloire que vous acquerrez; si vous apprivoisez ou si vous faites taire la bête de votre voisinage, et si Dieu arrache, par votre moyen, une proie très-considérable de la gueule du lion; je veux dire si vous gagnez le comte de Poitou (S. Bern., *Epist.* 125). »

C'était ce comte qui autorisait le schisme en Aquitaine et qui se prêtait à toutes les violences de Gérard d'Angoulême. Saint Bernard n'omit rien pour gagner ce prince, qui pouvait faire autant de bien à l'Eglise qu'il lui faisait de mal. Il engagea Hugues, duc de Bourgogne, parent du comte, à lui écrire la lettre suivante, que le saint abbé composa :

« A Guillaume, par la grâce de Dieu, illustre comte de Poitou et duc d'Aquitaine; Hugues, par la même grâce, duc de Bourgogne, souhaite de craindre celui qui est terrible et qui se joue des princes.

» La parenté et l'amitié qui nous unissent ne me permettent pas de garder plus longtemps le silence sur votre égarement. Un particulier qui s'égare, périt seul; mais l'erreur d'un prince entraîne tous ses sujets. Cependant, vous le savez, nous n'avons pas des sujets pour les perdre, mais pour les conserver. Celui par qui règnent les rois, nous a établis sur ses peuples pour les protéger, non pour les pervertir; il nous a établis les ministres, non les seigneurs de son Eglise. Vous lui avez rendu des services de vous et de votre grand pouvoir; comment donc vous êtes-vous laissé surprendre? comment avez-vous pu vous oublier jusqu'à abandonner votre mère et votre souveraine, dans son affliction? à moins que votre conseil ne vous persuade que toute l'Eglise se réduit à la famille de Pierre de Léon. Mais la vérité même confond ces imposteurs et l'antechrist, leur chef, puisqu'elle assure, par la bouche de David, *que l'Eglise s'étend à tous les confins de la terre et à toutes les familles des nations* (Psalm. 21, 28).

» Il est vrai que le duc de la Pouille est dans son parti, mais c'est le seul prince; encore l'a-t-il gagné par le ridicule appât d'une couronne usurpée. Au reste, quelles sont les belles qualités de leur prétendu Pape, pour nous faire pencher de son côté? Si je m'en rapporte au bruit commun, il n'est pas même digne de gouverner une bicoque. Et quand ce bruit ne serait pas vrai, il convient à un chef de l'Eglise, non-seulement d'être de bonnes mœurs, mais d'en avoir la réputation. Ainsi, mon très-cher cousin, le parti le plus sûr est de reconnaître pour Pape universel celui que l'universalité s'accorde à reconnaître pour tel, celui que reconnaissent tous les ordres religieux et l'universalité des rois. Il y va de votre honneur et de votre salut. Le pape Innocent est généralement estimé, ses mœurs sont pures, sa réputation sans reproche et son élection canonique. Ses ennemis mêmes conviennent des premiers points; pour son élection, ils allèguent des faussetés pour en contester la validité; mais le très-chrétien Lothaire les a convaincus depuis peu d'imposture et de calomnie (S. Bern., *Epist.* 127). »

Saint Bernard écrivit en même temps, en son propre nom, une lettre pathétique aux évêques d'Aquitaine, et nommément à ceux de Limoges, de Poitiers, de Périgueux et de Saintes, pour les fortifier contre les persécutions de Gérard d'Angoulême, et fermer tous les faux-fuyants des schismatiques. « La vertu, leur dit-il, la vertu s'acquiert dans la paix, s'éprouve dans l'adversité, triomphe dans la victoire. Voici le temps, mes très-révérends pères, de signaler la vôtre. L'épée qui menace tout le corps mystique de Jésus-Christ, est surtout levée sur vos têtes; plus elle est près de vous, plus elle est à craindre, plus ses coups sont dangereux et mortels. Contraints de les repousser continuellement, vous êtes dans la nécessité, ou de céder avec infamie, ou de résister avec une vigueur infatigable. Le nouveau Diotrèphes, que son ambition fait aspirer à la primauté, refusant de reconnaître avec vous celui qui vient au nom du Seigneur, et qui est reconnu de toute l'Eglise, reçoit celui qui vient en son propre nom. Je n'en suis pas surpris; son ambition, encore bouillante dans une extrême vieillesse, le fait courir après un titre fastueux. Si je le soupçonne de cette vanité, ce n'est pas sans fondement; je n'en juge que par ses paroles. N'écrivit-il pas, il y a quelque temps au chancelier de Rome, pour le supplier qu'on l'honorât du titre de légat et qu'on lui imposât le poids de cette charge? Plus il affecte d'humilité dans son langage, plus il paraît de bassesse dans sa conduite. Mais, hélas! peut-être que son ambition eût été moins nuisible, si elle eût été satisfaite. Il n'eût presque fait de mal qu'à lui, au lieu qu'il fait la guerre à toute la chrétienté. Voyez jusqu'où va l'amour de la gloire! La fonction de légat est un pesant fardeau, surtout pour un vieillard; on n'en peut douter. Cependant ce vieillard trouve que c'est encore un plus rude fardeau de couler un reste de vie sans être chargé... Il écrit le premier ou l'un des premiers au pape Innocent, il lui demande d'être son légat, il est refusé; piqué de ce refus, il quitte son parti, il se range dans celui de son concurrent, et il se glorifie d'en être le légat. »

Saint Bernard, après avoir parlé contre l'ambition de Gérard, principal auteur du schisme, parle ainsi de ses violences : « Je ne puis le dire sans verser des larmes : cet ennemi de la croix a l'audace de chasser de leurs sièges les saints qui refusent d'adorer la bête, cette bête qui a la gueule ouverte pour blasphémer le nom du Seigneur et son saint tabernacle. Il s'efforce d'élever autel contre autel, d'établir de nouveaux abbés et de nouveaux évêques, après avoir chassé les anciens; en un mot, d'écarter les catholiques et de promouvoir les schismatiques aux dignités. Malheur à ceux qui consentent à être promus de la sorte! »

Voici comme saint Bernard parle de l'antipape Anaclet : « Quoi qu'on fasse, l'oracle du Saint-Esprit s'accomplira, la défection prédite par les Ecritures arrivera. Mais malheur à l'homme par qui elle arrive? Il vaudrait mieux pour lui qu'il ne fût pas né. Et quel est cet homme? si ce n'est cet homme de péché, qui, malgré l'élection canonique du chef de l'Eglise, s'empare du lieu saint, non parce qu'il est saint, mais parce qu'il est éminent; qui s'en empare les armes à la main et à force d'argent; qui y est parvenu sans vertu et sans mérite, et s'y maintient de même. La prétendue élection qu'il relève si fort, ou, pour parler plus juste, la faction des conjurés qui l'ont élu, n'a servi que de prétexte et d'occasion à la malignité de son cœur, et il faut être un imposteur pour lui donner le nom d'une élection véritable. En effet, la règle fondamentale du droit canon est, qu'après une première élection, il ne peut y en avoir une seconde. Il y en avait une; donc celle qui a suivi est nulle. Supposé même qu'il eût manqué à la première quelqu'une des formalités et des solennités ordinaires, comme les auteurs du schisme le soutiennent, fallait-il procéder à une seconde élection, sans avoir examiné les défauts de la première, et sans l'avoir cassée par un jugement authentique? C'est pour cette raison que les factieux, qui, contre l'avis de l'apôtre, ont été si précipités à imposer les mains au téméraire usurpateur de la papauté, doivent être regardés comme les auteurs du schisme et les principaux complices de la malignité de leur chef.

« Au reste, ils demandent présentement que l'affaire soit jugée, ils acceptent à contre-temps l'offre qu'on leur a faite autrefois, afin qu'en cas de refus, ils paraissent avoir raison, et que, dans le cas où l'on en demeure d'accord, ils profitent de l'intervalle de la contestation pour tramer quelque chose. Sans avoir égard, disent-ils, à ce qui s'est passé, nous demandons à être écoutés; ensuite, nous sommes disposés à subir le jugement qu'on voudra. N'est-ce pas une mauvaise défaite? Il ne vous restait plus d'autre biais et d'autre ressource pour séduire les simples, pour fournir des armes aux malintentionnés, pour colorer votre méchanceté. Vous n'aviez plus d'autre langage à tenir pour vous justifier. Mais Dieu a déjà décidé ce que vous prétendez qu'on juge après coup. L'arrêt a été prononcé, c'est l'évidence du fait même. Qui sera assez hardi pour s'y opposer? qui oserait appeler de son jugement? Il a été reconnu et approuvé par les archevêques Gauthier de Ravenne, Hildegaire de Taragone, Norbert de Magdebourg, Conrad de Saltzbourg. Il a été accepté par les évêques Equipert de Munster, Hildebrand de Pistoie, Bernard de Pavie, Landulphe d'Asti, Hugues de Grenoble et Bernard de Parme. Le mérite éminent de tant de prélats, leur autorité, leur sainteté, respectables à leurs ennemis mêmes, m'ont déterminé à les choisir pour guides, moi qui suis d'un rang et d'un mérite infiniment au-dessous des leurs. Je ne parle point d'une infinité d'archevêques et d'évêques de la Toscane, de la Campagne de Rome, de la Lombardie, de l'Allemagne, de l'Aquitaine, de la France, de l'Espagne, de toute l'Eglise d'Orient. Leurs noms sont écrits dans le livre de vie, et ne peuvent être contenus dans la brièveté d'une lettre.

» Tous, de concert, ont rejeté Pierre de Léon, se sont déclarés pour Grégoire, sous le nom du pape Innocent. Ils n'ont été ni corrompus par argent, ni séduits par adresse, ni engagés par des liaisons de parenté, ni forcés par la terreur d'une puissance séculière. Ils sont entrés dans ce parti pour obéir à l'ordre de Dieu dont ils ont été convaincus et qu'ils n'ont point eu la faiblesse de dissimuler. Je ne nomme ici aucun prélat de notre France : le nombre en est trop grand, et si j'en désignais quelques-uns en particulier, on ne manquerait pas de m'accuser de flatterie. Mais je ne dois pas passer sous silence tant de saints religieux, qui, étant morts au monde, mènent une vie cachée en Jésus-Christ ; désoccupés de tout autre soin que de plaire à Dieu, ils étudient sa volonté et ils croient la connaître. Les religieux camaldules, ceux de Vallombreuse, les chartreux, ceux de Cluny et de Marmoutier, les frères de Citeaux, ceux de Saint-Etienne de Caen, de Tyron, de Savigni, en un mot tout le clergé et tous les ordres religieux recommandables par leur sainteté, suivent leurs évêques, comme les brebis suivent leurs pasteurs ; de concert avec eux, ils s'attachent au pape Innocent, ils le défendent avec zèle, ils lui obéissent et le reconnaissent pour le légitime successeur des apôtres.

» Que dirai-je des rois et des princes de la terre? Ne s'accordent-ils pas avec leurs peuples à révérer Innocent comme l'évêque de leurs âmes? Enfin est-il quelqu'un, remarquable par sa dignité ou par sa vertu, qui ne fasse pas la même chose? Après cela, il y a encore des chicaneurs opiniâtres qui réclament contre cette unanimité! Ils font le procès à tout l'univers, leur petit nombre voudrait faire la loi à la chrétienté, en l'obligeant de confirmer, par un second jugement, une élection qu'elle a déjà condamnée! » Saint Bernard conclut sa lettre en exhortant les évêques d'Aquitaine à résister courageusement aux schismatiques, surtout à l'évêque d'Angoulême (S. Bern., *Epist.* 126).

Ils lui résistèrent en effet, et eurent beaucoup à souffrir. Il chassa plusieurs évêques de leurs siéges. Il déposa Guillaume, évêque de Poitiers, et Eustorge, évêque de Limoges, et mit dans leurs places d'indignes sujets. La plupart des chanoines de Poitiers suivirent leur évêque dans son exil, et presque tout le diocèse continua de reconnaître Guillaume pour son légitime pasteur. Eustorge de Limoges se etira dans le château de Saint-Martial, à la porte e la ville, d'où l'usurpateur de son siége pouvait tous les jours entendre les cloches qui sonnaient, tandis qu'on fulminait l'excommunication contre lui. Gérard retint pour lui l'archevêché de Bordeaux, sans quitter l'évêché d'Angoulême ; mais il ne put non plus rendre son peuple schismatique ; car, dans les temps de troubles, les diocèses qui ont des évêques engagés dans le parti de l'erreur, ne sont pas toujours ceux où la séduction fait le plus de progrès (Arnulf. Sag. *apud d'Achery*, t. I).

Guillaume, évêque de Saintes, manda à Vulgrin, patriarche de Bourges, d'écrire à l'Eglise de Bordeaux, aux évêques d'Agen, de Périgueux, de Poitiers et de Limoges, pour leur défendre de reconnaître Gérard, et leur ordonner de l'excommunier. Guillaume, évêque de Poitiers, écrivit aussi à ce prélat contre les violences de Gérard. Vulgrin, en qualité de primat d'Aquitaine, tâcha de secourir cette Eglise ; il écrivit des lettres pour soutenir les évêques, et il cassa la prétendue élection que le clergé de Bordeaux avait faite de Gérard (Labbe, *Biblioth. nov., in patriarch. Bituric.*, c. 62).

Le pape Innocent II étant en France, où toutes les villes rivalisaient à qui le recevrait avec plus de solennité, voulut visiter par lui-même le monastère de Clairvaux, accompagné des cardinaux, des évêques et de toute sa cour. Voici la réception que lui firent les enfants de saint Bernard, suivant le récit de l'un d'entre eux. Les pauvres du Christ le reçurent avec une extrême affection. Ils allèrent au devant de lui, non pas ornés de pourpre et de soie, ni avec des Evangiles couverts d'or, mais vêtus de leurs pauvres habits, portant une chétive croix de bois ; non pas au bruit des fanfares, ni avec une jubilation tumultueuse, mais avec un chant modeste. Les évêques pleuraient : le souverain Pontife pleurait lui-même, et tous admiraient la gravité de cette communauté, voyant que, dans une joie si solennelle, tous avaient les yeux fixés à terre, sans les tourner de côté et d'autre par curiosité ; en sorte qu'ils ne voyaient personne, étant regardés de tout le monde. Les Romains ne virent rien dans cette église qui excitât leur cupidité, il n'y avait que les murailles toutes nues. Ces moines n'avaient rien qu'on pût ambitionner, si ce n'est leurs saintes mœurs ; en quoi l'enlèvement n'était point préjudiciable ; car, prît-on leur piété pour modèle, on ne la leur ôtait pas. Tous se réjouissaient dans le Seigneur, mais la solennité consistait en de grandes vertus, non en de grands banquets. Le pain, au lieu d'être de pure fleur de froment, était de farine dont le son n'avait pas été tiré ; il y avait du petit vin au lieu de vin doux, des herbes au lieu de chair, et l'on servait des légumes pour tenir lieu de toutes espèces de viandes. Si, par hasard, il se trouvait quelque poisson, on le plaçait devant le seigneur Pape, pour être vu plutôt que mangé (Ernald, *Vit. S. Bern.*, l. 2, c. 1).

Innocent II ayant passé à Saint-Gilles en Provence, entra en Lombardie par les montagnes de Gênes, et célébra dans la ville d'Asti la fête de Pâques, qui, cette année 1132, était le 10 avril. De là il vint à Plaisance, où il tint un concile avec les évêques et les autres prélats de Lombardie, de la province de Ravenne et de la Marche d'Ancône. Il attendait le roi Lothaire, pour marcher sur Rome ; mais Lothaire était occupé en Allemagne à pacifier bien des différends. Il aurait voulu amener à une réconciliation les deux princes de Hohenstauffen, Frédéric, duc de Souabe, et son frère Conrad, qui s'était déclaré roi et demeurait à Milan ; mais la chose ne put se faire alors.

Cependant l'arrivée soudaine du Pape en Italie, y fit une grande sensation. Le roi Conrad, se défiant des Italiens, quitta Milan et retourna en Allemagne. C'est que le pape Innocent avait avec lui un homme qui valait plus qu'une armée : cet homme était saint Bernard. Les villes de Pise et de Gênes étaient en guerre l'une contre l'autre. Innocent envoya Bernard à Gênes pour être le médiateur de la paix. Voici comme Bernard lui-même rappelle, dans une lettre aux Génois, de quelle manière il fut reçu dans leur ville. « Oh ! que de consolation j'ai goûtée, dans le peu de temps que j'ai demeuré parmi vous ! Non jamais je ne t'oublierai, peuple dévot, nation honorable, illustre cité ! Et le soir, et le matin, et à midi, j'annonçais la parole de Dieu, et toujours votre piété affectueuse vous faisait accourir en foule. J'apportais la paix, et comme vous en étiez les enfants, notre paix s'est reposée sur vous. Je répandais la semence, non la mienne, mais celle de Dieu, et cette semence, tombant dans une terre fertile, produisait jusqu'au centuple. Je restai peu de temps, parce que j'étais pressé; mais je ne trouvai ni retardements ni obstacles; j'eus le plaisir de semer et de moissonner presque en un même jour; de rapporter pour fruit de ma récolte, aux exilés l'espoir de leur patrie, aux esclaves et aux prisonniers celui de leur liberté, aux ennemis la terreur, aux schismatiques la confusion, enfin la gloire à l'Eglise et la joie au monde chrétien. Que me reste-t-il, mes très-chers amis, sinon à vous animer à la persévérance, vertu qui couronne toutes les autres et qui fait le caractère des héros (S. Bern., *Epist.* 129).

Le pape Innocent étant venu à Pise, y manda les ambassadeurs des Génois, et fit la paix entre eux et les Pisans. Pour récompenser ces deux peuples, dont il avait reçu les plus grands services, il affranchit l'évêque Cyrus de Gênes de la sujétion à l'archevêque de Milan, en lui conférant à lui-même la dignité archiépiscopale et en lui soumettant les évêchés de Bobbio, de Brugneto et trois autres dans la Corse. Il déclara en même temps primat de Sardaigne l'archevêque de Pise, et lui soumit en outre l'évêché de Populonie, ainsi que trois autres dans la même île de Corse; ce qui contenta les deux peuples (Card. Aragon., *in vit. Inn. II*). Le nouvel archevêque de Gênes, par estime et par reconnaissance pour saint Bernard, voulut lui céder son siège; mais Bernard s'y refusa jusqu'à deux fois, comme il avait déjà refusé plus d'un évêché en France.

Il y eut aussi quelques mouvements dans l'Italie méridionale. Le duc Roger de Sicile, qui avait reçu de l'antipape le titre de roi, vit des insurrections éclater en Campanie et en Apulie. Il en réprima quelques-unes; mais, à la fin, il essuya une grande défaite. La ville de Bénévent chassa le gouverneur de l'antipape, et se déclara pour le Pape légitime, Innocent II (Muratori, *Annali d'Italia*, an 1132).

Sur ces entrefaites, arriva d'Allemagne le roi Lothaire, avec une armée, mais si petite, qu'elle excitait la risée dans quelques endroits : elle comptait à peine deux mille chevaliers. Il célébra la fête de Noël 1132 à Méduine, dans la Marche Trévisane. Il menait avec lui saint Norbert, qui, en ce voyage, fit les fonctions de chancelier d'Italie, parce que le siége de Cologne était vacant. Lothaire tint à Roncaille une assemblée générale avec le Pape et les Lombards, touchant l'état de l'Eglise et de l'empire. Au printemps de l'année suivante 1133, il eut encore une conférence avec le Pape dans la ville de Pise, où ils convinrent de marcher incessamment à Rome. Ils y arrivèrent le 1er mai. Le Pape logea au palais de Latran, et le roi campa sur le Mont-Aventin. Cependant les Pisans et les Génois vinrent au secours du pape Innocent avec une armée navale, et lui soumirent Civita-Vecchia et toute la côte. Saint Bernard, qui était avec le Pape, écrivit alors au roi d'Angleterre, auquel il marque l'état des choses, pour l'exciter à secourir le Pape, qu'il avait reconnu de si bonne grâce (S. Bern., *Epist.* 138; Baron., 1133).

Le Pape couronna empereur le roi Lothaire et la reine Richilde, son épouse, dans l'église du Sauveur à Latran, et non dans l'église de Saint-Pierre, parce que l'antipape Anaclet en était le maître. C'était le 4 juin 1133. Avant le couronnement, Lothaire fit serment au Pape; et le Pape lui donna, contre un cens annuel de cent marcs d'argent, l'usufruit des domaines de la comtesse Mathilde, pour lui, pour sa fille et son gendre, Henri, duc de Bavière. L'acte est daté du 8 juin (Baron., Pagi, Othon Frising., Cenni).

L'empereur Lothaire écrivit une lettre à tous les rois, les évêques, les princes, et généralement à tous les fidèles, où il dit en substance : « Dieu nous ayant établi défenseur de la sainte Eglise romaine, nous sommes allé pour la délivrer, accompagné d'évêques, d'abbés, de princes et de seigneurs. Et, allant à Rome, nous avons souvent reçu des députés du schismatique Pierre de Léon, qui prétendaient qu'on ne devait pas l'attaquer à main armée, puisqu'il était prêt à comparaître en jugement. Nous l'avons fait savoir aux évêques et aux cardinaux qui étaient avec le seigneur pape Innocent; et ils nous ont répondu, comme étant bien instruits des canons, que l'Eglise universelle ayant déjà prononcé sur ce sujet et condamné Pierre de Léon, aucun particulier ne pouvait s'en attribuer le jugement. Nous avons donc mené glorieusement à Rome notre Père, le pape Innocent, et l'avons rétabli dans la chaire de Latran. Cependant nous campions sur le Mont-Aventin, où Pierre de Léon n'a cessé de nous solliciter, jusqu'à nous offrir pour sûreté des forteresses et des otages. Voulant donc, sans effusion de sang, rétablir la paix dans l'Eglise, nous avons communiqué ces propositions à ceux qui étaient avec le seigneur pape Innocent. Ceux-ci, amateurs de la paix et confiants dans la justice, nous ont offert spontanément, tant leurs personnes que leurs forteresses. Alors l'autre parti, voulant gagner du temps, nous a amusés quelques jours par de vaines promesses; mais, comme ils ne les accomplissaient point, après avoir été avertis plusieurs fois, ils ont enfin été condamnés comme criminels de lèse-majesté divine et humaine, par les seigneurs de notre cour, savoir : Norbert de Magdebourg, notre chancelier; Adalberon de Brême, et les autres qui y sont nommés (*Spicileg.*, t. III). »

Comme l'empereur Lothaire avait avec lui si peu de troupes, et que les chaleurs de l'été étaient proches, il s'en revint en Allemagne quelque temps après son couronnement. La hardiesse de son expédition avec si peu de monde, le titre d'empereur qu'il avait eu à Rome lui valurent une grande prépondérance en Allemagne. Les deux princes de Hohenstauffen, Frédéric et Conrad, demandèrent à rentrer en grâce. Frédéric trouva des médiateurs dans les archevêques de Cologne et de Mayence, dans les évêques de Ratisbonne et de Spire, et enfin dans une femme qui avait une tête et un cœur d'homme, l'impératrice Richilde. Mais l'empereur mettait à son pardon des conditions humiliantes. Il exigeait que les deux frères vinssent, en habits de pénitents, devant tous les grands de l'empire, se prosterner au pied du trône. Les deux princes reculèrent. Un homme vint alors, qui concilia tout : cet homme était saint Bernard, envoyé par le pape Innocent. Par l'intervention du saint abbé de Clairvaux, l'empereur reçut en grâce les deux princes : le duc Frédéric, le 17 mars 1135, dans la diète de Bamberg; le duc Conrad, qui renonça au titre de roi, à Muhlhausen, vers la Saint-Michel de la même année. L'empereur Lothaire leur rendit leurs domaines; il honora particulièrement Conrad, le nomma porte-étendard de l'empire, et lui donna le pas sur tous les autres princes. C'est ainsi que, par la douce et persuasive médiation de Bernard, la paix et la concorde furent entièrement rétablies dans l'empire d'Occident (Ot. Frising., *Chron.*, l. 7, c. 19; Raumer, *Hist. des Hohenstauffen*).

Médiateur de la paix, Bernard était en même temps le défenseur de la justice et le vengeur du crime. Revenu d'Allemagne à Clairvaux, il y trouva Etienne, évêque de Paris, Geoffroi, évêque de Chartres, légat du Pape en France. Deux ecclésiastiques venaient d'être assassinés. Thomas, prieur de Saint-Victor de Paris, homme de confiance de son évêque, et le méritant par son zèle et ses vertus, avait été assassiné, sous ses yeux, par les neveux d'un archidiacre de Paris, qu'on accusait de les y avoir poussés. L'évêque accompagné de cet saint religieux, revenait tranquillement du monastère de Chelles, où il venait d'établir la réforme. C'était un dimanche. Aucun de ceux qui l'accompagnaient n'avait d'armes. Les assassins, sortant tout à coup d'une embuscade, massacrèrent Thomas entre les bras de l'évêque, le menaçant lui-même de mort, s'il ne se retirait promptement. Mais il se jeta courageusement au milieu de leurs épées, et retira de leurs mains le prieur à demi-mort et horriblement déchiré, l'exhortant à se confesser et à pardonner à ses assassins. Il le fit de grand cœur, demanda la rémission de ses péchés avec une vive componction, reçut le viatique, protesta devant tout le monde qu'il mourait pour la justice, et rendit ainsi l'esprit. C'était le 20 août 1133.

Suivant un auteur contemporain, Orderic Vital, il y avait à ces meurtres une connivence politique de la part de Louis le Gros. Nous avons vu que ce roi, après la mort de Philippe, son fils aîné, renversé de cheval par un pourceau, fit sacrer roi son second fils Louis, par le Pape même, au concile de Reims. Mais il paraît que la chose se fit sans les formes ordinaires d'élection; car Orderic Vital, après avoir parlé de ce sacre du jeune roi, ajoute ces paroles : « Mais cette consécration déplut à quelques Français de l'un et l'autre ordre. Car quelques laïques espéraient que la mort du prince leur donnerait occasion d'augmenter leurs honneurs. Quelques ecclésiastiques cherchaient le droit d'élire et de constituer le chef du royaume. Pour ces causes, plusieurs d'entre eux murmuraient du sacre de ce jeune prince, et, sans aucun doute, ils l'auraient empêchée s'ils avaient pu. Le roi voyant que par des efforts inouïs, quelques-uns cherchaient à éloigner ses enfants de l'honneur suprême de la royauté, conçut le désir de tirer d'eux une vengeance mortelle : les méchants s'élancèrent avec plus de sécurité dans le crime; leur malice coûta la vie à quelques-uns, et causa une profonde douleur aux autres; car Jean III, évêque d'Orléans, qui était fort âgé, ayant quitté son évêché, Hugues, doyen de la même Eglise, fut élu pour lui succéder; mais, comme il revenait de la cour du roi, il fut tué en chemin par quelques téméraires. Alors encore, Thomas, chanoine de Saint-Victor, fut tué sous les yeux mêmes et à la grande douleur d'Etienne, évêque de Paris; car les licteurs ne respectèrent point, dans leur rage, le Créateur de toutes choses, ni l'évêque, son représentant et son fidèle ministre (Orderic Vital, l. 13). »

Ainsi donc, s'il est permis à l'histoire de faire des rapprochements de cette nature, ce sont les oies du Capitole qui sauvent les destins de Rome contre l'épée des Gaulois; c'est un pourceau de Paris qui change la constitution politique de France; de plus ou moins élective qu'était la royauté, elle devient de plus en plus héréditaire; mais, à vrai dire, si un accident pareil produit un pareil changement, c'est que ce changement était amené par l'état des choses. La nation des Francs, autrefois nation guerroyante et voyageuse, s'étant implantée dans le sol et le cultivant par droit héréditaire, tendait par là même à être gouvernée héréditairement.

Quoi qu'il en soit de ces considérations, l'évêque Etienne de Paris publia un mandement adressé à ses archiprêtres, par lequel il excommunia les meurtriers du prieur Thomas, leurs complices, ceux qui leur donneraient retraite, ou qui communiqueraient avec eux, s'en réservant à lui seul l'absolution. Ensuite, frappé de l'horreur de ce meurtre et ne se croyant pas lui-même en sûreté, il se retira à Clairvaux, d'où il écrivit à Geoffroi de Chartres, légat du Saint-Siège, une lettre où il lui raconte ce funeste accident, le priant de se rendre à Clairvaux pour délibérer ensemble sur les moyens d'en prévenir les suites. Geoffroi vint à Clairvaux suivant cette lettre; et, par son autorité de légat, manda aux archevêques de Reims, de Rouen, de Tours et de Sens, et à leurs suffragants, de se rendre à Jouarre, dans le diocèse de Meaux, pour y tenir un concile. Comme les prélats y étaient assemblés, ils reçurent une lettre de Hugues, évêque de Grenoble, successeur de saint Hugues et de Guigues, prieur de la Chartreuse, qui les exhortaient à faire justice du meurtre de Thomas; ce qu'ils firent, en frappant d'excommunication les coupables.

Comme on eut avis que l'archidiacre de Paris, accusé de ce meurtre, s'était adressé au Pape, prétendant s'en justifier, saint Bernard écrivit au Pape deux lettres, l'une en son nom, l'autre au nom de l'évêque Etienne, afin qu'il ne se laissât pas surprendre. Jean, sous-doyen d'Orléans, ayant été tué vers ce temps par les émissaires de l'archidiacre de la même ville, saint Bernard écrivit de nouveau au Pape, l'excitant à faire une sévère justice de ces meurtres redoublés. Pierre le Vénérable, abbé de Cluny, lui écrivit dans le même sens. Le pape Innocent le fit par une constitution adressée aux archevêques de Reims, de Rouen, de Tours et à leurs suffragants, où il fait mention des deux meurtres de Thomas et d'Archambaud, confirme ce que les prélats avaient ordonné dans le concile de Jouarre, et ajoute : « Mais parce que votre sentence nous paraît trop modérée, nous voulons de plus que, partout où les meurtriers seront présents, on ne célèbre point l'office divin, et que, si quelqu'un les protège et les favorise, il soit excommunié. Nous ordonnons encore que Thibaud Notier (l'archidiacre de Paris) et les autres, soient privés des bénéfices qu'ils ont acquis ou conservés par les crimes de leurs parents (S. Bern., *Epist.* 158, 159, 161; Innocent, *Epist.* 17). »

Après le départ de l'empereur Lothaire, le pape Innocent ne se trouvant plus en sûreté à Rome, était revenu à Pise ; sur quoi saint Bernard écrivit à cette ville, pour la féliciter du secours et de la retraite qu'elle donnait au Pape, ce qui l'élevait en quelque manière à la dignité de Rome (Bern., *Epist.* 130). Innocent II convoqua à Pise un concile général pour le commencement de l'année 1134. Saint Bernard y fut nommément appelé. Il se mit en route ; mais ce ne fut pas sans peine qu'il pût arriver jusqu'à cette ville. Le long du chemin, les populations l'arrêtaient pour l'entendre, pour le voir, pour jouir des bénédictions de sa présence. Les Milanais surtout recouraient à ses conseils. Abandonnés de Conrad, qu'ils avaient reconnu pour roi, et encouragés par l'exemple des républiques voisines, ils aspiraient à se réconcilier avec le Pape et à se soumettre à Lothaire. C'est à saint Bernard qu'ils conférèrent cette double mission ; mais la proximité du concile le força d'ajourner son voyage à Milan, et il leur écrivit la lettre suivante : « A ce que je vois par vos lettres, je jouis chez vous de quelques sentiments de bienveillance. Comme je n'ai rien qui me les fasse mériter, je m'assure que c'est Dieu qui vous les inspire. Je suis très sensible aux bontés d'une ville illustre et puissante, et je les chéris infiniment, surtout dans un temps où je la vois avec satisfaction renoncer au schisme et rentrer dans le sein de sa mère. Après tout, s'il m'est honorable, à moi vil et abject, d'être choisi par une ville fameuse pour être le médiateur d'un si grand bien, il n'est pas moins honorable à vous de vous laisser persuader la paix et concorde avec vos voisins, par un tel négociateur, vous que tout le monde sait avoir été attaqué vainement par plusieurs villes confédérées. Je vais donc en diligence assister au concile; après cela je compte repasser chez vous et vérifier si j'ai auprès de vous le crédit dont vous me flattez. Et s'il est tel, plaise à celui qui est seul l'auteur de lui donner un succès favorable (*Ibid., Epist.* 133). »

Cependant l'ouverture du concile fut retardée par des causes que l'historien n'a point éclaircies. Il s'éleva quelque mésintelligence entre Innocent II et le roi de France, Louis le Gros, qui empêcha les évêques de son royaume de se rendre à Pise. Pour lever ces obstacles, saint Bernard, le médiateur universel, écrivit au roi en ces termes : « Les royaumes de la terre et leurs droits demeurent saints et intacts à leurs maîtres, alors qu'ils ne résistent point aux ordonnances et aux dispositions divines. Pourquoi donc, Seigneur, votre colère s'allume-t-elle contre l'élu de Dieu, celui-là même que Votre Sublimité a choisi de préférence pour votre père à vous-même, et, de plus, pour Samuel à votre fils? L'indignation royale s'arme, non pas contre des étrangers, mais contre soi-même et contre les siens. Hélas ! son procédé ne prouve que trop ce que dit l'Ecriture : *La colère de l'homme n'opère point la justice de Dieu* (Jac., 1, 20). Elle l'aveugle, en effet, jusqu'à lui ôter la vue du danger où tout le monde voit qu'elle expose ses intérêts, sa grandeur, son salut; qu'elle le rend insensible à sa perte. On assemble un concile. Qu'y a-t-il en cela de préjudiciable à la gloire de Votre Majesté et au bien du royaume? Au contraire, on publiera avec éloge dans cette assemblée générale de l'Eglise, son zèle ardent pour la religion. On y apprendra que le roi de France est le premier ou l'un des premiers qui ait eu la piété et le courage de défendre sa mère contre la violence de ses persécuteurs. Là, toute la chrétienté réunie vous rendra mille actions de grâces, fera mille vœux et pour vous et pour les vôtres. Pour peu qu'on soit sensible aux maux de l'Eglise, on ne peut ignorer qu'un concile ne soit nécessaire pour y remédier. Mais, dira-t-on, les chaleurs sont excessives, nos corps sont-ils de glace? disons plutôt que ce sont nos cœurs. *Hélas!* comme dit le prophète, *nul n'a pitié de la désolation de Joseph* (Amos., 6, 6). Je me réserve à vous en entretenir dans un autre temps. A l'heure qu'il est, souffrez que le dernier de vos sujets, par sa condition, non pas par sa fidélité, vous déclare qu'il ne vous est pas avantageux de mettre des entraves à un bien nécessaire. J'ai de fortes raisons pour le dire à Votre Excellence, et je les rapporterais ici si je ne savais qu'un simple avertissement suffit à l'homme sage. Après tout, si Votre Altesse est mal satisfaite de la conduite rigoureuse que le Siège apostolique a tenue à son égard, vos fidèles serviteurs qui assisteront au concile travailleront à faire révoquer ce qui est révocable, ou à trouver un tempérament convenable à votre dignité. De notre côté, nous ne nous épargnerons pas, si nous pouvons quelque chose (S. Bern., *Epist.* 255) ! »

Le simple avertissement de saint Bernard eut son effet. Les évêques français vinrent se réunir à un nombre considérable de prélats de tout l'Occident, et le concile s'ouvrit le 30 mai 1134, sous la présidence du souverain Pontife. Malheureusement nous n'avons pas les actes de ce concile; on sait seulement qu'il s'y trouva des évêques et des abbés d'Espagne, de Gascogne, d'Angleterre, de France, de Bourgogne, d'Allemagne, de Hongrie, de Lombardie et de Toscane. Les ambassadeurs de Léopold, margrave d'Autriche, y offrirent à saint Pierre et au pape Innocent le monastère de Closterneubourg, que leur maître venait de fonder (*Conciles de Mansi*, t. XXI, p. 489 et 490). En ce concile, on excommunia de nouveau Pierre de Léon et on déposa ses fauteurs, sans espérance de rétablissement. On y déposa également Alexandre, usurpateur de l'évêché de Liège, qui mourut de chagrin peu de temps après qu'il eût appris cette nouvelle. Enfin le pape Innocent y confirma la déposition d'Anselme V, archevêque de Milan, déjà précédemment excommunié et que les Milanais avaient chassé l'année précédente 1133, pour reconnaître le Pape légitime. Le concile fit aussi plusieurs canons (Baronius et Pagi).

L'âme de cette assemblée fut saint Bernard. Il assistait à toutes les délibérations, dit son biographe, qui était présent. Il était révéré de tout le monde, et on voyait les évêques attendre à sa porte. Ce n'était pas le faste qui le rendait de difficile accès, c'était la multitude de ceux qui voulaient lui parler, en sorte que, malgré son humilité, il semblait avoir toute l'autorité du Pape (Ernald, *Vit. S. Bern.*, l. 2).

Après le concile de Pise, le Pape envoya saint Bernard à Milan, où il était tant désiré, et avec lui deux cardinaux, Gui, évêque de Pise, et Matthieu, évêque d'Albane, pour réconcilier à l'Eglise les Milanais et les absoudre du schisme où leur archevêque Anselme les avait engagés. Saint Bernard fit trouver bon aux deux cardinaux de mener avec eux Geoffroi, évêque de Chartres, dont il avait reconnu le mérite en plusieurs occasions.

Ils étaient à peine descendus des Apennins, rapportent les auteurs de cette époque, que tout Milan se leva pour aller au devant de l'homme de Dieu; les nobles, les bourgeois, les uns à cheval, les autres à pied, les riches, les pauvres quittèrent leurs habitations, comme s'ils eussent déserté la ville, et, marchant par troupe, ils allaient au devant du serviteur de Dieu avec une incroyable révérence. Tous, transportés de joie à son aspect, s'estimaient heureux d'entendre le son de sa voix. Ils lui baisaient les pieds, et, bien qu'il s'en défendit autant que possible, il ne put les empêcher en aucune façon de se jeter à ses genoux et de se prosterner devant lui. Ils arrachaient les fils de ses vêtements pour servir de remèdes à leurs maux, persuadés que toutes les choses qu'il avait touchées étaient saintes et pouvaient contribuer à leur sanctification.

La foule qui le précédait, comme celle qui le suivait, faisait retentir l'air de cris de joie et d'acclamations vives et continuelles, jusqu'à son entrée dans la ville, où, après avoir été longtemps retenu dans la presse, il parvint enfin au logis honorable qu'on lui avait préparé.

Mais quand on en vint à traiter publiquement de l'affaire pour laquelle le serviteur de Dieu et les cardinaux s'étaient rendus à Milan, la ville entière, oubliant ses rancunes et ses prétentions anciennes, se soumit de telle sorte au saint abbé, qu'on pouvait, à juste titre, lui appliquer ces vers d'un poète :

Quand il parle, tout cède et se rend à sa voix.
Nul ne peut, nul ne veut résister à ses lois.

La paix bientôt est affermie, l'Eglise est réconciliée, et, par un traité solennel, la concorde est rétablie entre les peuples divisés. Mais ces affaires étant terminées, il en survint d'autres, toutes différentes.

Le démon exerçant sa rage dans quelques énergumènes, on lui opposa l'étendard de Jésus-Christ, et, au commandement de l'homme de Dieu, effrayés et tremblants, les mauvais esprits s'enfuirent des demeures qu'ils possédaient, chassés par une force et une puissance supérieures. C'était un nouvel emploi de ce saint légat, qui n'avait point reçu d'ordre de la cour romaine sur ce sujet, mais qui, d'après les lois divines et les règles de la foi, produisait, en témoignage de sa mission, des lettres écrites avec le sang de Jésus-Christ et scellées du sceau de la croix, dont la figure et le caractère font fléchir toutes les puissances de la terre et des enfers.

Les auteurs du temps ajoutent : On n'a point ouï parler, de nos jours, d'une foi pareille à celle de ce grand peuple, ni d'une vertu comparable à celle de ce grand saint. Entre eux il n'y avait qu'une humble et religieuse contestation, le saint attribuant la gloire des miracles à la foi vive du peuple, et le peuple reportant cette gloire à l'éminente sainteté du serviteur de Dieu, tous cependant ayant la ferme créance qu'il obtenait de Dieu tout ce qu'il demandait.

On lui amena donc une femme connue de tout le monde, tourmentée depuis sept ans de l'esprit malin, le priant de la délivrer. Le saint homme était confus de l'opinion qu'on avait de lui, et l'humilité lui défendait d'entreprendre des choses extraordinaires; d'un autre côté, il rougissait d'avoir moins de foi que ce peuple, et craignait d'offenser Dieu en se défiant de sa toute-puissance; enfin il s'abandonna au Saint-Esprit, et, s'étant mis en prière, il chassa le démon et rendit la femme tranquille. Les assistants, transportés de joie et levant les mains au ciel, rendirent grâces à Dieu, et, le bruit s'en étant répandu par la ville, la mit tout en mouvement; on s'assemblait de tous côtés, les travaux étaient suspendus, on ne parlait que de l'homme de Dieu, on ne pouvait se rassasier de le voir ni de l'entendre; on s'empressait pour le toucher ou recevoir sa bénédiction.

Une autre fois, on lui amena, en présence d'un grand nombre de personnes, à l'église de Saint-Ambroise, une dame fort âgée et d'une haute distinction. Le démon, qui la possédait depuis longtemps, l'avait tellement suffoquée, qu'ayant perdu l'usage de la vue, de l'ouïe et de la parole, grinçant les dents et étendant la langue comme la trompe d'un éléphant, elle semblait plutôt un monstre qu'une femme. Ses traits hideux, son aspect effrayant, son haleine épouvantable attestaient l'impureté de l'esprit qui obsédait son corps (Ernald., *Vit. S. Bern.*, l. 2, c. 3).

Après que le serviteur de Dieu l'eût regardée, il connut que le diable lui était profondément attaché et incarné, et qu'il ne sortirait pas facilement d'une maison dont il était depuis si longtemps le maître. C'est pourquoi, se tournant vers le peuple qui s'était porté en grande foule à l'église, il recommanda qu'on priât Dieu avec ferveur, et, environné des ecclésiastiques et des religieux qui se tenaient près de lui au bas de l'autel, il ordonna de faire avancer cette femme et de la tenir d'une main ferme. La misérable résistait; poussée par une force surhumaine et diabolique, elle se débattait, avec d'horribles convulsions, au milieu de ceux qui la regardaient, leur donnant des coups et frappant du pied le serviteur de Dieu, qui demeura calme et doux, sans s'inquiéter de l'audace du démon. Il monta humblement à l'autel et commença la célébration du saint sacrifice. Mais toutes les fois qu'il faisait le signe de la croix sur l'hostie consacrée, il se tournait vers la femme et lui appliquait la vertu du même signe, et chaque fois l'ennemi témoignait qu'il ressentait l'aiguillon de cette arme puissante, par un redoublement de fureur, par la peine et la rage qu'il manifestait.

L'Oraison dominicale étant achevée, le saint descend les marches de l'autel pour combattre plus directement l'ennemi de Dieu. Mettant le corps sacré de Notre Seigneur sur la patène, et le tenant sur la tête de la femme, il parle en ces termes : « Esprit méchant, voici ton juge, voilà la puissance souveraine! Résiste maintenant, si tu peux! Le voici celui qui, devant souffrir la mort pour notre salut, a dit : *Le temps est venu où le prince de ce monde sera jeté dehors* (Joan., 11)! Voici le corps sacré qui a été formé du corps de la Vierge, qui a été étendu sur le bois de la croix, qui a été posé dans le sépulcre, qui est ressuscité des morts, qui est monté au ciel, à la vue des disciples! C'est par la puissance terrible de cette majesté adorable que je t'ordonne, esprit malin, de sortir du corps de sa servante, et de n'avoir jamais la hardiesse de la toucher! »

Le démon, forcé de la quitter et ne pouvant demeurer davantage, la tourmenta plus cruellement, faisant paraître d'autant plus de fureur et de rage, qu'il lui restait moins de temps pour l'exercer. Le saint père, retournant à l'autel, acheva la fraction de l'hostie salutaire, et donna la paix au diacre pour qu'il la transmît au peuple, et, dans le même instant, la paix et la santé furent rendues à cette femme. C'est ainsi, conclut le biographe contemporain, que Satan montra, non par son témoignage libre, mais par sa fuite forcée, quelles sont la vertu et l'efficacité des divins mystères!

La femme qui venait de recouvrer l'usage de sa raison et de ses sens, rendit à Dieu de publiques actions de grâces, et, regardant le saint abbé comme son libérateur, elle se jeta à ses pieds. Grande était la clameur qui retentissait dans l'église; les fidèles de tout âge, de tout sexe, exprimaient leur admiration par des cris de joie et des chants d'allégresse; les cloches sonnaient, le Seigneur était béni d'une voix unanime, et la ville entière, transportée d'amour pour saint Bernard, lui rendait, s'il est permis de le dire, des honneurs au-dessus de la condition d'un mortel (Ernald, l. 2, c. 3, n. 13 et 14).

Le bruit de ce qui se passait à Milan se répandit partout, et la réputation de l'homme de Dieu courait par toute l'Italie; partout on publiait qu'il s'était élevé un grand prophète, puissant en œuvres et en paroles, qui guérissait les malades et délivrait les énergumènes par la vertu de Jésus-Christ.

Comme la foule, qui se tenait depuis le matin jusqu'au soir devant sa porte, l'incommodait fort, à cause de la grande presse qui le suffoquait, il se mettait aux fenêtres de sa maison, et de là élevait ses mains et bénissait le peuple. Il était venu beaucoup de monde des villes et des bourgades voisines, tous, les étrangers, aussi bien que les habitants, couraient sans cesse sur les pas de l'homme de Dieu, le suivant partout, avides de l'entendre, de le voir, d'être témoins de ses merveilles. C'est ce que dit le biographe contemporain Ernald (l. 2, c. 3, n. 15).

Un jour, dit le chroniqueur Herbert, comme le saint abbé se trouvait dans une vaste salle, entouré d'une multitude de personnes qui se pressaient autour de lui, un homme d'une mise recherchée et d'un extérieur honorable fit de singuliers efforts pour l'approcher, sans pouvoir y réussir. Alors, se mettant sur ses pieds et ses mains, tantôt rampant à terre, tantôt grimpant par-dessus les épaules de ceux qui étaient devant lui, il parvint à fendre la foule, tomba aux genoux de l'homme de Dieu et les couvrit de baisers. Le vénérable Rainald, qui se tenait là tout près, et c'est de lui-même que je tiens ce fait, sachant la peine que de pareilles démonstrations causaient à Bernard, voulut mettre fin à cette scène; mais l'homme, toujours prosterné, se tourna vers lui et lui dit à haute voix : « Laissez-moi, laissez-moi contempler et toucher ce serviteur de Dieu, cet homme vraiment apostolique; car je vous le dis et je vous l'atteste dans la foi chrétienne, j'ai vu cet apôtre au milieu des apôtres de Jésus-Christ. » Rainald, frappé d'admiration, eût désiré de connaître plus à fond cette vision; mais le respect que lui imposait la présence de saint Bernard ne lui permit pas d'en demander davantage. On conçoit cependant quelle impression cet incident dut laisser à la multitude (Erbert, l. 2, c. 18).

Le saint, ajoute Ernald, ne trouvait plus de repos, parce que tous ceux qui étaient en peine trouvaient leur repos dans son labeur et dans sa lassitude. Ceux qui sortaient de chez lui rencontraient d'autres visiteurs qui venaient le voir, et c'était une succession non interrompue de gens qui demandaient des grâces. Il rendit la santé à une foule de personnes : aux uns, en leur donnant à boire de l'eau bénite; aux autres, par son seul attouchement; et, dans la même ville, en présence de divers témoins, il obtint du Père des lumières la puissance de rendre la vue à des aveugles, en faisant sur eux le signe de la croix (Ernald, l. 2, c. 3, n. 18).

Au milieu de tant de merveilles, ce qu'il y avait de plus merveilleux, c'était l'humilité profonde avec laquelle ce saint homme exerça cette sorte de toute-puissance que Dieu lui avait conférée pour l'édification de son Église. Il semblait complètement inaccessible à la gloire, aux honneurs, aux respects dont les témoignages lui arrivaient de toutes parts, sourd et indifférent au bruit des applaudissements du monde. Il ressentait d'ailleurs sans cesse dans sa chair des souffrances aiguës; il les chérissait, parce que sans cesse elles lui rappelaient la commune destinée des mortels, et qu'il savait, par l'expérience du grand apôtre, que la vertu se perfectionne dans les infirmités.

Chose admirable! ce grand saint, depuis son entrée dans la vie monastique, était toujours à la veille de mourir, et chacune de ses actions semblait être le dernier effort d'une vie expirante. Languissant et presque éteint, c'est pourtant ce corps fragile que la Providence employait à son gré et que le souffle divin faisait mouvoir miraculeusement en quelque sorte, pour régler les destinées de l'Église et des empires!

Malgré ses visibles infirmités, saint Bernard eut à se défendre à Milan, comme à Gênes, comme à Reims, contre les vœux d'une population entière, qui le conjurait d'accepter la charge pastorale.

Un jour, tous les fidèles, les magistrats et le clergé en tête, vinrent processionnellement jusqu'à sa demeure, pour le conduire forcément au siège archiépiscopal. Dans cette conjoncture, la résistance n'était presque pas possible. Il chercha un expédient. Demain, leur dit-il, je monterai à cheval et m'abandonnerai à la Providence. Si le cheval me porte hors de vos murailles, je me regarderai comme libre de tout engagement; mais s'il reste dans l'enceinte de la ville, je serai votre archevêque. Le lendemain, en effet, il monte à cheval, et, partant au galop, il s'éloigne en toute hâte des murs de Milan (*Annal. Cisterc.*, p. 265, n. 7; Landulph. Junior., *Chronic.*).

Suivant les ordres du pape Innocent, il se rendit à Pavie et à Crémone, pour réconcilier ces deux villes. Dans la première, il fut reçu avec la même dévotion qu'à Milan, et fit encore plusieurs miracles. Mais ceux de Crémone, enflés de quelques succès, ne voulurent point profiter de sa médiation. Il vint une seconde fois à Milan, pour achever le bien qu'il y avait commencé. Il y fit tant de conversions, qu'il y eut de quoi peupler un nouveau monastère de son ordre, qui fut fondé dans le voisinage l'année suivante 1135, et nommé Caravalle ou *Chère-Vallée*. A la place de l'archevêque Anselme, schismatique et déposé, on élut Ribald ou Robald, évêque d'Albe, dans le Montferrat, et le Pape rendit à Milan la dignité de métropole, qu'il lui avait ôtée. Anselme, voulant rejoindre l'antipape Anaclet, fut pris par les catholiques et mourut vers la fin de l'année (Pagi, an 1134).

Cependant il s'éleva de nouveau quelque nuage entre le pape Innocent et les Milanais. Ceux-ci prétendaient que, comme successeur de saint Ambroise, leur archevêque ne devait point prêter serment d'obéissance au Pape, ni recevoir le *pallium* de sa main. Le nouvel archevêque prit un moyen terme. Etant allé à Pise, il fit serment d'obéissance, mais ne voulut pas recevoir le *pallium*, pour ne pas trop indisposer son peuple. Le Pape, mécontent, penchait à user de sévérité.

Saint Bernard l'ayant remarqué dans une de ses lettres, lui écrivit pour excuser le nouvel archevêque. « De quel côté, disait-il, se tournera ce prélat infortuné, banni du séjour délicieux de la ville de Caldée (son ancienne ville épiscopale), condamné à vivre avec des bêtes farouches? Veut-il vous obéir? il est exposé à des hommes cruels qui le menacent de le dévorer. S'accommode-t-il au temps par une prudente dissimulation? Il encourt votre colère, plus formidable pour lui que la rage des bêtes les plus féroces. Embarrassé de toutes parts, il lui paraît encore plus supportable d'être sans diocésains que sans chef; il préfère, avec justice, l'honneur de vos bonnes grâces à la chaire de Milan. » Saint Bernard conclut par prier le Pape d'attendre encore une année, pour que le nouvel archevêque pût disposer peu à peu son peuple. Peut-être que la ville de Milan pleurera son péché et fera de dignes fruits de pénitence (S. Bern., *Epist*. 314).

Après avoir ainsi conseillé au Pape la douceur et la patience, il recommande l'humilité et l'obéissance aux Milanais dans la lettre suivante : « Dieu vous traite en père et l'Eglise romaine a pour vous toute la tendresse d'une mère. Et que n'a-t-elle pas fait pour vous? Vous avez souhaité qu'elle vous envoyât des députés d'une qualité distinguée, afin de faire honneur à vous et à Dieu même, dont ils sont les ministres; elle l'a fait. Qu'elle confirmât l'élection unanime de votre archevêque; elle l'a fait. Qu'elle vous accordât ce que les canons n'accordent que dans une extrême nécessité, d'ériger votre évêché en métropole et de redonner à votre ville le titre d'archevêché, dont elle était déchue; elle vous l'a accordé. Qu'on mit en liberté vos prisonniers de guerre qui sont à Plaisance; je ne peux ni ne veux le dissimuler, elle l'a fait encore. Enfin, dans quelle occasion cette mère affectionnée a-t-elle refusé à sa fille, un seul moment, ce qu'elle a pu raisonnablement lui accorder? Pour comble de bienfaits, elle vous envoie le *pallium*, qui est la plénitude de la dignité et de la puissance ecclésiastique. Après cela, peuple illustre et fameux, souffrez que je vous parle en ami sincère et zélé pour votre salut. Si Rome a de la complaisance pour vous, cette complaisance n'affaiblit point son pouvoir. Croyez-moi, n'abusez pas de ses bontés, de peur d'être accablés de sa puissance.

» Je lui rendrai, me direz-vous, la soumission que je lui dois; mais je n'irai point au delà. A la bonne heure. Si vous le faites, vous lui rendrez une soumission sans bornes. Rome a cette prérogative singulière, qu'étant le siège du chef des apôtres, elle a la plénitude de la puissance sur toutes les Eglises du monde, en sorte que c'est résister à l'ordre de Dieu que de lui résister. Elle peut, quand elle le juge à propos, créer des évêchés, leur donner des prééminences ou les leur ôter; ériger un simple évêché en métropole, réduire une métropole en simple évêché. Elle peut citer les personnes de la plus haute dignité, autant de fois qu'elle le croit nécessaire, et, s'il s'en trouve de rebelles, elle a des armes pour les châtier. Vous les avez éprouvées. Qu'ont produit votre rébellion et votre résistance? Où ont abouti les mauvais conseils de vos faux prophètes? Quel avantage avez-vous tiré d'un procédé dont vous rougissez? Reconnaissez enfin une puissance qui vous a privés si longtemps des honneurs de l'archiépiscopat. Quels défenseurs trouvâtes-vous contre sa juste sévérité, lorsque vos excès l'obligèrent à vous dépouiller de vos anciens privilèges et de retrancher à votre Eglise tous ses suffragants? Vous seriez même aujourd'hui un corps défectueux et difforme, si sa clémence n'avait modéré son pouvoir. Et qui l'empêchera de redoubler ses coups, si vous l'irritez encore? Gardez-vous bien de retomber dans sa disgrâce, de peur de ne retrouver plus les mêmes facilités à l'apaiser. Et si quelqu'un vous fait croire que votre soumission ne se doit point étendre à toutes choses, ou il est séduit, ou il veut vous séduire. Vous n'avez que trop expérimenté la plénitude et l'étendue de l'autorité du Siège apostolique. Suivez plutôt mon avis, je ne suis point un séducteur. Prenez le parti de l'obéissance et de la douceur. Dieu se communique aux humbles; la terre est le partage des esprits doux et pacifiques. Maintenant que vous avez recouvré les bonnes grâces de votre maîtresse et de votre mère, ménagez-les avec soin et méritez par votre attachement qu'elle vous confirme vos privilèges et qu'elle vous en accorde même de nouveaux (S. Bern., *Epist*. 131). »

En travaillant à réconcilier à l'Eglise toutes les villes et tous les peuples d'Italie, le pape Innocent et saint Bernard avaient encore pour but de réconcilier ces villes et ces peuples entre eux, et de faire cesser les guerres particulières qui compromettaient la sûreté publique. Ainsi plusieurs prélats de France, en revenant du concile de Pise, furent attaqués et maltraités par des bandes en armes. Pierre le Vénérable, abbé de Cluny, qui était avec eux, s'en plaignit en leur nom au Pape, le priant d'exercer en cette occasion toute la sévérité de sa justice (Petr. Clun., l. 1, *Epist*. 27). Quant à saint Bernard, il revint en France d'une manière bien différente. Comme il passait les Alpes, les pâtres descendaient du haut des rochers et lui demandaient de loin sa bénédiction ; puis, gravissant les montagnes, ils retournaient à leurs troupeaux, se réjouissant de l'avoir vu et de ce qu'il avait étendu la main sur eux.

Arrivant à Clairvaux, il fut reçu par ses frères avec une joie sainte qui éclatait sur leurs visages, mais sans préjudice de la gravité et de la modestie religieuses. Il ne trouva rien de dérangé dans sa communauté après une si longue absence ; ni plaintes à écouter, ni différends à apaiser ; l'union s'y était conservée parfaite.

Le monde, qui ne voit de la vie religieuse que les mortifications extérieures, tel qu'un passant qui ne verrait d'un parterre que la haie d'épines qui l'entoure, ne soupçonne même pas la joie sainte, la mutuelle et surnaturelle affection qui règne dans les communautés ferventes. Nous en avons vu la preuve dans les saints religieux de la Chartreuse, qui eurent tant de peine à supporter l'absence de saint Bruno, leur père. Il semblait qu'on leur eût enlevé leur cœur et leur âme. La même amitié du ciel se voit entre saint Bernard et ses frères de Clairvaux. Lorsque tant d'Églises illustres le suppliaient d'être leur pasteur, le saint n'y acquiesçait pas, mais il ne leur résistait pas non plus avec insolence, ni avec dédain ; il leur disait qu'il n'était pas maître de soi-même, mais attaché au service de ses frères. Et, quand les frères apprenaient cette réponse du saint, ils répondaient de leur côté : « Nous avons vendu tout ce que nous possédions pour acheter cette perle précieuse que nous avions trouvée ; aujourd'hui nous ne pouvons plus rentrer dans les biens que nous avons vendus. Si donc nous perdions et le prix que nous avons donné et la chose que nous avons acquise, si nous étions privés et de nos biens et de notre perle, nous serions bien déçus dans nos espérances, et, comme les vierges folles, après avoir répandu notre huile, nous serions contraints d'en aller mendier ailleurs. Les bons religieux firent plus, ils obtinrent une lettre du souverain Pontife, pour qu'on ne pût leur ravir l'objet de leur joie, et pour que la consolation des autres ne devînt pas leur affliction (Ernald, l. 2, c. 4, n. 27). »

Quand Bernard fut revenu à Clairvaux, ceux dont il prenait conseil, savoir, ses frères et le prieur Geoffroi, depuis évêque de Langres, lui représentèrent que le monastère ne pouvait plus suffire à une communauté si nombreuse, et qu'il est bâti dans un lieu trop resserré pour pouvoir l'étendre, et ils lui en montraient un plus commode. Le saint abbé leur dit : « Vous voyez que cette maison a été bâtie à grands frais ; si nous l'abattons, les gens du monde nous accuseront de légèreté, ou diront que les richesses nous font tourner la tête, quoique nous ne soyons pas riches ; car vous savez que nous n'avons point d'argent, et, par conséquent, il y aurait de la témérité, selon l'Évangile, à entreprendre un bâtiment. Cela serait bon si, depuis que notre maison est achevée, Dieu avait cessé d'y envoyer des habitants ; mais, puisqu'il augmente tous les jours son troupeau, il faut chasser ceux qu'il envoie, ou pourvoir à leur logement ; et il ne faut pas douter qu'il n'en prenne soin lui-même. » L'abbé se rendit ; et, le projet du nouveau bâtiment étant devenu public, Thibaud, comte de Champagne, donna de grandes sommes pour cet effet, et en promit encore plus ; les évêques voisins, les nobles, les riches marchands y contribuèrent volontairement et avec joie : les moines travaillèrent eux-mêmes avec les ouvriers à tailler les pierres, à maçonner, à couper le bois, à amener l'eau de la rivière par des canaux : ainsi ce grand ouvrage fut achevé beaucoup plus tôt qu'on ne l'espérait (Ernald, l. 2, c. 5). »

Saint Bernard ne demeura pas longtemps à Clairvaux après son retour d'Italie. Geoffroi, évêque de Chartres, légat du pape Innocent en Aquitaine, le demanda et l'obtint, pour lui aider à délivrer cette province du schisme où Gérard d'Angoulême l'avait engagée. Bernard y consentit, et promit de faire ce voyage après qu'il aurait établi l'abbaye de Buzai, nouvellement fondée par Ermengarde, comtesse de Bretagne, qui s'y fit elle-même religieuse. Ainsi que nous l'avons vu, Bernard avait déjà fait un premier voyage en Aquitaine avec Joscelin, évêque de Soissons, par ordre du pape Innocent, lorsqu'il était en France, c'est-à-dire en 1131. Ils vinrent jusques à Poitiers pour conférer avec le duc et avec l'évêque d'Angoulême ; mais cette entrevue fut sans effet ; l'évêque Gérard s'emporta contre le pape Innocent, et anima si furieusement son clergé, que dès lors ils commencèrent à persécuter ouvertement les catholiques : jusque-là qu'après que saint Bernard fût parti, le doyen de Poitiers brisa l'autel où il avait célébré la messe.

Le duc d'Aquitaine, seul appui du schisme deçà les Alpes, était Guillaume, 9e du nom, né l'an 1099, qui succéda, l'an 1126, à Guillaume VIII, son père. Il reconnut d'abord le pape Innocent, puis il se laissa entraîner dans le schisme par l'évêque d'Angoulême. Il était violent, mais non pas sans religion. Ayant insulté les moines de Saint-Jean-d'Angély, le jour de la Saint-Jean, lorsqu'ils célébraient l'office, et enlevé les offrandes, il leur en fit réparation en plein chapitre ; puis, en leur présence et en celle de ses barons, il alla à l'église, pieds nus, des verges à la main ; et, prosterné à terre devant l'autel, il se reconnut coupable, et, pour réparation, fit au monastère une donation considérable, dont l'acte est daté de l'an 1131, et du pontificat d'Anaclet. Du consentement de ce prince, Gérard s'était emparé de l'archevêché de Bordeaux, sans toutefois quitter l'évêché d'Angoulême ; mais l'argent qu'il avait distribué à ses partisans venant à se dissiper, et la vérité se faisant connaître de plus en plus, les seigneurs commençaient à l'abandonner. Il demeurait donc dans les lieux où il se croyait le plus en sûreté, et ne se trouvait pas volontiers aux assemblées publiques.

Cependant on fit savoir au duc, par des personnes qualifiées qui l'approchaient avec plus de liberté, que l'abbé de Clairvaux, l'évêque de Chartres, d'autres évêques et d'autres hommes pieux demandaient à conférer avec lui, pour traiter de la paix de l'Église ; et on lui persuada de ne pas éviter cette entrevue, parce qu'il pouvait arriver que ce qu'on croyait impossible devînt facile. On s'assembla donc à Parthenay, et on parla si fortement sur l'unité de l'Église et sur le malheur du schisme, que le duc déclara qu'il pourrait consentir à reconnaître le pape Innocent, mais qu'il ne pouvait se résoudre à rétablir les évêques qu'il avait chassés de leurs siéges, parce qu'ils l'avaient trop offensé, et qu'il avait juré de ne leur jamais accorder la paix. On porta plusieurs paroles de part et d'autre; et, comme la négociation tirait en longueur, saint Bernard eut recours à des armes plus puissantes, et s'approcha de l'autel pour offrir le saint sacrifice. Ceux qui pouvaient y assister, c'est-à-dire les catholiques, entrèrent dans l'église : le duc, comme étant d'une autre communion, c'est-à-dire schismatique, attendait à la porte.

La consécration étant faite et la paix donnée au peuple, Bernard, poussé d'un mouvement plus qu'humain, mit le corps de Notre Seigneur sur la patène, le prit en sa main, et, ayant le visage enflammé et les yeux étincelants, il s'avança dehors, non plus en suppliant, mais en menaçant, et adressa au duc ces paroles terribles : « Nous vous avons prié, et vous nous avez méprisés ! Voici le Fils de la Vierge qui vient à vous, le chef et le Seigneur de l'Eglise que vous persécutez ! Voici votre juge, au nom duquel tout genou fléchit au ciel, sur la terre et aux enfers : votre juge, entre les mains duquel votre âme viendra ! Le mépriserez-vous aussi ? Le mépriserez-vous comme vous avez méprisé ses serviteurs ? »

A ces mots, tous les assistants fondaient en larmes, et, priant avec ferveur, attendaient l'issue de cette action, dans l'espérance de voir quelque coup du ciel. Le duc, voyant l'abbé s'avancer transporté de zèle et portant en ses mains le corps de Notre Seigneur, fut saisi d'épouvante, et, tremblant de tout son corps, il tomba à terre comme hors de lui. Ses gentilshommes l'ayant relevé, il retomba sur le visage. Il ne parlait à personne, ne voyait personne : sa salive coulait sur sa barbe, il poussait de profonds soupirs et semblait frappé de paralysie.

Alors le serviteur de Dieu s'approcha plus près de lui, et, le poussant du pied, lui commanda de se lever, de se tenir debout et d'écouter le jugement de Dieu. « Voilà, dit-il, l'évêque de Poitiers que vous avez chassé de son Eglise. Allez vous réconcilier avec lui, donnez-lui le baiser de paix, et reconduisez-le vous-même à son siége; rétablissez l'union dans tous vos Etats, et soumettez-vous au pape Innocent, comme fait toute l'Eglise. » Le duc n'osa rien répondre ; mais il alla aussitôt au devant de l'évêque, le reçut au baiser de paix, et, de la même main dont il l'avait chassé de son siège, il l'y ramena, à la grande joie de toute la ville. Le saint abbé, parlant ensuite au duc plus familièrement et plus doucement, l'avertit en père de ne plus se porter à de telles entreprises, de ne plus irriter la patience de Dieu par de tels crimes, et de ne violer en rien la paix qui venait d'être faite.

Ainsi la paix fut rendue à toutes les Eglises d'Aquitaine : Gérard seul persévéra dans le mal ; mais la colère de Dieu éclata bientôt sur lui. On le trouva mort dans son lit, le corps extrêmement enflé, et il périt ainsi sans confession et sans viatique. Ses neveux l'enterrèrent dans une église, d'où ensuite l'évêque de Chartres le fit tirer et jeter ailleurs. On chassa aussi de l'Eglise de Poitiers ses neveux, qu'il y avait élevés aux dignités; on chassa toute sa famille, et ils allèrent porter leurs plaintes inutiles dans les pays étrangers (Ernald, l. 2, c. 6).

L'évêque de Chartres, Geoffroi, donna des preuves singulières de son désintéressement en ce voyage, et, pendant tout le temps de sa légation, qui dura plusieurs années, il vécut toujours à ses dépens. Un prêtre lui ayant présenté un jour un esturgeon, il ne voulut l'accepter qu'à la charge d'en rendre le prix, que le prêtre reçut malgré lui et en rougissant. Geoffroi étant dans une ville, la dame du lieu lui offrit, par dévotion, un essuie-main avec deux ou trois assiettes fort belles, mais qui n'étaient que de bois. L'évêque les regarda quelque temps et en fit l'éloge, mais on ne put lui persuader de les prendre (S. Bern., De Consid., l. 4, c. 5, n. 14).

Depuis sa réconciliation avec l'Eglise, le duc Guillaume d'Aquitaine fut un autre homme. Il s'appliqua sérieusement à expier ses fautes passées. Dans son testament, qu'il fit en présence de l'évêque de Poitiers, il témoigne un grand regret de ses péchés, s'abandonne entre les mains de Jésus-Christ, et déclare qu'il veut le suivre en renonçant à tout pour son amour; il recommande ses filles au roi de France, et lui offre en mariage, pour son fils, sa fille Eléonore, avec l'Aquitaine et le Poitou pour dot (Annal. Cisterc., t. I, n. 4). Après avoir ainsi réglé ses affaires, le duc Guillaume IX fit un pèlerinage à Saint-Jacques en Galice, et, après avoir reçu le saint viatique, mourut devant l'autel de Saint-Jacques, le vendredi 9 avril 1137, à l'âge de 38 ans (Orderic Vital, l. 13, an 1137).

Après avoir ainsi pacifié l'Allemagne, l'Italie et la France, saint Bernard retourne à Clairvaux, plein de joie. Se trouvant alors un peu de repos et de loisir, il prend d'autres occupations. Il se retire seul dans une petite loge couverte de feuillages de pois, résolu de s'employer à la méditation des choses divines. Le premier sujet qui se présente à lui, est le Cantique des cantiques, qui ne respire que l'amour céleste et les délices des noces spirituelles. Ses méditations sur ce livre divin produisirent les sermons qu'il en fit à ses frères, et qu'il commença pendant l'Avent de l'année 1135. Il les continua suivante, et parlait souvent plusieurs jours de suite ; mais était souvent interrompu par les affaires et par les visites, qui l'obligeaient même à finir plus tôt qu'il ne voulait. Il prononçait quelquefois ses sermons sur-le-champ : les novices y assistaient, mais non les frères convers, et il marque souvent que ses auditeurs étaient instruits des saintes Ecritures. L'heure de ses sermons était le matin avant la messe et le travail manuel, ou bien le soir. Saint Bernard fit ainsi les vingt-trois premiers pendant l'année 1136 et la suivante, jusqu'à son troisième voyage de Rome. Voici comme il commence le premier : « Il vous faut dire, mes frères, d'autres choses qu'aux gens du siècle, ou du moins d'une autre manière; eux ont besoin de lait, suivant l'apôtre, et vous, de viande solide. » Il observe ensuite qu'ils sont suffisamment instruits des deux autres livres de Salomon, les Proverbes et l'Ecclésiaste.

Un autre Bernard, chartreux de la maison des Portes, près du Bellay, avait demandé au saint abbé quelque ouvrage spirituel, et il s'en défendait depuis longtemps, craignant de ne pouvoir rien faire qui fût digne de ce pieux solitaire. Enfin il lui promit les premiers de ses sermons sur le Cantique, par une lettre où il lui dit entre autres choses : « Vous êtes pressant dans vos demandes, je suis obstiné dans

LIVRE LXVIII. — L'ÉGLISE CATHOLIQUE PERSONNIFIÉE EN SAINT BERNARD.

mes refus. Mais si je vous refuse, je ne vous en considère pas moins, je cherche seulement à ménager ma réputation. Que ne suis-je capable de quelque production digne de vous! Ah! pourrais-je alors refuser quelque chose à une personne pour qui je sacrifierais ma propre vie, à un ami intime, à un cher et tendre frère que j'aime en Jésus-Christ, de toute l'étendue de mon cœur? Mais je n'ai ni l'esprit ni le loisir de faire ce que vous voulez. Il ne s'agit pas d'un ouvrage aisé et qui ne coûte aucun travail. Si cela était, vous auriez moins d'empressement à me le demander, vous ne m'en écririez pas si souvent dans des termes vifs et pressants. Tant d'ardeur et de vivacité m'a rendu circonspect à m'engager. Pourquoi cela? de peur de mal payer votre attente et de vous donner un rien, au lieu des grandes choses que vous attendez. Ç'a été jusqu'ici le motif de ma crainte et de mon refus. Peut-on trouver étrange que je n'ose donner ce que j'ai honte de montrer? Oui, je l'avouerai, c'est à regret que je donne cet ouvrage, persuadé de son inutilité, et qu'il n'est propre qu'à faire voir le peu de génie de son auteur. Comment se résoudre à donner ce qui ne peut ni faire honneur à qui donne, ni profiter à qui reçoit?..... Mais pourquoi tant de raisons? N'êtes-vous pas vous-même tout disposé à m'excuser? Je consens donc que vos yeux vous convainquent, je cède à vos importunités, et, pour vous ôter tout soupçon, je vous fais voir ce que je puis. Après tout, c'est un ami à qui j'ai à faire, je ne garde plus de mesure; j'oublie, pour le contenter, que je commets une espèce de folie. Je fais donc transcrire quelques sermons que j'ai composés depuis peu sur le *Cantique des cantiques*, et, quoique je ne les aie point encore fait paraître, je vous les enverrai au premier jour (S. Bern., *Epist.* 153). »

Le pape Innocent ayant connu le mérite de Bernard des Portes, le choisit pour un évêché de Lombardie. Saint Bernard écrivit à ce sujet au Pape la lettre suivante : « J'ai ouï dire, très-saint Père, que vous appelez aux pénibles fonctions de l'épiscopat, Bernard des Portes, religieux chéri de Dieu et des hommes. Je le crois sans peine. Il est digne de votre apostolat de mettre au jour une lumière cachée, de ne permettre pas qu'un homme capable de donner la vie aux autres se contente de l'avoir pour lui. Jusqu'à quand ce flambeau plein d'ardeur et de lumière sera-t-il caché sous le boisseau? Qu'il brille, qu'il brille, qu'il soit élevé sur le chandelier de l'Eglise, j'y consens ; mais que ce soit dans un lieu où les vents ne soufflent pas avec trop de violence, de peur qu'il ne s'éteigne. Qui n'a pas ouï parler de l'insolence et de l'humeur inquiète du peuple de Lombardie? Qui en est instruit comme vous? Vous savez mieux que moi combien le diocèse où vous l'appelez est déréglé et difficile à gouverner. Que fera, je vous prie, au milieu d'une nation farouche, turbulente, séditieuse, un jeune religieux d'une santé déjà usée, accoutumé au repos de la solitude? Comment accommoder tant de sainteté avec tant de méchanceté, tant de simplicité avec tant de duplicité? Ayez la charité de le réserver pour un lieu plus convenable, pour un peuple qu'il puisse gouverner utilement, afin de ne pas perdre, par trop de précipitation, le fruit qu'il est en état de produire dans une saison plus propre (S. Bern., *Epist.* 155). »

Le Pape suivit le conseil que le saint abbé lui donnait d'une façon si charmante dans cette lettre. Bernard des Portes fut promu à l'évêché de Bellay; mais, après quelques années, il le quitta pour revenir à sa bien-aimée Chartreuse.

En ce temps, on vit un exemple mémorable de pénitence dans un gentilhomme de Languedoc. Il se nommait Pons, seigneur de Laraze, château-fort, dans le diocèse de Lodève. Il était distingué par sa noblesse, ses richesses, son esprit, sa valeur; mais, n'ayant pour règle de conduite que ses passions, il était incommode à plusieurs de ses voisins. Il surprenait les uns par ses discours artificieux, il forçait les autres par les armes, et dépouillait de leurs biens tous ceux qu'il pouvait, n'étant occupé nuit et jour que de brigandages. C'était son vice dominant, entre plusieurs autres. A la fin, touché de Dieu, il rentra en lui-même, et, après y avoir bien pensé, il résolut de quitter le monde et de passer le reste de sa vie en pénitence. Il en fit confidence à sa femme, la priant instamment d'en faire de même. La dame, dont le cœur était aussi noble que la naissance, y consentit volontiers. Seulement elle le pria de pourvoir à leurs enfants; car ils avaient un fils et une fille. Il le fit, et mit la mère et la fille au monastère de Drinone, avec une grande partie de son bien, et son fils à Saint-Sauveur de Lodève.

Ses voisins et ses amis, surpris de sa conduite, étant venus le trouver pour en apprendre le motif et le but, il ne leur dissimula rien. Il fit plus : comme il était fort éloquent, quoique sans lettres, il profita de l'occasion, il leur parla si fort du mépris du monde et des avantages de la pénitence, que quelques-uns furent touchés, et que six d'entre eux se joignirent à lui, promettant de ne s'en séparer ni à la vie ni à la mort. Pons de Laraze, ainsi affermi dans sa résolution, fit publier qu'il mettait en vente tous ses biens. Il vint des acheteurs de toutes sortes, gentilshommes, paysans, clercs et laïques. Et quand ils eurent employé tout leur argent, comme il restait encore bien des choses à vendre, Pons déclara qu'il prendrait en paiement toutes sortes de bestiaux et de fruits, dont les hommes se nourrissaient : ainsi il en amassa une grande quantité. Son dessein était de les donner aux pauvres ; mais il comprit qu'il fallait commencer par faire restitution. Il envoya donc publier par tous les marchés et toutes les églises de la province, que tous ceux à qui Pons de Laraze devait quelque chose ou avait fait quelque tort, se trouvassent au village de Pégueroles, le lundi de la semaine sainte ou les deux jours suivants, et que chacun serait satisfait.

Le dimanche des Rameaux, à Lodève, après la procession et la lecture de l'évangile, l'évêque et son clergé étant sur une estrade, dressée exprès dans la place, au milieu du peuple, Pons se présenta avec ses six compagnons; il était en simple tunique et nu-pieds, ayant une hart au cou, par laquelle un homme le menait comme un criminel, le fustigeant continuellement avec des verges ; car il l'avait ainsi ordonné. Etant arrivé devant l'évêque, il demanda pardon à genoux, et lui donna un papier qu'il tenait à la main, et où il avait fait écrire tous ses péchés, priant instamment qu'on le lût devant tout le peuple. L'évêque, voulant lui en épargner la honte, le défendit d'abord; mais Pons l'en pressa tant, qu'il l'obtint. Pendant qu'on lisait sa confession, il se faisait frapper avec des verges, demandant toujours qu'on frappât plus fort, se confessant coupable de tous ces crimes, et arrosant la terre de ses larmes, qui attiraient celles de tout le peuple. Tous l'admiraient, le respectaient, et priaient Dieu de lui donner la persévérance. Sa confession fut même utile à plusieurs, qui, par mauvaise honte, avaient caché leurs péchés, et qui, animés par son exemple, eurent recours à la pénitence.

Le lendemain et les deux jours suivants, beaucoup de personnes se trouvèrent à Pégueroles, pour demander ce qu'ils avaient perdu. Pons, se jugeant lui-même, commençait par se jeter aux pieds de chacun d'eux et leur demander pardon; puis il leur rendit ce qui leur était dû, soit en bétail, soit en argent ou en autres choses nécessaires à la vie, dont il avait fait provision; en sorte qu'il leur semblait retrouver les choses mêmes qu'ils avaient perdues. Ils s'en retournaient donc chacun chez eux, le comblant de bénédictions, au lieu des malédictions dont ils le chargeaient autrefois. Enfin, voyant un paysan de ses voisins, il lui dit : « Qu'attends-tu ? Que ne dis-tu aussi de quoi tu te plains? — Seigneur, dit le paysan, je n'ai aucune plainte à faire contre vous; au contraire, je vous loue et vous bénis, parce que vous m'avez souvent protégé contre mes ennemis et ne m'avez jamais fait aucun tort? — Non, reprit Pons, je t'ai fait tort; mais peut-être ne l'as-tu pas su. N'as-tu pas perdu ton troupeau de nuit, en tel temps? C'est moi qui le fis enlever par mes gens. Je te prie de me le pardonner et de prendre ces bêtes qui restent. » Le paysan les prit, comme venues du ciel, et s'en retourna avec joie, bénissant Pons, qu'il appelait son bienfaiteur.

Après ces restitutions, Pons distribua aux pauvres ce qui lui restait de bien, et partit avec ses six compagnons la nuit du jeudi au vendredi saint, pour aller en pèlerinage, n'ayant chacun qu'un simple habit, un bâton, une panetière, et marchant nupieds. Ils allèrent d'abord à Saint-Guillaume du Désert, par un chemin très-rude. Le lundi de Pâques, ils partirent pour aller à Saint-Jacques en Galice, et firent ce voyage, vivant d'aumônes, sans rien garder pour le lendemain. Là ils s'affermirent dans la résolution de se retirer dans un désert et d'y vivre du travail de leurs mains; à quoi les encouragea l'archevêque de Compostelle. Il voulait d'abord les retenir dans son diocèse; mais, faisant réflexion qu'ils feraient peu de fruit dans un pays dont ils ne savaient pas la langue, il leur conseilla de retourner chez eux, les exhortant à persévérer dans leur sainte résolution. Ils allèrent ensuite au Mont-Saint-Michel, à Saint-Martin de Tours, à Saint-Martial de Limoges, à Saint-Léonard, et terminèrent leur voyage à Rhodez.

Adémar, qui en était évêque, était un prélat vertueux et libéral, qui, vers le même temps, donna des biens considérables pour la fondation d'une abbaye, affiliée à l'ordre de Citeaux. Il reçut les sept amis avec joie et respect, sachant que c'étaient des gentilshommes connus et voisins; et le comte de Rhodez, apprenant que Pons de Laraze, son ancien ami, était à l'évêché, vint le voir et lui offrit tout ce qui dépendait de lui pour l'exécution de son dessein. L'évêque et lui offrirent aux sept amis des villages et des églises abandonnées, pour bâtir un monastère; mais eux fuyaient le commerce du monde et cherchaient les solitudes. Ils choisirent donc le lieu de Salvanès, au diocèse de Lavaur, que leur donna un seigneur nommé Arnaud du Pont; et ils commencèrent à y bâtir des cabanes de leurs propres mains et à défricher la terre. Leur réputation vint aux oreilles des évêques voisins de Lodève et de Béziers, ainsi que du peuple des diocèses, d'où plusieurs personnes venaient les visiter et leur offrir des présents.

Le pays étant affligé d'une grande famine, une multitude innombrable de pauvres vinrent à Salvanès, parce que ces pieux solitaires exerçaient l'aumône, l'hospitalité et toutes les autres œuvres de miséricorde. Effrayés de cette multitude, ils voulaient s'enfuir; mais Pons les retint, et leur dit : « Il faut vendre nos bestiaux et tout ce que nous avons, pour assister nos frères, et mourir ensuite avec eux, s'il est besoin. Cependant je vais demander l'aumône pour eux aux grands du siècle. » Ayant ainsi parlé, il partit, monté sur un âne, un bâton à la main. Mais Arnaud du Pont, ayant appris que les solitaires voulaient tout vendre pour les pauvres, ouvrit ses greniers et donna une quantité de vivres, qui multiplia de telle sorte, qu'il y eut de quoi nourrir tout ce peuple jusqu'à la récolte. Pons revint aussi avec une quête abondante; et, le jour de la Saint-Jean, il donna un repas à ceux qui s'y trouvèrent, puis il les congédia, remplis de reconnaissance.

Peu de temps après, l'habitation de Salvanès étant plus riche en biens et en solitaires, on trouva qu'on pouvait y fonder une abbaye et y pratiquer l'observance régulière. La question fut quel institut on devait prendre, des chartreux ou de Citeaux; et on résolut de s'en rapporter au jugement des chartreux. Pons alla donc à la Chartreuse consulter le prieur, qui était encore Guigues, et ses confrères. Ils conseillèrent de prendre l'institut de Citeaux préférablement à tous les autres, et de s'adresser à l'abbaye la plus proche. C'était celle de Mas-Adam, aujourd'hui Mazan, au diocèse de Viviers. Pons y alla, et, étant entré au chapitre, il donna la maison de Salvanès à l'ordre de Citeaux, entre les mains de Pierre, premier abbé de ce monastère, fondé en 1119. L'abbé envoya des hommes choisis d'entre ses moines, pour préparer les lieux réguliers, et vint avec les solitaires de Salvanès, auxquels il fit faire une année de noviciat. Et, après leur avoir donné l'habit, il les renvoya, leur donnant pour abbé un d'entre eux, nommé Adhémar, homme sage et lettré. Quant à Pons de Laraze, son humilité lui fit toujours chercher la dernière place, et il demeura entre les frères lais, afin de pourvoir plus librement à la subsistance de la maison. Ainsi fut fondée l'abbaye de Salvanès, l'an 1136; elle devint si célèbre qu'elle reçut les présents des plus grands princes, de près et de loin, savoir, du comte Thibaud de Champagne, de Roger, roi de Sicile, et même de l'empereur de Constantinople. Cette histoire fut écrite environ trente ans après, par ordre de Pons, quatrième abbé (Baluz., *Miscellan.*, t. III, *narrat.*).

Henri I*er*, roi d'Angleterre, mourut à Lions en Normandie, le dimanche 1*er* décembre 1135, après avoir régné trente-cinq ans. En lui finit la ligne masculine des rois normands. Hugues, archevêque de Rouen, qui avait assisté ce prince à la mort, l'annonça au pape Innocent en ces termes : « Le roi, mon maître, étant subitement tombé malade, nous a aussitôt appelés pour le consoler, et nous avons passé trois jours fort tristes avec lui. Il confessait ses péchés, suivant ce que nous lui disions, frappait sa poitrine et renonçait à toute mauvaise volonté. Par notre conseil et celui des évêques, il promettait l'amendement de sa vie ; et, sous cette promesse, nous lui avons donné trois fois l'absolution pendant ces trois jours. Il a adoré la croix de Notre Seigneur, a reçu dévotement son Corps et son Sang, et ordonné ses aumônes, en disant : *Que l'on acquitte mes dettes, que l'on paie les gages que je dois, et qu'on donne le reste aux pauvres.* Enfin, nous lui avons proposé l'autorité de l'Église touchant l'onction des malades ; il l'a demandée, et nous la lui avons donnée. Ainsi il a fini en paix (Guill. Malm. ; *Hist. nov.*, Orderic Vital, l. 13).

Ce roi normand d'Angleterre avait plus d'un péché à expier. Ce qu'il eut de plus louable, ce fut la sévérité avec laquelle il faisait rendre la justice. Mais, ajoute un historien anglais, on observera cependant que l'équité et l'humanité du roi étaient fort douteuses. Tant que ses propres intérêts n'étaient touchés en rien, il ne faisait aucune difficulté de réprimer ou de punir les exactions et la rapacité des autres ; mais dès qu'il était question de son propre avantage, il mettait à part tout scrupule, foulait aux pieds toute considération de justice, et se jouait de la fortune et du bonheur de ses sujets. Il imposa des taxes nouvelles et excessives, qui se percevaient d'une manière tyrannique. Les collecteurs, dit Eadmer, semblaient n'avoir aucun sentiment d'humanité ni de justice. L'homme qui n'avait point d'argent était jeté en prison ou obligé à fuir de son pays ; on vendait ses biens, on enlevait les portes de sa maison, et le peu qui restait de sa propriété était à la merci du premier venu. L'homme qui n'avait point d'argent était menacé de poursuites pour des crimes imaginaires, jusqu'à ce qu'il eût abandonné tout ce qu'il possédait ; car personne n'osait entrer en discussion avec le souverain, ou, en refusant de payer la demande actuelle, on s'exposait à la perte immédiate de toutes ses propriétés. Cependant, ajoute le même Eadmer, beaucoup de gens font peu d'attention à ces énormités, tant nous y avons été accoutumés sous les deux derniers monarques (Eadmer, 83).

L'histoire ecclésiastique de cette époque, continue Lingard, fournit de nombreux exemples de la rapacité du roi. Dans la charte qu'il publia à son avènement, il s'engagea solennellement à ne point vendre les bénéfices vacants, à ne point s'en approprier les revenus. Il viola cette promesse dès qu'il put le faire avec impunité. Afin que la couronne pût jouir des revenus épiscopaux, on laissa sans prélats les évêchés de Norwich et d'Ely pendant trois ans, et ceux de Cantorbéry, de Durham et de Herford pendant cinq années. A son couronnement, il avait promu au siège de Winchester son chancelier Guillaume Gifford. Bientôt après, il extorqua au nouveau prélat une somme de huit cents marcs, il évalua le revenu de Lichfield à trois mille marcs, et contraignit à les payer d'avance celui qu'il voulait nommer à cet évêché. Gilbert, évêque de Londres, avait la réputation d'un prélat riche et économe. A sa mort, tous ses trésors furent confisqués au bénéfice de la couronne. La manière dont tous les écrivains contemporains parlent de ces procédés iniques donne lieu de conclure qu'ils étaient souvent répétés (Lingard, t. II).

Voici un trait plus remarquable encore. Nous avons vu comment saint Anselme, dans un concile de Westminster, avait rappelé et promulgué de nouveau l'ancienne loi du célibat ecclésiastique, même pour les sous-diacres. Des courtisans firent entendre au roi normand que ce canon pouvait devenir une nouvelle source de revenus. En conséquence, on nomma une commission pour s'enquérir de la conduite des clercs et imposer une forte amende aux coupables. L'enquête fit voir que les délinquants n'étaient pas en assez grand nombre pour que la somme fût tant soit peu digne du prince. Le moyen qu'il trouva, ce fut d'imposer l'amende sur tous les ecclésiastiques des paroisses, sans distinction de coupables ou d'innocents. Ceux qui ne purent ou ne voulurent pas payer furent mis en prison et soumis à la torture. Deux cents de leurs confrères, revêtus des ornements de leurs ordres, allèrent, les pieds nus, implorer pour eux la clémence du roi. C'était dans une des rues de Londres. Le roi normand se détourna d'eux avec l'expression du mépris. Ils allèrent ensuite implorer l'intercession de la reine, mais elle les assura, les larmes aux yeux, qu'elle n'oserait intervenir dans cette affaire.

Voilà sans doute pourquoi ce roi normand ne pouvait souffrir qu'un légat apostolique envoyé de Rome vînt en Angleterre pour découvrir et réformer de pareils abus. Il prétendait que d'après l'ancien usage et les concessions mêmes des Papes, il ne pouvait y avoir de légat en Angleterre que l'archevêque de Cantorbéry. Prétention démentie par l'*Histoire* du vénérable Bède, où l'on voit plus d'un légat envoyé de Rome pour réformer le clergé anglais (Bed., l. 4, c. 18).

Henri était soupçonneux, dissimulé, vindicatif. Jamais il n'oublia une offense, quoiqu'il cachât sa haine sous le masque de l'amitié. La fraude, la perfidie et la violence furent ses armes contre ceux dont il pensait avoir à se plaindre, et leur partage ordinaire fut la mort, la privation de la vue ou l'emprisonnement perpétuel. Après son décès, on découvrit que son cousin, le comte de Monreteil, qu'il détenait depuis longtemps, avait eu les yeux crevés. Sa dissimulation était si bien connue, que ses favoris mêmes se méfiaient de lui. Quand on rapporta à Bloët, évêque de Londres, qui avait été plusieurs années un de ses premiers ministres, que le roi avait parlé de lui dans les termes de la plus haute estime : « Alors, répondit l'évêque, je suis perdu ; car jamais, que je sache, il n'a loué un homme qu'il n'eût l'intention de le ruiner. » L'événement justifia ses craintes.

Guillaume de Malmesburi a donné des éloges à ce roi sur sa tempérance et sur sa chasteté ; mais ces éloges sont plus que suspects, car plusieurs écrivains assurent qu'il mourut par voracité en mangeant un plat de lamproies. Sa chasteté est encore plus équivoque, car il eut plusieurs concubines et une foule d'enfants bâtards, dont sept fils et huit filles parvinrent à l'âge de puberté. D'enfants légitimes, on ne lui connaît qu'un fils, Guillaume, qui périt en traversant la Manche, et une fille nommée Mathilde, qui épousa en premières noces l'empereur Henri V, et en secondes noces Geoffroi, comte d'Anjou, surnommé *Plantagenêt*, parce qu'il avait accoutumé de porter un genêt fleuri à son casque, au lieu de plume. A côté de sa fille Mathilde, le roi Henri laissait un neveu, Etienne, comte de Boulogne, fils de sa sœur Alix ou Adèle et d'Etienne, comte de Blois et de Champagne.

En mourant, le roi Henri avait désigné sa fille pour lui succéder sur le trône d'Angleterre; mais cette désignation donnait-elle un droit véritable? Guillaume le Conquérant, père de Henri, s'était mis, par la force des armes, à la place de la dynastie anglaise, dont il y avait encore des rejetons. Henri lui-même avait supplanté son frère aîné Robert, et pour l'Angleterre, et pour la Normandie. Si l'Angleterre était un héritage, la dynastie anglaise n'y avait-elle pas plus de droit qu'une famille normande? Si l'Angleterre était un royaume électif, un roi mourant pouvait-il en disposer sans le concours de la nation? A vrai dire, il n'y avait rien de bien clair ni de bien fixe à cet égard.

Le comte Etienne de Boulogne profita de cet état de choses. Aussitôt après la mort du roi son oncle, il alla se présenter en Angleterre comme candidat à la couronne. Son frère Henri, évêque de Winchester, lui aplanit les voies. Un petit scrupule les embarrassait. Et le comte Etienne, et beaucoup d'autres seigneurs, pour complaire au roi défunt, avaient fait serment de fidélité à la princesse Mathilde. Un bon Normand vint les tirer d'embarras; il jura que, sur son lit de mort, Henri avait déshérité sa fille et laissé sa couronne à Etienne. En conséquence, le comte Etienne de Boulogne fut couronné roi d'Angleterre, le dimanche 22 décembre 1135, par Guillaume, archevêque de Cantorbéry, assisté des évêques de Salisbury et de Winchester.

Le roi Etienne, à son avènement à la couronne, promit de conserver les libertés de l'Eglise d'Angleterre. On le voit par une charte donnée à Oxford l'an 1136, où il reconnaît d'abord qu'il a été élu par le consentement du clergé et du peuple, et ensuite confirmé par le souverain pontife Innocent. Il promet de ne rien faire par simonie dans les affaires ecclésiastiques, et de ne rien permettre de semblable. La juridiction sur les personnes ecclésiastiques et la distribution des biens de l'Eglise demeureront aux évêques. La dignité et les priviléges des Eglises, ainsi que leurs anciennes coutumes, seront inviolablement conservés. Les Eglises posséderont librement et sans trouble tous les biens dont elles ont joui au temps du roi Guillaume le Conquérant. Si elles ont perdu quelque chose de ce qu'elles possédaient alors ou de ce qu'elles ont acquis depuis, le roi Etienne promet de leur en faire justice. Il conservera les dispositions que les évêques, les abbés et les autres ecclésiastiques auront fait de leurs biens avant leur mort. Pendant la vacance du siége, tous les biens de l'Eglise seront à la garde du clergé ou de personnes de probité de la même Eglise. Toutes les exactions et les injustices introduites par les vicomtes et les autres officiers, seront abolies.

C'est ce que promit le roi Etienne (Labbe, t. X; Mansi, t. XXI). De leur côté, les évêques et les seigneurs jurèrent de lui être fidèles aussi longtemps qu'il le serait lui-même à ses engagements. Cette clause se trouvait, soit expressément, soit tacitement, dans tous les contrats de cette nature. Les lois des Anglo-Saxons en parlent comme d'un usage commun (*Leg. Sax.*, 401; Lingard, t. III).

L'avénement du roi Etienne fut pour l'Angleterre un signal de guerres et de malheurs. Les Ecossais, pour soutenir la cause de l'impératrice Mathilde, nièce de leur roi David, se jetèrent sur les provinces du Nord. La paix fut conclue, mais rompue bientôt après. Les Ecossais faisaient la guerre avec la férocité des sauvages, et les écrivains du nord de l'Angleterre déplorent, avec les expressions de la douleur et du ressentiment, la profanation des églises, l'incendie des villages et des monastères, le massacre des enfants, des vieillards et des personnes sans défense. Dans la désolation générale, le vénérable archevêque d'York, Turstan, déploya, dans un corps décrépit, toute l'énergie d'un jeune guerrier. Il rassembla les barons du Nord, les exhorta à combattre pour leurs familles, leur patrie et leur Dieu; leur assura la victoire et promit le ciel à ceux qui périraient pour une cause si sacrée. A l'époque marquée, ils se rendirent à York avec leurs vassaux, et furent rejoints par les curés, accompagnés de leurs plus braves paroissiens. Ils passèrent trois jours dans les jeûnes et les prières; au quatrième, Turstan leur fit jurer de ne jamais s'abandonner l'un l'autre, et leur montra la route, en leur donnant sa bénédiction. Il était trop cassé de vieillesse pour pouvoir les accompagner. A deux milles, ils reçurent avis de l'approche des Ecossais. Aussitôt l'étendard, qui donna son nom à cette bataille, fut déployé sur un mât de vaisseau fortement fixé à la caisse d'un chariot. Au centre de la croix qui s'élevait au sommet, se trouvait une boîte d'argent qui contenait la sainte eucharistie, et, au-dessus, flottaient les bannières des trois patrons, l'apôtre saint Pierre, saint Wilfrid et saint Jean de Beverley. Au pied de l'étendard, Walter Espec, guerrier expérimenté, harangua ses compagnons, et, pour terminer son discours, présentant sa main à Guillaume d'Albemarle, il s'écria d'une voix éclatante : *Je te plége ma foi, vaincre ou mourir!* Ces paroles enflammèrent ses auditeurs du même enthousiasme, et ce serment fut répété par tous les chefs, dans la confiance du succès. Les Ecossais approchèrent alors : le signal fut donné; les Anglais se mirent à genoux; l'évêque des Orcades, tenant la place de l'archevêque Turstan, prononça du haut du char la sentence d'absolution. Ils répondirent *Amen!* à haute voix, et se levèrent pour recevoir le choc de l'ennemi. C'était le 22 août 1138. Les Ecossais étaient vingt-sept mille hommes; près de la moitié périt sur le champ de bataille ou dans la fuite. Cette victoire de l'*Etendard*, car ainsi fut-elle nommée, suspendit pour un temps les incursions des Ecossais, mais ne les arrêta pas entièrement.

Dans l'Angleterre méridionale, le roi Etienne se brouillait avec les seigneurs et avec les évêques, même avec son frère Henri, évêque de Winchester, que le Pape avait nommé son légat. Le roi semblait vouloir oublier ses promesses à mesure qu'il se croyait plus affermi. Il commençait à usurper les propriétés de l'Eglise et à mettre la main sur la personne des évêques. Dans ces circonstances, arriva directement de Rome un légat du pape Innocent II, pour l'Angleterre et l'Ecosse. C'était Albéric, évêque d'Ostie. Français d'origine et né à Beauvais, il avait été moine à Cluny et prieur de Saint-Martin-des-Champs, à Paris, et le Pape venait de le faire cardinal-évêque d'Ostie. Arrivé en Angleterre, il montra les lettres du Pape, contenant ses pouvoirs et adressées au roi d'Angleterre et au roi d'Ecosse, à Turstan, archevêque d'York, car le siège de Cantorbéry était vacant, aux évêques et aux abbés de l'un et l'autre royaume. Il fut donc reçu avec grand honneur. Il menait avec lui l'abbé de Molesme et plusieurs autres moines de deçà la mer, et, sitôt qu'il fut arrivé, il appela auprès de lui Richard, abbé de Fontaines, au diocèse d'York, de l'ordre de Citeaux, homme d'une grande autorité. Avec cette compagnie, il visita presque tous les évêques et les monastères d'Angleterre. Etant entré en Ecosse, il trouva à Carlisle le roi David avec les évêques, les abbés et les seigneurs du pays, qu'il ramena parfaitement à l'obéissance du pape Innocent; car ils avaient paru favoriser le parti de Pierre de Léon. Il demeura trois jours chez eux, et, ayant appris que Jean, évêque de Glasgow, avait abandonné son siége et était venu secrètement et sans congé à Tyron, il ordonna que le roi lui enverrait un courrier avec des lettres pour le rappeler, et que, s'il n'obéissait, on rendrait une sentence contre lui, ce qui fut exécuté. Le légat, qui, sur sa route, avait été témoin des ravages commis par les Ecossais, conjura le roi, à genoux, de consentir à la paix. David fut inexorable; mais, par respect pour le légat, il accorda une trêve de deux mois, promit que toutes les femmes prisonnières qui avaient été destinées à l'esclavage en Ecosse seraient conduites à Carlisle et délivrées à la fête de saint Martin; enfin le légat lui fit donner sa parole, ainsi qu'à tous les Ecossais, particulièrement aux Pictes, qui étaient les plus barbares; que, dans les guerres mêmes, ils ne profaneraient plus les églises, qu'ils épargneraient les femmes et les enfants, et ne tueraient que ceux qui opposeraient de la résistance. C'est ainsi que l'envoyé du Pontife romain apprenait aux peuples encore demi-barbares du nord de la Chalcédoine, à être humains dans les guerres mêmes.

Le légat Albéric partit d'Ecosse à la Saint-Michel, et revint à la cour d'Etienne, roi d'Angleterre, d'où il convoqua tous les évêques et les abbés du royaume, pour se trouver à Londres à la Saint-Nicolas et y célébrer un concile général; mais il ne s'assembla que le 13 décembre de cette année 1138. Le légat Albéric y présida, et il s'y trouva dix-huit évêques et environ trente abbés. Turstan, archevêque d'York, était malade et envoya pour député Guillaume, doyen de son Eglise. On fit en ce concile dix-sept canons, renouvelés pour la plupart des conciles précédents, contre la simonie, contre les investitures par une main laïque, contre l'hérédité des bénéfices, contre l'incontinence des clercs, contre ceux qui mettent la main sur les personnes ou sur les biens de l'Eglise. En même temps, le légat négocia si bien, que la paix se conclut entre le roi d'Angleterre et celui d'Ecosse, au commencement de l'année suivante.

En ce même concile, on parla de remplir le siége de Cantorbéry, vacant depuis deux ans par le décès de Guillaume de Corbeil, qui était mort en 1136, après quatorze ans de pontificat. On élut Thibaud, abbé du Bec, du consentement de Jérémie, prieur de l'Eglise de Cantorbéry; et il fut sacré par le légat au commencement de 1139, incontinent après l'Epiphanie. C'était un homme d'une prudence et d'une douceur singulières, et il tint le siége pendant vingt-deux ans. A la fin du concile, le légat invita tous les évêques d'Angleterre et plusieurs abbés à venir à Rome pour le concile que le pape Innocent devait tenir à la mi-carême. Pour s'y trouver lui-même à temps, il partit aussitôt après l'octave de l'Epiphanie, et fut suivi par le nouvel archevêque Thibaud, quatre autres évêques et quatre abbés, qui allèrent au concile de Rome pour tous les prélats d'Angleterre; car le roi Etienne ne voulut pas qu'ils y allassent en plus grand nombre, à cause des troubles dont le royaume était agité (Baronius et Pagi; Orderic, *Gesta reg. Steph.*).

Ces troubles s'augmentèrent par la faute même du roi. Etienne était redevable au clergé de son avénement au trône, et il contribuait encore à l'y maintenir. Cependant ce prince se montrait l'ennemi du clergé. Au mois de juin 1139, les évêques de Salisbury et de Lincoln sont arrêtés, le premier dans la chambre d'Etienne, le second dans son propre logement: le roi s'empare violemment des propriétés de leurs Eglises, le tout sans aucune forme de jugement canonique. Son frère, Henri, évêque de Winchester, que le pape Innocent II venait de nommer légat en Angleterre, le conjura, à diverses reprises, en public et en particulier, d'offrir satisfaction aux prélats outragés. Etienne fut inexorable; et le légat, son frère, le somma de justifier sa conduite devant une assemblée d'évêques. Le concile se tint à Winchester le 29 août de la même année. Après deux jours de discussion, l'avocat du roi en appela au Pape, et défendit au concile, sous peine d'encourir la disgrâce du roi, de procéder ultérieurement. A ces mots, les chevaliers qui le suivaient tirèrent leurs épées, et le légat rompit l'assemblée. Il fit néanmoins une dernière tentative, et, accompagné de Thibaud, le nouvel archevêque de Cantorbéry, il alla se jeter aux pieds de son frère. Etienne resta inflexible, mais il eut bientôt lieu de se repentir de son obstination (Orderic, p. 919; *Gesta regis Stephan.*, p. 944; Malmesb., Lingard, Pagi, Mansi).

Le concile fut dissous le 1er septembre 1139: le lendemain, la princesse Mathilde, qui déjà s'était emparée de la Normandie, débarqua sur les côtes d'Angleterre. Avec une faible troupe de cent quarante chevaliers, elle entreprit de conquérir le trône de son père; mais l'imprudence du roi Etienne lui avait préparé les voies. L'Angleterre fut bientôt livrée à toutes les horreurs de la guerre civile. Le cours de la justice fut suspendu: les personnes sans défense étaient alternativement pillées par les parties adverses. Le 2 février 1141, le roi Etienne fut fait prisonnier dans une bataille, et présenté à Mathilde, qui lui fit charger de chaînes et emprisonner dans une forteresse.

La cause de l'impératrice Mathilde triomphait. Le propre frère du roi Etienne, l'évêque Henri de Winchester, la reconnut pour souveraine d'Angleterre, et jura de lui être fidèle aussi longtemps qu'elle-même serait fidèle à ses engagements. Il y eut de plus cette condition, que son accession à la couronne serait ratifiée par l'Eglise. Un concile fut assemblé le 8 avril 1142. L'évêque Henri y fit remarquer le contraste qui existait entre le règne turbulent d'Etienne et la tranquillité dont avait joui l'Angleterre sous le gouvernement de Henri. Si ce prince eût laissé un héritier mâle, les Anglais pouvaient encore être heureux ; mais la fortune l'avait privé de son fils, et ils avaient juré fidélité à sa fille comme à leur future souveraine. Le hasard ayant fait qu'elle fût absente à la mort de son père, l'Angleterre avait été jetée dans un état horrible de confusion ; et la nécessité de pourvoir à la tranquillité publique avait forcé la nation à placer la couronne sur la tête d'Etienne ; mais ce monarque infortuné (c'était avec honte et regret qu'il parlait si sévèrement de son propre frère) avait trompé toutes les espérances, violé toutes ses promesses, négligé l'exécution des lois, envahi les propriétés et détruit les libertés de l'Eglise, et, par son indolence et sa violence, s'était montré indigne du haut rang où il était monté. Dieu avait à la fin prononcé son jugement contre lui, en l'abandonnant aux mains de ses ennemis, et il devenait encore nécessaire de pourvoir à la tranquillité du royaume en choisissant une autre personne pour exercer l'autorité souveraine. C'est pour cette raison qu'au nom du clergé, dont le droit est principalement d'élire et de sacrer les rois, et par la volonté de la majorité, exprimée dans leurs délibérations précédentes, il déclare qu'on a choisi Mathilde, la fille de Henri, pour dame souveraine d'Angleterre et de Normandie. Quelques-uns écoutèrent ce discours en silence, le reste l'approuva par de vives acclamations (Malmesb., 105). Les habitants de Londres se rangèrent à cette déclaration du clergé.

L'impératrice Mathilde ne se montra pas plus sage que le roi Etienne. Elle perdit bientôt tout par son imprudence. Naturellement hautaine et vindicative, elle s'abandonna à ces passions qu'elle avait réprimées tant qu'elle avait pu redouter quelque résistance. Elle venait d'être reçue à Londres, et elle avait donné des ordres pour son couronnement ; mais, dans l'intervalle, elle s'aliéna l'affection de ses amis par son arrogance, et enflamma la haine de ses ennemis en multipliant les amendes et les persécutions. Elle répondit dans des termes personnellement outrageants aux sollicitations de sa cousine, la reine, femme d'Etienne, pour obtenir la délivrance de son mari ; et quand le légat Henri de Winchester lui demanda que, d'après la renonciation solennelle de la couronne par son frère, les comtés de Boulogne et de Moretoil fussent conférés à son neveu Eustache, il reçut le déni le plus méprisant. Elle ne fit aucune tentative pour se concilier l'esprit chancelant des habitants de Londres. Elle leur imposa une taxe onéreuse en punition de leur ancien attachement à Etienne, et refusa dédaigneusement la requête qu'ils lui présentèrent pour la restauration des priviléges dont ils avaient joui sous Edouard le Confesseur. La femme du monarque captif profite de l'imprudence de sa rivale. Un corps de cavalerie paraît sous sa bannière dans la partie méridionale de la ville : les cloches à l'instant sonnent l'alarme ; la populace court aux armes ; et l'impératrice, qui attendait qu'on lui apportât des sacs d'or et d'argent, eût été faite prisonnière, si, en s'élançant de table et montant à cheval, elle ne se fût sauvée par une fuite précipitée. Ses amis les plus dévoués l'accompagnèrent jusqu'à Oxford ; les autres se retirèrent dans leurs châteaux.

Pour se venger de l'évêque de Winchester, qui avait négligé de venir à son secours, elle assiégea son palais épiscopal ; mais bientôt elle se vit assiégée elle-même par des troupes venues de Londres. Elle fut réduite une seconde fois à se sauver par la fuite ; mais on la poursuivit : tout son cortège fut pris ou tué ; elle échappa seule avec un chevalier fidèle : son frère, le duc de Glocester, qui tenait le roi dans les fers, fut fait prisonnier lui-même, et traité par la reine plus généreusement qu'il n'avait traité son mari. Après quelques négociations, on convint de l'échanger pour le roi, qui recouvra ainsi sa liberté le 1er novembre 1141.

Depuis cette époque jusqu'en 1154, la guerre civile ne cessa point en Angleterre, avec des alternatives de succès et de revers pour les deux partis. Au mois de décembre 1142, le roi Etienne assiégeait l'impératrice Mathilde à Oxford ; il était même sur le point de la prendre, lorsqu'elle eut l'adresse de se sauver à travers l'armée ennemie, par un froid extrême, passa la Tamise sur la glace, et gagna à pied la ville d'Abingdon. Elle revint en Normandie l'an 1147 ; mais, en 1152, son fils Henri Plantagenet passa en Angleterre avec une petite armée. La guerre civile continuait, lorsque, le 18 août 1153, le prince Eustache, fils aîné du roi Etienne, fut enlevé par une mort subite. L'archevêque de Cantorbéry et l'évêque de Winchester profitèrent de ce triste événement pour concilier les deux partis. Ils y réussirent. Le roi Etienne adopta Henri pour son fils, le nomma son successeur, et lui donna le royaume d'Angleterre après sa mort, pour en jouir à jamais, lui et ses héritiers. En retour, le jeune prince lui rendit hommage et lui jura fidélité. Guillaume, fils survivant du roi, eut toutes les terres et dignités que possédait son père avant de monter sur le trône. Après cette pacification, les deux princes, pour prouver l'harmonie dans laquelle ils vivaient, visitèrent ensemble les villes de Winchester, de Londres et d'Oxford, et furent reçus dans toutes ces places en procession solennelle, et avec les plus vives acclamations. Ils se séparèrent à Pâques, 1154, avec les démonstrations de l'amitié la plus cordiale. Henri retourna en Normandie au mois d'octobre, et Etienne mourut quelques mois après à Cantorbéry. Il avait régné dix-huit ans, et il fut enterré près de sa femme et de son fils, à Faversham, couvent qu'il avait fondé. Jamais, depuis l'invasion des Danois, l'Angleterre n'avait tant souffert que pendant les guerres civiles qui remplirent tout le règne de cet infortuné monarque (Lingard ; Order. Vital, *Gesta regis Stephan.*; Pagi, Mansi, Baronius).

Durant tout ce temps, la France était généralement tranquille. Deux ans après la mort du roi Henri Ier, roi d'Angleterre, c'est-à-dire en 1137, le roi de France, Louis le Gros, fut attaqué d'une dyssenterie que tout l'art des médecins ne put arrêter. Ce prince fit paraître beaucoup de piété pendant cette longue maladie. Il souhaitait même d'être en état de se faire transporter à Saint-Denys, pour déposer sa couronne aux pieds des saints martyrs et prendre l'habit de saint Benoît dans cette célèbre abbaye; mais on ne jugea pas qu'il pût supporter la fatigue de ce voyage.

Le roi, voyant son mal augmenter, fit assembler un grand nombre d'évêques, d'abbés et de prêtres, et, en leur présence, il fit une espèce de confession publique, après quoi il demanda le saint viatique. Pendant qu'on était allé pour le lui apporter en procession, il se leva, tout malade qu'il était, s'habilla et s'avança au devant de son Dieu; puis, en présence du clergé et des seigneurs laïques, il abdiqua son royaume et en donna l'investiture à son fils par l'anneau royal, l'exhortant à défendre l'Eglise et à protéger les pauvres. Il déclara qu'il donnait aux pauvres toute sa vaisselle d'or et d'argent, tous ses meubles et habits royaux, jusqu'à ses chemises, et qu'il léguait sa chapelle, qui était fort riche, au monastère de Saint-Denys. Après s'être ainsi dépouillé de tout ce qu'il possédait, il se mit à genoux devant le corps de Notre Seigneur, qu'on lui apportait, et, avant de le recevoir, il fit sa profession de foi en ces termes :

« Moi Louis, pécheur, je confesse un seul Dieu, le Père, le Fils, et le Saint-Esprit. Je crois que le Fils, consubstantiel au Père, s'est incarné dans le sein de la bienheureuse Vierge, a souffert, est mort et ressuscité, et que cette adorable Eucharistie est le même corps qui a été formé dans les entrailles de la Vierge, et que ce précieux sang est le même qui a coulé du côté du Sauveur attaché à la croix, et souhaite que ce saint Viatique me fortifie, à mon passage, contre toutes les puissances de l'enfer. » Après quoi, s'étant confessé, il reçut avec une grande dévotion le corps du Sauveur.

Aussitôt que le roi eut reçu les sacrements, il parut se porter mieux. Etant retourné à sa chambre, il fit ôter de son lit tout ce qui paraissait superflu, voulant, par un esprit de pauvreté et de mortification, qu'on n'y laissât qu'un simple matelas. Le roi, voyant l'abbé Suger, qui était auprès de lui, fondre en larmes, lui dit : « Mon cher ami, ne pleurez pas sur moi; réjouissez-vous plutôt de ce que le Seigneur me fait la grâce, comme vous le voyez, de me préparer à paraître devant lui. » Ce prince fut bientôt en état de monter à cheval et de faire quelques pèlerinages; il eut la consolation de voir sur la route les peuples lui donner mille bénédictions, et témoigner, par leurs vœux et leurs acclamations, combien sa conservation leur était chère.

Le roi étant près de Compiègne, reçut un courrier qui lui apprit que Guillaume, comte de Poitiers et duc d'Aquitaine, était mort en Espagne; qu'il avait institué sa fille Eléonore héritière de ses Etats, et ordonné qu'elle épousât le prince Louis, héritier présomptif de la couronne de France. Le roi ne pouvait recevoir une nouvelle plus avantageuse. Il fit aussitôt partir le jeune prince, son fils, avec un nombreux cortége de seigneurs, pour aller épouser la princesse d'Aquitaine, et lui dit en l'envoyant : Mon cher fils, que la main du Dieu, par qui règnent les rois, vous protège, vous et vos gens! Car si, par quelque malheur, je venais à vous perdre, vous et les seigneurs que j'envoie avec vous, je ne me soucierais plus guère de ma vie ni de mon royaume. »

Les noces se firent à Bordeaux avec de grandes réjouissances, et, comme le prince Louis avait déjà été couronné roi, la princesse Eléonore, en l'épousant, fut couronnée reine de France, et Louis, de son côté, se fit couronner duc d'Aquitaine. Les réjouissances au sujet de cette alliance duraient encore, lorsqu'on apprit la mort de Louis le Gros.

Les grandes chaleurs de l'année 1137 avaient fort altéré la santé de ce prince. Il retomba dangereusement malade de la dyssenterie, sur la fin de juillet. Il manda aussitôt Etienne, évêque de Paris, et Gilduin, abbé de Saint-Victor, auquel il avait accoutumé de se confesser. Il fit de nouveau sa confession, et reçut encore une fois le saint viatique. Il voulait se faire porter à Saint-Denys; mais son mal ne le lui permettant pas, il se fit mettre à terre sur un tapis couvert de cendre, sur lequel il expira le 1er août 1137, dans la 60e année de son âge et la 30e de son règne. Il fut enterré à Saint-Denys, comme il l'avait ordonné (Suger, *Vie de Louis le Gros*).

Le bienheureux Oldegaire, évêque de Barcelone et archevêque de Tarragone, mourut la même année 1137, et faillit avoir pour successeur Ranimire, roi d'Aragon. Ce prince avait embrassé la vie monastique dans le monastère de Saint-Pons, lorsque, pour faire cesser la vacance du trône et la guerre civile, on l'obligea d'être roi et de se marier. Dès qu'il eut une fille qui pouvait être héritière de ses Etats, il la maria, quoiqu'elle n'eût environ que trois ans, à Raymond IV, comte de Barcelone, qui était en état de gouverner et de défendre le royaume; après quoi il renonça généreusement à la couronne, reprit l'habit monastique et voulut retourner à son monastère. Mais comme les sièges de Barcelone et de Tarragone étaient vacants par la mort du bienheureux Oldegaire, on s'efforça de le retenir en Catalogne, et il fut élu pour remplir ces deux sièges. Il paraît qu'il consentit d'abord à cette élection; car nous avons un acte de lui, où il prend, avec le titre de roi, la qualité d'*évêque élu de Tarragone et de Barcelone*. Cependant cette élection n'eut point de suite, et Ranimire retourna dans son monastère, où il mourut. C'est ainsi que le comté de Barcelone, qui avait été si longtemps du domaine des rois de France, et qui eut ensuite ses comtes particuliers, fut uni au royaume d'Aragon.

Raymond, à qui Ranimire céda ce royaume en lui donnant sa fille, ne put jamais se résoudre à prendre le titre de roi ni à porter les marques de la royauté. On l'en pressa plusieurs fois ; il répondit : « Je suis né comte, et je ne vaux pas mieux que mes pères. J'accepte cependant le royaume, mais je n'en prendrai pas le titre et je garderai celui de comte. Et d'ailleurs, étant maître d'un royaume, aucun comte ne pourra plus me le disputer en richesses et en gloire, au lieu que je serais obligé de céder en cela à bien des rois. J'aime mieux être le premier des comtes que d'être à peine le septième des rois (Guillelm. Neubric., l. 2, c. 10). »

Quelques mois après le roi Louis de France, mourut en Italie l'empereur Lothaire. Dès l'an 1136, voyant toute l'Allemagne en paix, il passa les Alpes avec une armée nombreuse, sur les instances du Pape et de saint Bernard, afin de mettre fin au schisme de l'antipape, qui n'était plus soutenu que par le Normand Roger, comte ou roi de Sicile. L'empereur employa le reste de l'année à régler les affaires de Lombardie.

Outre l'empereur Lothaire, le pape Innocent II appela au secours de l'Eglise un autre auxiliaire, saint Bernard. Les cardinaux joignirent leurs prières aux ordres du Pape, pour le déterminer à venir; en sorte qu'il ne put se dispenser de faire un troisième voyage en Italie. Il fallut interrompre ses sermons sur le Cantique et ses autres occupations. En partant, il assembla ses moines de plusieurs endroits, leur représenta l'état de l'Eglise et la faiblesse du schisme, les exhortant à prier pour achever de l'abattre, et à conserver la régularité pendant son absence. Arrivé en Italie, il vint trouver le Pape à Viterbe, où il pensa perdre son frère Gérard, qui l'avait accompagné et qui fut malade à la mort. Mais il obtint, par ses prières, que Dieu le lui laissât encore quelque temps pour lui servir de conseil (Ernald, l. 1, 2, c. 7, n. 41; *in Cantic., serm.* 26, n. 14).

Le Pape et les cardinaux ayant communiqué à Bernard leur dessein sur l'affaire présente, il fut d'avis de la conduire par une autre voie, ne mettant point son espérance dans la force des armées. Il s'informa, par diverses conversations, quelle était la puissance des schismatiques et la disposition de leurs protecteurs, si c'était une erreur ou par malice qu'ils entretenaient ce mal. Il apprit de ceux qu'il entretint en particulier, que les ecclésiastiques attachés à l'antipape étaient en peine de leur position; qu'ils reconnaissaient bien leur faute, mais qu'ils n'osaient revenir, de peur de se voir méprisés et couverts d'infamie, aimant mieux demeurer ainsi sous une ombre d'honneur, que d'être chassés de leurs sièges et exposés à mendier publiquement. Les parents de Léon disaient que personne ne se fierait plus à eux s'ils contribuaient à la ruine de leur maison et en abandonnaient le chef. Les autres s'excusaient sur le serment de fidélité qu'ils lui avaient prêté, et personne ne s'attachait à ce parti par un vrai motif de conscience.

Bernard leur déclarait que les conspirations criminelles, contraires aux lois et aux canons, ne pouvaient être autorisées par les serments, ni soutenues sous prétexte de religion, puisque l'autorité divine oblige à les dissoudre. Ces discours et d'autres du saint abbé retiraient plusieurs personnes du parti de l'antipape, qui se dissipait de jour en jour; l'antipape lui-même perdait courage, voyant augmenter le crédit d'Innocent, à mesure que le sien diminuait. L'argent lui manquait, on voyait fondre sa cour et ses domestiques; sa table, peu fréquentée, n'était plus servie que de viandes communes; ses officiers n'avaient plus que de vieux habits; ceux qu'il tenait à ses gages étaient maigres et chargés de dettes; la triste image de sa maison montrait sa ruine prochaine (Ernald, *Ibid.*, n. 42).

Après avoir eu à Viterbe une conférence avec l'empereur, le Pape s'approcha de Rome, sans toutefois vouloir y entrer, pour ne pas s'embarrasser dans les affaires des Romains; mais il soumit à son obéissance la ville d'Albane et toute la Campanie. Le duc Henri de Bavière, gendre de l'empereur, était avec lui, et, comme ils se trouvèrent près du Mont-Cassin, ils y envoyèrent Richard, chapelain du Pape et moine de cette abbaye, savoir si on voulait les y recevoir et reconnaître le pape Innocent; auquel cas, ils mettraient leur monastère sous la protection de l'empereur. L'abbé Rainald, qui s'était livré à Roger de Sicile et à l'antipape, résista d'abord et chassa l'envoyé du Pape; mais, au bout de onze jours, il se rendit au duc Henri, et reçut dans le monastère l'étendard de l'empereur. Capoue se rendit ensuite avec toute la principauté, et le prince Robert, chassé par Roger, y fut rétabli.

Le 23 mai, le Pape et le duc Henri campèrent près de Bénévent, où le Pape envoya le cardinal Gérard proposer un accommodement. L'archevêque Roscemin, intrus par l'antipape Anaclet, s'y opposa, et excita les citoyens à se défendre; mais, après quelque combat contre les Allemands, la ville se rendit. Le Pape la garantit du pillage, délivra les prisonniers et permit aux exilés de rentrer. L'archevêque intrus prit la fuite; le Pape mit à Bénévent le cardinal Gérard. Ensuite il alla joindre l'empereur au siège de Bari, dont il se rendit maître, ainsi que de toute la Pouille.

Alors l'empereur manda à Rainald, abbé du Mont-Cassin, de se trouver à Melfe pour la cour qu'il devait y tenir à la Saint-Pierre. L'abbé eut peine à obéir. C'est que le Mont-Cassin étant situé entre les terres de l'empire et celles de Roger de Sicile, ce monastère avait à craindre de la part de ce dernier, qui était plus près, et qui, quand il en avait l'avantage, se montrait souvent fort cruel. De plus, après la mort de l'abbé Seignoret, arrivée le 4 février 1137, il y eut une double élection. Les deux élus avaient nom de Rainald. Les partisans du premier voulaient que l'on consultât et le roi Roger et le pape Innocent; les partisans du second n'y voulurent point entendre, et, malgré leur opposition, mirent leur candidat dans la chaire de saint Benoît. Les autres écrivirent secrètement à l'empereur et au Pape, pour les informer de l'état des choses et les prier de leur donner un abbé. Le second Rainald, de son côté, se fit confirmer secrètement l'abbaye par le roi Roger et par l'antipape Anaclet. Voilà pourquoi cet abbé Rainald eut tant de peine à venir trouver l'empereur et le Pape.

Il vint pourtant, mais sur des ordres réitérés. Comme le Pape lui demanda avant tout une satisfaction canonique, qui lui parut un peu sévère, il répondit qu'il s'en rapporterait aux conseils de l'empereur pour les conditions. L'empereur voulut bien être l'arbitre ou plutôt le médiateur. Il écouta, dans cinq séances, les raisons de l'abbé et des moines, et les réponses qu'y faisait le cardinal Gérard. La cause des moines était défendue par l'un d'entre eux, le diacre Pierre, qui a écrit le quatrième livre de la *Chronique du Mont-Cassin*. Quoique Pierre ne pût pas répondre à toutes les objections du cardinal, l'empereur fut néanmoins si content de son savoir, qu'il le prit à son service. Quant au fond de l'affaire, l'empereur pria le Pape d'user d'indulgence.

Le Pape se rendit aux instances du prince, et consentit à pardonner aux moines et à l'abbé du Mont-Cassin. En conséquence, le 18 juillet, l'empereur envoya, avec l'abbé Rainald et les moines, son gendre Henri, duc de Bavière, et plusieurs autres seigneurs et prélats. Quand ils approchèrent de la tente du souverain Pontife, quelques cardinaux vinrent au devant, et firent faire à Rainald un serment par lequel il renonçait au schisme, à Pierre de Léon et à Roger de Sicile, et promettait obéissance au pape Innocent et à ses successeurs. Les moines faisaient difficulté de prêter le même serment ; mais Rainald les y obligea par l'obéissance qu'ils lui devaient. Alors, ayant été absous de l'excommunication, ils entrèrent les pieds nus et se jetèrent aux genoux du Pape, qui les reçut au baiser de paix. Rainald fut ensuite mené à l'empereur, à qui, jusque-là, il ne s'était point présenté ; mais alors il le reçut avec grand honneur, et le mit au nombre de ses chapelains.

L'empereur Lothaire marcha dès lors à Salerne, avec son armée et une flotte commandée par Guibald, abbé de Stavelo. La ville se rendit à composition ; ce qui causa un différend entre le Pape et l'empereur, chacun d'eux prétendant que Salerne lui appartenait. Ils furent aussi en dissentiment, à qui établirait un duc d'Apulie. Enfin, du consentement de l'empereur, le Pape choisit pour ce duché le comte Rainulfe, et ils lui donnèrent tous deux l'étendard publiquement. Ils vinrent ensuite à Bénévent, où le Pape mit un archevêque nommé Grégoire, après avoir demandé, en présence du clergé et du peuple, si on avait quelque chose à dire contre sa personne ou son élection. Comme il n'y eut aucune opposition, le Pape le sacra le dimanche 5 septembre 1137.

Cependant l'empereur fut averti que l'abbé Rainald du Mont-Cassin tenait toujours le parti du roi Roger, et qu'il avait même demandé des troupes pour défendre le monastère contre l'empereur. Sur ces avis, il fit arrêter Rainald, et vint lui-même au Mont-Cassin, où il entra avec l'impératrice le jour de la Sainte-Croix 14 septembre, et ils y firent l'un et l'autre des offrandes magnifiques d'ornements et d'argenterie. Ensuite l'empereur, assis dans le chapitre avec les seigneurs et les prélats de sa suite, fit examiner l'affaire de Rainald ; mais, voyant que la discussion en serait longue, il fit convenir les parties de se soumettre à ce que le Pape et lui en ordonneraient. Cependant le Pape, qui était à San-Germano, au pied du Mont-Cassin, trouva fort mauvais que, lui présent, l'empereur eût osé faire cet examen avec les seigneurs de sa cour, et il menaça de déposer les prélats qui y avaient assisté. L'empereur répondit qu'il n'y entendait aucune finesse, et que, loin de vouloir faire injure au Pape, il avait tout remis à sa discrétion. Le Pape envoya donc au Mont-Cassin le chancelier Aimeric, avec d'autres cardinaux et saint Bernard. Ils s'assirent en chapitre, le saint abbé fit un sermon ; puis les cardinaux, de l'autorité du Pape, déclarèrent nulle l'élection de Rainald, et allèrent à l'église, où, en présence de l'empereur et des seigneurs, Rainald remit sur le tombeau de saint Benoit la crosse, l'anneau et le livre de la règle, qui étaient les marques de sa dignité.

Les moines s'étant assemblés pour une nouvelle élection, ne purent s'accorder, et résolurent de demander un abbé de la suite de l'empereur. Le Pape leur manda qu'il ne souffrirait point que leur monastère, qui avait fourni à l'Eglise tant de Papes et d'évêques, eût pour supérieur un étranger. Malgré cette remontrance du Pape, les moines ne purent s'entendre, et allèrent demander un abbé à l'empereur. Touché jusqu'aux larmes, l'empereur protesta que, pour rien au monde, il ne consentirait à gêner la liberté de leur élection. Ils jetèrent les yeux sur Guibald, abbé de Stavelo, qui commandait la flotte impériale. Le Pape l'ayant su, fit dire aux moines qu'ils eussent à choisir un homme de leur congrégation, qu'autrement ils n'auraient point la permission d'élire. L'empereur pria le Pape de leur laisser une entière liberté, autrement il n'y aurait plus de concorde entre l'empire et le sacerdoce. Sur quoi le Pape leur permit d'élire qui ils voudraient. Ils élurent donc Guibald, Lorrain de naissance, qui, dès sa jeunesse, avait embrassé l'état monastique dans l'abbaye de Stavelo, y avait appris les arts libéraux et en avait été fait abbé par l'empereur Henri V. Il eut beaucoup de peine à consentir à son élection pour le Mont-Cassin (*Chronic. Cassin.*, l. 4, c. 124).

Après avoir demeuré huit jours en ce monastère, l'empereur revint avec le Pape vers Rome, puis il passa en Toscane et reprit le chemin de l'Allemagne. Sa glorieuse expédition lui conciliait beaucoup d'autorité dans tout l'empire. Mais il tomba malade à Trente, où il célébra la fête de saint Martin. Et quoique le mal augmentât tous les jours, il ne laissa pas de continuer sa marche et mourut dans un village, à l'entrée des Alpes, le 4 décembre 1137, la treizième année de son règne et la cinquième de son empire. Pierre, diacre, décrit ainsi les dévotions qu'il avait vu pratiquer à ce prince pendant qu'il faisait la guerre en Italie. « Au point du jour, il entendait une messe pour les morts, puis une messe pour l'armée, et enfin la messe du jour ; ensuite, avec l'impératrice, il lavait les pieds à des veuves et à des orphelins, et leur distribuait abondamment à boire et à manger ; puis il écoutait les plaintes des églises, et enfin il s'appliquait aux affaires de l'empire. Il était toujours accompagné d'évêques et d'abbés, pour recevoir leurs conseils ; il était le père des pauvres et le protecteur de tous les misérables ; il veillait beaucoup, priait souvent et avec larmes. Son corps fut porté en Saxe et enterré à Lutère, monastère qu'il avait fondé (*Chron. Cassin.*, l. 4, c. 124). »

En Italie, sitôt que le roi Roger eut appris que l'empereur Lothaire s'était retiré, il revint de Sicile, entra dans la Pouille, mit tout à feu et à sang, reprit la plupart des villes, entre autres Capoue, qu'il ruina par le fer et le feu, sans épargner les églises. Bénévent se rendit par la crainte du même traitement, et reconnut de nouveau l'antipape. Alors le pape Innocent envoya saint Bernard pour essayer de moyenner la paix entre le roi de Sicile et Rainulfe, nouveau duc de Pouille. Les armées étaient en présence. Pendant plusieurs jours, saint Bernard empêcha la bataille, disant au roi que, s'il la donnait, il serait vaincu honteusement. Le roi, qui voyait son armée beaucoup supérieure en nombre, méprisa cette prédiction et attaqua le duc Rainulfe, tandis que Bernard priait sur une montagne voisine. Le roi est complètement battu, son armée taillée en pièces. Le victorieux Rainulfe, arrivé au pied de la montagne, saute de cheval, et, prosterné à terre, s'écrie : « J'en rends grâces à Dieu et à son fidèle serviteur ; car ce ne sont pas nos forces, mais sa foi et ses prières qui nous ont valu la victoire ! » Puis, remontant à cheval, il continua de poursuivre le roi, qui fuyait honteusement.

Après cet échec, Roger, devenu plus traitable,

écouta les propositions de paix et convint, avec saint Bernard, qu'il viendrait trois cardinaux du parti d'Innocent et de ceux qui avaient assisté à son élection, et trois autres du parti d'Anaclet, afin de l'instruire de ce qui s'était passé à l'élection de l'un et de l'autre; après quoi le roi prendrait le parti qu'il trouverait le plus juste. Car il savait que tout le reste de la chrétienté reconnaissait le pape Innocent, à l'exception de lui et de son royaume.

Ce projet fut exécuté. Le pape Innocent envoya à Salerne, qui était la résidence du roi, deux cardinaux, le chancelier Aimeric et Grégoire, et saint Bernard avec eux; l'antipape y envoya trois cardinaux, parmi lesquels Pierre de Pise, qui passait pour très-habile. Le roi examina premièrement l'élection d'Innocent, pendant quatre jours, depuis le matin jusqu'au soir, avec une patience merveilleuse, et, les quatre jours suivants, il examina de même l'élection d'Anaclet. Ensuite il assembla le peuple et le clergé de Salerne, avec les évêques et les abbés qui s'y trouvèrent, et leur déclara qu'il ne pouvait seul décider cette question. C'est pourquoi, ajouta-t-il, s'il plaît à ces cardinaux, ils écriront la forme de l'une et l'autre élection; et de chaque côté il en viendra un avec moi en Sicile, où j'espère célébrer la fête de Noël. Là j'assemblerai les évêques et les autres hommes sages, par le conseil desquels j'ai suivi jusqu'ici le parti d'Anaclet, et je terminerai cette affaire par leurs avis. Le rusé Normand cherchait beaucoup moins à connaître la vérité qu'à profiter de la circonstance pour se faire confirmer le titre de roi et extorquer le plus de privilèges qu'il pourrait à l'Eglise romaine. Le cardinal Gérard répondit : « Sachez que, de notre part, nous n'écrirons point l'élection du pape Innocent, nous vous l'avons suffisamment expliquée de vive voix; mais nous voulons bien envoyer avec vous en Sicile le cardinal Gui de Castel. » On envoya aussi un cardinal du côté d'Anaclet.

Pendant cette négociation de Salerne, saint Bernard eut une conférence, en présence du roi, avec le cardinal Pierre de Pise, qui passait pour très-éloquent et très-savant dans les lois civiles et ecclésiastiques. Aussi le roi l'avait-il demandé nommément, dans l'espoir d'embarrasser la simplicité de l'abbé de Clairvaux. Après que Pierre eut parlé en faveur d'Anaclet, et cité à l'appui des faits de l'histoire et des lois canoniques, Bernard répondit : « Je sais quelles sont votre capacité et votre érudition, et plût à Dieu que vous eussiez à défendre une cause meilleure! il n'y aurait point d'éloquence qui pût vous résister. Quant à nous autres, gens rustiques, plus accoutumés à manier la bêche qu'à plaider des causes et à faire des harangues, nous garderions le silence si l'intérêt de la foi ne nous pressait. Mais la charité nous oblige de parler, parce que la tunique du Seigneur, que, dans le temps de sa passion, ni le païen ni le juif n'a osé rompre, Pierre de Léon, soutenu par le prince que voici, la rompt et la déchire. Il n'y a qu'une foi, qu'un Seigneur, qu'un baptême; nous ne reconnaissons ni une double foi, ni deux baptêmes, ni deux Seigneurs. Et pour remonter aux origines de l'histoire, il n'y eut qu'une arche au temps du déluge. Huit personnes s'y sauvèrent; tous ceux qui étaient dehors périrent. Que cette arche soit la figure de l'Eglise, personne n'en doute. Or, tout récemment on a fabriqué une arche nouvelle; puisque maintenant il y en a deux, nécessairement l'une d'elles est fausse et destinée à être engloutie. Si donc l'arche que gouverne Pierre de Léon est de Dieu, celle que gouverne Innocent doit nécessairement périr. Ainsi donc périra l'Eglise orientale, périra tout l'Occident, périra la France, périra l'Allemagne; les Espagnols, les Anglais, les royaumes les plus reculés seront engloutis dans le fond de la mer. Les ordres religieux des Camaldules, des Chartreux, de Cluny, de Grand-Mont, de Cîteaux, de Prémontré et une infinité d'autres compagnies de serviteurs et de servantes de Dieu, seront nécessairement, par le même naufrage, précipités dans l'abîme. Les évêques, les abbés et les autres princes de l'Eglise, le gouffre béant les engloutira avec une meule de moulin au cou. Seul de tous les princes de la terre, Roger est entré dans l'arche de Pierre de Léon; ainsi tous périront, tous, excepté Roger ! Roger seul sera sauvé ! A Dieu ne plaise que la religion de l'univers entier périsse, et que l'ambition d'un Pierre de Léon, dont tout le monde sait quelle fut la vie, obtienne le royaume des cieux ? »

A ces paroles, les assistants ne purent se contenir davantage, mais ils détestèrent et la vie et la cause de l'antipape. Quant au saint abbé, il prit par la main Pierre de Pise, il le fit lever, et, se levant avec lui, il lui dit : « Si vous m'en croyez, nous entrerons tous deux dans l'arche la plus sûre. » En même temps, comme il y avait pensé d'avance, il l'entreprit par des avis salutaires, et, la grâce de Dieu y aidant, lui persuada aussitôt de s'en retourner à Rome et de se réconcilier avec le pape Innocent.

La conférence finie, le roi ne voulut pas encore obéir, parce qu'il avait usurpé le grand patrimoine de saint Pierre, qui était dans la province de Bénévent; et il espérait que, par ses retards, il obtiendrait des Romains quelques privilèges pour posséder à juste titre ce grand héritage. C'était agir plus en adroit voleur qu'en prince chrétien.

Il ne fut pas même touché d'un miracle que saint Bernard fit pendant son séjour. Il y avait à Salerne un homme noble et très-connu, dont la maladie avait épuisé tout l'art des médecins, quoique cette étude fût alors cultivée principalement à Salerne. Le malade apprit en songe qu'il était venu en cette ville un saint homme jouissant de la grâce des guérisons. Il eut ordre de le rechercher et de boire de l'eau dont il aurait lavé ses mains. Il le fit, et fut guéri. Ce miracle se sut dans toute la ville, et vint aux oreilles du roi et de toute sa cour (Ernald, *Vit. S. Bern.*, l. 2, c. 7).

Guibald, abbé du Mont-Cassin, voyant le roi Roger maître du pays, envoya lui demander la paix; mais le roi lui répondit qu'il ne souffrirait point dans ce monastère un abbé établi par l'empereur, et que, si Guibald tombait entre ses mains, il le ferait pendre. On voit combien il eût été plus sage pour les moines de suivre les conseils du pape Innocent et de choisir un abbé parmi eux. Guibald, voyant que sa présence ne faisait que nuire au monastère et qu'il s'exposerait inutilement à la mort, se retira secrètement et de nuit, le 2 novembre; puis il écrivit à la communauté d'élire un autre abbé à sa place, et revint à Stavelo, sa première abbaye. Douze jours après sa sortie, les moines du Mont-Cassin élurent pour abbé Rainald de Collemezzo, le compétiteur de Rainald le Toscan, qui avait été déposé par le Pape. Le roi Roger lui accorda une trêve; et c'est ici que finit la *Chronique du Mont-Cassin*, commencée par Léon d'Ostie et continuée par Pierre, diacre et bibliothécaire de ce monastère (*Chron. Cassin.*, l. 4, c. 127 et 128).

Au commencement de l'année suivante 1138, l'antipape Pierre de Léon fut frappé d'une maladie soudaine; il n'expira pas sur l'heure : trois jours lui furent encore donnés pour se repentir; mais il abusa de la pénitence, et mourut le 7 janvier, désespéré dans son crime. Il fut enterré secrètement et sans appareil, pour dérober aux catholiques la connaissance de sa sépulture. Les cardinaux de son parti, de concert avec ses parents, envoyèrent au roi Roger lui donner avis de cette mort, et savoir s'il lui plaisait qu'ils élussent un autre Pape. Il le leur permit. Quand donc ils eurent reçu sa réponse, ils assemblèrent ceux de leur parti, et, à la mi-mars, ils élurent Grégoire, prêtre-cardinal, qu'ils nommèrent Victor. Toutefois ils ne le faisaient pas tant dans l'intention de perpétuer le schisme, que pour gagner du temps et se réconcilier plus avantageusement avec le pape Innocent II. En effet, les frères mêmes de l'antipape Anaclet, ennuyés de ce trouble, rentrèrent en eux-mêmes et firent leur paix avec Innocent, qui, à ce que l'on disait, leur donna de grandes sommes d'argent. Le prétendu Victor lui-même de nuit vint trouver saint Bernard, qui, lui ayant fait quitter la chape et la mitre qu'il avait portées quelques jours, le mena aux pieds du Pape. Ainsi finit le schisme le 29 mai 1138. Les enfants de Pierre de Léon, c'est-à-dire les frères de l'antipape Anaclet, vinrent les premiers auprès du Pape véritable, et lui firent hommage-lige; les clercs schismatiques vinrent ensuite lui promettre obéissance; grande fut la joie parmi le peuple.

Voici comme saint Bernard annonça l'heureuse nouvelle au prieur Geoffroi de Clairvaux : « Le jour de l'octave de la Pentecôte, ce jour-là même, Dieu a rempli nos désirs en donnant l'unité à l'Église et la paix à Rome ; car ce jour-là tous les fils de Pierre de Léon se sont humiliés aux pieds du seigneur Pape, et, devenus ses hommes-liges, lui ont juré fidélité. Les clercs qui s'étaient engagés dans le schisme, se sont également humiliés à ses pieds avec l'idole qu'ils avaient élevée, et lui ont juré obéissance avec toutes les formalités ordinaires. Grande a été l'allégresse parmi le peuple. Il y a longtemps que je serais allé vous rejoindre, si je n'avais été comme assuré de cette réunion, quoique je dissimulasse l'espérance que j'en avais conçue. Maintenant il n'est plus rien qui m'arrête ici. Je fais ce que vous souhaitez; au lieu de dire : *Je partirai*, je dis présentement : *Je pars*. Oui, je pars incessamment, et j'emporte pour prix de mes courses la victoire du Christ et la paix de l'Église. Je fais partir de Rome le vendredi d'après, l'homme qui vous rendra ma lettre : je le suivrai de bien près. Voilà de bonnes nouvelles ! mais les choses mêmes sont encore meilleures. Je pars chargé des fruits de la paix. Il faudrait être insensé ou impie pour ne pas s'en réjouir. Portez-vous bien (S. Bern., *Epist.* 317)! »

Après cette pacification complète, le pape Innocent reprit dans Rome l'autorité tout entière. On venait le visiter de tous côtés, les uns pour affaires, les autres pour lui adresser des félicitations. On faisait par les églises des processions solennelles : le peuple, ayant quitté les armes, accourait pour entendre la parole de Dieu : la sûreté et l'abondance se rétablissaient. Avec le temps, le Pape rétablit aussi le service des églises et en répara les ruines ; il rappela les exilés et repeupla les colonies désertes. Innocent était à Rome dès le 1er mai 1138, comme on le voit par sa bulle donnée en faveur de Baudoin, qui, cette année même, fut élevé à l'archevêché de Pise, et à qui le Pape accorda juridiction sur trois évêchés de l'île de Corse et sur deux de Sardaigne, avec la légation en celle-ci. Baudoin était de Pise même, moine de Citeaux, et le premier de cet ordre qui fut cardinal. Ce fut Innocent qui l'éleva à cette dignité l'an 1130, au concile de Clermont ; et Baudoin honorait tellement saint Bernard, que, tout cardinal qu'il était, il ne dédaignait pas de lui servir de secrétaire. Le saint abbé, de son côté, écrivant à ses frères de Clairvaux, dit que Baudoin était son unique consolation pendant qu'il était éloigné d'eux (*Epist.* 144).

Cette absence lui était très-sensible, comme on le voit par les lettres tendres et affectueuses qu'il leur écrivait d'Italie pendant ces voyages qu'il fut obligé d'y faire à cause du schisme. « Jugez de ma peine par la vôtre, leur disait-il : si mon absence vous en fait, ne doutez pas qu'elle ne m'en fasse encore davantage. Aussi je perds plus que vous. En me perdant, vous ne perdez qu'une personne, au lieu que je vous perds tous tant que vous êtes. Il n'en est pas un de vous qui ne soit pour moi un sujet particulier d'inquiétude, qui ne me fasse gémir de mon absence et craindre tous les périls où elle vous expose : deux motifs de douleur qui ne cesseront que quand je me réunirai à ce que je chéris le plus tendrement (*Ibid.*, 143). »

C'est ainsi qu'aimait saint Bernard. Aussi revint-il sitôt que la grande affaire du schisme fut terminée. Il partit de Rome cinq jours après, n'en rapportant que des reliques. A sa sortie, il fut reconduit par le clergé, le peuple et toute la noblesse, car on le regardait comme l'auteur de la paix. Tout le monde lui demanda sa bénédiction, et répandit beaucoup de larmes. Étant de retour à Clairvaux, il reprit l'explication du *Cantique*, comme on le voit par le commencement du sermon vingt-quatrième.

Peu de temps après, il perdit son frère Gérard, dont il inséra l'oraison funèbre dans un de ses sermons. Il avait commencé à continuer l'explication du *Cantique*, mais il ne put retenir sa douleur, qu'il avait dissimulée pendant les funérailles de son frère. Ce n'est point ce cher frère qu'il plaint, étant persuadé de son bonheur ; il se plaint lui-même d'être privé de son secours ; car Gérard, quoique sans littérature, était un homme d'un sens, d'une prudence consommée et d'une habileté singulière pour l'économie, les arts et les affaires ; en sorte qu'il soulageait son frère de tous les soins du temporel, et lui procurait du loisir pour vaquer à la prière, à l'étude et à l'instruction. Gérard ne laissait pas d'être fort intérieur et fort avancé dans la spiritualité ; et, en cette matière même, il donnait quelquefois à Bernard des avis importants : comme quand, pour l'humilier, il le reprit d'avoir promis la guérison, qui fut son premier miracle. Au reste, Bernard déclare qu'il ne prétend point être exempt des sentiments de l'humanité; et il autorise ses larmes par les exemples de Samuel, de David, de Jésus-Christ même, qui non-seulement n'empêcha point les autres de pleurer Lazare, mais le pleura avec eux (*In Cant., serm.* 26, n. 3).

Dans le même temps, il survint à saint Bernard une affaire qui ne lui fut guère moins sensible. Guillaume de Sabran, évêque de Langres, étant mort la même année 1138, Hugues, fils du duc de Bourgogne, voulut mettre sur ce siége un moine de Cluny qui en était très-indigne; à quoi le saint abbé s'opposa de toute sa force, non-seulement pour l'intérêt général de l'Eglise, mais pour celui du monastère de Clairvaux en particulier, situé dans le diocèse de Langres et entièrement soumis à l'évêque. Il envoya un long mémoire au Pape, lui écrivit plusieurs lettres, ainsi qu'aux évêques et aux cardinaux de l'Eglise romaine. Pierre le Vénérable, abbé de Cluny, et Pierre, archevêque de Lyon, étaient sur cette affaire d'un autre sentiment que saint Bernard. Mais enfin le Pape cassa l'élection. Après quoi on élut Geoffroi, prieur de Clairvaux, qui occupa dignement le siége de Langres plus de vingt ans.

En Allemagne, après la mort de l'empereur Lothaire, on s'occupa de lui donner un successeur. Deux candidats avaient le plus de chances, le duc Henri et le duc Conrad. Henri était gendre du dernier empereur et avait en sa possession les joyaux de l'empire. Il était à la fois duc de Bavière et de Saxe, jouissait en Italie des vastes domaines de la comtesse Mathilde et d'autres principautés. Il se voyait ainsi le plus riche et le plus puissant prince d'Allemagne; mais le surnom de *Superbe*, que lui ont donné ses contemporains et la postérité, fait entendre que son orgueil égalait ses richesses. Il se croyait si sûr d'être élu à la place de son beau-père, qu'il prit dès lors des airs de hauteur avec les autres princes: c'est ce qui le perdit. Plus d'un se disait: « Si dès maintenant il est si hautain, que sera-ce s'il parvient à l'autorité souveraine? Il vaut mieux prévenir le mal que d'y apporter plus tard un remède aventureux. » Conrad, duc de Franconie et frère du duc Frédéric de Souabe, avait déjà porté le titre de roi; depuis sa réconciliation avec l'empereur Lothaire, il était porte-étendard de l'empire. Non moins brave que Henri, il était plus affable avec les évêques et les autres princes, plus humble avec le Pape. Comme le roi de Germanie était destiné à la dignité d'empereur ou défenseur armé de l'Eglise romaine, dignité que le Pape seul pouvait conférer, il s'ensuivait naturellement que le Pape avait et devait avoir une grande part dans l'élection du roi de Germanie. Innocent II, après avoir bien considéré l'état des choses et le mérite des personnes, inclina pour Conrad et envoya le cardinal Théoduin avec ses pleins pouvoirs. Les archevêques de Cologne et de Trèves, ainsi que plusieurs autres évêques, pensaient, dans cette affaire, comme le chef de l'Eglise. Le siége de Mayence était vacant. Enfin, dans une diète partielle des princes, réunie à Coblentz, Conrad fut élu roi, le 22 février 1138.

Le légat Théoduin, qui était présent, promit le consentement du Pape, des Romains et de toutes les villes d'Italie. Ensuite le nouveau roi vint à Aix-la-Chapelle et y fut sacré le dimanche 13 mars, par le cardinal-légat, assisté des archevêques de Cologne et de Trèves et des autres évêques. L'archevêque de Cologne aurait dû faire cette cérémonie; mais il n'avait pas encore reçu le *pallium*. Le roi Conrad, troisième du nom, célébra à Cologne la fête de Pâques, qui, cette année 1138, était le 3 avril. Le siége de Mayence fut rempli peu de temps après par Albert, comte de Sarrebruck, parent du roi. Cependant le duc Henri, ainsi que les autres princes de Bavière et de Saxe, qui n'avaient été ni présents ni même convoqués aux assemblées de Coblentz et d'Aix-la-Chapelle, réclamèrent hautement contre l'élection de Conrad, et la traitaient d'illégale. Mais la chose était faite; Henri s'était aliéné bien des esprits par sa hauteur; la déclaration du légat, que l'Italie, que Rome, que le souverain Pontife étaient pour Conrad, en décida beaucoup qui flottaient encore. Bref, à la fin de la diète que le roi tint à Bamberg pendant les fêtes de la Pentecôte, il ne manqua plus que le duc Henri, qui toutefois rendit les joyaux de l'empire, dans l'espoir de conserver ses autres avantages. Mais Conrad déclara nettement que la puissance de Henri était trop grande et trop dangereuse pour le bon ordre et la tranquillité du royaume; que, d'après les anciennes lois, aucun prince ne devait posséder à la fois deux duchés; en conséquence, il lui ôta le duché de Saxe et le donna à un autre. Comme Henri ne se soumettait pas, il le mit au ban de l'empire et lui ôta même la Bavière, qu'il donna à son demi-frère le margrave Léopold d'Autriche. Dans peu de temps, la puissance si formidable de Henri fut tellement brisée, qu'il fut réduit à s'enfuir en Saxe, accompagné seulement de quatre serviteurs fidèles. Cependant la sévérité de Conrad indisposait les esprits d'un autre côté. Henri trouva des amis puissants et fidèles, il récupéra dans peu presque tout ce pays. Conrad marcha contre lui avec une armée nombreuse. C'était en 1139. On allait en venir à une bataille, lorsque l'archevêque Alberon de Trèves ménagea une trève jusqu'à la Pentecôte de l'année suivante. Pour y amener amis et ennemis, l'habile médiateur fit valoir, non-seulement les malheurs effroyables de la guerre civile, mais encore plusieurs foudres d'excellent vin, qu'il distribua largement, surtout parmi les princes de Saxe, et qui parurent non moins persuasifs que son éloquence. Le duc Henri, maître de presque tout ce pays, espérait qu'à la prochaine diète on lui rendrait encore la Bavière, lorsqu'il tomba malade et mourut inopinément à Quedlinbourg, à l'âge de 37 ans, et fut enterré côté de son beau-père, l'empereur Lothaire (Raumer, *Hist. des Hohenstauffen*, t. I).

Le duc Conrad, ainsi devenu roi, écrivit à saint Bernard pour le saluer affectueusement et lui faire part des désordres qu'il trouvait à corriger; il se plaignait surtout des atteintes qu'on avait données à la dignité royale. Saint Bernard lui répondit en ces termes: « J'ai reçu vos lettres et vos salutations avec autant de reconnaissance que je les mérite peu; je dis peu, par le rang que j'occupe, non par l'affection que je vous porte. Les plaintes du roi sont nos plaintes, principalement celle qui regarde l'invasion de l'empire. Jamais je n'ai voulu ni le déshonneur du roi, ni la diminution de la royauté; car j'ai lu ces paroles : *Que toute âme soit soumise aux puissances supérieures, et quiconque résiste à la puissance résiste à l'ordonnance de Dieu* (Rom., 13). Sentence que je vous souhaite et que je vous exhorte en toutes manières d'observer, en rendant au suprême et apostolique Siège et au vicaire du bienheureux Pierre, le respect que vous réclamez de tout l'empire. Il est encore d'autres choses que je n'ai pas cru devoir écrire ; je vous les communiquerais peut-être plus utilement en personne (S. Bern., *Epist.* 183). »

Cette lettre, dans sa brièveté, renferme le secret de bien des événements, de bien des révolutions. Chaque prince, chaque roi particulier veut bien qu'on respecte son autorité matérielle et locale ; mais, pour l'autorité spirituelle et universelle du chef suprême de l'Eglise catholique, plus d'un prince, plus d'un roi donne à ses peuples l'exemple de la révolte et du mépris. Avec le temps, les peuples suivent cet exemple contre ceux mêmes qui le donnent, et cela d'autant plus logiquement que le chef matériel d'une province ou d'une nation particulière est plus au-dessous du chef spirituel de l'humanité entière. La lettre de saint Bernard insinuait cette grande vérité : la famille de Conrad l'oubliera bien vite et provoquera ainsi sa ruine et celle de l'empire.

Cependant le pape Innocent II, pour extirper plus efficacement les désordres introduits par le schisme, convoqua les états généraux de la chrétienté, à Rome, pour le commencement d'avril 1139. Le concile s'assembla au palais de Latran le 3 ou le 4 du mois indiqué.

Le docte Mansi a retrouvé un acte de Pierre, abbé de Saint-André de Rome, qui dit expressément s'être présenté au concile le 4 avril (Mansi, *Concil.*, t. XXI, p. 541). Il est probable qu'il s'était assemblé la veille, 3 avril, qui était un lundi, jour ordinaire pour ouvrir les conciles. Jamais on n'en avait vu d'aussi nombreux. Il s'y trouva environ mille évêques, entre lesquels trois patriarches, ceux d'Antioche, d'Aquilée et de Grade. On le compte pour le dixième concile général. Et le Pape, dit un historien français de ce temps-là, y parut, parmi ces prélats, le plus respectable de tous, tant par l'air de majesté qui éclatait sur son visage que par les oracles qui sortaient de sa bouche (*Chron. Mauriniac.*).

On n'avait qu'à y suivre la conduite qui avait été suivie en Aquitaine pour cimenter la réunion, partout où le schisme avait gagné, et c'est ce qu'on y statua unanimement. Le Pape, dans l'éloquent discours qu'il fit à l'ouverture, prévint d'abord ce qu'une fausse compassion ou une estime mal placée pourraient suggérer de favorable aux schismatiques. « Notre règle, dit-il, c'est celle de saint Augustin, qu'avec des gens séparés de l'Eglise catholique, il n'y a point à se retrancher sur la régularité de leurs mœurs, qu'ils sont morts à la grâce et ennemis de Dieu, dès là qu'ils sont détachés de l'unité de Jésus-Christ. Gardons-nous donc bien de laisser impunie leur témérité à conférer ou à recevoir les ordres, et de souffrir dorénavant que ces sacrilèges jouissent illégitimement du crime des canons enfreints et de la juridiction usurpée. » Tous les Pères du concile entrèrent dans les vues du Pape ; tous s'écrièrent : « Nous annulons ce qu'a fait Pierre de Léon ; nous dégradons ceux qu'il a élevés ; nous déposons ceux qu'il a consacrés ; et, pour ce qui est des prêtres et autres ministres ordonnés par Gérard d'Angoulême, nous leur interdisons, par l'autorité apostolique, l'exercice de toute fonction ; nous voulons qu'ils demeurent perpétuellement dans le grade où ils sont, et leur défendons de monter jamais plus haut. »

La sentence du concile fut exécutée dans le concile même. Le Pape appela, un à un, par leurs noms, les évêques ordonnés dans le schisme, qui étaient présents au concile, et, après leur avoir reproché leur faute avec indignation, il leur arracha les crosses des mains, les anneaux des doigts et les *palliums* des épaules. Pierre de Pise ne fut pas exempt de cette rigueur, et le Pape le priva de sa dignité, quoiqu'il la lui eût rendue quand il quitta le schisme, à la persuasion de saint Bernard. C'est de quoi le saint abbé se plaignit au Pape par une lettre très-vigoureuse, où, louant son zèle contre les schismatiques, il dit que la peine ne doit pas être égale quand la faute ne l'est pas, et qu'il importe pour sa réputation de ne pas défaire ce qu'il a fait (S. Bern., *Epist.* 213). L'annaliste Manriquez assure que le Pape se rendit aux représentations du saint, et qu'il établit Pierre de Pise dans ses hautes dignités.

Le concile de Latran fit ou renouvela trente canons de discipline. Celui qui est ordonné par simonie sera privé de toute fonction. On ne donnera rien pour les bénéfices ni toutes les choses sacrées. Un évêque ne recevra point quiconque a été excommunié par un autre. Les clercs incorrigibles seront privés de tous bénéfices ecclésiastiques. On ne pillera pas les biens des clercs à leur mort. Les sous-diacres mariés ou concubinaires seront privés de tout office et de tout bénéfice. Les moines et les chanoines réguliers ne s'appliqueront point à l'étude des lois civiles ni de la médecine. Les laïques ne retiendront point les dîmes ni le revenu des églises. On observera la *trêve de Dieu*, sous peine d'excommunication. On assure une sécurité perpétuelle aux clercs, aux moines, aux pèlerins, aux marchands, aux laboureurs et à leurs bestiaux. Les usuriers sont excommuniés et déclarés infâmes. Les hommes de guerre ne se donneront point de rendez-vous dans les foires, pour y livrer des combats, dans la vue de montrer leur adresse et leur force. Si quelqu'un en meurt, on ne lui refusera point la pénitence et le viatique, mais il sera privé de la sépulture ecclésiastique. C'est ce qu'on a nommé depuis *tournois*. On excommunie celui qui frappe un clerc et celui qui met la main sur quelqu'un réfugié dans une église ou dans un cimetière. Nul ne cherchera à rendre héréditaires les bénéfices ecclésiastiques. On défend les mariages entre parents. On excommunie les incendiaires ; on les prive de la sépulture chrétienne, si auparavant ils n'ont réparé le dommage. A ceux qui se convertissent en santé, on donne de plus pour pénitence, de servir une année à Jérusalem ou en Espagne contre les infidèles. L'évêque qui absout un incendiaire sans ces conditions, restituera lui-même le dommage et s'abstiendra un an de toute fonction épiscopale. Le concile ne conteste pas pour cela aux rois et aux princes la faculté de faire bonne justice, avec le conseil des archevêques et des évêques. Les enfants des prêtres ne seront admis au service de l'autel, s'ils n'ont vécu religieusement dans des monastères de moines ou de chanoines. On réprouve la fausse pénitence. On condamne comme hérétiques, et on recommande aux puissances séculières de réprimer ceux qui rejettent le sacrement du Corps et du Sang de Notre Seigneur, le baptême des enfants, le sacerdoce et les autres ordres ecclésiastiques, ainsi que les mariages légitimes. Ces hérétiques étaient les nouveaux manichéens. On n'exigera rien pour le saint chrême ni pour la sépulture. Quiconque reçoit d'une main laïque un bénéfice ecclésiastique, en sera privé. On condamne certaines femmes qui, sans observer la règle de saint Benoit, de saint Basile ni de saint Augustin, et sans vivre en communauté, voulaient passer pour religieuses, demeurant dans leurs maisons particulières, où, sous prétexte d'hospitalité, elles recevaient toutes sortes d'hôtes, même peu vertueux. On défend aussi aux religieuses de venir chanter dans un même chœur avec des chanoines ou des moines. A la mort des évêques, dit le concile, comme les sanctions des Pères ne permettent pas que les Églises restent vacantes au delà de trois mois, nous défendons aux chanoines de la cathédrale, sous peine d'anathème, d'exclure de l'élection de l'évêque les hommes religieux ; mais l'élection se fera de leur conseil, ou du moins de leur consentement, sous peine de nullité. Enfin le concile défend, sous peine d'anathème, aux arbalétriers et aux archers, d'exercer leur art homicide contre les chrétiens et les catholiques (Labbe, t. X; Mansi, t. XXI).

Dans le concile de Latran, et de l'avis de tous les Pères, Innocent II mit au nombre des saints honorés par l'Eglise, saint Sturm, premier abbé de Fulde, dont les miracles furent attestés en plein concile par les évêques venus d'Allemagne. C'est ce que dit le Pape à l'abbé et aux moines de Fulde, dans sa lettre du 19 avril (*Ibid.*)

Dans le même concile général, le roi Roger de Sicile, qui soutenait le reste du schisme, fut publiquement excommunié avec tous ses partisans. Mais à peine le concile était-il fini, que mourut le duc Rainulfe d'Apulie, le plus ferme soutien des catholiques en ces contrées. Aussitôt Roger part de Sicile, arrive à Salerne le 7 mai 1139, parcourt l'Apulie, dont toutes les villes se soumettent, à l'exception de Bari et de Troie. Le Pape l'ayant appris, sortit de Rome avec les troupes qu'il put ramasser, et s'avança jusqu'à San-Germano, au pied du Mont-Cassin. On envoya des députés de part et d'autre pour négocier la paix. Mais, pendant les négociations, le fils du roi, à la tête de mille chevaux, surprit le Pape et l'amena prisonnier à son père. C'était le 10 juillet. On pouvait craindre de grands malheurs pour l'Eglise. Il en fut autrement. Aussitôt le roi Roger envoya des ambassadeurs au Pape, son prisonnier, lui demander la paix dans les termes les plus soumis, et le Pape, se voyant abandonné, sans forces et sans armes, y consentit. On dressa les articles du traité, dont les principaux furent que le Pape accordait à Roger le royaume de Sicile, à un de ses fils le duché de Pouille, et à l'autre la principauté de Capoue.

Quand on fut convenu de toutes les conditions du traité, le roi et ses deux fils vinrent en présence du Pape, se jetèrent à ses pieds, lui demandèrent pardon et lui promirent obéissance. Ils lui jurèrent fidélité, à lui et à ses successeurs, et aussitôt le Pape donna à Roger l'investiture du royaume de Sicile par l'étendard. C'est ainsi que le prince normand se fit confirmer ce titre, qu'il avait reçu de son beau-frère, l'antipape Anaclet. Cette paix fut jurée le jour de saint Jacques, 25 juillet, et le Pape en fit expédier la bulle, où, sans parler de la concession de l'antipape, il parle des services rendus à l'Eglise par Robert Guiscard, aïeul du nouveau roi, et par son père Roger, et de la dignité que le pape Honorius lui avait accordée à lui-même, c'est-à-dire le titre de *duc*. « C'est pourquoi, dit-il, nous vous confirmons le royaume de Sicile, avec le duché de Pouille et la principauté de Capoue, à vous et à vos successeurs, qui nous feront hommage-lige, à la charge d'un cens annuel de six cents schiffates. » C'était une monnaie d'or. Tel est le premier titre du royaume de Sicile, depuis royaume de Naples.

Le Pape vint ensuite à Bénévent, où il fut reçu comme si c'eût été saint Pierre en personne. Il en chassa pour la seconde fois l'archevêque intrus Rossiman, sacré par l'antipape. Le second jour de septembre, il retourna à Rome, où il était extrêmement désiré. Et comme les Romains l'exhortaient à rompre la paix qu'il avait faite avec le roi Roger, il rejeta ce conseil absolument, et dit que c'avait été la volonté de Dieu que sa prise fût l'occasion de cette paix. Aussi fut-elle approuvée de tout le monde.

Pierre le Vénérable, abbé de Cluny, en félicita Roger par ses lettres. Saint Bernard lui écrivit aussi, moins pour le féliciter que pour l'engager à rapporter à Dieu seul la gloire de ses succès. Pierre avait déjà en Sicile un monastère de sa congrégation ; le roi Roger en demanda un à saint Bernard, de la congrégation de Citeaux : il souhaitait même l'y posséder en personne. Bernard lui envoya de ses religieux, avec une lettre qui commence en ces termes : « Si vous me cherchez, me voici, et moi et les enfants que Dieu m'a donnés. On dit que mon humilité a trouvé grâce auprès de Votre Majesté, au point qu'elle souhaite me voir. Qui suis-je, pour dissimuler le bon plaisir du roi. J'accours, moi qu'on désire, me voici, non dans cette présence infirme du corps, dans laquelle Hérode méprisa le Seigneur, mais dans mes entrailles ; car qui me séparera de ceux que je vous envoie ? Je les suis, quelque part qu'ils aillent; vinssent-ils à demeurer aux extrémités de la mer, ils n'y seront pas sans moi. Avec eux, ô prince, vous avez la lumière de mes yeux, vous avez mon cœur et mon âme. Qu'est-ce que cela fait, s'il y manque la portion la plus petite de nous-même ? je veux dire ce chétif corps, ce vil esclave que la nécessité retient, lors même que la volonté le sollicite. Il ne saurait suivre l'âme qui vole, infirme comme il est et n'attendant plus que le sépulcre. » Le roi de Sicile reçut avec une munificence royale les chers enfants de saint Bernard, qui lui en témoigna sa reconnaissance par une troisième lettre (S. Bern.. *Epist.* 207, 208 et 209).

§ III.

Saint Bernard maintient contre diverses erreurs la pureté de la foi catholique, illustrée par les travaux de Pierre de Cluny, de Hugues et Richard de Saint-Victor, et de plusieurs autres écrivains remarquables.

Le concile de Latran condamna aussi un novateur en fait de doctrine, Arnaud de Bresce. Nous avons vu que, dans la querelle des investitures, les avocats de l'empereur Henri V mettaient en avant cette maxime : *Que, comme les biens spirituels appartiennent à l'Eglise, ainsi tous les biens temporels appartenaient à l'empereur; que sa volonté seule y était la loi suprême; que de lui dépendaient tous les royaumes, toutes les seigneuries, toutes les propriétés.* Arnaud de Bresce fit de cette maxime un système pour décrier les gens d'Eglise et gagner les séculiers.

Il était simple lecteur et avait été disciple d'Abailard. Il ne manquait pas d'esprit; il aimait les opinions nouvelles et singulières; il était éloquent, mais d'une éloquence de mots qui le faisait parler plus facilement que solidement.

Etant revenu en Italie après avoir longtemps étudié en France, il se revêtit d'un habit de religieux, pour se faire mieux écouter, et commença à déclamer contre les évêques, sans épargner le Pape, contre les clercs et les moines, ne flattant que les laïques. Il disait qu'il n'y avait point de salut pour les clercs qui avaient des biens en propriété, pour les évêques qui avaient des seigneuries, ni pour les moines qui possédaient des immeubles; que tous ces biens appartenaient au prince, que lui seul pouvait les donner, et seulement à des laïques; que le clergé devait vivre des dîmes et des oblations volontaires du peuple, se contentant de ce qui suffit pour une vie frugale. On disait, d'ailleurs, qu'il n'avait pas de bons sentiments touchant le saint sacrement de l'autel et le baptême des enfants.

Par ses discours, il troublait l'Eglise de Bresce, sa patrie; et, expliquant malicieusement l'Ecriture sainte, il animait les laïques, déjà mal disposés contre le clergé. Car le faste des évêques et des abbés, la vie molle et licencieuse des moines ne lui donnaient que trop de matière; mais il ne se tenait pas dans les bornes de la vérité. Ses discours firent un tel effet, qu'à Bresce et dans plusieurs autres villes, le clergé tomba dans le dernier mépris et devint l'objet de la raillerie publique. Arnaud fut donc accusé, dans le concile de Latran, par son évêque et par des personnes pieuses; et le Pape lui imposa silence. Il s'enfuit de Bresce, passa les Alpes et se réfugia à Zurich, où il s'arrêta, recommença à dogmatiser, et en peu de temps infecta tout le pays de ses erreurs (*Apud Baron.*, an 1139; Othon Frisingue; Gunth).

Pour ce qui est d'Abailard, depuis dix-huit ans qu'il avait été condamné au concile de Soissons, il avait continué d'enseigner, s'appliquant principalement à la théologie, quoiqu'il n'y fût pas si versé que dans les arts libéraux. Aussi propagea-t-il plusieurs erreurs, dont les gens de bien furent alarmés.

Guillaume, abbé de Saint-Thierri, en écrivit ainsi à Geoffroi, évêque de Chartres, et à saint Bernard : « Pierre Abailard recommence à enseigner des nouveautés; ses livres passent les mers et traversent les Alpes; ses nouveaux dogmes se répandent dans les provinces, on les publie, on les défend librement, jusque-là qu'on dit qu'ils sont estimés même à la cour de Rome. Je vous le dis, votre silence est dangereux tant pour vous que pour l'Eglise de Dieu.

» Dernièrement, je rencontrai par hasard un ouvrage de cet homme, intitulé : *Théologie de Pierre Abailard.* J'avoue que ce titre excita ma curiosité, et, comme j'y trouvai plusieurs choses qui me frappèrent, je les marquai, avec les raisons pour lesquelles elles m'avaient frappé, et je vous les envoie avec le livre; vous en jugerez. Je n'ai trouvé vous à qui je puisse m'adresser en cette occasion. Il vous craint; fermez les yeux, qui craindra-t-il? et que ne dira-t-il pas, s'il ne craint personne? Voici donc les articles que j'ai tirés de ses ouvrages :

» 1° Il définit la foi, l'estimation des choses qu'on ne voit point. 2° Il dit qu'en Dieu les noms de Père, de Fils et de Saint-Esprit sont impropres, mais que c'est une description de la plénitude du souverain bien. 3° Que le Père est une pleine puissance, le Fils est une certaine puissance, et que le Saint-Esprit n'est aucune puissance. 4° Le Saint-Esprit n'est pas de la substance du Père et du Fils, comme le Fils est de la substance du Père. 5° Le Saint-Esprit est l'âme du monde. 6° Nous pouvons vouloir le bien et le faire, par le libre arbitre, sans le secours de la grâce. 7° Ce n'est pas pour nous délivrer de la servitude du démon que Jésus-Christ s'est incarné et a souffert. 8° Jésus-Christ, Dieu et homme, n'est pas une troisième personne dans la Trinité. 9° Au sacrement de l'autel, la forme de la substance précédente demeure en l'air. 10° Les suggestions du démon se font dans les hommes par des moyens physiques. 11° Nous ne tirons point d'Adam la coulpe du péché originel, mais seulement la peine. 12° Il n'y a péché que dans le consentement au péché et le mépris de Dieu. 13° On ne commet aucun péché par la concupiscence, la délectation, ni l'ignorance : ce ne sont que des dispositions naturelles. » L'abbé Guillaume réfute ensuite ces treize articles l'un après l'autre, rapportant en plusieurs endroits les propres paroles d'Abailard (*Bibl. Cisterc.*, t. IV, p. 112; *Epist.* 326, *Inter S. Bern.*).

Saint Bernard répondit ainsi à l'abbé Guillaume : « Votre trouble me paraît raisonnable et nécessaire; il est même efficace et agissant, puisqu'il vous fait mettre la main à la plume pour confondre et réfuter des dogmes impies. Quoique je n'aie pas encore lu votre livre avec attention, que je n'aie fait que le parcourir à la hâte et superficiellement, je le goûte extrêmement, et je le crois assez fort pour renverser et détruire les impiétés qu'il attaque. Mais comme je n'ai point la coutume, vous le savez, de m'en rapporter à mon propre jugement, principalement dans une affaire de cette conséquence, je crois nécessaire de prendre un temps commode pour nous rendre en un lieu et conférer ensemble sur ces matières. Il me semble que cela ne se peut avant les fêtes de Pâques, de peur de sortir de l'esprit d'oraison et du recueillement qui convient au saint temps de carême. Souffrez que je me taise patiemment jusque-là, d'autant plus que je n'ai point encore assez étudié ces questions. Dieu est assez puissant pour accorder à vos prières la sagesse et les lumières que vous me souhaitez (S. Bern., Epist. 327). »

Saint Bernard, voulant corriger Abailard de ses erreurs, sans le confondre; l'avertit en secret, et traita avec lui si modestement et si raisonnablement, qu'Abailard en fut touché et lui promit de tout corriger selon qu'il lui prescrirait. Mais quand saint Bernard l'eut quitté, il abandonna cette sage résolution, excité par de mauvais conseils et se fiant à son esprit et au grand exercice qu'il avait de disputer. Sachant donc qu'on devait bientôt tenir un concile nombreux à Sens, il alla trouver l'archevêque et se plaignit que l'abbé de Clairvaux parlait secrètement contre ses livres. Il ajouta qu'il était prêt à les défendre en public, et demanda que l'abbé fût appelé au concile pour expliquer ce qu'il pourrait avoir à dire. L'archevêque fit ce qu'Abailard avait demandé, et écrivit au saint abbé de se trouver au concile de Sens. Mais il s'excusa d'y aller, et écrivit ainsi aux évêques qui devaient y être appelés : « Un bruit court, et je crois qu'il est venu jusqu'à vous, qu'on m'appelle pour me trouver à Sens à l'octave de la Pentecôte, et que c'est un défi afin de m'engager à une dispute pour la défense de la foi, quoiqu'il ne convienne pas à un serviteur de Dieu de disputer, mais d'user de patience envers tout le monde. Si c'était mon affaire propre, je pourrais, et peut-être avec fondement, me flatter de votre protection; mais puisque c'est aussi votre cause, et plus la vôtre que la mienne, j'ose vous avertir et je vous prie instamment de vous montrer amis au besoin; je dis amis, non pas de nous, mais de Jésus-Christ, dont l'épouse réclame votre assistance, accablée qu'elle est d'une infinité d'hérésies et d'erreurs qui se multiplient à l'abri même de votre nom. L'ami de l'Epoux ne saurait hésiter de se déclarer pour elle dans une si belle occasion. Et ne vous étonnez pas de ce que nous vous invitons si subitement : c'est un artifice de notre adversaire pour nous prendre au dépourvu (S. Bern., Epist. 187). »

Le saint abbé céda toutefois ensuite au conseil de ses amis, qui, voyant que tout le monde se préparait à ce concile comme à un spectacle, craignaient que son absence n'augmentât le scandale du peuple et la fierté d'Abailard, s'il ne se trouvait personne pour s'y opposer. Saint Bernard se rendit donc à leur avis, mais avec une telle répugnance qu'il en versa des larmes, et se trouva au lieu et au jour marqués, quoique peu préparé à la dispute. C'est ce qu'il témoigne lui-même dans sa lettre au pape Innocent (Ibid., Epist. 189).

Le concile de Sens se tint au jour marqué, qui était le 2 juin 1140. On ne peut mieux apprendre ce qui s'y passa, que par la lettre synodale écrite par saint Bernard au Pape sous le nom des évêques de France, c'est-à-dire de la province de Sens, savoir : Henri, archevêque de Sens; Geoffroi, évêque de Chartres et légat du Saint-Siège; Eli, évêque d'Orléans; Hugues d'Auxerre, Hatton de Troyes, Manassès de Meaux. Voici cette lettre :

« Comme tout le monde reconnaît que ce qui a été décidé par le Siége apostolique est si incontestable, qu'aucune fausse subtilité n'en peut affaiblir le jugement, ni aucune passion en détruire l'autorité, nous croyons, Très-Saint-Père, qu'il est à propos de vous rendre compte de ce que nous avons fait dans notre dernière assemblée, afin que vous ayez la bonté d'approuver et de confirmer à jamais ce que nous avons jugé nécessaire de déterminer avec plusieurs personnes pieuses et éclairées. Il n'y avait presque aucun endroit en France, ni ville, ni bourgade, ni château, où l'on n'entendît disputer de la sainte Trinité, de simples écoliers s'ingérer d'en parler jusque dans les places publiques. Non-seulement les personnes de lettres et d'un âge avancé, mais les enfants mêmes et les ignorants. Que dis-je ? les sots et les insensés se mêlaient de raisonner sur ce mystère, et avançaient mille propositions absurdes, extravagantes, tout à fait contraires à la foi catholique et à l'autorité des saints Pères. En vain des personnes d'une foi pure les avertissaient, les réprimaient, les exhortaient à renoncer à des dogmes si ridicules; ces gens, fortifiés par l'autorité de leur maître Abailard, par son livre intitulé sa *Théologie* et par d'autres ouvrages de cet auteur, s'animaient encore davantage, et s'obstinaient à défendre des nouveautés qui faisaient périr une infinité d'âmes. Alarmés et troublés dans cette conjoncture, nous n'osions cependant agir et remuer des questions si délicates.

» Mais l'abbé de Clairvaux, entendant parler souvent de ces sortes de questions, et les ayant lues par hasard dans le livre de *Théologie* et dans quelques autres écrits d'Abailard, se donna la peine de les examiner, et se crut obligé d'en faire une réprimande à cet auteur, la première fois tête à tête, ensuite en présence de deux ou trois témoins, pour observer le précepte de l'Evangile. Il lui représenta avec beaucoup d'honnêteté et d'affection, qu'il devait retrancher ces propositions de ses livres, et empêcher que ses disciples ne les soutinssent. Il exhorta même plusieurs de ses sectateurs à s'interdire la lecture de ces livres empoisonnés, et d'avoir pour suspecte une si mauvaise doctrine. Dès lors maître Pierre, aigri et piqué de ces remontrances, nous a pressés sans relâche d'ordonner à l'abbé de se rendre à Sens, le jour de l'octave de la Pentecôte, s'engageant à le convaincre à nos yeux, et à prouver la vérité des propositions que cet abbé qualifiait d'hérétiques. L'abbé répondit qu'il ne viendrait point au jour assigné, et qu'il n'entrerait point en dispute avec Abailard. Dans cet intervalle, maître Abailard invite ses disciples à se trouver à cette conférence, afin d'y appuyer ses opinions et sa doctrine. L'abbé, informé de toutes ces menées, craignant d'autoriser par son refus ces sentiments profanes, ou pour mieux dire ces extravagances, dans l'esprit des ignorants et des sectateurs, poussé d'un saint zèle, transporté d'une ardeur toute céleste, se présenta dans notre assemblée au jour déterminé, quoiqu'il ne se fût point engagé à s'y trouver. Tous les suffragants de la métropole étaient venus à Sens pour y célébrer la translation des saintes reliques, dont j'avais fixé la cérémonie à ce même jour.

« Etaient présents, le glorieux roi de France, Louis, le religieux comte de Nevers, Guillaume, l'archevêque de Reims et quelques-uns de ses suffragants, nous et les nôtres, excepté celui de Paris et de Nevers, avec un grand nombre de saints abbés, de sages et savants ecclésiastiques. Alors entra l'abbé de Clairvaux, et maître Abailard avec ses fauteurs.

Enfin, le seigneur abbé produisit le livre de *Théologie* de maître Abailard, et y fit la lecture des propositions absurdes et hérétiques qu'il avait notées, afin d'obliger ledit maître, ou à désavouer qu'il les eût écrites, ou bien, s'il les avouait, à les prouver ou à les rétracter. Maître Abailard, se défiant de ses forces, chercha des défaites et refusa de répondre, quoiqu'il fût en pleine liberté de parler, dans un lieu sûr, devant des juges équitables; il en appela à votre tribunal, et sortit de l'assemblée avec ceux de sa faction.

» Cet appel ne paraissait guère canonique; néanmoins, par une déférence respectueuse pour le Saint-Siége, nous n'avons prononcé aucun jugement contre sa personne. Mais parce que la contagion de sa mauvaise doctrine avait déjà infecté plusieurs personnes et gagné jusqu'au cœur de l'Eglise, nous avions condamné ses propositions le jour précédent, après en avoir fait plusieurs fois la lecture en pleine audience, et après avoir montré clairement qu'elles étaient non-seulement fausses, mais hérétiques, tant par de solides raisonnements que par les passages de saint Augustin et des autres Pères, cités par l'abbé de Clairvaux. Comme elles entraînent une infinité d'âmes dans une erreur damnable et pernicieuse, nous vous supplions instamment tout d'une voix, bien-aimé seigneur et Père, de les censurer à jamais par votre autorité, et de punir ceux qui s'obstineraient à les défendre. De plus, si Votre Sainteté jugeait à propos d'imposer silence audit Abailard, de lui interdire le pouvoir d'enseigner et d'écrire, de condamner ses livres comme remplis de dogmes impies, elle arracherait les épines de l'Eglise de Dieu, elle la verrait fleurir, fructifier, produire une ample moisson. Nous vous adressons, vénérable Père, un extrait de quelques-unes des propositions condamnées, afin que, par là, vous jugiez plus facilement du reste de l'ouvrage (S. Bern., *Epist.* 327). »

Samson, archevêque de Reims, qui avait assisté au concile de Sens, écrivit aussi au Pape sur ce sujet, avec trois de ses suffragants, Joscelin de Soissons, Geoffroi de Châlons, Alvise d'Arras. Dans cette lettre, dont saint Bernard fut le rédacteur, l'archevêque de Reims renvoie à celle de l'archevêque de Sens, et dit en parlant d'Abailard : « Etant pressé par l'abbé de Clairvaux, en présence des évêques, il n'a point confessé, point nié ses erreurs; mais, quoiqu'il eût choisi lui-même et le lieu et le juge, quoiqu'il n'eût ni lésion ni grief à alléguer, il a appelé au Saint-Siége. Les évêques, par respect pour Votre Sainteté, n'ont rien fait contre sa personne; ils ont seulement condamné les articles extraits de ses livres et déjà condamnés par les saints Pères, de peur que le mal ne s'étendit. Parce donc que cet homme entraîne une grande multitude de peuple qui a créance en lui, il est nécessaire que vous arrêtiez ce mal en y apportant un prompt remède (*Ibid., Epist.* 191).

Saint Bernard écrivit aussi en son nom propre plusieurs lettres à Rome sur ce sujet, et les envoya par Nicolas, moine de Clairvaux et depuis son secrétaire, qui avait été présent à tout. Il écrivit premièrement au Pape une grande lettre, où il réfute les erreurs d'Abailard, et une plus courte, où il raconte ce qui s'était passé. Après le schisme de Pierre de Léon, il avait espéré quelque repos; il avoue s'être trompé, les nouvelles erreurs n'étant pas moins pernicieuses à l'Eglise que le schisme. « Abailard, dit-il, a fait venir d'Italie Arnaud de Bresce, son disciple, pour attaquer de concert la doctrine catholique. Ils ont une apparence de piété dans leur habit et leur manière de vivre, qui leur sert à séduire plus de monde. Abailard relève les philosophes par de grandes louanges, pour abaisser les docteurs de l'Eglise; il préfère leurs inventions et les siennes à la doctrine des Pères, et, comme tout le monde fuit devant lui, il veut entrer en combat singulier avec moi, qui suis le moindre de tous. » Après avoir marqué ce qui s'était passé au concile de Sens, et l'appellation d'Abailard, il ajoute : « C'est à vous, qui êtes le successeur de saint Pierre, à juger si celui qui attaque la foi de saint Pierre doit trouver un asile dans son siége. Souvenez-vous des grâces que Dieu vous a faites, et, après avoir éteint le schisme, réprimez aussi l'hérésie, afin qu'il ne manque rien à votre couronne (S. Bern., *Epist.* 189). »

Les autres lettres de saint Bernard s'adressent aux principaux prélats de la cour de Rome; premièrement aux évêques et aux cardinaux en général, auxquels il dit : « Lisez, s'il vous plaît, la *Théologie de Pierre Abailard*, vous l'avez en main, puisqu'il se vante que plusieurs la lisent à Rome; lisez son livre *des Sentences* et celui qui est intitulé : *Connais-toi toi-même*, et voyez combien ils contiennent de sacriléges et d'erreurs (*Epist.* 188). » Une autre lettre s'adresse au chancelier Aimeric, auquel il dit qu'Abailard se glorifie qu'il a eu pour disciples les cardinaux et les clercs de la cour de Rome; que ses livres sont entre leurs mains, et qu'ils prendront la défense de sa doctrine (*Epist.* 338). Une autre lettre est adressée au cardinal Gui de Castel, qui fut depuis le pape Célestin II. Il avait été disciple d'Abailard, qui comptait principalement sur son crédit. Les autres à qui écrit saint Bernard, sont : le cardinal Yves, qui avait été chanoine de Saint-Victor à Paris; le cardinal Etienne, évêque de Palestrine; le cardinal Grégoire, le cardinal Gui de Pise, et deux autres qui ne sont pas nommés (*Epist.* 102, 193, 331-335).

La grande lettre de saint Bernard au pape Innocent est plutôt un traité où il réfute les principales erreurs d'Abailard. « C'est à votre apostolat, dit-il, qu'on doit s'adresser quand il s'élève des périls et des scandales dans le royaume de Dieu, principalement en ce qui regarde la foi. Elle ne saurait en effet trouver un endroit plus propre à réparer ses pertes, que celui où elle est inaltérable. C'est la prérogative du Siége apostolique. A quel autre qu'à Pierre a-t-il été dit : *J'ai prié pour toi, afin que ta foi ne défaille point*. Il faut donc exiger du successeur de Pierre ce qui est dit ensuite : *Lors donc que tu seras converti, affermis tes frères*. C'est aujourd'hui, bien-aimé Père, qu'il est nécessaire d'accomplir cette parole : *Il est temps d'exercer votre principauté, de signaler votre zèle, d'honorer votre ministère*. Remplissez les devoirs de celui dont vous occupez la place, en affermissant la foi chancelante des fidèles, en exterminant les corrupteurs de cette foi.

» Il s'est élevé en France un homme qui, d'ancien maître ès-arts, s'est fait théologien nouveau; qui, après s'être joué dès sa jeunesse dans l'art de la dialectique, sur ses vieux jours nous débite ses rêveries sur l'Ecriture sainte; qui réveille des erreurs déjà condamnées et qui en enfante de nouvelles; qui, se figurant n'ignorer rien de tout ce qui est dans le ciel et sur la terre, prononçant sur tout sans jamais hésiter, s'élève jusque dans le sein de Dieu, d'où il puise des secrets ineffables qu'il vient nous rapporter; qui, prêt à rendre raison de tout, prétend expliquer même ce qui est au-dessus de la raison, et cela contre les règles de la foi et de la raison même. En effet, qu'y a-t-il de plus contraire à la raison que de vouloir surpasser par la raison la raison? Qu'y a-t-il de plus contraire à la foi que de refuser de croire ce à quoi la raison ne saurait atteindre? Au reste, voici le sens qu'il donne à ces paroles du Sage : *Celui qui croit légèrement est un téméraire* (Eccl., 19). Il dit que croire légèrement, c'est faire marcher la foi avant la raison, quoique le Sage ne parle point de la foi que nous devons à Dieu, mais seulement d'une trop grande facilité à croire ce que les hommes nous disent; car le pape Grégoire affirme que la foi en Dieu est sans mérite, dès que la raison humaine en fournit l'expérience. Et il loue les apôtres d'avoir suivi le Sauveur dès le premier commandement qu'il leur en fit, persuadé qu'il est louable d'obéir à Dieu avec promptitude; au lieu que les disciples furent blâmés d'avoir été tardifs et trop lents à croire. Enfin Marie est louée d'avoir prévenu la raison par la foi; Zacharie est puni pour avoir éprouvé la foi par la raison; Abraham est loué pour avoir cru, contre toute espérance, ce qu'on lui faisait espérer. »

« Notre théologien parle tout autrement. A quoi bon, dit-il, parler pour enseigner, si l'on ne rend pas intelligible ce que l'on enseigne? Ainsi, dans l'espérance qu'il donne à ses disciples de leur faire comprendre ce que la foi a de plus profond et de plus sublime, il établit des degrés dans la Trinité, des modes dans la majesté divine, des nombres dans l'éternité. Il enseigne que Dieu le Père est la pleine puissance, que le Fils est une certaine puissance, que le Saint-Esprit n'est nulle puissance. » Saint Bernard montre en détail et solidement ce qu'il y a d'inepties et d'impiétés dans des propositions pareilles; en particulier, combien peu Abailard s'entend lui-même, lorsque, d'un côté, il confesse que le Saint-Esprit est consubstantiel au Père et au Fils, et que, d'un autre côté, il nie que le Saint-Esprit procède de la substance de l'un et de l'autre.

« Après tout, s'écrie saint Bernard, est-il étrange qu'un homme qui ne s'inquiète pas de ce qu'il dit, se jette sur les mystères de la foi, envahisse et mette en pièces les trésors cachés de la piété, lui qui parle de la foi même d'une manière si peu respectueuse? Dès les premières lignes de son extravagante théologie, il définit la foi, une opinion. Comme s'il était libre à chacun de dire et de penser ce qui lui plaît; comme si les mystères de notre foi dépendaient du caprice des opinions humaines, au lieu qu'ils sont appuyés sur les fondements solides et inébranlables de la vérité. Si notre foi est douteuse, notre espérance est vaine. Nos martyrs sont des insensés, eux qui ont essuyé mille tourments pour une récompense incertaine, terminé de longs exils par une mort cruelle, dans la vue d'un bonheur dont ils n'ont pu être assurés. A Dieu ne plaise que nous ayons ces idées de la foi et de l'espérance. Ce que la foi nous propose à croire est fondé sur la vérité même, démontré par la révélation, vérifié par les miracles, consacré par l'enfantement d'une vierge, scellé du sang du Sauveur, confirmé par la gloire de sa résurrection. Tant de témoignages sont invincibles. Enfin le Saint-Esprit, pour surcroît de certitude, rend témoignage à notre esprit, que nous sommes les enfants de Dieu. Après cela, sera-t-on assez téméraire pour dire que la foi est une simple opinion, à moins qu'on n'ait pas encore reçu le Saint-Esprit, qu'on ignore l'Evangile ou qu'on ne l'estime une pure fable? *Je sais à qui j'ai cru*, s'écrie l'apôtre, *et je suis certain* (2. Tim. 1, 12); et vous me soufflez aux oreilles : La foi est une opinion ? Vous me proposez comme douteux, ce qu'il y a au monde de plus certain ? Mais saint Augustin raisonne tout autrement. La foi, dit-il, n'est point une conjecture ou une opinion qui naisse dans nos cœurs par la force de nos réflexions; elle est une science certaine, applaudie par la conscience. Loin de la foi, ces bornes étroites qu'on prétend lui assigner ! Laissons ces opinions problématiques aux philosophes académiciens qui se font un principe de douter de tout et de ne savoir rien. Pour moi, je me range avec confiance dans le parti du docteur des nations, et je m'assure, avec lui, que je ne serai point trompé. J'aime, je l'avoue, sa définition de la foi, quoiqu'il semble que notre docteur la désapprouve indirectement. *La foi*, dit cet apôtre, *est le fondement des choses que l'on espère et une preuve certaine de ce qui ne se voit point* (Hebr., 11, 1). Elle est donc un fondement, et non pas une chimère ni l'effet d'une vaine imagination. Le mot de fondement (*substantia*) vous marque quelque chose de fixe et de certain; il resserre votre esprit, il lui prescrit des limites. Ainsi la foi est une certitude et non pas une opinion.

» Mais veuillez considérer le reste. Je passe sous silence ces propositions qu'il avance : Que Notre Seigneur n'a point eu l'esprit de crainte; que la crainte pure et chaste ne subsistera point en l'autre monde; qu'après la consécration du pain et du vin, les accidents demeurent suspendus en l'air; que les démons se servent des pierres et des herbes pour faire des impressions sur nos sens et pour réveiller nos passions, selon que leur subtile malignité leur fait discerner dans ces choses naturelles une vertu propre à les exciter; que le Saint-Esprit est l'âme du monde et que le monde, selon Platon, est un animal d'autant plus excellent, qu'il a une âme plus excellente. Et c'est en cet endroit que, s'efforçant de faire un chrétien de Platon, il se déclare païen lui-même. Je passe sous silence tous ces points et beaucoup d'autres rêveries qu'il débite, pour m'arrêter à des choses plus importantes, quoique je ne prétende pas y répondre pleinement, cela demanderait de gros volumes. Je ne dis que ce que je ne puis taire.

» Ce téméraire scrutateur de la majesté divine ose attaquer le mystère de notre rédemption dans son livre *des Sentences* et dans son explication de l'épître aux Romains. J'ai lu ces deux traités, où il expose d'abord sur ce point le sentiment unanime des Pères; ensuite il le rejette et il se vante d'en avoir un meilleur, sans avoir égard à cet avis du Sage : *Ne franchissez pas les bornes qu'ont posées nos pères* (Prov., 22, 18). Il faut savoir, dit-il, que tous nos docteurs, depuis les apôtres, conviennent que l'homme était sous l'empire du démon et qu'il lui appartenait justement, parce qu'il s'était volontairement livré à lui par un abus de son libre arbitre, suivant la maxime que *le vaincu devient l'esclave du vainqueur.* C'est pour cette raison, ajoute-t-il, que, selon ces mêmes docteurs, il a fallu que le Fils de Dieu s'incarnât, parce que l'homme coupable ne pouvait être délivré du joug du démon que par la mort de l'homme innocent. Pour moi, dit-il, je crois que le démon n'a jamais eu de pouvoir sur l'homme, qu'autant que Dieu lui en a donné, comme au geôlier de la prison ; et je crois aussi que le Fils de Dieu ne s'est point incarné pour le délivrer. Quoi de plus insupportable dans ce discours, de son blasphème ou de son orgueil ? quoi de plus criminel, de son impudence ou de son impiété ? Tout le monde ne devrait-il pas se soulever contre lui, puisqu'il ose se soulever contre tout le monde. Tous sont de ce sentiment, dit-il, et moi je n'en suis pas ! Quel est donc le vôtre ? qu'avez-vous de meilleur à nous dire ? qu'avez-vous inventé de si subtil ? quelle révélation nouvelle vous vantez-vous d'avoir, que les saints et les sages n'aient point connue ? Sans doute il nous donnera des eaux furtives et du pain dérobé.

» Mais, quoi qu'il en soit, dites-nous, je vous prie, ce que vous pensez et ce que nul autre n'a pensé avant vous. *Le Fils de Dieu ne s'est point fait homme pour délivrer l'homme.* Vous êtes seul de votre sentiment ; où l'avez-vous puisé ? Ce n'est d'aucun sage, d'aucun prophète ni apôtre, ni du Seigneur même. Le Docteur des nations ne nous apprend que ce qu'il a appris du Seigneur (1. Cor., 11, 23). Le Docteur de tous déclare que sa doctrine n'est point de lui et qu'il ne parle point de lui-même ; mais vous, vous parlez de votre fonds ; vous vous mêlez de nous apprendre ce que vous n'avez appris de personne. Le menteur tire de lui ce qu'il dit ; gardez donc ce qui est à vous. Je ne veux écouter que les prophètes et les apôtres ; je prétends suivre l'Evangile, mais non pas celui de Pierre Abailard. Vous nous fabriquez un évangile tout nouveau ; l'Eglise n'en admet point un cinquième. Quelle est la doctrine que la loi, les prophètes, les apôtres, les hommes apostoliques nous enseignent ? Celle que vous seul rejetez, savoir, que Dieu s'est fait homme pour délivrer l'homme. Si un ange du ciel nous annonce un autre évangile, qu'il soit anathème ! »

Saint Bernard réfute ensuite la nouveauté d'Abailard par les paroles des prophètes, des apôtres et de Jésus-Christ. Quant à la convenance de l'incarnation du Fils de Dieu et de sa passion, il dit entre autres : « Une telle économie convenait aux hommes, aux anges, à Dieu même. Aux hommes, afin de briser les fers de leur esclavage ; aux anges, pour remplacer leur nombre ; à Dieu même, pour l'accomplissement de ses décrets. Au reste, le bon plaisir de Dieu a été la règle de ses actions. Et qui ne conviendra pas que le Tout-Puissant n'eût mille autres moyens pour nous racheter, de nous justifier et de nous délivrer ? Cela diminue-t-il l'efficace du moyen qu'il a choisi ? Peut-être même a-t-il choisi le meilleur et le plus capable de guérir notre ingratitude et de nous rappeler vivement la grandeur de notre chute, par la grandeur des peines qu'il en coûte à notre Rédempteur. D'ailleurs, nul homme ne sait ni ne peut savoir parfaitement les trésors de grâces, les convenances de sagesse, les sources de gloire et les remèdes de salut qui sont cachés dans les profondeurs incompréhensibles de cet auguste mystère, à la vue duquel le prophète s'épouvante d'admiration, et que le précurseur se croit indigne de pénétrer (Habacuc., 3 ; 2. Joan., 1, 27).

Saint Bernard conclut son admirable lettre par ces paroles : « Voilà, Très-Saint-Père, le petit opuscule que je prends la liberté de vous présenter contre quelques articles d'une hérésie naissante ; quand même vous ne feriez autre chose que d'approuver les effets de mon zèle, j'aurai du moins satisfait à ma conscience. Sensible à l'injure qu'on fait à la religion, incapable d'y remédier par moi-même, je crois faire beaucoup que d'avertir celui auquel Dieu a donné des armes pour exterminer l'erreur, pour abaisser toute hauteur qui s'élève contre la science de Dieu, et pour assujétir tout esprit à l'obéissance du Christ. On trouve dans ses autres ouvrages plusieurs propositions également mauvaises ; mais, ni mon loisir ni l'étendue d'une lettre ne me permettent pas de les réfuter. D'ailleurs, je ne vois pas que cela soit nécessaire, parce qu'elles sont d'une fausseté si évidente, que les raisons les plus communes de notre foi suffisent pour les combattre. Cependant j'en ai fait un recueil, que j'adresse à Votre Sainteté (S. Bern., *Epist.* 190). »

Et dans cette lettre et dans toute cette affaire, saint Bernard se montre un vrai Père de l'Eglise ; tandis que, avec tout son esprit, Abailard n'est qu'un sophiste superficiel et vaniteux. Quelque temps après la condamnation de ses erreurs au concile de Sens, on répandit un écrit qui contenait dix-sept articles de ces erreurs, comme extraits de ses écrits et condamnés dans cette assemblée. Pour se justifier de ces articles, Abailard composa une première apologie adressée à tous les fidèles. Il eut soin d'en tirer plusieurs copies et de les répandre dans le monde. Il y déclare 1° qu'il déteste la proposition qu'on lui attribuait malicieusement, dit-il, que le Père est la pleine puissance, le Fils une certaine puissance, et que le Saint-Esprit n'est aucune puissance ; qu'il croit au contraire que le Fils et le Saint-Esprit sont de la même substance que le Père, qu'ils ont une même puissance, une même volonté. 2° Qu'il reconnaît que le Fils de Dieu seul s'est fait homme pour nous racheter. 3° Que Jésus-Christ, comme Fils unique de Dieu, est né de la substance du Père avant tous les siècles, et que le Saint-Esprit, qui est la troisième personne de la sainte Trinité, procède du Père et du Fils. 4° Que la grâce de Dieu est tellement nécessaire à tous les hommes, que ni la nature ni le libre arbitre ne peuvent suffire pour le salut ; parce qu'en effet c'est la grâce qui nous prévient, afin que nous voulions ; qui nous suit, afin que nous puissions ; qui nous accompagne, afin que nous persévérions. 5° Que Dieu ne peut faire que ce qu'il est convenable qu'il fasse, et qu'il y a beaucoup de choses qu'il ne fera jamais. 6° Qu'il y a des péchés d'ignorance, surtout quand ils sont occasionnés par la négligence à nous instruire de nos devoirs. 7° Que Dieu empêche souvent le mal, soit en prévenant l'effet de la mauvaise volonté, soit en la changeant en bien. 8° Que nous avons contracté la coulpe et la peine du péché d'Adam, et que ce péché a été la source et la cause de tous les nôtres. 9° Abailard confesse encore que ceux qui ont attaché Jésus-Christ à la croix se sont rendus coupables d'un grand péché. 10° Que la perfection de la charité, qui n'exclut point une crainte chaste, telle que les anges et les bienheureux l'ont dans le ciel, a été en l'âme de Jésus-Christ. 11° Que la puissance des clés se trouve dans tous les évêques, que l'Eglise reconnaît pour tels. 12° Que tous ceux qui sont égaux en amour de Dieu et du prochain, le sont en perfection et en mérite. 13° Qu'il n'y a aucune différence entre les trois personnes divines, quant à la plénitude du bien et la dignité de la gloire. 14° Il proteste qu'il n'a jamais pensé ni dit que le dernier avénement du Fils pouvait être attribué au Père. 15° Qu'il croit que l'âme de Jésus-Christ est réellement et substantiellement descendue aux enfers. 16° Il déclare encore qu'il n'a jamais dit ni écrit que l'action, la volonté, la cupidité, le plaisir, ne sont pas des péchés, et que nous ne devons pas souhaiter l'extinction de cette cupidité. 17° Après avoir désavoué le livre *des Sentences*, que l'on faisait passer sous son nom, quoiqu'il ne fût pas de lui, il prie les fidèles de ne pas noircir son innocence, en lui imputant des erreurs qu'il n'enseignait pas, et de donner un bon sens à ce qui leur paraîtrait douteux dans ses écrits (Ceillier, t. XXII).

Telle est l'apologie d'Abailard. Pour la bien apprécier, il suffit du premier article, qui est le plus important. Il y accuse ses adversaires de lui attribuer malicieusement cette proposition : « Le Père est une pleine puissance, le Fils est une certaine puissance, le Saint-Esprit n'est aucune puissance ; » il assure que ces expressions ne sont jamais sorties de sa bouche, et qu'il les rejette avec horreur, comme hérétiques et diaboliques. Or, et cette proposition et ces expressions se trouvent équivalemment dans son *Introduction à la Théologie*, et littéralement dans sa *Théologie* même (1). De quoi l'on peut conclure de deux choses l'une : ou bien Abailard ne savait ce qu'il disait ; ou bien il se mentait à lui-même et aux autres. En tout cas, son témoignage est nul. Aussi un de ses disciples, devenu son adversaire, l'accuse formellement de mensonge sur cet article (*Biblioth. Cisterc.*, t. IV).

Abailard écrivit encore une espèce d'apologie à sa femme Héloïse, qui gouvernait le monastère du Paraclet, dont voici l'origine.

Après avoir été condamné une première fois au concile de Soissons, Abailard se prit de querelle avec les moines de Saint-Denys au sujet de leur patron. L'abbé Suger lui permit de se retirer dans quelque solitude. Il choisit un endroit près de Nogent-sur-Seine, où ses écoliers étant venus le rejoindre, ils y bâtirent un oratoire avec des cabanes à l'entour. Abailard nomma ce lieu *le Paraclet*, parce qu'il y avait trouvé sa consolation. Il avait alors tant d'ennemis, dit-il, que souvent il se proposait de quitter le pays des chrétiens et de passer chez les infidèles. Dans cet état, il fut élu abbé de Saint-Gildas en Bretagne, au diocèse de Vannes. Abailard accepta ; mais bientôt il se brouilla avec les moines bretons,

qu'il nous peint des plus noires couleurs et comme n'observant plus aucune règle. Il regretta d'avoir quitté le Paraclet. C'était en 1129. Héloïse, de son côté, gouvernait, en qualité de prieure, le monastère d'Argenteuil. Mais ses religieuses y menaient une vie si peu édifiante, qu'on les en chassa la même année. Abailard saisit avec empressement cette occasion pour placer Héloïse au Paraclet. Quelques religieuses d'Argenteuil l'y suivirent. Elles y vécurent d'abord dans une grande pauvreté ; mais, avec le temps, Héloïse se faisant aimer par son esprit, sa douceur et sa patience, attira les bienfaits des prélats et des seigneurs du voisinage, et le Paraclet devint une abbaye de filles considérable. Abailard leur composa une règle, et les visitait souvent : ce qui donna sujet à de mauvais bruits et à l'accuser d'avoir encore pour Héloïse un attachement plus humain que spirituel. Elle, de son côté, n'en avait que trop pour lui, comme il paraît par ses lettres écrites depuis ce temps, où l'on voit plus de tendresse que de modestie, et où elle affecte de montrer son esprit et son érudition. Enfin elle avoue franchement que ce n'est pas la dévotion, mais sa déférence pour lui, qui l'a engagée dans la profession monastique.

Abailard ayant donc été condamné une seconde fois, l'an 1140, au concile de Sens, eut grand soin de rassurer les religieuses du Paraclet contre les bruits fâcheux qui se répandaient sur sa doctrine. Il leur envoya pour cet effet une profession de foi opposée à toutes les erreurs qu'on lui imputait. On jugera de ces erreurs par le désaveu qu'il en fait. « Je déteste, dit-il, l'hérésie de Sabellius, qui soutenait que le Père, le Fils et le Saint-Esprit ne sont qu'une même personne, et conséquemment que le Père a été crucifié ; d'où est venu à ses sectateurs le nom de *patripassiens*. Je crois que le Fils de Dieu s'est fait homme, en unissant la nature divine et la nature humaine en une même personne, et, qu'après avoir consommé par sa mort l'œuvre de notre rédemption, il est ressuscité et monté au ciel, d'où il viendra juger les vivants et les morts. Je confesse que tous les péchés sont remis par le baptême ; que nous avons besoin de la grâce, soit pour commencer, soit pour achever le bien, et, qu'après être tombés, nous pouvons nous relever par la pénitence. Qu'est-il besoin de parler de la résurrection de la chair, puisque, si je n'y croyais pas, je me flatterais en vain d'être chrétien. Il condamne encore l'hérésie d'Arius, et se déclare pour la consubstantialité du Fils et du Saint-Esprit avec le Père, reconnaissant que le Père, le Fils et le Saint-Esprit ne sont qu'un seul Dieu, une même nature, une même puissance (Abail., *Epist.* 17). »

Cependant le pape Innocent II ayant reçu les lettres des évêques et de saint Bernard, contre Abailard, avec les extraits de ses ouvrages, qui d'ailleurs se trouvaient tout entiers à Rome, rendit son jugement par la lettre suivante, adressée aux archevêques de Sens et de Reims, à leurs suffragants et à saint Bernard :

« *Comme il n'y a qu'un Seigneur, il n'y a aussi qu'une foi*, selon le témoignage de l'apôtre (Ephes., 4, 5), et c'est l'unité de cette foi sur laquelle est fondée la fermeté inébranlable de l'Eglise catholique. Le prince des apôtres la confessa hautement. Aussi mérita-t-il d'entendre ces paroles du Sauveur : *Tu*

---

(1) *Pet. Abælard.*, I, 4, p. 1318 ; *Apud Martenne, Thesaur. nov. Anecdot.*, t. V ; *Ibid.*, p. 1152 et 1153 ; *Item Introd ad theol inter op. Abælard.*, p. 991 et 1085.

es *Pierre, et sur cette pierre je bâtirai mon Eglise* (Matth., 16, 18), pour nous figurer, par la fermeté de la pierre, cette inviolable solidité de la foi et de l'unité catholiques. Cette foi est la robe sans couture que les soldats tirèrent au sort, mais qui ne fut point divisée. En vain les peuples se sont déchaînés contre elle et ont conjuré sa perte. En vain les rois et les princes ont réuni leurs forces pour la détruire. Les apôtres, ces premiers conducteurs du troupeau de Jésus-Christ, et les hommes apostoliques qui sont venus après eux, ont porté leur zèle et leur charité jusqu'à verser leur sang pour la soutenir et la répandre. Enfin, l'orage de la persécution cessa, et il plut au Seigneur de donner la paix à son Eglise.

» Mais l'ennemi du genre humain, qui veille toujours à sa perte, suscita les hérétiques pour corrompre la pureté de cette foi par le venin de l'erreur. Alors les pasteurs de l'Eglise eurent soin de s'y opposer avec courage, et ils condamnèrent la mauvaise doctrine et ceux qui en furent les auteurs. Ainsi l'hérétique Arius fut condamné dans le concile de Nicée; Manès, dans celui de Constantinople; Nestorius, dans celui d'Ephèse; Eutychès et ses erreurs, Dioscore et ses fauteurs, dans le concile de Chalcédoine. L'empereur Marcien, quoique laïque, montra son zèle pour la foi catholique, en écrivant sous le pape Léon, l'un de nos prédécesseurs, pour défendre qu'on ne profanât nos mystères. Que nul, dit-il, soit ecclésiastique, soit homme de guerre ou de quelque condition qu'il puisse être, ne se mêle à l'avenir de disputer en public sur la religion ; car c'est faire injure aux décisions du saint concile, que de renouveler des questions déjà décidées : quiconque osera violer cette ordonnance, sera puni comme sacrilège. Et s'il est du clergé, il sera dégradé.

» Au reste, nous apprenons avec douleur, par la lettre et le mémoire que vous nous avez adressés, que dans ces derniers temps, si dangereux à l'Eglise, la pernicieuse doctrine de Pierre Abailard fait revivre les hérésies que nous venons de nommer, et d'autres dogmes contraires à la foi catholique. Mais ce qui nous console extrêmement et nous oblige à rendre grâces à Dieu, c'est que nous voyons qu'il suscite dans vos provinces de dignes imitateurs de leurs pères, des pasteurs zélés à combattre les nouveautés de cet hérétique dans les jours de notre apostolat, et à maintenir l'épouse de Jésus-Christ dans son ancienne pureté. Comme nous sommes assis, quoique indigne, sur la Chaire de saint Pierre, à qui le Seigneur dit autrefois : *Quand tu seras un jour converti, affermis tes frères* (Luc, 22, 32), après avoir communiqué les propositions marquées dans votre mémoire à nos frères les évêques et les cardinaux, et, après en avoir délibéré avec eux, nous les avons condamnées par l'autorité des saints canons, comme toutes les autres erreurs de Pierre Abailard; nous déclarons cet auteur hérétique, et, en cette qualité, nous lui imposons un éternel silence. De plus, nous entendons qu'on retranche du corps des fidèles et qu'on excommunie tous ceux qui suivront ou favoriseront ses hérésies. Donné à Saint-Jean de Latran, le 13 juillet (*Inter epist. Bern.*, 194; Labbe, t. X; Mansi, t. XXI). »

A cette lettre, le Pape en joignit une autre datée du jour précédent, et adressée aux mêmes archevêques en ces termes : « Nous vous ordonnons, par ces présentes, de faire enfermer séparément en des monastères où vous jugerez le plus à propos, Pierre Abailard et Arnaud de Bresce, auteurs d'un dogme pervers et ennemis de la foi catholique, et de faire brûler les livres de leur erreur, quelque part qu'on les trouve. » Et au-dessus était écrit : « Ne montrez ces copies à personne, jusqu'à ce que les lettres aient été présentées aux archevêques dans la prochaine conférence de Paris (Mansi, t. XXI, p. 565). »

Après le concile de Sens, Abailard prit le chemin de Rome, voulant poursuivre son appel. Comme il passait à Cluny, Pierre le Vénérable lui demanda où il allait. Abailard répondit : « Je suis persécuté par des gens qui me traitent d'hérétique, nom qui me fait horreur : c'est pourquoi je veux avoir recours au Siège apostolique. » Le saint abbé loua son dessein, et l'assura que le Pape ne manquerait pas de lui rendre justice, et même de lui faire grâce, s'il était besoin. Dans l'intervalle, l'abbé de Cîteaux vint à Cluny et traita avec l'abbé de Cluny et avec Abailard de sa réconciliation avec saint Bernard. L'abbé de Cluny y travailla de son côté, et conseilla à Abailard d'aller avec l'abbé de Cîteaux. Il l'exhorta de plus à rétracter et à effacer ce qu'il pouvait avoir dit ou écrit qui offensât les oreilles catholiques. Abailard suivit ce conseil, et, étant revenu à Cluny, il dit à l'abbé qu'il avait fait sa paix avec l'abbé de Clairvaux par la médiation de celui de Cîteaux.

Ayant su ensuite que le Pape avait confirmé sa condamnation, il se désista de son appel, et, touché des avis salutaires de l'abbé de Cluny, il résolut de quitter le tumulte des écoles et de passer dans ce monastère le reste de ses jours; l'abbé y consentit avec joie, sous le bon plaisir du Pape, croyant que cette résolution convenait à la vieillesse d'Abailard et à son peu de santé, et que sa science pourrait être utile à une communauté aussi nombreuse. Il en écrivit donc au Pape, à la prière d'Abailard lui-même, demandant qu'il lui fût permis d'achever en repos dans cette sainte maison une vie qu'on ne jugeait pas devoir être longue. Le Pape y consentit, et Abailard vécut encore deux ans, édifiant toute la communauté de Cluny par son humilité et sa pénitence.

Nous apprenons ces dernières particularités par une lettre de Pierre le Vénérable à Héloïse. Après y avoir beaucoup loué cette abbesse de sa piété et de son érudition, il vient à Abailard, et dit : Je ne me souviens pas d'avoir vu son semblable en humilité, tant pour l'habit que pour la contenance. Je l'obligeais à tenir le premier rang dans notre nombreuse communauté ; mais il paraissait le dernier par la pauvreté de son habit. Dans les processions, comme il marchait devant moi, selon la coutume, j'admirais qu'un homme d'une si grande réputation pût s'abaisser de la sorte. Il observait dans la nourriture et dans tous les besoins du corps la même simplicité que dans ses habits, et condamnait, par ses discours et par son exemple, non-seulement le superflu, mais tout ce qui n'est pas absolument nécessaire. Il lisait continuellement, priait souvent, gardait un perpétuel silence, si ce n'est quand il était forcé à parler, ou dans les conférences, ou dans les sermons qu'il faisait à la communauté. Il offrait souvent le saint sacrifice, et même presque tous les jours, depuis que, par mes lettres et mes sollicitations, il eut été réconcilié avec le Saint-Siége. Enfin, il n'était occupé qu'à méditer ou enseigner les vérités de la religion ou de la philosophie.

Après qu'il eut ainsi vécu quelque temps à Cluny, voyant que ses infirmités augmentaient, je l'envoyai prendre l'air au prieuré de Saint-Marcel, près de Châlon-sur-Saône, qui est la plus agréable situation de la Bourgogne. Là, continuant ses lectures et ses exercices de piété, il fut attaqué d'une maladie qui le réduisit bientôt à l'extrémité. Tous les religieux de ce monastère sont témoins avec quelle dévotion il fit alors, premièrement sa confession de foi, puis celle de ses péchés, et avec quelle sainte avidité il reçut le viatique. C'est ainsi que le docteur Pierre a fini ses jours. Abailard mourut le 21 avril 1142, âgé de 63 ans. Son corps fut porté furtivement à l'abbaye du Paraclet; mais l'abbé Pierre y alla lui-même en faire don à la communauté. Il célébra la messe le 16 novembre, puis il fit un sermon aux religieuses en chapitre. C'est ce qu'on voit par la lettre de remercîment que lui en écrivit Héloïse (Petr. Clun., 1. 4, *Epist.* 21).

Guillaume, abbé de Saint-Thierri de Reims, qui excita saint Bernard à écrire contre Abailard, et qui le réfuta lui-même, écrivit aussi un traité de l'eucharistie qu'il envoya au saint abbé de Clairvaux, pour être examiné et corrigé avant de paraître à la lumière. Son dessein était de comparer les autorités des Pères sur ce sujet et de recueillir leurs passages, principalement ceux de saint Augustin, dont quelques personnes étaient troublées. Sur quoi il lui dit entre autres choses : « Parce que, depuis le commencement de l'Eglise presque jusqu'à notre temps, personne n'a touché cette question, les Pères ne défendaient point ce qui n'était point attaqué; seulement, dans leurs traités, ils en disaient ce que demandait le sujet qu'ils avaient entre les mains. Et comme ils ne répondaient pas par là aux questions qui n'étaient pas encore agitées, ce qu'ils ont dit ne paraît pas maintenant suffisant pour les résoudre. N'étant pas en garde contre ces questions, ils ont laissé dans leurs écrits plusieurs choses sur ce sacrement, qui étaient bien dites à leur place et selon leur sens, mais qui, étant déplacées par ceux qui aiment à disputer ou à s'égarer, semblent avoir un autre sens que dans le lieu d'où elles sont prises et que le sens de l'auteur. Ils ont aussi laissé plusieurs expressions obscures, parce que, n'étant que des hommes, ils ne pouvaient pas prévoir toutes les chicanes des hérésies futures. » Ce passage est une clé importante pour la controverse, remarque avec beaucoup de justesse Fleury (*Bibl. Cisterc.*, t. IV).

L'abbé Guillaume composa plusieurs autres ouvrages, la plupart de piété; et l'affection qu'il avait pour saint Bernard et pour l'ordre de Cîteaux le détermina enfin à quitter son abbaye pour se rendre simple moine à Signi, fille de Clairvaux, fondée en 1134, dans le diocèse de Reims; et il y mourut en 1150, du vivant de saint Bernard, dont il avait commencé à écrire la vie. Guillaume était originaire de Liége et d'une famille noble.

La même ville avait donné naissance à un autre écrivain non moins pieux que savant : il se nommait Alger. Dès l'enfance, il se donna tout entier à l'étude, sous les grands hommes dont la science et les mœurs ornaient alors cette église. Il servit d'abord à Saint-Barthélemi en qualité de diacre et de chef des écoles; de là, l'évêque Otbert le fit passer à la cathédrale, où il servit pendant environ vingt ans sous cet évêque et sous Frédéric, qui lui succéda l'an 1118. Durant tout ce temps, il écrivit pour les affaires ecclésiastiques plusieurs lettres que l'on conservait avec grand soin; mais elles ne sont pas venues jusqu'à nous, non plus qu'un livre de poésies et le *Traité historique* qu'il avait fait des antiquités de l'église de Liége.

Nous avons d'Alger un petit *traité sur la grâce et le libre arbitre*. En voici le résumé : Adam, avant son péché, était tellement libre, qu'il ne pouvait être contraint ni pour le bien ni pour le mal. Il pouvait tomber de lui-même dans le péché, et ne pouvait se soutenir dans l'état où il avait été créé, que Dieu ne l'aidât de sa grâce. Se fiant trop à ses propres forces, il consentit librement aux mauvais conseils du démon. Par sa chute, nous et ses descendants en devinrent les esclaves, et ils l'ont été jusqu'à ce que le Seigneur nous a rétablis dans notre premier degré de liberté. La prédestination des bons à la vie éternelle et la prescience des méchants à la peine éternelle, ne nuit en rien à notre arbitre. Il a prévu que, par son secours, nous serions vertueux, ou que de nous-mêmes nous serions méchants. Quel inconvénient y a-t-il que, selon les divers mérites qu'il a prévus, il ait préordonné les uns à la gloire, les autres aux supplices? Sa prévision éternelle n'impose aucune nécessité aux bons ni aux mauvais. Aussi l'on ne peut douter que nous ne puissions, par nos mérites et par nos prières, obtenir une place parmi les prédestinés, parce que Dieu, en prédestinant les bons, les prédestine de telle sorte, qu'ils obtiennent eux-mêmes, par leurs mérites et leurs prières, cette prédestination. Mais il faut observer que, encore que notre libre arbitre soit exempt de contrainte extérieure, il peut bien de lui-même vouloir le mal, mais non pas le bien, sans l'inspiration de la grâce (Pez., *Anecdot.*, l. 4). Dans cet opuscule, Alger ne procède que par voie de raisonnement, sans alléguer directement aucune autorité ni des Pères ni de l'Ecriture.

Il fit un livre plus considérable : *De la miséricorde et de la justice*. Cet ouvrage est divisé en trois parties, dont la première traite de la miséricorde prescrite par les canons envers les pécheurs. Alger examine de quelle manière on doit en user, et jusqu'à quel temps. La seconde traite de la justice; l'auteur y fait voir comment et en quel ordre elle doit se rendre dans l'Eglise pour le maintien de la discipline. Il est question dans la troisième, des diverses hérésies, en quoi leur doctrine diffère de celle de l'Eglise catholique, et en quoi elles sont différentes entre elles. Dans cet ouvrage Alger, n'avance rien qu'il ne le prouve par l'autorité des Papes, des Pères et des conciles. Les différentes erreurs que l'on répandait de son temps et les schismes dont l'Eglise était affligée alors, l'engagèrent à composer cet écrit, afin que les fidèles ayant sous les yeux les règles de l'Eglise, les bons s'affermissent dans la vérité, et les méchants ne pussent se refuser à l'autorité évidente des canons. Dans les deux premières parties, il cite quelques fausses décrétales; il n'en cite que d'authentiques dans la troisième, où il donne la différence de l'hérésie avec le schisme. L'hérésie

LIVRE LXVIII. — L'ÉGLISE CATHOLIQUE PERSONNIFIÉE EN SAINT BERNARD.

est un dogme contraire à la foi catholique ; le schisme, une séparation d'avec l'Eglise catholique. Les sacrements conférés par les schismatiques sont valides, mais inutiles à ceux qui sont dans le schisme ; s'ils reviennent à l'Eglise, on ne réitère en eux ni le baptême ni l'ordination, on se contente de leur imposer les mains ; on les impose aussi à ceux qui, ayant été baptisés par les hérétiques, embrassent la foi catholique, pourvu que le baptême leur ait été conféré au nom des trois personnes de la sainte Trinité.

Alger s'élève fortement contre la simonie. Il établit, avec le pape saint Gélase et par ses paroles mêmes, que la puissance séculière ne doit pas juger des choses divines ; que, quoiqu'il y ait deux puissances principales, la royauté et le sacerdoce, cependant, comme les prêtres doivent être soumis aux rois dans les choses terrestres, les rois doivent être encore plus soumis aux prêtres dans les choses divines ; *que le Siége apostolique est le chef de tous les prêtres et de toutes les Eglises ;* que la puissance d'une cité royale ne peut rien changer à la prérogative de la dignité ecclésiastique ; *que de toutes les Eglises on peut appeler au Siége apostolique, mais que de lui on ne peut appeler nulle part, ni revenir sur son jugement ; que les hérétiques sont condamnés et doivent être rejetés par la seule autorité du Siége apostolique ; que, sans aucune discussion préalable de concile, le Siége apostolique peut et condamner et rétablir ceux qui doivent l'être, attendu qu'il a le droit de juger de tous, et que personne n'a le droit de juger de lui* (Martenne, *Thesaur. Anecdot.*, t. V). Voilà ce que le pieux et savant Alger établit dans le XIIe siècle, non par aucune fausse décrétale, mais par les décrétales très-authentiques du pape saint Gélase, qui florissait à la fin du Ve siècle. S'il en cite quelques-unes de fausses dans les deux premières parties de son livre, elles ne regardent que l'esprit d'équité compatissante qui doit présider aux jugements ecclésiastiques, et les formes de procédure qui doivent les accompagner ; formes qui ont été trouvées si sages et si salutaires, qu'elles ont passé dans la jurisprudence de toutes les nations chrétiennes.

L'ouvrage qui surtout a rendu Alger fameux, est son *Traité de l'Eucharistie* contre les erreurs qui s'étaient introduites sur cet auguste sacrement. « Car les uns, dit-il, croient que le pain et le vin ne sont pas changés, non plus que l'eau du baptême ou l'huile du saint chrême ; en sorte que le pain et le vin ne sont qu'en figure le corps et le sang de Jésus-Christ. D'autres disent que Jésus-Christ est dans le pain, comme le Verbe dans la chair par l'incarnation : c'est ce qu'on appelle *l'erreur de l'impanation.* Quelques-uns enseignent que le pain et le vin sont changés à la chair et au sang, non de Jésus-Christ, mais de tout homme qui, par la sainteté de sa vie, est agréable à Dieu. Il y en a qui pensent que l'indignité du prêtre est un obstacle au changement du pain et du vin en la chair et au sang du Seigneur. D'autres, que le changement se fait par la consécration, mais que le corps de Jésus-Christ ne demeure pas dans ce sacrement pour ceux qui le reçoivent indignement, et qu'il s'en retourne en ce qu'il était auparavant, c'est-à-dire en pain et en vin. La dernière erreur est de ceux qui croient que le corps de Jésus-Christ, lorsque nous l'avons mangé, est sujet aux suites ordinaires des autres aliments. » Alger réfute solidement toutes ces erreurs par l'Ecriture et les Pères, et traite à fond toute la matière de l'eucharistie (*Biblioth. Patrum*, t. XXI).

Ce pieux et savant écrivain fut pendant toute sa vie au-dessus de l'ambition et de l'avarice. Plusieurs évêques de Saxe et du reste de l'Allemagne, sur la réputation qu'il avait d'être grand philosophe et grand théologien, lui offrirent des revenus et des dignités considérables ; mais il préféra sa vie privée et sa fortune médiocre, et toutefois commode. Enfin, après la mort de Frédéric, évêque de Liége, arrivée l'an 1121, il quitta encore cette vie douce et vint se rendre moine à Cluny. Il y fut d'une grande édification par son humilité, la pureté de sa vie et la douceur de ses mœurs, et y mourut saintement la dixième année, c'est-à-dire l'an 1131 (Petr. Clun., l. 3, *Epist.* 2).

Dans le même temps, la même Eglise de Liége produisait un autre docteur, non moins pieux, non moins savant, et plus illustre encore ; un docteur à qui Bossuet emprunte plus d'une fois ses pensées et ses paroles, comme à un Père de l'Eglise, pour pénétrer et expliquer les mystères de la piété chrétienne : c'est Rupert, abbé de Tuy ou de Duits. On ne connaît ni l'année ni le lieu de sa naissance ; mais il y a lieu de conjecturer qu'il eut Liége pour patrie, ou du moins le voisinage de cette ville, puisqu'il fut élevé dès son enfance dans le monastère de Saint-Laurent, sur la montagne de Liége, y ayant été offert à Dieu par ses parents. Il y fit ensuite profession de la règle de saint Benoit, sous l'abbé Bérenger, qui prit soin de le former dans tous les exercices de la vie monastique. Son maître dans les belles-lettres et dans les autres sciences, fut Héribrand, successeur de Bérenger. Rupert était d'un esprit tardif, et, quoiqu'il se donnât beaucoup de soins pour surmonter par un travail opiniâtre ce défaut de la nature, ses progrès étaient lents et peu considérables. Dans la peine qu'il en ressentait, il eut recours à la mère de la Sagesse incréée, et, s'étant mis à genoux devant son image de marbre, que l'on voyait jusqu'à ces derniers temps dans l'église du monastère de Saint-Laurent, à Liége, ses prières furent suivies d'une intelligence merveilleuse des livres saints. Il raconte lui-même le fait dans son douzième livre sur saint Matthieu. A ce don surnaturel d'intelligence, il joignit la connaissance acquise du grec et de l'hébreu.

Bérenger le voyant avancer dans la vertu et dans les sciences, l'obligea de recevoir la prêtrise. Rupert, qui s'en croyait indigne, objectait, outre ses défauts personnels, la discorde que le schisme avait jetée dans l'Eglise et le danger où l'on était d'être ordonné par un évêque schismatique. Enfin, rassuré par des avertissements surnaturels, il céda aux ordres de son abbé. Environ trente jours après sa promotion au sacerdoce, il se sentit si rempli de l'esprit de Dieu et de la connaissance des choses divines, qu'il craignit que son âme ne se séparât de son corps. Mais ce torrent de délices spirituelles s'arrêta, et l'ardeur de l'amour divin, dont il était embrasé, se ralentit insensiblement. Dès lors il commença à instruire de vive voix et par écrit, et ne cessa de le faire, ne se trouvant pas en liberté de se taire.

Son premier ouvrage fut le *Traité des offices divins,* divisé en douze livres. Il le composa l'an 1111, mais ne le rendit public qu'en 1126. Il y explique l'institution des sept heures canoniales et le temps où elles doivent être récitées tous les jours de l'année. Il en donne pour raison les différentes circonstances de la vie et de la mort de Jésus-Christ, rapportées dans les divines Écritures. Il en use de même à l'égard de toutes les parties de l'office. C'est aussi de l'Écriture qu'il prend les explications mystiques des ornements du prêtre et de l'évêque, de ceux des églises et généralement de tout ce qui appartient au saint ministère; ensuite de l'Avent et de ses quatre dimanches, du jeûne des Quatre-Temps; puis de l'office de la veille de Noël, du jour de la fête, des trois messes que l'on y disait. Dans ses explications, qui sont presque toutes morales ou mystiques et fort belles, il suit la disposition de la liturgie romaine. Il enseigne que la fête et l'office de la sainte Trinité ont été fixés au dimanche d'après la Pentecôte, parce que, aussitôt après la descente du Saint-Esprit sur les apôtres, ils allèrent par tout le monde prêcher la foi de ce mystère. Il établit à cette occasion l'unité de substance et la trinité des personnes en Dieu, par l'autorité de l'Écriture et par divers raisonnements théologiques. Puis, reprenant le cours des dimanches d'après la Pentecôte, il en explique les parties de l'office, surtout de la messe. Il finit par des remarques sur les leçons des offices de la nuit, tant en été qu'en hiver.

Rupert composa ensuite un *traité de la Trinité* et de ses œuvres; il est divisé en trois parties. La première embrasse ces œuvres depuis la création du monde jusqu'à la chute du premier homme; la seconde, depuis cette chute jusqu'à l'incarnation et la passion du second homme, Jésus-Christ, fils de Dieu; la troisième, depuis ce temps jusqu'à la consommation des siècles, c'est-à-dire jusqu'à la résurrection générale. Rupert attribue au Père les œuvres de la première période ou de la création; celles de la seconde ou de la rédemption, au Fils; celles de la troisième ou de la sanctification, au Saint-Esprit. Le travail de Rupert comprend quarante-deux livres, savoir : trois livres de commentaires sur les trois premiers chapitres de la Genèse, six sur le reste de cette histoire, quatre sur l'Exode, deux sur le Lévitique, deux sur les Nombres, autant sur le Deutéronome, un sur Josué et sur les Juges, cinq sur divers endroits des livres des Rois et des Psaumes, cinq sur Isaïe, Jérémie et Ezéchiel, un sur Daniel, Zacharie et Malachie, un sur quelques passages des quatre Évangiles. Les neuf derniers livres contiennent une explication de plusieurs endroits détachés de l'Écriture, au choix de l'interprète. Le but et le mérite de l'abbé Rupert sont, à l'exemple de saint Paul, d'étudier, de saisir et de faire voir les rapports cachés et intimes entre l'Ancien et le Nouveau Testament, et de développer ainsi leur mystérieux ensemble. Et presque toujours, c'est l'Écriture elle-même qui lui fournit la clé de ces mystères.

Vers l'an 1113, l'abbé Bérenger se voyant proche de sa fin et craignant que Rupert, dont il avait toujours pris le parti contre ses envieux, n'eût plus de défenseur, le recommanda à Cunon, abbé de Sigberg. Cunon le reçut en effet dans son monastère, mais ceux qui, avant la mort de Bérenger avaient blâmé Rupert d'avoir commenté les divines Écritures, expliquées tant de fois avant lui par les saints Pères et les interprètes catholiques; lui firent les mêmes reproches après la mort de cet abbé. Rupert trouva de l'appui dans Frédéric, archevêque de Cologne, et dans Guillaume, évêque de Préneste, légat du Saint-Siége. Ces deux prélats l'aimèrent pour sa vertu et son savoir, et l'obligèrent, malgré sa répugnance, à continuer ses ouvrages. Après la mort de Marcward, abbé de Tuy, Rupert fut mis à sa place vers l'an 1120, gouverna ce monastère pendant quinze ans, et y mourut saintement, comme il avait vécu, le 4 mars 1135.

Outre ce que nous avons déjà vu, ce docte et saint personnage fit encore un traité en neuf livres, *De la gloire de la Trinité et de la procession du Saint-Esprit*. Rupert y fait voir, contre les Juifs, par les témoignages de la Loi et des Prophètes, qu'il y a trois personnes en un seul Dieu; qu'il appartenait à la personne du Fils de s'incarner; que Jésus-Christ est le Messie, et qu'il est né dans le temps marqué par les prophètes, nommément par le patriarche Jacob. L'abbé Cunon de Sigberg, depuis évêque de Ratisbonne, s'étant trouvé avec le légat Guillaume de Préneste, lui montra plusieurs ouvrages de l'abbé Rupert. Le légat, homme studieux et savant, demanda s'il n'avait rien écrit sur la procession du Saint-Esprit; ayant répondu que non, il prit occasion de l'empressement du légat pour engager l'abbé à écrire sur cette matière. Rupert, qui travaillait alors au traité *De la gloire de la sainte Trinité*, y joignit ce que la foi nous enseigne du Saint-Esprit. C'est la matière du neuvième. Depuis, il présenta ce travail au pape Honorius II, dans un voyage qu'il fit en Italie.

Dès avant sa prêtrise, Rupert avait conçu le dessein de faire quelque traité sur l'incarnation, et d'en prendre occasion par un commentaire sur le *Cantique des cantiques*. Le sujet lui paraissait bien difficile. Mais la sainte Vierge Marie, en laquelle il avait la plus filiale dévotion et confiance, l'y encouragea de différentes manières. Il fit donc en sept livres un *traité de l'Incarnation*, qui est un entretien continuel de l'auteur avec la sainte Vierge, sur le *Cantique des cantiques*.

Un autre traité ayant pour titre : *De la victoire du Verbe de Dieu*, fut fait à cette occasion. L'abbé de Sigberg, étant au monastère de Saint-Laurent de Liége, s'entretenait un jour avec Rupert sur les quatre grandes bêtes dont il est parlé dans Daniel, et sur les royaumes qu'elles désignent. Cunon, quittant cette matière, demanda à Rupert pourquoi l'on rendait dans l'Église le même culte aux Machabées morts pour la défense de leurs lois et de leur patrie, qu'aux martyrs, et pourquoi on lisait publiquement leurs actes ou leur histoire. La réponse de Rupert fut que les Machabées avaient combattu pour sauver le peuple béni de Dieu en Abraham; que c'était par leur ministère que le Verbe de Dieu avait conservé la race de laquelle il s'était proposé de naître, en se faisant homme pour racheter le genre humain. Sur cela, Cunon dit à Rupert : Écrivez-moi un livre qui ait pour titre : *De la victoire du Verbe de Dieu*. On met cet écrit vers l'an 1119, dans le temps que Rupert demeurait à Sigberg. Il suit d'âge en âge tous les combats du peuple de Dieu contre les impies, montre que c'est le Verbe de Dieu qui a toujours vaincu dans ceux qui combattaient pour lui, et qu'il vaincra jusqu'à ce qu'il mette à mort l'antechrist.

L'abbé Cunon était évêque de Ratisbonne, et Rupert lui adressa son ouvrage sur saint Matthieu, sous le titre : *De la gloire et de l'honneur du Fils de l'homme.* L'idée de cet ouvrage était venue à l'évêque de Ratisbonne, des paroles de saint Paul aux Hébreux : *Vous l'avez couronné de gloire et d'honneur; vous lui avez donné l'empire sur les œuvres de vos mains.* Pour remplir cette idée, Rupert, dès lors abbé de Tuy, explique tout ce qui est dit du mystère de l'incarnation dans l'évangile de saint Matthieu, de la naissance du Sauveur, de ses prédications, de ses miracles, de sa mort, de sa résurrection, de sa gloire dans le ciel et de son pouvoir sur toutes les créatures. L'ouvrage est divisé en treize livres.

En 1128, le 25 août, il y eut à Tuy un incendie si considérable, que le Rhin, la ville de Cologne et la région voisine en étaient éclairés. C'était pendant la nuit. Les moines de Saint-Laurent coururent pour aider à l'éteindre. Un d'eux ayant pris dans la sacristie un corporal qui avait déjà servi au sacrifice de la messe, l'attacha à une perche et l'opposa aux flammes, dans l'espoir d'en arrêter l'impétuosité. Voyant sa tentative inutile, il enfonça le corporal au milieu des flammes. Il l'en retira entier ; mais la perche à laquelle il était attaché fut brûlée en partie. Par une troisième tentative, il jeta le corporal seul dans le feu ; mais le feu le rejeta et le poussa du côté de la ville, où l'incendie ne devait pas pénétrer. Comme l'incendie croissait toujours à cause de la grande quantité de blés dont on venait de remplir les granges, le feu prit à l'église paroissiale de Saint-Martin, voisine du monastère. Rupert, qui en était abbé, crut bien qu'on ne pourrait le garantir des flammes. Mais, par une providence particulière, il n'y eut que quelques boutiques extérieures de consumées. Dans l'église de Saint-Martin, il y avait une armoire où se trouvait entre autres une boîte en bois renfermant des hosties consacrées, et une autre avec des hosties qui ne l'étaient pas. Tout fut brûlé, excepté la boîte où se trouvait le corps de Notre Seigneur. L'abbé Rupert, témoin oculaire du miracle, le rapporte dans la relation qu'il nous a laissée de cet incendie. Il prit le corporal et la boîte que le feu avait respectés, et, les considérant comme des reliques très-précieuses, il les transporta au grand autel avec une inscription commémorative. Pendant que dura l'incendie, Rupert fut dans de grandes inquiétudes au sujet de ses écrits, dont il n'avait point envoyé de copies ailleurs ; mais il n'en perdit aucun. L'incendie fini, il bâtit à la porte du monastère un oratoire en l'honneur de saint Laurent, et tout auprès un hôpital pour y recevoir les pauvres, à l'exemple du saint martyr (Ceillier, t. XXII; *Ruperti opera* 2, *inf. Coloniæ*, 1567).

Rupert a fait encore plusieurs autres ouvrages, entre autres douze livres de commentaires sur l'Apocalypse. Nous ne pouvons les résumer en détail. D'autres savants réclament notre attention, et pour eux et pour leurs œuvres; car, dans ces siècles d'ignorance, comme nous disons, il en est en si grand nombre, que quand on vient à les connaître, on ne sait comment parler de tous. Pour ce qui est de l'ignorance même dont on accuse ces siècles, nous ne l'avons aperçue jusqu'à présent que dans les accusateurs.

Vers le même temps, se distinguait Hugues Metellus, chanoine régulier de Toul. Né en cette ville, sur la fin du XIe siècle, d'une famille honnête et opulente, il eut Tiecelin pour maître dans les lettres humaines, et s'y rendit habile. Instruit des subtilités de la philosophie d'Aristote, il fallait être sur ses gardes lorsqu'il argumentait; il s'appliqua aussi avec succès à la grammaire, à la rhétorique, à la musique, à l'arithmétique, à la géométrie, à l'astronomie et à la poésie. Son talent pour les vers était tel, qu'il pouvait en composer mille étant debout sur un pied, et il avait acquis une si grande facilité de s'exprimer, qu'il dictait, quand il voulait, à deux ou trois scribes en même temps. Aux beaux-arts, il joignit l'étude de la langue grecque, puis il alla étudier la théologie et l'Écriture sainte à Laon, sous Anselme et Raoul, son frère, qui y enseignaient avec réputation. Il apprit dans leurs écoles à résoudre les difficultés qui se rencontrent dans l'Ancien et le Nouveau Testament. Appliqué à des études aussi sérieuses, il prit du dégoût pour le monde, et, dans le dessein de vaquer plus sûrement à son salut, il se fit chanoine régulier dans l'abbaye de Saint-Léon à Toul, sous l'abbé Siebaud. Il nous apprend lui-même quelle était sa vie avant sa conversion, et quelle elle fut depuis. Dans le monde, il s'habillait de fourrures précieuses, se nourrissait de ce que la terre et l'eau produisent de plus délicat, et ne buvait que les vins les plus exquis. Étant chanoine régulier, il se couvrit de peaux de chèvres et de brebis, vécut de choux, de légumes sauvages, de fèves, et ne but que de l'eau ou une liqueur composée d'avoine; car on vivait ainsi dans le monastère de ces *nazaréens blancs*, comme il les appelle, parce qu'ils étaient alors vêtus de blanc, comme les chanoines réguliers de Sainte-Geneviève, de Saint-Victor de Paris et de Murbach en Alsace. Nous avons une cinquantaine de lettres de Hugues de Toul à plusieurs personnages de son temps, tels que saint Bernard, Abailard, Héloïse. Elles sont écrites avec esprit; mais on ne trouve ni dans son style ni dans sa latinité l'élégance et la pureté des écrivains du siècle d'Auguste, dont il s'était toutefois rendu la lecture familière dès sa jeunesse. Il semble ne se plaire que dans des jeux de mots (Ceillier, t. XXII; Hugo, *Monumenta sacr. antiq.*, t. II).

Un autre Hugues, d'une science bien plus complète et d'une renommée bien plus grande, était né dans le royaume de Lorraine, à Ypres en Flandre; car la Flandre était encore comprise dans la Lorraine. Nous parlons de Hugues, chanoine régulier de Saint-Victor. D'un goût décidé pour l'étude, il ne négligea aucune des connaissances qui forment les savants. Il s'informait exactement du nom de toutes les choses qui se présentaient à ses yeux, disant qu'il n'était pas possible de connaître la nature des choses dont on ne connaissait pas le nom. Ce fut apparemment ce désir d'apprendre qui lui fit quitter de bonne heure sa patrie, pour aller s'instruire sous les meilleurs maîtres. Dans un voyage à Marseille, il visita le tombeau de saint Victor, et obtint de celui qui gardait ses reliques, une dent et quelques autres parcelles. Il en fit présent à Gilduin, abbé de Saint-Victor, alors près de Paris, et plus tard enfermé dans la ville. Cette abbaye, qui ne faisait que de naître, était en réputation de grande régularité. Hugues demanda d'y être admis, et, après son noviciat, il prononça ses vœux entre les mains de Gilduin. C'était en 1115, la dix-huitième année de son âge. Après s'être perfectionné dans les études de philosophie et de théologie à Saint-Victor, il y enseigna lui-même ces deux sciences avec applaudissement. On voit, par ses ouvrages, qu'il n'ignorait pas l'hébreu. Il eut parmi ses disciples un grand nombre de personnes distinguées, dont plusieurs devinrent évêques et même cardinaux. L'éminence de sa doctrine le faisait regarder comme un des plus grands théologiens de son temps. On l'appelait un second Augustin, ou la langue de ce saint docteur, parce qu'il s'était appliqué plus particulièrement à la lecture de ce Père.

Parmi ces ouvrages, qui sont certainement de Hugues de Saint-Victor, il en est un qu'on appellerait aujourd'hui *Traité des études*. Malgré le grand nombre d'étudiants qu'il y avait dans les écoles, le docte religieux voyait peu de savants. Il en attribue la cause à ce qu'on lisait ou étudiait sans ordre et sans règle. Son ouvrage est fait pour prévenir cet inconvénient. Il est distribué en sept livres. Dans le premier, il remarque qu'il y a trois choses dans la lecture ; ce qu'il faut lire, dans quel ordre et de quelle manière. Les préceptes qu'il donne sur ces trois articles regardent également et les ouvrages qui concernent les arts et ceux qui conduisent à l'intelligence de l'Ecriture sainte. Dans le second livre, il traite des arts, tant libéraux que mécaniques, et en donne des notions générales. Dans le troisième, il fait connaître les inventeurs des arts, ceux auxquels les anciens s'appliquaient le plus, pour parvenir plus facilement à la pleine connaissance des vérités philosophiques. C'étaient les sept arts libéraux. Il traite, dans le quatrième, de l'Ecriture sainte, de l'ordre et du nombre des livres, de leurs auteurs ; du rétablissement des Ecritures par Esdras ; du canon ou plutôt de la concordance des Evangiles, inventée par Ammonius ; des canons des conciles généraux, nommément des quatre premiers ; des écrits des Pères ; des livres apocryphes de l'Ancien et du Nouveau Testament, et de ceux des écrivains ecclésiastiques que l'Eglise romaine a condamnés. Il explique, dans le cinquième, les divers sens de l'Ecriture sainte, et donne, dans le sixième, les règles pour la lire avec fruit. Cela ne peut se faire qu'en méditant sérieusement sur ce qu'on a lu. C'est pourquoi il parle, dans le septième livre, de la méditation par laquelle on parvient de la connaissance des choses visibles à la connaissance des invisibles, c'est-à-dire de Dieu, de l'unité de sa substance et de la trinité des personnes. Dans cet ouvrage, Hugues de Saint-Victor prend pour guide l'illustre Boëce, qui, à la fin du V⁰ et au commencement du VI⁰ siècle, avait résumé et traduit en latin toutes les sciences de la Grèce. Ses notions sont justes et nettes.

Voici comme il distingue l'astronomie de l'astrologie. L'astronomie, suivant la force même du mot, traite de la loi des astres, des conversions du ciel, de ses régions, du cours, du lever et du coucher des étoiles. L'astrologie, au contraire, dont le nom signifie discours sur les astres, considère les astres relativement à la naissance, à la mort et à d'autres événements : elle est en partie naturelle et en partie superstitieuse ; elle est naturelle, quand elle se borne à observer les influences variables des corps supérieurs sur les corps inférieurs, telles que la santé, la maladie, la tempête, le beau temps, la fertilité, la stérilité ; elle est superstitieuse, quand elle prétend connaître, par les astres, les événements fortuits et ceux qui dépendent du libre arbitre : c'est cette partie que traitent les mathématiciens (*Hugon., Victorini opera*, t. I, c. 11).

« La philosophie, dit-il, est l'amour de cette sagesse qui ne manque de rien, qui est l'intelligence vivante et la seule raison première des choses. C'est la sagesse divine, qui, en effet, ne manque de rien, ayant et contemplant tout en soi, le passé, le présent et l'avenir : intelligence vivante, parce qu'elle n'oublie jamais rien ; raison primordiale des choses, parce que tout a été fait à sa ressemblance (*Ibid.*, t. I, c. 1). » Voici comment Hugues nous apprend à nous élever par degré à cette sagesse : « Il faut savoir, dit-il, que dans les Ecritures divines, non-seulement les mots, mais encore les choses ont une signification, ce qui ne se trouve pas ordinairement dans les autres écritures. Le philosophe ne connaît que la signification des mots, mais la signification des choses est bien plus excellente ; celle-là n'est établie que par l'usage, celle-ci est dictée par la nature. La première est la voix de l'homme, la seconde est la voix de Dieu ; l'une périt quand on la profère, l'autre subsiste une fois créée. Le mot est un faible indice du sens ; la chose est la ressemblance de l'idée divine. Ce que le son est à l'idée, le temps l'est à l'éternité. L'idée est la parole intérieure, qui se manifeste par le son de la voix, c'est-à-dire par la parole extérieure : ainsi la sagesse invisible de Dieu se manifeste par les créatures. Ceci nous fait entrevoir les profondeurs des divines Ecritures : le mot y conduit au sens, le sens à la chose, la chose à l'idée divine, celle-ci à la vérité suprême (*Ibid.*, c. 3). »

Outre cette méthode générale pour bien étudier les sciences humaines et les sciences divines, Hugues de Saint-Victor a fait, sous le titre de *Somme de sentences*, un corps de théologie divisé en sept traités : 1° des trois vertus théologales, la Foi, l'Espérance et la Charité ; de la très-sainte Trinité et de l'Incarnation du Verbe ; 2° de la création et de l'état des anges ; 3° de la création et de l'état de l'homme ; 4° des sacrements en général et des commandements de Dieu ; 5° du baptême ; 6° de la confirmation, de l'eucharistie, de la pénitence et de l'extrême-onction ; 7° du sacrement de mariage.

Non content de ce premier travail, Hugues de Saint-Victor l'étendit et le compléta sous ce titre : *Des sacrements de la foi chrétienne*. C'est le plus considérable de ses ouvrages. Il est divisé en deux livres. Le premier commence à la création du monde et va jusqu'à l'incarnation du Verbe ; le second, depuis l'incarnation jusqu'à la fin et la consommation de toutes choses. Il y a douze parties dans le premier livre, et dix-huit dans le second. Il est plus d'un chapitre sur Dieu, que l'on dirait traduit par Bossuet et Fénelon dans leurs plus beaux ouvrages. Abailard ne paraît, à côté de Hugues de Saint-Victor, que comme un rhéteur superficiel et présomptueux, à côté d'un pieux et profond docteur. Hugues traite, avec beaucoup d'ordre et de clarté, une foule de questions, dont quelques-unes n'étaient point encore éclaircies de son temps, du moins autant qu'elles l'ont été depuis. Lorsque, sur une question particulière, il ne se trouve aucune autorité décisive de l'Ecriture, des Pères ou des conciles, Hugues expose le pour et le contre avec beaucoup de calme, et donne son sentiment avec beaucoup de modestie. Par exemple, sur cette question : *Si Adam n'avait point péché, dans quel état seraient nés ses enfants*, il pense qu'ils naîtraient sans péché, mais aussi sans la justice originelle ; ou, que, s'ils naissaient avec cette justice, ils seraient toutefois soumis à l'épreuve comme leur père (Hug., *Op.*, t. III, p. 537, c. 24). Envisageant la religion dans tout son ensemble, il compare les justes qui ont précédé l'incarnation, à des soldats qui précèdent le roi et les justes depuis l'incarnation jusqu'à la fin du monde, aux soldats qui suivent le roi qui précède : les uns et les autres ne font qu'une armée et un même chef ; aussi, dès le commencement, il y a eu des chrétiens, si ce n'est pas de nom, au moins de fait (1).

« La sainte Eglise, dit Hugues de Saint-Victor, est le corps du Christ, vivifiée par le même Esprit, unie et sanctifiée dans la même foi. Il y a deux vies : l'une terrestre, l'autre céleste ; l'une corporelle, l'autre spirituelle. L'une, dont vit le corps et qui vient de l'âme ; l'autre, dont vit l'âme et qui vient de Dieu. Chacune a son bien pour s'alimenter. La vie terrestre s'alimente des biens terrestres, la vie spirituelle se nourrit des biens spirituels. A la vie terrestre appartient tout ce qui est terrestre ; à la vie spirituelle, tous les biens spirituels. Pour que la justice soit observée et l'utilité promue dans l'une et dans l'autre qui, soit par nécessité, soit par raison, cherchent spécialement les biens de l'une des deux, ont d'abord été distribués en deux parts, ce sont les laïques et les ecclésiastiques, formant comme deux peuples. Ensuite, d'autres ont été chargés de dispenser le tout équitablement, afin que nul ne trompe son frère, mais que la justice soit gardée d'une manière inviolable. C'est pourquoi, dans les deux peuples, distribués selon les deux vies, il a été constitué des puissances. Dans les laïques, auxquels appartient de pourvoir aux choses nécessaires de la vie terrestre, c'est la puissance terrestre. Dans les clercs, dont le devoir est de veiller aux biens de la vie spirituelle, c'est la puissance divine. La première s'appelle donc *puissance séculière* ; la seconde, *puissance spirituelle*. Dans l'une et l'autre puissance, il y a divers degrés et ordres de pouvoir, mais distribués de part et d'autre sous un même chef, comme découlant d'un même principe et revenant à la même fin. La puissance terrestre a pour chef le roi ; la puissance spirituelle a pour chef le souverain Pontife. A la puissance du roi appartiennent toutes les choses terrestres et qui sont faites pour la vie de la terre ; à la puissance du souverain Pontife appartiennent toutes les choses spirituelles et qui regardent la vie spirituelle. Or, autant la vie spirituelle est au-dessus de la vie terrestre, l'esprit au-dessus du corps, autant la puissance spirituelle surpasse en honneur et en dignité la puissance terrestre et séculière ; car il appartient à la puissance spirituelle d'instituer la puissance terrestre, afin qu'elle soit bonne, et de la juger, si elle ne l'est pas. Quant à la puissance spirituelle même, elle a été d'abord instituée de Dieu, et, quand elle dévie, elle ne peut être jugée que par Dieu seul ; car il est écrit : *Le spirituel juge tout, et n'est jugé par personne* (1. Cor., 2, 15).

Hugues de Saint-Victor a un chapitre remarquable sur la manière dont les Eglises possèdent des biens de la terre. « Quant aux biens terrestres que possèdent des prélats, dit-il, il y en a qui ont été donnés aux Eglises par la dévotion des fidèles, sauf cependant le droit de la puissance terrestre ; car voilà ce qui est raisonnable et bon. En effet, Dieu aime la paix, et la vraie justice ne peut approuver rien de désordonné. Si la puissance spirituelle préside, ce n'est pas pour faire aucun préjudice à celle de la terre en son droit, de même que ce n'est pas sans crime que la puissance terrestre usurpe ce qui appartient à la spirituelle. Lors donc que des biens de cette nature sont donnés aux Eglises, les donateurs ne peuvent leur transférer que ce qu'ils possèdent eux-mêmes ; car, ni les sujets ne peuvent transférer à une autre puissance ce qu'ils doivent à leurs supérieurs, ni les prélats ôter à des sujets ce qu'ils possèdent légitimement, pour le donner à des étrangers. D'autres fois, les princes du siècle accordent aux Eglises sur quelques-uns de leurs domaines, soit des droits purement utiles, soit même des droits de puissance temporelle. Dans ce dernier cas, l'Eglise ne peut exercer la justice que par des personnes laïques, et doit toujours au roi les charges inhérentes à la terre, suivant ce qui est écrit : « *Rendez à César ce qui est à César, et à Dieu ce qui est à Dieu* (Matth., 22 ; Hug., t. III, p. 608, c. 7). »

On voit par ce chapitre que les chrétiens du moyen-âge, en subordonnant la puissance terrestre à la puissance spirituelle, suivant leur nature respective, ne confondaient nullement l'une avec l'autre, comme les en accusent bien des écrivains, entre autres Fleury dans ses discours.

Hugues de Saint-Victor a des commentaires ou des notes sur le Pentateuque, sur l'Ecclésiaste, sur les Prophètes, sur le Décalogue, une explication de la règle de saint Augustin, une instruction pour les novices, des soliloques, un éloge de la charité et plusieurs autres opuscules où respirent tout à la fois et une grande sagesse et la piété la plus tendre. Il en a fait d'autres qui ne sont pas encore imprimés ; en revanche, on lui en a prêté qui ne sont pas de lui, entre autres deux que cite Fleury, pour conclure que les études historiques étaient alors bien imparfaites. On conclurait tout aussi bien que la critique de Fleury n'est pas toujours bien judicieuse (Ceillier, t. XXII).

Hugues de Saint-Victor mourut comme il avait vécu, c'est-à-dire en saint. Il mourut en 1142, la même année qu'Abailard ; mais autant la vie d'Abailard avait été orageuse, autant celle de Hugues fut simple et unie, sans relation considérable au dehors, sans autre exercice au dedans, que de prier, d'étudier et d'enseigner. Il profita de cet heureux repos pour acquérir une tendre union avec Dieu, qu'il préférait à toutes les richesses de son

---
(1) *Unde patet quod ab initio, etsi non nomine, re tamen christiani fuerunt* (Hug., *Op.*, t. III, p. 556, c. 11).

esprit et de sa plume. Aussi occupé de son intérieur qu'il l'était, et n'ayant vécu que quarante-quatre ans, on ne conçoit pas aisément qu'il ait pu tant savoir et tant composer; car ce qu'il a produit est profondément réfléchi et bien digéré. Sa mort, qui arriva le 11 février, eut des circonstances édifiantes que nous apprenons de son infirmier même, dans la relation qu'il en fit à un autre chanoine régulier.

« Je ne vous manderai pas avec quelle vivacité de contrition et quelle abondance de larmes le maître Hugues se confessa au seigneur abbé et à moi, ni avec quelle effusion de cœur il remerciait Dieu de sa maladie; je viens à ce qu'il a fait ou dit peu avant de mourir. La veille, me voyant le matin chez lui et m'ayant dit que tout irait bien pour l'âme et pour le corps, il me demanda si nous n'étions que nous deux dans la chambre. Je lui répondis que j'étais seul. Avez-vous célébré aujourd'hui la messe, continua-t-il? Oui, lui dis-je. Soufflez-moi donc sur la bouche en forme de croix, me répliqua-t-il, afin que j'aspire l'Esprit-Saint; ce qu'il souhaitait que je fisse par la véhémence de sa foi sur le mystère du Corps et du Sang de Jésus-Christ, et sur la puissance promise aux prêtres dans l'Evangile. Aussitôt, tout rayonnant de joie, il se répandit en actions de grâces pour tous les biens que Dieu lui avait faits pendant sa vie, particulièrement ce dernier, puis me demanda humblement l'absolution. Comme le mal augmenta pendant la nuit, je lui demandai si nous lui donnerions l'extrême-onction; et il me pria de ne pas la lui différer, d'autant que la Providence avait réuni dans sa chambre un grand nombre de chanoines, de clercs, de religieux, et même de pieux laïques. Quand il l'eut reçue, je lui demandai encore s'il voulait recevoir le Corps du Seigneur, l'ayant reçu deux jours auparavant. Mon Dieu! me répondit-il avec émotion, vous demandez si je veux recevoir mon Dieu! Courez vite à l'église et apportez-moi promptement le Corps de mon Seigneur. Je le fis, et, m'approchant de son lit, le pain de la vie éternelle dans les mains, je l'exhortai à le reconnaître et à l'adorer. J'adore, dit-il, en se levant autant qu'il pouvait et en étendant les deux mains, j'adore mon Seigneur devant vous tous, et je le reçois comme mon salut. Il pria ensuite qu'on lui donnât la croix qui était auprès; il la baisa tendrement et tint sa bouche collée sur les pieds du crucifix, paraissant vouloir sucer le sang qu'y était peint, et qu'il se représentait coulant de ses plaies sacrées. On eût dit que, après avoir mangé la chair du Fils de l'homme, il voulait aussi tâcher de boire son sang. « Ces paroles de l'auteur nous montrent que le malade n'avait communié que sous l'espèce du pain. Quelques moments après, Hugues dit ces paroles du Christ mourant : *Mon Père, je recommande mon âme entre vos mains!* Il ajouta : *Sainte Marie, priez pour moi!* Il invoqua de même saint Pierre et saint Victor, et rendit doucement son âme à Dieu (*Op. Hug.*, t. I, *Vita Hug.*).

Hugues de Saint-Victor était en relation de science et d'amitié avec saint Bernard, de qui nous avons un opuscule en réponse à une consultation de Hugues touchant quelques opinions singulières d'un personnage qu'il ne nommait point. La première était que personne n'avait pu être sauvé sans le baptême, depuis que Jésus-Christ en eut déclaré la nécessité à Nicodème. A quoi saint Bernard répond qu'il n'est pas croyable que Dieu ait voulu obliger tous les hommes à un précepte positif, du moment qu'il a été dit en secret, mais seulement depuis qu'il a été publié suffisamment pour venir à la connaissance de tout le monde. Ecoutons le Seigneur lui-même : *Si je n'étais pas venu, et si je ne leur avais point parlé, ils ne seraient point coupables* (Joan., 15, 22). Il ne dit pas simplement : Si je n'avais point parlé, mais : Si je ne *leur* avais point parlé, pour montrer que leur désobéissance ne devait passer pour inexcusable que depuis qu'il leur avait fait connaître sa volonté. S'il avait parlé sans leur adresser la parole, l'ignorance eût pu excuser leur mépris; mais après leur avoir parlé, il ne resta plus de raison pour justifier leur incrédulité. *J'ai parlé en public*, dit-il, *je n'ai rien dit en secret* (*Ibid.*, 18, 20). Ce n'est pas qu'il n'eût fait plusieurs instructions particulières à ses disciples; mais il les comptait pour rien, et il n'attachait à ses enseignements ni peine ni récompense, jusqu'à ce qu'ils fussent devenus publics. Il dit ailleurs : *Ce que je vous dis dans les ténèbres, annoncez-le en plein jour* (Matth., 10, 27), afin que cette publication lui donne droit de punir le mépris ou de récompenser l'obéissance de ceux qui en auraient ouï parler. *Celui qui vous écoute, m'écoute; celui qui vous méprise, me méprise* (Luc, 10, 16); comme s'il disait : Ce n'est pas sur ce que je vous aurai révélé en secret, mais ce sera sur ce que vous aurez prêché hautement, que je jugerai ceux qui auront été fidèles ou incrédules.

La seconde erreur de l'anonyme était qu'il n'y a que le martyre qui puisse suppléer au baptême, et que le désir ne sert de rien; saint Bernard réfute cette erreur, et prouve, par l'autorité de saint Ambroise et de saint Augustin, que le désir du baptême peut y suppléer aussi bien que le martyre. Il soutient encore, contre cet anonyme, que les justes de l'Ancien Testament n'ont pas eu une connaissance aussi claire de l'incarnation et des autres mystères du Nouveau Testament, que celle que nous en avons depuis qu'ils sont accomplis. Enfin il montre, contre le même, qu'il y a des péchés d'ignorance (S. Bernard, *Epist.* 77).

Un illustre disciple et confrère de Hugues de Saint-Victor, fut Richard, né en Ecosse, mais qui vécut et mourut en France, dans la même abbaye de Saint-Victor, à Paris. Il y fit profession sous l'abbé Gilduin, premier abbé de ce monastère, et y reçut les leçons du célèbre Hugues. Sous-prieur en 1159, il devint prieur en 1162, et s'acquitta fort honorablement d'une fonction que les circonstances rendaient difficiles. L'abbé, qui s'appelait Ervise, n'était ni un moine édifiant ni un vigilant administrateur; Alexandre III, dans une de ses lettres, en parle comme *d'un autre César*, qui disposait de tout selon ses caprices, qui méprisait les statuts, et qui, loin de profiter des réprimandes pontificales que lui avait attirées sa négligence, se montrait de plus en plus incorrigible. Alexandre avait été témoin de ce désordre, et avait eu occasion de reconnaître, dans l'abbaye de Saint-Victor, l'indignité de l'abbé et le mérite éminent du prieur.

Richard édifiait ses confrères par sa piété, il les éclairait par ses ouvrages, dont les religieux étrangers lui demandaient avidement des copies. Guillaume, prieur d'Ourcamps, ordre de Citeaux, écrit à Richard pour lui annoncer qu'il lui en renvoie quelques-uns, et pour le prier de lui en communiquer un autre, savoir, celui qui a pour sujet le songe de Nabuchodonosor. Garin, prieur de Saint-Alban, désire avoir une liste complète de ses productions. Jean, sous-prieur de Clairvaux, supplie Richard de composer une prière au Saint-Esprit : « Ecrivez-la, lui dit-il, selon la science et le jugement dont l'Esprit-Saint vous a doué; qu'elle ne soit ni trop courte ni trop longue, en sorte que je puisse l'apprendre par cœur et l'adresser au Saint-Esprit au moins une fois par nuit ou par jour. » D'autres lettres encore, écrites à Richard, montrent jusqu'à quel point il jouissait de l'estime de ses contemporains. On a même lieu de croire que saint Bernard le consulta plus d'une fois.

Parmi ses divers opuscules imprimés ou manuscrits, le plus important est son ouvrage de la *Trinité*, en six livres. Voici comme il s'en explique dans le prologue :

« *Mon juste vit de la foi* (Rom., 1; Habacuc., 2) : c'est une sentence de l'apôtre et du prophète. Car l'apôtre dit ce que le prophète prédit : *que le juste vit de la foi*. S'il en est ainsi, ou plutôt parce qu'il en est ainsi, nous devons studieusement et fréquemment méditer les mystères de notre foi; car sans la foi il est impossible de plaire à Dieu. En effet, où n'est pas la foi, là ne peut être l'espérance; car il faut que celui qui approche de Dieu croie qu'il est et qu'il récompense ceux qui le cherchent; autrement, quelle espérance y aurait-il ? Or, où n'est pas l'espérance, la charité ne saurait être. Qui, en effet, aimera celui dont il n'espère aucun bien? C'est donc par la foi que nous sommes promus à l'espérance; et par l'espérance que nous progressons à la charité. Or, quoi que je puisse avoir, si je n'ai pas la charité, il ne me sert de rien. Quel est le fruit de la charité, vous l'apprenez de la bouche même de la Vérité : *Si quelqu'un m'aime, il sera aimé de mon Père, et je l'aimerai aussi, et je me manifesterai à lui* (Joan., 14). De la dilection vient ainsi la manifestation, de la manifestation la contemplation, de la contemplation la connaissance (intuitive). Or, quand le Christ apparaîtra, lui qui est notre vie, nous apparaîtrons aussi avec lui dans la gloire, et nous lui serons semblables, parce que nous le verrons comme il est.

» Vous voyez d'où et comment on parvient et par quels degrés on monte, moyennant l'espérance et la charité, de la foi à la connaissance divine, et par la connaissance à la vie éternelle. Or, dit-il, *la vie éternelle, c'est de vous connaître vrai Dieu, et celui que vous avez envoyé, Jésus-Christ* (Ibid., 17). Il y a donc une vie qui procède de la foi et une vie qui procède de la connaissance. De la foi est la vie intérieure, de la connaissance est la vie éternelle. De la foi est cette vie dont, en attendant, nous vivons bien; de la connaissance est cette vie dont nous vivrons bien heureux dans l'avenir. La foi est ainsi le commencement et le fondement de tout bien. Quel attachement ne devons-nous donc pas avoir pour la foi, de qui tout bien prend et sa base et son affermissement ?

» Mais comme dans la foi est le commencement de tout bien, ainsi dans la connaissance est de tout bien la consommation et la perfection. Portons-nous donc à la perfection, avançons-nous par tous les degrés possibles, élevons-nous de la foi à la connaissance, afin de comprendre ce que nous croyons. Pensons combien se sont appliqués à cette étude et combien y ont profité les philosophes de ce monde; ayons honte de leur être inférieurs en cela, car ce qui est *connaissable* de Dieu leur est manifeste, suivant l'apôtre, puisque, *ayant connu Dieu, ils ne l'ont pas glorifié comme tel* (Rom., 1) : ils l'ont donc connu. Que faisons-nous donc, nous qui, dès le berceau, avons reçu la tradition de la foi? L'amour de la vérité doit faire en nous quelque chose de plus que n'a pu en eux l'amour de la vanité; il faut que nous puissions quelque chose de plus, nous que la foi dirige, que l'espérance entraîne, que la charité pousse. Ce doit donc nous être peu de croire de Dieu ce qui est vrai; appliquons-nous à concevoir ce que nous croyons; *efforçons-nous toujours de comprendre par la raison ce que nous tenons par la foi* (Prolog.). »

Après s'être ainsi expliqué, dans son prologue, sur le but et l'ensemble de son œuvre, Richard de Saint-Victor commence son œuvre même par cette observation :

« Si nous voulons, par la sagacité de l'esprit, monter à la science des choses sublimes, il faut savoir d'abord de quelles manières nous acquérons ordinairement la connaissance des choses. Si je ne me trompe, cela se fait de trois manières. Nous prouvons les unes par l'expérience, nous en concluons d'autres par le raisonnement, d'autres enfin nous tenons la certitude par la foi. La connaissance des choses temporelles, nous l'appréhendons par l'expérience même; mais, pour les choses éternelles, nous nous élevons à leur connaissance, tantôt par le raisonnement, tantôt par la foi; car, parmi celles qu'il nous est ordonné de croire, il en est quelques-unes qui paraissent non-seulement au-dessus, mais contre la raison, à moins qu'elles ne soient discutées par une profonde et très-subtile investigation, ou plutôt manifestées par une révélation divine. Dans la connaissance et l'assertion de ces choses, nous avons donc coutume de nous appuyer plus sur la foi que sur le raisonnement, plus sur l'autorité que sur l'argumentation, suivant ce mot du prophète : *Si vous ne croyez pas, vous ne comprendrez point* (1). Où il faut bien remarquer que l'intelligence de ces choses nous est refusée, non pas absolument, mais conditionnellement, puisqu'il est dit : *Si vous ne croyez pas, vous ne comprendrez point*. Ceux-là donc qui ont l'intelligence exercée ne doivent pas désespérer de comprendre ces choses, pourvu qu'ils se sentent fermes dans la foi et d'une constance inébranlable à la professer.

» Mais, ajoute Richard, ce qu'il y a de plus merveilleux en ceci, c'est que tout ce que nous sommes de vrais fidèles, nous ne tenons rien de plus certain, de plus inébranlable, que ce que nous saisissons par la foi; car ces choses ont été révélées du ciel à nos pères, elles ont été confirmées de Dieu par des prodiges si nombreux, si grands et si admirables, que ce paraît une espèce de démence d'y avoir le moindre doute. Ainsi donc, d'innombrables miracles et d'autres choses que Dieu seul peut opérer, font ici foi et ne permettent pas de douter; les

(1) Isaïe, 7, suivant les Septante et l'ancienne Vulgate.

miracles nous y servent d'arguments, les prodiges d'expériences. Ainsi si les juifs, si les païens voulaient considérer avec quelle sécurité de conscience sur cet article nous pourrons nous présenter au jugement divin ! Ne pourrons-nous pas dire à Dieu en toute confiance : Seigneur, si c'est une erreur, c'est vous qui nous avez trompés ! car ces choses ont été confirmées parmi nous par tant de signes et de prodiges qui ne peuvent être faits que par vous. En effet, elles nous ont été transmises par des hommes de la plus haute sainteté, elles ont été prouvées par les témoignages les plus authentiques et les plus dignes de foi, vous-même y coopérant et confirmant leur déposition par des miracles (1). »

On voit, par ces citations, que la théologie de Richard de Saint-Victor est tout à la fois haute, profonde, méthodique, affectueuse, vivante, et qu'elle mérite beaucoup d'être étudiée, surtout dans ses livres de la *Trinité*, où il s'attache à prouver en Dieu, moins par des autorités que par des raisons théologiques, et l'unité de substance et la trinité des personnes. Vient ensuite un opuscule de l'*Incarnation du Verbe*, adressé à saint Bernard, à l'occasion d'un texte d'Isaïe dont il lui avait demandé l'explication. Dans un autre, *Du pouvoir de lier et de délier*, Richard examine plusieurs questions qu'on lui avait proposées à cet égard, entre autres : « Quelle est la part de Dieu et de son ministre dans l'absolution du pécheur. »

On a de lui encore divers petits commentaires mystiques sur certaines parties de l'Ecriture sainte, et divers traités de morale ascétique : 1° des moyens d'extirper le mal et de propager le bien; 2° de l'état de l'homme intérieur; 3° de l'instruction de l'homme intérieur; 4° *Benjamin minor*, ou préparation de l'âme à la contemplation ou à la connaissance de soi-même ; 5° *Benjamin major*, ou la contemplation considérée dans l'arche d'alliance. Dans tous ses ouvrages, Richard de Saint-Victor a pour but d'élever l'âme chrétienne à la vie surnaturelle et divine, et de lui faire commencer son paradis sur la terre.

Vers l'an 1140, les chanoines de Lyon instituèrent la fête de la Conception de la sainte Vierge, qui se célébrait déjà dans quelques Eglises particulières. Il paraît que les chanoines de Lyon instituèrent cette fête sans aucune participation de l'autorité épiscopale ni du Siège apostolique, et par un simple capitulaire. Saint Bernard, qui se faisait gloire d'appartenir à la métropole de Lyon, écrivit aux chanoines une assez longue lettre, où il blâme leur conduite pour trois raisons : parce que cette fête est nouvelle, et qu'il ne fallait point la célébrer sans consulter Rome. Il termine sa lettre par ces mots : « Toutefois, ce que j'ai dit, qu'il soit dit sans préjudice de qui est plus éclairé. Surtout je réserve cette question entière et toutes les autres de cette nature, à l'autorité et à l'examen de l'Eglise romaine, prêt à corriger, selon son jugement, ce que j'y aurais pensé de contraire (2). On voit que

(1) *Nonne cum omni confidentia Deo dicere poterimus ? Domine, si error est, à te ipso decepti sumus, etc.* (Richard. Victorin., *De Trinit.*, l. 1, c 2).
(2) S. Bern., *Epist.* 174 Quæ autem dixi, absque præjudicio iaræ dicta sint sanius sapientis. Romanæ præsertim Ecclesiæ auctoritati atque examini totum hoc, sicut et cætera quæ ejus modi sunt, universa reservo; ipsius, si quid aliter sapio, paratus judicio emendare.

saint Bernard, s'il vivait encore, partagerait volontiers la conception immaculée de Marie; car l'Eglise romaine, non-seulement permet cette pieuse croyance, elle la favorise de mille grâces spirituelles. Elle vient même de décider en quelque sorte la question dans la personne du pape Grégoire XVI, qui vient d'accorder à plusieurs évêques et églises de France la permission d'ajouter dans la préface solennelle de cette fête le mot d'*immaculée conception* à celui de *conception*. Bossuet a deux beaux sermons en faveur de l'immaculée conception de la sainte Vierge. Le docte Bergier, dans son *Dictionnaire théologique*, montre des traces de cette pieuse croyance dès le IV° siècle (Bergier, art. *Concept. Immaculée de la sainte Vierge*).

Ce fut vers le même temps que saint Bernard fit connaissance avec saint Malachie d'Irlande. Pour rétablir la paix et le bon ordre dans l'Eglise d'Armagh, métropole du pays, mais opprimée depuis longtemps par une puissante famille qui regardait ce siège comme son héritage, Malachie avait quitté son évêché de Connor, mais à condition que, quand la paix serait rétablie dans Armagh, il serait libre de se retirer. Il eut beaucoup à faire et à souffrir pendant trois ans; mais sa patience et les miracles que Dieu opérait par son ministère, finirent par triompher de tous les obstacles. Ainsi la peste ravageant le diocèse d'Armagh, Malachie arrêta ce fléau par ses prières. Lorsqu'il eut retiré son Eglise de l'oppression, rétabli le bon ordre et la discipline, il ne pensa plus qu'à se démettre, et sacra, pour le remplacer, un vertueux ecclésiastique nommé Gélase. Il retourna ensuite à son premier siège qui était uni depuis longtemps à celui de Down. Il crut qu'il était de la gloire de Dieu de les diviser. Il sacra un évêque pour gouverner l'Eglise de Connor, et réserva pour lui le diocèse de Down, qui était le plus petit et le plus pauvre. Il établit une communauté de chanoines réguliers, auxquels il se réunissait pour vaquer à la prière et à la méditation, autant que ses autres devoirs pouvaient le lui permettre. Il fit encore d'autres règlements très-utiles, tant pour son diocèse que pour ailleurs. Personne ne pensait à lui demander : Par quelle autorité faites-vous cela ? Car tout le monde courait à lui et le révérait comme un apôtre.

Lui, cependant, pour faire confirmer par le Pape tout ce qu'il venait de faire de bon, résolut de faire le voyage de Rome. Il se proposait encore d'obtenir le *pallium* pour le siège d'Armagh, et, pour un autre siège métropolitain, celui de Tuam peut-être, dont l'archevêque Celse, son prédécesseur, avait formé le projet, mais dont l'exécution n'avait point été approuvée du Pape. Le siège d'Armagh était depuis longtemps privé du *pallium*, par la négligence et les abus qu'y avaient introduits ceux qui s'en étaient emparés contre les règles. Ce fut en 1139 que Malachie quitta l'Irlande, bien malgré le peuple, qui le regardait comme sa sauvegarde contre tous les malheurs. Il passa quelque temps à York, avec un saint prêtre nommé Sycar. Etant en France, il visita l'abbaye de Clairvaux, où il se lia d'une étroite amitié avec saint Bernard. Il fut si édifié des grands exemples de vertu dont il y fut témoin, que, s'il en avait eu la liberté, il y aurait passé le reste de ses jours. Il continua malgré lui sa route pour aller en Italie. Lorsqu'il fut à Yvrée en Piémont, il rendit la santé à un enfant qui était près de mourir. Arrivé à Rome, il fut reçu d'une manière très-favorable par le pape Innocent. Il lui demanda d'abord avec larmes ce qu'il avait le plus à cœur, savoir la permission de se retirer et de mourir à Clairvaux; mais le Pape ne le lui accorda pas, jugeant qu'il était beaucoup plus utile en Irlande. Le saint évêque demeura un mois entier à Rome à visiter les saints lieux. Pendant ce temps, le Pape se renseigna soigneusement et de lui et de ceux qui l'accompagnaient, touchant la qualité du pays, les mœurs de la nation, l'état des Églises et les grandes choses que Dieu avait faites par son ministère. Quand il fut sur le point de partir, le Pape lui donna ses pouvoirs et le fit son légat pour toute l'Irlande. Malachie demanda ensuite la confirmation de la nouvelle métropole, de quoi le Pape lui donna aussitôt la bulle. Mais quant au *pallium*, il lui dit : Il faut observer plus de cérémonie : quand vous serez en Irlande, vous assemblerez un concile général, et, d'un commun consentement, vous enverrez demander le *pallium*, qui ne vous sera point refusé. Ensuite le Pape, ôtant la mitre de sa tête, la mit sur celle de saint Malachie; il lui donna pareillement l'étole et le manipule dont il se servait à l'autel, et, l'ayant salué par le baiser de paix, il le congédia avec sa bénédiction.

A son retour, Malachie fit encore quelque séjour à Clairvaux, bien affligé de ne pouvoir y demeurer; mais il y laissa quatre de ses disciples, pour apprendre l'institut de cette maison. On les éprouva, ils furent reçus à la profession, et le saint évêque, étant retourné en Irlande, en envoya d'autres qui furent reçus de même, et si bien instruits que, deux ans après, savoir en 1141, saint Bernard les renvoya, avec quelques-uns des siens, fonder dans le diocèse d'Armagh l'abbaye de Mellifont, qui en produisit cinq autres dans la suite.

Arrivé en Irlande, Malachie fut reçu avec d'autant plus de joie qu'on l'avait vu partir avec plus de peine. Il se mit à exercer sa légation, et tint plusieurs conciles en divers lieux, pour ramener les anciennes traditions abolies par la négligence des évêques, et faire de nouveaux règlements. Tout ce qu'il ordonnait était reçu comme venant du ciel, et on le mettait par écrit pour en conserver la mémoire. C'est que ses paroles étaient soutenues de vertus et de miracles. Tout était édifiant en sa personne; il était sérieux sans austérité, gai sans dissipation, tranquille sans être oisif, ne négligeant rien, quoiqu'il dissimulât plusieurs choses selon l'occasion. Il n'avait rien en propre, et rien n'était assigné pour sa mense épiscopale; il était presque toujours à visiter son diocèse et les autres églises; et faisait ses visites à pied, même étant légat; il logeait, tant qu'il pouvait, dans les monastères qu'il avait établis, et y suivait l'observance commune sans aucune distinction. C'est saint Bernard qui nous apprend ces particularités de la vie du saint prélat, son ami; il raconte aussi en détail un grand nombre de ses miracles, des prophéties, des révélations, des punitions d'impies, des guérisons et des conversions miraculeuses; mais il avoue qu'il s'arrête plus volontiers sur ce qui est imitable que sur ce qui n'est qu'admirable.

Voici un fait que saint Charles Borromée avait coutume de rappeler à ses prêtres : Un homme noble demeurait dans le voisinage du monastère de Bangor : sa femme étant tombée très-dangereusement malade, saint Malachie fut prié de venir lui donner l'extrême-onction. Il y vint : la malade en eut une grande joie, dans la confiance qu'elle guérirait. L'évêque s'apprêtait à lui faire les onctions saintes, lorsque tous les assistants jugèrent qu'il valait mieux différer jusqu'au matin; car c'était le soir. Malachie se rendit à leur avis, donna sa bénédiction à la malade, et sortit avec ceux qui l'accompagnaient; mais, bientôt après, toute la maison retentit de cris et de pleurs : la femme était morte. Malachie accourt auprès de la malade, il la trouve décédée. Consterné jusqu'au fond de l'âme, il s'impute à lui-même qu'elle était morte sans la grâce du sacrement. Levant les mains au ciel : *Seigneur*, s'écria-t-il, *j'ai agi en insensé. C'est moi qui ai péché, pour avoir différé; ce n'est pas elle, puisqu'elle voulait.* Et, disant ces paroles, il protesta devant tout le monde qu'il ne prendrait ni consolation ni repos, qu'il n'eût obtenu de restituer la grâce qu'il avait ôtée. Il se mit à prier, à gémir, à pleurer toute la nuit; il exhorta ses disciples à en faire autant. Dieu l'exauça au matin. La morte ouvrit les yeux, et, comme ceux qui se réveillent d'un profond sommeil, elle se frotta le front et les tempes, se mit sur son séant, et ayant reconnu Malachie, le salua dévotement en inclinant la tête. Le deuil fut converti en joie; tout le monde était saisi d'étonnement. Le saint lui administra l'extrême-onction, sachant que ce sacrement remet les péchés et contribue même au soulagement, à la guérison du malade. Cette femme recouvra effectivement la santé, passa le reste de ses jours dans la pénitence, et mourut depuis de la mort des justes (*Vit. S. Malach.*, c. 24).

Cependant il y eut en France quelques troubles pendant la jeunesse du roi Louis VII. Saint Bernard fit de son mieux pour les pacifier. En voici l'occasion. L'archevêque Albéric de Bourges étant mort l'an 1140, les chanoines, dès les préliminaires de l'élection, se trouvèrent partagés entre deux sujets, Pierre de la Châtre, d'une des meilleures maisons de la province, et un autre nommé Cadurque, dont on ne sait autre chose, sinon qu'il était bon courtisan et dans la faveur du roi. Pierre de la Châtre était cousin du cardinal Aimeric, chancelier de l'Eglise romaine. Le chapitre paraissait pencher à l'élire pour archevêque. Cadurque eut peur, et courut prévenir le roi de telle sorte contre son concurrent, que, quand le prince apprit sa nomination, il refusa de la ratifier. Il ordonna au chapitre de procéder à une seconde élection, dans laquelle il lui permettait de nommer tout autre que Pierre de la Châtre. Le chapitre ne s'y crut pas obligé, et persista dans la nomination déjà faite. Pierre se rendit à Rome, où le Pape, trouvant son élection canonique, le sacra de ses propres mains. Un auteur fait dire au Pape, dans cette circonstance, que le roi était jeune; qu'il fallait l'instruire et ne pas laisser sur le pied de se permettre ces invasions contre la liberté ecclésiastique. Sur quoi, comme on lui eut représenté que, dans l'élection, le chapitre avait joui d'une liberté entière, si n'était l'exclusion donnée au seul Pierre de la Châtre, il avait ajouté qu'un seul exclu empêchait que la liberté ne fût entière et véritable. Le roi, selon lui, n'avait de parti à prendre que de se pourvoir devant le juge ecclésiastique touchant les causes d'exclusion; auquel cas on ne pouvait lui refuser, non plus qu'aux autres, de l'écouter. Voilà ce qu'un chroniqueur français, Guillaume de Nangis, fait dire au pape Innocent II. Quoi qu'il en soit de l'authenticité de ces paroles, le roi Louis le Jeune défendit qu'on admît le nouvel archevêque dans Bourges, ni dans aucune terre de ses Etats. L'archevêque Pierre se retira sous la protection du comte Thibaud de Champagne. Et comme ce prince avait de grandes terres dans le Berri, presque toutes les églises obéissaient à l'archevêque. Ce prélat, ou le Pape même, mit en interdit tous les domaines du roi, et l'interdit fut rigoureusement observé.

Une autre affaire vint envenimer cette brouillerie. Raoul, comte de Vermandois et parent du roi, était marié depuis longues années avec une nièce du comte de Champagne; mais la reine Eléonore avait une sœur nommée Pétronille. Le comte de Vermandois, déjà vieux, eut envie d'épouser la sœur de la reine. Pour cela, il fallait rompre son mariage avec sa première femme. Il trouva trois évêques complaisants, dont l'un était son frère, les deux autres ses créatures, qui jurèrent qu'il y avait parenté entre les deux époux, et déclarèrent leur mariage nul. Le comte de Vermandois renvoya donc sa femme, nièce du comte de Champagne, et épousa la belle-sœur du roi. Par ces deux faits réunis, il est aisé de voir ce que seraient dévenues et la liberté de l'Eglise et la sainteté des mariages, sous un prince capable de devenir un bon roi, mais trop jeune encore, si une autorité plus haute n'y eût mis obstacle.

Le comte de Champagne porta ses plaintes au pape Innocent II. Saint Bernard lui écrivit pour le même sujet en ces termes : « *Il est écrit que l'homme ne sépare point ce que Dieu a uni* (Matth., 19, 7). Il s'est élevé des hommes audacieux qui n'ont pas craint de séparer, contrairement à Dieu, ceux que Dieu avait unis, et, par un second crime, d'unir ceux qui ne doivent point l'être. Hélas! on foule aux pieds ce qu'il y a de plus sacré dans l'Eglise; on déchire la robe du Christ, et, pour comble de douleur, ce sont ceux-là mêmes qui sont obligés de la conserver intacte. Vos amis, ô mon Dieu, se sont déclarés contre vous; les prévaricateurs de vos lois sont les familiers de votre sanctuaire, les successeurs de ceux à qui vous dîtes autrefois : *Si vous m'aimez, gardez mes commandements* (Joan., 14, 15).

» Dieu avait uni le comte Raoul et sa femme par le ministère de l'Eglise et l'Eglise par Dieu qui lui a donné ce pouvoir. Comment une chambre sépare-t-elle ceux que l'Eglise a unis de la sorte? Il n'y a qu'un point où leur conduite me paraît judicieuse, c'est que cette œuvre de ténèbres a été faite dans les ténèbres; car celui qui fait mal, hait la lumière et évite le grand jour pour n'être pas surpris dans sa malice. Après tout, de quoi le comte Thibaud est-il coupable ? Si c'est d'aimer la justice et de haïr l'iniquité, il l'est en effet; de rendre au roi ce qui est au roi et à Dieu ce qui est à Dieu, il l'est aussi; d'avoir reçu l'archevêque de Bourges, que vous aviez ordonné de recevoir, c'est là sans doute le plus grand de ses crimes. C'est le sujet véritable du mauvais traitement qu'on lui fait. Il n'est en butte aux méchants que pour avoir été trop homme de bien. C'est pourquoi Votre Sainteté est fortement sollicitée par une infinité de gens, de venger l'injure de son fils, de délivrer l'Eglise de l'oppression, de réprimer, avec une fermeté apostolique, les auteurs du crime, et de faire sentir à leur chef la peine que mérite la licence qu'il s'est donnée de faire, au mépris des lois, tout ce qu'il a voulu (S. Bernard, *Epist.* 216).

Sur ces plaintes, le pape Innocent II fit excommunier le comte de Vermandois par le cardinal Yves, son légat en France, qui avait été chanoine régulier de Saint-Victor; les terres de ce comte furent mises en interdit, et les trois évêques, ses complices, furent suspendus de leurs fonctions.

Le roi Louis, emporté par l'ardeur inconsidérée de la jeunesse et par de mauvais conseils, avait fait le serment téméraire de ne jamais reconnaître l'archevêque de Bourges, sacré et institué par le Pape. Pour punir le comte de Champagne de la retraite qu'il donnait à ce prélat persécuté, pour le punir surtout de la plainte qu'il avait portée au chef de l'Eglise sur l'outrage fait à sa nièce par son mari le comte de Vermandois, le roi lui fit la guerre, entra sur les terres de Champagne, y mit tout à feu et à sang, s'y montra plus chef de Vandales que roi de France. Ainsi, l'an 1142, s'étant rendu maître du château de Vitry, il livra tout aux flammes. Treize cents personnes, hommes, femmes, enfants, qui s'étaient réfugiées dans l'église, furent brûlées, avec l'église, de la manière la plus barbare. De là est resté à cette ville le surnom de *Vitry-le-Brûlé* (G. Nang. *apud Pagi*, an 1141, n. 4).

Le comte de Champagne, voyant la désolation de ses peuples, sollicita la paix. Le jeune roi, pour condition première, lui fit promettre avec serment qu'il insisterait auprès du Pape pour faire lever l'excommunication contre le comte de Vermandois, ainsi que l'interdit sur ses terres. Le traité fut conclu par la médiation de saint Bernard, de Josselin, évêque de Soissons, et de Suger, abbé de Saint-Denys. S'il survenait des difficultés pour l'exécution, les trois médiateurs devaient en être les arbitres. Saint Bernard en écrivit au Pape en ces termes : « Nous sommes dans l'affliction, tout le royaume est dans le trouble et la consternation. On n'y voit de tous côtés que sang répandu, que pauvres bannis, que riches et grands emprisonnés. La religion y est foulée et méprisée, la bonne foi et la probité n'y sont plus en assurance, enfin on n'ose même y parler de paix. Peu s'en est fallu que l'innocent et pieux comte Thibaud n'ait été livré à ses ennemis, et n'ait succombé sous leur violence; mais Dieu l'a soutenu, et il s'estime heureux de souffrir pour la justice et pour l'obéissance qu'il vous doit. C'est être heureux en effet, selon l'apôtre, que de souffrir pour la justice; et l'Evangile appelle *heureux ceux qui sont persécutés pour elle* (1. Petr., 3, 14; Matth., 5, 10). Hélas! infortunés que nous sommes, nous avons pressenti nos maux sans pouvoir les éviter, et, pour prévenir enfin la complète désolation du pays et la chute du royaume divisé contre lui-même, votre très-dévoué fils, ce généreux défenseur de la liberté de l'Eglise, s'est vu contraint de jurer qu'il ferait lever l'excommunication fulminée par feu votre légat Yves, contre le pays et la personne du tyran adultère cause de tous les maux et de toutes les douleurs, et contre l'adultère qu'il a épousée. Il s'y est porté par les prières et les conseils de gens sensés et fidèles, qui lui ont fait entendre que vous lui accorderiez facilement cette grâce sans donner atteinte à l'autorité de l'Eglise, étant toujours en notre pouvoir de rétablir cette juste sentence contre le pécheur incontinent, et de la déclarer irrévocable. Ce serait un vrai moyen pour éluder leurs artifices, rétablir la paix et priver le méchant des avantages qu'il se promettait de son injuste puissance. J'aurais beaucoup d'autres choses à vous mander; mais celui qui doit vous parler en est pleinement instruit, et il pourra vous éclairer plus amplement (S. Bern., *Epist.* 217). »

Ce que saint Bernard dit de l'état déplorable du royaume de France pendant les premières années de Louis le Jeune, se voit confirmé par Othon de Frisingue, qui écrivait son excellente *Chronique* dans ce temps-là même. Il dit que la guerre entre le roi et le comte de Champagne occasionna tant de pillages et d'incendies, que, si les mérites, les prières et les conseils des personnes religieuses n'y avaient ramené la paix, la France était regardée comme perdue (Othon Fris., *Chron.*, l. 7, c. 21).

Pour faciliter cette paix, l'excommunication contre le comte de Vermandois fut provisoirement levée. Restait encore l'interdit jeté sur les terres du roi, parce qu'il refusait de reconnaître l'archevêque de Bourges. Le roi avait même juré, dans la colère, qu'il ne le reconnaîtrait jamais. Saint Bernard s'efforçait d'adoucir les esprits de côté et d'autre. Il écrivait à Rome, où l'on trouvait que sa condescendance pour le jeune roi allait un peu trop loin.

« Hélas! écrivait-il à ce sujet aux principaux cardinaux de la cour romaine, hélas! infortunés que nous sommes, nous déplorons nos maux passés, nous gémissons des maux présents, nous en craignons pour l'avenir. Et, pour comble de malheur, les affaires sont dans une situation si fâcheuse, que les coupables refusent de s'humilier, et les juges d'être plus traitables. On crie à ceux-là : Cessez de faire le mal, reconnaissez humblement votre faute; ils ne vous écoutent pas, tant ils sont obstinés dans leurs désordres. Nous conjurons ceux-ci, qui sont chargés de corriger le péché en ménageant le pécheur, de ne briser point le roseau déjà froissé, de n'éteindre pas la mèche qui fume encore, et ils n'en sont que plus inexorables. Si, avec l'apôtre, nous dénonçons aux enfants qu'ils doivent obéir à leurs pères en toutes choses, c'est comme si nous frappions l'air. Si nous avertissons les pères de n'aigrir point leurs enfants, nous nous attirons leur indignation. Ceux qui ont manqué à leur devoir ne peuvent être amenés à reconnaître leur faute, ni ceux qui devraient les redresser, à user envers eux de quelque condescendance. Chacun est entraîné par sa passion et partagé en des factions diverses.

» Hélas! la plaie de l'Eglise n'est pas encore bien fermée, et l'on est sur le point de la rouvrir, de crucifier Jésus-Christ de nouveau, de lui percer le côté, de déchirer ses vêtements, de mettre en pièces, s'il était possible, sa tunique sans couture. Pour peu que vous ayez le cœur sensible, prévenez de si grands maux, détournez une si funeste division d'un royaume où vous savez que les divisions étrangères trouvent leur remède et leur guérison. Si le souverain Juge maudit l'auteur du scandale, quelle source abondante de bénédictions pour ceux qui étoufferont une discorde si pernicieuse!

» On ne peut excuser le roi, premièrement d'avoir fait un serment illicite, secondement d'y persister. Mais il y persiste moins par inclination que par honte. Vous n'ignorez pas que c'est un déshonneur chez les Français de violer un serment, même inconsidéré, quoique tout homme de bon sens soit obligé de convenir qu'il ne faut point tenir ce qu'on a juré contre la raison. Aussi je ne prétends point justifier le roi en cela. Je cherche moins à l'excuser qu'à vous fléchir. Voyez vous-mêmes si la passion, la jeunesse du roi, sa dignité ne méritent pas quelque indulgence. Certainement, pour peu que la miséricorde l'emporte sur la justice, vous aurez quelque égard pour un roi, et pour un roi si jeune encore; vous lui ferez grâce, du moins cette fois, à condition qu'il ne s'ingérera plus à l'avenir dans une pareille entreprise. Cependant je ne demande cette grâce qu'au cas qu'elle ne blesse ni la liberté de l'Eglise ni le respect qu'on doit à l'archevêque que le Pape a sacré. Le roi même, toute l'Eglise de France, assez affligée d'ailleurs, la demandent humblement. Hélas! je languis, je sèche de frayeur à la vue des maux dont le royaume est menacé. Il y a un an je vous fis la même prière; mes péchés furent cause que j'aigris votre colère au lieu de l'adoucir, et cette colère a désolé presque tout le monde chrétien. S'il m'échappa, par un excès de zèle, quelque chose que j'aurais dû supprimer ou dire en d'autres termes, je le désavoue et vous supplie de l'oublier. Si je parlai, au contraire, comme je devais, faites en sorte que je n'aie point parlé inutilement (S. Bern., *Epist.* 219). »

L'excommunication du comte de Vermandois avait été levée provisoirement; mais, comme il ne rompait point son mariage adultère avec la sœur de la reine, le Pape menaçait de l'excommunier de nouveau. Le roi s'en plaignit à saint Bernard, et lui recommanda de l'empêcher, à cause des maux qui en pourraient suivre. Bernard répondit au roi : « Je me suis toujours intéressé, selon mon faible pouvoir, à la gloire de votre personne et au bien de votre royaume. Vous me faites la grâce d'en convenir, et votre propre conscience vous en rend témoignage. Je lui proteste aussi que j'aurai toujours les mêmes sentiments. Mais je ne sais de quelle manière je puis satisfaire à ses sujets de plainte, et empêcher que le Pape n'excommunie de nouveau le comte Raoul. Vous souhaitez que je fasse tous mes efforts pour détourner ce coup; vous m'en faites appréhender les suites funestes. Mais je ne le puis, et, quand je le pourrais, je ne vois pas que je le doive raisonnablement entreprendre; je suis fâché du mal qui en arrivera; mais il ne faut point faire un mal, afin qu'il en arrive un bien. Il est plus sûr d'abandonner à Dieu le soin de cette affaire; il est assez puissant pour exécuter et maintenir le bien qu'il a résolu de faire, pour détourner le mal que les méchants méditent, ou du moins pour le faire retomber sur ceux qui en sont les auteurs.

» Ce qui m'afflige le plus, c'est que Votre Altesse me marque dans sa lettre, que cette affaire est un obstacle au traité de paix conclu entre elle et le comte Thibaud. Peut-elle douter qu'elle n'ait fait une faute considérable d'avoir forcé ce comte, les armes à la main, de jurer, contre toutes les lois divines et humaines, que non-seulement il solliciterait le Pape, mais qu'il l'engagerait à absoudre la personne et la terre du comte Raoul, malgré la justice et la raison ? Pourquoi voulez-vous ajouter un péché à un autre, et pousser à bout la patience de Dieu ? Qu'a fait le comte Thibaud pour encourir une seconde fois votre disgrâce? Ce prince s'est employé fortement pour faire absoudre le comte Raoul contre les règles de la justice; il n'a fait aucune démarche pour le faire excommunier de nouveau, selon le serment qu'il en avait fait, dans la crainte de vous déplaire. Ne veuillez pas, Sire, résister si ouvertement à votre Roi, au Créateur de l'univers, et cela dans son royaume et dans son domaine; n'ayez pas la témérité d'étendre la main si souvent contre celui qui ôte la vie aux princes et qui est terrible aux rois de la terre. Je parle fortement, parce que je crains pour vous de plus fortes punitions; je ne les craindrais pas tant, si je vous aimais moins (S. Bern., *Epist.* 220). »

Le jeune roi n'écouta point ces conseils pacifiques de la sagesse. Il aima mieux les conseils plus flatteurs de quelques courtisans, qui voyaient leur profit dans les troubles de la France. Il se résolut à recommencer la guerre. Alors saint Bernard lui écrivit une lettre encore plus forte que la précédente : « Dieu sait, lui dit-il, combien je vous ai aimé du moment que je vous ai connu, et combien j'ai toujours eu de zèle pour votre gloire; vous-même avez vu l'année dernière mon application infatigable à concerter avec vos fidèles les moyens de rétablir la paix dans votre royaume. Mais je crains que vous ne rendiez mes travaux inutiles. Il paraît en effet que vous quittez avec trop de légèreté le bon parti que vous aviez pris, et qu'un conseil inspiré par le démon vous pousse à renouveler les maux et les ravages que vous vous repentiez d'avoir causés. Quel autre que le démon vous inspirerait le dessein de mettre encore tout à feu et à sang? D'irriter le Père des orphelins et le Juge des veuves, et de contraindre à prêter l'oreille aux cris des pauvres, aux gémissements des captifs et au sang des morts? *Cet ennemi du genre humain fut le premier homicide* (Joan., 8, 44) : de telles victimes lui sont agréables.

» Après tout, ne rejetez point votre péché sur le comte de Champagne. Ce prince vous déclare qu'il est disposé à la paix, il vous la demande instamment aux conditions dont vous êtes déjà convenu ; il promet d'exécuter ponctuellement tout ce qui sera arrêté par ceux qui en furent les médiateurs; il est prêt à réparer, sans aucun délai, toutes les contraventions qu'ils jugeront avoir été faites au traité, au cas qu'il l'ait violé, ce qu'il ne croit pas. Cependant vous n'écoutez point ces propositions de paix; vous ne gardez point la foi que vous avez donnée, vous n'acquiescez point à des conseils salutaires, mais, par un secret jugement de Dieu, vous vous formez de fausses idées de toutes choses; vous regardez comme un affront ce qui est honorable, comme un honneur, ce qui vous déshonore; vous craignez la sécurité, et vous méprisez ce qui est à craindre. On peut vous faire le reproche que Joab faisait au saint roi David : *Vous aimez ceux qui vous haïssent, et vous haïssez ceux qui vous aiment.*

En effet, ceux qui vous excitent à recommencer la guerre contre un prince qui n'a rien fait pour se l'attirer, ne cherchent point votre gloire, mais leur intérêt, ou plutôt la volonté du démon. Se sentant trop faibles pour assouvir leur ressentiment, ces ennemis de votre couronne, ces perturbateurs manifestes du royaume, y font servir votre puissance royale.

» Mais quoi qu'il vous plaise de faire de votre royaume, de votre âme et de votre couronne, nous, enfants de l'Eglise, nous ne pouvons dissimuler les injures de notre mère, qui est méprisée, foulée aux pieds. Nous déplorons ses maux passés, nous sommes sensibles à ses maux présents, nous craignons ceux dont elle est menacée. Nous demeurerons fermes, et nous combattrons pour elle jusqu'à la mort, s'il est besoin; au lieu de boucliers et d'épées, nous emploierons les armes qui nous conviennent, les prières et les larmes. Pour moi, outre mes prières ordinaires pour vous et pour votre royaume, j'avoue que j'ai encore soutenu votre parti auprès du Siége apostolique par mes lettres et par mes agents, presque jusqu'à blesser ma conscience et jusqu'à m'attirer, je n'en dois pas disconvenir, la juste indignation du souverain Pontife. Eh bien! moi, irrité enfin de vos excès continuels, je vous dis que je commence à me repentir de mon imprudence et d'avoir trop excusé votre jeunesse. Désormais, selon mon petit pouvoir, je ne manquerai point à la vérité. Je ne dissimulerai plus que vous cherchez à renouveler alliance avec les excommuniés, que vous conspirez avec les scélérats et les brigands pour verser le sang, brûler les maisons, détruire les églises et ruiner les pauvres; que vous courez au pillage avec le voleur, et que vous faites société avec l'adultère (Psalm., 49, 18), comme si vous n'étiez pas assez puissant par vous-même pour faire le mal, sans vous associer à d'autres. Je ne dissimulerai plus que, non content d'avoir fait un serment illicite et maudit contre l'Eglise de Bourges, par une imprudence qui a été la source funeste d'une infinité de maux, vous expiez enfin ce péché, en défendant que l'on donne un pasteur à Châlons aux ouailles de Jésus-Christ; en permettant, contre les lois de la justice, que votre frère mette ses troupes en garnison dans les maisons épiscopales, que les biens de l'Eglise soient pillés et employés à des usages profanes et criminels. Je vous le dis, si vous continuez, votre péché ne sera pas longtemps impuni. C'est pourquoi, mon seigneur et roi, je vous exhorte et vous conseille, comme un fidèle ami, de vous désister promptement de cette malice, et de vous humilier, à l'exemple du roi de Ninive, afin de prévenir la main déjà levée pour vous frapper. Je parle durement, parce je crains pour vous des choses plus dures encore ; mais souvenez-vous de ces paroles du Sage (Prov., 27, 6) : *Les blessures d'un ami valent mieux que les baisers d'un ennemi* (S. Bern., *Epist.* 221). »

Le roi écrivit à saint Bernard, pour justifier sa conduite par diverses raisons. Le saint en écrivit aux deux principaux conseillers du roi, Joscelin, évêque de Soissons, et Suger, abbé de Saint-Denys. « J'ai exposé au roi, leur dit-il, les désordres qui se commettent dans son royaume, et qu'on dit même autorisés par lui. Comme vous êtes de son conseil, j'ai jugé à propos de vous communiquer sa réponse.

Est-il possible qu'il soit persuadé de ce qu'il m'écrit? et, s'il ne l'est point, prétend-il me le persuader, moi qui suis, comme vous savez, pleinement instruit de tout ce qui s'est fait pour le rétablissement de la paix? Afin de me convaincre qu'il y a, de la part du comte de Champagne, une contravention au traité, voici ses propres termes; vous les lirez dans sa lettre. *Les évêques sont encore suspens, mon royaume est en interdit.* Comme si le comte Thibaud était maître de faire lever un interdit ecclésiastique, ou qu'il s'y fût obligé. *On s'est joué*, dit-il, *du comte Raoul, en renouvelant son excommunication.* N'a-t-il pas travaillé de bonne foi à faire réussir ce qu'il a promis? N'a-t-il pas pleinement exécuté sa parole? Le comte Raoul a été surpris dans sa malice; il est tombé dans la fosse qu'il s'est creusée. Est-ce donc là une raison suffisante pour rompre un traité solennel? un motif capable d'enflammer la colère du roi contre Dieu et son Eglise, au préjudice de sa propre personne et de son royaume? Fallait-il que le roi s'oubliât pour un sujet si léger, jusqu'à envoyer son frère à la tête d'une armée, perdre et ravager les terres d'un prince, son vassal, sans lui avoir déclaré la guerre ni signifié même les raisons de cette rupture? Fallait-il, de plus, qu'il commençât cette expédition par la prise de Châlons, au préjudice du traité particulier qu'il avait fait avec ce prince au sujet de cette ville? »

Saint Bernard, après avoir réfuté de même d'autres prétextes allégués par le roi, s'adresse aux deux conseillers en ces termes : « Après tout, je suppose que le comte de Champagne ait tort; pourquoi s'en prendre à l'Eglise? Quel mécontentement ont donné au roi non-seulement l'Eglise de Bourges, mais celles de Châlons, de Reims, de Paris? qu'il se fasse justice à l'égard du comte; mais de quel droit, je vous prie, pille-t-il les terres et les biens des Eglises? empêche-t-il que les brebis du Christ n'aient des pasteurs, tantôt en s'opposant au sacre des évêques élus; tantôt, ce qui est sans exemple, en ordonnant qu'on diffère l'élection jusqu'à ce qu'il ait consumé le bien des Eglises, dissipé le patrimoine des pauvres, ravagé tout le diocèse? Sont-ce là les conseils que vous lui donnez? D'un côté, il est peu croyable qu'il agisse contre votre avis; de l'autre, il est encore moins croyable que vous ayez l'âme assez noire pour lui inspirer de si mauvais desseins. Ce serait évidemment vouloir faire un schisme, se révolter contre Dieu, réduire l'Eglise en servitude, anéantir la liberté ecclésiastique. Tout chrétien zélé, tout digne fils de l'Eglise s'opposera, comme un mur, pour la défense de la maison de Dieu. Et vous, si vous êtes enfants de la paix, si vous aimez celle de l'Eglise, comment pouvez-vous, je ne dis pas traiter de telles affaires, mais assister à un conseil d'Etat si injuste? On a droit d'imputer tout le mal qu'un jeune roi peut commettre, à des ministres que l'âge et l'expérience rendent inexcusables (S. Bern., *Epist*. 222). »

L'évêque de Soissons et l'abbé de Saint-Denys se plaignirent tous deux à saint Bernard, le premier surtout, avec une certaine amertume, de ce qu'il les supposait aimant la division et le schisme, et fomentant le scandale. Bernard répondit à l'évêque de Soissons qu'il ne l'avait ni dit, ni écrit, ni pensé, et que, toutefois, il lui demandait pardon de cette offense prétendue, voulant ne répondre au blâme que par des prières. « Au reste, ajouta-t-il, afin que vous ne pensiez pas que mes soumissions et mes excuses m'ôtent l'esprit de liberté, j'ai vu, je l'avoue, et je vois encore avec douleur, que vous manquez du courage qu'il faudrait pour venger les outrages du Christ et pour défendre la liberté de l'Eglise. Cette douleur m'a contraint de vous dire des duretés, mais non pas celles que vous me reprochez. Je croyais, et je croirais encore, si je n'appréhendais de vous offenser, qu'il ne vous suffit pas de n'être point auteur du schisme; que vous devez, de plus, résister avec fermeté à ceux qui le font, de quelque qualité qu'ils puissent être; que vous devez avoir en horreur leur conseil et leur cabale. Je croirais qu'il vous serait glorieux de pouvoir dire avec David : *Je déteste l'assemblée des méchants, je ne veux point prendre place avec les impies* (Psal. 25, 5). Ce zèle ne convenait-il qu'au prophète? ne siéd-il pas au prêtre du Seigneur? lequel doit dire dans un même esprit : *Seigneur, je hais ceux qui vous haïssent, je brûle de zèle contre vos ennemis* (S. Bern., *Epist*. 138, 21).

« Plût à Dieu! je le dis sans blesser le respect que je vous dois, plût à Dieu que vous eussiez fait éclater un zèle semblable envers un jeune roi qui, emporté par une passion cruelle plutôt que par une légèreté d'esprit ordinaire de son âge, se moque de vos conseils salutaires et de la parole qu'il a donnée, trouble sans aucun motif tout son royaume, s'attaque au ciel et à la terre, ravage l'Eglise, profane le sanctuaire, favorise les méchants, persécute les gens de bien, fait mourir les innocents! Que ne gémissez-vous de tant de maux! que ne tâchez-vous d'en arrêter le cours! Mais je n'ai pas la témérité d'enseigner un docteur consommé, moins encore de reprendre un évêque, à qui il appartient de reprendre celui qui pèche, de redresser celui qui s'égare (*Ibid*., *Epist*. 123). »

Cependant saint Bernard et son ami Hugues, évêque d'Auxerre, faisaient tous leurs efforts pour amener une réconciliation entre le roi et le comte de Champagne, et mettre un terme aux maux de la guerre. Il y eut à ce sujet une conférence à Corbeil, mais sans résultat. Les deux médiateurs s'en plaignirent au roi même : « Nous sommes depuis longtemps hors de chez nous; nous abandonnons nos affaires pour travailler à la paix de votre royaume. Nous le faisons avec toute la fidélité possible, Dieu en est témoin, cependant nous déplorons le peu de succès de nos travaux. Les pauvres ne cessent point de crier après nous, la désolation du pays augmente de jour en jour. De quel pays, demandez-vous? Du vôtre. Tous ces désordres arrivent dans le sein de vos propres Etats, et en causent la destruction; car, amis ou ennemis, ce sont vos sujets mêmes que cette guerre appauvrit, réduit en prison, ruine sans ressource. N'appréhendez-vous pas que cette parole du Sauveur ne se vérifie à votre égard : *Tout royaume divisé contre lui-même sera détruit* (Luc., 11, 17)? Bien plus, ceux qui le divisent et le désolent vous mettent à leur tête, comme si vous étiez l'auteur de tous ses maux; vous qu'ils devraient redouter comme le défenseur du royaume et le vengeur de ses sujets. Nous nous flattions d'abord qu'enfin Dieu vous avait touché et éclairé ; que, convaincu de leur malice et de vos égarements, vous étiez résolu de sortir de leurs pièges, d'embrasser un parti plus salutaire. Mais, hélas! la conférence de Corbeil a presque fait évanouir nos espérances; nous fûmes renvoyés, permettez-nous de le dire, d'une manière peu raisonnable. Le trouble et l'agitation que vous fîtes paraître nous ôta la liberté de vous éclairer sur ce qui vous avait choqué dans notre discours. Si vous aviez daigné nous donner une audience paisible, nous nous persuadons que vous auriez reconnu que, dans la situation où sont les affaires, on ne vous proposait rien que d'honnête et de raisonnable. Votre trouble nous jette nous-mêmes dans le trouble et la consternation, nous rend incertains et irrésolus sur le parti que nous devons prendre, quelque bien intentionnés pour vous que nous puissions être. Voilà ce que causent des esprits brouillons et peu éclairés, qui vous intimident par de faux bruits, qui confondent le bien et le mal, et lui font prendre l'un pour l'autre. Les deux négociateurs finissent par envoyer au prince une personne de confiance pour lui expliquer leurs intentions de vive voix, et savoir les siennes (S. Bern., Epist. 226). »

Saint Bernard, qui avait plaidé si vivement la cause du roi auprès du Pape, voyant que le prince ne tenait point ses promesses, se crut obligé d'en informer le chef de l'Eglise. Il écrivit donc au cardinal-évêque de Palestrine : « Jérémie se plaint de ses ennemis en ces termes : *Souvenez-vous, Seigneur, que je me suis présenté à vous pour vous parler en leur faveur; que j'ai tâché de détourner d'eux votre colère*. Et il conclut : *Réduisez donc leurs enfants à la mendicité, donnez-les en proie au glaive* (Jérém., 18, 20). Ce sont les imprécations du prophète. Comme je me trouve dans un cas semblable, je m'applique ce passage, et je le cite avec révérence; car vous savez avec quelle chaleur j'ai soutenu les intérêts du roi auprès du Pape, absent de corps, mais présent en esprit. Je l'ai fait sur les belles promesses dont il m'a flatté. Aujourd'hui qu'il rend le mal pour le bien, je suis obligé de me dédire. Je suis confus de m'être leurré de vaines espérances, et vous rends grâces de m'avoir refusé ce que je vous demandais par trop de simplicité. Je m'imaginais avoir de la déférence pour un roi pacifique; et voilà que je me trouve avoir eu une basse complaisance pour le plus grand ennemi de l'Eglise. Hélas, on foule aux pieds les choses saintes, on réduit l'Eglise à une honteuse servitude ; on s'oppose aux élections des évêques, et si le clergé ose en élire quelqu'un, on lui interdit les fonctions de l'épiscopat. Paris languit sans pasteur, nul n'a la hardiesse d'en murmurer et de s'en plaindre. On pille les maisons épiscopales, on porte des mains sacrilèges sur les terres et les vassaux qui en dépendent, on se saisit des revenus par avance. Il y a déjà longtemps que Châlons s'est élu un évêque, mais il n'en a que le nom. Jugez quel dommage en souffre le troupeau du Seigneur. Le roi substitue son frère Robert à la place de l'évêque, et ce prince, exécutant sa commission avec rigueur, dispose en maître absolu des biens de l'Eglise, fait retentir tous les jours jusqu'au ciel la voix des victimes qu'il immole, les cris des opprimés, les larmes des veuves, les plaintes des orphelins, les gémissements des prisonniers, le sang des mourants. Et comme si sa fureur trouvait les bornes de cet évêché trop étroites, il l'étend sur celui de Reims, sur ce pays des saints, sans épargner ni prêtres, ni moines, ni religieuses. Ces régions fertiles, ces bourgs si populeux de Sainte-Marie, de Saint-Remi, de Saint-Nicaise, de Saint-Thierri, ne sont presque plus qu'un affreux désert, tant il y a répandu de sang. On entend dire de toutes parts : *Faisons notre héritage du sanctuaire de Dieu* (Psalm. 82). C'est ainsi que le roi répare le tort qu'il a fait à l'Eglise de Bourges, par un serment aussi cruel que celui d'Hérode. » Saint Bernard parle ensuite des prétextes que le roi mettait en avant pour rompre la paix conclue avec le comte de Champagne, et prie l'évêque de Palestrine d'exciter le Pape à réprimer ces désordres (S. Bern., Epist. 224).

Mais le pape Innocent II mourut avant la conclusion de cette affaire. Lui-même vit des troubles semblables à Rome. Depuis longtemps il avait excommunié les Tiburtins, et tenait leur ville assiégée; enfin il les contraignit à se rendre à des conditions raisonnables. Mais les Romains n'en furent pas contents, se souvenant d'avoir été battus l'année précédente en une sortie que firent les assiégés. Ils voulaient donc que le Pape ne pardonnât aux Tiburtins, qu'à condition d'abattre leurs murailles et de sortir tous de la province, et, irrités de ce qu'il les avait traités humainement, ils firent une sédition, s'assemblèrent au Capitole, rétablirent le sénat aboli depuis longtemps, prétendant renouveler ainsi l'ancienne dignité de Rome, et recommencèrent la guerre contre les Tiburtins. Le Pape s'opposa autant qu'il put à leur dessein, employant les menaces et les présents; car, dit Othon de Frisingue, il prévoyait que l'Eglise pourrait perdre un jour par là l'autorité temporelle sur Rome, qu'elle avait reçue de Constantin, et toujours conservée depuis. Au milieu de ces efforts pour ramener le peuple, Innocent II tomba malade et mourut le 24 septembre 1143, après treize ans et sept mois de pontificat. Deux jours après, on élut le cardinal Gui de Castel, Toscan de nation, qui fut nommé Célestin II, mais ne tint le Saint-Siége que cinq mois (Othon Frising., *Chron.*, l. 7, c. 27).

Il était connu en France pour y avoir été disciple d'Abailard dans sa jeunesse, et depuis légat d'Innocent. Un annaliste contemporain a dit de lui qu'il avait été distingué par les trois sortes de qualités qui contribuent le plus à la réputation d'un homme de son rang, la naissance, l'érudition et une capacité universelle dans les emplois (*Chron. Mauriniac.*). Son élection eut quelque chose d'unique. Le peuple de Rome était travaillé d'une révolution politique. Les meneurs cherchaient à secouer la souveraineté temporelle du Pontife romain. L'élection seule d'un Pape avait souvent donné lieu à des troubles qui agitaient le monde entier. Une élection dans des conjonctures pareilles laissait à craindre des troubles bien plus graves. Tout le contraire arriva. Au lieu d'augmenter l'agitation existante, l'élection du nouveau Pape la calma tout à coup. Les cardinaux, aux acclamations du clergé et du peuple de Rome, le choisirent d'une voix unanime. C'est ce que lui-même témoigne dans sa lettre du 6 novembre à Pierre le Vénérable, abbé de Cluny, qui avait déjà appris son élection d'ailleurs, et la regardait comme un miracle (Baron. et Pagi, an 1143; Labbe, t. X; Mansi, t. XXI).

Célestin II était à peine sur le Siége de saint Pierre, qu'il reçut de France deux ambassades : l'une du roi Louis le Jeune, l'autre du comte Thibaut de Champagne. Le roi le priait de lever l'interdit qui pesait depuis deux ans sur son royaume ; le comte, appuyé d'une lettre de saint Bernard, le priait de ménager sa paix avec le roi. Les esprits étaient disposés à une réconciliation sincère. Le roi consentait à reconnaître l'archevêque de Bourges, et à rendre aux églises la liberté des élections. Toutes les clauses ayant été réglées d'avance, les ambassadeurs eurent une audience publique; ils assurèrent le Pontife de l'obéissance du roi, et le prièrent de le lever l'interdit qui avait été jeté par son prédécesseur sur quelques provinces du royaume. Le Pape, ayant écouté et reçu leur prière, se leva de son siége; puis, se tournant vers la France, et étendant la main de ce côté en forme de bénédiction, il déclara l'interdit levé et les peuples absous (*Chron. Maurin.; apud Pagi*, an 1143, n. 7).

La réconciliation du roi Louis le Jeune avec l'Église fut si sincère, que, pour expier les fautes de sa jeunesse, nous lui verrons entreprendre le voyage de la terre sainte. Il ne se réconcilia pas moins sincèrement avec le comte de Champagne, car nous lui verrons plus tard épouser une de ses filles. Quant à Pierre de la Châtre, archevêque de Bourges, il se montra toujours un digne prélat. Il sut gagner jusqu'aux bonnes grâces du roi, et lui faire regretter de l'avoir connu trop tard. Il lui rendit d'importants services, en qualité de primat d'Aquitaine (*Acta patriarch. Biturrig.*; Labbe, *Biblioth. nov.*, t. II).

Célestin II, dont il existe quelques lettres sur des affaires particulières, mourut le 9 mars 1144. Trois jours après, le dimanche 12, le cardinal-prêtre Gérard fut élu pape et couronné sous le nom de Lucius II. Il était natif de Bologne et chanoine régulier. Honorius II le fit cardinal de Sainte-Croix et bibliothécaire de l'Eglise romaine. Innocent II, connaissant son mérite, le fit chancelier après la mort d'Aimeric, et, en mourant, lui confia les biens de l'Eglise romaine.

Lucius II, dans un concile ou conseil auquel assistèrent entre autres Raimond, archevêque de Tolède, et Henri, évêque de Winchester, termina le différend qui durait depuis si longtemps entre l'archevêque de Tours et l'évêque de Dol, touchant la juridiction sur les évêques de Bretagne. Le pape Urbain II l'avait adjugée à l'archevêque de Tours cinquante ans auparavant. Lucius II confirma cette sentence par une bulle du 15 mai 1144, avec cette restriction, toutefois, que l'évêque Geoffroi de Dol, tant qu'il gouvernerait cette Eglise, aurait le *pallium* et ne serait soumis qu'au Pape (Mansi, t. XXI). Le même Pape confirma la primatie déjà donnée à l'Eglise de Tolède par Urbain II sur toute l'Espagne, cinquante-six ans auparavant (*Ibid.*).

Cependant, à Rome, le parti des révolutionnaires, imbu des maximes subversives d'Arnaud de Bresce, remuait de nouveau pour ôter au Pape la souveraineté temporelle, disant qu'à la manière des anciens pontifes, il ne devait vivre que des dîmes et des oblations des fidèles. Ils tâchèrent de mettre dans leur parti le roi d'Allemagne, Conrad, qu'ils appelaient pompeusement *le seigneur de Rome et de l'univers*. Lucius II lui écrivit de son côté. Conrad rejeta les propositions des rebelles, et, ayant reçu avec honneur les légats du Pape, il les congédia avec l'assurance qu'il s'emploierait toujours pour la défense des droits du Saint-Siége (Othon Fris., *De gest. Frider.*, l. 1, c. 27).

Tandis que des rêveurs politiques voulaient ôter Rome aux Papes, sans lesquels Rome n'eût plus même existé, sans lesquels Rome ne pourrait pas même dominer le nouvel univers, que Ninive et Babylone qui ne sont plus, la Providence leur montrait que la gloire, la puissance, l'empire de Rome chrétienne ne sont et ne peuvent être que dans le successeur de saint Pierre.

L'an 1139, Alphonse-Henriquez, comte de Portugal, remporte, le 25 juillet, une grande victoire sur cinq rois maures. Il est proclamé roi sur le champ de bataille par ses soldats. Le nouveau roi de Portugal envoya au pape Lucius II l'archevêque de Bretagne avec la charte suivante : « A Lucius II, Alphonse, roi de Portugal. Sachant que les clés du royaume des cieux ont été données au bienheureux Pierre par Notre Seigneur Jésus-Christ, j'ai voulu l'avoir pour patron et avocat auprès du Dieu tout-puissant, afin que, dans la présente vie, je ressente son secours et conseil dans mes besoins, et que, par le suffrage de ses mérites, je puisse parvenir à la félicité éternelle. C'est pourquoi, moi Alphonse, par la grâce de Dieu, roi de Portugal, par la main du seigneur Gui, cardinal-diacre et légat du Siége apostolique, j'ai fait hommage à mon seigneur et père, le pape Innocent, et j'offre aussi ma terre au bienheureux Pierre et à la sainte Eglise romaine, sous le cens annuel de quatre onces d'or, avec cette clause et teneur, que ceux qui tiendront ma terre après ma mort paieront le même cens au bienheureux Pierre chaque année, et que moi, comme étant le propre soldat de saint Pierre et du Pontife romain, j'obtiendrai, tant pour ma personne que pour ma terre et ce qui peut intéresser sa dignité et son honneur, la protection et l'assistance du Siége apostolique, et que je ne reconnaîtrai jamais dans ma terre l'autorité d'aucune puissance, soit ecclésiastique, soit séculière, si ce n'est celle du Siége apostolique ou celle de son légat. Cette charte d'oblation et d'assurance a été faite aux ides de décembre, en 1180, c'est-à-dire le 13 décembre 1142. Moi Alphonse, roi de Portugal, j'ai fait faire cette charte, et, de grand cœur, je la confirme de ma main, en présence de témoins légitimes. » C'étaient les évêques de Brague, de Coïmbre et de Portugal ou Porto, qui souscrivirent après le roi. Le pape Lucius II accepta le renouvellement de cet hommage, fait au nom du roi par l'évêque de Brague, et en écrivit au prince une lettre que nous avons encore (Mansi, t. XXI). C'est ainsi que le fondateur du royaume de Portugal en sanctifia l'origine.

On voit ici en quoi consistait réellement la gloire, la grandeur et la puissance de Rome chrétienne : c'est dans cette soumission volontaire des royaumes chrétiens sous son autorité protectrice, même dans le temporel. Ceux des Romains qui ne voulaient à Rome d'autre souverain qu'un roi allemand, qu'ils appelaient *le seigneur de l'univers*, étaient de vrais fous.

Si Rome n'avait eu d'autre maître qu'un roi allemand, elle n'eût pas plus été la capitale de l'empire, et surtout de l'univers, que Hambourg ou Cracovie. Au lieu de concilier à Rome l'empire du monde chrétien, l'empire de l'univers régénéré, leurs folles prétentions n'allaient qu'à le lui faire perdre. Il faudra que les Papes sauvent Rome contre l'aveuglement imbécille de quelques Romains, comme ils l'ont sauvée contre la fureur des Barbares.

Tandis que Lucius II était tracassé par les émeutiers de Rome, il était chagriné de l'autre par le Normand Roger, premier roi de Sicile, qui, oubliant ses obligations envers le Saint-Siège, avait recommencé la guerre dans l'Italie méridionale.

Le Pape, quoique malade, eut une entrevue avec lui, et, ne pouvant encore faire une paix durable, conclut au moins une trêve. C'est ce que le Pape écrit, le 22 septembre 1144, à Pierre le Vénérable, abbé de Cluny, en lui demandant treize de ses moines pour les placer à Rome dans le monastère de Saint-Sabas (Mansi, t. XXI).

Dans l'Italie septentrionale, la plupart des villes étaient ou liguées ou en guerre les unes contre les autres : Vérone et Vicence contre Padoue et Trévise, Pise contre Lucques, Venise contre Ravenne.

Le pape Lucius II travaillait à les ramener à la paix, et il parvint, ce semble, à réconcilier les Vénitiens et les Pisans (Dandul., *Chron.*, t. XII, *Rer. Italic.*) Mais ce Pontife mourut après un pontificat de onze mois et quatorze jours. Suivant un auteur, il avait réduit par la force les factieux de Rome; suivant d'autres, il essaya vainement de les réduire (Card. Aragon., *In vit. Lucii II;* Gotefried. Viterb., *In Pantheo*). Quoi qu'il en soit, il mourut le 25 février 1145.

Le 27 du même mois, les cardinaux élurent, sous le nom d'Eugène III, Bernard de Pise, moine de Clairvaux, puis abbé de Saint-Anastase, à Rome. Il fut intronisé le même jour dans la chaire pontificale de Latran. Il devait être sacré le dimanche d'après. Mais, ayant su que les factieux voulaient profiter de la circonstance pour lui faire confirmer leurs entreprises politiques, il sortit secrètement de Rome avec les cardinaux, et fut ordonné dans le monastère de Farfe, le 4 mars (Pagi).

Le nouveau Pape était à Viterbe, lorsqu'il lui vint une députation des évêques d'Arménie et de leur catholique ou patriarche, qui avait, suivant eux, plus de mille évêques sous sa juridiction. Ils avaient été dix-huit mois à faire leur voyage. Arrivés à Viterbe, ils saluèrent le Pape, et lui offrirent de la part de leur Eglise une soumission pleine et entière. L'historien Othon, évêque de Frisingue, était présent à l'audience. Les députés d'Arménie venaient consulter l'Eglise romaine et se rapporter à son jugement sur les différends qu'ils avaient avec les Grecs ; car ils ne mettaient point d'eau dans le vin pour le saint sacrifice, comme font les Grecs et les Latins, quoiqu'ils y emploient du pain levé comme les Grecs. De plus, ils ne font qu'une fête de Noël et de l'Epiphanie. Ils venaient donc chercher le jugement de l'Eglise romaine sur ces différends et autres, et demandaient encore qu'on leur donnât la forme du sacrifice suivant l'usage de Rome. Le Pape les reçut avec beaucoup de joie, les fit assister à la messe, de manière à voir de près ce que le saint sacrifice a de plus secret, et il leur recommanda d'observer tout exactement. Un des députés, qui était évêque, assistant à la messe le 18 novembre, jour de la dédicace de Saint-Pierre de Rome, vit sur la tête du Pape officiant, un rayon de soleil et deux colombes qui montaient et descendaient, sans qu'il pût découvrir par où entraient ces colombes et cette lumière. Convaincu que c'était un miracle, et d'autant plus porté à rendre obéissance au Saint-Siége, il raconta à tout le monde ce qu'il avait vu. Le Pape, bien loin d'attribuer cette merveille à ses propres mérites, assurait que Dieu l'avait accordée à la foi de l'évêque arménien, afin que l'Eglise qui l'avait envoyé reconnût encore mieux la vertu des sacrements, ainsi que le respect et la forme avec lesquels il fallait les traiter. Voilà ce que rapporte l'historien Othon de Frisingue, qui était alors présent à Viterbe (*Chron.*, l. 7, c. 32).

Le pape Eugène III, né à Pise, était vidame ou premier juge de l'évêque de cette ville, quand il quitta cette dignité et le monde même pour venir à Clairvaux se faire moine sous la discipline de saint Bernard. Aussi le saint abbé le regardait-il et l'aimait-il comme son fils et son élève. Il fut bien émerveillé d'apprendre qu'il avait été élu pape, d'autant plus qu'il n'était point cardinal. Dans l'étonnement où le jetait cette nouvelle, il écrivit ainsi aux cardinaux :

« Dieu vous le pardonne ! qu'avez-vous fait ? Vous avez rappelé parmi les hommes, un homme qui était déjà dans le tombeau. Vous avez replongé dans la foule et dans les affaires, celui qui fuyait les affaires et la foule. Du dernier, vous avez fait le premier, et voilà que son dernier état est plus dangereux que l'autre. Celui qui était crucifié au monde, vous le faites revivre au monde ; celui qui avait choisi d'être un rebut dans la maison de son Dieu, vous l'avez choisi pour le seigneur de tout le monde. Pourquoi avez-vous renversé les desseins du pauvre, les résolutions du pénitent ? Il courait dans la voie du ciel : d'où vous est venue la pensée d'environner ses sentiers d'épines, de le détourner de son chemin, d'embarrasser ses pas ? Comme s'il descendait de Jérusalem, au lieu d'y monter de Jéricho, il est tombé aux mains des larrons. Après s'être arraché aux mains cruelles du démon ; aux attraits de la chair, à la gloire du siècle, il n'a pu échapper à vos mains. N'a-t-il abandonné Pise que pour avoir Rome ? N'a-t-il cessé d'être vidame d'une Eglise particulière que pour recevoir la domination dans l'Eglise universelle ?

» Pour quelle raison, par quel conseil vous êtes-vous résolus, après la mort du souverain Pontife, à vous jeter brusquement sur un homme élevé à la campagne, à l'arracher de la solitude, à lui ôter des mains sa bêche et sa cognée, à le traîner au palais et à le faire asseoir sur le trône, à le revêtir de la pourpre, à le ceindre du glaive pour exercer la justice parmi les nations, corriger les peuples, enchaîner leurs rois par des entraves, et leurs princes par des menottes de fer (Psalm. 149) ? N'aviez-vous donc point parmi vous un homme sage et expérimenté, à qui ces choses convinssent mieux ? Ne semble-t-il pas ridicule de prendre un petit homme couvert de haillons pour présider aux souverains, commander aux évêques, disposer des royaumes et des empires? En vérité, cela est ou ridicule ou miraculeux. Je ne saurais nier que c'est peut-être l'ouvrage de Dieu, qui se plaît à faire des prodiges, d'autant plus que j'entends dire de toutes parts, à une foule de personnes, que c'est le Seigneur qui a fait cela. Je n'ai pas oublié qu'autrefois le même Dieu tira plusieurs d'une vie obscure et champêtre, pour en faire les conducteurs de son peuple. Et, pour n'en rappeler qu'un exemple, ne choisit-il pas David, son serviteur, pour de berger le faire roi? Notre Eugène peut donc avoir été choisi par un coup du Ciel.

» Cependant je ne suis pas sans inquiétude; je crains qu'étant modeste et accoutumé au repos, il ne s'acquitte pas des fonctions pontificales avec toute l'autorité nécessaire. Quels pensez-vous que soient maintenant les sentiments d'un homme que l'on arrache tout d'un coup du secret de la contemplation et de la solitude du cœur, comme un enfant du sein de sa mère, pour le produire en public et le mener, comme une victime, à des occupations nouvelles et désagréables? Hélas! si la main de Dieu ne le soutient, il succombera infailliblement sous un fardeau inaccoutumé, formidable aux géants et aux anges mêmes. Mais puisque l'affaire est faite, que la plupart croient que Dieu s'en est mêlé, vous êtes engagés, mes très-chers Pères, à maintenir votre propre ouvrage par votre zèle et votre attachement (S. Bern., *Epist.* 237). »

Quelque temps après, saint Bernard écrivit au Pape même, son ancien disciple. Voici en quels termes : « Au bienheureux père et seigneur, par la grâce de Dieu, souverain Pontife Eugène, Bernard, dit abbé de Clairvaux, offre le peu qu'il est. Il a été entendu dans notre terre, on a publié partout ce qu'a fait de de vous le Seigneur. Jusqu'à présent j'ai retenu ma plume, je considérais silencieusement la chose. J'attendais vos lettres, j'attendais à être prévenu par vous dans les bénédictions de la douceur. J'attendais un homme fidèle, venant de votre part, qui me dît en détail comment tout s'était passé. J'attendais qu'un de mes fils vînt adoucir la douleur du père et lui dire : *Joseph, votre fils est encore vivant, et c'est lui qui règne dans toute la terre d'Egypte* (Genes., 45, 6). C'est donc malgré moi que je vous écris; cette lettre m'a été extorquée par mes amis, à qui je ne puis refuser le peu de vie qui me reste. Il me reste en effet peu de jours à vivre, et je n'attends plus que le tombeau. Cependant, puisque j'ai commencé, je parlerai à mon seigneur; car je n'ose plus l'appeler mon fils, parce que le fils est devenu le père, et le père est devenu le fils. Celui qui est venu après moi a été mis au-dessus de moi. Je n'en suis point jaloux, car ce qui me manquait, j'espère l'avoir en celui qui, non-seulement est venu après moi, mais encore par moi. Oui, si vous daignez l'avouer, c'est moi qui, en quelque sorte, vous ai engendré par l'Evangile. Quelle est donc notre espérance, et notre joie, et notre couronne de gloire? N'est-ce pas vous devant Dieu? Enfin le fils sage est la gloire du père. Désormais, cependant, vous ne serez plus appelé du nom de fils, mais d'un nom nouveau que le Seigneur lui-même vous a donné. La main du Très-Haut a fait ce changement, et beaucoup s'en réjouiront. Abram fut appelé *Abraham*, Jacob fut appelé *Israël* ; et, pour vous citer l'exemple de vos prédécesseurs, Simon fut surnommé *Pierre*, Saul prit le nom de *Paul.* Ainsi, par un changement heureux et que je présume devoir être utile à l'Eglise, Bernard, mon fils, se nomme Eugène et devient mon père. Le doigt de Dieu est là, qui tire de la poussière l'indigent, qui suscite du fumier celui qui est pauvre, pour le mettre au rang des princes et le faire asseoir sur le trône de la gloire.

» Après ce changement, il ne vous reste qu'à faire changer de nom et d'état à l'Eglise que Dieu vous confie, en sorte qu'elle se nomme *Sara*, et non plus *Saraï*. Comprenez cette énigme; j'espère que Dieu vous en donnera l'intelligence. Si vous êtes ami de l'Epoux, n'appelez point son épouse *ma* princesse, mais *la* princesse. Au lieu de vous approprier ce qui est à elle, soyez prêt à lui sacrifier votre propre vie. Si c'est le Christ qui vous envoie, vous penserez que vous êtes venu, non pour être servi, mais pour servir, non-seulement de ce qui est à vous, mais de votre vie même. Le vrai successeur de Paul doit dire avec Paul : *Nous ne dominons point sur votre foi, nous ne sommes que les coopérateurs de votre allégresse* (2. Cor., 1, 23). L'héritier de Pierre écoute Pierre, disant : *Ne dominons point sur l'héritage du Seigneur, mais soyons les modèles du troupeau* (1. Petr., 5, 3). C'est par ce moyen que l'épouse, devenue libre d'esclave qu'elle était, méritera par sa beauté les doux embrassements de son époux. De quel autre que de vous attendra-t-elle sa liberté, si, ce qu'à Dieu ne plaise, vous cherchiez dans l'héritage du Christ vos propres intérêts, vous qui avez renoncé précédemment, je ne dis pas à vos propres biens, mais à vous-même? L'Eglise des saints ose donc se promettre de vous ce qu'elle n'a point attendu depuis longtemps de vos prédécesseurs. Aussi se réjouit-elle partout, dans le Seigneur, de votre exaltation, surtout cette portion de l'Eglise qui vous a formé dans son sein et nourri de son lait. Quoi donc? serai-je seul qui n'aurai point de part à cette joie universelle? Oui, j'en ressens; mais ma joie, je l'avoue, est tempérée par la crainte. Quoique j'aie perdu le titre de père à votre égard, j'en ai les frayeurs et les inquiétudes, j'en conserve les sentiments et les entrailles. J'envisage votre élévation et je tremble pour votre chute. Je vous vois au comble de la grandeur, et j'aperçois l'abîme ouvert sous vos pieds. Je suis ébloui de l'éclat de votre dignité, et je frémis à la vue du danger que vous courez. *Elevé dans la gloire*, dit l'Ecriture, *l'homme n'en a pas eu l'intelligence* (Psalm. 48, 13). Dans ces paroles, elle marque la cause et non pas le temps; comme si elle disait : Sa gloire a absorbé son intelligence.

» Vous aviez choisi d'être abject dans la maison de votre Dieu, d'être assis à la dernière place dans son festin; il a plu à celui qui vous y avait invité de vous dire : *Mon ami, montez plus haut* (Luc., 14, 10). Vous êtes donc monté; mais bien loin de vous enorgueillir, tremblez, de peur que vous ne soyez réduit à dire avec douleur : *Vous m'avez élevé, Seigneur, dans votre colère; je ne suis monté que pour tomber de plus haut* (Psalm. 101, 11). Il vous est échu un lieu plus élevé, mais pas plus sûr. C'est un lieu terrible; c'est une terre sainte. C'est la place de Pierre, la place du prince des apôtres, où ses pieds se sont arrêtés. C'est la place de celui que le Seigneur a constitué le seigneur de sa maison et le prince de tout son domaine. Si vous vous détourniez de la voie du Seigneur, c'est là qu'il est enseveli pour rendre témoignage contre vous. Il était juste que l'Eglise naissante fût gouvernée par un père et un pasteur aussi saint; il était nécessaire qu'elle apprît, par ses instructions et sa conduite, à fouler aux pieds toute la pompe du monde; ses mains étaient pures, son cœur était désintéressé. Il disait avec assurance : *Je n'ai ni or ni argent* (Act., 3, 6). »

Saint Bernard parle ensuite d'une affaire particulière, et conclut ainsi : « Qui me donnera, avant que je meure, de voir l'Eglise comme dans les anciens jours, quand les apôtres tendaient leurs filets, non pour prendre de l'or ou de l'argent, mais pour prendre des âmes! Heureux si je vous entendais dire comme celui dont vous remplissez la chaire : *Que ton argent périsse avec toi* (*Ibid.*, 8, 20)! Parole foudroyante; parole forte et terrible : puissent en être confondus et renversés tous les ennemis de Sion! Ce que demande de vous votre mère, ce que désirent ardemment tous ses enfants, c'est que toute plante que n'a point plantée le Père céleste soit déracinée par vos mains; car vous avez été constitué sur les nations et les royaumes, pour arracher et détruire, pour édifier et planter. Au bruit de votre exaltation, plusieurs ont dit en eux-mêmes : *La cognée est à la racine de l'arbre*. Beaucoup disent dans leur cœur : *Les fleurs commencent à paraître, la saison est venue de tailler la vigne, de retrancher le bois inutile, afin que celui qui reste porte plus de fruit*. Courage donc. Faites sentir votre pouvoir à vos ennemis. Maintenez-vous avec vigueur dans la possession des biens que le Tout-Puissant vous a donnés par-dessus vos frères, de ces dépouilles qu'il a enlevées des mains de l'Amorrhéen. Cependant souvenez-vous que vous êtes homme, ne perdez jamais de vue ce Dieu qui ôte la vie aux princes. Combien de Pontifes romains sont morts en peu de temps sous vos yeux! Vos prédécesseurs eux-mêmes vous avertissent de votre prochain décès. Leur règne, si court, vous annonce qu'il en sera de même du vôtre. C'est pourquoi, au milieu des pompes d'une gloire qui passe, méditez sans cesse votre fin dernière; car ceux à qui vous avez succédé sur la chaire, vous les suivrez sans aucun doute à la mort (S. Bern., *Epist.* 238). »

Le pape Eugène III avait pour chancelier le cardinal Robert Pullus, le premier cardinal anglais que l'on connaisse. Le chancelier de l'Eglise romaine était comme le principal ministre du Pape. Robert Pullus s'appliqua de bonne heure à l'étude des belles lettres et des beaux-arts, puis à la théologie et à l'intelligence des livres saints. L'académie d'Oxford, auparavant si célèbre dans toute l'Europe, était à la veille de sa ruine. Robert entreprit de la remettre en vigueur. Il y ouvrit des écoles publiques, enseigna lui-même les sciences gratuitement, fit venir des provinces voisines des professeurs et des disciples, en défraya une partie à ses dépens, rendit aux autres tous les services possibles, et se déclara hautement le protecteur des gens de lettres. Par sa candeur, par la beauté de son esprit, par la probité de ses mœurs et par son savoir, il gagna l'estime et l'amitié de Henri Ier, roi d'Angleterre. L'amour des sciences et des lettres le fit passer en France. Il était à Paris en 1140, et y enseignait publiquement la théologie. Sa doctrine était saine. Saint Bernard en fut tellement satisfait, qu'il pria l'évêque de Rochester de ne plus insister sur le rappel de Pullus en Angleterre. Le pape Innocent II, ayant connu son mérite, l'appela à Rome vers l'an 1142. Lucius II le fit cardinal du titre de Saint-Eusèbe en 1144, et chancelier de l'Eglise romaine. Après l'élection d'Eugène III, il écrivit à son saint ami Bernard, qui lui répondit de la manière suivante :

« La lettre de Votre Dilection m'a fait un plaisir d'autant plus sensible que j'aime à me souvenir continuellement de vous. Je vous déclare que vous employez vainement la recommandation d'autrui pour gagner mon amitié. L'esprit de vérité, cet esprit qui répand la charité dans nos cœurs, ne vous persuade-t-il pas intérieurement que je vous aime autant que vous m'aimez. Je rends grâces au Seigneur de ce qu'il suscite à Eugène, son serviteur et notre ami, un ministre intelligent, capable de le soulager dans les pénibles fonctions de sa charge. Je comprends aujourd'hui que, au lieu de le punir en le séparant d'un tendre ami dont la présence faisait toutes ses délices, il lui préparait un sujet de consolation; il semblait lui dire alors : *Vous ne savez pas ce que je fais maintenant, vous le saurez dans la suite* (Joan., 13, 7). Entrez donc dans les desseins de Dieu, mon cher ami, soyez le consolateur et le conseil de celui auquel il vous attache; usez de la sagesse qu'il vous donne pour garantir le pontificat d'Eugène de tout ce qui peut le déshonorer. Pour le préserver des surprises où la foule et la multiplicité des affaires l'exposent continuellement, remplissez avec honneur la place que vous occupez; ayez un zèle mêlé de fermeté et de prudence, un zèle qui procure la gloire de Dieu, votre salut, le bien de l'Eglise, afin de pouvoir dire : *La grâce de Dieu n'a pas été infructueuse en moi* (1. Cor., 15, 10). Jusqu'à présent le ciel et la terre sont témoins des savantes leçons que vous avez données; il est temps que vous défendiez cette même loi que vous avez enseignée. Faites réflexion que dans le dernier poste que vous occupez, vous devez être tout à la fois un serviteur fidèle et prudent, avoir pour vous la simplicité de la colombe, et pour l'épouse de votre Seigneur la prudence du serpent, afin de la préserver contre les ruses empoisonnées de l'ancien serpent qui la persécute, et de glorifier ainsi le Seigneur dans toutes vos actions. Il me reste encore beaucoup de choses à dire; mais la vive voix suppléera à la brièveté de ma lettre. De peur de dérober un moment à vos occupations et aux miennes, les frères que j'envoie vous expliqueront ce que je n'ai pas le loisir d'écrire. Ayez la bonté de les écouter comme un autre moi-même (S. Bern., *Epist.* 394). »

Le cardinal Robert Pullus mourut vers l'an 1150. Excellent interprète, bon théologien, éloquent orateur, il laissa quantité de monuments de son esprit et de son savoir. On connaît de lui un ouvrage intitulé : *Des Sentences*, divisé en huit parties; quatre livres sur les paroles remarquables des docteurs; un du mépris du monde; un de ses leçons; un de ses sermons; des commentaires sur quelques psaumes et sur l'Apocalypse; mais, de tous ces écrits, le seul qui ait vu le jour, est celui *des Sentences*. C'est un corps entier de théologie, divisé en huit parties, où le savant cardinal traite solidement les principales questions qui étaient agitées à son épo-

LIVRE LXVIII. — L'ÉGLISE CATHOLIQUE PERSONNIFIÉE EN SAINT BERNARD.

que, tant sur les mystères que sur les sacrements, et il les résout par l'autorité de l'Ecriture sainte et des Pères de l'Eglise (*Opera Rob. Pulli*, Paris, 1655; Ceillier, t. XXII).

L'université d'Oxford, qui, dit-on, célèbre tous les ans un panégyrique en l'honneur du cardinal Robert Pullus, son fondateur ou son restaurateur, ferait bien de procurer une bonne édition de toutes ses œuvres.

Pendant que le pape Eugène III demeurait à Viterbe, l'hérétique Arnaud de Bresce vint à Rome, et échauffa la révolte, qui n'était déjà que trop allumée. Comme un écolier enthousiaste, il proposait au peuple les exemples des anciens Romains, qui, par les conseils du sénat, la valeur et la discipline de leurs armées, avaient soumis toute la terre à leur domination. Il disait qu'il fallait rebâtir le Capitole et rétablir la dignité du sénat et l'ordre des chevaliers; que le gouvernement de Rome ne regardait point le Pape, et qu'il devait se contenter de la juridiction ecclésiastique. Les Romains factieux, avec Jourdain, leur patrice, excités par ces discours, abolirent la dignité de préfet de Rome, et contraignirent les principaux des nobles et des citoyens à se soumettre au patrice. On croit que c'était le frère de l'antipape Anaclet. Dans le même temps, ou peut-être plus tard, ils abattirent non-seulement les tours de quelques laïques les plus distingués, mais encore les maisons des cardinaux et des ecclésiastiques, et firent un butin immense. Ils fortifièrent l'église de Saint-Pierre, et contraignirent les pèlerins, à force de coups, à y faire des offrandes pour en profiter; ils tuèrent même quelques-uns de ces pèlerins, parce qu'ils refusaient (Othon Fris., *Chron.*, l. 7, c. 31). C'est par cet ignoble brigandage que les mutins prétendaient conquérir l'univers! C'était le moyen sûr de rendre le peuple romain odieux, méprisable et ridicule aux yeux de l'univers.

Le pape Eugène, pour réduire les rebelles, commença par excommunier Jourdain, leur patrice, avec quelques-uns de ses partisans. Ensuite il se servit des troupes des Tiburtins, anciens ennemis de ceux de Rome, et il réduisit ainsi ces derniers à lui demander la paix. Il ne leur accorda qu'à la condition d'abolir le patriciat, de rétablir le préfet en sa première dignité, et de reconnaître que les sénateurs ne tenaient leur autorité que du Pape. Il rentra ainsi à Rome, et y fut reçu avec une joie singulière, parce qu'on ne s'attendait pas à l'y voir si tôt. Le peuple vint en foule au devant de lui, avec des rameaux à la main, et se prosternait à ses pieds : toutes les compagnies marchaient avec leurs bannières, que suivaient les magistrats; les juifs eux-mêmes y vinrent avec le livre de la Loi, porté sur les épaules. Le Pape, étant ainsi rentré dans Rome, y célébra la fête de Noël 1145, et logea au palais de Latran. Mais il n'y demeura pas longtemps; car, comme les Romains le sollicitaient de jour en jour de ruiner Tibur, autrement Tivoli, il fut obligé, pour se soustraire à leurs importunités, de passer au delà du Tibre, c'est-à-dire, comme l'on croit, au château Saint-Ange.

Saint Bernard, connu et respecté à Rome pour les grandes choses qu'il y avait faites pour le pape Innocent, écrivit aux Romains pour les ramener à l'obéissance du pape Eugène. Il s'excuse d'abord de ce que, étant si peu considérable par lui-même, il s'adresse à un peuple illustre et sublime; « mais, dit-il, c'est la cause commune, et quand le chef est attaqué, la douleur s'étend à tous les membres. Permettez-moi donc de faire éclater ma douleur et celle de toute l'Eglise. Ne l'entendez-vous point crier de toutes parts et se plaindre que sa tête est malade? Il n'en est point parmi les fidèles qui ne le dise, parce qu'il n'en est point qui ne se glorifie d'avoir pour chef celui que Pierre et Paul, ces deux princes de l'univers, ont élevé par leur triomphe et ennobli par l'effusion de leur sang. L'outrage fait à ces deux apôtres rejaillit sur chaque chrétien; comme leur voix s'est fait entendre par toute la terre, toute la terre est sensible à l'injure qu'on leur fait. A quoi pensez-vous d'irriter les princes du monde, eux qui sont spécialement vos patrons? Pourquoi, Romains insensés, provoquer contre vous, par votre rébellion, le Roi de l'univers, le Seigneur du ciel, en vous efforçant, par une audace sacrilège, de détruire les priviléges du Siége apostolique, d'affaiblir l'autorité suprême que le ciel et la terre lui ont accordée, au lieu d'être les premiers et les plus zélés défenseurs de sa dignité? Avez-vous si peu de bon sens que de déshonorer votre chef et celui de toute l'Eglise, vous qui devriez, s'il était nécessaire, lui sacrifier votre propre vie? Vos ancêtres ont rendu votre ville maîtresse du monde; vous, au contraire, vous avez hâte d'en faire la risée du monde. Vous chassez de son siége et de sa ville l'héritier de Pierre. Vous dépouillez de leurs biens et de leurs maisons les cardinaux et les évêques, ministres du Seigneur. Peuple insensé, colombe séduite et sans intelligence! Si tu formes un corps, le Pape n'en est-il pas la tête, les cardinaux n'en sont-ils pas comme les yeux? Qu'est donc Rome aujourd'hui? un corps sans tête, sans yeux, sans lumière. Peuple malheureux, ouvre tes yeux et vois la désolation qui te menace. Comment l'éclat de ta gloire s'est-il effacé en si peu de temps? Comment la maîtresse des nations, la princesse des royaumes est-elle devenue comme veuve? Hélas! ce ne sont que les préludes des calamités que nous craignons. Tu es près de ta ruine, si tu t'obstines dans ce que tu fais (S. Bern., *Epist.* 243).

Saint Bernard écrivit sur le même sujet en ces termes à Conrad, roi des Romains, et par là même candidat à l'empire. La royauté et le sacerdoce ne pouvaient être unis ensemble par des liens plus doux et plus forts, qu'ils l'ont été en la personne de Jésus-Christ, lequel est né prêtre et roi, est descendu des deux tribus de Lévi et de Juda. De plus, il a réuni l'un et l'autre dans son corps mystique, qui est le peuple chrétien, dont il est le chef. En sorte que cette race d'hommes est appelée par l'apôtre *la race choisie, le royal sacerdoce* (1. Petr., 2, 9); qu'en un endroit tous les élus sont qualifiés de *rois et de prêtres* (Apoc., 1, 6). Que l'homme donc ne sépare point ce que Dieu a uni! qu'il accomplisse, au contraire, ce que la loi de Dieu a sanctionné. Ceux qui sont unis par leur institution, qu'ils soient pareillement unis d'esprit et de cœur; qu'ils s'entr'aident, qu'ils s'appuient, qu'ils se défendent mutuellement. *Le frère aidant le frère*, dit l'Ecriture, *ils se consoleront mutuellement* (Prov., 8, 19). Mais aussi, s'ils se divisent et se déchirent, ils tomberont dans la désolation. A Dieu ne plaise que j'approuve ceux qui prétendent que la paix et la liberté de l'Eglise sont nuisibles aux intérêts de l'empire, ou que la prospérité et la grandeur de l'empire sont contraires aux intérêts de l'Eglise; car Dieu, qui les a institués l'un et l'autre, ne les a pas unis pour se détruire, mais pour s'édifier réciproquement.

» Si vous savez cela, jusqu'à quand dissimulerez-vous un affront, une injure qui vous est connue? Rome n'est-elle pas la capitale de l'empire, comme elle est le Siège apostolique? Pour ne point parler de l'Eglise, est-il glorieux au roi de tenir en main un empire sans tête? Pour moi, j'ignore ce que vous conseilleront vos sages et les princes du royaume; mais, dans mon ignorance, je ne puis que vous dire ma pensée. Depuis sa naissance, l'Eglise de Dieu a souffert mille persécutions, et toujours elle en a été victorieuse. On m'a, dit-elle par le prophète, *attaquée bien des fois dès ma naissance, on ne m'a jamais pu vaincre. En vain les méchants se sont efforcés de me perdre, en vain ils m'ont suscité des persécutions continuelles* (Psalm. 128, 2 et 3). Soyez donc certain, ô roi, que maintenant encore, le Seigneur ne laissera point la verge des méchants sur l'héritage des justes. Son bras n'est point raccourci ni devenu impuissant à sauver. Oui, sans doute, il délivrera maintenant encore son épouse, qu'il a rachetée de son sang, dotée de son esprit, ornée des dons célestes, enrichie même des biens de la terre. Il la délivrera, dis-je; mais si c'est par la main d'un autre, les princes du royaume diront-ils que c'est un honneur pour un roi, un profit pour le royaume? Assurément ils auraient tort.

» Armez-vous donc de votre glaive, vous dépositaire de la puissance. Que César fasse rendre à lui-même ce qui est à César, et à Dieu ce qui est à Dieu. Il importe également à César, et de maintenir sa propre couronne, et de défendre l'Eglise du Christ. L'un convient au roi, l'autre à l'avocat de l'Eglise. Du reste, nous en avons la confiance, la victoire est devant vos mains. La superbe et l'arrogance des Romains est plus grande que leur force et leur valeur. Quoi donc? est-il quelque grand, quelque puissant, par exemple un empereur ou un roi, assez téméraire pour entreprendre une infamie pareille et contre l'empire et contre le sacerdoce? Mais ce peuple maudit et séditieux, qui ne sait ni mesurer ses forces ni prévoir l'issue de ses projets, n'a consulté que sa fureur pour oser commettre un attentat si sacrilège. A Dieu ne plaise qu'une populace téméraire puisse tenir un seul instant devant la face du roi. Voilà que je suis devenu insensé, moi qui, vile et ignoble personne, me suis ingéré, comme si j'étais quelque chose de grand, dans les conseils d'une grandeur si auguste et d'une sagesse si haute, et cela sur une affaire si grande. Mais plus je suis ignoble et méprisable, plus je suis libre pour dire ce que la charité me suggère. Je dirai plus, toujours comme un insensé : Si quelqu'un (ce que je ne saurais croire) cherche à vous persuader autre chose que ce que je viens de dire, celui-là, certainement, ou n'aime pas le roi, ou comprend peu ce qui sied à la majesté royale; ou bien il cherche ses propres intérêts, et montre clairement qu'il ne cherche guère les intérêts de Dieu ni du roi (S. Bern., *Epist.* 244). »

Voici donc comme saint Bernard entend la politique ou l'art de gouverner les peuples. « Dieu seul est proprement souverain. Le Fils de Dieu fait homme, le Christ ou Messie a été investi par son Père, de cette puissance souveraine. Parmi les hommes, il n'y a de puissance ou droit de commander, si ce n'est de Dieu et par son Verbe. Le Fils de Dieu fait homme, Jésus-Christ, est tout à la fois souverain pontife et roi souverain; il réunit en sa personne, et par là même dans son Eglise, et le sacerdoce et la royauté. Mais le sacerdoce est un, comme Dieu est un, comme la foi est une, comme l'Eglise est une, comme l'humanité est une; la royauté est multiple comme les nations; la royauté est fractionnée en rois divers et indépendants les uns des autres, comme l'humanité est fractionnée en nations diverses et indépendantes les unes des autres. Mais ces nations si diverses qui fractionnent l'humanité, sont ramenées et à l'unité humaine et à l'unité divine, par l'unité de la foi chrétienne, par l'unité de l'Eglise catholique, par l'unité de son sacerdoce. Le devoir, l'honneur, la prérogative du premier roi chrétien, tel qu'était l'empereur, c'est d'être le bras droit, c'est d'être l'épée de la chrétienté pour défendre tout le corps, principalement la tête, et seconder son influence civilisatrice au dedans et au dehors. » Peu de rois ont compris, peu de rois comprennent cette politique vraiment royale, cette politique à la fois humaine et divine.

Aujourd'hui cependant (1842), il en apparaît à quelques esprits une ombre vague, sous le nom de *politique humanitaire*. Quelques âmes généreuses commencent à sentir qu'au-dessus de l'intérêt national il doit y avoir l'intérêt de l'humanité, et qu'il y aurait quelque gloire pour une nation de le bien comprendre et d'agir en conséquence. Il y a quelques années déjà, à la suite de révolutions terribles, qui avaient brisé ou du moins ébranlé tous les trônes, et menacé les sociétés purement humaines d'un bouleversement total, les rois de l'Europe avaient établi entre eux et juré une sainte alliance, dont le christianisme devait être la règle. C'était une vieille réminiscence de la politique chrétienne et magnanime de Charlemagne, d'Alfred le Grand, d'Edouard le Confesseur, de Henri le Saint; mais une réminiscence vague, qui ne reconnaissait plus ou pas encore pour règle directive dans l'application, la loi de Dieu interprétée par l'Eglise de Dieu. Peut-être que des révolutions nouvelles feront découvrir aux peuples et aux rois la sagesse totale de leurs ancêtres.

Saint Bernard la développe au chef de la chrétienté, le pape Eugène, dans ses cinq livres *De la Considération*, ouvrage que le saint pontife Pie V, ainsi que d'autres grands Papes, avait en telle estime, que, tous les jours, il le faisait lire à table. Dans le premier livre, saint Bernard insiste sur l'importance et la nécessité pour tout chrétien, mais particulièrement pour le chef de tous les chrétiens, de considérer fréquemment et attentivement ce qu'il doit être et ce qu'il doit faire ; il insiste sur l'importance et la nécessité d'avoir, pour cela, des moments libres ; il déplore avec une affectueuse compassion la multitude infinie d'affaires, même temporelles, qui venaient assaillir le Pape de toutes les parties du monde ; il s'élève avec force contre l'impudence des plaideurs et la fourberie des avocats qui remplissaient la cour romaine, et il conjure le Pape de remédier à ces abus, autant que possible, afin de pouvoir considérer mieux ce qui importait au bien de son âme et au bien de l'Eglise.

Dans le second livre, il définit la *considération*, une recherche exacte de la vérité, la distinguant ainsi de la contemplation, qui suppose une vérité déjà connue. Vous avez à considérer quatre choses : Vous même, ce qui est au-dessous de vous, ce qui est autour de vous, ce qui est au-dessus de vous. Il faut commencer par la connaissance de soi-même. Cette connaissance est de trois sortes : Vous avez à considérer ce que vous êtes, qui vous êtes et quel vous êtes ; ce que vous êtes dans votre nature, qui vous êtes en votre personne, et quel vous êtes dans vos mœurs. Par exemple, ce que vous êtes, un homme ; qui vous êtes, le Pape ou le souverain Pontife ; quel vous êtes, doux, gracieux ou autre chose semblable. Saint Bernard passe légèrement sur la nature de l'homme, mais il s'étend sur les devoirs du Pape. « Ils consistent, comme ceux du prophète, à arracher et à détruire, à édifier et à planter. La papauté est un ministère et non une domination. Le Pape est assis sur une chaire élevée, mais c'est pour voir de plus haut et plus loin ; l'inspection qu'il a sur toutes les Eglises doit plutôt le disposer au travail qu'au repos. Voilà ce que Pierre vous a laissé, non pas de l'or ni de l'argent : vous pouvez en avoir à quelque autre titre, mais non comme héritier de l'apôtre, puisqu'il n'a pu vous donner ce qu'il n'avait pas. » Saint Bernard rapporte les passages de l'Ecriture qui défendent l'esprit de domination, et ajoute : « Si vous vous glorifiez, ce doit être, comme saint Paul, dans les travaux et dans les souffrances ; à dompter les loups, et non pas à dominer sur les brebis. Votre noblesse consiste dans la pureté des mœurs, dans la fermeté de la foi et dans l'humilité, qui est le plus bel ornement des prélats (L. 2, c. 6).

» C'est un singe sur un toit, qu'un roi insensé sur le trône. Ecoutez donc, s'il vous plaît, mon refrain ; s'il ne vous est point agréable, au moins vous sera-t-il salutaire. C'est une chose monstrueuse, qu'un rang élevé et un esprit bas ; le premier des sièges et la dernière des vies ; une langue magnifique et une main oisive ; beaucoup de paroles et point de fruit ; un visage grave et une conduite légère ; une immense autorité et une résolution chancelante. Je vous ai présenté le miroir. Que le visage difforme s'y reconnaisse. Pour vous, réjouissez-vous de ce que le vôtre ne lui ressemble pas. Mais regardez-y toujours, afin d'y remarquer jusqu'aux moindres défauts.

» Vous êtes souverain Pontife ; mais, pour cela, êtes-vous absolument souverain ? Si vous vous estimez le premier, sachez que vous êtes le dernier de tous. Voulez-vous savoir qui est véritablement souverain ? C'est celui à qui l'on ne peut rien ajouter de nouveau. Or, vous vous trompez lourdement, si vous avez ce sentiment de vous-même. A Dieu ne plaise ! non, non : vous n'êtes pas de ceux qui pensent que les dignités soient des vertus ; vous avez connu la vertu par expérience, avant les honneurs. Laissez cette opinion aux césars et aux autres qui n'ont pas craint de se faire rendre les honneurs divins ; par exemple, Nabuchodonosor, Alexandre, Antiochus, Hérode. Pour vous, considérez que, si l'on vous appelle souverain, ce n'est point que vous le soyez d'une manière absolue, mais par comparaison seulement. Et quand je dis par comparaison, j'entends par comparaison des ministères que vous êtes obligé de remplir, et non pas des mérites que vous ayez. On doit donc vous regarder comme le ministre de Jésus-Christ et comme le souverain de tous les ministres ; ce que j'ose bien dire sans préjudicier à la sainteté de qui que ce soit d'entre eux (L. 2, c. 7).

» Recherchons, s'il vous plaît, encore plus soigneusement qui vous êtes et quel personnage vous représentez aujourd'hui dans l'Eglise de Dieu. Qui êtes-vous ? Le grand-prêtre, le souverain Pontife. Vous êtes le prince des évêques, l'héritier des apôtres ; vous êtes Abel par la primauté, Noé par le gouvernement, Abraham par le patriarcat, Melchisédech par l'ordre, Aaron par la dignité, Moïse par l'autorité, Samuël par la judicature, Pierre par la puissance, Christ par l'onction. Vous êtes celui à qui l'on a donné les clés et à qui l'on a confié la garde des brebis. A la vérité, il y a d'autres portiers du ciel et d'autres pasteurs de troupeaux ; mais vous avez hérité l'une et l'autre qualité avec d'autant plus de gloire que vous les possédez d'une manière plus différente que les autres. Eux ont les troupeaux qui leur ont été assignés, chacun le sien ; mais tous les troupeaux vous ont été confiés, tous à un seul. Et non-seulement vous êtes le pasteur des troupeaux, mais encore le pasteur unique de tous les pasteurs. Demandez-vous d'où je tire cette preuve ? C'est de la parole du Seigneur ; car, auquel, je ne dis pas des évêques, mais des apôtres mêmes, a-t-on donné toutes les brebis en garde d'une manière si absolue et si indéfinie : *Pierre, si tu m'aimes, pais mes brebis* (Joan., 21, 15) ? Mais quelles brebis ? Les peuples de telle ou telle ville, de tel ou tel pays, de tel ou tel royaume ? *Mes brebis*, dit-il. A qui n'est-il pas évident qu'il ne lui en a pas désigné quelques-unes en particulier, mais toutes en général. Où il n'y a pas de distinction, il n'y a pas d'exception. Il est donc vrai, suivant vos canons, que les autres ont été appelés à une partie de la sollicitude, mais vous, à la plénitude de la puissance. Leur pouvoir est restreint dans certaines limites ; le vôtre s'étend sur ceux-là mêmes qui ont reçu l'autorité sur les autres. En effet, n'est-il pas en votre pouvoir, si le sujet s'en présente, de fermer le ciel à un évêque, de le déposer de son évêché et même de le livrer à Satan ? Votre privilège demeure donc inébranlable, soit dans la puissance des clés, soit dans la garde des ouailles qui vous ont été commises (L. 2, c. 8).

» Voilà qui vous êtes ; mais n'oubliez pas en même temps ce que vous êtes. Considérez que *vous êtes sorti nu du sein de votre mère* (Job, 1, 21 ; que *vous êtes un homme né pour le travail* (Ibid., 5, 7), et non pas pour l'honneur ; un homme né d'une femme, et partant né dans le crime ; qui a peu de temps à vivre, et partant toujours dans la crainte ; *qui est rempli d'une infinité de misères* (Ibid., 14, 11), et par conséquent toujours dans les larmes et les sanglots. »

Saint Bernard exhorte ensuite le pape Eugène à examiner quel il est depuis qu'il est en place. « S'il est plus patient, plus doux, plus humble, plus affable, plus courageux, plus sérieux, plus défiant de lui-même ; ou s'il n'a point donné dans les défauts contraires. Quel est son zèle, son indulgence, sa discrétion pour régler l'un et l'autre. S'il est égal dans l'adversité et dans la prospérité; si, dans le repos, il ne se laisse point aller à des railleries indécentes; car, dit-il, ce qui est badinage chez les séculiers, est un blasphème dans la bouche d'un prêtre : il vous est honteux d'éclater de rire, et encore plus d'y exciter les autres. Quant à l'avarice, ajoute-t-il, je n'ai rien à vous faire considérer; car on dit que vous regardez l'argent comme de la paille; mais donnez-vous de garde de l'acception des personnes et de la facilité à croire les mauvais rapports, qui est le vice le plus ordinaire de ceux qui sont dans les hautes dignités (*De Consid.*, l. 2, c. 11, 13 et 14).»

Dans le troisième livre, saint Bernard représente au pape Eugène les choses qui sont au-dessous de lui. « Il n'est pas nécessaire que vous demandiez quelles sont ces choses-là; peut-être auriez-vous plus sujet de me demander qui sont celles qui n'en sont pas. Il faudrait absolument sortir du monde pour en trouver quelques-unes qui n'appartiennent point à vos soins. Vos ancêtres ont été destinés à la conquête, non pas de quelques nations particulières, mais de l'univers entier. *Allez par tout l'univers* (Malth., 16, 15), leur a-t-on dit. Vous leur avez succédé dans leur héritage de telle sorte, que vous êtes véritablement leur héritier, et que l'univers est votre héritage. Mais de quelle manière et à quelle fin? Pour en avoir l'administration, non pour le posséder. C'est Jésus-Christ seul qui le possède, et par le droit de la création, et par le mérite de la rédemption, et par la donation que son Père lui en a faite. En effet, à quel autre a-t-il été dit : *Demande-moi, et je te donnerai les nations pour ton héritage, et pour ta possession les confins de la terre* (Psalm. 2, 8). Il faut donc que vous lui en cédiez le domaine et la possession, et que vous vous contentiez d'en prendre le soin : c'est la part que vous y avez, vous ne devez pas prétendre davantage.

» Une ferme n'est-elle pas dépendante du fermier? Et l'enfant de la maison n'est-il pas soumis à son gouverneur? Cependant le fermier n'est point seigneur de la ferme, le gouverneur de son jeune maître. Ainsi vous présidez au monde pour lui servir de conseil, pour veiller à son bien et pour le conserver; vous y présidez pour lui être utile; *vous y présidez comme un serviteur fidèle et prudent que le Seigneur a établi sur sa famille* (Malth., 24, 45). Et pourquoi? Afin de lui donner sa nourriture en son temps? c'est-à-dire pour gouverner, mais non pas pour dominer avec empire. Conduisez-vous de cette manière, et ne cherchez pas la domination sur les hommes, étant homme comme les autres, de peur que l'iniquité ne vienne à dominer sur vous. Il n'y a ni poison ni poignard que je craigne tant pour vous que la passion de dominer.

» Si donc vous vous reconnaissez, non pas dominateur, mais débiteur aux sages et aux fous, vous devez employer tous vos soins, et considérer avec toute l'exactitude possible comment vous pourrez faire que ceux qui ne sont pas sages le deviennent, et que ceux qui se sont pervertis reprennent de meilleurs sentiments. Or, de toutes les folies, il n'en est point, si je puis parler ainsi, de plus extravagante que l'infidélité; et, partant, vous êtes redevable aux nations infidèles, aux Juifs, aux Grecs et aux gentils.

» C'est pourquoi il est de votre devoir de travailler de telle sorte que les mécréants se convertissent à la foi; qu'étant convertis, ils ne s'en retirent point; que, s'en étant retirés, ils y reviennent; que les méchants soient remis dans le chemin de la vertu; que les dévoyés soient rappelés à la connaissance de la vérité; et que les séducteurs soient convaincus par des raisons invincibles, afin que, s'il est possible, ils s'amendent eux-mêmes, sinon qu'ils perdent l'autorité et le pouvoir de séduire les autres. C'est principalement à ce genre d'insensés que vous devez prendre garde; j'entends les hérétiques et les schismatiques qui sont séduits et séducteurs, qui déchirent comme des chiens et rusent comme des renards. C'est envers ceux-là qu'il faut employer tous vos soins pour les corriger, de peur qu'ils ne périssent, ou pour les réprimer, de peur qu'ils ne fassent périr les autres. Je tombe d'accord que le temps vous dispense par rapport aux Juifs, parce qu'ils ont leur temps qu'on ne peut prévenir; mais il faut avancer et provoquer la conversion des gentils.

» Et, à propos de gentils, qu'avez-vous à répondre sur ce qui les regarde? Quoi! nos Pères ont-ils jugé à propos de donner des bornes à l'Evangile, et de suspendre la parole de la foi tant que l'infidélité subsiste? *Quelle raison peut arrêter cette parole qui court avec tant de vitesse* (Psalm. 147, 15). Qui le premier en a interrompu le cours si salutaire? Peut-être qu'ils ont eu quelque raison ou que la nécessité y a mis obstacle. Mais nous, quel sujet avons-nous de dissimuler? En quelle sûreté de conscience pouvons-nous ne pas offrir Jésus-Christ à ceux qui ne l'ont point? N'est-ce pas retenir la vérité de Dieu dans l'injustice? J'y ajoute l'opiniâtreté des Grecs, qui sont avec nous et qui n'y sont pas, puisqu'ils nous sont unis par la foi et qu'ils sont séparés de nous par le schisme. Encore, pour ce qui regarde la foi même, est-il vrai de dire qu'ils se sont écartés du droit chemin. On y peut aussi joindre l'hérésie, qui se glisse en cachette presque de tous côtés, et qui déploie sa fureur ouvertement en quelques endroits, se hâtant partout et en public d'engloutir les enfants de l'Eglise. Vous demandez où cela arrive? Ceux que vous envoyez si souvent visiter les contrées du Midi le savent parfaitement et vous en pourront dire des nouvelles. Ils vont et viennent parmi eux, et passent tout près de leur pays; mais nous n'avons pas encore appris le bien qu'ils y ont fait. Car peut-être n'aurions-nous su, s'ils n'eussent pas fait moins d'estime du salut des peuples que de l'or d'Espagne; c'est à vous de remédier à ce mal.»

Les hérétiques dont parle ici saint Bernard, sont les nouveaux manichéens dans le midi de la France. Il signale ensuite au Pape deux maux dont l'Eglise était désolée parmi les catholiques mêmes, l'ambition et l'intérêt. « N'est-ce pas l'ambition plus que la dévotion qui attire à visiter les tombeaux des apôtres? N'est-ce pas de ses cris que retentit continuellement votre palais? Toute l'Italie n'est-elle pas attentive à profiter de ses dépouilles avec une avidité insatiable?» A l'occasion de cette foule de solliciteurs qui accouraient à Rome de toutes parts, il parle de l'abus des appellations. Le droit d'appel au Pape est une conséquence naturelle de sa primauté divine; car il est naturel d'appeler de l'inférieur au supérieur. Ce droit d'en appeler au Pape de toutes les parties de l'Eglise, est d'ailleurs une chose utile et nécessaire. Nous l'avons vu dès le V⁰ siècle, par l'exemple de Cécilien de Carthage, de saint Athanase d'Alexandrie, de saint Paul de Constantinople et de plusieurs autres évêques de Thrace, de Célésyrie, de Phénicie, de Palestine, comme l'atteste le pape saint Jules auquel ils avaient appelé. Aussi saint Bernard dit-il : « J'avoue que les appellations sont un grand bien et un bien général pour tout le monde, et même un bien aussi nécessaire que le soleil l'est aux mortels; car c'est un soleil de justice qui découvre et qui réprouve les œuvres de ténèbres. Il faut absolument les conserver et les maintenir quand la nécessité s'en rencontre, mais non pas quand elles servent d'inventions à la fourberie et à la mauvaise foi (*De Consid.*, l. 3, c. 2). » Il cite plusieurs exemples de ces appellations abusives et frivoles, et exhorte le Pape à y remédier avec vigueur. Dès le V⁰ siècle, le concile de Sardique avait régularisé ce droit d'appeler pour les évêques; mais ce droit n'était pas seulement pour eux. Nous avons vu le pape saint Gélase n'en excepter personne dans sa lettre de 494 aux évêques de Dardanie. Nous avons vu que, dans le VI⁰ siècle, le pape saint Grégoire le Grand reçut l'appel d'Honorat, archidiacre de Salone, déposé par son évêque; que Jean, prêtre de Chalcédoine, condamné comme hérétique par Jean le Jeûneur, patriarche de Constantinople, appela au même saint Grégoire, qui cassa le jugement rendu par les députés du patriarche, et renvoya Jean de Chalcédoine absous.

Lors donc que Fleury, dans le 5⁰ numéro de son quatrième discours, avance, que du temps de saint Bernard, l'usage des appels au Saint-Siège était nouveau et fondé sur des pièces fausses, sur les fausses décrétales qui ne parurent que dans le IX⁰ siècle, ou bien il oublie les faits et la doctrine des siècles précédents, tels que lui-même les rapporte; ou bien il se moque de ses lecteurs. Quant aux abus des appellations, l'Eglise n'a cessé d'y apporter remède, comme on peut s'en convaincre par le droit canon, par le concile de Trente et par les bulles des Papes. Pour qu'il n'y ait plus d'abus possible en cette matière, non plus que dans les autres, il faut attendre que les hommes ne soient plus des hommes.

On peut en dire autant des exemptions. Par exemple, le monastère de Cluny était exempt de la juridiction de l'évêque diocésain et dépendait immédiatement du Saint-Siège, et cela d'après la stipulation de son fondateur. Il en était de même de l'évêché de Bamberg, qui ne dépendait pas de l'archevêque, mais du Pape seul. Les souverains pontifes accordèrent ces privilèges à d'autres Eglises et à d'autres monastères. Le grand nombre de ces exemptions contribuait à relâcher les liens de la subordination et de la discipline. Il y eut abus, c'est-à-dire usage mauvais d'une chose bonne. Saint Bernard réclame contre l'abus, mais il respecte la chose; car voici comme il termine : « Voulez-vous donc m'empêcher de donner des dispenses ? Nullement; mais bien de dissiper mal à propos. *Je ne suis pas si ignorant que je ne sache que vous êtes établi le dispensateur de tous les trésors de l'Eglise, mais pour l'édification et non pour la destruction* (1. Cor., 13, 10). *Enfin*, dit l'apôtre, *on cherche un dispensateur qui soit fidèle* (*Ibid.*, 4, 2). Quand la nécessité presse, la dispense est excusable; quand il y a de l'utilité, elle est louable : j'entends l'utilité publique et non l'utilité particulière. Où il n'y a rien de cela, ce n'est pas une dispensation fidèle, mais une cruelle dissipation. Au reste, tout le monde sait qu'il y a certains monastères en divers évêchés, qui relèvent plus spécialement du Siège apostolique par leur fondation et suivant l'intention des fondateurs; mais autre chose est ce que donne la dévotion, autre est ce qu'entreprend une ambition qui ne peut souffrir de supériorité (*De Consid.*, l. 3, c. 4). »

En parlant du désintéressement nécessaire à tout homme qui est au-dessus des autres, saint Bernard dit au pape Eugène : « Je traite ici de l'avarice; la renommée dit assez que vous en êtes exempt, c'est à vous de voir si cela est vrai. Toutefois, sans parler des présents des pauvres, auxquels vous n'avez jamais voulu toucher, nous avons vu des sacs teutoniques d'argent diminués, non pas de volume, mais de prix. On regardait l'argent comme de la paille. Les mulets, bien malgré eux, retournaient en Allemagne aussi chargés qu'ils en étaient venus. Chose nouvelle. Quand est-ce que Rome, jusqu'à ce jour, a refusé de l'or? Aussi ne croyons-nous pas que cela se soit fait par le conseil des Romains. Deux personnages, tous deux riches et tous deux coupables, se transportent à Rome. L'un était de Mayence, l'autre de Cologne. On fit grâce à l'un des deux, sans rien prendre de lui; l'autre, apparemment, ne méritant point d'indulgence, on lui dit : Vous sortirez de la ville avec le même habit que vous y êtes entré. O excellente parole! parole tout à fait digne de la liberté apostolique ! Et de vrai, en quoi diffère-t-elle de cette autre : *Périsse ton argent avec toi !* si ce n'est que l'une témoigne plus de zèle, et l'autre plus de retenue.

» Mais nous en usâtes d'une manière encore plus obligeante à l'endroit d'un pauvre évêque, lorsque vous lui fournîtes de quoi donner aux autres, de peur qu'il ne fût taxé d'être peu libéral. Il reçut en cachette ce qu'il distribua en public. C'est un fait que vous ne pouvez pas cacher, puisque je l'ai su de bonne part et que je connais la personne. Je sais bien que vous ne prenez pas plaisir à ce récit; mais je le publie d'autant plus volontiers, que vous avez plus de répugnance à l'entendre (*Ibid.*, l. 3, c. 3). »

Dans le quatrième livre, saint Bernard propose au Pape pour objet de sa considération, ce qui est autour de lui : son clergé, son peuple, ses domestiques. « Votre clergé, dit-il, doit être parfaitement réglé, puisqu'il doit être la règle et le modèle de tous les autres. Quant au peuple, qu'en dirai-je ? C'est le peuple romain. Je n'ai pu, ni en moins de paroles, ni toutefois mieux, exprimer ce que je pense de vos diocésains. Qu'y a-t-il de plus connu dans les siècles passés que l'insolence et le faste des Romains? Nation inaccoutumée à la paix, nation farouche et intraitable jusqu'à présent, qui ne sait se soumettre que quand elle ne peut résister. Voilà la plaie; c'est à vous de la guérir. Vous ne pouvez vous en excuser. Vous riez peut-être de ce que je dis, persuadé qu'elle est inguérissable. N'ayez pas tant de défiance; on exige que vous travailliez à sa guérison, et non pas que vous la guérissiez. » A ce sujet, saint Bernard déplore que, depuis si longtemps, les Papes eussent cessé d'instruire eux-mêmes leur troupeau particulier et de lui adresser la parole. D'où les Romains s'habituaient de plus en plus à faire attention, non à ce que le Pape dirait, mais à ce qu'il leur donnerait. « Donnez-moi, je vous prie, quelqu'un dans toute cette grande ville qui vous ait reconnu pour Pape, sans un prix quelconque ou sans espérance d'en avoir. C'est alors principalement qu'ils veulent dominer, quand ils ont promis de servir. Ils jurent fidélité pour mieux trouver l'occasion de nuire à qui s'y fie. Ils veulent dès lors être admis à tous vos conseils, et ne peuvent souffrir qu'on les refuse à une porte. Ils sont habiles pour faire le mal, et ne savent pas faire le bien. Odieux au ciel et à la terre, impies envers Dieu, séditieux entre eux, jaloux de leurs voisins, inhumains envers les étrangers; ils n'aiment personne et ne sont aimés de personne : voulant se faire craindre de tout le monde, il faut qu'ils craignent tout le monde. Ils ne peuvent se soumettre, et ne savent pas gouverner; infidèles à leurs supérieurs, insupportables à leurs inférieurs; impudents pour demander, effrontés à refuser; importuns et inquiets jusqu'à ce qu'ils reçoivent, et ingrats quand ils ont reçu. Ils ont appris à dire beaucoup de choses et à en faire très-peu, grands prometteurs et peu d'exécution; caressants flatteurs et détracteurs mordants, ingénuments dissimulés et traîtres avec la dernière malice (*De Consid.*, l. 4, c. 2). » Tel est le portrait que saint Bernard fait des Romains du XIIᵉ siècle.

Le temps et les Papes ont si bien modifié le caractère de ce peuple, que, depuis trois siècles au moins, les Romains paraissent ne mériter plus aucun des reproches que leur faisait autrefois saint Bernard, et qu'il n'y a peut-être pas un peuple qui, durant le même temps, ait tenu une conduite aussi honorable.

C'est en grande partie à saint Bernard que Rome et l'Eglise doivent cette heureuse transformation du peuple romain; car il insiste beaucoup auprès du pape Eugène, et par là même auprès de ses successeurs, sur l'obligation de travailler à la conversion de ce peuple : « Souffrez un peu, je vous prie, et supportez-moi, dit-il. Ou plutôt pardonnez à qui vous dit ces choses avec plus de crainte que de témérité. Je sais où est votre habitation : des incrédules et des destructeurs sont de votre compagnie. Ce sont des loups et non pas des brebis; toutefois vous en êtes le pasteur. Ce sera sans doute une considération fort utile que celle qui vous fera, s'il est possible, trouver les moyens de les convertir, de peur qu'ils ne vous pervertissent. Pourquoi pensons-nous que ceux qui, de brebis ont pu devenir des loups, ne puissent encore une fois devenir des brebis ? C'est ici, c'est ici que je ne veux point vous épargner, afin que Dieu vous épargne. Ou désavouez, ou montrez que vous êtes le pasteur de ce peuple. Vous ne le désavouerez pas, de peur que celui dont vous tenez le Siége ne vous désavoue pour son héritier. Je parle de saint Pierre, que l'on n'a jamais vu marcher, ni chargé de pierreries, ni vêtu de soie, ni couvert d'or, ni porté sur une haquenée blanche, ni environné d'une infinité d'officiers. Certainement il a cru que, sans tout cet appareil, il pouvait aisément accomplir ce commandement du Sauveur : *Si tu m'aimes, pais mes brebis* (Joan., 21, 16). En effet, dans tout cet éclat, vous êtes plutôt le successeur de Constantin que de saint Pierre. Je vous conseille, toutefois, de le souffrir pour un temps, mais non pas de le rechercher comme une chose qui vous soit absolument due. Je vous exhorte bien plutôt à vous acquitter parfaitement des choses qui sont de votre devoir.

» Mais, me dites-vous, vous m'exhortez à paître des dragons et des scorpions, et non pas des brebis. C'est pour cela aussi que je vous dis qu'il les faut travailler plus fortement par la parole que par l'épée; car pourquoi voulez-vous encore une fois vous servir de l'épée, puisqu'on vous a déjà commandé de la remettre dans le fourreau ? Cependant celui qui nierait que cette épée soit à vous, ne me semblerait pas faire assez d'attention à cette parole du Seigneur : *Remettez votre épée dans le fourreau* (Joan., 18, 11). Elle est donc vôtre, même cette épée-là, et vous la pouvez tirer peut-être selon votre volonté, mais non pas de votre propre main. Autrement, si cette épée-là ne vous appartenait en nulle façon, lorsque les apôtres dirent : *Voici deux glaives, le Seigneur ne leur eût pas répondu : C'est assez* (Luc, 22, 38), mais il aurait plutôt dit : C'est trop. L'un et l'autre sont donc à l'Eglise, et le glaive spirituel, et le glaive matériel; mais celui-ci doit être tiré pour l'Eglise, et celui-là par l'Eglise. Le glaive spirituel doit être tiré par la main du prêtre, et le matériel par la main du soldat, mais à la volonté du prêtre et au commandement de l'empereur (*De Consid.*, l. 4, c. 3). »

Voici comme saint Bernard nous représente les rapports naturels entre les deux puissances, entre l'Eglise et la royauté, entre la chrétienté et le premier des rois chrétiens ou l'empereur.

Après avoir parlé du peuple romain, il vient aux cardinaux qui sans cesse entourent le Pape et lui sont intimes. Il insiste sur l'importance de leur choix. « Il est de votre devoir, à l'exemple de Moïse, d'appeler et d'assembler de tous côtés des vieillards et non de jeunes têtes; des vieillards, non pas tant par l'âge que par les mœurs, et que vous connaissiez parfaitement pour être de vrais anciens du peuple. Et de vrai, ne doit-on pas choisir de toutes les parties du monde, ceux qui doivent être les juges de tout le monde ? Il ajoute qu'il faut choisir les plus parfaits, parce qu'il est plus aisé de venir bon à la cour, que d'y devenir bon. Ainsi ne choisissez point ceux qui demandent ni ceux qui recherchent ces emplois, mais ceux qui les évitent ou qui les refusent. Pour ceux-ci, obligez-les d'entrer, contraignez-les-y même. Votre esprit, je pense, se reposera sûrement dans la personne de ceux qui ne sont point effrontés et qui ont de l'honnêteté et de la crainte, mais qui ne craignent que Dieu et n'espèrent rien que de Dieu; qui ne regardent pas aux mains, mais aux besoins de ceux qui viennent de loin; qui soutiennent fortement la cause des affligés et jugent avec équité la cause des débonnaires; qui sont bien réglés dans leurs mœurs, recommandables par leur sainteté, disposés à l'obéissance, exercés à la patience, soumis aux règlements, sévères à la censure, catholiques dans la foi, fidèles dans leurs ministères, unanimes dans la paix, conformes dans l'unité; qui soient droits dans leurs jugements, prévoyants dans leurs conseils, discrets dans leurs ordonnances, industrieux dans la disposition des choses, courageux dans l'exécution, modestes dans leurs paroles, constants dans l'adversité, pieux dans la prospérité, modérés dans leur zèle; qui ne soient point lâches dans la compassion, point oisifs dans leur repos, point dissolus dans leur maison, point emportés dans les festins; point chagrins dans le soin de leur domestique, point cupides du bien d'autrui, point prodigues du leur; enfin très-circonspects en toutes choses et en tous lieux; qui ne refusent ni n'affectent les légations, toutes les fois qu'il est nécessaire d'agir pour les intérêts de Jésus-Christ; qui ne refusent point par opiniâtreté les choses dont ils s'excusent par modestie; qui, dans leurs missions, ne courent point après l'or et l'argent, mais suivent Jésus-Christ avec une grande pureté d'intention : qui ne considèrent point la légation comme un moyen de faire de grands profits et n'y cherchent point les présents, mais l'avancement des âmes; qui, dans leur personne, représentent aux rois un Jean-Baptiste, aux Egyptiens un Moïse, aux fornicateurs un Phinées, aux idolâtres un Elie, aux avares un Elisée, aux menteurs un saint Pierre, aux blasphémateurs un saint Paul, aux gens de trafic un Jésus-Christ; qu'ils instruisent les peuples sans les mépriser; qu'ils épouvantent les riches sans les flatter; qu'ils aient soin des pauvres, bien loin de les surcharger; qu'ils méprisent et ne craignent point les menaces des princes; qu'ils n'entrent point avec tumulte dans les assemblées, et n'en sortent point en colère; qu'ils ne dépouillent point les églises, mais qu'ils travaillent à leur réforme, et qu'au lieu d'épuiser les bourses, ils tâchent de soulager les cœurs et de corriger les vices.

» Qu'ils conservent leur réputation, et n'envient point celle des autres; qu'ils fassent estime de l'oraison et la mettent en pratique, et qu'en toutes choses ils se confient plus en la prière qu'en leur industrie et en leur travail; que leur entrée soit pacifique, et leur sortie nullement fâcheuse; que leurs discours soient édifiants, leur vie juste, leur présence agréable et leur mémoire en bénédiction; qu'ils se rendent agréables par leurs œuvres plutôt que par leurs paroles, et qu'ils s'attirent le respect par leurs actions vertueuses, et non par leur faste et leur orgueil; qu'ils soient humbles avec les humbles, innocents avec les innocents; qu'ils reprennent sévèrement les endurcis, répriment les méchants et rendent aux superbes ce qu'ils ont mérité; qu'ils ne soient point ardents à s'enrichir ou à enrichir les leurs du bien des veuves et du patrimoine du Crucifié, donnant gratuitement ce qu'ils ont reçu de même, rendant gratuitement justice à ceux qui souffrent injure, châtiant les nations, réprimandant les peuples.

» Qu'enfin, à l'exemple des Septante de Moïse, ils fassent connaître à tout le monde qu'ils ont reçu de votre esprit, par lequel, soit absents, soit présents, ils s'efforcent de vous plaire et de plaire à Dieu. Qu'ils retournent auprès de vous, fatigués de travaux et non pas chargés de dépouilles, se glorifiant, non d'avoir rapporté avec eux tout ce qu'il y a de plus curieux et de plus précieux dans les pays étrangers, mais d'avoir laissé la paix aux royaumes où ils ont été, la loi de Jésus-Christ aux Barbares, le repos aux monastères, le bon ordre aux églises, la discipline aux clercs, et à Dieu un peuple agréable et adonné aux bonnes œuvres (*De Consid.*, l. 4, c. 4). »

Telles sont les vertus et la sagesse que saint Bernard exige de ceux qui doivent être le conseil du Pape, ses ambassadeurs auprès des peuples et des rois, le sénat du monde chrétien, le corps électoral pour lui donner un chef. Et à la fin du XVIIIe siècle, et au commencement du XIXe, nous avons vu les cardinaux de la sainte Eglise romaine, au milieu des circonstances les plus difficiles, se montrer tels que saint Bernard dit qu'ils doivent être.

De son temps, on pouvait citer de même plus d'un exemple. « Il est juste de rapporter à présent, dit-il au pape Eugène, l'action de notre très-cher ami Martin, d'heureuse mémoire. Vous l'avez sue, mais j'ignore si vous vous en souvenez. Cardinal-prêtre, il avait été quelque temps légat en Dacie; il en revint si pauvre, que, manquant d'argent et de chevaux, il eut grand'peine à arriver jusqu'à Florence; l'évêque du lieu lui donna un cheval qui le porta jusqu'à Pise, où nous étions pour lors. Le lendemain, l'évêque, ayant avec quelqu'un une affaire qui devait se juger ce jour-là, y vint lui-même et sollicita d'abord ses amis. Il se présenta à notre légat avec beaucoup de confiance, ne croyant pas qu'il pût avoir déjà oublié le service rendu. Mais le bon cardinal lui dit : Vous m'avez trompé, je ne savais pas que vous aviez une affaire à juger. Prenez votre cheval, le voilà dans l'écurie, et il le lui rendit à l'instant. » Saint Bernard cite des traits semblables de Geoffroi, évêque de Chartres, légat en Aquitaine (*Ibid.*, l. 4, c. 5).

Voici comme saint Bernard résume son quatrième livre. « Premièrement, et sur toutes choses, considérez que la sainte Eglise romaine, de laquelle Dieu vous a établi chef, est la mère et non la dame de toutes les Eglises, et que vous, en votre particulier, vous n'êtes point le seigneur des évêques, mais l'un d'entre eux, comme le frère de ceux qui aiment Dieu, et le confrère de ceux qui le craignent. D'ailleurs, faites réflexion que vous devez être la règle de la justice, le miroir de la sainteté, le modèle de la piété, le soutien de la vérité, le défenseur de la foi, le docteur des nations, le chef des chrétiens, l'ami de l'Epoux, le paranymphe de l'Epouse, le directeur du clergé, le pasteur des peuples, l'instituteur des ignorants, le refuge des opprimés, l'avocat des pauvres, l'espérance des misérables, le tuteur des orphelins, le juge des veuves, l'œil des aveugles, la langue des muets, le bâton des vieillards, le vengeur des crimes, la terreur des méchants, la gloire des bons, la verge des puissants, le marteau des tyrans, le père des rois, le modérateur des lois, le dispensateur des canons, le sel de la terre, la lumière du monde, le prêtre du Très-Haut, le vicaire du Christ, le Christ du Seigneur, enfin le Dieu de Pharaon.

» Comprenez ce que je dis : Dieu vous en donnera l'intelligence. Lorsque vous verrez la puissance jointe à la malice, il faut que vous preniez des sentiments au-dessus de l'homme. Il faut que votre présence épouvante les méchants. Il faut que celui qui ne craint point les hommes ni leur épée, redoute l'esprit de votre colère; que celui qui a méprisé vos remontrances appréhende les prières que vous adresserez à Dieu; que celui contre qui vous vous fâcherez ne croie point que ce soit un homme seulement, mais Dieu même qui est irrité contre lui; que celui qui ne vous aura point écouté tremble de peur que Dieu ne vous écoute contre lui (*De Consid.*, l. 4, c. 7). »

Dans le cinquième livre *De la Considération*, saint Bernard traite des choses qui sont au-dessus de l'homme. « Ce ne sont pas le soleil ni les étoiles : ils ne nous sont supérieurs que par leur position, et non en valeur ni en dignité; car ils ne sont que des êtres purement corporels, et conséquemment inférieurs à nous par rapport à notre âme, qui est spirituelle, mais ils servent comme d'échelle, ainsi que les autres créatures, pour nous élever plus haut. Ce qui est vraiment au-dessus de nous, c'est Dieu et les anges. Dieu, en effet, nous est supérieur par nature, les anges par grâce seulement, puisque la raison nous est commune avec eux. » Il commence par la considération des esprits célestes, et en rapporte la hiérarchie. Ensuite il passe à la contemplation de Dieu, de son essence, et des mystères de la Trinité et de l'Incarnation.

« La divinité par laquelle on dit que Dieu est Dieu, n'est autre chose que Dieu même. Il est lui-même sa forme, son essence, un, simple, indivisible. Il n'est point composé de parties, comme le corps, ni sujet au changement, mais toujours le même et de la même manière. Dieu est toutefois trinité. Mais, en admettant la trinité en Dieu, nous ne détruisons pas l'unité. Nous disons le Père, nous disons le Fils, nous disons le Saint-Esprit; néanmoins ce ne sont pas trois dieux, mais un seul Dieu (L. 5, c. 6 et 7). Il n'y a qu'une substance, mais trois personnes. Les propriétés des personnes ne sont autres que les personnes mêmes, et les personnes ne sont autres qu'un Dieu, une divine substance, une divine nature, une divine et souveraine majesté. Mais comment se peut rencontrer la pluralité dans l'unité, et l'unité avec la pluralité? Le scruter, c'est témérité; le croire, c'est piété; le connaître, c'est la vie, et la vie éternelle. Saint Bernard distingue diverses sortes d'unité et met au premier rang l'unité de Dieu en trois personnes (C. 8). »

Passant ensuite au mystère de l'Incarnation, il enseigne que, dans Jésus-Christ, le Verbe, l'âme et la chair ne sont qu'une même personne, sans confusion des essences ou des natures; qu'ainsi ces trois choses demeurent dans leur nombre, sans préjudice de l'unité de la personne (C. 9). »

Il revient une seconde fois à la définition de Dieu, et dit que, quand à l'universalité des choses, c'est la fin; que, par rapport à l'élection des élus, c'est le salut; qu'à l'égard de lui-même, il est le seul qui le sache; que c'est une volonté toute-puissante, une vertu parfaite, une lumière éternelle, une raison immuable, la souveraine béatitude; qu'il est autant le supplice des superbes que la gloire des humbles, et que, comme il récompense les bonnes œuvres par sa bonté, il punit les crimes par sa justice. Ces choses, ce n'est pas la dissertation qui les comprend, mais la sainteté, si toutefois l'on peut comprendre en quelque façon ce qui est incompréhensible (C. 11 et 12).

Platon, nous l'avons vu dans le septième livre de cette histoire, avait conçu l'idéal d'un gouvernement parfait, modelé sur le gouvernement divin; la divinité même devait en être la base et la règle; le premier devoir des magistrats, c'était de bien connaître Dieu et de lui devenir semblable. Platon n'espérait ce gouvernement, même pour une cité particulière, que d'une faveur divine. Dans le mémorial adressé par saint Bernard au pape Eugène, nous voyons la réalité de ce gouvernement, et une réalité plus parfaite que l'idéal même. Dieu fait homme, sans cesse manifesté aux hommes, en est la base et la règle vivante; le connaître, l'aimer, lui devenir semblable, se dévouer comme lui pour la gloire de Dieu et le bonheur des hommes, tel est le devoir, non-seulement des magistrats, mais des citoyens mêmes. Et cette société vivante et divine embrasse dans la même foi, la même espérance, la même charité, non pas une simple cité, mais toute la terre. Et au milieu des imperfections et des misères inséparables de la condition humaine, la puissance et la miséricorde de Dieu s'y manifestent continuellement par des vertus et des œuvres au-dessus de l'homme.

§ IV.

Travaux apostoliques de saint Bernard. — Deuxième croisade. — Vénération des peuples pour le saint abbé; sa mort.

Dans le temps même que saint Bernard adressait ses *Considérations* au pape Eugène, la chrétienté tout entière était en mouvement, et, au milieu de ce mouvement général des rois et des peuples chrétiens, Bernard apparaissait, et par ses paroles et par ses œuvres, comme le plénipotentiaire de Dieu.

L'évêque de Gabale ou Gibelet en Syrie, était venu à Viterbe demander du secours au Pape pour l'Eglise d'Orient, consternée par la perte d'Edesse; car cette ville n'ayant pas été secourue contre le mahométan Zengui, qui l'assiégeait depuis deux ans, il la prit enfin le jour de Noël 1144, et fit un grand massacre des habitants, qui tous étaient chrétiens, parce que cette ville n'était jamais tombée au pouvoir des infidèles. Les églises furent profanées, principalement celle de la Sainte-Vierge et celles où étaient les reliques de saint Thomas. L'évêque de Gabale racontait avec larmes ces tristes nouvelles, résolu de passer les Alpes et d'aller demander du secours au roi des Romains et au roi de France pour les chrétiens d'outre-mer.

Nous avons la lettre que le pape Eugène écrivit à ce sujet au roi Louis le Jeune, datée du 1er décembre, à Vétralle, près de Viterbe. Il y exhorte tous les Français, principalement les puissants, et même leur enjoint, pour la rémission de leurs péchés, de prendre les armes pour la défense de l'Eglise orientale, que leurs pères ont délivrée au prix de leur sang. A ceux qui s'engageront à cette sainte entreprise, il accorde la même indulgence que donna le pape Urbain II à la première croisade. Il met leurs femmes, leurs enfants et leurs biens sous la protection de l'Eglise; défend d'intenter aucune action contre eux pour ce qu'ils possèdent paisiblement; décharge les croisés des usures qu'ils doivent pour le passé, et leur permet d'engager leurs fiefs à des églises ou à des particuliers, en cas que leurs seigneurs ne veuillent ou ne puissent leur prêter de l'argent Au reste, il exhorte les croisés à ne point porter d'habits précieux, à ne point mener de chiens ou d'oiseaux pour la chasse, ni tout ce qui ne sert qu'au plaisir (*Epist.* 1).

Avant que cette lettre fût apportée en France, le roi avait déjà résolu de se croiser, pour accomplir le vœu qu'avait fait Philippe, son frère aîné, et que sa mort imprévue l'avait empêché d'accomplir. De plus, le roi Louis avait fait lui-même le vœu de se rendre à la terre sainte, pour expier l'incendie de l'église de Vitry et des treize cents personnes qui y avaient été brûlées (Pagi, an 1145). Il déclara ce dessein à quelques seigneurs de sa cour, qui lui conseillèrent d'appeler saint Bernard et de le consulter. Le saint abbé répondit qu'il ne fallait rien résoudre sur une affaire de cette importance, sans avoir consulté le Pape. Le roi déclara encore son dessein à quelques évêques et aux seigneurs, dans la cour qu'il tint à Bourges à la fête de Noël 1145. Geoffroi, évêque de Langres, y parla avec tant de force sur la prise d'Edesse, qu'il tira les larmes des assistants et les exhorta à se croiser avec le roi, qui les y excitait assez par son exemple. Pour cet effet, on indiqua une autre assemblée à Vézelai en Bourgogne, pour la fête de Pâques prochaine, afin d'y résoudre la croisade plus solennellement. En attendant, le roi envoya au Pape pour l'instruire de ce qui s'était passé.

Ayant reçu du Pape une réponse favorable, le roi tint son parlement au lieu et à l'époque indiqués. Pâques était, l'an 1146, le 31 mars. Les évêques et les seigneurs de France s'y trouvèrent en grand nombre. Saint Bernard fut chargé de prêcher la croisade (1). Le roi l'y avait déjà invité jusqu'à deux fois, et le Pape lui en avait écrit ; mais il ne put s'y résoudre qu'après en avoir reçu l'ordre exprès par la lettre générale du Pape. Les peuples de l'Occident le révéraient tous comme un apôtre et un prophète. Comme il n'y avait point à Vézelay de lieu assez grand pour contenir toute la multitude qui s'y était assemblée, on dressa en pleine campagne une estrade sur laquelle monta le saint abbé avec le roi. Il prêcha fortement (2) : le roi parla sur le même sujet; on lut la lettre du Pape; et, de tous côtés, on s'écria : *La croix! la croix!* On en avait préparé une quantité considérable; toutes furent bientôt distribuées. Comme cela ne suffisait point, Bernard fut obligé, pour y suppléer de quelque manière, de mettre en pièces ses propres habits. En même temps, il fit un si grand nombre de miracles, qu'un témoin oculaire, ayant commencé d'en écrire l'histoire, fut épouvanté du travail, à raison du grand nombre. Avec le roi, se croisèrent la reine Eléonore, son épouse, et une multitude de seigneurs; entre autres Alphonse, comte de Saint-Gilles et de Toulouse; Henri, fils de Thibaud, comte de Blois et de Champagne; Gui, comte de Nevers, et son frère Renaud, comte de Tonnerre; Robert, comte de Dreux, frère du roi; Yves, comte de Soissons : parmi les prélats, on distingue Simon, évêque de Noyon; Geoffroi de Langres, et Arnoul de Lisieux.

Pour régler plus particulièrement le voyage, on indiqua un autre parlement à Chartres, au troisième dimanche d'après Pâques, 21 avril. Pierre, abbé de Cluny, y fut invité, comme un de ceux dont le conseil était le plus nécessaire. Saint Bernard et l'abbé Suger lui écrivirent; par ses réponses, on voit combien il était touché du péril de l'Eglise d'Orient; mais il s'excuse de se trouver à l'assemblée de Chartres, tant sur sa mauvaise santé que sur ce qu'il avait convoqué un chapitre à Cluny pour le même jour. L'assemblée de Chartres eut lieu, et tous, d'un consentement unanime, y voulurent élire saint Bernard pour chef de la croisade; mais il le refusa constamment, et écrivit au Pape comme il suit :

« La grande nouvelle d'à présent est d'une importance à affliger tous les vrais fidèles. Elle ne peut être indifférente qu'aux impies, qui se réjouissent de nos malheurs, bien loin de s'en attrister. Dans une cause commune à toute la chrétienté, la tristesse doit être générale. Vous avez bien fait de louer le très-juste zèle de notre Eglise gallicane, et de le confirmer par l'autorité de vos lettres. Dans une affaire aussi générale et aussi grave, il ne faut point agir avec tiédeur ni avec timidité. J'ai quelque part (Senec., *Epist.* 22), que l'homme de cœur sent son courage s'accroître par les difficultés. J'ajoute que l'homme fidèle l'est encore plus dans l'adversité. Le Christ est persécuté vivement; il est frappé, si je l'ose dire, dans la prunelle de l'œil ; il souffre dans le même lieu où il a souffert autrefois. Il est temps de mettre en usage les deux épées de Pierre. Qui le fera, si ce n'est vous qui en êtes le dépositaire? Vous les devez employer dans la nécessité, l'une en sollicitant, l'autre en agissant vous-même. Lorsque Pierre se servit de l'épée qui paraissait lui convenir moins, on lui dit : *Remets ton épée dans le fourreau* (Joan., 28, 11). Elle était donc à lui; mais il fallait qu'il s'en servît par la main d'un autre.

» Vous devez employer ces deux épées pour la défense de l'Eglise d'Orient; vous devez, dans cette conjoncture, imiter le zèle de celui dont vous êtes le vicaire. Quelle honte serait-ce pour vous de remplir sa place et d'en négliger les devoirs ? N'entendez-vous pas la voix de celui qui crie : *Je vais à Jérusalem pour y être crucifié de nouveau.* Tandis que les uns sont indifférents, que les autres sont sourds à sa voix, il n'est point permis au successeur de Pierre de faire semblant de ne rien entendre. Il doit répondre : *Quand tous les autres seraient scandalisés, je ne le serai jamais* (Matth., 26, 33). Au lieu d'être rebuté par la première défaite de l'armée, il s'efforcera d'en réparer les débris; parce que Dieu fait ce qu'il veut, l'homme est-il dispensé de faire ce qu'il doit? Pour moi, j'ai assez de foi et de religion pour conclure des maux passés, que l'avenir sera plus heureux; je regarde comme un motif de joie et

---

(1) Le saint abbé de Clairvaux avait, à cette époque, cinquante-quatre ans, et il montrait toute la faiblesse d'un âge plus avancé; son corps épuisé par les maladies, brisé par les austérités, pouvait à peine se soutenir, et l'on eût dit qu'il allait rendre le dernier soupir. Mais quand il s'agit de ranimer la foi des princes et des peuples, d'exciter leur zèle pour la cause de Dieu, il retrouve des forces en quelque sorte surhumaines. « Alors, dit un contemporain, la parole coulait de sa bouche comme un fleuve de lait et de miel, en même temps qu'elle jaillissait de sa poitrine comme d'une fournaise d'amour. » B. H.

(2) L'histoire ne nous a rien transmis de ce discours improvisé; et quand elle nous l'aurait conservé, l'histoire ne pourrait nous rendre cette voix pénétrante, ce regard angélique, cet humble et céleste maintien, toute cette foi vivante qui persuadait les auditeurs avant que l'orateur eût commencé à parler; mais nous pouvons, jusqu'à un certain point, juger de son éloquence, par l'effet qu'elle produisit (Cf. *Hist. de S. Bernard*, par D. S. Mame, p. 155).

d'espérance, les diverses épreuves où Dieu nous a fait passer. Il est vrai que, selon le langage de l'Ecriture, nous avons mangé un pain de douleur, que nous avons été abreuvés d'un vin d'amertume; mais pourquoi vous décourager, ami de l'Epoux? Sans doute cet aimable et sage Epoux vous a réservé le bon vin jusqu'ici. *Qui sait si Dieu, touché de nos misères ne nous sera point favorable à l'avenir* (Joël, 2, 14). C'est ainsi qu'il a coutume de gouverner les hommes, vous le savez. Quel bienfait signalé ont-ils reçu de sa main, sans l'avoir acheté par quelque disgrâce précédente? Pour n'en citer qu'un exemple, l'unique et singulier bienfait du salut n'a-t-il pas été précédé par la mort du Sauveur? Vous donc, en qualité d'ami de l'Epoux, montrez-vous son ami dans le besoin. Si vous avez ce triple amour qu'il exigea de votre prédécesseur; si vous l'aimez de tout votre cœur, de toute votre âme, de toutes vos forces, mettez tout en œuvre pour sauver son épouse. Employez pour sa défense tout ce que vous avez de force, d'affection, d'autorité, de puissance. Un danger pressant demande des soins pressants. On ébranle le fondement de l'édifice : n'épargnez rien pour le soutenir sur le penchant de sa ruine; le zèle que j'ai pour vous me fait parler avec cette hardiesse.

» Au reste, vous avez sans doute appris que l'assemblée de Chartres m'avait élu chef de cette nouvelle croisade; j'admire d'où lui est venu ce dessein. Pour moi, je déclare que je n'en ai jamais eu ni la pensée, ni la moindre envie; que, si je connais bien mes forces, je suis même dans l'impuissance de m'acquitter d'une pareille commission. Qui suis-je, pour ranger une armée en bataille, pour me mettre à la tête des troupes? Je suppose même que j'en aie la force et la capacité; quoi de plus opposé à ma profession? vous êtes trop sage pour n'y pas faire une sérieuse attention. Je vous conjure donc, uniquement par la charité dont vous m'êtes redevable d'une manière particulière, de ne me livrer point au caprice des hommes, de consulter Dieu et de suivre ses volontés; vous y êtes obligé par le devoir de votre ministère (S. Bern., *Epist.* 256).

Dans une autre lettre au Pape, écrite la même année, il marque ainsi le succès de ses prédications pour la croisade : « Vous avez commandé, j'ai obéi, et votre autorité a rendu mon obéissance féconde. A mesure que j'ai parlé, un nombre infini s'est enrôlé sous la croix. Les villes et les châteaux deviennent déserts; à peine de sept femmes y en a-t-il une qui ait un mari; partout on voit des veuves dont les maris sont vivants (*Ibid.*, *Epist.* 247). »

Saint Bernard écrivit aussi une lettre-circulaire, pour exciter à la croisade. Elle se trouve en différents exemplaires, adressée diversement, pour l'Allemagne, pour l'Angleterre, pour la Lombardie : il en fit écrire une à peu près pareille, pour le comte et les seigneurs de Bretagne en particulier. Voilà celle qu'il adressa au clergé et au peuple de la France orientale, autrement de l'Allemagne :

« Je vous écris pour une affaire qui regarde Jésus-Christ et votre salut. Quelque indigne que soit la personne qui vous parle, l'autorité de celui dont elle est l'interprète, votre propre utilité demandent que vous ayez pour elle quelque considération. Je suis peu de chose, il est vrai; mais je n'en ai pas moins de zèle pour vous; et, dans l'impuissance de vous parler en personne, comme je le souhaiterais, les raisons que je viens d'alléguer me font prendre la liberté de vous adresser cette lettre-circulaire.

» Voici, mes frères, un temps favorable, un temps de propitiation et de salut. Le monde chrétien est effrayé, le Dieu des chrétiens a commencé de perdre un pays où il s'est rendu visible, où, homme, il a conversé avec les hommes pendant plus de trente ans; un pays qu'il a illustré par ses miracles, consacré par son sang, orné des prémices de notre résurrection; pays que nos péchés ont rendu la proie et la conquête d'une nation sacrilège et ennemie de la croix. Bientôt, hélas! si l'on ne s'oppose à leur fureur, ce peuple barbare se rendra maître de la sainte cité, renversera les monuments sacrés de notre rédemption, souillera les lieux sanctifiés par le sang de l'Agneau sans tache. Déjà son avarice sacrilège attente au plus précieux trésor de la religion, aspire à s'emparer de cette couche mystérieuse où l'Auteur de la vie mourut pour nous faire vivre.

» Que faites-vous, braves soldats? que faites-vous, serviteurs du Christ? Abandonnerez-vous la sainte relique aux chiens, et les perles aux pourceaux? Combien de pécheurs, en ces lieux, ont noyé leurs péchés dans les larmes, depuis que la religieuse valeur de vos pères en a banni l'impiété? Le démon a séché d'envie; et, pour assouvir sa rage, il se sert de la main de l'impie, résolu de ne laisser dans le Saint des saints aucun vestige de la religion chrétienne, si Dieu permet qu'il en devienne le maître. Cette perte irréparable serait pour tous les siècles à venir le sujet d'une douleur éternelle, et, pour le nôtre, une infamie et un opprobre infini.

» Quoi qu'il en soit, mes frères, pensez-vous que le bras du Seigneur soit raccourci? qu'il soit incapable de défendre et de recouvrer son héritage, parce qu'il s'abaisse jusqu'à implorer l'assistance de quelques hommes faibles et impuissants? N'a-t-il pas des légions d'anges? Ne peut-il pas délivrer son pays d'une seule parole? Sans doute; mais il veut éprouver votre zèle, et savoir s'il en est parmi vous qui déplorent sa disgrâce et qui défendent sa cause. Il a pitié de son peuple, il prépare à ses crimes un moyen de les expier.

» Admirez, pécheurs, les ressorts de sa miséricorde, les abîmes de sa bonté. Rassurez-vous; bien loin de désirer votre mort, il vous fournit des occasions de vous convertir. En effet, quelle ressource de salut plus digne de la profonde sagesse de Dieu, que celle qu'il présente à des gens homicides, ravisseurs, adultères, parjures, ensevelis dans toutes sortes de crimes, en daignant les rendre ministres et coopérateurs de ses desseins, comme s'ils étaient justes et innocents! Grand sujet de confiance pour vous, pécheurs. S'il voulait vous punir, il rejetterait vos services au lieu de les demander. Encore une fois, faites une sérieuse réflexion sur les trésors de sa miséricorde. Il ménage si bien les conjonctures, qu'il paraît avoir besoin de votre secours pour vous secourir; qu'il veut être votre débiteur, afin de vous rendre, en échange de vos services, la rémission de vos péchés et une félicité éternelle. Heureuse génération, à qui il est donné de mettre à profit des moments si favorables, qui vit encore dans cette année de propitiation et de jubilé! Déjà un nombre infini de fidèles en a ressenti les effets, a arboré le signe du salut.

» Hâtez-vous donc de signaler votre courage, de prendre les armes pour la défense du nom chrétien, vous dont les provinces sont si fécondes en jeunes et vaillants guerriers, s'il est vrai ce que la renommée en publie. Changez en un saint zèle cette valeur farouche et brutale qui vous arme si souvent les uns contre les autres, et vous fait périr de vos propres mains. Quelle fureur de plonger votre épée dans le sang de votre frère, de lui ravir peut-être d'un seul coup et la vie du corps et la vie de l'âme! Hélas! votre victoire vous est mortelle; vous faites mourir votre âme de la même épée dont vous êtes fier d'avoir égorgé votre ennemi. Ce n'est point un acte de bravoure et de magnanimité, c'est une folie, une rage qui vous fait courir de tels hasards. Je vous offre, nation belliqueuse, une illustre occasion de vous battre sans péril, de vaincre avec gloire, de mourir avec avantage. Etes-vous avide de gloire, êtes-vous un habile et sage négociant? Voici un expédient très-aisé pour vous signaler et vous enrichir. Prenez la croix. Elle vous fait gagner l'indulgence de tous les péchés que vous confesserez avec douleur. La matière est de vil prix; mais si vous la portez avec dévotion, elle vous vaudra le ciel. Heureux celui qui s'est déjà croisé, heureux celui qui s'empresse de se munir de ce signe salutaire!

» Après tout, mes frères, je vous donne avis, au nom de l'apôtre, de ne croire point à tout esprit. J'ai de la joie d'apprendre votre zèle pour la religion, mais il faut qu'il soit tempéré par la science. Bien loin que vous deviez persécuter ou faire mourir les Juifs, il vous est défendu, par l'Ecriture, de les chasser de vos terres. Ecoutez ce que l'Eglise en dit par la bouche du prophète : *Dieu me fait connaître que vous ne devez point exterminer mes ennemis, de peur que mon peuple n'oublie son origine* (Psalm. 58, 12). Les Juifs, en effet, sont comme des figures et des lettres vivantes qui nous rappellent la passion et les souffrances du Sauveur. Ils sont dispersés dans l'univers, afin que la juste peine de leur crime, soit un témoignage de notre rédemption. C'est pourquoi l'Eglise dit dans le même psaume: *Dispersez-les par votre puissance, humiliez-les, ô Dieu, mon protecteur.* Cela s'est accompli; ils sont dispersés, humiliés, réduits à un dur esclavage sous les princes chrétiens. Cependant ils se convertiront à la fin, et Dieu jettera sur eux un regard propice. *Après que toute la gentilité aura reçu l'Evangile, tout Israël sera sauvé* (Rom., 11, 26). Jusqu'à ce temps, ceux qui meurent dans leur infidélité périssent. Et dans les endroits mêmes où il n'y a point de Juifs, je le dis avec chagrin, on voit des chrétiens usuriers plus criminels que les Juifs, plus dignes du nom de juifs baptisés que de chrétiens. Au reste, si l'on détruit le peuple juif, en vain l'on fait espérer leur future conversion. Si celle des païens remise de même, il faudrait de même les tolérer, plutôt que d'user envers eux du glaive. Mais, comme ils ont commencé à user de violence envers nous, c'est à ceux qui ne portent pas le glaive sans cause, à repousser la force par la force. Il est de la piété chrétienne de dompter les superbes et d'épargner ceux qui sont soumis, ceux principalement qui sont les dépositaires de la loi et des promesses, de qui les patriarches sont les pères, desquels est sorti, selon la chair, Jésus-Christ même, qui est Dieu élevé au-dessus de tout et béni dans tous les siècles (Rom., 9, 5). Il faut néanmoins les obliger, selon la teneur du mandement apostolique, à n'exiger aucune usure de ceux qui se sont croisés (S. Bern., *Epist.* 363, *al.* 360). »

Cette lettre de saint Bernard est remarquable. On y voit que, dans ses expéditions contre les Mahométans, la chrétienté ne faisait que repousser la force par la force, et user de son droit de légitime défense. On voit qu'un premier effet de ces expéditions générales, était de faire cesser les guerres particulières parmi les chrétiens. Un second effet non moins salutaire, c'était de ramener à des sentiments d'humanité et de religion un certain nombre de scélérats plongés dans toute sorte de crimes, de les réhabiliter dans l'opinion publique par le repentir religieux, puis de les envoyer en Orient trouver la gloire ou une mort honorable. Certes, les croisades n'eussent-elles produit que ces deux biens, notre siècle devrait toujours admirer les croisades. Je dis notre siècle, qui ne sait plus que faire de tant de criminels, condamnés à la prison ou au bagne et qui en sortent pires qu'ils n'y sont entrés; qui, excommuniés pour toujours de la société civile, en deviennent nécessairement la gangrène incurable.

Ce que le saint abbé dit des Juifs dans sa lettre, regarde le zèle indiscret d'un moine allemand nommé Rodolfe, qui prêchait en même temps la croisade à Cologne, à Mayence, à Worms et aux autres villes proches du Rhin. Il faisait profession d'une grande sévérité, mais il était peu instruit, et, dans ses prédications, il disait qu'il fallait tuer les Juifs comme les ennemis de la religion chrétienne, et ses discours séditieux firent un tel effet, qu'en plusieurs villes de Gaule et de Germanie, il y eut grand nombre de Juifs massacrés. L'archevêque Henri de Mayence en écrivit à saint Bernard, qui fit cette réponse : « L'homme dont il est question dans vos lettres n'a aucune mission ni de l'homme, ni par l'homme, ni de Dieu. Il se trompe grossièrement de prétendre qu'il a droit de prêcher, sous prétexte qu'il est moine ou ermite. Qu'il sache que l'office d'un moine est de pleurer et non pas d'enseigner; que, pour un vrai moine, le séjour des villes est une prison et la solitude un paradis, au lieu que celui-ci fuit la solitude comme une prison, et regarde la ville comme un paradis. O homme sans cœur et sans honneur! de la folie il s'est mise sur le chandelier, afin d'avoir tout le monde pour témoin. Il y a dans cet homme trois choses très-dignes de réprehension : l'usurpation du ministère de la parole, le mépris des évêques, l'approbation de l'homicide (*Ibid., Epist.* 264, *aliàs* 262). »

Voilà ce que dit saint Bernard. Ainsi l'historien moderne des croisades se trompe, quand il dit que ce moine était chargé de prêcher la croisade, puisqu'il n'en avait reçu la mission de personne.

Pierre le Vénérable, abbé de Cluny, pensait, au sujet des Juifs, comme le saint abbé de Clairvaux. On le voit par la lettre qu'il écrivit au roi Louis, vers le même temps, pour lui souhaiter un heureux succès dans son expédition. Il convient que les Juifs sont les plus grands ennemis des chrétiens, et pires que les Mahométans. Toutefois, il ne veut pas qu'on les fasse mourir, mais qu'on les réserve à un plus grand supplice, qui est d'être toujours esclaves, timides et fugitifs. Ce qu'il demande au roi, c'est de les punir en ce qu'ils ont de plus cher, qui est leur argent, leur ôtant les gains illicites qu'ils font sur les chrétiens, non-seulement par les usures, mais par les larcins dont ils sont complices et recéleurs, principalement de l'argenterie des églises. Car les voleurs ne trouvant point de chrétiens qui voulussent acheter des vases sacrés, les vendaient aux Juifs; ceux-ci les fondaient ou les employaient à des usages profanes. L'abbé de Cluny exhorte le roi à punir ces sacriléges, et à prendre sur les Juifs de quoi faire la guerre aux Sarrasins (Petr. Cluniac., l. 4, *Epist.* 36).

Saint Bernard alla lui-même prêcher la croisade en Allemagne et vint à Mayence, où il trouva le moine Rodolfe en grand crédit auprès du peuple. Il le fit venir, lui représenta qu'il agissait contre le devoir de sa profession, et enfin le réduisit à lui promettre obéissance et à retourner dans son monastère. Le peuple en fut fort indigné et eût excité une sédition, s'il n'avait été retenu par la considération de la sainteté de Bernard. Le saint abbé étant allé à Francfort trouver le roi Conrad pour mettre la paix entre lui et quelques seigneurs, il prit le roi en particulier et l'exhorta à se croiser lui-même pour le salut de son âme; mais le roi lui dit qu'il n'y avait point d'inclination, et il n'osa l'en presser davantage (Othon Fris., *De gest. Frid.*, l. 1, c. 39; l. 4, c. 3; *Vit. S. Bern.*, l. 6, c. 1).

Herman, évêque de Constance, qui se trouvait à Francfort auprès du roi, pria instamment saint Bernard de venir chez lui. Il y avait grande répugnance, étant pressé de retourner à Clairvaux, dont il se trouvait absent depuis près d'un an; mais il se laissa vaincre à la persévérance de l'évêque de Constance, qui l'en fit prier par les autres évêques et par le roi même, et il crut connaître que c'était la volonté de Dieu. En ce voyage, il fit un grand nombre de miracles, dont nous avons une relation exacte, écrite à la prière de Samson, archevêque de Reims, par Philippe, qui accompagnait le saint abbé dans ce voyage. Cette relation est un journal depuis le premier dimanche de l'Avent, 1er décembre 1146, jusqu'au jeudi, 2 janvier 1147. Philippe fait parler tous ceux qui avaient été avec lui témoins de ces miracles, savoir, Herman, évêque de Constance, et Everard, son chapelain; deux abbés, Baudouin et Frovin; deux moines, Gérard et Geoffroy; trois clercs, Philippe, qui en est l'auteur, Othon et Francon; enfin Alexandre de Cologne, qui se joignit à eux dans le voyage. Ce sont dix témoins de ces miracles.

Le journal commence ainsi : *L'évêque Herman dit* : Le curé du village d'Hérenheim, étant appelé exprès, m'a déclaré qu'un homme aveugle depuis dix ans, qui avait pris de sa maison, ayant reçu le signe de la croix en passant, le premier dimanche de l'Avent, recouvra la vue aussitôt qu'il fut arrivé dans sa maison; je l'avais déjà ouï dire à un autre, et la chose est très-certaine dans tout le pays. *Le chapelain Everard dit* : J'ai ouï dire à deux hommes d'honneur, l'un prêtre et l'autre moine, qu'au village de Lapenheim, deux aveugles ont recouvré la vue le même jour par le signe de la croix. *Philippe* : Le lundi, en ma présence, un vieillard aveugle fut amené à l'église, et, après l'imposition des mains, tout le peuple cria qu'il avait recouvré la vue, comme vous l'entendîtes tous. *L'abbé Frovin* : Je le vis qui voyait clair, et le frère Geoffroi le vit avec moi. *Francon* : Le mardi, à Fribourg, une mère présenta au logis son enfant, qui était aveugle, et, comme elle le reportait, après l'imposition des mains, l'abbé fit demander à l'enfant s'il voyait; je le suivis moi-même, je l'interrogeai, et il me répondit qu'il voyait clair, ce qui fut aussi vérifié en plusieurs manières. *Geoffroi* : Aussitôt que nous fûmes entrés dans l'église, un jeune homme boiteux fut guéri par le signe de la croix. *L'évêque Herman* : Nous le vîmes tous devant l'autel, tandis que le peuple louait Dieu avec de grands cris. Ensuite, après sept à huit autres miracles attestés par les témoins oculaires, l'évêque reprend : Et pourquoi n'avez-vous pas dit qu'à Fribourg, le premier jour, l'abbé ordonna de prier pour les riches, afin que Dieu ôtât le voile de leurs cœurs; parce que, tandis que les pauvres se présentaient pour prendre la croix, les riches se reculaient, et la prière ne fut pas vaine; mais les riches du lieu, comme vous savez, et même les plus méchants, se croisèrent.'

Après une douzaine d'autres miracles, l'évêque raconte ainsi ce qui s'était passé à Bâle le vendredi 6 décembre : Après le sermon et les croix données, on présenta à l'homme de Dieu une femme muette, et sitôt qu'il eût touché sa langue, elle fut déliée et la femme parla bien, je la vis et lui parlai. Mais ce boiteux qui avait été guéri auparavant et pour lequel le peuple jeta de si grands cris, qui de vous le vit? *Othon* : Nous le vîmes tous. *Everard* : Les chevaliers de mon maître et moi, le même jour vendredi, nous vîmes un enfant que sa mère avait mené aveugle au logis de ce saint homme, et qu'elle ramenait voyant clair. *Gérard* : Il se fit plusieurs miracles, principalement ce jour-là, que nous ne pûmes savoir, à cause du tumulte. Ensuite *Everard*, parlant du lundi 9 décembre, dit : J'ai conféré avec les chevaliers de mon maître, et, de ce que nous avons vu, tant eux que moi, nous avons compté trente-six miracles faits ce jour-là. *Philippe* : Le mardi, à Schaffouse, nous en perdîmes plusieurs, parce que le tumulte était insupportable, et l'abbé fut obligé de s'abstenir de donner la bénédiction aux malades et de s'enfuir, tant le peuple se pressait. *Everard* : Moi-même je le priais instamment devant l'autel, de n'imposer les mains à personne, ne sachant comment on pourrait le tirer de là. *Philippe* : Toutefois, à l'entrée de l'église, une boiteuse fut guérie en ma présence, et vous entendîtes tous le chant du peuple.

Ils arrivèrent à Constance le mercredi 11 décembre, et y demeurèrent le jeudi et le vendredi. Peu de gens, dit l'abbé Frovin, virent ce qui s'y passa, à cause du tumulte; toutefois, je vis cet aveugle qui recouvra la vue le jeudi devant l'autel. L'abbé de Reichenau, qui lui donnait l'aumône, l'avait fait amener. Un petit garçon de notre logis, que j'y avais fait conduire et qui était boiteux, fut encore guéri en ce jour par le signe de la croix. On chanta encore dans l'église et on sonna les cloches pour trois miracles, quoique nul d'entre nous n'ait vu ce qui se passait. *Geoffroi* : Il n'y a point de miracles que nous sachions le moins que ceux de Constance, parce qu'aucun de nous n'osait se mêler dans la foule, et nous nous sommes proposé d'écrire ceux que nous avons vus. De ceux qui se firent le vendredi, je pense que vous n'avez rien vu le jour même; car, le samedi matin, pendant la messe, nous vîmes un jeune homme remerciant beaucoup le Père, qui, la veille, lui avait rendu par ses prières l'usage des jambes. Le saint homme, voyant sa dévotion, se tourna vers moi et dit : Il ne s'est trouvé, pour revenir et rendre gloire à Dieu, que ce garçon. Avant cela, pendant l'oblation même, un adolescent, sourd depuis douze ans, pendant que le saint homme faisait sur lui le signe de la croix, s'écria plein de joie qu'il avait recouvré l'ouïe. Tous nous l'avons vu, et plusieurs d'entre nous lui ont parlé. De même, nous y vîmes une femme et une fille boiteuses recevoir leur guérison, ainsi qu'une fille sourde. Voilà ce qui arriva, comme vous le savez, le samedi, à Constance, dans la chapelle de l'évêque. L'auteur continue à rapporter les miracles qui se firent à Winterthur, à Zurich, à Rhinfeld, à Strasbourg et aux autres lieux sur la route, jusques à Spire, où ils arrivèrent le mardi, veille de Noël, 24 décembre 1146 (*De miracul. S. Bern.*, l. 1, c. 1 et 2; *Acta Sanct.*, 20 aug.).

D'autres faits merveilleux sont rapportés par d'autres témoins. Les peuples allemands, dit le biographe contemporain Godefroi, écoutaient le saint homme avec une affection d'autant plus vive, que, parlant un autre langage, ils étaient émus et pénétrés de la vertu même de sa parole, beaucoup plus que de l'interprétation d'un savant interprète qui expliquait ses discours, et ils se prouvaient par la componction avec laquelle ils se frappaient la poitrine et versaient des larmes (Godefr., *Vit. S. Bern.*, l. 3, c. 3, n. 7). Dans cette effusion de la grâce divine, la prédication de la croisade devenait comme l'accessoire. Le principal était l'augmentation de la foi et de la piété dans d'innombrables populations. Plus d'une fois le saint homme faillit être suffoqué par la foule qui se pressait autour de lui. On lui arrachait pièce à pièce ses vêtements, pour faire des croix, ce qui l'incommodait beaucoup et l'obligeait d'accepter fréquemment des habits neufs (*Exord. magn. Cisterc.*, p. 1225, in *Mabill.*).

Ce fut en cette occasion que saint Bernard convertit un jeune chevalier, riche en biens de la terre, mais pauvre de ceux du ciel, et rempli de vices et d'iniquités. Il s'appelait Henri; il avait reçu beaucoup d'instruction, et, comme il parlait le français et l'allemand, il s'attacha au saint pour lui servir d'interprète. Cette remarquable conversion provoqua un miracle non moins remarquable. Le noble Henri se trouvait à cheval à la suite de Bernard, au sortir de Fribourg en Brisgau, lorsque tout à coup il se vit poursuivi par un de ses anciens écuyers, qui l'accabla de moqueries et d'insultes. Il proféra des blasphèmes contre le serviteur de Dieu, s'écriait de toutes ses forces : Allez, suivez ce diable; et le diable lui-même vous emportera! Cependant les voyageurs continuaient paisiblement leur course, quand, sur la route, on vint supplier le saint abbé de donner sa bénédiction à une femme percluse qu'on porta jusqu'à ses pieds. Cet incident augmenta la fureur de l'insensé; à la vue de la femme, qui se trouva subitement guérie, il vomit contre le saint homme les derniers outrages; mais tout d'un coup il tombe à la renverse, frappé de Dieu, se brise le cou et expire. Son ancien maître, désolé de cette mort funeste, se jette aux genoux de saint Bernard et le conjure d'avoir pitié de cette âme que Satan avait remplie de malédictions. C'est à cause de vous, dit-il; c'est parce qu'il a blasphémé contre vous que ce lugubre accident lui est arrivé! A Dieu ne plaise, répondit le saint, que quelqu'un meure à cause de moi! Et, revenant sur ses pas, il prie silencieusement sur le cadavre, la longueur d'un *Pater;* puis il commande aux assistants de le soulever et de lui tenir la tête, qui pendait de côté et d'autre. Enfin, ayant frotté de sa salive l'endroit du cou rompu, il s'écrie : *Au nom du Seigneur, lève-toi!* Et encore : *Au nom du Père, et du Fils, et du Saint-Esprit, que Dieu te rende ton âme!* Cette parole est à peine prononcée, que le mort revit. Tous les assistants, saisis d'admiration et de joie en voyant de leurs yeux un mort ressuscité, font retentir leurs acclamations jusqu'au ciel. Cependant le saint lui adresse la parole : Maintenant, lui dit-il, quelle est ta disposition? que vas-tu faire? — Je ferai, mon Père, tout ce que vous m'ordonnerez, répondit l'écuyer, devenu tout autre. Il prit la croix et s'engagea dans la milice de Jérusalem. L'un des assistants lui demanda si réellement il avait été mort. J'étais mort, dit-il, et j'ai entendu l'arrêt de ma damnation; car si le saint abbé ne s'était hâté d'intervenir, je serais présentement dans les enfers. Quant à Henri, ému plus vivement que les autres de ce fait extraordinaire, il se retira à Clairvaux, où il fit sa profession; et, plus d'une fois, il raconta à ses frères assemblés la grâce qui lui avait été faite et l'étonnant prodige dont il avait été témoin. (*Exord. magnum*, cap. 19, t. II; *Op. S. Bern.*, édit. Mabil.).

Le roi Conrad avait convoqué à Spire une assemblée des évêques et des seigneurs : saint Bernard y vint pour mettre la paix entre quelques princes dont les inimitiés empêchaient plusieurs personnes de prendre la croix. Dans les assemblées de cette espèce, dit l'archidiacre Philippe, les miracles n'ont pas coutume d'être fréquents, parce que Dieu ne se plaît point à manifester sa gloire dans le concours si grand d'une multitude curieuse. Cependant l'arrivée du Père n'y fut point oiseuse : il s'y fit ce qu'il appelait lui-même le miracle des miracles; car le roi Conrad y prit la croix, contre l'attente de tout le monde.

Outre ce que le saint abbé lui en avait dit à Francfort, il l'y exhorta encore à Spire, nommément dans un sermon public; et, le vendredi, jour de Saint-Jean l'Évangéliste, il lui en parla encore en particulier, l'exhortant à ne pas perdre l'occasion d'une pénitence si légère, si courte et si honorable. Le roi lui répondit enfin qu'il y penserait, qu'il en parlerait à son conseil et rendrait réponse le lendemain; mais ensuite, pendant la messe, saint Bernard se sentit vivement pressé de prêcher ce jour-là, sans en être prié, contre sa coutume. Il prêcha donc, et, à la fin du sermon, il adressa la parole au roi comme à un particulier. Il lui représenta le jugement dernier, comme s'il eût été devant ce terrible tribunal; et fit parler Jésus-Christ, qui lui reprochait les biens dont il l'avait comblé, la couronne, les richesses, la force de corps et d'âme; enfin, il le toucha tellement, que ce prince interrompit le sermon et s'écria avec larmes : Je reconnais les bienfaits de Dieu, et désormais, moyennant sa grâce, je n'en serai plus ingrat ; je suis prêt à le servir, puisque j'en suis averti de sa part. Alors le peuple poussa des cris à la louange de Dieu, et la terre retentit de leurs acclamations. Le roi prit aussitôt la croix, et reçut, par la main de l'abbé, un étendard pris sur l'autel, pour le porter de sa main en cette guerre. Avec lui se croisèrent Frédéric, son neveu, et une infinité d'autres seigneurs.

Le dimanche 29 décembre, le roi assembla tous les seigneurs et les chevaliers croisés, et saint Bernard leur fit une exhortation plus divine qu'humaine. Ce sont les paroles de Philippe, qui ajoute : « Quand nous fûmes sortis, comme le roi lui-même conduisait le saint avec les princes, de peur qu'il ne fût accablé de la foule, on lui présenta un enfant boiteux ; il fit le signe de la croix, releva l'enfant et lui ordonna de marcher devant tout le monde. Qui pourrait dire avec quels transports de joie on conduisait cet enfant ; mais, le saint abbé, se tournant vers le roi, lui dit : Ceci a été fait pour vous, afin que vous connaissiez que Dieu est vraiment avec vous et que votre entreprise lui est agréable. A la même heure, avant que nous sortions du logis, une fille fut redressée, et une femme aveugle recouvra la vue. » Après plusieurs autres miracles faits à Spire, Philippe continue ainsi, parlant de ce qui arriva le mardi, dernier jour de l'année.

Au même lieu arriva une chose qui nous fit grand plaisir parce que ce fut en présence d'un duc grec, envoyé par l'empereur de Constantinople. Il parlait à notre père dans la chapelle du roi, quand on lui présenta une femme aveugle. Aussitôt qu'il eût fait sur elle le signe de la croix, elle recouvra la vue, et le Grec fut extrêmement touché. De même, vers le soir, en présence du roi, de ce Grec et de plusieurs seigneurs, on lui présenta un enfant boiteux. Aussitôt le saint homme dit avec confiance : *Au nom de Jésus-Christ, je te le commande, lève-toi et marche !* L'effet suivit, l'enfant se leva et marcha librement : d'abord les jambes lui tremblaient, mais peu à peu il se fortifia devant tout le monde. Anselme, évêque d'Havelsberg, avait un grand mal de gorge, en sorte qu'à peine pouvait-il avaler ou parler. Il disait à saint Bernard : Vous devriez aussi me guérir. Il lui répondit agréablement : Si vous aviez autant de foi que les femmelettes, peut-être pourrais-je vous rendre service. L'évêque reprit : Si je n'ai pas la foi assez grande, que la vôtre me guérisse. Enfin le père le toucha, en faisant le signe de la croix, et aussitôt toute la douleur et l'enflure cessèrent. Saint Bernard fit encore le mercredi, premier jour de l'année 1147, et le jour suivant, plusieurs miracles qui furent vus par le roi, la cour et toute la ville de Spire ; mais l'auteur se plaint que la relation en ait été perdue ; ce qui marque qu'on les écrivait chaque jour, et que la relation fut dressée sur ces mémoires. La cour se sépara le vendredi, 3 janvier, et saint Bernard partit pour Worms (*Vitæ S. Bern.*, l. 6, *seu miracul., pars* 1; *Acta Sanct.*, 20 aug., et *Mabill. Opera S. Bern.*, t. II).

Ici finit la première partie du journal de ses miracles, et commence la seconde adressée au clergé de Cologne, qui contient le voyage de Spire jusqu'à Cologne. Le saint abbé, étant arrivé à Worms, n'y voulut point séjourner, quoiqu'on l'en priât instamment, parce qu'il y avait passé deux mois auparavant, et donné la croix à une multitude innombrable. Ils passèrent à Creuznach le jour de l'Epiphanie, qui était le lundi ; et, le jeudi suivant, 9 janvier, ils arrivèrent à Cologne. Comme on n'y attendait pas le saint abbé, la foule du peuple n'y fut pas si grande ce jour-là ; car il entrait secrètement dans les villes, autant qu'il pouvait, pour éviter les réceptions solennelles ; mais il le pouvait rarement. Le samedi, il fit un sermon aux membres du clergé de Cologne, leur reprochant leur vie peu régulière, leur mollesse, leur oisiveté, leur orgueil, et leur appliquant plusieurs menaces des prophètes.

Le dimanche, après avoir dit la messe, il prêcha dans la place, parce que le peuple ne pouvait tenir dans l'église. Là, dit l'auteur, en notre présence, un aveugle recouvra la vue, et un manchot, qui avait la main sèche, fut guéri. Et, après quelques autres miracles, il ajoute : Après le dîner, les miracles ne nous manquèrent point ce jour-là ; et nous les savons certainement, car nous les examinâmes avec soin. Le saint homme était à une fenêtre, et on lui présentait les malades par une échelle ; car personne n'osait ouvrir la porte de la maison, tant étaient grands le tumulte et l'empressement. Ensuite, le lundi, dès le grand matin, un homme sourd recouvra l'ouïe, et une fille aveugle la vue, et, peu après encore, une femme aveugle fut guérie. Là le concours et le tumulte furent si grands, qu'à peine put-on ramener le saint homme au logis ; et je ne sais s'il s'y fit un plus grand miracle, que de ce qu'il échappa sain et sauf. Vers la troisième heure, une multitude de malades le demandaient avec instance, d'autant plus qu'on savait qu'il devait bientôt partir. Il se rendit sur la place, leur imprima le signe de la croix, l'un après l'autre, et à l'heure même, à la vue de tout le monde, il y en eut quatorze de guéris, sept boiteux, cinq sourds, un manchot et une femme aveugle. A chaque miracle, le peuple s'écriait en allemand d'une voix qui montait jusqu'au ciel : *Christ, uns gnade !* c'est-à-dire : Jésus-Christ, ayez pitié de nous ! *Kyrie, eleïson ! Die heiligen alle helfen uns !* Tous les saints, secourez-nous ! Les auteurs de la relation ajoutent : Nous sommes tous témoins de ces miracles, ainsi que toute la ville de Cologne ; ils n'ont pas été faits dans un coin, mais en public. Si quelqu'un est incrédule ou curieux, il en peut examiner facilement une grande partie, principalement ceux qui ont été faits sur des personnes qui ne sont ni du dernier rang ni inconnues.

Saint Bernard partit de Cologne le lundi 13 janvier 1147, et passa les jours suivants par Juliers, Aix-la-Chapelle et Maëstricht, faisant partout des miracles. Le dimanche 19, et le lundi suivant, il séjourna à Liége, d'où il vint à Gemblours, à Mons, à Valenciennes, et le dimanche 26 à Cambrai, où il séjourna le lundi. Le vendredi suivant, il vint à Laon, et le samedi, 1er février, à Reims. Tout le long de la route, les peuples accouraient pour le voir, recevoir sa bénédiction et lui présenter leurs malades. Et les malades étaient guéris dans les villes, dans les bourgs, au milieu des champs. A Liége, après qu'il eut célébré la messe solennelle, on lui présenta, devant tout le peuple, un jeune homme perclus dès le sein de sa mère. L'homme de Dieu lui toucha les reins et les jambes, lui donna la main, et le fit lever et marcher. Le clergé entonna aussitôt le *Te Deum* ; mais le peuple pleurait et sanglotait si fort, qu'on n'entendait pas la voix des chantres. En approchant du bourg de Fontaine, où ils allaient loger chez les parents de l'archidiacre Philippe, on lui présenta, au milieu du chemin, un petit garçon aveugle dès sa naissance, qui ne pouvait même ouvrir les paupières. Tout le monde désespérait de sa guérison, même ceux qui avaient vu les plus grands miracles. Le saint homme, sans différer un moment, lui imposa la main, et, après une courte prière, lui ouvrit les paupières avec ses doigts et lui demanda s'il voyait. Je vois, répondit l'enfant, je vous vois, seigneur ! je vois tous les hommes avec des cheveux ! Puis, sautant de joie, il s'écriait : Mon Dieu, mon Dieu, je ne heurterai plus mes pieds contre la pierre !

A Cambrai, dans l'église de la Sainte-Vierge, l'homme de Dieu célébra sur un autel très-élevé, afin que tout le peuple pût le voir. Un sourd-muet de naissance, qui devait lui être présenté après la messe, passa à l'offrande avec tout le monde, et, suivant la coutume, baisa la main du saint abbé. Aussitôt un des vassaux de l'évêque lui demanda : Entends-tu ? L'enfant répondit : Entends-tu (en français du temps : *Oz-tu ?*) ? car, n'ayant jamais entendu parler, il répétait ce qu'il entendait dire. Le bon chevalier lui apprit tout de suite à invoquer Dieu, à nommer la sainte Vierge, etc. Comme l'enfant répondait promptement à tout, les ecclésiastiques qui étaient proches, ayant connu la vérité du miracle, élevèrent la voix pour bénir Dieu d'avoir donné une puissance semblable aux hommes. On éleva l'enfant, qui salua le peuple, et toute la ville de Cambrai fut dans la joie d'entendre parler un enfant qui n'avait jamais parlé depuis sa naissance, ni entendu parler (*Vit. S. Bern.*, l. 6, *seu miracul.*, pars 3, cap. 11 et 12).

Le dimanche 2 février 1147, jour de la Purification, saint Bernard se rendit à Châlons, où le roi Louis était venu au devant de lui. Il y avait aussi plusieurs seigneurs de France et d'Allemagne, et des ambassadeurs du roi des Romains, pour conférer sur le voyage de Jérusalem. Saint Bernard fut tellement occupé de cette conférence pendant le dimanche et le lundi, qu'il ne put sortir pour satisfaire le peuple qui le désirait ardemment ; mais le bien général était préférable aux désirs des particuliers. Le jeudi 6 février, il arriva à Clairvaux, et ne fit pas moins de miracles dans son pays qu'ailleurs. Il amena avec lui trente moines qu'il avait gagnés en ce voyage, et il en attendait environ autant, qui avaient déjà fait leur vœu et pris jour pour se rendre au monastère. Il demeura peu de jours à Clairvaux, et, pendant ce séjour, il défendit d'y laisser entrer les malades qui venaient pour être guéris, de peur de troubler le repos des frères. Depuis son retour à Clairvaux, la relation des miracles ne marque plus exactement les jours, mais seulement les lieux où ils furent faits.

Les miracles que fit saint Bernard en prêchant la croisade sont si bien attestés, que ni les impies ni les protestants n'ont osé les révoquer en doute. L'historien protestant Luden dit à ce sujet : Il est absolument impossible de mettre en doute l'authenticité des miracles de saint Bernard ; car on ne saurait supposer la fraude ni de la part de ceux qui les rapportent, ni de la part de celui qui les a opérés (Luden, *Geschichte der Teutschen.*, l. 21, c. 10, t. X, note 12). Or, saint Bernard, comme il s'en explique lui-même, faisait ces miracles pour montrer aux peuples et aux rois que la croisade qu'il prêchait était l'œuvre de Dieu, et que les rois et les peuples faisaient une chose agréable à Dieu d'y consacrer leurs biens et leur vie. Cependant Fleury emploie un discours tout entier, c'est le sixième, pour prouver que les croisades, non-seulement quant aux abus qu'y mêlaient les hommes, mais quant à leur essence et à leur motif, étaient contraires à l'esprit du christianisme et à l'esprit de l'Eglise. Ce discours prouve du moins une chose : c'est que Fleury pense sur les croisades, et même sur la nature du christianisme, autrement que Dieu et ses saints.

Le dimanche de la Septuagésime 16 février 1147, saint Bernard se rendit à Etampes, où le roi Louis tint encore une conférence ou parlement touchant la croisade. On y parla de la route que l'on devait tenir, et on résolut d'aller par la Grèce, contre l'avis de plusieurs, particulièrement des envoyés de Roger, roi de Sicile, qui représentaient le danger qu'il y avait de se fier aux Grecs. Ensuite on délibéra à qui on devait confier la garde du royaume pendant l'absence du roi. Il en laissa le choix aux prélats et aux seigneurs, et, après qu'ils l'eurent fait, saint Bernard vint l'annoncer ; montrant l'abbé Suger et Guillaume, comte de Nevers, il dit : Voici deux glaives, et c'est assez. Tout le monde approuva ce choix, excepté le comte de Nevers ; il annonça qu'il avait fait vœu d'entrer dans la Chartreuse, et l'exécuta peu de temps après, sans pouvoir en être détourné par les prières du roi ni de tous les autres. Ainsi l'abbé Suger demeura seul chargé de la régence, qu'il ne voulut toutefois accepter qu'après en avoir reçu l'ordre exprès du Pape. On fixa le jour du départ à la Pentecôte, où l'on devait s'assembler à Metz.

Le roi de Sicile, Roger, depuis qu'il eut fait sa paix avec l'Eglise, faisait la guerre aux infidèles, et avec succès. Devenu maître de l'île de Malte, il porta ses vues sur l'Afrique, d'où les corsaires venaient infester les pays chrétiens. L'Afrique était divisée entre deux dynasties, les Almohades à Maroc, les Zeirides vers Tripoli et Tunis. Ces deux dynasties se faisaient la guerre. Roger profita de leurs divisions. Il attaqua et prit Tripoli, place forte située sur la côte de la mer. La capitale des Zeirides portait le nom d'Afrique, de celui de la contrée, et on l'appelait quelquefois Mahadia, du nom de l'Arabe qui en avait jeté les fondements. Le roi de Sicile s'en rendit maître, ainsi que de Tunis, de Safax, de Capsie, de Bone et d'une longue étendue de côtes ; il mit des garnisons dans les forteresses, assujétit la contrée à un tribut, de sorte que, avec quelque apparence de vérité, qu'il tenait l'Afrique sous le joug : *Appulus et Calaber, Siculus mihi servit et Afer*.

D'un autre côté, pour venger le mépris que les Grecs de Constantinople avaient fait de ses ambassadeurs, il leur enleva l'île de Corfou, entra dans la Grèce, prit les villes d'Athènes, de Thèbes et de Corinthe, et en ramena, avec un butin immense, des ouvriers et des ouvrières en soie, qui devinrent une richesse pour la Sicile. Comparant l'habile industrie de ces artisans avec la fainéantise et la lâcheté des soldats, il s'écria que la quenouille et le métier étaient les seules armes que les Grecs fussent capables de manier (Pagi, Muratori, an 1147). Le roi de Sicile était donc mieux en état que personne, de donner de bons conseils pour faire réussir la croisade. On eut tout lieu de se repentir de ne les avoir pas suivis.

Pendant le même mois de février 1147, où le roi de France tint un parlement à Etampes, le roi Conrad tint une cour plénière à Ratisbonne en Bavière, ayant avec lui Adam, abbé d'York, à la place de saint Bernard. Après avoir célébré la messe et invoqué le Saint-Esprit, il monta sur l'ambon; et, ayant lu les lettres du Pape et de l'abbé de Clairvaux, il fit une exhortation simple et courte, qui persuada presque à tous les assistants de se croiser; car ils venaient à ce dessein, étant déjà excités par le mouvement précédent. Trois évêques se croisèrent sur l'heure, Henri de Ratisbonne, Othon de Frisingue et Reinbert de Passau: Henri, duc d'Autriche, frère du roi Conrad, se croisa aussi, avec une infinité d'autres seigneurs. Labeslas, duc de Bohême, Odoacre, marquis de Stirie, et Bernard, comte de Carinthie, prirent la croix peu après; mais ce qu'il y eut de plus merveilleux, dit Othon de Frisingue, c'est qu'il acquorut une si grande multitude de pillards et de brigands, qu'il n'y eut pas un homme sensé qui ne reconnût et n'admirât ce changement subit et extraordinaire comme un coup du ciel (Othon, *De gest. Frid.*, l. 1, c. 40).

Othon, évêque de Frisingue, était fils de Léopold IV, margrave d'Autriche, qui est compté entre les saints, et honoré le 15 novembre, étant mort ce même jour en 1136. La mère d'Othon fut Agnès, fille de l'empereur Henri IV. Elle avait épousé en premières noces Frédéric, duc de Souabe, dont elle avait eu Frédéric, qui succéda au duché, et Conrad, roi des Romains: ainsi Othon était frère utérin de ce prince. Agnès donna à saint Léopold, son second mari, jusqu'à dix-huit enfants; sept moururent en bas âge, les autres rendirent leur nom célèbre par leurs vertus ou leurs grandes actions. Au milieu d'une famille aussi nombreuse, au milieu des guerres civiles qui divisaient l'Allemagne, le pieux margrave d'Autriche sut maintenir ses Etats en paix pendant les quarante ans qu'il les gouverna, y donnant l'exemple de toutes les vertus, de la piété envers Dieu, de l'amour pour les peuples, de la charité pour les pauvres. Son épouse le secondait dignement dans toutes ses bonnes œuvres. Aux vertus chrétiennes, il joignit une brillante valeur. Les Hongrois ayant fait irruption sur ses terres jusqu'à deux fois, saint Léopold les battit chaque fois en bataille rangée. A la mort de l'empereur Henri V, plusieurs princes voulurent l'élever à la dignité impériale. Lothaire ayant été élu, Léopold lui demeura toujours fidèle, et ne prit aucune part aux troubles que causa l'ambition de son beau-fils Conrad. Othon était son cinquième fils. L'ayant fait étudier, il le fit prévôt du chapitre de Neubourg en Autriche. Mais Othon, voulant étudier plus à fond, vint à Paris, et y passa plusieurs années. Comme il retournait dans son pays, il fut touché de la régularité de l'observance de Citeaux et des vertus de saint Bernard, et embrassa la vie monastique avec quinze compagnons de son voyage, dans Morimond, dont il fut depuis abbé. Son père, ayant su son entrée en religion, non-seulement ne lui en fit point de reproche, mais l'en félicita, et bâtit, par affection pour lui, le monastère de Sainte-Croix en Autriche. En 1138, Othon fut tiré de Morimond par le roi Conrad, son frère, qui lui donna l'évêché de Frisingue; il le gouverna vingt ans, sans quitter l'habit monastique. Il retira les biens aliénés et dissipés de cette Eglise, et rétablit la régularité dans le clergé et dans les monastères. Il passait pour un des plus savants d'entre les princes d'Allemagne, et fut un des premiers qui y introduisit l'étude de la philosophie, particulièrement la logique d'Aristote. Il était éloquent, et traitait souvent les affaires de l'Eglise devant les rois et les princes (*Vie de S. Léopold*, Godescard, 15 nov.; Radevic, *Vita Othon, apud Vurst.*, l. 2, c. 11).

Cependant le pape Eugène, fatigué par les séditions des Romains, vint en France. Il se rendit d'abord au monastère de Cluny, où, par un privilège du 24 mars 1147, il reçut l'abbaye de Bonneval en la protection de saint Pierre. Le roi Louis le Jeune alla le recevoir jusqu'à Dijon, où il consacra l'église collégiale de Saint-Etienne, aujourd'hui la cathédrale. De Dijon, le Pape et le roi s'en vinrent par Auxerre à Paris, où ils célébrèrent ensemble les fêtes de Pâques (Pagi, an 1147).

Tandis que les rois et les princes se préparaient à défendre la chrétienté au dehors contre les infidèles, le Pape et les évêques travaillaient à la défendre au dedans contre les erreurs et les scandales. Dans un concile de Paris, tenu aux fêtes de Pâques 1147, Gilbert de la Porée, évêque de Poitiers, fut accusé, et, dans un concile tenu à Reims le 22 mars 1148, il fut convaincu de plusieurs erreurs touchant la nature de Dieu, ses attributs, et le mystère de la sainte Trinité. Il disait que la divinité ou l'essence divine est *réellement* distincte de Dieu; que cette proposition : *Dieu est la bonté*, est fausse, à moins qu'on ne la réduise à celle-ci : *Dieu est bon*. Il ajoutait que la nature ou l'essence divine est *réellement* distincte des trois Personnes divines; que ce n'est point la nature divine, mais *seulement* la seconde Personne qui s'est incarnée. Dans toutes ces propositions, c'est le mot *réellement* qui constitue l'erreur. Si Gilbert s'était borné à dire que *Dieu* et la *Divinité* ne sont pas la même chose *formellement*, ou *in statu rationis*, comme s'expriment les logiciens, sans doute il n'aurait pas été condamné; cela signifierait seulement que ces deux termes, *Dieu* et la *Divinité*, n'ont pas précisément le même sens, ou ne présentent pas absolument la même idée à l'esprit (Bergier, *Dict. théol.*, art. *Porrétains*).

Après quelques incidents, saint Bernard, de concert avec les évêques et prélats français du concile de Reims, opposa aux erreurs de Gilbert de la Porée une profession de foi qui portait en substance : 1° Nous croyons que la nature de la Divinité est Dieu, et que Dieu est la Divinité; qu'il est sage par la sagesse qui est lui-même, grand de la grandeur qui est lui-même, et ainsi du reste. 2° Quand nous parlons des trois Personnes divines, nous disons qu'elles sont un Dieu et une substance divine; et, au contraire, quand nous parlons de la substance divine, nous disons qu'elle est en trois personnes. 3° Nous disons que Dieu seul est éternel, et qu'il n'y a aucune autre chose, soit qu'on la nomme *relation*, *propriété*, ou autrement, qui soit éternelle, sans être Dieu. 4° Nous croyons que la Divinité même et la nature divine se sont incarnées dans le Fils. Le Pape approuva cette profession de foi, et condamna les propositions de Gilbert, qui acquiesça avec soumission à ce jugement, et fut renvoyé en paix dans son diocèse (1); mais il eut quelques disciples qui ne furent pas aussi dociles. Saint Bernard combattit leurs erreurs, et dans deux sermons, et dans le cinquième livre *De la Considération*, au pape Eugène.

Gilbert de la Porée s'égarait par trop de subtilité, un autre s'égarait par un excès contraire : c'était un gentilhomme bas-breton, nommé Éon de l'Etoile. Enflé d'un léger commencement de lettres, il s'était avisé de raisonner sur ce qu'il entendait quelquefois à l'église, où la lettre *u* et la lettre *m*, jointes ensemble, se prononçaient comme *o* et *n*, *on*, pour *um*. Ainsi, à ces paroles des exorcismes, *per eum qui venturus est*, et à celles des oraisons, *per eumdem Dominum nostrum*, il s'imaginait que c'était lui, Eon, que l'on y nommait. La méprise n'aurait été que risible, si elle n'eût pas dégénéré en folie ou en impiété, et que là-dessus il ne se fût pas mis en tête qu'il était le Fils de Dieu, le Juge des vivants et des morts et le Seigneur de toutes choses. Il se le persuada même et parvint à le persuader à d'autres avec tant d'aheurtement, que dans son pays et aux environs, il se forma un cortège de gens qui lui étaient aveuglément dévoués. Sa famille cherchait à le renfermer, et la sûreté publique l'exigea bientôt. Quelque simple ou quelque fou qu'il parût, il savait bien tirer les conséquences de son principe. Accompagné de ses partisans, il faisait valoir sa qualité de Fils de Dieu et de seigneur universel. Il dépouillait les églises, pillait les monastères et s'enrichissait partout avec eux aux dépens de qui il pouvait. Sans plus travailler autrement, ils vivaient ensemble dans la bonne chère. On disait même qu'il avait des esprits à ses ordres, et que, au moindre signe de sa part, ils dressaient au milieu des forêts des tables somptueusement servies, mais de viandes creuses, qui faisaient plaisir à manger, et ne nourrissaient point. Quoi qu'il en soit de ces enchantements, Éon de l'Etoile, après avoir échappé quelque temps aux poursuites que l'on faisait pour s'emparer de lui, fut arrêté dans le diocèse de Reims, lui et plusieurs des siens.

Quand il eut été amené devant le concile, le Pape lui demanda qui il était. Je suis, répondit-il fièrement, celui qui doit juger les vivants et les morts, et le siècle par le feu. On souhaita de savoir ce que signifiait la forme du bâton sur lequel il s'appuyait, et terminé en haut par une fourche. C'est une chose de grand mystère, dit-il; car, aussi longtemps que, comme vous le voyez maintenant, les deux branches regardent le ciel, Dieu possède deux parties de l'univers et me cède la troisième. Mais si je tourne les deux branches vers la terre et la partie simple vers le ciel, alors je retiens pour moi deux parties du monde et ne laisse à Dieu que la troisième. A ces mots, tout le concile se prit à rire et se moqua d'un homme livré à ce point au sens réprouvé. On en eut pitié. On alla même jusqu'à ne le croire pas assez libre d'esprit pour lui imputer à la rigueur les vols et les sacriléges qu'il avait commis. Une prison perpétuelle fut toute la punition que le Pape voulut qu'on en tirât. On l'y confina par l'autorité de l'abbé Suger, régent du royaume, et il y mourut peu après. Quelques-uns de ses disciples furent livrés au bras séculier et se laissèrent brûler, plutôt que de renoncer à leur criminelle folie (Willelm. Neubrig., l. 1, c. 19; *apud Baron.*, 1148).

Mais une secte bien autrement dangereuse était celle des manichéens, qui repullulait dans le midi de la France sous divers noms : de *petrobrusiens*, de l'hérésiarque Pierre de Bruis; de *henriciens*, de son disciple Henri; d'*albigeois*, de la ville et du pays d'Albi, où ils se multiplièrent davantage.

Pour entendre bien leur histoire, il est bon de se rappeler ce qu'étaient les manichéens. Toute leur théologie roulait sur la question de l'origine du mal; ils en voyaient dans le monde et ils en voulaient trouver le principe. Dieu ne le pouvait pas être, parce qu'il est infiniment bon. Il fallait donc, disaient-ils, reconnaître un autre principe, qui, étant mauvais par sa nature, fût la cause et l'origine du mal. Voilà donc la source de l'erreur. Deux premiers principes, l'un du bien, l'autre du mal, ennemis par conséquent et de nature contraire, s'étant combattus et mêlés dans le combat, avaient répandu l'un le bien, l'autre le mal dans le monde; l'un la lumière, l'autre les ténèbres, et ainsi du reste; car il n'est pas besoin de raconter ici toutes les extravagances impies de cette abominable secte. Elle était venue du paganisme. Manès, Perse de nation, tâcha d'introduire cette monstruosité dans la religion chrétienne, vers la fin du troisième siècle. Marcion avait déjà commencé quelques années auparavant, et sa secte, divisée en plusieurs branches, avait préparé la voie aux impiétés et aux rêveries que Manès y ajouta.

Au reste, les conséquences que ces hérétiques tiraient de cette doctrine n'étaient pas moins absurdes ni moins impies. L'Ancien Testament avec ses rigueurs n'était qu'une fable, ou en tout cas l'ouvrage du mauvais principe; le mystère de l'Incarnation, une illusion; et la chair de Jésus-Christ, un fantôme; car la chair étant l'œuvre du mauvais principe, Jésus-Christ, qui est le Fils du Dieu bon, ne pouvait pas l'avoir prise en vérité. Comme nos corps venaient du mauvais principe et que nos âmes venaient du bon, ou plutôt qu'elles en étaient la substance même, il n'était pas permis d'avoir des enfants ni de lier la substance du bon principe avec celle du mauvais; de sorte que le mariage, ou plutôt la génération des enfants était défendue. La chair des animaux et tout ce qui en sort, comme le laitage, était aussi l'ouvrage du mauvais; le vin était au même rang : tout cela était impur de sa nature, et l'ouvrage en était criminel. Voilà donc manifestement ces hommes trompés par les démons, dont parle saint Paul, qui devaient dans *les derniers temps... défendre le mariage et rejeter comme immondes les viandes que Dieu avait créés* (1. Tim., 4, 1-3).

Ces malheureux, qui ne cherchaient qu'à tromper le monde par des apparences, tâchaient de s'autori-

---
(1) Tel est, en substance, le récit du moine Geoffroi, depuis abbé de Clairvaux, qui était présent au concile, et qui par là même paraît avoir plus d'autorité qu'Othon de Frisingue, alors en Syrie, et qui paraît prévenu en faveur de Gilbert. (*Note de l'auteur.*)

ser par l'exemple de l'Eglise catholique, où le nombre de ceux qui s'interdisaient l'usage du mariage par la profession de la continence était très-grand, et où l'on s'abstenait de certaines viandes, soit toujours, comme faisaient plusieurs solitaires, à l'exemple de Daniel (Dan. 1, 8-12), soit en certains temps, comme dans le temps de carême; mais les saints Pères répondaient qu'il y avait une grande différence entre ceux qui condamnaient la génération des enfants, comme faisaient formellement les manichéens (S. Aug., *Cont. Faust.*, l. 30, c. 3-6) et ceux qui lui préféraient la continence avec l'apôtre et avec Jésus-Christ même (1. Cor., 6, 26-38; Matth., 19, 12), et qui ne se croyaient pas permis de reculer en arrière (Luc., 9, 62) après avoir fait profession d'une vie plus parfaite. C'était aussi autre chose de s'abstenir de certaines viandes, ou pour signifier quelque mystère, comme dans l'Ancien Testament, ou pour mortifier les sens, comme on le continuait encore dans le Nouveau; autre chose de les condamner avec les manichéens, comme impures, comme mauvaises, comme étant l'ouvrage, non de Dieu, mais du mauvais. Et les Pères remarquaient que l'apôtre attaquait expressément ce dernier sens, qui était celui des manichéens, par ces paroles : *Toute créature de Dieu est bonne* (1. Tim., 4-4), et encore par celles-ci : *Il ne faut rien rejeter de ce que Dieu a créé*; et de là ils concluaient qu'il ne fallait pas s'étonner que le Saint-Esprit eût averti si longtemps à l'avance les fidèles, d'une si grande abomination, par la bouche de saint Paul.

Tels étaient les principaux points de la doctrine des manichéens ; mais cette secte avait encore des caractères remarquables : l'un, qu'au milieu de ces absurdités impies, inspirées aux manichéens par le démon, ils avaient encore mêlé dans leurs discours je ne sais quoi de si éblouissant et une force si prodigieuse de séduction, que même saint Augustin, un si beau génie, y fut pris et demeura parmi eux neuf ans durant, très-zélé pour cette secte (L. 1, *Cont. Faust.*, c. 10, et *Confess.*, l. 4, c. 1). On remarque aussi que c'était une de celles dont on revenait le plus difficilement ; elle avait, pour tromper les simples, des prestiges et des illusions inouïes. On lui attribue aussi les enchantements (Théodoret, *Hæret. fabul.*, l. 1, c. *ultim.*) ; et enfin on y remarquait tout l'attirail de la séduction.

L'autre caractère des manichéens est qu'ils savaient cacher le venin de leur doctrine, avec un artifice si profond, que non-seulement ceux qui n'en étaient pas, mais encore ceux qui en étaient, y passaient un long temps sans le savoir ; car sous la belle couverture de leur continence, ils cachaient des impuretés qu'on n'ose nommer et qui même faisaient partie de leurs mystères. Il y avait parmi eux plusieurs ordres. Ceux qu'ils appelaient leurs *auditeurs* ne savaient pas le fond de la secte, et leurs *élus*, c'est-à-dire ceux qui savaient tout le mystère, en cachaient soigneusement l'abominable secret, jusqu'à ce qu'on y eût été préparé par divers degrés. On étalait l'abstinence et l'extérieur d'une vie non-seulement belle, mais encore mortifiée; et c'était une partie de la séduction de venir comme par degrés à ce qu'on croyait plus parfait, parce qu'il était caché.

Comme troisième caractère de ces hérétiques, nous y pouvons encore observer une adresse inconcevable à se mêler parmi les fidèles et à s'y cacher sous la profession de la foi catholique; car cette dissimulation était un des artifices dont ils se servaient pour attirer les hommes dans leurs sentiments. Joignez-y que, quand ils étaient interrogés sur la religion, ils se croyaient permis non-seulement de mentir, mais encore de se parjurer, suivant ce vers rapporté par saint Augustin : « Jurez, parjurez-vous tant que vous voudrez, gardez-vous seulement de trahir le secret de la secte ; — *Jura, perjura, secretum prodere noli* (S. Aug., *in Hæres. Priscill.*). »

Cette secte si cachée, si abominable, si pleine de séduction, de superstition et d'hypocrisie, malgré les lois des empereurs, qui en avaient condamné les sectateurs au dernier supplice, ne laissait pas de se conserver et de se répandre. L'empereur Anastase et l'impératrice Théodora, femme de Justinien, l'avaient favorisée. On en voit les sectateurs au VIIe siècle, en Arménie, sous le nom de *pauliciens*. Nous les avons retrouvés en Bulgarie au commencement du XIIe siècle, sous le nom de *bogomiles*. En 1143, on en découvrit quelques-uns à Constantinople, entre autres deux qui se prétendaient évêques. Après l'an 1000 de Notre Seigneur, ce mystère d'iniquité reparut en Occident. En 1017, sous le roi Robert, nous avons vu des manichéens à Orléans. Une femme italienne avait apporté en France cette damnable hérésie. En Italie, ces sectaires se nommaient *cathares*, c'est-à-dire purs. D'autres hérétiques, les novatiens, avaient autrefois pris ce nom dans la pensée qu'ils avaient que leur vie était plus pure que celle des autres, à cause de la sévérité de leur discipline; mais les manichéens, enorgueillis de leur continence et de l'abstinence de la viande, qu'ils croyaient immonde, se regardaient non-seulement comme cathares ou purs, mais encore, au rapport de saint Augustin (*De Hæres. in hær. Manic.*), comme *catharistes*, c'est-à-dire purificateurs, à cause de la partie de la substance divine mêlée dans les herbes et dans les légumes avec la substance contraire, dont ils séparaient et purifiaient cette substance divine en la mangeant. « Ce sont là des prodiges d'absurdité, dit Bossuet; je l'avoue, et on n'aurait jamais cru que les hommes en pussent être si étrangement entêtés, si on ne l'avait connu par expérience, Dieu voulant donner à l'esprit humain des exemples de l'aveuglement où il peut tomber quand il est laissé à lui-même (Bossuet, *Hist. des Variat.*, l. 11, n. 7-22). » Les manichéens qui se manifestèrent dans le midi de la France vers le milieu du XIIe siècle, outre les noms de *pétrobrusiens*, *henriciens*, *albigeois* et plusieurs autres, portaient encore celui de *bulgares*, parce que leur secte venait de Bulgarie.

Depuis vingt-cinq ans, Pierre de Bruis infectait les environs de la Garonne et du Rhône. Fier de la multitude qu'il avait séduite, il s'était enhardi, et, après avoir détruit partout les choses saintes, il vint à Saint-Gilles, en Languedoc, fit un bûcher sur la grande place avec les croix qu'il avait brisées et abattues, et les brûla publiquement. A ce spectacle, les catholiques, outrés d'indignation, se jetèrent sur lui, dressèrent un second bûcher, et, sans autre forme de procès, l'y firent périr au milieu des flammes. Quelques évêques et quelques seigneurs de Provence et de Dauphiné en usèrent plus régulièrement contre les disciples, et, unis entre eux pour les détruire, ils vinrent au moins à bout de les dissiper.

La mémoire en était encore toute fraîche, lorsqu'un voyage que Pierre le Vénérable fut obligé de faire dans ce pays-là, l'y rendit témoin d'une partie de leurs excès, et ne le pénétra pas d'une moins vive douleur sur ce qu'il apprit. Pour ramener ces malheureux hérétiques, comme aussi pour préserver les catholiques de leur séduction, il entreprit de réfuter leurs erreurs les plus connues dans un écrit adressé aux archevêques d'Arles et d'Embrun, aux évêques de Die et de Gap, qui s'étaient employés contre ces hérétiques et les avaient fait sortir de leurs diocèses. Il marque en peu de mots les excès commis par les sectaires. On a vu rebaptiser les peuples, profaner les églises, renverser les autels, brûler les croix, fouetter les prêtres, emprisonner les moines, les contraindre à prendre des femmes par les menaces et les tourments (*Bibl. Pat.*, t. XXII). Il réduit à cinq celles de leurs erreurs qu'ils semaient le plus parmi le peuple : de refuser le baptême aux enfants avant l'âge de raison; de ne permettre ni autels ni églises; de défendre d'adorer ou d'honorer la croix, d'ordonner même de la briser et de la fouler aux pieds; de nier non-seulement la réalité du Corps et du Sang de Jésus-Christ dans le sacrifice qui s'offre tous les jours sur nos autels, mais de défendre encore de l'offrir; de rejeter les prières, les sacrifices et les autres bonnes œuvres faites par les vivants pour les morts.

Pierre le Vénérable réfute avec étendue, et très-bien, toutes ces erreurs. Sur la première, il fait d'abord cette observation : « S'il est vrai qu'on ne doit baptiser que ceux qui sont en âge de professer la foi par eux-mêmes, il suit de là que tous ceux qui portent actuellement le nom de chrétiens, d'évêques, de prêtres, de diacres, de moines, le portent en vain, puisqu'aucun n'ayant été baptisé à l'âge de raison, leur baptême était nul et conséquemment tout ce qui s'en était suivi, personne ne pouvant être évêque sans avoir été baptisé. Depuis environ cinq cents ans, dit-il, toute la Gaule, l'Espagne, l'Allemagne, l'Italie, enfin toute l'Europe, n'a presque baptisé que des enfants. »

Avant de réfuter les nouveaux manichéens par l'Ecriture, Pierre établit l'autorité de l'Ecriture même. Ces hérétiques ne reconnaissaient que les quatre Evangiles. Pierre leur montre, par les Evangiles mêmes, particulièrement celui de saint Luc, qu'ils doivent encore admettre les Actes des apôtres : c'est le même auteur, le même style, les mêmes faits prédits d'un côté, accomplis de l'autre; faits qui d'ailleurs sont écrits dans tout l'univers chrétien par des fêtes et autres institutions publiques. Par l'Evangile et les Actes des apôtres, il prouve de même la divine autorité des Epîtres des apôtres, qui, du reste, n'ont jamais été révoquées en doute, même par les premiers hérétiques. Il est surtout un argument que Pierre emploie pour établir l'autorité canonique de ces Epîtres, c'est l'autorité vivante de l'Eglise. Le Seigneur dit dans l'Evangile : *Voici que je suis avec vous tous les jours, jusqu'à la consommation du monde* (Marc., ultim.). Et encore : *Je prierai le Père, et il vous donnera un autre Paraclet pour demeurer avec vous à jamais* (Joan., 14). Et encore : *Je ne prie pas seulement pour ceux-ci* (les apôtres), *mais encore pour ceux qui croiront en moi par leur parole, afin que tous ils soient un, comme vous, ô Père, vous êtes en moi et moi en vous; afin qu'eux aussi, soient un en nous, et que le monde croie que vous m'avez envoyé. Je leur ai donné la gloire que vous m'avez donnée à moi, afin qu'ils soient un, comme nous-mêmes sommes un* (Joan., 17).

Comment donc ne croire pas au témoignage d'une Eglise avec laquelle Jésus-Christ habite indivisiblement jusqu'à la consommation des siècles? Comment ne croire pas au témoignage d'une Eglise avec qui l'Esprit-Saint demeure inséparablement, non-seulement ici, mais dans l'éternité? Comment ne croire pas au témoignage d'une Eglise qui est une même chose avec le Père et le Fils, comme le Père est dans le Fils et le Fils dans le Père; une Eglise à qui le Fils de Dieu a donné la gloire qu'il a reçue lui-même du Père? Comment aurait-elle pu suivre une si grande erreur, je ne dis pas si longtemps, mais un seul moment? comment aurait pu se tromper, pendant mille ans, une Eglise avec qui le Père véritable, avec qui le Fils vérité, avec qui l'Esprit de vérité a demeuré perpétuellement? Or, cette Eglise a toujours reconnu les Epîtres des apôtres pour être d'eux, et divinement inspirées. Il faut donc l'en croire ou rejeter même l'Evangile, comme les païens. Par le Nouveau Testament ainsi prouvé, Pierre le Vénérable prouve l'Ancien Testament, qu'on y voit continuellement cité, résumé et autorisé. Cette méthode de prouver ce qui n'est pas admis par ce qui l'est, ce qui est plus contesté par ce qui l'est moins, ce qui est plus éloigné par ce qui est plus proche, l'Ancien Testament par le Nouveau, nous paraît un trait de génie. Nous ne nous souvenons pas d'avoir rencontré quelque chose de si bien entendu dans les auteurs modernes, qui généralement commencent par ce qui est plus loin et plus difficile, et négligent l'avantage que leur offre ce qui est plus près et plus aisé.

Ayant ainsi établi l'autorité de toute l'Ecriture, Pierre en profite pour réfuter victorieusement les cinq erreurs principales des pétrobrusiens. Il montre, contre la première, par plusieurs exemples de l'Evangile, que la foi des pères ou des maîtres peut être utile à leurs enfants ou à leurs domestiques. On voit, dans saint Jean (4, 50), que le fils d'un officier fut guéri par la foi de son père; dans saint Matthieu (8, 10), que le centenier obtint, par la grandeur de sa foi, la guérison de son serviteur; dans saint Marc (9, 22), que Jésus-Christ accorda la guérison de l'enfant lunatique à la foi de son père. Il conclut des guérisons corporelles aux spirituelles, et dit que, si la foi des parents peut obtenir à leurs enfants la santé du corps par la médiation de Jésus-Christ, elle peut aussi leur procurer celle de l'âme par le baptême conféré en son nom. Il le prouve d'ailleurs directement par l'exemple du paralytique. Des hommes charitables, ne pouvant, à cause de la foule, l'introduire dans la maison où était assis le Seigneur, le descendirent devant lui par le toit. *Jésus voyant leur foi*, dit l'Evangile, *dit au malade : Tes péchés te sont remis.* Et, comme quelques-uns se scandalisaient de cette parole, il ajouta : *Afin que vous sachiez que le Fils de l'homme a puissance sur la terre de remettre les péchés, il dit au paralytique: Lève-toi, prends ton lit, et va dans ta maison* (Matth., 9).

Voilà donc le Sauveur qui, à cause de la foi de ceux qui portaient le paralytique, lui accorde et la rémission des péchés et la guérison de sa maladie. Quant aux petits enfants, il insiste sur la circonstance où Notre Seigneur a dit d'eux cette parole : *C'est à eux et à ceux qui leur ressemblent qu'appartient le royaume du ciel;* il termine ainsi : Enfin, Seigneur, bon maître, enseignez par votre parole, ou plutôt montrez par votre exemple, si les petits enfants qui ne viennent pas à vous par leur foi propre, mais vous sont offerts par la foi d'autrui, seront accueillis de vous, comme l'enseigne votre Eglise; ou bien s'ils seront repoussés, comme l'ordonne la témérité des novateurs. A la vérité, vos disciples, comme dit votre Evangile, gourmandaient ceux qui vous les offraient; mais comment avez-vous envisagé ces réprimandes de vos disciples? Et Jésus le voyant, est-il dit, en fut peiné. Ainsi, ô Jésus, vous avez été peiné, parce que vos disciples gourmandaient ceux qui vous offraient les petits enfants; le, de plus, que leur avez-vous dit : *Laissez les petits venir à moi, et ne les empêchez point; car c'est à de pareils qu'est le royaume des cieux.* Voilà ce que vous avez dit, mais encore qu'avez-vous fait? *Et, les embrassant,* dit l'Evangile, *et plaçant les mains sur eux, il les bénissait* (Matth., 19; Marc., 10). Que dites-vous à cela, vous qui repoussez les enfants avec tant de cruauté? Jésus est peiné de ce que les petits enfants sont repoussés de lui; Jésus ordonne qu'on laisse venir à lui les petits, et qu'on ne les empêche point; Jésus dit que c'est à de pareils qu'est le royaume des cieux; Jésus les embrassait, Jésus leur imposait les mains, Jésus les bénissait. Oserez-vous encore repousser de Jésus-Christ l'innocence enfantine, non par une constance d'homme, mais par une malice de démon? Arracherez-vous à Jésus-Christ, malgré lui-même, les enfants qu'il embrasse, les enfants auxquels il impose les mains, les enfants qu'il bénit? Que l'Eglise voie, que l'univers juge à qui plutôt l'on doit fermer le royaume des cieux : à vous, qui contredisez aux paroles du roi des cieux, ou aux petits enfants, dont le même roi dit : *Le royaume du ciel est à eux et à ceux qui leur ressemblent?*

Pierre le Vénérable combat la seconde erreur des pétrobrusiens, par la pratique unanime de tous les siècles, tant chez les patriarches et les Juifs que chez les chrétiens. Noé dressa un autel sur lequel il offrit à Dieu des sacrifices après le déluge; Abraham en dressa un par ordre de Dieu, pour y immoler son fils; Jacob répandit de l'huile sur la pierre qui lui servit d'autel, et, ne doutant pas que Dieu l'eût approuvé, il s'écria : *Vraiment le Seigneur est en ce lieu, et il n'est autre que la maison de Dieu et la porte du ciel.* Les Israélites, n'ayant pas de demeure fixe dans le désert, avaient un tabernacle portatif, que Dieu consacra même visiblement; depuis leur entrée dans la terre promise, le lieu de prière et de sacrifice fut d'abord à Silo, puis à Jérusalem. Salomon bâtit en cette dernière ville un temple magnifique par l'ordre de Dieu. C'est là que les Juifs, les rois, les prophètes venaient sacrifier au Très-Haut. Dans la loi nouvelle, et dès le temps des apôtres, les fidèles avaient certains lieux destinés à leurs assemblées, où on célébrait les divins mystères; et, dans la suite des temps, les chrétiens ont eu des églises et des autels dans toutes les provinces de l'univers.

Outre les preuves de fait, Pierre allègue une preuve générale, mais décisive; c'est que toute religion, vraie ou fausse, veut avoir un lieu destiné aux exercices qui lui sont propres : de là vient que les païens eux-mêmes ont eu leurs temples.

Avant de réfuter la troisième erreur des hérétiques, touchant le culte de la croix, Pierre leur reproche qu'ayant fait un grand bûcher de croix entassées, ils y avaient mis le feu, s'en étaient servi pour faire cuire de la viande, dont ils avaient mangé le vendredi saint, après avoir invité publiquement le peuple à en manger.

En quoi vous avez rendu deux services au démon : l'un en effaçant, autant qu'il est en vous, le souvenir de la passion de Jésus-Christ; car ôter la croix et le nom de la croix, c'est ôter la mémoire de la passion et de la mort du Crucifié; l'autre, en ce que le signe de la croix n'étant plus en usage, ce sera un moyen de moins pour mettre en fuite les anges apostats. Les pétrobrusiens répondaient que l'on devait détruire et brûler un bois qui avait mis à la torture les membres de Jésus-Christ. S'il en est ainsi, répond Pierre, il faut donc aussi avoir en horreur les lieux où il a souffert, renverser la ville de Jérusalem, anéantir son sépulcre; mais la croix est-elle donc capable de raison, pour la charger d'une faute? Et si elle n'en a point commis, pourquoi lui imputer la mort du Sauveur? Qui jamais s'est avisé, dans les vindictes publiques, de brûler les gibets et de mettre en pièces le glaive destiné à répandre le sang des coupables? Ce n'est pas contre les instruments des supplices, mais contre les impies qui en abusent, que l'on doit se mettre en colère. Il fait voir que le signe de la croix doit être respectable, non-seulement aux catholiques, mais aux hérétiques mêmes, parce que le sang de l'agneau mis en forme de croix sur les portes des Hébreux, les garantit de l'ange exterminateur (Exod., 12); que ce même signe, imprimé sur le front de ceux qui gémissaient sur les abominations de Jérusalem, les sauva de la mort (Ezech., 9, 4 et 5); la croix a été en si grand honneur dès le siècle des apôtres, que saint Paul versait des larmes sur ceux qui se conduisaient en ennemis de la croix (Philipp., 3, 18), et qu'il ne voulait se glorifier qu'en la croix de Notre Seigneur (Galat., 6, 14); enfin Jésus-Christ viendra avec sa croix pour juger tous les hommes. Pierre s'explique sur le culte de la croix, en disant qu'on y adore Jésus-Christ comme y étant attaché.

Sur la quatrième erreur, qui tendait à anéantir le sacrifice de la messe, Pierre le Vénérable dit que les pétrobrusiens étaient pires que les bérengariens, qui, en niant la réalité du Corps de Jésus-Christ dans l'eucharistie, convenaient au moins qu'il y était en figure. Il ajoute qu'il lui serait facile de réfuter cette erreur par l'autorité et les raisons non-seulement des anciens, comme saint Ambroise, saint Augustin, saint Grégoire, mais encore des écrivains récents et presque contemporains, comme Lanfranc, Guitmond, Alger, dont les écrits avaient déjà ramené plusieurs; mais qu'étant nouvelle, il fallait l'attaquer par de nouveaux moyens. Il dit donc aux pétrobrusiens que l'Eglise n'est pas sans sacrifice, comme ils l'avançaient, et que dans ce sacrifice elle n'offrait à Dieu que le Corps et le Sang de Jésus-Christ. Comment l'Eglise serait-elle sans sacrifice?

N'en a-t-on pas offert à Dieu depuis Abel, sans aucune interruption, jusqu'à la venue de Jésus-Christ, soit sur des autels dressés par les patriarches, soit dans le temple de Salomon? Jésus-Christ lui-même n'a-t-il pas été immolé et n'est-il pas notre Pâque? Il est le seul sacrifice des chrétiens. Ne convient-il pas en effet qu'il n'y en ait qu'un seul, puisqu'il n'y a qu'un peuple chrétien qui l'offre, comme il n'y a qu'un Dieu auquel il l'offre et qu'une foi par laquelle il l'offre? Pierre applique à ce sacrifice ce qui est dit dans le prophète Malachie (1, 11) : *Depuis le levant du soleil jusqu'à son couchant, mon nom est grand parmi les nations; en tout lieu on offre à mon nom une oblation pure.* Il en conclut que, comme la vraie religion est passée des Juifs aux gentils, les sacrifices et le culte divin y sont passés en même temps; ce qui fait, depuis le commencement du monde jusqu'à présent, une continuité de sacrifices, quoique de différentes espèces. L'Eglise offre aujourd'hui l'Agneau de Dieu, qui efface les péchés du monde; qui, étant immolé, ne meurt point; qui, étant partagé, ne diminue point; et qui étant mangé, ne se détruit point. Elle offre pour elle-même Celui qui s'est offert pour elle, et elle le fait en l'offrant toujours, ce que, en mourant, il n'a fait qu'une seule fois. Il serait bien étrange que ce culte qui est principalement dû à Dieu ne lui fût pas rendu en ce temps, après qu'on a eu tant de soin et tant de zèle pour le lui rendre dans tous les temps qui ont précédé le nôtre (*Bibl. Pat.*, t. XXII).

L'abbé Pierre s'explique ensuite très-clairement sur la transsubstantiation. « Quiconque, dit-il, ne croit pas ou doute que, dans le sacrement de l'Eglise, le pain soit changé en la chair de Jésus-Christ et le vin en son sang, il pense ainsi, ou parce qu'il ne croit pas que Jésus-Christ ait voulu faire ce changement, ou parce qu'il doute qu'il en ait le pouvoir. Mais il ne faut que lire ce qui en est écrit dans l'Evangile pour se convaincre qu'il a voulu ce changement. Quant au pouvoir qu'il en a, on ne peut en douter après l'assurance que nous donne le prophète, qu'il a fait tout ce qu'il a voulu, puisqu'il est Dieu tout-puissant. ». Pierre donne des exemples de changement d'une substance en une autre. La verge de Moïse fut changée en serpent; les eaux du Nil furent changées en sang. La nature même change chaque jour, par la digestion des aliments au corps de l'homme, le pain en chair et le vin en sang. Pourquoi ne croira-t-on pas, pourquoi doutera-t-on que Dieu puisse faire par sa puissance ce que la nature peut par la digestion? Que l'infidélité cesse donc et qu'on lève tout doute, puisque le Verbe tout-puissant de Dieu, par qui toutes choses ont été faites, fait chaque jour que, par la manducation et la digestion, le pain se change en la chair et le vin au sang de plusieurs enfants des hommes. De même aussi, chaque jour, par la consécration et la vertu divine, il fait que le pain et le vin soient changés en sa chair et en son sang, c'est-à-dire du Fils unique de l'homme, et non de plusieurs enfants des hommes; car celui qui a dit, et toutes choses ont été faites; celui qui a commandé, et toutes choses ont été créées, fait par la même puissance, en tous généralement et en lui singulièrement, que le changement des substances qui avait coutume de donner aux hommes la vie mortelle, leur donne, mais aux fidèles seulement, la vie éternelle (*Bibl. Pat.*, t. XXII).

Pierre le Vénérable vient à la cinquième erreur des pétrobrusiens, qui rejetaient comme inutiles les prières et les suffrages des vivants pour les morts, sous prétexte que l'autre vie n'est pas un lieu de mérite, mais de rétribution. En premier lieu, il prouve par l'endroit de l'Evangile où il est dit : *Le blasphème contre le Saint-Esprit ne sera pardonné ni en ce monde ni en l'autre* (Matth., 12; Luc., 12), qu'il y a des péchés que Dieu pardonne en ce monde, mais dont la peine est renvoyée en l'autre pour y être expiée. Il montre en second lieu que l'usage de prier pour les morts est autorisé par l'Ecriture, par la tradition et la discipline universelle de l'Eglise. Il dit à cette occasion que l'on regardait comme divin le second livre des Machabées. Quant à ce que disaient les pétrobrusiens, que c'était se moquer de Dieu de l'invoquer à haute voix et de chanter des hymnes à sa gloire, Pierre de Cluny le réfute encore par l'usage autorisé dans une infinité d'endroits de l'Ecriture, où il est fait mention de cantiques en l'honneur de Dieu, et d'instruments de musique dans les louanges ou actions de grâces solennelles, et par la coutume constante de l'Eglise, de faire chanter des psaumes au clergé (*Bibl. Pat.*, t. XXII).

Pour affermir et étendre le bien qu'avait commencé l'écrit de Pierre le Vénérable, ainsi que le zèle des évêques auxquels il l'adressait, le pape Eugène III envoya dans le pays de Toulouse, en qualité de légat, l'évêque d'Ostie Albéric, qui avait déjà été légat en Angleterre et en Syrie.

Les habitants de cette partie de la France, assez légers de leur naturel, s'étaient infatués de l'imposteur Henri, disciple de Pierre de Bruis, que nous avons déjà vu séduire le peuple du Mans, d'où enfin il fut chassé pour ses crimes.

Le légat Albéric prit avec lui Geoffroi, évêque de Chartres, et persuada de plus à saint Bernard de l'accompagner en ce voyage, nonobstant ses infirmités. L'Eglise de Toulouse l'avait déjà souvent prié d'y venir. Saint Bernard se fit précéder par la lettre suivante à Ildephonse ou Alphonse, comte de Toulouse :

« J'apprends que l'hérétique Henri cause tous les jours des maux infinis aux églises de Dieu. Ce loup ravisseur s'est retiré sur vos terres, il se couvre de la peau de brebis; mais on le reconnaît à ses œuvres, selon le caractère que le Seigneur nous en donne. Les églises sont désertes, les peuples sans prêtres, les prêtres sans considération, les chrétiens sans Christ. On traite les églises de synagogues, le sanctuaire n'est point un lieu saint, les sacrements n'ont rien de sacré. Il n'est plus ni fêtes ni solennités. Les hommes meurent dans leurs péchés, les âmes des mourants sont traînées, hélas! au redoutable tribunal de Dieu, sans avoir été ni réconciliées par la pénitence, ni munies de la sainte communion. Les enfants sont privés de la vie de Jésus-Christ, on leur refuse la grâce du baptême, on leur défend de s'approcher du Sauveur, quoiqu'il dise à haute voix : *Laissez venir à moi les petits enfants* (Matth., 19, 14). Quoi donc! les innocents seront les seuls exclus du salut, par un Dieu dont les bontés s'étendent à toutes les créatures, dont les miséricordes sont infinies? Pourquoi envier aux enfants un Sauveur qui s'est fait enfant pour eux? Cette envie est du démon, c'est par elle que la mort est entrée dans le monde. Pense-t-il que, pour être enfants, ils en aient moins besoin du Sauveur? C'est donc en vain que notre grand Dieu s'est réduit aux bassesses de l'enfance, sans parler de ses autres humiliations, de sa croix et de sa mort!

» Cet homme n'est pas de Dieu, qui tient un langage et une conduite si opposés à Dieu. Cependant ô douleur! il est écouté, il est suivi d'une foule de disciples. Peuple malheureux! A la voix d'un seul hérétique, tu fermes l'oreille à la voix des prophètes et des apôtres, qui tous, animés de l'esprit de vérité, ont prédit que l'Eglise serait formée de l'assemblage de toutes les nations dans l'unité d'une même foi. Les oracles divins sont donc faux, la raison nous séduit, nos yeux nous trompent en nous montrant l'accomplissement de ce qu'on lit dans les Ecritures. Comment un seul homme, par un prodige d'aveuglement pareil à celui des Juifs, ferme-t-il les yeux à une vérité si claire, ou n'en reconnaît-il l'accomplissement qu'avec une espèce d'envie? Par quel artifice diabolique a-t-il fait croire à un peuple insensé que ses propres yeux lui font illusion; que les ancêtres ont été trompeurs; que les descendants sont trompés; que le monde entier, même depuis que Jésus-Christ a versé son sang pour le sauver, est dans la voie de la perdition; que tous les trésors de la miséricorde, toutes les richesses de la grâce sont uniquement réservés à ceux qu'il séduit?

» C'est le sujet qui m'oblige à me transporter, malgré mes infirmités, dans un pays exposé aux ravages de ce monstre cruel que personne n'ose attaquer. Après avoir été chassé de toute la France à cause des erreurs qu'il y semait, il n'a trouvé de pays disposé à le recevoir que le vôtre, où, à l'abri de votre puissance, il eût la liberté d'exercer sa fureur contre le troupeau de Jésus-Christ. Considérez, illustre prince, si cela vous est glorieux. Il n'est pas surprenant que ce rusé serpent vous ait trompé; quoiqu'il n'ait aucun sentiment de piété, il en garde tous les dehors. Voici son véritable portrait.

» C'est le moine apostat, qui, après avoir quitté l'habit religieux, s'est replongé dans les sales plaisirs de la chair et du siècle, est retourné à son vomissement comme un animal immonde; qui, obligé, par la honte de ses débauches, à se dérober de ses parents et de ses amis, ou plutôt forcé de s'en éloigner à cause de ses crimes, s'est mis en campagne sans savoir où il allait, courant çà et là, errant de toutes parts comme un vagabond; qui, réduit enfin à mendier son pain, a fait trafic de l'Evangile (car il a de l'érudition), et, mettant à prix la parole de Dieu, a fait le métier de prédicateur pour gagner sa vie. Tout l'argent qu'il tirait au delà de sa nourriture, de quelques personnes simples ou de quelque dame de qualité, il l'employait au jeu ou à quelque autre infâme débauche : de manière qu'après avoir été applaudi du peuple pendant le jour, on a souvent surpris cet indigne prédicateur passant les nuits avec des femmes de mauvaise vie, quelquefois même avec des femmes mariées. Que Votre Seigneurie se donne la peine de s'informer comme il est sorti de Lausanne, du Mans, de Poitiers, de Bordeaux. Il a laissé dans ces villes des traces si honteuses de ses débauches, qu'il n'oserait y retourner. Espériez-vous qu'un si mauvais arbre produisît de bons fruits? Hélas! il n'en peut produire que d'empoisonnés. Déjà l'infection qu'il a répandue dans vos Etats se fait sentir par toute la terre. Voilà quel est le sujet de mon voyage.

» Je ne viens point chez vous de mon propre mouvement; l'Eglise m'y appelle, la charité m'y entraîne. Peut-être que je travaillerai avec quelques succès à déraciner du champ de l'Eglise cette plante vénéneuse et tous ses rejetons, pendant qu'ils sont encore petits. Quoique ma main soit trop faible pour ce grand ouvrage, je compte beaucoup sur le secours des saints évêques que j'accompagne, et sur la puissante protection que j'attends de vous. Je mets à la tête de ces saints prélats l'illustre évêque d'Ostie, délégué par le Siège apostolique pour cette affaire, fameux dans Israël par les grandes victoires que le Dieu tout-puissant lui a donné de remporter sur ses ennemis. Il est de votre devoir, grand prince, de faire une réception honorable à ce prélat et à ceux de sa suite, et de seconder, selon le pouvoir que Dieu vous a donné, une entreprise qui n'a pour but que votre salut et celui de vos sujets (S. Bernard, *Epist.* 241). »

Après cette lettre, saint Bernard se rendit dans le Languedoc. Il fut reçu partout comme un ange envoyé du ciel, et fit encore un grand nombre de miracles; en sorte qu'il était accablé de la foule du peuple, qui demandait jour et nuit sa bénédiction. Geoffroi, alors moine et depuis abbé de Clairvaux, le dit expressément dans la vie du saint; et, dans une lettre écrite pendant ce voyage, où il l'accompagnait, il spécifie plusieurs miracles faits à Bergerac, à Cahors, à Toulouse, à Verfeuil et en d'autres lieux. Le plus fameux de tous ces miracles est celui qu'il fit à Sarlat en Périgord. Après le sermon, on lui offrit plusieurs pains à bénir, comme on faisait partout. En les bénissant, il éleva la main, fit le signe de la croix, et dit : Vous connaîtrez que ce que nous prêchons est vrai, et que ce que vous prêchent les hérétiques est faux, si vos malades guérissent après avoir goûté de ce pain. Geoffroi, évêque de Chartres, qui était auprès du saint abbé, craignant qu'il ne s'avançât trop, ajouta : S'ils le prennent avec foi, ils seront guéris; mais saint Bernard reprit : Ce n'est pas ce que je dis; mais, assurément, ceux qui en goûteront seront guéris, afin qu'ils sachent que nous sommes véritables et vraiment envoyés de Dieu. Tant de malades furent guéris après avoir goûté de ce pain, que le bruit s'en répandit par toute la province, et le saint homme, en revenant, passa par les lieux voisins, n'osant venir à Sarlat, à cause du concours extraordinaire du peuple (*Vit. S. Bern.*, l. 6, *in fine*).

De tout le pays, la ville d'Albi était la plus infectée de l'hérésie des nouveaux manichéens, d'où vint ensuite le nom d'*albigeois* à toute la secte. Le légat y arriva vers les derniers jours de juin, et le peuple, par dérision, alla au devant, avec des ânes et des tambours; on sonna la messe, et à peine s'y trouva-t-il trente personnes; mais Bernard, qui arriva deux jours après, fut reçu du peuple avec une grande joie. Le lendemain, jour de Saint-Pierre, il vint au sermon une si grande multitude, que l'église, quoique grande, ne la pouvait contenir. Le saint homme parcourut tous les articles de leurs erreurs, commençant par le saint sacrement de l'autel, et leur expliquant sur chaque point ce que les hérétiques prêchaient, et ce qui est de la foi catholique. Enfin il leur demanda ce qu'ils choisissaient. Tout le peuple déclara qu'il détestait l'hérésie, et qu'il revenait avec joie à la foi catholique. Revenez donc à l'Eglise, reprit saint Bernard; et, afin que nous sachions qui sont ceux qui se repentent, qu'ils lèvent la main au ciel! Tous levèrent la main droite, et ainsi finit le sermon. Geoffroi rapporte ce fait comme le plus grand miracle du saint en ce voyage. Rien n'était en effet plus difficile que de convertir les manichéens.

Saint Bernard fut reçu à Toulouse avec assez de dévotion, et, en peu de jours, cette dévotion augmenta jusqu'à un empressement excessif. Il y avait dans cette ville peu de gens qui favorisassent la personne de Henri; c'était seulement quelques tisserands, et on les nommait *ariens*, parce qu'en effet les manichéens n'admettaient la Trinité que de nom; mais il y en avait un grand nombre, et des principaux de la ville, qui favorisaient l'hérésie. On appela Henri, on appela aussi les ariens, et le peuple promit que désormais personne ne le recevrait, s'ils ne venaient et s'expliquaient publiquement; mais Henri s'enfuit, les ariens se cachèrent, et la ville de Toulouse parut entièrement délivrée de l'hérésie. Quelques-uns des gentilshommes promirent qu'ils les chasseraient et ne protégeraient point; et le légat prononça une sentence contre les hérétiques et leurs fauteurs, portant qu'ils ne seraient reçus ni en témoignage ni en jugement, et que personne ne communiquerait avec eux. En cette sentence, on découvrit à tout le peuple la vie corrompue de Henri, comment il avait abjuré au concile de Pise toutes les hérésies qu'il prêchait encore, et comment, pour le délivrer, saint Bernard avait promis de le recevoir moine à Clairvaux.

Saint Bernard suivit Henri dans sa fuite, et prêcha dans les lieux qu'il avait séduits. Il trouva quelques gentilshommes obstinés, moins par erreur que par mauvaise volonté; car ils haïssaient le clergé, et prenaient plaisir aux railleries de Henri. Cet imposteur fut tellement cherché et poursuivi, qu'à peine pouvait-il trouver un lieu de sûreté; enfin il fut pris, enchaîné et livré à l'évêque; mais saint Bernard n'était plus dans le pays. Il eût été besoin qu'il y fît un plus long séjour, pour déraciner tant d'erreurs; mais il avait trop peu de santé pour suffire à un si grand travail, et ne pouvait quitter si longtemps ses chers frères de Clairvaux, qui, par de fréquentes lettres, le pressaient de retourner.

A Toulouse, il logeait à Saint-Saturnin, monastère de chanoines réguliers. Un d'eux, habile médecin, était devenu paralytique, et, depuis sept mois, réduit à une telle extrémité, qu'il n'attendait que la mort de jour en jour. Il pria le saint abbé de permettre qu'on le mît dans une chambre près de son logement, et il fallut six hommes pour l'y porter. L'abbé le vint voir; le malade lui fit sa confession, et le pria instamment de le guérir. Bernard lui donna sa bénédiction, et, sortant de sa chambre, il dit en lui-même : Vous voyez, Seigneur, que ces gens-ci demandent des miracles, et nous n'avancerons rien autrement. Aussitôt le paralytique se leva, courut après le saint et vint lui baiser les pieds avec une dévotion incroyable. Un de ses confrères l'ayant rencontré, poussa un cri, pensant voir un fantôme. Le bruit s'en étant répandu, on accourut à ce spectacle; l'évêque et le légat y vinrent les premiers. On alla à l'église, le paralytique marchant devant les autres, on chanta le *Te Deum*. Le chanoine guéri suivit saint Bernard à Clairvaux, où il se fit moine, et le saint homme le renvoya depuis en son pays, où il fut abbé. Saint Bernard, à son retour, écrivit aux Toulousains pour les exhorter à la persévérance, et à poursuivre sans relâche les hérétiques, jusqu'à ce qu'ils les eussent entièrement chassés du pays. Il leur recommande, comme il avait fait de vive voix, de ne point recevoir de prédicateurs étrangers ou inconnus, mais seulement ceux qui auraient mission du Pape ou permission de l'évêque de Toulouse (S. Bern., *Epist.* 242).

Vers le même temps, on découvrit de ces mêmes hérétiques à Cologne et à Bonn. On en amena plusieurs à l'archevêque de Cologne, Reginold, qui, ayant convoqué son clergé et les principaux d'entre les laïques, les interrogea publiquement. Quelques-uns reconnurent leur erreur et se réunirent à l'Eglise. Il y en eut deux, leur évêque et son compagnon, qui essayèrent de soutenir leur hérésie par les paroles de Jésus-Christ et de l'apôtre. Voyant qu'ils ne pouvaient y réussir, ils demandèrent un délai pour faire venir les plus habiles de leur secte, promettant que, si ces derniers ne savaient répondre, ils se réuniraient à l'Eglise; autrement, ils aimaient mieux mourir que changer de sentiment. On les exhorta pendant trois jours sans qu'ils voulussent y entendre. Alors les peuples, emportés par le zèle, se saisirent d'eux, malgré le clergé, et les brûlèrent; ce que les deux manichéens souffrirent, non-seulement avec patience, mais encore avec joie. Voilà ce qu'écrivit à saint Bernard, Evervin, prévôt de Steinfeld en Westphalie, de l'ordre de Prémontré, qui avait assisté à la conférence de Cologne (Mabill., *Analect.*, p. 473, in-folio).

Le prêtre Ecbert, frère de sainte Elisabeth de Schœnau, d'abord chanoine de Bonn, au diocèse de Cologne, ensuite moine et abbé de Schœnau, dans le diocèse de Trèves, eut souvent occasion, à Bonn, de disputer avec ces hérétiques, dont plusieurs se convertirent et dévoilèrent les secrets de la secte. En Allemagne, ils s'appelaient plus communément cathares, d'où le mot allemand de *ketzer*, pour dire hérétique. Ecbert adressa à l'archevêque de Cologne, en treize discours ou chapitres, l'exposé et la réfutation de leurs erreurs, à quoi il ajoute un résumé de ce que saint Augustin dit de la doctrine des manichéens, pour montrer l'identité des uns et des autres. Les nouveaux manichéens en convenaient eux-mêmes; car ils accusaient saint Augustin d'avoir révélé leurs mystères (*Biblioth. Pat.*, t. XXIII).

Comme saint Bernard, Pierre le Vénérable et Evervin, Ecbert reconnaît dans ces hérétiques les séducteurs prédits par saint Paul (1. Tim., 4). Il réduit à dix les erreurs les plus connues de ceux d'Allemagne. Ils condamnent le mariage. Les plus avancés ne mangent aucune chair, non par le même motif que les moines et les autres personnes religieuses, mais parce qu'elle vient de la génération, et que par là même elle est immonde; voilà ce qu'ils disent communément, mais en secret ils disent pis encore, savoir, que la chair est l'œuvre du diable. Ils disent que le baptême ne sert de rien aux enfants, et même que le baptême d'eau ne sert de rien à personne : ils le remplacent par un prétendu baptême de feu. Ils rejettent le purgatoire, les prières pour les morts, le sacrifice de la messe. Quand ils y assistent, ce n'est que par feinte et pour n'être pas découverts. Ils rejettent le sacerdoce de l'Église romaine, et prétendent qu'il n'existe de vrais prêtres que dans leur secte. Ils nient la consécration du corps de Notre Seigneur. Ils vont même plus loin, comme l'apprit à Ecbert l'un de ceux qui les avaient quittés; ils disent que Notre Seigneur ne s'est fait homme, n'est mort et ressuscité qu'en apparence; aussi font-ils leur possible pour ne point célébrer la fête de Pâques avec les chrétiens, mais une autre fête entre eux, le jour que Manès fut mis à mort. Ceux qui furent examinés à Cologne confessèrent encore une autre extravagance jusqu'alors inouïe, savoir, que les âmes humaines ne sont autre que les esprits apostats chassés du ciel, et qu'ils peuvent, dans les corps humains, mériter le salut par les bonnes œuvres, mais seulement dans leur secte. Ecbert ajoute que les erreurs sont innombrables, et qu'il signale seulement celles qui lui semblent les plus dangereuses (*Biblioth. Pat.*, t. XXIII). Il les réfute ensuite avec beaucoup de clarté et de justesse.

Les cathares disaient que la doctrine chrétienne était cachée chez eux, et qu'eux seuls la connaissaient. Ecbert leur montre, par les paroles de Jésus-Christ et des apôtres, que la doctrine chrétienne ne doit point être cachée, mais prêchée sur les toits, prêchée à toute créature, publiée devant les rois et les princes ; que c'est une ville bâtie sur une montagne qui ne saurait être cachée d'aucune manière; qu'il faut la confesser devant les hommes, si l'on veut être reconnu de Jésus-Christ devant son Père. D'où Ecbert conclut que la doctrine que les cathares cachaient et dissimulaient avec tant de soin, n'était pas la doctrine chrétienne. S'il arrive que quelqu'un d'entre vous est arrêté pour son erreur et conduit devant les juges de l'Église, ou bien vous niez absolument votre créance, ou bien vous ne confessez vos erreurs que quand vous n'espérez plus échapper à la mort : une pareille confession ne vous est point glorieuse ; c'est comme la confession d'un voleur, qui, n'espérant plus échapper à la corde, confesse impudemment ses larcins; et si quelques-uns d'entre vous ont été tués par le peuple dans l'ardeur de son zèle, ce ne sont pas des apôtres qui souffrent le martyre, mais plutôt des voleurs et des larrons exécutés par justice.

Après avoir exposé l'origine et la propagation clandestine de l'hérésie des cathares, Ecbert signale l'origine et la propagation manifeste de la doctrine chrétienne. C'est Pierre, vicaire du Christ, qui, de Jérusalem, d'Antioche, mais surtout de Rome, l'annonce et la persuade à tous les peuples de la terre, particulièrement aux Francs et aux Germains, par saint Remi, saint Boniface et leurs successeurs. Il est donc manifeste, conclut-il, que le fondement de notre foi est la doctrine de Pierre, qui fut du Christ, qui fut de Dieu, et Dieu même. Mais le fondement de votre erreur est la doctrine de Manès, qui ne fut pas de Dieu, mais du diable, non pas du Christ, mais de l'antechrist. Cela seul suffit à tout homme sensé pour voir qu'il faut s'attacher à notre foi catholique et non à votre infidélité occulte, qui mérite d'être maudite et anathématisée à jamais avec son fondement, par tous ceux qui aiment la vérité.

Les manichéens, qui se livraient en secret à des actions si honteuses; qui d'ailleurs, par le fond même de leur doctrine, ne tendaient qu'à faire retomber le péché de l'homme, non plus sur l'homme, mais sur Dieu même; les manichéens se faisaient un plaisir cruel de reprocher aux catholiques, particulièrement aux prêtres, les moindres fautes, et de conclure que leur foi, non-seulement était morte, mais nulle. Ecbert distingue entre les fautes légères et les fautes graves; avec les premières, la foi demeure vivante; avec les secondes, elle est morte, mais non pas anéantie. Les hérétiques disaient qu'un prêtre dont la foi est morte ne peut profiter par son ministère ni à soi ni à autrui. Ecbert fait voir que son ministère peut toujours profiter aux autres, et il le fait voir par cette comparaison. Il arrive quelquefois qu'un médecin habile tombe dangereusement malade ; il a la science pour se guérir, il a le remède pour vaincre sa maladie ; mais il est si délicat qu'il ne saurait goûter de ses propres remèdes, il les donne à un autre, qui a le même mal et celui-là est guéri. Pour lui, il demeure dans son infirmité jusqu'à la mort. Véritablement, on peut dire de ce médecin que sa science est morte pour lui, mais vivante pour les autres.

Les chefs des cathares disaient qu'on ne pouvait se sauver dans le mariage, et qu'il fallait absolument séparer les époux. Ecbert leur montre par l'Écriture que cette doctrine ne venait pas de Dieu, mais du démon. Jésus-Christ interrogé, par les pharisiens, si le mari pouvait renvoyer sa femme pour une cause quelconque, au lieu de répondre que, non-seulement il le pouvait, mais il le devait, il répondit au contraire : *Il n'en a pas été ainsi au commencement. Dieu ne créa d'abord qu'un homme et qu'une femme, pour mieux marquer l'union. Ce que Dieu a donc uni, que l'homme ne le sépare point!*

Saint Paul commande aux époux, de la part du Seigneur, de ne point se séparer. Il dit de plus : *Que la femme rende le devoir à l'homme et l'homme à la femme*. Il dit même ce que veut qu'*elle peut se marier à qui elle voudra, pourvu que ce soit dans le Seigneur*. Pour colorer leur hérésie sur le mariage, les cathares disaient en cachette que le fruit dont Dieu défendit au premier homme de goûter, dans le paradis, n'était autre que la femme. Ecbert leur fait voir combien une pareille imagination est absurde. D'où savez-vous que Dieu défendit au premier homme de manger d'un certain fruit ? C'est sans doute du livre de la Genèse. Or, si vous savez lire, vous verrez dans ce livre même que l'arbre de la science du bien et du mal avait été planté avant que l'homme eût été créé. Comment donc cet arbre peut-il être la femme, formée après l'homme et de l'homme? D'ailleurs Dieu ne dit-il pas : *Il n'est pas bon que l'homme soit seul ; faisons-lui un aide qui lui soit semblable ?* Pourquoi cet aide sera-t-il une femme plutôt qu'un homme, si ce n'est pour la propagation de l'espèce humaine ? N'est-ce pas évidemment pour cela que Dieu les bénit l'un et l'autre et qu'il leur dit : *Croissez, multipliez-vous et remplissez la terre?* bénédiction et parole qu'il renouvelle encore à Noé et à ses fils.

Les cathares ne mangeaient pas de chair, par la raison, disaient-ils, que la chair vient de la génération. Ecbert leur fait voir qu'ils se contredisaient eux-mêmes, puisqu'ils mangeaient de la chair de poisson, qui ne vient pas moins de la génération que celle des oiseaux et des quadrupèdes. Autant vaudrait dire que vous ne mangez pas de chair de vache, parce que la vache a des cornes; car, pour une bête, il n'y a pas plus de péché à être engendrée que cornue. Manès en donnait pour raison que la chair est une créature du diable. Ecbert observe que c'est là un grossier mensonge, puisque nous voyons dans l'Ancien Testament que c'est Dieu qui crée les animaux, et que, dans l'Evangile de saint Jean, il est dit que *tout a été fait par le Verbe, et que sans lui rien n'a été fait de ce qui a été fait.* Si donc vous vous abstenez de la chair, parce qu'elle vient de la génération, vous êtes des imbécilles. Si c'est parce qu'elle est la créature du diable, comme a menti votre patriarche Manès, vous êtes des insensés, aussi bien que lui.

Les cathares non-seulement rejetaient le baptême des enfants, ils prétendaient encore que les adultes devaient être baptisés, non dans l'eau, mais dans le feu. Pour cela, ils allumaient des chandelles tout autour d'une salle secrète; ils plaçaient le néophyte au milieu de la salle, et l'archicathare lui mettait les mains sur la tête et le bénissait. Ecbert observe que ce n'est pas le baptiser dans le feu, mais auprès du feu. Il ajoute : Puisqu'il faut parler aux fous selon leur folie, voici comme vous devriez faire. Allumez un grand feu au milieu de votre synagogue, placez votre novice au milieu de ce feu; si votre archicathare, en lui imposant les mains, ne se brûle pas les ongles, si votre néophyte en sort sain et sauf, je conviendrai pour le coup qu'il a été bien baptisé. Insensés que vous êtes! Prétendez-vous mieux savoir avec quoi il faut baptiser, que le Seigneur lui-même, qui a été baptisé dans l'eau du Jourdain, et qui a dit : *Si quelqu'un ne naît de nouveau par l'eau et le Saint-Esprit, il ne saurait entrer dans le royaume de Dieu?* Quand saint Pierre voulut baptiser le centurion Corneille, et le diacre Philippe, l'eunuque de la reine Candace, demandèrent-ils du feu ou de l'eau? C'est avec cette justesse souvent piquante, que le savant Ecbert expose et réfute les erreurs des cathares (*Bibl. Pat.*, t. XXIII). De tous les auteurs du temps, il nous paraît avoir pénétré le mieux leurs ténébreux mystères.

Le prévôt Evervin, quand il pria saint Bernard de réfuter ces hérétiques, ne les connaissait pas encore si bien. Saint Bernard, qui les connaissait déjà mieux par son voyage en Languedoc, les réfuta dans deux sermons sur le *Cantique*, où il les compare à ces petits renards qui ravagent furtivement la vigne de l'Epoux, et qu'il est difficile de prendre, à cause de leur dissimulation et de leur hypocrisie. Ils défendent de jurer; et ils se parjurent effrontément pour cacher leurs mystères: Saint Bernard les prend par la même. Répondez-moi, vous qui êtes plus sages qu'il ne faut et plus insensés qu'on ne saurait dire. Le mystère que vous cachez est-il de Dieu ou non? S'il est de Dieu, pourquoi ne le publiez-vous pas pour sa gloire? car il est de la gloire de Dieu de révéler ses paroles. Et s'il n'est pas de Dieu, pourquoi croyez-vous à ce qui n'est pas de Dieu, sinon parce que vous êtes un hérétique? Vous faites profession de ne suivre que le seul Evangile, répondez donc à l'Evangile où le Seigneur dit : *Ce que je vous dis dans les ténèbres, dites-le en plein jour, et ce que je vous dis à l'oreille, prêchez-le sur les toits* (Matth., 10, 27).

Par aversion du mariage et sous prétexte de garder la continence, ces hérétiques séparaient les femmes des maris, les maris des femmes; puis, chacun d'eux vivait continuellement avec une femme ou une fille, qui n'était ni sa fille, ni sa femme, ni sa sœur, ni sa nièce; il se trouvait avec elle nuit et jour, mangeant, travaillant, couchant dans la même chambre. Etre toujours avec une femme et ne point la connaître, dit saint Bernard, n'est-ce point un plus grand miracle que de ressusciter un mort? Or, vous ne pouvez pas faire ce qui est plus aisé, et vous voulez que je croie de vous ce qui est beaucoup plus difficile? Vous voulez qu'on vous croie chastes? Vous vous vantez de suivre exactement l'Evangile; mais l'Evangile ne condamne-t-il pas ceux qui scandalisent le plus petit de l'Eglise? et vous, vous scandalisez l'Eglise entière. Certes, vous êtes vraiment de ces renards qui ravagent la vigne (S. Bern., *Serm.* 65 *in Cant.*); car, ôtez de l'Eglise l'honnêteté du mariage et la chasteté du lit nuptial, ne la remplissez-vous pas aussitôt de concubinaires, d'incestueux et d'impudiques de toutes les espèces les plus abominables?

Quelques-uns s'étonnent que certains de ces hérétiques, brûlés par le peuple, semblaient aller à la mort, non-seulement avec patience, mais avec joie. Ces personnes ne considèrent point assez le grand pouvoir qu'a le diable, tant sur les corps que sur les esprits lorsqu'il lui est une fois permis de posséder. N'est-il pas plus étrange qu'un homme se fasse mourir lui-même que d'attendre volontairement qu'un autre lui donne la mort? Cependant nous savons par expérience que le diable a souvent eu ce pouvoir sur plusieurs, qui se sont ou noyés ou pendus de leur propre mouvement. Judas ne s'est-il pas pendu lui-même, et assurément par la suggestion du diable? Ainsi l'obstination de ces gens-là n'a rien de semblable à la constance de nos martyrs; car ce qui leur fait mépriser la mort, c'est la piété dans les uns, l'endurcissement du cœur dans les autres.

Cela étant ainsi, conclut saint Bernard, il est inutile de nous étendre davantage contre des gens et très-insensés et très-opiniâtres : il suffit de les avoir fait connaître pour qu'on les évite. C'est pourquoi, pour les mieux découvrir, il faut les contraindre, ou de chasser les femmes qu'ils entretiennent chez eux, ou bien de sortir de l'Eglise, puisqu'ils la scandalisent par ce commerce indécent. Mais c'est une chose tout à fait déplorable, qu'il se trouve, non-seulement des princes séculiers, mais encore, dit-on, quelques-uns du clergé et même des évêques, qui, bien loin de les poursuivre comme ils devraient, les tolèrent à cause du profit qu'ils en retirent et des présents qu'ils en reçoivent. Eh! comment, disent-ils, condamnerons-nous ceux qui ne sont point convaincus des erreurs dont on les accuse, et qui ne les confessent point? Ce prétexte est très-frivole. Vous les découvrirez facilement par ce moyen, sans parler des autres. Séparez les uns d'avec les autres, ces hommes et ces femmes qui se vantent si fort de leur continence; contraignez également les femmes de demeurer avec celles de leur sexe et de leur profession, et les hommes avec leurs semblables. De cette manière on pourvoira à la sûreté de leur vœu et à leur réputation, lorsqu'ils auront et des témoins et des gardiens de leur continence. Que s'ils ne veulent pas souffrir cette séparation, l'on aura tout sujet de les chasser de l'Eglise, puisqu'ils la scandalisent par cette cohabitation, non-seulement suspecte, mais encore illicite (*Serm.* 66).

Dans le XIIe siècle, les Juifs paraissent avoir remué comme les manichéens. Nous avons déjà vu l'abbé Rupert écrire contre eux. Pierre le Vénérable, abbé de Cluny écrivit de même contre les Juifs un traité en cinq livres. Dans le premier, il prouve que le Christ est le Fils de Dieu, particulièrement par ces paroles du psaume 2e : *L'Eternel m'a dit : Tu es mon Fils, je t'ai engendré aujourd'hui.* Dans le second, il prouve par plusieurs endroits du Pentateuque, des Psaumes et des Prophètes, que le Christ est vraiment et proprement Dieu. Dans le troisième, que le Christ n'est point un roi temporel, comme les Juifs s'imaginent, mais un roi éternel et céleste. Dans le quatrième, que le Christ n'est plus à venir, comme le rêvent les Juifs, mais qu'il est déjà venu pour le salut du monde, dans le temps fixé d'avance. Dans le cinquième, il confond les Juifs par les fables ridicules et absurdes du Talmud. Dans leur aveuglement, ils préféraient dès lors le Talmud de leurs rabbins aux cinq livres de Moïse, aux écrits des prophètes et aux autres écrivains sacrés. A cette question : Qu'est-ce que Dieu fait dans le ciel? on y répond : Il n'y fait autre chose que de lire assidûment le Talmud et d'en conférer avec les savants juifs qui l'ont composé. Mais Dieu a-t-il donc besoin de cette lecture pour s'instruire? L'historiette suivante du Talmud peut servir de réponse. Un jour, dans une de ces conférences, il fut question des différentes sortes de lèpres. On demanda si une telle maladie était une sorte de lèpre ou non. Dieu fut d'un avis, les rabbins furent d'un autre. Après s'être longuement et chaudement disputé, on convint de s'en rapporter à rabbi Néhémias, qui vivait encore sur la terre. Dieu envoya l'ange de la mort pour amener son âme dans le ciel; mais l'ange trouva le rabbin lisant le Talmud. Or, le Talmud est une chose si sainte, que, tant qu'on le lit, on ne peut mourir. L'ange ne pouvant mettre la main sur lui, voulut lui persuader que le ciel valait mieux que la terre; mais le rabbin protesta par le Talmud qu'il ne voulait pas encore mourir, et il le lisait assidûment, afin de ne pouvoir être mis à mort. L'ange ayant fait son rapport à qui l'avait envoyé, fut envoyé de nouveau, avec ordre de faire un tel vacarme au-dessus de la maison du rabbin, qu'il détournât les yeux de dessus le Talmud, et pût alors être frappé de mort. Le stratagème réussit. L'âme de rabbi Néhémias arrivant donc au ciel, y trouva Dieu assis sur un trône et disputant avec les saints juifs pour savoir si telle maladie était une lèpre ou non. Ce n'en est pas, ce n'en est pas! s'écria aussitôt le nouvel arrivant. Dieu rougit quelque temps de sa défaite, mais n'osa rien objecter contre la décision d'un si habile docteur, et finit par dire : *Nazahouni Benaï*, c'est-à-dire mes enfants m'ont vaincu (*Bibl. Pat.*, t. XXII).

Telle est une des fables rabbiniques que cite Pierre le Vénérable, et dont fourmille en effet le Talmud. On y voit l'orgueil satanique du pharisien, qui met sa parole au-dessus de la parole de Dieu, sa science au-dessus de la science de Dieu, soi-même au-dessus de Dieu. Et voilà de quoi les rabbins, depuis dix-huit siècles, repaissent l'esprit de leurs coreligionnaires, voilà quelle idée abjecte ils leur donnent de Dieu même! C'est bien ce que dit saint Paul : *Ils détourneront l'ouïe de la vérité et s'appliqueront à des fables* (Tit., 4, 4).

En voici d'autres non moins extravagantes. Quand Dieu fit le firmament, il y laissa un grand trou vers le septentrion. Et pourquoi? afin que si quelqu'un se présente qui se dise dieu, il le prouve en remplissant cette brèche du firmament. Ce n'est pas tout : chaque jour Dieu se met en colère, et c'est à la première heure du jour, au moment que les rois d'iniquité se lèvent, mettent leur diadème et adorent le soleil. Quant au moment précis où la chose arrive, il n'y a que deux individus à le savoir : Balaam, fils de Béor, parmi les hommes, et le coq parmi les oiseaux (*Bibl. Pat.*, t. XXII). Ce n'est pas fini : une fois chaque jour Dieu pleure sur la captivité des Juifs; alors deux larmes tombent de ses yeux dans la grande mer : ce sont ces traînées de lumière qui paraissent tomber des étoiles, pendant la nuit. Enfin, trois fois par jour il rugit comme un lion, frappe le ciel de ses pieds, puis gémit comme une colombe, tournant la tête de côté et d'autre, et cela de douleur et de regret d'avoir brûlé son temple et dispersé ses enfants parmi les nations. Plusieurs rabbins ont entendu ces cris au milieu d'un lieu en ruines (*Ibid.*).

Pierre le Vénérable cite encore ce récit du Talmud : Og, roi de Basan, voyant l'armée innombrable d'Israël, ils étaient plus de six cent mille combattants, prit sur la tête une pierre assez grande pour en écraser toute cette multitude. Mais, pendant qu'il songeait à exécuter ce dessein, un très-petit oiseau, la hupe, se percha sur cette énorme pierre, et fit tant avec son bec, qu'elle y creusa un trou assez considérable pour y passer la tête du roi, et, de fait, la tête d'Og passa à travers, et l'énorme pierre lui resta sur les épaules comme un collier. Il eût bien voulu s'en défaire, mais impossible. Soudain ses dents s'étaient allongées de telle sorte, qu'il n'y avait plus moyen de faire repasser la pierre, ou plutôt la montagne. Ce que voyant Moïse, qui avait dix coudées de haut, avec une verge de dix coudées de long, il sauta de dix coudées en l'air pour pouvoir frapper Og en quelque endroit de son corps. Cependant le haut de sa verge n'atteignit encore que la cheville du pied d'Og, qui toutefois tomba du coup et expira. Telle est la fable du Talmud (*Bibl. Pat.*, t. XXII).

Pierre le Vénérable observe que jamais Esope ni Ovide n'ont imaginé des fables aussi prodigieuses. En effet, la cheville du pied d'Og avait environ trente coudées de haut, puisque Moïse peut à peine y atteindre avec les dix coudées de sa taille, les dix de sa verge, et les dix qu'il sauta en l'air. Or, d'après les proportions ordinaires du corps humain, les trente coudées de la cheville donneraient sept cents coudées, moins dix, pour la taille entière d'Og, et cent vingt coudées pour sa largeur; mais, par malheur, Moïse nous apprend que le lit du roi Og se voyait encore de son temps dans la ville de Rabbath, et que ce lit n'avait que neuf coudées de long sur quatre de large. Comme d'ordinaire le lit est un peu plus long et un peu plus large que celui qui doit coucher dedans, on ne voit pas trop comment les Juifs pourraient concilier le Talmud et Moïse (1). Ce que l'on voit bien, en attendant, c'est que le Talmud ne respecte pas plus les livres de Moïse que la majesté de Dieu. Il ne respecte pas davantage la pudeur. On y trouve les fables les plus obscènes, même sur les patriarches et les prophètes.

L'humanité n'y est pas moins outragée que la pudeur. En beaucoup d'endroits du Talmud, non-seulement on permet aux Juifs de tuer les chrétiens quand ils peuvent, mais on leur en fait une bonne œuvre. Ainsi, le meurtre du prêtre chrétien égorgé de nos jours avec son domestique par les principaux Juifs de Damas, comme il a été constaté juridiquement par les autorités du pays, n'a rien que de conforme à la morale du Talmud. D'après cela, les accusations si souvent répétées contre les Juifs pendant le moyen-âge, comme ayant égorgé des enfants chrétiens, n'ont rien d'improbable.

Dans l'année même où l'on prêcha la seconde croisade, ils furent accusés d'avoir crucifié, à Norvic en Angleterre, un enfant nommé Guillaume. C'est ce que rapporte un auteur du temps, Robert du Mont. Et voilà surtout ce qui exaspérait contre les Juifs les populations chrétiennes.

Non content de réfuter les manichéens et les Juifs, Pierre le Vénérable entreprit les mahométans. Voici à quelle occasion. Dans un voyage qu'il fit en Espagne l'an 1141, il fut peiné de voir le peu de zèle que les chrétiens montraient pour la conversion de ces infidèles. Il crut en trouver la cause en ce qu'on ne connaissait point exactement leurs croyances et leurs erreurs. Pour écarter cet obstacle, Pierre fit d'abord traduire l'Alcoran en latin, avec tout le soin possible. Il y employa trois savants chrétiens, Robert de Rétines, Arman de Dalmatie et Pierre de Tolède, auxquels il adjoignit un Sarrasin nommé Mahomet. Ces quatre hommes, ayant fouillé dans les bibliothèques des Arabes, traduisirent non-seulement l'Alcoran, mais encore tout ce qu'ils trouvèrent sur l'origine, la vie et la doctrine de Mahomet, son auteur. Cette traduction de l'Alcoran a été imprimée à Zurich, en 1543. De retour en France, Pierre le Vénérable envoya cette traduction à saint Bernard, avec une lettre où il l'exhortait à consacrer les talents que Dieu lui avait donnés à réfuter ce livre. Nous n'avons pas la réponse de saint Bernard; nous ne voyons pas non plus qu'il ait jamais rien écrit contre les mahométans.

Pierre lui-même entreprit cette tâche. Il fit d'abord un court exposé de toute l'hérésie des Sarrasins ou Ismaélites, pour l'utilité de ceux qui voudraient la réfuter en détail. Leur première et principale erreur est de nier, avec Sabellius, la trinité des personnes en Dieu; la seconde, de ne pas croire, non plus que les ariens, que Jésus-Christ soit le Fils de Dieu et Dieu même. Seulement ils le reconnaissent pour le Verbe de Dieu, l'Esprit de Dieu, le Messie, né de la Vierge Marie, le plus grand des prophètes; ajoutant qu'il n'est pas mort, mais que, quand les Juifs voulurent le tuer, il s'échappa de leurs mains, monta au ciel, d'où il viendra pour tuer l'antechrist, convertir à sa loi le reste des Juifs, et sauver tous les chrétiens.

La tendance principale de cette hérésie, dit avec justesse Pierre le Vénérable, c'est que Jésus-Christ ne soit pas cru Dieu ni Fils de Dieu, mais, si grand, si sage, si chéri de Dieu, si grand prophète qu'il puisse être, seulement un pur homme. Cette hérésie, conçue jadis par la malice de Satan, semée d'abord par Arius, propagée par Mahomet, sera consommée par l'antechrist, suivant l'intention de son inventeur, Satan. Arius commence par nier que Jésus-Christ soit vrai Fils de Dieu; l'antechrist finira par soutenir qu'il n'est d'aucune manière ni Dieu ni Fils de Dieu, mais pas même un homme de bien. Mahomet tient le milieu entre les deux, pour compléter l'un et préparer l'autre; car rien n'est si contraire à l'ennemi du genre humain, que la foi d'un Dieu incarné (*Bibl. Pat.*, t. XXII).

Ce qui détermina Pierre le Vénérable à écrire contre les mahométans, ce fut l'exemple des saints Pères. Ils ont écrit contre toutes les erreurs des hérétiques, des juifs, et des païens. Le mahométisme était un ramassis des unes et des autres; il avait infecté la troisième partie du monde. Il fallait d'autant plus écrire contre, à l'exemple des Pères, afin d'en retirer quelques-uns, s'il était possible, ou du moins en préserver un plus grand nombre.

Dans son ouvrage, qui est en quatre livres, Pierre s'adresse aux mahométans eux-mêmes, et cela dès l'inscription : « *Au nom du Père, et du Fils, et du Saint-Esprit, un seul Dieu tout-puissant et véritable, Pierre, Gaulois de nation, chrétien par la foi, et, par son office, abbé de ceux qu'on appelle moines : aux Arabes, enfants d'Ismaël, qui observent la loi de celui qu'on appelle Mahomet.*

» Il semble étrange, et il l'est peut-être, qu'étant aussi éloigné de vous par le lieu, par la langue, par la profession, par les mœurs et la vie, je vous écrive du fond de l'Occident, à vous qui êtes en Orient et au Midi, et que je vous entreprenne, vous que je n'ai jamais vus et que je ne verrai peut-être jamais. Je vous entreprends en effet, non par les armes, comme les nôtres font souvent, mais par la parole, non par la force mais par la raison, non par haine mais par amour; par cet amour qu'un chrétien doit avoir pour ceux qui sont tout éloignés du Christ; par cet amour que Dieu lui-même a eu pour les idolâtres, qu'il a rappelés du culte des idoles. Je le fais encore par cet amour naturel que tout homme a pour son semblable. Et *je vous invite à procurer votre salut, non ce salut de l'homme qui est vain*, comme dit David, *mais ce salut des justes qui vient de l'Eternel* (Psalm. 59, 11; et 36, 29). Je vous cite ces paroles des psaumes, parce que Mahomet lui-même reconnaît que Dieu a donné la loi à Moïse, les psaumes à David et l'Evangile au Christ. Je vous invite donc, non point à un salut qui passe, mais à la vie éternelle. Il est donné aux hommes d'en jouir un jour, mais seulement à ceux qui pensent de Dieu

---

(1) *Bib Patr.;* Voir encore la seconde lettre de M. Drack, rabbin converti.

ce qui est et non ce qui n'est pas ; à ceux qui l'adorent, non pas suivant les illusions de leur cœur, mais comme lui-même veut et commande qu'on l'adore.

» Mais on dit que vous ne voulez ni rendre compte de votre créance à ceux qui vous interrogent, ni écouter ceux qui veulent vous rendre compte de la leur ; la renommée ajoute même qu'au premier mot, vous saisissez des pierres ou des épées pour tuer qui vous parle. Vous qui vous appliquez avec sagacité à la science séculière, voyez si un pareil procédé est raisonnable. Dans les choses temporelles, nul homme sensé ne veut être trompé, prendre le faux pour le vrai, le douteux pour le certain. En cela, il n'y a ni parenté, ni amitié qui tienne : on le voit par l'exemple des philosophes grecs, latins, persans et indiens. A plus forte raison faut-il chercher la vérité dans les choses divines ; car est-il raisonnable qu'une loi me permette, comme la loi mahométane, de chercher à m'instruire quant aux créatures, et qu'elle me le défende quant au créateur, de telle sorte que, si j'en ouvre seulement la bouche, on me coupe aussitôt la tête. Nulle part ailleurs on ne trouvera une loi pareille. Certainement, telle n'est point la loi chrétienne ; car le chef des apôtres du Christ nous fait ce commandement : *Soyez prêts à rendre compte, à quiconque vous le demande, de la foi et de l'espérance qui est en vous* (1. Petr., 3, 15). En effet, la vérité cherche la lumière ; la fausseté, les ténèbres. La raison en est à ce que dit notre Christ dans son Evangile, que Mahomet confesse lui avoir été donné de Dieu : *Quiconque fait mal, hait la lumière et ne vient pas à la lumière, de peur que ses œuvres ne soient discutées ; mais qui fait la vérité, vient à la lumière, afin que ses œuvres soient manifestées, parce qu'elles ont été faites en Dieu* (Joan., 3, 20). Telles sont les paroles de la Vérité, la parole de celui que votre Mahomet élève d'immenses louanges ; celui que, dans bien des endroits de son Alcoran, il confesse l'Envoyé de Dieu, le Verbe de Dieu, l'Esprit de Dieu ; celui qu'il confesse avoir vécu sans péché, être plus grand qu'aucun homme, plus grand que lui-même.

» Considérez, au contraire, les paroles de celui que vous regardez comme votre prophète ; voyez combien elles sont frivoles, combien peu dignes et peu sensées : « Si quelqu'un veut disputer avec vous sur
» la loi, dites-lui anathème et contentez-vous de le
» menacer de la colère de Dieu. Ne disputez point
» avec ceux qui ont la loi, c'est-à-dire avec les Juifs
» et les chrétiens ; car il vaut mieux tuer que dis-
» puter. » Ainsi, ce n'est point par la raison, mais par le glaive, qu'il a voulu procéder. Les paroles manquent pour réfuter une absurdité aussi cruelle. Imitez plutôt les chrétiens ; ils écoutent patiemment les Juifs, qui cependant leur sont contraires. Même à ceux des vôtres qui sont prisonniers chez eux, ils laissent la liberté de parler. C'est par l'instruction et la patience que les chrétiens ont persuadé les diverses nations, entre autres l'Angleterre.

» Voici qui beaucoup m'étonne. Votre Mahomet emprunte bien des choses et à la loi des Juifs et à la loi des chrétiens, parce que l'une et l'autre sont de Dieu. Mais si elles sont de Dieu l'une et l'autre, il faut les recevoir, non par lambeaux, mais tout entières. Si elles ne sont pas de Dieu, il ne faut les recevoir ni en tout ni en particulier, et effacer de l'Alcoran ce qui en a été tiré.

» Prétendez-vous que les livres des Juifs et des chrétiens ont été corrompus ? Mais quelle preuve en avez-vous ? L'Alcoran même ne le dit pas. Accuser sans preuve, c'est prouver contre soi. Mais voici ce que vous alléguez. Quand les Juifs revinrent de la captivité de Babylone, ils mirent la loi de Moïse sur un âne, qui s'échappa dans la route et disparut au milieu des déserts et des montagnes. Et voilà comme les Juifs perdirent leur loi. » Pierre le Vénérable fait sentir aux mahométans, le plus honnêtement qu'il peut, que cette histoire de l'âne est une histoire d'âne. D'ailleurs, il n'y avait pas que cet exemplaire de la loi ; des milliers d'autres se trouvaient parmi les Juifs qui ne revinrent pas de la captivité, comme il y a des milliers d'exemplaires de l'Alcoran parmi les sectateurs de Mahomet. Si la loi avait été falsifiée par l'un, tous les autres eussent réclamé. Il en est de même du Nouveau Testament : impossible d'y faire aucune altération en cachette ; car, suivant un proverbe français, *ce qui est su de deux est su de tout le monde*. Enfin, si la loi ou l'Evangile avaient été falsifiés, ce que l'Alcoran en tire serait donc faux ou douteux. A moins donc de mettre en doute leur Alcoran, les mahométans doivent admettre l'intégrité de la loi et de l'Evangile. C'est par là que Pierre de Cluny termine son premier livre (Marten., *Vet. Script. amplissima Collectio*, t. IX).

Dans le second, il commence à faire sentir aux mahométans combien a peu de consistance ce qu'ils disent et croient de leur prophète et de son Alcoran. Sans doute, il faut croire un vrai prophète de Dieu ; mais il faut savoir d'abord si c'est un prophète véritable ou non. La prophétie est la manifestation des choses inconnues, soit passées, soit présentes, soit futures, en vertu de l'inspiration divine et non d'une invention humaine. D'où il suit que le prophète est celui qui, inspiré de Dieu et non instruit des hommes, leur fait connaître les choses passées, présentes ou futures, qu'ils ne connaissent point d'eux-mêmes. Tels furent Moïse, Isaïe, Jérémie, Ezéchiel et Daniel. Leurs livres sont remplis de diverses prédictions, qu'ils n'ont pu faire que par la connaissance que Dieu leur a donnée des choses à venir. Mais à l'égard de Mahomet, quelle preuve produit-on qu'il ait révélé aux hommes des choses passées, mais qui leur étaient inconnues, ou des choses présentes, dont ils n'avaient aucune connaissance, ou qu'il leur ait prédit des choses futures ? Qu'on parcoure l'Alcoran d'un bout à l'autre, on n'y trouvera aucune prophétie de sa part. S'il eût été prophète, n'aurait-il pas prévu ses fréquentes défaites dans les combats, et, en conséquence, ne les eût-il pas évitées ?

Il est dit dans l'Alcoran que Dieu, en envoyant Mahomet, lui parla ainsi : « Vous ne viendrez point
» vers eux avec des miracles évidents, parce qu'ils
» les rejettent comme odieux et qu'ils se sont déjà
» opposés à la vérité qui leur a été annoncée. Nous
» vous donnerions néanmoins des prodiges et des
» miracles, si nous ne savions qu'ils ne vous croiront
» pas. » Pierre de Cluny se moque avec raison de cette parole extravagante ; car, comment faire dire à Dieu que les hommes ne croiraient pas Mahomet, s'il faisait des miracles, puisqu'ils l'ont cru sans qu'il en eût fait un seul ? Comment faire dire à Dieu

que les peuples n'avaient pas cru à ceux qui avaient fait des miracles avant la venue de Mahomet? car, d'après l'Alcoran même, il n'y a eu que deux législateurs envoyés de Dieu, Moïse et Jésus-Christ. Ils ont fait l'un et l'autre des prodiges sans nombre; mais ceux qui en ont été témoins ont cru à Jésus-Christ.

Les peuples de toute la terre ont cru aussi aux apôtres envoyés de lui, en voyant leurs miracles. Ce que Mahomet fait dire à Dieu est donc un mensonge, et par là même un blasphème. Comment enfin Mahomet peut-il se dire prophète et dire en même temps qu'il n'est pas envoyé pour faire des miracles, puisque le plus grand de tous les miracles est la prophétie. De son propre aveu, Mahomet n'est donc prophète d'aucune manière, puisque la prophétie est un des plus grands miracles (Marten., *Vet. Script. amplissima Collectio*, t. IX).

Tel est le fond du second livre. On n'a pas encore retrouvé le troisième et le quatrième. C'est une véritable perte; car l'ouvrage de Pierre le Vénérable, même tel que nous l'avons, peut être très-utile pour convertir les musulmans. Il est à regretter que sa version de l'Alcoran, ainsi que son ouvrage contre l'hérésie des Sarrasins, ne soient pas plus connus.

Saint Bernard avait fait son voyage en Languedoc contre les nouveaux manichéens, dans l'intervalle du concile de Paris à celui de Reims. Dans ce dernier, outre l'affaire de Gilbert de la Porée, que nous avons déjà vue, le pape Eugène III en termina plusieurs autres. On y fit ou y renouvela plusieurs canons contre les hérésiarques, contre les ordinations des hérétiques, contre les incendiaires, contre les violateurs des asiles et de la sécurité publique, contre ceux qui se battaient dans les tournois, contre les exactions et les corvées injustes de ceux qui occupaient des châteaux, contre les ravisseurs et les détenteurs des biens d'Église, contre ceux qui n'observaient point la loi touchant l'excommunication et l'interdit, enfin contre le luxe et autres abus des clercs (Mansi, t. XXI).

Dans ce même concile, le pape Eugène déposa Guillaume, archevêque d'York. Après la mort de l'archevêque Turstain, au mois de février 1140, cette Église resta vacante plus d'un an. Henri, évêque de Winchester et frère du roi Étienne, fit premièrement élire Henri de Coily, neveu du même prince; mais comme il était abbé de Saint-Étienne de Caen, le pape Innocent ne voulut point qu'il fût archevêque s'il ne renonçait à l'abbaye. Au mois de janvier 1141, on procéda à une nouvelle élection, et la plupart s'accordèrent à choisir Guillaume, trésorier de l'Église d'York. Il était aussi neveu du roi Étienne, fils d'Emma, sa sœur, et de Hébert, comte de Winchester. Ses mœurs étaient très-pures, sa douceur le rendait aimable, et il était libéral envers les pauvres; mais l'archidiacre Gauthier et quelques autres s'opposèrent à son élection, soutenant qu'elle n'avait pas été libre et que le comte d'York l'avait ordonnée de la part du roi. En effet, ce comte avait assisté à l'élection, et l'archidiacre Gauthier s'étant mis en route pour aller trouver le roi, il le fit prendre et enfermer dans un château. Cette violence seule justifiait l'accusation et rendait l'élection suspecte. Les opposants en appelèrent au Pape; ils avaient pour eux des religieux de grand mérite, entre autres Guillaume, abbé de Ridal, et Richard, abbé de Fontaines, deux monastères de l'ordre de Cîteaux dans le diocèse d'York. Robert, prieur d'Hagulstadt, quitta même le pays pour redevenir simple moine à Clairvaux. Saint Bernard épousa leur cause avec chaleur et écrivit au Pape des lettres fort vives contre Guillaume. L'an 1142, l'affaire ayant été examinée à Rome, en présence des parties, le pape Innocent II déclara que Guillaume pourrait être sacré, si le doyen d'York affirmait par serment que le comte n'avait point apporté au chapitre un ordre du roi d'élire Guillaume, et si Guillaume lui-même affirmait qu'il n'avait point donné d'argent pour cette dignité. Les conditions furent remplies, mais d'une manière douteuse, et Guillaume fut sacré archevêque d'York, le 27 septembre 1142, par son oncle Henri, évêque de Winchester et légat du Pape.

Les plaintes se renouvelèrent sous Célestin II et Lucius II. Guillaume envoya des députés au premier, demander le *pallium*; le Pape le refusa aux députés, et exigea qu'il vînt le chercher lui-même. Lucius II, qui fut pape bientôt après, ne lui était pas si contraire, et, aux instances de l'évêque de Winchester, envoya un cardinal porter le *pallium* à l'archevêque d'York. Mais Guillaume négligea d'aller trouver le cardinal; car, ayant été élevé en grand seigneur, il avait ce défaut, entre plusieurs vertus, d'être mou et ennemi du travail et de la peine. Il manqua donc l'occasion de recevoir son *pallium*. Plus tard il alla le demander lui-même à Eugène III, qui venait de monter sur le Siège apostolique; la plupart des cardinaux étaient pour lui; mais saint Bernard renouvela contre lui ses instances, et écrivit au Pape deux lettres très-fortes à son sujet. Eugène ordonna que Guillaume s'abstiendrait des fonctions épiscopales jusqu'à ce que l'évêque de Dunelm, l'ancien doyen d'York, eût mis fin à cette affaire, en prêtant le serment que le pape Innocent avait prescrit. L'évêque s'y refusa, et se prononça ainsi contre l'archevêque. Celui-ci, voyant qu'il n'avançait de rien à Rome, passa en Sicile chez le roi Roger, son parent. Cependant, en Angleterre, quelques gentilshommes de sa parenté, irrités de sa disgrâce, brûlèrent une terre de l'abbaye de Fontaines, ce qui acheva d'empirer sa cause et d'indisposer contre lui le Pape.

Enfin, au concile de Reims, les ecclésiastiques d'York renouvelèrent leurs plaintes contre l'archevêque Guillaume. Ils avaient à leur tête Henri de Murdac, nouvel abbé de Fontaines, qui, sous l'archevêque Turstain, avait été considérable dans l'église d'York et dans toute la province, par sa noblesse, par les honneurs et les richesses dont il jouissait; mais il avait tout quitté pour se rendre moine à Clairvaux, sous la conduite de saint Bernard, et il s'y était distingué par sa vertu et sa régularité. On accusa donc l'archevêque Guillaume, dans le concile de Reims, de n'être ni canoniquement élu, ni sacré légitimement, mais intrus par l'autorité du roi. Il en fut convaincu, et Albéric, évêque d'Ostie, prononça contre lui, au nom du Pape, la sentence de déposition, alléguant pour motif qu'avant l'élection il avait été nommé par le roi Étienne.

Toutefois cette sentence fut donnée contre l'avis de la plus grande partie des cardinaux. Ensuite le Pape écrivit à l'évêque de Dunelm ou Durham et au chapitre d'York, d'élire dans quarante jours un autre archevêque. Ils s'assemblèrent le 24 juillet; une partie du clergé élut Hilaire, évêque de Chichester, les autres élurent l'abbé Henri de Murdac. Le Pape confirma cette dernière élection à Auxerre, et, le 5 décembre, étant à Trèves, il sacra Henri de ses propres mains.

Quand l'archevêque Guillaume fut revenu de Sicile, l'évêque de Winchester, son oncle, le retira auprès de lui et lui donna le choix de toutes ses maisons, lui offrant tout son domestique pour le faire servir comme archevêque. Guillaume choisit une des terres du prélat, où il vécut dans la solitude, ne songeant qu'à faire pénitence. Il souffrit sa déposition avec une extrême patience, sans murmurer, sans se plaindre de ses adversaires et sans écouter qui parlait contre eux. Il était continuellement appliqué à la lecture et à la prière; il devint tout un autre homme qu'auparavant, et mérita d'être compté parmi les saints (1).

Ce fut probablement au même concile de Reims que le Pape termina provisoirement la contestation entre l'archevêque Thibaut de Cantorbéry et l'évêque Bernard de Menève ou Saint-David, au pays de Galles. Jusqu'alors Saint-David avait le titre de métropole; mais le pays de Galles ayant été réuni à l'Angleterre, l'archevêque de Cantorbéry ordonna Bernard évêque de Saint-David, alors vacant, et lui fit promettre avec serment de ne jamais prétendre le droit de métropole. Plus tard, l'évêque vint revendiquer ce droit devant le pape Eugène, qui, ayant entendu les deux parties, donna la provision à l'archevêque, et, pour juger définitivement, les assigna à la Saint-Luc de l'année suivante. Sa lettre est du 29 juin (Eugen., Epist. 2).

Raimond, archevêque de Tolède, étant arrivé au concile de Reims, se plaignit de la part du roi de Castille, son maître, de ce que le pape Eugène avait accordé le titre de roi de Portugal à Alphonse Henriques, moyennant une redevance annuelle de quatre livres d'or, au préjudice de la couronne de Castille. L'archevêque de Tolède se plaignit encore que celui de Brague et ses suffragants refusaient de reconnaître sa primatie : ce qui apparemment était une suite de l'érection du nouveau royaume de Portugal. Pour satisfaire à ces plaintes, le pape Eugène écrivit au roi de Castille Alphonse VIII, une lettre où il lui déclare qu'il n'a jamais eu intention de diminuer en rien sa dignité ni les droits de sa couronne, et lui promet de favoriser en son royaume, comme il avait déjà fait, l'expédition contre les infidèles : « Nous voulons, ajoute-t-il, que l'évêque de Brague et ses suffragants obéissent à l'archevêque de Tolède, comme à leur primat, ainsi qu'il a été ordonné par nos prédécesseurs, et nous avons suspendu l'évêque de Brague à ce sujet. Pour marque de notre affection, nous vous envoyons, par l'évêque de Ségovie, la *rose d'or* que le Pape a coutume de porter tous les ans le quatrième dimanche de carême, et, parce que vous avez voulu que les évêques et les abbés de votre royaume assistent au concile de Reims, nous déchargeons, à votre prière, ceux qui n'y sont pas venus, de la suspense prononcée contre eux. » Dans une autre lettre, il mande au même roi, que, sur

(1) *Acta Sanct.,* 8 *junii.* L'article de saint Guillaume, dans Godescard, est assez mal fait. (*Note de l'auteur.*)

sa prière, il accorde à l'archevêque de Compostelle la prérogative de faire porter la croix devant lui (*Epist.* 74 et 75). L'archevêque de Brague se soumit enfin à la primatie de celui de Tolède; mais ce dernier en usa si rudement envers lui, qu'il en fut sévèrement réprimandé par le Pape (*Epist.* 81).

Bernard, archevêque de Tarragone, refusait aussi de reconnaître la primatie de Tolède, et avait le même intérêt que celui de Brague, se trouvant dans un autre royaume, sous Raimond Bérenger, qui, de comte de Barcelone, était devenu roi d'Aragon, en 1138. Bernard assista au concile de Reims, où le Pape voulut l'obliger à reconnaître l'archevêque de Tolède pour son supérieur; mais Bernard représenta qu'étant nouvellement archevêque, il n'était pas encore bien instruit de ses droits, et promit de prendre conseil sur cette affaire quand il serait retourné à son Eglise. Il y a plusieurs lettres du pape Eugène sur ces affaires d'Espagne. Tous recourainent avec un empressement filial à son autorité. Les difficultés ne venaient que de la diversité politique des royaumes (*Epist.* 82).

Des raisons semblables avaient empêché le rétablissement de l'évêché de Tournai, uni à celui de Noyon depuis le temps de saint Médard, environ six cents ans. Le clergé de Tournai avait fait des efforts pour ressusciter cet évêché, et sous Urbain II, et sous Pascal II, et sous Innocent II. Ce dernier Pape lui avait même ordonné de procéder à une élection; mais des intrigues et la mort du Pontife firent évanouir leurs espérances. Enfin le pape Eugène, en l'année 1146, rétablit définitivement ce siège et sacra de sa main le nouvel évêque, Anselme, abbé de Saint-Vincent de Laon, que les députés de Tournai avaient élu sur la présentation même du Pape (*Narrat. Tornac., apud d'Achery, Spicileg.,* t. XII).

Avant de partir pour l'expédition d'Orient, le roi Conrad d'Allemagne avait fait élire roi son fils Henri. D'après les lois du royaume, l'archevêque de Mayence gouvernait en l'absence du roi. Le Pape l'avait mandé au concile de Reims comme les autres évêques. Retenu par les affaires de l'empire, il ne put s'y rendre dès le commencement. Appelé de nouveau par le Pape, il s'y rendit avec une lettre du jeune roi au pape Eugène, dans laquelle il excusait son retard sur le besoin qu'on avait eu de lui en Allemagne (Mansi, t. XXI). Les ambassadeurs du jeune roi apportaient en même temps au Pontife romain une bulle d'or, où le prince lui notifiait son avènement à la couronne, et où il se plaignait de trois frères qui s'étaient partagé le duché de Pologne, après avoir chassé leur frère aîné, et des évêques de cette province qui n'observaient pas le serment fait à leur père sur ce sujet (Neubrig., *apud Baron.*, 1148, n. 8). Le pape Eugène envoya un cardinal-diacre en Pologne, pour rétablir la paix entre le duc et ses frères, et régler les affaires de l'Eglise comme légat apostolique, avec ordre d'excommunier celui des princes qui s'opposerait à la paix, et de jeter l'interdit sur ses terres. Le légat exécuta sa commission; mais les évêques de Pologne n'observèrent point l'interdit, sous prétexte que ce n'était pas l'ordre du Pape. Informé de ce qui se passait, Eugène III leur écrivit une lettre de réprimande, où il confirme tout ce qu'avait fait son légat, et leur enjoint de s'y soumettre, sous peine d'encourir l'indignation de saint

Pierre (Mansi, t. XXI). C'est ainsi que le chef de l'Eglise, sur les plaintes du roi d'Allemagne, rétablit la paix dans la Pologne.

Au concile de Reims se trouvait entre autres Guibald, autrefois abbé de Stavelo, ensuite momentanément du Mont-Cassin, et enfin de Corbie en Saxe. Il venait d'être élu à cette dernière abbaye, pour y faire cesser une division occasionnée par un prétendant indigne, qui fut déposé. Le pape Eugène III confirma la déposition de l'intrus et l'élection de Guibald, un des hommes les plus distingués de l'Allemagne par sa science et ses talents.

L'abbé de Corbie accompagna la croisade qu'on fit contre les Slaves encore païens, et qui faisaient souvent des incursions sur les chrétiens de Saxe et de Danemarck. Tout récemment ils avaient surpris et massacré les habitants de Lubec, un jour de fête. Le pape Eugène III avait exhorté tous les chrétiens à se défendre contre les barbares de leurs frontières. Les évêques et les princes de Saxe, ayant à leur tête Frédéric, archevêque de Magdebourg, marchèrent donc contre les païens du Nord, avec une armée de soixante mille hommes. D'un autre côté s'armèrent Albéron, archevêque de Brème; Thietmar, évêque de Verden; Henri, duc de Saxe, et plusieurs autres seigneurs, avec quarante mille hommes. Le roi de Danemarck, avec les évêques du royaume, assembla aussi ses forces de terre et de mer, qui faisaient une armée d'environ cent mille hommes. Toutes ces troupes attaquèrent les Slaves, pour venger les meurtres et les ravages qu'ils avaient faits sur les chrétiens, principalement sur les Danois. On attaqua donc les païens en divers endroits, on porta la terreur partout, on fit le dégât en un et brûla plusieurs villes, entre autres celle de Malchon, avec le temple d'idoles qui en était proche. Mais après que cette guerre eût duré trois mois, les serviteurs des princes allemands les plus voisins leur représentèrent qu'en ruinant ce pays, ils perdraient les tributs qu'ils avaient accoutumé d'en tirer. Ainsi ils commencèrent à faire la guerre faiblement, et enfin ils firent la paix, à condition que les Slaves recevraient la religion chrétienne, et relâcheraient les Danois qu'ils tenaient esclaves. Les conditions furent acceptées, mais observées assez mal, et il fallut encore plusieurs expéditions pour dompter et civiliser ces hordes barbares (*Chron. saxo*, an 1148; *Saxo gramm.*, l. 13; Helmold, *Chron. slav.*, l. 1, c. 63).

La Suède avait alors un saint évêque et un saint roi, Henri, évêque d'Upsal, capitale du royaume, et le roi Eric ou Henri, car c'est le même nom. L'évêque Henri était natif d'Angleterre, et fut sacré l'an 1148 par le légat apostolique Nicolas, évêque d'Albane, aussi Anglais, qui fut depuis le pape Adrien IV. Il était chéri du roi Eric, que les Etats de Suède avaient fait monter sur le trône, après la mort du dernier roi, et qui était d'une des plus illustres familles du royaume. Le premier soin du nouveau roi fut de veiller sur son âme avec une extrême attention. Il assujétissait la chair à l'esprit par le jeûne et les autres mortifications de la pénitence; il vaquait assidûment aux exercices de la prière et de la contemplation, qui faisaient ses principales délices. Ses peuples trouvaient en lui un père, ou plutôt il était le serviteur de tous ses sujets; il travaillait avec une application infatigable à leur rendre justice. Les malheureux étaient sûrs de sa protection; ils pouvaient en tout temps lui porter leurs plaintes, et ils ne tardaient pas à être délivrés de l'oppression. Souvent il visitait en personne les pauvres malades, et les soulageait par d'abondantes aumônes. Content de son patrimoine, il ne levait aucune taxe sur ses sujets; il refusa même la troisième partie des confiscations légales, que les Etats lui offrirent d'une voix unanime. Il porta de si sages lois pour réprimer les abus et pour assurer la tranquillité publique, qu'elles furent célèbres et souvent invoquées dans les siècles suivants.

Quoiqu'il fût naturellement pacifique, il ne put se dispenser de faire la guerre. Il marcha contre les Finlandais, peuple livré aux superstitions du paganisme, et qui venait souvent piller les terres de son obéissance. Il leur offrit la paix, s'ils voulaient embrasser la foi, et mena avec lui le saint évêque d'Upsal. Il gagna contre les infidèles une grande victoire, se prosterna sur le champ de bataille pour en rendre grâces à Dieu, mais avec beaucoup de larmes, en songeant à la perte de tant d'âmes qui auraient pu se sauver en recevant le baptême. Il donna la paix au peuple qui restait, et lui fit prêcher l'Evangile; un grand nombre furent baptisés; on fonda des églises, on établit des prêtres; et le saint évêque Henri demeura avec les nouveaux chrétiens pour les affermir, tandis que le roi retourna en Suède. Un d'eux ayant commis un homicide, le saint évêque voulut le soumettre à la pénitence canonique, pour retenir les autres par la crainte. Mais le coupable, devenu plus furieux, tua l'évêque même, l'apôtre de la Finlande, dont la sainteté fut confirmée par un grand nombre de miracles. C'était vers l'an 1151, et l'Eglise honore ce saint martyr le 19 janvier (*Acta Sanct.*, 19 jan.).

Le saint roi Eric étant revenu en Suède, fut attaqué à l'improviste par un prince danois qui prétendait à la couronne de Suède. Le jour de l'Ascension, comme il entendait la messe à Upsal, sa capitale, on vint lui dire que les ennemis étaient près de la ville, et qu'il était à propos de marcher contre eux. « Laissez-moi, dit-il, achever d'entendre la messe; j'espère que nous entendrons ailleurs le reste du service. » Il sortit pour aller au devant des ennemis, mais avec peu de suite et, comme ils en voulaient principalement à sa personne, ils le renversèrent, le percèrent de plusieurs coups et lui coupèrent la tête. C'était le 18 mai 1151, le lendemain de l'Ascension. On trouva sur son corps un cilice, et il avait pratiqué pendant sa vie plusieurs autres austérités, des veilles, des jeûnes, des bains d'eau froide pour dompter la chair rebelle. Il se fit, après sa mort, un grand nombre de miracles par son intercession, et l'Eglise l'honore comme martyr le jour qu'il fut tué (*Acta Sanct.*, 18 maii).

Le légat Nicolas, évêque d'Albane, avait été envoyé par le pape Eugène en Danemarck, et il établit une métropole en Norwège, qui jusqu'alors avait été soumise à l'archevêché de Lunden. Pour en faire autant en Suède, il tint à Lincope un concile provincial en 1148. Mais comme les Goths et les Suédois ne purent s'accorder au sujet de la métropole ni du métropolitain, le légat se retira sans rien faire; car les Goths aimaient mieux reconnaître l'archevêque de Brème que celui d'Upsal. Le légat Nicolas, retournant par le Danemarck, laissa à Esquil, archevêque de Lunden, le *pallium* qu'il avait destiné à celui de Suède, afin qu'il le donnât au prélat que les Goths et les Suédois éliraient d'un commun consentement. Ce qui n'eut point d'exécution. Le légat voulait ainsi établir l'archevêque de Lunden primat de Norwége et de Suède, pour le consoler de l'archevêché qu'il venait d'établir en Norwége; et il confirma depuis cette primatie, étant pape (*Saxo gram.*, l. 14; Joan. Magn., l. 18, c. 18).

Hartwic était alors archevêque de Brême. Il avait remplacé Albéron, mort en 1148, et tint ce siége vingt ans. L'année suivante, 1149, comme la Saxe était en paix avec les Slaves, par suite de la croisade, Hartwic se proposa de rétablir les évêchés ruinés par ces Barbares, savoir : Oldenbourg, depuis transféré à Lubec; Ratzebourg et Mecklenbourg, depuis transféré à Schwérin. Ces siéges avaient été vacants pendant quatre-vingts ans, et Hartwic se trouva ainsi sans suffragants, n'ayant plus la juridiction qu'avaient eue ses prédécesseurs sur les évêques de Danemarck, de Norwége et de Suède. Il s'efforça de la regagner, par sollicitations et par présents, auprès du Pape et de l'empereur; n'y pouvant réussir, il entreprit de relever ces évêchés situés chez les Slaves, en son voisinage, et d'utiliser ainsi la paix que la croisade avait procurée. Il sacra évêque d'Oldenbourg saint Wicelin, prêtre vénérable qui travaillait depuis trente ans à la propagation de la foi dans la Hollande ou le Holstein, et il fit Emmehard évêque de Mecklenbourg.

Wicelin était né dans le diocèse de Minden, de parents plus distingués par la vertu que par leur condition. Il étudia assez tard, premièrement en son pays, puis à Paderborn, sous Hartman, maître célèbre, qui fut obligé de modérer son ardeur pour l'étude. Ensuite Wicelin gouverna l'école de Brême sous l'archevêque Frédéric, dont il était aimé, aussi bien que de ceux que leur vertu distinguait le plus dans cette Eglise; mais il était odieux aux clercs négligents et déréglés. On l'accusait aussi de châtier trop rudement ses écoliers, dont plusieurs, toutefois, devinrent considérables, entre autres un jeune homme nommé Ditmar. Après plusieurs années, Wicelin résolut d'aller en France pour faire lui-même de plus fortes études, et, prenant avec lui le jeune Ditmar, il vint à Laon se rendre disciple des deux frères Raoul et Anselme, alors les plus fameux pour l'explication de l'Ecriture sainte. Il étudia trois ans sous eux, évitant les questions curieuses et les disputes superflues; puis, avançant dans le désir de la perfection, il résolut de ne plus manger de viande et de porter un cilice sur la chair. Il n'était encore qu'acolyte et n'avait pas voulu monter plus haut, craignant la légèreté de l'âge; mais après ces trois années d'études en France, il résolut de retourner en son pays et de prendre les ordres sacrés.

A son retour, il vint trouver saint Norbert, archevêque de Magdebourg, qui, ayant reconnu son mérite, l'ordonna prêtre. Alors, brûlant d'un zèle ardent et désirant se rendre utile à l'Eglise, il apprit que Henri, prince des Slaves, avait dompté des nations barbares et ne cherchait qu'à étendre la religion. Il alla donc trouver Adalberon, archevêque de Brême, qui approuva son dessein, et lui donna mission pour aller prêcher chez les Slaves et travailler à en extirper l'idolâtrie. Aussitôt il entra dans le pays avec deux prêtres qui se dévouèrent à cette bonne œuvre, et obtint du duc Henri la permission de prêcher, et l'église de Lubeck pour y faire leurs fonctions. Mais, Henri étant mort et le pays troublé par une guerre civile, ils s'établirent à Falderen aux confins de la Holsace, vers les Slaves. Les habitants faisaient profession de christianisme, mais ils n'en avaient que le nom; ils gardaient leurs anciennes superstitions, et honoraient encore d'un culte des bois et des fontaines. Le bienheureux Wicelin s'en fit aimer, et ils écoutaient avec étonnement ce qu'il leur prêchait des biens du siècle futur et de la résurrection : une multitude incroyable eut recours à la pénitence, et sa prédication se fit entendre dans tout le pays des Northalbingues. Il commença à visiter les églises circonvoisines, instruisant les peuples, corrigeant les pécheurs, terminant les différends, détruisant les bois profanes et toutes les cérémonies païennes. Sa réputation lui attira plusieurs disciples, tant clercs que laïques, qui firent une sainte société, promettant de garder le célibat, de s'appliquer à la prière et au jeûne, de visiter les malades, de nourrir les pauvres, de travailler à leur propre salut et à celui du prochain. Ils priaient surtout pour la conversion des infidèles, mais Dieu ne les exauça pas sitôt.

L'empereur Lothaire, par le conseil de Wicelin, fit bâtir le château de Sigbert sur la Trave, et y fonda une église, dont il lui donna la conduite, ainsi que de celle de Lubeck. Son dessein était de soumettre tous les Slaves à la religion chrétienne, et de leur donner Wicelin pour évêque ; mais la mort de ce prince arrêta les suites de cet établissement, et les guerres qui suivirent entre deux prétendants au duché de Saxe, obligèrent Wicelin à retourner à Falderen avec ses compagnons; ils firent plusieurs miracles, particulièrement sur les possédés. Quelque temps après, le bienheureux Ditmar ou Thietmar, ancien disciple de Wicelin, et alors doyen du chapitre de Brême, quitta tout pour se joindre à lui et à sa communauté de Falderen, et lui fut d'un grand secours par son zèle et sa vertu. Tel était le saint prêtre Wicelin, quant Hartwic, archevêque de Brême, l'ordonna évêque d'Oldenbourg, le dimanche 9 octobre 1149. Le bienheureux Ditmar mourut le 17 mai 1152, et saint Wicelin le 12 décembre 1154. Leur vie a été écrite par Hermold, disciple du saint évêque d'Oldenbourg, dans son *Histoire des Slaves* (Helmold, l. 1, c. 43-70; *Acta Sanct.*, 17 maii).

Après le concile de Reims, ou plutôt avant, comme il est dit dans les lettres de l'abbé Guibald de Corbie, le pape Eugène vint à Trèves avec dix-huit cardinaux, plusieurs évêques et plusieurs abbés, y étant invité par l'archevêque Adalberon, qui défraya pendant trois mois toute cette compagnie. Le Pape y célébra un concile ; et Henri, archevêque de Mayence, jugea à propos d'y venir avec les principaux de son clergé, pour consulter le Pape touchant les révélations de sainte Hildegarde, religieuse de grande réputation. Elle était née dans le comté de Spanheim, l'an 1098, de parents nobles et vertueux, qui la dévouèrent au service de Dieu dès son enfance, parce que, dès qu'elle put parler, elle faisait entendre, tant par ses discours que par signes, qu'elle voyait des choses extraordinaires. A l'âge de huit ans, elle fut offerte au monastère de Disemberg ou du mont Saint-Disibode, et mise sous la conduite de la bienheureuse Jutte ou Judith, sœur du comte de Spanheim, qui menait la vie de recluse, et qui la forma à l'humilité, à l'innocence, et lui apprit simplement à lire le psautier. De huit ans à quinze, Hildegarde continua de voir surnaturellement beaucoup de choses, dont elle parlait avec simplicité à ses compagnes, qui étaient émerveillées, aussi bien que ceux qui en eurent connaissance. On admirait d'où cela pouvait venir. Alors Hildegarde remarqua elle-même avec surprise que, pendant qu'elle voyait ainsi intérieurement dans son âme, elle voyait en même temps à l'extérieur par les yeux du corps, comme à l'ordinaire; ce qu'elle n'avait jamais entendu dire de personne. Dès lors, saisie de crainte, elle n'osa plus parler à qui que ce fût de sa lumière intérieure. Cependant, dans ses discours, il lui arrivait souvent de parler de choses à venir, qui paraissaient étranges aux auditeurs. Elle voyait et entendait ces choses, non en songe ni pendant le sommeil, non dans un état d'exaltation, ni par les yeux du corps, ou par les oreilles de l'homme extérieur; mais elle les recevait, bien éveillée, regardant dans son âme seule, par les yeux et les oreilles de l'homme intérieur, et dans les lieux les plus découverts, selon qu'il plaisait à Dieu. C'est elle-même qui s'en explique ainsi.

Cet état d'intuition surnaturelle lui dura toute sa vie. Elle écrivait dans sa vieillesse : « Depuis mon enfance jusqu'aujourd'hui, que j'ai plus de soixante-dix ans, je vois toujours cette lumière dans mon âme, et je la perçois, non par les yeux extérieurs, ni par les pensées du cœur, ni par aucun concours des cinq sens externes, les yeux extérieurs demeurant toutefois ouverts, et les autres sens corporels conservant leur vertu; car la lumière que je vois n'est pas locale, mais plus lumineuse que la nuée qui porte le soleil, et je ne saurais y considérer ni la hauteur, ni la longueur, ni la largeur. On me l'appelle *ombre* de la lumière vivante, et comme le soleil, la lune et les étoiles apparaissent dans l'eau, ainsi les écrits, les discours, les vertus et quelques œuvres des hommes me resplendissent dans cette lumière. Tout ce que je vois ou apprends dans cette vision, j'en ai longtemps la mémoire. Je vois, j'entends et je sais tout ensemble, et j'apprends, comme en un instant, ce que je sais. Mais tout ce que je ne vois pas, je l'ignore, étant illettrée, et, pour les choses que j'écris, je ne mets d'autres mots que ce que j'entends dire, les mots latins non limés. Quant à la manière dont il m'arrive d'ouïr ces paroles, ce n'est pas comme celles qui retentissent de la bouche d'un homme, mais comme une flamme brillante, comme une nuée qui se meut dans un air pur. Quant à la forme de cette lumière, je ne puis la connaître en aucune façon, comme je ne puis regarder parfaitement la sphère du soleil. Cependant dans cette lumière j'aperçois quelquefois une autre lumière qu'on me nomme *lumière vivante*; mais celle-ci je ne la vois pas fréquemment, et je puis encore beaucoup moins en déterminer la forme que celle de la première. Quand je contemple cette lumière, toute tristesse et toute douleur me sont ôtées de la mémoire, en sorte que j'ai les mœurs d'une petite fille toute simple, et non plus celles d'une vieille femme. Mais mon âme n'est jamais privée de cette première lumière, qui est appelée l'*ombre* de la lumière vivante; et je la vois, comme si je voyais dans une nuée lumineuse le firmament sans étoiles, et c'est en elle que je vois ce que je dis de l'éclat de la lumière vivante. Depuis mon enfance jusqu'à l'âge de quarante ans, j'ai continué à voir toujours ces choses; j'en disais souvent quelque chose, mais sans jamais rien écrire (*Acta Sanct.*, 17 sept., p. 633, édit. Antuerp.). »

A l'âge de quarante ans, elle entendit une voix du ciel lui ordonnant d'écrire ce qu'elle voyait. Elle résista longtemps, non par opiniâtreté, mais par humilité et défiance. A l'âge de quarante-deux ans sept mois, elle vit le ciel s'ouvrir, et un feu très-lumineux qui lui pénétra la tête, le cœur et toute la poitrine, sans la brûler, mais avec une chaleur douce, et aussitôt elle reçut l'intelligence des psaumes, des évangiles et des autres livres de l'Ancien et du Nouveau Testament, en sorte qu'elle en expliquait le sens, quoiqu'elle ne pût expliquer les mots grammaticalement, ne sachant ni latin ni grammaire. Comme elle refusait toujours d'écrire, par crainte plutôt que par désobéissance, elle était tombée malade. Enfin elle découvrit sa peine à un religieux qui était son directeur, et par lui à son abbé. L'abbé ayant pris conseil des plus sages de sa communauté, et interrogé Hildegarde, lui ordonna d'écrire; ce qu'elle fit pour la première fois. Aussitôt elle se trouva guérie, et se leva de son lit. Cette guérison parut à l'abbé si miraculeuse, qu'il ne voulut pas s'en tenir à son jugement. Il vint à Mayence faire le rapport de ce qu'il avait appris, à l'archevêque et aux principaux de son clergé, et leur montra les écrits de Hildegarde.

C'est ce qui donna lieu à l'archevêque de consulter le Pape lui-même. Eugène III, voulant s'informer exactement de cette merveille, envoya au monastère de Hildegarde, Albéron, évêque de Verdun, avec Albert, son primicier, et d'autres personnes capables, pour apprendre d'elle-même ce que c'était, mais sans bruit et sans curiosité. Elle leur répondit avec grande simplicité. L'évêque lui en ayant fait son rapport, le Pape se fit apporter les écrits de Hildegarde, et, les prenant entre ses mains, il les lut lui-même publiquement, en présence de l'archevêque, des cardinaux et de tout le clergé; il raconta aussi ce que lui avaient rapporté ceux qu'il y avait envoyés, et tous les assistants rendirent grâces à Dieu. Saint Bernard était présent, et rendit aussi témoignage de ce qu'il savait de cette sainte fille; car il l'avait visitée quand il alla à Francfort, et lui écrivit une lettre où il la félicite de la grâce qu'elle a reçue, et l'exhorte à y être fidèle (S. Bern., *Epist.* 366). Il pria donc le Pape, et tous les assistants le prièrent avec lui, de publier une si grande grâce que Dieu avait faite de son temps à l'Église, et de la confirmer par son autorité. Le Pape suivit leur conseil et écrivit à Hildegarde, lui recommandant de conserver par humilité la grâce qu'elle avait reçue, et de déclarer avec prudence ce qu'elle connaîtrait en esprit. Il lui permet aussi de s'établir avec ses sœurs, par la permission de son évêque, au lieu qui lui avait été révélé, et d'y vivre en clôture suivant la règle de saint Benoît. Ce lieu était le mont Saint-

Rupert, près de Bingue sur le Rhin, à quatre lieues au-dessous de Mayence, ainsi nommé d'un seigneur qui vivait au IXe siècle, et qui est honoré comme saint le 15 mai. Sainte Hildegarde passa en ce lieu avec dix-huit filles nobles qu'elle avait attirées par sa réputation, et en fut la première abbesse (*Acta Sanct.*, 17 sept.).

Elle écrivit au pape Eugène, dans une lettre assez longue, ce qu'elle avait entendu dire à la voix céleste par rapport à lui. Comme le langage en est figuré et emblématique, le sens n'en est pas toujours clair. Elle annonce une époque difficile et dont paraissaient les premiers symptômes. « Les vallées se plaignent des montagnes, ce qu'elle avait entendu les vallées. Comment? Les sujets n'ont plus la crainte de Dieu, ils ont comme une rage de gravir les sommets des montagnes, d'accuser les prélats, au lieu d'accuser leurs propres péchés. Ils disent : Je suis plus propre qu'eux à être supérieur. Ils dénigrent tout ce que les supérieurs peuvent faire, et cela par envie et par haine de la supériorité; semblables à un pauvre insensé, qui, au lieu de nettoyer ses vêtements sales, ne ferait que regarder de quelle couleur est le vêtement d'un autre. Les montagnes elles-mêmes, c'est-à-dire les prélats, au lieu de s'élever sans cesse aux communications intimes avec Dieu, pour devenir de plus en plus la lumière du monde, se négligent et s'obscurcissent. De là l'obscurcissement et le trouble dans les ordres inférieurs. C'est pourquoi, vous, grand pasteur et vicaire du Christ, procurez la lumière aux montagnes, et la correction aux vallées; donnez des préceptes aux maîtres, et la discipline aux sujets. Le souverain Juge vous recommande d'extirper et de rejeter d'auprès de vous les tyrans fâcheux et impies, de peur qu'ils ne se trouvent dans votre société, à votre grande confusion. Mais soyez compatissant pour les malheurs publics et privés, car Dieu ne dédaigne pas les plaies et les douleurs de ceux qui le craignent (*Bibl. Patr.*, t. XXIII). »

Le roi Conrad, de son côté, écrivit à sainte Hildegarde, pour se recommander à ses prières, avec son fils, qu'il désirait lui succéder. Elle lui répondit par ces paroles : Il dit, celui qui donne la vie à tous : Bienheureux ceux qui sont dignement soumis au candélabre du Roi suprême, et ceux qu'il place de telle sorte dans un haut rang, qu'il ne les retranche pas de son sein. Demeurez-y, ô roi, et rejetez de votre âme ce qui la salit, parce que Dieu conserve quiconque le cherche dévotement et purement. Tenez votre royaume, rendez la justice à chacun, de manière que vous ne deveniez pas étranger au royaume d'en haut. Ecoutez, il y a certaines choses où vous vous éloignez de Dieu ; les temps où vous êtes sont légers comme une femme, et ils inclinent vers l'injustice qui tente de détruire la justice dans la vigne du Seigneur. Mais ensuite viendront des temps encore plus mauvais, où les vrais Israélites seront flagellés, et où le trône catholique sera ébranlé dans l'erreur ; c'est pourquoi la fin en sera des blasphèmes, comme un cadavre à la mort. Sainte Hildegarde termine sa lettre par ces mots : Celui qui connaît tout, vous dit encore une fois : Homme, entendant ces choses, détache-toi de ta volonté et corrige-toi, afin que tu arrives purifié aux temps dont je parle, et que tu n'aies plus à rougir de tes actions (*Bibl. Patr.*, t. XXIII).

La sainte abbesse faisait des prédictions et donnait des avertissements semblables aux évêques et aux seigneurs qui lui écrivaient et la consultaient de toutes parts. Elle était parmi les femmes ce que saint Bernard était parmi les hommes.

Le pape Eugène de retour en France, vint à Clairvaux, où il édifia toute la communauté par son humilité et sa régularité. Il portait sur la chair sa tunique de laine sans sergette par-dessous, et ne quittait le froc ni jour ni nuit. Pour garder la bienséance, on lui portait des carreaux en broderies, et son lit était bordé de pourpre et couvert de riches étoffes ; mais par-dessous il n'était garni que de paille et de draps de laine. En parlant à la communauté où il avait été moine, il ne pouvait retenir ses larmes et ses soupirs ; il les exhorta et les consola, vivant avec eux en frère plutôt qu'en maître ; mais sa nombreuse suite ne lui permit pas de faire chez eux un long séjour. Il assista aussi, cette même année 1148, au chapitre général de Citeaux, non comme président ou comme pape, mais comme un d'entre eux. Enfin il reprit le chemin d'Italie, et arriva heureusement à Rome.

Saint Gilbert de Sempringam vint à ce chapitre, offrir à l'ordre de Citeaux la congrégation qu'il venait de former. Il était Anglais, né dans la province de Lincoln, en 1083 ; et, après qu'il eût fait ses études, son père lui donna les deux cures de Sempringam et de Tirington, dont il avait le patronage ; mais Gilbert ne tirait sa subsistance que de la première, et donnait aux pauvres tout le revenu de la seconde. Il n'était pas encore dans les ordres et ne possédait ces cures qu'en *personnat*, comme on le nommait, les faisant desservir par des vicaires, suivant un abus qui régnait alors, de séparer le revenu des fonctions, abus qui fut condamné au concile de Reims par le pape Eugène. Gilbert s'attacha ensuite à la cour d'Alexandre, évêque de Lincoln, qui l'ordonna prêtre malgré lui et voulut le faire son archidiacre ; mais Gilbert le refusa, disant qu'il ne voyait point de chemin plus court pour se perdre. C'est que les archidiacres exerçaient la juridiction ecclésiastique, qui était une grande tentation d'avarice.

Voulant donc donner son bien aux pauvres et faire une fondation, et, ne trouvant point d'hommes qui voulussent vivre aussi régulièrement qu'il souhaitait, il assembla dans sa paroisse de Sempringam sept filles vertueuses, qu'il enferma près de l'église de Saint-André, par le conseil et le secours de l'évêque Alexandre, pour vivre en clôture perpétuelle ; en sorte qu'elles recevaient par une fenêtre les choses nécessaires à la vie. Pour les leur apporter et les servir au dehors, elles avaient de pauvres filles en habit séculier ; mais depuis, par le conseil de personnes sages, il fit aussi prendre un habit régulier et faire des vœux à ces filles du dehors, après les avoir bien instruites et bien éprouvées. Il y joignit des hommes pour l'agriculture et les autres travaux les plus rudes, et leur prescrivit une manière de vie dure, avec un habit qui marquait l'humilité et la renonciation au monde. Cet institut fut tellement approuvé, que plusieurs seigneurs d'Angleterre offrirent à saint Gilbert des terres et des revenus pour fonder des monastères semblables; l'évêque Alexandre commença, et le roi Henri acheva. Mais Gilbert ne recevait ces biens qu'avec crainte et comme par force ; il en refusait même plusieurs, tant il aimait la pauvreté et craignait la vanité de voir un grand peuple sous sa conduite.

Ce fut dans cette pensée qu'il vint au chapitre de Citeaux, où était le pape Eugène, voulant se décharger du soin de tant de maisons dont il se croyait incapable, et les remettre à ces religieux, qu'il connaissait par le fréquent usage de l'hospitalité, et qu'il jugeait les plus exacts de tous dans l'observance de la règle, comme étant en leur première ferveur. Mais le Pape et les abbés de Citeaux lui dirent qu'il ne leur était pas permis de gouverner d'autres religieux, et encore moins des religieuses, et, par leur conseil, le Pape lui ordonna de continuer, avec la grâce de Dieu, l'œuvre qu'il avait commencée. Il voulut s'excuser sur son âge de 65 ans et sur son incapacité ; mais le Pape le jugea d'autant plus propre à la conduite des âmes, qu'il la désirait moins. Il eut regret de ne l'avoir pas connu plus tôt, et déclara qu'il lui aurait donné l'archevêché d'York. En ce voyage, saint Gilbert lia une étroite amitié avec saint Malachie d'Irlande et saint Bernard : il se trouvait souvent en tiers quand ils étaient seuls. Ils lui donnèrent chacun leur crosse, et saint Bernard y ajouta une étole et un manipule.

Saint Gilbert, étant de retour en Angleterre, appela à son secours des ecclésiastiques pour la conduite de ses religieuses, et forma ainsi une double congrégration de filles, sous la règle de saint Benoît, et de chanoines réguliers sous la règle de saint Augustin ; il leur donna des constitutions écrites, qui furent confirmées par le pape Eugène et par ses successeurs. Dieu bénit tellement son travail, qu'il fonda treize monastères, quatre de chanoines et neuf de religieuses, contenant plus de deux mille personnes. Il fonda plusieurs hôpitaux de malades, de lépreux, de veuves et d'orphelins. Sa vie était austère, il ne mangeait point de viande, et s'abstenait même de poisson pendant l'avent et le carême. Il ne se servait que de vaisselle de bois ou de terre et de cuillers de corne. Il ne portait point de fourrures, et toujours les mêmes habits hiver et été. Il était vêtu de gris, et fut longtemps sans prendre l'habit ni la règle de chanoine régulier ; mais ses disciples lui représentèrent qu'il était à craindre que, sous ce prétexte, on ne leur donnât après sa mort un supérieur étranger. Il prit donc l'habit de chanoine des mains de celui de sa congrégation, qui était le plus distingué par son mérite ; il lui promit obéissance en faisant ses vœux, et le regarda toujours depuis comme son supérieur. Saint Gilbert de Sempringam vécut jusqu'en 1189, et l'Église honore sa mémoire le 4 février, qui fut le jour de sa mort (*Acta Sanct.*, 4 *febr.*).

Un autre saint vint trouver le pape Eugène à Clairvaux, et pour le même sujet : c'était saint Etienne, abbé d'Obasine. Il était né en Limousin, de parents honnêtes, et, après avoir étudié la science eccésiastique, il ne laissa pas de demeurer dans le monde, prenant soin de sa famille, et plus encore des pauvres ; mais, ayant été ordonné prêtre, il résolut de se donner entièrement à Dieu, et commença à mener une vie austère et à prêcher avec beaucoup de force et d'onction. Les lectures qu'il faisait pour instruire les autres, lui firent naître le dessein de renoncer à tout et de suivre Jésus-Christ dans une parfaite pauvreté. Il consulta sur ce sujet Etienne de Mercœur, qui avait été disciple de Robert de la Chaise-Dieu, et ce saint homme lui conseilla d'exécuter au plus tôt son pieux dessein. Etienne avait déjà pour compagnon un autre prêtre nommé Pierre, homme d'une grande simplicité, qui était dans la même résolution. Donc, le jeudi d'après le jour des Cendres, ils assemblèrent leurs parents pour leur dire le dernier adieu, leur donnèrent un grand repas, et distribuèrent aux pauvres tout ce qui leur restait de biens.

Ils passèrent la nuit suivante en prières, pour demander à Dieu la grâce d'accomplir ce qu'il leur avait inspiré ; puis, s'étant revêtus d'un habit religieux et marchant nu-pieds, ils partirent avant le jour pour quitter leur pays et se bannir volontairement. Il y avait dans le voisinage un ermite nommé Bertrand, qui avait quelques disciples. Ils demeurèrent avec lui dix mois, mais sans engagement, et le quittèrent par le désir d'une plus grande perfection. Après avoir visité toutes les maisons religieuses d'alentour, sans y trouver ce qu'ils cherchaient, ils s'arrêtèrent à Obasine, lieu désert, environné de bois et de rochers, et arrosé d'une petite rivière. Ils y arrivèrent le vendredi saint, et passèrent ce jour et le suivant sans manger. Le jour de Pâques ils allèrent à une église voisine, où, ayant emprunté des souliers, l'un d'eux dit la messe et l'autre y communia. Personne ne les ayant invités à dîner, ils revinrent assez tristes à leur désert. Mais une femme du voisinage leur apporta la moitié d'un pain et un pot de lait, dont ils firent le plus agréable repas de leur vie. Ils passèrent plusieurs jours sans autre nourriture que les racines et les autres choses qu'ils pouvaient trouver dans ce désert ; mais ils furent secourus par des personnes charitables, particulièrement des pâtres, qu'ils récompensaient en les instruisant.

Quelque temps après, de l'avis d'Etienne, Pierre alla à Limoges avec un clerc nommé Bernard, qui s'était joint à eux. Ils parlèrent à l'évêque Eustorge, et lui expliquèrent leur dessein, qu'il approuva. Ayant béni une croix qu'ils lui avaient apportée, il leur permit de dire la messe et de bâtir un monastère, à charge de suivre en tout la tradition des Pères. Ils commencèrent donc à bâtir des lieux réguliers ; car ils avaient déjà quelques disciples, mais en petit nombre, à cause de l'extrême austérité de leur vie ; car ajoute l'auteur de cette histoire, qui est du temps même, encore que les chanoines chantent régulièrement, leur nourriture est abondante et délicate, ils ont beaucoup de repos, peu ou point de travail des mains. De quoi le saint homme ayant une grande aversion, il avait ordonné que tout le temps de la journée fût employé au travail, excepté ce qu'emportait la lecture ou l'office divin. Ils y employaient même pendant l'hiver une partie de la nuit ; et, durant ce travail, on récitait des psaumes.

Etienne voulut persuader à Pierre, son premier compagnon, d'aller chez les Sarrasins, dans l'espérance d'en convertir quelques-uns, ou de souffrir le martyre ; mais Pierre l'en détourna, lui disant qu'il valait mieux s'appliquer à la conversion des mœurs de ceux qui avaient déjà la foi, que de travailler inutilement chez des infidèles, qui peut-être n'étaient pas prédestinés. Après qu'ils eurent bâti le monastère d'Obasine, il y eut une dispute entre eux deux à qui le gouvernerait, chacun voulant déférer à l'autre cet honneur. Pour terminer ce différend, on les mena devant le légat Geoffroi, évêque de Chartres, qui se trouvait alors dans le pays, et qui, après les avoir bien examinés, donna la charge de supérieur à Etienne.

Sur la réputation des chartreux, qui passaient pour les plus parfaits religieux, il alla les visiter. Il y arriva vers le temps qu'une fonte extraordinaire de neige avait emporté plusieurs de leurs cellules avec les moines qui étaient dedans. Saint Etienne d'Obasine consulta le prieur de la Chartreuse, le vénérable Guigues, sur l'institut qu'il devait choisir. Le prieur lui répondit : Les cisterciens, venus depuis peu, suivent le chemin royal, et leurs statuts peuvent suffire pour la plus grande perfection. Quant à nous, nous sommes bornés et dans le nombre des personnes et dans l'étendue de nos possessions. Vous qui avez assemblé plusieurs personnes au service de Dieu, et qui avez résolu d'en recevoir encore davantage, vous devez plutôt embrasser la vie cénobitique.

Au retour de la Chartreuse, Etienne augmenta les bâtiments d'Obasine, pour recevoir ceux qui venaient tous les jours se ranger sous sa conduite, parmi lesquels fut un gentilhomme, qui, ayant déjà mené dans le monde une vie très-réglée, se donna à lui, avec sa femme, ses enfants, toute sa famille et tous ses biens; car Etienne recevait aussi des femmes, et il en convertit un grand nombre, même des plus nobles, et de celles qui avaient le plus vécu dans le luxe, la mollesse et le désordre; il les accoutumait à ne point dédaigner les travaux les plus bas. Elles avaient leurs habitations séparées; mais ensuite il les mit plus loin et dans une clôture plus exacte, et elles furent bientôt au nombre de cent cinquante.

Etienne ayant donc résolu de prendre la règle monastique, principalement par le conseil d'Aimeri, évêque de Clermont, envoya à Dalone, qui était le seul monastère régulier du pays et suivait déjà l'observance de Citeaux, sans toutefois être encore agrégé à l'ordre. Il en fit venir des moines pour instruire les siens. Ces moines les traitaient durement et avec peu de discrétion, comme s'ils avaient dû savoir tout d'abord les observances monastiques, qu'ils n'avaient point apprises. Ceux d'Obasine s'en plaignaient à l'abbé Etienne, qui les exhortait à la patience. Toutefois, ayant appris que le pape Eugène était à Citeaux, il alla l'y trouver; car il désirait depuis longtemps se soumettre à cet ordre. Saint Etienne s'étant donc présenté au Pape et lui ayant expliqué son dessein, le Pape fit appeler Rainard, abbé de Citeaux, homme d'un mérite singulier, et lui recommanda Etienne pour le regarder comme son fils et l'associer à l'ordre. Et Rainard et tous les abbés assemblés en chapitre s'y accordèrent de grand cœur, moins encore par obéissance pour le Pape que par affection pour le saint, qui fut reçu tout d'une voix et assigné à la maison de Citeaux pour être de sa filiation. Il y avait quelque difficulté en ce que la maison d'Obasine avait certaines pratiques contraires aux coutumes de Citeaux, principalement la direction des femmes; mais on passa par dessus pour l'amour d'Etienne, et Rainard, qui le chérissait tendrement, promit que ces différences s'aboliraient peu à peu. Etienne revint donc à Obasine plein de joie, amenant ceux que l'abbé de Citeaux lui avait donnés pour maîtres dans l'observance, savoir, deux prêtres et deux frères lais. Ces nouveaux maîtres, bien différents de ceux de Dalone, instruisaient doucement, familièrement et avec une grande discrétion. Le changement qui fit le plus de peine à l'abbé Etienne, fut d'accorder l'usage de la viande aux malades, conformément à la règle. Depuis cette association, le monastère d'Obasine alla toujours augmentant, et continua d'en produire plusieurs autres. Saint Etienne vécut encore environ onze ans, jusqu'en 1159, qu'il mourut le 8 mars (*Acta Sanct.*, 8 *mart.*).

Saint Malachie, archevêque d'Irlande, désirait depuis longtemps le *pallium*, pour honorer son siège et ne manquer à aucune des cérémonies de l'Eglise. Le pape Innocent le lui avait promis; et il était d'autant plus affligé de ne l'avoir pas envoyé quérir de son vivant. Mais, sachant que le pape Eugène s'était approché jusqu'en France, il voulut profiter de l'occasion, ne doutant pas qu'il ne lui fût favorable, comme enfant de sa chère maison de Clairvaux. Il assembla donc son concile, et, après avoir traité pendant trois jours les affaires qui se présentaient, le quatrième jour il déclara son dessein touchant le *pallium*; les évêques l'approuvèrent, pourvu qu'il l'envoyât demander par un autre. Toutefois, voyant qu'il voulait y aller lui-même et que le voyage n'était pas trop long, ils n'osèrent s'y opposer.

Malachie se mit donc en route; mais, étant arrivé en Angleterre, on refusa quelque temps de le laisser passer en France, parce que le roi Etienne était mal content du pape Eugène, qu'il croyait ne lui être pas favorable. Quand l'archevêque arriva à Clairvaux, saint Bernard le reçut avec une joie incroyable, et courut l'embrasser avec une agilité bien au-dessus de sa faiblesse; mais le Pape était déjà à Rome ou près d'y arriver. Ainsi l'archevêque fut obligé de s'arrêter dans cette sainte maison, pour attendre quelques-uns de sa suite retenus en Angleterre, et se préparer au voyage de Rome. Quatre ou cinq jours après son arrivée, ayant célébré la messe conventuelle le jour de la Saint-Luc, il fut pris de la fièvre et se mit au lit. Toute la communauté s'empressait à le servir et à lui donner tous les soulagements possibles. Mais il leur disait : Vos soins sont inutiles; je fais toutefois pour l'amour de vous ce que vous voulez. Car il savait que sa fin était proche, et assurait qu'il mourrait cette année et au jour qu'il désirait depuis si longtemps, qui était celui des Trépassés, parce qu'il avait une grande confiance aux secours que les morts reçoivent des vivants en ce jour-là. Il avait aussi dit longtemps auparavant que, s'il mourait en voyage, il voulait mourir à Clairvaux.

Il demanda l'extrême-onction; et, comme la communauté se préparait à venir la lui apporter solennellement, il ne le voulut pas souffrir, mais il descendit de la chambre haute où il était, marchant de son pied, et remonta de même, après avoir reçu l'extrême-onction et le viatique. Son visage n'était point changé, et on ne pouvait croire qu'il fût si près de sa fin. Mais on changea d'avis le soir de la Toussaint; on vit qu'il était à l'extrémité, et toute la communauté se rendit auprès de lui. Portant ses regards sur eux : J'ai grandement désiré, dit-il, de manger cette Pâque chez vous; je rends grâces à la bonté divine, je n'ai pas été frustré de mon désir. Puis, les consolant avec tendresse : Ayez soin de moi, ajouta-t-il; moi, je ne vous oublierai pas, si cela m'est permis. Et je n'en doute pas; car j'ai cru en Dieu, et tout est possible à qui croit. J'ai aimé Dieu, je vous ai aimés, et la charité ne cessera jamais. Après quoi, regardant le ciel, il dit : Mon Dieu, gardez-les en votre nom, non-seulement eux, mais encore tous ceux qui, par ma parole et mon ministère, se sont consacrés à votre service. Enfin, leur imposant les mains à chacun et les bénissant tous, il les envoya reposer, parce que son heure n'était pas encore venue. Ils revinrent vers minuit; toute la communauté était présente, accompagnant de psaumes et de cantiques spirituels l'âme sainte qui retournait à la patrie; tous avaient les yeux fixés sur le mourant, mais aucun ne le vit mourir, tant il s'endormit avec calme, dans sa cinquantième année, la nuit de la Toussaint, à la fête des Morts. Saint Bernard fit son oraison funèbre le jour même, et, quelque temps après, il écrivit sa vie, à la prière de l'abbé Congan et de toute la communauté des cisterciens qu'il gouvernait en Irlande. Le motif du saint, en écrivant cette vie, fut de conserver la mémoire d'un si grand exemple de vertu, dans un temps où les saints étaient si rares, particulièrement parmi les évêques (S. Bern., *Vita S. Malach. et Sermo in S. Malach.*).

Trois ans après, c'est-à-dire en 1151, le cardinal Jean Paperon fut envoyé légat en Irlande, par le pape Eugène, et vint trouver le roi d'Angleterre, qui refusa de lui donner un sauf-conduit, s'il ne lui faisait serment de ne rien faire en ce voyage au préjudice de son royaume. Le légat, indigné, retourna vers le Pape, qui en sut mauvais gré au roi d'Angleterre. L'année suivante 1152, le même cardinal revint et s'adressa à David, roi d'Ecosse, pour lui demander passage en Irlande. David le reçut avec grand honneur, vers la Saint-Michel, et ainsi le légat arriva en Irlande accompagné de Christien, évêque de Lismor, dans la même île, aussi légat. Ils tinrent un concile dans le nouveau monastère de Mellifont, ordre de Citeaux, où se trouvèrent les évêques, les abbés, les rois, les ducs et les anciens d'Irlande, et, de leur consentement, on y établit quatre archevêques, à Armagh, à Dublin, à Cassel et à Tuam. Le cardinal-légat leur distribua quatre *pallium* qu'il avait apportés de Rome. Il assujétit aussi les Irlandais à la loi du mariage, à laquelle ils n'étaient pas accoutumés, et corrigea chez eux plusieurs abus (Mansi, t. XXI, p. 767; Baronius et Pagi).

Anselme, évêque de Havelberg en Basse-Saxe, étant auprès du pape Eugène à Tusculum, au mois de mars 1149, le Pape lui dit entre autres : Il m'est venu depuis peu un évêque, en qualité d'ambassadeur de l'empereur de Constantinople, dont il m'a apporté une lettre écrite en grec. Cet évêque, bien instruit dans les livres des Grecs, parlant bien et se confiant en son éloquence, nous a proposé plusieurs objections touchant la doctrine et le rite des Grecs, prétendant soutenir tout ce qu'ils ont de différent d'avec l'Eglise romaine, entre autres touchant la procession du Saint-Esprit et les azymes. C'est pourquoi, sachant que vous avez autrefois été ambassadeur de l'empereur Lothaire, à Constantinople, et que, pendant le séjour que vous y avez fait, vous avez eu sur ce sujet plusieurs conférences, tant publiques que particulières, je vous prie d'en composer un traité en forme de dialogue, qui contienne ce qui a été dit de part et d'autre.

En exécution de l'ordre du Pape, Anselme lui envoya trois livres de dialogues, dont le premier est une introduction aux deux autres, et traite de l'unité et de la multiformité de l'Eglise. L'Eglise étant une, plusieurs étaient étonnés, choqués même, d'y voir tant de variétés, entre autres pour les ordres religieux. Une seule observation, mais d'une profonde justesse, suffit à Anselme pour tout expliquer. L'Eglise est une en soi, mais multiforme par rapport à ses enfants, qu'elle engendre en des manières et à des âges divers, qu'elle élève et forme sous des lois et des institutions différentes, depuis Abel, le premier juste, jusqu'au dernier des élus. Elle est une par la foi, une par la charité. Le corps de l'Eglise est un; il est vivifié, régi et gouverné par l'Esprit-Saint, qui lui est un et qui est à la fois un et multiple, un dans sa nature, multiple dans ses dons. On le voit par l'Ancien et le Nouveau Testament. Ce corps de l'Eglise, ainsi vivifié par le Saint-Esprit, et diversifié dans ses membres et dans ses âges, a commencé à Abel, le premier juste, et se consommera dans le dernier des élus, toujours un dans la même foi, mais multiforme par une grande variété de vie (D'Achery, *Spicileg.*, t. I, l. 1, c. 2). Ainsi Abel, Noé, Abraham appartenaient certainement à l'unité de la foi et de l'Eglise, et cependant ils servaient Dieu et lui offraient des sacrifices en des manières diverses. Moïse forme dans la même Eglise un peuple tout entier par une loi écrite et des rites nouveaux; David y ajoute des institutions et des cérémonies nouvelles. Alors paraissent les prophètes et les nazaréens, différant dans leur manière de vie, mais unis dans la même foi. Et quoiqu'ils ne connussent pas pleinement le mystère du Christ et de l'Eglise, ils appartenaient toutefois certainement à l'unité de l'Eglise catholique, la sainte Cité, la nouvelle Jérusalem, descendue du ciel, préparée à Dieu comme une épouse parée pour son époux (*Ibid.*, c. 3 et 4).

La religion elle-même a subi deux transformations considérables, qui sont les deux Testaments. Sur le mont Sinaï, au milieu des foudres et des éclairs, la loi de Moïse remplace un état différent. A la mort du Christ, la terre tremble, le soleil s'obscurcit, les tombeaux s'ouvrent, les verrous de l'enfer sont brisés et la loi est remplacée par l'Evangile. Une transformation finale aura lieu : celle du temps à l'éternité, de la terre au ciel (L. 1, c. 5).

L'Ancien Testament annonce clairement et manifestement Dieu le Père, moins clairement Dieu le Fils. Le Nouveau Testament manifeste Dieu le Fils, mais fait entrevoir, mais insinue la divinité de l'Esprit-Saint. Ensuite le Saint-Esprit s'annonce en nous donnant de sa divinité une manifestation plus évidente. Et cela est dans l'ordre; car il ne convenait pas de prêcher manifestement la divinité du Fils avant qu'on ne confessât celle du Père, non plus que la divinité du Saint-Esprit avant qu'on ne crût celle du Fils. Le céleste médecin guérit l'homme par des remèdes doux et gradués. Ainsi la foi de la sainte Trinité, se proportionnant à la vertu des fidèles, s'est développée peu à peu, et enfin est devenue parfaite. C'est pourquoi, depuis l'avénement du Christ jusqu'au jour du jugement, quoique l'Eglise soit toujours une et la même, sans cesse renouvelée par la présence du Fils de Dieu, son état ne sera pas un ni uniforme, mais multiple et multiforme (D'Achery, *Spicileg.*, t. I, l. 1. c. 6).

Anselme explique les sept sceaux de l'Apocalypse, des sept états différents de l'Eglise. Elle brille dans le premier par les miracles que Dieu fait pour son établissement, et par l'accroissement du nombre des fidèles. Dans le second, ses prédicateurs, dispersés dans tout l'univers, sont persécutés; mais enfin les rois et les princes reçoivent eux-mêmes sa doctrine avec ardeur, et l'on bâtit partout des temples magnifiques en l'honneur du vrai Dieu. Troublée dans le troisième par les erreurs des hérétiques, elle les condamne et les dissipe dans ses conciles; et, après avoir établi solidement la foi catholique, elle fait des lois et des statuts pour le règlement de la discipline et des mœurs. A couvert de la persécution des infidèles et de la perfidie des faux frères, elle prescrit, dans le quatrième état, tout ce qui est nécessaire pour la décence du culte divin, l'honneur des temples et des autels, permet l'institution de divers ordres religieux. Les trois autres regardent la fin du monde et le siècle futur. Et tout ce qui se fait de bien dans les divers temps et dans les divers ordres, c'est un seul et même Esprit qui l'opère et qui le distribue à chacun comme il lui plaît; car l'Esprit-Saint, qui, depuis le commencement et maintenant et toujours, gouverne tout le corps de l'Eglise, sait rajeunir, par quelque chose de nouveau dans la religion, les esprits des hommes qui s'engourdissent par l'accoutumance. La jeunesse de l'Eglise se renouvelle ainsi comme celle de l'aigle (*Ibid.*, c. 10); non pas que Dieu ni l'Eglise varie, mais parce que l'infirmité si variable du genre humain demande quelque variété dans les remèdes (*Ibid.*, c. 13). Ainsi parle l'évêque Anselme.

Nous ne croyons pas qu'on puisse mieux penser ni mieux dire. C'est la vraie explication de l'histoire humaine; c'est le vrai plan de la divine Providence dans l'éducation du genre humain; c'est le secret providentiel des révolutions qui bouleversent le monde et qui amènent dans l'Eglise même des transformations de discipline. Si bien des auteurs modernes avaient eu la foi et le bon sens de ce digne évêque du XIIe siècle, ils se seraient épargné bien des déclamations aussi peu sensées que peu chrétiennes. Fleury, entre autres, aurait pu s'épargner ses huit à neuf discours.

Une diversité plus fâcheuse est celle dans la doctrine entre les Grecs et les Latins. C'est de quoi traite l'évêque Anselme dans son second livre. Lorsque j'étais à Constantinople, dit-il, comme les Grecs me faisaient souvent des questions et que je leur en faisais de mon côté, l'empereur, Jean Comnène, et le patriarche furent d'avis d'une conférence publique, qui se tint dans le quartier des Pisans, près de l'église de Sainte-Irène. On établit des huissiers pour faire faire silence, des arbitres et des sténographes pour rédiger fidèlement ce qui aurait été dit de part et d'autre. Outre la multitude des Grecs, il y avait plusieurs Latins, entre autres Moïse de Bergame, qui fut choisi d'un commun accord pour interprète. On avait choisi, pour disputer avec Anselme, l'archevêque Néchitès de Nicomédie, le plus renommé des douze docteurs qui dirigeaient les études, que l'on consultait sur les questions difficiles, et dont les réponses passaient pour des sentences irrévocables.

Cette conférence roula sur la procession du Saint-Esprit. On examina si le Saint-Esprit procédait, suivant les Grecs, du Père seul, ou bien s'il procède, suivant les Latins, du Père et du Fils. Voici quelle était la principale objection des Grecs. On ne peut dire que le Saint-Esprit procède du Père et du Fils, sans admettre en Dieu une pluralité de principes : encore qu'il soit dit dans l'Evangile que le Saint-Esprit est du Fils, qu'il est envoyé par lui, qu'il reçoit de lui, qu'il tient de lui ce qu'il dit, il ne suit pas de ces façons de parler qu'il procède du Fils; enfin l'Evangile ne le dit pas formellement. Anselme répond : Il n'est en Dieu qu'un seul principe; le Saint-Esprit, en procédant du Père et du Fils, n'en procède que comme d'un seul principe, parce que le Père et le Fils sont une même chose; en sorte que nier que le Saint-Esprit procède du Fils comme du Père, c'est nier son existence et conséquemment renverser le mystère de la sainte Trinité. En effet, *être* et *procéder* sont une même chose à l'égard du Saint-Esprit, parce que sa procession est substantielle et qu'il n'y a point de différence entre recevoir son être du Père et procéder de lui. Or, de l'aveu des Grecs, le Saint-Esprit est du Fils, donc il en procède. Anselme ajoute : Le Fils ayant de Dieu le Père d'être Dieu lui-même, puisqu'il est Dieu de Dieu, il a aussi de lui que le Saint-Esprit en procède; ce qui fait qu'il est avec le Père un même principe du Saint-Esprit, à cause de l'unité de substance. Il rapporte les passages de l'Ecriture qui prouvent cette procession, et affirme que, si l'Evangile ne dit pas expressément que le Saint-Esprit procède du Père et du Fils, il ne dit pas non plus le contraire, ni que le Saint-Esprit procède du Père seul, comme prétendaient les Grecs. Il montre qu'on peut, sans témérité, ajouter au symbole de la foi des expressions qui ne sont pas dans l'Evangile, comme on l'a fait plusieurs fois dans les conciles. Il y fut décidé que le Fils est consubstantiel au Père; que Marie est mère de Dieu; qu'il faut adorer le Saint-Esprit : expressions qui sont reçues par les Grecs, quoiqu'elles ne soient pas formellement dans l'Ecriture, mais seulement en substance.

Anselme donne de tout cela une raison merveilleusement profonde et vraiment divine. Si ces conciles orthodoxes, auxquels présida l'Esprit-Saint, et qui ont confirmé la foi catholique, n'avaient pas eu lieu, la créance de la Trinité serait aujourd'hui, soit nulle, soit flottante au milieu d'une foule d'hérésies. Aussi le Seigneur, sachant combien il fallait ajouter encore pour que la foi catholique fût complète, après avoir dit à ses disciples tout ce qui convenait pour le moment, ajoute : « J'ai encore beaucoup de choses à vous dire, mais vous ne pouvez les porter maintenant; mais quand cet Esprit de vérité sera venu, il vous enseignera toute vérité. » Voilà donc que l'Esprit-Saint, l'Esprit de la vérité, qui est le Fils, doit enseigner une foule de choses que le Fils avait encore à dire, et que les apôtres mêmes ne pouvaient pas encore porter. Et de fait, il dresse d'abord par écrit l'Evangile ; ensuite, dans les conciles des saints, il explique ce qu'il enseigne dans l'Evangile avec plus de brièveté, en sorte que ce que les apôtres seuls ne pouvaient porter, toute l'Eglise le porte maintenant, répandue par toute la terre.

Ainsi donc l'Esprit-Saint, venu, comme il a été promis, pour enseigner alors, et maintenant et toujours, toute vérité, a été présent au concile des saints Pères, et y a présidé comme le docteur de tous. Enseignant la foi de la sainte Trinité, que nous tenons, entre l'impiété d'Arius, qui sépare la substance divine, et l'impiété de Sabellius, qui confond les personnes, il communique peu à peu toute vérité; il institue les sacrements de l'Eglise; il règle convenablement la forme du baptême institué par le Seigneur, le rite observé par l'Eglise dans la consécration de son corps et de son sang; il établit des patriarches, des métropolitains, des archevêques, des évêques, des prêtres, des diacres et d'autres ministères inférieurs pour l'embellissement de la maison de Dieu; il distingue dans un bon ordre les onctions du saint chrême, le sacrement de pénitence et les impositions des mains; il y joint les solennités de la messe et les autres divins offices à la louange de Dieu; par les docteurs catholiques, comme par son organe, il nous ouvre extérieurement les Ecritures de l'Ancien et du Nouveau Testament; en même temps, il nous révèle les secrets de ces Ecritures intérieurement, par une inspiration familière; étant la vertu du Très-Haut, il dissipe puissamment les hérésies qui croissent insensiblement par dessous; par les hommes apostoliques, il dicte les lois ecclésiastiques pour la conservation de la religion chrétienne. En un mot, il a éclairé, il éclaire encore et il éclairera toujours, par la lumière de la vraie science, toute l'Eglise, en l'instruisant dans la sainte discipline et en lui enseignant peu à peu toute vérité. Voilà ce qu'a promis celui qui ne ment pas, Dieu : *Et je vous donnerai l'Esprit, afin qu'il demeure avec vous éternellement* (Joan., 14, 16). Et encore : *Voici que je suis avec vous tous les jours jusqu'à la consommation des siècles* (Matth., 28, 20), savoir, par la grâce du Saint-Esprit demeurant en vous. Ainsi donc, et l'Evangile même, et les conciles célébrés par les Pères orthodoxes, c'est le même Esprit-Saint qui les a dictés, enseignant peu à peu toute vérité, sans jamais rien dire qui lui fût contraire : vous pouvez donc dire en toute sécurité que le Saint-Esprit procède du Fils, puisque le Saint-Esprit lui-même l'a dit implicitement dans l'Evangile, et manifestement en divers conciles, comme maître de l'une et l'autre Ecriture (*Spicil.*, l. 2, c. 23).

Après cela, Anselme produit plusieurs passages des Pères grecs, de Didyme, de saint Cyrille, de saint Chrysostome et du symbole de saint Athanase, où ces Pères disent que le Saint-Esprit procède du Fils comme du Père. Il rapporte aussi des témoignages des latins, de saint Jérôme, de saint Augustin, de saint Hilaire, dans lesquels écrits desquels on voit, comme dans ceux des Grecs, que, quoique le Saint-Esprit procède du Père et du Fils, il procède proprement et principalement du Père, comme de la cause première. C'est dans ce sens et non dans un autre, qu'il approuve cette locution des Grecs, qui se trouve aussi dans saint Hilaire de Poitiers : Que le Saint-Esprit procède du Père par le Fils, parce que le Père a de lui-même et que le Fils a du Père, de produire le Saint-Esprit qui procède de l'un et de l'autre.

L'archevêque de Nicomédie se montra pleinement satisfait des réponses d'Anselme, et lui dit : « Votre Charité saura qu'après tant de raisons et d'autorités que vous avez fait valoir, moi et tous les doctes parmi les Grecs, nous pensons comme vous sur la procession du Saint-Esprit. Cependant ne croyez pas nous avoir vaincus dans cette dispute; car toujours les Grecs instruits ont tenu ce sentiment, et, quand les savants parmi les Latins ont traité cette question avec charité et modestie, les savants des deux côtés se sont trouvés d'accord. Mais comme les populations grecques n'étaient point habituées à entendre dire publiquement dans les églises que le Saint-Esprit procède du Fils, l'archevêque émit le vœu qu'on assemblât un concile général de l'Occident et de l'Orient, par l'autorité du Pontife romain et du consentement des empereurs, où cette question et les autres fussent décidées. L'évêque Anselme fit le même souhait, qui fut approuvé par les acclamations de toute l'assemblée (*Spicil.*, l. 2, c. 26 et 27). »

La semaine suivante, on tint une autre conférence dans l'église de Sainte-Sophie, où il fut principalement question de la primauté du Pape. Si vous conservez le pain fermenté dans le saint sacrifice, dit Anselme aux Grecs, uniquement à cause de vos anciens pontifes, pourquoi ne recevez-vous pas plutôt les décrets de la très-sainte Eglise romaine, qui, par Dieu, de par Dieu et immédiatement après Dieu, a reçu la primauté d'autorité dans l'Eglise universelle, répandue par toute la terre ? Car c'est ce qu'on lit dans le premier concile de Nicée. Tout catholique doit savoir et nul ne doit ignorer que la sainte Eglise romaine a reçu cette suprématie, non par aucun décret de concile, mais par cette parole du Seigneur au prince des apôtres : *Tu es Pierre, et sur cette pierre je bâtirai mon Eglise, et les portes de l'enfer ne prévaudront point contre elle, et je te donnerai les clés du royaume des cieux; et tout ce que tu lieras sur la terre sera lié dans les cieux, et tout ce que tu délieras sur la terre sera délié dans les cieux.* Le premier Siège, et cela par le don du Ciel, est donc l'Eglise romaine, que saint Pierre et saint Paul ont consacrée par leur martyre. Le second est Alexandrie, consacrée au nom de Pierre par son disciple saint Marc. Le troisième, Antioche, honorée par la présence de Pierre, avant qu'il vînt à Rome. Supérieur de droit divin à toutes les autres, l'Eglise romaine a aussi été gratifiée par le Seigneur d'un privilège spécial. Pendant que les autres sont occupées par l'hérésie ou chancellent dans la foi, elle, fondée sur la pierre, est toujours demeurée inébranlable, suivant cette parole du Sauveur : *Pierre, j'ai prié pour toi, afin que ta foi ne défaille point, et lorsque tu seras converti, confirme tes frères* (*Ibid.*, l. 3, c. 5).

Au contraire, l'Eglise de Constantinople, car permettez-moi de dire la vérité tout entière, travaillée souvent par d'innombrables hérésies, laissant de côté la sincérité de la foi, s'est enflée contre Dieu et l'Eglise catholique de ses ténébreuses inventions, et s'est soulevée opiniâtrement, autant qu'elle a pu, contre la foi de Pierre et sa saine doctrine. C'est d'ici que l'impiété d'Arius, se trouvant dans toute sa force, a infecté de son venin presque tout l'Orient et quelques évêques de l'Occident même. Le chef de cette hérésie fut Eusèbe, qui, passant de Béryte à Nicomédie, envahit et empesta l'Eglise de Constantinople, et l'occupa jusqu'à la mort. C'est ici que siégeait l'hérésiarque Nestorius, le blasphémateur de Jésus-Christ et de sa sainte Mère. C'est ici que présidait l'hérésiarque Macédonius, le blasphémateur de l'Esprit-Saint, dont il ne faisait qu'une créature. C'est ici que le prêtre Eutychès a produit le ferment de son hérésie, qui confondait les deux natures dans le Christ. C'est ici que l'arien Eudoxe, après avoir quitté Antioche, a trôné comme évêque, assisté d'Eunomius, son satellite d'impiété. Qui enfin pourrait nombrer les hérétiques de cette ville, qui ont infesté de faux dogmes l'Eglise immaculée de Dieu, et travaillé à déchirer par le schisme la tunique du Sauveur? Ou les hérésies sont nées ici et se sont répandues ailleurs, ou bien de tous les coins de l'Orient, où elles ont fourmillé, elles ont afflué dans cette ville comme dans une sentine. C'est comme cette coupe de séduction, que la première et grande Babylone présentait à boire aux empereurs, aux rois et aux princes. En effet, c'est de la coupe arienne qu'avait bu l'empereur Constance, quand il persécuta le très-saint pape Libère.

Aussi, pendant que les Eglises de Constantinople, d'Alexandrie et d'Antioche, ainsi que presque toutes les autres de l'Orient, périclitaient dans la foi, la seule barque de Pierre est demeurée invincible à toutes les persécutions et à toutes les tempêtes, et n'a cessé et ne cesse encore de travailler, tant par elle-même que par ses légats, à expulser de l'Eglise de Dieu le ferment de l'hérésie. Après cela, y a-t-il quelque sécurité à l'Eglise de Constantinople à ne pas recevoir les décrets du Pontife romain, ou plutôt à les mépriser (L. 3, c. 6)?

L'archevêque Néchitès répondit : Quant à la primauté de l'Eglise romaine, que vous relevez si fort, je ne la nie point ni ne la conteste; car on lit dans nos anciennes histoires que les trois chaires patriarchales sont sœurs, savoir, celles de Rome, d'Alexandrie et d'Antioche. Entre lesquelles Rome, étant la capitale de l'empire, a obtenu la primauté, en sorte qu'elle a été appelée le premier Siége et qu'à elle il y eût appellation de toutes les autres Eglises dans les causes douteuses, et qu'on soumît à son jugement ce qui n'était pas compris en des règles certaines.

Ces paroles du controversiste grec sont remarquables. Il reconnaît que Rome est le premier Siége, et que, pour cela même, *on peut appeler à lui de toutes les Eglises du monde dans les choses douteuses.* Ainsi, d'après les Grecs, les appellations sont une conséquence naturelle de la primauté. Fleury, qui voudrait quelquefois les attribuer aux fausses décrétales d'Isidore, aurait bien fait de remarquer ces paroles et ce raisonnement des Grecs, qui, comme il le remarque lui-même bien des fois, ne connaissaient pas les fausses décrétales.

Une autre chose à remarquer dans l'avocat des Grecs, c'est qu'il ne reconnaît la primauté de l'Eglise romaine que parce que Rome a été la capitale de l'empire. Ainsi les paroles du Fils de Dieu à saint Pierre ne lui sont rien; le tout, c'est d'avoir été la capitale de l'empire temporel de la force. Et pourquoi? Afin de pouvoir conclure : Or, Constantinople est devenue la capitale de cet empire après Rome, sinon au-dessus; donc Constantinople est au moins le second siége de l'Eglise du Christ, sinon le premier. Voilà, au fond, toute la théologie des Grecs sur la divine constitution de l'Eglise de Dieu.

Qu'ainsi ne soit, la suite de la discussion le fait voir. L'archevêque Néchitès dit que, sous l'empereur Phocas, l'Eglise de Constantinople se disait le premier siége; mais que cet empereur, à la demande du pape Boniface III, déclara le Siége de saint Pierre le chef de toutes les Eglises. Il ajoute que, sous l'empereur Théodose, Constantinople fut déclarée le second siége, parce qu'elle était la seconde capitale de l'empire, ainsi que Rome avait été la première (L. 3, c. 7). On le voit : dans tout cela, pour les Grecs, l'Evangile n'est rien; le tout, c'est la politique. L'archevêque Néchitès conclut : Nous ne refusons donc point à l'Eglise romaine le premier rang parmi ses sœurs, c'est-à-dire les Eglises patriarchales, et nous reconnaissons qu'elle préside au concile général; mais elle s'est séparée de nous par sa hauteur, quand, excédant son pouvoir, elle a divisé en même temps et l'empire et les Eglises d'Occident et d'Orient. Ces paroles sont suivies d'une assez longue déclamation contre le despotisme de l'Eglise romaine (*Ibid.*, c. 8).

L'évêque Anselme l'interrompit, ne pouvant souffrir, dit-il, que l'archevêque s'emportât de la sorte contre elle. Si vous connaissiez, comme moi, la religion de l'Eglise romaine, sa sincérité, son équité, sa mansuétude, son humilité, sa piété, sa sainteté, sa sagesse, sa discrétion, sa bienveillance, sa compassion, sa constance, sa justice, son énergie, sa prudence, sa tempérance, sa pureté, sa charité envers tout le monde, mais surtout son exactitude dans l'examen des causes ecclésiastiques et sa liberté dans les jugements; si, comme moi, vous connaissiez tout cela, par expérience, dans l'Eglise romaine, vous n'auriez pas parlé comme vous avez fait, mais vous vous seriez rangé de vous-même à sa communion et à son obéissance. Anselme fait voir ensuite que, si, sous l'empereur Théodose et l'empereur Marcien, on tenta d'attribuer le second rang à l'Eglise de Constantinople, ce ne fut que par l'ambition des évêques de cette ville, et que leur téméraire entreprise fut annulée par le pape saint Léon, d'autant plus que la règle de l'Eglise déclare sans vigueur tout ce qui se fait indépendamment de la sentence du Pontife romain.

Cette dernière proposition, nous l'avons vu dans le temps, se trouve mot à mot dans les deux historiens grecs, Socrate et Sozomène. Aussi l'archevêque Néchitès n'eut-il garde de la contester. Il se contente de faire cette objection de sophiste : Le Saint-Esprit est descendu sur tous, comme sur les autres apôtres comme sur Pierre; ils ont reçu, comme Pierre, le pouvoir de remettre les péchés : donc il n'y a rien au-dessus d'eux.

L'évêque Anselme confesse que le Saint-Esprit est descendu sur tous, mais il n'est reçu le pouvoir de remettre les péchés. Mais, ajoute-t-il, c'est à Pierre spécialement que le Seigneur dit, quand il l'institua portier : *Et je te donnerai les clés du royaume des cieux* (Matth., 16, 19). Et encore : *Pais mes brebis* (Joan., 21, 17). Et quand, le premier dans la confession, Pierre eut dit : *Tu es le Christ, le Fils du Dieu vivant*, le Seigneur lui répond : *Tu es bienheureux, Simon Pierre, parce que ce n'est pas la chair et le sang qui t'ont révélé cela, mais mon Père qui est dans les cieux* (Matth., 16, 17). Par où il nous enseigne manifestement que Pierre apprit d'abord, par inspiration céleste, la vérité de la foi, que les autres apôtres apprirent ensuite par sa manifeste confession. Car ce n'est pas dans la barque d'André, de Jean, de Jacques, ni d'aucun autre, mais dans la barque du seul Pierre, que monta le Seigneur Jésus, et que, s'y étant assis, il enseignait les multitudes, nous montrant par là figurément que, de la sainte Église romaine, à laquelle devait être préposé Pierre, le prince des apôtres, la doctrine évangélique et apostolique se répandait chez la multitude des peuples par tout le monde. Les apôtres eux-mêmes ont reconnu cette primauté de Pierre au concile de Jérusalem, où, par l'autorité que lui avait conférée le Seigneur, il définit ce qui paraissait douteux. Partout il est le premier à répondre, le plus puissant à guérir les malades, par la seule ombre de son corps. Après l'ascension du Seigneur, c'est lui qui, à sa place, prend sur soi l'Église naissante. C'est lui qui sépare de cette sainte société Ananie et Saphire, tués par le souffle de sa bouche, pour avoir menti à l'Esprit-Saint. C'est lui qui condamne Simon le Magicien avec son argent. Aucun fidèle ne peut donc mettre en question que Pierre a été établi, par le Seigneur, prince des apôtres. Or, comme le seul Pontife romain est le successeur de Pierre, et par là même le vicaire du Christ, ainsi les autres évêques tiennent la place des apôtres sous le Christ, et sous Pierre, vicaire du Christ, et sous le Pontife romain, vicaire de Pierre (L. 3, c. 10).

L'archevêque Néchitès, sans faire à ceci aucune objection, s'efforce de relever l'honneur de Constantinople, en soutenant que, si beaucoup d'hérésies y ont pris naissance, elles y ont aussi reçu le coup mortel. D'un autre côté, il insinue que, s'il n'y a pas eu d'hérésies à Rome, c'est que peut-être on y a moins de science et moins d'esprit (C. 11).

Dans sa réponse, ou plutôt dans la continuation de celle qu'il avait déjà commencée, l'évêque Anselme, déjà si admirable dans ce qui précède, semble encore se surpasser lui-même. L'apôtre l'a dit : *Le chef de l'Église est le Christ, le chef du Christ est Dieu* (Ephes., 5, 23; 1. Cor., 11, 3). Mais le chef de l'Église, le Christ, en montant au ciel, a commis sa place et sa fonction sur la terre à Pierre, prince des apôtres. Pierre, en suivant le Christ au martyre, s'est subrogé Clément comme vicaire, et ainsi le Pontife romain, substitués successivement à la place du Christ, sont sur la terre le chef de l'Église, de laquelle Jésus-Christ est le chef dans les cieux. Ne veuillez donc pas, dans un seul et même corps de l'Église, faire deux chefs, deux têtes, ou plus encore; car dans un corps quelconque, c'est une chose indécente, difforme, monstrueuse, contraire à la perfection, voisine de la corruption. Or, quand vous soutenez qu'il a été décrété par cent quarante Pères assemblés dans cette ville, que Constantinople, comme étant la nouvelle Rome, aurait la primauté en Orient sur toutes les Églises, et qu'elle pourrait, par sa propre autorité, définir les causes ecclésiastiques, que faites-vous, sinon d'ériger deux chefs, deux têtes dans un même corps de la même Église, et d'élever autel contre autel, à l'exemple des manichéens, qui, en Afrique, en dressèrent un, où ils offraient des sacrifices le jour de la mort de Manès, au lieu de célébrer la Pâque chrétienne?

Si vous prétendez que cela doit se faire à cause de la translation de l'empire, il est évident que vous vous appuyez, non sur le droit divin, mais sur le droit humain. En conséquence, si vous dites qu'une ville, parce qu'elle est la capitale d'un royaume, doit être aussi le siège d'un chef d'Églises, vous aurez un troisième chef d'Églises dans Antioche, qui a été capitale aussi bien que Constantinople. Vous en aurez un quatrième dans Babylone, la métropole de l'Égypte; un cinquième dans Bagdad, capitale de la Perse, si toutefois vous parvenez à soumettre ces villes. Par la même raison, chaque capitale de royaume sera un chef d'Églises. *Il n'y aura pas qu'un seul Pierre, qu'un seul prince des apôtres*, mais beaucoup de Pierre, beaucoup de princes des apôtres. Combien cela est absurde, c'est à vous à voir, et aux assistants à juger.

Il est donc certain que, comme l'Église est une, elle n'a aussi sur la terre qu'un chef, qui est le Pontife romain, placé à la tête de tout, non-seulement par l'autorité de l'empire humain, mais principalement par la majesté du jugement divin. C'est sur lui que doivent se régler, surtout dans les sacrements ecclésiastiques, tous ceux qui veulent être sauvés sous son obéissance dans la foi de saint Pierre. Car ainsi parle le bienheureux Ambroise, archevêque de Milan : *Quiconque ne s'accorde point avec l'Église romaine, celui-là est certainement hérétique*.

Quant à ce que vous dites que les hérésies nées en cette ville y ont aussi été frappées de mort, et cela par l'autorité des saints Pères de l'Orient, assemblés à Nicée et dans d'autres conciles, je m'étonne que, savant comme vous êtes, vous attribuiez aux membres ce qui est du chef, aux assesseurs ce qui est du président. Si les saints Pères vivaient encore, nul d'entre eux ni tous ensemble ne s'arrogeraient aucune partie d'autorité d'aucun concile, mais la rapporteraient tout entière au Pontife romain, qui les présidait en personne, ou bien confirmait tout par ses légats; car la règle ecclésiastique, qu'ils n'ignoraient pas, porte ainsi : *On ne doit point célébrer de conciles sans l'aveu du Pontife romain*. Il est donc à savoir que les hérésies nées en cette ville, et nées par l'erreur des Grecs, y ont aussi été frappées de mort, non par l'autorité des Grecs, mais par l'autorité des Pontifes romains. L'évêque Anselme le prouve par la condamnation des principales hérésies, et conclut par ces mots : « Il est donc évident, par tous les conciles d'Orient et d'Afrique, où différentes hérésies ont été condamnées, que l'Église romaine a reçu du ciel deux priviléges divins, une pureté incorruptible dans la foi et la juridiction sur toutes les Églises. »

Cette argumentation de l'évêque Anselme est extrêmement remarquable. Ce qui ne l'est pas moins, c'est la réponse de l'archevêque Néchitès. Voici ses paroles : « Nous avons dans les archives de Sainte-Sophie les anciens gestes des Pontifes romains, nous y avons les actes des conciles, où l'on trouve ces mêmes choses que vous venez de dire sur l'autorité de l'Eglise romaine. Ce serait donc pour nous une honte non médiocre, si nous voulions nier ce que nous avons chez nous, sous nos yeux, et écrit par nos Pères (L. 3, c. 12). » Telles sont les paroles de l'archevêque. Ainsi donc, au milieu du XIIe siècle, dans une conférence publique à Sainte-Sophie, le plus savant des Grecs convient entre autres que, d'après les actes des conciles conservés dans les archives de cette basilique : *l'Eglise romaine avait reçu de Dieu l'infaillibilité dans la foi et la juridiction sur toutes les Eglises, et que l'on ne devait point célébrer de concile sans l'aveu du Pontife romain.* Et de fait, quant à cette dernière maxime en particulier, nous l'avons vue proclamée dès le IVe et le Ve siècle, comme une ancienne règle de l'Eglise, par le pape saint Jules, par les historiens grecs, Socrate et Sozomène, et par Lucentius, légat du pape saint Léon au concile de Chalcédoine.

Après la primauté du Pape, on vint à la question des azymes, sur laquelle on conclut que cette diversité de pratique, indifférente en soi, ne pouvait disparaître que par un concile universel. Anselme demanda ensuite pourquoi les Grecs consacraient le vin pur et n'y mêlaient l'eau qu'après la consécration; sur quoi Néchitès répondit par des raisons de convenance. Mais il rejeta comme une pure calomnie le reproche qu'on faisait aux Grecs de rebaptiser les Latins, sous prétexte qu'ils les arrosaient d'huile bénite, doutant s'ils avaient reçu le sacrement de l'onction. La conclusion de cette seconde conférence, comme de la première, fut de souhaiter un concile général pour la réunion parfaite des deux Eglises d'Orient et d'Occident (L. 3, c. 13-22).

A cet excellent ouvrage de l'évêque Anselme de Havelberg, si l'on joint ceux de saint Bernard, de Pierre de Cluny, de Hugues de Saint-Victor, du cardinal Robert Pullus, de l'abbé Rupert de Tui, d'Alger de Liège, d'Ecbert de Bonn, on y trouvera une exposition et une défense complètes de la foi et de l'unité catholique contre toutes les erreurs d'alors, contre les manichéens, contre les Juifs, contre les Mahométans, contre les Grecs et contre la philosophie superficielle et sophistique d'Abailard. La chrétienté ainsi défendue et fortifiée au dedans, se défendait et se fortifiait au dehors. Nous avons vu Roger, le premier roi de Sicile, remporter des victoires et faire des conquêtes importantes sur les Mahométans d'Afrique. Nous avons vu les croisés du Nord châtier sévèrement les Slaves de leurs incursions et les réduire à la paix, qui permit de rétablir parmi eux plusieurs évêchés ruinés depuis longtemps.

La même année, les chrétiens d'Espagne, soutenus par les croisés qui devaient aller à leur secours, firent des conquêtes encore plus importantes. Les Génois et les Pisans y vinrent d'Italie avec une flotte nombreuse. La France méridionale y envoya des troupes considérables. Une partie des Allemands qui se croisèrent fut également destinée pour l'Espagne. S'étant assemblés des environs du Rhin et du Véser, ils formèrent une armée navale, qui partit le jour de l'octave de Pâques, 27 avril 1137. Ils passèrent en Angleterre, où ils trouvèrent une flotte d'environ deux cents bâtiments, tant anglais que flamands; et firent voile tous ensemble pour l'Espagne. Parmi ces croisés, il n'y avait aucun grand prince; aussi mettaient-ils humblement leur confiance en Dieu, et Dieu les bénit. Ils arrivèrent en Galice et célébrèrent à Saint-Jacques, la Pentecôte; puis, entrant par le fleuve Douro, ils vinrent à la ville de Portugal, aujourd'hui Porto, où ils trouvèrent l'évêque qui les attendait de la part du roi Alphonse Henriquez, premier roi de Portugal et qui avait mis son royaume sous la protection de saint Pierre. Ils entrèrent ensuite dans le Tage, et le 28 juillet, veille de la Saint-Pierre, ils arrivèrent devant Lisbonne, alors occupée par les Mahométans. Ils l'assiégèrent par mer et le roi par terre pendant près de quatre mois, et la prirent enfin de force le jour de la Sainte-Ursule, 21 octobre. Les conditions furent que la ville demeurerait au roi Alphonse et que tout le butin appartiendrait aux croisés. Cette victoire fut d'autant plus merveilleuse, qu'il y avait dans cette grande cité plus de deux cent mille Mahométans, et que les croisés n'étaient que treize mille. Y étant entrés, ils dédièrent l'église au milieu des cantiques de joie, y établirent un évêque avec un clergé. D'autres places, outre Lisbonne, furent encore prises et servirent à consolider le nouveau royaume de Portugal (Helmold, Dodechin, Robert de Monte, *apud Pagi*, an 1147).

Dans une autre partie de l'Espagne, Alphonse VIII, roi de Castille, et Garcias Ramirès, roi de Navarre, secondés par les croisés venus d'Italie et de France, se rendirent maîtres d'un grand nombre de villes et de territoires, notamment de la ville importante d'Alméria, qui était un repaire de vingt mille pirates. Ce qui facilitait les succès des chrétiens contre les Mahométans d'Espagne, c'est que le roi de Sicile battait en même temps les Mahométans d'Afrique. Ces deux expéditions se favorisaient l'une l'autre (Pagi).

Michaud, dans son *Histoire des Croisades*, suppose que tous les croisés qui n'allèrent pas en Orient manquaient à leur vœu et à l'intention du pape Eugène. Il se trompe. Le pape Eugène avait recommandé aux divers peuples de la chrétienté de repousser sur toutes les frontières les armes des infidèles. Ainsi les croisés qui marchèrent contre les Slaves; devaient marcher contre les Slaves; ceux qui marchèrent en Espagne devaient marcher en Espagne. Michaud suppose encore que tout le résultat de cette croisade en Espagne fut la prise de Lisbonne. Il se trompe encore. Dans une autre partie de la Péninsule, ainsi que nous l'avons vu, plusieurs villes importantes tombèrent au pouvoir des chrétiens. En général, le travail de Michaud sur la seconde croisade ne vaut pas son travail sur la première. On y sent plus souvent le rhéteur qui déclame, que l'historien profond connaissant bien ce dont il parle.

Si la grande expédition d'Orient avait aussi bien réussi que les expéditions partielles de l'Allemagne septentrionale, de l'Espagne, du Portugal et de l'Afrique, la chrétienté triomphait dès lors du mahométisme et pouvait étendre les bienfaits de la civilisation chrétienne jusqu'aux extrémités du monde. Il n'en sera pas ainsi. Cette armée si nombreuse, conduite par les deux premiers rois de l'Europe, ne fait rien qui vaille et périt sans gloire. La cause en est à trois sortes de personnes : à ces deux rois, aux Grecs de Constantinople et aux princes latins d'Orient.

Les deux rois, Conrad de Germanie et Louis de France, étaient braves de leur personne et hommes de bien, particulièrement Louis le Jeune; mais ni l'un ni l'autre n'avait assez de tête pour mener à bonne fin une entreprise de cette nature. Soldats courageux, ils furent des généraux très-médiocres, Non-seulement ils n'évitèrent point les fautes qu'on avait faites dans la première croisade, ils en firent de nouvelles et de plus grandes. L'armée se montra semblable à ses deux chefs; il ne s'y révéla pas un seul grand caractère.

Quant aux Grecs de Constantinople, ils se montrèrent toujours des Grecs, et des Grecs du Bas-Empire. Nous avons vu comment l'empereur Alexis Comnène en agit avec les premiers croisés. Son fils, Jean Comnène, qui lui succéda l'an 1118, suivit la politique de son père. Il fit plus d'une fois la guerre aux chrétiens d'Antioche et chercha, par ruse ou par force, à s'emparer de cette ville, aussi bien que de Jérusalem. Il mourut l'an 1143, pour s'être blessé avec une des flèches empoisonnées dont son carquois était plein. Plus d'un lecteur sera étonné de voir le chef d'une nation chrétienne et civilisée porter des flèches empoisonnées dans son carquois; à peine conçoit-on ceci maintenant dans un chef de cannibales. Les historiens grecs qui rapportent le fait ne témoignent à cet égard aucune surprise (Nicétas, *Chron. annal.*; Joan. Cinnam., *Hist.*, l. 1). Dans le grand-père d'Ulysse, Homère relève son habileté à se parjurer et à voler, et dans Ulysse même l'attention à empoisonner des flèches (*Odyss.*, l. 19, v. 395, et l. 1, v. 260-265). Il paraît que les Grecs du XIIIᵉ siècle n'avaient pas dégénéré sous ce rapport.

Manuel Comnène, fils et successeur de Jean, surpassa peut-être son père et son aïeul. Le roi des Allemands, Conrad, était son beau-frère, car ils avaient épousé les deux sœurs. Or, voici, d'après l'historien grec Nicétas, quelle fut la conduite de Manuel envers son beau-frère le roi d'Allemagne et envers le roi de France, qu'il accablait de protestations d'amitié, de vénération et de dévouement. Il avait accordé à ces deux princes le passage sur ses terres; mais, en même temps, il faisait suivre leurs armées par des détachements de troupes grecques. En passant à Andrinople, le roi Conrad y avait laissé un de ses parents tombé malade. Quelques soldats grecs l'ayant su, s'introduisirent auprès du malade et le brûlèrent dans sa chambre. Pour venger une telle atrocité, le duc Frédéric, neveu de Conrad, revint sur ses pas, brûla le monastère où son parent avait été brûlé et infligea le dernier supplice aux coupables. Dans les défilés, il y avait des embuscades de Grecs qui tuèrent un grand nombre d'Allemands et de Français. Lorsque, suivant les promesses et les conventions de l'empereur grec, les Allemands venaient aux villes pour acheter des vivres, ils en trouvaient les portes fermées. Les Grecs, qui étaient sur les murailles, descendaient des cordes et tiraient premièrement l'argent des croisés, puis leur donnaient ce qu'ils jugeaient à propos, du pain ou d'autres vivres. Quelquefois, après avoir reçu leur or et leur argent, ils disparaissaient du rempart sans leur rien donner du tout, quelquefois ils mêlaient de la chaux à la farine qu'ils leur vendaient, et leur donnaient ainsi la mort. Que cela se fit par ordre de l'empereur, comme on le disait, je ne le sais pas pour sûr; ce sont les paroles de Nicétas. Mais, ajoute-t-il, ce qui est certain, c'est que l'empereur avait fait fabriquer exprès de la fausse monnaie pour donner à ceux des Occidentaux qui avaient quelque chose à vendre. En un mot, conclut-il, il n'y avait aucun genre de mal qu'il ne leur fît et n'ordonnât de leur faire pour servir d'exemple à leurs descendants et les détourner de venir sur les terres de l'empire grec. Les Turcs, excités par les lettres de Manuel, en agirent de même avec les Allemands. Telles sont les paroles de l'historien grec Nicétas (Manuel, l. 1, *Coll. Byzant.*, t. XI, p. 34 et 35, édit. de Venise).

Un autre Grec, Jean Cinnam, moins historien que panégyriste de Manuel Comnène, dit, au fond, les mêmes choses; mais il justifie l'empereur sur ce que les croisés en voulaient à son empire, au lieu de secourir les chrétiens d'Orient; ce qui est une calomnie (Joan. Cinnam., *Hist.*, l. 2; *ibid.*, t. XI).

Après ces deux Grecs, on ne peut plus accuser d'exagération les auteurs latins de cette époque. Odon de Deuil, moine de Saint-Denys, a fait un livre intéressant sur le voyage de Louis le Jeune en Orient; il l'y accompagna en qualité de chapelain. Le roi passait à Ratisbonne, lorsqu'il reçut les ambassadeurs de Manuel. Voici comme le chroniqueur en parle. « L'armée ayant établi ses tentes, et le roi s'étant ainsi mis à couvert, les ambassadeurs furent introduits. Après qu'ils eurent salué le monarque, ils se tinrent debout, attendant qu'on leur ordonnât de s'asseoir. Quand ils en reçurent l'ordre, ils s'assirent sur des sièges qu'ils avaient apportés avec eux. Nous vîmes là ce que nous apprîmes ensuite de la coutume où sont les Grecs de se tenir, devant leurs maîtres, debout, immobiles, la tête inclinée, et prêts à obéir au moindre signal de leur volonté. Ils n'ont point d'habits, mais des vestes de soie, courtes et fermées, avec des manches étroites. Ils sont toujours vêtus comme des hommes qui vont lutter au pugilat. Les pauvres et les riches sont habillés de la même manière, à l'étoffe près. Je ne puis ni ne dois interpréter le papier qu'ils montrèrent; car la première partie en était conçue en termes trop humbles et trop affectueux pour être sincères. Ce langage était indigne d'un empereur, je dirais même d'un mime.

» J'aurais honte de rapporter, continue Odon, les expressions viles et rampantes que ses ambassadeurs employèrent, et, si je le voulais, je ne le pourrais même pas; car les Français, lors même qu'ils voudraient imiter la bassesse des Grecs, n'en auraient pas les moyens. Le roi supporta d'abord avec patience et en rougissant les louanges qu'on lui donnait; mais, à mesure qu'on s'avançait dans la Grèce, comme les ambassadeurs se multipliaient, et avec eux leurs louanges, le roi les écoutait impatiemment. Godefroi, évêque de Langres, qui était présent, fatigué de leurs flatteries et de leurs longs discours, s'écria tout à coup : Frères, ne parlez pas si souvent de la gloire, de la majesté, de la sagesse et de la religion du roi; il se connaît, nous le connaissons : dites promptement et sans détour ce que vous voulez. D'ailleurs, continue Odon de Deuil, laïques et ecclésiastiques, tout le monde se rappelait ce proverbe : *Timeo Danaos et dona ferentes* : Je me défie des Grecs, lors même qu'ils apportent des présents. »

Quand le roi de France fut arrivé sous les murs de Constantinople, Manuel, ignorant quelles étaient ses intentions, lui envoyait chaque jour des députés : il craignait pour son empire. « Les Grecs, dit le même historien, étaient alors semblables à des femmes ; leur âme avait perdu toute énergie et toute pudeur : ce que nous demandions, ils le promettaient avec l'intention de ne point tenir leurs promesses, dès qu'ils cesseraient de craindre ; car c'est une opinion générale parmi eux, qu'ils ne se parjurent point, lorsqu'ils violent leur serment pour la cause de l'empire. On ne m'accusera pas de haïr le genre humain et de supposer aux hommes des défauts imaginaires ; mais quiconque connaît les Grecs, avouera que, quand ils ont des craintes, ils s'avilissent jusqu'à s'oublier eux-mêmes, et que, quand ils triomphent, leur orgueil se manifeste par l'oppression de ceux qu'ils ont abattu (Od., l. 3). »

Voici la description qu'Odon de Deuil fait de la capitale de l'empire. « Constantinople, la gloire des Grecs, riche par sa renommée, plus riche encore par ce qu'elle renferme, a la forme d'un triangle. A l'angle intérieur est Sainte-Sophie, ainsi que le palais de Constantin, qui renferme une chapelle fameuse à cause des saintes reliques qu'on y conserve. La ville est entourée de deux côtés par la mer. En y arrivant, on a sur la droite le bras de Saint-Georges, et sur la gauche une espèce de canal qui en sort et qui s'étend jusqu'à près de quatre milles. Là est le palais qu'on appelle Blaquerne, bâti sur un terrain bas, mais qui se fait remarquer par sa somptuosité, par son architecture et son élévation. Situé sur trois limites, il offre à ceux qui l'habitent le triple aspect de la mer, de la campagne et de la ville. Sa beauté extérieure est presque incomparable ; sa beauté intérieure surpasse tout ce que j'en pourrais dire. L'or y brille partout, et s'y mêle à mille couleurs. Tout y est pavé en marbre industrieusement arrangé. Je ne sais ce qu'il y a de plus précieux ou de plus beau, de la perfection de l'art ou de la richesse de la matière. Sur le troisième côté du triangle de la ville, est la campagne ; mais ce côté est fortifié par un double mur garni de tours, lequel s'étend depuis la mer jusqu'au palais, sur un espace de deux milles. Ce n'est ni ce mur ni ces tours qui font la force de la ville ; elle est, je crois, tout entière dans la multitude de ses habitants et dans la longue paix dont elle jouit.

» Au bas des murs est un espace vide où sont des jardins qui fournissent aux habitants toute sorte de légumes. Des canaux souterrains amènent du dehors des eaux douces ; car celle que Constantinople renferme est salée, fétide. Dans plusieurs endroits, la cité est privée de courants d'air ; les riches, couvrant les rues par leurs édifices, laissent ainsi aux pauvres et aux étrangers les ordures et les ténèbres. Là, se commettent des vols, des meurtres et autres crimes que l'obscurité favorise. Comme on vit sans justice dans cette ville, qui a presque autant de maîtres qu'elle a de riches, et autant de voleurs qu'elle a de pauvres, le scélérat n'y connaît ni la crainte ni la honte. Le crime n'y est puni par aucune loi, et n'y vient à la connaissance de personne. Cette ville excelle en tout : si elle surpasse toutes les autres villes en richesses, elle les surpasse aussi en vices (Od., l. 4).

» Constantinople, superbe par ses richesses, trompeuse, corrompue et sans foi, a autant à craindre pour ses trésors qu'elle est redoutable pour ses perfidies et son infidélité. Sans sa corruption, elle pourrait être préférée à tous les lieux par la température de son air, par la fertilité de son sol, et par le passage facile qu'elle offre à la propagation de la foi (Od., l. 5).

» Nous nous approchions de cette cité, dit le chapelain du roi de France, lorsque nous vîmes venir à nous les nobles et les principaux d'entre les clercs et les laïques. Ils s'approchèrent du roi, et le reçurent avec les honneurs qui lui étaient dus. Ils le prièrent très-humblement de se rendre chez l'empereur, et de satisfaire le désir que ce prince avait de le voir et de l'entretenir. Le roi de France, ayant compassion des craintes de l'empereur, se rendit au palais, accompagné d'une suite peu nombreuse ; il fut reçu par le monarque en personne, qui vint au devant de lui et l'embrassa. Ces deux princes étaient à peu près du même âge, d'une forme presque semblable ; ils différaient seulement par leurs mœurs et par leurs habits. Ils entrèrent ensuite dans le palais, où ils s'assirent sur deux sièges égaux. Là, ils se parlèrent par interprète en présence de leurs courtisans. Manuel demanda au roi quelles étaient ses intentions, ajoutant que, quant à lui, il désirait ce que Dieu voulait, et qu'il lui promettait tout ce qui lui serait nécessaire pour accomplir son pèlerinage. Plût à Dieu qu'il lui eût dit vrai ! A son maintien, à sa joie, à ses paroles, qui semblaient exprimer les plus intimes pensées de son âme, tous auraient cru qu'il affectionnait le roi avec tendresse. Il n'est pas nécessaire, continue Odon avec ironie, de dire combien un tel jugement eût été vrai. Après cette conversation, les deux monarques se séparèrent comme deux frères, et la noblesse de l'empire conduisit le roi de France dans le palais qui lui était destiné (Ibid., l. 3). »

Les perfidies et les bassesses des Grecs avaient pour but de détourner les Francs de prendre Constantinople. Ce furent précisément ces perfidies et ces bassesses qui leur en firent naître l'idée. Lorsque l'empereur grec demanda aux barons de France qu'ils lui prêtassent foi et hommage, et qu'ils remissent entre ses mains les villes grecques qui seraient conquises par leurs armes, l'évêque de Langres parla ainsi dans le conseil du roi de France :

« Vous avez entendu les Grecs qui vous proposent de reconnaître leur empire et de vous soumettre à leurs lois : ainsi donc la faiblesse doit commander à la force, la lâcheté à la bravoure ! Qu'a donc fait cette nation ? qu'ont fait ses ancêtres pour montrer autant d'orgueil ? Je ne vous parlerai point des embûches qu'ils ont multipliées sur votre chemin. Nous avons vu les prêtres de Byzance, mêlant la raillerie à l'outrage, purifier par le feu les autels où nos prêtres avaient sacrifié. Ils nous demandent aujourd'hui des serments dont l'honneur désavoue. N'est-il pas temps de nous venger des trahisons et de repousser les injures ? Jusqu'ici les croisés ont eu plus à souffrir de leurs perfides amis que de leurs ennemis déclarés. Depuis trop longtemps Constantinople est une barrière importune entre nous et nos frères de Palestine. Nous devons enfin nous ouvrir le libre chemin de l'Asie.

» Les Grecs, vous le savez, ont laissé tomber aux mains des infidèles le sépulcre de Jésus-Christ et toutes les villes chrétiennes de l'Orient. Constantinople, n'en doutez pas, sera bientôt elle-même la proie des Turcs et des Barbares, et, par sa lâche faiblesse, elle leur ouvrira un jour les barrières de l'Occident. Les empereurs de Byzance ne savent ni défendre leurs provinces ni souffrir qu'on les défende. Ils ont toujours arrêté les généreux efforts des soldats de la croix ; naguère encore, cet empereur qui se déclare votre appui, a voulu disputer aux Latins leurs conquêtes et leur ravir la principauté d'Antioche ; il veut aujourd'hui livrer les armées chrétiennes aux Sarrasins. Hâtons-nous donc de prévenir notre ruine par celle des traîtres ; ne laissons pas derrière nous une ville insolente et jalouse qui ne cherche que les moyens de nous détruire, et faisons retomber sur elle les maux qu'elle nous prépare. Si les Grecs accomplissent leurs perfides desseins, c'est à vous que l'Occident redemandera un jour ses armées. Puisque la guerre que nous entreprenons est sainte, ne paraît-il pas juste d'employer tous les moyens de réussir ? La nécessité, la patrie, la religion vous ordonnent de faire ce que je vous propose. Les aqueducs qui fournissent l'eau à la ville sont en notre pouvoir et nous offrent un moyen facile de réduire ses habitants. Les soldats de Manuel ne pourront supporter l'aspect de nos bataillons. Une partie des murailles et des tours de Byzance vient de s'écrouler devant vous, comme par une espèce de miracle. Il semble que Dieu lui-même nous appelle dans la ville de Constantin, et qu'il nous en ouvre les portes comme il ouvrit à nos pères celles d'Edesse, d'Antioche et de Jérusalem (Od., l. 4). »

Cette proposition, soutenue par les uns, combattue par les autres, s'agitait encore, lorsque les Grecs répandirent adroitement le bruit d'une grande victoire remportée par le roi Conrad, et de la marche des Allemands sur Icône. A cette nouvelle, l'impatience des Français n'eut plus de bornes ; ils blâmèrent le long séjour du roi à Constantinople, et le forcèrent, pour ainsi dire, à donner l'ordre du départ.

Or, voici ce qu'il en était de la merveilleuse victoire de Conrad et des Allemands. Ce prince, ayant passé l'Hellespont, s'avançait dans la Natolie, conduit par les Grecs que son beau-frère l'empereur Manuel lui avait donnés pour guides. Quand ils furent entrés en pays ennemis, ces guides avertirent les commandants croisés de faire provision de vivres pour un certain nombre de jours, pendant lesquels ils devaient passer dans les lieux déserts pour prendre le chemin le plus court, assurant qu'ils se trouveraient ensuite devant Icône, dans un pays excellent. Mais ils les menèrent exprès par des chemins détournés, et les engageaient dans des lieux difficiles et où ils étaient le plus exposés aux ennemis. Au bout du temps que ces guides avaient marqué, le roi Conrad leur fit des reproches de ce qu'on n'arrivait point à Icône. Ils assurèrent qu'on y serait dans trois jours ; mais ils s'enfuirent dans la nuit suivante, laissant l'armée allemande en des lieux stériles et impraticables, sans un seul homme qui sût par où sortir.

Le sultan d'Icône, averti par l'empereur Manuel, avait assemblé des troupes formidables pour s'opposer aux croisés. Avec ces troupes, habituées au pays et armées à la légère, il vint fondre de tous côtés sur les Allemands, pesamment armés et exténués de faim, eux et leurs chevaux. Contraints par la nécessité, les Allemands revinrent sur leurs pas. La retraite se fit d'abord en bon ordre. Les Turcs se bornèrent, pendant plusieurs jours à attaquer ceux qui s'écartaient de l'armée ou qui ne pouvaient la suivre. Quelques chefs, des plus braves, ayant à leur tête Bernard, duc de Carinthie, se dévouèrent aux plus grands périls pour protéger la marche des faibles ; à la fin, surpris eux-mêmes dans des chemins difficiles, ils succombèrent avec les malheureux pèlerins qu'ils voulaient sauver. Les Turcs redoublèrent alors d'audace ; à toute heure du jour et même de la nuit, des milliers d'hommes et de chevaux étaient blessés par leurs flèches ; Conrad lui-même fut atteint de deux javelots au milieu de ses chevaliers, qui ne pouvaient rien pour le défendre. Les morts, les blessés et les malades restaient abandonnés sur les chemins. Ceux qui ne pouvaient plus marcher jetaient bas leurs armes et attendaient la mort des martyrs. Enfin, de cette armée de soixante-dix mille hommes d'armes et d'une multitude innombrable de fantassins, à peine s'en sauva-t-il la dixième partie. Le désastre arriva au mois de novembre 1147. Le roi Conrad, ayant échappé, se retira à Nicée, où il rencontra le roi Louis ; ils s'embrassèrent l'un et l'autre avec cordialité, et versèrent beaucoup de larmes. Conrad raconta ses malheurs sans déguisement, et n'en accusa que lui et les siens. Dieu est juste, s'écria-t-il, et nous seuls sommes les coupables. D'après ce que dit son frère, l'évêque Othon de Frisingue, qui était de l'expédition, les Allemands souffrirent généralement leurs maux avec la même patience, et y trouvèrent ainsi le salut de leurs âmes (Othon Fris., *De gestis Frid.*, l. 1, c. 60 ; Od. Dogil., l. 5 ; Guill. de Tyr, l. 16, c. 20-23).

Les Français, s'avançant à travers l'Asie Mineure par Ephèse, battirent les Turcs au passage du Méandre. Le lendemain de leur départ de Laodicée, ils arrivèrent, vers le milieu du jour, au pied d'une montagne qu'Odon de Deuil appelle *montagne exécrable*. La route qu'ils devaient suivre était comme suspendue entre des précipices, et d'énormes rochers entassés les uns sur les autres. Toute l'armée s'avançait, divisée en trois corps, l'avant-garde, l'arrière-garde et le centre, où se trouvaient les bagages et le peuple des pèlerins. Un baron d'Aquitaine, Geoffroi de Rancon, commandait l'avant-garde, où se trouvait la reine Eléonore ; il avait ordre de s'arrêter sur la montagne et d'y attendre le reste de l'armée, malheureusement il n'obéit point à l'ordre qu'il avait reçu. Après avoir franchi les chemins les plus difficiles, voyant au revers de la montagne une belle plaine, il alla y dresser ses tentes. Le reste de l'armée s'avançait lentement ; le centre, avec les bagages, avec la multitude sans armes, pressés dans d'étroits sentiers et marchant sur le bord des abîmes, se trouva tout à coup dans un effroyable désordre. Les Turcs, qui avaient épié le moment, se jettent sur la foule éperdue des pèlerins. Cette multitude sans défense tombe de toutes parts sous le glaive. Des cris, répétés par les échos des montagnes, vont avertir le roi, qui se trouvait à l'arrière-garde. Louis VII, avec les chevaliers que le péril rassemble autour de lui, accourt au lieu du combat. Après une lutte terrible, le centre de l'armée se trouve dégagé de l'attaque des Barbares et continue sa marche ; le roi et ses chevaliers restent seuls aux prises avec les Turcs. Dans la mêlée, tous périssent à côté du roi, qui, saisissant les branches d'un arbre, s'élance sur le haut d'un rocher ; là, il reçoit sur sa cuirasse les flèches lancées de loin, et de son glaive il abat les têtes et les mains de ceux qui osent approcher. Son courage et la nuit le sauvèrent. Il rejoignit le camp, où l'on pleurait sa mort. Plusieurs autres, guidés par les feux qu'on y avait allumés, les rejoignirent à la faveur des ténèbres ; mais le nombre en était très-petit, en comparaison de ceux qui avaient péri ou avaient été faits prisonniers. Tel fut le désastre causé à l'armée française par un manquement à la discipline.

Pour ne plus s'exposer à pareil malheur, les barons, qui jusqu'alors commandaient tour à tour, choisirent un vieux guerrier d'expérience, nommé Gilbert, et tous, y compris le roi, s'engagèrent à exécuter ses ordres. On s'en trouva bien. Fortifiée par une discipline sévère, l'armée poursuivit sa marche vers Satalie. Quatre fois elle fut attaquée par les Turcs, et quatre fois elle les repoussa vigoureusement. Les chemins étaient difficiles, on manquait de vivres, mais nul ne se plaignait. Les victoires sur les infidèles, dit Odon de Deuil, étaient pour les Français une distraction qui leur faisait oublier les misères du voyage. Comme l'ennemi avait tout ravagé sur le passage des pèlerins, ils tuèrent les chevaux qui ne pouvaient plus marcher, et se nourrirent de leur chair ; tous se contentaient de cet aliment, même les riches, surtout lorsqu'ils pouvaient y joindre de la farine cuite sous la cendre. Ce n'est qu'après douze journées de marche que les croisés arrivèrent à Satalie.

Satalie ou Attalie était une ville maritime habitée par des Grecs et gouvernée au nom de l'empereur de Constantinople. Les Turcs occupaient les forteresses du voisinage, et répandaient la désolation dans toute la contrée. Les habitants de Satalie, enfermés dans leurs remparts, refusèrent de recevoir l'armée chrétienne, qui se trouva dans une extrémité des plus fâcheuses, sans chevaux, sans armes, sans vivres. On murmura hautement de la perfidie et de l'inhumanité des Grecs, on se reprochait de n'avoir pas suivi les conseils de l'évêque de Langres en prenant Constantinople, on parlait de s'emparer de Satalie, lorsque le gouverneur de la ville vint proposer à Louis VII des vaisseaux pour embarquer tous les croisés. Cette proposition fut acceptée ; mais on attendit plus de cinq semaines les vaisseaux promis, et les navires qui arrivèrent ne se trouvèrent ni assez grands ni assez nombreux pour embarquer toute l'armée chrétienne. Les croisés virent alors l'abîme de maux dans lequel ils allaient tomber, telle était leur résignation, qu'ils ne commirent aucune violence contre les Grecs, et ne menacèrent point une ville qui refusait de les secourir.

Une partie de l'armée s'embarque pour Antioche avec le roi, qui laisse de grandes sommes d'argent au gouverneur d'Attalie pour avoir soin des malades et faire accompagner l'autre partie de l'armée jusqu'au sortir de Cilicie. Le lendemain du départ de leur roi, les pèlerins, qui attendaient l'escorte et les guides promis par les Grecs, virent arriver les Turcs, accourus de toutes les contrées voisines. Il se livra plusieurs combats dans lesquels les chrétiens se défendirent vaillamment ; mais les infidèles renouvelaient chaque jour leurs attaques. Les croisés, affaiblis par la fatigue et par la faim, accablés par leurs ennemis, demandèrent en vain un asile dans les murs de Satalie. Les Grecs se montrèrent impitoyables. L'armée chrétienne se trouvait dans un état désespéré. Pour comble d'infortune, le comte de Flandre et Archambaud de Bourbon, que le roi lui avait donnés pour chefs, l'abandonnent sur le rivage, et s'enfuient dans un vaisseau. Dieu seul, disent les vieilles chroniques, Dieu seul connaît le nombre des martyrs dont le sang coula sous le glaive des Turcs et même sous le fer des Grecs. Peu échappèrent à travers la Cilicie. Les malades laissés à Satalie périrent de même, sans qu'on pût savoir quelle avait été leur fin. Les Grecs de cette ville ne jouirent pas longtemps du fruit de leur trahison ; ils furent tour à tour dépouillés par les Turcs et par les agents du fisc impérial. L'air, empoisonné par les cadavres de leurs victimes, répandit dans leurs murs le deuil et la mort. Ce peuple, qui s'était montré sans pitié pour le malheur, fut lui-même en proie à toute sorte de maux. Peu de temps après le départ de Louis VII et le désastre des croisés, Satalie se trouvait presque sans habitants, et ses ruines abandonnées attestèrent dans la suite aux voyageurs et aux pèlerins l'inévitable justice de Dieu.

Arrivés à Antioche, les nobles de France, qui avaient si peu noblement abandonné le peuple des pèlerins sous les murs de Satalie, oubliaient la mort de leurs compatriotes au milieu des fêtes et des plaisirs. Le principal objet de ces fêtes était la reine Éléonore, qui se trouvait nièce du prince d'Antioche, Raymond de Poitiers. Or, dit Guillaume, archevêque de Tyr, auteur grave du temps et du pays, la reine Éléonore était une femme imprudente, légère, qui avilissait la dignité royale, négligeait les devoirs d'une épouse jusqu'à oublier la foi du lit conjugal. Son oncle Raymond, le prince d'Antioche, voulut donc se servir d'elle pour déterminer le roi, son époux, à rester, afin de prendre les villes d'Alep et quelques autres. Le roi, qui, suivant les historiens du temps, aurait pu facilement réduire ces places, répondit, de l'avis de son conseil, qu'il voulait avant tout se rendre à Jérusalem et accomplir ses vœux. Dès lors le prince d'Antioche changea de ton : au lieu de prier et de promettre, se mit à déclamer contre le roi, à lui dresser ouvertement des pièges, et à s'armer pour lui nuire. Il alla plus loin : de concert avec sa nièce, la reine Éléonore, il résolut de la ravir au roi son époux, soit par force, soit par adresse. Le roi l'ayant su, prit conseil de ses barons, et, de leur avis, pour mettre sa vie et sa personne en sûreté, sortit d'Antioche en toute hâte et secrètement, après y avoir été reçu avec une grande pompe. Voilà ce que rapporte Guillaume, archevêque de Tyr, auteur non suspect, qui écrivit dans le pays et dans le temps. Son témoignage est d'ailleurs confirmé, notamment en ce qui regarde les déportements de la reine Eléonore, par l'auteur *Des Gestes de Louis VII* et par Vincent de Beauvais (1).

D'un autre côté, le roi et les barons de Jérusalem, redoutant le séjour de Louis VII à Antioche, lui avaient envoyé des députés pour le conjurer, au nom de Jésus-Christ, de presser sa marche vers la Palestine. Le roi de France se rendit donc à leurs vœux, et traversa la Syrie et la Phénicie, sans s'arrêter à la cour du comte de Tripoli, qui avait les mêmes vues que le prince d'Antioche, de se servir du roi pour agrandir ses États particuliers. Son arrivée dans la terre sainte excita un vif enthousiasme, et ranima les espérances des chrétiens. Le peuple de Jérusalem, les princes, les prélats sortirent au devant de lui, portant dans les mains des branches d'olivier et chantant ces paroles par lesquelles on salua le Sauveur du monde : *Béni soit celui qui vient au nom du Seigneur.* Vers le même temps, le roi Conrad y était arrivé, non point avec la magnificence d'un grand prince, mais avec l'humilité d'un pèlerin. Il avait quitté les Français à Éphèse, pour passer l'hiver à Constantinople, où son beau-frère, l'empereur Manuel, lui fit d'autant plus de caresses, qu'il était plus content de lui avoir fait perdre son armée.

Après que les deux rois de France et d'Allemagne eurent satisfait à leur dévotion en visitant les saints lieux, on indiqua une assemblée générale à Ptolémaïs ou Acre, pour délibérer de l'entreprise qu'on ferait sur les infidèles. A cette assemblée se trouvèrent le roi Conrad, son frère Othon, évêque de Frisingue; Étienne, évêque de Metz; Henri, évêque de Toul; le frère du comte de Flandre; Théothin, légat du Pape près le roi Conrad; des seigneurs allemands, Henri, duc d'Autriche, frère du roi; Frédéric, duc de Souabe, son neveu, et plusieurs autres. Les Français étaient le roi Louis; Geoffroi, évêque de Langres; Arnoul, évêque de Lisieux; Gui de Florence, cardinal-légat du Pape. Les seigneurs laïques étaient Robert, comte de Dreux, frère du roi; Henri, son gendre, fils du comte de Champagne; Thierri, comte de Flandre, beau-frère du roi de Jérusalem, et plusieurs autres. Le roi de Jérusalem, Baudouin III, jeune prince de grande espérance, était aussi à cette assemblée avec la reine Mélisende, sa mère; le patriarche Foucher; Baudouin, archevêque de Césarée; Robert, archevêque de Nazareth; Rorgon, évêque d'Acre; Bernard, évêque de Sidon; Guillaume de Béryte; Adam de Panéade et Gérald de Bethléhem; Robert, maître des chevaliers du Temple; Raymond, maître des chevaliers de l'Hôpital; Manassès, connétable du roi; Philippe, comte de Naplouse; Hélinand de Tibériade; Gérard de Sidon; Gautier de Césarée; Payen, seigneur du pays au delà du Jourdain, et un grand nombre d'autres. La résolution que l'on prit à cette assemblée fut d'assiéger Damas, et le rendez-vous fut donné à Tibériade pour le 25 mai 1148 (Guill. de Tyr, l. 17, c. 1).

Damas fut donc attaqué vivement. On se battit d'abord dans les jardins extérieurs de la ville. Le roi de Jérusalem marchait le premier à la tête de son armée et des chevaliers de Saint-Jean et du Temple; après lui les chrétiens d'Orient, s'avançaient les croisés français, commandés par Louis VII. Le roi d'Allemagne, qui avait rassemblé les débris de ses troupes, formait le corps de réserve, et devait garantir les assiégeants des surprises de l'ennemi. La résistance des Turcs fut opiniâtre sur les bords de la rivière qui traversait les jardins. Le roi Conrad l'ayant appris, pénètre jusqu'à l'avant-garde avec quelques-uns des siens, tombe sur les Musulmans avec une impétuosité à laquelle rien ne résiste. Un Turc d'une taille et d'une force prodigieuses s'élance sur lui; mais Conrad lui porte, entre le cou et l'épaule gauche, un coup de sabre si terrible, qu'il lui coupe en deux toute la poitrine, en sorte que la tête et l'épaule droite tombent à terre. A cette vue, les Turcs, effrayés, se réfugient dans la ville et laissent les chrétiens maîtres des bords de la rivière. L'effroi des habitants de Damas fut tel, qu'ils songèrent à abandonner la ville. En conséquence, ils placèrent dans les rues, vers l'entrée des jardins, de grosses poutres, des chaînes et des amas de pierres, afin d'arrêter la marche des assiégeants et de se donner ainsi le temps de fuir, avec leurs richesses et leurs familles, par les portes du Nord et du Midi.

Les chrétiens étaient si sûrs de se rendre maîtres de Damas, qu'on ne s'occupa plus, parmi les chefs, que de savoir à qui serait donnée la souveraineté de la ville. Celui qui l'emporta sur ses concurrents, fut ce même comte de Flandre qui avait abandonné, sous les murs de Satalie, l'armée chrétienne dont il avait reçu le commandement. Les barons de Syrie furent jaloux de cette préférence. Le siège se ralentit. Plus d'un seigneur chercha à faire échouer une entreprise qui ne devait pas tourner à son profit particulier. D'après des conseils perfides, on quitta les jardins de la ville pour aller camper au côté opposé, où le terrain était mouvant et stérile, et les murailles inexpugnables. Vingt mille infidèles en profitèrent pour se jeter dans la place, résolus à la défendre. Bientôt on apprit que les sultans d'Alep et de Mossoul arrivaient avec une armée nombreuse. Enfin les chrétiens, et parmi eux les deux premiers rois de l'Europe, levèrent honteusement le siége et s'en revinrent en Palestine. Là, on délibéra d'assiéger Ascalon. Mais il n'en fut rien. Le roi Conrad s'embarqua pour l'Europe et revint en Allemagne, par Pola en Istrie, dès la même année 1148. Le roi Louis demeura en Palestine jusqu'après Pâques de l'année suivante, où il se rembarqua de même pour la France, sans qu'on lise qu'il ait rien fait de mémorable dans tout ce temps.

Tout bien considéré, si la seconde croisade en Orient n'eut aucun succès temporel, la faute en est principalement aux croisés et à ceux qu'ils devaient secourir. Ils n'avaient ni assez de prévoyance, ni assez d'ordre, ni assez d'accord, ni assez de constance pour écarter ou vaincre les obstacles, ou simplement pour profiter de la victoire qui s'offrait à eux. Certainement, et par l'autorité de son Église et par les miracles de saint Bernard, Dieu avait approuvé leur expédition; mais quand Dieu vous appelle à l'exécution d'une de ses œuvres, il veut que vous employiez toutes les ressources de votre intelligence et une activité pour la faire réussir. Aide-toi, et je t'aiderai. Vous ne devez compter sur une assistance extraordinaire, que quand tous les moyens ordinaires sont à bout. Voyez Josué dans la conquête de la terre promise, voyez David dans la conquête

---

(1) Guill. de Tyr, l. 16, c. 27, p. 907; *Apud Bongars., Gesta Ludov.*, c. 15, p. 401; *Apud Duchesn.*, t. IV; Vinc. Bellov., *Speculum historiale*, t. III, c. 128; *Apud Duchesn.*, t. IV, p. 440.

de la Syrie : l'un et l'autre ils ne marchent qu'à la voix de Dieu, manifestée par le grand-prêtre ou par un prophète; mais l'un et l'autre, à la piété et à la confiance envers Dieu, joignent tous les moyens de la discipline, de la valeur et de la tactique militaire. Voilà ce qu'oublièrent trop souvent les guerriers de la seconde croisade.

Quant au succès spirituel, comme moyen d'expiation et de pénitence, on ne peut dire que cette croisade en eut un de considérable. Nous avons vu avec quelle résignation et quelle humilité chrétienne le roi Conrad supporta ses malheurs. Le roi Louis montra plus de piété encore. Sa femme se plaignait même qu'elle avait épousé un moine plutôt qu'un roi. La plupart des croisés du peuple paraissent avoir eu les mêmes sentiments que leurs maîtres. Nous l'avons entendu dire assez clairement à Othon de Frisingue, qui en fut témoin oculaire. Nous en trouvons encore une preuve dans un autre écrivain du temps.

Saint Bernard, qui avait prêché la seconde croisade, fut extrêmement affligé du peu de succès qu'elle eut, d'autant plus qu'on s'en prenait à lui. Dans ces conjonctures, l'abbé Jean de *Casa-Mario*, près de Vérule en Italie, qui, dès l'an 1140, avait uni son monastère à la congrégation de Citeaux, lui écrivit entre autres : « Il me semble que Dieu a tiré un grand fruit de ce voyage, quoique d'une autre manière que ne pensaient les pèlerins. S'ils avaient poursuivi leur entreprise comme il convient à des chrétiens, avec justice et piété, Dieu aurait été avec eux et aurait fait par eux un grand fruit; mais comme ils sont tombés en plusieurs désordres, il a tiré de leur malice une matière à sa miséricorde, et leur a envoyé des afflictions pour les purifier et les faire arriver à la vie éternelle. Enfin, ceux qui revenaient nous ont avoué qu'ils avaient vu un grand nombre de croisés disant qu'ils mouraient avec joie, et qu'ils n'auraient pas voulu revenir, craignant de retomber dans leurs péchés. Mais, afin que vous ne doutiez pas de ce que je dis, je vous découvrirai, comme à mon père spirituel, en confession, que les patrons de notre monastère, les bienheureux Jean et Paul, ont daigné souvent nous visiter; je les ai fait interroger sur cet événement, et ils ont répondu que la multitude des anges apostats avait été remplacée par ceux qui sont morts dans cette expédition; ils ont aussi grandement parlé de vous et prédit que votre fin était proche. Puis donc que cette entreprise a atteint son but, non pas selon les hommes, mais selon Dieu, il sied à votre sagesse de vous consoler en celui dont vous recherchez uniquement la gloire; car c'est dans la prévision des fruits salutaires de cette entreprise qu'il vous avait donné la grâce et la force de la mettre à exécution. Qu'il daigne maintenant couronner heureusement votre carrière et m'associer à vous dans sa gloire (*Inter epist. S. Bern.*, 386). »

Othon de Frisingue, qui n'est pas toujours favorable à saint Bernard, porte le même jugement sur la croisade et la part que le saint y avait prise. Voici ses paroles : « Si nous disons que le saint abbé a été inspiré de l'Esprit de Dieu pour nous animer à cette guerre, mais que, par notre orgueil et notre libertinage, nous n'avons pas gardé ses salutaires avis, et qu'ainsi c'est avec justice que nous avons récolté, pour prix de nos désordres, la perte des biens et des personnes par le fer et par la misère, nous ne dirons rien qui ne soit conforme à la raison et justifié par les exemples de l'antiquité (Othon Frising., *De gest. Frid.*, l. 1, c. 60). »

Saint Bernard lui-même le fait voir au commencement du second livre *De la Considération*, qu'il adressa vers ce temps au pape Eugène : « Lorsque Moïse voulut retirer son peuple de la terre d'Egypte, il lui en promit une autre beaucoup plus excellente; autrement ce peuple, qui n'avait de l'attachement qu'à la terre, ne l'aurait jamais suivi. Il les fit donc sortir de l'Egypte; mais il ne les fit point entrer dans la terre qu'il leur avait promise. Néanmoins, on ne peut pas imputer ce mauvais succès à la témérité du chef, puisqu'il ne faisait rien que par un exprès commandement de Dieu et par son assistance particulière, confirmée par une infinité de miracles.

» Mais, me direz-vous, ce peuple était fort grossier et se rebellait continuellement contre Dieu et contre Moïse, son serviteur. J'avoue qu'ils étaient incrédules et rebelles. Mais ceux-ci, que sont-ils? Interrogez-les. Qu'ai-je besoin de dire ce qu'eux-mêmes confessent très-volontiers? Je dirai seulement une chose. Quels grands progrès pouvaient faire des gens qui, pendant toute leur marche, ne pensaient qu'à leur retour? Ces Hébreux, dans tout leur chemin, ne retournaient-ils pas incessamment en Egypte, de cœur et de volonté? Que si les premiers sont morts et ont péri à cause de leur infidélité continuelle, avons-nous sujet de nous étonner si les nôtres, marchant sur leurs traces, ont souffert les mêmes choses? Mais comme la perte de ceux-là n'a point été contraire aux promesses que Dieu leur avait faites, aussi devons-nous dire de même de ceux-ci, parce que les promesses de Dieu ne se font jamais au détriment de sa justice. Ecoutez un autre exemple sur ce sujet.

» Benjamin commet un crime; aussitôt les autres tribus se préparent à en tirer vengeance, et même par l'ordre de Dieu, qui leur désigne un chef particulier pour commander à ceux qui devaient combattre. Ils en viennent aux mains, appuyés sur le grand nombre de leurs troupes, sur la bonté de leur cause, et, ce qui est encore davantage, sur la faveur divine. Mais, *ô que Dieu est terrible dans ses jugements sur les enfants des hommes* (Psalm., 65, 5)! ceux qui étaient destinés à venger le crime, tournent le dos à la vue des coupables, et une poignée de gens met en fuite des troupes nombreuses. Néanmoins, ils ont recours au Seigneur, et le Seigneur leur dit : *Remontez*. Ils remontent une seconde fois, et une seconde fois ils sont battus et mis en déroute. Ainsi des hommes justes entreprennent une guerre juste, la première fois avec l'approbation de Dieu, et la seconde par son ordre exprès, et néanmoins ils demeurent vaincus; mais aussi se sont-ils trouvés d'autant supérieurs dans la foi, qu'ils avaient été inférieurs dans le combat.

» Or, je vous prie, de quelle manière ne me traiteraient pas ceux-ci, si je les eusse persuadés de retourner une seconde fois à la guerre, et qu'une seconde fois ils eussent été défaits? Et si je les exhortais pour une troisième fois de reprendre le chemin de la terre sainte et de donner encore une troisième bataille, après en avoir perdu une première et une seconde, jugez un peu de la disposition avec laquelle ils pourraient m'écouter. Cependant les Israélites, ayant été frustrés de leurs espérances par deux fois consécutives, ne laissent pas d'obéir une troisième, et ils remportent la victoire. Mais peut-être que ceux-ci me diront : Comment pouvons-nous savoir que cette entreprise est venue de Dieu ; quels miracles faites-vous pour nous obliger d'en croire à votre parole ? Ce n'est pas à moi de répondre à cette objection ; il faut épargner ma pudeur. Répondez pour moi et pour vous-même, selon ce que vous avez ouï et ce que vous avez vu, ou plutôt selon ce que Dieu vous inspirera (*De Consid.*, l. 2, c. 1). »

Saint Bernard fit plus que rappeler les miracles qui avaient autorisé sa prédication de la croisade ; il en fit même ensuite pour sa justification ; car quand la première nouvelle vint en France de la défaite de l'armée chrétienne, un père lui présenta son fils aveugle pour lui rendre la vue ; et comme il s'en excusait, le père le pressa tant, qu'il vainquit sa résistance. Alors le saint abbé, imposant les mains à l'enfant, pria Dieu que, s'il était l'auteur de cette prédication et si son Esprit l'avait assisté en la faisant, il lui plût de le montrer en guérissant cet aveugle. Et comme, après sa prière, il en attendait l'effet : Que ferai-je ? s'écria l'enfant, je vois clair ! Il s'éleva aussitôt un grand cri des assistants, qui étaient en grand nombre, tant des moines que des séculiers (*Vit. S. Bern.*, l. 3, c. 4).

Quant au résultat général de la seconde croisade pour la chrétienté, on peut lui appliquer ce que M. de Maistre dit des croisades en général : Aucune n'a réussi, mais toutes ont réussi. Toutes ont réussi à défendre la chrétienté contre l'invasion du mahométisme et de ce qui lui ressemble ; aucune n'a réussi, aucune, à elle seule, n'a complètement atteint ce but. Ce n'est que la persévérance invincible de l'Eglise romaine et des Papes dans cette défense générale de la chrétienté entière, qui nous a valu la sécurité dont nous jouissons depuis bientôt deux siècles. Pour ce qui est de la seconde croisade en particulier, ou plutôt des secondes croisades, car il y en eut quatre à la fois, outre la paix générale qu'elles produisirent en Europe, la croisade contre les Slaves réussit assez pour rétablir dans leur pays plusieurs diocèses ; celle en Espagne réussit assez pour consolider le nouveau royaume de Portugal et agrandir les royaumes espagnols ; celle contre les Musulmans d'Afrique réussit assez pour leur enlever plusieurs villes et plusieurs provinces. Pour réparer le non-succès de celle d'Orient, il n'eût fallu qu'un peu de cette antique magnanimité romaine, qui, au lieu de se laisser abattre par les revers, n'en devenait que plus fière et plus indomptable. Une nouvelle armée débarquée en Palestine eût rétabli l'honneur des armées chrétiennes, et convaincu les mahométans que des chrétiens peuvent être vaincus ; mais les chrétiens, mais la chrétienté, jamais.

Un seul homme sentit remuer dans son cœur cette noble pensée ; ce fut un homme d'Eglise, l'abbé Suger. On dit qu'il n'avait pas approuvé trop la seconde croisade dans l'origine ; mais, quand il en vit le mauvais succès, il eut le courage, pour l'honneur de la France et de la chrétienté, d'entreprendre une croisade nouvelle. A l'âge de soixante-dix ans, avec une santé qui avait toujours été faible et délicate, il résolut de conduire lui-même en Palestine une nouvelle armée. Il sollicita, à trois reprises différentes, les prélats de France de se joindre à lui pour cette grande entreprise ; n'ayant pu les y engager, il fit passer aux chevaliers du Temple la plus grande partie des trésors qu'il avait amassés ; puis il alla prier au tombeau de saint Martin, à Tours, pour se préparer au pèlerinage. Mais, peu après son retour à Saint-Denys, il fut saisi d'une petite fièvre, qui, en peu de jours, le mit au tombeau. Il mourut le 13 janvier 1152 (*Vita Suger.*, t. IV de Duchesne).

Que la pensée de l'abbé Suger fut non-seulement généreuse, mais utile et sage, certains faits le font voir. Le jeune roi de Jérusalem, Baudouin III, avec les seules forces de son petit royaume et le secours des pèlerins ordinaires, exécuta encore des choses mémorables. La ville d'Ascalon résistait depuis plus de cinquante ans aux armes des chrétiens, et continuait d'être un danger incessant pour le royaume, dont elle ouvrait l'entrée au sultan d'Egypte, et par terre et par mer. Trois ou quatre fois par an, le sultan y envoyait des troupes et des secours de toute espèce ; il faisait même une pension à chacun des habitants, pour se les tenir attachés ; car, maîtresse d'Ascalon, l'Egypte pouvait toujours entrer en Palestine ; comme aussi, maîtresse d'Ascalon, la Palestine pouvait toujours entrer en Egypte. Cette place incommodait donc prodigieusement le royaume de Jérusalem. Baudouin III entreprit d'y mettre un terme. Ayant assemblé tout son peuple, il rétablit la forteresse de Gaza, qui était ruinée et déserte, et il la remit en la garde des chevaliers du Temple. Gaza était sur le chemin d'Ascalon en Egypte. Par là étaient interceptés par terre les convois que le sultan du Caire envoyait plusieurs fois l'année aux habitants d'Ascalon. Les infidèles essayèrent d'attaquer la nouvelle forteresse ; mais en vain. Dès lors cessèrent les courses qu'ils faisaient très-souvent dans le pays. Ascalon ne pouvait plus recevoir de secours que par mer (Guill. de Tyr, l. 17, c. 12).

Au mois de décembre 1152, plusieurs émirs, dont la famille passait pour avoir possédé autrefois Jérusalem, vinrent avec une armée considérable de Turcs pour surprendre la ville. Déjà ils étaient campés sur le mont des Olives, lorsque les chrétiens, ayant invoqué le secours de Dieu, sortent en armes, les mettent en déroute, les poursuivent l'épée dans les reins jusqu'au Jourdain, où les chrétiens, accourus de Naplouse et d'ailleurs, achèvent de les défaire. L'armée chrétienne revint à Jérusalem, chargée d'un butin immense, et rendit à Dieu de solennelles actions de grâces. Encouragé par ce succès, on résolut d'aller ravager les campagnes et les jardins d'Ascalon, d'où les habitants tiraient de grands avantages. Dès que l'armée chrétienne parut, tous les Ascalonites, saisis de frayeur, se réfugièrent dans la ville. Les chrétiens résolurent d'en faire le siège. Sur l'invitation du roi, on y vit accourir bientôt les barons et les chevaliers, les prélats et les évêques de la Judée et de la Phénicie ; le patriarche de Jérusalem était à leur tête, portant avec lui le bois de la vraie croix. La ville fut assiégée par terre et par mer ; la flotte, composée de quinze navires, était commandée par Gérard, comte de Sidon. Le siège durait depuis deux mois, lorsqu'aux environs des fêtes de Pâques on vit débarquer, dans les ports de Ptolémaïs et de Joppé, un grand nombre de pèlerins d'Occident. Les chefs de l'armée s'étant assemblés, il fut décidé que les navires arrivés d'Europe seraient retenus par ordre du roi, et qu'on inviterait les pèlerins à venir au secours de leurs frères qui assiégeaient Ascalon. Une foule de ces nouveaux venus, répondant aux espérances qu'on mettait aussi dans leur piété et dans leur bravoure, accoururent aussitôt au camp des chrétiens, et plusieurs se rangèrent sous les ordres de Gérard de Sidon. A leur arrivée, l'armée fut dans la joie et ne douta plus de la victoire. Des machines furent construites et le siège poussé avec vigueur. Les forces des Ascalonites s'épuisaient, lorsqu'ils reçurent par mer un renfort d'Egypte. Les attaques des assiégeants n'en devinrent que plus fréquentes et que plus meurtrières. Ils avaient surtout une tour formidable, qui dominait les remparts par sa hauteur. Les assiégés, à qui elle faisait beaucoup de mal, résolurent de la détruire. Ils remplirent tout l'intervalle entre la tour et le rempart, de matières combustibles, et y mirent le feu durant la nuit. Mais un vent s'élève, qui pousse l'incendie contre la ville; les pierres de la muraille sont calcinées, la muraille tombe avec un horrible fracas; les guerriers chrétiens accourent pour monter à la brèche; déjà les Templiers étaient dans la place, mais, par une cupidité honteuse, ils avaient posté sur la brèche des sentinelles pour empêcher qu'on ne les suivît, et cela afin d'avoir à eux seuls tout le butin de la ville. La garnison et les habitants d'Ascalon, les voyant en si petit nombre et tout occupés à piller, se jettent sur eux, les tuent ou les mettent en fuite, et referment la brèche avec d'énormes poutres. Les chrétiens, tristes et confus, se retirent dans leur camp. Le roi de Jérusalem convoque les prélats et les barons pour délibérer sur le parti à prendre. Lui-même, ainsi que les principaux chefs des guerriers, désespéraient de la conquête d'Ascalon, et proposaient d'abandonner le siège; le patriarche et les évêques, pleins de confiance dans la bonté divine, s'opposaient à la retraite. Leur avis prévalut. Dès le lendemain on recommença l'attaque; on se battit toute la journée avec une ardeur égale de part et d'autre; mais la perte des Musulmans fut plus grande. Après une trêve pour enterrer les morts, ils demandèrent à capituler. Leurs députés offrirent au roi de Jérusalem d'ouvrir les portes de la ville, à la seule condition que les habitants auraient la faculté de se retirer dans trois jours avec leurs biens et leurs bagages. Les conditions furent acceptées et fidèlement tenues. Les habitants se retirèrent dès le second jour, et le roi les fit escorter jusque sur les frontières d'Egypte. Ainsi donc, l'an 1154, le 12 août, le roi de Jérusalem, le patriarche, les seigneurs et les prélats du royaume, tout le clergé et le peuple, précédés du bois de la croix, entrèrent dans Ascalon, au milieu des hymnes et des cantiques spirituels, consacrèrent la principale mosquée en l'honneur de saint Paul, et y déposèrent la croix du Seigneur (Guill. de Tyr, l. 17, c. 21-30).

On voit par ces divers faits que, si le roi Conrad d'Allemagne et le roi Louis de France, au lieu de s'exposer à la politique équivoque ou perfide de l'empereur de Constantinople, avaient suivi le conseil du roi Roger de Sicile; s'ils étaient venus aborder directement en Palestine, leurs forces, réunies à celles du roi de Jérusalem, eussent été invincibles; le royaume de Jérusalem, devenu formidable par la conquête de Damas et d'autres places importantes, eût pu désormais se soutenir par lui-même et défendre, au besoin, les principautés chrétiennes d'Edesse et d'Antioche. D'un autre côté, avec les villes d'Ascalon et de Gaza, l'Egypte était facile à conquérir, d'autant plus que le roi de Sicile était maître de plusieurs places et provinces d'Afrique, et que les Musulmans d'Espagne, bien loin d'y pouvoir mettre obstacle, étaient eux-mêmes sur leur déclin. En occupant ainsi les guerriers d'Europe à des conquêtes glorieuses et lointaines, on épargnait à l'Europe les guerres intérieures, on lui assurait une paix universelle. Pour cela, il y avait assez de moyens, assez de bras, assez de volonté; il ne manquait qu'une tête de Charlemagne, mais elle manquait.

Raymond de Poitiers, prince d'Antioche, qui avait été si peu courtois envers le roi de France, l'an 1148, perdit la vie la même année dans une bataille qu'il livra témérairement à Noureddin, fils de Zengui et père de Saladin. Raymond était brave, mais téméraire et ne consultant que soi. La bataille où il périt, il l'avait engagée avec peu de chevaliers et sans attendre le reste de ses troupes. Il laissait une veuve avec quatre enfants tout jeunes, dont deux fils et deux filles. Dans ces tristes conjonctures, le patriarche Aimeri d'Antioche se montra le patron du pays et solda les troupes avec une générosité qui ne lui était pas ordinaire. Le roi de Jérusalem, de son côté, vint au secours de la principauté en péril, et arrêta les progrès de Noureddin et du sultan d'Icône, qui voulaient profiter de la circonstance pour envahir le pays (Guill. de Tyr, c. 9 et 10).

Joscelin, dernier comte d'Edesse, se félicitait de la mort du prince d'Antioche, qu'il haïssait, lorsqu'il fut pris lui-même par des infidèles et conduit dans les prisons d'Alep, où il mourut de misère. C'était l'indigne fils d'un digne père. Celui-ci assiégeait un château près d'Alep, lorsqu'une tour s'écroula près de lui et le couvrit de ses ruines; il fut transporté mourant à Edesse. Comme il languissait dans son lit, et n'attendait que la mort, on vint lui annoncer que le sultan d'Icône avait mis le siège devant une de ses places fortes. Aussitôt il fait appeler son fils, et lui ordonne d'aller attaquer l'ennemi. Le jeune Joscelin hésite. Sur-le-champ, le vieux guerrier, qui n'avait jamais connu d'obstacles, se fait porter à la tête de ses soldats dans une litière. Comme il approchait de la ville assiégée, on vint lui apprendre que les Turcs s'étaient retirés : aussitôt il lève les yeux au ciel, remercie Dieu et expire.

Son indigne fils s'était adonné dès l'enfance à l'ivrognerie et à la débauche. Dès qu'il fut le maître, il quitta la ville d'Edesse pour se retirer à Turbessel, séjour délicieux sur les bords de l'Euphrate. Là, tout entier livré à ses penchants, et négligeant la solde des troupes, les fortifications des places, il oublia les soins du gouvernement et les menaces des Musulmans. Ce fut pendant sa coupable absence, que la ville d'Edesse fut prise par Zengui, l'an 1144, après deux ans de siège. Raimond d'Antioche, au lieu d'aller au secours d'Edesse, se réjouit de son désastre, parce qu'il haïssait Joscelin. Ce dernier, à sa mort, laissait une veuve, avec un fils et deux filles en bas âge. C'était une femme vertueuse, d'un courage au-dessus de son sexe. Avec le conseil des seigneurs, elle sut conserver les places qui lui restaient encore. L'empereur de Constantinople, ayant appris la situation déplorable du pays, fit offrir à la comtesse des revenus considérables, si elle voulait lui transporter la propriété des villes qui lui restaient encore, au nombre de six. De l'avis du roi de Jérusalem, la comtesse accepta ses offres. L'empereur grec se flattait non-seulement de conserver ce reste, mais encore de l'augmenter. Au bout d'un an, les Turcs lui avaient enlevé le tout (Guill. de Tyr, l. 16 et 17).

L'empereur grec était plus porté et plus propre à brouiller la chrétienté avec elle-même, qu'à la défendre contre le mahométisme. Le roi Roger de Sicile avait envoyé à l'empereur Jean Comnène une ambassade, non-seulement pour traiter de la paix, mais encore d'une alliance de famille. L'ambassade et la demande ayant été renouvelées après la mort de Jean, son fils Manuel envoya un personnage illustre en Sicile pour conclure la négociation. L'affaire conclue, Manuel la rompit et jeta en prison les ambassadeurs du roi Roger à Constantinople. Pour venger cette violation du droit des gens, Roger arma une flotte, s'empara de l'île de Corfou, ainsi que de plusieurs places sur le continent, notamment de Corinthe (Robert de Monte, an 1148; Cinnam, l. 3, c. 2). Dès lors Manuel s'occupa de deux choses: l'une, de détruire par les Turcs les armées chrétiennes de France et d'Allemagne qui marchaient au secours des chrétiens d'Orient; l'autre, de reconquérir non-seulement Corfou, mais encore la Sicile et l'Italie. Il était en Grèce pour cela, lorsque le roi Conrad vint à y passer en revenant de Palestine en Allemagne. Les deux princes se liguèrent pour attaquer Roger de Sicile, qui cependant venait de conquérir en Afrique plusieurs villes sur les Musulmans et ensuite d'envoyer au pape Eugène un corps de troupes pour soumettre certains rebelles. Des maladies, entre autres celle de Conrad, empêchèrent pour le moment cette expédition contre un roi chrétien. La ligue n'en subsista pas moins. Une flotte grecque assiégeait Corfou, lorsque le roi de France, Louis le Jeune, ayant rencontré cette flotte, fut fait prisonnier et conduit en Grèce pour être présenté à l'empereur Manuel; mais une flotte sicilienne qui venait de ravager les faubourgs de Constantinople et de lancer des flèches dans le palais impérial, ayant rencontré à son tour la flotte grecque, délivra le roi de France, qui passa en Sicile et de là à Rome. Cette capture du roi de France par les Grecs et sa délivrance par les Siciliens sont attestées par plusieurs auteurs, tant grecs que latins (Cinnam, l. 2, c. 19, p. 39; Vincent Bellovac.; Robert de Monte, an 1149). On y voit ce que c'était que les Grecs du Bas-Empire.

A Rome, il y avait toujours un parti révolutionnaire, qui, tel que des écoliers sans expérience, s'imaginait, avec Arnaud de Bresce, pouvoir ressusciter la république romaine avec des mots et des mutineries. Depuis douze siècles, le christianisme avait transformé le monde, Rome y exerçait un empire plus étendu, plus glorieux et plus durable que ne fut jamais celui de la république ni des césars, un empire spirituel et divin.

Les Romains écoliers ne comprenaient pas cet empire vraiment immortel de leur cité, empire volontairement accepté par toutes les nations chrétiennes. Ils se mirent en tête de refaire le monde. Voici leur plan. Soumettre le Pape, le clergé, l'univers entier, au roi ou à l'empereur Conrad d'Allemagne; soumettre ensuite ce roi ou cet empereur au sénat et au peuple romain, qui serait de nouveau le maître de l'univers. Pour cela, il fallait un sénat et un peuple; on décréta l'un et l'autre.

Ils se signalèrent bientôt par quelques mutineries contre le Pape, par le pillage et la démolition de quelques maisons de cardinaux. Fiers de ces exploits, ils invitèrent plusieurs fois, et par des lettres et par des ambassadeurs, le roi allemand Conrad, à venir à Rome et recevoir d'eux l'empire du monde. Longtemps le roi allemand ne répondit ni aux lettres ni aux ambassades. A son retour de la Palestine et de la Grèce, où il avait été endoctriné par l'empereur de Constantinople, il y eut une nouvelle ambassade et de nouvelles lettres. Le moment était plus favorable; on cessa de les rebuter.

Voici comme parlent ces lettres dans leur inscription : « A l'excellentissime et illustre seigneur de la ville et du monde entier, Conrad : le sénat et le peuple romain. A l'excellentissime et magnifique seigneur de la ville et du monde, Conrad : Sixte, Nicolas et Gui, procureurs du sacré sénat et du salut commun de la république. A l'illustrissime et magnifique maître de l'univers, Conrad, triomphateur toujours auguste : son fidèle serviteur, un tel, membre du sénat (Martène, *Vet. Script.*, t. II, *inter epist. Vibaldi*, 211, 213 et 214). » On le voit, le nouveau sénat et le peuple romain avaient dès lors bien et dûment décrété que le roi ou empereur teutonique qu'il lui plairait d'appeler à Rome serait par là seul le maître de l'univers entier; que, conséquemment, les rois et les peuples de Sicile, d'Espagne, de Portugal, de France, d'Angleterre, d'Ecosse, d'Irlande, de Norwége, de Suède, de Danemarck, d'Allemagne, de Hongrie, de Pologne et d'ailleurs ne seraient tout au plus que les proconsuls et les provinces du nouveau sénat et peuple romain. Cette prétention paraît aujourd'hui ridicule et absurde. C'est cependant pour réaliser cette absurdité que nous avons vu les empereurs teutoniques, Henri IV et Henri V, faire la guerre à l'Eglise de Dieu; leurs partisans posaient manifestement pour principe que l'empereur est la loi suprême et que de lui viennent les droits des rois et des peuples. C'est pour réaliser cette même absurdité que nous verrons les successeurs de Conrad recommencer cette guerre impie, jusqu'à ce qu'ils achèvent, eux, leur famille et leur puissance, de se briser contre le roc sur lequel est bâtie l'Eglise du Christ, l'empire spirituel du Roi des rois. C'est elle, l'Eglise romaine, qui, en maintenant sa propre indépendance, sa propre liberté, a fondé et maintenu la liberté et l'indépendance de tous les rois et peuples chrétiens. Cette guerre et cette victoire glorieuse, bien des historiens myopes ne l'ont pas même entrevue.

Le sénat et le peuple romain, improvisés, mandèrent donc, et par leurs lettres et par leurs ambassades au roi allemand, qu'ils n'agissaient que pour son service et pour remettre l'empire romain en l'état où il était du temps de Constantin et de Justinien. « Pour cet effet, ajoutent-ils, nous avons pris les tours et les maisons fortes des plus puissants de Rome, qui voulaient résister à votre empire, avec le Sicilien et le Pape. Nous en gardons quelques-unes pour votre service, et nous avons abattu les autres. Nous sommes traversés en ce dessein par le Pape, par les Frangipane, les fils de Pierre de Léon, excepté Jourdain, notre chef, par Ptolémée et plusieurs autres. » Ils continuent en priant le roi de ne point écouter les calomnies qu'on lui rapportera contre eux, et de venir s'établir à Rome, pour commander plus absolument que ses prédécesseurs à l'Italie et à l'Allemagne, après avoir ôté l'obstacle qu'y met le clergé. Nous avons appris que le Pape a traité avec le Sicilien, et lui a accordé le sceptre, l'anneau, la dalmatique, la mitre et les sandales, avec promesse de ne point envoyer chez lui de légats qu'il ne l'eût demandé; et le Sicilien lui a donné beaucoup d'argent à votre préjudice (*Epist.* 211).

Le Sicilien dont il est ici parlé, c'est le roi Roger de Sicile, qui, après avoir chassé les Musulmans de la Calabre, de la Sicile et de Malte, leur enleva plusieurs villes et provinces en Afrique, et qui d'ailleurs sut leur inspirer tant de confiance et les gouverner avec tant d'équité, qu'ils venaient d'eux-mêmes se mettre sous sa domination. En 1149, il perdit son fils aîné Roger, duc d'Apulie, après avoir perdu trois autres de ses fils. C'est pourquoi, l'an 1150, il fit couronner roi de Sicile le seul qui lui restait, savoir, Guillaume, prince de Capoue. Pierre le Vénérable, abbé de Cluny, écrivit au roi Roger une lettre de consolation sur la mort de ses fils, lui marquant qu'il a fait dire pour eux des messes et d'autres prières, et distribuer des aumônes. « Du reste, nous sommes profondément affligé de l'inimitié qui est entre vous et le roi des Allemands; car nous sentons, et moi et beaucoup d'autres, combien cette discorde est nuisible aux royaumes des Latins et à la propagation de la foi chrétienne. Déjà votre valeur, à elle seule, a singulièrement étendu l'Eglise de Dieu sur les terres des infidèles; que serait-ce donc, si vous étiez d'accord pour cela, vous et le roi en question? Ce qui nous fait désirer le plus cette concorde, à nous et à presque tous les Français, c'est la trahison perfide, inouïe, lamentable des Grecs contre nos pèlerins, c'est-à-dire contre l'armée du Dieu vivant. En vérité, autant que cela peut appartenir à un moine, je ne refuserais pas de mourir, si la justice de Dieu daignait, par quelqu'un des siens, venger la mort de tant de personnes, et de personnes si illustres, la fleur de la Gaule et de la Germanie, étouffée par une fraude exécrable. Or, de tous les princes chrétiens qui sont sous le ciel, je n'en vois aucun d'aussi capable d'exécuter une œuvre aussi sainte, aussi agréable au ciel et à la terre. Levez-vous donc, excellent prince; ce n'est pas moi seulement, mais tout le monde, qui vous y exhorte; levez-vous pour secourir le peuple de Dieu, armez-vous de zèle pour sa loi, comme un autre Machabée; vengez tant d'opprobres, tant d'injures, tant de morts, tant de sang versé d'une manière si impie. Pour moi, je suis prêt à aller trouver le roi de Germanie et à faire tout au monde pour rétablir entre vous une paix si désirable (Petr. Clun., l. 6, *Epist.* 16, *Biblioth. Pat.*, t. XXII). »

Le Pape ayant appris par des voies indirectes qu'il existait entre le roi d'Allemagne et l'empereur de Constantinople une ligue contre l'Eglise romaine, fit écrire par le cardinal Guido, à Wibald ou Guibald, abbé de Stavelo et de Corbie, qui avait en même temps la confiance du roi Conrad et celle du pape Eugène. Le cardinal lui rappelle que, pendant l'absence du roi, c'est le Pape qui a maintenu la paix dans le royaume, exposé autrement à de grands troubles, sous son jeune fils; ce serait donc, de la part de Conrad, rendre le mal pour le bien, de nourrir des desseins hostiles contre l'Eglise, sa mère (Martène, *Vet. Script.*, t. II, *inter Epist.* Wibald., 214). Wibald dit, dans sa réponse, qu'à la vérité il n'y avait pas de traité formel, mais que Conrad avait été perverti quelque peu par le faste et la désobéissance des Grecs; que, suivant la recommandation du Pape, il s'était efforcé de le ramener à des sentiments d'humilité et de soumission, et que, pour cela, il n'avait pas craint de reprendre quelquefois avec sévérité les propos de certains personnages. Il ajoute que l'abbé de Clairvaux, saint Bernard, venait d'écrire au roi une lettre où il faisait un grand éloge de celui de Sicile, des grands services qu'il rendait à l'Eglise catholique, services qui seraient plus grands encore si les deux rois pouvaient agir d'accord : à quoi il s'offre de venir travailler, si on l'avait pour agréable. Le cardinal-légat, Theotwin, lui avait écrit dans le même sens, à son retour de Jérusalem par la Sicile. Wibald marque à la fin que des sénateurs de Rome avaient écrit des lettres fort graves et fort dures contre le Pape, et qu'elles avaient été apportées au roi dans le mois de janvier de la même année 1150 (*Ibid., Epist.* 225).

A la vérité, il n'y avait pas une ligue formelle entre le roi d'Allemagne et l'empereur de Constantinople, contre l'Eglise romaine, mais bien contre le roi de Sicile, celui de tous les princes qui servait alors le mieux la cause de la chrétienté. Conrad se disposait à lui faire la guerre, lorsqu'il en fut empêché par une maladie et aussi par l'opposition de quelques princes, notamment Guelfe, duc de Bavière, que le roi de Sicile sut gagner à sa cause. Conrad s'excusa de ce retard sur sa maladie, en écrivant à l'empereur et à l'impératrice de Constantinople (Martène, *Vet. Script.*, t. II, *inter Epist.* 187 et 188). L'année suivante 1151, ayant récupéré la santé, il se prépara sérieusement à l'expédition d'Italie et de Sicile; il en écrivit à l'empereur Manuel, aux citoyens de Pise, à ceux de Rome, et au pape Eugène. L'empereur de Constantinople lui promit de grands secours, le Pape recommanda à tous les évêques et seigneurs d'Allemagne de l'assister fidèlement; mais, sur le point de se mettre en marche, il mourut à Bamberg, le 15 février 1152. Il fut enterré au même lieu, près du tombeau de l'empereur saint Henri, qui venait d'être canonisé par le pape Eugène, à la prière de l'évêque et des chanoines de Bamberg, et sur le rapport de deux légats envoyés en Allemagne pour d'autres affaires, mais chargés d'aller sur les lieux et de s'informer de la vie et des miracles du saint empereur.

Conrad avait perdu, en 1150, Henri, son fils aîné, déjà déclaré roi. Voyant que son second fils, Frédéric, était trop jeune pour être élu à sa place, il désigna pour lui succéder, son neveu Frédéric, fils de son frère, duc de Souabe, et qui l'avait accompagné dans la croisade. Frédéric fut élu, en effet, dans une diète de Francfort, le mardi 4 mars de la même année 1152, et couronné le dimanche suivant, à Aix-la-Chapelle, par Arnold, archevêque de Cologne. Il est connu sous le nom de Frédéric Barberousse.

Sitôt qu'il fût couronné, il tint conseil avec les principaux seigneurs, et, de leur avis, envoya à Rome Hilin, archevêque élu de Trèves, Everard, évêque de Bamberg, et Adam, abbé d'Eberach, pour faire part de son élection au pape Eugène, aux Romains et à toute l'Italie. Dans sa lettre au Pape, il lui voue, comme à son père spirituel, une affection et une dévotion filiales, et promet d'exécuter avec zèle tout ce que son prédécesseur avait projeté pour la délivrance et l'honneur du Siége apostolique, et en particulier pour la satisfaction du Saint-Père (Martène, *Vet. Script.*, t. II, *inter Epist.* 345).

Incontinent après, le pape Eugène et le roi Frédéric firent ensemble un traité ou concordat par leurs députés, qui étaient, de la part du Pape, sept cardinaux et Brunon, abbé de Caravalle, près de Milan, de l'ordre de Citeaux; de la part du roi, Anselme, évêque de Havelsberg; Herman, évêque de Constance, et trois comtes. Le roi promit de ne faire ni paix ni trève avec les Romains, ni avec Roger, roi de Sicile, sans le consentement de l'Eglise romaine et du Pape; de travailler de tout son pouvoir à rendre les Romains aussi soumis au Pape et à l'Eglise romaine qu'ils l'avaient été depuis cent ans. Il défendra envers et contre tous la dignité papale et les régales de saint Pierre, comme dévot et spirituel avoué de l'Eglise romaine, et il l'aidera à recouvrer ce qu'elle a perdu. Il n'accordera aucune terre au roi des Grecs deçà la mer, et, s'il en envahit quelqu'une, il l'en chassera au plus tôt, selon son pouvoir. Le Pape promit de donner au roi la couronne impériale quand il viendrait la recevoir, et de l'aider de tout son pouvoir à maintenir et à augmenter sa dignité, employant pour cet effet les censures ecclésiastiques; enfin il empêchera le roi des Grecs de faire aucune conquête deçà la mer. Ce concordat est daté du 23 mars 1152 (*Ibid.*, *Epist.* 385).

Le pape Eugène III mourut lui-même le 8 juillet 1153, après avoir tenu le Saint-Siége huit ans et près de cinq mois. Il mourut à Tibur, d'où il fut porté à Rome en grande solennité, et enterré à Saint-Pierre. On le regarda comme saint, quoiqu'il ne paraisse pas avoir été honoré d'un culte public, et il se fit plusieurs miracles à son tombeau, desquels on en spécifie sept, opérés sur divers malades. Le lendemain de sa mort 9 juillet, on élut pour lui succéder Conrad, évêque de Sabine, Romain de naissance et chanoine régulier, qui fut nommé Anastase IV. C'était un vieillard de grande vertu et de grande expérience dans les usages de la cour de Rome; mais il ne tint le Saint-Siége qu'un an et quatre mois.

Avant la mort du pape Eugène, son ami et son disciple, saint Bernard avait éprouvé un autre chagrin : c'était de se voir trahi par un moine qui lui servait de secrétaire et qui abusait de sa confiance et de son sceau pour écrire en son nom et à son insu à toutes sortes de personnes.

Un autre moine lui donnait plus de consolation : c'était un frère du roi de France. Henri, frère de Louis le Jeune, avait été engagé dans l'état ecclésiastique par leur père, Louis le Gros. Il possédait plusieurs grands bénéfices. Etant venu un jour à Clairvaux consulter saint Bernard sur une affaire temporelle, il voulut aussi voir la communauté et se recommander aux prières des moines. Le saint abbé lui ayant donné des avis spirituels, ajouta : J'attends de Dieu avec confiance que vous ne mourrez pas en l'état où vous êtes, et que vous sentirez bientôt par expérience l'utilité de ces prières que vous avez demandées. On vit le jour même la vérité de cette prédiction : le jeune prince se convertit et demanda place parmi les moines. Ce fut une extrême joie pour la communauté; mais ses amis et ses serviteurs le pleuraient, comme s'il eût été mort.

Le plus emporté de tous, un Parisien nommé André, disait que Henri était ivre ou insensé; il n'épargnait ni les injures ni les blasphèmes. Henri, tout au contraire, priait saint Bernard de travailler particulièrement à la conversion de cet homme. Le saint abbé lui dit en présence de plusieurs : « Laissez-le; il est maintenant outré de douleur; mais n'en soyez pas en peine, il est à vous. Et comme Henri le pressait de parler à André, il lui répondit avec un regard sévère : Qu'est ceci? ne vous ai-je pas déjà dit qu'il est à vous? André, qui était présent, dit en lui-même, comme il l'avoua depuis : Je vois maintenant que tu es un faux prophète; car je suis assuré que ce que tu viens de dire n'arrivera pas. Je ne manquerai pas de te le reprocher devant le roi et les seigneurs dans les plus célèbres assemblées, afin que ta fausseté soit connue de tout le monde. Le lendemain, André se retira, faisant toutes sortes d'imprécations contre le monastère où il laissait son maître, souhaitant que la vallée même fût renversée avec ses habitants. Il continua de marcher ce jour-là; mais dès la nuit suivante il se sentit vaincu et comme forcé par l'Esprit de Dieu, en sorte qu'il se leva avant le jour et revint promptement au monastère (S. Bern., *Vit.*, l. 4, c. 2).

Henri, faisant profession à Clairvaux, laissa ses bénéfices à Philippe, son frère puîné, et, après qu'il eût quelque temps pratiqué la vie monastique dans cette sainte maison, il fut élu évêque de Beauvais, sur la fin de l'an 1149. Saint Bernard consulta sur ce sujet Pierre, abbé de Cluny, qui lui répondit : « Si l'élection s'est faite par le clergé et le peuple, unanimement, avec le consentement du métropolitain et de ses suffragants; si, comme j'ai appris, on vous a souvent prié de l'approuver; si le Pape a déclaré sa volonté en écrivant à l'archevêque de Reims, que reste-t-il, sinon de vous soumettre à la volonté de Dieu, qui se déclare par tant de signes, et de ne pas permettre que cette Eglise souffre plus longtemps par les voyages et les dépenses? Si vous vous défiez de la science de Henri, Dieu, qui lui a déjà fait de grandes grâces, peut lui en faire encore de plus grandes. C'est pourquoi il ne faut pas différer davantage la conclusion de cette affaire (Petr. Clun., l. 5, *Epist.* 8). » Henri se plaignit vivement, mais amicalement, à Pierre, de cette décision qui le rejetait dans le monde (Petr. Clun., *Epist.* 9).

Quelles étaient la vénération et l'affection universelles pour saint Bernard vers la fin de sa vie, on peut en juger par ce fait. L'an 1152, Eskil, archevêque de Lunden, primat des Eglises de Danemarck et légat du Saint-Siège dans ce royaume, fit exprès le voyage ou plutôt le pèlerinage de Clairvaux, pour avoir le bonheur de voir et d'entretenir le saint abbé. Sa joie fut si grande, que souvent il en versait des larmes. Il prit la résolution d'y passer le reste de ses jours comme simple moine. Mais saint Bernard l'en dissuada, le croyant plus utile et plus nécessaire en Danemarck. Il voulait du moins conserver de Clairvaux un souvenir, savoir, un pain bénit. Pour qu'il se conservât plus longtemps, il le fit cuire deux fois. Mais le saint abbé ne voulut point le bénir, et dit amicalement à Eskil que cette précaution marquait une foi trop faible. Il se fit apporter un pain ordinaire, le bénit et assura qu'il ne se corromprait point : ce qui fut vérifié par l'événement (*Acta Sanct.*, 20 aug.; *Dissert.*, § 50; et *Vita*, l. 4, c. 4).

Cependant le saint abbé se sentait défaillir de jour en jour, et ses frères ne croyaient pas qu'il pût passer l'hiver qui commença l'année 1153; mais il les assura qu'il irait jusqu'à l'été suivant. Dans cet état, quoique obligé de garder le lit et souffrant de grandes douleurs, il ne laissait pas de méditer les choses saintes, de dicter, de prier, d'exhorter ses frères. Il ne manqua presque jamais à célébrer la sainte messe, jusqu'à ce qu'il vint à la dernière défaillance. Il était ainsi malade quand il écrivit à son oncle André, chevalier du Temple et un des principaux appuis du royaume de Jérusalem, qui lui avait mandé son désir de venir le voir.

« Vos lettres, que j'ai reçues tout dernièrement, lui dit-il, m'ont trouvé malade et au lit. Je m'en suis saisi des deux mains; je les ai lues avec plaisir, avec plaisir je les ai relues; combien plus n'en aurais-je pas eu de vous voir en personne! J'y ai lu votre désir de me voir, j'y ai lu aussi vos craintes pour cette terre que le Seigneur a honorée de sa présence, pour cette cité qu'il a dédiée par son sang. Malheur à nos princes! Dans la terre du Seigneur ils n'ont rien fait de bon; dans les leurs, où ils sont revenus à la hâte, ils exercent une incroyable malice, insensibles à l'oppression de Joseph; puissants pour faire le mal, ils ne savent point faire le bien. Mais j'espère que le Seigneur ne rejettera pas son peuple et ne délaissera pas son héritage. La droite du Seigneur déploiera sa puissance, son bras lui sera en aide, afin que tout le monde connaisse qu'il vaut mieux espérer dans le Seigneur que d'espérer dans les princes.

» Vous avez raison de vous comparer à une fourmi. Sommes-nous en effet autre chose que des fourmis, nous tous, enfants de la terre, enfants des hommes, travaillant à des choses inutiles et vaines? Quel fruit l'homme retire-t-il de son travail sous le soleil? Élevons-nous donc au-dessus du soleil même; que notre conversation soit dans le ciel; allons d'avance en esprit là où nous suivrons de corps. C'est là, mon très-cher oncle, où est le fruit et la récompense de nos travaux. Vous servez sous le soleil, mais quelqu'un qui a son trône par-dessus le soleil. C'est ici le champ de bataille, c'est là-haut que nous serons couronnés. La solde de notre milice n'est point de la terre, n'est point d'en bas; le prix en est de plus loin, il est des derniers confins. Sous le soleil est la pénurie, au-dessus du soleil est l'abondance; c'est là qu'on versera dans notre sein cette mesure pleine, pressée, surabondante.

» Vous désirez me voir; vous me mandez que je n'ai qu'à le vouloir pour vous déterminer à le faire; vous attendez mes ordres, dites-vous. Que vous dirai-je? Je souhaite que vous veniez, et je crains que vous ne veniez. Placé entre le vouloir et ne vouloir pas, je suis pressé de deux côtés, et ne sais quel parti prendre. D'une part, je me sens porté à satisfaire votre désir et le mien ; de l'autre, je crains de vous dérober à un pays que votre absence, si j'en crois la renommée, exposerait à de grands périls. Ainsi, quelque empressement que je de vous voir avant ma mort, je n'ose point vous mander de venir. Vous êtes plus à portée de connaître si vous le pouvez sans préjudice et sans scandale. Peut-être que votre voyage ne serait pas inutile; que Dieu inspirerait à quelques-uns le dessein de vous suivre à votre retour, pour secourir l'Eglise de Dieu; car tout le monde vous connaît et vous aime. Dieu peut faire que vous disiez comme le patriarche Jacob : *J'étais seul quand je passai le Jourdain, et je le repasse escorté de trois troupes* (Genes., 32, 10). Après tout, si vous devez venir, ne tardez pas, de peur que vous ne me trouviez plus. Je suis comme une victime prête à être immolée; je ne pense pas que j'aie encore long à besogner sur la terre. Heureux si Dieu me donne la consolation de vous embrasser avant de partir!

» J'ai écrit à la reine dans les termes que vous souhaitez, je me réjouis de l'éloge que vous en faites. Je vous prie de saluer de ma part votre grandmaître, les chevaliers du Temple, vos confrères, et les chevaliers de l'Hôpital; de me recommander aux prières des moines reclus et des autres religieux auprès desquels vous avez quelque accès. Je salue aussi de toute l'étendue de mon cœur, Girard, mon ancien ami, autrefois religieux de notre ordre, et qui est, dit-on, présentement évêque (*Epist.* 288). »

Ce Girard était, soit l'évêque de Bethléhem, soit l'évêque de Sidon; car ils avaient même nom l'un et l'autre. La reine dont il est question, est la reine Mélisende de Jérusalem, veuve du roi Foulque et mère de Baudouin III. Saint Bernard lui avait déjà écrit d'autres fois avec une sainte amitié, comme à sa fille spirituelle. Il lui écrivit cette fois, pour lui enseigner les devoirs de veuve et de reine chrétienne (*Epist.* 289). C'est ainsi que, jusqu'à la dernière année de sa vie, saint Bernard embrassait tout dans sa charité, et l'Orient et l'Occident, et Rome et Jérusalem, et le ciel et la terre. Mais son dernier voyage, ses derniers miracles seront pour le pays de Lorraine.

Le peuple de la ville de Metz, ne pouvant souffrir les insultes des seigneurs voisins, sortit contre eux en grand nombre. Mais il fut battu, et il en périt environ deux mille, tant tués que noyés dans la Moselle. Cette grande ville se préparait à la vengeance, et leurs ennemis, enrichis par le butin et encouragés par la victoire, voulaient continuer la guerre qui avait ruiné toute la province. Alors Hillin, archevêque de Trèves et métropolitain de Metz, crut que saint Bernard était le seul qui pût remédier à ces maux. Il vint à Clairvaux, et, se jetant aux pieds du saint abbé et de tous les moines, il le conjurait de venir au secours de ce peuple affligé. Il se trouva, par une providence singulière, que saint Bernard, après avoir été à la mort, se portait un peu mieux depuis quelques jours. Il suivit l'archevêque, et, quand ils furent arrivés sur les lieux, on tint une conférence au bord de la Moselle. Là, comme le saint abbé exhortait les deux partis à la paix, les seigneurs la refusèrent obstinément, et, se levant en furie, ils se retirèrent sans lui dire adieu. Ce n'était pas par mépris; au contraire, c'était par respect, n'ayant pas le front de lui résister en présence.

La conférence allait se séparer en trouble, et l'on ne pensait de part et d'autre qu'à reprendre les armes, quand le saint abbé dit aux frères qui l'avaient suivi : « Ne vous troublez point, la paix se fera, quoique avec beaucoup de difficulté. » En effet, la nuit étant à moitié passée, il reçut une députation des seigneurs, qui se repentaient de leur retraite. On se rassembla de nouveau, et on traita de la paix pendant quelques jours. Les difficultés furent grandes; on désespéra souvent de la conclusion. Mais ce délai fut utile à plusieurs malades, à qui le saint homme rendit la santé, et ces miracles ne contribuèrent pas peu à la conclusion de la paix, quoique d'ailleurs ils la retardassent, à cause du grand concours et de l'importunité de la multitude. Pour s'en garantir, il fallut chercher une île au milieu de la rivière, où les principaux des deux partis passaient en bateau, et là se terminèrent les conférences. Parmi les malades guéris en cette occasion, il y eut une femme qui, depuis huit ans, était tourmentée d'un tremblement violent de tous les membres. Elle vint se présenter au saint, dans le temps où l'on désespérait presque de la paix, et la vue de sa misère attira tous les assistants. Ils virent tous, pendant que le serviteur de Dieu priait pour elle, son tremblement cesser peu à peu, et enfin elle fut parfaitement guérie. Les plus durs furent tellement touchés, qu'ils se frappèrent la poitrine, et leurs acclamations durèrent près d'une demi-heure. La foule du peuple, qui s'empressait à baiser les pieds du saint, obligea à le mettre dans un bateau et à l'éloigner de terre, et, comme il exhortait ensuite les seigneurs à la paix, les seigneurs disaient en soupirant : Il faut bien que nous écoutions celui que Dieu aime et exauce si visiblement, et pour qui il fait de si grands miracles à nos yeux. — Ce n'est pas pour moi qu'il les fait, dit saint Bernard, mais pour vous. Le même jour, étant entré dans Metz, pour presser l'évêque et le peuple de consentir à la paix, il guérit une femme paralytique de la ville, en sorte qu'ayant été apportée sur un lit, elle s'en retourna à pied. Enfin la paix fut conclue, les deux partis se réconcilièrent, se touchèrent la main et s'embrassèrent.

En revenant de Metz et passant par Gondreville, près de Toul, il y guérit une femme aveugle, en présence d'une foule de monde accourue de tout le pays. C'est le dernier miracle qui soit spécifié dans sa vie. De retour à Clairvaux, après cette pacification de la Lorraine, il se sentit entièrement défaillir, mais avec une consolation semblable à celle d'un voyageur qui arrive au port. Comme il voyait l'affliction et la désolation extrême de ses frères, il les consolait avec beaucoup de tendresse, et les conjurait avec larmes de conserver la régularité et l'amour de la perfection, qu'il leur avait enseignés par ses discours et ses exemples.

Peu de jours avant sa mort, il écrivit en ces termes à Arnold, abbé de Bonneval, qui lui avait envoyé quelques rafraîchissements, témoignant être fort en peine de sa santé : « J'ai reçu Votre Charité avec charité, mais sans plaisir; car quel plaisir peut-on goûter, quand tout est amertume? Je n'ai quelque sorte de plaisir qu'à ne point prendre de nourriture. J'ai perdu le sommeil, en sorte qu'il n'y a point d'intervalle à mes douleurs. Presque tout mon mal est une défaillance d'estomac. Il a besoin d'être souvent fortifié, jour et nuit, de quelque peu de liqueur; car il refuse inexorablement tout ce qui est solide, et, ce peu qu'il prend, ce n'est pas sans grande peine. Mes pieds et mes jambes sont enflés comme ceux d'un hydropique. Cependant, pour tout dire à un ami comme vous, et pour parler selon l'homme intérieur, quoiqu'il soit peu sensé de le faire, l'esprit est prompt dans une chair infirme. Priez le Sauveur, qui ne veut pas la mort du pécheur, de me garder à la sortie de ce monde, sans la différer, et, à ce dernier moment où je me trouverai nu de tous mérites, munissez-moi de vos prières, en sorte que le tentateur ne trouve pas où porter ses coups. Je vous écris moi-même, en l'état où je suis, afin qu'en reconnaissant la main, vous reconnaissiez le cœur. Mais j'aurais encore mieux aimé vous répondre que vous écrire (*Epist.* 310). » Telle est la dernière lettre de saint Bernard.

Comme on sut qu'il était à l'extrémité, les évêques voisins, avec un grand nombre d'abbés et de moines, s'assemblèrent à Clairvaux (1). Enfin son dernier jour arriva, ce fut le 20 août 1153; il mourut sur les neuf heures du matin. Son corps, revêtu des ornements sacerdotaux, fut porté dans la chapelle de la Sainte-Vierge. Il y eut un grand concours de la noblesse et du peuple de tous les lieux voisins, et toute la vallée retentit de leurs gémissements; mais les femmes, arrêtées à la porte du monastère, pleuraient le plus amèrement, parce qu'il ne leur était pas permis d'entrer dans l'église du monastère. Le corps demeura exposé durant deux jours, et le peuple venait en foule lui toucher les pieds, lui baiser les mains, appliquer sur lui des pains, des baudriers, des pièces de monnaie et d'autres choses, pour les garder comme bénites et s'en servir au besoin. Dès le second jour, la presse fut telle, que l'on n'avait presque plus de respect pour les moines ni pour les évêques mêmes. C'est pourquoi, le lendemain matin, on célébra le saint

(1) Sept cents disciples réunis à Clairvaux y pleurèrent la mort de leur père spirituel; et l'on peut de ce nombre conclure celui des cellules, la grandeur des bâtiments, l'étendue des dépendances, l'importance de toute la fondation. Clairvaux finit par être la maison-mère de plus de huit cents abbayes.
Presque toutes les filiations de Clairvaux en Angleterre, en Suède, en Danemarck, en Portugal, s'abîmèrent dans le gouffre de la Réforme, au XVIe siècle, tandis que les autres s'endormirent et réclamèrent de sérieuses réformes qui leur advinrent de la maison de Clairvaux.
En France, la Révolution détruisit à son tour cette florissante abbaye, qui se trouve convertie aujourd'hui en une prison cellulaire et un dépôt de mendicité. (Cf. Goschler, t. IV, p. 363.) E. H.

sacrifice avant l'heure ordinaire, et on mit le saint corps dans un sépulcre de pierre, avec une boîte sur la poitrine, contenant des reliques de saint Thadée, que la même année on lui avait apportées de Jérusalem et qu'il avait ordonné qu'on mît sur son corps. Il fut ainsi enterré devant l'autel de la Sainte-Vierge, à laquelle il avait toujours eu une bien tendre dévotion.

Saint Bernard était dans sa 63e année; il y en avait quarante qu'il avait fait profession à Cîteaux, et trente-huit qu'il était abbé de Clairvaux. Il avait fondé ou agrégé à son ordre soixante-douze monastères, trente-cinq en France, onze en Espagne, six dans les Pays-Bas, cinq en Angleterre, autant en Irlande, autant en Savoie, quatre en Italie, deux en Allemagne, deux en Suède, un en Hongrie, un en Danemarck. Mais en comprenant les fondations faites par les abbayes dépendantes de Clairvaux, on en compte jusqu'à cent soixante et plus. La sainte congrégation des Trappistes sont des enfants ou des frères de saint Bernard. L'Eglise, qu'il a aimée et servie avec tant de zèle, honore la mémoire du saint abbé le jour de sa mort (*Acta Sanct.*, 20 *aug.*). De nos jours, le pape Léon XII l'a mis au rang des docteurs de l'Eglise.

Le primat de Danemarck, l'archevêque Eskil de Lunden, ayant appris la mort de celui qu'il avait aimé si tendrement pendant sa vie, quitta sa patrie et ses dignités pour se faire moine à Clairvaux et passer le reste de ses jours près du tombeau de Bernard. Un roi de Sardaigne descendit du trône, y fit monter son fils pour venir à Clairvaux faire la même chose que l'archevêque de Lunden. Le Midi et le Nord, l'Orient et l'Occident s'unissaient ainsi pour aimer et honorer celui qui avait tant aimé et tant honoré Dieu et les hommes.

FIN DU TOME SIXIÈME.

TABLE DES MATIÈRES DU TOME SIXIÈME.

LIVRE SOIXANTE-DEUXIÈME.

L'empereur saint Henri et son époque (Suite)

De l'an 991 à l'an 1024.

Vertus de Guillaume V, duc d'Aquitaine, 1.
Son ami, le bienheureux Fulbert de Chartres, 2.
Saint Thierri, évêque d'Orléans, 2.
Lettres du bienheureux Fulbert. Son traité remarquable contre les Juifs. Sa fermeté dans l'épiscopat, 3.
Paix entre les rois, guerre entre les seigneurs, qui trouveront le remède dans les croisades, 4.
Erreur de Léotheric de Sens, 4.
Fanatisme de Leutard et de Vilgard, 5.
Manichéens découverts à Orléans et ailleurs, et punis suivant les lois, 5.
Les ducs de Normandie plus édifiants et plus zélés que les archevêques de Rouen, 7.
Au commencement du XIe siècle, on renouvelle les églises, en particulier celle de Saint-Martin de Tours, 7.
Sens mystérieux des cathédrales gothiques, 8.
Vertus et exploits du roi saint Henri. Tagmon, nouvel archevêque de Magdebourg. L'évêché de Mersebourg rétabli, 8.
Saint Henri érige un évêché à Bamberg, qu'il soumet immédiatement à l'Eglise romaine, 10.
Le comte saint Ansfrid, avec sa femme sainte Hilsuinde, et leur fille sainte Bénédicte, 11.
Saint Brunon, autrement saint Boniface, apôtre des Russes et martyr, 11.
Waltherd, nouvel archevêque de Magdebourg, 12.
Mort de saint Libentius, archevêque de Brême et de Hambourg. Il a pour successeur Unvan, qui ramène à la religion les Slaves révoltés, 12.
Saint Meinwerc, évêque de Paderborn, 12.
Mort de Sergius IV. Election de Benoit VIII. Un certain Grégoire, antipape. Conduite du roi saint Henri dans cette circonstance, 13.
Le roi saint Henri couronné empereur par le pape Benoit VIII. Réflexion de Glaber à ce sujet, 14.
L'empereur saint Henri renouvelle le diplôme d'Othon Ier en faveur des domaines temporels de l'Eglise romaine, 14.
L'empereur passe à Cluny, fait vœu d'obéissance entre les mains du bienheureux Richard de Verdun, qui lui ordonne de continuer à gouverner l'empire, 14.
Le pape Benoit VIII défait les Sarrasins qui infestaient la Toscane, 15.
Etablissement des Normands en Italie, 15.
Voyage de Benoit VIII en Allemagne, 16.
Dernière entrevue de saint Héribert de Cologne avec l'empereur saint Henri, 16.
Dernière expédition du saint empereur en Italie, 16.
Divers conciles dont les canons sont transformés en lois civiles par l'empereur, à la demande du Pape, 17.
Réflexion déplacée de Fleury, qui voudrait faire du Pape un prêtre étranger dans l'Eglise, 18.
Mort de saint Vulbode, évêque de Liége, 18.
Entrevue cordiale de l'empereur saint Henri et du roi Robert de France, 18.
Pèlerinage du roi Robert à Rome, 18.
Mort de l'empereur saint Henri après une dernière entrevue avec Robert, 19.

LIVRE SOIXANTE-TROISIÈME.

Le pape saint Léon IX et son époque.

De l'an 1024 à l'an 1054.

Election de Conrad II. Ses belles qualités, 19.
Mort de l'impératrice sainte Cunégonde, 20.
Législation féodale de Conrad pour l'Allemagne, 20.
Le duc Guillaume d'Aquitaine sollicité d'accepter la couronne de Lombardie. Sa correspondance à ce sujet avec l'évêque de Verceil, 21.
Sur la destinée de l'Italie, 22.
Conrad y est appelé, 22.
Mort de Benoit VIII. Election de Jean XIX. Excellente lettre que le bienheureux Fulbert de Chartres écrit au nouveau Pape, 23.
Jean XIX reçoit une ambassade de Constantinople, dont la demande excite des réclamations en Occident. Conduite probable du Pape en cette circonstance, 24.
Invention de la gamme musicale par Gui d'Arezzo, 24.
Affinité mystérieuse de la gamme musicale avec d'autres phénomènes de la nature, 25.
Dernières actions et mort de saint Romuald, 25.
Conrad couronné empereur par le pape Jean XIX, 28.
Lettre remarquable que le roi Canut le Grand écrit de Rome à ses peuples d'Angleterre, de Danemarck, de Suède et de Norwége, 28.
Saint Edelnoth, archevêque de Cantorbéry, 29.
Mort du saint roi Olaüs de Norwége, 30.
Mort de saint Etienne de Hongrie et de son fils saint Emeric, 30.
Vie du saint ermite Gunther, 30.
Premières années de Brunon, depuis saint Léon IX, 31.
L'Eglise de Toul le choisit pour son évêque. Lettre qu'elle lui en écrit, ainsi qu'à l'empereur Conrad, 32.
Ses vertus et ses premières actions dans l'épiscopat, 33.
Derniers moments et pieuse mort du roi Robert de France, 34.
Cruelle famine et ses suites, 34.
Charité des évêques et des abbés, notamment de saint Odilon de Cluny, 35.
Les évêques, à la demande des peuples, établissent *la paix de Dieu*, 36.
Réponse du pape Jean XIX à quelques plaintes des évêques, 36.
Les difficultés pour faire observer *la paix de Dieu*, portent les évêques à lui substituer *la trève de Dieu*, 38.
La chevalerie chrétienne instituée dans le même but de pacification et de civilisation, 39.
Les lointains pèlerinages continuent d'adoucir les mœurs guerrières de l'Occident, 39.
Pèlerinages annuels de saint Brunon de Toul à Rome. Avertissements qu'il reçoit de l'avenir, 41.
Jean XIX fait quelques efforts pour remédier aux maux de l'Eglise. Il meurt, 41.
La jeunesse de Benoit IX augmente les maux, loin de les guérir, 42.
Archevêques de Hambourg, 42.
Saint Bardon, archevêque de Mayence, 42.
Saint Poppon, abbé de Stavelo, 43.
Saint Gérard, évêque de Chonad en Hongrie, 44.
Etat déplorable de la Pologne. Dispense extraordinaire du Pape pour le roi Casimir, 44.
Guerre et pacification générale en Italie, 45.
Mort de l'empereur Conrad. Election de Henri le Noir, 46.
Triste état de l'Eglise romaine. Remède qu'y apporte le prêtre Gratien, élu pape sous le nom de Grégoire VI, 46.
Lettres remarquables qu'écrit au nouveau Pape saint Pierre Damien, 46.
Commencements de ce saint, 47.
Abdication de Grégoire VI. Comment jugée alors, 48.
Clément II couronne empereur Henri le Noir, 49.
Mort de saint Odilon. Caractère de ses écrits. Instituteur de la fête des Trépassés, 50.
Il a pour successeur à Cluny le saint abbé Hugues, 50.
Conduite et mort du pape Clément II, 51.
Les Romains demandent pour pape Halinard, archevêque de Lyon, 51.
Le pape démissionnaire Benoit IX se convertit sérieusement entre les mains du saint abbé Barthélemy de la Grotte-Ferrée, 52.
Court pontificat de Damase II, 52.
Election, voyage à Rome et premiers actes de saint Léon IX, 52-54.
Commencement du cardinal Hildebrand, depuis saint Grégoire VII, 52.

Saint Jean Gualbert, 54.
Voyage apostolique du Pape en France et en Allemagne. Combien nécessaire pour le rétablissement de la discipline, 55.
Scandales des évêques de Rouen et d'autres provinces, 56.
Le pape saint Léon IX, malgré l'inconséquence du roi Henri de France et les intrigues des prélats coupables, vient à Reims, y consacre l'église de Saint-Remi au milieu d'une multitude infinie de peuple, et tient un concile qui commence efficacement la réforme du clergé, 56.
Règne de saint Edouard d'Angleterre, bizarrement apprécié par quelques historiens. Saint Léon IX, pour un plus grand bien, le dispense de faire le pèlerinage de Rome, 61.
Macbeth, roi d'Ecosse, fait ce pèlerinage en personne, 63.
Suénon, roi de Danemarck et de Suède, se soumet au Pape touchant son mariage, 63.
Adalbert, archevêque de Hambourg, 63.
Révolution en Hongrie contre la religion, mais qui tourne pour. Martyre de saint Gérard, évêque de Chonad, 64.
Léon X procède contre les évêques de Bretagne au concile de Rome, 64.
Erreur et caractère de Bérenger, 65.
Commencement du B. Lanfranc et de l'abbaye du Bec, 65.
Bérenger réfuté par ses amis et condamné à Rome, 67.
Bérenger et le livre de Jean Scot, condamnés au concile de Verceil, 68.
Ibid. réfuté par Ascelin et condamné par l'évêque de Liége, 68.
Ibid. condamné au concile de Paris, 69.
Concile de Coyac en Espagne. Ses canons, dont le dernier est un pacte entre le roi et la nation, 70.
Saint Léon IX à Toul. Saint Hugues de Cluny, parrain d'un fils de l'empereur Henri le Noir, 71.
Saint Robert, abbé de la Chaise-Dieu, 71.
Mort funeste de deux prélats indociles envers le Pape, 71.
Vie et mort de saint Alfier, fondateur et abbé de Cave, 72.
Ecrits de saint Pierre Damien, 72.
Vie de saint Dominique l'Encuirassé, 73.
Dernier voyage de saint Léon IX en Allemagne, 73.
Mort de saint Bardon de Mayence. Son successeur ne lui ressemble pas tout à fait, 74.
Dispositions peu édifiantes de certains évêques à l'égard du saint Pape, 74.
Mort de l'archevêque Halinard de Lyon et du marquis Boniface de Toscane, 75.
Succès des Pisans contre les Mahométans de Sardaigne, 75.
Etat des Normands en Italie, 76.
Bataille de Dragonara. Les Normands défont les Italiens et les Allemands. Le saint pape Léon IX se rend au milieu des vainqueurs, qui se déclarent vassaux de l'Eglise romaine et deviennent plus humains, 77.
Dévotions de saint Léon IX, 78.
Le saint Pape compatit aux maux de l'Eglise mourante d'Afrique, 78.
Triste état de l'empire et de l'Eglise chez les Grecs, 79.
Parallèle entre l'Occident et l'Orient, 82.
Caractère et lettre schismatique de Michel Cérulaire, patriarche de Constantinople, 83.
Réponse vraiment apostolique que fait le pape saint Léon IX aux reproches ineptes de Michel Cérulaire, 84.
Pierre, nouveau patriarche d'Antioche, demande sa confirmation au saint Pape, 86.
Lettres de saint Léon IX à Michel Cérulaire et à l'empereur Monomaque, 87.
Etat général de l'Eglise, 87.
Dernière maladie du pape saint Léon IX. Il bénit lui-même sa tombe et meurt, 87.

LIVRE SOIXANTE-QUATRIÈME.

Les papes Victor II, Etienne IX, Nicolas II, Alexandre II et le cardinal Hildebrand.

De l'an 1054 à l'an 1073.

Vie intarissable et communicative de l'Eglise catholique, 89.
Le cardinal Hildebrand, au nom de l'Eglise romaine, nomme le pape Victor II, 89.
Légation du cardinal Humbert à Constantinople. Sa réponse à la lettre de Michel Cérulaire, 90.
Sa réponse au moine grec Nicétas, qui reconnaît la vérité, 91.
Duplicité de la conduite de Michel Cérulaire envers les légats du Pape, qui l'excommunient, 93.
Lettres réciproques de Dominique, patriarche d'Aquilée, et de Pierre, patriarche d'Antioche, 94.
Correspondance entre Michel Cérulaire et Pierre d'Antioche sur les différends entre les Grecs et les Latins. Ignorance ou mauvaise foi de Michel, 94.
Mort de Constantin Monomaque, de l'impératrice Théodora. Déposition de Michel Stratiotique, avénement d'Isaac Comnène, 95.
Mort de Michel Cérulaire, 97.
Son successeur Lichudès, subtilisé par l'empereur Isaac Comnène, 97.
La simonie légalisée chez les Grecs. Ce qui en résulte pour le clergé, 98.
Victor II marche sur les traces et confirme les décrets de son prédécesseur saint Léon IX, 98.
Le cardinal Hildebrand légat en France. Miracle sur un évêque simoniaque, 98.
Hildebrand à Cluny et à Tours, où Bérenger abjure son hérésie, et le roi Ferdinand de Castille renonce à sa qualité d'empereur, 99.
Brunon, évêque d'Angers, renonce à l'erreur de Bérenger, 99.
Zèle de Maurille, archevêque de Rouen, 100.
Conciles dans le Midi de la France et le Nord de l'Espagne, 100.
Plaintes contre Wifroi, archevêque de Narbonne, 100.
Saint Annon, archevêque de Cologne, 102.
Mort de l'empereur Henri III. Situation fâcheuse de l'empire à sa mort. Faute que commettent les électeurs, 103.
Victor II réconcilie au jeune roi Henri IV le comte de Flandre et le duc de Lorraine. Naissance de Godefroi de Bouillon, 103.
Le cardinal Frédéric de Lorraine, devenu moine au Mont-Cassin, en est élu abbé, 103.
Mort de Victor II. Bulle remarquable où il compte l'Islande et le Groënland parmi les pays chrétiens. Un évêque d'Islande, 104.
Le cardinal Frédéric de Lorraine élu pape sous le nom d'Etienne IX. Ses premiers actes, 104.
Il nomme cardinal-évêque d'Ostie saint Pierre Damien. Lettre du nouveau cardinal à ses collègues, 105.
Triste état de l'Eglise de Milan. Zèle de saint Ariald pour en extirper la simonie et l'incontinence des clercs, 106.
Derniers actes et sainte mort d'Etienne IX, 108.
Usurpation de l'antipape Benoît. Les Romains, d'après l'ordre du Pape défunt, s'en remettent pour l'élection au cardinal Hildebrand, qui choisit Nicolas II, 109.
Lettre de saint Pierre Damien à ce sujet, 109.
Soumission de l'antipape, 110.
Concile de Rome sous Nicolas II. Règlement solennel touchant l'élection du Pontife romain, 110.
Origine des abus en cette matière. Effets des anathèmes de l'Eglise, 111.
Autres canons du même concile, 111.
Nouvelle abjuration qu'y fait Bérenger, 112.
Affaire de Milan. Légation et succès de saint Pierre Damien en cette ville, 112.
Désintéressement de saint Pierre Damien. Il aspire à rentrer dans la solitude, 113.
Robert Guiscard se rend vassal de l'Eglise romaine pour ses conquêtes en Italie. Origine du royaume de Naples, 114.
Zèle du pape Nicolas II pour la réforme de l'Eglise de France, 115.
Sacre du jeune roi Philippe, 115.
Excommunication de Guillaume, duc de Normandie, pour son mariage avec sa parente. Lanfranc, prieur du Bec, lui obtient dispense du Pape, 116.
Conciles tenus en France par les légats du Saint-Siége, 117.
Mort du roi de France Henri Ier. Le pape Nicolas II et l'archevêque de Reims, Gervais, 117.
Affaires d'Angleterre, 117.
Saint Wulstan. Les légats en font connaître le mérite au roi saint Edouard, et le font élever sur le siége de Worchester, 118.
Pieuse lettre du roi saint Edouard au Pape, 118.
Progrès des chrétiens en Espagne, 119.
Divers conciles en ce pays, 119.
Progrès du christianisme chez les Slaves, par les soins de leur prince, saint Gothescalc, ainsi que dans les autres pays du Nord, même en Groënland, 120.
Ce qui aurait pu arriver dès lors, si les rois de Germanie avaient eu l'esprit et le zèle de Charlemagne, 120.
Imprudence d'avoir choisi un enfant pour roi de Germanie. Ferments de discorde. 121.
Désordres et violences dans les Eglises d'Allemagne, 122.
Légation infructueuse d'Anselme de Lucques. Emportement incroyable des princes et des évêques allemands, 123.
Mort de Nicolas II. Entreprise schismatique des évêques simoniaques de Lombardie. Election d'Alexandre II, 123.
La cour de Germanie fait un antipape, Cadalous, évêque simoniaque de Parme. Lettre que lui écrit saint Pierre Damien, 123.
Annon de Cologne. Concile d'Osbor, où, par le zèle de saint Pierre Damien, l'antipape est condamné par ceux qui l'avaient fait, 124.
Zèle du même saint pour le rétablissement de la discipline, 125.
Il écrit la vie de saint Rodolphe, évêque d'Eugubio, 125.

Il écrit la vie de S. Dominique le Cuirassé, encore vivant, 126.
Commencements de saint Gualbert, fondateur de Vallombreuse. Son zèle contre la simonie et les simoniaques, notamment l'évêque simoniaque de Florence, 126.
Le moine Pierre Aldobrandin subit l'épreuve du feu, pour convaincre l'évêque de simonie, 128
Martyre de saint Ariald, 129.
Constitutions que publient à Milan les légats du Pape, 130.
Vie et mort de saint Thibaut de Champagne, 131.
Légation de S. Pierre Damien en France. Son séjour à Cluny, 132.
Piété du comte Ebrard de Breteuil, 133.
Mort de saint Robert, fondateur de la Chaise-Dieu, 133.
Réformation de plusieurs chapitres des cathédrales et de plusieurs abbayes, 133.
Mort de saint Gauthier, abbé en Limousin, 133.
Mort du roi d'Angleterre, saint Edouard, 134.
Guerre entre l'anglais Harold et le normand Guillaume, pour la succession d'Angleterre, 134.
Eglise d'Angleterre. Lanfranc, archevêque de Cantorbéry, 136.
Différend entre les archevêques de Cantorbéry et d'York, porté devant le Pape, qui en renvoie le jugement à un concile d'Angleterre, 137.
Correspondance de Lanfranc avec le pape Alexandre, 138.
Ecrits de Lanfranc contre les erreurs de Bérenger, 139.
Traité de Guitmond contre les mêmes erreurs, 141.
Conciles dans la Gaule méridionale et en Espagne, 142.
Association de prières et de bonnes œuvres entre les rois de Léon et le monastère de Cluny, 142.
Dédicace, par le Pape, de l'église du Mont-Cassin. Etat de ce monastère sous l'abbé Didier, 143.
Soins du Pape pour les Eglises grecques. Il envoie saint Pierre d'Aguani légat à Constantinople, 144.
L'empire grec se délabre de plus en plus, 144.
Triste état de la Palestine et de Jérusalem sous l'oppression des Musulmans. Commencements des Turcs Seldjoukides, 144.
Succession d'empereurs et de patriarches à Constantinople, 145.
Aventures et fin de l'empereur grec, Romain Diogène, 145.
Pèlerinages considérables et aventureux des chrétiens d'Occident à Jérusalem, 146.
Saint Altmann de Passau, 147.
Saint Guébehard de Salzbourg. Saint Bennon de Misnie, 148.
Martyre du prince slave S. Gothescalc. Défection des Slaves, 148.
Lettre de saint Pierre Damien au roi de Germanie et à l'archevêque de Cologne, touchant l'antipape Cadaloüs, qui est de nouveau rejeté, mais rentre clandestinement à Rome, 149.
Divers événements à la cour de Germanie, 150.
Plaintes amicales de saint Pierre Damien contre son ami, le saint cardinal Hildebrand, 150.
Concile de Mantoue, qui met fin au schisme, 151.
Vices du jeune roi Henri IV. Il veut répudier sa femme. Saint Pierre Damien envoyé légat à ce sujet. Le roi obligé de garder sa femme malgré lui, 151.
Retraite de l'impératrice Agnès, 152.
Affaires épiscopales de Bamberg et de Constance, 152.
Derniers actes et mort de saint Pierre Damien. Jugement de ses écrits, 154.
Mort d'Adalbert, archevêque de Brême. Son caractère. Son zèle pour les missions du Nord. Il a Liemar pour successeur, 154.
Adam de Brême, auteur d'une histoire ecclésiastique, 155.
Etat de la religion dans le Nord. Pénitence du roi Suénon de Danemarck, 155.
Fermentation en Allemagne, causée par les injustices et les violences du roi, 156.
Ce que devenaient les évêchés et les abbayes entre les mains de ce prince, 156.
Annon de Cologne se retire de la cour. Le roi s'abandonne sans retenue à tous ses mauvais penchants. Sigefroi, archevêque de Mayence, lui aide à tyranniser la Saxe et la Thuringe, 156.
Les évêques, les grands, les peuples de Saxe adressent des plaintes au Saint-Siège et des plaintes au roi, 157.
Le roi est cité à Rome pour donner satisfaction. Mort du pape Alexandre II, 158.

LIVRE SOIXANTE-CINQUIÈME.

Le pape saint Grégoire VII. — L'Eglise de Dieu maintient sa divine indépendance, avec la juste liberté des peuples chrétiens, contre le despotisme païen du roi teutonique.

De l'an 1073 à l'an 1085.

Décret d'élection du pape Grégoire VII, 159.
Ce que disent de lui les plus judicieux historiens du temps, 159.
Ce que son élection inspire à lui et à d'autres, 159.
Elle est ratifiée par le roi de Germanie, 160.

Lettre qu'écrivit au nouveau Pape l'abbé Guillaume de Metz, 160.
Lettres de saint Grégoire VII à diverses personnes sur son élection, 160.
Soins du nouveau Pape pour délivrer l'Espagne du joug des infidèles, y rétablir la pureté de la foi et la discipline, 160.
Sa sollicitude pour les pauvres Eglises d'Afrique, 162.
Traité de controverse contre les Juifs, par Samuel de Maroc, rabbin converti, 163.
Belles réponses du bienheureux Samonas, archevêque de Gaze, aux objections d'un Sarrasin sur la sainte Eucharistie, 164.
Sollicitude du pape saint Grégoire VII pour l'Eglise de Jérusalem et pour celle d'Arménie, 165.
Etat déplorable de l'empire de Constantinople, qui, attaqué au dehors par les Turcs, se ruine lui-même au dedans, 165.
L'empereur Michel Parapinace écrit au pape saint Grégoire VII, qui forme le projet d'aller au secours des chrétiens d'Orient, 166.
Démétrius, duc de Croatie, et Michel, prince des Slaves, obtiennent du Pape le titre de roi, et lui jurent fidélité, 166.
Avantages de cet ordre de choses, 167.
Le fils de Démétrius, roi des Russes, demande à tenir du Pape le royaume paternel. Singulières doléances de certains auteurs à cet égard, 167.
Action du pape saint Grégoire VII sur la Pologne, 168.
Son action sur la Hongrie, défigurée par certains auteurs, 168.
Action du Pape sur la Bohême, 169.
Combien l'Eglise a raison de tenir à l'unité de la langue dans la liturgie, 171.
Vie de saint Canut, roi de Danemarck, 171.
Lettres du Pape à ce saint roi ainsi qu'à son père, 173.
Quels sont les principaux paroissiens du Pape, 174.
Lettres du saint pape Grégoire aux rois de Norwége, de Suède et des Visigoths, 174.
Lettres du même Pape au roi d'Angleterre, Guillaume le Conquérant. Réflexions sur un étonnement de ce prince, 175.
Correspondance du saint Pape et de Lanfranc, 176.
Sollicitude de saint Grégoire VII pour le royaume de France. Réflexion à ce sujet, 177.
Affaire de l'Eglise de Mâcon, 177.
Ordination de Hugues, évêque de Die, 177.
Plaintes contre le jeune Philippe, roi de France, 178.
Plaintes du Pape sur les maux de l'Eglise, 180.
Hugues de Die, légat du Pape, déploie en France un zèle si intrépide et si inflexible contre les évêques accusés de simonie, que plus d'une fois le saint Pape modère ses sentences, 180.
Saint Robert, premier fondateur des abbayes de Molesme et de Citeaux, 183.
Saint Etienne, fondateur de l'ordre de Grandmont, 183.
Saint Gaucher et saint Gervin, 184.
Le bienheureux Simon, comte de Crépi, 184.
Hugues, duc de Bourgogne, embrasse la vie monastique à Cluny, au grand regret du pape saint Grégoire, qui le croyait plus utile au royaume de France comme prince, 185.
Méprises de certains auteurs sur les dispositions de saint Grégoire VII envers la France, 185.
La Saxe avait été donnée à l'Eglise romaine par Charlemagne, 186.
Rapports de saint Grégoire VII avec la Sardaigne, bien mal interprétés par certains auteurs, 186.
Le roi de Germanie, Henri IV, confesse au pape saint Grégoire ses injustices, notamment envers l'Eglise de Milan, 187.
Saint Anselme, évêque de Lucques. Les grandes vertus de saint Grégoire, dont il est témoin, le remplissent de zèle pour la perfection, 188.
Les seigneurs allemands et saxons, irrités des injustes vexations de Henri, veulent élire Rodolphe de Souabe. Saint Grégoire tâche de les calmer, promettant de leur faire rendre justice, 189.
Il envoie des légats en Allemagne. Ceux-ci ayant demandé la tenue d'un concile pour la réforme du clergé, les évêques s'y opposent, sous prétexte de la nouveauté du fait. Ancienneté de cette nouveauté, 189.
Les prêtres allemands se soulèvent contre l'ancienne règle de la continence cléricale. Que penser de leur bestiale théologie? 190.
Conduite peu épiscopale de l'archevêque de Mayence. Conduite plus digne de saint Altmann de Passau, 193.
Lettres du saint pape Grégoire VII au clergé, au peuple et aux seigneurs d'Allemagne, pour le maintien et l'exécution de la loi sur le célibat ecclésiastique, 194.
Lettres paternelles du pape saint Grégoire VII au roi Henri IV d'Allemagne, où il lui communique son dessein d'aller lui-même au secours des chrétiens d'Orient, 195.
Concile de Rome, qui renouvelle contre les investitures les canons des septième et huitième conciles œcuméniques, 196.
Dans le même concile, le Pape excommunie certains conseillers du roi de Germanie. Affaires scandaleuses de Bamberg et de Fulde, 197.

Mort de saint Annon de Cologne, 198.

Conjuration de l'archevêque Guibert et du préfet Cencius contre le pape saint Grégoire VII, 198.

Le roi Henri, dans le temps même qu'il complote contre le saint Pape, lui écrit des lettres amicales et use cruellement de sa victoire sur les Saxons. Saint Grégoire VII lui répond d'une manière d'abord paternelle, mais ensuite plus ferme, quand il a découvert ses secrètes menées, 199.

Sur les plaintes des Saxons, le pape saint Grégoire VII mande à Henri qu'il ait à se justifier, sous peine d'encourir l'excommunication, 201.

Henri assemble un conciliabule qui dépose le saint pape Grégoire. Les évêques simoniaques de Lombardie souscrivent à cet attentat schismatique, 202.

Henri engage les Romains à la révolte. Il fait notifier au saint Pape, en plein concile, sa déposition. Les évêques fidèles veulent aussitôt déposer le roi lui-même ; mais le saint pape Grégoire VII s'y oppose et renvoie l'affaire au lendemain, où la sentence, vivement demandée, est prononcée en présence de cent dix évêques, 203.

Le décret du concile est notifié à toute l'Allemagne, par des lettres où le Pape rend compte de la conduite du roi. Caractère de la sentence pontificale, 205.

Terribles châtiments que Dieu exerce sur les principaux coupables, dont un grand nombre reviennent à l'obéissance, 206.

Lettre du saint Pontife à Herman, évêque de Metz. Observations à cet égard, 207.

La Saxe opprimée se relève de son asservissement. Coalition des principaux seigneurs allemands. Anxiété de Henri à la vue de cet abandon presque général, 207.

Sur de nouvelles vexations de la part de Henri, les Saxons s'unissent ceux de Souabe pour élire un nouveau roi. Saint Grégoire VII ne veut le leur permettre qu'autant que Henri ne voudrait pas revenir à de meilleurs sentiments. Diète générale à Tribur près de Mayence. On fait signifier à Henri les conditions qu'il doit accomplir s'il veut conserver la couronne. Quelques mots d'un écrivain protestant à ce sujet, 208.

Le Pape se met en route pour la diète d'Augsbourg, où cette affaire doit se terminer définitivement ; mais, apprenant l'arrivée de Henri en Italie, il se retire au château de Canosse, où il reçoit les rétractations de plusieurs évêques et seigneurs allemands, 212.

Henri, craignant de perdre la couronne, vint à demander aussi l'absolution de son excommunication. Le Pape la lui accorde, et prend ensuite la sainte eucharistie en témoignage de la pureté de ses intentions : ce que le roi n'ose faire, 213.

Quelques réflexions à ce sujet, 214.

Nouvelles rétractations et fin de Bérenger, 215.

Déposition de Johenée de Dol. Divers conciles en France, 216.

Saint Arnoulfe, évêque de Soissons, 217.

Saint Hugues, évêque de Grenoble, 217.

Commencements du saint Bruno, fondateur des Chartreux, 217.

Parallèle entre les religieux contemplatifs et les philosophes, 219.

Le roi Henri, excité par de mauvais conseils, rompt la paix conclue. Il essaie même de s'emparer de la personne du Pape, 220.

Les légats du Pape, à la diète de Forcheim, engagent de sa part les seigneurs allemands à différer l'élection d'un nouveau roi, mais inutilement. Le duc de Souabe, Rodolphe, est élu. Réflexions d'un saint contemporain à cette occasion, 221.

Les deux rois appellent au Pape, qui leur demande sûreté de part et d'autre, pour se rendre à la diète d'Allemagne, où il jugera ce différend, 222.

La Corse se met sous la protection de l'Église romaine. Lettre du Pape à l'Église d'Aquilée, 223.

Henri viole la trêve convenue. Le Pape convoque à Rome le concile que les deux princes avaient demandé pour terminer leur différend ; mais il n'y veut rien décider avant l'envoi de nouveaux légats sur les lieux, 224.

Le saint Pape proscrit avec anathème la coutume barbare de piller les naufragés, 225.

L'Italie méridionale désolée par les Normands, sous la conduite de Robert Guiscard, 225.

Profonde affliction du saint Pontife au milieu de tant de maux. Il appelle près de lui Othon, prieur de Cluny, qui sera plus tard le pape Urbain II, 225.

Dans un nouveau concile de Rome, on arrête une diète générale en Allemagne, du consentement des deux partis, 226.

Le Pape excommunie les Normands qui avaient pillé le Mont-Cassin, l'empereur Nicéphore Botoniate, ainsi que Guibert, archevêque de Ravenne, 227.

Les Saxons mécontents de la lenteur du Pape. Ils en font leurs plaintes au saint Pontife, qui leur rend compte de sa conduite, 228.

Henri ne veut plus avoir recours qu'à la voie des armes. Dans un septième concile tenu à Rome, sur de nouvelles plaintes portées contre lui, le saint pape Grégoire se voit obligé de prononcer contre lui la sentence de déposition, 228.

Principaux personnages qui ont secondé le Pape dans cette grande affaire, 230.

Saint Alphane, archevêque de Salerne, 230.

Réconciliation de Robert Guiscard, 231.

Saint Brunon, évêque de Ségni, 231.

La comtesse Mathilde. Pieuse lettre de direction spirituelle que lui écrit le saint pape Grégoire VII, 231.

Grande colère de Henri. Il assemble un conciliabule à Mayence, puis un second à Brixen, où il fait déposer le pape saint Grégoire VII par quelques évêques simoniaques, et élire à sa place Guibert, archevêque excommunié et déposé de Ravenne, 233.

Lettres du saint pape Grégoire aux évêques de la Calabre et de la Pouille, au sujet de ce schisme, 234.

Autre lettre du même saint Pontife à Herman, évêque de Metz, sur le pouvoir des papes à l'égard des rois. Nombreuses méprises de Bossuet au sujet de cette lettre, 234.

Quel était et quel est encore le vrai point de la question dans cette grande lutte entre l'Église de Dieu et ses adversaires, 238.

Henri est vaincu dans une grande bataille par Rodolphe, qui est blessé mortellement. Ses grandes qualités, 239.

On élut pour son successeur Herman de Lorraine, comte de Luxembourg. Lettre de saint Grégoire à ses légats d'Allemagne. Formule du serment que doit prêter le nouveau roi, 240.

Pendant les troubles de la guerre, la piété refleurit dans les monastères, 241.

Henri vient assiéger Rome à différentes reprises. Contre la foi du serment, il fait arrêter plusieurs députés qui se rendaient au concile de Rome, 241.

Grandeur d'âme de saint Grégoire, admirée des protestants eux-mêmes, 243.

Henri gagne le peuple de Rome et entre dans la ville. — Il fait introniser l'antipape Guibert sous le nom de Clément III, et en reçoit la couronne impériale. — Saint Grégoire assiégé au château Saint-Ange, 243.

Réponse de Lanfranc de Cantorbéry à un cardinal schismatique, 244.

Didier, abbé du Mont-Cassin, refuse de prêter serment de fidélité à Henri, qui se retire à l'approche de Robert Guiscard, 244.

Saint Grégoire, délivré, se rend à Salerne, 245.

Les schismatiques s'étant jetés sur les terres de la comtesse Mathilde, sont vaincus, 245.

Conférence entre les deux partis, mais sans résultat. Concile de Quedlinbourg, 245.

Conciliabule de Mayence, 246.

Derniers moments du pape saint Grégoire VII, 246.

Justice que lui rend un historien protestant, 246.

LIVRE SOIXANTE-SIXIÈME.

Les Papes défendent la chrétienté et contre le despotisme des rois allemands et contre l'invasion des peuples mahométans. — Première croisade.

De la mort du pape saint Grégoire VII, 1085, à la mort de Henri, ex-roi d'Allemagne, 1106.

Saint Grégoire VII est mort, mais sa pensée dominante lui survit, pour l'accomplissement des grands desseins de la Providence sur les royaumes de ce monde, au-dessus desquels doit s'élever l'Église du Christ, selon la prophétie de Daniel à Nabuchodonosor, 250.

Élection de Victor III, 252.

L'antipape Guibert, maître d'une grande partie de Rome. L'ex-roi Henri persiste dans son obstination. Expédition heureuse contre les Sarrasins d'Afrique, 252.

Allocution du pape Victor au concile de Bénévent. Il tombe malade et meurt, 253.

Élection d'Urbain II, qui en donne avis à tous les catholiques, 254.

Urbain II va trouver en Sicile le comte Roger, qui l'avait conquise tout entière sur les Sarrasins. Tous deux, de concert, y rétablissent des évêchés. Pour le récompenser de son zèle, le Pape donne au comte la légation de l'île, 255.

Le Pape tient un concile à Melfe, d'où il se transporte à Bari, 256.

Translation, de Myre à Bari, des reliques de saint Nicolas. Grand nombre de miracles qui s'y opèrent, 257.

Saint Bruno appelé à Rome. Découragement de ses frères après son départ. Il fonde un nouveau monastère en Calabre. Belle description qu'il fait de cette solitude et de la vie solitaire. Sa mort, ses écrits et ses vertus, 258.

Mort du saint Anselme de Lucques. Écrits de ce saint évêque, adressés à l'antipape Guibert, pour le ramener de son erreur, 259.

Bonizon, évêque de Plaisance. Il est martyrisé par les schismatiques, 260.

TABLE DES MATIÈRES.

Succès des princes chrétiens d'Espagne contre les infidèles. Bernard, archevêque de Tolède, vient à Rome et reçoit du Pape le *pallium*. Bérenger, évêque d'Aussone, sollicite auprès du Pape le rétablissement de la métropole de Tarragone. Opposition de l'archevêque de Narbonne. Ce rétablissement est confirmé par le Pape. Divers règlements du concile de Léon, 260.

Le prince Edgar d'Angleterre se réfugie, avec sa sœur sainte Marguerite, auprès de Malcolm, roi d'Ecosse, qui prend leur défense contre le roi Guillaume. Grandes vertus de sainte Marguerite. Elle devient l'épouse de Malcolm, pour le bonheur de ce roi et de l'Ecosse. Grand soin qu'elle prend de l'éducation de ses enfants. Par son zèle, la religion refleurit en Ecosse avec les beaux-arts. Sa tendre charité et celle du roi pour les pauvres. Ses exercices de piété Le roi saint Malcolm et son fils Edouard sont tués dans une guerre contre Guillaume le Roux, entreprise contre le gré de la reine. Cette pieuse princesse apprend, au lit de la mort, cette triste nouvelle que Dieu lui avait déjà révélée. Sa canonisation, 262.

Caractère de Guillaume le Conquérant. Sa dernière guerre. Sa dernière maladie, sa mort, ses funérailles, 265.

Mort du bienheureux Lanfranc, archevêque de Cantorbéry, 268.

Longue vacance du siège de Cantorbéry, par suite de la rapacité du roi Guillaume le Roux. Saint Anselme, abbé du Bec, y est nommé malgré lui, 268.

Le roi, manquant à sa parole, lui suscite des querelles de Normand. Lâcheté des évêques d'Angleterre. Les seigneurs se montrent moins serviles, 271.

Saint Osmond, évêque de Salisbury, 273.

Sur la demande du roi, un légat apporte le *pallium* à saint Anselme, de la part du pape Urbain, qui est reconnu dans tout le royaume. Le roi rend les bonnes grâces à l'archevêque, qui veut recevoir le *pallium* du légat et non du roi, 273.

Sommaire de la vie de saint Anselme, 274.

Ses principaux écrits. Son *Monologue* et son *Proslogue*, avec les *Objections d'un ignorant*, par le moine Gaunilon, 275.

Son *Traité de la Trinité et de l'Incarnation*, contre les erreurs de Roscelin, condamnées au concile de Soissons, 276.

Son *Traité de la procession du Saint-Esprit*, contre les Grecs, 276.

Son dialogue : *Pourquoi Dieu s'est fait homme*, 277.

Son *Traité de la Vérité*, ainsi que d'autres opuscules. Jugement sur ses écrits, 277.

Le moine Eadmer, ami et biographe de saint Anselme, 278.

Anselme de Laon. Guillaume de Champeaux, 278.

Odon ou Oudart de Tournai, 278.

Le bienheureux Yves, évêque de Chartres. Sa fermeté épiscopale contre la passion adultère du roi Philippe, 279.

Réflexions du comte de Maistre sur la conduite des papes à l'égard du mariage des princes, 281.

Double adultère du roi Philippe. Il tâche de séduire les évêques. Fermeté inébranlable et en même temps discrétion d'Yves de Chartres, 281.

Mort de la comtesse Berthe. Suite de l'affaire du roi, qui envoie des députés à Rome pour essayer de surprendre son pardon, 284.

Le siège d'Arras est rétabli. Lambert y est nommé évêque, 286.

Le schisme va s'affaiblissant en Allemagne. Décrétale du Pape au sujet des excommuniés schismatiques. Guibert chassé de Rome. Les schismatiques détournent Henri d'un accommodement. Mariage de la comtesse Mathilde avec Guelfe, duc de Bavière, 286.

Saint Thiemont, successeur de saint Guébehard, archevêque de Salzbourg. Mort de saint Adalberon de Wurtzbourg, 287.

Les schismatiques reprennent les armes. Lettre d'un évêque henricien à Louis de Thuringe. Réponse par un évêque catholique, Thiger, censeur du schismatique, et apologiste du schismatique, qui pourtant lui-même change ensuite de sentiments. Henri attaque le duc Guelfe, 288.

Concile de Bénévent. Mort de saint Altmann et du bienheureux Wolphelme, abbé de Brunviller, 289.

Le bienheureux Guillaume de Hirsau institue les frères convers et les oblats. Sa grande charité, 289.

Grand nombre de laïques en Allemagne embrassent la vie commune, 290.

Vie de saint Ulric ou Udalric de Ratisbonne, 290.

Son intéressant recueil *Des anciens usages de Cluny*, 292.

Conduite scandaleuse et cruelle de Henri IV à l'égard de ses deux épouses, Berthe et Adélaïde. Belles qualités de son fils Conrad. Il est chassé par son père. Quelle idée on avait partout de Henri, 295.

Le Pape érige en archevêché l'Eglise de Pise, à laquelle il donne l'île de Corse. Il rentre dans Rome. Geoffroi, abbé de Vendôme, se dépouille de tout pour le soulager dans son dénûment, 296.

Vie et mort de saint Nicolas Pérégrin, 297.

Assemblée d'Ulm et concile de Constance. Toute l'Allemagne est frappée d'une grande mortalité qui produit d'excellents effets spirituels, 297.

De grandes choses se préparent en Occident pour le triomphe de la foi du Christ. Cette foi, mal conservée par les Grecs, est sur le point de succomber, en Orient, sous le fer des Musulmans. Alexis Comnène appelle à son secours tous les guerriers de l'Occident, 298.

Pierre l'Ermite. Son pèlerinage à Jérusalem. Son entretien avec le patriarche. Il remet au Pape les lettres du patriarche, et commence à prêcher la croisade, 299.

Grand concile à Plaisance. Plusieurs guerriers s'y engagent d'aller au secours des chrétiens d'Orient. Divers règlements de ce concile. Le Pape reçoit au concile l'impératrice Praxède, et puis est reçu lui-même à Crémone par le jeune roi Conrad, 300.

Urbain II en France, à Cluny, à Clermont. Ouverture du concile de Clermont, où assistent un grand nombre de prélats, de princes et d'ambassadeurs, 301.

Premier objet principal du concile. La *trêve de Dieu* solennellement renouvelée. Quelques autres décrets de ce concile. Philippe Ier excommunié de nouveau, 302.

Second objet principal du concile. La *guerre de Dieu*. Discours de Pierre l'Ermite. Du pape Urbain II. Cri de guerre : *Dieu le veut!* La croix, symbole militaire. Adhémar, évêque du Puy, est nommé chef spirituel de la croisade, le comte de Toulouse chef temporel. Le Pape ordonne la récitation du petit office de la sainte Vierge, à laquelle il consacre aussi le samedi, 303.

Le Pape visite plusieurs Eglises de France, et lève l'excommunication du roi, 305.

Mouvement général de la croisade, 305.

Pierre l'Ermite se met à la tête d'une armée, avec Gauthier Sans-Avoir. Leurs aventures, 306.

Un second corps d'Allemands indisciplinés est massacré par les Hongrois, 307.

Une nouvelle troupe d'Allemands, plus indisciplinée encore, se jette sur les Juifs, et périt parmi les Hongrois et les Bulgares, 307.

L'armée de Pierre l'Ermite et de Gauthier Sans-Avoir est taillée en pièces par les Turcs près de Nicée, 308.

Godefroi de Bouillon, duc de Lorraine. Il part à la tête d'une armée nombreuse et bien disciplinée. La Hongrie et la Bulgarie lui donnent un libre passage, 309.

Hugues de Vermandois, Robert de Normandie, Robert de Flandre, Etienne de Blois, à la tête d'une nouvelle armée, prennent leur chemin par l'Italie, 309.

Bohémond, prince de Tarente, prend aussi la croix, et s'embarque pour la Grèce, accompagné du brave Tancrède, 310.

Les croisés du midi de la France partent sous la conduite du légat Adhémar et du comte de Toulouse, 311.

Grande peur du faible Alexis. Il fait prisonnier le comte de Vermandois, ce dont les croisés de Godefroi le font repentir, 311.

Les croisés passent en Asie. Siége de Nicée. Victoire de l'armée du sultan. La ville, sur le point d'être prise, se rend au déloyal Alexis. Colère des croisés, 312.

Grande victoire de Dorylée, 313.

Marche pénible des croisés à travers les pays dévastés par le sultan. Ils arrivent devant Antioche de Pisidie. Maladie grave de Raymond de Toulouse. Terrible combat de Godefroi de Bouillon contre un ours, 314.

Marche de l'armée chrétienne. Diverses conquêtes partielles des princes croisés. Baudouin, voulant chercher fortune, s'avance en Arménie. Il est reçu dans Edesse, dont il devient le maître, 315.

Les croisés battent les Turcs au passage de l'Oronte. Terreur inspirée par la valeur des Francs, 316.

Siége mémorable de la grande Antioche. Après beaucoup de combats et de souffrances, les croisés s'emparent de la ville, mais aussitôt s'y voient assiégés par une armée innombrable d'infidèles qu'ils finissent par battre complètement. Foule d'incidents. La sainte lance ; le jeune prince de Danemarck et sa fiancée, trahis par les Grecs et tués par les Turcs, etc., 317.

Les croisés rendent compte de leurs victoires aux chrétiens d'Occident. Mort du légat Adhémar. Lettre des princes croisés au Pape, 324.

Les Egyptiens s'emparent de Jérusalem. Discussion et épreuve touchant la sainte lance, 325.

Ambassade du calife d'Egypte. Beaucoup de chrétiens d'Orient se joignent aux croisés, qui prennent différentes villes dans leur marche, 326.

Tancrède à Bethléhem. Les croisés à la vue de Jérusalem. Tancrède sur le mont des Olives, 328.

Siége de Jérusalem. Travaux, combats et souffrances des croisés. Ils s'emparent de la ville. Valeur et piété de Godefroi, 328.

La croisade n'est que la mise en action, dans toute son étendue, du grand mystère de la croix, 332.

Joie des croisés en revoyant la sainte croix. Godefroi de Bouillon est élu roi de Jérusalem. Son humilité. La croisade met le comble à la gloire du nom franc, 333.

Saint Robert, abbé de Molesme, et le bienheureux Albéric, fondateurs du monastère et de l'ordre de Citeaux, 334.

Le bienheureux Robert d'Arbrissel, par le succès de ses prédications apostoliques, fonde le double monastère de Fontevrault, 334.
Le bienheureux Heldemare, fondateur du monastère d'Arouaise, 335.
Saint Godefroi, abbé de Nogent-sous-Coucy, est élu évêque d'Amiens, 336.
Le bienheureux Hildebert, évêque du Mans. Le saint évêque Pierre de Poitiers, 336.
Conduite plus scandaleuse que jamais du roi de France. Héroïque intrépidité des légats et des évêques au concile de Poitiers. Le roi finit par s'amender tout de bon, 337.
Nouvelles persécutions de Guillaume le Roux contre saint Anselme, qui part pour Rome. Son passage à Lyon, sa réception par le Pape, son séjour en Italie, 338.
Le duc Roger, assiégeant Capoue, est prévenu en songe par saint Brunon contre une trahison des Grecs, 340.
Saint Anselme veut se démettre de son siége. Le Pape s'y refuse, 340.
Eric, roi de Danemarck, 341.
Concile de Bari, où saint Anselme réfute les Grecs, 341.
Le roi d'Angleterre essaie de se justifier auprès du Pape. Concile de Rome, 342.
Mort d'Urbain II. Election de Pascal II, 342.
Le roi d'Angleterre est trouvé mort à la chasse, le cœur percé d'une flèche. Saint Anselme est rappelé par le nouveau roi, qui veut ensuite le forcer à recevoir de lui l'investiture de son archevêché, 343.
Ce qu'il en est de cette question des investitures, 344.
Robert de Normandie se désiste de ses prétentions à la couronne d'Angleterre, sur les remontrances de saint Anselme, qui n'en éprouve pas beaucoup de reconnaissance de la part du roi, 345.
Saint Anselme tient un concile à Westminster. Nouvelle discussion au sujet des investitures, 345.
Saint Anselme va à Rome. Le roi lui fait défense de rentrer en Angleterre, 345.
Réconciliation du roi avec saint Anselme, qui rentre en Angleterre. Assemblée d'évêques à Londres, 346.
Le roi conserve l'hommage et renonce aux investitures, 345.
Lettre des princes croisés au Pape. Ils remportent une grande victoire sur le roi de Babylone ou du Caire, qui venait les attaquer, 347.
Retour de plusieurs princes croisés. Tancrède s'empare de Tibériade. Plusieurs émirs viennent saluer Godefroi, dont ils admirent la force prodigieuse, 347.
Le comte d'Edesse et le prince d'Antioche viennent aux saints lieux, 348.
Le légat Daimbert de Pise est élu patriarche de Jérusalem. Godefroi de Bouillon tombe malade et meurt, 348.
Son frère Baudouin, comte d'Edesse, lui succède malgré les prétentions de Daimbert. Il se fait couronner à Bethléhem, et s'adonne avec soin au gouvernement de son royaume. Il est battu par une armée de Musulmans, et se réfugie à Ramla, d'où il s'échappe heureusement. Il remporte ensuite sur les infidèles une grande victoire, 349.
Une nombreuse armée de croisés périt en Asie Mineure sous le fer des Turcs. Mauvaise foi de l'empereur grec Alexis, 350.
Le roi Baudouin s'empare de Ptolémaïs, et bat ensuite les infidèles à Ascalon, 351.
Heureuse influence de la croisade en Europe, 351.
Obstination de Henri IV de Germanie, 351.
Mort de l'antipape Guibert. Ses successeurs. Mort du jeune roi Conrad, 351.
Concile de Rome. Lettre du pape Pascal II à l'archevêque de Gnésen, 352.
La comtesse Mathilde renouvelle la donation de ses biens à l'Eglise romaine, 353.
Othon, nommé par l'ex-roi Henri à l'évêché de Bamberg. Quelques mots sur la vie de ce prélat. Il demande l'investiture au Pape, 353.
Henri le Vieux fait couronner roi son second fils Henri V. Le jeune prince revient à l'obéissance du Pape légitime. Il fait assembler un concile en Thuringe. Ses efforts pour ramener son père à l'unité de l'Eglise, 354.
Lettre de Henri IV au Pape. Assemblée de Mayence. Henri IV y renonce à l'empire. Députation envoyée au Pape, 355.
Obstination schismatique du clergé de Liége. Henri le père se repent de son repentir, 356.
Seconde lettre du saint Othon au Pape. Il va à Rome. Le Pape lui donne, malgré son refus, la consécration épiscopale. Brunon, archevêque de Trève, reçoit du Pape le *pallium* avec une réprimande, 356.
Lettre de Henri à son fils. Manifeste du jeune roi et des seigneurs. Le vieux Henri appelle au pape Pascal. Il meurt à Liége, 358.
Joie universelle de sa mort chez les catholiques, 359.

LIVRE SOIXANTE-SEPTIÈME.

Les Papes continuent à défendre la chrétienté au dedans et au dehors. — Commencements de saint Bernard.

De la mort de Henri IV, ex-roi, ex-empereur d'Allemagne, 1106, à la mort de son fils Henri V et l'extinction de leur dynastie, 1125.

De la chrétienté et de ses combats. Idées mesquines et fausses de Fleury sur ce sujet. Réhabilitation, par la science actuelle, des pontifes du moyen âge. Témoignages remarquables de plusieurs protestants. La papauté a préservé l'Europe catholique de la domination musulmane, 360.
Tableau de l'Orient à la fin de la première croisade. Siége de Charan et défaite des chrétiens. Arrivée de Bohémond en Occident. Son retour en Orient. Ses projets. Sa mort, 361.
Différend de Tancrède et de Baudouin du Bourg. Prise de Tripoli et de Beyrouth, 362.
Arrivée de Sigur, prince de Norwége. Prise de Sidon, 362.
Mort de Tancrède. Son éloge, 363.
Invasion des hordes turques. Famine et tremblement de terre à Antioche, 363.
Expéditions de Baudouin en Arabie et en Egypte. Sa mort. Portrait de ce guerrier. Ses efforts pour accroître la puissance chrétienne en Orient. Démêlés qu'il aurait eus avec Daimbert, patriarche de Jérusalem. Sa coupable union avec Adélaïde de Sicile, 363
Election de Baudouin du Bourg au trône de Jérusalem, 365.
Invasion des Musulmans dans la principauté d'Antioche. Défaite et mort de Roger. Baudouin II sauve Antioche, 366.
Captivité du roi Baudouin. Défaite des Sarrasins d'Egypte. Siége et prise de Tyr. Baudouin, rendu à la liberté, échoue devant Alep, mais triomphe à Damas, 366.
Prétentions de Henri V d'Allemagne au sujet des investitures. Voyage du pape Pascal II en Allemagne. Conciles de Florence et de Guastalle. Condescendance du Pape, 367.
Pascal se rend en France. Motifs de ce voyage. Belle conduite de Philippe Ier et de son fils à son égard. Son entrevue, à Châlons-sur-Marne, avec les ambassadeurs du roi d'Allemagne. Sa fermeté, 368.
Etat religieux de l'Angleterre. Activité de saint Anselme contre l'incontinence des clercs. Ses démêlés avec Thomas, archevêque d'York. Sa maladie et sa mort, 369.
Concile de Troyes tenu par Pascal II, 370.
Lettre de saint Hugues, abbé de Cluny, à Philippe Ier. Mort de ce prince. Ses qualités et ses vices. Sacre de Louis VI. Contestation de l'archevêque de Reims à ce sujet, 371.
Saints et savants évêques de l'Eglise de France à cette époque : saint Bertrand de Comminges, Marbœuf de Rennes, Baudri de Noyon, saint Godefroi d'Amiens. Le bienheureux Yves de Chartres : ses ouvrages, 371.
Ce qu'il en est de la fameuse collection du faux Isidore, 372.
Mort de saint Hugues de Cluny, 373.
Bernard de Tyron embrasse la vie religieuse. Sa grande humilité. Ses travaux apostoliques. Il bâtit le monastère de Tyron, 373.
Fondation de Savigni par Vital de Mortain, 374.
Revers et succès d'Alphonse VI sur les Sarrasins d'Espagne. Mort de ce prince et dissensions qui la suivent, 374.
Le comte Raymond de Barcelone défait les Sarrasins. Vie de saint Oldegaire, 375.
Prise de Sarragosse par les chrétiens. Conservation de la religion chrétienne en Afrique, 376.
Retour de Pascal II à Rome. Du vrai fond de l'affaire des investitures. Henri V en Italie. Ses cruautés et ses dévastations, 376.
Sa convention avec le Pape. Son arrivée à Rome. Sa fourberie. Captivité du Pape. Indignation des Romains. Fuite du roi qui traîne le Pape avec lui, 377.
Noble conduite de Conrad de Salzbourg. Son exil et ses persécutions, 379.
Vexations de Henri contre les Romains. Privilége qu'il arrache à Pascal II. Son couronnement, 380.
Saint Brunon de Ségni s'élève contre la bulle du Pape, et Pascal lui ôte l'abbaye du Mont-Cassin, 381.
Léon, évêque d'Ostie. Sa *Chronique du Mont-Cassin*, 381.
Concile de Latran qui annule le privilége extorqué au Pape par Henri V. Mission de Gérard, évêque d'Angoulême, auprès de l'empereur, 382.
Lettre du Pape à Henri, 383.
L'épiscopat, en Italie et en France, venge, dans ses conciles, l'Eglise et son chef contre les outrages de l'empereur, 383.
L'empereur Alexis Comnène prend aussi fait et cause pour le Pape. Zèle de ce prince pour la vraie foi, 336.
Exposé de l'hérésie des bogomiles, 386.
Artifice de l'empereur pour saisir Basile, leur chef. Supplice de

TABLE DES MATIÈRES.

ce malheureux. Compassion d'Alexis pour ses sectateurs, et ses efforts pour les ramener à la vérité, 387.
Alexis convertit les pauliciens, 388.
Constitution impériale par laquelle les Eglises photiennes abdiquent toute indépendance à l'égard du pouvoir impérial, 388
Erreurs monstrueuses de Tanquelin, 388.
Autres hérésies de Pierre et de Henri. Zèle de Hildebert, évêque du Mans, pour réparer les ravages de ce dernier, 389.
Les solitaires de la Chartreuse édifient le monde chrétien. Rédaction des usages de cet ordre par Guigues. Aperçu de ces coutumes, 390.
Origine des chevaliers de Saint-Jean de Jérusalem. Statuts de cet ordre à la fois religieux et militaire, 391.
Du système féodal et de la formation des communes, 393.
Gualderic, évêque de Laon, s'oppose au mouvement communal, et paie de sa tête cette odieuse résistance, 394.
Conduite bien différente de saint Godefroi, évêque d'Amiens, 396.
Histoire des lettres au XIIe siècle. Abailard. Sa jeunesse et ses études. Ses disputes avec Guillaume de Champeaux. Célébrité de son enseignement. Ses relations criminelles avec Héloïse. Son mariage. Ses leçons de théologie, 396.
Saint Bernard. Sa naissance. Son enfance. Ses premières études. Sa résolution d'embrasser la vie religieuse, et son prosélytisme, 398.
Histoire du monastère de Citeaux jusqu'à l'arrivée de saint Bernard. Vie de saint Etienne, 400.
Noviciat de saint Bernard. Sa ferveur et sa charité, 402.
Filiation de l'abbaye de Citeaux. Saint Bernard fonde le monastère de Clairvaux. Sa vie exemplaire. Ses souffrances. Ses miracles, 402.
Naissance de saint Malachie d'Irlande. Sa vie domestique. Sa piété. Son apostolat. Il rebâtit le monastère de Bangor, est sacré évêque, puis archevêque, 405.
Election de Raoul au siége de Cantorbéry. Lettre de Pascal au roi d'Angleterre, 407.
Autre lettre remarquable du même au même sur la constitution de l'Eglise, 408.
Anselme, légat en Angleterre. Voyage de Raoul à Rome, 409.
Election d'Eadmer au siége de saint André en Ecosse. Difficultés à ce sujet, 410.
Mort de Guillaume, fils du roi d'Angleterre, 410.
Assemblées de Mayence et de Cologne, 411.
Concile universel de Latran dans lequel Pascal II condamne le privilège que lui avait extorqué l'empereur, 411.
Sédition dans Rome. Retraite du Pape. Henri V à Rome. Refus du clergé de le couronner, 412.
Mort de Pascal II. Election de Jean de Gaëte, sous le nom de Gélase II. Violence des Frangipane à son égard, 413.
Odieuse conduite de l'empereur Henri envers le nouveau Pape. Intrusion de l'antipape Bourdin. Humiliations et persécutions de Gélase. Sa retraite en France, 414.
Saint Norbert. Sa jeunesse vertueuse. Son relâchement et sa vie mondaine. Sa conversion miraculeuse. Son élévation à la prêtrise. Ses efforts pour réformer le chapitre de Santen. Persécutions qu'il s'attire. Ferveur de sa foi. Accusations de ses ennemis contre lui au concile de Fritzlar. Sa pauvreté volontaire. Son arrivée près du Pape. Propositions de Gélase pour le retenir auprès de sa personne. Fermeté de Norbert. Amples pouvoirs que le Pape lui confère pour la prédication. Travaux apostoliques du saint. Conversions innombrables et miraculeuses qu'il opère à Orléans, Valenciennes et dans le diocèse de Liége, 415.
Mort de Gélase II. Calixte II lui succède, 422.
Concile de Toulouse, 422.
Députation du Pape à Henri V. Promesses réciproques de l'empereur et du Pape, 422.
Concile de Reims. Causes qui y sont apportées. Les conciles étaient, au moyen-âge, les grandes assises de l'Europe, 423.
Conférence du Pape avec l'empereur à Mouzon. Fourberie et tergiversations de Henri V. Retour de Calixte à Reims. Décrets du concile. L'empereur est excommunié et ses sujets déliés du serment de fidélité. Silence de Fleury et de Longueval sur ce dernier point, 425.
Entrevue du Pape et du roi d'Angleterre à Gisors. Déférence de Henri pour Calixte. Affaire du duc Robert. Réconciliation des rois de France et d'Angleterre par l'entremise du Pape, 426.
Zèle immodéré de Geoffroi, archevêque de Rouen, 427.
Saint Norbert à Reims. Accueil qu'il reçoit du concile. Il se fixe à Prémontré. Son prosélytisme. Caractères de son institut. Sa merveilleuse propagation. Le saint fonde des établissements de religieuses de son ordre. Il convertit la ville d'Anvers. Sa conduite envers Thibaud de Champagne, 427.
Enseignement d'Abailard à Provins. Son orgueil. Condamnation de son *Introduction à la Théologie*, 430.
Entrée triomphante de Calixte II en Italie et à Rome. Son humanité envers Bourdin. Rétablissement de l'ordre, 431.

Assemblée de Wurtzbourg. Diète célèbre de Worms : conclusion de l'affaire des investitures. Paix entre le sacerdoce et l'empire, 432.
Premier concile général de Latran, 433.
Mort de Calixte II. Election d'Honorius II, 434.
Saint Othon de Bamberg. Ses bonnes œuvres. Sa lointaine réputation. Lettre que lui écrit Boleslas de Pologne. Le saint évêque va porter la foi aux Poméraniens. Son entrevue avec le duc de Poméranie. Succès de sa mission à Piritz. Baptême par immersion. Touchante conversion des Stétinois. La Poméranie tout entière devient chrétienne. Retour d'Othon à Bamberg, 434.
Services que les empereurs d'Allemagne auraient pu rendre à la civilisation. Mort de Henri V, 438.

LIVRE SOIXANTE-HUITIÈME.

L'esprit qui anime l'Eglise catholique se personnifie en saint Bernard.

De l'an 1124 à l'an 1153.

§ Ier.

Saint Bernard réforme les mœurs cléricales et monastiques, en quoi il est secondé par plusieurs saints personnages.

Portrait de saint Bernard. Son établissement à Clairvaux, 439.
Lettre de saint Bernard à son cousin Robert, retiré à Cluny. Renvoi de Robert à Citeaux, 441.
Troubles à Cluny, causés par l'abbé Ponce. Sa mort, 444.
Lettre de saint Bernard aux chartreux. Il va à Grenoble, 445.
Apologie réciproque de saint Bernard et de Pierre le Vénérable, abbé de Cluny. Leur sainte amitié, 446.
Conversion de Suger, abbé de Saint-Denys. Lettre que lui écrit saint Bernard, 450.
Lettre de saint Bernard à Henri, archevêque de Sens, 451.
Conversion et disgrâce d'Etienne de Senlis, évêque de Paris. Sa réconciliation, 453.
Charles le Bon, comte de Flandre. Son assassinat, 454.
Maladie de saint Bernard. Il assiste au concile de Troyes et donne la règle des Templiers, 456.
Election de l'empereur Lothaire II, 459.
Saint Norbert à Spire. Il est nommé archevêque de Magdebourg. Ses travaux, 463.
Saint Othon, évêque de Bamberg, retourne en Poméranie. Ses travaux, 463.

§ II.

La papauté trouve dans saint Bernard un puissant soutien.

Au milieu de la soumission générale de la chrétienté au Pape Honorius II, saint Norbert prévoit une persécution, 463.
Mort du pape Honorius II. Innocent II lui succède. Schisme de Pierre de Léon, 469.
Mort et canonisation de saint Hugues, évêque de Grenoble, 471.
Innocent II reconnu Pape légitime au concile d'Etampes d'après le jugement de saint Bernard. Il se retire en France et tient divers conciles, 472.
Saint Bernard lui concilie le roi d'Angleterre, 473.
Le pape Innocent reconnu en Allemagne, y fait un voyage. Son séjour à Saint-Denys et à Paris. Miracle des *Ardents*, 473.
Concile de Reims. Sacre de Louis le Jeune, 475.
Saint Aibert, 476.
Saint Isidore, 477.
Succès des Espagnols contre les Maures, 478.
Hildebert, archevêque de Tours. Ses écrits, 479.
Efforts de saint Bernard pour amener les évêques d'Aquitaine et le comte du Poitou à la reconnaissance du Pape légitime, 480.
Innocent II, accompagné de saint Bernard, retourne à Rome. Il y couronne l'empereur Lothaire, 482.
Saint Bernard réconcilie avec l'empereur les princes de Hohenstauffen, 483.
Saint Bernard poursuit la punition canonique de deux assassinats, 484.
Voyage du pape Innocent à Pise, où il convoque un concile général, 485.
Lettres de saint Bernard aux Milanais et au roi de France, 485.
Ouverture du concile. S. Bernard est l'âme de l'assemblée, 485.
Son voyage à Milan. Vénération des peuples pour sa personne. Ses miracles. Sa fuite de Milan, 486.
Fondation du monastère de Caravalle. Lettres de saint Bernard au Pape et au peuple de Milan. Prérogatives de Rome, 488.

Retour du saint en France. Amour réciproque des religieux et de l'abbé de Clairvaux, 489.
Le saint accompagne en Aquitaine le légat du Pape. Conversion du duc Guillaume. Mort terrible de l'évêque Gérard. Pénitence de Guillaume. Sa fin édifiante, 489.
Retour de saint Bernard à Clairvaux. Ses sermons sur le *Cantique des cantiques*, 490.
Conversion de Pons de Laraze et fondation de l'abbaye de Salvanès, 491.
Mort de Henri Ier d'Angleterre. Jugement sur ce prince; ses exactions, sa perfidie et sa violence. Ce qu'il faut penser de sa tempérance et de sa chasteté, 492.
Avénement du roi Etienne au trône d'Angleterre. Ses promesses. Révolte des Ecossais. Victoire de l'Etendard. Légation d'Albéric en Angleterre. Concile de Londres. Paix entre l'Angleterre et l'Ecosse, 494.
Nouveaux troubles en Angleterre. Mort du roi Etienne. Avénement de Henri Plantagenet, 495.
Maladie du roi de France. Sa profession de foi. Mariage de son fils Louis avec Eléonore. Mort de Louis le Gros, 496.
Le roi d'Aragon, Ranimire, et Raimond, comte de Barcelone, 497.
Troisième voyage de saint Bernard en Italie. Condescendance réciproque du Pape et de l'empereur sur l'affaire du Mont-Cassin et autres, 497.
Mort de l'empereur Lothaire, 499.
Défaite du roi Roger. Conférence entre saint Bernard et le cardinal Pierre de Pise. Miracle du saint à Salerne. Révolution au Mont-Cassin, 499.
Mort de Pierre de Léon. Election de l'antipape Victor. Fin du schisme. Lettre de Bernard au prieur de Clairvaux, 501.
Innocent II entre dans Rome et le saint abbé retourne à son monastère, 501.
Election et sacre de l'empereur Conrad. Opposition de Henri de Bavière. Sa mort. Lettre de Conrad à saint Bernard. Réponse de l'abbé, 502.
Concile général de Latran. Condamnation des prélats schismatiques. Règles de discipline. Excommunication de Roger de Sicile, 503.
Il entre en Apulie. Sa réconciliation. Sa correspondance avec saint Bernard, 504.

§ III.

Saint Bernard maintient contre Abailard la pureté de la foi catholique, illustrée par les travaux de Hugues de Saint-Victor et de quelques autres écrivains remarquables.

Arnaud de Bresce. Ses erreurs, Sa condamnation, 505
Nouvelles erreurs d'Abailard. Il est confondu par saint Bernard au concile de Sens. Lettre synodale des évêques de France au Pape sur ce concile, 506.
Saint Bernard écrit plusieurs lettres à Rome sur le même sujet, 507.
Apologie peu concluante d'Abailard. Suite de sa vie aventureuse. Sa profession de foi aux religieuses du Paraclet après sa nouvelle condamnation, 509.
Lettres du Pape au sujet de cette condamnation. Voyage d'Abailard à Rome. Ses rétractations. Sa conversion. Séjour à Cluny. Lettre de Pierre le Vénérable à Héloïse. Mort d'Abailard, 510.
Traité de l'abbé Guillaume sur *l'Eucharistie*. Ses autres ouvrages. Sa mort, 512.
Alger de Liége. Ses écrits sur la grâce et la nature, sur la miséricorde et la justice, sur l'eucharistie, 512.
Traités de l'abbé Rupert de Tui sur les offices divins, sur la Trinité et ses œuvres. Ses commentaires de l'Ecriture sainte et ses autres ouvrages, 513.
Hugues Métellus de Toul. Ses études. Sa vie. Ses lettres, 515.
Hugues de Saint-Victor. Son ouvrage sur les études. Sa *Somme de sentences*. Son remarquable *Traité des Sacrements de la foi chrétienne*. Ses commentaires sur l'Ecriture sainte, et autres opuscules. Sa mort, 515.
Opuscule de saint Bernard en réponse à une consultation de Hugues, 518.
Richard de Saint-Victor et ses écrits, 518.
Institution de la fête de la Conception de la sainte Vierge. Lettre de Bernard à ce propos, 520.
Saint Malachie. Sa sollicitude pour l'Eglise d'Armagh. Son voyage à Rome. Sa visite à Clairvaux. Sa légation en Angleterre. Eclatant miracle, 520.
Troubles en France à l'occasion d'un nouvel évêque de Bourges et du divorce du comte de Vermandois. Interdit jeté sur le royaume. Lettre de saint Bernard au Pape. Excommunication du comte de Vermandois. Déprédations du roi Louis en Champagne. Incendie de Vitry. Projet de paix. Efforts de saint Bernard pour calmer les esprits. Nouvelles lettres à Innocent II et au roi de France. Inutilité de ces négociations, 521.
Troubles à Rome. Mort d'Innocent. Election de Célestin II, 526.
Réconciliation du roi Louis avec l'Eglise, le comte de Champagne et l'archevêque de Bourges, 526.
Mort de Célestin. Election de Lucius II. Démarches inutiles des révolutionnaires de Rome près du roi Conrad. Charte *d'oblation et d'assurance à saint Pierre*, envoyée au Pape par le roi de Portugal, Alphonse Henriquez. Réflexions à ce sujet, 527.
Le roi Roger recommence la guerre. Efforts du Pape pour pacifier l'Italie septentrionale, 528.
Sacre d'Eugène III, qui reçoit une députation des évêques d'Arménie. Etonnement de saint Bernard à la nouvelle de l'élection de son ancien disciple, 528.
Robert Pullus fait refleurir l'université d'Oxford. Sa lettre à saint Bernard après l'élection d'Eugène. Ses ouvrages, 530.
Funestes effets des déclamations insensées d'Arnaud de Bresce à Rome, 531.
Le Pape rentre dans Rome, qu'il quitte bientôt après. Lettres de saint Bernard aux Romains et au roi Conrad. Comment le saint abbé entendait et comment on doit entendre la politique, 531.
Les cinq livres de saint Bernard sur la *Considération*. Devoirs d'un Pape, 532.

§ IV.

Travaux apostoliques de saint Bernard. — Deuxième croisade. Vénération des peuples pour le saint abbé. — Sa mort.

Sac d'Edesse en 1144. La chrétienté s'ébranle à la voix de saint Bernard et du Pape. Assemblées de Bourges et de Vézelai. Miracles du saint. Il protége les Juifs et confond le moine Rodolphe, 538.
Saint Bernard parcourt l'Allemagne, prêchant la croisade. Ses succès. Ses miracles innombrables. Conséquence qu'on peut en tirer, 542.
Parlement d'Etampes. Conquêtes de Roger de Sicile. Cour plénière de l'empereur Conrad. Saint Léopold et Othon de Frisingue. Le pape en France, 545.
Conciles de Paris et de Reims. Gilbert de la Porée. Sa soumission. Extravagances d'Eon de l'Etoile. Erreurs dangereuses des pétrobrusiens, des henriciens et des albigeois, 546.
Ouvrage de Pierre le Vénérable sur ces hérésies, 549.
Albéric, légat en Languedoc. Saint Bernard l'y accompagne. Lettre du saint. Nouveaux miracles, 551.
Réfutation des hérétiques par le moine Ecbert, et sermons de saint Bernard sur le même sujet, 553
Traité de Pierre le Vénérable contre les Juifs. Ce qu'on doit penser des fables et de la morale du Talmud, 556.
Première traduction de l'Alcoran en latin, due aux soins de l'abbé de Cluny. Son ouvrage contre les Musulmans, 557.
Débats et contestations au sujet de l'archevêque Guillaume d'York. Sa déposition, 559.
Autres affaires terminées au concile de Reims, 560.
Croisade contre les Slaves, 561.
Saint Henri, évêque d'Upsal, et saint Eric, roi de Suède, 561.
Hartwic, archevêque de Brême, rétablit les évêchés ruinés par les Barbares. Saint Vicelin, évêque d'Oldenbourg, 562.
Merveilleuses révélations de sainte Hildegarde. Examen qu'en fait le Pape au concile de Trèves. Correspondance de la sainte avec Eugène III, le roi d'Allemagne et autres nobles personnages, 562.
Séjour du Pape à Clairvaux. Il s'arrête à Citeaux et retourne à Rome, 564.
Saint Gilbert de Sempringam et saint Etienne d'Obasine au chapitre général de Citeaux, 564.
Voyage de saint Malachie. Sa mort à Clairvaux, 566.
Le légat du pape Eugène III érige quatre archevêchés en Irlande, 567.
Précieux et remarquables dialogues d'Anselme de Havelberg, touchant la doctrine et le rite des Grecs : *De l'unité et de la multiformité de l'Eglise; de la procession du Saint-Esprit; de la primauté du Pape*, 567.
Succès des croisés italiens, anglais et flamands en Espagne. Prise de Lisbonne. Erreurs de Michaud à ce sujet, 572.
Conrad de Germanie, Louis de France et les Grecs du Bas-Empire. Témoignages peu suspects des historiens grecs eux-mêmes, 573.
Description de Constantinople par Odon de Deuil, 574.
Ce qui donna aux croisés l'idée de prendre Constantinople. Perfidie des Grecs. Leur trahison. Désastre de Conrad, 574.
Revers de l'armée française. Héroïque bravoure du roi Louis. Nouvelles fourberies des Grecs. Justice de Dieu sur ces traîtres, 575.

La reine Eléonore et son oncle Raymond, prince d'Antioche, 576.
Assemblée générale des croisés à Ptolémaïs. Siége de Damas. Triste issue de la deuxième croisade. Son résultat pour la chrétienté. Généreuse et sage pensée de Suger sur une nouvelle entreprise, 577.
Mémorables faits d'armes des croisés de Palestine. Inutiles efforts des Turcs devant Jérusalem. Prise d'Ascalon. Mort de Raymond d'Antioche. Nouvelles trahisons des Grecs. Captivité du roi de France, délivré par les Siciliens, 579.
Tentatives des révolutionnaires à Rome. Leurs offres au roi Conrad. Guibald de Corbie, médiateur entre Conrad et le Pape.

Projet de guerre contre le roi de Sicile. Mort de Conrad, 581.
Election de Frédéric de Souabe. Sa lettre au Pape. Concordat entre l'un et l'autre. Mort d'Eugène III. Election d'Anastase IV, 583.
Henri, frère du roi de France, moine et puis évêque, 583.
Vénération et affection universelle pour saint Bernard. Sa maladie. Son dernier voyage. Ses derniers miracles. Sa dernière lettre, 584.
Mort du saint abbé. Dernier regard sur sa vie et sur ses bienfaits. Comment le Midi et le Nord, l'Orient et l'Occident s'unissent pour l'aimer et le bénir, 585.

FIN DE LA TABLE DES MATIÈRES DU TOME SIXIÈME.

NOTES RECTIFICATIVES ET COMPLÉMENTAIRES

L'HÉRÉSIE DES MANICHÉENS EN FRANCE (p. 5, col. 2).

Parmi les assemblées d'évêques tenues sous les règnes de saint Henri et de Robert le Pieux, Rohrbacher mentionne le synode d'Orléans, convoqué par les soins de Robert au sujet des hérétiques de cette ville, et qui témoigne du zèle du pieux roi pour l'orthodoxie.

D'après Raoul Glaber, l'hérésie découverte à Orléans aurait été importée d'Italie en France par une femme, et cela longtemps avant que cette erreur fût reconnue. Les *Gesta synodi Aurelianensis* (1) parlent aussi de cette propagation de l'erreur pendant plusieurs années, mais sans mentionner les rapports qu'elle aurait eus avec l'Italie. D'autres documents, en particulier la chronique d'Adhémar d'Angoulême, qui était contemporain, désignent les hérétiques d'Orléans sous le nom de Manichéens (2).

L'erreur secrètement enseignée fut dénoncée en même temps au duc Richard V de Normandie et au roi de France. Celui-ci se rendit à Orléans, et ayant fait saisir les hérétiques, les traduisit devant un synode réuni dans l'église de Sainte-Croix. Les clercs, au nombre de treize, parmi lesquels dix chanoines, convaincus d'hérésie, furent déposés, exclus de l'Église, conduits devant la ville et brûlés (3).

Pagi a prouvé que le synode d'Orléans s'est tenu en 1022 et non en 1017, comme l'a dit Raoul Glaber par mégarde (4).

LES TERREURS DE L'AN MILLE ET LES MILLÉNAIRES (p. 7).

On a contesté de nos jours les frayeurs répandues dans le peuple à l'approche de l'an mille. Rohrbacher n'en parle pas. Les exagérations fantaisistes, les attaques même des historiens anticatholiques qui ont pris occasion de ce fait, soit pour dénoncer l'infériorité de l'état intellectuel et social du moyen âge (5), soit pour accuser le clergé d'avoir habilement propagé à son profit une superstition populaire (1), ont porté quelques apologistes à nier ce que des témoignages contemporains constatent positivement (2). D'autres écrivains ont soutenu avec des intentions différentes la même thèse, se proposant de démolir une vieille légende admise de confiance par tout le monde (3).

Il y a certainement de l'exagération à parler de panique générale, de consternation universelle à cette époque, et à dire avec M. de Sismondi que « la masse entière des hommes se trouvait dans la situation d'âme d'un condamné qui a reçu sa sentence, » ou avec M. Michelet qu'il ne restait aux captifs, aux serfs, aux moines que « l'effroyable espoir du jugement dernier » ; mais pour n'avoir pas été universelles, les terreurs répandues par la superstition de l'an mille n'en ont pas moins agité les populations.

Les témoignages des contemporains Abbon de Fleury (4), Sigebert de Gembloux (5) et surtout Raoul Glaber (6), complétés par Godwel (7) et Tritheim (8), sont assez formels à ce sujet, et, à notre avis, ils n'ont pas été infirmés par les considérations qu'on a fait valoir contre eux.

Mais il existe un témoignage moins connu et plus curieux de cette attente où l'on était dans beaucoup d'endroits, surtout dans le Midi (9), de la grande catastrophe. C'est une prose avec chant, provenant de l'abbaye d'Ariane, et inspirée par la préoccupation de la fin du monde (10).

---

(1) D'Achery, *Spicileg*, dans Mansi, t. XIX, p. 373 et 376, et dans Hard., t. VI, p. 821, sqq.
(2) Mansi, *l. c.*, p. 375 ; Hard., l. c., p. 822.
Plus tard on découvrit des hérétiques de la même secte dans les environs d'Arras et de Liège.
(3) Cf. Héfélé, *Hist. des Conciles*, t. VI, p. 253 et suiv.
(4) Baron., *a.d. an.* 1017, 1.
(5) De Sismondi, *De la chute de l'empire romain*, Paris, 1835, t. III, pp 397-398.
Michelet, *Histoire de France*, Paris, 1835 t. II, p. 132.

(1) Cayx et Poirson, *Histoire de France*, p. 150.
(2) Dom Plaine, *Les prétendues terreurs de l'an mille* (dans *Revue des questions historiques*, Janv. 1873, p. 145-149).
Cf. contra, *Histoire littéraire de la France*, t. VI, Préface, nos XIII et XIV et p. 478.
(3) Raoul Rosières, *La légende de l'an « mil »* dans *Revue politique et littéraire*, 30 mars 1878.
(4) *Apologeticum* dans Migne, *Patrol lat.*, t. CXXXIX, col. 462.
(5) *Chronicon ad an.* 1000 dans *Historiens de France*.
Cf. Pagi *ad Baron.*, an. 1001.
(6) *Histor.* lib. III, c. IV et VI. D'après lui, l'année fatale devait arriver mille ans après la mort de N.-S. Jésus-Christ, c'est-à-dire l'an 1033.
(7) *Chronic. Hirsaug.*, p. 103.
(8) *Monach. Lemovic* dans *Historiens de France*, t. X, p. 262.
(9) C'est plus particulièrement qu'on trouve ces formules de testaments et d'actes publics qui font allusion, dans le cours des IXe et Xe siècles, à la fin du monde.
(10) Elle a été publiée sous ce titre : *Prose de Montpellier ou Chant du dernier jour*, composée pour l'an mille en notation neumatique, 2e édition, par MM. Paulin Blanc et l'abbé Tesson, Paris, 1863 ; Cf. *Mémoires de la Société archéologique de Montpellier*, t. III, 1850.
Cette prose est tirée d'un manuscrit de la fin du Xe ou du commencement du XIe siècle ; elle est notée en points superposés, suivant le système de notation du chant dans les mss. du IXe au XIe siècle. La poésie, inspirée de pensées du jugement dernier, en est simple et grandiose ; la mélodie, écrite dans le 1er mode du chant grégorien, est d'un caractère expressif. Paroles et musique forment une des plus belles compositions du moyen âge. Le texte du manuscrit de l'abbaye d'Ariane n'est qu'une copie où se rencontrent plusieurs fautes dues à l'ignorance ou à la négligence du transcripteur.

En voici la première strophe :

> Audi tellus, audi magni maris limbus;
> Audi homo, audi omne quod vivit sub sole :
> Veniet, prope est dies iræ supremæ,
> Dies invita, dies amara,
> Qua cælum fugiet, sol erubescet,
> Luna mutabitur, dies nigrescet,
> Sidera supra terram cadent.
>
> Heu miseri ! heu miseri !
> Quid, homo, ineptam sequeris lætitiam ?

Abbon, avec Richard, abbé du monastère de Fleury, écrivit contre l'opinion « fort accréditée, » dit-il lui-même, de la fin du monde. Cette erreur, renouvelée du millénarisme, que plusieurs Pères de l'Église avaient professée, s'appuyait sur des textes mal compris de l'Apocalypse d'où l'on inférait que mille ans révolus après la naissance de Jésus-Christ, l'antéchrist paraîtrait et qu'avant le jugement final commencerait le règne terrestre du Sauveur, pendant lequel les justes ressuscités, en possession d'une Jérusalem nouvelle descendue des cieux, jouiraient ici-bas d'une paix inaltérable et partageraient la gloire et la puissance de leur chef (1). Les auteurs de l'*Histoire littéraire* conjecturent que ce fut pour s'édifier sur cette opinion que la reine Gerberge, femme de Louis d'Outre-mer, engagea Adson à écrire sur l'antéchrist (2). Celui-ci, loin de donner dans l'erreur populaire, montra à la reine que le temps de l'antéchrist était encore fort éloigné et que même le jugement dernier ne suivrait pas de si près la destruction de cet ennemi du Christ (3).

Ces suppositions des Millénaires ont repris de la vogue au XVIIIe siècle et au commencement du XIXe parmi les écrivains protestants d'Angleterre, dont les plus exaltés sont : Clayton, évêque de Clogher ; Thomas Newton, évêque de Bristol ; Worthington, Bellamy... Ils annoncent que le mal physique et moral finira pour faire place à une félicité parfaite, et par ce mal ils entendent le pape, l'Église de Rome, l'empire ottoman, l'antéchrist, lesquels seront renversés et suivis d'un âge d'or. L'évêque Clayton fixe à l'an 2000 la date précise de la conversion des Juifs et de la chute du paganisme. Worthington voit dans le progrès des arts et des sciences un acheminement vers cette ère de prospérité et de bonheur, qui serait annoncée *par les nouveaux cieux et la nouvelle terre* (4), dont parle l'Apocalypse et qui commencerait vers 2000 ; mais il faudra d'abord passer par les désastres causés par Gog et Magog, c'est-à-dire par les peuples du nord dont Ezéchiel prédit l'invasion. Ce prophète a inspiré aux Allemands des rêveries semblables. Le prince de Ross, Mosch et Tobol viendra fondre sur les élus du Seigneur du côté de l'aquilon, de la terre de Gog et de Magog (5), que l'on croit l'ancienne Scythie ; ce passage du prophète signifierait qu'une formidable avalanche des peuples du nord de la Russie tomberait sur les peuples du Midi.

---

(1) *Apocal.*, c. XX, 3 et 4 ; c. XXI, 1.
(2) Mab., *Vet. Anal.*, t. III, p. 594, no 26.
(3) Le traité d'Adson, mal à propos attribué par plusieurs éditeurs à saint Augustin et à Alicun, se trouve dans les œuvres de l'un et de l'autre ; Alicun, *Opera*, Paris, 1617. p. 1209 ; saint Augustin, *Op.*, t. XI, *aud. et cow.*, Paris, 1700. Duchesne en a retrouvé la préface où Adson se nomme lui-même, et l'a publiée dans *Historiæ Francorum scriptores*, t. II, Paris, 1636, p. 844.
(4) *Apocal.*, cap. XXI, v. 1. *Epist. II S. Petri*, cap. III, v. 13.
(5) *Ezech.*, cap. XXXIX, v. 12.

Ross serait le nom slave des Russes, Mosch, celui de Moscou, Tobol, celui de Tobolsk, capitale de la Sibérie.

En France, le président Agier, au commencement du XIXe siècle, a aussi soutenu l'idée d'une époque de béatitude et de paix, répondant au règne de mille ans dont Jésus-Christ doit jouir avec ses saints.

Toutes ces suppositions et ces rêveries ont pour principale source le texte de l'Apocalypse où saint Jean dit : « Je vis les âmes de ceux qui avaient eu
« la tête tranchée pour rendre témoignage à Jésus
« et à la parole de Dieu... Ils vécurent et régnè-
« rent mille ans avec le Christ. Les autres morts
« n'eurent pas la vie avant que les mille ans soient
« accomplis. C'est la première résurrection. Heu-
« reux et saint celui qui aura part à cette résurrec-
« tion... Ils seront prêtres de Dieu et du Christ et
« régneront avec lui pendant mille ans (1). » Ce règne de Jésus-Christ avec ses saints pendant mille ans ne doit pas s'entendre au sens littéral. Il signifie une période indéterminée pendant laquelle les bienheureux jouiront de la gloire céleste auprès du Sauveur, avant la résurrection générale. Le bienheureux Holzhauser interprète ainsi ce passage (2) :
« Saint Jean voit donc les âmes de tous les martyrs
« de l'Eglise en général, et ceux de la fin des
« temps. On doit remarquer qu'il ne fait pas men-
« tion des corps, mais seulement des âmes de ces
« saints ; et c'est pour nous faire voir que ces
« âmes jouiront de la gloire éternelle avant la
« résurrection universelle des corps. *Et ils ont régné
« et vécu mille ans avec Jésus-Christ;* c'est comme
« s'il disait : Les premiers martyrs ont vécu et
« régné mille ans avec Jésus-Christ... Les autres
« morts ne sont entrés dans la vie qu'après les
« mille ans accomplis... Le prophète cite encore
« ici un nombre déterminé pour un nombre indé-
« terminé... Saint Pierre disait qu'aux yeux du
« Seigneur un jour est comme mille ans, et mille
« ans sont comme un jour. Ces paroles de saint
« Pierre sont une prophétie qui prévenait déjà la
« primitive Eglise, au moins indirectement, que le
« second avènement de Jésus-Christ pourrait bien
« n'avoir pas lieu immédiatement après que les
« mille ans de son règne seraient accomplis à la
« lettre, car tout le contexte fait voir que saint
« Pierre a voulu donner une explication sur ce
« qu'on doit moralement entendre par les mille
« ans dont il est ici question. »

Ainsi, d'après le vénérable Holzhauser, il ne s'agit pas dans ces paroles de l'Apocalypse d'un règne de Jésus-Christ sur la terre, ni d'une période précise de mille ans. Ce n'est pas qu'il faille oublier une autre déclaration de saint Pierre, rappelant une promesse du divin maître : « Nous attendons sui-
« vant sa promesse de nouveaux cieux et une nou-
« velle terre, où la justice a fixé son séjour (3). »
Saint Thomas reconnaît qu'après la conflagration

---

(1) *Apocalypsis*, cap. XX, v. 4-7.
(2) *Interprétation de l'Apocalypse*, par le vénérable Holzhauser, traduction du chanoine de Wuilleret, t. II, l. VIII, ch. XX, v. 4-7 Paris, 1859, p. 308. S'appuyant sur la tradition, sur l'enseignement théologique et sur l'autorité des Pères et des docteurs. Le R. P. Lescœur a très bien établi la doctrine de l'Eglise sur cette question. Voir *le Règne temporel de Jésus-Christ. Etude sur le millénarisme* Paris, 1868.
(3) *S. Petri Epist*

MOUVEMENT ARCHITECTURAL DES XIᵉ ET XIIᵉ SIÈCLES (p. 7, col. 2).

En parlant de l'élan avec lequel les populations se mirent après l'an 1000 à la construction des églises, Rohrbacher aurait pu s'étendre davantage sur cet admirable mouvement de foi d'où naquit un art nouveau en architecture. Rien n'en donne mieux l'idée que la célèbre lettre qu'Haimon, abbé du monastère de Saint-Pierre-sur-Dives, au diocèse de Séez, adressait en 1145 aux moines de Tutbury, pour leur faire connaître les faits merveilleux dont la reconstruction de son église abbatiale était l'occasion.

Des travaux immenses pour des temps où les difficultés matérielles s'accumulaient à chaque pas, étaient rapidement accomplis par le concours spontané des populations entières ; une foi ardente, un saint enthousiasme s'étaient emparés de toute la contrée et entraînaient les enfants comme les vieillards, les femmes aussi bien que les soldats, à travailler au nouveau temple qu'on élevait à la gloire de Notre-Dame. On les voyait s'atteler aux chariots qui transportaient à l'abbaye de lourds matériaux, et sur lesquels des malades venaient implorer leur guérison. Les chants, les flagellations, tous les actes inspirés par la plus vive dévotion accompagnaient ces travaux et redoublaient quand le bruit d'un nouveau miracle se répandait dans la foule des ouvriers.

Tel est le curieux épisode, partout renouvelé, de la construction des églises au moyen âge, que nous fait connaître la lettre d'Haimon. Ce document avait souvent attiré l'attention des érudits ; mais on ne le connaissait jusqu'ici que par une très médiocre traduction publiée en 1671 par dom Planchette, et réimprimée en 1851, avec de nombreux documents et des notes précieuses par M. L. de Glanville. Le texte original a été retrouvé par M. L. Delisle et publié en 1860 dans la *Bibliothèque de l'École des Chartes*. M. l'abbé Denis en a donné une bonne traduction qui aidera à le populariser (3).

---

(1) *Summa*. Supplem, Quæst. XCI, art. IV.
(2) Id., art. 1ᵉʳ. Cf. Dechamp, *le Christ. et les Antichrists* App. pp. 595 et suiv. Tournai, 1858.
(3) Voir : *L'église de l'abbaye de Saint-Pierre-sur-Dives en 1145* ; Caen, 1867.

DITMAR, ÉVÊQUE DE MERSEBOURG (p. 8).

Ditmar, mort en odeur de sainteté en 1018 ou 1019, a laissé une *Chronique pour servir à l'histoire des empereurs Henri Iᵉʳ, Othon II, Othon III et Henri II* (1). Dans cette chronique l'auteur a fait entrer une grande partie de l'histoire ecclésiastique de ce temps.

SAINT HENRI ET L'ÉPISCOPAT ALLEMAND (p. 8).

Le règne de l'empereur saint Henri II (1002-1024), aussi utile pour l'Église que glorieux pour l'Allemagne, fut illustré par vingt-deux évêques qui méritèrent après leur mort d'être proclamés saints (2). La gloire de cette floraison de sainteté au milieu de l'épiscopat revient à l'empereur, que sa piété personnelle portait à choisir pour évêques les plus dignes. De concert avec le pape, il travailla activement à la réforme de l'Église et convoqua à ce sujet plusieurs conciles où la simonie et le concubinage furent sévèrement réprimés. — L'Église revit en Allemagne sous son règne les beaux temps d'Henri Iᵉʳ et des Othons. C'est ainsi qu'aux Xᵉ et XIᵉ siècles, la maison royale d'Allemagne, illustrée par plusieurs saintes reines (3), fut la source d'un épiscopat saint et savant.

VOYAGES DES PAPES (pp. 16, 54, 56, 73).

Ce ne fut jamais sans des causes d'une importance majeure que les souverains pontifes quittèrent momentanément leur résidence habituelle, à Rome. L'on doit donc considérer le voyage d'un pape comme un *événement*, ou plutôt comme un fait qui se rattache à un événement marquant dans l'histoire. Il serait donc intéressant de voir réunis, en une publication, les pièces et documents relatifs aux voyages des souverains pontifes, de discuter les causes de ces voyages et d'en apprécier les résultats. Un pareil travail serait du reste facilité par les actes et mémoires historiques publiés de notre temps, notamment par le P. Theiner.

Nous avons, il est vrai, un opuscule sur la matière, publié sous le titre de *Die Reiden der Päpste* par M. de Muller. Cette brochure a certainement son mérite, d'autant plus que son auteur était protestant et qu'il défendait le véné-

---

(1) Ditmar. *Chronici libri VIII*, etc. Francfort-sur-le-Mein, 1584, in-f°. Elle a été aussi imprimée dans Reineccius, *Scriptores Rerum Germanicarum*, et dans Leibnitz, *Scriptores rerum Brunsvicensium*, avec des variantes et des corrections. Une nouvelle édition a paru à Dresde en 1790, et une autre, donnée par Wagner, à Nuremberg en 1807. La meilleure est celle de Luppenberg dans Pertz, *Monum. German. historic.*, t. V, pp. 723, sqq.
(2) Ces évêques sont énumérés dans la biographie de saint Meinwerk, évêque de Paderborn. V. *Act. SS.*, t. I, jun, p. 545.
(3) Notamment sainte Mathilde, femme de Henri Iᵉʳ, et Edithe et Adélaïde, toutes deux femmes d'Othon 1ᵉʳ. Sur ces princesses, voir L. Clarus, *Die heilige Mathilde*, etc., Guedlinbourg, 1867 ; Cf. *Vita Mathildis, reginæ*, ap Pertz, *Monum.* (Script.), t. X, pp. 575-582) ; sur Edithe : Giesebrecht, *Gesch. d. deutsch. Kaiserzeit*, 2ᵉ édit., 1860, t. I. pp. 316-19 ; Odil Clun... *Vita S. Adelheidæ imperat.*, ap. Pertz, *Script.*, t. IV, pp. 636-645.

rable Pie VI contre l'ignoble pamphlet qu'Eybel avait lancé sous le titre : *Quid est Papa?* Mais l'œuvre de Jean de Muller est incomplète; car, pour n'en citer qu'un exemple, on y chercherait en vain le voyage de Léon III en France, en 803; celui de Benoît VIII en Allemagne, en 1020, et les trois voyages de saint Léon IX en France et en Allemagne. Du reste, M. de Muller n'a jamais eu l'intention d'écrire une œuvre historique comme nous la désirerions : sa publication est tout simplement une protestation s'exprimant en quelques pages puisées dans l'histoire.

DURAND, ÉVÊQUE DE LIÉGE (p. 18).

Ce prélat s'illustra dans l'enseignement des arts libéraux à l'école de l'église de Bambéry en Bavière. L'empereur Henri ayant demandé à l'évêque Wolbodon, de Liége, un clerc savant en littérature — *clericum scientem litteraturam* — Wolbodon lui adressa Durand, et le recommanda vivement. Durand inspira à Henri, roi des Francs, les procédés qu'il devait suivre à l'égard de l'hérésie de Bérenger et de Brunon d'Angers (1).

Autour de Durand se groupe toute une série d'hommes illustres par leur science et leur piété, parmi lesquels nous citerons les suivants : Notker, évêque de Liége ; Wason, évêque de Liége ; Hubald, chanoine de l'Église de Liége; Adelman, évêque de Bresse, et Francon de Cologne.

Le plus illustre des professeurs de la ville de Liége, celui qui contribua le plus à rehausser l'éclat de son siècle, fut, sans contredit, l'évêque Notker (2). Issu d'une ancienne famille noble de la Souabe, qui donna plusieurs savants à l'Allemagne (3), Notker fut moine à Saint-Gall avant de passer au siège épiscopal de Liége (4) (971-1098). On croit pouvoir lui attribuer un traité de rhétorique, un traité sur le comput, deux livres sur l'astronomie, et une traduction latine du *Traité de l'Interprétation* d'Aristote (5).

Wason, que l'on présume être né au pays de Liége, avait été élevé, dès son enfance, dans l'abbaye de Lobbes, sous la discipline du savant Hériger. Ses talents l'appelèrent au service de l'empereur Conrad en qualité de chapelain. Il ne tarda pas à gagner l'estime de la cour et les bonnes grâces de l'empereur qui le consulta fréquemment et le prit même pour arbitre dans mainte cause difficile (6). Cependant Wason étant revenu à Liége, devint archidiacre et prévôt, et succéda finalement, dans l'évêché (1042-1048), à son disciple Nitkard. Sous son épiscopat l'école de Liége soutint sa vogue, et vit accourir ses élèves de tous les pays (7). Si grande était la réputation de l'évêque de Liége, que les papes, les empereurs, les prélats d'autres diocèses avaient recours à ses lumières.

(1) Chapeauville, t. I, pp. 258-259.
(2) Mab., *Ann. Bened.*, t. III, pp. 608-609, 1. XLVII, c. xxv, ad. a. 971. — *Ampl. coll.*, t. IV, pp. 861-867, *passim* ; p. 861, c. xxii; pp. 864, c. xxv ; pp. 865-866, c. xxvi; pp. 866, c. xxvii.
(3) Notker Balbulus, Notker Labeo, Notker surnommé *Piperis, granum*.
(4) *Hist. litt.*, t. VII, pp. 209-210.
(5) *Hist. litt.*, t. VII, pp. 215.
(6) *Hist. litt. de Fr.*, t. VII, pp. 388-390.
(7) Chapeauville, *Anselmus*, t. I, p. 309.

L'épitaphe que l'on fit à Wason résume la haute considération que ses contemporains avaient de son mérite

Ante ruet mundus quam surgat Waso secundus (1).

Hubald ou Hubold, élève de Notker, quitta Liége, à l'insu de son maître, pour se rendre à Paris, près des chanoines de Sainte-Geneviève, où il enseigna avec beaucoup de succès et attira en peu de temps un grand nombre d'élèves (2) ; mais Notker ayant appris le lieu de sa retraite, le somma de revenir sous peine d'excommunication. Ses amis le virent partir avec un regret extrême. Quelque temps après, Notker étant venu à Paris, les chanoines de Sainte-Geneviève le prièrent d'autoriser Hubald à passer, ne fût-ce qu'un seul mois de l'année, parmi eux. L'évêque consentit à ce qu'il y vînt demeurer annuellement pendant trois mois et même davantage. Hubald y professa encore pendant quelques années. De Paris il alla enseigner à Prague, où il obtint le même succès (3).

Adelman fut d'abord écolâtre de la cathédrale de Liége. Il était très versé dans les saintes Écritures, « et non seulement grammairien, c'est-à-dire habile dans les belles-lettres, mais aussi philosophe; c'était un des fameux dialecticiens de son temps et un bon théologien (4). » Étant encore sous-diacre, il quitta la ville de Liége vers la fin de l'épiscopat de Durand (1021-1025), et se rendit à Chartres, où il fréquenta l'école du célèbre Fulbert (5) qui le compta parmi ses élèves favoris. Mais, en 1025, Réginard ayant succédé à Durand dans l'épiscopat de Liége, écrivit à Fulbert pour lui redemander son diacre. Adelman, qui regrettait peut-être de se voir écarté des discussions scolastiques, continua à prendre part de loin, pour combattre les écarts des hérésiarques. C'est ainsi qu'il attaqua Bérenger en lui adressant une lettre intitulée : *De veritate corporis et sanguinis Christi in Eucharistia* (6).

Adelman passa ensuite en Lombardie, et fut promu à l'évêché de Bresse, en 1050. Il mourut en 1062.

Francon de Cologne remplit d'abord les fonctions d'écolâtre à Liége (1066-1088). Il était très versé dans la littérature ecclésiastique et profane ; il excellait dans les mathématiques et surtout dans la musique. On lui attribue l'invention de la *mesure* sur laquelle il composa un traité. Cette découverte a fait

(1) Chapeauville, *Anselmus*, t. I, pp. 281, 287, 292, 309. — Mab., *Ann. Ben.*, t. IV, pp. 413, l. LVII, c. LXXVIII, a. 1036 ; *Hist. litt. de Fr.*, t. VI, pp. 17, 18 et 388-390 ; *Ampl. Coll.* Anselmus, t. IV, p. 812, c. xxxvi-xxxvii; p. 882, c. xl-xlii, et *passim*, p. 912.
(2) Chapeauville, *Anselmus*, t. I, p. 218. *Ubi multorum scholarium instructor fuit* ; *Ampl. coll.*, t. IV, pp. 865, 866. *In brevi multos scholarium instruxit.*
(3) Chapeauville, *Anselmus*, t. I, p. 218; *Hist. litt.*, t. VI, pp. 31 et 83.
(4) *Vir in omni varietate scripturarum doctissimus*, *Hist. litt. de Fr.*, t. VII, pp. 542-546 ; *Vir in divinis scripturis studiosus et eruditus philosophus et dialecticus suo tempore famosus* ; Launoi, *D schol. cel.*, c. xxv, p. 107, d'après *Trithème*.
(5) Adelman y eut pour condisciples Bérenger, Hildier, Sigon, Lambert, Humfried, et plusieurs autres savants, *Hist. litt.*, t. VII, pp. 542-546.
(6) Il est à présumer, dit l'*Hist. litt. de Fr.*, t. VII, pp. 542-546, « que ce fut à cause du déluge de maux dont il voyait l'Église inondée, et principalement par les suites funestes des erreurs de Bérenger, qui causaient, comme il paraît, des troubles particuliers dans l'église de Liége. » A propos de l'écolâtre Gozechin, qui s'expatria pour les mêmes motifs, l'*Hist. litt.*, t. VII, pp. 499-500, dit encore : « Le même motif avait porté plusieurs autres savants à renoncer à leurs chaires et aux avantages qui y étaient attachés, pour chercher une retraite et s'y occuper uniquement de l'étude de la vraie sagesse ».

douter si ce savant avait bien réellement vécu au XIe siècle, et non au XIIIe. Francon a écrit un traité sur la quadrature du cercle (1).

LE CHANT ECCLÉSIASTIQUE (p. 24).

Rohrbacher signale l'invention des notes de la gamme par Gui d'Arezzo, comme une découverte importante pour le chant ecclésiastique. Le système de notation imaginé par Gui d'Arezzo n'apportait tout au plus qu'une commodité nouvelle pour la lecture et l'exécution du chant ; on ne voit pas qu'il ait beaucoup servi dans l'Église au développement de l'art musical. La notation en lettres, combinée avec les neumes, comme le célèbre manuscrit de Montpellier en offre un exemple, était peut-être plus rationnelle et en tout cas aurait mieux conservé la tradition grégorienne dans l'exécution du plain-chant. Quoi qu'il en soit, le chant dit grégorien existait et avait produit des chefs-d'œuvre avant l'invention de Gui d'Arezzo. Si les XIIe et XIIIe siècles offrent encore de très belles compositions, conçues dans le pur système des modes grecs, le chant ecclésiastique dégénéra dans sa forme et dans son exécution, à mesure que se forma la musique moderne qui date sa naissance de Gui d'Arezzo (2)

TEMPS DE L'APOSTOLAT DE SAINT MARTIAL, D'APRÈS LES SYNODES FRANÇAIS TENUS DE 1021 A 1031 (p. 36, col. 2).

La question de l'époque où saint Martial évangélisa le Limousin, fut vivement débattue dans les synodes tenus à Limoges, à Poitiers, à Paris et à Bourges, de 1021 à 1031 (3). Quoique les documents invoqués fussent loin d'être contemporains, ils avaient une antiquité trop respectable pour qu'on n'en doive pas tenir compte. Dans les anciennes litanies, le premier évêque de Limoges était placé simplement au rang des confesseurs, en qualité de compagnon de saint Denis et de disciple de saint Pierre ; mais les moines du couvent qui lui était dédié ayant commencé à l'invoquer comme apôtre, une discussion s'éleva entre eux et le clergé. Un synode rassemblé à Limoges en 1021, n'ayant pas fait taire les réclamations, un autre fut convoqué à Poitiers en 1023, par Guillaume, duc d'Aquitaine, lequel montra aux évêques réunis un ancien *codex* écrit en lettres d'or, présent du roi anglais Canut, et dans lequel saint Martial avait le titre d'apôtre. Un troisième synode, célébré à Paris en 1024, reconnut que cet honneur pouvait être attribué à saint Martial et à d'autres qu'aux douze nommés dans l'Evangile (4).

(1) Launoi, *De Scholis cel.*, c. xxv, p. 106; *Hist. litt.*, t. VII, p. 18 et 138.
(2) Sur la question du chant, consulter : Gerbert, *De Cantu et Musica Sacra*, etc., 1774 ; id., *Scriptores ecclesiastici de Musica Sacra* 1784 ; Coussemaker, *Scriptorum de Musica medii œvi novam seriem a Gerbertina alteram*, etc., Lille, 1865 ; id., *Traités inédits sur la musique du moyen âge*, Lille, 1865 ; Id., *L'harmonie au moyen âge*, 1857; l'abbé Raillard, *Explication des Neumes*, Paris, 1860 ; Id., *Chant grégorien restauré*, Paris, 1861 ; Id., *Mémoire sur la restauration du chant grégorien*, Paris, 1862.
(3) Voir Héfélé, *Hist. des conciles*, t. VI, p. 259-269-272.
(4) Mansi, t. XIX, pp. 391, 414, 422.

Quoique la discussion roulât principalement sur le droit qu'on avait d'appeler apôtre saint Martial, et qu'elle ne soit pas bien connue dans ses détails, on s'appliqua évidemment à reproduire et à citer les plus anciens documents. Celui qui provenait du roi Canut fut remarqué, et il était écrit depuis plusieurs siècles. Or les moines de Limoges et leurs partisans ne réclamaient l'honneur déjà précédemment reconnu à saint Martial, qu'autant qu'il aurait été au moins disciple des apôtres, si ce n'est disciple du Sauveur lui-même, ainsi que l'affirmait une tradition pieuse (1). Nul ne songeait à donner au terme d'apôtre la signification qu'il a fréquemment aujourd'hui : tous étaient d'accord que le saint avait été le premier à évangéliser Limoges.

L'opinion ayant prévalu qu'il devait avoir le titre d'apôtre, c'était reconnaître qu'il avait vécu en la compagnie de saint Pierre. Cette opinion, appuyée sur les témoignages des siècles antérieurs ou de son temps, a des racines dans une très haute antiquité. On prétendit même l'étayer d'une sorte de miracle. Au synode de Limoges, en 1029, on l'avait de nouveau soulevée, et Jourdan, évêque de la ville, résuma ainsi dans la première session d'un autre synode qui eut lieu en 1031, l'accord qui s'était établi pour un moment lors de cette assemblée de 1029 : « On avait longtemps discuté pour savoir
« s'il fallait compter saint Martial au nombre des
« apôtres ou des confesseurs ; mais le troisième
« jour du synode (1029), tout le monde s'était
« trouvé miraculeusement du même avis, et l'on
« avait décidé que, dans tout le diocèse de Limoges,
« on honorerait le saint patron comme un apôtre.
« On avait alors exhumé son corps du tombeau et
« on l'avait placé sur l'autel de l'église de Saint-
« Etienne, précisément le jour de l'Invention du
« corps de celui-ci (3 août), jour où saint Martial
« avait lui-même consacré cette église, qui était la
« première des Gaules (2).

Malgré le bon vouloir de tous pour croire aux miracles, on ne se tint pas pour satisfait de celui-ci, l'on sollicita une décision du souverain pontife, qui était alors Jean XIX. Le pape fit examiner l'affaire et répondit à l'évêque de Limoges qu'il acceptait comme un fait absolument historique la tradition sur saint Martial, que vouloir lui enlever le titre d'apôtre était un acte insensé (3).

On doit remarquer que la réponse du souverain pontife élargissait le débat et revêtait d'une nouvelle autorité les actes de saint Martial tels qu'ils étaient reçus à Limoges. Ce n'est pas à dire qu'ils étaient considérés comme entièrement purs de toute légende ; mais ils paraissaient avoir dans leur ensemble des fondements sérieux. A Rome beaucoup de manuscrits des Ve et VIe siècles devaient subsister en 1031, et c'étaient ces vénérables documents que Jean XIX avait ordonné de consulter avant de faire sa réponse. Les actes des Martyrs les plus célèbres avaient été envoyés au successeur de saint Pierre des diverses provinces de la chré-

(1) Cette tradition rapportait que saint Martial avait été l'un des soixante-douze disciples de Notre-Seigneur, parent de saint Pierre et de saint Etienne, qu'il avait été fait évêque par Jésus-Christ lui-même, en même temps que les autres apôtres, le jour de l'Ascension.
(2) Mansi, *l. c.*, p. 526 ; Hard., t. VI, p. 870.
(3) Mansi, *l. c.*, p. 417 ; Hard., *l. c.*, p 837.

tienté ; ils avaient été déposés dans les archives de l'Eglise romaine, et avaient servi à la composition des Martyrologes. Puisque le souverain pontife répondait catégoriquement à propos de l'époque et des circonstances de l'apostolat de saint Martial, c'est que les documents de la primitive Eglise lui servaient de point de départ. Saint Martial était en possession d'un culte reconnu par les plus vénérables livres de la liturgie romaine ; or, M. de Rossi observe que, dans ses recherches aux Catacombes, il a dû toujours faire le plus grand cas des indications fournies par ces sources religieuses (1).

BENOIT IX (p. 42, col. 1).

La critique historique a réhabilité à peu près ceux des papes du xe siècle contre lesquels la calomnie s'était le plus exercée (2). Le pontificat de Benoît IX, si entaché de scandales, reste un point douloureux et obscur de l'histoire de l'Eglise. Nous croyons que la question n'a pas été encore élucidée. On ne convient même pas de l'âge auquel cet enfant aurait été élevé sur le siège de saint Pierre. Rohrbacher lui donne quatorze ans quand il fut élu pape; Mœhler, dix; Héfélé, dix-huit. La question de l'ordination de ce jeune pontife peut aussi faire difficulté. Il y a là, pensons-nous, le sujet d'une nouvelle étude. En attendant que la lumière soit faite, il convient de rester sur la réserve au sujet d'un épisode aussi grave que celui de ce pontificat.

ÉCOLE MONACALE DE STAVELOT (p. 43).

L'école du monastère de Stavelot, dont Rohrbacher parle à propos de saint Pappon, et qui, au $vIII^e$ siècle, avait produit saint Floribert, évêque de Liége et saint Agilulfe, évêque de Cologne, florissait encore de tout son éclat à la fin du xe siècle et pendant le xI^e. Trithème la comprend parmi les premières écoles de l'époque. « Dans tous les monastères de notre ordre, dit-il, principalement en Germanie et dans la Gaule, des écolâtres, des moines étaient choisis parmi eux; ils instruisaient les plus jeunes, lorsqu'ils étaient doués d'une intelligence heureuse, dans les premiers éléments de la science, et admettaient aux études supérieures ceux qui y étaient jugés aptes. Dans les grands monastères seulement, qui étaient riches en biens et où le nombre de moines était plus considérable, on appelait aux fonctions d'écolâtre, en dehors du couvent, des moines érudits, les plus savants qu'on pût trouver, non seulement dans les sciences divines, mais aussi dans les sciences profanes. Les monastères d'un moindre rang envoyaient alors des moines à ces grands maîtres pour se perfectionner auprès d'eux dans ces hautes études. Ainsi les écolâtres qui jouissaient d'un grand renom de savoir dans l'Ordre, avaient toujours plusieurs élèves d'élite, et ceux-ci, à leur tour, étaient chargés de l'instruction des moines.

Parmi les monastères qui suivaient cet ordre d'enseignement, les principaux étaient : les monastères de Fulde, de Saint-Gall, de Reichenau, de Hirsfeld, de Hirsange, de Saint-Alban, de Mayence, de Corbie, de Prume, de Milan, de Saint-Denis à Paris, de Saint-Maximin à Trèves, de Reims, d'Autun, de Tours, de Stavelot et de Weissembourg. Dans tous ces monastères, qui formaient pour ainsi dire corps, il y avait des moines en grand nombre et très studieux, et dans chacun d'eux était préposé aux études un écolâtre qui excellait dans la connaissance des saintes Écritures. Or les abbés qui désiraient posséder des moines érudits dans toutes les sciences, envoyaient quelques élèves à divers monastères que nous venons de citer (1) ».

Un des hommes les plus distingués de Stavelot fut l'écolâtre, élu abbé en 1130. Il enseigna d'abord à Wanesort où il avait reçu l'instruction. Doué d'une grande intelligence et d'une rare prudence (2), possédant un riche fonds d'érudition profane et de littérature sacrée, il ne tarda pas à être apprécié suivant son mérite ; il reçut la mission d'aller diriger l'abbaye du Mont-Cassin, en Italie (1137), et celle de Corbie, en Saxe, où l'affaiblissement de la discipline exigeait les efforts d'un homme supérieur. Il parvint aux plus hautes dignités de l'État, fut créé prince de l'Empire et honoré par les papes et par les empereurs. En 1156, l'empereur Frédéric l'envoya en ambassade à Constantinople près de l'empereur grec Emmanuel. Il périt malheureusement au retour d'une deuxième ambassade en Grèce, assassiné par des brigands (1158) (3).

OLBERT ET SIGEBERT DE GEMBLOUX (p. 52).

L'année 1048, pendant laquelle s'écoula le court pontificat de Damase II, vit également mourir Olbert, abbé du monastère de Gembloux, que l'*Histoire littéraire de France* signale comme un des hommes marquants de l'époque (4).

A une vaste érudition dans les sciences divines et profanes (5), Olbert joignait une grande habileté dans la musique qu'il appliqua à la composition d'hymnes sacrées. Sous son administration, « la réputation de Gembloux se répandit fort au loin et y attira un grand concours d'étudiants qui firent beaucoup d'honneur à l'Église et à l'État. » Il termina sa glorieuse carrière en 1048, après avoir dirigé pendant trente-sept ans le monastère de Gembloux et pendant trente ans environ celui de Saint-Jacques.

Le monastère de Gembloux rappelle le nom du célèbre chroniqueur Sigebert.

---

(1) Sur cette question voir l'abbé Arbellot, *Documents inédits sur l'apostolat de saint Martial*; id., *Dissertation sur l'apostolat de saint Martial*.
(2) Voir l'abbé Joly, *le Dixième Siècle*, dans *Revue de l'enseignement chrétien*, août 1854. Se reporter aussi à la note du précédent volume.

1) Trithemius, *Chron. Hist.*; Launoi, *De Schol. ecl.*, p. 67, c. xvi.
(2) *Summum ingenii prudentiæque talentum.* Foppens, *Bibl. Belg.*, t. II, p. 1164.
(3) Mab., *Ann. Bened.*, t. VI, p. 410, l. LXXVII, c. cvIII, an. 1046 ; p. 556, l. LXXX, c. LXXXIV, an. 1056 ; p. 568, an. 1058, et t. V, p. 440 ;—Foppens, *Bibl. Belg.*, t. c. ; *Hist. litt.*, t. VII, p. 29; t. IX, p. 101.
(4) Mab., *Ann. Bened.*, t. IV, p. 201-202 ; Launoi, *De Schol. celebr.*, c. xxvIII, p. 114.
(5) Launoi, *De Schol. celebr.*, c. xxvIII, p. 114 ; Mab., *Ann. Bened.*, t. IV, pp. 201-202 ; Foppens, *Bibl. Belg.*, v° *Sigebertus*.

Sigebert acquit à Gembloux les vastes connaissances dont il a laissé des preuves. Sa réputation dépassa promptement les limites du monastère, et, jeune encore, il fut appelé à l'école de Metz, où, selon ses propres paroles, il fut chargé de l'instruction des jeunes clercs (1). Trithème, à l'année 1120, rapporte qu'il y dirigea pendant quelque temps l'école publique des moines (2). Les historiens nous le représentent comme un moine vénérable, un homme d'un génie incomparable en toute science, comme une source d'eau vive, ouverte non seulement aux moines mais aux élèves qui de tous côtés accouraient pour suivre ses leçons (3). Ses écrits prouvent qu'il avait lu les auteurs anciens, principalement Horace. Parmi les Pères de l'Église, il préféra saint Jérôme et saint Augustin (4), mais il avait surtout une grande prédilection pour la Bible, et c'est sans doute au désir de l'approfondir, et peut-être de l'étudier dans le texte hébreu même, que nous devons attribuer les rapports qu'il entretint à Metz avec des Israélites et la connaissance de leur langue. « Il avait, dit l'*Histoire littéraire de France*, une si parfaite connaissance de cette langue qu'il était en état de corriger les versions de l'Écriture sur le texte de l'original. Quelquefois il y travaillait avec les juifs, qui avaient conçu pour lui beaucoup d'affection, parce que, comme eux, il préférait le texte hébreu aux versions. » Il eut cependant avec eux de fréquentes discussions sur différents points de religion. Quant à la langue grecque, s'il ne la possédait pas à fond, il en avait du moins une connaissance assez étendue.

Après avoir professé à Metz, Sigebert, résistant aux instances que l'on fit pour le retenir, retourna au monastère de Gembloux, comblé de présents que lui avaient offert ses auditeurs. Il y continua à s'instruire et à enseigner, et le nombre de ses disciples n'y fut pas moins grand qu'à Metz. On soumettait à ses conseils et à son arbitrage toutes les questions épineuses : Henri, archidiacre et doyen de l'église de Liège en particulier, eut fréquemment recours à ses lumières. Les anciens, les personnages les plus marquants, les plus éclairés de la ville de Liège, recherchèrent sa société.

Sigebert composa beaucoup d'ouvrages, parmi lesquels son *Chronicon*, son *De Viris illustribus, sive scriptoribus ecclesiasticis* et son *Liber decennalis* ou *Computus ecclesiasticus* (5).

Il mourut en 1112, après avoir formé de nombreux disciples.

LÉON IX AU CONCILE DE REIMS (p. 57, col. 1).

Il est curieux de voir naître au XIe siècle les premières défiances et les premières jalousies des rois de France à l'égard de la puissance spirituelle des souverains pontifes. Rohrbacher en indique bien la cause. Les évêques simoniaques et les seigneurs incestueux qui, pour empêcher Léon IX d'opérer les réformes au futur concile, représentaient au roi que les droits de sa couronne seraient amoindris s'il laissait le pape exercer en France sa juridiction, et qu'aucun de ses prédécesseurs n'avait jamais permis à un pape d'agir ainsi par lui-même en France, oubliaient le fait de Jean III, assistant au synode de Troyes en 878.

Dans le récit des incidents relatifs à la tenue du Concile de Reims, Rohrbacher suit le moine de Reims, Anselme, l'un des plus importants chroniqueurs de ce temps (1). D'après Giesebrecht (2), ordinairement juste envers saint Léon IX, le pape, en venant en France et en convoquant le synode de Reims, aurait eu un autre but que la réforme de l'Eglise ; il se serait proposé d'introduire en France les principes des *Fausses Décrétales* et d'achever la soumission de cet épiscopat français qui jusqu'alors avait toujours gardé une certaine indépendance. C'est là une pure hypothèse. Le droit du pseudo-Isidore avait déjà force de loi en France depuis deux siècles et l'épiscopat avait reconnu à Rome les prérogatives les plus importantes qui y étaient indiquées. Aussi, observe très bien Héfélé, le roi de France jouait-il un pauvre rôle, et comme homme politique et comme prince chrétien, lorsqu'il contrariait les plans de réforme que le pape voulait réaliser. Il se laissait guider par ce triste esprit de jalousie contre l'Eglise dont l'Allemagne devait bientôt donner des exemples plus déplorables encore (3). Mais dire avec Giesebrecht que le roi de France devait voir dans la démarche du pape un danger pour l'indépendance de ses Etats, par la raison que sa soumission religieuse au pontife romain entraînerait une soumission politique à l'empereur d'Allemagne, c'est là une de ces vues dont l'imagination de certains historiens modernes allemands est fertile.

LE CONCILE DE MAYENCE DE 1049 (p. 63).

La réforme du clergé commencée, au Concile de Reims, par saint Léon IX, se poursuivit au Concile de Mayence, en 1049. A ce grand synode national on vit même un évêque danois et des ambassadeurs de l'empereur grec (4). Une bulle du 19 octobre 1049, signée par l'empereur et les évêques, fait connaître les noms des Pères du Concile (5). On ne possède pas les actes de cette assemblée. Adam de Brême dit que le Concile combattit surtout la simonie et le mariage des clercs. Le pape Léon fait entendre aussi, dans la bulle publiée par Theiner, que le principal objet du Concile fut de prendre des mesures contre la simonie.

Rohrbacher adopte, au sujet de l'évêque de Spire, Sibicon, accusé d'adultère, la version de Wibert de Lorraine, dans sa biographie de Léon IX ; mais

---
(1) Launoi, *De Schol. celebr.*, c. XLIX, p. 170.
(2) Mab., *Ann. Ben.*, t. V, p. 135-136, t. LXV, c. XLVI, an. 1078, et p. 581, l. LXXII, an. 46, an. 1112.
(3) Launoi, *ibid.*
(4) Pertz, *Mon. Germ.* (Script.), t. VI, p. 271.
(5) Les meilleures éditions des deux premiers ouvrages se trouvent dans Pertz, *Monum.* t. VI, et dans la *Bibl. eccles.* de Le Mire.

(1) C'est à lui qu'on doit tous les renseignements connus sur le Concile de Reims. Voir *Itinerarium* ap. Mansi, t. XIX, p. 727, sqq. ; et Hard., t. VI, p. I, p. 993 ; Cf. Gousset, *Actes de la province eccl. de Reims*, t. II, p. 68, sqq.
(2) *Gesch. d. Kaisers*, t. II, p. 431.
(3) Héfélé, *o. c.*, p. 801.
(4) Pertz, *Monum.*, etc., t. XIX, Script. XII, p. 90.
(5) Theiner, *Disquisitiones criticæ in præcipuas canonum collectiones*. Rome, 1836, p. 203, sqq.

les chroniqueurs allemands contemporains, Adam de Brême et Lambert de Hersfeld, disent, au contraire, que l'évêque témoigna de son innocence par l'épreuve de l'eucharistie (1). Outre la simonie et le concubinage, le synode défendit aux clercs la chasse avec des chiens et des faucons, ainsi que la poursuite d'affaires temporelles et toute espèce de commerce absorbant. Il fut aussi défendu de recevoir à l'avenir dans les couvents des personnes trop jeunes.

À la fin du synode on s'occupa des difficultés qui pouvaient exister entre les évêques et de diverses affaires de même nature. La bulle du 19 octobre 1049 fait connaître une des contestations relatives à Bertald, archevêque de Besançon (2). Dronke a également publié un document ayant trace de ces dissensions entre évêques (3).

On a prétendu, mais sans preuves suffisantes, que la fête de l'Immaculée Conception avait été instituée dans le synode de Mayence (4).

BÉRENGER DE TOURS (pp. 65, 99, 112, 139, 145).

Quelque importance que présente l'étude de l'hérésie de Bérenger, on ne possède que peu de travaux sur cette question (5). Ce qui regarde la personne de cet hérésiarque, ses écrits, ses adversaires, a reçu de grands éclaircissements par suite des travaux des savants bénédictins d'Achéry, Mabillon, Martène. Parmi les travaux modernes nous citerons la publication de la réponse de Bérenger à Lanfranc, ainsi qu'une vingtaine de lettres dont les unes sont adressées à Bérenger, et les autres émanent de lui ou ont trait à sa doctrine.

Lessing découvrit la réponse de Bérenger à Lanfranc dans la bibliothèque de Wolfenbuttel; en 1770, il fit part au monde savant de sa découverte (6). Ce document des plus curieux n'a néanmoins été publié qu'en 1834. MM. A.-F et F.-Th. Vischer en furent ces éditeurs, et le docteur Neandre y a mis une préface (7). Cette utile publication permet de faire connaître quelques particularités restées inconnues, de rectifier quelques détails et de juger, avec une parfaite connaissance de cause, des talents et du caractère de l'hérésiarque. Enfin la grande étendue de cette pièce (le manuscrit découvert par Lessing contient 228 pages) qui surpasse de beaucoup la longueur des autres ouvrages de Bérenger, rend plus facile l'examen de sa doctrine.

Quant aux lettres, elles ont été publiées en 1850 par H. Sudendorf, archiviste du royaume de Hanovre (1). Il les a trouvées dans un in-folio de la bibliothèque royale de Hanovre. Ce volume comprend cinq séries de lettres : la troisième en renferme cent onze, dont vingt-deux ont été écrites par Bérenger, ou lui ont été adressées, ou ont été écrites par d'autres personnes ou enfin sont relatives à ses doctrines. Il est nécessaire de noter que les lettres contenues dans ce volume ne sont pas originales; ce sont des copies, plus ou moins correctes, du XVIe siècle. Cette circonstance externe et certains caractères internes ne donnent pas une certitude absolue sur l'authenticité et la fidélité de ces documents.

Les différentes sources que nous venons de mentionner ont été utilisées par la revue catholique hollandaise, le *Katholick*, qui a publié un consciencieux travail, sous le titre: *Bérenger, archidiacre de Tours*, étude sur le XIe siècle. Cet article a été traduit en français et publié dans le tome III de la *Vérité historique*, à laquelle nous renvoyons le lecteur. Nous n'en extrairons que les deux passages suivants sur la nature et l'origine des erreurs de Bérenger, autres que celles qui concernent l'Eucharistie.

Il rejeta le mariage et soutint que la cohabitation seule, sans mariage, était chose licite. Il considérait le baptême des enfants comme non valide, et prétendait en conséquence qu'il fallait les rebaptiser à une époque où leur raison serait développée. Ellies Dupin a peine à croire que Bérenger ait soutenu ces erreurs. En tout cas, voici son argumentation. On ne trouve aucune trace de ces deux erreurs dans les écrits qui nous restent de Bérenger. Ensuite, ni Adelmans (2), ni Hugues de Langres (3), ni Lanfranc (4), ni Durand de Troarn (5), ne l'en accusent. Théodius, évêque de Liège (6), et Guimont (7), sur l'autorité de ce prélat, sont les seuls accusateurs de Bérenger sur ces points. Dans aucun concile Bérenger ne fut interrogé sur ces erreurs, jamais il ne fut amené à une rétractation. Enfin, depuis longtemps déjà, l'Église s'était expliquée d'une façon très explicite sur ces points de la foi; la vraisemblance interne semble donc manquer à ces accusations.

Comme témoins à charge, on ne saurait guère citer que Guimond et Théodus; mais leurs affirmations sont si précises, qu'elles méritent considération. Théodius, évêque de Liège, parle de ces erreurs et de celles aussi touchant la sainte Eucharistie, dans une lettre adressée au roi de France. Ce dernier avait cru qu'un concile devait se réunir pour les condamner. Théodius déconseille cette mesure au souverain, en lui disant qu'il est inutile de revenir sur la condamnation des hérésies qui ont déjà été anathématisées. Il cite à l'appui de sa thèse le sentiment d'un grand nombre de Pères. Or, comment admettre que de fausses insinuations, ne reposant sur aucun fondement, aient pu déterminer ce prélat à écrire au roi d'un ton si ferme et si déterminé?

---

(1) Binterim, *Deutsche Concil.*, t. III, p. 406, sqq. Cf. Héfélé, *Histoire des Conciles*, t. VI, p. 312.
(2) Le Concile déclara que ce Bertald n'avait jamais été en réalité évêque, et que Hugues, dont il était le compétiteur, avant été légitimement élu, ne devait plus être inquiété par lui. Bertald ne compte pas parmi les évêques de Besançon. Voir Richard, *Histoire des diocèses de Besançon et de Saint-Claude*: Cf. Héfélé, *l. c.*, p. 314.
(3) *Codex diplomaticus Fuldensis*, 1850, p. 361.
(4) Binterim, o. c., t. III, p. 411.
(5) Voir: F. de Roye, *Vita hæresis et pœnitentia Berengarii Andegavensis archidiaconi*, Angers, 1656, in-4°.
(6) *Berengarius Turonensis, oder Ankundigung eines wichtigen Werkes desselben*, von Gotthold Ephrim Lessing. Braunscheveig, 1707, in-4°. Il a été analysé par Staudlin et Tzschirner, dans les *Archiv für alte neue Kirchengeschichte*. Leipzig, 1814, in-8°, 2e édit.
(7) *Berengarii Turonensis de sacra cœna adversus Lanfrancum liber posterior*. Primum ediderunt A. F. et F. Th. Vischer. Berlin, 1834.

(1) *Berengarius Turonensis oder Sammlung ihn betreffender Briefe*, herausgegeben von H. Sudendorf, Hambourg et Gotha, 1850.
(2) *Adelmanni ad Bereng. epistola*, Migne, *Patr. lat.*, t. CXLIII.
(3) *Hugo Lingonensis contra Berengarium*, Migne, t. CXLII.
(4) Lanfranc, *Lib. de corpore et sanguine Domini*, Migne, t. CL.
(5) Durand, *Lib. de corpore et sanguine Christi*, Migne, t. CXLIX.
(6) *Deoduini Leodiensis ad Henricum regem*, Migne, t. CXLVI.
(7) Guimond, *De corporis et sanguinis Christi veritate*, Migne *Patr. lat.*, t. CXLIX; Id., *Liber de corpore et sanguine*, t. CXLVI.

Au reste, son témoignage se trouve confirmé par celui de Guimond. Et l'on conviendra que les rapports de ce dernier avec Lanfranc et d'autres personnages le mettaient en position d'être bien informé. Dupin semble supposer que c'est par la lettre de Théodius qu'il a connu ces erreurs de Bérenger; il n'en est rien. Voici les paroles de Guimond : « Lisez la lettre de l'évêque de Liège, vous y trouverez ce même récit. » Tout doute disparaît, à notre sens, si l'on continue la lecture de cette lettre de Théodius. Ce qui suit, il n'a pu l'apprendre par la lettre du prélat; et nous sommes instruits en même temps et du silence des auteurs contemporains et du silence des conciles. Bérenger n'a soutenu ces erreurs que pendant quelque temps. « Il ne pouvait trouver de complices, ni dans les écrits des saints Pères, ni en particulier dans ceux de saint Augustin, qui a poursuivi à outrance ces doctrines hérétiques. C'est alors qu'il s'attaqua à la sainte Eucharistie. Il comptait avoir pour lui le témoignage du sens. Quoique les Pères eussent affirmé de façon à ne pas laisser le moindre doute leur foi à ce mystère, aucun d'eux cependant n'avait combattu *ex professo* pour ce dogme, vu que de leur temps personne n'avait douté de la vérité. En présence de cette assertion, on se rend compte de la conduite des catholiques. Ils concentrèrent tous leurs efforts à défendre la présence réelle. Le silence des contemporains et même des conciles se trouve suffisamment expliqué, sans que nous soyons forcés d'articuler contre Théodius et Guimond le reproche d'imprudence ou de calomnie.

Après sa dispute publique avec Lanfranc, Bérenger aborda le terrain de la théologie. Il était resté jusqu'alors assez étranger à cette science. On comprend donc sans peine que dans son désir de fixer sur lui l'attention générale et de rétablir sa réputation ébréchée, il se jeta bientôt dans de graves écarts. Mais quel motif le poussait à prendre pour point de mire de ses attaques le saint sacrement de l'autel, mystère dont la négation frappe l'Église dans la partie principale de son culte extérieur, mystère que tout le monde avait cru jusqu'alors d'une foi divine et confessé avec fermeté, mystère pour lequel tous les fidèles éprouvaient un respect profond et filial? Bérenger fut entraîné dans cette erreur par un écrit de Jean Scot Erigène, qui lui tomba sous la main et où était attaquée l'antique foi de l'Église.

Que cet écrit fut pour Bérenger une occasion de chute, c'est chose certaine. Les lettres écrites par lui, au moment où il *commença* à répandre ses erreurs, les conciles qui les condamnèrent et assimilèrent ses errements à ceux d'Erigène, prouvent la vérité de cette assertion. La lettre qu'il écrivit à Lanfranc, en 1050, n'a d'autre objet que la défense d'Erigène; le colloque qu'il eut, à Brienne ou à Chartres avec Ascelin, roula sur la même question; la lettre adressée à Ascelin ensuite de cette entrevue et la réponse de ce dernier ont trait à la même chose; dans un travail adressé à Richard (1051), Bérenger se déclare prêt à prouver qu'Erigène a été injustement condamné; au concile de Verceil (1050), on lit l'écrit de cet hérétique et il fut enveloppé dans la même condamnation que le sentiment de Bérenger; un concile, tenu à Paris en 1051, étendit ses anathèmes à l'écrit d'Érigène, « auquel les erreurs de Bérenger, dit-il, semblent empruntées ; » enfin le concile de Rome, sous le pape Nicolas II, voua aux flammes l'œuvre de l'Irlandais, « dont la lecture avait amené Bérenger à cette damnable hérésie ». En s'appuyant sur le témoignage des lettres que nous venons de citer, Standlin a conclu qu'à l'époque où Bérenger les écrivit, il ne songeait pas à défendre comme les siennes propres des opinions aussi téméraires. Il n'aurait eu d'autres préoccupations que de venger Jean Scot des accusations dont il était l'objet; il se serait borné alors uniquement à affirmer qu'il trouvait cette opinion préférable au sentiment général (*vulgari opinioni*). Nous ne saurions nous ranger complètement de cet avis. Déjà, à cette époque, Bérenger s'était assimilé l'erreur de Jean Scot; depuis quelque temps déjà, la défense de ce dernier le préoccupait fort peu et il songeait avant tout à répandre son enseignement : il suffit de parcourir une lettre d'Adelman, une autre de Hugues de Langres, écrites toutes deux avant 1050, pour s'en convaincre. Il demeure toutefois établi que l'écrit de Jean Scot est la source empoisonnée où Bérenger a puisé son enseignement touchant la sainte Eucharistie.

M. l'abbé Delarc, qui a fait des recherches consciencieuses sur *les Origines de l'hérésie de Bérenger* (1), cite la plupart des pièces que nous rappelons ci-dessus. Il suit et indique les progrès successifs de l'erreur dans l'esprit de Bérenger, et, se servant des mêmes sources que l'écrivain hollandais, il fait également ressortir l'influence de Jean Scot dans l'hérésie de Bérenger.

L'ÉGLISE DE CONSTANTINOPLE (p. 79, col. 2).

En cet endroit et à la page 81 et suiv. Rohrbacher fait ressortir le triste état de l'Église chez les Grecs avant la rupture définitive avec Rome. Tout était prêt pour la consommation du schisme.

Pour compléter ce que Rohrbacher dit ici et ailleurs, il faut recourir aux publications modernes sur l'Église grecque, dont quelques-unes ont déjà été indiquées. On pourra consulter particulièrement les *Esquisses d'histoire intérieure de l'Église byzantine du IXᵉ au XIᵉ siècle*, c'est-à-dire depuis la fin des luttes iconoclastiques jusqu'au commencement des croisades, par M. Lébédèr (2). Cette étude compte parmi les meilleurs écrits qu'on possède sur l'histoire religieuse de Byzance.

LE SCHISME D'ORIENT ET LA PRIMAUTÉ DU PAPE (p. 83, col. 2).

Rohrbacher dit avec raison, en racontant les faits qui amenèrent la consommation du schisme d'Orient, sous Michel Cérulaire, qu'il n'y était aucunement question alors de la procession du Saint-Esprit ni de la primauté du siège de Rome. C'est depuis seulement que l'Église grecque en s'enfonçant dans

---

(1) *Revue des questions historiques*, t. XX, p. 115 et suiv.
(2) Moscou, 1878. (en russe).

le schisme a élevé ces obstacles de doctrine entre elle et Rome (1).

Le P. Tondini a très bien montré notamment que la tradition constante de l'Église d'Orient témoigne en faveur de la primauté du successeur de Pierre (2). Le cardinal Pitra l'a également démontré par les monuments de la liturgie et du droit ecclésiastique grec (3).

Le premier a donné à son ouvrage un intérêt d'actualité. A présent plus que jamais, dit-il, les circonstances politiques et religieuses de l'Europe font penser à la question du retour de la Russie à l'unité catholique. C'est pour faciliter, s'il est possible, ce retour, que l'auteur a publié son livre. L'Église russe, on le sait, ne reconnaît point la suprématie de saint Pierre et de ses successeurs sur l'Église, et elle n'admet point que Jésus-Christ ait donné un chef visible à l'Église fondée par lui. Pourtant, les livres liturgiques que l'Église russe a reçus de l'Église grecque de Constantinople contiennent les témoignages les plus frappants en faveur de la suprématie de saint Pierre et de ses successeurs. L'Église russe se trouve ainsi en contradiction avec le langage et la doctrine de sa propre liturgie, pour laquelle elle professe la plus haute vénération. Le P. Tondini cite 43 textes donnant à saint Pierre les titres les plus explicites, en ce qui concerne sa primauté. Les Russes ont voulu accuser les citations de falsification et prétendre que plusieurs titres (ils en ont cité deux), accordés spécialement, disait-on, à saint Pierre, avaient été donnés également aux autres apôtres. Le P. Tondini montre très bien que ces assertions ne peuvent se soutenir, que les textes invoqués ne permettent pas d'admettre cette assimilation. La démonstration est lumineuse et doit faire réfléchir plus d'un Russe; elle intéresse aussi les catholiques, non qu'ils aient besoin d'être convaincus, mais en ce qu'elle entretiendra leurs espérances pour le retour de la Russie à l'unité.

SAINT LÉON IX (p. 87).

Le pontificat du pape saint Léon IX a fait l'objet d'une étude toute récente (1).

Dans cet ouvrage, saint Léon IX nous apparaît comme un grand pontife, sondant avec courage les plaies de l'Église, et cherchant pour les guérir les remèdes les plus efficaces ; multipliant ses voyages sans craindre aucune fatigue ni aucun péril, pour provoquer et présider ces conciles où furent frappés la simonie et le concubinage des clercs ; commençant, avec l'appui des saints, cette réforme religieuse et civile que devait glorieusement achever le pape Grégoire VII, et posant malgré lui les fondements de la suzeraineté du Saint-Siège sur le futur royaume des Deux-Siciles.

M. Delarc a touché dans son travail quelques points historiques qui méritent d'être relevés : citons les principaux.

Il y avait entre Alsaciens et Lorrains une discussion, qui paraissait interminable, sur la question de savoir si Léon IX était né au château de Dabo ou à celui d'Eginsheim, près Colmar. M. Delarc a concilié les assertions contraires des historiens, en constatant qu'un des trois châteaux d'Eginsheim s'appelait Dabo ou Dagsbourg (Tagsbourg), en souvenir de la mère de Bruno, Heilwida, qui était comtesse de Dabo. Bruno était né dans ce château, *in dulcis Elisatiæ finibus.*

M. Delarc établit encore que Bruno n'a pas été bénédictin (pp. 10-11) ; que ce n'est pas le Tibre,

---

(1) Voir : Leo Allatius, *De Ecclesiæ Occid. et Orient. perpetuo consensu* ; Mainbourg, *Histoire du schisme des Grecs*, Paris, 1677 ; Pitzipios, *l'Église orientale ; Sa séparation et sa réunion avec celle de Rome*, Paris, 1855, 4 vol. ; Corn. Vill. *Acta et Scripta quæ de Controversiis Ecclesiæ græcæ et latinæ Sæculo XI composita extant.* Leipsig, 1861, in-4.
(2) *La primauté de saint Pierre prouvée par les titres que lui donne l'Église russe dans sa liturgie*, Paris, 1867.
(3) *Juris ecclesiastici Græcorum historia et monumenta*, Rome, 1864-1868, 2 vol. ; id., *Hymnographie de l'Église grecque*, Rome, 1867 ; id., *Analecta sacra*, Paris, 1876, t. I, p. 314-549 ssq.

Dans une savante étude sur une nouvelle collection des canons de l'Eglise grecque, publiée par M. Rhalli (Σύνταγμα τῶν θείων καὶ ἱερῶν κανόνων τῶν τε ἁγίων, etc. Athènes, 1852-1856, 5 vol. in-8°), le cardinal Pitra s'exprime ainsi : « Le livre de M. Rhalli, au moins par sa savante loyauté, peut ouvrir bien des yeux. Je suppose que, dans une heure de foi candide, un missionnaire d'Athènes ou un solitaire du mont Athos parcoure cette collection pour fixer ses idées sur l'une des questions qui nous divisent le plus, telle que la primauté du Saint-Siège. Il s'arrêtera d'abord à un chapitre du *Nomocanon*, tristement intitulé : *Des métropoles et des changements opérés par les édits impériaux*, où Photius ne manque pas de confirmer les canons qu'il allègue par cinq constitutions du Code Justinien (t. I. p. 141-2). Puis Balsamon, dans la scholie qui suit immédiatement, est obligé de convenir que ces édits ont disparu dans le naufrage du droit Justinien. Il se console par une novelle des Basiliques, qui confère au patriarche de Constantinople tout ce que Constantin a donné au pape Sylvestre. Il en prend occasion de citer intégralement l'acte de donation de Constantin. Ne discutons pas cette pièce que Balsamon trouve bonne : elle prouve au moins que du IXᵉ au XIIᵉ siècle, on se faisait chez les Grecs, de la papauté du IVᵉ siècle, une idée pompeuse qui dépasse toute réalité. Aussi Balsamon fait-il la remarque que mal en prit à Michel Cérulaire de vouloir exciper de cet édit pour s'arroger les insignes de la papauté.

De plus, et sur son indication, le lecteur sera reporté aux canons de Constantinople, de Chalcédoine et du synode *in Trullo*.

Or, au premier endroit, il rencontre d'abord un commentaire où Zonaras, reprend la fameuse clause : « L'évêque de Constantinople aura le privilège d'honneur après l'évêque de Rome, » déclare et prouve que la préposition μετά, après, a un sens hiérarchique et non pas historique. La nouvelle Rome vient après l'ancienne, au second rang, mais le patriarche byzantin n'a pas la primauté, en succédant au Pontife romain qui en aurait été dépossédé. Balsamon répète Zonaras, avec la seule réserve de renvoyer à son commentaire sur le *Nomocanon*. Aristène, en qualité de patriarche de Constantinople, devait déclarer que la particule emporte la déchéance de l'ancienne Rome (t. III, pp. 173-176).

Mais en poursuivant son enquête jusqu'au 26ᵉ canon de Chalcédoine, dont on connaît l'origine subreptice, le lecteur rencontre encore Zonaras, qui reprend intrépidement sa thèse romaine, en posant cet axiome péremptoire « la primauté est indivisible ; » qui en appelle « au divin Nicéphore, admirable entre les patriarches, » pour saluer avec lui l'antique Rome du titre de premier et apostolique trône. Balsamon, dans un premier mouvement, ne voit pas d'objection. Après coup, il veut se raviser (si ἑτέρα ἑρμηνεία est bien de lui), mais il n'ajoute que cette naïve protestation : « Oui, je suis de Constantinople très légitimement, par la grâce de Dieu, devenu très heureusement une portion du très saint trône de Constantinople, je veux et je prie instamment que notre patriarche jouisse sans scandale de tous les titres que lui accordent les divins canons. » Aristène ne pouvait se contenter de cette concession équivoque, il réclame encore la primauté *ex æquo* pour Byzance et Rome (t. II, p. 280-286).

Le troisième renvoi au canon du synode *in Trullo* donnera-t-il de nouveaux aperçus ? Les trois commentateurs s'en réfèrent unanimement à ce qu'ils ont dit plus haut.

En résumé donc, les canonistes grecs les plus autorisés nieraient ou mettraient en doute la primauté indépendante des patriarches de Constantinople se sont attribuée sur l'Orient ; et ceux qui affirmeraient cette indépendance n'y verraient d'autre fondement qu'une concession impériale ou une conséquence tirée hardiment de la translation de l'empire à Byzance. En accordant tout, les yeux fermés, resterait cette question : « Quel est donc votre droit devant l'empire de Byzance a croulé, depuis Mahomet ? » La réponse n'embarrasserait pas plus les six patriarches qui naguère vivaient simultanément sous le joug et avaient embarrassé tous leurs prédécesseurs. Ce droit c'est l'investiture par le bâton pastoral et l'invocation de Dieu faite par le Sultan. »

Voir l'*Univers* des 4, 17 et 23 novembre 1857.)

(1) *Un pape alsacien. Essai historique sur saint Léon IX et son temps.* Paris, 1876. Cf. *Leonis IX vitæ* (ab æqualibus conscriptæ), ap. Watterich, t. I, p. 93-177 ; Hunkler, *Leo IX und seine Zeit* Mayence, 1851.

comme l'ont cru Höfler (*Die Deutschen Päpste*), Gfroerer (*Papst Gregor VI*, vi, 592) et Villemain (I, 283) qui arrêta saint Léon dans sa marche vers Rome, mais le Taro, qui d'ailleurs rentra promptement dans son lit (p. 152). Ce n'est ni à Cluny, dont Hildebrand n'était pas prieur, ni à Besançon, où il n'avait pu accompagner un abbé qui n'existait pas, mais à Worms où Hildebrand s'était rendu, que l'évêque de Toul, choisi par l'empereur Henri III, déclara d'après les conseils du moine déjà influent, qu'il ne se considérerait comme pape qu'après l'élection spontanée et unanime du clergé et du peuple de Rome (pp. 132-134). Les récits de M. Delarc permettent aussi de conclure que c'est en abusant de son autorité que Henri le Noir fit déposer à Sutri le pape Grégoire VI. Hildebrand ne reconnut pas la justice de cette déposition, et ce qui le prouve, c'est que pour honorer la mémoire de son maître et le réhabiliter en quelque sorte, il choisit précisément le nom de Grégoire en montant sur le siège de Saint-Pierre (pp. 72-75).

Ce sont là des points qui nous paraissent désormais acquis à l'histoire.

LA CONDAMNATION DE L'HÉRÉSIE DE BÉRENGER
(p. 88 et suiv.).

Certains historiens rationalistes ont voulu voir dans la patience et la longanimité dont l'Église a fait preuve envers Bérenger, avant de frapper cet hérésiarque, la preuve du peu de certitude et de fixité dans sa doctrine. Ils insinuent d'après cela que le dogme de la présence réelle n'était pas encore fixé à cette époque. On trouve la réponse à ces étranges assertions dans la tradition primitive et constante de l'Eglise au sujet de l'Eucharistie (1).

Le pape et les évêques en usèrent avec ménagement à l'égard de Bérenger, parce que son hérésie qui agita le clergé et les monastères de France, ne pénétra pas dans le peuple. Il fallut arriver au xvi° siècle, pour que cette erreur poussée à ses dernières conséquences passionnât les esprits. Bérenger s'arrêta à mi-chemin du protestantisme; il s'enveloppait de subtilités et souvent même se dérobait quand il était pressé de répondre catégoriquement.

Hugues, évêque de Langres (2), et Adelmann, scolastique de Liége (3), ancien ami d'enfance de Bérenger, combattirent les premiers la nouvelle hérésie. Bérenger provoqua lui-même Lanfranc à lui répondre (1). Celui-ci lui adressa d'abord une lettre qui devint aussi mal à propos l'objet de soupçons. C'est la réponse *Pervenit ad me* (2) de Bérenger à Lanfranc qui le fit condamner une première fois dans le synode romain de 1050.

A la suite de Bérenger, beaucoup d'historiens ont pensé et pensent encore que Lanfranc avait lui-même porté des plaintes à Rome contre Bérenger. D'autres disent simplement que Lanfranc avait été à Rome, pour se disculper des soupçons que sa correspondance et ses anciennes relations avec Bérenger avaient soulevés contre lui; d'autres enfin, qu'il était venu solliciter du pape qu'il levât l'interdit lancé sur la Normandie à cause du mariage du duc Guillaume avec une de ses parentes. Quoi qu'il en soit, Lanfranc assista à cette première condamnation de Bérenger.

Rohrbacher raconte d'une manière suffisante les condamnations ultérieures prononcées par les synodes de Verceil, septembre 1050; Paris, octobre 1051; Tours, 1054; Rome, 1059; Poitiers, 1075; Rome, 1079; Plaisance, 1095, contre cet hérésiarque (3).

DÉPUTATION DE HILDEBRAND AUPRÈS DE L'EMPEREUR HENRI III (p. 89).

Rohrbacher n'appuie pas assez sur le côté délicat de la mission de Hildebrand auprès de l'empereur Henri III, à la mort de saint Léon IX. Il allait, à la tête d'une députation romaine, négocier l'élection d'un nouveau pape. Léon d'Ostie, l'anonyme *Haserensis* et d'autres, assurent que l'empereur fut prié de faire lui-même la nomination (4). Bonizo écrit au contraire : « Le peuple et le clergé de Rome « voulaient élire Hildebrand et ce ne fut qu'avec « peine qu'on les empêcha. Hildebrand se rendit « auprès de l'empereur, et parvint à le décider à ne « point faire usage du droit tyrannique qu'il tenait « du patriciat, et à abandonner au clergé et au « peuple de Rome l'élection du pape. Il emmena « avec lui en Italie l'évêque d'Eichstadt, qui fut « aussitôt élu par le clergé et d'une manière con- « forme aux traditions dans l'église de Saint- « Pierre; les cardinaux donnèrent au nouvel élu « le nom de Victor II (5). » Le fond de ce récit paraît exact, car il répond bien aux principes manifestés par Hildebrand, lors de l'élection de Léon IX, et au zèle qu'il déploya dans la suite pour affranchir l'Église de la domination impériale. Toutefois il se plaçait sur le terrain de la conciliation ; il voulait bien reconnaître à l'empereur le droit de présentation, en réservant pour le clergé romain l'élection proprement dite. Lorsqu'il fut arrivé à Mayence, au mois de septembre 1054, et qu'on le vit demander

---

(1) Voir tous les textes dans Bellarmin, *Disputationes de Controversiis Christ. fidei*, t. III, p. 251 ; Petau, *Opus de theologicis dogmatibus*, édit. de Venise, 1757, t. II, p. 95 ; Arnaud, *La perpétuité de la foi dans l'Eucharistie*; Perrone, *Prælect. theolog.*, t. VI, p. 194 ; Cf. Mai : *Script. veter. collect. vatic.*, Rome, 1825-38, t. IX, p. 63 et passim ; *Nova Patrum Bibliotheca*, Rome, 1852-4, passim : Dietrich, *Codicum syriacorum specimina quæ ad illustrandam dogmatis de cœna sacra...... historiam*, etc., Marbourg, 1855.
(2) *De corpore et sanguine Christi contra Bereng.*, dans la *Biblioth. max. Patrum.*, t. XVIII, p. 317, et dans Migne, *Patrol. Lat.*, t. CXLII, p. 1325.
(3) La première lettre d'Adelmann à Bérenger est perdue ; la seconde, donnée incomplètement dans la *Bibliotheca max. PP.* t. xx, p. 438, et dans Migne, t. CXLIII, p. 1289, se trouve dans Schmid, *Adelmann epîsc. Brix. De verit. corp. etc. Epist. ad Bereng.*, Brunswick, 1770, p. 5.

(1) C'est plus tard que Lanfranc écrivit son traité *De corpore et sanguine Domini* dans la *Bibl. max. PP.*, t. XVIII, et Mansi, t. XIX, p. 773.
(2) Dans Mansi, t. XIX, p. 758 ; Hard., t. VI, P. I, p. 1016.
(3) Cf. Mabillon, *Observat. de Multiplici Berengar. damnatione, fidei professione et relapsu, deque ejus pænitentia*, dans *Vetera analecta*, 2ᵉ édit., Paris, 1723, p. 513 ; H. Sudendorf. *Berengarius Turonensis, oder eine Sammlung ihn betreffender Briefe*, Hambourg, 1850.
(4) Pertz, *Mon.*, t. IX (*Script.*, t. VII), p. 265.
(5) Bonizo, dans *Héfélé*, t. II, p. 804.

à l'empereur de se désister du droit exorbitant du patriciat, l'on crut un moment qu'il aspirait au trône pontifical. Mais les soupçons tombèrent vite devant ses déclarations et lorsqu'on sut qu'il recommandait chaudement Gebhard, évêque d'Eichstadt. « Ce choix, dit Giesebrecht, laisse voir la « profonde perspicacité de Hildebrand. Gebhard « était dans toute la fleur de l'âge d'homme ; avec « des sympathies réelles pour la vie monastique, « il était en même temps rompu au maniement des « affaires temporelles...... Tout en étant dévoué à « l'empereur, il n'était pas homme à oublier sa « dignité personnelle ou sa situation dans l'Eglise ; « en un mot, tout le monde s'accordait à reconnaî- « tre en lui une forte tête politique, qui savait « dominer d'un œil serein les plus grandes diffi- « cultés (1). » L'empereur eut beaucoup de peine à se séparer de ce conseiller fidèle et intelligent, et Gebhard lui-même résista pendant cinq mois. Ce ne fut qu'à la diète de Ratisbonne (mars 1055) qu'il céda aux instances réitérées de Hildebrand, et encore à la condition que l'empereur rendrait à saint Pierre ce qui lui appartenait, et qu'il y aurait à Rome une élection canonique, ainsi qu'elle avait eu lieu pour son prédécesseur. Ces demandes avaient de sa part un caractère de justice et de bienveillance qui calmait toutes les susceptibilités de Henri, et qui laissait apercevoir dans le futur Victor II toute l'intelligence de la situation. L'empereur accepta ; il n'en était plus au temps de sa grande prospérité ; des nuages s'amoncelaient en Italie contre sa couronne, et il comprenait, sans doute, qu'il était sage de donner à l'Eglise romaine un gage de condescendance. Dans un voyage qu'il fit en Lombardie et en Toscane l'année suivante (1055), il prouva combien son amitié pour le pontife était sincère ; il le nomma son gouverneur en Italie, et enrichit le patrimoine de Saint-Pierre d'importantes donations.

LE PAPE ETIENNE IX OU X (p. 104).

Le cardinal Frédéric (2) se nommait Junien Frédéric ; il était fils de Gothelon ou Gozelon, duc de Lorraine, et de Junca, fille de Bérenger II, dernier roi d'Italie (3).

Les opinions sont partagées sur la question de savoir si ce pape doit être appelé Etienne IX ou Etienne X (4). Dans les anciens catalogues des papes et dans les ouvrages d'histoire ecclésiastique, on trouve l'une et l'autre dénomination. Ceux qui adoptent la première, ne reconnaissent comme pape Etienne, successeur de Zacharie († 752), parce qu'il mourut trois ou quatre jours après son élection, sans avoir été sacré ; ceux qui se rangent à l'autre opinion pensent que la consécration n'est pas nécessaire, mais que l'élection canonique suffit pour que l'élu puisse faire acte d'autorité pontificale. Ce qui semble donner raison, au moins en fait, à cette opinion, c'est que plusieurs papes élus et consacrés à des intervalles plus ou moins longs, ont donné des bulles ou compté les années de leur pontificat à partir du jour de leur élection ; tels sont : Calixte II, Grégoire X, Honorius IV, etc. (Voir *Etude sur les actes du pape Calixte II*, p. 43, et Potthast, *Regesta pontificum Romanorum*, pp. 1652-1653 et 1795-1797). La validité de l'élection d'Etienne n'étant contestée par personne, il semble qu'il doive être compté au nombre des papes, ce qui justifierait la dénomination d'Etienne X donnée à ce pape.

CONCILES TENUS A ROME CONTRE LES CLERCS INCONTINENTS (p. 104).

Les décrets de ces conciles frappaient non seulement certains clercs et prêtres qui étaient mariés ou qui vivaient en concubinage, mais d'autres qui avaient contracté des alliances que la morale la moins sévère réprouve. Les unions entre proches parents n'étaient pas rares (1). Etienne avait chassé de Rome un certain nombre de clercs, afin que, après s'être séparés de leur femme, ils fissent pénitence. Pour avoir exécuté l'ordre du pape, ils n'en étaient pas devenus meilleurs. L'un d'entre eux, qui habitait près de l'église Sainte-Cécile, au delà du Tibre, n'avait pas voulu se séparer de sa femme et refusait d'obéir au pape. Un soir, c'est encore Pierre Damien qui raconte le fait, il se mit au lit, plein de force et de santé, pour prendre son repos ; mais, le lendemain matin, il fut trouvé sans vie. Alors, deux clercs de l'église Sainte-Cécile furent envoyés auprès de Pierre Damien pour lui demander quelle conduite ils devaient tenir au sujet du mort. Pierre répondit qu'en raison de son caractère sacerdotal, le défunt pouvait être enterré dans l'église ; mais il défendit qu'on célébrât pour lui un office solennel (2). Par cet exemple, il espérait frapper de terreur les incontinents et raviver chez les tièdes la ferveur et la discipline.

LES RÉVOLTES DE MILAN ET LES PATARINS (p. 106).

On peut consulter au sujet des désordres qui éclatèrent dans la ville et le diocèse de Milan, sous Etienne X, différents travaux qui complètent ce que dit ici Rohrbacher (3).

Les luttes suscitées à Milan et qui donnent une

---

(1) *O. c.*, t. II, p. 479.
(2) Frédéric n'est généralement désigné par les historiens, même contemporains, que sous ce seul prénom. Il est appelé Junien dans son épitaphe. Voir aussi le *Bullarium* de Cocquelines, t. I, p. 395.
(3) *Recueil des historiens de France*, t. XI, p. 301, aux notes ; D. Calmet, *Histoire ecclésiastique et civile de Lorraine*, t. 1, collection 1093 ; *L'art de vérifier les dates*, nouvelle édition, t. XIV, p. 81, ne donne pas le nom de la mère de Frédéric, il n'y est pas fait davantage mention de Junca, à l'article consacré à Bérenger II, t. VII, pp. 292 et 293.
(4) Il est inutile de faire remarquer que la même question de numéro d'ordre existe pour ses prédécesseurs du nom d'Etienne.

(1) *Chronicon mon. Cas.*, apud Muratori, t. IV, p. 409, et Pertz, t. VII, p. 693.
(2) Pierre Damien, *Opuscules*, XVIII, *contra intemperantes clericos*, dans Migne, t. CXLV, col. 109.
(3) Voir notamment Jaffé, *Monumenta Gregoriana*, p. 640 ; id. *Rerum Boicarum Scriptores*, t. II, p. 803 ; Migne, t. CXL, col. 895 ; Arnoulf, *Hist. Mediol.*, dans Muratori ; Pertz, t. X, pp. 17 et 78 ; id. *Gesta archiepiscoporum Mediolan.* ap. Pertz, *Script.*, t. VIII, pp. 6-31. (Ces auteurs sont opposés aux Patarins) ; J. Venedey, *Die Pataria im XI und XIX Jahrh.* Aaran, 1855 ; Cf. *Vita S. Avialdi* dans *Acta sanctorum*, 27 jun., t. V, pp. 279-315 ; Landulf, *Hist. mediol.*, dans Muratori, t. IV, p. 100.

PONTIFICAT D'ÉTIENNE X (p. 109, col. 1).

Etienne occupa la chaire de Saint-Pierre pendant sept mois et vingt jours. Voici comment M. Ulysse Robert résume ce qui s'est accompli pendant ce court espace de temps.

« Les actes qui ont signalé le court pontificat d'Etienne X, montrent que ce pape comprenait l'importance de sa mission et qu'il était résolu à l'accomplir par tous les moyens dont il pouvait disposer. Défenseur zélé des droits et des biens des églises et des monastères, il s'efforça de les sauvegarder contre les empiétements des seigneurs et princes, et non content de les couvrir de sa protection, il les comblait de ses libéralités. Au Mont-Cassin, qui l'avait accueilli alors qu'il était persécuté et qui lui avait témoigné sa confiance en lui conférant les fonctions d'abbé, il fit des présents d'une magnificence vraiment royale. C'était une croix d'or, du poids de deux livres, enrichie de perles et de pierres précieuses, aux branches incrustées d'onyx et montée sur un pied d'argent doré pesant environ cinq livres ; c'étaient quatre statues d'argent doré ; une autre d'or, enrichie de pierres précieuses et d'émeraudes, renfermant une parcelle de la vraie croix ; deux chandeliers de cristal et deux d'argent ; un évangéliaire orné d'or et de pierreries ; une lampe d'argent niellé, du poids de cinq livres ; un plat d'argent pour le service du culte ; une urne d'argent doré, avec des émaux ; un antiphonaire et plusieurs autres ornements (1). A Saint-Lambert de Liège, où il avait été élevé, il envoya, en témoignage de sa reconnaissance, une parcelle de la vraie croix, et à l'évêque Théoduin une chape (2). Mais sa sévérité, comme sa bonté, ne connaissait pas de bornes, quand il s'agissait de poursuivre les abus. Il était sans pitié pour les clercs incontinents, qui déshonoraient leur ministère par leurs débauches et qui, pressés de revenir à une vie plus édifiante, refusaient d'expier leurs fautes par la pénitence. Les synodes qu'il convoqua à Rome, dans les premiers temps de son pontificat, eurent surtout pour but la réforme de la discipline. Il faut qu'il ait montré beaucoup d'énergie pour avoir mérité sur ce point les éloges de Pierre Damien, ce rigide censeur des vices de son temps ; il faut aussi qu'ajoutant l'exemple au précepte, il ait donné le spectacle de grandes vertus, car, presque aussitôt après sa mort, il fut regardé comme un saint et passa pour avoir le don des miracles (3). »

(1) *Chron. mon. Cas.*, dans Muratori, t. IV. p. 412 ; Pertz. t. VII. p. 695.
(2) Chapeauville, *Gesta pontificum Tungrentium*, t. II, p. 26 ; Foullon, *Hist. Leodiendis*, t. I, p. 238.
(3) *Lamberti Hersfeldensis annales* dans Pertz, t. V, p. 159 ; *Chronic. Virodun.*, dans Labbe, *Biblioth. Mss.*, t. I, p. 192 ; *Chronicon Mon. Cas.*, dans Muratori, t. IV, p. 411, et dans Pertz, t. VI, p. 694.

S'il est vrai, comme nous l'avons dit, qu'Etienne ait été réellement le premier pape qui ait engagé la lutte au sujet des investitures, il est juste de lui faire la part qui lui revient dans cette célèbre querelle et de placer dans l'histoire son nom à côte de ceux qui y furent engagés. Un pontificat plus long lui aurait très probablement permis de résoudre la question. Pour quiconque a étudié les phases du conflit entre Godefroi, frère d'Etienne, et l'empereur Henri III, il n'est pas douteux que le duc de Lorraine ne cherchât à s'emparer de la couronne d'Allemagne. Devenu plus tard duc de Toscane, il avait vu ses chances de succès augmenter avec sa puissance. Le concours d'Etienne, qui n'avait pas eu à se louer des procédés de Henri III à son égard, lui était assuré ; le témoignage de Léon d'Ostie, le chroniqueur du Mont-Cassin, si sûr pour tout ce qui touche Etienne, est formel sur ce point. Le succès de Godefroi eût changé la face des choses. Par reconnaissance pour Rome qui lui eût donné la couronne impériale, il fût devenu le défenseur de l'Eglise, et alors la querelle des investitures était, sinon pour toujours étouffée dans son germe, du moins ajournée pour longtemps.

ÉPITAPHE D'ÉTIENNE X (p. 109, col. 1).

Rohrbacher rapporte inexactement cette épitaphe. On la voyait autrefois dans l'appartement de Christine de Lorraine, grande-duchesse de Toscane ; la voici, telle qu'elle a été conservée par Placide Pucinelli (1), Page (2) et Papebrock (3) :

D. O. M.

Stephano papæ IX, olim Juniano Frederico, Gozelonis Lotharingiæ ducis filio, Apostolicæ sedis Cancellario, Monacho et Abbati Cassinensi, Cardinali tit. S. Chrysogoni, Pontifici optimo, maximo, pio, felici, sanctitate ac miraculorum gloriæ illustri Gotifridus, Hetruscorum dux, ut defuncto fratri, domi suæ et inter proprios amplexus quos potest caritatis suæ vices rependat, non sine lacrimis parentat, Monachi abbatiæ Florentinæ in (ex) ædibus ad divi Jo. Baptistæ efferunt, et juxta (justa) solvunt IV, Kal. Aprilis MLVIII.

HILDEBRAND EN ALLEMAGNE (p. 109, col. 2).

Rohrbacher place avec raison le retour d'Hildebrand après la mort d'Etienne X ; car, en affirmant que le voyage de Hildebrand eut lieu au commencement du pontificat d'Etienne, Ciaconius est en contradiction avec le témoignage de la plupart des chroniqueurs. Hildebrand était arrivé à Noël, à la cour impériale, qui était alors à Polde (4). Il avait été désigné pour informer l'impératrice Agnès, mère de Henri IV, de l'élection d'Etienne X. Sa mission était

(1) *Chron. abbat. Florent.*, p 17.
(2) *Critica historica*, t. IV, an. 1058, n° 2.
(3) *Conat. chron. hist.*, p. 192, n° 1.
(4) Floto, *Kaiser Heinrich der Vierte und sein Zeitalter*, t. I, p. 207.

des plus délicates. Si l'ôn se rappelle comment il avait été élevé à la papauté, choisi par le consentement unanime du clergé et du peuple de Rome, lui qui était, par tradition de famille, l'ennemi juré des empereurs d'Allemagne, Agnès et son fils avaient dû considérer cette élection comme une protestation contre le droit que les empereurs s'étaient arrogé d'intervenir plus ou moins directement dans le choix des papes. Ils paraissaient aussi avoir sous la main un candidat tout prêt à recueillir la succession de Victor II ; c'était Adalbert, archevêque de Hambourg (1). A cet échec subi par leur politique, venait encore se joindre la grave question des investitures. Hildebrand, toujours fidèle à la règle de conduite qu'il s'était tracée, et Étienne voulaient que Henri renonçât à trafiquer des dignités ecclésiastiques et qu'il les donnât à ceux qui en seraient dignes par leur science ou leur mérite (2). Mais, de part et d'autre, les prétentions étaient telles, que l'accord ne fut pas possible. S'il faut en croire plusieurs auteurs dignes de foi, Etienne aurait lancé contre Henri, sinon l'excommunication, du moins la censure, et l'aurait déclaré hérétique (3). Il serait donc le premier pape qui ait défendu les droits et les libertés de l'Église romaine, en entrant ouvertement en lutte avec l'Empire au sujet des investitures. Cet acte énergique montre assez quels efforts eût faits Etienne, si la mort lui en eût laissé le temps, pour amener le triomphe de la cause à laquelle Grégoire VII consacra sa vie et que Calixte II eut l'honneur de mener à bonne fin.

L'ÉLECTION DES PAPES ET LE DÉCRET DE NICOLAS II (p. 110).

Le décret de Nicolas II de 1059 n'est probablement pas le premier de ce genre rendu pour l'élection des papes. Il y a lieu de croire que le pape Etienne IV ou V a publié dans un synode romain, tenu en 816, une décrétale portant qu'à l'avenir le pape serait élu par les évêques (cardinaux) et par tout le clergé romain, en présence du Sénat et du peuple, mais qu'il ne serait consacré que *præsentibus legatis imperialibus*. Cette décrétale fut insérée au *Corpus juris canonici* (4). Baronius (5), Noël Alexandre (6) et d'autres historiens la regardent, il est vrai, comme apocryphe ; mais Pagi l'admet, tout en croyant qu'elle n'a été publiée que quatre-vingts ans plus tard par le pape Étienne VI ou VII (7). Muratori, de son côté, a établi que le Concile romain de 863 en avait appelé au *Canon concilii beatissimi Stephani*, et que par conséquent ce décret émane bien d'un des deux papes Etienne IV ou V, antérieurs au Concile (1). Quoi qu'il en soit, Nicolas II promulgua dans le synode tenu au Latran en 1059 une nouvelle ordonnance concernant l'élection des papes. Cet important document, publié plusieurs fois inexactement, a dû être altéré pendant la querelle des investitures par les adversaires de Grégoire VII. Le vrai texte en a été donné par Pertz d'après un manuscrit du Vatican (n° 1984) (2). Il est à remarquer que ce texte, provenant des archives pontificales, diffère aussi de celui du *Corpus juris canonici* (c. 1. Distinct. 25) (3).

Dans son allocution synodale, en présence de cent treize évêques (4), le pape, faisant allusion aux désordres qui avaient suivi la mort d'Étienne X, s'exprimait ainsi :

« Afin qu'à l'avenir de pareils faits ne se présentent plus, nous ordonnons qu'à la mort d'un pape les cardinaux (5) soient principalement chargés de délibérer, et qu'ils procèdent ensuite à la nouvelle élection, sans préjudice de l'honneur et du respect dus à notre très cher fils Henri, qui est présentement roi, mais qui sera empereur, ainsi que nous le lui avons promis par son chancelier Wibert et à tous ses successeurs qui auront obtenu personnellement ce droit du Saint-Siège, de sorte que, pour couper court à tout marché, ces hommes pieux seront, avec notre vénérable fils, le roi Henri, les promoteurs (*præduces*) pour l'élection d'un nouveau pape, et les autres les suivront (*erunt sequaces*). S'ils trouvent dans l'Église (romaine) un candidat ayant les conditions requises, ils le prendront ; s'ils n'en trouvent pas, ils devront choisir dans une autre Église. Mais si la malice des méchants est si grande qu'il ne soit pas possible de faire dans la ville de Rome une élection non achetée (*gratuita*), ils (les cardinaux) auront le droit, quand même ils ne seraient qu'en petit nombre, de faire l'élection du pape dans le lieu qui leur paraîtra, ainsi qu'au roi, le plus convenable. Si, à cause des guerres, etc., celui qui a été élu ne peut être ensuite intronisé à Rome selon la manière accoutumée, il a cependant comme pape véritable pleins pouvoirs pour gouverner l'Église romaine et pour régir ses biens (*facultates*) ; on sait en effet que c'est là ce qu'a fait saint Grégoire (le Grand) dès avant son sacre. Si, au mépris du présent décret, promulgué en vertu d'une sentence synodale, quelqu'un parvient à se faire élire au moyen d'une sédition, etc.., il ne devra pas, quand même

---

(1) Hofler, *Die Deutschen Päpste*, 2ᵉ partie, p. 272.
(2) Ciaconius, *Vitæ pontif. roman.*, t. I, col. 811.
(3) Biblioth. nat. de Paris, ms. latin 5114 A, fol. 93 ; Ms. latin 5114, f° 126 v° ; *Romanorum pontificum nomina successio et patria*, dans le ms. latin 13726, f° 19 v° ; Platina, *De vitis pontificum Romanorum*, p. 150 ; Cf. Mansi, *Concil.*, t. XIX, col. 838 ; Ciaconius, *Vitæ pontificum Romanorum*, t. I, p. 809.
(4) C. xxviii. *Distinct.* 63.
(5) *Ad Jan.* 816, Cl.
(6) *Hist. eccl.*, t. VI, p. 138.
(7) *Ad an.* 816. XIX, et 897, IV, sqq. Héfélé a soutenu aussi ce sentiment dans une dissertation intitulée : *Die Päpste und die Kaiser*, etc., dans le *N. Sion*, 1855, p. 953.

(1) Muratori. *Rer. ital. Script.*, t. II, 2. p. 127 ; Cf. Jaffé, *Regesta pontif.*, p. 221 ; Mansi a donné le texte de ce décret, t. XIV, p. 147.
(2) Pertz, *Monum*, etc. append., p. 176. On peut s'étonner que la plupart des historiens aient continué à citer cette ordonnance d'après le texte défectueux de Baronius et de Muratori au lieu de recourir au texte publié dès 1837 par Pertz.
(3) Ces deux différentes rédactions viennent d'être l'objet de nouvelles études. Voir en sens inverse Wilhem Bernhardi, dans les *Forschungen zur deutschen Geschichte*, t. XVII, et Héfélé dans la *Theologische Quartalschrift*, 60ᵉ année, 2ᵉ liv. Tubingue, 1878.
(4) Leur signature se trouve à la suite de l'allocution.
(5) La même version se trouve dans le texte du *Chronicum Farfense*, dans Mansi, *l. c.*, p. 905 ; tandis que le texte donné par Hugues de Flavigny et Hugues de Fleury, lesquels vivaient vers l'an 1100, porte *cardinales episcopi*. On voit en effet par le canon 1, qui est cité plus bas et par une lettre de Pierre Damien, *opp.* t. I, p. 19, que les cardinaux évêques avaient *primas partes* lors de l'élection d'un pape. Le reste du clergé, le peuple et l'empereur, y avaient aussi une part.

« il aurait été ordonné et intronisé, être regardé
« comme pape, mais bien comme un nouveau
« Satan; non pas comme un *apostolicus*, mais comme
« un *apostaticus*, et, de par l'autorité de Dieu et
« des saints apôtres Pierre et Paul, il demeure
« frappé d'un anathème éternel, lui et ses parti-
« sans... il doit être regardé comme Antéchrist...»

En résumé, suivant cette loi nouvelle le pape devait être élu par les seuls cardinaux ; le clergé et le peuple romain se borneraient à donner leur consentement. On y avait seulement ajouté : *salvo honore imperatoris*, touchant le droit de confirmation reconnu à l'empereur. Cette loi avait surtout pour but de restreindre l'influence funeste du peuple ; l'élection du pape était en même temps affranchie du bon plaisir de la cour impériale.

L'authenticité du décret électoral de Nicolas est incontestable. Il n'est que l'explication du premier des treize canons édictés par ce même synode romain de 1059 (1), comme ce canon, il fait une part assez large encore à l'intervention de l'empereur ou du roi d'Allemagne (2).

Quelques historiens ont prétendu que Nicolas II, peu de temps avant sa mort, et dans le synode tenu lors de la Pâques de 1061, avait abrogé le décret de 1059, en raison des concessions qui y étaient faites à l'autorité impériale (3). Mais un écrit de Pierre Damien réfute cette opinion (4). L'auteur met en scène un avocat de Henri IV et un défenseur de Rome et tous deux discutent en forme de dialogue sur l'élection d'Alexandre II, successeur de Nicolas II. L'un expose les griefs de la Germanie et se plaint qu'on n'ait pas tenu compte des droits de l'empereur, tels qu'ils avaient été fixés par Nicolas, dans son synode de 1059. L'autre répond au nom du pape que c'était le péril imminent d'une guerre civile, cas prévu par le 1er canon du synode de 1059, et non pas l'intention de léser les droits du prince, qui avait précipité l'élection du pape Alexandre II. La discussion continue sur ce terrain de la majesté impériale offensée et des troubles qui en sont résultés, d'une part, et, de l'autre, sur les motifs de charité que l'on avait à Rome de procéder sans retard à la nomination du pontife. À la fin, le défenseur du pape ajoute : « Le cardinal Etienne, cet
« homme excellent, étant venu à la cour royale
« avec une lettre apostolique, n'a pas été admis
« par les officiers du palais, et, quoiqu'il ait at-
« tendu cinq jours entiers, il n'a pu remplir sa
« mission ; il a dû rapporter encore fermées et scel-
« lées les décisions du concile (*mysterium concilii*),
« qu'il était chargé de remettre. C'est ainsi que vous
« vous êtes vous-mêmes dépouillés du privilège
« que vous avait accordé l'Eglise romaine. Du
« reste, cette Eglise ne veut pas rappeler tout ce
« qu'elle a souffert ; elle consent à laisser à la
« royauté les privilèges qu'elle lui a octroyés. Elle
« continue à reconnaître cette concession quoique
« vous vous en soyez vous-mêmes dépouillés par
« votre manière d'agir. »

On voit par cette citation que les droits accordés en 1059 au souverain de Germanie par Nicolas II, au sujet de l'élection des papes n'ont pas été abrogés. C'est ce que prouve toute l'argumentation de Damien.

Le jeune Anselme de Lucques a parlé dans le même sens, en répondant à un gibelin qui citait le privilège de l'année 1059 : « Votre roi et ses grands « se sont rendus indignes de ce privilège (1) ». Il ne voulait pas dire que le pape Nicolas II l'avait abrogé, mais qu'il aurait eu sujet de le faire.

En effet, pour montrer à quel point le parti gibelin s'était rendu indigne de ce privilège, Damien cite un synode allemand qui avait condamné Nicolas et son ordonnance. (*O. c.*, p. 31.)

L'irritation d'un bon nombre de prélats allemands et de la cour d'Henri IV ne provenait pas de l'abrogation du privilège confirmé par le concile de 1059, mais de son insuffisance par rapport aux prérogatives royales. Le Saint-Siège s'était hâté de l'envoyer en Germanie, vers le mois de mai 1059, par l'entremise du cardinal Etienne, qui n'avait pas été reçu par l'empereur, et c'est de ce moment que datèrent les animosités (2). Il était facile d'exciter les susceptibilités d'Henri IV ; il était jeune, plein d'ambition, et l'on avait en réalité amoindri les anciennes prérogatives de la couronne impériale. Derrière lui s'agitaient des passions qui mettaient tout en œuvre pour écarter le pape de l'Allemagne. De grands dignitaires ecclésiastiques, mal en règle avec les canons qui frappaient les simoniaques et les concubinaires, jetaient les hauts cris à la pensée de le voir dans une situation indépendante des empereurs. Anno, archevêque de Cologne, s'étant fait reprendre par Nicolas à cause de ses excès, communiqua son mécontentement autour de lui, et les prélats du parti de la cour s'attaquèrent avec violence à la primauté du pape, jusqu'à défendre de prononcer son nom dans le canon de la messe (3). Un ennemi fanatique de saint Grégoire VII, Benzo, raconte jusqu'où était allé l'emportement de l'archevêque de Cologne. « Anno s'est levé pour venger les désagréments qui lui avaient été faits, à lui et à d'autres, et conjointement avec tous les orthodoxes (c'est-à-dire avec le parti de la cour), il a envoyé à Hildebrand une lettre d'excommunication, que le pape (Nicolas II a lue et à la suite de laquelle il est mort de chagrin (4). »

On voit comme les évêques scandaleux faisaient cause commune avec l'empereur et repoussaient totalement le pape de l'Allemagne.

Nicolas II ne put rien faire pour la réforme de l'Eglise en Allemagne, tant qu'il sentit ces colères soulevées contre sa personne. Après la mauvaise réception d'Etienne à la cour d'Henri IV, il avait tenté une nouvelle ambassade à la fin de 1059, et

---

(1) Voir Mansi, *l. c.*, p. 897 ; Hard., *l. c.*, p. 1061.
(2) Anselme le jeune, évêque de Lucques et successeur d'Alexandre II sur le siège, explique ainsi la part qui, d'après le décret de Nicolas, était faite au roi ou à l'empereur d'Allemagne pour l'élection du pape : « Le pape Nicolas le Jeune a prescrit, par un décret synodal, que, lorsque le nouveau pape serait élu, on en donnerait connaissance au roi, et qu'il ne serait possible de faire le sacre que lorsque le roi aurait été instruit de l'élection. V. dans Migne, *Patr. lat.*, t. CXLIX, p. 463.
(3) Notamment Gfrörer. *Gregor VII*, t. I, p. 633 sqq. Will pense que le décret de 1059 subit d'importantes modifications sans être supprimé.
(4) P. Damien, *opp.*, t. IV, p. 25 sqq.; cf. Mansi, *l. c.*, p. 1002 sqq.; Hard., *l. c.*, p. 1119 sqq.

(1) Migne, *Patrol. lat.*, t. CXLIX, p. 463.
(2) Baronius, *ad an.* 1061-5.
(3) Anselme, dans Migne. *Patrol. lat.*, t. CXLIX, p. 464.
(4) Peitz, *Monum.*, t. XIII, *Script. XI*, p. 672.

avait renvoyé Anselme de Lucques en Germanie ; mais sans plus de succès. L'un des opposants les plus roués à l'intrigue et les plus engagés dans la lutte, était Henri, évêque d'Augsbourg, favori de l'impératrice mère et intendant du jeune roi. La réalisation des décrets du Saint-Siège contre la simonie et le concubinage devenait impossible. On comprend quels germes de rébellion contre Rome poussaient dans ces provinces, en attendant Luther. Ce n'était pas trop de la main vigoureuse de saint Grégoire VII et des Innocent III, pour porter la hache à la racine du mal (1).

NICOLAS II ET LES NORMANDS. — FONDATION DU ROYAUME DE NAPLES (p. 114).

En parlant de l'établissement des Normands en Italie (p. 76), Rohrbacher fait remarquer ce qu'il eut de providentiel pour la papauté. Pendant quelque temps néanmoins, les Souverains Pontifes eurent à souffrir de la présence de ces nouveaux venus au sud de l'Italie.

Léon IX s'était efforcé d'arrêter leurs envahissements : il en avait appelé inutilement aux Grecs, tenus en respect par les Sarrasins du Levant et fort mal disposés à l'égard de l'Église romaine ; ses troupes, battues à Civitate, n'avaient pu reprendre l'offensive, et son successeur, Etienne X, avait gémi de son impuissance devant la brutalité et les progrès des étrangers. Dans toute la basse Italie, il ne restait plus de l'ancien royaume des Grecs et des duchés lombards que quelques débris, comme Salerne, Naples et Sorrente ; la principauté de Bénévent qui appartenait à l'Église romaine était fort menacée.

Nicolas II, considérant l'inutilité des efforts de ses prédécesseurs, entreprit de changer de politique. Il médita un traité avec les Normands pour faire d'eux les défenseurs de Rome et de la papauté.

C'est dans ce but principalement qu'il tint le célèbre synode de Melfi, au mois de juillet 1059. Robert Guiscard, un des chefs des Normands, était tout disposé à répondre aux vues du Souverain Pontife (2). Les négociations entamées dans ce but réussirent (3). Apprenant l'arrivée du pape à Melfi, ancienne capitale de l'Apulie, Robert Guiscard vint à sa rencontre et lui fit rendre les plus grands honneurs. Un poète, Guillaume d'Apulie, a célébré cette entrevue ainsi que le synode qui s'ensuivit (4).

On s'y occupa d'abord de remettre le célibat ecclésiastique en honneur dans la basse Italie (5), et de diverses restitutions aux couvents (6). A l'issue du synode, raconte Guillaume d'Apulie, le pape Nicolas accorda, sur la demande d'un grand nombre, la dignité de duc à Robert Guiscard, et lui concéda toute la Calabre et l'Apulie, ainsi que divers domaines dans le Latium, à l'exception toutefois de Bénévent. En retour, Robert Guiscard jura fidélité au pape. Baronius a extrait d'un *liber censuum* du Vatican la double formule du serment prêté par Robert Guiscard (1).

Ce traité avec les Normands porta bientôt ses fruits. Le pape, en quittant la basse Italie, emmena une armée considérable de ces nouveaux alliés. Elle ne fut pas plus tôt arrivée qu'elle força la Campanie, Préneste, Tusculum et Nomentana, c'est-à-dire les pays et les villes situés au sud et à l'orient de Rome, à se soumettre de nouveau à la souveraineté du pape, et, détruisant les châteaux du comté de Gabria jusqu'au delà de Sutri, humilia les chefs de bande les plus audacieux et les contraignit à faire leur soumission. C'est ainsi que les Normands, légitimement établis dans leurs conquêtes, devinrent les alliés et les protecteurs de la papauté. Le royaume de Naples commence à eux.

LUTTES D'ALEXANDRE II CONTE L'ANTIPAPE CADALOÜS. (p. 123, col. 2).

Les dissensions qui déchiraient l'Eglise à l'élection des papes, mirent les partis aux prises pendant presque tout le pontificat d'Alexandre II, c'est-à-dire pendant une dizaine d'années, de 1061 à 1070. Le droit reconnu à l'empereur d'Allemagne de désigner le candidat, de concert avec les cardinaux, fut bien outrepassé par Henri IV qui remit la croix, la tiare, les insignes de la papauté à Cadaloüs, évêque de Parme (2). Des évêques lombards et une députation de quelques membres du clergé romain conduite par le comte de Galéria, étaient venus en toute hâte le proposer à son choix, dès qu'on avait appris la mort de Nicolas II. L'élection avait eu lieu dans un synode de Bâle, en 1054. Les *Annales d'Altaich* assurent que les conseillers d'Henri IV et sa mère avaient été trompés (3) ; mais il est bien difficile qu'ils aient cru de bonne foi nommer celui que demandaient le clergé et le peuple de Rome, puisque, d'après les *Annales d'Augsbourg*, les archevêques allemands n'avaient pas voulu le reconnaître.

De leur côté, tous les cardinaux évêques, sur les invitations de Hildebrand, avaient élu, 28 jours auparavant (30 septembre 1061), Anselme de Lucques, qui fut introduit dans Rome pendant la nuit, protégé par une armée normande et sacré le 1er octobre 1061, sous le nom d'Alexandre II (4). Ce n'était point pour braver l'empereur ni pour se soustraire à son intervention ; car Pierre Damien assure qu'Anselme était dans l'intimité de ce prince et que si l'on avait agi avec précipitation, c'était par crainte d'une guerre civile.

Rohrbacher a tort de prétendre que la nomination

---

(1) Outre les auteurs cités, consulter pour le décret de Nicolas II : Cunitz, *de Nicolai II decreto de elect. pontif. Rom.*, etc Strasbourg, 1837 ; Korn Will, *Nikolaus II Dekret*, etc., dans *Histor. pol. Blætter*, t. XLIX, p. 466-74 ; Hüfélé, *Hist. des Conciles*, t. VI, p. 379 sqq et 401 sqq.
(2) Gfrörer, *Grégor. VII*, t. I, p. 586.
(3) Baron. *ad an.* 1059, p. 68.
(4) *De rebus Normannorum*. On trouve sur l'établissement des Normands en Italie des détails intéressants dans l'*Histoire de li Normant* et la *Chronique de Robert Viscart* du moine Amatus (édition Champollion-Figeac, Paris, 1835).
(5) Migne, *Patr. lat.*, t CXLIX ; Pagi, *ad Baron.*, an. 1059, 14 ; Cf. Pertz, *Monum.*, t. XI, (Script., t. IX), p. 261.
(6) Voir Léon d'Ostie dans Pertz, *l. c.*, p. 706.

(1) *Ann. ad. an.* 1059, n. 70.
(2) Le nom de cet antipape est écrit différemment dans les manuscrits : Cadalous, Cadalus, Chadelus, Cadolus, Calolaus. (Cf. Pertz, t. XIII, (XI), p. 610).
(3) Giesebrecht, *Annales Altahenses*, 1841, pp. 102, 178, 183, 199.
(4) P. Damien, *Opera*, t. III, p. 34.

de l'antipape Honorius II (Cadaloüs) fut une réponse pleine de vengeance de la part d'Henri IV et de sa mère à l'intronisation d'Alexandre II, pour laquelle ils n'auraient pas été consultés. Le comte de Galéria et les évêques lombards avaient pris les devants et disposé la cour d'Allemagne en faveur de leur parti ; ils avaient même déclaré dans un conciliabule « qu'on ne pouvait choisir qu'un pape venant du paradis de l'Italie, c'est-à-dire de la Lombardie, et qui sût compatir aux faiblesses de l'humanité. » Il n'était pas possible d'aller accroître les complications auprès de l'empereur, quand il était gagné au parti réprouvé de tous les cardinaux : l'on avait cru sage de le laisser dans son isolement, et c'était lui qui avait cherché à se rendre seul maître de la position. Le conflit s'était d'autant plus aggravé que Henri IV avait pris sur lui de conférer la crosse et la tiare à son candidat, lequel inspirait un profond mépris à Hildebrand et à ses amis, à cause de ses débauches notoires et de l'argent qu'il avait distribué pour être élu.

Dans de telles conditions l'entente ne devenait pas possible. Bien que la cour d'Allemagne ne fût pas décidée d'abord à une lutte ouverte, elle y fut amenée pour se donner gain de cause ; car elle apprit, au bout de quelques mois, que Cadaloüs ne parvenait pas à se soutenir par lui-même, et que ses partisans, composés particulièrement de concubinaires et de simoniaques, avaient fondu à Rome en l'attendant, comme la cire fond aux rayons du soleil. L'impératrice mère lui gagna, à force de présents et de promesses, le rusé et immoral Benzo, évêque d'Albe en Piémont, à qui elle donna des sommes considérables pour faire des créatures parmi la noblesse et dans le peuple de Rome. Elle ne pouvait faire un meilleur choix (1). Benzo, sans scrupule du côté de la morale et ami déclaré des « taureaux lombards », ainsi qu'il appelait les évêques de Lombardie, et animé d'une haine violente contre Hildebrand et le parti de la réforme qui l'avaient renversé de son siège, se présenta dans le quartier Léonin à Rome, avec une armée ramassée de toutes parts et s'installa dans le palais d'Octavien. Dans une réunion populaire, il reprocha à Alexandre ses torts envers la cour, sut tourner l'opinion en sa faveur même parmi les sénateurs qui invitèrent Cadaloüs à se rendre à Rome.

Celui-ci arriva bientôt avec une armée, livra bataille dans le *campus Neronis*, non loin du Vatican, à celle d'Alexandre II, la mit en déroute, et, conduit par le sénateur Censius, prit possession du château Saint-Ange. Il soumit Tusculum et reçut une ambassade des Grecs. Son but était de s'avancer par delà le Tibre, jusqu'à l'église de Saint-Pierre-ès-Liens et de s'y faire consacrer ; mais Hildebrand réussit à l'arrêter, et des combats sanglants se livrèrent dans l'intérieur de la ville. Alexandre se fortifia dans le couvent du Capitole, et Cadaloüs, dans la tour de Censius, près du pont de Saint-Pierre (2). La victoire sembla quelque temps incliner vers celui-ci, car son or et ses promesses avaient encore plus d'effet que le glaive.

Saint Pierre Damien avait écrit deux lettres pressantes à Cadaloüs pour le faire rentrer en lui-même et l'exhorter à mettre fin au schisme de la papauté (1). Ces remontrances demeurèrent sans résultat. Un mois après Godefroi, duc de Lorraine-Toscane, parut devant Rome (mai 1062), en apparence comme médiateur entre les deux partis, car il demanda aux deux évêques de poser les armes et de s'en retourner dans leurs diocèses, en attendant la décision de la cour impériale. Alexandre, fort de la bonté de sa cause et probablement informé des sympathies que lui portait Godefroi, ne fit pas difficulté de se rendre à cette injonction, et il séjourna à Lucques, depuis le mois d'août 1062 jusqu'au printemps de 1063. Cadaloüs ne céda qu'à la force ; mais ses caisses étant vides, ses amis de la noblesse l'ayant abandonné, il regagna la ville de Parme avec Benzo et une petite escorte.

Au mois d'avril 1063, le pape Alexandre tenait un synode à Rome et lançait l'anathème contre Cadaloüs, soutenu qu'il était par la présence de Bucco, évêque d'Halberstadt, porteur d'un message d'Henri IV. On avait tenu secrètes les instructions du jeune prince, mais on est certain qu'elles étaient favorables au pontife ; car celui-ci loue l'évêque d'Halberstadt d'avoir rempli sa mission conformément aux intentions du roi et d'avoir, en qualité de commissaire impérial, cherché à rétablir la paix de l'Église (2).

À son tour Cadaloüs excommuniait aussi Alexandre dans un conciliabule de Parme, et ensuite se mettait en marche vers Rome avec une armée considérable. L'impératrice Agnès paraît avoir joué un double jeu ; pendant qu'elle appuyait Alexandre par l'entremise de l'évêque d'Halberstadt, elle chargeait Benzo de conduire son rival dans la ville éternelle, et, en outre, Adalbert, archevêque de Brême, tout-puissant sur l'esprit d'Henri IV, embrassait la même cause. Cadaloüs étant arrivé heureusement aux portes de Rome, s'empara de la cité Léonine, du château Saint-Ange, de l'église Saint-Pierre et recommença des combats sanglants. Il eut l'avantage dans le courant de l'été 1063, malgré les renforts que les Normands et le duc Godefroi avaient amenés au pape légitime. Pierre Damien, qui lui était très opposé, se plaint d'avoir couru de graves dangers pour retourner dans les Gaules en octobre 1063.

Dans le synode de Mantoue, qui, d'après les autorités prépondérantes citées par Héfélé, se tint en 1064, un grand nombre de princes ecclésiastiques et laïques examinèrent les droits des deux prétendants (3). Honorius II n'avait pas voulu s'y rendre, sous prétexte qu'il n'était pas convenable que le maître fût jugé par les disciples ; il ne paraîtrait dans le synode, disait-il, qu'à la condition d'en avoir la présidence. Mais il se fit tenir au courant par des messagers de tout ce qui se passait. Le se-

---

(1) Benzo se fait connaître dans son *Panégyrique d'Henri IV*, dans Pertz, t. XIII (XI), p. 612.
(2) Pertz, t. VIII (V), p. 472.

(1) Pierre Damien, *Opera*, t. I, p. 22.
(2) Mansi, t. XIX, p. 978.
(3) *Hist. des Conciles*, t. VI. p. 425. C'est à tort que Mansi et Hardouin comptent Pierre Damien au nombre des membres du synode. Il est vrai que le pape l'avait invité à s'y rendre ; mais le début de son opuscule 55 prouve qu'il ne répondit pas à cette invitation. Hildebrand n'y avait pas non plus, soit que la crainte l'eût empêché de s'y rendre Benzo dans Pertz, t. XIII. *Script.* XI, p. 632.) soit qu'Anno l'en eût dissuadé pour avoir plus d'influence sur Alexandre II. (Gfrörer, II, 51.)

cond jour de la Pentecôte, les évêques, les princes et les seigneurs s'étant réunis dans l'église, Alexandre fit un discours sur la paix et l'union de la chrétienté ; puis Anno lui énuméra les accusations qui pesaient sur lui. « Il avait obtenu par corruption le « souverain pontificat, et, afin de le garder, il avait « conclu une ligue contre le roi avec les Normands. » Alexandre se disculpa avec serment sur le premier grief. « C'était contre sa volonté et sans sa partici- « pation qu'il avait été nommé par ceux qui, d'après « l'ancienne coutume, avaient le droit d'élire le « successeur de Saint-Pierre... » Quant à l'alliance avec les Normands, il n'en voulait pas parler ; le roi n'avait qu'à venir à Rome pour s'assurer qu'on n'avait rien tramé contre lui. » Les membres du synode jugèrent cette justification suffisante, et comme Honorius II (Cadaloüs) ne s'était pas rendu à l'assemblée, on le déposa ; Alexandre fut, au contraire, reconnu pour pape et solennellement proclamé.

Les partisans de Cadaloüs réunis dans la ville, y excitèrent un violent tumulte, puis se précipitèrent les armes à la main dans la salle synodale, et allèrent jusqu'à menacer Alexandre de mort. Les Pères, quittant leurs sièges en toute hâte, le laissèrent presque seul ; un instant il eut l'idée de s'enfuir, mais, sur les conseils de l'abbé Wenzel, il reprit sa place, et contint la multitude. En ce moment, la duchesse Béatrix parut sur le seuil de l'église avec une grande escorte et les partisans de Cadaloüs s'étant dispersés, les Pères reprirent leurs délibérations et excommunièrent l'antipape. Alexandre s'en retourna en liberté au palais pontifical.

Giesebrecht (1) et Gfrorer (2) assurent que le pape Alexandre exerça les fonctions de président au synode de Mantoue, et ils citent à l'appui de leur assertion les Annales d'Altaich et Benzo (3). Anno, archevêque de Cologne, commissaire impérial, y avait joué le principal rôle ; il tomba en disgrâce auprès d'Henri IV, qui lui préféra Adalbert, et fut par lui déclaré majeur à quatorze ans et demi, le 29 mars 1065.

Le synode de Mantoue porta un coup terrible à Cadaloüs, qui regagna son siège de Parme, tout en persistant dans ses prétentions à la papauté. Le cardinal Hugo Candidus, l'archevêque de Ravenne, et quelques autres prélats de la haute Italie, paraissent avoir été les seuls à le soutenir encore. Alexandre resta pleinement maître de Rome, tout en se gardant des embûches de l'antipape, qui entravait partout son action et entretenait des intelligences à la cour d'Allemagne pour ressaisir de l'influence. D'après les *Annales d'Altaich*, en 1068, Anno, archevêque de Cologne, dont le crédit à la cour s'était relevé, fut envoyé en Italie avec Henri, évêque de Trente, et Otto, duc de Bavière, pour y percevoir des impôts de la part d'Henri IV. Chemin faisant, ils eurent des conférences avec l'archevêque de Ravenne et avec Cadaloüs ; comme tous deux étaient excommuniés, Alexandre II ne voulut pas recevoir les prélats allemands à leur arrivée à Rome, avant qu'ils eussent fait agréer leur justification (4). L'auteur du *Triumphus Sancti-Remacli* mentionne également ce voyage d'Anno à Rome (1), et dit qu'il était ambassadeur royal.

Dans les dernières années de sa vie, Alexandre eut à effacer les souvenirs de tant de dissensions. Le cardinal Hugo Candidus avait fait sa soumission ; mais il fut accusé de simonie et comparut devant le synode de Rome en 1073, sans toutefois encourir de châtiment. L'année précédente un autre avait été tenu dans cette ville pour régler le différend d'Otto, archevêque de Milan, et de Godefroi, son compétiteur. Celui-ci, soutenu par la cour de Germanie, voulait se faire reconnaître, malgré l'élection d'Otto faite par le parti des *Patares* et avec la coopération d'un légat du pape le 6 janvier 1072. Pendant le repas solennel qui avait suivi l'élection, les adversaires s'étaient emparés de lui, et l'avaient forcé par toutes sortes de mauvais traitements à renoncer à son siège épiscopal. Le légat du pape avait été bafoué, et on lui avait déchiré ses habits. Le lendemain, il est vrai, Herlembald avait repris le dessus dans la ville, mais des envoyés de la cour d'Allemagne avaient fait sacrer Godefroi à Novare par des évêques de Lombardie. La décision du synode romain fut qu'Otto était véritable archevêque de Milan et Godefroi excommunié (2).

Dans son dernier synode de 1073, Alexandre II frappa encore d'anathème quelques conseillers d'Henri IV qui travaillaient à le séparer de l'Église. Il avait pressenti les luttes réservées à Hildebrand ; il lui dit à propos de Wibert, qui était venu solliciter la confirmation de son élection au siège de Ravenne : « Je suis vieux et je mourrai bientôt ; « mais toi, Hildebrand, tu connaîtras toute la ma- « lice de cet homme. »

LE DROIT D'ASILE (p. 128).

Avec les successeurs de Charlemagne, faibles et inhabiles, commence la seconde époque du moyen âge, que M. Mœlher appelle justement « le temps d'épreuve pour la république chrétienne, qui plus d'une fois fut menacée d'une entière dissolution. » Les empereurs, à qui leur charge imposait le devoir de défendre l'Église, étaient loin de se montrer toujours fidèles à une si haute vocation, et de leur côté leurs sujets oubliaient la fidélité féodale et refusaient de leur obéir. C'était, comme on a pu le dire sous certains rapports, une époque où toute puissance se trouvait en guerre et avec elle-même et avec les autres puissances, où toutes les forces sociales semblaient vouloir se heurter et s'entre-détruire (3).

A la haine, l'Église opposa la charité, à la barbarie, les lumières de la foi et de la science, réfugiées dans les cloîtres ; à la guerre, la paix et la trève de Dieu. Le droit d'asile complété plus tard par l'institution de la paix et trève de Dieu, fut le premier obstacle apporté par l'Église à la violence.

---

(1) Annal. Altaih., p. 181.
(2) Gregor. VII, t. II, p. 17.
(3) Pertz, Monum., t. XIII, Script. XI, p. 632.
(4) Giesebrecht, o. c., p. 110.

(1) Pertz, t. XII (XI), p. 448.
(2) Pertz, t. X (VIII), p. 25 et sqq.
(3) Wiseman, *Annales des sciences religieuses*, juillet 1835.

En 1033, les évêques et les abbés d'Argentaine décidèrent que « si quelqu'un cherchait un refuge dans une église, il pouvait s'y retirer sain et sauf, à moins qu'il n'eût violé la paix ; mais que le violateur de la paix, pris même sur l'autel, devait être puni (1). »

La constitution de la paix et de la trêve à Tuluges (à trois milles de Perpignan) est ainsi conçue :

1° Cette paix a été confirmée par les évêques, par les abbés, par les comtes et vicomtes, et les autres nobles craignant Dieu dans cet évêché, afin qu'à l'avenir, à compter de ce jour, aucun homme ne s'introduise par violence dans l'église, ni dans l'espace qui l'entoure et qui jouit des mêmes privilèges (entre autres celui d'asile), ni dans le cimetière, ni dans les demeures qui sont ou seront autour des églises, jusqu'à la distance de trente pas (2).

2° L'homme qui aura fait irruption dans une église ou un lieu réservé à trente pas de distance, et aura fait mal à quelqu'un, excepté aux malfaiteurs..., devra payer l'amende du sacrilège, et le double au plaignant (3).

Les pères et les évêques de la Gaule, réunis, en 1042, à l'abbaye de Saint-Gilles, du diocèse de Nîmes, prirent la même décision (4), qui fut confirmée de nouveau par le concile d'Elme, au pays de Tuluges, en 1059. La même année, le concile général de Latran prononça l'excommunication contre ceux qui violeraient la franchise des églises à soixante pas à l'entour, et des chapelles, à trente pas (5).

En fixant ces limites, l'Église ne faisait que suivre la législation du code de Théodose et de Justinien ; elle profitait de cette latitude pour soustraire un plus grand nombre de victimes aux fureurs des seigneurs sans cesse en guerre. Un archevêque alla même jusqu'à assimiler les foires aux lieux saints. En effet, une charte de Richard, archevêque de Bourges, de 1065, ordonne que, « si on vole quelqu'un, si on le pille pendant la trêve de Dieu, le coupable qui se sera réfugié dans une foire ne pourra être atteint (6). »

« Les églises, portent les décisions du concile de Clermont de 1095, les cimetières sont entièrement dans la paix du Seigneur. »

« Si quelqu'un, poursuivi par ses ennemis, se réfugie à une croix, qu'il soit libre, comme s'il était dans une église. »

« Si quelqu'un a commis quelque acte de violence contre la sainteté de l'église et de la croix, et se réfugie à une croix, qu'il soit rendu à la justice, à condition qu'il sera sauf de la vie et des membres (7). »

Le canon suivant, ajoute Thomassin, montre combien cette immunité était entière. Car il y est ajouté que ceux qui, par malice, commettront un crime dans l'espoir de l'impunité qu'ils se promettent à raison du voisinage d'une croix ou d'une église,

---

(1) La Paix et la Trêve de Dieu, pp. 44-45, Paris, 1869.
(2) En 1050, le concile de Coyac, en Angleterre, fixa aussi à trente pas les limites de l'asile. Thomassin. Discipline de l'Église, t. III, p. 384.
(3) Pages 51 et 52.
(4) Pages 66 et 67.
(5) Pages 95 et 96.
(6) Pages 97 et 98.
(7) Pages 118 et 121.

on les rendra à la justice, après avoir reçu toutefois l'assurance qu'ils ne perdront ni la vie ni les membres.

Le concile de Reims, en 1131, sous Innocent II, frappe d'excommunication ceux qui saisiront un criminel dans une église ou dans un cimetière.

En 1132, les évêques assemblés dédièrent une église dans le territoire de Narbonne, et y marquèrent toute l'étendue de l'immunité, en y dressant des croix (1).

Le concile de Londres, en 1142, voyant qu'on n'avait plus de sentiment de respect et de religion pour les églises et les cimetières, aussi bien que pour les personnes sacrées des ecclésiastiques, résolut que ceux qui auraient violé les privilèges des églises et des cimetières ou la personne des clercs, ne pourraient être absous que par le peuple. Quant au décret suivant, que les charrues des laboureurs seraient autant respectées et aussi inviolables au milieu des champs que si elles étaient dans les cimetières, c'était une nécessité absolue d'en user de la sorte en un temps où les particuliers se faisaient souvent la guerre, et pouvaient amener la désolation d'un pays par le fer et la famine.

Le concile de Lambeth, en Angleterre, décréta des censures contre eux qui empêchaient qu'on portât à manger aux criminels, réfugiés dans les églises ou dans les cimetières ou qui mettaient des gardes dans les églises ou dans les cimetières, pour les surprendre quand ils en sortiraient, ou qui gardaient les chemins pour les surprendre, quand ensuite des bienfaits de l'Église, ils se retireraient en des pays éloignés.

Le concile de Bourges, en 1279, lança l'excommunication contre ceux qui, par une audace sacrilège, tuaient ou mutilaient, ou arrachaient avec violence les criminels de l'église, violant insolemment les canons et les lois (2).

En 1280, un concile fut assemblé à Cologne ; le canon XIII est ainsi conçu.

« Comme il arrive que quelques-uns se rendent coupables d'homicides, mutilent leurs victimes et commettent d'autres méfaits, qu'ils n'auraient pas commis s'ils n'eussent espéré trouver un refuge dans les églises et obtenir l'impunité de leurs crimes, nous ordonnons que les fugitifs de cette espèce ne soient pas enlevés des églises ou autres asiles sans notre autorisation ou l'autorisation de ceux qui nous remplacent ; mais qu'ils soient étroitement tenus pour qu'ils ne s'échappent point, jusqu'à ce que nous, ou ceux qui nous remplacent, ayons pris connaissance du fait. Les fugitifs seront amenés en notre présence, et après avoir examiné le degré de culpabilité, nous déciderons s'il faut agir avec clémence ou livrer les coupables à la justice.

« Du reste, toutes et chacune des dispositions établies de droit ou par nos prédécesseurs, relativement aux églises et aux immunités, sont sanctionnées par le présent concile et devront être inviolablement observées.

---

(1) C'est ce qui avait également lieu, pour certains asiles, dans l'empire d'Allemagne. V. M. Muchmayer, Jus publicum romano-germanicum novissimum catholicum, 1a pars, p. 264.
(2) Thomassin, pp. 384-385.

« Nous ordonnons que les prêtres publient fréquemment ce canon dans les églises (1). »

Dans les siècles suivants, l'Église catholique suit constamment la même ligne de conduite, dans l'application du droit d'asile : protection pour l'innocent, indulgence pour le coupable qui en est digne. En 1326, le concile d'Auch renouvelle le canon du concile de Bourges de 1279, et prononce de nouvelles peines contre les violateurs des asiles ; en 1447, le pape Nicolas V répond aux Saxons que les voleurs de grands chemins ne peuvent jouir du bienfait de l'immunité des églises ; en 1504, le souverain pontife Jules II ordonne que ceux qui se sont rendus coupables du crime de lèse-majesté, d'homicide ou de vol sur les grands chemins, doivent être enlevés des églises où ils se sont réfugiés ; en 1536, le concile de Cologne permet d'arracher des autels les voleurs publics, les homicides volontaires, ceux qui commettent des crimes dans les églises et dans les cimetières, dans l'espérance de l'impunité ; enfin ceux qui auraient commis des crimes qu'on jugerait dangereux pour l'État, pourvu que le magistrat civil ne s'en saisît qu'après avoir interrogé les accusés de concert avec l'official de l'évêque (2).

La législation canonique du droit d'asile fut en dernier lieu fixée par la Constitution de Grégoire XIV, *Cum aliàs*, du 14 mai 1591, et celle de Benoît XIII, *Ex quo divina*. Ce droit fut reconnu appartenir aux églises, chapelles, monastères, maisons régulières, etc., en y comprenant le cimetière, la tour et les murs de l'église, le palais de l'évêque, le séminaire des théologiens, de manière à appliquer la qualification de lieu saint dans son acception la plus large.

Tous les fidèles baptisés, de même que les infidèles et les juifs, sollicitant sincèrement le baptême, restèrent, comme par le passé, sous la sauvegarde de l'Église. L'exclusion fut prononcée ou maintenue contre :

1° Les voleurs publics ; 2° les voleurs de grands chemins ; 3° ceux qui ravagent les champs ; 4° ceux qui tuent quelqu'un et leur mutilent les membres, dans les églises ou dans les cimetières ; 5° ceux qui tuent traîtreusement leur prochain ; 6° les assassins, ou ceux qui, moyennant de l'argent, tuent des personnes prises à l'improviste ; 7° ceux qui se rendent coupables d'hérésie ; 8° les criminels de lèse-majesté, dans la personne du prince ; 9° ceux qui enlèvent de force des personnes réfugiées dans un lieu d'asile ; 10° les coupables d'homicide, avec préméditation et délibération ; 11° les falsificateurs des lettres apostoliques ; 12° les employés des monts-de-piété qui commettent des vols dans ces établissements ; 13° ceux qui fondent, falsifient ou rognent des monnaies d'or et d'argent ; 14° ceux qui se rendent coupables de certaines rapines, accompagnées d'homicide ou de mutilation ; 15° enfin, dans les États de l'Église, ceux qui commettent des homicides dans des querelles, etc. (3). En Belgique, la constitution de 1591 fut rangée parmi les édits des souverains (1), qui, à leur tour, exceptèrent du droit d'asile les banqueroutiers, les incendiaires, les vagabonds, les sacrilèges, les rebelles, et même les soldats qui passaient à l'ennemi, ou se rendaient coupables d'excès graves. Cette dernière exclusion fut approuvée par le pape Clément XII, à la condition d'être renouvelée annuellement.

D'après le droit canon, ceux qui ne respectent pas le droit d'asile, non seulement sont traités comme sacrilèges et violateurs de la justice, mais encourent de plus, par le fait même, l'excommunication réservée au Souverain Pontife, d'après les décrets de Grégoire XIV et de Clément VIII (2).

« La franchise des églises avait été aussi inviolablement respectée dans la France que dans les autres royaumes de la chrétienté, jusqu'au règne de François Ier, qui ordonna, en 1529, que, quand il y aurait prise de corps décernée contre les accusés, ils pourraient être tirés de la franchise des églises, sauf à les réintégrer, s'il était ainsi ordonné par le juge (3). »

Cette ordonnance entamait évidemment le droit d'asile de la manière la plus grave, l'immunité ne disparut cependant point, puisque nous voyons, un siècle et demi après, s'élever entre Louis XIV et Innocent IX des démêlés de la nature la plus grave, au sujet des franchises des ambassadeurs (4).

En Allemagne, les villes libres du royaume — *freye Reichs-Stadte* — relevant directement de l'empereur des Romains, jouissaient du droit d'asile. Les lois refusaient cependant ce privilège :

1° Aux coupables d'homicides prémédités, les maisons de Dieu ne devant plus servir de retraites aux assassins ; 2° à ceux qui ravissent ou violent ; 3° à ceux qui volent par profession, à ceux qui volent dans les églises, et à ceux qui trahissent la patrie ; 4° à ceux qui commettent quelque méfait dans l'asile même ; 5° à ceux qui sont bannis. Cette dernière exception atteignait aussi les juifs, les villes libres pouvaient toutefois les prendre sous leur protection (5).

Dans les pays qui se détachèrent de l'Église catholique, le droit d'asile perdit toute raison d'être ; aussi le protestantisme en fit-il table rase : c'était une conséquence de ses principes.

Pour les catholiques, en effet, une église est sacrée dans tous les temps ; pour les protestants, au contraire, le temple n'est sacré qu'au moment du prêche, et ne peut dès lors conférer, en vertu de son caractère, aucune inviolabilité permanente à ceux qui s'y réfugient.

Les catholiques reconnaissent une hiérarchie, rattachée au Fils de Dieu par cette chaîne d'or dont le dernier anneau est le Saint-Siège ; les protestants, au contraire, n'admettent dans l'Église, comme dans l'État, d'autre juridiction que le pouvoir civil ; le droit d'asile serait donc sans objet chez eux.

Henri VIII suivit le même exemple, malgré les supplications de ses sujets, qui, de tout temps,

---

(1) Labbe, t. IX, c. 1120.
(2) Thomassin, pp. 385-386.
(3) Les lecteurs qui voudraient connaître dans tous leurs détails les deux constitutions que nous venons d'analyser, peuvent consulter les *Institut. de Benoît XIV* (XLI), § 6 .27).

(1) Lib. I, Edict. reg., tit. I. cap. II.
(2) V. Dens, t. IV, p. 245-251.
(3) Thomassin, p. 388.
(4) Saint-Victor, *Tabl. hist. et pittoresque de Paris*, t. V, p. 263.
(5) M. Mo ... , Ire part., pp. 263 et 4.

avaient religieusement conservé et respecté le droit d'asile. Mais en même temps que l'Angleterre fermait ses asiles sacrés, elle devint elle-même un immense repaire de criminels : en perdant la foi, elle perdit souvent jusqu'à la plus simple notion du juste, à l'égard des autres nations.

Quel que fût autrefois le développement donné au droit d'asile, jamais il ne s'était étendu à toute une province, à tout un royaume, comme il est arrivé en Angleterre depuis Henri VIII.

Quelles que fussent la condescendance et l'indulgence de l'Église catholique pour les coupables, jamais elle n'a accueilli les criminels que le propos délibéré ou l'endurcissement rendaient indignes de cette faveur.

LA CONQUÊTE DE L'ANGLETERRE (p. 134).

La conquête de l'Angleterre que Rohrbacher raconte d'une manière simple et claire, a été discutée et artificieusement altérée dans ses détails par M. Augustin Thierry dans son *Histoire de la conquête d'Angleterre*. Parmi ceux qui ont réfuté cet historien nous citerons M. Léon Aubineau (1). On comprend, dit cet écrivain, que, dans le récit des divers détails de la conquête, l'auteur ait mis quelque exagération aux récits des souffrances des Saxons. Tous les documents historiques proclament qu'il y eut de grands scandales et de grandes misères. L'orgueil effréné des vainqueurs, l'enivrement de leurs succès, toutes les passions brutales déchaînées, pour ainsi dire, dans la Grande-Bretagne, y exercèrent d'odieuses tyrannies ; elles furent telles, qu'elles remplirent de scrupule l'âme du conquérant : « J'ai été dès mon enfance nourri dans les combats, » disait-il (si on en croit le long discours qu'Orderic Vital lui prête à son lit de mort), « et je me suis largement souillé de l'effusion du sang humain. La victoire m'a accompagné dans toutes mes guerres contre les Anglais ; mais je suis épouvanté en pensant à tant de cruautés qui ont été commises. O prêtres de Jésus-Christ, ne m'oubliez pas dans vos prières ; obtenez pour moi de l'inépuisable miséricorde de Dieu la rémission de tant de crimes, dont le poids m'accable en ce moment ! J'ai cruellement persécuté les puissants et les faibles de ce royaume ; j'en ai injustement déshérité un grand nombre ; j'en ai fait mourir un plus grand nombre par le fer et par la faim. J'ai parcouru comme un lion furieux toute la contrée septentrionale de l'Angleterre ; j'ai incendié les maisons et les moissons ; j'ai détruit les troupeaux et j'ai causé une famine épouvantable. Hélas ! j'ai ainsi causé la mort de milliers de vieillards et d'enfants. Je n'ose, ajoutait-il, je n'ose décider du sort d'un royaume que j'ai acquis par tant de crimes : je tremble d'y être après ma mort la cause de nouveaux désastres. Mais je le recommande à Dieu, sous la main de qui je suis en ce moment et qui règle à son gré la destinée des empires (2). »

(1) Léon Aubineau. *Augustin Thierry, son système historique et ses erreurs* (nouv. édit.). Paris, 1879.
(2) Ord. Vit., lib. VII, c. IV.

Ces terreurs et ces remords de Guillaume n'étaient pas imaginaires : l'historien avait le droit de chercher à faire connaître les détails des violences qui les avaient fait naître. Mais Guillaume n'était pas seulement le vainqueur et l'oppresseur des Saxons. Ses droits avaient été reconnus par le pape. Alexandre II avait envoyé au duc de Normandie, sur le point de s'embarquer, des bénédictions, des reliques et un étendard ; il n'en faut pas davantage pour que M. Thierry nie absolument les titres du conquérant. Il lui est impossible de supporter que le pape ait eu pour se décider des raisons sérieuses de justice et de politique. Il ne voit dans les souverains pontifes qu'une ambition aveugle et cruelle, un désir d'oppression que rien ne justifie et une horrible délectation en présence des souffrances des peuples. Faisant confusion entre la juridiction pontificale et le tribut auquel les rois d'Angleterre s'étaient engagés envers le pape, il ne trouve pas à la sympathie d'Alexandre pour l'entreprise de Guillaume d'autres motifs que la négligence de l'Angleterre à acquitter le denier de Saint-Pierre.

M. Léon Aubineau examine ensuite les droits de Guillaume, et il arrive à des conclusions qui confirment pleinement le récit de Rohrbacher. « Toute l'économie de l'*Histoire de la conquête de l'Angleterre*, dit-il, est basée sur le fait que Guillaume n'avait aucun droit à la couronne et qu'il se jeta dans cette entreprise sans autre motif qu'une ambition aveugle et les encouragements impies donnés à l'oppression des Anglo-Saxons, par la cour de Rome : toute la composition converge vers ce point, et on a accommodé toutes choses à cette fantaisie. Les droits de Guillaume sont passés sous silence ; ceux d'Harold restent sérieux et sacrés. On a prétendu faire de lui tout à la fois l'héritier légitime d'Édouard et l'élu du peuple anglais... M. Thierry ne s'attache pas à peser ou à faire connaître les expressions de divers historiens : *Diadema invasit* (1), *diadema arripuit* (2), *trono regio se intrusit* (3). Il ne croit pas utile de borner cette élection au seul suffrage des grands indiqués par Roger de Hoveden (4). Il veut qu'il y ait une élection populaire et nationale, et que toute l'Angleterre se soit exprimée en faveur du fils de Godwin. Il a soin de ne pas marquer combien cette élection a dû être instantanée et combien le vœu populaire a été prompt à s'exprimer, puisque, au dire de Roger de Hoveden lui-même (5), Harold fut sacré le jour de l'enterrement d'Édouard, le lendemain de la mort du roi (6).

Cette élection eût été ainsi le fruit d'un enthousiasme et d'un entraînement unanimes. Les historiens parlent cependant du doute qui saisit à la mort d'Édouard tous les esprits : ils les montrent flottant entre divers candidats, et ne sachant pour qui se décider, d'Edgar ou de Guillaume. L'Angle-

(1) H. de Huntingdon.
(2) W. Malmesb.
(3) Ing. Crov.
(4) *A primatibus electus*, Rog. de Hoved. p. 447. Ces paroles concorderaient assez facilement avec celles de Henry de Huntingdon : « *Viribus et genere fretus diadema invasit.* » Hist., l. VI. Tout dans les historiens anciens indique ici une violence et une usurpation de la part d'Harold.
(5) *Ann.*, p. 447.
(6) Ing. Croyl., p. 900.

terre tout entière, incertaine à qui remettre ses destinées, chancelait dans cette hésitation, dit le moine de Malmesbury (1).

L'héritier le plus proche était le jeune Edgar, mais les règles de l'hérédité étaient loin d'être fixes, l'insuffisance d'âge et de caractère était un motif suffisant pour choisir un héritier plus éloigné. L'histoire d'Angleterre en offrait des exemples. L'aïeul d'Edgar, Edmond Tête-de-Fer, fils naturel d'Ethelred, avait reçu la couronne au détriment des enfants légitimes de son père. Aussi les historiens qui veulent défendre les droits d'Harold, se contentent d'invoquer le choix qu'aurait fait de lui le roi Édouard. On sait ce qu'il faut penser de cette assertion. Celle, embrassée par M. Thierry, de l'élection d'Harold par le peuple, ne peut s'établir dans le peu d'intervalle qui s'écoula entre la mort d'Edouard et le couronnement d'Harold, et elle n'est appuyée sur aucun document historique.

Du reste, l'histoire de la conquête de l'Angleterre a fait dans ces derniers temps l'objet d'études étendues en Angleterre. En 1869, M. Freeman (2) et M. Th. Coble (3) ont publié des travaux remarquables qui éclaircissent plus d'un point de ce grand fait historique ; mais il y a des réserves à faire à plusieurs égards. On peut y recourir pour plus de détails.

STIGAND, ARCHEVÊQUE DE CANTORBÉRY
(pp. 134, 135, 136).

Stigand est un des tristes personnages dont on a essayé de faire un héros à la gloire de la race anglo-saxonne : c'est une tâche dont Augustin Thierry a trop tenu à s'acquitter (4). Dans le désir d'élever un monument glorieux à la mémoire d'une Église aussi pervertie et aussi abaissée que celle des Anglo-Saxons, il eût été adroit peut-être de lui trouver un représentant plus recommandable et plus illustre que l'archevêque de Cantorbéry, Stigand.

Aussi l'historien a-t-il grand soin de dissimuler les griefs reprochés à Stigand par la cour romaine. Il ne parle pas de l'évêché de Winchester que le prélat saxon réunissait à l'archevêché de Cantorbéry ; il avoue que Stigand s'était emparé et revêtu du pallium que Robert avait abandonné dans sa fuite ; il ne dit rien du signe mystérieux, du caractère sacré et réservé de cet ornement, et bornant de la sorte tous les attentats de Stigand à un petit fait matériel, qu'il s'applique à montrer sans consistance, il poursuit le récit des négociations avec Rome et raconte le dénouement de la ridicule tentative de l'antipape Benoît (5).

Rohrbacher dit que Guillaume ne voulut pas être couronné roi par Stigand, qui avait été déposé et excommunié par le pape ; M. Léon Aubineau est du même avis. M. Thierry, lui, affirme que Stigand refusa de bénir le Conquérant couvert du sang des hommes et envahisseur des droits d'autrui (1).

Ce refus est certain, dit M. Aubineau. M. Thierry en multiplie les preuves ; il cite à l'appui quatre historiens : tout lecteur en croira leurs témoignages. L'un est celui de Jean Bromton ; il a conduit sa chronique jusqu'à la fin du XIIᵉ siècle, vers l'an 1198. Il mentionne ce que quelques-uns ont rapporté du refus de Stigand, « auquel, disent-ils, Guillaume ne pardonna jamais, bien qu'il le traitât avec ménagement (2). Mais, ajoute le chroniqueur, d'autres prétendent, au contraire, que Stigand ne pouvait sacrer le roi, puisqu'il était suspendu par le pape : aucun homme de bien, en effet, élevé en ce temps à une prélature ou à un évêché, ne voulait recevoir de lui la bénédiction ni la consécration, Guillaume ne se soucia pas non plus de lui demander la couronne ni l'onction royale (3). »

On voit comment le témoignage de Jean Bromton confirme l'assertion de M. Thierry. Eadmer, que l'historien cite aussi, est bien plus décisif encore. « Le roi, dit-il, savait, comme tout le monde, que c'était le droit et le privilège de l'archevêque de Cantorbéry de donner l'onction royale ; cependant, comme on racontait de grands méfaits et d'horribles crimes de Stigand, qui était archevêque à cette époque, Guillaume voulut être couronné par l'archevêque d'York, crainte de paraître recueillir une malédiction plutôt qu'une bénédiction (4). » Un historien moins habile eût été embarrassé pour tirer de telles assertions une preuve du refus de Stigand. M. Thierry ne s'arrête pas aux difficultés vulgaires (5).

SITUATION RELIGIEUSE ET MORALE DE L'ANGLETERRE AU XIᵉ SIÈCLE (p. 135).

Cette situation a été étudiée par M. Léon Aubineau, dans l'ouvrage que nous avons déjà cité. Tous les historiens, dit-il, dépeignent la nation anglaise avec les mêmes traits : le temps de sa gloire, de sa sainteté, de sa culture était passé. Les curés et les prêtres ne s'occupaient que de vanité ; c'était une merveille d'en trouver parmi eux qui connussent les règles de la grammaire. Ils ne songeaient point à réciter des formules de prières ou à administrer les sacrements (6). Ils poussaient l'oubli de leurs devoirs et leur cupidité jusqu'à ne pas donner le sacrement de baptême sans réclamer de salaire. Aussi s'en fallait-il de peu que ces populations ne retombassent dans le paganisme. Lorsque saint Valstan, touché de compassion et ému de charité pour ces pauvres âmes, quitta son monastère et se mit à parcourir les campagnes de Worcester, la multitude se pressait autour de lui, lui amenant un grand nombre d'enfants et d'adultes qui n'avaient

---

(1) *Dubio favore nutabat, cui se rectori committere incerta.* *De gest. reg.*, l. III, p. 99.
(2) *The History of the Norman conquest of England.* Londres, 1869.
(3) *History of the Norman Kings of England.* Londres, 1869.
(4) *Hist. de la conquête d'Angleterre*, t. I, pp. 266-284, etc.
(5) L. Aubineau, *O. c.*, l. III, § IV.

(1) *Hist. de la conq. d'Angl.*, t. II, p. 16.
(2) J. Bromton, *Chron.* 962.
(3) *Id., ibid*
(4) *Hist. novorum*, 29, (édit. John. Selden, Londres, 1623)
(5) Toute cette rédaction a été abandonnée dans la nouvelle édition. M. Thierry y recueille les divers témoignages que nous indiquons ici : il les mêle dans une narration savante où les torts de Stigand sont énoncés, contestés et diminués pour laisser au personnage une figure de fermeté et de dignité.
(6) Malmesb., *De gest. reg.*, l. III.

pas encore reçu les eaux de la régénération (1). Journellement des troupes de jeunes gens étaient ramassées dans toutes les parties de l'Angleterre et embarquées pour être vendues sur les rivages étrangers. L'historien de saint Vulstan raconte les efforts et les travaux du saint évêque pour faire renoncer à cet odieux trafic les habitants d'un des ports de son diocèse : cette coutume était si enracinée, que la crainte de Dieu et la toute-puissance du roi Guillaume purent à peine en triompher (2). On voyait là un droit national.

La vie des grands et des riches s'écoulait souvent dans la débauche (3). Sous l'influence et la protection de cette Église, que M. Thierry célèbre, et qui ne voulait rendre au pape que le devoir fraternel dû à tous les chrétiens, les sentiments les plus saints de la nature disparaissaient presque entièrement. L'adultère et l'inceste étaient regardés comme peu de chose, la promiscuité n'était rien (4). Le sentiment paternel s'effaçait : les pauvres livraient leurs fils ou leurs filles à ces trafiquants dont nous avons parlé ; et les grands ne rougissaient pas, après avoir abusé de leurs servantes, de les vendre, elles et le fruit de leurs entrailles, ou d'en disposer pour une prostitution publique (5). Comment parler des *crinosi ?* Tant de scandales ne pouvaient rester impunis ! Saint Vulstan prédisait à Harold les désastres qui tomberaient sur lui et sur l'Angleterre, s'il ne réprimait toutes ces turpitudes. Quand même les droits de Guillaume auraient été moins certains et les prétentions d'Harold mieux fondées, faudrait-il trouver étonnant que le pape eût voulu repousser la puissance destinée à perpétuer dans la Grande-Bretagne un état de choses aussi odieux ?

Les évêchés étaient en proie aux ambitions les plus grossières. Le roi et les grands en disposaient à leur gré... Les monastères se ressentaient de l'affaiblissement général de la discipline... Ces scandales de l'Église d'Angleterre avaient existé dans toute l'Europe, mais depuis longtemps déjà on s'occupait partout à les réformer. Le glorieux pontificat de saint Léon IX avait donné un élan sublime au mouvement religieux, dont le grand cardinal Hildebrand était l'âme et l'Ordre de Cluny l'instrument.

Tout le règne d'Édouard n'est qu'une lutte où le saint roi s'efforce vainement de faire briller sur l'Angleterre quelques rayons de science et de piété. Il appelait de France et de Normandie des moines instruits dans les lettres et les disciplines de l'Église, comme Robert de Jumièges ; il envoyait ceux des Anglais qui échappaient à la grossièreté de leur nation, étudier dans les grandes écoles monastiques du continent. Ingulf avait raison de parler de la barbarie de Goduin et de ses fils. Il ne sert de rien d'opposer à son témoignage un fait particulier, une action éclatante ou même une grande qualité. Harold pouvait obéir parfois à de généreux instincts : il a généreusement rempli son devoir de général et de soldat au champ de bataille d'Hastings. L'historien de la vie de saint Vulstan est même là pour prouver que le fils de Goduin aimait et recherchait la compagnie du pieux évêque ; il écoutait respectueusement ses avis. Il restait néanmoins le soutien des évêques prévaricateurs : c'était pour ainsi dire la nécessité de sa position, de son ambition et de ses intrigues, où elle l'avait engagé lui et son père. Stigand était son conseiller, et M. Thierry le montre comme son ami particulier.

La lutte entre la civilisation et la barbarie, que nous reconnaissons à travers la guerre entre les nations normande et anglo-saxonne, se signale manifestement au champ de bataille de Hastings. Tous les historiens sont unanimes ; M. Thierry lui-même n'a pu passer ces faits sous silence. La veille de la bataille, les deux vices anglo-saxons, la gloutonnerie et l'ivrognerie, se montrèrent ignominieusement. Le camp de Harold retentit toute la nuit de cris et de chansons (1) ; on mangeait, on buvait, on vidait rapidement au succès de la bataille les grandes cornes de bœufs remplies de liqueurs enivrantes. Au camp de Guillaume, on s'humiliait, on priait, on se confessait ; on demandait à Dieu son secours ; le 14 octobre, fête de saint Calixte et jour de la bataille, l'évêque de Bayeux célébra le matin la sainte messe : Guillaume participa aux divins mystères (2), il vint y puiser la force, le courage et la victoire ; et d'un visage serein et d'une voix claire, en présence de toute son armée, il attesta ensuite la justice de sa cause et supplia Dieu de la prendre en main (3).

Pendant ce temps, dans l'autre armée, après la débauche, s'éveillaient l'inquiétude et l'agitation ; les frères d'Harold lui rappelaient son serment, le suppliaient de ne pas combattre. Il ne faut pas imiter l'école moderne et conclure du particulier au général ; il est permis toutefois de trouver dans ces faits comme une invitation ; et en considérant les deux armées en présence, il n'y a pas à se scandaliser de celle qui avait reçu les bénédictions du peuple (4).

La situation était bien différente en Irlande ; nous en trouvons, entre autres, la preuve dans la prospérité des écoles qui continuèrent à fleurir pendant le xɪᵉ siècle et la première moitié du xɪɪᵉ. Nous avons déjà parlé de la splendeur de l'université d'Armagh pendant les siècles antérieurs. L'auteur des *Annales d'Ulster* raconte, sous l'année 1020 (1021) « que toute la ville d'Armagh fut dévorée par les flammes, avec *l'ancienne chaire des professeurs*, la bibliothèque, ainsi que tous les livres que les étudiants avaient dans leurs appartements. » Plus loin il rapporte qu'en 1162 (1163) « Gélase, archevêque d'Armagh, convoqua et présida à Cleonad (ou Clam dans le comté de Kildare), un synode où se trouvèrent vingt-six évêques, un grand nombre d'abbés et d'autres membres du clergé ; que dans ce synode il fut décidé qu'à l'avenir nul ne pourrait être professeur public de théologie, à moins d'avoir étudié

---

(1) Angl. Sac., t. II, *Vita S. Vulstani.*
(2) Id., Ib.
(3) Gulae et Veneri dediti, in cibis urgentes crapulam, in potibus irritantes vomicam. G. Malm., De gest. reg., l. III
(4) *Adulterium, incestum fero modico, vagum vero concubitum et illegitimum pro nihilo reputabant.* Girald. Cambrensis. *Vit. Remigii,* épis. Lincoln., Angl. Sac., t. II.
(5) *Vita Remigii ;* S. Malm., *De G. R.*, l. III.

(1) *Noctem insomnem cantibus potibusque ducentes.* G. Malm., De G. Reg., l. III.
(2) *Divinis sacramentis corpus et animam munivit.* Ord. Vital., l. III.
(3 *Vultu serenus et clara voce suae parti utpote justiori Deum affecturum pronunciabat.* G. Malm., De G. Reg., l. III.
(4) Léon Aubineau, O. c., l. III, § III.

à l'Université d'Armagh, » ou, d'après des annales anonymes, d'y avoir été élevé ou adopté. En 1169, Rodéric O'Connor, roi d'Irlande, augmenta les appointements du professeur principal, s'engageant, pour lui et ses successeurs, à payer annuellement une pension de dix bœufs à ce professeur et à ses successeurs, aussi longtemps que l'université ou école publique existerait, et à condition qu'on y admettrait tous les étudiants d'Irlande et d'Ecosse qui viendraient à Armagh.

SAINT PIERRE DAMIEN (p. 154).

Ainsi qu'on le voit par le récit de Rohrbacher, saint Pierre Damien est également célèbre comme religieux, comme homme politique et comme écrivain. Sa vie toutefois n'est pas assez connue (1). On a de lui, sous le titre d'*Opuscules*, près de cinquante traités sur divers sujets qui attestent à la fois l'élévation de son esprit, la finesse de son talent, l'étendue de sa science et sa haute piété. Il a composé aussi des hymnes (2).

LES JUIFS EN ESPAGNE (p. 163).

A l'époque où Samuel de Maroc, rabbin converti, publiait son traité de controverse contre les juifs, ceux-ci poursuivis à Bagdad, massacrés en Egypte, n'en continuaient pas moins à troubler la péninsule hispanique, où Joseph Halevy, docteur célèbre par sa science, s'était avisé de convertir les Musulmans. « La traduction du talmud en arabe, faite depuis quelques années, favorisait ce dessein ; mais il ne réussit pas. Le roi de Grenade ne put souffrir cet attentat d'une religion tolérée, contre la religion dominante. Le convertisseur fut arrêté et pendu. La persécution commença par ordre du roi. Il y avait quinze cents familles dans ce royaume qui souffrirent beaucoup. Le malheur fut d'autant plus sensible que la prospérité les avait rendues riches et puissantes ; celui qui n'a pas entendu parler de leur gloire, de la splendeur et de la prospérité dans laquelle elles vivaient, ignore ce qu'il y a de plus connu (3). »

Ce furent sans doute des attentats pareils dont les juifs ne cessaient de se rendre coupables, qui forcèrent le roi Ferdinand à sévir contre eux, avant de marcher contre les Maures; leur condamnation était demandée instamment par le peuple, par l'armée, par la reine elle-même. La clémence chrétienne vint à leur secours; et lorsque la nation entière voulait rejeter les juifs de son sein, l'épiscopat espagnol les couvrit de son égide, et la conduite des évêques fut hautement approuvée par Alexandre II (1061), un de ces papes accusés souvent d'intolérance. « Ce qu'on dit de vous, écrivait-il aux prélats d'Espagne, nous a beaucoup plu, c'est que vous avez défendu les juifs qui sont au milieu de vous, contre la violence de ceux qui voulaient les tuer, en allant faire la guerre aux Sarrasins. Ces gens-là, emportés par une passion aveugle, voulaient ôter la vie à des gens à qui Dieu veut peut-être donner le salut et l'immortalité. » Le même pontife loua également Bérenger, vicomte de Narbonne, de la protection qu'il accordait aux juifs; l'archevêque de Narbonne, qui avait cru devoir agir différemment, s'attira les reproches d'Alexandre II : « Votre sagesse, lui écrivait ce dernier, doit savoir que les lois ecclésiastiques et civiles défendent de verser le sang. »

Le roi Ferdinand avait voulu persécuter les juifs ; le roi Alphonse VI fit le contraire : il leur donna des charges et leur permit d'être juges des chrétiens. L'un de ces excès avait répugné à la mission de l'Église, l'autre était contraire à ses droits dans l'État et dangereux pour les fidèles. Alphonse s'en était aperçu, puisque « ce prince avait envoyé au pape un présent digne de celui qui le donnait et de saint Pierre, à qui il l'offrait. Mais, malgré cette preuve de dévotion, le pape ne laissa pas de le censurer d'avoir soumis les chrétiens aux juifs, qui sont leurs maîtres, d'avoir opprimé l'Eglise, élevé la synagogue du démon, et méprisé Jésus-Christ en voulant plaire à ses ennemis (1). »

Sous Ferdinand, le clergé avait nettement tracé la conduite à tenir à l'égard des juifs, dans l'état de la société telle qu'elle était alors constituée, et il n'y a pas de doute qu'Alphonse, par une tolérance que repoussait le droit public, n'ait été la cause des débordements des juifs et des malheurs que l'abus d'une liberté précoce et inconciliable avec l'époque fit fondre sur eux.

GRÉGOIRE VII ET LES ARABES D'AFRIQUE (p. 163).

La domination arabe s'implanta facilement en Afrique; elle se montra douce, tolérante, éclairée, humaine. Les chrétiens respirèrent à son ombre, ils vécurent en paix avec leurs vainqueurs. Ce fait historique est prouvé par les documents les plus curieux conservés dans les archives de Rome, de Florence, de Pise, de Venise, de Gênes, de l'Aragon, des îles Baléares et publiées par M. de Mas-Latrie(2).

« Après l'époque des invasions, dit cet écrivain, les papes paraissent les premiers en communications suivies et régulières avec les chrétiens d'Afrique, avec les évêques qui les gouvernaient encore et les souverains arabes dont ils étaient les sujets. La lettre de Grégoire VII à En-Nacer, roi de la Mauritanie sitifine, en 1076, est un des plus précieux monuments de ce temps et le plus curieux échantillon de la correspondance facile et amicale qui a existé entre les papes et quelques sultans d'Afrique. On retrouve les mêmes caractères de confiance et de déférence réciproques dans les rapports des rois arabes avec Grégoire IX, qui recommanda, en 1233, l'évêque

---

(1) Voir : J. Laderchii, *Vita S. Damiani*, Rome, 1702. 3 vol. in-4°; Alb. Vogel, *Peter Damiani*. Iena, 1856 ; Alf. Capecelatro, *Storia di S. Pier Damiani e del suo tempo*, Florence, 1862. in-8°.
(2) Voir ses œuvres complètes, avec les *Anecdota* de Mai, dans Migne. *Patr. lat.* t. CXLIV-V.
(3) Salomon ben Virgoe, p. 8, ap. Basnage, t. XIII, p. 135, § VIII.

(1) An. 1080, Gregor. VII, *Epist. I*, lib. IX, *Epist. II*, p. 277; Basnage, t. XIII, p. 138; Hard., t. VI, p. 1479; Hef. p 310.
(2) *Traités de paix et de commerce et documents divers concernant les relations des Chrétiens avec les Arabes de l'Afrique septentrionale au moyen âge.* Paris, 1868, 2e édit.

de Fez au roi de Maroc, qui agit en 1235 avec le prieur des moines franciscains de Barbarie, comme médiateur d'un accord entre le roi de Tunis et les Génois; dans les lettres d'Innocent IV, qui réclame avec instance la protection du roi de Tunis et de Bougie pour les religieux mineurs occupés dans leurs États pour le rachat des prisonniers de guerre et au service des oratoires chrétiens, et qui, en 1246 et 1251, va jusqu'à demander au roi de Maroc des villes de sûreté près des côtes pour les populations chrétiennes de ses domaines d'Afrique. »

PROGRÈS DU CATHOLICISME EN RUSSIE (p. 167).

Après avoir montré les semences de foi déjà implantées en Russie, en Pologne, en Hongrie, le R. P. Verdière, qui a fait une étude spéciale des origines catholiques de l'Église russe, signale de nombreux missionnaires latins, qui viennent dans ces contrées comme par un courant continu d'émigration avec la population varègue dont ils font partie. Ce sont des Germains, mais ils n'arrivent pas d'Allemagne, ni au nom du saint-empire romain germanique. Ils sortent du milieu de ces Normands qui, sans avoir abdiqué leur indépendance nationale, reconnaissent dans Rome la mère de leur foi; et c'est ce même bienfait de la foi qu'ils veulent faire partager à leurs frères de Russie. Les événements relatifs à la prédication du christianisme aux Russes par Olof Triggveson n'ont rien d'incroyable. Un livre excellent et véridique, intitulé *Imago mundi*, rappelle que les Russes, les Polonais, les Hongrois se convertirent dans les jours d'Othon III. Quelques écrivains disent que le césar Othon fit une expédition dans l'Est, qu'il y convertit au christianisme (1) les peuples d'alentour, et qu'il était accompagné d'Olof Triggveson. On trouve en effet, parmi les œuvres d'Honorius d'Autun, l'*Imago mundi*, écrit au commencement du douzième siècle (2). La mission d'Olof en Russie n'a rien d'invraisemblable, dit M. Maurer, puisqu'à partir du neuvième siècle il s'était formé dans ce pays une suite d'États scandinaves, et que là, comme à Constantinople, les gardes varangiennes (3), venues de Suède, de Norwège et même d'Islande, servaient en qualité d'auxiliaires. Il est du reste impossible que ces Normands une fois convertis, non seulement dans quelques-unes de leurs colonies, mais dans le foyer même de leurs émigrations avec ce prosélytisme que leur inspirait leur esprit d'aventure et leur audace héroïque, n'aient pas entrepris de gagner les Russes à la foi. De persécuteurs ils devinrent apôtres. Ainsi s'explique le rôle d'Olof. D'après les documents certains, il porta l'Évangile jusque dans les pays les plus éloignés du Nord, dans les îles Féroé, Orkney, en Islande, dans le Groënland, évangélisé presque aussitôt que découvert (4), et qui eut un évêque en 1121, près de quatre siècles avant Colomb (1). Olof seul suffirait à nous donner une idée de l'apostolat aventureux des Normands. De l'Angleterre, où il combattit, de l'Irlande et des îles Sorlingues, qu'il parcourut, il se mit en rapport avec les Normands de France, déjà si fervents dans la foi, si avancés dans la civilisation, si prompts à combattre les ennemis de l'Église romaine et à conquérir partout de lointains royaumes. L'histoire nous montre Olof, tantôt à l'extrémité septentrionale de l'Europe, tantôt à Constantinople, en Russie, où il passe et repasse; et ce roi, qui lutta dans son propre royaume avec tant d'énergie contre le parti païen, n'aurait pas profité, pour répandre la foi catholique, de la faveur dont il jouissait auprès de Wladimir et qui fut telle qu'elle le rendit l'objet de la jalousie des grands?

Dans un écrit intitulé: *Livonie et commencement de la vie germanique au nord de la Baltique* (2), Schloezer raconte l'expédition d'un héros scandinave, l'aveugle Jacon, qui prêta un puissant appui à Iaroslaf en 1024, et, sur d'autres exemples analogues, il conclut que les Normands, même païens, ouvraient la voie au christianisme, à la religion catholique. La vie germanique dont parle l'auteur, n'est autre chose que la foi et la civilisation latine; les progrès de la religion catholique forment dans leur ensemble le résultat des conquêtes de ces guerriers et le principal moyen qu'ils employaient pour s'y affermir. Schloezer complète ainsi les recherches sur les antiquités catholiques des Russes, dans tous les pays qui composent maintenant le nord de leur empire. Il montre, dès la fin du XIe siècle, les Normands, et par conséquent leur nouveau culte, répandus dans la Livonie, la Lettonie, la Sémigalie, la Courlande, l'Esthonie, la Finlande, près des lacs Ladoga et Ilmen (c'est-à-dire aux environs mêmes de Saint-Pétersbourg), jusque dans les parages glacés d'Arkhangel (Michaelis Archangelis), dans la Sibérie et l'Amérique russe.

Ainsi les Normands, enfants de l'Église latine, apportaient leur foi à la Russie, du côté du nord, comme les Allemands du côté de l'occident, pendant que les missionnaires grecs pénétraient par le midi.

Il n'est donc pas étonnant de voir en 1075, un prince russe, Isiaslef, fils d'Iaroslaf, que les chroniqueurs byzantins appellent Démétrius, venir à Rome et demander au saint pontife Grégoire VII à tenir de sa main le royaume paternel.

Cette époque reculée a laissé un souvenir historique plein de grandeur à Kijov, ville d'études, retraite de philosophes et d'artistes: là, au-dessus des casernes, du Podol, des forteresses, domine du haut de la montagne l'antique *Sophie* du Xe siècle, copie de Byzance. Le *Sobor*, ou *cathédrale de Sainte-Sophie*, est un vaste carré, un peu plus long que large, formant à l'intérieur cinq nefs, dont la centrale seule est spacieuse et très élevée. Les autres, basses, étroites et ténébreuses, s'appuient à une ceinture de chapelles dont quelques cierges, brûlant sans cesse autour des images miraculeuses, éclairent faiblement la mystique obscurité.

---

(1) Dr C. Maurer, *Die Bekehrung norwegischen Stammes zum Christenthume, in ihren geschiklichen Verlaufe quellenmässig geschildert*. Munich. 1855, t I, note 16.
(2) *Mundi synopsis, sive de Imagine mundi libri tres ab Honorio solitario Augustodonensi ante annos 460 scripti*. Spiræ, 1553, p. 183.
(3) Maurer, p. 273.
(4) Id., t 1, p. 450

(1) Au t. II, pp. 600-607, M. Maurer donne l'histoire de cet évêché norvégien au Groënland.
(2) *Livland und die Anfänge deutschen Lebens im Baltischen Norden*, Berlin, 1850, p. 11.

Le transept renferme deux catafalques, à châsses de saints nationaux, où brûlent sans cesse un grand nombre de cierges; à côté, dans une chapelle, se voit le célèbre mausolée en marbre blanc du grand prince Vladimirovitch, fondateur de l'Eglise : c'est le seul monument authentique qui puisse donner une idée des arts en Russie à cette époque.

Vladimir le Grand, en 989, fit venir de Grèce des architectes pour bâtir cette église; il la dota du dixième de tous ses biens et de toutes ses villes. Et il paya la dîme à Anastase le Kersonésien, établi évêque de Kijov; et il donna aux prêtres byzantins venus avec lui, toutes les images, les croix gemmées, les vases apportés de Kerson conquise. Il célébra la dédicace de la Sophie par un banquet de huit jours, où furent bus trois cents tonneaux d'hydromel. A ces agapes barbares assistaient boyards et plébéiens; et chaque année elles se répétaient tant que régna Vladimir. En outre, il distribuait dans la cour de son palais des boissons et des fourrures à tous les pauvres.

Mais il paraît que cette première Sophie était peu de chose, ou, qu'elle fut en partie détruite; car on la voit rebâtie en 1077 par Iaroslaf Vladimirovitch, avec une magnificence dont ces peuples n'avaient pas encore l'idée. Nestor mentionne encore une autre cathédrale élevée par Vladimir à l'honneur de saint Basile, sur la montagne de Péronne et à la place de ce Jupiter slave. Un ancien voyageur français, La Martinière, prétendait avoir vu les débris de ses murs, hauts de cinq à six cents pieds et mêlés d'albâtre avec inscriptions grecques. De ces fabuleuses grandeurs il n'est rien resté. Mais en retour, le sobor de Saint-Michel subsiste encore en entier, quoique presque délaissé. Son carré long avec coupole, a de loin l'apparence d'une forteresse. Cette forte construction en pierres de taille et très surhaussée présente intérieurement trois nefs longues, avec transept, absolument comme une basilique occidentale. La voûte très élevée, contre l'ordinaire, la fait ressembler encore davantage à nos églises. La vaste cour oblongue qui l'environne, ses cinq coupoles sans beauté et son poudreux iconostase lui donnent seuls le caractère russe.

SAINT VULSTAN ET LE CONCILE DE WESTMINSTER
(p. 175).

C'est en 1076 qu'eut lieu le concile de Westminster, dont ne parle pas Rohrbacher, où l'archevêque Lanfranc, de concert avec le roi Guillaume, voulut déposer de son siège saint Vulstan. Le primat, trompé par la simplicité des mœurs du saint, et prenant sa modestie pour de la grossièreté et de l'ignorance, lui redemanda le bâton pastoral. Saint Vulstan était de mœurs douces : il repoussait l'usage des fourrures de prix et se contentait, à la mode saxonne, de peaux d'agneau, disant que dans leur simplicité, elles convenaient bien aux évêques, qui sont ministres de l'Agneau de Dieu. Mais devant la prétention de Lanfranc, le saint se releva avec une singulière énergie. Il marcha vers le tombeau de saint Edouard, qui se trouvait dans l'église de Westminster, et s'adressant au mort : « Edouard, dit-il, c'est toi qui m'as remis ce bâton, c'est à toi que je le confie. »

Il frappa en même temps de sa crosse la dalle du tombeau, et le bâton s'y enfonça comme dans une terre molle. L'évêque se retourna vers Guillaume : « Un meilleur que toi m'a remis ce bâton, je le lui restitue : prends-le, si tu peux. »

Il est inutile, écrit M. Léon Aubineau, dans l'ouvrage cité plus haut, de dire que M. Thierry rejette sur l'imagination populaire le miracle de la crosse de saint Vulstan. L'historien pense que « l'air et le geste inattendu de l'évêque produisirent sur l'assemblée une grande impression de surprise mêlée d'un effroi superstitieux : le roi et le primat, ajoute-t-il, ne réitérèrent point leur demande (1). »

Sans insister sur la réalité du miracle que les anciens historiens attribuent en cette circonstance au saint évêque de Worcester, on peut y voir un motif du changement de Guillaume, beaucoup plus raisonnable que le geste et l'air dont se satisfait M. Thierry, tout en se taisant d'ailleurs sur les soumissions que le roi et l'archevêque firent à saint Vulstan, lorsqu'ils eurent de la sorte reconnu sa sainteté : ils s'agenouillèrent devant lui, demandant sa bénédiction et l'assurant qu'ils ne voulaient en rien attenter à ses droits.

Dans ce synode général de Londres, comme l'usage des conciles était tombé en désuétude depuis longtemps en Angleterre, on remit en vigueur plusieurs anciennes lois de l'Eglise, en particulier sur le rang et l'ordre de placement des évêques, sur la pauvreté des moines, sur l'ordre à suivre dans les synodes, sur l'admission des clercs et des moines étrangers, sur la simonie et sur les degrés de parenté qui constituent un empêchement pour le mariage, sur les diverses espèces de superstitions et sur la translation des évêchés (2).

CORRESPONDANCE DE LANFRANC ET DE GRÉGOIRE VII
(p. 176).

Rohrbacher blâme ici non sans raison la mollesse de Lanfranc dans son attachement à l'Eglise romaine. Grégoire VII lui en fait virtuellement reproche. Le saint Pontife s'étonnait, après son installation sur la chaire de Saint-Pierre, que le souvenir d'une ancienne amitié et surtout le respect dû au Saint-Siège n'eussent pas conduit l'archevêque à Rome. Il l'avertit que la crainte du roi ne doit pas affaiblir l'expression de son amour pour l'Eglise romaine. Les avis de saint Grégoire et les ordres formels qui les suivirent furent sans résultats. Lanfranc s'était déjà excusé auprès d'Alexandre II (3) de ne pouvoir se rendre à Rome, malgré l'invitation expresse que le pape lui avait faite d'y venir passer trois mois dans son palais. Les raisons qui s'opposaient à la réalisation de ce désir auquel il eût cédé si volontiers, disait-il, ne pouvaient s'exprimer par lettres. La vérité était que Guillaume refusait de laisser les évêques se rendre

(1) T. II, p. 216 Nouv. édit., t. II, p. 183.
(2) Mansi, t. XX, p. 450, sqq.; Hard., t. VI, p. 1555, sqq.
(3) Lanf., Epist. I

auprès du pape. Il leur défendait même de correspondre avec lui et voulait voir toutes les lettres venues de Rome (1). Il ne paraît pas que les évêques se soient soumis à ces prétentions. Le langage que Lanfranc tenait sur le roi et l'état de l'Angleterre ne permet pas de croire que Guillaume ait toujours été entiers dans la correspondance.

À mesure que la conquête s'affermissait et que ses luttes tournaient à l'avantage des Normands, Guillaume devenait plus despotique et plus jaloux de son autorité. Avant son entreprise, il avait promis, conformément aux anciens usages des rois saxons, de tenir son royaume de Dieu et du pape. Mais, lorsque saint Grégoire en réclama l'hommage en même temps que le denier de Saint-Pierre, le conquérant consentit bien à payer le denier, mais refusa de rendre l'hommage. Dom Luc d'Achéry a marqué le peu de fondement de ce refus de Guillaume; on peut l'attribuer à l'enivrement du succès, et surtout aux suggestions des hommes, toujours nombreux dans les conseils royaux, jaloux de l'influence de l'Église et intéressés à la combattre.

Lanfranc, en cette circonstance, n'aurait donc pas résisté assez énergiquement à la volonté royale. Si les liens qui l'attachaient à l'Église romaine, n'en furent pas relâchés, au moins les relations qui avaient été si fréquentes et si pleines d'abandon entre lui et le pape Alexandre ne gardèrent plus le même caractère vis-à-vis du pape Grégoire VII. Rien n'est rompu cependant, rien n'est affaibli peut-être, et Rohrbacher fait ressortir ailleurs comment, lorsque les suppôts de l'antipape Clément voulurent tenter des démarches auprès du roi Guillaume et s'efforcèrent d'attirer Lanfranc à eux et au parti de l'empereur Henri IV, l'archevêque repoussa leur prétention et blâma leur langage irrespectueux.

Lanfranc fut cependant d'une prudence et d'une timidité excessives dans cette grave affaire. Toutefois il est permis de supposer que l'entreprise de Henri lui faisait terreur, et que le succès lui en paraissait une malédiction plutôt qu'une bénédiction ; néanmoins cette discrétion exagérée et cette considération de la puissance temporelle marquent la justesse des paroles de saint Grégoire, lorsqu'il souhaitait à Lanfranc plus d'amour pour sa mère la sainte Église.

Le caractère de Guillaume réclamait, il est vrai, de grands ménagements ; les exigences et les violences croissantes du monarque n'auraient cependant pas dû empêcher Lanfranc, au temps de saint Grégoire comme de celui d'Alexandre, de soumettre sa prudence aux désirs du Saint-Père. Le bien qu'il espérait que sa condescendance pourrait faire auprès du roi n'était pas à comparer au bien de l'union filiale et cordiale avec Rome.

Cette manière de refroidissement envers la cour romaine, exigée par la politique de Guillaume, fut une cause des malheurs qui affligèrent plus tard l'Église d'Angleterre. Les condescendances de Lanfranc furent souvent opposées à la résistance de saint Anselme; les partisans du roi Henri prétendaient ne demander que la continuation des coutumes observées par Lanfranc. *Leges Lanfranci*, disait-on, voulant, comme toujours, pour justifier des prétentions exorbitantes, s'appuyer sur certaines faiblesses, que des circonstances particulières peuvent parfois imposer à des hommes illustres. C'est le malheur des hommes, comme Bossuet ou Lanfranc, qui veulent substituer les prévisions de leur prudence aux inspirations du Saint-Siège, de paraître couvrir de l'autorité de leurs noms les ennemis les plus irréconciliables de l'Église. C'est aussi le péril de la faveur des grands rois d'entraîner à des ménagements excessifs les prélats qui la possèdent. On se laisse aller à croire à la réalité du pouvoir qu'on exerce et à l'utilité qu'il y a de le conserver.

Lanfranc, néanmoins, ne se faisait pas illusion sur l'écueil où il courait ; il écrivait au pape Alexandre : « Priez Dieu d'accorder une longue vie au roi d'Angleterre et d'incliner toujours son cœur vers l'amour et le respect de la sainte Église ; tant qu'il vivra nous aurons comme une ombre de paix. A sa mort, nous n'aurons plus à espérer ni paix ni aucune espèce de bien (1). » Ce triste pressentiment était pour beaucoup dans le dégoût de la vie et le désir de la retraite que le primat exprimait si éloquemment ; ces angoisses étaient toujours vives dans son âme ; il en entretenait douloureusement ses amis : « J'éprouve, écrivait-il à l'archevêque de Rouen, tant d'amertumes, et, en considérant l'état actuel des affaires de ce pays, je prévois tant de malheurs que je n'ai ni le courage, ni le temps de les exprimer (2). » Il s'épanchait dans le cœur de saint Anselme ; prévoyant le temps de la lutte, il entrevoyait la possibilité du martyre ; il demandait des conseils et des prières, et épuisant toutes les expressions de la tendresse il lui écrivait : « A son seigneur, son père, son frère et son ami Anselme, le pécheur Lanfranc. Votre Sainteté connaît parfaitement tout ce qui m'intéresse ; à mon départ je vous ai dit tout ce que j'avais à vous dire sur le triste état de mes affaires : priez pour moi et demandez des prières à nos amis ; que le Seigneur tout-puissant fasse produire de meilleurs fruits ou que mon âme sorte de la prison de ce corps en confessant le saint nom de Dieu. Le pays où nous sommes est toujours accablé de tant de maux, il est souillé de tant de crimes et de hontes, qu'il n'y a pour ainsi dire aucune classe d'hommes qui pense à son âme ou qui désire même entendre la doctrine de salut et faire quelques pas vers Dieu (3). »

GRÉGOIRE VII ET L'ÉLECTION DES ÉVÊQUES (p. 180).

Sur ce sujet on peut consulter un ouvrage récent de M. H. Melker (4). L'auteur croit pouvoir affirmer

---

(1) *Non ergo pati volebat, quemquam in omni dominatione pontificem... ejus (apostolici) litteras si primitus sibi ostensae non fuissent, ullo pacto recipere.* Eadmer, *Hist. nov.*, l. I.

(1) Lanfranc, *Epist. I*.
(2) Id., *Epist. VI*.
(3) Id., *Epist. XLIII*; L. Aubineau, o. c., t. III, § VI. Il faut tenir compte ici comme ailleurs des exagérations de langage du pieux écrivain.
(4) *Papst Gregor VII, gesetzgebung und Bistrebungen in Betreff der Bischofswahlen*. Leipzig, 1869. Sous plusieurs rapports cet ouvrage complète le traité sur la législation de l'Église au temps de Grégoire VII, publié en 1866, par M. Giesebrecht, dans les *Annales historiques de Munich*.

que le but de Grégoire VII était non seulement d'écarter l'influence temporelle pour rétablir l'élection canonique des évêques dans toute sa liberté, mais encore d'acquérir aux papes un droit absolu de nomination. Il croit aussi que cette législation, si elle avait été favorisée par les circonstances, aurait abouti à l'obtention complète de ce droit de nomination. Quoi qu'il en soit, il paraît certain que ce grand pape, ne se contentant pas de l'élection libre des évêques, voulait assurer à ses successeurs une influence efficace sur la nomination des évêques.

SAINT ANSELME DE LUCQUES ET GRÉGOIRE VII (p. 188).

Nous possédons aujourd'hui sur saint Anselme de Lucques une publication inconnue à Rohrbacher : c'est la *Sancti Anselmi Lucensis Episcopi Vita a Rangerio successore suo, sæculo XII ineunte, latino carmine scripta*. Cet ouvrage a été publié à Madrid en 1870, par M. le Dr de la Fuenta, qui l'a enrichi de notes et d'éclaircissements solides.

Ce curieux poème, composé en distiques, a été écrit par l'évêque Rangier, le troisième successeur d'Anselme. Déjà Donizon ou Bonizon, qui rédigea, au XIIe siècle, la *Vie de la Comtesse*, mentionne l'œuvre de Rangier :

> Tertius existens ab eo Lucensis et ille
> Rangerius rector dictavit eum sibi metro.

Muratori le chercha vainement dans les bibliothèques, et les Bollandistes ne furent pas plus heureux. Le savant dominicain J. de Villanova (1804-1808) découvrit le précieux manuscrit, mais la copie qu'il en fit s'égara. Enfin, en 1866, on la retrouva parmi les notes du P. Ignace Herrera, des Frères prêcheurs. En l'éditant, le Dr de la Fuenta a enrichi d'un document inédit l'histoire du pontificat de Grégoire VII et la littérature poétique du XIIIe siècle. Pour en apprécier l'intérêt et la valeur, il suffira de tracer l'esquisse des matières qui y sont traitées.

La famille d'Anselme, le schisme de Cadolaüs, dont l'auteur trace un portrait extrêmement curieux, la répression du coupable par Alexandre II, l'élection de son neveu à l'évêché de Lucques et les vertus du jeune prélat font le sujet du premier livre. Dans le deuxième, Rangier décrit les anxiétés d'Anselme à la pensée du redoutable fardeau de l'épiscopat, sa retraite chez de saints religieux, l'ordre de retour donné par Grégoire VII, les tentatives de réforme du nouvel évêque, secondé par la pieuse comtesse Mathilde. Son exil provoqué par le clergé pervers. Les trois derniers livres sont surtout intéressants. Là l'auteur raconte les persécutions de l'empereur Henri IV et son excommunication, le soutien donné au pape par Mathilde sur le conseil d'Anselme, les lettres de l'archevêque de Lucques à l'empereur et au nouvel antipape Guibert, Il rappelle ensuite l'intrusion de l'évêque schismatique Pierre sur le siège de Lucques, les revers et la conversion de l'intrus. Le dernier livre retrace le siège de Rome par Henri, l'héroïsme de Grégoire et sa délivrance par Guiscard, sa glorieuse mort pour la justice et la vérité, la rage des schismatiques contre la noble Mathilde, le secours que lui donne Anselme, la sollicitude pastorale du saint prélat, sa mort et les miracles opérés à son tombeau.

GÉRARD, ÉVÊQUE DE TÉROUANE (p. 197).

Rohrbacher trace, en cet endroit de son histoire, avec quelque exagération, un assez triste tableau de la situation de l'Église à la fin du XIe siècle. Il a surtout le tort de trop généraliser. Néanmoins on peut signaler bien des maux à cette époque. Aux faits sur lesquels l'auteur appuie sa thèse, et qu'il puise çà et là, nous en ajouterons un seul qui prouvera qu'en Flandre, comme dans le reste de l'Europe, l'Église eut à souffrir des princes.

Robert, comte de Flandre, plaça de force Lambert, sur le siège épiscopal de Térouane, laissé vacant par la retraite de Hubert au monastère de Saint-Bertin. Bien que condamné au concile de Meaux, de 1081, où se trouvaient les légats de Grégoire VII, l'intrus fut mis, à main armée, en possession du siège épiscopal et ses adversaires bannis et dépouillés de leurs biens. Le souverain pontife écrivit deux fois inutilement au comte pour l'engager à changer de conduite et à abandonner Lambert. Enfin Gérard ayant été promu canoniquement à l'évêché de Térouane, Grégoire VII s'adressa de nouveau à Robert de Flandre et engagea les évêques de son obéissance à l'exhorter à reconnaître le nouvel évêque. Ces démarches finirent par aboutir, et Gérard occupa le siège de Térouane pendant environ quinze ans (1).

LES *DICTATUS* DE GRÉGOIRE VII (p. 205, col. 1).

Au synode romain de 1075 se rapportent les célèbres *Dictatus Papæ*, intercalés sans date dans le Registre des lettres de Grégoire VII. On a cru, du moins assez généralement jusqu'ici, que c'est dans ce synode que Grégoire VII avait publié les vingt-sept propositions connues sous ce nom (2).

Fleury et d'autres ont prétendu que les *Dictatus* sont apocryphes. Rohrbacher n'en parle pas. Voigt, dont l'opinion est suivie par Héfélé, prétend que Grégoire VII n'en est pas l'auteur, qu'ils sont simplement l'œuvre d'un de ses partisans, qui aura arrangé à sa guise des propositions réellement émises par le grand pape, ou qu'on lui aura prêtées, dans le but de donner un sommaire des droits du Saint-Siège (3).

M. Félix Rocquain s'appuie au contraire sur les recherches de Giesebrecht pour soutenir l'authenticité des *Dictatus* (4). L'historien allemand a vu le manuscrit original aux archives du Vatican, et n'a saisi nul indice trahissant une interpolation. Héfélé

---

(1) *Gallia christiana*, t. II, fol. 430.
(2) On en trouve le texte dans les collections des Conciles. Mansi : t. XX, p. 168 ; Hard., t. VI, p. 1304; dans Baronius *ad an*. 1076. XXXI, etc.
(3) Voigt, *Hist. de Grég. VII*, p. 338 ; Héfélé, *Hist. des Conc.* t. VI, p. 530.
(4) *Quelques mots sur les Dictatus Papæ dans Biblioth. de l'École des chartes*, 4e et 5e livr. de 1872, p. 378-

se contente de dire que quelques-unes des vingt-sept propositions expriment les idées de Grégoire VII; M. Rocquain montre que l'esprit du document se retrouve tout entier dans les idées et les actes du pontife ; il conclut donc qu'il est authentique (1). D'après ses éclaircissements, Grégoire VII a dû dicter cette pièce après le synode du 24-28 février 1075 ; et ainsi, selon lui, s'expliquerait leur insertion dans le registre, entre une lettre du 3 et une autre lettre du 4 mars. Il ne faudrait donc plus dire, d'après cela, avec les anciens historiens, notamment avec Baronius et Labbe, que les *Dictatus* ont été proclamés au synode du carême de 1076. Ce point n'est peut-être pas suffisamment établi et n'a d'ailleurs qu'une importance secondaire.

GRÉGOIRE VII ET HENRI IV (p. 213).

Ce fut une pensée aussi morale que hardie, une œuvre de l'esprit de civilisation aussi bien que de l'Eglise, de revendiquer sur l'Etat, sur l'Empire, la liberté du sacerdoce corrompu, asservi par la féodalité.

Telle est la conclusion logique de M. Zeller, après avoir raconté la scène de Canossa, dans *Un Empereur et un Pape au moyen âge* (2). Elle est surabondamment prouvée par les auteurs qui ont consciencieusement étudié et examiné toutes les péripéties de la lutte des Papes contre l'Empire, et en particulier par J. Hergenrother dans son ouvrage : *L'Eglise catholique et l'Etat chrétien* (3).

En 1878, les *Analecta juris pontificii* ont consacré un long mémoire à la *Querelle du Sacerdoce et de l'Empire*, considérée au point de vue dogmatique et au point de vue historique (4). Il importe surtout d'y remarquer les chapitres consacrés aux diplômes de saint Grégoire le Grand sur cette question, au *Régeste* de saint Grégoire VII, conservé au Vatican, mais qui n'est malheureusement qu'une copie de date incertaine. L'auteur insiste sur l'importance des actes de saint Grégoire VII qui eut tant à lutter pour l'indépendance de l'Eglise. « Les actes de saint Grégoire VII, dit-il, attendent un historien capable d'entreprendre une étude approfondie. Il devrait collationner en dehors du *Régeste* du Vatican, les actes qui sont rapportés dans les chroniques contemporaines, ceux qui ont été publiés dans la suite d'après les exemplaires originaux, ou d'après les copies qu'on a retrouvées dans les diverses bibliothèques de l'Europe. Il n'est pas impossible que des archives peu explorées jusqu'à ce jour renferment quelques diplômes inédits. »

En attendant ces futurs travaux, on peut signaler les études intéressantes qui paraissent de divers côtés, en ce moment, notamment dans les revues italiennes *Il Papato* et la *Civiltà cattolica*. Celle-ci publie sous le titre *Destini di Roma*, une histoire intéressante des luttes soutenues par les souverains pontifes contre les empereurs d'Allemagne. En parlant du traité de Worms, en 1122, elle montre que Callixte II fit ainsi triompher les efforts de Grégoire VII pour émanciper l'Eglise du pouvoir laïque. L'Eglise voulait rendre les élections libres et pour cela condamnait les investitures avec l'anneau et la crosse. Or, à Worms, l'empereur renonça à ces investitures. Seulement le pape permit à l'empereur l'investiture des fiefs impériaux par le sceptre avant la consécration des prélats, droit temporel qui appartenait au prince. Ce tempérament avait été proposé déjà par Grégoire VII, mais repoussé alors par l'empereur. Le grand résultat du traité de Worms fut d'abolir l'intervention des empereurs dans l'élection des papes. Et comme cette intervention est, dit-on, un droit que l'on pourrait faire revivre, les auteurs de la *Civiltà cattolica* en ont voulu rechercher les origines historiques. Ils montrent que cette ingérence s'est manifestée par l'exercice de deux sortes de droits, comme on dit : un droit de confirmation exercé par les empereurs grecs, francs et allemands, jusqu'au pontificat de Boniface VIII; un droit d'exclusion, exercé depuis cette époque par les trois grandes puissances : France, Autriche, Espagne. L'exclusion a existé, cela est certain ; mais ce droit a été seulement établi par prudence, car, vu les rapports étroits qui existaient entre les chefs de l'Eglise et les souverains, il était mieux que le pape fût accepté par ces souverains. C'était un usage consacré par la politique, ce n'était pas un droit; car le cardinal Caraffa, exclu par l'ambassadeur de Charles-Quint, fut cependant élu pape sous le nom de Paul IV, et le carddinal Aldobrandini, trois fois exclu par l'Espagne dans trois conclaves différents, devint enfin pape sous le nom de Clément VIII.

L'exclusion n'était d'ailleurs invoquée que par raison d'Etat.

LA COMTESSE MATHILDE (p. 231, 245, 353).

Sous la date de 1077, notre historien rapporte la donation que la comtesse Mathilde fit au souverain pontife de tous ses Etats, c'est-à-dire de la Toscane et d'une grande partie de la Lombardie; plus loin, il raconte comment ces vastes domaines furent défendus contre l'empereur Henri en 1084, et finalement, en 1102, il signale le renouvellement de la donation dont le titre primitif s'était perdu.

La comtesse Mathilde était une de ces âmes catholiques fortement trempées, dont la piété, le zèle, le dévouement mis au service de l'Eglise et de la papauté méritent le plus d'être honorés par l'histoire. On l'a comparée à bon droit à la Débora biblique, à cette héroïne qui sauva le peuple d'Israël, lorsque Israël n'avait plus assez d'énergie pour se sauver. Généreuse, et constante, elle a rendu d'immenses services dont l'histoire, vraie et juste, aime à tenir compte à cette femme illustre (1).

Mathilde, devenue veuve et maîtresse d'un terri-

---

(1) L'auteur fait ressortir aussi les points de ressemblance des *Dictatus* avec le recueil des *Fausses Décrétales*. Grégoire VII jugeait-il ce recueil authentique ou assez autorisé pour s'en inspirer? Il y aurait là un argument en faveur de l'œuvre du pseudo-Isidore.
(2) Biblioth. de l'Ecole des Chartes, 1876.
(3) *Katholische Kirche und christlicher Staat*, pp. 113, 150. Fribourg, 1872.
(4) Janv., févr. et mars 1878.

(1) Voir une belle étude du P. L. Tosti, *La Comtesse Mathilde et les Pontifes romains*. Mont-Cassin, 1859.

toire considérable, dépassait en puissance tous les autres seigneurs du pays. Dans cette situation exceptionnelle, elle mettait toute son influence au service du pape, elle lui vouait l'affection la plus touchante et lui rendait tous les services qu'un père et un suzerain pouvait attendre de sa fille et de sa vassalle.

Rohrbacher donne, à la page 212, des détails sur l'intervention de Mathilde dans l'entrevue de Canossa, nous ne nous y arrêterons donc pas.

Le pape Urbain II, comme ses prédécesseurs Victor III et Grégoire VII, appréciait le dévouement de la comtesse de Toscane pour le souverain pontife. Dès le lendemain de son élection, il déclara, dans une encyclique à tous les catholiques, qu'il suivrait en tout les vestiges de son courageux prédécesseur Grégoire VII, et, mettant aussitôt la main à l'œuvre, il commença par exhorter la comtesse Mathilde à continuer de défendre la cause du Saint-Siège contre les schismatiques (1).

En défendant le Saint-Siège, la comtesse se créait des dangers sérieux en s'attirant la haine et les persécutions de Henri, le persécuteur et l'oppresseur de la papauté : elle en avait déjà éprouvé les effets en 1084. Pour se mettre à l'abri de ce côté et mieux encore soutenir l'Église romaine, elle épousa, bien qu'âgée de quarante-trois ans et veuve depuis treize ans, Guelfe, duc de Bavière. Henri, aussitôt, attaqua ce nouvel adversaire, fit irruption dans la Lombardie, livra au fer et au feu les possessions de Guelfe; mais celui-ci, animé de la même foi et du même courage que sa vertueuse femme, soutint la lutte et resta ferme, malgré les pertes que lui infligea son ennemi. Rien ne calma l'acharnement de Henri contre la personne ni contre la mémoire, car il envahit encore les domaines de la comtesse Mathilde en 1117, c'est-à-dire, alors que l'Église avait perdu depuis deux ans, cette illustre et dévouée princesse.

CRIME DE MAGIE REPROCHÉ A GRÉGOIRE VII (p. 233).

Rohrbacher dit bien qu'il n'y a dans cette accusation qu'un conte de vieille femme.

L'Église a toujours sévèrement jugé et combattu les pratiques de la nécromancie. Saint Grégoire de Tours, qui rapporte ces aberrations superstitieuses, se moque des auteurs et des dupes de ces mystifications. « Il y en eut plusieurs dans les Gaules, dit cet auteur, qui, par de tels prestiges, attirèrent à eux quelques femmelettes qui, dans les transports de leur frénésie, publiaient hautement qu'ils étaient des saints, tandis qu'eux-mêmes séduisaient de grands personnages. Nous avons vu plusieurs de ces gens-là, que nous nous sommes efforcé bien souvent, par exhortations et par menaces, de ramener de leur erreur. »

Au temps de saint Boniface, l'Église s'éleva avec force contre toutes ces superstitions. Les lois civiles aussi stigmatisèrent la folie de ceux qui croyaient aux sorcières : c'est ce que nous lisons dans un capitulaire publié par Charlemagne, en 785, à Paderborn. Raban Maur disait aux catholiques de son temps :

« Il est indigne d'un chrétien de consulter le vol ou le chant des oiseaux pour en augurer des jours heureux ou malheureux. Tous les jours sont créés par Dieu, et ce qu'il a créé est bien créé. C'est une action tout aussi ridicule et méprisable de faire attention aux éternuements ; mieux vaut infiniment se signer et prier Dieu. »

Au XIe siècle, Burchard de Wœms partageait le sentiment de Grégoire de Tours et de Raban Maur.

Parmi ceux qui se prononcèrent encore contre les pratiques de la magie, nous citerons Ulrich Molitor ou Muller : il était professeur de droit canon à Padoue et fit paraître à Cologne, en 1489, son ouvrage : *De Lamiis pythonicis mulieribus*, dédié à Sigismond de Tyrol ; Cornelius Loos, prêtre catholique de Mayence, mort en 1595 ; Adam Tanner, mort en 1632 ; le jésuite Frédéric Spée de Langenfeld, qui ébranla si fortement la croyance aux sorciers, et auquel Leibnitz a rendu grandement hommage dans sa Théodicée.

Il y a loin de ces hommes à Benoît Carpzon, qui, deux cents ans après Torquemada, fit dresser des bûchers pour les sorcières ; au réformateur Bèze, qui reprochait aux parlements français d'être négligents à poursuivre ces sortes de gens ; à la faculté de droit de Tübingue qui, en 1713, condamna une sorcière à mort ; et au tribunal protestant du canton de Glaris qui, en 1782, ordonna de dresser le dernier bûcher destiné à brûler une sorcière.

Walter Scott a avoué que, plus le calvinisme devint puissant en Angleterre, plus les procès de sorcières y devinrent nombreux : l'action de l'hérésie fut la même dans tous les pays.

LE SOI-DISANT CARDINAL BENNON (p. 233 et 243).

Bennon, Allemand de nation, fut créé cardinal par l'antipape Guibert. C'était un partisan aveugle du schisme (1). Il s'attaqua d'abord à Sylvestre II qu'il accusa de magie, puis à Grégoire VII dont il fit un simoniaque. Il lança contre ce dernier pontife deux fameuses lettres, assez étendues, adressées à l'Église romaine. Fleury, tout en disant qu'on trouve dans ces lettres « tant de passion, qu'il est difficile d'y discerner la vérité du mensonge », en fait cependant une ample analyse (2). C'était se donner une peine inutile. Les protestants, naturellement parlent avec éloge de Bennon, mais aucun historien sérieux ne fait attention à ses pamphlets. On dit que ce prélat vivait encore en 1092.

POINT DE VUE DE SAINT GRÉGOIRE VII POUR GOUVERNER L'ÉGLISE (p. 238, col. 2).

La pensée qui avait guidé saint Grégoire VII dans ses luttes contre l'Empire, formait tout un plan de

---

(1) A. de Brimont : *Un Pape au moyen âge, Urbain II*, Paris, 1862.

(1) Baronius, *ad. an* 1080. 999. 1044, 1073 et 1079.
(2) *Hist. Eccles.*, l. LXIII, n° 26.

réformes pour assurer la liberté de l'Église et lui rendre sa dignité, si compromise par le dérèglement des mœurs et la simonie. Son regard avait embrassé tout d'abord le but qu'il fallait atteindre, et que poursuivirent ses successeurs jusqu'à Innocent III. Dans son *Histoire des Conciles* (1), Héfélé a caractérisé nettement le point de vue auquel il s'était placé en prenant le gouvernail de la chrétienté. « Toute sa conduite fut basée, dit-il, sur cette grande idée théocratique, que, comme pape, il devait réaliser le règne de Dieu sur la terre, et que, dans tout ce qui regardait ce but suprême, le clergé comme les laïques, les prêtres comme les princes, devaient lui être soumis comme étant le représentant de Dieu sur la terre. Depuis des siècles, on avait coutume de désigner sous cette appellation, *respublica christiana*, l'ensemble du règne de Dieu sur la terre, c'est-à-dire ses deux formes visibles, l'État chrétien et l'Église chrétienne ; à partir de Charlemagne, les empereurs ainsi que les princes de l'Église s'étaient souvent servis de cette formule : la République chrétienne est régie par ces deux pouvoirs, le pouvoir royal et le pouvoir sacerdotal. Mais, depuis les Othon, les césariens avaient fait pencher la balance en faveur de l'État et s'étaient enivrés de cette idée que Dieu lui-même avait donné à Constantin le Grand et à ses successeurs les empereurs romains, l'empire du monde (*imperium mundi*) dans toute l'acception du mot. Aussi, pensaient-ils que le règne de Dieu n'était autre que la soumission de toute puissance spirituelle ou temporelle sous la main de l'empereur, et ils rêvaient par conséquent de fonder ce règne de Dieu en s'inspirant d'une sorte de césarisme pontifical. Nul ne comprit mieux que Hildebrand les dangers que ces théories pouvaient faire courir à l'Église ; aussi, dès la première fois qu'il paraît dans l'histoire, le voyons-nous occupé à défendre la liberté des élections pontificales ; c'était un acheminement pour défendre ensuite la liberté de l'Église. »

« Au lieu de voir surtout l'État dans la République chrétienne, Grégoire VII y vit l'Église, et, par une déduction très logique, il dut être persuadé que le règne de Dieu sur la terre serait alors seulement possible, lorsque toutes les puissances, soit spirituelles, soit temporelles, seraient soumises au représentant de Dieu. Tous les peuples chrétiens ne devraient former qu'une grande famille, reconnaissant le pape pour son chef unique et pour le représentant de Jésus-Christ. En partant de là et en s'inspirant des idées du moyen âge, Grégoire concluait que les princes temporels, étant les chefs des différentes branches de cette grande famille, devaient à ce titre obéissance au pape, et que le rapport entre eux et lui était celui des vassaux à l'égard de leur suzerain... Le pouvoir royal est à ses yeux tout à fait subordonné au pouvoir ecclésiastique. C'est ce qu'il dit sans détour dans sa lettre à Guillaume le Conquérant, où il compare ces deux pouvoirs au soleil et à la lune... Il renouvelle souvent cette théorie, très répandue de son temps, que le pouvoir ecclésiastique provenait seul de Dieu, tandis que le pouvoir civil provenait du démon et n'était issu que de l'ambition.

« La réalisation du règne de Dieu ainsi basée sur la théocratie, devait, on le comprend, avoir pour point de départ la réforme du clergé. Pour correspondre à un pareil idéal et pour réaliser ces grandes pensées, il fallait de toute rigueur une lergé libre et irréprochable. Aussi Grégoire commença-t-il ses luttes en s'attaquant au relâchement des mœurs dans le clergé et à la simonie, ainsi qu'à l'investiture donnée par les laïques. Beaucoup de clercs vivaient au mépris des lois de l'Église, soit dans le concubinage, soit dans des mariages défendus. D'après le droit canon en vigueur à cette époque, un clerc pouvait, il est vrai, contracter un mariage légitime, mais il perdait par le fait même sa place dans l'Église. Néanmoins plusieurs conservaient leurs femmes et leurs dignités ecclésiastiques, et en Lombardie et ailleurs c'était la coutume générale. La plupart des hautes charges de l'Église étaient, en outre, données par les princes, ou même vendues ; de telle sorte que les plus indignes et les plus incapables parvenaient souvent aux évêchés et aux abbayes. Ils restaient ensuite sous la complète dépendance du pouvoir civil et étaient avant tout préoccupés de retrouver aussitôt que possible et avec de gros bénéfices l'argent qu'ils avaient dû payer pour avoir leurs places. Afin que cette dépendance formelle de l'Église sous le pouvoir des princes fût bien constatée, on avait introduit l'usage que des laïques (des princes) investissent les évêques et les abbés des insignes du pouvoir ecclésiastique, c'est-à-dire leur remissent la crosse et l'anneau, symbole de leur mariage mystique avec l'Église.

« Pour espérer la victoire, Grégoire VII avait surtout la conviction intime de la justice de sa cause, puis les heureuses idées de réforme propagées depuis cinquante ans par l'abbaye de Cluny et par les Patares de Milan... Le clergé devait lui être un auxiliaire d'autant plus puissant que l'empereur et les rois avaient besoin de lui, car ces souverains trouvaient dans les évêques et les abbés le contrepoids nécessaire pour résister au désir d'indépendance de leurs vassaux temporels.

« Grégoire commença son œuvre en renouvelant et en accentuant les anciennes lois contre la simonie et contre la corruption du clergé... Dans sa lettre à Otto, évêque de Constance, il rappelle les plus importantes décisions de son concile de Rome célébré le 10 mars 1074. » Après les décrets contre la simonie, venaient ceux qui réprimaient l'inconduite des clercs : « Tout clerc qui s'est souillé du crime de *fornication*, ne doit plus dire la messe ou servir l'Église dans un ordre inférieur. » — « S'il méprise cette ordonnance qui vient des saints Pères, le peuple ne doit pas assister à ses fonctions, afin que si l'amour de Dieu et le souci de ses devoirs ecclésiastiques ne parviennent pas à le faire rentrer en lui-même, la crainte du peuple et de son blâme l'oblige à se corriger. » — Grégoire parvint à réaliser lui-même une grande partie de ses idées, et s'il finit par succomber dans sa lutte contre Henri, s'il mourut en exil, son esprit n'en passa pas moins à ses successeurs et la victoire resta à la papauté dans cette grande querelle des investitures.

---

(1) Héfélé, *Histoire des Conciles*, t. VI, p. 476.

GRÉGOIRE VII (p. 246).

Le pontificat, si important de Grégoire VII, a donné lieu aux appréciations les plus diverses. Elles offrent entre elles des contradictions tellement flagrantes, qu'elles surprennent à bon droit et qu'au premier abord elles semblent assez inexplicables. C'est que parmi les historiens du grand pape, les uns ont manqué de justice, les autres de critique. Au nombre de ces derniers il faut mettre M. Villemain dont l'ouvrage est loin de répondre à la réputation de l'auteur (1).

Nous reconnaissons volontiers que M. Villemain est sympathique à son héros; il admire son génie, l'ardeur de sa foi, la hardiesse de ses conceptions, sa fermeté dans les revers, son amour de la justice ; mais pour tout ce qui tient à l'Eglise et à ses droits, à la papauté considérée, non comme pouvoir politique, mais comme puissance spirituelle, au catholicisme et à ses institutions, M. Villemain n'en a saisi ni l'esprit ni la portée : le sens religieux lui manque; et, de ce côté, la figure éblouissante de saint Grégoire VII lui échappe totalement. Il voit trop en homme de lettres, et, par conséquent, il voit mal l'importance des réformes par lesquelles le pontife inspiré prétendait défendre et sauver la chrétienté tout entière, en poursuivant la simonie et l'incontinence du clergé. Il traite la querelle des investitures comme s'il ne se doutait même pas que cette grande question fût en réalité toute l'histoire non seulement religieuse, mais politique et sociale du moyen âge. La profondeur des études fait ici autant défaut que la solidité des aperçus.

En somme, M. Villemain en est resté aux préjugés d'il y a trente ans et n'a pas même connu les travaux de Jaffé, de Giesebrecht, de Watterich, de Gfœrer, etc.

M. Giraud, qui a fait la critique du *Grégoire VII* de M. Villemain dans la *Revue des Deux-Mondes*, indique comment il faudrait suppléer à ces lacunes (2). Il constate, de son côté, la condition déplorable de la papauté opprimée par les empereurs. Après avoir fait connaître les embarras politiques au milieu desquels l'Allemagne était engagée, il montre Grégoire VII s'essayant prudemment à la bataille générale qu'il devait livrer pour assurer la réforme de la liberté de l'Eglise. M. Giraud semble parler avec trop d'affectation du plan d'attaque de Grégoire VII contre la corruption du siècle; le plan du pape n'était autre que de proclamer partout et toujours la règle de la discipline, et partout et toujours de poursuivre l'erreur et la corruption ; or ceux qui résistaient au pape étaient protégés par l'empereur, et, comme dit M. Giraud, « la question de l'indépendance politique de l'Etat disparaissait sous le masque hideux des corruptions impies et de l'immoralité publique, du clergé féodal. » M. Giraud s'efforce de tenir la balance égale entre les deux adversaires Grégoire VII et Henri IV : il blâme un peu le roi, il blâme un peu le pape, et avec le désir évident d'être impartial, il tombe parfois dans la contradiction ; c'est ainsi qu'il reproche à Grégoire VII de rêver une société humaine organisée comme un couvent, tout en reconnaissant que son œuvre a été en son temps une œuvre de civilisation; c'est ainsi encore qu'il dit que, par suite d'un excès d'orgueil, Grégoire VII ne poursuivait plus la cause de la réforme des mœurs de l'Eglise, mais la cause de l'assujettissement des rois au sacerdoce, quoiqu'il se plaise à constater que dans son expression modérée et vraie, la cause que soutint le pape était celle de l'esprit et de la liberté contre l'empire de la violence et de l'immoralité.

MONARCHIA SICULA (p. 256).

Rohrbacher soulève ici la question de la *Monarchia Sicula*, qui se trouve mentionnée dans la plupart des manuels d'histoire ou de droit canonique, mais dont on ne sait presque rien, si ce n'est que ce nom désigne une *legatio apostolica*, confiée, en 1098, par le pape Urbain II, au comte normand Roger et à ses successeurs, en Sicile. En vertu de cette *legatio*, les souverains de cette île apparaissent comme *legati nati* du Saint-Siège, et pourvus des pouvoirs ordinaires des légats du pape. Mais on sait peu de chose sur l'origine de ce privilège, sur l'étendue des pouvoirs que les princes de Sicile en tiraient, et l'histoire de cette monarchie, caractérisée par un combat de plus de trois siècles, dirigé contre cette institution par les papes, et embrassant les relations entre l'Église et l'État dans cette île, depuis la fin du moyen âge. En Italie et en Espagne, le sujet a été, depuis le XVIe siècle, traité bien des fois, il le fut en France, en 1716, par Dupuis. Les journaux apportèrent, au mois d'octobre 1867, la nouvelle que Pie IX était parvenu à abolir la *monarchia*. On fut très embarrassé en Allemagne pour trouver quelques renseignements sur cette institution, dont l'abolition fit tant de sensation en Italie. M. le professeur Sentis résolut de combler cette lacune. Il se rendit en Italie, y passa trois années à fouiller les archives et les bibliothèques de Rome et de Palerme, et parvint ainsi à sauver l'honneur compromis de la patrie.

Son livre (1) est divisé en huit chapitres dont voici les titres : l'Eglise de Sicile jusqu'à sa restauration par les Normands ; le diplôme d'Urbain ; causes originelles de la monarchie ; l'établissement historique de la monarchie ; négociations sur la monarchie sous Pie IV et Grégoire XIII, et abus juridictionnels jusqu'au temps de Clément XI ; suppression de la monarchie et de son tribunal par Clément XI ; négociations avec Charles VI sur l'organisation de la juridiction ; la bulle *Fideli* de Benoît XIII ; situation de l'Eglise des Deux-Siciles au XIIIe siècle ; existence antérieure et illégitime de la monarchie ; sa nouvelle suppression par Pie IX (bulle *suprema*). Un appendice contient quatorze des plus importants documents. Toute

---

(1) *Histoire de Grégoire VII*, Paris, 1872.
(2) 15 mars, 1er avril et 1er mai 1873.

(1) *La Monarchia Sicula, discussion historique-canonique*. Fribourg, 1869.

l'histoire de cette institution si mémorable, unique même dans l'histoire des pays chrétiens, est ainsi développée depuis son origine jusqu'à nos jours. Une des parties les plus importantes est celle consacrée à l'examen approfondi de la bulle d'Urbain II, de 1098. M. Sentis démontre que les objections contre l'authenticité de la bulle sont insoutenables. Il s'appuie sur une bulle copiée par Giesebrecht, sur le manuscrit Ottobonien du Vatican (N° 3057), imprimé dans les *Regesten* de Jaffé (N° 4846). S'appuyant sur la même bulle, l'auteur démontre aussi que, dans le privilège d'Urbain, il n'était point question de la transmission d'une légation apostolique proprement dite.

LANFRANC (p. 268).

Lanfranc, né à Paris vers 1005, a fait époque dans le XIᵉ siècle ; il est le père de la scolastique. Rohrbacher en dit assez sur son compte, pour les limites d'une histoire générale (1) ; il omet toutefois de signaler que le savant abbé du Bec fut le promoteur de cette noble architecture romane née en Lombardie, et qui couvrit de monuments remarquables la basse Normandie, sous le règne de Guillaume le Conquérant et de ses successeurs.

SAINT ANSELME (p. 274, col. 1).

Saint Anselme n'a pas cessé d'être étudié depuis Rohrbacher, soit comme philosophe, soit comme moine, soit comme évêque (2). M. de Montalembert se plaignait que les siècles de foi fussent encore si mal connus que la plupart des catholiques mêmes ne voyaient dans saint Anselme qu'un grand métaphysicien. L'illustre écrivain s'est appliqué surtout à montrer en lui l'intrépide défenseur des droits de l'Eglise, le prélat invincible armé de la parole pour réfuter les adversaires de la foi ou pour repousser les envahissements audacieux de l'autorité séculière (3). M. l'abbé Ragey, en dernier lieu, l'a étudié au point de vue intime (4).

En faisant connaître particulièrement dans saint Anselme le moine, cet auteur a peint en même temps la vie intime du cloître au XIᵉ siècle. C'est en se servant surtout de la correspondance et des autres écrits de l'abbé du Bec, de ses historiens et notamment d'Eadmer, qui avait vécu dans son intimité, que M. Ragey a raconté sa vie monastique dans ses relations avec Dieu et avec ses frères de l'abbaye du Bec. L'auteur se propose de donner une histoire complète du grand archevêque de Cantorbéry.

ODON D'ORLÉANS (p. 278).

Vers la fin du XIᵉ siècle, l'école de l'Eglise de Tournai s'acquit une réputation européenne ; elle était redevable de cet éclat au célèbre Odon d'Orléans, qui y dirigea les études publiques pendant cinq années, avant 1092.

Le clerc Odon, natif d'Orléans, était un homme d'une grande érudition et ne le cédait en savoir à aucun des maîtres français de son temps (1). Il avait déjà enseigné publiquement à Toul, lorsqu'il fut appelé à Tournai, par les chanoines de la cathédrale. Sous cet illustre maître, on vit affluer à l'école de Tournai des élèves non seulement de la Flandre et des contrées voisines, mais des provinces les plus éloignées, de la Bourgogne, de l'Italie, de la Saxe ; on y comptait jusqu'à deux cents élèves. On rapporte qu'un disciple étranger offrit à Odon un anneau d'or, avec cette inscription : *Annulus Odonem decet aureus Aureliensem*. La ville de Tournai était pleine d'étudiants ; on les voyait discutant dans les rues, et si l'on s'approchait de l'école, on les trouvait tantôt se promenant avec Odon, tantôt assis autour de lui et recueillant sa parole (2).

Quoique très versé dans les études sacrées et profanes, Odon excellait surtout dans les arts libéraux et affectionnait la dialectique. Il appartenait à l'école des *réalistes*, en opposition, comme on sait, avec celle des *nominaux*. Il paraît avoir voulu communiquer à ses élèves le goût de la discussion et introniser la science de la scolastique à Tournai. Il composa même, à l'usage de ses disciples, quelques ouvrages sur la dialectique. Dans l'un de ses écrits, qui avait pour titre *le Sophiste*, il enseignait à discerner les sophismes et à les éviter ; dans un autre, intitulé : *Complexionum* (des conclusions ou conséquences), il traitait du syllogisme ou de la forme du raisonnement, et conduisait l'élève à raisonner juste ; dans un troisième enfin, intitulé : *De l'être et de la chose*, il examinait si l'être est le même que la chose, et la chose le même que l'être (3). Ce dernier traité touchait plus réellement à la scholatique, et les premiers sont plutôt du ressort de la logique.

Le mérite des ouvrages d'Odon en général a été apprécié par les Bénédictins de Saint-Maur : « Les travaux philosophiques de Lanfranc, de saint Anselme, et ceux du docteur Odon, depuis évêque de Cambrai, disent ces savants, contribuèrent beaucoup à décrasser la philosophie de ce temps et à lui donner quelque degré de perfection. On fut redevable à ces trois grands philosophes de voir revivre la méthode des anciens, qui fut alors violemment attaquée par une nouvelle suite de philosophes inconnus jusque-là (4). »

---

(1) Pour plus de détails voir : Eadmer, *Lanfranci vita*, ap. Mabillon. *Act. Sanct. O. S. B*, t. VI, II, pp. 635-659. Cf. *Lanfranci Opera omnia*, etc., éd. J. A. Gilles. Oxon. 1844-6, 2 vol.
(2) Mœhler, *Leben Anselm's*, dans ses *Mélanges*, t. I, p. 39 ; R. Hasse, *Anselm Von Canterbury*, Leipzig, 1843 ; de Rémusat, *Saint Anselme de Cantorbéry*, Paris, 1854 et 1858 ; Georges Seigneur, *Saint Anselme de Cantorbéry*, Paris, 1865.
(3) *Histoire des moines d'Occident*, t. VI. Paris, 1872 ; *Saint Anselme, fragments de l'introduction à l'histoire de Saint Bernard*, Paris, 1844.
(4) *Vie intime de saint Anselme au Bec*. etc. Paris, 1877.

(1) *A pueritia ita instructus litteris, ut nulli secundus inter Francos sui temporis magistros haberetur*; Mab., *Ann. Bened*, t. V, pp. 299-301, passim ; l. LXVIII, c. XLII, an. 1092.
(2) *Hist. litt. de Fr.*, t. VII, pp. 95 et 96.
(3) *Ibid.*, t. IX, p. 595.
(4) *Ibid.*, t. VII, pp. 131-132.

Odon enseignait aussi à ses élèves la science de l'astronomie. Il donnait ordinairement ses leçons, comme autrefois Alcuin, le soir, devant la porte de l'église, en leur montrant du doigt les diverses constellations.

Le régime de l'école de la cathédrale était aussi sévère que pouvait l'être celui du monastère le plus régulier. « Odon ne tolérait chez ses élèves, ni fréquentation avec les femmes, ni parure en leurs habits ou en leurs cheveux ; il les eût plutôt chassés de son école, ou l'eût abandonnée lui-même. Lorsqu'il les conduisait à l'église, il marchait le dernier pour les mieux observer ; aucun n'eût osé parler à son compagnon, quelque bas que ce fût, ou rire, ou regarder à droite et à gauche, et quand ils étaient au chœur, on les eût pris, à leur modestie et à leur recueillement, pour des moines (1). »

Après qu'il eut pris les études scolastiques en aversion, Odon, décidé à se retirer du monde, releva de ses ruines le monastère de Saint-Martin, qui avait cessé de subsister depuis la dévastation par les Normands, et s'y installa avec quelques-uns de ses disciples (1092). Il ne discontinua pas d'y entretenir la culture des lettres, mais il leur imprima, sans doute, un caractère plus religieux. Il s'adonna à l'étude des saints Pères. Il appliqua principalement ses moines à la copie des livres ; douze des plus jeunes élèves étaient spécialement chargés de la transcription (2) : on y copiait les auteurs anciens et modernes, notamment les œuvres de saint Anselme. Grâce à cette sollicitude d'Odon pour *la librairie*, la bibliothèque de Saint Martin devint une des plus riches de la Belgique, et les copies que l'on y exécuta, se recommandant autant par leur exactitude que par la beauté des caractères, furent recherchées à l'extérieur pour servir de modèles. Parmi les manuscrits qui sortirent des mains des scribes de l'école d'Odon, on cite les *Tétraples du Psautier*, contenant, sur quatre colonnes, un texte hébreu, grec, latin et romain ou français.

On attribue encore à Odon une *Introduction à la théologie* où l'on cite plusieurs passages de l'Ecriture sainte en hébreu (3). L'étude de l'hébreu et du grec n'était donc étrangère ni à Odon, ni au moine d'élite qui a transcrit les *Tétraples* et dont l'histoire ne nous a pas conservé le nom (4).

RODOLPHE DE HABSBOURG ET LE SAINT EMPIRE
(p. 290) (t. VIII).

Ce fut vers 1280 que fut connu en Italie le traité du chanoine d'Osnabruck Jourdain : *De Prærogativa Romani Imperii*, composé dès les premières années du règne de Rodolphe de Habsbourg. Il fut présenté au pape par le cardinal Jacobo de Colonna, avec une épître dédicatoire, pour le décider à changer de politique envers les empereurs (1). Comme bas Allemand et membre de l'archevêché de Cologne, l'auteur est ennemi des Hohenstaufen, mais il soutient la fondation divine de la dignité impériale, et la nécessité de la conserver intacte, même dans l'intérêt de la papauté. En même temps, il déroule, à grands traits, une courte histoire de l'Empire, en traitant d'une manière fort étendue de la descendance et de la propagation des Francs. Le traité, bien que contenant des erreurs et des inexactitudes historiques, n'est pas sans intérêt pour la connaissance des vues et des opinions du temps auquel appartient l'auteur.

L'ORDRE DE CLUNY (p. 295, col. 2).

L'histoire de Cluny est aux XIe et XIIe siècles une partie importante de l'histoire de l'Eglise. Des travaux récents (2) permettent de mieux apprécier la part considérable que la célèbre abbaye eut, avec Cîteaux et Clairvaux, dans la rénovation religieuse et sociale de ces beaux siècles illustrés par tant de papes éminents, de grands et pieux rois, d'évêques, de fondateurs d'ordres, de moines et de saints dans toutes les classes de la société (3). Cluny fut, sous saint Odon mort en 942, le point de départ de cette renaissance. L'ordre fondé par l'abbé Bernon eut une action considérable sur la papauté dont il forma trois des plus illustres représentants : Léon IX, Grégoire VII et Urbain II, et dont il fut en quelque sorte le conseiller, principalement sous Jean XVIII et Benoît VIII ; sur les évêques, dont un grand nombre avaient étudié dans les écoles et suivi sa règle ; sur les monastères, qui se placèrent en foule sous sa direction ; sur tout l'ordre féodal par les liens divers qui lui rattachèrent un grand nombre de seigneurs et de chevaliers. Pendant plus de deux siècles cette puissance alla croissant, sous l'autorité des abbés qui s'appelèrent saint Odon, saint Mayeul, saint Odilon, saint Hugues, et Pierre le Vénérable. Même quand la période des grands saints fut passée pour Cluny, et que l'on y glissa peu vers la mondanité, voisine de la décadence, cette innombrable armée de religieux bien disciplinés, possesseurs d'immenses domaines et fondateurs de bourgades sur lesquelles ils avaient les droits de suzeraineté, de haute et moyenne justice, continua d'être un des solides appuis de la société civile et religieuse.

Rohrbacher n'a pas fait assez ressortir le rôle considérable de Cluny et de ses filles, quoiqu'il en parle en plusieurs endroits et qu'il dise très bien que

---

(1) Hist. litt. de Fr., t. VII, pp. 95-96.
(2) Non minus quam duodecim, qui in claustro sedentes, in cathedris, super tabulas diligenter et artificiose cum silentio scribentes cernebantur. Mab., Ann. Bened., t. V, p. 353, l. LXIX, c. xvi, an. 1085.
(3) Hist. litt. de Fr., t VII, p. 116. On voyait encore cet exemplaire à Saint-Martin du temps de Sanderus. Sand., Bibl. Belg., M S. Part. I. p. 92, n° 30.
(4) Cette copie fut exécutée en 1105 par ordre d'Odon. Il ne serait pas, au reste, extraordinaire, dit l'Hist. litt. de Fr., t. IX, p. 101, que dans une abbaye où l'on faisait une étude particulière des sciences et où l'on comptait alors jusqu'à quatre-vingts moines, il ne s'en trouvât quelques-uns qui cultivassent les langues orientales.

(1) Des Jordanus von Osnabrük Buch über das Romische Reich. Herausgegeben von Gorg Waitz, Dieterich, 1869.
(2) Voir notamment : Lorain, *Essai historique sur l'abbaye de Cluny*. Paris, 1845, 2e édit. ; — d'Arbois de Jubainville, *Études sur l'état intérieur des abbayes cisterciennes*, etc. aux XIIe et XIIIe siècles. Paris, 1858 : — Pignot, *Histoire de l'ordre de Cluny*, etc. Autun, 1867 (ouvrage considérable, 3 vol. in-8°) ; — Marrier Martin, *Bibliotheca Cluniacensis* etc., in-f°, Paris, 1614 ; — Léop. Janauschek, *Originum Cisterciensium*... etc. Vienne, 1877, 2 vol. grand in-8.
(3) Même pour ces siècles qui furent, avec le XIIIe, les plus beaux de l'Église, Rohrbacher ne s'est pas départi de sa propension habituelle à trop montrer le mal.

la vie religieuse sortie de là était comme l'âme de l'Europe chrétienne.

Il convient de suppléer à cette lacune de son histoire en entrant un peu dans le détail :

I

Saint Odon, supérieur en tout à son siècle, avait attiré sur lui les regards par le triple ascendant de la vertu, de la science et des hautes relations qu'il avait en Bourgogne. Il résumait en lui l'influence qu'allait exercer sa famille spirituelle. Les chroniques louent sa vertu extraordinaire et ses connaissances littéraires et scientifiques par lesquelles sa réputation commença. Hugues d'Auxerre en se plaignant de la disette d'hommes saints dans les monastères à cette époque, ajoute : « Excepté le « seigneur Odon, très pieux abbé, qui florissait « alors, et dont la sainteté et la vertu se montrè- « rent par des preuves éclatantes, à peine s'en « trouvait-il un qui brulât du zèle de la correction « fraternelle (1). » La chronique de saint Martin de Tours remarque « qu'il était musicien, et qu'il avait d'abord été chantre de l'église de Saint-Martin avant de faire profession religieuse à Cluny, sous l'abbé Bernon, et qu'il avait appris la dialectique et la musique auprès de René d'Auxerre (2). » Ses ouvrages attestent son éloquence, sa pénétration pour approfondir les saintes Ecritures, son habileté en poésie, en histoire et en mathématiques. On a de lui cinq discours, quatre hymnes, des conférences en trois livres, la vie de saint Gérard, comte d'Aurillac, celle de saint Grégoire de Tours, une relation sur le retour du bienheureux Martin de Burgondie, un dialogue et différents traités sur la musique, des indications sur la manière de construire les orgues, et un l'abrégé, en 35 livres, des Morales sur Job par saint Grégoire pape.

Sa sainteté, tout austère qu'elle était, attirait en foule auprès de lui les jeunes gens des plus nobles familles, désireux de le suivre dans son renoncement au monde ; les monastères tombés dans le relâchement voulurent se relever en le prenant pour guide. Sous saint Mayeul, son deuxième successeur, et sous saint Odilon, ce fut un véritable entraînement. De son vivant il avait introduit la réforme de Cluny à Fleury-sur-Loire, à Saint-Sauveur de Sarlat, à Saint-Austremoine de Clermont, à Saint-Pierre-le-Vif de Sens, et il avait groupé autour de lui des disciples qui lui succédèrent ou fondèrent des colonies à travers le monde. Saint Mayeul, son deuxième successeur ; saint Odilon, qui écrivit sa vie, étaient ses émules en sainteté. Après eux on vit briller saint Hugues de Semur nommé en 1049, et Pierre le Vénérable. Saint Mayeul avait mitigé l'austérité du maître ; voyant les rapides accroissements de l'ordre et comprenant qu'il ne devait point dépasser une mesure ordinaire de pénitences pour être accessible à tous, il allégea les prescriptions sévères, de peur que les dispenses ou les infractions à la règle n'en rompissent le nerf et ne la rendissent insensiblement lettre morte.

Avec saint Mayeul la réforme gagna les abbayes de Lérins, de Marmoutier, de Saint-Germain d'Auxerre, de Saint-Maur-des-Fossés ; ses relations avec Othon Ier; Othon II et surtout avec l'impératrice sainte Adelaïde, lui ouvrirent un vaste champ au delà du Rhin, et lui amenèrent beaucoup de membres de ces nobles familles allemandes, italiennes et burgondes qui devaient fonder, à son exemple, de nouvelles abbayes et propager au loin sa réforme. Cette double fécondité se continua sous saint Odilon et saint Hugues de Semur.

Le développement de l'ordre du Cluny tenait déjà du prodige au commencement du XIIe siècle. Aux premières abbayes étaient venues se joindre Souvigny, Gasay, Marcigny, La Charité, Saint-Flour, Charlieu, Nantua, Moissac, Saint-Martin-des-Champs, Saint-Eutrope de Saintes et plus de 50 autres monastères, avec des prieurés qui en dépendaient et cela pour la France seulement. En Italie, le Mont-Cassin vieilli avait fait place à la florissante Cava ; l'ordre y comptait en outre 22 monastères. Il y en avait 38 en Angleterre et en Ecosse ; 25 en Espagne ; 6 en Allemagne et en Suisse. Le nombre des maisons religieuses dépendant de Cluny s'élevait à 825, d'après le catalogue de la bibliothèque de Cluny (p. 1751), dressé au XVe siècle et publié par M. Pignot (1).

Peu avant Pierre le Vénérable, alors que la prospérité et la richesse de l'ordre étaient à leur comble, que les papes et les rois visitaient Cluny, honorant les abbés et recherchant leur amitié (car ceux-ci marchaient de pair avec les princes), la piété y était encore si vive et la régularité si parfaite, que beaucoup d'évêques et d'abbés, déposant leur dignité, y venaient prendre l'habit religieux, et y passaient le reste de leur vie dans la pénitence et dans l'oubli de ce qu'ils avaient été. Les seigneurs, les chevaliers s'y consacraient à Dieu et devenaient les émules des plus fervents religieux. Une épitaphe rappelait que Guy de Mâcon s'y rendit avec sa femme, ses filles et trente chevaliers, lesquels embrassèrent tous la règle de saint Odon. Ce fut même un sujet d'alarme pour le pape saint Grégoire VII, que cette affluence à Cluny. Des plaintes lui étaient parvenues après la profession de Hugues Ier, duc de Bourgogne, vivement regretté de ses sujets. Il blâma l'abbé, qui était alors saint Hugues ; mais on sent, dans sa lettre rapportée par Rohrbacher, qu'il regrette moins la précipitation avec laquelle tout s'était fait que la disette de bons princes au sein des états chrétiens.

Quoique l'on se fût hâté de le recevoir, le duc de Bourgogne fut un modèle de soumission et d'humilité : il passa quinze ans à Cluny, reçut la prêtrise et devint aveugle. Son épitaphe l'appelle un homme de célèbre mémoire et grand contempteur du siècle.

Ainsi, à la fin du XIe siècle, l'on entrait à Cluny par les vues les plus élevées et l'on y persévérait dans la pratique des conseils évangéliques. Une des premières éclipses que l'on remarque dans la gloire de l'illustre abbaye, c'est l'époque du gouvernement de Pons, qui pendant treize ans favorisa le relâ-

---

(1) Hug. Antissiodorensis *Chronicon*. ad an 900.
(2) Ex Chronico Turonensi, ad an. 909.

(1) O. c., t. II, p. 567. Il est possible que ce catalogue soit du XIIIe siècle, car la chronique de Cluny évalue au XVe siècle les abbayes, prieurés, doyennés, prévôtés, à plus de 2,000 ; les monastères, églises, chapitres affiliés, à 314.

chement des mœurs, négligea même l'administration des biens temporels, et fut obligé de se rendre à Rome, pour abdiquer sa dignité, en 1122. Pierre le Vénérable fut élu à l'âge d'environ trente ans et parvint à rétablir la discipline en moins de trois ans.

Cette vie des riches abbayes où affluaient les cortèges de nobles visiteurs, au milieu de la pompe déployée par les abbés, avait beau être régulière et présenter d'admirables exemples d'abnégation dans ces fils de familles princières, qui s'étaient donnés à Dieu, plusieurs étaient avides d'une plus entière pauvreté, d'une solitude plus complète et d'un oubli plus absolu des choses du monde.

En venant au commencement du XIIe siècle, vêtu d'habits grossiers, monté sur un âne, demander à Pascal II de vivre plus austèrement qu'on ne vivait dans son monastère de Poitiers, Bernard de Tivon allait donner naissance à un institut célèbre par sa pénitence, par son travail et sa continuelle oraison. Saint Bernard n'était pas loin, qui allait communiquer une vie puissante à ce rejeton destiné à une grande célébrité sous le nom de Cîteaux. Il fut en rapport avec Pierre le Vénérable qui tentait de l'amener à la réforme de Cluny, mais qui, comprenant les difficultés d'y réussir, employait des ménagements, lui laissait la liberté de conserver son costume et différents usages, tout en prenant un ton de supériorité inspiré par la haute situation de son abbaye. Saint Bernard évitait la polémique et suivait sa route à Clairvaux, tandis que Pierre le Vénérable, éclairé par sa propre prudence, retournait à des usages anciens plus conformes à la perfection de son institut.

II

L'étude avait à Cluny un rang honorable, mais non point prédominant. Les lettres et les sciences y étaient enseignées ; des esprits distingués s'y formèrent ; les principaux abbés, élevés au rang des saints, y composèrent des ouvrages transmis à la postérité ; mais si l'abbaye donnait le ton aux monastères, elle n'aspirait point à être une sorte d'université qui imprimât la direction à un puissant enseignement littéraire et scientifique. Tout lettré qu'était saint Odon, il avait cherché à concentrer l'attention de ses frères vers la grande fin de la vie religieuse, vers les vertus et la régularité. C'était un des plus simples de ses moines qu'il désigna pour lui succéder, le frère Aymar, qui n'avait ni talent, ni savoir, et de qui l'on ne pouvait guère apprendre qu'à observer la règle. Aymar étant devenu aveugle, désigna pour tenir sa place en 948, six ans après son élection, le bibliothécaire saint Mayeul. C'était revenir à la science. Saint Mayeul continua à cultiver les lettres et les arts ; il sut en inspirer le goût et ce fut une tradition après lui d'élever au gouvernement de l'abbaye ceux que l'on voyait y exceller. Saint Odilon, son deuxième successeur composa quatre hymnes à sa louange, écrivit sa vie et celle de sainte Adélaïde, et laissa une juste réputation d'éloquence, comme on en peut juger par ses quinze discours, par ses hymnes et sa correspondance. On reconnaissait aussi une habileté d'orateur et d'écrivain à saint Hugues de Semur, qui fut abbé en 1049; on a gardé de lui des lettres et des exhortations. Un demi-siècle plus tard, Pierre le Vénérable les surpassa tous par l'étendue de ses connaissances théologiques, lui qui avait presque marché de pair avec saint Bernard dans l'estime des papes Innocent II et Eugène III, qui le consultaient. Celui-ci l'admettait même à délibérer dans le collège des cardinaux. Ses nombreuses lettres adressées à Suger, au comte Thibaut de Champagne, au comte Amédée de Savoie, à Henri de Blois, frère du roi d'Angleterre, aux rois de France, d'Espagne, de Sicile, de Jérusalem, attestent l'étendue de son savoir et la juste renommée dont il jouissait. Il en reste 172, dont deux furent écrites à Héloïse après la mort d'Abeilard, et sont pleines d'une respectueuse délicatesse. Si ses poésies et ses sermons n'accusent pas un talent puissant, ils annoncent de la facilité et, avec une grande connaissance de l'Ecriture sainte, la lecture des écrivains du siècle d'Auguste.

Il y avait à Cluny des lettrés pour raconter la vie des saints, dont le souvenir était précieux à tous, pour rédiger les chartes, les donations et surveiller la transcription des nombreux manuscrits qu'on y possédait. La chronique de Cluny était rédigée au fur et à mesure des événements, avec une brièveté correcte qui n'excluait pas certains détails principaux (1). Il y avait toujours quelqu'un pour tenir honorablement la plume. Mais dans ces divers écrits les susceptibilités de la rhétorique n'étaient pas poussées très loin, quoique l'école fût dirigée par des maîtres instruits. On avait laissé les anciens raconter en termes naïfs et vulgaires les belles actions des vénérables Pères de l'ordre ; Jean de Salerme était descendu à toute l'intimité de l'idiome populaire pour redire celle de saint Odon ; Syrus n'avait pas été moins ingénu dans ses récits sur saint Mayeul. La piété s'en nourrissait et n'appelait point une plume plus élégante. Lorsqu'elle se présenta on ne la dédaigna pas. Hugues de Beauvoisis ayant rappelé dans une lettre la canonisation de saint Hugues par Callixte II, on apprécia son style vif et coloré et on l'engagea à retracer plus au long la biographie de saint Hugues. De son côté, Nalgod refit une rédaction plus polie et mieux ordonnée de celle de saint Odon et de saint Mayeul ; mais il en fit disparaître l'accent de candeur et de simplicité. Yves de Saint-Quentin, nommé prieur par saint Hugues de Semur, qui appréciait son érudition et son éloquence, redonna une teinte d'élégance à la vie primitive de saint Pardulphe, composa une hymne en son honneur et une autre en l'honneur de saint Martial.

Si l'on ne donnait pas une impulsion prédominante aux études, elles n'en étaient pas moins très considérées ; elles conduisaient aux premières dignités et maintenaient l'ordre à la hauteur de sa réputation. Des esprits cultivés s'y rendaient et y trouvaient à satisfaire leurs goûts littéraires. En 1052, Gérald, chef de l'église cathédrale de Ratisbonne, et Udalric, fils d'un grand officier de la cour de l'empereur Henri III, y vinrent prendre l'habit au retour d'un pèlerinage en Terre sainte. Udalric, très

---

(1) Voir cette chronique manuscrite à la Bibliothèque nationale de Paris. *Manuscrits latins*, n° 17716, fol. 96 v°; XIVe siècle.

austère, très adonné au jeûne, à l'oraison, composa un recueil des coutumes de Cluny, qui fait pénétrer en détail dans l'intérieur de l'abbaye sous l'administration de saint Hugues ; s'il ne s'est pas soucié des ornements du style, il a fait revivre, dans un tableau étendu, le mouvement de cette immense abbaye. Les moines Etzelon et Gilon avaient écrit de pieux souvenirs de l'abbé saint Hugues, Raoul Glaber s'y éleva plus haut par les Histoires de son temps, en cinq livres, de l'an 1000 à 1044 ; il avait aussi composé la vie de saint Guillaume de Dijon. Des talents se développèrent à Cluny et l'on en vit sortir des hommes qui jetèrent de l'éclat sur leur siècle et influèrent sur la marche des événements.

Lorsque Léon IX y séjourna en 1048, n'étant pas encore souverain pontife, il fut frappé des entretiens du prieur Hildebrand, et étant monté peu après sur la chaire de Saint-Pierre, il voulut l'avoir auprès de lui, le créa cardinal, et ce fut plus tard le pape saint Grégoire VII. Un autre prieur, élevé à la même dignité, fut Urbain II, le promoteur des Croisades. L'un et l'autre avaient puisé dans leur abbaye de profondes connaissances théologiques, des vues sages et élevées pour le gouvernement de l'Église, et des vertus incomparables qui les firent vénérer des peuples. Gérald de Ratisbonne, qui était entré à Cluny vers 1052, et avait été grand prieur, fut également créé cardinal et évêque d'Ostie en 1073, après la mort de saint Pierre Damien. Un honneur qui montre en quelle estime les souverains pontifes tenaient la science et la vertu des abbés de Cluny, leur fut accordé en 1119. Le pape Gélase, fuyant la persécution de l'empereur Henri IV d'Allemagne, se réfugia dans l'abbaye de Cluny et y mourut. Les cardinaux de sa suite élurent dans l'abbaye même, sous le nom de Callixte II, Guy, archevêque de Vienne. Ce nouveau pontife ordonna que l'abbé aurait toujours le titre de cardinal. D'après ce que l'on avait vu depuis deux siècles, être à la tête de Cluny, c'était mériter d'être un des grands dignitaires de l'Eglise.

On ne remarque pas, il est vrai, qu'il y ait eu entre les religieux une émulation extraordinaire à l'étude, ni de la part des abbés l'intention de favoriser activement la renaissance littéraire dont Gerbert avait surtout donné le signal dans son école de Reims. Ils contribuèrent au mouvement, ne restèrent pas en arrière, mais l'activité de ce florissant institut se porta plutôt vers sa propre diffusion et vers la réforme des maisons de sa dépendance que vers les travaux intellectuels et le progrès des sciences. On y voyait une riche bibliothèque, offrant tout ce que pouvaient réclamer la piété, l'érudition et le goût de l'antiquité. Le catalogue dressé apparemment sous l'administration de Hugues III, de 1158 à 1161, comprenait 570 volumes, sans compter ceux qui figurent dans une note de livres prêtés ou donnés. M. Léopold Delisle l'a publié dans le *Cabinet des Manuscrits de la Bibliothèque nationale, tome II* (1). Le bibliothécaire les avait distribués en plusieurs catégories, dont un vers indiquait assez incomplètement le contenu (2). Il y avait un volume de la bibliothèque primitive de saint Odon, un autre de celle de saint Mayeul ; puis venaient les livres de l'Ancien et du Nouveau Testament ; les histoires anciennes de Philon, de Josèphe, d'Egésippe ; les homélies, les commentaires, les traités des Pères de l'Église ; les vies des saints et des martyrs, les décrets des conciles ; les livres d'Alcuin, d'Hildemard, de Smaragd, de Lanfranc, les lettres de saint Odon ; mais les écrits de saint Hugues n'y étaient pas encore. L'antiquité profane y était présentée dans toutes ses branches : l'histoire, par Tite-Live, dont, sans doute, beaucoup de livres étaient déjà perdus, car on ne signale que la première et la troisième décade ; l'éloquence par Cicéron ; la poésie par Virgile, Ovide, Stace, Térence, Claudien, etc., même par Juvénal et par un Horace complet (*Horatius totus*). Les poètes chrétiens Prudence, Juvencus et Sédulius, y étaient confondus avec les profanes, dont aucun, pour ainsi dire, n'était oublié. Les grammaires de Donat, de Bède et d'Alcuin ; les traités d'arithmétique, de musique de Boèce ; les règles du calcul exposées dans l'Abacus de Gerbert ; la médecine de Galien, d'Hippocrate figurent dans les dernières pages.

Presque toutes les œuvres de la littérature et de la science latine y étaient réunies ; pour le grec, on y mentionne seulement les fables d'Ésope, mais on ne dit pas qu'elles fussent dans la langue originale. C'était bien l'un des plus précieux trésors littéraires de l'époque ; il offrit un aliment à beaucoup de nobles intelligences destinées à conduire les maisons clunisiennes ; mais l'école qui se tenait auprès, ne fit pas sensation autant que le comportait la gloire de l'abbaye.

Elle fut, à la vérité, suivie par une nombreuse jeunesse ; elle était divisée en deux parties : l'une pour les enfants, les novices et les jeunes religieux ; l'autre pour les fils des nobles familles. Celle-ci se tenait dans des salles séparées de la clôture et les élèves en étaient logés dans le bourg de Cluny aux frais du monastère. Il en était déjà ainsi du temps de Pierre le Vénérable (1). Aucune rétribution n'était exigée ; les riches seulement avaient coutume d'offrir un don volontaire ; ces écoles extérieures existaient dans les principaux prieurés de l'ordre ; à Sauxillange, à La Charité, à Saint-Martins-des-Champs, ainsi que dans les maisons réformées par saint Guillaume de Dijon.

Les copistes ou écrivains étaient dispensés du travail des mains. Pierre le Vénérable donne la préférence au travail de la plume (2). Sous saint Hugues, le frère Duranne se livra avec un zèle si actif à la reproduction des livres d'Église, que cet abbé institua son anniversaire en rite double.

L'activité, la bonne organisation régnaient dans ces écoles ; mais on n'en voit rien sortir de particulièrement remarquable.

Il en fut autrement pour l'art, notamment pour l'architecture ; Cluny donna naissance à un genre mêlé de roman et de gothique, que l'on a appelé clunisien. Du onzième au quatorzième siècle cette architecture se développa, se transforma dans de nombreuses églises, bâties généralement sur le mo-

---

(1) Paris, 1874, in-4º, p. 458.
(2) En tête de tous les volumes étaient ces deux vers :
Inditur his tabulis et queis nitet aula libellis
Prisce necne nove legis honorifice.
M. Léopold Delisle pense que le catalogue fut dressé sous Hugues III, parce qu'on voyait son portrait à la fin.

---

(1) Pierre le Vénérable donne ces détails dans ses œuvres, Migne, *Patrologie latine*, t. 189, p. 1051.
(2) Ibid., *Epist.*, lib. I, epist. XX.

dèle de quelques parties de l'immense basilique de Cluny. Celle-ci, commencée en 1109, par saint Hugues alors âgé de soixante-cinq ans, ne fut consacrée qu'en 1131 sous Pierre le Vénérable, par le pape Innocent II. Elle était la plus vaste du monde chrétien ; et, à l'exception de Saint-Pierre de Rome, aucune ne l'a surpassée (1).

III

La beauté et la richesse des églises indiquaient bien où résidaient la vie et l'influence de Cluny : c'était dans le monde monastique et religieux, où elle avait apporté sa puissante réforme. Son action se fit profondément sentir sur l'Église ; par les pontifes, par les évêques innombrables qu'elle avait formés, et sur la société civile par son autorité et ses rapports avec toutes les classes. En Italie, elle encouragea les résistances du Saint-Siège à la politique oppressive des empereurs; en Angleterre, elle fortifia saint Anselme dans sa lutte contre la simonie ; en France, elle travailla à apaiser les guerres de seigneur à seigneur par l'établissement de la trêve de Dieu, et elle seconda énergiquement la lutte contre les Sarrasins par les croisades ; en Espagne, elle introduisit les usages français, substitua l'écriture latine à l'écriture gothique et encouragea les chrétiens à secouer le joug des Maures. Devenue très riche par les donations des rois et des princes et par ces multitudes de maisons bien dotées, qui se donnaient à elle pour suivre sa règle, elle entraîna dans sa fortune des foules immenses de seigneurs, de chevaliers, qui tenaient d'elle des fiefs, des revenus, des droits de haute et moyenne justice, avaient voulu être les gardiens de ses églises et de ses monastères, avaient des dignités dans les bourgs et les châteaux de sa juridiction : c'étaient les vassaux qui venaient lui jurer foi et hommage, et, dans les temps de troubles ou aux approches des guerres, l'abbé n'avait qu'à faire un signe pour mettre sur pied de véritables armées prêtes à le défendre ou à défendre ses alliés. On a

(1) Elle mesurait 410 pieds de long et 120 de large ; elle formait une sorte de croix archiépiscopale, composée de deux transepts, dont aucune autre église en France ne présente d'exemple. Elle se partageait en cinq nefs ; la voûte centrale offrait partout le plein cintre. Dans les transepts, les colonnes s'élançaient d'un seul jet jusqu'à la grande voûte et supportaient une voûte d'arête ; les deux sous-nefs et les deux bas-côtés étaient voûtés à plein cintre. L'édifice entier reposait sur 60 énormes piliers ; les colonnes étaient ornées de chapiteaux romans, qui représentaient des fleurs, des feuillages, des animaux. Les arcs des travées qui ouvraient sur les collatéraux, se faisaient remarquer par leur forme aiguë. Cet emploi partiel du cintre brisé se rencontre fréquemment à cette époque ; les architectes de Cluny l'employèrent dans les églises de La Charité, de Vezelay, Paray, Autun, et ailleurs. Les deux sous-nefs, par un usage qui commençait à devenir fréquent, se prolongeaient autour du chœur, de manière à permettre d'en faire le tour : c'était le *deambulatorium*. Le manuscrit du moine Jean de Farfa prouve l'existence des vitraux dans les églises clunisiennes vers le commencement du xie siècle. Les religieux architectes empruntèrent à Saint-Vital de Ravenne, aux églises circulaires de Rome, la coupole inscrite au centre d'un carré. Une foule d'églises de petits prieurés portent ce caractère, notamment celles de La Charité, de Saint-Etienne de Nevers, de l'abbaye de Tournus, de Saint-Lazare d'Autun. A la fin du xie siècle et au xiie les constructions prenaient une élévation qui transformait le caractère du plein cintre. L'ogive était adaptée aux grandes voûtes en berceau, à La Charité-sur-Loire, à Paray. A l'intérieur de celle de La Charité, au-dessous de l'arc tiers point des travées, se développaient tour à tour des arcatures à cinq lobes et des galeries cintrées. Beaucoup de monuments clunisiens, romans par le plan, présentent dans les arcs des travées et dans les voûtes collatérales le style gothique primitif. Voir les descriptions dans Lorrain : *Essai historique sur l'abbaye de Cluny*, in-8º, 1839, p. 77 et suiv. ; — Viollet-le-Duc, *Dictionnaire d'architecture*, t. XIII, p. 208, et t. 1, p. 259.

les titres de vingt-sept donations importantes faites à Cluny sous le gouvernement de saint Hugues, de six sous le gouvernement de Pons, et aussi de certaines donations de terres ou de châteaux faites par les abbés. Le prévôt Vivien et saint Odilon concédèrent à Pierre Chevalier le château de Condorcet(1).

Les habitants des campagnes avaient conscience de cette force de Cluny, de la sécurité qu'elle pouvait leur offrir pour les protéger ; et l'on en voit à l'origine qui se constituaient volontairement ses serfs. Dans un acte de 944, un homme dit : « Je livre ma personne et ma tête à l'église de « Cluny. L'abbé et les moines auront le pouvoir « de me retenir entre leurs mains, de m'échanger « et de me vendre. » En 1100, deux hommes, Pierre et Hildebert, se donnent à l'abbaye et s'engagent à résider comme serfs dans le lieu que l'abbé désignerait. La confiance qu'elle inspirait avait attiré aux alentours beaucoup de laboureurs qui demandaient à cultiver des terres, en recevaient moyennant les dîmes et les revenus d'usage à cette époque ; c'étaient autant de familles sur lesquelles la féodalité conférait des droits fort étendus. Il en fut de même en beaucoup d'endroits où les maisons d'abord fondées dans la solitude devenaient le centre d'agglomérations considérables. Les chartes d'affranchissement concédées par les abbés et les prieurs, témoignèrent d'un large esprit de dévouement à la prospérité temporelle des populations. Qu'on se figure ce qu'il y avait de fortune, de puissance civile et militaire sous la crosse de l'abbé, quand on sait que Pierre le Vénérable présida un chapitre de 200 prieurs et de 1,200 religieux ; ces deux cents prieurs n'étaient pas les seuls chefs des maisons de l'ordre. Il n'était pourtant que le ixe abbé et mourut en 1156.

Au moment où le système féodal prévalait partout, l'ordre de Cluny présenta dans sa parfaite régularité, dans les liens qui rattachaient entre elles toutes ses maisons et les subordonnaient toutes à l'abbaye mère, une image de la hiérarchie et de la soumission, qui devait régner dans le monde seigneurial. L'abbé de Cluny marchait de pair avec les princes ; au-dessous de lui étaient les abbés de sa filiation, tous fort puissants et fort considérés ; puis venaient les prieurs, les doyens, qui avaient encore sous leur direction les cellules ou les églises desservies par quelques-uns de leurs moines. Autour de ces maisons se groupaient des nobles, des chevaliers, des hommes d'armes qui s'en reconnaissaient les vassaux, mettaient leur épée à la disposition des prieurs et des abbés pour les biens ou les concessions qu'ils en avaient reçus.

La prospérité temporelle continua de s'accroître longtemps encore ; Cluny avait au xiiie siècle la puissance d'un véritable royaume. Après la célébration du Ier concile général de Lyon, le pape Innocent IV y logea avec toute sa maison, en 1245 ; il était accompagné des deux patriarches d'Antioche et de Constantinople, de 12 cardinaux, de 3 archevêques, de 15 évêques et de plusieurs abbés. En même temps, et sans que les religieux fussent à l'étroit, saint Louis y demeurait avec sa mère, son

(1) Voir D. Martène, *Thesaurus Anecdotum*, t. IV, p. 74, et beaucoup d'autres titres.

frère et sa sœur ; Baudouin, empereur de Constantinople, les fils des rois d'Aragon et de Castille, le duc de Bourgogne, six comtes et un grand nombre d'autres seigneurs y étaient également installés.

Les contre-coups du grand schisme s'y firent fortement sentir : l'antipape Pierre de Léon y avait été religieux et y avait laissé des sympathies, quoique Pierre le Vénérable se fût déclaré pour Innocent II. Des ferments de discorde y travaillèrent les esprits, aggravés par le relâchement de la discipline monastique ; les grandes vertus devinrent plus rares, et si des hommes de savoir et de mérite continuaient à s'y rencontrer, de larges brèches furent faites à l'ancienne régularité et les mœurs du siècle y pénétrèrent avec les abbés commendataires. D'ailleurs la sève la plus généreuse des vocations religieuses passait presque toute du côté des ordres nouveaux de Saint-Dominique et de Saint-François, nés vers le commencement du XIIIe siècle, et illustrés par d'éminents docteurs tels que saint Thomas d'Aquin et saint Bonaventure.

Les changements survenus dans la société civile, les guerres, les hérésies, le luxe et les mœurs légères des cœurs, faisaient de plus en plus oublier les saints de la période primitive.

Un abbé commendataire en prit possession en 1528. La chronique du monastère qui avait enregistré les actes de vertus des saints et des pontifes des temps de ferveur, consigne sans commentaire ces quelques paroles : « En 1528, Jean, cardinal de Lorraine fut le premier abbé séculier, après les quarante-quatre qui étaient moines et pleins de piété (1). »

TRÊVE DE DIEU (p. 302).

Ce point d'histoire a été traité *ex professo* par M. Ernest Sémichon dans son ouvrage *La Paix et la Trêve de Dieu*, dont il a publié, en 1869, une seconde édition, augmentée de détails nouveaux et de pièces justificatives. Certains historiens avaient étudié si légèrement cette question, qu'ils avaient confondu la *paix* avec la *trêve* de Dieu (*Treuga Dei*). M. Sémichon rétablit nettement, d'après les textes, la distinction entre ces deux institutions ; il nous montre les origines de la paix de Dieu en 988 et celle de la trêve de Dieu en 1027 ; il étudie ces deux institutions, nées toutes deux en France, dans leurs phases diverses au XIe siècle d'abord, puis au XIIe et au XIIIe ; il suit leur développement dans la plupart des contrées d'Europe, les examine au point de vue judiciaire et au point de vue politique, et s'arrête au mouvement communal, qui est intimement lié au mouvement de la paix de Dieu. La révolution communale vient de l'Église, qui commença les émancipations des communes en formant les associations de la paix ; Louis le Gros eut le mérite de les développer, d'en affermir les conséquences. en se mettant à la tête des associations, des unions communes de la paix : c'est en ce sens qu'on peut l'appeler le créateur des communes. Après son exposé historique qui conduit la trêve de Dieu jusqu'au moment où l'action du pouvoir royal passant au premier plan, elle devient la *quarantaine-le-Roi*, l'auteur étudie les grandes institutions et les grands faits du moyen âge, pour montrer le lien qui les attache aux associations de la paix et de la trêve de Dieu ; il passe brièvement en revue les communes, les bourgeoisies, les associations, les coutumes, les chevaliers, les arts et les croisades. Chacun des deux volumes se termine par un certain nombre de pièces justificatives, qui sont traduites en français (1).

LES CROISADES (p. 303).

L'histoire des Croisades est encore à faire. Des sources nouvelles de documents ont été ouvertes depuis Michaud (2). La plus importante est le *Recueil des historiens des Croisades publié par les soins de l'Académie des inscriptions et belles-lettres* (3). Des travaux partiels ont apporté de nouvelles lumières sur les événements.

Comme l'a dit avec beaucoup de raison M. le comte Riant, l'auteur de savantes recherches sur la quatrième Croisade (4), toute histoire sérieuse exige nécessairement l'emploi de matériaux que doit lui fournir un triple travail préliminaire, comprenant : 1° la réunion des témoignages relatifs à cette histoire ; 2° la critique et le classement de ces témoignages ; 3° l'établissement du cadre chronologique, dans les limites duquel ils doivent être exposés et discutés. En sorte que l'une quelconque de ces études successives ne saurait pas plus se passer de la précédente, qu'il n'est permis à l'histoire elle-même de devancer l'ensemble de ces trois élaborations préalables.

Or, s'il est une période historique dont l'examen réclame, plus que celle de toute autre, l'usage de cette méthode rigoureuse, c'est bien celle des croisades. Placée, en effet, à égale distance des temps obscurs qui succédèrent à l'invasion des barbares — période où l'indigence des matériaux condamne le plus souvent l'historien à ne procéder que par induction, — et les années voisines de nous, où il se trouve comme noyé sous le flot toujours grossissant des pièces originales, les croisades passent alternativement, et comme au hasard des faits, de la stérilité des âges antérieurs, à la richesse exubérante des temps modernes, et nécessitent l'emploi intermittent des procédés spéciaux à l'histoire, soit des premiers, soit des seconds. Elles offrent de plus cette difficulté, qu'appartenant, à la fois, mais indirectement, aux annales respectives de tous les pays divers qui y ont pris part, elles ne présentent presque jamais à l'historien qui veut

---

(1) *Chronicon Cluniacense*. Bibliothèque nationale, manuscrits latins, n° 17716, fol. 96. XIVe siècle. La note de 1528 est d'une autre écriture.

(1) Consulter en outre sur cette question : Kuester, *De treuga et pace Dei*: Munster, 1852 ; Kluckohn, *Geschichte des Gottesfrieden*, Leipzig, 1857 ; Héfélé, *Histoire des Conciles*, t. VI (Conciles tenus pour la trêve de Dieu) : Fehr, *Der Gottesfrieden u., d. Kath. Kirche. d. Mittelalt.* Augsbourg, 1861. p. 128.
(2) Michaud. *Bibliothèque des Croisades*, Paris, 1829, 2e édit. ; id., *Histoire des Croisades*, Paris, 1825-9.
(3) Paris, 1841-1878. Cf. Beugnot, *Recueil des historiens des Croisades. Lois. Assises de Jérusalem*, etc. Paris, 1841-3, 2 vol. in-f°.
(4) Dans ses *Exuviæ sacræ Constantinopolitanæ*; Genève, 1877, t. I, préface.

en entreprendre l'étude l'aide qu'il trouverait, pour l'examen des faits purement nationaux, dans les travaux antérieurs des érudits de chacun de ces pays et forcent, au contraire, à passer constamment, dans la compilation des matériaux originaux qui lui sont nécessaires, d'un peuple à un autre.

La recherche et la publication des documents écrits ont été reprises de nos jours au point où elles en étaient restées avant Michaud qui n'a fait que les mettre en œuvre (1). MM. de Sybel (3), Wilken (3), de Peyré (4), Karl Hopf (5), Peterman (6), ont consciencieusement suivi la marche ouverte par ces savants. Au commentaire magistral de M. de Wailly (7), il faut ajouter la bibliographie des documents imprimés de M. Streit (8) et l'étude comparative de ces documents par M. Klinke (9). N'oublions pas la savante étude de M. Hagenmeyer sur le *Hierosolymita* d'Ekkehard, abbé de Aura, ouvrage excellent qui met en peu de temps le lecteur au courant des questions si compliquées que présente la première des guerres saintes. L'examen de ces questions a été récemment repris par M. l'abbé Le Cointe, dans son *Etude sur la première croisade, coup d'œil sur l'ordre des hospitaliers de Saint-Jean de Jérusalem* (10).

L'auteur venge les croisades des attaques de Voltaire et de son école, et du ridicule qu'il a cherché à déverser sur elles. Il s'est renfermé dans la première croisade, pour se borner, et aussi parce qu'elle lui a paru le type des autres. Dans deux chapitres, il examine si la croisade fut sagement entreprise, si elle fut sagement conduite. Il montre les difficultés qui venaient du régime féodal, de l'indépendance des seigneurs, des préjugés nationaux, des dangers d'un voyage lointain, avec des forces considérables ; il fait ressortir la vitalité du christianisme, son influence sur les peuples à cette époque, et il démontre surabondamment que cette entreprise ne fut ni une improvisation, ni l'effet d'un caprice, mais la continuation de la lutte engagée dès le commencement entre le christianisme et le mahométisme. Quant à la manière dont elle fut conduite, il trouve place pour beaucoup d'éloges à côté de beaucoup de blâmes sur ce défaut d'ordre, la satisfaction donnée à des ambitions personnelles, la licence des mœurs, etc. ; il fait parfaitement ressortir tout ce qu'il y a eu de grand dans cette expédition. Pour mieux mettre en lumière les résultats politiques, sociaux, scientifiques des croisades, il cède la parole à des écrivains pris dans tous les camps, et qu'il cite textuellement : MM. de Sismondi, Guizot, Michelet, Heeren, H. Martin.

----

(1) Voir notamment Bongars, *Gesta Dei per Francos, sive orientalium expeditionum historia*, etc. Hanovre, 1611, in-f° ; Du Cange, Martène, etc.
(2) *Geschichte der ersten kreuzzüges*. Dusseldorf, 1841.
(3) *Geschichte der kreuzzüge nach morgenländ und abendl. Berichten*, Leipzig, 1807-1822, 7 vol.
(4) *Histoire de la première Croisade*, Lyon et Paris, 1859, 2 vol.
(5) *De historia ducatus Alsiniensis*, Bonn, 1852. — *Chroniques greco-romanes*, Berlin, 1873.
(6) *Beiträge zur d. Kreuzzüge aus armen. Quellen*, Berlin, 1860.
(7) *Eclaircissements à Villehardouin*, à la suite de l'édition de ce chroniqueur. Paris 1874.
(8) *Commentatio de auctoribus IV sacræ expeditionis*. Putbus, 1863.
(9) *Die Quellen zur Geschichte des vierten Kreuzzüges*, Breslau, 1875.
(10) Caen, 1860.

DISCOURS D'URBAIN II PRÊCHANT LA PREMIÈRE CROISADE (p. 303, col. 2)

Rohrbacher a mis dans la bouche d'Urbain II, au concile de Clermont, un de ces discours arrangés par la rhétorique moderne, et dont l'imagination fait pour ainsi dire tous les frais. On peut recourir aux contemporains pour savoir comment parla le pontife, ou du moins pour les entendre rappeler eux-mêmes ce qu'ils avaient retenu de ses paroles. L'archevêque de Dôle, Baudri, présent au concile, a reproduit ce discours sur ses propres souvenirs ; il n'en garantit pas la parfaite authenticité, car il ajoute : « C'est en ces termes ou en d'autres de « ce genre que s'exprima le pontife, » indiquant par là que s'il était sûr du sens général, il ne l'était pas absolument de toutes les phrases. Un autre document plus récent, l'*Historia Hierosolymitana*, du moine Robert, donne un texte qui ne diffère pas au fond de celui-ci, bien que les expressions ne soient pas toujours semblables. Voici ce dernier : « Les affaires de l'Église ayant été terminées (dans le synode de Clermont), le pape se rendit, parce qu'aucune église ne pouvait contenir la foule du peuple, sur une large place, et il adressa avec une éloquence entraînante à tous les assistants les paroles suivantes : « Peu-
« ple des Francs, vous qui êtes aimé et élu de Dieu,
« ainsi que le prouvent plusieurs de vos glorieux faits
« d'armes..., c'est à vous que j'adresse mon dis-
« cours et mes exhortations, c'est à vous que je
« veux faire connaître la triste circonstance qui
« m'a conduit dans votre pays. De Jérusalem et de
« Constantinople sont arrivées de mauvaises nou-
« velles, portant que le peuple du royaume des
« Perses, un peuple maudit et tout à fait impie, a
« fait invasion sur les terres des chrétiens, les a
« dévastées par le fer, le vol et le feu, en a mas-
« sacré les habitants ou les a conduits en esclavage,
« a détruit les églises de Dieu ou bien les a appro-
« priées à ses rites. Ils profanent et brisent les
« autels, circoncisent les chrétiens et versent le
« sang de cette circoncision sur les autels ou dans
« les piscines baptismales. Quant à ceux qu'ils
« veulent faire mourir d'une mort honteuse, ils
« leur transpercent le nombril, les attachent à des
« poteaux et les tourmentent jusqu'à ce que leurs
« entrailles se répandent... Que dirai-je maintenant
« de l'épouvantable violation des femmes ? Il n'est
« pas possible d'en parler. Ils ont déjà pris une
« si grande partie de l'empire grec, qu'il faudrait
« plus de deux mois pour traverser leur conquête.
« Qui donc vengera cette injure ? qui donc leur en-
« lèvera ces possessions ? C'est à vous qu'incombe
« ce grand devoir, vous à qui Dieu a accordé par-
« dessus tous les peuples la bravoure, l'activité et
« la force pour humilier l'ennemi. Vous devez, du
« reste, vous sentir excités et poussés par les actions
« de vos ancêtres, par la grandeur de Charlemagne,
« par celle de son fils Louis et d'autres rois qui ont
« porté le ravage dans l'empire des Turcs. Mais ce
« qui doit surtout vous émouvoir, c'est le tombeau
« sacré de Notre-Seigneur, ce sont ces saints lieux

----

(1) « His vel hujuscemodi aliis intimatis. » Dans Bongars, *c. l.*, p 88.

« maintenant profanés et souillés par la présence
« de peuples impurs. O braves guerriers, ô descen-
« dants de pères qui n'ont jamais été vaincus, vous
« ne voudrez pas dégénérer ; vous resterez dignes
« de vos aïeux... Tracez-vous un chemin jusqu'au
« saint sépulcre et arrachez la terre sainte à ce
« peuple abominable. Dieu lui-même a donné ce
« pays aux fils d'Israël ; Jérusalem est le centre de
« la terre, un second paradis. Par sa venue, par sa
« vie, par ses souffrances, par sa mort et sa sépul-
« ture, le Sauveur a sanctifié, glorifié et acquis à
« tout jamais cette ville. Cette ville royale, située
« au milieu du monde, est maintenant sous la do-
« mination étrangère ; elle est l'esclave des impies.
« Elle demande et elle supplie qu'on la délivre, et
« c'est à vous en particulier qu'elle s'adresse pour
« implorer du secours, etc. »

Avant même qu'il eût fini, un grand nombre d'assistants firent connaître leur adhésion en s'écriant : « Dieu le veut ! Dieu le veut ! » — Après avoir levé au ciel des yeux pleins de reconnaissance, le pape fit signe de garder encore le silence, parce qu'il voulait ajouter quelques mots : « Ces paroles,
« Dieu le veut ! Dieu le veut ! doivent être votre
« cri de ralliement dans les batailles. Du reste, je
« ne désire pas que les personnes âgées ou infir-
« mes, ou bien les femmes, prennent part à l'expé-
« dition, sans être accompagnées de leurs maris
« ou de leurs frères, parce que sans cela elles
« seraient plutôt nuisibles qu'utiles. De même, au-
« cun clerc ne doit partir sans la permission de son
« évêque, et les laïques ne doivent pas commencer
« l'expédition sans avoir été bénis dans ce but par
« un prêtre. Quiconque a l'intention de s'offrir à
« Dieu de cette manière doit porter sur sa poi-
« trine le signe de la croix. »

ADHÉMAR DE MONTEIL, ÉVÊQUE DU PUY (p. 304 et 325).

Quelques historiens ont fait, à propos de ce prélat, une observation qui doit être expliquée. A la bataille d'Antioche, Adhémar promenait la sainte lance dans les rangs des croisés qui défirent les infidèles. Cette circonstance a fait dire à un historien contemporain « qu'Adhémar réunit, sans rien qui offense la conscience chrétienne, le caractère du guerrier et celui du prêtre (1). » M. L.-F. Guérin fait remarquer que si l'on s'explique les entreprises auxquelles Adhémar fut mêlé et la part qu'il y prit, on ne saurait cependant admettre qu'il puisse y avoir un rapport entre le caractère du prêtre et celui du guerrier ; l'un et l'autre représentent deux mondes absolument opposés. Le sacerdoce est d'ordre divin ; la guerre est un fruit de la chute, et, par conséquent, le guerrier doit disparaître à mesure que s'étendent davantage les bienfaits de la rédemption.

Adhémar de Monteil, comme ses contemporains saint Anselme et saint Pierre Damien, avait une tendre dévotion pour la Sainte Vierge Marie. Ce fait vient à l'appui de l'opinion de ceux qui, comme Albéric, chanoine et gardien de l'église

(1) Hist. de l'Eglise Gall., 1826, t. X, p. 356.

d'Aix-la-Chapelle (1), regardent Adhémar comme l'auteur de la célèbre antienne *Salve Regina*, dite *Antiphona de Podia*, qui se chante depuis la Trinité jusqu'à l'Avent. Cependant Guillaume Durand attribue cette hymne à Pierre, évêque de Compostelle, qui vivait au XIIe siècle ; d'autres y voient une œuvre composée en 1040 par le moine Hermann Contract (2).

DERNIÈRES LUTTES DE LA PAPAUTÉ CONTRE L'EMPEREUR HENRI IV (p. 356)

Les dernières luttes de la papauté contre l'empereur Henri IV font énergiquement ressortir la puissante autorité du pontife sur la force brutale qui se débattait contre lui, parfois l'opprimait et ne pouvait, cependant, trouver un solide point d'appui dans l'opinion publique, trop attachée à la foi pour briser avec les successeurs de saint Pierre. Il y avait des moments de trouble, de confusion profonde, où les passions exaltées s'emportaient aux excès ; mais la société, même dans sa corruption, était retenue par mille liens à la chaire de Saint-Pierre. Un ancien chroniqueur, Ecchard, a exposé cette situation, telle que la voyaient les esprits éclairés et orthodoxes (3). Héfélé l'a suivi, en mêlant à son récit quelques considérations personnelles. Il est curieux de rapprocher ces aperçus de ceux que les historiens modernes ont présentés.

« Vers cette même époque, dit M. Héfélé, se déroulait le dernier acte de la sombre vie d'Henri IV. Depuis plus d'un an, le mécontentement n'avait fait qu'augmenter contre lui, surtout dans l'Allemagne du Sud. Par sa duplicité, il s'était peu à peu aliéné tous les cœurs, et il avait si rarement joué franc jeu que personne n'avait plus confiance en lui. A ces causes se joignirent l'inertie de ses dernières années, la misère qui dévasta son empire et le soupçon répandu partout qu'il avait fait mourir de mort violente plusieurs membres de la haute noblesse. Les mécontents, pour la plupart de jeunes nobles, commencèrent à se grouper autour du roi Henri V, tout d'abord sous prétexte de faire avec lui des parties de chasse et de se divertir. Aussi, le père permit-il ces réunions, qui, dans sa pensée, devaient attacher plus étroitement la noblesse à la famille impériale. Mais, au mois de décembre 1104, Henri V quitta subitement le camp impérial, se retira à Ratisbonne, et là, ayant réuni ses amis autour de lui, il déclara à son père qu'il ne lui obéirait plus. C'est en vain que le vieil empereur envoya par deux fois des messagers avec les exhortations les plus touchantes : il refusa tout rapport « avec l'excommunié, » et, simulant des sentiments plus religieux que ceux dont il était animé, il se hâta d'entrer en relation avec le pape. Comme il avait juré de ne jamais aspirer à l'empire sans la permission de son père, Henri V

(1) *Chron. Hierosoly.*, Helmstadt, 1584.
(2) J.-B. Pascal, *Orig. et rais. de la liturg. cath.*, Paris, 1844, col. 1126.
(3) Dans Pertz, *Monum.*, t. V, *Script.*, t. III, p. 108 ; Stenzel *Gesch. d. Frank. Kaiser*, t. 1, p. 680.

désirait se faire relever de ce serment par le pape, afin de ménager l'opinion publique ; et Pascal, pour qui Henri IV n'était plus depuis longtemps le souverain légitime, n'hésita pas à lui donner cette dispense. Il lui représenta que Dieu lui pardonnerait s'il voulait être un roi juste et un fidèle défenseur de l'Eglise. En même temps, il lui envoya la bénédiction apostolique par son légat Gebhard, évêque de Constance, et l'absolution de l'excommunication qui pesait sur lui pour avoir gardé des relations avec son père qui était excommunié. C'est ainsi que la révolte du jeune prince devint, pour ainsi dire, légale et les princes et seigneurs de la Norique, de l'Allemagne de la Franconie se joignirent de plus en plus à lui. En outre, du centre et du nord de l'Allemagne arivèrent des invitations, à la suite desquelles, dans le printemps de 1105, il gagna la Thuringe et la Saxe, où il fut reçu de la manière la plus affable. Il célébra les fêtes de Pâques à Duedlimbourg, visita ensuite Hildesheim, et au bout de quelque temps vit tous les seigneurs et toutes les villes de Saxe passer de son côté.

« C'est ainsi que se déclara pour lui le premier prélat de l'Allemagne, Ruthard, archevêque de Mayence, qu'Henri IV avait chassé depuis plusieurs années, et, à la demande du pape, Gebhard de Constance et Ruthard de Mayence réintégrèrent tous les Saxons dans la communion ecclésiastique. On décida de tenir un synode à Nordhausen, en Thuringe, afin de réformer l'Eglise, de remettre en vigueur les prescriptions des Pères, de déposer les évêques intrus et simoniaques, d'obliger ceux qui avaient reçu d'eux les saints ordres à les recevoir de nouveau et d'éloigner du service des autels les prêtres mariés. A ce synode, dit Eccehard, se rendirent un grand nombre d'évêques et de moines, qui tous avaient soif de l'unité ecclésiastique. Le jeune roi prit Dieu à témoin qu'il ne s'emparait pas du pouvoir par ambition, ni afin de chasser de l'empire romain son seigneur et père. Il déplorait bien plutôt la désobéissance et l'obstination d'Henri IV à l'égard de l'Eglise, et était tout prêt à se soumettre à lui, s'il voulait de son côté se soumettre à saint Pierre.

« De Nordhausen, le jeune roi se rendit à Mersebourg..., puis à Mayence... ; mais il faillit tomber entre les mains de son père à Ratisbonne... A son tour, il fut sur le point de prendre celui-ci à Mayence... et enfin il l'attira dans la citadelle de Bocklheim, près de Kreuznach, et l'y retint prisonnier, tandis qu'un grand nombre de princes, les légats du pape, le cardinal-évêque d'Albano et Gebhard, évêque de Constance, prononçaient de nouveau l'excommunication contre lui. » Un hardi coup de main, tenté à Rome pour relever les affaires du vieil empereur, aboutit à la nomination de l'antipape Sylvestre IV et à des troubles bientôt réprimés par le duc Wolf de Carinthe. « Une grande bataille allait se livrer entre Cologne et Aix-la-Chapelle lorsque mourut Henri IV, le 7 août 1106. L'évêque Albert fit déposer son corps dans l'église de Saint-Lambert à Liège ; mais, sur l'ordre des autres évêques, il fut relevé, parce que l'empereur était mort dans l'excommunication, et, après l'avoir enseveli dans un cercueil de pierre, on le plaça dans une chapelle du dôme de Spire, qui n'avait pas été consacrée. Cinq ans après, la sentence d'excommunication ayant été abrogée, l'empereur fut solennellement enterré sous le dôme impérial (1). »

BAUDRI, ARCHEVÊQUE DE DOL (p. 371).

Baudri de Dol, comme personnage historique et comme écrivain, est sans contredit l'un des noms les plus marquants de la fin du XIe siècle et du commencement du XIIe. Dans nos jours de revendication et de réhabilitation du passé, il méritait d'autant mieux de devenir l'objet d'une étude spéciale qu'il a été souvent calomnié et traité à la légère. Cette étude spéciale lui a été consacrée par M. l'abbé Henri Pasquier, dans l'ouvrage qu'il a publié sous le titre : *Un poète latin du XIe siècle, Baudri, abbé de Bourgueil, archevêque de Dol* (1046-1130) (2). Dom Plaine, qui a fait la critique de cette œuvre, la considère, à part quelques erreurs d'appréciation, comme excellente dans son ensemble. « La biographie de Baudri, dit-il, n'avait peut-être jamais été traitée d'une manière aussi sérieuse, au double point de vue de la chronologie et de la forme littéraire. L'auteur entre sur ce dernier point dans des détails circonstanciés qui ne manqueront pas d'être appréciés par des littérateurs de profession. »

MARBODE OU MARBŒUF, ÉVÊQUE DE RENNES (p. 372).

Marbode, évêque de Rennes, puis moine à l'abbaye de Saint-Aubin, était un écrivain très lettré et remarquable par la variété de ses connaissances. Cf. *Liber Marbodi Revonis*, 1524, contenant des hymnes et des poésies ascétiques. *De gemmarum lapidumque pretiosorum formis naturis atque viris opusculum*, Paris, 1531 ; plusieurs *Vies des saints*, insérées dans les *Acta sanctorum* ; quelques *Traités de Rhétorique et de grammaire*. On trouve ces ouvrages dans les *Opera* de Hildebert, évêque de Tours, publiés par le P. Beaugendre. Paris, 1708, in-f°.

SAINT BERNARD DE TYRON (p. 373).

Le monastère de Tyron se développa rapidement : en moins de trois années il compta plus de cinq cents moines, dont Bernard garda trois cents auprès de lui ; il envoya les deux cents autres en divers lieux, pour demeurer douze dans chaque maison (3). La pauvreté et le jeûne étaient de règle rigoureuse parmi ces humbles religieux : du pain et des herbes suffisaient à leur nourriture, leurs

(1) Héfélé, *Hist. des Conciles*, t. VII, p. 88.
(2) Paris, 1878.
(3) Fleury, l. LXVI, n° 35.

vêtements ne les protégeaient guère contre les intempéries des saisons. Ils priaient et n'interrompaient la prière que pour travailler en silence ou exercer les devoirs de l'hospitalité (1).

Saint Bernard tomba malade onze jours après Pâques, c'est-à-dire, le 13 avril 1116. L'esprit de mortification qui l'avait animé pendant toute sa vie, lui fit rejeter les remèdes que les médecins lui conseillaient ; il refusa le bain qu'ils lui prescrivirent, ce en quoi l'auteur de sa *Vie* avoue ne pouvoir l'excuser d'opiniâtreté. Il mourut le 25 avril 1117, après avoir reçu l'extrême-onction et le saint viatique et après avoir donné le baiser de paix à tous ses disciples (2).

La *Vie* de saint Bernard de Tyron a été écrite peu de temps après, à la demande de Geoffroy, évêque de Chartres, par Geoffroy, moine de Tyron.

BERNARD DE TOLÈDE (p. 374).

En Espagne, comme en Sicile, après l'expulsion des musulmans, l'épiscopat se reconstitua dans les rangs du clergé français. Bernard, qui occupa le siège archiépiscopal de Compostelle, était d'Agen : il avait été chantre à Tolède et évêque de Siguença. La ville d'Agen donna encore trois autres prélats à l'Espagne : Pierre, qui devint évêque de Ségovie ; un autre prêtre du même nom fut évêque de Pallencia ; Raymond, qui succéda à Bernard sur le siège de Tolède. Jérôme, d'abord évêque de Valence, puis transféré à Zamora, était du Périgord, qui fournit également son successeur Bernard.

Ces pontifes secondèrent avec zèle leur compatriote Bernard, archevêque de Tolède, qui les avait emmenés de France; ils l'aidèrent dans son œuvre de reconstitution apostolique et le consolèrent dans les adversités de ses derniers jours. Bernard en effet fut chassé de son diocèse par Alphonse d'Aragon et subit deux années d'exil. Depuis lors sa trace se perd dans l'histoire de l'Eglise espagnole : elle nous apprend seulement qu'il mourut en odeur de sainteté et que les salutaires résultats de la grande œuvre qu'il avait entreprise lui firent décerner le titre de *restaurateur de Tolède*.

CONCILE ŒCUMÉNIQUE DE LATRAN DE 1123 (p. 411).

Le passage que Rohrbacher cite de ce concile confirme sans restriction le raisonnement de M. l'abbé J.-S. Darras, à propos de la bulle des investitures. Pascal II, dit cet historien, captif, chargé de fers, cède à la violence, et signe la reconnaissance des investitures. L'homme a succombé à la faiblesse humaine, mais il n'y a rien dans ce fait qui détruise l'infaillibilité dogmatique du pape, enseignant en liberté, *ex cathedra*, une vérité de foi. Pascal II n'était pas libre, et *tout acte extorqué par la violence*, comme le dit Bossuet, *est nul de plein droit*. La reconnaissance des investitures était-elle une hérésie formelle ? Oui, si cette reconnaissance entraînait celle de la collation de la puissance spirituelle par le pouvoir temporel. Non, si cette reconnaissance n'allait qu'à permettre au roi de recevoir, par la crosse et l'anneau, l'hommage que les évêques devaient au suzerain, pour les domaines qu'ils tenaient de lui en qualité de vassaux. C'est évidemment dans ce dernier sens que Pascal II signa la reconnaissance du droit d'investiture, et ce double point de vue de la question explique pourquoi, pendant que les conciles condamnaient les investitures comme une hérésie, Yves de Chartres et d'autres évêques soutenaient la thèse contraire. En sorte que Pascal II, en les reconnaissant, succombait à une faiblesse qu'il déplora plus tard, mais qui ne constituait pas, à proprement parler, une hérésie (1).

Le Concile général de Latran (œcuménique) est le premier des conciles œcuméniques tenus en Occident.

GUILLAUME DE CHAMPEAUX (p. 422).

Guillaume s'acquitta de sa mission auprès de Henri V avec une noble indépendance. Un auteur récent a rendu hommage à cette indépendance de l'évêque de Châlons : « Guillaume de Champeaux, dit-il, résume parfaitement la pensée qu'on doit se faire de ces anciens prélats, indépendants en présence des rois, humbles et soumis devant la tiare. Cet évêque, appelé maître très profond par l'abbé Guillaume de Saint-Tierry, principal docteur du siècle par Abailard, très grand homme par les auteurs de la *Chronique de Maurigniac*, et le vénérable par la voix unanime du peuple, assista à divers conciles où fut chaque fois excommunié l'empereur Henri V. Louis le Gros l'envoya en ambassade à Rome et à Strasbourg ; puis, plus tard, il ne quitta plus Châlons, vivant au milieu de son clergé, instruisant les clercs et le peuple et donnant des règlements d'une haute justice (2). »

Plus récemment encore, M. l'abbé E. Michaud, utilisant les écrits de Guillaume de Champeaux et quarante fragments inédits trouvés par M. Ravaisson à la bibliothèque de Troyes, a donné, en 1867, son ouvrage intitulé : *Guillaume de Champeaux et les écoles de Paris au XIIe siècle*.

Dans un premier livre consacré à l'Ecole de Paris, M. l'abbé Michaud étudie les écoles et les systèmes en France avant Guillaume et signale la sève abondante qui circule dans toutes les branches des connaissances : philosophie, théologie, jurisprudence. En face de Roscelin soutenant le nominalisme dans la fameuse question des Universaux ; en face d'Abailard, fondant le conceptualisme, Guillaume de Champeaux admet le réalisme, non pas ce réalisme outré dont les conséquences furent énon-

---

(1) *Vita Bern.* c. x. n. 87. 90 ; c. II.
(2) *Chron. Matt.* an. 1116.

(1) *Hist. génér. de l'Église*, 1859, p. 173. Cf. Héfélé, *Hist. des Conc.*, t. VII, p. 180.
(2) Édouard de Barthélemy, *Cartulaire de l'évêché et du chapitre Saint-Etienne de Châlons-sur-Marne*. Paris 1853.

cées par Gilbert de la Porrée, Amaury de Bène, etc., mais un réalisme modéré, dont il sut lui-même modifier les explications. Guillaume enseignait que nos concepts universels, loin d'être le résulta purement subjectif de notre raison, reposent sur des réalités objectives incontestables. Un chapitre curieux est celui où M. l'abbé Michaud montre « la convenance de la doctrine du réalisme devant les sciences modernes, » et comment Guillaume de Champeaux, dans l'application du réalisme aux êtres organiques, « a présenté ce que la science, six siècles après lui, devait sinon démontrer, du moins rendre très probable. » Dans un second livre consacré à l'école de Saint-Victor, M. Michaud étudie l'enseignement théologique de Guillaume de Champeaux, fondateur de cette école célèbre. Conciliateur en philosophie, Guillaume est animé du même esprit pour concilier l'école théologique de Lanfranc et de saint Anselme avec l'école théologique dont Abailard poussait trop loin les conséquences. Un troisième livre nous montre Guillaume de Champeaux évêque et comte de Châlons, intervenant pour favoriser ce mouvement communal, et soutenir dans la querelle des investitures la cause de l'Eglise, sans rompre avec celle de l'empire. Partout ce même caractère prudent, modéré, d'autres disent indécis, se révèle. M. l'abbé Michaud termine son ouvrage en montrant, d'après les faits dont il s'est fait l'historien, que le XIIᵉ siècle offre un triple caractère : d'activité et d'enthousiasme, de liberté de pensée, d'enseignement, de gouvernement, de grandeur et d'indépendance de caractère.

CALLIXTE II ET HENRI V (p. 432).

Après la réconciliation du sacerdoce et de l'empire, Callixte II adressa à l'empereur la remarquable bulle du 23 septembre 1122. Dans cet important document, le pape témoigne à Henri V les sentiments les plus affectueux qu'il exprime en ces termes : « Et nos ergo in beati Petri filium paternæ affectionis brachiis te suscipimus et personam tuam et imperium tanto deinceps amplius et benignius diligere ac divina præeunte gratia honorare optamus, quanto devotius præ tuis modernis prædecessoribus Romanæ Ecclesiæ obedisti, quanto specialius carnis es nobis consanguinitate junctus (1). »

CALLIXTE II, PAPE (p. 434).

L'importance du pontificat de Callixte II a récemment été mise dans un jour nouveau par l'ouvrage que M. Ulysse Robert a publié sous ce titre : *Etudes sur les actes du pape Callixte II* (2). Cette œuvre renferme une série de documents précieux et une suite d'indications importantes au point de vue de l'histoire du pontificat de Callixte II qui, comme l'on sait, n'a fait qu'assurer le triomphe définitif de la pensée de Grégoire VII.

(1) *Bull. Roman.*, Rome, t. II, p. 180.
(2) Paris, 1878.

« Callixte II, dit M. U. Robert, est une des plus belles gloires de la France. Il appartient, par sa naissance, à la Franche-Comté et, pendant plus de trente ans, il a administré l'Église de Vienne. Elu sur la chaire de Saint-Pierre, il fit disparaître les abus qui désolaient l'Église ; il rétablit la discipline et réunit le premier concile œcuménique d'Occident ; enfin il eut l'honneur insigne d'achever l'œuvre de Léon IX et de Grégoire VII en terminant la première querelle des investitures. Aux qualités de l'homme politique et de l'administrateur, Callixte joignait les vertus d'un saint, et, bien qu'il n'ait jamais reçu les honneurs d'un culte public, il a le titre de Bienheureux dans le martyrologe des Bénédictins et dans celui de Cîteaux. »

LES ORDRES RELIGIEUX ET LA FAMILLE ROMAINE (p. 439).

Au commencement de son LXVIIIᵉ livre, Rohrbacher montre comment l'esprit de l'Eglise catholique se personnifie en saint Bernard et comment l'esprit de saint Bernard trouve son expansion dans la maison de Clairvaux. M. l'abbé Horoy a poussé plus loin l'examen de l'idée de Rohrbacher, en comparant la constitution des ordres religieux à l'organisation de la famille romaine. La constitution de la famille romaine, dit cet auteur, a donné, suivant Gaius, à tout l'ensemble du droit romain son caractère spécial, et, d'après les historiens, elle a exercé son influence sur toute l'histoire de Rome, sur les mœurs, sur les institutions (1).

L'énergie de la puissance paternelle est la base de la constitution familiale qui, pendant des siècles, est plus forte que la voix du sang et qui ne peut s'affaiblir sans que Rome ellemême s'affaiblisse. La durée de la grandeur romaine est liée à la durée d'une institution fondamentale.

Le chef de la famille romaine, le *pater familias*, est à la tête d'une petite société, qui forme l'un des éléments de la société générale. Il la gouverne despotiquement ; lui seul est propriétaire absolu de tous les biens, et même des individus composant la famille. Les esclaves vivent sous la puissance dominicale, les enfants sous la puissance paternelle, la femme est *in manu*; l'homme, libre dans l'ordre de la cité, peut, dans la famille, se trouver asservi, *in mancipio*. L'affranchi, le client, relèvent du seul *pater familias*. L'esprit d'individualisme résume en une seule personne la famille entière. Un seul est capable d'avoir des droits ; tous ceux qui sont *in potestate*, tous ceux qu'il a sous la main n'agissent, n'acquièrent que par lui.

De telles institutions se transforment, se déplacent, elles ne disparaissent jamais tout entières. C'est dans les ordres religieux que nous retrouvons la famille romaine, et, sous cette nouvelle forme, elle s'est perpétuée jusqu'à nos jours, ayant son histoire interne écrite dans les bulles des souverains

(1) *Quod jus proprium civium Romanorum est; fere enim nulli alii sunt homines qui talem in filios suos habeant potestatem, qualem nos habemus.* Gaius, t. I, § 55.

pontifes, et son histoire externe mêlée à l'histoire générale. Au milieu d'un monde nouveau, mal assis, agité par une perpétuelle inquiétude, les ordres religieux ont apporté l'exemple d'un élément social stable, affermi dès son origine, et que rien n'a pu ébranler. Ils ont devancé les communes dans l'établissement d'une organisation indépendante, assurant à une agrégation d'individus le calme du présent et de l'avenir. Les révolutions, les guerres, les incendies et le pillage leur ont causé plus d'une fois un dommage matériel considérable, mais en les laissant toujours debout après l'orage....

Le *pater familias* romain devient tel, lorsqu'il cesse d'être *in potestate*. Il pourrait n'être âgé que de un an ou de quelques mois. Il devient alors *sui juris*.

Dans un ordre religieux, qui ne peut se perpétuer par la génération, la *potestas* est conférée par le suffrage de ceux qui devront vivre *in potestate*. C'est là un trait qui différencie profondément les deux familles, la famille romaine des Douze-Tables et la famille religieuse. Mais, de part et d'autre, une fois que le chef de famille existe, est reconnu, la descendance n'est plus nécessaire pour constituer les membres. Sans doute la descendance contribue à l'extension de la famille romaine; mais elle n'est pas le seul moyen. L'adoption et l'adrogation suffisent à atteindre le but. Or l'adrogation, si l'on y regarde de près, est en réalité le moyen de recrutement de la famille religieuse. Le religieux cesse d'appartenir à sa famille première, il quitte la famille du sang et de la chair, les liens de parenté sont rompus, il appartient à une famille nouvelle, à laquelle il est attaché par l'agnation spirituelle. Toutefois, l'adrogation religieuse est personnelle, et si l'adrogé a des enfants, ils deviennent *sui juris* en restant dans la famille du sang, sans passer *in potestate* avec leur auteur. C'est ici une seconde différence, que les faits rendent indispensables pour adapter l'institution romaine à des besoins nouveaux. La perpétuité de l'adrogation religieuse est d'ailleurs la perpétuité de l'adrogation romaine; elle n'a rien de nouveau. Et de même que l'adrogé qui était *sui juris* devient *capite minutus*, ainsi l'adrogé religieux est et demeure, pour le reste de sa vie, *in potestate*. Ceux qui ont parlé de cette rupture des liens de famille et de la perpétuité du lien nouveau n'ont plus d'une fois, suffisamment compris ni celle-ci ni celle-là, parce qu'ils ont négligé d'envisager une institution dans son ensemble, de remonter d'une part à son origine, de rechercher d'autre part les analogies chez les nations où, maintenant encore, on peut les rencontrer.

L'adrogation religieuse crée la perpétuité de la *potestas*, de telle sorte que le religieux ne pourra cesser d'appartenir à la famille monacale, s'il n'obtient l'*absolution* du lien. La clause habituelle dans les bulles de confirmation d'une famille religieuse est celle-ci : *Prohibemus insuper, ut nulli fratrum vestrorum, post factam in monasterio vestro professionem, fas sit sine licentia abbatis sui de eodem loco discedere, discedentem vero, absque communium litterarum vestrarum cautione, nullus audeat retinere. Quod si quis forte retinere præsumpserit, liceat vobis in ipsos monachos vel conversos vestros regularem sententiam promulgare.*

L'absolution doit être *tam a capite quam a membris*, car elle doit faire cesser tout à la fois l'adrogation, d'où la *potestas* résulte et l'*agnation* à l'égard des frères. Tout est véritablement calqué sur la famille romaine. Et, pour plus de ressemblance, la famille religieuse comprend aussi le *mancipium*, l'homme libre qui ne reçoit pas l'adrogation, mais qui se range sous la puissance : *Liceat quoque vobi clericos, vel laicos, liberos et absolutos, a sæcul[s] fugientes, ad conversionem recipere, et eos absqu[o] contradictione aliqua retinere*. Ce sont ces convers que nul ne doit retenir sans la licence de l'abbé, absolument comme les religieux eux-mêmes.

Mais une particularité fort curieuse, et que l'on peut qualifier d'imprévue, est la suivante. D'après ce droit romain, la femme ne pouvait pas être adrogée. La famille qui se recrutait hors de la descendance, en admettant un lien artificiel si puissant, n'admettait au bénéfice de ce procédé ou de cette fiction de la loi que les mâles. C'est ce qui dura jusqu'au temps où l'adrogation put avoir lieu en vertu d'un rescrit impérial (1).

Mais dans la famille religieuse, la femme peut être adrogée, et, ce qui plus est, elle peut être adrogeante; elle eut la *potestas*, elle fut à son tour le *pater familias*. L'attention de M. Laboulaye, dans son ouvrage des *Recherches sur la condition civile et politique des femmes* depuis les Romains jusqu'à nos jours, ne s'est pas portée sur ce point, non plus que celle de M. Gide, dans son *Étude sur la condition privée de la femme* dans le droit ancien et moderne. C'est une lacune. Notons, en passant, que la femme obtenant la puissance familiale acquérait, *ipso facto*, la capacité civile la plus entière.

On sait que l'adrogation des impubères ne fut permise que par Antonin le Pieux, et qu'elle avait lieu seulement *causa cognita, an honesta sit, expediatque pupillo* (2). Ainsi en est-il dans la famille religieuse, où l'on pourrait dire qu'elle a lieu sous condition résolutoire. Dans le droit ecclésiastique moderne, rien n'empêche, dit M. l'abbé Craisson, l'admission au noviciat avant l'âge de puberté, pourvu qu'il y ait l'âge de raison, et toutefois, le décret de la sainte Congrégation des Évêques et Réguliers, du 23 mai 1659, défend l'admission des femmes avant l'âge de quinze ans accomplis; le Concile de Trente exige pour la *profession*, tant des hommes que des femmes, seize ans accomplis; les Chartreux ont fixé l'âge de vingt ans; les Servites, celui de dix-neuf ans, etc. (3). La condition résolutoire peut se conclure de la *Quint. Compil.*, liv. III, tit. XVII, ch. I et III; tit. II, ch. IV. Le Concile de Trente s'exprime en termes plus impératifs, session XXV, ch. XV : *Professio antea facta, sit nulla nullamque pariat obligationem*.

Dans l'ancien droit romain, tous les droits acquis par le fils lui-même profitaient au père de famille. Ce ne fut que plus tard que la possession d'un pécule fut autorisée (4). Le religieux n'a pas de pécule. C'est le retour au droit non mitigé de l'ancienne famille romaine.

(1) L. VIII, C. *de adopt.*, l. VIII, tit. XLVIII.
(2) *Institut.*, l. I, tit. II, *de adopt.*, § 3.
(3) *Manuale totius juris can.*, n. 2638, s.
(4) *Gaius*, II, 87; Justin., *Institut.*, l. II, tit. IX, proœm.

La propriété moderne est individuelle, inégale, perpétuelle et transmissible, on le sait. Mais telle n'est pas la propriété romaine entre les mains du *pater familias*, en qui et par qui tous possèdent. Le religieux ne peut aliéner à titre gratuit ou à quelque titre que ce soit, une partie de la propriété ; il ne peut emprunter ni cautionner, et le couvent ne sera jamais tenu par des engagements de cette nature s'il n'y a utilité manifeste, c'est-à-dire dans ce cas seulement où les juristes reconnaissent en celui qui agit la qualité du *negotiorum gestor*.

La famille religieuse doit se perpétuer sans la descendance ; elle doit être reliée par un lien puissant ; ce lien artificiel produira les mêmes effets que produit le sang dans la famille naturelle ; la *potestas* résultera non de l'obéissance servile, mais de l'élément mystique du renoncement ; la liberté individuelle disparaîtra néanmoins aussi sûrement que par la *capitis minutio* du droit romain ; le *dominicum* sera constitué pour répondre aux fins spéciales de la famille religieuse, et demeurera invariable, quelles que soient les lois constitutives de la propriété civile ou les modifications successives de ces mêmes lois. La famille religieuse, malgré ces distinctions qui protègent sa vie propre, demeurera une institution civile et sociale gardant les relations avec toutes les institutions civiles et sociales du temps dans lequel elle existe ; non seulement elle manifestera sa capacité civile et la vie juridique par les contrats qui sont de droit commun, mais, dans un pays féodal, elle possédera le fief suzerain ou le fief servant, elle participera, s'il le faut, aux fonctions de justice, et le reste. C'est ce qui s'est vu dans notre Europe, avec la constitution romaine de la famille religieuse.

Nous voyons dans nos ordres religieux la constitution de la famille romaine ; nous n'y saurions trouver le fait juridique constitutif du contrat de société. Dans la société, chaque membre garde sa personnalité distincte, son individualité, ses obligations propres, ses intérêts et *sa part déterminée* dans ses biens. Rien de semblable dans la famille religieuse.

Les Romains connaissaient aussi la corporation, la communauté, dont la nature est de subsister plus longtemps que les individus, de subsister, en général, par le but permanent à atteindre. La famille religieuse n'est pas la communauté, elle n'est pas la corporation. Les droits et obligations de la communauté lui appartiennent comme telle, et les individus n'y sont point tenus personnellement à des charges. Ainsi la communauté, qui existe pour le but, n'absorbe pas l'individu. Et la corporation n'a jamais conféré à un seul la *potestas*. D'où il suit que la famille religieuse possède bien évidemment le caractère propre que nous venons de lui assigner (1).

SUGER (p. 450, col. 2).

On ne voit pas assez dans Rohrbacher le rôle important que Suger a joué dans l'Église et dans l'État.

(1) *Medii ævi Bibliotheca patristica*, t. III, col. 881 et suiv. Paris, 1879.

M. Alfred Nettement l'a très bien fait ressortir, et il suffira de recourir à cet historien pour connaître et apprécier ce grand ministre dont la vie a été en quelque sorte l'histoire de France pendant plus d'un demi-siècle (1).

L'ÉLECTION D'INNOCENT II (p. 471, col. 1).

L'élection d'Innocent II, en 1130, dont Rohrbacher parle avec assez de détails, a été l'objet en ces derniers temps d'une étude approfondie de M. E. Mühlbacher (2). On y trouve surtout, avec la réfutation d'autres historiens, la critique et l'analyse des sources à consulter sur cet important épisode.

L'auteur s'en prend en particulier à M. Zoepfef, qui, dans son livre sur les élections des papes, a dénaturé les faits relatifs à celle d'Innocent II.

ALGER, MOINE DE CLUNY (p. 513).

Rohrbacher fait ressortir les talents d'Alger comme écrivain et polémiste, et surtout la juste renommée qu'il s'est acquise comme auteur du *Traité de l'Eucharistie*. L'*Histoire littéraire de France* complète ce tableau en peu de lignes, dans lesquelles elle signale le mérite scientifique et littéraire d'Alger, en ces termes : « Il étudia avec tant d'application les arts libéraux et la science de la religion, qu'il en acquit une parfaite connaissance et fut chargé d'enseigner les autres. La réputation avec laquelle il s'en acquitta, le fit rechercher par plusieurs évêques de Saxe et de Germanie qui le pressèrent d'accepter l'emploi d'écolâtre dans leurs églises, avec des avantages capables de tenter un homme moins désintéressé (3). »

ADAM DE SAINT-VICTOR (p. 516).

Au nombre des disciples du célèbre Hugues de Saint-Victor, que Bossuet appelle le plus grand des mystiques, il faut citer le poète Adam dont Rohrbacher ne fait pas mention.

Sa vie et ses œuvres ont été pertinemment étudiées par M. Léon Gautier, qui lui a rendu la célébrité dont il jouissait au moyen âge à côté de Hugues et de Richard (4). Adam de Saint-Victor a composé divers traités théologiques, mais ses œuvres poétiques surtout ont été populaires ; elles ont eu un immense succès. Introduites dans les offices de l'Église, elles ont, pendant quatre siècles, fait partie de la liturgie. Les proses, on le sait, sont en France la portion nationale des offices ; celles d'Adam ont particulièrement eu le privilège d'entretenir et de charmer la piété de nos pères. Dom Guéranger a raison de regarder Adam de Saint-Victor comme le plus grand poète liturgique du

(1) *Suger et son temps*, 2ᵉ édit. Paris, 1867.
(2) *Die Streitige Pupstwahl des Jahres* 1130, Insbruck, 1876.
(3) T. VII, p. 19.
(4) Léon Gautier, *Œuvres poétiques d'Adam de Saint-Victor*. Paris, 1859.

moyen-âge ! il mérite cet éloge, ainsi que l'a très bien montré M. Léon Gautier dans sa savante étude sur les proses du chanoine de Saint-Victor.

INSTITUTION DE LA FÊTE DE L'IMMACULÉE CONCEPTION (p. 520, col. 1).

La fête de l'Immaculée Conception se célébrait déjà dans quelques églises particulières, comme le dit Rohrbacher, lorsqu'elle fut établie à Lyon par le chapitre vers 1140. Elle était connue en France dès le siècle précédent sous le nom de *Fête aux Normands*. M. Henri Martin s'est trompé lorsqu'il dit que « la première apparition certaine de l'opinion de la vierge immaculée est au IXe siècle, dans Paschale Radbert (1) ; » M. Laboulaye s'est trompé avec lui dans les textes qu'il a réunis sur ce sujet (2).

La croyance en l'immaculée conception de la vierge mère de Dieu remonte sûrement aux premiers siècles chrétiens, comme le rappelle le décret de promulgation du dogme par Pie IX (Bulle *Ineffabilis*), et comme l'ont montré les auteurs catholiques qui ont traité la question (3).

DEUXIÈME CROISADE (p. 542).

Le docteur Kugler a publié, en 1866, des études fort intéressantes sur la deuxième croisade (4). Elles sont précédées d'une bonne critique des sources où l'on doit puiser les matériaux d'une histoire de la deuxième croisade. D'après l'auteur, l'initiative de cette croisade n'aurait pas été prise par le pape Eugène III, mais par le roi de France Louis VII.

INFLUENCE POLITIQUE DE LA PAPAUTÉ ET DESTINÉE DE L'ITALIE (p. 546).

La lettre curieuse de Jean XV, rapportée par Rohrbacher, constitue une preuve éclatante de l'influence pacificatrice de la papauté sur les événements politiques. C'est là un fait qui se reproduit à plusieurs reprises aux diverses époques de l'histoire ; nous n'en rappellerons qu'un exemple, celui de la fameuse bulle *In cœna Domini* de Nicolas V, publiée solennellement chaque année, et dont le dernier article frappe d'excommunication les envahisseurs et les injustes détenteurs des Etats pontificaux. D'après la bulle *In cœna Domini* de Grégoire XII, les domaines pontificaux sunt : Rome, le royaume de Sicile, la Sardaigne, la Corse, le royaume de Naples, en deçà du Faro, le patrimoine

---

(1) *Hist. de France*, t. III, p. 403.
(2) *Journal des Débats*, 7 et 9 novembre 1854.
(3) Consulter notamment : Petau, *Opus de theologicis dogmatibus*, éd. Venise, 1757, t. V, p. 163 ; Raynaud, *Diptycha Mariana*, Lyon, 1665 ; Passaglia, *De immaculato Deiparæ semper virginis conceptu commentarius*, Rome, 1855 ; Cardinal Gousset, *La croyance générale et constante de l'Eglise touchant l'Immaculée Conception*, Paris, 1854 ; Aug. Nicolas, *la Vierge Marie dans le plan divin*. Paris, 1869.
(4) *Studien zur Geschichte des zweiter Kreuzzuges*, Tubingen, 1868.

de Saint-Pierre, le duché de Spolète, le Comtat, la Sabine, la Marche d'Ancône, la Massa Trebaria, la Romagne, la Campanie, la province Maritime avec leurs territoires, Bologne, Césène, Rimini, Bénévent, Pérouse, Avignon, Citta di Castello, Todi, Ferrare, Comacchio, et toutes autres villes et territoires appartenant médiatement ou immédiatement à l'Eglise romaine (1). Au XVIe siècle, le Saint-Siège n'avait le gouvernement immédiat que d'une partie de ses Etats : le reste avait été cédé en fiefs, selon le système adopté dans toute l'Europe au moyen âge. Les Farnèse avaient reçu l'investiture de Plaisance et de Parme. La maison d'Este occupait Modène, Reggio et le duché de Ferrare, en vertu de concessions pontificales, et moyennant un tribut annuel de 7,000 écus. Les Espagnols tenaient le royaume de Naples, la Sicile et la Sardaigne, conformément aux bulles d'investiture qui étaient renouvelées à chaque changement de règne. En effet, le Bullaire romain renferme les bulles successivement accordées à Ferdinand d'Aragon, à Charles-Quint, à Philippe II, à Philippe III, etc.; les princes déclaraient chaque fois que la concession pontificale formait leur unique titre sur les trois royaumes. Enfin, les Génois occupaient la Corse.

Saint Pie V conçut le projet de reprendre l'administration de tous les Etats pontificaux. Il publia, dans ce but, la célèbre constitution *Admonet*, du 29 mars 1567, dont les dispositions étaient éminemment propres à atteindre efficacement le but. Il fit serment de n'inféoder désormais aucune des provinces pontificales, de ne les concéder à personne à titre de fief ou de vicariat temporel, ou de gouvernement. Les familles concessionnaires venant à s'éteindre, les domaines feraient retour au Saint-Siège, qui en était le suzerain. Le même serment fut imposé à tous les papes successeurs, et à tous les cardinaux présents et futurs ; en outre, saint Pie V voulut que les cardinaux fissent serment de ne jamais demander dispense de leur serment, et de ne jamais accepter cette dispense, si le pape la leur offrait. Depuis ce temps-là, tous les papes ont prêté le serment en question, et ils ont, en outre, publié une bulle spéciale, pour confirmer celle de saint Pie V. Tous les cardinaux, jusqu'à nos jours, ont fait serment de ne jamais consentir à la concession ou inféodation nouvelle des Etats pontificaux, et ils ne peuvent être dispensés de ce serment.

La succession d'Espagne s'étant ouverte par la mort de Charles II, le cas prévu par saint Pie V se présenta. Le pape devait, par son serment, réunir le royaume de Naples, la Sicile et la Sardaigne à l'Etat pontifical et en reprendre le gouvernement immédiat. Cette circonstance communique une importance particulière à la bulle *In cœna Domini* de Clément XI. Or le pontife y prononce l'excommunication contre quiconque envahit et usurpe le royaume en deçà du Faro, ou la Sicile et la Sardaigne. Clément XI envoya un commissaire pontifical prendre possession des Deux-Siciles.

Si la diplomatie eût laissé au Saint-Siège la liberté de réaliser les grandioses conceptions de saint Pie V, l'Italie aurait formé, dès le début du siècle dernier, un grand Etat, sous le sceptre ponti-

---

(1) *Bullarium rom.*, t. IV, p. 30.

fical, comprenant, indépendamment des provinces que les papes gouvernaient immédiatement depuis plusieurs siècles, le royaume de Naples avec la Sicile et la Sardaigne. Il est visible que cet arrangement aurait préservé la péninsule des troubles, des changements et des révolutions qui eurent lieu pendant la guerre de la succession d'Espagne et plus tard. Quel fut donc le plan de la diplomatie? Contrairement à la pratique traditionnelle des papes et à la liberté même de l'Italie, les grandes puissances adjugèrent le royaume de Naples à un archiduc autrichien, à l'empereur Charles VI, auquel on céda aussi le duché de Milan.

LE CHRISTIANISME EN SUÈDE (p. 561).

Du XIe au XIVe siècle, l'histoire nationale de Suède n'existe que sous forme de chronique rimée et les documents latins sont très maigres, même en ce qui concerne l'Eglise; quant aux documents suédois, les plus anciens datent de la fin de cette période. Les obscurités sont telles que l'on n'est même pas toujours certain d'établir exactement la série des rois, et que l'on sait à peine par quels liens se rattachaient entre elles les quatre dynasties qui se succédèrent du XIe au XIVe siècle. Les guerres civiles continuèrent à désoler la Suède, qui était plutôt une réunion d'Etats qu'un royaume homogène; les Goths, au sud, et les Suédois, au nord, se disputaient la prééminence. Les compétitions politiques se compliquaient de querelles religieuses; car les païens étaient encore assez nombreux au commencement du XIIe siècle pour détrôner le roi Inge l'ancien, et ils se perpétuèrent jusqu'à la fin du siècle dans les provinces éloignées. Le christianisme ne domina vraiment qu'à partir de saint Erik (1150-1160), qui le porta en Finlande et unit ce pays à la Suède; c'est seulement en 1164 que le royaume fut pourvu d'un archevêque. Les plus belles églises de Suède datent de cette période, qui fut marquée par des événements importants : la constitution d'une classe militaire privilégiée qui devint la noblesse, l'union passagère de la Suède avec la Norvège, enfin la terrible peste noire qui enleva en diverses localité le tiers de la population (1).

SAINT MALACHIE, ARCHEVÊQUE D'ARMAYH (p. 567).

Saint Malachie mourut en 1148. M. l'abbé M.-T. Ratisbonne a donné des détails précis sur cet événement dans son *Histoire de Saint Bernard* (2). Le renom de saint Malachie fut si grand, que, plus tard, on lui attribua des prophéties sur tous les papes, depuis Célestin II jusqu'à la fin du monde. Elles sont discutées et rapportées tout au long par Moreri, article *Malachie* (saint), archevêque d'Armayh. Mais il faut surtout consulter le *Traité sur les prophéties attribuées à saint Malachie*, par le P. Ménestrier (1).

Ce saint eut pour historien l'homme le plus éloquent de son siècle; saint Bernard lui-même nous a laissé la vie de saint Malachie (2). Elle est divisée en trois chapitres et contient de précieux documents sur l'histoire ecclésiastique d'Irlande. Outre ce livre, saint Bernard prononça encore deux sermons sur le même objet. Ce sont des oraisons funèbres, dont l'usage paraît avoir été assez fréquent au XIIe siècle.

Nous ajouterons enfin que Malachie est le premier des saints qui ait été canonisé solennellement par les papes dans les formes réglées par le Saint-Siège.

PROPHÉTIE DE SAINT MALACHIE SUR LA SUCCESSION DES PAPES (p. 567).

La prophétie de saint Malachie a été fort dédaigneusement traitée par la critique du XVIIe et du XVIIIe siècle, même par les Bollandistes (3), qui n'y voyaient que des rêveries. Depuis qu'elle s'est vérifiée plus sensiblement dans les sept ou huit papes, elle a repris faveur auprès de l'opinion publique, et a évidemment droit à des égards. S'il est difficile de ressaisir les traces de son origine, et d'en constater l'existence avant l'époque du Concile de Constance, où elle aurait été, dit-on, présentée, en 1414, à l'empereur Sigismond (4), elle fut du moins imprimée à Venise, en 1595, par le bénédictin Arnold Wyon, dans son ouvrage *Lignum Vitæ*. De quel manuscrit provenait-elle? Il ne l'a point indiqué; il l'avait trouvée dans une bibliothèque d'Italie. Elle paraît avoir été faite à Rome, car beaucoup de traits caractéristiques de la vie des papes romains sont tirés de la rue, des quartiers où ils devaient naître, l'un à la Suburra, un autre aux Carines ou au Transtévère. On sait que saint Malachie assista, en 1139, au deuxième Concile de Latran, et qu'il séjourna ensuite un mois auprès du pape Innocent II.

Il ne serait pas étonnant que Dieu lui ait fait connaître, par des marques distinctives, chacun des souverains pontifes qui devaient monter sur le trône de Saint-Pierre jusqu'à la fin des temps. Dieu avait bien révélé dans l'ancienne loi la succession des empires qui devaient préparer l'empire du Christ, pourquoi n'aurait-il pas révélé aussi la succession des chefs de son Eglise? Si saint Bernard, qui avait Malachie en grande estime, n'en a rien dit en écrivant sa vie, c'est que le saint avait gardé là-dessus le silence à Clairvaux où il mourut, et qu'il s'était probablement contenté de laisser son écrit aux mains du souverain Pontife.

On comprend que l'attention n'ait pas été tout d'abord attirée par ces indications énigmatiques, et qu'on les ait au contraire regardées de plus près à mesure qu'on les voyait se vérifier, comme de nos jours on y est revenu, malgré le rire qui les avait accueillies au siècle dernier. Dom Gabriel Bucelin,

---

(1) O. Montelius, *Sveriges historia från aldsta tid till våra dagar*, Stockholm 1877 ; *Sveriges hednatiwoeh medeltid till Digerdæden*. Stockholm, 1877.
(2) Paris, 1843, t. I, p. 515 et suiv.

(1) Cf. *Mémoires de Trévoux*, avril 1705 ; Ménestrier, *Réfutation des prophéties attribuées à S. Malachie*, Paris, 1689.
(2) *De Vit. et gest. S. Malac.*, in Op. Mabill., t. I.
(3) Papebrock, in *Propylæo ad acta sanctorum Maii*, p. 216. D.
(4) Fabricius, *Ad Malachiam* « Prophetia hæc, anno 1414, imperatori Sigismundo oblata fertur in concilio Constantiense. »

auteur du *Menologium Benedictinum*, donne la Vie de saint Malachie, au 9 novembre, et la termine ainsi : « On a de lui un monument mémorable, « savoir, une prophétie sur les souverains Pontifes « qui devaient, à partir de son temps, s'asseoir au « gouvernail de la barque de Saint-Pierre. Chaque « pontificat y est désigné par les indications d'une « fidélité remarquable. Dieu voulait que les dons « surnaturels qu'il s'est plu à communiquer à ce « grand pontife fussent ainsi offerts à la connais- « sance, à l'admiration et aux hommages de toutes « les générations à venir. » Ce que le docte Bucelin trouvait déjà très remarquable de son temps, c'est-à-dire l'accomplissement de la prophétie, est devenu d'autant plus frappant qu'aucun des papes postérieurs n'a été omis, et que, pour plusieurs, les traits si rapidement tracés pour les désigner, étaient le résumé du côté le plus saillant de leur vie. Qui ne se serait étonné, par exemple, de cette qualification *Peregrinus apostolicus* (pèlerin apostolique), employée pour signaler Pie VI, lequel eut d'abord à parcourir l'Allemagne pour paralyser les funestes tentatives de Joseph II contre la liberté de l'Eglise et contre l'intégrité de sa doctrine, et fut ensuite chassé de son palais et traîné en exil par la Révolution française. La légende de Pie VII (1800 à 1823), n'est pas moins significative. L'aigle ravisseur (*Aquila rapax*) n'annonce-t-il pas l'aigle de Napoléon, qui devait lui ravir ses Etats pour faire un roi de Rome et pour promener la dévastation par toute l'Italie? Pie IX est encore mieux dépeint par *Crux de cruce* (la croix qui vient de la croix). Son long règne n'a été qu'une croix; et elle lui est venue du Piémont dont les armes royales sont une croix. L'on se demandait comment s'accomplirait le *Lumen in cœlo* (lumière dans le ciel), qui concerne Léon XIII? Serait-ce un phénomène qui apparaîtrait au ciel, ou bien quelque allusion à la patrie, à la personne du Pontife? Or la *lumière dans le ciel* est une étoile qui brille avec éclat au-dessus d'un peuplier, dans les armoiries de la famille du pape actuel.

Ces coïncidences ne dépassent-elles pas les prévisions naturelles? Un grand nombre de papes, il est vrai, n'ont pas été signalés par une devise aussi expressive; mais, cependant, pour tous elle est réalisée. En outre, huit antipapes sont mêlés dans la prophétie aux papes légitimes ; deux seuls sont déclarés schismatiques, Nicolas V (*Corvus schismaticus*) — Clément VIII (*Schisma Barcinonium*). Ceci est une preuve de plus que la prophétie n'a pas été faite après coup, car le faussaire eût pris soin de marcher pas à pas avec l'histoire. Mais pourvu qu'il n'y ait pas de supercherie manifeste, l'on ne saurait demander à la Providence les raisons qu'elle avait d'appeler aussi l'attention sur les antipapes. Ne serait-ce point parce qu'il y avait dans l'Eglise beaucoup de chrétiens de bonne foi dans les obédiences contraires? L'Esprit-Saint a bien voulu que le nom des femmes adultères figurât dans la liste des ancêtres du Sauveur! Une raison du même genre pouvait le porter à mentionner aussi les indignes successeurs de saint Pierre. On a relevé des anachronismes : Victor II, Callixte III et Pascal III sont désignés avant Alexandre III. Clément VII, Benoît XIII, Clément VIII, antipapes, sont mis avant Urbain VI, pape légitime. Cette difficulté n'est pas d'un grand poids, car les prophètes de la Bible n'observent pas toujours l'ordre des temps. Pour n'en citer qu'un exemple, David, annonçant les circonstances du crucifiement de Jésus-Christ, lui fait dire les paroles rapportées par les Evangélistes pour le moment où il était suspendu entre le ciel et la terre : « Tous ceux qui m'ont vu m'ont raillé, ils ont secoué la tête en disant : « Il a espéré dans le Seigneur, que le « Seigneur le délivre et le sauve » ; puis, il peint ensuite les détails qui précédèrent cette sanglante ironie. « Ils ont percé mes mains et mes pieds et ont « compté tous mes os (1). » De même Daniel, prédisant la ruine de Jérusalem et la destruction du temple, remarque d'abord « qu'un peuple avec son chef renversera la ville et le sanctuaire ;» et il ajoute : « Le Christ, dans une semaine, conclura son alliance avec un grand nombre (2). » Ce qui eut lieu avant la destruction du temple cité plus haut.

Outre l'incrédulité, qui ne peut en aucun cas admettre le surnaturel, il y avait encore, dans les trois derniers siècles, un motif particulier pour rejeter une prédiction qui montrait les attentions de la Providence à l'égard des souverains Pontifes et la grande place qu'ils tenaient dans ses desseins éternels, c'est que des haines de sectes et d'écoles éloignaient bien des esprits du Saint-Siège, et faisaient accepter plus volontiers ses humiliations que ses gloires.

Quoi qu'il en soit de l'opinion que l'on ait sur la prophétie de saint Malachie, le texte latin des légendes serait seul l'ouvrage du saint évêque. Divers interprètes en ont donné l'explication, qui pourrait, sans doute, être modifiée d'après une connaissance approfondie de la vie des papes et de l'histoire de leurs familles. Ciaconius, savant dominicain, auteur d'études très estimées sur les souverains Pontifes, est le premier qui en reçut communication et en recherche le sens Engelgrave, Ménestrier, Moréri et de Vallemont, s'en sont occupés, les trois derniers avec les préventions et l'esprit de dénigrement que le parti janséniste et le parti des philosophes avaient partout répandu, et le premier, Engelgrave, sous l'empire d'une admiration qui lui faisait accepter « toute cette prophétie sous des symboles obscurs, mais que l'événement a toujours justifiés ». M. l'abbé Cucherat a réfuté les objections dans une savante dissertation insérée d'abord dans la *Revue du Monde catholique*, et publiée ensuite en volume (3).

On a ri que le savant Benoît XIV ait été désigné par *animal rurale*, et le pieux Léon XII par *canis et coluber;* mais il ne serait pas étrange que le pape laborieux qui cultiva avec tant de persévérance le champ de la théologie, et laissa des ouvrages d'une érudition si étendue, ait été comparé au bœuf qui laboure avec une patience inaltérable, et que Léon XII ait eu pour emblème le *chien et la couleuvre*,

---

(1) *Locuti sunt labiis et moverunt caput : Speravit in Domino, eripiat eum, salvum faciat eum.* Ps. XXI. Ces paroles correspondent bien à celles que rapporte saint Mathieu à propos des injures que les Juifs adressaient au Sauveur en croix : *Confidit in Deo; liberet nunc si vult eum.* Cap. XXVII, v. 43.
(2) Daniel, cap. IX, v. 26-27. D'autres prophètes ont interverti d'une façon plus prononcée l'ordre des temps.
(3) Paris, 1878.

parce qu'il sut allier la vigilance du chien à la prudence du serpent pour condamner les erreurs du libéralisme et du gallicanisme, sans trop exciter de récriminations (de 1823 à 1829).

Nous donnons la liste des premiers et des derniers papes, avec l'explication des légendes :

Anno 1143-1144. — Ex castro Tyberis — Célestin II — de Typherne, sur le Tibre.
— 1144-1145. — Inimicus expulsus — Lucius II — de la famille Cecianemica.
— 1145-1153. — Ex magnitudine montis — Eugène II — de la ville de Grand-Mont (Montis Magni), en Etrurie.
— 1153-1154. — Abbas suburranus — Anastase IV — de la famille Suburra.
— 1154-1159. — De rure Albo — Adrien IV — né dans la ville de Saint-Albanain.
— 1159. — De tetro carcere — Victor IV — cardinal de Saint-Nicolas, dans la prison de Tullius (in carcere Tulliano).
— 1265-1269. — Draco depressus — Clément IV — dont les armes étaient un aigle tenant un dragon dans ses serres.
— 1271-1276. — Auguineus ver — Grégoire X — d'une famille de vicomtes de Milan, dout les armes étaient un serpent.
— 1276. — Concionator gallus — Innocent V — français, de l'Ordre des Frères prêcheurs.

1775-1779. — Peregrinus apostolicus. — Pie VI. Le pèlerin apostolique. { Malgré son grand âge, il alla combattre en Allemagne les tentatives irréligieuses de Joseph II. — La Révolution française le traîna en exil.

1800-1823. — Aquila rapax. - Pie VII. L'aigle ravisseur. { Les aigles de Napoléon lui ravirent ses Etats pour les donner au roi de Rome.

1823-1829. Canis et coluber. — Léon XII. Le chien et le serpent. { Il montra sa vigilance et sa prudence en condamnant les erreurs du libéralisme et du gallicanisme sans soulever beaucoup de récriminations.

1829-1830. — Vir religiosus. — Pie VIII. L'homme religieux. { Pieux et zélé contre les entreprises du philosophisme des sociétés secrètes et des sociétés bibliques.

1831-1846. — De Balneis Etruriæ. — Grégoire XVI. Des Bains d'Etrurie. { Il était de la Toscane (Etrurie) où se trouvent beaucoup de bains, et de l'Ordre des Camaldudes, qui a son chef général à Camaldoli en Toscane.

1846-1878. — Crux de Cruce. Pie IX. La croix qui vient de la croix. { Son règne n'a été qu'une longue croix, et elle lui est venue surtout du Piémont, dont les armes sont une croix.

1878. — Lumen in cœlo. — Léon XIII. La lumière dans le ciel. { Les armes de la famille Pecci sont une étoile laissant une vive trainée de lumière au-dessus d'un peuplier.

Ceux qui restent à venir sont ainsi caractérisés :

Ignis ardent. — Le feu ardent.
Religio depopulata. — La religion dévastée.
Fides intrepida. — La foi intrépide.
Pastor et nauta. — Le pasteur et le nautonier.
Flos florum. — La fleur des fleurs.
De medietate lunæ. — De la moitié de la lune.
De labore solis. — De l'éclipse du soleil.
De gloria olivæ. — De la gloire de l'olivier.

La prophétie se termine par ces mots :

In persecutione extrema sacræ Romanæ Ecclesiæ, sedebit Petrus Romanus, qui pascet oves in multis tribulationibus; quibus transactis, civitas septicollis diruetur et judex tremeudus judicabit populum.

Dans la dernière persécution de la sainte Eglise romaine, il y aura sur le siège de Pierre un pontife romain, qui paîtra le troupeau au milieu de bien des tribulations. Quand elles seront finies, la ville aux sept collines (Rome) sera détruite, et ensuite le juge redoutable jugera le peuple.

LES EMPEREURS GRECS ET LES PRINCES D'OCCIDENT (p. 573).

Les historiens occidentaux des croisades sont presque unanimes à représenter les empereurs qui régnaient à Constantinople à la fin du XIe siècle et dans la première moitié du XIIe, comme remplis de perfidie et d'astuce, dans leurs rapports avec les croisés : c'est ce que fait aussi Rohrbacher pour Alexis, Jean et Manuel Comnène. Sans se constituer le défenseur des princes accusés, on peut admettre qu'il y a quelque exagération dans ce que nos historiens ont écrit d'eux.

Les documents ne font pas défaut dans cette cause : nous citerons notamment l'*Alexiade*, ou Histoire de l'empereur Alexis, écrite par sa fille Anne Comnène. Cette princesse était une femme remarquable par ses vertus et ses talents. Elle fut d'abord fiancée à Constantin Ducas, qui mourut avant son mariage, et fut ensuite unie à Nicéphore Brienne, qui mourut en 1137.

Celui-ci, cédant à la prière de sa belle-mère, l'impératrice Irène, s'était chargé d'écrire l'histoire du règne d'Alexis, et c'est ce travail qu'Anne Comnène continua après la mort de son mari et n'acheva que sous le règne de l'empereur Manuel Comnène.

Il était, sans doute, difficile de concilier les devoirs de l'historien avec le respect d'un enfant pour son père, car ce sentiment de respect et d'amour est un des côtés saillants du caractère d'Anne Comnène. Aussi demande-t-elle qu'on juge son œuvre non d'après ses appréciations personnelles, mais par les faits qu'elle y a consignés. Et ces faits, elle les a recueillis partie dans ses propres souvenirs, partie dans les relations des hommes qui avaient servi l'empereur Alexis.

L'*Alexiade* s'étend de l'année 1081 à l'année 1118, c'est-à-dire qu'elle comprend les trente-sept années du règne d'Alexis. Elle est divisée en quinze livres. Le récit embrasse non seulement tous les actes de l'empereur, mais aussi les événements remarquables auxquels se rattacha le nom grec : on y retrouve conséquemment l'histoire des croisades, celle de l'Eglise de Constantinople et les controverses religieuses dans les églises d'Orient.

L'œuvre d'Anne Comnène, comme toutes celles qui se distinguent par quelque mérite, a été fort diversement jugée. Moreri lui reproche une grande partialité et lui refuse toute autorité (1). M. Philarète Chasles abonde dans le même sens : « C'est le mauvais goût d'Anne Comnène, dit-il, qui nous

(1) *Dict. hist.*, 1725, t. I, p. 292, col. 1.

initie aux pompes et aux folies de la cour byzantine; nous apprenons d'elle quelle était la couleur des yeux de ce barbare aux fortes épaules et à la grande épée qu'elle contemplait avec effroi et avec amour (1). »

De son côté, Dom Ceillier fait le plus grand éloge de l'*Alexiade*; elle a fait, d'après lui, dans tous les temps, l'admiration de tous les savants, tant par la beauté, la délicatesse et l'élégance du style que pour l'étendue et l'importance des matières (2). Si nous en croyons Marville, l'*Alexiade* marche de pair avec l'*histoire d'Alexandre le Grand* écrite par Quinte-Curce, et se place au-dessus de toutes celles que renferme le corps de la Byzantine, parce qu'elle est la seule qui ait autant de dignité et qui soit si heureusement modelée sur les anciens (3).

M. L.-F. Guerin a publié sur l'*Alexiade* une note bibliographique que nous croyons utile de reproduire. David Haeschelius, dit-il, en fit imprimer les huit premiers livres en grec, mais remplis de lacunes, à Augsbourg, 1610, in-4°, sur un manuscrit de la bibliothèque de cette ville. Le P. Poussines ayant eu les quinze premiers livres entiers d'un manuscrit grec du Vatican et d'un autre de la bibliothèque Barberine qu'Hostenius avait collationnés avec celui de Médicis, les traduisit en latin, et les publia en ces deux langues avec un glossaire et les notes de Haeschelius, à Paris, en 1651, in-fol. Ils ont été réimprimés à Venise dans le même format, en 1729, avec les *notes* de Du Cange sur l'*Alexiade*, imprimées à Paris, en 1670, à la suite de l'histoire de Jean Cinname. Frédéric Gronovius avait promis, dans une lettre écrite en 1643, à Georges Richter, de donner une édition complète de l'*Alexiade* : on ne voit pas qu'il ait tenu parole (4).

SAINTE SOPHIE DE CONSTANTINOPLE (p. 574).

Rohrbacher reproduit la description assez pâle qu'Odon de Deuil fait de Constantinople, avant que cette ville fût tombée au pouvoir des musulmans. On en trouve des descriptions plus brillantes, plus animées dans les voyageurs et les écrivains modernes (5).

Au-dessus du labyrinthe de palais, de maisons et de tours, s'élève dans Byzance, dit l'un d'eux, la gigantesque coupole de l'édifice que Constantin fit construire pour honorer la sagesse divine, revêtue de notre humanité, — le dôme de Sainte-Sophie, — « ce monument étonnant, dans lequel aujourd'hui encore le dogme chrétien, empreint à chaque pas, apparaît de tout côté, et ne saurait pas plus être méconnu que la fervente et grandiose piété des temps antiques et l'éclatante foi des pères de l'Église (6).

---

(1) *Études sur les premiers temps du christianisme et sur le moyen âge*, 1847, p. 128.
(2) *Hist. des aut. eccl.*, t. XXI, pp. 526-527.
(3) *Mélanges d'hist. et de litt.*, t. III, p. 56.
(4) Dom Ceillier, *Hist. des aut. eccl.*, t. XXI, p. 528.
(5) Voir notamment dans *Dict. Vater der Wuste*, Einleitung, § IV, celle qu'en a donnée Mme Ida Hahn-Hahn.
(6) *Lettres Orientales*, sept. 1843.

Les richesses y étaient semées à profusion, et elles furent encore augmentées plus tard par l'empereur Justinien, lorsque l'édifice, ébranlé par un tremblement de terre, dut être reconstruit. La tradition rapporte qu'une sainte relique fut alors maçonnée entre chaque dixième et onzième pierre. Les dalles en marbre brillaient comme des glaces. Des colonnes de porphyre, d'albâtre, de *verde antico* et de granit formaient des galeries dans les nefs latérales. Des lampes d'argent, ciselées en forme de nacelles, et renfermant la lumière éternelle, étaient suspendues aux voûtes de l'édifice. On y voyait s'élever, des dalles en marbre, des arbres en argent, dont les fleurs simulaient des flammes. Au-dessus de l'ambon se trouvait un dais avec une croix en or, pesant cent livres et enchâssée de diamants et de perles. Douze colonnes couvertes de larmes d'argent, s'élevaient du grillage qui isolait le chœur, et entre ces colonnes étaient placées les statues en argent du Sauveur, de sa sainte Mère, des quatre prophètes et des quatre évangélistes. Il y avait dans le chœur un autel reposant sur des soutiens d'or, et la table se composait d'une masse de pierres précieuses et de perles enchâssées dans l'or. Le siège épiscopal était revêtu d'argent doré, et des lis d'or entouraient le baldaquin, qui était d'argent. Le trésor renfermait des richesses inappréciables : 6,000 candélabres d'or pur; 7 croix d'or, pesant cent livres chacune; 42,000 voiles de calices, ornés de pierres et de joyaux; 24 évangéliaires à garnitures d'or, pesant chacun deux quintaux; des calices, des encensoirs, des burettes que leur nombre rendait incalculables et leurs richesses inestimables. Neuf cent cinquante prêtres faisaient le service divin dans cette maison de Dieu.

Telle était Sainte-Sophie, l'orgueil des empereurs et des siècles, la joie des fidèles, la réunion des bijoux de l'art, le trésor des joyaux de Byzance.

SAINT BERNARD ORATEUR (p. 585).

Saint Bernard est, sans contredit, l'homme le plus remarquable du XIIe siècle. A voir l'immense influence qu'il exerça sur toutes les grandes déterminations de cette époque, on dirait que cet homme faible et maladif avait été donné comme pour servir d'esprit et de pensée à ce corps vigoureux et neuf, mais matériel et charnel, du XIIe siècle. A l'âge de vingt-deux ans, on le voit embrasser l'état monastique à Citeaux, et son exemple dépeuple le château paternel : car ses frères et un oncle suivent le plus jeune fils de la famille. Nommé en 1115 abbé de Clairvaux, monastère qui tombait en dissolution, il le relève, et en peu de temps sept cents novices sont auprès de lui. Les papes sont pris parmi ses disciples ; il est chargé de décider la prétention de deux compétiteurs à la chaire de Pierre. Il apaise les schismes des églises, poursuit les erreurs contre la foi, et y met fin. Ce n'est pas assez : chargé par le souverain pontife de prêcher une croisade, il parle, et à sa voix, en France et en Allemagne, les peuples et les rois s'émeuvent, et bientôt, comme il le dit lui-même, les villes et les châteaux deviennent déserts et l'on voit partout des veuves dont les maris sont vivants.

Il n'est pas besoin de dire qu'un homme qui exerça un tel empire sur les esprits, par le seul ascendant de ses vertus et de son éloquence, dut avoir un talent de parole, et un entraînement de pensée et d'expression extraordinaires.

En effet, saint Bernard est, sans contredit, le plus grand des orateurs du moyen âge. Sous ce rapport, il a été étudié plus en détail dans deux publications récentes qui complètent les travaux déjà faits sur lui (1).

Tous les sermons de saint Bernard que nous avons sont en latin, et il est hors de doute que la plupart ont été prononcés dans cette langue. Mais ont-ils été tous prononcés en latin, ou, en d'autres termes, les sermons des éditions latines sont-ils tous originaux? ou bien y en a-t-il quelques-uns qui sont des traductions faites sur le roman, du temps même de saint Bernard? Le sujet prête à discussion. Mabillon et la plupart des biographes du saint sont du premier avis (1).

Plusieurs éditions ont été données aux xv° et xvi° siècles des œuvres de saint Bernard. La meilleure est celle de Mabillon de 1690 (Paris, 2 vol. in-f°), reproduite par Gaume (Paris, 4 vol. in-4°).

---

(1) L'abbé Blampignon, L'esprit des sermons de saint Bernard, Paris, 1876; l'abbé Vacandard, Saint Bernard orateur, Rouen, 1877. Cf. le R. P. Ratisbonne, Histoire de Saint Bernard. Il est à regretter que M. de Montalembert n'ait pu aborder ce sujet dans son Histoire des moines d'Occident.

(1) Sur cette question de la langue dans laquelle étaient faites les prédications au moyen âge, voir: Lecoy de la Marche, la Chaire française au moyen âge, Paris, 1867; l'abbé Bourgain, la Chaire française au XII° siècle d'après les manuscrits. Paris, 1880.

FIN DU TOME SIXIÈME.

Paris. — F. Levé, imprimeur de l'Archevêché, rue Cassette, 17

www.ingramcontent.com/pod-product-compliance
Lightning Source LLC
Chambersburg PA
CBHW050130240426
43673CB00043B/1618